DIREITO DE FAMÍLIA

1ª edição – 1994 – Editora Aide
3ª edição – 2005 – 2ª tiragem
4ª edição – 2006
5ª edição – 2007
6ª edição – 2008
7ª edição – 2009
8ª edição – 2011
9ª edição – 2015
10ª edição – 2019

O GEN | Grupo Editorial Nacional – maior plataforma editorial brasileira no segmento científico, técnico e profissional – publica conteúdos nas áreas de concursos, ciências jurídicas, humanas, exatas, da saúde e sociais aplicadas, além de prover serviços direcionados à educação continuada.

As editoras que integram o GEN, das mais respeitadas no mercado editorial, construíram catálogos inigualáveis, com obras decisivas para a formação acadêmica e o aperfeiçoamento de várias gerações de profissionais e estudantes, tendo se tornado sinônimo de qualidade e seriedade.

A missão do GEN e dos núcleos de conteúdo que o compõem é prover a melhor informação científica e distribuí-la de maneira flexível e conveniente, a preços justos, gerando benefícios e servindo a autores, docentes, livreiros, funcionários, colaboradores e acionistas.

Nosso comportamento ético incondicional e nossa responsabilidade social e ambiental são reforçados pela natureza educacional de nossa atividade e dão sustentabilidade ao crescimento contínuo e à rentabilidade do grupo.

ARNALDO RIZZARDO

DIREITO DE FAMÍLIA

10ª edição
Revista, atualizada e ampliada

- A EDITORA FORENSE se responsabiliza pelos vícios do produto no que concerne à sua edição (impressão e apresentação a fim de possibilitar ao consumidor bem manuseá-lo e lê-lo). Nem a editora nem o autor assumem qualquer responsabilidade por eventuais danos ou perdas a pessoa ou bens, decorrentes do uso da presente obra.

- Nas obras em que há material suplementar *on-line*, o acesso a esse material será disponibilizado somente durante a vigência da respectiva edição. Não obstante, a editora poderá franquear o acesso a ele por mais uma edição.

- Todos os direitos reservados. Nos termos da Lei que resguarda os direitos autorais, é proibida a reprodução total ou parcial de qualquer forma ou por qualquer meio, eletrônico ou mecânico, inclusive através de processos xerográficos, fotocópia e gravação, sem permissão por escrito do autor e do editor.

Impresso no Brasil – *Printed in Brazil*

- Direitos exclusivos para o Brasil na língua portuguesa
Copyright © 2019 by
EDITORA FORENSE LTDA.
Uma editora integrante do GEN | Grupo Editorial Nacional
Travessa do Ouvidor, 11 – Térreo e 6º andar – 20040-040 – Rio de Janeiro – RJ
Tel.: (21) 3543-0770 – Fax: (21) 3543-0896
faleconosco@grupogen.com.br | www.grupogen.com.br

- O titular cuja obra seja fraudulentamente reproduzida, divulgada ou de qualquer forma utilizada poderá requerer a apreensão dos exemplares reproduzidos ou a suspensão da divulgação, sem prejuízo da indenização cabível (art. 102 da Lei n. 9.610, de 19.02.1998). Quem vender, expuser à venda, ocultar, adquirir, distribuir, tiver em depósito ou utilizar obra ou fonograma reproduzidos com fraude, com a finalidade de vender, obter ganho, vantagem, proveito, lucro direto ou indireto, para si ou para outrem, será solidariamente responsável com o contrafator, nos termos dos artigos precedentes, respondendo como contrafatores o importador e o distribuidor em caso de reprodução no exterior (art. 104 da Lei n. 9.610/98).

- Capa: Danilo Oliveira

- Fechamento desta edição: 27.11.2018

- **CIP – BRASIL. CATALOGAÇÃO NA FONTE.**
SINDICATO NACIONAL DOS EDITORES DE LIVROS, RJ.

R533d
Rizzardo, Arnaldo

Direitos de Família / Arnaldo Rizzardo. – 10. ed. – Rio de Janeiro: Forense, 2019.

Inclui bibliografia
ISBN 978-85-309-8169-3

1. Direito de família. 2. Direito civil - Brasil. I. Título. II. Série.

18-50464	CDU: 347.6(81)

Meri Gleice Rodrigues de Souza - Bibliotecária CRB-7/6439

OBRAS DO AUTOR

Direito de família. 10. ed. Rio de Janeiro: Forense, 2019.

Condomínio edilício e incorporação imobiliária. 6. ed. Rio de Janeiro: Forense, 2018.

Direito do agronegócio. 4. ed. Rio de Janeiro: Forense, 2018.

Direito de empresa. 6. ed. Rio de Janeiro: Forense, 2018.

Direito das obrigações. 9. ed. Rio de Janeiro: Forense, 2018.

Direito das sucessões. 10. ed. Rio de Janeiro: Forense, 2018.

Prescrição e Decadência. 3. ed. Rio de Janeiro: Forense, 2018. Em coautoria com Arnaldo Rizzardo Filho e Carine Ardissone Rizzardo.

Contratos. 17. ed. Rio de Janeiro: Forense, 2018.

Curso de direito agrário. 4. ed. *São Paulo*: Revista dos Tribunais, 2018.

Direito das Coisas. 8. ed. Rio de Janeiro: Forense, 2016.

Introdução ao direito e parte geral do Código Civil. 8. ed. Rio de Janeiro: Forense, 2016.

Responsabilidade civil. 7. ed. Rio de Janeiro: Forense, 2015.

Títulos de crédito. 5. ed. Rio de Janeiro: Forense, 2015.

A reparação nos acidentes de trânsito. 13. ed. São Paulo: Revista dos Tribunais, 2014.

Ação civil pública e ação de improbidade administrativa. 3. ed. Rio de Janeiro: Forense, 2014.

Promessa de compra e venda e parcelamento do solo urbano – Lei nº 6.766/79. 10. ed. São Paulo: Revista dos Tribunais, 2014.

Servidões. 2. ed. Rio de Janeiro: Forense, 2014.

Comentários ao Código de Trânsito Brasileiro. 9. ed. São Paulo: Revista dos Tribunais, 2013.

Contratos de crédito bancário. 10. ed. São Paulo: Revista dos Tribunais, 2013.

O "leasing" – Arrendamento mercantil no direito brasileiro. 6. ed. São Paulo: Revista dos Tribunais, 2011.

Limitações do trânsito em julgado e desconstituição da sentença. Rio de Janeiro: Forense, 2009.

Factoring. 3. ed. São Paulo: Revista dos Tribunais, 2004.

Planos de assistência e seguros de saúde (em coautoria com Eduardo Heitor Porto, Sérgio B. Turra e Tiago B. Turra). Porto Alegre: Livraria do Advogado Editora, 1999.

Casamento e concubinato – Efeitos patrimoniais. 2. ed. Rio de Janeiro: Aide Editora, 1987.

VI • Direito de Família | *Arnaldo Rizzardo*

O uso da terra no direito agrário (loteamentos, desmembramentos, acesso às terras rurais, usucapião especial – Lei nº 6.969). 3. ed. Rio de Janeiro: Aide Editora, 1986.

Reajuste das prestações do Banco Nacional da habitação. Porto Alegre: Sérgio Antônio Fabris Editor, 1984.

Da ineficácia dos atos jurídicos e da lesão no direito. Rio de Janeiro: Forense, 1983.

Prólogo

O direito de família tem revelado sucessivas e profundas transformações a partir da segunda metade do século passado, chegando à culminância com a Constituição Federal de 1988, cuja regulamentação de alguns dispositivos pertinentes determinou o aparecimento de leis especiais, como a de nº 8.069, de 1990 (Estatuto da Criança e do Adolescente), introduzindo, dentre outras matérias, uma sistemática de proteção aos menores e de adoção diferente daquela até então conhecida; as de nºs 7.841, de 1989, e 8.560, de 1992, respectivamente sobre o reconhecimento de filho e a investigação de paternidade; e as de nºs 8.971, de 1994, e 9.278, de 1996, que trataram da caracterização da união estável e de sua conversão em casamento, dos alimentos, da sucessão e dos deveres e direitos dos conviventes.

O Código Civil aprovado pela Lei nº 10.406, de 10.10.2002, incorporou as mudanças verificadas ao longo do tempo, bem como transformou em dispositivos princípios que decorriam da aplicação da Constituição Federal de 1988. Profundas as alterações em relação ao Código anterior, pouco restando da ordem que vinha implantada. Pode-se afirmar, sem exagero, que o Direito de Família, constituindo o Livro IV da Parte Especial, é o que mais apresentou inovações, sem desconsiderar o direito de empresa e o direito societário, mas pela razão óbvia de que estes ramos não tinham a regulamentação no Código de 1916.

Lembram-se apenas de alguns aspectos, como o que dividiu o Direito de Família em setores – Direito Pessoal (Título I), Direito Patrimonial (Título II), União Estável (Título III), e Tutela e Curatela (Título IV). Desde a regulamentação do casamento, fazem-se sentir as disposições que lhe dão uma nova dimensão, colocando-o, acima de tudo, como comunhão de vida, tendo por base a igualdade de direitos e deveres dos cônjuges. Ficaram reduzidos os impedimentos, passando parte dos que constavam na ordem anterior para causas suspensivas da celebração. Aboliram-se algumas causas de nulidade ou anulação, sendo de referir a que dizia respeito ao defloramento da mulher ignorado pelo marido.

Na parte que trata dos alimentos, ficaram mais definidos os critérios, não sendo possível abdicar do direito, que é certo quando inocente na separação o cônjuge necessitado, e em relação aos indispensáveis para a sobrevivência se tiver sido culpado, mas desde que não tenha parentes a quem possa se socorrer e nem revele aptidão para o trabalho. É desenvolvida a disciplina da separação e do divórcio, e está regulada a união estável. Introduziu-se o regime de bens de participação final dos aquestos, afastando-se o dotal, e autoriza-se a alteração de regime. Incorpora o bem de família ao seu texto, e disciplina a adoção, derrogando as normas da Lei nº 8.069 que tratavam do assunto. Novas situações comportam o reconhecimento da filiação, como a fecundação artificial. Retira-se qualquer distinção entre o parentesco natural e civil. Suaviza-se o poder familiar, anteriormente denominado pátrio poder. Várias as novidades na tutela e curatela, como a que dispensa a especialização de bens em hipoteca. É relegado para a Parte Geral do Código o regramento da ausência. Passaram a ser objeto de debates e decisões judiciais novas formas de

VIII • Direito de Família | *Arnaldo Rizzardo*

famílias e uniões, como a família socioafetiva, a pluriparentalidade, a adoção à brasileira ou socioafetiva e a adoção por pessoas do mesmo sexo.

Enfim, há todo um novo tratamento, não reeditando disposições superadas, como aquelas que tratavam diferentemente o homem e a mulher. Merecem realce os avanços que permitiram a separação e o divórcio consensuais administrativos através de escritura pública (Lei nº 11.441, de 2007), e que introduziram importantes institutos, como a guarda compartilhada e os alimentos gravídicos (Leis nos 11.698 e 11.804, de 2008). Destacam-se, ainda, as alterações trazidas pela Lei nº 11.924, permitindo que o(a) enteado(a) adote o nome do(a) padrasto(a); pela Lei nº 12.010, de 2009, modificando o Estatuto da Criança e do Adolescente (Lei nº 8.069/1990); pela Emenda Constitucional nº 66, de 13.07.2010, que afastou a prévia separação judicial ou de fato como condição para se conceder o divórcio; pela Lei nº 12.318, de 26.08.2010, dispondo sobre a alienação parental; pela Lei nº 12.344, de 9.12.2010, aumentando para setenta anos o regime de separação obrigatória de bens; pela Lei nº 12.398, de 28.03.2011, que estende aos avós o direito de visita aos netos; pela Lei nº 12.415/2011, que dispõe sobre alimentos provisórios em favor de criança ou adolescente cujo agressor tenha sido afastado da moradia comum por decisão judicial; pela Lei nº 12.874/2013, que trata da celebração, por autoridades consulares, da separação e do divórcio consensuais de brasileiros no exterior; pela Lei nº 12.962, de 08.04.2014, assegurando a convivência da criação e do adolescente com os pais privados de liberdade; pela Lei nº 13.058, de 22.12.2014, disciplinando a guarda compartilhada, cuja denominação mais apropriada é convivência familiar; pela Lei nº 13.112, de 30.03.2015, autorizando o encaminhamento do registro civil de filho unilateralmente pela mãe ou pelo pai; pela Lei nº 13.140, de 26.06.2015, que traz regras regulamentando a mediação. Tem importância o Código de Processo Civil aprovado pela Lei nº 13.105, de 16.03.2015, diante dos procedimentos introduzidos para as ações de direito de família.

Há, ainda, a Lei nº 13.146, de 6.07.2015, denominada Estatuto da Pessoa com Deficiência, que alterou profundamente o Código Civil na parte que trata da capacidade civil, introduzindo a figura da Tomada da Posição Apoiada; e a Lei nº 13.509, de 22.11.2017, trazendo modificações inclusive sobre a adoção de crianças, visando acelerar o processo, e reconhecendo direitos dos adotantes na área trabalhista.

Várias foram, pois, as mudanças, como se verá no curso da obra, esperando-se por novas reformulações, como o Estatuto da Família.

O direito de família evidencia grande realce, sempre tendo merecido especial atenção pela sua diária e constante repercussão nas relações de maior interesse prático das pessoas, em todas as esferas ou níveis, como em seu mundo interior ou em sua intimidade, nos níveis interpessoais ou sociais, econômicos, e até políticos. Despertam importância maior não as questões complexas e raras, temas de longas abordagens em publicações especializadas, ou em congressos e seminários jurídicos, mas as situações mais singelas e comuns, e especialmente a praticidade de uma justiça de família eficiente, de modo a atender prontamente os conflitos que lhe são apresentados, munida de meios ou instrumentos realmente apropriados. Nesta linha, despontam em importância as relações entre marido e mulher, o tratamento aos filhos, a consideração da família mais como grupo social e não como entidade restrita entre pais e filhos de sangue, os alimentos, a proteção às uniões duradouras, a formação e o cuidado com os filhos, o exercício da guarda e do poder familiar, o direito de visita, a filiação e o parentesco.

Está-se diante de uma área sensível do direito por atingir diretamente as pessoas, consideradas umas em relação às outras, ou no círculo das vinculações pessoais ou de parentesco, ditando primados relacionados à própria vida, à convivência e ao tratamento mútuo, com importantes repercussões na esfera patrimonial. Daí a necessidade de uma visão ampla das matérias, o que não se revela fácil, pois não se está propriamente diante de um direito feito e pronto, obrigando o estudioso a uma constante reflexão sobre o fenômeno social, que se altera e evolui na medida em que novas modalidades de conduta vão aparecendo. E assim especialmente sobre o conceito de família e autoridade familiar, que evolui para uma nova filosofia.

Nesta visão, afastam-se os conceitos de família que colocam os seus membros numa posição de hierarquia, dada a igualdade do homem e da mulher no grupo formado. Na verdade, nem mais de hierarquia se cogita entre pais e filhos, eis que a relação do genitor com a prole passou a ter nova conotação, diferentemente de outrora, quando era absoluto o poder do primeiro. Firmou-se uma paridade entre pais e filhos, tornando-se, *v.g.*, os direitos concernentes à moradia um patrimônio de todos os membros, de tal sorte que a impenhorabilidade deve preponderar se destinado o imóvel a qualquer um dos integrantes da entidade familiar.

Há consideráveis mudanças nas relações de família, passando a dominar novos conceitos em detrimento de valores antigos. Nesta visão, têm mais relevância o sentimento afetivo que o mero convívio. Em tempos que não se distanciam muito, recorda-se como se insistia na convivência do casal, mantendo-se muitos casamentos apenas formalmente, pois nada mais representavam no seu conteúdo pessoal e afetivo. Desapegando-se as pessoas do temor em ferir ditames sociais, e despojando-se do respeito às aparências, cresceram para a expansão da verdade através de condutas autênticas. Tem-se, aí, um fenômeno que explica o maior número de divórcios, e a redução das uniões oficiais, certamente também em função da liberação frente a preconceitos e da derrocada de princípios que não se fundavam na verdade.

Dentro desta linha é que se sucederam as edições da obra, buscando sempre mantê-la atualizada, o que obriga a introduzir novas matérias e as reformulações dos assuntos tratados.

Índice Sistemático

Capítulo I – Direito de Família 1

1. Conceito 1
2. Divisão 3
3. Natureza do direito de família 4
4. Fontes do direito de família 7
5. A família 9
6. Autonomia da comunhão de vida instituída pela família 15

Capítulo II – O Casamento 17

1. Conceito e história 17
2. Natureza e caracteres 20
3. Finalidades 23
4. Princípios do casamento 25
5. A igualdade dos cônjuges no direito de família 25

Capítulo III – Capacidade para o Casamento, Impedimentos e Causas Suspensivas 29

1. A capacidade para o casamento 29
2. Os impedimentos 31
  2.1. Espécies 33
3. Causas suspensivas do casamento 41
4. Legitimidade para a oposição dos impedimentos e das causas suspensivas, e o pedido de não aplicação das causas suspensivas 48

Capítulo IV – Habilitação para o Casamento 51

1. Caracterização 51
2. Documentos que instruem a habilitação 52
  2.1. Certidão de nascimento ou documento equivalente 53
  2.2. Autorização ou anuência dos pais ou responsáveis pelos nubentes menores ou incapazes 53
    2.2.1. Suprimento judicial do consentimento 55
  2.3. Declaração de duas pessoas maiores, parentes ou não dos nubentes, que atestem conhecê-los e afirmem não existir impedimento para casar 57

XII • Direito de Família | *Arnaldo Rizzardo*

2.4. Declaração do estado civil, do domicílio e da residência atual dos contraentes, e dos respectivos pais, se conhecidos 57

2.5. Certidão de óbito do cônjuge falecido, de nulidade ou de anulação do casamento, com o trânsito em julgado, ou do registro da sentença de divórcio... 57

3. Casamento de pessoas menores de dezesseis anos................................ 58

4. O processo de habilitação 60

5. Exame pré-nupcial... 63

Capítulo V – Celebração do Casamento 65

1. Formalidades 65

2. Suspensão da celebração do casamento... 69

3. Momento da realização do casamento... 70

4. Casamento de militares.. 71

5. Casamento de brasileiro celebrado no estrangeiro, perante autoridade consular e casamento de estrangeiros... 72

6. Casamento de estrangeiros e separação ou divórcio no Brasil.............. 75

7. Casamento de estrangeiro divorciado no exterior com pessoa brasileira e homologação da sentença pelo Superior Tribunal de Justiça.................... 77

8. Homologação de sentença de divórcio ou separação de cônjuges estrangeiros 78

9. Legitimidade para pedir a homologação da sentença perante o Superior Tribunal de Justiça 82

10. Casamento em caso de moléstia grave, e de iminente risco de vida ou casamento nuncupativo.. 83

10.1. Motivo urgente por moléstia grave 83

10.2. Iminente risco de vida, ou casamento nuncupativo 85

11. Casamento religioso com efeitos civis 87

12. Casamento por procuração 89

13. Prova do casamento e estado de casado 90

Capítulo VI – Invalidade do Casamento por Inexistência, Nulidade e Anulabilidade.. 95

1. Distinções 95

2. Casamento inexistente 95

3. Casamento nulo 101

3.1. Ação própria para a nulidade do casamento 106

3.2. Imprescritibilidade da ação de nulidade................................... 107

3.3. Legitimidade para propor a ação... 108

3.4. Efeitos da nulidade.. 110

4. Casamento anulável... 112

4.1. Causas de anulação 112

4.1.1. Causas derivadas da idade, do vício de vontade, do mandato e da incompetência do celebrante 113

4.1.2. Causa derivada do erro essencial quanto à pessoa 117

4.1.3. Coação de um ou de ambos os nubentes 129

4.1.4. Outras causas de anulação 131

4.2. Efeitos da anulação do casamento 133

4.3. Ação própria para a anulação e prazos para o ajuizamento 135

4.4. Anulação do casamento religioso com efeitos civis 136

5. Separação de corpos e alimentos na nulidade e na anulação do casamento 137

6. Sanções às infrações de normas regulamentadoras do casamento 139

Capítulo VII – Casamento Putativo 141

1. Caracterização 141

2. Requisitos 143

3. Efeitos 146

3.1. Quanto aos cônjuges 147

3.2. Quanto aos filhos 152

3.3. Quanto a terceiros 152

Capítulo VIII – Efeitos Jurídicos do Casamento 155

1. Relação matrimonial 155

2. A posição do homem e da mulher no casamento 155

3. Deveres dos cônjuges 157

3.1. Fidelidade recíproca 157

3.2. Vida em comum no domicílio conjugal 158

3.3. Mútua assistência 160

3.4. Sustento, guarda e educação dos filhos 162

3.5. Respeito e consideração mútuos 163

4. Direção da sociedade conjugal 163

5. Representação legal da família 166

6. Administração dos bens comuns e particulares do cônjuge 167

7. Fixação do domicílio 169

8. Manutenção da família 169

9. O acréscimo do sobrenome do cônjuge 171

10. Planejamento familiar 172

Capítulo IX – Limitações Matrimoniais na Atuação do Marido e da Mulher 175

1. Importância das limitações 175

2. As limitações 176

XIV • Direito de Família | *Arnaldo Rizzardo*

3. Obrigações que importam alienação dos bens do casal e benefício comum 183

4. Presunção da contratação da dívida em favor do casal 184

5. Obrigações particulares dos cônjuges 185

6. A responsabilidade nas dívidas particulares 186

7. Consequências no descumprimento das limitações comuns 187

8. Suprimento judicial do consentimento do cônjuge 188

9. Obrigações derivadas dos encargos no lar que dispensam a outorga do cônjuge 190

Capítulo X – Bens Reservados 193

1. A posição da mulher nos ordenamentos jurídicos 193

2. Os bens reservados no Código Civil anterior e bens próprios no Código atual 195

3. Concepções que passaram a dominar sobre bens reservados 196

4. Caracterização de bens reservados 198

5. Pressupostos para a caracterização de bens reservados 198

6. Declaração da natureza do bem reservado no ato da aquisição 200

7. Poderes que eram atribuídos sobre os bens reservados 201

Capítulo XI – Dissolução da Sociedade Conjugal e Dissolução do Vínculo Conjugal 203

1. Distinções 203

2. Dissolução por morte de um dos cônjuges 205

Capítulo XII – Divórcio 207

1. Visão histórica 207

2. A extinção do vínculo do casamento pelo divórcio 209

3. A origem da Emenda Constitucional nº 66/2010 210

4. A permanência da separação judicial, embora o pouco uso que terá no sistema jurídico 210

5. Um único tipo de pedido de divórcio 212

6. As pessoas legitimadas para o pedido de divórcio 213

7. O pedido de divórcio 214

8. Formas de ações de divórcio 215

    8.1. Divórcio consensual judicial 215

    8.2. Divórcio litigioso judicial 219

    8.3. Divórcio consensual extrajudicial ou administrativo 222

9. Ações de separação e divórcio pendentes quando do advento da Emenda Constitucional nº 66/2010 223

10. Divórcio de brasileiros ocorrido no exterior, de estrangeiros residentes no país e sentença estrangeira de divórcio consensual 225

11.	Promessa de doação no divórcio consensual	227
12.	Competência para promover a ação de divórcio	230
13.	Efeitos e decorrências do divórcio	231
	13.1. Quanto ao patrimônio	232
	13.2. Quanto a alterações de cláusulas existentes na eventual separação anterior	232
	13.3. Quanto a novo casamento	233
	13.4. Quanto ao nome do cônjuge divorciado	234
	13.5. Quanto à reconstituição da vida conjugal pelos divorciados	235
	13.6. Quanto à guarda unilateral e compartilhada dos filhos menores	236
	13.7. Quanto ao direito de visitas	241
	13.8. Quanto ao direito de visita em favor dos avós	243
	13.9. Quanto aos alimentos em favor do ex-cônjuge e o exercício ao seu direito	244
	13.10. Quanto aos alimentos aos filhos	246
14.	Guarda dos filhos e alienação parental	248
15.	Obrigações dos divorciados e novo casamento	251
16.	Concessão do divórcio por mais de uma vez	252
17.	Cessação dos efeitos civis no casamento religioso	253

Capítulo XIII – Separação Judicial 255

1.	Dissolução da sociedade conjugal e Emenda Constitucional nº 66	255
2.	Caráter pessoal da separação	257
3.	Separação, divórcio e a família atual	258
4.	Aspectos históricos e configuração da separação judicial	260
5.	A conciliação na separação	262
6.	Participação do advogado na conciliação	264

Capítulo XIV – Separação Consensual e Separação Litigiosa 267

1.	Separação Consensual	267
	1.1. Caracterização	267
	1.2. Abstração da causa	269
	1.3. Procedimento judicial na separação consensual	269
	1.4. Representação dos cônjuges incapazes por curador, ascendente ou irmão	271
	1.5. A petição inicial	271
	1.6. Descrição e partilha dos bens	272
	1.7. Natureza da sentença homologatória	273
	1.8. Irretratabilidade do acordo	274
	1.9. Recusa da homologação pelo juiz	274
	1.10. Falecimento do cônjuge antes da homologação	275
	1.11. Separação de cônjuges estrangeiros domiciliados no Brasil	275

1.12.	A separação consensual administrativa ou extrajudicial.............	276
2.	Separação Litigiosa..	280
2.1.	Caracterização..	280
2.2.	Separação baseada na culpa...	281
2.2.1.	Violação dos deveres do casamento.................................	282
2.2.2.	Deveres cuja infração enseja a separação judicial	283
2.2.3.	Insuportabilidade da vida em comum	288
2.2.4.	Separação por culpa recíproca...	292
2.3.	Separação por causas objetivas...	293
2.3.1.	Separação fundada na ruptura da vida em comum...........	294
2.3.2.	Separação fundada em grave doença mental....................	294
2.3.3.	Perda das vantagens patrimoniais oriundas do casamento na separação por doença mental.....................................	295
2.3.4.	Dever de assistência na separação baseada em causas objetivas	296
2.3.5.	A separação e as condições pessoais do cônjuge ou dos filhos menores	296
2.4.	Separação requerida por cônjuge incapaz..........................	297
2.5.	Foro competente para a ação...	297
2.6.	Procedimento judicial na separação litigiosa	299
2.7.	Eficácia da sentença e restabelecimento da sociedade conjugal	302
3.	Efeitos da Separação Judicial	303
3.1.	Efeitos em geral	303
3.2.	Relativamente aos cônjuges...	303
3.3.	Relativamente aos alimentos entre os ex-cônjuges............	304
3.4.	Relativamente aos bens...	306
3.5.	Relativamente aos filhos	307
3.6.	Relativamente aos critérios determinantes da guarda dos filhos..	309
3.7.	Relativamente ao direito de visita.....................................	312
3.8.	Relativamente aos alimentos para os filhos	316
3.9.	Relativamente ao sobrenome do cônjuge...........................	317

Capítulo XV – Tutelas Provisórias de Urgência no Divórcio e na Separação Judicial, e Procedimento nas Ações de Direito de Família.......................... 321

1.	Separação de corpos no divórcio ou na separação judicial	321
2.	Guarda provisória e busca e apreensão dos filhos	325
3.	Alimentos provisórios..	328
4.	Arrolamento e sequestro de bens, e outras tutelas	330
5.	A tutela provisória e regras procedimentais comuns nas ações de família..................	332

Capítulo XVI – Relações de Parentesco.. 335

1.	Ordens de parentesco..	335

2.	Linhas de parentesco	336
3.	Contagem do parentesco na linha reta	338
4.	Contagem do parentesco na linha colateral	338
5.	O vínculo da afinidade	340

Capítulo XVII – A Filiação e Reconhecimento dos Filhos.................... 343

1.	Caracterização e conceito	343
2.	Tratamento dos filhos havidos no casamento e fora do casamento	345
3.	Espécies de filiação	347
4.	Filhos nascidos durante o casamento	349
5.	Filhos nascidos de relações não conjugais	351
6.	Presunção legal da filiação havida durante o casamento	354
7.	Certeza da filiação	358
8.	Registro e certidões de nascimento	359
9.	Impugnação da paternidade	362
	9.1. Titularidade para impugnar a paternidade	366
	9.2. Legitimidade passiva	368
	9.3. Prazo para propor a ação	368
	9.4. Confissão da mãe quanto à paternidade	369
10.	A legitimação dos filhos no regime anterior	369
11.	Reconhecimento dos filhos	371
	11.1. Reconhecimento voluntário	373
	11.1.1. Formas de reconhecimento voluntário	375
	11.1.2. Oposição ao reconhecimento de filho maior e de filho menor	378
	11.1.3. Reconhecimento antes do nascimento ou após o falecimento do filho	379
	11.1.4. Ação anulatória de reconhecimento	381
	11.2. Reconhecimento judicial	383
	11.3. Efeitos jurídicos do reconhecimento	383
	11.4. Pluriparentalidade	385

Capítulo XVIII – Investigação de Paternidade....................................... 389

1.	Reconhecimento judicial de paternidade	389
2.	Resenha do direito na investigação de paternidade durante o casamento	390
3.	Objeto da ação e efeitos da sentença	392
4.	Legitimidade ativa para a ação	394
5.	Relação avoenga	397
6.	Legitimidade passiva na ação	400
7.	Imprescritibilidade da ação	401
8.	Fatos que geram a presunção da paternidade	404

XVIII • Direito de Família | *Arnaldo Rizzardo*

9. Investigação da maternidade 410
10. A prova na investigação de paternidade 412
    10.1. Prova indiciária e testemunhal 412
    10.2. Prova técnica da paternidade 413
11. Negatória da paternidade e da maternidade 435
12. Anulatória de paternidade 437
13. Coisa julgada nas ações de investigação de paternidade 439
14. A investigação de paternidade e a filiação socioafetiva 441
15. A ação de investigação de paternidade para a ciência genética da filiação
    e a inviabilidade para conseguir a herança 445

Capítulo XIX – Fecundação Artificial 449
1. Técnicas de fecundação artificial 449
2. Contrato de gestação 452
3. Definição da paternidade e maternidade 454
4. Venda de embriões 457
5. Eliminação de embriões 458
6. Cessão de material genético 462
7. A inseminação *post mortem* 464
8. Consentimento do cônjuge na inseminação 465
9. Investigação de paternidade pelo filho 467
10. Inseminação artificial e alimentos, direitos sucessórios, impedimentos
    matrimoniais e parentesco 468
11. Negatória de paternidade pelo marido que admitiu a inseminação 469

Capítulo XX – Adoção 471
1. Conceito 471
2. Elementos históricos 472
3. Panorama legislativo no tratamento da adoção 473
4. A adoção pela Lei nº 8.069/1990 e pelo Código Civil de 2002 477
5. Forma de adoção 478
6. Idade para adotar 480
7. Diferença de idade entre o adotante e o adotado, e adoção por duas pes-
    soas de sexo diferente 481
8. Consentimento do cônjuge do adotante 484
9. Consentimento dos pais ou representantes para a adoção, e concordância
    do adotando se contar com mais de doze anos 485
10. Adoção por tutor ou curador 486
11. Irrevogabilidade da adoção 487
12. O poder familiar na adoção e obrigação alimentar 489
13. Parentesco resultante da adoção 490

14.	Direitos sucessórios	491
15.	Representação dos filhos do adotado na sucessão do adotante	493
16.	Representação do adotado na sucessão dos pais do adotante	494
17.	Efeitos da adoção efetuada anteriormente à Constituição de 1988	494
18.	Nome dos avós do adotado	497
19.	Adoção de parentes	498
20.	Adoção de filhos não reconhecidos	500
21.	Inexistência, nulidade e anulabilidade da adoção	501
22.	Legitimidade para pedir a anulação ou a nulidade da adoção	502
23.	Institutos ligados à adoção	503
	23.1. Família substituta	504
	23.2. A guarda	506
	23.3. A tutela	511
	23.3.1. Procedimento para a nomeação do tutor	512
24.	O procedimento para a adoção	519
	24.1. Requisitos nas adoções sujeitas ao procedimento da Lei nº 8.069/1990	521
	24.2. A tramitação do processo	525
25.	Registro de adotandos, habilitação para a adoção e ingresso na lista de candidatos à habilitação	532
26.	Inscrição da sentença no Registro Civil	537
27.	Efeitos da adoção	538
28.	A adoção por estrangeiro	542
29.	Adoção póstuma	546
30.	Adoção à brasileira ou socioafetiva	548

Capítulo XXI – Poder Familiar 553

1.	Relações jurídicas entre pais e filhos	553
2.	Concepção tradicional e atual de poder familiar	554
3.	Características	556
4.	Titularidade do poder familiar	557
5.	Exercício do poder familiar	559
6.	Extinção do poder familiar	561
7.	Suspensão do poder familiar	563
8.	A perda do poder familiar	565
9.	O poder familiar e enteados, e o acréscimo do nome de família do padrasto ou da madrasta no nome do enteado ou enteada	569

Capítulo XXII – Regimes Matrimoniais de Bens 571

1.	Noções e princípios	571

XX • Direito de Família | *Arnaldo Rizzardo*

2. Pacto antenupcial 576

3. Conteúdo do pacto antenupcial 580

4. Alteração do regime de bens 582

5. Prevalência do regime de comunhão parcial na inexistência de convenção sobre outro regime 586

6. Regime de comunhão parcial 587
   6.1. Bens e encargos excluídos da comunhão 588
   6.2. Bens que integram a comunhão 593
   6.3. Presunção da comunicabilidade dos bens móveis 595
   6.4. Administração dos bens e dissolução do regime de comunhão parcial 595

7. Regime de comunhão universal 597
   7.1. Bens e encargos próprios ou excluídos da comunhão 598
   7.2. Administração dos bens e dissolução do regime de comunhão universal 603
   7.3. A comunicação dos frutos e rendimentos 606
   7.4. Direito à habitação em favor do cônjuge sobrevivente 606

8. Participação nos aquestos através de regime matrimonial 607

9. Regime de separação de bens 611
   9.1. Separação obrigatória ou legal 614

10. Regime dotal 620
    10.1. Constituição do dote 621
    10.2. Restituição dos bens 622
    10.3. Separação do dote e direito à reversão 623
    10.4. Relações matrimoniais no regime dotal 624

11. Outros regimes de bens 624

12. Regime de bens no casamento de brasileiros celebrados no exterior 626

13. Propriedade dos bens adquiridos por um dos cônjuges, durante a separação de fato 627

14. Usufruto em favor do cônjuge sobrevivente 629

15. Bens parafernais 630

16. Doações antenupciais 630

17. Doações entre cônjuges 632

18. Venda de bens entre cônjuges 634

19. O exercício e a defesa de direitos pessoais e dos bens de propriedade dos cônjuges ou da família 634

Capítulo XXIII – A Defesa da Meação 643

1. A proteção legal da meação 643

2. Formas e momentos da defesa da meação 644

3. Cônjuge intimado da penhora e embargos do devedor 645

Índice Sistemático • **XXI**

4. Defesa contra a execução através de embargos do devedor e para resguardar a meação, mediante embargos de terceiros 646

5. O ônus da prova da destinação da dívida... 647

Capítulo XXIV – Usufruto e Administração dos Bens de Filhos Menores.... 649

1. O exercício do usufruto e da administração 649

2. Autorização judicial para a venda, a oneração dos bens e a contratação de obrigações... 650

3. Usufruto legal em favor dos pais sobre os bens dos filhos menores 654

4. Bens excluídos do usufruto e da administração dos pais...................... 655

5. Colidência de interesses entre os pais e o filho.................................... 656

6. A responsabilidade pelos atos dos filhos 657

Capítulo XXV – Alimentos 661

1. Obrigação de prestar alimentos 661

   2. Natureza da obrigação alimentar... 666

   3. Características da obrigação alimentar.. 668

4. Pressupostos para a obrigação alimentar.. 685

   4.1. A fixação do *quantum*, os recursos do alimentante e a inclusão de indenizações ou direitos salariais, como FGTS, 13° salário, horas extras e abonos 687

   4.2. A situação pessoal do alimentando 688

   4.3. Inexistência de meios para o sustento próprio 689

   4.4. Alteração da pensão conforme se modificam as condições das partes 690

   4.5. Capacidade econômica do alimentante...................................... 690

5. Objeto, forma e limites da obrigação alimentar.................................... 691

6. Titularidade para pedir e para prestar alimentos................................. 693

7. Prestação alimentícia aos filhos menores 699

8. Alimentos ao nascituro ou alimentos gravídicos................................. 705

9. Prestação alimentícia aos filhos maiores, aos pais e a outros parentes...... 708

10. Obrigação alimentar entre os cônjuges ou companheiros 713

    10.1. Alimentos na separação de fato 713

    10.2. Alimentos e coabitação no mesmo lar 714

    10.3. Abandono do lar sem justo motivo 716

11. Alimentos na separação e no divórcio... 718

    11.1. Reciprocidade na obrigação de prestar alimentos..................... 719

    11.2. Alimentos e culpa na separação 720

    11.3. O direito a alimentos e casamento, união estável, e procedimento indigno do ex-cônjuge... 722

    11.4. Impossibilidade de renúncia a alimentos, de cessão, compensação e penhora 725

    11.5. Pedido de alimentos após o divórcio... 729

12.	Transmissão da obrigação alimentar...	730
	12.1. Transmissão da obrigação ao espólio e não aos herdeiros...........	731
	12.2. Transmissão da obrigação limitada às forças da herança e razões que impõem a transmissão..	732
	12.3. Transmissão da obrigação alimentar independentemente da razão que determinou a sua fixação...	733
	12.4. Caráter de proteção aos cônjuges na transmissão da obrigação alimentar...	734
	12.5. Herdeiros chamados a responder pela obrigação alimentar.........	735
	12.6. Extensão da transmissibilidade da obrigação de prestar alimentos..	737
	12.7. Pedido de alimentos contra o espólio....................................	738
13.	Procedimentos judiciais nas ações de alimentos..................................	738
	13.1. Procedimento segundo a Lei nº 5.478, de 1968.......................	740
	13.2. Procedimento comum..	744
	13.3. Cumprimento da obrigação alimentícia..................................	747
	13.3.1. Intimação para pagar, comprovar o pagamento ou justificar a impossibilidade...	747
	13.3.2. Alimentos provisórios e alimentos definitivos.................	748
	13.3.3. Desconto em folha de pagamento................................	750
	13.3.4. Expropriação de aluguéis e outros rendimentos.............	751
	13.3.5. Constituição de capital em imóveis, títulos da dívida pública, aplicações financeiras, substituível pela inclusão do beneficiário em folha de pagamento ou outras garantias, e prestação de caução real ou fidejussória e usufruto de determinado bem...	752
	13.3.6. Cumprimento através de expropriação de bens..............	754
	13.3.7. Cumprimento através de coação pessoal ou prisão.........	757
	13.4. O procedimento da execução de título extrajudicial...................	768
14.	Alimentos provisórios a filhos não reconhecidos.................................	769
15.	Alimentos com ou sem a investigação de paternidade............................	770
16.	Concessão de alimentos e reconhecimento da paternidade....................	772
17.	Alimentos provisórios em ação de responsabilidade civil e efeitos da sentença condenatória..	774
18.	Revisão e exoneração ou extinção de alimentos..................................	775
19.	Revisão de alimentos provisórios..	782
20.	Modificação de cláusula alimentar...	783
21.	Natureza da sentença proferida em matéria alimentar............................	785
22.	A coisa julgada em ações de alimentos..	787
23.	Oferta de alimentos...	790
24.	Obrigação alimentar de pessoa residente no exterior............................	790
25.	Alimentos e união estável sob a ótica constitucional............................	793
	25.1. O direito regulamentado por leis específicas e pelo Código Civil.....	795

Índice Sistemático • **XXIII**

	25.2. O procedimento judicial na ação de alimentos	798
	25.3. A culpa na separação	799
26.	Alimentos *intuitu familiae*	800
27.	Atualização das prestações devidas	801
28.	Alimentos *in natura* e compensação com alimentos fixados em pecúnia	802
29.	Alimentos compensatórios	806
30.	Prestação de contas de alimentos na guarda	809

Capítulo XXVI – Bens com Destinação Particular ou Bem de Família 811

1.	A preservação do patrimônio familiar	811
2.	A destinação voluntária, ou por ato de vontade	812
	2.1. Elementos da destinação	813
	2.2. A destinação de valores mobiliários	814
	2.3. Limites da isenção de execução por dívidas	815
	2.4. Extinção do bem de família e sub-rogação em outros bens	817
	2.5. Administração do bem de família	818
	2.6. O procedimento para a instituição do bem de família	819
3.	A destinação determinada por lei	820
	3.1. Exceções à impenhorabilidade	820
	3.2. Obrigatoriedade e renúncia da impenhorabilidade	822
	3.3. A impenhorabilidade dirigida à proteção da moradia familiar	823
	3.4. A impenhorabilidade da residência familiar em imóvel rural	824
	3.5. A impenhorabilidade de bens de natureza pessoal, profissional e laboral	825

Capítulo XXVII – A Companheira ou o Companheiro na Previdência Social 827

1.	A inscrição da companheira ou do companheiro na Previdência Social por pessoa casada	827
2.	Requisitos para a habilitação ao benefício	828
3.	Benefícios previdenciários reconhecidos à companheira ou ao companheiro	831
4.	Não reconhecimento do direito no concubinato	832
5.	Direitos previdenciários entre companheiros do mesmo sexo	834

Capítulo XXVIII – Pensão Previdenciária ao Cônjuge Separado ou Divorciado que Percebia Alimentos, ao que não Percebia, e à Viúva que Casa Novamente 839

1.	Morte de ex-cônjuge e a situação do cônjuge contemplado e ao não contemplado com pensão alimentícia	839
2.	Pensão previdenciária ao cônjuge que não exerceu o direito a alimentos	844
3.	Pensão previdenciária ao ex-cônjuge ou ex-companheiro que renunciou alimentos na separação ou no divórcio	845

XXIV • Direito de Família | *Arnaldo Rizzardo*

4.	Casamento do ex-cônjuge alimentante e pensão previdenciária	847
5.	Pensão à viúva que casa novamente	848

Capítulo XXIX – União Estável 851

1.	Conceito	851
2.	Requisitos e características	853
3.	Distinções	858
4.	Visão histórica	859
4.1.	Fase antiga	860
4.2.	Fase medieval e contemporânea	861
4.3.	Fase de formação no direito brasileiro	862
4.4.	Fase atual e o direito no Código Civil	864
4.5.	Visão no direito comparado	865
5.	Efeitos da união estável	866
6.	Alimentos	867
7.	Direitos sucessórios	869
8.	Direitos previdenciários	871
9.	Partilha do patrimônio formado durante a convivência	874
10.	Sociedade de fato e concubinato	878
11.	Conversão da união estável em casamento	879
12.	Remuneração por serviços prestados	881
13.	Responsabilidade nas obrigações contraídas durante a união estável	883
14.	Adoção do nome do companheiro	884
15.	Indenização por morte do companheiro	884
16.	Inventário por morte do companheiro	885
17.	Competência para os litígios sobre a união estável	886
18.	Uniões de pessoas do mesmo sexo	887

Capítulo XXX – Esponsais ou Promessas de Casamento 891

1.	Conceito	891
2.	Prejuízos decorrentes do rompimento da promessa de casamento	892
3.	Requisitos para ensejar o direito à indenização	892
4.	Fundamento legal da indenização	894
5.	Impossibilidade jurídica na realização do casamento	895

Capítulo XXXI – Tutela 897

1.	Instituto para a proteção do menor e seus bens	897
2.	Concepção histórica e atual de tutela e figuras afins	898
3.	Pressupostos para a tutela	900
4.	Espécies de tutela	900

	4.1.	Tutela testamentária	901
	4.2.	Tutela legítima	902
	4.3.	Tutela dativa	903
5.		Caracteres da tutela	904
6.		Capacidade para exercer a tutela	905
7.		Incapacidade para o exercício da tutela	906
8.		A escusa em exercer a tutela	907
9.		A garantia da tutela	910
10.		O exercício da tutela	911
11.		Providências impostas ao tutor antes de assumir o encargo e restrições em relação aos bens do menor	915
12.		Responsabilidade e prestação de conta dos tutores	916
13.		Remuneração do tutor	919
14.		Ações asseguradas ao tutor e ao tutelado	919
15.		Cessação da tutela	921
16.		Destituição da tutela	922
17.		Suspensão liminar da tutela	923
18.		Procedimento judicial para a destituição	924

Capítulo XXXII – Curatela e Tomada de Posição Apoiada 925

1.		Curatela. Conceito e espécies	925
2.		Características da curatela	927
3.		Pessoas sujeitas à curatela	928
	3.1.	Os que não puderem, por causa transitória ou permanente, exprimir a sua vontade	931
	3.2.	Os ébrios habituais e os viciados em tóxicos	935
	3.3.	Os pródigos	937
	3.4.	O nascituro e o enfermo ou portador de deficiência física	940
4.		Legitimidade para requerer a interdição	941
5.		Ordem legal na nomeação do curador e incapacidade para o exercício da curatela	945
6.		Limites da interdição	947
7.		O exercício da curatela	949
8.		Procedimento judicial na interdição	953
9.		Eficácia da sentença	958
10.		Efeitos nos recursos	962
11.		Compromisso do curador	963
12.		Levantamento da interdição	964
13.		Escusa, remoção e cessação da curatela	965
14.		A tomada de decisão apoiada	967

Bibliografia 973

Direito de Família

1. CONCEITO

Não há dúvida de que se está diante de um ramo do direito de maior incidência prática ou aplicabilidade, envolvendo a generalidade das pessoas, eis que, de uma forma ou de outra, todas procedem de uma família, e vivem, quase sempre, em um conjunto familiar.

Daí considerar-se o direito com o qual se encontram mais acostumados os seres humanos, cujas regras se difundem naturalmente, e que maior influência sofre na formalização das normas ou ditames legais.

Pela importância da família em qualquer sociedade civilizada ou não, tem a proteção do Estado, podendo considerar-se integrado ao direito público no sentido amplo, tanto que em todos os litígios judiciais que envolvem a mesma intervém obrigatoriamente o Ministério Público, que justamente representa a participação do Estado na composição das questões problematizadas.

Ao falarmos em família, entramos num vastíssimo campo de incidência de situações anormalizadas, que progressivamente vão aumentando na medida em que se tornam mais complexas as relações interindividuais, se dissipam os princípios éticos e morais de fidelidade e união, e crescem as dificuldades econômicas de subsistência.

Não mais predomina, hoje, aquele entendimento muito em voga até algumas décadas atrás, assentado na necessidade do fortalecimento da família para tornar mais forte o Estado, embora a totalidade das Constituições consagre o alto propósito da irrestrita proteção à família.

É que os desencontros de casais e a consequente extinção das uniões mostram-se tão acentuados e adquirem uma compreensão ou visão sem a menor admiração ou estranheza, a ponto de se considerarem situações perfeitamente normais. As condutas se adaptaram perfeitamente a uma nova compreensão de conjunto familiar, não restrito ao grupo constituído de pai, mãe e filhos. A preocupação do Estado passou a se dirigir para esse pequeno grupo, desimportando aquele conceito de família constituída solenemente na forma legal.

Na medida em que evoluem os tempos, o ser humano, de forma geral, altera seus hábitos e se desapega de velhos conceitos e princípios herdados dos antepassados.

Adquire, hoje, capital importância ou significação o conceito de família. Embora não estejam distantes os tempos em que prevaleciam os padrões clássicos de família, nas últimas duas décadas profundas modificações ocorreram.

Ao refletirmos sobre direito de família, pensa-se no conjunto de normas e princípios que disciplinam ou regulam o conjunto familiar, nele integrado a união estável e duradoura de duas pessoas de sexo diferente, conforme Washington de Barros Monteiro, que calca o conceito na mais pura e tradicional ideia de décadas passadas.[1]

Mas não se pode olvidar que este ramo do direito vai muito mais além da consideração sobre a família, eis que envolve o conjunto de normas e princípios que trata do casamento, de sua validade e efeitos; das relações entre pais e filhos; do vínculo do parentesco; da tutela e curatela; da dissolução da sociedade conjugal e dos alimentos devidos entre parentes e os cônjuges.

Para Orlando Gomes, "compreende normas sobre o casamento, relações pessoais e patrimoniais entre cônjuges e entre pais e filhos, e vínculo de parentesco no seu âmbito. Inserem-se os institutos da tutela e da curatela, que não se originam de relações familiares propriamente ditas, mas, por sua finalidade e conexão histórica com a família, bem como pela configuração, permanecem no campo do direito de família. Como institutos complementares, situa-se, corretamente, essa parte especial do direito civil".[2]

Dizia Clóvis Beliváqua ser o direito de família "o complexo dos princípios que regulam a celebração do casamento, sua validade e os efeitos que dela resultam, as relações pessoais e econômicas da sociedade conjugal, a dissolução desta, as relações entre pais e filhos, o vínculo do parentesco e os institutos complementares da tutela, da curatela e da ausência".[3]

Sinteticamente, Guillermo A. Borda fornece este conceito: "Este derecho de familia es el conjunto de normas que regulan las relaciones familiares, principalmente entre padres e hijos, aunque también tiene en cuenta otras relaciones de parentesco."[4]

Num sentido restrito, trata-se do direito que regula as relações entre pessoas ligadas pelo vínculo matrimonial ou pelo parentesco. Isto no sentido tradicional, pois, com a Constituição vigente, com as leis extravagantes e o Código Civil de 2002, profundas alterações advieram, inclusive no campo do direito de família, que abrange, indiscutivelmente, o estudo do grupo familiar, neste considerada a união estável, até há pouco tempo conhecida como concubinato.

Dentro do âmbito estrutural desse direito, as relações familiares abordadas e controladas têm um caráter acentuadamente pessoal, porque, lembram Lamartine Corrêa de Oliveira e Francisco José Ferreira Muniz, que bem enfocaram os parâmetros recentes do direito familiar, "destinadas à tutela da pessoa nos seus interesses morais e materiais. São os interesses essenciais da pessoa a nota comum desta série de relações jurídicas. Isto permite reuni-las dentro de uma categoria de relações denominadas intrinsecamente familiares e que não se apresentam estruturalmente como relações obrigacionais (direitos de crédito), ou direitos reais; não são conceitos puramente estruturais. O pátrio poder, por exemplo, que é um efeito da filiação, se apresenta como uma situação jurídica complexa que compreende poderes e deveres de guarda, vigilância, assistência e representação dos filhos. É poder inerente à personalidade dos pais, mas que encontra seus limites na personalidade dos filhos e nas necessidades de educação que, antes de ser um dever jurídico, é um dever ético-social. Em resumo, poderíamos dizer, pois, que os direitos de família, por razões éticas e pelo caráter eminentemente pessoal da relação, exigem formas próprias de tutela, inteiramente distintas das que caracterizam a defesa

---

[1]   "Direito de Família", *Curso de Direito Civil*, 5ª ed., São Paulo, Editora Saraiva, 1962, p. 2.
[2]   *Direito de Família*, 1ª ed. Rio de Janeiro, Forense, 1968, p. 7.
[3]   *Código Civil dos Estados Unidos Comentado*, Rio de Janeiro, Livraria Francisco Alves, 1945, vol. II, p. 6.
[4]   *Manual de Derecho de Familia*, 10ª ed., Buenos Aires, Editorial Perrot, 1988, p. 7.

dos direitos de crédito, dos direitos reais e dos próprios direitos de personalidade".[5] Lembra-se que a expressão "pátrio poder" passou para "poder familiar" na nomenclatura do Código Civil de 2002.

Não se circunscrevem esses direitos aos limites da institucionalização de uma ordem, que é a oficialização ritual da união através do casamento. Alastrou-se o âmbito de proteção para o campo afetivo, que passa a predominar sobre o ato oficial. Com efeito, ninguém pode fugir à realidade que hoje se assiste, que é o aumento dos casos de uniões informais, com a proporcional diminuição dos matrimônios celebrados segundo as solenidades rituais previstas na lei. Há uma crescente descrença nas instituições públicas, levando as pessoas a abolirem as situações que demandam maiores compromissos e formalidades, mesmo porque, na prática, de pouco adiantam na eficiência e perenidade das celebrações.

Segundo se verá adiante, já conquistou espaço quase igual ao casamento, senão maior, a união estável do homem e da mulher, que foi elevada à categoria de família. O direito de família passou a disciplinar também esta nova forma de conjunto familiar, além daquelas constituídas pela convivência de vários parentes – mãe e filhos, pai e filhos, avós e netos etc., como deflui do art. 226, §§ 3º e 4º, da Constituição Federal.

Do conceito acima se constata o conteúdo que envolve o direito de família: cônjuges, prole, casamento, união estável, entidade familiar (conjunto de pessoas formado por um dos pais ou ascendentes e seus descendentes), separação, divórcio, parentes, adoção, filiação, alimentos, bem de família, tutela, curatela etc., como se abordará a seguir.

2. DIVISÃO

Do item acima se vê que o direito de família trata de vários assuntos, o que não envolve propriamente uma divisão, e sim mais uma discriminação de conteúdos.

Engloba este ramo do direito o casamento e seus efeitos, o regime de bens entre os cônjuges, a união estável (anteriormente à Constituição Federal de 1988, concubinato), as relações de parentesco, os alimentos, bem de família, a dissolução da sociedade e do vínculo conjugal, e os institutos afins da tutela, curatela etc. Outrossim, não mais integra seu âmbito o instituto da ausência, que foi incluído o Título I da Parte Geral. Em contrapartida, passou a abranger o bem de família.

Eis a sistematização das matérias constantes do Livro IV da Parte Especial, do Código Civil: Título I, tratando do direito pessoal, dividido no Subtítulo I – do casamento, e no Subtítulo II – das relações de parentesco; Título II, disciplinando o direito patrimonial, dividido no Subtítulo I – do regime de bens entre os cônjuges, no Subtítulo II – do usufruto e da administração dos bens de filhos menores, no Subtítulo III – dos alimentos, e no Subtítulo IV – do bem de família; Título III, regrando a união estável; e Título IV, cuidando da tutela e da curatela.

O Código de 1916 trazia a matéria no Livro I da Parte Especial, subdividida em seis títulos, assim discriminados: Título I – do casamento; Título II – dos efeitos jurídicos do casamento; Título III – do regime dos bens entre os cônjuges; Título IV – da dissolução da sociedade conjugal e da proteção dos filhos; Título V – das relações de parentesco; Título VI – da tutela, da curatela e da ausência.

---

[5]   *Direito de Família (Direito Matrimonial)*, Porto Alegre, Sérgio Antônio Fabris Editor, 1990, pp. 12 e 13.

Segundo uma antiga divisão, resumem-se em três setores os títulos acima: direito matrimonial, direito parental e direito protetivo ou assistencial.

Pontes de Miranda estruturava em duas as partes do direito de família: a que estuda a sociedade conjugal em seus caracteres, e assim a capacidade, a celebração, em suas consequências morais, pessoais e patrimoniais, como a sucessão do cônjuge premorto; e a que estuda a sociedade parental, com as normas tendentes à fixação dos parentescos, a que se juntam, por extensão, a tutela e a curatela.[6]

Há os que apresentam uma classificação segundo o caráter preponderante de cada assunto, semelhante ao método adotado pelo atual Código. Diz-se, nesta ótica, ser o direito patrimonial caso abranja preceitos normativos relacionados ao regime de bens, à separação ou dissolução e à obrigação alimentar; extrapatrimonial considera-se o direito se abrange um conteúdo moral, ou relativo à personalidade, às qualidades da pessoa. No próprio casamento o dever de fidelidade marital importa no direito de promover a separação se verificado o seu descumprimento. O exercício pelos pais do direito de ter os filhos consigo, ou de visita, quando da separação, ou de guarda, não envolve algum valor patrimonial. Nestes, não há o caminho livre da renúncia, ou da transmissão, ou a dependência de condição ou termo.

São estes últimos os direitos que San Tiago Dantas chama de direitos de família puros, e que "são aqueles que prendem uma pessoa a outra, estabelecendo um vínculo de cooperação ou de supremacia: o vínculo de supremacia entre pai e filho; o vínculo de cooperação entre homem e mulher, o vínculo de cooperação entre um parente e outro, quando se cogita de obrigação alimentar; estes direitos puros são muitas vezes direitos subjetivos, outras vezes são meras faculdades jurídicas. São direitos subjetivos, sempre que a eles corresponde um dever".[7]

Teríamos, de outro lado, o direito parental, abrangendo as relações entre os cônjuges, a filiação legítima, a legitimação, a adoção, o poder familiar, etc.

Há, finalmente, o direito assistencial, mais restrito às formas da tutela, curatela e do bem de família, e às normas de proteção à família.

Não traz real interesse o assunto, porquanto sem reflexos práticos o tipo de divisão que se dá ao direito.

3. NATUREZA DO DIREITO DE FAMÍLIA

A principal característica deste direito é a finalidade tutelar, que lhe é inerente. Direciona-se a proteger a família, os bens que lhe são próprios, a prole e muitos outros interesses afins.

Daí, por esta sua destinação, praticamente é colocado como um direito público, ou quase público, pois é função do Estado a sua proteção (art. 226 da Constituição Federal), levando a participar o Ministério Público em todos os litígios que envolvem relações familiares. Acrescenta Carlos Alberto Bittar: "Neste mesmo sentido, o texto constitucional impõe ao Estado, ao lado da concessão de proteção especial à família (art. 226), a assistência às pessoas que dela participam, mediante a instituição de mecanismos para coibir a violência no âmbito de suas relações (§ 8º do art. 226). Estabelece, outrossim, como

---

[6] *Direito de Família*, 2ª ed., Rio de Janeiro, José Konfino – editor, 1939, tomo I, p. 61.
[7] *Direitos de Família e das Sucessões*, 2ª ed., Rio de Janeiro, Forense, 1991, p. 5.

de livre decisão do casal o planejamento familiar, cabendo ao Estado propiciar recursos educacionais e científicos para o seu exercício (§ 7º do art. 226), respeitado o princípio da paternidade responsável."[8]

Justamente por esta peculiaridade afirma-se que existe certa limitação no poder de disponibilidade dos direitos, não cabendo às partes decidir ou pactuar diferentemente das formas estabelecidas na lei. Assim, não se admite decidir ou firmar negociações diferentes das normas que regulam certos institutos, como as do casamento, da filiação, do parentesco, e mesmo dos alimentos. A disponibilidade, *v.g.*, quanto aos alimentos, é relativa, não se considerando válidas as cláusulas que estabelecem a renúncia definitiva de alimentos, mormente quando menores ou incapazes são os envolvidos.

Aprofundam este aspecto José Lamartine Corrêa de Oliveira e Francisco José Ferreira Muniz: "No direito de família, há um acentuado predomínio das normas imperativas, isto é, normas que são inderrogáveis pela vontade dos particulares. Significa tal inderrogabilidade que os interessados não podem estabelecer a ordenação de suas relações jurídicas familiares, porque esta se encontra expressa e imperativamente prevista na lei (*ius cogens*). Com efeito, não se lhes atribui o poder de fixar o conteúdo do casamento (por exemplo, modificar os deveres conjugais, art. 231); ou sujeitar a termo ou condição o reconhecimento do filho (art. 361); ou alterar o conteúdo do pátrio poder (art. 384).

Quer isso dizer que, com a regulamentação das bases fundamentais dos institutos de direito de família, o ordenamento visa estabelecer um regime de certeza e estabilidade das relações jurídicas familiares. As disposições do presente tipo são denominadas normas de interesse e ordem pública."[9] Os arts. 231, 361 e 384, no texto nomeados, correspondem aos arts. 1.566, 1.613 e 1.634 do vigente Código, sendo que a expressão *pátrio poder* passou para *poder familiar.*

Mas a íntima aproximação ao direito público não retira o caráter privado, pois está disciplinado em um dos mais importantes setores do direito civil, e não envolve diretamente uma relação entre o Estado e o cidadão. As relações adstringem-se às pessoas físicas, sem obrigar o ente público na solução dos litígios. A proteção às famílias, à prole, aos menores, ao casamento, aos regimes de bens não vai além de mera tutela, não acarretando a responsabilidade direta do Estado na observância ou não das regras correspondentes pelos cônjuges ou mais sujeitos da relação jurídica.

Talvez por isto defenda Guillermo A. Borba o caráter puramente privado do direito de família, contestando a tese de Cicu, que considerava a família um ente próprio, cujos interesses são distintos e superiores aos seus membros, colocados numa posição intermediária entre os de caráter privado e os de caráter público. Para o mestre argentino, "la pretensión de desglosar la familia del derecho privado importa un desconcertante contrasentido. ¿Pues puede concebirse algo más privado, más hondamente humano que la familia, en cuyo seno el hombre nace, vive, ama, sufre y muere? ¿Donde sino en ella puede refugiarse la privacidad? ... Las que propugna la segregación del derecho de familia el privado, consciente o inconscientemente preparan el camino hacia un intolerable intervencionismo estatal en la vida íntima de la familia".[10]

Em realidade, parece estar havendo um descontraimento da interferência do Poder Público, de modo especial no contrato de casamento, trazendo amplas facilidades para a

---

8   *O Direito Civil na Constituição de 1988*, São Paulo, RT, 1990, p. 64.
9   *Direito de Família (Direito Matrimonial)*, obra citada, p. 17.
10 *Manual de Derecho de Familia*, obra citada, p. 8.

6 • Direito de Família | *Arnaldo Rizzardo*

sua desconstituição, e acentuando-se a participação e a responsabilidade nas questões que envolvem menores e incapazes.

Descortina-se, ainda, uma concentração em torno do fenômeno humano, pessoal e afetivo, o que Teresa Arruda Alvim Pinto chama de repersonalização, assim explicando: "Isto significa, basicamente, que as alterações havidas têm por escopo fazer com que o direito de família passe a girar fundamentalmente em torno de fenômenos humanos, ligados à esfera afetiva, espiritual e psicológica de pessoas envolvidas e não de facetas de natureza predominantemente patrimonial."[11] Daí decorre o natural incremento das separações ou divórcios, posto que é o enlace afetivo o fator determinante das uniões, vindo como força secundária o convívio conjugal e os interesses patrimoniais, sendo que outrora dominavam ou decidiam quase sempre a efetivação do casamento.

Dada esta ordem de interesses, advém o caráter de um direito personalíssimo, o que importa em considerá-lo intransferível (não se admite, *v.g.*, a alguém transferir sua condição de filho); ou intransmissível por herança (o filho não transmite o direito de percepção de alimento); ou irrevogável (não é possível a renúncia de ser filho, ou a revogação do ato da filiação); é concentrado na pessoa em função da posição ocupada no conjunto familiar (não pode haver uma permuta de direitos entre pais e filhos).

Vários outros caracteres ressaltam do direito de família.

Está ele profundamente influído por ideias morais e religiosas, sendo a família uma preocupação constante de todos os credos, especialmente dos que têm sua base no cristianismo.

Se bem que não se pode esquecer a constatação de San Tiago Dantas, cada vez mais atual: "Nas sociedades mais evoluídas, sobretudo nas sociedades cristianizadas do Ocidente, em nossos dias, pode-se dizer que a função religiosa da família está praticamente desaparecida. Não quer isso dizer que as religiões não conheçam essa importância capital na participação da família no culto e, sobretudo, na transmissão dos ensinamentos e na formação religiosa, mas aí a função religiosa da família não se distingue de sua função educativa em geral, que apenas assume uma direção especial, e o fato de os parentes praticarem uma religião ocidental em comum não significa que essa religião seja um atributo do culto familiar, como era inicialmente."[12]

De outro lado, dominam os direitos e deveres, longamente discriminados e ressaltados na maior parte de suas divisões, preponderando nas relações entre o marido e a mulher, e entre os filhos e os pais.

Em terceiro lugar, restringe-se a disponibilidade das partes. Não tem papel de realce a vontade, dado o caráter imperativo das normas reguladoras. Observa, com razão, Guillermo A. Borda: "Casi todas las normas reguladoras de la familia tienen carácter imperativo. De ahí que muchas veces los derechos y deberes se impongan con intera independencia del deseo de quienes están sujetos a expresar el consentimiento para que se constituya una determinada relación jurídica, pero todos los efectos y consecuencias de esa relación están fijados imperativamente por la ley: tal es lo que ocurre con el matrimonio, la adopción, el reconocimiento de la filiación. Los derechos de familia, por regla general, no pueden

---

[11] "Entidade Familiar e Casamento Formal", *Direito de Família – Aspectos constitucionais, civis e processuais*, coordenação Teresa Arruda Alvim Pinto, São Paulo, RT, 1993, vol. I, p. 2.

[12] *Direitos de Família e das Sucessões*, obra citada, p. 5.

renunciarse, ni se los puede enajenar o transmitir, ni puede transarse sobre ellos (art. 845 do C. Civil), salvo bajo su aspecto pecuniario."[13]

Há o predomínio de direitos imprescritíveis, ou fora do alcance da decadência, como os de alimentos, de pedir a separação, de reconhecimento da paternidade; se bem que está prevista, em certas situações, a caducidade para determinadas ações, especialmente as relativas à anulação do casamento.

4. FONTES DO DIREITO DE FAMÍLIA

É fora de dúvida que o nosso direito de família teve ampla influência do direito canônico, o que se justifica pela própria tradição do povo brasileiro, formado, inicialmente, de colonizadores lusos. Dada a cultura religiosa inspirada no catolicismo, que impregnou todas as formações étnicas que aqui aportaram, é natural a grande influência daquele direito em nosso ordenamento. As Ordenações Filipinas foram a principal fonte, mas já traziam elas a influência do direito canônico, que atingiu, assim, o direito pátrio. Disserta, a respeito, Jefferson Daibert: "Várias regras do direito canônico foram transladadas ao Direito de Família e muitas delas, mesmo promulgado o Código Civil, continuam prevalecendo.

No que diz respeito aos impedimentos matrimoniais, por exemplo, o Código Civil seguiu a linha do direito canônico, preferindo, no dizer de Orlando Gomes, em se tratando do casamento, mencionar as condições de invalidade, em vez de enumerar as que devem ser preenchidas para que seja lícita e validamente concluído."[14]

Mais recentemente, dadas as grandes transformações históricas, culturais e sociais, o direito de família passou a seguir rumos próprios, com as adaptações à nossa realidade, e inspirado na secularização dos costumes, perdendo aquele caráter canonista e dogmático intocável. Predomina, evidentemente, a natureza contratualista, numa certa equivalência quanto à liberdade de ser mantido ou desconstituído o casamento.

No sentido técnico-jurídico, encontramos na legislação as fontes do direito de família. Por outras palavras, as leis constituem o direito positivo, e, dentre elas, as normas constitucionais, que tiveram uma grande proeminência com a Carta de 1988.

Já no art. 226 da Constituição, é assegurada à família especial proteção do Estado, envolvendo o termo "família" em um sentido amplo, abrangendo tanto aquela formada pelo casamento, como também as situações comunitárias ou grupos de parentes análogos à família oriunda do matrimônio, consubstanciados na união de fato (art. 226, § 3º), na família natural fundada no evento da procriação (art. 226, § 4º) e na família adotiva (adoção por pessoas não casadas).

Há, pois, a equiparação da família assentada no casamento, na união estável entre o homem e a mulher, ou aquela formada simplesmente por grupo de parentes, quer de ordem sanguínea (pai ou mãe com filhos), quer de ordem civil (mãe ou pai adotivo com filha ou filho adotivo).

Despontam, outrossim, disposições firmando a igualdade entre o homem e a mulher (art. 226, § 5º), ou entre filhos nascidos dentro e fora do casamento (art. 227, § 4º).

O direito de casar se apresenta como um princípio fundamental, consoante se depreende do art. 226, §§ 1º e 2º (sendo o casamento civil e o religioso com efeitos civis).

---

[13] Obra citada, p. 9.
[14] *Direito de Família*, 2ª ed., Rio de Janeiro, Forense, 1980, pp. 11 e 12.

8 • Direito de Família | *Arnaldo Rizzardo*

Afastou-se qualquer discriminação das pessoas em função do sexo, ou a discriminação no tratamento jurídico do marido e da mulher (art. 5º, inc. I). Não mais se admitem funções diferenciadas no interior da família, como aqueles conceitos que atribuíam ao homem a chefia da sociedade conjugal e, à mulher, o comando do governo doméstico.

Mas o Código Civil é, ainda, apesar das inúmeras alterações e inovações que apareceram nas últimas décadas, a grande fonte do direito positivo, mais especificamente no Livro IV da Parte Especial, que vai desde o art. 1.511 até o art. 1.783.

A Lei de Introdução às Normas do Direito Brasileiro (Decreto-Lei nº 4.657/1942, em texto da Lei nº 12.376/2010) estabeleceu normas sobre a aplicação no tempo e no espaço de normas relativas ao casamento, seus efeitos e validade no Brasil, quando celebrado no exterior (art. 7º); o regime de bens; o divórcio realizado no exterior e a celebração do casamento por autoridades consulares (arts. 7º e 18).

As modificações e introduções de novos postulados sobressaíram em vários diplomas, vindo desde tempos antigos, como o Decreto-Lei nº 3.200, de 19.04.1941, relativo à organização e proteção da família; a Lei nº 883, de 21.10.1949, permitindo a qualquer dos cônjuges o reconhecimento do filho havido fora do casamento, depois de dissolvida a sociedade conjugal; o Decreto nº 9.701, de 3.09.1946, dispondo sobre a guarda dos filhos menores, no então desquite judicial; o Decreto nº 24.559, de 3.07.1941, instituindo a assistência e a proteção à pessoa e aos bens dos psicopatas; a Lei nº 1.110, de 23.05.1950, regulando os efeitos civis do casamento religioso; a Lei nº 4.121, de 27.08.1962, o chamado Estatuto da Mulher Casada, com profundas alterações no tratamento dos direitos e do papel da mulher casada, e dando nova redação aos arts. 6º, 233, 240, 242, 246, 248, 263, 269, 273, 326, 380 e 393 do Código Civil de 1916, passando ela a poder escolher livremente sua profissão, dispor do produto de seu trabalho segundo seus interesses e sendo-lhe reconhecidos os bens reservados; a Lei nº 6.015, de 31.12.1973, que trata dos Registros Públicos, dispondo sobre a habilitação, o casamento e o seu registro, e o registro de formas especiais do casamento, nos arts. 67 a 76; a Lei nº 6.515, de 26.12.1977, que disciplina os casos de dissolução da sociedade conjugal, e tratando do divórcio; a Lei nº 6.697, de 10.10.1979, que trata da assistência, proteção e vigilância dos menores; a Lei nº 7.841, de 17.10.1989, que trouxe modificações à Lei nº 6.515, no art. 36, parágrafo único, inc. I, e no art. 40, *caput*, isto é, quanto ao prazo da separação para sua conversão em divórcio e o período de separação de fato para formular o divórcio; a Lei nº 8.069, de 13.07.1990, dispondo sobre o Estatuto da Criança e do Adolescente; a Lei nº 8.560, de 29.12.1992, que enuncia a regulamentação da investigação de paternidade dos filhos havidos fora do casamento; a Lei nº 8.971, de 29.12.1994, cuidando do direitos dos companheiros a alimentos e à sucessão; a Lei nº 9.278, de 10.05.1996, discriminado os deveres e direitos do homem e da mulher na união estável, da conversão da união estável em casamento, e, propriamente, regulamentando o art. 226, § 3º, da Carta Federal. Teve um grande momento a modernização do direito de família com a Lei nº 10.406, de 10.01.2002, que introduziu o atual Código Civil, praticamente abarcando as inovações aportadas pelas leis especiais citadas e pela Constituição Federal.

Mas não pararam aí as mudanças. Novos institutos e atualizações surgiram, como o divórcio por escritura pública, a guarda compartilhada, os alimentos gravídicos, o acréscimo do(a) nome do(a) padrasto(a) ao nome do(a) enteado(a), e a alienação parental, tudo ao ensejo respectivamente da Lei nº 11.441, de 2007; das Leis nºs 11.698 e 11.804, de 2008; da Lei nº 11.924, de 2009; e da Lei nº 12.318, de 2010. Ainda, não se podem olvidar as profundas alterações do Estatuto da Criança e do Adolescente (em especial no que se refere à adoção, por meio das Leis nºs 12.010/2009 e 13.509/2017).

Sobressai em importância a Emenda Constitucional n° 66, de 13.07.2010, facilitando o divórcio, pois afastou a necessidade de separação para a sua concessão, e praticamente extinguiu a separação judicial.

Merecem destaque as inovações trazidas pela Lei n° 12.344, de 9.12.2010, aumentando para setenta anos o regime de separação obrigatória de bens; Lei n° 12.398, de 28.03.2011, que estende aos avós o direito de visita aos netos; pela Lei 12.415/2011, que dispõe sobre alimentos provisórios em favor de criança ou adolescente cujo agressor tenha sido afastado da moradia comum por decisão judicial; Lei n° 12.874, de 29.10.2013, que trata da celebração, por autoridades consulares, da separação e do divórcio consensuais de brasileiros no exterior; Lei n° 12.962, de 08.04.2014, assegurando a convivência da criação e do adolescente com os pais privados de liberdade; Lei n° 13.058, de 22.12.2014, disciplinando a guarda compartilhada; Lei n° 13.105, de 16.03.2015, introduzindo o Código de Processo Civil de 2015, com a revogação do Código processual de 1973; Lei n° 13.112, de 30.03.2015, autorizando o registro civil unilateralmente pelo pai ou pela mãe; Lei n° 13.140, de 26.06.2015, regulamentando a mediação; e Lei n° 13.146, de 6.07.2015, aportando ao ordenamento jurídico o Estatuto da Pessoa com Deficiência, com várias mudanças no Código Civil, em especial no que diz respeito à capacidade da pessoa natural e à interdição.

5. A FAMÍLIA

Trata-se a família como um núcleo social primário.

Lembra Guillermo A. Borda: "El amor y la procreación, viejos como la vida, vinculan las personas con lazos más o menos fuertes según las circunstancias económicas o sociales y las creencias religiosas, pero siempre poderosos."[15]

Esses laços de união forte apareceram em épocas de evoluída civilização das pessoas. Na fase primitiva, era o instinto que comandava os relacionamentos, aproximando-se o homem e a mulher para o acasalamento, à semelhança das espécies irracionais. Há quem fale em uma promiscuidade primitiva, quando não ocorriam as uniões reservadas. Em período mais adiantado, havia o rapto: a união iniciava com a apreensão da mulher pelo homem, que se efetivava como um ato de força, ficando submetida ao seu domínio. Aliás, já se procurou em películas cinematográficas reproduzir o ato, vendo-se a mulher fugindo enquanto o homem a persegue, embora se apresente um cenário romanceado.

O conceito envolve mais de uma acepção.

No direito romano, o termo exprimia a reunião de pessoas colocadas sob o poder familiar ou o mando de um único chefe – o *pater familias* –, que era o chefe sob cujas ordens se encontravam os descendentes e a mulher, a qual era considerada em condição análoga a uma filha. Submetiam-se a ele todos os integrantes daquele organismo social: mulher, filhos, netos, bisnetos e respectivos bens. Estava a família *jure proprio*, ou o grupo de pessoas submetidas a uma única autoridade. De outro lado, conhecia-se também a família *communi jure*, uma união de pessoas pelo laço do parentesco civil do pai, ou *agnatio*, sem importar se eram ou não descendentes. Não se considerando o parentesco pelo laço da mulher, o filho era estranho à família de origem da mãe. Considerava-se a família patriarcal propriamente dita.

---

15 Guillermo A. Borda, *Manual de Derecho de Familia*, obra citada, p. 11.

A autoridade do *pater* alcançava uma posição de notável grandeza, pois exercia ele o poder (*potestas*) sobre os escravos, os filhos e as mulheres.

Em um segundo significado, abrangia mais o parentesco de sangue, ou aquele grupo unido por laços de sangue, o que acontecia após a morte do *pater familias*.

Morto o *pater familias*, surgiam tantas famílias novas quantos fossem os varões anteriormente submetidos a um único poder. O termo "família" envolvia, outrossim, o conjunto de patrimônio e a totalidade dos escravos pertencentes a um senhor.[16]

Uma organização semelhante à romana imperava no mundo grego, como lembra Paulo Dourado de Gusmão: "... A família grega antiga, disciplinada por direito não escrito, é o grupo social, político, religioso e econômico, com sede na casa em que reside o ancestral mais velho, chefe da família investido de poderes absolutos e sacerdotais, que mantém a sua unidade e dispõe das pessoas e dos bens, e conserva a religião doméstica, transmitindo-o às novas gerações e às que a ela passam a pertencer, bem como, através do casamento de seus descendentes, com pessoas por eles escolhidas, possibilita, pela procriação, a perpetuação da mesma."[17]

A concepção patriarcal, com o poder absoluto do *pater familias*, iniciou a ceder ao tempo do imperador Constantino, quando apareceu uma ideia bastante semelhante à que vigora atualmente. Os franceses Mazeaud lembram: "Con Constantino (en los comienzos del siglo IV de nuestra era) penetra lentamente en la legislación romana una nueva concepción de la familia, sin lograr jamás, por otra parte, que desaparezcan completamente las precedentes reglas. Es la concepción cristiana de la familia conyugal.

En ella, la familia forma un grupo, no es extendido como en la familia patriarcal, sino restringido: no comprende sino al marido, a la mujer y a los hijos. Citando el Génesis (II, 24), Cristo había dicho a los hijos: 'El hombre dejará a su padre e a su madre, y se unirá a su mujer' (San Mateo, XIX, 5; San Marcos, X, 7). Por eso mismo, este grupo tiene una cohesión que había perdido la familia demasiado vasta del derecho romano. Por esa cohesión no tiene por fundamiento la autoridad del marido; descansa sobre el sacramento del matrimonio."[18]

A etimologia da palavra, segundo a autora Áurea Pimentel Pereira, é encontrada no sânscrito, que a converteu para a língua latina: "O radical *fam* corresponde àquele outro *dhã*, da língua ariana, que dá ideia de fixação, ou de coisa estável, tendo da mudança do 'dh' em 'f' surgido, no dialeto do Lácio, a palavra *faama*, depois *famulus* (servo) e finalmente *familia*, esta última a definir, inicialmente, o conjunto formado pelo *pater familias*, esposa, filhos, e servos, todos considerados, primitivamente, como integrantes do grupo familiar, daí Ulpiano, no 'Digesto', já advertir que a palavra 'família' tinha inicialmente acepção ampla, abrangendo pessoas, bens e até escravos."[19]

No sentido atual, a família tem um significado estrito, constituindo-se pelos pais e filhos, apresentando certa unidade de relações jurídicas, com idêntico nome e o mesmo domicílio e residência, preponderando identidade de interesses materiais e morais, sem expressar, evidentemente, uma pessoa jurídica. No sentido amplo, amiúde empregado, diz

---

[16] Pontes de Miranda, *Direito de Família*, obra citada, tomo I, p. 46.
[17] *Dicionário de Direito de Família*, Rio de Janeiro, Forense, 1985, p. 561.
[18] Henri, León e Jean Mazeaud, *Lecciones de Derecho Civil*, Buenos Aires, La Familia, Ediciones Jurídicas Europa-América, 1956, vol. III, Parte I, pp. 29 e 30.
[19] *A Nova Constituição e o Direito de Família*, Rio de Janeiro, Livraria e Editora Renovar Ltda., 1990, p. 22.

respeito aos membros unidos pelo laço sanguíneo, constituída pelos pais e filhos, nestes incluídos os ilegítimos ou naturais e os adotados.

Em um segundo significado amplo, engloba, além dos cônjuges e da prole, os parentes colaterais até determinado grau, como tios, sobrinhos, primos; e os parentes por afinidade – sogros, genro, nora e cunhados.

Pontes de Miranda aponta os vários significados de família: "Ainda modernamente, há multiplicidade de conceitos da expressão 'família'. Ora significa o conjunto das pessoas que descendem de tronco ancestral comum, tanto quanto essa ascendência se conserva na memória dos descendentes; ou nos arquivos, ou na memória dos estranhos, ora o conjunto de pessoas ligadas a alguém, ou a um casal, pelos laços de consanguinidade ou de parentesco civil; ora o conjunto das mesmas pessoas, mais os afins apontados por lei; ora o marido e a mulher, descendentes e adotados; ora, finalmente, marido, mulher e parentes sucessíveis de um e de outra."[20]

O autor argentino Augusto Cesar Belluscio traz este significado: "En el sentido más amplio (familia como parentesco), es el conjunto de personas con las cuales existe algún vínculo jurídico de orden familiar (comprendería, según Fassi, al conjunto de ascendientes, descendientes y colaterales del cónyuge, que reciben la denominación de parientes por afinidad; a esa enunciación habría que agregar al propio cónyuge, que no es un pariente. Desde este punto de vista, cada individuo es el centro de una familia, diferente según la persona a quien se refiera."[21]

Presentemente, em face do art. 226, § 3º, da Carta Federal, está elevada à categoria de família a união estável entre o homem e a mulher, com descendentes ou não. De certa maneira, comporta o reconhecimento à proteção legal do concubinato, desde que consolidado pela união duradoura dos companheiros.

De outra parte, como ente familiar, ou família, considera-se a comunidade formada por qualquer dos pais e seus descendentes. Ou seja, constitui família o grupo de pessoas integrado por um dos pais e pelos filhos ou demais descendentes. É o que se denomina família monoparental, de grande importância atualmente, dada a quantidade dessas famílias, especialmente formadas por mães e filhos. Segue descrevendo Cristiana Sanchez Gomes Ferreira a espécie: "A Constituição Federal de 1988 novamente inovou ao chancelar a existência jurídica das *famílias monoparentais*, formadas por apenas um dos progenitores e a descendência. Para que haja configuração da família monoparental, imprescindível que coabite unicamente um dos genitores e a prole, sem a presença de outro companheiro ou de novo parceiro afetivo".[22]

Em vista da frequência como se formam uniões puramente sexuais, sem maior estabilidade, decorrem conjuntos familiares da mãe e dos filhos, ou, mais raramente, do pai com os filhos. O fenômeno se repete com as separações ou divórcios, quando um dos pais fica com a guarda dos filhos, passando a constituir uma nova unidade familiar. Bem desenvolve a matéria o Professor Antônio Junqueira de Azevedo, que criticava o então projeto do Código Civil, pela omissão em prever este tipo: "Para começar, o Projeto não trouxe regra alguma sobre a família monoparental. No entanto, nada mais nada menos que 26,1% de brasileiros vivem nesse tipo de família. Em 1991, eram 38 milhões de pessoas, no total de 146 milhões (PNAD – Pesquisa Nacional por Amostragem Domiciliar); são

---

[20]   *Direito de Família*, obra citada, tomo I, p. 47.
[21]   *Derecho de Família*, Buenos Aires, Ediciones Depalma, 1979, tomo I, Parte Geral, p. 3.
[22]   *Análise Econômica do Divórcio*. Porto Alegre, Livraria do Advogado, 2015, pp. 23 e 24.

hoje mais de dez milhões de chefes de família, em geral mulheres – mães, mas muitas vezes também avós –, que, para os nossos senadores, se tornaram mulheres sem rosto, chefiando famílias invisíveis. Essas famílias, aliás, apesar do silêncio geral sobre elas, são mais numerosas que as de união estável (26,1% contra 17,3%). A formulação de um novo Código Civil seria uma boa ocasião para estender ainda mais a previsão constitucional da família monoparental, incluindo, além dos 'descendentes', também os enteados e os 'filhos de criação', porque é isto o que muitas vezes acontece nessas famílias. A utilidade disso seria estender a um bom número de pessoas todas as vantagens dadas pelas leis de proteção à família."[23]

Há, também, a família homoafetiva, formada por pessoas do mesmo sexo, aproveitando--se a descrição feita pela Profa. Cristiana Sanchez Gomes Ferreira: "Indivíduos do mesmo sexo que se unam afetivamente formam a modalidade homoafetiva familiar. A partir de dois específicos julgamentos, ambos datados de 2011, é permitido, no Brasil, o casamento entre indivíduos do mesmo sexo de forma direta, bastando o atendimento das formalidades inerentes ao procedimento de habilitação nupcial em cartório do registro civil. Ainda, em maio de 2013, o Conselho Nacional de Justiça aprovou a Resolução nº 175, a qual veda às autoridades competentes a recusa de habilitação, celebração do casamento civil ou de conversão de união estável entre pessoas do mesmo sexo, sob pena de imediata comunicação ao respetivo juiz corregedor para as providências cabíveis".

Em nota de rodapé, noticiam os referidos dois julgamentos do STF: "O Supremo Tribunal Federal, mediante julgamento da ADPF nº 132-RJ e da ADI nº 4.277/DF, em maio de 2011, reconheceu e chancelou juridicamente a união pública, contínua e duradoura formada entre pessoas do mesmo sexo como uma verdadeira família; complementando e indo mais além, o Superior Tribunal de Justiça, em novembro do mesmo ano, no julgamento do REsp de nº 1.1183.378-RS, reconheceu a possibilidade do 'casamento direto' entre parentes homoafetivos, condicionado, tão somente, à habilitação e atendimentos dos proclamas cartorários, sem a necessidade de ingresso de ação judicial para conversão de união estável em casamento".[24]

Dentro deste quadro de acepções, eis o conceito de família que mais se adapta aos novos tempos e recentes regramentos e pronunciamentos jurídicos: o conjunto de pessoas com o mesmo domicílio ou residência, e identidade de interesses materiais, morais e afetivos, em união pública e duradoura, integrado pelos pais casados ou em união estável, ou por um deles e pelos descendentes legítimos, naturais ou adotados, ou por duas pessoas ainda que do mesmo sexo.

Embora a união de interesses, o que é ínsito à família, não se conforma com a pessoa jurídica, eis que esta tem exigência distinta das pessoas que a compõem, enquanto a família não subsiste por si e nem pode ser proprietária, assumir compromissos, realizar contratos, intentar ações judiciais e praticar quaisquer atos com personalidade própria.

Da mesma forma, não acontece a ofensa a um direito do conjunto familiar, mas aos membros, individualmente ou em conjunto, os quais devem agir em juízo como pessoas físicas. Não basta, para formar a personificação jurídica, a união de indivíduos mediante certo laço, ou inúmeros interesses. É necessário um vínculo ou associação contratual e não natural e instintivo. Concebe-se a família como sociedade, e assim o é, mas sem personalidade jurídica, ou sem alterar-se à categoria de um ente existente por si próprio,

---

[23] "Retrocesso no Direito de Família", *Revista* In Verbis, do Instituto dos Magistrados do Brasil, Rio de Janeiro, nº 15, p. 12, out.-nov. 1998.

[24] *Análise Econômica do Divórcio*, obra citada, p. 25.

eis que ínsito é da pessoa jurídica a constituição para finalidades específicas, objetivadas e acertadas com os mais diversos fulcros, enquanto a família alcança a categoria de sociedade por impulso natural e para finalidades congênitas de seus membros, ditadas por necessidade de convívio ou sociabilidade.

Extirpam-se das legislações o conteúdo formalístico e a formação puramente legal da família, como o casamento civil ou a união efetiva e os filhos havidos durante a sua vigência. Não comportam distinção de valorações os termos família 'legítima' ou 'ilegítima'. Mesmo os filhos adotivos perdem essa qualificação uma vez integrados ao grupo familiar, o que não é fato recente, consagrado com a Constituição Federal de 1988, mas que remonta e se consolidou paulatinamente desde os tempos em que se reconheceram os direitos dos filhos adulterinos e o benefício aos seguros e pensões, por morte dos pais, nos institutos de previdência. Por outras palavras, arredaram-se as qualificações de família legítima ou ilegítima como sinônimos de considerações legais e mesmo sociais.

De igual modo, afastam-se os conceitos de família que colocam os seus membros numa posição de subordinação a um chefe, dada a igualdade hierárquica do homem e da mulher no grupo formado. Na verdade, nem mais de hierarquia se cogita entre pais e filhos, eis que a relação do genitor com a prole passou a ter nova conotação, diferentemente de outrora, quando era absoluto o poder do primeiro. Firmou-se uma paridade entre pais e filhos, tornando-se os direitos concernentes à moradia um patrimônio de todos os membros, de tal sorte que a impenhorabilidade deve preponderar se destinado o imóvel a qualquer um dos integrantes da entidade familiar.

Há consideráveis mudanças nas relações de família, passando a dominar novos conceitos em detrimento de valores antigos. Nesta visão, tem mais relevância o sentimento afetivo que o mero convívio. Em tempos que não se distanciam muito, recorda-se como se insistia na convivência do casal, mantendo-se muitos casamentos apenas formalmente, pois nada mais representavam no seu conteúdo pessoal e afetivo. Desapegando-se as pessoas do temor em ferir ditames sociais, e despojando-se do respeito às aparências, enveredaram para a expansão da verdade através de condutas autênticas. Tem-se, aí, um fenômeno que explica o maior número de separações, e a redução das uniões oficiais.

Não calham mais definições como a presente, dos franceses Henri, León e Jean Mazeaud: "La colectividad formada por las personas que, a causa de sus vínculos de parentesco consanguíneo o de su calidad de cónyuges, están sujetas a la misma autoridad: la del cabeza de familia."[25]

Aliás, vêm a propósito as seguintes colocações, defendidas pelo direito argentino, segundo escrevem Cecilia P. Grosmam e Sílvia Mesterman: "La literatura sobre el tema describe a la organización familiar mediante diferentes parámetros; uno de ellos, es el sistema de autoridad que define la relación de los adultos respecto de los menores que se encuentran bajo su cuidado y la interdependencia y complementariedad de funciones en la pareja conyugal. Es de advertir que la autoridad en este esquema es vista en términos de integración y no de dominación. No se trata de una jerarquía vertical donde uno manda y el otro se somete, sino de una diferenciación de roles y funciones, por la cual, en esto caso el adulto tiene la responsabilidad de proteger y formar al menor. Estos aspectos revisten importancia en las familias ensambladas, constituidas con miembros que coetáneamente

---

[25] *Lecciones de Derecho Civil*, obra citada, vol. III, Parte I, pp. 7 e 8.

14 • Direito de Família | *Arnaldo Rizzardo*

pertenecen a sistemas familiares precedentes, pues la ruptura del vínculo marital no implica no sólo la relación padre-hijo, sino también la que vincula a los padres entre si."[26]

Em verdade, a atual Carta Magna delineou uma diferente ordem estrutural ou organizacional ao direito de família, introduzindo novos rumos e novas indagações. Emergem os seguintes princípios, afastando de vez antigas e injustificáveis discriminações:

a) a igualdade de direitos entre o homem e a mulher;
b) a absoluta paridade entre os filhos, independentemente da origem dos mesmos;
c) a prevalência da afeição mútua nas relações de caráter pessoal;
d) a aceitação da união estável e do grupo formado por um dos pais e dos descendentes como entidade familiar.

Afirma, sobre a matéria, Carlos Alberto Bittar, ao analisar a família sob o prisma da vigente Carta Magna: "Outrossim, na sagração de uniões estáveis e na conciliação de interesses de menores, a Carta de 1988 erige em entidades familiares as comunidades formadas por homem e mulher reunidos sem casamento – apenas para efeito de amparo do Estado, no âmbito do direito assistencial (sistema de seguridade social, arts. 194 e seguintes) – e as constituídas por um genitor e seu filho (ou seus filhos), ou proteção devida a esses últimos.

Dessa forma, entendemos deva a união estável enquanto tal ser submetida às regras do direito comum, não merecendo regulamentação no plano do direito de família, em consonância, aliás, com o direito comparado (sistemas francês, português, espanhol, alemão, entre outros), permanecendo válidas as regras de previdência e outras extravagâncias de proteção à companheira, bem como aplicável a jurisprudência ora prevalente de reconhecimento da sociedade de fato, sempre para amparo da mulher nessas uniões."[27]

Embora a respeitabilidade que sempre mereceu o saudoso mestre, não se pode deixar de acompanhar os tempos. Não há como negar as profundas transformações operadas no seio da família, afastando-a do conceito e da visão dominante no direito romano, no direito canônico e no antigo direito luso-espanhol. Há o reconhecimento constitucional, no sentido de admitir e proteger outras espécies de família, com a expressa inclusão de comunidade formada por qualquer dos pais e seus descendentes e da união estável, numa constante busca de adaptação do ordenamento legal à realidade social e cultural vigorante. O tratamento dispensado pelo Estado às relações decorrentes da união estável não passa de uma imposição determinada pela realidade, sob o grave risco de descalabro total dos grupos formados em torno de parentes e em razão de sentimentos de afeto. Não importa tanto a dessacralização de antigos ritos, que eram havidos como mais importantes que os laços que sustentavam as uniões. Importa a *affectio maritalis* e parental, que é o valor primeiro a se valorar e proteger, pois constitui o elemento que dá sustentação ao grupo familiar.

Tanto que ninguém pode mostrar-se insensível à realidade que veio do final do século passado. Na maioria dos países, casa-se menos e cada vez mais tarde. Os casamentos, mais raros e mais tardios, são menos duráveis, com os filhos de separados, divorciados, ou de pais solteiros formando uma considerável parcela da juventude. Há um aumento de

---

[26] "Organización y Estructura de la Familia Ensamblada – sus aspectos psico-sociales y ordenamiento legal", *Derecho de Familia*, n° 2, 1989, Buenos Aires, Abeledo-Perrot, pp. 32 e 33.

[27] *O Direito Civil na Constituição de 1988*, obra citada, p. 63.

nascimentos extraconjugais e um forte crescimento de famílias em que mãe e pai são um só – geralmente a mulher, mãe solteira ou divorciada, que assume a guarda e o encargo na criação e educação dos filhos. Assim, a convivência de grande parcela dos filhos é com pessoas do sexo feminino.

De outro lado, o filho não é mais a finalidade básica do casamento. Nem a família tem aquela concepção de célula da sociedade, ou de elemento de formação e preparação dos filhos para a sociedade. Desapareceu a figura dominante e patriarcal do pai, que dava seu nome aos membros, que representava o grupo familiar e era seu chefe. Há a evolução de um processo de dissociação, desaparecendo a subordinação estanque dos filhos aos pais.

Esses são apenas alguns fenômenos que apresenta a nova família.

6. AUTONOMIA DA COMUNHÃO DE VIDA INSTITUÍDA PELA FAMÍLIA

O Código Civil, a par de outros princípios que já imperavam, deu ênfase à autonomia da comunhão de vida da família, sem interferências externas, quer de ordem privada ou pública. Com efeito, proclama o art. 1.513: "É defeso a qualquer pessoa, de direito público ou privado, interferir na comunhão de vida instituída pela família."

Realmente, desde que não afetados princípios de direito ou o ordenamento legal, à família reconhece-se a autonomia ou liberdade na sua organização e opções de modo de vida, de trabalho, de subsistência, de formação moral, de credo religioso, de educação dos filhos, de escolha de domicílio, de decisões quanto à conduta e costumes internos. Não se tolera a ingerência de estranhos – quer de pessoas privadas ou do Estado –, para decidir ou impor no modo de vida, nas atividades, no tipo de trabalho e de cultura que decidiu adotar a família. Repugna admitir interferências externas nas posturas, nos hábitos, no trabalho, no modo de ser ou de se portar, desde que não atingidos interesses e direitos de terceiros.

No entanto, a liberdade vai até onde não ofendidos princípios superiores e constitucionais, como os relativos à obrigatoriedade do ensino aos filhos, à proibição de práticas ofensivas à moral, à abstenção de atitudes públicas inconvenientes.

Dentro do âmbito da autonomia, inclui-se o planejamento familiar, pelo qual aos pais compete decidir quanto à prole, não havendo limitação à natalidade, embora a falta de condições materiais e mesmo pessoal dos pais. Eis a regra instituída no § 2º do art. 1.565: "O planejamento familiar é de livre decisão do casal, competindo ao Estado propiciar recursos educacionais e financeiros para o exercício desse direito, vedado qualquer tipo de coerção por parte de instituições privadas ou públicas."

II

O Casamento

1. CONCEITO E HISTÓRIA

Enfatiza o sociólogo e jurista espanhol Jesus Valdés que "dentro del contexto del orden natural está incluida una fuerte atracción psico-fisiológica de cada sexo hacia al otro. Es el apetito sexual o erótico. Por apetito, en términos filosóficos, se entiende toda tendencia de un ser a realizar los fines específicos de su naturaleza".[1]

Efetivamente, a origem primeira do casamento está na atração sexual, ou na concupiscência inata na pessoa.

E o casamento vem a ser um contrato solene pelo qual duas pessoas de sexo diferente se unem para constituir uma família e viver em plena comunhão de vida. Na celebração do ato, prometem elas mútua fidelidade, assistência recíproca e a criação e educação dos filhos.

Diante da previsão legal do divórcio, não se pode afirmar que o compromisso assumido pelo homem e pela mulher de viverem juntos possui um caráter de perpetuidade, o que, aliás, depreende-se do próprio Código Civil, no art. 1.566: "São deveres de ambos os cônjuges: I – fidelidade recíproca; II – vida em comum, no domicílio conjugal; III – mútua assistência; IV – sustento, guarda e educação dos filhos; V – respeito e consideração mútuos." Não se percebe o caráter de indissolubilidade. Mas a moral e os costumes, o interesse social e a ordem pública recomendam, em princípio, a contratação com o intuito de perpetuidade, ou que se imprima nele o que os franceses denominam *esprit de perpetuité*. É conveniente, por razões de estabilidade social, que as uniões se mantenham firmes e perenes, com vistas a assegurar uma sólida estrutura na criação e educação dos filhos.

De uma forma ou de outra, sempre existiu o casamento, desde os primórdios da vida humana. Como fato natural, a família precedeu o casamento, formada que foi pelo impulso biológico que originariamente uniam o homem e a mulher. Rememora Carlos Celso Orcesi da Costa: "Nos primórdios dos tempos, o ser humano, destituído de inteligência, como qualquer outro animal, relacionava-se entre si apenas mediante o instinto, que o encaminhava à procriação e à preservação da espécie da mesma maneira que o instigava à busca de alimentos e rudimentar nomadismo, dentro de seu círculo habitacional. Sobrevivia à custa de um extrativismo rudimentar... Através de comandos instintivos, o casal se encontra apenas no momento da procriação, atraído pelo instinto, quase sempre em determinada estação do ano. Satisfazendo seu desejo e gerando descendentes, macho e fêmea separam-se completamente."[2]

---

[1] *La Procreación Irregular y el Derecho*, Madrid, Nacional, 1972, p. 25.
[2] *Tratado do Casamento e do Divórcio*, São Paulo, Saraiva, 1987, 1º vol., p. 1.

Dentre as muitas pesquisas sobre o início da ideia de família, ou grupo familiar, há os estudos do pesquisador Margau, o qual viveu entre civilizações antigas da América, e que foram aproveitados e desenvolvidos por Federico Engels, que relata ter existido um estágio tão primitivo no qual imperava, no seio da tribo, o comércio sexual promíscuo, "de modo que cada mujer pertenecía igualmente a todos los hombres y cada hombre a todas las mujeres", passando, após, a se formar a união por grupos, até chegar à exclusão dos pais e filhos do comércio sexual recíproco, e, num momento de depuração posterior, à exclusão da união entre irmãos. "La selección natural continúa obrando en esta exclusión, cada vez más extendida de los parientes consanguíneos del lazo conyugal. Según Morgan, el matrimonio entre gens no consanguíneos engendra una raza más fuerte, tanto en el aspecto físico como en el mental; mezclabanse dos tribus avanzadas, y los nuevos cráneos y cerebros crecían naturalmente hasta que comprendían las capacidades de ambas tribus."[3]

De notar, ainda, a estruturação inicial da família, delineada por Carlos Alberto Bittar: "... No início, sob a direção *pater familias*, uma vez organizadas as sociedades primitivas, a família reunia todos os descendentes de um tronco comum (família patriarcal), unificada em função do culto religioso e de fins políticos e econômicos. Fundado na união solene entre cônjuges, esse modelo influenciou entre séculos a vida em sociedade, plasmando-se juridicamente nas codificações, em razão da multiplicidade dos costumes e da perfeita divisão de funções entre homem e mulher. Mas sempre se viu na família a célula-mater da organização social.

Aos poucos foi-se imprimindo alcance mais restrito para o núcleo, considerando como tal apenas os familiares sob a égide dos pais, mas ainda com o marido na chefia do lar conjugal e na administração dos bens da família, enquanto à mulher competia os afazeres domésticos."[4]

A ideia de legalização das uniões surgiu na medida em que preponderava ou passou a dominar a exclusividade das uniões, ou sua consumação por força da afeição mútua, formando-se, assim, o casamento.

No direito romano, fazia-se a pompa nupcial a portas abertas, costume que passou para outros povos, especialmente aos bárbaros. Isto em uma sociedade em estágio profundamente marcado pelo domínio do marido, ou numa família assim retratada por Áurea Pimentel Pereira: "Sob a *auctoritas* do *pater familias*, que, como anota Rui Barbosa, era o sacerdote, o senhor e o magistrado, estavam, portanto, os membros da primitiva família romana (esposa, filhos, escravos), sobre os quais o *pater* exercia os poderes espiritual e temporal, à época unificados.

No exercício do poder temporal, o *pater* julgava os próprios membros da família, sobre os quais tinha poder de vida e de morte (*jus vitae et necis*), agindo, em tais ocasiões, como verdadeiro magistrado.

Como sacerdote, o *pater* submetia os membros da família à religião que elegia."[5]

Nas *Institutas*, vinha o seguinte conceito: "*Nuptiae sive matrimonium est vira et mulieris coniunctio individuum consuetudinem vitae continens.*"

Havia uma modalidade muito especial, e de certo modo presente, embora por outras razões, nos tempos atuais, e que era chamada de *usus*. Por esta espécie, acontecia a união

---

[3] *El Origen de la Familia, de la Propiedad Privada y del Estado*, Madrid, Editorial Ayuso, 1972, pp. 19, 36 e 45.

[4] *Direito de Família*, Rio de Janeiro, Forense Universitária, 1991, p. 6.

[5] *A Nova Constituição e o Direito de Família*, obra citada, p. 23.

íntima entre o homem e a mulher durante um ano. Nada mais representava que uma experiência para aferir a combinação dos cônjuges para a vida conjugal. A separação por três noites consecutivas impedia a consolidação do casamento. Conhecia-se, também, a *coemptio*, ou a escolha e compra da esposa pelo marido.

No Brasil, quando da Colônia e do Império, conheciam-se três modalidades de casamento: o católico, celebrado segundo as normas do Concílio de Trento, de 1563, e das constituições do arcebispo da Bahia; o casamento misto, entre católicos e não católicos, que seguia a orientação do direito canônico; e o casamento que unia membros de seitas diferentes, obedecendo-se as prescrições respectivas.[6] Um decreto de 3 de novembro 1827 oficializou o casamento segundo as diretrizes do Concílio de Trento. Com isso, reconheceu e adotou a jurisdição canônica sobre o casamento e sua dissolução, o que significa afirmar que não se admitia a validade do casamento sem a intervenção da Igreja.

As Ordenações Filipinas, que vigoraram no Brasil até o advento do Código Civil de 1916, admitiam não apenas o casamento sob a doutrina do Concílio de Trento, mas também aquele em que o consenso entre os nubentes se dava perante testemunhas, mesmo que sem a intervenção da autoridade eclesiástica.

Na Constituição Federal de 1824, foi completamente ignorado o matrimônio. Não se fez referência à sua celebração ou à existência da família como instituição. Na Constituição outorgada de 1891, apareceu pela primeira vez a referência ao casamento.

No art. 72, § 4º, dizia-se: "República só reconhece o casamento civil, cuja celebração será gratuita". Nas constituições que se seguiram, veio mantida a instituição, com a proteção, inclusive, do casamento religioso com efeitos civis – o que se nota na de 1934, art. 146; na de 1946, art. 163, §§ 1º e 2º; na de 1969 (Emenda Constitucional nº 1), art. 175, §§ 2º e 3º; e na Constituição vigente, art. 226, §, 1º: "O casamento é civil e gratuita a celebração." O § 2º: "O casamento religioso tem efeito civil, nos termos da lei." E, no § 6º, no pertinente à dissolução: "O casamento civil pode ser dissolvido pelo divórcio, após prévia separação judicial por mais de um ano nos casos expressos em lei, ou comprovada a separação de fato por mais de dois anos."

A lei ordinária, no entanto, cuidou do casamento anteriormente ao Código Civil de 1916. O Decreto nº 181, de 1890, estabelecera que a validade dos casamentos celebrados no Brasil dependeria da observância das disposições pertinentes, obviamente inclusive daquelas emendas das Ordenações ainda não modificadas por leis novas.

A Igreja Católica trouxe grande influência na concepção e seriedade do casamento, incluindo-o num dos sete sacramentos, o que, aliás, rememora épocas anteriores ao cristianismo, como nos casamentos romanos, quando eram religiosos e laicos, assim tendo se pronunciado o jurisconsulto Modestino: *"Nuptiae sunt conjunctio maris et feminae, consortium omnis vitae, divini et humani juros communicatio."*

A importância do direito canônico é ressaltada por Carlos Celso Orcesi da Costa: "O direito canônico, em justa reação à degradação dos costumes, e em razão da descentralização do poder político central, passa a influenciar sobremaneira as relações matrimoniais no decorrer da Idade Média. Embora para autores isolados esse período da história da humanidade tenha revelado, ao contrário do que se supõe, ainda mais ampla e desatinada a desmoralização dos costumes, na verdade a quase unanimidade dos estudiosos assinala que a ação da Igreja, no âmbito das relações matrimoniais, foi produtiva e moralizadora. Em

---

6   Caio Mário da Silva Pereira, *Instituições de Direito Civil*, 2ª ed., Rio de Janeiro, Forense, 1975, vol. V, p. 52.

20 • Direito de Família | *Arnaldo Rizzardo*

que pese filosoficamente se poder discordar dos métodos limitadores, teóricos, dogmáticos, resultantes da ação canônica, tendeu a se estabilizar e efetivamente tornar-se indissolúvel o vínculo durante aquele largo período da história."[7]

No direito brasileiro perdura tal influência, inclusive com o advento do atual Código, introduzido pela Lei nº 10.406/2002, que remonta desde o começo de nossa história, ao longo da colonização, e seguindo em épocas posteriores. A partir da Constituição de 1934, começou a admissão do casamento religioso com efeitos civis, o qual foi disciplinado por lei ordinária.

Nos tempos presentes, verifica-se uma significativa mudança de mentalidade no encarar o matrimônio. Em séculos mais remotos, e em especial por força de conceitos clericais, a finalidade básica do matrimônio visava à procriação. Mais tarde, na época moderna, assume importância o caráter de união entre o homem e a mulher por se ama-rem. Segundo mentalidade de cunho positivista, nada mais é que um modo de legalizar as relações sexuais, de torná-las admissíveis. Não passa de uma convenção. É, aliás, o que já afirmava Virgílio de Sá Pereira: "Seja qual for a forma que se exija para a celebração do ato, seja ela simplesmente leiga ou marcadamente religiosa, essa forma é uma convenção dos homens. Só a família é uma imposição da natureza.

A forma é condicionada pelo dinamismo social – móbil, contingente, vertiginoso; o fato, que ele quer realizar, e que é a família, este é condicionado pelo dinamismo da natureza – pausado, necessário e lento. Assim, a evolução da forma se processará quase que a olhos nus, ao passo que a da família se não percebe, como não percebemos a rotação da Terra."[8]

O enfoque civil, com o registro, dá existência jurídica a tal união, mas sem decorrer que os efeitos desta união advenham do registro. A simples união, que é o elemento material do casamento, traz consequências econômicas e jurídicas, exceto, é verdade, no tocante às obrigações contraídas perante um terceiro, que se concentram unicamente na pessoa que as assumiu.

Mas, em vista da propagação das uniões livres, ou da formação do patrimônio co-mum, as decorrências que daí advêm merecem um tratamento jurídico diferente, que, às vezes, atinge o patrimônio em poder dos cônjuges de fato, quando a origem da dívida está no atendimento de uma necessidade comum da família. O tratamento jurídico já vi-nha regulado desde 1994, através das Leis nᵒˢ 8.971 e 9.278, e está no Código de 2002.

2. NATUREZA E CARACTERES

Muito se tem falado sobre a natureza do matrimônio. Parte-se, de início, do estudo de se considerar uma instituição ou contrato.

É instituição porque elevado à categoria de um valor, ou de uma ordem constituída pelo Estado. É um ente que engloba uma organização e uma série de elementos que transcendem a singeleza de um simples contrato.

Em geral, os autores o estabelecem como um contrato especial, dizendo Carvalho Santos: "... É um contrato todo especial, que muito se distingue dos demais contratos meramente patrimoniais. Porque, enquanto estes só giram em torno do interesse econômico,

---

[7] Obra citada, 1º vol., p. 93.
[8] *Direito de Família*, Universidade do Rio de Janeiro, Faculdade de Direito, Litho-Typographia, 1923, p. 71.

o casamento se prende a elevados interesses morais e pessoais e de tal forma que, uma vez ultimado o contrato, produz ele efeitos desde logo, que não mais podem desaparecer, substituindo sempre e sempre como que para mais lhe realçar o valor."[9]

Não se estabelece tão somente uma relação contratual, aderindo ambas as partes a uma série de obrigações, com os correspondentes direitos e adstrita ao mero cumprimento do pactuado. Há uma nova forma de vida. Optam os cônjuges a um estado de vida, a uma união da qual nascem os filhos, se desenvolve a prole e adquirem eles um patrimônio.

Oportuna a colocação de Carlos Celso Orcesi da Costa: "De resto, considerar-se o casamento como 'contrato', equivalendo-o à locação, à compra e venda, etc., será admitir uma visão materialista desse instituto, absolutamente distante da ampla caracterização espiritual que também pertence à sua natureza. Relegar o matrimônio a simples contrato, mesmo que se admita filosoficamente tal visão materialista, será ignorar todas as relações sociais, espirituais, físicas (a comunhão ampla de vida, a que se referem os civilistas) que decorrem do relacionamento entre duas pessoas, não só entre dois patrimônios. O casamento é instituto não somente jurídico, mas também ético, social, político, uma união não só de dois patrimônios, não só de corpos, mas também de espíritos."[10]

Ademais, pela forma contratual de encarar, as partes poderiam pactuar livremente as cláusulas, inclusive a indissolubilidade, o que significaria um absurdo. No direito italiano, manifesta Lorenzo Ciliento: "È merito ordunque della legge n° 898 quello di aver arricchito il nostro diritto matrimoniale di un principio, già operante per la categoria dei contratti, che sancisce l'immoralità d'una pretesa clausola di indissolubilità matriminiale. E senza, beninteso, che l'introduzione di tale principio abbia restituto alla autonomia privata alcuna scelta in ordine alla dissolubiltà intrinseca del matrimonio. Tant'è che il divorzio opera sul piano della mera voluntarietà del fatto, ancora dopo l'ulteriore riforma di cui alla legge 6 marzo 1987 no 74 che, per un verso, ha preservato l'autonomia dell'accertamento riferito al venir mero della comunione materiale e spirituale tra i coniugi, e, per l'altro, ha sostanzialmente emendato il progetto dalle enunciazone di soluzioni che valorizzavano il conseno ai fini della dissoluzione del rapporto matrimoniale; cichè, non c'è vicenda risolutiva del vincolo che possa farsi risalire ad un'attività negoziale a tal fine programmata dei coniugi."[11]

Bem explícita é a visão de Washington de Barros Monteiro: "De outro lado, acha--se a concepção supraindividualista, que vislumbra no casamento um estado, o estado matrimonial, em que os nubentes ingressam. O casamento constitui assim uma grande instituição social, que de fato nasce da vontade dos contratantes, mas que da imutável autoridade da lei recebe a sua forma, as suas normas e os seus efeitos. As pessoas que o contraem, explica Salvat, têm a liberdade de realizá-lo ou não; uma vez que o decidem, porém, a vontade delas se alheia e só a lei impera na regulamentação de suas relações. A vontade individual é livre para fazer surgir a relação, mas não pode alterar a disciplina estatuída pela lei."[12]

O contrato basicamente é um fato jurídico bilateral, que cria direitos e deveres de ordem patrimonial. As partes dispõem sobre um negócio, ou um determinado assunto, e

---

[9]   *Código Civil Brasileiro Interpretado*, 7ª ed., Rio de Janeiro, Livraria Freitas Bastos S. A., 1961, vol. IV, pp. 10 e 11.
[10]   Obra citada, 1° vol., p. 131.
[11]   "Società Coniugale e Negozio Giuridico", *Il Diritto de Famiglia e delle Persone*, Milão, Giuffrè Editore, 1989, vol. IV, p. 1.017.
[12]   *Direito de Família*, obra citada, p. 10.

obrigam-se a cumprir as estipulações pactuadas. O relacionamento resume-se às regras discriminadas, impondo-se o cumprimento das mesmas, sob pena de se tornar inadimplente.

O casamento, entretanto, não se resume a um rol de direitos e obrigações de cunho patrimonial ou econômico. Embora envolva esse teor em muitos aspectos, prevalecem os elevados interesses pessoais e morais que o impregnam. O fator determinante de sua celebração é a *affectio maritalis*, ou o amor que une os esposos. Sua função repousa também na elevada finalidade da procriação. Procura alcançar a identificação de duas existências, traz o confronto recíproco entre os cônjuges, a criação e educação dos filhos e leva a uma vida comum de todos os membros da família. Enfim, conduz a desenvolver os elevados sentimentos de afeto e pendores morais, dentro do espírito de comunidade, abnegação e doação mútua – qualidades estas ou elementos não próprios ou inerentes aos contratos em seu conceito literal e específico.

Válida continua a seguinte comparação de Lafayette Rodrigues Pereira: "O casamento, atenta a sua natureza íntima, não é um contrato, antes difere dele profundamente, em sua constituição, no seu modo de ser, na duração e alcance de seus efeitos.

O casamento abrange a personalidade humana inteira; cria a família; torna segura a legitimidade dos filhos; dá nascimento a relações que só se extinguem com a morte; os direitos e obrigações que dele resultam trazem o cunho da necessidade e, no que dizem respeito às pessoas, não podem ser alterados, modificados ou limitados pelo arbítrio dos cônjuges.

Os contratos, ao contrário, têm por objeto atos individuais, temporários, interesses materiais, efêmeros e suscetíveis de apreciação monetária. Os direitos e obrigações que deles derivam são regulados pela vontade das partes e por consenso delas podem ser alterados ou suprimidos."[13]

Aliás, já Troplong fazia a distinção, concebendo o casamento como contrato apenas quanto aos interesses patrimoniais: "Le mariage unit le main des époux; le contrat de mariage régit leurs intérêts. Le premier considère les personnes; le second considère les biens. Chacun d'eux a ses règles et sa sphère distincte. Ils se lient cependant de la manière la plus intime, de telle sorte que celui-ci ne saurait exister qu'à la condition de l'existence de celui-là."[14]

Sendo que os autores Mazeaud vão a fundo para demonstrar o caráter de instituição: "En el matrimonio-estado, en carácter institucional es el que predomina; en efecto, las reglas que rigen a los esposos durante su unión conyugal están fijadas imperativamente por el legislador; los esposos no podrían modificarlas. No obstante, en el sistema del Código Civil estaba autorizado el divorcio por mutuo consentimiento; el matrimonio, al poderse disolver por el *mutuus dissensus* de los esposos, se acercaba, entonces, en este punto, al contrato."[15]

Algumas obrigações há que impregnam de contratualidade o casamento, como aquelas da mútua colaboração no sustento e nas responsabilidades econômicas. Daí muitos pretenderem encarar o matrimônio como um contrato complexo, isto é, um misto de contrato e de instituição, pois contém elementos que ultrapassam os limites de contrato.

Sob o prisma de considerar a natureza de contrato e de instituição, dentro de uma teoria eclética, explica Giselda Maria Fernandes Novaes Hironaka, professora na Univer-

---

[13] *Direito de Família*, 5ª ed., Rio de Janeiro, Livraria Freitas Bastos S.A., 1956, p. 35.

[14] M. Troplong, *Du Contrat de Mariage*, 3ª ed., Paris, Charles Hingray Librairie-Éditeur, 1987, 1 vol., p. 10.

[15] Obra citada, p. 64.

sidade de São Paulo: "A teoria eclética, que congraça as duas ideias anteriormente vistas, considerando o casamento como contrato em sua formação, por se originar do acordo de vontades e instituição em sua duração, pela interferência do Poder Público e pelo caráter inalterável de seus efeitos.

Esta teoria, pois, distingue o casamento-fonte do casamento-estado. O primeiro tem natureza contratual e, o segundo, natureza institucional, vez que as regras que governam os esposos durante a união conjugal são fixadas imperativamente pelo Poder Público, não podendo o casal modificá-las."[16]

Vários caracteres ressaltam:

a) Trata-se de uma instituição de ordem pública, dada a legislação existente, à qual devem subordinar-se as convenções particulares.

b) Importa em uma união exclusiva, e isto precipuamente em razão da natureza do próprio ser humano, que não comporta uma tolerância de compartilhamento nessa ordem.

c) Determina uma comunidade de vida para os cônjuges não somente nos interesses patrimoniais, mas em especial nos sentimentos, desejos e intenções.

d) Não admite termo ou condição para a contratação. Ninguém celebra um casamento condicional, passível de desconstituição se não cumprida alguma obrigação.

e) Constitui um ato pessoal, da exclusiva decisão dos nubentes, indo já distantes os tempos quando os pais decidiam sobre o consorte do filho ou da filha.

Para ser válido o casamento, é mister, pois, que haja acordo de vontades do homem e da mulher.

f) Reveste-se o ato de solenidade, com a observância de uma série de requisitos e inscrição no registro civil.

3. FINALIDADES

Lecionava Sá Pereira: "A união sexual, como meio, a propagação da espécie, como fim, eis o traço essencial do casamento." Acrescentava, a seguir: "É principalmente a intenção de viverem juntos, como marido e mulher, a *affectio maritalis*, sem a qual não existia entre os romanos o casamento, mas o concubinato... A intenção das partes é, portanto, a duma colaboração voluntária em vista de um fim comum e o contrato que assim se forma não é outro senão o da sociedade. A *affectio maritalis* é realmente uma espécie no gênero, a *affectio societatis*, sem a qual nenhuma sociedade existe."[17]

Há de se sobrelevar a finalidade da união sexual, pois o casamento representa, para uma concepção mais tradicional e conservadora, uma possibilidade de expansão do sexo, que se torna convencionalmente permitido com a forma solene do casamento, segundo a consciência religiosa. Mas, em vista da mentalidade e da descontração moral hoje imperantes, não resta dúvidas ser o *affectio maritalis*, ou o amor que une um homem e uma mulher, e a pretensão a um direcionamento comum na vida, os motivos ou a finalidade principais do casamento.

---

[16] "Casamento", *Revista do Direito Civil*, São Paulo, RT, n° 54, p. 10, 1990.
[17] Obra citada, p. 79.

A finalidade propulsora está, é certo, no instinto ou impulso sexual, segundo a lei da natureza. Mas este sublima-se quando envolto em uma profunda afeição, ou atração mútua, que se converte no amor, procurando, então, os futuros cônjuges, dirigir a vida de modo a satisfazer os ideais e interesses comuns. Não resta dúvida ser pouco real ou aplicável a trilogia de Santo Agostinho, assim firmando os fins do matrimônio: *proles, fides, sacramentum*. Isto é, *proles*, ou a procriação; *fides*, a fé que os cônjuges devem votar um ao outro; e *sacramentum,* ou o instrumento da graça divina, que leva a santificar o vínculo.

Doutrina esta que foi reavivada pela encíclica papal *Casta Connubio,* de 1930, e que revigorou o Cânone nº 1.013, § 1º, do Código Canônico: o fim primário do matrimônio é a procriação e a educação da prole; o fim secundário é a mútua ajuda e um remédio para a concupiscência. As origens bíblicas do homem e da mulher, no entanto, nos dão conta de outra realidade: Deus criou uma companheira ao homem, a qual passou a conviver com ele. Daí vir a propósito a ainda atual lição de Lafayette Rodrigues Pereira: "Legitimar a procriação da prole, envolvendo no véu do direito a relação física dos dois sexos, é, certo, um dos principais intuitos do casamento; mas o fim principal, a razão de ser desta instituição, está nessa admirável identificação de duas existências, que, confundindo-se uma na outra, correm os mesmos destinos, sofrem das mesmas dores e compartem, com igualdade, do quinhão de felicidade que a cada um cabe nas vicissitudes da vida."[18]

Neste universo de comunhão, o elemento propulsor é o amor, como bem colocava o então magistrado gaúcho Sérgio Gischkow Pereira: "A relevância do amor, do afeto, do ângulo emocional, da convivência respeitosa, da existência recíproca, do prazer da companhia, do desvelo mútuo, sempre em detrimento da união forçada, artificial, hipócrita, doentia, conflitada, destruidora; eis um parâmetro essencial, alicerçante de quase todas as transformações na família e em sua normatização jurídica. Quer-se a autenticidade das relações. Rejeita-se a falsidade."

E, em passagem sobre o conceito axiológico do amor: "O direito é objeto cultural. Todo objeto cultural tem como uma das características ser valioso. O amor é um valor jurídico, como ensina Sílvio de Macedo ('Curso de Axiologia Jurídica', Forense, 1986, 1ª ed., pp. 92 a 94). Não será, portanto, logo no direito de família que deixará o valor jurídico do amor de merecer especial apreço. O significado, o sentido, a razão de ser, o valor de uma união entre duas ou mais pessoas é posto e subsiste em função da afeição que os vincula. Corolários desta asserção consistem em repelir o despotismo masculino; em vislumbrar na família um grupo fundado na mútua afeição, mais do que pela autoridade marital ou de quem quer que seja; em reduzir os fatores organizacionais e hierárquicos na estrutura familiar; em fomentar a liberdade e a igualdade nas interações familiares."[19]

Correta a posição, também, de Orlando Gomes: "O fim principal do casamento é dignificar as relações sexuais, estabilizando-as numa sociedade única e indissolúvel, ostensivamente aprovada e independentemente dos fins da geração para torná-lo compatível com a eminente dignidade da pessoa humana. Juridicamente, o fim essencial do casamento é a constituição de uma família legítima."[20]

---

[18] Obra citada, p. 34.
[19] "Tendências Modernas do Direito de Família", *Ajuris – Revista da Associação dos Juízes do RS*, Porto Alegre, nº 42, p. 65, 1988.
[20] *Direito de Família*, obra citada, p. 47.

4. PRINCÍPIOS DO CASAMENTO

Alguns princípios são colocados como baluartes da instituição do matrimônio, e que revelam a própria definição.

O primeiro deles está na liberdade da união. Os cônjuges decidem livremente na escolha mútua, não subsistindo quaisquer resquícios de antigas interferências de progenitores na escolha do companheiro. Esta união livre, de outra parte, não pode ser limitada por condições, termos ou imposições, cujo cumprimento faculta-se a alguém estabelecer para a continuidade do ato conjugal.

A monogamia é outro fator obrigatório, que há de imperar em todas as circunstâncias do matrimônio. Nunca se admitiu, nas legislações dos países ocidentais, a bigamia, que é punida pela lei penal.

Somente após a dissolução do casamento admite-se novo consórcio, e nunca paralelamente a outro enlace matrimonial, mesmo que, por doença ou fatores adversos, não esteja um dos cônjuges realizando alguma das finalidades do matrimônio.

A indissolubilidade erige-se como mais um princípio. Ao se casarem, partem os cônjuges para uma união estável e duradoura. Este o objetivo almejado. Em certas circunstâncias, porém, bem discriminadas na lei, permite-se a dissolução pelo divórcio.

A convivência ou vida em comunidade também se alça em elemento inspirador, eis que seria um contrassenso buscar o enlace civil para, na prática, continuar o casal separado, ou cada cônjuge com seus interesses próprios e independentes. Tanto que o Código atual abre a disciplina sobre o casamento proclamando a comunhão de vida como sua decorrência, de acordo com o art. 1.511: "O casamento estabelece comunhão plena de vida, com base na igualdade de direitos e deveres dos cônjuges."

Desses princípios acima decorre que, salvo caso de morte do cônjuge ou de divórcio, uma pessoa (homem ou mulher) só pode formar uma família e não mais de uma. Só é lícita a relação sexual com o cônjuge. Por isso, o casamento cria os deveres de fidelidade recíproca, vida em comum e mútua assistência.[21]

5. A IGUALDADE DOS CÔNJUGES NO DIREITO DE FAMÍLIA

Mais que nunca nos tempos atuais se impôs a igualdade total entre o homem e a mulher no casamento.

Já o art. 5º, inc. I, da Constituição Federal, proclama que o homem e a mulher são iguais em valor humano e social. No art. 226, § 5º, a igualdade de tratamento jurídico do marido e da mulher encontra pleno reconhecimento, no que se estende também aos mesmos direitos e deveres. O art. 1.511 do Código atual veio a sufragar o princípio, conforme transcrição acima.

De modo que, diante do princípio constitucional, adotado pelo direito codificado, convertendo-se, assim, no direito positivo, todos os dispositivos eventualmente existentes, que tratam com desigualdade os cônjuges, ou outorgam mais soma de direitos e poderes ao marido, se encontram induvidosamente revogados.

A título de ilustração, rememoram-se vários dispositivos do Código Civil da Lei nº 3.071, de 1º.01.1916, que afloravam desigualdades:

---

[21] Sérgio Sérvulo da Cunha, *Direito de Família – Mudanças*, São Paulo, RT, 1985, pp. 48 e 49.

26 • Direito de Família | *Arnaldo Rizzardo*

"– Art. 186, que dava preferência à vontade paterna para o consentimento no casamento de menores então de vinte e um anos, se discordassem entre si o pai e a mãe.

– Art. 233, que colocava o marido como chefe da sociedade conjugal, função que exercia com a colaboração da mulher, no interesse comum do casal e dos filhos.

– Inc. I do referido dispositivo, que atribuía a ele a representação legal da família.

– Inc. II, do mesmo cânone, que lhe conferia a administração dos bens comuns e particulares da mulher, incumbindo ao marido dita administração em virtude do regime matrimonial adotado.

– Inc. III, também do art. 233, que lhe dava o privilégio de fixar o domicílio da família, ressalvada a possibilidade de recorrer a mulher ao juiz, no caso de deliberação que a prejudicasse.

– Art. 234, que eximia o marido de sustentar a mulher, se esta abandonasse, sem justo motivo, o lar."

Aliás, nessa parte, retira-se que o dispositivo impunha tal obrigação pelo simples fato do casamento. Entrementes, fazia muito tempo não mais vigorava a regra, porquanto fator decisivo e determinante da obrigação era a necessidade, dentre outros requisitos. Orientação que vinha firmada por jurisprudência já antiga: "O pedido de alimentos formulado pela mulher com fulcro na obrigação marital de sustentá-la é inadmissível por incompatibilidade com a regra constitucional da igualdade absoluta. Assim sendo, a mulher afortunada, autossuficiente, não carecedora de assistência, deve ser a ação julgada improcedente."

É que, encerrava o acórdão, "da regra constitucional de igualdade absoluta entre a mulher e o homem na sociedade conjugal (§ 5º do art. 226), há duas consequências que devem ser desde logo ressaltadas. Uma é a revogação do art. 234 do CC, em que está estabelecida a obrigação do marido de sustentar a mulher, porque as posições de dependente e de responsável pessoal, respectivamente, que o preceito induz não é compatível com o igualmente declarado na lei maior. Outra consequência é que a mesma regra de igualdade não afeta o princípio da mútua assistência entre os cônjuges (art. 231, III), porquanto a reciprocidade da obrigação de auxílio não contraria – antes confirma excelentemente – o pressuposto da igualdade.

Daí que a autora, já não podendo invocar o direito de dependência, pode, todavia, invocar o de assistência. Mas, como este último não é um direito absoluto, senão caracteristicamente relativo às necessidades de um e outro – pois é mútuo e se trata de auxílio –, subordina-se à existência de comprovado estado de carência do que o invoca".[22]

Em síntese, o fato do casamento não é suficiente para impor a obrigação alimentar:

"– Art. 240, dispondo que a mulher, com o casamento, assumia a condição de companheira, consorte e colaboradora do marido nos encargos da família, cumprindo-lhe velar pela direção material e moral desta.

– Art. 242, inc. IV, que proibia à mulher contrair obrigações que pudessem importar em alheação de bens do casal, restrição esta que não era imposta ao marido.

– Art. 247 e seus incisos, que especificavam uma série de atos cuja prática se presumia encontrar-se a mulher autorizada pelo marido, como a compra, ainda que a crédito, de coisas necessárias à economia doméstica; a obtenção, por empréstimo, de valores para a aquisição de bens; a contratação de obrigações concernentes à indústria, ou profissão que exercesse com a autorização do marido. No entanto, se argumentava mesmo antes da Constituição de 1988 que se ao marido não se presumia a autorização da mulher para a prática de idênticos atos, também à mulher se estendia a desnecessidade de autorização.

---

[22] TJSP. Apel. Cível nº 111.993-11. 2ª Câm. Cível, de 29.08.1989, *Revista dos Tribunais*, 647/86.

– Art. 274, dispondo que a administração dos bens do casal competia ao marido e as dívidas por este contraídas obrigavam não só os bens comuns, senão, ainda, em falta destes, os particulares de um e outro cônjuge, na razão do proveito que cada qual houvesse lucrado.

– Art. 379, que atribuía ao marido o exercício do poder marital, com a colaboração da mulher, embora, no começo, constasse que aos pais cabia tal poder. O parágrafo único do mesmo artigo assegurava, caso divergissem os progenitores quanto ao exercício do poder marital, a prevalência da decisão do pai, ressalvado à mãe o direito de recorrer ao juiz, para a solução da divergência.

– Art. 385, que também concedia ao pai, e só na sua falta à mãe, a administração dos bens do filho.

– Art. 1.299, o qual estabelecia que a mulher casada não podia aceitar mandato sem autorização do marido, importando a restrição no impedimento do exercício livre da profissão."

A imposição dos princípios constitucionais de absoluta igualdade implicava a não aplicação das normas acima do Código Civil revogado.

Tinha larga aplicação a análise que fizera Sérgio Gischkow Pereira, que lembra, também, outros dispositivos: "Todos os dispositivos legais que contemplam normas capazes de colocar a mulher em situação de subordinação ou inferioridade se tornaram inconstitucionais. Vale o mesmo para o homem. Destarte, não há mais que falar em 'chefe da sociedade conjugal' (art. 233 do CC). Vários outros artigos do CC conflitam com a Constituição; vejam-se os exemplos: a) não mais é privilégio do marido a instituição do bem de família (art. 70); b) não mais prevalece a vontade paterna na anuência para o casamento (art. 186); c) o marido não é mais o representante legal da família (art. 233, I), função, aliás, que já se encontrava totalmente esvaziada; d) o marido não é mais administrador dos bens em comum (art. 233, II); e) não só o marido fixará o domicílio da família (art. 233, III); f) o exercício do pátrio poder não é mais só do pai (art. 380); g) pai e mãe passam as ser administradores dos bens dos filhos (art. 385); h) a preferência de nomear tutor não é mais do pai, no pertinente à mãe (art. 407); i) na falta de cônjuge do interdito, pai e mãe do mesmo estão em igualdade de condições para serem nomeados curadores (art. 454, § 1º), valendo idêntico critério para a situação de ausência (art. 467), e outros com menor repercussão."[23] De se observar que a expressão 'pátrio poder', com o novo Código, se alterou para 'poder familiar'.

---

[23] "Algumas Questões de Família na Nova Constituição", *Ajuris – Revista da Associação dos Juízes do RS*, Porto Alegre, nº 45, p. 147, 1989.

III

Capacidade para o Casamento, Impedimentos e Causas Suspensivas

1. A CAPACIDADE PARA O CASAMENTO

O Código Civil de 1916 incluía no mesmo Capítulo II do Título I, Livro I da Parte Especial, sob a denominação 'impedimentos', a capacidade para casar, os impedimentos propriamente ditos e as causas suspensivas.

O Código vindo com a Lei nº 10.406, de 10.01.2002, distinguiu a capacidade para o casamento, os impedimentos e as causas suspensivas, disciplinando cada espécie em capítulos distintos (Capítulos II, III e IV do Título I, Subtítulo I, Livro IV da Parte Especial).

A capacidade precede os impedimentos, dizendo respeito à idade reconhecida para que as pessoas estejam aptas a casar. Há um tempo reservado para cada coisa, e assim para o casamento, devendo os candidatos atingir uma idade apropriada e condizente não apenas fisicamente, como também moral, psíquica, mental e econômica para a nova realidade ou o novo estado que se passa a pertencer.

Segundo o inc. XII do art. 183 do Código de 1916, não era permitido o casamento para as mulheres menores de dezesseis anos e para os homens menores de dezoito anos. A proibição constituía-se em impedimento. De acordo com o art. 1.517 do Código de 2002, não se manteve a diferença de idade pelo fato da diferença de sexo. Em razão da igualdade absoluta entre homem e mulher, se fixou a idade comum a partir da qual é permitido o casamento, que é de dezesseis anos. Assim consta do art. 1.517: "O homem e a mulher com 16 (dezesseis) anos podem casar, exigindo-se autorização de ambos os pais, ou de seus representantes legais, enquanto não atingida a maioridade civil".

Objetiva a lei a proteção de pessoas imaturas ou inexperientes. Não que se coadune o casamento à aptidão para procriar, ou à presença no ser humano de condições genéticas, que se fazem sentir entre os onze ou doze anos na mulher e entre os treze e quatorze anos no homem. Mas é justamente nesta fase da vida – a puberdade – que despertam as crises de libertação, as divergências de pensamento entre gerações diferentes. Portanto, se permitida a procriação, faltaria o amadurecimento mútuo para a criação e a formação do novo ser humano.

Útil a seguinte observação, de Augusto Cesar Belluscio: "... Si bien a los 14 años para la mujer y 16 para el hombre es posible la unión carnal y la generación, la crisis puberal de desarrollo sexual somático tiene lugar en la mujer alrededor de los 16 y el hombre alrededor de los 18 años, pero que le desarrollo sexual psíquico se cumple después de la fase postpuberal, que el hombre alcanza a los 23 a 24 años y la mujer a los 21. La pubertad sería, pues, una fase preparatória de la plena madurez matrimonial, que se cumple en la fase postpuberal. En cuanto a la función reproductiva, sólo estaría madura en el ser humano cuando se ha completado el crecimiento, mientras tanto, la inmadurez orgánico-psicológica de los progenitores repercute desfavorablemente sobre ellos y su prole, que debe suportar toda su vida signos de empobrecimiento orgánico."[1]

A maior parte das legislações fixou a idade de dezesseis e dezoito anos respectivamente para as mulheres e os homens, anteriormente adotada pelo Brasil, como a Rússia, Portugal, Estados Unidos, Romênia, China, Iugoslávia, Holanda, Austrália, Porto Rico, enquanto outras nações reduzem para dezesseis anos quanto ao homem, e quatorze anos relativamente à mulher, como a Itália, a Argentina e a Guatemala. Na Inglaterra, o limite mínimo, para ambos os cônjuges, é de dezesseis anos, como veio a ser implantado no Brasil. Há Códigos Civis que são mais complacentes, estabelecendo a idade de quatorze anos para o nubente e doze anos para a nubente, como na Espanha, Grécia, Colômbia, Uruguai e Chile.

O parágrafo único do art. 1.517 apresenta a solução de se procurar a via judicial, mediante veredicto do juiz, caso se verificar divergência entre os pais na concessão ou recusa de licença.

O art. 1.518, em texto da Lei nº 13.146/2015, faculta aos pais e tutores a revogação do ato que autorizou o casamento. Para tanto, há de surgir fato novo, e de tamanha gravidade que justifique a nova atitude, como a ciência obtida posteriormente de grave doença transmissível, ou de desvio de caráter, ou da periculosidade do nubente.

Também restou analisado que a denegação do consentimento deve se embasar em motivos sérios e justificáveis, por imposição do art. 1.519. Não pode consistir em mero capricho dos pais, ou em preconceitos, ou em antipatias e simples autoritarismo.

Segundo foi dito atrás, não se põe óbice ao limite máximo, nada impedindo que esposos com idade avançada contraiam núpcias.

Mais algumas regras especiais sobressaem.

Antes da vigência da Lei nº 11.106/2005, autorizava-se o casamento com a idade inferior àquele limite com o escopo de evitar a imposição ou o cumprimento da pena criminal, ou em razão da gravidez da mulher, desde que obtida a permissão judicial, na forma do art. 1.520. No entanto, a lei acima, no art. 5º, revogou várias figuras de crimes contra os costumes, e de outras espécies, dentre elas as que impunham penas possíveis de serem extintas com o casamento (arts. 217, 219, 220, 221, 222, inc. III do *caput* do art. 226, § 3º do art. 231 e art. 240). Embora não mais constituam delito as relações sexuais praticadas nos termos dos dispositivos revogados, entende-se possível conceder a autorização para o casamento, diante de casos típicos, sobretudo se houver gravidez da mulher. De qualquer forma, resta desprovida de sentido a primeira parte final do art. 1.520 do Código Civil (para evitar imposição ou cumprimento de pena criminal), sendo que está em trâmite o Projeto de Lei nº 56/2018, que pretende proibir, em qualquer caso, o casamento de quem não atingiu a idade núbil (16 anos de idade).

De outro lado, mesmo que efetuado o casamento com desrespeito à idade legal, há a restrição do art. 1.551 para a anulação: "Não se anulará, por motivo de idade, o casamento de que resultou gravidez".

O regime de casamento, nesta eventualidade, será obrigatoriamente o de separação, por força do art. 1.641, inc. III.

---

[1]   Obra citada, tomo I, pp. 362 e 363.

2. OS IMPEDIMENTOS

Já lecionava Sá Pereira que "impedimento é a falta de condições impostas por lei para que se celebre o casamento sem vício, que o anule, ou sem penalidade para os nubentes, o oficial do registro e o juiz.[2]

Os autores franceses Mazeaud apresentam uma definição bem clara: "Se llaman impedimentos para el matrimonio, 'stricto sensu', o requisitos negativos de fondo, las situaciones en los cuales está prohibido el matrimonio. Algunos impedimentos son relativos, en el sentido de que no vedan el matrimonio sino con ciertas personas determinadas; otros son absolutos, o sea, que el matrimonio está prohibido con quien quiera que sea."[3]

Realmente, para realizar-se o casamento, não pode haver causas ou fatores que o impossibilitem. É que, segundo já mencionado, seja por razão de idade ou motivo de parentesco, a lei não permite que as pessoas indiscriminadamente casem, embora, nos últimos tempos, está se firmando a tendência de aumentar a liberdade das pessoas decidirem quanto à sua união marital, sente-se um retraimento na interferência do Estado.

Esta instituição vai adquirindo contornos surpreendentes, com forte tendência para sua concepção puramente contratual, em que se procura dar o máximo de liberdade aos contraentes.

Mas há certos padrões, valores e princípios que devem ser preservados e protegidos pelos ordenamentos legais.

Antes de tudo, mais por razões didáticas, conveniente traçar a distinção relativamente à incapacidade, que envolve uma impossibilidade mais profunda e geral, como no caso do menor de dezesseis anos. Já os impedimentos se restringem mais às pessoas que contrairão os laços matrimoniais, sem repercussão no casamento como terceira pessoa. O incapaz está proibido de casar com qualquer pessoa, enquanto o impedido fica privado de contrair o ato com algumas pessoas, como os parentes.

Os impedimentos sempre existiram historicamente. Em épocas antigas, eram mais rigorosos, atingindo maior número de impossibilidades para o casamento. Assim, no direito romano era reservado o casamento unicamente aos cidadãos romanos, e vedado aos estrangeiros e escravos – limitações que foram se abrandando, até surgirem formas menos solenes, e não muito protegidas, como o *contubernium*, restrito aos escravos.

Procurava-se consertar a dinastia das classes. A Lei das XII Tábuas impedia o casamento entre nobres e plebeus.

Com o direito canônico, aboliram-se tais e outros privilégios, numa tentativa de evitar ou legitimar inúmeras uniões concubinárias.

Mas permaneceram alguns impedimentos mais de caráter religioso, até a secularização dos costumes. Os Mazeaud ilustram da seguinte maneira: "El antigo derecho conocía numerosos impedimentos, resultantes, por ejemplo, de los votos religiosos, del estado sacerdotal, del parentesco espiritual nacido del bautismo; por razones de moralidad, prohibia igualmente casarse con un pariente de ex prometido."[4]

---

[2] Obra citada, p. 89.
[3] Obra citada, p. 143.
[4] Obra citada, p. 148.

Presentemente, no Brasil, o Código Civil de 2002 reduziu acentuadamente os impedimentos, em relação ao Código de 1916, revelando uma tendência de informalização do casamento.

Costumava-se, no direito pretérito, classificar os impedimentos em três espécies, em função de seus efeitos, isto é, quanto à nulidade, à anulabilidade do ato e a certas punições que decorriam da não observância de vedações menos graves.

Em primeiro lugar, apareciam os impedimentos dirimentes, assim denominados porque impediam o casamento e podendo torná-lo totalmente nulo.

Dividiam-se em duas espécies: os públicos ou absolutos, e os privados ou relativos.

Os primeiros eram estabelecidos em função do interesse público, tornando inválido o casamento, como os concernentes ao parentesco, ao casamento ainda vigente de um ou de ambos os nubentes, ao crime de homicídio contra o consorte daquele que pretende casar. Apareciam nos incisos I a VIII do art. 183 do Código Civil de 1916. Objetivavam preservar a família e constituir uma sociedade conjugal sadia.

Os segundos, estabelecidos no interesse particular, eram invocáveis unicamente por iniciativa do interessado, vindo contemplados nos incisos IX a XII do preceito citado, sendo exemplo o enlace matrimonial de pessoas coagidas.

Apareciam, depois, os impedimentos impedientes, ou proibitivos, de menor força prática, visto que não anulavam o ato, e apenas traziam sanções particulares contra os cônjuges. Estavam enumerados nos incisos XIII a XVI do art. 183, e referiam-se, *v.g.*, ao casamento de viúvo ou viúva, havendo filhos do casamento com o cônjuge falecido, sem o prévio inventário dos bens. Atualmente correspondem às causas suspensivas, que virão analisadas logo adiante.

Substancial foi a mudança trazida pelo Código de 2002. Além de reduzir para sete os impedimentos, deu outra denominação para aquelas formas de vulnerações de menor e escasso prejuízo, passando a denominá-las causas suspensivas da celebração do casamento, e que no sistema antigo se incluíam entre os impedimentos que resultavam unicamente sanções particulares aos cônjuges, denominados impedientes.

De observar, ainda, que o atual Código afastou o impedimento que no Código antigo constava no inc. VIII do art. 183, pelo qual o cônjuge adúltero não podia casar com o seu corréu, por tal condenado.

A regra não tinha utilidade, embora as razões de Carlos Celso Orcesi da Costa, para quem a condenação não precisava ser criminal. Podia decorrer de simples condenação civil – o que se propiciava na hipótese de ser o adultério declarado como causa do divórcio na respectiva sentença. Os códigos que contemplam essa causa em geral não distinguem entre condenação civil e criminal. Nesta linha, os da Suécia, Alemanha, Holanda e Áustria.[5]

Outrossim, não mais previu os impedimentos dirimentes relativos, já que as vias de anulação do casamento se encontram contempladas nas causas comuns de anulação do negócio ou ato jurídico.

---

[5] Obra citada, 1º vol., p. 170.

2.1. Espécies

a) *Parentesco*

A enumeração aparece nos incisos I e IV do art. 1.521: "Não podem casar:

I – Os ascendentes com os descendentes, seja o parentesco natural ou civil; (...)
IV – Os irmãos, unilaterais ou bilaterais, e demais colaterais, até o terceiro grau inclusive."

Sempre foi repelido o casamento entre parentes próximos pelas várias implicações que podem advir.

O parentesco, nas duas hipóteses, é por consanguinidade e civil.

As relações sexuais entre tais parentes originam o incesto, combatido em todas as épocas e pelos povos de qualquer cultura. A promiscuidade repugna às consciências mais relapsas, embora se reconheça que no estágio primitivo dos grupos sociais eram comuns as uniões entre todos os seus componentes, envolvendo pais, filhos, irmãos, etc. Mas tão logo verificada uma conscientização da proximidade parental, distanciaram-se as uniões e passaram a envolver os membros menos chegados.

Por questões de ordem genética e para evitar a degenerescência das raças é, pois, totalmente inadmissível a união entre as referidas pessoas.

Assim justifica San Tiago Dantas: "Além das razões morais, existem outras, derivadas da eugenia, ciência que se ocupa da defesa da raça, pois é uma ideia mais ou menos aceita por quase todos os higienistas de hoje que a endogamia familiar favorece a decadência das raças e estimula a transmissão de taras familiares. Quando um homem se casa com pessoa de seu sangue, resulta um estímulo aos sinais de decadência de que ambos são portadores, as moléstias hereditárias se acentuam, os estigmas raciais se reproduzem, a decadência somática se revela com maior intensidade. A exogamia familiar, casamento contraído com pessoa de sangue diverso, favorece o desenvolvimento da raça, do mesmo modo que o casamento com pessoas do mesmo sangue favorece sua decadência."[6]

O parentesco pode se originar do casamento ou não, tendo desaparecido a expressão que o qualificava como legítimo na primeira forma, quando o marido e a mulher casados pela lei civil eram considerados os pais legítimos dos filhos. Era precário o significado, por não absorver todo o conteúdo de parentesco legítimo. Mesmo que não casado o pai, qualquer filho não deixava de ser legítimo.

A vedação da lei civil revela-se precária, sempre aparecendo hipóteses não abrangíveis ou aferíveis.

Há situações especiais, como a da filha de uma mulher casada, havida de uma relação adúltera, e registrada em nome do marido. Como ficaria a hipótese se o verdadeiro pai tiver um filho que pretende convolar núpcias com aquela filha?

O impedimento porventura apresentado pela mãe não surtirá efeitos, a menos que se prove a filiação relativamente ao mesmo pai.

O parentesco é natural se nasce de relações carnais havidas no casamento ou fora dele. Civil denomina-se se a relação deriva de adoção, impedindo o casamento do adotante com a adotada.

---

6   *Direitos de Família e das Sucessões*, obra citada, p. 139.

Em suma, impede-se o casamento do pai com a filha; da mãe com o filho; dos avós com os netos, sejam maternos ou paternos, e, quanto ao adotado, da mesma forma com o adotante ou vice-versa, além daquelas pessoas que passam a figurar na classe dos ascendentes – avós e bisavós.

De notar que, segundo Vicente de Faria Coelho, "a proibição legal do casamento de ascendentes e descendentes abrange todos os parentes em linha reta, sem qualquer limitação. Quer dizer, *in infinitum*. E, nestas condições, diz respeito ao parentesco legítimo ou ilegítimo, natural ou civil".[7]

De igual modo, vedado o casamento entre irmãos unilaterais ou bilaterais, não mais vigorando aquela configuração que outrora os colocava como legítimos ou ilegítimos, germanos ou não. Os outros colaterais estão impedidos de casarem entre si até o terceiro grau, inclusive.

Não importa se o parentesco advém do casamento, ou da união natural ou mesmo ilegítima.

Irmãos bilaterais (também conhecidos como germanos) são aqueles filhos do mesmo pai e da mesma mãe; unilaterais, os que se ligam somente por um genitor. Destes, consanguíneos denominam-se quando originados apenas do mesmo pai, e mães diversas; uterinos, se os pais são diversos, mas filhos de mãe única. Em todas as hipóteses, impera o impedimento.

Colaterais são os parentes que têm um tronco ancestral comum, de onde se parte para definir a proximidade do parentesco, sem que uns descendam dos outros. Os irmãos consideram-se parentes em segundo grau; os tios, relativamente aos sobrinhos, situam-se em terceiro grau; os primos ficam em quarto grau. Em todas as escalas conta-se o número de gerações. Parte-se da pessoa, sobe-se ao tronco comum, e chega-se ao parente. Assim, no tocante ao tio, em relação ao sobrinho, há uma geração até o tronco comum, e mais duas até o sobrinho. Daí serem considerados parentes em terceiro grau. Os primos ficam em quarto grau – o pai, os avós, retorna-se para o pai e chega-se a eles –, tudo conforme o art. 1.594.

Útil transcrever a minuciosa lição de Vicente de Faria Coelho: "O parentesco, tanto na linha direta, como na colateral, conta-se por graus, tendo-se em consideração o número de gerações. Consoante Lauterbach, '*gradus est distantia personae ab alia, per generationem facta*'. Com relação ao pai, o filho é descendente do primeiro grau, o neto do segundo, o bisneto do terceiro e, assim, sucessivamente. Com referência ao filho, o pai é ascendente do primeiro grau, o avô do segundo, o bisavô do terceiro, e por aí adiante.

Fixou-se uma regra para estabelecer o grau do parentesco: contam-se as pessoas e retira-se uma – '*tot sunt graus, quot sunt personae, una denupta*'.

Na linha colateral, contam-se os graus pelo número de gerações, mas em relação a um dos parentes, excluídos os ascendentes e os descendentes. Desse modo, dois irmãos são colaterais do segundo grau; tio e sobrinho do terceiro; primos-irmãos do quarto.

Não há primeiro grau na linha colateral de parentesco porque, para determinação do grau, teremos de contar as gerações até o tronco e, em seguida, daí até a pessoa cujo grau queremos estabelecer (art. 333 do Código Civil). Dois irmãos, que são os colaterais mais próximos, estão no segundo grau, uma vez que de um deles sobe-se um grau até o pai (tronco) e deste desce-se um grau até o outro – dois graus.

---

[7] *Nulidade e Anulação do Casamento*, Rio de Janeiro, Freitas Bastos S. A., 1952, p. 45.

No direito romano, há a contagem dos graus com a regra nesta linha: tantos são os graus, quantas as pessoas, tirando o tronco."[8] Lembra-se de que o referido art. 333 equivale ao art. 1.594 do vigente Código.

Quanto aos tios e sobrinhos, o enlace matrimonial é autorizado, na forma do Decreto-Lei nº 3.200, de 1941, conforme já referido, desde que atendidas certas exigências estabelecidas no seu art. 2º: "Os colaterais do terceiro grau que pretendem casar-se, ou seus representantes legais, se forem menores, requererão ao juiz competente para a habilitação que nomeie dois médicos de reconhecida capacidade, isentos de suspeição, para examiná-los e atestar-lhes a sanidade, afirmando não haver inconveniente, sob o ponto de vista da saúde de qualquer deles e da prole, na realização do matrimônio."

Se houver divergência entre os médicos, seguem-se normas relativas às perícias, nomeando-se outro médico, ou forma-se uma nova junta. Desde que viável, admite-se o tratamento específico se constatada a inconveniência.

Não convém, no entanto, o casamento se especiais as relações entre tios e sobrinhos, quase semelhantes às existentes entre pais e filhos, adverte San Tiago Dantas: "Em famílias em que proximidade entre tio e sobrinha é muito grande, em que o tio tem realmente uma função quase paternal, seria realmente muito justo que se isentasse a natureza desse sentimento de qualquer possibilidade de interesse sexual."[9]

Civil é o parentesco decorrente da adoção. Não é permitido o casamento entre o adotante e o adotado, abrangendo o impedimento os descendentes do último. Na lição de San Tiago Dantas encontramos as razões: "A inclinação sexual desnatura a relação altruísta que deve existir na base do comportamento paternal; do mesmo modo isso sucederia, até com mais gravidade, quando a filiação é civil, derivada dos laços criados pela adoção, porque se veria muitas vezes um homem adotar uma mulher como filha e na verdade se comportar, em relação a ela, com uma inclinação sexual que desnaturaria o impulso primitivo que o levou a praticar a adoção. Há uma razão moral poderosa para se ter criado impedimento matrimonial entre parentes: é a necessidade de se manterem completamente isentos de uma tal inclinação os parentes e os que se amam. Há um antagonismo entre os dois sentimentos, e a lei precisa exprimi-lo por meio do impedimento matrimonial."[10]

b) *Afinidade*

O inc. II do art. 1.521 proíbe o casamento entre os afins em linha reta.

Parentes afins são os que resultam do casamento. A pessoa que se casa adquire o parentesco pelo vínculo da afinidade com os parentes do outro cônjuge.

Assim, são afins em linha reta o sogro e a nora, a sogra e o genro, o padrasto e a enteada, e a madrasta e o enteado.

De modo que, exemplificando, se falecer a filha casada, proíbe-se o casamento da sogra com o genro.

Mas o impedimento atinge apenas a linha reta, e não a colateral. Embora raramente, acontecem uniões conjugais entre cunhados, o que é admitido, porquanto a dissolução do casamento extingue a afinidade na linha colateral. Assim, nada impede o matrimônio entre o viúvo e a irmã da falecida mulher.

---

8   Obra citada, pp. 42 e 43.
9   *Direitos de Família e das Sucessões*, obra citada, p. 140.
10 *Direitos de Família e das Sucessões*, obra citada, p. 138.

36 • Direito de Família | *Arnaldo Rizzardo*

Mesmo que o vínculo decorra da união de fato, há o impedimento. Nesta ordem, não se permite o casamento, pois em linha reta, do companheiro ou da concubina com a mãe ou o pai da companheira ou concubina. Prossegue Pontes de Miranda, utilizando-se termos à moda em sua época, quando não se fazia a distinção entre a união de fato e as relações extraconjugais, quando era comum a palavra 'amante', empregada genericamente: "Assim, 'A' não pode casar com a filha, a neta ou a mãe, ou a avó da mulher que foi sua amante; nem 'B' com o filho, o neto, ou pai, ou avô do seu amante, etc." E, a seguir, desenvolvendo o assunto: "A relação entre um cônjuge e os parentes simplesmente naturais ou espúrios do outro é *affinitas legitima*, e não *affinitas illegitima*. O impedimento existe entre o sogro e a nora, entre o genro e a sogra, entre o padrasto e a enteada, ou a madrasta e o enteado, ainda que o outro cônjuge tenha sido filho simplesmente natural ou espúrio, ou que seja simplesmente natural o enteado ou enteada. Outrossim, entre o marido e a filha legítima ou natural da enteada, ou entre a mulher e o pai legítimo ou natural de seu sogro ou do seu enteado.

Se a mulher de 'A' tem filha adulterina, não pode 'A' casar-se com a filha adulterina de sua mulher (*affinitas legitima*). Se a mulher de 'A', depois de anulado o casamento, dá à luz uma filha, o marido dela não pode casar-se com essa filha de quem foi sua mulher."[11]

Nas situações especiais, como aquela de poder ou não o filho consorciar-se com a mulher que vivera em concubinato com o pai, há entendimentos divergentes. O vínculo entre o pai e tal mulher era ilegítimo porque mantido enquanto perdurava o casamento. Proibido ficaria o casamento, se o pai e a madrasta estivessem casados. No caso, eis a solução dada por Washington de Barros Monteiro, no sentido de se permitir o casamento: "Primitivamente, sustentou-se a afirmativa (proibição do casamento), pelo menos quando notório o concubinato, a fim de se evitarem situações escabrosas. Modernamente, porém, não se pode assemelhar essa situação à decorrente da afinidade legal. Só esta firma o impedimento. Em se tratando de matéria de interpretação restritiva, o impedimento não pode ampliar-se a situações não previstas expressamente. No tema dos impedimentos, só prevalecem aqueles que o legislador de modo específico mencionou."[12]

Nesta linha também seguia Vicente de Faria Coelho.[13]

Todavia, a moral não permite solução tão literal, embora a relação envolva sempre a linha reta, na qual não se inclui a concubina ou amante do pai.

Por último, o impedimento é *in infinitum*, segundo Vicente de Faria Coelho: "Como o impedimento anterior, não tem o do nº II do art. 183 quaisquer limitações; estende-se *in infinitum* e é perpétuo, uma vez que não se extingue com a dissolução do casamento que originou o parentesco (art. 335 do CC). *Affinitas in coniuge superstite non deletur*."[14] Recorda-se de que os citados arts. 183, inc. II, e 335 correspondem aos arts. 1.521, inc. II, e 1.595, § 2º, do vigente Código.

Mas não se opera o impedimento se o casamento vem a ser declarado nulo, ou venha a anular-se, pois, prossegue o mesmo autor, "no primeiro caso (casamento nulo), ele nunca existiu e, no segundo (casamento anulável), sendo declarada a anulação por sentença, dá-se o seu desfazimento como se nunca tivesse existido. É indubitável, pois, que o casamento

---

[11] *Direito de Família*, obra citada, tomo I, pp. 90 e 91.
[12] *Curso de Direito Civil – Direito de Família*, obra citada, p. 40.
[13] Obra citada, p. 49.
[14] Obra citada, p. 48.

nulo e anulável não formam sociedade conjugal legítima e, sim, simples união de fato, não podendo, consequentemente, produzir afinidade legítima".[15]

c) *Adoção*

Cuida-se, aqui, de uma restrição mais de cunho moral.

Sabe-se que a adoção é o ato jurídico pelo qual se outorga a qualidade de filho a um estranho. Quem adota é o pai adotivo, e quem se deixa adotar denomina-se filho adotivo.

Em primeiro lugar, na forma do inc. I do art. 1.521, impede-se o casamento entre o adotante e o adotado, como restou observado.

O inc. III do art. 1.521 veda o casamento entre o adotante com quem foi cônjuge do adotado e o do adotado com quem o foi do adotante. Por outras palavras, o pai adotivo ou a mãe adotiva não pode casar-se com a viúva do filho adotivo ou com o viúvo da filha adotiva. Como restrição matrimonial decorrente da adoção, estende-se a impossibilidade entre o adotado e a prole gerada pelos pais adotivos posteriormente à adoção.

A norma inspira-se em razões de ordem moral, eis que necessário imperem princípios de respeito entre o adotado e o adotante.

Mesmo que venha a ser extinta a adoção, perdura perpetuamente o impedimento. No caso, porém, de adoção inexistente, não há impedimento matrimonial, de vez que nunca se formou o vínculo, e, assim, inexistindo parentesco ou impedimento.

San Tiago Dantas desenvolve mais profundamente esta questão: "Deve-se ver que o impedimento perdura, mesmo quando o motivo desapareceu. Respondem alguns autores que, se o impedimento perdura definitivamente, deve-se fazer uma distinção lembrada por Pontes de Miranda: que, quando cessa a adoção, não se pode mudar a norma porque cessou a adoção, mas, sim, por se ter verificado que o negócio jurídico adotivo era inexistente e não podia produzir nenhum efeito. O negócio jurídico, em Direito de Família, às vezes é anulável, às vezes inexistente. Se se verifica que o negócio jurídico foi inexistente, não podia ocorrer. Então deve-se reconhecer que o impedimento não existe mais, porque, a rigor, nunca existiu, e a sentença que venha a declarar inexistente o vínculo adotivo faz desaparecer simultaneamente o impedimento matrimonial."[16]

Rômulo Coelho explica o que é a adoção inexistente: "A realizada por adotante mais novo que o filho adotivo. Neste caso, por impossível, efeito algum produziria o ato e o vínculo não teria se formado."[17]

O inc. V do art. 1.521 impede, outrossim, o casamento do adotado com o filho do adotante. O inc. V do art. 183 do Código anterior impedia o casamento do adotado com o filho superveniente ao pai ou à mãe adotiva. Com o atual Código, o adotado está proibido de casar com qualquer filho, seja existente ou que vier a nascer posteriormente à adoção. A proibição, pois, não atingia o casamento com o filho preexistente.

Justifica-se o impedimento, pois o filho adotado fica na mesma posição dos outros filhos. Não se coaduna com a moral e os sentimentos comuns a união entre irmãos, embora o vínculo seja apenas civil.

---

[15] Obra citada, p. 48.
[16] *Direitos de Família e das Sucessões*, obra citada, p. 141.
[17] *Direito de Família*, São Paulo, LEUD – Livraria e Editora Universitária de Direito Ltda., 1990, p. 74.

d) *As pessoas casadas*

Se um dos cônjuges é casado, não tendo havido a dissolução do vínculo conjugal, há o impedimento para contrair novas núpcias, conforme o art. 1.521, inc. VI. Temos aí um dos mais fortes óbices, dadas as raízes cristãs da civilização ocidental e mesmo oriental, com poucas exceções localizadas no mundo árabe.

Ilustra, sobre a matéria, Augusto Cesar Belluscio: "Es este un impedimento de vigencia universal en los países que aceptan el matrimonio monogámico. Rige no sólo en las legislaciones que establecen la indisolibilidad del vínculo en la vida de los esposos, sino también en aquellas que permiten su disolución por medio del divorcio; en todos los casos no existe la posibilidad legal de contraer segundo matrimonio en tanto no se produzca la disolución del primero."[18]

O casamento no Brasil é essencialmente monogâmico, cominando aos infratores grave sanção penal de dois a seis anos de reclusão. Mesmo que venha depois a ser dissolvida a primeira sociedade conjugal pelo divórcio, mantém a vedação, que foi instituída para proteger a família. Não é convalidado o segundo enlace matrimonial porque ao tempo de sua contratação imperava o impedimento.

É totalmente nulo o segundo casamento, o que vem reiteradamente afirmado pela jurisprudência, aplicando o art. 183, inc. VI, do Código de 1916, que tem a mesma redação do art. 1.521, inc. VI, do vigente Código: "Reexame de sentença. Ação de anulação de casamento. Bigamia. Dupla identidade do cônjuge. Ação julgada procedente. Sentença confirmada. Se as provas do processo demonstram inequivocamente que um dos cônjuges já era casado quando contraiu matrimônio, este segundo ato matrimonial deve ser declarado nulo, por infringir impedimento absoluto previsto no art. 183, inc. VI, do CC."

Argumenta-se, no acórdão, sobre dispositivos do Código anterior, mas que equivalem a normas do atual: "O art. 183 do CC estabelece impedimentos matrimoniais, e entre as hipóteses que menciona arrola uma derivada do vínculo, proibindo o casamento de pessoas casadas anteriormente (inc. VI).

O brilhante causídico campo-grandense Horácio Vanderlei Pithan, escrevendo sobre o assunto, preleciona que: 'O impedimento não é pelo fato de a pessoa já ter sido casada, mas por ser casada. Na vigência de um casamento válido não se pode contrair outro.

Em qualquer circunstância estará eivado de nulidade absoluta o segundo casamento, mesmo que o primeiro venha ser posteriormente anulado, pois a nulidade se estabelece no instante da infringência do impedimento, ou seja, por ocasião do segundo casamento, já que nessa oportunidade o primeiro era presumidamente válido' (Ação de Anulação de Casamento, p. 23, ed. Saraiva).

Sendo nulo o casamento de pessoas já casadas, nos termos do art. 207, c/c. o art. 183, VI, ambos do CC, a ação não poderia deixar de ser julgada procedente..."[19]

Mas, caso se logre a anulação do primeiro casamento, convalesce íntegro o segundo, posto que sem eficácia aquele.

Se nulo o casamento, para casar-se novamente, ou pela segunda vez, necessita previamente o cônjuge que tenha conseguido a declaração judicial da nulidade. É o ensinamento de Pontes: "A nulidade dos casamentos não os faz nenhuns. Não se declara de plano. Há efeitos do casamento nulo. Por isso mesmo é princípio de direito de família que se

---

[18] Obra citada, tomo I, p. 369.
[19] TJMS. Reexame de sentença n° 660/87, de 9.06.1987, *Revista dos Tribunais*, 621/204.

não pronuncia, *incidenter*, a nulidade de um casamento, como se pronunciaria a de outro *negotium nullum*. O art. 221 supõe uma sentença que prevê, quer em caso de nulidade, quer de anulabilidade. O art. 222 refere-se, indistintamente, a todas as nulidades. Ainda mais: o art. 223 diz que, 'antes de mover a ação de nulidade do casamento, a de anulação, ou a de desquite, requererá o autor, com documentos que a autorizem, a separação de corpos, que será concedida pelo juiz, com a possível brevidade.'"[20] Os arts. 207, 1221 e 223, citados acima, encontram conteúdos similares nos arts. 1.548, 1.561 e 1.562 no atual Código, enquanto o art. 222 não tem regra similar.

Explica, ainda, Iolanda Moreira Leite: "Na ação civil para anulação do segundo casamento, há que se provar a ocorrência de dois pressupostos: a) a realização válida do primeiro casamento; b) a vigência desse casamento à época da realização do segundo.

Provados esses dois pressupostos na esfera civil, o segundo casamento receberá a sanção de nulidade, cessando todos os seus efeitos. A sanção de nulidade recairá sobre o segundo casamento, ainda que um ou ambos contraentes estivessem de boa-fé."[21]

Se um dos cônjuges está ausente, mesmo que por longo tempo, não se autoriza novo casamento.

A respeito da ausência e da abertura da sucessão provisória, encerra o § 1º do art. 745 do CPC: "Findo o prazo previsto no edital, poderão os interessados requerer a abertura da sucessão provisória, observando-se o disposto em lei". O prazo estabelecido no edital está colocado no art. 745 do CPC/2015: "Feita a arrecadação, o juiz mandará publicar editais na rede mundial de computadores, no sítio do tribunal a que estiver vinculado e na plataforma de editais do Conselho Nacional de Justiça, onde permanecerá por 1 (um) ano, ou, não havendo sítio, no órgão oficial e na imprensa da comarca, durante 1 (um) ano, reproduzida de 2 (dois) em 2 (dois) meses, anunciando a arrecadação e chamando o ausente a entrar na posse de seus bens".

Como lembram Luiz Guilherme Marinoni, Sérgio Cruz Arenhart e Daniel Mitidiero, a finalidade da publicação do edital é "localizar o desaparecido. O prazo de um ano do art. 745, CPC, conta-se da publicação do primeiro edital".[22]

Sobre a possibilidade ou não de novo casamento do cônjuge do ausente, explica Rômulo Coelho: "Ante o princípio de que o casamento válido só se dissolve pela morte de um dos cônjuges, ou pelo divórcio, também não pode binubar-se o cônjuge do ausente, sem provar, cabalmente, a morte deste. A presunção de óbito (art. 469) para efeitos sucessórios não se aplica em matéria de casamento. Por longa que seja a duração da ausência de um cônjuge, não pode o outro convolar outras núpcias, na presunção de sua morte. Funda-se a proibição na possibilidade dos graves danos que representaria para a família o aparecimento do ausente, cujo cônjuge houvesse celebrado outro casamento."[23] O art. 469 referido está substituído pelo art. 26 do atual Código.

Sempre, em qualquer caso, é necessária a ação de anulação para desconstituir o segundo casamento, com o que se assegurará o direito de defesa. Assim na jurisprudência: "Casamento. Nulidade. Decretação por sentença. Cancelamento do registro. Embora nulo o casamento, por força do disposto no art. 183, VI, do CC, não é possível de se admitir o simples cancelamento do seu registro civil; há necessidade da propositura de ação or-

---

[20] *Direito de Família*, obra citada, tomo I, p. 95.

[21] "Bigamia", *Família e Casamento*, coordenação de Yussef Said Cahali, São Paulo, Saraiva, 1988, p. 307.

[22] *Novo Código de Processo Civil Comentado*. São Paulo, Revista dos Tribunais, 2015, p. 720.

[23] Obra citada, p. 75.

dinária de nulidade de casamento e, se julgada procedente, seja determinada a expedição do competente mandado a fim de que possa o oficial do registro cancelar o assento do casamento."[24]

e) *A pessoa condenada em homicídio ou tentativa de homicídio contra o cônjuge*

Eis a redação do inc. VII do art. 1.521 do Código Civil: "O cônjuge sobrevivente com o condenado por homicídio ou tentativa de homicídio contra o seu consorte."

A razão do impedimento encontra respaldo no sentimento de repulsa que provoca o casamento com o autor do delito contra a vida do outro cônjuge.

Lembra Carlos Celso Orcesi da Costa: "Com justificado rigor, pois que a simples ideia de alguém pretender ou aceitar casar com o homicida da mulher já demonstra, senão reprovável conivência presumida, ao menos suficiente sordidez e ausência de caráter. Isto significa que, embora a conivência criminal não se presuma, a conivência moral pode surgir antes ou depois do fato delituoso, e que se exterioriza na aceitação das núpcias, é elemento suficiente para impedir a concretização de tão repugnante relação."[25]

Não se exige a participação do cônjuge na perpetração do delito. Mesmo que transparente a inocência do consorte, não pode ele casar-se com aquela pessoa que matou ou tentou matar o outro consorte. É que, segundo o consenso normal, este tipo de delito contra a pessoa que se encontrava estreitamente ligada ao sobrevivente, ou ainda persistindo a união se tentado o delito, deve provocar um justo estado de espírito de revolta e uma forte incompatibilidade em relação ao autor do delito – inviabilizando a menor possibilidade de união ou convivência.

Se não advier tal sentimento, torna-se induvidosa pelo menos a conivência, ou a aprovação do crime. Isto se algumas circunstâncias especiais não comprovem a cumplicidade.

De acordo com a redação do inc. VII, como ocorria ao tempo do Código de 1916, reclama-se a condenação criminal do causador ou criminoso, não sendo suficiente a prova por outros meios. Neste sentido escreveu Vicente de Faria Coelho sobre o correspondente art. 183, inc. VIII, do Código de outrora, em ensinamento que permanece atual: "Em qualquer das hipóteses, adultério e homicídio, ou tentativa de homicídio, o Código só estabeleceu impedimento se tiver havido condenação em processo criminal. Torna-se, assim, necessário que os fatos tenham sido apreciados e julgados, com condenação, pelo juízo criminal, para que se apliquem as regras constantes dos números VII e VIII do art. 183 do Código Civil."[26]

Não incide, de outro lado, a restrição no homicídio ou tentativa de homicídio culposo, por faltar, então, voluntariedade do agente no ato.

Não interessa, de outro lado, a reabilitação ou mesmo a prescrição. Sempre prevalecerá o impedimento, porquanto basta o simples reconhecimento judicial do delito para demandar a incidência da norma.

Observava, ainda, Vicente de Faria Coelho: "É compreensível que a proibição do casamento só se aplique após a morte do cônjuge inocente, porque só aí, desfeito o impedimento do 'ligamen', é que haverá possibilidade de casamento do adúltero... A questão é que o cônjuge sobrevivente poderá contrair matrimônio válido com quem quer que entenda,

---

[24] TJMG. Apel. Cível n° 83.229-2. 2ª Câm. Cível. Julgada em 2.10.1990, *Revista dos Tribunais*, 669/158.
[25] Obra citada, 1° vol., p. 171.
[26] Obra citada, p. 86.

tratando-se de pessoa desimpedida, menos com o corréu na prática do adultério, porque, nesse caso, a lei estabeleceu expressamente o impedimento e, ainda mais, absolutamente diferente. Não importa o decurso de tempo, nem qualquer outra circunstância, eis que a nulidade é absoluta, quer dizer, insanável e imprescritível."[27]

3. CAUSAS SUSPENSIVAS DO CASAMENTO

Havia, sob a égide do Código Civil de 1916, os impedimentos dirimentes públicos, os impedimentos privados ou relativos e os impedimentos impedientes. Eram os dois últimos tipos impedimentos de menor gravidade relativamente aos anteriores, e constavam discriminados nos incisos IX a XII (impedimentos dirimentes privados ou relativos) e nos incisos XIII a XVI (impedimentos impedientes) do art. 183 do então Código Civil. Vinham estatuídos no interesse particular, ou no interesse de um dos nubentes, e que apenas podiam anular o casamento ou simplesmente determinar certas punições civis aos cônjuges.

O Código Civil atual trouxe substancial modificação. Não disciplinou os impedimentos dirimentes privados ou relativos, e que se apresentavam nos incisos IX a XII do art. 183. Entrementes, uma vez verificado algum evento que tipifique a figura então prevista, viabiliza-se a anulação do casamento, encontrando-se alguns casos discriminados nos incisos do art. 1.550, e nos arts. 1.556, 1.557 e 1.558, exceto, quanto ao art. 1.557, o inc. IV, que foi revogado pela Lei nº 13.146/2015 ("a ignorância, anterior ao casamento, de doença mental grave que, por sua natureza, torne insuportável a vida em comum ao cônjuge enganado"), lembrando-se, outrossim, que o inc. III do mesmo artigo sofreu alteração pela citada Lei, passando a ter o seguinte texto: "A ignorância, anterior ao casamento, de defeito físico irremediável que não caracterize deficiência ou de moléstia grave e transmissível, por contágio ou por herança, capaz de pôr em risco a saúde do outro cônjuge ou de sua descendência".

Em princípio, as causas de anulação estão previstas para os negócios ou atos jurídicos em geral. Daí que, mesmo omitindo-se Código Civil em vigor no capítulo que trata dos impedimentos, não importa em concluir que os atos configuradores estão afastados de sofrer a competente ação para anular o casamento, tanto que alguns aparecem nos cânones acima indicados. Embora resumidamente, oportuno o exame particularizado dos eventos que vinham nos incisos IX a XII do art. 183 do diploma civil de 1916, com a referência ao dispositivo do atual Código no qual se encontram, quando for o caso:

Inc. IX – "As pessoas, por qualquer modo coactas e as incapazes de consentir ou manifestar, de modo inequívoco, o consentimento."

O primeiro elemento para a validade do casamento é a livre manifestação da vontade. Desde o momento em que forças ou poderes estranhos se interpuseram entre a intenção e a concretização do ato, não se reconhece a livre manifestação da vontade.

Expõe Rômulo Coelho sobre o assunto: "Realmente, o casamento, como os demais atos jurídicos, depende fundamentalmente da livre manifestação de vontade das partes. A pureza do consentimento dos nubentes é sua alma, sua vida. Já o direito romano o considera o contrato consensual (*consensus matrimonialis*). É, pois, elemento básico,

---

[27] Obra citada, p. 90.

essencial de sua validade, o consentimento livremente exteriorizado. Sem este elemento, *sine qua non*, a união carece de validez. A decisão do espírito, a escolha da inteligência, que fecunda o ato matrimonial, é condição primária do ato jurídico mais solene do direito civil. Desse modo, todos aqueles que não podem consentir livremente, ou que são incapazes de consentir, são inaptos par a realização das núpcias."[28]

Especifica-se a impossibilidade de duas formas: ou em face da coação, ou diante da incapacidade de consentir. Verdade, porém, que esta última causa de invalidar o ato envolve a coação, que constitui um dos vícios de consentimento.

A coação revela-se como o ato ou a força que impede a livre manifestação da vontade. Atinge a vontade livre através da força, ou do medo, ou do temor, de modo a desviar a livre condução de uma deliberação ou decisão. Não se confunde, no entanto, como o simples temor reverencial, que leva alguém a agir diferentemente do que desejaria por simples respeito ou consideração à pessoa.

O enquadramento como causa de anulação está prevista no art. 1.558 do atual Código: "É anulável o casamento em virtude de coação, quando o consentimento de um ou de ambos os cônjuges houver sido captado mediante fundado temor de mal considerável e iminente para a vida, a saúde e a honra, sua ou de seus familiares". A matéria virá estudada com mais afinco no assunto sobre a nulidade e a anulação do casamento.

Configuram a coação a gravidade da ameaça, a possibilidade de um grande dano, o temor de um ato vingativo, a probabilidade de uma denúncia que afeta a honorabilidade da pessoa.

A viabilidade de anulação existe porque as declarações e assinaturas feitas pelo nubente são atos meramente exteriores, sem refletirem o espírito e sem corresponderem à vontade declarada.

Quanto aos incapazes de consentir ou de manifestar inequivocamente a vontade em função da idade, o vício diz respeito aos menores de dezesseis anos (art. 3º do Código Civil, em redação da Lei nº 13.146/2015).

Relativamente aos portadores de deficiência mental ou intelectual, a Lei nº 13.146/2015 revogou o inciso I do art. 1.548 do Código Civil, que vinha assim redigido: "É nulo o casamento contraído: I – pelo enfermo mental sem o necessário discernimento para os atos da vida civil". Não mais existe a nulidade. Entrementes, ou o nubente com deficiência manifesta a vontade diretamente, ou o faz pelo responsável ou curador, em atenção ao § 2º do art. 1.550, também em texto da Lei nº 13.146/2015: "A pessoa com deficiência mental ou intelectual em idade núbia poderá contrair matrimônio, expressando sua vontade diretamente ou por meio de seu responsável ou curador".

Caso o nubente seja deficiente mental, se não evidencia a disposição de casar pessoalmente, deve fazer-se acompanhar do responsável ou curador.

Pressuposto para o casamento é a autorização do curador, se houver a interdição. É a opinião sempre atual de José Lamartine Corrêa de Oliveira e Francisco José Ferreira Muniz, ao dizerem que assim pensa a grande maioria da doutrina, pois estariam os interditados sujeitos à curatela: as pessoas interditadas, nos casos em que sua capacidade não atinge a esfera matrimonial, "poderão casar-se, mas necessário será o assentimento do curador (Faria Coelho, V, obra citada, nᵒˢ 59-60, pp. 145-7. Espínola, Eduardo, 1954, nota 86, C, p. 801). Pontes de Miranda, que também assim entendia, ensinava que se

---

[28] Obra citada, p. 80.

Cap. III | Capacidade para o Casamento, Impedimentos e Causas Suspensivas • 43

exige o assentimento do curador em razão da interdição, e não da missão atribuída aos curadores sobre a pessoa dos curatelados. Quando, ao contrário, a sua incapacidade atinja a esfera matrimonial ..., não poderão casar-se, e será irrelevante qualquer participação do curador: seu eventual casamento será sempre anulável."[29]

Normalmente, as pequenas alienações mentais nem sempre se apresentam de logo perceptíveis, ensejando uma prova segura para a anulação. Ademais, a Lei nº 13.146/2015 acrescentou o § 2º, admitindo o casamento, se conseguir expressar a vontade ou por meio do responsável ou curador, conforme acima visto.

Quid juris, se houver a autorização e posteriormente vier a parte a requerer a anulação?

Não basta a simples evidenciação do *déficit* mental, porquanto era do conhecimento dos nubentes e do representante. Há de exsurgir uma situação nova, não conhecida quando do ato de autorização, como, *v. g.,* quando o cônjuge que contraiu núpcias com o incapaz demonstrar que desconhecia as dimensões da doença mental.

Os pródigos – aqueles que desperdiçam desordenadamente seus bens, reduzindo-se à miséria – podem casar. Não se faz necessária a assistência de curador. Se declarada judicialmente a incapacidade, resta limitada a capacidade concernentemente à administração e gerência dos bens.

O surdo-mudo que recebeu educação e é capaz de manifestar a vontade não é inibido de casar. Por sinais ou gestos externos expõe as ideias ou seu estado volitivo interior, ou que lhe assegura condições de escolha e pendores relativamente a uma determinada pessoa.

O assunto mereceu especial estudo de José Lamartine Corrêa de Oliveira e Francisco José Ferreira Muniz, que apresentam categorias dessas pessoas com deficiência: "O caso dos surdos-mudos mereceu tratamento especial. A regra do art. 451 determina ao juiz que, ao pronunciar-lhe a interdição, assinale, segundo o desenvolvimento mental do interdito, os limites da curatela.

Quer isso dizer que, em nosso sistema, podem existir surdos-mudos insuscetíveis de interdição, por serem plenamente capazes de entender os enlaces dos atos jurídicos e de expressar sua vontade (A): tais surdos-mudos são plenamente capazes de entender e querer. Não são incapazes. Podem casar-se, como podem praticar outros atos da vida civil, por si e sem qualquer representação ou assistência.

Podem existir ainda (B) surdos-mudos de tal maneira comprometidos em sua aptidão para comunicação com o ambiente, que não conseguem um mínimo de possibilidade de entendimento e de aptidão para expressão de sua vontade. Não poderão casar-se, sendo seu casamento, se celebrado, anulável.

Uma terceira categoria (C), intermediária, é a dos surdos-mudos que conseguem comunicação suficientemente ampla, de modo a permitir-lhes que entendam o sentido e o alcance de alguns atos, mas não de outro. Embora o casamento seja ato jurídico de importância especialmente grave, não é improvável que possam existir surdos-mudos que entendam o sentido e o alcance de um casamento (por sua natureza de ato bem próximo à vida natural) e expressem em decorrência sua vontade de casar-se, consciente e livremente, não podendo, ao contrário, atos jurídicos de significação só apreensível por quem detenha determinados conhecimentos (por exemplo, constituição de usufruto). Em todo caso, será a sentença de interdição que dirá se o surdo-mudo, no caso concreto, tem ou não sua incapacidade estendida à possibilidade de contrair matrimônio. Caso a incapacidade atinja

---

[29] Obra citada, p. 202.

essa esfera, não poderá ele casar-se, sendo anulável eventual matrimônio seu."[30] De referir que o citado art. 451 do Código Civil correspondia ao art. 1.772 do CC/2002, tendo este, no entanto, sido revogado pelo atual Código de Processo Civil.

Os ébrios habituais e os viciados em tóxico, enquanto estão sob os efeitos da embriaguez ou de substância tóxica são incapazes, sem condições de exprimir a sua vontade por falta de discernimento.

As causas apontadas se encontram previstas para a anulação dos negócios ou atos jurídicos em geral, estendendo-se, também, ao casamento.

"Inc. X – O raptor com a raptada, enquanto esta não se ache fora do seu poder e em lugar seguro."

Hipótese bem difícil de ocorrer, reminiscência dos costumes dos povos bárbaros, que raptavam as mulheres com as quais se uniam.

Na linguagem penal, raptar é tirar, com ou sem violência, mulher honesta de sua casa ou órbita de proteção legal, para fins libidinosos.

A restrição da proteção à mulher honesta, pelo antigo Código, equivalia a uma discriminação, pois todas as pessoas têm o direito à proteção de sua liberdade. Seja como for, mulher honesta é considerada aquela que se coaduna, segundo os padrões normais e vigentes, aos chamados bons costumes.

Embora de prática difícil, seja quem for a mulher raptada, sempre é invocável a anulação, se o casamento foi efetivado enquanto ela se encontrava sob o poder do raptor, pois configurada a coação ou o cerceamento da liberdade, não carecendo que viesse especificamente prevista a causa de anulação, no que fez bem o Código atual.

"Inc. XI – Os sujeitos ao pátrio poder, tutela, ou curatela, enquanto não obtiverem, ou lhes não for suprido o consentimento do pai, tutor, ou curador (art. 212)."

O conteúdo da disposição se encontra no art. 1.517 do Código em vigor. Impõe-se a assistência dos pais ou representantes para os relativamente menores. Se impedida a prática de atos civis sem o acompanhamento dos pais, a mesma vedação se estende ao casamento, considerado o mais importante de todos os atos civis.

Se a incapacidade advém de moléstia mental ou física que impeça a pessoa de exprimir a vontade, o consentimento será prestado pelos curadores. E se menor o pretendente, inexistindo os pais, ou não sendo eles conhecidos, costuma-se indicar uma pessoa para a função de curador, a qual será designada por ato do juiz de paz.

Ambos os progenitores concedem a autorização. Mas, divergindo eles, recorrer-se-á ao suprimento judicial.

A regra não abarca a hipótese de encontrar-se o filho com a guarda de apenas um dos pais. Nesta situação, parece óbvio que prepondera a vontade daquele que exerce a guarda.

"XII – As mulheres menores de 16 (dezesseis) anos e os homens menores de 18 (dezoito)".

O assunto já restou estudado no item I do presente Capítulo, em função do art. 1.517 do Código vigente, que estatui: "O homem e a mulher com 16 (dezesseis) anos podem

---

[30] Obra citada, pp. 200 e 201.

Cap. III | Capacidade para o Casamento, Impedimentos e Causas Suspensivas • 45

casar, exigindo-se autorização de ambos os pais, ou de seus representantes legais, enquanto não atingida a maioridade civil".

No art. 1.550, inc. I, aparece a situação acima como causa de anulação.

Pelo Código de 2002, que não reeditou aqueles impedimentos, posto que desnecessário, os demais impedimentos, contidos nos incisos XIII a XVI do art. 183 do anterior Código, constam no art. 1.523, recebendo a denominação de 'causas suspensivas', mas não coincidindo plenamente. Assim, não veio repetido o impedimento que se encontrava contemplado no inc. XVI do art. 183, pelo qual não podiam casar "o juiz, ou escrivão, e seus descendentes, ascendentes, irmãos, cunhados ou sobrinhos, com órfão ou viúva, da circunscrição territorial onde um ou outro tiver exercido, salvo licença especial da autoridade judiciária superior."

A denominação foi dada porque as situações postas impõem que o casamento se dê depois de certas providências. Todavia, não têm elas o condão de efetivamente invalidar o casamento se levado a termo antes de cumpridos os atos que especifica. Em verdade, o sentido continua o mesmo que existia sob a égide do Código anterior: a realização prévia de certos atos antes de sua celebração, ou suspende-se a celebração do casamento antes do cumprimento das medidas que encerram ditas causas, e desde que suscitadas no período para tanto previsto, consoante o art. 1.522, como se verá no item seguinte.

Outrossim, algumas situações podem trazer restrições civis aos cônjuges, se infringidos dispositivos do Código Civil, como a do art. 1.641, inc. I, consistente a restrição na imposição do regime da separação obrigatória de bens.

Eis as causas suspensivas:

a) *Casamento de viúvo ou viúva sem inventário e partilha dos bens*

O inc. I do art. 1.523 ordena as providências de se proceder ao inventário e de levar a termo a partilha dos bens, antes do casamento, se um dos nubentes for viúvo e tiver filhos. Assim, não deve casar "o viúvo ou a viúva que tiver filho do cônjuge falecido, enquanto não fizer inventário dos bens do casal e der partilha aos herdeiros."

O casamento será obrigatoriamente pelo regime de separação de bens, conforme já salientado acima.

Conveniente trazer a seguinte observação de Carvalho Santos, quando a causa suspensiva era denominada impedimento: "O impedimento não desaparece com o fato de haver sido iniciado o inventário. A lei quer e exige mais: que o viúvo ou viúva dê partilha aos herdeiros, isto é, faça julgar por sentença a partilha. Antes disso, não lhes é lícito casar novamente."[31]

Mesmo, no entanto, que não efetuado o inventário, não há propriamente prejuízo à prole, visto que, morrendo um dos cônjuges, decorre a inalienabilidade dos bens, a menos que todos os herdeiros concordem na venda.

É de se notar a finalidade da imposição da exigência do então art. 183, inc. XIII, atualmente reeditada no art. 1.523, inc. I, do Código vigente: "A razão de ser do impedimento proibitivo disposto no inc. XIII do art. 183 do CC é a de evitar-se a confusão do patrimônio do novo casal com o dos herdeiros do primeiro casamento. Evitando-se tal confusão, com rigoroso respeito do patrimônio dos herdeiros, por ocasião do inventário dos bens do cônjuge falecido, seria de muito rigor impor-se o regime de separação de

---

[31] *Código Civil Brasileiro Interpretado*, obra citada, vol. IV, p. 54.

bens ao novo casamento, como determina o art. 258, inc. I, do CC", acentua uma ementa jurisprudencial.

Na sustentação do enunciado acima, temos: "Reza o art. 258, parágrafo único, inc. I, do CC, que será obrigatório o regime da separação de bens quando o casamento celebrado com infração ao art. 183, XIII, do mesmo estatuto, ou seja, de viúvo ou viúva que tiver filhos do cônjuge falecido, que não fizer inventário dos bens do casal e der partilha aos herdeiros. Na hipótese em exame, por ocasião do segundo casamento do viúvo, já havia inventário dos bens deixados pela primeira mulher, mas a partilha ainda não se dera.

Contudo, a partilha respeitou rigorosamente os bens deixados pela primeira mulher; os herdeiros do segundo casamento só vieram a partilhar dos bens constantes da meação do marido (a ele atribuídos no primeiro inventário) e dos adquiridos na constância do segundo casamento.

A razão de ser da norma em exame consiste em evitar-se a confusão do patrimônio do novo casal com o dos filhos do primeiro leito (RJTJSP, 105/226). Se tal confusão foi evitada, com o rigoroso respeito do patrimônio dos herdeiros do primeiro casamento por ocasião do inventário dos bens da falecida primeira mulher, seria de muito rigor impor-se o regime de separação de bens ao último casamento."[32] Lembra-se de que o art. 258, inc. I do parágrafo único, acima apontado, equivale ao art. 1.641, inc. I, do Código de 2002. Já o art. 183, XIII, equivale ao art. 1.523, I, do CC/2002.

b) *Casamento de viúva ou de mulher cujo casamento foi anulado ou se desfez até dez meses depois da viuvez ou da dissolução*

Esta previsão vem assim redigida no art. 1.523, inc. II: "A viúva, ou a mulher cujo casamento se desfez por ser nulo ou ter sido anulado, até 10 (dez) meses depois do começo da viuvez, ou da dissolução da sociedade conjugal".

Isso porque, segundo o art. 1.597, inc. II, o prazo máximo da gestação é de dez meses (trezentos dias), impondo-se o aguardo desse período para evitar incertezas na filiação.

Mulher que se remaridou e deu à luz um filho depois dos primeiros cento e oitenta dias e antes dos trezentos dias, faz sugerir para o filho a incerteza de paternidade. É que ele pode ser filho tanto do primeiro marido como do segundo. De acordo com a ciência médica, o prazo mínimo de gestação é de seis meses e, o máximo, de dez. De modo que é possível, teoricamente, atribuir-se a paternidade ao primeiro marido por haver nascido após o lapso de cento e oitenta dias da dissolução, como igualmente admite-se que seja filho do segundo. O remaridamento alguns meses após a viuvez ou outra forma de dissolução leva a defrontar-se com a dúvida da filiação.

Daí dizer Carlos Celso Orcesi da Costa que "a regra tem nítido interesse ou finalidade de prevenir a *turbatio sanguinis*. Com razão, posto que deveria surgir perante a sociedade e a lei, ou particularmente perante as famílias velha e nova, a dúvida sobre a real paternidade do filho oriundo, se do pai falecido ou se do atual consorte".[33]

Se, no entanto, a gravidez é evidente quando da viuvez ou da anulação do casamento, ou se comprovar-se a inexistência de gravidez por meios laboratoriais ou científicos, ou se nascer um filho antes de expirado esse prazo, não persiste o impedimento.

---

[32] TJSP. Agravo de Instrumento nº 121.283-1. 1ª Câm. Cível, de 29.09.1989, *Revista dos Tribunais*, 647/100.

[33] TJSP. Agravo de Instrumento nº 121.283-1. 1ª Câm. Cível, de 29.09.1989, *Revista dos Tribunais*, 647/100.

Se infringido o disposto, não se anula o casamento, mas incide a restrição do regime de separação de bens, como já observado.

Desde que provada a filiação por meio técnico ou laboratorial, não prevalece a limitação.

c) *Casamento de divorciado, enquanto não homologada ou decidida a partilha dos bens*

Encerra o inc. III do art. 1.523 que não deve casar "o divorciado, enquanto não houver sido homologada ou decidida a partilha dos bens do casal". De modo que é necessário levar a termo previamente a partilha, antes do novo casamento de qualquer dos divorciados.

Para a concessão do divórcio, não se faz mister a antecedente partilha, em face do art. 1.581, que preceitua: "O divórcio pode ser concedido sem que haja prévia partilha de bens". Dispunha diferentemente o art. 31 da Lei nº 6.515, de 26.12.1977: "Não se decretará o divórcio se ainda não houver sentença definitiva de separação judicial, ou se esta não tiver decidido sobre a partilha dos bens".

Por conseguinte, é possível deferir-se o divórcio sem que se tenha providenciado na partilha. Todavia, para o novo casamento não se dispensa a antecedente homologação da partilha, ou, no mínimo, sem que se tenha decidido sobre a mesma. Não pode restar pendente alguma questão relativa à divisão do patrimônio formado durante o anterior casamento.

d) *Casamento envolvendo o tutor, ou o curador, e respectivos parentes, com a pessoa tutelada ou curatelada*

Eis a norma do inc. IV, art. 1.523: "O tutor ou o curador e os seus descendentes, ascendentes, irmãos, cunhados ou sobrinhos, com a pessoa tutelada ou curatelada, enquanto não cessar a tutela ou curatela, e não estiverem saldadas as respectivas contas."

Trata-se de um impedimento mais de fundo moral, que objetiva o total afastamento de suspeita quanto a se aproveitar a pessoa de sua ascendência hierárquica sobre o tutelado ou o curatelado.

Coloca a lei um freio à possível cobiça do tutor ou curador sobre os bens administrados e pertencentes ao tutelado ou curatelado. Vige o impedimento enquanto durar a tutela ou curatela, e enquanto não pagas ou quitadas as respectivas contas, isto é, desde que nenhuma obrigação perdurar da relação entre o responsável e o incapaz.

A proibição envolve os ascendentes, irmãos, cunhados ou sobrinhos do tutor ou curador.

Uma vez contraído o casamento infringindo-se a regra, a sanção é do art. 1.641, inc. I, isto é, a obrigatoriedade do regime de separação de bens.

No regime do Código anterior, o art. 226 impunha que o cônjuge infrator não podia fazer ao outro doações. No caso, sendo o regime de separação de bens, não se permitem doações, sob pena de ficar burlada a lei. Aprofunda-se Carvalho Santos: "O que a lei proíbe é que o cônjuge infrator faça doação ao outro. Mas não proíbe que o outro a ele faça doação... Autoriza esta inteligência do texto supra o princípio de que a lei que cerceia direitos só abrange os casos que especifica. Logo, só proibindo o texto *supra* a doação que o cônjuge infrator faça ao outro, não pode abranger a hipótese inversa."[34]

Outras incapacidades, ou impedimentos, ou causas suspensivas inexistem, não se podendo, porém, concluir que o casamento não possa ser anulado por razões ou motivos

---

[34] *Código Civil Brasileiro Interpretado*, obra citada, vol. IV, p. 289.

diferentes que aqueles indicados. É o caso do erro quanto à pessoa, ou dos vícios de consentimento.

Apenas a classe de causas discriminada como impedimentos tranca e não permite a realização do casamento. Se, porém, posteriormente ao ato, verificar-se alguma causa de nulidade, mesmo que diferentes daquelas previstas para os impedimentos, é possível a anulação do casamento, segundo se desenvolverá adiante.

Em outra ordem, se algum parente, ou representante, ou o oficial do registro trouxer fato que desaconselha a união, como a relação de padrinho e afilhado entre os pretendentes ao matrimônio, a condenação criminal de um deles, o vício da embriaguez ou do uso de tóxicos, nada se eleva à categoria de impedimento ou de causa suspensiva. Quanto aos padrinhos e afilhados, o Concílio de Trento impediu o casamento entre batizante e batizado, confirmante e pais do confirmado (quanto ao sacramento da crisma), pais e padrinhos – o que não trouxe qualquer influência em nossa legislação e nas nações em geral.

Além das cominações de ordem civil, já consideradas quando da análise dos impedimentos e das causas suspensivas, há as figuras penais, como a do art. 236 do Código Penal, que considera crime contrair casamento induzindo em erro essencial o outro contraente, ocultando algum impedimento; e na forma do art. 235, se o impedimento constitui-se de casamento anterior, o delito tipificado será a bigamia. Aquele que conhece o impedimento que anula de modo absoluto o casamento infringe o art. 237 do mesmo Código Penal.

4. LEGITIMIDADE PARA A OPOSIÇÃO DOS IMPEDIMENTOS E DAS CAUSAS SUS-PENSIVAS, E O PEDIDO DE NÃO APLICAÇÃO DAS CAUSAS SUSPENSIVAS

O assunto envolve a legitimidade para apresentar os impedimentos.

O sentido do termo 'oposição', no caso, é alegação, oferecimento, apresentação de causas impeditivas do casamento.

Cumpre dizer, primeiramente, que uma vez oferecidos os impedimentos, tranca-se o curso dos atos preparatórios ao casamento, até que sejam apurados ou resolvidos.

Como sabemos, os impedimentos são de ordem pública, dirigidos à proteção da família como ente que interessa ao Estado, no sentido de exigir sua estruturação sadia e apta a gerar pessoas normais, com o que a própria sociedade será beneficiada. Daí que mais amplo o campo de titularidades para a arguição. Com efeito, qualquer pessoa será capacitada a apresentá-los, e inclusive a autoridade do cartório onde se processa a habilitação. Reza, a respeito, o art. 1.522: "Os impedimentos podem ser opostos, até o momento da celebração do casamento, por qualquer pessoa capaz". Em seguida, o parágrafo único: "Se o juiz ou o oficial de registro tiver conhecimento da existência de algum impedimento, será obrigado a declará-lo".

Ou seja, por qualquer pessoa capaz, através de manifestação escrita e assinada, instruindo a declaração com provas; pelo oficial do registro civil; por quem presidir a celebração do casamento, é apresentável o impedimento.

No pertinente às causas suspensivas, indicadas nos incisos do art. 1.523, que visam, sobretudo, acautelar os interesses domésticos ou dos próprios cônjuges, a oposição restringe--se a algumas pessoas elencadas no art. 1.524: "As causas suspensivas da celebração do casamento podem ser arguidas pelos parentes em linha reta de um dos nubentes, sejam consanguíneos ou afins, e pelos colaterais em segundo grau, sejam também consanguíneos ou afins".

Nem ao Ministério Público se atribui o direito de apresentá-la, dada a enumeração restritiva do Código.

As causas suspensivas não impedem e muito menos anulam o casamento. Têm o condão de suspender a celebração até que se providencie nas medidas constantes nos incisos I a IV do art. 1.523. Embora celebrado o casamento com infração ao que encerram, a decorrência será o regime de separação de bens, e não a anulação, na previsão do art. 1.641, inc. I.

A interposição se dará desde a data do requerimento feito pelos nubentes para casarem até o momento das núpcias, segundo se extrai dos arts. 1.531 e 1.532, não importando que sejam impedimentos ou causas suspensivas.

O oficial do registro civil, uma vez recebida a impugnação, dará aos nubentes ou seus representantes a nota do impedimento, com a indicação dos fundamentos, das provas e, se o impedimento não se opôs *ex officio*, o nome do oponente.

A eles se garante, no entanto, fazer prova em contrário, de modo a convencer da inexistência do impedimento ou da causa suspensiva.

O art. 67, § 5º, da Lei dos Registros Públicos delineia o caminho para a apreciação ou o julgamento dos impedimentos: "Se houver apresentação de impedimentos, o oficial dará ciência do fato aos nubentes, para que indiquem em três dias prova que pretendam produzir, e remeterá os autos a juízo; produzidas as provas pelo oponente e pelos nubentes, no prazo de dez dias, com ciência do Ministério Público, e ouvidos os interessados e o órgão do Ministério Público em cinco dias, decidirá o juiz em igual prazo."

Como se vê, o juiz receberá os autos da habilitação com os elementos do impedimento e designará audiência, que se realizará em dez dias, quando serão ouvidas as testemunhas que o impugnante e os nubentes indicarem. Após, com a indicação do Ministério Público, decidirá. Evidentemente, não se pode subtrair o direito de recorrer da sentença. Se a lei pretendesse subtrair o exame da segunda instância a decisão do juiz, a teria referido expressamente, como o fez no art. 67, § 2º, da mesma Lei dos Registros Públicos, relativamente ao *decisum* que rejeita a impugnação do Ministério Público à habilitação. Mas, mesmo em tal caso, se ilegalidades flagrantes forem constatadas, a autorização do juiz poderá ser atacada via mandado de segurança, naturalmente por quem tem legitimidade para a formalização dos impedimentos. O certo é que nunca se pode subtrair das partes ou mesmo dos interessados o direito de ver reexaminada uma decisão que pode afigurar-se injusta ou arbitrária.

No pertinente às causas suspensivas, faculta o parágrafo único do art. 1.523 aos nubentes solicitar ao juiz a sua não aplicação: "É permitido aos nubentes solicitar ao juiz que não lhes sejam aplicadas as causas suspensivas previstas nos incisos I, III e IV deste artigo, provando-se a inexistência de prejuízo, respectivamente, para o herdeiro, para o ex-cônjuge e para a pessoa tutelada ou curatelada; no caso do inciso II, a nubente deverá provar nascimento de filho, ou inexistência de gravidez, na fluência do prazo".

O inc. I refere-se ao casamento do viúvo ou da viúva que tiver filho do cônjuge falecido. O inc. III diz respeito ao divorciado que se casa sem a partilha dos bens homologada ou decidida. O inc. IV é relativo ao casamento do tutor ou curatelado e certos parentes seus com as pessoas sob tutela ou curatela. Por último, o inc. II trata do casamento da viúva ou da mulher cujo casamento se desfez até dez meses depois da viuvez ou da dissolução da sociedade conjugal.

De acordo com o parágrafo único acima transcrito, é possível que o viúvo ou a viúva casem, sem antes proceder ao inventário dos bens do casal e dar partilha aos herdeiros;

que o divorciado case, embora ainda não homologada ou decidida a partilha dos bens do casal; que o tutor ou curador e os parentes próximos referidos se unam matrimonialmente com a pessoa tutelada ou curatelada, mesmo que não cessada a tutela ou curatela, e não saldadas as respectivas contas; que a viúva ou a mulher cujo casamento se desfez casem antes do decurso de dez meses depois do começo da viuvez ou da dissolução do casamento, desde que provem, respectivamente, a inexistência de prejuízo para o herdeiro, para o ex-cônjuge, e para a pessoa tutelada ou curatelada, e desde que a mulher demonstre, na última hipótese, o nascimento do filho, ou inexistência de gravidez.

Como evidenciar a inexistência de prejuízo? Demonstra-se mediante a prova de que não há patrimônio partilhável, ou da impossibilidade de se desviar o patrimônio, em razão de sua aquisição antes da união com o ex-cônjuge, dentre outras situações.

IV

Habilitação para o Casamento

1. CARACTERIZAÇÃO

Com vistas a demonstrar que não existe entre os nubentes nenhum óbice capaz de invalidar o matrimônio, ou alguma incapacidade, processa-se a habilitação perante o ofício do Registro Civil. Dada a importância que ainda se dá ao casamento, desenvolve a lei civil inúmeras exigências e regras preparatórias para tal ato. Isto evidencia os cuidados e a seriedade como se deve conceber a união legal dos futuros esposos. A habilitação visa justamente ao exame da capacidade e da aptidão, a fim de conferir validade à celebração. Não basta que se façam presentes os requisitos para a validade *in genere* dos contratos, isto é, que o agente seja capaz, o objeto, lícito e se obedeça à forma prescrita ou não defesa em lei. Mais pressupostos e requisitos se apresentam, alguns de ordem pessoal e física, e outros de fundo jurídico ou legal.

Podem ser considerados em três ordens. A primeira diz respeito à existência jurídica de alguns elementos básicos, compreendendo a diversidade de sexo, o consentimento dos nubentes e a celebração por autoridade competente – condições estas que serão desenvolvidas a seu tempo. Tem relevância, neste momento, a diversidade de sexo, aspecto que vem preocupando alguns sociólogos, humanistas e psicólogos mais ávidos de novidades e sensacionalismos, mas sem maiores ressonâncias ou efeitos práticos. Mesmo que emasculada a pessoas de sexo masculino e passe a identificar-se por um caráter, hábitos, comportamento, impulso sexual e sensibilidade nitidamente femininos, jamais se retirará dela o ser androgênico masculino. Se afiguráveis anomalias nos aspectos externos secundários, e acentuados ou implantados atributos e órgãos femininos por intervenção cirúrgica, isto não importa em introduzir no ser humano órgãos genitais internos, como útero e ovários. Daí conceber-se como impossível a união matrimonial de duas pessoas do mesmo sexo.

Há, o que já ensejou autorização para o casamento, casos especiais em que os órgãos genitais femininos estão mais evoluídos e acentuados que os masculinos; ou o indivíduo, por fato da natureza ou por elementos exteriores, sofreu transformações tão importantes que passaram a marcar e a preponderar os órgãos e caracteres femininos – hipóteses que podem transformar o sexo do indivíduo, cujo casamento com outro se torna pelo menos digno de averiguação e estudo.

O Código Civil, no art. 1.514, ao tratar do casamento, dirige-se ao homem e à mulher, revelando a inviabilidade de sua permissão entre homens ou entre mulheres.

A segunda ordem refere-se à regularidade do casamento, compreendendo a celebração, cujas solenidades nem todas são de rigoroso cumprimento.

52 • Direito de Família | *Arnaldo Rizzardo*

Finalmente, aparecem as regulamentações concernentes à validade do casamento e que tratam da capacidade dos nubentes, do grau de parentesco e da situação do ponto de vista moral, como o não envolvimento dos cônjuges em crimes ou tentativa de crime, e que não tenham sido cúmplices do adultério.

Os assuntos que passam a ser tratados, embora não na ordem acima, inserem-se naquelas classes.

2. DOCUMENTOS QUE INSTRUEM A HABILITAÇÃO

A habilitação desenvolve-se perante o oficial do Registro Civil do domicílio dos contraentes. É o ato inicial e preparatório do casamento, de relevante importância, eis que determinante na sua realização. Destina-se a demonstrar e provar a possibilidade do casamento, e a certificar a inexistência de qualquer impedimento entre os cônjuges. É através desta fase preliminar que se examina a viabilidade ou não do casamento.

Explica San Tiago Dantas: "A habilitação se faz do seguinte modo: os que pretendem casar-se apresentam o seu pedido ao oficial do Registro Civil; e a apresentação deve ser feita por escrito. É necessário que ambos os nubentes a assinem, mas não é necessário que pessoalmente se apresentem.

Se um deles está, por qualquer razão, impedido de assinar, pode se valer de um procurador com poderes especiais para aquele ato, devendo o instrumento da procuração acompanhar o pedido."[1]

Apresentam-se os documentos e instaura-se um procedimento administrativo no registro civil. Dirigem os nubentes um requerimento ao oficial do registro civil do domicílio de ambos, ou de qualquer um deles. Este requerimento é assinado pelos próprios contraentes, ou por procurador especial. Se um deles é analfabeto, permite-se assinatura a rogo, com a presença de duas testemunhas. O instrumento poderá ser feito por escrita particular ou através de escritura pública.

Com o requerimento, juntam-se vários documentos, todos especificados no art. 1.525 do Código Civil:

"I – certidão de nascimento ou documento equivalente;

II – autorização por escrito das pessoas sob cuja dependência legal estiverem, ou ato judicial que a supra;

III – declaração de duas testemunhas maiores, parentes ou não, que atestem conhecê-los e afirmem não existir impedimento que os iniba de casar;

IV – declaração do estado civil, do domicílio e da residência atual dos contraentes e de seus pais, se forem conhecidos;

V – certidão de óbito do cônjuge falecido, de sentença declaratória de nulidade ou de anulação de casamento, transitada em julgado, ou do registro da sentença de divórcio."

Acresce aduzir que os nubentes indicarão, ainda, o regime de bens que escolherão, embora não se trate de requisito obrigatório. Na omissão, prevalecerá o regime de comunhão parcial. É o que se retira da primeira parte do parágrafo único do art. 1.640, disposição que não se encontrava no Código revogado: "Poderão os nubentes, no processo de habilitação, optar por qualquer dos regimes que este Código regula."

---

[1] *Direitos de Família e das Sucessões*, obra citada, p. 160.

No parágrafo único do art. 180 do Código anterior vinha inserida a obrigação, caso algum dos nubentes houvesse residido a maior parte do último ano em outro Estado, de apresentar prova de que o deixou sem impedimento para casar, ou de que cessou o existente. Era totalmente inútil e ineficiente a exigência, pois a prova de inexistência de impedimento é aceita de modo muito facilitada, como uma declaração assinada por duas testemunhas. Mesmo que nada se tenha disposto a respeito no atual Código, aceita-se que o oficial imponha a apresentação de certidão negativa de casamento do cartório da comarca de onde provieram os nubentes, ou da procedência de um deles.

Como a matéria é de grande realce, desenvolver-se-á o estudo sobre cada um dos documentos exigidos.

2.1. Certidão de nascimento ou documento equivalente

A capacidade ou a maioridade para o casamento prova-se por meio de certidão de nascimento.

A idade prevista é aos dezesseis anos tanto para o homem como para a mulher, em consonância com o art. 1.517 do Código Civil. Era aos dezesseis anos para a mulher e aos dezoito anos para o homem pelo art. 183, inc. XII, do Código de 1916. Quanto às pessoas idosas, não se coloca limite de idade. Tanto ao homem quanto à mulher maiores de setenta anos aplica-se apenas o regime de separação obrigatória de bens, por determinação do art. 1.641, inc. I, do Código Civil, não havendo outra limitação.

Inexistindo certidão de nascimento, cumpre à pessoa que providencie no registro tardio. Antigamente era comum a justificação judicial da idade, dada a grande quantidade de pessoas não registradas. Mas, com o surgimento das leis que autorizaram o registro tardio, não mais se justifica tal prática.

Nada impede, no entanto, que, em vez da certidão de nascimento, apresente a parte algum outro documento equivalente, e de igual força probante – o que é facultado pelo inc. I do art. 1.525 –, como a carteira de identidade, o título eleitoral ou o passaporte. Não se olvide, entretanto, que é condição para conseguir esses documentos o registro de nascimento, que se prova mediante a apresentação da respectiva certidão.

2.2. Autorização ou anuência dos pais ou responsáveis pelos nubentes menores ou incapazes

Esta autorização emana do art. 1.525, inc. II, que a exige das "pessoas sob cuja dependência legal estiverem, ou ato judicial que a supra".

Quanto aos menores, a lei presume a falta de maturidade para a decisão de casarem. Não há propriamente uma determinação legal de obediência aos pais, por um princípio de reverência ou consideração filial, mas a preocupação pela seriedade do ato de vontade. Ninguém mais que os pais sabe avaliar as condições e o preparo dos filhos, bem como a real disposição de se unirem por convicção firme e sincera, ou por mero capricho e uma paixão repentina, imatura e fugaz.

Enquanto menores os filhos, submetem-se ao poder familiar dos pais, segundo ordem do art. 1.630, que reza: "Os filhos estão sujeitos ao poder familiar, enquanto menores."

A anuência está regulada nos 1.517, 1.518 e 1.519, expressando o primeiro: "O homem e a mulher com 16 (dezesseis) anos podem casar, exigindo-se autorização de ambos os pais, ou de seus representantes legais, enquanto não atingida a maioridade civil."

A regra encerra uma exigência de ordem indisponível. Não se dispensa a autorização, sob pena de tornar-se anulável o enlace matrimonial – art. 1.550, inc. II.

Embora conste no dispositivo apenas o casamento do homem e da mulher enquanto não alcançada a maioridade civil, é óbvio que não basta esta providência para qualquer dos nubentes com idade inferior a dezesseis anos. Como se verá adiante, se não atingido tal limite, faz-se mister a autorização judicial – art. 1.520.

Não é suficiente o consentimento de apenas um dos pais. Ambos devem conceder a autorização, eis que, para o caso, impõe-se um consenso unânime.

Mas, como em tudo na vida, há possibilidade de divergência, estabelecendo, então, o parágrafo único do art. 1.517 a seguinte solução: "Se houver divergência entre os pais, aplica-se o disposto no parágrafo único do art. 1.631." Eis a redação do referido parágrafo único: "Divergindo os pais quanto ao exercício do poder familiar, é assegurado a qualquer deles recorrer ao juiz para solução do desacordo."

Se estiverem os pais separados, divorciados, ou se o casamento já se encontra anulado, não basta a permissão do cônjuge com quem estiverem os filhos, eis que o poder familiar continua no exercício de ambos os progenitores. Não havendo o reconhecimento da filiação pelo pai, apenas a mãe autorizará. Se ela for desconhecida, e não estiver o filho com o pai, nomeia-se tutor. É a solução extraída do art. 1.633, que disciplina o exercício do poder familiar: "O filho, não reconhecido pelo pai, fica sob poder familiar exclusivo da mãe; se a mãe não for conhecida ou capaz de exercê-lo, dar-se-á tutor ao menor."

Há várias outras situações.

Mesmo que ainda casados e coabitando os pais, é suficiente o consentimento do cônjuge que exerce a direção do lar, se o outro se encontra ausente do lar por longos períodos, ou se não se encontra em condições de lucidez mental ou higidez física. Tal circunstância, porém, deverá constar no processo de habilitação, que deverá ser encaminhado ao juiz, a fim de que supra a autorização do outro progenitor.

Ao incapaz sob tutela a autorização fica a cargo do tutor.

Se completamente incapaz qualquer um dos pretendentes, não é permitido o casamento, porquanto ausente o consentimento. A rigor, observar-se-ão os limites da interdição. Se não decretada, mas transparecendo a incapacidade, obrigatoriamente instaura-se um procedimento judicial, ouvindo-se os pretendentes, e aferindo-se, mediante laudos, o grau de incapacidade. Ao final, permitirá ou não o juiz o casamento. A regra geral é a inviabilidade do casamento se impossível a manifestação da vontade.

Verificada apenas a deficiência, ou havendo algum grau de discernimento do nubente, é autorizado o casamento, não carecendo de autorização judicial. A permissão está no § 2º do art. 1.550, regra que veio aportada pelo art. 114 da Lei nº 13.146/2015: "A pessoa com deficiência mental ou intelectual em idade núbia poderá contrair matrimônio, expressando sua vontade diretamente ou por meio de seu responsável ou curador". Condição é que haja apenas a deficiência mental ou intelectual. Por conseguinte, existe algum discernimento, com a presença da manifestação da vontade. A manifestação da vontade virá diretamente do deficiente, ou do curador ou responsável, como no caso da pessoa que se vale da tomada de decisão apoiada.

Se os nubentes menores não conviverem com os pais, ou encontrando-se estes residindo em lugar distante da residência dos filhos, ficando impraticável a sua manifestação, a prática soluciona o impasse com a nomeação de um curador para o ato, o que se processa nos próprios autos de habilitação, com a prévia autorização do juiz.

Autoriza o art. 1.518, modificado pela Lei nº 13.146/2015, a retratação do consentimento: "Até a celebração do casamento podem os pais ou tutores revogar a autorização." Ocorrendo esta revogação, viável através de simples manifestação escrita ao oficial do cartório, não se realizará o casamento. Somente por suprimento judicial invalida-se a retratação.

O emancipado necessita de autorização ou consentimento dos pais ou responsáveis. É que, pela emancipação, consoante o inc. I do parágrafo único do art. 5º, a pessoa adquire a *capacidade* para os atos da vida civil. Pode o menor gerir todo seu patrimônio, bem como dedicar-se à atividade empresarial, inclusive viajar, hospedar-se em hotel, negociar, desacompanhado dos pais ou responsáveis. Não adquire a capacidade para atos previstos em leis especiais regulamentando determinadas matérias, sendo exemplo a candidatura a cargo político, a direção de veículos automotores ou a compra de armas.

No caso do casamento, consta no art. 1.517 do Código Civil a obrigatoriedade da vênia paterna ou materna para a contratação do casamento, enquanto não atingida a *maioridade civil*, que se distingue, na sua amplitude, da capacidade, conseguida esta através da emancipação ou concessão dos pais. Realmente, o art. 5º estabelece que a menoridade cessa aos 18 anos. Já seu parágrafo único encerra que cessará aos menores a *incapacidade*, e não a *menoridade*. Conjugando-se tais dispositivos com o art. 1.517, depreende-se que é necessária a autorização dos pais ou responsáveis enquanto não atingida a maioridade plena.

2.2.1. Suprimento judicial do consentimento

Se os pais ou representantes dos menores de dezoito anos não consentirem no casamento, admite-se o suprimento judicial, desde que seja considerada injusta a recusa. É o que preceitua o art. 1.519: "A denegação do consentimento, quando injusta, pode ser suprida pelo juiz." Conforme o art. 1.517, parágrafo único, e o art. 1.631, parágrafo único, havendo divergência dos pais no consentimento, ao juiz cabe solucionar o impasse. A circunstância de depender o casamento da autorização dos pais ou de outros representantes não importa se reconheça a eles arbítrio total na decisão. Há um poder discricionário, mas não arbitrário. Razões justas e sérias devem imperar para negarem-se os pais a atender a pretensão dos filhos.

Não discriminou o Código as hipóteses que permitem a negação ao consentimento, no que andou bem, pois extensa e sempre não abrangente seria a relação, eis que jamais esgotaria todos os casos que ensejam tal atitude.

Exemplificam os autores algumas situações que permitem a recusa: condenação em crime grave, como estupro e roubo, costumes desregrados, conduta escandalosa, rapto da mulher, doenças contagiosas, fama de delinquente, convivência em meio social de marginais, total recusa ou incapacidade para o trabalho.

Ocorre, todavia, o que acontecia amiúde em épocas mais antigas, que os pais contrariam o consórcio por inúmeras outras razões, sem uma justificativa normal ou coerente, como por preconceito social, falta de estudos ou cultura do nubente, desnível social, antipatias pessoais, desentendimentos entre famílias, pobreza, costumes diferentes do pretendente, profissão de religião diversa etc.

Constam em um acórdão estes ensinamentos: "Os jovens são sadios, de bons costumes, inocorrendo qualquer dos motivos que a doutrina aponta como justificativas do indeferimento (cf. Carvalho Santos, *Código Civil Brasileiro Interpretado*, Livraria Freitas Bastos, 4ª ed., 1953, vol. IV/70). Ontem, como hoje, a concessão do alvará se recomenda, como se vê de antigo julgado, assim resumido: 'Deve ser suprido o consentimento, desde que não há impedimento legal, possui o nubente ocupação remunerada, não tem costumes desregrados, nem sofre de moléstia infectocontagiosa' (cf. Ap. dezembro/31, *Revista de Direito*, 106/207, *apud* Aquiles Beviláqua, *Código Civil Anotado*, Freitas Bastos, 1946, nota ao art. 188)."[2]

Impende a facilitação no consentimento da autorização: "É inquestionável que o juiz, na apreciação da matéria, não deve ficar aferrado ao rigor formal, impondo colocar em relevo os fins sociais da regra legal, atendendo às exigências do bem comum. Bem por isso, não se dispondo sequer da informação de que o pretendente ao casamento seja o autor do defloramento da menor, ou, ainda, se conta com idade que revele responsabilidade criminal, não há que se cogitar, desde logo, do afastamento da pretensão inicial...

A propósito, decidiu a 3ª Câm. Cível do TJ do RS, no julgamento da Apel. Cível nº 42.572: 'Visando à outorga judicial de consentimento a menor à defesa da sua honra pelo meio hábil do casamento, forma de reparação pelo ofensor do ilícito ao interesse da honra da nubente e à extinção da pena do ofensor, que, em última análise, objetivam o bem-estar da própria sociedade' (*RT*, vol. 576/248)."[3]

Titular para a ação é a pessoa que tem recusado o consentimento. Não importa, aqui, a idade para o ingresso em juízo, eis inviável a assistência dos pais. Do contrário, se impossibilitaria o exercício do direito.

Exemplifica-se com a seguinte ementa: "É de se admitir que o menor relativamente incapaz conceda mandato judicial, independentemente da presença do assistente legal, sob pena de impedi-lo definitivamente de obter a tutela jurisdicional, quando o representante se recusa a conceder-lhe permissão para determinados atos da vida civil, como ocorre nos casos de necessidade de suprimento de autorização para contrair matrimônio."

Por uma questão de lógica, admite-se a autorização, segundo o voto inspirador da ementa acima: "Se ao menor interessado se faculta requerer o suprimento (Carvalho Santos, *Código Civil Brasileiro Interpretado*, 4ª ed., Freitas Bastos, 1953, vol. IV, p. 71), não seria lógico nem coerente vedar-lhe o poder de conceder mandato judicial, cujo destinatário não deixará de estar sob a fiscalização do Ministério Público e do próprio juízo."[4]

Também aos parentes e a outras pessoas interessadas admite-se a capacidade para pedir o suprimento, justamente para evitar o cerceamento do direito do menor, que poderá ser impedido, pelos pais, de tomar as providências judiciais. Útil o ensinamento, sobre o assunto, de J. V. Castelo Branco Rocha: "São partes legítimas para pedir o suprimento o próprio menor, a quem foi recusado o consentimento, ou o noivo da menor, ou a noiva do menor. Não se pode negar ao Ministério Público a legitimidade de parte. Também é admissível a intervenção do parente, em nome do menor. Nem sempre o menor dispõe de liberdade para tomar a iniciativa.

---

[2] TJMG. Apel. Cível nº 70.7000-2. 2ª Câm. Cível. Julgada em 27.11.1990, *Revista dos Tribunais*, 670/149.

[3] TJSP. Apel. Cível nº 130.258-1. 5ª Câm. Cível, de 18.10.1990, *Revista de Jurisprudência do TJ de São Paulo*, Lex Editora, 132/253.

[4] TJMG. Apel. Cível nº 79.700-2. 2ª Câm. Cível. Julgada em 27.11.1990, *Revista dos Tribunais*, 670/149.

Entende Pontes de Miranda que o terceiro pode requerer o suprimento, desde que explique, de modo satisfatório, as razões por que não o faz diretamente a noiva ou o noivo (*Tratado de Direito de Família*, vol. I, p. 133, Max Limonad, 1947)."[5]

Aos incapazes por doença mental e aos surdos-mudos, desde que aptos a casarem, também se reserva a ação judicial.

Pelo atual sistema processual civil, não há nem procedimento especial para a ação. Adota-se o rito comum. Despachando o pedido, que poderá ser no processo de habilitação, ordenará o juiz que sejam ouvidos os pais ou os responsáveis. Intervirá obrigatoriamente o Ministério Público. Da decisão caberá o recurso de apelação.

2.3. Declaração de duas pessoas maiores, parentes ou não dos nubentes, que atestem conhecê-los e afirmem não existir impedimento para casar

Não basta a declaração dos cônjuges sobre os dados pessoais, mas faz-se imprescindível a presença de duas testemunhas, que atestem serem verídicas as afirmações. Este documento representa a forma da inexistência de impedimentos para o matrimônio e da identidade dos cônjuges. A lei atribui presunção de veracidade à declaração em si, sem importar-se com o grau de parentesco, ou mesmo com a qualidade dos atestantes. Nesta parte, não se aplica o disposto no art. 228, V, da lei civil, que não admite como testemunhas, dentre outras pessoas, os ascendentes, os descendentes e os colaterais até o terceiro grau de alguma das partes por consanguinidade, ou afinidade.

2.4. Declaração do estado civil, do domicílio e da residência atual dos contraentes, e dos respectivos pais, se conhecidos

Os nubentes, em conjunto ou separadamente, preenchem uma declaração em que consideram tais elementos no item constantes. No pertinente ao estado civil, esclarecerão os mesmos a situação de cada um: se solteiro, ou viúvo, ou divorciado, maior ou menor, ou se houve anulação do casamento.

No caso de serem viúvos, esclarecerão se possuem filhos do casamento anterior; e no de serem divorciados, se a partilha dos bens do casamento anterior foi realizada, instruindo a informação com a respectiva certidão, o que também se exige se o casamento tiver sido anulado.

Por esta declaração, o oficial do registro civil tem condições para aferir eventuais impedimentos, ou causas suspensivas.

A exigência da declaração aparece no art. 1.525, inc. IV: "Declaração do estado civil, do domicílio e da residência atual dos contraentes e de seus pais, se forem conhecidos."

2.5. Certidão de óbito do cônjuge falecido, de nulidade ou de anulação do casamento, com o trânsito em julgado, ou do registro da sentença de divórcio

Evidentemente, o viúvo provará seu estado com a certidão de óbito do cônjuge falecido, não se permitindo a substituição por outro documento, a menos que a morte ocorra

---

5   *O pátrio poder*, 2ª ed., São Paulo, Leud – Livraria e Editora Universitária de Direito Ltda., 1978, p. 189.

em incêndio, naufrágio, perecimento em queda de avião, inundação, terremoto, quando se torna possível a justificação judicial, pois impraticável que um médico ateste a morte sem exame da exatidão no cadáver.

É neste sentido a explicação de Wilson Oliveira: "Em se tratando de pessoa viúva sem a certidão de óbito do cônjuge falecido, se souber que o seu marido ou a sua mulher desapareceu em naufrágio, inundação, incêndio, terremoto ou qualquer outra catástrofe, deverá fazer uma justificação em juízo quando estiver provada a presença da pessoa falecida no local do desastre e não for possível encontrar-se o cadáver para exame. Poderá também utilizar-se da justificação judicial quando se tratar do parágrafo único do art. 88 da Lei dos Registros Públicos."[6]

Sobre o assunto, assenta o referido art. 88: "Poderão os juízes togados admitir justificação para o assento do óbito de pessoas desaparecidas em naufrágio, inundação, incêndio, terremoto ou qualquer outra catástrofe, quando estiver provada a sua presença no local do desastre e não for possível encontrar-se o cadáver para exame."

Se a morte do cônjuge ocorreu no exterior, obterá o sobrevivente uma certidão no consulado do país onde se verificou o evento, procedendo-se, após, versão ao Português por tradutor juramentado. Somente com a tradução se efetuará o registro.

Na eventualidade de anulação do casamento e do divórcio, constitui-se a prova da competente certidão da averbação no registro civil.

Sobre a matéria, resume Jefferson Daibert: "É preciso ficar devidamente provado que o casamento está legal e efetivamente dissolvido, seja por óbito de um dos cônjuges, seja pela sua anulação, provada por sentença transitada em julgado, seja pelo divórcio. Não só para evitar o crime de bigamia, que mais prejudicaria ao cônjuge viúvo que deverá fazer inventário dos bens deixados pelo cônjuge falecido, sob pena de perder o usufruto legal dos bens dos filhos, como está registrado no art. 225 do Código Civil."[7] O citado art. 255 não tem dispositivo equivalente no novo Código.

3. CASAMENTO DE PESSOAS MENORES DE DEZESSEIS ANOS

Embora a lei exija uma idade considerada apropriada para o casamento, há situações especiais que o permitem em idades inferiores.

O Código Civil anterior, pelo conteúdo do art. 183, inc. XII, pressupunha que a idade de dezoito anos para o homem e de dezesseis anos para a mulher expressava a idade em que se adquiria a capacidade fisiológica para a procriação e aparecia o despertar da sexualidade.

Existem legislações que fixam um limite menor, considerando que aquelas aptidões aparecem aos doze ou treze anos na mulher, e aos quinze ou dezesseis anos no homem.

O Código Civil brasileiro em vigor fixou a idade, tanto para o homem como para a mulher, aos dezesseis anos (art. 1.517).

Deve-se ter em conta uma necessidade mínima de amadurecimento, e certa capacidade econômica de subsistência pelo próprio trabalho, o que, em verdade, não se atinge nessa idade.

O art. 1.520 admite a autorização judicial para o casamento em idade inferior àquele limite a fim de evitar imposição ou cumprimento de pena criminal, ou em estado de

---

[6] *Direito de Família*, Rio de Janeiro, Forense, 1985, p. 12.
[7] Obra citada, p. 48.

gravidez: "Excepcionalmente, será permitido o casamento de quem ainda não alcançou a idade núbil (art. 1.517), para evitar imposição ou cumprimento de pena criminal ou em caso de gravidez."

Deve-se observar a presença de condições primordiais para se conceder a permissão: a prática de um fato contra o menor ou a menor, tipificado como infração penal, ou o estado de gravidez. Por outras palavras, cumpre esteja o nubente incurso em uma das figuras penais em que o casamento é causa da extinção da punibilidade, como o delito de sedução, de estupro e de corrupção de menor, mesmo que o agente do tipo penal tenha idade inferior a dezoito anos, pois o que objetiva a lei é evitar a desonra; ou que a mulher se encontre grávida.

No caso de instauração de previsão de alguma figura penal, não se reclama a instauração do devido processo, ou a própria viabilidade da punição, de acordo com antiga orientação pretoriana: "A doutrina e a jurisprudência sempre firmam que o art. 214 do Código Civil não suporta a pretendida interpretação literal.

O Código Civil usa expressões sumamente eufemísticas, pois, a não se entender assim, estar-se-ia a estabelecer uma estranha causa para a admissão de casamento de impúberes, qual seja, a viabilidade de advir processo criminal, com consequente pena.

E, realmente, o Código Civil é dos idos de 1917, quando entrou em vigor, embora de seu projeto já contasse o referido dispositivo. Difícil esperar que enunciasse que poderia ser admitido o casamento da menor impúbere, se já se apresentasse ela deflorada. Haveria, em semelhante forma de redigir, recomendação implícita para que se impacientassem os jovens noivos e antecipassem a idade, com o antecipar a união física."[8] Recorda-se de que o art. 214 corresponde ao art. 1.520 do vigente Código.

Outra condição para a autorização é a disposição do sujeito passivo, ou da vítima, em contrair núpcias.

Obviamente, não se dispensa o consentimento dos pais, que deve ser analisado do ponto de vista do interesse do filho, se negado, porquanto a possibilidade de sofrer uma pena privativa da liberdade não pode ficar na dependência da vontade paterna. Mas levam-se em conta, em situações especiais, as razões determinantes da negativa do consentimento, como quando a união marital for totalmente desaconselhada. Se o menor não tiver qualquer discernimento, ou revelar uma personalidade pervertida, ou mostrar rancor ao futuro consorte, é de rigor admitir-se a validade da negativa ao consentimento pelos pais. Tais inconveniências, aliás, devem constituir motivo para o próprio juiz indeferir a pretensão.

Nesta parte, não foi inútil que o atual Código impôs que o juiz concederá *excepcionalmente* a permissão para o casamento.

Justificam o pedido de autorização a simples prática da figura delitual, mas desde que tenha a vítima ou seu representante providenciado na instauração do procedimento criminal.

Na atualidade, porém, dada a abertura das mentalidades e a evolução dos costumes, os delitos contra a liberdade sexual, à exceção do estupro, estão praticamente derrogados do Código Penal.

Acresce notar, pois, a perda de interesse atual da previsão legal.

Consoante inovação introduzida pelo atual Código, a mera gravidez da mulher enseja a concessão da autorização pelo juiz.

---

8   TJSP. Apel. Cível nº 134.258-1. 8ª Câm. Cível, de 6.02.1991, *Revista de Jurisprudência do TJ de São Paulo*, Lex Editora, 132/255.

60 • Direito de Família | *Arnaldo Rizzardo*

Segundo se extrai do art. 69, § 1º, da Lei dos Registros Públicos (Lei nº 6.015/1973), poderá o juiz, em casos tais, dispensar a publicação de proclamas, se presente algum motivo a amparar o pedido: "Quando o pedido se fundar em crime contra os costumes, a dispensa de proclamas será precedida da audiência dos contraentes, separadamente e em segredo de justiça."

Cabe salientar que, na vigência do Código anterior, não se justificava a diferença de idades, em face da igualdade entre o homem e a mulher, o que, aliás, notava José de Farias Tavares: "Ora, como a mulher tem o direito de casar logo ultrapasse os dezesseis anos de idade, justo é que o homem também o tenha, não sendo, de equidade, pelo menos que se negue a este, na faixa etária (16/18 anos), o que se concede àquela. A discriminação constante da letra do Código Civil não mais deve viger, por ferir o princípio da isonomia constitucional especificamente expresso no referencial homem e mulher."[9]

4. O PROCESSO DE HABILITAÇÃO

A habilitação segue os trâmites programados pela Lei dos Registros Públicos (Lei nº 6.015/1973), cujas regras, no entanto, devem ser conjugadas com as do Código Civil, arts. 1.527 a 1.532.

Processa-se a habilitação perante o oficial do Registro Civil, sempre se ouvindo o Ministério Público, em obediência ao art. 1.526, em texto da Lei nº 12.133/2009: "A habilitação será feita pessoalmente perante o oficial do Registro Civil, com a audiência do Ministério Público."

Primeiramente, os nubentes apresentam o requerimento e os documentos já citados e constantes também no art. 67 da Lei dos Registros Públicos ao oficial do Registro Civil. Em seguida, com a autuação e a ouvida do órgão do Ministério Público, que poderá impugnar o pedido ou a documentação, e exigir a apresentação de atestado de residência, fornecido pela autoridade policial, ou algum outro comprovante da residência.

O parágrafo 2º do art. 67 da Lei nº 6.015 ordena que, oferecida a impugnação, os autos serão encaminhados ao Juiz, que decidirá, não cabendo recurso. Nesta eventualidade, assistirá aos nubentes unicamente atender as diligências ordenadas, ou preencher os requisitos entendidos necessários pelo Ministério Público.

Tomadas estas providências preliminares, lavram-se os proclamas e fixa-se o edital do casamento no cartório, evidentemente em local ostensivo e de acesso ao público, com o prazo de quinze dias para impugnar, e publicando-se na imprensa, onde houver. É a determinação do art. 1.527: "Estando em ordem a documentação, o oficial extrairá o edital, que se afixará durante 15 (quinze) dias nas circunscrições do Registro Civil de ambos os nubentes, e, obrigatoriamente, se publicará na imprensa local, se houver."

Tais proclamas serão escriturados em ordem cronológica com o resumo do que constar nos editais, segundo obriga o art. 43 da Lei nº 6.015/1973.

Residindo os nubentes em circunscrições diferentes do Registro Civil, em uma e outra se publicará o edital, como, aliás, impõe o art. 1.527 acima.

Eis a explanação de Caio Mário da Silva Pereira: "Apresentados pelos pretendentes ou seu procurador os documentos exigidos e verificando o Oficial estarem em ordem, lavrará os problemas do casamento, mediante edital que será afixado durante quinze

---

[9] *O Código Civil e a Nova Constituição*, Rio de Janeiro, Forense, 1990, p. 32.

dias em lugar ostensivo do edifício onde se celebram os casamentos, e se publicará pela imprensa onde houver. O edital mencionará em resumo o intento matrimonial, os nomes dos nubentes, e se convocará qualquer do povo que aponte o impedimento de que tiver ciência. Residindo os contraentes em circunscrições diferentes do Registro Civil, a publicação do edital far-se-á em ambas."[10]

A medida da afixação e publicação de editais constitui uma reminiscência do antigo direito, sem maior utilidade, e não se justificando a permanência no atual Código Civil. Além de passarem os editais despercebidos, pois dificilmente alguém os lê no cartório, ou procura encontrá-los na imprensa, o normal é o conhecimento dos nubentes pelas pessoas ligadas por parentesco, que poderão apresentar as impugnações que entenderem de direito.

Naturalmente, havendo impugnação, ao juiz de direito caberá a solução, nos termos do parágrafo único do art. 1.526, com a alteração da referida Lei nº 12.133/2009: "Caso haja impugnação do oficial, do Ministério Público ou de terceiro, a habilitação será submetida ao juiz."

Uma vez apresentados o requerimento e a documentação necessária, recomenda o art. 1.528 da lei civil que o oficial do registro esclarecerá aos nubentes quanto aos eventos aptos a causarem a nulidade do casamento, e quanto aos diversos regimes de bens: "É dever do oficial do registro esclarecer os nubentes a respeito dos fatos que podem ocasionar a invalidade do casamento, bem como sobre os diversos regimes de bens."

O oferecimento dos impedimentos e mesmo das causas suspensivas se opera pela forma escrita, acompanhando as provas documentais cabíveis, ou a indicação do lugar onde podem ser encontradas, como consta no art. 1.529: "Tanto os impedimentos quanto as causas suspensivas serão opostos em declaração escrita e assinada, instruída com as provas do fato alegado, ou com a indicação do lugar onde possam ser obtidas."

É dada ciência aos nubentes, inclusive com o nome de quem suscitou ou ofereceu a impugnação, a teor do art. 1.530: "O oficial do registro dará aos nubentes ou a seus representantes nota da oposição, indicando os fundamentos, as provas e o nome de quem a ofereceu."

Assegura-se aos nubentes a defesa, indicando as provas que pretendem produzir, o que vem exposto no parágrafo único do art. 1.530: "Podem os nubentes requerer prazo razoável para fazer prova contrária aos fatos alegados, e promover as ações civis e criminais contra o oponente de má-fé."

Estabelece o § 5º do art. 67 da Lei dos Registros Públicos que os autos serão encaminhados ao Juízo, abrindo-se vistas ao Ministério Público. Terá o juiz o prazo de dez dias para efetivar a instrução. Após, novamente colhe-se o parecer do Ministério Público, proferindo o juiz o julgamento.

É possível, no entanto, que a impugnação se verifique em circunscrição diferente daquela onde se realizará o casamento, o que ocorre na hipótese de residirem os futuros cônjuges em localidades ou distritos diferentes, quando a publicação do edital se fará em cada circunscrição.

O processamento da impugnação tramita no cartório onde é apresentada, mas fará o titular a comunicação àquele onde se promove a habilitação. Enquanto não resolvido o incidente, fica sobrestado o casamento.

---

[10] *Instituições de Direito Civil*, 3ª ed., obra citada, vol. V, p. 62.

Uma vez considerados aptos os nubentes ao casamento, lavrará o oficial certidão a respeito, que ficará lançada nos autos da habilitação. Desde então – da data em que foi extraída a certidão –, terão eles o prazo de noventa dias para contraírem o casamento, conforme o art. 1.532: "A eficácia da habilitação será de 90 (noventa) dias, a contar da data em que foi extraído o certificado." Decorrido este lapso temporal, perderá efeito a habilitação, cumprindo que seja repetida, caso seja manifesta a pretensão ao casamento.

Reza, outrossim, o art. 68 da Lei nº 6.015/1973: "Se o interessado quiser justificar fato necessário à habilitação para o casamento, deduzirá sua intenção perante o juiz competente, em petição circunstanciada, indicando testemunhas e apresentando documentos que comprovem a alegação."

Trata-se, aqui, de eventuais retificações de idade, ou de algum elemento equivocado do Registro Civil, ou de alguma informação irreal sobre a pessoa do habilitando.

Estabelecem os §§ 1º e 2º do preceito acima que a instrução se processará em cinco dias, com a participação obrigatória do Ministério Público. Após levada a efeito a justificação, os autos serão encaminhados ao oficial do Registro Civil, para serem anexados ao processo de habilitação matrimonial.

O art. 69 do mesmo diploma regula a dispensa de proclamas, que poderá ser concedida pelo juiz. Cumpre que seja encaminhada petição ao juiz, deduzindo os motivos da urgência do matrimônio, e instruindo as razões com documentos, ou requerendo as provas a serem produzidas.

Se o motivo se fundar em crime contra os costumes, ouvem-se, antes, os contraentes, em separado e em segredo de justiça. Na própria audiência decidirá o juiz sobre a dispensa.

Se necessária a coleta de provas testemunhais, assegura o § 2º do art. 69 o prazo de cinco dias úteis para tanto, ouvindo-se, em seguida, o Ministério Público, e decidindo o juiz, sem recurso. Após, anexam-se os autos aos da habilitação.

Conveniente lembrar a seguinte recomendação de Walter Ceneviva: "A dispensa é fator excepcional porque os proclamas se destinam a permitir a suscitação de impedimentos para o matrimônio. Os casos de urgência devem ser analisados atentamente pelo juiz. Uma gama variada de motivos pode ensejar o pedido: viagem urgente do pai da noiva, por saúde ou função profissional, por breve prazo; existência de filho comum; mulher deflorada ou raptada pelo homem com o qual quer casar; probabilidade de parto imediato. Cada um desses motivos será apreciado pelo juiz, com cuidado, retardando a concessão em caso de dúvida quanto à possibilidade de existirem impedimentos. Da decisão não cabe recurso. Se denegatória, os proclamas serão tirados na forma do art. 67."[11]

Há hipóteses de dispensa automática, como se ocorrer iminente risco de vida de um dos nubentes, na previsão do art. 1.540 do Código Civil. Eis a redação da regra: "Quando algum dos contraentes estiver em iminente risco de vida, não obtendo a presença da autoridade à qual incumba presidir o ato, nem a de seu substituto, poderá o casamento ser celebrado na presença de seis testemunhas, que com os nubentes não tenham parentesco em linha reta, ou, na colateral, até o segundo grau." Naturalmente, o procedimento para dar validade a tal casamento, no qual não se compactua com os proclamas, é complexo, com uma série de providências que estão descritas ao longo do art. 1.541 e seus parágrafos.

---

[11] *Lei dos Registros Públicos Comentada*, São Paulo, Saraiva, 1979, p. 160.

5. EXAME PRÉ-NUPCIAL

Sem dúvida, qualquer nação procura formar um povo sadio e forte, o que é baluarte para a sanidade e o desenvolvimento do próprio Estado.

O casamento, para tanto, deve envolver pessoas com aptidão física, potência orgânica para a procriação e a desenvoltura ou amadurecimento intelectual.

Há, outrossim, o que muitos costumam chamar de aptidão de ordem moral e social, envolvendo especialmente motivos de parentesco, de idade para o casamento e de sanidade para a personalidade, isto é, sem precedentes criminais.

Interessa, no caso, o aspecto que se refere à sanidade, que deve ser apurada quando o casamento se dá entre tio e sobrinha e entre tia e sobrinho, isto é, entre colaterais de terceiro grau, conforme art. 2º do Decreto-Lei nº 3.200, de 19.04.1941. Por esta regra, tais parentes, ao promoverem a habilitação, devem requerer ao juiz competente a nomeação de dois médicos de reconhecida capacidade profissional, para examiná-los e atestar-lhes a sanidade, de modo a ficar certo inexistir qualquer inconveniência de ordem médica para a saúde deles e da prole que advier.

A exigência é de ordem prática e visa evitar o nascimento de filhos defeituosos, o que também é viável no casamento entre primos, pois descendem do mesmo tronco.

Este exame, no entanto, não tem o condão de impedir o matrimônio, se o pretenderem os nubentes. Bem esclarece Orlando Gomes a questão: "Exige-se o certificado pré-nupcial, mas não é necessário que os nubentes o apresentem para provocarem a ausência de moléstia grave, contagiosa ou hereditária. Basta se submetam a exame médico a fim de serem advertidos das inconvenientes consequências do casamento. O exame, que cada qual deverá fazer separadamente com o médico de sua preferência, não é simples formalidade. Seu resultado, que a ninguém pode ser comunicado, especialmente ao outro nubente, não impede o casamento, podendo o paciente persistir na intenção de casar-se, apesar da contraindicação. Nestas condições, o certificado pré-nupcial reduz-se a simples atestado de que os nubentes se submeteram a exame médico. Por sua inoperância, este certificado carece objetivamente de valor...

O exame pré-nupcial é obrigatório, entre nós, para o casamento de parentes colaterais do terceiro grau. Deve ser feito perante dois médicos nomeados pelo juiz, que atestem a sanidade dos pretendentes, afirmando não haver inconveniente."[12]

---

[12] *Direito de Família*, obra citada, pp. 65 e 66.

V
Celebração do Casamento

1. FORMALIDADES

Depois de processada a habilitação, com a publicação dos editais, consideram-se os nubentes em condições de se casarem.

A lei institui uma série de formalidades, dando um caráter soleníssimo ao ato em face da importância que é atribuída. Procurou, desta forma, revesti-lo de garantias e cautelas, e, ao mesmo tempo, conscientizar os matrimoniantes da responsabilidade quanto ao ato que vão realizar.

Dentre as formalidades mais importantes, sobressaem aquelas concernentes à liberdade e integridade do consentimento, e à publicidade do ato, de modo a não poder passar despercebido, o que se alcança pela celebração pública. Com isto, objetiva-se dar a importância que merece o casamento, que, além de unir duas pessoas, muda o estado civil das mesmas, a situação patrimonial e a capacidade jurídica na vida civil.

Já o art. 1.533 do Código Civil estabelece onde, como e quando deve ser realizado o ato: "Celebrar-se-á o casamento no dia, hora e lugar previamente designados pela autoridade que houver de presidir o ato, mediante petição dos contraentes, que se mostrem habilitados com a certidão do art. 1.531." Está assinalado o começo do regramento na efetivação material das formalidades do casamento.

Primeiramente, importa dirijam os nubentes uma petição ao juiz de casamentos, considerada esta a autoridade máxima durante a celebração, sugerindo a data para o ato, que normalmente é aceita, a menos que outros casamentos já tenham sido marcados em idêntico momento.

Há, para a direção e a celebração, o presidente do ato, também denominado celebrante, ou autoridade celebrante, ou o juiz de paz (expressão que se consagrou na vigência do Código de 1916), que é geralmente uma pessoa havida como cidadã proba e de certos conhecimentos na circunscrição do registro civil, escolhida e designada segundo as leis de organização judiciária de cada unidade da Federação. Nada impede, especialmente em vista do atual sistema de igualdade estabelecido pela Constituição Federal, que a nomeação incida na pessoa de uma mulher.

Segundo as leis de organização judiciária dos Estados, o cargo de autoridade celebrante ou juiz de paz é provido por ato de nomeação do Poder Executivo, ou mesmo do Presidente do respectivo Tribunal de Justiça local, com a respectiva nomeação de dois suplentes, que atuarão na ausência ou eventual impedimento do juiz de paz. Não se admite a substituição por qualquer outra autoridade, como juiz de direito de comarca ou da vara dos registros públicos, dada a indelegabilidade da função. Nem mesmo o juiz de paz de outro distrito ou zona poderá presidir a cerimônia, em substituição ao nomeado para a localidade do ofício onde se processou o encaminhamento do pedido.

Como se dessume da norma antes transcrita, impõe-se a realização da solenidade no mesmo cartório onde se efetuou a publicação dos editais, observado o disposto no art. 1.531, isto é, publicando-se os editais nas circunscrições judiciais da residência dos nubentes. Importa que apresentem os nubentes a certidão de que se encontram habilitados, fornecida pelo cartório da circunscrição da residência dos mesmos, ou da residência das circunscrições de cada um deles, sendo que em uma das mesmas se processará o casamento.

Efetuar-se-á este no dia, hora e lugar designados, com a prévia publicidade, ou a colocação de aviso da celebração do ato no lugar apropriado.

Não há uma especificação de dias determinados para a celebração. Mesmo nos domingos e feriados é viável a realização, em qualquer horário. Mas, por motivos óbvios, não é de se permitir a efetivação do ato em altas horas noturnas, ou pela madrugada, posto que, em tais hipóteses, cerceia-se a publicidade, ou a possibilidade da presença de interessados, com o oferecimento de impugnações.

De observar que, com a publicação do edital, já se abriu a oportunidade de apresentar os impedimentos ou as causas suspensivas da celebração. Todavia, o decurso do prazo de quinze dias sem o oferecimento de impugnações ao casamento dá ensejo a certificar o oficial que se encontram os nubentes habilitados ou aptos ao casamento. Esta a conclusão a que induz o art. 1.534: "A solenidade celebrar-se-á na sede do cartório, com toda a publicidade, a portas abertas, presentes pelo menos duas testemunhas, parentes ou não dos contraentes, ou, querendo as partes e consentindo a autoridade celebrante, noutro edifício público ou particular."

A solenidade exige a celebração em edifício público, com as portas abertas, e a presença de duas testemunhas – tudo para ensejar a oportunidade de serem apresentados impedimentos, o que não será possível se reservado o ato e adstrito às partes interessadas. Neste sentido a lição de Rômulo Coelho: "Efetivamente, tratando-se de ato que qualquer do povo pode impugnar, levantando impedimento até na hora da celebração, sua realização em lugar vedado ao público coibiria a possibilidade de impugnação de terceiro, muitas vezes ciente de impedimentos que poderia opor. Ademais, neste caso, não desfrutará o matrimônio daquela publicidade ampla que a lei exige como condição de sua validade, isentando-o de requisitos de clandestinidade."[1]

Nada impede a celebração na casa dos nubentes, ou de seus pais, o que frequentemente ocorre, como sugere o art. 1.534, ordenando, na hipótese, o § 1º: "Quando o casamento for em edifício particular, ficará este de portas abertas durante o ato."

Se realizado em edifício particular o casamento, ou se não souberem ou não puderem os noivos, ou um deles, escrever, impõe-se seja colhida a assinatura de quatro testemunhas, consoante assinala o § 2º do art. 1.534: "Serão 4 (quatro) as testemunhas na hipótese do parágrafo anterior e se algum dos contraentes não souber ou não puder escrever."

Como edifício particular entende-se qualquer prédio, ou seja, clubes, salões de festa, ou locais escolhidos de acordo com os costumes e as tradições locais. Mas, é claro que, nos registros de habilitação ou no requerimento para a realização do ato, haverá de constar o endereço do lugar escolhido, de modo a possibilitar o conhecimento e a presença de eventuais interessados.

---

[1] Obra citada, p. 98.

Não se admitem locais impróprios para o comparecimento, ou inacessíveis, como em um navio, ou numa aeronave, eis que situações que inviabilizam por inteiro o requisito da publicidade pela dificuldade, senão impossibilidade, de assegurar o acesso ou a presença do público. No ato da celebração, estarão presentes, obrigatoriamente, os contraentes, ou procurador com poderes especiais, mais duas testemunhas, ou em número de quatro se analfabetos aqueles ou um deles ou se a celebração é em edifício particular, o oficial do registro civil, e o juiz de casamentos ou presidente do ato, segundo deflui do art. 1.535. Trata-se do momento essencial da cerimônia, em que o oficiante ou juiz de paz pergunta aos nubentes, a um e após o outro, se pretendem casar por livre e espontânea vontade. Expressarão eles, de modo separado e sucessivamente, o propósito de que querem se receber como marido e mulher. O celebrante formula a pergunta e cada um responderá com um sintomático 'sim', que revele a livre e espontânea vontade de se casarem. Declarará, então, o celebrante formalizado o casamento, nos seguintes termos, contidos no mesmo art. 1.535: "De acordo com a vontade que ambos acabais de afirmar perante mim, de vos receberdes por marido e mulher, eu, em nome da lei, vos declaro casados."

De grande importância é o consentimento que darão aos nubentes, o qual deverá ser cônscio e claro. Explica a doutrina de Carvalho Santos como se manifesta a forma: "O contraente deve dar consentimento no lugar e hora previamente designados e perante o oficial celebrante, sendo o ato de vontade concomitante ao do consorte, inviável a celebração de dois conúbios simultaneamente. Lendo-se, no art. 194 mencionado, que o juiz, 'ouvida aos nubentes a afirmação de que pretendem casar por livre e espontânea vontade', indaga-se se o consentimento deve ser necessariamente oral. Esta é, de fato, a forma habitual de sua expressão, com utilização do advérbio 'sim' ou de alguma variante verbal de sentido positivo. Não ficam, no entanto, banidas outras formas declarativas, bastando que a vontade seja afirmada, como, aliás, o legislador entendeu mais adiante, ao referir-se à 'vontade que ambos acabais de afirmar', tendo-o feito sem discriminação de uma dada atitude formal.

Interessa, isto sim, que o propósito nupcial seja comunicado de modo inteligível e indubitável, sendo de menor monta a questão da forma. O estrangeiro, p. ex., que ignore o vernáculo, pode servir-se de intérprete admitido pela autoridade, para que lhe seja vertida a interpretação do celebrante e a este traduzida sua afirmativa, da qual decorre a fórmula solene que finaliza a cerimônia, igualmente traduzida."[2]

No caso do surdo ou mudo, ou surdo-mudo, tanto a pergunta formulada pelo juiz como a resposta pelo contraente se manifestarão por escrito ou sinais, conforme a maneira de se manifestar do deficiente.

Lavra-se, após, o registro, com os elementos contidos no art. 1.536.

Naturalmente, o registro desempenhará a função de prova e de presunção de validade do casamento, que está, porém, sujeito a anular-se, se alguma causa prevista em lei aparecer posteriormente.

Eis os dados que conterá o assento, conforme o dispositivo acima, lançado no livro do registro de casamentos, o qual terá as assinaturas do presidente do ato, dos cônjuges, das testemunhas e do oficial do registro:

"I – os prenomes, sobrenomes, datas de nascimento, profissão, domicílio e residência atual dos cônjuges;

---

[2] *Código Civil Brasileiro Interpretado*, obra citada, vol. IV, pp. 98 e 99.

II – os prenomes, sobrenomes, datas do nascimento ou de morte, domicílio e residência atual dos pais;

III – o prenome e sobrenome do cônjuge precedente e a data de dissolução do casamento anterior;

IV – a data da publicação dos proclamas e da celebração do casamento;

V – a relação dos documentos apresentados ao oficial do registro;

VI – o prenome, sobrenome, profissão, domicílio e residência atual das testemunhas;

VII – o regime do casamento, com a declaração da data e do cartório em cujas notas foi lavrada a escritura antenupcial, quando o regime não for o da comunhão parcial, ou o obrigatoriamente estabelecido."

De salientar a faculdade concedida pela lei a qualquer dos cônjuges em optar pelo sobrenome do outro, ou permanecer com o próprio, sem qualquer alteração ou acréscimo. Com efeito, eis a redação do § 1º do art. 1.565: "Qualquer dos nubentes, querendo, poderá acrescer ao seu o sobrenome do outro."

O termo 'sobrenome' equivale ao nome de família, ou ao nome que segue ao primeiro nome recebido com o registro civil ou o batismo religioso.

Anteriormente, apenas à mulher era reservado acrescer ao seu o sobrenome do marido. Mas, diante do princípio constitucional da absoluta igualdade entre o homem e a mulher (arts. 5º, inc. I, e 226, § 5º, da Carta Federal), não perdurava tal diferenciação de tratamento, que vinha do costume patriarcal da superioridade do homem.

Não encontra justificativa no costume, no entanto, a inovação do acolhimento, pelo homem, em adotar o nome da mulher, conforme evidencia o juiz paulista Paulo Eduardo Razuk: "O uso do nome do marido pela mulher permanece entre nós pela força do costume, como hábito enraizado na vida social.

De outro lado, o uso pelo marido do nome da mulher seria prática inédita. Nos países em que ocorre – França e Alemanha – há nobreza de sangue, inexistente no Brasil, daí o interesse em preservar os seus nomes.

Dizia Cícero que a lei sanciona o que deriva da natureza e é provado pelo costume (*De Inventione*, Livro II).

Desse modo, penso que, mesmo em face da nova Constituição, não se justifica o uso do nome da mulher pelo marido, prática que não teria aceitação social no Brasil."[3]

Lembra-se, outrossim, quanto ao acréscimo ao nome de um dos cônjuges daquele recebido do outro, não se retira o direito de, posteriormente, incluir os apelidos recebidos de seus pais. Proclama a jurisprudência: "Admissível a retificação de registro civil para que se acrescente ao nome de um dos cônjuges o recebido dos pais, presente a circunstância do nascimento legítimo."[4]

De outro lado, se não constasse no registro do casamento a adoção do nome do outro cônjuge, a todo tempo era autorizado o acréscimo pelas razões lastreadas no seguinte julgamento: "É certo que ao tempo da celebração do casamento da autora, em 1953, havia divergência sobre se o uso do nome do marido era faculdade ou obrigação da mulher. Essa dúvida restou definitivamente afastada com o advento da Lei nº 6.515/1977, ao dar

---

[3] "O Nome Civil da Mulher Casada", *Revista de Jurisprudência do TJ*, São Paulo, Lex Editora, nº 128, pp. 19 e 20.

[4] *Revista dos Tribunais*, 662/72.

nova redação ao parágrafo único do art. 240 do Código Civil, fixando, de modo expresso, que o uso do nome é faculdade conferida à mulher.

Ora, sendo o uso dos apelidos do marido mera faculdade conferida à mulher, a que não se pode ele opor, durante a constância do matrimônio, evidente que, omisso o assento do casamento quanto ao uso do nome, a qualquer tempo poderá a mulher pleitear a sua averbação.

Em verdade, negar o pedido da autora importaria em desvalorizar a mulher casada, quando se considera que a lei confere até à concubina o direito ao uso do nome do companheiro."[5] Torna-se a referir que o apontado art. 240 equivale ao § 1º do art. 1.565 do vigente Código.

Nem quanto aos filhos se pode impor que se aporá ao lado, em primeiro lugar, o nome da família do pai. Por qual razão acrescer o nome paternal e não o da mãe? Os progenitores se encontram em absoluto grau de igualdade. De sorte que, se admitido que o filho tenha somente os apelidos paternos, nada impede a adoção apenas daqueles do lado materno. Ou que, após prenome, venha o apelido do pai, e, em último lugar, aquele da mãe, que é inverso do que se procede atualmente.

Algumas regras sobre a gratuidade vieram com o Código Civil. É de realce a do art. 1.512: "O casamento é civil e gratuita a sua celebração." A isenção de custas restringe-se, na hipótese, para a celebração. No entanto, o parágrafo único estende o benefício a outros atos, para as pessoas de precárias condições econômicas: "A habilitação para o casamento, o registro e a primeira certidão serão isentos de selos, emolumentos e custas, para as pessoas cuja pobreza for declarada, sob as penas da lei."

Em síntese, seja quem for que case, não poderá a autoridade celebrante cobrar alguma remuneração. Já quanto aos carentes economicamente, mediante a mera informação de seu estado de pobreza materializada por uma declaração escrita, afasta-se qualquer desembolso de valor.

2. SUSPENSÃO DA CELEBRAÇÃO DO CASAMENTO

Como é sabido, o casamento é resultado de uma decisão firme, livre e íntegra dos nubentes, devendo ser imediatamente suspensa a celebração caso notar a autoridade oficiante a mínima vacilação.

Embora o encaminhamento do pedido ao cartório para a habilitação e a publicação dos editais já signifiquem o propósito de casar, até o momento de proferir o "sim" é possível o arrependimento, com a retratação dos atos desenvolvidos.

A simples demora em externar o assentimento, ou a clara aparência de indecisão, e mesmo um nervosismo que traduza uma visível insegurança, justificam a suspensão da cerimônia pelo juiz de paz.

É imprescindível que seja clara e audível a resposta à pergunta formulada pela autoridade oficiante. Não se admite o silêncio e nem a subordinação da resposta afirmativa a termo ou condição.

Em matéria matrimonial, não vinga o consentimento tácito.

---

[5] TJSP. Apel. Cível nº 115.362-1. 4ª Câm. Cível, de 21.09.1989, *Revista de Jurisprudência do TJ*, São Paulo, 123/214, Lex Editora.

70 • Direito de Família | *Arnaldo Rizzardo*

O art. 1.538 enumera as hipóteses ensejadoras da suspensão, embora seja omisso o Código Civil nos casos de dúvida que forem percebidos pelo oficiante: "A celebração do casamento será imediatamente suspensa se alguns dos contraentes:

I – recusar a solene afirmação da sua vontade;
II – declarar que esta não é livre e espontânea;
III – manifestar-se arrependido."

A previsão legal restringe-se a uma manifestação dos contraentes – positiva ou negativa. Não deixou lugar às situações de incerteza, ou de evidente dúvida. Não completamente clara a integridade do consentimento, suspende-se imediatamente a celebração.

De outra parte, o parágrafo único do art. 1.538 exige o decurso de um prazo para tornar o nubente a peticionar a realização do casamento, ou a retratar-se da negativa: "O nubente que, por algum dos fatos mencionados neste artigo, der causa à suspensão do ato, não será admitido a retratar-se no mesmo dia."

E assim há de ser. O normal é designar-se, no caso, uma nova data para o casamento com um intervalo razoável, o que permitirá um maior amadurecimento do nubente indeciso. Isto mesmo que ele explique, em seguida a uma resposta negativa, de que se tratava de simples gracejo, como enfatiza Washington de Barros Monteiro.[6]

3. MOMENTO DA REALIZAÇÃO DO CASAMENTO

Questão bastante controvertida diz respeito ao momento em que se considera concluído ou acabado o casamento. Há os que defendem estar consumado o ato quando da resposta dos contraentes, ao proferirem a afirmativa 'sim', ou uma expressão equivalente, enquanto outros dizem que se dá a consumação ao concluir o celebrante a leitura da fórmula constitutiva do ato, constante no art. 1.535. Nesta última alinha a posição de Washington de Barros Monteiro: "Pelo nosso direito, o casamento só existe com a afirmação da autoridade celebrante. Nessas condições, ele inexistirá legalmente se o juiz, ou um dos nubentes, vem a sucumbir antes de pronunciada a fórmula vinculatória."[7]

No entendimento que se dá a realização quando do 'sim' dos nubentes, manifesta-se Carvalho Santos: "A questão é das mais controvertidas. A doutrina dominante, porém, é no sentido de que a declaração do juiz celebrante não é um dos elementos essenciais à conclusão do casamento: este será realizado desde o momento em que o nubente, que por último se pronunciou, deu o seu consentimento ou, para usar os termos do Código, fez a afirmação de que persiste no propósito de casar.

Em face do nosso direito, não nos parece que possa ser posta em dúvida essa questão. Basta refletir para os próprios termos do Código: 'O presidente do ato, ouvida dos nubentes a afirmação de que persistem, etc., declarará efetuado o casamento nestes termos.'

Note-se bem: 'declarará efetuado o casamento'. Logo, para o próprio Código o casamento já estava efetuado. Dependia apenas essa declaração. Mas essa declaração não poderá assim ter o caráter de essencial, desde que o casamento já estava efetuado. Trata-se apenas de um complemento, de uma homologação do que resolveram os nubentes. Tanto assim que não lhe será lícito, ao juiz, deixar de homologar o resolvido pelos nubentes e

---

6 *Curso de Direito Civil – Direito de Família*, obra citada, p. 56.
7 *Curso de Direito Civil – Direito de Família*, obra citada, p. 57.

declarar não efetuado o casamento, a não ser que entenda que o consentimento não foi dado em forma. Isto justamente porque entende que o casamento já estava ultimado e o consentimento dos nubentes é irretratável. E, se o juiz não pode deixar de homologar o que resolveram os nubentes, isso mostra que não é essencial essa homologação para o casamento ser julgado ultimado, para todos os efeitos de direito."[8]

Na verdade, o momento essencial da cerimônia é aquele no qual o juiz pergunta aos nubentes, um após o outro, se persistem no propósito de casar. Esta importância determinante da consumação do ato é constatável em outras situações, como no casamento nuncupativo, ou *in extremis*, em que se dispensa a presença do juiz de paz. Com efeito, ocorrendo iminente perigo ou risco de vida a um dos contraentes, permite o art. 1.540 que, não obtendo os contraentes "a presença da autoridade à qual incumba presidir o ato, nem a de seu substituto, poderá o casamento ser celebrado na presença de seis testemunhas, que com os nubentes não tenham parentesco em linha reta, ou, na colateral, até segundo grau". Não participa do ato o juiz de paz. Simplesmente são convocadas seis testemunhas, perante as quais os nubentes manifestam o desejo de casarem. Dentro dos dez dias após, processam-se algumas providências judiciais, tomando-se por termo, em juízo, as declarações das testemunhas, com o posterior registro do casamento. Como se vê, tem-se em conta a vontade das partes, sem qualquer fórmula sacramental proferida pelo juiz. Não é de menor importância a situação do casamento que se processa seguindo as formalidades literais, mas que, após evidenciada a intenção de casar, em vista de um mal súbito, falece um dos cônjuges, ou o próprio celebrante.

São as declarações de vontade dos nubentes que constituem o vínculo matrimonial, e não a participação do Estado, que é importante apenas do ponto de vista formal. O casamento resulta da vontade dos nubentes, e não de um ato de vontade do órgão público, cuja intervenção nada mais objetiva que assegurar a legitimidade da formação do vínculo matrimonial e conferir-lhe certeza, como notam José Lamartine Corrêa de Oliveira e Francisco José Ferreira Muniz,[9] o que, aliás, é consagrado pelo direito alemão.

No entanto, o Código Civil de 2002 procurou resolver a controvérsia, ao dispor que o ato se consuma com a manifestação do homem e da mulher de que pretendem se casar, e com a intervenção do juiz, declarando-os casados. Reza o art. 1.514: "O casamento se realiza no momento em que o homem e a mulher manifestam, perante o juiz, a sua vontade de estabelecer vínculo conjugal, e o juiz os declara casados." Daí, diante da inovação, apesar de toda a argumentação exposta, se efetiva o casamento quando a autoridade celebrante profere a fórmula do art. 1.535.

4. CASAMENTO DE MILITARES

Consoante o art. 101 do Decreto-Lei nº 9.698, de 2.09.1946, o militar da ativa ou da reserva dependia de autorização de seu superior hierárquico, para contrair o casamento. Era justificável a exigência em face dos percalços ou contingências próprias da carreira militar, que cerceiam sobremodo a vida conjugal.

Outras normas vieram introduzidas pela Lei nº 6.880, de 9.12.1989, dispondo sobre o Estatuto dos Militares, e não mais repetiu a necessidade daquela autorização como regra geral.

---

[8] *Código Civil Brasileiro Interpretado*, obra citada, vol. IV, pp. 98 e 99.
[9] Obra citada, p. 142.

Lê-se de seu art. 144, e dos vários parágrafos:

"O militar da ativa pode contrair matrimônio, desde que observada a legislação civil específica.

§ 1º Os guardas-marinha e os aspirantes a oficial não podem contrair matrimônio, salvo em casos excepcionais, a critério do Ministro da respectiva Força.

§ 2º É vedado o casamento às praças especiais, com qualquer idade, enquanto estiverem sujeitos aos regulamentos dos órgãos de formação de oficiais, de graduados e de praças, cujos requisitos para admissão exijam a condição de solteiro, salvo em casos excepcionais, a critério do Ministro da respectiva Força Armada.

§ 3º O casamento com mulher estrangeira somente poderá ser realizado após a autorização do Ministro da Força Armada a que pertencer o militar."

No art. 145 do mesmo diploma aparece a consequência se infringidas as disposições acima: "As praças especiais que contraírem matrimônio em desacordo com os §§ 1º e 2º do artigo anterior serão excluídas do serviço ativo, sem direito a qualquer remuneração ou indenização."

Segundo se depreende das normas transcritas, a vedação e a dependência de autorização restringem-se a algumas classes de militares, sendo, quanto a praças especiais, enquanto sujeitas aos regulamentos dos órgãos de formação de oficiais, de graduados e de praças.

5. CASAMENTO DE BRASILEIRO CELEBRADO NO ESTRANGEIRO, PERANTE AUTORIDADE CONSULAR E CASAMENTO DE ESTRANGEIROS

O casamento de brasileiro residente no exterior poderá efetuar-se perante a autoridade consular do Brasil da localidade onde residem os nubentes, ou um deles, ou da localidade mais próxima da residência. O art. 18 da Lei de Introdução às Normas do Direito Brasileiro assim determina: "Tratando-se de brasileiros, são competentes as autoridades consulares brasileiras para lhes celebrar o casamento e os demais atos de registro civil e de tabelionato, inclusive o registro de nascimento e de óbito dos filhos de brasileiro ou brasileira nascidos no país da sede do consulado."

Mas, de acordo com o art. 13, parágrafo único, do Decreto nº 24.113, de 12.04.1934, "os cônsules de carreira só poderão celebrar casamentos quando ambos os nubentes forem brasileiros e a legislação local reconhecer efeitos civis aos casamentos celebrados".

A habilitação processa-se da mesma forma, com os mesmos documentos que vinham discriminados no art. 180 do Código de 1916 e constam no art. 1.525 do Código de 2002, isto é, em consonância com as exigências impostas aos casamentos celebrados no território nacional.

É o ensinamento de Narciso Orlandi Neto: "Os requisitos para o matrimônio na repartição consular brasileira são os mesmos da lei brasileira. É como se o casamento se realizasse em cartório. A autoridade consular faz as vezes de oficial do registro civil e de juiz de casamento."[10]

O cônsul realizará o casamento, enquanto os funcionários da secretaria processarão as formalidades legais. As autoridades consulares deverão estar munidas de livros próprios

---

[10] O Casamento Celebrado no Exterior e Traslado do Assento. *Direito e Casamento*, coordenação de Yussef Said Cahali, São Paulo, Saraiva, 1988, p. 450.

para os assentos e documentos, editais e formulários necessários aos requerimentos, às certidões e às habilitações.

Sobre a autenticidade dos documentos, reza o art. 32 da Lei dos Registros Públicos: "Os assentos de nascimento, óbito e de casamento de brasileiros em país estrangeiro serão considerados autênticos, nos termos da lei do lugar em que forem feitos, legalizadas as certidões pelos cônsules, ou, quando por estes formados, nos termos do regulamento consular."

Se os nubentes forem diplomatas que residem no exterior, observam-se as restrições do art. 33 da Lei nº 11.440, de 29.12.2006: "O servidor do Serviço Exterior Brasileiro deverá solicitar autorização do Ministro de Estado das Relações Exteriores para casar com pessoa de nacionalidade estrangeira."

É necessário o traslado para o cartório do registro civil do Brasil, segundo o § 1º do art. 32 da Lei dos Registros Públicos: "Os assentos de que trata este artigo serão, porém, trasladados nos cartórios do 1º Ofício do domicílio do registrado, ou no 1º Ofício do Distrito Federal, em falta de domicílio conhecido, quando tiverem de produzir efeito no país, ou, antes, por meio da segunda via que os cônsules serão obrigados a remeter por intermédio do Ministério das Relações Exteriores."

A regra é reiterada pelo art. 1.544 do Código Civil: "O casamento de brasileiro, celebrado no estrangeiro, perante as autoridades ou os cônsules brasileiros, deverá ser registrado em 180 (cento e oitenta) dias, a contar da volta de um ou de ambos os cônjuges ao Brasil, no cartório do respectivo domicílio, ou, em sua falta, no 1º Ofício da Capital do Estado em que passarem a residir."

Basta que um dos cônjuges seja brasileiro para que se abra a possibilidade de traslado do assento de seu casamento realizado no exterior, de acordo com o entendimento jurisprudencial.[11] Aduz Narciso Orlandi Neto: "Se no registro civil são reunidos os atos relevantes da vida civil dos brasileiros, não tem sentido deixar fora o casamento, ainda que celebrado no exterior, com pessoa de outra nacionalidade. É preciso ter em mente que o traslado não visa a facilitar a vida de quem se casou no exterior, mas apenas tornar público seu estado civil, exatamente pelas consequências que deles advêm. Ademais, negar o traslado é negar eficácia ao casamento do nacional, absurdo que se evita com a anotação do casamento em seu assento de nascimento, consequência necessária do traslado."[12]

O registro de casamento de estrangeiros também é permitido, posto que a lei não pode afastar o registro de qualquer casamento realizado no exterior. Pouco importa que seja de brasileiros ou de estrangeiros. É evidente que, se a lei reconhece a validade do casamento celebrado em outro país, inclui também o de estrangeiros.

E isso mesmo de brasileiros casados não perante a autoridade consular, mas a autoridade local do país estrangeiro, se for o caso, o que sempre ocorre se apenas um dos nubentes é brasileiro.

Na hipótese de apenas um dos cônjuges ser brasileiro, e tiver sido o casamento procedido na forma da lei estrangeira, poderá o brasileiro requerer ao cônsul o registro da certidão do casamento celebrado na repartição estrangeira. Lavra-se o registro *verbo ad verbum*, fornecendo-se, após, a certidão para o registro no Brasil.

Tal registro no consulado é obrigatório, segundo já foi decidido: "Casamento brasileiro e irlandês. Celebrado em Londres. Registro no Brasil. Documentos não legalizados

---

[11] *Revista dos Tribunais*, 499/90 e 534/113.
[12] Trabalho citado, p. 452.

74 • Direito de Família | *Arnaldo Rizzardo*

pelo cônsul brasileiro. Carência da pretensão. O art. 32 da Lei dos Registros Públicos dispõe que os assentos de casamento de brasileiros em país estrangeiro serão considerados autênticos, nos termos da lei do lugar em que forem feitos, uma vez legalizadas pelos cônsules as certidões (Lei nº 6.015, de 31.12.1973)."[13]

Para efetuar o registro no Brasil, seja de brasileiros ou de estrangeiros, é necessária a legalização da certidão pela autoridade consular brasileira da localidade em que foi expedido o documento, comprovando que o subscrevente foi a autoridade local competente para o ato.

Com o documento legalizado, em se tratando da certidão de estrangeiros, isto é, fornecida pela autoridade estrangeira, e não pela consular, importa providencie o interessado na sua tradução por tradutor juramentado.

Acompanhará o pedido de registro a prova do domicílio, com a apresentação de documento apto.

Se o cônjuge ou o casal interessado não se encontrar domiciliado no Brasil, o traslado se lavrará no Distrito Federal, regra esta não rigorosa. Não há razões para impedir o ato em outra localidade, como naquela onde os cônjuges têm interesses, negócios bens ou parentes.

A apresentação de certidão de nascimento dos cônjuges é também indispensável, pois deve o oficial comunicar o casamento ao cartório onde se registrou o nascimento. De outro lado, a imposição decorre também da exigência de verificar se os pretendentes ao registro são efetivamente estrangeiros, ou se, caso realizado o ato junto ao consulado, um dos cônjuges é brasileiro.

Com o registro, não adquire eficácia o casamento, eis que o oficial limita-se unicamente a transcrever os dados constantes da certidão estrangeira. Assim, não se admite atacar a validade do casamento pelos dados constantes do registro. A finalidade do registro não é outra senão a sua publicidade. Qualquer vício ou nulidade deverá ser pesquisada segundo os elementos da certidão e a lei do país onde se efetuou.

Caso inexistir livro próprio para o traslado dos assentos, proceder-se-á o mesmo no livro 'B', destinado aos lançamentos dos casamentos. Preencherá o oficial todos os requisitos ordenados pelo artigo 70 da Lei dos Registros Públicos, alterado pela Lei nº 13.484/2017, se presentes na certidão que lhe é entregue.

Não há, a rigor, prazo para o registro no Brasil. Dependerá a efetivação do ato da iniciativa dos interessados, pois exsurge do art. 32 que se fará o registro quando tiver de produzir efeito no país, isto é, quando os cônjuges pretendem extrair efeitos do casamento.

A Lei dos Registros Públicos anterior (Decreto nº 4.857, de 09.11.1937) estabelecia o prazo de três meses para o registro, a partir da vinda ao Brasil de um ou de ambos os cônjuges.

De outro lado, dois estrangeiros podem casar no Brasil, perante a autoridade consular do respectivo país. Mas desde que ambos pertençam ao mesmo país estrangeiro, não a países distintos, como ordena o § 2º do art. 7º da Lei de Introdução às Normas do Direito Brasileiro, com a redação da Lei nº 3.238, de 1957, art. 1º: "O casamento de estrangeiros poderá celebrar-se perante as autoridades diplomáticas ou consulares do país de ambos os nubentes." Pertencendo a países diferentes, processar-se-á o casamento segundo a lei brasileira. De acordo com o § 1º do mesmo dispositivo, incide a lei brasileira relativamente aos impedimentos dirimentes e às formalidades da celebração. O processamento da

---

[13] *Revista dos Tribunais*, 505/58.

Cap. V | Celebração do Casamento • 75

celebração, e inclusive a publicação dos editais, além de outros atos, seguem as regras da legislação do país de onde procedem os estrangeiros.

Como se verá adiante, não se faz necessária a homologação, pela nossa justiça, da sentença que decretou o divórcio, se um dos cônjuges for brasileiro.

Ainda não se requer a efetivação do casamento na sede do consulado. É perfeitamente admissível a celebração na residência dos cônjuges, ou em outro local indicado, desde que no território da jurisdição do cônsul.

Sendo os nubentes oriundos de países diferentes, o casamento processa-se junto ao cartório do registro civil, em tudo igual ao casamento comum de brasileiros.

6. CASAMENTO DE ESTRANGEIROS E SEPARAÇÃO OU DIVÓRCIO NO BRASIL

É perfeitamente eficaz no Brasil o casamento de estrangeiros celebrado no exterior.

A lei, no entanto, não exige o traslado do registro e a sua inscrição no Brasil. Basta aos cônjuges apresentar a certidão do casamento, para provarem seu estado civil, autenticado pela autoridade consular.

Alguns problemas de ordem prática surgem.

Em primeiro lugar, sabe-se que, na separação e no divórcio, procede-se a averbação no registro do casamento. A partir de então, passam a surtir efeitos tais formas de dissolução da sociedade conjugal perante terceiros.

Mas, se casados no exterior os cônjuges, e não procedendo-se o registro do traslado do casamento no Brasil, não há nenhum óbice no pedido de separação ou divórcio. Apresentarão simplesmente certidão do casamento, e ao final, poderão providenciar no casamento com outras pessoas, sem a prévia averbação da separação ou do divórcio.

De igual modo, se ainda ao tempo em que se procedia a separação (antes da Emenda Constitucional nº 66, de 13.07.2010), o posterior pedido de divórcio prescinde daquelas providências no cartório do registro civil. Basta anexar, com o pedido, a certidão da sentença que concedeu a separação, com o trânsito em julgado.

Assim, na prática, basta pedir o divórcio. Linha esta adotada pelos tribunais, como neste caso, em que se discute "se o registro de casamento da autora com o réu (celebrado na Argentina) tem validade no Brasil, independentemente de seu traslado no cartório brasileiro. A alegação da autora é de que ao seu caso não se aplica o § 1º do art. 32 da Lei dos Registros Públicos, e assiste-lhe razão. É que o art. 32 referido, com seus parágrafos e designadamente o 1º, é regra endereçada exclusivamente a brasileiros cujo nascimento, óbito ou casamento se deu no estrangeiro e ali registrados. No caso do matrimônio, para que o assento estrangeiro produza seus efeitos no Brasil, deve ser trasladado em cartório brasileiro (§ 1º)".[14]

Mas, há de se distinguir uma situação peculiar: o casal ou um dos cônjuges reside no Brasil e ajuíza, aqui, pedido de separação ou divórcio, invocando fundamentos ou fatos ocorridos no anterior domicílio, ou no país de origem. É competente a justiça brasileira? Entendeu-se, no seguinte julgamento, negativamente: "É incompetente internacionalmente o Judiciário brasileiro para a dissolução da sociedade conjugal estabelecida no estrangeiro,

---

[14] TJSP. Apel. Cível nº 113.725-1. 2ª Câm. Cível, de 24.11.1989, *Revista de Jurisprudência do TJ*, São Paulo, 124/92, Lex Editora.

onde domiciliado o réu e ocorridos os fatos alegados na inicial, conforme dispõem os artigos 7º e 12 da LICC e art. 88 do CPC."

Para a exata compreensão do assunto, conveniente tomar ciência dos arts. 7º e 12 da hoje denominada Lei de Introdução às Normas do Direito Brasileiro.

O art. 7º: "A lei do país em que domiciliada a pessoa determina as regras sobre o começo e o fim da personalidade, o nome, a capacidade e os direitos de família".

O art. 12: "É competente a autoridade judiciária brasileira, quando for o réu domiciliado no Brasil ou aqui tiver de ser cumprida a obrigação".

Também oportuna a visão do art. 21 do CPC de 2015, cujo sentido é igual ao do art. 88 do CPC de 1973: "Compete à autoridade judiciária brasileira processar e julgar as ações em que:

I – o réu, qualquer que seja a sua nacionalidade, estiver domiciliado no Brasil;

II – no Brasil tiver de ser cumprida a obrigação;

III – o fundamento seja fato ocorrido ou ato praticado no Brasil."

Eis os fundamentos, no voto da ementa acima:

"A ampla e profunda discussão da matéria, empreendida tanto pelas partes como pelo Ministério Público, facilita sobremodo o julgamento.

Cumpre acertar a correção da conclusão técnica da sentença: extinção do processo por ausência de pressuposto para seu desenvolvimento válido. O caso é, como demonstrado clarissimamente em contrarrazões, de incompetência internacional (falta de jurisdição do Judiciário brasileiro). Não há como remeterem-se os autos à justiça francesa, nem pelo direito das gentes em si mesmo, nem por força de Tratado entre Brasil e França, garantido por aquele. Havia o processo de ser extinto, como o foi.

A regra jurídica do art. 7º da LICC é de sobredireito. A discussão versa, porém, sobre matéria processual: repartição internacional das competências. O art. 12 da mesma lei, este sim, é de matéria processual. Podemos até mesmo desconsiderar essas regras jurídicas. Da mesma taxionomia jurídica que aquelas são as do Código de Processo Civil, arts. 88 e 89. Não contradizem, aliás, as regras processuais da Lei de Introdução ao Código Civil.

O domicílio do réu apelado é na França. Celebrado na França o casamento, lá é que o réu teria de submeter-se à dissolução da sociedade conjugal. Os próprios fatos alegados pela autora na inicial deram-se na França. De modo que todas as normas do art. 88 do CPC indicam a jurisdição francesa como a única possível para o julgamento da causa como a proposta. O art. 89 do CPC é alheio à espécie...

A eventual mudança de domicílio da autora é posterior à ocorrência de fatos trazidos a juízo como causa da separação judicial. Com isso, a justiça francesa negará certamente o *exequatur* à sentença brasileira (como já o fez em cautelares), inclusive com base na fraude à lei, consistente na mudança de domicílio, *a posteriori*, precisamente para fugir à incidência tanto da lei francesa como da brasileira nesta matéria de repartição internacional de competência. Para a legislação brasileira é "essencial que se atenda à competência do lugar da execução (*sensu lato*) da obrigação, em se tratando de direitos pessoais".[15] De anotar que a Lei de Introdução ao Código Civil – LICC, passou a denominar-se, com a Lei nº 12.376/2010, Lei de Introdução às Normas do Direito Brasileiro; e que os arts.

---

[15] TJSP. Apel. Cível nº 148.147-0. 2ª Câm. de Férias 'B', de 2.08.1991, *Revista dos Tribunais*, 673/66.

Cap. V | Celebração do Casamento • 77

88 e 89 do CPC/1973 correspondem aos arts. 21 e 23 do CPC/2015, identificando-se os conteúdos.

Nada impede, no entanto, e é aconselhável, se procure levar a registro o traslado, e se faça o assento. Poderá existir, no ofício, um livro próprio para tal registro, no qual, se for o caso, lavram-se ulteriores atos de alteração de estado civil, na hipótese a separação e o divórcio. Neste sentido o ensinamento de Narciso Orlandi Neto: "Para ir mais longe, *de lege ferenda*, seria útil a existência, em cada comarca, de um registro civil de estrangeiros. Serviria ele para colher os traslados de assentos de nascimento e casamento lavrados no exterior, sem que se emprestasse aos registros outra finalidade que senão a probatória. Assim, para casar-se no Brasil apresentaria o estrangeiro certidão do traslado de seu assento de nascimento. Para a separação ou divórcio, apresentaria certidão do registro do casamento se realizado no Brasil, ou do traslado se celebrado no exterior. A separação e o divórcio seriam averbados no registro ou no traslado do assento de casamento, conforme fosse nacional ou estrangeiro o assento. As atribuições desse cartório não invadiriam a atribuição normal das demais serventias; assim, o casamento celebrado no Brasil teria assento no cartório competente, mas seria obrigatoriamente anotado no cartório de estrangeiros, junto ao traslado do assento de nascimento. Com essas providências, haveria forma mais segura e mais simples, além de atender a publicidade dos registros aos estrangeiros. É inexplicável que o Brasil, com tantos imigrantes, não cuide de dar a eles uma situação registrária."[16]

7. CASAMENTO DE ESTRANGEIRO DIVORCIADO NO EXTERIOR COM PESSOA BRASILEIRA E HOMOLOGAÇÃO DA SENTENÇA PELO SUPERIOR TRIBUNAL DE JUSTIÇA

Primeiramente, de esclarecer que a homologação de sentenças estrangeiras, a teor do art. 102, inc. I, letra 'h', da Constituição Federal de 1988 incumbia ao STF. Com a Emenda Constituição nº 45, de 8.12.2004, a competência passou ao STJ, tendo sido acrescentada a alínea 'i' ao inc. I do art. 105, da mesma Carta.

A respeito da matéria, havia uma linha de entendimento de que, no casamento de estrangeiro divorciado no exterior, com pessoa brasileira, não se exigia a homologação pelo Superior Tribunal de Justiça do seu divórcio, por força do parágrafo único do art. 15 da Lei de Introdução às Normas do Direito Brasileiro.

Isso mesmo que se efetuasse no exterior o casamento. Para o posterior traslado do casamento pretendido por nacional não seria indispensável a homologação da sentença pelo Superior Tribunal de Justiça (art. 105, inc. I, letra 'i', da Constituição Federal), como decidiu o Supremo Tribunal Federal: "Casamento celebrado validamente no exterior entre estrangeiro, ali regularmente divorciado, e brasileira solteira. A transcrição desse matrimônio no registro civil brasileiro não depende de prévia homologação da sentença relativa ao divórcio do cônjuge estrangeiro."[17]

Em outro julgamento: "Registro civil. Anulação de transcrição de casamento validamente celebrado no exterior entre estrangeiro, ali regularmente divorciado, e brasileira solteira. O registro, feito no cartório brasileiro competente, independe de prévia homo-

---

[16] Trabalho citado, p. 458.
[17] *Revista Trimestral de Jurisprudência*, 99/216.

logação da sentença relativa ao divórcio do cônjuge estrangeiro pelo colendo Supremo Tribunal Federal."[18]

Narciso Orlandi Neto apresentava um forte argumento a favor desta exegese: "O exame dos requisitos ou impedimentos para o casamento foi previamente feito de acordo com a legislação local. Nesse exame foi dado ao divórcio anterior o devido valor. Celebrado o casamento, não pode haver condição para o reconhecimento da validade de casamento celebrado de acordo com a legislação do país estrangeiro. Apresentada a certidão estrangeira, não há como negar o traslado se um dos cônjuges é brasileiro nato. O divórcio anterior de qualquer dos cônjuges no exterior aparecerá apenas na qualificação das partes. Se brasileiro for o divorciado, exigirá o oficial a prévia averbação em seu assento de nascimento. Não mais que isso."[19]

Entrementes, o parágrafo único restou revogado pela Lei nº 12.036/2009.

Mesmo antes da revogação, decisões, no entanto, em sentido contrário existiam: "Casamento no estrangeiro. Registro. Casamento realizado na Alemanha, entre mulher brasileira naturalizada e homem de nacionalidade alemã, divorciado anteriormente no seu país de origem, quando residia no Brasil. Ausência de prévia homologação, pelo Supremo Tribunal Federal, da sentença relativa ao divórcio. Impossibilidade de transcrição do novo casamento. Sentença de divórcio que não é meramente declaratória. Aplicação do art. 32 da Lei dos Registros Públicos, combinado com o art. 15, parágrafo único, da Lei de Introdução ao Código Civil e art. 65 do Decreto-Lei nº 941, de 1969."[20]

A posição da necessidade de homologação da sentença do divórcio realizado no exterior, para viabilizar novo casamento no Brasil, é a que melhor se coaduna com o direito. Isto, sobretudo, se ambos os cônjuges são estrangeiros. Ademais, não mais existe suporte para a dispensa, tanto que o assunto está regulamentado pelo Regimento Interno do STJ, sem qualquer distinção quanto às sentenças sobre o estado das pessoas. É o que se desenvolverá no item abaixo.

8. HOMOLOGAÇÃO DE SENTENÇA DE DIVÓRCIO OU SEPARAÇÃO DE CÔNJUGES ESTRANGEIROS

Há diversas exigências para a homologação.

Indispensável o exame da situação que determinou o divórcio e confrontá-la com a lei brasileira. Ademais, nenhum país, segundo Negi Calixto, "admite execução direta de sentenças estrangeiras. Exige-se, sim, uma nova ação, ou de autorização, não por motivo de ofensa à soberania, ou porque os tribunais alienígenas não podem dar ordens aos juízes ou tribunais, mas por ser conveniente que várias questões espinhosas sejam preliminarmente resolvidas, e não deixadas para o processo de execução... Exigindo-se, por seus elementos extrínsecos, que ela seja exequível e que, por seu conteúdo, não ofenda aos interesses nacionais".[21]

---

[18] TJRJ. Apel. Cível nº 2.415/88. 2ª Câm. Cível, de 18.10.1989, *Revista de Direito do TJ*, Rio de Janeiro, 6/125.

[19] Trabalho citado, p. 455.

[20] STF. RE nº 89.254, de 4.12.1979. 1ª Turma, *Revista Trimestral de Jurisprudência*, 98/768.

[21] "Homologação de Sentença Estrangeira de Divórcio", *Família e Casamento*, coordenação de Yussef Said Cahali, obra citada, p. 487.

Vários requisitos são necessários observar, na homologação, ressaltados pelo autor Guilherme Gonçalves Strenger: "A sentença estrangeira de divórcio é homologável desde que cumpridos os requisitos processuais e formais, como a demonstração de que a sentença foi proferida por juiz competente; ter ocorrido citação regular no foro estrangeiro; exibição da prova do trânsito em julgado da sentença estrangeira; tradução da sentença por tradutor juramentado; autenticação da sentença pelo cônsul brasileiro; garantia da defesa das partes no estrangeiro; e inteligibilidade da sentença estrangeira.

Todos esses requisitos são de *per si* impostergáveis e indispensáveis, quer dizer, não há entre eles gradação valorativa capaz de admitir a ausência de um deles suprida pelo outro.

Os requisitos formais e processuais são imperativos e a demonstração de que não foram cumpridos resulta no indeferimento da homologação. O RISTF traslada essas normas para seu contexto exatamente para o intuito de consolidar e acentuar o rigor dessas exigências."[22]

Dos requisitos acima, ressalta aquele que exige o proferimento da sentença de divórcio ou separação por juiz ou órgão competente, mesmo que seja administrativo, eis que, no verbo do Supremo Tribunal Federal, "a norma inserta na alínea 'h' do inciso I do art. 102 da Constituição Federal, segundo a qual compete ao Supremo Tribunal Federal processar e julgar, originariamente, a homologação das sentenças estrangeiras, há de ser tomada respeitando-se a soberania do país em que praticado o ato. Prevendo a respectiva legislação o divórcio mediante simples ato administrativo, como ocorre, por exemplo, no Japão, cabível é a homologação para que surta efeitos no território brasileiro" (*Sentença Estrangeira Contestada* nº 6.399-0-Japão, pub. em 14.09.2000, Sessão Plenária, em ADV Jurisprudência, boletim semanal nº 52, 30.012.2000, p. 827).

Não é aceita uma autoridade ou um órgão no Brasil que não exerce a função de homologação ou de registro no país de onde provêm os interessados, como o consulado, linha que segue o mesmo Supremo Tribunal Federal: "Divórcio consensual. Registro em consulado no Brasil. Cônjuges estrangeiros domiciliados no País... Não é homologável, a título de sentença estrangeira, o registro em consulado estrangeiro, do divórcio consensual de cônjuges estrangeiros, domiciliados no País, sujeitos, portanto, à *lex fori*, que dispõe sobre o ato processual respectivo. Homologação indeferida."

O voto do Min. Rafael Mayer explica como deverá ser a sentença de homologação do divórcio: "De modo específico, o Supremo Tribunal Federal tem concedido homologação a decreto de divórcio amigável proferido por tribunal administrativo, segundo a legislação pertinente, como em caso procedente do Reino da Dinamarca (SE 2.703, *RTJ* 97/64); ou do reino da Noruega (SE 3.168, *RTJ* 108/1.004); ou em caso ainda mais peculiar, procedente do Japão, cujo sistema jurídico apenas prevê o registro perante autoridade administrativa do divórcio por mútuo consentimento (SE 2.251, *RTJ* 77/389; SE 2.636, *RTJ* 97/1.002).

Entretanto, mesmo admitindo que a lei civil da República da China (Taiwan), da qual requerente e requerida são nacionais, tenha por eficaz o divórcio consensual por instrumento particular, simplesmente apresentado à repartição administrativa, ao direito brasileiro não aparecerá como autoridade competente e legítima para tanto o consulado, no Brasil, do país da nacionalidade dos divorciados.

É certo que, segundo a Convenção de Viena sobre as relações Diplomáticas e Consulares, dentre as funções consulares se incluem as de agir na qualidade de notário e oficial do registro civil, exercer funções similares, assim como outras de caráter administrativo (art. 5º, 'f'), mas desde que não contrariem as leis e regulamentos do Estado receptor.

---

[22] Homologação de Sentença Estrangeira de Divórcio, *Revista dos Tribunais*, nº 622, p. 49.

80 • Direito de Família | *Arnaldo Rizzardo*

De notar que a norma de direito internacional privado, que nos rege, faculta o casamento diplomático ou consular, quando ambos os nubentes são nacionais, do mesmo país da autoridade, mas não admite que se estenda a providência ao divórcio consular, nem mesmo assim constando de algum tratado, como em raros precedentes entre Estados estrangeiros.

Ora, se não há nenhuma ressalva, o caso recai na jurisdição territorial, pois ambos os cônjuges são domiciliados no Brasil, e quer a separação judicial, quer o divórcio, ainda que em substância possam seguir a lei nacional dos cônjuges, são atos de processo que somente se submetem à autoridade judiciária brasileira, como expressão da soberania."[23]

Lembra-se, ainda, da necessidade de se juntar o teor do ato administrativo que se pretende homologar, ou da sentença: "Divórcio amigável, procedente do Japão. Ausência do teor do ato administrativo que se pretende homologar, não bastando, para a homologação, perante o Supremo Tribunal Federal, a prova de sua averbação, no registro civil (arts. 218 e 219, e seu parágrafo único, do Regimento Interno)."[24]

A matéria encontra-se, atualmente, disciplinada pelo Regimento Interno do STJ, na redação da Emenda Regimental nº 24/2016, cujo art. 216-A, reza: "É atribuição do Presidente do Tribunal homologar decisão estrangeira, ressalvado o disposto no art. 216-K".

Assim, todos os processos de homologação de sentença estrangeira instaurados são diretamente remetidos ao Presidente do STJ. Somente no caso de oferecimento de contestação pelo requerido ou impugnação pelo Ministério Público será o processo distribuído para um dos Ministros integrantes da Corte Especial do STJ, que será designado um relator, na forma do art. 216-K do Regimento Interno, passando a presidir o processo.

Eis sua redação: "Contestado o pedido, o processo será distribuído para julgamento pela Corte Especial, cabendo ao relator os demais atos relativos ao andamento e à instrução do processo".

Todavia, não havendo impugnação, o Presidente do STJ irá presidir os atos praticados ao longo do processo e, ao final, julgá-lo.

O pedido virá formulado segundo as exigências da lei processual civil, sendo acompanhado de certidão ou cópia autenticada do texto integral da sentença que concedeu o divórcio. Instruirão, também, outros documentos, identificando a parte interessada, e provando o domicílio no Brasil, todos traduzidos e autenticados. É evidente a necessidade da prova do casamento, dissolvido posteriormente pelo divórcio.

A autenticação se fará na autoridade consular brasileira, com tradução por pessoa juramentada. Conterá a inicial elementos que preencham os requisitos elencados no art. 216-D do Regimento referido:

"A decisão estrangeira deverá:

I – ter sido proferida por autoridade competente;

II – conter elementos que comprovem terem sido as partes regularmente citadas ou ter sido legalmente verificada a revelia;

III – ter transitado em julgado".

O art. 216-E oportuniza a emenda ou complementação da petição inicial:

---

[23] Sentença Estrangeira nº 3.363. Julgada em 24.09.1987, *Revista Trimestral de Jurisprudência*, 132/160.

[24] Sentença Estrangeira nº 4.269-8, DF, de 10.08.1991, *Lex – Jurisprudência do Supremo Tribunal Federal*, 155/257.

Cap. V | Celebração do Casamento • 81

"Se a petição inicial não preencher os requisitos exigidos nos artigos anteriores ou apresentar defeitos ou irregularidades que dificultem o julgamento do mérito, o Presidente assinará prazo razoável para que o requerente a emende ou complete.

Parágrafo único. Após a intimação, se o requerente ou o seu procurador não promover, no prazo assinalado, ato ou diligência que lhe for determinada no curso do processo, será este arquivado pelo Presidente".

Como se vê, o Presidente do Superior Tribunal de Justiça receberá a petição. Examinará o preenchimento dos requisitos legais e oferecerá oportunidade para a emenda da inicial, ou a apresentação de novos documentos, tudo em prazo razoável, podendo se estender por trinta ou mais dias, em vista da demora exigida na consecução dos documentos.

Após, cita-se, por oficial de justiça, o requerido, ou por carta rogatória, se residir no exterior, ou por edital se estiver em local incerto e desconhecido. Nomeia-se curador se for revel o réu, o qual será notificado pessoalmente para oferecer a defesa.

O prazo de defesa será de quinze dias, restringindo-se a contestação a aspectos como a autenticidade de documentos, a inteligência da sentença, a obediência aos requisitos para a concessão do divórcio no país onde foi concedido, a citação do réu na ação de divórcio e o trânsito em julgado da sentença. Naturalmente, outras matérias importantes é permitido se suscitar, desde que envolvam o mérito do divórcio.

Daí se vê o exame dos requisitos do divórcio no exterior, ou se foram cumpridos segundo os ditames da lei brasileira. Aqui, é ato indispensável a citação, que se procede, em residindo a pessoa no exterior, por carta rogatória. Por conseguinte, se um dos cônjuges residia fora do país onde se decretou o divórcio, e não se consumou a citação por rogatória, nota-se que há uma infringência grave à lei, sob a ótica de nosso direito. Embora esta omissão não constitua vício original no direito alienígena, no Brasil o é, importando na recusa em homologar a sentença concedida no país estrangeiro.

Neste sentido já vinham as decisões do Supremo Tribunal Federal: "Sentença estrangeira. Divórcio. Irregularidade da revelia decretada pelo juízo estrangeiro. Matéria de direito e de ordem pública, o que torna ocioso discutir eventual intempestividade da contestação apresentada ao pedido de homologação. Impossibilidade de proceder-se a citação da ré – residente no Brasil – por meio outro que não a carta rogatória, segundo resulta das normas jurídicas em vigor no nosso País. Precedentes do STF. Indeferimento do pedido de homologação da sentença estrangeira, comunicando-se ao órgão disciplinar competente os fatos relacionados ao procedimento de citação."

No voto do Min. Célio Borja está a justificativa da imposição à obediência de nossas normas: "Com efeito, dispõe o art. 216 do RISTF, repetindo a regra da Lei de Introdução ao Código Civil (art. 17), que não será homologada sentença que ofenda a soberania nacional, a ordem pública e os bons costumes.

Especifica o art. 217 do mesmo Regimento: 'Constituem requisitos indispensáveis à homologação de sentença estrangeira: ... II – Terem sido as partes citadas ou haver legalmente verificado a revelia.'

Colocada nestes termos, a controvérsia não oferece maiores dificuldades.

O próprio autor comprovou... não se ter revestido das cautelas exigidas pela legislação brasileira a citação da ré no processo de divórcio.

De fato, quando admitida a competência do órgão jurisdicional estrangeiro – a carta rogatória é o único meio hábil e eficaz de convocar-se cidadão brasileiro a responder perante

82 • Direito de Família | *Arnaldo Rizzardo*

a jurisdição de outro país."[25] A Lei de Introdução ao Código Civil passou a denominar-se, com a Lei nº 12.376/2010, Lei de Introdução às Normas do Direito Brasileiro.

A regulamentação, presentemente, está no art. 216-A ao art. 216-N do Regimento Interno do STJ, com várias emendas, sendo a última de nº 24/2016.

Uma vez contestada a ação, caberá o direito à réplica, no período de cinco dias.

O próprio Presidente do STJ proferirá decisão, caso não manifestada impugnação.

Se negada a homologação, o recurso cabível será o agravo regimental, para o Plenário do Tribunal.

Caso manifestada a contestação, o processo irá à distribuição para um dos Ministros, e o julgamento processa-se pelo Plenário. O relator poderá tomar as providências que couberem e inclusive realizar a instrução. Após, colocará em pauta de julgamento o feito.

Da decisão do Plenário, nenhum recurso é cabível, segundo inteligência do Regimento Interno, que especifica as hipóteses de cabimento dos recursos de embargos de divergência e de embargos infringentes, nelas não incluída a decisão que homologa ou não a sentença estrangeira.

A execução far-se-á por carta de sentença, remetida ao juiz competente.

De outro lado, podem servir de fundamentos para o divórcio, em certos ordenamentos jurídicos, fatos que não estão contemplados no direito brasileiro, e que ofendem a ordem pública, a moral ou o direito, no Brasil. No direito muçulmano, *v.g*, admite-se o repúdio do varão, que se concretizará em divórcio, à relação sexual praticada pela mulher separada, sem se garantir a esta o correspondente direito, o que afronta a nossa ordem legal e jurídica. Consequentemente, em casos tais não se pode homologar o divórcio. E, para tanto, é necessária a prévia ação de homologação.

Anota, ainda, o juiz paulista Guilherme Gonçalves Strenger: "A eficácia da sentença estrangeira em outro território depende do recebimento de *exequatur*, o que somente é possível se, na forma do direito local – no caso brasileiro, na Suprema Corte –, houver procedimento pelo qual se reconheça a validade daquela decisão.

Nesse sentido, o tribunal homologante está sujeito à disciplina do direito cogente nacional, mas sem abstração do direito estrangeiro quanto aos efeitos da declaração sentencial. Exemplo típico dessa circunstância é o divórcio de acordo com a lei argentina. Nesse país, o divórcio equivale à separação judicial, e o STF, em inúmeras oportunidades, negou deferimento à homologação de sentença de divórcio argentino, fundado na qualificação e natureza daquele instituto no país de sua origem."[26]

9. LEGITIMIDADE PARA PEDIR A HOMOLOGAÇÃO DA SENTENÇA PERANTE O SUPERIOR TRIBUNAL DE JUSTIÇA

Qualquer dos cônjuges tem legitimidade para buscar a homologação no Superior Tribunal de Justiça, através de petição fundamentada, assinada por advogado habilitado, com poderes especiais, e dirigida ao Presidente do Superior Tribunal de Justiça.

Explica Manoel Messias Veiga o procedimento: "A petição inicial atenderá obrigatoriamente aos requisitos previstos no CPC (arts. 282 e 283), e será com os documentos

---

[25] Sentença Estrangeira nº 4.125-1. Julgada em 12.09.1990, *Revista dos Tribunais*, 666/215.
[26] Trabalho citado, p. 47.

Cap. V | Celebração do Casamento • 83

indispensáveis, inclusive a prova do casamento, e ainda a prova de domicílio no Brasil, se os requerentes forem de nacionalidade estrangeira. Havendo irregularidades, ausência de requisitos exigidos ou qualquer outro efeito que não seja de indeferimento de plano do pedido, a autoridade judiciária mandará suprir, completando e emendando, com prazo de dez dias, o pedido inicial (art. 284, parágrafo único, do CPC, c/c o art. 219 do Regimento Interno do STF). No caso de falta de legitimidade ou carência de interesse processual, procedimento legal, requisitos inatendidos, ausência de causa e pedido, impossibilidade e incompatibilidade de pedido, a petição inicial será, liminarmente, indeferida, por inépcia (art. 295 e seus itens, c/c o parágrafo único do art. 219 do RISTF)."[27]

As normas do CPC invocadas – arts. 282, 283, 284 e 295 e seus itens correspondem, respectivamente, aos arts. 319, 320, 321 e 330 e seus itens do CPC/2015, com algumas diferenças de redação.

Há, inclusive, necessidade de citar o outro cônjuge, por carta rogatória, se residente no exterior o demandado, ou carta de ordem, ao juízo do domicílio do citando, ou por edital, se desconhecida a resistência.

Assegurado o prazo de contestação de quinze dias, havendo intervenção do Ministério Público Federal, com o derradeiro ato sentencial do Presidente do Superior Tribunal de Justiça, e possibilidade de recurso de agravo regimental ao Plenário, tudo consoante já mais longamente explicado.

10. CASAMENTO EM CASO DE MOLÉSTIA GRAVE, E DE IMINENTE RISCO DE VIDA OU CASAMENTO NUNCUPATIVO

Como é sabido, uma série de formalidades precede e acompanha o ato do casamento, dada a sua importância não apenas para as pessoas, como igualmente para a estrutura da família e do próprio Estado.

As formalidades poderão ser atenuadas ou diminuídas em certas circunstâncias especiais, ou na quase totalidade dispensadas, segundo a necessidade de urgência para que se realize de imediato o casamento. Num primeiro caso, antecipa-se o ato, dispensando as principais exigências formais estabelecidas na lei. Numa outra modalidade, suprimem-se todas as fases preliminares, a partir do encaminhamento dos documentos e do processo de habilitação, autorizando-se, inclusive, que o ato seja celebrado pelos próprios nubentes.

Assim, em suma, há o casamento realizado por motivo urgente, em razão de moléstia grave, e o casamento levado a termo subitamente, por se encontrar algum dos contraentes em iminente risco de vida.

10.1. Motivo urgente por moléstia grave

A previsão legal se encontra no art. 1.539: "No caso de moléstia grave de um dos nubentes, o presidente do ato irá celebrá-lo onde se encontrar o impedido, sendo urgente, ainda que à noite, perante 2 (duas) testemunhas que saibam ler e escrever."

Como se vê, o primeiro requisito a estar presente é a moléstia grave. Em geral, a situação ocorre quando os cônjuges já vivem maritalmente e procura-se apenas legalizar um estado de fato comparado ao casamento.

---

[27] *Do Divórcio e sua Prática Forense*, 3ª ed., Rio de Janeiro, Forense, 1987, p. 275.

Desnecessário se faça prova da gravidade da moléstia. Desde que perceptível o estado de doença, é admissível o apressamento do ato.

De outro lado, não há uma simples antecipação, com a dispensa de algumas formalidades, e em especial, a da publicação dos editais. Realiza-se o casamento com a supressão da fase da habilitação e das solenidades comuns para o casamento normal.

O Código Civil de 1916 disciplinava diferentemente o assunto. Exigia que os nubentes já estivessem de posse da certidão do então art. 181, § 1º, e que corresponde ao art. 1.531 do atual Código, relativamente à habilitação, encontrando-se satisfeitas as formalidades preliminares do casamento.

Para bem apreender a diferença em relação ao atual sistema, deve observar-se o conteúdo do art. 199 do Código anterior: "O oficial do registro, mediante despacho da autoridade competente, à vista dos documentos exigidos no art. 180 e independentemente do edital de proclamas (art. 181), dará a certidão ordenada no art. 181, § 1º."

Não manteve o Código em vigor a disposição. Daí se entender que é possível a realização do casamento sem quaisquer providências anteriores ou preparatórias no pertinente à habilitação. Não mais se exige a certidão de que os pretendentes se encontram habilitados para casarem, que se impunha no regime anterior. Se assim acontece, é porque se dispensa a habilitação.

No entanto, para o registro posterior, deve-se aferir as condições, ou a inexistência de impedimentos. Opera-se uma antecipação do ato, mas dependente da condição do atendimento dos elementos que autorizam o casamento, ou desde que as pessoas não se encontrem impedidas.

Deve estar envolvida sempre a hipótese de um dos nubentes adoecer gravemente, não podendo comparecer à casa das audiências para a celebração do casamento, e não se permitindo aguardar o lapso de tempo que impõe o cumprimento da habilitação, como já explicava Carvalho Santos.[28]

Opera-se mais que um simples apressamento da celebração do casamento, com a presença da autoridade própria e demais pessoas, embora, na impossibilidade da presença do juiz de paz, se admita a substituição pelo respectivo suplente, e com a permissão de ser nomeada uma pessoa para lavrar o ato, ou oficial do registro *ad hoc*.

É o que reza o § 1º do art. 1.539: "A falta ou impedimento da autoridade competente para presidir o casamento suprir-se-á por qualquer dos seus substitutos legais, e a do oficial do Registro Civil por outro *ad hoc*, nomeado pelo presidente ao ato."

Vê-se das regras que, em face da urgência, um dos cônjuges ou alguém por eles poderá procurar o oficial do cartório para a celebração de imediato do casamento, bem como o juiz de paz. Não os encontrando, diligenciará na localização de um suplente de juiz de paz, o qual designará uma pessoa para lavrar o termo da cerimônia a se realizar. Em seguida, lavra-se o termo, sem maiores formalidades, o que é feito pelo oficial nomeado para o ato, em cujo início se descreverá a nomeação. Mencionando a circunstância da ausência do oficial público. Desenvolve-se o casamento, cuja ata será elaborada pelo servidor nomeado, em um papel qualquer, sem necessidade de que se faça no livro próprio, se não se encontrar no local o oficial público. Tanto isto que o § 2º do art. 1.539 denomina 'termo avulso' a ata, o qual "será registrado no respectivo registro dentro em 5 (cinco) dias, perante 2 (duas) testemunhas, ficando arquivado".

---

[28] *Código Civil Brasileiro Interpretado*, obra citada, vol. IV, p. 111.

10.2. Iminente risco de vida, ou casamento nuncupativo

A urgência pode ser tão grave que o casamento deverá realizar-se subitamente, ou de imediato, sem qualquer possibilidade de encenar a solenidade com a presença de juiz e oficial do registro civil. No caso anterior, de grave moléstia, revelou-se possível contar com a presença do juiz de paz, ou suplente, e do oficial do registro civil, ou de pessoa nomeada para lavrar a ata ou o termo do ato.

Assim ocorre quando um dos nubentes é ferido por disparo de arma de fogo, ou sofre grave acidente, ou, ainda, é vítima de mal súbito, em que não há a mínima esperança de salvação, e a duração da vida não poderá ir além de alguns instantes ou horas.

Nestas desesperadoras circunstâncias, pode a pessoa desejar a regularização da vida conjugal que mantém com outra, ou pretender se efetive o casamento já programado e decidido, mas ainda não providenciado o encaminhamento.

É o que se chama de 'casamento nuncupativo' – sendo este termo conhecido por realizar-se em circunstâncias excepcionais ou extremas, como acontece com o testamento previsto para o mesmo momento derradeiro da vida, devendo ser realizado pessoalmente pelo cônjuge, sem possibilidade de se representar por procuração, como decorre do § 2º do art. 1.542 do Código Civil.

Chamado também de casamento *in extremis,* ou *in extremis vitae momentis*, a celebração há de ser imediata, dispensando-se a presença da autoridade e do oficial do registro civil, por não haver tempo para providenciar o comparecimento.

De acordo com o art. 1.540, tem lugar este casamento na situação especial do iminente risco de vida: "Quando algum dos contraentes estiver em iminente risco de vida, não obtendo a presença da autoridade à qual incumba presidir o ato, nem a de seu substituto, poderá o casamento ser celebrado na presença de 6 (seis) testemunhas, que com os nubentes não tenham parentesco em linha reta, ou, na colateral, até segundo grau."

Os próprios contraentes celebram o casamento. Mas se possível a presença do juiz de paz, e mesmo do oficial do cartório, não perderá a natureza de casamento nuncupativo, ou *in extremis*, porquanto o que o caracteriza é a dispensa das formalidades exigidas para o casamento comum, que dizem respeito aos documentos e providências que aparecem nos arts. 1.525, 1.526 e 1.527, isto é, da habilitação e da publicação dos proclamas.

Por conseguinte, se não se conseguir a presença de autoridade, basta tão somente o comparecimento de seis testemunhas, para as quais deverão os nubentes manifestar, de algum modo, a vontade de se casarem.

Essas mesmas testemunhas, que não sejam ascendentes e nem descendentes, ou irmãs dos nubentes, deverão, em dez dias, comparecer ante a autoridade judicial mais próxima, pedindo que lhes tome por termo a seguinte declaração, discriminada no art. 1.541:

"I – que foram convocadas por parte do enfermo;

II – que este parecia em perigo de vida, mas em seu juízo.

III – que, em sua presença, declararam os contraentes, livre e espontaneamente, receber-se por marido e mulher."

Sem o comparecimento das testemunhas, não há o dito casamento, pouco importando a indicação de outras que tenham conhecimento do estado de saúde, ou a existência de processo de habilitação, segundo foi decidido: "É necessário, para o deferimento do pedido de lavratura de assentamento do casamento nuncupativo, que seis testemunhas desimpedidas, especialmente chamadas para o ato, tenham presenciado a manifestação dos

86 • Direito de Família | *Arnaldo Rizzardo*

contraentes... Nuncupativo é o casamento *in extremis*, realizado quando um dos nubentes se acha em iminente perigo de vida, não havendo assim tempo para a celebração do matrimônio com todo o formalismo prescrito pela lei civil, como esclarece Washington de Barros Monteiro, reportando-se à expressão utilizada por Carlos de Carvalho (*Direito Civil Brasileiro Recopiado*, p. 408), 'in' *Curso de Direito Civil*, Direito de Família, 2ª ed., Saraiva, 1955, p. 62, que acrescenta: 'Bastará, neste caso, para a sua realização, que os cônjuges manifestem o seu propósito de se consorciar, perante seis testemunhas desimpedidas, especialmente convocadas para o ato' (obra citada, p. 63)".[29]

Naturalmente, encaminhar-se-á um pedido ao juiz, subscrito pelo cônjuge que convocou as testemunhas, ou por elas próprias, ou por advogado com poderes especiais. Não há rigor de forma. Deste modo, ao próprio oficial de registro civil da circunscrição dos cônjuges é facultado encaminhar o requerimento, com a narração do fato e a relação das testemunhas.

Em seguida ao recebimento da comunicação, com a autuação e colhidas as declarações, "o juiz procederá as diligências necessárias para verificar se os contraentes podiam ter-se habilitado para o casamento, na forma ordinária, ouvidos os interessados que o requererem, em quinze dias".

Por outras palavras, embora já realizado o casamento, cumpre ao juiz ordenar a apresentação dos documentos ordenados no art. 1.525, mandando que se expeça aviso, ou edital, para a possível manifestação de interessados, a fim de apresentarem impugnações e indicação de impedimentos.

Uma vez nada se oferecendo em contrário ao casamento, e apurando-se idoneidade do pedido, decidirá o juiz, declarando válido o casamento, ou homologando-o.

Transitada em julgado a decisão, ordenará o juiz a transcrição no livro de registros de casamento, retrotraindo os efeitos, quanto ao estado dos cônjuges, à data de celebração, e quanto aos filhos comuns, à data do nascimento, tudo de acordo com os parágrafos que seguem ao art. 1.541.

As disposições constantes dos dispositivos acima vêm complementadas por outras do art. 76 e parágrafos da Lei dos Registros Públicos, especialmente no que diz respeito à intervenção do Ministério Público e quanto à permissão concedida a qualquer interessado em requerer a intimação das testemunhas, se não comparecerem espontaneamente.

Se o nubente enfermo não morrer, mas convalescer, e puder ratificar o casamento em presença do juiz de paz e do oficial do registro, dispensam-se as formalidades descritas. Esta ratificação é procedida por termo no livro de casamentos, devendo vir assinada também pelo outro cônjuge e por duas testemunhas (art. 1.541, § 5º, do CC).

Cumpre reiterar, em qualquer hipótese, que, antes de lançar o termo, exigem-se os documentos do art. 1.525 e a certidão do art. 1.527, a qual, para ser concedida, dependerá da inexistência de impedimentos.

Mas, se o restabelecimento se der após já efetuado o registro, não se faz necessária a ratificação, eis que o § 5º do art. 1.541 manda que o enfermo ratifique o ato, pressupondo não tenha ainda sido providenciada a ratificação.

---

[29] TJSP. Apel. Cível nº 113.364-1. 5ª Câm. Civil, de 29.06.1989, *Revista dos Tribunais*, 647/89; no mesmo sentido, *Revista de Jurisprudência do TJ de São Paulo*, 119/45.

11. CASAMENTO RELIGIOSO COM EFEITOS CIVIS

Em homenagem à consciência cristã do povo, as legislações preveem, além do casamento civil, o religioso com efeitos civis.

O casamento religioso com efeitos civis foi instituído por força do espírito religioso do povo brasileiro, tomando foros de importância porque a tradição incutiu uma consciência de que é a única forma que libera as relações sexuais entre os cônjuges. No Brasil, embora desde longos tempos colocada esta forma em pé de igualdade jurídica com o casamento puramente civil, na verdade não conquistou ela grande espaço, permitindo às pessoas a celebração das núpcias tanto no rito religioso como no civil. Não se consolidou a alternativa do casamento religioso com efeitos civis certamente por nunca ter sido devidamente difundido, muito embora venha introduzido em nosso sistema jurídico desde 16 de janeiro de 1937, através da Lei nº 379, e tenha sido mantido nas Constituições Federais que advieram.

Salienta-se que qualquer casamento religioso, celebrado em conformidade com os credos tradicionais, como a religião católica, e com as novas e desconhecidas religiões ou seitas, presta-se para trazer os efeitos civis. Nada se regulamentou quanto à estrutura ou consolidação da religião sob cujo rito as pessoas casam.

Mas parece que pode exigir o oficial do registro civil a apresentação de alguma prova ou elemento pelo menos sobre a existência da religião e a legitimidade da representação, dentro do credo do celebrante.

Antes da República, era conhecido unicamente o matrimônio religioso, o qual, sem os atos no registro civil, nenhuma relevância jurídica possui. Representa somente um elemento de prova para o reconhecimento da união estável, elevada, pela atual Constituição e pelo vigente Código Civil, à categoria de instituto protegido com as mesmas garantias e direitos próprios do casamento civil.

A vigente Carta Federal manteve a tradição, contemplando este casamento no art. 226, § 2º: "O casamento religioso tem efeito civil, nos termos da lei."

A regulamentação vinha esteada na Lei nº 1.110, de 23.05.1950, que substituiu a Lei nº 3.200, de 19.04.1941, a qual, por sua vez, afastou a Lei nº 379, de 16.01.1937, prevalecendo, quanto ao registro, as normas da Lei dos Registros Públicos. A Lei nº 1.110 perdurou até a entrada em vigor do Código Civil de 2002, que consagra a validade do casamento religioso desde que atendidos os mesmos requisitos do casamento civil, passando a regular a matéria.

Ensina, a respeito, Tupinambá Miguel Castro do Nascimento: "O diploma que tratava da matéria era a Lei nº 1.110, de 23.05.1950. Entretanto, o assunto dos efeitos civis ao casamento religioso passou a ser tratado pela Lei dos Registros Públicos (Lei nº 6.015, de 31 de dezembro de 1973), em seus artigos 71 a 75."[30]

Eis a regra do art. 1.515 do Código Civil: "O casamento religioso, que atender às exigências da lei para a validade do casamento civil, equipara-se a este, desde que registrado no registro próprio, produzindo efeitos a partir da data de sua celebração."

Não se dispensam as exigências previstas para o casamento civil. Unicamente a celebração religiosa substitui a civil. O art. 1.516 estende ao registro os requisitos impos-

---

[30] *A Ordem Social e a Nova Constituição*, Rio de Janeiro, Aide, 1990, pp. 171 e 172.

tos para o casamento civil: "O registro do casamento religioso submete-se aos mesmos requisitos exigidos para o casamento civil."

Consagra-se a validade do casamento religioso desde que atendidos os mesmos requisitos do casamento civil.

Antes do casamento religioso, os nubentes preparam os papéis exigidos pelo Código Civil, entregando-os no ofício competente. Oferecerá o oficial uma certidão de que se encontram habilitados, o que leva a concluir que preenchem os requisitos legais, a qual é dirigida ao religioso celebrante, que a arquivará.

O § 1º assinala o prazo de noventa dias para o registro civil: "O registro civil do casamento religioso deverá ser promovido dentro de 90 (noventa) dias de sua realização, mediante comunicação do celebrante ao ofício competente, ou por iniciativa de qualquer interessado, desde que haja sido homologada previamente a habilitação regulada neste Código. Após o referido prazo, o registro dependerá de nova habilitação regulada neste Código."

Extrai-se que a habilitação nunca é dispensada, mesmo se levado a termo o registro no curso do prazo acima de noventa dias, envolvendo a necessidade da apresentação dos documentos e requisitos estabelecidos para o casamento civil. Passado o lapso de tempo, nova habilitação faz-se mister.

No uso da palavra 'interessado' pelo art. 1.516, § 1º, do Código Civil (que já vinha na legislação anterior), quer lei se referir ao 'cônjuge' e ao celebrante. Ou seja, qualquer dos nubentes, e inclusive o celebrante, terão legitimidade para propor o registro, pelas razões que já expunha Jefferson Daibert: "É lógico, pois, se até o celebrante, ele sozinho, pode fazê-lo, por disposição legal, com maior razão poderá ser requerida por qualquer interessado, e por este entender-se qualquer um dos nubentes, isoladamente."[31]

Não se conclua que a comunicação do celebrante ao ofício do registro civil é suficiente. Para ter validade, insta que se tenham satisfeitos os requisitos que tornam possível o casamento civil, os quais decorrem da aferição da certidão de nascimento, da declaração do estado civil e da inexistência de parentesco impeditivo, da prova do divórcio, se anteriormente casados os consorciados. Dentre os mais importantes, ressaltam os que tratam da idade núbil imposta no art. 1.517 e dos impedimentos constantes no art. 1.521 do Código Civil.

O registro importa em equiparar o casamento religioso ao civil. Continuará ele religioso, mas com os efeitos do civil. O registro é precedido da habilitação, a qual terá eficácia pelo prazo de noventa dias, a contar da data em que se extrair o certificado. Passado o lapso de tempo, nova habilitação impõe-se.

Na situação acima, há a habilitação anterior, que se depreende do § 1º do art. 1.516, ao submeter o registro à prévia homologação da habilitação.

O § 2º do mesmo art. 1.516 contém uma regra que se depreende da segunda parte do § 1º: "O casamento religioso, celebrado sem as formalidades exigidas neste Código, terá efeitos civis se, a requerimento do casal, for registrado, a qualquer tempo, no registro civil, mediante prévia habilitação perante a autoridade competente e observado o prazo do art. 1.532."

A habilitação, nesta previsão, é posterior, que sempre é autorizada se não efetuada antes do casamento religioso, ou, embora efetuada, não se providenciar no registro em até noventa dias da celebração. Leva-se a termo nova habilitação, com o encaminhamento

---

[31] Obra citada, p. 84.

ao cartório dos documentos necessários ao casamento e mais da certidão ou documento da prova da celebração religiosa.

Neste tipo de habilitação, ou na sua renovação se não providenciado o registro no lapso temporal de noventa dias, indispensável a manifestação do consentimento final dos dois cônjuges, eis que o casamento, embora já se encontre realizado perante a autoridade religiosa, não tem o efeito jurídico previsto na lei sem o ato registrário, dentro dos padrões legais vigentes. Daí afigurar-se necessário o atendimento de todas as formalidades impostas para a habilitação no casamento civil. Só então efetuar-se-á o registro.

Nos termos do § 3º, em disposição que se subentende, não carecendo que viesse externada, "será nulo o registro civil do casamento religioso se, antes dele, qualquer dos consorciados houver contraído com outrem o casamento civil". Há, se já casado um dos nubentes, o impedimento expresso no inc. VI do art. 1.521.

Uma vez verificada a regularidade da habilitação, o oficial promoverá o registro, surtindo efeitos retroativamente desde a data da celebração religiosa do enlace.

Quanto ao regime de bens, aplicam-se as regras do Código Civil. Desta sorte, omisso o registro a respeito do regime, prevalece o de comunhão parcial. Qualquer outro tipo depende do pacto antenupcial por escritura pública. É o que preceitua o art. 1.640 do Código Civil.

Desnecessário ressaltar que, além das solenidades referidas junto ao celebrante e ao cartório, nenhum outro ato se reclama, com a dispensa, é óbvio, de qualquer participação do juiz de paz.

No assento, colocam-se os dados elencados no § 1º do art. 73 da Lei nº 6.015: "O assento ou termo conterá a data da celebração, o lugar, o culto religioso, o nome do celebrante, sua qualidade, o cartório que expediu a habilitação, sua data, os nomes, profissões, residências, nacionalidades das testemunhas que o assinarem e os nomes dos contraentes."

Outrossim, diante do § 2º do mesmo cânone, uma vez anotada a entrada do requerimento, o oficial fará o registro em vinte e quatro horas.

12. CASAMENTO POR PROCURAÇÃO

Embora bastante raro, é possível realizar-se o casamento através de procuração, forma prevista no art. 1.542 do Código Civil: "O casamento pode celebrar-se mediante procuração, por instrumento público, com poderes especiais." O parágrafo único do art. 201 do Código anterior exemplificava uma hipótese desta modalidade de casamento, merecendo sua transcrição para fins ilustrativos: "Pode casar por procuração o preso, ou o condenado, quando lhe não permita comparecer em pessoa a autoridade, sob cuja guarda estiver."

Há, no casamento por procuração, a representação voluntária na celebração das núpcias. Como um dos cônjuges está impedido de fazer-se presente no ato, outorga poderes para que outra pessoa o represente e receba o contraente.

Evidentemente, a procuração deverá ter forma pública, posto que o ato a ser praticado é solene. Conterá, outrossim, poderes especiais para a finalidade visada, cumprindo que venha indicada a pessoa com quem o representado vai se consorciar matrimonialmente. Escreve Orlando Gomes: "Os poderes devem ser especiais, devendo a procuração ser passada para o fim específico do procurador representar o nubente na cerimônia do casamento. Necessária, por conseguinte, a indicação do nome do outro contraente. Ninguém pode conferir poderes para casar indiscriminadamente, com quem o procurador queira.

90 • Direito de Família | *Arnaldo Rizzardo*

Outra precaução que a lei pátria não tomou é relativa ao prazo de duração da procuração. Deveria haver limitações, sendo curto o prazo por óbvias razões."[32]

Com toda a certeza, necessário conste um prazo de duração bastante curto, diante da possibilidade de desistência do casamento, embora a viabilidade da revogação do mandato a qualquer tempo. O Código em vigor, sanando deficiência do anterior, limitou para noventa dias a validade da procuração. É a regra do § 3º do art. 1.542: "A eficácia do mandato não ultrapassará 90 (noventa) dias."

Malgrado os termos genéricos do art. 1.542, constituindo o mandato um negócio de representação pessoal, firmado para atender os interesses do representado, deduz-se que duas pessoas decididas a contrair núpcias não podem eleger o mesmo procurador. Cada nubente deverá contratar o seu procurador, em prol dos interesses do constituinte. É admissível que, embora o enlace matrimonial por amor, se faça necessário a defesa de alguns interesses que colidem entre um cônjuge e outro.

Admite-se, também, esta modalidade quando um dos cônjuges se encontra em lugar distante, ou viajando.

No próprio art. 1.535 está contemplado o comparecimento do procurador em lugar do cônjuge.

Revela-se indispensável que os nubentes sejam conhecidos do procurador, e que seja ordenada a apresentação do instrumento procuratório, devendo o oficial conferir os elementos dele constantes.

Várias outras normas contém o Código Civil.

Assim, o § 1º do art. 1.542, ao dispensar que a revogação do mandato chegue ao conhecimento do mandatário, ou do outro contraente, para produzir efeitos. No entanto, responde o mandante por perdas e danos se causar prejuízos: "A revogação do mandato não necessita chegar ao conhecimento do mandatário; mas, celebrado o casamento sem que o mandatário ou o outro contraente tivessem ciência da revogação, responderá o mandante por perdas e danos." Como regra geral, deixa de existir o mandato a partir da ciência da revogação ou extinção pelo mandatário, como decorre do art. 686 do Código.

Para a revogação, necessária a forma pública, o que vem consignado no § 4º do art. 1.542: "Só por instrumento público se poderá revogar o mandato."

A representação é proibida no casamento de nubente que se encontra em iminente risco de vida, posto que somente autorizada para aquele que não se encontra em tal situação, em vista do § 2º do mesmo artigo: "O nubente que não estiver em iminente risco de vida poderá fazer-se representar no casamento nuncupativo."

13. PROVA DO CASAMENTO E ESTADO DE CASADO

Evidentemente, a existência do casamento celebrado no Brasil prova-se através da certidão do registro, como desponta do Código Civil, art. 1.543: "O casamento celebrado no Brasil prova-se pela certidão do registro." Segundo desponta do art. 1.536 e já vinha no art. 70 da Lei dos Registros Públicos, logo depois de celebrado o casamento, é lavrado o assento no registro civil, o que permitirá a perpetuação do conhecimento de sua existência.

Basta, pois, extrair-se uma certidão do termo lançado no registro para se munir o interessado de elemento hábil que demonstrará ser ele pessoa casada.

---

[32] *Direito de Família*, obra citada, p. 97.

Importantes reflexos emergem da prova cabal do casamento em múltiplas situações, como para a legitimação dos filhos; a condição do cônjuge meeiro ou herdeiro legítimo; a configuração de nulidade dos casamentos posteriores; a obrigação de prestar alimentos ao outro cônjuge; a comunhão dos bens adquiridos no curso do casamento, se não for o mesmo pelo regime de separação legal; a participação dos dois cônjuges na assunção das obrigações, especialmente aquelas com garantias reais e na fiança. Enfim, a prova do casamento deverá acompanhar o cônjuge em todos os seus passos pelas implicações resultantes nas manifestações, decisões e nos compromissos que assume.

Mas, é possível que a pessoa perca a prova do casamento, isto é, não propriamente a certidão do registro, e sim o próprio registro, o que se apresenta viável por múltiplas razões ou circunstâncias, como destruição ou incêndio do cartório, ou do livro de registros, não se encontrando a pessoa munida da certidão do casamento.

A hipótese veio prevista no parágrafo único do art. 1.543: "Justificada a falta ou perda do registro civil, é admissível qualquer outra espécie de prova."

Daí concluir-se que, se o casamento não se achar inscrito, ou se ocorrer a perda do registro, o Código Civil admite, por qualquer outro meio, a prova direta da sua existência. Ou seja, permite-se a prova direta do casamento. Não é necessário que seja suprida a perda ou falta daquele, admissível por decisão judicial, com a extração posterior da certidão, como defende Serpa Lopes.[33] Por outros termos, não se procura restaurar o registro, com a prova de que existia um assento e que houve a destruição. Mas, desde que justificada a falta de registro em face da destruição do cartório, ou por uma outra razão, os cônjuges, por qualquer meio, provarão que são casados, valendo-se de testemunhas e documentos em que conste o estado civil, como carta de identidade, de habilitação para motorista e outros.

Por meio da ação declaratória objetiva-se fazer a prova: "É a ação declaratória meio hábil para se declarar a existência do casamento se se perdeu ou extraviou o registro do matrimônio."[34]

Segundo Carvalho Santos, discorrendo sobre o assunto, aduz que: "a prova poderá, pois, ser produzida pela certidão do registro civil, pelos assentamentos eclesiásticos, pela posse de estado de casado, pela prova circunstancial, ou qualquer outra admitida no país em que foi o casamento celebrado".[35]

O art. 1.544 trata de casamento de brasileiro no exterior ou ante a autoridade consular, e da prova do casamento celebrado no exterior: "O casamento de brasileiro, celebrado no estrangeiro, perante as respectivas autoridades, ou os cônsules brasileiros, deverá ser registrado em 180 (cento e oitenta) dias, a contar da volta de um ou de ambos os cônjuges ao Brasil, no cartório do respectivo domicílio, ou em sua falta, no 1º Ofício da Capital do Estado em que passarem a residir." Evidentemente, está aí consagrado o princípio de direito internacional privado de que o *locus regit actum*, ou a *lex loci regit actum*, no que importa em trazerem os cônjuges também as provas da lei do país onde se efetivou o matrimônio.

De salientar que o casamento envolverá, pois, a obediência da lei do país onde se realizou, e que é necessário o registro do assento no cartório do domicílio dos nubentes,

---

[33]   *Tratado dos Registros Públicos*, 3ª ed., Rio de Janeiro, Editora Freitas Bastos, S.A., 1955, p. 253.
[34]   *Revista dos Tribunais*, 190/274.
[35]   *Código Civil Brasileiro Interpretado*, obra citada, vol. IV, p. 147.

assim que qualquer deles vier ao Brasil, ou, à falta de domicílio, no 1º Ofício da Capital do Estado em que passarem a residir.

O documento estrangeiro deverá estar autenticado, segundo as leis consulares, para produzir efeitos e possibilitar o registro.

A posse do estado de casado igualmente pode ser provada, com a decorrente produção de efeitos civis. Significa esta posse a situação de duas pessoas que sempre se comportaram, privada ou publicamente, como marido e mulher, e que sempre se encontraram no gozo recíproco da situação de esposos. Como tais se apresentam ou se apresentaram perante a sociedade e no círculo familiar.[36]

Não é tão incomum esse estado. Um homem e uma mulher vivem e sempre viveram sob o mesmo teto, como unidos pelo matrimônio, com filhos e patrimônio comuns. Publicamente as pessoas são tidas como marido e mulher, gozando dessa reputação e consideração nas relações sociais. Todavia, falta-lhes a prova formal do casamento, ou seja, a certidão do registro civil.

Esta situação é reconhecida pelo art. 1.545 do Código Civil: "O casamento de pessoas que, na posse do estado de casadas, não possam manifestar vontade, ou tenham falecido, não se pode contestar em prejuízo da prole comum, salvo mediante certidão do Registro Civil que prove que já era casada alguma delas, quando contraiu o casamento impugnado."

Há um fato relevante no dispositivo, que facilita o reconhecimento da situação, ao restringir as possibilidades de impugnação à apresentação de certidão do registro civil, provando que já era casada uma das pessoas.

Mesmo, no entanto, parecendo a concepção da regra em favor das pessoas havidas como casadas, a configuração prática e judicial da situação é de extrema dificuldade.

Destaca-se que três requisitos costumam ser invocados para admitir-se a espécie, e conhecidos na língua latina como *nomen, tractatus* e *fama*. Pelo primeiro, há de trazer um dos cônjuges o nome do outro; pelo segundo, urge a evidência de se tratarem o homem e a mulher como casados; e, por último, impende o reconhecimento geral ou comum da condição de cônjuges.

Mais difícil é, todavia, admitir-se o casamento e não uma sociedade conjugal de fato ou união estável. Já advertia Orlando Gomes a necessidade da existência de algum elemento da celebração: "A posse de estado constitui a melhor prova da celebração do casamento, quando tem cunho confirmatório. Não é suficiente, contudo, se desacompanhada de outra prova da celebração, pois, do contrário, todo concubinato poderia converter-se em casamento. É verdade que toda prova subsidiária requer a justificação da falta do registro. Mas, ainda assim, facultar-se-ia excessivamente a prova da celebração, dando-se à posse de estado a função de suprir a falta do registro."[37]

Com toda a certeza, o uso do nome do marido ou vice-versa, o tratamento como marido e mulher e a fama de casados constituem elementos que também caracterizam uma união estável mais sólida e prolongada. De sorte que é imprescindível venha à tona um ou outro elemento da celebração, ou da habilitação.

Há, pois, de provar-se a celebração do casamento.

Em vida dos cônjuges não é viável a pretensão ao reconhecimento, a menos se não puderem exprimir a sua vontade, pois cabe a demonstração do extravio ou perda do registro.

---

[36] Washington de Barros Monteiro, *Curso de Direito Civil – Direito de Família*, obra citada, p. 67.
[37] *Direito de Família*, obra citada, p. 99.

Na demanda para o reconhecimento do estado dos casados, cumpre que se justifique a razão da inexistência do registro, ao mesmo tempo em que cabe a prova da existência do casamento, nos termos do parágrafo único do art. 1.543.

A dificuldade de se pleitear o reconhecimento em vida já vem estampada no início do art. 1.545: "O casamento de pessoas que, na posse do estado de casadas, não possam manifestar vontade, ou tenham falecido, não se pode contestar..."

Sem razão, pois, os autores que defendem sempre a possibilidade do pedido em vida em alguns casos especiais, como Washington de Barros Monteiro.[38] Isto, *v.g.*, no pleito judicial em que se controverte em torno da existência ou da legalidade do casamento.

O requisito da morte, que, ao lado da impossibilidade de os cônjuges manifestarem a vontade, é colocado como uma viabilidade para a ação, vinha ressaltada por Carvalho Santos: "Sobre o primeiro requisito, o da morte de ambos os pais, são precisas algumas observações, se bem que se compreende facilmente a sua justificativa, qual a de que, se ambos estão vivos, ou pelo menos um deles, o filho pode saber facilmente onde eles casaram e no lugar indicado procurar a certidão do registro civil do casamento, para prová-lo de acordo com a regra geral."[39]

Foi como se decidiu: "A posse de estado de casado somente depois da morte de ambos os cônjuges pode ser invocada pelos filhos."[40]

O Código atual trouxe outra causa, consistente na impossibilidade dos cônjuges na manifestação da vontade. Esta situação se equipara à morte, merecendo uma consideração especial, como no caso de demência dos pais e a ausência declarada por sentença judicial.

Conforme já referido, o pedido não pode se escudar em prova exclusivamente testemunhal. Deverá vir dirigida a demonstrar a existência do matrimônio, como já referido e aparece lembrado por Augusto Cesar Belluscio: "Directa o indirectamente, lo que debe probarse es que se celebró el matrimonio y no que las partes vivían como casados." E, a seguir, quanto à titularidade de ser invocado o estado de casados, com base no art. 101, 1ª parte, do Código Civil argentino: "La posesión de estado no puede ser invocada por los esposos ni por los terceros como prueba bastante, cuando se trata de establecer el estado de casados o de reclamar los efectos civiles del matrimonio. Y es lógico que así sea, ua que la posesión de estado no suple al título de estado matrimonial, porque lo único que acredita es que las partes hacían vida marital, y no que se habían casado; en otros términos, la prueba de la posesión de estado podrá demostrar la existencia de un concubinato, pero no la celebración del matrimonio."[41]

Nas questões judiciais em que se contende sobre a existência ou não do casamento, e se a prova é duvidosa, ou contraditória, a solução tenderá a inclinar-se sempre favoravelmente à sua admissão, como orienta o art. 1.547: "Na dúvida entre as provas favoráveis e contrárias, julgar-se-á pelo casamento, se os cônjuges, cujo matrimônio se impugna, viverem ou tiverem vivido na posse do estado de casados."

Nesta previsão, litiga-se judicialmente sobre a existência ou não do casamento, em que se examina, *v.g.*, a destruição ou falsidade do documento relativo ao casamento. A solução penderá em favor de sua admissão, se os cônjuges vivem ou tiverem vivido na posse do estado de casados.

---

38 *Curso de Direito Civil – Direito de Família*, obra citada, p. 69.
39 *Código Civil Brasileiro Interpretado*, obra citada, vol. IV, p. 141.
40 *Revista dos Tribunais*, 116/139.
41 Obra citada, pp. 618 e 619.

Nesta inteligência, foi decidido: "No caso de conflito de provas sobre a existência do casamento, deve-se julgar por ele quando se demonstre que os cônjuges viviam ou viveram no estado de casados."[42]

"Prova-se o casamento, por via de regra, pela certidão do registro, mas, não existindo este ou ocorrendo sua perda, admite-se toda espécie de prova. E, mesmo no caso de ser esta duvidosa, deve-se inclinar pela existência do casamento. São dispositivos de ordem pública, protetores da família composta de cônjuges e da respectiva prole, para que os direitos e deveres daqueles recebam o mesmo amparo e disciplina. Aplicados tais princípios nas relações decorrentes do casamento, profundas e intensas são as consequências quanto ao estado das pessoas, ao patrimônio e à ordem de sucessão."[43]

Isto especialmente para efeitos de se conceder alimentos: "Não se nega que a prova específica do casamento é a certidão. No entanto, celebrado o matrimônio no exterior, e inexistindo documentação a respeito e desconhecidos os preceitos da lei estrangeira que regem a matéria, admite-se a comprovação do vínculo através de provas diretas ou presunção legal a fim de reconhecer a obrigação do cônjuge varão de pagar alimentos à mulher."[44]

Como se observa, as regras acima não envolvem questões relativas à validade ou não do casamento, mas sim à celebração, como no tocante à falta ou perda do registro. Isto porque a norma vem incluída em um capítulo que versa especificamente sobre a prova, e esta é limitada à falta ou perda do registro.

O regramento concernente à validade ou invalidade é disciplinado em capítulo distinto, conforme se analisará mais adiante.

Por último, traz o art. 1.546 uma regra sobre o registro de casamento cuja prova resultar de processo judicial: "Quando a prova da celebração legal do casamento resultar de processo judicial, o registro da sentença no livro do Registro Civil produzirá, tanto no que toca aos cônjuges como no que respeita aos filhos, todos os efeitos civis desde a data do casamento."

Com a sentença, tem-se meio hábil para proclamar a existência do casamento.

A discussão envolverá, como ressalta de todos os dispositivos encabeçados pelo mesmo capítulo, o extravio ou a perda do registro, e o lançamento de um novo ato. E, se a sentença decide que o assento de um casamento foi perdido ou destruído, ou simplesmente omitido, levar-se-á ela ao registro, em que se lavrará o respectivo assento, transcrevendo-se a mesma.

Destaca-se do preceito a disposição quanto aos efeitos, que remontarão à data do casamento declarado, e atingindo os cônjuges e os filhos. Anote-se, todavia, quanto aos atos já praticados, a não tangibilidade pelos efeitos, visto que já perpetrados e consumados, não podendo terceiros, estranhos à controvérsia, sofrer as consequências.

---

[42] *Revista dos Tribunais*, 29/168.
[43] *Revista dos Tribunais*, 132/171.
[44] TJSP. Agravo de Instrumento nº 13.554. 5ª Câm. Cível. Julgado em 1.05.1987, *Revista dos Tribunais*, 622/79.

VI
Invalidade do Casamento por Inexistência, Nulidade e Anulabilidade

1. DISTINÇÕES

Um dos assuntos de maior dificuldade, não há dúvida, é aquele que trata da inexistência, da nulidade e da anulabilidade do casamento.

O Código de 2002, em extensa disciplina sobre a matéria, alterou em vários pontos os preceitos do sistema jurídico anterior, que tratava do casamento nulo e anulável. Desde a denominação, passando para a 'invalidade do casamento', até as regras específicas que permitem a ação de nulidade ou anulabilidade, profundas as mudanças, sendo de realce a tendência em manter, sempre que possível, a existência do casamento, o que se faz sentir no anulável, sendo exemplos as disposições que mantêm o casamento quando celebrado por pessoa sem a competência delegada por lei, e quando os incapazes são assistidos ou representados legalmente. Incluiu em seu âmbito as hipóteses de decadência, que no diploma de 1916 se encontravam em capítulo distinto, conjuntamente com a prescrição.

O conteúdo do termo 'invalidade' abrange as disposições que antes envolviam o casamento nulo e anulável, pois significa retirar o valor, o que afeta a sua própria existência, não importando que algumas causas tenham maior ou menor força ou gravidade. Desde que levantadas para desconstituir o casamento, atingem seu objetivo, destacando-se a diferença no grau de ofensa aos princípios que tratam do casamento e na classe de pessoas ou interessados a quem se reconhece legitimidade para a arguição.

Em relação à anulabilidade, as causas vêm apontadas discriminadamente, sendo que o Código anterior se reportava aos então conhecidos impedimentos dirimentes privados ou relativos. Dada a sua omissão no vigente sistema, eis que abrangidos pelas causas de anulação dos atos ou negócios jurídicos em geral, os dispositivos que disciplinam a invalidade arrolaram as causas que importam em anulação.

De modo que se aborda, no primeiro momento, a falta de elementos para o casamento, passando para as causas que o consideram inválido, por ofensa aos regramentos que possibilitam sua realização e pela não obediência aos preceitos que traçam os trâmites da celebração.

2. CASAMENTO INEXISTENTE

O Código Civil em vigor, como ocorria no anterior, na Parte Geral, não traz elementos diretos para uma definição de atos ou negócios jurídicos inexistentes. No entanto, por dedução dos requisitos necessários à constituição dos atos ou negócios jurídicos, infere-se a noção do ato ou negócio inexistente.

96 • Direito de Família | *Arnaldo Rizzardo*

Vicente de Faria Coelho combate a nomenclatura de casamento inexistente, mantendo-se a atualidade da doutrina, em razão da semelhança de tratamento entre o atual e o anterior sistema: "...O nosso Código Civil apenas reconhece casamentos nulos e anuláveis, como, de resto, na parte geral só distingue atos jurídicos nulos e anuláveis. Não se referiu a atos inexistentes, nem a casamentos inexistentes. E fez muito bem, porque ou há casamento, ou não há casamento. Desde que, para provar o matrimônio, seja apresentada a respectiva certidão do termo lavrado pelo oficial do registro civil, muito embora possa estar eivado de vícios e nulidades, é evidente que o casamento existe. Não havendo certidão que o prove, é óbvio que não há casamento. Dizer-se casamento inexistente, mesmo nesta última hipótese, não é justificável, quanto mais em outras em que o ato, conquanto defeituosamente, se realizou."[1]

Mas tradicionalmente considera-se inexistente o casamento, e não nulo ou anulável, quando lhe faltam um ou mais elementos essenciais, como o consentimento, ou o congraçamento de duas pessoas, ou a união de seres humanos de sexo diferente.

É, com toda a certeza, justamente no direito matrimonial que mais resplandece a evidência dos atos inexistentes. Há a falta de um dos elementos essenciais e indispensáveis para a sua formação, ou de pressupostos, consistentes na diversidade de sexo, na celebração perante autoridade legalmente investida de poderes e no consentimento manifestado na forma da lei pelos nubentes.

Inexistentes são, pois, os casamentos não celebrados de acordo com as prescrições legais vigorantes, ou que não se revestirem das solenidades obrigatórias, ou que careçam de um dos pressupostos essenciais à sua formação. Não se consuma o matrimônio por ausente um de seus elementos integrativos. Há um mero consórcio de pessoas, ou uma união de fato, mas não o casamento. Daí não resultar qualquer efeito matrimonial a união em tais moldes, nem podendo ser invocada a posse do estado de casado.

Mário Moacyr Porto bem coloca a questão: "Há uniões que têm apenas uma aparência de casamento. Falta-lhes um requisito essencial à própria natureza do ato, como o casamento de pessoas do mesmo sexo. A admissão da categoria de casamento inexistente vale como uma complementação necessária ao capítulo das nulidades do ato, com a vantagem adicional de impedir que se arguam a prescrição e a decadência do defeito. Com pequenas variantes, o casamento é inexistente nas seguintes hipóteses: identidade de sexo; falta de consentimento dos nubentes, equivalente à falta de solenidade da celebração; incompetência absoluta do celebrante para a realização do casamento."[2]

A distinção com o casamento nulo reside na presença, neste, dos elementos essenciais, havendo, no entanto, a infração aos impedimentos, que outrora eram destacados como dirimentes absolutos ou públicos; ou a infração a preceito legal obrigatório; ou não se revestindo o casamento da forma prescrita em lei. E, quanto ao casamento anulável, em razão de se tornar possível a sua anulação, está no defeito ou imperfeição da vontade, como quando emanado o consentimento de um incapaz, ou a vontade está eivada de algum vício, no caso o erro, ou o dolo, ou a coação, ou a simulação.

Passa-se a examinar cada elemento necessário ao casamento, o qual, uma vez não presente, o torna inexistente.

a) *Diversidade de sexos*. Por mais que se defenda e justifique o homossexualismo, desfigura o casamento, em sua origem e em sua natureza, a união de dois seres humanos

---

[1] Obra citada, p. 21.

[2] "Casamento Nulo e Inexistente. Matrimônio Religioso Putativo", *Revista dos Tribunais*, nº 607, p. 9.

Cap. VI | Invalidade do Casamento por Inexistência, Nulidade e Anulabilidade • **97**

do mesmo sexo. Fisiológica e psicologicamente, as peculiaridades ou características do homem e da mulher são complementares.

Desde os primórdios das manifestações do gênero humano, sempre se teve notícia das uniões envolvendo sexos diferentes. Mesmo as tendências do instinto forçam a diversidade de sexos para a união. Daí sobrelevar-se o casamento a um mero contrato. As tendências naturais que arrastam os seres humanos à conjugação sexual, e daí às uniões duradouras com a consequente procriação, vão mais além e sempre preexistiram às simples estipulações, ou aos contratos, como querem alguns reduzir o casamento.

Assim, qualquer tendência de ver a união de homossexuais na categoria de família ofende os mais comezinhos princípios naturais.

Mas, o transexualismo comporta um entendimento mais complacente. Nos transexuais, verifica-se divergência de sexo. Os caracteres sexuais externos têm conformação explícita. Há, pois, a configuração do sexo morfológico. Todavia, a mentalidade ou personalidade do indivíduo tem uma natureza feminina. Ou seja, o sentimento íntimo, a convicção interna e o comportamento externo refletem o tipo feminino.

Até esse ponto, contudo, os homossexuais também podem refletir os mesmos caracteres.

Nos transexuais, há elementos cromossômicos ou genéticos que tipificam o sexo diverso ao que morfologicamente revela a pessoa.

Eis a explicação de Sérgio Sérvulo da Cunha: "O termo transexual foi utilizado primeiramente por Caldwell, no título de um artigo publicado em 1949, *Psycopathia Transexualis*, e foi consagrado por Benjamin e Gutheil.

Designa uma síndrome que não se confunde com a homossexualidade, o travestismo e o pseudo-hermafroditismo: o transexual rejeita os atributos naturais de seu sexo, considera-se como vítima da natureza e deseja fugir à sua ambiguidade sexual; sofre de um desejo obsessivo de mudar de sexo correspondente ao sentimento íntimo e autêntico de que pertence ao sexo oposto; quer por isso desfazer-se de seus genitais, reclama uma intervenção cirúrgica e, se esta lhe é recusada, recorre à automutilação ou se suicida."[3]

Daí que o homem tem uma personalidade feminina, embora caracteres sexuais externos masculinos. Submetendo-se a um tratamento cirúrgico, o indivíduo vem a ter alterados seus caracteres sexuais externos, que passa a ser os do sexo feminino. Por outras palavras, coordenam-se os elementos sexuais externos ao sexo psicológico.

Isto especialmente se a pessoa é portadora de caracteres femininos bem acentuados, tendo sua genitália masculina rudimentar, o que facilita a remoção por meios cirúrgicos. Não interessa o surgimento de uma genitália feminina incompleta, com ausência de útero, *v.g.*, e sem poder procriar. Desde que a pessoa esteja apta a realizar todas as funções inerentes ao sexo, configura-se a consolidação do sexo feminino, já incipiente antes das operações, sem importar na falta de órgãos genitais internos, pois existem milhares de mulheres que não podem ter filhos, e nem por isso deixam de ser consideradas mulheres.

As transformações são mais apropriadas em pessoas que nascem com caracteres próprios dos dois sexos. Trata-se de pseudo-hermafrodita, ou de indivíduo intersexual. Os órgãos genitais externos são pseudomasculinos, atrofiados e desprovidos de função. Aumentam as possibilidades de transformação à voz e à aparência feminina, com os seios

---

3 Obra citada, p. 130.

desenvolvidos, o aspecto mais feminino na região dos quadris e preponderância para atividades e ocupações marcadamente da mulher.

Se a intervenção cirúrgica ocorre na vigência do casamento, desaparecem os pressupostos de sua existência. Saliente-se, todavia, que o sexo revelado pelo tratamento médico já existia potencialmente no momento da celebração do casamento.

Nesta complexa situação, o casamento será inexistente. Poderá o outro cônjuge postular a desconstituição, eis que, quando da celebração, era desconhecida a transexualidade. A inclinação transexual configura a hipótese de erro sobre qualidade pessoal. E, se a mulher tivesse obtido conhecimento das peculiaridades do então noivo, não contrairia o casamento.

Considera-se, outrossim, válido o casamento da transexual após o tratamento médico e a alteração do registro civil, com pessoa pertencente ao sexo anterior. Houve a mudança de sexo. Por outras palavras, é obedecida a diversidade de sexos. A menos, é evidente, que as mudanças sejam apenas nos caracteres externos, permanecendo os órgãos congênitos do anterior sexo.

Nos Estados Unidos, onde o transexualismo é disciplinado por lei federal, em muitos estados promulgaram-se leis dispondo sobre o procedimento para a mudança de sexo, o que também ocorre em outros países. Mas, os tribunais negam os pedidos que objetivam a averbação do novo sexo da pessoa no registro civil.

Na Argentina, o debate já é antigo, salientando-se a decisão da Câmara Nacional Civil, com a data de 31 de março de 1989, valendo transcrever-se parte do voto do juiz dissidente, Dr. Mário P. Catalayus, embora negado o pedido pela maioria dos julgadores: "Es que, una vez que el individuo ha logrado previa operación, adecuar su anatomía con su sexo psicológico, sin lugar a dudas deve ayudárselo a isentarse en la sociedade reconociendo legalmente su nuevo estatus, puesto que – reitero –, libre y voluntariamente ha elegido el difícil e irreversible camino que lo llevó a armonizar su aparencia física con su sentir interno. Lo contrario importaria tanto como marginarlo de la sociedad, ya sea el orden laboral como en la simple realización de qualquiera de los trámites burocráticos en los que se le exija la presentación de su documento de identidad, situación ante la inexistencia de norma legal alguna que contemple el caso."[4]

No Brasil existem decisões admitindo o casamento, sob os mais diversos fundamentos, imprimindo-se um viés favorável na interpretação de dispositivos constitucionais e do Código Civil. Evidente a inclinação em forçar a interpretação, numa acomodação do direito ao fenômeno social. Transcrevem-se as seguintes ementas de decisões do STJ, que bem evidenciam a tendência, com apoio, inclusive, em manifestação do STF:

"No Superior Tribunal de Justiça e no Supremo Tribunal Federal, são reiterados os julgados dando conta da viabilidade jurídica de uniões estáveis formadas por companheiros do mesmo sexo. No âmbito desta Casa, reconheceu-se, inclusive, a juridicidade do casamento entre pessoas do mesmo sexo (REsp 1.183.378/RS, Rel. Ministro Luis Felipe Salomão, Quarta Turma, julgado em 25.10.2011), tendo sido essa orientação incorporada pelo Conselho Nacional de Justiça na Resolução nº 175/2013".[5]

"1. Embora criado pela Constituição Federal como guardião do direito infraconstitucional, no estado atual em que se encontra a evolução do direito privado, vigorante a fase histórica da constitucionalização do direito civil, não é possível ao STJ analisar as

---

[4] *Derecho de Família*, Buenos Aires, Editora Abelardo-Perrot, nº 3, 1990, p. 121.
[5] Recurso Especial nº 1.204.425/MG, 4ª Turma, Relator Min. Luís Felipe Salomão, j. 11.02.2014, *DJe* de 05.05.2014.

Cap. VI | Invalidade do Casamento por Inexistência, Nulidade e Anulabilidade • 99

celeumas que lhe aportam 'de costas' para a Constituição Federal, sob pena de ser entregue ao jurisdicionado um direito desatualizado e sem lastro na Lei Maior. Vale dizer, o Superior Tribunal de Justiça, cumprindo sua missão de uniformizar o direito infraconstitucional, não pode conferir à lei uma interpretação que não seja constitucionalmente aceita.

2. O Supremo Tribunal Federal, no julgamento conjunto da ADPF nº 132/RJ e da ADI nº 4.277/DF, conferiu ao art. 1.723 do Código Civil de 2002 interpretação conforme à Constituição para dele excluir todo significado que impeça o reconhecimento da união contínua, pública e duradoura entre pessoas do mesmo sexo como entidade familiar, entendida esta como sinônimo perfeito de família.

3. Inaugura-se com a Constituição Federal de 1988 uma nova fase do direito de família e, consequentemente, do casamento, baseada na adoção de um explícito poliformismo familiar em que arranjos multifacetados são igualmente aptos a constituir esse núcleo doméstico chamado 'família', recebendo todos eles a 'especial proteção do Estado'. Assim, é bem de ver que, em 1988, não houve uma recepção constitucional do conceito histórico de casamento, sempre considerado como via única para a constituição de família e, por vezes, um ambiente de subversão dos ora consagrados princípios da igualdade e da dignidade da pessoa humana. Agora, a concepção constitucional do casamento – diferentemente do que ocorria com os diplomas superados – deve ser necessariamente plural, porque plurais também são as famílias e, ademais, não é ele, o casamento, o destinatário final da proteção do Estado, mas apenas o intermediário de um propósito maior, que é a proteção da pessoa humana em sua inalienável dignidade.

4. O pluralismo familiar engendrado pela Constituição – explicitamente reconhecido em precedentes tanto desta Corte quanto do STF – impede se pretenda afirmar que as famílias formadas por pares homoafetivos sejam menos dignas de proteção do Estado, se comparadas com aquelas apoiadas na tradição e formadas por casais heteroafetivos.

5. O que importa agora, sob a égide da Carta de 1988, é que essas famílias multiformes recebam efetivamente a 'especial proteção do Estado', e é tão somente em razão desse desígnio de especial proteção que a lei deve facilitar a conversão da união estável em casamento, ciente o constituinte que, pelo casamento, o Estado melhor protege esse núcleo doméstico chamado família.

6. Com efeito, se é verdade que o casamento civil é a forma pela qual o Estado melhor protege a família, e sendo múltiplos os 'arranjos' familiares reconhecidos pela Carta Magna, não há de ser negada essa via a nenhuma família que por ela optar, independentemente de orientação sexual dos partícipes, uma vez que as famílias constituídas por pares homoafetivos possuem os mesmos núcleos axiológicos daquelas constituídas por casais heteroafetivos, quais sejam, a dignidade das pessoas de seus membros e o afeto.

7. A igualdade e o tratamento isonômico supõem o direito a ser diferente, o direito à auto-afirmação e a um projeto de vida independente de tradições e ortodoxias. Em uma palavra: o direito à igualdade somente se realiza com plenitude se é garantido o direito à diferença. Conclusão diversa também não se mostra consentânea com um ordenamento constitucional que prevê o princípio do livre planejamento familiar (§ 7º do art. 226). E é importante ressaltar, nesse ponto, que o planejamento familiar se faz presente tão logo haja a decisão de duas pessoas em se unir, com escopo de constituir família, e desde esse momento a Constituição lhes franqueia ampla liberdade de escolha pela forma em que se dará a união.

8. Os arts. 1.514, 1.521, 1.523, 1.535 e 1.565, todos do Código Civil de 2002, não vedam expressamente o casamento entre pessoas do mesmo sexo, e não há como se en-

100 • Direito de Família | *Arnaldo Rizzardo*

xergar uma vedação implícita ao casamento homoafetivo sem afronta a caros princípios constitucionais, como o da igualdade, o da não discriminação, o da dignidade da pessoa humana e os do pluralismo e livre planejamento familiar.

9. Não obstante a omissão legislativa sobre o tema, a maioria, mediante seus representantes eleitos, não poderia mesmo 'democraticamente' decretar a perda de direitos civis da minoria pela qual eventualmente nutre alguma aversão. Nesse cenário, em regra é o Poder Judiciário – e não o Legislativo – que exerce um papel contramajoritário e protetivo de especialíssima importância, exatamente por não ser compromissado com as maiorias votantes, mas apenas com a lei e com a Constituição, sempre em vista a proteção dos direitos humanos fundamentais, sejam eles das minorias, sejam das maiorias. Dessa forma, ao contrário do que pensam os críticos, a democracia se fortalece, porquanto esta se reafirma como forma de governo, não das maiorias ocasionais, mas de todos.

10. Enquanto o Congresso Nacional, no caso brasileiro, não assume, explicitamente, sua coparticipação nesse processo constitucional de defesa e proteção dos socialmente vulneráveis, não pode o Poder Judiciário demitir-se desse mister, sob pena de aceitação tácita de um Estado que somente é 'democrático' formalmente, sem que tal predicativo resista a uma mínima investigação acerca da universalização dos direitos civis.

11. Recurso especial provido".[6]

A mencionada Resolução nº 175/2013 do CNJ encerra as seguintes imposições:

"Art. 1º É vedada às autoridades competentes a recusa de habilitação, celebração de casamento civil ou de conversão de união estável em casamento entre pessoas de mesmo sexo.

Art. 2º A recusa prevista no artigo 1º implicará a imediata comunicação ao respectivo juiz corregedor para as providências cabíveis".

   b) *Falta de consentimento*. Este, sem dúvida, classifica-se como um pressuposto fundamental para a existência do casamento. A exigência é ressaltada em termos claros no art. 1.535.

A declaração de vontade há de ser explícita, tanto que, verificada alguma dúvida ou mesmo a indecisão na resposta à pergunta formulada pelo juiz, é suspenso de imediato o ato, como ressalta do art. 1.538.

Inexistirá o casamento sempre que faltar a declaração de vontade de casar-se de parte de um ou de ambos os nubentes.

A coação, quer seja a *vis* absoluta, ou a força irresistível, quer seja a *vis* compulsiva, ou a violência moral, posto que não exclua a vontade, incute no sujeito motivos que lhe diminuam a liberdade. Mas não se inclui na categoria de causas de inexistência, porquanto classifica-se como causa de anulação, denominada, no regime de outrora, impedimento relativo, apenas podendo anular o casamento.

No caso em exame, simplesmente é omitido o consentimento. Tal elemento subjetivo não chega a se manifestar de maneira inequívoca e induvidosa, o que é diferente da coação, quando há a manifestação. Neste sentido a lição de Augusto Cesar Belluscio: "El consentimiento matrimonial es – junto a la diversidad de sexos – uno de los requisitos intrínsecos esenciales para que haya matrimonio. Es la voluntad de cada uno de los

---

[6] Recurso Especial nº 1.183.378/RS, 4ª Turma, Relator Min. Luís Felipe Salomão, j. 25.10.2011, *DJe* de 01.02.2012.

Cap. VI | Invalidade do Casamento por Inexistência, Nulidade e Anulabilidade • **101**

contrayentes de unirse al outro con sujeción a las reglas legales a que está sometido el vínculo conyugal.

En nuestro régimen legal, es necesario para la existencia del matrimonio. Le manifesta externamente, como regla general, mediante la declaración de uno y de los futuros esposos de querer tomarse por marido y mujer."[7]

Se a pessoa expressa o consentimento de modo duvidoso, ou por temor, ou diante de alguma ameaça, não se pode falar que inexistiu a manifestação da vontade do cônjuge. Diferente é a situação da resposta 'não' à indagação formulada pelo juiz daquela proferida com o espírito não livre, mas coagido. Há na última situação vício do consentimento, enquanto na primeira inexiste o ato de vontade.

De observar, como fazem os autores, que o casamento inexistente não produz efeitos. Assim, não traz resultados quanto à pensão alimentícia, ou à meação dos bens. Muito menos dá ensejo a anular atos em que se exigia a participação de ambos os cônjuges.

Não corre a decadência para suscitar a inexistência, pois aquilo que não está no mundo jurídico não pode ter um começo para contar prazo do qual se inicia a prescrição, o que é obvio em todos os sistemas jurídicos desenvolvidos.[8]

c) *Celebração perante pessoa não revestida da autoridade prevista na lei e inobservância das regras fundamentais.* Para ser válido o casamento, a celebração se faz perante a autoridade competente, investida do poder legal para o ato. As leis de organização judiciária local devem atribuir competência ou poder funcional para o ato, sob pena de inexistência do casamento.

No entanto, se a autoridade exerce de fato a competência, embora não revestida do cargo específico, não é de ser anulado o casamento, o que, aliás, vem previsto no art. 1.554 do Código Civil: "Subsiste o casamento celebrado por aquele que, sem possuir a competência exigida na lei, exercer publicamente as funções de juiz de casamento e, nessa qualidade, tiver inscrito o ato no Registro Civil."

De outra parte, se não observadas as formalidades essenciais para a celebração, como na omissão de fórmulas, na ausência de testemunhas, na falta da autoridade, considera-se inexistente o casamento. As solenidades são da essência deste tipo de ato, pela relevância que ele representa na vida das pessoas. A observância de suas regras constitui sua própria segurança.

De modo geral, a forma a ser obedecida vem estatuída nos arts. 1.533 a 1.536.

Em síntese, o casamento deixa de se formar.

A inexistência pode ser declarada de ofício, como quando, no assento, não consta a presença do juiz de casamento, ou das testemunhas, ou de alguma outra solenidade essencial. Simplesmente averba-se a inexistência do ato.

3. CASAMENTO NULO

Mais frequentemente que os casos de inexistência de casamento são os de nulidade, que contêm uma íntima conexão ou ligação com os impedimentos (impedimentos dirimentes absolutos na dicção do Código de 1916), que representam grave inobservância às

---

[7] Obra citada, tomo I, p. 449.

[8] F. M. Pereira Coelho, *Curso de Direito de Família*, Coimbra, 1981, nº 78, p. 326; Carvalho Santos, *Código Civil Brasileiro Interpretado*, obra citada, vol. IV, p. 161.

102 • Direito de Família | *Arnaldo Rizzardo*

proibições para o casamento. Efetivamente, em geral, decorrem eles da infringência de algum desses impedimentos.

A celebração do casamento com a vulneração de qualquer deles, os quais vêm estabelecidos nos vários itens do art. 1.521, acarreta inexoravelmente a sua nulidade.

Antes da mudança pela Lei nº 13.146/2015, existia a causa do art. 1.548, inc. I, do Código Civil (o casamento contraído pelo enfermo mental sem o necessário discernimento para os atos da vida civil), sendo revogado o inciso, isto é, não mais constituindo causa de nulidade o casamento do enfermo que não tenha o necessário discernimento para os atos da vida civil.

Deve-se ter em conta a regra do § 2º do art. 1.550, em versão da Lei nº 13.146/2015: "A pessoa com deficiência mental ou intelectual em idade núbia poderá contrair matrimônio, expressando sua vontade diretamente ou por meio de seu responsável ou curador". Verificada a deficiência mental ou intelectual, isto é, não sendo a pessoa completamente insana, permite-se que contraia casamento. Para tanto, deve expressar-se diretamente, isto é, manifestar a sua vontade pessoalmente, evidenciando o seu desejo. Todavia, o dispositivo também autoriza que a vontade do relativamente incapaz venha a ser externada pelo representante ou curador. Conforme a redação do preceito, além do curador, ou de pessoa nomeada em processo de interdição, aceita-se a manifestação do representante, isto é, da pessoa que acompanha e seja constituído como representante.

Em suma, nulo é o casamento apenas quando celebrado com infração dos princípios e da ordem legal estabelecidos no Código Civil e no ordenamento jurídico vigente. Também completamente incapaz o nubente de expressar a vontade. Os atos praticados pela pessoa absolutamente incapaz já são nulos por força do art. 166, inc. I. Desde que a nulidade advenha de disposição de que trata a Parte Geral do Código Civil, em capítulo sobre a invalidade do negócio jurídico, encontra-se abrangido na disposição o casamento. Requer-se que a enfermidade retire toda a capacidade de discernimento da pessoa para portar-se com normalidade na vida civil e entender os atos que pratica, do que decorre a falta de condições para entender as dimensões do casamento. Se constatada a capacidade relativa, com a prova de uma redução ou diminuição da capacidade mental, não se configura a nulidade.

A principal relação de hipóteses de nulidades é aquela indicada no art. 1.548, inc. II, e que se refere aos impedimentos, que eram chamados de dirimentes absolutos no Código de 1916: "É nulo contraído... II – por infringência de impedimento."

Ou seja, na ordem do art. 1.521, revela-se nulo o casamento:

"I – de um homem com qualquer mulher, ou vice-versa, em que há ligação de parentesco decorrente da ascendência ou descendência, não importando qual o grau, seja natural ou civil, e, assim, dentre outras hipóteses, o casamento de um filho com a mãe, do pai com a filha, do avô com a neta, do adotante com o adotado, ou vice-versa;

II – dos afins em linha reta, isto é, do sogro com a nora, do genro com a sogra, do padrasto com a enteada, e da madrasta com o enteado;

III – do adotante com quem foi cônjuge do adotado (viúva do filho adotivo), e do adotado com quem o foi do adotante (viúva do adotante);

IV – dos irmãos entre si, unilaterais ou bilaterais, e demais colaterais, até o terceiro grau, isto é, do irmão com a irmã, e do tio com a sobrinha sem o exame pré-nupcial;

V – do adotado com o filho do adotante, ou seja, daquele que fica irmão de uma pessoa pelo vínculo da adoção;

Cap. VI | Invalidade do Casamento por Inexistência, Nulidade e Anulabilidade • 103

VI – de pessoas casadas, ou de um homem ou mulher ainda ligados pelo vínculo de outro matrimônio, mesmo que se encontrem separado e não divorciados;

VII – do viúvo ou viúva com o indivíduo condenado como delinquente no homicídio ou tentativa de homicídio contra o seu consorte;"

Relativamente ao casamento de pessoas ainda vinculadas pelo enlace matrimonial com outras pessoas, é possível a responsabilidade mútua, ou seja, inclusive daquele que não é casado, se tem ciência do casamento do outro: "Bigamia. Anulação do casamento. Culpa recíproca. Partilha. Comprovada, documentalmente, a bigamia do cônjuge virago, no que também concorreu o varão, caracteriza-se a culpa recíproca, pelo que ambos respondem pelos efeitos da anulação do casamento.

Se os bens do casal foram adquiridos na constância da união, somente com o manejo da ação própria dar-se-á a partilha respectiva, resguardada a legítima filiação da prole e observada a devida retificação notarial."[9]

Não convalida o segundo casamento, desconstituindo a bigamia, a obtenção do divórcio depois deste segundo enlace, conforme ressalta a jurisprudência, ao tempo do art. 183, inc. VI, do Código anterior, cuja regra está no art. 1.521, inc. VI, do vigente Código: "Comprovada a bigamia não convalida o segundo casamento a circunstância de ter o varão providenciado a dissolução da sociedade conjugal por força de divórcio, decretado em 28.09.1981. Somente seria válido o segundo casamento se o divórcio do primeiro tivesse sido obtido antes de contraído o segundo casamento (Caio Mário da Silva Pereira, *Instituições de Direito Civil*, vol. V/107, nº 309). Aliás, o divórcio obtido posteriormente não faz desaparecer o delito de bigamia (*RJTJESP*, ed. Lex, vols. 52/330 e 110/503; *RT*, vols. 317/660 e 549/351).

É que a nulidade do casamento opera-se *ex tunc*, retroagindo os efeitos à data de sua realização (Lei Federal nº 6.515, de 26.12.1977, art. 2º, inc. II; Caio Mário da Silva Pereira, obra citada, vol. V/109; Ney de Mello Almada, *Direito de Família*, vol. 1/165; Orlando Gomes, *Direito de Família*, nº 70, p. 109; Pontes de Miranda, *Tratado das Ações*, tomo III/15, § 2º; e tomo IV/109, § 166, em *RT*, vol. 651/205; *RJTJESP*, ed. Lex, vols. 50/173, 109/267 e 110/37)."[10]

Não se reconhece a bigamia no casamento feito no exterior, onde foi anulado, mas sem a homologação pelo Supremo Tribunal Federal, na ótica dos pretórios: "Casamento. Anulação. Bigamia. Inocorrência. Casamento de estrangeiro no Brasil, antes da homologação da sentença estrangeira, que anulou seu primeiro casamento no exterior. Condição de não casado ao tempo do segundo matrimônio. Formalidade da homologação que, no caso, pode ser suprida *a posteriori*. Nulidade absoluta do art. 183, inciso VI, do Código Civil, inexistente." Sabe-se que o art. 183, VI, equivale ao art. 1.521, VI, do vigente diploma civil.

Destaca-se este tópico no corpo do acórdão: "A eficácia, referida no art. 483 do Código de Processo Civil, se refere à sentença como 'ato decisório'. E a homologação pelo Supremo Tribunal Federal não é condição da validade da sentença estrangeira, mas da sua executoriedade no Brasil. A Constituição, dando ao Supremo Tribunal Federal competência exclusiva para homologar as sentenças estrangeiras, não diz para que fim exige essa homologação. Ao legislador ordinário é que foi deixado determinar os seus efeitos.

---

9   TJMG. Apel. Cível nº 82.184-4. 4ª Câm. Civil, de 23.11.1990, *Revista dos Tribunais*, 671/164.
10 TJSP. Apel. Cível nº 97.276-1. 6ª Câm. Civil, de 14.09.1989, *Revista de Jurisprudência do TJ de São Paulo*, Lex Editora, 122/53.

E, diante de nosso direito, ela é uma ratificação ou uma condição suspensiva apenas da executoriedade da sentença estrangeira, não da sua eficácia intrínseca. Atinge apenas a executoriedade do julgado. A modificação do *status* do divórcio (e, no caso, do beneficiário da procedência da anulação de seu casamento) resulta da sentença homologada, e não da homologação. Portanto, ao tempo do segundo casamento, anterior à homologação (que tem efeito retroativo), que vier a ser concedida, o nubente já não era pessoa casada, sujeita à nulidade absoluta do art. 183, inc. VI, do Código Civil, mas pessoa divorciada (no caso, pessoa não casada), que, com a condição de ser o seu divórcio (no caso, a sentença desconstitutiva) aqui homologado, podia casar no Brasil. A conclusão final se impõe: a homologação posterior convalesce o segundo casamento, porque atesta que ele podia ser contraído validamente. A formalidade da homologação, que se deveria exigir *a priori*, terá sido suprida *a posteriori*. Só por si, a falta de homologação não constitui motivo de nulidade do casamento de estrangeiro no Brasil (salvo se recusada a homologação, caso em que o pedido de anulação poderá ser renovado" – RE nº 76.859, Rel. Min. Rodrigues Alckmin, em RT, vol. 472/252 a 253).

Para a exata compreensão da matéria, conveniente a transcrição do citado art. 483 do CPC/1973: "A sentença proferida por tribunal estrangeiro não terá eficácia no Brasil senão depois de homologada pelo Supremo Tribunal Federal". No CPC/2015, a regra correspondente está no art. 961, mudando em parte a redação: "A decisão estrangeira somente terá eficácia no Brasil após a homologação de sentença estrangeira ou a concessão do *exequatur* às cartas rogatórias, salvo disposição em sentido contrário de lei ou tratado".

Vale a anotação de Odilon Marques Garcia Junior: "Via de regra, a homologação é essencial para que a sentença estrangeira possa ser executada no Brasil, só adquirindo eficácia após o pronunciamento favorável do Superior Tribunal de Justiça".[11]

O Código anterior incluía no rol de nulidades a incompetência da autoridade celebrante, nos termos do art. 208: "É também nulo o casamento contraído perante autoridade incompetente (arts. 192, 194, 195 e 198). Mas esta nulidade se considerará sanada, se não se alegar dentro de dois anos da celebração."

Como se observa do preceito, seria a nulidade assentada na autoridade incompetente, ou seja, no casamento presidido por alguma autoridade, mas não aquela prevista pelas leis de organização judiciária local. Era o casamento realizado, *v.g.*, por uma autoridade municipal, ou um juiz de direito, ou um desembargador, quando é atribuída a função a pessoas outrora denominadas juízes de paz, e que o atual Código indica como juiz de casamentos, para tanto nomeadas.

De acordo com o Código de 2002, há um novo tratamento da matéria. Pode desaparecer a nulidade, em vista dos termos de seu art. 1.554: "Subsiste o casamento celebrado por aquele que, sem possuir a competência exigida na lei, exercer publicamente as funções de juiz de casamento e, nessa qualidade, tiver registrado o ato no Registro Civil."

A situação não comporta muitas considerações, dada a raridade de sua ocorrência, se é que ocorre. Seja como for, uma vez constatado o exercício público da função de autoridade celebrante, e se registrado o ato, mantém-se o casamento. Entrementes, não havendo a aparência de que o celebrante realmente está revestido da função, exsurge a possibilidade não apenas da nulidade, mas da inexistência, na esteira da lição de Pontes de Miranda, cujo magistério perdura: "Casamento nulo por incompetência do presidente

---

[11] Anotações aos artigos 960 a 965. *Novo Código de Processo Civil*. Porto Alegre, OABESA Rio Grande do Sul, 2015, p. 717.

Cap. VI | Invalidade do Casamento por Inexistência, Nulidade e Anulabilidade • **105**

do ato é o que se fez perante autoridade ou juiz de casamentos. Se o presidente não é autoridade competente *ratione materiae*, o casamento não é nulo. É menos: é inexistente... Casamento nulo é o celebrado por autoridade incompetente *ratione loci*, ou *ratione personarum*, porém competente *ratione materiae*."[12]

Impossível considerar válido o ato se procedido por alguém sem qualquer investidura, e não exercendo publicamente as funções de juiz de casamentos.

Não há de se confundir a espécie com a assinalada no inc. VI do art. 1.550, que comina de anulável o casamento quando o celebrante é incompetente. Nesta previsão, o celebrante está investido da função, mas não para a localidade onde se faz o casamento. Ele não exerce a jurisdição no ofício onde se realiza o ato.

Quando o celebrante não está investido na função de juiz de casamento, e, embora essa falta de investidura, a desempenha publicamente, efetuando-se o registro do casamento, embora, a rigor, fosse nulo o ato, a lei sobreleva a nulidade, nos termos do art. 1.554.

Tem-se, na previsão do inc. VI do art. 1.550, a incompetência relativa. Malgrado o juiz de casamentos encontrar-se revestido da competência para celebrar casamentos, não a tem para aquele matrimônio específico, por não se encontrar na sua área de jurisdição; ou por realizar o ato um segundo suplente, quando havia condições de realizá-lo o juiz de casamentos, ou o primeiro suplente. Sobressai mais a incompetência em razão da localidade ou da pessoa. Ou, na segunda previsão, apesar da falta de investidura na função, na prática e de fato desempenha a função.

Na incompetência absoluta, o casamento propriamente inexiste, porquanto o celebrante não recebeu nomeação para tanto, e nem pratica publicamente o ofício de realizar casamentos.

A incompetência relativa, volta-se a referir, revela-se em várias hipóteses, como aquela em razão do lugar (*ratione loci*), quando o oficiante preside o ato nupcial em território diverso daquele de sua circunscrição; ou em razão das pessoas (*ratione personarum*), quando os nubentes casarem perante juiz com jurisdição em região diversa daquela onde eles residem. Não é de rigor declarar a nulidade, conforme já decidiu a jurisprudência do Supremo Tribunal Federal: "Não há nulidade na celebração de casamento por juiz de distrito de paz diverso do da resistência dos nubentes, moradores do mesmo município, e devidamente assistidos por seus pais."[13]

Tal inteligência já vinha trilhada por Vicente de Faria Coelho, ao professar que as nulidades são insanáveis, com exceção de uma, a do então art. 208 do Código revogado: "Uma exceção apenas faz a lei: para a hipótese prevista no art. 208 do Código Civil, isto é, quando o casamento foi contraído perante autoridade incompetente. O que se explica, porque, como asseverou Clóvis Beviláqua, a tranquilidade e honra das famílias justificam a validação pelo decurso do tempo, de um casamento irregularmente realizado, na ausência de impedimentos que o tornassem, legalmente, impossível."[14]

Em síntese, mantém-se na hipótese do art. 1.554, e sujeita-se à possibilidade de anulação, se incidir a regra do inc. VI do art. 1.550. Todavia, quando o celebrante não está nomeado e não desempenha publicamente a função, ou, desempenhando-a, não se procedeu o registro do casamento, configura-se o casamento inexistente.

---

12 *Tratado de Direito Privado*, Rio de Janeiro, Borsoi, 1971, vol. VII, pp. 233 e 234.
13 *Revista dos Tribunais,* 330/814.
14 Obra citada, p. 40.

106 • Direito de Família | *Arnaldo Rizzardo*

Mas, se é procurada uma *ratio* para manter um casamento que convalesceu, embora a situação irregular quanto ao celebrante, da mesma forma há de se entender na incompetência relativa ao lugar, pois, nesta situação, menos provável o eventual prejuízo à sacramentalidade do ato nupcial, posto efetuado na mesma circunscrição onde se processou a habilitação. Daí, no mínimo, o despropósito em se anular o casamento.

3.1. Ação própria para a nulidade do casamento

Há necessidade de ação judicial para a declaração da nulidade. Era explícito o Código Civil de 1916, em seu art. 222, que afirmava: "A nulidade do casamento processar-se-á por ação ordinária, na qual será nomeado curador que o defenda." Não renovou a disposição o atual Código, posto envolver matéria processual. Diferentemente das hipóteses de casamento inexistente, a nulidade não é declarada *ex officio,* mas depende da iniciativa da parte interessada. A inexistência pode ser reconhecida de ofício em algumas situações reconhece, como em ação de inventário, quando se apura que inexistiu celebrante; ou na ação de alimentos, em que se constata que o pretendente não se encontrava presente ao ato, e nem se fez representar. Mas, envolvendo a ausência de consentimento, não se dispensa a ação própria.

Era obrigatória a nomeação de curador ao vínculo, no regime do Código anterior, que atenderia preponderantemente os interesses públicos do casamento, e não propriamente as razões das partes envolvidas. Aliás, assemelhava-se sua função à do Ministério Público. Ao mesmo tempo em que o Código de 1916 era rigoroso quanto aos requisitos e às formalidades para a celebração, do mesmo modo mostrava-se exigente na desconstituição, munindo a ação de cautelas e impondo o máximo de cuidados para a anulação.

A omissão em nomear o defensor do vínculo importava em anulação do processo, pela jurisprudência antiga: "Casamento. Ação de nulidade. Ausência de defensor do vínculo. Nulidade do processo. Sendo obrigatória a nomeação de curador ao vínculo na ação de nulidade do casamento, sua falta acarreta a nulidade do processo."[15]

A omissão do Código de 2002 é justificável. Não se pode olvidar que interesses preponderantemente particulares envolvem o casamento, além de outras formas de consórcio entre o homem e a mulher terem aparecido, como a união estável, que também passou a merecer a proteção do Poder Público. Queira-se ou não, deixou o casamento de ter a importância que se lhe dava em décadas passadas. Por último, envolvendo o litígio matéria do estado da pessoa, e de interesse público, há a intervenção participativa obrigatória do Ministério Público, com a função de velar, inclusive, na defesa do vínculo matrimonial.

Aliás, a jurisprudência anterior já se inclinava pela dispensa do curador, o que revela o seguinte exemplo: "Curatela ao vínculo. Inocorrência das circunstâncias, dada a pujança da prova desfavorável. Inexigibilidade ao curador de maior empenho em pleito absolutamente insustentável, sobretudo em tempos de hoje, já grandemente debilitados os motivos pelos quais o legislador do CC cercou de extremas garantias a validade do casamento. Consideração da evolução intercorrente, inclusive no plano constitucional, dos conceitos de família, casamento e respectiva proteção legal."

É que, lê-se no voto do Relator, Des. Adroaldo Furtado Fabrício, "aquelas excepcionais garantias com as quais o CC, no seu texto original, cercava a preservação do matrimônio, inclusive contra a nulidade ainda que manifesta, já não subsistem nos dias

---

[15] *Revista dos Tribunais,* 569/211.

Cap. VI | Invalidade do Casamento por Inexistência, Nulidade e Anulabilidade • **107**

de hoje, porque a própria concepção legal, e particularmente constitucional, de família, digna da proteção do Estado, está profundamente descodificada. Parece-me que não se pode deixar de levar em conta, na interpretação dos textos do CC, que impõem essa rigorosa observância de todas as formalidades pertinentes às ações anulatórias de casamento, as alterações subsequentes que foram progressivamente relativizando essa presunção de validade do casamento e, de um certo modo, fazendo decrescer em importância jurídica a própria instituição do casamento, que já não pode ser vista, em termos jurídicos de hoje, com os mesmos olhos com que o via o legislador do CC nos primórdios do século".[16]

3.2. Imprescritibilidade da ação de nulidade

Quanto às nulidades contidas no art. 1.548, diante da modificação pelo art. 114 da Lei nº 13.146/2015, por desrespeito aos impedimentos dos incisos I a VII do art. 1.521, a ação é imprescritível e o direito para pedir a nulidade não sofre qualquer prazo decadencial. Pode-se a acrescentar a incapacidade total de consentir, ou de exprimir a vontade, por aplicação do art. 166, inc. I, do CC, como referido antes.

De igual modo, quanto às situações de inexistência do ato matrimonial, não interfere qualquer prazo prescricional, pois aquilo que não se formou nunca existiu, não havendo, pois, um termo inicial para a contagem do prazo.

A matéria vem muito bem analisada na Apelação Cível nº 103.891-1, da 8ª Câmara Cível do Tribunal de Justiça de São Paulo, julgada em 19.02.1989, cujos conteúdos não sofrem restrições frente ao atual Código:

"A lição de Washington de Barros Monteiro faz-se bem explícita sobre a impossibilidade da extinção pelo decurso do prazo: 'A anulabilidade é prescritível. A nulidade, ao contrário, em regra, não prescreve, sobretudo em direito matrimonial. É realmente inconcebível, como diz Paulo, que o decurso do tempo torne eficaz ato proibido por lei (*quo initio vitiosum est, non potest tractu temporis convalescere*)...' (Curso de Direito Civil, Direito de Família, Saraiva, 18ª ed., 1979, p. 74).

Também Sílvio Rodrigues é de igual entendimento: '... A ação de nulidade é imprescritível, não cessando jamais o direito de propô-la.

Isso porque o silêncio das partes, permitindo que um ato jurídico defeituoso convalesça do vício, equivale a uma ratificação tácita, ou melhor, a uma ratificação presumida. Ora, como os atos nulos não podem ser ratificados, são eles imprescritíveis' (*Direito Civil, Direito de Família*, Saraiva, 2ª ed., 1979, p. 79).

Orlando Gomes mostra que há apenas uma nulidade absoluta sanável, a do art. 208 do Código Civil:

'... as demais nulidades matrimoniais são imprescritíveis, como se costuma dizer, e, portanto, podem ser alegadas a qualquer tempo...'" (*Direito de Família*, Forense, 3ª ed., 1978, p. 138). Tem por justificável a exceção apontada ao princípio da imprescritibilidade das nulidades.

Para demonstração da ausência de discrepância entre os principais doutrinadores, aponte-se igualmente o princípio lembrado por Pontes de Miranda, que anota como sempre a única exceção à regra (art. 208):

---

[16] TJRS. Reexame Necessário nº 589064690. 6ª Câm. Cível, de 31.10.1989, em *Revista de Jurisprudência do TJ do RS*, 144/162.

108 • Direito de Família | *Arnaldo Rizzardo*

'A ação de nulidade absoluta é imprescritível' (*Tratado de Direito de Família*, Max Limonad, 1947, vol. I, Capítulo XI, § 69, p. 351).

A circunstância de se constituir em ação de estado marca o efeito habitual da imprescritibilidade. Adviria ou advém prescrição apenas se existente norma de exceção expressa."[17] O art. 208 citado, que cominava de nulidade o casamento contraído perante celebrante incompetente, corresponde ao inc. VI do art. 1.550 do vigente Código, encerrando que a referida incompetência enquadra-se como ato anulável.

A imprescritibilidade das nulidades é realçada pelo Superior Tribunal de Justiça: "A ação proposta com a finalidade de declarar-se a nulidade absoluta do casamento, por bigamia, é imprescritível."

No correr da fundamentação, aporta-se a razão: "O estado das pessoas, sendo uma situação permanente, decorrente da lei, não pode sofrer modificação por ato ou omissão de terceiros, e, por isso, as ações que o protegem têm por fim, apenas, o seu reconhecimento para segurança de seus efeitos, donde, em regra, a sua imprescritibilidade."[18]

3.3. Legitimidade para propor a ação

A legitimidade para propor a ação de nulidade vem indicada no art. 1.549: "A decretação de nulidade de casamento, pelos motivos previstos no artigo antecedente, pode ser promovida mediante ação direta, por qualquer interessado, ou pelo Ministério Público."

Nota-se que os motivos contemplados no art. 1.548 (redação da Lei nº 13.146/2015) versam sobre as nulidades que decorrem casamento contraído com ofensa aos impedimentos. Conforme a doutrina anterior ao vigente Código, já se aplicava essa inteligência aos casos de nulidade por infringência dos impedimentos então denominados absolutamente dirimentes.[19]

De outra parte, ao restringir a lei unicamente a qualquer pessoa interessada, e ao Ministério Público a arguição das nulidades, está colocando uma limitação de todo necessária, eis que proíbe que terceiros se envolvam em assunto de natureza privada.

Do contrário, admitir-se-ia uma faculdade danosa à moral social e aos interesses da família.

São, pois, titulares para o ajuizamento de ações com fulcro naqueles fundamentos, além do agente do Ministério Público, os próprios cônjuges, os descendentes, os ascendentes, os irmãos, os cunhados, o primeiro cônjuge, o cônjuge bígamo, os colaterais sucessíveis e os credores dos cônjuges. Todos são portadores de algum interesse econômico ou moral a proporcionar a pronunciação da nulidade. Desde, no entanto, que haja algum interesse, ou seja, que do casamento advenha prejuízo para a pessoa, como no caso dos irmãos, que herdariam se não houvessem as núpcias.

No tocante aos ascendentes, há a justificação de Vicente de Faria Coelho: "A razão do interesse moral dos ascendentes está em que a lei lhes deu uma situação de privilégio

---

[17] TJSP. Apel. Cível nº 103.891-1, 8ª Câm. Cível, de 15.02.1989, *Revista de Jurisprudência do TJ de São Paulo*, Lex Editora, 120/32.

[18] STJ. Recurso Especial nº 85.794-SP. 4ª Turma. Julgado em 5.10.1999, *DJ* de 17.12.1999, em *Revista do Superior Tribunal de Justiça*, 132/398.

[19] José Lamartine Corrêa de Oliveira e Francisco José Ferreira Muniz, obra citada, p. 234.

Cap. VI | Invalidade do Casamento por Inexistência, Nulidade e Anulabilidade • **109**

em matéria de casamento, pois podem eles se opor ao casamento dos filhos ainda menores, mesmo que inexista algum dos motivos classificados como impedimentos matrimoniais. É óbvio que, zeladores do bom nome da família, estejam autorizados a promover a nulidade do matrimônio, quando este acarreta a desonra e a vergonha da família."[20]

E se o vínculo já está dissolvido pela morte ou pelo divórcio?

Mesmo assim, nada impede a ação de nulidade, mas, como se referiu, se ponderável o legítimo interesse. No caso do bígamo, pode o cônjuge sobrevivente pretender declaração de nulidade com vistas a sobressalvar o patrimônio da partilha, que foi trazido unicamente por ele quando da união, ou impedir que parte do mesmo seja transferido para os ascendentes.

No regime do Código de 1916 (parágrafo único, inc. II, do art. 208), a promoção do Ministério Público restringia-se na hipótese de ainda vivos os cônjuges, desaparecendo a legitimidade se falecido algum deles. Neste diapasão manifestava-se, com acerto, a antiga jurisprudência: "Nulidade do casamento. Cônjuge varão que, ao mesmo tempo da celebração do ato, já era casado legitimamente com outra mulher. Ação movida por terceiro, estando já falecido o referido cônjuge, com fundamento em legítimo interesse econômico por ser réu em ação de anulação de escritura de venda e compra celebrada com o *de cujus*. Legitimidade para agir, reconhecida com fundamento no art. 76 do CC, combinado com o art. 2° do CPC (de 1939). A morte de um dos cônjuges, como ocorreu no caso *sub judice*, só tornava parte ilegítima para ajuizar a ação o Ministério Público, porque este age em defesa dos interesses sociais, impersonificados, situação essa que não se confunde, evidentemente, com a do autor" (3ª Câmara Cível do Tribunal de Justiça de São Paulo, julgamento em 20.05.1971, em Revista de Jurisprudência do TJ de São Paulo, 19/75). O art. 76 citado no texto não veio reproduzido pelo Código em vigor, dado seu conteúdo de natureza processual.

Ainda: "Tem legítimo interesse em intentar a ação de nulidade do casamento o cônjuge sobrevivo, a fim de excluir os efeitos do casamento, inclusive quanto aos bens. A restrição do art. 208, parágrafo único, do C. Civil somente se aplica ao Ministério Público' (STF, RE n° 86.067, julgamento em 6.05.1977)."[21] O parágrafo único do art. 208 está inserido no art. 1.549 do atual Código Civil.

A esta corrente tradicional, porém, opunham-se Pontes de Miranda e outros autores, com abalizadas razões, conforme é revelado nesta passagem de um julgamento: "Nenhuma razão tem o autor do Projeto primitivo (Clóvis Beviláqua), quer de *lege ferenda*, quer, principalmente, *de lege lata,* para excluir *a priori* a promoção, por parte do Ministério Público, quando já falecido algum dos cônjuges. Para se ver que sua opinião não consultava o sistema do CC, basta ler-se o art. 203, em que se diz, explicitamente, que o casamento das pessoas que faleceram na posse do estado de casadas não se pode contestar em prejuízo da prole comum, salvo mediante certidão de registro civil que prove que já era casada alguma delas quando contraiu o matrimônio impugnado. Pelo menos no caso de bigamia, a morte não obsta a qualquer indagação sobre a existência ou sobre a validade do casamento, ainda quando tenham ambos os cônjuges falecido na posse do estado de casados... Seria vedar ao Estado a restauração da verdade... Os filhos do cônjuge do primeiro matrimônio ficariam impedidos de defender os seus direitos, feridos com o segundo casamento..., pelo simples fato de que já morreu... Também aí o interesse do Estado é capital e a opinião de Beviláqua fugia aos princípios do direito matrimonial.

---

20 Obra Citada, p. 38.
21 *Revista Trimestral de Jurisprudência*, 82/586.

110 • Direito de Família | *Arnaldo Rizzardo*

Vicente de Faria Coelho aceita os argumentos de Pontes e mostra, a seguir, que a diversidade da disciplina na França e na Itália é inócua, fazendo remissão, depois, ao Projeto primitivo e àquele já unificado, para definir-se: 'Não temos dúvida de que a menção feita por este artigo (208) à ação do Ministério Público obedeceu justamente à necessidade de se frisar a exceção naquele caso, pois, do contrário, não haveria necessidade de incluir o Ministério Público entre as pessoas habilitadas a promover a nulidade, pois, é ela de caráter absoluto e de ordem pública como são, igualmente, as de que trata o art. 207.'

Ao cuidar da restrição à iniciativa do Ministério Público, segundo o art. 208, o doutrinador justifica: 'A razão é a de que, desfeita a sociedade conjugal pela morte de um dos consortes, dela permaneçam somente as consequências que não ofendem o decoro público e os bons costumes. Justifica-se a restrição, pois não é de suma gravidade a nulidade que deflui do fato de intervir no casamento autoridade judiciária incompetente' (*Nulidade e Anulação de Casamento,* Freitas Bastos, 2ª ed., 1962, Cap. II, seção II, nº 16, pp. 37-40, e Cap. II, seção V, nº 47, p. 103)."[22] Lembra-se que os arts. 207 e 208 referidos anteriormente equivalem aos arts. 1.548 e 1.549.

A inteligência acima veio a ser adotada pelo atual Código Civil, ao não limitar a legitimidade do Ministério Público.

Havendo divórcio, de igual modo é autorizada a pretensão de se anular, pois também existem razões que justificam a ação depois da morte. Se lograr-se êxito na demanda, livra-se o patrimônio da partilha e desaparece a obrigação de prestar alimentos.

Se a ação se encontra em andamento e falece um dos cônjuges, deve a mesma prosseguir, como ficou assentado pela 2ª Câmara do Tribunal de Justiça de São Paulo, julgada em 16.11.1971, mantendo-se válida a orientação no regime do novo Código: "É exato que o falecimento de um dos cônjuges põe fim à respectiva sociedade matrimonial. Contudo, não menos certo é que a morte de um deles, quando ambos se encontram em pleito judicial objetivando a anulação do casamento, não impedirá o julgamento de recursos interpostos nos autos, menos ainda do oficial, uma vez que é necessário que se assente, se tal matrimônio de fato é nulo, não produzindo, assim, nenhum efeito, inclusive no pertinente à comunhão de bens."[23]

3.4. Efeitos da nulidade

Sérias consequências advêm da nulidade do casamento.

Em primeiro lugar, urge deixar claro que, mesmo sendo ostensivamente nulo o casamento, produz ele efeitos até que se declare a nulidade, se contraído de boa-fé. Não se aplica, aqui, a máxima latina *quod nullum est nullum producit effectum.* Tem-se a plena vigência, com o total vigor dos direitos e deveres dos cônjuges e a incidência das regras disciplinadoras do casamento. O regime de bens é mantido e surte efeitos, impondo a obediência às suas regras. Da mesma forma, a mútua assistência, a fidelidade, a vida em comum, dentre outras obrigações, perduram enquanto vige o casamento.

Depois de proclamada a nulidade, porém, com o trânsito em julgado da sentença definitiva, o primeiro efeito que surge é considerar como inexistente o casamento. Não se firma a nulidade a partir do momento do trânsito em julgado da sentença, mas age ela retroativamente, eis que se declara jamais ter existido o casamento válido. Nesse

---

22 TJSP. Apel. Cível nº 103.896-1. 8ª Câm. Cível, de 15.02.1989, *Revista dos Tribunais,* 642/112.
23 *Revista dos Tribunais,* 454/55.

Cap. VI | Invalidade do Casamento por Inexistência, Nulidade e Anulabilidade • 111

desenlace, os efeitos não são *ex nunc*, porquanto não há dissolução, que só ocorre pela morte e pelo divórcio.

O art. 1.563 enseja a correta interpretação: "A sentença que decretar a nulidade do casamento retroagirá à data da sua celebração, sem prejudicar a aquisição do direito, a título oneroso, por terceiros de boa-fé, nem a resultante de sentença transitada em julgado."

Cumpre, no entanto, fazer a correta distinção, em face de se ter afirmado acima que se mantêm os efeitos até a declaração da nulidade.

Ocorre que os efeitos realizados são mantidos. Nessa linha, as transações havidas no curso do matrimônio perduram, ou conservam validade os atos efetuados, como as compras e vendas, sequer cabendo a um dos cônjuges buscar a restituição de valores entregues ao outro, ou intentar uma ação de desconstituição de alguma venda. Ao se afirmar, de outro lado, que os efeitos retroagem, importa em afirmar que a nulidade vai até o começo do casamento, mas respeitados os efeitos realizados ou produzidos. Perde o cônjuge o estado de casado e de capaz, tornando à menoridade, se for o caso.

Daí, então, se poder afirmar, com toda a tranquilidade, que desaparece a maioridade do cônjuge ou dos cônjuges possivelmente alcançada com o enlace matrimonial, de acordo com a previsão do art. 5º, parágrafo único, inc. II, do Código Civil.

O pacto antenupcial também desaparece, eis que admitido e firmado em face do casamento, e subsistindo por força deste.

O art. 1.561 preceitua: "Embora anulável ou mesmo nulo, se contraído de boa-fé por ambos os cônjuges, o casamento, em relação a estes como aos filhos, produz todos os efeitos até ao dia da sentença anulatória."

Se apenas um dos cônjuges se encontrava de boa-fé, a ele restringe-se a permanência dos efeitos, segundo o § 1º do mesmo artigo: "Se um dos cônjuges estava de boa-fé ao celebrar o casamento, os seus efeitos civis só a ele e aos filhos aproveitarão."

Em relação aos filhos, vai mais longe o Código, no § 2º do apontado cânone: "Se ambos os cônjuges estavam de má-fé ao celebrarem o casamento, os seus efeitos civis só aos filhos aproveitarão."

Este último preceito já constava na Lei do Divórcio (Lei nº 6.515/1977), vindo regulada no parágrafo único de seu art. 14: "Ainda que nenhum dos cônjuges esteja de boa-fé ao contrair o casamento, seus efeitos civis aproveitarão aos filhos comuns."

Realmente, não interessa a boa ou a má-fé dos pais no casamento nulo, quanto aos filhos. E, de fato, nada têm a ver eles relativamente a uma determinada conduta dos genitores, de modo a merecerem suportar as consequências, como a denominação de filhos ilegítimos.

Outrossim, diante do art. 1.584 do Código Civil, alterado pela Lei nº 11.698/2008, por remissão do art. 1.587, permanecerão os filhos com o progenitor que tiver melhores condições para exercer a guarda.

De modo geral, todas as regras relativas a obrigações alimentares dos pais e outros deveres aplicam-se no caso da nulidade e mesmo da anulação.

As somas ou despesas havidas, no passado, de um cônjuge com o outro, não determinam o direito de repetição ou reembolso. Os bens adquiridos na constância do casamento, todavia, devem ser partilhados, solução que melhor se adapta, por ser a nulidade ou anulação do casamento equivalente à separação judicial ou à dissolução da sociedade de fato. Mas, não interessando o tipo de regime de bens, porquanto desaparece com a nulidade do casamento, retorna o patrimônio preexistente obrigatoriamente a quem pertencia anteriormente.

112 • Direito de Família | *Arnaldo Rizzardo*

Outrossim, estabelece o art. 1.564 mais dois efeitos, malgrado fale em anulação do casamento: "Quando o casamento for anulado por culpa de um dos cônjuges, este incorrerá:

I – na perda de todas as vantagens havidas do cônjuge inocente;

II – a obrigação de cumprir as promessas que lhe fez no contrato antenupcial."

Em primeiro lugar, o culpado pela nulidade ou anulação deverá restituir ao cônjuge inocente todos os benefícios ou as vantagens que deste recebeu.

Isto importa, conforme lembrava Carvalho Santos, se houver regime de comunhão de bens, em se obrigar o cônjuge culpado a ceder metade de seus bens e dos bens adquiridos pelo casal, "não recebendo, porém, a metade dos bens do inocente, à vista dos termos do nº I deste artigo.

Se o regime for o da separação total dos bens, ficará cada cônjuge com os seus próprios bens, mas o cônjuge de má-fé ficará obrigado ao sustento e à educação dos filhos, que ficam em companhia do cônjuge de boa-fé".[24]

Na forma do inc. II, perdura a obrigação do culpado em cumprir as promessas feitas no contrato antenupcial. Havendo a promessa de fazer uma doação, a anulação não o dispensa de cumprir o encargo assumido.

4. CASAMENTO ANULÁVEL

Mais frequentes as hipóteses de casamento anulável, que é decretável no interesse privado dos cônjuges, sem maior prejuízo da ordem pública. Somente é postulável pelas próprias pessoas que casaram, e, em algumas situações, pelos representantes e pelos ascendentes. Já o casamento nulo é pronunciado no interesse público da sociedade, podendo ser a nulidade procurada por qualquer pessoa que sofra seus efeitos, como os descendentes, os ascendentes, os irmãos, os cunhados, o primeiro cônjuge, o cônjuge bígamo, os colaterais sucessíveis e os credores dos cônjuges. Enquanto comportam a anulação as infrações de menor grau potencial de ofensa a princípios de direito e ditames da lei, a nulidade é suscetível de ocorrer na inobservância de impedimentos gravíssimos, como na união que envolve o incesto, na de irmãos, na que resulta a bigamia, naquela que enlaça o adotante e o adotado, dentre outras situações.

É sensível a diferença de normas do vigente Código em relação ao de 1916. Assim, no atual são descritas as causas; no anterior, remetia àquelas que constituíam impedimentos dirimentes relativos ou privados.

Passa-se à análise.

4.1. Causas de anulação

Basicamente, o Código de 1916 tinha como anulável o casamento nas hipóteses dos arts. 209 e 218.

Presentemente, os arts. 1.550, 1.556 e 1.558 do Código Civil discriminam os casos que permitem a anulação.

Em torno desses dispositivos gravita um universo de situações, como se verá.

---

[24] *Código Civil Brasileiro Interpretado*, obra citada, vol. IV, p. 338.

Cap. VI | Invalidade do Casamento por Inexistência, Nulidade e Anulabilidade • 113

Ocorre anulabilidade, em consonância com o primeiro dispositivo, quando celebrado o casamento com a infringência de certas exigências, como uma determinada idade, ou ocorrendo vicio de consentimento, ou defeito de representação. Parte delas corresponde aos impedimentos relativamente dirimentes, especificados nos incisos IX a XII do art. 183 do Código anterior.

Já em relação ao segundo dispositivo, está viciado o consentimento por erro essencial sobre a pessoa do outro cônjuge.

Pelo terceiro dispositivo, efetua-se o casamento sob coação de um ou de ambos os nubentes.

Em todos os casos que serão analisados, há um tratamento menos severo de parte da lei. As imperfeições constitutivas das nulidades relativas vêm estabelecidas em favor de certas pessoas que a lei quis proteger. Por não afrontar ou ferir os interesses gerais da sociedade, só podem ser suscitadas pelos interessados mais diretos e próximos na sua declaração. Se passar algum tempo previsto em lei, convalesce definitivamente o casamento. Daí ser prescritível a anulabilidade, ao contrário do ato nulo, que não prescreve, pois o que é nulo sempre é nulo, convindo lembrar que o Código anterior excepcionava uma hipótese de decadência, que consistia no casamento celebrado por autoridade incompetente, contemplada no art. 208 do então Código Civil.

4.1.1. Causas derivadas da idade, do vício de vontade, do mandato e da incompetência do celebrante

Aparecem, como causas mais importantes e constatáveis, aquelas que envolvem a idade para casar, o vício de vontade, a falha de representação no mandato e a incompetência daquele que celebra o casamento. Parte dessas causas, o que já foi observado, encontrava-se no art. 183, incs. IX a XII do Código de 1916, sendo que algumas que vinham assinaladas já haviam restado afastadas por ofender o princípio da igualdade absoluta entre o homem e a mulher.

Eis a discriminação do art. 1.550: "É anulável o casamento:

I – de quem não completou a idade mínima para casar;

II – do menor em idade núbil, quando não autorizado por seu representante legal;

III – por vício de vontade, nos termos dos arts. 1.556 a 1.558;

IV – do incapaz de consentir ou manifestar, de modo inequívoco, o consentimento;

V – realizado pelo mandatário, sem que ele ou o outro contraente soubesse da revogação do mandato, e não sobrevindo coabitação entre os cônjuges;

VI – por incompetência da autoridade celebrante."

Essa é a primeira relação de causas para anular o casamento, sendo que cada uma delas pode ser aventada como justificativa para sustar a sua celebração.

E a primeira das causas dessa relação refere-se à idade mínima para casar. O assunto foi abordado no item III do Capítulo III.

A idade mínima encontra-se definida no art. 1.517: "O homem e a mulher com 16 (dezesseis) anos podem casar, exigindo-se autorização de ambos os pais, ou de seus representantes legais, enquanto não atingida a maioridade civil." Assim, como regra matriz, somente a partir dos dezesseis anos é autorizado o casamento, havendo a exceção do art.

1.520, pela qual ao juiz cabe permiti-lo, "para evitar imposição ou cumprimento de pena criminal ou em caso de gravidez".

Várias são as razões que impõem uma idade mínima, despontando como principais a necessidade de amadurecimento corporal e psíquico, o maior conhecimento entre os nubentes e a capacidade ou independência econômica. Resta evidente o relativo sucesso de uma união de pessoas inexperientes, ou que realizam um passo de tamanha importância sem dimensionarem as consequências, cuja finalidade é acomodar uma situação inconveniente. Por isso, a cautela em se autorizar a oficialização de uniões com os nubentes menores de dezesseis anos de idade.

O art. 1.552 dispõe sobre a legitimidade para a sua suscitação: "A anulação do casamento dos menores de 16 (dezesseis) anos será requerida:

I – pelo próprio cônjuge menor;

II – por seus representantes legais;

III – por seus ascendentes."

Existe a regra do art. 1.553, relativa ao menor que não atingiu a idade núbil, autorizando que confirme o casamento: "O menor que não atingiu a idade núbil poderá, depois de completá-la, confirmar seu casamento, com a autorização de seus representantes legais, se necessária, ou com suprimento judicial."

Percebe-se que a ratificação se oportuniza depois de completar a idade núbil, ou seja, a partir dos dezesseis anos, não se prevendo um período de tempo para o ato, que se estende, assim, até depois da aquisição da capacidade plena, como vinha explícito no Código Civil anterior. Processa-se a medida perante o próprio oficial e o juiz celebrante. Trata-se de um simples ato de ratificação, com dispensa da convalidação judicial. Efetua-se por termo, que terá a assinatura do ratificante e de duas testemunhas. Apenas o cônjuge menor ou incapaz e os representantes assinarão o termo, não significando o ato uma nova celebração do casamento.

Até os dezoito anos, a confirmação requer a autorização dos representantes legais. Negando-se estes a concedê-la, recorre-se ao suprimento judicial. Para aceitar a recusa dos representantes, coerentes, graves e justos devem ser os motivos, como a total ausência de condições econômicas, a vida delinquência de um dos cônjuges, o risco de vida que representa o casamento.

Resultando gravidez, não se anulará o casamento, nos termos do art. 1.551: "Não se anulará, por motivo de idade, o casamento de que resultou gravidez."

Vê-se, pois, a série de possibilidades oferecidas pelo Código Civil para convalidar o casamento em tais circunstâncias.

Importante notar que a ratificação é no registro civil, perante o respectivo oficial e o juiz de paz, como já se disse. Embora em andamento a ação de anulação, não se reclama a ratificação judicial, apesar de não se impedir que desta maneira se desenvolva. Permite-se na própria ação a ratificação, através da intervenção do cônjuge menor, nada impedindo a convalidação pelo juiz processante.

Acrescenta Carvalho Santos: "A ratificação pressupõe que a ação não tenha sido ainda julgada definitivamente. Pois não se pode ratificar o que já foi anulado. O que importa em reconhecer que os cônjuges só poderão ratificar o casamento se, no curso da ação ou se interposto o recurso e antes da decisão em segunda instância, atingirem os cônjuges, ou o que não tinha a idade legal, a idade fixada no art. 183, nº XII."[25]

Como já foi estudado, por meio de autorização judicial é permitido o casamento de tais pessoas com idade inferior àquele limite de dezesseis anos, desde que para evitar a imposição ou o cumprimento de pena criminal, ou em caso de gravidez – o que, sem dúvida, se aplica quando o homem pratica delitos contra a liberdade sexual, ou, não havendo delito, se encontrar a mulher grávida.

A decadência, para propor anular o casamento, se consuma decorrido o prazo de cento e oitenta dias, contado de duas maneiras diferentes, consoante art. 1.560, § 1º: "Extingue-se, em 180 (cento e oitenta) dias, o direito de anular o casamento dos menores de 16 (dezesseis) anos, contado o prazo para o menor do dia em que perfez essa idade; e da data do casamento, para seus representantes legais ou ascendentes."

Ou seja, inicia o prazo ao completar o menor a idade de dezesseis anos, se um deles propuser a demanda; ou ao começar a data do casamento, se os respectivos representantes ou ascendentes exercerem o direito de anular.

Como se depreende da redação do dispositivo, o prazo é de decadência e não de prescrição, eis que explicitamente o dispositivo assegura tal lapso de tempo para o exercício do direito de pretender a anulação do casamento.

A segunda causa de anulação, outrora definida como dirimente relativa, é o casamento contraído por menor em idade núbil, com falta de assentimento dos pais ou representante legal (do tutor ou curador). O nubente encontra-se na idade entre dezesseis e dezoito anos, sendo que, pelo art. 1.517, faz-se imprescindível a autorização. A legitimidade para ingressar com a ação concentra-se nas pessoas que tinham o direito de consentir, mas não assistiram ao ato, isto é, no pai, na mãe, no tutor, no curador, e nos herdeiros. É a regra do art. 1.555: "O casamento do menor em idade núbil, quando não autorizado por seu representante legal, só poderá ser anulado se a ação for proposta em 180 (cento e oitenta) dias, por iniciativa do incapaz, ao deixar de sê-lo, de seus representantes legais ou de seus herdeiros necessários."

O prazo prescricional, para esta anulabilidade, conforme consta do dispositivo, é de cento e oitenta dias. Como é contado? A resposta está no § 1º do mesmo artigo: "O prazo estabelecido neste artigo será contado do dia em que cessou a incapacidade, no primeiro caso; a partir do casamento, no segundo; e, no terceiro, da morte do incapaz."

Ou seja, inicia, se o incapaz promover a ação, do dia em que deixar de sê-lo; se os representantes legais intentarem a demanda, a contar do casamento; e, se forem os herdeiros, a partir da morte do incapaz.

Aqui está em exame o consentimento dos pais ou representantes, e não o suprimento da idade por ato do juiz.

Há uma importante indagação formulada por Pontes de Miranda: "Se o representante legal do menor consentiu no casamento, pode propor a ação de anulação por infração do art. 183, XII, isto é, por falta de idade para casar? Clóvis Beviláqua nega-lho, porque cúmplice foi na violação da lei. Desde logo argumentemos que o representante podia ter ignorado a verdadeira idade do menor representado, e cairia por terra a razão apontada. Demais, a falta de idade nada tem com a apreciação da conveniência do casamento. Se da união resultou gravidez, não há mais nulidade (art. 215); se se anular o casamento,

---

[25] *Código Civil Brasileiro Interpretado*, obra citada, vol. IV, p. 213.

pode o incapaz, quando adquirir a capacidade, ratificá-lo, sem mais ser preciso o consentimento do representante legal, porque anteriormente já fora dado."[26] Os citados arts. 183, XII, e 215 correspondem, respectivamente, aos arts. 1.517 e 1.550, e 1.551, do CC/2002.

Com o Código de 2002, dissiparam-se as eventuais controvérsias, dúvidas que possam perdurar, dada a norma do § 2º do art. 1.555: "Não se anulará o casamento quando à sua celebração houverem assistido os representantes legais do incapaz, ou tiverem, por qualquer modo, manifestado sua aprovação."

A terceira causa de anulação consiste no "vício de vontade, nos termos dos arts. 1.556 a 1.558". Esses dispositivos cuidam, respectivamente, do vício de vontade do erro essencial quanto à pessoa do outro cônjuge, e da coação de um ou de ambos os cônjuges. Em vista da menção aos arts. 1.556 a 1.558, unicamente quando a pessoa erra quanto à pessoa do outro cônjuge, inviabilizando a vida conjugal, e na eventualidade do casamento forçado ou mediante coação, é que se encontra ensanchas para a anulação. Mas não se pode olvidar a alteração do art. 1.557 pela Lei nº 13.146/2015, modificando o inc. III, que passou a ter a seguinte redação, no que permite a anulação do casamento por erro essencial da pessoa: "A ignorância, anterior ao casamento, de defeito físico irremediável que não caracterize deficiência ou de moléstia grave e transmissível, por contágio ou por herança, capaz de pôr em risco a saúde do outro cônjuge ou de sua descendência". Igualmente, lembra-se que o inc. IV do mesmo art. 1.557 ficou revogado pela citada Lei nº 13.146/2015, sendo que era a seguinte a redação: "a ignorância, anterior ao casamento, de doença mental grave que, por sua natureza, torne insuportável a vida em comum ao cônjuge enganado".

Essas causas de anulação aprecem regidas por dispositivos próprios, sendo objeto de análise particularizada, inclusive quanto à prescrição, que se procederá nos itens seguintes.

Em suma, não se incluía anulação por outros vícios do consentimento, como por dolo e fraude, o que nem seria possível.

A quarta causa que enseja a anulação centra-se na incapacidade de consentir, ou de manifestar, de modo inequívoco, o consentimento. O assunto diz com os que sofrem de enfermidade ou deficiência mental, mesmo por causa transitória, fatores esses que importam mais propriamente na nulidade. É incapaz de consentir aquele que sofre das faculdades mentais, e inclusive se a doença não obnubila totalmente o discernimento. Sempre que aferida a sanidade mental, e se apurar uma deficiência, mesmo que por causa transitória, se encontra fundamento para a anulação. Nesta hipótese, cumpre se observe a disposição do § 2º do art. 1.550: "A pessoa com deficiência mental ou intelectual em idade núbia poderá contrair matrimônio, expressando sua vontade diretamente ou por meio de seu responsável ou curador". Isto é, não se anula se o deficiente mental ou intelectual expressou diretamente a vontade, se a expressou por meio de seu responsável ou curador.

O prazo para o ingresso da ação é de prescrição, e não de decadência, em face da redação do art. 1.560, inc. I, sendo de cento e oitenta dias, a contar da data da celebração do casamento.

Na anulação por incapacidade do cônjuge, não se pode restringir a titularidade ao próprio incapaz e aos representantes. Os herdeiros possuem induvidosamente interesse na propositura da ação, em face dos efeitos econômicos que resultarem da procedência da lide. Aumentarão, a toda evidência, seus quinhões.

---

[26] *Direito de Família*, obra citada, tomo I, pp. 275 e 276.

Cap. VI | Invalidade do Casamento por Inexistência, Nulidade e Anulabilidade • **117**

A quinta causa de anulação está na realização do casamento por procurador cujo mandato já havia sido revogado, sem que o mandatário ou o outro cônjuge tivesse ciência da revogação, e desde que não tenha sobrevindo coabitação entre os cônjuges. Está-se diante de uma situação que dificilmente acontece. Uma vez ocorrendo a coabitação, naturalmente se depreende a renúncia da revogação do mandato, porquanto o mandante, indo coabitar com o outro cônjuge, naturalmente aceitou o casamento, além de lhe competir a comunicação ao outro cônjuge da revogação do mandato.

O prazo para o ingresso do pedido de anulação, que é, no caso, de decadência, porquanto não vem referência à ação, é de cento e oitenta dias, conforme o art. 1.560, § 2º: "Na hipótese do inciso V do art. 1.550, o prazo para anulação do casamento é de 180 (cento e oitenta) dias, a partir da data em que o mandante tiver conhecimento da celebração."

Equipara-se à celebração do casamento através de mandato já revogado aquele em que o mandado vem a sér judicialmente invalidado, a teor do parágrafo único do art. 1.550: "Equipara-se à revogação a invalidade do mandado judicialmente decretada." Decorre que a invalidade do mandado deve vir de decisão proferida em processo judicial. Não basta a aferição pelo juiz celebrante, ou pelo oficial do registro civil.

A sexta causa que permite a anulação está na incompetência da autoridade celebrante. Não está ela revestida legalmente dos poderes para desempenhar a função. Como se observa do preceito, seria a nulidade assentada na autoridade incompetente, ou seja, no casamento presidido por alguma autoridade, mas não aquela prevista pelas leis de organização judiciária local. É o casamento realizado, *v.g.*, por uma autoridade municipal, ou um juiz de direito, ou um desembargador, quando é atribuída a função a pessoas outrora denominadas juízes de paz, e que o atual Código indica como juiz de casamentos, para tanto nomeadas. Abrange a incompetência do celebrante que não tem jurisdição na localidade onde se faz o casamento, ou do suplente do juiz de casamento, por inexistir motivo para que ele substitua o titular.

Não abrange a situação do casamento celebrado por alguém que não está revestido de qualquer poder, como na difícil hipótese de uma pessoa totalmente estranha figurar como celebrante. Tem-se, aí, a inexistência do casamento, por faltar a própria celebração, que constitui um dos elementos constitutivos do casamento.

Nem se estende para o caso a previsão do art. 1.554, matéria já analisada no item sobre a nulidade. Nesta eventualidade, o celebrante desempenha publicamente as funções de juiz celebrante, e é registrado o casamento.

O prazo de prescrição, para ingressar com a ação de anulação, tendo como causa a incompetência da autoridade celebrante, é de dois anos, a contar da data do casamento, em vista do art. 1.560, inc. II.

Embora seja omisso o Código, unicamente aos cônjuges se reconhece legitimidade para promover a anulação. Não transparece interesse aos representantes ou aos ascendentes, e até descendentes, para se insurgirem contra o casamento, em face da causa externa de anulação, que não diz com as condições pessoais dos nubentes.

4.1.2. *Causa derivada do erro essencial quanto à pessoa*

No erro essencial quanto à pessoa, aparecem esporadicamente alguns casos que ensejam processos de anulação, pela extensão ou significado desta causa de anulação.

O art. 1.556 coloca no erro essencial sobre a pessoa do outro cônjuge a razão de pedir a anulação: "O casamento pode ser anulado por vício da vontade, se houve por parte de um só dos nubentes, ao consentir, erro essencial quanto à pessoa do outro."

É explícito o preceito de que o erro quanto à pessoa constitui vício de vontade. Realmente, o consentimento se dá em razão de uma ideia não correta sobre o outro nubente.

O art. 1.557, com as modificações do art. 114 da Lei nº 13.146/2015, esclarece o erro essencial sobre a pessoa do outro cônjuge, definindo-o:

"I – o que diz respeito à sua identidade, sua honra e boa fama, sendo esse erro tal que o seu conhecimento ulterior torne insuportável a vida em comum ao cônjuge enganado;

II – a ignorância de crime, anterior ao casamento, que, por sua natureza, torne insuportável a vida conjugal;

III – a ignorância, anterior ao casamento, de defeito físico irremediável que não caracterize deficiência ou de moléstia grave e transmissível, por contágio ou por herança, capaz de pôr em risco a saúde do outro cônjuge ou de sua descendência;

IV – revogado."

O cerne básico de cada uma das causas de anulação assenta na falta de conhecimento da identidade ou de uma qualidade essencial do outro cônjuge. Ao ser dado o consentimento, um dos cônjuges o faz imbuído por falso conceito, ou uma ideia equivocada em relação à pessoa com quem se casou.

Dirige a opção de duas pessoas se consorciarem à noção de que elas se nutrem mutuamente. E a falsa noção que após o casamento se desvenda acarreta a anulabilidade da convenção quando se refere à substância da pessoa com quem se uniu. Tal constatação fere uma das características básicas do contrato em espécie, que é a natureza eminentemente *intuitu personae*. Com efeito, preponderam, ou são decisivas, as qualidades, os atributos que cada consorte apresenta, a identidade que evidencia, os valores morais e pessoais que o fazem estimado e o dignificam.

4.1.2.1. Requisitos

Para caracterizar-se o erro sobre a pessoa, que interfere nas suas várias espécies discriminadas nos incisos do art. 1.557, é mister se apresentem os seguintes requisitos:

a) *A essencialidade do erro*

Este é, realmente, o requisito mais importante para a configuração do erro e capaz de ensejar a anulação, encontrando-se inserido no art. 1.557.

A essencialidade envolve o aspecto subjetivo e o aspecto objetivo. Quanto ao primeiro, refere-se às formulações íntimas ou pessoais conjecturadas sobre a pessoa do cônjuge. Pensa-se nos atributos ou qualidades que se sabe alguém possuir, e decide-se pela união em vista de tais pressupostos. Mas importa que essa ideia formada corresponda ao que é exigível ou esperado do comum das pessoas, o que revela seu ângulo objetivo. Não é aceitável formular um juízo ou pretender uma qualidade fora da sensatez ou do senso comum. A essencialidade objetiva significa, segundo José Lamartine Corrêa de Oliveira e Francisco José Ferreira Muniz, que "aos olhos de toda a gente, é razoável admitir que aquele cônjuge, tomando como ponto de partida suas qualidades próprias sociais e pessoais, levados em consideração os modos de pensar e sentir da camada social a que ele pertença, não se teria casado se não tivesse ocorrido o erro. O padrão de apreciação, portanto, não é abstrato. Levam-se em conta os padrões concretos, pessoais e sociais, do cônjuge que errou. Isto não significa irrelevância do elemento objetivo da noção de essencialidade. Ligado como está à ideia de razoabilidade, esse elemento desempenha a função de apurar os excessos de uma atitude excêntrica, da alegação, por exemplo, de uma sensibilidade individual exagerada".[27]

No lado subjetivo, pois, acredita-se em virtudes determinadas que, no aspecto objetivo, era comum e de acordo com o bom senso de todos esperar. O erro deve abranger estes dois ângulos para servir de pretexto sério à anulação.

Os casos de erros vêm elencados no art. 1.557. Mas cumpre se refiram a elementos fundamentais da identidade do outro cônjuge. Assim, o conceito de pessoa ilustrada que um nubente faz do outro não importa que este seja um gênio literário, ou um sábio. Espera-se que tenha conhecimentos em determinada área, segundo a qualificação normal que se reclama das pessoas com o mesmo grau de cultura do nubente.

b) *Insuportabilidade da vida em comum*

Necessário esclarecer, primeiramente, que a insuportabilidade da vida em comum aparece apenas no inc. I do art. 1.557, e é restrita à identidade do outro cônjuge, sua honra e boa fama. No entanto, não apenas o erro concernente à identidade, mas também o relativo à ignorância de crime anterior ao casamento em que incorreu o nubente, ou de defeito físico irremediável ou moléstia grave e transmissível, devem resultar a insuportabilidade da vida em comum. Se o erro não acarreta maiores consequências na pessoa do outro cônjuge, deixa de constituir fator de anulação. Se, no entanto, a realidade do cônjuge surge à tona, com o que não se conforma o consorte, constitui causa de anulação. O sentimento envolve, sem dúvida, certa relatividade. Vindo a saber a mulher que o marido teve uma condenação criminal por delito de estupro, é possível que não mais tenha condições de suportá-lo, o que não importa em idêntico estado de espírito no caso de outra mulher, que nem buscaria a anulação.

Em uma situação mais comum, se um homem é casado durante longos anos com uma viúva, a qual tem filhos do matrimônio anterior, e vem a falecer, em casamento posterior com outra viúva não lhe conforta a alegação da insuportabilidade da vida em comum, para a anulação, por ter descoberto a existência de prole desta sua segunda mulher, após se unir a ela. É que no primeiro casamento suportou normalmente a circunstância de ter filhos a então consorte, tudo levando a crer que o mesmo ocorre com o segundo casamento, em face de situações idênticas, ou, pelo menos, assemelhadas. Vê-se, daí, que não se apresenta real essa razão para justificar a anulação.

A insuportabilidade há de ser fruto de uma profunda decepção, ou da alteração das condições de vida em comum esperadas, devendo formar o fator que propulsionará o pedido de anulação por erro.

c) *Circunstância ignorada pelo cônjuge, existente antes do casamento*

É óbvio não se aceitar a anulação do casamento invocando circunstâncias ou fatos concernentes a um dos cônjuges, já conhecidos pelo outro. Para tanto, devem ter existência

---

[27] Obra citada, p. 246.

120 • Direito de Família | *Arnaldo Rizzardo*

anterior ao matrimônio. Não se admite erro ou equívoco se o cônjuge, ao manifestar o consentimento, já estava ciente de tal realidade. Nestas condições, tendo aceitado o fato, deverá suportar as consequências.

É a hipótese do casamento com uma prostituta, ou com um homossexual. O outro cônjuge não pode alegar o erro de identidade, com a insuportabilidade da vida em comum, pois já era de seu conhecimento a qualidade de consorte escolhido.

É de se observar, no entanto, que a falta de conhecimento por imprudência não afasta a anulação, no dizer de Vicente de Faria Coelho: "Por outro lado, não inibe a um dos cônjuges o pedido de anulação o fato de ter agido imprudentemente, isto é, sem a necessária cautela na indagação dos antecedentes de seu consorte... A lei não cogitou, na apreciação do erro, da prudência ou imprudência dos que se vão casar. A tal respeito, escreveu Lourenço Prunes: 'Não se pode nem mesmo exigir no caso a inteligência comum para evitar o erro, mas apenas a atenção ordinária. Também não convém esquecer que o comércio afetivo raramente se concilia com a frieza da cautela. O *coup de foudre* amoroso fulmina quase sempre a ponderação. Demais existe a teoria do erro justamente porque não é possível evitar o engano. Uns agirão com mais prudência, outros com menos. Está claro que o maior zelo nas pesquisas influirá na prova; nunca, porém, por si só, constituirá elemento decisivo.'"[28]

4.1.2.2. Hipóteses de erro essencial sobre a pessoa

4.1.2.2.1. Erro sobre a identidade, a honra e a boa fama do cônjuge

Conforme o inc. I do citado art. 1.557, o erro envolve a identidade, a honra e a boa fama da pessoa, sendo esse erro tal que o seu conhecimento ulterior torne insuportável a vida em comum ao cônjuge enganado.

Há, pois, duas formas de erros: sobre a identidade, e sobre a honra, a boa fama, ou sobre as qualidades essenciais da pessoa.

Antes de apreciar cada tipo, necessárias algumas considerações quanto ao erro em si.

O erro é a falsa ideia a respeito de alguma coisa ou uma pessoa. Significa a opinião que não corresponde à verdade, levando alguém a não formular livremente seu consentimento. Forma-se uma concepção não real do outro, envolvendo aspectos essenciais, ou substanciais, viciando a vontade da pessoa. Daí corresponder a divergência entre a vontade e a declaração ou vontade externa. Há uma falsa imaginação ou visão do celebrante a respeito do negócio que está realizando.

Por isso, o consentimento não se expressa de modo livre e real.

4.1.2.2.1.1. Quanto à identidade

No tocante à identidade, contemplada na primeira parte do art. 1.557, pode a mesma ser física e civil.

Já assentava Vicente de Faria Coelho: "A pessoa é o ser idêntico a si mesmo, essencialmente distinto de qualquer outro ser humano, e que tem consciência dessa identidade,

---

[28] Obra citada, pp. 233 e 234.

de forma que, por mais que acumulem sobre tais seres humanos todas as semelhanças materiais e morais, a mesma fisionomia, a mesma idade, o mesmo nome, a mesma intenção, sempre haverá duas pessoas.

A pessoa não se confunde, pois, ao tratarmos do erro essencial, somente pelo seu aspecto físico, isto é, não será só a substituição de uma pessoa por outra que determinará a existência do erro. Não será levada em consideração unicamente a identidade física, que a individualiza na espécie, mas, também, a identidade civil, que a diferencia na sociedade."[29]

A doutrina costuma especificar as diferenças, mas sem resultar uma importância prática maior.

A identidade física (*error in corpore*) refere-se à pessoa corpórea com que se pretende casar. Visa alguém casar com certa pessoa. No momento da celebração, todavia, aparece um consorte diferente. Numa eventual exemplificação, apresentável mais em novelas de televisão ou filmes, um indivíduo namora certa moça, que tem uma irmã gêmea. Na hora do enlace matrimonial, aparece esta irmã, enganando o noivo.

No pertinente à identidade civil, torna-se menos imaginária a hipótese. Não há equívoco quanto à pessoa corpórea do cônjuge, e sim no que se refere ao estado civil, à posição social, ao nome, à família, enfim, aos atributos. Dificilmente este erro configurará motivo para a anulação, pois não se admite que a pessoa case em vista da posição social, ou da família, ou do nome do outro cônjuge. Poder-se-ia tolerar a anulação apenas quanto ao estado civil, aparentando o nubente ser viúvo ou solteiro, quando é divorciado. Mesmo assim, esta motivação não é forte, a menos que o outro cônjuge tenha princípios religiosos que impedem o casamento com divorciado.

Há, todavia, outras situações que melhor dão contornos ao erro relativo à identidade civil, que se aproximam do erro relativo às qualidades essenciais. O interessado em casar apresenta-se como descendente de família abastada, tendo se apossado de documento de identidade de um de seus membros; ou ligado a uma estirpe de pessoas nobres; ou oriundo de uma classe social equivalente à do nubente; ou, ainda, dono de um padrão de vida social equivalente à do nubente; ou elevado, e, na verdade, é um estelionatário, ou um falsário, ou uma pessoa desocupada, sem qualquer possibilidade de acompanhar o nível de vida econômico e social do outro cônjuge. Há, nestas condições, possibilidade de se anular o casamento. Inclusive, quando o erro recai sobre a posição social do cônjuge ou sua situação cultural e econômica.

No entanto, a apresentação de um *status* cultural não verídico nem sempre constitui erro no pertinente à identidade, segundo Vicente de Faria Coelho: "...O casamento com pessoa que se intitula portadora de um diploma científico, quando em verdade não o possui, não será anulável, se não houver troca de nome. Lourenço Prunes fere a questão, para afirmar que o possuir, ou não, diploma, nenhuma influência exerce sobre a validade do casamento. Nenhuma relação tem com a identidade. Se uma senhora casasse com Pasteur, supondo-o formado em medicina, vindo mais tarde a saber que era apenas um químico, poderia alegar erro de pessoa? Certamente que não."[30]

Em geral, a convivência diária, ou a comunidade de vida constante, não se torna viável entre pessoas que não apresentam certa equivalência nas condições sociais, econômicas e culturais.

---

[29] Obra citada, p. 203.
[30] Obra citada, p. 217.

Vale repetir, sobre a matéria, as palavras de Alípio Silveira: "Na verdade, todo erro de pessoa se entende moral; não é aquele sobre o homem ou a mulher visível, mas sobre suas qualidades: *circa qualitatem personae*. Entre elas, singularmente, as essenciais, relativas à capacidade e aptidão, educação moral (excluindo-se a posição social, sempre mutável), o que explica o possível erro social. Isso constitui, sobre a realidade original do homem ou da mulher, o valor adquirido de personalidade. Uniões desiguais, socialmente, podem ser devidas a engano moral e social. A dissimulação hábil dos defeitos ou vícios, a hipocrisia, mãe de toda ficção interesseira, explicam sem dificuldade um engano, que não deve ser santificado pelo matrimônio, nem prevalecer. O homem incapaz para o trabalho nas classes proletárias, o inepto, sem valor aquisitivo algum, que se inculcaram à paixão da noiva com elementos capazes e laboriosos, são casos de erro essencial sobre a identidade psicossocial, frequentemente associados a implicações psicopatológicas, e tão dignos de proteção ao enganado como os outros tipos de erro sobre a identidade."[31]

Desde que presentes e configurados os instrumentos que induziram a pessoa em erro, justifica-se a anulação do casamento por erro na identidade civil do outro cônjuge.

O casamento sob nome falso exige observações mais particularizadas, pois traz graves dificuldades na apreciação de sua validade.

A pessoa se apresenta, para os efeitos de habilitação e da celebração do casamento, com o nome que não é seu, obtido com documentação falsa, e com o objetivo de impedir sua real identidade, ou, no caso do estrangeiro, para conseguir nacionalidade brasileira e, assim, dispensar todo o processo de naturalização.

Nesta hipótese, não há como anular-se o casamento. Pode haver a anulação dos documentos obtidos fraudulentamente, mas não o casamento em si. Não se caracteriza o erro sobre a pessoa.

Mas, se alteração do nome envolve em assumir o nubente a personalidade global de outro indivíduo, com o qual há, *v.g.*, alguma semelhança física, criando uma falsa representação quanto à identidade, o engano é evidente, incidindo a causa de anulação. Neste caso, o nome falso induz a imaginar o cônjuge pessoa diversa daquela com quem se uniu. O nome utilizado não se restringe a uma simples maneira de identificação da própria pessoa com quem está casando, mas envolve a substituição de uma pessoa por outra.

E se ambos os cônjuges, conscientemente, substituem seus nomes?

Também não se infringe a pessoalidade do consentimento. A infração havida poderá trazer outras cominações, mas não a anulação do ato matrimonial. Inclusive, se os nomes verdadeiros forem descobertos, e imputar-se a presença de impedimentos, então a desconstituição se opera pela existência de impedimentos, e não pela troca de nomes.

Esta é também a solução na eventualidade de apenas um dos cônjuges usar nome falso, com a ciência do outro, pois a assunção do nome alheio é previamente acertada com o outro nubente.

Em suma, vê-se a relatividade do nome falso. O caráter falso do nome utilizado não é relevante para o efeito de repercutir na existência e na validade do casamento, do ponto de vista formal. Em princípio, o casamento existe e vincula as pessoas que efetivamente tenham comparecido perante o celebrante. A falsa utilização de nome, pois, tem influência na anulação quando importa em conceber uma identidade diferente da pessoa com quem alguém casa.

---

[31] *Da Separação à Anulação do Casamento*, São Paulo, LEUD – Livraria e Editora Universitária do Direito Ltda., 1983, p. 42.

Cap. VI | Invalidade do Casamento por Inexistência, Nulidade e Anulabilidade • **123**

O erro quanto à pessoa abarca aspectos relativos à identidade psíquica, ou a uma formação e mentalidade que não condizem com o casamento. Situações comuns englobam uma moralidade excêntrica, ou uma concepção rigorosamente religiosa, a impedir intimidades comuns entre o marido e a mulher, e até a consumação do ato sexual. Considerou-se, na jurisprudência: "Ação de anulação. Erro essencial quanto à identidade psicológica do outro cônjuge. Mulher que avisara não pretender a consumação sob o aspecto biológico. Desconsideração pelo autor justificável, visto soar como contrassenso com a intenção de casar... O engano do autor que desconsiderou as palavras da mulher, no sentido de não pretender a consumação, é justificável visto soar como contrassenso com a intenção de casar.

Autoriza, em princípio, tal erro essencial quanto à identidade psicológica do outro cônjuge, o recebimento da inicial de anulação de casamento para que a dilação probatória esclareça os fatos."

E, na fundamentação do voto que levou à ementa acima: "Ora, segundo afirma Alípio Silveira, 'a recusa à consumação, tenha ou não caráter injurioso, pode configurar certamente um erro essencial sobre a pessoa, a ser devidamente caracterizado. Erro este que se situaria na identidade psicossocial do outro cônjuge' (*Desquite e Anulação por Erro Essencial*, pp. 25 e 26 do V. II)...

Na verdade, a celebração de um casamento no qual os cônjuges não pretendam a consumação, sob o aspecto biológico, soa como contrassenso. Daí ser viável a alegação do autor, quando acentua que não tomou em consideração a negativa aventada pela ré."[32]

4.1.2.2.1.2. Quanto à honra e à boa fama

As hipóteses vêm contidas na segunda parte do inc. I do art. 1.557.

Prefere-se considerar como integrantes das qualidades essenciais da pessoa a honra e boa fama, pois dizem respeito à personalidade do indivíduo.

A honra concerne à dignidade do ser humano que vive honestamente ou que dirige sua vida segundo os ditames da decência e da moral.

Já a boa fama envolve um conceito que reflete na estima social, na *aestimatio*, na consideração merecida por um indivíduo por pautar sua conduta segundo os bons costumes.

Em suma, a honra e a boa fama dizem diretamente com as qualidades morais e com o caráter da pessoa.

O âmbito de seu conteúdo deve ir além do significado da honra e boa fama. Abrangerá as tendências, as virtudes, o tipo de personalidade, os hábitos e outras manifestações da pessoa. O alcance é as qualidades essenciais do ser humano, com as quais se deparará alguém que pretende se unir a outra pessoa. Praticamente, aproxima-se do campo de abrangência da identidade civil, formando uma zona em que não se identifica uma espécie da outra.

Nesta área se incluem inúmeras situações de personalidades desviadas, corrompidas ou anormais, como a dos psicopatas, desequilibrados, viciados, pederastas, meliantes, das prostitutas, ladras, cafetinas etc. A mulher que descobre ser o marido um assaltante ou ladrão contumaz tem justo motivo para buscar a anulação de seu casamento com fulcro no inc. I do art. 1.557, e assim também se vier a saber que ele vive à margem da lei,

---

[32] TJSP. Apel. Cível nº 103.028-1. 1ª Câm. Civil, de 12.09.1989, *Revista dos Tribunais*, 647/77.

124 • Direito de Família | *Arnaldo Rizzardo*

subsistindo com produtos de atividades ilícitas. Identicamente, nos casos de homossexualismo, ou, de parte da mulher, de lesbianismo.

Desta maneira exemplificou as hipóteses Horácio Vanderlei Pithan: "Nossos Tribunais têm decidido que não cabe a anulação, sob a égide do erro essencial quanto à honra ou a boa fama do outro cônjuge, o fato de este fumar exageradamente, usar bebidas alcoólicas, professar religião diferente, ser pessoa irritadiça ou nervosa, evitar a concepção. Ao contrário, a prostituição da mulher antes do casamento e ignorada pelo marido, o homossexualismo, o vício em tóxicos ou substâncias inebriantes, o desregramento de vida ou o proxenetismo seriam causas de anulação do casamento."[33]

É relevante a honra moral, ofendida pelo cônjuge, como no caso da mulher que se encontra grávida, atribuindo ao marido a paternidade, mas que, posteriormente, descobre-se que um terceiro era o verdadeiro pai. Normalmente, fatos tais não são toleráveis ou admissíveis, e revelam um caráter inidôneo da pessoa, o que importa em admitir-se a anulação por erro sobre a pessoa. É a lição dos pretórios, mantendo-se atual: "Casamento. Ação de anulação. Erro essencial quanto à pessoa do outro cônjuge. Atribuição ao marido da paternidade de filho gerado por terceiro anteriormente ao matrimônio. Conduta desleal caracterizadora de personalidade dissimulada."

No voto, colhe-se esta passagem: "Também não deve ser afirmado que o dado marcante da identidade moral não se encontraria na maternidade, mas no coito, aquela a notícia deste, ou que, desde que a tenha aceitado deflorada, não haveria razão para a recusa em virtude da criança que traz no ventre, ou não a acolher como gestante...

A questão não concerne à sua situação de deflorada, mas não gestante, pois o casamento é o princípio da comunhão, e o ato que é tido como desleal, configurador da personalidade de dissimulada, se constitui da atribuição a ele de quem seja fruto de outro amor. A vida em comum deve começar com o filho comum, não com o filho de outrem, mas atribuído a ele."[34]

Não depõe contra a honra descobrir o marido, posteriormente ao casamento, que a mulher estivera unida a outro homem, com o qual advieram filhos: "Anulação de casamento. Erro essencial quanto à pessoa. Concubinato anterior. Separação judicial. O concubinato anterior ao casamento e a existência de filhos dessa união irregular não são motivos suficientes para autorizar a anulação do matrimônio baseada em erro essencial quanto à pessoa do cônjuge, mormente se o casal ainda houver convivido durante certo período não obstante a descoberta daqueles fatos, que ensejariam, quanto muito, uma separação judicial."[35]

Sílvio Rodrigues lembra a seguinte passagem de um aresto do Tribunal de Justiça de Pernambuco: "... Não pode invocar o erro essencial quanto à pessoa do outro cônjuge, para o fim de promover a anulação de seu respectivo casamento, aquele que, por culpa própria, foi vítima desse erro, casando-se imprudentemente e precipitadamente com pessoa a quem não conhecia e a respeito de cuja conduta civil e moral e quaisquer outras circunstâncias pessoais não procurou, com cuidado e precaução, tão naturais e necessários

---

[33] "Erro Essencial na Anulação do Casamento", *Família e Casamento*, coordenação de Yussef Said Cahali, São Paulo, Saraiva, 1988, p. 234.

[34] TJSP. Embargos Infringentes na Apel. Cível nº 63.622-1. 8ª Câm. Civil, de 30.06.1988, *Revista dos Tribunais*, 635/188.

[35] TJMG. Apel. Cível nº 68.335. 1ª Câm. Cível, de 10.02.1987, *Revista dos Tribunais*, 622/177.

Cap. VI | Invalidade do Casamento por Inexistência, Nulidade e Anulabilidade • 125

em assuntos de tamanha gravidade, colher informações que, com a maior facilidade, lhe poderiam ser fornecidas e o preveniriam contra o erro em que alega haver incidido."[36]

A vida pretérita completamente desregrada, desconhecida pelo outro cônjuge, enseja a anulação: "Casamento. Anulação. Erro essencial. Conduta desregrada da mulher anterior às núpcias. Desconhecimento pelo marido. Insuportabilidade da vida em comum, após o conhecimento do fato. Ação procedente."

Isto desde que o cônjuge seja enganado por dolo, impõe o acórdão acima ementado: "Ao diverso do Código Canônico de 1983, Cânon 1.089, e de moderna Lei n° 23.515 da Argentina, art. 16, que admitem a operância do dolo como causa de anulabilidade do matrimônio, nosso Código disso se absteve, limitando-se ao erro in persona e ao *error qualitatis*. Nada obstante, na espécie depara-se com rematada conduta dolosa da ré, que, ocultando do noivo, e depois do esposo, sua deturpação moral anterior às núpcias, mulher de vida livre, que chegou a ter um filho (registrado em seu nome apenas), bem configurado, dessarte, comportamento daquele naipe. A dissimulação da verdade para conseguir o casamento tipifica-se como um engodo. Trata-se de reticência e silêncio, graves e comprometedores, a ponto de induzir em erro o contraente-autor. Sem dúvida, o engano sobre qualidades morais da mulher é decisivo na exemplificação da anulabilidade nupcial por *error qualitatis,* notadamente quando se tem em conta a conduta feminina, da qual se exige bem mais que a do sexo oposto, em tema de costumes."[37]

De observar que se exige, sempre, a preexistência dos vícios de conduta, relativamente ao casamento, os quais eram desconhecidos do cônjuge, e tornem a vida em comum insuportável.

4.1.2.2.2. Ignorância de crime anterior ao casamento

Trata-se, aqui, de justificar a anulação do casamento por vir a saber o cônjuge que o consorte praticou um crime antes do casamento. No Código de 1916, vinha a exigência da condenação em crime inafiançável, praticado anteriormente ao casamento, e definitivamente julgado por sentença condenatória. O atual diploma modificou a causa, não mais falando em crime inafiançável, e nem exigindo a condenação definitiva. Importa, na verdade, a personalidade da pessoa, que praticou o crime, ou ostenta uma conduta de delinquente. Quanto à exigência de condenação, constituía um entrave, tendo em conta que, não raras vezes, dava-se a prescrição, impedindo o julgamento, ou tinha-se que aguardar uma longa espera, até que se proferisse o julgamento, com enormes prejuízos para o cônjuge enganado.

Não é frequente a situação, mas que justifica a anulação do casamento porque revela um caráter da pessoa de alta periculosidade e de pouca adaptação social, além de constituir razão para aviltamento perante o meio onde vive o cônjuge.

Necessário, para a desconstituição do matrimônio, que estejam presentes as seguintes condições:

a) A existência, antes do casamento, do crime. A sentença pode dar-se depois, como diz Carvalho Santos: "Pouco importa, pois, que o cônjuge tenha ou não cumprido a pena, que o crime tenha sido julgado prescrito, depois da condenação, ou mesmo

---

[36] *Direito Civil – Direito de Família*, São Paulo, Saraiva, 1980, vol. VI, p. 101, nota n° 79.
[37] TJSP. Apel. Cível n° 118.487-1. 4ª Câm. Cível, de 31.05.1990, *Revista de Jurisprudência do TJ de São Paulo*, Lex Editora, 128/39.

126 • Direito de Família | *Arnaldo Rizzardo*

que tenha havido perdão ou anistia. O Código não distingue quanto à sentença ter sido lavrada antes ou depois do casamento, exigindo apenas que o crime tenha sido perpetrado antes do casamento e que o outro cônjuge no momento de casar ignorasse o fato."[38]

Igualmente a jurisprudência: "Anulação do casamento. Quando a lei considera erro essencial sobre a pessoa do outro cônjuge a ignorância do crime inafiançável, anterior ao casamento e definitivamente julgado por sentença condenatória, evidentemente não exige que a sentença também precede ao matrimônio. Feita a prova do desconhecimento anterior da autora, anula-se o casamento."[39]

Diante do atual Código, consoante se observou, não mais se reclama a condenação.

b) A gravidade do crime, tornando insuportável a vida conjugal. Como sugere o dispositivo, a natureza do crime deve tornar insuportável a vida conjugal. Nesta abrangência, não se presta para a finalidade de anulação a prática de uma contravenção, ou de um delito de lesões corporais leves, de furto simples, de receptação. Há de haver um delito que comprometa a própria segurança, a posição social, o respeito, a dignidade, não afetando a moral, nem desprestigiando a condição de marido ou esposa, e muito menos constrangendo os filhos. Não interessa a prescrição da pena, ou a concessão do *sursis*, ou a suspensão condicional da pena. Mesmo o indulto, ou a superveniência de lei que torne afiançável o crime, não tem influência na esfera civil, como doutrina Pontes de Miranda.[40]

c) Ignorância da existência do crime, de parte do outro cônjuge, até o momento da celebração do matrimônio.

Nas situações de delito afiançáveis e desonrosos, que provocam, inclusive, o repúdio público, o pedido de anulação poderá capitular o fundamento no inc. I do art. 1.557, por comprometer a identidade, a honra ou boa fama do infrator, tornando insuportável a vida em comum.

4.1.2.2.3. Ignorância de defeito físico irremediável

É nessa previsão que mais ocorrem casos de anulação. Conforme o inc. III do art. 1.557, em texto da Lei nº 13.146/2015, verifica-se "a ignorância, anterior ao casamento, de defeito físico irremediável que não caracterize deficiência, ou de moléstia grave e transmissível, por contágio ou por herança, capaz de pôr em risco a saúde do outro cônjuge ou de sua descendência". Importando em deficiência o defeito físico, não é tido como erro essencial. Reconhece-se a validade do casamento. Não se configura a incapacidade, visto que se resume o defeito físico a uma deficiência, mantendo-se a funcionalidade dos órgãos do corpo humano.

O defeito físico deve entender-se como as anormalidades orgânicas ou funcionais que prejudiquem a prática da relação conjugal, mas não se colocando como simples deficiência, ou não realização plena das funções do organismo humano. Sobressaem as anomalias de ordem sexual de origem orgânica e psíquica. A impotência *coeundi*, ou a incapacidade para o ato conjugal, absoluta ou relativa, ampla ou restrita à pessoa do cônjuge, é frequente,

---

[38]   *Código Civil Brasileiro Interpretado*, obra citada vol. IV, p. 232.

[39]   TJRJ. Apel. Cível nº 109/90. 1ª Câmara Cível, de 26.06.1990, *Revista de Direito do TJ do Rio de Janeiro*, 8/121.

[40]   *Tratado de Direito Privado*, obra citada, vol. VII, p. 265.

subtraindo do casamento uma de suas principais finalidades. Mas somente a incapacidade absoluta para o ato serve para caracterizar o erro essencial.

O homossexualismo é outro fator de grande incidência, por desviar as funções normais do homem. De igual maneira os desvios sexuais femininos, ou a frigidez sexual. Tanto para o homem como para a mulher, a incapacidade de realizar ou atingir a cópula revela defeito físico irremediável, que retira a própria finalidade da união matrimonial. Considerar-se-á deficiência se a incapacidade não se revela total.

Salienta Rômulo Coelho que "o absoluto infantilismo, as epispádias e as hipospádias incuráveis são formas de impotência masculina. Na mulher, a imperfuração do hímen e a interceptação da vagina, quando irremediáveis, correspondem à impotência *coeundi*".[41]

O defeito há de ser irremediável, anterior ao casamento e desconhecido do outro cônjuge quando da celebração do ato matrimonial. Mas convém se apreciem com certa relatividade tais exigências. Assim, desde que muito custosa a recuperação, ou sem adquirir a capacidade normal para a função sexual, é de se conceder a anulação, tal a importância desta função na vida conjugal. Aconselhável, outrossim, uma interpretação dos aspectos duvidosos em favor da anulação, não devendo serem examinados com rigor a anterioridade do defeito ao casamento e o seu desconhecimento pelo outro cônjuge. Há uma presunção forte de que ninguém aceita casar com pessoa portadora de tais defeitos.

Outros defeitos físicos, não de ordem sexual, imperceptíveis na aparência, também podem determinar a anulação, como a ausência de seios, ou a atrofia de órgão sexual ou genital, não necessitando que a ausência e atrofia se apresentem de modo total.

Mas a incapacidade para gerar ou fecundar o óvulo e aquela para conceber (*concipiendi*), ou a esterilidade em si, não têm sido consideradas como suportes suficientes para a anulação, já que não impedem a atividade sexual e a união afetiva dos cônjuges, finalidades estas que se sobrepõem à procriação. Aliás, o próprio Código Canônico proclama que a *sterilitas matrimonium nec dirimit nec impedit*.

A moléstia grave e transmissível também se insere nas causas de anulação, desde que desconhecida antes do matrimônio, sendo-lhe, pois, anterior. Objetiva-se, com isso, evitar a contaminação do cônjuge pelo contágio e a transmissão aos descendentes.

Evidentemente, devem ser comprovadas tanto a sua existência como a potencialidade em se propagar às pessoas que mantêm contato com o doente.

Exemplificam-se, dentre outras, a esquizofrenia, a sífilis, a tuberculose, a epilepsia, a síndrome de insuficiência imunológica (AIDS), a lepra, a dependência de tóxicos (cujos efeitos se transmitem aos filhos, especialmente pela mulher), a coitofobia e a blenorragia.

A ignorância, anterior ao casamento, de doença mental grave que, por sua natureza, torne insuportável a vida em comum ao cônjuge enganado, que constava no inc. IV do art. 1.557, não mais entra na relação do erro essencial. Ficou revogado o citado inciso IV pela Lei nº 13.146/2015. Desta forma Alípio Silveira caracteriza os débeis mentais: "Os débeis mentais entram no quadro geral dos oligofrênicos. Os idiotas e imbecis são os oligofrênicos inferiores. Os débeis mentais são os oligofrênicos superiores. Existe, também, a gradação entre os próprios débeis mentais: os fronteiriços estão mais próximos dos imbecis e são incapazes de reger sua pessoa e bens. Os de nível médio, às vezes, poderão ser considerados incapazes relativamente a atos mais importantes. E os que se aproximarem da normalidade de inteligência, quase sempre se consideram civilmente capazes."[42]

---

[41] Obra citada, p. 160.
[42] *Da Separação Litigiosa à Anulação do Casamento*, obra citada, p. 101.

128 • Direito de Família | *Arnaldo Rizzardo*

A debilidade mental não é causa de anulação por erro essencial também por não se enquadrar como causa da interdição, além de não constar ela incluída no art. 4º do Código Civil. Configura-se a deficiência, não ficando a pessoa impossibilitada de exprimir a vontade.

O que também é admitido na jurisprudência francesa, conforme relata Jean Hauser: "Plus pratiquement les causes de nullité les plus fréquentes demeurent l'erreur sur les qualités essentielles du conjuint et la bigamie, priême si le droit français actuel accueille peu à peu certains effets de la polygamie au nom du respect des lois nationales étrangères... Sur le premier point en jujement du tribunal de grande instance de Vesoul du 28 novembre 1989 (D.1990. J. 591, note C. Philippe) semble bien souple en admettant la nullité pour erreur sur l'état mental demandée par un époux qui soutenait avoir ignoré la mise sous curatele de son épouse et surtout la maladie mentale à l'origine de cette mesure et son séjour de longue durée en centre médique-psychiatrique. Certes l'ignorance sur le premier point peut susciter l'étonnement (en ce sens, C. Philippe) puis que l'accord du curateur a dû être sollicité pour le mariage. Néanmoins rien n'interdisait à l'époux protégé de fournir cet accord donné par écrit et, dans tous le cas, aucun avis médical n'était requis. Pour le reste la decisión s'inscrit dans un ensemble où l'obstade majeur – ici levé – réside surtout sans la dificulté de prouver l'état antérieur au mariage."[43]

Exemplificativamente, com referência à epilepsia, lembra o psiquiatra J. Caruso Madalena que "a frequência da doença nos familiares próximos dos doentes ultrapassa dez vezes sua taxa na população geral", sendo de se esperar um significativo risco de transmissão pelos casamentos; quando na ascendência dos pais se mostram antecedentes de natureza epiléptica, a expressão clínica ou subclínica da doença pode atingir cerca de oitenta por cento dos descendentes, "daí concluindo que ocorre maior incidência de doentes epilépticos dentro do grupo familiar que na população média".[44]

Assim, evidente a possibilidade de potencialmente colocar em risco a descendência do casal constituindo-se, pois em causa de anulação.[45]

Não interessa a perspectiva de cura do defeito físico ou da moléstia. Importa a existência anterior ao casamento, e perdurando enquanto se opera sua celebração. Mesmo que em seguida venha a ser medicada e sarada a pessoa, perdura a causa da anulação, eis que envolvido em erro essencial o cônjuge.

Requisito que não pode ficar olvidado é o desconhecimento da doença ou moléstia, sob pena de não se anular o casamento: "Improcede a ação de anulação de casamento por erro essencial, quanto à pessoa do outro cônjuge sob alegação de estar acometido de moléstia grave se a doença não for transmissível, o desconhecimento prévio pelo autor não for comprovado e a insuportabilidade da vida em comum não estiver caracterizada."[46]

4.1.2.2.4. Doença mental grave

Este motivo vinha contemplado no inc. IV do art. 1.557, o qual foi revogado pelo art. 114 da Lei nº 13.146/2015, como já observado acima.

---

[43] "Des Mariages Nuls", *Revue Trimestrielle de Droit Civil*, Paris, Éditions Sirey, nº 2, pp. 298 e 299, 1991.

[44] *Herança e sua Significação nas Doenças Mentais*, 1ª ed., Rio de Janeiro, Imago Editora Ltda., 1985, p. 125.

[45] *Revista de Jurisprudência do TJ de São Paulo*, Lex Editora, 131/52.

[46] *Revista dos Tribunais*, 640/71.

Cap. VI | Invalidade do Casamento por Inexistência, Nulidade e Anulabilidade • **129**

O dispositivo considerava como causa de anulação "a ignorância, anterior ao casamento, de doença mental grave que, por sua natureza, torne insuportável a vida em comum ao cônjuge enganado".

A doença mental devia ser grave, não se confundindo com os meros distúrbios de ideias, ou as perturbações da personalidade em grau leve. Mesmo os portadores de neurose, de psicose, de depressão, de histeria; os viciados em drogas, os ébrios contumazes, os excepcionais sem desenvolvimento mental completo, se algum grau de consciência e discernimento tivessem, eram aptos para o casamento. A anulação era viável se a doença mental se revelava grave, retirando da pessoa qualquer comando de seus atos, de autocontrole, de raciocínio, de visão da realidade, e desde que fique insuportável se tornasse a vida em comum ao cônjuge enganado. Sendo desconhecedor dessa realidade, não houve consentimento, visto que a sua vontade dirigiu-se para o casamento com outro tipo de pessoa.

A revogação do dispositivo decorreu dos propósitos da Lei nº 13.146/2015, que é a inclusão da pessoa com deficiência na sociedade em igualdade de condições com as demais pessoas. A matéria, no entanto, exige cuidado na interpretação. De acordo com as mudanças advindas com a Lei citada, apenas são considerados absolutamente incapazes os menores de dezesseis anos. Em relação às demais pessoas consideram-se incapazes, seja qual for a causa, se não puderem exprimir a vontade. De sorte que se a doença mental grave impede a manifestação da vontade, configurando a incapacidade. E tal verificado, não se autoriza o casamento, até por exegese do art. 1.514 do Código Civil, encerrando: "O casamento se realiza no momento em que o homem e a mulher manifestam, perante o juiz, a sua vontade de estabelecer vínculo conjugal, e o juiz os declara casados". É condição, pois, a ostentação da vontade de estabelecer o vínculo conjugal. Se a doença mental é grave, e impede a expressão da vontade, é nulo o casamento, ou, no mínimo, sujeito à anulação.

De notar a exceção do § 2º do art. 1.550, advinda com a Lei nº 13.146/2015, e restrita apenas aos deficientes, isto é, àqueles que revelam algum discernimento, e podem exprimir, mesmo que em parte, a vontade: "A pessoa com deficiência mental ou intelectual em idade núbia poderá contrair matrimônio, expressando sua vontade diretamente ou por meio de seu responsável ou curador". É válido o casamento para aqueles que, com deficiência mental ou intelectual, expressam a vontade diretamente, ou a expressam através do responsável ou curador. É condição a deficiência, e não a doença plena. Ora, se exigida a expressão direta da vontade, ou por meio do responsável ou curador, obviamente que não sendo apenas deficiente a pessoa, mas totalmente sem condições de exprimir a vontade, não se encontra autorizado a contrair o casamento. O casamento, então, será nulo.

Em conclusão, é possível a anulação do casamento por doença mental grave.

Para as causas acima – incisos I, II, III do art. 1.557, o prazo, para promover a ação de anulação, é de três anos, consoante o art. 1.560, inc. III, contado sempre da data da celebração do casamento.

4.1.3. Coação de um ou de ambos os nubentes

Esta causa foi introduzida pelo art. 1.558, que preceitua: "É anulável o casamento em virtude de coação, quando o consentimento de um ou de ambos os cônjuges houver sido captado mediante temor de mal considerável e iminente para a vida, a saúde e a honra, sua ou de seus familiares."

130 • Direito de Família | *Arnaldo Rizzardo*

Define-se a coação como a pressão física ou moral, ou o constrangimento que sofre uma pessoa, com o fim de ser obrigada a realizar um ato ou negócio. Quem emite a declaração compulsivamente, sob coação, age em desacordo com a vontade, ou não procede livremente. Portanto, é este o vício de consentimento que diz com a liberdade da vontade.

Temos duas espécies de coação: a física, chamada *vis absoluta*, que exclui a vontade, tornando o ato ou negócio nulo e não simplesmente anulável porque falta um de seus elementos constitutivos, que é o consentimento; e a moral, causadora do temor, do medo infundido injustificadamente na vítima, a qual perde a energia moral e a espontaneidade do querer. Na primeira, há o constrangimento corporal, que reduz o sujeito vítima a instrumento passivo do negócio. Na última, a vontade não é completamente eliminada, mas permanece em relativa liberdade, podendo optar entre a realização do negócio, que lhe é exigido, e o dano, com que é ameaçada.

Na *vis absoluta*, "o constrangimento é instrumento de quem constrange; o constrangido não age, nenhuma ação ou parcela de ação é sua. O absolutamente constrangido não quer; o coacto, o relativamente constrangido, a despeito do constrangimento, quer", leciona Pontes de Miranda.[47]

Os autores, como Washington de Barros Monteiro, Carvalho Santos e Orlando Gomes, revelam, quase unanimemente, uma ideia geral da doutrina, consignando os mesmos requisitos para a configuração da coação, assim enumerados e explicados:

I – A coação deve ser a causa determinante do negócio, isto é, praticada com o intuito deliberado de obter o consentimento da outra parte, visando à constituição de um negócio ou ato jurídico, segundo exige o art. 151: "A coação, para viciar a declaração da vontade, há de ser tal que incuta ao paciente fundado temor de dano iminente e considerável à sua pessoa, à sua família, ou aos seus bens."

II – Deve incutir no paciente um temor justificado, como promessa de morte, de escândalo, do ridículo, da denunciação às autoridades, medindo-se o seu grau em consonância da pessoa constrangida, ou seja, o sexo, o temperamento, o estado de ânimo, dentro dos cânones do art. 152, o qual preceitua: "No apreciar a coação, ter-se-ão em conta o sexo, a idade, a condição, a saúde, o temperamento do paciente e todas as demais circunstâncias que possam influir na gravidade."

III – Ameaças há que não deixarão mossas no espírito de um homem e atemorizarão uma mulher, ou que não abalarão o ânimo de uma mulher já feita e experimentada na vida. A juventude, a velhice, a posição social, o sexo, o temperamento impressionável, nervoso ou histérico, entre outros fatores, são levados em conta na apreciação de caso a caso, segundo o explanar de Vicente Faria Coelho.[48]

IV – O temor deve referir-se a um dano iminente, próximo, irremediável e não remoto, distante, evitável. Configura-se quando a vítima não dispõe mais de meios para subtrair-se ao dano.

V – Há de ser dano considerável, ofendendo o valor moral ou patrimonial do sujeito passivo, isto é, a vida, a saúde, a liberdade, a honra, a segurança própria e de terceiros a ele ligados por laços familiares, ou o bem econômico, material, pecuniário.

VI – Deve referir-se à pessoa do extorquido, à sua família, ou a seus bens. Quanto à família, incluem-se todos os parentes. Diante de situações especiais, e considerando

---

[47] *Tratado de Direito Privado*, 3ª ed., Rio de Janeiro, Editor Borsoi, 1972, vol. IV, p. 399.
[48] *Desquite e Anulação do Casamento*, 1ª ed., Rio de Janeiro, Livraria e Editora Freitas Bastos, p. 121.

Cap. VI | Invalidade do Casamento por Inexistência, Nulidade e Anulabilidade • 131

o aspecto social do direito, impossível descartar hipóteses que envolvam pessoas ligadas ao coacto por liames de amizade, subordinação, respeito, afetividade.

VII – A injustiça da ameaça, ou sem amparo no direito. Deve ser de natureza a impressionar uma pessoa sensata e a fazê-la recear, expor-se, a si, ou aos seus parentes mais chegados, ou aos seus bens, a um mal que, segundo a apreciação média da consciência social, seria grave. Importa, ainda, que o mal da ameaça seja ilegítimo, isto é, contrário ao direito.

O prazo para o coacto alegar o vício de consentimento é de quatro anos, contado do dia da realização do casamento, nos termos do art. 1.560, inc. IV.

Anteriormente, era de dois anos o lapso da prescrição, conforme o art. 1º da Lei nº 4.529, de 30.07.1942, nos seguintes termos: "A ação do cônjuge coacto para anular o casamento prescreverá em dois anos, contados da data da sua celebração." De sorte que a disposição do art. 178, § 9º, inc. V, letra 'a', restringia-se à coação não verificada no casamento.

O mais coerente é que o início não se dê a partir do dia da celebração do casamento. Parece lógico que o ponto de partida deve ser a data da cessação do vício. É que o temor ou medo determinante da efetivação do casamento também impedirá se promova a ação enquanto perdurar a coação.

4.1.4. Outras causas de anulação

A anulação do casamento perdeu muito a importância que tinha com o advento de lei que oficializou o divórcio no Brasil, o qual oferece maiores facilidades para desconstituir ou dissolver o vínculo conjugal. Daí ter havido um decréscimo de casos judiciais envolvendo a matéria, desde o advento da Lei nº 6.515/77. Igualmente verificou-se uma diminuição da tendência que sempre se manifestava no sentido de ampliar a interpretação dos casos de anulação, especialmente no pertinente ao erro sobre a pessoa de um dos cônjuges.

Mesmo atualmente, porém, discute-se se existem outros vícios do consentimento, além da coação e do erro previstos, ou causas diferentes das consignadas em lei.

Assim, há uma velha discussão em torno da anulação por dolo.

A generalidade dos códigos não inclui este vício como fator de anulação, mesmo os mais recentes, como os da França, da Itália e de Portugal. No direito da Alemanha, no entanto, segundo lição de José Lamartine de Oliveira Corrêa e Francisco José Ferreira Muniz, "o dolo é causa autônoma de resolução do casamento, dizendo o § 33, al. 1, do 'Fhegetz', que pode haver resolução por dolo quando um dos cônjuges tenha sido levado a contrair matrimônio através de dolo que tenha incidido sobre circunstâncias tais que, se a situação verdadeira tivesse sido conhecida, no quadro de uma correta apreciação a essência do casamento, não teria o nubente exarado seu consentimento matrimonial. O dolo pode ser do outro nubente ou de terceiro, com o conhecimento daquele (§ 33, al. 2). É irrelevante o dolo quando tenha tido por objeto a indução do nubente em erro quanto à situação patrimonial do outro (§ 33, al. 3)".[49]

Há situações que fazem realmente pensar e que não se confunde com erro, embora alguns procurem ver integrado nele o dolo.

---

[49] Obra citada, p. 250, nota nº 53.

132 • Direito de Família | *Arnaldo Rizzardo*

Através de manobra ardilosa é induzido uma pessoa a casar. Para conseguir o consentimento, faz-se o pretendente passar por um indivíduo afortunado, ou que representa ter grande cultura, ou que infunde a crença de que oferecerá um *status* social e econômico elevado. Haveria, na fase pré-matrimonial, a montagem de fatos e circunstâncias tais que acarretam a indução em erro do nubente vítima de dolo. Mas o erro não se justificaria numa das hipóteses do art. 1.557, nas modificações da Lei nº 13.146/2015.

De igual forma, pode o indivíduo decidir-se pelo casamento diante da alegação, pela mulher, de que se encontra grávida dele, quando, na verdade, a gravidez resultou de suas relações com terceiro.

Diante da lacuna, a fim de se impedir que prevaleçam graves injustiças, a solução é ver-se no dolo um dos elementos do erro, ou uma fase que integra o erro.

De fato, propalar um estado econômico bem diverso, ou demonstrar uma realidade que não pode oferecer ao cônjuge, ou atribuir falsamente a pretendente a alguém uma gravidez, a rigor, pode conceber-se como etapa do erro, ou um pressuposto que desencadeia o erro sobre a pessoa do outro cônjuge. O dolo levou o cônjuge a formular um juízo errôneo sobre o outro cônjuge, ou induziu-o em erro sobre uma pessoa.

Outro vício do consentimento amiúde aventado é a simulação (atualmente considerada como causa de nulidade, em virtude do art. 167 do Código Civil) que leva duas pessoas a contraírem as núpcias apenas como aparência, sem que jamais se estabeleça a real comunhão de vida matrimonial. Com o casamento, desejam, na verdade, os cônjuges alcançar finalidades que podem ser consideradas secundárias, ou apenas colaterais, em geral de fundo econômico ou previdenciário. Não passa o enlace matrimonial de mero pretexto para outros objetivos.

Alguns doutrinadores nacionais[50] e estrangeiros[51] retratam perfeitamente essa situação em que as partes procuram o estado conjugal como meio para a busca de finalidades diversas da finalidade matrimonial típica. Assim ocorre quando uma mulher jovem casa com um homem já idoso com o objetivo de alcançar o amparo previdenciário e receber uma pensão futura, ou após sua morte; no caso de adquirir um estrangeiro a nacionalidade do outro cônjuge; ainda, quando um jovem simplesmente casa para ficar isento do serviço militar obrigatório; também, com o escopo de evitar a expulsão de estrangeiro, uma vez que as leis nacionais a impedem desde que matrimoniado aquele com cônjuge do país onde reside; e mais frequentemente, de uma mulher nova com homem rico e idoso, que, embora não tendo completado setenta anos de idade, todavia se encontra doente, com poucos prognósticos de vida prolongada.

Juridicamente, não se trata de mera aparência de casamento, porquanto ele existe e obedeceu a celebração todos os requisitos legais.

No aspecto puramente religioso, o atual Código de Direito Canônico, no Cânon 1.101, §§ 1º e 2º, prevê a nulidade. O Código Civil italiano deixa entrever a simulação no art. 123, alínea primeira. O mesmo acontece com o Código Civil português, no art. 1.653, letra 'd'. Na Suíça, há uma lei de 29.09.1952, acrescentando ao art. 120 mais uma hipótese de nulidade matrimonial, que é a do chamado casamento de nacionalidade, ou aquele matrimônio em que a mulher estrangeira, casando com o marido suíço, adquira a nacionalidade deste.

---

[50] José Lamartine de Oliveira Corrêa e Francisco José Ferreira Muniz, Obra citada, pp. 253 e 254.
[51] C. Grassetti, Il Matrimonio Fiduziario, em *Studi in Onere di Antonio Cicu*, Milão, Giuffrè, 1951, pp. 573 e 574.

Cap. VI | Invalidade do Casamento por Inexistência, Nulidade e Anulabilidade • 133

Relativamente ao nosso direito, não cabe acrescentar mais um caso de nulidade, ou anulação, já que é taxativa a enumeração legal. A rigor, pois, é irrelevante perante o direito brasileiro a simulação matrimonial, valendo o casamento e produzindo todos os efeitos que lhe são inerentes.

Mas, não é desarrazoado ver na espécie a nulidade por falta de consentimento, eis que os esposos realizaram a cerimônia para atingir o resultado alheio à união matrimonial. O fim jurídico visado foi distinto do fim matrimonial típico. O consentimento não colimou o casamento em si, mas uma finalidade inequivocamente estranha a ele. Na falta de consentimento, ressalta a inexistência, não trazendo quaisquer efeitos o ato.

A situação é equivalente àqueles que buscam o término da sociedade conjugal através da separação judicial para alcançarem finalidade ou situações não previstas para os casados, ou para salvarem parte do patrimônio comum de eventual expropriação por dívidas. Constatada a simulação, por manterem os cônjuges a união matrimonial, não se concedem as finalidades almejadas. De igual modo é possível concluir quanto à simulação matrimonial.

De outra parte, se o ato não se concretiza em aspectos ou caracteres próprios do casamento, é mais compatível a aferição da nulidade, como quando falta a união exclusiva ou inexiste a comunidade de vida entre os cônjuges. Evidencia-se a inexistência de conteúdo do casamento, concluindo-se pelo não reconhecimento jurídico do chamado casamento aparente, celebrado com finalidades totalmente diversas daquelas que a lei, o direito e os costumes tradicionalmente reconhecem.

4.2. Efeitos da anulação do casamento

Na anulação, em razão das inobservâncias das normas sobre o casamento, cuja tipificação consta nos incisos do art. 1.550, como em razão de erro essencial quanto à pessoa e quanto à coação, emergem os mesmos efeitos aplicáveis ao casamento nulo, e já desenvolvidos.

De modo que o casamento anulável produz todos os efeitos, enquanto não anulado por decisão judicial transitada em julgado, se contraído de boa-fé, em atendimento ao preceituado no art. 1.561: "Embora anulável ou mesmo nulo, se contraído de boa-fé por ambos os cônjuges, o casamento, em relação a estes como aos filhos, produz todos os efeitos até o dia da sentença anulatória." Perduram os deveres, e mantêm-se os atos que em sua vigência foram realizados, como as doações, a assistência mútua prestada, as vendas levadas a termo.

Se apenas um dos cônjuges se encontrava de boa-fé, a ele restringe-se a permanência dos efeitos, segundo o § 1º do mesmo artigo: "Se um dos cônjuges estava de boa-fé ao celebrar o casamento, os seus efeitos civis só a ele e aos filhos aproveitarão."

A sentença que dá pela anulação tem efeitos retroativos, mas não atingindo os atos ou resultados já praticados ou realizados. É como que se os cônjuges jamais tivessem contraído o vínculo matrimonial. Anotava Clóvis Beviláqua que, anulando-se, "desfaz-se como se nunca tivesse existido", segundo ocorre com o casamento nulo. "Nem um nem outro forma sociedade conjugal, e sim mera união de fato, a que o direito atribui, em dados casos, certos efeitos jurídicos e econômicos. Somente quando se realizam as condições do casamento putativo e econômico é que há, propriamente, uma sociedade conjugal, que se dissolve pela nulidade ou anulação do casamento."[52]

---

[52] *Código Civil dos Estados Unidos do Brasil Comentado*, obra citada, vol. II, pp. 207 e 208.

134 • Direito de Família | *Arnaldo Rizzardo*

Desta sorte, salvo no casamento putativo, desfazem-se aqueles efeitos advindos, como a maioridade adquirida pelos nubentes, se menores quando da celebração; e o regime de bens, retornando eles à propriedade particular de cada contraente.

O art. 1.563 enseja a interpretação de que os efeitos retroagem, sem atingir os efeitos já concretizados: "A sentença que decretar a nulidade do casamento retroagirá à data da sua celebração, sem prejudicar a aquisição do direito, a título oneroso, por terceiros de boa-fé, nem a resultante de sentença transitada em julgado."

Não se firma a nulidade a partir do momento do trânsito em julgado da sentença, mas age ela retroativamente, eis que se declara jamais ter existido o casamento válido. Nesse desenlace, os efeitos não são *ex nunc*, porquanto não há dissolução, que só ocorre pela morte e pelo divórcio.

Cumpre, no entanto, fazer a correta distinção, quanto aos efeitos já realizados, e especialmente aqueles que atingiram terceiros, em face de se ter afirmado acima que se mantêm os efeitos até a declaração da nulidade. Remanescem os mesmos, permanecendo, e não prejudicando as relações efetuadas e concluídas. Assim quanto às compras e vendas, às dívidas comprometidas, aos atos consumados, aos pagamentos efetuados pelas obrigações de um cônjuge. Não se desconstituem os negócios, nem se invalidam os atos. Unicamente os efeitos que não trouxeram efeitos concretos são desconstituídos, como a maioridade, a obrigação de mútua assistência e a fidelidade para o futuro.

Relativamente aos filhos, a anulação não repercute na condição de legitimidade dos mesmos. Embora se anule o casamento, esta circunstância não interfere na relação com os filhos, quanto aos feitos que já existiam, como alimentos, assistência, guarda, e toda sorte de obrigações. É irrelevante a existência ou não da boa-fé quando os pais contraíram o casamento, circunstância que antigamente era importante no caso da nulidade, mas que, desde a vigência do art. 14, parágrafo único, da Lei nº 6.515, de 1977 (Lei do Divórcio), perdeu qualquer relevância. Tenha ou não existido boa-fé de parte dos genitores, os efeitos civis aproveitarão aos filhos comuns.

O atual Código, no § 2º do apontado do art. 1.561, reafirmou o princípio: "Se ambos os cônjuges estavam de má-fé ao celebrarem o casamento, os seus efeitos civis só aos filhos aproveitarão."

Realmente, não interessa a boa ou a má-fé dos pais no casamento nulo, quanto aos filhos. E, de fato, nada têm a ver eles relativamente a uma determinada conduta dos genitores, de modo a merecerem suportar as consequências, como a denominação de filhos ilegítimos.

A matéria restou analisada também no item relativo à nulidade do casamento.

No concernente à guarda (convivência familiar) dos filhos, segue-se a norma do art. 1.587 do Código Civil: "No caso de invalidade do casamento, havendo filhos comuns, observar-se-á o disposto nos arts. 1.584 e 1.586." Eis a disposição do art. 1.584, na redação da Lei nº 11.698/2008: "A guarda, unilateral ou compartilhada, poderá ser:

I – requerida, por consenso, pelo pai e pela mãe, ou por qualquer deles, em ação autônoma de separação, de divórcio, de dissolução de união estável ou em medida cautelar;

II – decretada pelo juiz, em atenção a necessidades específicas do filho, ou em razão da distribuição de tempo necessário ao convívio deste com o pai e com a mãe."

Já o art. 1.586: "Havendo motivos graves, poderá o juiz, em qualquer caso, a bem dos filhos, regular de maneira diferente da estabelecida nos artigos antecedentes a situação deles para com os pais."

Cap. VI | Invalidade do Casamento por Inexistência, Nulidade e Anulabilidade • 135

No tocante aos efeitos patrimoniais, os bens adquiridos, se de separação legal o regime, pertencerão ao cônjuge que os adquiriu; se de comunhão ou separação parcial o regime, partilha-se o patrimônio adquirido.

Aos filhos menores prestam-se alimentos – obrigação de ambos os pais, na proporção de suas possibilidades econômicas. Pelos valores despendidos por um cônjuge com o outro não exsurge o direito à repetição ou devolução.

De acordo, ainda, com o art. 1.564, ao cônjuge culpado pela anulação, ou de má-fé, cabe restituir ao inocente todos os benefícios ou as vantagens que recebeu deste último, além de obrigar-se a cumprir as promessas feitas no contrato antenupcial, tudo segundo se observou na análise dos efeitos na nulidade do casamento.

4.3. Ação própria para a anulação e prazos para o ajuizamento

Como se dissertou quando da nulidade do casamento, a ação para a anulação seguirá o procedimento comum, não mais se impondo a nomeação de curador para defender o vínculo, providência que era imposta pelo art. 222 do diploma civil de 1916.

Necessário relembrar quem se reveste de legitimidade para promover a anulação do casamento.

Em primeiro lugar, quanto às hipóteses do art. 1.550 do Código Civil, nos seus incisos seguintes:

– Inciso I, em relação aos menores de dezesseis anos, cabe a iniciativa ao próprio cônjuge menor, aos seus representantes legais, e aos seus ascendentes, conforme art. 1.552. O prazo, que é de decadência, está fixado em cento e oitenta dias, sendo contado, para o menor, do dia em que perfez essa idade; para os representantes legais ou os ascendentes, da data do casamento, de acordo com o § 1º do art. 1.560.

– Inciso II, quanto aos menores em idade núbil, estão habilitados a ajuizar a demanda, no período de cento e oitenta dias, o próprio incapaz ao deixar de sê-lo ou a partir do dia em que cessou a incapacidade, os seus representantes legais desde a data do casamento, e os herdeiros necessários, a contar da morte do incapaz, na forma do art. 1.555 e seu § 1º.

– Inciso III, no pertinente aos que casaram por causa do vício de vontade do erro essencial sobre a pessoa do outro cônjuge e da coação, é permitida a ação unicamente ao cônjuge que incidiu em erro ou sofreu coação, por disposição do art. 1.559, sendo os prazos, respectivamente, de três e quatro anos, a contar da data da celebração do casamento, aspecto que se analisará adiante.

– Inciso IV, no respeitante ao incapaz de consentir ou de manifestar o consentimento, o prazo para o ingresso da ação é de prescrição, e não de decadência, em face da redação do art. 1.560, inc. I, sendo de cento e oitenta dias, a contar da data da celebração do casamento. A titularidade da ação cabe ao próprio incapaz, aos representantes, e aos herdeiros, que também possuem interesse na propositura da ação, em face dos efeitos econômicos que resultarem da procedência da lide, como aumento de seus quinhões.

– Inciso V, referente ao casamento realizado pelo mandatário, sem que ele ou o outro contraente tenha ciência da revogação do mandato, e desde que não haja coabitação. Assegura-se o prazo para o ingresso do pedido de anulação, que é de decadência, porquanto não vem referência à ação, é de cento e oitenta dias, conforme o art. 1.560, § 2º, a partir da data do conhecimento da celebração pelo mandante.

– Inciso VI, no tocante à incompetência da autoridade celebrante, vindo designado o prazo de prescrição, isto é, para ingressar com a ação de anulação, de dois anos, a contar da data do casamento, em vista do art. 1.560, inc. II, e restringindo-se a iniciativa da propositura unicamente aos cônjuges, apesar de omisso o Código, porquanto o motivo não tem pertinência às condições pessoais dos contraentes, as quais impõem a presença dos representantes ou mesmo ascendentes.

136 • Direito de Família | *Arnaldo Rizzardo*

Quanto ao casamento anulável por erro sobre a pessoa do cônjuge e por coação, apenas ao cônjuge enganado ou que sofreu coação se permite promover a ação, consoante destaca o art. 1.559, nestes termos: "Somente o cônjuge que incidiu em erro, ou sofreu coação, pode demandar a anulação do casamento; mas a coabitação, havendo ciência do vício, valida o ato, ressalvadas as hipóteses dos incisos III e IV do art. 1.557."

Lembra-se de que o inciso III do art. 1.557 (texto da Lei nº 13.146/2015) coloca como erro essencial a ignorância, anterior ao casamento, de defeito físico irremediável que não caracterize deficiência ou de moléstia grave e transmissível, por contágio ou por herança, capaz de pôr em risco a saúde do outro cônjuge ou de sua descendência. Já o inc. IV do citado artigo restou revogado pela Lei nº 13.146/2015, sendo que apontava o mesmo erro essencial se verificada a ignorância, anterior ao casamento, de doença mental grave que, por sua natureza, torne insuportável a vida em comum ao cônjuge enganado. No entanto, se total a falta de discernimento, ou de outra causa, de modo a impedir a expressão da vontade, conforme acima visto, há nulidade, legitimando-se ao pleito os mesmos legitimados para as demais causas de nulidade.

Não se apresentaria correto permitir a titularidade da ação por aquele que induziu o outro a engano, ou que obteve ao consentimento mediante coação, segundo o velho brocardo latino *turpitudinem suam allegans, non est audiendus* – não se pode ouvir quem alega a própria torpeza.

Nem aos herdeiros do cônjuge enganado se reconhece a iniciativa da ação, dado o caráter potestativo do direito. Faculta-se a eles apenas prosseguir na demanda, caso se der o falecimento do cônjuge autor depois de iniciada.

A pretensão anulatória é uma faculdade, dependente do interesse ou conveniência da parte interessada e vítima do embuste. É possível que ela, mesmo na situação de prejudicada, prefira manter o vínculo.

Na ação intervirá obrigatoriamente o Ministério Público, que acompanhará o feito e lançará pareceres.

4.4. Anulação do casamento religioso com efeitos civis

Embora o título acima, não se anula casamento religioso, posto que celebrado no âmbito do direito canônico, ou das praxes das religiões onde foi realizado.

Anulam-se os efeitos civis.

O art. 9º da Lei nº 1.110, de 23.05.1930, que continua vigorando ante a omissão de regulamentação pelo Código Civil, expressa: "As ações, para invalidar efeitos civis de casamento religioso obedecerão exclusivamente aos preceitos da lei civil."

Vê-se, pois, a possibilidade de se anular os efeitos civis. Na prática, deve-se provar uma das causas que tornam inexistente, nulo, ou anulável, o casamento civil. Tendo em conta que não subsistiria o casamento se realizado na esfera do direito civil, é óbvio que os efeitos não subsistirão diante de uma união, *v.g.*, espúria, ou de parentes em linha reta. Por conseguinte, inexistirá, ou apaga-se o regime de bens escolhido e nem surgirá o direito a alimentos.

No direito italiano, conhece-se o matrimônio concordatário, nascido de uma concordata entre a Igreja Católica e o Estado, ao templo do governo de Benito Mussolini, e que basta mera celebração para ser reconhecido, com a devida inscrição no registro civil.

Perante o Tribunal eclesiástico é possível obter a declaração de inexistência ou nulidade do casamento, desde que tipificada alguma causa contemplada no Código Canônico. Com esta decisão, autoriza-se a execução da referida declaração, inscrevendo-a no registro civil, com o que o casamento não mais terá valor. A matéria vem desenvolvida no livro 'Matrimonio Concordatario e Giurisdizione dello Stato', da autoria de Lorenzo Spinelli e Giuseppe Dalla Torre, Pàtron Editore, Bolonha, 1987, na seguinte parte do comentário: "Pertanto la sentenza ecclesiastica, che abbia dichiarato la nullitá del matrimonio religioso per esclusione unilaterale di uno dei 'bona matrimonii', non rimasta nella sfera psichica del suo, ma manifestata all'altro coniuge, malgrado l'intervenuta convenianza degli stessi non è contraria all'ordine publico italiano e può quindi essere dichiarata esecutiva in Italia."[53]

5. SEPARAÇÃO DE CORPOS E ALIMENTOS NA NULIDADE E NA ANULAÇÃO DO CASAMENTO

Tanto na ação de nulidade como na de anulação do casamento, poderá a parte interessada ingressar previamente com o pedido de separação de corpos, e com pedido de alimentos.

Quanto à separação de corpos, reza o art. 1.562: "Antes de mover a ação de nulidade do casamento, a de anulação, a de separação judicial, a de divórcio direto ou a dissolução de união estável, poderá requerer a parte, comprovando sua necessidade, a separação de corpos, que será concedida pelo juiz com a possível brevidade."

Há, é evidente, ponderáveis os fundamentos para a promoção da medida, como a inconveniência na coabitação de pessoas que litigam judicialmente, a exacerbação dos ânimos, as ofensas e possíveis agressões, que podem expor a perigo os cônjuges. O simples desacerto pessoal e as desinteligências em torno das razões que cada um aventa aconselham a separação preliminar.

Para a concessão da medida em fase inicial do processo importa venha instruído o pedido com os documentos comprobatórios ou que infundam seriedade do pedido, de molde a incutir no julgador razoável convicção da necessidade da pretensão. Por outras palavras, cumpre se forme alguma prova quanto à certeza da nulidade ou presença de causa de anulação.

De observar, também, que o pedido de separação de corpos não dependerá dos requisitos e nem se submeterá ao procedimento da tutela provisória, regrada nos arts. 294 e seguintes do CPC. Basta que se promova a ação, e, em existindo elementos que justifiquem a medida, a concessão se dará quando o juiz despachar a inicial.

No pertinente à postulação de alimentos, estipulava o art. 224 do Código de 1916: "Concedida a separação, a mulher poderá pedir os alimentos provisionais, que lhe serão arbitrados, na forma do art. 400." Não se manteve a disposição no sistema vigente, porquanto inerente à necessidade do cônjuge o direito de postular os alimentos provisionais, vindo o direito regulado na Lei nº 5.478/1968, e no Código de Processo Civil de 2015, nos arts. 693 a 698, não se impedindo que se externe na forma de tutela provisória, conforme já referido. O CPC/2015 traz, realmente, um regramento próprio, submetendo-se a ação ao rito dos citados dispositivos. É dada importância à mediação e à conciliação. Não se descarta o procedimento comum, com a faculdade de buscar a tutela provisória, sendo que a natureza da pretensão pode encerrar os elementos que viabilizam a tutela de evidência.

---

[53] *Diritto de Famiglia e delle Persone*, Milão, Giuffrè Editore, 1989, nos 1 e 2, p. 427.

No caso de mediação, segue-se a Lei nº 13.140, de 26.06.2015, em existindo, já, o funcionamento da atividade. Ao juiz faculta-se a nomeação de mediador, em inexistindo órgão próprio, e se as partes convierem.

É importante observar os requisitos para a concessão de alimentos, segundo os ditames que os autorizam, ditados não apenas pelo art. 1.694, § 1º, relativamente ao seu montante, mas, sobretudo, pelo art. 1.695, isto é, no pertinente aos requisitos da necessidade e da possibilidade de prestá-los de quem está obrigado.

A concessão de alimentos é fortificada com os mesmos fundamentos comumente estabelecidos nos demais casos de sua exigibilidade. Acresce observar que sua prestação é recomendada também para garantir, além de manutenção, as despesas com o processo até a sentença final. De outra forma, segundo os velhos tratadistas, o cônjuge necessitado ficaria privado de recursos para se manter e para defender seus direitos, máxime isto se o outro cônjuge tem a administração dos bens do casal, ou é quem percebe os rendimentos para o sustento da família.

Evidentemente, a questão dos alimentos demanda outras considerações.

Sabe-se que, uma vez declarada a nulidade do casamento, ou anulado, os efeitos são retroativos, isto é, retroagem até a data da celebração. Os cônjuges são considerados como se jamais tivessem contraído o vínculo conjugal, tanto que podem tornar a casar novamente.

A dissolução do casamento se dá apenas pela morte de um dos cônjuges e pelo divórcio, segundo o § 1º, do art. 1.571 do Código Civil, enquanto a sociedade conjugal, dentre outras hipóteses, termina também pela nulidade ou anulação do casamento, na previsão do art. 1.571, inc. II.

Os dispositivos legais que disciplinam a prestação de alimentos não contemplam a hipótese da nulidade ou anulação do vínculo conjugal. Disciplinam a concessão, em se tratando de relações decorrentes do casamento, mais na separação judicial ou separação de fato, e no divórcio.

Esporadicamente, há a menção a alimentos provisionais na ação de nulidade ou anulação do vínculo, mas em caráter cautelar e temporário, de acordo com o que se observava do art. 852, inc. I, do CPC/1973, isto é, enquanto não resolvida a ação principal. Já pelo CPC/2015, oportuniza-se a tutela provisória, que será de urgência ou de evidência, a primeira nas modalidades de cautelar e antecipada, que poderá ser concedida em caráter antecedente.

Dizia, a respeito, Carvalho Santos: "A declaração da nulidade do casamento faz também cessar entre os cônjuges o direito aos alimentos, porque a partir dessa sentença já não são eles considerados como esposos, qualidade que é a causa da celebração alimentar."[54]

Em suma, não se encontrando imposta a obrigação de prestar alimentos nos casos de nulidade ou anulação do casamento, e considerando o efeito da sentença, apagando do mundo jurídico o ato do casamento, parece evidente a impossibilidade de se impor a obrigação alimentar nestas hipóteses, depois do trânsito em julgado da sentença. Preparatória ou cautelarmente à ação principal, é compreensível a concessão porque os efeitos do casamento, mesmo que não de pleno direito, perduram enquanto não se torna definitivo o ato sentencial.

---

[54] *Código Civil Brasileiro Interpretado*, obra citada, vol. IV, p. 250.

Cap. VI | Invalidade do Casamento por Inexistência, Nulidade e Anulabilidade • 139

6. SANÇÕES ÀS INFRAÇÕES DE NORMAS REGULAMENTADORAS DO CASAMENTO

Numa primeira escala, aparecem aquelas que não concedem qualquer efeito ou valor ao ato quando celebrado com grave desrespeito aos ditames mais importantes que regulam o casamento. Trata-se dos casos de nulidade absoluta, enunciados no art. 1.548 (lembrando que o inciso I restou revogado pela Lei nº 13.146/2015), envolvendo o casamento contraído com a violação dos chamados impedimentos inseridos nos incisos I a VII do art. 1.521. Essas sanções visam coibir a prática de ofensas a princípios irrenunciáveis da sociedade, pois ferem a moralidade e o senso comum da decência humana. Efetivamente, repugna a qualquer consciência, por mais relapsa que seja, a perspectiva, *v.g.*, de casamento entre irmãos ou pais e filhos.

Em segundo lugar, há aquela classe de infrações estabelecidas mais no interesse dos cônjuges, sendo as sanções aplicáveis na dependência da iniciativa destes. Sua finalidade é tutelar os interesses privados das pessoas, ficando na sua vontade a manifestação do Estado. Verifica-se, pois, somente a possibilidade de anulação. As causas previstas e que permitem a invocação constam discriminadas nos incisos do art. 1.550 e nos arts. 1.556, 1.557 e 1.558, com as modificações da Lei nº 13.146/2015. São as chamadas causas de anulação em face da idade dos nubentes, do vício da vontade por erro essencial quanto à pessoa e por coação, da incapacidade de consentir ou manifestar o consentimento, da revogação do mandato pelo mandante sem que chegue tal ato ao conhecimento do mandatário, e da incompetência da autoridade celebrante. Anteriormente, eram denominadas impedimentos dirimentes relativos ou privados, que figuravam ao lado do erro sobre a pessoa do outro cônjuge.

Finalmente, existe uma terceira classe de penalização, que não autoriza a nulidade ou a anulabilidade do vínculo matrimonial. Unicamente acarreta consequências patrimoniais, ou relativas ao proveito dos bens, com o objetivo de proteger certas pessoas. Constitui esta ordem as causas suspensivas da celebração do casamento, as quais vêm discriminadas no art. 1.523, e, no regime do Código revogado, tinham o nome de impedimentos impedientes ou proibitivos, inseridas nos incisos XIII a XVI do então art. 183.

Todas as consequências já foram salientadas quando do estudo de cada classe.

Mas é de ressaltar, quanto às causas suspensivas, algumas decorrências que decorrem da realização do ato.

Em primeiro lugar, o casamento de viúvo ou viúva que tenha filhos do cônjuge falecido só poderá realizar-se após o inventário e a partilha dos bens existentes.

A desobediência importa na cominação do art. 1.641, inc. I, a qual consiste na imposição do regime da separação obrigatória de bens, o que também se estende, na ordem dos incisos do art. 1.523, ao casamento da viúva, ou da mulher, o qual se desfez por ser nulo ou ter sido anulado, até dez meses depois do começo da viuvez, ou da dissolução da sociedade conjugal; ao casamento do divorciado, enquanto não houver sido homologada ou decidida a partilha dos bens do casal; ao casamento do tutor ou do curador e dos seus descendentes; ao casamento da pessoa maior de setenta anos; e ao casamento daqueles que dependerem, para casar, do suprimento judicial.

Não interessa a falta de menção do regime de separação no termo do casamento para a sua imposição ou vigência.

A sanção da obrigatoriedade do regime de separação é relativa, não devendo ser imposta, desde que corretamente partilhados os bens deixados pelo cônjuge falecido, assunto este tratado em outro momento mais pormenorizadamente.

VII
Casamento Putativo

1. CARACTERIZAÇÃO

Segundo já foi abordado, a nulidade e a anulação do casamento trazem importantes consequências, sendo uma delas a retroatividade dos efeitos da sentença. Retira-se a eficácia do ato matrimonial desde a sua celebração. É o que ressalta Yussef Said Cahali: "Declarado nulo o casamento, este não só deixa de produzir efeitos, como também cessam aqueles que se tenham produzido do casamento aparentemente válido; direta exigência lógica, ou imposição jurídica necessária, a sanção da nulidade elimina o ato em todas as suas consequências, tanto do passado como no presente ou para o futuro, fazendo certo que, *quod nullum est, nullum producit effectum*."[1]

O vínculo formado desaparece inteiramente, ou considera-se como se jamais tivesse existido. Simplesmente se extinguem os direitos e deveres próprios então criados. Readquirem o homem e a mulher a liberdade antes vigorante. Eventuais atos jurídicos em que se exigiu a outorga uxória, e porventura impugnados, adquirem a plena validade.

Mas há algumas ressalvas a esta gama de consequências. Resguardam-se certos efeitos advindos do casamento, especialmente aqueles relativos à prole formada e, em algumas situações, aos próprios cônjuges se contraído o casamento de boa-fé.

É o chamado casamento putativo.

O assunto vinha longamente desenvolvido pelos autores mais antigos, perdendo, no entanto, o interesse que lhe era devotado com a superveniência do divórcio, pois, como se verá adiante, praticamente revogado o parágrafo único do art. 221 do então Código Civil, cujo conteúdo se encontra substituído pelo art. 1.561, § 1º, do vigente Código.

O termo 'putativo' provém do verbo latino *putare*, traduzindo-se por julgar, no sentido de imaginar ou pensar. Daí equivaler o casamento 'julgado' real, ou que as partes e terceiros julgam, presumem ou reputam celebrado de acordo com a lei, mas não o foi.

Parte-se, então, para a definição: o casamento que, embora nulo, foi contraído de boa-fé por um ou ambos os cônjuges. Mais precisamente, assenta Carvalho Santos, em lição totalmente atual: "Casamento putativo é aquele que sendo nulo foi, todavia, contraído de boa-fé, por um só ou ambos os cônjuges."[2] Assim expressava-se Orlando Gomes: "Putativo é o casamento nulo contraído de boa-fé por ambos os cônjuges ou por um deles."[3]

---

[1] *O Casamento Putativo*, 2ª ed., São Paulo, RT, 1979, p. 1.
[2] *Código Civil Brasileiro Interpretado*, obra citada, vol. IV, p. 245.
[3] *Direito de Família*, obra citada, p. 110.

142 • Direito de Família | *Arnaldo Rizzardo*

Mais abrangente a definição de Alípio Silveira, em obra especializada sobre a matéria: "O casamento putativo é aquele nulo ou anulável, mas que, em atenção a boa-fé com que foi contraído por um ou ambos os cônjuges, produz, para o de boa--fé e os filhos, todos os efeitos civis até passar em julgado a sentença anulatória."

Mas, acrescenta, quanto aos efeitos: "É certo, por outro lado, que alguns efeitos se perpetuam, como os relativos à legitimidade dos filhos havidos durante o período de validez.

A essência do matrimônio putativo está, assim, na boa-fé em que se encontram um ou ambos os cônjuges no momento da celebração do matrimônio."[4]

Explicam-se filosoficamente as razões desta ficção de casamento nulo ou anulado, mas válido quanto a seus efeitos civis: "a) indulgência para o cônjuge ou os cônjuges de boa-fé; b) piedade para a prole que deles tenha nascido."[5]

Com base em tais princípios, Mário Moacyr Porto defende que o próprio casamento religioso, marcadamente o celebrado perante a Igreja Católica, é de se considerar putativo: "Não é possível sustentar, em face da nossa realidade social, que o casamento canônico, contraído na convicção da sua legitimidade, não passa de um ajuntamento ou união livre. Assimilar ou equiparar as duas situações não contunde apenas as convicções do jurista, mas os sentimentos mais respeitáveis da comunidade brasileira... Para a maioria das populações interioranas do Nordeste e de outras regiões do País, o casamento religioso é o verdadeiro casamento, preponderando, em número, sobre o casamento civil. É dever do intérprete avisado e lúcido livrar-se do fetichismo da lei (art. 5º da Lei de Introdução ao Código Civil), e evitar, a todo custo, incidir na condenação do *summum jus, summa injuria*, no estéril legalismo dos glosadores desterrados da vida."[6] De observar, conforme a Lei nº 12.376/2010, que a Lei de Introdução ao Código Civil passou a denominar-se Lei de Introdução às Normas do Direito Brasileiro.

Embora alguns coloquem sua origem no direito canônico, parece que já era conhecido no direito romano, desde que presentes três requisitos: a boa-fé, o erro escusável e a celebração.

Assim, em razão da boa-fé dos cônjuges ou de um deles, embora declarado nulo ou anulado o casamento, tem ele efeitos de casamento válido desde a data da celebração até a data da decisão judicial que declara a invalidade do ato. Simplesmente consideram-se válidas todas as ocorrências havidas durante sua vigência, embora a invalidade decretada pela sentença. A decisão opera *ex nunc* e não *ex tunc* seus efeitos. Por outras palavras, não tem repercussão retroativa a sentença, como é unanimemente admitido.

Clara é a lição de Alípio Silveira: "Em outras palavras, até a sentença, mesmo o casamento inquinado de nulidade absoluta produz os efeitos de um matrimônio válido." Desse modo, observa com acerto Michele Crisafulli (Il Matrimonia Putativo, 'in' *Diritto Civile*, Torino, 1915, pp. 57-60), a questão do casamento putativo fica absorvida, já que tal instituto tem por função corrigir a iniquidade e a perturbação das relações jurídicas dependentes da declaração de nulidade, que opera de modo originário e retroativo, cancelando idealmente, do ponto de vista jurídico, as consequências produzidas pela união nula. Mas, já que não se trata de nulidade *ex tunc*, e sim apenas *ex nunc*, resulta que não há anulação, mas dissolução. Permanecem os efeitos jurídicos do matrimônio até o

---

[4] *O Casamento Putativo no Direito Brasileiro*, São Paulo, Editora Universitária de Direito Ltda., 1972, p. 7.

[5] Pontes de Miranda, *Direito de Família*, obra citada, tomo I, p. 321.

[6] "Casamento Nulo e Inexistente. Matrimônio Religioso Putativo", *Revista dos Tribunais*, nº 607, pp. 9, 11 e 12.

dia da sentença, e ficam para ser liquidadas somente as situações patrimoniais, como em caso de divórcio.

Estabelece o art. 1.561 do Código Civil norma que trata do casamento em exame: "Embora anulável ou mesmo nulo, se contraído de boa-fé por ambos os cônjuges, o casamento, em relação a estes como aos filhos, produz todos os efeitos até o dia da sentença anulatória."

Ensina, outrossim, Pontes de Miranda: "A declaração da putatividade não é uma pretensão do cônjuge de boa-fé contra o outro cônjuge, nem é uma ação daquele contra este: primeiro, porque os dois podem ter estado de boa-fé e, em consequência disso, ser putativo, em relação a ambos, o casamento. A pretensão é ligada à instituição mesma do casamento, no que sobrevive a excepcionalidade da concessão, presa nos casos esporádicos do direito romano, a regras de caráter individual."[7]

Quem tiver legítimo interesse econômico pode promover a ação de anulação ou nulidade, que revela também um caráter declaratório.

Assim, aos cônjuges, ao filho e ao Ministério Público assiste o direito; e mesmo aos ascendentes, ao primeiro cônjuge do bígamo, aos filhos do leito anterior, e aos colaterais sucessíveis.

Quanto ao Ministério Público, cujo interesse diz respeito mais aos incapazes e à ordem pública, desaparece o legítimo interesse se um dos cônjuges é falecido e se o casamento é somente anulável. Acrescenta Alípio Silveira: "Tratando-se, porém, de casamento simplesmente anulável, essa legitimação (dos parentes sucessíveis) não terá cabimento. Há julgados, a respeito, que repeliram por inadmissível a ação de nulidade de casamento proposta por filha depois do falecimento da ré. Trata-se, argumentou o acórdão, de direito personalíssimo dos cônjuges (Revista dos Tribunais, 287/66)."[8]

Normalmente, porém, a ação é daquele que procedeu de boa-fé, ocorrendo as hipóteses mais quando é descoberto o casamento anterior do outro consorte.

2. REQUISITOS

A boa-fé constitui o pressuposto essencial para o reconhecimento da putatividade, que deve se fazer presente em ambos os cônjuges, ou em um deles apenas, e no tempo da celebração do casamento.

Em princípio, a boa-fé vem a ser a condição essencial para que o casamento seja declarado putativo. E a boa-fé, no dizer de Pontes, "consiste na ignorância, por parte de ambos os esposos ou de um só deles, da existência da causa impeditiva".[9]

Há a ignorância ou o descobrimento, de parte de um dos cônjuges ou de ambos, da causa dirimente ou da incompetência do juiz. Ignorância esta, ou desconhecimento, que não precisa ser escusável, pois o art. 1.561 apenas coloca como exigência o reconhecimento da boa-fé, sem referência à escusabilidade. Mas, de certo modo, a própria aferição deste elemento inclui a escusabilidade, pois não se afere a boa-fé desligada de um cuidado ou atenção comum que a integra. Se perceptível, *v.g.*, a existência de um impedimento, como

---

[7]   *Direito de Família*, obra citada, tomo I, p. 229.
[8]   *O Casamento Putativo no Direito Brasileiro*, obra citada, p. 118.
[9]   *Direito de Família*, obra citada, tomo I, p. 223.

144 • Direito de Família | *Arnaldo Rizzardo*

o do casamento anterior de um dos nubentes, não há a boa-fé. Daí não se poder apreciar separadamente tal elemento da escusabilidade.

Não interessa, de outro lado, se após o casamento é conhecido o impedimento. Nesta posição Alípio Silveira: "Hoje, com o evoluir da sociedade, com a secularização do instituto do matrimônio, passou a predominar a solução oposta, a de que em nada prejudica a putatividade do matrimônio a ciência do impedimento, em época posterior à celebração do casamento. A descoberta do erro não faz inoperante, não torna ineficaz, a boa-fé inicial: a putatividade de tal matrimônio se mantém, através de uma nova e generosa infusão do princípio da equidade. Por uma ficção, os modernos consideram as coisas como se o erro não tivesse sido descoberto."[10]

Inclusive a ignorância do direito socorre os cônjuges no reconhecimento da boa-fé, de acordo com Pontes de Miranda, embora o brocardo latino *jus ignorare nemine licet* e a regra do art. 3º da Lei de Introdução às Normas do Direito Brasileiro – de que 'ninguém se escusa de cumprir a lei, alegando que não a conhece': "O erro de direito é, aí, escusável, porquanto a instituição mesma da putatividade, por suas origens, atende ao que realmente se passou dentro do espírito do nubente quando contraiu as núpcias. Não importa distinguir-se se a lei ignorada é a brasileira, ou se é a lei estrangeira, desde que seja brasileiro o nubente de boa-fé. Se estrangeiro, só a sua lei nacional, ou a lei-conteúdo, pode decidir, sendo de notar-se que o Estado da nacionalidade é que resolve sobre a qualificação da putatividade, inclusive se é matéria de validade, ou se é matéria de efeito."[11]

Não há como justificar a exceção. No próprio encaminhamento do pedido exigem-se documentos e requisitos que afastam a possibilidade de ocorrer erro de direito. Não é coerente, ademais, admitir-se como escusável ou de boa-fé o casamento entre descendentes ou mesmo entre os incapazes de expressar a vontade sem o consentimento dos representantes. Em certas circunstâncias, e mais quanto às causas suspensivas, é até viável ocorrer o erro de direito, ou o desconhecimento de uma situação que leve à impossibilidade de casar. Mas, em si, de maneira geral, é forçada qualquer argumentação que vise compactuar a boa-fé com a ignorância da lei.

Somente em casos muito especiais é possível admitir-se o erro de direito. Se a regra jurídica não encontra uma ampla difusão na consciência coletiva, ou não se tornou uso ou costume comum, aceita-se a escusa do erro de direito, como na hipótese explicada por Carlos Celso Orcesi da Costa: "De resto, como admite a melhor doutrina, tanto o erro de fato (por ex., o marido que novamente se casa, crendo morta a mulher que o abandonara, e após diligências e justificação judicial), como o erro de direito (por ex., parentes de terceiro grau que se casam ignorando a necessidade de prévio exame pré-nupcial), podem justificar a aplicação do princípio da boa-fé e a outorga dos efeitos da putatividade. Afinal, como sintetiza magistralmente, o Min. Orozimbo Nonato, no Recurso Extraordinário nº 7.690 (2ª T. do STF, em 9.05.1944), 'a defesa da boa-fé dos cônjuges também ocorre no caso de erro de direito. O brocardo *nemo jus ignorare consetur* traduz ficção violenta contra a realidade das coisas. Ela se torna indispensável para que não falte à lei o seu caráter essencial de generalidade: a lei é ordem imposta à obediência de todos. E essa generalidade seria iludida, se admitida a exceção da ignorância da lei. Mas a alegação

---

[10] *O Casamento Putativo no Direito Brasileiro*, obra citada, p. 16.
[11] *Direito de Família*, obra citada, tomo I, p. 326. Ainda, Carvalho Santos, *Código Civil Brasileiro Interpretado*, obra citada, vol. IV, p. 247.

Cap. VII | Casamento Putativo • **145**

pode e deve receber-se quando suscitada para demonstrar a ocorrência de um estado de ânimo da parte, para colocar em relevo a boa-fé da parte."[12]

No tocante à prova da boa-fé, a sua comprovação compete ao cônjuge que alega ser putativo o casamento. Mas presume-se a boa-fé do contraente, pois parece improvável a aceitação do casamento com pessoa que não oferece condições legais. Normalmente, ninguém concorda em unir-se com parentes em grau próximo, ou com pessoa que tenha atentado contra a vida do anterior cônjuge. A recíproca confiança é inerente à natureza humana e leva as pessoas a acreditarem uma na outra. De outro lado, o comum é a obediência às prescrições legais. Por isso, em princípio prepondera a presunção da existência da boa-fé na valoração da prova.

Isto se bem que há casos especiais, como adverte Carlos Celso Orcesi da Costa: "A presunção da honestidade e boa-fé, que é comum à sensibilidade das pessoas, pode ser facilmente destruída em consideração a aspectos da personalidade do indivíduo, seu passado, e, muitas vezes, da flagrante inconsistência de supostas alegações diante da situação de fato. Suponha-se, por exemplo, que duas pessoas de razoável nível intelectual, em sendo irmãs e em se casando, houvessem tentando caracterizar um estado de boa-fé. Na hipótese, não somente inexiste presunção de boa-fé, como talvez, inclusive, não mereça a eventual prova favorável, da parte dos cônjuges, a devida valoração positiva da parte do magistrado. Em síntese, não se deve de antemão fixar elementos constitutivos, nem da noção de boa-fé, nem de critérios para sua prova."[13]

Querem alguns estender os efeitos do casamento putativo ao casamento anulado por coação. Segundo foi observado, a boa-fé pressupõe a ignorância da causa de anulação, isto é, o desconhecimento de que existia impedimento. Ora, na coação, o cônjuge conhece a causa da anulabilidade. Portanto, não lhe é reservada a recusa à união. Em si, não há como falar em boa-fé.

Mas, afigura-se totalmente injusto não emprestar efeitos ao casamento anulado. Não em razão da putatividade, mas por equiparação, no plano dos efeitos, ao casamento putativo. É injusto assegurar algumas garantias neste último tipo, porque procedeu com boa-fé o cônjuge, e não dar o mesmo tratamento em uma anulação em que a causa foi tão ou mais grave que os demais impedimentos. Os Códigos Civis de Portugal (art. 1.648), da Itália (art. 128, alínea 1) e da Alemanha (§ 37, 2) implantaram também esse direito para assegurar efeitos iguais ao casamento putativo. Não é coerente aplicar em relação a uma vítima os efeitos da putatividade, por ofensa a determinados impedimentos, e negá-los pela simples razão de se declarar a anulação por infração a um impedimento diferente.

Outra condição, considerada no sentido de pressuposto, para o reconhecimento da espécie, é a sentença nulificante ou anulatória do casamento. Trata-se mais de um pressuposto, de um *a priori* lógico para examinar a putatividade. O casamento deve ter sido anulado ou declarado nulo, com o que é afastada a hipótese do casamento inexistente, eis que, para se anular, este deve ter existido. Jamais se admite a existência se não consta do assento o consentimento dos cônjuges, ou se não procedia a habilitação, ou se o vínculo uniu duas pessoas do mesmo sexo. Por outras palavras, se falta o consentimento, ou não verificada a celebração, ou, ainda, não formada a união com pessoas de sexo diferente, dá-se a inexistência do ato, com a inaplicabilidade do casamento putativo, o que também se estende na hipótese de não inscrição no registro civil do casamento religioso.

---

12 Obra citada, 1º vol., pp. 264 e 265.
13 Obra citada, 1º vol., pp. 265 e 266.

No tocante à celebração por autoridade incompetente, se domina a inexistência porque os cônjuges estavam cientes da incompetência, não se pode alegar a putatividade, segundo magistério de Alípio Silveira, que se apoia em Clóvis Beviláqua e Sílvio Rodrigues: "Desde que se tenha lavrado tal assento, o casamento existe em face do direito, podendo, entretanto, ser declarado nulo, se ficar provada sua celebração por autoridade incompetente. Caso contrário, não sendo alegada nem provada aquela nulidade dentro de dois anos, o casamento convalesce do vício e não mais pode ser infirmado. É precisamente a hipótese do art. 208 do Código Civil, que não distinguiu entre as espécies de incompetência.

Note-se, entretanto, que a arguição desta nulidade depende da boa-fé dos nubentes. Se estes procuram deliberadamente autoridade incompetente a fim de celebrar seu casamento, é evidente que não podem alegar o vício que o inquina.

A lei quer proteger aquelas pessoas que, procurando obedecê-la, mas deixando de o fazer por inadvertência ou ignorância, após anos e anos de casadas, veem o liame conjugal ameaçado de desfazer-se, por haver a autoridade incompetente celebrado o casamento...

Inclinamo-nos a admitir que a celebração por autoridade civil, ainda que absolutamente incompetente, é mais do que uma celebração fictícia, e assim arrasta a nulidade, mas nunca a inexistência do matrimônio.

É, pois, indubitavelmente, suscetível de certos efeitos, no caso de os contraentes estarem de boa-fé."[14] O citado art. 208 tem seu texto reproduzido pelos arts. 1.550, VI, e 1.560, II, do CC/2002.

Também inexistente considera-se o casamento celebrado por procuração, se revogada antes da celebração; se vencido o prazo outorgado e constante no instrumento; ou se ineficaz o instrumento em razão de não conter os poderes expressos e especiais exigidos pelo art. 1.561; se o outorgante falece antes da realização do ato de celebração; e se ele vem a se tornar incapaz por doença mental entre a data de outorga do mandato e a do casamento. Não importa que o procurador e o outro nubente ignorem a perda da eficácia do instrumento. Há os que sustentam, no entanto, a mera anulabilidade quando da revogação do mandado e da loucura superveniente, mas restringindo a inexistência para o caso de morte do outorgante.

3. EFEITOS

Basicamente, e em princípio, no espaço da celebração até a época da sentença de nulidade ou anulação, mantêm-se todos os efeitos produzidos se os cônjuges casaram de boa-fé, desconhecendo o impedimento existente.

Os efeitos vão até a época da sentença. Unicamente enquanto não declarada a nulidade surtem as obrigações. Nesta ótica, evidente que não avançam para época posterior os alimentos, apesar das controvérsias reinantes sobre a matéria, como ilustra o seguinte aresto do Superior Tribunal de Justiça: "Ao cônjuge de boa-fé aproveitam os efeitos civis do casamento, embora anulável ou mesmo nulo (Código Civil, art. 221, parágrafo único).

A mulher que reclama alimentos a eles tem direito, mas até a data da sentença (Código Civil, art. 221, parte final). Anulado ou declarado nulo o casamento, desaparece a condição de cônjuges." Lembra-se de que o citado art. 221 corresponde ao art. 1.561 do vigente Código Civil.

---

14 *O Casamento Putativo no Direito Brasileiro*, obra citada, p. 73.

No desenrolar do voto, é lembrada a doutrina que defende a perduração dos efeitos e, assim, dos alimentos, para depois da sentença. Mas, destaca-se a corrente preponderante, que estanca na sentença quaisquer efeitos. E, assim, "a lição de Washington de Barros Monteiro, consoante a qual o cônjuge não se exime da obrigação, mas 'até a data da sentença anulatória'. De igual modo, a opinião de Carvalho Santos: 'A declaração da nulidade do casamento faz também cessar entre os cônjuges o direito aos alimentos, porque a partir dessa sentença já não são eles considerados como esposos, qualidade que é a causa da obrigação alimentar...' (*Código...*, vol. IV, 11ª ed., p. 250). Veja-se Caio Mário: 'a) Cônjuges. Após a sentença anulatória, posto que putativo o matrimônio, cessam os deveres de fidelidade, vida em comum, mútua assistência' (*Instituições...*, vol. V, 11ª ed., p. 97)".[15]

Remanescem os efeitos patrimoniais, com a imposição da partilha dos bens, como já decidido: "Não se há de negar que o casamento putativo produz também efeitos patrimoniais e, reconhecida a boa-fé dos cônjuges, todos os bens do casal, se o regime é o da comunhão universal, devem ser arrolados para a partilha. O putativo se equipara ao casamento válido nos seus efeitos. Portanto, como na ruptura do vínculo ou dissolução da sociedade conjugal, impõe-se a partilha."[16]

Há, assim, uma exceção ao princípio da retroatividade da anulação ou nulidade, em que todos os efeitos que se tenham manifestado durante o casamento são cancelados.

Em atenção à boa-fé, o casamento nulo ou anulável produz todos os efeitos do válido, até o momento em que a decisão judicial o desconstitui. É como diz Washington de Barros Monteiro: "Declarada a nulidade do casamento contraído de boa-fé (e não interessa a causa determinante da anulação), dissolve-se a sociedade conjugal como se ocorresse a morte de um dos cônjuges, isto é, processa-se a partilha do patrimônio do casal, se este se unira pelo regime da comunhão, e desaparecem os deveres recíprocos dos cônjuges, especificados no art. 231 do Código Civil, mas os filhos nascidos dessa união são legítimos."[17] O referido art. 231 equivale ao art. 1.566 do Código atual.

Para se estudar as várias ordens de efeitos, cumpre, primeiramente, lembrar que, na forma do art. 1.561, se contraído o casamento de boa-fé por ambos os cônjuges, em relação a estes e aos filhos produz todos os efeitos civis.

Mas, segundo § 1º do art. 1.561, "se um só dos cônjuges estava de boa-fé, ao celebrar o casamento, os seus efeitos civis só a esse e aos filhos aproveitarão".

Finalmente, mais no tocante aos filhos, introduziu o § 2º do mesmo artigo um novo tratamento, que vinha no art. 14, parágrafo único, da Lei nº 6.515, de 1977, dispensando a boa-fé: "Se ambos os cônjuges estavam de má-fé ao celebrar o casamento, os seus efeitos civis aos filhos aproveitarão."

No desenvolvimento do assunto, será examinada a mudança advinda com a norma do citado § 2º.

3.1. Quanto aos cônjuges

Se de ambos os cônjuges a boa-fé, prevalecem os efeitos normais advindos e as decorrências surgidas durante o lapso de duração do casamento.

---

[15] Recurso Especial nº 69.108-PR. 3ª Turma, de 16.12.1999, *DJ* de 27.03.2000, *Revista do Superior Tribunal de Justiça*, 130/225.
[16] TJSP. Apel. Cível nº 139.514-1/9. 4ª Câm. Cível, de 20.06.1991, *Revista dos Tribunais*, 677/105.
[17] *Curso de Direito Civil* – Direito de Família, obra citada, p. 98.

Assim, têm plena validade os pactos antenupciais, e da mesma forma, os deveres, as obrigações e a comunhão de bens no regime de comunhão universal e de comunhão parcial. Por conseguinte, na partilha dos bens, aplicam-se as regras da separação judicial, cabendo a divisão equânime, segundo o valor que se apurar na estimativa do patrimônio advindo ou formado.

O direito à herança encontra total aplicação. Se um dos cônjuges falecer antes da anulação, o sobrevivente receberá a parte que lhe cabe por direito de meação, e a parte que herdará se inexistentes descendentes e ascendentes, conforme o art. 1.829, inc. III, da lei civil.

O direito a alimentos perdura enquanto subsistente o casamento. A declaração de nulidade, ou a anulação, faz cessar a obrigação, pois desaparecem os efeitos desde então, bem como os deveres capitulados nos incisos do art. 1.566, dentre eles os deveres de mútua assistência. Nem cabe estabelecer alguma equiparação com a separação judicial para justificar a obrigação. Claro é Carvalho Santos, a respeito: "Procura-se equiparar a hipótese ao desquite, para os efeitos da prestação de alimentos. Mas, a nosso ver, sem fundamento. A equiparação é arbitrária. Porque o desquite pressupõe um casamento válido, enquanto, na hipótese do casamento putativo, com relação ao cônjuge de má-fé, ele não chegou a se realizar, para os efeitos legais. A obrigação do marido culpado de continuar a alimentar a mulher, no caso de desquite, é uma consequência de ser ele havido pela lei como marido, como cônjuge, apesar do desquite. O que se não verifica na hipótese do casamento putativo, visto como o cônjuge de má-fé, para a lei, não é cônjuge, não tem ligação alguma com a mulher. Equivaleria a admitir, em suma, que um estranho fosse obrigado a prestar alimentos a determinada pessoa. Porque ele, em face da lei e perante uma mulher, não é senão um estranho."[18]

O nome ou apelidos acrescidos ao nome do cônjuge, uma vez declarado nulo o casamento, ou anulado, não mais continuam. Retoma ele o nome de família que antes possuía. Não teria mais sentido conservar o nome do cônjuge, uma vez que a sua utilização é um direito que persiste enquanto perdura o casamento, não podendo prolongar-se além do tempo de sua vigência, mesmo porque, atualmente, com a separação judicial e o divórcio, já se permite a prerrogativa do ex-cônjuge em exigir a retirada de seus apelidos aos do outro cônjuge.

A maioridade adquirida com o casamento perdurará até a sentença definitiva de nulidade ou anulabilidade. Se a sentença encontra as partes ainda menores, recomeçará a incapacidade, da mesma forma que anteriormente ao casamento. Mas os atos jurídicos praticados durante o casamento têm plena validade.

Sobre o assunto e outras matérias, doutrina Alípio Silveira, em sua obra já citada, à p. 145: "Quanto aos cônjuges, ocorrendo a boa-fé de ambos, o casamento produz todos os efeitos civis, convindo considerar alguns casos particulares. Assim é que a emancipação lograda pelo casamento (art. 9º, parágrafo único, nº II, do Código Civil) mantém-se, guardando-se, quanto ao pátrio poder, o disposto no Capítulo VI, seção I, do Título IV do C. Civil.

Quanto à afinidade, somente não se extingue, seja qual for o motivo da separação do casamento, aquela em linha reta. O legislador pátrio, escreve Vilas Boas, visou, sem incerteza, impedir que o indivíduo, depois de haver desposado uma mulher, e coabitado com ela, lhe tomasse em seguida a filha por esposa.

---

[18] *Código Civil Brasileiro Interpretado*, obra citada, vol. IV, pp. 250 e 251.

Quanto ao mais, com a anulação do casamento, cessa o vínculo da afinidade: *matrimonii non supersint reliquiae.*" A disposição do art. 9º, parágrafo único, II, acima citada, encontra-se no art. 5º, parágrafo único, inc. II, do vigente diploma civil. Já o Capítulo VI, seção I, do Título IV havia sido substituído pela Lei do Divórcio, e, pelo presente Código Civil, está substituído pelo Capítulo X, do Subtítulo I, Título I, do Livro IV da Parte Geral.

Se de apenas um dos cônjuges a boa-fé, incide a norma do § 1º do art. 1.561 – os efeitos civis somente a ele e aos filhos aproveitarão.

Solução esta contemplada pela jurisprudência: "A nulidade do casamento está prevista no art. 207 do Código Civil, uma vez que o réu, ao contrair matrimônio com a autora, estava apenas separado judicialmente de sua esposa. E essa separação, por si só, não tem o condão de desfazer o vínculo conjugal...

Finalmente, é de se salientar que a autora casou-se na mais completa boa-fé, já que nada se provou em sentido contrário. Assim, aplica-se, em relação a ela, a regra do art. 221 e parágrafo único do Código Civil."[19] Os arts. 207 e 221 correspondem aos arts. 1.548 e 1.561, § 1º, do Código em vigor.

Para a compreensão exata do alcance dos efeitos, nesta situação, deve-se tomar em consideração o art. 1.564, com esta redação: "Quando o casamento for anulado por culpa de um dos cônjuges, este incorrerá:

I – na perda de todas as vantagens havidas do cônjuge inocente;

II – na obrigação de cumprir as promessas, que lhe fez no contrato antenupcial."

Em consequência, se um dos nubentes procedeu de má-fé, ao outro assegura-se o direito à metade dos bens daquele. O culpado não pode pretender a partilha do patrimônio do inocente, mas tão somente quanto aos bens advindos com o vínculo. Em relação a ele, incide o efeito retro-operante da sentença de nulidade ou de anulação. O inc. I do art. 1.564 é claro: ocorre a perda de todas as vantagens havidas ou recebidas do cônjuge inocente. O patrimônio formado com o casamento não procede do outro cônjuge. Isto tanto no regime de comunhão universal como no de comunhão parcial. Portanto, esta conclusão aplica-se quer em relação ao regime de bens decorrente da estipulação em pacto antenupcial (o regime diverso do de comunhão parcial deve ser firmado em pacto antenupcial), quer em relação ao regime proveniente da comunhão parcial.

Torna-se a lembrar, pois, que, na comunhão universal, e agindo apenas um cônjuge de boa-fé, o cônjuge culpado terá de ceder metade dos seus bens, os quais passaram para o patrimônio comum, o que é normal neste regime.

Este, acredita-se, é o principal efeito.

Mas ao cônjuge inocente, como acontece no casamento nulo ou anulável em que os dois nubentes agiram de boa-fé, são preservados os efeitos já produzidos no casamento. Isto tão unicamente até a sentença que nulifica ou anula o vínculo. Para o futuro, não há efeitos. Não é possível, destarte, falar em dever de alimentos de um cônjuge para com o outro para o período posterior ao trânsito em julgado da sentença, eis que a partir daí os efeitos sofrem limitação.

---

[19] TJSP. Apel. Cível nº 104.061-1, 7ª Câm. Civil, de 28.06.1989, *Revista de Jurisprudência do TJ de São Paulo*, Lex Editora, 122/54.

Situação um pouco complexa surge quando o marido casa pela segunda vez, casamento este que vem a ser declarado nulo, e considerando-se a segunda mulher cônjuge de boa-fé. A solução, no tocante aos bens, vem de Pontes: "Com a primeira mulher houve comunicação dos bens, quer adquiridos antes, quer adquiridos depois do segundo casamento. O que se tem de dividir é o que o marido deixou. O que o marido possuía, em separado ou em comunhão com a mulher, dele era e comunicou-se à segunda mulher. Quanto aos adquiridos depois do segundo casamento, comunicaram-se eles, em virtude da ficção mesma do casamento putativo, com as duas mulheres; portanto, nos adquiridos, cada mulher teve a metade completa dos bens porque metade era do marido e outra se comunicou com a outra mulher, ficando sem bens quem, em verdade, se obrigara pelo duplo. Quanto à herança, nada há de extraordinário. Verifica-se o que constituía o patrimônio do cônjuge falecido. É isso que se vai transmitir *causa mortis*. Como existem duas mulheres, ambas herdam, em partes iguais. A ficção continua a exercer a sua atuação, por força da lei. E o mesmo raciocínio havemos de fazer no caso de dois, três ou mais casamentos declarados putativos."[20]

Portanto, no tocante aos bens adquiridos na constância do primeiro e segundo casamentos, com primazia está a mulher do primeiro, que, por lei, nos regimes de comunhão universal e de comunhão parcial, terá direito à metade do patrimônio – do patrimônio levado ao casamento e o adquirido, no regime de comunhão universal; e metade do adquirido, na comunhão parcial. A metade dos adquiridos durante o segundo matrimônio passa direto para a segunda mulher. O marido ficará sem nada.

Na herança, se houver herdeiros ascendentes ou descendentes, apenas metade do patrimônio ficará com ambas as mulheres, às quais será dividido em partes iguais, conforme lição do citado mestre. Entende-se, contudo, mais correta, no pertinente à segunda mulher, inclusive para fins de partilha, somente a metade do patrimônio adquirido no segundo casamento.

No terceiro casamento, de acordo com o mesmo raciocínio, o marido fica sem bens – eis que metade de todos os bens adquiridos vai para a primeira mulher; a metade dos conseguidos no segundo casamento distribui-se para a segunda mulher. A terceira ficaria sem nada. Assistiria, conforme ainda Pontes, uma ação para haver o valor da metade conseguida no terceiro casamento, o que não terá algum resultado prático, pois todo o patrimônio disponível partilha-se para as anteriores mulheres.

Seria de cogitar a partilha da metade do patrimônio formado durante o terceiro matrimônio entre a segunda mulher e a terceira, o que também se aplicaria com o advento da herança por morte do marido comum. Mas, aí, já haveria uma quebra do princípio mesmo da ficção dada ao casamento putativo, com uma solução não legal no tocante à segunda mulher – pois não receberia a metade que a lei assegura. Por isso, dada a validade dos efeitos até a declaração de nulidade ou a anulação, afigurar-se-ia mais justa a divisão em três partes do patrimônio disponível conseguido durante o terceiro casamento. A primeira esposa teria metade dos bens adquiridos até o início do terceiro casamento, e mais a porção partilhada dos bens surgidos durante este último período; a segunda mulher receberia a metade que tocaria ao marido, e também a porção advinda com o último matrimônio. E a terceira mulher seria contemplada com a terça parte dos bens conseguidos com o primeiro matrimônio.

---

[20] *Direito de Família*, obra citada, tomo I, p. 333.

Por força do inc. I do art. 1.564, o cônjuge de má-fé perde todas as vantagens havidas do cônjuge inocente.

Assim, não tem ele a metade dos bens do cônjuge de boa-fé, o que ocorreria com o casamento celebrado pelo regime de comunhão universal.

Deste modo, se deduz que não tem ele direito a ser herdeiro por morte do cônjuge de boa-fé, se este falecer antes da sentença anulatória.

Apenas o cônjuge de boa-fé não perde as doações recebidas antes do casamento. Tais doações mantêm a validade somente em relação a ele, e não ao de má-fé. Os efeitos do casamento apenas aproveitam a este, com o que lhe assiste o direito em metade dos bens do outro, que, em virtude do regime de bens, lhe caberia se fosse válido o casamento.

Não se aplica o mesmo entendimento quanto às doações levadas a efeito durante o casamento, eis que não realizadas em virtude da decorrência nupcial ou de pacto antenupcial. As doações tiveram como razão de ser outros motivos. Regem-nas os princípios jurídicos próprios que as disciplinam, e não as normas sobre o casamento.

De acordo com o inc. II do art. 1.564, ao cônjuge de boa-fé está reservada a prerrogativa de reclamar o cumprimento das promessas feitas no contrato antenupcial. Ou seja, a lei concede apenas a ele a faculdade de impor a execução do contrato antenupcial. Mas é permitido deixar de lado a convenção, ou não pedir o cumprimento, o que não importa em autorização em cindir a execução da parte que somente lhe interessa ou favorece, como ensina Carvalho Santos: "A lei concede apenas ao cônjuge de boa-fé a faculdade de exigir a execução do contrato antenupcial, podendo ele, se houver vantagem, fazer abstração daquela convenção para pedir que suas relações patrimoniais com seu cônjuge sejam reguladas pelo direito comum. Em qualquer hipótese, porém, o cônjuge de boa-fé, quando opta pela execução do contrato antenupcial, não pode cindi-lo para reclamar somente a execução das cláusulas que lhe são favoráveis, rejeitando outras."[21]

Há uma situação especial que merece um sucinto exame.

Se durante o casamento, um dos cônjuges vier a contrair casamento com terceira pessoa, e o primeiro casamento vier a ser anulado, reconhecendo-se a putatividade, convalesce o segundo casamento?

A resposta é negativa, pelas razões bem expostas por José Lamartine Corrêa de Oliveira e Francisco José Ferreira Muniz: "Enquanto não haja sentença que o declare nulo, ou o anule, o casamento putativo, como qualquer casamento, funciona como impedimento em relação a qualquer tentativa de casamento de um dos cônjuges com terceiro. Declarado nulo ou anulado, através de decisão judicial em que a boa-fé tenha sido reconhecida, nulo será, por bigamia, o casamento de um dos cônjuges com terceiro, eventualmente celebrado na pendência do casamento putativo. Esta é a solução, quer a boa-fé tenha sido reconhecida em relação a ambos os cônjuges, quer só em relação a um deles. Evita-se, assim, a absurda relação que consistiria em reconhecer a bigamia do cônjuge de boa-fé (por serem preservados, em relação a ele, os efeitos do primeiro casamento), ao mesmo tempo que seria considerado válido o segundo casamento do cônjuge de má-fé, se celebrado antes da sentença de nulidade ou anulação (com putatividade) do primeiro casamento."[22]

Esta, realmente, é a melhor solução. Por manter os efeitos até a sua desconstituição, o casamento de um dos cônjuges de boa-fé determinaria o reconhecimento da bigamia no segundo casamento, e sua consequente invalidade; já o cônjuge de má-fé, por não

---

[21] *Código Civil Brasileiro Interpretado*, obra citada, vol. IV, p. 253.
[22] Obra citada, p. 289.

152 • Direito de Família | *Arnaldo Rizzardo*

comportar qualquer validade e efeitos o casamento quanto a ele pelo tempo em que perdurou, com a sentença de desconstituição adviria o reconhecimento como válido do segundo casamento, o que seria um absurdo.

3.2. Quanto aos filhos

De acordo com o art. 1.561, o casamento putativo produz todos os efeitos civis aos cônjuges, até o dia da sentença anulatória, se ambos os cônjuges o contraírem de boa-fé. Se apenas um dos cônjuges procedeu de boa-fé, os efeitos aproveitam unicamente a ele.

Quanto aos filhos, independentemente da boa ou má-fé, produzem-se os efeitos, e para sempre, embora alguma dúvida possa exsurgir do *caput* do art. 1.561, quando insere que se produzem os efeitos até o dia da sentença anulatória.

Com o Código Civil de 2002, ficou consolidada disposição que era inserida no parágrafo único do art. 14 da Lei do Divórcio (Lei nº 6.515, de 1977), pela qual os efeitos decorrem independentemente da boa ou má-fé de um ou de ambos os cônjuges. É o que assegura o § 2º do art. 1.555: "Não se anulará o casamento quando à sua celebração houverem assistido os representantes legais do incapaz, ou tiverem, por qualquer modo, manifestado sua aprovação."

Como se percebe, desapareceu toda espécie de limitação para o reconhecimento dos efeitos civis em favor dos filhos. Se nascidos, pois, durante o casamento, não precisam ser reconhecidos, eis que este resultado é decorrente da própria celebração.

Uma vez verificada a anulação, não fica afastada a legitimidade do filho concebido ou havido antes ou na constância do casamento.

A discussão sobre os efeitos do casamento em relação aos filhos não tinha mais razão de ser desde a vigência da Lei nº 6.515, de 26.12.1977, que introduziu o divórcio no Brasil, por força do parágrafo único do art. 14 da Lei nº 6.515/77, que, segundo já foi observado, afastou qualquer pressuposto de boa-fé para a legitimação e o aproveitamento dos efeitos civis: "Ainda que nenhum dos cônjuges esteja de boa-fé ao contrair o casamento, seus efeitos civis aproveitarão aos filhos comuns."

Esta equiparação com os filhos havidos em casamento normal e válido é pacífica, envolvendo qualquer espécie de filhos, mesmo os incestuosos e os adulterinos. Com isto, vê-se que nada mais representa a putatividade ou não do casamento em relação aos filhos.[23]

3.3. Quanto a terceiros

Como já foi observado, se existiu boa-fé de parte de ambos os cônjuges, o casamento produzirá, em relação a eles, todos os efeitos anteriores à sentença; se a boa-fé existiu em apenas um dos cônjuges, somente em relação a ele surgem os efeitos anteriores à sentença.

Os efeitos serão respeitados também no que diz respeito a terceiros.

Assim, todas as celebrações de contratos com terceiros consideram-se válidas. Mas, diante da regra do art. 1.561, *caput*, na existência de boa-fé de ambos os cônjuges, os dois poderão invocar, em litígio com terceiro, a falta de outorga relativamente ao contrato assinado por um dos cônjuges sem a presença do outro. Se de um cônjuge apenas a

---

[23] "Casamento Nulo e Inexistente. Matrimônio Religioso Putativo", *AJURIS – Revista da Associação dos Juízes do RS*, Porto Alegre, nº 34, p. 88, 1985.

boa-fé, somente a este faculta-se invocar a falta de sua outorga no contrato. Realizando, porém, o cônjuge de boa-fé o ato sem a presença ou outorga do cônjuge de má-fé, a este último não se faculta invocar o defeito, eis que, para ele, não há casamento putativo com efeitos retro-operantes.

Esta a inteligência de Vicente de Faria Coelho: "Admite-se, por exemplo, que o contraente de boa-fé possa promover a anulabilidade dos atos que o outro haja praticado sem outorga sua. Ao marido será lícito promover a anulação de uma venda, que a esposa haja feito sem o seu consentimento, invocando a incapacidade, o que não poderia exercitar desde que pudesse opor ao comprador a existência do casamento. A mulher, por sua vez, poderá contrapor a terceiros a hipoteca legal.

Correlativamente, torna-se evidente que àquele a quem não aproveitar a putatividade do matrimônio, isto é, ao cônjuge de má-fé, será vedado socorrer-se do direito, nesse sentido, pois para ele deixou de existir casamento, em face da decretação da nulidade ou da anulação", constituindo, uma exegese contrária, um verdadeiro favorecimento para aquele que deliberadamente deu causa ao casamento nulo.[24]

Na prática de atos ou negócios com terceiros, em casamento anulado em razão da má-fé de ambos os cônjuges, a nulidade ou anulabilidade não os aproveita. Permanecem válidos os contratos.

De outro lado, se ambos casaram com má-fé, uma vez anulado o casamento, a qualquer dos dois é permitido eximir-se da obrigação, se a mesma não trouxe benefícios ao casal, em função de princípio que vem desde o art. 3º da Lei nº 4.121, de 27.08.1962, o qual estatui que, "pelos títulos de dívida de qualquer natureza, firmados por um só dos cônjuges, ainda que casados pelo regime de comunhão universal, somente responderão os bens particulares signatário e os comuns até o limite de sua meação".

Não tendo sido contraída em benefício do casal a dívida, segundo entendimento unânime dos pretórios, o cônjuge não participante da contratação pode alegar o limite legal da responsabilidade no pagamento por meio de embargos de terceiros.

Se, no entanto, foi de um deles apenas a boa-fé, a este se restringe o benefício da invocação, uma vez desconstituído o vínculo matrimonial. E àquele que procedeu de má-fé, embora a contratação tenha sido unilateral do que casou de boa-fé, com a anulação ou a declaração de nulidade do casamento, autoriza-se invocar os embargos de terceiros em relação à dívida, e desde que prove não ter sido favorecido com a mesma. Assim, em relação ao cônjuge de boa-fé, o fundamento está em não ter beneficiado o casal a dívida; quanto ao de má-fé, o suporte da invocação reside na circunstância de ser terceiro na vinculação da obrigação, e não resultar para ele qualquer benefício.

Mesmo, no entanto, que assumida pelo cônjuge que casou de má-fé a dívida, e se resultou ele em benefício do casal, o que vem a ser provado, não é justo excluir a meação do cônjuge de boa-fé na satisfação.

Em síntese, quando contraída e aproveitada em favor do casal, a dívida será suportada com a meação de cada cônjuge, isto é, com o patrimônio do casal. Se o benefício se restringiu a somente um cônjuge, os bens particulares do outro não respondem. E os bens particulares do contraente suportarão, e não sua meação, se não casou com boa-fé, pois não tem o cônjuge de má-fé meação.

---

[24] Obra citada, p. 369.

Por último, as doações *propter nuptiae,* feitas por terceiro, tornam-se sem efeito com a desconstituição, se porque contraído de má-fé vier a ser desconstituído o casamento, eis que não realizada a condição determinante das mesmas.

VIII
Efeitos Jurídicos do Casamento

1. RELAÇÃO MATRIMONIAL

Importantes consequências ou efeitos advêm do casamento, apesar de se atenuar a relevância de épocas passadas e de preponderar como natural a sua temporariedade.

Em primeiro lugar, dele resulta a relação matrimonial, pela qual os cônjuges adquirem o estado de casados, que impõe uma vida em comum e perene união. Há uma relação de mútua convivência, envolvendo uma unidade intrínseca dos cônjuges, que não podem estar casados concomitantemente com outras pessoas; uma reciprocidade de interesses na organização da vida e na obrigação de atitudes ou condutas individuais; e uma gama de direitos e deveres iguais, que disciplinam inclusive a liberdade pessoal e constituem um disciplinamento da vida em comum.

A comunhão de vida é a nota fulcral que marca o casamento. Sem esta, desaparecem seu sentido e sua finalidade. O enlace envolve a comunhão de afetos e dos demais componentes de uma vida em comum, como a ajuda mútua, a dedicação recíproca e a colaboração pessoal, doméstica e econômica. Mas, o elo espiritual que une os cônjuges é que torna realidade a comunhão material.

Uma vez desaparecendo a comunhão, cessam os fundamentos que sustentam o vínculo conjugal, eis que faltam, então, o sentido e o valor do casamento. Tanto que o Código Civil, no art. 1.511, ao iniciar a disciplina do casamento, coloca a comunhão como pressuposto para o casamento, ao preceituar: "O casamento estabelece comunhão de vida, com base na igualdade de direitos e deveres dos cônjuges."

Já o art. 1.565 dimensiona em três campos a comunhão: "Pelo casamento, homem e mulher assumem mutuamente a condição de consortes, companheiros e responsáveis pelos encargos da família."

Nota-se que, diferentemente do Código de 1916, há uma total equivalência na posição do homem e da mulher, que leva a formar a comunhão, quando ambos se tratam, decidem e compartilham igualmente. Definitivamente afastada a posição da mulher como mera colaboradora. Ambos os cônjuges compartilharão da mesma sorte, unem-se nos destinos que passa a ter a vida e assumem mutuamente os compromissos e obrigações que exige a união.

2. A POSIÇÃO DO HOMEM E DA MULHER NO CASAMENTO

Sem dúvida, ingressa-se numa das searas de maiores transformações operadas no direito matrimonial.

Já vão longe os tempos daquela família que o legislador formulou quando da elaboração do Código Civil de 1916, dominada pelo princípio da unidade de direção, hierarquizada a partir de um chefe, o marido, e com funções repartidas segundo a relevância das mesmas, aparecendo sempre as mais importantes centralizadas na sua pessoa.

Essa diferenciação de tratamento desapareceu em definitivo com a Constituição de 1988, cujo art. 5º, inc. I, proclamou a igualdade do homem e da mulher nos direitos e obrigações, enquanto seu art. 226, § 5º, impôs que os direitos e deveres referentes à sociedade conjugal são por eles exercidos igualmente. O Código Civil de 2002, dentre outros cânones, tem o art. 1.511, que concebe o casamento como comunhão plena de vida, com base na igualdade de direitos e deveres do homem e da mulher.

Mais por curiosidade, lembra-se de que o Código Civil revogado, nos arts. 233 a 239, continha elencados os poderes, direitos e deveres do marido na direção do lar e nas relações conjugais com a mulher.

Assim, pelo art. 233, o marido era o chefe da sociedade conjugal, função que exercia com a colaboração da mulher, no interesse comum do casal e dos filhos.

Competia-lhe, nessa atribuição de competência, dentre outras incumbências, a representação legal da família; a administração dos bens comuns e dos particulares da mulher; o direito de fixar o domicílio da família, ressalvada a possibilidade de recorrer a mulher ao juiz, no caso de deliberação que a prejudicasse; prover a manutenção da família.

Constatava-se do art. 233 uma concepção unitária da família, que se refletia no poder exclusivo de fixação e alteração do domicílio, no poder de administração dos bens comuns e no poder de administração dos bens particulares da mulher.

Oportuno pincelar mais o seguinte quadro da posição da mulher que dominava em épocas passadas.

Sempre, ao longo dos sistemas jurídicos, foi tratada como auxiliar ou colaboradora do marido. Ela 'prestava' ajuda à profissão ou empresa deste. Auxiliava-o na agricultura, no artesanato, no pequeno comércio, na loja, no restaurante, no consultório ou escritório. O marido, no entanto, não era colocado neste grau de relação, mesmo que sua atividade, principal fonte de renda da família, se encontrasse nas mãos da mulher.

A concepção que a colocava num plano subalterno verificava-se mesmo se ela realizava o trabalho doméstico e prestasse colaboração na empresa do marido, ou a dirigisse, ou exercesse função primordial no desempenho de suas finalidades. Ela atuava, não raramente, em dois planos: executava as tarefas do lar e tinha uma profissão. Ou havia duas formas de participação na administração e no sustento do lar: trabalho doméstico e desempenho de atividades do marido, ou o exercício de trabalho profissional junto a terceiro, com substancial colaboração nas despesas da família, inclusive superior à do marido.

Assim mesmo, era tratada como colaboradora quando a realidade se apresentava bem diferente.

Já era assim no direito romano, tida como *manus* do marido, o qual chegou a dispor do *jus vitae et necis* sobre ela. Ao tempo das Ordenações, assegurava-se a ele o direito de puni-la por meio da *vis modica*, e durante longo período de vigência do Código Civil tinha-se a mulher no rol dos incapazes. Com o advento de sucessivas leis, dentre elas as de nº 4.121, de 1962, e nº 6.515, de 1977, foi-se atenuando o chamado poder marital, que centrava a família numa distribuição orgânica de funções. Reservado à mulher o poder doméstico, tinha ela as obrigações domésticas em geral.

3. DEVERES DOS CÔNJUGES

Há uma série de deveres comuns e recíprocos que nascem do casamento, e que a lei os concebe como condição inafastável de sobrevivência da família conjugal. Não significa que inexistam outros, mas revelam a condição mínima para estabelecer uma união conjugal.

Resume, a respeito, Jesús Valdés: "Los contrayentes adquieren ineludibles compromisos en orden a su persona y a sus bienes. Se obligan para con el otro cónyuge a la cohabitación – débito carnal –, a la convivencia, a la fidelidad, al mutuo auxilio, a la contribución para el levantamiento de los cargos familiares para con la futura prole, a su mantenimiento y educación. Y, teniendo estos compromisos el carácter de exclusividad, cada uno de los cónyuges puede exigir del otro, y la prole exigir de ambos, que las correspondientes atenciones no sean compartidas por otras personas."[1]

O Código Civil elenca os principais deveres no art. 1.566 do Código Civil, incluindo um dever a mais que a previsão do art. 231 do Código anterior: "São deveres de ambos os cônjuges:

I – fidelidade recíproca;

II – vida em comum, no domicílio conjugal;

III – mútua assistência;

IV – sustento, guarda e educação dos filhos;

V – respeito e consideração mútuos."

Em torno desta ordem, gravitam uma série de considerações e mesmo outros deveres, segundo se desdobrará na análise de cada item.

Mas não são aqueles os únicos deveres, como já lembrado. Outros há que se mostram indispensáveis para a estabilidade e o bom funcionamento da família, como o amor entre seus membros, o entendimento, a confiança, a tolerância, a abnegação, a colaboração nos afazeres domésticos, a economia nas despesas, além de algumas condições básicas, como um razoável entrosamento de mentalidades, cultura, sensibilidade e temperamento entre os cônjuges. Normalmente, a formação e o grau de desenvolvimento social, econômico e cultural constituem pressupostos para a convivência e a adaptação de um cônjuge em relação ao outro.

O Código Civil ateve-se aos principais deveres, considerados o mínimo para a estabilidade conjugal.

3.1. Fidelidade recíproca

Desde os primórdios da instituição do casamento, sempre se manteve este importante dever, que praticamente é seu pressuposto. Sua origem e causa de existir estão na organização monogâmica da família, que vem se mantendo através dos séculos e refletem o pensamento incessantemente admitido sobretudo pelos povos de origem cristã. Aliás, revela o dever uma tendência natural do próprio ser humano, que não admite, neste campo, uma coexistência de relações sexuais com múltiplas pessoas, e representa um dos sustentáculos básicos da unidade familiar.

---

[1] Obra citada, p. 137.

158 • Direito de Família | *Arnaldo Rizzardo*

Mas não se pode compreender a fidelidade recíproca no mero sentido de exclusividade do direito do cônjuge às relações sexuais. Se bem que ainda é forte a reação social contra toda e qualquer manifestação sexual dos cônjuges com terceiras pessoas, embora a prática revele a infringência generalizada deste dever, o sentido de fidelidade recíproca envolve mais a dedicação exclusiva e sincera de um cônjuge em relação ao outro, ou um leal compartilhamento de vida, tanto na dimensão material como na espiritual. O casamento comporta a mútua entrega, de modo que haja uma comum vivência de lutas, esforços, interesses, colaboração e idealização da vida. Deve haver, com justa razão, uma evolução de sentido, para conceber-se a fidelidade não só na dimensão meramente física, mas em uma noção que abranja a pessoa do outro cônjuge. Assim, há infringência deste dever, também, quando a conduta pessoal reflete uma gama de situações desrespeitosas e ofensivas à própria honra do cônjuge, como as atitudes licenciosas e levianas, o simples namoro, a ligação puramente sentimental com terceiro, as relações de natureza homossexual, a presença em ambientes impróprios, enfim, uma infidelidade na forma de agir inconveniente para pessoas casadas, o que enseja também o reconhecimento da ofensa ao inc. V do art. 1.566.

Com razão afirma Francesco Scardulla: "La facultà coniugale non consiste soltanto nel non commettere adulterio, cioè nel non giacersi con persona diversa dal proprio coniuge, ma nel non trattenere con altri legami amorosi anche di natura puramente spirituale."[2] E. Guillermo A. Borda, na mesma linha: "La infidelidad no sólo consiste en el comercio sexual con terceras personas, sino también en mantener con ellas relaciones que, sin llegar a ese extremo, pueden lesionar los sentimientos del otro cónyuge o prestarse a interpretaciones equívocas."[3]

Esta maneira de compreender o dever de fidelidade recíproca está de acordo com a sistemática introduzida desde o tempo da Lei do Divórcio, que estabelecia, como motivo para justificar o pedido de separação, por qualquer dos cônjuges, a conduta desonrosa, ou todo o ato que importasse em grave violação dos deveres do casamento e tornasse insuportável a vida em comum.

Anteriormente, a primitiva redação do art. 317 do Código Civil arrolava algumas causas típicas do então desquite litigioso, como o adultério e o abandono voluntário do lar.

Assim, mais que um simples ato de natureza física, a fidelidade conjugal envolve o critério de vida, ou uma conduta de comprometimento interior e prático dos cônjuges.

3.2. Vida em comum no domicílio conjugal

A vida em comum tem um sentido bem mais amplo que o simples dever de coabitação. Envolve a plena comunhão de vida, e nessa expressão vem consignado este dever no Código Civil português, art. 1.577. O Cânone nº 1.055, § 1º, do Código Canônico ressalta o mesmo caráter – o homem e a mulher constituem entre si uma comunhão da vida toda, ou *consortium omnis vitae*. O Código Civil brasileiro de 2002, no art. 1.511, também dá essa dimensão à vida em comum.

A vida em comum vai muito mais além de um simples relacionamento sexual – ou débito conjugal; compreende uma convivência de esforços, trabalhos, desejos e realizações. Da mesma forma, não expressa apenas em viverem os cônjuges sob o mesmo teto, ou a

---

[2]   *La Separazione Personale dei Coniugi ed il Divorzio*, 2ª ed., Milão, Giuffrè Editore, 1977, p. 46.
[3]   Obra citada, p. 126.

Cap. VIII | Efeitos Jurídicos do Casamento • 159

simples convivência, e nem o chamado *jus in corpus* de cada cônjuge sobre o do outro, que reflete mais o domínio egoístico das pessoas.

Realça sobre o relacionamento sexual que a obrigação não envolve o atendimento a taras ou abusos sexuais, como admoesta Regina Beatriz T. da Silva Papa dos Santos: "Segundo Emílio Ondei, a *traditio corporum* e o *jus in corpus* não devem ser confundidos com a sujeição às aberrações sexuais, mas devem ser entendidas no interesse pessoal de cada um dos cônjuges, com o respeito à sua liberdade sexual, de forma que esse bem da personalidade deve ser respeitado pelo cônjuge no que se refere à escolha e prática de atividades sexuais normais."[4]

A união de vida abrange os aspectos material e espiritual, isto é, a comunidade de vida sexual, a coabitação, sempre que possível na mesma casa, a participação de esforços e a convivência em todas as circunstâncias, o que não importa que devam os cônjuges residir constantemente no mesmo lar. Em determinadas situações, há necessidade de residência em locais separados, como quando um cônjuge exerce profissão em local distante e impróprio para a moradia da família; ou um dos cônjuges é portador de moléstia contagiosa.

Ainda, no dizer de Regina Beatriz T. da Silva Papa dos Santos, "com o casamento, também não desaparece o comportamento social dos cônjuges, sendo cada um deles livre para empregar seu tempo como desejar e escolher suas atividades dentre as que lhes agradam, como observa Aloin Bénanaben, que exemplifica com a necessidade de preservação do modo de vida de uma mulher francesa ao casar-se com um homem sírio, sendo causa de dissolução do casamento, segundo jurisprudência francesa, o fato de o marido querer impor-lhe uma conduta de vida síria e submetê-la a restrições permanentes em suas atividades. É oportuna mais uma vez a menção de decisão de nossos tribunais que condenou o marido em ação de separação judicial, em virtude de sua conduta tirânica relativamente à esposa, chegando a ponto de proibir-lhe o exercício de atividade após certa hora da noite, de simples leitura ou de assistência a programas de televisão, em flagrante violação de seu direito da personalidade à liberdade.

Assim, a liberdade de lazer deve ser respeitada pelos cônjuges, não podendo o esposo ou a esposa impedir que o seu consorte pratique o esporte favorito, ou leia o livro de sua predileção, ou seja, que tenha suas distrações favoritas, como, também, deve ser respeitada a liberdade de relacionamento de cada um dos cônjuges, que não pode ser impedido de manter amizade e certo convívio com seus familiares e amigos".[5]

A vida em comum é estabelecida no local do domicílio conjugal, cuja fixação, por força do art. 1.569, está a cargo de ambos os cônjuges, diferentemente do art. 233, inc. III, da lei civil anterior, que atribuía ao marido essa competência, assegurando à mulher o direito de recorrer ao juiz, em caso de deliberação que a prejudique. No entanto, dada a posição de igualdade jurídica vigorante entre o marido e a mulher desde a da Carta Federal de 1988 (art. 226, § 5º), não mais prevalecia a antiga norma do Código Civil revogado.

A fixação do domicílio conjugal não impede a ausência para certas necessidades, especialmente relacionadas à profissão e compromissos inerentes a atividades públicas ou pessoais, como assegura especificamente o citado art. 1.569: "O domicílio do casal será escolhido por ambos os cônjuges, mas um e outro podem ausentar-se do domicílio

---

4   *Dever de Assistência Imaterial entre Cônjuges*, 1ª ed., Rio de Janeiro, Forense Universitária, 1990, p. 144.
5   Obra citada, p. 122.

160 • Direito de Família | *Arnaldo Rizzardo*

conjugal para atender a encargos públicos, ao exercício de sua profissão, ou a interesses particulares relevantes."

A questão nem sempre se revela simples. Determina-se, em geral, o domicílio em função da importância dos interesses profissionais e econômicos de um dos cônjuges. Obviamente que ao cônjuge não assiste opor-se ao domicílio em local distante da residência que mantinha, ou de sua cidade natal, onde se criou, viveu durante parte da vida e se encontram os parentes, se o outro cônjuge está obrigado a exercer uma atividade profissional que exige a transferência do domicílio. Se o marido e a mulher desempenham profissões que impõem domicílios diferentes e próprios, haverá de existir acordo na eleição do domicílio conjugal ou da família, que poderá ser no domicílio próprio de um deles, recaindo a escolha, normalmente, no do cônjuge com o qual se encontram os filhos. Na remota hipótese de divergências, postula-se judicialmente a definição. No entanto, ao chegar neste ponto a discórdia, não há mais condições de subsistir a sociedade conjugal.

De outro lado, a vida em comum não importa em cercear a liberdade individual, ou a personalidade de cada cônjuge, nem em abdicar de preferências e aptidões, ou trabalhos e profissões, inclusive com deslocamentos constantes.

Não abrange uma negação do direito e necessidade de concentração e recolhimento para reflexões ou estudos, e muito menos abarca uma convivência absorvente, a ponto de entender-se que ambos os cônjuges devam ter os mesmos gostos, ou escolher idênticas formas de diversões e entretenimentos. Do contrário, com o passar do tempo, o excesso de comunhão ou o total convívio diário leva a um ponto de saturação que desgasta a relação matrimonial.

A vida comunitária é da índole ou da essência do casamento, sem que, todavia, conduza ao sufocamento das preferências individuais, ou a podar as tendências pessoais, e ao aniquilamento dos ideais e opiniões. Bem adverte Regina Beatriz T. da Silva Papa dos Santos: "O casamento não pode ser visto como forma de aniquilamento da personalidade dos consortes; outrossim, deve ser tido como meio de seu enriquecimento e preservação.

A proteção e o respeito de um dos cônjuges relativamente aos bens da personalidade do outro cônjuge são exigidos pela imposição legal do dever de mútua assistência em seu aspecto imaterial.

Assim, o menosprezo de um dos esposos pela opinião, gostos, ou preferências de seu consorte constitui violação do dever de mútua assistência imaterial, pois a união conjugal não é alcançada pela absorção de uma personalidade pela outra, mas, sim, pelo ajuste de duas personalidades que mantêm sua própria individualidade, que não se anulam, mas que se enriquecem reciprocamente.

Deve, portanto, o casamento ter em vista a preservação dos direitos de personalidade dos consortes e essa finalidade só pode ser alcançada com o cumprimento do dever recíproco de assistência imaterial."[6]

3.3. Mútua assistência

Amplo é o significado deste dever, abrangendo aspectos morais, espirituais, materiais e econômicos, numa reciprocidade de amparos e assistência que um cônjuge deve depositar no outro. Corresponde ao conjunto de atitudes, gestos, atenção, desvelo, esforços, colabo-

---

6   Obra citada, p. 122.

ração e trabalhos, que fazem da vida em comum uma verdadeira comunidade, em que dois seres vivem e batalham em conjunto, não em benefício da vida individual de cada um, mas em prol de ambos. Compreende o amor, o auxílio, o amparo mútuo – tudo dirigido para o bom entendimento, para a educação dos filhos e a felicidade comum da família.

Em válida obra sobre a matéria, com ampla visão descreve a professora paulista Regina Beatriz Tavares da Silva Papa dos Santos: "O dever de mútua assistência imaterial baseia-se na afeição que se presume existir entre os cônjuges, motivo pelo qual, à primeira vista, pode parecer impossível delimitar seu conteúdo e tornar exigível juridicamente.

Realmente, o amor ou a afeição conjugal não é dever jurídico, não cabendo à lei impor esse sentimento aos cônjuges.

Assim, os componentes espirituais da assistência imaterial geram a falsa noção de que ela seja um dever mais moral do que propriamente jurídico, razão pela qual é tida como um dever vago e de difícil sancionamento legal.

Porém, é precisamente a ideia de afeição contida neste dever que o torna de suma importância, compreendendo um complexo de relações, nas quais os atos e os sentimentos com a comunhão de esforços na luta da vida revelam-se importantes...

O casamento implica uma conjugação de matéria e espírito, e desde o direito romano tem como base a *affectio maritalis*, ou seja, a vontade de um homem e de uma mulher de permanecerem como consortes, ou companheiros da mesma sorte. Serão consortes enquanto participam nos destinos, nas dificuldades e lutas de um e de outro, encontrando-se unidos por interesses comuns nos negócios conjugais, e tornando-se sócios e compartilhando as responsabilidades de toda natureza.

Então, reproduzindo a ideia de Jorge Adalto Mazzinghi, podemos nos aventurar a dizer que o conteúdo do dever de assistência imaterial consiste na observância recíproca da conduta própria de duas pessoas que se amam (*Derecho de Familia*, Buenos Aires, Abeledo Perrot, tomo II, p. 90)."[7]

Já Carvalho Santos ensinava no mesmo sentido.[8]

De outro lado, não mais se dirige a vida no sentido de realização da pessoa individual do cônjuge, mas do conjunto familiar, do engrandecimento e da felicidade de seus membros, em todas as vicissitudes e percalços da existência.

Vale transcrever a seguinte ponderação de Francesco Scardulla: "Siamo sempre d'accordo, e si intendono perchè hanno amore i rispetto reciproco, superano i malintesi, le divergenze, i contrasti perchè alla base di questi vi è la bonità dei propositi, il progresso della famiglia; per cui lo stesso inserto contrasto non apre una voragine affettiva sua cimenta l'unione ed appare come un momento del dialogo tra i coniugi che, se mantenuto vivo i constantemente alimentato, rende il matrimonio fecondo i felice."[9]

Esta mútua assistência não tem, atualmente, em vista tanto as funções diversificadas de acordo com as características específicas do homem e da mulher, preponderantes na divisão de encargos e que se assentavam como dever daquele prover o lar, e como dever da última a administração da economia doméstica; ou que atribuíam ao marido a obrigação de sustentar a família e à mulher o dever de apenas eventual e subsidiariamente participar no sustento.

---

[7] Obra citada, pp. 107 e 108.
[8] *Código Civil Brasileiro Interpretado*, obra citada, vol. IV, p. 400.
[9] Obra citada, p. 17.

Este modelo um tanto primitivo de conceber a função de cada cônjuge não pode subsistir na época presente, em que mais complexa se tornam as necessidades materiais e independentes as relações entre os cônjuges.

Em verdade, segundo normas ainda disseminadas no Código Civil revogado, atribuía--se ao marido a obrigação do sustento, como se lia no art. 233, inc. IV, e no art. 234, reservando-se à mulher apenas supletivamente esta função, a que estaria obrigada a atender com rendimentos de seus bens (art. 277). Era incumbido a ela primordialmente colaborar com o marido na direção da família, além de velar pela direção material e moral da mesma (art. 240).

Acontece que a situação especial na qual vive a família é que ditará a função de cada cônjuge. A posição atual da mulher adquiriu preponderância no sustento, na função de prover, de dirigente da economia doméstica, além de coordenar e tomar a frente na criação e formação dos filhos. Vai, pois, o dever para ambos os pais, desincumbindo-se seja economicamente, seja pelo acompanhamento, criação e educação.

Não mais há de se pensar em termos que colocam um ou outro cônjuge mais num papel secundário e subserviente, na esteira de velhos doutrinadores e comentaristas, que se referiam aos serviços obsequiais, ou serviços pessoais, ou atividades domésticas, que se resumiam no preparo das refeições, no cuidado com a lavagem da roupa, na educação dos filhos e nos trabalhos de limpeza da casa.

A mútua assistência corresponde a um quadro de funções que se definem de acordo com o trabalho ou as atividades que exerce cada cônjuge.

3.4. Sustento, guarda e educação dos filhos

Trata-se de dever dos pais em relação aos filhos.

Do casamento decorre a obrigação de sustentar, guardar e educar os filhos – obrigação esta comum e atribuída a ambos os cônjuges, distinta dos deveres recíprocos dos demais incisos do art. 1.566.

Da constituição da família advém esta tarefa vital dos pais, em igualdade de condições, por força do próprio preceito e por serem titulares simultâneos do poder familiar. Cuida-se de um encargo natural e decorrente da paternidade, isto é, não propriamente advindo do Estado, porquanto inerente à natureza humana, embora o não atendimento determine a cominação de penas, com a suspensão ou perda do poder familiar. O seu descobrimento importa em graves consequências, comprometendo-se as necessidades materiais, a saúde, a formação moral e a educação primária, profissional e intelectual.

Cumpre-se a função com oferecimento de meios materiais necessários à criação e formação: alimentação, teto, recreação, saúde e instrução escolar, moral e educacional. Importam, sobretudo, a assistência pessoal, a convivência e o acompanhamento, de acordo com a idade e a evolução de personalidade, o que envolve uma acentuada atenção às inclinações pessoais e aspirações dos filhos.

É a formação uma tarefa das mais difíceis e complexas, pois visa a estruturação da personalidade dos filhos, de modo a se tornarem conscientes, autônomos e independentes, o que exige um constante diálogo e um tratamento adequado à idade e ao estado de desenvolvimento dos mesmos. Conforme o ambiente familiar e o preparo dos pais, modela-se o futuro cidadão que poderá crescer para o bem ou para o mal, capaz ou não de enfrentar as dificuldades da vida, e útil ou prejudicial para o mundo do futuro.

Cap. VIII | Efeitos Jurídicos do Casamento • **163**

Na falta de algum dos pais no dever elementar de fornecer o sustento e proporcionar meios para a criação e a formação, o instrumento legal para compelir ao cumprimento é a ação de alimentos, mas que se restringe aos aspectos patrimoniais ou econômicos. Não há um meio jurídico que ordene ou force a dar assistência na formação da personalidade.

3.5. Respeito e consideração mútuos

Este dever veio introduzido pelo Código atual, correspondendo mais a um dever de ordem espiritual, e abrangendo uma extensa gama de situações relativas ao relacionamento pessoal.

Respeito e consideração compreendem a atitude e a maneira elevada de alguém se dirigir a uma pessoa, com a qual convive ou se relaciona.

O respeito vai desde o cordial tratamento, a postura digna, a educação, a maneira de se portar, as atitudes corporais, a conduta social com outras pessoas, o asseio, a expressão oral, e chega até a valorização do outro cônjuge em função de suas qualidades, profissão, preferências, gostos, tendências, inclinações, hábitos, costumes etc. A consideração decorre do respeito, exteriorizando-se no apreço, na forma de um cônjuge se dirigir ao outro, na valorização das qualidades, nas expressões usadas quando dos relacionamentos e da convivência, na mútua colaboração nos afazeres domésticos, na apreciação das manifestações de expressão oral, no acompanhamento das preferências, na decisão não autoritária, no diálogo, na capacidade de ouvir.

Uma e outra espécie praticamente se confundem e, levadas em conta, chegam ao relacionamento elevado, à estima, à importância que se dispensa para a pessoa à qual alguém se dirige, evitando-se ofensas, impropérios, grosserias, rudeza nas palavras, insensatez e simploriedade nos atos humanos.

Não basta a mera postura de levar em conta a dignidade humana das pessoas, o que é um dever de todos. Vai além a forma de agir e proceder do casal na convivência mútua, diária, constante e perene, exigindo desvelo, atenção, carinho, compreensão, dedicação, afeto, presença e assistência nos momentos difíceis, de desânimo, de abalo moral e depressão.

Além disso, adquire realce a conduta sóbria e de acordo com as conveniências do momento e do local, de sorte a se coadunar com os costumes, os hábitos, o nível social e cultural de cada momento, a ponto de não causar constrangimentos e dissabores.

Revela-se desrespeitoso o cônjuge que frequenta ambientes impróprios para uma pessoa casada, ou constantemente procura relacionamentos extraconjugais, ou participa de festas e reuniões íntimas com pessoas de sexo diferente, ou se expõe a atitudes ridículas, ou se envolve em algazarras e excessos.

4. DIREÇÃO DA SOCIEDADE CONJUGAL

Destacam-se, pela sua importância, algumas das atribuições específicas na sociedade conjugal, e que vieram substancialmente modificadas pela vigente ordem, em relação à do Código revogado.

No *caput* do art. 233 do Código de 1916, estava inserido todo o conteúdo da supremacia do marido em relação à mulher, que se justificava, segundo teoria ultrapassada do casamento, pela necessidade de dar unidade de governo à sociedade conjugal, e em razão de considerar-se o marido, em geral, o mais apto para a direção do lar.

164 • Direito de Família | *Arnaldo Rizzardo*

Eis o modelo tradicional do papel do marido e da mulher no lar, retratado por Amando Lima: "Ao marido é imposto o dever de conseguir os meios de subsistência da família. Devido à sua atuação externa, a lei lhe confere a representação legal da família. À mulher cabe gerir esses meios de subsistência, ... distribuindo-os entre todos os membros da família: poupando-os, assegura o bem-estar, presente e futuro, dos cônjuges e dos filhos. Cabe à mulher a direção moral e material da família; com isto, não se quer dizer que ela esteja obrigada a executar sozinha os trabalhos domésticos. À mulher, como diretora moral e material da família, compete (pode e deve) distribuir as tarefas do lar entre todos os membros do grupo familiar. A atividade da mulher é importante, pois graças ao seu trabalho silencioso é que surge a poupança do casal."[10]

Na ordem do art. 1.567 do Código em vigor, em obediência a princípios constitucionais, a ambos os cônjuges incumbe a direção da sociedade conjugal: "A direção da sociedade conjugal será exercida, em colaboração, pelo marido e pela mulher, sempre no interesse do casal e dos filhos." Não há a predominância da vontade de um dos consortes. No surgimento de divergência, a solução é encontrada na via judicial, mediante a ação de rito ordinário de suprimento de autorização marital, ou mesmo declaratória de direito, ou proibitória, de modo a prevalecer o bem maior da família, nos termos do parágrafo único do artigo acima: "Havendo divergência, qualquer dos cônjuges poderá recorrer ao juiz, que decidirá tendo em consideração aqueles interesses."

A direção concentra-se na pessoa de somente um dos cônjuges na impossibilidade do outro em participar da gerência dos negócios do lar. Em razão de certos obstáculos ou fatos previstos especificamente na lei, um único cônjuge passa a exercer a direção e administração, com todos os poderes em situação normal atribuídos a ambos os cônjuges.

Dentro da estrutura do Código, art. 1.570, a direção ou administração do casal, bem como outros encargos importantes, incumbem a um único cônjuge em várias situações: "Se qualquer dos cônjuges estiver em lugar remoto ou não sabido, encarcerado por mais de 180 (cento e oitenta) dias, interditado judicialmente ou privado, episodicamente, de consciência, em virtude de enfermidade ou de acidente, o outro exercerá com exclusividade a direção da família, cabendo-lhe a administração dos bens."

Eis os casos que, à vista do preceito acima, permitem deslocar-se a administração à pessoa de um único cônjuge, se qualquer dos cônjuges:

a) estiver em lugar remoto ou não sabido, isto é, não convive com a família, sendo extremamente difícil a comunicação;

b) encontrar-se encarcerado por mais de cento e oitenta dias, tanto por prisão em flagrante, preventiva ou decorrente de condenação, devendo-se aguardar o prazo consignado para o exercício unilateral da direção e administração;

c) achar-se interditado judicialmente, o que decorre, por óbvio, de enfermidade ou deficiência mental;

d) apresentar privação, episodicamente, de consciência, em virtude de enfermidade ou acidente, ou de causa transitória, impedindo que a pessoa expresse a vontade.

Quem exterioriza um dos quadros acima não tem condições de dirigir e administrar os interesses comuns. Na verdade, não se excluem outras situações, comuns de acontecerem,

---

[10] *Da Responsabilidade do Casal pelas Dívidas Assumidas por um dos Cônjuges*, 3ª ed., São Paulo, LEUD – Livraria e Editora Universitária do Direito, 1978, p. 47.

que só a prática revela, mas que podem revelar-se, por exemplo, no caso de completa irresponsabilidade de um dos cônjuges, na sua constante ausência do lar, na absoluta falta de compreensão e inteligência. O outro cônjuge terá que assumir os encargos que antes exercia em conjunto.

Ao assumir a direção da família com exclusividade, atribuem-se ao cônjuge todos os poderes que exige a função, como:

– a administração dos bens comuns;
– dispor dos bens particulares e alienar os móveis comuns e os do cônjuge incapacitado de desempenhar a direção;
– alienar os imóveis comuns e os do outro cônjuge, mediante a autorização especial do juiz.

Somente para alienação dos imóveis comuns e do outro cônjuge se reclama autorização judicial. Não os particulares do cônjuge apto a exercer a direção.

Outros poderes descrimina Carvalho Santos, embora, coerente com a ordem legal anterior, se refira à mulher, mas devendo-se considerar como qualquer dos cônjuges. De acordo com a exemplificação, pode o cônjuge:

"a) praticar os atos judiciais necessários à defesa dos interesses da família, inclusive do outro cônjuge;
b) contrair dívidas necessárias, não só para os seus alimentos e dos filhos, como também das pessoas a quem, por sentença judicial, o outro cônjuge alimentava; e para conservação e benfeitorias dos bens comuns;
c) promover a instituição do bem de família, quer o prédio do domicílio familiar pertença ao casal, ou ao outro cônjuge, quer seja bem particular do próprio cônjuge, e, neste último caso, não é necessário autorização do juiz;
d) receber doação, clausulada ou não, independentemente de suprimento judicial, mesmo que o outro cônjuge esteja apenas em lugar remoto ou não sabido."[11]

Refletindo a evolução dos direitos humanos nos últimos tempos, a Constituição Federal significou um avanço ou o apanágio da igualdade de tratamento jurídico do marido e da mulher, igualdade esta que passou à categoria de princípio normativo a infundir todo o direito de família, e que determinou, não restam dúvidas, o afastamento de qualquer diferenciação de direitos e deveres entre o homem e a mulher.

Enfatiza Carlos Alberto Bittar, ao analisar o casamento sob o prisma da Carta constitucional: "Outro ponto nodal da nova estrutura familiar é o da igualdade de direitos entre o homem e a mulher na sociedade conjugal, que rompe com todas as regras discriminatórias existentes em nossa legislação codificada, tanto as proeminência do marido quanto as de compensação ou de privilégios outorgados à mulher; tais como a chefia do lar conjugal, a fixação do domicílio do casal, a representação da família pelo marido, a formação do patrimônio próprio pela mulher e outras...

As partes agirão sempre em comum acordo, colaborando ambas para o sustento da família, em consonância com suas possibilidades; influenciando em conjunto na educação

---

[11] *Código Civil Brasileiro Interpretado*, obra citada, vol. IV, p. 465.

166 • Direito de Família | *Arnaldo Rizzardo*

dos filhos; cuidando ambos do patrimônio e dos negócios da família num regime de mútuo auxílio e de cooperação, sob a égide dos ideais por eles comungados."[12]

Com efeito, além de estabelecer a Constituição, no art. 5º, inc. I, a igualdade de direitos e deveres do homem e da mulher, refletindo o dogma secular da dignidade da pessoa humana, firma, no art. 226, § 5º, a mesma igualdade entre o marido e a mulher.

Humberto Theodoro Júnior segue expondo sobre o mesmo assunto: "Agora, a Constituição de 1988 simplesmente aboliu a figura da chefia da sociedade conjugal... Procura-se, portanto, eliminar a família patriarcal, em que a vontade do marido era a última palavra. Adota-se, em substituição, a família corporativa, na qual as decisões de interesse da comunidade doméstica são tomadas por decisão conjunta do marido e da mulher. Revogados foram, não só o art. 233, *caput*, do CC, mas também todos os privilégios que os diversos incisos daquele dispositivo legal atribuíam à competência exclusiva do varão, ou seja, representação legal da família, administração de bens comuns e particulares da mulher, fixação do domicílio da família e manutenção da família."[13]

Na verdade, nem se trata de estabelecer uma igualdade monárquica, ou definir posições, pois a sociedade conjugal não pode ser vista sob os mesmos critérios das sociedades civis comuns. Há, isto sim, na prática, uma associação de interesses, com as posições dos cônjuges que devem se harmonizar de modo a manterem eles adequadamente a autonomia de cada um, ou sua independência, até o ponto em que permitem as atribuições próprias da vida matrimonial. O que se pode procurar é um equilíbrio entre a autonomia ou independência e o interesse do grupo familiar, situação que exige, sem dúvida, uma limitação no exercício da liberdade pessoal e a ver a posição dos cônjuges não no sentido de quem decide ou dirige a família, mas de quem luta e procura acertar para levar a bom termo a vida familiar. Deve-se ter em conta o estado de pessoas no mesmo grau de responsabilidade, de modo que assumam elas em conjunto e solidariamente os compromissos pela direção moral e material da família. Esta visão realmente expressa a comunhão de vida, que é o pressuposto para a vida conjugal, e que leva a atingir o interesse comum do casal e dos filhos.

5. REPRESENTAÇÃO LEGAL DA FAMÍLIA

O inc. I do art. 233 do Código de 1916 atribuía ao marido a importante função de representação da família. Pelo sistema ora em vigor, a ambos os cônjuges compete a prática de todos os atos concernentes à promoção e defesa dos direitos da mesma. Com isto, nas ações judiciais que envolvem a própria família ou bens que usufruem todos os seus membros, a defesa constitui dever tanto do homem como da mulher, em conjunto ou separadamente.

De acordo com o art. 1.567 do vigente diploma civil, não se trata propriamente da representação, e sim da direção e administração. Acontece que o art. 233, inc. I, inseria uma incongruência, ou uma inadequação, pois a família não se constitui em pessoa jurídica, ou em uma entidade com personalidade jurídica própria e destacada. Não se encontra especificado um ato que deve ser efetuado por um representante da família. Qualquer ação judicial que é promovida não será contra a família, e sim individuadamente contra

---

[12] *O Direito Civil na Constituição de 1988*, obra citada, p. 64.

[13] "Alguns Impactos da Nova Ordem Constitucional sobre o Direito Civil", *Revista dos Tribunais*, nº 662, p. 15.

Cap. VIII | Efeitos Jurídicos do Casamento • **167**

seus membros, que são chamados a responder por direito ou obrigação próprios. É aquele que efetua um contrato que assume os compromissos decorrentes, e não a sua família.

Por conseguinte, toda pessoa que se acha no exercício dos seus direitos tem capacidade para propor a ação que entender necessária, necessitando o cônjuge do consentimento do outro se versar a lide sobre direitos reais imobiliários. De outra parte, em inúmeras situações se faz necessária a citação de ambos os cônjuges em ações propostas, sobressaindo aquelas que também versarem sobre direitos reais imobiliários, que resultarem de fatos que digam respeito a ambos os cônjuges, e nas fundadas em dívidas contraídas a bem da família.

A disciplina está nos arts. 70 e 73 do Código de Processo Civil.

A representação se estabelece quando qualquer pessoa outorga procuração, ou quando expressamente a lei assinala, como no exercício do poder familiar, da tutela e da curatela. Aí, porém, o pai e a mãe, ou o representante, exercem o direito e dever de representação porque investidos da função outorgada por ato de vontade ou pela lei.

Fora das hipóteses acima, a realidade fática leva a concluir que nada significa a representação que vinha consignada no Código de 1916, porquanto responsável pela satisfação das obrigações é o cônjuge que as assumiu, e não a família em si. Os bens do casal respondem pela dívida somente se o devedor não a satisfaz voluntariamente, e desde que contraída em benefício do conjunto familiar.

6. ADMINISTRAÇÃO DOS BENS COMUNS E PARTICULARES DO CÔNJUGE

Ainda segundo preceituações constantes do Código Civil de 1916 (art. 233), ao marido cabia a administração dos bens comuns e dos particulares da mulher que ao marido incumbia administrar em virtude do regime matrimonial adotado ou de pacto antenupcial.

Com a Constituição Federal de 1988, corroborada pelo atual Código Civil, a ambos os cônjuges é atribuída a administração dos bens comuns, conforme decorre das normas do Código Civil, art. 1.567, o qual diz respeito à direção da sociedade conjugal, que envolve a administração dos bens comuns, e a cada cônjuge cabe administrar os próprios ou de sua propriedade, segundo art. 1.642, inc. II, do mesmo diploma.

Bens comuns consideram-se aqueles provenientes do regime de comunhão universal e aqueles formados com o casamento, no regime de comunhão parcial.

Os bens particulares ou próprios correspondem àqueles pertencentes individualmente aos cônjuges, que não se comunicam com o casamento, e aos advindos no curso da sociedade conjugal, também incomunicáveis, por força de lei.

Há casos de impossibilidade do cônjuge em administrar os bens comuns e os particulares.

O art. 1.570 discrimina tais casos de impossibilidade do cônjuge:

"– quando estiver em lugar remoto e não sabido;

– quando se encontrar encarcerado por mais de cento e oitenta dias;

– quando for interditado judicialmente;

– quando apresentar, episodicamente, privação de consciência em virtude de enfermidade ou de acidente."

A relação acima é exemplificativa, havendo outras situações, como a doença prolongada, os afastamentos ou viagens por longos períodos, o exercício de atividade em local retirado, o ininterrupto envolvimento em assunto que impede a presença no lar.

O art. 1.651 discrimina os atos ou negócios reservados ao administrador: "Quando um dos cônjuges não puder exercer a administração dos bens que lhe incumbe, segundo o regime de bens, caberá ao outro:

I – gerir os bens comuns e os do consorte;

II – alienar os bens móveis comuns;

III – alienar os imóveis comuns e os móveis ou imóveis do consorte, mediante autorização judicial."

O art. 1.652 destaca a posição que ocupa o cônjuge que estiver na posse e dos bens do outro: "O cônjuge que estiver na posse dos bens particulares do outro, será para com este e seus herdeiros responsável:

I – como usufrutuário, se o rendimento for comum;

II – como procurador, se tiver mandato expresso ou tácito para os administrar;

III – como depositário, se não for usufrutuário, nem administrador."

O cônjuge que administra os bens está obrigado a prestar contas se o exigir o outro consorte, o que já aparece defendido na jurisprudência, mas unicamente se desfeita a sociedade conjugal: "Jurisprudência mais moderna, embora sem representar robusta tendência, admite a exigência de contas pela mulher separada de fato (TJSP, 3ª C., Ap. 234-485, Rel. Des. Young da Costa Manso).

Dúvida inexiste, de resto, de que o desquitado que continua na administração do patrimônio comum esteja obrigado à prestação de contas (*RT*, 440/99).

Portanto, embora o administrador de bens comuns deva prestação de contas (JTACi-vSP/51/57); embora o marido com mandato específico também o deva à esposa outorgante; embora deflua de qualquer relação de direito material tal imposição, via-se a mulher casada ou separada de fato obstada de obtê-la em decorrência da interpretação do arcaico dispositivo contido no art. 233, II, do CC.

A promulgação da nova Constituição do Brasil deitou por terra tal linha doutrinária, evidentemente irreal e imoral, embora esteada em norma vigente.

Inseriram os constituintes, no capítulo que trata 'Da família, da criança, do adolescente e do idoso', a seguinte disposição: 'Art. 226. A família, base da sociedade, tem especial proteção do estado...

§ 5º – Os direitos e deveres referentes à sociedade conjugal são exercidos igualmente pelo homem e pela mulher'."[14] A matéria do art. 233, II, citado acima, está regida pelos arts. 1.567 e 1.569 do CC/2002.

---

[14] "Jurisprudência citada por Jaques Busshatzky, em 'Sociedade Conjugal e Prestação de Contas'", *Revista dos Tribunais*, nº 640, p. 25.

Cap. VIII | Efeitos Jurídicos do Casamento • 169

7.   FIXAÇÃO DO DOMICÍLIO

A teor do inc. III do art. 233 da lei civil anterior, o marido tinha o arbítrio de decidir quanto ao local de fixação do domicílio da família, ressalvando-se à mulher impugnar judicialmente a escolha, sempre que ficassem prejudicados seus interesses.

Como nas demais previsões que davam soberania ou privilégio ao marido, tal concessão de poder desapareceu em vista da presente ordem constitucional, o que ficou confirmado pelo Código Civil de 2002. Na verdade, é difícil surgir divergência na eleição do domicílio conjugal. Mas, na eventualidade de tornar-se incontornável o problema, a única forma de solucioná-la é o recurso ao meio judicial, que também não é a melhor forma de resolver o impasse.

Eis a atual disciplina, constante do art. 1.569: "O domicílio do casal será escolhido por ambos os cônjuges, mas um e outro podem ausentar-se do domicílio conjugal para atender a encargos públicos, ao exercício de sua profissão, ou a interesses particulares relevantes."

Na decisão sobre o local a ser fixado, são preponderantes alguns fatores, como as profissões dos cônjuges, os interesses econômicos, as comodidades ou vantagens que advirão, as condições sociais e ambientais do lugar pretendido, a distância com os centros urbanos etc. Evidentemente, não se mostra coerente exigir de um cônjuge a mudança de domicílio para um meio social que oferece perigo, onde predomina a delinquência, a carência de recursos urbanos, a poluição e outros elementos negativos, a que não se encontrava habituada a pessoa anteriormente.

A condição econômica dos cônjuges é preponderante na escolha do local de residência ou do domicílio, não se podendo inculcar a obrigação de se estabelecer uma família em zona urbana privilegiada se lhe falta suporte financeiro para a aquisição do imóvel ou pagar aluguel elevado.

A menos que se apresentem ponderáveis razões, não é aceitável obrigar o cônjuge a residir com os sogros ou cunhados, por evidentes motivos de incompatibilidade e prováveis desacertos ou confrontos de mentalidades.

8.   MANUTENÇÃO DA FAMÍLIA

Ao marido cabia, preponderantemente, a manutenção da família, na forma do inc. IV do art. 233, do Código Civil de 1916, em redação introduzida pela Lei nº 4.121, substituindo redação inteiramente diferente que antes vigorava.

Na versão atual da lei, o encargo é comum de ambos os cônjuges, na proporção dos respectivos bens e rendimentos. É o que está no art. 1.568 do Código Civil em vigor: "Os cônjuges são obrigados a concorrer, na proporção de seus bens e dos rendimentos do trabalho, para o sustento da família e a educação dos filhos, qualquer que seja o regime patrimonial."

O sustento da família compreende não só a satisfação de habitação, de alimentação, de vestuário, de medicamentos, de tratamento médico e dentário, mas também o atendimento de necessidades pessoais dos membros da família, abrangendo aspectos sociais, culturais, escolares e profissionais.

O dever de contribuir para as despesas do lar é distribuído, por força da posição de igualdade dos cônjuges e da concepção de que deve haver uma direção diárquica e não unitária do grupo familiar, em igualdade de condições sobre ambos os cônjuges, e proporcionalmente às possibilidades de cada um deles. A medida da contribuição pode ser compensada pelo trabalho que cada um exerce dentro do lar. Evidentemente, pesam as inúmeras incumbências e tarefas que exigem a manutenção de uma família, como os trabalhos de limpeza e organização, a criação e educação dos filhos, a conservação da ordem, o trabalho com os objetos pessoais e móveis, a dedicação aos problemas pessoais de cada membro, o preparo da alimentação etc. Tais incumbências, geralmente desempenhadas pela mulher, podem constituir um modo equivalente à prestação em dinheiro, sendo justa a compensação. Mas, não percebendo ela rendimentos, as tarefas domésticas e a criação e educação dos filhos são de seu encargo, não podendo recusar-se ao atendimento, sob pena de não estar cumprindo com a parcela que lhe cabe nos deveres familiares, o que feriria, sem dúvida, o hoje conhecido princípio da solidariedade conjugal. O contrário ocorre se a mulher é quem fornece os rendimentos, pois uma das características do modelo moderno do casamento é a plena fungibilidade dos papéis conjugais, que podem ser desempenhados, cada um deles, pela mulher e pelo marido, conforme entendam eles mais oportuno.[15]

Esta necessária contribuição tem implicações inclusive quanto aos filhos, se maiores e aptos a desempenharem atividades que tragam rendimentos. Nenhum dispositivo da lei civil revela algum regramento no tocante à posição do filho que integra o conjunto familiar, e se encontre apto a contribuir. Incontáveis são os abusos e os conflitos que surgem da conduta de filhos que se negam a participar na contribuição das despesas, embora vivam à custa da família. Os pais estão autorizados a pedir alimentos, se carentes de meios de subsistência, mas não há lei determinante da cooperação pelo simples fato de viverem com eles os filhos. Enquanto menores, ou incapazes, há o dever de sustento. Uma vez adquirida, no entanto, a capacidade plena, e tendo eles condições de desenvolverem atividades profissionais ou econômicas, desaparece tal dever, permitindo-se, inclusive, o uso de medidas legais para o afastamento do lar.

Há a cessação da obrigação de sustentar se o cônjuge necessitado abandona o lar sem motivo justo, e persistir na negativa em retornar, o que era previsto pelo art. 234 do Código de 1916 relativamente à mulher que saía de casa.

Insta notar que a cessação em satisfazer alimentos deve repousar na inexistência de motivo justo para o afastamento do cônjuge. A interpretação do motivo justo é que determinará a desoneração ou não da obrigação. Cabe ao juiz examinar se a causa alegada pela mulher é justa ou não.

Já professava Carvalho Santos, quanto à mulher, devendo interpretar-se o ensinamento quanto a qualquer dos cônjuges: "Essa justa causa, consoante o ensinamento de Espínola, pode consistir em circunstâncias especiais, que porventura tornem inconveniente a vida em comum, sem que se possa atribuir a culpa a qualquer dos cônjuges, ou no fato de não cumprir o marido o dever que lhe cabe de proporcionar um lar confortável, de acordo com as suas condições, ou de não lhe fornecer o necessário sustento etc."[16]

Entende-se que a deserção por simples falta de afeto, de amor, ou de companheirismo, ou por constantes divergências, não acarreta a sanção de perda dos alimentos, pois constituem fatores que ensejam a separação judicial. Configurar-se-ia causa justa o afastamento do lar em razão de outra união, ou para entregar-se a uma vida liberal, ou para fugir das responsabilidades próprias da vida familiar.

---

[15] Pereira Coelho, *Temas de Direito de Família*, Coimbra, Almedina, 1986, p. 11, citação por José Lamartine Corrêa de Oliveira e Francisco José Ferreira Muniz, em *Direito de Família (Direito Matrimonial)*, obra citada, p. 344.

[16] *Código Civil Brasileiro Interpretado*, obra citada, vol. IV, p. 356.

9. O ACRÉSCIMO DO SOBRENOME DO CÔNJUGE

Como foi ressaltado no capítulo referente às formalidades da celebração do casamento, há a faculdade concedida a qualquer um dos cônjuges em adotar o sobrenome do outro, mas permanecendo com o direito de conservar o nome de sua família.

No Código Civil de 1916, o parágrafo único do art. 240, em redação trazida pela Lei nº 6.515, concedia à mulher a liberdade em acrescer ao seu nome os apelidos do marido: "A mulher poderá acrescer aos seus os apelidos do marido."

Nota-se que não mais se admitia a obrigatoriedade em adotar os apelidos do marido, o que já constituiu uma inovação salutar no direito de família naquela época.

Com o atual Código, a faculdade de um ou outro acrescentar ao seu o sobrenome do cônjuge está no § 1º do art. 1.565: "Qualquer dos cônjuges, querendo, poderá acrescer ao seu o sobrenome do outro."

O termo 'sobrenome' equivale ao nome de família, ou ao nome que segue ao primeiro nome recebido com o registro civil ou o batismo religioso. Como se percebe, faculta-se acrescer ao sobrenome do outro, o que importa concluir em manter o sobrenome, com o adendo do sobrenome do outro cônjuge. Ao tempo do Código anterior, já se entendia da impossibilidade da retirada do patronímico da família. Se vários os apelidos, um deveria permanecer (Apel. Cív. nº 127.887-8/00, 2ª Câm. do TJMG, j. em 21.03.2000, em *RT* 785/345. No voto do relator, cita-se doutrina de Maria Helena Diniz e Silvio Rodrigues, além de outro precedente jurisprudencial).

Conforme já observado, dificilmente se implantará a prática do marido acrescer ao seu o sobrenome da mulher, por já se encontrar enraizado o costume no sentido inverso.

Lembra-se, outrossim, quanto ao acréscimo ao nome de um dos cônjuges daquele recebido do outro, não se retira o direito de, posteriormente, incluir os apelidos recebidos de seus pais. Proclamou a jurisprudência: "Admissível a retificação de registro civil para que se acrescente ao nome de um dos cônjuges o recebido dos pais, presente a circunstância do nascimento legítimo."[17]

Não se impede, na alteração do nome, a retirada de um patronímico do cônjuge: "Desde que não haja prejuízo à ancestralidade, nem à sociedade, é possível a supressão de um patronímico, pelo casamento, pois o nome civil é direito da personalidade" (REsp. nº 662799, da 3ª Turma do STJ, j. em 8.11.2005, *DJU* de 28.11.2005).

Se não constar no registro do casamento a adoção do nome do outro cônjuge, a todo tempo é autorizado o acréscimo.

Nem quanto aos filhos se pode impor que se aporá ao lado do nome, em primeiro lugar, o sobrenome da família do pai. Por qual razão acrescer o nome paternal e não o da mãe? Os progenitores se encontram em absoluto grau de igualdade. De sorte que, se admitido que o filho tenha somente os apelidos paternos, nada impede a adoção apenas daqueles do lado materno. Ou que, após prenome, venha o sobrenome do pai, e, em último lugar, aquele da mãe, numa situação inversa do que se procede atualmente.

---

[17] *Revista dos Tribunais*, 662/72.

10. PLANEJAMENTO FAMILIAR

O direito à vida importa no direito à procriação, não existindo leis no território nacional brasileiro que imponham alguma limitação da natalidade. Podem as pessoas ter tantos filhos quanto quiserem. Não existem óbices à plena liberdade de procriar, mesmo que total a incapacidade material, cultural e social dos pais para o sustento, a educação, e a capacitação dos filhos para o futuro. Apesar de tantos os problemas sociais decorrentes da paternidade e maternidade irresponsável, que levam à formação de uma infância e uma juventude desvalidas, abandonadas, marginalizadas, rumo à delinquência, por respeito a princípios de um falso pudor, e ainda sob a influência da mentalidade da existência de espaço territorial ante a dimensão do país, não se implantou um programa franco e corajoso de controle da natalidade. O Código Civil nada evoluiu sobre o assunto, delegando ao casal decidir sobre o planejamento familiar, e reservando ao Estado o simples papel de fornecedor de recursos para essa finalidade, que se traduz, na prática, em fornecimento de preservativos às classes populacionais desprovidas de condições mínimas para a criação e educação da prole. Eis como, em um único dispositivo, trata da espécie o § 2º do art. 1.565: "O planejamento familiar é de livre decisão do casal, competindo ao Estado propiciar recursos educacionais e financeiros para o exercício desse direito, vedado qualquer tipo de coerção por parte de instituições privadas ou públicas."

Verdade que existe a Lei nº 9.263, de 12.01.1996, sobre o planejamento familiar, sem, no entanto, impor algum cerceamento ao número de filhos que alguém pode ter. Trata-se de uma lei programática, introduzindo normas sobre o planejamento familiar, e não sobre a limitação de filhos. Assim transparece do art. 4º: "O planejamento familiar orienta-se por ações preventivas e educativas e pela garantia de acesso igualitário a informações, meios, métodos e técnicas disponíveis para a regulação da fecundidade." O art. 10 aponta duas técnicas de limitação procriativa, permitindo a esterilização nas seguintes situações:

"I – em homens e mulheres com capacidade civil plena e maiores de vinte e cinco anos de idade ou, pelo menos, com dois filhos vivos, desde que observado o prazo mínimo de sessenta dias entre a manifestação da vontade e o ato cirúrgico, período no qual será propiciado à pessoa interessada acesso a serviço de regulação da fecundidade, incluindo aconselhamento por equipe multidisciplinar, visando desencorajar a esterilização precoce;

II – risco à vida ou à saúde da mulher ou do futuro concepto, testemunhado em relatório escrito e assinado por dois médicos."

Indispensável a autorização expressa da pessoa que se submete à esterilização.

Na ordem do § 4º do art. 10, a esterilização cirúrgica como método contraceptivo somente será executada através de laqueadura tubária, vasectomia ou de outro método cientificamente aceito, sendo vedada através de histerectomia e oforectomia.

No entanto, em situações especialíssimas, estende-se a autorização a outros casos, como quando a mulher é pessoa com problemas mentais, sem as mínimas condições materiais para a criação e sendo viciada em drogas, como reconheceu o Tribunal de Justiça do Rio Grande do Sul, em ação promovida pela mãe da mesma, tendo o relator retratado o seguinte quadro, transcrevendo parecer do Ministério Público: "O planejamento familiar no Brasil tem conteúdo incompreensível. Enquanto as classes bem favorecidas planejam suas famílias, utilizando todos os meios contraceptivos, inclusive a esterilização, colocam-se inúmeros obstáculos quando os pobres desejam fazer a mesma coisa..."

Adiante:

"Esquizofrênica, viciada em drogas, prostituiu-se nas ruas e mendigou para adquirir novas doses para satisfazer seu vício. Já sofreu dois abortos e dois partos, o último dos quais, ora noticiado, gerou criança malformada, com defeitos congênitos sérios e cujas funções mentais provavelmente estão comprometidas pelo alto consumo de tóxicos durante a gravidez. Em outras palavras, os malefícios estão transpondo a pessoa que se autopune para transferir-se a terceiros inocentes, no caso uma criança indefesa que arrostará, ao longo de sua vida, fardo de suas graves deficiências congênitas...
Logo, este é um caso concreto em que a esterilização se impõe."[18]

Na vigência da sociedade conjugal, depende da autorização de ambos os cônjuges a esterilização – § 5º do mesmo artigo; se a pessoa é absolutamente incapaz, requer-se a autorização do juiz – § 6º do art. 10.

A matéria estende-se a vários outros campos, tendo profunda repercussão ética, religiosa e enfrentando forte oposição de setores ligados à Igreja Católica.

Para procriar, podem as pessoas se socorrer da inseminação artificial, que envolve métodos de procriação sem relações sexuais, compreendendo dois métodos:

a) a inseminação assistida, a qual se efetua através da introdução do esperma na vagina por meio de uma cânula;

b) a fertilização assistida ou fecundação *in vitro*, realizada pela retirada, quase sempre pela laparoscopia, de um ou vários óvulos de uma mulher, colocando-os em um meio nutritivo, nos quais se injeta o esperma. Desde que constatada a fecundação, introduz-se o óvulo no útero da mulher, dando-se, se bem-sucedido o procedimento, a nidificação, que é a adesão ao útero, iniciando, então, a gravidez.

O direito à vida não permite o aborto, pois dando-se a concepção, há uma nova vida, surge um indivíduo novo. Discutem os filósofos e teólogos a respeito do começo ou da individualização da vida nascente no ser humano. Consuma-se a concepção da vida humana com a separação de fragmentos do corpo masculino e do corpo feminino e a sua união, interpenetrando-se. Há uma nova vida humana, ou um indivíduo diferente, separado e distinto do pai e da mãe; um ser humano em si mesmo, que possui tudo o que é necessário para organizar seu próprio desenvolvimento, seu crescimento e sua individualidade, num ambiente apropriado. A ambientação biológica num lugar natural (no útero materno) ou artificial (*in vitro*) é uma circunstância acidental. Todo ser humano, recém-iniciado ou adulto, são ou enfermo, com funções biológicas ou insuficientes, deve ser respeitado em sua vida e dignidade. Aí está o embrião humano, que é pessoa desde o instante da fusão do esperma no óvulo, através de meio normal, ou da inseminação artificial, seja pela introdução do esperma no útero por meio de uma cânula, seja pela introdução do esperma no óvulo *in vitro*. Os diversos momentos ou etapas posteriores que se seguem formam simples hiatos necessários para a sua continuidade, até chegar ao feto e ao parto.

Duas exceções à proibição do aborto encontram-se no art. 128 do Código Penal: "Não se pune o aborto praticado por médico:

I – se não há outro meio de salvar a vida da gestante;

---

[18] Apelação Cível nº 598388.213. Relator: Des. J. C. Teixeira Giorgis. *ADV Informativo*, nº 43, p. 664, outubro de 2000.

II – se a gravidez resultar de estupro e o aborto é precedido de consentimento da gestante ou, quando incapaz, de seu representante legal."

A interpretação das exceções estende-se a situações próximas, como no caso de estar sem o cérebro o feto, e acarretar a continuidade da gestação perigo à mãe: "Tendo em vista o dever do Estado de assegurar o bem comum, promovendo a saúde e atendendo aos fins sociais da lei, admissível a interrupção da gravidez, comprovando-se que o feto é portador de má formação congênita, caracterizada por anencefalia – ou ausência de cérebro –, afecção irreversível que impossibilita totalmente a sobrevivência extrauterina, hipótese em que, ao direito da gestante, não cabe opor interpretação restritiva da legislação penal."[19]

O Código Penal, além de proibir, como regra geral, o aborto (arts. 124 a 127), discrimina outros crimes contra a vida, e assim o homicídio, nas suas diversas formas (art. 121 e parágrafos); o induzimento, instigação ou auxílio ao suicídio (art. 122); e o infanticídio (art. 123).

---

[19] TAMG. Apel. Cível n° 0219008-9/00. 1ª Câm. Cível, de 12.06.1996.

IX
Limitações Matrimoniais na Atuação do Marido e da Mulher

1. IMPORTÂNCIA DAS LIMITAÇÕES

Sem dúvida, o casamento importa em uma série de limitações não apenas na vida individual e social dos cônjuges, mas, sobretudo, nos atos e nas relações jurídicas que ocorrem na vida de qualquer pessoa.

Não que se perca a liberdade com o casamento, pois a decisão de casar é a expressão da existência da liberdade; todavia, os inúmeros compromissos, que são obrigadas as pessoas a cumprir, tornam a vida individual mais difícil, além de demandar a participação de ambos os cônjuges nas decisões mais importantes.

É justamente sobre as limitações trazidas pelo casamento que trata o art. 1.647 do Código Civil. Vêm discriminadas as hipóteses em que falta à pessoa casada legitimação para efetuar certos atos, a menos que obtenha o consentimento do outro cônjuge.

O vigente Código introduziu a matéria no Título II do Livro IV da Parte Especial, em que é disciplinado o direito patrimonial, em subtítulo voltado ao regime de bens entre os cônjuges, por envolver o campo do direito familiar relativo ao patrimônio. Dada a especificidade do assunto, ligada às relações entre o marido e a mulher, entende-se mais coerente a sua abordagem em capítulo separado, e não como subitem daquele capítulo que tratar do regime de bens.

No sistema do Código de 1916, a matéria era contemplada no Título II do Livro I da Parte Especial, destinado aos efeitos jurídicos do casamento, em capítulos concernentes a direitos e deveres do marido e da mulher, vindo o elenco nos arts. 235 e 242. As restrições dos citados dispositivos eram quase simétricas, cuja redação mais recente procedeu da Lei nº 4.121, de 1962, sendo praticamente as mesmas para cada cônjuge. Interferem na liberdade de agir. Cada um precisa da presença do outro, sem o que não se realizará o ato.

O art. 235 era relativo às restrições do marido, exigindo o consentimento da mulher, enquanto o art. 242 versava sobre aquelas concernentes a esta última, impondo que ela precisava de autorização do marido. O termo 'autorização' evidenciava uma carga maior de autoridade concentrada no homem. Na realidade, a diferença de palavras não repercutia nenhuma consequência. Não passava de mera distinção terminológica.

O Código em vigor, coerente com princípios constitucionais e com a reformulação do direito de família baseado na igualdade absoluta dos cônjuges, introduziu os mesmos poderes para o homem e para a mulher, em um único capítulo.

176 • Direito de Família | *Arnaldo Rizzardo*

Incidem as limitações em qualquer regime de bens do casamento. Não revela o regime de bens a menor significação se for de separação total, ou de comunhão, ou de separação absoluta, ou de antecipação final nos aquestos.

2. AS LIMITAÇÕES

Embora com algumas diferenças de texto, praticamente as mesmas limitações para o homem e a mulher já vinham discriminadas nos arts. 235 e 242 do Código anterior. Por força da igualdade jurídica do homem e da mulher, é óbvio que se afastava qualquer distinção ou maiores restrições a um ou outro cônjuge. Deste modo, incidiam todas as limitações – quer as previstas de forma comum, quer as elencadas para um dos cônjuges apenas.

É mister observar certas incongruências do Código anterior. Assim, quanto às relativas à mulher, a seguinte, contida no inc. I, do art. 242: ela estava proibida de praticar os atos que o marido não poderia sem o seu consentimento.

Com isto, não precisava o Código especificar as limitações que já haviam sido elencadas em relação ao homem, o que ocorria com os incs. II e III do art. 242 do CC/1916. Realmente, ao dizer o então dispositivo que "a mulher não pode, sem autorização do marido: I – Praticar os atos que este não poderia sem consentimento da mulher (art. 235)", já expressava que era proibido realizar aqueles atos vedados ao marido, e que estavam contidos no inc. I do art. 235.

Explicavam José Lamartine Corrêa de Oliveira e Francisco José Ferreira Muniz a razão do dispositivo no fato de que "a atuação da mulher casada estava contida e restringida por normas tão numerosas que poderiam permitir ao intérprete a afirmativa de que a liberdade de atuação da mulher era a exceção, necessitando de regra expressa para consagrá-la".[1]

O Código de 2002, em obediência ao princípio da igualdade absoluta entre o homem e a mulher, discriminou na mesma relação as limitações de um e de outro.

Outrossim, consoante já observado, considerando que envolvem aspectos patrimoniais, incluiu as limitações no Título II do Livro IV, concernente ao direito patrimonial, dentro do capítulo voltado às disposições gerais do regime de bens entre os cônjuges.

Seguem-se as limitações na ordem elaborada pelo art. 1.647 do Código Civil, passando a ser pormenorizadamente discriminadas.

Eis a redação do art. 1.647, com a análise de cada um dos incisos: "Ressalvado o disposto no art. 1.648, nenhum dos cônjuges pode, sem autorização do outro, exceto no regime da separação absoluta:

I – alienar ou gravar de ônus real os bens imóveis."

Primeiramente, esclarece-se que a ressalva ao art. 1.648 se refere à autorização que o juiz concede, na eventualidade de o cônjuge denegar a outorga sem justo motivo.

O marido e a mulher, sem o consentimento recíproco, não podem alienar, isto é, vender, permutar, doar bens imóveis – comuns ou particulares –, ou praticar qualquer negócio que sirva de título de transferência de domínio, como dação em pagamento. Inclui-se na alienação a renúncia à herança, eis que o direito à sucessão aberta considera-se bem imóvel, nos termos do art. 80, inc. II.

---

[1] Obra citada, p. 329.

Não é permitido, outrossim, a constituição de gravame de ônus real sobre o imóvel – ônus real este que se manifesta em hipoteca, penhor, anticrese, usufruto, uso, habitação, servidões, direito de superfície, e direito do promitente comprador do imóvel.

Por último, impede-se a transferência de direitos reais sobre imóveis alheios ou de terceiros, como no direito de uma servidão sobre o imóvel de outrem.

Tais espécies, relativas a imóveis, ou a direitos imobiliários, determinam a presença de ambos os cônjuges nas transferências, ou constituições de direitos reais. Assim, no pedido de registro de loteamentos e desmembramentos, o art. 18, inc. VII, da Lei nº 6.766, de 19.12.1979, expressamente ordena que acompanhará o requerimento do loteador a declaração do cônjuge de que consente no registro.

Na celebração do contrato de promessa de compra e venda de terreno loteado, dirimindo velhas discussões sobre a matéria, o § 3º do mesmo art. 18 é expresso em exigir o consentimento do cônjuge do promitente vendedor, embora a concordância no registro do loteamento: "A declaração a que se refere o inc. VII, deste artigo, não dispensará o consentimento do declarante para os atos de alienação ou promessa de alienação de lotes, ou de direitos a eles relativos, que venham a ser praticados pelo seu cônjuge."

Inclusive no compromisso de compra e venda de imóvel não loteado reclama-se a presença do cônjuge do promitente vendedor. Para Serpa Lopes, não há um direito real em si, mas um direito real de aquisição: "Finalmente, temos essa figura jurídica recém-introduzida no nosso direito, a do ônus real resultante do compromisso de compra e venda, a que denominamos direito real de aquisição, o qual, do mesmo modo, se reflete sobre o *jus disponendi*, por isso que, quando o mesmo devedor venha a alienar a coisa que prometeu vender, o comprador, ao adquiri-la, se subordina igualmente ao ônus real que sobre ela pesa, ou seja, a obrigação de outorgar a escritura definitiva."[2]

Já Caio Mário da Silva Pereira fala em direito real novo, pois "nem é um direito real pleno ilimitado (propriedade), nem se pode ter como os direitos reais limitados que o Código Civil, na linha dos demais, arrola e disciplina".[3]

Seja como for, no que é expresso o Código Civil de 2002, em seu art. 1.225, inc. VII, e vem desdobrado nos arts. 1.417 e 1.418, encerra o contrato uma eficácia real, enquanto registrado, passando a valer contra a pretensão de terceiros. Uma vez efetuado o registro imobiliário, nasce um direito real, que é a oponibilidade *erga omnes*. O promissário comprador tem preferência para a aquisição do imóvel, tornando-se ineficazes os atos de alienação e oneração operados posteriormente ao registro. Sílvio Rodrigues indica os efeitos do direito real, por ele chamados de prerrogativas nas promessas: "a) De gozar e fruir da coisa; b) de impedir a sua válida alienação a outrem; c) de obter a adjudicação compulsória, em caso de recusa do promitente em outorgar ao compromissário a escritura definitiva de venda e compra."[4]

Por conseguinte, como os efeitos reais de compra e venda definitiva apenas surgem com o registro, sendo imprescindível a assinatura de ambos os cônjuges, de igual modo é indispensável tal presença nas promessas, já que, além de versarem sobre imóveis, envolvem, no mínimo, alguns dos direitos incidentes no bem. Já o Decreto-Lei nº 58,

---

[2] *Curso de Direito Civil*, 4ª ed., Rio de Janeiro, Livraria e Editora Freitas Bastos S.A., 1962, vol. VI, p. 39.

[3] *Instituições de Direito Civil*, 2ª ed., Rio de Janeiro, Forense, 1976, vol. III, p. 104.

[4] *Curso de Direito Civil – Direito das Coisas*, 1972, p. 175.

de 1937, no art. 11, § 2º, determinava: "É indispensável a outorga uxória quando seja casado o vendedor."

Apesar dessa orientação, outrora pontificou o Supremo Tribunal Federal entendimento diferente: "A promessa de compra e venda, por gerar apenas obrigação de fazer, não exige, para sua validade, ou para sua eficácia, a outorga da mulher do promitente-vendedor, sendo necessária essa outorga apenas para a transmissão da propriedade ou constituição de direito real."[5] Neste posicionamento, o cônjuge que não obtém o assentimento do outro cônjuge assume obrigação de fato de terceiro, que é a outorga uxória. Não conseguindo, responderá por perdas e danos, nos termos do art. 439 do Código Civil.

Igualmente nos contratos de locação regidos pela Lei nº 8.245, de 1991, com duração superior a dez anos, reclama-se o assentimento do cônjuge do locador, conforme ordena seu art. 3º: "O contrato de locação pode ser ajustado por qualquer prazo, dependendo de vênia conjugal, se igual ou superior a dez anos.

Parágrafo único. Ausente a vênia conjugal, o cônjuge não estará obrigado a observar o prazo excedente".

Segue-se a sequência dos incisos do art. 1.647, agora o de nº II:

"II – Pleitear, como autor ou réu, acerca desses bens ou direitos."

Trata-se da postulação judicial acerca de imóveis e direitos a eles relativos.

É impedido o cônjuge de, sem o consentimento do outro cônjuge, pleitear, como autor ou réu, acerca dos bens imóveis ou direitos deles originados.

Por outras palavras, não podem o marido e nem a mulher propor qualquer ação que verse sobre bens imóveis ou direitos reais sobre imóveis alheios, sem o expresso assentimento de um ou de outro, salvo se o casamento tenha sido realizado pelo regime de separação absoluta de bens.

O art. 73 do Código de Processo Civil de 2015 é claro a respeito, como, aliás, vigorava no art. 10 do estatuto processual de 1973, mas sem a exceção do regime de bens referido: "O cônjuge necessitará do consentimento do outro para propor ação que verse sobre direito real imobiliário, salvo quando casados sob o regime da separação absoluta de bens".

Transparece a necessidade da presença de ambos os cônjuges na qualidade de autores, a menos que o casamento tenha sido celebrado pelo regime de separação absoluta de bens.

E na qualidade de réus impende a citação de ambos nesta sequência de situações, conforme indicação do § 1º do apontado dispositivo: "Ambos os cônjuges serão necessariamente citados para a ação:

I – que verse sobre direito real imobiliário, salvo quando casados sob o regime de separação absoluta de bens;

II – resultante de fato que diga respeito a ambos os cônjuges ou de ato praticado por eles;

III – fundada em dívida contraída por um dos cônjuges a bem da família;

IV – que tenha por objeto o reconhecimento, a constituição ou a extinção de ônus sobre imóvel de um ou de ambos os cônjuges.

---

[5] Recurso Extraordinário nº 86.486-SP. *Revista Trimestral de Jurisprudência*, 87/596.

Em face especialmente do inc. I acima, e embora em menor expressão do inc. II, ambos os cônjuges participarão nos litígios que envolvem rescisão de promessas de compra e venda. Seja a lide para desconstituir o negócio por descumprimento de condições, seja por motivo de mora, a providência é necessária. Pertencendo o imóvel ao patrimônio comum, participarão os cônjuges da relação processual. Faculta-se ao cônjuge intervir, inclusive, sozinho, no caso de desinteresse do outro. Acontece que a fórmula 'direito real imobiliário' significa, efetivamente, direito real, abrangendo, inclusive, a posse mantida pelo casal, que é de natureza real. A jurisprudência, desde o tempo em que a matéria era da competência do STF, mantém a necessidade da participação de ambos os cônjuges sempre que a demanda verse sobre bens imóveis, pois tem, qualquer um deles, "o inegável direito de apresentar defesa, alegando o que for de seu interesse".[6]

Não registrado o contrato, igualmente se faz importante a citação dos dois cônjuges, para maior obediência ao art. 1.647, inc. I, da lei civil. O art. 73, § 1º, inc. IV, da lei instrumental civil prevê a citação do casal quando a demanda tenha por objeto o reconhecimento, a constituição ou a extinção de ônus sobre imóveis de um ou de ambos os cônjuges. O termo 'ônus' é empregado no sentido amplo, abarcando os encargos reais e as situações assemelhadas. E o compromisso de compra e venda é, de fato, um gravame. Embora se admita que não constitua um direito real, versa incontestavelmente sobre imóvel, tem efeitos sobre ele e pode, inclusive, alterar a situação anterior.

Também nas interpelações levadas a efeito para formar a mora do devedor o ato estende-se ao consorte, assegurando-se-lhe o prazo de trinta ou quinze dias, conforme se tratar de imóvel loteado ou não, para satisfazer as prestações devidas. Não atingido um dos cônjuges pela notificação, deixa de se consumar a consequência do atraso, ocasionando o oferecimento da soma devida até o momento da contestação, nos imóveis não loteados; e naqueles loteados, se ausente a notificação, não se aperfeiçoa o cancelamento do registro procedido pelo oficial do cartório, pois eivado o ato de nulidade por ausente condição para rescindir o contrato.

Segue a análise do inc. III do art. 1.647:

"III – Prestar fiança ou aval."

O inc. III do art. 1.647 proíbe ao cônjuge que preste fiança ou aval sem o consentimento do outro.

Quando do estudo sobre o exercício e a defesa de direitos pessoais e dos bens de propriedade dos cônjuges ou da família, restou longamente desenvolvida a impossibilidade dos cônjuges prestarem a garantia da fiança e do aval individualmente. Torna-se desnecessário repetir a matéria.

Aduzem-se apenas algumas questões relativas ao assunto, a iniciar sobre a anulação total ou parcial da fiança oferecida por somente um dos cônjuges.

A corrente jurisprudencial predominante, formada ao tempo da destinação do art. 233, inc. III, do Código anterior, ao marido, mas cujo conteúdo se estendeu, pelo art. 1.647, inc. III, do vigente Código a ambos os cônjuges, é a que se inclina pela anulação total da fiança prestada sem o consentimento ou a participação dos dois cônjuges. Não é possível, pois, a anulação apenas na parte da meação do cônjuge não comprometido: "A fiança prestada com desrespeito ao art. 235, III, do CC não pode ser nem parcialmente válida, para que pese somente sobre bens da meação do marido. Todos constituem bens da segurança e bem-estar econômico da família, que quer resguardar com aquela exigência

---

[6] *Revista de Jurisprudência do TJ do RS*, 67/213.

180 • Direito de Família | *Arnaldo Rizzardo*

como que de fiscalização e anuência da colaboração na direção da sociedade conjugal, em benefício do interesse comum do casal e dos filhos."[7] O art. 235, III, referido no texto, corresponde ao art. 1.647, *caput*, e inc. III, do CC/2002.

Entretanto, o disposto no art. 263, inc. X, do Código Civil, não reproduzido pelo atual Código, parecia levar a uma conclusão diferente, ao estabelecer que eram "excluídos da comunhão: ... a fiança prestada pelo marido sem outorga da mulher".

A explicação de Clóvis Beviláqua dirimia a dúvida. A norma do citado preceito restringia-se à fiança que não fora anulada pela mulher: "A fiança, porém, além de anulável, é incomunicável, quer dizer, é imputável na meação do marido, por ela não responde a mulher."[8] A lei assegura a incomunicabilidade da garantia prestada por um dos cônjuges sem o consenso do outro desde que não declarada a anulação ao tempo de vigência do casamento. "A ineficácia da fiança é total se a sua nulidade foi pedida na constância da sociedade conjugal, mas após extinta essa fica excluída dos efeitos da fiança ou meação da mulher, quer a ação tenha sido proposta por ela ou por seus herdeiros."[9]

Uma diferença cabe ressaltar entre a fiança em conjunto ou solidária e a fiança prestada como mero assentimento do outro cônjuge. Na primeira, os bens do casal respondem ou suportam a obrigação. Na segunda, apenas os do cônjuge que garantiu com o consentimento do outro. É como se decidiu: "Fiança. Mero assentimento da mulher não implica assunção conjunta das obrigações decorrentes da fiança prestada pelo marido. A solidariedade não se presume; na dúvida, a interpretação se faz a favor do devedor. Com a morte do fiador, extingue-se a fiança e somente as obrigações afiançadas e vencidas ou exigíveis até a abertura da sucessão transmitem-se aos seus herdeiros... A assinatura aposta no contrato, não como cofiadora, mas como 'esposa do fiador', não deixa dúvidas de que se trata de assentimento da mulher na fiança prestada pelo marido. Outrossim, se dúvidas restaram, a solução a ser tomada deve ser aquela propagada pela doutrina, ou seja, a interpretação se efetua a favor dos devedores."[10]

Apenas se o cônjuge do fiador se obrigar solidariamente, e não dá outorga para a prestação, a responsabilidade é do casal.[11]

Reza, a respeito, o art. 829: "A fiança conjuntamente prestada a um só débito por mais de uma pessoa importa o compromisso de solidariedade entre eles, se declaradamente não se reservarem o benefício da divisão."

No tocante à legitimidade de pedir a anulação da fiança, o cônjuge que a prestou não a tem, como orienta a jurisprudência: "Capacidade ativa, dela carece o marido para nulificar ou anular fiança que prestou sem a competente outorga uxória. Expressos os dispositivos da lei substantiva no sentido de que somente a mulher ou seus herdeiros podem demandar a anulação dos atos do marido sem outorga da mulher (arts. 239, 248, III, e 249 do CC). Anulação. Não podendo ser alegada pelo MP, nem pronunciada *ex tunc*, a fiança prestada sem a outorga uxória pertence à categoria dos atos anuláveis, e não nulos..., remanescendo seus efeitos nos âmbitos próprios, quando não promovida pelo

---

[7] *Julgados dos Tribunais de Alçada Civil de São Paulo*, 25/98. Ainda, *Revista dos Tribunais*, 479/204, 438/178, 441/159 e 444/179.

[8] *Código Civil dos Estados Unidos do Brasil Comentado*, obra citada, vol. II, p. 180.

[9] Recurso Extraordinário nº 45.242, *Da Responsabilidade do Casal pelas Dívidas Assumidas por um dos Cônjuges*, de Amando Lima, obra citada, p. 214.

[10] *Julgados do Tribunal de Alçada do RS*, 27/225.

[11] *Revista dos Tribunais*, 463/138, 345/439 e 532/159.

interessado, placitada pela lei, a competente ação."[12] Presentemente, os arts. 1.649 e 1.650, substituindo os arts. 239, inc. III e 249, restringem a demanda da ação de anulação ao cônjuge a quem cabia conceder a outorga do consentimento, ou aos seus herdeiros.

Segue a jurisprudência, quando eram examinados casos de fiança prestados unicamente pelo marido: "A falta da assinatura da mulher do fiador constitui causa que só ela ou seus herdeiros, que desfrutam de legitimidade para a ação, podem invocar para opor-se à execução da fiança."[13]

Pelo Código em vigor, dada a proibição da concessão de fiança ou aval por apenas um dos cônjuges, flui naturalmente a nulidade da fiança em si.

Se comerciante o fiador, dispensa-se a outorga. Fran Martins dá a razão: "Quando o fiador é uma sociedade comercial, inegavelmente a fiança, assinada por sócio que tenha poderes para tal, não requer outorga uxória desse sócio, já que ele está agindo não em seu próprio nome, mas em nome da sociedade, pessoa jurídica diversa das pessoas do sócio que a compõem. No caso, resta apenas verificar se o sócio que prestou a fiança tinha poderes para tal ou se o contrato ou os estatutos da sociedade permitem a prestação da fiança. Assim acontecendo, não há dúvida de que a fiança é válida, respondendo a sociedade pelas obrigações normais dos fiadores."[14]

Sendo a garantia prestada por comerciante individual, muda a situação. Neste tipo de comerciante, todo o patrimônio individual responde pelas obrigações assumidas. Não serão as mesmas suportadas apenas pelos bens especiais, declarados na constituição da firma. Assim, como na fiança de pessoa não comerciante se reclama a presença conjunta do casal, de idêntico modo se exige que a garantia dada pelo comerciante individual venha acompanhada da outorga uxória materializada pela assinatura de ambos os cônjuges.

Algumas considerações sobre o aval tornam-se necessárias, já que, pelo atual Código, também requer a autorização do outro cônjuge. O aval é uma garantia pessoal reservada aos títulos de crédito, ou cambiais, e pertence ao direito comercial. Significa, no conceito de João Eunápio Borges, "a declaração cambial cuja finalidade única é a de garantir o pagamento da letra de câmbio, da nota promissória e de outros títulos (cheque e duplicata), em parte assimilados aos cambiais".[15]

O art. 14 da Lei Cambial (Decreto n° 2.044, de 31.12.1908) bem expressa a finalidade: "O pagamento de uma letra de câmbio, independentemente do aceite e do endosso, pode ser garantido por aval. Para a validade do aval, é suficiente a simples assinatura do próprio punho do avalista ou do mandatário especial, no verso ou anverso da letra."

Daí já ser possível perceber que, enquanto a fiança é uma garantia fidejussória, o aval se restringe aos débitos submetidos aos princípios cambiários. Nos efeitos, o aval gera a responsabilidade solidária e ao mesmo tempo formal, perfeita, autônoma e independente; na fiança, a obrigação é acessória e subsidiária. Aquele é lançado no próprio título cambiário, ao passo que a última pode ser prestada em documento à parte. Só esta goza do benefício de ordem e permite invocar exceções pessoais quanto à origem da dívida.

Não se aplicavam, no regime do Código de 1916, ao aval a norma do art. 235, inc. III, e a do art. 248, inc. III, do Código Civil, ou seja, válida era a garantia ou o ato de

---

[12] TJRS. Embargos Infringentes n° 19.105. *Jurisprudência Brasileira*, n° 59; *Fiança no Cível*, obra citada, p. 171.

[13] *Revista dos Tribunais*, 473/129.

[14] *Contratos e Obrigações Comerciais*, 7ª ed., Rio de Janeiro, Forense, 1984, p. 402.

[15] *Títulos Bancários*, 2ª ed., 5ª tiragem, Rio de Janeiro, Forense, 1975, p. 3.

vontade que a pessoa casada prestava sem o assentimento do cônjuge. Mas a execução para cobrir o valor exigido não podia ser suportada por mais da metade dos bens do casal, se o outro consorte manifestasse o seu direito no curso do processo. Ficava preservada a meação.

O aval não se considerava nulo. Mantinha-se ele válido e inatacável, mesmo sob o regime de comunhão de bens, independentemente da licença do outro cônjuge. Apenas emergia da situação a possibilidade do ingresso da medida de embargos de terceiro, para salvaguardar metade do patrimônio.

Entendia-se, todavia, quanto ao aval dado à sociedade mercantil da qual advinha vantagem ou benefício ao cônjuge que não prestou a garantia: "Aval do marido. Benefício do casal (ônus da prova). O aval dado pelo marido à sociedade da qual participa, pressuposto de fato que não se pode reinverter nesta instância, induz à presunção de que a obrigação beneficia à família, cabendo à mulher elidir essa presunção.

Comum é a aquisição de bens por uma sociedade comercial, servindo o seu diretor ou titular de quotas na qualidade de avalista. Prestando a sociedade o sustento à família do dito avalista, não se considera a garantia mera liberalidade. As circunstâncias que o motivaram lhe dão o caráter de oneroso, tendo sido útil ao conjunto familiar, ou enriquecendo-o através da aquisição de um bem novo."[16]

O proveito que advém para a firma avalizada redunda em proveito da família de quem emprestou a garantia: "É inadmissível o apelo extremo, com base no art. 3º da Lei nº 4.121, de 1962, quando, na espécie, em face da prova, o marido, como diretor de uma firma, avalizou títulos da mesma firma, em proveito de suas atividades, e, por conseguinte, das necessidades dos diretores da sociedade, e, também em consequência, das necessidades de suas famílias."[17]

Passa-se para o exame do inc. IV do art. 1.647:

"IV – Fazer doação, não sendo remuneratória, de bens comuns, ou dos que possam integrar futura meação."

Pelos arts. 235, inc. IV, e 242, inc. I, do Código revogado, vedava-se aos cônjuges "fazer doação, não sendo remuneratória ou de pequeno valor, com bens ou rendimentos comuns".

A redação do preceito que disciplinava a matéria foi alterada pelo Código atual. Não mais se cogita de doações de pequeno valor, restringindo-se àquelas que fazem parte dos bens comuns e aos que possam integrar a meação.

O objetivo da norma impeditiva é proteger o patrimônio do casal, evitando a dilapidação dos bens adquiridos. Tem-se em conta o interesse da família, o que importa no dever de ambos os cônjuges de resguardar o patrimônio comum, que normalmente deve transferir-se para os descendentes, e não para pessoas da simpatia particular de cada cônjuge.

Salienta-se que, relativamente aos imóveis, não interessando a finalidade, nenhum dos cônjuges pode aliená-los a título gratuito ou oneroso, seja qual for o procedimento, sem a outorga mútua, por força do art. 1.647, inc. I. Relativamente aos bens móveis particulares, isto é, pertencentes ao cônjuge, é permitida a alienação, e, por conseguinte, a doação, independentemente da anuência recíproca. E no pertinente aos comuns, a vedação restringe-

---

[16] *Revista Trimestral de Jurisprudência*, 70/871.
[17] *Revista Trimestral de Jurisprudência*, 73/772; *idem*, nº 74/132.

Cap. IX | Limitações Matrimoniais na Atuação do Marido e da Mulher • 183

-se à alienação a título gratuito, isto é, à doação, e não às vendas e outras maneiras de transferências onerosas. Dispensa-se, no entanto, o consentimento ou a participação de ambos os cônjuges nas doações remuneratórias ou a dos bens que possam integrar futura meação. Como remuneratórias consideram-se aquelas procedidas para compensar favores ou serviços prestados. E nesta ordem são havidas as que representam compensações a benefícios recebidos, ou que expressam um gesto de gratidão pela ajuda recebida em uma dificuldade, como o atendimento médico, a assistência gratuita em uma causa judicial, o acompanhamento em uma doença etc. Mas, importa lembrar a limitação do art. 540: "A doação feita em contemplação do merecimento do donatário não perde o caráter de liberalidade, como não o perde a doação remuneratória, ou a gravada, no excedente ao valor dos serviços remunerados ou ao encargo imposto."

Abre o parágrafo único do art. 1.647 uma exceção às filhas e aos filhos que casam ou se estabelecem com economia separada: "São válidas as doações nupciais feitas aos filhos quando casarem ou estabelecerem economia separada."

Por esta regra, podem o pai e a mãe, sem o consentimento recíproco, auxiliar os filhos quando do casamento, ou quando se estabeleçam com economia autônoma ou própria, e facilitar a ajuda aos filhos em momentos importantes da vida.

As doações não abrangem imóveis, a menos que tenham a participação de ambos os pais, embora entendimento contrário de Clóvis e Pontes, assim repelido por Washington de Barros Monteiro, mantendo-se a sua atualidade: "Malgrado a incontestável autoridade desses eminentes juristas, não vemos como possa o marido doar bens imóveis aos filhos sem outorga uxória, ante a proibição do art. 235, nº I. A nosso ver, a norma do art. 236 constitui apenas exceção à regra geral do art. 235 nº IV. Proíbem-se, nesse dispositivo, doações que não sejam módicas. Pois bem, se as doações forem para os filhos que se casam, ou se estabelecem com economia separada, poderão ser de monta, mas constituir--se-ão exclusivamente de bens de natureza móvel. Para doações de imóveis, ainda que de pequeno valor, indispensável será a outorga uxória."[18] Recorda-se de que os arts. 235, I, 235, inc. IV e 236, referidos no texto, correspondem, no atual Código, aos arts. 1.647, inc. I, 1.647, inc. IV, e ao parágrafo único do art. 1.647.

3. OBRIGAÇÕES QUE IMPORTAM ALIENAÇÃO DOS BENS DO CASAL E BENEFÍCIO COMUM

Do rol de atos que o art. 1.647 submete, para a sua eficácia, à participação de ambos os cônjuges, decorre que a contratação de obrigações também reclama a mesma exigência, se acarreta a alienação ao patrimônio. Realmente, se a assunção de dívidas pode redundar na constrição do patrimônio, e sua consequente alienação para a satisfação do crédito, a plena validade impõe a presença do outro cônjuge.

O Código Civil anterior, no art. 242, inc. IV, era explícito, embora restritamente à mulher, mas cuja inteligência se estendia ao marido, pelo qual o cônjuge não podia contrair obrigações que pudessem importar em alheação de bens do casal.

Em verdade, as obrigações contraídas mantêm-se válidas, mesmo que, inadimplidas, demandem a venda judicial do patrimônio comum. Não decorre, pelo fato de terem sido assumidas por um dos cônjuges, a sua anulação. Persiste a validade. Entrementes, quando o credor busca o seu adimplemento, torna-se viável que seja suscitada a exclusão do

---

[18] *Curso de Direito Civil – Direito de Família*, obra citada, p. 124.

184 • Direito de Família | *Arnaldo Rizzardo*

patrimônio particular, ou que se procure preservar a meação se a destinação não era para o conjunto familiar, ou para o bem do casal.

Todavia, se o ato vem autorizado pelo outro cônjuge, obriga todos os bens do casal, seja qual for o regime matrimonial do casamento.

Em qualquer hipótese, decorrendo benefício comum, o patrimônio de ambos os cônjuges responderá pelo pagamento, o que constitui ponto pacífico na jurisprudência: "Embora seja a dívida contraída só por um dos cônjuges, os bens do casal por ela respondem quando tenha sido em benefício da família."[19] Por isso, o que também acontece no direito argentino, francês, chileno, entre o de outros países, "en estos casos cualquier acreedor de la sociedad puede perseguir a cualquier de los cónyuges por la totalidad de la deuda".[20]

O Código Civil, no art. 1.643, traça normas a respeito de algumas dívidas de caráter eminentemente familiar: "Podem os cônjuges, independentemente de autorização um do outro:

I – comprar, ainda a crédito, as coisas necessárias à economia doméstica;

II – obter, por empréstimo, as quantias que a aquisição dessas coisas possa exigir."

São as dívidas originadas da aquisição de produtos ou mercadorias para o quotidiano da vida familiar, como a alimentação, o vestuário, os instrumentos de limpeza, os medicamentos, o material escolar, e para o pagamento de contas de luz, água, telefone, combustível, mensalidades escolares, aluguel e, assim, uma série de outros compromissos exigidos pelo simples fato da manutenção da família e da moradia.

Completa o art. 1.644: "As dívidas contraídas para os fins do artigo antecedente obrigam solidariamente ambos os cônjuges."

4. PRESUNÇÃO DA CONTRATAÇÃO DA DÍVIDA EM FAVOR DO CASAL

Tem-se firmado a presunção de que a dívida contraída pelos cônjuges, salvo disposição em contrário, se destina a beneficiar a sociedade conjugal, na qual se situam eles como os maiores interessados no bom desempenho da vida familiar.

É como reconhecia a jurisprudência formada ao tempo do Código de 1916:

"... Em princípio, e por presunção, as dívidas contraídas por um dos cônjuges visam ao benefício do casal. O contrário é a exceção. Para que as dívidas não atinjam o patrimônio do casal, insta se prove que foram contraídas em seu prejuízo. Assim, cabe à mulher, na hipótese de aplicação do art. 3º da Lei nº 4.121/62, provar que a dívida não trouxe benefício ao casal, mas, sim, prejuízo ao seu patrimônio."[21]

"A providência determinada pelo art. 3º da Lei nº 4.121, de 1962, visa, apenas, evitar que um dos cônjuges possa comprometer o patrimônio comum com dívidas alheias aos interesses da família. Em consequência, para a mulher livrar a sua meação de dívidas assumidas pelo marido, necessário será faça prova de que as mesmas dívidas não foram constituídas em benefício da família, pois o contrário é o que resulta da natureza das coisas."[22]

---

[19] *Revista dos Tribunais*, 421/124.

[20] Eduardo Vaz Ferreira, *Tratado de la Sociedad Conyugal*, 3ª ed., Buenos Aires, Editorial Astrea, 1979, tomo II, p. 321.

[21] *Revista Trimestral de Jurisprudência*, 65/386.

[22] *Revista dos Tribunais*, 421/336.

E, mais recentemente:

"É entendimento predominante na jurisprudência, na interpretação do art. 3º da Lei nº 4.121, de 27.08.1962, que a mulher, para evitar que sua meação seja atingida pela penhora, deverá provar, cumpridamente, dois requisitos essenciais: a) que a dívida não trouxe benefício ao casal; b) que o gravame atingiu, efetivamente, a sua meação."[23]

Reza o art. 3º da Lei nº 4.121, acima apontado: "Pelos títulos de dívidas de qualquer natureza, firmados por um só dos cônjuges, ainda que casados pelo regime de comunhão universal, somente responderão os bens particulares do signatário e os comuns até o limite de sua meação."

No caso de embargos de terceiro, opostos pelo cônjuge do executado, diante da penhora levada a efeito, compete a ele provar que não resultou benefício para a família, ou para ela próprio o produto da dívida contraída, mesmo porque ao credor completamente estranho ao que se passa no recesso do lar é que seria desarrazoado exigir prova de que seu crédito foi contratado em benefício da sociedade conjugal.[24]

5. OBRIGAÇÕES PARTICULARES DOS CÔNJUGES

Várias as obrigações, a par da fiança e do aval, que são da responsabilidade de um dos cônjuges apenas, embora se tenha contraído o matrimônio pelo regime de comunhão parcial ou de comunhão universal de bens. Nos arts. 1.659 e 1.668, constam estabelecidas tais dívidas, destacando-se as a seguir discriminadas:

a) as obrigações anteriores ao casamento celebrado sob o regime de comunhão parcial;

b) as dívidas anteriores ao casamento celebrado sob o regime de comunhão universal, salvo se provierem de despesas com seus aprestos, ou reverterem em proveito comum, exceção que não acontece no regime de comunhão parcial;

c) as obrigações provenientes de atos ilícitos, salvo reversão em proveito do casal, seja de comunhão parcial ou universal o regime de bens.

Em síntese, se não trouxerem benefícios ao casal, não se estendem ao cônjuge que não as contraiu. Todas as dívidas particulares e que não aproveitaram ao conjunto familiar são daquele que as provocou.

São exemplos, ao lado de outras, as provenientes de os títulos emitidos para salvar dívidas de jogo, ou originadas de despesas com a companheira ou o companheiro do cônjuge, o que frequentemente acontece, citando-se como exemplos a compra de joias, veículo, residência e a manutenção, dentre outros favores. A execução de tais compromissos não determina a constrição dos bens comuns, eis que na sua determinação inexistiu interesse de ambos os cônjuges.

São encargos oriundos unicamente da vontade ou de contingências particulares do cônjuge, como as originadas para a satisfação do lazer ou na realização de viagens empreendidas não a serviço da profissão.

---

[23] *Lex – Jurisprudência do Supremo Tribunal Federal*, 5/11.

[24] TJMG. Apel. Cível nº 40.637. 2ª Câm. Cível, *Da Responsabilidade do Casal pelas Dívidas Assumidas por um dos Cônjuges*, de Amando Lima, obra citada, p. 288.

186 • Direito de Família | Arnaldo Rizzardo

Não se imputam à comunhão, no dizer de Amando Lima, porque "suas causas imediatas, que são fundamentos dos direitos dos credores, estão intimamente ligadas ou à vontade, ou à omissão pessoal do agente que lhes deu origem, sem resultar proveitos econômicos à família. Esses títulos escapam à lei de comutação, pois oneram o patrimônio sem expectativa de contraprestação. Elas decorrem de atos graciosos ou de ilícitos, ambos sujeitos a interpretação restritiva; sendo assim, não pertencem ou não se estendem, para responsabilizar, à pessoa do cônjuge que não aderiu à vontade, nem se aproveitou, nem teve atuação ou omissão concorrente com a do agente criador do título".[25]

No art. 1.666, há norma importante, quando a administração se restringe aos bens particulares: "As dívidas, contraídas por qualquer dos cônjuges na administração de seus bens particulares e em benefício destes, não obrigam os bens comuns." Todavia, se decorrem da administração dos bens comuns, as dívidas comprometem não apenas tais bens, como também os do cônjuge que os administra e aqueles do outro cônjuge, a teor do § 1º do art. 1.663: "As dívidas contraídas no exercício da administração obrigam os bens comuns e particulares do cônjuge que os administra, e os do outro cônjuge na razão do proveito que houver auferido." Nota-se que também o patrimônio particular de cada um dos cônjuges suporta os encargos decorrentes da administração do patrimônio comum, mas na proporção do proveito que o cônjuge auferir.

6. A RESPONSABILIDADE NAS DÍVIDAS PARTICULARES

Uma vez firmada a responsabilidade, ela prevalece, na maior parte das situações, mas incidindo o cumprimento na meação do cônjuge que assumiu a obrigação. É o caso das doações nupciais, ou feitas aos filhos por ocasião do casamento, ou quando se estabelecerem com economia separada. A norma vem do art. 1.647, parágrafo único, do Código: "São válidas as doações nupciais feitas aos filhos quando casarem ou estabelecerem economia separada."

As doações comuns e as fianças são anuláveis, enquanto o aval sujeita-se à invalidade, dentro da previsão do art. 1.647, incisos III e IV: "Ressalvado o disposto no art. 1.648, nenhum dos cônjuges pode, sem autorização do outro, exceto no regime da separação absoluta: ... III – prestar fiança ou aval; IV – fazer doação, não sendo remuneratória, dos bens comuns, ou dos que possam integrar a futura meação."

Se a obrigação nasce de ato ilícito, a responsabilidade é do cônjuge com seus bens particulares, e os comuns até o limite de sua meação, conforme se extrai do art. 1.659, inc. IV.

Trata-se de uma obrigação meramente pessoal, porquanto determinada por ato ou omissão voluntária do autor, ou, ainda, por negligência, imprudência ou imperícia.

Os embargos de terceiro são o remédio para a defesa da meação ou dos bens particulares pelo outro cônjuge: "No caso de indenização por ato ilícito do cônjuge é permitido ao cônjuge inocente opor embargos de terceiro com a finalidade de excluir sua meação de penhora em bens do casal."[26] Os tribunais, aplicando a regra, assim decidem desde épocas mais antigas.[27]

---

25 Obra citada, p. 77.
26 *Revista dos Tribunais*, 480/82.
27 *Revista dos Tribunais*, 284/386, 374/82, 268/742 e 185/143.

Cap. IX | Limitações Matrimoniais na Atuação do Marido e da Mulher • **187**

Pontes de Miranda aponta o patrimônio que responde por dívida de tal natureza, em lição de grande atualidade: "Quanto às obrigações provenientes de atos ilícitos, são incomunicáveis, mas têm de ser executadas, e respondem por elas assim os bens que o cônjuge obrigado levou para o casal como os que depois adquiriu, ainda que por metade, devido à comunhão e, pagas tais dívidas, deduzir-se-ão da meação do devedor quando dissolvida a comunhão. A solução de só se pagarem depois da morte, ou outro fato de dissolução da sociedade conjugal, excluídos os bens que se comunicassem durante todo o tempo da constância da sociedade conjugal, seria imoral... Não se justificaria que o autor do delito... ficasse isento de pagar a dívida *ex delicto*, enquanto vigorasse a sociedade conjugal. A metade dos bens comuns é do cônjuge devedor. A dívida proveniente de ato ilícito é incomunicável. Nada obsta, porém, a que se pague a obrigação *ex delicto* dentro da metade do cônjuge devedor, levando-se em conta, quando dissolvida a sociedade conjugal, o que a metade se tirou. Uma vez que o Código Civil nada disse a respeito, outra não pode ser, dentro dos princípios gerais do direito, a solução adequada."[28]

Mas se do ato ilícito adveio proveito ao outro cônjuge; ou se cometido durante o exercício da atividade econômica, a aplicação do direito é outra, ou seja, a indenização abrangerá os bens comuns na sua cobertura. Não é incomum a ocorrência de acidentes de trânsito quando dos deslocamentos das pessoas para o local da atividade profissional, ou mesmo no desempenho do trabalho. A conduta culposa, a toda evidência, era dirigida para atender interesses da família. Os bens comuns respondem pelas consequências.

Aliás, o Código Civil, no art. 1.659, inc. IV, exclui da responsabilidade comum apenas se os atos ilícitos não reverteram em proveito do casal.

As obrigações existentes antes do casamento serão suportadas igualmente pela meação ou bens próprios de quem as contraiu, a menos se provenientes de despesas com seus aprestos ou se reverterem em proveito comum. O art. 1.668, inc. III, dispõe sobre o seu pagamento, quando não compreendidas nesses duas ressalvas: "São excluídos da comunhão... III – as dívidas anteriores ao casamento, salvo se provierem de despesas com seus aprestos, ou reverterem em proveito comum."

Muitas obrigações aparecem instrumentalizadas nos títulos com a assinatura de um só dos cônjuges. Mas não restam dúvidas de que responsabilizam solidariamente o casal, e têm a garantia não apenas do patrimônio comum, e sim igualmente dos bens particulares de um e de outro, o que encontra suporte nos arts. 1.643 e 1.644. Como exemplos de títulos que se apresentam nesta forma, citam-se o contrato de locação e as promissórias ou notas de compra significativas de aquisições de coisas necessárias ao lar.

7. CONSEQUÊNCIAS NO DESCUMPRIMENTO DAS LIMITAÇÕES COMUNS

No caso de desobediência às limitações enumeradas no art. 1.647, a sanção é a anulabilidade do ato praticado. A desobediência significa a falta do assentimento do outro cônjuge em vários atos conjugais, não havendo o suprimento pelo juiz, segundo já observado. É o que preceitua o art. 1.649: "A falta de autorização, não suprida pelo juiz, quando necessária (art. 1.647), tornará anulável o ato praticado, podendo o outro cônjuge pleitear-lhe a anulação, até 2 (dois) anos depois de terminada a sociedade conjugal."

Ressalta do cânone também o prazo decadencial, de dois anos, para a devida ação anulatória, que inicia a contar da data da dissolução da sociedade conjugal, numa previ-

---

[28] *Tratado de Direito Privado*, Editor Borsoi, 1955, vol. VIII, p. 316.

188 • Direito de Família | *Arnaldo Rizzardo*

são totalmente diferente do sistema legal do Código Civil anterior, quando era prevista a prescrição, operando-se no prazo de dois anos, se proposta a ação pelo marido ou seus herdeiros (art. 178, § 7º, inc. VII, e art. 252); ou de quatro anos, se ajuizada a lide pela mulher ou seus herdeiros (art. 178, § 9º, inc. I, letras "a", "b" e "c",). Nas duas situações, começava o lapso prescricional a partir da dissolução da sociedade conjugal.

Admite-se a convalidação posterior do ato, por meio de instrumento público, ou particular devidamente autenticado, de acordo com o disposto no parágrafo único do mesmo dispositivo acima.

Há um círculo restrito de pessoas legitimadas para a ação de anulação. Consideram-se partes legítimas para buscar a anulação de atos do marido a respectiva mulher e seus herdeiros, o que vem expresso no art. 1.650: "A decretação de invalidade dos atos praticados sem outorga, sem consentimento, ou sem suprimento do juiz, só poderá ser demandada pelo cônjuge a quem cabia concedê-la, ou por seus herdeiros."

Uma vez declarada a anulação do ato, o efeito age retroativamente, tornando as partes ao estado em que antes dele se achavam; não sendo isto possível, a única alternativa é procurar a correta indenização.

De notar, ainda, que na anulação de um ato do cônjuge por falta de outorga do outro, apenas o primeiro responde pelos prejuízos ocorríveis ou consequências, o que decorre naturalmente.

Somente os bens particulares do causador do negócio suportarão os prejuízos que advierem, e possíveis ações de indenização. Não importa a boa ou a má-fé do terceiro prejudicado.

Mas, se adveio algum benefício ao outro cônjuge, os bens comuns podem responder na proporção da vantagem advinda, consequência essa normal.

Para auferir o terceiro a indenização pelos prejuízos com bens do casal, três condições importam se configure:

– a vantagem advinda ao casal;

– a presença de boa-fé no terceiro;

– e a insuficiência de bens bastantes em nome do cônjuge que efetuou o ato indevido para suportar a indenização ou prejuízo pela desconstituição do negócio.

A obrigação de indenizar o terceiro transmite-se aos herdeiros, no correspondente aos bens transmitidos.

A responsabilidade em indenizar o terceiro incide não apenas se houver vantagem ao cônjuge que infringiu as normas legais. É justo que se indenize o dano causado por força do art. 186, pouco importando se algum benefício o favoreceu.

Os atos autorizados por um ou outro consorte obrigam todos os bens do casal, se o regime matrimonial for o da comunhão, e somente os bens do cônjuge que autorizou, se o regime for diverso do de comunhão, e não constar a responsabilidade conjunta de ambos.

8. SUPRIMENTO JUDICIAL DO CONSENTIMENTO DO CÔNJUGE

As limitações existem porque os atos a que se referem dependem do consentimento do outro cônjuge para se realizarem, e se justificam em razão do interesse preponderante da família em vários atos.

Subsiste o dever de ambos os cônjuges em resguardar o patrimônio comum, atingindo qualquer regime de bens, mesmo o de separação obrigatória.

Mas, em certas situações, se o cônjuge não der o consentimento, ou a outorga, permite-se o recurso aos meios judiciais, a fim de que seja suprida a declaração de vontade. Está a faculdade prevista na regra do art. 1.648: "Cabe ao juiz, nos casos do artigo antecedente, suprir a outorga, quando um dos cônjuges a denegue sem motivo justo, ou lhe seja impossível concedê-la."

Os casos do artigo antecedente envolvem as seguintes situações:

"I – alienar ou gravar de ônus real os bens imóveis;
II – pleitear, como autor ou réu, acerca desses bens ou direitos;
III – prestar fiança ou aval;
IV – fazer doação, não sendo remuneratória, de bens comuns, ou dos que possam integrar futura meação."

O suprimento da outorga de um e de outro pressupõe a falta de motivação nas razões invocadas pelo cônjuge recalcitrante. Não se admite uma negativa por simples capricho, ou por razões injustas e desprovidas de um mínimo de razão. Um caso específico de suprimento verifica-se quando o cônjuge não ministrar os meios de subsistência da família, ou se negar a participar no sustento do lar, embora tenha condições.

É justa, por outro lado, a recusa em negócios nocivos ao interesse comum, não dimensionados para atender uma finalidade da família, mas decorrentes da incúria ou do espírito aventureiro do cônjuge; ainda, quando o cônjuge pretende vender o imóvel onde reside a família; nas alienações ruinosas ou por valor inferior à real estimativa do bem; na venda do imóvel residencial para empreender uma viagem, ou para auferir melhores condições de vida material, sem que o casal tenha rendimentos condizentes a pagar aluguéis de outro imóvel equivalente ao vendido; quando o casal se encontra separado de fato, e vive um dos cônjuges em concubinato.

O suprimento judicial é admitido, outrossim, quando o outro cônjuge se encontrar impossibilitado de conceder a outorga, ou de participar do ato de alienação, o que seguidamente ocorre nas situações de alienação mental, ou de interdição por incapacidade ou ausência. O critério a inspirar a decisão será a utilidade do ato para o qual se pretende o suprimento, inclusive com a nomeação de um curador especial para o ato, na forma do art. 72, inc. I, do Código de Processo Civil.

Considera-se nula a venda de bens de incapaz, e nesta parte se inclui o cônjuge incapaz, se não estiver ele representado por um curador especial, e colidirem seus interesses com os do representante legal.[29]

É natural que o suprimento judicial somente atinja os bens comuns, e não os particulares do cônjuge. Vinha esta conclusão no art. 238 do Código anterior: "O suprimento judicial da outorga autoriza o ato do marido, mas não obriga os bens próprios da mulher". Não repetiu o atual Código Civil a regra porque é discriminatória, e porque decorre naturalmente o não envolvimento dos bens do cônjuge, seja da mulher ou do marido, que teve o ato de vontade, se for o caso, suprido.

---

[29] *Revista dos Tribunais*, 470/210.

9. OBRIGAÇÕES DERIVADAS DOS ENCARGOS NO LAR QUE DISPENSAM A OUTORGA DO CÔNJUGE

O art. 1.643 elenca alguns atos que pode o cônjuge praticar sem a autorização do outro:

Diz a regra: "Podem os cônjuges, independentemente de autorização um do outro:

I – comprar, ainda por empréstimo, as coisas necessárias à economia doméstica;

II – obter, por empréstimo, as quantias que a aquisição dessas coisas possa exigir."

A matéria já restou abordada no item 3 deste capítulo.

De acordo com a nova ordem introduzida, não mais é mantida a organização da sociedade conjugal tradicional, quando havia funções próprias para cada um dos cônjuges, cabendo à mulher assumir a direção interna da casa, e, consequentemente, tendo competência para os atos próprios dessa direção, enquanto ao marido se reservavam as atribuições de representação do casal, da direção da economia doméstica e do sustento da família.

Pelo atual protótipo da família, chegou-se à possibilidade de qualquer um dos cônjuges contrair empréstimos para satisfazer as necessidades do lar, comprar a crédito, abrir contas em estabelecimentos bancários, pois todos esses atos visam satisfazer as necessidades domésticas, cujo atendimento é comum a ambos os cônjuges. Assim, é reconhecido o poder que ambos têm, especialmente em vista da ordem constitucional, não em virtude de um mandato doméstico que um outorga ao outro, nem com base em uma representação legal no tocante a alguns assuntos de interesse na economia do lar, mas em razão do poder doméstico de que estão revestidos, pelo qual se lhes assegura toda a gama de faculdades exigida para a direção e a manutenção da família.

De modo que se lhes reconhece o poder de efetuar negócios atinentes às necessidades do lar, sem o prévio consentimento de um ou de outro. As aquisições tornam-se encargos da família, chamando à responsabilidade o cônjuge que não participou do ato na satisfação das obrigações assumidas.

A doutrina francesa clássica já preconizava a responsabilidade do cônjuge que não assumiu as obrigações, embora se refira ao marido: "Puisque c'est entre les mains du mari que l'épouse opère le versement de la contribution qu'elle doit, et puisque son conjoint créancier qui peut l'avoir contrainte à la payer, en règle seul l'emploi: il semblerait naturel de conclure que le mari est seul responsable, vis-à-vis des tiers de dèpenses cummunes."[30]

A jurisprudência tem aplicado o princípio da responsabilidade do cônjuge que não efetuou as despesas: "Pelas compras, ainda que a crédito, realizadas pela mulher casada, necessárias à economia doméstica, responde o marido, frente à presunção legal de que está por ela autorizada."[31]

Surgem, entretanto, exceções. Determinado tipo de obrigações ou compromissos não faz emergir a responsabilidade de ambos os cônjuges, se um deles não é favorecido. Mantendo-se um dos cônjuges alheio aos benefícios da dívida, os bens comuns não sofrem as consequências do inadimplemento. É o que ocorre com os encargos assumidos em benefício exclusivo de um dos cônjuges.

---

[30] G. Baudry-Lacantinerie e J. Le Coutois e F. Surville, *Traité Théorique et Pratique de Droit Civil*, 3ª ed., Paris, Librairie de la Société de Recueil, *J. B. Sirey et du Journal du Palais*, 1916 e 1908, vol. XVIII, tomo III, p. 47, nº 1.488.

[31] *Revista de Jurisprudência do TJ do RS*, 72/697.

Os autores alemães Enneccerus, Kipp e Wolff enumeram algumas hipóteses relativamente à mulher: "1. Todas las contraídas por la mujer antes del matrimonio, pues sería extraño que la mujer pudiera, casándose, reducir frente a sus acreedores la afectación de sus biens. 2. Entre la deudas contraídas por la mujer durante al matrimonio las seguintes: las procedentes de acto ilícito y otros hechos que no sean negocios jurídicos, por ejemplo, los deberes de alimentos, los deberes por gestión de negocios sin mandato, las costas procésales, el deber, que nace conforme a las reglas de la impugnación de los actos en fraude de acreedores, de restituir lo adquirido; por el contrario, las deudas plenas si el marido prestó su asentimiento o si tal asentimiento era innecesario."[32]

Trata-se daquelas dívidas reservadas ou particulares, e, assim, embora permaneça o regime de comunhão de bens, para satisfazê-las só respondam os bens reservados ou particulares. São, ainda, as obrigações que derivam de um negócio jurídico concluído pelo cônjuge durante o matrimônio, mas sem o indispensável assentimento do outro. O credor só tem ação contra aquele que contraiu a obrigação. Os bens próprios respondem pela obrigação.

Daí que, lembra Ernani Estrella, a quem pretende obrigar o patrimônio do casal por dívida contraída exclusivamente por um dos cônjuges, se impõe provar ocorrer o interesse da família na sua causa. Quando isto não demonstre, somente poderá valer o seu crédito contra os bens particulares do cônjuge que assumiu a obrigação. Afora isto, são válidos os atos do cônjuge. Obrigam os encargos assumidos perante terceiros, mesmo que exorbite o cônjuge de seus poderes.[33]

É que, de modo geral, os cônjuges agem no interesse da família, como ocorre na aquisição de produtos para todos os seus componentes, ou na contratação de dívidas necessárias para a economia doméstica.

---

[32] *Tratado de Derecho Civil, Derecho de Familia*, Barcelona, Bosch – Casa Imperial, 1947, vol. I, tomo IV, p. 379, § 56.

[33] *O Direito da Mulher*, Rio de Janeiro, José Konfino – editor, 1975, p. 147.

X
Bens Reservados

1. A POSIÇÃO DA MULHER NOS ORDENAMENTOS JURÍDICOS

Podemos afirmar que a posição da mulher, em épocas passadas, era tanto mais inferiorizada quanto menos culta ou desenvolvida a sociedade onde ela vivia.

No mundo antigo, não raramente ela ficava relegada a uma situação não apenas subalterna, mas na condição de *res*, ou objeto à disposição do homem. Entre muitos povos selvagens, a ela ficavam reservadas as tarefas mais rudes e pesadas, dando ao marido uma posição privilegiada, ligada a atividades nobres e importantes nas decisões e na condução do grupo humano do qual ela fazia parte. Mesmo no meio de povos mais civilizados, não passava de um bem material, podendo ser comprada, vendida ou herdada. O casamento era múltiplo, admitindo-se uma relativa poligamia e permitindo-se ao homem consorciar-se com determinado número de esposas.

Em relação ao direito romano, nos primeiros tempos, a posição afigurava-se nitidamente inferior, ressaltando Limongi França a seguinte passagem: "As mulheres estão excluídas de todos os ofícios civis ou públicos; e assim não podem ser juízas nem desempenhar a magistratura, nem postular, nem por outrem intervir, nem ser procuradoras."[1]

Estava ela submetida à tutela perpétua do marido, da qual conseguiu livrar-se posteriormente, no ano de 321, sob o reinado de Constantino.

Mesmo no direito português, no período das Ordenações Filipinas, grave era a diferença de tratamento entre o homem e a mulher, segundo as palavras de Lucy Rodrigues dos Santos, que melhor cuidou do assunto: "No que respeita ao adultério, a diferença de tratamento é alarmante. Superando os rigores do direito romano, insensível aos ensinamentos do cristianismo, previa a pena de morte para a mulher adúltera (Livro 5, Títs. 25 e 38, §§ 1º a 5º) e a de degredo por três anos na África, mais multa, para o homem. A cada reincidência aumentava-se a multa (Livro 5, Tít. 28). A tanto não chega nem o Corão, que é de considerável rigidez na matéria e que poderia, eventualmente, ter influenciado a norma, em decorrência da presença dos mouros na península ibérica por vários séculos. O cúmplice da adúltera ficava sujeito à mesma pena de morte, salvo se de maior condição social que o marido dela; a barregã do homem casado era açoitada em público, com baraço e pregão, degredada por um ano para Castro-Marim, mais multa. O marido que consentia no adultério da mulher era degredado para a África e o casal de amantes, depois de açoitados, para o Brasil (Liv. 5, Tít. 25, § 9º)... Encabeçando todos os poderes e prerrogativas que pudesse ter o marido sobre sua mulher, o direito de castigá-la sem

---

[1] *Brocardos Jurídicos, As Regras de Justiniano*, 2ª ed., São Paulo, RT, 1969, p. 48.

sequer indagar os motivos (Liv. 5, Tít. 36, § 1°); no de morte, ao menos, dava a lei o fundamento: o adultério."[2]

No entanto, teve a mulher também destaque junto aos povos antigos, a ponto de serem conhecidas organizações ou grupos matriarcais, em que prevalecia a hegemonia da mulher sobre o homem, como aconteceu em certo período do Egito primitivo, quando se lhe conferia o direito de sucessão ao trono. Mais tarde, compartilhou da mesma posição social do homem. Lembra Gabba que as mulheres egípcias viviam com os homens em público, sendo-lhes reconhecidos idênticos direitos na família. Tinha destaque a preparação física que recebiam, semelhante à do homem. Estavam autorizadas a adquirir bens. Enfim, recebiam um dote e eram iguais ao marido na vida e na morte.[3]

Mas, o normal era a valorização pelas qualidades morais que a mulher revelava. Os hebreus enalteciam aquela que se mostrava virtuosa e diligente, e a consideravam como uma bênção para o homem.

Os gregos a colocavam em pé de igualdade com o marido no matrimônio, além de lhe votar uma grande ternura e admiração, como transparece nas maiores obras literárias que nos chegaram.

Foi com o cristianismo, no dizer do mesmo Gabba, que se confirmou a igualdade moral e civil dos dois sexos, penetrando a ideia na consciência como um princípio não apenas ético, mas sobretudo jurídico e abrangente das instituições,[4] embora, apesar das interpretações, os antecedentes encontrados na Carta de São Paulo: "Não permito que a mulher ensine ou mande no homem" (1 Timóteo, 2,12).

No mesmo direito português primitivo, embora as distorções como as apontadas, vislumbravam-se prenúncios de igualdade. As próprias Ordenações Filipinas concediam à mulher o direito de exercer uma atividade lucrativa, desde que restrita a certos ramos de trabalhos, porquanto o Livro 5, Título 101, tinha esta norma: "Que não haja alfeloeiros, nem obreiros. Mandamos que nenhum homem, nem moço, de qualquer qualidade que seja, venda Alfeloas, nem obreas em nenhuma parte de nossos Reinos, publicamente, nem escondidos. E o que o contrário fizer, seja preso e açoutado publicamente com baraço e pregão. Porém, se algumas mulheres quiserem vender Alféloas e obreias, assim nas ruas e praças, como em suas casas, podê-lo-ão fazer sem pena."[5]

No Brasil, o tratamento digno à mulher iniciou com o Decreto n° 181, de 24 de janeiro de 1890, revogando-se os velhos textos das Consolidações e abolindo-se, por via de consequência, os castigos corporais. Mas a diferença de tratamento em relação ao homem era forte. O marido ficava investido nos poderes de representação legal da família e da administração dos bens comuns ou dos que lhe vieram conferidos pelo contrato antenupcial.

O mesmo Decreto de 1890 outorgava ao homem a administração, inclusive dos bens próprios da mulher. De outro lado, subordinava a atividade profissional à autorização do marido, conforme art. 56, § 3°, num retrocesso jurídico de princípios, pois o Código Comercial de 1850, no art. 29, assinalava a autorização tácita do marido para a mulher comerciar, e, no art. 27, permitia a alienação dos bens próprios adquiridos no comércio, a ponto de Clóvis ter escrito: "Todas (as mulheres) têm capacidade para praticar os atos

---

[2] *Bens Reservados, Proteção ao Patrimônio da Mulher Casada*, São Paulo, Saraiva, 1980, p. 26.

[3] C.F. Gabba, *Della Condizione Giuridica delle Donne. Strudi e Confronti*, 2ª ed., Turim, Unione Tipografico, 1980, p. 423.

[4] Obra citada, p. 13.

[5] *Apud Bens Reservados, Proteção ao Patrimônio da Mulher Casada*, de Lucy Rodrigues dos Santos, obra citada, p. 25.

próprios ao gênero de trabalho de que fazem profissão, para, em razão deles, estar em juízo, defendendo seus direitos; e para, livremente, dispor dos bens adquiridos no exercício de sua profissão."[6]

O Código Civil de 1916, em inúmeros dispositivos, tratou desigualmente o homem e a mulher, colocando a mulher numa posição de subordinação ao marido.

2. OS BENS RESERVADOS NO CÓDIGO CIVIL ANTERIOR E BENS PRÓPRIOS NO CÓDIGO ATUAL

A Lei nº 4.121, de 27.08.1962, que dispõe sobre a situação jurídica da mulher casada, o chamado 'Estatuto da Mulher Casada', deu um largo passo no sentido da isonomia constitucional hoje imperante.

Partindo a Lei do Projeto nº 1.804, de 31.03.1931, depois de longa tramitação no Congresso Nacional, foi lograda a aprovação de um substitutivo, extirpando do art. 6º, do então Código Civil, a incapacidade relativa da mulher, e definindo, entre outras normas, mediante nova redação ao art. 246 do mesmo Código anterior, os bens reservados, como o produto auferido por ela no exercício de profissão lucrativa, distinta daquela do marido, e os bens que viesse a adquirir pelos rendimentos de sua atividade.

Rezava o dispositivo: "A mulher que exercer profissão lucrativa, distinta da do marido, terá direito de praticar todos os atos inerentes ao seu exercício e à sua defesa. O produto do seu trabalho assim auferido, e os bens com ele adquiridos, constituem, salvo estipulação diversa em pacto antenupcial, bens reservados, dos quais poderá dispor livremente, com observância, porém, do preceituado na parte final do art. 240 e nos números II e III do art. 242." A observância à parte final do art. 240 importava em não arredar da mulher o dever de velar pela direção material e moral da família. Já o respeito aos números II e III do art. 242 queria expressar a necessidade da outorga uxória na alienação e oneração dos bens particulares da mulher, e na alienação de seus direitos reais sobre imóveis de outrem.

O instituto buscava formar o patrimônio da mulher, que se compunha do produto dos trabalhos em geral (salários, benefícios comerciais, subsídios) e era comum aos regimes matrimoniais desenvolvidos, beneficiando "a todas las mujeres que ejerzan una actividad autónoma, civil o comercial, como si se trata de un cometido dependiente o un officio".[7]

O atual Código Civil não mais trata dos bens reservados da mulher. E com razão, pois coloca no mesmo plano de igualdade os cônjuges, extirpando as diferenças verificadas no anterior sistema.

Nota-se a posição de igualdade, sobretudo, no art. 1.565, onde o homem e a mulher são colocados na condição de consortes, companheiros e responsáveis pelos encargos da família, ao passo que, no art. 240 da lei civil anterior, imperava que a mulher tinha a função apenas de colaboradora, além, evidentemente, de consorte e companheira.

É o art. 1.659, no inc. VI, do Código de 2002, que tem uma diminuta relação com os bens reservados, prescrevendo a exclusão da comunhão dos "proventos do trabalho pessoal de cada cônjuge". Em vista da redação restritiva, o que não acontecia no art. 246 do Código de 1916, não ingressa como reservado o patrimônio adquirido com os proventos, o que deve ser uma dedução lógica.

---

6 *Código Civil dos Estados Unidos do Brasil Comentado*, obra citada, vol. II, p. 143.
7 Jean Carbonnier, *Derecho Civil*, tradução ao espanhol da 1ª ed. francesa, Barcelona, Bosch – Casa Editorial, vol. II, tomo I, p. 129.

Sobre os bens comuns e particulares, há mais algumas regras.

Na forma do art. 1.665, "a administração e a disposição dos bens constitutivos do patrimônio particular competem ao cônjuge proprietário, salvo convenção diversa em pacto antenupcial". Incluem-se, na regra, os proventos do trabalho pessoal.

Domina, presentemente, pela letra da lei civil em vigor, a administração pelos cônjuges dos bens comuns, sem que eles se envolvam nos bens particulares de um e de outro.

Daí que, em face do citado art. 1.665, ordena o art. 1.666 que as dívidas contraídas por qualquer dos cônjuges, na administração de seus bens particulares e em benefício destes, não obrigam os bens comuns. De acordo, ainda, com o art. 1.663, § 1º, "as dívidas contraídas no exercício da administração obrigam os bens comuns e particulares do cônjuge que os administra, e os do outro na razão do proveito que houver auferido".

Na definição dos bens particulares ou próprios, se adotado o regime de participação final nos aquestos, em consonância com o art. 1.673, "integram o patrimônio próprio os bens que cada cônjuge possuía ao casar e os por ele adquiridos, a qualquer título, na constância do casamento". No prosseguimento do parágrafo único, "a administração desses bens é exclusiva de cada cônjuge, que os poderá livremente alienar, se forem móveis".

3. CONCEPÇÕES QUE PASSARAM A DOMINAR SOBRE BENS RESERVADOS

Com o advento da Constituição Federal de 1988, restou sem vigência o art. 246 do Código Civil anterior. Por força de seu art. 226, § 5º, impôs-se a igualdade de direitos e deveres entre o homem e a mulher, no referente à sociedade conjugal. Daí que, revogando-se automaticamente todos os dispositivos do Código Civil infringentes desta igualdade, a permanência do art. 246 significaria a continuação da desigualdade de direitos no âmbito da sociedade conjugal. O Código Civil de 2002 não trouxe alguma reminiscência do texto do dispositivo acima.

Mesmo assim, havia uma inteligência de que continuava o sentido de bens reservados, indistintamente aos dois cônjuges, na então vigente ordem civil. Sustentava-se que a única forma de subsistir o instituto de bens reservados era estendê-lo ao marido. De modo que, tanto à mulher como ao homem, após participarem na proporção de seus ganhos nos encargos de prover a manutenção da família, atribuía-se o caráter de reservados aos bens ou produtos do trabalho particular.

A exegese se subordinava à dependência de uma decisão da vontade. Do contrário, entravam os bens reservados na relação dos bens comuns.

A interpretação conduzia a desvirtuar o sistema dos regimes de bens que vigorava, não tendo, pois, se consolidado. Isto mormente quanto ao regime de comunhão de bens, pois os rendimentos e os bens adquiridos passariam para a propriedade particular de cada cônjuge.

Daí se afigurava perfeitamente correto o entendimento daqueles que defendiam estar revogado o art. 246 do Código Civil, como demonstrava Sérgio Gischkow Pereira: "A Constituição Federal de 1988, em seu art. 226, § 5º, dispõe: 'Os direitos e deveres referentes à sociedade conjugal são exercidos igualmente pelo homem e pela mulher.'

Por isso decorre, como princípio geral, a revogação das normas jurídicas que, por qualquer forma, traduzem superioridade ou comando de um dos cônjuges sobre o outro, ou outorguem privilégios ou vantagens a um deles em detrimento do outro. A repercussão alcança desigualdades pessoais e patrimoniais.

Ora, desigualdade patrimonial típica está embutida no art. 246 do CC. Permite ele somente à mulher que bens adquiridos com o produto de seu trabalho sejam de sua exclusiva propriedade, mesmo sendo de comunhão universal o regime de bens. Quanto ao produto direto do trabalho (não os bens com ele adquiridos), a mulher dele já podia dispor livremente antes da Lei nº 4.121/62, e, ademais, o art. 263, inc. XIII, do CC, dispunha por igual no respeitante no homem. Porque é desigualdade, não deve prevalecer."

Segundo o articulista, não se podia pensar em estender o instituto ao homem, sob pena de sofrer a mulher incalculável prejuízo, especialmente aquela que não exercia profissão: "Muito diferente será, todavia, se o homem passar a ter bem reservado, a pretexto de que a CF não veio tirar direitos, mas sim dar para quem deles não dispunha. O resultado será desastroso para milhares de mulheres brasileiras. A exegese, com toda a vênia, é absolutamente inaceitável. Haverá uma destruição patrimonial para enorme número de mulheres. Não é imaginável como possa a interpretação jurídica, nos tempos atuais, ainda distanciar-se tanto da realidade do povo. Um instituto como o do bem reservado, que surgiu apenas voltado para a proteção e amparo à mulher, e sempre existiu unicamente por esta razão e nem tem outro motivo de existir, irá ser utilizado para liquidá-la em milhões e milhões de casos. É a própria essência em todo o sentido conceitual e definitório do bem reservado que se modifica substancialmente, configurando-se como instrumento perverso de prevalência do homem."[8]

A própria jurisprudência considerava abolido o instituto: "Mulher casada. Bem reservado. Ao dizer a Constituição Federal de 1988 que 'homens e mulheres são iguais em direitos e obrigações' (art. 5º, I) e que os direitos e deveres referentes à sociedade conjugal são exercidos igualmente pelo homem e pela mulher (art. 226, § 5º), revogou inúmeros preceitos que concediam direitos especiais a um dos cônjuges, como o direito da mulher de constituir patrimônio reservado, com o produto de seu trabalho. Assim, ressalvados apenas os direitos adquiridos, isto é, aqueles casos já consumados antes do advento da Carta de 1988, a isonomia entre os cônjuges, por ela estabelecida, revogou o art. 246 do CC. Afora isto, se os recursos a mais, auferidos pela mulher, provieram de propinas e doações de parentes, não representam eles 'produtos do seu trabalho'. Nessa expressão está ínsita ideia de atividade humana."[9]

Alexandre Alves Lazzarini chegava à mesma conclusão, após amplo exame da matéria: "A melhor solução para o sistema jurídico brasileiro é aquele que entende pela revogação do art. 246 do CC, pois se estendidos os bens reservados ao marido, tendo por base uma norma criada para proteger a mulher, gerando, por consequência, o regime legal da separação de bens, em substituição ao da comunhão parcial, colocaria grande parte das mulheres em situação difícil, pois trabalham no lar, sem remuneração, e contraria a própria Constituição Federal que, ao fixar a igualdade, teve por finalidade ampliar a sua proteção, para evitar a submissão da mulher ao homem na sociedade conjugal e garantir sua efetiva participação na resolução dos problemas da família."

No entanto, os bens adquiridos antes da Constituição de 1988 entram no regime de reservados, se é que ainda persiste alguma situação. O Tribunal de Justiça do Rio de Janeiro, na Apel. Cível nº 3.170, da 3ª Câm. Cível, julgada em 14.05.1991, enfoca neste sentido a matéria: "Bens reservados. Não há que se falar em bens reservados com a promulgação da nova Constituição Federal, que estabelece isonomia entre os cônjuges; porém, não se

---

[8] "O Bem Reservado e a Constituição Federal de 1988", *AJURIS – Revista da Associação dos Juízes do RS*, Porto Alegre, nº 51, pp. 40, 41 e 42, 1991.

[9] TJRJ. Apel. Cível nº 5.640/89. 2ª Câm. Cível. Julgada em 27.03.1990, *Revista dos Tribunais*, 665/147.

considera juridicamente impossível o pedido de declaração de que os bens adquiridos na constância do casamento, pela mulher, constituem-se em bens reservados, se os bens foram adquiridos na promulgação da nova Constituição vigente."

Com o novo Código, o núcleo do conceito de bens reservados está no direito atribuído aos cônjuges (anteriormente apenas à mulher) de lhe pertencerem, e deles poderem dispor livremente, dos proventos do trabalho pessoal de cada cônjuge, os quais não ingressam no patrimônio comum. Não se incluem os demais bens particulares, já que se restringem unicamente aos proventos da atividade lucrativa pessoal, em geral profissional.

Assim, os arts. 1.668, inc. V, e 1.659, inc. VI, restringem os bens particulares aos proventos do trabalho pessoal de cada cônjuge.

A regra está vinculada ao casamento celebrado pelo regime de comunhão parcial e universal.

A conclusão leva a entender que os bens adquiridos com o produto do trabalho não integram os bens reservados. Passam a formar a comunhão, em qualquer regime, exceto no de participação final nos aquestos e no de separação total.

4.   CARACTERIZAÇÃO DE BENS RESERVADOS

Mais a título informativo, e pela importância que teve o instituto, passa-se a abordar algumas matérias sobre os bens reservados.

A expressão emanava do Código Civil alemão (§ 1.365 – "vorbealtsgut"), e vinha empregada também pelo Código Civil suíço (art. 190), pelo francês (art. 224), pelo peruano (art. 206) e por outros Códigos, exprimindo o produto do trabalho da mulher, auferido no exercício de profissão lucrativa, distinta da do marido, e os bens com ele adquiridos, podendo deles dispor como quiser, desde que não se trate de imóveis.

Era o sentido que mais se adaptava à definição do Código Civil francês – art. 224: "Les biens que la femme acquiert par ses gains et salaires dans l'exercice d'une profession séparée de celle de son mari son réservés à son administration, à sa jouissance et à sa libre disposition, sauf à observer les limitations apportées par les articles 1.425 et 1.503 aux pouvoirs respectifs des époux."

Nota-se, então, que se tratava de um instituto consagrado no direito universal.

A expressão dizia respeito exclusivamente ao produto do trabalho da mulher casada, tendo sido introduzida no art. 246 do Código Civil, através da Lei nº 4.121, conforme já observado, em que constava que o produto de seu trabalho e os bens dele advindos constituíam, "salvo estipulação diversa em pacto antenupcial, bens reservados, dos quais poderá dispor livremente".

O art. 263, inc. XII, do Código Civil revogado sintetizava o princípio da livre disponibilidade: "São excluídos da comunhão: ... Os bens reservados." No mesmo dispositivo, inc. XIII, vinha, de certa forma, repetida a regra e estendida a ambos os cônjuges, excluindo da comunhão "os frutos civis do trabalho ou da indústria de cada cônjuge ou de ambos".

5.   PRESSUPOSTOS PARA A CARACTERIZAÇÃO DE BENS RESERVADOS

Segundo a natureza do instituto, sobressaíam os seguintes pressupostos para considerar--se reservado o bem:

a) *O exercício de uma profissão lucrativa.*

Era pelo resultado e pela economia do produto da profissão que surgiria o patrimônio. O trabalho doméstico sem remuneração não traduzia figura em estudo, visto expressar a lei que os rendimentos seriam oriundos da atividade. Os misteres domésticos decorrem, na lição de Lucy Rodrigues dos Santos, do encargo do casamento, seja ou não a mulher auxiliada pelo marido, ou por empregados.[10] O professor francês Patrick Serlooten bem colocou o assunto: "Les travaux que la femme fait dans son ménage ne l'autorisent donc pas à se prévaloir des dispositions relatives aux biens réservés. Il en est de même d'ailleurs pour ceux qu'elle ferait gratuitement pour le compete d'un tiers et en échange desqueles elle recevrait une donation de pure bienfaisance: il faut que la femme reçoive un gain ou un salaire. La nécessité de perception d'un gain ou d'un salaire n'est cepedant pas suffisant; il faut qu'il y ait un véritable travail."[11]

Não se impunha que a atividade fosse profissional, ou continuada. A questão afigurava--se de somenos relevância. Mesmo que desenvolvidos pequenos trabalhos, intermitentes, acidentais, temporários, mas remunerados, era o quanto bastava para configurar a natureza de bem reservado.

b) *O exercício de atividade profissional distinta daquela desempenhada pelo outro cônjuge.*

Elucidativa apresentava-se a lição do mestre paulista Nélson G. B. Dower: "A lei refere-se a profissão distinta. Não constitui bem reservado, ensina o civilista Orlando Gomes, 'o produto de seu trabalho obtido pela colaboração na empresa do marido, seja qual for o título com que o receba' (*Direito de Família*, p. 147). Portanto, a profissão dela tem que ser independente em relação ao marido, pouco importando se ela é empregada ou funcionária pública, ou ainda, exerça atividade industrial ou comercial, como é o caso do comerciante, desde que distinta da do marido, o produto do seu trabalho constituirá bem reservado, que não se comunica."[12]

Patrick Serlooten revelava-se categórico: "Pour qu'une femme puisse se constituer de biens réservés elle doit exercer une profession séparée de celle de son mari."[13]

Mas a regra carecia de uma compreensão correta. Muitas atividades são desenvolvidas em conjunto, no mesmo escritório, ou em consultório comum. Entretanto, há separação no ramo de atendimentos. Cada cônjuge tem seus clientes ou contabilidade própria. No caso, a profissão de cada cônjuge é distinta.

Quando o marido e a mulher trabalhavam lado a lado, ambos atuando na atividade comercial, ou industrial, da qual nascem os meios de sustento e manutenção, admitia-se a natureza de reservados dos bens adquiridos pela última, se ela recebia remuneração à parte. Caio Mário da Silva Pereira opinava no mesmo sentido: "O trabalho da mulher no mesmo ofício, casa ou escritório, não faz com que perca cada um deles o caráter distinto, e o da mulher deverá ser protegido pelo mesmo princípio do art. 246."[14]

---

[10]   Obra citada, p. 98.
[11]   *Les Biens Réservés*, Paris, Librairie Générale de Droit et de Jurisprudence, 1973, p. 131.
[12]   "Bens Reservados", *Revista dos Tribunais*, nº 427, p. 311.
[13]   Obra citada, p. 135.
[14]   *Instituições de Direitos Civis – Direito de Família*, obra citada, vol. V, p. 139.

c) *Aquisição na constância do casamento e não dos bens existentes antes da realização das núpcias.*

Estes se incorporam aos bens comuns se o regime for de comunhão, e continuarão de propriedade exclusiva da esposa, se o regime for de separação parcial.

Se o bem era adquirido após a dissolução do matrimônio, com os frutos do trabalho exercido na constância da sociedade conjugal, mas só depois recebidos, constituíam bens reservados, não se acolhendo a alegação de sonegação de bens sujeitos à partilha.[15] Não importava a época da aquisição, ou se o cônjuge não mais exercia atividade lucrativa.

Acrescentava-se a irrelevância na aquisição quando o casal já estava separado de fato. A lei exigia o requisito da existência do casamento, sem descer a aspectos particulares, como a coabitação. Com efeito, segundo a jurisprudência então endossava, importava a origem dos valores empregados no investimento: "Os bens adquiridos pela mulher casada, abandonada pelo marido, com o produto de suas próprias economias, embora de comunhão o regime matrimonial, não se comunicam ao marido, passando a constituir patrimônio separado."[16] "Bem adquirido com o produto do trabalho da mulher não responde por dívida contraída, sem sua participação, pelo marido, máxime estando o casal separado há muitos anos."[17]

6. DECLARAÇÃO DA NATUREZA DO BEM RESERVADO NO ATO DA AQUISIÇÃO

Discutia-se acerca da necessidade ou não da declaração de ser o bem reservado, no ato de sua aquisição.

O Supremo Tribunal Federal resolveu a questão desta maneira, em aresto com foros de súmula: "Bem reservado. Não é de exigir-se para os fins previstos no art. 246, c/c o art. 263, XII, ambos do Código Civil, com a redação que lhes atribui a Lei nº 4.121, de 1962, que do título aquisitivo conste o qualificativo para os efeitos de averbação no registro imobiliário."[18] No fundamento do voto, acolhido por todos os membros da 1ª Turma da Suprema Corte, foi seguido paradigma do Tribunal de Justiça do Rio de Janeiro, publicado na Revista dos Tribunais nº 481, p. 208: "A qualidade de bens reservados decorre do preenchimento dos requisitos legais, entre os quais não se encontra o de constar do título aquisitivo essa natureza e, portanto, não pode ser exigido."

Em verdade, não exigia o direito da época a necessidade da menção de ser reservado o bem. Muito menos se reclamava a referência no registro imobiliário, pois, segue o acórdão, "é do nosso sistema que, quando a lei quer estabelecer condição, notadamente do alcance daquela que propugna o recorrente, ela o faz expressamente. E poder-se-ia indicar vários. No pertinente não o fez nem no citado art. 246, nem quando cuidou dos efeitos que lhe atribuiu, invocando-o no art. 263, XIII".

Esta *ratio* constituía ponto pacífico na Suprema Corte, como se observa em outros julgados.[19]

---

[15] Lucy Rodrigues dos Santos, obra citada, p. 99.
[16] *Revista dos Tribunais*, 384/175.
[17] *Revista dos Tribunais*, 455/227.
[18] Recurso Extraordinário nº 70.609. *Lex – Jurisprudência do Supremo Tribunal Federal*, 8/212.
[19] *Revista Trimestral de Jurisprudência*, 79/342; *Revista dos Tribunais*, 175/809.

7. PODERES QUE ERAM ATRIBUÍDOS SOBRE OS BENS RESERVADOS

A principal distinção entre os bens comuns e os reservados, conforme já estudado, situava-se nos poderes de administração, defesa, gozo e livre disposição, no tocante aos últimos, por um só dos cônjuges.

O art. 246 era claro a respeito: "A mulher que exercer profissão lucrativa, distinta da do marido, terá direito de praticar todos os atos inerentes ao seu exercício e à sua defesa."

Lançam-se algumas observações sobre cada um dos poderes ou direitos então reservados ao cônjuge:

a) *Administração.*

Ao cônjuge titular competia administrar os bens reservados, desenvolvendo os atos que importavam em conservação, manutenção, cultivo, uso dos frutos ou rendimentos e aplicação em móveis, imóveis, valores, títulos, joias, vestimentas, passeios etc. A ele se concedia locar, emprestar, depositar, constituir mandatário e tomar as demais providências próprias da gerência.

b) *Defesa.*

Equivalia à prática de todos os atos inerentes à proteção do resultado do trabalho.

Facultava-se a qualquer dos cônjuges o direito de ingressar na justiça sem o consentimento recíproco, salvo se a causa versasse sobre bens imóveis, ou sobre direitos reais relativos a imóveis alheios, por força do art. 10 do Código de Processo Civil de 1973 (regra que está consubstanciada no art. 73 do Código de Processo Civil de 2015, mas com o acréscimo da dispensa do consentimento se o casamento se deu pelo regime de separação absoluta de bens), pelo qual o cônjuge somente necessitaria do consentimento do outro para propor ações que versassem sobre direitos reais imobiliários. Facultava-se recorrer ao juiz, no caso de negada a outorga, conforme o art. 11 do mesmo Código, cuja regra equivalente se encontra no art. 74 do vigente CPC, aplicável para todos os casos em que é necessário o consentimento do cônjuge para propor ação que verse sobre direito real imobiliário, salvo quando o casamento for o de separação absoluta de bens: "O consentimento previsto no art. 73 pode ser suprido judicialmente quando for negado por um dos cônjuges sem justo motivo, ou quando lhe seja impossível concedê-lo".

Mas, para se defender, ou defender o patrimônio do casal, não se requeria a autorização recíproca, o que persiste no direito atual, pois, fosse o contrário, se inviabilizaria o próprio direito de defesa.

c) *Gozo.*

Este direito compreendia o poder de usar, possuir, fruir e retirar da coisa tudo quanto de útil ou agradável ela possa apresentar. Não se olvide, porém, que o cônjuge devia contribuir para os encargos da família, o que determinava o emprego das vantagens não apenas a fim de beneficiar a sua pessoa.

d) *A livre disposição.*

Ao cônjuge se autorizava dispor livremente do produto de seu trabalho.

Ele podia comprar, vender, gravar, doar, emprestar etc., com o mais amplo arbítrio, sem depender da autorização do outro cônjuge, o que ainda acontece com os proventos de seu trabalho.

Antes de exercitar tais prerrogativas, cumpria estivesse ele participando dos encargos da família.

O poder soberano de dispor encontrava e encontra restrição em qualquer situação, menos no regime de separação total, relativamente aos bens imóveis, quando o concurso de ambos os cônjuges revela-se indispensável para a efetiva transmissão do domínio. Clóvis já dava as razões, ainda aplicáveis atualmente, extensíveis a ambos os cônjuges: "Se com as economias realizadas a mulher comprar um imóvel não poderá alienar, sem o consentimento do marido, porque, no sistema do Código Civil, a nenhum dos cônjuges é permitido alienar nem onerar imóveis, que se consideram a garantia da família, sem a aquiescência do outro ou suprimento do juiz. Além disso, se o fim principal da lei é evitar que os desperdícios do marido absorvam os ganhos da sua consorte e reduzam a família à miséria, a necessidade da outorga marital para a alienação de imóveis em nada contraria esse intuito."[20]

A orientação é uma decorrência da aplicação do princípio estatuído no Código Civil, art. 1.647, incisos I e II, em que consta que a outorga marital é sempre necessária, seja qual for o regime de bens adotado, exceto no de separação absoluta.

---

[20] *Código Civil dos Estados Unidos do Brasil Comentado*, obra citada, vol. II, pp. 143 e 144.

XI
Dissolução da Sociedade Conjugal e Dissolução do Vínculo Conjugal

1. DISTINÇÕES

Em face da Emenda Constitucional nº 9, de 28 de junho de 1977, veio a ser instituído o divórcio no Brasil, regulamentado pela Lei nº 6.515, de 26 de janeiro de 1977.

Com a vigência desta lei, uma nova ordem no direito de família ficou implantada no País, com a introdução do divórcio como causa de dissolução do vínculo conjugal, pois que anteriormente casamento era indissolúvel durante a vida dos cônjuges, excetuadas as hipóteses de nulidade ou anulação, se bem que muitos as consideram como causa de dissolução apenas da sociedade conjugal. O Código Civil de 2002 consolidou em dispositivos próprios as regras da Lei nº 6.515.

Cabe, primeiramente, precisar o significado de dissolução da sociedade e do vínculo conjugal.

A Lei nº 6.515, através de seu art. 2º, havia dado nova redação ao art. 315 do Código Civil, encontrando-se regulada atualmente pelo art. 1.571 do Código de 2002.

Aliás, toda a disciplina da "dissolução da sociedade conjugal" – matéria assim epigrafada no Capítulo I do Título IV, que está no Livro I da Parte Especial do Código Civil de 1916 – havia sido substituída pela Lei nº 6.515, como consta em seu art. 14, e, com o Código Civil de 2002, vem inserida no Capítulo X, subtítulo I do Título I, que integra o Livro IV da Parte Especial.

Reza o art. 1.571 do Código Civil: "A sociedade conjugal termina:

I – pela morte de um dos cônjuges;
II – pela nulidade ou anulação do casamento;
III – pela separação judicial;
IV – pelo divórcio."

E o § 1º: "O casamento válido só se dissolve pela morte de um dos cônjuges ou pelo divórcio, aplicando-se a presunção estabelecida neste Código quanto ao ausente."

Da redação acima das normas depreende-se que há a dissolução da sociedade conjugal (art. 1.571) e do vínculo conjugal (§ 1º do art. 1.571).

Realce-se que a declaração da ausência, por força da regra do § 1º, também constitui causa de dissolução do vínculo, podendo-se considerar a ausência a partir do ato do juiz que a declara. Este ato acontecerá com a sentença do juiz, após receber o pedido para

204 • Direito de Família | *Arnaldo Rizzardo*

tanto encaminhado, de se procederem as citações necessárias, e de se levar a efeito a instrução, sempre com o acompanhamento do Ministério Público em todos os atos.

A sociedade conjugal pode deixar de existir, isto é, o casamento como manifestação real ou concretização da união entre marido e mulher pode terminar, permanecendo, todavia, o vínculo. E, na ordem do art. 1.571, fica dissolvida a união ou sociedade conjugal por um daqueles quatro fatores – morte de um dos cônjuges, nulidade ou anulação do casamento, separação judicial e divórcio. Já em face do § 1º, dissolve-se o vínculo, deixando de existir o casamento, com a morte ou o divórcio. Apenas estas duas formas dissolvem o vínculo, autorizando o novo casamento, o que não se dá com a separação judicial, e tendo em conta que a nulidade ou a anulação, segundo será visto logo abaixo, não constituem fatores de dissolução. Correta a explicação de Maria Helena Diniz, mantendo-se em face do novo Código: "A separação judicial dissolve a sociedade conjugal, mas conserva íntegro o vínculo, impedindo os cônjuges de convolar novas núpcias, pois o vínculo matrimonial, se válido, só termina com a morte de um deles ou com o divórcio.

O divórcio, em razão de fatos supervenientes ao casamento válido, dissolve tanto a sociedade conjugal como o vínculo matrimonial, autorizando os consortes a se casarem novamente.

Percebe-se que pode haver dissolução da sociedade conjugal, sem a dissolução do vínculo matrimonial, mas toda a dissolução do vínculo acarreta, obrigatoriamente, a da sociedade conjugal."[1] Daí que a morte e o divórcio, além de dissolverem o vínculo, dissolvem necessariamente a sociedade conjugal.

Em realidade, há uma estrutural diferença jurídica entre a separação judicial e o divórcio – a separação judicial dissolve a sociedade conjugal, pondo fim a determinados deveres decorrentes do casamento, como o de coabitação e o de fidelidade recíproca, facultando também a partilha patrimonial; o divórcio dissolve o vínculo conjugal – sendo sua grande dimensão, além dos efeitos da separação, a de permitir novo casamento, o que não é possível só com a separação judicial.

No tocante à anulação ou nulidade, matéria já amplamente estudada, não constitui propriamente causa de dissolução. Trata-se, isto sim, do reconhecimento da existência de um vício originário na formação do vínculo. Com a sentença, firma-se a existência de um vício originário no ato de constituição do matrimônio. Não se dissolve, pois, na verdade, não se formou o ato matrimonial. Aparentemente existia o vínculo, mas a sentença desvendou o impedimento ou vício que lhe tira a validade, portando efeito retroativo, ou indo até o momento da formação. Apenas no casamento putativo ressalvam-se os efeitos, de acordo com a presença da boa-fé de um ou de ambos os cônjuges. Mas, é uma forma de desconstituição daquilo que se constituiu indevidamente, ou que não podia se constituir. Já na dissolução por morte, separação ou divórcio, dissolve-se ou resolve-se a partir de um momento determinado, sendo o fator acarretante superveniente.

A lei arrolou a nulidade e a anulação como causas de dissolução porque são invocáveis no curso do casamento. Na realidade, em determinado momento põe-se fim à sociedade conjugal e ao respectivo vínculo, embora a preexistência da razão motivadora. É o ensinamento de Orlando Gomes: "Nem por ser defeituoso, deixa o casamento de estabelecer a sociedade conjugal. Necessário, portanto, que se lhe ponha termo pelo reconhecimento judicial da existência da causa determinante de sua invalidade. Termina, pois, uma sociedade constituída ilegalmente. Corta-se o próprio vínculo, invalidamente constituído... Anulado

---

[1] *Curso de Direito Civil – Direito de Família*, 5º vol., obra citada, p. 154.

o casamento, poderá cada cônjuge contrair novas núpcias, como permitido ao viúvo. Se há filhos comuns, terá a mãe direito a conservá-los em sua companhia, mas o juiz pode regular-lhes a situação de maneira diferente, assim como ocorre em caso de desquite."[2]

2. DISSOLUÇÃO POR MORTE DE UM DOS CÔNJUGES

A morte de um dos cônjuges traz como resultado a dissolução tanto da sociedade conjugal como do vínculo. É a primeira causa contemplada no art. 1.571 do Código, que também vinha no art. 2º da Lei nº 6.515, e no inc. I do art. 315 do Código de 1916.

Este fator de dissolução não traz maiores dificuldades, por ser natural e não poder se imputar a responsabilidade a qualquer dos cônjuges. A partir de sua ocorrência, de regra desaparecem os efeitos do casamento, como os direitos e deveres que antes vigoravam. Permite-se que o cônjuge sobrevivente contraia novo casamento. Mas, há alguns efeitos que perduram, levando-os o cônjuge pela vida inteira. Certas decorrências de seu enlace matrimonial persistem, não importando o desaparecimento do fator determinante. Mantêm-se indeléveis durante a existência todas as marcas do vínculo. Assim, não perdem a validade os impedimentos matrimoniais por afinidade em linha reta, derivados do casamento, segundo prevê o § 2º do art. 1.595: "Na linha reta, a afinidade não se extingue com a dissolução do casamento ou da união estável." A respeito, ponderava Carvalho Santos, em manifestação ainda aplicável: "Assim preceituando, admite o Código que se extinga a afinidade em se tratando de linha colateral. Não significa outra coisa a restrição estabelecida por ele quanto à linha reta, no que, aliás, se afasta da maioria das legislações, que encamparam a máxima do Direito Canônico: *Affinitas in conjuge superstite non deletur*. Exemplo: o genro, a nora, o sogro e a sogra continuam a ser parentes afins, respectivamente, dos sogros e genros, ainda depois da morte do outro cônjuge, causa da afinidade."[3]

A mulher continua com o nome do marido, ou vice-versa, se tiver havido a adoção respectiva. Em nada repercute a morte do cônjuge neste aspecto. Mas, se vier a convolar novas núpcias, pode suprimir-se o patronímico do primeiro cônjuge e adotar-se o do segundo, como vem sendo entendido.[4]

Mas, não está o cônjuge obrigado a permanecer com o nome. É possível a subtração, por meio de simples averbação perante o registro de casamento, por ordem judicial.

Uma situação especial pode aparecer: sendo atualmente a adoção do nome do outro cônjuge uma faculdade, e desejando o cônjuge que o adotou continuar com os apelidos que adicionou ao seu nome, continuará a usá-los com as novas núpcias, se não quiser adotar os do cônjuge com o qual veio a se casar? A resposta é negativa, segundo entende Antônio Carlos Marcato, dissertando sobre a matéria relativamente à mulher: "Entendemos que ela perderá o direito de usar o nome de casada, vale dizer, o patronímico do primeiro marido, pois nada mais justificará a manutenção, nesse caso, de um direito nascido em virtude de um vínculo matrimonial totalmente extinto. É óbvio, porém, que ela poderá manter aquele nome, caso já se tenha incorporado como pseudônimo (Lei dos Registros Públicos, art. 57, § 1º)."[5]

---

[2]   *Direito de Família*, obra citada, p. 189.
[3]   *Código Civil Brasileiro Interpretado*, obra citada, vol. V, p. 219.
[4]   *Revista de Jurisprudência do TJ de São Paulo*, 81/211; *Revista Forense*, 266/177.
[5]   "O Nome da Mulher Casada". *Família e Casamento*, coordenação de Yussef Said Cahali, São Paulo, Saraiva, 1988, p. 81.

De outro lado, como já se observou, em face do art. 1.523, inc. I, o viúvo ou a viúva, que tiver filhos do primeiro casamento, e desejar contrair novo matrimônio, deve, primeiramente, dar em inventário os bens deixados pelo cônjuge falecido. Além disto, tratando-se a interessada em casar de viúva ou de mulher cujo casamento se desfez por ser nulo ou ter sido anulado, exige-se que aguarde por dez meses, a contar da data do falecimento, a menos se nascer algum filho antes de tal prazo, ou da dissolução do casamento, de acordo com o art. 1.523, inc. II.

Mais uma consequência emana do art. 1.831: ao cônjuge sobrevivente, casado sob o regime universal, enquanto viver e permanecer viúvo, será assegurado, sem prejuízo da participação que lhe caiba na herança, o direito real de habitação relativamente ao imóvel destinado às residências da família, desde que seja o único bem daquela natureza a inventariar.

Conforme o art. 1.832 do Código Civil, concorrendo o cônjuge sobrevivente com os descendentes, caberá a ele quinhão igual ao dos que sucederem por cabeça, não podendo sua quota ser inferior à quarta parte da herança, se for ascendente dos herdeiros com que concorrer.

O art. 1.700 prevê a transmissão hereditária na obrigação de prestar alimentos: "A obrigação de prestar alimentos transmite-se aos herdeiros do devedor, na forma do art. 1.694." O art. 1.694 explicita as condições para a obrigação alimentar: "Podem os parentes, os cônjuges ou companheiros pedir uns aos outros os alimentos de que necessitem para viver de modo compatível com a sua condição social, inclusive para atender às necessidades de sua educação."

De outra parte, o art. 617, inc. I, do Código de Processo Civil outorga ao cônjuge sobrevivente ou companheiro que convivia com o falecido ao tempo de sua morte o cargo de inventariante.

Relativamente à morte presumida, que dificilmente chega a ser declarada, dadas as dificuldades impostas pela lei processual civil, tanto em razão do longo período de tempo exigido para se declarar a sucessão definitiva, que é de dez anos após passar em julgado a sentença da sucessão provisória, como no pertinente aos complicados trâmites processuais (publicação de editais sucessivos e citações de herdeiros presentes e ausentes – art. 745, § 2º, do Código de Processo Civil), em geral os autores não a consideravam causa de dissolução do vínculo conjugal, a ponto de poder o cônjuge não desaparecido casar novamente.[6]

Era assim com a redação do parágrafo único do art. 315 do Código Civil, revogado pelo art. 2º da Lei nº 6.515. Mas não se encontrava uma justificação convincente para fazer tal discriminação, tanto que se procede ao registro civil da sentença que decreta a ausência, transformando-se a sucessão provisória em definitiva após certo período de tempo. Na versão do Código Civil, repetindo o que se expressou acima, o § 1º do art. 1.571, tem a declaração de ausência como causa de dissolução do vínculo.

---

[6] José Lamartine Corrêa de Oliveira e Francisco José Ferreira Muniz, obra citada, p. 446; Orlando Gomes, *Direito de Família*, obra citada, p. 189; Maria Helena Diniz, *Curso de Direito Civil*, obra citada, 5º vol., p. 155.

XII

Divórcio

1. VISÃO HISTÓRICA

Ingressa-se, induvidosamente, em um dos assuntos de grande importância no direito atual, tanto que influiu nos conceitos e costumes da família nas últimas décadas.

Por meio desta figura, ocorre a dissolução da sociedade e do vínculo conjugal, e abre-se a possibilidade de novo matrimônio aos divorciados.

A introdução do divórcio no Brasil foi resultado de longos decênios de lutas entre correntes de pensamento, defrontando-se as concepções mais liberais e as ligadas à Igreja Católica, até ser aprovada a Emenda Constitucional nº 9, de 28.06.1977, a qual, em seguida, ensejou a Lei nº 6.515, de 26.12.1977, que regulamentou o divórcio no Brasil.

De acordo com o pensamento quase generalizado, esta conquista representou um avanço e uma forma de remediar milhares de uniões concubinárias, alinhando-se o Brasil com os sistemas da maioria dos países do mundo. O direito positivo não podia, realmente, continuar a desconhecer ou ignorar as uniões livres que aumentavam em todo o País, mesmo que se defrontando com as ideias contrárias de grande parte dos credos religiosos.

Não é, entretanto, novo o instituto. Já sob a época da lei mosaica, havia uma forma assemelhada ao divórcio, que era o repúdio, pelo qual se consentia que o marido repudiasse, isto é, se desligasse da mulher, quando ela possuísse um defeito vergonhoso, como se vê do Livro do Deuteronômio, 24, 1-4. Ao marido se autorizava o repúdio por meio de um escrito. Se o segundo marido também, por igual motivo, lançava o mesmo vitupério, o primeiro não poderia tornar a esposá-la.

No direito romano, o repúdio era admitido nos casos de adultério e de defeito grave, evoluindo as hipóteses, inclusive, se nenhum motivo se afigurasse, especialmente na época clássica, até ser mitigada a permissão na Idade Média, quando iniciou a influência cristã.

Mas, de um modo geral, nunca chegou a ser abolido. A tendência era restringi-lo para determinadas causas, como nas faltas graves.

A Igreja Católica, e mesmo outras religiões de fundo cristão, sempre têm se batido pela indissolubilidade do casamento, com fundamento em livros sagrados, como nos Evangelhos. Em Mateus, capítulo 5º, versículos 31 e 32, encontramos esta grave advertência de Cristo: "Também foi dito: quem se desquita da própria mulher, lhe dê carta de divórcio. Eu, porém, vos digo: todo aquele que repudiar a própria mulher, a não ser por causa de fornicação, faz que ela se torne adúltera. E quem se casar com a repudiada, comete adultério." Regras rígidas sobre a indissolubilidade vêm contidas no Código Canônico, porquanto é concebido o casamento como um dos sete sacramentos, o que equivale a dizer que constitui um sinal e veículo da graça de Deus.

A Igreja Católica, pois, coloca o matrimônio num plano divino, sem afastar a ordem do direito positivo, especialmente no que se refere aos regramentos dos bens, dos impedimentos e dos deveres e direitos dos cônjuges, e sem negar a fonte do direito natural, isto é, a sua origem emana da própria natureza humana, ou vem de um impulso natural das pessoas.

O protestantismo e outras religiões que se tornaram independentes secularizaram o casamento, negando-lhe, inclusive, o caráter de sacramento, e indo mais além o Calvinismo, que permitia o divórcio nas situações de adultério.

Especialmente a partir da Revolução Francesa, as legislações europeias abriram-se para o divórcio, admitindo várias possibilidades para a concessão, centradas especialmente na culpa de um dos cônjuges e no consentimento mútuo.

Em Portugal, foi introduzido o divórcio em 1910, como historia Fernando Brandão Ferreira Pinto: "O divórcio só foi introduzido em Portugal pelo Decreto de 3 de novembro de 1910, sendo então extensivo tanto aos casados catolicamente como aos casados só civilmente e desde logo admitido por mútuo consentimento e litigioso."[1] Através, no entanto, de concordatas com a Santa Sé e diplomas vários, ficou proibido o divórcio aos que casassem catolicamente, até que, a partir de 1975, não mais se manteve vínculo com a Igreja. Em vista de novas leis, especialmente a de 25 de novembro de 1977, reintroduziu-se o divórcio em igualdade de condições para os casamentos civis e para os católicos. Atualmente, não existe qualquer prazo para se deferir o divórcio após o casamento, podendo ser pleiteado, desde que em comum, e desde que acordando as partes nas obrigações, pela *internet*. Na Espanha, cuja legislação mantém a separação judicial, impõe-se que se aguarde o prazo de três meses a contar do casamento.

No Brasil, sempre predominou a indissolubilidade do casamento, máxime no tempo do Império, quando vigia a união da Igreja com o Estado. Com a República e a expansão do positivismo, criou-se um clima hostil ao Catolicismo, culminando com a separação entre a Igreja e o Estado. Em 1890, foi introduzido o casamento civil, mas conservando-se a tradição do casamento indissolúvel.

Iniciaram algumas tentativas em introduzir o divórcio, com a apresentação de projetos na Câmara dos Deputados e no próprio Senado, como aconteceu em 1900 por Martinho Garcez Neto, então senador, conseguindo a aprovação em primeira discussão do seu projeto. Todavia, remetido a uma das comissões daquela Casa, nunca mais voltou a plenário.

De salientar, outrossim, que a Constituição Federal de 1891 não continha qualquer disposição sobre a dissolubilidade ou indissolubilidade do casamento. Segundo expõe Nelson Carneiro, esta omissão continuou até a Constituição de 1934, embora o Projeto enviado pelo Governo Provisório não contivesse qualquer disposição a respeito. A indissolubilidade foi implantada: "A Constituição de 1937 a manteve em seu art. 124. Os constituintes de 1946 a conservaram (art. 163), não obstante altas vozes de protesto."[2]

A verdade é que sempre existiu uma influência das altas autoridades eclesiásticas do Brasil junto à cúpula do Congresso Nacional, com o que se conseguiu impedir qualquer projeto de alteração da Carta Federal para abolir a indissolubilidade.

O Código Civil de 1916 e as Constituições que surgiram não se desvirtuaram de tal regra. A partir da década de 1950, iniciaram as investidas para abrir o caminho à introdução do divórcio, despontando as campanhas especialmente na área parlamentar,

---

[1]   *Causas do Divórcio*, Livraria Almedina. Coimbra: 1980, p. 10.
[2]   *A Luta pelo Divórcio*, Rio de Janeiro, Livraria São José, 1973, p. 19.

e aparecendo como grande arauto o então deputado federal Nelson Carneiro, até que se conseguiu embutir na Constituição então vigente uma alteração no art. 175, § 1°, que consagrava a indissolubilidade do vínculo, através da Emenda Constitucional n° 9, de 28.06.1977, com a seguinte redação:

"Art. 1° – O § 1° do art. 175 da Constituição Federal passa a vigorar com a seguinte redação:
Art. 175...
§ 1° – O casamento somente poderá ser dissolvido nos casos expressos em lei, desde que haja prévia separação judicial por mais de três anos.
Art. 2° – A separação, de que trata o § 1° do art. 175 da Constituição, poderá ser de fato, devidamente comprovada em Juízo, e pelo prazo de cinco anos, se for anterior à data desta emenda."

Atualmente, está o divórcio contemplado no art. 226, § 6°, da Constituição Federal, e em especial nos arts. 1.579 a 1.582 do Código Civil. O § 6° teve a redação modificada pela Emenda Constitucional n° 66, de 13.07.2010, para os seguintes termos: "O casamento civil pode ser dissolvido pelo divórcio". O texto anterior era o seguinte: "O casamento civil pode ser dissolvido pelo divórcio, após prévia separação judicial por mais de um ano nos casos expressos em lei, ou comprovada separação de fato por mais de dois anos".

Nota-se, outrossim, nos tempos atuais, uma alteração nas causas que autorizam o divórcio. Em épocas passadas, a concessão decorria da violação dos deveres conjugais, ou de condutas culposas dos cônjuges. A violação de certa gama de obrigações conjugais desencadeava motivos para o pedido de divórcio, que aparecia como sanção à conduta censurável. Mas esta mentalidade está ultrapassada, ao mesmo tempo em que avança um outro critério, o de conceder-se o pedido em face da simples manifestação da vontade, ou em razão da ruptura da união entre o homem e a mulher. Desaparecendo a comunhão de vida, de sentimentos e de interesses, perde a razão de ser o casamento, o que dá motivo para o divórcio.

2. A EXTINÇÃO DO VÍNCULO DO CASAMENTO PELO DIVÓRCIO

Lembra-se de que o divórcio extingue o vínculo, ou, segundo os mais hostis combatentes do vínculo conjugal, os grilhões do casamento, devendo ser promovido por um ou por ambos os cônjuges.

Conforme já mencionado, a previsão está na Constituição Federal, em seu art. 226, § 6°, que recebeu nova redação pela Emenda Constitucional n° 66, de 13.07.2010, sendo a seguinte: "O casamento civil pode ser dissolvido pelo divórcio". Anteriormente, a concessão do divórcio pressupunha a separação judicial por mais de um ano, ou a comprovação da separação de fato por mais de dois anos. A separação judicial era, pois, um degrau necessário, ou um estágio no trajeto a ser percorrido entre o casamento e o divórcio. Eis a redação que vigorava: "O casamento civil pode ser dissolvido pelo divórcio, após prévia separação judicial por mais de um ano nos casos expressos em lei, ou comprovada separação de fato por mais de dois anos".

Percebe-se a radical mudança. Basta a mera disposição de se divorciar, sem a necessidade de se aguardar um prazo depois do casamento, ou de existir a separação de fato, ou de se invocar uma causa para o pedido. Não depende de prazo de convivência, nem se reclamam quaisquer condições para a concessão. Há, na verdade, uma banalização do casamento. Não mais se fala em divórcio direto, que era concedido após a separação de fato por, no mínimo, dois anos; e nem em divórcio indireto, ou aquele que decorrida da

210 • Direito de Família | *Arnaldo Rizzardo*

conversão da separação, desde que decorrido o lapso temporal de um ano após a separação judicial ou separação de corpos por mais de um ano.

O divórcio dissolve o casamento, extingue o vínculo, tornando as pessoas então casadas livres para contraírem novas núpcias, através do processo da prévia habilitação.

Os regramentos do Código Civil pertinentes ao divórcio permanecem em vigor desde que não se contraponham ao texto do § 6º do art. 226 da Carta Magna, na versão da Emenda nº 66.

3. A ORIGEM DA EMENDA CONSTITUCIONAL Nº 66/2010

Remontam há décadas as ideias de abolir a separação judicial de nosso sistema jurídico. Esse era o intento, de simplesmente afastar a separação, bem como qualquer interstício ou intervalo temporal para extinguir o vínculo matrimonial e conseguir o divórcio. Ultimamente, o Instituto Brasileiro de Direito de Família – IBDFAM – abraçou esse ideal. Sob seu patrocínio, encaminhou-se um projeto de lei à Câmara dos Deputados em 2005, sem que evoluísse para a aprovação. Em 2007, o deputado Sérgio Barradas Carneiro reapresentou o projeto, que levou o número 33/2007, vindo com a seguinte proposta: '§ 6º – O casamento civil pode ser dissolvido pelo divórcio consensual ou litigioso, na forma da lei''. Entretanto, restou suprimido o trecho 'consensual ou litigioso, na forma da lei, simplificando a proposta, já que desnecessárias e redundantes tais especificações.

Representa a Emenda uma sensível redução de intervenção do Estado no instituto do casamento e na vida das pessoas, arredando-se os entraves para novos casamentos. Significa, também, um reforço dado ao caráter laico de nosso Estado em relação ao casamento.

Concretizou-se uma tendência que partiu dos sistemas jurídicos de muitos países, e que atinge em extensão bem maior as finalidades da separação judicial. Tal como aconteceu em países onde existe a separação (como na França, na Itália e em Portugal), notava-se um grande esvaziamento do instituto, e adquiriu proeminência o divórcio, alcançável com menores custos e através de trâmites processuais mais simplificados.

Na verdade, a separação burocratizava o desiderato daqueles que simplesmente querem dar fim ao casamento. A finalidade consistia mais em um passo para chegar ao divórcio, embora nem sempre fosse necessária, já que bastava a separação de corpos oficializada ou de fato (aquela superior a um ano e esta desde que perdurasse por mais dois anos). Trazia um entrave para aqueles que pretendiam oficializar as relações de convivência.

Além de tudo, defende-se que a sociedade brasileira de 2010 seguramente não é mais a mesma de 1977.

4. A PERMANÊNCIA DA SEPARAÇÃO JUDICIAL, EMBORA O POUCO USO QUE TERÁ NO SISTEMA JURÍDICO

Desde a introdução do divórcio no Brasil, em 1977, em realidade se instituiu uma duplicidade um tanto artificial entre a dissolução da sociedade conjugal e a dissolução do casamento, posto que a última de maior extensão e abrangendo a primeira. Não havia necessidade de se manter a separação. Era possível sintetizar tudo em um único instituto jurídico, unificando-se no divórcio as hipóteses de separação dos cônjuges. Foram necessários trinta e três anos para que o legislador viesse a implantar a solução mais prática

Cap. XII | Divórcio • 211

e coerente para aqueles que não querem manter o casamento e almejam contrair novas núpcias.

Embora seja contrário ao bom senso e se evidencie desarrazoada a opção pela separação judicial, prevalece o entendimento de sua permanência formal em nosso ordenamento, tanto na forma consensual como na litigiosa. Acontece que os institutos 'separação judicial' e 'divórcio' geram efeitos diferentes e encerram tipicidade própria. A Emenda nº 66 simplesmente aboliu a separação para obter-se o divórcio. Através dela, não mais se exige que se encontrem separados os pretendentes, seja oficialmente ou de fato. Se houver a opção pela adoção da separação, não é aceitável a recusa pelo juiz, ordenando que façam o divórcio.

A tese dos que defendem a retirada da separação judicial de nosso sistema é que não mais se encontra prevista no texto constitucional.

Todavia, a separação judicial nunca foi tratada na Constituição, salvo como mera referência ao prazo de um ano do divórcio-conversão, tanto antes quanto após a Emenda Constitucional nº 66/2010. No pertinente aos efeitos totalmente diferentes do divórcio, é de se lembrar que a separação não põe termo ao vínculo do casamento, mas apenas à sociedade conjugal. Por último, permite o restabelecimento da união conjugal rompida, sem necessidade de novo casamento.

Constitui direito dos cônjuges não querer a extinção do vínculo conjugal, ou não aceitar o divórcio, e sim unicamente a separação da sociedade conjugal, com a faculdade futura de reconciliação e refazimento da mesma sociedade.

Salienta-se, ademais, o que se revela contundente, que não obriga a Constituição Federal, no art. 226, § 6º, em sua nova redação, a obrigatoriedade do divórcio. Existe apenas a faculdade do divórcio.

Todavia, se um dos cônjuges ingressar com a separação judicial contra o outro, incutindo-lhe alguma conduta que lhe atribua culpa, o outro cônjuge pode opor-se, e pretender que o juiz converta o procedimento em divórcio, por ser este mais abrangente e constituir um plus relativamente à separação. Ficará de lado a separação e seguir-se-á o divórcio. Impossível a existência das duas ações.

Realmente, conforme é sabido, com a separação atinge-se a dissolução da sociedade conjugal, e com o divórcio resulta a dissolução do vínculo. A sociedade conjugal de ambos os cônjuges é que se dissolve, e não restritamente a um deles. De igual modo, se procurado o divórcio, extingue-se o vínculo que enlaça os dois cônjuges, não se admitindo falar em rompimento do vínculo de um dos cônjuges. Deixa, no caso, de existir o casamento.

Deverá prevalecer a pretensão ao divórcio porque a causa de pedir remota para a separação e para o divórcio são iguais; e porque a desvinculação do divórcio com a separação (judicial ou de fato) fez surgir o direito fundamental do indivíduo em ver constituído, de forma definitiva, o seu estado civil na aferição familiar, ou seja, seria um atentado aos direitos da personalidade impor à pessoa o estado civil de separado se a Lei Maior apenas exige o estado de casado para poder estar divorciado.

Nessa visão dimensional da natureza da dissolução da sociedade conjugal e do vínculo do casamento, dada a maior extensão ou alcance da última forma, ao juiz cabe ordenar ao autor da demanda de separação a adequação para ação de divórcio, sob pena de extinção do processo. Admite-se, numa interpretação elástica, a dita conversão diante da natureza semelhante de ambas as pretensões, sendo a diferença mais de grau, pois o divórcio absorve a separação. Não havendo a concordância, extingue-se o feito, diante da

212 • Direito de Família | *Arnaldo Rizzardo*

impossibilidade jurídica, eis que não se pode obrigar uma das partes a um estado civil se o direito constitucional lhe assegura outro estado civil diferente.

Impossível que corra uma ação de separação e, em contrapartida, ajuíze o outro cônjuge uma ação de divórcio. Enquanto se permite imputar conduta culposa ou violadora de obrigações conjugais, de modo a trazer consequências ao culpado, no divórcio não se ingressa no mundo subterrâneo ou subjetivo da vida privada das partes, já que autorizado o pedido com base na mera alegação de não mais pretender a continuação do casamento.

Em suma, não parece apropriada a tese que defende o afastamento da separação judicial no vigente sistema jurídico civil; todavia, não se coaduna a separação, pelo menos em alguns pontos, se direcionada a pretensão em obter o divórcio.

5.   UM ÚNICO TIPO DE PEDIDO DE DIVÓRCIO

Dois eram os tipos de pedir o divórcio no direito brasileiro, introduzidos pela Emenda Constitucional nº 9, de 1977: o divórcio indireto e o divórcio direto. Ou seja, o divórcio concedido após um ano da separação ou dois anos da separação de fato. Encontrava essa classificação fulcro no art. 226, § 6º, da Carta Federal, que rezava, antes da Emenda nº 66, de 2010: "O casamento civil pode ser dissolvido pelo divórcio, após prévia separação judicial por mais de um ano nos casos expressos em lei, ou comprovada separação de fato por mais de dois anos".

O primeiro, assim, era deferido após o prazo de um ano da separação judicial prévia. Dizia-se indireto porque dependia da separação para ser decretado. Constava regulamentado expressamente no art. 1.580 do Código Civil de 2002, que rezava: "Decorrido 1 (um) ano do trânsito em julgado da sentença que houver decretado a separação judicial, ou da decisão concessiva da medida cautelar de separação de corpos, qualquer das partes poderá requerer sua conversão em divórcio".

Uma vez obtida a separação judicial, ou a separação de corpos, aguardava-se o prazo de um ano para requerer a conversão em divórcio.

O segundo ficava na dependência da prova da separação de fato pelo prazo mínimo de dois anos, nos termos do § 2º do art. 1.580: "O divórcio poderá ser requerido, por um ou por ambos os cônjuges, no caso de comprovada separação de fato por mais de 2 (dois) anos". De modo que permitia o então direito vigente a decretação do divórcio sem a antecedente decisão da separação judicial do casamento, ou de uma medida que tivesse decretado a separação de corpos, desde que houvesse a separação de fato pelo mínimo de dois anos.

Havia uma outra classificação na divisão, pouco prática: o divórcio-sanção e o divórcio-remédio. O primeiro decorria de uma conduta ou qualquer ato que importasse em grave violação dos deveres matrimoniais. O segundo destinava-se a remediar situações insustentáveis de permanência do casamento. Dada a impossibilidade da vida em comum, e operada a ruptura da vida em comum por dois anos, resolviam se divorciar os cônjuges. Esta modalidade vinha conhecida também como divórcio-falência.

Com a Emenda nº 66, desapareceram tais modalidades ou classificações. Simplesmente concede-se o divórcio, não mais se cogitando da condição da separação para o pedido, e nem se exigindo qualquer espaço de tempo após o casamento. Muito menos há de se submeter a concessão a uma conduta violadora dos deveres conjugais, não mais se falando em divórcio-sanção. Defere-se o pedido pela simples vontade de alguém em terminar com o casamento. Mais precisamente, a única condição para pedir o divórcio agora é estar casado, posto que a Emenda eliminou todo e qualquer outro pré-requisito estabelecido anteriormente.

Totalmente inútil alegar o descumprimento de obrigações conjugais. Aliás, a própria separação judicial já havia perdido força de seu fundamento na culpa. O fato de não mais pretender a continuação do casamento passou a justificar a separação.

6. AS PESSOAS LEGITIMADAS PARA O PEDIDO DE DIVÓRCIO

Como já observado, o divórcio extingue o vínculo do casamento, devendo ser promovido por um ou por ambos os cônjuges. A sua decretação não se dá *ope legis*, mas exige a manifestação dos cônjuges, consoante desponta do art. 1.582 do Código Civil: "O pedido de divórcio somente competirá aos cônjuges". Envolvendo a esfera dos direitos pessoais, é necessária a manifestação expressa da vontade. Todavia, se for o cônjuge incapaz para propor a ação ou para defender-se (o que também ocorre na separação judicial), é admitida a representação, em consonância com o parágrafo único do art. 1.582: "Se o cônjuge for incapaz para propor a ação ou defender-se, poderá fazê-lo o curador, ou ascendente ou o irmão". A disciplina coincide com a que constava do parágrafo único do art. 24 da Lei n° 6.515/1977.

Nota-se que se destacam as pessoas aptas para a representação. Quanto ao curador, deverá já estar nomeado, como na hipótese de interdição; ou ser nomeado para a finalidade de propor a ação, através de pedido a ser encaminhado ao juiz, pelo Ministério Público, ou mesmo por alguém que vele pelo incapaz. Já o ascendente ou irmão, o destaque decorre da proximidade do parentesco e da presunção de interesse unicamente na pessoa do incapaz – fator possível de não existir se estendida a faculdade aos descendentes, os quais, especialmente se não filhos de um dos cônjuges, procurarão indiretamente o interesse pessoal.

Situação complexa pode ocorrer. Dentro de uma exegese ortodoxa, mas perfeitamente coerente, não é possível aceitar o afastamento da separação judicial em nosso sistema jurídico, importando em concluir a viabilidade de ambos os cônjuges encaminharem a separação consensual, dissolvendo-se unicamente a sociedade conjugal, o que não importa em maiores dificuldades, admitindo-se que, posteriormente, peçam ambos ou qualquer um deles o divórcio. Nem mais corresponderá a demanda a uma conversão da separação em divórcio, pois a separação não constitui condição para tal pretensão.

Todavia, embora impere a exegese que afasta a separação com base na culpa, a dificuldade aparece se o cônjuge objetivar a separação litigiosa, imputando culpa ao outro consorte, com todos os efeitos próprios da lei para tal separação. Na verdade, não revela mais sentido a ação de separação judicial litigiosa pelo fato de se admitir o divórcio sem culpa, com base na simples disposição de se divorciar. Ora, ingressando um dos cônjuges com a separação judicial com base na culpa do outro cônjuge, atribuindo-lhe, v.g., violação aos deveres do casamento, ao outro assiste o direito de se opor com a alegação de que pretende se divorciar, ingressando com o competente pedido, mesmo que em reconvenção. De modo que se admite a legitimidade do cônjuge demandado em ação de separação judicial litigiosa para ingressar com o pedido de divórcio, o que estanca a ação de separação. Acontece que o pedido de dissolução do vínculo do casamento, dada sua amplitude, subsume a dissolução da sociedade conjugal. E se o divórcio é permitido com base na mera vontade de se dissolver o casamento, inconcebível que se aceite a continuidade de uma ação de separação, posto que faltará a condição da ação, e que consiste no interesse processual.

Por outras palavras, por uma exegese extensamente ampla, aceita-se a separação judicial litigiosa se ambos os cônjuges consentem neste tipo de processo, e se não revelarem e nem expressarem atos próprios da iniciativa da ação de divórcio.

7. O PEDIDO DE DIVÓRCIO

Diante da nova ordem introduzida com a Emenda n° 66, não há mais que se aguardar qualquer prazo para a ação de divórcio. O art. 1.580 do Código Civil perdeu inteiramente a validade, com a seguinte redação: "Decorrido 1 (um) ano do trânsito em julgado da sentença que houver decretado a separação judicial, ou da decisão concessiva da medida cautelar de separação de corpos, qualquer das partes poderá requerer sua conversão em divórcio". Revela importância, no entanto, o § 1° pela razão de impedir a referência da causa que leva ao divórcio. Eis sua redação: "A conversão da separação judicial em divórcio será decretada por sentença, da qual não constará referência à causa que a determinou".

Como se percebe, simplesmente se pede o divórcio, sem amparo em alguma motivação, e em especial, com a total omissão de fatos que levam à culpa o outro cônjuge. Diferentemente do que acontecia com a separação judicial litigiosa, não cabe a invocação de que houve a violação dos deveres conjugais, mormente as descritas nos arts. 1.572 e 1.573 do Código Civil. Não se procurará encontrar um culpado pela falência do casamento. Acontece que se chegou a uma concepção tal do casamento que importou em sua desvalorização progressiva, tirando-se-lhe a força de instituição das mais valorizadas e protegíveis, e isto numa progressão equivalente ao aumento da informalidade das uniões entre as pessoas.

Por sua vez, o § 2° do art. 1.580 perdeu por completo a aplicação: "O divórcio poderá ser requerido, por um ou por ambos os cônjuges, no caso de comprovada separação de fato por mais de 2 (dois) anos". Não mais vindo estabelecido algum prazo para o divórcio, descabe falar em antecedente separação de fato como condição para o divórcio.

Em suma, não mais há conversão da separação em divórcio, e nem se requer qualquer período de separação judicial ou de fato.

A pessoa ingressa com a ação, trazendo a demonstração da existência de casamento, mediante prova escrita. Para tanto, elabora-se uma petição singela com a qualificação dos cônjuges, a menção dos dados do casamento, a existência ou não de filhos e de patrimônio, tudo com a devida comprovação. Chegando ao conhecimento do juiz o pedido, cita-se o outro cônjuge, se não promovida em conjunto a ação. Após, colhe-se o parecer do Ministério Público, indo os autos ao juiz, para proferir a sentença.

A existência de separação judicial não importará, por uma interpretação que enseja levar em conta o ato jurídico perfeito, a ação de conversão da separação em divórcio. Singelamente, pede-se o divórcio porque a pessoa não mais deseja continuar casada, tornando-se desnecessária a invocação de uma razão, pois ficou afastado o requisito da separação prévia.

Algumas particularidades existem mais quanto à ação litigiosa de divórcio, isto é, se não promovida em conjunto por ambos os cônjuges, matéria que se abordará abaixo.

8. FORMAS DE AÇÕES DE DIVÓRCIO

Ambos os cônjuges poderão ingressar em conjunto com o pedido de divórcio, ou a um deles se garante a formalização da ação, com a citação do outro. Há, pois, o divórcio consensual e o divórcio litigioso. Existe, também, o divórcio administrativo, que virá estudado ao final do presente item, por ser conveniente a sua colocação como uma categoria à parte.

Cada forma de pedido será estudada separadamente.

Não mais se requer, no caso de já existir separação judicial, o cumprimento das obrigações estabelecidas na separação. Se alguma restar dependente de satisfação, não se indefere o divórcio, como determinava o art. 36, parágrafo único, inc. II, da Lei do Divórcio. Em verdade, procedeu corretamente o legislador, porquanto tem o ex-cônjuge o caminho para buscar o cumprimento, não se apresentando coerente valer-se ele de uma situação totalmente impertinente para uma finalidade nova. Ao tempo da vigência da Lei nº 6.515/1977, situações insólitas ocorriam. Amiúde valia-se o ex-cônjuge acionado na ação de divórcio de alegações absurdas para forçar a sua satisfação, que nada tinham a ver com aquilo que ficara acordado ou imposto na separação. Aproveitava esse momento para pressionar na obtenção de vantagens indevidas. Mesmo quando o cônjuge deixa de prestar alimentos fixados para os filhos menores ou para a mulher, ou não cumpre outras obrigações contraídas, como no desatendimento de promessa em adquirir imóvel para os filhos, ou de transferir a eles seus bens; ou na falta ao pagamento de dívida pendente, de prestações junto ao comércio, de mensalidades escolares dos filhos, de financiamento do imóvel, não mais cabe a utilização do expediente para trancar a ação de divórcio.

Não manteve o Código Civil a necessidade da prévia decisão sobre a partilha dos bens, se ainda não procedida, que constava no art. 31 da Lei nº 6.515/1977. Dispõe o art. 1.581 do Código Civil: "O divórcio pode ser concedido sem que haja prévia partilha de bens".

8.1. Divórcio consensual judicial

Contemplada esta modalidade de ação no direito francês, assim vinha explicada por Jean-Claude Groslière: "Les deux époux ont mesuré eux-mêmes leurs échec; ils sont totalement d'accord pour divorce et pour régler entre eux les conséquences de leur divorce. C'est une convention toute prête – réglant tous les problèmes qu'ils soumettent ensemble au juge par une demande conjoint".[3]

De modo geral, a modalidade consensual impõe o pedido conjunto dos cônjuges, embora não conste a sua previsão no Código Civil, e nem aparecia na Lei nº 6.515. Na prática, porém, generalizou-se o costume de promoverem os ex-cônjuges conjuntamente o divórcio.

É salutar a praxe da petição inicial vir assinada por ambos os ex-cônjuges, juntamente com o procurador ou procuradores das partes, como vinha previsto na Lei nº 6.515/1977, art. 34, §§ 1º e 3º, que se endereçava à separação, mas aplicável por analogia ao divórcio, sendo omisso o Código atual. Esta providência reflete a plena consciência dos peticionários. Caso aqueles não puderem ou não souberem escrever, permite-se que outra pessoa o faça a rogo deles. Rezava o § 1º: "A petição será também assinada pelos advogados das partes

---

[3] *La Reforme du Divorce*, Paris, Éditions Sirey, 1976.

ou pelo advogado escolhido de comum acordo." E o § 3°: "Se os cônjuges não puderem ou não souberem assinar, é lícito que outrem o faça a rogo deles."

Vários requisitos preencherão a petição, como acontece em qualquer demanda. O pedido será expresso no sentido de se conceder o divórcio, não se permitindo ao juiz a concessão imediata ou *ex officio*.

Se os bens não foram ainda partilhados, conveniente que se refira a circunstância. Todavia, relembra-se de que não manteve o atual Código, diante de seu art. 1.581, a condição prevista anteriormente de se definir a matéria sobre a partilha dos bens.

Se não efetuada ainda a partilha, não se recomenda que se faça no próprio pedido de divórcio, o que autorizava o art. 43 da Lei n° 6.515/1977. Embora não se encontre uma proibição legal, há total diferença de pedidos e inclusive de procedimentos.

Nem se impõe que haja no pedido um acordo sobre a divisão ou o destino dos bens, o que se exigia no sistema anterior, como lecionava Yussef Said Cahali: "Em condições tais, para que a sentença homologatória da conversão consensual do desquite disponha sobre a partilha de bens que não foi homologada nem decidida anteriormente, é necessário que a petição comum dos desquitados contenha o acordo quanto à partilha, para a homologação condicionante ou concorrente da conversão condicionada".[4] Embora a questão dos alimentos constitua matéria de capítulo à parte, cabe ressaltar que não se impõe a inexistência de controvérsias sobre o assunto, para promover a ação.

Nem se impede que se decida sobre o assunto, ou se alterem as cláusulas vigorantes.

Asseverava, a respeito, Walter Ceneviva, ainda quando da Lei n° 6.515/1977: "A alteração dos alimentos, tanto no divórcio quanto no desquite, pode ocorrer a qualquer tempo, em consequência de sua proporcionalidade às necessidades do alimentado e aos recursos da pessoa obrigada".[5] Nessa parte, o art. 28 da Lei n° 6.515 era expresso: "Os alimentos devidos pelos pais e fixados na sentença de separação poderão ser alterados a qualquer tempo".

Possível decidir quanto ao nome que a mulher passará a usar, à guarda, educação e visita dos filhos, consoante assinalava o art. 40, § 2°, da Lei do Divórcio, embora tais questões já devessem estar definidas no processo de separação.

A renúncia aos alimentos, na ação de divórcio, não é aceita. É possível unicamente o não exercício ao direito de alimentos, no que se mostra enfático o art. 1.707 do Código Civil: "Pode o credor não exercer, porém, lhe é vedado renunciar o direito a alimentos, sendo o respectivo crédito insuscetível de cessão, compensação ou penhora".

Acontece que os alimentos alinham-se no rol de direitos indisponíveis, dizendo respeito à própria subsistência, e, assim, à vida. Havia, desde época não recente, posicionamento contrário, como o ostentado por Yussef Said Cahali, que defende sempre a possibilidade de renúncia, sem qualquer condição: "Ora, com o divórcio, dissolve-se o casamento válido; deixa de existir o estado conjugal; deixa de existir a condição recíproca de marido e mulher, liberados ambos para novas núpcias; inadmissível a reconciliação como é deferida aos desquitandos ou separados judicialmente – 'se os cônjuges divorciados quiserem restabelecer a união conjugal só poderão fazê-lo mediante novo casamento' (Lei do Divórcio, art. 33).

---

[4]   *Divórcio e Separação*, 4ª ed., obra citada, p. 554.
[5]   *Anotações à Legislação do Divórcio*, São Paulo, Saraiva, 1978, p. 59.

Daí concluir-se que, na conversão consensual da separação em divórcio, os antigos cônjuges podem ajuntar a renúncia ou dispensa dos alimentos pelo ex-marido à ex-mulher".[6]

Quaisquer cláusulas da separação (se existiram) podem ser modificadas, desde que não envolvam direito indisponível. Dentre as permitidas, citam-se as relativas ao nome da mulher, ao direito de visita, guarda e responsabilidade dos filhos, à pensão alimentícia dos mesmos, e à própria divisão dos bens se não já homologada na separação judicial.

Em relação ao nome, as disposições das partes sobre a mantença ou não encontram um único óbice: não se manterá o nome de casado se na separação já há decisão a respeito, proibindo seu uso. Tal a regra do § 2º do art. 1.571 do CC: "Dissolvido o casamento pelo divórcio direto ou por conversão, o cônjuge poderá manter o nome de casado, salvo, no segundo caso, dispondo em contrário a sentença de separação judicial". Nos casos das ações que forem ajuizadas, em vista da Emenda nº 66/2010, incide a regra para a hipótese de haver já a separação. Todavia, inexistindo a separação judicial, o assunto deverá vir decidido pelos cônjuges.

No tocante, ainda, a alimentos, é possível a introdução de garantias, se acordarem os divorciandos. Eis a lição de Manoel Messias Veiga: "Para segurança do pagamento da pensão, constituem-se as garantias reais e fidejussórias. As garantias reais são conferidas ao credor para obtenção de um pagamento de dívida na forma do valor ou rendimento sobre o bem dado em garantia. A garantia real provém dos direitos reais, sobre coisa própria ou alheia". Não combinando mutuamente as partes, o pedido de garantia se fará em outro processo". Segue o autor acima: "Preferindo o cônjuge credor que a pensão consista no usufruto de determinados bens do devedor, o juiz, analisando as peculiaridades do pedido, poderá determiná-lo. O mesmo acontece quando o cônjuge credor justificar o não pagamento da prestação alimentícia.

A lei determina, também, a garantia fidejussória, que é a caução, mediante depósito em dinheiro, títulos de crédito de instituições financeiras, títulos de crédito pessoais, fiança, joias e quaisquer outros valores. A forma de prestá-la está prevista nos artigos 826 a 838 do Código de Processo Civil".[7] Os citados arts. 826 a 838 do CPC/1973 não foram especificamente reproduzidos no CPC/2015, encontrando-se as medidas cautelares, então disciplinadas, incluídas na tutela provisória, cuja disciplina se encontra no seu Livro V, Títulos I e II da Parte Geral – arts. 294 a 310 do CPC/2015.

De notar, outrossim, conforme o citado autor, "que o divórcio não altera os direitos e deveres entre os pais e filhos, assim como no casamento não há restrições nas relações dos pais com os filhos.

Quanto ao cônjuge que fica com a pensão do outro cônjuge, vindo este a casar, aquele não sofrerá extinção de sua pensão, o que se dá se vier a casar-se também. Por outros termos, o cônjuge divorciado que casa perde a pensão. Já o cônjuge divorciado que casa continua a pensionar o outro cônjuge (arts. 29 e 30 da Lei do Divórcio)".[8] No Código Civil vigente, os dispositivos retromencionados da Lei do Divórcio correspondem ao art. 1.579 e ao seu parágrafo único.

Eis a redação do art. 1.579: "O divórcio não modificará os direitos e deveres dos pais em relação aos filhos".

---

6   *Divórcio e Separação*, 4ª ed., obra citada, p. 548.
7   Obra citada, p. 74.
8   Obra citada, pp. 73 e 74.

218 • Direito de Família | *Arnaldo Rizzardo*

O parágrafo único: "Novo casamento de qualquer dos pais, ou de ambos, não poderá importar restrições aos direitos e deveres previstos neste artigo".

Não se mencionará, na petição, referência à causa, nem se atribuirá qualquer responsabilidade a um dos cônjuges. Isto porque feriria a consensualidade a atribuição da culpa a um dos divorciandos.

A respeito, impõe o § 1º do art. 1.580, do Código Civil, cuja vigência ainda perdura quanto à proibição em se declinar a causa: "A conversão em divórcio da separação judicial dos cônjuges será decretada por sentença, da qual não constará referência à causa que a determinou".

Como já referido, nada impede o divórcio de incapazes, mesmo que interditados, se devidamente representados pelo curador já constituído, ou por um curador nomeado pelo juiz de paz.

A regra está no art. 1.582 e em seu parágrafo único do Código Civil e aparecia no parágrafo único do art. 24 da Lei nº 6.515/1977, estabelecendo o primeiro: "O pedido de divórcio somente competirá aos cônjuges." O parágrafo único: "Se o cônjuge for incapaz para propor a ação ou defender-se, poderá fazê-lo o curador, o ascendente ou o irmão".

Quanto ao procedimento, há de se observar o do CPC/2015.

Relativamente ao CPC/1973, era necessário atender o disposto no art. 40, § 2º, da Lei nº 6.515, de 1977, seguindo os passos traçados pelos arts. 1.120 a 1.124 do CPC de então, exceto quanto à tentativa de conciliação. Em suma, deve-se dar um rito simples ao processo. Apresentada a petição em conjunto, irão os autos ao Ministério Público, para lançar o parecer.

Não se exige audiência privada do juiz com os cônjuges, para esclarecer as consequências da decisão e buscar a conciliação. Nem anteriormente, ao tempo da lei processual que disciplinava a matéria, nada vinha ordenado a respeito, segundo já se entendia: "Na espécie separação consensual, a lei é específica em exigir o comparecimento das partes perante o juiz. Cuida-se de lei onde o Estado ainda tutela até a preservação da sociedade conjugal. Tempo houve em que até as separações consensuais pendiam de recurso de ofício, obstaculativo até da eficácia do julgado (...).

A tomada por termo da expressão de vontade, apesar de procedimento arcaico, ainda se poderia justificar, na separação consensual, não no divórcio em conversão.

É que na separação ainda existem pendências e perlengas a ajustar. No divórcio contestado já estão aparadas as arestas.

Fórmula empecilhativa só pode viger se tiver lastro na lei, na analogia jamais".[9]

Diretamente sobre a dispensa teve o ensejo de se manifestar o STJ, mas em vista, ainda, ao CPC/1973: "A audiência de conciliação ou ratificação passou a ter apenas cunho eminentemente formal, sem nada produzir, e não havendo nenhuma questão relevante de direito a se decidir, nada justifica na sua ausência, a anulação do processo.

Ainda que a CF/88, na redação original do art. 226, tenha mantido em seu texto as figuras anteriores do divórcio e da separação e o CPC tenha regulamentado tal estrutura, com a nova redação do art. 226 da CF/88, modificada pela EC 66/2010, deverá também haver nova interpretação dos arts. 1.122 do CPC e 40 da Lei do Divórcio, que não mais poderá ficar à margem da substancial alteração. Há que se observar e relembrar que a nova

---

9   TJSP. Agravo de Instrumento nº 122.114-1. 8ª Câm. Civil do, de 12.09.1989, *Revista de Jurisprudência do TJ de São Paulo*, Lex Editora, 123/248.

ordem constitucional prevista no art. 226 da Carta Maior alterou os requisitos necessários à concessão do Divórcio Consensual Direto".[10]

A ação manterá o caráter de consensual se requerida por somente um cônjuge, e o outro, citado, não opuser qualquer resistência. Não haverá a responsabilidade do cônjuge, e nem se dá à revelia o caráter que tem em outras ações. Daí se inferir que descabe condenação em honorários advocatícios, pois o interesse em conseguir o divórcio é do pretendente, sendo indiferente o pedido para o outro ex-cônjuge.

Pelo CPC/2015, os trâmites vêm ditados pelo art. 731: "A homologação do divórcio ou da separação consensuais, observados os requisitos legais, poderá ser requerida em petição assinada por ambos os cônjuges, da qual constarão:

I – as disposições relativas à descrição e à partilha dos bens comuns;

II – as disposições relativas à pensão alimentícia entre os cônjuges;

III – o acordo relativo à guarda dos filhos incapazes e ao regime de visitas; e

IV – o valor da contribuição para criar e educar os filhos.

Parágrafo único. Se os cônjuges não acordarem sobre a partilha dos bens, far-se-á esta depois de homologado o divórcio, na forma estabelecida nos arts. 647 a 658". Não há, como se vê, a previsão de audiência de conciliação.

Após a manifestação do Ministério Público, irão os autos à decisão do juiz, que homologará, ou determinará diligências, ou denegará o pedido.

Em relação à separação consensual, anota Roberta Marcantonio: "Nos dispositivos constantes da Seção IV está mantido, portanto, o procedimento relativo à separação consensual, em que pese o disposto na Emenda Constitucional nº 66/2010 e o debate instaurado pelos civilistas acerca da extinção do instituto por força da referida Emenda".[11]

8.2. Divórcio litigioso judicial

A forma litigiosa se distingue da consensual porque a ação não vem proposta por ambos os cônjuges, procedendo-se a citação daquele que não aparece como autor. Muitas questões podem estar pendentes e mesmo envolver alto grau de litigiosidade ou controvérsia, como alimentos, guarda dos filhos, partilha de bens e regulamentação do direito de visitas. Entretanto, se inserem em aspectos que encontrarão solução em ações próprias e específicas. Inapropriadas as naturezas de debate das questões acima em uma simples ação de concessão de divórcio.

Acontece que a Constituição não vincula a nada à possibilidade de decretação do divórcio do casal.

Não basta, para dar a nota de litigioso ao divórcio, a discordância em ingressar conjuntamente com o pedido, posto que o silêncio, ou a falta de contestação, como já se disse, não tem o significado propriamente de revelia, e sim de concordância, como ocorre no direito francês, em que o pedido não contestado é considerado uma forma de divórcio consensual, sendo conhecido como "le divorce demandé par une époux et accepté par

---

[10] REsp 1.483.841/RS, 3ª Turma, rel. Min. Moura Ribeiro, j. 17.03.2015, *DJe* 27.03.2015.

[11] Anotações aos artigos 726 a 734. *Novo Código de Processo Civil*. 2015, Porto Alegre, OAB/ESA Rio Grande do Sul, p. 484.

l'autre", e segundo o qual, observava Jean-Claude Groslière, "le caractère hybride de ce divorce reparaît ici; on a vu que dans la loi il est traité comme un divorce fondé sur le consentement des époux".[12]

De acordo com a parte final do art. 1.580 da lei civil, que se mantém unicamente quanto à permissão de iniciativa do pedido, "qualquer das partes poderá requerer sua conversão em divórcio". Diante da Emenda nº 66/2010, a inteligência é que qualquer cônjuge poderá pedir o divórcio. Mas a litigiosidade da pretensão somente se verifica se o ex-cônjuge citado se recusar a participar da ação e contestar o pedido, em que a defesa, no entanto, fica extremamente limitada, podendo se fixar apenas na inexistência ou falta de validade do casamento.

Não mais serve de fundamento para a oposição o descumprimento das obrigações assumidas na separação (no caso de preexistir a separação), que vinha no regime da Lei nº 6.515/1977, ou no descumprimento dos deveres conjugais. Acontece que pressuposto único para o divórcio é a existência de casamento, não mais se reclamando a prévia separação judicial ou de fato, e a prova da violação das obrigações matrimoniais.

Em caso de já ter havido a separação, não interessa qual tenha sido a sua causa legal, isto é, se concedida com fundamento no art. 1.574 (mútuo consentimento), ou com fulcro no art. 1.572 (culpa ou má conduta de um dos cônjuges). É indiferente se o requerente foi culpado ou inocente na separação, porquanto as razões de contestação apresentam-se completamente diferentes do que acontecia na separação.

Nem se reserva espaço para alegar má conduta do cônjuge requerente, ou se descumpre com as obrigações do casamento, se não presta alimentos, se abandonou os filhos, se mantém relacionamentos afetivos extraconjugais, dentre várias outras situações.

Havendo má conduta, ofensas, desrespeito, violação de deveres conjugais, dívidas alimentícias, descumprimento de outros encargos, abre-se o caminho para a devida e correspondente ação, como a de cobrança de alimentos, ou a de indenização por danos morais. Não cabe a apresentação de tais matérias como fatores de trancar ou impedir a ação de divórcio.

Por outros termos, diante do atual texto dado ao § 6º do art. 226 da Carta Federal, o divórcio passou a oferecer-se como um direito, nada podendo impedir ou dificultar a sua concessão. As matérias ligadas a obrigações matrimoniais, como alimentos, guarda e visita de filhos, são alegáveis em demandas próprias e específicas.

Em um momento histórico bastante inicial do divórcio, se havia inadimplência, cabia ao cônjuge ou ex-cônjuge regularizar a situação, seja com o pedido de redução, ou de exoneração de pensão alimentícia. O problema já deveria estar solucionado quando do ingresso da ação. Não se aceitava a discussão ou o debate no divórcio.

Posteriormente, pendeu-se para uma inteligência diferente, mandando que as partes procurassem a solução de tais problemas em demandas próprias. Simplesmente deferia--se o divórcio. Nesta percepção da realidade, escrevia Manoel Messias Veiga: "Também os alimentos já foram objeto de fixação na separação judicial decretada, não podendo o juiz, mesmo a pedido de uma das partes com irresignação da outra, decidir matéria de alimentos no processo de conversão, que não comporta tendo em vista que a sentença se limita somente aos termos da conversão..."[13]

---

[12] Obra citada, p. 128.
[13] Obra citada, p. 78.

Cap. XII | Divórcio • **221**

A jurisprudência implantou o mesmo caminho, o que reflete acerto do direito em expressamente ter arredado tais discussões: "Divórcio. Deferimento do pedido de conversão. A controvérsia a respeito do cumprimento ou não da obrigação de alimentar não impede o pedido de conversão da separação em divórcio. Matéria a ser resolvida em ação própria".[14]

Ajuizada a ação, procede-se à citação de outro cônjuge, que terá o prazo de quinze dias para contestar. A ação prosseguirá conforme o rito comum e próprio para as demais ações.

Revela o Código de Processo Civil de 2015 uma forte tendência para a solução amigável das ações de família.

O procedimento especial de tais ações inicia no art. 693: "As normas deste Capítulo aplicam-se aos processos contenciosos de divórcio, separação, reconhecimento e extinção de união estável, guarda, visitação e filiação".

Quanto à ação de alimentos, segue o parágrafo único: "A ação de alimentos e a que versar sobre interesse de criança ou de adolescente observarão o procedimento previsto em legislação específica, aplicando-se, no que couber, as disposições deste Capítulo".

De modo que a ação de alimentos submete-se ao procedimento da Lei nº 5.478/1968, podendo, inclusive, o pedido de alimentos fundar-se na tutela provisória.

Introduziram-se instrumentos para lograr a solução através do consenso de ambos os cônjuges ou conviventes, tanto que insiste o art. 694, com a previsão, no parágrafo único, de medidas para a conciliação: "Nas ações de família, todos os esforços serão empreendidos para a solução consensual da controvérsia, devendo o juiz dispor do auxílio de profissionais de outras áreas de conhecimento para a mediação e conciliação.

Parágrafo único. A requerimento das partes, o juiz pode determinar a suspensão do processo enquanto os litigantes se submetem a mediação extrajudicial ou a atendimento multidisciplinar".

Assiste, pois, ao juiz a suspensão do processo, enquanto se submetem as partes à mediação ou ao atendimento multidisciplinar, na previsão do parágrafo único do mesmo art. 694.

Várias regras procedimentais estão disseminadas nos arts. 695 a 699. Visando evitar o agravamento da litigiosidade, e propiciando o ambiente da conciliação, a citação do demandado se restringirá a comparecer à audiência de conciliação e mediação, acompanhado de advogado, inserindo-se no mandado os dados necessários para esse ato, sem estar acompanhado de cópia da inicial, embora fique permitida a consulta do conteúdo a qualquer tempo. Impõe-se a antecedência necessária da citação, que será pessoal, de quinze dias em relação à data da audiência, que se desdobrará em tantas sessões quantas forem necessárias para a solução amigável.

Intervirá o Ministério Público unicamente na existência de interesse de incapaz, cabendo a sua ouvida prévia à homologação de acordo.

Nas ações de família, sempre que surgirem elementos de alienação parental ou abuso no tratamento dos filhos, far-se-á o juiz acompanhar de especialista ao tomar o depoimento do incapaz.

Não conseguida a conciliação, abre-se o prazo para a contestação, com a aplicação do procedimento comum.

---

[14] *Revista de Jurisprudência do TJ do RS*, 145/301.

222 • Direito de Família | *Arnaldo Rizzardo*

A conciliação e a mediação estão regulamentadas nos arts. 165 a 175 do diploma processual civil, existindo, também, quanto à mediação, a regulamentação da Lei nº 13.140, de 26.06.2015.

Inadmite-se a reconvenção na defesa do réu, vedação que estava expressa no art. 36 da Lei nº 6.515. Ocorre que, máxime na presente ordem, a reconvenção só pode ser assentada se a parte demandada chamar para si o pedido como autor da ação. Ora, essa viabilidade é inútil, pois indiferente a pessoa que formular o pedido de divórcio.

A sentença definitiva do divórcio produzirá efeitos depois de averbada no cartório do registro civil competente, não mais se levando a efeito a inscrição, por determinação do art. 10, I, do Código Civil, ordenando unicamente a averbação.

No cartório do registro de imóveis, averba-se o novo estado civil do proprietário dos bens.

8.3. Divórcio consensual extrajudicial ou administrativo

Veio esta forma implantada pela Lei nº 11.441, de 4.01.2007, incluindo no ordenamento jurídico o divórcio indireto e o direto extrajudicial. Com efeito, dentre outras modificações, acrescentou ao Código de Processo Civil de 1973 o art. 1.124-A, que tratava desta modalidade de realização do divórcio: "A separação consensual e o divórcio consensual, não havendo filhos menores ou incapazes do casal e observados os requisitos legais quanto aos prazos, poderão ser realizados por escritura pública, da qual constarão as disposições relativas à descrição e à partilha dos bens comuns e à pensão alimentícia e, ainda, ao acordo quanto à retomada pelo cônjuge de seu nome de solteiro ou à manutenção do nome adotado quando se deu o casamento".

A redação do art. 1.124-A abrangia o divórcio indireto e o direto. No entanto, com a Emenda nº 66, não mais cabe seguir nas duas modalidades, visto que a concessão independe da separação judicial ou da separação de fato. Basta o simples estado de casados dos requerentes.

O Conselho Nacional de Justiça – CNJ, ao regulamentar o divórcio administrativo por meio da Resolução nº 35, de 24.04.2007, trouxe normas também sobre o divórcio direto administrativo, que perderam qualquer sentido, diante da nova ordem. Os dispositivos que se referiam ao divórcio direto e à conversão da separação em divórcio foram revogados pelo mesmo Conselho, por provocação do Instituto Brasileiro de Direito de Família – IBDFAM. Por votação unânime em acórdão datado de 12.08.2010, ficou alterada a Resolução nº 35, para o fim de excluir o art. 53, o qual cuida do lapso temporal de dois anos para o divórcio direto, e de imprimir nova redação ao art. 52, referente ao divórcio por conversão da separação judicial ou administrativa. Na verdade, basta o mero pedido de divórcio, sem entrar em aspectos da conversão.

O CPC/2015 contempla o divórcio consensual, juntamente com a separação consensual e a extinção consensual da união estável em seu art. 733: "O divórcio consensual, a separação consensual e a extinção consensual de união estável, não havendo nascituro ou filhos incapazes e observados os requisitos legais, poderão ser realizados por escritura pública, da qual constarão as disposições de que trata o art. 731".

Os tabelionatos, se receberam pedidos que se encontravam em tramitação, não mais exigirão a prova da separação judicial por um ano, ou da separação de fato pelo período de dois ou mais anos.

Outrossim, se os encaminhamentos visavam a separação consensual, e ainda não se encontravam prontos e assinados quando do advento da Emenda Constitucional nº 66, conveniente oportunizar a retificação do pedido para divórcio.

Imprescindíveis a presença e a assinatura de advogado comum ou individual das partes, cuja qualificação ficará inserida na escritura pública.

Explicam, sobre o art. 733, Luiz Guilherme Marinoni, Sérgio Cruz Arenhart e Daniel Mitidiero: "São condições para que seja possível a separação e o divórcio consensuais extrajudiciais a ausência de nascituros ou filhos incapazes do casal; o acordo entre os cônjuges a respeito das questões dos incisos I a IV, do art. 731, CPC (embora, quanto à partilha dos bens, essa possa ocorrer posteriormente, judicial ou extrajudicialmente, conforme os arts. 1.581, CC, e 731, parágrafo único, CPC); e a assistência por advogado ou defensor público".[15]

Não se requer a interferência do juiz no ato, providenciando-se de imediato a averbação junto ao registro civil do casamento. A respeito, reza o § 1º do art. 733 do CPC/2015: "A escritura não depende de homologação judicial e constitui título hábil para qualquer ato de registro, bem como para levantamento de importância depositada em instituições financeiras".

No tocante ao advogado, não se faz necessária a apresentação de procuração. Não comparecendo a parte com advogado, o tabelião aconselhará a sua procura perante a defensoria pública, ou, não havendo, a Seccional da Ordem dos Advogados do Brasil, nos estritos termos dos arts. 8º e 9º da Res. nº 35 do CNJ. Sobre a necessidade de advogado, é expresso o § 2º do art. 733: "O tabelião somente lavrará a escritura se os interessados estiverem assistidos por advogado ou por defensor público, cuja qualificação e assinatura constarão do ato notarial".

Se presente o advogado ao ato, não se exigirá a exibição do instrumento procuratório.

No entanto, se outorgada procuração com poderes específicos, não se exige a presença dos consortes. Como em qualquer ato elaborado por escritura pública, é admitida a representação.

Não mais se faz a inscrição no livro 'E' do registro civil, incumbindo aos tribunais as providências para a introdução de medidas adequadas visando à unificação de dados que concentrem as informações das escrituras públicas de divórcio e separação, com a finalidade de facilitar as buscas.

Afora as especificações acima, seguem-se as normas comuns para a separação consensual extrajudicial, que serão analisadas no Capítulo XIV.

Não há limitação de vezes em se efetuar o divórcio.

Conveniente a prévia apresentação de minuta, para o exame do tabelião, seguindo-se a lavratura do ato.

9. AÇÕES DE SEPARAÇÃO E DIVÓRCIO PENDENTES QUANDO DO ADVENTO DA EMENDA CONSTITUCIONAL Nº 66/2010

Não acarretarão maiores problemas os processos ajuizados e em andamento de separação judicial e divórcio.

---

[15] *Novo Código de Processo Civil*, ob. cit., p. 709.

No pertinente às ações de separação, se consensuais e ainda não houver homologação, coerente que se possibilite a sua conversão em divórcio consensual. Para tanto, intimam-se as partes, por meio de seus advogados, para que exerçam o direito de transformação do pedido em divórcio. Há uma faculdade, porquanto, reafirmando o posicionamento defendido, não se retirou do ordenamento brasileiro a separação judicial.

Em relação às ações de separação judicial litigiosa, mormente as que têm como base a culpa do cônjuge, também abre-se às partes a possibilidade de optarem pela propositura da ação de divórcio, que se tornou possível por não mais se pressupor a condição da separação judicial ou de fato, respectivamente por mais de um ou dois anos. Esse caminho se oportuniza a qualquer dos litigantes, porquanto o divórcio se alça como um direito, de maior envergadura e conteúdo que a separação, para cujo exercício não se colocaram condições ou limitações para a incidência no tempo. Nesta visão, havendo uma ação em curso, ao demandado não se retira a faculdade de ajuizar a ação de divórcio, cujo objeto é de maior amplitude e, inclusive, de natureza não coincidente com o da separação. E, promovendo os cônjuges a ação de divórcio, fatalmente há de se extinguir a ação de separação, posto que o respectivo objeto ficará subsumido ou abrangido na ação de divórcio. Não que estejam alijados da lei buscarem a separação judicial. Todavia, ainda que se admita sobrevivência da separação, a norma constitucional permite que os cônjuges atinjam seu objetivo com muito mais simplicidade e vantagem através da ação de divórcio, ou que emigrem para o pedido de divórcio, mesmo durante a pendência da ação judicial.

E, pelo fato de, na ação de divórcio, não se entrar no exame da culpa, e nem se buscar imputar a responsabilidade a um dos cônjuges, a qual é garantida a qualquer pessoa, não tem sentido manter-se a ação de separação, que deverá ser extinta, a menos que, nela, o objeto envolva alimentos, guarda de filhos e outras questões decorrentes e paralelas. No concernente ao casamento, porém, desaparece a sua finalidade. Haverá uma extinção do pedido sem julgamento do mérito, por força de superveniência da lei, sem culpa das partes. Por isso, ambas deverão suportar, igualmente, as decorrências processuais, como custas e honorários.

Não se cogita do entendimento da não incidência da lei superveniente, eis que se trata de norma constitucional. Realmente, está consagrado e não se discute mais a eficácia imediata da norma constitucional, sempre que trouxer direitos, nos termos do art. 5º, § 1º, da Carta Federal: "As normas definidoras dos direitos e garantias fundamentais têm aplicação imediata". Na hipótese, introduzido o direito ao divórcio, que se enquadra como um direito fundamental, sem o decurso de um prazo após o casamento, ou a antecedente separação, o seu exercício inicia com a vigência da norma constitucional. A prévia separação judicial e as regras que a regiam ficaram incompatíveis com o novo sistema jurídico, se preferido por uma das partes. Unicamente no caso de eleita a separação por ambos os cônjuges é que se deve dar guarida ao seu prosseguimento.

Com a Emenda, decorre, *hic et nunc*, a possibilidade da adaptação necessária da lei ordinária, que, na hipótese, é o Código de Processo Civil, à norma de caráter Constitucional *stricto sensu*, com prevalência desta e de seus princípios àquela. Tem-se, daí, que não se dá a modificação do pedido, mas de sua adaptação às possibilidade de uma norma constitucional que apareceu.

Quanto ao pedido de divórcio, caso se encontrava tramitando ao surgir a Emenda nº 66/2010, providenciará o juiz em adotar o conteúdo do novo texto, ficando sem pertinência a exigibilidade de prazo de separação, e passando a se desconhecer eventuais matérias atinentes às obrigações não cumpridas que vinham estabelecidas na separação.

10. DIVÓRCIO DE BRASILEIROS OCORRIDO NO EXTERIOR, DE ESTRANGEIROS RE-SIDENTES NO PAÍS E SENTENÇA ESTRANGEIRA DE DIVÓRCIO CONSENSUAL

De notar que se um ou ambos os cônjuges forem brasileiros, e se o divórcio ocorreu em país estrangeiro, se faz necessária a homologação perante o Superior Tribunal de Justiça, como preceitua o § 6º do art. 7º, da Lei de Introdução às Normas do Direito Brasileiro (Decreto-lei nº 4.657, de 4.09.1942), em redação da Lei nº 12.036, de 1º.10.2009, no texto que segue: "O divórcio realizado no estrangeiro, se um ou ambos os cônjuges forem brasileiros, só será reconhecido no Brasil depois de 1 (um) ano da data da sentença, salvo se houver sido antecedida de separação judicial por igual prazo, caso em que a homologação produzirá efeito imediato, obedecidas as condições estabelecidas para a eficácia das sentenças estrangeiras no país. O Superior Tribunal de Justiça, na forma de seu regimento interno, poderá reexaminar, a requerimento do interessado, decisões já proferidas em pedidos de homologação de sentenças estrangeiras de divórcio de brasileiros, a fim de que passem a produzir todos os efeitos legais". A teor do Prov. 51/2015 do CNJ, é necessária a averbação, no Registro Civil, da sentença expedida após a homologação pelo Superior Tribunal de Justiça, relativa ao divórcio e separação.

Todavia, em face da Emenda nº 66, parece desarrazoado que se aguarde o prazo de um ano, como acima está ordenado. Se a lei brasileira não mais fixa prazo algum para o pedido de divórcio, não se justifica devam os cônjuges divorciados no estrangeiro aguardar o lapso de tempo de um ano a partir da data da sentença, a fim de ser reconhecido no Brasil. Seguramente, tal prazo veio estabelecido para tornar o divórcio feito em outros países equivalente ao que se reconhecia no Brasil, em que era deferido depois de decorrido tal período temporal de separação judicial. Mostra-se falta de coerência manter o prazo, quando no Brasil tal não mais acontece.

O Superior Tribunal de Justiça regulamentou a matéria por meio do art. 216-D do Regimento Interno, através da Emenda Regimental nº 18/2014.

Necessário destacar os requisitos para o reconhecimento da sentença, pelo Superior Tribunal de Justiça, que se faz mediante a homologação de sentença estrangeira, e que constam no referido dispositivo: "A sentença estrangeira deverá:

I – ter sido proferida por autoridade competente;

II – conter elementos que comprovem terem sido as partes

regularmente citadas ou ter sido legalmente verificada a revelia;

III – ter transitado em julgado."

O art. 216-F estabelece que "não será homologada a sentença estrangeira que ofender a soberania nacional, a dignidade da pessoa humana e/ou a ordem pública."

Já o art. 216-C aponta os legitimados ao pedido de homologação: "A homologação da sentença estrangeira será proposta pela parte requerente, devendo a petição inicial conter os requisitos indicados na lei processual, bem como os previstos no art. 216-D, e ser instruída com o original ou cópia autenticada da decisão homologanda e de outros documentos indispensáveis, devidamente traduzidos por tradutor oficial ou juramentado no Brasil e chancelados pela autoridade consular brasileira competente, quando for o caso."

De observar, porém, o caso de consensual o divórcio feito no exterior. Dispensa-se a homologação pelo STJ, em vista do § 5º do art. 961 do atual CPC.

226 • Direito de Família | *Arnaldo Rizzardo*

A matéria será examinada abaixo. Acontece que se há dispensa para a sentença estrangeira de divórcio consensual de estrangeiro(s) que resida(m) no Brasil, evidente que se estende o tratamento à sentença estrangeira de brasileiro(s) residente(s) no exterior.

Se estrangeiros residentes no Brasil pretenderem se divorciar, devem procurar a Justiça ou o Tabelionato de seu domicílio, isto é, no Brasil. Ocorre que, pelo art. 7º da Lei de Introdução às Normas do Direito Brasileiro, a lei do país em que for domiciliada a pessoa determina, inclusive, os direitos de família, nos quais se inclui o divórcio.

Veja-se a seguinte ementa: "Ação de separação judicial litigiosa. Casamento no estrangeiro, onde o varão se mantém. Mulher domiciliada no território pátrio. Competência da justiça brasileira. A justiça brasileira é competente para as controvérsias de direito de família, quando um dos cônjuges se domicilia no país, mesmo que o casamento tenha se celebrado no estrangeiro, onde permanece o outro parceiro, e ocorreu o evento que originou o dissídio (Lei da Introdução ao Código Civil Brasileiro, art. 7). Apelação provida".[16]

Com mais razão será da justiça brasileira a competência se ambos os estrangeiros residirem no Brasil.

Antes do divórcio, registra-se o casamento, após tradução juramentada, no Registro de Títulos e Documentos (artigo 129, item 6º, da Lei nº 6.015/1973), pois a transcrição no Registro Civil de Pessoas Naturais apenas ocorre quando uma das pessoas é brasileira.

Permite-se que o divórcio se faça por escritura pública ou judicialmente. Após sua realização, leva-se a registro no Registro Civil de pessoas naturais.

Relativamente à sentença estrangeira de divórcio consensual, seja de estrangeiros ou de brasileiros, dispensa-se a homologação pela Justiça brasileira. Eis a regra do § 5º do art. 961 do vigente CPC: "A sentença estrangeira de divórcio consensual produz efeitos no Brasil, independentemente de homologação pelo Superior Tribunal de Justiça".

Havendo controvérsia ou dúvida sobre a decisão, compete ao juiz com jurisdição sobre o registro civil o exame da matéria, como contempla o § 6º do mesmo artigo: "Na hipótese do § 5º, competirá a qualquer juiz examinar a validade da decisão, em caráter principal ou incidental, quando essa questão for suscitada em processo de sua competência".

Não se dispensa, porém, a homologação pelo Superior Tribunal de Justiça se envolver disposição sobre guarda de filhos, alimentos e/ou partilha de bens.

O encaminhamento à averbação no registro civil da sentença ou ato de divórcio consensual foi regulamentado pelo Provimento nº 53, de 16.05.2016, do Conselho Nacional de Justiça. Oportuna a transcrição das regras procedimentais:

"Art. 1º. A averbação direta no assento de casamento da sentença estrangeira de divórcio consensual simples ou puro, bem como da decisão não judicial de divórcio, que pela lei brasileira tem natureza jurisdicional, deverá ser realizada perante o Oficial de Registro Civil das Pessoas Naturais a partir de 18 de março de 2016.

§ 1º A averbação direta de que trata o *caput* desse artigo independe de prévia homologação da sentença estrangeira pelo Superior Tribunal de Justiça e/ou de prévia manifestação de qualquer outra autoridade judicial brasileira.

§ 2º A averbação direta dispensa a assistência de advogado ou defensor público.

§ 3º A averbação da sentença estrangeira de divórcio consensual, que, além da dissolução do matrimônio, envolva disposição sobre guarda de filhos, alimentos e/ou partilha de bens –

---

[16] Apelação Cível nº 70001547918, 7ª Câmara Cível do TJRGS, Rel. Des. José Carlos Teixeira Giorgis, j. 13.12.2000, *RJTJRGS* 205/380.

aqui denominado divórcio consensual qualificado – dependerá de prévia homologação pelo Superior Tribunal de Justiça.

Art. 2º Para averbação direta, o interessado deverá apresentar, no Registro Civil de Pessoas Naturais junto ao assento de seu casamento, cópia integral da sentença estrangeira, bem como comprovação do trânsito em julgado, acompanhada de tradução oficial juramentada e de chancela consular.

Art. 3º Havendo interesse em retomar o nome de solteiro, o interessado na averbação direta deverá demonstrar a existência de disposição expressa na sentença estrangeira, exceto quando a legislação estrangeira permitir a retomada, ou quando o interessado comprovar, por documento do registro civil estrangeiro, a alteração do nome.

Art. 4º Serão arquivados pelo Oficial de Registro Civil de Pessoas Naturais, em meio físico ou mídia digital segura, os documentos apresentados para a averbação da sentença estrangeira de divórcio, com referência do arquivamento à margem do respectivo assento.

Art. 5º Este Provimento não revoga as normas editadas pelas Corregedorias-Gerais de Justiça, no que forem compatíveis.

Art. 6º As Corregedorias-Gerais da Justiça deverão dar ciência desse Provimento aos Oficiais de Registro Civil das Pessoas Naturais dos seus Estados".

A averbação direta abrange a sentença ou o ato de homologação de divórcio consensual de brasileiro(s) no exterior.

Não se estende a averbação direta ao divórcio litigioso, em vista da restrição das regras acima.

11. PROMESSA DE DOAÇÃO NO DIVÓRCIO CONSENSUAL

Questão das mais complexas, e que tem suscitado controvérsias, diz com a promessa de doação formalizada no divórcio consensual, ou na separação consensual (embora raramente possa ocorrer nesta última modalidade). Amiúde os pais assentam cláusula comprometendo-se a proceder a doação de bens a terceiros, em geral os filhos, o que evita longas discussões sobre a partilha, e é do consenso de ambos.

Mas se, futuramente, não instrumentalizada a promessa, admite-se a execução pelo beneficiário?

Se admissível a promessa de doar, evidencia-se possível a posterior execução.

Entre os expositores contrários a esta promessa, desponta Caio Mário da Silva Pereira, que assevera: "É da própria essência da promessa de contratar a criação de compromisso dotado de exigibilidade. O promitente obriga-se. O promissário adquire a faculdade de reclamar-lhe a execução", ou seja, se o promitente-doador recusasse a prestação, o promitente-donatário teria ação para exigi-la, com o que o ato se converteria em uma doação coativa, "doação por determinação da justiça, liberalidade por imposição do juiz e ao arrepio da vontade do doador".[17] Na impossibilidade de cumprimento da doação, converte-se a mesma em indenização por perdas e danos, fenômeno que não combina com a essência de sua natureza.

O tratadista Cunha Gonçalves revela a mesma inteligência: "Não é possível, ou não tem valor algum, portanto, uma promessa de doar. A doação, ou existe, ou não existe. Sendo um favor, ela não pode ser exigida, sob pena de indenização de perdas e danos...

---

[17] *Instituições de Direito Civil*, obra citada, vol. III, p. 225.

228 • Direito de Família | *Arnaldo Rizzardo*

Um benefício não se impõe. Faltaria à doação o seu caráter de espontaneidade, *nullo jure cogente*. O doador, não fazendo a doação prometida, poderá causar decepção ao pretenso donatário; mas não comete ato ilícito."[18]

E a jurisprudência: "Promessa de doação. Discussão. Predominante na doutrina brasileira é a inexistência da promessa de doação, acolhida na jurisprudência da Corte. Precedentes."[19]

Mas fortes razões surgem a favor da admissibilidade da promessa de doação.

O argumento de que a doação perderia a natureza de liberalidade, transformando-se numa doação coativa, se obrigado o promitente-doador a dar cumprimento ao contrato preliminar, não prevalece, eis que a liberalidade, como elemento essencial da doação, se consuma justamente quando o proprietário promete doar livremente. Este é o momento em que se forma o consenso quanto ao ânimo de liberalidade, ou o ânimo de doar pelo promitente-doador, e de aceitar, pelo promitente-donatário.

A indenização é o corolário natural do negócio. É Pontes de Miranda quem demonstra, em face do caráter obrigacional da relação criada que se desenvolveu: "Se o outorgante não cumpre, por ter ocorrido impossibilitação culposa, tem o outorgado a ação de indenização por inadimplemento. Se bem que o contrato prometido fosse contrato real, não há a ação para a entrega do bem, pois o que prometeu foi o contrato, e não a ação para a entrega do bem. Por isso mesmo, se, ao concluir a promessa de contrato de doação (dita, por elipse, promessa de doação), o outorgante não é dono do bem que se seria doado, não tem, à diferença do que promete o bem, o dever de adquiri-lo, ou de obter de terceiro que satisfaça a dívida assumida. Cabe, somente, a ação de indenização por inadimplemento. O promitente vincula-se a fazer o contrato de doação, não a prestar o bem." Em outro momento, já salientara: "Se há promessa de doar, há pré-contrato. Tal a solução do direito brasileiro, que não afasta a doação consensual, mas promessa de doação, no direito brasileiro, é promessa de contrato de doação."[20]

A manifestação inicial da liberalidade já se cristaliza no instante da promessa de doar. Emerge o consenso quanto à intenção da liberalidade, ou o ânimo de doar pelo promitente-doador, e de aceitar, pelo prometido-donatário.

Karl Larenz aponta o vínculo obrigacional na promessa de doação: "Semejante contrato, por crear una obligación de cumplir una prestación, es un contrato obligacional, unilateralmente vinculante. La donación está en esta hipótesis ya en el origen del crédito, como atribución de un derecho; esta atribución tiene lugar a cargo del patrimonio del promitente, en cuanto crea una obligación que ha de cumplirse con este patrimonio. La prestación del objeto prometido no es una donación renovada, sino el cumplimiento de una obligación; es, no obstante, una 'atribución gratuita', porque la relación de causa jurídica sobre la que se basa su validez jurídica (en el sentido de las normas sobre el enriquecimiento injusto) es una donación."[21]

Não há dúvida, assim, quanto ao direito, pelo menos, à indenização. O vínculo obrigacional é firmado na oportunidade da formalização da promessa.

---

[18] *Tratado de Direito Civil*, 1ª ed., São Paulo, Max Limonad Editor, 1956, vol. VIII, tomo I, p. 80.

[19] *Revista dos Tribunais*, 602/269. Ainda, *Revista Trimestral de Jurisprudência*, 58/153, 68/499 e 103/327.

[20] *Tratado de Direito Privado*, 2ª ed., Rio de Janeiro, Editor Borsoi, 1964, vol. 46, pp. 261, 262 e 229.

[21] *Derecho de Obligaciones*, Madrid, Revista de Derecho Privado, 1959, vol. II, pp. 179 e 180.

Esta é a linha adotada pelo direito alemão, como expõe Hedemann: "Pero, no cabia desconocer que también la promesa de donación, hecha con anticipación y seriamente emitida, exige cierta configuración jurídica. Los destinatarios de tal promesa obran de conformidad con ella, realizan adquisiciones, establecen un plan económico, etc. Por conseguiente no se les puede dejar desprovistos de protección, entregados al capricho del promitente. Por ello, la ley reconoce también como relación obligatoria la (simple) 'promesa de donación', y, de esta forma, la ha hecho exigible; si bien, ciertamente, con una importante restricción en su eficacia práctica; a saber: que para ser vinculante (para ser válida conforme el derecho) ha de estar judicial o notarialmente documentada."[22]

Vai mais além Natal Nader: "Se o objeto de todo contrato preliminar é a celebração de um contrato futuro e definitivo, nada impede que se faça um *pactum de contrahendo*, visando à consecução de uma futura doação, eis que isso não ofende qualquer princípio de ordem pública e nem existe qualquer preceito legal proibitivo de tal procedimento. E, de conformidade com a regra geral dos pré-contratos, terá o promitente-doador assumido uma obrigação de fazer, ficando o promitente-donatário com o direito de exigir o seu cumprimento, em caso de inadimplemento. Quanto à característica da espontaneidade, indispensável à doação, não se poderá dizer ter ela aí deixado de configurar-se, mas sim que a sua manifestação já se havia operado, quando o promitente-doador, livremente, se obrigou através da promessa feita."[23]

De modo que se apresenta perfeitamente normal a promessa de doação de um bem, formando-se um vínculo unilateral do promitente relativamente ao compromissário. Ao assumir a avença, cria-se o liame da responsabilidade, o que permite ao donatário impor o cumprimento, ou, pelo menos, a indenização.

Trata-se, realmente, de uma indenização que demanda o atendimento pelo promitente. Hipótese frequente verifica-se no compromisso assumido por uma pessoa de entregar um imóvel a um amigo, ou de fornecer, periodicamente, determinada espécie de gêneros alimentícios. Outro exemplo dá Natal Nader: "Figure-se um caso de separação consensual, em que a partilha dos bens esteja constituindo-se em óbice, apenas superado, por exemplo, pela promessa de doação de alguns desses bens, feita por um dos cônjuges, em benefício dos filhos do casal. E, só por isso, o outro cônjuge dá a sua anuência àquela partilha. Ora, se fosse esta inadmissível, ou, posteriormente, considerada não obrigatória, não só estaria comprometido o equilíbrio sociojurídico, como lesado seria o cônjuge que, em razão dela, houvesse consentido.

Em suma, obstar-se-ia um desfecho que em nada ofenderia o direito e viria atender o interesse das partes, em benefício daquele equilíbrio."[24]

O desfazimento é naturalmente possível, desde que ambos os cônjuges o formalizem, segundo já demonstrou o Supremo Tribunal Federal, no Recurso Extraordinário nº 109.097, de 09.09.1986, da 1ª Turma: "Promessa de doação aos filhos do casal inserida em acordo de separação judicial, já ratificado, não podendo ser unilateralmente retratada por um dos cônjuges."[25]

---

[22] *Derecho de Obligaciones*, tradução ao espanhol por Jaime Santos Briz, Madrid, Revista de Derecho Privado, 1958, vol. III, p. 284.

[23] "Promessa de Doação – Doação Inoficiosa", *AJURIS – Revista da Associação dos Juízes do RS*, Porto Alegre, nº 16, p. 126, 1979.

[24] *Trabalho citado*, pp. 126 e 127.

[25] *Família e Casamento*, coordenação de Yussef Said Cahali, obra citada, p. 645.

Entende-se, porém, desde que não registrada no ofício imobiliário a doação.

Como se possibilita o registro?

Não basta, obviamente, levar ao registro o instrumento da promessa, no caso a petição dos cônjuges. É indispensável se lavre o instrumento de doação, que poderá ser através da própria partilha nos autos da separação, segundo já decidido,[26] expedindo-se uma carta de adjudicação. É o que demonstra a já citada Teresa Ancona Lopez, ao salientar que a homologação judicial de atos jurídicos (na jurisdição voluntária há, da mesma forma que na contenciosa, a imperatividade estatal) é requisito suficiente para levarem-se a registro tais atos, como acontece com o formal de partilha ou carta de adjudicação. A doação que consta de carta de sentença de separação consensual pode, dessa forma, ser registrada sem a necessidade de escritura pública.[27]

12. COMPETÊNCIA PARA PROMOVER A AÇÃO DE DIVÓRCIO

Algumas normas especiais prevaleciam no regime anterior sobre a competência do juízo na ação de divórcio indireto ou direto. Era promovida no juízo da residência da mulher, conforme ordenava o art. 52 da Lei nº 6.515/1977, que dava nova redação ao art. 100, inc. I, do Código de Processo Civil de 1973, o que também se aplicava para a ação de separação e a de dissolução da união estável. A regra da competência podia, no entanto, ser alterada por disposição das partes, ou não prevalecer caso não apresentada a exceção de incompetência. Daí concluir-se que se tratava de norma de competência relativa, como vinha sendo decidido: "O foro competente para a conversão pretendida é o da residência da mulher e esse, no teor do inciso II do art. 53 da Resolução Judiciária nº 2/76, é o da Vara Distrital. Essa regra, todavia, é relativa e a competência prorrogável. A sua inobservância permite a *exceptio declinatoria fori*. Se não for oposta a exceção, prorroga-se a competência; mas o juiz não poderá substituir o réu (*RT* 492/107). Se a incompetência é relativa e sujeita à prorrogação se o réu não opuser exceção declinatória, descabe ao juiz proclamá-la de ofício (art. 114 do CPC)."[28] O referido art. 114 tem regra correspondente no art. 65 do CPC/2015, estabelecendo que "prorrogar-se-á a competência relativa se o réu não alegar a incompetência em preliminar de contestação".

Pelos ditames do Código de Processo Civil de 1973, se consensual o divórcio, a competência era determinada pelas partes que promoviam em conjunto a ação. No caso de litigioso, em face do princípio constitucional da absoluta igualdade entre o homem e a mulher (arts. 5º, inc. I, e 226, § 5º), a regra da competência era determinada pelo art. 94: o domicílio do réu firmava a competência.

Ainda as seguintes coordenadas revelavam-se importantes.

Tendo mais de um domicílio o cônjuge réu, seria demandado no foro de qualquer deles, por força do § 1º, do art. 94, da mesma lei processual civil. Se incerto ou desconhecido o domicílio, encaminhava-se a demanda onde se encontrasse o réu, ou no foro do domicílio do autor, segundo o § 2º do mesmo dispositivo.

---

[26] *Revista dos Tribunais*, 494/67.
[27] "Separação Consensual", *Família e Casamento*, obra citada, p. 646.
[28] *Revista de Jurisprudência do TJ de São Paulo*, 62/292.

Com o Código de Processo Civil de 2015, leva-se em conta, para determinar a competência, o domicílio da parte se incapaz, ou do casal, ou do demandado. Eis a disposição do art. 53: "É competente o foro:

I – para a ação de divórcio, separação, anulação de casamento e reconhecimento ou dissolução de união estável:

a) de domicílio do guardião de filho incapaz;

b) do último domicílio do casal, caso não haja filho incapaz;

c) de domicílio do réu, se nenhuma das partes residir no antigo domicílio do casal".

Aconselhável ingressar com a ação sempre no último domicílio conhecido, a fim de evitar possível prejuízo ou manobra do autor para que o cônjuge não tenha ciência da demanda, e, assim, dificultar a contestação.

No direito francês, há regras semelhantes relativamente à competência, firmando-se a mesma, primordialmente, pela residência do casal, ou da família, ou dos filhos, e em desfavor do cônjuge que teve a iniciativa de propor a ação, segundo explica Jean-Claude Groslière: "En ce qui concerne la procédure de divorce elle-même, le tribunal compétent est normalement celui du lieu où réside la famille; mais à côté de ce cas simples et peut-être rare, le texte envisage des hypothèses plus fréquents: si les époux ont des résidences distinctes, est compétent celui du lieu où réside l'époux qui n'a pas pris l'initiative de la demandé, c'est-à-dire de la résidence du défendeur – conformément au droit commun."[29]

13. EFEITOS E DECORRÊNCIAS DO DIVÓRCIO

A Lei nº 6.515/1977 não referia explicitamente os efeitos do divórcio, os quais vinham discriminados na separação. Não havia necessidade de estabelecê-los novamente, porquanto aplicados ao divórcio indiscriminadamente quando processado na forma direta. O Código Civil em vigor faz exsurgir alguns efeitos de seus dispositivos.

Em primeiro lugar, como regra geral, o divórcio põe termo ao casamento e faz cessar todas as relações que eram mantidas durante a sua vigência. Faz cessar, também, o impedimento dos cônjuges para contraírem novas núpcias.

Cumpre afastar a ideia de qualquer retroatividade dos efeitos, como se dá com a anulação ou a declaração de nulidade do casamento. Oficialmente, iniciam os mesmos a partir da sentença, e parte deles desde a separação de fato, o que acontece quanto ao dever de fidelidade e de coabitação, e mesmo às aquisições de bens que cada cônjuge fizer.

Como regra geral, porém, os efeitos começam a partir do registro da sentença, o que era consignado no art. 32 da Lei do Divórcio, e perdura na Lei nº 6.015, em seu art. 29, § 1º, letra 'a', e mais diretamente está no art. 100, § 1º, desta mesma Lei: "Antes de averbadas, as sentenças não produzirão efeito contra terceiros".

Essa a orientação do STJ, consoante se retira do REsp. nº 239.195/SP, da Terceira Turma, j. em 20.09.2001, *DJU* de 5.11.2001: "Falecendo o varão antes de transitada em julgado a decisão que concedeu o divórcio, embora em execução provisória, porque

---

[29] Obra citada, pp. 97 e 98.

232 • Direito de Família | Arnaldo Rizzardo

pendente o julgamento de recursos contra os despachos que não admitiram os especiais, o estado civil do cônjuge sobrevivente é de viúva, não de divorciada".

13.1. Quanto ao patrimônio

No tocante ao patrimônio e à responsabilidade pelas obrigações contraídas, parece mais coadunável com a lei que o dever solidário no cumprimento cessa com o registro da sentença de divórcio. Neste sentido, Aramy Dornelles da Luz: "A partir de quando fica caracterizada a fraude do cônjuge que malbarata o patrimônio que administra? À data do registro deixarão de ser cônjuges. A partir da proposição da demanda é possível caracterizar-se. Os efeitos pessoais entre os cônjuges são gerados pelo trânsito em julgado da sentença, os quais retroagem à data da sentença, se não houve recurso. Caracteriza a existência de uma situação tácita."[30]

Essa a linha do STJ, no REsp. nº 239.195/SP, da 3ª Turma, j. em 20.09.2001, *DJU* de 05.11.2001. "Falecendo o varão antes de transitada em julgado a decisão que concedeu o divórcio, embora em execução provisória, porque pendente o julgamento de recursos contra os despachos que não admitiram os especiais, o estado civil do cônjuge sobrevivente é de viúva, não de divorciada".

De modo geral, porém, os efeitos dirigem-se para o futuro, cessando todas as obrigações inerentes ao casamento, o que, aliás, já se produz com a separação. Realmente, com a separação, mesmo que restritamente aos ex-cônjuges, já se operam os efeitos.

13.2. Quanto a alterações de cláusulas existentes na eventual separação anterior

Se já existia a separação judicial anterior, em se formulando o pedido de divórcio, as regulamentações do dever de alimentos, de guarda dos filhos, e futuras relações entre os ex-cônjuges, já se encontram estabelecidas, a menos que se alterem as cláusulas ou condições estabelecidas, com a introdução de novos regramentos, que passam a valer com o divórcio.

Tornam-se passíveis de revisão ou alteração as cláusulas ou disposições concernentes ao nome da divorciada, à guarda dos filhos, ao direito de visita e ao montante dos alimentos, desde que não se infrinja o conteúdo do art. 1.579 do Código Civil, que encerra: "O divórcio não modificará os direitos e deveres dos pais em relação aos filhos."

Mais especificamente quanto aos alimentos, mantém-se aquilo que já fora definido ou determinado na sentença de separação, conforme, respectivamente, se ingressar com o divórcio direto ou a conversão da separação. Se de caráter litigioso a ação, e inexistir a definição relativamente à questão alimentícia, o mais conveniente será o ingresso, em juízo, com a ação própria. Não combinam os ritos da ação de divórcio com o da pretensão alimentícia. Além de completamente diversos os pedidos, cada um tem um procedimento próprio, não se afigurando compatível adotar o ordinário.

A alteração de alimentos submete-se à regra geral do art. 1.699 do Código Civil, que autoriza o pedido caso sobrevier mudança na situação financeira de quem os supre, ou na de quem os recebe.

---

[30] Obra citada, p. 61.

Todavia, não se permite a renúncia, o que não impede que se deixe de exercer o direito, em face dos termos incisivos do art. 1.707 do diploma civil: "Pode o credor não exercer, porém lhe é vedado renunciar o direito a alimentos, sendo o respectivo insuscetível de cessão, compensação ou penhora".

13.3. Quanto a novo casamento

Desde que averbada a sentença no ofício competente, abre-se o caminho para qualquer dos cônjuges tornar a casar, começando a surgir, para tanto, os efeitos a partir daquele ato. Na verdade, cessa o casamento com a sentença de divórcio transitada em julgado. Todavia, para fins administrativos, é necessário a averbação do divórcio, o que possibilitará a instrução do processo de habilitação com a certidão competente, e para evitar que se proclame o novo casamento sem a averbação da desconstituição do anterior – situação que, verificada, ensejaria a aparência de bigamia.

Desaparece, portanto, o impedimento para casar, contemplado no art. 1.521, inc. VI, do Código Civil.

E quanto aos impedimentos *turbatio sanguinis*, ou decorrentes do parentesco por sangue, por afinidade, ou por adoção?

O óbice não desaparece com a dissolução do casamento, mesmo no pertinente aos parentes afins, no que é expresso o § 2º do art. 1.595.

No parentesco direto ou por sangue, existe o impedimento em razão da própria pessoa do cônjuge, e não em razão do casamento com outra pessoa.

No tocante aos afins, dizia Yussef Said Cahali, sob o regime do Código anterior: "No casamento válido, cada cônjuge torna-se aliado aos parentes do outro pelo vínculo da afinidade (CC, art. 334); a sua dissolução pelo divórcio não afeta a afinidade assim estatuída, seja ela em linha reta, seja na linha colateral.

Com efeito, inexiste disposição de lei decretando a extinção do vínculo da afinidade, ainda que limitativamente, como do art. 335 do CC, que faz da morte de um dos cônjuges causa de extinção da afinidade da linha colateral (por exclusão), mas que não comporta aplicação analógica ou interpretação extensiva, impróprias nesta seara do direito de família.

E não fere os princípios a sua manutenção do vínculo da afinidade entre os parentes de um com o outro divorciado, quando se tem em conta que muitos efeitos pessoais restam incólumes da sentença de divórcio."[31] Os artigos 334 e 335 mencionados equivalem aos artigos 1.595 e 1.595, § 2º, do Código atual.

13.4. Quanto ao nome do cônjuge divorciado

Comum é a perda, pelo cônjuge, do nome de casado, com o divórcio.

Se precedido o divórcio pela separação (antes da Emenda Constitucional nº 66), normalmente a matéria já se encontra resolvida.

No entanto, mesmo que tenha havido uma disposição das vontades, não fica afastada a faculdade de decidirem diferentemente os divorciandos.

---

[31] *Divórcio e Separação*, 4ª ed., obra citada, pp. 683 e 684.

234 • Direito de Família | *Arnaldo Rizzardo*

No divórcio consensual, evidentemente os cônjuges devem dispor a respeito. No litigioso, se não definida a questão na separação consensual, ou não determinada a perda pela sentença na separação litigiosa (o que ocorria antes da Emenda Constitucional nº 66), mantém-se o nome adotado no casamento se razões sérias existirem.

A matéria está disciplinada no § 2º do art. 1.571 do Código Civil, cuja inteligência, em face da Emenda nº 66/2010, deve considerar o divórcio em si, e não mais o concedido pela conversão da separação ou pela separação de fato por dois ou mais anos: "Dissolvido o casamento pelo divórcio direto ou por conversão, o cônjuge poderá manter o nome de casado, salvo, no segundo caso, dispondo em contrário a sentença de separação judicial". A interpretação que resta atualmente leva à possibilidade de se manter o nome estabelecido no casamento, exceto se precedeu a separação judicial, e se diversamente ficou acertado ou determinado. Todavia, inexistindo sentença ou consenso dos ex-consortes a respeito, sem qualquer base em culpa, é possível transporem-se os motivos do art. 1.578 da lei civil ao divórcio para manter-se o nome, e que são os seguintes:

"I – evidente prejuízo para a sua identificação;
II – manifesta distinção entre o seu nome de família e o dos filhos havidos da união dissolvida;
III – dano grave reconhecido na decisão judicial."

O STJ admite o direito de conservar o nome, se alguma das hipóteses acima estiver presente, destacando-se o seguinte trecho do voto do reator, Ministro Aldir Passarinho Junior:

"Verifica-se, portanto, que ao inverso do que sustenta o recorrente, houve o expresso entendimento do Tribunal de Justiça de que haveria dano grave à sua personalidade, bem assim prejuízo a sua identificação, em face do longo tempo em que adotou o patronímico do recorrente, ainda considerando a sua idade avançada, presentemente quase oitenta anos.

Essas conclusões da Corte recorrida são tiradas da apreciação fática dos elementos informativos dos autos, que não têm como ser revistas em sede especial, ao teor da Súmula nº 7 do STJ.

Nesse sentido:

'(...) Reconhecida pela instância originária (ordinária) que ao deixar a mulher de usar o nome de casada ocorrerá manifesta distinção entre o seu nome de família e dos filhos havidos da união dissolvida, não tem força bastante o fundamento da maioridade da prole, invocado pelo acórdão para reformar a sentença, porquanto trata-se de requisito não contemplado pela lei de regência. Precedente da Quarta Turma – REsp. nº 358.598-PR.

Recurso especial conhecido em parte e, nesta extensão, provido' (4ª Turma, REsp. nº 247.949/SP, Rel. Min. Fernando Gonçalves, unânime, *DJU* 31.05.2004).

'(...) Em princípio, cabe ao Tribunal de 2º grau, sopesando os termos do contraditório e os elementos probatórios coligidos nos autos, decidir sobre a necessidade ou não da produção de prova em audiência.

Acórdão recorrido que conclui acarretar a supressão do nome da ex-mulher prejuízo à sua identificação. Matéria de fato. Incidência da Súmula nº 7-STJ. Preservação, ademais, do direito à identidade do ex-cônjuge.

Distinção manifesta entre o sobrenome da mãe e o dos filhos havidos da união dissolvida, não importando que hoje já tenham estes atingido a maioridade.

Recurso especial não conhecido' (4ª Turma, REsp. nº 358.598/PR, Rel. Min. Barros Monteiro, unânime, *DJU* de 2.12.2002)."[32]

---

[32] REsp. nº 241200-RJ. Julgado em 4.04.2006, *DJU* de 2.05.2006.

Afora tais eventualidades, se o ex-cônjuge não aquiescer no uso, é de se proibir ao outro que mantenha o sobrenome advindo do casamento. Cessada a sociedade conjugal e extinto o próprio casamento, ou rompidos os liames afetivos e patrimoniais entre os ex-cônjuges, não se justificava a permanência do nome que lhe fora concedido. Não se encontra, realmente, propósito algum em continuar com um aparente vínculo oriundo da família do ex-consorte.

Ademais, se houver da parte do antigo cônjuge novo casamento, não tem sentido a manutenção, em seu benefício, da faculdade de continuar usando o nome de uma união conjugal anterior.

Por isso, entende-se que era boa a previsão que viera com a Lei nº 8.408, de 13.02.1992, a qual dera nova redação ao art. 25 da Lei nº 6.515/1977, acrescentando-lhe o parágrafo único, concernente ao nome do cônjuge após o divórcio (embora se dirigisse à mulher e restritamente na conversão), que seria aquele usado antes do casamento, assim ordenando o juiz, a menos que a mudança acarretasse algumas das consequências que também constam atualmente nos incisos do art. 1.578 do Código em vigor.

Pode-se afirmar que o nome se insere como um dos mais importantes atributos da pessoa natural, ao lado da capacidade e do estado. Através dele, a pessoa é conhecida e individualizada durante sua vida e mesmo após a morte. Daí conceber-se o nome como um direito da personalidade, que tem valor inestimável e cuja proteção pode ser exercida por todos.

Tem, pois, a pessoa o direito de preservar o nome como seu patrimônio moral, e, às vezes, cultural, impedindo a mera possibilidade do uso indevido pelo ex-cônjuge, com o qual a ruptura se tornou definitiva e irreversível, extinguindo-se todos os laços afetivos e a comunhão de vida, de pensamento, de emoções e sentimentos.

De modo que, mesmo na simples vontade de o ex-cônjuge em excluir seu nome no da pessoa da qual se divorciou, é admissível tal intento, respeitadas as exceções acima apontadas. Embora num primeiro momento ficara presente a concordância no uso, é permitida a posterior mudança, quando já extinto o processo, se não mais persistirem os motivos que haviam levado à anterior manutenção. Isto especialmente para evitar que, com o novo casamento do ex-cônjuge, se verifique a esdrúxula situação de duas pessoas portarem o mesmo nome dele. Não se pode inculcar a autorização de manter o nome como decorrência de culpa no rompimento do vínculo matrimonial, eis que, por este fator, já há cominações, como a de prestar alimentos ou dar assistência.

13.5. Quanto à reconstituição da vida conjugal pelos divorciados

Uma vez decretado o divórcio, não se impede que os ex-cônjuges tornem a casar. Não basta, entretanto, uma simples averbação no registro do casamento, após ordem judicial, nos moldes da reconciliação ocorrida depois da separação concedida por sentença. Neste caso, reza o art. 1.577: "Seja qual for a causa da separação judicial e o modo como esta se faça, é lícito aos cônjuges restabelecer, a todo tempo, a sociedade conjugal, por ato regular em juízo".

Tratando-se de cônjuges divorciados, a reconstituição da união conjugal se processa somente com novo casamento. Era expresso o art. 33 da revogada Lei do Divórcio: "Se os cônjuges divorciados quiserem restabelecer a união conjugal só poderão fazê-lo mediante novo casamento." Não trouxe o vigente Código norma sobre este aspecto, porquanto desnecessário. Decorre naturalmente que é mister novo casamento, eis desconstituído o vínculo do anterior, deixando de existir o então enlace matrimonial.

A razão de tratamento diverso na separação e no divórcio já era dada por Áurea Pimentel Pereira: "É que, em se tratando de separação judicial, a sentença que a decreta não põe fim ao vínculo matrimonial, mas tão somente à sociedade conjugal, subsistindo, portanto, íntegro aquele (vínculo), enquanto a decisão decretatória do divórcio, como expressamente declara o art. 24 da Lei nº 6.515/1977, põe termo ao próprio casamento. Se assim é, se com o divórcio o vínculo matrimonial é dissolvido, é natural que não possa o mesmo ser restabelecido por vontade das partes, a não ser através de novo casamento."[33] Recorda-se de que o mencionado art. 24 tem seu conteúdo inserido no § 1º do art. 1.571 do Código em vigor.

13.6. Quanto à guarda unilateral e compartilhada dos filhos menores

É este um dos aspectos mais delicados do divórcio, de cujos efeitos podem decorrer sérios prejuízos na criação e formação dos filhos.

A guarda (a denominação mais correta seria "convivência familiar", já que a palavra "guarda" destina-se, sobretudo, para coisas ou animais) corresponde não apenas à residência dos filhos com um dos pais, em havendo a separação ou o divórcio. Envolve a responsabilização do exercício de direitos e deveres no concernente ao poder familiar sobre os filhos comuns, especialmente no que se refere à direção e à autoridade nas decisões sobre a criação, formação, educação, controle, orientação, vigilância e cuidados especiais.

Até recentemente, com a separação ou o divórcio dos pais, não mais ficavam os filhos na tutela do pai e da mãe, mas de apenas um deles. Juridicamente, não havia a perda do poder familiar, que perdurava, embora não acompanhado do exercício da guarda. Na realidade, porém, quem exercia efetivamente o poder familiar era o cônjuge que tinha a guarda.

No divórcio consensual (o que também ocorria e pode ocorrer na separação consensual), os pais decidem com quem permanecerão os filhos. Decidem quanto à sua vida, não raramente sem enfrentar as preferências e as necessidades. Por acordo entre eles, deslocam-se os filhos de uma convivência para outra. Nem sempre a decisão se inspira propriamente nos interesses destes últimos, e sim dos cônjuges que estão se divorciando. Ajeitam os interesses e as conveniências pessoais, para levar a bom termo o divórcio, não raramente sem pensar na pessoa dos filhos.

Com as Leis nº 11.698, de 13.06.2008, e nº 13.058, de 22.12.2014, alterando alguns dispositivos do Código Civil que disciplinam a guarda de filhos menores, viabiliza-se um quadro diferente, de modo a se encarar a guarda com mais responsabilidade e a permitir que ambos os progenitores a exerçam. Realmente, houve a introdução da guarda compartilhada, ao lado da unilateral, que era a existente, na previsão do art. 1.583 do Código Civil: "A guarda será unilateral ou compartilhada". A ideia de cada tipo encontra-se no § 1º do mesmo art. 1.583: "Compreende-se por guarda unilateral a atribuída a um só dos genitores ou a alguém que o substitua (art. 1.584, § 5º) e, por guarda compartilhada, a responsabilização conjunta e o exercício de direitos e deveres do pai e da mãe que não vivam sob o mesmo teto, concernentes ao poder familiar dos filhos comuns".

---

[33] Obra citada, p. 122.

Grande a relevância dada à guarda compartilhada, sendo incentivada, pois baseada na cordialidade e no diálogo, tornando menos traumática a separação dos pais aos filhos, em especial se menores e até a adolescência.

A guarda unilateral ou compartilhada é requerida pelos pais, ou determinada pelo juiz, em consonância com o art. 1.584: "A guarda, unilateral ou compartilhada, poderá ser:

I – requerida, por consenso, pelo pai e pela mãe, ou por qualquer deles, em ação autônoma de separação, de divórcio, de dissolução de união estável ou em medida cautelar;

II – decretada pelo juiz, em atenção a necessidades específicas do filho, ou em razão da distribuição de tempo necessário ao convívio deste com o pai e com a mãe".

No primeiro caso, não existem dificuldades, já que manifesto o consenso, em qualquer processo envolvendo o casamento e a união estável. Todavia, não se dispensa a conferência pelo Ministério Público, com a possibilidade de regramentos próprios estabelecidos judicialmente, se o impuser o bem da prole.

Merece atenção a situação do inc. II, quando ao juiz incumbe a imposição, sempre em vista das necessidades do filho, em cujo favor se determina maior constância da presença dos pais, e não para atender reclamos destes. Mormente se já existe algum desvio na afetividade, e se evidentes as carências que aparecem no comportamento, como revolta, desatenção, irritação, é obrigação do juiz exigir maior responsabilidade dos pais, acompanhamento e convivência, inclusive com tratamento terapêutico e psicológico.

Se a convivência com algum dos progenitores, em vista da total carência de condições mínimas de caráter, temperamento, sanidade, conduta e outras qualidades negativas, revelar-se traumática e desfavorável à criação e formação do filho, inviável a guarda compartilhada.

Nesse tipo de guarda, há a responsabilização e o exercício conjunto de direitos e deveres do pai e da mãe que não vivem sob o mesmo teto, no concernente à prática do poder familiar sobre os filhos comuns. Os dois decidirão e participarão no processo que envolve a criação, educação, formação, controle, disciplina, orientação e outras atribuições. O § 2º do citado art. 1.583, que possui ligação com o § 3º do art. 1.584, orienta para a delimitação de tempo de convivência familiar: "Na guarda compartilhada, o tempo de convívio com os filhos deve ser dividido de forma equilibrada com a mãe e com o pai, sempre tendo em vista as condições fáticas e os interesses dos filhos". Não pretende a regra uma distribuição de períodos iguais de permanência dos filhos com cada um dos progenitores. A forma equilibrada não tem conotação com a duração do tempo, mas com a sensata distribuição de momentos e datas. Coerente que se escalem os fins de semana de permanência com o pai ou a mãe, e, assim, certas datas importantes, como aniversários dos pais e avós, festas de natal e ano novo, férias, passeios e viagens.

Na guarda unilateral, o coerente é que o desempenho de tais funções fique a cargo do genitor que revele melhores condições para o seu exercício. Ou seja, fica para aquele que tem mais aptidão para propiciar aos filhos a melhor educação, para aquele que pode estar junto com eles e acompanhá-los de modo eficientemente, sobretudo nas necessidades quotidianas, e não se ausente demasiadamente. São preponderantes a presença diária, o diálogo, o afeto, a amizade, a compreensão, a autoridade, o senso de disciplina e orientação. No entanto, o outro progenitor não se exime de responsabilidade de acompanhamento e cuidados. Com efeito, consta do § 5º do art. 1.583: "A guarda unilateral obriga o pai ou a mãe que não a detenha a supervisionar os interesses dos filhos, e, para possibilitar tal supervisão, qualquer dos genitores sempre será parte legítima para solicitar informações e/ou prestação de contas, objetivas ou subjetivas, em assuntos ou situações que direta ou indiretamente afetem a saúde física e psicológica e a educação de seus filhos". Haverá a participação do progenitor na vida dos filhos, mesmo que não detenha a guarda, com autoridade e direito em buscar informações nos estabelecimentos de ensino e outros frequentados.

As informações devem ser prestadas pelos estabelecimentos frequentados pelos filhos, como escolas, clubes, órgãos públicos. A falta de atendimento é punida pelo § 6º do art. 1.584: "Qualquer estabelecimento público ou privado é obrigado a prestar informações a qualquer dos genitores sobre os filhos destes, sob pena de multa de R$ 200,00 (duzentos reais) a R$ 500,00 (quinhentos reais) por dia pelo não atendimento da solicitação".

A guarda compartilhada revela um avanço no trato dos filhos cujos pais se separam. Já que o ser humano, na fase de sua formação, não prescinde de mãe e pai para o crescimento equilibrado e o desenvolvimento sadio da personalidade, busca-se, com este tipo de guarda, atender suas necessidades básicas e imprescindíveis, fazendo mais presentes os pais.

Para se admitir a guarda compartilhada, várias as condições exigidas. Não depende a aceitação ou o deferimento pelo mero pedido de uma das partes. Um clima apropriado envolverá a relação entre os pais separados, de modo a despontarem o amadurecimento, o entendimento, o diálogo franco, a tolerância, o desprendimento. Imprescindível que impere harmonia, fator que permite aos pais discutirem e tratarem acerca dos assuntos próprios da educação e formação. Se constantes as brigas e acusações, se as oposições inviabilizam a abordagem de assuntos triviais ou comuns, se a inimizade nutrida por um contra o outro marca as personalidades, com toda a certeza não existirá clima para essa forma de exercer a guarda. Em grande parte das separações acompanha uma carga de mágoas e ressentimentos que extravasa para setores que nada têm a ver com os ex-cônjuges ou ex-companheiros, servindo-se eles dos mais diversos pretextos para atingir um ao outro, inclusive com a utilização dos filhos.

Inexistindo, pois, ambiente próprio e civilizado, parece descabida a concessão da guarda compartilhada.

Todavia, no divórcio consensual, já vindo a opção pela guarda compartilhada, a presunção é de que existe o ambiente favorável.

Mesmo que haja a guarda compartilhada, predominantemente os filhos terão uma residência específica, que será o local onde predomina a sua estadia e se encontram os pertences pessoais, pois não podem ser considerados errantes da residência da mãe para a do pai, ou vice-versa. Como decorre do instituto, a guarda compartilhada não se resume tanto a um ponto de residência, mas corresponde mais ao exercício e à responsabilidade nos deveres e direitos sobre a criação e formação dos filhos. Não importa em se outorgar aos pais a presença constante e sem horário, ou quando entenderem, junto aos filhos. Fosse assim, total a falta de disciplina, inclusive criando hábitos para um sistema de vida desorganizado. Deve haver regras sobre dias e horários de visitas pelo pai ou pela mãe que não reside com o filho.

Ou seja, o revezamento de permanência em períodos ora na casa da mãe, ora na casa do pai, sofre a crítica dos autores, eis que necessidade básica de qualquer cidadão é ter um lar ou moradia fixa. Do contrário, a instabilidade e a insegurança tendem a aumentar, além de possíveis conflitos na orientação e formação, dados os critérios e conceitos educacionais diferentes dos pais. Isto, porém, não afasta certa maleabilidade nos contatos, que devem ser constantes.

O § 3º do art. 1.583 indica o critério para a escolha do local de permanência predominante dos filhos, que é o que melhor atenda os interesses para a sua criação e formação: "Na guarda compartilhada, a cidade considerada base de moradia dos filhos será aquela que melhor atender aos interesses dos filhos".

Necessário estabelecer os períodos de permanência dos filhos com os progenitores. Aconselhável, para fixá-los, que se louve o juiz em laudo elaborado por técnico-profissional ou equipe interdisciplinar, a teor do texto do § 3º do art. 1.584, em texto da Lei nº 13.058/2014: "Para estabelecer as atribuições do pai e da mãe e os períodos de convivência sob guarda compartilhada, o juiz, de ofício ou a requerimento do Ministério Público, poderá basear-se em orientação técnico-profissional ou de equipe interdisciplinar, que deverá visar à divisão equilibrada do tempo com o pai e com a mãe".

As atribuições dizem mais respeito à contribuição para o sustento dos filhos, à assistência nos campos da educação e da saúde, posto que os demais deveres são idênticos aos previstos para os filhos em geral.

A distribuição será, também, condizente com a natureza das necessidades dos filhos. Por evidente, todavia, que os cuidados pessoais de qualquer espécie serão atendidos pelo progenitor que se encontra com os filhos, não mais prevalecendo a mentalidade da incumbência ao pai ou à mãe de acordo com o tipo ou a espécie. Não importa que sejam funções ligadas à higiene ou acompanhamento em parques ou ambientes de recreação infantis, e que alguns entendam mais afetas à mãe.

A orientação técnico-profissional torna-se necessária quando conflitante o relacionamento dos pais, e frente a situações de grave desequilíbrio nas condutas.

Cabe ao juiz, na audiência, explicar o significado sobretudo da guarda compartilhada, com as suas repercussões, obrigações decorrentes, como determina o § 1º do mesmo art. 1.584: "Na audiência de conciliação, o juiz informará ao pai e à mãe o significado da guarda compartilhada, a sua importância, a similitude de deveres e direitos atribuídos aos genitores e as sanções pelo descumprimento de suas cláusulas". A restrição à guarda compartilhada não importa em omissão de explicações sobre a unilateral.

O § 2º ordena a aplicação, sempre que possível, da guarda compartilhada, em não existindo acordo entre o pai e a mãe: "Quando não houver acordo entre a mãe e o pai quanto à guarda do filho, encontrando-se ambos os genitores aptos a exercer o poder familiar, será aplicada a guarda compartilhada, salvo se um dos genitores declarar ao magistrado que não deseja a guarda do menor".

Não se leva a rigor imposição da mencionada guarda. Ademais, o art. 1.586 autoriza ordenar de maneira diferente: "Havendo motivos graves, poderá o juiz, em qualquer caso, a bem dos filhos, regular de maneira diferente da estabelecida nos artigos antecedentes a situação deles para com os pais".

O § 4º conduz à obrigatoriedade em seguir e obedecer os compromissos constantes da guarda, em qualquer de suas modalidades, sob as consequências de serem reduzidas as prerrogativas previstas para o genitor: "A alteração não autorizada ou o descumprimento imotivado de cláusula de guarda unilateral ou compartilhada poderá implicar a redução de prerrogativas atribuídas ao seu detentor". No descumprimento, *v.g.*, do horário para a devolução dos filhos, reserva-se o direito, ante pedido fundamentado, de redução dos períodos, ou mesmo de suspensão por um certo lapso temporal.

Em princípio, ao juiz não é dado o poder de decidir contrariamente, a menos que salte às claras as inconveniências da guarda por um cônjuge desprovido de condições e qualidades. Pensamento este que já esposava Yussef Said Cahali: "É certo que, se houver

240 • Direito de Família | *Arnaldo Rizzardo*

motivos graves, poderá o juiz, a bem dos filhos, regular de modo diferente da convencionada situação destes para com os pais (art. 13 da Lei do Divórcio, correspondente ao art. 327 do CC).

Mas, como já advertia Clóvis Beviláqua, neste caso, o juiz deve proceder com o maior critério; tanto mais discricionária é a sua autoridade, quanto mais extensa há de ser a sua responsabilidade".[34]

Os arts. 13 da Lei nº 6.515/1977 e 327 do anterior Código Civil, supra-apontados, equivalem ao art. 1.586 do vigente Código Civil.

O poder do juiz vai além: autoriza-o o § 5º do art. 1.584 a outorgar para outras pessoas a guarda, se inconveniente para a criação e formação dos filhos o seu exercício pelos pais: "Se o juiz verificar que o filho não deve permanecer sob a guarda do pai ou da mãe, deferirá a guarda a pessoa que revele compatibilidade com a natureza da medida, considerados, de preferência, o grau de parentesco e as relações de afinidade e afetividade".

Assim também se pensava antes da reforma pela Lei nº 11.698. Em casos extremos, de total irresponsabilidade dos pais, como se vivem na criminalidade, se depravados, se marginais, se exploram e maltratam os filhos, se não ministram formação e nem providenciam na sua educação, inconcebível conceder-lhes a guarda. Dentro do possível, buscar-se-ão alternativas, como instituições apropriadas para o internamento, se não encontrados parentes e mesmo outras pessoas que aceitem e assumam a função.

Em direito de família, nada mais relativo e unilateral que regras rígidas sobre a guarda de filhos. Assim, o melhor caminho será, na desconstituição do casamento ou da união estável, estabelecer um disciplinamento o menos rígido possível, a ponto de possibilitar uma convivência com ambos, embora espaçada e não cotidiana.

A maior dificuldade é evitar problemas emocionais e criar um ânimo de maturidade e altruísmo nos pais, evitando, sobretudo, as rusgas e reações de sentimentos rancorosos na pessoa dos filhos.

Estas situações emocionais, psíquicas e sociais estão afetas mais ao psicólogo, ou psicanalista e outros profissionais afins, não podendo o juiz dimensionar o alcance de suas consequências, e apresentar soluções em campos que não se enquadram na sua qualificação.

Sabe-se que a guarda deve ter em mira o interesse dos filhos, o que vem repetido diuturnamente pelos pretórios. Mudando-se uma situação, torna-se viável a modificação de determinado quadro. Daí o axioma jurídico de que as disposições sobre a guarda não transitam em julgado. Alterando-se as circunstâncias vigentes quando da outorga da guarda, propicia-se a mudança das cláusulas sobre a guarda.

Entendem os autores a inconveniência de serem separados os filhos, alguns ficando com a mãe e outros com o pai. Diz, com muita propriedade, Carlos Celso Orcesi da Costa:

"Na realidade, salvo raríssimas exceções, não é moral, podendo não ser jurídica a separação dos irmãos. Para dizer o mínimo, não é recomendável. A separação dos irmãos, a princípio, configura inaceitável arbitrariedade dos pais, visto como, salvo se de idade adolescente, por exemplo, em localidades distintas. Vale dizer, já separados de fato, a medida representa completo malefício à formação familiar, à convivência e camaradagem que normalmente reina entre irmãos. É cumular o nefasto efeito da cisão da família, com outra desconcertante dosagem de abalo psicológico: impor a separação dos irmãos que, entre si, poderiam encontrar

---

[34] *Divórcio e Separação*, 4ª ed., obra citada, p. 148.

apoio, consolo, mitigando em silenciosa solidariedade a perturbação comum".[35]

Embora firmada amigavelmente a guarda, é possível alterar seu regime, de acordo com o art. 1.586 do Código Civil, se circunstâncias diferentes sobrevêm e assim o impuserem. Sílvio Rodrigues revelava-se claro, quando da Lei nº 6.515/1977: "Entretanto, este ajuste não prevalece contra o interesse dos menores. Daí a razão por que, se sobrevierem circunstâncias que aconselham outra solução, pode o juiz alterar o regime de guarda, deferindo-a ao outro progenitor ou a terceiro. Assim, por exemplo, se aquele dos pais, que ficou com os filhos menores, se entrega a uma vida dissoluta, de deboche e orgia, deve o juiz acolher o pedido formulado pelo outro e ordenar que a guarda lhe seja transferida, ou transferida para outra pessoa, que pode ser um avô paterno, ou materno, ou outro parente, ou mesmo pessoa estranha, conforme melhor convenha às crianças".[36]

Finalmente, cabe lembrar a disposição do art. 1.585, em versão da Lei nº 13.058/2014, relativamente à necessidade de se ouvirem ambos os progenitores no pedido de guarda, em liminar que antecede a qualquer processo de família que repercute nos filhos, a menos que lhes resulte prejuízo: "Em sede de medida cautelar de separação de corpos, em sede de medida cautelar de guarda ou em outra sede de fixação liminar de guarda, a decisão sobre guarda de filhos, mesmo que provisória, será proferida preferencialmente após a oitiva de ambas as partes perante o juiz, salvo se a proteção aos interesses dos filhos exigir a concessão de liminar sem a oitiva da outra parte, aplicando-se as disposições do art. 1.584". Em todos os processos que envolvem decisões liminares ou cautelares sobre os filhos, mesmo que em tutela provisória, a regra é sempre oportunizar a manifestação de ambos os pais, excetuadas as situações de premente perigo para os filhos, no que se refere à segurança, à vida e à saúde.

13.7. Quanto ao direito de visitas

A guarda dos filhos com um dos pais importa no direito de visita do outro, que não poderá ser negado por razões de ordem natural.

Na forma vista no item anterior, mesmo que optada a guarda compartilhada, não significa que não se regulamente o direito de visita, pois o sentido de tal guarda não vai a ponto de entender-se que os filhos não tenham um lar fixo, ou que se garanta a liberdade de os pais terem os filhos consigo quando quiserem.

O art. 1.589 (constava a regra no art. 15 da Lei nº 6.515) assegura tal direito: "O pai ou a mãe, em cuja guarda não estejam os filhos, poderá visitá-los e tê-los em sua companhia, segundo o que acordar com o outro cônjuge, ou for fixado pelo juiz, bem como fiscalizar sua manutenção e educação".

No pedido de divórcio consensual, como acontecia na separação consensual, e mesmo na dissolução da união estável, os pais devem ajustar o regime de visitas aos filhos menores. É o que impunha o § 2º do art. 1.121 do CPC/1973, dando o sentido do regime de visitas: "Entende-se por regime de visitas a forma pela qual os cônjuges ajustarão a permanência dos filhos em companhia daquele que não ficar com sua guarda, compreendendo encontros periódicos regularmente estabelecidos, repartição das férias escolares

---

[35] Obra citada, 2º vol., p. 627.
[36] *Direito Civil – Direito de Família*, obra citada, vol. VI, pp. 255 e 256.

242 • Direito de Família | *Arnaldo Rizzardo*

e dias festivos". O CPC/2015 não repete a disposição, dada a natureza do direito, cuja regulamentação se submete ao Código Civil.

O regime estende-se aos filhos maiores incapazes, como prevê o art. 1.590 do CC.

De regra, fazem-se livremente as visitas, cuja necessidade é ditada pelos sentimentos afetivos dos pais e filhos. Não deve haver um rigor na pontualidade dos horários e das esquematizações estabelecidas, embora seja conveniente definir os dias e os períodos com visitas à própria disciplina e organização da vida dos filhos.

As visitas não expressam o sentido de o pai ou a mãe irem visitar os filhos, mas o momento em que um ou outro os terá consigo, o que poderá ocorrer nos finais de semana e em ocasiões especiais. Com as visitas, o ex-cônjuge terá oportunidade de acompanhar o evoluir e a educação que recebe o filho junto ao detentor da guarda.

O critério para estabelecer as visitas é o próprio interesse dos filhos. Assim, importa que não se verifiquem em horários inoportunos, como à noite, ou nos momentos de ocupações escolares, sem subtrair-se ao filho a liberdade de estar com cada um dos pais segundo sua vontade, desde que disciplinadamente.

Salienta-se, porém, que o pai ou a mãe sem a guarda deve ir buscar o filho, e levá--lo consigo para a casa onde reside ou exerce a profissão, ou mesmo na casa dos avós e familiares, desde que o ambiente seja normal e não ofereça prejuízo à criação e formação.

O direito é inalienável e impostergável, não podendo ser negado mesmo ao pai condenado criminalmente.[37] É, outrossim, irrenunciável, segundo mostra Guillermo A. Borda: "El derecho de visitas es irrenunciable. Será nulo todo convenio hecho con ese objeto, convenio que las más de las veces será arrancado al pariente bajo la presión de las circunstancias, etc."[38]

Contudo, suspende-se o exercício (e não o direito) se motivos graves advêm, como se o filho, enquanto se encontra com o progenitor que não exerce a guarda, convive com pessoas viciadas e desprovidas de sensatez, ou se ele descura da alimentação e outras necessidades do filho.

Convém se explicite detalhadamente o direito de visitas, definindo não só os dias normais de visita, mas inclusive as datas mais importantes, como as de aniversários e das festas principais que sucedem durante o ano, especialmente o natal, o dia do início do ano novo, o dia dos pais, das mães e os períodos das férias escolares, a fim de que não aconteçam divergências e atritos nas respectivas oportunidades.

E se o progenitor recusar-se a receber ou visitar o filho? A situação não é incomum. Existem pais que simplesmente se afastam dos filhos, de modo gradativo e persistente. Não se encontra um meio jurídico para obrigar o pai ou a mãe que não tem a guarda a buscar o filho, ou a visitá-lo. É que a visita aos filhos constitui um direito e não um dever, dentro do âmbito jurídico. Trata-se de uma faculdade, não se encontrando no direito positivo amparo para obrigar o progenitor omisso a ter os filhos consigo. De modo que aquele que exerce a guarda não se reveste de amparo legal para obrigar a visita, mas tão somente para pleitear alimentos ou a assistência econômica. Apenas a falta de atendimento desta aspiração natural importa em destituição do poder familiar.

A prisão de um dos progenitores não tolhe o direito de visita.

A Lei nº 12.962, de 08.04.2014, acrescentando dispositivos ao Estatuto da Criança e do Adolescente, assegura a convivência da criança e do adolescente aos pais privados de

---

[37] *Revista dos Tribunais*, 517/125.
[38] *Manual de Derecho de Familia*, obra citada, p. 474.

liberdade. Essa convivência efetiva-se através de visitas periódicas ao progenitor ou progenitora que estiver internado em estabelecimento prisional, mediante prévia combinação entre a direção da casa prisional e o progenitor ou a entidade com quem está convivendo o filho. Ao art. 19 da Lei nº 8.069/1990 foi aditado o § 4º, no seguinte teor: "Será garantida a convivência da criança e do adolescente com a mãe ou o pai privado de liberdade, por meio de visitas periódicas promovidas pelo responsável ou, nas hipóteses de acolhimento institucional, pela entidade responsável, independentemente de autorização judicial".

A convivência estende-se à mãe adolescente, a teor dos §§ 5º e 6º, introduzidos pela Lei nº 13.509/2017:

"§ 5º Será garantida a convivência integral da criança com a mãe adolescente que estiver em acolhimento institucional.

§ 6º A mãe adolescente será assistida por equipe especializada multidisciplinar."

Como se percebe da norma, prescinde-se de autorização judicial. Ao progenitor com quem estiver o menor, ou à entidade responsável, tratará de programar as visitas em consonância com os regulamentos prisionais.

13.8. Quanto ao direito de visita em favor dos avós

Outro aspecto até há algum tempo controvertido relaciona-se ao direito de visita dos avós.

Embora o sistema jurídico brasileiro se mostrasse falho a respeito, nada disciplinando ou prevendo no passado, a questão ficou resolvida mediante a Lei nº 12.398, de 28.03.2011, acrescentando o parágrafo único ao art. 1.589 do Código Civil, assegurando o direito de visita aos avós: "O direito de visita estende-se a qualquer dos avós, a critério do juiz, observados os interesses da criança ou do adolescente".

Várias considerações merecem ser tecidas.

O liame de união entre os filhos e a mãe ou o pai, às vezes, não se apresenta tão forte. Por terem os avós dedicado especial atenção aos netos, cuidando-os e mesmo criando-os, formou-se um elo afetivo de aproximação e convívio que não pode ser abruptamente interrompido, sob pena de influir negativamente na personalidade dos mesmos. A evidente influência negativa que traz o divórcio pode ser amenizada pelo contato com os avós.

Daí o próprio interesse dos filhos, cuja personalidade está em formação, recomendar o seu não afastamento dos avós. Aliás, a convivência decorre de um direito natural. Está ínsito na natureza humana o sentimento de apego ou inclinação espontânea dos netos aos avós, que, às vezes, representam a segurança e o amparo ante a inaptidão e o desinteresse dos pais.

A advogada Marilza Fernandes Barreto, em preâmbulo de oportuno trabalho sobre a matéria, traz a seguinte mensagem de Edgard de Moura Bittencourt: "A afeição dos avós pelos netos é a última etapa das paixões puras do homem. É a maior delícia de viver a velhice. A jurisprudência que assegura essa afeição sanciona na frase de Gaston Lagarde 'os direitos morais dos avós'."

E, mais adiante, fundamentando o direito de visita: "A solidariedade familiar, o vínculo da filiação, o elo de amor e carinho que aproximam as gerações são as causas verdadeiras que levam muitas vezes os avós aos tribunais para lutar pelo direito de ver e visitar seus netos, pela oportunidade de preservar a unidade e manter viva a convivência familiar, base moral da sociedade...

Alain Sayag (*Les Grands-parents dans le Droit de la Famille*) chega mesmo a admitir um 'liame de filiação direta' unindo os avós e os netos (*Revista Forense*, vol. 273, p. 106)."[39]

Apenas em circunstâncias especiais deve ser negado o pedido dirigido a alcançar o direito de visita, como nos graves conflitos entre a educação e formação dirigida pelos pais, e aquela pretendida incutir pelos avós, ou se advém influência negativa do contato com os avós, ou, ainda, se, com estes, ficam sujeitos a perigos os netos. Não se justificam, para impedir o direito, as questões pessoais ou as divergências que, mais frequentemente, nutre a mãe relativamente à avó paterna de seus filhos, e muito menos a alegação de métodos antiquados pelos avós no trato e na educação dos netos.

A questão da visita aos avós toca num aspecto natural da pessoa, que é a tendência de aproximação entre parentes ou pessoas que formavam uma comunidade familiar com o menor, envolvendo, inclusive, padrasto ou madrasta, o que não é estranho em outras legislações, como a da Argentina: "De acuerdo con el artículo 376 *bis*, Código Civil, tienen derecho de visitas los parientes que se deben reciprocamente alimentos. Ello significa que el padrasto/madrasta en caso de disolución del vínculo conyugal por muerte o divorcio puede reclamar este derecho de trato y comunicación con los hijos menores o mayores incapaces de quien fuera su cónyuge, facultad que sólo lo podrá ser negada si la oposición se fundase en posibles perjuicios a la salud moral y física de los interesados."[40]

13.9. Quanto aos alimentos em favor do ex-cônjuge e o exercício ao seu direito

O art. 40, § 2º, inc. II, da Lei nº 6.515/1977, que ainda perdura, estabelece: "A petição fixará o valor da pensão do cônjuge que dela necessitar para sua manutenção, e indicará as garantias para o cumprimento da obrigação assumida". É óbvio que esta obrigação se impõe tanto ao marido como à mulher, segundo art. 1.694 do Código Civil, embora mais difíceis as hipóteses de incidência na pessoa desta última.

Sempre se disse que não é válida cláusula isentando definitivamente da obrigação o ex-cônjuge. A doutrina e a jurisprudência faziam, e ainda persistem, a distinção entre renúncia e desistência. Encontrava-se respaldo para a diferenciação na Lei nº 5.478/1968, cujo art. 23, parte final, assentava que "o direito a alimentos, que, embora irrenunciável, pode ser provisoriamente dispensado". Ou seja, a renúncia é definitiva, enquanto a dispensa considera-se provisória. Daí não aceitar-se o termo 'renúncia' para evitar dúvidas,[41] e possível isenção do obrigado em face do significado do vocábulo. Ainda vige o conteúdo da Súmula nº 379, do Supremo Tribunal Federal, que encerra: "No acordo de desquite não se admite renúncia aos alimentos, que poderão ser pleiteados ulteriormente, verificados os pressupostos legais." Nada mais significa este cânone que a síntese de uma corrente consolidada e predominante, afastando qualquer validade tal disposição.

O art. 1.707 da atual lei civil sintetiza a impossibilidade da renúncia e, inclusive, da cessão, compensação ou penhora do respectivo crédito: "Pode o credor não exercer, porém

---

[39] *Direito e Visita dos Avós – Uma Evolução no Direito de Família*, Rio de Janeiro, Lumen Juris, 1989, pp. 48 e 49.
[40] "Organización y Estructura de la Familia Ensamblada, sus Aspectos Psico-Sociales y el Ordenamiento Legal", por Cecilia D. Grosman e Silvia Mesterman, em *Derecho de Familia*, nº 3, 1989, Buenos Aires, Abeledo Perrot, p. 43.
[41] *Revista dos Tribunais*, 535/82.

lhe é vedado renunciar o direito a alimentos, sendo o respectivo crédito insuscetível de cessão, compensação ou penhora."

Mas não será, de outro lado, por utilizarem os cônjuges a palavra 'dispensa' que asseguram os alimentos. Nos tempos que hoje correm, em face das mudanças sociais, da descontração quanto a hábitos e costumes de alguns anos atrás, e do princípio de solidariedade que deve imperar, parece retrógrado, arcaico e utópico insistir na possibilidade ou não da renúncia, seguindo uma linha, que vem já faz algum tempo, de autores considerados clássicos, mas não retrógrados, como Pontes de Miranda, Orlando Gomes, Yussef Said Cahali, Álvaro Villaça de Azevedo e Sílvio Rodrigues, aduzindo este duas razões justificativas da validade da renúncia:

"Em primeiro lugar, há que se ter em vista que o acordo havido em processo de desquite por mútuo consentimento é negócio jurídico bilateral, que se aperfeiçoa pela conjunção da vontade livre e consciente de duas pessoas maiores. Se as partes são maiores, se foi obedecida a forma prescrita em lei e não foi demonstrada a existência de um vício de vontade, aquele negócio deve gerar todos os efeitos almejados pelas partes, valendo, assim, a renúncia aos alimentos por parte da mulher. Ademais, o acordo no desquite se apresenta como um todo, em que cada cônjuge dá sua concordância, tendo em vista as cláusulas básicas que o compõem. É possível que, se o marido soubesse que havia de ser compelido a sustentar sua ex-esposa, não concordaria em subscrever a petição do desquite; afinal, o desquite é um distrato, que tira sua seiva da vontade das partes.

Em segundo lugar porque, homologado o acordo de desquite, desaparece o dever de mútua assistência entre os cônjuges, não havendo mais razão para impor-se ao homem o dever de sustentar sua ex-mulher."[42]

Embora as referências à separação consensual, resta evidente a aplicação das razões ao divórcio.

Vários julgados colocam em dúvida a Súmula n° 379, principalmente porque a obrigação de prestar alimentos atinge apenas parentes, enquanto o divórcio põe termo ao parentesco afim existente entre o marido e a mulher.

Há julgados, que remontam a períodos anteriores às reformas sobre a igualdade dos direitos, firmando que, uma vez dispensados os alimentos, só excepcionalmente permitem a concessão: "Alimentos. Separação judicial. Dispensa. Pedido posterior.

A cláusula que em separação consensual dispensa alimentos só pode ser objeto de alteração em casos excepcionais, desde que decorrentes de fatos graves, cabalmente comprovados.

Abdica de um possível direito a mulher que, por ser comerciante e ter renda própria, dispensa alimentos quando da separação consensual, sem fazer reserva de pleiteá-los no futuro, se deles necessitar."[43]

Pensa-se que o deslinde das interpretações deve partir das situações práticas. Bem clara é Teresa Ancona Lopez, que serve de parâmetro para a justa exegese do art. 1.707 do vigente Código: "...Há camadas de mulheres que necessitam viver da pensão do ex--marido. Explicando melhor, em certos casamentos, a mulher não se pode profissionalizar, pois além do marido não permitir, as circunstâncias domésticas também não permitiram. Dessa forma, aquela mulher que ficou em casa cuidando do marido e dos filhos, trabalho esse exaustivo e desgastante, apesar de compensador, não pode e não consegue, agora,

---

[42]   *Direito Civil – Direito de Família*, obra citada, vol. VI, pp. 225 e 226.
[43]   TJMG. Apelação Cível n° 74.234-4. 4ª Câm. Cível, de 21.02.1991, *Revista dos Tribunais*, 171/161.

246 • Direito de Família | *Arnaldo Rizzardo*

mais velha, arranjar um emprego para começar a se sustentar. Isso é desumano e pratica-mente impossível... Por tudo isso, não se vê como desobrigar, nessas circunstâncias, um ex-marido de pensionar a então mulher."[44]

Não é de realce o termo 'renúncia' ou 'dispensa', que não passa de um artifício de palavras. Em casos especiais, afigura-se impossível não pensionar a mulher, da mesma forma como é insuscetível de ocorrer com o ex-marido, se impossibilitado de subsistir por si.

As necessidades do cônjuge, os fatores que precederam o divórcio e as limitações que o cercam é que ditarão a obrigatoriedade ou não de fornecer alimentos. Em caso de omitida qualquer disposição sobre alimentos, subentende-se a dispensa, ou a não ne-cessidade. Homologa-se a separação, com o que não se proclama a impossibilidade do exercício da pretensão posteriormente.

13.10. Quanto aos alimentos aos filhos

Cuida-se de um dever que incumbe a ambos os pais, obedecendo-se, é evidente, a proporção de recursos de cada um. A lei tem em alta conta esta obrigação, tanto que no direito penal está prevista a figura do abandono material, com a aplicação, inclusive, de pena carcerária (art. 244 do Código Penal), enquanto leis de natureza civil (Código de Processo Civil, art. 528, § 3º; Lei nº 5.478/1968, art. 19; Código Civil, arts. 1.694 e 1.703), além de firmar a obrigação, cominam a pena de prisão civil, no que dá amparo a Constituição Federal (art. 5º, inc. LXVII).

Trata-se de uma obrigação primária do ser humano, intuitiva e natural, a que nin-guém pode se escusar, sendo ampliada aos parentes mais próximos entre si. Com efeito, preceitua o art. 1.696 do Código Civil que o direito à prestação de alimentos é recíproco entre pais e filhos, e extensivo a todos os ascendentes, recaindo a obrigação nos mais próximos em grau, uns em falta de outros.

De modo que a concessão do divórcio consensual, como acontecia com a homologa-ção da separação consensual, depende obrigatoriamente da estipulação dos alimentos que os pais se comprometem a satisfazer para a criação e educação dos filhos, o que já se impunha em épocas mais afastadas,[45] e, presentemente, decorre, também, além dos funda-mentos acima, do art. 1.703 do diploma civil: "Para manutenção dos filhos, os cônjuges, separados judicialmente contribuirão na proporção de seus recursos."

Não importa tanto quem fornecerá a pensão – se o pai ou a mãe. Normalmente, relaciona-se o encargo ao pai. E assim era praxe, assinalando-se unicamente a ele o montante que contribuiria. De sorte que, uma vez ficando na sua guarda os filhos, não se mencionava qualquer quantia. Mas, possuindo a mulher recursos, parece coerente a fixação da soma com que ele participará.

Em certos casos, quando o pai não oferecia renda suficiente para arcar com o encargo alimentício, de modo fictício inseria-se algum valor insignificante. Se omissa a inicial na participação, não se homologava a separação e nem se concedia o divórcio. Presentemen-te, não há de prosperar tal cláusula fictícia. Importa uma previsão de garantia material e econômica aos filhos.

---

[44] "Separação Consensual", *Família e Casamento*, obra citada, p. 662.
[45] *Revista dos Tribunais*, 202/177.

Jamais se admitirá a renúncia pelos filhos, ou a inserção de cláusula isentando um dos progenitores da obrigação:

"Ação de alimentos. Pensão do menor. Impossibilidade de renúncia. Ministério Público. Atuação obrigatória.

A atuação do Ministério Público como fiscal do exato cumprimento da lei, na ação de alimentos, a defender interesse de menor e incapaz, é ato imprescindível, a teor do disposto nos arts. 9º e 11 da Lei nº 5.478/68 e art. 82 do CPC.

A pensão do menor é irrenunciável e deve constar do *decisum* ou acordo das partes, sob pena de cassação da sentença."[46]

O citado art. 82 tem regra equivalente no art. 178 do CPC/2015, cuja redação é a seguinte:

"O Ministério Público será intimado para, no prazo de 30 (trinta) dias, intervir como fiscal da ordem jurídica nas hipóteses previstas em lei ou na Constituição Federal e nos processos que envolvam:

I – interesse público ou social;

II – interesse de incapaz;

III – litígios coletivos pela posse de terra rural ou urbana".

A fixação do montante deverá corresponder ao necessário para a criação e educação, o que envolve o montante para atender as despesas pelo menos básicas de alimentação, vestimenta, moradia, medicamentos e assistência médica, higiene, lazer, esportes, escola e formação profissional – tudo de acordo com as possibilidades dos pais e as necessidades do alimentando, como bem já expunha Adahyl Lourenço Dias.[47]

Dever que não é afastado se os filhos são entregues a terceiros, como avós ou demais parentes próximos, e nem se eles desenvolvem atividades remuneradas. Incumbe a complementação das despesas com a pensão, de modo a possibilitar um nível de vida equivalente ao que usufruíam quando casados os pais. Desimporta, outrossim, que se encontrem sob o poder familiar de outrem. Não se livram os pais do encargo, pois não possuem o poder familiar normalmente em vista de atos indignos por eles praticados. Em consequência, se beneficiariam de sua própria torpeza.

Não há, hoje, um marco para cessar a obrigação. Atingindo os filhos a maioridade, não termina necessariamente o encargo. É evidente que situações especiais impõem o prolongamento da pensão, como no caso de se dedicarem aos estudos, ou não conseguirem uma colocação que traga rendimentos mínimos para o sustento e as necessidades comuns. E assim relativamente aos filhos doentes e inválidos, quando o pensionamento perdurará por toda a vida.

Não é recomendável o englobamento da pensão devida ao ex-cônjuge com aquela dos filhos, fixando-se apenas um montante, sem especificar um determinado percentual. Graves dissensões poderão advir no futuro. Mas, na falta de uma discriminação, e quando da maioridade dos filhos, ou do desempenho de trabalho remunerado, mais conveniente será arbitrar-se metade da pensão aos filhos, e a outra metade cabendo ao ex-cônjuge. A menos que vários os filhos, todos dependentes e sem desempenharem atividades rendo-

---

[46] TJMG. Apelação Cível nº 81.248-4. 1ª Câm. Cível, de 21.06.1990, *Revista dos Tribunais*, 663/153.

[47] *O Desquite no Direito Brasileiro*, obra citada, p. 304.

248 • Direito de Família | *Arnaldo Rizzardo*

sas, quando, evidentemente, não se poderá seguir tal critério. Os filhos deverão ter um montante superior ao da mãe.

14. GUARDA DOS FILHOS E ALIENAÇÃO PARENTAL

Sabido que, em grande parte das vezes, as desavenças ou desacordos e ressentimentos profundos marcam as desconstituições das uniões de pessoas, sejam matrimoniais ou de fato. É próprio do ser humano descarregar a culpa pela falência do casamento ou da união na pessoa do outro consorte. Na verdade, essa atitude é comum ao indivíduo, que atribui aos outros as causas dos males ou infortúnios que caem sobre ele. Nessa constatação da realidade, na medida em que surgem as desavenças e vai sucumbindo a união com outra pessoa, crescem as mágoas e a articulação de ideias de modo a atingi-la, e fazê-la soçobrar em suas aspirações. Desfeita a união conjugal, transforma-se a visão positiva que tinha a respeito do consorte ou convivente, e passa a abjurá-lo e a atingi-lo com toda sorte de acusações e defeitos que imagina, inventando quadros e situações que, na realidade, não existem. Assim, de um momento para o outro, o ex-cônjuge ou convivente é desqualificado e considerado demente, mau caráter, perigoso, viciado, tarado e por aí afora, inventando-se ou deturpando-se fatos, de modo a não mais permitir a convivência e sequer o contato com os filhos, sendo que, antes, revelava todas as condições de excelente pai ou mãe. O mais grave está no fato de usar filhos como instrumento de vingança pelo fim do casamento, incutindo na sua mente ideias negativas e deturpadas, procurando que eles percam os sentimentos de afeto e se revoltem contra o progenitor com o qual não convivem, e, inclusive, se neguem a permanecer com ele nos períodos de visitas assegurados em acordos ou imposições judiciais; de igual modo, idêntico desvio pode ser intentado pelo progenitor que tem os filhos consigo em horários de visitas ou permanência temporárias com eles.

A raiva, a mágoa, a frustração e a dor pelo divórcio são transmitidas para os filhos, às vezes sem perceber.

Incontáveis são as investidas e justificações falsas e imaginárias para afastar os filhos do pai ou da mãe, como o fato de cuidados que necessitam, a alimentação, a convivência com amigos, a necessidade da presença do outro progenitor nos momentos de entrega e recebimento, o horário de banho, o ambiente da residência do progenitor, a convivência com outra pessoa, e assim por diante, de modo a criar uma visão deturpada e irreal, convencendo da impossibilidade de se manter os contatos e a convivência com outro progenitor. A torpeza da conduta assoma patamares intoleráveis quando se influi o filho na criação de imagens e ideias mentirosas, negativas e falsas do outro progenitor, buscando criar uma resistência ou desconformidade com a sua presença ou visitas.

É desencadeado um processo de destruição, de desmoralização, de descrédito do ex-parceiro perante os filhos, numa verdadeira 'lavagem cerebral', com o fim de comprometer a imagem do outro genitor. Narram-se maliciosamente fatos que não ocorreram ou não aconteceram na forma descrita. O filho é programado para odiar e acaba aceitando como verdadeiras as falsas memórias que lhe são implantadas. Tudo para afastá-lo de quem ama e de quem também o ama.

Tal comportamento é conhecido como alienação ou assédio parental, sendo que a maioria dos casos ocorre no âmbito materno, tendo em vista que a guarda definitiva é preponderantemente dada à mãe, constituindo um dos motivos mais frequentes o sentimento de vingança pela ruptura do casamento, ou as razões que deram motivo à separação.

Vários os efeitos de tal conduta negativa, levando o filho a formar uma rejeição em relação ao outro progenitor. Conforme manifestações de juízes sobre a matéria, as crianças herdam os sentimentos negativos que a mãe separada ou o pai separado sofre. É como se elas, as crianças, também tivessem sido traídas, abandonadas. Com isto, um ser inicialmente mais puro (criança) passa a refletir os sentimentos negativos herdados. Tende, em um primeiro momento, a se reprimir, a se esconder. Perde o foco na escola, depois se revolta, cria problemas na convivência ou no círculo de amizades. Com o tempo, passa a acreditar que o pai (ou mãe) afastado(a) é realmente o vilão que o guardião pintou. Sente-se diferente dos amigos, um ser excluído do mundo, rejeitado pelo próprio pai (ou mãe). A formação da criança passa a experimentar um vazio, uma frustração que não a ajudará no futuro. Se, posteriormente, ao crescer e reencontrar o pai (ou mãe) afastado(a), percebe que fora vítima da alienação e se volta contra o alienador, que passa a ocupar a figura de vilão na história.

Justamente em vista desse conjunto de situações parece apropriada a Lei n° 12.318, de 26 de agosto de 2010, oriunda de um projeto de lei apresentado pelo Deputado Federal Regis de Oliveira, a qual dispõe sobre a alienação parental. Houve vetos em dispositivos que previam a pena de detenção para os que cometessem infrações, eis que tal pena traria prejuízos à própria criança ou adolescente, ao mesmo tempo em que a inversão de guarda ou suspensão da autoridade parental já são punições suficientes; e na previsão de acordos mediante mediadores, dada a natureza de direito indisponível da convivência familiar, inviabilizando transações.

A fim de dar um cobro a condutas tendentes a causar alienação dos filhos, ou influenciá-los negativamente, em relação ao outro progenitor, várias as medidas estabelecidas pela lei.

O art. 2° bem expressa a alienação parental ou atos de influência negativa dos pais e outras pessoas parentes ou próximas dos menores, de modo a criar oposição ou aversão a um dos progenitores: "Considera-se ato de alienação parental a interferência na formação psicológica da criança ou do adolescente promovida ou induzida por um dos genitores, pelos avós ou pelos que tenham a criança ou adolescente sob a sua autoridade, guarda ou vigilância para que repudie genitor ou que cause prejuízo ao estabelecimento ou à manutenção de vínculos com este".

O parágrafo único apresenta algumas condutas ou atitudes que levam a influir negativamente os filhos:

"São formas exemplificativas de alienação parental, além dos atos assim declarados pelo juiz ou constatados por perícia, praticados diretamente ou com auxílio de terceiros:

I – realizar campanha de desqualificação da conduta do genitor no exercício da paternidade ou maternidade;

II – dificultar o exercício da autoridade parental;

III – dificultar contato de criança ou adolescente com genitor;

IV – dificultar o exercício do direito regulamentado de convivência familiar;

V – omitir deliberadamente a genitor informações pessoais relevantes sobre a criança ou adolescente, inclusive escolares, médicas e alterações de endereço;

VI – apresentar falsa denúncia contra genitor, contra familiares deste ou contra avós, para obstar ou dificultar a convivência deles com a criança ou adolescente;

VII – mudar o domicílio para local distante, sem justificativa, visando a dificultar a convivência da criança ou adolescente com o outro genitor, com familiares deste ou com avós."

250 • Direito de Família | *Arnaldo Rizzardo*

Aponta o art. 3º os direitos e valores feridos pelas condutas constitutivas de abuso de influência ou de alienação parental: "A prática de ato de alienação parental fere direito fundamental da criança ou do adolescente de convivência familiar saudável, prejudica a realização de afeto nas relações com genitor e com o grupo familiar, constitui abuso moral contra a criança ou o adolescente e descumprimento dos deveres inerentes à autoridade parental ou decorrentes de tutela ou guarda".

A constatação de alienação parental importa em procedimento judicial, inclusive com a concessão de medidas cautelares ou de antecipação de tutela, para preservar a integridade psíquica e afetiva do filho, nos termos do art. 4º: "Declarado indício de ato de alienação parental, a requerimento ou de ofício, em qualquer momento processual, em ação autônoma ou incidentalmente, o processo terá tramitação prioritária, e o juiz determinará, com urgência, ouvido o Ministério Público, as medidas provisórias necessárias para preservação da integridade psicológica da criança ou do adolescente, inclusive para assegurar sua convivência com genitor ou viabilizar a efetiva reaproximação entre ambos, se for o caso". Consistirão essas medidas, de acordo com os dispositivos que seguem, na visitação assistida, na investigação de fatos alegados, na ouvida dos pais, filhos e testemunhas, na realização de perícia ou estudo biopsicossocial por equipe multidisciplinar, além de outras averiguações que se afigurarem necessárias, tudo em consonância com os dispositivos que seguem. As medidas para a apuração poderão ser realizadas na fase de instrução, se não se afigurar a urgência de seu deferimento. Naturalmente, serão expedidas as providências judiciais, seja em fase preliminar ou em sentença, as quais, de acordo com o art. 6º, consistem em:

"I – declarar a ocorrência de alienação parental e advertir o alienador;

II – ampliar o regime de convivência familiar em favor do genitor alienado;

III – estipular multa ao alienador;

IV – determinar acompanhamento psicológico e/ou biopsicossocial;

V – determinar a alteração da guarda para guarda compartilhada ou sua inversão;

VI – determinar a fixação cautelar do domicílio da criança ou adolescente;

VII – declarar a suspensão da autoridade parental."

Situações especiais podem ocorrer, como a mudança abusiva de endereço do progenitor que exerce a guarda. No caso, autoriza o parágrafo único do art. 6º ao juiz "inverter a obrigação de levar para ou retirar a criança ou adolescente da residência do genitor, por ocasião das alternâncias dos períodos de convivência familiar".

Em vista das dificuldades criadas por um dos progenitores, poderá o juiz alterar o sistema de guarda dos filhos, ou alterar as visitas, e, inclusive, aplicar multas, como permite o art. 7º, sempre em favor do progenitor que favorece a convivência com o outro progenitor: "A atribuição ou alteração da guarda dar-se-á por preferência ao genitor que viabiliza a efetiva convivência da criança ou adolescente com o outro genitor nas hipóteses em que seja inviável a guarda compartilhada".

Pensa-se que as medidas judiciais são da competência do juizado da infância e da juventude, visto que a natureza envolve a proteção dos filhos. Embora estabelecida a guarda em ação de divórcio, ou mesmo de separação se ocorrida antes da Emenda Constitucional nº 66, os fatos reveladores da alienação parental são praticados em momentos posteriores, estando já definidas as regras sobre a guarda e encerrados os feitos que trataram do divórcio e dos acertos quanto aos filhos.

Todavia, se a ação de família relativamente aos progenitores tem relação com os filhos, e notar o juiz a presença de indícios de abuso ou alienação parental, ordena o art. 699 do CPC que o juiz se faça acompanhar de especialista, ao tomar o depoimento do incapaz.

Ressalta o caráter pedagógico e educativo da lei, no sentido de conscientizar os pais e criar uma mentalidade que leva a erradicar a alienação parental, já que difícil provar casos de tal prática, levando os filhos a geralmente sonegar as informações, dado o constrangimento que decorre da relação familiar. Mesmo assim, para quem lida com o direito de família, facilmente constata situações de assédio ou influência negativa de um dos progenitores, como se verificado o exagero de restrições impostas pelo guardião contra as visitas do outro cônjuge ou dos familiares dele, sem um motivo razoável. Percebe-se uma mágoa entre os dois muito além do comum ou normal. São comuns os pedidos de impedimento das visitas com base unicamente na vontade da criança, alegando o pai ou a mãe que pretende a suspensão do direito de visitas porque a criança não quer o outro progenitor. Acontece que não vem externada, nem pelo filho, uma razão plausível para não querer o contato ou a visita.

15. OBRIGAÇÕES DOS DIVORCIADOS E NOVO CASAMENTO

Segundo já se observou, o divórcio põe termo ao casamento (§ 1º do art. 1.571 do Código Civil). Fica dissolvido o vínculo conjugal. Anteriormente à Emenda Constitucional nº 9 e à Lei do Divórcio, unicamente a morte dissolvia o casamento. Assim acontecendo, ou não mais existindo o casamento antes realizado, aos então cônjuges é permitida a celebração de novo vínculo conjugal, mediante a formalização de todo um processo de habilitação e dos atos necessários para casar.

Uma das consequências do novo casamento está no art. 1.708 do Código Civil, relativamente ao cônjuge, ou companheiro, ou concubino que recebe alimentos: "Com o casamento, a união estável ou o concubinato do credor, cessa o dever de prestar alimentos".

Dentre as várias razões que determinam a extinção, salientam-se as seguintes, expostas por Sílvio Rodrigues: "A pensão alimentícia devida por um cônjuge ao outro tem, tradicionalmente, no direito brasileiro, um sentido assistencial e não indenizatório... A presunção da lei é de que, se o cônjuge divorciado, que não pode prover as suas próprias necessidades, contrai novas núpcias, seu novo consorte assumiu o encargo de manter aquele, liberando o antigo marido da obrigação original."[48]

O atual Código estendeu a liberação para a união estável e o concubinato, ou seja, para a união de um homem e uma mulher desimpedidos para casarem e para a união quando há algum impedimento, como o casamento anterior não dissolvido. Se concretizada com perenidade, continuidade, de forma pública ou ostensiva a união, não importando que os conviventes se encontravam ou não impedidos de casar, opera-se a causa de isenção.

É, pois, natural que assim aconteça, visto que desaparece o elemento embasador da prestação alimentícia, o qual consiste na dependência de uma pessoa em relação a outra. Optando para um modo de vida comunitário que pressupõe a capacidade de subsistência, desaparece o vínculo de certa dependência em relação ao ex-cônjuge.

Não, porém, se a ligação com outra pessoa não se efetiva na constituição de uma unidade familiar. O simples relacionamento sexual não importa em cancelamento do dever

---

[48] *O Divórcio e a Lei que o Regulamenta*, obra citada, p. 153.

alimentar, eis que, com o término da sociedade conjugal, não mais perdura o dever de fidelidade, se bem que não se pode olvidar o disposto no parágrafo único do mesmo art. 1.708: "Com relação ao credor cessa, também, o direito a alimentos, se tiver procedimento indigno em relação ao devedor". De sorte que a total liberação de vida e conduta do ex-cônjuge; a existência de um relacionamento público e efetivo com outra pessoa, mesmo que não coabitando; o desregramento dos costumes e a constante frequência de casas noturnas, dentre outras práticas, também constituem fatores que afastam a obrigação alimentar.

De outro lado, o novo casamento do cônjuge devedor não o exime da obrigação. Está clara a regra no art. 1.709 do Código: "O novo casamento do cônjuge devedor não extingue a obrigação constante da sentença do divórcio".

Outro tanto quanto aos filhos, relativamente aos direitos e obrigações dos pais, forte no parágrafo único do art. 1.579 (art. 27, parágrafo único, quando da Lei do Divórcio): "Novo casamento de qualquer dos pais, ou de ambos, não poderá importar restrições aos direitos e deveres previstos neste artigo".

É que, especialmente a pensão, segundo já ressaltado, tem caráter nitidamente assistencial ou alimentar. Embora desconstituído o matrimônio, sobrevive este dever, máxime em relação aos filhos menores. De grande realce o encargo que a lei impede a separação se comprometida ficar a obrigação, como se vê do parágrafo único do art. 1.574, e constava do art. 34, § 2º, da Lei do Divórcio: "O juiz pode recusar a homologação e não decretar a separação judicial se apurar que a convenção não preserva suficientemente os interesses dos filhos ou de um dos cônjuges." Regra que tem inteira incidência no divórcio, cujas consequências são maiores, se não equacionadas antes a questão dos alimentos e outras obrigações em relação aos filhos e ao cônjuge.

Em suma, não se modificam os direitos e deveres dos pais especialmente em relação aos filhos. O novo casamento não será causa de exoneração do dever de manter a prole e de pensionar o ex-cônjuge, o que não impede, em face da realidade, de proceder-se uma redistribuição dos rendimentos do pai ou da mãe com os demais filhos que advierem do novo matrimônio, como, aliás, já sugeria antiga jurisprudência: "Alimentos. Redução. A superveniência de nova família ao obrigado poderá configurar causa de mudança de fortuna suficiente para provocar a redução do encargo. O Código de 1916, escrito para a mulher casada, relativamente incapaz, sujeita-se à interpretação que deve corresponder ao contexto da época atual, ou à de sua aplicação, onde a mulher é plenamente capaz e, na luta pela vida, disputa com o homem, em igualdade de condições, os mais importantes cargos, seja na vida privada, seja no serviço público, senão, ainda, os mais elevados providos por eleição."[49]

16. CONCESSÃO DO DIVÓRCIO POR MAIS DE UMA VEZ

De acordo com o art. 38 da Lei nº 6.515, apenas uma única vez se concedia o divórcio. Rezava o dispositivo: "O pedido de divórcio, em qualquer dos seus casos, somente poderá ser formulado uma vez."

A generalidade dos autores investia contra a unicidade do divórcio. As mais diversas críticas eram lançadas. Assim verberava J. M. Antunes Varela a limitação: "O legislador quis proibir o exercício abusivo do novo instituto, fechando deliberadamente a porta aos

---

[49] *Ementário do TJ do Rio de Janeiro*, 5/23 e 24, nº 6.087.

profissionais do divórcio. Para conseguir o seu objetivo, o legislador não hesitou em pôr um freio radical ao direito de divórcio, proibindo que alguém use dele, em sua vida, mais de uma vez. Mas usou um freio anacrônico, perfeitamente desajustado, quer às realidades da vida contemporânea, quer à natureza do veículo em que no novo sistema embarcou."[50]

Com o advento da Constituição de 1988, defendeu-se que desaparecera a limitação a uma única vez. É o que asseverava Pedro Sampaio: "Ora, o art. 38 da Lei do Divórcio tomou como base o preceito da Emenda nº 9 que, repita-se, ensejou a dissolução do casamento nos casos expressos em lei, que agora deixou de ter esta prerrogativa, a qual passou a ser da separação judicial, cujos casos seriam expressos em lei. Logo, o art. 38 deixou de ter razão de existir, na medida em que, perdendo seu suporte legal – art. 1º da Emenda nº 9 –, não recebeu igual apoio do art. 226, § 6º, da Constituição, o qual passou a referir-se à separação judicial."[51]

Com a Lei nº 7.841, desapareceu o substrato para qualquer discussão, eis que expressamente revogado o art. 38 da Lei nº 6.515, o que levou a permitir à mesma pessoa promover o divórcio tantas vezes quantas quisesse.

A jurisprudência colocou em prática sem a menor relutância a admissibilidade do divórcio múltiplo.[52]

O Código em vigor não traz qualquer limite à quantidade de casamentos.

Daí perceber-se a concepção do direito para a pessoa, ou do casamento como valor enquanto atende os interesses dos cônjuges e não mais estes em função daquele.

17. CESSAÇÃO DOS EFEITOS CIVIS NO CASAMENTO RELIGIOSO

Tanto o art. 1º como o art. 24, da então Lei do Divórcio, no caso de casamento religioso, expressavam que cessariam os efeitos civis uma vez concedido o divórcio.

O Código Civil silenciou sobre o assunto pela suficiente razão de se equiparar ao casamento civil, o que acontece desde que atendidas as exigências da lei que esta forma impõe e procedido o seu registro no livro próprio. Se equivale ao casamento civil, não resultando nem mais e nem menos efeitos, naturalmente o divórcio de pessoas casadas sob esta modalidade acarreta as decorrências que traz o promovido no casamento civil. No entanto, no casamento civil há um adendo: além dos efeitos na órbita dos direitos e obrigações, extingue o vínculo conjugal, ou extingue o casamento.

É mister notar mais amplamente as especificidades.

Sabe-se que o casamento religioso produz efeitos civis desde o momento em que se efetiva sua inscrição no registro civil. A sua eficácia fica condicionada à inscrição. É a inscrição que traz os efeitos, e não o casamento propriamente dito.

O divórcio não desconstitui o casamento religioso, posto que o mesmo não se realizou na esfera civil. Apenas a autoridade religiosa tem jurisdição para dissolver tal ato, na esfera da codificação canônica, se católico, ou da sistemática própria do credo que ditou a liturgia de sua celebração. Daí o acerto daqueles dispositivos – arts. 1º e 24 da Lei

---

[50] *Dissolução da Sociedade Conjugal*, obra citada, p. 122.
[51] *Alterações Constitucionais nos Direitos de Família e Sucessões*, 3ª ed., Rio de Janeiro, Forense, 1991, p. 71.
[52] *Revista de Jurisprudência do TJ de São Paulo*, Lex Editora, 128/42.

nº 6.515/1977 – em ostentar a restrição à cessação dos efeitos civis, embora não fosse propriamente necessário.

Por isso, não se trata propriamente de divórcio que se concede a quem se casou segundo o rito religioso e inscreveu o casamento no registro civil. Isto pela óbvia razão de não ter sido civil o casamento. Com razão, pois, Orlando Gomes quando ensina: "Na sentença que proferir, o juiz não pode decretar o divórcio, devendo cingir-se à pronúncia de que põe termo aos efeitos civis do matrimônio religioso. A regulamentação é, entretanto, unitária. Também com a sentença que põe termo aos efeitos civis do casamento religioso ficam os cônjuges livres para contrair casamento civil com terceiros, e, se o contraem, estarão casados simultaneamente, por direito canônico e por direito civil, com duas pessoas distintas."[53]

Desde que cessados os efeitos civis, desinteressa ao direito positivo a situação de fato dos cônjuges. Poderão eles continuar casados segundo o rito da respectiva crença religiosa, e matrimoniar-se de acordo com a lei civil vigente.

---

[53] *Direito de Família*, 3ª ed., obra citada, pp. 118 e 119.

XIII
Separação Judicial

1. DISSOLUÇÃO DA SOCIEDADE CONJUGAL E EMENDA CONSTITUCIONAL Nº 66

Não se pense que a Emenda Constitucional nº 66, de 13.07.2010, derrogou ou afastou do direito brasileiro a separação, posto que se restringe exclusivamente à dissolução do casamento. Embora a análise mais aprofundada se faça adiante, cumpre lembrar que a mencionada Emenda simplesmente admitiu a dissolução do casamento pelo divórcio sem a prévia separação judicial ou de fato. Nada mais dispôs. Restaram afastados os requisitos que vinham anteriormente para a concessão do divórcio. Com efeito, não mais se exige a prévia separação judicial por mais de um ano nos casos expressos em lei, ou a comprovada separação de fato por mais de dois anos. Em suma, contrariamente ao que propagaram certos arautos da almejada abolição da separação (em especial alguns membros do Instituto Brasileiro de Direito de Família – IBDFAM), passou a ordem legal a permitir o divórcio imediato, mas persistindo a separação, pois não derrogada da lei ordinária. Inconcebível admitir que a separação judicial e as regras que a regiam se tornaram de todo incompatíveis com o sistema jurídico brasileiro, como alguns ousaram propagar. Aliás, revelam-se incoerentes as ideias daqueles que irradiam o sumiço da separação do cenário jurídico nacional porque a Constituição não mais menciona tal palavra. Tamanha a heresia que levaria a desconhecer qualquer comando legal que não tivesse uma menção específica na Carta Nacional.

Aliás, o Conselho Nacional de Justiça, respondendo ao pedido do próprio IBDFAM (Pedido de Providências nº 0005060-32.2010.2.00.000), no sentido de retirar da Resolução nº 35, de 24.04.2007, que regula os atos notariais decorrentes da Lei nº 11.441/2007, os dispositivos que tratam da separação consensual, em manifestação com a data de 12.08.2010, respondeu negativamente. Entendeu que a Emenda Constitucional nº 66 não afastou as diferenças entre separação e divórcio: "No divórcio, há maior amplitude de efeitos e consequências jurídicas, figurando como forma de extinção definitiva do casamento válido. Por seu turno, a separação admite reconciliação e a manutenção da situação jurídica de casado, como prevê o Código de Processo Civil vigente". Persistem, pois, "as diferenças entre o divórcio e a separação", devendo ficar na vontade do jurisdicionado a escolha da forma que lhe convém.

O citado Código é o de 1973.

O Código de Processo Civil de 2015 reconhece a persistência da separação em vários dispositivos, como nos arts. 693, 731, 732 e 733.

De sorte que, em face da permanência da separação, constituiria uma violência contra o exercício dos direitos obrigar as pessoas a buscarem o divórcio, cortando-lhes a via da separação, se assim desejarem. A separação judicial somente foi afastada como requisito ou pressuposto para o divórcio.

De qualquer modo, diante do advento da Emenda Constitucional nº 66/2010, inquestionável que ficou desmerecida a separação judicial, perdendo a relevância que tinha em tempos passados. Inclusive nem restou menção de sua existência na Constituição Federal. Não mais encontra razão de ser a promoção do processo de separação para, em momento posterior, ajuizar o pedido de divórcio. A facilitação para se conceder o divórcio acarretará o desuso do instituto da separação, tanto que não se justifica a sua postulação. Mesmo assim, muitos podem optar pela separação por questão de credo ou motivos da religião professada, que não admite o divórcio. Se bem que, na religião católica, o que não se permite é um novo casamento, e não o divórcio em si. De qualquer sorte, não mais comporta interesse um longo estudo sobre a separação, motivo que leva a abordar a matéria sucintamente.

Justamente em razão do esvaziamento da separação judicial, tendo em conta também o caráter mais administrativo da separação consensual, e a tendência em se relegar a culpa na separação litigiosa, desenvolver-se-á um estudo sumário de tais matérias.

O art. 1.571 do Código Civil contempla a separação judicial como causa de dissolução da sociedade conjugal. Não há, na hipótese, dissolução do vínculo conjugal, como se dá com a morte e o divórcio.

Clara é a lição de Antunes Varela, dissertando sobre a matéria com base na lei nº 6.515, coincidindo, porém, os conteúdos com os do atual Código Civil: "A separação judicial extingue a sociedade conjugal, nos termos do inciso III do art. 2º da Lei nº 6.515; mas não dissolve o casamento, porque não destrói o vínculo matrimonial, como se depreende do parágrafo único do art. 3º.

Pondo termo à sociedade conjugal, a separação elimina os deveres, quer recíprocos, quer específicos, derivados do casamento."[1]

Vale afirmar que o homem e a mulher não desfazem o vínculo. Perdura o casamento. Unicamente a sociedade conjugal termina, e, com ela, os deveres de coabitação e fidelidade, e mais o regime de bens instituído.

Com efeito, preceitua o art. 1.576 do Código Civil, como vinha, em redação um pouco diferente, no art. 3º da Lei nº 6.515: "A separação judicial põe termo aos deveres de coabitação e fidelidade recíproca e ao regime de bens."

Das considerações acima, depreende-se que a separação judicial consiste na dissolução da sociedade conjugal em vida dos cônjuges, decretada e homologada pelo juiz, sem extinção do vínculo matrimonial.

No direito francês, ao invés da separação judicial, existe a separação de corpos, que é concedida nas mesmas situações do divórcio, como ilustra Jean-Claude Groslière: "L'article 296 se borne à reprende la règle classique encore que non formulée expressément, selon laquelle la séparation de corps est ouverte dans les mêmes cas et soumises aux mêmes conditions que le divorce."[2]

Duas as formas de separação: de um lado, está aquela realizada por mútuo consentimento, em que ambos os cônjuges, mediante acordo, a requerem conjunta e simultaneamente; de outra parte, há a litigiosa, que normalmente é conhecida ou invocada com a

---

[1] *Dissolução da Sociedade Conjugal*, 1ª ed., Rio de Janeiro, Forense, 1980, p. 53.
[2] *La Reforme du Divorce*, Paris, Éditions Sirey, 1976, p. 168.

Cap. XIII | Separação Judicial • 257

denominação que se dá à separação em geral, isto é, separação judicial, em que apenas um dos cônjuges a postula, atribuindo uma conduta ou um fato pelo menos culposo ao outro cônjuge.

Praticamente no mesmo pé de igualdade quanto aos efeitos está a separação de fato. Os cônjuges simplesmente rompem a união conjugal sem a legalização ou a chancela judicial. Cessam os deveres, como o de fidelidade, que não mais se justifica, enquanto a falta de coabitação pode emprestar fundamento para o ingresso judicial da separação.

Anteriormente à Lei nº 6.515, a denominação era 'desquite'. O atual *nomen*, mantido pelo Código Civil de 2002, está mais de acordo com os nominativos usados nas legislações de outros países. Leciona, sobre a matéria, Pedro Sampaio: "De logo, deve ser dito que 'separação judicial' é sinônimo perfeito de 'desquite'. Preferiu o legislador atual abandonar o designativo 'desquite' e adotar o de 'separação judicial'. De fato, o termo 'desquite' é, no que parece, usado, entre nós, desde a apresentação do projeto de 02.12.1901, que foi convertido no nosso atual Código Civil. Antes disto, o 'desquite', em nosso direito, era denominado 'divórcio', como se vê no Decreto nº 181, de 1890 (arts. 80, 82 e seguintes). O direito canônico, consoante a versão nacional, trata, também, o 'desquite' como 'divórcio', que é 'temporário' ou 'perpétuo'."[3]

A expressão 'separação judicial' envolve o sentido amplo de dissolução da sociedade conjugal, que se efetivará ou por mútuo consentimento, ou através da forma litigiosa. Mas é usada para expressar isoladamente a forma litigiosa, o que pode causar embaraços para pessoas leigas na matéria. Aspecto este que chamou a atenção de Sílvio Rodrigues, quando surgiu a Lei nº 6.515, ao lembrar que a expressão 'separação consensual' foi criada para distinguir da 'separação judicial', "aquela para designar o desquite por mútuo consentimento, esta para referir ao desquite litigioso. Ora, o desquite por mútuo consentimento, ou seja, a 'separação consensual' é 'separação judicial' para efeito de pleitear o divórcio. Portanto, ora as expressões têm igual conotação, o que ocorre, por exemplo, nos artigos 2º, 3º e 25, ora têm conotação diversa, conforme se denota no art. 34... Usasse a palavra 'desquite' como gênero, teria as duas espécies, amigável e judicial, e a confusão inexistiria".[4]

Ademais, a palavra 'separação' é empregada para expressar institutos de características diferentes, ou seja, a separação de corpos e a separação de fato.

O emprego da palavra 'desquite' apreenderia melhor o real significado, na explicação de Carlos Celso Orcesi da Costa: "Se isto não bastasse, 'desquite' tem significado etimológico bastante rico e autossuficiente. Revela a ideia de quitação ao inverso, isto é, a atividade de desfazer o que era comum, consensual, desquitar. Não obstante a clareza terminológica, mais importante ainda era que ela se havia disseminado socialmente. Desquitados eram aqueles que tinham se separado 'judicialmente'. Separados são todos aqueles que não mais convivem."[5]

2. CARÁTER PESSOAL DA SEPARAÇÃO

Apenas os cônjuges estão habilitados a postular a separação. A ninguém é permitido formular o pedido de separação de pessoas estranhas. O caráter pessoal da formalização da dissolução da sociedade está contido no início do parágrafo único do art. 1.576: "O

---

[3] *Divórcio e Separação Judicial – Comentários*, Rio de Janeiro, Forense, 1978, p. 9.
[4] *O Divórcio e a Lei que o Regulamenta*, São Paulo, Saraiva, 1978, pp. 60 e 61.
[5] Obra citada, 2º vol., p. 583.

procedimento judicial da separação caberá somente aos cônjuges". O art. 1.572 do mesmo Código, na sua primeira parte, também enseja a restrição da ação aos cônjuges: "Qualquer dos cônjuges poderá propor a ação de separação judicial." Limitação esta que se repete em outros dispositivos e reflete um consenso em todas as legislações. Diversamente ocorre na anulação ou nas ações de nulidade, quando é autorizada sua promoção por certos parentes ou interessados.

Mesmo aos herdeiros descabe qualquer tentativa de intervenção, pois aqui não se dá a transmissão dos direitos de defesa ou de autor da ação. Claro é, nesta linha, Yussef Said Cahali: "Tendo a ação de separação perdido o seu objeto, não tem sentido permitir-se a habilitação de herdeiros para o seu prosseguimento; a causa extintiva da ação verifica-se não só pelo falecimento do cônjuge que, como titular da ação, a teria proposto, como também pelo falecimento do cônjuge demandado como responsável pela separação, e sempre pelo mesmo argumento: para além do caráter pessoal da ação, ação esta que objetivaria o rompimento de uma união impossível de ser mantida, a morte de qualquer dos cônjuges terá produzido os mesmos resultados, evitando-se os escândalos do processo."[6]

Não opera a separação o proferimento da sentença antes da morte, se não houve o trânsito em julgado. É a argumentação dos pretórios, como se observa deste antigo exemplo: "Desquite litigioso. O recurso da sentença foi recebido com efeito suspensivo. Em tal caso, falecendo um dos cônjuges, o recurso fica prejudicado. A morte extingue a sociedade conjugal, antes que o fizesse a sentença recorrida, recebido o recurso com efeito suspensivo."[7]

De outro lado, a segunda parte do § 1º do art. 3º da Lei nº 6.515 relacionava os representantes para a hipótese de serem incapazes os cônjuges, com a finalidade de promover a separação: "No caso de incapacidade, serão representados por curador, ascendente ou irmão." Embora não precisasse que viesse norma expressa, eis que a representação se dá pela forma prevista para qualquer outro ato da vida civil, o Código Civil em vigor também cuida do assunto, o que faz no parágrafo único do art. 1.576: "O procedimento judicial da separação caberá somente aos cônjuges, e, no caso de incapacidade, serão representados pelo curador, pelo ascendente ou pelo irmão."

Há, aqui, uma ordem de representantes naturais, eleitos pelo Código Civil. O cônjuge incapaz é representado por uma daquelas pessoas que outorgará procuração ao advogado.

Já ensinava Clóvis que, na incapacidade do cônjuge, a ação poderia ser proposta por qualquer ascendente ou irmão: "A incapacidade, neste caso, resulta da alienação mental superveniente. Se, sobrevindo essa infelicidade ao cônjuge, o outro pratica algum dos atos que motivam o divórcio, a vítima, naturalmente, não pode usar dos meios de defesa jurídica, fornecidos pelo Código. Representa-o, em tal contingência, o ascendente, e, na falta deste, o irmão."[8]

3. SEPARAÇÃO, DIVÓRCIO E A FAMÍLIA ATUAL

Percebe-se claramente que a instabilidade da família é medida pelo aumento de separações e divórcios, segundo pensamento bastante unânime dos que tratam da maté-

---

[6] *Divórcio e Separação*, 4ª ed., São Paulo, RT, 1984, p. 79.

[7] *Revista Trimestral de Jurisprudência*, 40/625, *Divórcio e Separação*, de Yussef Said Cahali, obra citada, p. 80.

[8] *Código Civil dos Estados Unidos do Brasil Comentado*, obra citada, vol. II, p. 211.

ria. Mas a crise do casamento e os problemas na família estão ligados a uma série de fatores, os quais vão desde a estruturação da sociedade até a constante modificação de concepções e mentalidades. Ressalta-se sobre as causas ou fatores da desestruturação a complexidade da vida atual, com as inúmeras imposições que são exigidas das pessoas e a agitação cada vez maior que se faz sentir em todos os recantos da Terra. A pressão das necessidades materiais e espirituais, que pesa sobre o ser humano, torna difícil o convívio e desencadeia constantes atritos, mostrando-se os cônjuges incapazes de suportar um prolongamento maior da união.

Sente-se, ademais, uma notória mutação de conceitos básicos de valores, sendo abandonados antigos princípios que impingiam maior seriedade à família. O próprio relaxamento dos costumes, as liberalidades permitidas, a distensão das regras morais e de conduta, a pouca convivência do grupo familiar em razão da atividade laboral, não raramente de todos os seus membros, entre incontáveis outros fatores, importam no aumento acentuado das dissoluções da sociedade conjugal.

De tudo se percebe que os problemas da família, e que provocam a separação, são menos de ordem jurídica, e mais de relacionamento, de convivência e de novas concepções sobre valores existenciais, o que não é peculiar apenas à nossa realidade, como ressalta Eduardo A. Zannoni: "Hace ya tiempo que hemos aprendido que los conflitos familiares llegan a los tribunales pero que, en mínima parte, tienen contenido jurídico. El deber de amar es incoercible. El contenido de las relaciones jurídicas que determina el matrimonio es, en cuanto relaciones personales basadas en la interacción de conductas, metajurídico. No existe potestad humana que, en razón del 'imperium', pueda encanzarlas si los propios implicados no están dispuestos a hacerlo. El daño que pueden causarle los esposos en trance de divórcio, no sólo a si mismos, sino a los hijos, no puede se evitado por los jueces."[9]

Muitos ficam perplexos ante a postura a ser adotada para a solução dos reais problemas da família, como o magistrado paulista Caetano Lagrasta Neto: "Se houvesse um aumento das varas de família, se dotássemos os juízes de uma equipe multidisciplinar de psiquiatras, psicólogos e outros técnicos, mesmo assim o funcionamento e as soluções alcançadas seriam meros paliativos à mantença do casamento. Para isso, necessário seria o acompanhamento, caso a caso, de todos os casais e de seus filhos. Porém, a procura das raízes da questão social e das raízes da pobreza continuaria relegada a um enfoque meramente sociológico, distante de qualquer solução.

Como atender aos favelados se sequer conseguimos executar as ordens judiciais – que dependem da intimação da parte no próprio morro ou gueto, e se estas partes geralmente trabalham o dia inteiro e seus filhos ficam em estado de completo abandono? Seria possível resolver os problemas de família sem que pudéssemos resolver a crise de habitação, capaz de evitar a promiscuidade, a crise de saúde, de alimentação e de educação, que leva os pais ao desespero, os filhos à desnutrição e à morte ou, como atualmente, ao tóxico e à violência?"[10]

De outro lado, não resta a menor dúvida quanto aos efeitos nefastos que traz a separação dos pais perante os filhos. Por mais que se procure incutir neles uma ideia de aceitação, e mesmo que não convivam com os atritos dos pais, não se pode evitar a série de mutilações emocionais, psíquicas e mesmo físicas que possam sofrer.

---

[9] "Contienda y Divórcio", *Derecho de Familia, Revista Interdisciplinaria de Doctrina e Jurisprudencia*, Buenos Aires, Abeledo-Perrot, nº, p. 11, 1989.

[10] "Meios Alternativos de Solução dos Litígios", *Revista dos Tribunais*, nº 639, pp. 27 e 28.

Seja como for, e não convém um aprofundamento maior sobre a matéria, por dizer respeito, sobretudo, à sociologia e outras ciências humanas, há um fenômeno que vai se generalizando, mormente em centros maiores, que é a decadência do casamento como instituto. As pessoas se unem sem maiores compromissos, ou sem constituir uma família. O homem e a mulher conservam sua individualidade e a residência própria, não se aprofundando o relacionamento. A convivência restringe-se a momentos ou alguns dias, ou a encontros, com o que são evitados atritos e dissabores normais do casamento, porquanto não há um envolvimento maior das personalidades e dos caracteres do ser humano.

Quando as relações matrimoniais se frustram, as decepções sobrevêm de modo continuado ou os desencantos tornam-se uma constante, os desentendimentos afligem a sociedade conjugal, a desarmonia e as ofensas pessoais prejudicam todo o ambiente familiar, além de outras situações mórbidas e inclusive de violência, não há mais lugar para manter o casamento. Como já reconhecia Heinrich Lehmann, o matrimônio perde seu valor como fundamento da família, e "la comunidad de vida de los cónyuges ha quedado insubsanablemente perturbada. Será entonces una cédula enferma del organismo social que perturba a la comunidad o, al menos, carece para ella de valor".[11]

A manutenção do casamento, em tal conjuntura, é mais nefasta que a separação.

4. ASPECTOS HISTÓRICOS E CONFIGURAÇÃO DA SEPARAÇÃO JUDICIAL

Já em épocas bastante remotas existiam formas que pelo menos se aproximavam ora à separação judicial, ora ao divórcio. Entre os povos babilônicos, gregos e mesmo os hebreus, admitia-se o repúdio da mulher se fosse estéril, ou se surpreendida em adultério, ou se constatado o defloramento, ou se portadora de enfermidade contagiosa.

No direito romano, numa primeira fase, era permitido indiscriminadamente o divórcio, até que Diocleciano introduziu algumas hipóteses de cabimento.

De acordo com José Carlos Moreira Alves, existia apenas o divórcio no direito romano, e não no direito de outros povos. Segundo seu entendimento, as causas foram especificadas ao tempo de Justiniano. Dentre outras situações, o marido podia repudiar a mulher se ela praticasse atos indignos (*divortium justa causa*). Ainda, foi implantado o *divortium communi consensu*, realizado de comum acordo pelo cônjuges.[12]

Todas as informações históricas que aparecem tratam mais do divórcio. A separação judicial não mereceu estudos profundos. Observa-se, assim mesmo, que sempre foi admitida, já que a restrição da Igreja e do Código Canônico não a afastou, pois não afeta o vínculo do casamento. Tanto que o chamado *Codex Juris Canonici* mantém a separação conjugal perpétua por adultério.

No direito brasileiro, pode-se dizer que a regulamentação do matrimônio ficou sempre ligada à Igreja Católica, tanto que uma lei de 1827 ordenava a obediência às normas emanadas do Concílio de Trento e da Constituição do Arcebispado da Bahia.

Pela segunda metade do século XIX, algumas regulamentações foram surgindo, primeiramente tratando do casamento de pessoas pertencentes a religiões diferentes da católica, e depois secularizando o casamento, com possibilidades de separação, o que foi se firmando através dos Decretos nºs 119-A e 181.

---

[11] *Derecho de Familia*, tomo IV; *Revista de Derecho Privado*, Madrid, tradução ao espanhol por José M. Novas, p. 236, 1933.

[12] *Direito Romano*, 2ª ed., Rio de Janeiro, Forense, 1972, 2º vol., p. 320.

É de salientar que o termo 'divórcio', que aparece em diplomas antigos e no direito canônico (*divortium quoad thorum et mensam*, ou *divortium quod thorum et cohabitationem* – divórcio de cama e mesa), não tinha o sentido de dissolver o vínculo e permitir novas núpcias. O significado equivalia ao de separação, ou, mais precisamente, à separação de corpos. Algumas obrigações conjugais desapareciam, como a de coabitação (daí as palavras *thorum* e *mensam*). Liberavam-se os cônjuges de dormirem no mesmo leito, ou de fazerem as refeições na mesma mesa.

No Código Civil de 1916, veio disciplinada amplamente a separação. A dissolução do casamento restringia-se à hipótese da morte, já que a nulidade ou a anulação do casamento não acarreta a dissolução, mas o declara inexistente.

A separação constante no Código de então, com a denominação de 'desquite', permitia unicamente a cessação da sociedade conjugal, sendo que era concedida nas seguintes previsões: adultério, tentativa de morte, sevícia ou injúria grave e abandono do lar conjugal durante dois anos contínuos (art. 317 do mesmo Código).

Com o advento da Lei nº 6.515, de 1977, a qual veio por força da Emenda Constitucional nº 9, que possibilitou a dissolução do vínculo conjugal pelo divórcio, ficou alterado substancialmente o sistema legal da separação. Restaram revogados os dispositivos da lei civil vigorantes que tratavam da matéria. Promoveu a mesma lei alterações profundas nas regras do direito de família e mesmo no das sucessões. Além de disciplinar o divórcio e a separação judicial, trouxe inovações sobre o novo regime legal de bens do casamento, a qualificação do filho nascido de casamento nulo, sem o pressuposto da putatividade, o reconhecimento do filho havido fora do matrimônio e de seu direito à herança e à prestação de alimentos, além de outras matérias.

Esse tratamento foi mantido, com algumas inovações, pelo Código Civil de 2002.

Muitos países admitem a separação e o divórcio, observando José Lamartine Corrêa de Oliveira e Francisco José Ferreira Muniz: "Nos países de formação católica, tal instituto aparece, frequentemente, como modalidade alternativa. Assim, em França e Portugal, as causas da separação são as mesmas do divórcio, podendo as partes, livremente, optar por qualquer dos dois institutos, ressalvando ainda as respectivas legislações a possibilidade de conversão de separação em divórcio."[13]

Foi, aliás, o modelo francês que inspirou o sistema brasileiro, trazendo uma pluralidade de casos para ensejar a ruptura da sociedade conjugal, alguns fundados na culpa, e outros na simples ruptura da vida conjugal.

De acrescer que a Lei nº 11.441, de 4.01.2007, introduziu a separação consensual e o divórcio consensual através de escritura pública, a proceder-se em tabelionato.

A Emenda Constitucional nº 66 veio a dispensar a prévia separação para se conceder o divórcio, diante da redação dada ao art. 226, § 6º, da Constituição Federal: "O casamento civil pode ser dissolvido pelo divórcio." Com a possibilidade de se conceder diretamente o divórcio, mediante mero pedido das partes, sem dúvida a separação perdeu a importância, devendo os pedidos diminuir drasticamente, senão desaparecer.

O Código de Processo Civil em vigor, introduzido pela Lei nº 13.105/2015, trata conjuntamente, na forma consensual, da separação, do divórcio e da extinção da união estável, nos arts. 731 a 733, e da separação litigiosa ou contenciosa nos arts. 693 a 699, também em normas aplicáveis ao divórcio, ao reconhecimento e extinção de união estável, à guarda, à visitação e à filiação.

---

[13] Obra citada, p. 452.

5. A CONCILIAÇÃO NA SEPARAÇÃO

Impunha a Lei nº 6.515/1977 a obrigatoriedade de providências prévias, a cargo do juiz, para tentar a conciliação. De acordo com a redação que vinha no art. 3º, § 2º, o juiz deveria "promover todos os meios para que as partes se reconciliem ou transijam, ouvindo pessoal e separadamente cada uma delas e, a seguir, reunindo-as em sua presença, se assim considerar necessário".

Já observava Tito Fulgêncio, em época longeva, a função deste encontro do juiz com os cônjuges, que era não para "inquirir os motivos de desquite que as partes querem deixar ocultar para evitar escândalo de pleitos sobre causa determinada, mas sim precisamente para falar aos cônjuges a linguagem da paz doméstica, fazer-lhes as advertências precisas para chegar-se à reconciliação".[14]

O Código Civil em vigor nada mencionou a respeito, mostrando-se omisso. É que, na verdade, a matéria possui fundo processual, e constava regulada no Código de Processo Civil de 1973, restritamente para a separação consensual. Encerrava seu art. 1.122: "Apresentada a petição ao juiz, este verificará se ela preenche os requisitos exigidos nos 2 (dois) artigos antecedentes; em seguida, ouvirá os cônjuges sobre os motivos da separação consensual, esclarecendo-lhes as consequências da manifestação de vontade."

Se ficasse convencido o juiz da seriedade e da vontade livre de se separarem, mandava o § 1º "reduzir a termo as declarações e, depois de ouvir o Ministério Público, no prazo de 5 (cinco) dias, a homologará; em caso contrário, marcar-lhes-á dia e hora, com 15 (quinze) a 30 (trinta) dias de intervalo para que voltem, a fim de ratificar o pedido de separação consensual". Importava reconhecer nos textos legais o firme propósito do legislador em manter o casamento, o que se apresentava mais provável na separação consensual, enquanto, na litigiosa, a finalidade mais visava, e obtinha resultados, na sua transformação em consensual.

Mostrava-se salutar, e ainda continua sendo, que tal intento se dirigisse igualmente à separação litigiosa, apesar de que nada vinha disposto, como ocorria ao tempo e mesmo antes da Lei nº 6.515, quando a providência era imposta.

Na separação consensual, permitia-se conceder prazo para uma reflexão maior – o que não se afastava na litigiosa se o prudente arbítrio do juiz visualizasse alguma possibilidade de acordo ou de transação.

Não se exigia a ouvida em separado e em conjunto concomitantemente. Apenas na eventualidade de divisar alguma esperança de reconciliação ou transigência do casal aconselhava-se a ouvida em separado e em conjunto. Impunha-se que se mantivesse discrição, no sentido de evitar a audiência em conjunto quando degeneradas as relações. Nem se deveria forçar situações constrangedoras.

Nada impedia que, na forma consensual, se apresentassem os cônjuges em momentos distintos. Não obrigava a lei que deveriam eles ir no mesmo dia à presença do juiz. Unicamente se percebesse o juiz alguma possibilidade de transigência, ou reconciliação, é que solicitava a presença de ambos conjuntamente.

Se um dos cônjuges simplesmente não comparecesse, autuar-se-ia o pedido e se arquivaria o mesmo, a menos que fosse solicitada nova data, ou nova oportunidade.

A presença do advogado não supriria a ausência da parte.

---

[14] *Do Desquite*, São Paulo, Saraiva, 1923, p. 234.

De modo geral, o não comparecimento nada mais significava que a desistência. Não se concebia a omissão como recusa ao entendimento, exceto na separação litigiosa.

Comprovava-se a realização da audiência, ou o não comparecimento de um dos separandos, através da lavratura do competente termo, onde se consignavam todas as circunstâncias ocorridas e os termos da reconciliação ou transação.

Obviamente, em se tratando de separação consensual, eventual conciliação não se estabelecia mediante condições ou transigências. Simplesmente os cônjuges declaravam que se reconciliavam, com o pedido de arquivamento dos autos, e a devolução de peças e documentos.

Presentemente, com o Código de Processo Civil (Lei nº 13.105/2015), são significativas as mudanças, havendo uma regulamentação comum para o divórcio, a separação judicial, a extinção da união estável e a alteração do regime de bens do matrimônio.

Eis o texto do art. 731: "A homologação do divórcio ou da separação consensuais, observados os requisitos legais, poderá ser requerida em petição assinada por ambos os cônjuges, da qual constarão:

I – as disposições relativas à descrição e à partilha dos bens comuns;

II – as disposições relativas à pensão alimentícia entre os cônjuges;

III – o acordo relativo à guarda dos filhos incapazes e ao regime de visitas; e

IV – o valor da contribuição para criar e educar os filhos.

Parágrafo único. Se os cônjuges não acordarem sobre a partilha dos bens, far-se-á esta depois de homologado o divórcio, na forma estabelecida nos arts. 647 a 658".

Nas formas contenciosas da separação (e mesmo do divórcio, de reconhecimento e extinção da união estável, além de outras ações de família), o CPC/2015 passou a tornar obrigatória a tentativa de conciliação, inclusive com a mediação.

Dois os dispositivos básicos a respeito.

O art. 695: "Recebida a petição inicial e, se for o caso, tomadas as providências referentes à tutela provisória, o juiz ordenará a citação do réu para comparecer à audiência de mediação e conciliação, observado o disposto no art. 694".

O art. 696: "A audiência de mediação e conciliação poderá dividir-se em tantas sessões quantas sejam necessárias para viabilizar a solução consensual, sem prejuízo de providências jurisdicionais para evitar o perecimento do direito". Em face da Lei nº 11.441, de 4 de janeiro de 2007, e do art. 733 do CPC/2015, na separação consensual, no divórcio consensual e na extinção consensual da união estável, não havendo filhos nascituros ou incapazes, observados os requisitos legais quanto aos prazos, possibilita-se a realização da separação consensual por escritura pública, em tabelionato, o que, decorrentemente, dispensa a tentativa de conciliação.

Esclarece-se, ainda, que, em vista do § 1º do art. 695, o mandado de citação conterá somente os dados necessários à audiência, não acompanhando cópia da petição inicial. Escreve, sobre a dispensa, Letícia Ferrarini: "Constitui grande inovação em relação ao CPC de 1973 o disposto no § 1º do art. 695. Com efeito, não será entregue ao réu uma cópia da petição inicial por ocasião da citação (contrafé), da qual o mesmo somente terá conhecimento na hipótese de inexitosa a tentativa de acordo. Entende-se que a circunstância de não ser entregue a contrafé ao réu por ocasião da citação coloca o autor em situação de vantagem, o que viola o princípio da isonomia (art. 5º, *caput*, da CF), já que

264 • Direito de Família | *Arnaldo Rizzardo*

o demandado terá apenas vaga notícia do conteúdo da inicial e das provas requeridas nesta pelo que lhe disser o demandante ou o mediador".[15]

No entanto, Luiz Guilherme Marinoni, Sérgio Cruz Arenhart e Daniel Mitidiero justificam a razão da não entrega da cópia da inicial: "A fim de criar condições ideais para a mediação e a conciliação, o mandado de citação não deve ser acompanhado da petição inicial ou informações referentes ao tipo de litígio de que tratará a audiência. Deverá limitar-se a informar dia, hora e local da audiência, bem assim indicar a necessidade de a parte fazer-se acompanhar de advogado (art. 695, § 4º, CPC) e a faculdade que se lhe dá de consultar o conteúdo do processo a qualquer tempo (art. 695, § 1º, CPC)".[16]

6. PARTICIPAÇÃO DO ADVOGADO NA CONCILIAÇÃO

Outra importante norma constava no § 3º do art. 3º da Lei nº 6.515/1977: "Após a fase prevista no parágrafo anterior, se os cônjuges pedirem, os advogados deverão ser chamados a assistir aos entendimentos e deles participar."

O Código Civil não manteve a disposição, e nem o Código de Processo Civil de 1973 continha alguma regra a respeito.

Segundo se observava da redação acima, ao juiz cabia ouvir os cônjuges e se, a pedido dos mesmos, ou de qualquer um deles, ou mesmo entendendo conveniente se convocavam os procuradores para participar da audiência, esclarecer aspectos dúbios e opinar ou aconselhar sobre as concessões e exigências apresentadas sobre as transações. Atualmente, não mais existe a audiência de conciliação na modalidade consensual da separação, do divórcio e da extinção da união estável.

O CPC/2015 tornou obrigatória a presença do advogado na audiência de mediação e de conciliação, em processos contenciosos de divórcio, separação, reconhecimento e extinção de união estável, guarda, visitação e filiação, nos termos do § 4º do art. 695: "Na audiência, as partes deverão estar acompanhadas de seus advogados ou de defensores públicos". Mais acentua-se a obrigatoriedade diante da fase de conciliação e mediação que exige o art. 694: "Nas ações de família, todos os esforços serão empreendidos para a solução consensual da controvérsia, devendo o juiz dispor do auxílio de profissionais de outras áreas de conhecimento para a mediação e conciliação".

Questionava-se sobre a nulidade ou não do processo se um dos cônjuges solicitasse a presença, e a indeferisse o juiz. Sérias razões apresentavam-se para invalidar as transações duvidosas e favoráveis a apenas um dos cônjuges, se levadas a termo na audiência sem o comparecimento do procurador, malgrado interesse manifesto da parte.

A participação envolvia os mesmos advogados que atuaram na preparação do processo. Não havia muito sentido que outros acompanhassem os separandos, talvez não conhecendo a situação que os levou à separação.

Embora fosse a intenção da lei tudo fazer para salvar o casamento, na prática tais providências traziam poucos resultados. E isto por vários motivos. Em primeiro lugar, havia pouca probabilidade de que uma simples audiência, por mais preparado que fosse o juiz e por maior disposição que apresentasse, o que era raro acontecer, conseguisse resolver incontáveis desajustes que se acumularam durante o casamento. Tanto isso que as audiên-

---

[15] Anotações aos artigos 693 a 699. *Novo Código de Processo Civil.* Porto Alegre, OAB/ESA Rio Grande do Sul, 2015, p. 466.

[16] *Novo Código de Processo Civil Comentado*, ob. cit., p. 680.

cias eram realizadas mecanicamente, dentro de uma atmosfera formal, mais consistentes em simples assinatura de termos já impressos. Em segundo lugar, pela ingenuidade dos próprios pontos então oferecidos para o juiz indagar aos cônjuges. Parecia perda de tempo a preocupação quanto à consciência dos mesmos sobre o ato que estavam realizando, ou se a decisão se encontrava suficientemente amadurecida. Afigurava-se óbvio que a procura de advogado e o encaminhamento do processo nada mais representavam que a derrocada incontornável do casamento.

Eram aproveitáveis, no entanto, tais audiências para acertos definitivos de cláusulas um pouco duvidosas, ou de aspectos não bem claros, ou para a modificação de algumas condições um tanto desvantajosas para uma das partes. Especialmente ressaltava a importância nas separações litigiosas, em inúmeros casos transformadas em amigáveis.

XIV
Separação Consensual e Separação Litigiosa

1. SEPARAÇÃO CONSENSUAL

1.1. Caracterização

Conforme já referido, perdura a separação consensual, não tendo sido revogada pela Emenda Constitucional 66/2010, que não obriga a escolha do divórcio, e ficando mantida pelo CPC/2015. Houve a sua desconstitucionalização, mas sem que resultasse abolida do sistema jurídico brasileiro. Restou somente afastado o sistema dual obrigatório que vigorava no Brasil. Continua mantido esse instituto, já que perdura no ordenamento jurídico. Os cônjuges ficam mais livres para decidir sobre sua vida conjugal, além de terem, em contrapartida, um prazo para conciliação ou para convencer o outro consorte dos benefícios de um divórcio consensual, aumentando as chances de uma dissolução amistosa. Permite-se que os cônjuges apenas se separem. Eles utilizarão essa via quando a simples separação de fato não lhes seja suficiente para assegurar-lhes a liberdade necessária para decidirem se querem continuar casados. Assim, se os cônjuges optarem pela separação consensual, pensa-se que ao juiz não resta a faculdade de afastar essa vontade, com suporte na impossibilidade jurídica do pedido. É que o Estado não pode invadir a intimidade e a privacidade das pessoas. Bem verdade que se oferece a via do divórcio, cujo objeto é mais profundo que a mera separação judicial, no qual está subsumida. Todavia, é de se respeitar o propósito das partes, que elegeram a via da separação por razões pessoais. Ou seja, o ajuizamento de uma ou outra é uma opção dos consortes, assim como o procedimento de dissolução da sociedade matrimonial perante o Notário ou o Juiz é facultativo.

Merece, pois, este tipo de separação o devido estudo.

Na separação consensual, prescinde-se da menção de qualquer fundamento para o ajuizamento do pedido.

Ambos os cônjuges exprimem, de comum acordo, a vontade de se separarem, não invocando qualquer causa legal para embasar o pedido.

Daí afirmar, com acerto, José Abreu: "Esta forma consensual de separação apresenta vantagens evidentes, sobretudo se atentarmos para a circunstância de não deixar as marcas que sempre derivam de uma separação judicial, sempre detrimentosas pela sua projeção no seio da própria família e mais particularmente no que tange aos filhos do casal, se existentes. É que, na separação consensual, a causa afigura-se irrelevante, uma vez que dela não se indaga, o que gera a consequência da desnecessidade de produção de provas, muitas vezes inconvenientes, envolvendo, com frequência, pessoas que depõem com constrangimento, mas que são obrigadas a fazê-lo porque privam da intimidade do casal e conhecem fatos úteis ao desfecho da causa."[1]

---

[1]   *O Divórcio no Direito Brasileiro*. Rio de Janeiro, Forense, 1981, p. 64.

O art. 1.574 do Código Civil, alterando o art. 4º da Lei nº 6.515/1977 em essência quanto ao prazo, que praticamente reproduzia a redação do art. 318 do Código Civil de 1916, traz a previsão da separação consensual: "Dar-se-á a separação judicial por mútuo consentimento dos cônjuges se forem casados há mais de 1 (um) ano e o manifestarem perante o juiz, sendo por ele devidamente homologada a convenção."

O prazo de um ano para a separação tornou-se injustificável diante do surgimento da Emenda nº 66, que não exige prazo algum para o divórcio, assegurando-se a sua concessão a qualquer tempo depois do casamento. Realmente, há um contrassenso na exigência, já que dispensado no divórcio, que dissolve o vínculo do casamento, e, assim, consequentemente, a sociedade conjugal. Por isso, não é desarrazoada a sustentação da incompatibilidade do prazo na separação judicial consensual com o conteúdo da Emenda nº 66/2010.

A separação amigável representa um modo mais racional e objetivo de dissolução da sociedade conjugal, por determinar o silêncio sobre as causas ou motivos determinantes.

Através da Lei nº 11.441, de 4.01.2007, vieram introduzidas as formas administrativas ou extrajudiciais da separação consensual e do divórcio consensual, que se fazem por meio de escritura pública, em tabelionato. Rezava o introduzido art. 1.124-A do CPC/1973: "A separação consensual e o divórcio consensual, não havendo filhos menores ou incapazes do casal e observados os requisitos legais quanto aos prazos, poderão ser realizados por escritura pública, da qual constarão as disposições relativas à descrição e à partilha dos bens comuns e à pensão alimentícia e, ainda, ao acordo quanto à retomada pelo cônjuge de seu nome de solteiro ou à manutenção do nome adotado quando se deu o casamento."

No CPC/2015, a regra está no art. 733: "O divórcio consensual, a separação consensual e a extinção consensual de união estável, não havendo nascituro ou filhos incapazes e observados os requisitos legais, poderão ser realizados por escritura pública, da qual constarão as disposições de que trata o art. 731".

As disposições do art. 731 estão assim editadas:

"I – as disposições relativas à descrição e à partilha dos bens comuns;

II – as disposições relativas à pensão alimentícia entre os cônjuges;

III – o acordo relativo à guarda dos filhos incapazes e ao regime de visitas; e

IV – o valor da contribuição para criar e educar os filhos".

Se judicial o caminho, no entanto, no regime do CPC/1973 havia certo formalismo exagerado. Seu art. 1.122 ordenava ao juiz que ouvisse os cônjuges sobre os motivos da separação consensual, esclarecendo-lhes as consequências da manifestação da vontade; constatando alguma vacilação ou dúvida no propósito, determinava seu § 1º que o juiz marcasse nova data, com quinze a trinta dias de intervalo, para que voltassem, a fim de ratificar o pedido de separação consensual. Tais providências visavam aferir a perfeita constatação da livre manifestação das vontades.

A tentativa de conciliação era colocada em prática também na separação extrajudicial ou administrativa, quando realizada no Tabelionato.

O CPC/2015 aboliu a audiência de conciliação, pois não a contempla, como se retira do *caput* de seu art. 731, que se estende também ao divórcio consensual: "A homologação do divórcio ou da separação consensuais, observados os requisitos legais, poderá ser requerida em petição assinada por ambos os cônjuges...".

1.2. Abstração da causa

A abstração da causa tem o sentido de não referirem os cônjuges os motivos da separação.

Apesar do silêncio quanto aos motivos, em se tratando de separação consensual judicial, encerrava o art. 1.122 do Código de Processo Civil de 1973 que o juiz, na tentativa da conciliação, "ouvirá os cônjuges sobre os motivos da separação". Motivos que eram expostos verbalmente. Isto com a finalidade de poder o juiz melhor avaliar a decisão dos cônjuges, e concluir quanto à possibilidade de conciliação. De acordo com as razões que fossem apresentadas, já perceberia o juiz até onde poderia desenvolver o diálogo e medir o sucesso ou insucesso na conciliação.

Ante a referência a uma causa, deveria o juiz ordenar que as partes a suprimissem ou emendassem a inicial. Evidentemente, a referência a causas comuns, não ensejadoras de responsabilidade a um dos separandos, não impedia o andamento do processo. Não mais se podia manter o rigorismo de outrora, quando se ordenava o refazimento da inicial se algum motivo viesse alegado na mesma. Importava a adoção de uma modalidade de separação cuja lei não dava validade a palavras que inculcassem a responsabilidade a um dos cônjuges.

Com o Código de 2015, ficou suprimida a audiência de conciliação. Todavia, constatando indícios ou elementos que conduzem à responsabilização de um dos cônjuges pela separação ou pelo divórcio, bem como cláusulas estabelecendo condições iníquas e desvantajosas a um dos postulantes, reveste-se o juiz de autoridade para a ouvida em audiência, em conjunto ou separadamente, com ou sem os advogados. A título de exemplo, observará a legalidade das disposições referentes aos alimentos, à guarda dos filhos, ao direito de visita, etc. Inconcebível que homologue a separação envolvendo disposições prejudiciais a um dos cônjuges, injustas quanto aos direitos dos filhos, e desvantajosas em relação à partilha do patrimônio. Acontece que, em matéria relativa à família e à pessoa humana, predomina o interesse público, revelando-se necessárias a presença e a intervenção do Estado.

1.3. Procedimento judicial na separação consensual

É bastante simples o processo judicial para formalizar a separação consensual. Não envolve complexidades processuais, nem se faz necessária uma petição inicial com explicações ou justificações. Assemelha-se a um simples formulário, em que se colocam alguns dados particulares dos cônjuges e se descrevem as decisões relativamente a alimentos, guarda dos filhos, direito de visita aos mesmos e forma de partilha dos bens.

Os arts. 1.120 a 1.124 do Código de Processo Civil de 1973 já disciplinavam a separação consensual desde o tempo do chamado 'desquite amigável'.

O art. 1.120 preceituava: "A separação consensual será requerida em petição assinada por ambos os cônjuges." Regra que era adotada pelo § 1º do art. 34 da Lei nº 6.515, mas que exigia também a assinatura dos advogados das partes, ou pelo advogado comum: "A petição será também assinada pelos advogados das partes, ou pelo advogado escolhido de comum acordo." Observava José Abreu: "Esta exigência, contida no texto do § 1º do art. 34, é mais uma precaução do legislador, que deseja que as partes sejam assistidas por advogado."[2]

O Código de Processo de 2015 dita o regramento no art. 731, o qual já discrimina os elementos que conterá a petição, mas cuja visão se apresentará em item específico adiante:

---

2 *O Divórcio no Direito Brasileiro*, ob. cit., p. 163.

"A homologação do divórcio ou da separação consensuais, observados os requisitos legais, poderá ser requerida em petição assinada por ambos os cônjuges, da qual constarão ...".

Nada contém a respeito o Código Civil, e nem há regulamentação específica na lei processual civil em relação à presença do advogado. No entanto, em vista dos ditames gerais da mesma lei processual, mantém-se a necessidade da presença do advogado. É indispensável a sua assinatura, diante da exigência do art. 103 do CPC/2015, que impõe a representação da parte, em juízo, por advogado legalmente habilitado. De modo que, conjugando-se o art. 731 com o art. 103, ambos do Código de Processo Civil de 2015, assinarão a inicial os separandos e os respectivos advogados, ou o advogado comum.

O art. 1.120, § 1º, da lei processual anterior autorizava a assinatura a rogo: "Se os cônjuges não puderem ou não souberem assinar, é lícito que outrem assine a petição a rogo deles".

O CPC 2015 é omisso a respeito. Todavia, não se impede que perdure a permissão, ou mesmo que se colha a impressão digital, até porque haverá um advogado único, ou, se cada separando constituir advogado próprio, virão as assinaturas de ambos, havendo evidências suficientes e evidentes da concordância nas cláusulas da separação.

Se não assinada a petição na presença do juiz, impunha-se o reconhecimento das assinaturas pelo tabelião, segundo a regra que vinha do mesmo art. 1.120 do CPC/1973, no § 2º: "As assinaturas, quando não lançadas na presença do juiz, serão reconhecidas por tabelião." Nada dispõe, a respeito, o CPC/2015. Assim, não havendo mais a obrigatoriedade da audiência de conciliação, inviabilizando a assinatura na presença do juiz, decorre obviamente que não se faz necessário o reconhecimento referido.

As assinaturas dos separandos devem ser lançadas, igualmente, no pedido de partilha dos bens, quando apresentado em adendo, sem o que sujeita-se à anulação, como depreende-se do seguinte aresto, ao tempo do regime processual anterior, mas que se aplica ao ora vigorante: "A declaração de nulidade do aditivo à inicial não assinado pelo casal, mas apenas pelo advogado, deve ser perseguida em ação ordinária (art. 486 do CPC)."[3]

O citado art. 486 corresponde ao art. 966, § 4º, do vigente CPC, cuja redação é a seguinte: "Os atos de disposição de direitos, praticados pelas partes ou por outros participantes do processo e homologados pelo juízo, bem como os atos homologatórios praticados no curso da execução, estão sujeitos à anulação, nos termos da lei". Inclusive a ação rescisória é permitida, de acordo com os §§ 5º e 6º do mesmo art. 966, em redação da Lei nº 13.256/16:

> "§ 5º Cabe ação rescisória, com fundamento no inciso V do *caput* deste artigo, contra decisão baseada em enunciado de súmula ou acórdão proferido em julgamento de casos repetitivos que não tenha considerado a existência de distinção entre a questão discutida no processo e o padrão decisório que lhe deu fundamento.
>
> § 6º Quando a ação rescisória fundar-se na hipótese do § 5º deste artigo, caberá ao autor, sob pena de inépcia, demonstrar, fundamentadamente, tratar-se de situação particularizada por hipótese fática distinta ou de questão jurídica não examinada, a impor outra solução jurídica."

Sobre o conteúdo do preceito, explicam Luiz Guilherme Marinoni, Sérgio Cruz Arenhart e Daniel Mitidiero: "O art. 966, § 4º, CPC, prevê a ação anulatória de ato das partes ou de outros participantes praticados no processo. A ação visa a desconstituir atos praticados pelas partes no processo... Os atos de disposição de direitos, praticados pelas partes ou por outros participantes do processo e homologados pelo juízo, bem como os atos homologatórios praticados no curso da execução, estão sujeitos à anulação, nos termos da alei. A ação anulatória de

---

[3] *Revista dos Tribunais*, 665/186.

ato das partes no processo atinge reflexamente as decisões judiciais – ainda que simplesmente homologatórias: o objetivo da ação anulatória é a desconstituição do ato da parte".[4]

Com providências acima, objetiva a lei que os cônjuges estejam bem cientes de sua ação.

Constatando-se que está regular a petição, ouve-se o Ministério Público. Depois, será homologado o pedido.

As formalidades da divisão do patrimônio abrangem vários atos, inclusive a avaliação pela Fazenda Pública, a fim de aquilatar a igualdade de valores na distribuição do patrimônio. Nada impede que se realizem depois da homologação da separação, e inclusive depois do divórcio, como é expresso o parágrafo único do art. 731: "Se os cônjuges não acordarem sobre a partilha dos bens, far-se-á esta depois de homologado o divórcio, na forma estabelecida nos arts. 647 a 658".

1.4. Representação dos cônjuges incapazes por curador, ascendente ou irmão

Em qualquer tipo de separação, e não apenas na contenciosa, havendo a incapacidade de um ou de ambos os cônjuges, autoriza-se a representação por curador, ou por ascendente ou por irmão. A regra se encontra no parágrafo único do art. 1.576 do Código Civil: "O procedimento judicial da separação caberá somente aos cônjuges, e, no caso de incapacidade, serão representados pelo curador, pelo ascendente ou pelo irmão". Naturalmente, cumpre que seja comprovada a incapacidade por documento. Pelos termos do dispositivo acima, admite-se que a separação se faça consensualmente, desde que exista consenso quanto aos fatos, aos bens e demais questões pertinentes. Não que se reconheça um alto grau de liberdade na elaboração das cláusulas, em equivalência à separação de pessoas capazes. Ao juiz cabe minuciosa aferição do equilíbrio e da justeza das condições, como pensão, se for o caso, partilha do patrimônio, guarda e questões relativas a filhos.

Não se requer a interdição, ou algum ato judicial que a declare. Suficiente a demonstração por meio de laudo ou atestado particular, fornecido por médico especializado, com a devida descrição do quadro mental e das causas da incapacidade.

Havendo a interdição, o curador representará o cônjuge. Na inexistência, cabe o encargo ao ascendente ou o irmão. Justamente por constar a possibilidade da representação por ascendente ou irmão, quis a lei evidenciar a dispensa de interdição. Nem há necessidade de procuração por instrumento público, que tornar-se-ia possível unicamente se proclamada a interdição. O representante, em qualquer situação, elaborará o pedido em nome da pessoa incapaz, justificando a representação e expondo pormenorizadamente os fatos que permitem a separação.

1.5. A petição inicial

O art. 731 do Código de Processo Civil de 2015 discrimina o conteúdo que a petição inicial deve trazer: "A homologação do divórcio ou da separação consensuais, observados os requisitos legais, poderá ser requerida em petição assinada por ambos os cônjuges, da qual constarão:

I – as disposições relativas à descrição e à partilha dos bens comuns;

II – as disposições relativas à pensão alimentícia entre os cônjuges;

III – o acordo relativo à guarda dos filhos incapazes e ao regime de visitas; e

IV – o valor da contribuição para criar e educar os filhos".

---

[4] *Novo Código de Processo Civil Comentado*, ob. cit., p. 904.

De modo que, leciona Roberta Marcantonio, "a homologação do divórcio e da separação consensual poderá ser requerida em petição inicial firmada por ambos os cônjuges, na qual constarão as disposições referentes aos alimentos entre os cônjuges, à guarda dos filhos incapazes e regime de visitas, bem como o valor da contribuição para criar e educar os filhos".[5]

Naturalmente, acompanhará a certidão de casamento, para a sua devida comprovação, e mais o regime matrimonial de bens, sendo despiciendo o tempo de duração do casamento, eis que a concessão da separação não mais está na dependência de algum lapso temporal de duração.

Se realizado no exterior o casamento, a certidão deverá vir legalizada pela autoridade consular brasileira do lugar da emissão, com o reconhecimento de sua assinatura no Ministério das Relações Exteriores, ou em qualquer repartição pública, inclusive tabelionato. Não basta a simples juntada da certidão; é imprescindível que venha também certidão de sua inscrição no registro civil.

A fim de comprovar o domicílio, e se realmente residem no Brasil, juntarão os cônjuges estrangeiros prova da residência ou do domicílio.

A certidão do pacto antenupcial também virá aos autos, uma vez celebrado, visto ser necessário examinar o estatuído pelos então nubentes, e aferir se as cláusulas de separação não ofendem disposições, *v.g.*, sobre o dote, os bens parafernais, a incomunicabilidade estabelecida sobre os bens etc.

A certidão de nascimento dos filhos é imprescindível, embora não referendada a exigência pela lei, para dar um cunho de certeza absoluta sobre a sua existência, definir idades e estabelecer a responsabilidade no pensionamento de alimentos.

Passa-se a examinar os elementos acima, aliados a outras exigências, nos itens que seguem.

1.6. Descrição e partilha dos bens

Na petição, como se vê do acima citado art. 731, inc. I, constarão a descrição dos bens comuns e a forma de partilha. O parágrafo único do art. 1.575 do Código Civil faculta a partilha quando da separação: "A partilha de bens poderá ser feita mediante proposta dos cônjuges e homologada pelo juiz ou por este decidida." Importa em afirmar que pode ser postergada para momento posterior, o que também está expresso no parágrafo único do art. 731 da lei instrumental civil: "Se os cônjuges não acordarem sobre a partilha dos bens, far-se-á esta depois de homologado o divórcio, na forma estabelecida nos arts. 647 a 658." Ou seja, segue-se a forma de partilha prevista no arrolamento e inventário por morte, cujos trâmites estão descritos nos dispositivos citados. Embora a disposição de se efetuar depois do divórcio, nenhuma objeção se apresenta para se levar a termo em momento anterior, ou depois de homologada a separação.

Se inexistirem bens, há de se consignar na petição, a fim de que, posteriormente, não se venha a alegar omissão a respeito de aspecto importante e se pretenda resolver matéria passada. Mas, se omissa a petição, e lograr-se a homologação, mesmo assim é permitida, no futuro, a via ordinária da partilha.

Outrossim, importante a seguinte observação de Teresa Ancona Lopez, sobre os bens adquiridos durante o período entre a ratificação do pedido e a partilha: "Os bens adquiridos nesse período, isto é, depois da ratificação do pedido e antes da partilha, não se comunicam,

---

[5] Anotações aos artigos 729 e 734, em *Novo Código de Processo Civil Anotado*, ob. cit., p. 484.

Cap. XIV | Separação Consensual e Separação Litigiosa • **273**

posto que depois do acordo ratificado e a separação homologada, ficando somente postergada a partilha, a sociedade conjugal não mais existe, não podendo, portanto, os bens adquiridos por um ex-cônjuge se comunicarem com o patrimônio do outro. A ratificação do acordo em desquite consensual é irretratável e faz com que os bens adquiridos posteriormente, mesmo antes da homologação, não se comuniquem (TJRS, *ADCOAS*, nº 70.060)."[6]

1.7. Natureza da sentença homologatória

Não cabe ação rescisória de sentença homologatória de separação consensual, face à inexistência de lide, sujeitando-se, daí, à ação de anulação, nos termos do art. 966, § 4º, do CPC/2015.

Tratando-se de mera homologação de acordo, não há dúvida de que a decisão classifica-se como simples ato judicial, sujeito à anulação por vícios comuns os atos jurídicos.

A especialidade da sentença homologatória está na concordância dos cônjuges em todas as deliberações. Se alguma irregularidade encontrar o juiz, afastará a mesma do acordo, mas em despacho. Se insubordinar-se um dos separandos, já carece um elemento essencial para a separação consensual, impedindo a homologação. Isto, porém, se a inconformidade relacionar-se à decisão que afasta ou manda modificar alguma cláusula.

Daí que, no final, o juiz simplesmente homologa. É a separação um ato de jurisdição voluntária, como expressamente incluída a regulamentação no Código de Processo Civil de 2015, que está no Capítulo XV, Título III, do Livro I da Parte Especial. E todos os atos deste teor, uma vez passados em julgado, desconstituem-se sempre que presente algum vício de consentimento, ou defeito de forma, ou causa de nulidade dos atos jurídicos em geral.

Não há, portanto, que falar em ação rescisória, como alguns insistem em impor, exceto nos casos em que o juiz introduziu alguma modificação nas cláusulas, ou decidiu sobre aspecto litigioso.

O Superior Tribunal de Justiça já em época não recente erigiu o seguinte entendimento: "Processual civil. Ação rescisória. Inadmissibilidade. Sentença homologatória de separação consensual.

A declaração de nulidade de aditivo à inicial não assinado pelo casal, mas apenas pelo advogado, deve ser perseguida em ação própria."

Nos votos, colhe-se a seguinte fundamentação: "Está explícito, todavia, na lei de regência que só a sentença de mérito, isto é, aquele ato pertinente à *res judicium deducta*, ou que soluciona a lide, é possível de ser atacada pela ação rescisória. A propósito, consulte-se José Carlos Barbosa Moreira (*Comentários ao Código de Processo Civil*, 4ª ed., Rio de Janeiro, Forense, 1981, p. 133), e, ainda, Sérgio Rizzi (*Ação Rescisória*, São Paulo, RT, 1979, p. 8), Pinto Ferreira (*Teoria e Prática dos Recursos e da Ação Rescisória no Processo Civil*, São Paulo, Saraiva, 1982, p. 264), Sálvio de Figueiredo (Ação Rescisória – Apontamentos, *Boletim ADCOAS – Legislativo* 25, de 10.09.88), e Thereza Alvim (Notas sobre Alguns Aspectos Controvertidos da Ação Rescisória, *RePro* 39/7).

No caso, a sentença proferida que se pretende rescindir é homologatória, proferida em procedimento especial de jurisdição voluntária, ou seja, em separação consensual, e, portanto, não é sentença e mérito. Está na lei que só a sentença de mérito pode ser rescindida. E sentença de mérito é aquela que é pertinente com a *res in judicium deducta* ou que soluciona

---

6   Separação Consensual, *Família e Casamento*, ob. cit., p. 642.

274 • Direito de Família | *Arnaldo Rizzardo*

a lide. Daí não ser possível reputar de mérito as sentenças homologatórias proferidas em procedimentos especiais de jurisdição voluntária, como a separação consensual."[7]

As modificações das cláusulas ajustadas dependem, assim, do surgimento de novas situações. Neste sentido entende Fernando H. Gentile: "Será sempre possível, portanto, a revisão das cláusulas respeitantes à guarda dos filhos, sua educação e criação, visitas etc. O mesmo a dizer-se quanto à pensão fixada em prol da mulher, seja para a sua elevação (o que, a rigor, será uma simples atualização de autêntica dívida de valor – *Revista dos Tribunais*, 398/389), seja para a redução ou até a extinção, face a fundamentais mudanças na situação financeira do alimentante ou da alimentária. Tudo isso, de resto, inclusive quanto às determinações contidas nas próprias sentenças proferidas em separações contenciosas, é sempre possível, com fundamento no art. 471, I, do Código de Processo Civil."[8] O citado art. 471, I, corresponde ao art. 505, I, do CPC/2015, com idêntico texto.

1.8. Irretratabilidade do acordo

Se, depois da assinatura do pedido, e, em havendo por designação do juiz, da audiência, um dos cônjuges comparece em juízo e desiste da ação, ou, afirmando que foi prejudicado, pede a alteração de cláusulas, como fará o juiz?

De modo geral, tem força a antiga Súmula nº 305 do Supremo Tribunal Federal: "Acordo de desquite ratificado por ambos os cônjuges não é retratável unilateralmente."

Ou seja, o acordo torna o ato perfeito e válido entre as partes, produzindo todos os efeitos a partir do momento da ratificação.

Impossível, pois, a retratação, inclusive quanto à partilha. Ainda persiste a seguinte inteligência: "Partilha. Acordo. Retratação unilateral após a ratificação. Inadmissibilidade. Súmula nº 305 do Supremo Tribunal Federal." É que a partilha "vale para todos os efeitos", servindo de título para, em execução de sentença, "compelir judicialmente a apelada à celebração do ato notarial que diz estar se negando a ex-mulher a cumprir... A respeito, ensina Yussef Said Cahali: 'Ratificado o pedido e subscrito o respectivo termo, exaurem-se as oportunidades de manifestação; a partir da ratificação, o acordo torna-se irretratável por iniciativa isolada de um só dos cônjuges, somente sendo possível por acordo de ambos'(*Divórcio e Separação*, p. 164)".[9]

1.9. Recusa da homologação pelo juiz

Unicamente na eventualidade de se apresentar prejuízo aos filhos ou a um dos cônjuges, autoriza-se a recusa à homologação, como ordena o parágrafo único do art. 1.574 do Código Civil, e previa o art. 34, § 2º, da Lei do Divórcio, em redação igual: "O juiz pode recusar a homologação e não decretar a separação judicial se comprovar que a convenção não preserva suficientemente os interesses dos filhos ou de um dos cônjuges."

Portanto, se um dos cônjuges se arrepender depois da assinatura da petição e do despacho protocolizando e processando o pedido, deverá conseguir a demonstração da prova de que

---

[7] Recurso Especial nº 2.810, da 3ª Turma, j. em 21.08.1990, em Revista dos Tribunais, 665/186.
[8] *Divórcio e Separação Judicial*. São Paulo, Sugestões Literárias S. A., 1978, p. 33.
[9] TJSP. Apelação Cível nº 118.950-1, 3ª Câm. Cível, j. em 20.12.1989, *Revista de Jurisprudência do TJ de São Paulo*, Lex Editora, 126/229.

resultará prejudicado. Ao juiz é permitido recusar a homologação – poder este reservado para viabilizar que seja exercido por sua própria iniciativa, ou a pedido de uma das partes.

Mas importa averiguar se não age com má-fé o cônjuge. É possível que advenha uma herança (em casamento pelo regime de comunhão universal) após a assinatura da petição. Com vistas a este fato novo, não está fora de cogitação que se use de má-fé e se inventem pretextos inverídicos para impedir ou anular a homologação.

Pedro Sampaio arrola situações esclarecedoras e justas, ainda verificáveis, que viabilizam a recusa em homologar: "Na separação por mútuo consentimento, a petição em que os separandos convencionam a dissolução da sociedade conjugal pode conter disposição atentatória do interesse dos filhos ou do direito destes. A cláusula de alimentos, por exemplo, pode ser estabelecida em quantia insuficiente. Sabendo-se que a atual legislação impôs a ambos os separandos, e não somente ao cônjuge-marido, o cumprimento do dever de alimentar os filhos comuns..., na proporção dos recursos auferidos por aqueles, os menores poderão, em tese, ser melhor alimentados...

É possível que a partilha dos bens do casal separando contenha artifício de avaliação, perceptível pelo magistrado, ou pelo representante do órgão do Ministério Público, prejudicial a um dos consortes. Poderá, também, ser reservada uma quota alimentar insuficiente, tendo em vista os rendimentos do outro cônjuge e as necessidades do alimentário."[10]

1.10. Falecimento do cônjuge antes da homologação

E se um dos cônjuges falece no interregno entre a autuação do pedido e a sentença homologatória?

Sabe-se que um dos casos de dissolução do vínculo conjugal é justamente a morte. Com a separação, dá-se apenas a dissolução da sociedade conjugal. Portanto, a primeira hipótese é mais ampla e profunda que a última.

A morte, pois, determina o desfazimento automático do casamento, ficando prejudicada a separação, cujo processo será extinto por desaparecimento da finalidade do pedido. Nem há o que se discutir. Como pretender o ato homologatório da separação se o vínculo já se encontra desfeito?

1.11. Separação de cônjuges estrangeiros domiciliados no Brasil

Nada impede a separação de cônjuges estrangeiros, casados no exterior, e no Brasil domiciliados, como, de resto, não se impede o divórcio. Evidentemente, há de se provar o casamento. Destaca Yussef Said Cahali: "É de entendimento assente que o fato de o casal ter contraído núpcias no estrangeiro não impede o mesmo de promover o desquite nos termos da lei brasileira: 'Casal estrangeiro, domiciliado no Brasil, muito embora a lei de seu país desconheça o desquite por mútuo consentimento, mas, unicamente, o litigioso, aqui poderá desquitar-se amigavelmente' (Turma Cível do TJMT, 21.07.61, *RT* 326/630).

Tenha-se em conta, porém, que, tratando-se de cidadãos estrangeiros, com casamento celebrado fora do país, é necessária a prova do domicílio do casal no Brasil; ou de pelo menos um deles, uma vez que, segundo reconhecemos, a separação por mútuo consentimento poderá ser pedida pelos cônjuges ao juiz do domicílio de qualquer um deles."

---

[10] *Divórcio e Separação Judicial* – Comentários, ob. cit., pp. 177 e 178.

276 • Direito de Família | *Arnaldo Rizzardo*

Entendimento este apoiado na jurisprudência, como o próprio autor exemplifica: "Desquite. Cidadãos portugueses, cujo casamento foi celebrado em Portugal. Necessidade, para efeito de competência, de ser provado o domicílio do casal no Brasil. A competência da Justiça brasileira para a celebração do desquite será reconhecida desde que os desquitandos comprovem que são aqui domiciliados, não sendo bastante que aqui estejam residindo transitoriamente."[11]

1.12. A separação consensual administrativa ou extrajudicial

Apesar da Emenda nº 66, que permite a ação de divórcio sem a separação judicial ou extrajudicial, ainda mantém importância esta última forma, pois possível que muitos a procurem. Daí a pertinência de sua abordagem.

Com a Lei nº 11.441, de 4 de janeiro de 2007, dentre outras inovações introduzidas no Código de Processo Civil de 1973, veio oportunamente introduzida a separação consensual administrativa ou extrajudicial, a ser formalizada mediante escritura pública, em tabelionato escolhido pelos separandos. De igual modo, a lei trouxe o divórcio consensual. A previsão se encontrava no art. 1.124-A, acrescentado ao então CPC/1973: "A separação consensual e o divórcio consensual, não havendo filhos menores ou incapazes do casal e observados os requisitos legais quanto aos prazos, poderão ser realizados por escritura pública, da qual constarão as disposições relativas à descrição e à partilha dos bens comuns e à pensão alimentícia e, ainda, ao acordo quanto à retomada pelo cônjuge de seu nome de solteiro ou à manutenção do nome adotado quando se deu o casamento."

O atual Código contempla a forma no art. 733: "O divórcio consensual, a separação consensual e a extinção consensual de união estável, não havendo nascituro ou filhos incapazes e observados os requisitos legais, poderão ser realizados por escritura pública, da qual constarão as disposições de que trata o art. 731". Como se percebe, a par da separação consensual, também o divórcio consensual e a extinção consensual da união estável estão permitidos por meio de escritura pública, a qual não depende da homologação ou chancela judicial e servirá de título para as finalidades de averbação e registro de transferências e outros atos próprios do Registro Público.

A forma administrativa ou extrajudicial é uma faculdade, ficando reservado o direito de procurarem as partes a via judicial.

Em ambos os institutos, perduram os requisitos exigidos para a sua consecução judicial, que se encontram descritos nos incisos do art. 731. Requer-se, ainda, que não existam filhos nascituros, ou filhos menores ou incapazes, e, naturalmente, que os pretendentes tenham a plena capacidade.

A Resolução nº 35, de 24.04.2007, expedida pelo Conselho Nacional da Justiça – CNJ, veio a regulamentar a matéria, facilitando o entendimento e a prática para realizar o ato. Assim, o art. 33 aponta os documentos necessário para o encaminhamento do pedido de separação e divórcio consensuais: "Para a lavratura da escritura pública de separação e divórcio consensuais, deverão ser apresentados: a) certidão de casamento; b) documento de identidade oficial e CPF/MF; c) pacto antenupcial, se houver; d) certidão de nascimento ou outro documento de identidade oficial dos filhos absolutamente capazes, se houver; e) certidão de propriedade de bens imóveis e direitos a eles relativos; e f) documentos necessários à comprovação da titularidade dos bens móveis e direitos, se houver."

---

[11] *Divórcio e Separação*, 6ª ed., 2ª tir., 1992 tomo I, obra citada, pp. 162 e 163.

Já o art. 47, em redação da Resolução CNJ 220/2016, indica os requisitos específicos para lavratura da escritura de separação consensual: a) um ano de casamento; b) manifestação de vontade espontânea e isenta de vícios em não mais manter a sociedade conjugal e desejar a separação conforme as cláusulas ajustadas; c) ausência de filhos menores não emancipados ou incapazes do casal; d) inexistência de gravidez do cônjuge virago ou desconhecimento acerca desta circunstância; e e) assistência das partes por advogado, que poderá ser comum.

No pertinente à exigência do prazo de um ano de casamento, revela-se inadequada frente à inexistência de um período de tempo para a postulação do divórcio. Não encontra razoabilidade ou coerência a dependência do pedido para a separação, quando para a dissolução do vínculo conjugal não se requer a ocorrência de prazo algum.

Quanto aos filhos, exige-se a expressa declaração, nos termos do art. 34 da mesma Res. CNJ nº 35/2007, aplicável à separação e ao divórcio consensuais: "As partes devem declarar ao tabelião, no ato da lavratura da escritura, que não têm filhos comuns ou, havendo, que são absolutamente capazes, indicando seus nomes e as datas de nascimento."

Já o parágrafo único, em texto da Res. CNJ 220/2016, acrescenta a necessidade de declarar o estado gravídico do cônjuge virago, ou ao menos, o desconhecimento de tal estado: "As partes devem, ainda, declarar ao tabelião, na mesma ocasião, que o cônjuge virago não se encontra em estado gravídico, ou ao menos, que não tenha conhecimento sobre esta condição".

Devem, também, declarar que estão cientes do pedido, conforme art. 35 da Resolução: "Da escritura pública, constará a declaração das partes de que estão cientes das consequências da separação e do divórcio, firmes no propósito de pôr fim à sociedade conjugal ou ao vínculo matrimonial, respectivamente, sem hesitação, com recusa de reconciliação."

Igualmente, insere-se no ato que foram as partes orientadas para a apresentação do traslado no registro civil do casamento, com a finalidade da averbação, como consta no art. 43 da Res. CNJ nº 35: "Na escritura pública deve constar que as partes foram orientadas sobre a necessidade de apresentação de seu traslado no registro civil do assento de casamento, para a averbação devida."

Lavra-se escritura pública, em tabelionato escolhido de comum acordo, e que deverá ser o do domicílio do casal ou de um dos divorciandos. Deverão constar as disposições sobre a pensão alimentícia ou a dispensa, o montante, o modo de pagamento; sobre o patrimônio comum, com a sua descrição e a partilha, ou a menção de que a mesma se efetuará em momento posterior; e sobre o nome que passará a usar o cônjuge ou ex-cônjuge, conservando-o o de casado ou retornando o de solteiro.

Em suma, no geral, exceto no pertinente aos filhos, cuja maioridade dispensa alguma combinação para o futuro sobre os alimentos, guarda e poder familiar, adotam-se as exigências estabelecidas para a separação ou divórcio judicial consensual.

Para tanto, através de advogado, providencia-se em minuta, encaminhada ao tabelionato, que servirá de base para a elaboração da escritura pública. Uma vez lavrada a mesma, constarão os requisitos acima, incumbindo ao tabelião unicamente aferir o cumprimento das disposições legais. Surgindo qualquer dúvida, ou falta de sintonia das partes, encaminham-se as mesmas à via judicial.

No ato, qualificam-se os separandos ou divorciandos, assinalando a finalidade de seu comparecimento, juntamente com o advogado comum ou de cada um, que também deverá ser qualificado, e exigindo-se que assine a escritura pública, de acordo com § 2º do art. 733, nos seguintes termos: "O tabelião somente lavrará a escritura se os contratantes

278 • Direito de Família | *Arnaldo Rizzardo*

estiverem assistidos por advogado por defensor público, cuja qualificação e assinatura constarão do ato notarial."

Não há obrigatoriedade do comparecimento das partes, facultando-se a sua representação por advogado, com poderes especiais e procuração por instrumento público, nos termos do art. 36 da Res. nº 35 do CNJ:

> "O comparecimento pessoal das partes é dispensável à lavratura de escritura pública de separação e divórcio consensuais, sendo admissível ao(s) separando(s) ou ao(s) divorciando(s) se fazer representar por mandatário constituído, desde que por instrumento público com poderes especiais, descrição das cláusulas essenciais e prazo de validade de trinta dias."

No tocante ao advogado, não se faz necessária a apresentação de procuração. Não comparecendo a parte com advogado, o tabelião aconselhará a sua procura perante a defensoria pública, ou, não havendo, à Seccional da Ordem dos Advogados do Brasil, nos estritos termos dos arts. 8º e 9º da mesma Res. nº 35, o que se aplica também para o divórcio e a partilha por sucessão hereditária:

> "Art. 8º É necessária a presença do advogado, dispensada a procuração, ou do defensor público, na lavratura das escrituras decorrentes da Lei nº 11.441/07, nelas constando seu nome e registro na OAB.
>
> Art. 9º É vedada ao tabelião a indicação de advogado às partes, que deverão comparecer para o ato notarial acompanhadas de profissional de sua confiança. Se as partes não dispuserem de condições econômicas para contratar advogado, o tabelião deverá recomendar-lhes a Defensoria Pública, onde houver, ou, na sua falta, a Seccional da Ordem dos Advogados do Brasil."

Não mais se faz a inscrição no livro "E" do registro civil, incumbindo aos tribunais as providências para a introdução de medidas adequadas visando à unificação de dados que concentrem as informações das escrituras públicas de divórcio e separação, com a finalidade de facilitar as buscas (art. 10 da mesma Resolução).

Havendo bens, separados os patrimônios individuais, com a expressa menção, a partilha obedece as especificações das partes, fazendo-se o pagamento do tributo incidente sobre aquilo que receber a mais um dos separandos ou divorciandos. A Res. nº 35 delineia o caminho a seguir:

> "Art. 37. Havendo bens a serem partilhados na escritura, distinguir-se-á o que é do patrimônio individual de cada cônjuge, se houver, do que é do patrimônio comum do casal, conforme o regime de bens, constando isso do corpo da escritura.
>
> Art. 38. Na partilha em que houver transmissão de propriedade do patrimônio individual de um cônjuge ao outro, ou a partilha desigual do patrimônio comum, deverá ser comprovado o recolhimento do tributo devido sobre a fração transferida.
>
> Art. 39. A partilha em escritura pública de separação e divórcio consensuais far-se-á conforme as regras da partilha em inventário extrajudicial, no que couber."

Uma vez elaborada e pronta, providencia-se na averbação à margem do registro de casamento, com a anotação da separação ou do divórcio e da procedência do ato. Não se faz necessária qualquer chancela judicial, conforme está constando no § 1º do art. 733 do CPC.

Nota-se que simples as regras a respeito do procedimento, fator que justifica a aceitação das modalidades da separação e do divórcio consensuais.

Cap. XIV | Separação Consensual e Separação Litigiosa • **279**

Vários outros regramentos comuns à separação e ao divórcio extrajudiciais contém a citada Res. CNJ nº 35, sobressaindo as seguintes:

– Garante-se a assistência judiciária gratuita para os atos da partilha amigável, da separação e divórcio consensuais, bastando a simples declaração das partes para a concessão (arts. 6º e 7º).

– A partilha em escritura pública de separação e divórcio consensuais far-se-á conforme as regras da partilha em inventário extrajudicial, no que couber (art. 40).

– O recolhimento dos tributos incidentes deve anteceder a lavratura da escritura (art. 15).

– Havendo alteração do nome de algum cônjuge em razão de escritura de separação, restabelecimento da sociedade conjugal ou divórcio consensuais, o Oficial de Registro Civil que averbar o ato no assento de casamento também anotará a alteração no respectivo assento de nascimento, se de sua unidade, ou, se de outra, comunicará ao Oficial competente para a necessária anotação (art. 41).

– É admissível, por consenso das partes, escritura pública de retificação das cláusulas de obrigações alimentares ajustadas na separação e no divórcio consensuais (art. 44).

– O tabelião poderá se negar a lavrar a escritura de separação ou divórcio se houver fundados indícios de prejuízo a um dos cônjuges ou em caso de dúvidas sobre a declaração de vontade, fundamentando a recusa por escrito (art. 46). Naturalmente, se a parte requerer, apresentará o tabelião as razões da recusa. A decisão não se sujeitará a recursos. No entanto, ao juiz diretor do foro cabe a reclamação, que apreciará sua procedência ou não.

– Não há sigilo nas escrituras públicas de separação e divórcio consensuais (art. 42).

– Possibilidade de retificar a escritura pública de separação ou divórcio consensuais, quanto ao ajuste do uso do nome de casado, mediante declaração unilateral do interessado, na volta ao uso do nome de solteiro, em nova escritura pública, com assistência de advogado (art. 45).

– Permissão para o restabelecimento de sociedade conjugal por escritura pública, ainda que a separação tenha sido judicial, desde que não se introduzam modificações em relação ao casamento anteriormente existente (art. 50). Para o restabelecimento, é necessária e suficiente a apresentação de certidão da sentença de separação ou da averbação da separação no assento de casamento (art. 48). Na escritura, cuja averbação se fará posterior ou concomitantemente à averbação da separação no registro civil (art. 51), deve o tabelião: a) fazer constar que as partes foram orientadas sobre a necessidade de apresentação de seu traslado no registro civil do assento de casamento, para a averbação devida; b) anotar o restabelecimento à margem da escritura pública de separação consensual, quando esta for de sua serventia, ou, quando de outra, comunicar o restabelecimento, para a anotação necessária na serventia competente; e c) comunicar o restabelecimento ao juízo da separação judicial, se for o caso (art. 49).

Obviamente, não há de falar em restabelecer o casamento, se já concedido o divórcio, porquanto desconstituído o vínculo. No entanto, possível que se faça um novo casamento.

2. SEPARAÇÃO LITIGIOSA

2.1. Caracterização

Reiterando o pensamento já exposto, de que persiste a separação judicial na ordem jurídica, pois a Emenda Constitucional nº 66/2010 limitou-se a afastar a exigência de prazo e da própria separação para a concessão do divórcio, naturalmente também persiste a litigiosa, pelo menos teoricamente. Tanto que permaneceram as disposições legais que a disciplinam. O CPC introduzido pela Lei nº 13.105/2015 dita normas procedimentais que conduzem os processos contenciosos de divórcio, separação, reconhecimento ou extinção da união estável, guarda, visitação e filiação, distribuídas nos arts. 693 a 699 (Capítulo X, Título III, Livro I, da Parte Especial). Ou seja, persiste a disciplina no direito positivo. Daí a pertinência de seu estudo até por interesse histórico, embora sumariamente, já que perdeu importância prática pelo fato de se oferecer aos cônjuges o caminho do divórcio, mesmo que litigioso ou contencioso, isto é, iniciado apenas por um dos cônjuges, sem qualquer indagação quanto à culpa, bastando a mera pretensão objetiva.

Pode-se dizer, embora forçando a realidade, que persiste a separação judicial contenciosa (ou litigiosa) se, eleita essa via de desfazimento da sociedade conjugal, a ela não se opuser o outro cônjuge, limitando-se a contestar a causa ou o motivo invocado. Mesmo assim, ao juiz se reconhece o poder de simplesmente conceder a separação, sem entrar no exame do mérito das causas ou motivos fundados na culpa.

Realmente, de relevância observar que há algum tempo a justiça deixou de lado o exame das causas baseadas na culpa, limitando-se a conceder a separação com amparo somente na pretensão da separação. Não mais se ingressa nos fundamentos estaqueados na violação dos deveres conjugais, ou na culpa. Aliás, o Código Civil, pelo menos nesta parte, por razões de sua longa tramitação, ao entrar em vigor já se encontrava ultrapassado, porquanto já antes nem mais revelavam força a invocação de culpa, a insuportabilidade da vida em comum ou a separação por causas objetivas, concedendo-se a separação pela simples vontade de se separar. As mazelas e desencontros havidos no casamento, como ofensas, agressões, desrespeito aos deveres conjugais, foram, aos poucos, se tornando desnecessários como fatores da separação.

Baseia-se a separação litigiosa fundamentalmente na culpa, ou na ruptura da vida em comum por um ano ou mais, ou na doença mental de um dos cônjuges.

Anteriormente à Lei do Divórcio, o então chamado 'desquite litigioso' era possível com fulcro numa das causas enumeradas no art. 317 do Código Civil de 1916: adultério, tentativa de morte, sevícia ou injúria grave e abandono do lar conjugal durante dois ou mais anos consecutivos.

Com a Lei nº 6.515, de 1977, que adotou o modelo francês, introduziu-se um novo direito de separação. Restou afastada a fundamentação em casos especificados. Foi adotada uma tendência objetivista, predominando a simples separação de fato. Não interessava tanto indagar o 'porquê', ou a conduta violadora de valores, mas o fato de não mais dar certo a sociedade conjugal.

E isto para fugir do artificialismo que representava o sistema antigo. Realmente, nada mais difícil que indicar o verdadeiro responsável por uma separação. A vida das pessoas é um todo. No matrimônio, o descalabro de valores e a decadência da vida de comunhão são decorrências de fatores múltiplos, imiscuídos nas condutas e que emergem da própria relação prolongada das pessoas.

Mesmo porque o próprio conceito de família vai se alterando, tendo preponderância as formações de grupos unidos por motivações afetivas e de parentesco.

O Código Civil de 2002 manteve o sistema da chamada Lei do Divórcio, mas apontou, com o caráter de exemplos, algumas causas, constantes no art. 1.573, como se discriminará adiante.

A concepção objetivista na separação assomou de tal forma preponderância que foram escasseando, tornando-se raras, as separações estaqueadas na culpa.

Segundo o Código de 2002, vigoram duas modalidades de separação litigiosa ou contenciosa: a fundada no princípio da culpa e a dominada pelo princípio da ruptura. Esta se subdivide em duas subespécies: a primeira, baseada na separação de fato por um ano (§ 1º do art. 1.572); e a segunda prevista para o caso de grave doença mental de um dos cônjuges (§ 2º do art. 1.572). Aquela modalidade é denominada por alguns como 'separação-consumação', ou 'separação-falência'; e a segunda costuma ser chamada 'separação-remédio'.

Na Lei nº 6.515, vinham as subespécies contempladas no art. 5º, §§ 1º e 2º.

A iniciativa da separação é sempre de um dos cônjuges, que alega e propõe-se a provar a ocorrência de fatos enquadrados no art. 1.572, ou em seus parágrafos 1º e 2º.

2.2. Separação baseada na culpa

Encontra-se tal separação contemplada no *caput* do art. 1.572, e vinha prevista no art. 5º da Lei nº 6.515. Em suma, o cônjuge que ingressa com a ação alega, de parte do outro cônjuge, grave violação dos deveres do casamento, tornando insuportável a vida em comum.

Com efeito, dispõe o art. 1.572: "Qualquer dos cônjuges poderá propor a ação de separação judicial, imputando ao outro qualquer ato que importe grave violação dos deveres do casamento e torne insuportável a vida em comum."

Cuida-se da separação decorrente "di una condotta contraria agli oblighi imposti dal matrimonio",[12] como domina no direito italiano.

Nota-se que está especificada a conduta que importa em violação aos deveres conjugais, de molde a acarretar a insuportabilidade da vida em comum dos cônjuges.

A Lei nº 6.515 incluía mais a conduta desonrosa, que no Código Civil em vigor passou a constituir um exemplo de fatores que levam à insuportabilidade da vida em comunhão, constantes do art. 1.573.

Importante tornar a enfatizar que nos últimos tempos foi deixado de lado a culpa. Leva-se em conta a simples pretensão da separação. Verificando o juiz que um dos cônjuges quer a separação, inculcando no outro cônjuge condutas de infringência dos deveres próprios do casamento, faculta-se-lhe simplesmente conceder a separação, sem entrar no campo da culpa.

Mesmo que esse o entendimento hoje dominante, entende-se oportuno abordar a matéria disciplinada pelo Código Civil, mesmo que sucintamente.

Passa-se à análise da violação dos deveres próprios do casamento.

---

[12] Francesco Scardulla, ob. cit., p. 103.

2.2.1. Violação dos deveres do casamento

O *caput* do 1.572 do Código Civil, seguindo a linha do art. 5º da Lei nº 6.515, não manteve a casuística de fatos que anteriormente autorizava o então desquite, e contemplada no art. 317 do Código Civil de 1916. Firmou uma regra geral: grave violação dos deveres conjugais, ou seja, colocou como fator de separação a infração dos deveres conjugais, a ponto de tornar insuportável a vida em comum, fornecendo, no art. 1.573, algumas hipóteses de causas que levam a tal situação, e facultando ao juiz considerar outros fatos. Não discriminou, assim, causas específicas, ou peremptórias, mas facultativas, que são aquelas que permitem um poder de apreciação, ou decidir se, em determinado caso concreto, a falta se reveste de gravidade a tal ponto que torna intolerável ou insuportável a continuação da união conubial.

Esses os fatos que se qualificam como aptos para determinar a separação vêm destacados no art. 1.573: "Podem caracterizar a impossibilidade da comunhão de vida a ocorrência de algum dos seguintes motivos:

I – adultério;

II – tentativa de morte;

III – sevícia ou injúria grave;

IV – abandono voluntário do lar conjugal, durante um ano contínuo;

V – condenação por crime infamante;

VI – conduta desonrosa."

Ao juiz é facultado levar em conta outros fatos, também de tamanha gravidade que evidenciam a impossibilidade da vida em comum. Mostra-se claro o parágrafo único do art. 1.573, sobre o assunto: "O juiz poderá considerar outros fatos que tornem evidente a impossibilidade da vida em comum."

Em suma, o adultério, a tentativa de morte, as sevícias ou a injúria grave, o abandono do lar, a condenação por crime infamante e a conduta desonrosa servem de exemplificações de atos que constituem infração aos deveres do casamento em grau máximo.

Há uma extensa gama de deveres, como a inserida no art. 1.566, que se desdobra na fidelidade recíproca, no dever de coabitação ou de vida em comum, na mútua assistência; no sustento, guarda e educação dos filhos, no respeito e consideração mútuos. Acrescenta Antunes Varela que constituem "ainda causas de separação os maus-tratos infligidos aos filhos, como violação do dever de educação imposto aos pais, a gestão infiel ou perdulária do marido como administrador dos bens do casal, a sua recusa sistemática e injustificada em prover o sustento da família, bem como a grave desídia, no governo da casa, por parte da mulher".[13]

As infrações devem ser graves, segundo exige a lei. O fato da convivência diária e constante faz surgir uma interminável série de pequenas faltas e erros, mas decorrência esta da própria contingência do ser humano. Não cogitou a lei das imperfeições comuns e dos transtornos ligados à própria falibilidade da pessoa. O passar da vida, ou o correr dos dias, traz incrustada no espírito humano uma quantidade sempre renovada de decepções, dificuldades, desgastes, desesperanças e reincidências em pequenas faltas, o que exige dos cônjuges certa dose de tolerância e compreensão. Do contrário, não é suportável a presença recíproca de um e de outro.

---

[13] *Dissolução da Sociedade Conjugal*, ob. cit., p. 65.

Cap. XIV | Separação Consensual e Separação Litigiosa • **283**

Daí lembrar o já citado Antunes Varela, mantendo-se atual a lição, que a falta deve ser grave, e não "qualquer falta (leve ou ligeira) de desrespeito ou cooperação, por exemplo, para justificar o divórcio. É preciso, atendendo de modo especial à mútua compreensão que deve existir nas relações entre os cônjuges, que se trate de uma falta grave – grave não só objetivamente (em face dos padrões médios de valoração da conduta dos cônjuges em geral), mas também subjetivamente (em face da sensibilidade moral do cônjuge ofendido e da atuação deste no processo causal da violação)".[14]

2.2.2. Deveres cuja infração enseja a separação judicial

Salientam-se alguns dos deveres conjugais mais importantes, que, infringidos, permitem a separação.

2.2.2.1. Fidelidade recíproca

Esta imposição é uma das mais importantes, pelo menos nos sistemas tradicionais do casamento. Ninguém admite uma vida conjugal dupla, ou de infidelidade.

Relaciona-se à própria honra da pessoa e, dentre todas as vulnerações dos deveres matrimoniais, ainda é a que mais traz suscetibilidades. Corresponde ao mútuo comprometimento pessoal, íntimo e externo, de um cônjuge com o outro. É a comunhão física e espiritual de dois seres humanos. No sentido jurídico, compreende mais o relacionamento sexual exclusivo com a pessoa do outro cônjuge. Ou, como diz Fernando Brandão Ferreira Pinto: "O dever de ser fiel no relacionamento amoroso-libidinoso, estando ambos, consequentemente, não só obrigados a um *facere* – débito conjugal –, mas também a um *omittere* – não ter relações sexuais com estranhos."[15]

No tocante ao conceito amplo que lhe é inerente, alastra-se o conteúdo: é a lealdade recíproca dos cônjuges, a mútua confiança, a probidade, a sinceridade, o poder de contar com o outro em todas as situações da vida, a autêntica entrega e identidade de esforços, de interesses, o compartilhamento de problemas e crises, de modo a um cônjuge ter sempre junto de si o outro, por mais graves que sejam os problemas a enfrentar.

Tem-se como fator mais saliente de vulneração deste dever o adultério, que, no sentido etimológico, significa 'ir à cama com outro', cujo conteúdo comum é concebido por todos, dada a liberalização dos costumes e a generalização de sua prática.

Importa na traição conjugal, ou no relacionamento sexual com pessoa diversa do cônjuge. Para se configurar, exige-se que o agente tenha agido deliberada e conscientemente, salientando Maria Helena Diniz: "Assim, não configuram adultério, por faltar o elemento subjetivo, ou seja, por haver inexistência do impulso sexual, as relações sexuais oriundas do estupro, da coação, da abulia ou falta de comando da consciência, como hipnose, sonambulismo, embriaguez involuntária. Não se caracterizam como tal, pela ausência do elemento objetivo da consumação da conjunção carnal: correspondência epistolar, cópula frustrada, coito vestibular, aberrações sexuais, inseminação artificial..., que podem dar origem à infidelidade moral, equivalente à injúria grave ao outro cônjuge."[16]

---

[14]   *Direito de Família*, Lisboa, Livraria Petrony, 1982, p. 407.
[15]   *Causas do Divórcio*. 3ª ed. Porto, Elcla, 1996, p. 65.
[16]   *Curso de Direito Civil* – Direito de Família, ob. cit., 5º vol., p. 176.

284 • Direito de Família | *Arnaldo Rizzardo*

Deixa o adultério de ser motivo para a separação, como entende Edgard de Moura Bittencourt, "se o cônjuge inocente perdoar o culpado. Presume-se perdoado o adultério se o cônjuge inocente, conhecendo-o, coabitar com o culpado. O conceito de perdão não se submete a nenhuma condição de forma, nem de fundo. Basta que não haja nele nada de ambíguo, e seja isento de todos os vícios de vontade, como já se proclamou com justeza".[17]

Isto é, mesmo que surpreendido um dos cônjuges na prática do adultério, a posterior convivência leva a concluir que houve perdão. Por conseguinte, não mais preponderará tal fato como causa da separação. Nesta linha as decisões: "Separação litigiosa. Adultério conhecido. Coabitação ulterior. Injúria grave. Descaracterização. Por sua irrecusável conotação de envolvimento afetivo, momentâneo ou não, a coabitação sexual após o conhecimento do fato subtrai ao adultério, salvo em circunstâncias excepcionais, o caráter injurioso pressuposto, pela lei, como causa de separação."[18]

Comum é a infração de deveres por ambos os cônjuges. Se o marido simplesmente não permanece em casa, afastando-se por longos espaços de tempo, não é coerente que venha a pedir a separação em virtude do adultério da mulher. A respeito, há um julgamento do Tribunal de Justiça do Rio Grande do Sul que exprime tal sentido: "Ficou provado nos autos o adultério praticado pelo réu. Ele confessa no depoimento pessoal. Ficou provado ainda o adultério praticado pela autora... No caso dos autos, é de se concluir que este insólito casal, após assacar um ao outro graves faltas, depois de enfrentar uma instrução retaliativa, merece-se um ao outro; o marido, liberto das peias do casamento, quer fazer da mulher apenas sua amante, uma espécie de objeto lúdico e libidinoso."[19]

Diante do procedimento errôneo de um dos cônjuges, não é coerente esperar a compostura e fidelidade do outro.

O Tribunal de Justiça de São Paulo, por sua vez, assentou: "Se a esposa se esquece de sua qualidade de companheira, abandonando o lar, privando-o de suas relações normais, não pode exigir do esposo dever de fidelidade, pois essa pressupõe a vida em comum. A exigência de fidelidade em tais hipóteses de abandono do lar atenta contra a inteligência, contra o consenso geral do nosso povo, contra as leis biológicas."[20]

A oposição de uma falta na ação movida não exclui o outro cônjuge da culpa, ou da responsabilidade. É permitido, todavia, na ação fundada em infração dos deveres conjugais, o contra-ataque através da reconvenção. A sentença, porém, não poderá admitir a separação com graus de culpabilidade, ou a compensação de culpas. É neste sentido o ensinamento ditado por Yussef Said Cahali: "Admitindo-se eventualmente uma graduação entre as várias causas de desquite, os tribunais estarão autorizados, de qualquer forma, a tomar em consideração a reciprocidade de faltas, embora não para admitir que uma causa mais grave, imputada a um dos cônjuges, possa ter eficácia extintiva em relação a uma causa menos grave imputada a outro cônjuge, ou possa impedir assim a pronúncia da separação por culpa recíproca; mas para regular certas questões relativas à guarda dos filhos, para estatuir o respeito da pensão alimentar; aos que a admitem, para regular a indenização por perdas e danos."[21]

---

[17] *Família*, Rio de Janeiro, Alba Ltda., 2003, p. 82.
[18] TJSP. Apelação Cível nº 117.564-1. 2ª Câm. Civil, de 2.3.1990.
[19] Apelação Cível nº 34.148. Julgada em 26.08.1980, *Jurisprudência Brasileira*, Curitiba, Juruá Editora, nº 51, p. 163.
[20] TJSP. 3ª Câm. Civil, *Boletim de Jurisprudência do TJ de São Paulo, 5/219*, citação de Yussef Said Cahali, Divórcio e Separação, 4ª ed., obra citada, p. 200.
[21] *Adultério e Desquite*. São Paulo. Lex Editora, 1972, p. 202.

2.2.2.2. Coabitação no domicílio conjugal

Importa este dever em terem os cônjuges uma vida em comum, sob o mesmo teto, e em manterem o relacionamento sexual.

Parte-se do princípio de que o casamento supõe a comunidade de moradia e leito, como sempre se concebeu, acrescentando Fernando Brandão Ferreira Pinto: "Sabido que o casamento visa a constituição da família mediante uma plena comunhão de vida, o dever de coabitação recíproco dos cônjuges traduz-se no dever que ambos têm de habitar juntos e, mais do que isso, de viverem tão intimamente que sejam *duos in carne una*, o que implica não só compartilharem o mesmo teto, mas a demanda conjunta dos mesmos objetivos, de uma vivência irmanada que dê satisfação aos seus ideais de vida e aos seus instintos, entre os quais assume valor de relevo o sexual, uma vez que a propagação da espécie está no centro das preocupações humanas."[22]

Segundo as dissertações mais tradicionais, o abandono voluntário do lar por um ou mais anos deve ser malicioso, verificado quando um dos cônjuges, de modo espontâneo e voluntário, deixar o lar conjugal com propósito definitivo ou de não mais manter a união conjugal. Mas, embora a finalidade não seja tal, casos aparecem que ensejam o abandono, como no seguinte exemplo: "Ainda que se admita a ocorrência de forçada concordância do marido, diante da insistência do cônjuge feminino, no início de seus estudos, no exterior, é induvidoso concluir que, após certo tempo, o apelante foi incisivo, manifestando a vontade de que não mais toleraria a ausência da mulher do lar conjugal, fato que se prolonga por mais de três anos... A partir do momento em que o marido manifestou dissentimento quanto à permanência da ré no exterior e o cônjuge irresignado teimou em lá permanecer, ficou patenteada a grave violação do dever da vida em comum, no domicílio conjugal, antes fixado."[23]

Em princípio, todavia, não se configurará a causa de separação se o afastamento ocorre em razão de problemas alheios à vontade, ou se aparecer uma necessidade forte, como o tratamento da saúde, o exercício de profissão, a realização de estudos, a convocação militar, a procura de emprego etc.

Se há concordância mútua, não se caracteriza a causa de separação, bem como no afastamento forçado pela conduta de um dos consortes, que expulsa do lar o outro, proibindo o retorno, ou indiretamente obriga a saída em face dos maus-tratos, de sevícias e injúrias.

Mesmo a conduta arbitrária, indecorosa, repleta de erros, em constante envolvimento com delinquentes; o vício da embriaguez e do jogo; a desocupação e a evidência de costumes grosseiros; a provocação e atritos, constituem razões justificativas do abandono do lar conjugal.

Mas, salienta-se que o abandono deve ser visto sob a ótica do art. 1.566, como violação do dever de coabitação. De modo que não é necessário se aguardar o prazo mínimo de um ano, previsto no art. 1.573, inc. IV, para ajuizar a ação. Desde que esteja ausente o cônjuge, sem uma justificativa plausível, ou se as ausências tornam-se frequentes, embora curtas, é evidente que o dever de coabitação foi desrespeitado.

2.2.2.3. Mútua assistência

Temos aí um dos principais deveres do casamento, que, se vulnerado, enseja a separação. É o dever de ajuda recíproca de um cônjuge para com o outro, ou o *mutuum adjutorium*, que

---

[22] *Causas do Divórcio*, ob. cit., p. 71.
[23] TJSP. Apelação Cível nº 119.381-1. 5ª Câm. Civil, *Revista de Jurisprudência do TJ de São Paulo*, Lex Editora, 15/373.

286 • Direito de Família | *Arnaldo Rizzardo*

mais se faz necessário não apenas em momentos de carência e dificuldades, mas no quotidiano da vida. O art. 1.568, com efeito, fixa a ambos os cônjuges a obrigação de concorrer, na proporção de seus bens e dos rendimentos do trabalho, para o sustento da família.

Observa Fernando Brandão Ferreira Pinto que "numa fórmula também muito ampla e vaga, podemos dizer que nos encargos caberão todas as despesas ou gastos inerentes à vida doméstica que, dentro do padrão de vida possibilitado pelos meios econômicos de que os cônjuges dispõem, está nos hábitos da generalidade dos casais em iguais ou idênticas condições econômicas e sociais. Estarão neste caso os gastos com os alimentos dos filhos, em que se incluem para além do sustento, habitação e vestuário, ainda a instrução e educação; as despesas com o pessoal doméstico; com a manutenção do próprio lar etc."[24]

O dever de assistência é uma decorrência da comunhão de vida, em que o marido e a mulher, dentro das funções que lhes são próprias e de acordo com a profissão exercida, não devem tratar dos interesses econômicos individualmente, mas segundo os interesses do grupo familiar.

2.2.2.4. Respeito e consideração mútuos

O respeito é um sentimento moral que se inspira na dignidade da pessoa, constituindo um valor merecedor da proteção legal. Prossegue Fernando Brandão Ferreira Pinto: "A dignidade da pessoa humana não é um simples valor moral, mas um valor jurídico, tutelado pelo direito, quando a lei protege os indivíduos contra qualquer ofensa ilícita ou ameaça de ofensa à sua personalidade física ou moral. Todo indivíduo tem, assim, o direito de exigir de qualquer pessoa que se abstenha de ilicitamente o lesar física ou moralmente, de exigir dos outros um comportamento que respeite os seus diversos modos de ser, físicos ou morais."[25]

Neste item, vários os deveres que aparecem, inclusive o de não injuriar ou maltratar o cônjuge.

Em princípio, o respeito à honra e à dignidade da pessoa impede se atribuam fatos e qualificações ofensivas e humilhantes.

Há de se ponderar que para tudo deve existir limite. As acusações descabidas e levianas, sem o menor suporte na instrução, podem reverter contra o acusador. Neste sentido, certas investidas permitem mudar o rumo da culpabilidade da separação, como nas seguintes explicações, retratadas por Yussef Said Cahali:

> a) a acusação produzida nos autos, seja contida na inicial, seja na própria contestação, e, portanto, mesmo no curso da lide, considerada leviana e com a intenção de injuriar;
>
> b) o lançamento de ofensa leviana, e a total falta de interesse na produção de prova tendente à demonstração do fato injurioso imputado ao outro cônjuge;
>
> c) os ultrajes à honorabilidade do cônjuge, mesmo que proferidos em depoimento pessoal.[26]

2.2.2.5. Sustento, guarda e educação dos filhos

Não apenas a infringência de obrigações relacionadas às pessoas dos cônjuges, mas também a outras pessoas, e mormente aos filhos, pode dar ênfase ao pedido de separação.

---

[24] *Causas do Divórcio*, ob. cit., pp. 83 e 84.
[25] *Causas do Divórcio*, ob. cit., p. 53.
[26] *Divórcio e Separação*, ob. cit., p. 227.

Cap. XIV | Separação Consensual e Separação Litigiosa • **287**

Especificamente em relação aos filhos, é categórico o art. 1.566, inc. IV, quanto ao dever de sustento, guarda e educação dos filhos.

A cada um dos cônjuges compete esta obrigação natural, instintiva e inderrogável. É recíproca, incumbindo tanto a um como ao outro cônjuge fiscalizar para que o outro a cumpra. Não se resume no mero sustento material, ou simples fornecimento de roupas, alimentos e meios para os estudos. Compreende a constante presença dos pais no processo de formação e no desenvolvimento físico e mental. Abarca vários setores da pessoa, como educação, guarda, sustento, formação profissional, carinho, diálogo, convivência etc. Em verdade, o simples fornecimento de alimentos constitui apenas uma das facetas da obrigação.

A falta de assistência acarreta múltiplas consequências na formação dos filhos, como o descambar para a vadiagem, a mendicidade, a libertinagem e inúmeras outras formas de degradação.

O descumprimento do dever dá margem à perda do poder familiar, a que também conduzem os maus-tratos, os castigos imoderados, a prática de atos imorais e criminosos, o abandono, ou a excessiva liberdade, a tolerância com atos de delinquência, a indiferença com a conduta e o desinteresse pelas necessidades e pela conduta do filho.

2.2.2.6. Infrações de outros deveres

É sempre perigoso estabelecer uma sistematização de infrações de deveres conjugais.

Mas, de modo mais real, a separação não encontra uma causa fulcrada em determinado ato. Há um conjunto de situações, ou a própria realidade da vida conjugal, que não comporta mais o casamento.

Refletem a vida desajustada as constantes discussões, as ofensas grosseiras, as relações íntimas com terceiros, as humilhações que os cônjuges se infligem, a negligência com o cuidado do lar, os gastos imoderados, a procura de práticas sexuais contrárias à natureza, os desvios de condutas, a irresponsabilidade com as obrigações domésticas, o constante atribuir de defeitos ao outro cônjuge, o desinteresse em procurar o relacionamento sexual, e incontáveis atitudes e posturas impróprias ao casamento.

Apresentam-se casamentos simplesmente inviáveis, embora sem culpa dos cônjuges. Inviáveis em face da incompatibilidade de gênios, à decomposição do grupo familiar, à intolerância de pensamentos e ideias, ao fracasso no diálogo, à total ausência de *affectio maritalis*, à frustração de ambições, à insuportabilidade da presença mútua – enfim, uma série de situações conflitantes as quais não decorrem propriamente da conduta ilícita ou da culpa, mas que tornam a vida conjugal conturbada e inviável.

2.2.3. Insuportabilidade da vida em comum

A grave infração dos deveres conjugais torna insuportável ou impossível a vida em comum.

Segundo redação do art. 1.573, a gravidade da infração dos deveres conjugais conduz à insuportabilidade. A conjugação dos dois elementos serve de causa para a separação.

A insuportabilidade está, pois, relacionada a uma dessas causas. Não se pode requerer a separação simplesmente porque os cônjuges não mais se toleram ou suportam a vida conjugal. Mas funda-se no fato, que é tão ilícito ou vulnerador das obrigações, de que não mais podem os cônjuges permanecer juntos.

288 • Direito de Família | *Arnaldo Rizzardo*

Já no direito italiano, art. 151 do Código Civil, em sua redação vigente, concede-se a separação pela simples insuportabilidade, como demonstra Francesco Scardulla: "L'art. 151 vigente al primo comma, omesso ogni riferimento alle cause di separazione giudiziale può essere chiesta quando si verificano, anche independentemente dalla volontà di uno o di entrambi i coniugi, fatti tali da rendere intollerable la prosecuzione della convivenza o da recare grave pregiudizio all'eduicazione della prole... Il legislatore, com la nuova formulazione dell'art. 151, há sostanzialmente accolto tale esigenza, consentendo la separazione giudiziale (ove i coniugi no vogliano giungere ad uma separazione consensuale) in presenza di fatti tali da rendere intollerabile la prosecuzione della prole, facendo conseguir la pronuncia di separazione giudiziale a tale accertamento, anche se il comportamento che ha dato causa ai fatti è stato involontario o frutto de colpa e no di dolo e comunque non è addebitabile al coniuge che ne è stato autore."[27]

Assunto também ressaltado por Francesco Meloni: "La nuova legge, viceversa, stabilisce, in primo luogo, che la separazione può esser chiesta quando se verificano, anche independentemente dalla volontà di uno o di entrambi i coniugi, fatti tali da redere intollerabile la prosecuzione della convivenza o da recare grave pregiudizio alla educazione della prole; ed, in secondo luogo, che il giudice, quando ne ricorrano, le circostanze, dichiara, sempre che ne sia richiesto, a quale dei coniugi sia adebitabile la separazione, in considerazione del suo comportamento contrario ai doveri che derivano dal matrimonio (art. 151 CC)."[28]

Segundo a lei, de nada adiantam a infração dos deveres do casamento e a conduta desonrosa se não acarretam a insuportabilidade da união.

Na prática, porém, examina-se apenas a causa da separação. Não se perquire quanto à insuportabilidade da presença do outro cônjuge no lar. E com razão, pois se o cônjuge ingressa com a ação, é porque a união é insuportável.

Igualmente a embriaguez constante, embora não escandalosa. A respeito, foi decidido: "O vício da embriaguez, ou uso abusivo de bebidas alcoólicas, representa conduta expressivamente desonrosa para o outro cônjuge e causa de dissolução da sociedade conjugal, ainda que não dê lugar a violências e escândalos, por criar situação vexatória para o outro, configurando grave violação dos deveres do casamento e tornando insuportável a vida em comum."[29]

2.2.3.1. Motivos que tornam insuportável ou impossível a comunhão de vida

O art. 1.573 elenca, não exaustivamente, alguns motivos que podem levar à impossibilidade da vida em comum: "Podem caracterizar a impossibilidade da comunhão de vida a existência de algum dos seguintes motivos:

I – adultério;

II – tentativa de morte;

III – sevícia ou injúria grave;

IV – abandono voluntário do lar conjugal, durante um ano contínuo;

V – condenação por crime infamante;

VI – conduta desonrosa."

---

27 Ob. cit., pp. 106-107.

28 "I Rapporti Familiari: Evoluzione della Giurisprudenza Civile e Penale ed Innovazioni Normative", *Il Diritt di Famiglia e delle Persone*, Milão, Giuffrè Editore, 1989, vol. IV, p. 1.128.

29 TJSP. Apelação Cível nº 21.483-1. 6ª Câm. Civil. Julgada em 19.04.1990, *Revista dos Tribunais*, 656/87.

Cap. XIV | Separação Consensual e Separação Litigiosa • 289

Cabe, primeiramente, observar que o dispositivo complementa ou ilustra o art. 1.572, que encerra a o direito de pedir a separação quando verificada a violação dos deveres do casamento, tornando insuportável a vida em comum. As situações descritas no art. 1.573 evidenciam, de modo não taxativo, e mais exemplificativamente, o que pode tornar a vida insuportável. De outro lado, este último cânone utiliza a expressão "impossibilidade", enquanto no art. 1.572 vem a palavra "insuportável". O sentido é idêntico. Unicamente os termos são diferentes, embora o primeiro encerre maior carga ou conteúdo de inviabilidade.

De notar, ainda, que não muda o sentido a utilização das expressões "vida em comum" no art. 1.572 e "comunhão de vida" no art. 1.573. O significado é o mesmo tanto numa versão como na outra.

2.2.3.1.1. Adultério

Seguramente, está-se diante de um dos fatores de maior gravidade na violação dos deveres próprios do casamento. O sentido da palavra envolve infidelidade conjugal, ou a manutenção de relações sexuais com pessoa diferente do cônjuge. Uma vez firmado um pacto de união amorosa, sentimental e afetiva entre dois seres humanos, de sexo diferente, decorre a exclusividade do relacionamento. Está-se diante de um reclamo que faz parte da natureza humana, que não se restringe às uniões que advêm do casamento. A convivência estável, o concubinato, e o simples namoro determinam a fidelidade entre os parceiros. Trata-se não de um dever, mas da decorrência obrigatória de uma aproximação mais profunda de duas pessoas.

2.2.3.1.2. Tentativa de morte

A tentativa de morte envolve agressão grave, posto que dirigida contra a própria vida da pessoa. Não há dúvida de que importa em uma grave infração não só dos deveres do casamento, mas da própria vida humana. É que a todos os indivíduos incumbe respeitar a vida de outrem. No casamento, pela sua significação de comunhão entre os cônjuges, tal agressão revela uma extrema gravidade, justificando plenamente o pedido de separação. O cônjuge há de proceder com dolo para verificar-se esta causa, segundo os ditames legais. O objetivo da agressão não é simplesmente causar um mal ao consorte, ou um ferimento, mas sim tirar-lhe a vida.

Não se exige o julgamento, ou a condenação criminal, para a configuração da tentativa de morte. Basta a comprovação de uma atitude que representa o atentado à vida nos próprios autos da separação.

De outro lado, por omissão ou abstenção de tomar atitudes de cuidado e proteção em certas circunstâncias da vida, também é ensejado o pedido de separação. Nas doenças e nos perigos contra a saúde e a vida, se o cônjuge mantém-se inerte, deixando de chamar o médico, ou de acorrer para salvar e afastar o perigo, ou para dar condições de atendimento hospitalar, pode-se invocar o mesmo fundamento. Assoma aí uma conduta com fundamento também na falta de assistência, com repercussão tão grave que colocou em perigo a vida.

2.2.3.1.3. Sevícia ou injúria grave

Constitui a sevícia outra modalidade de desrespeito à pessoa do cônjuge. Junto com a tentativa de morte, atenta contra a vida, violando a vida, a integridade física, e o direito de personalidade.

Pode-se afirmar que a violência física é uma das mais graves violações dos deveres conjugais.

Falava-se, anteriormente à Lei nº 6.515/1977, na indispensabilidade da gravidade das ofensas físicas ou das sevícias.

O que se tem de levar em conta é a significação de tais atentados. Um tapa, a bofetada, o pontapé, e outras modalidades de agressões mais ofendem pelo que representam: a humilhação, o vexame, o escândalo, o ridículo.

Uma única agressão é suficiente para o pedido, embora o termo 'sevícia' importe em quantidade ou mais de uma ofensa física. Antunes Varela dá a correta extensão do termo, que se refere não apenas às agressões físicas, mas também ao tipo de tratamento dado ao cônjuge: "Mas não é necessariamente desse modo que os fatos se passam. Pode haver sevícias sem injúria. Se o marido agride a mulher às ocultas; se, por mera perversidade, a obriga a trabalhos impróprios da sua condição social; se a priva de alimentos ou de meios de tratamento indispensáveis; se, por vício ou doença, a força a manifestos excessos sexuais, haverá sevícias, mas pode não haver injúria. Não haverá injúria se os maus-tratos não envolverem o *animus injuriandi*, ou seja, a intenção de ofender a honra ou a dignidade do cônjuge maltratado."[30]

No conceito de sevícia incluem-se as agressões físicas, os ataques ao corpo da pessoa, as privações econômicas, ou tudo quanto o cônjuge sofre por atos desvairados do outro. O desrespeito aparece desde o momento em que é ofendida a integridade física. Salienta-se, no entanto, que esta violação pode ser abrangida pela falta de mútua assistência.

Há casos de sevícias que revelam transtornos de personalidade, e podem motivar, inclusive, a anulação do casamento. Assim expõe Alípio Silveira: "Vejamos, afinal, como o fato da sevícia poderá, eventualmente, configurar outro fato que seja motivo para anulação do casamento.

De modo geral, as sevícias, para propiciarem a anulação, podem ser incluídas nas seguintes categorias:

I – Sevícias que revelam a existência do sadismo, sadomasoquismo e deformações da personalidade, evidentemente anteriores ao casamento.

II – Por outro lado, as sevícias podem ser manifestações da personalidade psicopática do outro cônjuge, ainda que não se configure um sadismo especificamente sexual...

III – Sevícias que são manifestações de psicose ou debilidade mental..."[31]

2.2.3.1.4. Abandono voluntário do lar conjugal durante um ano contínuo

Esse motivo, com toda a certeza, importa em fator que justifica o pedido de separação, tornando impossível a vida conjugal. Constava no art. 317, inc. IV, do Código Civil de 1916, que devia ser de dois anos, ficando omitido na Lei nº 6.515/1977, que não mais referiu esta causa.

No entanto, não deve ser desconsiderado no sistema vigente, em face do que se observa do inc. II do art. 1.566, em que se estabelece que integra os deveres de ambos os cônjuges a vida em comum, no domicílio conjugal. Ou seja, a falta de vida em comum,

---

[30] *Dissolução da Sociedade Conjugal*, ob. cit., pp. 70-71.
[31] *Da Separação à Anulação do Casamento*, ob. cit., pp. 174-175.

Cap. XIV | Separação Consensual e Separação Litigiosa • 291

não importando a duração do período, enseja a pretensão de pedir a separação, porquanto a violação de qualquer dos deves justifica tal pedido.

2.2.3.1.5. Condenação por crime infamante

A prática de crime infamante, com a decorrente condenação, constitui outro motivo que impossibilita a comunhão de vida.

Crime infamante é aquele de extrema gravidade, que repercute negativamente pelos propósitos vis de quem o praticou. Vem a ser o crime torpe, vil, abjeto, hediondo, odioso, desonroso, que traz má fama. Nessa visão, catalogam-se algumas espécies mais comuns, como o estupro, o sequestro, o tráfico de entorpecentes, o crime de morte contra crianças, idosos, pais, irmãos, avós, os atos de terrorismo, os assaltos, o incêndio provocado em moradias, o envenenamento – ou seja, toda aquela gama de delitos que chama a atenção pela brutalidade ou atrocidade, pela insensibilidade, pela frieza de sentimentos humanos, pela desproporção física entre o delinquente e a vítima.

Nem sempre a marca da infâmia está na gravidade da figura penal. Os maus-tratos infligidos a crianças, a filhos menores pelos pais, o cárcere privado, o abandono material dos pais idosos ou doentes pelos filhos, o internamento em abrigos impróprios ou inadequados, classificam-se como figuras que não comportam penas graves, e, às vezes, nem se tipificam como delitos, mas que bem expressam a extrema crueldade, a ausência de sentimentos filiais, a ingratidão e outros estados interiores de repulsa, aptos a não suportar a presença do cônjuge no mesmo lar.

Extrai-se que os delitos de menor potencial ofensivo não servem para justificar a separação. Nesta classe estão as figuras de lesões corporais, de acidentes de trânsito, de furtos simples, de crimes contra a honra, de ameaça, e outras formas que não refletem uma personalidade desviada e perigosa.

A lei impõe a condenação para aceitar como motivo para a separação.

2.2.3.1.6. Conduta desonrosa

Neste motivo, estão abrangidas as violações dos deveres matrimoniais pertinentes ao comportamento pessoal do cônjuge. No conceito de conduta desonrosa estão o alcoolismo, a prática de crime, a recusa em pagar os débitos da família, o uso de tóxicos, o namoro do cônjuge com outras pessoas. Nada mais representa tal conduta que os atos atentatórios à boa fama, à honra, à dignidade ou bom nome não só do outro cônjuge, como da própria família.

O fato criminoso, para enquadrar-se no conceito, não precisa que desencadeie processo criminal e condenação imposta que venha comprovado. De outra parte, nem toda condenação criminal tem o condão de estampar-se como desonra. Assim, na condenação em acidente de trânsito, ou em lesões corporais leves, ou em certas tipicidades penais de pouca relevância, sem reincidência, não reveladoras de um caráter delinquente.

Manoel Messias Veiga desenvolve algumas exemplificações de conduta desonrosa, cuja importância se mantém no vigente Código: "Para os detalhes do que se deve entender por conduta desonrosa, na formulação do pedido, alinham-se como causas efetivadoras as seguintes: a) a ofensa da honra dos parentes de um dos cônjuges pelo outro; b) aversão manifesta e menosprezível do marido pela mulher e vice-versa de notoriedade pública; c) expressões humilhantes ditas por escrito, faladas, gestos, dirigidas por um dos cônjuges ao outro, com o conhecimento de terceiros; d) ridicularização do cônjuge em público;

292 • Direito de Família | *Arnaldo Rizzardo*

e) o ultraje ao pudor do conúbio; f) a ofensa aos brios do parceiro; g) a deslustração da dignidade do outro cônjuge; h) a imputação de atos de desonestidade, feita por um deles; i) mudança de sexo de um dos nubentes; j) atos constrangedores e de ridicularização da família; l) a condenação por crimes que afetam a continuação do casamento ou a dignidade do outro cônjuge ou dos filhos; m) a vadiagem etc."[32]

2.2.4. Separação por culpa recíproca

Em grande parte dos casos, as separações litigiosas terminam procedentes, mas por culpa recíproca.

É que, no curso da ação, surge uma realidade bem diversa daquela estampada na inicial. Apura-se que a falência do casamento é proveniente da conduta de ambos os cônjuges.

Mesmo que ausente a reconvenção atribuindo culpa ao cônjuge autor, tem-se inculcado a responsabilidade da separação aos dois, o que, aliás, permite o art. 1.787, § 2°, do Código Civil português, quando prescreve que a culpa de ambos os cônjuges é aplicável mesmo que não tenha sido deduzida em reconvenção. Não se cuida de julgamento *extra petita*, mas de procedência parcial, que consiste justamente na atribuição em parte da culpa na pessoa do cônjuge réu, e em parte ao cônjuge autor. A solução é ditada pelo pragmatismo que se deve imprimir na aplicação da justiça, pois seria contrariar o próprio direito negar, na decisão, a evidência da culpa do marido e da mulher.

Com mais ênfase reclama-se esta solução quando consta demonstrado que a permanência da vida matrimonial é simplesmente insuportável, e as provas elaboradas não autorizam a conclusão sobre a responsabilidade exclusiva de um único cônjuge.

Sobre o assunto, há decisão do Superior Tribunal de Justiça, vazada nestes termos: "Nos casos de separação judicial, a inércia do réu em não propor reconvenção não é, necessariamente, óbice para que o juiz examine a prática de adultério pelo réu só alegada após a contestação, presumido fato que somente chegou ao seu conhecimento quando do depoimento de testemunha arrolada pela autora."

No curso do voto, extraem-se as considerações que seguem: "É certo que, em regra, a reconvenção é o meio processual adequado para o réu demandar contra o autor quando houver conexão com a causa principal ou com o fundamento da sua defesa.

Igualmente é verdadeiro que o fato superveniente de que cuida o art. 462 do Código de Processo Civil não abrange a circunstância já existente, ao tempo da ação, e que seja apurada somente no curso do processo, como também não se contesta que o direito superveniente, tratado pelo art. 303, I, do mesmo referido Diploma legal, não pode decorrer de fato anterior ao prazo da contestação, portanto, da reconvenção.

Acontece, todavia, que nos casos de direito de família, sobretudo de separação judicial, certas formalidades podem e devem ser desconsideradas uma vez que essas intimidades e esses desvios apontados não raramente só se revelam no curso do feito, quando da realização da prova, oportunidade em que são descobertos fatos da maior importância, jurídica ou moral, para o deslinde da causa, como é o adultério.

É que o juiz deve sempre considerar, nessas causas, os fatos encontrados nos autos, sem adstringir-se ferrenhamente às exigências formais do processo, pois a isso tudo supera

---

[32] *Do Divórcio e sua Prática Forense*, 3ª ed., Rio de Janeiro, Forense, 1987, pp. 178 e 179.

a necessidade de ser proferida uma sentença sobre o casamento que se desfaz tendo em conta a verdade real sobre a conduta de cada um de seus integrantes."[33]

Os citados arts. 462 e 303, I, acima referidos, correspondem aos arts. 493 e 342, I, do CPC/2015, com igual texto.

2.3. Separação por causas objetivas

Cuida-se da separação judicial e litigiosa baseada em causas objetivas, ou sem culpa, existindo duas modalidades: 1ª – a separação fundada na ruptura da vida comum; 2ª – a separação decorrente de doença mental.

Ambas as espécies se apoiam numa causa objetiva, ou seja, não encontram por fundamento do pedido a culpa de um dos cônjuges, nem a infração dos deveres conjugais.

Passa-se ao exame de cada espécie de causas.

2.3.1. Separação fundada na ruptura da vida em comum

Nesta modalidade, não mais convivem os cônjuges maritalmente, e nem importa saber quem desencadeou a ruptura da união. O suporte da separação, em verdade, é a conduta culposa do marido ou da mulher, ou de ambos. Todavia, não há qualquer necessidade de alegá-la. Pelo simples motivo da separação de fato ou da doença mental, concede-se a dissolução da sociedade conjugal.

Aí está um passo um tanto avançado de nosso direito, que desconsidera a culpa para deferir-se a separação. Reflete o caminho de um processo liberatório do direito matrimonial, embora incipiente, que busca legalizar situações de fato consolidadas.

A previsão legal, no direito brasileiro, está no § 1º do art. 1.572 do Código Civil, nos seguintes dizeres: "A separação judicial pode também ser pedida se um dos cônjuges provar ruptura da vida em comum há mais de 1 (um) ano e a impossibilidade de sua reconstituição."

Em primeiro lugar, por ruptura da vida em comum entende-se um tipo de separação de fato. Requisito primordial é a separação efetiva, ou que os cônjuges não vivam mais juntos durante o referido período, ou sob o mesmo teto, ou no mesmo lugar que era considerado o ambiente eleito para a vida em comum. Mas, convém salientar, não basta que os cônjuges não vivam na mesma casa, ou que nunca mais tenham se relacionado sexualmente. Importa a falta de convivência e de relacionamento amoroso habitual.

A análise comporta situações às vezes complexas, dada a diversidade de formas de separação. Especialmente quando os cônjuges permanecem no mesmo lar, surgem dificuldades. Não afasta da contagem do prazo o período de separação no mesmo conjunto habitacional quando cônjuges mantêm apenas contatos pessoais estritamente necessários, conservando, cada um, o seu estilo de vida, os seus interesses e a própria individualidade. Há de se perquirir a existência ou não da comunhão de vidas ou da união de almas. Observa-se que o art. 1.572, § 1º, fala em 'ruptura da vida em comum', mas cuja interpretação equivale à 'interrupção da vida conjugal normal'. Embora alguns doutrinadores exijam o elemento objetivo e material da separação de fato, ou da separação de residências,[34] nada

---

[33] Recurso Especial nº 115.876-SC. Relator: Min. César Asfor Rocha. 4ª Turma, de 6.11.1999, *DJ* de 3.04.2000, *Revista do Superior Tribunal de Justiça*, 133/347.

[34] Pedro Sampaio, *Divórcio e Separação Judicial – Comentários*, ob. cit., p. 70; Yussef Said Cahali, *Divórcio e Separação*, 4ª ed., ob. cit., p. 266.

294 • Direito de Família | *Arnaldo Rizzardo*

impede a desconsideração da ruptura da vida em comum, embora continuem os cônjuges na mesma residência, ou sob o mesmo teto.

2.3.2. Separação fundada em grave doença mental

É esta a segunda causa de separação não consensual sem culpa, cuja regra aparece no § 2º do art. 1.572 do Código Civil: "O cônjuge pode ainda pedir a separação judicial quando o outro estiver acometido de doença mental grave, manifestada após o casamento, que torne impossível a continuação da vida em comum, desde que, após uma duração de 2 (dois) anos, a enfermidade tenha sido reconhecida de cura improvável."

Não há a menor dúvida quanto à mínima incidência prática da regra.

Sobressaem os seguintes requisitos, para a configuração da causa de separação:

a) a existência de doença mental, ficando excluída a de ordem física;

b) a sua perduração pelo prazo mínimo de dois anos;

c) a manifestação da doença após o casamento;

d) a certeza da improbabilidade de cura;

e) a decorrência da impossibilidade da vida em comum.

Com toda a certeza, a regra significa, aparentemente, uma violência moral ao princípio do dever ético de assistência e socorro ao cônjuge doente. No entanto, a separação, aqui mais do que em outras hipóteses, não afasta o dever de assistência. Embora a separação, nenhuma influência negativa decorrerá ao dever de assistência.

Quanto ao prazo, a lei fixou-o em dois anos, observando-se que, antes, era de cinco anos. Há legislações em que é maior, o que se verifica em Portugal, onde o art. 1.781 do Código Civil fixa-o em seis anos.

Parece que sua finalidade é mais representativa da justa espera que se deve impor ao cônjuge, ou da completa certeza de que a doença não apresenta regressão, e muito menos possibilidade de cura.

A situação restringe-se às doenças mentais. Não abrange aquelas físicas. À primeira vista, não se justifica o tratamento diferenciado. No entanto, teve-se em conta que estas últimas doenças apresentam possibilidades de cura mais prováveis que as mentais. De outro lado, o doente mental tem perdidas, ou pelo menos diminuídas, a percepção e a consciência, o que não o fará sofrer e sentir-se abandonado – situação que não se poderá evitar em se tratando de moléstias físicas.

Mesmo, porém, a doença física autoriza a separação, se, durante um ou mais anos, ficar interrompida a vida conjugal. Embora sob o mesmo teto, não há a convivência própria de marido e mulher. Então, a base do pedido seria o § 1º do art. 1.572 do Código Civil. É o ensinamento de Carlos Celso Orcesi da Costa, ao tempo da Lei nº 6.515/1977, art. 5º, § 1º, coincidindo o conteúdo com o do art. 1.571, § 1º, do atual Código Civil: "Todavia, de certo modo, parece despicienda a discussão, porquanto a doença mental é espécie do gênero 'ruptura da vida em comum'. Noutras palavras, as doenças físicas enquadram-se no gênero do § 1º do art. 5º, quando as consequências da enfermidade forem tais que tornem impossível a vida conjugal. Se muitas vezes ocorre a separação de fato, sem que haja um motivo justo, se não se indaga, nesse tipo de separação, da culpa ou da situação

Cap. XIV | Separação Consensual e Separação Litigiosa • **295**

pregressa da vida do casal, com maiores razões se poderá decretar a separação, quando a incidência de outras moléstias impossibilitar a convivência."[35]

A impossibilidade da continuação da vida em comum deve se referir à coabitação, à comunhão espiritual entre os cônjuges e sobretudo à união sexual. E a doença mental já é suficiente para tornar inviável um relacionamento próprio de esposos. Não haverá uma sintonização de consciências, nem o mútuo companheirismo. Por isso, a doença mental em si já importa na inviabilidade da união matrimonial. Nem é preciso se buscar uma série de provas e perícias para constatar que é impossível continuarem juntos os cônjuges, ou sob o mesmo teto.

2.3.3. Perda das vantagens patrimoniais oriundas do casamento na separação por doença mental

Traz o § 3º do art. 1.572 do Código Civil uma disposição que relega a separação com base na doença mental para uma posição de penalização relativamente ao cônjuge autor do pedido.

Com efeito, preceitua o mencionado § 3º: "No caso do § 2º, reverterão ao cônjuge enfermo que não houver pedido a separação judicial, os remanescentes dos bens que levou ao casamento, e se o regime dos bens adotado o permitir, a meação dos adquiridos na constância da sociedade conjugal."

Estão aí inseridas cominações civis contra o cônjuge que houver formulado o pedido, restritamente para a hipótese de doença mental grave, enquanto o art. 5º, § 3º, da Lei nº 6.515/1977, as estendia para o pedido em razão da separação por ruptura da vida em comum por mais de um ano.

Expõe o dispositivo que os bens remanescentes levados ao casamento, isto é, os bens ainda existentes, serão atribuídos ao cônjuge que os houver levado para o casamento, e que não pediu a separação. Não importa o regime quanto aos bens remanescentes. Todo o patrimônio que houver sobrado tornará para tal cônjuge.

De outro lado, pela parte quase final do § 3º apontado, inclusive a meação dos bens adquiridos na constância da sociedade conjugal transfere-se para o cônjuge que não houver ajuizado a separação, se o regime de bens adotado o permitir.

No casamento com regime de comunhão parcial, cabem ao mesmo cônjuge o patrimônio próprio que levou para o casamento; ainda, a metade dos bens adquiridos na vigência do casamento por ambos os cônjuges; menos os excluídos da comunhão por lei; os próprios incomunicáveis; e os adquiridos com o produto do trabalho de cada cônjuge.

No regime de participação final nos aquestos, pertence-lhe os bens que possuía ao casar, e a metade dos adquiridos pelo casal, a título oneroso, na constância do casamento.

Se tiver sido celebrado o casamento pelo regime de separação de bens, o que não postular a separação poderá levar aqueles que lhe são próprios.

Nota-se, finalmente, que a norma do art. 1.572, § 3º, conduz a uma exceção às regras regime de bens no casamento, especialmente no que é pertinente ao retorno do patrimônio levado ao casamento, no regime de comunhão universal, ao cônjuge contra o qual se demanda a separação.

---

[35] Ob. cit., 2º vol., p. 889.

2.3.4. Dever de assistência na separação baseada em causas objetivas

Ao cônjuge que teve a iniciativa da separação assiste o direito de pedir alimentos. O direito à pensão alimentícia não pode ser prejudicado pela iniciativa de pedir a separação. Encontrando-se por longo lapso de tempo separados os cônjuges, aquele que necessitar de assistência alimentar não fica tolhido em seu direito de pedir a separação. Não se pode inferir alguma culpa no fato de pedir a separação com fulcro num dos parágrafos do art. 1.572. Nem se vislumbra qualquer comiseração da lei em permitir o pedido num daqueles fundamentos.

De modo que a pensão alimentícia ou assistência, se devida, encontra por suporte outras regras, como no art. 1.566, inc. III, e no art. 1.694 do Código Civil.

Embora a separação, permanece o dever de assistência, isto é, de alimentos, de socorro nas necessidades, amparo, cuidados pessoais e médicos etc.

Incumbe ao cônjuge toda gama de obrigações, e não apenas a pensão alimentícia, salienta Ulderico Pires dos Santos: "A mútua assistência de que cuida o inciso III do art. 231 do Código Civil não está restrita à pensão alimentar. Ela é muito mais ampla, por impor a seu consorte a obrigação de consagrar-se ao outro, de aplicar-se em prol de seu bem-estar, de zelar pela sua saúde, de assistir-lhe na enfermidade, de dar-lhe o alívio moral, consolação nos momentos de aflição e até mesmo nos seus momentos de bem-estar."[36] Recorda-se que o apontado art. 231, inc. III, equivale ao art. 1.566, inc. III, do vigente Código Civil.

A obrigação alimentar fica condicionada aos requisitos dos arts. 1.694 e 1.695 do Código Civil: a possibilidade do cônjuge alimentante e a necessidade daquele contra o qual é pretendida a separação. Não é admissível a obrigatoriedade da assistência pela simples razão de se buscar o fundamento num dos parágrafos do art. 1.572.

2.3.5. A separação e as condições pessoais do cônjuge ou dos filhos menores

Havia, no art. 6º da Lei nº 6.515, uma exceção em se conceder a separação nas previsões dos §§ 1º e 2º do art. 5º, se a mesma agravasse a situação do cônjuge ou prejudicasse enormemente os filhos menores: "Nos casos dos parágrafos 1º e 2º do artigo anterior, a separação judicial poderá ser negada, se constituir, respectivamente, causa de agravamento das condições pessoais ou da doença do outro cônjuge, ou determinar, em qualquer caso, consequências morais de excepcional gravidade para os filhos menores."

Não mais persiste essa restrição no Código Civil.

Em princípio, mesmo que a separação resulte em um agravamento da moléstia mental; ou se o cônjuge ficar relegado ao completo abandono; ou se a mera expectativa da ruptura da sociedade conjugal conduz ao desânimo total, à anemia, e a profundos desvios de conduta, inclusive com previsão de suicídio, não se pode negar o direito à separação. No entanto, faculta-se ao juiz impor o oferecimento de condições para preservar o outro cônjuge. Não apresentadas e garantidas, por exegese extensiva ao parágrafo único do art. 1.574, reconhece-se a viabilidade de não se conceder a separação. Encerra o preceito: "O juiz pode recusar a homologação e não decretar a separação judicial se apurar que a convenção não preserva suficientemente os interesses dos filhos ou de um dos cônjuges."

Relativamente aos filhos, se ficarem em total abandono material; se nenhum dos cônjuges aceita ficar com a guarda dos mesmos; se eles não tiverem capacidade de superar

---

[36] *A Lei do Divórcio Interpretada*, ob. cit., p. 106.

Cap. XIV | Separação Consensual e Separação Litigiosa • 297

o trauma da separação dos pais; se forem doentes e carecerem da presença de ambos os progenitores; ou se apresentarem desvios de conduta social, que se agravarão com a derrocada da família; se o cônjuge que aceitar a guarda não reúne condições de controlá--los, além de incontáveis outras situações, também se visualiza a aplicação analógica do disposto no parágrafo único do art. 1.574.

2.4. Separação requerida por cônjuge incapaz

Diversamente do pedido formulado por cônjuge em razão de doença incurável do outro, aqui o pedido é endereçado pelo cônjuge incapaz por enfermidade mental, e representado através de curador. É o que preceitua o parágrafo único do art. 1.576 da lei civil (a regra, de igual teor, constava no § 1º do art. 3º da Lei nº 6.515): "O procedimento judicial da separação caberá aos cônjuges, e, no caso de incapacidade, serão representados pelo curador, pelo ascendente ou pelo irmão."

O caso não se enquadra no art. 1.572, § 2º, do Código Civil. Por isso, não advêm as consequências do § 3º do mesmo art. 1.572.

Nada impede a separação por cônjuge incapaz, segundo se vê desta decisão, proferida ao tempo da Lei nº 6.515/1977: "...O incapaz será representado na forma da lei para a separação, consoante a Lei do Divórcio.

É evidente a proibição para determinados atos personalíssimos, como o próprio casamento. Não se pode casar em nome do incapaz, mas, já realizado o casamento, antes da incapacidade, a extinção desse casamento, observada a causa legal, se permite. Da mesma razão, assim, pode ser transformada essa separação em consensual, desde que, evidente, observados os direitos do incapaz. Não vejo por que não possa ser realizada por curador, também não havendo por que distinguir.

Sem inteligência e vontade, não importa o nome da ciência de hoje, o incapaz não pode é ser comprometido em atos que o prejudiquem, criem compromissos sobre os quais não pode dispor.

Acredito, todavia, que outros direitos personalíssimos possam ser praticados em benefício do interdito, do incapaz, pelo seu curador, desde que defenda esses direitos à vida, à integridade física, à imagem etc. Não está o incapaz, portanto, impossibilitado de ser representado na defesa de todos seus direitos e para defendê-los."[37]

2.5. Foro competente para a ação

O foro da residência da mulher era o competente para todas as ações que envolviam a mulher, no regime do CPC/1973. Estipulava o art. 100, inc. I, da então lei instrumental civil: "É competente o foro: I – da residência da mulher, para a ação de separação dos cônjuges e a conversão desta em divórcio, e para a anulação do casamento."

O dispositivo estendia-se ao divórcio.

No entanto, diante da igualdade de direitos entre o marido e a mulher, incontestável que não mais se fazia necessária tal regra protetiva.

---

[37] TJRS. Apelação Cível nº 58805448, 1ª Câm. Cível, de 6.12.1988, *Revista de Jurisprudência do TJ do RS*, 137/238.

Defendia-se, no entanto, que a solução mais coerente consistia em definir a competência pela regra comum, que é a da residência do réu.

Com o CPC/2015, houve uma alteração substancial, de modo a se estabelecer a competência pelo foro do domicílio do guardião do filho incapaz, ou pelo último domicílio do casal se não houver filho incapaz, ou pelo domicílio da pessoa demandada, em não residindo as partes no antigo domicílio do casal. O regramento está no art. 53, inc. I:

"É competente o foro:

I – para a ação de divórcio, separação, anulação de casamento e reconhecimento ou dissolução de união estável:

a) de domicílio do guardião de filho incapaz;

b) do último domicílio do casal, caso não haja filho incapaz;

c) de domicílio do réu, se nenhuma das partes residir no antigo domicílio do casal".

De modo que, se o cônjuge saiu de casa e procurou abrigo na residência dos pais, é no foro respectivo que ingressará a ação correspondente, mesmo que o cônjuge se tenha transferido para outro Estado.

E se o cônjuge, no curso da ação, transfere a residência, ou se constantemente muda se de uma cidade para outra?

O termo "residência" corresponde a "moradia". Assim, "iresidir" é o mesmo que "morar". O verbo "morar" exige uma interpretação ajustável a uma permanência prolongada em determinado lugar, já lembrava Pontes de Miranda: "Quem mora, demora. Mais demora quem reside, porque residir envolve sede, assento permanente, morada duradoura. A morada com permanência é residência."[38]

A transferência de moradia no curso da ação não altera a competência, pois não se caracteriza como permanência prolongada no novo local. E, na hipótese de constantes mudanças de residência, deve-se conceber a situação como se o cônjuge estivesse em lugar incerto e não sabido. O foro de qualquer dos cônjuges será, então, o competente para a propositura da demanda. Funda-se a competência pelo princípio de não se dificultar o ingresso em juízo da ação. Não é, porém, absoluta esta inteligência, mormente se conhecido o município para onde se transferiu o cônjuge.

Não há dúvida, de outra parte, que as regras são de competência relativa, porquanto firmadas em razão da pessoa – *ratione personae* –, o que faz incidir o disposto no art. 65 do Código de Processo Civil em vigor: "Prorrogar-se-á a competência relativa se o réu não alegar a incompetência em preliminar de contestação." Não proposta a exceção declinatória do foro, considera-se sanado o vício, e nem ao juiz se faculta proclamar *ex officio* a incompetência. Mais apropriadamente, observa Artur Torres: "A inércia do demandado em atacar violação de competência sujeita ao regime de incompetência relativa importa, a segundo o regime codificado, na prorrogação da competência. O momento oportuno para a alegação, pelo réu, é a contestação. Admite-se, ainda, nos casos em que o *parquet* atuar, seja por ele suscitada a incompetência relativa ao juízo".[39]

Tratando-se de casal estrangeiro, dominam as regras que firmam o foro pela residência do réu. Sendo um dos cônjuges brasileiro, e o outro estrangeiro, diante da regra da preponderância

---

[38] *Comentários ao Código de Processo Civil*, Rio de Janeiro, Forense, 1975, vol. II, p. 236.
[39] Anotações aos artigos 64 a 66, *Novo Código de Processo Civil* Anotado, Porto Alegre, OAB/ESA, 2015, p. 92.

Cap. XIV | Separação Consensual e Separação Litigiosa • **299**

do foro do domicílio ou da residência do réu, a competência será determinada por este fator. A regra mais prática e coerente com a nossa tradição é que se promova a ação no último domicílio no Brasil. Mesmo que o cônjuge tenha se transferido para outro país, não atrai ele a competência para a localidade onde está residindo, eis que, então, ficaria profundamente cerceado o direito do outro cônjuge em promover a ação. Entendimento este que se coaduna com a regra do art. 46, § 3º, do atual Código de Processo Civil: "Quando o réu não tiver domicílio ou residência no Brasil, a ação será proposta no foro de domicílio do autor, e, se este também residir fora do Brasil, a ação será proposta em qualquer foro".

De certo modo, pois, pode-se afirmar, diante da igualdade entre o marido e a mulher instituída pela Constituição Federal, que os princípios comuns e gerais que tratam da competência são aqui aplicáveis. Nesta linha, incidem as regras do art. 46, §§ 1º, 2º e 3º, da lei processual civil vigente. Por outras palavras, a ação será proposta no foro do domicílio do réu; ou, tendo ele mais de um domicílio, no foro de qualquer deles; ou, sendo incerto e/ou desconhecido o domicílio, no foro onde for encontrado, ou naquele do autor; ou, finalmente, residindo o réu no exterior, no foro do domicílio do autor, e se ambos os cônjuges se encontram no exterior, promove-se a ação em qualquer foro.

2.6. Procedimento judicial na separação litigiosa

A Lei nº 6.515, no art. 34, prescrevia que a separação litigiosa seguiria o procedimento ordinário. Foi omisso o Código Civil sobre a matéria, por envolver o mesmo caráter processual.

Em vista de tratar-se de natureza especialíssima, apenas aos cônjuges assiste o *jus agendi*. No caso de incapacidade de um dos cônjuges, assiste a representação por um curador, ou um ascendente, ou um irmão, de conformidade com o parágrafo único do art. 1.576 do diploma civil.

Por outro lado, ao cônjuge que se julgar ofendido e prejudicado pela vulneração dos deveres conjugais é que se reconhece o direito de promover a ação. Não se concebe que o próprio cônjuge infrator tenha a iniciativa de ingressar em Juízo, com base na própria conduta culposa. Seria propiciar ao próprio causador uma vantagem com sua torpeza.

Diversa a situação na separação objetiva, quando a qualquer dos cônjuges é facultada a iniciativa da ação. Inclusive na separação por doença mental, o doente encontra-se autorizado a buscar a separação judicial, pois não se funda a mesma em culpa do outro cônjuge. Assevera, sobre o assunto, Carlos Celso Orcesi da Costa: "A causa de pedir não é, como normalmente acontece, a busca de uma reparação ou sanção, apenas presente em relação a alguns efeitos da separação objetiva (partilha de bens, alimentos etc.), mas uma simples pronúncia da separação."[40]

O cônjuge incapaz ingressará em Juízo por seu representante legal, em face de seu estado de doente.

Na inicial, colocam-se os fatos que configuram a infração grave dos deveres conjugais, que levam a vislumbrar-se a impossibilidade da vida em comum. Ou discrimina-se a causa objetiva, isto é, a separação de fato, a simples decisão de não mais continuar casado, ou a doença mental.

Importa, sob pena de ferir-se de inepta a inicial, que venha descrita uma conduta capaz ou suficiente para determinar a separação.

---

[40] Ob. cit., 2º vol., p. 918.

300 • Direito de Família | *Arnaldo Rizzardo*

Isto também para possibilitar ao cônjuge demandado a manifestação de sua defesa. Mas não há de se impor rigor em tal formulação.

No mais, prepondera o critério de se tipificar determinada infração delineada na lei civil. Mesmo que vagos e até imprecisos os fatos, desde que retratem uma convivência insustentável, repleta de incompatibilidades e desacertos, decreta-se a separação. A simples inaptidão para a convivência, ou o contraste de personalidades e costumes, recomenda a procedência do pedido, então não já por culpa de um dos cônjuges, mas porque essa a vontade de ambos os cônjuges. Não importa que a lei civil seja omissa em conceder a separação exclusivamente porque não mais se pretende a sociedade conjugal.

Se ausente a contestação, cujo prazo de apresentação é de quinze dias, a contar do acostamento aos autos do mandado de citação, normalmente são inadmissíveis os efeitos da revelia. Não se aplica, na separação, a confissão do réu, por envolver o processo questão relativa ao estado das pessoas. Merece destaque, nesta linha, os seguintes assentos de um julgamento, que não é tão recente: "Separação litigiosa. Pena de confissão. Não cabimento. Ação de estado. Direitos indisponíveis não alcançados pela presunção de veracidade dos fatos alegados na inicial. Art. 351 do Código de Processo Civil. Julgamento antecipado da lide injustificado." O citado art. 351 tem a sua correspondência no art. 392 do CPC/2015, com idêntica redação.

E, no desenvolver dos fundamentos do acórdão: "Em ação de estado, exigindo-se a prova convincente de matéria litigiosa, que não pode ser caracterizada por meras presunções, ou de inferências geradas pela revelia processual, pois está em jogo a relação matrimonial, de caráter institucional, onde a confissão, especialmente a ficta, não é admissível como prova bastante, diante do tema de ordem pública que está em jogo (*RJTJESP*, Ed. Lex, vols. 108/360 e 93/107)...

É necessário discernir, no objeto da ação de separação, entre as questões concernentes a direitos indisponíveis, como é o caso da guarda, educação e alimentos dos filhos, e o pedido primário de dissolução causal da sociedade, em cujo âmbito reina absoluta disponibilidade jurídica dos cônjuges, que, senhores das próprias conveniências, podem reconhecer ou deixar de contestar os fatos configuradores da causa legal de dissolução forçada (*RT*, vol. 612/58)."[41]

Apenas quanto aos fatos é possível não conceber o afastamento dos efeitos da revelia. No tocante ao direito não se irradiam tais efeitos. Sempre, porém, nas ações de estado impõe-se redobrado cuidado na análise da presença dos requisitos legais.

A citação por edital, com ausência de contestação, também importa em revelia. O curador que será nomeado não afasta o efeito do art. 344 do Código de Processo Civil. É que a lei não distinguiu efeitos da citação em razão de sua forma.

Seria incongruente inaceitar as consequências do silêncio do cônjuge réu que não contesta e, às vezes, sequer comparecendo na audiência de conciliação ou mediação e nas outras que se efetuarem. Se é admissível a confissão, e comum a separação consensual, quando se dá crédito às afirmações das partes, da mesma forma há de se refutar em serem verdadeiros os fatos constantes na inicial. Isto se a inicial é compatível com os demais elementos carreados no processo.

O prazo contestacional inicia, em geral, após a data designada para a conciliação, e depois de submetidos os cônjuges ao procedimento da mediação. Cita-se o cônjuge da

---

[41] TJSP. Apelação Cível nº 129.717-1. 5ª Câm. Civil, de 18.10.1990, *Revista de Jurisprudência do TJ/SP*, Lex Editora S. A., 131/272; na mesma *Revista*, 130/273.

Cap. XIV | Separação Consensual e Separação Litigiosa • **301**

ação e intima-se para a audiência de conciliação ou mediação, com a advertência do início do prazo da defesa a partir da data designada, se assim ordenar o juiz.

Ou simplesmente é marcada uma data com a finalidade de conciliação ou conversão da separação litigiosa para a consensual. Comparecendo os cônjuges, não logrado aquele intento, abre-se o prazo contestacional.

O CPC/2015 trouxe mudanças significativas às ações de família, dentre as quais estão as que envolvem a separação. Passou a ter grande preponderância a conciliação, que abrange a mediação. Há um capítulo (Capítulo X, do Título III, Livro I da Parte Especial) que regulamenta as ações contenciosas, que são as de divórcio, de separação, de conhecimento e extinção da união estável, de guarda, visitação e filiação. Veja-se o art. 693: "As normas deste Capítulo aplicam-se aos processos contenciosos de divórcio, separação, reconhecimento e extinção de união estável, guarda, visitação e filiação". Por sua vez, o art. 694 dá ênfase às providências da conciliação: "Nas ações de família, todos os esforços serão empreendidos para a solução consensual da controvérsia, devendo o juiz dispor do auxílio de profissionais de outras áreas de conhecimento para a mediação e conciliação". A citação é para comparecer à audiência de mediação e conciliação. Assim consta do art. 695: "Recebida a petição inicial e, se for o caso, tomadas as providências referentes à tutela provisória, o juiz ordenará a citação do réu para comparecer à audiência de mediação e conciliação, observado o disposto no art. 694".

Quanto à mediação, há a disciplina da Lei nº 13.140/2015, cujo conceito é dado pelo parágrafo único de seu art. 1º: "Considera-se mediação a atividade técnica exercida por terceiro imparcial sem poder decisório, que, escolhido ou aceito pelas partes, as auxilia e estimula a identificar ou desenvolver soluções consensuais para a controvérsia". Não se olvide, entretanto, a liberdade em se submeter à mediação conforme art. 2º, § 2º: "Ninguém será obrigado a permanecer em procedimento de mediação". O art. 4º, § 1º, orienta como deverá proceder o mediador: "O mediador conduzirá o procedimento de comunicação entre as partes, buscando o entendimento e o consenso e facilitando a resolução do conflito".

As normas aplicam-se subsidiariamente às lides que envolvem alimentos e crianças e adolescentes, na visão de Luiz Guilherme Marinoni, Sérgio Cruz Arenhart e Daniel Mitidiero: "As regras previstas entre os arts. 693 a 699, CPC, aplicam-se somente subsidiariamente às ações de alimentos e às de interesse de crianças e adolescentes. Para estas causas, incide com preferência o contido na Lei nº 5.478/1968 (Lei de Alimentos), com as modificações introduzidas pelo CPC (art. 1.072), e a Lei nº 8.069/1990 (Estatuto da Criança e do Adolescente). Assim, as questões de filiação que envolvam interesse de criança ou adolescente (a exemplo da adoção) aplicarão, antes, os preceitos do Estatuto da Criança e do Adolescente e apenas supletivamente o contido nos arts. 393 a 699, CPC".[42]

O procedimento da conciliação se desenvolverá em tantas sessões quantas necessárias (art. 696 do CPC/2015).

O ajuizamento da ação não forma o litígio, tanto que a citação, a efetuar-se com a antecedência mínima de quinze dias à data da audiência, não vai acompanhada da cópia da inicial. Na audiência, e mesmo antes, é dado acesso ao exame do conteúdo da peça que busca a separação. De observar, a respeito, o § 1º do art. 695 do CPC/2015: "O mandado de citação conterá apenas os dados necessários à audiência e deverá estar desacompanhado de cópia da petição inicial, assegurado ao réu o direito de examinar seu conteúdo a qualquer tempo". Inexitosas as providências para a conversão da separação em

---

[42] *Novo Código de Processo Civil Comentado*, ob. cit., p. 694.

302 • Direito de Família | *Arnaldo Rizzardo*

consensual, isto é, não havendo acordo, abre-se o prazo de quinze dias para a contestação. Segue o processo as normas do procedimento comum.

O CPC/1973 não trazia regras procedimentais.

A sentença de separação é de natureza constitutiva, por produzir efeitos de extinção da sociedade conjugal, com uma série de outros efeitos relacionados, *v.g.*, aos alimentos, à guarda dos filhos e à partilha dos bens. Revela igualmente conteúdo declaratório, por definir em qual dos cônjuges recaiu a culpa ou responsabilidade pela separação. Ao ser proferida, põe-se termo à sociedade conjugal, que, a rigor, apenas se encerra com o esgotamento de todos os recursos admitidos por lei.

2.7. Eficácia da sentença e restabelecimento da sociedade conjugal

Com o trânsito em julgado da sentença, averba-se a mesma no registro público, em atendimento à norma do art. 10, inc. I, do Código Civil.

Opera-se a dissolução da sociedade conjugal, cujos efeitos, em princípio, ocorrem com o trânsito em julgado da decisão, ou a contar do despacho que tiver concedido a separação cautelar.

A denegação do pedido não impede a renovação de outra lide, desde que invocado fundamento diferente.

De observar, porém, que a sentença não produz coisa julgada absoluta, no sentido de impedir o retorno à situação anterior. A todo o tempo os cônjuges podem restabelecer a sociedade conjugal, o que é incentivado pelo art. 1.577 do Código Civil: "Seja qual for a causa da separação judicial e o modo como esta se faça, é permitido aos cônjuges restabelecer, a todo o tempo, a sociedade conjugal, por ato regular em juízo."

De notar, outrossim, a salvaguarda dos direitos de terceiros, segundo preceitua art. 1.577, parágrafo único: "A reconciliação em nada prejudicará o direito de terceiros, adquirido antes e durante a separação, seja qual for o regime de bens."

Assim, não se invalidam atos efetuados pelos ex-cônjuges, e nem se impedirá a produção de efeitos mesmo durante a reconciliação.

Por escritura pública é possível o restabelecimento da sociedade conjugal, segundo se depreende da Lei nº 11.441/07, e veio regulamentado pelo art. 48 da Resolução nº 35 do CNJ: "O restabelecimento de sociedade conjugal pode ser feito por escritura pública, ainda que a separação tenha sido judicial. Neste caso, é necessária e suficiente a apresentação de certidão da sentença de separação ou da averbação da separação no assento de casamento."

Mais normas traz a citada Resolução, quanto aos requisitos formais e condições para oficializar o restabelecimento:

"Art. 49. Em escritura pública de restabelecimento de sociedade conjugal, o tabelião deve: a) fazer constar que as partes foram orientadas sobre a necessidade de apresentação de seu traslado no registro civil do assento de casamento, para a averbação devida; b) anotar o restabelecimento à margem da escritura pública de separação consensual, quando esta for de sua serventia, ou, quando de outra, comunicar o restabelecimento, para a anotação necessária na serventia competente; e c) comunicar o restabelecimento ao juízo da separação judicial, se for o caso."

"Art. 50. A sociedade conjugal não pode ser restabelecida com modificações."

"Art. 51. A averbação do restabelecimento da sociedade conjugal somente poderá ser efetivada depois da averbação da separação no registro civil, podendo ser simultâneas."

Cap. XIV | Separação Consensual e Separação Litigiosa • 303

3. EFEITOS DA SEPARAÇÃO JUDICIAL

3.1. Efeitos em geral

Os efeitos aqui estudados envolvem a separação judicial em geral, seja na modalidade consensual ou contenciosa, mas vindo mais fortes na última, em especial quanto aos bens, aos alimentos e à guarda, já que na consensual os cônjuges trazem definidas tais questões, dispondo de comum acordo. O estudo se justifica mais pela tradição do nosso direito, em face do divórcio atualmente vigorante, com as mudanças da Emenda Constitucional nº 66/2010, tirando a serventia ou aplicação de vários dispositivos legais, como os que dispõem sobre alimentos, a guarda dos filhos, o direito de visita, a partilha dos bens, questões que deverão ser dirimidas em demandas judiciais próprias.

Em primeiro lugar, desponta como efeito fundamental a dissolução da sociedade conjugal, que se conta a partir da data do trânsito em julgado da sentença, decorrência esta que vinha expressa no art. 8º do Diploma do Divórcio: "A sentença que julgar a separação judicial produz efeitos à data de seu trânsito em julgado, ou à da decisão que tiver concedido separação cautelar." A dissolução da sociedade conjugal, no Código Civil, está compreendida no art. 1.571.

Quanto aos efeitos desde a decisão concessiva da separação cautelar, também decorre que, não mais convivendo o marido e a mulher, nada um pode exigir do outro, e nem a partilha dos bens que a partir de então se formarem. Ou seja, os efeitos retroagirão à data da concessão de tal providência preliminar.

Tanto na separação judicial como na de corpos, as obrigações contraídas ao tempo do casamento perduram, sendo da responsabilidade de ambos os cônjuges. Nesta linha as decisões: "Despesas de condomínio. Cobrança contra casal proprietário da mesma unidade. A cobrança das despesas de condomínio reconhecidas por ambos os cônjuges coproprietários de unidade habitacional é procedente contra os dois réus, não importando o curso ou o resultado do litígio que ambos travam na Vara de Família com relação à sociedade conjugal."[43]

Cessam, de outro lado, alguns direitos e deveres que vinham impostos durante o casamento, permanecendo outros. Diz apropriadamente Francesco Scardulla: "La separazione determina una modificazione dello stato coniugale, mettendo in particolare risalto e distinguendo i due elementi costitutivi del dovece di assistenza: l'elemento spirituale e l'elemento materiale ed economico. Infatti la costituzione dello satto di separazione – quale ne sia la fonte – non fa cessare neppure limitatamente alla sua durata, l'obbligo dell'assistenza che è l'unico obbligo che permane a carico di entrambi i coniugi (seppure con gli opportuni emperamenti) e la cui violazione trova adeguate sanzioni civili e penali."[44]

Várias as categorias de efeitos, como se analisará, sendo que algumas delas aparecem no próprio capítulo que trata da dissolução da sociedade e do vínculo conjugal.

3.2. Relativamente aos cônjuges

Nas transações especialmente de imóveis e em certas obrigações, não mais necessitam os cônjuges da outorga uxória, que mutuamente se impunha, segundo está previsto no

---

[43] TJRJ. Apelação Cível nº 73.024. 8ª Câm. Cível, de 18.05.1988, *Revista dos Tribunais*, 661/168.
[44] Ob. cit., p. 259.

art. 1.647 do Código Civil. Todos os negócios que forem realizados dependem da vontade apenas do ex-cônjuge que dispuser dos bens.

Cessam os deveres discriminados no art. 1.566, e os contidos nos arts. 1.575 e 1.576.

Eis o texto do art. 1.575: "A sentença de separação judicial importa a separação de corpos e a partilha dos bens." Quanto ao art. 1.576: "A separação judicial põe termo aos deveres de coabitação e fidelidade recíproca e ao regime de bens."

Nesta ordem, não mais se pode falar em dever de coabitação, pela óbvia razão de importar na separação de corpos. Daí não se colocar qualquer óbice à fixação de residência e domicílio, segundo decidir o ex-cônjuge, exceto, o que é natural, em situações determinadas e em razão dos filhos.

A fidelidade recíproca igualmente não subsiste. Nenhum ex-cônjuge poderá reclamar das atitudes do outro, a menos que repercutam na formação ou personalidade dos filhos.

Naturalmente, decorrem a partilha de bens e a extinção do regime de bens.

3.3. Relativamente aos alimentos entre os ex-cônjuges

O dever de alimentos há de ser observado com certa precaução, em face da evolução da matéria verificada já antes do Código Civil de 2002. Na separação consensual, as partes decidem quanto à prestação ou à dispensa, sendo que, assim como acontece no divórcio, não é de se aceitar a renúncia, conforme já desenvolvido. Na forma litigiosa, a obrigação de prestar alimentos subordina-se às condições do art. 1.702: "Na separação judicial litigiosa, sendo um dos cônjuges inocente e desprovido de recursos, prestar-lhe-á o outro a pensão alimentícia que o juiz fixar, obedecidos os critérios estabelecidos no art. 1.694."

A obrigação reduz-se ao mero pensionamento, constituindo um simples encargo material, desde que o cônjuge seja responsável ou culpado pela separação, e necessitando o outro.

É responsável é o cônjuge cujo procedimento deu causa à separação. Contra ele é movida a ação, a qual vem a ser julgada procedente. Ou, embora proposta a ação, em reconvenção a ele é imputado um fato que vem a ser provado, desencadeando a separação.

No entanto, o entendimento predominante, atualmente, evoluiu para se conceder alimentos pelo fato da necessidade, não tendo maior importância a inocência ou culpabilidade do cônjuge na separação.

A matéria pode revestir-se de certa complexidade. Como a separação judicial litigiosa é questionável em face da Emenda Constitucional nº 66/2010, e se promovida reconhece-se ao cônjuge demandado contrapor-se com a pretensão do divórcio, ficando o pedido de separação subsumido, a matéria sobre a culpa na separação terá razão de ser mais para efeitos de se conceder ou não alimentos. O mais coerente é que o assunto seja levantado em procedimento judicial próprio. Presentemente, em havendo culpa, pode-se admitir como fatores que arredam o dever de prestar alimentos os contidos no art. 1.708 e em seu parágrafo único. Não mais se reconhecem outras causas baseadas na culpa que afastam o dever de dar alimentos.

Quanto ao *caput* do art. 1.708, eis seus termos: "Com o casamento, a união estável ou o concubinato do credor, cessa o dever de prestar alimentos."

Já o texto do parágrafo único: "Com relação ao credor cessa, também, o direito a alimentos, se tiver procedimento indigno em relação ao devedor."

No entanto, não se pode olvidar a regra do parágrafo único do art. 1.704, assim prevendo: "Se o cônjuge declarado culpado vier a necessitar de alimentos, e não tiver parentes em condições de prestá-los, nem aptidão para o trabalho, o outro cônjuge será

Cap. XIV | Separação Consensual e Separação Litigiosa • **305**

obrigado a assegurá-los, fixando o juiz o valor indispensável à sobrevivência." Por analogia, e numa visão humana, vindo o ex-cônjuge a precisar do sustento, desde que não mantenha convivência marital ou de fato com outra pessoa, e não mais persista na conduta indigna, é aceitável a fixação de alimentos.

Todavia, na percepção da época em que vinha plenamente admitida a separação, a responsabilidade pela separação era fator desencadeante da obrigação de dar alimentos, consoante vinha e ainda perdura no art. 1.702, acima transcrito.

Também, segundo o Código Civil, no que é possível a aplicação para o divórcio, autoriza a fixação de alimentos a hipótese do § 2º do art. 1.572, ou seja, se a extinção do casamento tiver como motivo a doença do outro cônjuge.

A necessidade é o principal requisito para impor a obrigação alimentícia, no que encontra apoio no art. 1.694, § 1º, ao preceituar que os alimentos devem ser fixados na proporção das necessidades do reclamante e dos recursos da pessoa obrigada. Antunes Varela explica o sentido de necessidade: "Ele (o cônjuge) tem direito não apenas à sua mantença, ao que for estritamente indispensável ao seu sustento – ao chamado mínimo vital –, mas à prestação que garanta o seu *status* social e jurídico de cônjuge. Tem direito, numa palavra, a manter o mesmo padrão de vida que o outro cônjuge. Considera-se assim necessitado o cônjuge que não pode garantir o padrão de vida correspondente ao seu estado social, com os rendimentos dos seus bens, ou com os produtos da atividade que esteja em condições de exercer."[45]

Não considerado culpado o cônjuge, e surgindo a necessidade de alimentos no curso da vida, assegura-se o exercício da pretensão, como estatui o art. 1.704: "Se um dos cônjuges separados judicialmente vier a necessitar de alimentos, será o outro obrigado a prestá-los mediante pensão a ser fixada pelo juiz, caso não tenha sido declarado culpado na ação de separação judicial." Todavia, consoante já referido, exceto nas situações do art. 1.708 e de seu parágrafo único, tem importância atualmente a necessidade, já que a tendência é estabelecer a obrigação alimentar caso surja a necessidade. A culpa pela separação, afora os casos do mencionado art. 1.708 e de seu parágrafo único, perdeu a relevância.

Segundo o Código Civil, na verificação de culpa do cônjuge necessitado pela separação, o direito restringe-se ao indispensável para a sobrevivência, caso se verifiquem as seguintes condições: a) inexistência de parentes aptos à prestação; b) falta de aptidão para o trabalho. Assim está no parágrafo único do art. 1.704: "Se o cônjuge declarado culpado vier a necessitar de alimentos, e não tiver parentes em condições de prestai-los, nem aptidão para o trabalho, o outro cônjuge será obrigado a assegurá-los, fixando o juiz o indispensável à sobrevivência."

Deu-se, com a presente previsão, uma clara inovação relativamente ao sistema anterior, que era omisso. Levou-se em conta o dever de solidariedade, procurando dar uma solução para os ex-cônjuges que, pelas mais variadas razões, chegam a um estágio da vida completamente desvalidos e incapazes de sobreviverem por si. De certa maneira, está-se aplicando a regra do § 2º do art. 1.694, que já previra: "Os alimentos serão apenas os indispensáveis à subsistência, quando a situação de necessidade resultar de culpa de quem os pleiteia."

Apesar das disposições acima, a tendência verificada em questão de alimentos é a de se estabelecer a obrigação em vista da necessidade, desprezando-se, de modo geral, a culpa se não fundada nas situações do art. 1.708 e de seu parágrafo único.

---

[45] *Dissolução da Sociedade Conjugal*, ob. cit., p. 111.

306 • Direito de Família | *Arnaldo Rizzardo*

3.4. Relativamente aos bens

Sendo amigável a separação, o normal é a partilha feita conjuntamente com o pedido de separação. Dispõem os cônjuges segundo suas vontades no pertinente à divisão dos bens, consoante sugere o parágrafo único do art. 1.575: "A partilha de bens poderá ser feita mediante proposta dos cônjuges e homologada pelo juiz ou por este decidida."

É comum, igualmente, que se postergue para momento posterior a disposição sobre o patrimônio, embora esta prática possa acarretar problemas no tocante à propriedade de bens adquiridos por um dos separados depois a homologação, a menos que se proceda ao inventário ou o arrolamento dos existentes até a separação.

Se inexistir acordo sobre a partilha, proceder-se-á a mesma de forma judicial, com a intervenção do juiz, como prevê a parte final do parágrafo único do art. 1.575, acima transcrita.

Observar-se-á sempre a igualdade dos valores de cada uma das duas partes que compõem o monte partilhável, em consonância com o regime de bens instituído no casamento.

Levam-se a efeito todas as medidas necessárias a fim de apurar a realidade dos bens, inclusive com o exame dos livros comerciais, se um dos cônjuges for comerciante, medida que não ofende o sigilo da atividade mercantil, pois domina o dever de colaborar com o Poder Judiciário na investigação da verdade, a que estão sujeitas as partes e terceiros, a teor dos arts. 378 e 380 do Código de Processo Civil.

Impõe-se, de outro lado, a ouvida da Fazenda Pública, como prescreve o art. 722 do Código de Processo Civil. Era também o que previa o art. 1.108 do CPC/1973. Se constatar-se desigualdade nos valores partilhados, é exigível a cobrança do imposto sobre o excedente. Daí a razão do nome deste tributo como 'imposto de reposição'.

Se a partilha for estabelecida por sentença, que aprecia as controvérsias suscitadas pelas partes, a sua modificação, depois do trânsito em julgado, dependerá de ação rescisória. Caso, no entanto, o juiz simplesmente homologar uma disposição das partes, a desconstituição sujeita-se à ação ordinária, onde se pretende a invalidade por defeito dos atos jurídicos comuns.

O prazo de decadência do direito para pleitear a anulação é de quatro anos, nos termos do art. 178 do Código Civil.

Uma vez transitada em julgado a decisão homologatória, ou definidora da partilha, extraem-se os formais competentes, para serem registrados no ofício imobiliário.

Não se comunicam ao outro cônjuge os bens adquiridos por um dos cônjuges no interregno que vai desde a sentença até o respectivo registro imobiliário.

Desde o acordo celebrado pelos separandos, no entanto, surgem os efeitos. A sentença de homologação produz efeitos *ex tunc*, isto é, a começar da partilha amigável. Permanece inalterável a partilha, mesmo se dúvidas surgirem após, contraídas unilateralmente por um dos cônjuges, e exclusivamente a seu favor.

Já solução idêntica não acontece com a partilha determinada por decisão judicial. No caso, em princípio, os efeitos iniciam a partir da sentença. Era expresso o art. 8º da Lei nº 6.515/1977: "A sentença que julgar a separação judicial produz seus efeitos à data de seu trânsito em julgado, ou à data da decisão que tiver concedido a separação cautelar." Nada prevê o Código de 2002, mas a inteligência é a mesma que ditava o referido art. 8º.

Nesta hipótese, os efeitos são *ex nunc*. Unicamente se houver existido separação cautelar de corpos são atribuídos efeitos *ex tunc*, retroagindo à data da decisão que con-

Cap. XIV | Separação Consensual e Separação Litigiosa • **307**

cedeu a separação cautelar. No caso, não se comunicam os direitos e as obrigações que individualmente contraírem os cônjuges, já separados cautelarmente. Igualmente não se dá a comunicação se comprovadamente demonstrar-se a aquisição ou a contratação quando separados de fato o marido e a mulher.

Outras considerações fazem-se necessárias.

Se o regime era de separação de bens, a cada cônjuge pertencerá o que trouxe consigo e o patrimônio adquirido durante a vida conjugal. Tendo sido adotado o regime de comunhão parcial, todos os aquestos serão partilhados. Se escolhido o regime de comunhão universal, tudo se divide em partes iguais, excluídos os bens que não se comunicam. No regime de participação final nos aquestos, conservam os cônjuges os bens próprios, partilhando-se unicamente o acervo conseguido pelo casal a título oneroso.

Mas, no regime de separação absoluta, cumpre se observe o conteúdo da Súmula n° 377 do Supremo Tribunal Federal: "No regime de separação legal de bens, comunicam-se os adquiridos na constância do casamento."

Nas doações ou sucessões com cláusulas restritivas, não entram na partilha os bens recebidos. Assim acontece com o usufruto se há a cláusula de inalienabilidade. É que, na forma da Súmula n° 49, do Supremo Tribunal Federal, "a cláusula de inalienabilidade inclui a incomunicabilidade dos bens".

Se um dos cônjuges restou com mais bens, por ter ocultado parte deles, não lhe assiste a ação de sonegados, eis que este remédio restringe-se unicamente à sucessão hereditária. Mas compete ao prejudicado reclamar tais bens, em ação cujo lapso decadencial do direito se opera em quatro anos, por aplicação do art. 178 do Código em vigor.

Uma situação comum é a partilha dos bens, mas permanecendo um ou vários deles em condomínio, e a um dos cônjuges se assegurando a ocupação. Parece tipificar-se a figura da habitação, estatuída no art. 1.414 do Código Civil, o que não impede a extinção do condomínio, com a venda judicial se indivisível o bem.

Ao cônjuge favorecido, desde que efetue o registro no ofício imobiliário do direito, não se acarretará prejuízo, continuando ele a residir no imóvel. Esta a linha adotada pela jurisprudência: "Mas isto não impede a extinção do condomínio, pois a todo o tempo será lícito ao condômino exigir a divisão da coisa comum, como diz o art. 629 do Código Civil. De outra parte, mesmo em caso de alienação, o direito de habitação será respeitado, inclusive por terceiro, desde que registrado no Cartório de Imóveis."[46] O art. 629 mencionado equivale ao art. 1.320 do Código de 2002.

É importante observar, outrossim, que a separação, na forma litigiosa ou consensual, acarreta a perda de qualquer direito hereditário por morte do cônjuge. Não interessa a causa determinante, ou quem tenha dado iniciativa à ação.

3.5. Relativamente aos filhos

A matéria também restou abordada no Capítulo XII, que tratou do divórcio.

É, este, seguramente, um dos aspectos mais importantes, em relação aos efeitos da separação litigiosa.

---

[46] TJSP. Apelação Cível n° 158.651-2. 17ª Câm. Civil, de 12.12.1990, *Revista de Jurisprudência do TJ de São Paulo*, Lex Editora, 130/80.

Se por mútuo consentimento a separação, no que também se estende ao divórcio consensual, prevalecem as disposições firmadas pelos cônjuges. Atualmente, existem a guarda unilateral e a guarda compartilhada, definidas no art. 1.583 e seus §§ 1º e 2º, em redação das Leis nº 11.698/2008 e 13.058/2014: "A guarda será unilateral ou compartilhada.

§ 1º Compreende-se por guarda unilateral a atribuída a um só dos genitores ou a alguém que o substitua (art. 1.584, § 5º) e, por guarda compartilhada a responsabilização conjunta e o exercício de direitos e deveres do pai e da mãe que não vivam sob o mesmo teto, concernentes ao poder familiar dos filhos comuns.

§ 2º Na guarda compartilhada, o tempo de convívio com os filhos deve ser dividido de forma equilibrada com a mãe e com o pai, sempre tendo em vista as condições fáticas e os interesses dos filhos."

De preferência, prestigia-se a decisão dos pais ao tratarem sobre a guarda.

É que prevalece a regra de que ninguém tem maior interesse na proteção dos filhos do que os próprios pais. Mas a norma comporta exceções. Não raramente, os filhos são utilizados como armas nas desavenças entre os pais.

Por isso, se concede largo arbítrio ao juiz para decidir de acordo com o interesse da prole, e mesmo para alterar disposições assumidas de mútuo acordo.

No caso de contenciosa a separação, surgem modificações sempre em razão do interesse dos filhos.

É de se salientar, no entanto, que não é alterado o poder familiar dos pais. Mantém-se, embora a separação, como poder de ambos os genitores. Mesmo porque nem seria possível um acordo sobre esta matéria, dada a irrenunciabilidade do poder familiar.

3.6. Relativamente aos critérios determinantes da guarda dos filhos

É justamente na guarda que a matéria envolve maior discussão.

Na separação consensual, os cônjuges disporão a respeito. Não havendo acordo, pelo rigor da lei nem se admite a separação consensual. Entretanto, nada impede que ingressem os cônjuges com a separação consensual, consignando que a guarda dos filhos e o direito de visita é ou será matéria a ser resolvida em demanda própria. No momento, enquanto não definida, decidem como se exercerão a guarda e o direito de visita.

As normas do Código Civil, mormente com as inovações que surgiram, abrangem a guarda de filhos na inexistência de casamento e de união estável.

Vigorava, antes do Código Civil de 2002, a regra da fixação da guarda na pessoa do cônjuge inocente. Neste sentido, constava do art. 10 da Lei nº 6.515/1977: "Na separação judicial fundada no *caput* do art. 5º, os filhos menores ficarão com o cônjuge que a ela não houver dado causa." Criticava-se o dispositivo, posto que não se afigurava correto confundir as qualidades de cônjuge com as de progenitor. Mas o que a lei tinha em conta era mais a conduta do cônjuge, que podia prejudicar, inclusive, os filhos.

O Código Civil em vigor modificou o sistema anterior, especialmente com as inovações da Lei nº 11.698/2008, e da Lei nº 13.058/2014 introduzindo a guarda compartilhada, ao lado da guarda unilateral, consoante o art. 1.583, sendo necessária a transcrição para melhor desenvolver a matéria: "A guarda será unilateral ou compartilhada."

O § 1º dá o sentido de uma e outra espécie:

"Compreende-se por guarda unilateral a atribuída a um só dos genitores ou a alguém que o substitua (art. 1.584, § 5º) e, por guarda compartilhada a responsabilização conjunta e o exercício de direitos e deveres do pai e da mãe que não vivam sob o mesmo teto, concernentes ao poder familiar dos filhos comuns."

O § 2º orienta a divisão do tempo de convívio com os filhos:

"Na guarda compartilhada, o tempo de convívio com os filhos deve ser dividido de forma equilibrada com a mãe e com o pai, sempre tendo em vista as condições fáticas e os interesses dos filhos". Não se confunda a guarda compartilhada com a divisão do tempo em períodos equivalentes de permanência na casa dos pais. O significado compreende mais a assunção da responsabilidade conjunta pela criação e formação da prole, e na combinação de decisões em assuntos relativos aos seus interesses.

Sempre haverá o local da moradia de maior concentração da estadia, onde ficam os filhos em grande parte do tempo, e lá são guardados ou depositados os pertences pessoais, que é o lar e o endereço básicos. A escolha é fixada, segundo orientação do § 3º: "Na guarda compartilhada, a cidade considerada base de moradia dos filhos será aquela que melhor atender aos interesses dos filhos".

Pelo § 5º, aquele que não exerce a guarda obriga-se à supervisão do progenitor que tem a guarda unilateral, com a iniciativa das providências que exigirem o interesse dos filhos: "A guarda unilateral obriga o pai ou a mãe que não a detenha a supervisionar os interesses dos filhos, e, para possibilitar tal supervisão, qualquer dos genitores sempre será parte legítima para solicitar informações e/ou prestação de contas, objetivas ou subjetivas, em assuntos ou situações que direta ou indiretamente afetem a saúde física e psicológica e a educação de seus filhos".

O art. 1.584, com as alterações já referidas, reserva aos pais o requerimento do tipo de guarda, e dá ao juiz poder para determinar a forma como será exercida:

"A guarda, unilateral ou compartilhada, poderá ser:

I – requerida, por consenso, pelo pai e pela mãe, ou por qualquer deles, em ação autônoma de separação, de divórcio, de dissolução de união estável ou em medida cautelar;

II – decretada pelo juiz, em atenção a necessidades específicas do filho, ou em razão da distribuição de tempo necessário ao convívio deste com o pai e com a mãe".

A iniciativa para o tipo de guarda é do progenitor. Não havendo consenso dos pais, busca-se a concessão em ação autônoma.

De salientar o inc. II, que dá poderes ao juiz para decretar o tipo de guarda em atenção a necessidades específicas do filho, ou em razão da distribuição de tempo necessário ao convívio deste com o pai e com a mãe. Viajando constantemente um dos progenitores, não é cabível que fique com o mesmo a guarda. De igual modo, se a profissão o obrigue a manter-se ausente do lar durante grande parte do tempo.

O § 1º atribui ao juiz explicar, na audiência de conciliação, o alcance: "Na audiência de conciliação, o juiz informará ao pai e à mãe o significado da guarda compartilhada, a sua importância, a similitude de deveres e direitos atribuídos aos genitores e as sanções pelo descumprimento de suas cláusulas".

Por sua vez, o § 2º do art. 1.584, modificado pela Lei nº 13.058/2014, delineia o fator preponderante para se conceder a guarda compartilhada: "Quando não houver acordo entre a mãe e o pai quanto à guarda do filho, encontrando-se ambos os genitores aptos a exercer o poder familiar, será aplicada a guarda compartilhada, salvo se um dos genitores declarar ao magistrado que não deseja a guarda do menor". Vê-se, na situação, que ambos os progenitores reúnem condições do exercício da guarda. Apropriado é que se estenda a ambos os pais.

O conveniente é a elaboração de um estudo por assistentes sociais ou psicólogos (equipe interdisciplinar) sobre as linhas do exercício da guarda compartilhada, nele baseando-se o juiz para definir os períodos de convivência e o grau de decisão de cada progenitor na criação e formação do filho. Orienta, a respeito, o § 3º do art. 1.584, também em redação da Lei nº 13.058/2014: "Para estabelecer as atribuições do pai e da mãe e os períodos de convivência sob guarda compartilhada, o juiz, de ofício ou a requerimento do Ministério Público, poderá basear-se em orientação técnico-profissional ou de equipe interdisciplinar, que deverá visar à divisão equilibrada do tempo com o pai e com a mãe".

Inexistindo acordo dos progenitores, não importa concluir que não imponha o juiz esse tipo de guarda. Se conveniente à prole, é aconselhável a imposição do compartilhamento, estabelecendo-se regras firmes e objetivas. Não havendo o cumprimento de parte dos pais, o § 4º atribui ao juiz autoridade para as providências necessárias, inclusive com a limitação de prerrogativas: "A alteração não autorizada ou o descumprimento imotivado de cláusula de guarda unilateral ou compartilhada poderá implicar a redução de prerrogativas atribuídas ao seu detentor".

Retira-se da lei a preocupação revelada pelo legislador quanto à guarda dos filhos, cuja atenção adquire relevância maior na separação judicial litigiosa.

Uma série de circunstâncias se levará em conta para a decisão sobre a guarda, quando não compartilhada, mormente aquelas que dizem respeito à comodidade do lar, ao acompanhamento pessoal, à disponibilidade de tempo, ao ambiente social onde permanecerão os filhos, às companhias, à convivência com outras pessoas parentes, à presença mais constante do progenitor, aos cuidados quanto à alimentação, ao vestuário, à recreação. É imprescindível aferir a capacidade de educação do pai ou da mãe, o seu equilíbrio, o autocontrole, os costumes, os hábitos, as companhias, a postura, a capacidade de dedicação e de perscrutar os problemas e situações conflitantes dos filhos. Enfim, há um complexo de fatores a se observar e seguir, que não torna fácil a decisão do juiz, aconselhando-se que o este se socorra de um levantamento ou laudo procedido por pessoa gabaritada, como assistente social ou psicólogo. Proveitoso que se valha também de informações junto a instituições que frequentam os filhos, como estabelecimentos de ensino. Ou que requisite de órgãos públicos ou particulares a realização de estudos e exames técnicos interdisciplinares.

Aos próprios pais devem tais instituições prestar as informações que eles solicitarem, sob pena de aplicação de multa, nos termos do § 6º do art. 1.584: "Qualquer estabelecimento público ou privado é obrigado a prestar informações a qualquer dos genitores sobre os filhos destes, sob pena de multa de R$ 200,00 (duzentos reais) a R$ 500,00 (quinhentos reais) por dia pelo não atendimento da solicitação". Solicitam-se informações aos estabelecimentos de ensino e formação, ou às instituições onde permanecem os filhos, dizendo respeito à conduta, à frequência escolar, ao rendimento no ensino, à presença do progenitor que exerce a guarda.

Na maioria das vezes, o normal é que a guarda recaia na pessoa da mãe, como quase sempre acontece, por razões de ordem natural.

Apenas se motivo deveras grave, como a conduta censurável, falta da necessária maturidade para ter os filhos em sua companhia, é que se orientará o juiz para uma solução diferente.

Tendo a mãe uma conduta anormal, e que ensejou a separação; ou não revelando condições sociais e morais para orientar, educar e encaminhar os filhos, não se lhe concede que fiquem estes em sua companhia.

Se a mãe ostenta uma conduta desregrada, não significa necessariamente que incutirá no filho a mesma forma de agir. Há julgados nesta linha: "Embora tenha a mãe cometido adultério, é de se lhe deferir a guarda do filho menor se ela não leva vida dissoluta. Nada se lhe imputou ao seu desvio para com os filhos, dependentes do[47] carinho materno, e se está em companhia dos seus pais, em lar bem constituído."[47]

É que todo o ser humano tem em seu substrato ôntico o germe da conservação e da perpetuação da espécie – mas numa dimensão sadia e de proteção. Por mais dissoluta que se revele a mulher, sempre desponta nela o instinto materno de conservação dimensionado na procriação, instinto este que existe no homem, mas que é bem menos acentuado. A própria gênese da evolução do ser humano revela tal realidade: em geral, nos milhares de dissoluções de uniões conjugais, as mães ficam com os filhos, que pouca atenção recebem dos pais. Assim, se do mesmo grau os desmandos dos pais, é conveniente que os filhos fiquem na guarda da mãe.

Se o pai ou a mãe não merecerem a guarda, a deferirá o juiz a terceira pessoa, em geral da própria família de um dos cônjuges, na esteira do § 5º do art. 1.584, em redação da Lei nº 13.058/2014: "Se o juiz verificar que o filho não deve permanecer sob a guarda do pai ou da mãe, deferirá a guarda a pessoa que revele compatibilidade com a natureza da medida, considerados, de preferência, o grau de parentesco e as relações de afinidade e afetividade".

As mesmas regras e orientações acima estendem-se na medida cautelar de separação de corpos e em outras demandas que repercutem os efeitos nos filhos, por força do art. 1.585, mas impondo-se a sua ouvida, exceto se for inoportuno aos seus interesses:

"Em sede de medida cautelar de separação de corpos, em sede de medida cautelar de guarda ou em outra sede de fixação liminar de guarda, a decisão sobre guarda de filhos, mesmo que provisória, será proferida preferencialmente após a oitiva de ambas as partes perante o juiz, salvo se a proteção aos interesses dos filhos exigir a concessão de liminar sem a oitiva da outra parte, aplicando-se as disposições do art. 1.584."

Aconselhável ouvir os filhos, mormente a partir da puberdade, quando já se encontra mais desenvolvido o raciocínio. No direito francês está em vigor tal prática, especialmente a partir da Lei de 22 de julho de 1987, quanto aos maiores de treze anos de idade, lembra Danièlle Huetweiller: "La cour de cassation méconnait délibérément la loi du 22 juillet de 1987. Alors que l'ancien article 290-3º du Code Civil (rédaction de la loi de 1975) invitait le juge à tenir compte des sentiments exprimés par les enfants mineurs 'lorsque leur audition a paru nécessaire et qu'elle ne comporte pas d'inconvénients pour eux', cette dernière formule n'a été conservée en 1987 que pour les enfants de moins de treize ans. A partir de cet âge, le nouveau texte que leur audition ne peut être écartée que par décision spécialement motivée. On ne saurait dire plus clairement que l'audition des enfants de plus de treize ans est devenue une obligation dont le juge ne saurait se dispenser que dans des circonstances exceptionnelles, sans pouvoir abriter son refus, comme certains le craignent derrière une motivation stéréotypée."[48]

---

[47] *Revista dos Tribunais*, 412/177.
[48] Modalités d'exercice de l'autorité parentale, après divorce: problème de l'audition et de l'intervention de l'enfants dans la procédure", *Revue Trimestrielle de Droit Civil*, Paris, Édition Sirey, nº 3, p. 523, 191.

O art. 1.586 do Código Civil reserva ampla liberdade ao juiz: "Havendo motivos graves, poderá o juiz, em qualquer caso, a bem dos filhos, regular de maneira diferente da estabelecida nos artigos anteriores a situação deles para com os pais."

A regra acima e a do art. 1.584 incidirão também na invalidade do casamento, nos termos do art. 1.587.

De qualquer forma, é intuitivo que os filhos se sentirão melhor com os pais. Advém da lei da natureza que não se separem pais e filhos.

Como, aliás, é observado pelos tribunais desde tempos não tão recentes: "Na disputa pela guarda de menor, deve preponderar, em princípio, o direito dos pais, mormente se os autos não convencem que a permanência com terceiros é mais conveniente ao incapaz."[49]

Para romper esta ordem, graves motivos devem pesar. Importa se atenuem as consequências do rompimento, o que se conseguirá, entregando, *v.g.*, os filhos para os avós, ou para outros parentes próximos. Não pode existir uma escala de preferências, ou graduação de direitos, mas unicamente o interesse dos filhos.

Outrossim, não há definitividade na decisão sobre a guarda dos filhos. Predomina a sua mutabilidade, que se torna possível sempre quando situações especiais aparecem e o exigir o interesse dos filhos. Não, porém, se qualquer dos cônjuges se remaridar, ou mantiver uma união concubinária, ou mesmo um amante – desde que não se verifique a degradação dos costumes, ou se o relacionamento não envolve pessoa nociva aos filhos.

Ao cônjuge que fica com a guarda unilateral dos filhos, especialmente na hipótese de não exercer uma função remunerada, é justo permitir-lhe a permanência no imóvel residencial. A forma hoje vigente – partilha em partes iguais do patrimônio comum – em geral traz graves resultados negativos, mormente quando o casal tem apenas tal imóvel. Como há impossibilidade física na divisão, a única solução estaria na venda, com a partilha do produto apurado.

O sistema jurídico argentino praticamente acolheu a ideia de permitir o uso do imóvel pelo cônjuge inocente, mesmo que tenha filhos e se estava residindo no imóvel, segundo explica Guillermo A. Borda: "Dictada la sentencia de separación personal o de divorcio vincular, el cónyuge a quien se atribuyó la tenencia de la vivienda durante el juicio o que continuó ocupando el inmueble no sea liquidado ni partido como consecuencia de la disolución de la sociedad conyugal, si ello le causa a la separación personal o si ésta se declara en los casos del art. 203 (alteraciones mentales graves, alcoholismo o drogación) y el inmueble estuviera ocupado por el cónyuge enfermo (art. 211).

Si el inmueble fuera propio del otro cónyuge, el juez podrá establecer en favor de éste una renta por el uso del inmueble en atención a las posibilidades económicas de los cónyuges y al interés familiar, fijando el plazo de duración de la locación. Este derecho cesará en caso de que el cónyuge ocupante viviere en concubinato o incurra en injurias graves contra el otro cónyuge (art. 211)."[50]

3.7. Relativamente ao direito de visita

O direito de visita é conceituado como a faculdade ou a prerrogativa concedida ao progenitor, não contemplado com a guarda, ou mesmo que exerça a guarda compartilhada,

---

[49] *Revista de Jurisprudência do TJ/RS*, 122/384.
[50] Obra citada, p. 210.

Cap. XIV | Separação Consensual e Separação Litigiosa • 313

mas permanecendo a residência dos filhos com o outro progenitor, de ver ou ter os filhos em sua companhia em determinados momentos, mas sempre tendo-se em vista o melhor interesse dos filhos: "A prevalência do melhor interesse da criança impõe o dever aos pais de pensar de forma conjugada no bem-estar dos filhos, para que possam os menores usufruir harmonicamente da família que possuem, tanto a materna, quanto a paterna, sob a premissa de que toda criança ou adolescente tem o direito de ter amplamente assegurada a convivência familiar, conforme linhas mestras vertidas pelo art. 19 do ECA."[51]

Ao se tratar da guarda no divórcio consensual, extensamente se tratou da guarda compartilhada, com a insistência de não corresponder o conteúdo à convivência dos filhos ora com e ora com outro progenitor. Sempre terá o filho um lar na residência de um dos progenitores, ficando o outro com o direito de visita, previsto no art. 1.589 do Código Civil: "O pai ou a mãe, em cuja guarda não estejam os filhos, poderá visitá-los e tê-los em sua companhia, segundo o que acordar com o outro cônjuge, ou for fixado pelo juiz, bem como fiscalizar sua manutenção e educação".

O direito estende-se aos filhos maiores incapazes, como prevê o art. 1.590.

Por outras palavras, ao cônjuge privado da guarda se concede o direito de visita, e de conviver em certos momentos com os filhos. Não importa a falta da guarda em não ver os filhos, ou não tê-los consigo, ou não fiscalizar o exercício do poder marital.

Mesmo que se reconheça a falta de idoneidade de um dos pais, nunca é subtraído o direito de permanência com a prole durante algum tempo.

Se amigável a separação, virá regulamentado no acordo o exercício do direito de visita. Não significa a perda do direito se nada estiver previsto no termo assinado pelos cônjuges. De igual forma, é irrenunciável esse direito, não importando qualquer validade a disposição de renúncia, por constituir emanação da própria natureza humana.

O contato com os filhos decorre de um instinto inato na pessoa, que se manifesta na necessidade de afeição, ou carinho, que unicamente por razão de extrema gravidade pode ser subtraído, como em casos de oferecer a aproximação perigo quanto à vida e saúde do filho, ou apresentar-se evidente o rapto do filho, ou se o cônjuge revelar uma conduta extremamente antissocial e criminosa. Em hipóteses tais, fica inerte o exercício, mas o direito não é afetado.

De outro lado, a regulamentação terá em conta não primeiramente a satisfação do interesse dos progenitores, mas dos filhos. Assim, mostra-se inviável estabelecer horários impróprios, como à noite, ou de madrugada, ou justamente durante o período escolar.

Se os pais não cedem em suas pretensões de horário, local e período de duração das visitas, ao juiz cabe estatuir a respeito, fixando todas as condições e deveres de cumprimento obrigatório.

O conteúdo da regulamentação observará vários aspectos, no dizer de Manoel Messias Veiga: "A regulamentação da visita em condições a serem estatuídas sempre na defesa dos interesses dos filhos, compreendendo: a determinação dos dias e horas para recebimento e entrega, local do recebimento e entrega; a pessoa ou pessoas diversas do pai, visitante ou familiares deste que será o condutor do recebimento e entrega; divisão do período de férias escolares; o número de visitas semanais ou mensais; compatibilidade das férias do visitante pai com permuta dos períodos estipulados; a manutenção dos filhos ao pernoitar

---

[51] REsp. nº 1.032.875, da 3ª Turma do STJ, relatora Ministra Nancy Andrighi, j. em 28.04.2009, *DJe* de 11.05.2009.

314 • Direito de Família | *Arnaldo Rizzardo*

com o visitante e aspectos de viagens com os filhos, pelo visitante... Todas essas situações deverão ser observadas e constituídas no conteúdo da visita e sua regulamentação."[52]

O direito de visita compreende o de companhia, isto é, o de ter, durante algum tempo, o filho junto ao progenitor. É a lição de Pedro Sampaio: "O progenitor que não tem a guarda do filho poderá ter, além das visitas, a sua companhia. Isto não quer dizer que a visita não proporcione a companhia do menor, ao seu genitor. Entretanto, o que a lei pretende é dar ao separado um período de tempo mais extenso do que o ordinariamente dispendido nas visitas, de tal modo que seja possível levar o infante às compras, a passeios, a uma viagem de recreio, a passar férias com o separado, sem que isto importe na perda do direito à guarda, por parte do outro consorte."[53]

No poder discricionário do juiz de regulamentar as visitas, se os progenitores não chegarem a um consenso comum, preponderará a facilitação do exercício, sem impor condições e restrições que somente obstaculizam as manifestações espontâneas dos filhos. Não haverá de imperar locais de permanência e horários rígidos na entrega. Nem se discriminarão pessoas ou parentes proibidos de terem contatos com os menores. A menos, é evidente, se problemas graves se afigurarem, como a probabilidade de encontros com pessoas doentes ou de má conduta, ou de frequência a ambientes nocivos à formação.

Se um dos progenitores é psicopata, alcoólatra inveterado, viciado em tóxicos, aconselha-se determinar local específico e apropriado para a visita, sob a fiscalização de terceira pessoa, como na sede do juízo, ou em uma repartição pública onde há vigilância, ou em clínica de assistência social, ou no consultório de psicólogo.

E se os filhos se recusarem a acompanhar o progenitor?

Não raramente, situações delicadas podem inviabilizar o exercício pessoal do direito, sendo oportuno que uma pessoa de confiança acompanhe as visitas, o que poderá resolver o impasse, tendo o Tribunal de Justiça do Rio de Janeiro, na Apelação Cível nº 4.027/98, da 11ª Câm. Cível, *DJ* de 11.02.1999 (*ADV Jurisprudência*, nº 22, edição de 6.06.1999, p. 347) adotado essa prática: "O pai tem o direito de visitar a filha, que se encontra sob a guarda da mãe, ficando estabelecida a maneira como tais visitas serão feitas. Demonstrado nos autos que o pai não reúne, de imediato, as condições necessárias para exercer o seu direito de visitas, em decorrência da aparente rejeição manifestada pela criança, devem tais visitas ser feitas com acompanhamento de pessoa de confiança, até a adaptação do convívio entre eles, após o que serão elas realizadas na forma determinada na sentença."

O dever dos pais é contornar obstáculos de rejeição, incutindo na mente do filho a necessidade de sua convivência com o progenitor. Se bem que a repulsa em aceitar a visita provém, em geral, da manifesta oposição do progenitor que exerce a guarda, influenciando negativamente a mentalidade do filho, ou conduzindo-o paulatinamente a criar certa aversão ao outro progenitor.

Sabe-se que é estabelecida a convivência em função dos filhos, e não dos pais. Daí que o tempo de duração das visitas será fixado não para atender caprichos ou ressentimentos destes, e sim de modo a possibilitar um mínimo de convivência daqueles com o progenitor desprovido da guarda, o que é condição para uma estruturação normal do ser humano em formação.

---

[52] *Do Divorcio e sua Prática Forense*, ob. cit., p. 103.
[53] *Divórcio e Separação Judicial – Comentários*, ob. cit., p. 115.

Cap. XIV | Separação Consensual e Separação Litigiosa • **315**

Embora se possa conceber as visitas como um direito, mais é acentuada a índole de dever, dadas as necessidades naturais ou até biológicas dos filhos na criação e formação junto com o pai e a mãe.

Dever que realmente se apresenta impostergável porque envolve a vigilância, que se exige, sobretudo, se a um dos progenitores estão mais afetas a criação e educação.

Há casos em que o progenitor muda de residência, impedindo o direito de visita. Mesmo assim, não se perde a guarda, pois o que se tem em vista é o bem estar da prole e não o direito de visitas do progenitor: "Guarda de filho. Casal separado. Filho na companhia da mãe. Direito de visitas do pai. Mudança de domicílio da mãe para o exterior. Irrelevância. Embora para o exterior, a mudança de domicílio da mulher separada, ou divorciada, que tenha a guarda do filho, não constitui impedimento juridicamente considerável ao exercício do direito (*rectius*, dever) paterno de visitas, e, por conseguinte, a menos que importe reflexos nocivos à guarda, não é razão para modificá-la."

Procura-se, na fundamentação do acórdão, colocar em primazia o interesse do filho: "Natural embaraço, isso decorre apenas de contingências históricas que, sobretudo ligadas à distância relativa entre os domicílios e à condição pessoal do titular do dever, dificultam a realização das visitas. Cuida-se, porém, de óbvia circunstância de fato, cuja advertência não pode nunca obstar ao genitor que, tendo a guarda da prole, não se oriente nisto só por motivações mesquinhas, suscetíveis de, com reflexos nocivos à guarda, qualificar hipótese objetiva do chamado abuso do direito, o uso incondicional e legítimo da liberdade de escolher seu domicílio, a qual não é senão uma das expressões jurídicas da autonomia da concreta pessoa moral e do seu respeito absoluto, enquanto o primeiro e fundamental princípio de validade, e mesmo da justificação, do direito (Castanheira Neves, *Questão-de-Fato – Questão-de-Direito*, Lisboa, Almedina, 1967, p. 573)."[54]

Não se pode, neste assunto, deixar de fazer algumas referências ao direito de visita dos avós, matéria já bastante discutida e analisada quando do estudo do direito de visita no divórcio. Preponderava, há tempo, a tendência em admitir o direito, não importando a vigência ou não da sociedade conjugal.

Em vista da Lei nº 12.398/2011, que acrescentou o parágrafo único ao art. 1.589 do Código Civil, não existe mais controvérsia: "O direito de visita estende-se a qualquer dos avós, a critério do juiz, observados os interesses da criança ou do adolescente".

Também é de se fazer referência ao direito de visita, ou, mais propriamente, à convivência, da criança e do adolescente com os pais privados de liberdade.

Sempre se deve ter em conta as necessidades naturais dos filhos menores, para quem os pais são imprescindíveis para a normalidade de seu desenvolvimento. Em vista da crescente compreensão das necessidades dos filhos, adveio a Lei nº 12.962, de 08.04.2014, assegurando a convivência da criança e do adolescente aos pais privados de liberdade. Essa convivência efetiva-se por intermédio de visitas periódicas ao progenitor ou progenitora que estiver internado em estabelecimento prisional, mediante prévia combinação entre a direção da casa prisional e o progenitor ou a entidade com quem está convivendo o filho. Ao art. 19 da Lei nº 8.069/1990 foi acrescentado o § 4º, no seguinte teor: "Será garantida a convivência da criança e do adolescente com a mãe ou o pai privado de liberdade, por meio de visitas periódicas promovidas pelo responsável ou, nas hipóteses de acolhimento institucional, pela entidade responsável, independentemente de autorização judicial".

---

[54] TJSP. Apelação Cível nº 117.849-1, 2ª Câm. Civil, de 20.02.1990, *Revista dos Tribunais*, 653/99.

316 • Direito de Família | *Arnaldo Rizzardo*

Como se percebe da norma, prescinde-se de autorização judicial. Ao progenitor com quem estiver o menor, ou à entidade responsável, tratará de programar as visitas em consonância com os regulamentos prisionais.

3.8. Relativamente aos alimentos para os filhos

Evidentemente, todos os deveres dos pais com relação aos filhos subsistem com a separação, seja amigável ou litigiosa. Na forma consensual, vem disciplinada de comum acordo a contribuição de cada progenitor no sustento, criação e formação, o que, aliás, restou amplamente examinado. Observa-se que é expresso o art. 731, inc. IV do CPC/2015, quando ordena que a petição inicial conterá o valor da contribuição para criar e educar os filhos. Sem uma explicitação na petição exordial da quota com que participa o cônjuge que não tem a guarda, não se deve homologar a separação. Neste rumo sempre se orientaram a doutrina e jurisprudência. E isto pela simples razão de que fique deliberada a obrigação, mesmo que não em termos estanques e cristalizados, e não venha posteriormente o progenitor com subterfúgios para justificar uma possível inadimplência. Quer o Estado uma garantia para que os filhos incapazes não sejam relegados ao abandono.

Naturalmente, não convindo os cônjuges, na separação litigiosa, na forma e no montante da pensão, estabelecerá o juiz o valor sempre em proporção da respectiva capacidade econômica e dos bens próprios. Enfatiza o art. 1.703 do Código Civil: "Para a manutenção dos filhos, os cônjuges separados judicialmente contribuirão na proporção de seus recursos."

Quanto ao cônjuge que fica com a guarda, em verdade não há necessidade de se fixar a quota, pois parece fora de cogitação que ele despenderá segundo suas possibilidades. É ao culpado, ou àquele que fica sem a guarda, que se impõe a fixação do montante a pagar.

A contribuição será estabelecida na medida das possibilidades de cada progenitor.

De outro lado, o fundamento da obrigação está no vínculo do sangue. Não mais se cogita em culpa na separação para se estabelecer a obrigação, o que era acentuado no revogado art. 321 do Código Civil de 1916.

Comumente, perdura a pensão enquanto menor o filho. A menos que curse escola de ensino técnico ou superior. Assim, ao atingir a idade de dezoito anos, cessa a obrigação, visto que o normal é que os filhos maiores e válidos trabalhem e atendam suas despesas pessoais. Cessando, ademais, o poder familiar, não subsiste a dependência relativamente aos pais.

A Lei do Divórcio, no art. 21, indicava meios de garantia da pensão: "Para assegurar o pagamento da pensão alimentícia o juiz poderá determinar a constituição de garantia real ou fidejussória."

Outrossim, autorizava o § 1º ao juiz determinar que a pensão consistisse "no usufruto de determinados bens do cônjuge devedor". Isto, obviamente, se existisse patrimônio rentável. E, pelo § 2º, a providência de receber em usufruto bens que redundassem na pensão se estendia igualmente se o credor justificasse "a possibilidade do não recebimento regular da pensão".

Todas essas providências mostram-se ainda salutares, pois têm o objetivo de garantir o recebimento. Lembra Luiz Murillo Fábregas que "pior do que fixar os alimentos é fazer com que o credor os receba com regularidade. Quando a pensão alimentícia tiver de ser cobrada de pessoas que exercem atividade autônoma – comerciantes, industriais, profis-

Cap. XIV | Separação Consensual e Separação Litigiosa • **317**

sionais liberais, o dispositivo mostrará a sua grande valia".[55] A matéria, no entanto, revela caráter processual, razão que levou o legislador a não repeti-la no vigente Código Civil.

Afigura-se mais segura a garantia real, que pode ser constituída por hipoteca, penhor ou anticrese.

Com as garantias da hipoteca e do penhor, reveste-se o credor do direito de promover a venda judicial da coisa e, assim, receber o seu crédito. Na anticrese, ao credor assiste o direito de retenção da coisa dada em garantia. No tocante à garantia fidejussória, explica Manoel Messias Veiga: "A lei determina, com toda a razão, também, a garantia fidejussória, que é a caução, mediante depósito em dinheiro, títulos de crédito de instituições financeiras, títulos de crédito pessoais, fiança, joias e quaisquer outros valores".[56]

A forma de prestá-la está prevista nos arts. 826 a 838 do CPC/2015.

Com o CPC/2015, há as medidas de tutela provisória de urgência e de evidência. Nas de urgência, está a cautelar, sendo o caso a prestação de caução. O procedimento vem ditado nos arts. 305 a 310.

Vantajoso mostra-se o usufruto, que permite haurir, periódica e continuadament e, de uma renda líquida e certa, cuja prestação independe da vontade do devedor.

O art. 1.710 do Código Civil assegura a atualização da pensão alimentícia: "As prestações alimentícias, de qualquer natureza, serão atualizadas segundo índice oficial regularmente estabelecido." Comumente, tem-se em conta o salário mínimo para determinar o montante da pensão alimentícia, o qual representa fator conhecido pela generalidade das pessoas, e revelando-se apto, pelo menos, para as hipóteses de se medirem os rendimentos das partes por mencionado critério. No entanto, se não se der o pagamento na época aprazada, a correção monetária dos valores devidos segue o índice oficial da correção monetária.

Outras disposições relativas a alimentos serão desenvolvidas em capítulos à parte.

De acrescentar, finalmente, que todas as disposições relativas à guarda, ao direito de visita e aos alimentos estendem-se aos filhos maiores incapazes.

3.9. Relativamente ao sobrenome do cônjuge

Primeiramente, em relação ao sistema anterior, que empregava os termos "nome" e "apelido", o Código de 2002 optou em usar a expressão "sobrenome", que domina na linguagem popular, e que todos conhecem como o nome que vem depois do nome de batismo, ou do nome da pessoa colocada no registro civil do nascimento. Constitui o nome posposto àquele que é dado com o nascimento, e que provém da família dos pais.

Ao tratar do nome, dispõe o § 2º do art. 1.571: "Dissolvido o casamento pelo divórcio direto ou por conversão, o cônjuge poderá manter o nome de casado, salvo, no segundo caso, dispondo em contrário a sentença de separação judicial."

Depreende-se a faculdade de ser mantido o nome usado no casamento, desde que já não se encontre resolvida a questão na separação judicial.

Se fosse direto o divórcio, havia a permissão para manter o nome advindo do casamento.

Na separação consensual prevalecerá a disposição das partes.

---

[55]   *O Divórcio – Anotações à Lei*, Rio de Janeiro, Editora Rio, 1978, p. 90.
[56]   Obra citada, p. 74.

318 • Direito de Família | *Arnaldo Rizzardo*

Tratando-se de separação litigiosa, a matéria encontra-se no art. 1.578 do Código Civil, o qual, em seu *caput* e nos incisos prescreve: "O cônjuge declarado culpado na ação de separação judicial perde o direito de usar o sobrenome do outro, desde que expressamente requerido pelo cônjuge inocente e se a alteração não acarretar:

I – evidente prejuízo para a sua identificação;
II – manifesta distinção entre o seu nome de família e o dos filhos havidos da união dissolvida;
III – dano grave reconhecido na decisão judicial."

Tem o cônjuge a opção de continuar com o nome de casado nas separações em que o outro consorte venha a ser considerado culpado por violação dos deveres conjugais. Nas separações promovidas com fundamento na ruptura da vida em comum por mais de um ano, ou na doença mental grave do cônjuge, embora atendido o pleito, não há condenação com base na culpa. Daí decorre que a procedência da ação não acarreta a perda do sobrenome pelo outro cônjuge que saiu vencido na ação, se havia adotado o do cônjuge vencedor.

Sabe-se que o uso do sobrenome do cônjuge é uma faculdade, em razão do § 1º do art. 1.565: "Qualquer dos nubentes, querendo, poderá acrescer ao seu o sobrenome do outro."

Nada representa de substancial este adendo ao nome. Revela reminiscências do passado, quando da mulher se exigia submissão ao marido. A adoção expressa uma forma de inferioridade.

Não se revelou avançado o Código atual, ao facultar a adoção tanto para o homem como para a mulher.

Não se pode admitir que, uma vez verificada a opção pela conservação de tais apelidos, não se permita, posteriormente, a renúncia ao uso. Consta a previsão no § 1º do art. 1.578: "O cônjuge inocente na ação de separação judicial poderá renunciar, a qualquer momento, ao direito de usar o sobrenome do outro."

Ao cônjuge assiste o direito de opor-se ao uso do seu patronímico, se vencedor na ação, com exceção dos casos previstos nos incisos do art. 1.578, mas que não excluem a existência de outros.

Quanto ao evidente prejuízo para a identificação, ocorre se o cônjuge é conhecido pelo nome composto com o sobrenome do outro cônjuge, sendo exemplos os nomes de artistas, de escritores, de jornalistas, de profissionais em áreas nas quais prepondera a especialidade ligada à identificação da pessoa.

No pertinente à manifesta distinção entre o nome de família do cônjuge com o dos filhos havidos no casamento, é possível de ocorrer se os filhos têm o sobrenome composto unicamente de designativos do nome de um dos pais. Retirando o sobrenome que constava no seu nome, fica sem qualquer ligação o nome do progenitor com o dos filhos. Num exemplo, o sobrenome do pai é "Pereira"; o da mãe é "Carvalho", tendo ela, com o casamento, adotado o sobrenome "Pereira". Os filhos receberam o sobrenome único de "Pereira". Com a separação, se obrigada a abdicar do sobrenome "Pereira", restará uma total distinção entre o seu nome de família e o dos filhos. Esta decorrência afasta a obrigatoriedade de perder o sobrenome de casada, embora culpada pela separação e pedido expresso do marido.

No caso de dano grave, que pode resultar, reconhecido na decisão judicial, há semelhança com o evidente prejuízo para a identificação. O dano grave acontece quando a pessoa possui obras de arte, escritos, projetos arquitetônicos ou de engenharia, inventos, descobertas – tudo registrado ou patenteado no nome de casado. A alteração provocará confusão perante o público e clientes e a própria perda de identidade de referidas realizações. Fácil constatar o dano que terá a pessoa.

Assim, nessas eventualidades, justo que se mantenha o sobrenome de casado, malgrado a culpa reconhecida na causa da separação.

As exceções acima, como já observado, não importam rígida inviabilidade de outras hipóteses.

Finalmente, proveitoso lembrar a impossibilidade da alteração do nome enquanto não desfeita a sociedade conjugal. Durante o casamento, torna-se impossível, dada a falta de permissão legal. Todavia, uma vez desconstituída por qualquer causa a sociedade ou o vínculo decorrente do casamento, e mesmo que no ato da separação ou do divórcio se tenha optado pela manutenção do sobrenome, não há impedimento para que, posteriormente, se ingresse com pedido de alteração do nome, voltando a usar o de pessoa solteira, como entende o STJ (REsp. nº 363.794/DF. Terceira Turma. Julgado em 27.06.2002, *DJU* de 30.09.2002): "Apelidos do marido. Alteração pedida pela viúva para restabelecer o nome de solteira. Possibilidade jurídica do pedido. Não é irrenunciável o direito ao uso dos apelidos do marido, sendo possível juridicamente o pedido de restabelecimento do nome de solteira".

XV

Tutelas Provisórias de Urgência no Divórcio e na Separação Judicial, e Procedimento nas Ações de Direito de Família

---

1. SEPARAÇÃO DE CORPOS NO DIVÓRCIO OU NA SEPARAÇÃO JUDICIAL

Mesmo antes do divórcio ou da separação contenciosa, e durante a tramitação do respectivo processo, apresenta-se comum a separação de corpos entre os cônjuges.

Constitui a separação de corpos uma tutela cautelar ou preparatória, ou mesmo antecipada, prevista para a separação, o divórcio, e inclusive para a ação de nulidade ou de anulação do casamento, e para a ação de extinção da união estável.

Há dispositivos legais prevendo a medida:

a) O art. 1.562 do Código Civil: "Antes de mover a ação de nulidade do casamento, a de anulação, a de separação judicial, a de divórcio direto ou a de dissolução da união estável, poderá requerer a parte, comprovando sua necessidade, a separação de corpos, que será concedida pelo juiz com a possível brevidade." A limitação da medida no tocante ao divórcio unicamente na forma direta decorria de que pressupunha a lei já existir a separação se o divórcio fosse indireto, ou concedido através da conversão da separação. Com a Emenda Constitucional nº 66, não mais se pressupõe qualquer separação, seja a judicial ou a de fato. Daí a exegese que se deve dar ao dispositivo, no sentido de admitir-se a separação de corpos anterior ou incidentalmente ao pedido de divórcio.

b) O art. 294 e seu parágrafo único do CPC/2015: "A tutela provisória pode fundamentar-se em urgência ou evidência.

Parágrafo único. A tutela provisória de urgência, cautelar ou antecipada, pode ser concedida em caráter antecedente ou incidental".

No que mais interessa, desenvolvem-se as regras processuais pertinentes à tutela provisória de separação de corpos.

O CPC/2015 alterou o sistema do CPC/1973 e introduziu a tutela provisória, que se fundamenta na urgência ou na evidência. Incorporou a tutela antecipada e as medidas cautelares do estatuto processual de 1973 em um mesmo setor, no Livro V da Parte Geral.

A de urgência depende dos requisitos do art. 300 para a concessão: a probabilidade do direito (*fumus boni iuris*) e o perigo de dano ou risco ao resultado útil do processo (*periculum in mora*). Será *cautelar* se buscar a finalidade assecuratória, ou a garantia do resultado útil da pretensão, e efetivando-se através de medidas apontadas exemplifica-

322 • Direito de Família | *Arnaldo Rizzardo*

tivamente pelo art. 301, sendo elas de arresto, sequestro, arrolamento de bens, registro de protesto contra alienação de bem e qualquer outra medida idônea para asseguração do direito; e considera-se *antecipada* se objetiva já satisfazer o direito que se procura, considerando-se, pois, satisfativa. Tanto numa como na outra espécie, permite-se a concessão anteriormente ao pedido principal (antecedente), ou no seu curso (incidente). Perfeita a distinção feita por Araken de Assis, em obra que constitui um verdadeiro tratado sobre processo civil: na tutela antecipada, "o juiz entregará antecipadamente o bem da vida a uma das partes (execução para segurança)", enquanto na tutela cautelar "assegurará tal bem". (...) A tutela cautelar tão só assegura o objeto litigioso, no curso do processo, contra as vicissitudes da vida".[1]

A distinção também é explicada por Luiz Guilherme Marinoni, Sérgio Cruz Arenhart e Daniel Mitidiero: "A tutela antecipatória que dá lugar a um provimento provisório – 'tutela provisória' – pode desde logo viabilizar a realização e a fruição do direito pela parte (tutela satisfativa) ou pode apenas assegurar que essa fruição tenha condições de eventual e futuramente ocorrer (tutela cautelar). A tutela satisfativa pode ser direcionada contra o ilícito (tutela inibitória e tutela de remoção do ilícito, art. 497, parágrafo único, CPC), ao passo que a tutela cautelar é sempre contra o dano (por exemplo, arresto, sequestro, arrolamento de bens, art. 302, CPC). A técnica antecipatória espelha provisoriamente a tutela do direito satisfativa que a parte pode obter ao final do procedimento".[2]

A da evidência destina-se a situações em que transparece como certo o direito, vindo elencadas nos incisos do art. 311, não dependendo do perigo de dano (*periculum in mora*) ou de risco ao resultado útil do processo.

No CPC/1973, vinha a separação de corpos regulada no art. 888, inc. VI, do Código de Processo Civil.

Constava a previsão também no art. 7º, § 1º, da Lei nº 6.515.

De modo geral, a medida da tutela é antecipada ou de cunho cautelar, postulável na fase antecedente, mas permitindo-se que seja incidente, imposta pela inconveniência, e até perigo, de continuarem os cônjuges ou conviventes sob o mesmo teto. Deveras, revela-se totalmente desaconselhável manter uma convivência marcada por atritos fortes e até físicos, pois a dimensão do rancor, ou quiçá do ódio, que lança um cônjuge contra o outro, assume proporções bem mais drásticas que no comum das pessoas.

Estado de ânimo este que tende a se agravar se continuarem o marido e a mulher (ou os conviventes) juntos durante a tramitação do processo. Já dizia Carlos Sampaio, quase no começo do século passado, que, durante o litígio, tendem a aumentar os problemas da convivência e para evitarem-se agravamento e até agressões físicas, e "no intuito, pois, de evitarem-se maiores desgraças, procurando colocar cada um dos litigantes em atmosfera igual de proteção, preestabelece a lei que tais ações sejam precedidas de uma petição do autor, documentada quando baste, para justificar a sua separação."[3]

Para se conceder a separação de corpos, suficiente expor a situação inconciliável do casal. Mostrava-se claro Carlos Celso Orcesi da Costa, ainda ao tempo do sistema processual civil anterior: "Basta demonstrar a séria desarmonia, o desamor, para justificar que o juiz conceda a separação de corpos... Ainda que o pressuposto normal da separação

---

[1] *Processo Civil Brasileiro.* São Paulo: Thomson Reuters – Revista dos Tribunais, 2015, pp. 374 e 375. Vol. I.

[2] *Novo Código de Processo Civil Comentado*, ob. cit., pp. 306 e 307.

[3] *Do Divórcio – Estudo da Legislação Brasileira*, São Paulo, Vanorden, 1911, p. 113.

Cap. XV | Tutelas Provisórias de Urgência no Divórcio e na Separação Judicial • **323**

de corpos seja uma concreta desafeição, litígio, ameaça, ou insuportabilidade justificada, não estaria excluída, também, a separação física quando houver fundado receio, risco ou perigo (*periculum in mora*) de perturbação da vida conjugal."[4]

Inclusive se já estão separados de fato os cônjuges, impõe-se a concessão da medida na modalidade de cautelar, conforme já se entendia no regime do CPC/1973, segundo a lição de Fernando M. Gentile:

"Costuma-se mesmo afirmar que a medida judicial da separação de corpos nem teria cabimento quando os cônjuges já estejam separados de fato. Mas não é bem assim. Se os consortes expressamente concordarem no afastamento, ou o seu tácito acordo de vontades resultar de alguma circunstância, por exemplo, a longa duração deste afastamento, sem qualquer reclamação de parte a parte, realmente o pedido judicial constituiria mera superfetação.

Pode, entretanto, um dos esposos ter sido forçado, pela conduta do outro, a sair do lar e achar-se afastado de fato já por algum tempo e, no entanto, pretender que em juízo tal situação fática obtenha chancela ou regularização jurídica, mesmo para o efeito de não vir amanhã a ser acusado de qualquer culpa ou responsabilidade decorrente do seu ato. Então, o pedido de alvará de separação de corpos será aí perfeitamente plausível, constituindo até medida de louvável prudência."[5]

A separação de corpos pode corresponder mais à autorização do cônjuge em sair de casa, ou mudar de residência. Por isso, ele recebe um alvará, que é o comprovante da autorização, e não o meio de compelir o outro a se afastar de casa.

A decisão do afastamento dependerá de várias circunstâncias, como a idade dos filhos, a necessidade de cuidados especiais para com eles e as condições econômicas. Mas o pedido terá em conta os fatos alegados, ou a sua justificação, ou pelo menos a aparência de ser inocente o cônjuge solicitante. Nesse sentido expôs José Moura Rocha: "A redação deste inciso dá a entender que o cônjuge inocente, ou que se julga inocente, pede para permanecer mandando o outro cônjuge sair, ou pede para ir residir em outra morada."[6]

Sempre dominou o critério das condições pessoais de cada cônjuge. Em geral, o marido tem mais possibilidade de se estabelecer em outra moradia. Sobretudo se os filhos menores permanecerem com a mãe, é totalmente inviável que ela seja afastada.

Mas complica-se a situação quando o marido quer o afastamento da mulher, permanecendo ele com os filhos. A questão envolve a perda pelo menos temporária da guarda dos últimos. Embora se justifique o direito do marido, não decorre automaticamente o afastamento da mulher do lar, mesmo que os filhos devam continuar em sua guarda. Há o princípio constitucional da dignidade humana, pelo qual não se admite a mera expulsão do lar, se não dispõe de condições para conseguir nova moradia. Àquele não restará outro caminho senão a separação de corpos, abandonando a habitação comum com os filhos.

Afora situações extremas como a acima, o cônjuge ou convivente que deve afastar-se do lar é sempre aquele que não exercerá a guarda diária dos filhos, e aquele que oferece melhores condições econômicas, de saúde, independência e de idade.

Nos casos de extrema dificuldade, a razão ditará a melhor solução prática a ser determinada. Nem o direito e nem qualquer ciência trará uma luz a abrir um caminho técnico, como quando nenhum dos cônjuges possui meios econômicos para conseguir

---

4   Obra citada, vol. 2, pp. 525 e 527.
5   *Divórcio e Separação Judicial*, ob. cit., p. 54.
6   *Exegese do Código de Processo Civil*, Rio de Janeiro, Aide, 1981, vol. III, p. 470.

instalar uma nova moradia; ou um dos cônjuges não oferece condições econômicas para residir sozinho; ou a separação acarreta enormes prejuízos para a prole.

De outra parte, caso não tenha o cônjuge qualquer motivo para pedir o afastamento do outro cônjuge, mas em face do desamor e da completa ausência de intimidade e confiança mútua, mesmo assim autoriza-se o seu requerimento de separação de corpos, afastando-se ele do lar. É que não se pode forçar uma união apenas aparente, e que, não raras vezes, somente prejudica o casal e os filhos.

Se já separados de fato o marido e a mulher, na verdade não se justifica a providência do alvará. Mas poderá pretendê-la o cônjuge a fim de impedir a entrada ou o retorno do outro cônjuge ao lar.

Quanto à tutela antecipada antecedente, é de se observar o disposto no art. 304 do mesmo CPC/2015: "A tutela antecipada, concedida nos termos do art. 303, torna-se estável se da decisão que a conceder não for interposto o respectivo recurso".

Há, porém, possibilidade de ser temporária a tutela antecipada antecedente, pois admitido o direito de revê-la, reformá-la ou invalidá-la durante o período de dois anos – § 5º do art. 304).

Uma vez concedida a tutela antecipada, deve a parte autora aditar o pedido da inicial, aportando elementos próprios de uma petição inauguradora de uma ação. O procedimento está ordenado pelo art. 303 e seu § 1º do CPC:

"Nos casos em que a urgência for contemporânea à propositura da ação, a petição inicial pode limitar-se ao requerimento da tutela antecipada e à indicação do pedido de tutela final, com a exposição da lide, do direito que se busca realizar e do perigo de dano ou do risco ao resultado útil do processo.

§ 1º Concedida a tutela antecipada a que se refere o *caput* deste artigo:

I – o autor deverá aditar a petição inicial, com a complementação de sua argumentação, a juntada de novos documentos e a confirmação do pedido de tutela final, em 15 (quinze) dias ou em outro prazo maior que o juiz fixar (...)."

O aditamento é para a pretensão da separação judicial, ou do divórcio, ou da extinção da união estável. No entanto, bem entendido o *caput* do art. 303, ao referir que a petição inicial *pode* limitar-se ao requerimento da tutela antecipada, retira-se a faculdade de já conter a inicial toda a argumentação e trazer a documentação completa, expondo o requerimento de tutela final, o que leva a dispensar o aditamento previsto no § 1º.

O procedimento ditado pelo art. 303 e por seus parágrafos é sintetizado por Luiz Guilherme Marinoni, Sérgio Cruz Arenhat e Daniel Mitidiero: "Concedida a tutela antecipada na forma antecedente, tem o autor o ônus de aditar a petição inicial com a complementação da sua argumentação, a juntada de novos documentos e a conformação do pedido de tutela final, em quinze dias ou em outro prazo que o juiz fixar (art. 303, § 1º, I, CPC). O aditamento da petição inicial dar-se-á nos mesmos autos, sem incidência de novas custas processuais (art. 303, § 3º, CPC). Não realizado o aditamento, o processo será extinto sem resolução do mérito (art. 303, § 2º, CPC). Realizado o aditamento, o réu será citado para a audiência de conciliação ou de mediação (art. 304 CPC). Não havendo autocomposição, começará a fluir o prazo da contestação (art. 335, CPC). Não concedida a tutela antecipada, o órgão jurisdicional determinará o aditamento da petição inicial em até cinco dias. Não sendo aditada, a petição inicial será indeferida e o processo extinto sem resolução do mérito (art. 303, § 6º, CPC). O legislador fala em emenda à petição inicial. É certo, porém, que não se trata propriamente de emenda à petição inicial que se

Cap. XV | Tutelas Provisórias de Urgência no Divórcio e na Separação Judicial • **325**

refere o art. 321, CPC: trata-se de aditamento da petição inicial a fim de que o processo, em sendo o caso, desenvolva-se regularmente. Em suma, é o aditamento a que se refere o art. 303, § 1º, I, CPC".[7]

No pertinente à tutela cautelar, cumpre ao autor que formule o pedido principal no prazo de trinta dias, nos próprios autos do pedido da cautelar, em atendimento ao art. 308: "Efetivada a tutela cautelar, o pedido principal terá de ser formulado pelo autor no prazo de 30 (trinta) dias, caso em que será apresentado nos mesmos autos em que deduzido o pedido de tutela cautelar, não dependendo do adiantamento de novas custas processuais".

O § 1º faculta a apresentação do pedido principal na mesma petição da tutela cautelar: "O pedido principal pode ser formulado conjuntamente com o pedido de tutela cautelar".

Consistirá o pedido principal na ação de separação judicial, ou de divórcio, ou qualquer ação de natureza familiar envolvendo os cônjuges, os filhos e o patrimônio.

Por óbvio que as providências de aditar a inicial e de formular o pedido principal não se estendem quando incidente a tutela.

Inclusive na ação de extinção da união estável, acrescenta-se de relance, é possível a separação de corpos, segundo já decidido: "Diz o art. 226, § 3º, da Constituição da República: 'Para efeito da proteção do Estado, é reconhecida a união estável entre o homem e a mulher como entidade familiar, devendo a lei facilitar a sua conversão em casamento'. Autora e réu, portanto, constituíram comunidade familiar, e nesta, entendo, são protegidos não só os filhos, mas os direitos tanto do homem como da mulher, no seu relacionamento, no ponto de vista material. A mulher, vendo-se agredida e vilipendiada na sua dignidade pelo homem, pretende e quer restabelecer o equilíbrio familiar, a tranquilidade e manter a integridade física e moral. Para tanto, busca afastar o companheiro do lar e pede a intervenção do Estado, jurisdição que não se pode omitir."[8]

2. GUARDA PROVISÓRIA E BUSCA E APREENSÃO DOS FILHOS

Outra tutela de urgência antecipada ou cautelar é a guarda provisória dos filhos, que ao juiz é facultado conceder na ação relativa à guarda dos filhos e em quaisquer ações envolvendo direito familiar, inclusive no sentido de modificar o poder familiar. Não é apropriada a discussão de matéria concernente a filhos em ação de separação ou divórcio, de alimentos, e mesmo na de extinção da união estável, haja vista a diferença de causa de pedir ou de objeto de uma e outra.

É comum o ajuizamento de ação com tutela antecipada ou cautelar específica, permitido nas regras dos arts. 294 e seguintes do CPC/2015, acima referidas, anotando-se que a medida vinha no art. 888, inc. III, do CPC/1973, com a seguinte redação: "O juiz poderá ordenar ou autorizar, na pendência da ação principal, ou antes de sua propositura: ... III – A posse provisória dos filhos, nos casos de desquite ou anulação do casamento."

Tem validade a guarda antecipada ou cautelar enquanto perdura a ação apropriada, na qual se decidirá, em termos definitivos, ou até surgir fato novo, o destino da guarda da prole. Todavia, não se pode olvidar, na tutela antecipada antecedente, como em outras

---

[7] *Novo Código de Processo Civil Comentado*, ob. cit., p. 316.
[8] TJRS. Apelação Cível nº 589050731. 5ª Câm. Cível, de 19.09.1989, *Revista de Jurisprudência do TJ do RS*, 146/298.

tutelas antecipadas, a exigência do § 1º, inc. I, do art. 303 do CPC/2015, de que deve o autor "aditar a petição inicial, com a complementação de sua argumentação, a juntada de novos documentos e a confirmação do pedido de tutela final, em 15 (quinze) dias ou em outro prazo maior que o juiz fixar", sob pena da cominação do § 3º do mesmo artigo, que é a extinção do processo sem resolução do mérito. Isto, conforme referido no item anterior, se a inicial já não aportar os elementos do § 1º. Já na tutela cautelar antecedente, uma vez efetivada, na previsão do art. 308, indispensável que o pedido principal seja formulado pelo autor no prazo de trinta dias, "caso em que será apresentado nos mesmos autos em que deduzido o pedido de tutela cautelar, não dependendo do adiantamento de novas custas processuais", mas permitindo no § 1º a formulação do mesmo pedido no de tutela cautelar.

A mudança das regras sobre a guarda, ou a transferência da guarda ou companhia de um para outro progenitor, recomenda a realização de estudos de ordem social e psicológica por equipe interdisciplinar, através de laudo ordenado pelo juiz. Como foi ressaltado, a alegação e comprovação de fatos contrários à conduta de um cônjuge não significa, por si só, afastar sua capacidade de exercer a guarda. De modo geral, procura-se alterar o menos possível a situação anterior. Sempre, aliás, é prudente manterem-se os filhos como se encontram, evitando-se alterações violentas ou traumáticas.

Há de se considerar relevante, neste ponto, o bem dos filhos. Por isso, não se trata tanto de conciliar interesses, mas de intervenção do Estado, na pessoa do juiz, a quem incumbe ordenar as providências acauteladoras das pessoas da prole. A decisão terá em conta a circunstância de cada caso, concedendo-se ao juiz largo arbítrio, mas sempre fundamentadamente, para determinar as providências que melhor se afigurarem. Não surtirá grande repercussão o convívio do progenitor com outra pessoa, ou a liberalidade de sua conduta, eis que prevalecem as necessidades naturais de carinho e cuidados comuns de que carecem os filhos, sobretudo na idade infantil e mesmo juvenil.

É como já se afirmou: "Como o filho menor do casal carece de cuidados da mãe, deve ele continuar em companhia desta, com o que seus interesses estarão melhor amparados."[9]

Indispensável a sensibilidade humana necessária na decisão, de modo a evitar constrangimentos, sem forçar situações que não se adaptam, na prática, à índole de menoridade.

Medida de grande importância consta do art. 1.585 do Código Civil, alterado pela Lei nº 13.058/2014, que é a oitiva de ambos os progenitores antes de decidir sobre a guarda, na pretensão cautelar ou provisória, em qualquer demanda sobre direito de família que envolva a guarda ou convivência dos filhos. Eis a regra: "Em sede de medida cautelar de separação de corpos, em sede de medida cautelar de guarda ou em outra sede de fixação liminar de guarda, a decisão sobre guarda de filhos, mesmo que provisória, será proferida preferencialmente após a oitiva de ambas as partes perante o juiz, salvo se a proteção aos interesses dos filhos exigir a concessão de liminar sem a oitiva da outra parte, aplicando-se as disposições do art. 1.584". Percebe-se a importância dada à participação do pai e da mãe em decisões relativas aos filhos, justamente em função da responsabilidade no compartilhamento das relações decorrentes da filiação. Exclusivamente em casos excepcionais, de perigo aos interesses dos filhos (como ameaças à segurança e vida, pretensões de rapto e fuga), concede-se medida relativa à guarda ou convivência em favor de um progenitor sem ouvir o outro.

---

9   *Revista de Jurisprudência do TJ de São Paulo*, 57/172.

Quanto à busca e apreensão de menores no regime da lei processual anterior, havia duas espécies de ações: a de busca e apreensão cautelar com liminar e a de busca e apreensão pelo rito ordinário.

Na primeira, seguia-se o procedimento das ações cautelares, com as peculiaridades dos arts. 839 e seguintes do Código de Processo Civil de 1973. Era cabível a ação para o juiz conceder a posse provisória dos filhos, na permissão do art. 888, inc. III, da então lei processual, em quaisquer ações que envolvessem a separação dos cônjuges ou a dissolução do casamento; também no caso do art. 888, inc. V do mesmo diploma, que autorizava o juiz a tomar as providências cabíveis, como o depósito de menores ou incapazes, se castigados com exagero por seus pais, tutores ou curadores, ou infligidos maus tratos, ou se por eles induzidos à prática de atos contrários à lei ou moral. Formulava-se o pedido cautelarmente, antecedente a uma outra ação de caráter familiar, como a de guarda dos filhos.

O segundo tipo de busca e apreensão era proposto com a finalidade de modificar a guarda, ou simplesmente a entrega do menor ao outro progenitor, em face de abuso do poder familiar. Servia, inclusive, para alterar eventual acordo sobre a guarda. Não se afastava a possibilidade de antecipação de tutela.

Esta ação tinha cunho satisfatório e seguia o rito ordinário, como vinha assentado em um julgamento: "A ação que sob o nome de busca e apreensão seja ajuizada para dirimir em definitivo o direito à posse ou guarda de incapaz deve ser processada como ação de cognição, sob rito ordinário, e não como cautelar, de rito sumário."

Argumentava-se, no voto: "Como bem esclarece Humberto Theodoro Júnior (*Processo Cautelar*, 4ª ed., p. 277), 'é medida extintiva quando serve não à hipotética eficiência do processo, mas à concreta realização de um direito, como, por exemplo, no caso de execução para entrega de coisa certa (art. 625) ou no da sentença de mérito que determine a guarda definitiva do incapaz a uma das partes ou a terceiro... Ação, outrossim, que sob o nome de busca e apreensão seja ajuizada para dirimir, em definitivo, o direito à posse ou guarda de incapaz deve ser processada como ação de cognição, sob rito ordinário, e não como cautelar, de rito sumário."[10]

Com o CPC/2015, a tutela de urgência – antecipada ou cautelar – sempre pressupõe um pedido principal, no caso de natureza familiar, como de modificação de guarda, ou destituição do poder familiar. A tanto ensejam concluir, na hipótese de tutela antecipada, o inc. I do § 1º do art. 303, levando a entender que seguirá o aditamento da petição inicial, com a complementação de sua argumentação, a juntada de novos documentos e a confirmação do pedido de tutela final, no prazo de quinze dias ou em outro prazo maior que o juiz fixar; e, na hipótese de cautelar, o art. 308 e seu § 1º, estabelecendo que o pedido principal, se não manifestado conjuntamente com o pedido de tutela cautelar, terá de ser formulado pelo autor no prazo de trinta dias, caso em que será apresentado nos mesmos autos em que deduzido o pedido de tutela cautelar, não dependendo do adiantamento de novas custas processuais. Não mais se mantém a dependência literal da tutela, no caso de cautelar, como vinha no sistema processual anterior.

Não concedida a tutela antecipada, orienta o § 6º do art. 303 como proceder: "Caso entenda que não há elementos para a concessão de tutela antecipada, o órgão jurisdicional determinará a emenda da petição inicial em até 5 (cinco) dias, sob pena de ser indeferida e de o processo ser extinto sem resolução de mérito". Dá-se o indeferimento se não emen-

---

[10]   TJSP. Mandado de Segurança nº 138.288-1, Câm. Civil. j. 22.02.1991, *Revista dos Tribunais*, 668/88.

328 • Direito de Família | *Arnaldo Rizzardo*

dada a petição inicial, e não se novamente desatendido o pedido de concessão da tutela antecipada, devendo, pois, seguir o processo. A extinção do processo ocorrerá unicamente se houver omissão em emendar a inicial.

Já quanto ao indeferimento da tutela cautelar, também terá andamento a demanda, de acordo com o art. 310: "O indeferimento da tutela cautelar não obsta a que a parte formule o pedido principal, nem influi no julgamento desse, salvo se o motivo do indeferimento for o reconhecimento de decadência ou de prescrição".

É apropriada a ação relativamente à guarda, à destituição do poder familiar e à modificação do direito de visita quando os menores e outros incapazes são maltratados pelas pessoas com quem se encontram, sofrendo castigos imoderados, ou permanecendo na vadiagem, ou em companhias prejudiciais à sua criação e educação. Se o progenitor com quem se encontram deixar em estado de abandono os filhos, ou não revelar capacidade e condições de mantê-los disciplinados, ao outro progenitor é concedido o ingresso de ação própria, em especial com a tutela antecipada ou cautelar antecedente de busca e apreensão.

3. ALIMENTOS PROVISÓRIOS

Os alimentos provisórios são estabelecidos justamente em face das ações de família (separação, divórcio, extinção de união estável), em especial quando um dos cônjuges é afastado ou se afasta do lar. Admite-se, porém, a fixação em outras hipóteses. A concessão é viável através de tutela de urgência antecipada (quando a urgência for contemporânea à propositura da ação e indispensável para a vida da pessoa), ou de urgência cautelar (se a urgência se impuser para o asseguramento do direito), desde que presentes os requisitos exigidos pela lei civil. Realmente, pelo sistema inaugurado com o CPC da Lei nº 13.105/2015, tais alimentos podem ser postuláveis através da tutela provisória, que se divide em urgência (antecipada ou cautelar) ou evidência, conforme já dito.

No regime do Código de Processo Civil de 1973, encerrava o art. 852: "É lícito pedir alimentos provisionais:

I – nas ações de desquite e de anulação de casamento, desde que estejam separados os cônjuges;
II – nas ações de alimentos, desde o despacho da petição inicial;
III – nos demais casos expressos em lei."

Falava-se em alimentos provisionais por serem aqueles que compreendiam a 'provisão' necessária para fazer frente às necessidades econômicas antes vigorantes. Manifestava-se com clareza, a respeito, Edgard de Moura Bittencourt: "Por alimentos provisionais designam-se os que são pedidos para as despesas do processo e para o sustento do autor enquanto durar a demanda. São cabíveis em qualquer fase do feito, mesmo que haja sido interposto recurso da causa principal."[11]

Pelo vigente sistema, os mesmos tipos de ações facultam o pedido de alimentos provisórios, que são concedidos em pedidos de tutela de urgência antecipada ou cautelar. Não se afasta a viabilidade da tutela provisória da evidência, embora mais difícil a configuração dos requisitos.

---

[11] *Alimentos*, São Paulo, Livraria e Editora Universitária do Direito Ltda., 1979, p. 109.

Cap. XV | Tutelas Provisórias de Urgência no Divórcio e na Separação Judicial • **329**

Observava Pontes de Miranda que o dever de mútua assistência obriga ambos os cônjuges a se socorrerem mutuamente, em suas necessidades por doença, ou motivos que impossibilitem o exercício de atividade rendosa.[12]

Cumpre dizer que a fixação terá em conta unicamente as necessidades do cônjuge e dos filhos que com ele permanecem, bem como a possibilidade do obrigado, sem qualquer dependência da aferição da culpa no divórcio ou na separação. Basta que o autor não tenha recursos próprios, ou que não exerça função remunerada, porquanto nasce a obrigação do casamento, da convivência ou do fato do nascimento do filho. Dada a circunstância da fixação em momento antecipado ou em caráter cautelar, não está ainda decretada a dissolução do vínculo ou a dissolução da sociedade conjugal.

Saindo o cônjuge do lar ao desamparo de motivo justificável, e sem encargos maiores que a própria pessoa, embora a separação de corpos, fica mais difícil, mas não impossível, o reconhecimento ao direito de alimentos em pedido de tutela antecipada, ou de tutela cautelar.

Para fazer jus ao pedido, cumpre sejam provados os requisitos do § 1º do art. 1.694 do Código Civil, o quanto baste para inferir sumariamente a necessidade, impondo-se a urgência ou a evidência do direito. Não é condição a separação de corpos formalizada. Mesmo na separação de fato admite-se o direito, sendo que a formalização com o caráter de urgência de natureza antecipada ou cautelar importa na concessão desde que verificados os requisitos que lhe são peculiares.

Os requisitos básicos para a concessão de qualquer uma das tutelas estão no art. 300 do CPC/2015: a probabilidade do direito e o perigo de dano ou o risco ao resultado útil do processo, constando também especificados para cada tipo de tutela, aliados a outras exigências. Com efeito, na antecipada, o art. 303 aponta como elementos básicos para a concessão a existência de perigo de dano ou de risco ao resultado útil do processo, além de ser a urgência contemporânea à propositura da ação; na cautelar, o art. 305 exige igualmente a presença de perigo de dano ou risco ao resultado útil do processo, e mais o escopo de assegurar o direito.

Não é conveniente buscar os alimentos provisórios na própria ação de separação e muito menos na de divórcio, ou na de extinção da união estável, dadas a diferença de fundamentos e de discussão entre uma e outra lide. O mais apropriado é a propositura de uma ação própria de alimentos, com a tutela de urgência antecipada ou cautelar. Uma vez concedidos, mesmo que o cônjuge beneficiário venha a ser condenado ou tido como culpado na sentença de primeira instância, persiste a obrigação até a decisão final. E assim há de ser em razão de ter determinado sua fixação a necessidade, independentemente da conduta de cada cônjuge.

Se por decisão de segunda instância vier a ser reduzido o *quantum*, não se admite qualquer compensação do excedente satisfeito com as prestações vincendas.

Mesmo ao juiz cabe a modificação a qualquer tempo do valor estabelecido, desde que razões ponderáveis advierem. A própria cassação é possível em função da provisoriedade inerente à fixação. Se nos alimentos definitivos permitem-se a revisão e inclusive a cassação, com maior razão em se tratando de alimentos provisórios.

A concessão durante o processo não apresenta dúvidas quanto à vigência, posto que, após, passam a existir alimentos definitivos.

---

[12] *Tratado de Direito Privado*, 4. ed., São Paulo, RT, 1974, vol. III, p. 431.

Uma vez pleiteados e concedidos os alimentos em tutela provisória (tutela de urgência antecipada ou de natureza cautelar, ambas em caráter antecedente), deve o interessado aditar a petição inicial, com a complementação de sua argumentação, a juntada de novos documentos e a confirmação do pedido de tutela final, em quinze dias ou em outro prazo maior que o juiz fixar (art. 303, § 1º, I), em se tratando de tutela antecipada antecedente, se a inicial já não veio com os elementos do § 1º; ou formular o pedido principal no prazo de trinta dias, se não formulado já na petição inicial, que será apresentado nos mesmos autos em que foi deduzido (art. 308), se a tutela for cautelar antecedente.

De salientar a abrangência da prestação alimentícia, envolvendo o necessário para o sustento, habitação, vestuário e despesas para custear a demanda a ser promovida. Se requeridos também para os filhos, o que é possível na mesma lide, e sem necessidade de discriminação, abrangerão outros encargos, como a educação.

4. ARROLAMENTO E SEQUESTRO DE BENS, E OUTRAS TUTELAS

A fim de evitar que um dos cônjuges dissipe os bens comuns, ou os administre fraudulentamente, ou, ainda, os desvie para proveito unicamente pessoal, previa o Código de Processo Civil de 1973 duas medidas cautelares: o arrolamento e o sequestro de bens – a primeira mais comum em questões relacionadas ao casamento, e a segunda invocável em situações drásticas de desvio do patrimônio.

Com o CPC/2015, não mais constam disciplinadas tais tutelas em separado. Entretanto, é perfeitamente possível buscar o arrolamento e o sequestro de bens através da tutela provisória, na modalidade de urgência ou evidência, sendo que a primeira pode ser antecipada ou cautelar, em ações de direito de família (divórcio, separação, partilha, extinção da união estável). Tanto a tutela antecipada (com a finalidade satisfatória) como a cautelar (de natureza assecuratória) são admitidas, sendo que, nesta última, o art. 301 aponta exemplos: arresto, sequestro, arrolamento de bens, registro de protesto contra alienação de bem e qualquer outra medida para asseguração do direito.

A tutela de urgência antecipada é apropriada se a urgência for contemporânea à propositura da ação na proteção do direito que se busca realizar e em face do perigo de dano ou do risco ao resultado útil do processo; por sua vez, a tutela cautelar afigura-se cabível para assegurar o direito, diante do perigo de dano ou o risco ao resultado útil do processo que se visualizam no futuro.

O arrolamento destina-se, sobretudo, a impedir a sonegação ou ocultação de bens; e o sequestro é próprio em casos de dilapidação ou alienação precipitada e ruinosa do patrimônio comum.

Rezava o art. 855 do Código de Processo Civil de 1973, sobre a primeira espécie: "Procede-se o arrolamento de bens sempre que há fundado receio de extravio ou de dissipação de bens."

A razão fundamental do pedido reside no interesse e na necessidade da conservação do patrimônio.

Na petição inicial, descrever-se-ão os motivos da tutela pretendida, os fatos que levam o pretendente a ter receio de extravio ou mesmo de dissipação, o direito aos bens e a sua discriminação, individualizando ou descrevendo os mesmos.

Pede-se o inventário, com a avaliação e o depósito em poder de terceira pessoa, se remanescer a possibilidade de desvio.

Cap. XV | Tutelas Provisórias de Urgência no Divórcio e na Separação Judicial • **331**

Se antecedente o pedido, na tutela antecipada, há o prazo de quinze dias para aditar, complementar, referendar o pedido e juntar documentos; e na tutela cautelar, o prazo é de trinta dias para formular o pedido principal, se não feito com a inicial (arts. 303, § 1º, inc. I, e 308 e § 1º).

Especificamente em relação ao sequestro, incide mais em bens móveis e semoventes, embora permitido também em imóveis. Necessária, na descrição, a existência de fundado receio de rixas, danificações, dissipação ou dilapidação. É fundamental, para a concessão da medida, e isto tanto de arrolamento como de sequestro, a real possibilidade, verificada através de atos positivos e concretos, de desvio ou ruína dos bens. Não se mostra suficiente a mera e duvidosa probabilidade de ofensa ao patrimônio.

É frequente a ocorrência de atos atentatórios ao patrimônio comum na venda súbita de ações, de quotas societárias, de veículos, de objetos raros de arte, de semoventes, de produtos agrícolas e de toda a sorte de bens móveis, quando não se exige a presença de ambos os cônjuges para a alienação.

Permite-se, ainda, ao cônjuge ou progenitor a formalização de protesto, dirigido a terceiros, contra a alienação de bens do casal e outros atos atentatórios, inclusive com a publicação de editais, medida esta que segue a notificação ou interpelação prevista no art. 726 do diploma adjetivo civil de 2015: "Quem tiver interesse em manifestar formalmente sua vontade a outrem sobre assunto juridicamente relevante poderá notificar pessoas participantes da mesma relação jurídica para dar-lhes ciência de seu propósito".

A previsão do protesto contra a realização de ato contrário ao direito está no § 2º: "Aplica-se o disposto nesta Seção, no que couber, ao protesto judicial".

A medida revela-se meramente conservatória, objetivando prevenir responsabilidade e prover a conservação ou ressalva de direitos, não se reclamando a posterior ação principal.

Por meio de conclamação dirigida a terceiros, em geral mediante edital publicado na imprensa oficial e particular, adverte-se para que se abstenham da aquisição de bens do casal, sob pena de ser anulada a alienação posteriormente. A publicação por edital está autorizada pelo § 1º, desde que imposta para a proteção ao direito: "Se a pretensão for a de dar conhecimento geral ao público, mediante edital, o juiz só a deferirá se a tiver por fundada e necessária ao resguardo de direito".

Ressalta-se, outrossim, a existência da tutela antecipada ou cautelar de entrega de bens de uso pessoal do cônjuge ou dos filhos (sendo que a cautelar vinha prevista no art. 888, inc. II, do Código de Processo Civil de 1973). É própria para hipóteses em que um dos cônjuges retém, injustificadamente, objetos particulares do outro, ou dos filhos que não se encontram com ele, e de uso necessário. Ensina, a respeito, Pontes de Miranda: "A generalidade com que se permite a medida preventiva atende à nova concepção das medidas preventivas, pois que tem de abranger todas as espécies em que há pretensão à segurança da prestação (*v.g.*, mandado para que o marido ou o pai não possa ocultar, ou alienar, ou destruir, ou deixar que se estraguem, ou deteriorem, ou desvalorizem os bens de uso pessoal da mulher ou dos filhos)."[13]

Um dos cônjuges se afastou do lar, levando bens exclusivos do outro, relativos à profissão, ou excluídos da comunhão, que não têm qualquer pertinência à utilidade do casal, como joias, livros, instrumentos de trabalho, roupas, móveis de escritório, e inclusive retratos, lembranças, enfeites, documentos e até animais domésticos.

---

[13] *Tratado das Ações*, São Paulo, RT, 1976, vol. VI, p. 533.

332 • Direito de Família | *Arnaldo Rizzardo*

Transparece na conduta do cônjuge que retém os bens por mero capricho, ou com o intento de vingança, ou para simplesmente molestar, prejudicar e causar dissabores ao outro, devendo a medida ser deferida de pronto, sem a ouvida prévia do autor de tais extravagâncias.

De outro lado, essa medida possui natureza meramente preservativa ou conservativa de interesses e direitos. Pode ser concedida antes ou durante a ação de natureza familiar. Reflete mais pretensão incidental. Assim, nada impede que a entrega de bens pessoais venha a ser formalizada na própria ação, sem maiores formalidades, constituindo mera medida inerente ao litígio.

5. A TUTELA PROVISÓRIA E REGRAS PROCEDIMENTAIS COMUNS NAS AÇÕES DE FAMÍLIA

Nas ações que envolvem direito de família, em especial as de divórcio, separação, reconhecimento e extinção de união estável, guarda, visitação e filiação, elencadas no art. 693 do CPC/2015 (mas não se afastando mais hipóteses, como na ação de anulação de casamento), há regras procedimentais próprias e específicas, dirigidas a alcançar a solução amigável dos litígios. Excepcionam-se as ações de alimentos e as que versarem sobre interesse de criança ou de adolescente, que se submetem ao procedimento previsto em legislação específica, a menos se inexistente ou se omissa, incidindo, então, as normas do Código de Processo Civil, de acordo com o parágrafo único do mesmo art. 693.

O procedimento ditado, entrementes, não ilide as disposições relativas à tutela de urgência antecipada ou cautelar (ambas constituindo a tutela provisória). A incidência é para atos posteriores. A tanto conduz o art. 695: "Recebida a petição inicial e, se for o caso, tomadas as providências referentes à tutela provisória, o juiz ordenará a citação do réu para comparecer à audiência de mediação e conciliação, observado o disposto no art. 694".

Apreciada e superada matéria da concessão ou não da tutela provisória em uma de suas modalidades e espécies, parte-se para a fase conciliatória, cujo desdobramento visa alcançar o entendimento e a solução amigável do litígio, o que emerge do art. 694: "Nas ações de família, todos os esforços serão empreendidos para a solução consensual da controvérsia, devendo o juiz dispor do auxílio de profissionais de outras áreas de conhecimento para a mediação e conciliação".

Enseja-se às partes pedirem a suspensão do processo pelo período necessário enquanto se submetem à mediação e ao atendimento multidisciplinar, em juizados onde se implantaram tais serviços, ou mesmo por designação do juízo. Assim oportuniza o parágrafo único do mesmo artigo: "A requerimento das partes, o juiz pode determinar a suspensão do processo enquanto os litigantes se submetem a mediação extrajudicial ou a atendimento multidisciplinar".

A propensão das regras para a conciliação se impõe ao juiz, a ponto de a primeira providência, depois da fase do exame sob o prisma do pedido de tutela, ser a designação de audiência para essa finalidade, nos termos do art. 695, acima transcrito. Nesse intento, cita-se a parte demandada para a audiência, sem lhe ser encaminhada cópia da petição inicial, com o que se evita o conhecimento de possíveis acusações aptas a fomentar a animosidade, mas não se impedindo o conhecimento do conteúdo no cartório ou secretaria, a qualquer tempo, na esteira do § 1º do mesmo art. 695: "O mandado de citação conterá apenas os dados necessários à audiência e deverá estar desacompanhado de cópia da petição inicial, assegurado ao réu o direito de examinar seu conteúdo a qualquer tempo".

Cap. XV | Tutelas Provisórias de Urgência no Divórcio e na Separação Judicial • 333

De acordo com os §§ 2º, 3º e 4º, em um prazo mínimo de quinze dias deve a citação, feita na pessoa do demandado, anteceder à data da audiência, na qual as partes virão acompanhadas de seus advogados, ou, na falta, de defensores públicos, ou, inexistindo no juízo, de defensores nomeados pelo juiz.

Cabe ao juiz e aos agentes atuantes envidar todos os esforços apropriados para alcançar uma solução consensual, com o desdobramento da audiência em várias sessões, desde que o recomende o tipo de litígio, e se perceba a possibilidade, no que insiste o art. 696: "A audiência de mediação e conciliação poderá dividir-se em tantas sessões quantas sejam necessárias para viabilizar a solução consensual, sem prejuízo de providências jurisdicionais para evitar o perecimento do direito".

Conforme artigos 697 a 699, não se lorando acordo, imprime-se o procedimento comum, com a abertura do prazo de quinze dias para a contestação, e demais atos normais, seguindo as diretrizes dos arts. 335 e seguintes do CPC/2015. Ficou alterada a participação do Ministério Público, tornando-se obrigatória somente na existência de incapaz, e impondo-se a sua ouvida apenas antes da homologação do acordo a que chegaram as partes. Surgindo no processo discussão sobre abuso ou alienação parental, o juiz, ao tomar o depoimento do incapaz, deverá estar acompanhado por especialista.

Merecem destaque a conciliação e a mediação, medida que caberá ao juiz instaurar, se não lograda a solução consensual. Deverá, para submeter os litigantes à solução pelo consenso, existir o órgão. A regulamentação está na Seção V, do Capítulo III, Título IV, Livro III da Parte Geral do Código, iniciando no art. 165 e estendendo-se até o art. 175. As funções do conciliador e do mediador constam nos §§ 2º e 3º do art. 165 do CPC:

"§ 2º: O conciliador, que atuará preferencialmente nos casos em que não houver vínculo anterior entre as partes, poderá sugerir soluções para o litígio, sendo vedada a utilização de qualquer tipo de constrangimento ou intimidação para que as partes conciliem.

§ 3º O mediador, que atuará preferencialmente nos casos em que houver vínculo anterior entre as partes, auxiliará aos interessados a compreender as questões e os interesses em conflito, de modo que eles possam, pelo restabelecimento da comunicação, identificar, por si próprios, soluções consensuais que gerem benefícios mútuos".

Há uma suspensão do processo para a realização dessas etapas.

Mais propriamente quanto à mediação, haverá a interposição de uma terceira pessoa. Não é realizada pelo juiz, pois requer formação especializada em técnicas de facilitação da comunicação entre as partes. Não apresentará o mediador sugestões e não procurará influenciar as partes.

Essas medidas são realizadas em um setor ou órgão próprio do juizado ou tribunal.

Relevante destacar a forma de escolha do conciliador ou mediador, que recairá dentre os pertencentes ao quadro registrado no tribunal, se oportunizando a escolha pelos litigantes, na ordem do art. 168: "As partes podem escolher, de comum acordo, o conciliador, o mediador ou a câmara privada de conciliação e de mediação.

§ 1º O conciliador ou mediador escolhido pelas partes poderá ou não estar cadastrado no tribunal.

§ 2º Inexistindo acordo quanto à escolha do mediador ou conciliador, haverá distribuição entre aqueles cadastrados no registro do tribunal, observada a respectiva formação.

§ 3º Sempre que recomendável, haverá a designação de mais de um mediador ou conciliador".

334 • Direito de Família | *Arnaldo Rizzardo*

Restritamente à mediação, que é um meio de solução de controvérsias entre particulares, há a regulamentação da Lei nº 13.140, de 26.06.2015, estabelecendo os mediadores extrajudiciais e os judiciais.

Quanto aos primeiros, a escolha é livre, segundo o art. 9º: "Poderá funcionar como mediador extrajudicial qualquer pessoa capaz que tenha a confiança das partes e seja capacitada para fazer mediação, independentemente de integrar qualquer tipo de conselho, entidade de classe ou associação, ou nele inscrever-se". Em relação aos judiciais, que são cadastrados pelos tribunais, após seleção, explicita o art. 11 quem tem condições para a função: "Poderá atuar como mediador judicial a pessoa capaz, graduada há pelo menos dois anos em curso de ensino superior de instituição reconhecida pelo Ministério da Educação e que tenha obtido capacitação em escola ou instituição de formação de mediadores, reconhecida pela Escola Nacional de Formação e Aperfeiçoamento de Magistrados -- ENFAM, ou pelos tribunais, observados os requisitos mínimos estabelecidos pelo Conselho Nacional de Justiça em conjunto com o Ministério da Justiça".

Conforme estabelece o § 2º do art. 2º, "ninguém será obrigado a permanecer em procedimento de mediação".

Obviamente, não se conseguindo a solução do litígio através da conciliação ou mediação, abre-se o prazo de contestação, imprimindo-se o procedimento comum.

XVI
Relações de Parentesco

1. ORDENS DE PARENTESCO

Dentre os diversos agrupamentos sociais existentes, destaca-se o de pessoas formado de parentes, cujo liame ou ponto comum da união ou aproximação está numa das seguintes ordens: ou o vínculo conjugal, quando o casamento une o homem e a mulher; ou a consanguinidade, pela qual as pessoas possuem um ascendente comum, ou trazem elementos sanguíneos comuns, denominado também parentesco biológico ou natural; ou pela afinidade, cujo parentesco é em virtude da lei e se forma em razão do casamento, envolvendo o marido e os familiares da mulher, ou vice-versa, isto é, a afinidade advém do vínculo conjugal entre o marido e a mulher, e se exterioriza com a relação que liga uma pessoa aos parentes do seu cônjuge (sogro, sogra, genro, nora, padrasto, enteado, cunhado).

Há, também, o parentesco derivado, ou parentesco civil, e que nasce da adoção, relativamente ao vínculo que se cria entre o adotante e o adotado, mas sem qualquer distinção quanto ao consanguíneo. Também civil é o parentesco oriundo da afinidade.

Nesta divisão, estatui o art. 1.593 do Código Civil: "O parentesco é natural ou civil, conforme resulte de consanguinidade ou outra origem".

De salientar que, a rigor, o liame conjugal não traz parentesco entre o homem e a mulher. Eles são simplesmente afins.

A regulamentação das relações entre as pessoas, e que tem como fonte obrigatória, em todas as ordens, o casamento, constitui o direito parental, de grande significação no direito de família pelas inúmeras situações que disciplina.

Em verdade, porém, o único e real parentesco que existe é o consanguíneo ou natural, em face de aspectos genéticos comuns que portam as pessoas. Enfatiza Washington de Barros Monteiro: "A palavra 'parente' aplica-se apenas aos indivíduos ligados pela consanguinidade; somente por impropriedade de linguagem se pode atribuir tal designação a outras pessoas, como o cônjuge e os afins."[1]

A repercussão do direito parental atinge vários setores, destacando-se os impedimentos para casar, a vocação hereditária, a prestação de alimentos, a guarda de menores etc.

Até recentemente, em geral a primeira divisão que se estabelecia era entre parentes legítimos e parentes ilegítimos.

---

[1] *Curso de Direito Civil – Direito de Família*, ob. cit., p. 231.

Eis a conceituação de Pontes de Miranda: "O parentesco consanguíneo e o afim também se distingue em: a) legítimo, se provém de parentesco válido ou putativo, em favor de ambos os cônjuges, ou por força de lei especial, do casamento anulável, ou outra simulação –, o casamento putativo em favor de um só dos cônjuges e o anulável também geram parentesco legítimo entre pais e filhos; mas, no casamento anulável a afinidade é ilegítima, e no putativo em relação a um só dos cônjuges, só esse é afim legítimo dos parentes do outro; b) ilegítimo, se dimana de ajuntamento sexual ilícito."[2]

Por outras palavras, legítimo denominava-se o parentesco se derivado do casamento, e ilegítimo se não decorria do casamento.

Presentemente, não mais é permitida a distinção, rezando o art. 227, § 6º, da Constituição Federal: "Os filhos, havidos ou não do casamento, ou por adoção, terão os mesmos direitos e qualificações, proibidas quaisquer designações discriminatórias relativas à filiação."

Portanto, está afastada, por inteiro, a distinção entre filhos legítimos e ilegítimos, e, daí, entre parentes legítimos e ilegítimos, já que o parentesco, em grau distante, parte de um tronco comum, passando pelos filhos.

Esclarece, sobre a matéria, Carlos Alberto Bittar: "... Com a Constituição de 1988, diante da paridade dos filhos, não se pode mais usar, quanto a estes, a designação. Deve-se, em seu lugar, utilizar o vocábulo filiação, em primeiro plano, e, depois, acrescer as expressões 'havidos no casamento' ou 'fora do casamento', que, embora representem certa distinção, devem prosperar, diante da impossibilidade de atribuição plena de direitos filiais à prole não nascida de união matrimonial, como se verificou na reforma feita na Europa nesse plano. Com efeito, não se pode, por exemplo, impor a convivência, no seio familiar, de filho extramatrimonial, que pode não ser desejada pela mulher do adúltero, não lhe sendo possível, pois, ter consigo o filho, enquanto mantidos os laços do casamento."[3]

Na verdade, nem mais a referência do nascimento durante ou fora do casamento é aceita, porquanto importaria em uma diferenciação em relação a outros filhos.

Necessário salientar que a proibição em se distinguir alcança também os filhos adotivos, ficando afastada qualquer referência a respeito no registro e em outros atos.

2. LINHAS DE PARENTESCO

Costuma-se denominar linha de parentesco ao vínculo que coloca as pessoas umas em relação às outras em função de um tronco comum. O termo 'linha' expressa justamente a vinculação de uma pessoa ao tronco comum, podendo ser reta (ou direta) e colateral. A linha reta envolve a procedência de umas pessoas das outras, ou as pessoas descendem umas das outras. Neste sentido o art. 1.591 do Código Civil: "São parentes em linha reta as pessoas que estão umas para com as outras na relação de ascendentes e descendentes."

Assim, há vários graus de parentesco em linha reta, a iniciar pelo bisavô, o avô, o filho, o neto e o bisneto. É ascendente a linha reta quando se inicia do bisneto, ou neto, ou filho, e sobe-se ao pai, avô ou bisavô. Diz-se, pois, que o ascendente do filho é o pai. Fala-se em linha descendente se tomada como ponto de partida uma pessoa mais velha, da qual provêm outras, ou se desce da pessoa da qual procedem as demais: do avô para o filho, e deste para o neto.

---

[2] *Tratado de Direito Privado*, 4. ed., São Paulo, RT, 1983, vol. IX, p. 3.
[3] *Direito de Família*, ob. cit., p. 206.

Colateral considera-se a linha, também conhecida como transversal ou oblíqua, se há um tronco comum, sem descenderem as pessoas umas das outras. Há um ascendente comum, do qual advêm os descendentes, e formando-se uma relação de parentesco entre, *v.g.*, os filhos dos descendentes. A respeito, dispõe o art. 1.592: "São parentes, em linha colateral ou transversal, até o quarto grau, as pessoas provenientes de um só tronco, sem descenderem uma da outra."

Já "grau" expressa a distância que separa uma geração da outra, quer na linha reta, quer na colateral, como irmãos, tios sobrinhos etc. Na linha reta, o grau de parentesco vai até o infinito: pai, avô, bisavô, trisavô etc., como ascendentes, e filho, neto, bisneto, trineto etc., como descendentes. Na linha colateral, ou transversal, ou oblíqua, o parentesco é limitado ao quarto grau, sendo que, sob a égide do Código de 1916, se estendia até o sexto grau.

Exemplifica-se o parentesco de dois irmãos, que têm um pai comum; do sobrinho e do tio, quando ascendente comum de ambos é o avô; dos primos, em que também o avô é o ascendente comum. Mas, percebe-se que os parentes situados na linha intermediária – primos, ou tios e sobrinhos – não possuem um pai comum. Entre eles e o ascendente comum está intercalado um parente – o pai –, que não é comum dos primos ou do tio do sobrinho.

A linha reta é representada por uma linha perpendicular. Cada geração constitui um grau, e vai desde o descendente que se quer contar até o ascendente. Já a linha colateral sinaliza-se por um gráfico na forma de um ângulo ou uma pirâmide, colocando-se no vértice o parente ou antepassado comum, e nos lados os irmãos, tios, sobrinhos, sobrinhos--netos etc., mas contando-se, para os efeitos legais, até o quarto grau, como acontece para efeitos sucessórios – art. 1.839.

Importa referir, outrossim, que denominam-se germanos ou bilaterais os irmãos advindos dos mesmos pais, e unilaterais, se possuem pais diferentes, subdivididos em consanguíneos, se idêntico o pai, e uterinos, se da mesma mãe. Mas esta classificação restringe-se à linha colateral, ou transversal.

O parentesco civil decorre da adoção e da afinidade, não estendendo qualquer efeito aos demais parentes unicamente aquele por afinidade. O cunhado não transforma os seus irmãos em afins dos irmãos de sua mulher. Quanto ao resultante da adoção, a pessoa passa a ser neta do pai do adotante, ou a qualificar-se como irmã do filho do adotante, ou sobrinha do irmão deste último. A matéria virá desenvolvida no capítulo relativo à adoção.

Denomina-se a agnação o parentesco derivado do lado masculino, e cognação se advindo do lado feminino. Distinção esta criada no direito romano, e que representa os parentes paternos, quando se originam do pai; e maternos, se o vínculo procede da mãe. Portanto, o tio paterno de uma pessoa tem esta condição em virtude dele e do pai de seu sobrinho serem filhos do mesmo progenitor, enquanto o tio materno, ao contrário, é irmão da mãe do sobrinho.

Por outro lado, na linha colateral o parentesco é igual ou desigual. No primeiro caso, a distância entre parentesco comum e os que dele advieram é a mesma – como irmãos em relação ao pai, ou dos primos no pertinente ao avô; no segundo, diferente é a distância entre os parentes e o antepassado comum, na hipótese, *v.g.*, de tios e sobrinhos, estando aqueles separados de uma geração do parente comum, e de duas gerações os últimos. Contagem esta, no entanto, que não se confunde com a contagem dos graus de parentesco colateral, consoante se verá adiante, ao se desenvolver mais longamente a matéria.

3. CONTAGEM DO PARENTESCO NA LINHA RETA

Insta ver a primeira parte do art. 1.594: "Contam-se, na linha reta, os graus de parentesco pelo número de gerações." Pelo que, exemplificava Pontes de Miranda: "Grau é a distância que existe entre dois parentes. Na linha reta, contam-se os graus de parentesco pelas gerações... Assim, o pai e o filho são parentes no primeiro grau; e o avô e o neto, no segundo; o bisavô e o bisneto no terceiro."[4]

Daí concluir-se compreender cada grau uma geração. O número de gerações entre dois parentes significa o número de graus. Vale transcrever a explicação de Washington de Barros Monteiro: "Na linha reta, é muito simples: contam-se pelo número de gerações; cada geração representa um grau. Entre pai e filho medeia uma geração; serão assim parentes em primeiro grau; entre avô e neto medeiam duas gerações (do avô para o filho e do filho para o neto); serão assim parentes em segundo grau, e assim por diante. Observe-se ainda que o modo de contagem, na linha reta, é idêntico tanto no direito canônico, como no direito romano."[5]

Dizia-se, para aferir o número: contam-se as pessoas e tira-se uma, ou *tot sunt gradus, quot sunt personae, una dempta.*

Para finalizar, aduz-se que o parentesco nesta ordem vai ao infinito.

4. CONTAGEM DO PARENTESCO NA LINHA COLATERAL

Igualmente na linha colateral não é difícil a contagem. Contam-se os graus pelo número de gerações, sempre em relação a um dos parentes, excluindo-se os ascendentes e os descendentes, ou seja, não se conta o ascendente ou o descendente para onde se quer chegar. Daí se afirmar inexistir, nesta linha, parente em primeiro grau.

Lê-se da segunda parte do art. 1.594: "Contam-se..., na colateral, também pelo número delas, subindo de um dos parentes até o ascendente comum, e descendo até encontrar o outro parente."

Conforme já referido, há o tronco comum. Exemplificando, sendo o pai o parente comum, pretende-se encontrar o número de graus quanto aos filhos – mas grau de parentesco entre os filhos, ou irmãos, e não dos filhos em relação ao pai, que seria de primeiro grau. Percebe-se que entre o filho e o pai há uma geração. Consequentemente, escala-se um grau, e, após, retorna-se para o colateral do qual se pretende saber o grau de parentesco, e que é o irmão. Encontra-se mais um grau, concluindo-se que são parentes em segundo grau.

E entre sobrinho e tio?

O tio necessariamente é irmão do pai do sobrinho. Ele e o dito pai têm um mesmo progenitor. Vê-se que entre o tio e o pai deste (no caso avô do sobrinho) há uma geração e, portanto, um grau. Do pai do tio até o sobrinho passa-se pelo tio, isto é, mais uma geração ou grau, e chega-se ao sobrinho, o que acrescenta outra geração ou grau. De modo que temos o parentesco em terceiro grau.

Entre primos, fixa-se o parentesco em quarto grau.

---

4 *Tratado de Direito Privado*, vol. IX, ob. cit., p. 6.
5 *Curso de Direito Civil – Direito de Família*, ob. cit., p. 235.

Os primos são filhos de irmãos, ou irmãs. Daí o avô ser o tronco comum. Assim, temos: do filho ao pai, uma geração; do pai ao avô, outra geração; e no retorno – avô ao filho e daí para o neto –, mais duas gerações, num total, ao longo do percurso, de quatro gerações, estabelecendo o parentesco em quarto grau.

Percebe-se que se chega sempre a um autor ou tronco comum.

E entre o sobrinho-neto e o tio-avô?

O tio-avô é irmão do avô ou da avó do sobrinho.

Como nos casos anteriores, inicia-se do sobrinho, passando pelo respectivo pai, e aportando-se no avô, o que perfaz duas gerações.

Como se disse, porém, o tio-avô é irmão do avô – isto é, os dois são colaterais. Sobe-se, por conseguinte, mais uma geração, e tem-se o parente comum, que é o bisavô – pai do avô e do tio-avô do sobrinho. Alcançam-se três gerações, e como o destino é o tio avô, ou filho do bisavô do sobrinho, adiciona-se a quarta geração, de onde se extrai o parentesco em quarto grau.

O sobrinho-bisneto, em relação ao tio-bisavô, está em quinto lugar, senão vejamos.

Parte-se de sua pessoa, passa-se pelo respectivo pai, prosseguindo-se para o avô, depois até o bisavô, e chega-se ao trisavô do sobrinho, resultando quatro gerações, e acrescenta-se a Quinta, ao se retornar ao tio-bisavô.

Já o tio-bisavô está no parentesco de sexto grau relativamente ao sobrinho, cujo descendente comum será o tetravô.

Exemplo de colateral em sétimo grau é o parentesco entre o neto do sobrinho e o filho do tio-avô do sobrinho. Na situação, do sobrinho até seu neto, contam-se duas gerações; do sobrinho, passando pelos respectivos pai e avô, e chegando-se ao bisavô, adicionam-se mais três gerações; sendo o parentesco com o filho do tio-avô, o retorno envolverá a passagem pelo tio-avô, encerrando-se no filho deste, o que perfaz a colateralidade em sétimo grau.

Eis a representação gráfica:

Bisavô

Avô-sobrinho   tio-avô

pai do sobrinho   filho do tio-avô

sobrinho

filho do sobrinho

neto do sobrinho

Observa-se a seguinte contagem para chegar-se a primo-segundo, terceiro e quarto.

O avô é o antecedente comum. Até chegar-se ao primo, segundo foi observado, há quatro graus. No caso do primo-segundo, mais dois graus – um que inicia a ordem de escala, e outro que conclui; e para primo-terceiro, outros dois graus são contados. Chega-se ao parentesco de oitavo grau entre primos-terceiros, conforme o seguinte gráfico:

Avô

pai do primo   pai do primo

primo   primo

filho do primo   filho do primo

neto do primo   neto do primo

Qual o grau de parentesco entre o filho de um primo e o outro primo? A resposta está na representação abaixo:

Avô

pai do primo   pai do primo

primo   primo

filho do primo

O parentesco é de quinto grau, pois se acrescenta apenas um degrau na escala descendente do avô ao filho do primo.

E o bisneto do tio, em que grau se posiciona quanto ao sobrinho do tio?

Eis a escala:

Trisavô

4° grau – bisavô do sobrinho   bisavô do sobrinho – 5° grau

3° grau – avô do sobrinho   avô do bisneto – 6° grau

2° grau – pai do sobrinho   pai do bisneto – 7° grau

1° grau – sobrinho   bisneto – 8° grau

Nota-se que o parentesco é de oitavo grau.

Enfim, vale transcrever a seguinte explicação de Pontes de Miranda: "Na linha colateral, não há, portanto, primeiro grau. No segundo, estão o irmão e a irmã. No terceiro, o tio, irmão do pai, ou irmão da mãe, a tio, irmã do pai, ou irmã da mãe. No quarto, os netos e netas do irmão ou irmã, os tios-avós, os primos ou primas, isto é, os filhos de um irmão ou uma irmã e os do outro irmão ou outra irmã. O parentesco colateral vai até o sexto grau, de forma que, se a soma das duas linhas perfaz sete graus, ou mais, as pessoas não são mais consideradas parentes."[6]

5.   O VÍNCULO DA AFINIDADE

Trata-se do parentesco entre o cônjuge ou companheiro e os familiares do outro cônjuge ou companheiro. É um parentesco criado por lei, ou parentesco civil, ou ficção de parentesco.

É bem clara a explicação de Maria da Glória Villaça Borin Galvão de Almeida: "O parentesco por afinidade, que surge com o casamento, é uma criação da lei.

A norma positiva poderia, portanto, originar outras formas de parentesco por afinidade.

Justamente por ser obra de uma atividade legislativa, a doutrina critica a expressão 'parentesco' para designar a afinidade, uma vez que não há qualquer laço de consanguinidade.

Por outro lado, poder-se-ia argumentar que, com a regulamentação constitucional da união estável como entidade familiar, também esta deveria ensejar a afinidade, e não somente o casamento.

Ocorre, porém, ser inviável tal extensão em face da própria natureza da sociedade fática.

---

[6]   *Tratado de Direito Privado*, ob. cit., vol. IX, pp. 9 e 10.

Seria impossível, a título exemplificativo, fixar-se o início da relação de afinidade, visto que a união estável é decorrência de uma realidade fática que se protrai no tempo.

Ademais, não há por que estender-se à união todas as consequências do casamento, sob pena de nulificá-lo, como já se procurou demonstrar."[7]

Desde que elevada à categoria de instituto jurídico a união estável, contrariando o pensamento da autora acima apontada, estende-se esta relação ao companheiro ou companheira. Os pais e irmãos do companheiro são afins da companheira, e, assim, os desta o são daquele. Os óbices colocados não podem apagar a relação que se cria entre a pessoa e alguns parentes mais próximos de seu companheiro.

Em face do casamento, estabelecem-se relações entre o cônjuge ou companheiro e os parentes do outro cônjuge ou companheiro. A respeito do "parentesco" por afinidade, estatui o art. 1.595, envolvendo o companheiro: "Cada cônjuge ou companheiro é aliado aos parentes do outro pelo vínculo da afinidade."

Nota-se que se cria um laço de aproximação, ou mesmo de vinculação de pessoas, envolvendo um dos cônjuges ou companheiros aos parentes do outro, ou vice-versa, e que deriva do casamento ou da união estável.

Mas tal relacionamento limita-se entre o cônjuge ou companheiro e os parentes de seu consorte. Não há qualquer extensão de relação parental de afinidade entre os afins de um cônjuge ou companheiro e os afins do outro consorte. Não se relacionam, *v.g.*, por qualquer ordem de afinidade, os irmãos do marido com os irmãos de sua mulher. A afinidade restringe-se, quanto aos irmãos do marido, à sua mulher, e quanto aos irmãos desta, ao marido da mesma.

Reza, sobre o assunto, o § 1º do art. 1.595: "O parentesco por afinidade limita-se aos ascendentes, aos descendentes e aos irmãos do cônjuge ou companheiro".

Também na afinidade destacam-se duas linhas de parentesco: a reta e a colateral. Nota-se, porém, que o laço de união, ou o vínculo 'parental', restringe-se ao marido ou companheiro e aos parentes da mulher, e entre esta e os parentes daquele. Por conseguinte, a afinidade se resume a essas pessoas, não ligando os parentes do marido aos parentes da mulher. Por outras palavras, o 'parentesco' não passa de um grau, tanto na linha reta como na colateral.

Na linha reta, à semelhança do parentesco consanguíneo, embora restrita apenas ao primeiro grau, temos, em escala ascendente, a sogra, o sogro, o padrasto e a madrasta, que se posicionam na mesma altura que o pai e a mãe.

Na linha reta descendente, também no primeiro grau, colocam-se o genro, a nora, o enteado e a enteada, em posição similar a filho e filha.

Na linha colateral, equivale a contagem como se procede quanto aos irmãos: os afins se se denominam cunhados ou cunhadas, e a afinidade será em segundo grau, pois sobe-se do afim, na hipótese genro, até, *v.g.*, o sogro, e retorna-se a ele, genro.

Úteis as seguintes explicações, de Pontes de Miranda: "a) Os parentes de um dos cônjuges, conquanto sejam afins do outro cônjuge, não o são dos parentes dele: *affinitas non egreditur ex persona*. Por exemplo: os meus tios não são afins do meu sogro; b) Os afins de um cônjuge não são afins dos afins do outro: *affinitas inter se non sunt affines*. Assim, os maridos de duas irmãs não são afins entre si; c) As pessoas afins de um dos

---

[7]   "A Nova Ordem Familiar", em *O Direito de Família e a Constituição de 1988*, São Paulo, Saraiva, 1989, p. 91.

cônjuges em virtude do primeiro casamento não têm laços de afinidade com a pessoa com que o viúvo, ou a viúva, contrai novas núpcias: *affinitas affinitatem non generat*."[8]

Uma vez dissolvido o casamento – o que se dá com a morte e o divórcio – e da união estável, cessa a afinidade na linha colateral ou transversal, o mesmo não ocorrendo com a afinidade na linha reta. Assim prevê o § 2º do art. 1.595: "Na linha reta, a afinidade não se extingue com a dissolução do casamento ou da união estável". Dessume-se daí que o genro não poderá matrimoniar-se com a sogra em face da morte de sua mulher, ou do divórcio. De igual forma no pertinente ao sogro, se morrer o filho, quanto à nora. Alça-se esta perpetuidade de vínculo em impedimento matrimonial, bem diferentemente dos colaterais, ou transversais, que não trazem impedimento, além de cessar a afinidade com a morte do cônjuge ou companheiro.

Mesmo que "ilegítima" a afinidade, ou aquela que decorre da união de pessoas não casadas, mas proibidas de se unirem em razão de impedimentos para o casamento, persistem as impossibilidades de casamento ou união acima especificadas. A convivência do filho com determinada mulher impede o posterior relacionamento sexual ou mesmo o casamento do pai daquele com sua companheira; de igual forma, é proibida a ligação matrimonial do sogro com a enteada do filho, ou da sogra com o genro na morte da filha.

Adverte-se, no entanto, que não cabe mais falar em parentesco 'ilegítimo', diante da atual Carta Federal, como explica o professor paulista Milton Fernandes: "Originando-se o parentesco, seja na linha reta ou colateral, da filiação, também nele não haverá discriminações. Não há, pois, falar-se mais em parentesco legítimo e ilegítimo.

Não difere o raciocínio se se trata de afinidade, que, com fundamento no art. 334, se define como o vínculo que une um cônjuge aos parentes do outro. Em consequência, também ela, oriunda do parentesco, não pode submeter-se a distinções discriminatórias."[9] Lembra-se que o art. 334 corresponde ao art. 1.595 do Código em vigor.

Afora os impedimentos para o casamento ou da união estável na linha reta, nenhum outro efeito gera a afinidade entre os parentes. Os afins do primeiro casamento ou da primeira união estável não se tornam afins do cônjuge recebido em segundas núpcias ou em segunda união estável, lembra Carlos Alberto Bittar,[10] sendo de acrescer que cessa a afinidade do primeiro casamento ou da primeira união estável, mas não cessa o impedimento para casar na linha reta.

---

[8] *Tratado de Direito Privado*, ob. cit., vol. IX, p. 13.
[9] "A Família na Constituição de 1988", em *Revista dos Tribunais*, nº 654, p. 20.
[10] *Direito de Família*, Rio de Janeiro, Forense Universitária, 1991, p. 209.

XVII

A Filiação e Reconhecimento dos Filhos

1. CARACTERIZAÇÃO E CONCEITO

Importante questão que integra o direito de família diz respeito à filiação, posto que os filhos são uma das razões maiores do casamento, representando a continuidade da espécie, e sendo uma amostra do futuro da humanidade.

O termo "filiação" encerra a relação que se criou entre o filho e as pessoas que o geraram. Há um extenso quadro de leis e regulamentações que tratam desta relação, com direitos e deveres de ambas as partes, como já foi observado, parcialmente, no estudo dos direitos e deveres advindos do casamento.

O vocábulo "filiação", enfatiza Washington de Barros Monteiro, "exprime a relação que existe entre o filho e as pessoas que o geraram."[1] Ou seja, a relação do filho para com o pai, ou a mãe. Contrapõe-se à relação decorrente da paternidade, ou da maternidade, que é aquele rol de direitos e deveres do pai ou da mãe em relação ao filho.

Neste vasto campo de disciplinamento legal, em constante evolução legislativa, são tratadas questões de grande interesse da prole, cujo âmbito, no entanto, não se atém apenas ao aspecto jurídico. Sempre constituiu preocupação e objeto de estudos a matéria relacionada aos filhos, que traz profundos problemas não apenas no âmbito familiar, mas também nas repercussões sociais e mesmo políticas, de interesse do Estado, já que diz com a formação do próprio povo.

Mário Aguiar Moura introduz o assunto da filiação com esta passagem: "Literalmente falando, é tema fundamental do homem enquanto agente responsável imediato pela sobrevivência da linhagem humana, através do elo de sua continuidade na face da terra. É a missão básica e fundamental do homem desde o ponto de vista de ser o representante da espécie. Como tal, porta em si a semente, esta sim parece que insubstituível por sucedâneos, que potencialmente se dispõe à geração de novos seres que, substituindo aos geradores, deverão gerar, por sua vez, os mais novos. Essa função situa-se para além de sua projeção individual de natureza finita, para radicar naquilo que tem de componente do gênero que tende à perpetuidade.

A reprodução é a lei da preservação da vida. Todos os seres vivos se reproduzem por ação própria e só assim é que a vida se conserva sobre a face da terra."[2]

A partir desta visão, pode-se dar o conceito de filiação, mais no sentido jurídico, como a relação de parentesco consanguíneo em primeiro grau e em linha reta, que en-

---

[1] *Curso de Direito Civil – Direito de Família*, obra citada, p. 240.
[2] *Tratado Prático da Filiação*, 2ª ed., Rio de Janeiro, Aide, 1984, vol. I, p. 14.

volve ou une uma pessoa àquelas que a reproduziram ou geraram. Consiste no liame entre pais e filhos.

Desde a antiguidade, a relação de filiação é o vínculo mais importante da união e aproximação das pessoas. Constitui um liame inato, emanado da própria natureza, que nasce instintiva mente e se prolonga ao longo da vida dos seres humanos, embora se atenue o sentimento com o passar do tempo. Mesmo que falte ou desapareça a união entre os pais, os laços de parentesco jamais desaparecem, porquanto se revelam em um componente ôntico da pessoa, tanto que diverso, mais perene e profundo que qualquer outro relacionamento. O próprio parentesco civil não cria, no fundo, o sentimento decorrente dos laços sanguíneos, como reconhecem os estudiosos, observando José Luiz Gavião de Almeida: "É verdade que o conceito acima não suporta a filiação civil decorrente da adoção. Este instituto, entretanto, conquanto tenha recebido ultimamente sensível equiparação à filiação consanguínea, não pode com esta ser confundido. Ainda algumas relações devem ser analisadas de forma separada. Assim, o vínculo parental consanguíneo nunca se extingue para determinados efeitos, como em relação aos impedimentos matrimoniais. A ligação de parentesco civil pode acabar desaparecendo, por nulidade do ato que o criou."[3]

Seja como for, nota-se a relevância da filiação, a ponto de, na impossibilidade de consegui-la por sangue, em razão de impedimento físico, é reproduzida através de ficção legal, no instituto da adoção.

Desta relação nascem importantes efeitos jurídicos, com variada gama, tanto na órbita material quanto no círculo pessoal. Sobressaem os direitos assegurados aos filhos, independentemente se nascidos da união sexual formalizada pelo casamento ou não, salientando-se os seguintes: o estado de filho, pelo que decorrem várias outras relações e direito de serem denominados filhos; o direito ao uso do nome dos pais, ou ao patronímico; o direito de receber alimentos, de ser criado, educado, e receber toda série de atenções e atendimentos que uma pessoa necessita até capacitar-se a subsistir por suas próprias condições; e a contemplação na herança.

De outro lado, atualmente todos os filhos, não importando se nascidos do casamento ou não, têm assegurada uma série de direitos, previstos no art. 227 da Carta Magna, em redação da Emenda Constitucional nº 65, de 13.07.2010: "É dever da família, da sociedade e do Estado assegurar à criança, ao adolescente e ao jovem, com absoluta prioridade, o direito à vida, à saúde, à alimentação, à educação, ao lazer, à profissionalização, à cultura, à dignidade, ao respeito, à liberdade e à convivência familiar e comunitária, além de colocá-los a salvo de toda forma de negligência, discriminação, exploração, violência, crueldade e opressão".

Os direitos decorrem do simples fato da filiação, e não da circunstância de se nascer em determinado momento, antes ou depois da união matrimonial, ou paralelamente a esta, mas em união com pessoa estranha. A distinção outrora existente não mais perdura, uma vez que a Constituição veda qualquer designação que leve à desigualdade. Todo filho é simplesmente filho, seja qual for a natureza do relacionamento de seus pais.

---

[3] "O Novo Estatuto da Filiação", *O Direito de Família e a Constituição*, São Paulo, Saraiva, 1989, p. 155.

2. TRATAMENTO DOS FILHOS HAVIDOS NO CASAMENTO E FORA DO CASAMENTO

O elemento básico e determinante da prova da filiação é a declaração no registro civil de nascimento, que dirime qualquer dúvida e coloca em termos claros a origem e os dados identificadores do filho. Mas há outros meios, no dizer de Carlos Alberto Bittar, como os meios voluntários, "em que se indicam os nomes dos pais, com efeito retroativo à data do efetivo acesso à vida externa e resguardados os direitos do nascituro desde a concepção... Arma-se também o filho com mecanismos judiciais próprios de reconhecimento, a fim de que possa fruir dos direitos decorrentes do respectivo estado, inclusive quando havido fora do matrimônio."[4]

Atualmente, seja qual for a classe de filhos, todos são considerados iguais, especialmente em razão do art. 227, § 6º, da Constituição Federal: "Os filhos, havidos ou não da relação do casamento, ou por adoção, terão os mesmos direitos e qualificações, proibidas quaisquer designações discriminatórias relativas à filiação."

Com esta norma, todos os filhos podem ser reconhecidos, seja qual for a sua denominação, o que leva a alterar o registro civil.

De observar que o atual estágio demorou a ser alcançado. Muitos avanços ocorreram através dos tempos, e que iniciaram com a Lei nº 4.737, de 27.09.1942, cujo art. 1º permitiu o reconhecimento do filho havido fora do casamento depois do então desquite. Após, a Lei nº 883, de 27.10.1949, trouxe mais abertura, ao assegurar, em seu art. 1º, não apenas o reconhecimento por qualquer dos pais, uma vez ocorrida a dissolução da sociedade conjugal, mas também pelo filho, por meio de ação declaratória própria. Eis a redação do então dispositivo: "Dissolvida a sociedade conjugal, será permitido a qualquer dos cônjuges o reconhecimento do filho havido fora do matrimônio e, ao filho, a ação para que se lhe declare a filiação."

E, dentre outros diplomas, a Lei nº 6.515/1977 veio, em seu art. 51, a acrescentar o parágrafo único ao art. 1º da Lei nº 883, com a seguinte redação: "Ainda na vigência do casamento, qualquer dos cônjuges poderá reconhecer o filho havido fora do matrimônio, em testamento cerrado, aprovado antes ou depois do nascimento do filho, e, nessa parte, irrevogável." Nota-se que qualquer dos cônjuges, por testamento cerrado, passou a ser habilitado para reconhecer o filho extramatrimonial.

No mesmo art. 51 da Lei nº 6.515/1977, foi introduzida a igualdade hereditária entre filhos legítimos e ilegítimos, sendo que a estes era reservada, pelo art. 2º, a título de amparo social, a metade da herança que viesse a receber o filho legítimo ou legitimado.

Explicitava, mais profundamente, Natal Nader: "Em consequência, sufragou-se o entendimento de que o filho ilegítimo, natural ou espúrio, passou a herdar igual ao legítimo, o mesmo sucedendo com o filho adotivo, qualquer que tenha sido a espécie de adoção, o que, relativamente ao adotado pleno, não sofreu contestação..."[5]

Benefício este extensivo aos filhos incestuosos, que também passaram a ser reconhecíveis, conforme demonstra Hélio Borghi: "Por sua vez, os filhos incestuosos continuavam a ser impedidos de reconhecimento, por força do art. 358 do CC, segundo alguns autores, por ser por demais imoral o reconhecimento desse tipo de filiação. Entretanto, a Lei do

---

4   *Direito de Família*, obra citada, p. 211.
5   "Direito de Família na Constituição de 1988", *Revista Forense*, vol. 306, p. 348.

346 • Direito de Família | *Arnaldo Rizzardo*

Divórcio introduziu alteração na redação do então art. 2º da Lei nº 883/1949, dispondo que: 'Qualquer que seja a natureza da filiação, o direito à herança será reconhecido em igualdade de condições.' Ora, para haver direito à herança, há que haver o reconhecimento (voluntário ou judicial) do filho e, então, passou-se a entender que também os filhos incestuosos poderiam ser reconhecidos, porque a citada Lei nº 883/1949 dispõe sobre o reconhecimento de filhos ilegítimos, segundo sua rubrica, não distinguindo entre adulterino, natural ou incestuoso."[6] Observa-se que o citado art. 358 não encontra regra equivalente no Código Civil de 2002.

Mais um avanço ocorreu com a Lei nº 7.250, de 14.11.1984, que acrescentou o § 2º ao art. 1º da Lei nº 883/1949, nos seguintes termos: "Mediante sentença transitada em julgado, o filho havido fora do matrimônio poderá ser reconhecido pelo cônjuge separado de fato há mais de cinco anos contínuos."

A Lei nº 7.841, de 17.10.1989, simplesmente revogou o art. 358 do Código Civil, que proibia o reconhecimento dos filhos adulterinos ou incestuosos. Em face disto, nenhum óbice persiste coibindo o reconhecimento em qualquer momento da vida dos pais, mesmo que casados com terceiras pessoas.

A Lei nº 8.069, de 13.07.1990, que dispõe sobre o Estatuto da Criança e do Adolescente, com modificações de várias leis, destacando-se as vindas com as Leis nos 12.010/2009 e 13.257/2016, no art. 20 arredou de vez qualquer diferença de tratamento entre filhos nascidos dentro ou fora do casamento. Eis sua redação: "Os filhos, havidos ou não da relação do casamento, ou por adoção, terão os mesmos direitos e qualificações, proibidas quaisquer designações discriminatórias relativas à filiação."

Mas, o grande avanço foi trazido pelo art. 26 da mesma lei, que possibilitou o reconhecimento através do registro civil e outras formas, em qualquer tempo, na seguinte redação: "Os filhos havidos fora do casamento poderão ser reconhecidos pelos pais, conjunta ou separadamente, no próprio termo do nascimento, por testamento, mediante escritura ou outro documento público, qualquer que seja a origem da filiação."

E o parágrafo único, ampliando esse direito a antes do nascimento ou depois do falecimento: "O reconhecimento pode preceder o nascimento do filho ou suceder-lhe ao falecimento, se deixar descendentes."Como se percebe, não mais se exige a dissolução da sociedade conjugal para o reconhecimento dos filhos. Embora casados os pais, admite-se o registro, ou o reconhecimento por outra forma dos filhos havidos fora do matrimônio, eis que a lei não faz distinção quanto à época do reconhecimento.

Os tribunais adotaram incondicionalmente a nova ordem, segundo consta do seguinte exemplo: "Família. Filiação. Filho ilegítimo. Pedido de reconhecimento, com averbação no registro civil, pelo pai. Pai casado que mantém vínculo anterior. Possibilidade do pedido. Art. 227, § 6º, da CF de 1988. Com o advento da nova Constituição Federal, o reconhecimento da filiação ilegítima independe do estado civil e de parentesco entre os genitores, e não há mais que distinguir entre filhos legítimos, ilegítimos..., adulterinos ou incestuosos, e adotivos, e entre adoção anterior ou posterior à filiação biológica, ocorrendo os mesmos direitos em todos os casos. Apelação provida."[7]

Isto inclusive quanto aos adulterinos *a matre,* na explicação de Jorge Franklin Alves: "No tocante à filiação adulterina *a matre*, o dispositivo está a merecer algumas considera-

---

6   "A Situação dos Filhos Havidos Fora do Casamento e a Nova Constituição", *Revista dos Tribunais*, nº 643, p. 340.

7   TJPR. Apelação Cível nº 2.000/89. 2ª Câm. Cível, de 13.06.1990, *Revista dos Tribunais*, 665/140.

ções complementares. Poderia também a mãe reconhecer o filho havido fora do casamento, estando em vigor sua sociedade conjugal?

Novamente se impõe a resposta positiva, à vista do preceito constitucional. Sim, pode. Mas, a nosso ver, devem ser mantidas as regras consignadas nos arts. 340 e 343 do Código Civil, só se admitindo presunção contrária à paternidade do marido nos casos de separação de fato ou de direito à época da concepção, impotência para gerar e impossibilidade de coabitação, sob pena de se criar uma indesejável instabilidade no seio da família.

Não se pode exigir mais a prévia dissolução da sociedade conjugal da mulher para o reconhecimento, mas os pressupostos acima aludidos têm que ser observados. Seria uma temeridade admitir que a mulher, vivendo com o marido, sob o mesmo teto, pudesse ter um filho registrado em seu nome e do amante. Mas se a mulher teve filho com um companheiro, em cuja ocasião se achava separada de fato do marido, entendo que não obsta o reconhecimento, ainda que na vigência de sua sociedade conjugal."[8] Os arts. 340 e 343 equivalem aos arts. 1.598 e 1.600 do Código Civil de 2002.

Esta a maior evolução do direito que trata da filiação, evolução que teve passos decisivos com a Constituição de 1988 e as Leis nos 7.841 e 8.069.

A própria investigação de paternidade é possível durante o casamento, não mais vigorando a proibição do art. 364 do Código Civil de 1916, na lição de Hélio Borghi: "No concernente aos filhos adulterinos, não mais restará dúvida sobre sua situação, podendo ser reconhecidos por qualquer das formas mencionadas (termo de nascimento, escritura pública, ou testamento), ainda que durante a vigência da sociedade conjugal de seu pai ou mãe, podendo, inclusive, intentar ação de reconhecimento de paternidade ou de maternidade, o que até então não podia fazer, ficando, pois, revogado o art. 364 do Código Civil brasileiro (primeira parte), que proíbe a ação de investigação de maternidade que culmina com a atribuição de prole ilegítima à mulher casada.

No mesmo sentido, quanto aos filhos chamados incestuosos, deixando de existir a controvérsia doutrinária, mencionada acima, pois a Lei Maior não distingue, ao contrário proíbe, qualquer discriminação entre os vários tipos de filiação; portanto, fica revogada também a segunda parte do art. 364 do Código Civil, citado acima, como ainda revogado fica o art. 358 do mesmo estatuto."[9]

3. ESPÉCIES DE FILIAÇÃO

Quanto à natureza, costuma-se estabelecer três tipos de filiação: a biológica, a biológica presumida e a sociológica.

Biológica é denominada a filiação quando, como o nome indica, decorre das relações sexuais dos pais. O filho tem o sangue dos pais – daí ser filho consanguíneo.

De observar que a filiação biológica distingue-se em legítima, legitimada e ilegítima. Legítimos consideram-se os filhos gerados na vigência do casamento civil de seus pais. Legitimados, os gerados antes desse casamento, que os legitima. Ilegítimos, os nascidos fora do casamento civil de seus pais, os quais, por sua vez, se distinguem em naturais *stricto sensu* e espúrios. Naturais são os filhos cujos pais não se achavam impedidos de se casar um com o outro quando foram concebidos. Os espúrios, pelo contrário, nasce-

---

[8] "A Nova Constituição e seus Reflexos no Direito de Família", *Revista Forense*, vol. 304, p. 95.

[9] *A Situação dos Filhos Havidos Fora do Casamento e a Nova Constituição*, trabalho citado, pp. 340 e 341.

348 • Direito de Família | *Arnaldo Rizzardo*

ram ou foram gerados quando seus pais eram impedidos de se casar entre si, em virtude de ser um deles ou ambos já casados com outra pessoa (adulterinos), ou porque eram parentes em linha reta ou em grau proibido (incestuosos).[10] Esta espécie de divisão não mais é utilizada, porquanto fundada em distinções entre os filhos, contrariando o princípio constitucional da absoluta igualdade que deve existir.

De outro lado, o fato de nascer o filho enquanto perdura o casamento, ou até certo tempo após a sua desconstituição, faz presumir que o pai é aquele que convive com a mãe, porquanto dúvidas inexistem no pertinente à maternidade – *mater semper certa*. Já torna-se elemento definido da paternidade o fato do matrimônio: *pater is est quem nupciae demonstrant*.

Trata-se, aí, de filiação biológica presumida.

Por último, temos a filiação sociológica, concernente à adoção, sem vínculos biológicos, mas admitida e reconhecida por engenho da lei.

De salientar, outrossim, que é obrigatória a filiação havida no casamento. Não podem o marido e a mulher negá-la, enquanto não definido declaratoriamente que o marido não é pai, posto que à mulher, por gerar, não lhe é dado afastar a maternidade.

Se a filiação advém de uma sociedade conjugal, ou de um relacionamento íntimo, a filiação é assumida, o que se viabiliza pelo reconhecimento. Os cônjuges deliberam assumir o filho – forma que se estende à adoção, onde os pais adotivos, em conjunto com o adotado, ou com seus pais consanguíneos, resolvem formar o vínculo de filiação.

Na recusa dos pais em admitir o filho, ou negando-se a reconhecê-lo, a filiação poderá ser definida mediante perquirição judicial, alcançando-se a sua declaração através de sentença.

Por último, em algumas legislações, e isto também ocorria no Brasil, é proibido o reconhecimento da filiação se decorrente de relações sexuais ilícitas, ou vedadas em razão de um parentesco em grau elevado, ou praticadas adulterinamente.

No tocante aos filhos ilegítimos, mais por curiosidade histórica, vale observar a conceituação e a classificação vigente em época já distante, retratada na lição de Pontes de Miranda: "Diz-se ilegítima a filiação quando provém de pessoas não vinculadas por matrimônio válido, ou putativo, ou anulável. É ilegítima portanto, a filiação: I) quando originada de casamento inexistente, ou de pessoas não casadas uma com a outra; II) se proveio de casamento nulo, desde que haja sentença passada em julgado. São ilegítimos os filhos de pessoas unidas, a princípio, por casamento nulo por incompetência da autoridade, se a nulidade foi alegada dentro de dois anos da celebração (art. 208) e transitou em julgado, com eficácia *ex tunc*, a sentença proferida na ação de nulidade."[11] O art. 208 referido encontra conteúdo equivalente no art. 1.560, inc. II, do Código Civil em vigor.

Desde antes da Constituição Federal, já se ressalvava a posição dos filhos no art. 14, parágrafo único, da Lei n° 6.515, que preceituava: "Ainda que nenhum dos cônjuges esteja de boa-fé ao contrair o casamento, seus efeitos civis aproveitarão aos filhos comuns." O art. 227, § 6°, da Carta Federal, consolidou a igualdade absoluta: "Os filhos, havidos ou não da relação do casamento, ou por adoção, terão os mesmos direitos e qualificações, proibidas quaisquer designações discriminatórias relativas à filiação". De modo que os filhos advindos de casamento nulo, ou inexistente, e com bem mais razão, de casamento

---

[10] Dilvanir José da Costa, "Aspectos do Direito de Família na Nova Constituição", *Revista dos Tribunais*, n° 635, p. 69.

[11] *Tratado de Direito Privado*, vol. IX, obra citada, p. 20.

Cap. XVII | A Filiação e Reconhecimento dos Filhos • **349**

anulável, são sempre havidos no sentido que anteriormente se dava aos considerados legítimos, mesmo que ambos os cônjuges tivessem consciência da impossibilidade de se casarem. Dentro da abrangência dos filhos ilegítimos, encontravam-se, lembram os autores, os naturais e espúrios. E na categoria dos espúrios estavam os adulterinos e os incestuosos, segundo classificação tradicional.

Quanto aos espúrios, é interessante aprofundar, consideravam-se os nascidos de pessoas entre as quais existia, quando de sua concepção, qualquer dos impedimentos referidos. Se o impedimento decorre de casamento, o espúrio denomina-se adulterino, e designa-se incestuoso se a proibição para o matrimônio de seus pais relaciona-se com parentesco entre ambos existente.

De lembrar que se tinha a adulterinidade como unilateral se apenas um dos genitores era casado com outra pessoa que não seu pai ou sua mãe quando da concepção; e bilateral, quando ambos os genitores se encontravam casados com terceiras pessoas.

4. FILHOS NASCIDOS DURANTE O CASAMENTO

O casamento sempre foi considerado o pressuposto para o enquadramento dos filhos como legítimos antes da vigente Constituição.

Presentemente, o interesse do estudo restringe-se tão somente para determinar a paternidade. Não mais tem relevância a matéria para fins de classificação, como se fazia antes.

Desde que a concepção ocorra durante o casamento, são os filhos tratados como nascidos no casamento. Importa averiguar se, em face do nascimento, a ocorrência da concepção se deu enquanto vigia o casamento.

Naturalmente, nascendo ao tempo do matrimônio, torna-se mais fácil enquadrá-los em tal categoria. Basta o fato.

Necessário, pois, pesquisar se a concepção é localizada ao tempo em que a mãe se encontrava casada. É irrelevante o nascimento quando já separados os pais, ou dissolvido o casamento por divórcio, ou morte do cônjuge, ou nulidade.

Não tem, diante da evolução do tratamento legislativo, maior significação o nascimento durante o casamento ou fora dele. Nem a circunstância será assinalada no registro de nascimento. Apenas há a possibilidade de o pai negar a paternidade, se não estiver casado. Quanto à mãe, é impossível a negativa. A maternidade é comprovável diretamente, ou pela simples observação da gravidez. É suficiente a prova do fato material da gravidez e que determinada pessoa nasceu do parto resultante daquela gravidez. Daí se afirmar que *mater semper certa est.*

No entanto, em inúmeras situações há dúvidas, mormente nos registros antigos. Se a mãe dera à luz quando separada de fato do marido, sendo o filho fruto da união com outro homem, não se procedia ao registro civil do nascimento, a menos que ela o providenciasse. Como foi observado, em face do art. 358 do Código Civil de 1916, impedia-se o reconhecimento do filho adulterino ou incestuoso. Diante da Lei n° 883, apenas quando da dissolução do casamento ou da sociedade conjugal era autorizado o reconhecimento. Com a Lei n° 6.515, por testamento cerrado passou a ser permitido o reconhecimento. Através das Leis n° 7.841 e n° 8.069, esta com várias alterações por outras leis, é que foi extirpado, de vez, qualquer tipo de discriminação entre filhos, não importando se nascidos de relações espúrias ou incestuosas, havidas dentro ou fora do casamento.

350 • Direito de Família | *Arnaldo Rizzardo*

Consequentemente, mais em vista do art. 26 da Lei nº 8.069, o registro pelos pais não era cerceado em razão da época da concepção ou do grau de parentesco dos mesmos. Antes, nem o nome da mãe se permitia apor, se incestuoso ou adulterino o filho, e não fosse ela quem tivesse efetuado o registro. Admitia-se o registro unicamente se os pais o procediam, como externavam os arts. 59 e 60 da Lei nº 6.015/1973. Rezava o primeiro: "Quando se trata de filho ilegítimo, não será declarado o nome do pai sem que este expressamente o autorize ou compareça por si, ou por procurador especial, para, reconhecendo-o, assinar, ou, não sabendo ou não podendo, mandar assinar a seu rogo o respectivo assento, com duas testemunhas." E o último: "O registro conterá o nome do pai ou da mãe, ainda que ilegítimos, quando qualquer deles for o declarante." Permitia-se o reconhecimento de filhos adulterinos e incestuosos. No máximo, não se referia, na certidão do registro solicitada, a circunstância de ser legítima ou ilegítima a filiação (art. 19, § 3º, da Lei nº 6.015/1973).

Este o entendimento de Pedro Manso Cabral: "Não vemos, assim, qualquer obstáculo a que os pais do filho incestuoso, se assim o desejarem, reconheçam o filho no registro do nascimento. Os dados serão tomados e assentados pelo Ofício. No momento do fornecimento de certidão, entretanto, ela só conterá o nome de um dos pais, porque, figurando nela o nome de ambos, isto será socialmente vergonhoso para o filho.

A conclusão a que se chega, pois, é a de que o art. 358 do Código Civil está revogado pela matéria contida na Lei dos Registros Públicos, pelo menos no que diz respeito a reconhecimento de filhos incestuosos, feito no seu registro de nascimento."[12]

Tinham aplicação as considerações acima igualmente aos filhos adulterinos, pois os arts. 59 e 60 da Lei nº 6.015/1973 referem-se a filhos ilegítimos, que envolvem os naturais, os adulterinos e os incestuosos.

O tratamento atual dado à matéria obriga a omissão de qualquer discriminação ou diferenciação em razão do nascimento antes ou após o casamento, ou de quaisquer tipos de relações existentes entre os pais.

A Lei nº 8.560, de 29 de dezembro de 1992, que regula a investigação de paternidade dos filhos havidos fora do casamento, encerra, no art. 5º: "No registro de nascimento não se fará qualquer referência à natureza da filiação, à sua origem em relação a outros irmãos do mesmo prenome, exceto gêmeos, ao lugar e cartório do casamento dos pais e ao estado civil destes."

Também peremptoriamente, preceitua o art. 1.596: "Os filhos, havidos ou não da relação de casamento, ou por adoção, terão os mesmos direitos e qualificações, proibidas quaisquer designações discriminatórias relativas à filiação".

As medidas para evitar a desigualdade vão a ponto de se proibir, inclusive, a menção ao lugar do cartório do casamento dos pais e ao estado civil destes.

O art. 6º da Lei nº 8.560/1992 segue idêntica linha, persistindo a sua vigência: "Das certidões de nascimento não constarão indícios de a concepção haver sido decorrente de relação extraconjugal." E, insistindo nas mesmas determinações, o § 1º deste dispositivo: "Não deverá constar, em qualquer caso, o estado civil dos pais e a natureza da filiação, bem como o lugar e cartório do casamento, proibida referência à presente Lei."

---

[12] *Paternidade Ilegítima e Filiação*, São Paulo, Saraiva, 1983, p. 83.

Cap. XVII | A Filiação e Reconhecimento dos Filhos • 351

A menos que haja requisição judicial, de acordo com o § 2º: "São ressalvadas autorizações ou requisições judiciais de certidões de inteiro teor, mediante decisão fundamentada, assegurados os direitos, as garantias e interesses relevantes do registrado."

Vemos, daí, a longa distância que há entre o tratamento da matéria pelo direito primitivo e pelo direito atual, se bem que, socialmente, nunca existiram maiores preconceitos ou discriminações. A diferença de direitos assegurados aos filhos de pais casados foi mais fruto de preconceitos do legislador. O que interessa, presentemente, é o nascimento do filho, não havendo qualquer dúvida, no tocante à paternidade, se a concepção ocorreu enquanto persistia a sociedade conjugal, ou mesmo uma sociedade de fato efetiva e conhecida, mas que, para impor a aposição dos nomes de ambos os progenitores no registro de nascimento, reclama a presença, ao ato, do pai. A mesma Lei nº 8.560, embora todos os avanços trazidos, não eximiu o registro de tal necessidade, como exsurge do art. 2º, onde, inovando a matéria, introduziu uma forma de tentar apurar a paternidade, com o envio, pelo titular do Cartório, ao juiz, de expediente onde conste a declaração de quem é o pai, com a finalidade de se conseguir a sua confissão, ou, posteriormente, se promover a competente ação.

Efetivamente, a paternidade, quando negada, não é de fácil comprovação. Mas, no casamento, é ela simplesmente admitida pelo fato do casamento.

Observava Mário Aguiar Moura, perdurando a aplicação do ensinamento: "As condições de paternidade apresentam-se bem diversas das da maternidade. A mãe permanece como depositária em seu seio do novo ser, enquanto o pai apenas deposita a célula complementar da procriação... Prestigiando o casamento, com a presunção de que ele tem a força moral de manter a mulher fiel a seu marido, e ainda preservando a estabilidade da família legítima, a lei dispensa qualquer prova da paternidade. Esta decorre por presunção, do fato único de ser o homem casado com a mulher que pariu. Com a prova da maternidade e do casamento, a paternidade estabelece-se como remate natural da tranquilidade da filiação."[13]

5. FILHOS NASCIDOS DE RELAÇÕES NÃO CONJUGAIS

Cuida-se, aqui, mais da filiação outrora denominada natural.

Em verdade, estava ela, de acordo com a classificação tradicional dominante anteriormente à Constituição de 1988, incluída no gênero de filiação ilegítima. A denominação 'filiação ilegítima', no entanto, tinha também o sentido de se restringir aos filhos adulterinos e incestuosos. Em face deste segundo significado, filho natural era o advindo das relações entre o homem e a mulher sem qualquer impedimento para casarem. Uma vez casando os pais, o filho tornava-se legitimado.

Mas, os impedimentos não retiravam a condição de naturais aos filhos se existentes, quanto aos pais. Vale transcrever a explicação de Mário Aguiar Moura, que se referia aos impedimento dirimentes, aos relativos, e aos impedientes, que vigiam à época: "Os impedimentos relativos que apenas tornam anulável o casamento e os impedimentos que simplesmente determinam sanções de natureza econômica nenhuma influência têm para a classificação da filiação. Esta será sempre natural, se exclusivamente pesam sobre um ou ambos os pais tais tipos de impedimentos. Ainda se há de ir além. Nem todos os impedimentos dirimentes absolutos devem ter força para retirar o caráter natural da filiação. Via de regra, apenas os impedimentos que surgem por ser um dos pais ou serem ambos

---

[13] *Tratado Prático da Filiação*, vol. I, obra citada, p. 30.

casados com terceiro, com casamento íntegro em seus aspectos de vínculo e sociedade conjugal, ou, ainda, por não poderem casar dado o grau de parentesco, são situações que colocam a filiação respectivamente na adulterinidade ou na incestuosidade. Isso porque, se há ainda casamento, mas está dissolvida a sociedade conjugal pela separação judicial, a filiação é natural e não adulterina. Logo, o próprio impedimento decorrente de existir casamento de um ou ambos os pais, na hipótese, não tem força para excluir a filiação natural. Daí se infere que o conceito de filho natural se amplia sobre a própria existência de impedimento para casar."[14]

Extensa apresentava-se a classe dos filhos ilegítimos. Nela, estavam os adulterinos, os incestuosos e os naturais. Mas nem todos os impedimentos absolutos colocavam os filhos na classe de adulterinos e incestuosos. Assim, quanto aos impedimentos elencados nos incisos VII e VIII do art. 183 da então lei civil de 1916 (filhos nascidos das relações sexuais do cônjuge adúltero com o seu corréu, por tal condenado, após a dissolução do casamento ou da sociedade conjugal, e aqueles advindos das relações com o condenado como delinquente no homicídio, ou tentativa de homicídio, contra o seu consorte, também após a dissolução do casamento ou da sociedade conjugal), não eram adulterinos ou incestuosos. Consideravam-se naturais. De outro lado, na mesma categoria se incluíam os filhos advindos de uniões livres, apesar dos impedimentos para o casamento discriminados nos incisos II, III e V do art. 183 do Código Civil anterior (os afins em linha reta, seja o vínculo legítimo ou ilegítimo; o adotante com o adotado e o adotado com o cônjuge do adotante; e o adotado com o filho superveniente ao pai ou à mãe adotiva). Quanto ao item II, após extinto o casamento ou dissolvida a sociedade conjugal, era o mesmo Mário Aguiar Moura que justificava a classificação de naturais aos filhos nascidos das relações entre pais afins, pois, de um lado, a afinidade estabelecia um parentesco por política matrimonial, antes que por força da natureza das coisas; e de outro, "como a afinidade estabelece um parentesco por política matrimonial, antes que por força da natureza das coisas, concluímos que, se dissolvida a sociedade conjugal, os afins estabeleçam concubinato ou mantenham relações carnais, de onde advenha filho, este deverá ser considerado natural."[15]

Já, no entanto, se entendia que, constando do dispositivo o impedimento, fosse o vínculo legítimo ou ilegítimo, concluía-se que o mesmo não continuava após a extinção da união, quer matrimonial ou de fato. Desaparecendo, se da união do padrasto e da enteada advier filho, não havia suporte para enquadrá-lo como espúrio ou incestuoso.

No caso do parentesco consanguíneo, não se dava e nem atualmente se dá o seu desaparecimento após a dissolução do vínculo conjugal ou da sociedade matrimonial.

No pertinente aos itens III do art. 1.521 – o casamento do adotante com quem foi cônjuge do adotado e o do adotado com quem o foi do adotante – e V do mesmo art. 1.521 – o casamento do adotado com o filho do adotante –, o parentesco é puramente civil. Inexiste a *turbatio sanguinis*. Não surge perigo de prejuízo à raça por taras e anormalidades físico-psíquicas. Mesmo assim, após cessada a sociedade conjugal, ou extinto o casamento, persiste o impedimento, por uma questão de moralidade e ética que deve existir nas relações.

Igualmente na classe de naturais tinham-se os filhos de pais separados, eis que, de um lado, cessada a sociedade conjugal, e de outro, o art. 3º da Lei nº 6.515/1977 claramente

---

[14] *Tratado Prático da Filiação*, vol. I, obra citada, p. 149.
[15] *Tratado Prático da Filiação*, vol. I, obra citada, p. 181.

Cap. XVII | A Filiação e Reconhecimento dos Filhos • 353

assentava-se que "a separação judicia põe termo aos deveres de coabitação, fidelidade recíproca e ao regime matrimonial de bens, como se o casamento fosse dissolvido".

E no caso de separados de fato, pelo simples entendimento de que cessou o dever de fidelidade recíproca, resulta a falta de suporte para definirem-se como adulterinos os filhos.

O filho originado da união de fato de pais colaterais em terceiro grau, tio com sobrinha ou tia com sobrinho, já que permitido o casamento entre tais pessoas se a perícia médica não apurar inconvenientes (arts. 1º e 3º do Decreto-lei nº 3.200, de 1941), depreendia-se que a razão do impedimento para o enlace matrimonial não era o parentesco em si, mas a possível inconveniência para a prole. Daí afigurava-se correta a qualificação de naturais aos filhos de parentes em terceiro grau na linha colateral.

Hoje, qualquer diferenciação de tratamento equivale a penalizar os filhos, que nenhuma culpa ou responsabilidade têm na união irregular dos pais, ou do 'danado coito dos pais', como se referia Teixeira de Freitas, em sua Consolidação das Leis Civis, arts. 208 e 209.

Daí ter a Constituição de 1988 proscrito de vez, no que seguiu fielmente o Código Civil atual, as diferenciações de tratamento, profundamente discriminatórias em tempos mais antigos, a ponto de quase nenhum direito reservar aos filhos adulterinos e incestuosos.

Impera hoje a paridade de direitos, com total liberdade no reconhecimento e igualdade na sucessão hereditária. Por outras palavras, perdeu todo e qualquer sentido a classificação em ordens distintas, em função do casamento dos pais e das relações de parentesco. Tanto que está prevista a total possibilidade do registro, de acordo com o art. 1.607, o que já constava do art. 355 do Código revogado, embora denominado ilegítimos aos nascidos fora do casamento: "O filho havido fora do casamento pode ser reconhecido pelos pais, conjunta ou separadamente".

Mais evoluiu a matéria com a Lei nº 13.112, de 30.03.2015, autorizando o registro separadamente por qualquer dos pais. Importa em definição da paternidade pela iniciativa particular da mãe, revelando-se irrelevante a ausência do pai ao ato, que passará a produzir efeitos. Necessário que o progenitor ingresse com a ação de anulação para modificar os dados lançados no registro civil.

Veja-se a redação que passou a ter o art. 52 da Lei dos Registros Públicos, constando as alterações pela referida lei nos itens 1º e 2º:

"52. São obrigados a fazer declaração de nascimento:

1º) o pai ou a mãe, isoladamente ou em conjunto, observado o disposto no § 2º do art. 54;

2º) no caso de falta ou de impedimento de um dos indicados no item 1º, outro indicado, que terá o prazo para declaração prorrogado por 45 (quarenta e cinco) dias;

3º) no impedimento de ambos, o parente mais próximo, sendo maior achando-se presente;

4º) em falta ou impedimento do parente referido no número anterior os administradores de hospitais ou os médicos e parteiras, que tiverem assistido o parto;

5º) pessoa idônea da casa em que ocorrer, sendo fora da residência da mãe;

6º) finalmente, as pessoas (VETADO) encarregadas da guarda do menor".

Necessário observar o § 2º do art. 54, mencionado acima, ressalvando o nome do pai constante da Declaração de Nascido Vivo, pois tal fato "não constitui prova ou presunção da paternidade, somente podendo ser lançado no registro de nascimento quando verificado nos termos da legislação civil vigente".

354 • Direito de Família | *Arnaldo Rizzardo*

A Declaração de Nascido Vivo, por força da Lei nº 12.662/2012, é o documento provisório de identificação do recém-nascido, tendo eficácia em todo o território nacional até o registro do nascimento em cartório. Pela regra do § 2º do art. 54, essa declaração não alcança o patamar de prova ou presunção da paternidade.

Sintetizando, qualquer dos pais, sem importar a existência de casamento, está autorizado a preencher tal Declaração, que constitui documento necessário para o registro. Equivale a firmar a permissão do registro por iniciativa isolada do pai ou da mãe.

Perduram, entrementes, as restrições quanto à filiação nascida de relações não estáveis dos pais, ou de uniões passageiras, mas em razão da série de consequências negativas que podem advir para a prole, na criação e educação. Assim a do art. 1.611: "O filho havido fora do casamento, reconhecido por um dos cônjuges, não poderá residir no lar conjugal sem o consentimento do outro".

6. PRESUNÇÃO LEGAL DA FILIAÇÃO HAVIDA DURANTE O CASAMENTO

Já desde tempos antigos se procurou estabelecer um critério de modo a tornar certa a filiação. Há todo um mecanismo estruturado ou concatenado para a proteção dos filhos dentro de uma ordem familiar. E isto porque, ao longo dos tempos, sempre ficou demonstrado que a criação e formação do ser humano não podem prescindir dos meios naturais para tanto desenvolvidos, e que se concentram na família.

Daí se ordenar uma série de presunções a respeito da certeza da filiação em certos casos de concepção, quando ainda não casados os pais, ou até determinada época, após a desconstituição da sociedade conjugal.

Estatui o art. 1.597 do Código Civil: "Presumem-se concebidos na constância do casamento os filhos:

I – nascidos 180 (cento e oitenta) dias, pelos menos, depois de estabelecida a convivência conjugal;

II – nascidos nos 300 (trezentos) dias subsequentes à dissolução da sociedade conjugal, por morte, separação judicial ou anulação do casamento;

III – havidos por fecundação artificial homóloga, mesmo que falecido o marido;

IV – havidos, a qualquer tempo, quando se tratar de embriões excedentários, decorrentes de concepção artificial homóloga;

V – havidos por inseminação heteróloga, desde que tenha prévia autorização do marido".

Como se nota da transcrição, profundas as alterações em relação ao sistema antigo.

Parte-se, primeiramente, de questões mais primárias, relativas à concepção resultante da relação sexual.

O prazo de duração da gravidez diz respeito ao seu começo, com a fecundação até o nascimento. A concepção inicia na gravidez. Mas, dadas as dúvidas no tocante ao período da gestação, e tendo como pressuposto que o nascimento pode ocorrer a partir do final do sexto mês a contar da fecundação, veio a regra do art. 1.597, inc. I, que coincide com a do art. 338, inc. I, do antigo Código.

A. Almeida Júnior, citado por Mário Aguiar Moura, destaca a incerteza quanto ao início e quanto ao fim da gravidez. Parece inviável estabelecer o dia exato da concepção, sobretudo se a mulher tem vida sexual muito ativa: "Nunca se sabe com precisão a data em que a gravidez principia. Tratando-se de mulher que pratica a cópula habitualmente, não se pode afirmar qual foi, dentre os seus contatos sexuais, aquele que a fecundou. No caso de mulher que efetuou uma única cópula (estupro, experimentação em condições de rigorosa disciplina), ficam sempre dois dias de margem... Por outro lado, o término fisiológico da gestação é igualmente ignorado. As primíparas têm geralmente parto precoce; as multíparas têm-no tardio. Nas mulheres que trabalham até o fim da gestação, esta se interrompe mais cedo que nas de vida sedentária. A gestante jovem se antecipa sobre a idade madura. Assim, não se sabendo o dia em que a prenhez começa, nem o em que deveria terminar, torna-se difícil estabelecer, com base biológica, a sua duração normal (*Lições de Medicina Legal*, 3ª ed., p. 383)."[16]

Mais incisivo é o espanhol Jesús Valdés: "El momento preciso de la concepción es, al menos todavía hasta hoy, un mistério biológico impenetrable por lo que cualquier juicio está sujeto a grandes errores; para eleminarlos, para aproximarse a él en cuanto sea posible, hay que errumpir en la esfera de la intimidad, lo que a su vez supone multiplicar las ocasiones de grandes abusos, fraudes y chantages."[17]

Na hipótese do inc. I do art. 1.597, o filho deverá nascer somente depois de cento e oitenta dias do início do casamento. É o prazo mínimo legal para desenvolver-se a gestação. Mas, torna-se evidente que, nascendo depois de seis meses de gestação, o filho nasce prematuramente, e inclusive com poucas possibilidades de sobreviver. Através de aferição médica, é facilmente constatável o tempo de gravidez. Se o nascimento acontecer logo após aquele período, mas apresentar a criança uma idade compatível com um período de gestação superior a cento e oitenta dias, é derruída a presunção.

Seja como for, inexistindo impugnação de parte do marido da mãe, firma-se a paternidade.

De outro lado, segundo o sistema legal de presunção de legitimidade, o filho que nasce dentro de cento e oitenta dias do estabelecimento da convivência conjugal não desfruta do estado de filiação legítima.

No pertinente ao inc. II do citado dispositivo, estabelece-se o prazo máximo que pode durar uma geração humana, que é de trezentos dias, ou dez meses. Nascendo, pois, o filho até dez meses após a dissolução da sociedade conjugal, presume-se que nasceu sob os efeitos ou na constância do casamento. Quer a lei sugerir que o feto pode permanecer durante todo esse lapso de tempo no útero materno, ou um mês a mais do período previsto para uma gravidez normal, o que é difícil de acontecer. Isto se a concepção se deu no último dia antes da separação. Se tiver ocorrido antes, a gestação pode importar em período maior. Ressalta a quase inviabilidade da previsão, tornando-se a ficção legal da paternidade uma presunção que não suporta um singelo juízo crítico.

Geralmente as separações não se resolvem em um dia. Antes de serem oficializadas, passa-se um considerável lapso de tempo, no mínimo de meses.

Mas a precariedade da norma não se resume nesta dificuldade.

O referido inc. II do art. 1.597 fala em trezentos dias subsequentes à dissolução da sociedade conjugal, por morte, separação judicial ou anulação. Mas é evidente, por um princípio de bom senso, que o prazo deve iniciar desde a separação de fato, e caso sobe-

---

[16] *Tratado Prático da Filiação*, obra citada, vol. I, p. 32.
[17] Obra citada, p. 179.

356 • Direito de Família | *Arnaldo Rizzardo*

jamente comprovado. Aduz-se, como se depreende do mesmo inciso, se houve o divórcio, sem a precedente separação de fato ou judicial, a partir do divórcio começa o prazo.

Nesta ordem, foi ementado: "Inexistindo convivência conjugal à época da concepção do menor, desaparece a presunção legal de ser do marido o filho nascido de sua mulher. Assim, admite-se o reconhecimento da paternidade de terceiro como questão prejudicial para o só efeito da prestação alimentar, não fazendo tal decisão prova nem coisa julgada material para a ação de filiação e petição de herança, que pedem maior indagação." Explicita-se, no voto que originou tal ementa: "Está claro, portanto, que, no art. 337, a expressão 'constância do casamento' não significa, não pode significar 'vigência da sociedade conjugal', senão apenas 'convivência conjugal' (= convivência durante a sociedade conjugal), cuja composição léxica aparece, com igual valor semântico, no art. 338, inc. I. E, daqui, se compreende que, desaparecendo, como pressuposto, a certeza da convivência conjugal, contemporânea da concepção e indicativa da probabilidade do relacionamento sexual entre os cônjuges, há, *ipso facto*, de desaparecer-lhe o consequente lógico da certeza legal da paternidade e da condição jurídica de legitimidade do filho, objetos da presunção normativa. Se, ao termo legal da concepção, estavam os cônjuges legalmente separados, cede a presunção de legitimidade (este é o substancial alcance do art. 340, II, quando alude à possibilidade de contestar, em cuja perífrase há manifesta impropriedade técnica...

Já se vê, portanto, que no art. 337 é a convivência conjugal, como fato histórico, não a vigência do matrimônio, como realidade jurídica, o pressuposto normativo da legitimidade, ou, com maior precisão técnica, um dos elementos do suporte fático (*fattispecie*) da presunção legal de paternidade e da condição jurídica de legitimidade do filho."[18] Lembra-se, quanto aos dispositivos citados, em relação ao Código atual: o art. 337 não veio reproduzido; os arts. 338, inc. I, e 340, inc. II, equivalem, aos arts. 1.597 e 1.598.

De todo o exposto, pode-se afirmar, com Mário Aguiar Moura: "O sistema legal de presunção esvazia-se diante da verdade objetiva das coisas."[19]

Em relação ao inciso III do art. 1.597, opera-se a presunção de que a concepção se deu durante o casamento na fecundação artificial homóloga, não importando se falecido o marido.

A matéria relativa à fecundação artificial foi longamente abordada em capítulo próprio. Relembra-se que a fecundação artificial é uma técnica de procriação, desdobrada em várias modalidades, consistindo a mais comum no depósito do material genético masculino diretamente no útero da mulher por meio métodos mecânicos, ou por instrumentos, em substituição do ato natural, que é a relação sexual.

Trata-se da inseminação intrauterina, com a introdução do esperma no útero da mulher, onde se dá a fecundação.

A ciência, dada sua evolução verificada nas últimas décadas, tem gerado técnicas de conservação pelo frio do sêmen masculino, para injetá-lo no óvulo em época oportuna, o qual, mais tarde, é introduzido no útero materno. Obteve, assim, resultados positivos na inseminação do espermatozoide com o óvulo, procedimento levado a termo em laboratórios. Partiu-se, também, para a colocação do embrião no útero de uma mulher estranha, criando-se o que a medicina cognomina de 'mãe substituta', ou, até algum tempo atrás, se dizia 'mãe de aluguel'.

---

[18] TJSP. Apel. Cível nº 93.506-1, da 2ª Câm. Civil do TJ de São Paulo, de 28.06.1988, em *Revista dos Tribunais*, 635/191.

[19] *Tratado Prático da Filiação*, obra citada, vol. I, p. 34.

Cap. XVII | A Filiação e Reconhecimento dos Filhos • **357**

De várias formas se dá a inseminação. A mais comum consiste a colocação direta do esperma no útero da mulher, injetando-o no óvulo.

Há a inseminação extrauterina em tubo de laboratório ou proveta, injetando-se no óvulo da esposa o esperma do marido, e implantando-se depois o embrião no útero daquela – prática esta frequente e comum, tendo se iniciado na França, Estados Unidos e Inglaterra, e propagando-se na maioria dos países.

Comum, também, a inseminação extrauterina do esperma no óvulo com materiais colhidos de um casal, e a introdução do embrião no útero de uma terceira mulher. Verifica-se, aqui, o concurso de uma outra mulher, que coloca seu próprio corpo à disposição para a gravidez e o parto. A mulher retira alguns óvulos de si própria, fazendo-os fecundar em proveta com o sêmen do marido ou companheiro. Após a síntese, introduz-se o embrião no útero de uma mulher cooperadora, que se compromete a entregar o filho que deverá nascer.

Finalmente, um casal pode obter material estranho de suas pessoas, ou junto a outro homem e a outra mulher, e servir-se de uma terceira mulher para o desenvolvimento do embrião.

Diz-se homóloga a inseminação quando o sêmen e o óvulo pertencem ao marido e à esposa; e heteróloga será se um destes elementos é doado por estranho.

Na hipótese do inciso III, a presunção decorre do fato de que tanto o sêmen quanto o óvulo e do marido e da mulher. Não importa que tenha falecido o marido, quando do nascimento do filho.

Já no inc. IV, ainda envolvendo a concepção artificial homóloga, também decorre a presunção se excedentários os embriões.

Os embriões excedentes são criados de propósito para ficarem guardados em bancos de embriões para que estes façam deles o que acharem oportuno.[20] Em geral, há a cessão a casais incapazes de produzir embriões próprios, ou, embora a capacidade, correm o risco de produzir filhos com defeitos.

No caso do dispositivo, o pai cede o sêmen, que é injetado em óvulos. Coloca-se um deles no útero. Os demais são guardados em local apropriado, para a posterior colocação no útero materno. Não importa que o nascimento se dê enquanto dura ou não o casamento.

Pelo inc. V, firma-se a presunção da concepção durante o casamento mesmo que heteróloga a inseminação, e desde que expressa a autorização do marido. O material masculino, em razão da incapacidade do marido em procriar, é cedido por outro homem, havendo a expressa concordância daquele.

A presunção do art. 1.597 não traz a impossibilidade de contestar a paternidade, se fatos novos vierem conhecimento do marido, após o enlace matrimonial. Tomando ciência de que a mulher se relacionava com outro homem, e por uma série de fatores se concluir que ele não é o pai, admite-se a ação declaratória de negação de paternidade.

Em geral, o homem não se casa com mulher grávida, se não tem certeza de ser o pai do filho dela. A convicção de que seja o pai, por ser induvidosamente vulnerável, pode cair mais tarde, ou desaparecer a ponto de tornar insustentável a própria sociedade conjugal.

Mário Aguiar Moura desenvolve com profundidade a questão: "... Bem pode o marido que assistiu a lavratura do assento estar iludido quanto à paternidade, ou ter-se enganado quanto a ter estado fisicamente impossibilitado de gerar filhos nos primeiros cento e vinte

---

[20] Trabalho citado, p. 162.

e um dias dos trezentos que antecedem o casamento. Nessa linha de raciocínio, poderá o marido enganar-se ou estar iludido:

a) quanto ao decurso de tempo em que esteve fisicamente impossibilitado de manter relações sexuais;

b) quanto à possibilidade ou não de poder gerar filhos...

Em 'a', como a mulher vem a ter o filho até cento e oitenta dias e gerar dentro do período em que a gestação estabelece a legitimidade, da última data em que pôde o marido com ela copular, fatores de controle ou lembrança dessa relação podem ter sido falsamente considerados.

O marido pensa que com ela manteve relações sexuais aos cento e vinte dias dos trezentos que antecedem ao nascimento do filho, quando na verdade vem a entreter relações sexuais muito depois. Fora, pois, do calendário da concepção para fins de legitimidade presumida. Pode a memória, depois de esclarecida, traí-lo quanto a ter ou não mantido relações sexuais durante o referido período.

Em 'b'..., pode suceder que o marido ignore sua esterilidade no momento em que assiste à lavratura do assento."[21]

Assim, assiste ao marido o direito de propor a ação negatória da paternidade, a despeito do conhecimento da gravidez e do consentimento no assento registratório em seu nome.

7. CERTEZA DA FILIAÇÃO

A filiação resta induvidosa com o registro no livro de nascimento, que se procede de acordo com as normas constantes da Lei dos Registros Públicos. O juízo encontra viço no art. 1.603 do Código Civil: "A filiação prova-se pela certidão do termo de nascimento registrada no Registro Civil".

O registro, todavia, expressa não a única forma de prova da filiação, mas a mais certa e indiscutível. Não exclui outros instrumentos de demonstração, mesmo porque existem o testamento, a escritura pública, e o próprio escrito particular com firma devidamente reconhecida, segundo discrimina o art. 1º, em seus vários incisos, da Lei nº 8.560/1992.

De outro lado, não apenas a filiação havida no casamento encontra certeza no registro, mas também aquela que preexistiu ao casamento, ou que prescinde dele.

Uma vez procedido o registro, não importa a ocorrência do nascimento durante ou fora do casamento, ou os filhos oriundos de pais casados, ou parentes entre si, restam certas a paternidade e a maternidade.

De outra parte, colhe-se do art. 1.604: "Ninguém pode vindicar estado contrário ao que resulta do registro de nascimento, salvo provando-se erro ou falsidade do registro."

Tem, assim, valor absoluto o teor do registro, não se permitindo negar a paternidade e a maternidade, a menos que provas robustas e contundentes se façam presentes: "Maternidade. Contestação. Alegação de esterilidade. O reconhecimento da paternidade e da maternidade no Registro Civil só se pode considerar falso mediante provas definitivas e irrefutáveis, inocorrentes na espécie, mormente se o filho possui tal estado, por *nomen*,

---

[21] *Tratado Prático da Filiação*, obra citada, vol. I, pp. 89 e 90.

tractactus et fama... O direito exige, para retirar-se a filiação que mãe atribuiu por todos os gestos e ações e assim se manteve até o último suspiro, uma liquidez de prova que não se encontra nos autos."[22]

Exprime o ato registrário a devida publicidade, e estabelece segurança no que se refere ao estado da pessoa. Por força de sua significação, tudo quanto constar em seu conteúdo é considerado verdade jurídica. Revela total autenticidade no tocante à situação jurídica da pessoa.

Somente com a anulação de seu conteúdo alteram-se os dados nele constantes. Para tanto, é necessária competente ação desconstitutiva, provando-se erro ou falsidade dos elementos inseridos no ato.

E essa ação pode fundar-se nas previsões do art. 1.598 do Código Civil: "Salvo prova em contrário, se, antes de decorrido o prazo previsto no inciso II do art. 1.523, a mulher contrair novas núpcias e lhe nascer algum filho, este se presume do primeiro marido, se nascido dentro dos 300 (trezentos) dias a contar da data do falecimento deste e, do segundo, se o nascimento ocorrer após esse período e já decorrido o prazo a que se refere o inciso I do art. 1.597".

A redação do dispositivo exige um desdobramento dos conteúdos, para uma compreensão mais fácil.

Pelo dispositivo, salvo prova em contrário, o filho presume-se do marido se nascer antes do período de dez meses a contar do começo da viuvez, ou da dissolução da sociedade conjugal. Isto mesmo que a mulher casar novamente, ou se unir de fato a outro homem, antes de fluir tal lapso de tempo. Todavia, se ocorrer o nascimento após esse período de dez meses ou trezentos dias, e já decorrido mais o prazo de cento e oitenta dias, a presunção da paternidade milita contra o segundo marido ou companheiro.

Tem-se uma presunção profundamente falha e precária, facilmente derrubável por exames técnicos, como o DNA. Ademais, o nascimento se dá cerca de nove meses depois da concepção, havendo uma diferença de somente alguns dias, e não de um mês.

8. REGISTRO E CERTIDÕES DE NASCIMENTO

Com a vigente ordem constitucional, e de modo especial com as Leis n°s 7.841, 8.069 e 8.560, sensíveis modificações surgiram nos assentos de nascimento.

Em consonância com a Lei nº 6.015, art. 54, com as modificações que advieram, em especial as da Lei 13.484/2017, o assento de nascimento deverá conter:

"1º) o dia, mês, ano e lugar do nascimento e a hora certa, sendo possível determiná-la, ou aproximada;

2º) o sexo do registrando;

3º) o fato de ser gêmeo, quando assim tiver acontecido;

4º) o nome e o prenome, que forem postos à criança;

5º) a declaração de que nasceu morta, ou morreu no ato ou logo depois do parto;

---

[22] TJRJ. Apel. Cível nº 1.131/89. 7ª Câm. Cível, de 21.12.1989, *Revista de Direito do TJ do Rio de Janeiro*, 7/126.

360 • Direito de Família | *Arnaldo Rizzardo*

6º) a ordem de filiação de outros irmãos do mesmo prenome que existirem ou tiverem existido;

7º) Os nomes e prenomes, a naturalidade, a profissão dos pais, o lugar e cartório onde se casaram, a idade da genitora, do registrando em anos completos, na ocasião do parto, e o domicílio ou a residência do casal.

8º) os nomes e prenomes dos avós paternos e maternos;

9º) os nomes e prenomes, a profissão e a residência das duas testemunhas do assento, quando se tratar de parto ocorrido sem assistência médica em residência ou fora de unidade hospitalar ou casa de saúde;

10) o número de identificação da Declaração de Nascido Vivo, com controle do dígito verificador, exceto na hipótese de registro tardio previsto no art. 46 desta Lei; e

11) a naturalidade do registrando".

O § 1º, em redação da Lei nº 12.662/2012, destaca várias situações em que o cartório não pode impedir a lavratura do registro: "Não constituem motivo para recusa, devolução ou solicitação de retificação da Declaração de Nascido Vivo por parte do Registrador Civil das Pessoas Naturais:

"I – equívocos ou divergências que não comprometam a identificação da mãe;

II – omissão do nome do recém-nascido ou do nome do pai;

III – divergência parcial ou total entre o nome do recém-nascido constante da declaração e o escolhido em manifestação perante o registrador no momento do registro de nascimento, prevalecendo este último;

IV – divergência parcial ou total entre o nome do pai constante da declaração e o verificado pelo registrador nos termos da legislação civil, prevalecendo este último;

V – demais equívocos, omissões ou divergências que não comprometam informações relevantes para o registro de nascimento".

Primeiramente, anote-se que se pode apor o apelido da família da mãe e do pai, ou de ambos. Isto justamente em vista da plena igualdade entre o homem e a mulher. A jurisprudência tratou da matéria, destacando-se uma apelação cível citada pelo Desembargador gaúcho Sérgio Fernando de Vasconcellos Chaves, em trabalho intitulado *A Jurisprudência e as Tendências Promissoras em Direito de Família*, publicado no boletim semanal ADV – Seleções Jurídicas, junho/2000, COAD, edição especial, pp. 42 e 43, onde transcreve a ementa e o voto da Desembargadora Maria Berenice Dias:

"Registro civil de nascimento. Inclusão do patronímico materno ao final. Cabível a inserção do sobrenome da mãe após o do pai, o que não encontra óbice legal e vai ao encontro do princípio igualitário insculpido na Carta Magna. Apelo provido, por maioria... Consoante o brilhante parecer da douta Procuradora de Justiça, inexistindo qualquer óbice legal à pretensão das apelantes, não há como negar-se-lhe o pleito sob o só argumento de que o costume sempre foi o de inserir o patronímico paterno ao final.

Dito costume só se explica pela cultura marcadamente patriarcal a que sempre estivemos submetidos. A própria etimologia da palavra 'patronímico' assim revela, já que significa aquilo que é relativo a pai ou derivado do nome do pai. Conforme refere Limongi França, *Do Nome Civil das Pessoas Naturais*, 3ª ed., São Paulo, RT, p. 34, originariamente, o patronímico propriamente dito era constituído do nome individual do pai acrescido de desinência indicativa da filiação. Assim, por exemplo, Esteves era filho de Estevão, Marques era o filho de Marcos, e daí por diante.

No entanto, essa prática vem perdendo significado desde que a Constituição de 1988 assentou o princípio da igualdade entre homens e mulheres. Assim, não mais cabendo falar ser do homem a chefia da família, tanto mais descabida a obrigatoriedade da inserção do sobrenome paterno ao final, o que, repita-se, não encontra suporte legal nem ressonância diante da sociedade igualitária que se pretende construir.

Conforme, ainda, o parecer ministerial, os artigos 5º, I, e 226, § 5º, da CF/88, 'põem uma pá de cal sobre a noção de que, por ser o chefe, o nome do pai é mais importante do que o da mãe, assim como sobre o conceito de que os apelidos da família do pai são mais relevantes do que os da mãe, e devem ser mantidos, no suceder das gerações, com a supressão dos apelidos da família da mãe'".

Dentre os argumentos do voto vencido que se opunha a tal exegese, tem maior pertinência o seguinte, da lavra do articulista Sérgio Fernando de Vasconcellos Chaves: "A lei admite que a mulher ao casar possa acrescer aos seus os apelidos de família do marido...

É exatamente isso, pois, o que estabelecem os artigos 54, § 4º, e 55 da Lei dos Registros Públicos, sendo de hialina clareza que não é permitida escolha, e muito pelo contrário, o art. 55 estabelece que, escolhido o prenome, 'o oficial lançará adiante do prenome escolhido o nome do pai, e na falta, o da mãe'. Isto é, o filho receberá o nome paterno e, somente se ignorado o pai, receberá o materno. E assim é até por uma questão lógica. Não é por outra razão que, uma vez reconhecida a paternidade, o filho terá acrescido, ao seu nome registrado, o patronímico paterno...

E, por apelidos de família, entenda-se o nome patronímico do pai ou do marido, tanto é fato que, antes da vigência da Lei nº 6.015/73, era significativa a discussão em que, com frequência, as mulheres desejavam acrescer aos seus os apelidos de família do companheiro... Nunca, em tempo algum, no Direito Brasileiro, foi questionado, como sendo também apelido de família, o nome patronímico da mulher".

A preferência constante do apontado art. 55 é explicada unicamente pela força do hábito ou da tradição, revelando que virá o nome do pai na sequência ao prenome do filho, mas sem impedir que o último nome seja o da mãe. Isto sem levar em conta a ordem constitucional, que retirou toda e qualquer hegemonia do homem sobre a mulher.

Quanto aos elementos acima elencados do art. 54, ressalta-se que as exigências nem sempre alcançam o resguardo do princípio constitucional da igualdade dos filhos de qualquer natureza. Emanam deste princípio claras vedações, de modo a não se inserir qualquer designação ou qualificação discriminatória, sobretudo em vista do inserido no art. 5º da Lei nº 8.560.

Lembra-se que restou simplesmente revogado o art. 358 do Código Civil de 1916, de sorte a não viger qualquer obstáculo a registros de filhos adulterinos e incestuosos ou espúrios; e que o art. 227, § 6º, da Carta Federal igualou os filhos havidos ou não da relação do casamento, com os mesmos direitos e qualificações, proibidas designações discriminatórias, ou não importando o tipo de relação existente entre os pais, se aceita ou não pelo ordenamento jurídico pátrio.

Assim, mesmo que se exija a apresentação da certidão de casamento, não o será para distinguir os filhos legítimos e ilegítimos, pois que esta distinção não tem mais sentido prático e nem encontra guarida em nosso sistema jurídico.

Pode-se afirmar que, presentemente, também não se fará referência à natureza da filiação. Não interessa se a filiação é consanguínea ou civil, nem se provém ou não de casamento dos pais entre si, e nem devendo ser especificado o estado civil destes, isto é, a qualificação como casados ou solteiros.

Igualmente, não será colocada a ordem de nascimento em relação aos demais irmãos com o mesmo prenome. Isto porque, no dizer de Maria Isabel Pereira da Costa, "se fosse feita essa especificação, se poderia fazer ilações ou quaisquer considerações tendo como referência as idades e, com isso, violar a proibição de classificação, qualificação e designações em relação ao vínculo de filiação, desrespeitando o princípio constitucional e, principalmente, desrespeitando a dignidade da pessoa humana."[23]

Nem se mencionam no assento o lugar e o cartório do casamento dos pais, ou o estado civil destes. Do contrário, ficaria possibilitada a configuração da legitimidade ou não para determinado filho, ou mesmo de outro. É evidente que se referindo o cartório do casamento, conclui-se que os pais são casados; em decorrência, ter-se-ia a antiga classificação dos filhos como legítimos. Daí que, nos assentos sem referir o casamento, deduzir-se-ia que os progenitores não são casados e, por conseguinte, ilegítimos se considerariam os filhos. Chega-se à impossibilidade de se mencionar qualquer dado que induza à existência ou não do casamento.

Neste sentido, outra alteração se afigura no assento: é inconveniente colocar o nome de casada a mãe, eis que então induzirá a ser o filho oriundo do casamento ou fora dele. Ou seja, tornar-se-ia a convalidar a divisão entre filhos legítimos e ilegítimos. Por isso, conveniente que nos assentos se colocasse sempre o nome de solteira da mãe.

Quanto às certidões, não poderão ser redigidas de forma a possibilitar qualquer elemento a sugerir discriminações. Nesta linha, é vedado inserir o estado civil dos pais, a natureza da filiação, o lugar e o cartório do casamento daqueles, a menos que o exija a autoridade judiciária, mediante expressa requisição, e para certas finalidades.

Tudo, segundo analisa Maria Isabel Pereira da Costa, constitui "um avanço no direito, pois está restringindo os efeitos dos atos jurídicos tão somente àqueles que os prejudicaram, liberando terceiras pessoas de consequências jurídicas de atos que sequer tinham condições de interferir ou até mesmo de tomar conhecimento, como é o caso dos filhos menores ou não nascidos ainda por ocasião do casamento dos pais.

Na legislação anterior, cometia-se a injustiça de punir os filhos pelos atos dos pais, como acontecia com os filhos incestuosos, que ficavam privados do direito de serem reconhecidos, em razão do incesto praticado pelos pais."[24]

9. IMPUGNAÇÃO DA PATERNIDADE

Ficou ressaltada certa relatividade da presunção da paternidade nas situações do filho concebido na constância do casamento, e que nasceu durante sua vigência ou quando já dissolvida a sociedade conjugal.

No entanto, todo o regime codificado do passado estava dirigido a firmar a filiação em nome do marido e da mulher casados. Pode-se dizer que eram rigorosamente discriminadas as hipóteses em que se permitia impugnar a paternidade, e isto porque a imputação da legitimidade é, de certo modo, impermeável e fechada.

No afã de assegurar fortemente paternidade, vinham instituídas, no regime antigo, drásticas restrições à possibilidade de sua contestação, sistema que encontrou eco no Código Civil em vigor, embora em menor grau.

---

[23] "A Filiação e a Nova Constituição Federal", *AJURIS – Revista da Associação dos Juízes do RGS*, Porto Alegre, nº 45, p. 114, 1989.

[24] Trabalho citado, p. 115.

Cap. XVII | A Filiação e Reconhecimento dos Filhos • **363**

A seguir-se, no entanto, o sistema do Código, mesmo que separado de fato o casal, a presunção *juris et de jure* é o reconhecimento da filiação relativamente ao marido.

Inclusive a iniciativa do registro pela própria mãe é possível se vigente o casamento, porquanto a necessidade do comparecimento do pai faz-se imprescindível apenas no registro de filho de pais não casados (art. 59 da Lei dos Registros Públicos).

Revela Mário Aguiar Moura a consequência a que pode chegar certa exegese ortodoxa da lei, em estudo pertinente aos tempos presentes: "Mas figure-se a hipótese, não poucas vezes retratada pelos fatos concretos levados a julgamento, em que a mulher longamente separada do marido, de maneira ostensiva e ininterrupta, vivendo em concubinato com terceiro, sem que haja separação legal, quer pela separação de corpos, quer pela separação judicial, vem a gerar filhos com o concubino. À sombra da severidade legal, aquele filho seria presuntivamente do marido que não poderia contestar a paternidade, porquanto não estava legalmente separado da mulher, mas dela apartado por mera separação de fato. Pode suceder, mesmo que ambos, marido e mulher, vivam em cidades distantes. São alheios, indiferentes e até mesmo hostis um ao outro. Todavia, à luz dos princípio legais, o filho da mulher é filho do marido, para todos os efeitos, inclusive de criar impedimentos absurdos, relativamente a parentes do homem, que não é pai, na verdade, mas é marido da mulher que é mãe. Enquanto isso, de outro lado, o verdadeiro impedimento por incesto com relação ao pai de fato fica encoberto, afrontando-se a própria natureza das coisas."[25]

Em consonância com o art. 1.598, assegura-se a possibilidade de impugnação da filiação: "Salvo prova em contrário, se, antes de decorrido o prazo previsto no inciso II do art. 1.523, a mulher contrair novas núpcias e lhe nascer algum filho, este se presume do primeiro marido, se nascido dentro dos 300 (trezentos) dias a contar da data do falecimento deste e, do segundo, se o nascimento ocorrer após esse período e já decorrido o prazo a que se refere o inciso I do art. 1.597".

A impugnação é ensejada, pois, pelo nascimento de filho depois do lapso de trezentos dias que transcorreu da viuvez ou dissolução da sociedade conjugal. Em verdade, desde que se passe o período de duzentos e setenta dias, surge forte o indício de que o ex--marido ou ex-companheiro não respondem pela paternidade. Mais minudente, o art. 340 do Código de 1916 trazia a eventualidade de o marido se achar fisicamente impossibilitado de coabitar com a mulher nos primeiros cento e vinte e um dias, ou mais de trezentos, que houverem precedido ao nascimento do filho.

A fim de evitar qualquer dúvida, fixou um período razoável que, sem transcorrer, não seriam possíveis a concepção e a gestação. Esse prazo era de cento e setenta e nove dias. Totalmente inviáveis a fecundação e a criação de um ser humano em inferior espaço de tempo. Evidentemente, se a impossibilidade de coabitação fosse um lapso temporal maior, mais reduzido o período de formação do ser humano no útero materno.

O período de trezentos dias contava-se a partir do nascimento do filho. Retrocedia--se a contagem até cento e setenta e nove dias, período no qual se afigurava indiferente tivesse ou não o marido vivido com a mulher.

Esta a inteligência de San Tiago Dantas: "Tome-se a data do nascimento do filho e tomem-se trezentos dias para trás: os primeiros cento e vinte dias dos trezentos constituem o período legal da concepção. Desses cento e vinte dias é que é preciso provar a impossibilidade de coabitação.

---

[25] *Tratado Prático da Filiação,* obra citada, vol. I, pp. 48 e 49.

364 • Direito de Família | *Arnaldo Rizzardo*

Desde o momento em que naqueles cento e vinte dias a impossibilidade de coabitação se demonstra, exclui-se a paternidade, porque fica um prazo de menos de cento e oitenta dias para a concepção, que é prazo inferior ao exigido pela lei para esse evento.

O período de cento e vinte dias é aquele sobre o qual deve versar a prova da impossibilidade física, que se deve entender em sentido muito lato..."[26]

Assim consta também no direito português, segundo assinala José da Costa Pimenta: "À luz da lei, e como regra geral, a gestação tem uma duração mínima de cento e oitenta dias, e uma duração máxima de trezentos...

O ponto de referência ou de partida para o cálculo de tal período é sempre o nascimento; excluído o dia em que este ocorreu, contam-se, para trás, cento e oitenta e obtém-se o período mínimo de gravidez; contando-se, no mesmo sentido, trezentos dias, o período máximo da gravidez."[27]

Volta-se a observar que o Código de 2002, primando pela objetividade, dá ensejo à prova da impossibilidade de concepção através da relação com o marido ou o companheiro porque inexistia a união na época, ou porque presente qualquer fator impossibilitante da relação sexual.

Já no direito luso, em parte semelhante ao nosso sistema, explica José da Costa Pimenta o que pode ser alegado: "E que factos se podem considerar idôneos para deles se concluir que o marido não é o pai, para se concluir a improbabilidade manifesta? Poderão ser, numa primeira linha, factos que revelem ausência de ralações sexuais entre a mãe e o pai presumido (legal), durante todo o período legal da concepção, tais como a separação física dos cônjuges, ou a impossibilidade de copular por impotência do marido. Numa segunda linha, e pressupondo que houve relações sexuais entre os cônjuges no período legal de concepção, poderão ser factos que mostrem a inexistência de um nexo de causalidade entre essas relações e o nascimento do menor, tais como a impossibilidade de gerar, por impotência do marido, ou gravidez da mulher já existente à data das relações sexuais."[28]

O Código firma a presunção da paternidade se existe a coabitação. Desde que se trate de filho de mulher casada, concebido na constância da sociedade conjugal, a paternidade é decorrência tão somente do casamento ou da união estável. No sentido reverso, provando-se que inexistiu a coabitação, afasta-se a presunção da paternidade.

É a valorização extrema da convivência como fundamento da presunção *pater is est*.

Uma vez nascido o filho na constância do casamento, ou presumido como tal pela concepção durante sua vigência, a negatória da filiação só tem como razão de ser a impossibilidade física do marido em coabitar com a mulher no período considerado como certo da concepção, ou o nascimento fora do período de trezentos dias que se seguiu à dissolução da sociedade conjugal ou de fato.

Como se verifica a impossibilidade física de coabitação?

Acima de tudo, por se encontrarem separados os cônjuges, isto é, em residências diferentes e suficientemente distantes, de modo a se concluir sobre a inviabilidade de encontros. A separação física pode ser determinada, outrossim, por doenças que impeçam o relacionamento sexual, ou que exijam o internamento hospitalar e a imobilidade corporal. O simples afastamento do lar, em face do exercício de uma atividade que tenha impedido a convivência de um único momento, justifica a negação da paternidade.

---

[26] *Direitos de Família e das Sucessões*, obra citada, p. 347.

[27] Obra citada, p. 32.

[28] *Filiação*, Coimbra, Coimbra Editora, 1986, pp. 107 e 108.

Cap. XVII | A Filiação e Reconhecimento dos Filhos • **365**

Presunção irrefutável que afasta a paternidade é a separação legal ou o divórcio, ou, na observação de José Lamartine Corrêa de Oliveira e Francisco José Ferreira Muniz, a demonstração de que, 'a esse tempo', isto é, durante o período legal da concepção, os cônjuges estavam legalmente separados, através de sentença que dissolveu a sociedade conjugal, ou de medida cautelar de separação de corpos.[29]

Se após um interregno de separação judicial, de fato ou de divórcio, tornaram os cônjuges ou companheiros a reconstituir a sociedade conjugal ou de fato, e adveio um filho, a impugnação é aceita, na previsão da lei, desde que não suficiente o prazo de nova convivência para a concepção e a gestação, bastando a prova da separação ou divórcio no período presumível da concepção.

Inteligência esta adotada pela jurisprudência: "Alimentos. Paternidade reconhecida como questão prejudicial. Irrelevância do fato de ser a mãe do menor casada à época da concepção, eis que separada de fato há vários anos. Presunção da paternidade do marido afastada, pela inexistência de convivência conjugal..."[30]

Corrente esta adotada pelo próprio Supremo Tribunal Federal: "O Supremo Tribunal Federal, em interpretação construtiva, que não encontra apoio na letra do Código, mas na lógica dos fatos, tem entendido que, onde só se lê 'legalmente separados', dever-se-á ler, também, 'separação de fato'. A essa orientação atendeu o Projeto do Código Civil brasileiro..., admitindo que a presunção de legitimidade deixa de existir se ficar demonstrado que estavam separados os cônjuges de direito ou de fato."[31]

A impotência *generandi*, ou sexual, que é suscetível de ocorrer como doença ou efeito colateral de outra doença, constitui prova absoluta da não paternidade. Encerra o 1.599: "A prova da impotência do cônjuge para gerar, à época da concepção, ilide a presunção da paternidade".

Explicava Pontes, com acertada propriedade: "Já agora a palavra 'impotência' não é empregada no sentido de impossibilidade instrumental, de inaptidão para o coito (*impotentia coeundi*), mas na acepção de impotência de gerar (*impotentia generandi*). A prova dessa última é mais delicada e mais grave: só se deve aceitar quando se evidencia que a pessoa está absolutamente impossibilitada de ejacular ou que o líquido expulso por ela é incapaz de fecundar. A impossibilidade instrumental não basta, porque o simples atrito de um membro ineréctil ou diminutíssimo (infantilismo absoluto) pode bastar à expulsão do esperma, que ocorrerá até as vesículas seminais."[32]

Importante ressaltar um outro fator que possibilita afastar a paternidade, consistente no adultério, embora a relatividade como é considerado pelo art. 1.600: "Não basta o adultério da mulher, ainda que confessado, para ilidir a presunção legal da paternidade".

Em princípio, o adultério pode ilidir a presunção da paternidade. E assim deve ser, visto que se a mulher mantém vida sexual com outro homem, emerge a possibilidade de não ser o marido ou o companheiro o pai da criança que nasceu. No entanto, é indispensável a prova cabal e induvidosa das relações sexuais com estranho e da abstenção do marido no referido relacionamento.

---

[29]   Obra citada, p. 41.

[30]   TJSP. Apel. Cível nº 93.506-1. 2ª Câm. Civil, de 28.06.1988, *Revista dos Tribunais*, 635/191.

[31]   STF. Recurso Extraordinário nº 80.805. 2ª Turma, de 27.04.1976, *Revista Trimestral de Jurisprudência*, 78/534.

[32]   *Tratado de Direito Privado*, obra citada, vol. IX, p. 39.

366 • Direito de Família | *Arnaldo Rizzardo*

Considera-se realmente difícil a prova negativa da paternidade, máxime se existia dupla vida sexual.

Dizia Pontes: "Portanto, se a mulher não vivia com o marido, a prova do adultério é suficiente. Ainda assim, é preciso provar-se que o marido não teve relações com a mulher, ou não as podia ter, ao tempo da concepção."[33]

Pondera Mário Aguiar Moura: "O adultério é em si um forte indício inicial da possibilidade de o filho não ter sido gerado pelo marido. Simples indício não se constitui, porém, em contrapresunção capaz de excluir a da legitimidade. Todavia, desde que a ela se juntem as circunstâncias, mesmo sem que sejam da impotência absoluta, ou separação legal dos cônjuges, é admissível admitir o direito de o marido contestar a paternidade... O adultério, por si só, é condição de admissibilidade jurídica do início da ação. Se, no decorrer dela, apenas ele é provado, a ação não será julgada procedente. Mas, se outras circunstâncias vêm reforçar sua militância contra a legitimidade, é possível o desfazimento da presunção da legitimidade."[34]

Presentemente, há meios técnicos e científicos avançados na apuração da paternidade, como adiante se desenvolverá.

É óbvio que os caminhos para a solução dos litígios sobre a paternidade não se exaurem nas disposições legais, dadas a evolução da ciência e a própria garantia constitucional da busca dos direitos por todos os meios justos e corretos possíveis.

9.1. Titularidade para impugnar a paternidade

De acordo com a parte desenvolvida do presente tema, percebe-se que as pessoas diretamente interessadas estão habilitadas para impugnar a paternidade.

E estas pessoas compreendem o marido, enquanto vivo, e aos demais filhos após sua morte. São claros, a respeito, o art. 1.601 e seu parágrafo único.

Consta do art. 1.601: "Cabe ao marido o direito de contestar a paternidade dos filhos nascidos de sua mulher, sendo tal ação imprescritível." E do parágrafo único: "Contestada a filiação, os herdeiros do impugnante têm o direito de prosseguir na ação".

Ao marido reconhece-se a titularidade porque diretamente interessado. A iniciativa depende de sua sensibilidade íntima, ou de sua capacidade de absorver o adultério e de assumir a criança que vai nascer. Somente ele, na exposição de Clóvis Beviláqua, diante da "infidelidade de sua consorte indigna, que não soube manter o culto da honra", decidirá se vai ou não suportar "o escândalo e o ridículo".[35]

Se, no curso da ação, ocorrer o falecimento do marido, e se este já houver impugnado a filiação, seus filhos e herdeiros assumem a relação processual. Por herdeiros não se entendem apenas os filhos, mas todos aqueles que são aptos a suceder, sempre uns na falta de outros. De modo que são aplicadas as mesmas regras da ordem hereditária à capacidade de substituição processual.

Percebe-se da redação do parágrafo único que, para os herdeiros seguirem na posição de substitutos processuais, pressupõe-se a existência da lide, ou a manifestação do marido ou companheiro contra a atribuição de sua paternidade em relação a um pretenso

---

[33] *Tratado de Direito Privado*, obra citada, vol. IX, p. 32.
[34] *Tratado Prático da Filiação*, obra citada, vol. I, p. 92.
[35] *Direito de Família*, 8ª ed., Rio de Janeiro, Livraria Freitas Bastos S.A., 1956, p. 314, § 65.

filho. Em suma, o início da ação restringe-se ao marido. Mário Aguiar Moura fornece as razões: "Se bem que a ação negatória da paternidade não se apresente como um direito pessoal por natureza, é, entretanto, um direito pessoal gerado pelo interesse da coletividade, pela ordem pública, pela necessidade de circundar a instituição da família com uma força protetora que a ponha a salvo dos ataques de outros que não legítimos interessados, expressamente indicados em lei.

Só o marido pode ser o juiz pessoal da situação relativa à legitimidade do filho nascido de sua esposa legítima; só ele pode medir a proporção da vantagem da filiação."[36]

Todavia, há a corrente que atribui a capacidade à mãe em matéria que diz respeito ao reconhecimento ou à impugnação da paternidade: "Legitimidade *ad causam*. Negatória de paternidade. Cumulação com pedido de retificação de assento de nascimento. Ação proposta pela mãe do menor. Mulher que contribuíra para o reconhecimento contrário à verdade. Irrelevância. Legítimo interesse... Têm legítimo interesse para impugnar o registro que perfilhou uma criança não só os parentes sucessíveis do perfilhante, como a própria mãe do menor, ainda que tenha contribuído para o reconhecimento contrário à verdade".

No curso do voto do relator, encontra-se esta passagem: "No bem lançado parecer, a Egrégia Procuradoria Geral da Justiça invoca a lição de Luiz da Cunha Gonçalves, inserta no último volume de sua obra *Princípios de Direito Civil*, pp. 1.271 e ss., tópico 491 (São Paulo, Max Limonad, 1951), e conclui que 'têm interesse e legitimidade para impugnar o registro que perfilhou uma criança não só os parentes sucessíveis do perfilhante (*RT* 570/101), como a própria mãe do menor, ainda que tenha contribuído para o reconhecimento contrário à verdade'.

Tal solução mostra-se consentânea com os princípios adotados pela sistemática nacional das normas de proteção ao instituto da família, devendo prevalecer, no benefício do menor e da instituição familial, uma vez que enseja o restabelecimento da verdade porventura desprezada anteriormente."[37]

Inclusive ao marido interditado se reconhece a capacidade para ajuizar a ação através de seu representante. Com efeito, afigurar-se-ia profundamente injusto que, registrando o filho havido com terceiro em nome do marido, que se encontrava, *v.g.*, internado em estabelecimento hospitalar, não pudesse ele ingressar com a ação anulatória do registro. É convincente, sobre o assunto, Pontes de Miranda: "Imaginemos que o marido esteja no hospício, internado, sem ter relações sexuais com a mulher, ou que esta resida em outro lugar e nunca visite, sequer, o marido, seria absurdo ir-se considerando filho do marido, com todos os deveres de pai para esse, cada filho que nasça à mulher. O curador pode propor a ação, representando o pai interdito por incapacidade absoluta. O problema de não correr o prazo é outro."[38]

Inovação, relativamente ao Código anterior, consiste na imprescritibilidade da ação, ou no afastamento do prazo decadencial. Realmente, os §§ 3º e 4º do art. 178, do Código de 1916 limitavam em dois ou três meses o prazo, contado do nascimento, se, respectivamente, presente ou ausente marido, ou, na última hipótese, se lhe tenha sido ocultado o nascimento.

---

[36] *Tratado Prático da Filiação*, obra citada, vol. I, p. 75.

[37] Agravo de Instrumento nº 61.338-1. 5ª Câm. Civil de São Paulo, de 06.02.1986, *Revista dos Tribunais*, 607/42.

[38] *Tratado de Direito Privado*, obra citada, vol. IX, p. 48.

9.2. Legitimidade passiva

Contra quem é proposta a ação?

Induvidosamente, contra o sedizente filho, que está registrado em nome do marido. É justamente contra ele que se voltará o que consta como pai, por deter ele uma filiação não verdadeira.

Mas, diante da efetivação do registro pela mãe, é necessário que ela integre a lide, e, inclusive, na mesma posição processual como ré, por ter sido ela quem materializou uma filiação irreal. Visa-se, com a lide, desconstituir um ato jurídico efetuado por iniciativa da mulher. Neste aspecto, está certo que o objeto da demanda não se restringe à negatória da paternidade, mas também a erradicar do registro civil o nome de certa pessoa, assinalada no papel de pai.

Se o filho é falecido, a ação é contra seus herdeiros, ou seja, normalmente contra a mãe, a menos que tomou o autor ciência da existência do filho quando este já também tivera filhos, e veio a falecer antes do ingresso da ação negatória.

9.3. Prazo para propor a ação

Observava-se do art. 344 do Código Civil de 1916 que o mesmo remetia ao art. 178, § 3º, do mesmo diploma, dispositivo que tratava justamente do prazo para se promover a ação: "Prescreve...: § 3º – Em dois meses, contados do nascimento, se era presente o marido, a ação para este contestar a legitimidade do filho de sua mulher (arts. 338 e 344)."

E no § 4º: "Em três meses: I – A mesma ação do parágrafo anterior, se o marido se achava ausente, ou lhe ocultaram o nascimento; contado o prazo do dia de sua volta à casa conjugal, no primeiro caso, e da data do conhecimento do fato, no segundo." Esses prazos consideravam-se decadenciais.

O art. 1.601 do atual diploma civil tornou imprescritível a ação, o que autoriza o seu ingresso a qualquer tempo, independentemente se presente o pai na casa onde nasceu o filho, ou se estava ausente, ou se lhe ocultaram o nascimento. Neste último caso, faculta-se que ajuíze a ação no momento em que tomou conhecimento do fato, ou posteriormente. Já era essa a inteligência no sistema anterior, bastando o desconhecimento do fato, segundo explicava Pontes de Miranda: "Assim, se o pretendido pai nunca teve conhecimento de tal parto de sua mulher ou, pelo menos, da existência de tal filho, pode a todo o tempo contestar a legitimidade, provando a sua ignorância, se o suplicante opuser, em defesa, o ter precluído a pretensão. O simples fato de saber do parto não basta para começar a correr o prazo; é preciso que o pretendido pai tenha notícia do nascimento de tal filho."[39]

Em relação ao Código anterior, bem mais longo se apresentava o lapso decadencial em outras legislações, como a de Portugal, segundo demonstra José da Costa Pimenta: "O marido tem o prazo de dois anos para intentar a ação de impugnação da paternidade presumida, contados a partir da entrada em funcionamento da presunção *pater is est* (art. 1.842º, nº 2), ou seja, do estabelecimento da maternidade de sua mulher ou então posteriormente, sempre dentro do prazo de dois anos, mas contados agora do momento em que teve conhecimento da causa de pedir, isto é, dos factos que invoca para que deles o

---

[39] *Tratado de Direito Privado*, obra citada, vol. IX, p. 43.

Cap. XVII | A Filiação e Reconhecimento dos Filhos • 369

tribunal conclua pela sua não paternidade, ou na fórmula do art. 1.939º, nº 2, que a sua paternidade é manifestamente improvável."[40]

9.4. Confissão da mãe quanto à paternidade

Em princípio, não vale a confissão da mãe no tocante à paternidade do filho, na ação negatória. Realmente, estatui o art. 1.602: "Não basta a confissão materna para excluir a paternidade."

E com razão de tal forma dispõe o Código Civil, pois nada impediria que a mulher informasse uma paternidade com o único intuito de prejudicar o marido. Mostrar-se-ia possível que ela declarasse não ser este o pai com o fito de impedir o exercício do poder familiar, ou o direito de visita, relativamente a ele.

Pertinente, a respeito, também o art. 1.600: "Não basta o adultério da mulher, ainda que confessado, para ilidir a presunção legal da paternidade."

Ademais, emprestar-se valor à confissão equivale a dar valor à própria infringência da lei, que ocorreu quando do adultério, ou a premiar a própria torpeza.

Aliás, a ação negatória trata de matéria relativa ao estado da pessoa, posto o seu objeto, que é desvincular o marido da paternidade. Daí reforçar a falta de valor à confissão o conteúdo do art. 392 do Código de Processo Civil de 2015: "Não vale como confissão a admissão, em Juízo, de fatos relativos a direitos indisponíveis."

De direito indisponível é o estado da pessoa. Em suma, não é admissível que a definição da paternidade, e consequentemente da filiação, ficasse subordinada ao talante da mãe.

Situação esta contrária ao contido no art. 1.832, nºs 1 e 2, do Código Civil português, como expõe o já citado José da Costa Pimenta: "O legislador quis tomar em consideração aquelas situações, muito frequentes, em que, existindo casamento, os cônjuges se encontram separados de facto. Por isso, estabeleceu que 'a mulher casada pode fazer a declaração do nascimento com indicação de que o filho não é do marido' e que, neste caso, cessa a presunção da paternidade se for averbada ao registro declaração judicial de que na ocasião do nascimento o filho não beneficiou de posse de estado..., relativamente a ambos os cônjuges (art. 1.832º, nºs 1 e 2)."[41]

10. A LEGITIMAÇÃO DOS FILHOS NO REGIME ANTERIOR

É sabido que os filhos havidos dentro ou fora do casamento gozam presentemente do mesmo *status* familiar.

Até a Constituição de 1988, se aparecesse registrado o filho em nome de apenas um dos pais, o casamento posterior resultaria na chamada legitimação do mesmo.

Eis a lição emanada de Mário Aguiar Moura: "Se os pais de um filho já concebido ou mesmo nascido vêm a contrair matrimônio, dá-se a legitimação desse filho por força tão só do casamento."[42]

---

[40]   Obra citada, p. 111.
[41]   Obra citada, p. 94.
[42]   *Tratado Prático da Filiação,* obra citada, vol. I, p. 135.

Em outros termos, por força do anterior sistema codificado, considerava-se legitimado o filho em razão do casamento posterior dos pais, passando ele a ser equiparado ao filho, nominado pelo Código revogado de legítimo.

Esta solução vinha no direito de outros países, como se extrai de Jesús Valdés: "Es un saneamiento de origen consistente en atribuir la concepción de legítimo a un hijo que no lo era, mediante el cumplimiento tardio de aquellos requisitos que, de haberse dado a su debido tiempo, hubieran determinado por si mismos la regularidad de la concepción: por tanto, una ficción jurídica. Estos requisitos se resumen en uno: el matrimonio de los padres."[43]

No Código Civil pretérito, estatuía o art. 352: "Os filhos legitimados são, em tudo, equiparados aos legítimos."

Seu art. 353 complementava: "A legitimação resulta do casamento dos pais, estando concebido ou depois de havido o filho (art. 229)."

Desponta ser evidente que se impunha viesse consignado no registro a existência dos filhos. Do contrário, mesmo não havidos da união dos então nubentes, considerar-se-iam comuns os filhos que cada um tivesse, frutos de anteriores uniões.

Naquele sistema, desaparecia de pleno direito a ilegitimidade da prole pelo advento do matrimônio.

Era a valorização extrema do casamento, atingindo os meios previstos para forçar a legalização das uniões livres os próprios filhos. Preponderava o rigor do moralismo aparente, com a exagerada valorização que se dava à forma. Em todas as concepções prevalecia o casamento, mesmo que meramente externo, e trazendo efeitos inclusive se putativo, pois, na hipótese, desaparecia a ilegitimidade quanto aos filhos.

Úteis as considerações de Carlos Alberto Bittar, sobre o assunto: "Com o regime em questão, a simples efetivação do casamento, mesmo viciado, mas putativo, fazia operar a cessação da ilegitimidade, devendo, no entanto, para efeito de prova, constar do termo a legitimação dos filhos existentes.

Acolhia-se, também, pedido de averbação do estado, caso se não fizesse a menção. Mas não se aceitava – como ainda não se admite –, menção da origem da filiação no registro público, a menos que a requerimento do interessado, ou em função de determinação judicial (Decreto nº 3.220, de 1941, art. 40). Admitia-se, ao revés, impugnação ou contestação da legitimação por qualquer interessado (como um credor), sempre que se procurasse atribuir, indevidamente, a alguém filiação alheia (como na hipótese de filho anterior ser apenas do varão, ou da mulher, e não de ambos). Ao revés, quando de apenas um filho, costumava-se fazer ressalva da inexistência de relação com o outro, para evitarem-se dúvidas futuras. Em qualquer caso, em ação sobre a matéria, a sentença produzia efeitos *ex nunc*, passando o filho, quando favorável à sua pretensão, a fruir dos direitos correspondentes à sua nova situação."[44]

Aduz-se que, uma vez levada a termo a legitimação, os efeitos atingiam os descendentes dos filhos. Com vistas a isto, encerrava o art. 354: "A legitimação dos filhos falecidos aproveita aos seus descendentes." O estado de filho irradiava direitos e deveres recíprocos para com os pais. O parentesco expandia-se na linha reta e na linha colateral. Os pais do legitimante passavam a ser avós do filho, e os irmãos tornavam-se tios.

---

[43] Obra citada, pp.143 e 144.
[44] *Direito de Família*, obra citada, pp. 223 e 224.

Se anulado o casamento, nenhuma repercussão atingiria o filho, na regra do art. 217 do então Código: "A anulação do casamento não obsta à legitimidade do filho concebido ou havido antes ou na constância dele."

Com o advento da Constituição de 1988, e das Leis n°s 7.841, de 1989, e 8.069, de 1990, e, por último, do Código Civil da Lei n° 10.406/2002, proibindo-se as designações que distinguiam em várias classes os filhos, nada mais representa o instituto da legitimação. A legitimação, se ainda possível usar tal designação, decorria do reconhecimento, que pode se realizar em qualquer momento, mesmo durante o enlace matrimonial com pessoa distinta do pai ou da mãe.

Há tempo, aliás, que não há mais sentido no instituto, como observa Maria Isabel Pereira da Costa: "Este instituto perdeu, em grande parte, sua relevância, principalmente se o filho já era reconhecido, o que foi bastante facilitado na nova ordem. Note-se que nesse caso não há mais necessidade de legitimação, pelo casamento dos pais, do filho reconhecido, porque passou a ser irrelevante a condição de filho legítimo ou ilegítimo. Se não é mais necessário os pais serem casados entre si para a regulamentação jurídica da filiação, a admissão de vínculo entre os filhos e os pais não se altera com o casamento destes, se já estiver estabelecido. Assim, é irrelevante, sob todos os aspectos, de fato e de direito, legitimar um filho reconhecido, posto que a filiação nem mais pode ser classificada em legítima ou ilegítima."[45]

Todos os dispositivos que falavam em filhos legítimos, ou em legitimação, ficaram afastados ou alterados pela Constituição em vigor e pela legislação superveniente, segundo é anotado por José Luiz Gavião de Almeida: "O instituto da legitimação fica sem razão de existir, ante a equiparação, em direito, de todos os filhos...

Presentemente, como já se analisou, a prole tem importância por ela própria, e não em função do casamento de seus pais. Importa a inovação introduzida, embora tardiamente, em uma igualdade com os progenitores, posto que não mais será a forma de união por eles adotada que atribuirá a significação ou não da categoria dos filhos."[46]

11. RECONHECIMENTO DOS FILHOS

Envolvia o assunto um dos aspectos de maior relevância antes do advento da Constituição de 1988, e que perdeu muito de seu interesse a partir do momento em que foram abertas as portas para o registro a qualquer tempo dos filhos havidos fora do casamento, pois nenhum óbice mais continua a existir desde então.

Legítimos consideravam-se todos os filhos que descendiam de pais ligados pelo casamento, enquanto ilegítimos denominavam-se aqueles havidos antes do casamento, ou durante o casamento de um dos pais, ou de ambos, mas com terceira pessoa.

Volta-se a ressaltar que, presentemente, em face do art. 227, § 6°, da Constituição da República, é irrelevante terem os filhos nascidos durante ou fora do casamento, já que nenhuma referência se fará no registro do nascimento.

É o que defendia José de Farias Tavares, ao tempo das mudanças: "O reconhecimento de filhos extramatrimoniais, logicamente, questão fática, permanece imanente ao

---

[45] "A Filiação e a Nova Constituição Federal", *Ajuris – Revista da Associação dos Juízes do RS*, Porto Alegre, n° 45, p. 113, 1989.

[46] "O Novo Estatuto da Filiação", *O Direito da Família e a Constituição de 1988*, São Paulo, Saraiva, 1989, pp. 181 e 182.

372 • Direito de Família | *Arnaldo Rizzardo*

direito de personalidade. O que se entende é que as providências continuam facultadas aos pais e aos filhos em tal situação. Agora, sem quaisquer obstáculos legais. Os pais podem lavrar no termo de nascimento a declaração espontânea da paternidade (como da maternidade), desde que ambos os genitores concordem com o registro. Se esse momento não foi aproveitado, a qualquer tempo, em notas de tabelião poderá ser feita escritura declarativa de paternidade, com o consenso, é óbvio, de pai e mãe. Sejam eles solteiros, viúvos, divorciados ou mesmo casados com outrem. O adultério não se constitui mais em obstáculo pelo simples motivo de que não se pode imaginar a discriminatória de adulterino ao filho, proibição constitucional. Culmina, assim, a lenta e gradual abertura começada com a Lei nº 883, de 21.10.1949."[47]

Vige, em todos os sentidos, a igualdade de tratamento jurídico dos filhos, nascidos ou não da relação de casamento, ou recebidos por adoção, reconhecíveis a qualquer tempo, fora ou dentro do casamento, e inclusive os adulterinos e os incestuosos.

Reconhecimento este que passou a dominar na jurisprudência que se formou logo após a Constituição de 1988: "Filiação ilegítima. Filho adulterino. Reconhecimento na constância da sociedade conjugal com base no art. 227, § 6º, da CF. Admissibilidade. Norma hierarquicamente superior que revogou todas as regras com ela conflitantes. Preceito que, ademais, como definidor dos direitos e garantias fundamentais do indivíduo, tem aplicação imediata, nos termos do art. 5º, § 1º, da Carta Magna."

No voto: "Se o preceito basilar impõe a igualdade entre os filhos havidos ou não no casamento (art. 227, § 6º), à evidência, como norma hierarquicamente superior, revogou todas as regras com ela conflitantes, totalmente despiciendo exista ou não norma regulamentadora do preceito, desnecessário disciplinar a aplicação do que independe de qualquer dado formal para passar a viger."[48]

Pelo reconhecimento, o pai confessa a paternidade biológica. Ou, segundo alguns, é a admissão da existência da relação de paternidade ou maternidade, e, consequentemente, da filiação. Mas melhor é considerá-lo como confissão, que tem um alcance mais profundo que 'admissão', por ser um ato de vontade real, correspondendo à verdade da paternidade biológica, enquanto, na segunda forma, verifica-se apenas a vontade de reconhecer.

Há uma diferença relativamente à legitimação, quando os filhos naturais tornavam-se legitimados em função do casamento dos pais. Entrementes, se os pais casavam e os filhos adquiriam o *status* de legitimados, é notório que isto se dava em razão do reconhecimento. A legitimação correspondia a uma normalização quanto à posição jurídica dos filhos, que ocorria com o casamento. Mesmo que reconhecidos, se inexistente o casamento civil, perdurava o qualificativo de ilegítimos. Assim, embora a legitimação compreendesse, num primeiro momento, o reconhecimento, este não determinava a legitimação, que apenas se operava através do casamento.

Apesar de toda a evolução verificada no direito de família, continua importante o reconhecimento, pois mediante este ato a pessoa alcança o *status* de filho, com todos os direitos daí decorrentes. Enquanto nada mais significa a legitimação, o reconhecimento permanece com sua importância porque corresponde à confissão da paternidade ou maternidade em relação a determinada pessoa.

O reconhecimento enquadra-se nos atos jurídicos *stricto sensu*, e não em um ato negocial, ou em negócio jurídico, porque os efeitos resultantes estão previstos em lei,

---

[47] Obra citada, p. 64.
[48] TJSP. Apel. Cível nº 120.758-1. 8ª Câm. Civil, de 04.09.1990, *Revista dos Tribunais*, 654/84.

Cap. XVII | A Filiação e Reconhecimento dos Filhos • **373**

e não emanam da vontade ou da estipulação das partes. Realmente, não são permitidas condições ou cláusulas no ato de reconhecimento, aumentando ou delimitando os efeitos do ato. É a doutrina de José da Costa Pimenta, plenamente válida embora versando sobre o direito luso: "Por outro lado, a perfilhação é um quase negócio jurídico, ou simples ato jurídico (art. 1.852º, nº 1) porque, celebrado ou realizado este, os seus efeitos jurídicos resultam automaticamente da lei não havendo lugar para um conteúdo privado de tal ato. Não se trata, portanto, de um negócio jurídico. Com efeito, mesmo no caso de perfilhação de maiores, sempre o conteúdo ou efeito da perfilhação resulta da lei; e daí que não se possa falar de um contrato entre o perfilhando maior e o perfilhante, embora exista uma norma – art. 195º – que manda aplicar as disposições do capítulo relativo ao negócio jurídico."[49]

Como há dois tipos de reconhecimentos – o voluntário e o judicial –, passa-se a examinar cada um.

11.1. Reconhecimento voluntário

Cuida-se do reconhecimento através do qual há a declaração da paternidade ou maternidade, conforme procede do pai ou da mãe, relativamente ao filho havido fora do casamento, em cujo registro não consta a filiação de um dos pais ou de ambos. Simplesmente não se apôs no ato registrário o nome de um ou de ambos os progenitores.

O reconhecimento é ato de vontade. Primeiramente, há a paternidade ou maternidade biológica. Mas não se efetua o registro em nome de ambos os progenitores. Apenas um deles aparece no registro civil. Posteriormente, por deliberação espontânea do progenitor ausente do registro, completa-se o vínculo jurídico, isto é, aparece o nome do progenitor que faltou.

Se não há o registro do filho no nome de nenhum dos pais, ambos podem reconhecê-lo. É o que se encontra definido no art. 1.607: "O filho havido fora do casamento pode ser reconhecido pelos pais, conjunta ou separadamente."

Dificilmente verifica-se a falta de registro pelo menos em nome de um dos progenitores. Mas existem hipóteses, especialmente onde precário é o desenvolvimento cultural do povo.

São formas de se reconhecer: no registro de nascimento; por escritura pública ou escrito particular, a ser arquivado no cartório; por testamento, ainda que incidentalmente manifestado; e por manifestação direta e expressa perante o juiz, ainda que o reconhecimento não haja sido o objeto único e principal do ato que o contém – tudo de acordo com a Lei nº 8.560, de 29.12.1992, que derrogou o art. 357 do Código Civil, e se encontra reproduzido no art. 1.609 do Código Civil, o que se desenvolverá adiante.

Aparecerá o nome de ambos os pais se os dois comparecerem ao ato do registro, ou o permitirem. Do contrário, assinala-se apenas o nome da mãe se ela encaminhou o registro; do pai e da mãe, se o primeiro providenciou no registro. Nesta linha dirige-se o art. 59 da Lei dos Registros Públicos: "Quando se tratar de filho ilegítimo, não será declarado o nome do pai sem que este expressamente o autorize e compareça, por si ou por procurador especial, para, reconhecendo-o, assinar, ou não sabendo ou não podendo, mandar assinar a seu rogo o respectivo assento com duas testemunhas."

E, complementando, o art. 60 da mesma lei: "O registro conterá o nome do pai ou da mãe, ainda que ilegítimos, quando qualquer deles for o declarante." A norma deve

---

[49] Obra citada, p. 123.

ser interpretada em função do art. 59, que não dispensa o consentimento do pai, se a declarante for a mãe.

O reconhecimento poderá ser da mãe como do pai. Quanto à mãe, as dúvidas praticamente inexistem, eis que a gravidez e o parto são fatos materiais de fácil verificação. Tanto isto que o direito luso sequer cogitou do reconhecimento da maternidade, como ilustra Fernando Brandão Ferreira Pinto: "O nascimento duma pessoa revela necessariamente quem é a sua mãe e, por isso, como já se referiu, o legislador estabeleceu no nº 1 do art. 1.792º do CC que relativamente à mãe, a filiação resulta do facto do nascimento e estabelece-se nos termos do art. 1.803º, isto é, por declaração da maternidade ou por reconhecimento legal.

É este o motivo pelo qual a lei, ao contrário do que sucede com a filiação paternal, não nos diz que a maternidade se estabelece pelo reconhecimento, que nos termos do art. 1.847º do CC engloba a perfilhação e o reconhecimento judicial, conquanto este último seja também uma das formas do estabelecimento da maternidade, como resulta dos arts. 1.814 e segs. do CC."[50]

A certeza gerada pelo registro providenciado pela mãe é quase absoluta, ficando remotas as chances de invalidar o ato, conforme o próprio Código Civil sugere no art. 1.608 (art. 356 do Código anterior): "Quando a maternidade constar do termo do nascimento do filho, a mãe só poderá contesta-la, provando a falsidade do termo, ou das declarações nele contidas".

A falsidade decorre, *v.g.*, da demonstração do não comparecimento da mãe quando da lavratura do termo; ou das declarações prestadas por pessoa diferente da mãe, que se fez passar por ela; ou da criação de um termo irreal.

Referentemente à paternidade, dada a ausência de fato material que a evidencie palpavelmente, inexiste uma constatação de sua certeza. As relações sexuais que resultaram na gravidez são iguais a todas as outras. Daí a importância da fidelidade conjugal da mulher, pelo menos para tornar induvidoso o titular da paternidade.

O reconhecimento atinge um grau de necessidade maior na união estável porque é a única forma para infundir certeza à paternidade, visto que, no casamento, existe a presunção do art. 1.597.

De ressaltar, outrossim, o disposto no art. 1.613: "São ineficazes a condição e o termo apostos ao ato de reconhecimento do filho".

Constitui o reconhecimento um ato de pura disposição de vontade, é verdade, mas sem liberdade para impor condição, ou deveres, ou compromissos. Ou o progenitor reconhece, ou não reconhece. Não serão assinaladas cláusulas no termo, nem limitações aos direitos do filho, como as relativas aos alimentos e à herança. Cuida-se da aquisição de um novo estado familiar, o qual, uma vez conseguido, traz todos os efeitos previstos no direito de família para os filhos.

Qualquer condição ou termo que se colocar não tem o menor efeito.

De outro lado, não pode o progenitor arrepender-se e voltar atrás, pois adverte Carlos Maximiliano, "o estado de pai ou de filho, uma vez adquirido pelos meios regulares, não mais se perde. O reconhecimento da prole, natural ou espúria, espontâneo e acorde, com as leis, prevalece, até mesmo quanto às respectivas consequências pessoais, essenciais,

---

[50] *Filiação Natural*, Coimbra, Livraria Almedina, 1983, pp. 63 e 64.

Cap. XVII | A Filiação e Reconhecimento dos Filhos • 375

apesar de advirem de preceitos novos em contrário, isto é, que eliminem ou restrinjam à espécie trazida a debate...

As concernentes à filiação ilegítima, quer facultem, quer proíbam o reconhecimento, ligam-se a um fim moral; têm, por isto, sempre natureza obrigatória e imediata, embora sejam contrárias aos postulados dominantes na época da concepção ou do nascimento da prole."[51]

Sobre o assunto, é categórico o art. 1.610 do vigente Código: "O reconhecimento não pode ser revogado, nem mesmo quando feito em testamento". Todavia, cumpre dimensionar o alcance da vedação: não impede que se ingresse com uma demanda, visando a anulação, por não corresponder à realidade. A proibição restringe-se à revogação, que constitui um ato voluntário e espontâneo. De sorte que, para o desfazimento do registro, insta que haja motivo fundado na descoberta de não ser aquele que registrou pai ou mãe do filho.

11.1.1. Formas de reconhecimento voluntário

De acordo com o observado, já antes do atual Código Civil não mais vigorava o disposto art. 357 do Código Civil, que encerrava: "O reconhecimento voluntário do filho ilegítimo pode fazer-se ou no próprio termo de nascimento, ou mediante escritura pública, ou por testamento (art. 184, parágrafo único)."

Aliás, nem mais prevalecia a regra do art. 26 da Lei nº 8.069/1990 (Estatuto da Criança e do Adolescente), que substituíra aquela norma, e que preceituava: "Os filhos havidos fora do casamento poderão ser reconhecidos pelos pais, conjunta ou separadamente, no próprio termo de nascimento, por testamento, mediante escritura ou outro documento público, qualquer que seja a origem da filiação."

Passou a vigorar a Lei nº 8.560/1992, já várias vezes citada, que, em seu art. 1º, modificou substancialmente a matéria, inovando-a quanto às hipóteses de reconhecimento, e vindo repetida pelo art. 1.609 do atual Código Civil, o qual reza: "O reconhecimento dos filhos havidos fora do casamento é irrevogável e será feito: I – no registro de nascimento; II – por escritura pública ou escrito particular, a ser arquivado em cartório; III – por testamento, ainda que incidentalmente manifestado; IV – por manifestação direta e expressa perante o juiz, ainda que o reconhecimento não haja sido o objeto único e principal do ato que o contém."

A primeira hipótese é a mais importante, pois a comum e usualmente utilizada. Aliás, atualmente, ao proceder-se o registro, está-se automaticamente reconhecendo o filho. No entanto, em qualquer momento da vida do filho é autorizado o reconhecimento.

Duas as vias admissíveis: ou por ambos os pais, ou apenas por um deles.

Na primeira, os dois efetuam o ato. Naturalmente, não se encontra ainda registrado o filho. O mais comum é o registro tardio. Lavra-se o termo no livro próprio, após requerimento despachado pelo juiz.

Quanto à segunda possibilidade, no assento existe somente o nome de um dos pais. E o nome do progenitor faltante será procedido no próprio termo de nascimento, por averbação. Era claro, a respeito, o art. 357 do diploma civil revogado: "O reconhecimento

---

[51] *Direito Intertemporal*, 2ª ed., Rio de Janeiro, Freitas Bastos, 1955, nº 76; Agravo de Instrumento nº 131.440-1. 8ª Câm. Civil do TJ de São Paulo, de 27.06.1990, *Revista de Jurisprudência do TJ de São Paulo*, Lex Editora, 127/217.

376 • Direito de Família | *Arnaldo Rizzardo*

voluntário do filho ilegítimo pode fazer-se ou no próprio termo de nascimento...". Isto é, preexiste um assento de nascimento. E averba-se, por determinação judicial, ou a pedido da parte, o nome do progenitor que falta. A respeito, ainda válido o ensinamento de Mário Aguiar Moura: "A nosso sentir, nada obsta ao reconhecimento complementar do outro pai, diretamente no assento de nascimento. A lei fala que o reconhecimento pode ser feito no próprio termo de nascimento. O termo é o ato que está no livro respectivo existente no cartório. Foi lavrado um dia e ali permaneceu. O que deve importar é a declaração de vontade livre para o reconhecimento."[52]

A segunda modalidade envolve a escritura pública ou escrito particular, a ser este arquivado no cartório.

No tocante à escritura pública, é possível reconhecer-se em ato especificamente elaborado para tal finalidade, ou em ato também destinado para outro objetivo, como em escritura de doação, ou venda, ou de instituição de um direito real qualquer. Mesmo através de procuração pública admite-se o reconhecimento, pois, ao dar alguém poderes para outrem proceder ao ato, está confessando a paternidade.

Já o escrito particular consiste numa declaração específica de reconhecimento, onde aparece claramente a manifestação da vontade do progenitor. Não servem outros documentos, cujo conteúdo revelam o reconhecimento pelo texto em si, mas não dirigidos especificamente para o reconhecimento.

Evidentemente, dada a importância do escrito, devendo incutir certeza absoluta, insta que a assinatura venha reconhecida pelo tabelião, ou, em caso de fotocópia, é indispensável a autenticação.

A terceira forma de reconhecimento é manifestada mediante testamento, ou ato de última vontade, mesmo que não dirigido particularmente para aquela finalidade. Ou seja, as disposições testamentárias visam a transmissão de bens, ou a disposição do patrimônio. No entanto, encerra uma parte isolada, em que aparece o reconhecimento de um filho.

O testamento pode ser público, privado, cerrado ou mesmo marítimo.

Contrariamente ao que acontece com o testamento para outras finalidades – art. 1.969 –, no caso ele é irrevogável. Não seria coerente, após o ato de última vontade, voltar atrás, e desconstituir a filiação. Em se tratando de direitos disponíveis, não se nega a revogação. Não, porém, quando não se está dispondo sobre o patrimônio, e sim declarando a respeito de um estado familiar da pessoa. Neste sentido, aliás, o art. 1.610, já analisado antes.

A Lei do Divórcio, no art. 51, havia acrescentado o parágrafo único ao art. 1º da Lei nº 883, de 1949, concernente ao reconhecimento de filhos adulterinos, constando, no final, a sua admissibilidade durante o casamento, desde que por testamento cerrado, sendo nesta parte irrevogável mencionado ato. Já aí se havia estabelecido que a consolidação definitiva da manifestação da vontade era uma decorrência lógica. Não teria consistência nenhuma a previsão deste caminho para o reconhecimento se, após, estivesse autorizado o progenitor a desconstituir a disposição. Perderia qualquer força, ou mesmo seriedade, a declaração.

Assim também quanto à confissão por termo no registro civil e por ato notarial.

A jurisprudência atendeu o princípio da irrevogabilidade: "Testamento. Capacidade para testar. Prevalência da que possui o testador ao tempo da lavratura do testamento... Inteligência do art. 1.628 do Código Civil... Filiação ilegítima. Reconhecimento de filhos ilegítimos em testamento. Revogabilidade deste. Efeitos que não atingem tal reconhe-

---

[52] *Tratado Prático da Filiação*, obra citada, vol. I, p. 232.

Cap. XVII | A Filiação e Reconhecimento dos Filhos • 377

cimento, por terem implicado confissão. Inteligência do art. 1.626 do Código Civil. A capacidade para testar é a do tempo da feitura do testamento, não se invalidando este pela superveniência da capacidade.

Nos termos do art. 1.626 da lei civil, o testamento é ato revogável, mas somente no que toca à disposição do patrimônio. Assim, se reconhece a filiação legítima sua, estará confessando esse fato, não podendo torná-lo nenhum, com a só revogação do mesmo testamento."[53] Os arts. 1.628 e 1.626 referidos equivalem aos arts. 1.861 e 1.857 do Código vigente.

O § 5º do art. 2º da Lei 8.560, de 1992, vindo com a Lei nº 12.010, de 03.08.2009, introduziu a iniciativa de o Ministério Público em promover a ação, no caso do encaminhamento do menor para a adoção: "Nas hipóteses previstas no § 4º deste artigo, é dispensável o ajuizamento de ação de investigação de paternidade pelo Ministério Público se, após o não comparecimento ou a recusa do suposto pai em assumir a paternidade a ele atribuída, a criança for encaminhada para adoção".

De acordo com o § 6º, não se impede a iniciativa de intentar a investigação de quem tenha legítimo interesse, visando o reconhecimento da paternidade.

A quarta modalidade consiste na manifestação direta e expressa feita normalmente pelo pai perante o juiz, mesmo que em ação não dirigida especificamente para obter o reconhecimento. Assim acontece nas ações de alimentos, onde o acionado expressamente admite a paternidade. Não importa que a finalidade objetivada não se dirigia ao reconhecimento. Com a admissão externada na declaração (depoimento pessoal, ou petição assinada pelo pai), providencia-se o registro, o que é viável através de mandado expedido pelo juiz, ou ofício, e até por requerimento da própria parte, mas com o deferimento do juiz.

A perfilhação, em qualquer de tais instrumentos, será averbada no registro civil, que se concretizará por despacho judicial.

Não se fará qualquer referência à causa da averbação. Simplesmente se aporá o nome do progenitor que não constava do assento.

Pode-se acrescentar uma quinta maneira de reconhecimento espontâneo, que é a introduzida pelo art. 2º da Lei nº 8.560/1992. Ou seja, no registro apenas com a maternidade estabelecida, o escrivão remeterá ao juiz uma certidão do ato e das declarações da mãe do registrando, informando o nome do suposto pai, o endereço e quaisquer dados importantes. O juiz, no caso o diretor do foro, ou o da vara dos registros públicos onde houver, ou aquele que as leis de organização judiciária local indicarem, mandará formar um expediente, e determinará a ouvida da mãe. Após, marcará data para também ouvir o pai referido, ou estabelecerá um prazo a fim de que se manifeste sobre a paternidade que lhe é atribuída. No caso de o mesmo confirmar expressamente a paternidade, lavra-se termo de reconhecimento, com a remessa de certidão ao oficial do registro, para a devida averbação. Se negada a paternidade, ou não comparecer na audiência, ou nada responder, o expediente irá ao Ministério Público, para fins de intentar a ação de investigação de paternidade contra o suposto pai.

Sobre o reconhecimento por esta modalidade, escreve Luiz Edson Fachin: "Uma vez notificado o suposto pai pelo oficial de justiça, para vir se manifestar sobre a paternidade que lhe é atribuída pela mãe, o mesmo poderá ou não comparecer a juízo.

---

[53] *Revista dos Tribunais*, 469/216.

378 • Direito de Família | *Arnaldo Rizzardo*

Em se tratando de mãe solteira, ou seja, não se cogitando de filiação 'adulterina' *a matre*, poderá o indigitado pai, ainda que casado, reconhecer a procedência da alegação de paternidade.

Confirmada a paternidade, será lavrado o termo de reconhecimento, o qual será remetido posteriormente ao Oficial do Registro Civil de Pessoas Naturais, a fim de que este proceda à averbação do registro, tudo nos termos do art. 2º, § 3º, da Lei nº 8.560, de 1992.

O reconhecimento realizado nos moldes do § 3º do art. 2º deve ser considerado voluntário e se especializa no perfilhamento espontâneo, diferenciando-se do reconhecimento forçado da paternidade."[54]

Vemos, pois, no caso de admissão pelo pai, uma forma de reconhecimento espontâneo.

Inadmite-se o reconhecimento pelo incapaz. Uma vez interditado, e mesmo que não o seja, mas se evidente a alienação mental, não se poderá considerar como ato de vontade válido a manifestação do incapaz. Daí configurar-se somente um caminho para o reconhecimento, que é a investigação de paternidade.

Quanto aos menores com mais de dezesseis anos, admitido o reconhecimento se assistidos. Pontes, no entanto, dispensa a assistência: "A lei nada explica sobre a capacidade requerida para reconhecer filho ilegítimo. Mas é de crer-se que não se apliquem à espécie as regras relativas à capacidade de exercer os demais atos da vida civil (assim Pacifici-Mazzoni, *Istituzioni di Diritto Civile Italiano*, VII, 284; Baudry-Lacantinerie, *Précis de Droit Civil*, I, 477). Não se trata de contrato, mas de simples declaração unilateral de vontade, com o conteúdo de comunicação de fato. Quaisquer pessoas podem reconhecer, inclusive: a) O menor de vinte e um anos e maior de dezesseis anos, ainda que sem *venia aetatis* e sem assentimento do pai ou do tutor... Diante das expressões do art. 5º do Código Civil, que inclui entre os 'absolutamente incapazes de exercer pessoalmente os atos da vida civil' os menores de dezesseis anos, esses não podem, em caso algum, reconhecer paternidade, ou maternidade."[55] Anote-se que o apontado art. 5º corresponde ao art. 3º do vigente Código, sendo, também, de averbar que a menoridade atualmente vai até os dezoito anos.

Não se abona a dispensa da assistência, posto que a sua exigência é para os atos da vida civil que importem efeitos, situação que se configura com a declaração da paternidade.

Por último, faculta-se o reconhecimento antes de nascer o filho, ou depois de sua morte, sendo que, nesta eventualidade, se houver descendentes. É a norma do parágrafo único do art. 1.609: "O reconhecimento pode preceder o nascimento do filho ou ser posterior ao seu falecimento, se deixar descendentes".

A forma do reconhecimento é a estabelecida para o que ocorre em vida do filho. Virá analisado o assunto em item separado.

11.1.2. Oposição ao reconhecimento de filho maior e de filho menor

Para o reconhecimento de filho maior, impende o consentimento do mesmo, enquanto o de menor está sujeito à impugnação, dentro dos quatro anos seguintes à maioridade, ou à emancipação.

---

54 *Comentários à Lei nº 8.560/92*, Curitiba, Gênesis Editora, 1995, pp. 59 e 60.
55 *Tratado de Direito Privado*, obra citada, vol. IX, pp. 78 e 79.

Cap. XVII | A Filiação e Reconhecimento dos Filhos • **379**

É o disposto no art. 1.614: "O filho maior não pode ser reconhecido sem o seu consentimento, e o menor pode impugnar o reconhecimento, dentro dos 4 (quatro) anos que se seguirem à maioridade, ou à emancipação." No tocante ao maior, o mesmo vem no art. 4º da Lei nº 8.560. Quanto à possibilidade de oposição pelo maior ou impugnação após alcançada a maioridade, fortes razões devem existir para possibilitar esta reação. Em primeiro lugar, por ninguém melhor que o reconhecente ter ciência e convicção de sua paternidade. Em segundo lugar, dificilmente encontrará o reconhecido elementos para fazer frente às razões do progenitor. A menos que tenha elementos técnicos, ou apresente fortes argumentos para ensejar uma prova pericial de elementos sanguíneos, que se contraporá a uma filiação irreal.

Mas jamais se pode coibir o direito de oposição ou impugnação. É bem possível que o filho venha a saber que sua mãe, em sua vida de aventuras no período presumível da concepção, tenha tido em momentos próximos mais de uma ligação amorosa. E, certamente, constitui razão ponderável ao filho a pretensão de rejeitar a paternidade não verdadeira, para buscar a que entende real, que poderá, inclusive, trazer repercussões sociais e econômicas mais vantajosas.

Não se pode negar o direito se incapaz o filho, que será representado, no caso, pelo curador nomeado na interdição, ou por outro que o juiz designará na própria ação.

Quanto ao menor, percebe-se o prazo de quatro anos para viabilizar a impugnação, a contar do início da maioridade. No entanto, nada impede que ele ingresse antes com a ação, ou enquanto menor, se devidamente representado ou assistido.

No direito português, sobre a matéria, escreve Fernando Brandão Ferreira Pinto: "... A lei atribui expressamente legitimidade para impugnar a paternidade ao próprio perfilhado, mesmo na hipótese de, sendo necessário o seu assentimento à perfilhação, o ter dado e também agora não se distingue entre esse assentimento ter sido dado de boa-fé ou de má-fé.

Como escreve G. Oliveira: 'O interesse público da verdade e o interesse actual do filho prevalecem sobre o assentimento anterior; este assentimento anterior não constitui uma renúncia antecipada ao direito de impugnar. Aliás, seria estranho que se tivesse adaptado outra solução quando perfilhante (ou marido que registrou o filho) pode impugnar a paternidade, sem que o seu comportamento anterior prejudique um juízo autónomo e actual sobre a perfilhação' (Estabelecimento da Filiação, Coimbra, 1979)."[56]

11.1.3. Reconhecimento antes do nascimento ou após o falecimento do filho

É autorizado o reconhecimento mesmo antes do nascimento ou depois do falecimento do filho. Para tanto, encerra o parágrafo único do art. 1.609: "O reconhecimento pode preceder o nascimento do filho ou ser posterior ao seu falecimento, se deixar ele descendentes". O conteúdo é repetido no parágrafo único do art. 26 da Lei nº 8.069/90.

Quanto ao reconhecimento anterior, sabe-se que, em tese, a personalidade da pessoa começa com o nascimento, como ressalta do art. 2º do Código Civil (art. 4º do Código anterior). No entanto, a lei resguarda e protege os direitos do nascituro, e isto desde a concepção, de conformidade com o mesmo dispositivo. E assim o faz em vista do respeito ao ser humano, que existe desde a concepção. Salienta, ainda, Fernando Brandão Ferreira Pinto: "A perfilhação anterior ao nascimento representa uma precaução do pai que, tendo

---

[56] *Filiação Natural*, obra citada, p. 266.

a consciência de que certa mulher foi por si engravidada e que é certo, ou pelo menos muito provável que quando do nascimento não estará vivo, não quer deixar o filho que vai nascer à incerteza do recurso a uma investigação de paternidade.

Precisamente por isso, porque a lei não quer admitir uma perfilhação dos filhos que venha a ter certa mulher, mas porque quer que a perfilhação corresponda o mais possível à verdade biológica, só admite, como resulta do art. 1.855º do CC, a perfilhação do nascituro, de um ser já concebido mas ainda não nascido e, portanto, exige, para a mesma ser válida, não só que o perfilhante identifique a mãe, mas ainda que o acto de perfilhação seja posterior à concepção, isto é, que este ocorra... depois de terem iniciado os trezentos dias que precederam o nascimento."[57] O citado art. 1.855 é do Código Civil de Portugal.

Esta forma de reconhecimento justifica-se mais quando evidente que o reconhecente não sobreviverá ao nascimento do presumido filho. Há de vir externada por meio de escritura pública ou testamento. Não é possível pensar em outra forma, porquanto o assento cartorário não pode preceder ao nascimento, e o escrito particular poderá ensejar dúvidas.

De outra parte, constarão obrigatoriamente a qualificação e a especificação do nascituro e de sua mãe, com menção à época provável da concepção, para evitar possíveis confusões. É óbvio que será válido o reconhecimento unicamente se ocorrer o nascimento até completarem-se os trezentos dias da presunção da paternidade. Se após ocorrer o parto, é certo que a paternidade pertence a pessoa distinta do reconhecente.

Interessa notar que, em nascendo mais de um filho do mesmo parto – gêmeos ou trigêmeos – o reconhecimento não ficará prejudicado. Tem-se em conta o ato de vontade do reconhecente, que é uma determinada concepção, ou o fruto de um relacionamento. Objetiva-se a tutela do filho, ou da filha, ou dos filhos que se originar ou originarem da união havida entre os pais. De sorte que o reconhecimento é determinado não em vista do nascituro em si, mas do nascituro advindo de uma união especificada.

Não se impede o reconhecimento pela mãe. Não terá finalidade alguma esta disposição de vontade se casada a mesma, pois o registro em seu nome é natural. Todavia, se a mulher ficou grávida com pessoa que não o marido, e durante a sociedade conjugal, embora admitido o reconhecimento do filho adulterino, é perfeitamente lícito o reconhecimento prematuro, e possível de ocorrer caso o parto for considerado de alto risco para a mãe. Falecendo, e desinteressando-se os parentes com o destino da prole, encontra-se a mesma reconhecida antecipadamente.

O reconhecimento póstumo, ou após a morte do filho, também encontra guarida na lei, exigindo-se, porém, como requisito para a sua efetivação, a existência de descendente. A finalidade é dar proteção aos filhos do registrado, evitando-se longas e às vezes estéreis discussões.

Mas exclusivamente se redundar em favor dos descendentes vale o reconhecimento, não tendo qualquer efeito, ou não valendo, se o objetivo for o benefício do próprio pai, como na hipótese de falecer o filho sem descendentes, e sendo titular de patrimônio. Claro é a respeito José da Costa Pimenta, o que demonstra a universalidade do princípio: "Já as perfilhações tardias, mas sobretudo as perfilhações póstumas, são, pelo menos, suspeitas de não serem ditadas pelo interesse do filho. Por isso, rejeita a lei, nesta matéria, qualquer liberalismo e determina que a perfilhação de filho falecido só produza efeitos a favor dos seus descendentes. Quis-se, com efeito, evitar situações em que o perfilhante obedecesse exclusivamente a alguma razão mesquinha, designadamente, porque destituído de meios de

---

[57] *Filiação Natural*, obra citada, pp. 254 e 255.

Cap. XVII | A Filiação e Reconhecimento dos Filhos • **381**

fortuna, entendesse fazer valer os seus direitos a alimentos, previstos nos artigos 2.005º e seguintes, constituindo-se credor do perfilhado ou seu herdeiro, convertendo a perfilhação num instrumento de caça à fortuna do perfilhado."[58]

No direito argentino, é expressa a lei em não poderem os pais herdar, para valer o reconhecimento: "Puede reconocerse un hijo ya fallecido? La cuestión es delicada y daba lugar a opiniones diversas. El problema era que, generalmente, estos reconocimientos *post mortem* eran interesados y tenían por objeto heredar al hijo. La Ley 23.264 ha resuelto la cuestión con una disposición acertada: el reconocimiento es válido, pero ni el padre ni sus ascendientes pueden heredar al hijo (art. 249)."[59]

Assim, entende-se que a perfilhação póstuma, e mesmo nos derradeiros momentos de vida do filho, tem efeitos apenas unidirecionais. Poderá subsistir a filiação e, inclusive mudar-se o registro, sem efeitos sucessórios, no entanto, quanto ao pai, dada a condição expressa inserida na parte final do parágrafo único do art. 1.609.

A instrumentalização se externará por testamento, ou escritura pública, ou escrito particular a ser arquivado no cartório, ou por decisão judicial, proferida em ação para tanto promovida.

11.1.4. Ação anulatória de reconhecimento

De ressaltar que o reconhecimento produz todos os efeitos a partir do momento de sua realização e lançamento no ofício do registro civil. Há plena eficácia, considerando-se verdadeiro o conteúdo nele lançado para quaisquer finalidades. A publicidade que deriva do registro faz operar a validade *erga omnes*, ou para todos. Consequentemente, a ninguém é permitido buscar ou vindicar um estado contrário ao inserido no referido registro.

A fim de modificar a situação, é necessária a competente ação anulatória do registro, ou desconstitutiva de sua veracidade.

É ela admitida sempre que se verificar a desconformidade do reconhecimento com a verdadeira filiação biológica. Justifica-se, ademais, a ação porque o estado civil das pessoas deve sustentar-se na realidade, ou na verdade, e não em dados falsos, somente em aparência verdadeiros.

Estabelece o art. 113 da Lei dos Registros Públicos: "As questões de filiação legítima ou ilegítima serão decididas em processo contencioso para anulação ou reforma de assento." Não se desconstitui o reconhecimento por acordo entre os progenitores, e muito menos se é válida a revogação do ato, no que é peremptório o art. 1.610 da lei civil: "O reconhecimento não pode ser revogado, nem mesmo quando feito em testamento".

Basicamente, constata-se que inexiste, na realidade, o vínculo da filiação real, embora lançado no registro. É evidente que interesses de outras pessoas, afora os do registrado e de seu reconhecente, se afiguram e permitem a alteração do conteúdo assentado no livro de registros.

Em princípio, pois, têm legitimidade para anular o assento todas as pessoas afetadas, direta ou indiretamente, moral ou materialmente, pelo reconhecimento. Inclusive os pais, se fundadas razões se apresentarem, como se foram ludibriados, ou induzidos em erro, ou obrigados por coação a registrar. Vedado lhes é desdizer imotivadamente a filiação.

---

[58] Obra citada, pp. 129 e 130.
[59] Guillermo A. Borba, obra citada, pp. 303 e 304.

Ao próprio filho reconhecido é admitida a legitimidade, se efetivamente descobre que outro é seu pai. O Ministério Público está colocado entre os que têm legitimidade, por dizer respeito a matéria ao estado da pessoa, cuja ordem é do interesse público manter respeitada e inviolada.

No polo passivo coloca-se a pessoa que será atingida, ou afetada, pela ação. Se o autor é o reconhecente, réu virá a ser o filho, representado ou assistido por quem exerce sua guarda ou o poder familiar. Na situação de colocar-se o reconhecido na qualidade de autor, passam a responder como réus os pais que reconheceram a filiação, ou aquele que a declarou. Aparecendo filhos do reconhecente, ou irmãos do reconhecido, parece induvidoso que integrarão o lado oposto o irmão reconhecido e os progenitores reconhecentes. Vindo a promover a lide o Ministério Público, responderão como réus o reconhecido e o reconhecente.

Se o promovente da ação for incapaz, é necessária a sua representação por curador, mesmo que para tanto seja nomeado pelo juiz.

No deslinde do litígio, o assento constante do registro merece forte presunção de veracidade e autenticidade. De sorte que ao promovente compete apresentar provas plenas e insofismáveis contra a verdade formal do registro, para desconstituí-la. Não incidem, nesta matéria, os efeitos resultantes da revelia, a fim de que não se converta a demanda em mero expediente de retratação do registrante.

De modo geral, dois os fundamentos mais comuns na anulação do reconhecimento: o erro e a coação.

Ocorre o erro quando o perfilhante ignorava certos fatos, sendo que as circunstâncias que o levaram a reconhecer o filho não correspondiam à realidade. Ou o reconhecimento ocorreu por força de circunstâncias decisivas para o convencimento da paternidade, e que não representavam, no entanto, a verdade.

Qualquer interessado pode invocar o erro, desde que, na explicação de Fernando Brandão Ferreira Pinto, "recaia sobre circunstâncias que tenham sido essenciais e não meramente incidentais para o perfilhante se considerar o pai natural do perfilhado.

Na verdade, a perfilhação, como escreve G. Oliveira, 'só constitui um meio sério de prova da paternidade quando o juízo formado pelo perfilhante assenta num conhecimento suficiente das circunstâncias em que se produziram a fecundação, a gravidez e o nascimento. O erro que tenha afectado o processo de formação do juízo de paternidade torna a perfilhação anulável'."[60]

A coação, por sua vez, determina o reconhecimento em face do temor ou receio de um mal impingido ilicitamente no reconhecente, com vistas a conseguir declaração da paternidade. Deverá ficar provado que a perfilhação veio a se consumar em face do receio de um mal, ou de uma grave ameaça, como de morte, difamação ou qualquer outra desgraça, de modo a atingir a pessoa ou os familiares do reconhecente.

Mas há também razões de ordem formal para a anulação, segundo demonstra Mário Aguiar Moura: "No caso de o assento em que se reconhece o filho ilegítimo ter sido lavrado à vista de declaração ou afirmação de terceiro, temos também a hipótese que leva à impugnação, com base na inexistência material, embora formalmente exista o reconhecimento.

---

[60] *Filiação Natural*, obra citada, pp. 378 e 379.

Cap. XVII | A Filiação e Reconhecimento dos Filhos • **383**

Em se tratando de ausência de assinatura do declarante, depende se houve a recusa ou se apenas se trata de esquecimento. Quando haja a recusa, o assento somente ficou aparelhado, mas não deverá surtir os efeitos, podendo ser impugnado.

Se o assento foi lavrado por quem não tinha a qualidade de oficial do Registro Civil, o ato é inexistente e seu efeito é nenhum."[61]

Seguindo a sistematização de Pontes de Miranda, a ação poderá ser intentada com fulcro em três ordens de causas: I – Inexistência do reconhecimento, por inexistir a pessoa registrada, ou se, ao tempo da concepção (primeiros cento e vinte dias dos trezentos que antecedem o nascimento), se encontrava morto o feto; II – nulidade do reconhecimento em razão de ter sido feito por incapazes absolutos, ou desobedecendo a forma prescrita em lei; III – anulabilidade por vício de consentimento, isto é, por dolo, erro ou coação; por inaceitação, pelo reconhecido, ao atingir a maioridade; e por não corresponder à verdade.[62]

Não há prazo para propor a ação, e isto justamente por envolver o estado da pessoa. Não se extingue, nem desaparece, o direito, eis que envolve um valor ou bem indisponível, máxime em se tratando de assunto relativo à filiação, cuja proteção está intimamente relacionada ao interesse público, ou ao Estado. Realmente, é dever do Poder Público dirigir e proteger a organização regular das questões relativas aos filhos, máxime aquelas atinentes à infância e à adolescência.

Ademais, nenhum dispositivo de lei regula a prescrição para a espécie em exame, diferentemente do direito português, onde, nos arts. 1.860, nº 3, e 1.861, nº 2, consta assinalado o prazo de um ano a partir da data do conhecimento da causa de anulação.

11.2. Reconhecimento judicial

Cuida-se de uma forma de reconhecimento diversa da voluntária, posto que procedida espontaneamente pelos pais, ou por um deles.

Procede-se aqui através da ação de investigação de maternidade ou paternidade, comum esta, e de uso raro aquela.

Aplica-se aos filhos não registrados no curso do casamento dos pais, ou que nasceram quando ainda solteiros ou mesmos, ou que foram frutos de uniões adulterinas, ou mesmo incestuosas, e que ambos ou um dos progenitores recusaram o reconhecimento.

Não há dúvida de que se trata de matéria importante, e que tem evoluído consideravelmente nos últimos tempos, especialmente quanto às técnicas para se verificar a paternidade.

O assunto será objeto de capítulo próprio, dada a sua importância e complexidade.

11.3. Efeitos jurídicos do reconhecimento

Não é difícil concluir quanto aos efeitos que decorrem do reconhecimento da paternidade.

Em princípio, o filho reconhecido passa a gozar de todos os direitos assegurados aos demais filhos.

---

[61] *Tratado Prático da Filiação*, obra citada, vol. I, pp. 290 e 291.
[62] *Tratado de Direito Privado*, obra citada, vol. IX, pp. 99 e 100.

384 • Direito de Família | *Arnaldo Rizzardo*

Adianta-se que, seja voluntário ou forçado o reconhecimento, não há distinção de efeitos. Idênticos direitos e igual situação jurídica incidem, posto que interessa unicamente o estado da filiação.

Salienta-se, desde já, outrossim, que os efeitos retroagem a partir da concepção, pelo princípio básico de ser impossível declarar a filiação a contar de certo momento. Quem é filho, o é desde a concepção, pois inconcebível estabelecer um vácuo que vai da concepção à sentença declaratória, no qual a pessoa reconhecida não teria progenitor. Válida a explicação de Guillermo A. Borda: "Si se acepta que una persona es hija de outra, habrá que admitir que siempre lo ha sido. Sostener que no lo fue hasta el instante arbitrariamente eligido por el padre y que sí lo fue después es contrario a la naturaleza de las cosas. Y, además, conduce a soluciones injustas, como que el hijo reconocido no podría recoger una herencia deferida antes del reconocimiento. No es extraño, pues, que la doctrina, salvo contadas excepciones, se incline por la retroactividad."[63]

Em alguns dispositivos o Código Civil trata da matéria.

O primeiro está no art. 1.611: "O filho havido fora do casamento, reconhecido por um dos cônjuges, não poderá residir no lar conjugal sem o consentimento do outro." Nota-se a discriminação da regra, frente aos demais filhos. Mas esta diferença de tratamento é ditada pela própria natureza humana. É inteiramente inconveniente e desarrazoado que o progenitor traga o filho a residir consigo e o consorte, máxime se concebido e nascido durante o casamento. Em geral, porém, reside ele com o outro progenitor, não se apresentando litígios a fim de forçar a residência no lar conjugal do reconhecente.

Há, todavia, o dever de sustentar e prestar toda assistência.

O segundo efeito vem no art. 1.612, que dispõe sobre a guarda: "O filho reconhecido, enquanto menor, ficará sob a guarda do genitor que o reconheceu, e, se ambos o reconheceram e não houver acordo, sob a de quem melhor atender aos interesses do menor".

Este dispositivo é de todo inconveniente, posto que, uma vez ocorrido o reconhecimento, a guarda resolve-se ou decide-se dentro das mesmas regras estatuídas para os filhos menores em geral. De outra parte, não se coaduna com a prática, porquanto a guarda já se concentrava na pessoa que tinha o filho consigo. E, pela regra, tem-se impressão de que há transferência do encargo, o que jamais poderá ocorrer.

Cumpre se leve em conta o interesse do menor, e se foi o pai o reconhecente parece evidente que o filho queira continuar com a mãe, que permanecerá com a guarda, embora o poder familiar passe ao exercício também do pai. Se ambos reconheceram, o interesse do menor determinará o exercício da guarda, o que é natural, pois tem-se em conta o bem do filho, especialmente no que diz com a sua criação e formação.

Em suma, os filhos reconhecidos, já que derrogadas quaisquer diferenças de tratamento, seja qual for a natureza da filiação, começam a usufruir dos mesmos direitos admitidos aos demais, sendo de se lembrar que, antes da Lei nº 6.515/1977, art. 51, nº 2, aos então chamados ilegítimos reservava-se somente a metade da herança que viesse a receber o filho que se qualificava como legítimo.

Passa o filho a ter direito ao nome do progenitor reconhecente, como expressão de sua identidade. Adotará, em sua identificação e documentos, a palavra designativa da família, que é composta pelo nome do pai e da mãe, ou simplesmente por um deles.

---

[63] Obra citada, p. 307.

Cap. XVII | A Filiação e Reconhecimento dos Filhos • **385**

No pertinente aos alimentos, as regras são iguais às estabelecidas para os demais filhos. Havendo possibilidade do progenitor e necessidade do filho, impõe-se a obrigação alimentar, tanto mais quando totalmente incapaz o último para se sustentar. Já enfatizava Mário Aguiar Moura, sob o regime do direito anterior: "Pelo dever de assistência que os pais têm para com os filhos menores, em qualquer situação, estes contam com o direito de serem alimentados e mantidos pelos pais. A solidariedade familiar, acolhida pelo direito positivo, cria o dever jurídico indeclinável. A falta de cumprimento deste dever, em face da intensa valorização humana posta no tema, chega até mesmo a repercutir na área penal, posto que o Código Penal brasileiro, no art. 244, contempla esta falta como crime de abandono material."[64]

O casamento, embora venha a ser declarado nulo posteriormente, importa no reconhecimento dos filhos, se, em ato concomitante, ou em outro momento, se declarar a filiação. Pelo fato de casarem duas pessoas não importa que o filho não registrado em nome de algum deles se torne automaticamente reconhecido como filho do mesmo. Se, entrementes, advier o reconhecimento, não se pense que a anulação do casamento desconstitui o ato que estabeleceu a filiação. Em nada influi a situação de se encontrar um ou ambos os progenitores de boa-fé, quando do casamento. É nesta exegese que se deve interpretar o art. 1.617 do CC: "A filiação materna ou paterna pode resultar de casamento declarado nulo, ainda mesmo sem as condições do putativo".

Desnecessário prosseguir na discriminação dos efeitos, porquanto seria repetir assuntos já abordados e correlatos às relações entre pais e filhos no casamento.

Apenas acrescenta-se que os efeitos valem relativamente a todos, isto é, são *erga omnes*. Explica Guillermo A. Borda: "El reconocimiento tiene eficacia *erga omnes* puesto que pone de manifesto, por un medio legítimo, un estado civil que tiene validez y vigencia para todos; reconocedor, reconocido y terceros. Es verdad que ese estado puede ser impugnado y destruido judicialmente; pero, en tanto ello no ocurra, el reconocimiento produce plenos efectos."[65]

11.4. Pluriparentalidade

Tese que tem empolgado uma geração de inovadores do direito de família, está na pluri ou multiparentalidade, ou dupla parentalidade, dando realce ao filho ter mais de um pai ou de uma mãe.

Acontece essa viabilidade quando uma criança, embora com registro do pai biológico, desde a mais tenra idade está na guarda da mãe, a qual casa ou se une a outro homem. Este passa a criar o filho ou a filha da mulher ou companheira, dando-lhe um tratamento próprio de pai, isto é, com amor, carinho, acompanhamento diuturno, e assim seguindo ao longo dos anos, de modo a se criar uma relação socioafetiva de pai e filho. É o que se denomina de paternidade socioafetiva. A situação pode se inverter, em relação à mulher, dando-se duas mães à criança.

Nessas situações, não exsurgem maiores dificuldades quando desaparece o pai biológico, não mais procurando o filho. Todavia, existem casos em que se mantém o afeto entre o pai biológico e o filho, mas também se criando um vínculo de afetividade muito forte com o padrasto. Não é inviável que tal realidade aconteça em relação à mãe biológica,

---

[64] *Tratado Prático da Filiação*, obra citada, vol. III, p. 871.
[65] Obra citada, p. 307.

386 • Direito de Família | *Arnaldo Rizzardo*

quando o filho é entregue à guarda do pai, que se une a outra mulher, seja através do casamento ou da união estável.

Em um ou outro caso, perdurando a afetividade, aparecem decisões que permitem a dupla paternidade ou maternidade. Retifica-se o registro original para incluir o nome de um segundo pai ou uma segunda mãe.

Exemplo de decisão é a seguinte:

"Maternidade socioafetiva Preservação da Maternidade Biológica. Respeito à memória da mãe biológica, falecida em decorrência do parto, e de sua família – Enteado criado como filho desde dois anos de idade Filiação socioafetiva que tem amparo no art. 1.593 do Código Civil e decorre da posse do estado de filho, fruto de longa e estável convivência, aliado ao afeto e considerações mútuos, e sua manifestação pública, de forma a não deixar dúvida, a quem não conhece, de que se trata de parentes – A formação da família moderna não consanguínea tem sua base na afetividade e nos princípios da dignidade da pessoa humana e da solidariedade Recurso provido".[66]

Essa alteração no registro civil traz sérios efeitos. Primeiramente, há um rompimento da ordem natural, com a criação de um modelo de filiação que desconstitui a paternidade ou maternidade natural. No âmbito pessoal do filho, traz uma indefinição de sua origem e insegurança na própria hierarquia dos progenitores naturais e os instituídos, a par de outros desacertos da personalidade. É possível o surgimento de conflitos internos, e, inclusive, de concorrências na disputa das preferências. Havendo dois pais, ou duas mães, um ou outro poderá agradar mais ao filho, satisfazer seus caprichos exageradamente, de modo a atrair a preferência por sua pessoa. Igualmente, quanto ao filho se possibilita um sentimento de insegurança ou instabilidade, em relação a quem agradar mais ou a quem obedecer. No afã de avançar e impressionar nas inovações, cometem-se atentados e violências às pessoas em formação.

Não se tira de cogitação as diferenças de sistemas de educação, dada a procedência diversa de pensamento, de convicções, de formação e de origem.

Quanto às obrigações de alimentos, na eventualidade de separação do pai afetivo da mãe biológica, ou vice-versa, mister redefinir os encargos, inclusive impondo o dever ao progenitor biológico, se antes não prestava assistência.

No registro civil, em vista do art. 54, itens 7º e 8º, da Lei 6.015/73 – Lei de Registros Públicos –, no registro deverão constar os nomes e prenomes dos pais e dos avós maternos e paternos. Assim, no registro de nascimento constará como pais os nomes dos pais biológicos, do pai ou mãe socioafetivo(a), bem como constarão como avós todos os ascendentes destes. Poderá o filho usar o nome de todos os pais.

No campo sucessório, obviamente o filho herdará os bens dos dois pais ou das duas mães.

O Supremo Tribunal Federal, em decisão festejada por aqueles que, ávidos de novidades, não encaram as consequências dos desvios da natureza do ser humano, à luz de mal interpretados princípios constitucionais, como o art. 226, §§ 3º, 4º, 6º e 7º, e do direito comparado, admitiu a dupla paternidade (dual paternity) ou maternidade.

---

[66] Apelação nº 0006422-26.2011.8.26.0286, da 1ª Câmara de Direito Privado do TJSP, relator Des. Alcides Leopoldo e Silva Júnior, j. 14.08.2012, data de registro: 14.08.2012.

Cap. XVII | A Filiação e Reconhecimento dos Filhos • 387

Veja-se parte da ementa que tratou do assunto, entornando princípios que acompanham desde as origens o ser humano, e que revela o afã do típico evolucionismo pragmático do direito, mas sem impacto metafísico, em decisão com repercussão geral:

"... Multiplicidade de vínculos parentais. Reconhecimento concomitante. Possibilidade. Pluriparentalidade. Princípio da paternidade responsável (art. 226, § 7º, CRFB). Recurso a que se nega provimento. Fixação de tese para aplicação a casos semelhantes...".[67]

É longo e repleto de criação cultural o voto do relator, Min. Luis Fux, transcrevendo--se as seguintes passagens:

"Estabelecida a possibilidade de surgimento da filiação por origens distintas, é de rigor estabelecer a solução jurídica para os casos de concurso entre mais de uma delas.

O sobreprincípio da dignidade humana, na sua dimensão de tutela da felicidade e realização pessoal dos indivíduos a partir de suas próprias configurações existenciais, impõe o reconhecimento, pelo ordenamento jurídico, de modelos familiares diversos da concepção tradicional. O espectro legal deve acolher, nesse prisma, tanto vínculos de filiação construídos pela relação afetiva entre os envolvidos, quanto aqueles originados da ascendência biológica, por imposição do princípio da paternidade responsável, enunciado expressamente no art. 226, § 7º, da Constituição.

Não cabe à lei agir como o Rei Salomão, na conhecida história em que propôs dividir a criança ao meio pela impossibilidade de reconhecer a parentalidade entre ela e duas pessoas ao mesmo tempo.

Da mesma forma, nos tempos atuais, descabe pretender decidir entre a filiação afetiva e a biológica quando o melhor interesse do descendente é o reconhecimento jurídico de ambos os vínculos. Do contrário, estar-se-ia transformando o ser humano em mero instrumento de aplicação dos esquadros determinados pelos legisladores. É o direito que deve servir à pessoa, não o contrário.

O conceito de pluriparentalidade não é novidade no Direito Comparado. Nos Estados Unidos, onde os Estados têm competência legislativa em matéria de Direito de Família, a Suprema Corte de Louisiana ostenta jurisprudência consolidada quanto ao reconhecimento da 'dupla paternidade' (dual paternity). No caso Smith v. Cole (553 So.2d 847, 848), de 1989, o Tribunal aplicou o conceito para estabelecer que a criança nascida durante o casamento de sua mãe com um homem diverso do seu pai biológico pode ter a paternidade reconhecida com relação aos dois, contornando o rigorismo do art. 184 do Código Civil daquele Estado, que consagra a regra 'pater ist est quem nuptiae demonstrant'. Nas palavras da Corte, a 'aceitação, pelo pai presumido, intencionalmente ou não, das responsabilidades paternais, não garante um benefício para o pai biológico. (...) O pai biológico não escapa de suas obrigações de manutenção do filho meramente pelo fato de que outros podem compartilhar com ele da responsabilidade (The presumed father's acceptance of paternal responsibilities, either by intent or default, does not ensure to the benefit of the biological father. (...) The biological father does not escape his support obligations merely because others may share with him the responsibility').

Em idêntico sentido, o mesmo Tribunal assentou, no caso T.D., wife of M.M.M. v. M.M.M., de 1999 (730 So. 2d 873), o direito do pai biológico à declaração do vínculo de filiação em relação ao seu filho, ainda que resulte em uma dupla paternidade. Ressalvou-se, contudo, que o genitor biológico perde o direito à declaração da paternidade, mantendo as obrigações de sustento, quando não atender ao melhor interesse da criança, notadamente nos casos de demora desarrazoada em buscar o reconhecimento do status de pai ('a biological father who cannot meet the best-interest-of-the-child standard retains his obligation of support but cannot claim the privilege of parental rights').

---

[67] RE 898.060, com repercussão geral, Plenário, Min. Luis Fux, Pleno do STF, j. de 21.09.2016, DJe de 24.08.2017.

388 • Direito de Família | *Arnaldo Rizzardo*

....

Na doutrina brasileira, encontra-se a valiosa conclusão de Maria Berenice Dias, *in verbis*: 'não mais se pode dizer que alguém só pode ter um pai e uma mãe. Agora é possível que pessoas tenham vários pais. Identificada a pluriparentalidade, é necessário reconhecer a existência de múltiplos vínculos de filiação. Todos os pais devem assumir os encargos decorrentes do poder familiar, sendo que o filho desfruta de direitos com relação a todos. Não só no âmbito do direito das famílias, mas também em sede sucessória.

(...) Tanto é este o caminho que já há a possibilidade da inclusão do sobrenome do padrasto no registro do enteado' (Manual de Direito das Famílias. 6ª. ed. São Paulo: RT, 2010. p. 370). Tem-se, com isso, a solução necessária ante os princípios constitucionais da dignidade da pessoa humana (art. 1º, III) e da paternidade responsável (art. 226, § 7º)".

Deu-se a criação do Tema 622, que serve de parâmetro para as decisões de casos semelhantes:

"A paternidade socioafetiva, declarada ou não em registro público, não impede o reconhecimento do vínculo de filiação concomitante baseado na origem biológica, com os efeitos jurídicos próprios".

Sérios os efeitos que demandam do enunciado, inclusive de caráter sucessório, podendo o filho herdar do pai biológico e do pai afetivo, ou seja, de todos os progenitores reconhecidos e constantes do registro civil, ou que vierem a ser admitidos em processos judiciais.

XVIII
Investigação de Paternidade

1. RECONHECIMENTO JUDICIAL DE PATERNIDADE

Reserva a lei aos filhos não reconhecidos voluntariamente, em especial pelo pai, o caminho da ação investigatória, a ser proposta pela pessoa cujo registro não contém a filiação paterna.

Para o reconhecimento voluntário, o art. 1.609 do Código Civil oferece quatro formas: a) no registro do nascimento; b) por escritura pública ou escrito particular, a ser arquivado em cartório; c) por testamento, ainda que incidentalmente manifestado; d) por manifestação direta e expressa perante o juiz, ainda que o reconhecimento não haja sido o objeto único e principal do ato que o contém.

A Lei nº 8.069/1990, no art. 26, apontou hipóteses semelhantes, exceto quanto à escritura pública e documento particular, restringindo-se a documento público de qualquer tipo: "Os filhos havidos fora do casamento poderão ser reconhecidos pelos pais, conjunta ou separadamente, no próprio termo de nascimento, por testamento, mediante escritura ou outro documento público, qualquer que seja a origem da filiação."

A Lei nº 8.560, de 29.12.1992, em seu art. 1º, já havia previsto as situações que ficaram introduzidas no art. 1.069 do Código Civil de 2002.

As particularidades na previsão, em relação ao Código anterior, se encontram na manifestação direta e expressa perante o juiz e no documento particular, o qual foi elevado à categoria de documento público. Sobre este meio, já escreviam Algomiro Carvalho Neto e Edivar da Costa Muniz, ao tempo da Lei nº 8.560, entendendo, inclusive, que não é necessário o reconhecimento da assinatura: "Quanto ao escrito particular de reconhecimento, entendemos que se o mesmo for apresentado pelo próprio reconhecente prescinde de testemunhas, e até de reconhecimento de firma. Por outro lado, se o escrito particular for apresentado por terceira pessoa, deve o mesmo conter a assinatura de testemunhas, bem como estar com a firma do pai, e das testemunhas, devidamente reconhecidas. Em ambos os casos, o registro da manifestação deve ficar arquivado no Cartório do Registro Civil, para que, no futuro, não se alegue qualquer vício ou irregularidade. Por óbvio, o incapaz e o analfabeto não poderão exercer o reconhecimento voluntário por escrito particular."[1]

Mas, omitindo-se o progenitor, o único caminho cabível é a ação investigatória, que provoca a substituição, por ato judicial, da vontade individual, com a imposição coercitiva da condição de filho.

---

[1] *Investigação de Paternidade e seus Efeitos*, Araras – SP, Bestbook – Editora Distribuidora Ltda., 1ª ed., 2ª tiragem, 1998, p. 31.

Explica Luiz Pinto Ferreira que a ação em questão "é ação de estado, pois procura estabelecer um vínculo jurídico entre pai e filho, e é ao mesmo tempo uma ação declaratória, ao afirmar e convalidar o estado de filiação (*status filiationis*), e a posição do interessado no grupo familiar, comprovando o seu *status familiae*."[2]

De se lembrar que, anteriormente ao Código Civil de 1916, apenas o reconhecimento voluntário era permitido, tanto que Augusto Teixeira de Freitas comentava que a filiação natural era reconhecível exclusivamente através de escritura pública ou por testamento, com a proibição da ação investigatória.[3] O reconhecimento da paternidade vinha regulado pelo Decreto n° 181, de 24.01.1890, cujo art. 7°, § 1°, alínea 2ª, deixava entrever aquele entendimento, quando prescrevia que a filiação natural somente poderia provar-se por confissão espontânea ou pelo reconhecimento do filho feito em escritura pública de notas, ou no ato do nascimento, ou em outro documento autêntico oferecido pelo pai.

Os autores que precederam à elaboração do Código Civil de 1916 manifestavam-se pela possibilidade da ação, conforme lembra Arnoldo Medeiros da Fonseca: "Era natural, portanto, que a doutrina, não só em consequência de tais restrições, como também pela incerteza reinante quanto à possibilidade de ser intentada com êxito a ação alimentar, quando a paternidade não houvesse sido voluntariamente reconhecida, ou não decorresse indiretamente de uma sentença, como, *v.g.*, nos casos de nulidade de casamento ou de contestação de paternidade legítima, sentindo a injustiça dessa situação, procurasse remediá-la, encetando a campanha pela melhoria da condição dos filhos ilegítimos, a qual encontrou, depois, no autor do projeto primitivo do Código Civil um dos seus mais esclarecidos e eficientes adeptos.

João Luís Alves, em brilhante monografia, e Tito Rosa sustentam teses avançadas. Este último preconiza a ampla investigação judicial da paternidade, com equiparação dos filhos ilegítimos aos legítimos, embora para o reconhecimento exija prova completa, sem excluir, porém, a filiação espúria".[4]

A partir do Código Civil anterior, com a evolução da legislação posterior e a previsão no Código atual, veio a ser tratada amplamente a matéria, com a enumeração dos casos que permitem a investigação.

2. RESENHA DO DIREITO NA INVESTIGAÇÃO DE PATERNIDADE DURANTE O CASAMENTO

Até a nova ordem vinda com a Constituição Federal de 1988, era cediço na doutrina e na lei o reconhecimento da paternidade somente após a dissolução do casamento ou da sociedade conjugal, a menos que não fossem adulterinos ou incestuosos os filhos, em razão do art. 358 do Código Civil de 1916, que dispunha: "Os filhos incestuosos e os adulterinos não podem ser reconhecidos". Era incontestável a forte discriminação contra os filhos decorrentes de relações fora do casamento.

A Lei n° 7.841, de 17.10.1989, revogou tal dispositivo. Daí entender-se que o reconhecimento, inclusive via investigatória, tornou-se viável a todo momento, não importando se durante o casamento. De outro lado, o art. 227, § 6°, da Carta da República, já havia proibido as distinções entre os filhos, não importando se adulterinos ou incestuosos. Todos os filhos são legítimos, vedado qualquer obstáculo ao registro e

---

[2] *Investigação de Paternidade, Concubinato e Alimentos*, 2ª ed., São Paulo, Saraiva, 1982, p. 42.
[3] *Consolidação das Leis Civis*, 3ª ed., Rio de Janeiro, B. L. Garnier, 1896, anotações ao art. 212.
[4] *Investigação de Paternidade*, 3ª ed., Rio de Janeiro, Forense, 1958, pp. 122 e 123.

Cap. XVIII | Investigação de Paternidade • **391**

proibida a menor referência à natureza da filiação no mesmo registro civil. Em outros termos, não se há de impedir o registro, por reconhecimento, sob pena de se infringir a Constituição Federal.

A Lei nº 8.069, de 13.07.1990, veio a corroborar esses avanços, pois repetiu normas de igualdade entre quaisquer filhos, sem importar os tipos de uniões de que são provenientes. Em suma, se a igualdade é absoluta e total, não se vislumbra o menor cerceamento à investigatória de filhos havidos extra matrimonialmente no decurso do lapso conjugal. Desabou qualquer obstáculo ao reconhecimento de filhos cujos pais, quando da concepção, se encontravam casados, ou em razão de outros fatores, como a incestuosidade.

José de Farias Tavares, falando em reconhecimento de modo geral, elucida: "Consigna-se que a proibição de reconhecimento de filhos adulterinos ou incestuosos caiu por terra, com a revogação pura e simples, pela Lei nº 7.841, de 17 de outubro de l989, da iníqua disposição do art. 358 do Código Civil, o que lhes dá a habilitação sucessória, que já estava na inteligência do texto constitucional.

A Lei nº 883/1949, que é o estatuto do reconhecimento da filiação e da paternidade, com redação alterada sucessivas vezes, foi grandemente modificada pela Lei Máxima, no sentido do reconhecimento irrestrito. No *caput* do seu art. 1º, teve eliminada a expressão inicial 'dissolvida a sociedade conjugal', e revogados os §§ 1º e 2º. Estes já eram matéria acrescentada à original pelas Leis nos 6.515/77 e 7.250/84. O primeiro, abrindo oportunidade de reconhecimento, ainda na vigência do casamento, desde que em testamento cerrado – uma disposição tímida, e apenas com efeitos pós-morte ou sobrevindo desquite. O segundo, permitindo o reconhecimento via judicial, a qualquer dos cônjuges, portanto ao marido ou à mulher, separada de fato há mais de cinco anos."[5]

Esclarece-se que a Lei nº 883/1949, revogada pelo art. 3º da Lei nº 12.004, de 29.07.2009, foi o estatuto do reconhecimento da filiação da paternidade, com a redação várias vezes alterada, sendo que, conforme acima se depreende, restringia o reconhecimento, em relação aos casados, para após a dissolução da sociedade conjugal.

A jurisprudência colocou em prática a nova sistemática: "Irrelevante é a circunstância de ser o réu casado. O art. 227, § 6º, da Constituição da República de 1988, permite a investigação de paternidade pelo filho dito adulterino. É que aquele preceito contém importante norma relativa ao direito de filiação, reconhecendo igualdade de direitos e qualificações aos filhos, havidos ou não da relação de casamento, ou por adoção, proibidas quaisquer designações discriminatórias a ela relativas. Ficam, assim, banidas da legislação civil expressões como filhos legítimos, filhos naturais, filhos adulterinos, filhos incestuosos (José Afonso da Silva, *Curso de Direito Constitucional Positivo*, 5ª edição, p. 710)."[6]

A igualdade de direitos é assentada na unanimidade dos pretórios: "De qualquer modo, porém, com advento da Constituição da República de 1988, 'os filhos, havidos ou não de relação de casamento, ou por adoção, terão os mesmos direitos e qualificações, proibidas quaisquer designações discriminatórias relativas à filiação', a evidenciar a inadmissibilidade da restrição cogitada, no mínimo em face da posição assumida pelo digno julgador... O princípio da igualdade jurídica, implantada pela Carta em vigor, por completo aboliu as diferenciações até então vigentes, tornando anacrônica a situação jurídica de legítimos,

---

5 *Obra citada*, pp. 148 e 149.
6 TJSP. Agravo de Instrumento nº 124.655-1. 6ª Câm. Civil, de 23.11.1989, *Revista de Jurisprudência do TJ de São Paulo*, Lex Editora, 126/300.

392 • Direito de Família | *Arnaldo Rizzardo*

legitimados, naturais, adulterinos, incestuosos e, ainda, adotivos. Não é lícito ao intérprete restringir o alcance e os efeitos desse postulado maior."[7]

Igualmente nos sistemas de outros países, como na Argentina, vigora o reconhecimento a qualquer tempo, segundo relata Guillermo A. Borda: "Empero, nuestro Código limitó el derecho de la investigación de la paternidad a los hijos naturales; los adulterinos, incestuosos y sacrílegos carecían para la ley de padre y madre (art. 342). Suprimida esa condición inaceptable para los hijos sacrílegos por la ley de matrimonio civil, la evolución quedó concluida con la sanción de la ley 14.367, que eliminó toda diferencia entre los hijos nacidos fuera del matrimonio, quinesquiera hayan sido sus padres. Todos pueden hoy ejercer la acción de reconocimiento de la filiación, pero la ley 14.367, art. 3°, hacía una excepción: la acción no se admite cuando tenga por fin atribuir un hijo a una mujer casada."[8]

O Código Civil atual não coloca qualquer óbice à investigação, como se extrai do art. 1.605, embora a redação seja imperfeita, e parece exigir um começo de prova por escrito ou veementes presunções: "Na falta, ou defeito, do termo de nascimento, poderá provar-se a filiação por qualquer modo admissível em direito:

    I – quando houver começo de prova por escrito, proveniente dos pais, conjunta ou separadamente;

    II – quando existirem veementes presunções resultantes de fatos já certos".

Na verdade, está garantido o reconhecimento forçado da paternidade ou da maternidade, não se podendo condicionar a ação ao começo de prova escrita ou a veementes presunções resultantes de fatos já certos. Se a pessoa ingressa com a lide, tem ela motivos de convicção para tanto. Sendo a prova buscada através do exame do DNA, ou qualquer outro meio técnico, não é necessário que já venha algum começo de prova ou elemento que enseje veemente presunção. Assim, poderá provar-se a filiação por qualquer modo admissível em direito, o que se fará no curso da instrução, sem a necessidade de prévio começo de prova ou de veementes presunções.

3. OBJETO DA AÇÃO E EFEITOS DA SENTENÇA

Procura-se, antes de tudo, dar o estado de filho à pessoa, ou enquadrá-la dentro do plano jurídico de sua condição na família.

Não basta o fato natural, ou biológico, do nascimento. Na ordem da realidade natural, o ser humano tem o valor em si, ou a dimensão concentrada em seus valores pessoais. Não irradia direitos e deveres no círculo familiar. No entender de Mário Aguiar Moura, o simples nascimento não produz em toda a amplitude os efeitos jurídicos: "Não ganha revestimento jurídico previamente. Ficará no mundo das realidades materiais, sem repercussão na esfera do direito. Não ingressa desde logo no mundo jurídico. É a filiação biológica..." Por isso, continua o tratadista, "se tudo permanece simplesmente no plano fático, ao filho assiste o direito de procurar, através de ação, que sua filiação se constitua e declare no plano jurídico. É um bem da vida a que tem legítimo interesse. Em face da

---

[7]   TJSP. Agravo de Instrumento n° 112.091-1. 5ª Câm. Civil, de 24.08.1989, *Revista de Jurisprudência do TJ de São Paulo*, Lex Editora, 123/273.

[8]   Obra citada, p. 312.

Cap. XVIII | Investigação de Paternidade • **393**

resistência ou omissão do pai biológico, a tutela jurisdicional ou o provimento judicial é um meio com que conta o filho."[9]

Daí se concluir que o objeto da ação investigatória de paternidade ou maternidade é a declaração do estado civil de filho. Há a paternidade ou maternidade biológica, sem efeitos jurídicos em planos laterais com pessoas do grupo familiar, exceto quanto à filiação de apenas um dos progenitores. Alcança-se, com a ação, o posterior estado da paternidade ou maternidade jurídica. Há um fato natural que é a existência da pessoa em si, que jurisdiciza-se no âmbito paterno ou materno, com a aquisição de parentesco colateral. Mas as irradiações jurídicas adquirem realce na esfera dos direitos e deveres relativamente ao pai ou à mãe, como o direito a alimentos, e na ordem sucessória, passando o filho a ser herdeiro do pai ou da mãe.

Há a declaração da filiação jurídica, com todas as decorrências normais no campo do direito de família e sucessório.

Basicamente, procura-se estabelecer um vínculo jurídico entre pai ou mãe e filho, com a declaração do estado de filiação.

E justamente em vista do objeto da ação, a sentença produzirá todos os efeitos que advêm da relação entre pais e filhos. Averbar-se-á no registro civil a filiação que faltava, com o nome dos avós. O poder marital estende-se ao progenitor declarado. No plano material, nascem o dever de assistência e o direito a alimentos, à guarda ou visita e à sucessão. Quanto à guarda, em geral prossegue com o progenitor que a exercia antes, não se impondo que seja transferida para o reconhecente, ou que o filho vá residir com o pai ou a mãe que contestou a filiação. Naturalmente, se havia dúvidas quanto paternidade ou maternidade, tanto que era contestada, não se pode olvidar a normal falta de sentimentos filiais mais profundos nutridos por aquele a quem se impôs essa nova condição de pai ou mãe. Os termos do art. 1.616 orientam nessa linha: "A sentença que julgar procedente a ação de investigação produzirá os mesmos efeitos do reconhecimento; mas poderá ordenar que o filho se crie e eduque fora da companhia dos pais ou daquele que lhe contestou essa qualidade".

Pode-se cumular a ação com o pedido de herança, quando o pai ou mãe que se investiga já tiver falecido, ou com alimentos, se ainda menor e incapaz o filho de se sustentar por si próprio.

Na cumulação com petição de herança, está implícita a anulação de partilha, se já inventariados os bens. O pedido, no entanto, deverá vir expresso neste sentido.

Neste caso, o Juízo onde se processa o inventário atrai a competência da ação, por interessar principalmente ao espólio, o que, aliás, já foi sustentado pela jurisprudência: "A ação de investigação de paternidade e petição de herança é demanda que interessa ao espólio e deve ser incluída entre aquelas às quais alude o art. 96 do Código de Processo Civil. Há a necessidade de citação dos herdeiros, art. 96 do Código de Processo Civil. A necessidade de citação dos herdeiros, como réus, se explica: eles é que sofrerão os efeitos da sentença que acolher o pedido. Ademais, o espólio constitui mero patrimônio ou conjunto de bens, sem personalidade jurídica.

A conexão é inegável e os processos somente não são reunidos porque o inventário tem rito que lhe é peculiar, como etapas e decisões sucessivas.

---

[9]   *Tratado Prático da Filiação*, obra citada, vol. II, p. 404.

A *vis attractiva* do Juízo do inventário para as ações relativas à herança é reconhecida pela doutrina (...)

Não se deve esquecer, por último, que a execução da sentença que julgar procedente a ação deverá efetivar-se no processo de inventário."[10] O citado art. 96 tem correspondência no art. 48 do CPC/2015, que inclui também a impugnação ou anulação de partilha extrajudicial entre as ações cuja competência é o foro do domicílio do autor da herança.

4. LEGITIMIDADE ATIVA PARA A AÇÃO

A legitimidade, tanto ativa como passiva, na investigatória, é questão relativamente simples.

Autor da ação só poderá ser, já o dizia Carvalho Santos, o filho: "A ação poderá ser promovida desde que exista o filho. Deveria, portanto, poder ser intentada desde a concepção. Mas, porque a personalidade civil do homem começa do nascimento com vida, nos termos do art. 4º do Código Civil, o seu direito somente pode ser efetivado do dia do nascimento em diante, ficando latente até verificar-se o parto."[11] O art. 4º citado equivale ao art. 2º do atual diploma civil.

Insta lembrar que a ciência de quem é o pai se inclui no direito de personalidade, a todos garantido, inclusive admitindo-se a indenização contra o pai que se negou à convivência, se omitiu em dar afeto e assistência no curso do tempo, como os tribunais reconhecem.

O art. 1.606 bem traduz a legitimidade para a ação: "A ação de prova de filiação compete ao filho, enquanto viver, passando aos herdeiros, se ele morrer menor ou incapaz". Em tese, nem aos netos se reconhece o direito, na omissão dos pais, como deixava ver Washington de Barros Monteiro: "A ação em referência, sendo personalíssima, só pode ser intentada pelo próprio filho; ninguém mais pode tomar-lhe o lugar, nem mesmo o neto. Se menor, a ação deve ser ajuizada pelo respectivo representante legal, geralmente a mãe, que promoverá o pleito em nome do filho, e não em nome dela."[12]

No caso do falecimento do pretenso filho ainda menor ou incapaz, a legitimidade para promover a demanda passa aos herdeiros. Mas, iniciada a demanda, e dando-se o falecimento do autor no seu curso, prosseguem os herdeiros, devendo habilitar-se no processo, a menos que tenha o mesmo sido julgado extinto, a teor do parágrafo único do art. 1.606: "Se iniciada a ação pelo filho, os herdeiros poderão continuá-la, salvo se julgado extinto o processo".

A parte final do preceito não carecia que viesse escrita, constituindo em uma redundância, porquanto é óbvia a impossibilidade de seguir o feito com os herdeiros no caso de extinção do processo.

Como está enfatizado, está limitada apenas aos herdeiros do filho a continuação da demanda, habilitando-se no processo, e desde que tenha sido iniciado. Todavia, há entendimento contrário, ou a corrente que aceita a relação avoenga, com enormes repercussões, como se analisará no item seguinte.

---

[10] TJSP. Conflito de Competência nº 9.848-0. Câm. Especial do TJ, de 15.06.1989, *Revista de Jurisprudência do TJ de São Paulo*, Lex Editora, 120/445.

[11] *Código Civil Interpretado*, 9ª ed., obra citada, vol. V, 1963, p. 491.

[12] *Curso de Direito Civil – Direito de Família*, obra citada, p. 258.

Os menores e outros incapazes serão representados na ação. Amiúde, porém, por má formulação da petição inicial, o que se constata nas demandas dirigidas contra o progenitor, veem-se postulações colocando a própria representante como autora. Na hipótese, está implícito que a mãe age em nome do filho, não cabendo se extinguir o processo. Neste sentido, prevaleceu na jurisprudência: "Legitimidade de parte. Investigação de paternidade. Ação proposta pela mãe do menor, contra o indigitado pai. Representação implícita do filho. Carência decretada. Inadmissibilidade. Recurso provido. A mãe que requer investigação de paternidade, contra o indigitado pai de menor impúbere, o faz na qualidade de representante do mesmo, embora ajuizado o feito em seu nome próprio. Assim, de se lhe reconhecer a legitimidade *ad causam* para a demanda, mesmo porque, em hipótese contrária, outra consequência não se alcançaria senão a de ser inutilmente renovada a demanda."[13]

Mais recentemente: "O fato de a pensão alimentícia ter sido pleiteada pela mãe da autora constitui mero lapso de redação, que não torna inepta a inicial. Aliás, 'a iniciativa da ação com a mãe ou o tutor, na menoridade do investigante, importa em que interessado é o próprio filho, que durante a incapacidade fala e age por via da representação' (Caio Mário da Silva Pereira, *Reconhecimento da Paternidade e seus Efeitos*, 1977, n° 49, p. 96). 'A mãe que requer investigação de paternidade, contra o indigitado pai de menor impúbere, o que faz na qualidade de representante do mesmo, embora ajuizado o feito em seu próprio nome'(*RT*, 405/383). 'Tratando-se de menor impúbere, em nome do qual e como sua representante legal postula a genitora, inexiste ilegitimidade da parte autora. A mãe não age em seu nome, não reivindica direito próprio, e sim de seu tutelado, a quem representa' (*RT*, 586/171)."[14]

E se a mãe do investigante é menor, relativa ou absolutamente incapaz? Mário Aguiar Moura procura demonstrar que se dá, para a hipótese, uma maioridade prática ou real, por ficção da capacidade para procriar: "Infere-se de tudo que a lei, curvando-se à realidade das coisas e de natureza essencialmente humana e de essência moral do casamento, renuncia ao formalismo das construções, prevalecentes nos demais atos de natureza patrimonial, para encarar os fatos frente a frente. Como a incapacidade para casar tem por fundamento a incapacidade de procriar, desde que a natureza se encarregue de mostrar que a menor de dezesseis anos engravidada alcançou a maturidade biológica para tanto, fica suprida ou afastada a incapacidade convencional posta em lei."[15]

Na verdade, o interesse do menor não ficará desprotegido. Conveniente, para a situação, que venha ele representado pela mãe menor, e esta seja representada ou assistida por um dos seus progenitores. Ou, que se nomeie um tutor para o ato. O próprio Estado ampara, através do Ministério Público, o incapaz. Nada impede que atue ele na qualidade de representante.

A jurisprudência já tem aceito a representação por mãe menor, que será assistida pelo progenitor: "Investigação de paternidade. Ação ajuizada em nome de seu filho, por mãe menor de vinte e um anos assistida por seu pai. Legitimidade."

É que "o exercício do pátrio poder não é condicionado à maioridade dos pais, ainda que se trate de filho ilegítimo. Nenhum dispositivo legal autoriza tal entendimento, que, ademais, é aberrante, de vez que retiraria dos pais os seus direitos e deveres naturais

---

[13]   *Revista dos Tribunais*, 405/383.
[14]   TJSP. Agravo de Instrumento n° 124.655-1. 6ª Câm. Civil, de 23.11.1989, *Revista de Jurisprudência do TJ de São Paulo*, Lex Editora, 126/300.
[15]   *Tratado Prático da Filiação*, obra citada, vol. II, p. 437.

para entregá-los a terceiros, a título de tutela ou curatela, nem sempre preparados ou interessados em zelar pelo menor.

Consoante a melhor jurisprudência, a mãe natural, ainda que menor de vinte e um anos, exerce o pátrio-poder de filho menor não reconhecido pelo pai e, pois, representa-o nos atos da vida civil e pode, destarte, assistida por seu pai, intentar em nome do filho a ação investigatória de paternidade." Observa-se que a denominação 'pátrio poder' passou, no novo Código, para 'poder familiar', e que a maioridade é alcançada aos dezoito anos, de conformidade com o Código de 2002.

Ademais, prossegue o acórdão, a mãe será incapaz de exercer o poder familiar "sempre que incidir em um dos casos em que se justifica a suspensão ou perda do pátrio poder, quando, por exemplo, é declarada interdita, quando é condenada a mais de dois anos de prisão, quando castiga imoderadamente seu filho etc. Tem ela, porém, a presunção da capacidade em seu favor. Presunção que existe sempre, aliás, em favor dos pais de poderem exercer os direitos que a natureza criou e a lei respeitou."[16]

Se houver tutor, não se exige autorização expressa do juiz, segundo flui da jurisprudência: "A autorização do juiz para que o tutor possa ingressar em Juízo em nome do tutelado não precisa ser expressa." No voto do relator: "Por sua vez, a decisão não violou os arts. 394, 380, 383, 406 e 429 do Código Civil. A norma estatuída nos citados dispositivos visa à proteção do menor que, no caso, foi suficientemente resguardada, tanto que se julgou procedente a ação. A nomeação do tutor, para o menor, foi feita em processo à parte e não competia ao juiz da ação de investigação de paternidade discutir ou não sua regularidade.

Ademais, a autorização do juiz para que o tutor promovesse ação em nome de seu tutelado ficou implícita nos autos, com o processamento do feito e sua decisão final. E, se prejuízo houvesse, seria para o menor, o que não ocorreu, vez que teve sua pretensão vitoriosa."[17] Os arts. 394, 380, 383, 406 e 429 referidos no texto correspondem, respectivamente, aos arts. 1.637, 1.631, 1.633, 1.728 e 1.750 do Código em vigor.

Ao próprio Ministério Público é assegurada a legitimidade para ingressar com a ação investigatória, como vem autorizado pela Lei nº 8.560/1992. A hipótese acontece quando a mãe efetua o registro do filho, sem o comparecimento do pai, cabendo, então, ao oficial do registro civil colher, junto a ela, dados referentes à identificação do pai, e remetê-los, com cópia da certidão do registro de nascimento, ao juiz diretor do foro, ou da vara de registros públicos, onde houver. Eis a redação art. 2º da apontada lei: "Em registro de nascimento de menor apenas com a maternidade estabelecida, o oficial remeterá ao juiz certidão integral do registro e o nome e prenome, profissão, identidade e residência do suposto pai, a fim de ser averiguada oficiosamente a procedência da alegação".

Evidentemente, no registro nada se assinalará a respeito do pai. Para registrar as declarações da mãe, será adotado um livro específico, devidamente numerado e rubricado, com formulário próprio para colher o oficial os dados que possibilitem a identificação do pai. A questão da forma não é importante. Não se munindo o cartório com um procedimento próprio, colherá o oficial os dados que reputar importantes em um documento qualquer, encaminhando-os ao juiz por ofício ou outro meio eficaz.

---

[16] TJSP. Agravo de Petição nº 194.912. 3ª Câm. Civil, de 18.02.1971, *Revista dos Tribunais*, 428/221.
[17] STF. RE nº 88.376-SC. 1ª Turma. Julgado em 22.04.1980, *Lex – Jurisprudência do Supremo Tribunal Federal*, 21/95.

Em princípio, recebendo as informações, o juiz determinará a autuação e o registro como feito administrativo, mandando intimar a mãe, para ser ouvida em data aprazada, a fim de obter maiores informes; ou designará data para a colheita das declarações da mãe e do apontado pai, expedindo-se mandado de intimação. No mandado, constará ordem para que o suposto pai se manifeste sobre a paternidade que lhe é atribuída.

É a redação do § 1º do mencionado artigo: "O juiz, sempre que possível, ouvirá a mãe sobre a paternidade alegada e mandará, em qualquer caso, notificar o suposto pai, independente de seu estado civil, para que se manifeste sobre a paternidade que lhe é atribuída".

Se o suposto pai confirmar expressamente a paternidade, "será lavrado termo de reconhecimento e remetida certidão ao oficial do registro, para a devida averbação" (§ 3º do art. 2º). Mas, se negar a paternidade, mediante manifestação no expediente, ou nas declarações prestadas em juízo, ou se nada disser e nem comparecer na data ordenada, então "o juiz remeterá os autos ao representante do Ministério Público para que intente, havendo elementos suficientes, a ação de investigação de paternidade" (§ 4º do art. 2º).

Nota-se, aí, a atribuição ao Ministério Público da iniciativa para a propositura da ação, que se restringe para a hipótese prevista, isto é, quando o juiz remeter o expediente, nas condições vistas, e se existirem elementos suficientes para dar início ao feito, o que não impede a iniciativa a quem tenha legítimo interesse (§ 5º do art. 2º).

O procedimento seguirá em segredo de justiça, se ordenar o juiz (§ 2º do art. 2º).

Pouca utilidade tem revelado a previsão de partir da iniciativa do juiz a providência do registro, na situação de não declarado o nome do pai. Na verdade, não é função do juiz a averiguação. No máximo, reserva-se sua atuação a ordenar o comparecimento das partes e lançar por termo suas declarações. Não lhe cabe tomar a iniciativa instrutória, ou buscar esclarecimentos, eis que, de acordo com o art. 139 e seu inc. I da lei processual civil de 2015, o exercício da jurisdição manda que dirija o processo, assegurando às partes igualdade de tratamento.

Os citados autores Algomiro Carvalho Neto e Edivar da Costa Muniz, na p. 48 da obra já referida, sugerem como realizar a incumbência: "Quanto à notificação, cremos que o melhor seria o juiz chamar o suposto pai em audiência, à qual estariam presentes a mãe, a criança e o representante do Ministério Público. Tal providência mostra-se mais eficaz, posto que poderão ser prestados os suficientes e necessários esclarecimentos às partes. Uma vez reconhecida a paternidade, lavra-se o termo de reconhecimento e remete--se certidão ao Oficial do Registro Civil, para a devida averbação. Não reconhecida a paternidade, disporá o representante do Ministério Público de maiores elementos para a propositura da ação correspondente, já que presentes a mãe e o infante".

5. RELAÇÃO AVOENGA

Discussão de grande interesse giza na jurisprudência a respeito da possibilidade dos netos procurarem investigar a paternidade do avô, relativamente aos pais dos mesmos.

Não há dúvida de que, em face do art. 1.606, tem-se entendido que a ação de investigação de paternidade é personalíssima. No entanto, o princípio sofre mitigações, ou exceções, a ponto de se permitir a continuação da ação investigatória pelos herdeiros do autor, ou de se agasalhar a petição de herança, ajuizada por descendentes. Nesta linha, ementou o Superior Tribunal de Justiça: "Relação avoenga. Conquanto sabido ser a investigação de paternidade do art. 363 do Código Civil personalíssima, admissível a ação declaratória para que diga o Judiciário existir ou não a relação material de parentesco com o suposto avô que, como testemunha, firmou na certidão de nascimento dos autores declaração que fizera seu pai ser este, em verdade seu avô, caminho que lhes apontara o Supremo Tribunal Federal, quando, excluídos do inventário, julgou o recurso que interpuseram." Explicita-se que o art. 363 não está reproduzido no Código vigente. No entanto, a reserva da exclusividade ao filho ou, se falecer, aos seus herdeiros, está no art. 1.606.

No voto do relator da ementa acima, extrai-se: "Hoje, não mais se admite sequer a qualificação de ilegitimidade aos filhos; quando os havidos ou da relação do casamento ou por adoção passaram a ter os mesmos direitos e qualificação, proibidas constitucionalmente quaisquer designações discriminatórias a elas referentes, há de se ler a relação dada ao artigo 363 do Código Civil não mais de forma restrita e na ótica adequada a seu tempo, propugnada pelo grande Clóvis Beviláqua.

Mudou a época, mudaram os costumes, transformou-se o tempo, redefinindo valores e conceituando o contexto familiar de forma mais ampla que com clarividência pôs o constituinte de modo o mais abrangente, no texto da nova Carta... Não contém o texto do referido art. 363 do Código Civil expressão adverbial limitativa ('só, somente, tão só, vedado, proibido a outrem...'), em outros dispositivos".[18]

Mais recentemente, foi reiterada a possibilidade:

"Direito civil. Família. Ação de declaração de relação avoenga. Busca da ancestralidade. Direito personalíssimo dos netos. Dignidade da pessoa humana. Legitimidade ativa e possibilidade jurídica do pedido. Peculiaridade. Mãe dos pretensos netos que também postula seu direito de meação dos bens que supostamente seriam herdados pelo marido falecido, porquanto pré-morto o avô.

- Os direitos da personalidade, entre eles o direito ao nome e ao conhecimento da origem genética são inalienáveis, vitalícios, intransmissíveis, extrapatrimoniais, irrenunciáveis, imprescritíveis e oponíveis *erga omnes*.

- Os netos, assim como os filhos, possuem direito de agir, próprio e personalíssimo, de pleitear declaratória de relação de parentesco em face do avô, ou dos herdeiros se pré-morto aquele, porque o direito ao nome, à identidade e à origem genética estão intimamente ligados ao conceito de dignidade da pessoa humana.

- O direito à busca da ancestralidade é personalíssimo e, dessa forma, possui tutela jurídica integral e especial, nos moldes dos arts. 5º e 226, da CF/1988.

- O art. 1.591 do CC/2002, ao regular as relações de parentesco em linha reta, não estipula limitação, dada a sua infinitude, de modo que todas as pessoas oriundas de um tronco ancestral comum, sempre serão consideradas parentes entre si, por mais afastadas que estejam as gerações; dessa forma, uma vez declarada a existência de relação de parentesco na linha reta a partir do segundo grau, esta gerará todos os efeitos que o parentesco em primeiro grau (filiação) faria nascer.

- A pretensão dos netos no sentido de estabelecer, por meio de ação declaratória, a legitimidade e a certeza da existência de relação de parentesco com o avô, não caracteriza hipótese de impossibilidade jurídica do pedido; a questão deve ser analisada na origem, com a amplitude probatória a ela inerente.

- A jurisprudência alemã já abordou o tema, adotando a solução ora defendida. Em julgado proferido em 31/01/1989 e publicado no periódico jurídico NJW ('Neue

---

[18] REsp. nº 269-RS, de 3.04.1990. Relator: Min. Waldemar Zveiter. *DJU* de 7.06.1990.

Juristische Woche') 1989, o Tribunal Constitucional Alemão (BVerfG) afirmou que 'os direitos da personalidade (art. 2°, § 1°, e art. 1°, § 1° da Constituição Alemã) contemplam o direito ao conhecimento da própria origem genética'. – Em hipótese idêntica à presente, analisada pelo Tribunal Superior em Dresden ('OLG Dresden') por ocasião de julgamento ocorrido em 14 de agosto de 1998 (autos n° 22 WF 359/98), restou decidido que 'em ação de investigação de paternidade podem os pais biológicos de um homem já falecido serem compelidos à colheita de sangue'.

– Essa linha de raciocínio deu origem à reforma legislativa que provocou a edição do § 372 do Código de Processo Civil Alemão (ZPO) em 17 de dezembro de 2008, a seguir reproduzido (tradução livre): 'as Investigações para constatação da origem genética. I. Desde que seja necessário para a constatação da origem genética, qualquer pessoa deve tolerar exames, em especial a coleta de amostra sanguínea, a não ser que o exame não possa ser exigido da pessoa examinada. II. Os §§ 386 a 390 são igualmente aplicáveis. Em caso de repetida e injustificada recusa ao exame médico, poderá ser utilizada a coação, em particular a condução forçada da pessoa a ser examinada'. – Não procede a alegada ausência de provas, a obstar o pleito deduzido pelos netos, porque ao acolher a preliminar de carência da ação, o TJ/RJ não permitiu que a ação tivesse seguimento, sem o que não há como produzir provas, porque não chegado o momento processual de fazê-lo.

– Se o pai não propôs ação investigatória quando em vida, a via do processo encontra-se aberta aos seus filhos, a possibilitar o reconhecimento da relação avoenga; exigem-se, certamente, provas hábeis, que deverão ser produzidas ao longo do processo, mas não se pode despojar do solo adequado uma semente que apresenta probabilidades de germinar, lançando mão da negativa de acesso ao Judiciário, no terreno estéril da carência da ação.

– O pai, ao falecer sem investigar sua paternidade, deixou a certidão de nascimento de seus descendentes com o espaço destinado ao casal de avós paternos em branco, o que já se mostra suficiente para justificar a pretensão de que seja declarada a relação avoenga e, por consequência, o reconhecimento de toda a linha ancestral paterna, com reflexos no direito de herança.

– A preservação da memória dos mortos não pode se sobrepor à tutela dos direitos dos vivos que, ao se depararem com inusitado vácuo no tronco ancestral paterno, vêm, perante o Poder Judiciário, deduzir pleito para que a linha ascendente lacunosa seja devidamente preenchida.

– As relações de família tal como reguladas pelo Direito, ao considerarem a possibilidade de reconhecimento amplo de parentesco na linha reta, ao outorgarem aos descendentes direitos sucessórios na qualidade de herdeiros necessários e resguardando-lhes a legítima e, por fim, ao reconhecerem como família monoparental a comunidade formada pelos pais e seus descendentes, inequivocamente movem-se no sentido de assegurar a possibilidade de que sejam declaradas relações de parentesco pelo Judiciário, para além das hipóteses de filiação.

– Considerada a jurisprudência do STJ no sentido de ampliar a possibilidade de reconhecimento de relações de parentesco, e desde que na origem seja conferida a amplitude probatória que a hipótese requer, há perfeita viabilidade jurídica do pleito deduzido pelos netos, no sentido de verem reconhecida a relação avoenga, afastadas, de rigor, as preliminares de carência da ação por ilegitimidade de parte e impossibilidade jurídica do pedido, sustentadas pelos herdeiros do avô.

400 • Direito de Família | *Arnaldo Rizzardo*

– A respeito da mãe dos supostos netos, também parte no processo, e que aguarda possível meação do marido ante a pré-morte do avô dos seus filhos, segue mantida, quanto a ela, de igual modo, a legitimidade ativa e a possibilidade jurídica do pedido, notadamente porque entendimento diverso redundaria em *reformatio in pejus*.

Recurso especial provido".[19]

Daí mostrar-se válida a pretensão dos filhos, substituindo o pai, em investigar a filiação deste, junto ao avô, dirigindo a lide contra os referidos herdeiros.

6. LEGITIMIDADE PASSIVA NA AÇÃO

A legitimidade passiva recai, evidentemente, no pai ou mãe que se investiga. Se tiver falecido, dirige-se a ação contra os respectivos filhos, por serem herdeiros ou sucessores.

No caso de se investigar a paternidade, se a mãe teve uniões com dois ou mais homens em época concomitante, e ignorando com qual concebeu, pensa-se que está habilitado o filho a promover a ação, ao mesmo tempo, contra todos. Requererá a prova pericial em todos, evidentemente por meio do exame do sangue pelo sistema DNA. Justificará a viabilidade de qualquer um deles ser o pai, dadas as relações havidas em momento que circundou o tempo da concepção. Melhor justifica Zeno Veloso: "Tendo a mãe coabitado com vários homens durante o tempo possível da concepção do filho, a ação de investigação de paternidade pode ser intentada, separada ou conjuntamente, contra os mesmos. Se vários podem ser o pai da criança, embora, é claro, só um deles o seja; realmente, até pelo princípio da economia processual, não há razão para que se intentem ações sucessivas, uma depois da outra, contra os pais potenciais, sendo conveniente e útil consolidar a discussão num só processo, tornando mais seguro o contraditório, facilitando a defesa, a produção de provas, enfim, a busca da verdade".[20]

Há, em princípio, razão para determinar a participação do cônjuge do investigado na ação. Unicamente sua meação não será atingida. No entanto, participando, atualmente, o cônjuge na sucessão, por força do art. 1.829, inc. I, do Código Civil, resta evidente que o filho, uma vez reconhecido, participará do quinhão que se distribuirá a ele, cônjuge sobrevivente, e aos demais filhos.

Já ao tempo da vigência do Código Civil de 1916 havia uma hipótese em que o cônjuge do investigado era reconhecido necessariamente como parte passiva legítima: se o investigado não deixasse descendentes nem ascendentes. Realmente, em virtude dos arts. 1.603, inc. III, e 1.611, do então Código, passava a herdar o cônjuge sobrevivente. Todos os bens seriam adjudicados por ele. Insofismável o seu interesse, pois do resultado da ação receberia ele todo o patrimônio deixado, ou parte.

A situação perdura com o atual Código, diante da previsão de seu art. 1.829, inc. III. No entanto, a participação como parte passiva legítima se opera obrigatoriamente em face do mesmo dispositivo, mas em seu inciso I, já que necessariamente é herdeiro, concorrendo com os descendentes ou ascendentes.

---

[19] REsp. nº 807.849/RJ. Relatora: Min.ª Nancy Andrighi. Segunda Seção. Julgado em 24.03.2010, *DJe* 06.08.2010.

[20] *Direito Brasileiro da Filiação e Paternidade*, São Paulo, Malheiros Editores, 1997, p. 35.

Se não houver qualquer herdeiro, os bens transferem-se para o Poder Público, segundo assinalado pelo art. 1.844, com esta redação: "Não sobrevivendo cônjuge, ou companheiro, nem parente algum sucessível, ou tendo eles renunciado à herança, esta se devolve ao Município ou ao Distrito Federal, se localizada nas respectivas circunscrições, ou à União, quando situada em território federal".

Nesta situação, é obrigatória a citação do Município, ou do Distrito Federal, ou da União, conforme o caso.

Atuará na lide o progenitor do investigante que exerce a guarda como representante do filho, se for ele menor. Incumbe se proceda a sua citação, caso não seja ele o representante ou assistente do investigante.

Os legatários figurarão no polo passivo, ou contra eles se dirigirá a ação, unicamente caso a herança venha a ser distribuída entre eles.

Se concorrerem com os demais herdeiros, e respeitada a parte disponível, não há necessidade da participação no feito, eis que não sofrerão qualquer diminuição, nos legados, com a procedência da ação investigatória. É o correto ensinamento de Mário Aguiar Moura: "Se já existem outros herdeiros e o legado não sofre redução, por ter sido respeitada a parte disponível, isto é, por que não ocorreu a inoficiosidade, nenhum interesse pode ter o legatário em contestar a ação para ele, tudo se reduz a aspecto patrimonial. Com este não comprometido, sua intervenção na demanda não encontra razão de ser.

Todavia, se a herança se destina a ser dividida exclusivamente entre legatários, por inexistência de herdeiros necessários, ou um só legatário é o contemplado no todo, surge o legítimo interesse na ação. A procedência desta determinará a redução dos legados ou do legado."[21]

Reza, outrossim, o art. 1.615: "Qualquer pessoa, que justo interesse tenha, pode contestar a ação de investigação de paternidade, ou maternidade."

Na verdade, não se fazia necessária esta regra, por ser óbvia a possibilidade de contestar por qualquer pessoa que venha a ser atingida em seus direitos ou interesses. Quer o dispositivo autorizar a intervenção ao processo dos herdeiros, dos legatários e inclusive da mulher do suposto pai, desde que haja, com a ação, repercussão em direitos próprios.

7. IMPRESCRITIBILIDADE DA AÇÃO

Domina a inteligência da imprescritibilidade da ação, podendo ser promovida durante toda a vida do filho.

No direito antigo, ao tempo da elaboração do Código Civil de 1916, e mesmo posteriormente, predominava o entendimento dos autores que sustentava a prescrição em vinte anos, com a aplicação de seu art. 177, o qual, no vigente Código, corresponde ao art. 205, que fixa o prazo de dez anos para a prescrição quando a lei não estabelecer lapso de tempo menor. Arnoldo Medeiros da Fonseca, um dos seguidores desta corrente, procurava justificar a posição nestes termos: "Na verdade, não há razões sérias para crer que, por não se haver referido especialmente à investigação de paternidade ilegítima, quisesse o legislador brasileiro seguir orientação diferente da adotada na generalidade das nações civilizadas quanto ao princípio de que não é imprescritível aquela ação, estabelecendo-se mesmo prazos mais reduzidos para o seu exercício, como também fez o nosso Código

---

[21] *Tratado Prático da Filiação*, obra citada, vol. II, pp. 460 e 461.

relativamente a outras ações de natureza semelhante... Se prazo especial não foi fixado, o lógico é julgar a hipótese compreendida na regra geral da prescrição de vinte anos, em face da disposição ampla do art. 179, que manda regular pelo art. 177 os casos não previstos.

Sendo a prescrição um instituto indispensável à paz social, imposto pela necessidade de evitar que as ações judiciais fiquem eternamente na iminência de serem propostas, não seria aconselhável prescindir desse elemento de segurança quando se trata de demandas tendentes à modificação do estado das pessoas e que interessam, portanto, de modo fundamental, à ordem pública."[22] O art. 179 mencionado mandava aplicar, para os casos de prescrição não regulados no Código, o prazo previsto no art. 177, que era de vinte anos, e, atualmente, é de dez anos, diante da regra do art. 205 do vigente Código.

Ocorre que o estado da pessoa constitui emanação da personalidade, sendo indisponível, sequer podendo a lei subtrair o direito inato no ser humano em fazê-lo valer a qualquer tempo. A ninguém é facultado abdicar de seu próprio estado, e nem é sustentável a fixação de prazo para o exercício do direito a determinada paternidade.

Por isso, decidiu-se não ter nenhum valor a desistência ou a renúncia do direito de investigar a paternidade, admitindo-se a qualquer tempo o seu exercício: "Investigação de paternidade. Não tem qualquer validade a desistência ou renúncia do direito de investigar a paternidade, por se tratar de ação referente a estado e, desta maneira, de direito indisponível".[23]

De outro lado, lembrava Carvalho Santos: "Não tendo o Código determinado qual a época em que a ação deve ser intentada, a consequência é que pode a mesma ser iniciada em todo o tempo, em qualquer momento da vida do filho, quaisquer que sejam a sua idade e condição social."[24]

A petição de herança, no entanto, prescreve em dez anos, que é o prazo do art. 205 do Código de 2002, enquanto, ao tempo do Código de 1916, incidiam as disposições prescricionais de seus arts. 177 e 179, sendo de vinte anos o lapso de tempo.

Inicia o prazo na data de abertura da sucessão, isto é, a partir da morte do pretendido progenitor.

Inteligência esta que já era correntia no Supremo Tribunal Federal: "Ação de investigação de paternidade, cumulada com petição de herança. Não há que falar em ação única, de investigação de paternidade. Não tem pertinência a alegação de negativa de vigência ao disposto no art. 473 do Código de Processo Civil.

Infrutífera é a arguição de negativa de vigência ao disposto no art. 178, § 9º, inc. V, letra 'b', do Código Civil. A ação de investigação de paternidade é imprescritível, enquanto a prescrição de petição de herança é vintenária (art. 177 do Código Civil). O *dies a quo* do prazo prescricional é o da abertura da sucessão do pretendido pai, eis que não há sucessão de pessoa viva. Na espécie não flui não fluiu o prazo prescricional."

O sentido do texto do citado art. 473 é mantido no art. 507 do CPC/2015.

No voto do Min. Djaci Falcão: "No que se prende à ocorrência da prescrição prevista no art. 178, § 9º, inc. V, letra 'b', do Código Civil, também não vinga a arguição. É que no caso se cogita de ações de investigação de paternidade (imprescritível segundo a jurisprudência) e de petição de herança, cuja prescrição é vintenária, subordinando-se à

---

22 Obra citada, pp. 349 e 350.
23 *Revista de Jurisprudência do TJ do RS*, 138/185.
24 *Código Civil Brasileiro Interpretado*, obra citada, vol. V, p. 491.

regra do art. 177, do Código Civil. Não se trata de simples ação de anulação de partilha por erro, simulação ou fraude, ou de rescisão de partilha.

O *dies a quo* do prazo prescricional é o da abertura da sucessão do pretendido pai, eis que não há sucessão de pessoa viva... Não se pode postular acerca de pessoa viva, como é da boa jurisprudência. Somente depois da morte é que há legitimação ativa para suceder, por parte de quem tiver de pleitear a herança (art. 1.572 do Código Civil)."[25] Anota-se que os arts. 178, § 9º, inc. V, "b", e 1.572, invocados no texto acima, equivalem aos arts. 178 e 1.784 do diploma civil em vigor.

Em pretórios inferiores segue-se a mesma linha.[26]

Aliás, a longo tempo, a matéria, em nível de jurisprudência, ficou pacificada através da Súmula nº 149 do Supremo Tribunal Federal: "É imprescritível a ação de investigação de paternidade, mas não o é a de petição de herança."

Sobre a prescrição de petição de herança, aduz, ainda, Mário Moacyr Porto que o início da prescrição se dá a partir do dia em que o direito pode ser exercido, isto é, do momento em que foi reconhecida a paternidade e não da abertura da sucessão: "É princípio universalmente aceito que o prazo de prescrição somente se inicia quando surge o direito à ação. O CC italiano, em seu art. 2.935, acolhe o princípio, ao dispor: 'A prescrição começa a correr do dia em que o direito pode ser exercido'.

Parece-nos, assim, que, antes do julgamento da ação de investigação de paternidade ilegítima, o filho natural, não reconhecido pelo pai, jamais poderá propor a ação de petição de herança para o fim de lhe ser reconhecida a qualidade de herdeiro, com direito à herança de seu indigitado pai. A ação de investigação de paternidade, na hipótese em causa, é um inafastável pressuposto, uma prejudicial incontornável, para que o filho possa intentar a ação de petição de herança. Ao que parece, Orlando Gomes acolhe idêntico entendimento, ao escrever: 'A ação de estado é premissa da petição de herança quando o título de herdeiro depende da prova de parentesco, como acontece em relação ao filho ilegítimo' (*Direitos das Sucessões*, 4ª ed., p. 267, nº 208).

Por abundância, acrescentamos: a ação de estado (investigação de paternidade) tem como objetivo a declaração judicial de que o demandante é filho de uma determinada pessoa e, como tal, parente sucessível. Na ação de petição de herança pretende-se que o filho reconhecido seja admitido como herdeiro em relação à herança deixada pelo proclamado pai, reconhecimento que exige, como condição indeclinável, a prévia declaração de que o postulante é filho natural da pessoa que deixou a herança. Conclui-se, de tudo, que não corre contra o filho natural não reconhecido a prescrição da ação de petição de herança."[27]

Efetivamente, esta a melhor exegese, porquanto não pode iniciar a prescrição sobre um direito ainda não formado judicialmente.

De notar, ainda, no pertinente ao começo do prazo, na petição de herança, se incapaz o pretenso filho, se ausente do País em serviço público, e se encontrar-se a serviço nas Forças Armadas, não inicia o prazo, em razão do art. 198, c/c. o art. 3º, do Código Civil,

---

[25] STF. RE nº 94.931-RJ. 2ª Turma, de 7.12.1982, em *Lex – Jurisprudência do Supremo Tribunal Federal*, 53/87.

[26] *Revista de Jurisprudência do TJ do RS*, 115/393; *Revista dos Tribunais*, 430/57.

[27] "Ações de Investigação de Paternidade Ilegítima e Petição de Herança", *Revista dos Tribunais*, nº 645, p. 10.

404 • Direito de Família | *Arnaldo Rizzardo*

cujas regras constavam, no diploma anterior, no art. 169, c/c. o art. 5º, as quais vinham explicadas por Mário Aguiar Moura.[28]

8. FATOS QUE GERAM A PRESUNÇÃO DA PATERNIDADE

O art. 363 do Código revogado discriminava vários fatos que ensejavam a ação:

"I – se ao tempo da concepção a mãe estava concubinada com o pretendido pai;

II – se a concepção do filho reclamante coincidiu com o rapto da mãe pelo suposto pai, ou suas relações sexuais com ela;

III – se existir escrito daquele a quem se atribui a paternidade, reconhecendo-a expressamente."

A discriminação não consta repetida no Código de 2002. No entanto, embora casuística a enumeração, ainda serve de exemplificativa para apurar a presunção da paternidade.

Em verdade, bastaria indicar uma única hipótese: o relacionamento sexual.

A existência de um dos casos apontados, todavia, significa uma forte probabilidade da paternidade biológica. Evidencia-se, desde que comprovado, uma relativa certeza em torno da autoria da paternidade. Daí a importância em demonstrar a sua ocorrência. Lembra-se, porém, que as relações sexuais são apenas um pressuposto necessário de procriação. Uma vez verificadas, é possível inferir a paternidade.

Tinha a matéria relevância quando inexistia a prova do DNA.

a) *O concubinato ou a convivência*

Trata-se de uma situação bastante evidenciadora da paternidade, posto que, convivendo a mulher e o homem, e durante este lapso vindo ela a conceber, é natural a presunção de atribuir-se a paternidade ao companheiro.

Aqui, no entanto, convém ressaltar que não se reclama a convivência no mesmo lar, ou na mesma residência.

É a orientação da Súmula nº 382 do Supremo Tribunal Federal: "A vida em comum sob o mesmo teto *more uxorio* não é indispensável à caracterização do concubinato."

Não mais se pode falar nos termos que usava Pontes de Miranda: "Assim, aquele que tem *concubina publice in domo retenta* se há de presumir pai dos filhos dela, concebidos durante o casamento."[29]

Importa considerar a união do homem e da mulher, durante o lapso de tempo da concepção, embora cada qual se mantenha em sua casa. Prepondera a prova de exclusividade do relacionamento da mulher, longo e contínuo, ou sem a concomitância de relações sexuais com outro homem.

Embora a caracterização da união estável e do concubinato tenha sido longamente demonstrada, em capítulo já estudado, cumpre lembrar que a presença de alguns elementos melhor evidenciam as situações, como a comunidade de vida, ou a coabitação sob o mesmo teto, os interesses comuns, a convivência na maior parte do tempo, a comunhão

---

[28] *Tratado Prático da Filiação*, obra citada, vol. II, p. 582.
[29] *Tratado de Direito Privado*, obra citada, vol. IX, p. 91.

Cap. XVIII | Investigação de Paternidade • **405**

em determinadas atividades, a participação conjunta em eventos sociais e algum grau de vida doméstica.

É preciso, ainda, um mínimo de estabilidade, sem constantes separações, ou longas interrupções nos encontros, ou total independência na vida particular.

A fidelidade é mais um requisito que se insere no conjunto probatório da união, de modo a não ter a mulher relações sexuais com mais de um parceiro. Há de transparecer uma vida *more uxorio*, que se configura com a perduração das relações sexuais.

De outro lado, a prova da convivência ou do concubinato surgirá se notória a relação. Um relacionamento íntimo, inteiramente reservado ou discreto, não comporta a sua demonstração em Juízo. A união deverá ser conhecida junto a amigos, vizinhos, companheiros de trabalho, e outras pessoas ligadas ao casal.

Mas, há outro tipo de relação, inteiramente reservada, e com finalidade exclusiva de prática sexual. Assim, o homem e a mulher se encontram somente para a satisfação sexual, o que fazem em motéis ou locais ocultos, não tendo qualquer outro tipo de convivência. A união poderá se prolongar durante anos, sendo mais comum entre uma pessoa casada e uma terceira, procurando ambos evitar qualquer notoriedade, pelas múltiplas consequências que poderão advir.

Este tipo de conduta é frequente, e dificilmente encontrará provas a sua formalização em Juízo.

Em geral, a simples manifestação da convivência ou do concubinato é insuficiente para firmar a presunção da paternidade. É normal que um homem e uma mulher unidos e juntos façam presumir que se envolvam afetiva e sexualmente.

Ao investigante basta comprovar a relação ou o concubinato, ficando a cargo do réu fazer a prova da negação do estado de paternidade. É de lembrar que a continuidade da convivência após a gravidez faz sugerir a fidelidade entre o homem e a mulher. Há praticamente uma presunção *juris et de jure* da paternidade. Presunção esta que mais se afirma se o filho nasce dentro de cento e oitenta dias, pelo menos, a contar do início da relação, ou se nasce até trezentos dias após a dissolução de tal união, por analogia ao casamento, e com suporte no art. 1.597.

b) *Relacionamento sexual não consentido*

As relações sexuais mantidas durante o espaço de tempo em que a mulher esteve tolhida em sua liberdade também constituem outro fator de presunção da paternidade. Ao tempo do Código Civil anterior, vinha este constrangimento sob a figura de rapto da mãe pelo suposto pai. É evidente a forma arcaica que constava na lei, não mais se coadunando com os tempos hodiernos.

A previsão do Código rememora reminiscência das épocas em que os homens raptavam as mulheres. Ou mais propriamente, o que era comum em décadas passadas, a retirada da mulher, pelo homem, de seu lar, através de modo sigiloso e não perceptível pelos familiares, utilizando o agente meios de convencimento fraudulentos e sedutores, ou artifícios, engodos, induzindo a vítima em erro.

A previsão da lei consistia a forma penal de rapto, em que havia a força, a violência, ou a grave ameaça.

Era o conceito de Pinto Ferreira: "Consoante a lei penal, o rapto é a retirada do lar doméstico, para fim libidinoso, de qualquer mulher honesta, de maior ou menor idade,

406 • Direito de Família | *Arnaldo Rizzardo*

solteira, casada ou viúva, separada judicialmente ou divorciada, atraindo-a por sedução ou emboscada, ou obrigando-a por violência."[30]

Bastante comum se tornou o estupro, que se verifica em escala cada vez mais crescente, na medida em que se agrava a marginalização de consideráveis camadas sociais.

Embora a lei penal, em certas figuras delituais, imponha o requisito da honestidade da mulher para a sua tipificação, não é possível, na ação, para fins de investigação de paternidade, o mesmo requisito. Interessa o fato em si, com a ocorrência de relações sexuais durante o rapto, ou mais propriamente, contrariando a vontade da mulher, que tem sua vontade no mínimo pressionada. É ela obrigada a manter relações durante o período em que está dominada pelo raptor, que usou de violência, ou grave ameaça, ou fraude para prendê-la em seu poder. Ou submete-se ao ato sexual por causa da violência. Desde que verificado tal relacionamento, e resultando a gravidez, tem-se uma forte razão para atribuir a paternidade ao autor da violência.

c) *Relações sexuais à época da concepção*

A existência de relações sexuais entre a mãe e o suposto pai, à época da concepção, enseja firmar-se a forte presunção da paternidade. Ao autor basta provar as relações sexuais de sua mãe com o investigado e a coincidência das relações com a concepção.

Dada a dificuldade em serem provadas, incumbe sejam demonstrados o relacionamento afetivo existente, ou o constante convívio através de encontros e de atitudes íntimas, as saídas isoladas do homem e da mulher, e as longas durações de permanência de um com o outro. E, de outro lado, deve ficar clara a exclusividade, ou a ausência de pluralidade de relações sexuais.

Evidentemente, do conjunto probatório há de emergir uma certeza, mesmo que relativa, da possibilidade de ter resultado a gravidez de tal ligação.

Válido o ensinamento de Arnoldo Medeiros da Fonseca: "Na verdade, o reconhecimento forçado só se compreende quando há certeza da paternidade. Não há certeza objetiva, difícil e quase impossível de obter-se no caso; mas certeza subjetiva, certeza moral, íntima convicção de que o fato da paternidade é verdadeiro, rejeitando assim o magistrado definitivamente a hipótese contrária, em face das circunstâncias e das provas produzidas nos autos, como acentuamos."[31]

De tudo, dois fatos devem ficar ressaltados:

a) Relações sexuais da mãe do investigante com o suposto pai, ocorridas no período legal da concepção.

b) Exclusividade de tais relações, o que se depreende de ter sido a mulher, na época, fiel ao homem com quem se relacionava.

E justamente por ser difícil a prova das relações sexuais, é admitida a demonstração por meio de indícios e presunções, como os pretórios, desde há tempos, vêm admitindo: "Investigação de paternidade. Relações sexuais. Prova dificílima. Recurso a indícios e presunções que devem ser, no entanto, graves, precisos e concludentes... As relações sexuais entre um homem e uma mulher, conforme as circunstâncias, tornam-se dificílimas de serem provadas principalmente quando ambos tomam precauções para evitar que terceiros delas

---

30 Obra citada, p. 58.
31 Obra citada, p. 394.

Cap. XVIII | Investigação de Paternidade • **407**

saibam ou, sequer, presumam que elas existam. Exatamente por isso é que a doutrina autoriza que a parte se valha de indícios e presunções para investigar a paternidade, que devem ser graves, precisos e concludentes."[32]

Na ação de investigação de paternidade, dispõe o magistrado de um grande arbítrio na apreciação da prova, podendo, inclusive, lançar mão de indícios e presunções para atribuir ou negar a paternidade reclamada. Deve esta ser reconhecida e evidenciada a coincidência entre a concepção e as relações sexuais da mãe com o suposto pai, desde que não se demonstre, nesse período, a *exceptio plurium concubentium*.

Uma vez alegada a exceção de relacionamentos sexuais plúrimos, cumpre venha demonstrada pela prova, sob pena de prevalecer a presunção da paternidade:

> "Tendo ficado comprovada, não só pelos testemunhos das pessoas ouvidas, como pela perícia hematológica, a paternidade do demandado com relação à demandante e, inclusive, resultando frustrada a *exceptio plurium concubentium*, impunha-se, a toda a evidência, o juízo condenatório".[33]

Aliás, é preciso provar que as relações sexuais com múltiplas pessoas impossibilitam a individuação de épocas e parceiros: "Tratando-se de ação de investigação de paternidade, se a prova carreada aos autos autoriza afirmar-se que a mãe do autor veio a conceber durante o tempo de relacionamento afetivo com o réu e o bom comportamento da mulher, forçoso concluir pela aceitabilidade da prova técnica, em vista da confiabilidade de tipagem sanguínea entre o autor e o investigado, deixando a certeza do liame paterno entre um e outro.

Não há, portanto, que se conhecer a *exceptio plurium concubentium*, a qual só repercute, em termos de conhecimento, quando projete dúvida insuperável sobre o objeto controvertido, em relação a vários indivíduos, prevalecendo apenas se não se puder determinar com certeza que um deles é o pai".[34]

Não adianta a prova de relações sexuais com outras pessoas em época anterior ou posterior à da concepção. Não se conseguindo afastar a demonstração da exclusividade quando do período da concepção, prevalece a certeza da paternidade daquele que é apontado como pai, e que admite ter mantido relações, como exemplifica o seguinte julgado: "Se o réu confessa que manteve relações sexuais com a mãe do autor pelo menos duas vezes, se recusa a submeter-se ao exame do DNA, e não prova que a mãe do menor mantinha relacionamento com outros homens na época da concepção, e a prova testemunhal demonstra que a mãe do autor lhe era fiel, correta foi a sentença que deu pela procedência do pedido e fixou verba alimentícia compatível com as suas possibilidades, sendo ela devida a partir da citação, conforme a jurisprudência do colendo STJ".[35] Além de não se presumir a conduta desairosa da mulher, da mesma forma que a presunção de veracidade tampouco alcança a *exceptio plurium concubentium*, "mesmo a mulher que comercia seu corpo pode ter seu filho reconhecido, desde que reste comprovado que, por ocasião da concepção deste, ela mantinha, com exclusividade, relações sexuais com o

---

32   TJSP. Apel. Cível n° 205.678. 1ª Câm. Civil, de 11.04.1972, *Revista dos Tribunais*, 441/96.
33   TJRGS. Apelação Cível n° 585029515. 5ª Câm. Cível, de 5.11.1985, *Revista de Jurisprudência do TJ do RGS*, 116/339.
34   TJSP. Apelação Cível n° 127.674-1. 1ª Câm. Cível, de 25.09.1990, *Revista dos Tribunais*, 663/81.
35   TJRJ. Apelação Cível n° 3.798/2000. 16ª Câm. Cível, publ. em 19.10.2000, em *ADV Jurisprudência*, n° 49, p. 778, dezembro de 2000.

408 • Direito de Família | *Arnaldo Rizzardo*

suposto pai" (TJSP. Apel. Cível nº 218.937-1/4. 4ª Câm. Cível. Julgada em 22.09.1994, em *IOB* 3/10.233).

Pode-se concluir que, mesmo provado o relacionamento sexual com vários homens, ou a má conduta notória ou, diferentemente da situação acima, não configurada a unicidade de relações na época da concepção, não revela importância decisiva o fato, eis que, nos dias atuais, o exame pelo DNA dirime as dúvidas.

Deve-se lembrar que o fundamento do pedido nas relações sexuais é o mais frequentemente invocado nas ações de investigação, embora a impossibilidade da prova direta. Daí a inclinação da prova pelos caminhos laterais dos indícios, que levam a supor a existência daquelas, com a decorrente gravidez. Mas a prova testemunhal revela geralmente fragilidade, prestando-se para a elaboração falsa, o que levou a desenvolverem-se técnicas científicas que fornecem resultados bastante precisos, segundo se abordará adiante.

d) *Escrito particular do pai*

Pode basear-se a demanda em escrito particular do pai, reconhecendo expressamente a paternidade.

Equipara-se o escrito a reconhecimento voluntário, que não é bastante para o registro porque não obedeceu a uma das formas previstas no art. 1.609: o reconhecimento no próprio termo de nascimento, ou mediante escritura pública ou escrito particular a ser arquivado em cartório, ou por testamento, ou por manifestação direta e expressa perante o juiz.

Se o documento particular estiver devidamente autenticado, ou com a firma reconhecida, e inserir a confissão da maternidade ou paternidade, visando justamente reconhecer a filiação, autorizando que a mesma seja aposta ao registro de nascimento, não há motivos para se impedir a averbação do nome da mãe ou do pai. Se não se dirige propriamente para o reconhecimento, mas encerra, mesmo que de modo indireto, a confissão, busca-se o registro por meio de pedido dirigido ao juiz, como, aliás, autoriza o art. 1º, inc. II, da Lei nº 8.560/1992.

De modo geral, porém, domina a *ratio* de ser necessária a investigação. É como já se decidia: "Dá direito de ação, para a investigação de paternidade, a exibição em Juízo do escrito particular, que a reconheça, produzido por aquele a quem se atribuiu a paternidade (art. 363, III); mas não constitui ainda o reconhecimento voluntário da paternidade legítima, cuja eficácia depende de escritura pública, registro civil ou testamento (Código Civil, art. 357)." O art. 357 equivale ao art. 1.609 do vigente diploma civil. Já o art. 363, III, tem o conteúdo inserido no mesmo artigo do CC/2002.

No voto, temos: "Se existir escrito, reconhecendo-a (a filiação) de modo expresso e produzido por aquele a quem se atribui a paternidade, este papel produz o efeito apenas de legitimar a ação (art. 363, III, do CC); não, porém, o de constituir, desde logo, o reconhecimento da paternidade...

Não se trata, no caso, do reconhecimento voluntário de filiação ilegítima pelo pai, hipótese que seria de aplicação do art. 357, que impõe forma do ato, para sua eficácia.

Os autos tratam de outra hipótese, a de investigação de paternidade ilegítima, após a morte do pai. O documento, de autoria daquele a quem é atribuída a paternidade, reconheceu-a de modo expresso. Dele surge, por isso, direito de ação; e vale como começo de prova, apenas.

O escrito privado ampara o direito de ação (CC, art. 363, III). Não constitui paternidade reconhecida. Remete a Juízo a pretensão jurisdicional da declaração da invocada paternidade."[36] Conforme várias vezes lembrado, os arts. 357 e 363, inc. III, mencionados no julgado, têm seu conteúdo subsumido no art. 1.609 do Código em vigor.

Ressalta-se que o escrito é o meio mais forte de presunção, incutindo a certeza de ser o seu autor verdadeiramente o pai. Ninguém é mais autorizado do que o progenitor para admitir que o filho é fruto de sua ligação com determinada pessoa, segundo expõe Mário Aguiar Moura.[37]

Este escrito pode ser de qualquer natureza, como um simples papel, um telegrama, um cartão postal de aniversário, o próprio atestado de batismo, onde conste a presença do pai ou da mãe no ato e sua assinatura, e a referência ao filho em diário particular. Inclusive anotações de pagamento de bens adquiridos para o filho, como medicamentos, roupas, móveis etc. A baixa do filho feita em internamentos hospitalares pelo pai, a participação do nascimento a amigos, a declaração de beneficiário em carteira de instituto previdenciário, a contratação de seguro em benefício do filho, a matrícula em escolas, a assinatura em boletins escolares, a abertura de conta em bancos, a autorização para o filho, quando menor, viajar, o compromisso de responsabilidade pelas dívidas contraídas em crediários de lojas, constituem outras formas de escrito particular, desde que haja referência da relação entre progenitor e filho.

Todos os sinais autênticos, reveladores do trato entre progenitor e filho, e comuns no cotidiano da vida, como a presença em depoimentos na polícia, nas escrituras públicas, a inscrição em cursos e competições, os recibos de pagamento de mensalidades escolares, entre outras hipóteses, servem para fazer prova da maternidade ou paternidade, prova esta elevada à categoria de escrito particular, dificilmente destituível do valor que contém.

Foi proclamado, em decisão da Quinta Câmara Civil do Tribunal de Justiça de São Paulo, na Apelação Cível nº 84.563-1, em 01.10.1987: "Existindo nos autos de investigação de paternidade declaração do suposto pai reconhecedora da paternidade e comprovação de relacionamento amoroso na época da concepção e afastadas a *impotentia generandi* e a *exceptio plurium concubentium*, impõe-se a procedência da ação."

Sobre este meio de prova, o acórdão tem bases como as seguintes: "Se é certo que a declaração não constitui, só por si, reconhecimento formal da paternidade que lhe é irrogada, não menos exato que o escrito particular, cuja autenticidade não foi posta em dúvida, constitui valioso começo de prova, que deve ser analisado no contexto dos elementos de convicção emergentes do processo investigatório...".

E, sobre os tipos de documento particular, com a invocação do saber de Caio Mário da Silva Pereira: "Não se trata, aqui, de ato autêntico de reconhecimento (escritura pública, testamento, registro de nascimento). Se já existente, não se cogitaria de investigação de paternidade. A lei refere-se, então, ao escrito que não traga em si mesmo a validade de reconhecimento formal, porém traduza uma confissão ou declaração equivalente. Pode ser qualquer escrito, público ou particular, correspondência epistolar, recomendação, termo de responsabilidade, qualquer documento dirigido ao filho ou endereçado a terceiro, com a menção da paternidade própria, ainda que não traduza confissão expressa. Mesmo incompleto ou imperfeito, o escrito vale como um começo de prova a ser completado por outros meios. Vale o escrito de próprio punho do pai, embora não assinado, como ainda

---

[36]   STF. RE nº 93.493-6-AL. 1ª Turma, j 14.08.1981, em *Lex – Jurisprudência do Supremo Tribunal Federal*, 38/181.

[37]   *Tratado Prático da Filiação*, obra citada, vol. II, p. 508.

410 • Direito de Família | *Arnaldo Rizzardo*

o assinado pelo pai, posto que escrito por outrem (*Reconhecimento de Paternidade e seus Efeitos*, Rio de Janeiro, Forense, 1977, p. 119).

Nesse sentido, já decidiu o colendo STF (*RF*, 120/397).

Ao abordar o tema, o autorizado monografista da matéria, Arnoldo Medeiros da Fonseca, depois de apreciar as condições que deve revestir o escrito e o valor a atribuir a esta prova, elucidava: 'Contendo o escrito uma confissão, emanada daquele a quem se atribui a paternidade, reconhecendo-a expressamente, sem que se conteste fundadamente a sua veracidade, aí terá o juiz o melhor meio de prova para nele buscar a sentença julgando procedente a ação, pois as declarações constantes de documentos assinados presumem-se verdadeiras em relação ao signatário, nos termos do art. 131 do Código Civil' (*Investigação de Paternidade*, 3ª ed., Rio de Janeiro, Forense, 1958, p. 423)."[38]

É evidente que a assinatura deverá ser do progenitor. Não se enquadra na categoria de documento particular o escrito por outra pessoa, relatando a confissão, e nem aquele que não identifica o filho, ou confuso na identificação.

9. INVESTIGAÇÃO DA MATERNIDADE

Sabe-se que o fato do nascimento é induvidoso. Praticamente na mesma certeza encontra-se o fato da paternidade. Em primeiro lugar, porque os sinais externos da gravidez na mulher são por demais evidentes. Em segundo lugar, por ficar o filho, na quase totalidade dos casos, com a mãe, que o alimenta, o cria e o encaminha para a vida. Diziam os romanos: *Mater semper certa est* – brocardo que ainda persiste, e continuará a persistir.

A própria lei oferece menores oportunidades para negar a maternidade. Constando ela do registro de nascimento, a mãe só a poderá contestar provando a falsidade do termo, ou das declarações nele contidas – art. 1.608 do Código Civil. Já quanto à paternidade, a impugnação encontra mais possibilidades, pois admitida a ação negatória inclusive se, embora registrados, nascidos os filhos cento e oitenta dias, pelo menos, depois de estabelecida a convivência conjugal, e os nascidos no interregno de até trezentos dias depois da dissolução da sociedade conjugal – art. 1.597. Há apenas a presunção da filiação em nome do pai, o que não impede a impugnação, com fundamento em motivos que estão no art. 1.598, enquanto a mulher se encontra adstrita às hipóteses do art. 1.608.

Assim, de modo geral, a maternidade é certa, e quase sempre aparece no registro de nascimento, pois a própria mãe providencia na sua realização.

Todavia, há casos em que não consta o seu nome no assento, que foi encaminhado pelo pai. Isto especialmente nos registros lavrados anteriormente à Constituição de 1988, quando se impunham restrições aos filhos ilegítimos.

De um lado, vigia a restrição do art. 358 do Código de 1916, impeditiva do reconhecimento dos filhos incestuosos e dos ilegítimos. De outro, ao tempo da vigência da antiga Lei dos Registros Públicos (Decreto nº 4.857, de 09.11.1939), omitiam-se as declarações da filiação, se resultassem escândalos (art. 74 da citada Lei), e entendia-se que resultavam quando referida a filiação adulterina ou incestuosa, a não ser que a própria mãe ou o próprio pai aparecesse como declarante (parágrafo único do art. 74 da mesma lei registrária), situação esta que praticamente perdurou com a vigente Lei nº 6.015, de 31.12.1973, art. 60.

---

[38] *Revista dos Tribunais*, 624/68.

Cap. XVIII | Investigação de Paternidade • 411

De sorte que, mesmo convivendo *more uxorio* os pais, encontrando-se a mãe separada do marido, a prole advinda de nova união era registrada em seu nome, se dela a iniciativa do ato registrário. Sendo o pai quem declarava o nascimento, omitia-se o nome da mãe.

Por isso, muitos registros antigos não contêm o nome da mãe.

Daí a necessidade da ação investigatória da maternidade, que se processa nos mesmos moldes que a investigação de paternidade, com a mais ampla possibilidade na produção das provas.

Ademais, nos registros tardios, feitos pelo próprio filho, e não assinados pela mãe, não é certa a maternidade, podendo ser impugnada pelos demais filhos. Consequentemente, o suposto filho deverá ingressar com a ação investigatória, segundo foi decidido: "A maternidade, sendo um fato certo, não precisa, em regra, ser investigada, dando o procedimento adequado sem aplicação. Entanto, deixando de existir tal certeza, a investigação de maternidade, de regra, é permitida."

No voto embasador do acórdão, leem-se estas razões: "A maternidade, sendo um fato certo, não precisa, em regra, ser investigada. Não tem, assim, a ação de investigação de maternidade frequente aplicação. Mas, como assenta Pontes de Miranda, a maternidade, mesmo quando em relação a filhos ilegítimos, é quase sempre certa. *Mater in iuri semper certa est* (L. 5, D., *in iure vocando*, 2, 4). Se, porventura, deixa de existir essa certeza, a investigação de maternidade é, de regra, permitida (*Tratado de Direito Privado*, 1955, tomo IX, § 968, p. 82). A doutrina é no sentido de que, havendo contestação à declaração constante do assento de nascimento não assinado pela mãe, a maternidade poderá ser estabelecida pelo reconhecimento voluntário, de acordo com o art. 357 do CC, ou pelo reconhecimento forçado, autorizado amplamente pelo art. 364, em face do qual não parece possível dispensar a sentença judicial..."[39]

O art. 357 está abrangido pelo art. 1.609 do Código vigente, enquanto o art. 364, que tratava da investigação da maternidade, não encontrando parâmetro no Código atual, limitava as hipóteses permitidas, na redação que segue: "A investigação da maternidade só se não permite quando tenha por fim atribuir prole ilegítima à mulher casada, ou incestuosa à solteira (art. 358)."

Acresce-se que o dispositivo acima restara derrogado em face do tratamento dado à matéria pelo art. 227, § 6º, da Carta Federal, enquanto a Lei nº 7.841 derrogou o art. 358. Sendo vedadas quaisquer distinções entre filhos em razão do casamento dos pais ou dos laços de sangue e do parentesco civil, bem como qualificações diferenciadas, conclui-se que os filhos, seja ou não a mãe casada, ou tenham eles nascido de uniões da mãe com parentes ou terceiros, paralelamente ao casamento, sempre têm direito à ação, sequer cogitando-se de se aguardar a cessação da sociedade conjugal. Era como se pronunciava Zeno Veloso: "O valor que se queria preservar, resguardar e proteger era o da família matrimonializada, em detrimento da revelação da verdade e dos anseios do filho de ver estabelecida sua ascendência materna.

Quando se estabelece de forma tão exuberante, como se fez no Brasil, a igualdade de direitos entre os filhos, não se pode admitir que alguns filhos não possam investigar a maternidade pelo fato de que isto viria atribuir descendência 'ilegítima' à mulher casada, ou 'incestuosa' à solteira. Nem mesmo esses designativos discriminatórios se pode mais utilizar. E é o interesse do filho que se deve preponderar."[40]

---

[39] TJRJ. Agravo de Petição nº 23.088, de 07.07.1970. 5ª Câmara Cível, *Revista dos Tribunais*, 422/385.
[40] *Direito Brasileiro da Filiação e Paternidade*, obra citada, p. 122.

412 • Direito de Família | *Arnaldo Rizzardo*

10. A PROVA NA INVESTIGAÇÃO DE PATERNIDADE

A investigação de paternidade requer a produção de prova forte e induvidosa, de modo a não permitir incertezas ou insegurança, o que impõe um atilado cuidado na apuração dos fatos.

A prova técnica, presentemente, em vista da evolução da ciência, vai adquirindo preponderância frente a outros tipos. Isto, no entanto, não desmerece os elementos indiciários e a inquirição das testemunhas, que apresentam-se suficientes em certos casos.

Passa-se a analisar cada espécie, nos seus vários desdobramentos.

10.1. Prova indiciária e testemunhal

Especialmente se o fundamento do pedido reside nas relações sexuais entre o investigado e a mãe do investigante, é quase inviável a prova direta, impondo-se que se fixem as partes nos elementos indiretos que cercam o fato. Por que é dificílima a prova da exclusividade das relações sexuais entre um homem e uma mulher, admite-se para tal a prova indireta, como a honestidade e a conduta recatada da mãe.

Isto sem descurar a certeza a que deve levar a prova, que não se encontra adstrita a normas inflexíveis. Valem todos os meios e indícios, desde que, apreciados com prudência, conduzam à certeza da paternidade. No pertinente aos indícios, importa que sejam concordantes, graves e veementes, explicando-os Fernando Simas Filho: "Concordantes, são aqueles que, procedendo ou não da mesma fonte, se constituem circunstâncias coerentes que se orientam no sentido do fato que se investiga. Graves, aqueles que resultam da íntima correlação existente entre o fato conhecido e o desconhecido, levando indutivamente ao conhecimento deste, pelo que se chega à conclusão daquilo que se investiga. Veementes, ou que constituem particularidades de tal modo relacionadas com o ato que, desde logo, se estabelecem relações entre este e o seu presumível autor. Por exemplo, a presença do investigado no quanto de hospital da mãe do autor, no momento do nascimento deste".[41]

Levam-se em conta indícios como o namoro, os encontros frequentes, o relacionamento extremamente íntimo, o comportamento liberal etc.

Às vezes, apenas este tipo de prova consegue-se coligir, especialmente quando já falecido o investigado, mas que é considerado válido e apto a levar à procedência a ação, se realmente forte e convincente: "Investigatória. Na ação de investigação de paternidade, admite-se a prova indiciária, mas os indícios devem ser fortes e convincentes. Namoro. O namoro do investigado com a mãe do investigante é um dos indícios. No caso, são vagas as referências a namoro, que teria ocorrido há cerca de quarenta anos, o que gera dúvidas insuperáveis quanto à alegada paternidade."[42]

De outra parte, poderão depor como testemunhas os familiares e parentes próximos, pois são as pessoas que mais acompanham a vida dos envolvidos, seguindo, aliás, inteligência pretoriana: "Em tema de investigação de paternidade, a prova testemunhal é obtida, normalmente, através de pessoas com estreitos contatos com as partes envolvidas, sem que isso desabone seus depoimentos. Acoimar de tendenciosos os depoimentos pela amizade das testemunhas com a mãe do autor de nada valem, se elas sequer foram contraditadas e, ainda assim, podiam ser ouvidas, como simples declarantes, e o juiz aferia a sua sin-

---

[41] *A Prova na Investigação de Paternidade*, obra citada, 8ª ed., 2000, p. 126.
[42] *Revista de Jurisprudência do TJ do RS*, 131/413.

Cap. XVIII | Investigação de Paternidade • **413**

ceridade e o senso de verdade, no confronto das provas. *In casu*, resultou comprovado, *quantum satis*, que a concepção coincidiu com a época das relações sexuais constantes e seguidas mantidas pelo indigitado pai com a mãe do investigante."[43]

Aliás, a permissão de ouvir como testemunhas os parentes próximos consta prevista no art. 447, § 2º, inc. I, do Código de Processo Civil atual, em causas relativas ao estado da pessoa, como é a investigação de paternidade.

10.2. Prova técnica da paternidade

Nos últimos tempos, desenvolveram-se várias técnicas de investigação da paternidade, algumas que praticamente formam a certeza total, não dando margens a dúvidas.

Não podem as partes subtrair-se aos exames técnicos, segundo a jurisprudência: "Sendo fantasioso o pretexto do investigado para não se submeter a exame hematológico, por temor de contaminar-se com o vírus da AIDS, já que os exames determinados pela magistrada serão realizados segundo as técnicas mais modernas do Instituto de Genética da UFRGS, e descabendo a invocação do direito personalíssimo de disponibilidade do próprio corpo como objeção para a coleta de poucos centímetros cúbicos de sangue para aquele fim, visto que em Direito de Família inúmeras vezes o corpo da pessoa é objeto de direitos, não merece acolhimento a irresignação do agravante à decisão que determinou aquela perícia."[44]

Inclusive pressupõe confissão a recusa injustificada: "A injustificada recusa do réu em se submeter ao exame genético significa sua implícita renúncia à tese de negativa de paternidade. Ademais, as provas são favoráveis ao autor."[45]

"A parte não é obrigada a produzir prova, tem o ônus de fazê-lo, como expressão de conduta em abono de seu interesse em obter a vantagem do julgamento favorável. Assim, a recusa do réu em investigação da paternidade em se submeter a exame hematológico leva à presunção da veracidade dos fatos alegados."

E, em citação de Carnelutti: "Distinguindo as duas categorias ('obrigação' e 'ônus'), Carnelutti ensina: 'Falamos de ônus, quando o exercício de uma faculdade é posto como condição para obter certa vantagem. Por isso, ônus é uma faculdade, cujo exercício é necessário para a consecução de um interesse... Obrigação e ônus têm de comum o elemento formal, consistente no vínculo da vontade, mas diferem entre si quanto ao elemento substancial porque o vínculo é imposto, quando há obrigação, para a tutela de um interesse alheio enquanto, havendo ônus, a tutela é um interesse próprio' (*Sistema di Diritto Processuale Civile*, vol. I, p. 53)."[46]

A presunção de confissão da paternidade veio proclamada na Súmula nº 301 do STJ: "Em ação investigatória, a recusa do suposto pai a submeter-se ao exame de DNA induz presunção *juris tantum* da paternidade".

---

[43]   TJSC. Apelação Cível nº 22.746. 2ª Câmara Cível, de 27.08.1982, *Jurisprudência Catarinense*, 50/226.

[44]   TJRS. Agravo de Instrumento nº 588021022. 4ª Câmara Cível, de 31.05.1989, *Revista de Jurisprudência do TJ do RS*, 147/301.

[45]   *Revista de Jurisprudência do TJ do RS*, 146/337.

[46]   TJSP. Agravo de Instrumento nº 97.933-1. 8ª Câmara Civil, de 02.03.1988, *Revista dos Tribunais*, 633/69.

Presentemente, a Lei n° 12.004/2009 acrescentou o art. 2°-A à Lei n° 8.560/1992, aceitando como válidos e hábeis todos os meios legais para a prova e prevendo expressamente que a recusa a qualquer espécie de exame ou prova conduz à presunção do reconhecimento da paternidade:

"Na ação de investigação de paternidade, todos os meios legais, bem como os moralmente legítimos, serão hábeis para provar a verdade dos fatos.

Parágrafo único. A recusa do réu em se submeter ao exame de código genético – DNA gerará a presunção da paternidade, a ser apreciada em conjunto com o contexto probatório".

De modo que, pode-se afirmar, exsurge praticamente a obrigatoriedade da submissão ao exame, o que significa uma necessidade a fim de colimar uma melhor certeza na conclusão da lide.

Sobressai o caráter da hereditariedade na pesquisa. Há elementos que se transmitem de pais para filhos, cujo estudo permite a conclusão de ser uma pessoa filha de outra.

a) *Exame hematológico, ou Sistema ABO*

Por esse exame, que antigamente revelou certa importância, e hoje superado, ressalta o fator de que o tipo de sangue é transmitido hereditariamente.

Daí o exame do sangue do filho e dos pretensos pais. Sabe-se que o tipo de sangue do primeiro procede do sangue dos seus pais. Portanto, deverá haver combinação do mesmo tipo de sangue no filho e nos pais.

Para chegar-se a esta conclusão, estudam-se os grupos sanguíneos, ou sistemas de grupos sanguíneos.

Apuram-se os tipos de sangue encontrados nas pessoas interessadas, e destacam-se aqueles que prevalecem ou são comuns e se transmitem por herança. Há três genes ou alelos – A, B e O, que podem determinar quatro tipos sanguíneos: A, B, O e AB, nomenclatura esta universalmente conhecida. Em face das designações por tais letras, este método leva a denominação 'Sistema ABO'.

Com estes destaques, parte-se para a aferição dos tipos – ou os glóbulos vermelhos se conjugam, se aproximam; melhor dito, há a aglutinação, ou não se juntam e continuam separados. Quando se aglutinam, são do mesmo tipo; do contrário pertencem a tipos diferentes.

Coloca-se o soro de sangue em uma substância líquida salina, prevalecendo a propriedade aglutinante do soro.

Vale transcrever a explicação de Artur Marques da Silva Filho, que se baseia em Antônio Ferreira de Almeida Júnior, na sua obra *Provas Genéticas da Filiação*, p. 181: "O fenômeno da aglutinação acha-se ligado aos glóbulos vermelhos (hemácias). Quando são postos em uma solução salina normal, eles se mantêm em suspensão, distribuídos na massa líquida. Se a essa suspensão acrescentamos um pouco de soro de sangue humano, uma de duas coisas acontece: ou a suspensão não se altera, ou então, ao contrário, os glóbulos se juntam, se amontoam, formando aglomerados mais ou menos compactos. Dir-se-á que no primeiro caso não houve aglutinação, e que no segundo houve. Em se tratando de soro e glóbulos de indivíduos da mesma espécie, temos a iso-hemoaglutinação, que, segundo Dungern e Hirzfield, se opera pela propriedade aglutinante do soro, devido à presença de uma substância aglutinogênea, sobre a qual age a aglutinina do soro."[47]

Ou seja, com o exame, os glóbulos vermelhos, quando do mesmo tipo, se aproximam e se juntam. Consequentemente, se assim acontece com o sangue do pai e do filho, há a coincidência de genes, podendo existir a relação de paternidade. Do contrário, ou se diversos os genes, exclui-se a paternidade.

Para o estudo do grupo sanguíneo que deve ter o filho, em relação ao seu pai, cumpre dizer que os genes A e B são dominantes, enquanto o gene O é fraco, ou recessivo. Ele só aparece no indivíduo caso seus pais também tiverem o mesmo gene, sem a presença de outros. Eis a lição de José Maria Marlet, professor de medicina legal da Universidade de São Paulo: "O Sistema ABO consta de dois genes dominantes (A e B) e um gene fraco ou recessivo (O), de tal sorte que o grupo O só aparece se estiverem ausentes os genes A e B; logo, um indivíduo do grupo A tanto pode ter um par de genes AA, como um par de genes AO."[48]

Em suma, o filho deverá necessariamente portar, pelo menos, um gene do pai. Na ausência, fica excluída a paternidade.

Mas há milhões de pessoas que trazem o mesmo tipo de sangue. Por isso, impossível aferir a prova positiva da paternidade.

Lembra-se que o grupo sanguíneo é formado por dois genes. Ou cada indivíduo tem um grupo sanguíneo formado por dois genes.

Veja-se a possível formação do grupo sanguíneo:

GRUPO	GENES
A	A, A
A	A, O
B	B, B
B	B, O
O	O, O
AB	A, B

Torna-se a ressaltar: se um indivíduo tem o grupo sanguíneo B, os pais devem ter, obrigatoriamente, os genes B, B ou B, O.

Eis as possíveis derivações das diversas combinações de genes:

PAIS	FILHOS	GRUPO IMPOSSÍVEL
O x O	O	A, B, AB
O x A	O, A	A, AB
O x B	O, B	A, AB
A x A	O, A	B, AB
A x B	O, A, B, AB	–
B x B	O, B	A, AB

---

[47] "HLA e DNA – Novas Técnicas de Determinação do Vínculo Genético," *Revista dos Tribunais*, nº 655, p. 57.

[48] "Valorização das Provas de Investigação de paternidade", *Revista dos Tribunais*, nº 569, p. 249.

O x AB	A, B	O, AB
A x AB	A, B, AB	O
B x AB	A, B, AB	O
AB x AB	A, B, AB	O

Percebe-se que o gene O de um dos pais, e A ou B do outro, não formará o grupo sanguíneo do filho O, mas o grupo A, A ou O, B. Isto porque o gene O é mais fraco que os demais. Somente se os dois pais têm o gene O determinarão idêntico gene no filho.

De sorte que, apurando-se o gene do pai O e o da mãe A, o filho não poderá ter o grupo sanguíneo B ou AB. Se assim acontecer, estará excluída a paternidade. Da mesma forma, se o filho revelar o grupo sanguíneo B ou AB, se os pais pertencerem ao grupo A.

Não deixa dúvidas Artur Marques da Silva Filho: "A partir do grupo sanguíneo, é sempre possível excluir a paternidade; quando, por exemplo, o pai e a mãe pertencem ao grupo O, não podem ter filho do grupo AB. Mas, se o filho tiver o grupo sanguíneo O, a qualidade paterna é possível. Porém, sem certeza, pois muitos homens possuem esse mesmo grupo sanguíneo. Há compatibilidade, mas não certeza suficiente, para determinar o liame genético".[49]

A jurisprudência repete a conclusão: "Atribui-se à prova hematológica, consistente em exame do sangue do investigante e do demandado, maior valor, pela descoberta da correspondência hereditária entre os tipos e grupos sanguíneos. Contudo, não permitem esses exames a determinação da paternidade desconhecida, valendo apenas como conclusão negativa. Por seu intermédio exclui-se, com segurança, o vínculo de filiação, demonstrando-se que o investigante não é filho do demandado, se houver incompatibilidade entre os dois sangues" (TJSP. Apel. Cível nº 107.204-4/6. 7ª Câm. de Direito Privado. Julgada em 4.08.1999, em *ADV Jurisprudência*, nº 41, p. 651, outubro de 1999).

b) *Sistema MN*

A engenharia genética desenvolveu um outro sistema para apurar a paternidade, chamado Sistema MN, também superado, que parte da composição dos cromossomos. Sabe-se que cromossomos são filamentos de cromatina existentes no núcleo celular. Encerram os genes em sua estrutura e são responsáveis pela transmissão, de geração em geração, dos caracteres hereditários da espécie.

Por sua vez, os genes, que estão contidos nos cromossomos, constituem-se de substâncias de transmissão dos caracteres hereditários. Há uma quantidade em torno de 60.000 a 100.000 em cada célula. Cada gene responde por determinada qualidade ou caráter morfológico ou funcional que se transmite de uma geração a outra.

Daí que os cromossomos são os responsáveis pela transmissão dos caracteres hereditários justamente porque guardam os genes em sua estrutura.

Um espermatozoide é portador de vinte e quatro cromossomos (ou vinte e três, segundo certa corrente), com milhares de genes hereditários; igual número de cromossomos contém o óvulo materno. Na fecundação, conjugando-se o espermatozoide com o óvulo, o filho terá quarenta e oito cromossomos (ou quarenta e seis para alguns). Daí portar caracteres do pai e caracteres da mãe.

---

[49] Trabalho citado, p. 57.

Vale transcrever a clara lição de Artur Marques da Silva Filho: "O ovo humano ou zigoto, formado pela união do gameta paterno ou espermatozoide e do gameta materno ou óvulo, constitui uma célula única, em cujo núcleo se acha todo o patrimônio hereditário que recebe uma pessoa. Os cromossomos contidos no núcleo são os veículos, os transportadores da herança genética. Na espécie humana, contam-se vinte e três pares de cromossomos. Cada um deles se integraliza por partículas chamadas genes, que se distribuem de forma escalonada ao largo dos cromossomos e representam unidades químicas especializadas, que levam a informação hereditária."[50]

Nos grupos sanguíneos eritrocitários (isto é, formados por glóbulos vermelhos) há dois genes – o M e o N, que aparecem conjugados ou são encontrados isolados.

Se a mulher tem os genes MN, e o pai pertence ao grupo MM, o filho terá, obrigatoriamente, os genes MM, ou MN, e nunca NN, pois falta este elemento no pai. Se trouxer os genes NN, fatalmente fica excluída a paternidade.

Como se percebe, o método tem importância apenas para excluir a paternidade, e não para firmá-la, dada a grande quantidade de pessoas com o mesmo tipo de sangue.

c) *Sistema fator Rh*

O teste pelo fator Rh faz parte dos sistemas sanguíneos de provas, pelo qual também não se encontra certeza absoluta no tocante à paternidade.

O fator Rh é um antígeno existente nos glóbulos vermelhos. Antígeno é qualquer substância, como células, que injetada em outro organismo, é rejeitada ou atua como elemento estranho, por sofrer a ação dos anticorpos.

Este antígeno foi descoberto em 1940 por Laudsteiner e Wiener, os quais verificam que, injetando sangue de macaco (*macacus rhesus*) em coelhos, conferia ao soro destes animais a propriedade de aglutinar as próprias hemácias, isto é, os glóbulos vermelhos do sangue do macaco, como também do homem.

Deste efeito inferiram os renomados cientistas que existia, no sangue humano, um antígeno suscetível de ser aglutinado por anticorpos contidos no soro de coelhos previamente sensibilizados por sangue do macaco *rhesus*. Ao antígeno foi dado o nome de fator Rh, referindo-se as letras 'Rh' à palavra *rhesus*.

Segundo pesquisas realizadas, o 'fator Rh' existe em cerca de oitenta e cinco por cento dos indivíduos da raça branca, e de noventa e nove por cento dos de raça negra. O sangue portador deste elemento denomina-se Rh positivo (RH +), enquanto o não portador é conhecido como Rh negativo (RH -). Dá classificarem-se os seres como 'Rh positivos' e 'Rh negativos'.

De outro lado, os anticorpos são conhecidos como 'aglutinina anti-Rh' ou 'anticorpo anti-Rh'.

O anticorpo 'anti-Rh' não tem existência natural no sangue humano, o que acontece com os anticorpos 'anti-A' do Sistema ABO. Explicam Manif Zacharias e Elias Zacharias que, "para que ele se forme, necessária é a inoculação de um indivíduo Rh negativo com sangue Rh positivo, o que pode ocorrer de duas maneiras: através de transfusões sanguíneas, ou no curso da gravidez, quando o feto, Rh positivo por herança paterna, transmite à mãe, Rh negativa, através da circulação sanguínea placentária, antígenos Rh.

---

[50] Trabalho citado, p. 59.

418 • Direito de Família | *Arnaldo Rizzardo*

Em qualquer dos dois casos, o indivíduo Rh negativo, sensibilizado, elabora anticorpos anti-Rh, que reagirão com o fenômeno da aglutinação, cada vez que se renove o contato com o sangue Rh positivo."[51]

Daí se explicarem as reações hemolíticas, ou as desintegrações das hemácias ou glóbulos vermelhos, com liberações da hemoglobina, às vezes fatais, que se verificam após transfusões repetidas em indivíduos Rh negativos, mesmo com utilização de sangue compatível – no que respeita ao Sistema ABO, porém Rh positivo. Igualmente aí está a origem da eritrobastose fetal ou doença hemolítica do recém-nascido, em que o sangue do feto Rh positivo é hemolisado pelo sangue da mãe, sensibilizada no decurso de gestações anteriores. Por outras palavras, dá-se a doença hemolítica, ou destruição dos corpúsculos vermelhos do sangue, com liberação da hemoglobina, ficando o sangue sem oxigênio. Pode haver, também, um aumento exagerado de eritrócitos, isto é, de glóbulos vermelhos do sangue.

A questão genética, no caso, diz respeito à hereditariedade do fator Rh, o qual se transmite de pai para filho por um par de genes alelomorfos. Um deles é dominante, determinando a presença do fator. O recessivo condiciona a negatividade. Conforme a presença simples ou dupla dos alelos, resultam três diferentes genótipos, ou conjunto de genes de um indivíduo, ou constituição genética de um organismo, que definirão o caráter fenotípico (tipo de sangue) Rh positivo ou Rh negativo de cada indivíduo.

Eis os tipos de genótipos: Rh + Rh +, Rh – Rh – e Rh + Rh –.

Denomina-se homozigoto o indivíduo que herdar de seus pais um par de genes dominantes ou um par de genes recessivos ou fracos. No primeiro caso, temos Rh + Rh +, e o fenótipo, necessariamente, será Rh positivo; já no segundo, ou de genes recessivos, ter-se-á o genótipo Rh – Rh –, e o fenótipo, obrigatoriamente, ficará Rh negativo.

Herdando de um dos genitores os genes dominantes (Rh + Rh +) e de outro o gene recessivo (Rh – Rh –), resultará o genótipo Rh + Rh –, e o fenótipo, por prevalecerem os genes dominantes, será Rh positivo. No caso, um pai terá o genótipo Rh + Rh +, e o outro genitor o genótipo Rh – Rh –. Temos, então, um indivíduo heterozigoto.

Daí, indagando-se quais as espécies de genes dos pais de uma pessoa com Rh negativo, a resposta não poderá ser outra: serão negativos os genes.

É que, se fosse um gene dominante, isto é, positivo, prevaleceria o fator Rh positivo. Por isso, tal pessoa é considerada homozigota.

Já o indivíduo com fator Rh positivo poderá provir de pais com genótipos Rh + Rh +, e ele classificar-se-á como homozigoto, ou é viável que um de seus pais tenha o genótipo Rh + Rh +, enquanto o outro seja portador do genótipo Rh – Rh –, enquadrando-se na classe de heterozigoto.

Esta regra é matemática. Não poderá o pai com o genótipo positivo e negativo determinar um fenótipo negativo. Há a preponderância sempre do genótipo positivo.

No entanto, quando há pais com genótipos diferentes, os genótipos dos filhos também variam.

Se o pai tem o genótipo Rh + Rh –, seu fenótipo será Rh positivo.

Por sua vez, se a mãe portar o genótipo Rh + Rh +, o seu fenótipo também revela-se positivo.

---

[51] *Dicionário de Medicina Legal*, Curitiba, Educa – Editora Universitária Champagnat, 1988, p. 178.

Já o filho herda os genótipos dos pais. O fenótipo dependerá de seus genótipos, e, na hipótese, há de ser Rh positivo.

Existem outros aspectos, que merecem um exame atento.

O fenótipo do filho não advirá diretamente dos genótipos dos pais, mas de seu genótipo.

Os genótipos dos pais determinarão o genótipo do filho. E o fenótipo deste decorrerá de seu genótipo.

De outro lado, sendo diferentes os fatores Rh dos genótipos dos pais, resultará mais de uma possibilidade de genótipo do filho. Exemplificando, o genótipo do pai: Rh + Rh –; o genótipo da mãe: Rh – Rh –. O fenótipo do primeiro: Rh +; o fenótipo da mãe: Rh –.

O filho poderá herdar o genótipo de cada um de seus genitores ou Rh + Rh –, ou Rh – Rh –, numa proporção de possibilidades de cinquenta por cento. Por outras palavras, numa média de cinquenta por cento, os filhos com pais em tais condições herdarão o genótipo Rh + Rh –, a outra metade herdará o genótipo Rh – Rh –. Na primeira categoria, aparece o fenótipo Rh +; na segunda, o fenótipo será Rh –.

Com base em tais considerações, eis um quadro demonstrativo do fator Rh possível nos filhos, ou fenótipo, de acordo com as diversas combinações de genótipos dos pais:

GENITORES		DESCENDENTES	
GENÓTIPO	FENÓTIPO	GENÓTIPOS POSSÍVEIS	FENÓTIPOS POSSÍVEIS
Rh + Rh + X Rh + Rh +	Rh + Rh +	Rh + Rh +	Rh +
Rh – Rh – X Rh – Rh –	Rh – Rh –	Rh – Rh –	Rh –
Rh + Rh + X Rh – Rh –	Rh + Rh –	Rh + Rh –	Rh +
Rh + Rh + X Rh + Rh –	Rh + Rh –	Rh + Rh + (50%) Rh + Rh – (50%)	Rh + Rh +
Rh – Rh – X Rh + Rh –	Rh – Rh +	Rh – Rh – (50%) Rh + Rh – (50%)	Rh – Rh +
Rh + Rh – X Rh + Rh –	Rh + Rh +	Rh + Rh + (25%) Rh + Rh – (50%) Rh – Rh – (25%)	Rh + Rh + Rh –

De sorte que os filhos que tiverem o fator Rh ou fenótipo não correspondente à combinação entre o genótipo do pai e o da mãe, poderão ter excluída a paternidade relativamente a um suposto pai. Nos genótipos dos mesmos deverá aparecer fenótipo formado pelo genótipo do pai.

Pais com Rh negativos gerarão sempre filhos Rh negativos; e pais com Rh positivos poderão gerar filhos com Rh positivos e Rh negativos, dependendo do genótipo de cada um.

Percebe-se que o método somente poderá excluir a paternidade, pois milhares de pessoas têm fatores Rh coincidentes.

Além do fator Rh, outros existem, sensíveis a antissoros humanos, obtidos de pessoas com Rh negativos, e sensibilizados com sangue Rh positivo.

Destacam-se entre esses fatores três antígenos, segundo Manif Zacharias e Elias Zacharias: "O primitivo, aglutinado pelo soro anti-*rhesus*, foi designado pelo símbolo Rho, e os outros dois, pelos símbolos Rh' e Rh". Estes últimos distinguem-se do primeiro por sua existência em menor percentual de indivíduos (70% e 30%, respectivamente). Isto significa que há indivíduos que só possuem um fator, seja ele Rho, Rh' ou Rh", outros possuem dois fatores e outros, ainda, os três fatores. Há, também, por outro lado, indivíduos privados dor três fatores. Daí haver surgido uma nomenclatura para designar os diferentes indivíduos, em função do sistema Rh'".[52]

Tal nomenclatura é dada por um norte-americano de nome Wiener, que toma por base a presença ou ausência do primitivo fator (Rho), que é o mais frequentemente encontrado. Assinala-se com 'Rh' (inicial maiúscula) a possibilidade de Rho e com 'rh' (inicial minúscula) sua negatividade, tudo segundo os citados autores, que apresentam o seguinte quadro de combinações:

Rho	RHo POSITIVO com Rh' e Rh" negativos
Rh1	com Rh' positivo e Rh" negativo
Rh2	com Rh" positivo e Rh' negativo
Rh1 Rh2	com Rh' e Rh" também positivos

rh	RH_o NEGATIVO com Rh' e Rh" também negativos
rh'	com Rh' positivo e Rh" negativo
rh"	com Rh" positivo e Rh' negativo
rh' rh"	com Rh' e Rh" positivos

Necessário esclarecer a existência de outra nomenclatura, de autoria dos ingleses Fisher e Race, representada por letras. O fator primitivo é representado pela letra D, e os dois outros, descobertos posteriormente, pelas letras C e E. Se positivos, vêm os fatores através de letras maiúsculas; quando negativos, por meio de letras minúsculas.

O sangue positivo para os três fatores será 'CDE'; o negativo, será 'cde'. O positivo unicamente para o primitivo fator e o negativo para os demais apareceram assim: 'cDe'. O negativo para o primitivo e o positivo para os demais fatores terão esta nomenclatura: 'CdE'. E assim por diante.

É possível fazer a seguinte combinação, com os oito principais tipos sanguíneos do sistema Rh e seus respectivos símbolos, conforme anotações americana e inglesa, segundo Manif Zacharias e Elias Zacharias:

---

[52] Obra citada, p. 179.

ANOTAÇÃO INGLESA	Rh_o	Rh'	Rh"	ANOTAÇÃO AMERICANA
Rh_o	+	–	–	cDe
Rh_1	+	+	-	CDe
Rh_2	+	-	+	cDe
$Rh_1 Rh_2$	+	+	+	CDe
rh	-	-	-	cde
rh'	-	+	-	Cde
rh"	-	-	+	cdE
rh' rh"	-	+	+	CdE

Representam-se os tipos Rh1 e Rh2 por Rhz e os tipos Rh' e rh' rh" por rhy.

Acrescentam-se, por último, os citados Manif Zacharias e Elias Zacharias: "Aos três fatores do sistema Rh correspondem, por herança genética, três pares de alelos, o gene dominante para a positividade e o recessivo para a negatividade. Das diferentes combinações desses seis alelos na transmissão dos fatores Rh à descendência resultam os oito tipos sanguíneos ou fenótipos acima descritos."[53]

d) *Sistema HLA*

Dentro da engenharia genética, alcançou grande presença a imunogenética do Sistema HLA, que já foi conhecido como o maior sistema genético humano.

Parte-se para a investigação através da comparação de grupos sanguíneos e marcadores genéticos presentes em todas as células do organismo. Há idênticos marcadores genéticos em todas as células do indivíduo, e que se transmitem de geração a geração. No exame destes marcadores, caso se encontrem nos ascendentes e nos descendentes, pode-se partir para afirmar a paternidade, numa certeza em índices que chega a noventa e nove por cento.

Este sistema vem desde 1952, quando foi descoberto por Jean Dausser.

d.a) *Princípios e conceitos básicos*

A sigla HLA provém da denominação do sistema: Antígenos Leucocitários Humanos. Sabe-se que o termo 'antígeno' é qualquer substância que revela o poder de evocar uma resposta do sistema imunitário – substância está que poderá ser uma célula viva de outro organismo, uma proteína ou uma célula. E 'leucocitário' é relativo a glóbulos brancos de sangue. Assim, no corpo há antígenos, ou seja, substâncias, como células, que injetadas em outro organismo são rejeitadas ou atuam como elementos estranhos, sofrendo a ação dos anticorpos. Daí compreender-se o significado do conceito de antígeno: qualquer substância com capacidade de evocar uma reposta; injetada a mesma em outro corpo, é rechaçada por anticorpos. Tornam-se, pois, os antígenos estranhos quando introduzidos em outro organismo.

Denominado o HLA também 'sistema de histocompatibilidade', por envolver o estudo da compatibilidade dos antígenos nos tecidos, procura o exame apurar os antígenos que se encontram no filho e no pai.

---

[53] Obra citada, p. 180.

422 • Direito de Família | *Arnaldo Rizzardo*

Explica Ayush Morad Amar, que foi um dos que mais desenvolveram os estudos sobre métodos científicos de investigação de paternidade: "Os antígenos HLA (antígeno leucocitário humano ou de histocompatibilidade), também conhecido como antígenos de transplante ou teciduais, estão situados na superfície da membrana de glicoproteína das células nucleadas e dos trombócitos. Após o contato parenteral, por exemplo, mediante transplantes, transfusões de sangue e gravidez, os antígenos HLA induzem à formação de anticorpos nos organismos alogênicos humanos. Essa sensibilização, que pode acompanhar aquela da defesa imunológica celular, é a mais indesejável, particularmente na terapêutica mediante transplantes de órgãos e transfusões de sangue ou de células sanguíneas."[54]

Por isso, deve ficar claro que os antígenos se transmitem hereditariamente, o que permite a comparação para concluir sobre a paternidade. Neste sentido Artur Marques da Silva Filho: "Todos os indivíduos possuem antígenos próprios, que podem ser reconhecidos e identificados. É o antígeno do sistema HLA, também transmitido hereditariamente, através dos genes, como, aliás, todas as outras características que constituem a chamada 'bagagem genética', mas que seguem as leis de Mendel. Deve ser lembrado que os precedentes sistemas examinados são encontrados nos glóbulos vermelhos (hemácias), enquanto estes (os do HLA) se localizam nos glóbulos brancos (leucócitos)."[55]

Outros conhecimentos técnicos e de terminologia fazem-se necessários, expostos pelo médico João Lélio Peake de Matos Filho: "A expressão dos genes, identificáveis na superfície celular, é denominada de 'fenótipo'. A base genética para codificação do fenótipo é resultante da expressão do 'genótipo', que são genes transmitidos segundo um padrão para os antígenos HLA, denominado codominante (a célula expressa tanto fenótipos de genes maternos quanto paternos). O fenótipo é, pois, a expressão do genótipo codificado pelos genes. Denomina-se 'haplótipo' a combinação do alelo A com o alelo B de um mesmo cromossomo, que é transmitido por um dos pais somente, de maneira conjunta."[56]

Acresce-se o significado de dois termos:

– Alelos: formas alternativas de um mesmo gene, as quais, em dois cromossomos hemólogos, ocupam a mesma posição ou *locus*.[57]
– *Locus*: palavra latina, que significa a posição ocupada no cromossomo pelo gene. Para cada *locus*, o indivíduo possui duas expressões possíveis, uma materna e outra paterna, denominadas 'alelos'. Cada alelo representa uma forma alternativa que os genes têm de ocupar nos *loci* em cromossomos homólogos (paterno e materno).

A pesquisa se dá no cromossomo 6 (seis), no qual são pesquisados quatro *loci*, identificados pelas letras A, B, C e D.

Aduz Artur Marques da Silva Filho: "Assim, o indivíduo recebe um gene materno, contido em um dos cromossomos do par e outro que recebe do pai, situado em outro cromossomo do mesmo par. O conjunto de ambos (os genes) se denomina genótipo e a manifestação externa deste material se chama fenótipo. Suponha-se que o filho receba um gene A da mãe e outro gene A do pai. O seu genótipo será AA e o seu fenótipo é o

---

[54] *Investigação de Paternidade e Maternidade – Aspectos Médico-legais*, São Paulo, Icone Editora Ltda., 1987, p. 97.
[55] Trabalho citado, p. 60.
[56] "Investigação de Paternidade – Considerações sobre a Aplicação da Metodologia HLA", *Revista dos Tribunais*, nº 607, p. 252.
[57] Obra citada, p. 22.

fator A. Para entender-se o mecanismo da transmissão, de forma elementar, pode-se dizer que cada gene contém instruções que permitem às células preparar certas substâncias. Estas instruções são proporcionadas de forma dupla. Umas correspondem ao cromossomo materno e outras correspondentes ao paterno. Quando a pessoa possui um par idêntico de instruções nos dois genes, seu genótipo é hemozigótico, mas se a mãe transmite um gene, por exemplo, A, e o pai um gene O, o genótipo do filho será AO, ou seja, heterozigótico. O fenótipo resultará, em primeiro caso, do caráter dominante ou recessivo de cada gene."[58]

d.b) *Técnica pericial*

A combinação dos haplócitos (combinação do alelo A com o alelo B de um mesmo cromossomo), um do pai e outro da mãe, cada um constituído de dois alelos, dará, no filho, um genótipo formado de genes transmitidos. O genótipo conduzirá ao fenótipo, que é a expressão dos genes na superfície celular.

Então, há quatro antígenos do pai, e quatro da mãe. O filho terá, por sua vez, dois da mãe e dois do pai.

Eis a explicação desenvolvida por João Lélio Peake de Matos Filho: "Pais haplótipos, portanto, um de cada pai, constituem o genótipo do indivíduo, que vai codificar o fenótipo. O número máximo de antígenos HLA que podem ser expressos na célula é quatro (dois de origem materna e dois de origem paterna), quando consideramos os *loci* A e B, embora não saibamos como estão pareados. A presença de dois diferentes antígenos num dado *locus* automaticamente exclui a presença de qualquer outro antígeno (ou alelo) e elimina a possibilidade da falta de um alelo devido à deficiência técnica. Se o número de antígenos é menor do que quatro, duas possibilidades existem: primeiro, podemos ter dois alelos iguais (um proveniente do pai e outro da mãe), sendo esta situação denominada 'homozigose'; segundo, podemos ter um antígeno que não é detectável pelos métodos utilizados. A percentagem de antígenos não detectáveis (denominados 'brancos' ou 'blanks') é muito pequena para os *locus* A e B, sendo menos de 2%."[59]

Quer dizer que a pessoa traz antígenos do pai e da mãe. E a possibilidade de não caracterizar-se a paternidade é inferior a dois por cento.

Observa-se a seguinte explicação do professor e médico imunologista Luiz Fernando Jobim:

No caso de exclusão da paternidade, a mãe tem os seguintes haplótipos ou combinações de *loci*, cada um com dois alelos: HLA-A1, A2, B7 e B12.

E o filho: HLA-A1, A3, B7 e B15.

Por sua vez, o pai: HLA-A9, A30, B8, B17.

Nota-se que o filho dispõe dos elemento A1 e B7 que se encontram na mãe. O outro haplótipo (A3 e B15) não se encontra no pai. Portanto, está excluída a paternidade.

Em outro caso, nas próprias palavras do mencionado autor: "A – mãe: HLA – A2, A19, B8, B5.

Filho: HLA – A3, A10, B8, B40.

Possível pai: HLA – A10, A3, B40, B7.

---

[58] Trabalho citado, p. 59.
[59] Trabalho citado, pp. 254 e 255.

424 • Direito de Família | *Arnaldo Rizzardo*

A mãe poderá apresentar os seguintes haplótipos ou combinações: A2 – B8; A2 – B5; A19 – BA; A19 – B5. O filho poderá apresentar: A2 – B8; A2 – B40; A10 – 18; A10 – B40. O possível pai: A10 – B40; A10 – B7; A3 – B40; A3 – B7. Como já foi dito que a maternidade é incontestável, conclui-se que o único verdadeiro haplótipo (cromossomo materno) passado ao filho é o A2 – B8 e, portanto, o pai verdadeiro deverá apresentar o A10 – B40, acontecendo com o possível pai deste exemplo, e que, por esta razão, deixa de ser excluído."

E, explicando a pequena margem de dúvida, que impede a certeza absoluta: "Conhecemos que o haplótipo A10 – B40 acontece na frequência de 0,006%, ou seja, existem seis pessoas em cada mil que apresentam este conjunto no mesmo cromossomo. Utilizando-se os cálculos de Bayes, chega-se, neste caso, a uma probabilidade relativa de paternidade de 98%. Para o sistema HLA, considera-se que acima de 95% existe forte indicação de paternidade, de 80-95% de provável paternidade e de 60-80% de duvidosa paternidade."[60]

Útil, ainda, transcrever a seguinte passagem, do mesmo autor, junto com Maria Regina Jobim e Rodrigo Cordeiro Jobim, em outro trabalho: "Como apresentamos dois cromossomos nº 6, sendo um de origem materna e outro paterna, devem existir dois genes HLA de cada loco expressos na membrana das células. Nossa individualidade pode ser observada pela tipagem destes antígenos em nossos linfócitos, sendo que a combinação destes antígenos constitui uma identidade biológica, existindo esporadicamente outro indivíduo geneticamente idêntico. Esta possibilidade é tão remota que hoje utilizamos um computador para identificar pessoas HLA idênticas na população de candidatos a transplantes de rins de cadáver, entretanto, quando o transplante é realizado com o doador vivo, geneticamente relacionado (irmãos, pais), a situação é bem mais simples, pois segue a segregação mendeliana, sendo vinte e cinco por cento dos irmãos HLA idênticos, vinte e cinco por cento totalmente diferentes e cinquenta por cento parcialmente idênticos. Os pais serão, sempre, no mínimo, idênticos de forma parcial aos filhos, pois são eles que fornecem um cromossomo cada um a seus descendentes, embora não necessariamente o mesmo. A combinação dos genes do mesmo cromossomo é denominada haplótipo e transmitida em bloco dos pais para os filhos."[61]

Lembra-se, também, a conclusão de Fernando Simas Filho: "Em razão do elevado número de alelos, a exclusão pode ser determinada com absoluta confiança e o verdadeiro pai pode ser indicado com alto grau de confiabilidade, uma vez que sejam conhecidas a distribuição dos antígenos e a frequência dos haplótipos na população correspondente. Isso quer dizer que, se a amostra do sangue do réu apresentar um único par diferente da amostra do sangue do autor, está excluída a paternidade; se as amostras de ambos apresentarem pares iguais, a probabilidade de ser o réu o pai do autor é de 99%. E isso, convenhamos, é certeza científica, porque numa população de mil pessoas, a probabilidade de existirem duas com pares iguais é de um milésimo".[62]

e) *Sistema DNA*

Cuida-se de um sistema que alcançou grande difusão, bem mais complexo que os anteriores sistemas, mas de confiabilidade quase máxima.

---

[60] "A Investigação de Paternidade pelo Sistema HLA", *Ajuris – Revista da Associação dos Juízes do RS*, Porto Alegre, nº 39, pp. 10 e 11, 1987.

[61] "Resultados da Investigação de Paternidade pelo Sistema HLA no Rio Grande do Sul, *ajuris – Revista da Associação dos Juízes do RS*, Porto Alegre, nº 46, pp. 184 e 185, 1989.

[62] *A Prova na Investigação de Paternidade – Doutrina Brasileira*, nº 3, Curitiba, Juruá Editora Ltda., 1991, p. 68.

Cap. XVIII | Investigação de Paternidade • **425**

A origem do sistema está no conceito de molécula dado por Watson e Crick, em 1953. Mais no final da década, houve notável desenvolvimento com seu emprego na genética, permitindo afirmar com certeza a paternidade, e mostrando-se mais avançado que o HLA, embora, nos primeiros tempos, pelo seu restrito uso em vista dos elevados custos. Sabe-se que, no Brasil, ocorreu o uso pela primeira vez no ano de 1980, na cidade de São Paulo.

Decanta o médico Salmo Raskin a sua importância: "A tecnologia do DNA é considerada o maior avanço na área judicial desde o advento das impressões digitais. Analisando o DNA, questões de paternidade podem agora ser resolvidas com uma certeza muito maior do que podia se atingir usando os testes antigos. Com o DNA chega-se à beira da infalibilidade, com probabilidades de paternidade superiores a 99,99%".[63]

Como revela a certeza genética?

De acordo com noções básicas do estudo sobre a matéria, parte-se do fato de que no interior das células (no seu núcleo) componentes do organismo humano encontram-se fibras de proteína, que têm o nome de cromatina. Tais fibras compõem os cromossomos, e estes se constituem em longos filamentos de DNA de grande variedade química. Cada porção diferente denomina-se gene, que é a unidade da herança. Nem se percebe essa unidade, ou o gene. Sua determinação se encontra-se mediante testes químicos. Aparece a sua existência através dos efeitos que produzem.

Para encetar um exame, parte-se do ácido nucleico presente nos cromossomos. Decompõe-se o núcleo por meio de hidrálise, ou decomposição do núcleo da proteína.

Ayush Morad Amar explica sua estrutura: "A impressão digital genética do DNA – como é conhecida – funda-se no conhecimento do material genético básico das pessoas: DNA. Trata-se de uma substância orgânica encontrada nos cromossomos, no interior dos núcleos das células. Traduz o código genético que determina as características individuais e é expresso pelo arranjo de quatro blocos celulares denominados bases. Estas últimas são: adenina (A), guanina (G), citosina (C) e timina (T). As bases são complementares: adenina sempre se acopla à timina e, igualmente, a citosina à guanina. Estas combinações são conhecidas por 'basepair'... Repetem-se milhares de vezes, em cada célula, e sua ordem determina as características únicas de cada pessoa."[64]

É o DNA chamado molécula da vida e representa uma fração do núcleo das células, compostas pelos quatro elementos químicos básicos de tudo o que existe: carbono, hidrogênio, oxigênio e nitrogênio. É no arranjo desses elementos que se cria uma usina de programação para as células que formam a proteína – substância essencial na construção dos tecidos de todos os seres.

Tanto tem avançado esta técnica, que o pesquisador norte-americano Oswald Avery comprovou, em 1944, que o DNA contém os fundamentos da hereditariedade. A molécula apresenta a forma de duas espirais entrelaçadas. Em 1970, foi cortada em fatias, até que em 1973 tais partes vieram a ser reimplantadas em outras células. Mais adiante, os cientistas sintetizaram, em laboratório, um gene. Descobriram, outrossim, o gene que determina as características masculinas, presente no cromossomo 'Y'. Introduziram o gene em embriões de ratos fêmeas. Ou seja, injetaram um filamento do mencionado elemento no cromossomo 'X' de um embrião feminino. Com isto, foi modificado o sexo, nascendo um rato macho.

---

[63] *Investigação de Paternidade – Manual Prático do DNA*, Curitiba, Juruá Editora, 1998, p. 8.

[64] *Investigação de Paternidade e Maternidade – Do ABO ao DNA*, São Paulo, Icone Editora Ltda., pp. 171 e 172.

426 • Direito de Família | *Arnaldo Rizzardo*

Tudo isto em razão dos componentes últimos do núcleo de um cromossomo. Encontra-se no núcleo um líquido ácido, de onde parte o elemento genético, na lição de Enrique Antônio Varsi Rospigliosi, professor da Faculdade de Direito de Lima, salientando que o cromossomo é portador do gene, localizado no núcleo celular. "Tem a forma de crepúsculos, filamentos ou bastocilos. Está composto essencialmente de DNA e de alguns tipos de proteínas, as quais têm um papel fundamental na transmissão dos caracteres hereditários."[65]

A sigla DNA provém do nome dado ao método: ácido desoxirribonucleico, que é o ácido extraído do núcleo da proteína.

É justamente na proteína que se encontra o âmago da hereditariedade. Prossegue Fernando Simas Filho: "Os genes se constituem na identidade biológica dos seres vivos, dotados de características hereditárias, e através da decodificação das sequências aminoácidos, fornecem ao perito a resposta única que ele perquire."[66]

Este ácido é o material hereditário das células. Daí a diferença com outros métodos, por representar uma prova positiva e induvidosa, e não por exclusão. Artur Marques da Silva Filho se aprofunda no exame: "Está comprovado que o DNA era o material genético da célula, ficando salientada a importância das proteínas formadas nas células. E é indiscutível que, exceto no caso de gêmeos idênticos, muitas das proteínas de um indivíduo são diferentes das pertencentes às células de qualquer outro indivíduo. Além disso, os vários tipos de células que existem em um indivíduo diferem entre si, principalmente por possuírem organização diferente das suas macromoléculas proteicas. Por outro lado, como as células reproduzem-se, originando células da mesma qualidade, e como esta qualidade é dependente da sua constituição proteica, os genes devem atuar através do controle da reprodução proteica da célula. Sabe-se agora que um único gene consiste em uma longa sequência de palavras químicas de três letras, com cada letra da sentença servindo de código para um determinado aminoácido, e a sentença, em conjunto, sendo o código para uma determinada qualidade de macromolécula proteica, ou seja, o gene (nem todos os genes estão codificados para uma única proteína, mas provas recentes indicam que um gene pode controlar a síntese de mais de uma). Portanto, os genes atuam controlando as proteínas que são formadas pelas células."[67]

O DNA, pois, volta-se a insistir, encerra o programa genético do organismo. Compõe-se de moléculas, que se encontram mais facilmente em proteínas de tecidos dos glóbulos brancos do sangue, da polpa dentária, do esperma, dos fios de cabelos e da medula óssea.

e.a) *Técnica para a localização do DNA*

Como se procede a caracterização do DNA?

Novamente Artur Marques da Silva Filho explica: "O DNA é extraído com o uso de uma solução específica (tensoativo com enzima proteolítica) e depois purificado quimicamente. A segunda etapa do processo é a quebra do DNA, em fragmentos. Para isso, são usadas enzimas de restrição, que agem como 'tesouras químicas'. Os fragmentos, de diversos tamanhos, são espalhados sobre uma superfície gelatinosa e submetidos à corrente elétrica. A eletricidade faz que os fragmentos se movimentem em linha reta. Os menores, mais velozes, ficam na frente da fila, e os maiores atrás. Alguns desses fragmentos (conhecidos como regiões hipervariáveis) são as partes da sequência do DNA,

---

[65] "Pater est is quem Sanguis Demonstrant", *Revista de Direito Civil*, São Paulo, *Revista dos Tribunais*, nº 54, p. 28, outubro-dezembro de 1990.
[66] Obra citada, p. 28.
[67] Trabalho citado, p. 62.

que diferem totalmente de indivíduo para indivíduo, permitindo a identificação inequívoca. As regiões hipervariáveis contêm sequências específicas ('stutters') que foram descobertas pelo pesquisador inglês Alec Jeffreys, em 1983. Para isolar as regiões hipervariáveis, Jeffreys elaborou sondas químicas radioativas, que se ligam exclusivamente aos 'stutters'. Com isso, ao serem mergulhados em uma solução que contenha essas sondas, somente os fragmentos que interessam (as regiões hipervariáveis) recebem radioatividade. A fila de fragmentos (recolhida em uma membrana de 'nylon') é colocada sobre uma chapa de raio X, que imprime a imagem dos fragmentos radioativos. Cada uma das faixas que aparece na chapa contém milhões de fragmentos do mesmo tamanho."[68]

e.b) *Aferição da paternidade*

Como se comprova a paternidade?

Ayush Morad Amar esclarece, ao dizer que, em cada película, ou membrana de 'nylon' são detectadas em torno de quarenta a sessenta diferentes segmentos de DNA: "Este será o número de bandas que, em cada película, pode ser visualizado e utilizado como elementos de comparação na investigação do liame genético.

Para tanto, os padrões de DNA da criança, de sua genitora e de seu suposto pai, são comparados. Todas as bandas situadas em uma mesma posição, nos padrões da criança e de sua genitora, são marcadas. As bandas de DNA remanescentes da criança foram herdadas de seu verdadeiro pai. Assim, a última fase da investigação consiste em comparar as bandas de DNA remanescentes da criança com as de seu suposto pai: havendo compatibilidade, verificar-se-ão harmonia, identidade, qualidade e mesma distribuição topográfica entre elas."

E, mais adiante:

"Quando uma pessoa não guarda relação de parentesco com outra, havida como seu filho, grande parte – senão a totalidade – das bandas paternas existentes no suposto filho não se identifica com as suas."

E mesmo se falecido o pai, é possível o emprego da metodologia, prossegue o autor: "Para a realização do teste, amostras de sangue, adequadamente conservadas, colhidas durante a necrópsia, podem ser utilizadas. Quando, porém, tais amostras não são disponíveis, a impressão digital genética do DNA pode ser reconstruída a partir de amostras de sangue dos parentes próximos, e o grau de certeza, nestes casos, dependerá de quantos e quais os parentes disponíveis. Assim, por exemplo, amostras dos pais do falecido podem possibilitar a determinação da paternidade com toda a certeza e a segurança como se o *de cujus* estivesse vivo."[69]

Fernando Simas Filho segue na explicação: "A primeira coisa a ser feita deve ser a determinação das sequências de aminoácidos do investigando. Feito isso, deverão ser as mesmas comparadas com as de sua mãe. Estabelecidas essas, restarão no material genético do investigante aquelas que recebeu de seu pai biológico e só dele. Se essas sequências se identificarem com as existentes no caso contrário, não o é. Se houver coincidência, há paternidade; se não houver, não há. Isso porque o que se examina é o próprio material vital, a essência mesma dos seres humanos."[70]

---

[68] Trabalho citado, pp. 62 e 63.
[69] *Investigação de Paternidade e Maternidade – Do ABO ao DNA*, obra citada, pp. 183, 186, 197.
[70] Obra citada, p. 70.

428 • Direito de Família | *Arnaldo Rizzardo*

Salmo Raskin, com maior clareza e didática, explica o procedimento para a realização do teste:

"Todo ser humano recebe metade de seu DNA de sua mãe biológica, através do óvulo, e a outra metade do seu pai biológico, através do DNA do espermatozoide. À exceção dos gêmeos idênticos, não existem dois indivíduos com sequências de DNA iguais. Como resultado, comparando os padrões de DNA da mãe, do suposto pai e do filho é possível determinar a correlação genética destes indivíduos.

No teste de paternidade em DNA, é feita a análise de diversas regiões predeterminadas do DNA, pontos estes situados em cromossomos diferentes. Estas regiões particulares foram escolhidas após intensa pesquisa científica porque são sabidamente extremamente variáveis entre os indivíduos.

Tipicamente, em cada ponto do material genético pré-selecionado, as pessoas terão dois segmentos com DNA de tamanhos diferentes, um vindo da mãe biológica e outro do pai biológico.

O DNA da mãe e o do filho são analisados primeiro. Como o filho herda apenas metade do material genético de sua mãe, a comparação deve mostrar uma igualdade entre mãe e a criança para apenas um dos segmentos. Sabendo-se qual parte do DNA da criança veio da mãe, indica automaticamente que 'pedaço' de DNA a criança deve ter obrigatoriamente recebido do pai biológico. Este 'pedaço' é chamado 'peça'(alelo) paterna obrigatória', porque o pai biológico é obrigado a ter o mesmo comprimento do DNA naquele ponto (*loco*) específico do material genético.

O DNA do suposto pai é comparado com a peça paterna obrigatória do filho. Havendo a paridade em diversos segmentos do material genético, não restarão dúvidas. Os resultados do teste de paternidade em DNA pela P.C.R. mostram, com nitidez, se o suposto pai possui ou não a peça obrigatória. Se possuir esta peça em 'uma' das localizações específicas, o indivíduo será considerado pai biológico 'em potencial'. Se tiver estas peças em 'todas' as localizações específicas estudadas, será considerado, 'sem sombra de dúvida', o pai biológico. Para excluir um indivíduo de ser o pai biológico, é preciso demonstrar que ele não tem a peça paterna obrigatória em um mínimo de dois pontos situados em cromossomos diferentes. Se em pelo menos dois das diversas regiões analisadas a peça paterna obrigatória do filho não 'bater' com nenhuma das peças do suposto pai, este 'certamente' não é o pai biológico.

Um homem 'falsamente' acusado poderá ter uma peça obrigatória com características genéticas iguais 'em uma ou outra' das regiões das diversas pesquisadas, por 'pura coincidência'. Mas com os atuais marcadores 'P.C.R.', é 'impossível' que ele tenha igualdade em 'todas' as regiões a serem pesquisadas".[71]

Trata-se, em suma, de um método que fornece cem por cento de certeza, prestando-se, inclusive, para identificar autores de crimes, sendo aplicado em centros mais desenvolvidos.

e.c) *Imposição do exame DNA*

Muito se tem discutido sobre a exigibilidade ou não da prova do DNA, por afetar a intimidade, a vida privada, a honra e a imagem do indivíduo, encontrando a negativa, segundo certa corrente, apoio no art. 5º, inc. X, da Carta Federal, que preceitua: "São invioláveis a intimidade, a vida privada, a honra e a imagem das pessoas, assegurado o direito à indenização pelo dano material ou moral decorrente de sua violação". O Supremo Tribunal Federal, em memorável julgamento, já esposou tal tese: "Investigação de paternidade. Exame DNA. Condução do réu 'debaixo de vara'. Discrepa, a mais não poder,

---

[71] *Investigação de Paternidade – Manual Prático do DNA*, obra citada, pp. 27 a 29.

Cap. XVIII | Investigação de Paternidade • **429**

de garantias constitucionais implícitas e explícitas – preservação da dignidade humana, da intimidade, da intangibilidade do corpo humano, do império da lei e da inexecução específica e direta de obrigação de fazer – provimento judicial que, em ação civil de investigação de paternidade, implique determinação no sentido de o réu ser conduzido ao laboratório, 'debaixo de vara', para coleta do material indispensável à feitura do exame DNA. A recusa resolve-se no plano jurídico-instrumental, consideradas a dogmática, a doutrina e a jurisprudência, no que voltadas ao deslinde das questões ligadas à prova dos fatos" (Tribunal Pleno. *Habeas Corpus* nº 71.373/RS. Relator para o acórdão: Min. Marco Aurélio. Julgamento em 10.11.1994, publ. em 22.11.1996).

Dentre os vários votos vencidos, merece menção o do Min. Francisco Resek, quando argumenta em cima da legislação pátria: "... Vale destacar que o direito ao próprio corpo não é absoluto ou ilimitado. Por vezes, a incolumidade corporal deve ceder espaço a um interesse preponderante, como no caso da vacinação, em nome da saúde pública. Na disciplina civil da família, o corpo é, por vezes, objeto de direitos. Estou em que o princípio da intangibilidade do corpo humano, que protege um interesse privado, deve dar lugar ao direito à identidade, que salvaguarda, em última análise, um interesse também público. Não foi sem razão que o legislador atribuiu ao *parquet*, à vista da importância da determinação do vínculo de filiação, a iniciativa para que, em determinadas circunstâncias, intente a investigatória de paternidade (§§ 4º e 5º do art. 2º da Lei nº 8.560/92).

A Constituição, na modificação da Emenda nº 65, de 13.07.2010, é clara ao preceituar em seu art. 227:

> "É dever da família, da sociedade e do Estado assegurar à criança, ao adolescente e ao jovem, com absoluta prioridade, o direito à vida, à saúde, à alimentação, à educação, ao lazer, à profissionalização, à cultura, à dignidade, ao respeito, à liberdade e à convivência familiar e comunitária, além de colocá-los a salvo de toda forma de negligência, discriminação, exploração, violência, crueldade e opressão".

A Lei nº 8.069/90 – Estatuto da Criança e do Adolescente –, por seu turno, é categórica ao afirmar que:

> "Art. 27. O reconhecimento ao estado de filiação é direito personalíssimo, indisponível e imprescritível, podendo ser exercitado contra os pais ou seus herdeiros, sem qualquer restrição, observado o segredo de justiça".

Várias as reiterações do posicionamento no HC nº 71.373-RS, com fartas justificações, inclusive trazendo à lembrança a doutrina estrangeira, valendo reproduzir o seguinte texto de uma das decisões: "A França, a Itália e a Espanha – sintetiza Rainer Frank (L'Examen Biologique sous Contrainte dans le Cadre de l'Etablissement en Droit Allemand, na *Révue Internationale de Droit Comparé*, nº 4/905, 908, 1995) – se identificam em que a recusa de submeter-se ao exame biológico não tem consequências senão na apreciação das provas pelo juiz, ao passo que o direito inglês considera que a recusa a sujeitar-se à ordem judicial que ordena o exame corporal vale por obstruir a busca da prova e deve conduzir necessariamente à perda do processo.

Esta diferença de valoração de comportamentos semelhantes entre os sistemas jurídicos de influência romanista, de uma parte, e o sistema jurídico inglês, de outra parte, – prossegue aquele professor de Friburg – encontra sua verdadeira explicação no fato de que a França, a Itália e a Espanha obedecem aos princípios concernentes ao estado da pessoa: um julgamento sobre a filiação produz efeitos *erga omnes* e deve, por essa

430 • Direito de Família | *Arnaldo Rizzardo*

razão, ter em conta a verdade biológica, ao passo que na Inglaterra as questões atinentes ao direito da filiação são sempre examinadas enquanto questões prejudiciais autônomas, incidentes, no âmbito de processos de alimentos ou relativos à sucessão" (STF. *Habeas Corpus* nº 76.060/SC. Relator: Min. Sepúlveda Pertence. Julgado em 31.03.1998. 1ª Turma. *DJ* de 15.05.1998).

Todavia, a negativa pode ser considerada a desfavor da pessoa, o que não se confunde com presunção de admitir a imputação, conforme bem assentou o Tribunal de Justiça do Rio de Janeiro: "Princípios constitucionais da integridade física, da intimidade e da dignidade humana. A recusa é ônus processual, interpretada em desfavor do investigado. Não caracteriza confissão. Ninguém pode fazer ou deixar de fazer alguma coisa, senão em virtude de lei. Inexistência de norma legal que obrigue o apelado a submeter-se à perícia. A negativa não implica presunção de paternidade, devendo ser analisada dentro do conjunto probatório, podendo ser considerada a desfavor. Deve-se respeitar a deliberação do investigado" (TJRJ. Apel. Cível nº 3.323/99. 8ª Câm. Cível. Publ. 9.12.1999. A 8ª Câm. Cível do mesmo Tribunal repetiu o entendimento na Apel. Cível nº 345/98, publ. em 11.02.1999, *ADV Jurisprudência*, boletim nº 22, p. 346, jun. 1999). Nessa linha o Tribunal de Justiça de São Paulo: "No estado atual do direito, nenhum meio tem o juiz para coagir uma das partes a que se submeta a determinado exame, mas a negativa da parte haverá de ser levada em consideração no julgamento da causa, como forte elemento para a formação da convicção do juiz" (TJ. Apel. Cível nº 107.674-4/0. 4ª Câmara de Direito Privado. Julgada em 5.08.1999, em *ADV Jurisprudência*, boletim nº 41, p. 651, out. 1999).

Sobre a presunção, o STJ emitiu a Súmula nº 301: "Em ação investigatória, a recusa do suposto pai a submeter-se ao exame de DNA induz presunção *juris tantum* da paternidade".

Embora tais entendimentos, o Superior Tribunal de Justiça já decidiu quanto à obrigatoriedade se a ordem emana do juiz, forte em respeitáveis fundamentos: "Tem o julgador iniciativa probatória quanto presentes razões de ordem pública e igualitária, como, por exemplo, quando diante de causa que tenha por objeto direito indisponível (ações de estado), ou quando, em face das provas produzidas, se encontre em estado de perplexidade ou, ainda, quando haja significativa desproporção econômica ou sociocultural entre as partes.

Diante do cada vez maior sentido publicista que se tem atribuído ao processo contemporâneo, o juiz deixou de ser mero espectador inerte da batalha judicial, passando a assumir posição ativa, que lhe permite, dentre outras prerrogativas, determinar a produção de provas, desde que o faça com imparcialidade e resguardando o princípio do contraditório.

Na fase atual de evolução do direito de família, não se justifica, sobretudo quando custeada pela parte interessada, desprezar a produção de prova genética do DNA, que a ciência tem proclamado idônea e eficaz" (Recurso Especial nº 215.247-PB. 4ª Turma. Julgado em 5.10.1999, *DJU* de 6.12.1999, em *Revista do Superior Tribunal de Justiça*, 129/359).

A Lei nº 12.004, de 29.07.2009, conforme visto atrás, acrescentou o art. 2º-A à Lei nº 8.560, de 29.12.1992, prevendo expressamente que são válidos e hábeis todos os meios legais para a prova e que a recusa a qualquer espécie de exame ou prova conduz à presunção do reconhecimento da paternidade.

f) *Prova pelos exames fisiológicos*

O exame físico das pessoas também poderá facilitar a conclusão sobre a paternidade, embora a limitação de seu valor.

Captam-se e apuram-se os caracteres hereditários, morfológicos ou funcionais do filho e das pessoas apontadas como pais.

A própria curvatura dos cabelos na região occipital do crânio, no local chamado 'coroinha', revela a dominância hereditária. Há dois tipos de curvatura: a dextrógira – curvatura da esquerda para a direita; e a levógira – curvatura da direita para a esquerda. É dominante a dextrógira. Se ambos os pais possuem a curvatura dextrógira, os filhos nascerão necessariamente com a mesma curvatura dos cabelos, isto é, da esquerda para a direita. Assim, se os ascendentes de um dos pais eram dextrógiros, e os do outro possuíam o caráter de dextrógiro e levógiro, os filhos serão dextrógiros. Igualmente dextrógiros serão caso os ancestrais, de um dos pais, eram dextrógiros; e do outro, levógiros.

Também quanto à cor da pele, sendo dominante o negro. Entre negro e branco, origina-se uma pessoa de cor mulata. Já da união de mulatos normalmente nascem filhos mulatos, podendo ocorrer o nascimento de filhos da cor negra e filhos da cor branca. Se um dos progenitores é mulato e o outro negro, a tendência é uma prole de cor mais escura que a mulata e menos acentuada que a negra, não se descartando o nascimento filhos com a predominância da cor negra.

A própria semelhança física constitui um elemento de aferição, quando muito acentuada, apesar de extremamente perigoso o apego a regras rígidas, eis que, não raramente, encontra-se parecença física entre pessoas sem qualquer liame ou laço de parentesco.

Francisco Mauro Salzano observa sobre a prática desse exame: "As similitudes entre uma determinada pessoa e seu possível pai são comparadas com relação a, digamos, sessenta traços, transformadas em uma escala numérica, e o valor global obtido comparado com o observado entre pessoas certamente não relacionadas. Dessa maneira, obtém-se uma estimativa da probabilidade de que o implicado seja realmente o pai do indivíduo em questão".[72]

Ou seja, examina-se o filho e os supostos pais, procurando destacar os marcadores genéticos, ou as características de fácil identificação. Alguns aspectos são examinados por Manif e Elias Zacharias: "Consoante os ensinamentos dessa ciência, distinguem-se os caracteres hereditários em dominantes e recessivos, e como tais eles se manifestam, neste e naquele indivíduo, de acordo com o tipo de genes alelomorfos que lhe dão origem e as relações desses genes entre si. A cada caráter dominante corresponde, no geral, um caráter recessivo, que lhe é antagônico ou dessemelhante: cabelos crespos e cabelos lisos, por exemplo, são, respectivamente, caráter dominante e caráter recessivo; da mesma forma, os olhos castanhos e os olhos azuis, o lóbulo livre e o lóbulo aderente da orelha etc. O caráter dominante manifesta-se sempre que o gene responsável por ele integra o patrimônio genético do indivíduo. O caráter recessivo, por sua vez, só se exterioriza quando ausente, no genótipo, o gene do caráter dominante".[73]

Com base, pois, em tais princípios, conclui-se que os pais com caráter dominante, e que forem homozigotos, ou seja, portadores de genes idênticos no mesmo *locus*, terão todos os filhos com o mesmo caráter. No caso de serem heterozigotos, é possível que vinte e cinco por cento dos filhos portarão o caráter recessivo, como pais de olhos castanhos, que é o caráter dominante. Neste caso, a maioria de seus filhos terão os olhos de idêntica cor, sem que se exclua a viabilidade de se revelarem azuis os olhos (caráter recessivo), caso haja na descendência familiar pessoas de olhos com esta última coloração.

---

72 *A Genética e a Lei*, São Paulo, T. A. Queiróz – editor, 1983, p. 12.
73 Obra citada, p. 246.

432 • Direito de Família | *Arnaldo Rizzardo*

Já os pais que apresentarem um caráter recessivo, terão os filhos com a manifestação desse caráter.

Assim, tendo os pais cabelos lisos (caráter recessivo), só terão filhos com o mesmo tipo de cabelos e não com cabelos crespos (caráter dominante).

Apresentando o pai um caráter dominante, e a mãe um caráter recessivo, ou vice-versa, predominará, nos filhos, o caráter dominante, desde que o genótipo de ambos genitores for em homozigose. Se o genótipo dominante for em heterozigose, cinquenta por cento dos filhos terão o caráter dominante, e os outros cinquenta por cento têm caráter recessivo. Nesta ordem, em pai com cabelos escuros (caráter dominante), e em mãe com cabelos loiros (caráter recessivo), os filhos terão os cabelos de uma ou outra cor.

Lembra-se que o genótipo em homozigose significa um genótipo com par de genes dominante, ou com um par de genes recessivos (Rh + Rh +, ou Rh – Rh –). E denominar-se-á heterozigoto o genótipo do filho quando o genótipo de um dos pais é dominante, ao passo que o do outro apresenta-se negativo.

Ainda, uma criança que apresenta um caráter dominante não pode provir de pais com caráter recessivo. Assim, se ela tem o lóbulo da orelha livre (caráter dominante), não descenderá de pais com o lóbulo aderente (caráter recessivo). Se apresentar, no entanto, um caráter recessivo, é viável que tenha pais com qualquer tipo de caráter. Encontrando-se o lóbulo da orelha aderente, os pais poderão também possuí-lo aderente, ou possuí-lo livre.

Observa-se o seguinte quadro, dado por Fernando Simas Filho,[74] considerando-se que uma pessoa pode ter os lóbulos livres (LL), ou presos (pp), ou livres e presos (Lp), sendo o caráter predominante os livres:

1) Lóbulos livres (LL) X lóbulos livres (LL): filhos com lóbulos livres (100%).
2) Lóbulos livres (LL) X Lóbulos livres e presos (Lp): filhos com lóbulos livres (100%).
3) Lóbulos livres e presos (Lp) X lóbulos livres e presos (Lp): filhos com lóbulos livres (75%) e filhos com lóbulos presos (25%).
4) Lóbulos livres (LL) X lóbulos presos (pp): filhos com lóbulos livres (100%).
5) Lóbulos livres e presos (Lp) X lóbulos presos (pp): filhos com lóbulos livres (50%) e filhos com lóbulos presos (50%).
6) Lóbulos presos (pp) X lóbulos presos (pp): filhos com lóbulos presos (100%).

Igualmente quanto à cor dos olhos há um tipo dominante: os de cor castanha. Há também a cor azul, mas não dominante. A cor negra é recessiva da castanha. Quantos às cores verdes e cinza clara, são variantes, e não recessivas, da cor azul. Por conseguinte, uma pessoa de olhos castanhos descende, necessariamente, de pais com olhos castanhos, ou de um deles com olhos castanhos, e o outro com os olhos negros; ou de um deles com olhos castanhos e o outro com olhos azuis.

Se um filho tem olhos castanhos, a mãe azuis, e o investigado também azuis, está afastada a possibilidade deste último ser pai do investigando. Exclui-se a paternidade.

De lembrar que a pessoa com olhos negros é homozigota, pois a cor negra é recessiva. Os pais deverão ter olhos de cor castanha. Já uma pessoa com olhos azuis provém de pais com olhos castanhos, ou de um deles com olhos castanhos (ou pre-

---

[74] Obra citada, pp. 46 e 47.

tos) e do outro com olhos azuis (ou cinza ou verde). Isto porque a cor castanha é dominante.

Mas duas cores recessivas poderão determinar uma terceira cor. Assim, do pai com olhos pretos e da mãe com olhos azuis, ou verdes, ou cinzas, acarretará possibilidade de filhos com olhos castanhos ou pretos (50%), e filhos com olhos azuis ou verdes ou cinzas (50%). Tendo, porém, um dos genitores a cor com caráter dominante (castanha) e o outro com caráter recessivo (azul, ou verde, ou cinza), haverá maior número de filhos com olhos castanhos (75%) e uma menor possibilidade com a cor dos olhos azul, ou verde, ou cinza (25%).

Se ambos os pais têm a cor dos olhos predominante (castanha), os filhos terão necessariamente a cor castanha. A cor recessiva preta em um só dos pais não tem a força hereditária de impor a cor preta. Unicamente se ambos os pais tiverem olhos com a cor preta, e mesmo assim numa percentagem de vinte e cinco por cento apenas, haveria filhos com idêntica cor nos olhos. A cor azul, no entanto, determina maior incidência de filhos com a cor recessiva, relativamente a cor recessiva preta.

Em suma, deve-se ter em conta sempre o caráter dominante.

O presente quadro representa a média de incidências. A letra 'C' significa o caráter dominante, enquanto a letra 'a' marca o caráter recessivo:

1) Olhos castanhos (CC) X olhos castanhos (CC): filhos com olhos castanhos (100%).
2) Olhos castanhos (CC) X olhos castanhos (Ca): filhos com olhos castanhos (100%).
3) Olhos castanhos(Ca) X olhos castanhos (Ca): filhos com olhos castanhos (75%), ou filhos com olhos azuis (25%).
4) Olhos castanhos (CC) X olhos azuis (aa): filhos com olhos castanhos (100%).
5) Olhos castanhos (Ca) X olhos azuis (aa): filhos com olhos castanhos (50%) e filhos com olhos azuis (50%).
6) Olhos azuis (aa) X olhos azuis (aa): filhos com olhos azuis (100%).

Deve-se sempre levar em conta a cor dominante – que é a castanha. A cor recessiva deverá ser de ambos os pais para determinar olhos diversos da cor castanha. E se o filho possuir olhos azuis, pelo menos um dos pais terá a mesma cor. Ou terá a cor azul, desde que a cor castanha do outro não seja predominante.

E, desta forma, inúmeras outras semelhantes serão possíveis aferir. Merece realce quanto à cor de pele, em que os genótipos mais interessantes dizem respeito aos mulatos claros, podendo aparecer filhos mulatos escuros, mulatos claros, negros escuros e até brancos puros, quando os genes dominantes provêm de um antepassado branco. Se forem dominantes os alelos responsáveis pela coloração ou pigmentação preta, nos filhos dominará a mesma cor.

Manif e Elias Zacharias, após desenvolverem longamente o assunto, apresentam uma discriminação de vários caracteres do corpo humano, com as alternativas de dominância e recessividade,[75] como mostra a tabela na página seguinte.

g) *Outros sistemas*

Muitos outros sistemas existem, mais ou menos desenvolvidos segundo o resultado prático que alcançam, e descritos pormenorizadamente por Ayush Morad Amar, em seus

---

[75] Obra citada, pp. 346 e 347.

434 • Direito de Família | *Arnaldo Rizzardo*

dois livros (Investigação da Paternidade e da Maternidade – Aspectos Médico-Legais, e Investigação de Paternidade e Maternidade do ABO ao DNA, já citados).

Nomeiam-se o sistema Kell Cellono, que envolve a pesquisa de anticorpos irregulares em soros humanos, com a aplicação do teste antiglobulínico; os sistemas Lutheran, Dutty, Kidd e Aubereger, que se baseiam em fatores herdados segundo as leis mendelianas, e que servem mais para excluir a paternidade; o sistema 'S', o qual cuida da eliminação de certas secreções, como saliva, suor e lágrimas, sendo que alguns indivíduos têm a faculdade de eliminar, através de suas secreções, as substâncias dos grupos ABO, desde que presente o gene dominante 'S'.

Aqueles que não o possuem, não o eliminam. O elemento da hereditariedade está justamente no gene 'S', que, se presente no filho, deverá encontrar-se em um dos pais.

CARÁTER	DOMINÂNCIA	RECESSIVIDADE
forma do crânio	braquicefalia ou conformação curta do crânio e achatamento atrás	dolicefalia ou conformação alongada do crânio
forma da face	redonda	alongada
cabelos – cor ondulação consistência mecha branca calvície turbilhão	escuros e ruivos crespos duros presente no homem presente simples dextrágiro, ou voltado para a direita	loiros e claros anelados, ondulados e lisos macios ausente na mulher ausente duplo sinistrógiro, ou voltado para a esquerda
Olhos – cor Tipo Pálpebras Cílios	castanhos monogaloide rebaixadas longos	pretos europeu normais curtos
Nariz – comprimento Forma Extremidade Narinas	longo aquilino (convexo) achatado (convexo) arrebitada largas	médio reto reto não arrebitada estreitas
Lábios	grossos	finos
Queixo – projeção Fenda Mandíbula	saliente presente Prognotismo ou projeção do bloco maxilar à frente	retraído ausente ortognotismo ou não projeção do bloco ósseo maxilar à frente
Orelhas – comprimento Largura Lóbulo Tubérc. Darwin	longas largas livre presente	curtas estreitas aderente ausente
Dentes – disposição Diastema ou pequeno Espaço livre entre os dentes	salientes presente	não salientes ausente
Tegumento – sardas Impressões digitais	presentes elípticas	ausentes circulares

Cap. XVIII | Investigação de Paternidade • **435**

Há, também, além de outros, os sistemas Séricos, que se baseiam nas células do corpo humano, mais propriamente nas proteínas, cuja estrutura é determinada geneticamente, podendo ser detectadas no plasma ou soro sanguíneo, através de simples extração de sangue.

11. NEGATÓRIA DA PATERNIDADE E DA MATERNIDADE

Uma vez reconhecido o filho, é possível a ação negatória de filiação?

Há de se distinguir duas situações.

A primeira, que autoriza a negatória. Nos casos de vícios do consentimento, é admitido o ingresso para anular a paternidade atribuída a uma determinada pessoa.

Esta a linha seguida pelos tribunais: "Tratando-se de reconhecimento de paternidade, não sendo os genitores casados, a presunção gerada pelo registro civil pode suportar oposição hábil e idônea, uma vez inexistente qualquer preceito de ordem pública impediente da declaração negatória da paternidade daquela que registrou, imputando-se essa condição.

Assim, é possível a ação negatória de paternidade, mesmo na ausência de qualquer das figuras do art. 147, II, do Código Civil, pois pouco importa a definição que se queira dar às circunstâncias que levaram os interessados a fazer declaração que se diz falsa. Admite tal ação todo gênero de provas e pode ser intentada por quem quer que nisso tenha interesse. Ademais, pode ela prosperar sem que a barre o decurso do tempo, ou seja, é a ação imprescritível, já que rege a espécie o disposto para as ações pessoais." O art. 147, inc. II, citado no texto, corresponde ao art. 171, inc. II, do vigente Código.

Portanto, com fulcro nos vícios de consentimento, e em outras causas, o canal para desconstituir a paternidade é a ação negatória, que se dirige contra o filho.

No corpo do acórdão acima ementado há a seguinte passagem, extraída de outro acórdão, publicado na Revista dos Tribunais, nº 600, p. 37: "A presunção gerada pelo registro civil pode suportar oposição hábil e idônea, pois, não casados os pretendidos genitores, inexiste qualquer preceito de ordem pública impediente de declaração negatória da paternidade daquele que se registrou, imputando-se essa condição. E não é porque o menor pode, após a maioridade, afrontar a paternidade pretendida que outrem não o possa fazer, de imediato, desde que, para tal, se legitime a moradia."

E, invocando a doutrina de Caio Mário da Silva Pereira: "Observa-se, entretanto, que o reconhecimento do filho maior requer a sua anuência. Feito durante a menoridade, fica--lhe reservada a faculdade de impugná-lo nos quatro anos que se seguirem à maioridade ou emancipação (CC, art. 362). Trata-se de uma ação de contestação de reconhecimento, que poderá fundar-se na falta de sinceridade deste, ou em que emana de quem não é o verdadeiro, ou ainda na atribuição ou falsa filiação ao perfilhado; e nesta ação é admissível todo gênero de provas. A ação de contestação de reconhecimento pode ser intentada por quem quer que nisso tenha interesse (*Instituições*, 4ª ed., Rio de Janeiro, Forense, 1981, vol. V/236 e 237)."[76] O referido art. 362 equivale ao art. 1.614 do Código atual.

Em outro julgamento, foi assentado: "... Diz Caio Mário da Silva Pereira: 'Anula-se o ato de reconhecimento por vício ou defeito que invalida os atos jurídicos em geral, como seria o defeito de forma ou vício de consentimento' (cf. *Instituições de Direito Civil*, Rio de Janeiro, Forense, vol. V, p. 222). De outra parte, leciona Washington de Barros Monteiro: 'O reconhecimento é perpétuo e irrevogável. No máximo, poderá vir a

---

[76] TJSP. Apelação Cível nº 90.330-1. 1ª Câm. Civil, de 24.04.1990, *Revista dos Tribunais*, 656/76.

436 • Direito de Família | *Arnaldo Rizzardo*

ser eventualmente anulado por inobservância das formalidades legais, ou, então, se eivado estiver de algum dos defeitos dos atos jurídicos' (cf. *Curso de Direito Civil*, 28ª edição, São Paulo, Saraiva, vol. II/253).

Ora, o erro é vício de consentimento, e, pois, defeito de ato jurídico. De acordo com as lições acima mencionadas, assim, um reconhecimento de paternidade eivado de erro seria anulável."[77]

Para o sucesso da anulação, deve a parte provar que houve erro, dolo, ou coação, ou que era absolutamente incapaz a pessoa que procedeu o reconhecimento.

É imprescritível a ação. Muitos procuravam fazer incidir o prazo prescricional de quatro anos, previsto no art. 178, § 9º, inc. V, letra 'b', do Código Civil anterior, cujo conteúdo corresponde ao art. 178 do vigente Código. Todavia, a questão envolve o estado da pessoa. Assim, como a ação de investigação de paternidade é imprescritível, da mesma forma o é a negatória da paternidade, podendo ser promovida durante toda a existência. O estado da pessoa constitui emanação da personalidade, sendo indisponível. Incidem, ademais, os argumentos já aventados no item sobre a imprescritibilidade da ação investigatória. O art. 1.601 afasta qualquer dúvida: "Cabe ao marido o direito de contestar a paternidade dos filhos nascidos de sua mulher, sendo tal ação imprescritível". Uma vez impugnada a filiação, vindo a falecer aquele que é considerado progenitor, seus herdeiros ficam habilitados a levar adiante a ação, como assegura o parágrafo único do mesmo preceito: "Contestada a filiação, os herdeiros do impugnante têm o direito de prosseguir na ação".

Indispensável, sempre, a ação negatória. Não basta a ação de retificação do assento do nascimento, como foi decidido.[78]

No STJ, tornou-se pacífica a questão de ser imprescritível (REsp. nº 576.185/SP. Relator: Min. Aldir Passarinho Junior. Quarta Turma. Julgado em 7.05.2009, *DJe* de 8.06.2009):

> "Firmou-se no Superior Tribunal de Justiça o entendimento de que, por se cuidar de ação de estado, é imprescritível a demanda negatória de paternidade, consoante a extensão, por simetria, do princípio contido no art. 27 da Lei nº 8.069/1990, não mais prevalecendo o lapso previsto no art. 178, parágrafo 2º, do antigo Código Civil, também agora superado pelo art. 1.061 na novel lei substantiva civil".

A segunda situação, que afasta a ação negatória, quando não se fundamenta a mesma em vícios de consentimento, mas no arrependimento do reconhecimento, é a seguinte: uma pessoa reconhece o filho e depois de um determinado período volta atrás, dizendo que realizou o ato por princípios de humanidade, ou por ter-se unido à mãe do mesmo. Ocorre que ninguém pode invocar a própria torpeza, ou beneficiar-se de uma ilegalidade praticada conscientemente. Seria absurdo admitir que o autor da falsidade, fazendo-se passar por pai, viesse depois desconstituir a própria afirmação consubstanciada em documento público.

A falsa declaração tipifica-se na figura do art. 242 do Código Penal. E da mesma forma como ocorreu uma afirmação sobre um fato inexistente, poderia surgir uma negação que não refletisse a verdade.

Observava Pontes de Miranda. "O ato de reconhecimento é irrevogável, isto é, seu autor não pode retirar a expressão que motivou o ato de reconhecimento de paternidade,

---

[77] TJSP. Apelação Cível nº 148.096-1/0. 2ª Câmara Civil, de 17.09.1991, *Revista dos Tribunais*, 74/113.
[78] *Revista de Jurisprudência do TJ de São Paulo*, Lex Editora, 124/239.

ou maternidade, nem se desdizer, com o fim de pedir o seu cancelamento. O único meio é a alegação de nulidade, anulabilidade, ou ineficácia."[79]

O art. 1.610 revela-se categórico sobre a impossibilidade da revogação: "O reconhecimento não pode ser revogado, nem mesmo quando feito em testamento".

A afirmação da paternidade constitui ato jurídico perfeito. Somente pela presença de uma causa da anulabilidade, nulidade ou ineficácia, é que vigoraria o pedido de se desconstituir o ato declaratório.

Do contrário, poderia aparecer o reconhecimento condicional, ou a termo. Isto é, a pessoa manteria o reconhecimento enquanto viveria conjugalmente com outra. Tão logo cessada a união, desfazer-se-ia a paternidade. É que o reconhecimento determina o estado do filho e o estado da pessoa não pode ser condicional, ou temporário.

A negatória de maternidade igualmente vem permitida. Não há possibilidade jamais de ser afastada a pretensão da mulher casada de provar que ela não é a mãe do suposto filho.

As ações de estado diziam respeito à paternidade e à maternidade, consideradas relativamente à filiação legítima. Embora a maior quantidade de ações envolva a negatória da paternidade, nada impede que se busque a negatória da maternidade.

12. ANULATÓRIA DE PATERNIDADE

A negatória de paternidade somente poderá ser promovida por quem aparece no registro civil como pai. Todavia, há outros interessados na desconstituição da paternidade atribuída a determinada pessoa, como a mãe, os filhos e os pretensos irmãos, mais aquele que se diz verdadeiro pai e mesmo outros herdeiros.

Todos têm legitimidade para ajuizar a ação anulatória do registro, como está consignado na seguinte ementa: "Paternidade. Registro. Impugnação. Legitimação. A ação negatória de paternidade, destinada a elidir a presunção quanto aos filhos nascidos de sua mulher, na constância do casamento, é própria e privativa do marido. Mas a ação tendente a desconstituir reconhecimento voluntário de paternidade não presumida pertence, enquanto impugnatória, a todo aquele que tenha justo interesse em contestar a ação investigatória. Tem-no, pois, quem, arguindo falsidade ideológica ao reconhecimento, se apresente como pai verdadeiro, para que do registro conste tal relação biológica."

Justifica-se, ao longo do acórdão: "Porque se trata de pretensão desconstitutiva de reconhecimento voluntário de paternidade, formulada por quem seria de mãe com a qual não havia nem há impedimento algum para o matrimônio, o verdadeiro pai (antiga categoria, hoje proscrita, porque discriminatória de filho natural), a causa não é de ação de impugnação, cuja legitimidade ativa é diversa, porque diversa a disciplina legal da desconstituibilidade da perfilhação.

Não há, o propósito, nenhuma dúvida de que, provando-se falsidade ideológica do registro de reconhecimento de paternidade não presumida, pode ser-lhe alterado e retificado o conteúdo, como, *a fortiori*, se extrai do disposto no art. 348 do Código Civil, respeitante aos casos de paternidade presumida (artigos 337 e 339). Em contendo o ato uma proclamação de paternidade que não corresponde à realidade (o pai reconhece como seu um filho que o não é) o reconhecimento, embora formalmente perfeito, e até inspirado em pia causa, não pode produzir o efeito querido, e será anulado por falsidade ideológica. Juridicamente considerado, o reconhecimento é vinculado à veracidade da

---

[79] *Tratado de Direito Privado*, obra citada, vol. IX, p. 101.

438 • Direito de Família | *Arnaldo Rizzardo*

declaração. Esta vale como confissão ou como declaração, no pressuposto de corresponder à verdade, e somente produzirá o efeito que a lei lhe atribui quando à manifestação formal corresponder o pressuposto fático da relação biológica paternal subjacente (Caio Mário da Silva Pereira, *Reconhecimento da Paternidade e seus Efeitos*, Rio de Janeiro, Forense, 1977, pp. 76-77, nº 36).

Não correspondendo, a hipótese é de anulabilidade, cuja pronúncia pode ser demandada por quem tenha nela interesse jurídico substancial. De fato, se o reconhecimento é impugnável, quando contrário à verdade, então a inverdade pode ser alegada por qualquer pessoa que tenha justo interesse. O Código Civil, no art. 365 ('qualquer pessoa, que justo interesse tenha, pode contestar a ação de investigação de paternidade ou maternidade'), dá a qualquer pessoa justamente interessada o direito de contestar a ação de investigação de paternidade ou maternidade. É de tirar-se, portanto, que igual direito lhe assiste, quanto ao reconhecimento voluntário (Pontes de Miranda, *Tratado de Direito Privado*, São Paulo, RT, 1983, tomo IX/100/101, § 972, nº 3).

Ora, é, nesses termos, cristalino o interesse substantivo de quem, arguindo falsidade ideológica ao reconhecimento, se apresenta como pai verdadeiro, para que do registro conste tal relação biológica, e, por conseguinte, cristalina sua legitimação *ad causam* à ação impugnatória, onde pretende ver operantes esses mesmos efeitos jurídicos."[80] Conveniente destacar, em face do atual Código Civil, que os arts. 337 e 339, referidos no texto, não encontram regras equivalentes. O art. 348 corresponde ao art. 1.604, com a seguinte redação: "Ninguém pode vindicar estado contrário ao que resulta do registro de nascimento, salvo provando-se erro ou falsidade do registro". O art. 365 foi substituído pelo art. 1.615 do CC/2002, desta forma redigido: "Qualquer pessoa, que justo interesse tenha, pode contestar a ação de investigação de paternidade ou maternidade".

Em outro julgamento, foi dito sobre a legitimidade: "No que respeita à legitimidade *ad causam* e ao interesse de agir... do parente sucessível para a propositura da ação de retificação de assento de nascimento com base na negatória de paternidade, a solução é vista como protetora do instituto da família e da verdade porventura desprezada anteriormente (*RT*, vols. 607/42 e 570/101).

Ademais, no caso concreto, em que se poderá acusar a corré de ter dado parto alheio como próprio ou ter havido falsidade, com alteração da verdade material das declarações no Registro Civil a ação, por envolver a prática de crime (art. 242 ou art. 299 do Código Penal), pode ser intentada por qualquer interessado (J. M. Carvalho Santos, *Código Civil Brasileiro Interpretado*, 1956, vol. V/366). O festejado autor prossegue em seus comentários ao art. 344 do Código Civil: 'Ensina Lafayette que os interessados em contestar a legitimidade da filiação só podem propor suas ações, com caráter prejudicial, isto é, como fundamento de outra que delas derive, como a de petição de herança' (*Direito de Família*, § 106).

No mesmo sentido Washington de Barros Monteiro (*Curso de Direito Civil – Direito de Família*, São Paulo, Saraiva, 1983, vol. 2º/242) e Caio Mário da Silva Pereira, para os quais a ação com fundamento em simulação de parto ou falsidade ideológica ou instrumental do assento de nascimento não é privativa do marido (*Instituições de Direito Civil*, Rio de Janeiro, Forense, 1972, vol. V/170-171).

---

[80] TJSP. Apelação Cível nº 113.541-1. 2ª Câmara Civil, de 10.11.1989, *Revista de Jurisprudência do TJ de São Paulo*, Lex Editora, 124/201.

À jurisprudência citada nos autos adita-se a expressa no RE nº 81.633 que afastou a ilegitimidade de parte, enquanto inaplicáveis os arts. 344 e 178, § 3.[81] O art. 344, mencionado acima, segundo já anotado, equivale ao art. 1.601 da atual lei civil. Já o art. 178, § 3 º, não possui correspondência no vigente Código.

Inteligência que também é defendida na 'Apel. Cível' nº 101.166-1, da 4ª Câm. Cível do TJ de São Paulo, de 25.08.1988: "Além dos casos em que o marido pode impugnar diretamente a legitimidade, é permitido a ele, ou a seus herdeiros, ou outrem, elidi-la pela prova da inexistência ou nulidade do casamento, ou da inexistência da presunção de legitimidade."[82]

13. COISA JULGADA NAS AÇÕES DE INVESTIGAÇÃO DE PATERNIDADE

Uma vez considerada improcedente uma ação, valerá a sentença em definitivo, não se oportunizando à parte uma nova ação, com a mesma causa de pedir e igual objeto. Tem aplicação a chamada eficácia preclusiva da sentença transitada em julgado. Mesmo que o insucesso se dê pela falta de prova, tem plena aplicação o princípio extraído do art. 503 do CPC/2015, que inclui na eficácia da coisa julgada os limites da questão principal expressamente decidida.

Em certas situações, no entanto, se formou uma flexibilização do princípio, em função da evolução dos meios de prova. Se proposta a lide com amparo em tais elementos que vigiam à época, entende-se que não se opera a coisa julgada se novos caminhos apareceram e outros meios de prova foram inventados.

Essa exegese é própria para a ação de investigação de paternidade, em vista de técnicas mais avançadas para definir a filiação. É a orientação que os tribunais ditaram, a partir do Superior Tribunal de Justiça:

"Investigação de paternidade. Repetição de ação anteriormente ajuizada, que teve seu pedido julgado improcedente por falta de provas. Coisa julgada. Mitigação. Doutrina ...

Não excluída expressamente a paternidade do investigado na primitiva ação de investigação de paternidade, diante da precariedade da prova e da ausência de indícios suficientes a caracterizar tanto a paternidade como a sua negativa, e considerando que, quando do ajuizamento da primeira ação, o exame pelo DNA ainda não era disponível e nem havia notoriedade a seu respeito, admite-se o ajuizamento de ação investigatória, ainda que tenha sido aforada uma anterior com sentença julgando improcedente o pedido.

Nos termos da orientação da Turma, 'sempre recomendável a realização de perícia para investigação genética (HLA e DNA), porque permite ao julgador um juízo de fortíssima probabilidade, senão de certeza' na composição do conflito. Ademais, o progresso da ciência jurídica, em matéria de prova, está na substituição da verdade ficta pela verdade real.

A coisa julgada, em se tratando de ações de estado, como no caso de investigação de paternidade, deve ser interpretada *modus in rebus*. Nas palavras de respeitável e avançada doutrina, quando estudiosos hoje se aprofundam no reestudo do instituto, na busca sobretudo da realização do processo justo, 'a coisa julgada existe como criação necessária à segurança prática das relações jurídicas e as dificuldades que se opõem à sua ruptura se explicam pela mesmíssima razão. Não se pode olvidar, todavia, que numa sociedade de homens livres a justiça tem de estar acima da segurança, porque sem justiça não há liberdade'.

Este Tribunal tem buscado, em sua jurisprudência, firmar posições que atendam aos fins sociais do processo e às exigências do bem comum" (REsp. nº 226.436/PR. Relator: Min. Sálvio de Figueiredo Teixeira. Quarta Turma. Julgado em 28.06.2001, *DJU* de 4.02.2002).

---

[81] TJSP. Agravo de Instrumento nº 116.033-1. 7ª Câmara Civil, de 06.09.1989, *Revista de Jurisprudência do TJ de São Paulo*, Lex Editora, 123/295.

[82] *Revista dos Tribunais*, 637/63.

440 • Direito de Família | *Arnaldo Rizzardo*

"Processo civil. Investigação de paternidade. Propositura de ação ajuizada anteriormente, que teve seu pedido julgado improcedente. Ausência de instrução. Confissão. Coisa julgada. Afastamento. Direito indisponível.

Na primitiva ação de investigação de paternidade proposta, a improcedência do pedido decorreu de confissão ficta pelo não comparecimento da mãe do investigando à audiência de instrução designada. Considerando, assim, que a paternidade do investigado não foi expressamente excluída por real decisão de mérito, precedida por produção de provas, impossível se mostra cristalizar como coisa julgada material a inexistência do estado de filiação, ficando franqueado ao autor, por conseguinte, o ajuizamento de nova ação. É a flexibilização da coisa julgada.

Em se tratando de direito de família, acertadamente, doutrina e jurisprudência têm entendido que a ciência jurídica deve acompanhar o desenvolvimento social, sob pena de ver-se estagnada em modelos formais que não respondem aos anseios da sociedade. Recurso especial conhecido e provido" (REsp. nº 427.117/MS. Relator: Min. Castro Filho. Terceira Turma. Julgado em 4.11.2003, *DJU* de 16.02.2004).

"O fato de ter sido julgada improcedente a primeira ação, que teve como causa de pedir a afirmação de que ao tempo da sua concepção a sua mãe estava concubinada com seu pretendido pai, não lhe impede de ajuizar uma segunda demanda, com outra *causa petendi*, assim entendida que a sua concepção coincidiu com as relações sexuais mantidas por sua mãe com o seu pretendido pai. São dois fundamentos diferentes, duas causas de pedir distintas e a admissibilidade do processamento da segunda ação não importa ofensa ao princípio da autoridade da coisa julgada" (STJ. REsp. nº 112.101. 4ª Turma. Julgado em 29.06.2000, *Revista do Superior Tribunal de Justiça*, 137/419).

Nos tribunais estaduais:

"Apelação. Investigação de paternidade. Coisa julgada. Inocorrência. Ação de investigação de paternidade ajuizada ao tempo em que não havia viabilidade do teste do DNA e julgada improcedente por falta de provas não faz coisa julgada material. Não há óbice à propositura de nova ação, especialmente em razão do grande desenvolvimento da técnica do DNA. Deram provimento por maioria" (TJRGS. Agravo de instrumento nº 70012444865. Oitava Câmara Cível. Julgado em 22.12.2005).

"Investigação de paternidade. Possibilidade de renovação da demanda. Realização de exame de DNA. Tratando-se de ação que diz com o estado da pessoa, admite-se a renovação, uma vez que nas demandas anteriormente ajuizadas não houve formação do juízo de convicção a ser selado pelo manto da imutabilidade da coisa julgada. Mantida a decisão que determina a realização do exame do DNA, ainda não realizado. Recurso desprovido" (TJRGS. Agravo de Instrumento nº 70015685282. Sétima Câmara Cível. Julgado em 13.02.2005).

Nessa concepção de interpretar, abre-se a via de nova demanda justamente porque o direito não é estático, e a coisa julgada tem em vista sempre as situações existentes quando do proferimento da sentença. A prova com determinados meios impede que seja repetida em posterior demanda. No entanto, se os instrumentos de aferição evoluem e se aperfeiçoam, um novo quadro se desenha, não pela vontade das partes, mas em função da própria vitalidade do direito, que não se desvincula da ciência. Ademais, não cabe falar em preclusão da coisa julgada sobre fatos e fundamentos não atuais, ou que vieram a existir no futuro. A preclusão se dá apenas com os fatos e direitos atuais, e não com os futuros ou supervenientes que, uma vez levantados, conduzem a uma nova causa de pedir.

Sempre é possível a nova ação, a menos que a parte tenha se negado submeter-se às novas técnicas: "Investigado que se recusa a submeter-se ao exame do DNA, tendo

Cap. XVIII | Investigação de Paternidade • **441**

recursos para tanto, não pode, depois do trânsito em julgado dessa ação e vencido o prazo para a ação rescisória, promover ação de anulação do registro, sob a alegação de que agora está disposto a fazer o exame" (STJ. REsp. nº 196.966. 3ª Turma. Julgado em 7.12.1999, *Revista do Superior Tribunal de Justiça*, 133/386).

A *ratio* ora defendida aplica-se também para aquele que foi declarado pai, por uma questão de coerência. Surgindo novas técnicas de perícia genética, se não empregadas na investigatória, através de ação negatória de paternidade entende-se possível rediscutir a eventual relação de parentesco.

14. A INVESTIGAÇÃO DE PATERNIDADE E A FILIAÇÃO SOCIOAFETIVA

Nos últimos tempos, houve uma fundamental mudança na conceituação de pai e de filho. Não basta o fato fisiológico da fecundação para definir a filiação. Há valores de ordem espiritual que passaram a ter maior relevância; aliás, tanta relevância que se sobrepõem à filiação natural e biológica. Passou a ter uma nova conceituação o estado de filho, adquirindo preponderância o fato da criação do filho.

Com o advento da Carta Constitucional de 1988, iniciou a dominar, segundo seu art. 227, que pai é aquele que assumiu todos os deveres/obrigações oriundos da paternidade, tornando-se o mais puro elemento exigido para a configuração da 'relação de parentesco', conforme se denota do *caput* do referido artigo. Passou a ter força nos fóruns e tribunais o brocado popular 'pai é aquele que cria'. Estatui o § 6º do citado art. 227: "Os filhos, havidos ou não da relação do casamento, ou por adoção, terão os mesmos direitos e qualificações, proibidas quaisquer designações discriminatórias relativas à filiação".

Relativamente a quem cria, convive, educa e forma um ser humano desde o nascimento, o estado de filiação que adquiriu predomínio é o estado de filiação socioafetiva. Negar que atualmente as relações baseadas no afeto e na criação são menos importantes do que as consanguíneas constitui um erro. A filiação biológica não está mais em pé de superioridade, uma vez que a criação do filho afetivo surge por circunstâncias alheias à imposição legal/natural que a paternidade impõe, adquirindo relevância superior o empunhar de bandeiras mais nobres, hasteadas sobre o pedestal do amor, da dedicação, da real afetividade.

Várias as manifestações da doutrina sobre a matéria, preponderando o reconhecimento da paternidade na pessoa de quem cria e convive com o adotando. Assim, exemplificativamente, Dalvan Charbaje Colen:[83]

> "Encontram-se na Constituição brasileira vários fundamentos do estado de filiação geral, que não se resume à filiação biológica: a) todos os filhos são iguais, independentemente de sua origem (art. 227, § 6º); b) a adoção, como escolha afetiva, alçou-se integralmente ao plano da igualdade de direitos (art. 227, §§ 5º e 6º); c) a comunidade formada por qualquer dos pais e seus descendentes, incluindo-se os adotivos, tem a mesma dignidade de família constitucionalmente protegida (art. 226, § 4º); não é relevante a origem ou existência de outro pai (genitor); d) o direito à convivência familiar, e não a origem genética, constitui prioridade absoluta da criança e do adolescente (art. 227, *caput*).

> Portanto, toda vez que um estado de filiação estiver constituído na convivência familiar duradoura, com a decorrente paternidade socioafetiva consolidada, esta não poderá ser impug-

---

[83] Paternidade socioafetiva e herança, em <http://www.conteudojuridico.com.br/artigo,paternidade-socioa-fetiva-e-o-direito-de-heranca,42201.html>.

442 • Direito de Família | *Arnaldo Rizzardo*

nada nem contraditada. A investigação de paternidade só é cabível quando não houver paternidade, nunca para desfazê-la.

É incabível o fundamento da investigação da paternidade biológica, para contraditar a paternidade socioafetiva já existente, no princípio da dignidade da pessoa humana, pois este é uma construção cultural e não um dado da natureza. Aliás, a contradição é evidente quando se maneja o princípio da dignidade humana com intuito de assegurar a uma pessoa o direito à herança deixada pelo pretenso genitor, pois como disse Immanuel Kant, em *Fundamentação da metafísica dos costumes*, a dignidade é tudo aquilo que não tem preço".

Adiante, sobre a inviabilidade da pretensão à filiação biológica com fins patrimoniais, se existente a paternidade socioafetiva:

"Profunda mudança de paradigma da paternidade, no direito brasileiro, significou centralizar a atenção na realização existencial das pessoas envolvidas (pai e filho) e na afirmação de suas dignidades; em uma palavra, na repersonalização. Os interesses patrimoniais, que antes determinavam as soluções jurídicas nas relações de família, implícita ou explicitamente, perderam o protagonismo que detinham, assumindo posição de coadjuvantes dos interesses pessoais.

Assim, não podem os interesses patrimoniais ser móveis de investigações de paternidade, como ocorre quando o pretendido genitor biológico falece, deixando herança considerável. Repita-se: a investigação de paternidade tem por objeto assegurar o pai a quem não tem e nunca para substituir a paternidade socioafetiva pela biológica, até porque esta só se impõe se corresponder àquela".

Trata-se do vínculo que decorre da relação socioafetiva constatada entre filhos e pais, tendo como fundamento o afeto, o sentimento existente entre eles: melhor pai ou mãe nem sempre é aquele que biologicamente ocupa tal lugar, mas a pessoa que exerce dita função, substituindo o vínculo biológico pelo afetivo.

Se o sistema jurídico consagrou a filiação socioafetiva, ela existe como instituto jurídico, como uma realidade em si, soberana e efetiva, descabendo a sua desconstituição porque não traz efeitos patrimoniais. Ela existe tanto quanto a filiação biológica.

Os precedentes históricos para a configuração da filiação socioafetiva nos trazem o brocado *pater is est quem nuptiae demonstrant*, oriunda do direito romano, onde o pai poderia aceitar ou repudiar o filho, configurando, desta feita, toda a situação de poder exercida pelo pai sobre a família. Por outras palavras, contrai núpcias quem as demonstra na prática. É pai quem revela o estado com atos concretos, e não porque gerou. Esse estado de filiação possui caracteres de cunho interno e externo. O primeiro se dá com os traços de indivisibilidade, indisponibilidade (pois diz respeito à personalidade) e imprescritibilidade (não se perde pelo não exercício), ao passo que o cunho externo se dá nos moldes de pessoalidade, generalidade e revestido de ordem pública.

Na verdade, o estado de filiação é uno e indivisível, pelo fato de uma mesma pessoa não poder adquirir, ao mesmo tempo, vários *status* de uma mesma categoria. Vem a ser uma ficção/criação jurídica, a qual tem o escopo de proteger o núcleo familiar, na medida em que se presume ser filho aquele que assim se mostra para a sociedade, ainda que não possua laço de sangue com a outra pessoa.

Atualmente, é o afeto que traça e cria os laços familiares, sendo este semeado e acalentado com o dia a dia. Desta feita, temos que a posse do estado de filho é um requisito essencial à caracterização da paternidade/filiação socioafetiva, traduzida na aparência/demonstração de um estado de filho.

A verdade sociológica da filiação se constrói, revelando-se não apenas na descendência, mas no comportamento de quem expende cuidados, carinho e tratamento, quer em público, quer na intimidade do lar, com afeto verdadeiramente paternal, construindo vínculo que extrapola o laço biológico, compondo a base da paternidade.

Assim, tem-se que a posse do estado de filho se configura sempre que alguém age como se fosse o filho e outrem como se fosse o pai, pouco importando a existência de laço biológico entre eles. É a confirmação do parentesco/filiação socioafetiva, pois não há nada mais significativo do que ser tratado como filho no seio do núcleo familiar e ser reconhecido como tal pela sociedade, o mesmo acontecendo com aquele que exerce a função de pai.

Trata-se essa construção da materialização do que está consagrado no art. 1.593 do Código Civil: "O parentesco é natural ou civil, conforme resulte de consanguinidade ou outra origem". Plenamente admitido, portanto, o parentesco civil, reconhecido não apenas por se encontrar lançado no Registro Público, mas, sobretudo, porque reconhecido de fato em face da relação que se desenvolveu, ao longo da vida, de um tratamento constante e efetivo de pai para filho e vice-versa.

Nas Jornadas de Direito Civil, promovidas pelo Conselho da Justiça Federal, houve também uma importante elucidação da matéria. Na I Jornada de Direito Civil, foi aprovado o Enunciado nº 103, o qual possui a seguinte redação:

"Art. 1.593: o Código Civil reconhece, no art. 1.593, outras espécies de parentesco civil além daquele decorrente da adoção, acolhendo, assim, a noção de que há também parentesco civil no vínculo parental proveniente quer das técnicas de reprodução assistida heteróloga relativamente ao pai (ou mãe) que não contribuiu com seu material fecundante, quer da paternidade socioafetiva, fundada na posse do estado de filho".

No mesmo evento, foi aprovado também o texto do Enunciado nº 108, estabelecendo que:

"Art. 1.603: no fato jurídico do nascimento, mencionado no art. 1.603, compreende-se, à luz do disposto no art. 1.593, a filiação consanguínea e também a socioafetiva".

Nesse contexto, o Enunciado mais importante foi aquele aprovado sob o nº. 256, da III Jornada de Direito Civil, tendo o seguinte texto:

"Art. 1.593: A posse do estado de filho (parentalidade socioafetiva) constitui modalidade de parentesco civil".

O STJ igualmente já consolidou entendimento no reconhecimento do vínculo socioafetivo, em caso onde se discutia adoção à brasileira:

"Em se tratando de adoção à brasileira, a melhor solução consiste em só permitir que o pai-adotante busque a nulidade do registro de nascimento, quando ainda não tiver sido constituído o vínculo de socioafetividade com o adotado".[84]

Há algum tempo, a Suprema Corte reconheceu repercussão geral sobre um caso em que se discutia a prevalência da paternidade socioafetiva em detrimento da paternidade biológica. O Ministro Relator Luiz Fux alegou ser relevante, sob os pontos de vista econômico, jurídico e social, levar a matéria para discussão naquela Corte (ARE 692186).

---

[84] REsp nº 1.088.157/PB, 3ª Turma, rel. Min. Massami Uyeda, j. 23.06.2009, *DJe* 04.08.2009.

444 • Direito de Família | *Arnaldo Rizzardo*

O mesmo Luiz Edson Fachin, agora como doutrinador[85], entende que "se o liame biológico que liga um pai a um filho é um dado, a paternidade pode exigir mais do que apenas laços de sangue. Afirma-se aí a paternidade socioafetiva que se capta juridicamente na expressão de posse de estado de filho".

A 8ª Câmara Cível do Tribunal TJ/RS firmou posição favorável a essa linha, como se vê pelo seguinte julgado:

"Apelação. Investigação de paternidade cumulada com anulação de registro. Prevalência da paternidade socioafetiva. Embora filho biológico do investigado, o investigante foi criado pelo pai registral por mais de 30 anos, criando verdadeira paternidade socioafetiva, que prevalece sobre o vínculo genético. Negaram provimento".[86]

No teor do voto, destaca-se esta passagem:

"(...) A relação de paternidade e filiação pode decorrer dos liames genético, registral, social e afetivo. O ideal é que estes vínculos coincidam. Quando não coincidirem e sobrevier conflito entre as pessoas que mantém vínculo biológico e registral, o vínculo que prevalecerá será sempre aquele que estiver agregado ao liame socioafetivo.
Como lembra Jaqueline Nogueira (*in* 'A filiação que se constrói: o reconhecimento do afeto como valor jurídico', pág. 85), 'o vínculo de sangue tem um papel definitivamente secundário para a determinação da paternidade; a era da veneração biológica cede espaço a um novo valor que se agiganta: o afeto, porque o relacionamento mais profundo entre pais e filhos transcende os limites biológicos, ele se faz no olhar amoroso, no pegá-lo nos braços, em afagá-lo, em protegê-lo e este é um vínculo que se cria e não que se determina".

Em outra decisão da mesma Colenda Câmara:

"(...) Paternidade socioafetiva. Plenamente caracterizada a paternidade socioafetiva entre o autor e o pai registral, ela prevalece sobre a verdade biológica, o que impede não só a anulação do registro de nascimento bem como a investigação da paternidade biológica. Preliminar rejeitada, por maioria. Apelação provida para julgar improcedentes ambas as ações".[87]

A filiação socioafetiva deve prevalecer se ficar demonstrada a posse de estado de filho, tendo em vista a impossibilidade de desconstituição do vínculo proveniente da convivência. Daí não se admitir a alteração da paternidade constante do registro civil, segundo proclama o seguinte aresto:

"Apelação cível. Família. Ação anulatória de reconhecimento de paternidade impropriamente denominada negatória de paternidade. Ausência de erro ou qualquer outro vício de consentimento capaz de macular o ato na origem. Pedido possível juridicamente, mas improcedente no mérito. O pedido do autor desta ação é possível, pois todos podem pedir a nulidade de um registro de nascimento, em decorrência da sua falsidade ou vício de consentimento. Contudo, apesar do pedido ser possível juridicamente, e apesar de o autor cumprir com as condições para entrar com a ação, adentrando-se no mérito da causa, vê-se que o registro não é nulo. O registro é válido, pois representa uma verdade, qual seja, o autor apesar de não ser pai biológico da ré, é pai socioafetivo.

---

[85] Da Paternidade: Relação Biológica e Afetiv'. Belo Horizonte, Del Rey, 1996, pp. 36-37.
[86] Apelação Cível nº 70017016908, Oitava Câmara Cível, Tribunal de Justiça do RS, Relator: Rui Portanova, j. 30.11.2006, *DJ* 7.12.2006.
[87] Apelação Cível nº 70007876568, Oitava Câmara Cível, Tribunal de Justiça do RS. Relator: José Ataídes Siqueira Trindade, j. 22.04.2004.

Cap. XVIII | Investigação de Paternidade • **445**

Por isso, em que pese a viabilidade de o autor poder entrar com a ação, indo ao mérito do pleito, tem-se que o registro não é falso, porque representa uma verdade (verdade socioafetiva). Consequentemente, o pedido é improcedente e, ao recurso, nega-se provimento, sem alterar de ofício o julgamento do processo, ressalvado o voto do Relator. Por maioria, negaram provimento vencido o Des. relator, que de ofício julgava extinto, sem apreciação do mérito".[88]

15. A AÇÃO DE INVESTIGAÇÃO DE PATERNIDADE PARA A CIÊNCIA GENÉTICA DA FILIAÇÃO E A INVIABILIDADE PARA CONSEGUIR A HERANÇA

Justamente em vista dos princípios acima, em existindo a filiação socioafetiva, e sendo ela uma realidade, deve a mesma prevalecer em sua integridade. Não é aceitável a sua desconstituição, e nem cabe buscar sequer o reconhecimento da filiação biológica para fins patrimoniais, ou para o pleito de direitos hereditários. No máximo, aceita-se a investigação para a ciência da origem genética, o que vem sendo admitido e aceito como um direito de personalidade. Ou seja, autoriza-se que se investigue, por meio de uma ação judicial, a origem genética, mas sem desconstituir a filiação socioafetiva. É a tendência da jurisprudência, revelando-se como precursor desta inteligência o Tribunal de Justiça do Rio Grande do Sul.

Eis alguns paradigmas desta inteligência:

"Apelação cível. Investigação de paternidade cumulada com petição de herança e nulidade de partilha. Reconhecimento da paternidade socioafetiva com o pai registral. Pretensão que visa exclusivamente aos efeitos patrimoniais decorrentes da filiação biológica. Reconhecida a vinculação socioafetiva entre a demandante e seu pai registral, que perdurou por três décadas, pertinente, apenas, o reconhecimento da origem genética, que restou irrefutável diante da conclusão da prova técnica – exame de DNA, sem reconhecer os direitos patrimoniais e, tampouco, alterar o registro civil da demandante, sob pena de desfigurarem-se os princípios basilares do Direito de Família. Apelo de ... desprovido e parcialmente provido o apelo de ...". [89]

"Investigação de paternidade. Descabimento. Filiação socioafetiva consolidada. 1. Mostra-se flagrantemente descabida a investigação de paternidade com o propósito manifesto, único e exclusivo, de obter herança do pai biológico, quando restou consolidada a relação jurídica de paternidade socioafetiva com o pai registral, com mais de meio século de vigência, sendo que o relacionamento das autoras com o pai registral perdurou desde o nascimento até a data do óbito dele, perdurando por quase três décadas. 2. É inadmissível que as autoras venham vindicar a relação parental, de forma forçada, somente após o óbito do pai biológico, e quando o registral, que era marido de sua mãe, já é falecido e elas, inclusive, já receberam a herança dele. Recurso das autoras desprovido e provido o das rés".[90]

"Investigação de paternidade. Descabimento. Filiação socioafetiva consolidada. Mostra-se descabida a ação de investigação de paternidade quando o propósito manifesto é obtenção da herança do pai biológico e quando resta consolidada a relação jurídica de paternidade socioafetiva com o pai registral durante mais de vinte anos. Recurso desprovido".[91]

---

[88] Apelação Cível nº 70067261503, Oitava Câmara Cível, Tribunal de Justiça do RS, Relator: Luiz Felipe Brasil Santos, j. 18.02.2016.

[89] Apelação Cível nº 70059229641, Sétima Câmara Cível, Tribunal de Justiça do RS, Relator: Sandra Brisolara Medeiros, j. 26.11.2014.

[90] Apelação Cível nº 70052137049, Sétima Câmara Cível, Tribunal de Justiça do RS, Relator: Sérgio Fernando de Vasconcellos Chaves, j. 12.12.2012.

[91] Apelação Cível nº 70029747441, Sétima Câmara Cível, Tribunal de Justiça do RS, Relator Sérgio Fernando de Vasconcellos Chaves, j. 10.03.2010, *DJ* de 16.03.2010.

446 • Direito de Família | *Arnaldo Rizzardo*

No voto do relator, está justificada a impossibilidade da investigação de paternidade tendo como escopo a busca de herança:

"No caso *sub judice*, está clara a pretensão do autor, ora recorrente, de impugnar a paternidade registral, tendo em mira a possibilidade de receber herança pelo falecimento do pai biológico.

Com esse enfoque, dando continuidade, também, à linha argumentativa antes desenvolvida, tenho que constitui fato da maior relevância, a existência da inequívoca relação de filiação socioafetiva.

(...)

No caso em tela, penso que existe ponderável razão de ordem pública para manter incólume o registro que, embora não espelhe a realidade biológica, induvidosamente espelha a realidade social e afetiva, já perdurando há mais de trinta anos.

(...)

Sendo assim, penso que não pode o mero interesse pecuniário do autor ensejar a desconstituição do liame jurídico de filiação que já espalhou suas raízes no tecido social. Ou seja, a finalidade da presente ação é meramente obter proveito econômico.

(...)

Assim, o vínculo biológico perde relevância para o registral, quando este está agregado ao envolvimento social e afetivo. E, também, o vínculo registral perde significado quando ausentes os componentes social e afetivo, pois a chamada paternidade socioafetiva tem sua justificativa jurídica na situação da posse do estado de filho, cujos elementos característicos da posse de estado são o nome (*nomen*), o tratamento (*tractatus*) e a reputação (*fama*).

(...)".

"Ação de investigação de paternidade cumulada com petição de quinhão hereditário. Paternidade socioafetiva de pai registral configurada. O vínculo biológico não enseja efeitos patrimoniais e alteração de registro, porque a verdade biológica não tem, necessariamente, relação direta com o reconhecimento do direito de herança e alteração do nome. Esses direitos existem em relação ao pai registral, com quem o autor manteve o laço afetivo por longos anos, mas não em relação ao investigado, não sendo possível negligenciar a posse do estado de filho. Apelação parcialmente provida, de plano".[92]

No máximo, admite-se a ação unicamente para efeitos declaratórios ou para saber a verdade biológica, como se retira, também, dos julgamentos abaixo da 7ª Câmara Cível do mesmo Tribunal:

"Apelação. Investigação de paternidade. Pai registral. Adoção. Irrevogabilidade. Paternidade socioafetiva. Ausência de vícios de consentimento. Impossibilidade jurídica do pedido. Reconhecimento da paternidade biológica sem reflexos na esfera patrimonial. Admissibilidade. A adoção, quando regular e despida de qualquer vício, constitui ato irrevogável, não se perquirindo de alterar o registro civil do investigante, mormente evidenciada a relação socioafetiva entre os autores e os adotantes. Por se tratar de direito personalíssimo, admite-se o efeito meramente declaratório da paternidade acerca da verdade biológica do investigante ainda que, no caso, sem reflexos sucessórios nem patrimoniais, em razão da manutenção do registro civil. O filho tem o direito constitucional de buscar sua filiação

---

[92] Apelação Cível nº 70017810789, Sétima Câmara Cível, Tribunal de Justiça do RS, Relator: Jorge Luís Dall'Agnol, j. 04.04.2011, *DJ* 12.04.2011.

biológica (CF, § 6º do art. 227), pelo princípio da dignidade da pessoa humana. Negaram provimento à apelação".[93]

"Apelação cível. Investigação de paternidade cumulada com retificação de registro civil. DNA positivo. Posse de estado de filho, consolidada ao longo de quase 60 (sessenta) anos, obstaculiza demanda investigatória contra terceiro. O autor desfrutou de determinado 'status' familiar ao longo de quase 60 anos, sem que jamais tenha se sentido tentado a formalizar o alegado vínculo parental com terceiro. Somente veio a fazê-lo após o óbito do pai registral e do investigado. (...) a posse de estado de filho, dado sociológico da maior relevância, que não pode, de uma hora para outra, após toda uma vida desfrutando de determinado 'status' familiar, ser desprezado, em nome de uma verdade cromossômica que, na escala axiológica, seguramente se situa em patamar bastante inferior. Negaram provimento. Unânime".[94]

---

[93] Apelação Cível nº 70032527533, da Sétima Câmara Cível do TJRGS, Relator Des. André Luiz Planella Villarinho, j. em 09.06.2010.

[94] Apelação Cível nº 70040457913, Oitava Câmara Cível, Tribunal de Justiça do RS, Relator: Des. Luiz Felipe Brasil Santos, j. 12.05.2011, *DJ* 20.05.2011.

XIX
Fecundação Artificial

1. TÉCNICAS DE FECUNDAÇÃO ARTIFICIAL

Um dos assuntos de grande polêmica e discussão versa sobre a procriação artificial, que vem adquirindo importância nos últimos tempos, e tem suscitado desafios quanto aos contornos jurídicos que devem ser dados ao problema. Não que o problema seja recente. Em épocas antigas da humanidade, a procura de soluções para obtenção de filhos, diante da esterilidade da mulher, pendia para um caminho bem natural: aceitava-se que o homem fecundasse outra mulher, mantendo-se o casamento, e tivesse filhos em nome daquela. Assim revela a Bíblia, na passagem em que Sara disse a Abraão: "Não tendo Javé permitido que eu tivesse filhos, peço-te que te unas à minha criada; ao menos por meio dela, talvez, eu tenha filhos" (*Gênesis*, 16, 2). Em outro exemplo, Raquel suplicou Jacó: "Dá-me filhos, senão eu morro! Aqui tens minha criada Balá. Une-te a ela. Que ela dê à luz sobre meus joelhos, e assim por meio dela terei filhos" (*Gênesis*, 30, 1 e 3).

Transparece da linguagem o caráter de substituição da mulher destinada a ter filhos com o marido da estéril. Não há exagero em afirmar que é tão antiga a busca de mãe substituta como o ser humano.

A inseminação artificial, para fins de procriação humana, apresenta várias nuances, com repercussões na maternidade e paternidade, encontrando-se em plena ebulição jurídica, ainda sem consenso definido ou consolidado.

Parte-se de uma situação biológica especial, em que os casais não conseguem a procriação pelo sistema tradicional da união sexual do homem e da mulher. Ou, em virtude da esterilidade de um dos cônjuges, ou por outros fatores, torna-se impraticável a fecundação no útero materno.

A ciência, dada sua evolução verificada nos últimos anos, especialmente em países mais desenvolvidos, tem gerado técnicas de conservação pelo frio do sêmen masculino, para injetá-lo no óvulo em época oportuna, o qual, mais tarde, é introduzido no útero materno. Obteve, assim, resultados positivos na inseminação do espermatozoide com o óvulo, procedimento levado a termo em laboratórios. Partiu-se, também, para a colocação do embrião no útero de uma mulher estranha, criando-se o que a medicina cognomina de "mãe substituta", ou, até algum tempo atrás, se dizia "mãe de aluguel".

Tecnicamente, é conhecida a denominação como "maternidade sub-rogada", proveniente da expressão inglesa "surrogate motherhood". Está-se diante da procriação assistida, ou inseminação assistida, eis que se efetiva por meio de técnicas médico-laboratoriais e assistência especial. Opera-se através da inseminação artificial, que é uma técnica de procriação, desdobrada em várias modalidades, consistindo a mais comum no depósito do

450 • Direito de Família | *Arnaldo Rizzardo*

material genético masculino diretamente no útero da mulher por meio métodos mecânicos, ou por instrumentos, em substituição do ato natural, que é a relação sexual.

As decorrências são profundas, impondo, inclusive, uma revisão dos conceitos e princípios tradicionais sobre a paternidade e maternidade.

Três as situações ou os meios mais conhecidos e comuns de se conseguir a inseminação artificial:

a) A inseminação intrauterina, com a introdução do esperma no útero da mulher, onde se dá a fecundação. Esta técnica é antiga, vindo explicada pelo método paulista Milton Nakamura, conforme transcreve Antônio de Pádua Leopoldo de Oliveira: "O sêmen do marido é recolhido e conservado congelado sob a forma de 'pellets', misturado numa solução conservadora. No momento da aplicação, esses comprimidos são aquecidos em banho-maria a trinta e seis graus Celsius e colocados no fundo do útero por meio de seringa com agulha móvel de platina, munida de dois furos laterais na extremidade, por onde passam os espermatozoides. Em cada ciclo ovulatório, o paciente pode receber duas inseminações fúndicas (escola japonesa) ou três (escola inglesa, raramente adotada em nosso meio). As aplicações são feitas em dias seguidos ou alternados, conforme as alterações da curva da temperatura basal ou da cristalização do muco cervical. O controle da temperatura basal efetuado após uma semana permite avaliar se as inseminações foram realmente executadas nos dias exatos. O registro do atraso menstrual com temperatura basal elevada praticamente garante a presença de gestação".[1]

b) A inseminação extrauterina em tubo de laboratório ou proveta, injetando-se no óvulo da esposa o esperma do marido, e implantando-se depois o embrião no útero daquela – prática esta frequente e comum, tendo se iniciado na França, Estados Unidos e Inglaterra, e propagando-se na maioria dos países desenvolvidos na ciência médica.

c) A inseminação extrauterina do esperma no óvulo com materiais colhidos de um casal, e a introdução do embrião no útero de uma terceira mulher.

Há, aqui, o concurso de uma outra mulher, que coloca seu próprio corpo à disposição para a gravidez e o parto. A mulher retira alguns óvulos de si própria, fazendo-os fecundar em proveta com o sêmen do marido ou companheiro. Após a síntese, introduz-se o embrião no útero de uma mulher cooperadora, que se compromete a entregar o filho que deverá nascer.

A inseminação envolve, também, pessoas estranhas ao casal: ou com o sêmen masculino de um homem estranho, por esterilidade do marido; ou com o óvulo de uma mulher estranha, o qual é fecundado pelo sêmen de um homem casado, vindo a ser introduzido no útero da mulher.

As duas últimas são fertilizações *in vitro*. Por esta técnica, reúnem-se, extracorporalmente, num tubo de ensaio ou numa placa, o material genético masculino e o material genético feminino, o que leva à fecundação e à formação do ovo. Introduz-se o ovo no útero da mulher depois que inicia a divisão celular.

A técnica da fertilização extrauterina é também ensinada por Mônica Sartori Scarparo: "Depois da classificação, os óvulos são colocados numa placa que contém meio

---

[1] "Aspectos Jurídicos da Inseminação Artificial", *Estudos Jurídicos em Homenagem ao Professor Caio Mário da Silva Pereira*, Rio de Janeiro, Forense, 1984, pp. 579 e 580.

Cap. XIX | Fecundação Artificial • 451

de cultura completado com soro humano, sendo incubados em estufa, na temperatura de trinta e sete graus Celsius, controlada eletronicamente. Após uma a seis horas. os óvulos maduros são submetidos à inseminação, com espermatozoides previamente preparados. O preparo consiste no enriquecimento e na seleção dos melhores gametas masculinos, e a escolha se baseia nas condições do sêmen, objetivando-se a melhoria de alguns parâmetros. A preparação é iniciada cerca de hora e meia antes da inseminação, que é feita pela adição ao meio da cultura onde já o óvulo, de sessenta mil a cento e cinquenta mil espermatozoides móveis e normais.

Após a inseminação, a placa retorna à estufa, onde permanece por mais doze a dezoito horas, quando será reexaminada, para se constatar se houve ou não a fertilização, o que é feito mediante a observação de dois pró-núcleos que desaparecem após as dezoito horas. Neste momento, os embriões são colocados em outra placa, sem espermatozoides e com maior concentração de soro, para complementação do meio. Permanecem na estufa até atingirem o estágio de dois-quatro células, momento em que se fará a transferência. A técnica de transferência envolve a inserção de um cateter, pelo orifício cervical, até a cavidade uterina, o que dispensa anestesia; após algumas horas de repouso, a paciente terá alta."[2]

Os mais diversos problemas determinam a fecundação extrauterina, como a impotência *coeundi*, a obstrução das trompas da mulher e a rejeição fisiológica dos espermatozoides, a aplasia do ovário (desenvolvimento incompleto ou defeituoso de um tecido), as atresias vaginais (oclusão do orifício vaginal), que impedem a introdução do pênis, e as causas endócrinas, como os defeitos no sistema neuro-hormonal, as diabetes, o hipertireoidismo, e as perturbações das glândulas suprarrenais. Na esterilidade do marido, interferem anomalias como o aspermatismo (ausência da secreção seminal ou incapacidade de ejacular sêmen), a necrospermia (doença que produz a morte do espermatozoide), o dispermatismo (formação deficiente, ou emissão lenta, difícil ou impossível do líquido seminal), oligospermia (escassa secreção do esperma), além de outras, que impedem o poder procriador do esperma. A situação mais delicada envolve justamente a impossibilidade de fecundação do óvulo da mulher ou espermatozoide do marido, eis que se deve recorrer à inseminação artificial, com o óvulo ou o esperma fértil de terceira pessoa. O componente biológico do filho pertence a um dos cônjuges e a estranho.

Diz-se homóloga a inseminação quando o sêmen e o óvulo pertencem ao marido e à esposa; e heteróloga será se um destes elementos é doado por estranho.

A especialista sobre a matéria Mônica Sartori Scarparo explica em minúcias as modalidades: "A técnica da inseminação artificial homóloga consiste em ser a mulher inseminada com o esperma do marido ou companheiro, previamente colhido através da masturbação.

O líquido seminal é injetado pelo médico, na cavidade uterina ou no canal cervical da mulher, na época em que o óvulo se encontra apto a ser utilizado.

Entre as indicações para inseminação artificial homóloga, destacam-se: a incompatibilidade ou a hostilidade do muco cervical; a oligospermia, quando é baixo o número ou reduzida a motilidade dos espermatozoides; e a retroejaculação, quando, embora a taxa de espermatozoides seja normal, eles ficam retidos na bexiga, ao contrário do que ocorre na ejaculação normal.

---

[2] *Fertilização assistida – Questão aberta*, Rio de Janeiro, Forense Universitária, 1991, p. 52.

452 • Direito de Família | Arnaldo Rizzardo

O procedimento médico na inseminação heteróloga é idêntico ao da modalidade anterior; só que em vez do líquido seminal do marido é utilizado o esperma de um doador fértil, geralmente em banco de sêmen.

Entre os critérios a serem observados durante a seleção do doador, sobressaem o controle periódico do sêmen (teste de AIDS) ou síndrome da imunodeficiência adquirida) e o anonimato do doador, bem como suas características morfológicas; o grupo sanguíneo, que deve ser idêntico ao da mãe ou de seu marido; a cor da pele e dos olhos; a estatura, tudo devendo ser compatível com o casal.

Entre as indicações para a inseminação artificial heteróloga são citadas as seguintes azoospermias ou oligospermias – casos em que há absoluta esterilidade masculina, doenças hereditárias graves do marido, e, ainda, incompatibilidade do tipo sanguíneo do casal, possibilitando a interrupção da gravidez".[3]

A inseminação artificial heteróloga constitui a combinação da terapia da infertilidade com o método de eugenia positiva, isto é, de seleção de gens, o que importa na seleção de seres humanos de qualidade superior. Escolhe-se o sêmen de indivíduos mais perfeitos, desde as qualidades físicas até os dotes intelectuais de que são portadores. Proporciona através desse método a criação de bancos de sêmen, onde se conserva o material genético masculino, o que já existe no Brasil, tendo o primeiro se instalado junto ao Hospital Albert Einstein, em 1993. Proporciona-se a procriação artificial *post mortem*, o que se dá com a inseminação do óvulo pelo espermatozoide depois da morte dos fornecedores.

A respeito dos métodos de inseminação, lembra Paulo Vercellone, juiz da Corte de Cassação em Roma: "Antigamente, usava-se retirar muitos pequenos óvulos e fecundar todos eles, reintroduzindo-os todos no útero; era tão baixa a probabilidade que se preferia uma imissão maciça de óvulos fecundados para aumentar as chances de sucesso.

Posteriormente, aperfeiçoadas as técnicas e aumentadas as probabilidades de implante no útero, obtidos com o sistema precedente muitas gestações e nascimentos de gêmeos. Por isso, o reimplante foi limitado a um número bem exíguo de embriões. Mas foi mantida a prática de fazer a mulher hiperovular, de obter muitos óvulos (ainda hoje muito dificilmente congeláveis) e de fecundar a totalidade deles, colocando no útero alguns deles (dois ou três) e recolocando os excedentes (cinco ou seis) em hibernação. Como já foi acenado, a prática justifica-se no interesse da mulher. Se a primeira tentativa não der certo, é possível refazer a prova com os embriões excedentes retirados da hibernação; se tiver êxito, e a mulher quiser ter outro filho, recorre igualmente à reserva. Evita-se, assim, que a mulher tenha de refazer o percurso pouco agradável da hiperovulação e da colheita dos óvulos."[4]

2. CONTRATO DE GESTAÇÃO

O que interessa nessa problemática são os vários aspectos ou efeitos jurídicos da inseminação artificial.

E, para tanto, em primeiro lugar, procura-se vislumbrar a natureza da relação entre um determinado casal e a mulher geradora ou colaboradora. Salienta-se que não se cria nenhum vínculo de parentesco com ela. Há unicamente a sua contribuição para a fina-

---

[3] *Fertilização Assistida – Questão Aberta*, obra citada, p. 10.

[4] "As Novas Famílias", tradução de Nice Rizzonni, *AJURIS – Revista da Associação dos Juízes do RGS*, Porto Alegre, nº 48, pp. 160 e 161, 1990.

Cap. XIX | Fecundação Artificial • **453**

lidade de gestação, sem qualquer laço de parentesco. Mesmo que nasça de seu ventre o novo ser humano, não deriva qualquer vínculo jurídico entre a criança e a mãe, não se formando algum parentesco. Assim como acontece na adoção, contemplada pelo art. 41 da Lei nº 8.069, de 13.07.1990, onde se estabelece a ruptura de parentesco entre o adotado e seus pais biológicos, exceto quanto aos impedimentos matrimoniais, de igual modo cessa toda e qualquer relação jurídica quanto à mulher que serviu para a formação do novo ser em seu útero. Não se garante algum direito sobre a pessoa do menor, de a se proteger a recusa na entrega.

Em segundo lugar, cria-se uma relação jurídica entre os interessados na gestação e a mulher que se dispõe a receber o embrião, embora muitos não vejam efeito jurídico nenhum no contrato, dadas as complexas situações que ocorrem durante a gravidez.

O casal contrata com a mulher não propriamente uma atividade, ou a realização de determinado ato, mas a gestação de um ser humano. Não que se dê a cessão ou o empréstimo, ou a locação do útero, pois não é transferida a posse, ou o uso, ou o gozo. Nem se submete a mulher a um constrangedor estado de submissão a outras pessoas, com prejuízo de sua própria liberdade. E muito menos encontra aceitação o entendimento que vê ilicitude nessa contratação.

O contrato não se enquadra como de locação de coisa, na espécie do útero, pois nesta figura uma pessoa entrega para alguém – o locatário –, durante certo espaço de tempo, e mediante uma remuneração combinada, o uso e o gozo de um bem não fungível. A função de gestadora sugere uma série de compromissos, deveres e posturas que a mulher assume com os pais genéticos. Embora não tenha qualquer participação na fecundação ou no fornecimento do óvulo, ela converte-se em prestadora de serviços relativamente aos pais genéticos e ao futuro feto. Os serviços vão desde a prestação de alimentos, respiração, calor, ambiente próprio para o crescimento do embrião e posteriormente feto, até uma série de condutas que deve assumir, como a observância de hábitos alimentares, moderação nos esforços físicos, consultas médicas regulares, controle nas emoções e abstinência de vícios, como o de fumar.

A prestação de serviços, também conhecida como locação de serviços, é a figura que melhor se afeiçoa a esta espécie de função, encontrando-se presentes seus elementos no respectivo conceito, considerado como o contrato sinalagmático em virtude do qual uma parte (o locador) obriga-se a prestar à outra (obrigação de fazer) certos serviços, que essa outra (o locatário) obriga-se a remunerar (obrigação de dar).

O art. 594 do Código Civil apresenta a dimensão do objeto: "Toda a espécie de serviços ou trabalho lícito, material ou imaterial, pode ser contratado mediante remuneração".

No desenrolar da contratação, emergem os seguintes caracteres, próprios da prestação se serviços: a) bilateralidade, pois o acerto origina obrigações para ambas as partes, isto é, a disponibilidade do útero para a prestadora de serviços e a remuneração para os titulares do sêmen e do óvulo; b) onerosidade, o que decorre da própria bilateralidade, ou seja, origina obrigações e benefícios para um e outro; c) consensualidade, já que se considera perfeito o ato com o simples acordo de vontades, independentemente da forma externa, ou escrita; d) comutatividade, no sentido de impor a equivalência entre as prestações e as vantagens mútuas.

Necessário lembrar os elementos componentes da figura: o objeto, a remuneração e o consentimento.

Quanto ao objeto, inclui o art. 594 toda a espécie de serviço ou trabalho, desde que lícito, material ou imaterial.

454 • Direito de Família | *Arnaldo Rizzardo*

A dificuldade, para muitos, está em afirmar a licitude desta variante de atividade. Mas, para ser coibida, é imprescindível a previsão de lei, como acontece em várias figuras penais: a prostituição, o rufianismo, a prática de aborto etc.

A remuneração não encontra parâmetros para a sua fixação. Corresponde não propriamente ao pagamento de uma atividade da pessoa, mas sim de uma função do corpo. Aí está o ponto nevrálgico das discussões, eis que o desenvolvimento do feto no ventre materno se processa por força interna de órgãos específicos, e não pela força de vontade, ou por dotes artísticos ou técnicos da pessoa. Esta a barreira que impede o avanço célere do ajuste para o campo jurídico. Não se paga pela pessoa respirar ou se alimentar, ou realizar o corpo outra função biológica. Tal rol de funções é natural. Mas justifica-se a remuneração em face da série de cuidados e posturas a que se obriga a gestadora. O fato do aumento do ventre, da perda de agilidade, das constantes visitas médicas, da disponibilidade total para todas as limitações é que procura um enfoque justificativo da remuneração.

O consentimento envolve aspectos mais complexos. Não se restringe simplesmente à opção da mulher em servir de gestadora, mas no sério compromisso de entregar a futura criança aos pais genéticos. Sabe-se que e situação pode trazer forte carga emocional e efetiva, pois o instinto natural conduz a um evidente apego à criança podendo futuramente a gestadora não mais aceitar a condição de alimentante e protetora do feto. Mas, pelos estritos termos do contrato, imperará o dever de efetuar a entrega aos pais, que efetivamente deram a vida ao novo ser humano.

3. DEFINIÇÃO DA PATERNIDADE E MATERNIDADE

No sentido biológico, consideram-se pais os fornecedores do sêmen e do óvulo. Isto nas várias dimensões da inseminação artificial: óvulo e esperma doados, ou de um casal em terceira mulher; óvulo da mulher e esperma de um terceiro homem, com o embrião fecundado no útero da esposa; esperma do marido que fecunda um óvulo da mulher estranha, e colocado no útero da esposa; esperma do marido conjugado ao óvulo de uma terceira mulher, por defeito congênito da esposa, ou obstrução das trompas de Falópio, e que é implantado no útero da mulher fornecedora do óvulo.

Na primeira hipótese, ambos os cônjuges não são pais genéticos; nas demais, um deles não é pai ou mãe com tal qualidade.

Nesta última situação, não há maiores problemas. O filho nasce enquanto perdura o casamento, ou dentro de um período que leva a presumir a paternidade e a maternidade. Há a presunção da paternidade ou da maternidade pelo fato do casamento. Expõe o professor espanhol Jaime Vidal Martínez, quanto à implantação de esperma estranho no útero de mulher, e de gestação com óvulo de outra mulher: "Si el semen embrión humano trasplantado al útero de una mujer, fue el resultado de una FIV, en la que se utilizaron gametos procedentes de donantes, tratandose de una mujer casada, también las reglas del Código facilitan la solución mas razonable: Que la paternidad y maternidad legal se atribuyan a personas que están casadas entre sí, que desean tener un hijo."[5]

Nestes casos, incide a regra do art. 1.597 do Código Civil: "Presumem-se concebidos na constância do casamento os filhos:

---

[5] *Las Nuevas Formas de Reprodución Humana*, Madrid, Editorial Civitas S. A., 1988, pp. 178 e 179.

Cap. XIX | Fecundação Artificial • 455

I – nascidos 180 (cento e oitenta) dias, pelo menos, depois de estabelecida a convivência conjugal;

II – nascidos nos 300 (trezentos) dias subsequentes à dissolução da sociedade conjugal, por morte, separação judicial, nulidade ou anulação do casamento;

III – havidos por fecundação artificial homóloga, mesmo que falecido o marido;

IV – havidos, a qualquer tempo, quando se tratar de embriões excedentários, decorrentes de concepção artificial homóloga;

V – havidos por inseminação artificial heteróloga, desde que tenha prévia autorização do marido".

Mas, dentro das várias nuances criadas, trata-se de justificar a filiação naquelas diferentes situações, em que um ou ambos os gametas não são naturais dos progenitores, embora a regra acima transcrita.

Tradicionalmente, ou segundo as leis vigentes, a verdadeira mãe é aquela que dá à luz a criança, ou a que pariu. A criança que é parida seria a evolução, em seu ventre, de um óvulo produzido e fecundado em seu próprio corpo.

Esta é a inteligência defendida por Alberto Trabucchi: "Ma nell'ipotesi della nascita dalla donna che prestato il suo apparato gestazionale per maturare un embrione estraneo, madre à essa stessa. Madre è colei che all'ovulo altrui ha dato l'incremento che lo ha portato alla nascita di un uomo nuovo. Incremento che à stato essenziale, e proprio della sua persona, per – diremo così – costruire il figlio... La donna, chiamata per plasmare alla vita l'embrione altrui, non è una macchina che presta ad altri il servizio del suo corpo, o l'animale al cui ventre fosse affidato un puro servizio materiale; essa è rispetto al figlio che nascerà, la donna che gli ha dato la vita, pur giovandosi di una prima causa efficiente 'ab extrinseco'."[6]

Tal concepção, no entanto, não pode ser acolhida. Nos tempos atuais, não revela um caráter de verdade sólida, diante do fato da fecundação artificial. E nesta forma de procriar a vida, partiu-se para um fundamento da paternidade ou maternidade diferente da tradicional.

A paternidade ou maternidade passou a fundar-se em nova explicação: o ato preciso da vontade. Na fecundação artificial, não há cópula. Este ato biológico é substituído pela vontade precisa de que o próprio esperma e o óvulo sejam usados para a fecundação de uma determinada mulher, ou para se ter um filho dela.

O vínculo da legitimidade ao filho repousa no consentimento expresso dos cônjuges. É o que se denomina 'vontade procracional', ou a prevalência do vínculo de paternidade ou maternidade repousa em razões de ordem espiritual. Predomina a vontade das partes, como fator determinante da declaração de legitimidade do filho. O prestígio da vontade das partes arvora-se no fator decisivo que une a filiação aos pais, impedindo que, futuramente, os pais biológicos se armem de alguma probabilidade de sucesso para reclamar o ser humano gerado.

A tanto chega esta forma de se adquirir a paternidade ou maternidade, que se deixa em segundo plano o elemento biológico. Se é considerado pai aquele que reconhece como filho uma pessoa que não é obra sua; e da mesma forma o marido que não quer impug-

---

6   "Procreazione Artificiale e Genetica Umana nella Prospettiva del Giurista", *Procreazione Artificiale e Intervenienti nella Genetica Umana*, Padova, CEDAM – Casa Editrice Dott. Antonio Milano, 1987, p. 13.

456 • Direito de Família | *Arnaldo Rizzardo*

nar a paternidade do filho a ele atribuída, inobstante a segurança de sua incapacidade de procriação, como dar menor importância ao ato de vontade de uma pessoa que consente na inseminação do óvulo de sua esposa com o sêmen de terceiro?

Em verdade, cumpre se tenha a conscientização da posição do filho, como um ente em si, não pertencendo a uns ou outros pais. Há o direito de criar uma família, e não o direito à procriação, segundo expõe Reinaldo Pereira e Silva, que se inspira na perfeita visão de Marciano Vidal: "A respeito do chamado direito à procriação, cumpre registrar que nas principais declarações internacionais de direitos humanos, não existe nenhuma referência explícita ao direito à procriação; unicamente se formula o direito de fundar uma família que, implicitamente, porém, não de modo obrigatório e imprescindível, aponta a função procriativa. O exercício da função procriativa, por sua vez, deve se pautar sempre pela observância ao valor que tem em si o filho que se busca. Admoesta Marciano Vidal que 'o filho não é um bem útil que serve para satisfazer necessidades em si nobres. dos indivíduos ou do casal. O filho é um valor em si mesmo e, como tal, deve ser amado e buscado. A gratuidade e não a utilidade é a lei da transmissão da vida humana' (*Moral de Atitudes*, tradução de Ivo Montanhese, Aparecida, 1997, vol. 2, tomo 1, 1ª parte, p. 537). Ademais, 'não pode ser objeto de um direito humano algo que por sua própria condição está fora do campo de atuação da liberdade humana; o que cabe na categoria de direito humano é o exercício responsável da função procriativa' (*Bioética – Estudos de bioética racional*, Madrid, Editora Tecnos, 1994, p. 86)."[7]

Num outro ângulo, observa Francisco Fernandez Rivero, citado pelo mestre argentino Miguel Ángel Soto Lamadrid: "Sin embargo hoy existe una nueva realidad; es posible la procriación sin necesidad de relación sexual alguna, y sin que las personas que desean asumir la paternidad hayan aportado el material genético. Ésta no es la filiación que conocíamos No obstante, el acto de decidir que el niño naciera y el deseo de asumir la responsabilidad afectiva y material de la filiación, puede ser más noble que muchos nacimientos próductos de un proceso natural, particularmente los no deseados o los resultantes de un atropello criminal."[8] É que a paternidade tem uma dimensão bem mais superior do que o mero fornecimento de material genético necessário à procriação.

De modo que o filho nascido de inseminação heteróloga, ou mesmo o que se desenvolve em útero de outra mulher, deve ser considerado matrimonial. Desde, evidentemente, que desejado e expressa a vontade do marido, se outro homem fornecer o sêmen. Não pode a mulher impor este ônus ao marido, agir unilateralmente, como adverte Eduardo A. Zannoni: "En este caso la doctrina es practicamente uniforme en el sentido de que el hijo no puede reputarse legitimado ou legítimo, como el anterior. Aqui ha de inferirse que la esposa ha obrado unilateralmente sin el concurso biológico ni voluntario del marido, por lo que respecto a este, el hijo le es totalmente extraño. De tal modo, teoricamente queda expedita la acción de impugnación o desconocimiento de la paternidad presumida legalmente, conforme a las normas generales."[9]

Mas, havendo concordância, a paternidade e a maternidade se apoiam na vontade de assumir a função de pai e de mãe, exteriorizada na conformidade com o emprego do

---

[7] "Os direitos humanos do embrião: análise bioética das técnicas de procriação assistida", *Revista dos Tribunais*, vol. 768, p. 81.

[8] "La Investigación de la Mera Relación Biológica en la Filiación Derivada de Fecundación Artificial", II Congreso Mundial Vasco, *La Filiación a Finales del Siglo XX*, p. 141, publicação em *Biogenética, Filiación y Delito*, p. 46, de Miguel Ángel Soto Lamadrid.

[9] *Inseminación Artificial y Fecundación Extrauterina, Proyecciones Jurídicas*, Buenos Aires, Editorial Astrea, 1978, p. 63.

Cap. XIX | Fecundação Artificial • **457**

procedimento fecundante. Acrescenta Miguel Ángel Soto Lamadrid que "esta intención debe ser reconocida por el ordenamiento jurídico como génesis del lazo parterno-filial. Pese a que se ha acudido a la sustancia de un tercero, se observa una voluntad conjunta – la de ambos cónyuges – destinada a suplir la imposibilidad biológica del marido y dar origen a una nueva vida, de onde se desprende lo que Díaz de Guijarro ha llamado la 'responsabilidad procreacional', o sea, 'asunción consciente de la paternidad'. Esta responsabilidad nace del haber querido que la mujer conciba; por lo que el consentimiento del esposo tendría la categoría de acto jurídico familiar."[10]

Razões de ordem social impõem este fator de reconhecimento, na lição do professor espanhol Francisco Lledó Yagüe; "evidentemente se impone la protección del *status familiae* del hijo, una vez que ha quedado claro que la pareja comitente ha explicitado fahacientemente su consentimiento, lo cual comporta un reconocimiento *a pater y a mater,* y a diferencia de la inseminación carnal, en la que se establece la paternidad presuntiva y no categoricamente (fundamentalmente al quedar aunada en una misma persona dos roles del padre y progenitor), en la reprodución humana asistida, al partir, *ab initio,* de una notoria identificabilidad del gameto fecundante y, por ende, de su titularidad, no puede tecnicamente adoptarse por argumentación, a *simili,* una presuncíon depaternidad que, en los supueste ectongenéticos, no es tal, ya que puede perfactamente adoptarse un peritaje biológico de exclusión de paternidad biológica que, por propia esencia de las técnicas de fecundación asistida, el que es reputado como padre sólo lo es jurídica o registralmente, pero no desde una consideración genética (a no ser en el caso ya examinado de la inseminación homóloga)".[11]

Bem verdade é que a adoção pelo cônjuge que não forneceu o gameta, e se a fecundação se der em outra mulher, pode resolver precariamente o problema da filiação – situação que defende Jaime Vidal Martinez: "Llamamos madre sustituta o madre subrogada, a la mujer que se ofrece a gestar un hijo por cuenta ajena. Como se ha señalado, una madre subrogada es una mujer fértil que acuerda mediante contrato ser inseminada artificialmente con el semen de un hombre casado, que no es su esposo, y procrear un hijo. Una vez que el hijo ha nacido, la madre cede la custodia a favor del padre y, además, renuncia a sus derechos maternos filiales sobre al hijo, de manera tal que la esposa del padre puede adoptarlo."[12]

A solução não é abrangente, e não resolve a nova realidade que surgiu.

Assim como não é suficiente aquela que se fixa na paternidade ou na maternidade dividida, quando um homem fornece o sêmen, e outro assume o filho, ou a mulher fornece o óvulo, e uma segunda entra com a gestação. A filiação não comporta compartilhamento entre mais de um pai e mais de uma mãe.

4. VENDA DE EMBRIÕES

Há os que falam em programação de novas gerações à base de seleção de embriões perfeitamente sadios, oriundos de pais geneticamente escolhidos, jovens e fortes. Pode-se, inclusive, prever, num futuro próximo, embriões portadores de gens predeterminados, e formados de sêmens e óvulos de pessoas perfeitas, colhidos os materiais de fecundação

---

[10] Obra citada, p. 78.

[11] *Fecundación Artificial y derecho*, Madrid, Editorial Tecnos S. A., 1988, p. 131.

[12] Obra citada, p. 47.

no melhor período de vida, do ponto de vista biológico-reprodutivo, dos doadores ou 'vendedores', e que se encontram no limiar da maturidade.

Atualmente, muitos embriões excedentes ou criados de propósito, segundo Paolo Vercellone, são cedidos a bancos de embriões para que estes façam deles o que acharem oportuno.[13] Há a cessão a casais incapazes de produzir embriões próprios, ou, embora a capacidade, que correm o risco de produzir filhos com defeitos. Antevê-se que surgirá um comércio altamente qualificado de embriões, com espécies classificadas com gens característicos, e determinado tipo de pele, olhos e cabelos. Colocar-se-á em prática um processo de aperfeiçoamento ou depuração de raças, ou uma eugenia positiva, com o fim de serem evitados nascimentos de tarados ou pessoas portadoras de doenças ou degenerações. Certamente, procurar-se-á criar uma humanidade perfeita, sem defeitos e com todas as qualidades perfeitas. Talvez colocar-se-ão à disposição dos interessados categorias de embriões feitas em séries, com aspectos físicos predeterminados e qualidades combinadas previamente.

Basta, segundo alguns visionários, revelando certo exagero, ao interessado passar no estabelecimento e adquirir o futuro filho, de acordo com a preferência pelo tipo genético colocado à disposição. No entanto, em consonância com os padrões jurídicos hoje dominantes, não há que se convalidar qualquer prática de comercialização de embriões. Não se pode utilizá-los como coisas. Por um princípio de moral universal, não se pode admitir o tráfico da forma inicial da vida humana, sob pena de cairmos em uma forma equivalente ao tráfico de escravos. Adverte Miguel Ángel Soto Lamadrid: "Pero si no admitimos como delito donación de embriones, sí estamos de acuerdo en que su venta debe ser castigada por el derecho criminal. Esta conclusión coincide con la tendencia internacional y también com un principio de moral universal, que no puede conformar-se con prohibir la esclavitud y la trata de blancas, sin ocupar-se de proteger esta forma inicial de vida humana."[14]

A Resolução CFM nº 2.168/2017, dispondo sobre normas éticas na reprodução assistida, no item IV – 1, estabelece que a doação nunca deverá ter caráter lucrativo e comercial. Na verdade, a Lei nº 11.105, de 24.03.2005, no § 3º do art. 5º, veda a comercialização de material biológico constituído de células-tronco embrionárias obtidas de embriões humanos produzidos por fertilização *in vitro* e não utilizados no respectivo procedimento.

Mas basicamente a oposição à compra e venda está na razão de que não se pode considerar qualquer pessoa proprietária do embrião. Aí está o fundamento ontológico que proíbe a livre disposição. Não se admite falar em um direito à propriedade por idêntico motivo que não se é dono dos filhos ou de outras pessoas. O que se pode admitir é um direito à utilização do embrião durante um certo prazo, ou a disposição quanto ao seu destino teleológico.[15]

5. ELIMINAÇÃO DE EMBRIÕES

Questão das mais delicadas prende-se à eliminação dos embriões que não são aproveitados ou que se apresentam defeituosos. Houve uma fase da fecundação extrauterina em que se costumava fazer a mulher hiperovular, ou obter mais óvulos. Todos eram

---

[13] Trabalho citado, p. 162.
[14] Obra citada, p. 313.
[15] Francisco Lledó Yagüe, obra citada, p. 343.

fecundados com o sêmen. Colocava-se no útero um ou dois óvulos. Os demais eram congelados, para um futuro aproveitamento.

A hibernação constitui meio para conservar o embrião. É possível que exista um grande número de projetos de seres humanos, todos congelados. Eis como se manifesta Paolo Vercellone: "Podem existir, já existem, existirão cada vez mais em maior número, milhares de seres humanos potenciais, ou, pelo menos, de projetos perfeitos de seres humanos já completos com todos os caracteres somáticos e psíquicos que identificam um homem, um determinado e irrepetível homem. E é deixado aos homens, aos que operam neste campo, aqueles que participaram com o respectivo material genético para a criação destes modelos perfeitos de seres humanos, o poder de decidir se e quando estes se tornarão homens verdadeiros, se e quando serão manipulados em experiências, mais ou menos desconcertante conforme as técnicas, por ora, ainda grosseiras, mas cada vez mais se aperfeiçoando, da genética humana".[16]

Há, deveras, hipóteses constrangedoras, como nas hibernações de embriões, vindo os fornecedores do óvulo e do sêmen a falecer. Devem ser conservados indefinidamente em tubos, ou cumpre que se procure uma mulher voluntária para receber em seu útero o embrião? E se não se encontrar a voluntária?

Há os que propugnam a conservação por um prazo de dez anos. Na Espanha, o congelamento é limitado a cinco anos, devendo, depois desse prazo, proceder-se à destruição. No Brasil, o art. 5º da Lei nº 11.105/2005 autoriza a utilização de embriões, dentro de certas hipóteses:

"Art. 5º É permitida, para fins de pesquisa e terapia, a utilização de células-tronco embrionárias obtidas de embriões humanos produzidos por fertilização *in vitro* e não utilizados no respectivo procedimento, atendidas as seguintes condições:

I – sejam embriões inviáveis; ou

II – sejam embriões congelados há 3 (três) anos ou mais, na data da publicação desta Lei, ou que, já congelados na data da publicação desta Lei, depois de completarem 3 (três) anos, contados a partir da data de congelamento.

§ 1º Em qualquer caso, é necessário o consentimento dos genitores".

Ora, se permitida a pesquisa, subentende-se a autorização para a eliminação.

É certo que os embriões excedentes não vão cumprir o propósito para o qual foram preservados. A destruição, no entanto, é tão imoral e proibida quanto é o aborto. A razão está em que a vida humana começa com a fecundação. Eis a correta posição de Francisco Lledó Yagüe: "Ésta toma de postura de encuentra en la línea de quienes defienden que el respeto a la vida humana se impone desde que comienza el proceso de generación o fecundación de óvulo, ya que queda, así, configurada una vida que no es ni del padre ni de la madre, sino de un nuevo ser humano que se desarrolla por si mesmo. No llegará a ser nunca humano si no lo es ya entonces. Comparto el criterio de quienes argumentan que, desde la fecundación, se constituye un ser cujos caracteres genéticos son indiscutiblemente humanos, que prejudican la absoluta originalidad e irrepetibilidad del individuo humano que se desarrollará, y que posee la capacidad de convertirse en un ser humano y personal".[17]

---

[16] Trabalho citado, p. 313.
[17] *Fecundación Artificial y Derecho*, obra citada, p. 81.

460 • Direito de Família | *Arnaldo Rizzardo*

Acrescenta-se, com Sérgio Ferraz, em valioso trabalho sobre o assunto: "Em contrapartida, é evidente que inexiste um direito de propriedade do embrião, eis que este já é vida humana. Assim, o casal doador não pode decidir sobre sua eliminação, nem mesmo dos sobrantes à implantação uterina. Os embriões a tal sobejantes devem ser mantidos congelados, para posteriores implantações, não cabendo experimentos científicos, comercialização ou utilizações estranhas ao casal responsável por sua formação".[18]

Em vista da probabilidade de inutilização de embriões é que se justifica a advertência feita pelo papa João Paulo II, na encíclica *Evangelium Vitae*, de 1987, de que a procriação assistida "abre a porta a novos atentados contra a humanidade, e, assim, por exemplo, o incentivo à produção de embriões em número superior ao necessário para a implantação no útero da mulher, depois suprimidos ou utilizados para pesquisas, a pretexto de progresso científico e médico, e o estímulo ao aborto eugênico (eugenia negativa), que acolhe a vida do embrião sob certas condições, recusando a limitação e a enfermidade".

A Lei nº 8.974, de 5.01.1995, que, dentre outros assuntos, cuidava da engenharia genética, no art. 8º, vedava várias atividades ligadas a organismos geneticamente modificados (OGM), como a manipulação genéticas de células germinais humanas; a intervenção em material genético humano *in vitro*, exceto para o tratamento de defeitos genéticos; e a produção, armazenamento ou manipulação de embriões humanos destinados a servir como material biológico disponível. No entanto, foi revogada pela Lei nº 11.105/2005, cujo art. 2º restringiu as atividades para a pesquisa, o desenvolvimento tecnológico e a produção industrial: "As atividades e projetos que envolvam OGM e seus derivados, relacionados ao ensino com manipulação de organismos vivos, à pesquisa científica, ao desenvolvimento tecnológico e à produção industrial ficam restritos ao âmbito de entidades de direito público ou privado, que serão responsáveis pela obediência aos preceitos desta Lei e de sua regulamentação, bem como pelas eventuais consequências ou efeitos advindos de seu descumprimento".

Dando-se a concepção extracorpórea, há uma nova vida, surge um indivíduo novo. Discutem os filósofos a respeito do começo, ou a individualização da vida nascente no ser humano. E aqui é importante destacar uma constatação. Na concepção normal da vida humana, ou através do ato sexual, separam-se fragmentos do corpo humano masculino e do corpo humano feminino, que se movimentam até o encontro. Daí se dá a fecundação. O ponto inicial é o zigoto, ou o estágio unicelular. A partir do momento em que o espermatozoide penetra no citoplasma do óvulo, formando o zigoto, tem início o ciclo vital do ser humano. O concebido, desde então, torna-se um ser humano distinto e único, não se confundindo com a pessoa de seus pais genéticos. Tem-se o genoma humano individual, ou um organismo estrutural completo, embora em formação. Como professa a ciência, toda informação genética para autocomandar o desenvolvimento sequencial de zigoto, embrião, feto, recém-nascido, criança, adolescente e adulto, está presente no recém-concebido. Ou seja, a nova vida humana desde o instante em que surge constitui um indivíduo humano separado e distinto do pai e da mãe. Um indivíduo em si mesmo, com todo o necessário para organizar seu próprio desenvolvimento, seu crescimento e sua diferenciação, num ambiente apropriado. O ambiente biológico num lugar natural ou artificial é uma circunstância acidental, e da mesma forma que o indivíduo humano, seja microscópio ou microscópico.[19] E todo ser humano, recém-iniciado ou adulto, são

---

[18] *Manifestações Biológicas e Princípios Constitucionais: Uma Introdução*, Porto Alegre, Sérgio Antônio Fabris – Editor, 1991, p. 53.

[19] Francisco Lledó Yagüe, obra citada, p. 82.

ou enfermo, com funções biológicas normais ou insuficientes, deve ser respeitado em sua vida e dignidade. E aí está o embrião humano, que é pessoa desde o instante da inseminação artificial ou fertilização *in vitro,* ou da fusão do esperma e do óvulo. Os diversos momentos ou etapas posteriores que se seguem formam simples hiatos necessários para a sua continuidade, até chegar ao feto e ao parto.

Mais cientificamente, a vida começaria entre vinte e quatro e trinta e seis horas após a fecundação, como relata Sérgio Ferraz: "Conquanto o estágio atual da ciência ainda não permita uma resposta definitiva no particular, os estudos existentes apontam que, entre vinte e quatro e trinta e seis horas após a fecundação, a primeira célula individualizada – zigoto ou blastócito – começa a dividir-se, dando origem ao embrião. E esse, após seis semanas, passa a denominar-se feto. Mesmo antes disso, porém, o embrião, ao cabo de duas semanas de existência, se apresenta munido de toda uma completa informação hereditária, um código genético distinto e único...

Uma coisa é indiscutível: desde o zigoto, o que tem é vida; vida diferente do espermatozoide e do óvulo; vida diferente da do pai e da mãe, mas vida humana, se pai e mãe são humanos."[20]

Em razão desta realidade, não se pode utilizar os embriões para fins de investigação ou experimentação. Mesmo se defeituoso o embrião, ou se inviável por sua própria espontaneidade, é e continua um ser humano. Constitui uma vida humana *in fieri,* merecendo ser respeitado e não se interrompendo a vida que iniciou com a fusão das células germinais. A própria lei, art. 2º do Código Civil, consagra: "... a lei põe a salvo, desde a concepção, os direitos do nascituro".

Na verdade, a vida começa não com a gestação, mas com a fecundação. Desde o momento da hibernação do embrião há vida, embora em estado latente, ou, como alguns referem, há um pré-embrião. E a lei protege a vida desde o seu início. Daí que, defende Alberto Trabucchi, "il respetto della vita recchiusa, con tutti le impronte dell'uomo che poi serà maturo, già nell'embrione impedisce interventi di distruzione o eliminazione: questo rispetto alla vita è un principio morale e umano che no può essere disatteso."[21]

Há, porém, quem defenda que a vida começa com a introdução do óvulo fecundado, no ventre materno, como se vê do relato de Mônica Sartori Scarparo: "Para um outro grupo de estudiosos do assunto, apenas depois da nidação, isto é, quando feito o implante no útero materno, é que começaria de fato a vida. Até então, existiria somente um conjunto de células, que constituiria os alicerces do embrião. Não seria viável falar de vida enquanto o blastócito não conseguiu a nidação, o que se daria somente no sétimo dia, quando passa a ser alimentado pela mãe. Esse momento é que marcaria a presença da vida, uma vez que ele tem, agora, possibilidades de evoluir como um novo ser. E isso não é possível com o óvulo fecundado *in vitro*, que não tem, atualmente, qualquer viabilidade de desenvolvimento fora do útero materno.

O professor Waldemar Diniz Pereira de Carvalho, citado por Silmara Almeida, manifesta-se, a respeito do assunto, afirmando que 'à luz dos conhecimentos atuais, adquiridos com a fecundação ou com a fertilização *in vitro* e com o transplante do ovócito, é certo que a gestação somente se inicia no instante da implantação e nidação do ovo.' Explica que o óvulo, após ter sido retirado do organismo da mulher e submetido à fecundação, no laboratório, requer de quarenta e oito a setenta e duas horas para poder ser transferido

---

[20]   Obra citada, p. 47.
[21]   Trabalho citado, p. 20.

ao útero em que será implantado, para iniciar a nidação, transformando-se, após aproximadamente cinco semanas, em embrião. E argumenta nos seguintes termos: 'É óbvio que durante esse período do desenvolvimento extracorpóreo do ovo, a mulher não pode ser considerada grávida; tampouco o ovo terá condições de se desenvolver caso não seja transferido para o útero da futura mãe.'

Confirma-se, assim, que a normal implantação e nidação do ovo no útero materno estabelece o início da gestação, isto é, do novo ser."[22]

Outras teorias defendem momentos diferentes do início do ser humano. Tem sido afirmado que um pré-embrião no estágio de oito células sem desenvolvimento da placa neural não constitui ser humano. Advirta-se, porém, que o ser humano não é o resultado de uma certa quantidade de células, e sim um resultado de valor, surgindo a nova vida unitária da conjugação dos elementos masculino e feminino.

6. CESSÃO DE MATERIAL GENÉTICO

Cabe dizer, primeiramente, que os materiais genéticos procedentes do corpo humano são excreções de certas glândulas, a fim de produzir o fenômeno da reprodução. Formam parte do substrato físico da pessoa. Mas, desde que extraídos dos órgãos que os produzem, tanto o sêmen como o óvulo consideram-se juridicamente coisas, podendo constituir objeto de relações jurídicas. Para alguns, porém, por entenderem que o corpo humano não pode ser objeto de um direito real, da mesma forma incide esta vedação às suas partes. Assim, afastar-se-ia qualquer viabilidade de venda. Ou seja, admitindo-se que o ser humano não é coisa, e daí encontrando-se fora do comércio, de igual modo ocorre com seus órgãos, tecidos, sangue e outros elementos internos.

Nesta linha a doutrina e o direito espanhol, como lembra Miguel Ángel Soto Lamadrid: "Los componentes del cuerpo humano, separados del organismo vivo en que se integran, al igual que el cadáver de una persona, merecen juridicamente el calificativo de cosas, a las que el derecho español considera fuera de comercio (art. 1.271 del Código Civil)... Los espermatozoides contenidos en el líquido espermático y los ovacitos son en su materialidad elementos 'regenerables' que, como cualesquiera componentes del cuerpo humano, ya separado del mismo son, en principio, cosas fuera de comercio, aunque cabría admitir – dice – que para fines tales como la investigación o la docencia sí fueran objeto de tráfico, aplicandose, entonces, en tanto se estime que existe analogia, las normas legales, en materia del hemodonación".[23]

O direito argentino, em função do art. 2.336 do Código Civil, não exclui do comércio os gametas, inexistindo qualquer impedimento para que os interessados deles se apropriem.

Em verdade, na prática há várias situações de comercialização de elementos do corpo humano. É o caso da venda de cabelos, da transfusão sanguínea, da cessão da epiderme e até de órgãos internos. Não se está vendendo partes do corpo humano, cuja comercialização é vedada. Procura-se justificar o pagamento como uma indenização pelos transtornos que ocorrem, pelas despesas exigidas. O art. 199, no § 4º, da Constituição Federal, é taxativo na proibição do comércio: "A lei disporá sobre as condições e os requisitos que facilitem a remoção de órgãos, tecidos e substâncias humanas para fins de transplante, pesquisa e

---

[22] Obra citada, p. 42.
[23] Obra citada, p. 291.

Cap. XIX | Fecundação Artificial • **463**

tratamento, bem como a coleta, processamento e transfusão de sangue e seus derivados, sendo vedado todo tipo de comercialização".

A doação de órgãos, tecidos ou partes do corpo humano vem regulamentada na Lei nº 9.434, de 4.02.1997, rezando o art. 1º: "A disposição gratuita de tecidos, órgãos do corpo humano, em vida ou *post mortem*, para fins de transplante e tratamento, é permitida na forma desta Lei". Entrementes, não se incluem entre os tecidos referidos no dispositivo o sangue, o esperma e o óvulo, na previsão do parágrafo único do mesmo dispositivo. De qualquer maneira, mesmo que não abrangidos esses elementos na disciplina da Lei nº 9.434, inclui-se a proibição da venda, consoante restrição constitucional.

A disposição gratuita está autorizada no art. 9º da mesma lei, em redação inovada pela Lei nº 10.211, de 23.03.2001, porquanto o material genético faz parte do corpo humano: "É permitido à pessoa juridicamente capaz dispor gratuitamente de tecidos, órgãos ou partes do próprio corpo vivo para fins terapêuticos ou para transplantes em cônjuge ou parentes consanguíneos até o quarto grau, inclusive, na forma do § 4º deste artigo, ou em qualquer pessoa, mediante autorização judicial, dispensada esta em relação à medula óssea".

O § 3º discrimina quando se permite a doação: "Só é permitida a doação referida neste artigo quando se tratar de órgãos duplos, de partes de órgãos, tecidos ou partes do corpo cuja retirada não impeça o organismo do doador de continuar vivendo sem risco para a sua integridade e não represente grave comprometimento de suas aptidões vitais e saúde mental e não cause mutilação ou deformação inaceitável, e corresponda a uma necessidade terapêutica comprovadamente indispensável à pessoa receptora".

O § 4º referido explicita como deverá vir a autorização do doador: "O doador deverá autorizar, preferencialmente por escrito e diante de testemunhas, especificamente o tecido, órgão ou parte do corpo objeto da retirada".

Sobressai, como inderrogável, a condição da gratuidade para a permissão. Outrossim, tanto em vida como *post mortem*, assegura-se a disposição, que terá em vista o transplante e o tratamento.

Antes da Lei nº 10.211/2001, vinha no art. 4º a presunção de que ficava autorizada a doação após a morte, se não manifestada a vontade em sentido contrário, documentada na Carteira de Identidade ou na Carteira Nacional de Habilitação. Não havendo uma declaração de que não se permitia a doação, automaticamente decorria a permissão em se extrair órgãos do corpo humano. Esta dedução acarretou profundas críticas, ensejando modificações, que se consumaram na Lei nº 10.211, que retirou completamente a presunção, tornando suficiente a autorização do cônjuge ou outro parente próximo: "A retirada de tecidos, órgãos e partes do corpo de pessoas falecidas para transplantes ou outra finalidade terapêutica, dependerá da autorização do cônjuge ou parente, maior de idade, obedecida a linha sucessória, reta ou colateral, até o segundo grau inclusive, firmada em documento subscrito por duas testemunhas presentes à verificação da morte".

De modo que não interfere a vontade do ser humano titular dos órgãos ou tecidos. Mas, sendo incapaz, ambos os pais ou os responsáveis devem expressar o consentimento, por imposição do art. 5º da Lei nº 9.434: "A remoção *post mortem* de tecidos, órgãos ou partes do corpo de pessoa juridicamente incapaz poderá ser feita desde que permitida expressamente por ambos os pais, ou por seus responsáveis legais".

Já o § 6º veda a remoção ou retirada de órgãos depois da morte se a pessoa não for identificada: "É vedada a remoção post mortem de tecidos, órgãos ou partes do corpo de pessoas não identificadas". Isto para evitar o comércio clandestino ou a encomendação de órgãos de pessoas desconhecidas.

7. A INSEMINAÇÃO *POST MORTEM*

Algumas dificuldades ocorrem na inseminação do sêmen *post mortem* do doador. Duas situações apresentam-se com frequência: a morte do doador do sêmen e a morte dos doadores do embrião. O falecimento dá-se antes do emprego do sêmen ou da colocação do embrião no útero de uma mulher. Naturalmente, para viabilizar tais normas, os gametas e o embrião devem encontrar-se congelados.

Há várias situações que levam a congelar o sêmen. Antes de submeter-se a uma vasectomia, o marido extrai o esperma e o deposita em um banco de sêmen, onde é resfriado numa temperatura de aproximadamente duzentos graus. Igualmente, quando o homem vai submeter-se a tratamento com remédios químicos, que podem causar a esterilidade.

Indaga-se da possibilidade da utilização do esperma após o falecimento do marido, já que, durante a vida, não há controvérsias. Da mesma forma, na implantação do embrião depois da morte.

Jaime Vidal Martínez apresenta uma solução que parece aceitável: "A nuestro entender, si el hijo nace antes de los trescientos días de la disolución del matrimonio, se presume la paternidad del marido, fallecido por hipótesis. El hijo, mientras no se demuestre lo contrario, lo es del marido y tiene derecho a sucederle.

Si el hijo naciera pasado ese plazo, no podría considerarse matrimonial: ni en el momento del nacimiento ni en el de su concepción los padres estaban casados entre sí, como senãla al artículo 108 del Código Civil. Creemos factible una acción para reclamar la determinación de la filiación paterna, al amparo del artículo 135, *in fine,* dentro del plazo señalado por el artículo 133, en relación con el artículo 129, todos ellos del Código Civil."[24]

Solução esta que se afeiçoa ao direito brasileiro, pois o art. 1.597, incisos II a V, da lei civil estabelece a presunção da concepção durante o casamento dos nascidos dentro de trezentos dias subsequentes à dissolução da sociedade conjugal, por morte, separação, nulidade ou anulação, e os havidos por fecundação homóloga ou heteróloga.

A situação é diferente no direito espanhol. A Lei nº 35, de 22.11.1988, que trata das técnicas da reprodução assistida, exige que o sêmen já se encontre no útero materno quando da morte do pai, para determinar com rigor a filiação. Com efeito, reza o art. 9º: "No podrá determinarse legalmente la filiación ni reconocerse efecto o relación jurídica alguna entre el hijo nacido por la aplicación de las técnicas reguladas en esta ley y el marido fallecido, cuando el material reprodutor de este no se halle en el útero de la mujer en la fecha de la muerte del varon."

Isto a menos que, em testamento, conste autorização do marido para se dar a fecundação depois de sua morte, mas num prazo que o mesmo art. 9º fixa em seis meses. Já a inseminação artificial com a utilização de sêmen procedente de um homem que não vai assumir a paternidade do filho, a situação é mais complexa.

Antes de tudo, importa que exista a expressa concordância do marido ou companheiro, pois, em termos gerais, não se pode impor uma paternidade que não existe e que não é desejada. E, para fins de se atribuir a paternidade, a solução é idêntica à da fecundação com sêmen do próprio marido. Observa-se o prazo do nascimento em que é presumida a paternidade. Prepondera, aqui, o ato de vontade para se definir a filiação, como no caso de nascimento em vida dos pais.

---

[24] Obra citada, p. 146.

Cap. XIX | Fecundação Artificial • 465

Na fecundação *in vitro*, quando se provoca o encontro do óvulo da mãe fora do seu corpo com o esperma do pai, outra não se apresenta a solução. A questão, como as demais que envolvem a matéria, é altamente discutível, ensejando inúmeras controvérsias, sobremaneiramente no campo moral e ético. Mas, juridicamente não há outra alternativa que a de firmar a paternidade com fundamento na mesma presunção do art. 1.597, incisos II a V, do Código Civil. Dando-se o nascimento neste período, firma-se a paternidade.

E se, na mesma fecundação *in vitro*, quem falece é a mãe genética ou fornecedora do óvulo, para ser o embrião, posteriormente, implantado em uma terceira mulher, ou a mãe receptora?

Este aspecto é mais delicado. Mas as regras são as mesmas estatuídas para a inseminação e a implantação no útero em vida da fornecedora. O embrião é formado com células germinais de um casal. Como se reconhece a maternidade em função de um ato de vontade da doadora e da gestadora, do mesmo modo se impõe o raciocínio se vier a falecer a primeira, antes que se operasse o implante do embrião. Milita a seu favor a presunção do art. 1.597, incisos II a V.

É profundamente difícil, no entanto, conceber-se que, nestas circunstâncias, se despoje a mãe biológica do 'filho'. Na inseminação *post mortem*, superado o lapso temporal da presunção da paternidade, a única maneira para o reconhecimento é a ação de investigação de paternidade, eis que a lei considera como filhos indiscutíveis aqueles que nascem durante a sociedade conjugal e durante certo lapso de tempo após a dissolução do casamento.

8. CONSENTIMENTO DO CÔNJUGE NA INSEMINAÇÃO

Complexos problemas jurídicos traz a inseminação.

Na hipótese de casada a mulher, deverá ela ter o consentimento do marido para deixar-se inseminar com o esperma de outro homem?

É evidente, aí, a esterilidade do esperma do marido.

Sabe-se que o casamento possui uma estruturação fundada na comunhão de vida e de interesses, na união íntima entre o homem e a mulher, com mútuos ou recíprocos direitos e deveres, preponderando, acima de tudo, a concordância, o acordo, a unicidade nas decisões e mesmo opções dos cônjuges. Há a identificação de duas existências, confundindo-se uma na outra, e não podendo prevalecer atos ou opções individuais que repercutam negativamente na liberdade e intimidade da outra pessoa.

Nesta angularidade, é perfeitamente justificável a necessidade do consentimento do marido para a mulher decidir pala sua inseminação. Do contrário, estará ela infringindo uma regra do casamento, ou pelo menos, impondo ao marido uma situação bastante constrangedora, e que não comporta uma aceitação normal.

Procura o Des. paulista José Celso de Camargo Sampaio caracterizar a infração de dever conjugal, cometendo injúria grave a mulher que opta pela inseminação contrariando a vontade do marido:

"O revogado art. 317 do CC consignava em seu inc. II como uma das causas do desquite o adultério.

Sob tal aspecto, parece que seria inviável fundamentar a ação de desquite, com base no adultério da mulher que se deixou inseminar artificialmente, sem o consentimento do marido.

Talvez, sob a antiga lei, se pudesse acenar para o fundamento da injúria grave.

466 • Direito de Família | *Arnaldo Rizzardo*

Com o advento da Lei nº 6.515, de 1977, a situação se alterou em muito. Em vez da enumeração dos pressupostos, como o fazia o art. 317 do CC, consignou a citada lei duas hipóteses genéticas de separação-sanção:

'Art. 5º A separação judicial pode ser pedida por um dos cônjuges quando imputar ao outro conduta desonrosa ou qualquer ato que importe em grave violação dos deveres do casamento e tornem insuportável a vida em comum.'

Pois bem. Caracterizaria, em princípio, conduta desonrosa o fato de a mulher casada submeter-se a inseminação artificial sem o consentimento do marido, ou mesmo contra a vontade dele?

Quer parecer que a conduta, por si, não implicaria tê-la como desonrosa. Às vezes, a mulher pode ter sido movida, inclusive, por nobres propósitos.

Teria havido violação dos deveres do casamento?

Quais os deveres do casamento?

Vêm eles expressos no art. 231 do CC: 1) fidelidade recíproca; 2) vida em comum do domicílio conjugal; 3) mútua assistência; 4) sustento, guarda e educação dos filhos.

A circunstância de ter havido a inseminação artificial, sem o consentimento do marido, se enquadraria numa das hipóteses de quebra dos deveres conjugais?

A matéria é, pelo que se observa, complexa.

Não se aceitaria a ação de separação judicial movida pelo marido, por falta de amparo legal?

Qual seria o fundamento do pedido de separação judicial?

Sou que teria havido injúria grave.

Daí por que entendo que o art. 317 do CC se mostrava mais adequado, embora, na aparência, pudesse ser havido como casuístico."[25] De notar que o art. 317 acima referido foi substituído pelo art. 5º da Lei nº 6.515, de 1977, e, presentemente, pelo art. 1.573 do Código em vigor. Já o art. 231 encontra-se subsumido no art. 1.566 do Código de 2002.

Há um ato que importa em grave violação ao dever de comunhão de vida e de interesses, porquanto a existência de filhos deve resultar de mútuo acordo dos cônjuges. Embora o marido não se torne o pai, não se lhe pode exigir a aceitação do fato de a mulher ter um filho com o sêmen de outro homem. É indiferente, na hipótese, a circunstância de inexistir adúltero.

Sobre o assunto, manifesta-se Mônica Sartori Scarparo: "Diante disso, se, por um lado, é refutável a afirmação, por não se tratar de adultério, de que a paternidade forçada atingiria a integridade e a honra do outro cônjuge, por outro lado, o fato de uma mulher se submeter à inseminação artificial sem a concordância do marido evidenciaria divergência entre sua determinação em satisfazer o desejo de ser mãe e a posição do companheiro, de não querer assumir este tipo de paternidade. Assim agindo, estaria a mulher forçando o companheiro a responder por uma paternidade inconveniente, isto é, a assumir uma obrigação indesejável.

No contexto destas questões, deve-se observar que a paternidade tem como consequência a determinação legal do art. 231, inc. IV, do Código Civil Brasileiro, que estipula como dever de ambos os cônjuges 'o sustento, guarda e educação dos filhos'. Por isso,

---

[25] "A Inseminação Artificial no Direito de Família", *Revista dos Tribunais*, nº 670, p. 17.

quando um casal deseja um filho e o concebe, a obrigação alimentar se torna consequência naturalmente aceita. Porém, se imposta por qualquer um dos cônjuges, através da utilização da inseminação artificial por doador, a conduta unilateral pode ser considerada como verdadeira coação, fato que provocaria a insuportabilidade da vida em comum, ensejando a separação judicial com base na violação dos deveres do casamento (dever de lealdade), de acordo com o art. 5º da Lei nº 6.515/77."[26] Lembra-se a correspondência do art. 231, inc. IV, acima citado, ao art. 1.566, inc. IV, do Código em vigor, enquanto o art. 5º da Lei nº 6.515 vem disseminado no art. 1.673 do Código vigente.

E quanto ao marido, cuja mulher, em razão de causa congênita, ou por doença, não está capacitada a fecundar, ou caso seus óvulos se encontrem estéreis, permite-se-lhe a fecundação de um óvulo de outra maneira via inseminação?

Por idênticas razões, entende-se negativamente. Ao que parece, não se tipificando o adultério, afigura-se a violação do dever conjugal da comunhão de vida e de interesses.

Tanto referentemente à mulher como ao marido, considerando o amplo significado de dever de fidelidade recíproca, estariam demonstrando uma conduta de descomprometimento mútuo, ou tomando uma atitude que nada tem a ver com a vida em comum, e muito menos com a identidade de propósitos, a qual é indispensável em assuntos que dizem respeito à organização da família.

9. INVESTIGAÇÃO DE PATERNIDADE PELO FILHO

Permite-se ao filho nascido da inseminação artificial pleitear a investigação de paternidade, por não tê-lo reconhecido o fornecedor do sêmen?

O já citado José Celso de Camargo Sampaio respondia negativamente: "O fundamento está em que o Código Civil só admitiu a investigatória de paternidade em quatro hipóteses, a saber: a) em caso de concubinato...; b) em caso de rapto da mãe do investigante, pelo suposto pai, coincidente com a época da concepção; c) em caso de se comprovarem relações sexuais...; d) em caso de existir escrito daquele a que se atribui a paternidade, reconhecendo-a expressamente.

Pelo que se vê dos termos expressos da lei, as três primeiras hipóteses são inviáveis em se cuidando de investigação de paternidade movida pelo filho de mulher que foi inseminada artificialmente. Não houve concubinato, não houve rapto e não houve relações sexuais.

É possível que, em ocorrendo a última hipótese, a ação investigatória seja viável, mesmo porque, neste inciso, se está a braços com o próprio reconhecimento voluntário, constante de um escrito emanado do pretenso pai."[27]

Todavia, não é possível buscar a solução num Código Civil que não contemplou a hipótese, e nem o poderia, em vista da recentividade do problema da inseminação artificial.

E não significavam as hipóteses do art. 363 do Código Civil anterior as únicas que autorizavam a investigatória. Não passavam de meras exemplificações, tanto que a grande maioria das ações, nos últimos tempos, tendem a buscar a prova em elementos técnicos, através de perícias. A evolução da ciência, introduzindo novas formas de figuras de procriação do ser humano, não pode ficar à margem do direito. E nem é admissível subtrair

---

[26] Obra citada, p. 52.
[27] *A Inseminação Artificial no Direito de Família*, trabalho citado, p. 16.

468 • Direito de Família | *Arnaldo Rizzardo*

à pessoa o direito ou a liberdade de procurar saber quem é seu pai biológico, desde que não assumida a filiação por outro homem, e assim conste no registro civil.

Todavia, na fecundação heteróloga, com sêmen de homem diferente daquele que aparece como pai, ou de óvulo que não proveio da mulher constante no registro como mãe, e até no caso de proveniência de terceiros dos elementos que formaram o ser humano, e com a sua criação em ventre de outra mulher, não se tolera a ação que visa a investigação dos pais naturais ou genéticos.

Desde que assumidas a paternidade ou até a maternidade, vindo o filho de procriação heteróloga, dissociam-se dele os fornecedores do esperma ou do óvulo. A fonte geradora do vínculo parental não mais é um fato natural, passando a se fundar no ato de vontade. Tal ato não se limita à concepção, mas acompanha os efeitos posteriores ao nascimento, perdurando para sempre, e envolvendo todos os direitos e deveres próprios da paternidade. Com a técnica de fecundação introduzida, há novo conceito de paternidade e maternidade. Finaliza João Álvaro Dias: "O segredo diz respeito à natureza artificial da procriação fundada sobre a utilização do esperma de um doador; o anonimato reporta-se à identidade não apenas do doador, mas também do casal receptor".[28]

10. INSEMINAÇÃO ARTIFICIAL E ALIMENTOS, DIREITOS SUCESSÓRIOS, IMPEDIMENTOS MATRIMONIAIS E PARENTESCO

É certo que, uma vez não assumido por um dos cônjuges o filho originado da inseminação com pessoa estranha ao casamento, não socorre ao mesmo a pretensão a alimentos, e nem participará ele da sucessão hereditária do dito cônjuge. Não figurando como progenitor, fica afastada a obrigação do sustento, guarda e educação dos filhos. Com maior razão, quanto ao direito hereditário.

Os impedimentos matrimoniais derivados do parentesco – art. 1.521, incisos I a V, do Código Civil abrangem tanto os parentes da mãe ou do pai biológico, como daquele que deu o sêmen ou emprestou o útero, pois o sêmen utilizado liga o seu fornecedor ao filho daí resultante por laços de sangue.

Isto para evitar a possibilidade de uniões incestuosas; o que será profundamente difícil, a menos que sempre fique revelado o nome do fornecedor do espermatozoide.

A pessoa que advier da reprodução heteróloga, ou se origina do fornecimento de óvulo por mulher diferente daquela que o cria em seu útero, ou de espermatozoide de homem que não é o marido da mãe e nem será o pai que o criará, não mantém parentesco nenhum com quem forneceu o óvulo ou o espermatozoide. O mesmo acontece com o filho cuja gestação se dá em útero de mulher diferente que a mãe encomendadora. Não é aceitável um múltiplo parentesco, numa dimensão paralela. Guilherme Calmon Nogueira da Gama revela com clareza as razões: "Trata-se de aplicar o mesmo preceito contido no art. 41 da Lei nº 8.069, de 13.07.1990, que prevê a ruptura de qualquer vínculo jurídico entre a criança ou adolescente adotado e os pais e parentes biológicos, apenas com a ressalva relativa aos impedimentos matrimoniais. A doação de gametas ou de embriões, analogicamente, deve resultar na abdicação dos doadores quanto a benefícios ou ônus, nos campos pessoal e patrimonial, em relação à pessoa gerada via reprodução assistida. Contudo, é mister a preservação de sua condição de genitor biológico, tal como ocorre na adoção, com o objetivo de impor-lhe restrições no tocante à prática de alguns atos da vida civil, como

---

[28] *Procriação Assistida e Responsabilidade Médica*, Coimbra, Coimbra Editora, 1996, p. 43.

a constituição de união sexual, no futuro, com seu filho biológico; a impossibilidade de adotá-lo sob qualquer modalidade ou pretexto; a proibição de reconhecê-lo formalmente para fins de constituição de direitos e deveres pessoais e patrimoniais, entre outros."[29]

Em princípio, excluem-se, em relação ao doador, todos os direitos e obrigações relativos à paternidade, o qual é exonerado da condição de pai porque existe o pai legal, que assume as responsabilidades próprias da paternidade desde o instante da outorga do consentimento para a prática da técnica da fecundação *in vitro* heteróloga.

11. NEGATÓRIA DE PATERNIDADE PELO MARIDO QUE ADMITIU A INSEMINAÇÃO

Em adendo ao assunto, acrescenta-se que não assiste ao marido, depois de haver aceito a inseminação heteróloga em sua mulher, o direito de, posteriormente, negar a paternidade, ou ingressar com uma ação para invalidar o ato do declaratório da filiação. É como explica Luiz Edson Fachin: "Entende-se que não pode o marido, em face de procriação artificial da mulher, consentir na inseminação heteróloga e depois ajuizar a ação para negar a paternidade. Nega-se a possibilidade da negação, por assim dizer. Seria o marido, então, carecedor de ação por falta de possibilidade jurídica do pedido, segundo a estrutura do processo civil pátrio."[30]

Não havendo o consentimento, desponta o cabimento da ação negatória, cuja oportunidade para o ingresso em juízo não sofre limitações prescricionais ou decadenciais, consoante o art. 1.601 do Código Civil, diferentemente do Código anterior, quando os prazos decadenciais eram extremamente curtos, pois ficavam em dois e três meses, segundo previa o art. 178, §§ 3º e 4º, inc. I.

---

[29] "Filiação e Reprodução Assistida: introdução ao tema sob a perspectiva do direito comparado", *Revista dos Tribunais*, nº 776, p. 74.

[30] *Da paternidade – Relação Biológica e Afetiva*, Belo Horizonte, Livraria Del Rey Editora, 1996, p. 52.

XX
Adoção

1. CONCEITO

A adoção é um dos institutos que sofreram grandes transformações, que se fizeram sentir já antes da Constituição de 1988.

Em termos singelos, nada mais, além do ato civil, representa essa figura, pelo qual alguém aceita um estranho na qualidade de filho. Em última análise, corresponde à aquisição de um filho através de ato judicial de nomeação. Anteriormente ao Código de 2002, dava-se também contrato celebrado por meio de escritura pública.

Dada grande evolução verificada nas últimas décadas sobre o assunto, concebe-se atualmente a definição mais no sentido natural, isto é, dirigido a conseguir um lar a crianças necessitadas e abandonadas em face de circunstâncias várias, como a orfandade, a extrema pobreza, o desinteresse dos pais sanguíneos e toda a sorte de desajustes sociais que desencadeiam o desmantelamento da família. Objetiva o instituto outorgar a crianças e adolescentes desprovidos de famílias ajustadas um ambiente de convivência comunitária, sob a direção de pessoas capazes de satisfazer ou atender os reclamos materiais, afetivos e sociais que um ser humano necessita para se desenvolver dentro da normalidade comum. Nessa ordem de fatores, orientou-se a Lei nº 8.069, de 13.07.1990, que sofreu várias alterações, e segue o Código Civil de 2002, como oportunamente será desenvolvido.

No entanto, não é apenas nessa ordem estrutural que, pelo menos inicialmente, será enfocado o instituto. Na verdade, está ínsita na índole humana, ou nasce com a própria natureza do homem, a tendência de se perpetuar a pessoa através dos filhos, o que representa um modo de afastar aparentemente a ideia da própria finitude no tempo. Nessa ideia, inata em todas as pessoas, a incapacidade ou impossibilidade de gerar é substituída, pelo menos em parte, através da adoção, que reflete uma forma de realização do próprio indivíduo.

Assim, um dos conceitos mais apropriados e ainda em vigor da adoção é trazido por Caio Mário da Silva Pereira, que o apresenta como "o ato jurídico pelo qual uma pessoa recebe outra como filho, independentemente de existir entre elas qualquer relação de parentesco consanguíneo ou afinidade".[1]

Estabelece-se entre duas pessoas uma relação de filiação legal, equivalente à natural, ou confere-se a filiação a quem não pode fisicamente – ou não quer – conceber.

Por meio de tal ato jurídico, cria-se entre duas pessoas o laço de parentesco civil de paternidade ou maternidade e filiação.

---

[1] *Instituições de Direito Civil*, obra citada, 1975, vol. V, p. 244.

472 • Direito de Família | *Arnaldo Rizzardo*

Não se trata de um contrato, como é concebido o instituto por sistemas jurídicos que reclamam tanto a manifestação da vontade do adotante como a do adotado, se for maior, ou de seus representantes legais, se for menor. A natureza contratual é considerada por algumas legislações, como a francesa, ressaltando, a respeito, Marcelo Planiol e Jorge Ripert: "Sin embargo por la redación del art. 368, se verá que el proyecto obliga a las partes reciprocamente, reviste pues el carácter de un contrato preparatório mediante el que el adoptante y el adoptado se obligan a pedir y a aceptar la ratificación judicial. Esto contrato es la base necesaria de la revolución judicial y la adopción será nula si aquél adolecería de un vicio que permitiera anulado. Con respecto a la adopción diremos como del matrimonio: es una institución con base contractual."[2]

No direito brasileiro, porém, nem mesmo a adoção de maiores pode ser havida no sentido de contrato, a não ser pelo mero fato de se exigir a expressa manifestação de vontade. E muito menos no tocante à adoção de crianças e adolescentes, disciplinada pela Lei nº 8.069, com a incidência supletiva de dois artigos do Código Civil, pois a sua maior parte restou revogada.

Cuida-se mais da adoção de um instituto jurídico, ou uma instituição dominada prevalecentemente pelo direito público, devendo subordinar-se mais à ordem pública e aos soberanos interesses da política traçada no cuidado de menores abandonados. Em abordagem não tão recente, Guillermo A. Borda anotava: "La adopción es, pues, una instituición de derecho privado fundada en un acto de voluntad del adoptante y nacida de la sentencia del juez, en virtud de la cual se establece entre dos personas una releción análoga a la que surge de la filiación matrimonial. Decimos análoga y no idéntica, porque, en afecto, hay algunas diferencias que se pondrán de relieve en su momento."[3]

Tanto é assim que não se admite a imposição de cláusulas ou condições que regrarão a adoção, o que é comum nos contratos. Realmente, já ordenava o art. 375 do Código Civil de 1916: "A adoção far-se-á por escritura pública, em que não se admite condição, nem termo." Sobre o que ponderava Washington de Barros Monteiro: "Outrossim não é possível subordinar a adoção a termo ou condição (Código Civil, art. 375, 2ª parte). A adoção é ato puro, que se realiza pura e simplesmente, não tolerando as aludidas modificações dos atos jurídicos. Quaisquer cláusulas que suspendam, alterem ou anulem os efeitos legais da adoção são proibidas; sua inserção na escritura anula radicalmente o ato."[4]

O regramento atual imprimiu de modo total o caráter público, não dando lugar a estipulações de puro caráter privado.

2. ELEMENTOS HISTÓRICOS

Encontra a adoção sua origem mais remota em épocas anteriores ao direito romano, com a finalidade de perpetuar o culto dos antepassados. Assim era entre os egípcios e os hebreus. Recorda Jason Albergaria que a adoção assegura o culto dos antepassados: "O filho adotado prolongava o culto do pai adotivo. Posteriormente, a adoção vai ter a função de transmitir ao adotado o patrimônio do adotante."[5]

---

[2]   Obra citada, vol. II, pp. 790 e 791.
[3]   Obra citada, p. 322.
[4]   *Curso de Direito Civil – Direito de Família*, obra citada, p. 268.
[5]   *Adoção, Adoção Simples e Adoção Plena*, Rio de Janeiro, Aide, 1990, p. 38.

O Código de Hamurabi fazia referências ao instituto. Nos caracteres cuneiformes aparece a sua prática na Babilônia, em trechos como no parágrafo nº 185: "Se um awilum adotou uma criança desde seu nascimento e a criou, essa criança adotada não poderá ser reclamada." E no parágrafo nº 186: "Se um *awilum* adotou uma criança e, depois que a adotou, ela continuou a reclamar por seu pai ou por sua mãe, essa criança adotada deverá voltar à casa de seu pai."[6]

O termo *awilum* significava capaz.

No direito grego, onde preponderava o caráter de perpetuação do culto doméstico, ou da família, tinha-se como extrema desgraça a extinção da família.

Foi em Roma, no entanto, onde mais se desenvolveu o instituto, com a finalidade primeira de proporcionar prole civil àqueles que não tinham filhos consanguíneos. Nos primórdios do direito, conheciam-se duas espécies: a ad-rogação, significando que um *pater familias* adotava uma pessoa e todos os seus dependentes, com a participação da autoridade pública, a intervenção de um pontífice e a anuência do povo, convocado por aquele; e a adoção no sentido estrito, pela qual o adotado passava a integrar a família do adotante na qualidade de filho ou neto. O magistrado era quem processava o pedido e decidia sobre a concessão.

Mais uma terceira forma existia: a adoção testamentária, assim explicada por Washington de Barros Monteiro: "Por seu intermédio, o adotante recorria ao testamento para efetuar a adoção desejada. Controvertido era o seu caráter. Para uns, a adoção testamentária constituía verdadeira ad-rogação; para outros, era simples instituição de herdeiro sob condição de tomar o adotado o nome de testador."[7]

Mais tarde, com Justiniano, foi simplificada a adoção. O pai natural e o adotante compareciam com o filho na presença do magistrado e expressavam a disposição de o primeiro entregar o filho e o segundo, adotá-lo. Lavrava-se um termo de adoção, que passava a ser o documento comprobatório da nova filiação.

Por longo período entrou em declínio a adoção, até que foi restaurada no tempo de Napoleão Bonaparte, que não tinha herdeiros para a sucessão. Constou introduzida no Código Civil francês. Mesmo assim, raramente era colocada em prática.

Presentemente, ao mesmo tempo em que se aumenta a sua importância, tem-se dirigido a mesma para atender basicamente os interesses do menor, e procura ser mais um meio de solução para o crescente número de crianças não apenas órfãs, mas sobretudo abandonadas e provindas de famílias marginalizadas. Nesse sentido, dirigiu-se, no Brasil, a atual legislação que trata da matéria.

Quanto à necessidade de trazer vantagem ao adotando, é expresso o art. 43 da Lei nº 8.069/1990: "A adoção será deferida quando apresentar reais vantagens para o adotando e fundar-se em motivos legítimos." Embora omisso o Código Civil de 2002, é inerente o princípio, posto que instituída a adoção em favor do adotando, especialmente se menor.

3. PANORAMA LEGISLATIVO NO TRATAMENTO DA ADOÇÃO

Consideráveis alterações ocorreram na legislação que trata da adoção.

Já previstas nas Ordenações, passou para a Consolidação das Leis de Teixeira de Freitas, vindo sistematizada no Código Civil, arts. 368 e 378.

---

[6] Transcrição de Omar Gama Ben Kauss, em *Adoção no Código Civil e no Estatuto da Criança e Adolescente*, Rio de Janeiro, Liber Juris, 1991, pp. 1 e 2.

[7] *Curso de Direito Civil – Direito de Família*, obra citada, p. 263.

474 • Direito de Família | *Arnaldo Rizzardo*

Houve épocas em que a dificuldade na concessão a tornava quase impraticável. Anotava Hugo Nigro Mazzilli: "Com as excessivas exigências originariamente previstas no Código Civil de 1916, estava fadada a ser instituto sem a penetração esperada (somente o maior de cinquenta anos, sem descendentes legítimos ou legitimados, poderia adotar, e desde que fosse pelo menos dezoito anos mais velho que o adotado, conforme arts. 368 e segs.)."[8]

Vieram modificações introduzidas pela Lei n° 3.133, de 08.05.1957, quando a idade para adotar diminuiu para trinta anos, estabelecendo-se, outrossim, uma diferença de idade entre o adotante e o adotado de dezesseis anos. De outro lado, ficou permitida a adoção mesmo que o adotante tivesse filhos ilegítimos, legitimados ou reconhecidos. Todavia, não eram favorecidos os direitos hereditários em favor dos adotados. Se alguém era casado, a adoção somente seria permitida depois de transcorridos cinco anos do casamento.

Outras disposições constavam, como a do art. 2°: "No ato da adoção serão declarados quais os apelidos da família que passará a usar o adotado."

E a de seu parágrafo único: "O adotado poderá formar seus apelidos conservando os dos pais de sangue; ou acrescentando os do adotante; ainda, somente os do adotante, com exclusão dos apelidos dos pais de sangue."

Com a Lei n° 4.655, de 02.06.1965, um novo importante passo foi dado na evolução do instituto, tornando o filho adotivo praticamente igual, em direitos e garantias, ao filho sanguíneo. Criou-se a legitimação adotiva – forma esta que atribuía ao adotado os mesmos direitos e deveres reconhecidos ao filho legítimo. Todavia, em razão do excesso de formalismo para a legitimação, não teve grande difusão prática.

A Lei n° 6.697, de 10.10.1979, instituiu o Código de Menores, com várias inovações, como as seguintes, destacadas por Hugo Nigro Mazzilli, valendo a lembrança para evidenciar a evolução do instituto: "a) Afora a adoção do Código Civil, passou-se a admitir uma forma de adoção simples, autorizada pelo juiz e aplicável aos menores em situação irregular (arts. 27 e 28); b) substituiu-se com vantagem a legitimação adotiva pela adoção plena, com diversas adaptações no instituto (arts. 29 a 37)."[9]

É importante salientar o campo de incidência da lei, como o fez Valdir Sznick: "Ademais, não abarca os menores em sua totalidade, a lei se autolimitou: restringiu apenas a menores em situação irregular. Em outras palavras, e seria mais técnico, deveria ter-se referido a menores em estado de abandono (quer material ou moral) e a menores expostos."[10]

Vê-se da lei que foram introduzidas a adoção simples, a adoção plena, e manteve-se a adoção do Código Civil.

As duas primeiras destinavam-se aos menores em situação irregular, de acordo com o art. 1° da referida lei. Tais menores, até os dezoito anos, eram adotados pela forma simples, regidas pelos dispositivos constantes dos arts. 368 a 378 do Código Civil. Impunha-se a autorização expressa e prévia do juiz. O menor passava a usar os apelidos da família do adotante. Averbavam-se a escritura definitiva e o alvará concessivo no termo de nascimento do adotado.

Na verdade, dispensava-se a escritura pública. O pedido era dirigido ao juiz, como ressaltava do art. 28 da Lei n° 6.697/1979: "A adoção simples dependerá de autorização

---

8   "Notas sobre a Adoção", *Revista dos Tribunais*, n° 662, p. 31.
9   Obra citada, p. 31.
10 *A Adoção*, São Paulo, LEUD – Livraria e Editora Universitária de Direito, 1988, p. 114.

Cap. XX | Adoção • 475

judicial, devendo o interessado indicar, no requerimento, os apelidos da família que usará o adotado, os quais, se deferido o pedido, constarão do alvará e da escritura para averbação no registro de nascimento do menor."

Exigia-se um estágio de convivência do menor com o adotante, em um prazo fixado pelo juiz, no mínimo de um ano, exceto se a criança contasse com menos de um ano de idade (art. 28 e parágrafos da Lei n° 6.697/1979). Circunscrevia-se esta adoção a casais com mais de cinco anos de casamento, com um dos cônjuges devendo possuir idade superior a trinta anos. Se apresentada a prova de esterilidade de qualquer deles, ou de ambos, dispensava-se o transcurso do prazo de cinco anos.

Quanto à adoção plena, rezava o art. 30: "Caberá a adoção plena de menor, de até sete anos de idade, que se encontre na situação irregular definida no inc. I, art. 2°, desta Lei, de natureza não eventual." E o parágrafo único: "A adoção plena caberá em favor de menor com mais de sete anos se, à época em que completasse essa idade, já estivesse sob a guarda dos adotantes."

Escrevia Hélio Borghi sobre outras permissões de adoção plena, na previsão da Lei n° 6.697/1979: "Demonstrando a Lei n° 6.697/1979 que tinha em vista o atendimento do menor em situação irregular e carente – e não mais a imitação da natureza, dando filhos a casais e pessoas solitárias, como era a tônica anterior – permitiu ela a adoção plena ao viúvo ou à viúva, desde que o menor estivesse integrado em seu lar quando o outro cônjuge ainda vivia, e após um estágio de três anos; a mesma coisa ocorria em relação a cônjuges separados judicialmente, desde, também, que o menor tivesse iniciado o estágio, igualmente de três anos, ainda na constância da sociedade conjugal dos adotantes, exigindo-se o acordo sobre a guarda do menor, no processo de separação (arts. 33 e 34 da referida lei)."[11]

Tinha grande significação a filiação advinda da sentença de concessão de adoção plena. Inscrevia-se no Registro Civil, mediante mandado, uma nova situação: simplesmente ficava sem efeito o registro anterior. Colocavam-se os nomes dos pais adotivos e dos novos avós, tanto paternos como maternos. Os nomes dos adotantes eram opostos ao prenome do menor. Inclusive o prenome poderia ser mudado. Cancelava-se o registro anterior. No registro nenhuma referência fazia-se à adoção. As certidões expedidas, da mesma forma, não trariam qualquer menção à mesma.

Tornava-se irrevogável a adoção plena, sem poder determinar alguma repercussão o fato dos filhos que possuíssem ou viessem a possuir os adotantes. Os mesmos direitos e deveres (como sucessórios, de alimentos, ou relativos ao poder familiar) eram iguais para os adotados e os filhos de sangue.

Acrescentava Antônio Chaves: "Decretada a adoção plena, será expedido mandado para o registro da sentença e o cancelamento do registro original do adotado, nele consignando--se todos os dados necessários, conforme o disposto nos arts. 35 e 36 [...] Os vínculos de filiação e parentesco anteriores cessam com a inscrição. A adoção plena atribui a situação de filho ao adotado, desligando-o de qualquer vínculo com pai e parentes, salvo os impedimentos matrimoniais."[12]

A diferença básica com a adoção simples era a da filiação atribuída aos adotados, sem qualquer vínculo com o estado anterior. Na simples, apenas retificava-se o registro anterior. Por decorrência, no direito sucessório, o adotado adquiria os mesmos direitos

---

11 "A Nova Adoção no Direito Civil Brasileiro", *Revista dos Tribunais*, n° 661, p. 244.
12 *Adoção, Adoção Simples e Adoção Plena*, 3ª ed., São Paulo, RT, 1983, p. 493.

476 • Direito de Família | *Arnaldo Rizzardo*

que o filho de sangue, enquanto na adoção simples e na do Código Civil de 1973 tinha aplicação o § 2° do art. 1.605 do mesmo diploma: "Ao filho adotivo, se concorrer com legítimos, supervenientes à adoção (art. 368), tocará somente metade da herança cabível a cada um destes."

No pertinente à adoção do Código Civil, para os filhos em situação regular ou maiores de dezoito anos, não havia qualquer incidência da Lei n° 6.697/1979. As normas aplicadas eram exclusivamente as do Código Civil, realizando-se o ato através de escritura pública.

Posteriormente, com o advento da Lei n° 8.069, de 13.07.1990, houve substancial modificação do regime anterior. Restou revogado o Código de Menores, e foram unificadas as duas formas de adoção que vigiam para uma única forma, a adoção simplesmente, que passou a vigorar ao lado daquela regulada pelo Código Civil de 1916.

Observava-se, pelo art. 39, *caput*, da mesma Lei, a qual introduziu o Estatuto da Criança e do Adolescente, que esta forma de adoção abrangia a criança e o adolescente, continuando em vigor nas disposições que não cuidam da adoção, da adoção por pessoas não brasileiras, e no procedimento para adoção. Considera-se criança a pessoa até os doze anos incompletos de idade, e enquadra-se como adolescente a pessoa situada na faixa etária dos doze aos dezoito anos (art. 2°). Por conseguinte, para as pessoas de idade superior, subsiste a adoção do Código Civil. Todavia, como se verá, em ambas as adoções iguais são os efeitos.

O Código Civil regulamentava supletivamente a adoção feita por brasileiros, não tendo derrogado as disposições pertinentes que constam na Lei n° 8.069/1990. Entretanto, a maior parte dos dispositivos do Código Civil que tratava da matéria foi revogada pela Lei n° 12.010, de 3 de agosto de 2009, a qual trouxe alterações profundas no Estatuto, como se examinará.

Sobre a regência da ação pela Lei n° 8.069, é claro o art. 1.618 do Código Civil, em redação da Lei n° 12.010: "A adoção de crianças e adolescentes será deferida na forma prevista pela Lei n° 8.069, de 13 de julho de 1990 – Estatuto da Criança e do Adolescente."

Várias outras mudanças sofreu a Lei n° 8.069/1990, como as das seguintes leis:

– Lei n° 8.242, de 12 de outubro de 1991, criando o Conselho Nacional dos Direitos da Criança e do Adolescente (Conanda);

– Lei n° 9.532, de 10 de dezembro de 1997, quanto a abatimentos no imposto de renda nas doações efetuadas a instituições que cuidam de crianças e adolescentes;

– Lei n° 9.975, de 23 de junho de.2000, submetendo os autores de crime de exploração sexual de crianças e adolescentes a penas;

– Lei n° 10.764, de 12 de novembro de 2003, trazendo punições aos que violam o Estado da Criança e do Adolescente;

– Lei n° 11.259, de 30 de dezembro de 2005, determinando investigação imediata em caso de desaparecimento de criança ou adolescente;

– Lei n° 11.829, de 25 de novembro de 2008, aprimorando o combate a produção, venda e distribuição de pornografia infantil, bem como criminalizar a aquisição e a posse de tal material e outras condutas relacionadas à pedofilia na internet;

– Lei n° 12.015, de 7 de agosto de 2009, prevendo crimes hediondos cometidos contra crianças e adolescentes;

– Lei n° 12.038, de 1° de outubro de 2009, ordenando o fechamento definitivo de hotel, pensão, motel ou congênere que reiteradamente hospede crianças e adolescentes desacompanhados dos pais ou responsáveis, ou sem autorização;

Cap. XX | Adoção • 477

– Lei nº 12.594, de 18 de janeiro de 2012, instituindo, dentre outras inovações, o Sistema Nacional de Atendimento Socioeducativo (Sinase), e regulamentando a execução das medidas socioeducativas destinadas a adolescente que pratique ato infracional;

– Lei nº 12.415, de 9 de junho de 2011, determinando que alimentos provisórios sejam fixados cautelarmente em favor da criança ou adolescente cujo agressor seja afastado da moradia comum por determinação judicial;

– Lei nº 12.696, de 25 de julho de 2012, dispondo sobre os conselhos tutelares;

– Lei 12.962, de 8 de abril de 2014, assegurando à convivência da criança e do adolescente com os pais privados de liberdade;

– Lei 13.010, de 26 de junho de 2014, estabelecendo o direito da criança e do adolescente de serem educados e cuidados sem o uso de castigos físicos ou de tratamento cruel ou degradante;

– Lei nº 13.046, de 1º de dezembro de 2014, obrigando as entidades que atuem em áreas de internamento a terem, em seus quadros, pessoal capacitado para reconhecer e reportar maus-tratos de crianças e adolescentes;

– Lei nº 13.105, de 16 de março de 2015 (Código de Processo Civil), introduzindo regras processuais ao procedimento para a adoção;

– Lei nº 13.106, de 17 de março de 2015, tornando crime vender, fornecer, servir, ministrar ou entregar bebida alcoólica a criança ou a adolescente. E revogando outra lei;

– Lei nº 13.257, de 8 de março de 2016, cuidando da política pública para a primeira infância, além de outras matérias;

– Lei nº 13.306, de 4 de julho de 2016, fixando em cinco anos a idade máxima para o atendimento na educação infantil;

– Lei nº 13.431, de 4 de abril de 2017, prevendo o sistema de garantia de direitos da criança e do adolescente vítima ou testemunha de violência;

– Lei nº 13.436, de 12 de abril de 2017, garantindo o direito a acompanhamento e orientação à mãe com relação à amamentação;

– Lei nº 13.438, de 26 de abril de 2017, tornando obrigatória a adoção pelo Sistema Único de Saúde (SUS) de protocolo que estabeleça padrões para a avaliação de riscos para o desenvolvimento psíquico das crianças;

– Lei nº 13.440, de 8 de maio de 2017, estipulando a pena de bens contra quem pratica crime contra crianças e adolescentes;

– Lei nº 13.441, de 8 de maio de 2017, prevendo a infiltração de agentes de polícia na internet com o fim de investigar crimes contra a dignidade sexual de criança e de adolescente;

– Lei nº 13.509, de 22 de novembro de 2017, visando acelerar o processo, e reconhecendo direitos dos adotantes na área trabalhista. A lei sofreu vetos do Presidente da República, que não foram aceitos pelo Congresso Nacional.

4. A ADOÇÃO PELA LEI Nº 8.069/1990 E PELO CÓDIGO CIVIL DE 2002

Com o Estatuto da Criança e do Adolescente, profundas as alterações que apareceram.

Dois, então, os diplomas em vigor: o do Código Civil e o do Estatuto da Criança e do Adolescente, aplicável aquele mais aos maiores de dezoito anos, e o último aos menores até os dezoito anos. Não se pode, porém, afastar este último na adoção de maiores, dada a previsão do art. 1.619 do Código Civil, modificado pela Lei nº 12.010/2009: "A adoção

478 • Direito de Família | *Arnaldo Rizzardo*

de maiores de 18 (dezoito) anos dependerá da assistência efetiva do poder público e de sentença constitutiva, aplicando-se, no que couber, as regras gerais da Lei nº 8.069, de 13 de julho de 1990 – Estatuto da Criança e do Adolescente."

Havia um entendimento de que a Lei nº 8.069 se aplicava unicamente aos menores de dezoito anos. Assim revelava-se a explicação de Omar Gama Bem Kauss: "É que a nova lei, ao regular apenas a adoção da criança e do adolescente (artigos 39 a 52), faz aplicar o instituto só para menores até dezoito anos e além dessa idade somente para a única exceção do art. 40.

Ipso facto, continua vigendo para o nascituro ou para quem tenha mais de dezoito anos a forma de adoção prevista no Capítulo V do Título V do Livro I da parte Especial."[13]

Nesse, sentido também o ensinamento de Hugo Nigro Mazzilli: "A adoção do Código Civil aplica-se, agora, somente a nascituros ou, então, a adolescentes maiores de dezoito anos, mesmo que se trate de adotando capaz (no sistema da anterior Lei n° 6.697/79 somente se poderia adotar um menor pelas regras do Código Civil se estivesse ele em situação regular, com representante legal, caso contrário caberia adoção simples pelo Código de Menores: RJTJSP, 76/373). Poderá, pois, ter o adotando qualquer idade acima de dezoito anos, desde que compatível com a do adotante (art. 369). Poderá ver alterado seu sobrenome, não o prenome (Lei nº 3.133/57, art. 2°). Um cônjuge pode ter adotado sem o consentimento do outro (Pontes de Miranda, 'Tratado de Direito Privado', tomo X, 1983, p. 187). Como se disse, o nascituro também pode ser adotado (art. 372)."[14]

Com o Código Civil de 2002, passou a adoção a submeter-se às suas regras, ficando o Estatuto derrogado nos assuntos que aquele diploma disciplinasse. Isto até o advento da Lei nº 12.010/2009, que revitalizou o Estatuto, pois revogou os artigos 1.620 a 1.629 do Código Civil, que tratavam da adoção, e ficando em vigor apenas os artigos 1.618 e 1.619. Unicamente quanto aos maiores de dezoito anos, o procedimento para a adoção é mais de jurisdição voluntária, mas havendo o interesse público, e seguindo também as linhas da Lei nº 8.069, nos termos do art. 1.619 do Código Civil, na redação que lhe deu a Lei nº 12.010/2009. Assim, em ambas as modalidades, o caminho é judicial, com a constituição do ato por meio de sentença. Tanto que o art. 8º da Lei nº 12.010/2009 revogou o inc. III do *caput* do art. 10 do Código Civil, que previa a averbação no registro público dos atos judiciais e extrajudiciais de adoção.

5. FORMA DE ADOÇÃO

A adoção se faz através de ação judicial. De considerar que esta forma de criação de novo vínculo familiar se encontra incluída na família substituta, juntamente com a guarda e a tutela, conforme art. 28 da Lei nº 8.069, em redação da Lei nº 12.010/2009. O procedimento para a colocação em família substituta vem ditado nos arts. 165 a 170 da mesma Lei. Alguns dispositivos foram alterados pelas Leis nᵒˢ 12.010/2009 e 13.509/2017.

Quanto aos menores de dezoito anos, nunca existiram dificuldades a respeito da necessidade de processo judicial.

No pertinente aos maiores de dezoito anos, anteriormente, sob a égide do Código de 1916, havia vários aspectos duvidosos, como no tocante à forma por escritura pública, ou à necessidade do ajuizamento judicial do pedido. Dominava o entendimento de que

---

13 Obra citada, p. 25.
14 Trabalho citado, p. 32.

Cap. XX | Adoção • 479

aos maiores de dezoito anos se permitia a adoção por meio de escritura pública, sem a intervenção judicial.

Frente ao atual direito, sempre é necessário o caminho judicial, embora uma aparente dificuldade frente a dispositivos constitucionais. A questão envolve a exegese a ser dada ao art. 227, §§ 5º e 6º, da Constituição Federal.

O mencionado art. 227 está incluído no Capítulo VII da Carta Federal, com o título 'Da Família, da Criança, do Adolescente, do Jovem e do Idoso'. Eis seus termos, em texto da Emenda Constitucional nº 65, de 13.07.2010: "É dever da família, da sociedade e do Estado assegurar à criança, ao adolescente e ao jovem, com absoluta prioridade, o direito à vida, à saúde, à alimentação, à educação, ao lazer, à profissionalização, à cultura, à dignidade, ao respeito, à liberdade e à convivência familiar e comunitária, além de colocá-los a salvo de toda forma de negligência, discriminação, exploração, violência, crueldade e opressão."

O seu § 5º: "A adoção será assistida pelo Poder Público, na forma da lei, que estabelecerá casos e condições de sua efetivação por parte de estrangeiros."

E o § 6º: "Os filhos havidos ou não da relação de casamento, ou por adoção, terão os mesmos direitos e qualificações, proibidas quaisquer designações discriminatórias à filiação."

Percebe-se, daí, que o art. 227, no seu *caput* e no § 5º, destina-se à proteção da criança e do adolescente, embora epigrafado por um capítulo dirigido a proteger também a família, o jovem e o idoso. Não, porém, a pessoa maior *in genere*. Aos maiores e capazes não se revela congruente a assistência do Poder Público, se tolhidos de disporem livremente da vontade.

Mesmo que necessária a assistência do Poder Público, podia se concretizar através do próprio oficial do cartório que procedia a averbação, a quem se facultava a suscitação de dúvida perante o juiz competente, se transparecesse alguma irregularidade no ato da escritura pública.

Sérgio Gischkow Pereira ia além, quanto à interpretação de quem representa o Poder Público: "A propósito, desde logo é conveniente assinalar, está presente, na atuação do tabelionato, a intervenção do Poder Público imposta pela Constituição Federal: consoante o art. 236 da Constituição, os serviços notariais, se exercidos em caráter privado, o são por delegação do Poder Público. Argumento forte no estabelecimento de minha convicção foi aceitar a necessidade de menor formalismo e burocracia na adoção de pessoa com mais idade, pois que, exatamente por terem idade maior, dispensam a proteção e resguardo trazidos pela via processual (a exigência de processo, sem dúvida se fixava na imprescindibilidade de solenizar para melhor proteger os interesses do menor adotado)."[15]

Inteligência também adotada jurisprudencialmente: "Adoção. Averbação no Registro Civil. Decisão do juiz que nega o pedido de averbação feito por adotantes, sob o fundamento de se encontrarem revogadas as normas do CC, que dispõe sobre a adoção por escritura pública, frente à nova sistemática introduzida pela Constituição de 1988. O capítulo VII da CF, que trata da família, da criança, do adolescente e do idoso, não revogou totalmente as normas do CC que disciplinam os mesmos assuntos, se dependentes os cânones respectivos de lei complementar."[16]

---

[15] "Algumas Considerações sobre a Nova Adoção", *AJURIS – Revista da Associação dos Juízes do RS*, Porto Alegre, nº 53, 1991, pp. 75 e 76.

[16] *Revista de Jurisprudência do TJ do RS*, 143/211.

480 • Direito de Família | *Arnaldo Rizzardo*

Nesse tipo de adoção, era imprescindível a escritura pública, como exsurgia do art. 375 do Código Civil de 1916: "A adoção far-se-á por escritura pública em que se não admite condição nem termo."

No entanto, embora todos os assentos doutrinários e jurisprudenciais acima, veio a lei civil de 2002 a exigir expressamente a autorização judicial, conforme o parágrafo único de seu art. 1.623: "A adoção de maiores de 18 (dezoito) anos dependerá, igualmente, da assistência efetiva do Poder Público e de sentença constitutiva." O dispositivo restou revogado pela Lei nº 12.010/2009, mas remanesceu a exigência no art. 1.619 do Código Civil, também em texto da Lei nº 12.010/2009.

A interpretação que se perfilou é de que o Código Civil modificou sensivelmente o regime de adoção para maiores de 18 anos. Antes, poderia ser realizada conforme vontade das partes, por meio de escritura pública. Hoje, contudo, dadas a importância da matéria e as consequências decorrentes da adoção, não apenas para o adotante e adotado, mas também para terceiros, faz-se necessário o controle jurisdicional que pelo preenchimento de diversos requisitos, verificados em processo judicial próprio.

Justifica-se que o processo judicial específico garante à autoridade judiciária a oportunidade de verificar os benefícios efetivos da adoção para o adotante e adotando, seja ele menor ou maior, o que vai a favor do interesse público que se visa proteger.

A forma procedimental da adoção de maiores de dezoito anos não constava na Lei nº 8.069, tanto que se restringe a menores e ao tratamento que as pessoas maiores devem prestar aos menores. A Lei nº 12.010/2009, trazendo nova redação ao art. 1.619 do Código Civil, ordenou a aplicação das regras da Lei nº 8.069/1990, no que couber: "A adoção de maiores de 18 (dezoito) anos dependerá da assistência efetiva do poder público e de sentença constitutiva, aplicando-se, no que couber, as regras gerais da Lei nº 8.069, de 13 de julho de 1990 – Estatuto da Criança e do Adolescente." Com isso, não que obrigou rigorosamente o procedimento da Lei nº 8.069, mas apenas em situações especiais o procedimento para a adoção obedece a seus ditames. No geral, pode-se imprimir o rito estabelecido para os procedimentos especiais de jurisdição voluntária – arts. 719 a 725 do diploma processual civil de 2015, por ser o melhor que se coaduna a esta espécie.

6. IDADE PARA ADOTAR

Conforme o art. 368 do Código Civil de 1916, "só os maiores de 30 (trinta) anos podem adotar".

Anteriormente à Lei nº 3.133/1957, a idade mínima era de cinquenta anos.

Na previsão da Lei nº 8.069, art. 42, em seu texto original, podiam adotar os maiores de vinte e um anos, independentemente do estado civil, e desde que os adotandos fossem menores de dezoito anos. Com a mudança da Lei nº 12.010/2009, ficou reduzida a idade para dezoito anos: "Podem adotar os maiores de 18 (dezoito) anos, independentemente do estado civil." Não se pode esquecer, entretanto, a diferença de idade que deverá existir, conforme o § 3º do art. 42: "O adotante há de ser, pelo menos, 16 (dezesseis) anos mais velho que o adotando."

O Código Civil atual baixou o limite para dezoito anos. Preceitua seu art. 1.618 (na redação original): "Só a pessoa maior de 18 (dezoito) anos pode adotar."

Parece óbvio que o limite de dezoito anos não é suficiente para o adotante ter consciência plena de seu ato, embora atingida a maioridade. É que maioridade não significa maturidade. Nem condições psíquicas, emocionais e econômicas a maioria das pessoas revela nessa fase da vida.

Por sua vez, ordenava o parágrafo único do art. 368 do Código Civil revogado: "Ninguém pode adotar sendo casado, senão decorridos 5 (cinco) anos após o casamento."

A exigência não se repetiu na legislação posterior. Basta que se verifique a idade mínima.

Sobre a adoção por duas pessoas, exige o § 2º do art. 42 da Lei nº 8.069, na letra da Lei nº 12.010/2009, que sejam casadas ou vivam em união estável: "Para adoção conjunta, é indispensável que os adotantes sejam casados civilmente ou mantenham união estável, comprovada a estabilidade da família."

Por sua vez, estava no revogado parágrafo único do art. 1.618 do Código Civil: "A adoção por ambos os cônjuges ou companheiros poderá ser formalizada, desde que um deles tenha completado 18 (dezoito) anos de idade, comprovada a estabilidade da família."

Seria interessante que o legislador tivesse mantido que se aguardasse um período de tempo depois do casamento, para permitir a adoção. Não se duvida que, feita a adoção em seguida ao casamento, aconteça, algum tempo depois, que os cônjuges se arrependam, ou revelem imaturidade e falta de condições. A exigência da comprovação da estabilidade da família não se evidencia eficaz, eis que demasiadamente prematura a adoção.

7. DIFERENÇA DE IDADE ENTRE O ADOTANTE E O ADOTADO, E ADOÇÃO POR DUAS PESSOAS DE SEXO DIFERENTE

O Código Civil anterior impunha, no art. 369, uma diferença de idade, entre o adotante e o adotado, de dezesseis anos, enquanto o art. 370 só permitia a adoção por duas pessoas unicamente se os adotantes fossem marido e mulher. Este último dispositivo passou a ser interpretado com reservas, porquanto, confrontado com o art. 226, § 3º, da Carta Federal, que reconhece a união estável como entidade familiar, estaria favorecendo uma discriminação.

Quanto à diferença de idade, ficou mantida pelo § 3º do art. 42 do Estatuto da Criança e do Adolescente: "O adotante há de ser pelo menos 16 (dezesseis) anos mais velho que o adotado."

O art. 1.619 do Código Civil de 2002 manteve essa diferença de idade. Entretanto, a Lei nº 12.010/2009 alterou o seu conteúdo, passando a tratar de matéria diferente, consoante visto acima.

Na verdade, deve existir entre o adotante e o adotado uma idade não muito distanciada. Do contrário, nem sempre o adotante tem uma disposição e um preparo próprios para a criação e educação de uma criança. Nem se adaptaria a uma situação totalmente diferente, com abertura para novas ideias e atitudes. Diz, sobre o assunto, Fermín Raúl Merchante, médico argentino: "Las personas jovenes son más flexibles y más fáciles de adaptar a una nueva situación, como es la que les crea la presencia de un niño en el hogar, máxime si llevan años de casados y están habituados a una vida independiente, muy distinta de la que luego tendrán que llevar para criar el hijo."[17]

Contempla o § 2º do art. 42 da Lei nº 8.069, em texto da Lei nº 12.010/2009, a adoção conjunta: "Para adoção conjunta, é indispensável que os adotantes sejam casados civilmente ou mantenham união estável, comprovada a estabilidade da família."

---

[17] *La Adopción*, Buenos Aires, Depalma, 1987, pp. 47 e 48.

São previstas, nos §§ 4º e 5º do mesmo art. 42, igualmente na redação da Lei nº 12.010/2009, as condições para a adoção conjunta, com a guarda compartilhada, em sendo os adotantes separados judicialmente ou divorciados, ou em se tratando de ex-companheiros.

O § 4º: "Os divorciados, os judicialmente separados e os ex-companheiros podem adotar conjuntamente, contanto que acordem sobre a guarda e o regime de visitas e desde que o estágio de convivência tenha sido iniciado na constância do período de convivência e que seja comprovada a existência de vínculos de afinidade e afetividade com aquele não detentor da guarda, que justifiquem a excepcionalidade da concessão."

O § 5º: "Nos casos do § 4º deste artigo, desde que demonstrado efetivo benefício ao adotando, será assegurada a guarda compartilhada, conforme previsto no art. 1.584 da Lei nº 10.406, de 10 de janeiro de 2002 – Código Civil." Necessário observar que o art. 1.584, com as alterações da Lei nº 13.058/2014, disciplina a guarda compartilhada dos filhos na dissolução do casamento ou da união de fato.

Visam as regras, sobretudo, solucionar a situação da adoção iniciada quando ainda se mantinha a família, tendo, entretanto, no curso do processo, se desencadeado a separação ou o divórcio, ou se desconstituído a união estável.

Outrossim, passou a deferir-se a adoção a pessoa que vier a falecer antes da sentença que julga o pedido, conforme o § 6º do art. 42: "A adoção poderá ser deferida ao adotante que, após inequívoca manifestação de vontade, vier a falecer no curso do procedimento, antes de prolatada a sentença."

Relativamente à adoção conjunta por duas pessoas, o direito positivo vigente revela-se claro, não podendo elas pertencer ao mesmo sexo. Não se pense, em face do atual texto do art. 42, § 2º, da Lei nº 8.069, por estender a faculdade da adoção a pessoas que mantenham união estável, que possam os conviventes ser do mesmo sexo. Acontece que, nos termos do art. 226, § 3º, da CF, o reconhecimento da união estável pressupõe que envolva o homem e a mulher, e jamais entre homens ou entre mulheres.

Apesar de tudo, vai se implantando uma jurisprudência e uma doutrina que abertamente defendem a adoção de uma pessoa por duas mulheres ou por dois homens que estejam convivendo. Além de estar se criando uma verdadeira aberração jurídica e humana, a novidade vem entusiasmando os adeptos dessa anormalidade, que se batem contra as leis da natureza, favorecendo um ambiente para situações futuras que podem se tornar catastróficas para o adotado, a partir do despertar de seu entendimento e do convívio com a sociedade, perante a qual terá duas mães ou dois pais.

Basta ler as justificativas que se encontram nas decisões e nas pseudodoutrinas para bem se perceber o quanto são forçados e frágeis os argumentos.

A respeito, decidiu o STJ:

"Direito civil. Família. Adoção de menores por casal homossexual. Situação já consolidada. Estabilidade da família. Presença de fortes vínculos afetivos entre os menores e a requerente. Imprescindibilidade da prevalência dos interesses dos menores. Relatório da assistente social favorável ao pedido. Reais vantagens para os adotandos. Artigos 1º da Lei nº 12.010//2009 e 43 do Estatuto da Criança e do Adolescente. Deferimento da medida.

1. A questão diz respeito à possibilidade de adoção de crianças por parte de requerente que vive em união homoafetiva com companheira que antes já adotara os mesmos filhos, circunstância a particularizar o caso em julgamento.

2. Em um mundo pós-moderno de velocidade instantânea da informação, sem fronteiras ou barreiras, sobretudo as culturais e as relativas aos costumes, onde a sociedade transforma-se velozmente, a interpretação da lei deve levar em conta, sempre que possível, os postulados maiores do direito universal.

Cap. XX | Adoção • **483**

3. O artigo 1º da Lei nº 12.010//2009 prevê a 'garantia do direito à convivência familiar a todas e crianças e adolescentes'. Por sua vez, o artigo 43 do ECA estabelece que 'a adoção será deferida quando apresentar reais vantagens para o adotando e fundar-se em motivos legítimos'.

4. Mister observar a imprescindibilidade da prevalência dos interesses dos menores sobre quaisquer outros, até porque está em jogo o próprio direito de filiação, do qual decorrem as mais diversas consequências que refletem por toda a vida de qualquer indivíduo.

5. A matéria relativa à possibilidade de adoção de menores por casais homossexuais vincula-se obrigatoriamente à necessidade de verificar qual é a melhor solução a ser dada para a proteção dos direitos das crianças, pois são questões indissociáveis entre si.

6. Os diversos e respeitados estudos especializados sobre o tema, fundados em fortes bases científicas (realizados na Universidade de Virgínia, na Universidade de Valência, na Academia Americana de Pediatria), 'não indicam qualquer inconveniente em que crianças sejam adotadas por casais homossexuais, mais importando a qualidade do vínculo e do afeto que permeia o meio familiar em que serão inseridas e que as liga a seus cuidadores'.

7. Existência de consistente relatório social elaborado por assistente social favorável ao pedido da requerente, ante a constatação da estabilidade da família. Acórdão que se posiciona a favor do pedido, bem como parecer do Ministério Público Federal pelo acolhimento da tese autoral.

8. É incontroverso que existem fortes vínculos afetivos entre a recorrida e os menores – sendo a afetividade o aspecto preponderante a ser sopesado numa situação como a que ora se coloca em julgamento.

9. Se os estudos científicos não sinalizam qualquer prejuízo de qualquer natureza para as crianças, se elas vêm sendo criadas com amor e se cabe ao Estado, ao mesmo tempo, assegurar seus direitos, o deferimento da adoção é medida que se impõe.

10. O Judiciário não pode fechar os olhos para a realidade fenomênica. Vale dizer, no plano da 'realidade', são ambas, a requerente e sua companheira, responsáveis pela criação e educação dos dois infantes, de modo que a elas, solidariamente, compete a responsabilidade.

11. Não se pode olvidar que se trata de situação fática consolidada, pois as crianças já chamam as duas mulheres de mães e são cuidadas por ambas como filhos. Existe dupla maternidade desde o nascimento das crianças, e não houve qualquer prejuízo em suas criações.

12. Com o deferimento da adoção, fica preservado o direito de convívio dos filhos com a requerente no caso de separação ou falecimento de sua companheira. Asseguram-se os direitos relativos a alimentos e sucessão, viabilizando-se, ainda, a inclusão dos adotandos em convênios de saúde da requerente e no ensino básico e superior, por ela ser professora universitária.

13. A adoção, antes de mais nada, representa um ato de amor, desprendimento. Quando efetivada com o objetivo de atender aos interesses do menor, é um gesto de humanidade. Hipótese em que ainda se foi além, pretendendo-se a adoção de dois menores, irmãos biológicos, quando, segundo dados do Conselho Nacional de Justiça, que criou, em 29 de abril de 2008, o Cadastro Nacional de Adoção, 86% das pessoas que desejavam adotar limitavam sua intenção a apenas uma criança.

14. Por qualquer ângulo que se analise a questão, seja em relação à situação fática consolidada, seja no tocante à expressa previsão legal de primazia à proteção integral das crianças, chega-se à conclusão de que, no caso dos autos, há mais do que reais vantagens para os adotandos, conforme preceitua o artigo 43 do ECA. Na verdade, ocorrerá verdadeiro prejuízo aos menores caso não deferida a medida."[18]

Na verdade, atendo-se a apenas um aspecto da ementa, os referidos "estudos especializados sobre o tema, fundados em fortes bases científicas (realizados na Universidade de Virgínia, na Universidade de Valência, na Academia Americana de Pediatria)", partem de averiguações dirigidas dentro de uma concepção predeterminada, não revelando ciência alguma.

---

[18] REsp. nº 889852/RS. Rel. Min. Luis Felipe Salomão. 4ª Turma, j. 27.04.2010, *DJe* 10.08.2010.

484 • Direito de Família | *Arnaldo Rizzardo*

Como se não bastasse, o entendimento foi proclamado na Tese nº 18 de Jurisprudência em Teses, do STJ: "Não há óbice à adoção feita por casal homoafetivo desde que a medida represente reais vantagens ao adotando".

Há a referência de dois acórdãos para dar suporte ao enunciado: REsp 1281093/SP, Rel. Ministra Nancy Andrighi, Terceira Turma, julgado em 18.12.2012, *DJe* 04.02.2013; REsp 889852/RS, Rel. Ministro Luis Felipe Salomão, Quarta Turma, julgado em 27.04.2010, *DJe* de 10.08.2010.

8. CONSENTIMENTO DO CÔNJUGE DO ADOTANTE

Há tempo que reina alguma dissidência, na doutrina, se o adotante precisa do consentimento de seu cônjuge para adotar. Antônio Chaves, retratando várias opiniões a respeito, manifesta-se sobre a necessidade: "Ora, se até para praticar atos de natureza simplesmente patrimonial um cônjuge necessita da anuência do outro, como se poderia prescindir desse assentimento para a prática de tão importante ato, que é a adoção, envolvendo toda a vida do casal, e trazendo definitivamente para o lar uma pessoa nova, a qual passa a ser tratada como se fosse um filho legítimo ou de sangue, e que deve viver a vida quotidiana participando de todas as alegrias e de todos os sofrimentos, o que exige trabalhos e sacrifícios da parte dos pais adotivos."[19]

No entanto, a verdade é que inexiste uma obrigação legal. A legislação anterior e o vigente Código Civil omitiram alguma norma a respeito do assunto. Nada impõe o consentimento do cônjuge, apesar das inúmeras inconveniências que poderão advir para a vida conjugal da sua ausência. Bem ficou salientado na Apelação Cível nº 136.546.4/3, da 5ª Câmara de Direito Privado do TJ de São Paulo, julgada em 13.04.2000 (*ADV Jurisprudência*, nº 23, p. 364, de 11.06.2000) que "a adoção é um ato íntimo, posto que cria o mais importante vínculo existente, que é o de filiação". Unicamente se constar no nome do casal como adotante é necessária a manifestação de vontade do cônjuge.

Todavia, para evitar abalos nas relações conjugais, conveniente a perfeita sintonia do casal no propósito de adotar. Do contrário, a unilateralidade do ato pode ensejar motivo para a separação judicial.

Em várias hipóteses dispensa-se o consentimento. Assim, se ausente o cônjuge, nem se exige a declaração de ausência, o que imporia a espera por longos anos para conseguir o reconhecimento da presunção da morte. Essa mesma dispensa prevalece na situação de incapacidade do cônjuge, porquanto se encontra impossibilitado de expressar a vontade.

Nas mais variadas formas de separação – a judicial ou a de fato –, e mesmo na separação de corpos, e com sobradas razões no divórcio, não se pode cogitar do consentimento do cônjuge ou ex-cônjuge, pois, do contrário, se inviabilizaria a própria adoção. Parece óbvio que seria negada a concordância, por motivos de ressentimento e mesmo de vingança. A desagregação do casamento retira qualquer motivação para se recomendar a consulta e a aprovação do outro consorte, justamente em virtude de inexistir a comunhão de vida.

9. CONSENTIMENTO DOS PAIS OU REPRESENTANTES PARA A ADOÇÃO, E CONCORDÂNCIA DO ADOTANDO SE CONTAR COM MAIS DE DOZE ANOS

Requisito indispensável para a adoção é o consentimento de ambos os pais de sangue, se o adotando for menor ou incapaz. No processo de adoção, figurará a presença tanto

---

[19] *Adoção, Adoção Simples e Adoção Plena*, obra citada, p. 75.

do pai como da mãe. Cabendo o poder familiar conjuntamente ao pai e à mãe, realça a existência da presença dos dois, o que, aliás, também se impunha anteriormente à vigência da Constituição de 1988.

Se um dos progenitores exerce sozinho o poder familiar, por destituição do outro, ou por suspensão do exercício, mesmo assim é imprescindível o consentimento deste último. É que, relativamente a terceiros, deve assegurar-se a preferência ao pai ou à mãe natural a ter o filho junto a si, pois é viável que tenham se alterado as situações que determinam a privação do exercício do referido poder familiar.

Com mais razão mostra-se imprescindível o consentimento de ambos os progenitores quando persiste o poder familiar com os dois, mas somente um está com a guarda do filho. Nesta linha já orientava o ensinamento de Pontes de Miranda: "Mas se o menor está sob o pátrio-poder, tendo o outro cônjuge a guarda, não seria de admitir que só o genitor que tem a guarda houvesse de assentir; hão de assentir os genitores, ainda que só um tenha a guarda, pois que é pressuposto necessário à representação ou à assistência pelo titular do pátrio poder, tutor ou curador."[20]

Consta da Lei nº 8.069, em seu art. 45, a necessidade do consentimento dos pais ou do representante legal: "A adoção depende do consentimento dos pais ou do representante legal do adotando." No § 2º do mesmo artigo reclama-se o consentimento do adotando, se já maior de doze anos de idade: "Em se tratando de adotando maior de 12 (doze) anos de idade, será também necessário o seu consentimento."

Mostram-se salutares a prévia ouvida e a manifestação expressa do adotando, porquanto deverá se apurar a presença de sintonia e mútuo desejo, o que se faz necessário para possibilitar a convivência. Mesmo a evidente falta de amadurecimento do adotando, já tem noção do que lhe convém e sabe externar os sentimentos pessoais e preferências. Daí a sua inquirição, quando exporá a sua posição, dizendo dos motivos que eventualmente o levam a discordar que seja adotado. Terá o juiz elementos para a correta apreciação, e decidir pelo deferimento ou não da adoção.

Dispensa-se o consentimento se desconhecidos os pais, ou se lhe foi retirado o poder familiar, por imposição do § 1º do art. 45 da Lei nº 8.069, também em redação da Lei nº 12.010/2009: "O consentimento será dispensado em relação à criança ou adolescente cujos pais sejam desconhecidos ou tenham sido destituídos do poder familiar."

Importante a perfeita compreensão do preceito. Em duas hipóteses é dispensado o consentimento: se desconhecidos os pais ou se destituídos do poder familiar. O consentimento é apropriado se a adoção envolver menor em situação normal. Não quando se está diante de menor exposto ou abandonado, sendo desconhecidos, desaparecidos ou destituídos do poder familiar os pais.

O sentido de pais desconhecidos não se restringe à falta de endereço. Importa em um alcance mais profundo: não é sabido sequer o nome dos pais, pois não é encontrado o registro de nascimento, nem existem informações a respeito do paradeiro deles. Não há viabilidade de ingressar com uma ação de destituição do poder familiar.

Várias regras aparecem nos parágrafos do art. 166, trazidas pela Lei nº 12.010/2009, sobre o consentimento.

Pelo § 1º, em função do texto da Lei nº 13.509/2017, em havendo concordância dos pais, o juiz:

---

[20] *Tratado de Direito Privado*, obra citada, vol. IX, p. 187.

"I – na presença do Ministério Público, ouvirá as partes, devidamente assistidas por advogado ou por defensor público, para verificar sua concordância com a adoção, no prazo máximo de 10 (dez) dias, contado da data do protocolo da petição ou da entrega da criança em juízo, tomando por termo as declarações;

II – declarará a extinção do poder familiar".

O § 2º ordena que se orientem os pais sobre os efeitos do consentimento dos titulares do poder familiar, devendo ser "precedido de orientações e esclarecimentos prestados pela equipe interprofissional da Justiça da Infância e da Juventude, em especial, no caso de adoção, sobre a irrevogabilidade da medida".

Não basta o simples encaminhamento, ao juiz, de uma petição. Mister que se ouçam os pais e outros detentores do poder familiar, com o direito de sigilo, conforme o § 3º, na letra da Lei nº 13.509/2017: "São garantidos a livre manifestação de vontade dos detentores do poder familiar e o direito ao sigilo das informações."

Deste modo, em vista do § 4º, também na modificação da Lei nº 13.509/2017, "o consentimento prestado por escrito não terá validade se não for ratificado na audiência a que se refere o § 1º deste artigo".

Importante observar o § 5º, na redação da Lei nº 13.509/2017, pelo qual "o consentimento é retratável até a data da realização da audiência especificada no § 1º deste artigo, e os pais podem exercer o arrependimento no prazo de 10 (dez) dias, contado da data de prolação da sentença de extinção do poder familiar".

De acordo com o § 6º, para a sua validade deve ser dado após o nascimento da criança.

Por último, pelo § 7º, vindo com a Lei nº 13.509/2017, "a família natural e a família substituta receberão a devida orientação por intermédio de equipe técnica interprofissional a serviço da Justiça da Infância e da Juventude, preferencialmente com apoio dos técnicos responsáveis pela execução da política municipal de garantia do direito à convivência familiar".

10. ADOÇÃO POR TUTOR OU CURADOR

Na forma do art. 44 da Lei nº 8.069, autoriza-se a adoção por tutor ou curador, desde que prestadas as contas da administração e desde que sejam saldadas as obrigações porventura existentes.

É necessário salvaguardar o interesse dos menores. Embora, na prática, dificilmente se verifique a hipótese, convém acrescentar que o tutor e o curador, antes de promoverem a formalização da adoção, devem exonerar-se do cargo que exercem. Do contrário, já lembrava Antônio Chaves, com a mantença nos cargos, importaria no absurdo de figurar apenas um agente a praticar um ato consensual, reunindo a qualidade de outorgante e outorgado, simultaneamente.[21]

Adotando o tutor ou o curador, e tendo o menor ou incapaz progenitores, não se prescinde do consentimento destes. Isto porque nunca desaparece, nos pais, o interesse pelos filhos. Por princípio da própria natureza humana, ou por instinto, sempre persiste uma evidente inclinação em favor do bem dos filhos, podendo impugnar a adoção se constarem razões mesquinhas ou escusas subjacentes ao ato.

A obrigatoriedade do consentimento encontra-se no art. 45 da Lei nº 8.069: "A adoção depende do consentimento dos pais ou do representante legal do adotando."

---

[21] *Adoção, Adoção Simples e Adoção Plena*, obra citada, p. 89.

Cap. XX | Adoção • **487**

A dispensa, no entanto, é aceita unicamente "em relação à criança ou adolescente cujos pais sejam desconhecidos ou tenham sido destituídos do poder familiar" (§ 1º do art. 45, em redação da Lei nº 1.010/2009). No caso de maior de doze anos o adotando, indispensável o seu consentimento (§ 2º do art. 45).

De outra parte, não é inviável que tenham se alterado as situações determinantes da tutela ou curatela.

Ao incapaz se autoriza a ação para discordar da adoção, ou anulá-la, até quatro anos após cessar a incapacidade, como se deflui do art. 178, inc. III, do Código Civil, onde está que decai em quatro anos o direito para anular os negócios jurídicos, relativos aos atos dos incapazes, contado o prazo do dia em que cessar a incapacidade.

Por conseguinte, decorrido tal interregno, nem a prestação de contas sob pena de perda da adoção é possível ao adotado pedir. Mas não prestadas as contas, e provada a malversação dos haveres do incapaz, permite-se a exoneração do tutor ou curador, com fulcro nos arts. 1.766 e 1.781 do Código Civil. Configura-se, aí, a negligência ou prevaricação.

11. IRREVOGABILIDADE DA ADOÇÃO

Ao adotado autorizava o art. 373 do Código Civil de 1916 desligar-se da adoção, desde que o fizesse no ano imediato ao em que cessasse a menoridade ou a interdição. Só com a aquisição da capacidade a lei de então permitia o rompimento de um vínculo imposto artificialmente, e que desagradava aos adotados. Era a justificação de Washington de Barros Monteiro: "Os incapazes não têm suficiente discernimento para aquilatar a gravidade do ato praticado. Faltam-lhes inteligência e vontade. Natural, portanto, se lhes ressalve a faculdade de resolverem sobre a conveniência ou inconveniência de manterem a adoção, logo que se vejam em condições de fazê-lo, pela cessação da incapacidade."[22]

O art. 374 do mesmo Código apresentava mais hipóteses de dissolução da adoção: I – Quando às duas partes convierem. II – Nos casos em que se permitia a deserdação.

No item primeiro, exigia-se a existência de acordo entre o adotado e os adotantes, se maior aquele; ou entre os que haviam dado o filho em adoção e o adotante.

Se relativamente incapaz o adotado, fazia-se necessária a sua manifestação. A forma procedia-se por meio de escritura pública.

Já a dissolução por ato que admitia a deserdação reclamava a utilização da via judicial.

Várias controvérsias levantavam-se outrora em torno do assunto.

Assim, defendia-se que, advindo a morte do adotante ou do adotado, não podia subsistir a adoção, eis que desaparecia um dos elementos indispensáveis para a formação da figura. Com a morte, não retornava o poder familiar aos pais sanguíneos, eis que se extinguia o mesmo com a adoção. Nem se transferia ao cônjuge do adotante, se casado. Ficava o adotado sem representante legal, impondo-se, então, a nomeação de tutor, ou de curador, se maior e incapaz por doença mental.

Também o reconhecimento do adotado como filho pelo pai de sangue fazia cessar a adoção. A sistemática era simples. Procedia-se a adoção antes do reconhecimento. Mais tarde, ou por ato voluntário do pai, ou por decisão judicial, vinha o reconhecimento do filho.

Duas situações podiam surgir:

---

[22] *Curso de Direito Civil – Direito de Família*, obra citada, p. 267.

488 • Direito de Família | *Arnaldo Rizzardo*

A primeira, quando o pai natural era o adotante. Aí cessava a adoção porque revelava-se mais importante ou fundamental a filiação. Evidente que não havia por que perdurar a continuidade da adoção. As finalidades por esta colimadas passavam a ser cumpridas em razão da filiação reconhecida.

A segunda envolvia o reconhecimento do filho por pessoa que não fosse o pai adotivo. Deveria prevalecer a adoção ou a paternidade firmada no ato do reconhecimento?

Por ser mais natural a filiação sanguínea, esta passaria a prevalecer, com a extinção da adoção. Não se facultava privar a criança da verdadeira filiação.

Mostrava Antônio Chaves que este constituía o sistema mais aceito: "O Código Civil italiano, art. 310, e a lei húngara de família, art. 54, declaram a cessação da adoção no caso de legitimação e reconhecimento, respectivamente, do adotado realizado pelo adotante; a última estende explicitamente mencionada consequência ao caso em que uma sentença definitiva ou um matrimônio posterior acarretam o reconhecimento do adotante como pai do adotado. O Código Civil belga ocupa-se do reconhecimento ou legitimação feitos por um terceiro, para deixar assentado que, isso não obstante, a adoção subsiste."[23]

Observavam Planiol e Ripert: "La adopción, en principio, como todo acto que concierne al estado civil de las personas, es perpetua; sin embargo, termina el pleno derecho, si se trata de un hijo natural legitimado con posteridad. Como la legitimación produce efectos más completos que a adopción, la hace desaparecer; pero si por efecto de una impugnación se anulara la legitimación, la adopción que daría restablecida."[24]

Desde, no entanto, o Estatuto da Criança e do Adolescente, apareceu uma radical mudança: não mais se extingue a adoção. Eis a norma do art. 39, § 1º, da Lei nº 8.069, alterada pela Lei nº 12.010/2009: "A adoção é medida excepcional e irrevogável, à qual se deve recorrer apenas quando esgotados os recursos de manutenção da criança ou adolescente na família natural ou extensa, na forma do parágrafo único do art. 25 desta Lei." Anteriormente à Lei nº 12.010/2009, vinha a disposição no art. 48, nestes termos: "A adoção é irrevogável."

Em sequência, coerente a norma do art. 49, no texto da Lei nº 12.010/2009: "A morte dos adotantes não restabelece o poder familiar dos pais naturais."

Tudo decorre da norma do art. 41, que estabelece os efeitos da adoção: "A adoção atribui a condição de filho ao adotado, com os mesmos direitos e deveres, inclusive sucessórios, desligando-o de qualquer vínculo com os pais e parentes, salvo os impedimentos matrimoniais."

Nesta concepção, inútil estabelecer normas sobre a não cessação da adoção com a morte do adotado ou dos adotantes, ou sobre a permanência do vínculo. Se alguma regra se editasse, estar-se-ia fazendo a distinção entre filhos. Assim como não cessa o vínculo da filiação com a morte dos pais naturais, o mesmo acontece no caso da adoção. Tanto não se tolera abdicar da filiação natural como da nascida da adoção.

Todavia, considerando a natureza constitutiva da decisão que decide o processo de adoção, e não meramente homologatória, admite-se a ação rescisória para desconstituir a sentença que julgou o processo de adoção. Será procedente a ação se verificada alguma das hipóteses do art. 966 do atual CPC. De observar a seguinte decisão do STJ:

"Recurso especial. Processual civil (CPC/73). Ação rescisória. Sentença homologatória de adoção. Ação rescisória. Cabimento.

---

[23] *Adoção, Adoção Simples e Adoção Plena*, obra citada, p. 424.
[24] *Tratado Práctico de Derecho Civil Frances*, obra citada, vol. II, p. 171.

1. Controvérsia em torno do cabimento de ação rescisória contra a sentença que decide o processo de adoção.

2. Polêmica em torno da natureza da sentença prolatada no processo de adoção: meramente homologatória ou constitutiva.

3. Julgados do STJ no sentido de que 'a sentença que decide o processo de adoção possui natureza jurídica de provimento judicial constitutivo, fazendo coisa julgada material, não sendo a ação anulatória de atos jurídicos em geral, prevista no art. 486 do Código de Processo Civil, meio apto à sua desconstituição, sendo esta obtida somente pela via da ação rescisória, sujeita a prazo decadencial, nos termos do art. 485 e incisos do Código de Processo Civil', (REsp 1.112.265/CE).

4. Recurso especial provido".[25]

12. O PODER FAMILIAR NA ADOÇÃO E OBRIGAÇÃO ALIMENTAR

Do art. 378 do Código de 1916 exsurgia que o poder familiar, então com o nome de pátrio poder, era transferido dos pais naturais para o pai adotivo, o que também se depreende do art. 392, inc. IV.

O Código de 2002, no art. 1.635, arrola a adoção como causa de extinção do poder familiar.

É decorrência normal da adoção essa transferência, pois não se justifica o exercício conjunto entre os pais de sangue e o pai adotivo, ou a mãe adotiva, ou a continuação com aqueles, quando o filho passou a conviver com o último ou a última.

Pontes de Miranda explicava com profundidade essa transferência: "Também perde o pai ou a mãe o pátrio poder, quando alguma pessoa adota o filho, pois que, em tal espécie, o pátrio poder acaba ao pai ou à mãe natural e nasce para o pai ou a mãe adotiva. Na técnica da lei, o pátrio-poder cessa, pois o art. 392, IV, inclui entre os casos de extinção do pátrio poder a hipótese da adoção que, no entanto, conforme o disposto no art. 378, transferiria o pátrio poder ao adotante."[26]

E se os pais adotantes morrerem, retorna aos pais sanguíneos o poder familiar?

Como se depreende da natureza hoje dada à espécie, a resposta é negativa, eis que o art. 1.635, inc. IV, é peremptório em estatuir que se extingue o poder familiar com a adoção. Permanecem os laços sanguíneos, que não cessaram durante a adoção, unicamente quanto aos impedimentos para o casamento. Todavia, não retorna o direito dos anteriores pais relativamente ao poder familiar.

Há outra situação.

Atualmente, é certo que ambos os pais exercem conjuntamente o poder marital. Consequentemente, os dois hão de consentir quanto à adoção. Não mais é cogitável a lavratura do ato por um dos pais apenas, o que ensejava forte dissidência jurisprudencial anteriormente à vigente Constituição.

Entrementes, como ocorria anteriormente à atual ordem constitucional, a adoção não impede a permanência da guarda com um dos pais naturais. E quando morre o adotante, embora não se restabeleça o poder familiar na pessoa do progenitor natural, concentra-se o mesmo poder somente naquele que antes o desempenhava, isto é, no progenitor que não passou a adoção.

Embora não retorne o poder familiar ao pai ou aos pais naturais, nada impede que qualquer deles seja nomeado tutor.

---

[25] REsp 1.616.050/MS, Rel. Min. Paulo de Tarso Sanseverino, 3ª Turma, j. em 15.05.2018, *DJe* 18.05.2018.

[26] *Tratado de Direito Privado*, obra citada, vol. IX, p. 171.

490 · Direito de Família | *Arnaldo Rizzardo*

Esta a lição de Pontes, ao salientar que o progenitor natural pode ser nomeado tutor, e "seus atos serão regidos pelas regras que são relativas à tutela, e não ao pátrio poder".[27]

A obrigação alimentar não pode ser procurada junto aos pais que fizeram a adoção, eis que os liames com a família natural ficam totalmente suprimidos. No direito do Código Civil de 1916, permanecia a obrigação alimentar, segundo o entendimento da época, argumentando em torno do então art. 378, não reproduzido pelo Código Civil em vigência: "Pela adoção se transfere o pátrio poder aos pais adotivos." Assim como é da essência do poder familiar criar e educar o menor, competiria aos pais adotivos, que o representam atualmente, a obrigação de alimentá-lo.

Contudo, esquecida ficou a primeira parte do art. 378 do Código Civil de 1916, que serviu como base para a decisão. Diz o referido artigo: "Os direitos e deveres que resultam do parentesco natural não se extinguem pela adoção, exceto o pátrio-poder, que será transferido do pai natural para o adotivo."

Não se nega, portanto, que o poder familiar foi transferido de um para o outro. Continuaram, porém, existindo os direitos e deveres oriundos do parentesco natural, o qual é indelével, exatamente por natural e nem é negado nos autos pelo apelado.

E o insigne Clóvis Beviláqua, com autoridade, comentando dito artigo, dizia: "A adoção coloca o filho adotivo em uma posição especial. Fá-lo adquirir todos os direitos de filho legítimo do adotante, sem perder os que, anteriormente, possuía em relação à sua família natural, que subsistem íntegros, como se não sobreviesse a adoção. Há, para ele, apenas um acréscimo de direitos. Quanto aos deveres, subsistem os que não entram em conflito com sua posição" (*Código Civil Comentado*, edição histórica, comentários ao art. 378).

Ora, como filho adotivo, não perdeu o autor o direito a alimentos e socorro, quando necessário e impossível de obtenção junto ao pai adotivo. Porém, no conflito entre os dois pais, sua obediência será para o adotivo, visto que ele detém o pátrio poder, por exemplo.

Assim, ao ceder o poder familiar sobre o filho, entregando-o aos pais adotivos, por adoção simples, não se livrou o pai legítimo dele, como de uma carga incômoda, visto que jungidos, ambos, pelo vínculo comum da natureza.

Destarte, apurada a impossibilidade do pai adotivo, cabe ao pai natural o ônus, por direito natural, de sangue, de satisfazer a obrigação, até que tenha condições o adotivo de cumprir sua obrigação.[28]

13. PARENTESCO RESULTANTE DA ADOÇÃO

A respeito do parentesco que advém da adoção, ordenava o art. 376 do Código Civil anterior: "O parentesco resultante da adoção (art. 336) limita-se ao adotante e ao adotado, salvo quanto aos impedimentos matrimoniais, a cujo respeito se observará o disposto no art. 183, III e V." Alterando tal regime, prescreveu o art. 41 da Lei nº 8.069: "A adoção atribui a condição de filho ao adotado, com os mesmos direitos e deveres, inclusive sucessórios, desligando-o de qualquer vínculo com pais e parentes, salvo os impedimentos matrimoniais."

Há de se observar o disposto no § 1º do art. 41. O vínculo criado com o adotante e seus parentes não afeta aqueles vínculos do pai ou mãe do adotado e respectivos parentes. Prossegue a relação antes existente, afastando-se, evidentemente, somente a que ligava o adotado ao progenitor substituído.

---

[27] *Tratado de Direito Privado*, obra citada, vol. IX, p. 172.

[28] TJSP. Apel. Cível nº 107.590-1. 2ª Câm. Civil, de 04.04.1989, *Revista de Jurisprudência do TJ de São Paulo*, Lex Editora, 120/22.

Cap. XX | Adoção • **491**

É comum, aliás, a adoção, pelo cônjuge ou companheiro, dos filhos de seu cônjuge ou companheiro, concordando o ex-cônjuge ou ex-companheiro; ou simplesmente em face da destituição do poder familiar, dado o completo abandono e desinteresse pela prole.

Subsistem, porém, os impedimentos para casar, contemplados no art. 1.521, incisos III e V, isto é, não podem casar o adotante com quem foi cônjuge do adotado e o adotado com quem foi do adotante; nem o adotado com o filho do adotante. Por serem de interpretação restrita as disposições, concluía Pontes da Miranda, em análise ao sistema antigo, que poderiam casar "o viúvo do adotante com o do adotado; o filho do adotado com o filho do adotante; o adotado com a irmã do adotante; o adotante com a irmã do adotado etc."[29] Entrementes, não subsiste esta exegese da lei antiga, porquanto, pelo Código Civil em vigor, diante da absoluta igualdade entre os filhos naturais e os adotivos, o chamado parentesco civil e o de sangue se equivalem. De sorte que ampliam-se os demais impedimentos indicados no art. 1.521, além daqueles dos incisos III e V. Por outros dizeres, estão proibidos de casar os que se tornaram ascendentes do adotado, pela adoção, com ele ou seus filhos; os afins em linha reta, e os colaterais até o terceiro grau.

Importantes decorrências advêm com a extensão do parentesco aos membros da família do adotante.

Poderá o filho do adotivo pleitear alimentos junto ao cônjuge, aos pais e aos filhos carnais do adotante. E mais: terá o direito de herdar do irmão e do próprio irmão do adotante.

Essa conclusão já decorria do art. 227, § 6°, da Constituição da República. Eis a redação: "Os filhos havidos ou não da relação do casamento, ou por adoção, terão os mesmos direitos e qualificações, proibidas quaisquer designações discriminatórias relativas à filiação."

Omar Gama Ben Kauss, temeroso ante a alteração da ordem que antes dominava, alardeava a seguinte interpretação: "Parece-nos que a igualdade constitucional referida é tão somente em relação aos pais, pai ou mãe adotivos, não ultrapassando o limite estabelecido pelo Código, isto é, na relação de parentesco com os pais não há diferença entre os filhos. Depreende-se, portanto, que o adotivo não entra efetivamente para a família do adotante."[30]

No entanto, nada mais equivocado.

Havia, também, a interpretação que mantinha a disposição do art. 376 para aquelas adoções feitas segundo o Código Civil da época, por escritura pública, envolvendo maiores de dezoito anos, e sem a interferência da Lei n° 8.069.

14. DIREITOS SUCESSÓRIOS

Prescrevia o art. 377 do Código Civil de 1916: "Quando o adotante tiver filhos legítimos, legitimados ou reconhecidos, a relação de adoção não envolve a de sucessão hereditária."

Em princípio, pois, não herdaria o filho adotado pelo regime daquele Código Civil, se o adotante tivesse filhos de sangue.

No entanto, constava do art. 1.605, § 2°, também do citado Código: "Ao filho adotivo, se concorrer com legítimos, supervenientes à adoção (art. 368), tocará somente metade da herança cabível a cada um destes."

---

[29] *Tratado de Direito Privado*, obra citada, vol. IX, p. 194.
[30] Obra citada, p. 31.

492 • Direito de Família | *Arnaldo Rizzardo*

Chegou-se a cogitar da igualdade de todos os filhos, independentemente da natureza da filiação, em direito sucessório, por força do art. 51 da Lei n° 6.515, de 1977, que deu a seguinte redação ao art. 2° da revogada Lei n° 883, de 1949: "Qualquer que seja a natureza da filiação, o direito à herança será reconhecido em igualdade de condições."

Todavia, o art. 51 acima se restringia expressamente à Lei n° 883/49. Este diploma, por sua vez, não tratava da filiação adotiva, e sim do reconhecimento de filhos ilegítimos. A igualdade firmada em seu art. 2°, com a redação da Lei n° 6.515/77, dizia respeito apenas aos filhos havidos fora ou dentro do casamento.

Por conseguinte, manteve-se a desigualdade, que veio a ser arredada com a Constituição de 1988, art. 227, § 6°, onde exsurge expressamente o reconhecimento dos mesmos direitos a todos os filhos.

Mas a questão não era tão simples, no regime anterior ao Código de 2002. Havia forte dissídio doutrinário a respeito, sustentando uma corrente que diz que a igualdade constitucional se restringe exclusivamente às adoções regidas pela Lei n° 8.069/90. Isso porque se devia combinar o § 6° do art. 227 do texto constitucional com o *caput* do mesmo dispositivo: a igualdade limitar-se-ia à adoção de menores porque exclusivamente às crianças e aos adolescentes se dirige o *caput* do art. 227.

Inúmeras outras razões vinham adotadas, como as enumeradas por Antônio Chaves. "A adoção de pessoas com mais de dezoito anos fere a finalidade do próprio instituto, pois não há razão em proteger pessoa com idade superior através da adoção, quando muitas outras formas existem. Daí se extrair que outros objetivos, em geral escusos ou duvidosos, estão por baixo da adoção após aquela idade, em geral patrimoniais ou de puro interesse econômico. Ademais, se a adoção visa sobretudo o exercício do pátrio poder, em sendo o maior adotado, não há uma justificação que leve à adoção."[31]

Ocorre que o art. 227, em seus vários parágrafos, trata de outros assuntos, e não apenas de crianças e adolescentes. Assim no § 2°, quando prevê a proteção que se deve dispensar às pessoas portadoras de deficiências físicas ou mentais, que não se limitam àquelas previstas no *caput* do art. 227.

Além disso, o texto constitucional expressamente impõe que os filhos havidos por adoção terão os mesmos direitos e qualificações que aqueles biológicos, ou nascidos durante o casamento. Não há algum indício, no referido texto, para se diferenciar o tratamento. Como proceder a distinção se o legislador constituinte não o fez? A seguir-se tal posicionamento, tomar-se-iam duas classes de adotivos: uma, com todos os direitos, idênticos aos dos filhos biológicos; a outra com somente alguns direitos, quando ambas as espécies de adoção conduzem ao mesmo resultado, que é tornar uma pessoa filha de outra.

Nem as razões de Antônio Chaves se revelavam fortes de modo a convencer o contrário, além de se revestirem de caráter sociológico. É verdade que muitas adoções, envolvendo pessoas adultas, encerravam mais uma razão materialista e interesseira. Mas não podia este elemento ser levado a uma regra geral. Existiam e existem adoções que refletem, sobretudo, uma forte aproximação afetiva e pessoal de cada um. Forma-se entre o adotante e o filho uma comunhão de interesses, ideias e sentimentos paterno-filiais, tornando difícil generalizar o puro interesse econômico.

De outro lado, justamente em vista de uma das finalidades da adoção, que é de propiciar filhos aos que não podem tê-los, embora atualmente domine o caráter assistencial, já à época mostrava-se de todo inviável afastar a igualdade jurídica dos efeitos, por se

---

[31] *Adoção, Adoção Simples e Adoção Plena*, obra citada, pp. 607 e segs.

Cap. XX | Adoção • 493

entender que não teria sentido a adoção acima de dezoito anos, eis que desaparecia o poder marital ao atingir a pessoa a maioridade. Sempre permanecia um dos fulcros da adoção, que era e é de dar filhos aos que não podiam ou não podem tê-los naturalmente. Por isso, não se justificava afastar a igualdade de direitos com os adotados menores de dezoito anos, sob aquele argumento.

Era defendida, ainda, a possibilidade de o filho adotivo herdar do pai adotivo e do pai sanguíneo.

Em outro passo, o pai sanguíneo podia herdar do filho, embora adotado por terceira pessoa. Bastava ler os artigos 378 e 1.609 da lei civil revogada, para se concluir de tal modo.

Expressava o primeiro dispositivo: "Os direitos e deveres que resultam do parentesco natural não se extinguem pela adoção, exceto o pátrio-poder, que será transferido do pai natural para o pai adotivo." Vê-se que somente o poder familiar se transferia.

E o art. 1.609: "Falecendo sem descendência o filho adotivo, se lhe sobreviverem os pais e o adotante, àqueles tocará por inteiro a herança."

Unicamente na falta dos pais sanguíneos herdaria o adotante, com preferência a outros herdeiros (exceto os descendentes), diante do parágrafo único: "Em falta dos pais, embora haja outros ascendentes, devolve-se a herança ao adotante."

Nada mais prevalece das disposições acima. Com a adoção, cessa qualquer vínculo com a família anterior, tanto no sentido hereditário como em outros campos, em face da clareza da regra do art. 41 da Lei nº 8.069: "A adoção atribui a condição de filho ao adotado, com os mesmos direitos e deveres, inclusive sucessórios, desligando-o de qualquer vínculo com os pais e parentes, salvo os impedimentos matrimoniais."

15. REPRESENTAÇÃO DOS FILHOS DO ADOTADO NA SUCESSÃO DO ADOTANTE

Justamente em vista do art. 41 da Lei nº 8.069, todos os direitos assegurados ao filho de sangue passam para os filhos adotivos. Nesta ordem, os filhos do adotado necessariamente herdam, por direito de representação, nos bens que ficam por morte do adotante. Já era assim no direito anterior, como anotava Walter Moraes: "Na adoção, a integração jurídica do adotado na família do adotante, se limita ao adotante, não se estendendo aos demais parentes seus. Mas há filiação (vínculo definitivo de solidariedade), conquanto incompleta. O caráter definitivo está marcado na regra que não lhe permite condição, nem termo. E como filiação tem continuidade, estende-se ao descendente do adotado. Prova disso é o art. 1605, combinado com o art. 1604 do Código Civil. Aquele equipara as posições sucessórias. Este diz a regra da linha descendente por cabeça e por estirpe, sem reparos."[32] O art. 1.604 acima referido equivale ao art. 1.835 do vigente Código, enquanto o art. 1.604 não veio reproduzido, dada a sua redação discriminatória em relação aos filhos não havidos durante o casamento.

Herdam os filhos por direito de representação. É que o adotado adquire um direito: o de sucessor dentro de certos parâmetros. E este direito de sucessão é transmitido aos filhos. Com a qualidade de herdeiro do adotado, necessariamente terá o filho o direito de suceder por representação. Merecem ser transcritos os seguintes ensinamentos de Abner C. L. Vasconcelos, colhidos na obra de Antônio Chaves. "Na adoção, o filho adotado

---

[32] *Adoção e Verdade*, São Paulo, RT, 1974, p. 115.

494 • Direito de Família | *Arnaldo Rizzardo*

não herda propriamente por ser neto do adotante, mas, sobretudo, por ser titular de um direito de sucessão que, na ausência de lei proibitiva, lhe transmitiu seu pai, o adotado. Colocado no lugar deste, por sua morte, necessariamente sobrevive o direito nascido do contrato de adoção e, sem que a lei o tire, não há margem para restrição sucessória."[33]

16. REPRESENTAÇÃO DO ADOTADO NA SUCESSÃO DOS PAIS DO ADOTANTE

O filho adotivo representa o adotante, ou seu pai civil, como se denominava outrora, na sucessão dos pais deste.

A questão era diferente no regime do Código Civil de 1916. Isso porque, em face de seu art. 376, o parentesco limitava-se a adotante e adotado, menos quanto aos impedimentos matrimoniais.

De acordo com o art. 377 do mesmo Código, quando o efeito envolvia a sucessão, dava-se o direito à sucessão caso o adotante não tivesse filhos sanguíneos.

Pontes de Miranda, após a análise da posição um tanto contraditória de Clóvis Beviláqua, que inadmitia esta sucessão, e defendia a representação do filho do adotado na sucessão do adotante, mostrou-se visceralmente contrário a tal sucessão, bem como àquela "dos filhos do adotado em relação ao adotante, em vista do art. 1.618 do Código Civil".[34]

Efetivamente, o art. 1.618 colocava um óbice intransponível a qualquer direito quando a representação visava substituir o adotante na sucessão de seus parentes, pois estatuía: "Não há direito de sucessão entre o adotado e os parentes do adotante."

Segundo uma corrente de pensamento que predominava, razões de ordem humana e mesmo jurídica impediam a sucessão. Não seria justo que os pais do adotante ficassem preteridos pelo filho adotivo, na contemplação da herança. Mesmo que não mais vivessem os ascendentes, transferia-se a herança aos irmãos e outros parentes, de acordo com a ordem sucessória estabelecida pelo art. 1.603 do Código Civil de 1916. Era o que se impunha para evitar a quebra da primazia do parentesco sanguíneo, frente ao civil, mantendo-se apenas a igualdade no círculo restrito dos pais e filhos.

Diante do art. 227, § 6º, da Constituição Federal, entrementes, não mais imperou o tratamento diferenciado entre filhos sanguíneos e filhos adotados.

Por conseguinte, o adotado passou a representar o adotante na sucessão dos ascendentes deste último. Falecendo o adotante antes de seus pais, será ele representado pelo filho civil, isto é, pelo adotado, juntamente com os demais filhos, o que veio a se confirmar, em esfera legal inferior, através da Lei nº 8.069 e do Código Civil de 2002.

17. EFEITOS DA ADOÇÃO EFETUADA ANTERIORMENTE À CONSTITUIÇÃO DE 1988

Quanto aos adotados, pelas disposições do Código Civil, anteriormente à Constituição de 1988, ficarão favorecidos pela igualdade jurídica hoje imperante?

Terá a Constituição efeito retroativo?

---

[33] Em *Adoção, Adoção Simples e Adoção Plena*, obra citada, p. 296.
[34] *Tratado de Direito Privado*, obra citada, vol. IX, pp. 198 e 199.

A questão sempre foi de solução intrincada e difícil. Afigura-se claro que, ao celebrar-se o ato, os efeitos conhecidos e visados eram outros, bem mais restritos.

É certo, porém, que os efeitos, na adoção, não são contraídos pelas partes, mas decorrem de lei.

Domina, na doutrina, o princípio da separação dos efeitos advindos de um contrato, ou da obrigatória incidência da lei. Quando as pessoas contratam, se submetem automaticamente ao estatuto legal respectivo e aceita aquele que vier a substituir ao anterior. Por outras palavras, os contratantes aceitam o diploma legal imperante, ou o que vier a regular determinado campo de obrigações. Este o pensamento de Paul Roubier, que insiste na submissão dos contratantes ao diploma legal vigente.[35]

Nesta visão, tem maior preponderância, ainda, a submissão das partes ao estatuto legal de ordem pública, como é aquele que regula a adoção e o casamento, cujas regras não são disponíveis. A vontade da lei é que definirá os direitos e os deveres daqueles que celebraram algum ato jurídico. O regime legal em uma época passada pode ser alterado pela lei, já que as partes aceitam o comando da lei que regula ou regulará a matéria.

Na hipótese da adoção, é evidente que se a morte do adotante ocorreu quando do diploma legal anterior, não possibilitará a lei nova uma revisão dos direitos então reconhecidos, ampliando, *v.g.*, o quinhão hereditário.

Neste passo a jurisprudência: "Embora de hierarquia superior e de aplicação imediata, o § 6º do art. 227 da Carta de 1988 não pode retroagir para assegurar o direito à sucessão aberta antes da vigência da Constituição, pois, com a morte, a posse e o domínio da herança se transmitiram aos herdeiros, que tomaram o lugar do defunto, não mais havendo qualquer direito hereditário a ser transmitido."

O voto do relator que dirigiu o acórdão enfatiza: "Quando do advento da Carta, o domínio e a posse da herança já haviam se transmitido aos herdeiros por força do art. 1.572 do CC e, tendo se consolidado tais direitos no patrimônio de terceiros de acordo com a lei vigente à época, não era mais possível a sua transmissão às apelantes. Bem por isso o CC, no art. 1.577, dispõe: 'A capacidade para suceder é a do tempo da abertura da sucessão, que se regulará conforme a lei então em vigor.'"[36]

Em outra decisão: "Como, perante o art. 1.577 do Código Civil, 'a capacidade para suceder é a do tempo da abertura da sucessão, que se regulará conforme a lei então em vigor', conclui-se que, nessa ocasião – falecimento do adotante –, não tinha ele direitos sucessórios. E a Constituição Federal não poderá atingir atos jurídicos aperfeiçoados ante a legislação ora tida por revogada."[37] Observa-se que os arts. citados acima – 1.572 e 1.577 – correspondem, no vigente Código, aos arts. 1.784 e 1.787.

Todavia, o decesso no curso da lei nova, que concede mais direitos, outorga ao adotado os direitos pela mesma introduzidos.

As relações contratuais são regidas pela lei vigente no momento do exercício do direito, máxime em matéria constantemente alterável, e de profundo interesse público. Os efeitos da adoção são disciplinados pela lei nova, não se afigurando relevante a celebração do ato no regime de lei anterior. Do contrário, a mesma situação vivida por diferentes

---

[35] *Le Droit Transitoire – Conflits de Lois dans le Temps*, 2ª ed., Paris, Éditions Dalloz et Sirey, 1960.
[36] TJSC. Apel. Cível nº 35.421. 3ª Câm. Cível, *Revistas dos Tribunais*, 670/147.
[37] TJSP. Agravo de Instrumento nº 121.883-1. 3ª Câm. Civil, de 19.09.1989, *Revista de Jurisprudência do TJ de São Paulo*, Lex Editora, 123/304.

496 • Direito de Família | *Arnaldo Rizzardo*

pessoas se sujeitaria a regramentos diversos, conforme assumido o compromisso sob o comando de cada estatuto.

Outrossim, rege-se a sucessão pela lei vigente ao tempo de sua abertura, inclusive quanto à capacidade de suceder. Sérgio Gischkow Pereira, com o acerto de sempre, raciocina nos termos do art. 1.577 do Código Civil de 1916, cujo conteúdo equivale ao art. 1.787 do Código em vigor, ao sustentar que, com o advento da vigente Constituição, "o adotado passa a ter iguais direitos comparativamente aos filhos legítimos, inclusive no campo sucessório. O art. 1.577 do CC afirma que: 'A capacidade para suceder é a do tempo da abertura da sucessão, que se regulará conforme a lei então em vigor.' Alguns ficarão indignados, alegando que fizeram a adoção sem o objetivo de beneficiar tanto o adotado e nem desejarem prejudicar os filhos biológicos e/ou legítimos. Com toda a vênia, a adoção é ato grave, sério e sublime demais para ser feito sem que se assuma a possibilidade de o filho adotado ser tratado como qualquer outro filho. Afinal, que adoção mesquinha foi celebrada então? Fala-se em violação de ato jurídico perfeito. Errado. Em primeiro lugar, se a própria Constituição quer operar retroativamente, ela tem este poder. Em segundo, não se cogita sequer de efeito retroativo, mas a eficácia imediata, que atua sobre os efeitos o fato jurídico que se estende no tempo".[38]

Linha esta aceita pelos pretórios: "Sucessão hereditária. Filhos adotivos. Efeitos jurídicos da adoção. Impugnação à qualidade de herdeiros. Exclusão equivocada do rol respectivo. Artigos 377 e 1.605, § 2º, do CC. Perda da eficácia.

Além de proibir quaisquer designações, a Carta constitucional vigente corrigiu clamorosa injustiça praticada contra os filhos adotivos, ao estabelecer os mesmos direitos e qualificações em relação aos outros, resgatando, outrossim, o objetivo maior do instituto."

Justifica-se, no acórdão: "A Lei Fundamental, como se vê do § 6º do art. 227, modificou radicalmente os efeitos patrimoniais da adoção, de modo particular no que se refere ao direito sucessório.

Até então, a questão estava assim delineada:

1º) Adotante sem filhos provenientes e superveniente ao adotado. Este tem direito à herança, na condição de descendente (CC, art. 1.603, inc. I).

2º) Adotante com filhos quando da adoção. O ato não envolvia a sucessão hereditária. Em outras palavras, o adotado nada herdava (CC, art. 377).

3º) Adotantes com filhos supervenientes à adoção. O filho adotivo herdava a metade do quinhão do filho consanguíneo – filho legítimo, filho legitimado ou natural reconhecido (CC, art. 1.605, § 2º).

Com o advento da Lei do Divórcio – Lei nº 6.515/77 –, chegou-se a especular acerca da revogação dos dispositivos acima, frente ao disposto em seu art. 51, que alterou a Lei nº 883/49, *verbis*: '... Art. 2º Qualquer que seja a natureza da filiação, o direito à herança será reconhecido em igualdade de condições...'

Ocorre que a lei modificada dispõe apenas sobre o reconhecimento de filhos ilegítimos, constatação que induvidosamente exclui os adotivos.

Assim, a Lei do Divórcio não chegou a alterar a legislação civil pertinente. Hoje, contudo, a carta constitucional corrigiu a clamorosa injustiça praticada contra os filhos

---

[38] "Algumas Questões de Direito de Família na Nova Constituição", *AJURIS – Revista da Associação dos Juízes do RS*, Porto Alegre, nº 45, pp. 151 e 152, 1989.

adotivos, ao estabelecer os mesmos direitos e qualificações em relação aos outros, além de proibir quaisquer designações discriminatórias relativas à filiação.

Relativamente aos direitos sucessórios, pois, perderam a eficácia os dispositivos mencionados.

Pretende-se, outrossim, diante da norma constitucional invocada, que, até mesmo os descendentes do filho adotivo concorrem à sucessão do adotante, tornando-se letra morta o art. 376, do CC, primeira parte."[39] Anote-se que os artigos 376 e 1.603, inc. I, referidos no texto, equivalem, respectivamente, aos arts. 1.626 e 1.829, inc. I, do Código Civil de 2002, enquanto os arts. 377 e 1.605, § 2º, não constaram em texto equivalente.

Concluindo, todas as adoções anteriores à Carta de 1988 equipararam-se, quanto aos efeitos, se aberta a sucessão após a sua vigência, à adoção celebrada sob égide daquela Carta. Herda o filho adotivo uma porção igual aos demais filhos.

18. NOME DOS AVÓS DO ADOTADO

Questão bastante polêmica é a relativa à possibilidade de aposição ou não dos nomes dos avós adotivos, ou dos pais do adotante, no registro civil, através de averbação.

Antônio Chaves revelava-se francamente contra, ao observar que é incivil pretender-se modificação do conteúdo do assento de nascimento de pessoa natural, para averbar-se o nome de avós adotivos sem que estes, como partes interessadas, tenham sido ouvidos e se manifestado favoravelmente. E, prosseguindo: "Não tendo os parentes do adotante parentesco com o adotado, não podem os pais daquele figurar no registro como avós, conforme copiosa jurisprudência.

Não derivando o instituto da adoção de vínculos sanguíneos, defeso lhe é criar o direito de se substituir ou acrescentar os nomes dos pais adotivos e de seus pais no assento de nascimento do adotado em lugar dos seus ascendentes sanguíneos, entendendo ser esta a orientação dominante na jurisprudência do Tribunal paulista, *RJTJSP*, 3/45, 7/36, 8/37,11/96,18/96, 29/67 e 42/202.

É disposição expressa do art. 336 do Código Civil que a adoção estabelece parentesco meramente civil entre o adotante e o adotado, preocupando-se o art. 376 em acentuar que o parentesco resultante da adoção limita-se aos dois, ressalvada a exceção que indica.

Ora, se assim é, nem sequer a inserção dos nomes dos pais dos adotantes é possível no assento de nascimento; muito menos a eliminação dos nomes dos pais de sangue."[40] Os arts. 366 e 376 correspondem aos arts. 1.616 e 1.626 do Código de 2002, sendo que o art. 1.626 foi revogado pela Lei nº 12.010, encontrando-se seu conteúdo contemplado no art. 41 da Lei nº 8.069.

Efetivamente, ao tempo do Código Civil da Lei nº 3.071, e antes da Lei nº 8.069, não era admissível a alteração completa da filiação sanguínea, com repercussão inclusive nos avós.

Uma vez lavrada a escritura pública, como se fazia a adoção pelo regime do Código anterior, simplesmente averbava-se no registro de nascimento a adoção, onde passava a constar o nome do adotante. Nada mais que isso. Nem se afigurava possível fazer cons-

---

[39] TJSC. Agravo de Instrumento nº 4.642. 2ª Câm. Cível, de 25.04.1989, *Revista dos Tribunais*, 647/172.
[40] *Adoção, Adoção Simples e Adoção Plena*, obra citada, p. 238.

498 • Direito de Família | Arnaldo Rizzardo

tar os nomes dos avós paternos e maternos do adotado, que já constavam no registro e continuavam inalteráveis.

Entretanto, havia inúmeras decisões entendendo o contrário, como se observava do seguinte exemplo: "Registro civil. Assento de nascimento. Adoção. Retificação. Substituição do nome dos avós sanguíneos do adotado pelo dos pais dos adotantes não é vedado pelo legislador civil, sendo, ao contrário, reconhecido pelo princípio humanitário que informa o instituto tendo em conta o alcance social da adoção, e a regra que se refere o art. 4º da LICC."[41] A LICC passou a denominar-ser Lei de Introdução às Normas do Direito Brasileiro pela Lei nº 12.376/2010.

Com a Lei nº 8.069 e o Código Civil de 2002, desapareceram possíveis dúvidas. O adotado desliga-se de qualquer vínculo dos pais e parentes consanguíneos, segundo o art. 41 da Lei nº 8.069: "A adoção atribui a condição de filho ao adotado, com os mesmos direitos e deveres, inclusive sucessórios, desligando-o de qualquer vínculo com pais e parentes, salvo os impedimentos matrimoniais."

O § 5º do art. 47, na redação da Lei nº 12.010, confirma a mudança do nome, o que importa na junção do nome dos avós. Aliás, vai mais longe: autoriza a mudança de prenome: "A sentença conferirá ao adotado o nome do adotante e, a pedido de qualquer deles, poderá determinar a modificação do prenome."

19. ADOÇÃO DE PARENTES

Amiúde, surgem discussões sobre a possibilidade de adoção de parentes próximos, como a do neto pelo avô, ou de um irmão por outro irmão.

Apesar das soluções se fazerem sentir tanto no lado positivo como no negativo, pela finalidade e natureza deste instituto o entendimento mais coerente é o da inviabilidade. Há várias razões que levam a este *ratio*.

De um lado, é consenso comum que a família do adotante seja distinta da família do adotado. Não soa bem que o avô adote o neto, ou até que um tio adote o sobrinho, e um irmão outro irmão. Embora não se vislumbre no Código Civil regra proibitiva de adoção de pessoas ligadas por estreitos laços de parentesco com o adotante, não há sentido moral nenhum na adoção de um irmão por outro irmão, ou do neto pelo avô. Não se aproximam mais os parentes. Fere os conceitos normais de parentesco de qualquer indivíduo a situação, mesmo que civilmente, de ser o irmão pai de seu irmão, ou o avô pai do neto. A rigor, pode surgir um contrassenso como o presente: adotando o avô como filho o neto, o próprio filho passaria a ser irmão do neto, ou o pai-irmão do próprio filho.

Inclusive não se afiguraria fora de propósito o marido adotar a própria mulher, se houver diferença de idade de dezesseis ou mais anos.

Do ponto de vista material, ou a adoção para favorecer o parente, ou para este poder herdar do adotante, também não emergem razões que recomendem tal prática.

Apenas em situações especiais há de se admitir a adoção de netos, como nas hipóteses de filhos não reconhecidos pelos pais. Neste particular, escrevia Antônio Chaves: "Apenas

---

[41] *Revista dos Tribunais*, 603/72. Na mesma linha, na citada *Revista*, 557/93, 417/159,569/76, 433/76. Em sentido contrário, predominam as decisões, como se pode ver em *Revista dos Tribunais*, 525/67, 437/94, 321/171, 550/62, 553/102, 539/105, 323/193 e 573/132.

nas hipóteses de parentesco ilegítimo: neto nessas condições, a ser adotado pelo avô que também não teve filho de justas núpcias, poderá admitir-se a adoção."[42]

Planiol e Ripert pensam que a adoção entre parentes é impossível quando a relação entre eles já está regulada por lei, como no caso de marido e mulher: "Si se trata del vínculo conyugal, creemos que es obstáculo la adopción. Las relaciones entre marido e mujer ya están inmutablemente fijadas por el matrimonio y no puede dependerde los esposos el sustituirlas por las de una seudo-filiación. En cuanto a los lazos de parentesco y afinidad, es indiferente. Se trata de vínculos de la misma naturaleza que los que producen la adopción, y no existe portanto obstáculo jurídico a que un pariente aunque sea por afinidad sea adoptado."[43]

No sentido da adoção por avós, relativamente a filhos naturais não reconhecidos, manifestava-se bastante unissonamente a jurisprudência: "Neto adotado por avós. Mãe solteira em lugar incerto e não sabido... A adoção deve ser facilitada. Admite-se, pois, que avós adotem o neto."[44]

O Supremo Tribunal Federal, em uma decisão antiga, sequer considerou o fato da filiação não reconhecida. "A adoção simples, de neto, feita pelos avós, por escritura pública, não é nula."[45] É que, referiu o relator, Min. Cordeiro Guerra, "o neto continua na condição de herdeiro do avô, como tal; não concorre com o tio, senão por representação da mãe premorta.

Não deixa o neto de ser neto; adquire a condição de filho adotivo para uso civil, amparo e educação. Não é, pois, nulo o registro feito do neto, pelos avós, como pais adotivos, por motivos humanitários e sociais, por bem do menor e da própria família.

Nas espécies, os avós adotantes teriam de figurar no registro civil, pela averbação feita, como pais, por força de lei e da escritura pública da adoção, sob pena de não traduzir a averbação a realidade dos fatos."[46]

Na mesma linha também foi decidido: "Ainda que crie inconveniente nas correlações de parentesco estabelecidas pala adoção, o parentesco entre adotantes e adotado, por si só, não é óbice para a adoção. Tanto mais se presentes os pressupostos que tornam aconselhável a adoção plena, tratando-se de menor abandonado pela mãe e não reunindo o pai biológico condições mínimas de estabilidade para cuidar do filho plenamente integrado no lar substituto, com convívio há vários anos.

É que, integrado plenamente no lar substituto, ali encontra o menor as condições que atendam às suas necessidades fundamentais. O convívio data de mais de três anos. 'A' foi abandonado pela mãe; e seu pai biológico não oferece condições mínimas de estabilidade para cuidar do filho.

O óbice existente ao deferimento de adoção reside, assim, exclusivamente no parentesco próximo da requerente 'C', que é irmã de 'A'. E isso cria, necessariamente, o inconveniente apontado nas razões, do recurso, quando se detém no exame das correlações de parentesco que a adoção vem estabelecer (neto do pai biológico, filho da mãe adotante

---

[42] *Adoção, Adoção Simples e Adoção Plena*, obra citada, p. 141.

[43] *Tratado Práctico de Derecho Civil Frances*, obra citada, vol. II, p. 793.

[44] *Revista dos Tribunais*, 418/139.

[45] *Lex* – Jurisprudência do Supremo Tribunal Federal, 40/80.

[46] RE nº 89.457. Julgado em 17.11.1981, em *Lex* – Jurisprudência do Supremo Tribunal Federal, 40/80.

500 • Direito de Família | Arnaldo Rizzardo

e sobrinho de outros irmãos biológicos)... O parentesco entre adotantes e adotado não é, por si, óbice à adoção."[47]

Essa abertura para a adoção envolve situações especiais.

20. ADOÇÃO DE FILHOS NÃO RECONHECIDOS

Antes da vigente Constituição, travavam-se longas discussões sobre a possibilidade da adoção de filhos naturais, ou havidos fora do casamento, de modo especial aos então classificados como adulterinos ou incestuosos.

Inclinava-se a maioria da doutrina pela possibilidade, pois seria feita apenas justiça aos mesmos, além de evitar escândalo na sociedade, e no próprio seio da comunidade familiar, eis que seria introduzida uma filiação civil sem a admissão de infidelidade conjugal, ou de relações espúrias.

Justificava-se, de outro lado, para aqueles que admitiam a adoção como forma de contornar a proibição de reconhecimento estabelecida no art. 358 do Código Civil, dispositivo este que foi revogado pela Lei nº 7.841, de 1989.

A respeito, retratavam esta posição Jorge Eduardo Coll e Luis Alberto Estiviel: "Decía Maleville que la adopción es un medio de dar a los hijos naturales los mismos derechos que a los hijos legítimos, y de desfraudar a los parientes en los bienes que la naturaleza y la ley les aseguraban igualmente... Tronchet, por su parte, afirmaba que la adopción no es sino un medio de eludir las prohibiciones por las cuales la ley limita, sobretodo frente a los hijos naturales, la facultad de disponer, o una manera de satisfacer la vanidad de los que desean perpetar su nombre y su familia."[48]

Todavia, quanto a esta parte, presentemente a questão perdeu todo o interesse. Primeiro, porque a Constituição Federal vedou qualquer diferenciação entre filhos, afastando a discriminação em qualificações ou designações (art. 227, § 6º). Em segundo lugar, diante da Lei nº 7.841, de 1989, que simplesmente revogou o art. 358. Daí não perdurar nenhum óbice ao reconhecimento.

Mas é possível que o reconhecimento seja obstado por razões de ordem moral, familiar ou social. Por outras palavras, o progenitor sente-se temeroso para admitir a paternidade com vínculo sanguíneo pelos transtornos que resultarão nas relações familiares. E para sanar a injustiça de sua omissão, surge o caminho da adoção.

Observam Jorge Eduardo Coll e Luis Alberto Estiviel: "A veces consideraciones morales, sociales o conyugales (hijo natural de mujer casada, por ejemplo), militarán para impedir el reconocimiento simple, o seguido de legitimación. La adopción, en cambio, permitirá reparar las consecuencias dañosas de los propios actos, creando una relación filial sin mengua del honor; y si el ascendiente fuere casado, sin dasairar el cónyuge con la publicidad del vínculo de sangre; com lo que la adopción entonces se convertería en un medio de proteger a la familia legítima."[49]

Nenhuma norma impeditiva se encontra em nosso ordenamento jurídico à adoção de tais filhos. Pelo contrário, parece ter mostrado um alto grau de previdente sabedoria o legislador ao silenciar sobre a matéria, pois indiretamente abriu espaço para a admissão.

---

[47] TJSP. Recurso de Instrumento nº 9.409-0. Câm. Especial, de 23.02.1989, *Revista dos Tribunais*, 642/104.

[48] *La Adopción e Instituiciones Analógicas*, Buenos Aires, Tipográfica Editora Argentina, 1947, p. 77.

[49] Obra citada, p. 89.

Pelo menos juridicamente, não tem mais sentido o reconhecimento posterior do filho, estabelecendo-se um vínculo de sangue. Não se extingue ou cessa a adoção. Não prepondera a filiação natural, em face de uma *ratio* que lhe dá maior relevância que a civil. Acontece que se equivalem e são iguais as filiações naturais e civis. No registro, não constará de qual se trata. Coloca-se simplesmente a filiação. Nenhuma referência se assinala quanto ao nascimento ou à adoção.

21. INEXISTÊNCIA, NULIDADE E ANULABILIDADE DA ADOÇÃO

Primeiramente, salienta-se que a adoção, se ausentes os requisitos básicos, considera-se inexistente. Assim, por exemplo, é evidente que, embora celebrada por escritura pública, não há adoção se inexistente o adotado ou se faltar sua concordância quando maior de doze anos, ou o consentimento dos pais, em sendo menor o adotando.

Lecionava, sobre o assunto, Pontes de Miranda: "É inexistente a adoção: a) se não existir a pessoa que se quis adotar, ou já estiver falecida na data do ato; b) quando não existir, ou na data do ato já estiver morto o pretendido adotante; c) se não consentiu o adotado, ou, se absolutamente incapaz, não o representou o pai, tutor ou curador."[50]

Acrescentam-se mais hipóteses: ausência de formalidade essencial e falta de objeto, ou condições da pessoa em adotar.

Quanto à ausência de formalidade essencial, sabe-se que somente por sentença do juiz, proferida no devido processo legal, é aceita a adoção. Anteriormente à Lei nº 8.069, fazia-se por escritura pública; após o advento dessa lei, aos maiores de dezoito anos persistiu tal forma. O art. 134, inc. I, do Código Civil anterior declarava ser da substância do ato a escritura pública, o que era reiterado pelo art. 375 do mesmo diploma.

Atualmente, não se procede à adoção através de escritura pública, e muito menos por meio de testamento, ou escrito particular, ou mera averbação no registro civil. É necessário, mesmo declarando o adotante que tem por seu filho a pessoa adotada, e que esta confirme a adoção, o processamento judicial através do rito previsto na Lei nº 8.069/1990.

Quanto ao objeto, a adoção objetiva a transferência da filiação e do poder familiar de uma pessoa para outra. Não podendo o adotante assumir o poder familiar, em razão de ser uma pessoa incapaz ou ter sido declarado ausente, ou interditado, não há a figura em exame; de igual modo quando não se processa a transferência do poder familiar. Assim, não se permite ao pai adotar o próprio filho, seja ele natural ou reconhecido por sentença irrecorrível. Não emerge qualquer efeito do ato, posto que o pai já tinha o poder familiar ao assinar a adoção.

Por outro lado, é nula a adoção se realizada infringindo as exigências legais consideradas essenciais.

Nesta ordem de causas de desconstituição, encontram-se aquelas que emergem da inobservância da idade que deve ter o adotante, ou da diferença entre este e o adotado, a falta de prestação de contas pelo adotante se era antes curador ou tutor, a existência de anterior adoção e a incapacidade do adotante.

Para a validade do ato, é necessária, ainda, a presença de ambos os pais no ato da adoção, porquanto o poder familiar não se concentra apenas na pessoa de um deles.

---

[50] *Tratado de Direito Privado*, obra citada, vol. IX, p. 201.

502 • Direito de Família | *Arnaldo Rizzardo*

Por último, apresenta-se anulável a adoção por infringência de disposições legais ordenadas mais para a perfeita regularidade do ato. Cumpre, para se invalidar, se constate a presença de prejuízo a uma das partes. Caso o ato convalesça e perdure em condições normais, em consonância com as vontades do adotante e do adotado, não se declarará a anulação.

De acordo com as hipóteses mais frequentes, salientam-se as seguintes possibilidades de anulação:

a) Falta de consentimento dos pais, ou do tutor, ou curador, no ato da adoção, sendo o adotado relativamente capaz.

b) Não prestação de contas, pelo autor ou curador, antes de um ou outro adotar o tutelado ou curatelado.

c) Não assentimento do menor relativamente capaz.

d) Falta de consentimento da pessoa que tinha a guarda.

e) A existência de vício de consentimento (erro, dolo, coação ou simulação).

Necessário enfatizar que a causa indicada no item 'b' é considerada por muitos como de nulidade absoluta. No entanto, dada a pouca repercussão que pode trazer o ato, em especial quando parcos os bens do tutelado ou curatelado, não há de se anular a adoção pela simples não prestação de contas. Perquire-se o prejuízo ou dano causado ao menor ou incapaz com a adoção, sem aquela providência.

Não se reclama a autorização do cônjuge do adotante, porquanto se admite a plena capacidade para adotar individualmente. Não é possível cercear a vontade da pessoa, a ponto de subordinar um ato de liberdade pessoal ao consentimento de terceiro, mesmo que seja o cônjuge.

Assim, não se permite ao cônjuge do adotante impugnar o ato através da ação dirigida à sua anulação.

22. LEGITIMIDADE PARA PEDIR A ANULAÇÃO OU A NULIDADE DA ADOÇÃO

Não é difícil inferir quem possui legitimidade para buscar a nulidade ou anulação da adoção.

Em primeiro lugar, encontram-se o adotado e o adotante, desde que presente um vício de vontade no ato da constituição, ou infringência à norma legal, com prejuízo aos interesses de qualquer um deles. Se relativamente menor o adotado, e não obtido o seu consentimento, admite-se que procure revogar o ato da adoção. Igualmente, se adotado por tutor, o qual geria seus bens causando prejuízos, desviando-os, ou apropriando-se dos rendimentos.

Antônio Chaves lembra a respeito: "Os herdeiros do adotante, sejam legítimos ou testamentários, da mesma forma que os legatários, não poderão promover a nulidade a não ser quando, tendo sido aberta a sucessão pela morte do adotante, encontram-se, conforme o caso, ou totalmente excluídos pelo adotado, ou obrigados a dividir com ele a herança: até esse momento seu direito é incerto e oscilante."[51]

---

[51] *Adoção, Adoção Simples e Adoção Plena*, obra citada, p. 381.

Mas os pais do adotado são os que se colocam em primeiro lugar na relação de quem tem legitimidade para a ação. Assim na hipótese de um deles não ter sido ouvido, situação a que levou manobra ou subterfúgio do outro, como dizendo que se encontrava em lugar incerto ou desconhecido, quando não era verdade.

A invocação de nulidade pode surgir em razão de outras causas, como idade entre o adotado e o adotante inferior a dezesseis anos. Aí se trata da infração de uma disposição legal. Porém, se se notar, no curso da adoção, procedimento altamente prejudicial de parte do adotante, a qualquer dos pais, e mesmo a outro parente, inclusive na linha colateral, é autorizada a capacidade para promover a presente ação.

Quanto aos terceiros, exclusivamente se atingidos num de seus interesses, é reconhecida a capacidade de arguir a nulidade, o que dificilmente poderá ocorrer. O interesse patrimonial possível de ser afetado é o sucessório. Aí, então, os terceiros serão parentes, a menos que o herdeiro seja testamentário, e contemplado com a totalidade da herança do adotante que não possui filhos sanguíneos. Legitimam-se, no entanto não em vista do mero prejuízo que lhes advém, como o alijamento da herança. É necessário que demonstrem o desrespeito a um cânone legal ou princípio de direito.

O tutor do menor e o curador do incapaz classificam-se entre terceiros, e legitimam-se a invalidar a adoção quando procedida pelos progenitores, à revelia do interesse do menor e de seu consentimento.

Ao Ministério Público se atribui legitimidade para buscar a anulação, mormente se procedida a adoção com ofensa a normas aplicáveis, posto que todos os ditames sobre a matéria são de ordem pública. Não há dúvida de que deve ser obedecido o disciplinamento vigente, imposto para a própria seriedade do instituto, e para a garantia e segurança do próprio adotado, especialmente se menor. Da mesma forma para evitar a utilização da figura para finalidades escusas, como na adoção procedida por pessoa muito idosa.

Representa o Ministério público o próprio Estado, e coloca-se ele na posição de guardião dos direitos e garantias individuais, devendo agir sempre que a adoção se processou à margem da lei. Por isso, legitima-se a sua atuação não apenas no caso de ofensa dos interesses do adotado menor, mas também nas hipóteses de ofensa à moral e aos bons costumes.

Própria será sua iniciativa se escancaradamente vulnerada a lei. Desse modo, se a diferença de idade entre o adotante e o adotado é inferior a dezesseis anos; se faltar o consentimento de um dos progenitores do adotado; se levada a efeito a adoção sem que o adotante tenha alcançado a idade de dezoito anos; se evidenciada a finalidade puramente imoral da adoção, como naquela entre o adotante prestes a morrer e o adotado sem um passado de ligação e compromissos com aquele.

23. INSTITUTOS LIGADOS À ADOÇÃO

Ingressa-se no estudo de institutos que têm a ver com a adoção, sendo, às vezes, etapas para se chegar à mesma, como acontece com a guarda. Destinam-se a regular situações que exigem a proteção da criança e do adolescente, em especial quando verificada a deficiência da família no atendimento de suas necessidades, buscando a realização de seus direitos básicos, e que envolvem especialmente a vida, a saúde, a alimentação, a educação, o esporte, o lazer, a profissionalização, a cultura, a dignidade, o respeito, a liberdade e a convivência familiar e comunitária, tudo em consonância com o art. 4º da Lei nº 8.069/1990.

504 • Direito de Família | *Arnaldo Rizzardo*

Às vezes, não se leva a termo a adoção da criança e do adolescente. Há outras formas intermediárias de proteção, que compreendem uma gama de relações importantes de convívio, mas não tão profundas como na adoção, e devem ser como as existentes entre pais e filhos naturais.

O Estatuto da Criança e do Adolescente regulou algumas modalidades de os menores se incorporarem a família formada por pessoas diferentes dos pais, sem que se promova a adoção. Tem-se, assim, a família substituta, a guarda e a tutela. Embora se encontre a regulamentação dessas figuras nas normas do Código Civil que constituem o direito de família propriamente dito, disciplinando a situação de filhos mais nas hipóteses de separação dos pais, ou de perda do poder familiar, traz o referido Estatuto regras próprias e especiais para os casos de crianças e adolescentes abandonados, ou em situação irregular, ou retirados da convivência dos pais por causa de sua incapacidade e inaptidão para tê-los consigo.

23.1. Família substituta

Em oposição à família natural, quando seus membros estão ligados por laços sanguíneos, há a família substituta, que, pelos termos da Lei nº 8.069/1990, assim é considerada em relação ao menor que nela ingressa, em geral sem qualquer laço de parentesco biológico com os demais membros.

Há determinadas situações em que o menor é retirado de sua família natural e colocado em outra família, no seu interesse ou conveniência, a qual passa a integrar. Procede-se esta transferência por necessidade do próprio menor. Muitos fatores podem determinar o ingresso em nova família, como perda do poder familiar dos pais, o abandono do menor, ou a simples entrega pelos pais sanguíneos.

Existem três formas para se efetuar a colocação em família substituta: a guarda, a tutela e a adoção (art. 28 da Lei nº 8.069/1990).

O Estatuto da Criança e do Adolescente desenvolve amplamente as formas de a criança ingressar em outra família, considerando de suma relevância a adaptação e o bem-estar na família que o acolhe, como transparece no art. 29: "Não se deferirá colocação em família substituta a pessoa que revele, por qualquer modo, incompatibilidade com a natureza da medida ou não ofereça ambiente familiar adequado."

Observa Jason Albergaria que "tanto a personalidade do menor como a do encarregado podem apresentar riscos para a adoção... A família da guarda há de oferecer ao menor um clima afetivo salutar da família natural bem constituída."[52]

Muitas as cautelas e as providências a serem seguidas, todas indicadas nos vários parágrafos do art. 28 da Lei nº 8.069, todos em texto da Lei nº 12.010.

Exige-se, sempre que possível, a sua prévia ouvida por equipe interprofissional, cuja opinião é realmente importante. Assim exige o § 1º: "Sempre que possível, a criança ou o adolescente será previamente ouvido por equipe interprofissional, respeitado seu estágio de desenvolvimento e grau de compreensão sobre as implicações da medida, e terá sua opinião devidamente considerada."

Também imprescindível a ouvida do menor e o seu consentimento, se tiver mais de doze anos, como manda o § 2º: "Tratando-se de maior de 12 (doze) anos de idade, será necessário seu consentimento, colhido em audiência."

---

[52] *Comentários ao Estatuto da Criança e do Adolescente*, Rio de Janeiro, Aide, 1991, p. 84.

Impõe o § 3º que se tenha como importantes o grau de parentesco e a relação de afinidade ou afetividade entre o menor e a família: "Na apreciação do pedido levar-se-á em conta o grau de parentesco e a relação de afinidade ou de afetividade, a fim de evitar ou minorar as consequências decorrentes da medida."

O § 4º recomenda que se coloquem na mesma família substituta os grupos de irmãos: "Os grupos de irmãos serão colocados sob adoção, tutela ou guarda da mesma família substituta, ressalvada a comprovada existência de risco de abuso ou outra situação que justifique plenamente a excepcionalidade de solução diversa, procurando-se, em qualquer caso, evitar o rompimento definitivo dos vínculos fraternais."

Pelo § 5º, precederá à colocação uma preparação dos menores e da família: "A colocação da criança ou adolescente em família substituta será precedida de sua preparação gradativa e acompanhamento posterior, realizados pela equipe interprofissional a serviço da Justiça da Infância e da Juventude, preferencialmente com o apoio dos técnicos responsáveis pela execução da política municipal de garantia do direito à convivência familiar."

O § 6º traz um procedimento específico na colocação de crianças indígenas procedentes de quilombos: § 6º Em se tratando de criança ou adolescente indígena ou proveniente de comunidade remanescente de quilombo, é ainda obrigatório:

"I – que sejam consideradas e respeitadas sua identidade social e cultural, os seus costumes e tradições, bem como suas instituições, desde que não sejam incompatíveis com os direitos fundamentais reconhecidos por esta Lei e pela Constituição Federal;

II – que a colocação familiar ocorra prioritariamente no seio de sua comunidade ou junto a membros da mesma etnia;

III – a intervenção e oitiva de representantes do órgão federal responsável pela política indigenista, no caso de crianças e adolescentes indígenas, e de antropólogos, perante a equipe interprofissional ou multidisciplinar que irá acompanhar o caso."

Uma vez entregue o menor para a família substituta, não é permitida a transferência a terceiros, sem a autorização judicial, mesmo que seja para órgãos públicos, ou entidades especialmente formadas para o devido atendimento. Nesse sentido, revela-se explícito o art. 30.

As três formas de ingresso na família substituta são reguladas distintamente.

Diga-se, embora da passagem, que a regulamentação pelo Estatuto da Criança e do Adolescente, relativamente à guarda e à tutela, envolve apenas o menor em situação irregular, processando-se as medidas protetivas pelo juizado da infância e da juventude. O mesmo acontece quanto à adoção, que sempre depende, para os menores de dezoito anos, da intervenção da autoridade judiciária do referido juizado, inclusive quando o adotando não está em situação irregular. Já no pertinente à adoção de pessoas maiores de dezoito anos, a competência recai nos juizados comuns de família. É como assentou a Justiça estadual paulista, segundo o seguinte julgamento: "O art. 4º do Assento 165, do Egrégio Tribunal de Justiça de São Paulo, dispõe que a competência dos juízes de família, no tocante a menores, permanece a mesma estabelecida nas normas de organização judiciária.

Continua em vigor, portanto, o art. 37 do Decreto-lei Complementar Estadual nº 3, de 1969, que atribui às varas de família várias causas relacionadas a menores. Como bem observou a douta Comissão deste Tribunal, encarregada de adaptar a Justiça de Menores à Lei Federal nº 8.069, de 1990, o novo diploma não criou, nem poderia fazê-lo, varas especializadas no âmbito da Justiça Comum. Apenas reafirmou aos Estados o poder de criá-las. E mais: os menores sujeitos às medidas protetivas previstas no Estatuto são aque-

506 • Direito de Família | *Arnaldo Rizzardo*

les que a lei anterior considerava em situação irregular. Tudo isso leva à conclusão de que determinadas demandas envolvendo menores (alimentos, destituição de pátrio poder, pedidos de guarda e tutela etc.) serão de competência do Juízo da infância e da juventude, dependendo da situação jurídica da criança e do adolescente."[53]

23.2. A guarda

O que interessa, aqui, é a guarda do menor para pessoas estranhas à família, mais propriamente em relação aos pais. O termo "guarda" tende a desaparecer, por sugerir mais objeto (guarda de objeto) do que pessoa, substituindo-se por "convivência familiar". Ter-se-ia a convivência familiar com o pai, ou com a mãe, ou a convivência familiar do filho compartilhada. Todavia, segue-se usando a palavra "guarda", por constar na lei.

Sabe-se que, na separação dos pais, os filhos ficam com um deles, que passará a ter a guarda, assegurando-se ao outro, em geral, o direito de visitas, ou de tê-los em sua companhia em determinados momentos da semana ou do mês. Os litígios, em decorrência da separação ou do divórcio, tramitam junto às varas comuns de família, submetendo-se aos ditames do direito de família contido no Código Civil e em leis especiais. Já os casos de situações irregulares decorrentes de abandono, de negligência ou incapacidade dos pais, sujeitam-se à jurisdição do juizado da infância e juventude. A guarda que se busca e se concede neste quadro rege-se pelas regras da Lei nº 8.069/1990.

A guarda envolve certa autoridade ou um poder de controle, na pessoa e na conduta do menor. Além disso, assegura o direito de estabelecer seu domicílio legal, de permitir que permaneça com terceira pessoa, de orientar e impor o comportamento, de restringir as relações sociais, de obrigar a formação escolar e profissional. Enfim, acarreta o dever de desenvolver o espírito e as atitudes sadias da criança e do adolescente, incutindo no espírito o sentido do bem, do justo e de perspectivas de se tornar um elemento útil à sociedade.

Mas traz problemas de responsabilidade civil pelos atos e danos que forem praticados, em detrimento de terceiros.

De assinalar a seguinte observação de Marco Aurélio S. Viana: "A guarda não é da essência, mas da natureza do pátrio-poder, podendo ser confiada a terceiro. É direito que admite desmembramento, é destacável, sendo possível que convivam pátrio poder e direito de guarda, aquele com os pais, este com terceiro. O Estatuto da Criança e do Adolescente, no art. 33, reflete esse entendimento, quando fala da oposição do detentor do direito de guarda contra terceiros, inclusive os pais."[54] Sabe-se que a expressão "pátrio poder" utilizada no texto está substituída, no vigente Código, por "poder familiar".

O art. 33 é expresso a respeito: "A guarda obriga à prestação de assistência material, moral e educacional à criança ou adolescente, conferindo a seu detentor o direito de opor--se a terceiros, inclusive os pais."

Sobressai a situação de menor que não está com os pais. É entregue a terceira pessoa, ou com esta já se encontra, e regulariza-se, então, com a aguarda uma situação de fato, como, aliás, autoriza o § 1º do art. 33: "A guarda destina-se a regularizar a posse de fato, podendo ser deferida liminar ou incidentalmente, nos procedimentos de tutela e adoção, exceto no de adoção por estrangeiros."

---

[53] TJSP. Conflito de Competência nº 12.698-0. Câmara Especial, de 9.05.1991, *Revista de Jurisprudência do TJ de São Paulo*, Lex Editora, 132/392.

[54] *De Guarda, da Tutela e da Adoção*, Belo Horizonte, Livraria Del Rei, 1991, p. 28.

Advém da regra um caráter de regularização da situação do menor, que se encontra com terceira pessoa, como fase que antecede a tutela e a adoção.

Mas não apenas em vista da futura tutela ou adoção se concede a guarda.

Não raras vezes, tem ela uma função autônoma. É deferida como forma de documentar a entrega de um menor. Especialmente em casos de menores abandonados, ou de não poderem continuar com os pais, ou por terem falecido os mesmos, o juiz concede a guarda a determinada pessoa. Posteriormente, impor-se-á o processamento da tutela, ou da adoção. O § 2º do referido art. 33 concebe a guarda nesse sentido, e também para fins de representação em certos atos: "Excepcionalmente, deferir-se-á a guarda fora dos casos de tutela e adoção, para atender a situações peculiares ou suprir a falta eventual dos pais ou responsável, podendo ser deferido o direito de representação para a prática de atos determinados."

Esta guarda autônoma tem relevância nos casos de abandono do menor, como aplica a jurisprudência: "Para atender situações peculiares, o art. 33 do Estatuto da Criança e do Adolescente, em seu § 2º, admite a autônoma concessão da guarda de menor e não somente como medida incidental em procedimentos de adoção ou tutela, pois visa, assim, a facilitar e incentivar o acolhimento de menores que necessitam de família substituta."[55]

Quanto ao poder de representação, explica Samuel Alves de Melo Júnior: "Ao conceder a guarda, provisória ou definitiva, o juiz poderá outorgar ao guardião o direito de representação do incapaz 'para a prática de determinados atos' (art. 33, § 2º, parte final).

É uma inovação, pois, à luz da legislação até agora vigente, a guarda nunca gerou possibilidade de representação para quaisquer atos da vida civil. Houve, sempre, necessidade de, dependendo da situação, nomeação de tutor *ad hoc* ou curador especial, para representar ou assistir o menor em situações específicas.

Aliás, pelo que se entende, a guarda continua, como regra, a gerar a obrigação ao guardião de prestar assistência material, moral e educacional ao guardado.

A nova hipótese, como exceção que é, deve ser aplicada em casos excepcionais, e o juiz deverá, na sentença, especificar detalhadamente os atos em que, eventualmente, o guardião possa representar a criança ou adolescente. Evidentemente, já que quem pode o mais pode o menos, se for menor púbere, ao guardião pode ser atribuído o direito de assisti-lo.

Deverão, em tais situações, constar do termo, a que alude o art. 32, os direitos atribuídos, pois será através da certidão daquele ato que o guardião comprovará, perante terceiros, que está legitimado para representar ou assistir o menor que tem sob sua guarda."[56]

É, porém, necessário ressaltar o caráter precário inerente à guarda. Nunca será ela definitiva. Nem compreende um afastamento total ou perene dos pais, aos quais poderá o filho retornar, se conveniente entender, posteriormente, o juiz, o que, aliás, possibilita o art. 35.

Embora a viabilidade da revogação, existe a divisão da guarda em definitiva e precária – a primeira resultante de uma decisão definitiva no processo, estabelecendo com quem ficará o menor; e a segunda deferida enquanto não envolvido o processo, como nas separações dos casais. No entanto, mesmo se definitiva, a decisão não faz coisa julgada, admitindo-se a modificação sempre no interesse do menor, desde que situações novas aconteçam, ou não tenha o guardião as obrigações inerentes ao encargo.

---

[55] TJSP. Agravo de Instrumento nº 13. 086-01. Câm. Especial, de 1º.08.1991, *Revista dos Tribunais*, 671/82.

[56] "Da Destituição da Tutela", *Comentários ao Estatuto da Criança e do Adolescente*, coordenação de Liborni Siqueira, Rio de Janeiro, Forense, 1991, p. 161.

508 • Direito de Família | *Arnaldo Rizzardo*

Àquele que exerce a guarda assegura-se a relação de dependência do menor, não apenas para efeitos econômicos e de educação, mas inclusive previdenciários. Nessa ordem, o menor terá amparo previdenciário e assistência médica. Isto é, aproveitará todos os benefícios garantidos aos dependentes do contribuinte, como garante o § 3º do art. 33: "A guarda confere à criança ou adolescente a condição de dependente, para todos os fins e efeitos de direito, inclusive previdenciários." Foi o que aplicou a 1ª Câmara Cível do TJ de Minas Gerais, na *Apelação Cível* nº 163.759-4/00, de 29.02.2000, publicada em *ADV Jurisprudência*, boletim nº 29, de 23.07.2000, p. 459: "O impetrado, através de documento, demonstrou a certeza e liquidez do seu direito ao inscrever a menor como sua dependente no IPSM, uma vez que detém a sua guarda. Finalmente, o § 3º do art. 33 do Estatuto da Criança e do Adolescente estabelece: 'A guarda confere à criança ou adolescente a condição de dependente, para todos os fins e efeitos de direito, inclusive previdenciários.'"

A respeito, formulou-se a Tese nº 6 de Jurisprudência em Teses, do STJ, nos seguintes termos: "6) Ao menor sob guarda deve ser assegurado o benefício de pensão por morte em face da prevalência do disposto no artigo 33, § 3º, do Estatuto da Criança e do Adolescente – ECA, sobre norma previdenciária". Acórdãos: AgRg no REsp 1476567/MG, Rel. Ministro Mauro Campbell Marques, Segunda Turma, julgado em 02.10.2014, *DJe* de 08.10.2014; RMS 036034/MT,Rel. Ministro Benedito Gonçalves, Primeira Seção, julgado em 26.02.2014, *DJe* de 15.04.2014.

No entanto, não se admite a guarda meramente formal, para lograr unicamente efeitos previdenciários, ou seja, para que o menor perceba pensão por morte de quem exerce a guarda. Há, a respeito, a Tese nº 17, em Jurisprudência em Teses, do STJ: "Não é possível conferir-se a guarda de criança ou adolescente aos avós para fins exclusivamente financeiros ou previdenciários".

Indicam-se dois arestos que ensejaram a tese acima: REsp 1297881/MG, Rel. Ministro Paulo de Tarso Sanseverino, Terceira Turma, julgado em 13.05.2014, *DJe* 19.05.2014; AgRg no Ag 1207108/RJ, Rel. Ministro Vasco Della Giustina (desembargador convocado do TJ/RS), Terceira Turma, julgado em 21.10.2010, *DJe* de 10.11.2010.

A guarda disciplinada no Estatuto da Criança e do Adolescente tem como finalidade a prática de facilitar a colocação de menores abandonados em uma família.

Sem, no entanto, que acarrete, necessariamente, a perda do direito de visita dos pais, ou isente os mesmos de prestar alimentos, a teor do § 4º do art. 33, introduzido pela Lei nº 12.010/2009: "Salvo expressa e fundamentada determinação em contrário, da autoridade judiciária competente, ou quando a medida for aplicada em preparação para adoção, o deferimento da guarda de criança ou adolescente a terceiros não impede o exercício do direito de visitas pelos pais, assim como o dever de prestar alimentos, que serão objeto de regulamentação específica, a pedido do interessado ou do Ministério Público."

Algumas observações mais tornam-se indispensáveis.

Com a guarda, não perdem os pais o poder familiar. Já decidido, a respeito: "Se a mãe do menor se encontra em lugar incerto e não sabido, desnecessária a anterior decretação da perda do pátrio-poder e nomeação de curador especial, para o deferimento do pedido de guarda formulado por outrem."

No voto, foi observado: "O Estatuto da Criança e do Adolescente, em pleno vigor, dispõe, em seu art. 33, § 1º, que a guarda destina-se a regularizar a posse de fato, podendo ser deferida, liminar ou incidentalmente, nos procedimentos de tutela e adoção, exceto nos de adoção por estrangeiros. O § 2º desse mesmo art. 33 da Lei nº 8.069/1990 autoriza deferir a guarda para atender situações peculiares ou suprir falta eventual dos pais ou responsável.

Não é exigida a anterior decretação de perda de pátrio-poder e, muito menos, exige a lei a prática das formalidades requeridas pelo zeloso Curador. Assim, limitado o pedido à guarda da menor, concedida liminarmente, nada mais restava a ser apreciado; daí desprover-se o recurso, salientando-se que, se a mãe se apresentar, reclamando a criança, poderá a guarda ser revogada, na forma prescrita no art. 35 do Estatuto da Criança e do Adolescente, o que torna indispensável sua participação no processo, limitado a pedido de guarda para regularizar situação de fato."[57]

De modo geral, é necessário o consentimento dos pais para ser concedida a guarda, exceto se já destituídos do poder familiar.

Na sentença concessiva, discriminam-se os poderes que terá o titular da guarda. Providencia-se a transferência do menor com a sua entrega ao guardião, lavrando-se o termo do ato em livro próprio, ou através de um procedimento especial. Em geral, antecedem algumas averiguações na pessoa dos interessados em ter o menor, exigindo-se a apresentação de dados e documentos relativos à individuação, à idoneidade moral e econômica, à relevância e à forma de convivência familiar.

Para a formalização do pedido, seguem-se os trâmites do art. 165, encaminhando-se a postulação ao juiz, com a qualificação do requerente e de seu cônjuge ou companheiro, do menor e seus parentes, especificando se estes vivem. Esclarece-se a existência de parentesco do interessado com o menor, e junta-se a certidão do registro de seu nascimento. Indispensável retratar a sua situação econômica, com a menção do patrimônio existente.

Várias as regras procedimentais que constam no art. 166 e em seus parágrafos, em redação da Lei nº 12.010/2009. De acordo com o *caput* do dispositivo, há três hipóteses que permitem a apresentação do pedido diretamente no cartório da vara designada para o atendimento da criança e do adolescente: a) se falecidos os pais; b) se destituídos ou suspensos do poder familiar; c) se houverem aderido expressamente ao pedido de colocação em família substituta.

Concordando os pais, serão ouvidos pela autoridade judiciária e pelo representante do Ministério Público, observando-se o disposto no § 1º, em redação da Lei nº 13.509/2017:

"Na hipótese de concordância dos pais, o juiz:

I – na presença do Ministério Público, ouvirá as partes, devidamente assistidas por advogado ou por defensor público, para verificar sua concordância com a adoção, no prazo máximo de 10 (dez) dias, contado da data do protocolo da petição ou da entrega da criança em juízo, tomando por termo as declarações; e

II – declarará a extinção do poder familiar".

Também indispensáveis a ouvida e o consentimento do menor, se maior de doze anos (art. 28, § 2º, em texto da Lei nº 12.010/2009).

Havendo o consentimento dos pais que exercem o poder familiar, precederão ao ato de guarda orientações e esclarecimentos prestados pela equipe interprofissional da Justiça da Infância e da Juventude. Esses esclarecimentos devem conscientizar os pais da irrevogabilidade da medida, em se tratando de adoção (§ 2º).

São garantidos a livre manifestação de vontade dos detentores do poder familiar e o direito ao sigilo das informações (§ 3º, em redação da Lei 13.509/2017).

---

[57] TJSP. Recurso de Instrumento nº 12.432-0. Câm. Especial, de 14.03.1991, *Revista dos Tribunais*, 673/30.

510 • Direito de Família | *Arnaldo Rizzardo*

Sempre ratifica-se em audiência o consentimento prestado por escrito, a fim de que tenha validade (§ 4º).

Todavia, o consentimento é retratável até a data da realização da audiência especificada no § 1º do art. 166, e os pais podem exercer o arrependimento no prazo de dez dias, contado da data de prolação da sentença de extinção do poder familiar (§ 5º, na redação da Lei nº 13.509/2017).

Unicamente após o nascimento da criança terá validade o consentimento (§ 6º).

A família natural e a família substituta receberão a devida orientação por intermédio de equipe técnica interprofissional a serviço da Justiça da Infância e da Juventude, preferencialmente com apoio dos técnicos responsáveis pela execução da política municipal de garantia do direito à convivência familiar (§ 7º, na redação da Lei nº 13.509/2017).

Realiza-se, se entender necessário o juiz, um estudo social, ou laudo pericial, ouvindo-se o Ministério Público, e decidindo o juiz, após, o deferimento ou não da guarda.

De modo geral, segue-se o procedimento previsto para a adoção, matéria esta que será desenvolvida, quando se tratar especificamente do assunto.

Mas nada impede a dispensa do processo contraditório, quando se procura simplesmente socorrer um menor abandonado, sem a destituição do poder familiar, para posterior concessão de tutela ou adoção. Foi nesse sentido observado, em julgamento: "Desnecessário, aqui, o contraditório, dado considerar as hipóteses previstas no art. 169 do Estatuto (destituição, perda ou suspensão do pátrio-poder; e tutela, que pressupõe essa primeira providência). A guarda provisória em situações excepcionais, não se restringe a decreto incidente a esses processos contraditórios, como, numa interpretação literal, poderia levar a redação do parágrafo único desse preceito. Essa regra, aparentemente restritiva, deve ser interpretada em consonância com a dos arts. 33, § 2º, e 167 do mesmo diploma legal, sem se discutir o *ratio juris* dessas disposições, que é a eficiente proteção dos interesses dos menores, bem definida no art. 6º. Apresentando-se situação excepcional, como a focalizada nestes autos, o juiz poderá decidir sobre a guarda provisória, determinando, em seguida, a realização de estudo social, ou, se possível, perícia por equipe interprofissional e demais atos então exigidos. Inadmissível, isto sim, desarmar o juiz, nessas situações, de poderes de decisão imediata, atendendo, ainda que através de disciplina provisória, os interesses de menor desamparado. Nem se torna necessária a representação do menor por advogado, dada a inexistência de qualquer litígio, como observado no art. 206 do Estatuto. A natureza cautelar da medida examinada não é suficiente para imprimir a condição legal de processo cautelar."[58]

O art. 34 e parágrafos, estes introduzidos pela Lei nº 12.010/2009, trazem normas de política de incentivo da guarda e de proteção do Poder Público: "O poder público estimulará, por meio de assistência jurídica, incentivos fiscais e subsídios, o acolhimento, sob a forma de guarda, de criança ou adolescente afastado do convívio familiar.

§ 1º A inclusão da criança ou adolescente em programas de acolhimento familiar terá preferência a seu acolhimento institucional, observado, em qualquer caso, o caráter temporário e excepcional da medida, nos termos desta Lei.

§ 2º Na hipótese do § 1º deste artigo a pessoa ou casal cadastrado no programa de acolhimento familiar poderá receber a criança ou adolescente mediante guarda, observado o disposto nos arts. 28 a 33 desta Lei.

---

58 TJSP. Agravo de Instrumento nº 12.610-0. Câm. Especial, de 10.04.1991, *Revista de Jurisprudência do TJ de São Paulo*, Lex Editora, 132/313.

Cap. XX | Adoção • **511**

§ 3º A União apoiará a implementação de serviços de acolhimento em família acolhedora como política pública, os quais deverão dispor de equipe que organize o acolhimento temporário de crianças e de adolescentes em residências de famílias selecionadas, capacitadas e acompanhadas que não estejam no cadastro de adoção.

§ 4º Poderão ser utilizados recursos federais, estaduais, distritais e municipais para a manutenção dos serviços de acolhimento em família acolhedora, facultando-se o repasse de recursos para a própria família acolhedora.

De anotar, finalmente, que haverá a prestação do compromisso de exercer a guarda (art. 170), fazendo-se a comunicação à entidade responsável pelo programa de acolhimento familiar, no prazo máximo de cinco dias (parágrafo único do art. 170, em redação da Lei nº 12.010/2009).

23.3. A tutela

Cuida-se, aqui, do estudo da tutela para menores de dezoito anos, em situação irregular, no atinente ao regramento da Lei nº 8.069/1990. O desenvolvimento pormenorizado da matéria se processará no capítulo que abordará a tutela em si, disciplinada pelo Código Civil, e que se dirige aos menores que ficam órfãos, ou cujos pais são suspensos ou destituídos do poder familiar. Trata-se de uma forma de colocação do menor em família substituta. O regramento geral está no Código Civil, diante da peremptória previsão do art. 36 da Lei nº 8.069, alterada pela Lei nº 12.010/2009: "A tutela será deferida, nos termos da lei civil, a pessoa de até 18 (dezoito) anos incompletos."

Procura-se distinguir em três modalidades a tutela: a testamentária, instituída por ato de última vontade; a legítima, que decorre de lei, incumbindo-a a parentes até determinado grau; e a dativa, que advém de sentença ou decisão judicial.

No caso, serão observadas as peculiaridades da Lei nº 8.069/1990, em face do estudo sistematizado que se realizará oportunamente.

O Estatuto menorista disciplina a tutela que será exercida por prazo indeterminado e tendo em vista o menor carente ou abandonado. Se se encontrar em situação regular, o pedido processa-se perante o juiz de família. Esse aspecto é importante para efeitos da definição da competência, o que poderá ensejar problemas se não for perfeitamente delimitada a área da competência do juizado da Infância e da Adolescência. Por isso, pode-se afirmar que, no campo da Lei nº 8.069/90, a tutela corresponde a um instituto de caráter eminentemente assistencial, dirigido a substituir o poder familiar mais em razão de desinteresse dos pais, ou por falta de condições dos mesmos.

Todavia, é difícil a nomeação de tutor em se tratando de menor abandonado. Concede-se a guarda provisória, e, após, passa-se para a adoção.

O parágrafo único do art. 36 encerra uma disposição também contemplada na lei civil, que é a necessidade de perda do poder familiar para deferir-se a tutela: "O deferimento da tutela pressupõe a prévia decretação da perda ou suspensão do poder familiar e implica necessariamente o dever de guarda."

Todavia, não é de extremo rigor a destituição, ou a suspensão, do poder familiar. Há certa atenuação no princípio, no modo de ver de Paulo Lúcio Nogueira, que se embasa em vários precedentes: "Contudo, na prática, a impossibilidade da coexistência do pátrio-poder com a tutela tem sido contornada, havendo decisões que reconhecem tal possibilidade, sob fundamento de que se pode retirar uma parcela do pátrio-poder a fim de atender a situações peculiares, pois o menor não pode ficar sem a devida proteção legal.

512 • Direito de Família | *Arnaldo Rizzardo*

O ilustre Pontes de Miranda entende que 'se apenas se retirou parcela do pátrio-poder e é preciso para o exercício com atribuições coextensivas ou inferiores à qual foi tirada, nomeia-se tutor especial, coexistindo os dois titulares, se bem que diferentes as funções' (*Tratado de Direito de Família*, 3ª ed., vol. 3º, p. 229).

E Moura Bittencourt: 'Se o filho residir no lar conjugal e tiver necessidade de tutor, no interesse social e econômico do menor, o juiz poderá nomear o marido. Será, indiscutivelmente, situação anormal, mas já admitida nos tribunais, em face das circunstâncias e em prol dos filhos' (*O concubinato no Direito*, vol. II, p. 332).

Não é diverso o pensamento de Caio Mário da Silva Pereira: 'Se o pátrio poder é instituído no interesse do filho e se não convier que seja exercido pelo pai, o juiz tem liberdade de ação para resolver como julgar acertado' (*Efeitos do Reconhecimento da Paternidade Ilegítima*, p. 123). Assim, se o menor for órfão da mãe e o pai estiver em lugar desconhecido, ou vice-versa, aquele que detiver a sua guarda poderá requerer a tutela provisória até que se providencie a definitiva, conforme tem reconhecido a jurisprudência."[59]

De modo que, apesar do art. 36, parágrafo único, em casos excepcionais não se impede a tutela especial, como na morte dos pais, se o menor casar.

O art. 37, em versão vinda com a Lei nº 12.010/2009, impõe ao tutor providenciar no encaminhamento de pedido judicial, para a finalidade de manter o controle do ato: "O tutor nomeado por testamento ou qualquer documento autêntico, conforme previsto no parágrafo único do art. 1.729 da Lei nº 10.406, de 10 de janeiro de 2002 – Código Civil, deverá, no prazo de 30 (trinta) dias após a abertura da sucessão, ingressar com pedido destinado ao controle judicial do ato, observando o procedimento previsto nos arts. 165 a 170 desta Lei."

Os arts. 165 e 170, com alterações das Leis nos 12.010/2009 e 13.509/2017, disciplinam o processo para a colocação em família substituta.

O parágrafo único do art. 37, em redação da Lei nº 12.010/2009, coloca condições para a nomeação: "Na apreciação do pedido, serão observados os requisitos previstos nos arts. 28 e 29 desta Lei, somente sendo deferida a tutela à pessoa indicada na disposição de última vontade, se restar comprovado que a medida é vantajosa ao tutelando e que não existe outra pessoa em melhores condições de assumi-la." Os requisitos previstos nos arts. 28 e 29 são os exigidos para a colocação em família substituta.

Das observações acima depreende-se que nada de novo constou relativamente ao Código Civil de 1916 e consta quanto ao de 2002. Era desnecessário tratar o assunto do modo como o fez o legislador, muito superficialmente, sem introduzir algo de valor ou típico.

Mas há um procedimento judicial próprio regulado pela Lei nº 8.069/90, aplicável aos menores abandonados ou em situação irregular. É necessário observar as regras específicas.

23.3.1. Procedimento para a nomeação do tutor

Há todo um caminho ou procedimento para a nomeação de tutor. Primeiramente, impõe-se a perda ou a suspensão do poder familiar. Somente depois será nomeado tutor.

a) *Suspensão ou perda do poder familiar*

---

[59] *Estatuto da Criança e do Adolescente Comentado*, São Paulo, Saraiva, 1991, p. 47.

De modo geral, há as hipóteses de suspensão ou perda do poder familiar, como pressuposto para a nomeação de tutor, conforme art. 169 do Estatuto da Criança e do Adolescente.

Na suspensão, uma vez cessadas as causas que a determinaram, e transcorrido um período mais ou menos longo para bem se consolidar a capacidade, o poder familiar retorna aos antigos titulares.

Decorre a suspensão de ato da autoridade judicial, após apurada a falta ou o abuso de poder dos pais, ou de um deles. São motivos de suspensão por abuso de poder familiar o descumprimento de deveres quanto aos filhos, a prática de atos ou omissões que afetam a sua criação, educação e a ruína de seus bens, tudo de acordo com o art. 1.637 do Código Civil. Exemplificativamente, citam-se as seguintes desvirtuações: deixar o filho em estado de vadiagem, mendicidade, libertinagem ou criminalidade; excitar ou propiciar esses estados ou concorrer para a perversão; empregar o filho em ocupação proibida, ou manifestamente contrária à moral ou aos bons costumes; pôr em risco a vida, a saúde ou a moralidade do filho; faltar aos deveres paternos por abuso de autoridade, negligência, incapacidade e impossibilidade de exercer o poder familiar; e condenação criminal a pena de reclusão em delitos praticado contra os filhos.

Já a perda ou destituição do poder familiar ocorre nas infrações mais graves, exemplificando-se as hipóteses do art. 1.638 do diploma civil: a) Castigar imoderadamente os filhos; b) deixar o menor em abandono, ou privado de condições essenciais à sua subsistência, a saúde e instrução obrigatória; c) a prática de atos contrários à moral e aos bons costumes; d) incidir reiteradamente nas faltas que importam na suspensão, acima mencionados; e) entregar de forma irregular o filho a terceiros para fins de adoção.

Relativamente ao abandono, foi assentado que "entende-se por abandono a situação de total e irreversível repúdio ao filho, intencionalmente entregue à própria sorte pelos pais remissos. Bem próximo do tempo e circunstâncias históricas da formação do diploma substantivo, Estevam de Almeida observava, frente ao inciso em questão, que menores abandonados são os encontrados na via pública, ou na vagabundagem. E, por uma ampliação razoável, também são os filhos de ébrios habituais, vagabundos, mendigos, criminosos e contraventores reincidentes (*Manual da Paulo Lacerda*, vol. VI/313)".[60]

Reza o artigo 24 do Estatuto da Criança e do Adolescente, em redação da Lei nº 12.010/2009: "A perda e a suspensão do poder familiar serão decretadas judicialmente, em procedimento contraditório, nos casos previstos na legislação civil, bem como na hipótese de descumprimento injustificado dos deveres e obrigações a que alude o art. 22."

Os deveres do art. 22 referem-se ao sustento, à guarda e educação, além de cumprir e fazer cumprir as determinações judiciais: "Aos pais incumbe o dever de sustento, guarda e educação dos filhos menores, cabendo-lhes ainda, no interesse destes, a obrigação de cumprir e fazer cumprir as determinações judiciais."

Mas, geralmente, em se tratando de incidência do Estatuto, há o abandono, ou a entrega voluntária da criança, pela qual, mediante termo feito em cartório, os pais simplesmente entregam os filhos.

Às vezes, os pais entregam voluntariamente, e sem qualquer ato judicial, ou documento, o filho. Posteriormente, arrependem-se, ou, na regularização para a colocação em família substituta, contestam o pedido de, *v.g.*, destituição do poder familiar.

---

[60] TJSP. Apel. Cível nº 123.465-1. 4ª Câm. Civil, *Revista de Jurisprudência do TJ de São Paulo*, Lex Editora, 130/222.

514 • Direito de Família | *Arnaldo Rizzardo*

Se o menor já se encontra bem estruturado na guarda, embora de fato, de terceiros, não é de se determinar o retorno aos pais naturais, e nem de indeferir a destituição do poder familiar, conforme a orientação da jurisprudência: "Já contando a menor mais de seis anos de idade, não conheceu ela outros pais senão o da família substituta, na qual está ela perfeitamente integrada e feliz, de modo que a mudança pretendida pela recorrente seria extremamente prejudicial à filha não só sob o aspecto psicológico, capaz, aliás, de lhe redundar traumas irreparáveis, como também sob o aspecto social e econômico, pois a recorrente continua a viver de um modesto emprego, sem muitas possibilidades de lhe ensejar melhor conforto e educação, enquanto a família substituta, pelas suas condições de vida, tem todas essas possibilidades.

O direito ao poder familiar tem justo limite no interesse e bem-estar dos filhos, não podendo consubstanciar-se em uma manifestação de mero egoísmo ou de tardio arrependimento."[61]

Como predomina a entrega voluntária do menor, em geral segue-se um rito simples, não passando da entrega dos filhos pelos pais, ato que se procede em cartório do Juizado da Infância e da Juventude, nos termos do art. 166 do Estatuto, em versão da Lei nº 12.010/2009: "Se os pais forem falecidos, tiverem sido destituídos ou suspensos do poder familiar, ou houverem aderido expressamente ao pedido de colocação em família substituta, este poderá ser formulado diretamente em cartório, em petição assinada pelos próprios requerentes, dispensada a assistência de advogado."

Três as situações que importam na colocação em família substituta, nos termos da Lei nº 8.069/1990: falecimento dos pais, destituição ou suspensão do poder familiar e adesão expressa ao pedido de colocação em família substituta.

Várias as regras que seguem.

Permite-se que seja formulado um pedido em cartório, através de petição assinada pelos próprios requerentes, sem a assistência de advogado.

No caso de concordância dos pais, em audiência, com a presença do Ministério Público, o juiz ouvirá as partes então assistidas por advogado ou defensor público, para verificar a concordância com a colocação em família substituta. Essa audiência será realizada no prazo de dez dias a contar da data do protocolo da petição ou da entrega da criança em juízo. Verificada a espontânea ou livre concordância, declarará a extinção do poder familiar.

Orientações e esclarecimentos prestados pela equipe interprofissional da Justiça da Infância e Juventude precederão o consentimento dos titulares do poder familiar. Garantem-se a livre manifestação da vontade daqueles que detêm o poder familiar, bem como o direito ao sigilo de informações.

Mesmo que prestado por escrito o consentimento, necessária a ratificação em audiência para a sua validade. É admitida a retratação do consentimento até a data da realização da audiência, sendo que aos pais fica facultado o arrependimento no prazo de dez dias, contados da data da prolação da sentença de extinção do poder familiar.

O consentimento terá valor unicamente após o nascimento da criança. Está prevista a devida orientação à família natural e à família substituta, o que se faz através de equipe interprofissional, a serviço da justiça.

De acordo com o art. 155, poderá o procedimento ser iniciado pelo Ministério Público, ou por quem tiver legítimo interesse. Manifesto é o interesse dos parentes, como irmão e avós.

A petição inicial conterá os elementos do art. 156, isto é: I – a autoridade judicial a quem for dirigida; II – o nome, o estado civil, a profissão e a residência do requerente

---

[61] TJSP. Recurso de Instrumento nº 12.074-0. 2ª Câm. Especial, de 02.03.1991, *Revista de Jurisprudência do TJ de São Paulo*, Lex Editora, 132/404.

Cap. XX | Adoção • 515

e do requerido, dispensada a qualificação em se tratando de pedido formulado por representante do Ministério Público; III – exposição sumária do fato e o pedido; IV – as provas que serão produzidas, oferecendo, desde logo, o rol de testemunhas e documentos.

Apresentando-se motivo grave, defere-se liminarmente a suspensão, vigorando a medida até o julgamento final, e ficando a criança ou adolescente com pessoa idônea, mediante termo de responsabilidade. Evidente a necessidade de provas dos fatos alegados e que recomendam a suspensão ou perda (art. 157, com alterações das Leis n°s 12.010/2009 e 13.509/2017).

O art. 158 e parágrafos, com alterações das Leis n°s 12.962/2014 e 13.509/2017, disciplinam como se fará a citação, que será preferencialmente pessoal, inclusive se o demandado se encontrar em prisão:

"O requerido será citado para, no prazo de dez dias, oferecer resposta escrita, indicando as provas a serem produzidas e oferecendo desde logo o rol de testemunhas e documentos.

§ 1º A citação será pessoal, salvo se esgotados todos os meios para sua realização.

§ 2º O requerido privado de liberdade deverá ser citado pessoalmente.

§ 3º Quando, por 2 (duas) vezes, o oficial de justiça houver procurado o citando em seu domicílio ou residência sem o encontrar, deverá, havendo suspeita de ocultação, informar qualquer pessoa da família ou, em sua falta, qualquer vizinho do dia útil em que voltará a fim de efetuar a citação, na hora que designar, nos termos do art. 252 e seguintes da Lei no 13.105, de 16 de março de 2015 (Código de Processo Civil).

§ 4º Na hipótese de os genitores encontrarem-se em local incerto ou não sabido, serão citados por edital no prazo de 10 (dez) dias, em publicação única, dispensado o envio de ofícios para a localização".

Ou seja, procede-se à citação por mandado, ou por edital se desconhecido o endereço dos progenitores ou do progenitor que aparecerem no registro de nascimento. A contestação deverá ser oferecida no prazo de dez dias, já com o rol de testemunhas (art. 159). Se houver revelia na citação por edital, nomeia-se advogado. Uma vez compromissado, o advogado nomeado deverá apresentar a defesa no prazo acima, a contar da data da nomeação. Estando presa a pessoa, o oficial de justiça deverá perguntar, no momento da citação pessoal, se deseja que lhe seja nomeado defensor (parágrafo único do art. 159).

Abre-se, após, a fase instrutória, com a efetivação de diligências, requisição de documentos, estudo social e, inclusive, perícia do menor e dos pais, caso for recomendável ou existir requerimento das partes (arts. 160, 161, § 1º, sendo que alguns com as modificações das Leis n°s 12.010, 12.962/2014 e 13.509/2017).

Ouve-se o menor, se tiver mais de doze anos, através de uma equipe interprofissional ou multidisciplinar. Assim ordena o § 1º do art. 161, em texto trazido pela Lei nº 13.509/2017: "A autoridade judiciária, de ofício ou a requerimento das partes ou do Ministério Público, determinará a oitiva de testemunhas que comprovem a presença de uma das causas de suspensão ou destituição do poder familiar previstas nos arts. 1.637 e 1.638 da Lei nº 10.406, de 10 de janeiro de 2002 (Código Civil), ou no art. 24 desta Lei."

Após, falarão os advogados e o Ministério Público, decidindo em seguida o juiz.

Na falta de contestação, admite-se o conhecimento imediatamente do pedido, sem maiores delongas, ou nova manifestação do Ministério Público, se ele for o requerente (art. 161).

Na situação de importar em modificação da guarda, também é necessária a ouvida da criança ou adolescente, desde que possível, em atendimento ao § 3º do art. 161 da Lei nº 8.069, em texto da Lei nº 12.010/2009: "Se o pedido importar em modificação de guarda,

516 • Direito de Família | *Arnaldo Rizzardo*

será obrigatória, desde que possível e razoável, a oitiva da criança ou adolescente, respeitado seu estágio de desenvolvimento e grau de compreensão sobre as implicações da medida."

Consoante o § 4º, alterado pela Lei 13.509/2017, é obrigatória a oitiva dos pais sempre que eles forem identificados e estiverem em local conhecido, ressalvados os casos de não comparecimento perante a Justiça quando devidamente citados.

Em se realizando audiência, presentes as partes e o Ministério Público, colhem-se os depoimentos das testemunhas e, se manifestado requerimento ou ordenar o juiz, do perito ou técnico que apresentou o parecer ou laudo. Seguem-se os debates orais, pelo espaço de vinte minutos, com prorrogação por mais dez, e a sentença. Os debates poderão ser substituídos por memoriais, art. 162, § 2º, na alteração da Lei nº 13.509/2017: "Na audiência, presentes as partes e o Ministério Público, serão ouvidas as testemunhas, colhendo-se oralmente o parecer técnico, salvo quando apresentado por escrito, manifestando-se sucessivamente o requerente, o requerido e o Ministério Público, pelo tempo de 20 (vinte) minutos cada um, prorrogável por mais 10 (dez) minutos".

Fixa o art. 163, modificado pela Lei nº 13.509/2017, o prazo máximo para conclusão do procedimento será de cento e vinte dias: "O prazo máximo para conclusão do procedimento será de 120 (cento e vinte) dias, e caberá ao juiz, no caso de notória inviabilidade de manutenção do poder familiar, dirigir esforços para preparar a criança ou o adolescente com vistas à colocação em família substituta".

O parágrafo único, em texto da Lei 12.010/2009, obriga que se averbe a sentença que decretou a perda ou a suspensão do poder familiar: "A sentença que decretar a perda ou a suspensão do poder familiar será averbada à margem do registro de nascimento da criança ou do adolescente."

Na prática, porém, uma vez apresentado o requerimento, citados os pais, e sendo o menor abandonado, de imediato o juiz decidirá, colhendo previamente o parecer do Ministério Público.

b) *Nomeação do tutor*

Uma vez destituídos os pais do poder familiar, segue-se a nomeação do tutor, ingressando o pedido em juízo nos moldes do pedido de guarda e adoção.

Não podem coexistir o poder familiar e a tutela, no que não deixa dúvidas a jurisprudência: "Sendo inquestionável a impossibilidade de coexistência do pátrio poder com a tutela, como ressalva o parágrafo único do art. 36 da atual lei de menores, será sempre necessária, para a nomeação aqui deferida, a prévia decretação da perda ou suspensão do primeiro, por sentença que será averbada à margem do registro de nascimento da criança ou do adolescente (art. 163 do Estatuto). No caso, ainda que o processo tenha sido instaurado também para essa finalidade, com regular tramitação, a respeitável sentença recorrida deslembrou-se dessa decretação, apenas insinuada no despacho que fez juntar aos autos. Nem se cuidou dessa omissão na sustentação. Sua nulidade, assim, é inquestionável."[62]

Formula-se o pedido segundo os preceitos dos arts. 165 e seguintes, havendo alterações das Leis nos 12.010/2009 e 13.509/2017, que tratam da colocação do menor em família substituta, no que engloba a tutela.

O requerimento virá com a qualificação do requerente, do eventual cônjuge, ou companheiro, e o consentimento deste. Refere-se o parentesco, se existente, bem como do cônjuge,

---

[62] TJSP. Recurso Administrativo nº 12.470-0. Câm. Especial, de 18.03.1991, *Revista de Jurisprudência do TJ de São Paulo*, Lex Editora, 132/411.

ou companheiro, com a criança ou adolescente. Esclarecem-se a existência dos pais, se estão vivos, e mais o endereço, a situação do menor, com a qualificação completa e dos pais. Indicam-se, também, o cartório onde se procedeu o registro de nascimento, anexando-se cópia da respectiva certidão, e a existência de bens, direitos ou rendimentos do tutelado.

Após, citam-se os pais. Não se dispensa este ato, embora já declarada a suspensão ou perda do poder familiar. Não se dispensa o ato por ser possível a não concordância com a nomeação de determinada pessoa em razão de fortes e justos motivos.

Isso a menos que tenha havido a destituição ou suspensão do poder familiar, ou que tenham os pais aderido ao pedido. O art. 166 e seus parágrafos, no texto das Leis nos 12.010/2009 e 13.509/2017, estabelecem várias regras a respeito: "Se os pais forem falecidos, tiverem sido destituídos ou suspensos do poder familiar, ou houverem aderido expressamente ao pedido de colocação em família substituta, este poderá ser formulado diretamente em cartório, em petição assinada pelos próprios requerentes, dispensada a assistência de advogado.

"§ 1º Na hipótese de concordância dos pais, o juiz:

I – na presença do Ministério Público, ouvirá as partes, devidamente assistidas por advogado ou por defensor público, para verificar sua concordância com a adoção, no prazo máximo de 10 (dez) dias, contado da data do protocolo da petição ou da entrega da criança em juízo, tomando por termo as declarações; e

II – declarará a extinção do poder familiar.

§ 2º O consentimento dos titulares do poder familiar será precedido de orientações e esclarecimentos prestados pela equipe interprofissional da Justiça da Infância e da Juventude, em especial, no caso de adoção, sobre a irrevogabilidade da medida.

§ 3º São garantidos a livre manifestação de vontade dos detentores do poder familiar e o direito ao sigilo das informações.

§ 4º O consentimento prestado por escrito não terá validade se não for ratificado na audiência a que se refere o § 1º deste artigo.

§ 5º O consentimento é retratável até a data da realização da audiência especificada no § 1º deste artigo, e os pais podem exercer o arrependimento no prazo de 10 (dez) dias, contado da data de prolação da sentença de extinção do poder familiar.

§ 6º O consentimento somente terá valor se for dado após o nascimento da criança.

§ 7º A família natural e a família substituta receberão a devida orientação por intermédio de equipe técnica interprofissional a serviço da Justiça da Infância e da Juventude, preferencialmente com apoio dos técnicos responsáveis pela execução da política municipal de garantia do direito à convivência familiar."

O art. 167 prevê a realização de estudo social, ou de perícia, por equipe interprofissional, o que se tornará recomendável, embora sua importância venha estabelecida mais para a guarda e a adoção.

Possibilita o parágrafo único do art. 167, acrescentado pela Lei nº 12.010, a concessão da guarda provisória, o que deve estender-se também para a tutela:

"Deferida a concessão da guarda provisória ou do estágio de convivência, a criança ou o adolescente será entregue ao interessado, mediante termo de responsabilidade."

Se manifesta a anuência, nada impede que se acumule o pedido de perda do poder familiar com a nomeação de tutor. É que há a transferência do poder familiar, constituindo a tutela mais uma decorrência da assunção daquele encargo.

518 • Direito de Família | *Arnaldo Rizzardo*

Em verdade, o procedimento delineado pelo Estatuto é moldável, segundo a circunstância de cada caso.

c) *Destituição do tutor*

Sempre que se verificar que o menor se encontra sob a regência de pessoa sem condições de exercer o encargo, leva a efeito o procedimento da destituição da tutela.

A respeito, ordena o art. 164 da Lei nº 8.069: "Na destituição da tutela, observar-se-á o procedimento para a remoção de tutor previsto na lei processual civil e, no que couber, o disposto na seção anterior."

De outra parte, há de ser contraditório, e não voluntário, o procedimento, segundo emana o art. 38, combinado com o art. 24, da Lei nº 8.069, este alterado pela Lei nº 12.010/2009, o que assegura o direito de defesa ao tutor.

O procedimento do Código de Processo Civil de 2015 está previsto nos arts. 761 a 763, que regulam a remoção e dispensa do tutor ou curador.

E os casos de remoção ou exoneração aparecem no art. 1.735, incisos I a VI, do Código Civil, que abrangem a remoção ou exoneração da curatela. Cabe a destituição daqueles que não tiverem a livre administração de seus bens; dos que, no momento de lhes ser deferida a tutela, se acharem constituídos em obrigações para com o menor, ou tiverem que fazer valer direitos contra este; daqueles cujos pais, filhos ou cônjuges, tiverem demanda contra o menor; dos inimigos do menor e de seus pais; dos que tiverem sido por estes excluídos para o exercício do encargo; dos que foram condenados por crime de furto, roubo, estelionato ou falsidade, tenham ou não cumprido a pena; das pessoas de mau procedimento, ou falhas em sua probidade; das culpadas de abusos em tutorias anteriores; e daquelas que exercem função pública incompatível com a boa administração da tutela. Acrescenta o art. 1.766, também Código Civil, a destituição quando for constatada negligência no exercício da função ou comprovar-se prevaricação, ou tornar-se incapaz o tutor. Não resta dúvida impor-se igual cominação sempre que apurada culpa grave, ou dolo, ou fraude, na administração dos bens do tutelado.

E, assim, nas situações do art. 22, combinado com o art. 38 do Estatuto, isto é, se o tutor não atende o dever de sustento, guarda e educação do tutelado, cumprindo, também, a observância do parágrafo único do primeiro dispositivo, em texto da Lei 13.257/2016: "A mãe e o pai, ou os responsáveis, têm direitos iguais e deveres e responsabilidades compartilhados no cuidado e na educação da criança, devendo ser resguardado o direito de transmissão familiar de suas crenças e culturas, assegurados os direitos da criança estabelecidos nesta Lei".

Ainda, dá-se a destituição se o tutor não atender as obrigações do art. 1.748 da lei civil, as quais são as seguintes:

"I – pagar as dívidas do menor;
II – aceitar por ele heranças, legados, ou doações, ainda que com os seus encargos;
III – transigir;
IV – vender-lhe os bens móveis, cuja conservação não convier, e os imóveis nos casos em que for permitido;
V – propor em Juízo as ações, ou nelas assistir o menor, e promover todas as diligências a bem deste, assim como defendê-lo nos pleitos contra ele movidos."

Justifica-se a destituição, igualmente, se praticar o tutor qualquer dos atos do art. 1.749, ou seja, se o tutor adquirir por si, ou por interposta pessoa, mediante contrato particular, bens móveis ou imóveis pertencentes ao menor; se dispuser dos bens do menor a título gratuito; se constituir-se cessionário de crédito, ou direito, contra o menor.

Várias outras obrigações podem ser enumeradas, cuja infringência é suscetível de acarretar a anulação, vindo indicadas no art. 1.740, e que são: dar educação ao menor, defendê-lo e prestar-lhe alimentos, conforme os haveres e condições; e reclamar ao juiz que providencie, como houver por bem, quando o menor haja mister correção; adimplir os demais deveres que normalmente cabem aos pais, ouvida a opinião do menor, se este já contar doze anos de idade.

É necessário, outrossim, que declarem seus créditos devidos pelo menor, sob pena de não poder exigi-los enquanto exercer a tutoria, a menos que prove que não conhecia o crédito no momento em que assumiu o encargo de tutor – art. 1.751 do Código Civil.

A falta de prestação de contas a cada dois anos, e a não apresentação do balanço, de ano a ano, também importam em motivos para a dita revogação.

Em suma, deve existir uma causa para a exoneração. Não se mostra suficiente a mera vontade do juiz, à semelhança do que se dá com a guarda.

Ingressado o pedido em Juízo, com a qualificação das partes e as provas existentes, apresentado pela Ministério Público ou por quem revelar legítimo interesse, como pais, irmãos e avós, cita-se o tutor para contestar a ação no interregno de cinco dias, segundo ordena o art. 761 do Código de Processo Civil.

Depois de apresentada a contestação, ou decorrido o prazo para seu oferecimento, procede-se à instrução, se requerida a produção de provas, adotando-se o procedimento comum.

Seguem-se os debates e a sentença, intervindo sempre o Ministério Público.

De observar, ainda, o disposto no art. 762 da lei processual, que autoriza ao juiz, em casos de extrema gravidade, como malversação dos bens, maus-tratos, infligidos ao tutelado, desvios de conduta, a suspensão liminar da função de tutor, com a nomeação interina de um substituto, medida esta também contemplada no art. 157 do Estatuto da Criança e do Adolescente, relativamente ao poder familiar.

Ao tutor concede o art. 763 do estatuto adjetivo civil o direito de requerer a sua exoneração do encargo, após decorrido o prazo em que era obrigado a servir. Para tanto, lhe é assegurado o prazo de dez dias a fim de manifestar a dispensa. Do contrário, considera-se automaticamente reconduzido no encargo, a menos que o juiz entenda o contrário, nos termos do parágrafo único do mesmo artigo.

24. O PROCEDIMENTO PARA A ADOÇÃO

Normalmente, as crianças adotadas são as que são abandonadas, ou estão em regime de acolhimento. Consoante o art. 100 da Lei nº 8.069 e o elenco de seu parágrafo único, com alterações das Leis nºs 12.010/2009 e 13.509/2017, várias as medidas de proteção às crianças em situação de fragilidade, estabelecendo, por sua vez, o art. 101, especialmente no inc. VII, em redação da Lei nº 12.010/2009, o acolhimento institucional, através do qual a criança é internada em uma casa em regime de lar, onde permanece até a conclusão do processo de adoção.

Nessas casas ou instituições também são acolhidas as crianças retiradas preventivamente dos pais, e durante o tempo de sua transferência para uma família substituta.

O procedimento para a adoção de menores até os dezoito anos é regido pela Lei nº 8.069/1990, que abrange praticamente a generalidade das adoções. Aos maiores dessa idade, o Estatuto da Criança e da Juventude nada disciplinou.

De outro lado, o Código Civil de 2002, dirimindo antigas controvérsias, firmou a obrigatoriedade de todas as adoções –menores ou maiores – submeterem-se ao devido processo judicial, culminando com a sentença deferitória ou não.

O procedimento da adoção, pois, envolvendo menores de dezoito anos, trilha o caminho traçado na Lei nº 8.069; já quanto aos maiores dessa idade, embora necessário o deferimento judicial por meio de uma sentença, e da assistência efetiva do Poder Público, com a incidência, no que couber, das regras do Estatuto (por força do art. 1.619 do Código Civil, em redação da Lei nº 12.010), não parece apropriado que se obedeçam todas as exigências instituídas para a adoção dos menores, que envolvem, inclusive, estudos por equipes interprofissionais e estágio.

Daí se depreende que o procedimento para os maiores de tal idade, dada a ausência de uma previsão legal específica na Lei nº 8.069, deve ser colhido dentre os oferecidos pelo Código de Processo Civil. E o mais adaptável é o de jurisdição voluntária, porquanto provocado o pedido conjuntamente pelo adotante e pelo adotado. Nessa visão, aplicam-se os artigos 719 a 725 da lei processual civil.

Há atualmente uma tendência em não valorizar a adoção de maiores, por várias razões, tanto que na Inglaterra e na Holanda nem mais está prevista. Antônio Chaves aponta argumentos que não podem passar olvidados, como a falta de finalidades na adoção de maiores de dezoito anos, pois dificilmente alguém com idade superior aceitará a autoridade de um estranho. Por outro lado, é possível que na adoção de maiores haja motivos torpes ou pelo menos duvidosos, como um proveito econômico desmedido, ou interesses puramente materiais. E acrescenta: "Além desses limites, desaparece o fundamento que justifica, modernamente, a existência da instituição; a pessoa já tem a personalidade criada e definida, o caráter e os contornos que o revelarão no seu desenvolvimento ulterior. O indivíduo já adquiriu capacidade para a vida civil e política, podendo contrair casamento, redigir testamento, exercer o comércio, prestar o serviço militar etc."[63]

Basicamente, o instituto da adoção evoluiu, nos últimos tempos, no sentido de amparar as crianças abandonadas, ou cujos pais não possuem condições de criá-las e educá-las. Principalmente está sendo dirigido o instituto a atender os reclamos de uma infância surgida de classes sociais onde a tendência é a marginalização, sem as condições mínimas de uma criação e formação psicológica razoáveis, como já expôs o Tribunal de Justiça do Rio de Janeiro, na Apel. Cível nº 99.001.07908, da 11ª Câmara Cível, proferida na data de 7.10.1999, publicada pelo boletim semanal ADV Jurisprudência, nº 20, de 21.05.2000, p. 316: "A requerente possui a guarda de fato da menor desde o seu nascimento, com a anuência de seu genitor, e por não ter a genitora condições psicológicas, uma vez que é portadora de doença mental grave. A formação emocional de uma criança está intimamente ligada aos seus primeiros anos de vida. Não pode esta criança conviver num ambiente de instabilidade emocional. Os fatos ocorridos justificam a destituição do pátrio poder, e a atual situação em que vive a criança justifica atribuir-lhe a adoção pela autora."

---

[63] *Adoção, Adoção Simples e Adoção Plena*, obra citada, p. 609.

Com razão, pois, Paulo Lúcio Nogueira, quando afirma: "O caráter assistencial da adoção civil vem sendo ampliado cada vez mais com o passar do tempo, pois, se no início a finalidade do instituto era propiciar filhos aos que não podiam tê-los – interesse do adotante –, depois passou a ser uma maneira de assistir os menores, mas por laços de parentesco ou afetividade, assegurando-lhes uma forma de subsistência – interesse do adotado – através de pensão ou outros meios."[64]

Tanto evoluiu o caráter assistencial que a Lei nº 13.509/2017 introduziu o programa de apadrinhamento das crianças e dos adolescentes que se encontram acolhidos, de acordo com o art. 19-B da Lei nº 8.069/1990, programa esse que visa vínculos familiares e comunitários:

"A criança e o adolescente em programa de acolhimento institucional ou familiar poderão participar de programa de apadrinhamento.

§ 1º O apadrinhamento consiste em estabelecer e proporcionar à criança e ao adolescente vínculos externos à instituição para fins de convivência familiar e comunitária e colaboração com o seu desenvolvimento nos aspectos social, moral, físico, cognitivo, educacional e financeiro.

§ 2º Podem ser padrinhos ou madrinhas pessoas maiores de 18 (dezoito) anos não inscritas nos cadastros de adoção, desde que cumpram os requisitos exigidos pelo programa de apadrinhamento de que fazem parte.

§ 3º Pessoas jurídicas podem apadrinhar criança ou adolescente a fim de colaborar para o seu desenvolvimento.

§ 4º O perfil da criança ou do adolescente a ser apadrinhado será definido no âmbito de cada programa de apadrinhamento, com prioridade para crianças ou adolescentes com remota possibilidade de reinserção familiar ou colocação em família adotiva.

§ 5º Os programas ou serviços de apadrinhamento apoiados pela Justiça da Infância e da Juventude poderão ser executados por órgãos públicos ou por organizações da sociedade civil.

§ 6º Se ocorrer violação das regras de apadrinhamento, os responsáveis pelo programa e pelos serviços de acolhimento deverão imediatamente notificar a autoridade judiciária competente."

Assim, diante da total mudança da estrutura social que ordenou a instituição da adoção de menores, conveniente se tracem os caminhos processuais para o seu deferimento.

24.1. Requisitos nas adoções sujeitas ao procedimento da Lei nº 8.069/1990

Em primeiro lugar, é certo que o rito processual da Lei nº 8.069, de 1990, restringe-se somente à adoção de menores até dezoito anos de idade, salvo se já estiverem sob a guarda dos adotantes. É o que se extrai do art. 40 da lei em exame: "O adotando deve contar com, no máximo, dezoito anos à data do pedido, salvo se já estiver sob a guarda ou tutela dos adotantes."

O art. 2º do mesmo diploma situa a criança e o adolescente em função da idade: "Considera-se criança, para os efeitos desta Lei, a pessoa até doze anos de idade incompletos, e adolescente aquela entre doze e dezoito anos de idade."

De modo que os destinatários da Lei nº 8.069/1990 são os menores em geral, cuja adoção os torna inteiramente iguais aos filhos sanguíneos. Não se restringe, porém, a lei aos menores expostos ou em situação irregular, como ocorria com as leis anteriores.

---

[64] *Estatuto da Criança e do Adolescente Comentado*, obra citada, p. 64.

Os demais requisitos para a incidência do procedimento do Estatuto da Criança e do Adolescente constam prescritos nos seus arts. 39 e seguintes, com alterações das Leis n°s 12.010/2009 e 13.509/2017, e no art. 165, parágrafo único. Têm-se em conta os dispositivos que tratam especificamente dos requisitos.

Não é autorizada a adoção mediante procuração, segundo vem previsto no art. 39, § 2º, com alteração da Lei nº 12.010/2009. No entanto, não importa a regra em impedir que a parte se faça representar por advogado, quando do pedido. Há todo um complexo procedimento judicial, em que se exige o contato pessoal do juiz e demais pessoas integrantes do juizado, que lavrarão pareceres, com os pais do menor, os candidatos a adotantes, os demais filhos e o menor a ser adotado, às vezes mesmo com idade inferior a doze anos.

De acordo com o art. 42 da Lei nº 8.069, em redação da Lei 12.010, podem adotar os maiores de dezoito anos, independentemente do estado civil.

A Lei nº 12.010 adaptou a idade que vinha no art. 42 da Lei nº 8.069 à estabelecida no Código Civil, que é de dezoito anos.

Se a adoção for pleiteada por ambos os cônjuges ou companheiros, um deles deverá contar, no mínimo, dezoito anos. Cumpre venha provada, também, a estabilidade da vida conjugal ou da união estável. Tais requisitos constam no § 2º do art. 42 do Estatuto, com a redação da Lei nº 12.010, a qual introduziu explicitamente a permissão para a adoção conjunta do marido e da mulher, ou dos companheiros, desde que demonstradas as condições de estabilidade que garantam a criação e educação do adotando: "Para adoção conjunta, é indispensável que os adotantes sejam casados civilmente ou mantenham união estável, comprovada a estabilidade da família."

Vindo formulada a adoção apenas por um dos cônjuges, ou um dos companheiros que tenham vida conjugal de fato, é importante, mas não imprescindível, o assentimento do outro.

Alça-se como de realce esta concordância, conforme alhures já ressaltado, pois passando a morar o adotando com os demais membros da família do adotante, não seria coerente que se dispensasse a anuência do cônjuge ou companheiro. Evidente que a sua falta está sujeita a despertar desagrado e a ferir suscetibilidades, especialmente considerando que as questões comuns da vida conjugal não podem ser decididas somente por uma das pessoas.

Aparentemente, a proibição constaria da Lei nº 8.069. Seu art. 165, inc. I, exigiria, quando da formulação do pedido, a expressa anuência do cônjuge ou do companheiro.

Entrementes, a regra não é de natureza processual, e sim de direito material, ou, mais propriamente, de direito constitucional, pois diz respeito a um direito de liberdade, e sobretudo de personalidade, que é de ter filhos.

No tocante aos ascendentes e irmãos do adotando, não encontra finalidade a adoção, pois já pertencem todos a um círculo familiar. A Lei nº 8.069/90, no art. 42, § 1º, proíbe tal adoção.

Tem a adoção em conta a colocação de um menor em uma família substituta. Aqueles parentes são considerados membros do grupo familiar, não se encontrando sentido na adoção. Mesmo assim, lembrando matéria já dissertada, inúmeros os casos de adoções de menores por seus avós, atendendo mais a necessidade da própria criança, como salienta Liborni Siqueira: "Ocorre com frequência o caso de avós postularem a adoção dos netos, quando a mãe da criança, na flor da idade, 14, 15 ou 16 anos, mantém um romance, engravida e o sedutor desaparece. Pais e avós prosseguem cóm a responsabilidade na mantença. Outras vezes, para permitir que a filha se case evitando o problema do nascituro que não é compreendido pelo marido ou companheiro; nos casos da orfandade do neto ou irmão etc."[65]

A tendência jurisprudencial é pela impossibilidade, de acordo com o presente tópico de um julgamento: "Não se pode admitir a imediata invocação do princípio da irretroatividade das leis que se faria ao presente caso, sob o argumento de que o Estatuto só entrou em vigor quando o pedido de adoção já havia sido formulado. Não é aplicável tal princípio porque não se está diante de hipótese de ato jurídico perfeito, direito adquirido ou coisa julgada, ressaltando-se, ainda, o fato de ser imediata a incidência das leis acerca do estado das pessoas, como esclarece Caio Mário da Silva Pereira: 'As leis que definem o estado da pessoa aplicam-se imediatamente a todos que se achem nas novas condições previstas. Se uma lei declara dissolúvel o matrimônio, admite como suscetível a dissolução do casamento, ainda que celebrado ao tempo em que a lei vedava o divórcio a vínculo. A lei que admite o reconhecimento dos filhos ilegítimos faculta a aquisição do *status* a todos que estejam nas condições previstas, ainda que nascido ao tempo em que o vedava a norma anterior. Mas, ao revés, se vem a proibir o reconhecimento, respeita aqueles que já o haviam obtido, porém não tolera que na sua vigência consigam-no aqueles que pela lei antiga tinham condições de atingi-lo, e não o haviam alcançado ainda' (*Instituições de Direito Civil*, 5ª edição, 2ª tiragem, Rio de Janeiro, Forense, 1978, vol. I/153)."[66]

Outrossim, para auferir a estabilidade da família ou da união do homem e da mulher, é necessário averiguar alguns elementos, como a segurança emocional, a situação econômica, a maturidade, o equilíbrio, a afinidade, a convivência etc.

O § 3º do art. 42 da Lei nº 8.069/1990 coloca uma diferença de idade entre o adotante e o adotado de dezesseis anos.

O § 4º do art. 42, em texto da Lei nº 12.010/2009, permite a adoção conjunta por pessoas separadas ou divorciadas, ou por ex-companheiros, e, quanto a estes, numa abrangência mais extensa do que vinha no parágrafo único do art. 1.622 do Código Civil, revogado pela lei acima: "Os divorciados, os judicialmente separados e os ex-companheiros podem adotar conjuntamente, contanto que acordem sobre a guarda e o regime de visitas e desde que o estágio de convivência tenha sido iniciado na constância do período de convivência e que seja comprovada a existência de vínculos de afinidade e afetividade com aquele não detentor da guarda, que justifiquem a excepcionalidade da concessão."

Como se percebe, a regulamentação requer o estágio durante a convivência, seja do casamento ou da união estável.

É necessário, outrossim, a concordância do adotado, se tiver ele mais de doze anos, exigência imposta pelo § 2º do art. 45 do Estatuto: "Em se tratando de adotando maior de 12 (doze) anos de idade, será também necessário o seu consentimento."

Importa, ainda, a autorização de ambos os pais, ou do representante legal do menor, o que se encontra no art. 45 do Estatuto: "A adoção depende do consentimento dos pais ou representante legal do adotando."

Seja qual for a situação do menor, como abandonado ou exposto, não se prescinde da autorização. Se não houver concordância, não se concede a adoção. Se os pais não merecem ter o filho consigo, ou seu procedimento é tal que enseja a perda do poder familiar, nem assim se autoriza a adoção, que jamais prescinde do ato de volição dos pais biológicos.

---

[65] *Comentários ao Estatuto da Criança e do Adolescente*, coordenação de Liborni Siqueira, Rio de Janeiro, Forense, 1991, p. 22.

[66] TJMS. Apel. Cível nº 23.329-8. 1ª Câm. Cível, de 18.12.1990, *Revista dos Tribunais*, 668/147.

524 • Direito de Família | *Arnaldo Rizzardo*

Mas, estando um dos progenitores em lugar incerto e desconhecido, e exercendo o outro o poder familiar, é suficiente o consentimento apenas deste: "Adoção. Consentimento dos pais. Se o pai do menor está desaparecido há longos anos, o exercício do pátrio poder compete à mãe, que pode, assim, dar o consentimento de que trata o art. 45 da Lei nº 8.069/1990."

No voto: "O art. 45 da Lei nº 8.069/90 estabelece que a adoção depende do consentimento dos pais ou do representante do adotando.

Durante o casamento compete o pátrio poder aos pais, exercendo-o o marido com a colaboração da mulher. Na falta dos progenitores, passará o outro a exercê-lo com exclusividade, como dispõe o art. 380 do Código Civil.

Ora, o pai do menor está desaparecido há longos anos, de sorte que o exercício do pátrio poder compete à mãe, a quem cabe, no exercício do pátrio poder, representá-lo, outorgando o consentimento para a adoção."[67] De referir que o mencionado art. 380 do CC/1916 corresponde ao art. 1.631 do CC/2002.

Na ausência do consentimento, e não merecendo os pais ficarem com o filho, o primeiro passo inarredável consiste na destituição do poder familiar, com a nomeação de um tutor, ou a entrega da guarda a uma terceira pessoa.

O art. 166 da Lei nº 8.069/1990, modificado pela Lei nº 12.010/2009, aponta para a destituição do poder familiar, a menos que verificada a adesão ao pedido de adoção, o que provoca a perda implicitamente: "Se os pais forem falecidos, tiverem sido destituídos ou suspensos do poder familiar, ou houverem aderido expressamente ao pedido de colocação em família substituta, este poderá ser formulado diretamente em cartório, em petição assinada pelos próprios requerentes, dispensada a assistência de advogado."

Nesse rumo manifestam-se os tribunais.

A Apel. Cível nº 71.220-0/9-00 da Câmara Especial do Tribunal de Justiça de São Paulo, de 21.08.2000, publicada em *ADV Jurisprudência*, boletim nº 5, p. 76, datado de 4.02.2000, delineia com clareza a matéria: "O pátrio poder diz respeito a direito indisponível. Nesse sentido a lição de Washington de Barros Monteiro: 'Cumpre dizer, ainda, que o pátrio poder é irrenunciável. Ao pai não se permite, assim, no exercício desse direito, transferi-lo a outrem, a título gratuito ou oneroso. Trata-se de encargo de que ninguém se liberta por sua exclusiva vontade' (*Curso de Direito Civil – Direito de Família*, 18ª ed., São Paulo, Saraiva, p. 287). Neste diapasão também: 'Constitui um *múnus público*. Ao Estado, que fixa normas para o seu exercício, interessa o seu bom desempenho. É irrenunciável, indelegável e imprescindível. Os pais não podem renunciar a ele, nem transferi-lo a outrem. A única exceção é a prevista no art. 166, do Estatuto da Criança e do Adolescente, mas feita em juízo, sob a forma de adesão ao pedido de colocação do menor em família substituta (geralmente em pedidos de adoção, que transfere aos adotantes o pátrio poder), cuja conveniência será examinada pelo juiz (*Sinopses Jurídicas – Direito de Família*, São Paulo, Saraiva, 1997, vol. 2, pp. 124/125). Assim, não poderia o feito ter sido julgado antecipadamente, não se presumindo verdadeiros os fatos narrados na exordial (art. 320, inc. II, do CPC), sendo necessário que a apelante comprovasse suas alegações com a regular instrução do processo." O citado art. 320, inc. II equivale ao art. 345, inc. II, do CPC/2015, com igual redação.

O procedimento do contraditório é indispensável, inclusive, para a transferência da guarda dos pais para terceira pessoa: "Demonstrando que a mãe não reúne condições para

---

[67] TJRJ. Apel. Cível nº 1.536/90. 1ª Câm. Cível, de 30.10.1990, *Revista dos Tribunais*, 674/176.

Cap. XX | Adoção • 525

ter o filho em sua companhia, mas não aceitando que seja o menor adotado, impõe-se a instauração do procedimento contraditório para a concessão da guarda em caráter permanente, ao casal, entre os postulantes, que reúna melhores condições para, eventualmente, o adotar no futuro."[68]

Mesmo que, posteriormente, venha o tutor ou o curador a pretender a adoção, não se prescinde da citação dos progenitores, embora o § 1º do art. 45, que dispensa a autorização dos pais, se estiverem em lugar incerto ou desconhecido, ou se estiverem decaído do poder familiar: "O consentimento será dispensado em relação à criança ou adolescente cujos pais sejam desconhecidos ou tenham sido destituídos do poder familiar."

Nota-se uma acentuada desvalorização dos pais biológicos. Como, no entanto, sempre a formalização do encargo é judicial, impera a indispensabilidade da citação dos mesmos, para contestarem a ação, ou manifestarem o consentimento. Obviamente que a citação procederá por edital. Pensamento este do qual comunga Liborni Siqueira ao discordar da norma: "Data vênia, não concordamos com esta determinação, pois, ainda que o adotando seja filho de pais ignorados, consideramos que devem ser citados por edital, ali constando, em resumo, a situação em que a criança ou o adolescente foram abandonados, por tratar-se de rito contraditório, sendo nomeado curador especial para os pais conforme art. 9º, II, do Código de Processo Civil, mesmo porque há necessidade do decreto da perda do pátrio poder."[69] O conteúdo do citado art. 9º, II, encontra-se no art. 72, II, do CPC/2015.

Relativamente ao tutor ou curador, encerra o art. 44 do Estatuto a necessidade da prévia prestação de contas.

Se exigida judicialmente a prestação de contas, ou surgirem fundadas dúvidas quanto à seriedade da administração, cria-se uma situação de conflitos de interesses, o que impede a adoção.

Relevante disposição encontra-se no art. 43 do Estatuto, a qual consiste em somente se deferir a adoção se resultar efetivo benefício para o adotando: "A adoção será deferida quando apresentar reais vantagens para o adotando e fundar-se em motivos legítimos."

Ressalta o interesse do adotando, desiderato este que não assinalava o Código Civil pretérito. Visará a adoção, por isso, sempre o adotando, concedendo-se quando apresentar reais vantagens para a sua pessoa.

24.2. A tramitação do processo

Processa-se judicialmente a adoção, formalizando-se à semelhança de uma demanda, obedecendo os passos ditados pela Lei nº 8.069/1990, conforme já abordado acima. Apenas supletivamente incidem as regras do Código de Processo Civil.

Primeiramente, estudar-se-á a adoção quando houver expressa concordância dos pais biológicos e do adotante.

O pedido conterá vários requisitos, constantes do art. 165, e aplicáveis à adoção por força de seu parágrafo único, podendo vir assinado por advogado, ou pelos próprios candidatos à adoção, no juizado da criança e da juventude, em requerimento padronizado.

---

68 TJSP. Recurso de Instrumento nº 10.597-0. Câm. Especial, de 14.12.1989, *Revista dos Tribunais*, 651/55.
69 Trabalho citado, p. 24.

Eis os requisitos específicos que conterá o pedido, aplicáveis também para a guarda e a tutela:

"I – qualificação completa do requerente e de seu eventual cônjuge, ou companheiro, com expressa anuência deste;

II – indicação de eventual parentesco do requerente e de seu cônjuge, ou companheiro, com a criança ou o adolescente, especificando se tem ou não parente vivo;

III – qualificação completa da criança ou do adolescente e de seus pais, se conhecidos;

IV – indicação do cartório onde foi inscrito o nascimento, anexando, se possível, uma cópia da respectiva certidão;

V – declaração sobre a existência de bens, direitos ou rendimentos relativos à criança ou ao adolescente."

De salientar, quanto à expressa anuência do cônjuge ou companheiro, inserida no inciso I, não prevalece, eis que de fundo constitucional (art. 5º), interferindo no direito de liberdade, conforme se viu retro, no item 24.1.

Outras exigências são oportunas, como a anexação, ao pedido, de documentos ou informações sobre o adotante. Assim, costuma-se pedir atestado ou certidões de antecedentes, folha corrida judicial, comprovante de residência, da profissão, dos rendimentos e grau de escolaridade.

De notar, ainda, que havendo consentimento dos pais na adoção, ou sendo estes falecidos, ou tendo eles decaído do poder familiar, e expressa a permissão em se formalizar o pedido no cartório, segundo o art. 166 do Estatuto, no texto da Lei nº 12.010/2009: "Se os pais forem falecidos, tiverem sido destituídos ou suspensos do poder familiar, ou houverem aderido expressamente ao pedido de colocação em família substituta, este poderá ser formulado diretamente em cartório, em petição assinada pelos próprios requerentes, dispensada a assistência de advogado."

Várias regras procedimentais encontram-se nos parágrafos, com modificações das Leis nos 12.090/2009 e 13.509/2017.

Assim, o § 1º quanto à necessidade de ouvida dos pais, mesmo que manifestada a concordância: "Na hipótese de concordância dos pais, o juiz:

I – na presença do Ministério Público, ouvirá as partes, devidamente assistidas por advogado ou por defensor público, para verificar sua concordância com a adoção, no prazo máximo de 10 (dez) dias, contado da data do protocolo da petição ou da entrega da criança em juízo, tomando por termo as declarações; e

II – declarará a extinção do poder familiar."

O § 2º exige que se prestem orientações e esclarecimentos sobre a irrevogabilidade da adoção: "O consentimento dos titulares do poder familiar será precedido de orientações e esclarecimentos prestados pela equipe interprofissional da Justiça da Infância e da Juventude, em especial, no caso de adoção, sobre a irrevogabilidade da medida."

Por sua vez, o § 3º preserva a livre manifestação da vontade e o sigilo dos que detêm o poder familiar: "São garantidos a livre manifestação de vontade dos detentores do poder familiar e o direito ao sigilo das informações."

De acordo com o § 4º, "o consentimento prestado por escrito não terá validade se não for ratificado na audiência a que se refere o § 1º deste artigo".

Já o § 5º assegura a faculdade de se retratar o consentimento "até a data da realização da audiência especificada no § 1º deste artigo", sendo que "os pais podem exercer o arrependimento no prazo de 10 (dez) dias, contado da data de prolação da sentença de extinção do poder familiar."

Pelo § 6º, "o consentimento somente terá valor se for dado após o nascimento da criança".

Estabelece o § 7º que "família natural e a família substituta receberão a devida orientação por intermédio de equipe técnica interprofissional a serviço da Justiça da Infância e da Juventude, preferencialmente com apoio dos técnicos responsáveis pela execução da política municipal de garantia do direito à convivência familiar".

Válida, ainda, a lição de Marco Aurélio S. Viana: "A adoção disciplinada pela Lei nº 8.069/90 reclama um processo especial... Esse processo especial inicia-se com um pedido do adotante e finda com uma sentença que constitui o vínculo da adoção. Entre esses dois momentos, desenvolve-se toda uma tese probatória buscando o convencimento da autoridade jurídica, no sentido de reconhecer que a pretensão atende ao bem do menor. Não se cogita de saber se o casal deve receber o menor, como realização de sua inspiração de trazer para a família um filho, mas estabelecer se ele reúne as condições necessárias para educar uma criança ou um adolescente. Se há vantagens para o adotado, seus interesses são atingidos. Em outras palavras, o magistrado não se restringe em homologar o pedido, mas, sim, deve examinar as circunstâncias do caso concreto, de forma a encontrar as vantagens e benefícios que a adoção ensejará ao menor. Assim, àquela fase volitiva, que se manifesta com a pretensão deduzida pelos adotantes, na forma prevista em lei, sucede-se outra, que é o provimento jurisdicional. O juiz examina o pedido e conclui tendo em vista a tutela dos interesses do menor."[70]

Nota-se, pois, a obrigatoriedade do processamento judicial, com a aferição das condições e capacidade dos candidatos à adoção, sempre em vista dos interesses do menor.

Uma vez encaminhado e processado o pedido, seguem-se algumas medidas para aferir a condição pessoal, social e econômica dos candidatos a adotante. Verifica-se a capacidade emocional, afetiva e intelectual, o que será apurado através da ouvida do casal de adotantes, ou do adotante, com a apresentação, inclusive, de um estudo psicossocial, se necessário, para o fim de serem apurados o equilíbrio psíquico, afetivo e moral e a normalidade da vida familiar.

Afigura-se de boa praxe a verificação *in loco* da situação dos candidatos, com visitas por agentes do juizado, que elaborarão um relatório, anexando-o ao processo. É, aliás, o que recomenda o art. 167, que se encontra na Seção IV, Capítulo III, Título IV, da Lei nº 8.069/1990, onde vem disciplinada a colocação de menor em família substituta, cujo procedimento se estende também à tutela e à guarda: "A autoridade judiciária, de ofício ou a requerimento das partes ou do Ministério Público, determinará a realização de estudo social ou, se possível, perícia por equipe interprofissional, decidindo sobre a concessão de guarda provisória, bem como, no caso de adoção, sobre o estágio de convivência."

Essa averiguação é importante para concluir sobre as condições e aptidões do candidato a adotar, pois encerra o art. 29: "Não se deferirá a colocação em família substituta a pessoa que revele, por qualquer modo, incompatibilidade com a natureza da medida ou não ofereça ambiente familiar adequado."

---

[70] *Da Guarda da Tutela e da Adoção*, obra citada, p. 58.

Aconselha-se um estudo psicológico e jurídico no candidato. Psicológico para verificar o conceito, a ideia e a imagem que o mesmo faz a respeito dos filhos, bem como a maneira de encarar um filho e a disposição de se comprometer em suportar a série de contratempos, dificuldades, abnegações e doação pessoal, o que se mostra próprio a todos os pais. A pessoa deve estar preparada para a nova situação. Essencialmente após certa idade, torna-se difícil a mudança de hábitos e costumes. Daí a relevância da análise psicológica, com um apanhado de tendências e capacidade em assumir um filho.

Quanto ao estudo jurídico, deverá o interessado inteirar-se do significado da adoção, com todas as repercussões civis, efeitos, obrigações e responsabilidades.

No direito italiano, aliás, o diagnóstico, o exame e a conscientização constituem um momento de todo o procedimento para a adoção, segundo revela a professora Maria Carolina Palma: "Per quanto concerne in particolare le indagini sulle coppie aspiranti all'adozione, questo dovebbero avere lo scopo di stabilirne l'idoneità a divenire genitori adotivi: no si trata soltanto di verificare se i coniugi sono predisposti ad assumire il anolo genitoriale 'tout court': la esperienza e gli studi in materia hanno prodotto negli addetti ai lavori a convinzione che è necessario accetarne anche la predisposizione ad affrontare alcuni problemi specifici dell'adozione. Essere genitori adottivi è, sotto alcuni aspetti, come essere genitori naturali, devono in certo qual modo fare i conti con le proprie ansie sul passato e sulle origini dell'adottato, con le sue precedenti esperienze, dell'adozione stessa, con il compito di rivelari al figlio la sua condizione di figlio adottivo, com le sua curiosità emergenti nei confronti dei genitori biologici."[71]

Nem todas as pessoas revelam tendência ou atributos especiais para terem e criarem uma criança ou tratarem com um adolescente. Mais que isso, é necessário verificar o ambiente familiar e os costumes das pessoas que formam a família substituta.

Exemplificadamente, não se concede a adoção se o adotante-candidato possui vários filhos e não oferece uma condição econômica que o capacite a suportar novos encargos.

De igual modo, se desleixados os pretendentes, de costumes duvidosos e já envolvidos criminalmente. Ainda, impende a averiguação do ambiente social onde irá o menor viver. Acredita-se contraproducente deferir a adoção a alguém que passa o dia todo envolvido com sua profissão e deixa os filhos desacompanhados em casa, sem a assistência de outra pessoa, e proporciona que permaneçam desocupados durante a maior parte do dia, não dando importância às companhias do filho.

Após realizada a avaliação, poderá o juiz considerar apto o candidato e permitir, de imediato, um estágio de convivência da criança ou adolescente com a família que o adotar, num prazo que vai até noventa dias. Prescreve, sobre o assunto, o art. 46, modificado pela Lei nº 13.509/2017: "A adoção será precedida de estágio de convivência com a criança ou adolescente, pelo prazo máximo de 90 (noventa) dias, observadas a idade da criança ou adolescente e as peculiaridades do caso."

Esse prazo máximo poderá ser prorrogado, se conveniente para a averiguação das condições dos adotantes, segundo o § 2º-A do art. 46: "O prazo máximo estabelecido no *caput* deste artigo pode ser prorrogado por até igual período, mediante decisão fundamentada da autoridade judiciária". Com esta convivência, objetiva-se, embora mais no plano teórico, a adaptação dos novos pais com a criança ou adolescente, bem como oportunizar a vivência

---

[71] "Il Problema della Valuntaione degli Atteggiamenti degli Aspiranti Genitori Adottivi verso l'Infornazione all'Adottando della sua Adozione", *in Il Diritto di Famiglia e delle Persone*, Milão, Giuffrè Editore, 1989, nᵒˢ 1 e 2, p. 386.

do que será a introdução de um novo membro ou filho na família. Possibilita, também, o exame do comportamento do menor em face da nova filiação. Terão os pretendentes oportunidade para devolver o menor, caso não se verifiquem as condições para a adoção. Evitam-se situações confusas e mal encaminhadas, com a posterior desistência da adoção.

Permite o § 1º do art. 46, em redação da Lei nº 12.010, a dispensa da convivência se o adotando já estiver sob a tutela ou a guarda legal por tempo suficiente para aferir a conveniência da adoção: "O estágio de convivência poderá ser dispensado se o adotando já estiver sob a tutela ou guarda legal do adotante durante tempo suficiente para que seja possível avaliar a conveniência da constituição do vínculo."

Nota-se do dispositivo que não se trata de uma regra cogente. A conveniência é que sempre haja o estágio, não importando a idade do menor. É possível que o casal não revele aptidões para criar e educar uma criança. No mínimo, é salutar um período de experiência, antes da concessão definitiva da adoção.

No período do estágio, deverá haver um acompanhamento por equipe de pessoas do juizado, onde se processa o pedido, a fim de averiguar como transcorre o convívio na família ou convivência do adotante.

A simples guarda ou permanência do menor com os futuros adotantes não é suficiente para dispensar o estágio, segundo o § 2º do art. 46: "A simples guarda de fato não autoriza, por si só, a dispensa da realização do estágio de convivência." De outro lado, sendo estrangeiros os adotantes, alonga-se para o mínimo de trinta dias o estágio de convivência, com possibilidade de sua extensão para quarenta e cinco dias, e de sua prorrogação, tudo de acordo com o § 3º, na alteração da Lei nº 13.509/2017: "Em caso de adoção por pessoa ou casal residente ou domiciliado fora do País, o estágio de convivência será de, no mínimo, 30 (trinta) dias e, no máximo, 45 (quarenta e cinco) dias, prorrogável por até igual período, uma única vez, mediante decisão fundamentada da autoridade judiciária." Em vista do § 3º-A, ao final do prazo, cumpre se apresente laudo sobre a convivência: "Ao final do prazo previsto no § 3º deste artigo, deverá ser apresentado laudo fundamentado pela equipe mencionada no § 4º deste artigo, que recomendará ou não o deferimento da adoção à autoridade judiciária".

No período do estágio, deverá haver um acompanhamento por equipe interprofissional de pessoas do juizado onde se processa o pedido, a fim de averiguar como transcorre o convívio na família ou convivência do adotante, em obediência ao § 4º: "O estágio de convivência será acompanhado pela equipe interprofissional a serviço da Justiça da Infância e da Juventude, preferencialmente com apoio dos técnicos responsáveis pela execução da política de garantia do direito à convivência familiar, que apresentarão relatório minucioso acerca da conveniência do deferimento da medida."

Após todas as providências referidas, parte-se para o momento final do procedimento, com vistas dos autos ao Ministério Público. Estatui, a respeito, o art. 168 do diploma específico: "Apresentado o relatório social ou o laudo pericial, e ouvida, sempre que possível, a criança ou o adolescente, dar-se-á vista dos autos ao Ministério Público, pelo prazo de cinco dias, decidindo a autoridade judiciária em igual prazo."

Indica o § 5º, no texto da Lei nº 13.509/2017, onde ocorrerá o período ou estágio de convivência: "O estágio de convivência será cumprido no território nacional, preferencialmente na comarca de residência da criança ou adolescente, ou, a critério do juiz, em cidade limítrofe, respeitada, em qualquer hipótese, a competência do juízo da comarca de residência da criança.

530 • Direito de Família | *Arnaldo Rizzardo*

Caso não se apresentem outras providências necessárias para melhor esclarecimento do processo, proferirá o juiz a sentença, concedendo ou não a adoção. Será indispensável a sentença, conforme ordena o art. 47: "O vínculo da adoção constitui-se por sentença judicial, que será inscrita no Registro Civil, mediante mandado do qual não se fornecerá certidão."

Eis o procedimento na síntese de Omar Gama Ben Kauss: "a) petição inicial com os requisitos do art. 165, inc. I a IV; b) se com a inicial já vier a concordância dos pais do adotando, serão ouvidos pelo juiz e pelo representante do Ministério Público, lavrando-se termo; c) a autoridade judiciária, de ofício ou a requerimento das partes ou do Ministério Público, determinará a realização de estudo social ou, se possível, perícia por equipe interprofissional, decidindo sobre o estágio de convivência; d) apresentando o laudo ou relatório social e ouvida, sempre que possível, a criança ou adolescente, terá vistas o Ministério Público, pelo prazo de cinco dias; e) após a manifestação do Ministério Público, no prazo também de cinco dias, o juiz proferirá a sentença."[72]

Quanto à sentença ainda, segue esta os pressupostos e requisitos constantes do Código de Processo Civil, isto é, obedecerá à forma daquela proferida em ações cíveis, como, aliás, deve seguir o procedimento para a adoção, em vista do disposto no art. 198 da Lei nº 8.069: "Nos procedimentos afetos à Justiça da Infância e da Juventude, inclusive os relativos à execução das medidas socioeducativas, adotar-se-á o sistema recursal da Lei nº 5.869, de 11 de janeiro de 1973 (Código de Processo Civil), com as seguintes adaptações:" As normas processuais são, presentemente, as do CPC/2015.

Portanto, não aparecem novidades neste aspecto.

Invocando a aplicação do Código de Processo Civil de 1973, foi decidido: "Dispõe o art. 198 do Estatuto da Criança e do Adolescente que, nos procedimentos afetos à Justiça da Infância e da Juventude, será adotado o sistema recursal do Código de Processo Civil. Assim, do despacho denegatório da apelação, o recurso cabível é o agravo de instrumento, configurado erro inescusável à interposição da correição parcial, impedindo a incidência do princípio da fungibilidade recursal."[73]

Os recursos, porém, revelam um procedimento com prazo mais curto, e andamento célere, em função dos incisos I, II, III, VII e VIII do art. 198, em redação da Lei nº 12.594/2012, tendo os demais incisos sido revogados pelo art. 8º da Lei nº 12.010/2009:

"I – os recursos serão interpostos independentemente do preparo;

II – em todos os recursos, salvo nos embargos de declaração, o prazo para o Ministério Público e para a defesa será sempre de 10 (dez) dias;

III – os recursos terão preferência de julgamento e dispensarão revisor;

(...)

VII – antes de determinar a remessa dos autos à superior instância, no caso de apelação, ou do instrumento, no caso de agravo, a autoridade judiciária proferirá despacho fundamentado, mantendo ou reformando a decisão, no prazo de 5 (cinco) dias

VIII – mantida a decisão apelada ou agravada, o escrivão remeterá os autos ou o instrumento à superior instância dentro de vinte e quatro horas, independentemente de novo pedido do recorrente; se a reformar, a remessa dos autos dependerá de pedido expresso da parte interessada ou do Ministério Público, no prazo de cinco dias, contados da intimação."

---

[72] Obra citada, pp. 57 e 58.
[73] TJSP. Correição Parcial nº 13.224 – 0/2. Câm. Especial, de 08.08.1991, *Revista dos Tribunais*, 671/83.

Várias disposições foram inseridas nos arts. 199-A a 199-E pela Lei nº 12.010.

Assim, consoante o art. 199-A, a sentença que deferir a adoção produz efeito desde logo, embora sujeita a apelação, que será recebida exclusivamente no efeito devolutivo. Todavia, no caso de adoção internacional, ou de perigo de dano irreparável ou de difícil reparação ao adotando, impõe-se o recebimento também no efeito suspensivo.

Também no efeito devolutivo se receberá a sentença de destituição de ambos os genitores, ou de um apenas (art. 199-B). O processamento dos recursos, nas situações acima, pela relevância das questões, merecerá a devida prioridade, e procedendo-se o julgamento sem a necessidade de revisão, mas sem dispensar o parecer do Ministério Público, que também se proferirá com urgência (art. 199-C). Para tanto, cabe ao relator levar a julgamento o feito no prazo máximo de sessenta dias a contar da conclusão (art. 199-D), intimando-se o Ministério Público, a quem se faculta a apresentação do parecer oralmente (parágrafo único do art. 199-D).

Finalmente, reserva-se ao mesmo Ministério Público a providência da instauração de procedimento para apuração de responsabilidades se constatar o descumprimento das providências e do prazo previstos nos artigos anteriores (art. 199-E).

Na hipótese de uma pessoa querer a adoção, há o processo de habilitação, pelo qual o interessado dirigir-se-á ao juizado, e formulará o pedido para ser contemplado com a adoção. Apresentará documentos sobre sua identidade, qualificação, residência, antecedentes judiciais e situação socioeconômica.

Será entrevistado por equipes técnicas, que oferecerão parecer ao juiz, ou submeter-se-á a laudo psíquico, se evidenciar alguma anormalidade mental ou de comportamento.

A família poderá ser visitada, com um levantamento das condições de vida.

Após, com os dados colhidos e os pareceres, irão os autos ao Ministério Público. Proferido o parecer, o juiz lançará a sentença de habilitação.

Lembra-se, ainda, a necessidade de um processo de perda do poder familiar, sempre que os pais biológicos não manifestarem expressamente a concordância com a adoção. Assim acontece com os menores abandonados, cujos pais não são encontrados. Isso porque não é possível o exercício do poder familiar pelos pais biológicos e pelo adotante. E com a adoção, há necessariamente a assunção do poder familiar.

A forma de perda ou suspensão do poder familiar está descrita no art. 24, com modificação da Lei 12.010/2009: "A perda e a suspensão do poder familiar serão decretadas judicialmente, em procedimento contraditório, nos casos previstos na legislação civil, bem como na hipótese de descumprimento injustificado dos deveres e obrigações a que alude o art. 22."

O próprio Ministério Público promoverá o pedido de perda do poder familiar. Citam-se os pais de sangue por mandado, ou edital se não encontrados. Nomeia-se curador, realiza-se estudo social ou perícia, e ouvem-se testemunhas, caso arroladas e, se necessário, proferindo o juiz, depois, a sentença de perda do poder familiar. Em seguida a essa medida é que se concederá a adoção.

A destituição do poder familiar vem longamente disciplinada nos arts. 155 a 163 do Estatuto da Criança e do Adolescente, matéria esta já longamente desenvolvida no item 23.3.1 deste Capítulo.

25. REGISTRO DE ADOTANDOS, HABILITAÇÃO PARA A ADOÇÃO E INGRESSO NA LISTA DE CANDIDATOS À HABILITAÇÃO

Nos juizados da criança e da juventude, haverá um livro onde serão registradas as crianças ou adolescentes, em condições de submeterem-se à adoção; e outro livro para candidatos interessados na adoção. A determinação consta no art. 50 do Estatuto, em texto da Lei nº 12.010/2009: "A autoridade judiciária manterá, em cada comarca ou foro regional, um registro de crianças e adolescentes em condições de serem adotados e outro de pessoas interessadas na adoção."

Em geral, para a inscrição de interessados em adotar, já previamente se exige a apresentação de documento sobre o endereço, a profissão, a situação econômica e antecedentes judiciais. Procede-se, inclusive, ao estudo sociofamiliar sobre os candidatos, ou laudo pericial.

Por isso é que reza o § 1º: "O deferimento da inscrição dar-se-á após prévia consulta dos órgãos técnicos do juizado, ouvido o Ministério Público."

Feito este trabalho, facilitado resta o procedimento da adoção. Quando se formular o pedido da adoção, não será necessária a realização de novo estudo familiar e social do futuro adotante.

De acordo com o § 2º, que remete ao art. 29, sequer a habilitação é concedida caso o interessado revele incompatibilidade para a adoção, ou a sua família não apresente ambiente adequado.

Extenso regramento veio acrescido pela Lei nº 12.010, através de vários parágrafos do art. 50, tornando complexa a própria habilitação à adoção de um menor, e dificultando ainda mais a adoção. Muitas as exigências introduzidas. Não se trata da fase de inscrição e preparação para ingressar na relação de interessados em adotar, matéria disciplinada nos arts. 197-A a 197-E, e que merecerá exame abaixo, neste mesmo item.

O § 3º do mesmo art. 50 introduz uma fase de preparação dos candidatos: "A inscrição de postulantes à adoção será precedida de um período de preparação psicossocial e jurídica, orientado pela equipe técnica da Justiça da Infância e da Juventude, preferencialmente com apoio dos técnicos responsáveis pela execução da política municipal de garantia do direito à convivência familiar."

O § 4º inclui na preparação contatos com a criança ou adolescente, sempre com acompanhamento de equipe da Justiça, como se o Poder Público dispusesse de uma estrutura preparada para tanto: "Sempre que possível e recomendável, a preparação referida no § 3º deste artigo incluirá o contato com crianças e adolescentes em acolhimento familiar ou institucional em condições de serem adotados, a ser realizado sob a orientação, supervisão e avaliação da equipe técnica da Justiça da Infância e da Juventude, com apoio dos técnicos responsáveis pelo programa de acolhimento e pela execução da política municipal de garantia do direito à convivência familiar".

Os interessados já cadastrados em adotar e inscritos devem frequentar o curso, no que se concede o prazo de um ano, conforme art. 6º da Lei nº 12.010, a contar de sua vigência: "As pessoas e casais já inscritos nos cadastros de adoção ficam obrigados a frequentar, no prazo máximo de 1 (um) ano, contado da entrada em vigor desta Lei, a preparação psicossocial e jurídica a que se referem os §§ 3º e 4º do art. 50 da Lei nº 8.069, de 13 de julho de 1990, acrescidos pelo art. 2º desta Lei, sob pena de cassação de sua inscrição no cadastro."

O § 5º prevê a criação de cadastros de crianças e adolescentes a serem adotados e de casais habilitados à adoção: "Serão criados e implementados cadastros estaduais e nacional de crianças e adolescentes em condições de serem adotados e de pessoas ou casais habilitados à adoção."

O Cadastro Nacional de Adoção (CNA), que funciona junto ao Conselho Nacional de Justiça – CNJ, está incorporado aos Juizados das Varas da Infância e Juventude como uma ferramenta de uso diário dos juízes que buscam acelerar os processos de adoção em todo o país, instrumento que possibilita o aprimoramento do debate e maior conscientização do instituto da adoção no Brasil.

Lançado em 29 de abril de 2008, o CNA auxilia os juízes das Varas da Infância e da Juventude na condução dos procedimentos de adoção. Esse cadastro agiliza os processos porque uniformiza as informações, permitindo que pretendentes de um estado possam adotar uma criança de outro estado.

Em vista do § 6º do art. 50, haverá "cadastros distintos para pessoas ou casais residentes fora do País, que somente serão consultados na inexistência de postulantes nacionais habilitados nos cadastros mencionados no § 5º deste artigo".

Pelo § 7º, "as autoridades estaduais e federais em matéria de adoção terão acesso integral aos cadastros, incumbindo-lhes a troca de informações e a cooperação mútua, para melhoria do sistema".

Trata o § 8º do cadastro de crianças e adolescentes que não tiverem colocação familiar na comarca de origem, e das pessoas inscritas nos cadastros estadual e nacional: "A autoridade judiciária providenciará, no prazo de 48 (quarenta e oito) horas, a inscrição das crianças e adolescentes em condições de serem adotados que não tiveram colocação familiar na comarca de origem, e das pessoas ou casais que tiveram deferida sua habilitação à adoção nos cadastros estadual e nacional referidos no § 5º deste artigo, sob pena de responsabilidade."

À Autoridade Central Estadual compete, segundo o § 9º, "zelar pela manutenção e correta alimentação dos cadastros, com posterior comunicação à Autoridade Central Federal Brasileira".

O § 10, na redação da Lei nº 13.509/2017, dispõe sobre adoção internacional, desde que não haja pretendentes habilitados residentes no Brasil com perfil compatível e interesse manifesto: "Consultados os cadastros e verificada a ausência de pretendentes habilitados residentes no País com perfil compatível e interesse manifesto pela adoção de criança ou adolescente inscrito nos cadastros existentes, será realizado o encaminhamento da criança ou adolescente à adoção internacional".

Nos termos do § 11, já na redação da Lei nº 12.010/2009, "enquanto não localizada pessoa ou casal interessado em sua adoção, a criança ou o adolescente, sempre que possível e recomendável, será colocado sob guarda de família cadastrada em programa de acolhimento familiar".

Atribui o § 12, na redação da mesma lei, ao Ministério Público a fiscalização da "alimentação do cadastro e a convocação criteriosa dos postulantes à adoção".

O § 13, também no texto da Lei 12.010/2009, estabelece os requisitos para deferir a adoção a candidatos domiciliados no Brasil não cadastrados previamente na lista de espera para a adoção:

"I – se tratar de pedido de adoção unilateral;

II – for formulada por parente com o qual a criança ou adolescente mantenha vínculos de afinidade e afetividade;

534 • Direito de Família | *Arnaldo Rizzardo*

III – oriundo o pedido de quem detém a tutela ou guarda legal de criança maior de 3 (três) anos ou adolescente, desde que o lapso de tempo de convivência comprove a fixação de laços de afinidade e afetividade, e não seja constatada a ocorrência de má-fé ou qualquer das situações previstas nos arts. 237 ou 238 desta Lei."

Por sua vez, prevê o § 14, também em redação da Lei nº 12.010/2009, que, "nas hipóteses previstas no § 13 deste artigo, o candidato deverá comprovar, no curso do procedimento, que preenche os requisitos necessários à adoção, conforme previsto nesta Lei". O § 15, acrescentado pela Lei nº 13.509/2017, estabelece a prioridade, no cadastro de adoção, às pessoas interessadas em adotar criança ou adolescente com deficiência, com doença crônica ou com necessidades específicas de saúde, além de grupo de irmãos.

As normas vistas cuidam de candidatos já aprovados e incluídos no cadastro.

Há, no entanto, o procedimento para conseguir ingressar como candidato, também complexo e nada fácil, revelando excessiva preocupação do legislador, e cujo resultado trará mais dificuldades para a adoção. As normas vieram introduzidas nos arts. 197-A a 197-E pela Lei nº 12.010/2009.

O art. 197-A indica os documentos que o candidato residente no Brasil está obrigado a apresentar, com a petição inicial:

"I – qualificação completa;

II – dados familiares;

III – cópias autenticadas de certidão de nascimento ou casamento, ou declaração relativa ao período de união estável;

IV – cópias da cédula de identidade e inscrição no Cadastro de Pessoas Físicas;

V – comprovante de renda e domicílio;

VI – atestados de sanidade física e mental;

VII – certidão de antecedentes criminais;

VIII – certidão negativa de distribuição cível."

O art. 197-B reserva o prazo de quarenta e oito horas para a autoridade judiciária dar vista dos autos ao Ministério Público que, no prazo de cinco dias, poderá:

"I – apresentar quesitos a serem respondidos pela equipe interprofissional encarregada de elaborar o estudo técnico a que se refere o art. 197-C desta Lei;

II – requerer a designação de audiência para oitiva dos postulantes em juízo e testemunhas;

III – requerer a juntada de documentos complementares e a realização de outras diligências que entender necessárias."

Por sua vez, o art. 197-C e seus parágrafos, estes em redação da Lei nº 13.509/2017, ordenam que os postulantes participem obrigatoriamente em programa de preparação oferecido pela Justiça da Infância e da Juventude preferencialmente; que mantenham contatos com as crianças e adolescentes em regime de acolhimento; e que as crianças e adolescentes sejam preparados para a adoção. Eis os dispositivos:

"§ 1º É obrigatória a participação dos postulantes em programa oferecido pela Justiça da Infância e da Juventude, preferencialmente com apoio dos técnicos responsáveis pela execução da política municipal de garantia do direito à convivência familiar e dos grupos de apoio à adoção devidamente habilitados perante a Justiça da Infância e da Juventude, que inclua preparação psicológica, orientação e estímulo à adoção inter-racial, de crianças ou de adolescentes com deficiência, com doenças crônicas ou com necessidades específicas de saúde, e de grupos de irmãos.

§ 2º Sempre que possível e recomendável, a etapa obrigatória da preparação referida no § 1º deste artigo incluirá o contato com crianças e adolescentes em regime de acolhimento familiar ou institucional, a ser realizado sob orientação, supervisão e avaliação da equipe técnica da Justiça da Infância e da Juventude e dos grupos de apoio à adoção, com apoio dos técnicos responsáveis pelo programa de acolhimento familiar e institucional e pela execução da política municipal de garantia do direito à convivência familiar.

§ 3º É recomendável que as crianças e os adolescentes acolhidos institucionalmente ou por família acolhedora sejam preparados por equipe interprofissional antes da inclusão em família adotiva."

Consoante o art. 197-D e seu parágrafo único, concluída a participação em programa, com a apresentação de estudo psicossocial, poderá o Ministério Público requerer diligências, e designar-se-á, se necessário, audiência de instrução e julgamento. Caso não houver necessidade de novas provas ou diligências, após parecer do mesmo Órgão, decidirá o juiz sobre o ingresso como candidato, a teor do art. 197-E. Deferida a inscrição no cadastro, a convocação para a adoção será feita de acordo com ordem cronológica de habilitação e conforme a disponibilidade de crianças ou adolescentes adotáveis. Na adoção, segue a ordem de inscrição, a menos que verificada qualquer das hipóteses do art. 50, § 13, isto é:

"I – se tratar de pedido de adoção unilateral;

II – for formulada por parente com o qual a criança ou adolescente mantenha vínculos de afinidade e afetividade;

III – oriundo o pedido de quem detém a tutela ou guarda legal de criança maior de 3 (três) anos ou adolescente, desde que o lapso de tempo de convivência comprove a fixação de laços de afinidade e afetividade, e não seja constatada a ocorrência de má-fé ou qualquer das situações previstas nos arts. 237 ou 238 da Lei nº 8.069."

Os demais parágrafos, em texto da Lei nº 13.509/2017, cuidam da renovação da habilitação, da candidatura a uma nova adoção, das recusas injustificadas à adoção e da desistência à guarda para fins de adoção ou à devolução de criança ou adolescente após o trânsito em julgado de sentença que deferiu a adoção. Reproduzem-se os dispositivos:

"§ 2º A habilitação à adoção deverá ser renovada no mínimo trienalmente mediante avaliação por equipe interprofissional.

§ 3º Quando o adotante candidatar-se a uma nova adoção, será dispensável a renovação da habilitação, bastando a avaliação por equipe interprofissional.

§ 4º Após 3 (três) recusas injustificadas, pelo habilitado, à adoção de crianças ou adolescentes indicados dentro do perfil escolhido, haverá reavaliação da habilitação concedida.

§ 5º A desistência do pretendente em relação à guarda para fins de adoção ou a devolução da criança ou do adolescente depois do trânsito em julgado da sentença de adoção importará na sua exclusão dos cadastros de adoção e na vedação de renovação da habilitação, salvo decisão judicial fundamentada, sem prejuízo das demais sanções previstas na legislação vigente."

O art. 197-F, vindo com a Lei nº 13.509/2017 define o prazo máximo para a conclusão da habilitação, que é de cento e vinte dias: "O prazo máximo para conclusão da habilitação à adoção será de 120 (cento e vinte) dias, prorrogável por igual período, mediante decisão fundamentada da autoridade judiciária".

Cabe dar ênfase à exigência de que a pessoa habilitada ou cadastrada deve habilitar-se na lista de espera para adotar. Unicamente em casos de interesse do menor, ou quando

536 • Direito de Família | *Arnaldo Rizzardo*

houver conveniência à sua pessoa, pode-se romper essa lista, conforme bem demonstra o STJ:

"A observância do cadastro de adotantes, vale dizer, a preferência das pessoas cronologicamente cadastradas para adotar determinada criança não é absoluta. Excepciona-se tal regramento, em observância ao princípio do melhor interesse do menor, basilar e norteador de todo o sistema protecionista do menor, na hipótese de existir vínculo afetivo entre a criança e o pretendente à adoção, ainda que este não se encontre sequer cadastrado no referido registro. É incontroverso nos autos, de acordo com a moldura fática delineada pelas Instâncias ordinárias, que esta criança esteve sob a guarda dos ora recorrentes, de forma ininterrupta, durante os primeiros oito meses de vida, por conta de uma decisão judicial prolatada pelo i. Desembargador-relator que, como visto, conferiu efeito suspensivo ao Agravo de Instrumento nº 1.0672.08.277590-5/001. Em se tratando de ações que objetivam a adoção de menores, nas quais há a primazia do interesse destes, os efeitos de uma decisão judicial possuem o potencial de consolidar uma situação jurídica, muitas vezes, incontornável, tal como o estabelecimento de vínculo afetivo.

Em razão do convívio diário da menor com o casal, ora recorrente, durante seus primeiros oito meses de vida, propiciado por decisão judicial, ressalte-se, verifica-se, nos termos do estudo psicossocial, o estreitamento da relação de maternidade (até mesmo com o essencial aleitamento da criança) e de paternidade e o consequente vínculo de afetividade.

Mostra-se insubsistente o fundamento adotado pelo Tribunal de origem no sentido de que a criança, por contar com menos de um ano de idade, e, considerando a formalidade do cadastro, poderia ser afastada deste casal adotante, pois não levou em consideração o único e imprescindível critério a ser observado, qual seja, a existência de vínculo de afetividade da infante com o casal adotante, que, como visto, insinua-se presente.

O argumento de que a vida pregressa da mãe biológica, dependente química e com vida desregrada, tendo já concedido, anteriormente, outro filho à adoção, não pode conduzir, por si só, à conclusão de que houvera, na espécie, venda, tráfico da criança adotanda. Ademais, o verossímil estabelecimento do vínculo de afetividade da menor com os recorrentes deve sobrepor-se, no caso dos autos, aos fatos que, por si só, não consubstanciam o inaceitável tráfico de criança."[74]

Na coletânea Jurisprudência em Teses, o STJ formulou a Tese nº 1, nos seguintes dizeres: "A observância do cadastro de adotantes não é absoluta, podendo ser excepcionada em prol do princípio do melhor interesse da criança". Serviram de parâmetro os seguintes arestos: HC 294729/SP, Rel. Ministro Sidnei Beneti, Terceira Turma, julgado em 07.08.2014, *DJe* de 29.08.2014; HC 279059/RS, Rel. Ministro Luis Felipe Salomão, Quarta Turma, julgado em 10.12.2013, *DJe* de 28.02.2014; REsp 1172067/MG, Rel. Ministro Massami Uyeda, Terceira Turma, julgado em 18.03.2010, *DJe* de 14.04.2010.

Necessário ater-se às situações práticas, como quando a criança já se encontra com os pretendentes da adoção, impondo-se que se relevem certas formalidades, a bem do adotando, em consonância da Tese nº 8 de Jurisprudência em teses: "Eventuais irregularidades na adoção podem ser superadas em virtude da situação de fato consolidada no tempo, desde que favoráveis ao adotando" (acórdãos paradigmas: REsp 1423640/CE, Rel. Ministro Marco Aurélio Bellizze, Terceira Turma, julgado em 04.11.2014, *DJe* de 13.11.2014; e SEC 008600/EX, Rel. Ministro Og Fernandes, Corte Especial, julgado em 01.10.2014, *DJe* de 16.10.2014).

---

[74] REsp. nº 1.172.067-MG. Relator: Ministro Massami Uyeda. Terceira Turma. j. 18.03.2010, *DJe* 14.04.2010.

Cap. XX | Adoção • **537**

Deferida a habilitação, torna-se suficiente formalizar o pedido, com a supressão de novos laudos ou diligências.

26. INSCRIÇÃO DA SENTENÇA NO REGISTRO CIVIL

Abre-se novo registro civil da criança ou do adolescente, com a simples supressão do anterior. Reza o art. 47 da Lei nº 8.0691990: "O vínculo da adoção constitui-se por sentença judicial, que será inscrita no Registro Civil mediante mandado do qual não se fornecerá certidão."

Com a sentença, ocorrem a constituição da filiação adotiva e o fim da filiação natural. O adotado passa a integrar a família do adotante, desvinculando-se da família de sangue, exceto quanto aos impedimentos matrimoniais. Ingressa definitivamente na família adotiva, sem que seja restabelecido o vínculo com os pais naturais no caso do falecimento dos adotantes.

Não mais subsiste o registro anterior.

Quanto à inscrição, eis a explicação de Hélio Borghi: "A sentença que deferir a adoção será inscrita no Registro Civil, mediante mandado, não se fornecendo certidão. Na inscrição consignar-se-á o(s) nome(s) do adotante(s) como pai(s), assim como o de seus ascendentes; o registro original do adotando será cancelado, proibida qualquer observação sobre a origem do ato nas certidões de registro, certidão esta que poderá ser fornecida a critério da autoridade judiciária, para salvaguarda de direitos. Constará, ainda, da sentença o(s) nome(s) do(s) adotante(s), a ser(em) conferido(s) ao adotando e, a pedido do(s) adotante(s), o novo prenome do adotando."[75]

O próprio local de nascimento poderá ser modificado, o que a jurisprudência já admitia ao tempo da Lei nº 6.697, de 1979: "O art. 82 do antigo Código de Menores (Lei nº 6.697, de 1979) concedia à autoridade judiciária a faculdade de deferir 'qualquer retificação no registro do menor em situação irregular'. Relativamente à adoção plena, não seriam essas alterações aquelas ligadas aos apelidos de família dos pais adotivos, porque já previstas nos §§ 1º e 2º do art. 109 daquele diploma. Por certo a lei, nesse tema, aludia a outras alterações recomendáveis no interesse do menor, que poderiam facilitar sua adaptação no meio de sua nova família, impossíveis de serem aprioristicamente indicadas."[76]

Vários parágrafos complementam a inscrição da nova filiação. Assim, o § 1º do art. 47 enumera os requisitos que serão inseridos no registro: "A inscrição consignará o nome dos adotantes como pais, bem como o nome de seus ascendentes."

O § 2º manda que seja cancelado o registro original: "O mandado judicial, que será arquivado, cancelará o registro original do adotado."

Outras regras vieram acrescentadas pela Lei nº 12.010/2009:

Conforme o § 3º, permite-se, a pedido do adotante, que "o novo registro poderá ser lavrado no Cartório do Registro Civil do Município de sua residência".

Ordena o § 4º que "nenhuma observação sobre a origem do ato poderá constar nas certidões do registro".

---

[75] *A Nova Adoção no Direito Civil Brasileiro*, trabalho citado, p. 245.

[76] TJSP. Recurso de Instrumento nº 11.995. Câm. Especial, de 01.11.1990, *Revista de Jurisprudência do TJ de São Paulo*, Lex Editora, 130/415.

O § 5º estabelece que "a sentença conferirá ao adotado o nome do adotante e, a pedido de qualquer deles, poderá determinar a modificação do prenome". Todavia, por ordem do § 6º, se o pedido de mudança do prenome partir do adotante, "é obrigatória a oitiva do adotando, observado o disposto nos §§ 1º e 2º do art. 28". Os mencionados §§ 1º e 2º esclarecem que se ouça a criança ou o adolescente através de uma equipe interprofissional, e, tendo doze ou mais anos, que se colha o seu consentimento, em audiência, naturalmente prestado ao juiz, com a presença do Ministério Público e as demais pessoas envolvidas.

Os efeitos da adoção iniciam, consoante o § 7º, a partir do trânsito em julgado da sentença constitutiva, exceto na hipótese prevista no § 6º do art. 42 da Lei nº 8.069, caso em que terá força retroativa à data do óbito. A referência da hipótese do citado § 6º quer significar que retroagirão os efeitos ao momento em que o pretendente à adoção expressar a inequívoca manifestação de vontade de adotar, se vier a falecer no curso do procedimento, antes de prolatada a sentença.

Ordena o § 8º que "o processo relativo à adoção assim como outros a ele relaciona-dos serão mantidos em arquivo, admitindo-se seu armazenamento em microfilme ou por outros meios, garantida a sua conservação para consulta a qualquer tempo".

O § 9º, introduzido pela Lei nº 12.955/2014, dá prioridade de tramitação aos processos de adoção em que o adotando for criança ou adolescente com deficiência ou com doença crônica. Finalmente, o § 10, incluído pela Lei nº 13.509/2017, fixa o prazo máximo para conclusão da ação de adoção no período de cento e vinte dias, prorrogável uma única vez por igual período, mediante decisão fundamentada da autoridade judiciária.

27. EFEITOS DA ADOÇÃO

Inúmeros efeitos surgem da adoção.

Em primeiro lugar, desaparecem todas as ligações com a família natural. Nada mais ligará a criança ou o adolescente aos pais sanguíneos. Todos os liames com a família original são esquecidos e apagados.

O parentesco passa a ser o da adoção, ou seja, os parentes do adotado serão os dos pais adotantes. Remanesce apenas uma única vinculação e que é mais de ordem moral, relativa aos impedimentos para o casamento, no regime do Código anterior denominados dirimentes, discriminados no art. 1.521 do Código Civil atual, os quais tornam o casamento nulo. Dizia Omar Gama Ben Kauss: "Assim, mesmo com a ruptura do parentesco anterior, o filho adotivo não poderá casar-se com os seus ascendentes ou descendentes sanguíneos, nem com os seus afins em linha reta, tampouco com os seus irmãos de sangue ou colaterais até o terceiro grau desde que precedido do exame médico previsto no art. 2º do Decreto-Lei nº 200, de 19 de abril de 1941."[77]

O art. 41 da Lei nº 8.069 expressa a dimensão dos efeitos: "Adoção atribui a condição de filho ao adotado, com os mesmos direitos e deveres, inclusive sucessórios, desligando-o de qualquer vínculo com pais e parentes, salvo os impedimentos matrimoniais."

Mantém o adotado os vínculos da filiação do pai ou da mãe quando casado ou companheiro do adotante, a teor do § 1º do art. 41 da Lei nº 8.069: "Se um dos cônjuges ou concubinos adota o filho do outro, mantêm-se os vínculos de filiação entre o adotado e o cônjuge ou concubino do adotante e os respectivos parentes."

---

[77] Obra citada, p. 47.

Cap. XX | Adoção • **539**

Como se percebe, unicamente nessa situação permanece o vínculo de um dos progenitores sanguíneos. Aliás, não é possível outra situação de permanência de um dos progenitores. Não se admite, fora do casamento ou da união estável, que se proceda a adoção, mantendo-se a filiação declarada do pai ou da mãe. Não se conjectura que uma criança ou um adolescente seja adotado por uma pessoa na qualidade única de pai, mantendo-se a filiação da mãe natural. Ambos os progenitores naturais concordam com a adoção, e abdicam da filiação. Se uma pessoa solteira adota, passará a ser pai ou mãe, conforme se tratar de homem ou mulher. Os progenitores anteriores não mais figuram, ou não continua o adotando filho da mãe anterior porque foi adotado por um homem.

Pode-se afirmar com segurança que o propósito do Código Civil e da Lei nº 8.069/1990 é e foi dar uma relação jurídica de paternidade ou maternidade que se iguala à paternidade ou maternidade biológica concebida na constância do casamento.

O adotado é equiparado nos direitos e obrigações ao filho sanguíneo. Nessa ordem, assegura-se a ele o direito a alimentos e assume os deveres de assistência aos pais adotivos.

No direito sucessório há igualdade de participação na herança com os outros filhos.

No campo pessoal, ou de parentesco, já aduzia Mário Aurélio S. Viana, antes do enfoque do Código Civil de 2002: "O instituto introduz o adotando na família do adotante de forma completa, cessando a filiação biológica. Na adoção disciplinada pelo Código Civil, mantêm-se os laços com a família de origem. Na adoção prevista no Estatuto, como já ocorria no Código de Menores, rompem-se os laços de sangue definitivo. A morte dos adotantes não restabelece o pátrio poder dos pais naturais."[78] A expressão "pátrio poder" passou para "poder familiar" com o Código Civil de 2002.

O novo vínculo da filiação é definitivo. Não importa o falecimento do progenitor ou dos progenitores com origem na adoção. Dois dispositivos da Lei nº 8.069/1990 tratam da irrevogabilidade. O § 1º do art. 39, na redação da Lei nº 12.010/2009: "A adoção é medida excepcional e irrevogável (...)." E o art. 49: "A morte dos adotantes não restabelece o poder familiar dos pais naturais."

Por outras palavras, não pode o adotado desligar-se do vínculo da adoção. Nem ao adotante assiste a faculdade de desfazer o vínculo criado. Manter-se-á a relação perpetuamente.

Assim, sejam quais forem os eventos que ocorrerem, não se autoriza aos pais sanguíneos desconstituírem o liame criado. Na hipótese de conduta nociva à criação ou formação do filho, o caminho é a destituição do poder familiar, e não a revogação do ato da adoção.

Relativamente ao nome e à origem sanguínea do adotado, há completa modificação. O § 5º do art. 47 (introduzido pela Lei nº 12.010/2009) estabelece que "a sentença conferirá ao adotado o nome do adotante e, a pedido de qualquer deles, poderá determinar a modificação do prenome". Todavia, por ordem do § 6º (introduzido pela Lei nº 12.010), se o pedido de mudança do prenome partir do adotante, "é obrigatória a oitiva do adotando, observado o disposto nos §§ 1º e 2º do art. 28". Os mencionados §§ 1º e 2º esclarecem que se ouça a criança ou o adolescente através de uma equipe interprofissional, e, tendo doze ou mais anos, que se colha o seu consentimento, em audiência, naturalmente prestado ao juiz, com a presença do Ministério Público e das demais pessoas envolvidas.

Outrossim, preceitua o § 1º do art. 47: "A inscrição consignará o nome dos adotantes como pais, bem como o nome de seus ascendentes."

---

[78] *Da Guarda, da Tutela e da Adoção*, obra citada, p. 76.

540 • Direito de Família | *Arnaldo Rizzardo*

Tanto isso que o mandato judicial, que será arquivado, cancelará, na forma do § 2º do mesmo artigo, o registro original do adotado. Completa o § 4º, na redação da Lei nº 12.010/2009: "Nenhuma observação sobre a origem do ato poderá constar nas certidões do registro."

Eis o ensinamento de Jason Albergaria: "Consistem os efeitos da adoção na constituição da filiação adotiva, e a aquisição da filiação adotiva confere ao adotado os direitos e obrigações do filho sanguíneo, que são de natureza pessoal e patrimonial. Esse duplo efeito da adoção está previsto no art. 41 e no § 5 º do art. 47. Os efeitos pessoais compreendem o direito a nome do adotando e o parentesco com a família adotiva."[79]

Vastos são os desdobramentos dos efeitos. O filho adotivo torna-se irmão dos demais filhos do adotante. Adquire ligação com os parentes da linha direta e colateral. Torna-se neto dos pais do adotante e sobrinho dos irmãos dos mesmos.

Acrescentava Hugo Nigro Mazzilli, quanto aos avós: "Nada recomenda que na certidão de nascimento haja discrepância entre o nome dos pais adotivos e dos avós de sangue, gerando embaraços e problemas para a integração do menor à nova família. Com efeito, as distinções entre as formas de filiação natural e civil, para fins de reconhecimento de direitos e qualificações, estão vedadas constitucionalmente, sendo que, em nome da tutela da intimidade, o acesso ao inteiro teor do ato de adoção só pode ser facultado a quem tenha legítimo interesse, a critério da autoridade judiciária."[80]

O acesso à filiação original restringe-se exclusivamente ao adotante quando completar dezoito anos, na forma do art. 48 da Lei nº 8.069, em versão da Lei nº 12.010/2009: "O adotado tem direito de conhecer sua origem biológica, bem como de obter acesso irrestrito ao processo no qual a medida foi aplicada e seus eventuais incidentes, após completar 18 (dezoito) anos."

No caso de menor, permite-se o acesso desde que com a orientação e assistência jurídica e psicológica, segundo excepciona o parágrafo único do mesmo artigo, também em redação da Lei nº 12.010/2009: "O acesso ao processo de adoção poderá ser também deferido ao adotado menor de 18 (dezoito) anos, a seu pedido, assegurada orientação e assistência jurídica e psicológica."

No campo obrigacional, revela especial importância a transmissão do poder familiar.

O pai adotivo terá a guarda, sem a qual impede-se, ou pelo menos dificulta-se, o desenvolvimento da personalidade e da educação do filho.

Nesse conteúdo, é decorrência normal a prestação de alimentos e o direito de visita, se os pais desconstituírem a sociedade conjugal, relativamente ao cônjuge com o qual não permanecerá o filho.

E quanto aos adotados, em razão dos poderes e deveres de guarda, criação e educação dos pais, decorrem naturalmente os deveres de respeito e obediência, até completarem a maioridade, ou se tornarem independentes. Correlativamente, ao direito de receberem alimentos enquanto menores, advém a obrigação de prestarem tal assistência quando capazes economicamente, e necessitarem os pais.

As relações alimentares abrangem o mesmo universo de parentes estabelecidos para os filhos naturais, dentro das diretrizes dos arts. 1.696 e 1.697 do Código Civil, isto é, extensivos a todos os ascendentes e, somente na falta destes, aos descendentes, guardada

---

[79] *Comentários ao Estatuto da Criança e do Adolescente,* obra citada p. 95.
[80] Trabalho citado, pp. 35 e 36.

Cap. XX | Adoção • 541

a ordem da sucessão. Inexistindo ascendentes ou descendentes, tocará o dever aos irmãos germanos ou unilaterais.

Finalmente, no setor sucessório, o § 2º do art. 41 da Lei nº 8.069 assegura a igualdade absoluta: "É recíproco o direito sucessório entre o adotado, seus descendentes, o adotado, seus ascendentes, descendentes e colaterais até o quarto (4º) grau, observada a ordem de vocação hereditária." Já o art. 227, § 6º, da Constituição Federal dava tratamento igual ao filho havido ou não havido da relação do casamento, e, inclusive, ao adotivo. Ou seja, o filho adotivo sucede sem qualquer restrição, tanto quanto os filhos biológicos dos adotantes.

Nessa situação, dada a completa igualdade, os direitos hereditários envolvem também a sucessão dos avós e dos colaterais, tudo identicamente como acontece na filiação biológica. Na linha colateral, na falta de parentes mais próximos, o adotivo, como acontece com o filho biológico, sucede até o quarto grau, isto é, pode ser contemplado no inventário por morte dos tios (art. 1.839 do Código Civil de 2002).

Desaparece qualquer parentesco com os pais consanguíneos. Por outras palavras, não há sucessão por morte dos parentes de sangue, eis que afastados todos os laços de parentesco. Nem o direito a alimento subsiste.

No entanto, o STJ vem atenuando esses efeitos, permitindo, inclusive, a busca do reconhecimento da paternidade natural:

"Direito civil. Família. Investigação de paternidade. Pedido de Alimentos. Assento de nascimento apenas com o nome da mãe biológica. Adoção efetivada unicamente por uma mulher. O art. 27 do ECA qualifica o reconhecimento do estado de filiação como direito personalíssimo, indisponível e imprescritível, o qual pode ser exercitado por qualquer pessoa, em face dos pais ou seus herdeiros, sem restrição.

Nesses termos, não se deve impedir uma pessoa, qualquer que seja sua história de vida, tenha sido adotada ou não, de ter reconhecido o seu estado de filiação, porque subjaz a necessidade psicológica do conhecimento da verdade biológica, que deve ser respeitada.

Ao estabelecer o art. 41 do ECA que a adoção desliga o adotado de qualquer vínculo com pais ou parentes, por certo que não tem a pretensão de extinguir os laços naturais, de sangue, que perduram por expressa previsão legal no que concerne aos impedimentos matrimoniais, demonstrando, assim, que algum interesse jurídico subjaz.

O art. 27 do ECA não deve alcançar apenas aqueles que não foram adotados, porque jamais a interpretação da lei pode dar ensanchas a decisões discriminatórias, excludentes de direitos, de cunho marcadamente indisponível e de caráter personalíssimo, sobre cujo exercício não pode recair nenhuma restrição, como ocorre com o direito ao reconhecimento do estado de filiação.

Sob tal perspectiva, tampouco poder-se-á tolher ou eliminar o direito do filho de pleitear alimentos do pai assim reconhecido na investigatória, não obstante a letra do art. 41 do ECA.

Na hipótese, ressalte-se que não há vínculo anterior, com o pai biológico, para ser rompido, simplesmente porque jamais existiu tal ligação, notadamente, em momento anterior à adoção, porquanto a investigante teve anotado no assento de nascimento apenas o nome da mãe biológica e foi, posteriormente, adotada unicamente por uma mulher, razão pela qual não constou do seu registro de nascimento o nome do pai" (REsp. nº 813.604/S. 3ª Turma. Julgado em 16.08.2007, *DJU* de 17.09.2007).

Necessário dizer, ainda, a teor do art. 47, § 7º, da Lei nº 8.069, no texto da Lei nº 12.010/2009, que a adoção inicia a produzir efeito a partir do trânsito em julgado da sentença concessiva da adoção, exceto se o adotante vier a falecer no curso do procedimento de adoção. Nessa situação, a adoção terá força retroativa à data do óbito. A partir

542 • Direito de Família | *Arnaldo Rizzardo*

daí começam os efeitos. Acrescenta o mesmo dispositivo que as relações de parentesco se estabelecem não só entre o adotante e o adotado, como também entre aquele e os descendentes e entre o adotado e todos os parentes do adotante.

28. A ADOÇÃO POR ESTRANGEIRO

Primeiramente, esclareça-se que as disposições do Código Civil não fazem menção à adoção por estrangeiros. Incidem mais como regras programáticas, de caráter geral, posto que não contêm determinações específicas sobre a colocação de criança ou adolescente em família estabelecida fora do Brasil.

A caracterização está no art. 51 da Lei nº 8.069, em versão da Lei nº 13.509/2017: "Considera-se adoção internacional aquela na qual o pretendente possui residência habitual em país-parte da Convenção de Haia, de 29 de maio de 1993, relativa à Proteção das Crianças e à Cooperação em Matéria de Adoção Internacional, promulgada pelo Decreto nº 3.087, de 21 junho de 1999, e deseja adotar criança em outro país-parte da Convenção."

A adoção por estrangeiro, residente ou domiciliado fora do país, representou, em certo momento, um dos assuntos que vários problemas trouxeram às autoridades públicas, colocando em suspeita essa forma de filiação. Não se pode acompanhar o destino dos menores adotados, e que passam a residir no exterior. Houve quem suspeitasse, e o assunto foi muito propalado, que a adoção nada mais significava que a tentativa, senão uma forma, de emprestar um cunho jurídico e legal ao tráfico de menores, com objetivos escusos e altamente duvidosos, como o de extirpar órgãos internos do corpo para o implante em outra pessoa.

Recorda, a respeito, José Lázaro Alfrêdo Guimarães: "Os meios utilizados – a falsificação de documentos, a corrupção dos pais ou a retirada à força das crianças – eram sobrepostos pelo aspecto mágico da mudança para o ambiente europeu. É possível que a denúncia de casos de utilização de crianças como doadoras de órgãos para transplante tenha alertado para a necessidade de dotar a legislação brasileira de instrumentos mais eficazes de controle da retirada de menores para colocação em famílias substitutas, no exterior.

Agora, além de as autoridades disporem de elementos para reprimir o comércio de crianças, estarão autorizadas a investigar os motivos e a aptidão dos pretendentes à adoção, deferindo o pedido somente nas situações excepcionais em que a concessão seja necessária e atenda aos interesses dos menores."[81]

Não se pode, porém, olvidar que a adoção por estrangeiros, dentro da legalidade, representa uma solução para muitas crianças abandonadas. Bem colocaram o problema Dimas Barelli Thomaz Júnior e João Luiz Portolan Galvão Minnicelli, ambos de São Paulo: "A criança que, em virtude de abandono familiar, teria possibilidades de ser colocada em outra família estrangeira e não o foi, em razão da filosofia ou mentalidade de um julgador, termina por ser encontrada em instituição de abandonados.

É o que ocorre hoje, p. ex., no Rio de Janeiro, onde as adoções internacionais estão proibidas. Todos sabemos que crianças que não conseguem colocação em famílias nacionais muitas vezes têm colocação no exterior, com sucesso e legalmente. Ao se fecharem as portas às colocações em outros países, a criança (em cujo interesse, segundo dizem as leis de quase todos os países, todas as decisões judiciais são ditadas) acaba sendo

---

[81] "Adoção de Criança por Estrangeiro não Residente no Brasil", *Revista de Direito Civil*, São Paulo, Revista dos Tribunais, nº 54, pp. 42 e 43, out.-dez. 1990.

abandonada em uma instituição onde será tratada como 'mais uma', e não como um ser individualizadoramente considerado, com todos os transtornos facilmente previsíveis.

Se há pessoas que compram crianças, isso não é motivo para proibir a adoção por estrangeiros."[82]

A Lei nº 8.069, desde a sua vigência, e na redação dada pelas Leis nºˢ 12.010/2009 e 13.509/2017, deu atenção ao problema, ao prever, no § 1º, inc. II, do art. 51, dentre outras exigências, que somente se concederá a adoção a estrangeiro se "foram esgotadas todas as possibilidades de colocação da criança ou adolescente em família adotiva brasileira, com a comprovação, certificada nos autos, da inexistência de adotantes habilitados residentes no Brasil com perfil compatível com a criança ou adolescente, após consulta aos cadastros mencionados nesta Lei".

Há a preocupação na permanência dos menores com os pais biológicos. O normal e mais consentâneo com a natureza humana é justamente a criação dos filhos por seus progenitores carnais. As relações e os sentimentos entre uns e outros são inatos, autênticos e não forçados. A aproximação revela-se como que instintiva, o que não acontece com a introdução de um ser estranho no âmbito da família substituta, máxime se a adoção envolver um menor com certa idade. A adaptação é dificultada quando os costumes, o meio social e o desenvolvimento das pessoas variam substancialmente. Daí a preocupação em se autorizar a adoção por estrangeiros. Válidas as recomendações de Marco Aurélio S. Viana: "Mister ponderar, ainda, que o adotando passará a viver em outro país, com costumes e língua diferentes. Quando se trata de criança em tenra idade, a adaptação é sempre mais fácil. Quando consideramos que a idade para ser adotado foi alterada, é necessário refletir, antes, se a mudança não trará reflexos negativos para o menor, pelas dificuldades de adaptação. Cumpre ao juiz abordar a questão sob o impacto de fatores climáticos, sociais, culturais e psicológicos. A questão assume contorno mais complexo quando consideramos que o adotando não fará estágio de convivência no país onde irá viver. A lei vigente veda sua saída antes de consumada a adoção."[83]

Fatores como os acima ditam uma política de evitar a adoção por pessoa estrangeira. Somente em caso de não se conseguir interessados locais é que se viabiliza a adoção externa, na linha já exposta pelo Superior Tribunal de Justiça, no Recurso Especial nº 180.341-SP. 4ª Turma. *DJ* de 17.12.1999, publicado em *ADV Jurisprudência*, boletim nº 13, p. 204, expedição de 2.04.2000: "Antes de deferida a adoção para estrangeiros, devem ser esgotadas as consultas a possíveis interessados nacionais. Organizado no Estado um cadastro geral de adotantes nacionais, o juiz deve consultá-lo, não sendo suficiente a inexistência de inscritos no cadastro da comarca. Situação já consolidada há anos, contra a qual nada se alegou nos autos, a recomendar que não seja alterada. Recurso não conhecido."

A fim de conseguir-se a adoção, importa o atendimento obrigatório de regras comuns estabelecidas para a adoção por brasileiro, e os ditames específicos, devidamente regulamentados.

No tocante aos requisitos comuns, também exigíveis na adoção por brasileiro, pode-se dizer que são os seguintes, conforme relação de José Lázaro Alfredo Guimarães: "a) O adotando deve ter, no máximo, dezoito anos, salvo se já estiver sob a guarda ou a tutela dos adotantes; b) os adotantes devem ser maiores de vinte e um anos; c) a diferença de

---

[82] "Instrumento Legal da Adoção Internacional e Meios de Coibição do Tráfico Internacional de Crianças", *Revista dos Tribunais*, nº 641, p. 90.

[83] *Da Guarda, da Tutela e da Adoção*, obra citada, p. 67.

544 • Direito de Família | *Arnaldo Rizzardo*

idade entre adotante e adotado excedente a dezesseis anos; d) os pais ou o representante legal do adotando devem consentir diretamente, salvo quando desconhecidos ou tenham sido destituídos do pátrio-poder, e proíbe-se o consentimento por procuração; e) a vantagem real para o adotando, ou o motivo legítimo; f) o estágio de convivência."[84] Os requisitos enumerados o foram com vistas à Lei nº 8.069. Quanto à idade, em face de mudança para alcançar a maioridade, aos maiores de dezoito anos reconhece-se o direito de adotar.

Quanto aos ditames específicos, estão arrolados nos incisos do § 1º do art. 51, em redação das Leis nos 12.010/2009 e 13.509/2017: "A adoção internacional de criança ou adolescente brasileiro ou domiciliado no Brasil somente terá lugar quando restar comprovado:

I – que a colocação em família adotiva é a solução adequada ao caso concreto;

II – que foram esgotadas todas as possibilidades de colocação da criança ou adolescente em família adotiva brasileira, com a comprovação, certificada nos autos, da inexistência de adotantes habilitados residentes no Brasil com perfil compatível com a criança ou adolescente, após consulta aos cadastros mencionados nesta Lei;

III – que, em se tratando de adoção de adolescente, este foi consultado, por meios adequados ao seu estágio de desenvolvimento, e que se encontra preparado para a medida, mediante parecer elaborado por equipe interprofissional, observado o disposto nos §§ 1º e 2º do art. 28 desta Lei."

Importantes previsões de cautela seguem nos §§ 2º e 3º, em texto da Lei nº 12.010/2009, dando preferência na adoção aos brasileiros residentes no exterior, e prevendo a interferência ou intervenção das autoridades centrais dos Estados e da União.

Com efeito, reza o § 2º: "Os brasileiros residentes no exterior terão preferência aos estrangeiros, nos casos de adoção internacional de criança ou adolescente brasileiro."

E o § 3º: "A adoção internacional pressupõe a intervenção das Autoridades Centrais Estaduais e Federal em matéria de adoção internacional."

Extensas as normas introduzidas na Lei 8.069/1990 pela Lei nº 12.010/2009, tornando-se extremamente complexa a adoção, até porque exige a habilitação, por primeiro, em país de onde procede o adotante, como se depreende do inc. I do art. 52, estabelecendo: "A pessoa ou casal estrangeiro, interessado em adotar criança ou adolescente brasileiro, deverá formular pedido de habilitação à adoção perante a Autoridade Central em matéria de adoção internacional no país de acolhida, assim entendido aquele onde está situada sua residência habitual."

Alongam-se em vários incisos do art. 52 as normas sobre a habilitação. A chamada Autoridade Central do país de acolhida enviará um relatório sobre o candidato a adotante, com elementos de identificação e capacitação, que será entregue à Autoridade Central Federal Brasileira. De sorte que, no Brasil, programou-se uma estrutura para o processamento da adoção, de difícil consecução, dada a complexa burocracia imposta, e cujas metas é garantir a total segurança quanto ao destino da criança ou do adolescente. Somente depois de estudos e exames é que se gabarita o estrangeiro a formular o pedido de adoção, que terá a validade da duração de um ano. De posse do laudo de habilitação, o interessado será autorizado a formalizar pedido de adoção perante o Juízo da Infância e da Juventude do local em que se encontra a criança ou adolescente, conforme indicação efetuada pela Autoridade Central Estadual.

Na sequência da regulamentação, aparece todo um disciplinamento dos chamados organismos credenciados para a intermediação dos pedidos de adoção. Dentre outras

---

84 Trabalho citado, p. 43.

funções, incumbe-lhe remeter relatório de acompanhamento das adoções internacionais efetuadas no período, cuja cópia será encaminhada ao Departamento de Polícia Federal.

Há, também, a disciplina de adoções internacionais em que o Brasil é o país de acolhida, ou seja, adoções de pessoas estrangeiras por brasileiros.

Como se não bastasse, pelo rigor da lei, incidem também as regras estabelecidas para a adoção por pessoas residentes no Brasil (art. 52, em redação da Lei nº 12.010/2009).

Algumas regras especiais merecem destaque.

Conforme o inc. IV do art. 52, o relatório encaminhado pelo organismo do país de acolhida será instruído com toda a documentação necessária, incluindo estudo psicossocial elaborado por equipe interprofissional habilitada e cópia autenticada da legislação pertinente, acompanhada da respectiva prova de vigência. Importante que venha a legislação, permitindo a adoção.

Todos os documentos que instruem o pedido e procedem do exterior deverão estar traduzidos ao vernáculo, além de autenticados pelas autoridades consulares, como ordena o inc. V do art. 52: "Os documentos em língua estrangeira serão devidamente autenticados pela autoridade consular, observados os tratados e convenções internacionais, e acompanhados da respectiva tradução, por tradutor público juramentado."

Unicamente depois de transitar em julgado a decisão que defere a adoção fica autorizada a saída do adotado, em vista do § 8º do art. 52: "Antes de transitada em julgado a decisão que concedeu a adoção internacional, não será permitida a saída do adotando do território nacional."

Para tanto, é fornecido o alvará de autorização, como descreve o § 9º do acima citado artigo: "Transitada em julgado a decisão, a autoridade judiciária determinará a expedição de alvará com autorização de viagem, bem como para obtenção de passaporte, constando, obrigatoriamente, as características da criança ou adolescente adotado, como idade, cor, sexo, eventuais sinais ou traços peculiares, assim como foto recente e a aposição da impressão digital do seu polegar direito, instruindo o documento com cópia autenticada da decisão e certidão de trânsito em julgado."

Haverá, ainda, um estágio de, no mínimo, trinta dias, e, no máximo, de 45 dias, podendo ser renovado uma única vez, que se realizará antes da sentença, como determina o § 3º do art. 46 da Lei nº 8.069, na redação da Lei nº 13.509/2017: "Em caso de adoção por pessoa ou casal residente ou domiciliado fora do País, o estágio de convivência será de, no mínimo, 30 (trinta) dias e, no máximo, 45 (quarenta e cinco) dias, prorrogável por até igual período, uma única vez, mediante decisão fundamentada da autoridade judiciária."

Cumpre-se o estágio no território nacional, de modo preferencial na comarca da residência da criança ou do adolescente, devendo-se ser apresentado laudo por equipe interdisciplinar.

O estágio não pode ser dispensado, como exige a jurisprudência: "Adoção simples. Pedido formulado por procurador. Requerentes estrangeiros. Ausência de estágio de convivência. Não obstante o interesse do Poder Judiciário de que menores de situação irregular adquiram pais adotivos, fica vedada pelo Estatuto da Criança e do Adolescente a adoção por procurador, uma vez que os adotantes, ainda que estrangeiros, têm que ter o mínimo de contato com a criança a ser adotada, isto é, um reduzido estágio de convivência, para que não ocorra um arrependimento futuro quanto àquela acolhida pelo procurador." Adiante: "A preocupação do órgão ministerial é legítima e louvável. Se o casal pretende realmente criar como filha a menor 'A', que venha ao nosso país conhecê-la, tê-la em

546 • Direito de Família | *Arnaldo Rizzardo*

sua companhia, em um estágio de tempo curto, mas suficiente, para que não se arrependa do gesto tomado e faça mais infeliz a menor 'A'."[85]

Nessa convivência, realiza-se um estudo social ou acompanhamento por técnicos designados pelo juizado onde se processa o pedido.

Cuida a Lei nº 8.069, em redação da Lei nº 12.010/2009, de outras matérias relacionadas à adoção. No art. 52-A, proíbe o repasse de recursos provenientes de organismos estrangeiros encarregados de intermediar pedidos de adoção internacional a organismos nacionais ou a pessoas físicas.

No art. 52-B e em seus parágrafos, trata da adoção por brasileiros domiciliados no exterior, em país ratificante da Convenção de Haia, cujo processo tenha se dado em conformidade com a legislação vigente no país de residência, e, atendido o disposto na alínea "c" do art. 17 da referida Convenção, será automaticamente recepcionada com o reingresso no Brasil. Se não houver o atendimento no disposto na alínea "c" do art. 17 da Convenção de Haia, deverá a sentença ser homologada pelo Superior Tribunal de Justiça.

Se não residir o pretendente brasileiro em país não ratificante da Convenção de Haia, uma vez reingressado no Brasil, deverá requerer a homologação da sentença estrangeira pelo Superior Tribunal de Justiça.

Pelo art. 52-C, "nas adoções internacionais, quando o Brasil for o país de acolhida, a decisão da autoridade competente do país de origem da criança ou do adolescente será conhecida pela Autoridade Central Estadual que tiver processado o pedido de habilitação dos pais adotivos, que comunicará o fato à Autoridade Central Federal e determinará as providências necessárias à expedição do Certificado de Naturalização Provisório".

Finalmente, estabelece o art. 52-D que, "nas adoções internacionais, quando o Brasil for o país de acolhida e a adoção não tenha sido deferida no país de origem porque a sua legislação a delega ao país de acolhida, ou, ainda, na hipótese de, mesmo com decisão, a criança ou o adolescente ser oriundo de país que não tenha aderido à Convenção referida, o processo de adoção seguirá as regras da adoção nacional".

Constata-se da análise a complexidade do processo de adoção por estrangeiro. Salienta-se, como já antevia Hélio Borghi, que a intenção do legislador foi, desde o início da Lei nº 8.069, dar à adoção as garantias que ainda estavam faltando na legislação anterior, o que só era possível, na adoção por estrangeiros, na forma simples (art. 20 da Lei nº 6.697/79), e até por procuração: "Agora, a adoção por estrangeiros será irrevogável (o que já ocorria com a adoção plena anteriormente, mas proibida a estrangeiros). Entretanto, com a exigência de vasta documentação que agora é ordenada pela nova lei, e com a obrigatoriedade de estágio a ser cumprido em território nacional, pretende-se evitar os abusos anteriores, com a indiscriminada saída de crianças nacionais para outros países, sem maiores garantias."[86]

29. ADOÇÃO PÓSTUMA

É possível a adoção póstuma, isto é, depois da morte da pretensa pessoa que evidenciou, em vida, o interesse em adotar?

---

[85] TJMG. Agravo de Instrumento nº 22.243-4. 4ª Câm. Cível, de 20.06.1991, *Revista dos Tribunais*, 675/174.

[86] *A Nova Adoção no Direito Civil Brasileiro*, p. 240.

Evidentemente, há de se dar uma interpretação elástica a algumas regras sobre a adoção. Desde que evidenciado, em vida, o firme propósito que tinha a pessoa em adotar, pode-se partir para o exame da presença dos elementos necessários comuns exigidos pelo instituto, e mais alguns especiais para a hipótese em exame.

O primeiro deles consiste, justamente, na prova do intento revelado em vida pela pessoa, à qual se buscar outorgar o estado de adotante, em adotar, e cuja pretensão não se revelou em razão de circunstância ou fato alheio à sua vontade, como a morte inesperada. Nesse sentido, a Tese nº 4 de Jurisprudência em Teses, do STJ:

"É possível a adoção póstuma quando comprovada a anterior manifestação inequívoca do adotante."

Citam-se dois julgados que precederam à elaboração do enunciado: REsp 1328380/MS, Rel. Ministro Marco Aurélio Bellizze, Terceira Turma, julgado em 21.10.2014, *DJe* de 03.11.2014; e AgRg no REsp 1418648/PE, Rel. Ministro Ricardo Villas Bôas Cueva, Terceira Turma, julgado em 27.03.2014, *DJe* de 08.04.2014.

Para tanto, serve de evidência a relação socioafetiva que existia entre o adotado e aquele que se quer declarar adotante, manifestada pelo tratamento de filho dado em vida, pela assistência, pela convivência familiar, pela dependência econômica e previdenciária, dentre outros fatores, como na situação de enteado, que recebe atenções idênticas à de filho.

A convivência, em um período de tempo razoável, de anos, merece destaque, pois revela a existência de uma situação fática de relação própria de filiação e paternidade ou maternidade, externada em cuidados, educação, formação de personalidade, sustento, a ponto de caracterizar a ideia consolidada de pai ou mãe de criação, e de se utilizarem as expressões de "pai" ou "mãe", "filho" ou "filha", na convivência familiar. Colhe-se no seio da família uma relação socioafetiva em tudo igual à comum entre pais e filhos, verificada também no apego, no amor, na confiabilidade.

Nessa conjugação de fatores favoráveis à configuração, sobressai o abandono do pai ou mãe natural, que desapareceu, não mais tendo contato com o filho ou a filha, revelando total falta de laços afetivos e desinteresse. Ou, embora conhecido o paradeiro, e até existam contatos esporádicos, restam inolvidáveis o completo afastamento ou a distância íntima, com a predominante falta da presença física.

Com a adoção, opera-se a destituição do poder familiar. Daí a necessidade da citação do pai ou da mãe natural, bem como da realização de estudo social, vindo ao processo o respectivo laudo.

A ação de adoção póstuma será proposta por quem pretende ser adotado, assistido ou representado pelo outro progenitor, ou por quem exerce a tutela ou tem a guarda. Mesmo o inventariante do inventário dos bens da pessoa falecida, a quem se quer nomear adotante, tem legitimidade ativa para a ação. No polo passivo ficam os pais ou o pai natural, devendo sempre se encontrar presente o Ministério Público.

O STJ tem admitido o reconhecimento póstumo da adoção:

"Impõe-se especial atenção à condição peculiar da criança como pessoa em desenvolvimento, devendo o julgador nortear-se pela prevalência dos interesses do menor sobre qualquer outro bem ou interesse juridicamente tutelado.

A adoção póstuma pode ser deferida ao adotante que, após inequívoca manifestação de vontade, venha a falecer no curso do procedimento, antes de prolatada a sentença (art. 42, § 5º, do ECA).

Na apreciação do pedido de adoção levar-se-á em consideração a relação de afetividade entre o adotante e o adotado (art. 28, § 2º, do ECA).

548 • Direito de Família | *Arnaldo Rizzardo*

Se o Tribunal de origem, ao analisar o acervo de fatos e provas existente no processo, concluiu pela inequívoca ocorrência da manifestação de propósito de adotar, bem como pela preexistência de laço de afeto a envolver a adotada e o adotante, repousa sobre a questão o óbice do vedado revolvimento fático e probatório do processo em sede de recurso especial. Recurso especial não conhecido".[87]

Tem sobressaído a possibilidade quando presente a relação de afetividade entre o adotante e o adotado:

"A adoção póstuma é albergada pelo direito brasileiro, nos termos do art. 42, § 6º, do ECA, na hipótese de óbito do adotante, no curso do procedimento de adoção, e a constatação de que este manifestou, em vida, de forma inequívoca, seu desejo de adotar.

Para as adoções *post mortem*, vigem, como comprovação da inequívoca vontade do *de cujus* em adotar, as mesmas regras que comprovam a filiação socioafetiva: o tratamento do adotando como se filho fosse e o conhecimento público dessa condição.

Em situações excepcionais, em que demonstrada a inequívoca vontade em adotar, diante da longa relação de afetividade, pode ser deferida adoção póstuma ainda que o adotante venha a falecer antes de iniciado o processo de adoção."[88]

30. ADOÇÃO À BRASILEIRA OU SOCIOAFETIVA

Muito se tem falado, nos últimos tempos, sobre a chamada adoção à brasileira, ou socioafetiva, que é a aquela em que se assume a paternidade ou a maternidade sem o devido processo legal, resultando a mesma do reconhecimento de um estado de fato existente há certo período de tempo. Transparece sobretudo o reconhecimento espontâneo da paternidade (que é mais comum relativamente à assunção da maternidade) daquele que, mesmo sabendo não ser o pai biológico, registra como seu o filho de outrem. Indo mais longe, também se admite a paternidade em razão do desconhecimento da paternidade biológica, desde que se tenha exercido uma manifestação de vontade, através do encaminhamento do ato do registro, com a declaração expressa da paternidade. Em verdade, embora desconhecendo que outra pessoa seja o pai, mas verificando-se, no curso dos anos, no tratamento dispensado uma relação de pai para filho, tipifica-se uma verdadeira adoção, que se torna irrevogável, a ponto de não se admitir, posteriormente, a pretensão de anular o registro de nascimento. Tem valor, para a pessoa humana, passando a adquirir feição jurídica, uma situação de fato revelada numa verdadeira relação de pai para filho. Por questões de herança, não se acolhe, após a morte da pessoa que aparece como pai, o pedido de outros filhos e mesmo do cônjuge supérstite de declaração de falsa paternidade.

Especialmente se aquele que consta como pai tem pleno conhecimento das circunstâncias que gravitam em torno de seu gesto e, ainda assim, não providenciou alterar o ato quando da ciência, não se lhe permite, mais tarde, por arrependimento, valer-se de eventual ação anulatória, postulando desconstituir o registro.

Acontece que se dá mais consideração à pessoa humana, já que a conduta do reconhecimento no correr do tempo gera efeitos decisivos na vida da criança de fato adotada, operando-se a formação da paternidade socioafetiva.

---

[87] REsp. nº 823.384-RJ. 3ª Turma. Rel. Min. Nancy Andrighi, j. 28.06.2007, *DJU* 25.10.2005.
[88] REsp. nº 1.326.728/RS, 3ª Turma do STJ, Rel. Min. Nancy Andrighi, j. 20.08.2013, *DJe* 27.02.2014.

Esse tipo de adoção, no rigor formalístico da lei, é considerado crime, definido no artigo 242 do Código Penal, e ocorre quando alguém, sem observar o regular procedimento de adoção imposto pela Lei Civil, registra a criança como filha. No entanto, interessa ao direito a pessoa humana daquele que teve um pai, em uma realidade que se perpetuou através dos anos.

Acontece que não há como desfazer um ato levado a efeito com perfeita demonstração da vontade daquele ou daquela que, um dia, declarou perante a sociedade ser pai ou mãe da criança, valendo-se da verdade socialmente construída com base no afeto. Restou consumada, através do tempo, a relação de filiação que se criou e consolidou.

Adquiriu foros de dogma esse entendimento no STJ:

"O reconhecimento de paternidade é válido se reflete a existência duradoura do vínculo socioafetivo entre pais e filhos. A ausência de vínculo biológico é fato que por si só não revela a falsidade da declaração de vontade consubstanciada no ato do reconhecimento. A relação socioafetiva é fato que não pode ser, e não é, desconhecido pelo Direito. Inexistência de nulidade do assento lançado em registro civil.

O STJ vem dando prioridade ao critério biológico para o reconhecimento da filiação naquelas circunstâncias em que há dissenso familiar, em que a relação socioafetiva desapareceu ou nunca existiu. Não se pode impor os deveres de cuidado, de carinho e de sustento a alguém que, não sendo o pai biológico, também não deseja ser pai socioafetivo. *A contrario sensu*, se o afeto persiste de forma que pais e filhos constroem uma relação de mútuo auxílio, respeito e amparo, é acertado desconsiderar o vínculo meramente sanguíneo, para reconhecer a existência de filiação jurídica.

Da mesma forma se posicionou a Terceira Turma do Superior Tribunal de Justiça ao julgar o recurso especial nº 1.088.157/PB: 'Ora, se nem mesmo aquele que procedeu ao registro, tomando como sua filha que sabidamente não é, teve a iniciativa de anulá-lo, não se pode admitir que um terceiro (a viúva) assim o faça. Ademais, a própria concepção da adoção à brasileira traz consigo a ideia de que o sujeito tinha conhecimento de que não estava a registrar filho próprio, portanto, incompatível com a noção de erro'.

Para o STJ, quem adota à brasileira tem pleno conhecimento das circunstâncias que gravitam em torno de seu gesto. Nestas circunstâncias, nem mesmo o pai, por arrependimento posterior, pode se valer de eventual ação anulatória postulando desconstituir o registro civil."[89]

Todavia, por ser um direito de personalidade saber a origem da pessoa, indisponível e imprescritível, o próprio STJ firmou a liberdade da pessoa em descobrir qual sua origem e a filiação:

"A 'adoção à brasileira', inserida no contexto de filiação socioafetiva, caracteriza-se pelo reconhecimento voluntário da maternidade/paternidade, na qual, fugindo das exigências legais pertinentes ao procedimento de adoção, o casal (ou apenas um dos cônjuges/companheiros) simplesmente registra a criança como sua filha, sem as cautelas judiciais impostas pelo Estado, necessárias à proteção especial que deve recair sobre os interesses do menor.

O reconhecimento do estado de filiação constitui direito personalíssimo, indisponível e imprescritível, que pode ser exercitado sem qualquer restrição, em face dos pais ou seus herdeiros.

O princípio fundamental da dignidade da pessoa humana, estabelecido no art. 1º, inc. III, da CF/88, como um dos fundamentos da República Federativa do Brasil, traz em seu bojo o direito à identidade biológica e pessoal.

---

[89] REsp. nº 878.941-DF. 3ª Turma. Rel. Min. Nancy Andrighi, j. 21.08.2007, *DJU* 17.09.2007.

550 • Direito de Família | *Arnaldo Rizzardo*

Caracteriza violação ao princípio da dignidade da pessoa humana cercear o direito de conhecimento da origem genética, respeitando-se, por conseguinte, a necessidade psicológica de se conhecer a verdade biológica.

A investigante não pode ser penalizada pela conduta irrefletida dos pais biológicos, tampouco pela omissão dos pais registrais, apenas sanada, na hipótese, quando aquela já contava com 50 anos de idade. Não se pode, portanto, corroborar a ilicitude perpetrada, tanto pelos pais que registraram a investigante, como pelos pais que a conceberam e não quiseram ou não puderam dar-lhe o alento e o amparo decorrentes dos laços de sangue conjugados aos de afeto.

Dessa forma, conquanto tenha a investigante sido acolhida em lar 'adotivo' e usufruído de uma relação socioafetiva, nada lhe retira o direito, em havendo sua insurgência ao tomar conhecimento de sua real história, de ter acesso à sua verdade biológica que lhe foi usurpada, desde o nascimento até a idade madura. Presente o dissenso, portanto, prevalecerá o direito ao reconhecimento do vínculo biológico.

Nas questões em que presente a dissociação entre os vínculos familiares biológico e socioafetivo, nas quais seja o Poder Judiciário chamado a se posicionar, deve o julgador, ao decidir, atentar de forma acurada para as peculiaridades do processo, cujos desdobramentos devem pautar as decisões. Recurso especial provido."[90]

Orienta o STJ, também, que não se permite ao adotante a impugnação ou a busca da nulidade depois de já constituído o vínculo socioafetivo:

"Em se tratando de adoção à brasileira, a melhor solução consiste em só permitir que o pai-adotante busque a nulidade do registro de nascimento, quando ainda não tiver sido constituído o vínculo de socioafetividade com o adotado."[91]

São apresentadas as razões no voto do Relator:

"Com essas ponderações, em se tratando de adoção à brasileira, a melhor solução consiste em só permitir que o pai-adotante busque a nulidade do registro de nascimento, quando ainda não tiver sido constituído o vínculo de socioafetividade com o adotado.

Após formado o liame socioafetivo, não poderá o pai-adotante desconstruir a posse do estado de filho que já foi confirmada pelo véu da paternidade socioafetiva.

Ressalte-se, por oportuno, que tal entendimento, todavia, é válido apenas na hipótese de o pai-adotante pretender a nulidade do registro. Não se estende, pois, ao filho adotado, a que, segundo entendimento deste Superior Tribunal de Justiça, assiste o direito de, a qualquer tempo, vindicar judicialmente a nulidade do registro em vista à obtenção do estabelecimento da verdade real, ou seja, da paternidade biológica (...).

Por essa razão, como, na espécie, já houve a formação da paternidade socioafetiva, o entendimento acima conduz a que o registro de nascimento, embora inquinado pela adoção à brasileira, não é mais passível de anulação por ação do pai adotante (ou, *in casu*, viúva deste).

Por fim, ressalve-se que a legitimidade *ad causam* da viúva do adotante para iniciar uma ação anulatória de registro de nascimento não é objeto do presente recurso especial. Por isso, a questão está sendo apreciada em seu mérito, sem abordar a eventual natureza personalíssima da presente ação. Assim, nega-se provimento ao recurso especial."

A matéria é realmente controvertida, dominando ultimamente a tendência de se admitir a investigação de paternidade se intentada a ação pelo filho biológico, mas unicamente para conhecer a verdade biológica, sem desconstituir a filiação socioafetiva, como se pode ver do seguinte aresto:

---

[90] REsp. nº 833.712-RS. 3ª Turma. Rel. Min. Nancy Andrighi, j. 17.05.2007, *DJU* 04.06.2007.
[91] REsp. nº 1.088.157-PB. 3ª Turma. Rel. Min. Massami Uyeda, j. 23.06.2009, *DJe* de 04.08.2009.

"É consectário do princípio da dignidade humana o reconhecimento da ancestralidade biológica como direito da personalidade, podendo a ação de investigação de paternidade e de nulidade de registro ser julgada procedente mesmo que tenha sido construída uma relação socioafetiva entre o filho e o pai registral."[92]

Essa abertura não vai ao ponto de desconstituir a filiação socioafetiva, caso constituída. Isto porque, numa interpretação atual e axiológica do art. 227 e de seu § 6º da CF, há igualdade absoluta dos filhos, não importando a origem ou o nascimento.

Sobre a ação para meros efeitos de descobrir a verdade biológica, decidiu o TJ do RGS:

"Apelação cível. Investigação de paternidade. Paternidade socioafetiva com o pai registral reconhecida. Pretensão que visa exclusivamente aos efeitos patrimoniais decorrentes da filiação biológica. Caso concreto em que reconhecida a vinculação socioafetiva entre o demandante e seu pai registral, que perdurou por anos, exercendo, o autor, os direitos decorrentes dessa filiação, com o recebimento da herança deixada pelo *de cujus*. Pertinente, apenas, o reconhecimento da origem genética, que restou irrefutável diante da conclusão da prova técnica – exame de DNA, sem reconhecer os direitos patrimoniais e, tampouco, alterar o registro civil do demandante, sob pena de se desfigurar os princípios basilares do Direito de Família. Sentença confirmada. Apelo desprovido."[93]

A matéria foi objeto de estudo no item 14 do Capítulo XVIII.

---

[92] AgRg nos EDcl no AREsp 236958/CE, STJ, 3ª Turma, Rel. Min. Ricardo Villas Bôas Cueva, j. 18.02.2014, *DJe* 05.03.2014.

[93] Apelação Cível Nº 70064975774, Sétima Câmara Cível, Tribunal de Justiça do RS, Relatora: Desembargadora Sandra Brisolara Medeiros, j. 24.02.2016.

XXI
Poder Familiar

1. RELAÇÕES JURÍDICAS ENTRE PAIS E FILHOS

A denominação "poder familiar" trata do instituto que, no anterior Código, vinha com o nome de "pátrio poder". Está no Capítulo V do Subtítulo II, Título I do Livro IV da parte Especial do Código Civil, enquanto no Código de 1916 encontrava-se no Capítulo VI, Título V, do Livro I, da Parte Especial.

Ao se falar em poder familiar, entra-se no estudo das relações jurídicas entre pais e filhos, que não oferecem tantas dificuldades ou problemas como nas relações pessoais. Na verdade, parece que o liame jurídico referido não mantém a importância que outrora revelava, quando o poder do pai, e não do pai e da mãe, sobre o filho era absoluto, a ponto de manter quase uma posição de senhor, com amplos direitos de tudo decidir e impor.

Chegou-se em um momento histórico de igualdade praticamente total entre os membros da família, onde a autoridade dos pais é uma consequência do diálogo e entendimento, e não de atos ditatoriais ou de comando cego.

Diríamos que hoje preponderam direitos e deveres numa proporção justa e equânime no convívio familiar, e que os filhos não mais são vistos com o propósito ou esperança de futuro auxílio aos progenitores.

Mais que tudo, ostenta o instituto a dimensão voltada para a proteção e o encaminhamento do filho ao seu futuro, mas dentro de uma ordem de direitos e deveres, no dizer de J. V. Castelo Branco Rocha, que apresenta o poder familiar como uma função, "que é feita de direitos e deveres. Ao direito do pai corresponde o dever do filho. E mais: o pai tem direitos para que possa haver-se convenientemente de seus deveres. Nem só direitos, nem só deveres. Mas direitos e deveres que se ajustam, que formam uma verdadeira coerência funcional, para a satisfação de fins que transcendem os interesses puramente individualistas".[1]

Tanto isto que se alterou a própria denominação do instituto, passando para 'poder familiar', o que retrata a prevalência das relações entre os membros do conjunto familiar, o que não afasta a autoridade não mais do pai, mas do pai e da mãe. Mas sempre poder. Apesar de toda a evolução dos sistemas de educação e formação de novas gerações, não se desvincula o poder, ínsito à natureza humana na condução dos filhos, que veio consagrado no art. 1.630 do Código de 2002: "Os filhos estão sujeitos ao poder familiar, enquanto menores."

---

[1] *O Pátrio Poder*, 2ª ed., São Paulo, LEUD – Livraria e Editora Universitária de Direito Ltda., 1978, p. 36.

Nem há, nesta ótica, aquela concepção muito difundida até uma ou duas décadas atrás, quando se defendia uma acentuada prevalência dos direitos dos filhos, que levava a colocá-los numa posição superior à dos pais, com excesso de liberdade e sem um controle nas atitudes próprias da imaturidade. Não se cuida tanto de medir posições hierárquicas, embora o recomende a disciplina educacional, mas de conscientização do papel a ser desempenhado pelos pais, e de compreender as limitações e buscas próprias da idade.

Diante de tais prolegômenos, pensa-se que o poder familiar, mais que um poder, constitui-se de uma relação, ou do exercício de várias atribuições, cuja finalidade última é o bem do filho. Neste alcance de conteúdo do instituto, é admissível ver um esvaziamento do conceito tradicionalmente consagrado, resultado da própria realidade hoje imperante, quando raramente os filhos são proprietários de patrimônio considerável que mereça a administração dos progenitores.

Pode-se, pois, divisionar maior importância nas relações pessoais que devem imperar entre pais e filhos – âmbito este que muito pouco repercute em litígios judiciais. Realmente, é difícil encontrar-se um litígio nos pretórios que envolva direitos pessoais entre pais e filhos. Algumas questões afloravam relativamente à negativa da autorização paterna para o casamento.

2. CONCEPÇÃO TRADICIONAL E ATUAL DE PODER FAMILIAR

Nos primórdios do direito, o poder familiar nada mais significava que o conjunto de prerrogativas conferidas ao pai sobre o filho. No direito romano, ocupava aquele uma posição de chefe absoluto sobre a pessoa dos filhos, com tantos poderes a ponto de ser-lhe permitida a eliminação da vida do filho. Dizia-se que o *pater* tinha o direito sobre a vida e a morte do filho – ou o *jus vitae et necis*, sem que, no entanto, pudesse ele agir arbitrariamente. De acordo com os escritos antigos, reunia-se um conselho familiar – o *judicium domesticum* – para opinar a respeito da morte do filho. Mas, dado o parecer, permanecia a vontade do *pater*.

Era o que se chamava de *patria potestas*, expressão máxima do patriarcalismo. O *pater familias* alçava-se na posição de senhor absoluto do lar. Nem o Estado limitava seus poderes no âmbito familiar. Era a única pessoa *sui juris*. A esposa, os filhos, os demais dependentes e os escravos não tinham nenhum direito. Nesta condição, consideravam-se *personae alieni juris*.

Tanto isto que os filhos vinham classificados na relação de bens, podendo ser vendido por um determinado lapso de tempo.

Já no direito germânico antigo, embora preponderasse o patriarcalismo, havia um abrandamento dos poderes do chefe, tanto que os filhos, ao ingressarem no exército, libertavam-se do então "pátrio poder paterno".

O Cristianismo teve forte influência na mudança de leis tão rigorosas e no respeito que foi se instituindo aos filhos e à mulher no casamento.

Com a Revolução Francesa e mais aprofundadamente com o Código Napoleônico, adotou-se o direito costumeiro sobre a matéria, passando a dominar a temporariedade do cargo do poder familiar, o seu exercício pela mãe na falta do pai e a possibilidade de o filho ter bens.

No primitivo direito luso, importado ao Brasil, igualmente se impôs o patriarcalismo, em termos absolutos. E assim aconteceu até o advento do Código Civil, tendo-se o filho como se encontrando em poder do pai.

Todos os princípios formados a respeito fundavam-se no poder do pai sobre o filho e seus bens, ou nos direitos e deveres do pai sobre a pessoa do filho e seus bens.

Fala-se, porém, atualmente, muito em *munus* público, que deve ser exercido em favor dos filhos pelos pais. Nesta linha está a definição de Sílvio Rodrigues: "O pátrio poder é o conjunto de direitos e deveres atribuídos aos pais, em relação à pessoa e aos bens dos filhos não emancipados, tendo em vista a proteção destes."[2] Igualmente Washington de Barros Monteiro coloca a questão em torno de um encargo dos pais: "O pátrio poder pode ser conceituado como o conjunto de obrigações, a cargo dos pais, no tocante à pessoa e bens dos filhos menores. Debaixo de seu manto protetor, colocam-se todos os filhos menores, sem exceção, seja qual for a sua categoria: legítima, legitimados, legalmente reconhecidos e adotivos."[3]

Desapareceu o caráter de poder ou disposição que imperava primitivamente. Vige o princípio de um *munus* ou encargo na vida ou nos bens dos filhos, como deixa entrever San Tiago Dantas: "Pode-se dizer que trazer o conceito de dever paternal para o primeiro plano e deixar o direito, num segundo, foi uma das transformações a que o cristianismo submeteu a humanidade. Depois de realizar-se esta transformação, o conceito que se possui do pátrio poder é outro; não o julga mais uma *auctoritas*, mas um *munus*, encargo, dever, função; é esse o modo pelo qual a consciência moderna conceitua o pátrio poder.

O pátrio poder não é uma *auctoritas*, é um *munus*, do mesmo modo que a tutela e o poder marital, função que se atribui ao homem, para que exerça livremente, mas não no seu interesse próprio e, sim, no interesse daqueles ou daquela coisa cuja guarda lhe cabe."[4]

Nesta ordem de colocação do instituto, pode-se ir além e dizer que se trata de uma conduta dos pais relativamente aos filhos, de um acompanhamento para conseguir a abertura dos mesmos, que se processará progressivamente, à medida que evoluem na idade e no desenvolvimento físico e mental, de modo a dirigi-los a alcançarem sua própria capacidade para se dirigirem e administrarem seus bens. Não haveria tão somente um encargo, ou um *munus*, mas um encaminhamento, com poder para impor uma certa conduta, em especial entes da capacidade relativa. Não mais há de se falar praticamente em poder dos pais, mas em conduta de proteção, de orientação e acompanhamento dos pais.

Do contrário, segundo mostrava Lafayette Rodrigues Pereira em tempos antigos, "o pátrio poder rouba ao filho a independência pessoal nas relações do direito privado; despoja-o em favor do pai dos rendimentos da classe mais importante de seus bens; seu jugo cessa com a maioridade. Felizmente, porém, graças ao progresso das luzes, vão os legisladores modernos reconhecendo a necessidade de separá-los dos elementos estranhos que o desvirtuam, esforçando-se para aproximá-lo do tipo filosófico".[5]

Não se coadunava com esta filosofia o conceito de Pontes sobre o assunto, embora não revele tanta ancianidade seu direito: "Pátrio poder é o conjunto de direitos que a lei concede ao pai, ou à mãe, sobre a pessoa e bens do filho, até a maioridade, ou emancipação desse, e de deveres em relação ao filho."[6]

---

2   *Direito Civil – Direito de Família*, obra citada, vol. VI, p. 364.
3   *Curso de Direito Civil – Direito de Família*, obra citada, p. 276.
4   *Direitos de Família e das Sucessões*, obra citada, p. 399.
5   *Direito civil*, obra citada, p. 274.
6   *Tratado de Direito Privado*, obra citada, vol. IX, p. 110.

556 • Direito de Família | *Arnaldo Rizzardo*

3. CARACTERÍSTICAS

Vários os caracteres que marcam o poder familiar, anteriormente com o nome de pátrio-poder, ou poder paternal, ou também poder marital, como alguns preferiam denominá-lo.

Em primeiro lugar, cuida-se de um *munus* público. Ao Estado interessa o seu bom desempenho, tanto que existem normas sobre o seu exercício, ou sobre a atuação do poder dos pais na pessoa dos filhos. No próprio *caput* do art. 227, em texto da Emenda Constitucional nº 65, de 13.07.2010, da Carta Federal, nota-se a discriminação, a par dos direitos da família, do jovem e do idoso, de inúmeros direitos em favor da criança e do adolescente, os quais devem, à toda a evidência, ser observados no exercício do poder familiar: o direito à vida, à saúde, à alimentação, à educação, ao lazer, à profissionalização, à cultura, à dignidade, ao respeito, à liberdade e à convivência familiar e comunitária, além do direito a ser o menor colocado a salvo de toda forma de negligência, discriminação, exploração, violência, crueldade e opressão. A incumbência é ressaltada, ainda, no art. 229 da mesma Carta, mas genericamente. No Estatuto da Criança e do Adolescente (Lei nº 8.069/1990), há várias normas de proteção, como a do art. 22, o que também fazia o Código Civil de 1916, *v.g.,* no art. 384, e reedita o art. 1.634 do vigente Código.

É natural que a ordem social e o desenvolvimento sadio de um povo dependem em muito do perfeito encaminhamento daqueles que, por não terem atingido a maturidade do corpo e do espírito, necessitam da assistência e da tutela de seus responsáveis. Se de um lado a autoridade do Estado não pode substituir a autoridade dos pais, de outro, em especial num país com tantas deficiências culturais como o Brasil, deve impor-se a autoridade do Poder Público em inúmeros setores, como, aliás, o faz a Lei nº 8.069, de 1990.

A irrenunciabilidade do poder familiar é outro aspecto de importância, pelo qual aos pais não se permite a transferência do encargo. Em princípio, não se admite a renúncia. Do contrário, importaria em não aceitação de uma obrigação de ordem pública. Na prática, porém, há um caso em que os pais renunciam diretamente ao poder familiar, previsto no art. 166 da Lei nº 8.069/1990, em texto da Lei nº 12.010/2009, e relativo à adesão direta deles na adoção. Compareçem em cartório, e declaram expressamente que consentem na adoção do filho por terceira pessoa. Ora, como a adoção envolve necessariamente a transferência do poder familiar, é correto deduzir que a perda do *munus* se opera com a entrega voluntária do filho. Ao mesmo tempo que se dá a concordância com a adoção, verifica-se, ainda que indiretamente, a renúncia do poder familiar. Para esta situação, fornece J. V. Castelo Branco Rocha a seguinte explicação: "Só quando se trata de adoção é que se pode falar de renúncia do pátrio poder. Mas, aqui, estão em jogo outros princípios. Acolhendo o direito brasileiro o instituto da adoção, não poderia deixar de conceder ao pai adotivo a autoridade paternal. Com a adoção, há uma transferência do pátrio poder. Perde-o, realmente, o pai natural; adquire-o, para todos os efeitos, o pai adotivo. A renúncia do pátrio poder, que neste caso é uma exceção, resulta um benefício de outro instituto, admitido em nosso direito positivo."[7]

É o poder familiar indispensável para o próprio desempenho ou cumprimento das obrigações que têm os pais de sustento, criação e educação dos filhos. Assim, impossível admitir-se o dever de educar e cuidar do filho, ou de prepará-lo para a vida, se tolhidos o exercício de certos atos, o cerceamento da autoridade, da imposição ao estudo, do afastamento de ambientes impróprios etc. Daí a íntima relação no desempenho das funções derivadas da paternidade e da maternidade com o exercício do poder familiar. E para bem

---

[7] Trabalho citado, p. 40.

dirigir ou encaminhar os negócios do filho, é necessário que a lei lhe reconheça o direito de administrar o patrimônio respectivo.

4. TITULARIDADE DO PODER FAMILIAR

Dizia-se, até recentemente, que ambos os pais tinham o poder familiar sobre o filho menor, ou que o exercício do poder familiar pelo pai não excluía a mãe desse direito. O que se afastava era o exercício concomitante pelo pai e pela mãe. É que o exercício se desmembrava. Durante o casamento, deferia-se ao pai tal exercício. No seu falecimento, ou impedido por qualquer razão do exercício, só então transferia-se o mesmo à mãe. A inteligência vinha do art. 380 do Código Civil revogado, o qual admitia a simultaneidade do poder, mas a sucessividade do exercício. No próprio art. 382 do mesmo diploma constava que o então pátrio poder competia ao cônjuge sobrevivente, na dissolução do casamento por morte de um dos cônjuges.

No entanto, já com o art. 226, § 5º, da Constituição Federal, foi derruída tal construção: "Os direitos e deveres referentes à sociedade conjugal são exercidos igualmente pelo homem e pela mulher." Passou a entender-se que o poder familiar deve ser exercido em igualdade de condições pelo pai e pela mãe.

A literalidade do art. 21 da Lei nº 8.069, de 1990, em texto da Lei nº 12.010/2009, bem evidenciou a total igualdade do pai e da mãe no referido exercício: "O poder familiar será exercido, em igualdade de condições, pelo pai e pela mãe, na forma do que dispuser a legislação civil, assegurado a qualquer deles o direito de, em caso de discordância, recorrer à autoridade judiciária competente para a solução da divergência."

No que não destoou o Código Civil, em seu art. 1.631: "Durante o casamento e a união estável, compete o poder familiar aos pais; na falta ou impedimento de um deles, o outro o exercerá com exclusividade."

Divergindo os pais no seu exercício, a solução deve ser buscada pela via judicial, de acordo com o parágrafo único: "Divergindo os pais quanto ao exercício do poder familiar, é assegurado a qualquer deles recorrer ao juiz para solução do desacordo."

É difícil chegar a uma divergência a ponto de ser um dos progenitores obrigado a buscar o socorro judicial.

Diante dos princípios advindos da Constituição Federal, já haviam ficado inócuos os dispositivos do Código Civil de 1916 que delegavam certas prerrogativas ao pai. Assim, em alguns exemplos, quanto ao art. 9º, § 1º, inc. I: "Cessará, para os menores, a incapacidade: I – Por concessão do pai, ou, se for morto, da mãe, e por sentença do juiz, ouvido o tutor, se o menor tiver 18 (dezoito) anos cumpridos."

Quanto ao então art. 233, inc. I: "O marido é o chefe da sociedade conjugal, função que exerce com a colaboração da mulher, no interesse comum do casal e dos filhos (arts. 240, 247 e 251).

Compete-lhe:

I – a representação legal da família."

No tocante ao art. 385: "O pai e, na sua falta, a mãe são os administradores legais dos bens dos filhos que se achem sob o seu poder, salvo o disposto no art. 225."

Passaram a considerar-se os pais no mesmo grau de igualdade em todas as questões relativas ao casamento e à união estável também no que pertine aos filhos, o que ficou consolidado com o Código de 2002.

Há situações especiais, que merecem destaque.

Nos casos de separação judicial, divórcio e dissolução da união estável, os filhos ficam na guarda de um dos progenitores. Ao outro é reservado o direito de visita. Não há, porém, relativamente a este, a perda, e nem sequer a suspensão, do exercício do poder familiar. Os progenitores deverão concordar nas questões que dizem respeito aos filhos.

A norma do art. 1.632 (art. 381 do Código da Lei nº 3.071) revela com exatidão essa solução: "A separação judicial, o divórcio e a dissolução da união estável não alteram as relações entre pais e filhos senão quanto ao direito, que as primeiros cabe, de terem em sua companhia os segundos."

Bem apropriada ainda a explicação de Sidnei Agostinho Beneti, referindo-se ao art. 381, equivalendo ao art. 1.632 do Código vigente: "Nenhum dos progenitores perde o pátrio poder, relativamente aos filhos comuns, no caso de separação, visto que o art. 381 do CC estabelece que ela 'não altera as relações entre pais e filhos, senão quanto ao direito, que aos primeiros cabe, de terem em sua companhia os segundos'.

Prosseguem ambos os genitores, após a separação, titulares do pátrio poder. Os direitos e deveres que o compõe, entretanto, é que se distribuem entre os genitores, até porque seria impossível o exercício conjunto de todos os direitos componentes do feixe, à ausência de lar comum.

A explicação de Clóvis Beviláqua, a respeito, é clara e singela: 'O desquite dissolve a sociedade conjugal, porém não a paternal, entre pais e filhos, cujos laços, feitos de afeto, direitos e deveres recíprocos, subsistem, apenas modificados, tanto quanto é necessário para atender-se à separação dos cônjuges e à necessidade de conservar os filhos na companhia do inocente ou daquele a quem couber este direito...' (*Código Civil Comentado*, vol. 2º/355, 1928).

O art. 15 da Lei nº 6.515/77 apenas explicita as divisões desses poderes e deveres, desdobrando-se entre os genitores, diante do fato inevitável da atribuição da guarda a um deles. A um dos genitores é assegurada a guarda, com os poderes correlatos, ao passo que ao outro, em compensação, são garantidos os direitos de visita aos filhos, de os ter em sua companhia e de fiscalizar-lhe a manutenção e a educação pelo titular da guarda.

Ocorre o fenômeno anotado por Yussef Said Cahali, como 'enfraquecimento dos poderes paternos' por parte do progenitor privado da guarda, com a consequência de exercício de alguns deles por um genitor, conclusivamente (*Divórcio e Separação*, São Paulo, RT, 1978, p. 324)."[8]

A mesma conclusão aplica-se na separação de fato. O progenitor que exercerá a guarda não fica sozinho com o poder familiar, embora na prática, quem o exerce realmente seja o progenitor que está com os filhos.

Obviamente, nas situações de reconhecimento do filho, dificulta-se o exercício pelo pai reconhecente, o que não afasta, no entanto, o *munus*.

De outra parte, os atos praticados por um dos pais, por pressuposição entende-se que serão aceitos pelo outro progenitor, no salientar de Guillermo A. Borda: "Los actos de ejercicio de la patria potestad realizados por uno de los cónyuges, se supone que cuentan con

---

[8] Trabalho citado, pp. 40 e 41.

el consentimiento del otro, salvo los casos que requieren la conformidad expresa o aún no tratando de esos casos, cuando mediarse oposición expresa del otro cónyuge. Esta norma tiende a facilitar el ejercicio de la patria potestad, que se vería gravemente obstaculizado si para cualquier acto si requiera la actuación conjunta de ambos los padres."[9]

De notar que o poder familiar fora do casamento não envolve maiores dificuldades. Se reconhecido o filho pelo pai, não se diferencia a situação relativamente ao casamento: pai e mãe exercem o poder familiar, não interessando com quem se encontre o filho. Na falta de reconhecimento, é normal que o múnus só pode concentrar-se na pessoa da mãe, com a qual se encontra o filho, a menos que não seja conhecida, ou não revele condições para ter o filho consigo, quando, então, se nomeará um tutor, ou entregar-se-á a criança a uma instituição. É, a respeito, a regra do art. 1.633: "O filho, não reconhecido pelo pai, fica sob poder familiar exclusivo da mãe; se a mãe não for conhecida ou capaz de exercê-lo, dar-se-á tutor ao menor."

Não importa a espécie de filho, dentro da ordem que prevalecia antes da vigente Constituição Federal, ou seja, se legítimo, ilegítimo, adulterino ou espúrio. Sempre predomina o fato do reconhecimento ou não, para firmar o poder familiar na pessoa do pai.

5. EXERCÍCIO DO PODER FAMILIAR

Sob este ângulo, estuda-se o objeto ou aquilo que envolve o poder familiar. Quais os atos permitidos pelos pais, em relação aos filhos? É um dos assuntos mais relevantes, e que traz significativo interesse prático.

Costuma-se relacionar em dois setores o conteúdo: quanto à pessoa e quanto aos bens dos filhos, que ficam na administração dos pais. No entanto, em relação aos bens, o poder familiar compreenderá um capítulo especial, eis que a matéria passou a ser tratada distintamente pelo Código de 2002.

Inúmeros encargos possuem os pais quanto à pessoa dos filhos. Evidente que impossível a discriminação completa aqui, o que nem se faz tanto necessário, pois é de todos conhecida a função dos progenitores.

O art. 1.634 do Código Civil, com a redação da Lei nº 13.058/2014, elenca uma série de obrigações, mais a título de exemplo, embora sejam da ciência natural das pessoas os encargos próprios da paternidade. Não são necessárias maiores explicações, dada a facilidade de sua compreensão:

I – dirigir-lhes a criação e a educação;

II – exercer a guarda unilateral ou compartilhada nos termos do art. 1.584;

III – conceder-lhes ou negar-lhes consentimento para casarem;

IV – conceder-lhes ou negar-lhes consentimento para viajarem ao exterior;

V – conceder-lhes ou negar-lhes consentimento para mudarem sua residência permanente para outro Município;

VI – nomear-lhes tutor por testamento ou documento autêntico, se o outro dos pais não lhe sobreviver, ou o sobrevivo não puder exercer o poder familiar;

VII – representá-los judicial e extrajudicialmente até os 16 (dezesseis) anos, nos atos da vida civil, e assisti-los, após essa idade, nos atos em que forem partes, suprindo-lhes o consentimento;

---

[9] Obra citada, p. 345.

560 • Direito de Família | *Arnaldo Rizzardo*

VIII – reclamá-los de quem ilegalmente os detenha;

IX – exigir que lhes prestem obediência, respeito e os serviços próprios de sua idade e condição".

Das previsões acima, as mais comuns aparecem nos incisos I, II, VII e IX.

Quanto a criação e educação, revelam-se estas incumbências de real significação, e que podem definir o sucesso ou insucesso futuro do filho. Aos pais assiste escolher o colégio que melhor convenha à formação, ao estudo, à responsabilidade e à conveniência econômica.

A convivência com os pais é imposta pelas próprias conveniências para a criação e educação, no exercício da guarda que será unilateral ou compartilhada, cujos significados se encontram nos §§ 1º e 2º do art. 1.583, em textos das Leis nᵒˢ 13.058/2014 e 11.698/2008:

§ 1º: "Compreende-se por guarda unilateral a atribuída a um só dos genitores ou a alguém que o substitua (art. 1.584, § 5º) e, por guarda compartilhada a responsabilização conjunta e o exercício de direitos e deveres do pai e da mãe que não vivam sob o mesmo teto, concernentes ao poder familiar dos filhos comuns".

§ 2º: "Na guarda compartilhada, o tempo de convívio com os filhos deve ser dividido de forma equilibrada com a mãe e com o pai, sempre tendo em vista as condições fáticas e os interesses dos filhos".

A representação é uma das atribuições mais importantes, não se impondo que o seja através do pai. Como o poder familiar é incumbência de ambos os progenitores, a qualquer um deles permite-se a representação ou assistência nos atos da vida civil. Se, por ventura, o outro discordar, resta-lhe a impugnação judicial, a fim de evitar a perpetração do ato ou procurar a sua anulação.

A representação, no dizer de San Tiago Dantas, "está em íntima ligação com a ideia de capacidade; o menor é capaz, não incapaz, de ter direitos, mas incapaz de exercê-los. Ele não tem a capacidade para o ato jurídico, para o negócio. Quer dizer, a incapacidade de negócio. Se alguém lhe deixa uma herança, ele herda, porque tem a capacidade jurídica. Mas não pode sustentar-se porque não tem a capacidade de exercer os seus direitos. É preciso que alguém a aceite em seu lugar. Do mesmo modo que é preciso que alguém no seu lugar pratique todos os atos jurídicos de que ele carece. Daí a noção de representação, e a necessidade de surgir alguém que possa praticar no lugar do menor e em nome dele os atos de que é capaz, e esse alguém é o detentor do pátrio poder, o qual representa o menor até os dezesseis anos completados.

Aos dezesseis anos, o menor sai da incapacidade absoluta e entra na incapacidade relativa. Daí em diante não é mais incapaz de praticar atos jurídicos, apenas estes atos não são válidos, se não forem praticados com a assistência de alguém que deva suprir as insuficiências do próprio menor".[10]

A obediência, a realização de tarefas próprias à idade, o respeito e consideração correspondem a condutas de grande importância na vida da família. Mormente quanto à obediência aos pais, há uma grave crise em vários setores da sociedade. Não se trata propriamente de obedecer ou não aos progenitores, mas em demonstrar uma conduta normal e dentro de padrões aceitáveis.

Não se encontra menção aos castigos corporais ou físicos. Em princípio, por dedução do art. 1.638, inc. I, que proíbe apenas os castigos imoderados, depreende-se que é autorizada a aplicação de castigos desde que não cheguem aos maus tratos, ou revelem a prática de

---

[10] *Direitos de Família e das Sucessões*, obra citada, p. 404.

Cap. XXI | Poder Familiar • **561**

violência contra a integridade física e psíquica do menor. Prescinde-se de outras considerações a respeito, dado que é inato ou do instinto natural o conhecimento da justa medida na
exigência de conduta disciplinada. De realce a regra do art. 18-A do Estatuto da Criança e do
Adolescente (Lei nº 8.069/1990), aportado pela Lei nº 13.010/2014, proibindo o castigo físico
e outros maus tratos: "A criança e o adolescente têm o direito de ser educados e cuidados
sem o uso de castigo físico ou de tratamento cruel ou degradante, como formas de correção,
disciplina, educação ou qualquer outro pretexto, pelos pais, pelos integrantes da família
ampliada, pelos responsáveis, pelos agentes públicos executores de medidas socioeducativas
ou por qualquer pessoa encarregada de cuidar deles, tratá-los, educá-los ou protegê-los".

6. EXTINÇÃO DO PODER FAMILIAR

O Código Civil regula a extinção, a suspensão e a perda do poder familiar.

A extinção é a forma menos complexa, verificável por razões decorrentes da própria
natureza, independentemente da vontade dos pais, ou não concorrendo eles para os eventos
que a determinam.

Assim, as hipóteses são capituladas expressamente em lei, e dificilmente encontram-
-se outras.

Segundo o art. 1.635, extingue-se o poder familiar:

"I – Pela morte dos pais ou do filho.

É natural que a morte traga a extinção, porquanto desaparece o sujeito ativo do
direito. Mas, o falecimento de um dos progenitores somente faz cessar o encargo quanto
ao que falecer, perdurando com o outro. Unicamente com a morte de ambos os pais, ou
do filho, dá-se a extinção, impondo-se, então, que se nomeie tutor ao menor.

II – Pela emancipação, nos termos do art. 5º, parágrafo único, do Código Civil.

Uma vez concedida a emancipação, por ato de vontade dos pais, ou de um deles
na falta do outro, torna-se maior o filho. Celebra-se o ato mediante instrumento público,
independentemente da homologação judicial; ou por sentença do juiz, ouvido o tutor, se
o menor tiver dezesseis anos completos, se inexistirem pais vivos.

E, nesta linha, também adquire a maioridade o filho por outras formas de emancipação, e, assim, pelo casamento; pelo exercício de emprego público efetivo; pela colação
de grau em curso de ensino superior; e pelo estabelecimento civil e comercial, ou pela
existência de relação de emprego, desde que, em função deles, o menor com dezesseis
anos completos tenha economia própria.

III – Pela maioridade.

A maioridade é alcançada aos dezoito anos. Lembra-se a existência de fatos que a
antecipam, como a emancipação, que se dá mediante a concessão feita pelos pais, e outras
formas, sendo exemplos o casamento, o exercício de emprego público etc. No entanto,
tais causas já constam inseridas no inc. II do art. 1.635, conforme observado acima.

IV – Pela adoção.

A adoção extingue o poder familiar, de acordo com a lei. Entrementes, a adoção é concedida se os pais renunciarem ao poder familiar, ou se houver sentença declarando a perda

ou extinção. Não se autoriza a adoção com a permanência do poder familiar, sob pena de duas pessoas diferentes, sem nenhum liame conjugal, exercerem concomitantemente o múnus.

V – Por decisão judicial, na forma do art. 1.638.

A forma do art. 1.638 é aquela em que se dá a perda do poder familiar, verificável quando o pai ou a mãe castigar imoderadamente o filho; deixar o filho em abandono; praticar atos contrários à moral e aos bons costumes; e incidir, reiteradamente, nas faltas previstas no artigo antecedente, que são aquelas que permitem a suspensão do poder familiar, como abuso de autoridade, omissão nos deveres inerentes ao poder familiar, ruína dos bens dos filhos e condenação em sentença penal irrecorrível em virtude de crime cuja pena exceda a dois anos de prisão.

A Lei nº 13.715/2018 acrescentou o parágrafo único ao art. 1.638 do Código Civil, e trouxe novos casos de perda do poder familiar:

"Perderá também por ato judicial o poder familiar aquele que:

I – praticar contra outrem igualmente titular do mesmo poder familiar:

a) homicídio, feminicídio ou lesão corporal de natureza grave ou seguida de morte, quando se tratar de crime doloso envolvendo violência doméstica e familiar ou menosprezo ou discriminação à condição de mulher;

b) estupro ou outro crime contra a dignidade sexual sujeito à pena de reclusão;

II – praticar contra filho, filha ou outro descendente:

a) homicídio, feminicídio ou lesão corporal de natureza grave ou seguida de morte, quando se tratar de crime doloso envolvendo violência doméstica e familiar ou menosprezo ou discriminação à condição de mulher;

b) estupro, estupro de vulnerável ou outro crime contra a dignidade sexual sujeito à pena de reclusão".

Não se pense que o novo casamento ou a nova união estável de qualquer um dos cônjuges ou dos companheiros, cujo primeiro casamento ou primeira união estável se desfez por morte, ou pelo divórcio, ou pela sua dissolução, importará em extinção do poder familiar. Não traz o novo casamento ou a nova união estável qualquer efeito prejudicial ao cônjuge ou companheiro relativamente aos filhos do leito anterior. Igualmente na situação de solteiros o pai ou a mãe, que casarem ou estabelecerem união estável.

Esta imposição decorre do art. 1.636 e seu parágrafo único do Código Civil: "O pai ou a mãe que contrai novas núpcias, ou estabelece união estável, não perde, quanto aos filhos do relacionamento anterior, os direitos ao poder familiar, exercendo-os sem qualquer interferência do novo cônjuge ou companheiro."

O parágrafo único: "Igual preceito ao estabelecido neste artigo aplica-se ao pai ou à mãe solteiros que casarem ou estabelecerem união estável."

Transparece da regra, outrossim, a plenitude do exercício do poder familiar, embora o novo casamento ou nova união estável, repelindo qualquer interferência do novo cônjuge ou companheiro. Não raramente, intromissões impertinentes e nocivas prejudicam o relacionamento, a formação e o ambiente familiar do pai ou da mãe com o filho, o que procurou evitar o dispositivo acima. Não cabe ao novo par do progenitor envolver-se em questões que dizem com o exercício do poder familiar, a menos que seja positivamente, no sentido de acrescentar novos valores na formação e criação dos filhos do cônjuge ou companheiro, mas sempre com a indispensável precaução ou moderação, de sorte a não esvaziar a posição do pai ou mãe.

7. SUSPENSÃO DO PODER FAMILIAR

Na suspensão do poder familiar, encontram-se presentes graves rupturas dos deveres dos pais para com os filhos. Há, no art. 1.637, regra específica concernente à matéria: "Se o pai, ou a mãe, abusar de sua autoridade, faltando aos deveres a eles inerentes ou arruinando os bens dos filhos, cabe ao juiz, requerendo algum parente, ou o Ministério Público, adotar a medida que lhe pareça reclamada pela segurança do menor e seus haveres, até suspendendo o poder familiar, quando convenha."

Em princípio, parte-se de uma realidade: os pais, por seu comportamento, prejudicam os filhos, tanto nos interesses pessoais como nos materiais, com o que não pode compactuar o Estado. Usam mal da função, embora a autoridade que exercem, desleixando ou omitindo-se nos cuidados aos filhos, na sua educação e formação; não lhe dando a necessária assistência; procedendo inconvenientemente; arruinando seus bens e olvidando-se na gerência de suas economias.

No parágrafo único, encontra-se mais uma causa de suspensão, concernente à condenação criminal irrecorrível: "Suspende-se igualmente o exercício do poder familiar ao pai ou à mãe condenados por sentença irrecorrível, em virtude de crime cuja pena exceda a (2) dois anos de prisão."

Pode-se, pois, esquematizar as seguintes hipóteses de suspensão do poder familiar:

a) Abuso da autoridade.

b) Falta aos deveres pelos pais, por negligência, incapacidade, impossibilidade de seu exercício, ou omissão habitual no cumprimento.

c) Ruína ou delapidação dos bens dos filhos.

d) Condenação por sentença irrecorrível, em virtude de crime com pena de prisão superior a dois anos. Cumprida, porém, a pena, restaura-se o poder familiar, se nada mais de grave aparecer contra os pais. Basta, em face da redação do dispositivo legal, que haja a condenação, mesmo que não se dê o cumprimento da pena em regime carcerário, mas em regime de substituição de pena, ou que se suspenda a pena mediante o cumprimento de determinadas condições. Não importa, outrossim, que a pena aplicada constitua de detenção ou reclusão. Indispensável, no entanto, que haja o trânsito em julgado, e que se imponha o cumprimento. Se decretada a prescrição da pena em concreto, não decorre o motivo de suspensão. É que, se para fins penais não resultam efeitos, com mais razão na esfera civil.

Washington de Barros Monteiro arrola mais um caso, verificável quando, através de maus exemplos, crueldade, exploração ou perversidade, são comprometidas a saúde, a segurança e a moralidade do filho.[11]

Máxime será motivo de suspensão quando o filho é deixado em estado habitual de vadiagem, mendicidade, libertinagem, criminalidade, ou tendo os pais colaborado para tal situação. Mesmo quando eles não se mostrarem capazes de oferecer uma vida de razoável dignidade humana aos filhos; quando se mostrarem também incapazes de proporcionarem um lar ou moradia, a alimentação sadia, ou não envidarem esforços para mantê-los distantes das más companhias, da desocupação constante e diária, e nem se preocuparem em oportunizar-lhes a matrícula e frequência em estabelecimentos de ensino.

O Estatuto da Criança e do Adolescente, ao determinar certas obrigações aos pais, automaticamente abre caminho para a suspensão do poder familiar se desatendidas as

---

[11] *Curso de Direito Civil – Direito de Família*, obra citada, p. 285.

mesmas. Assim os encargos mais primários e singelos, exemplificados no art. 22: "Aos pais incumbe o dever de sustento, guarda, e educação dos filhos menores, cabendo-lhes, ainda, no interesse destes, a obrigação de cumprir e fazer cumprir as determinações judiciais." Estão complementadas as obrigações no parágrafo único, incluído pela Lei nº 13.257/2016: "A mãe e o pai, ou os responsáveis, têm direitos iguais e deveres e responsabilidades compartilhados no cuidado e na educação da criança, devendo ser resguardado o direito de transmissão familiar de suas crenças e culturas, assegurados os direitos da criança estabelecidos nesta Lei".

Mas, de ressaltar a impossibilidade material de atender os encargos, o que afasta a suspensão e ainda mais a perda do poder familiar, como dessume do art. 23 do citado Estatuto, na redação da Lei nº 12.010/2009: "A falta ou carência de recursos materiais não constitui motivo suficiente para a perda ou a suspensão do poder familiar."

Tanto na perda como na suspensão, busca-se colocar a criança ou adolescente em sua família de origem, isto é, em parentes próximos, como avós, tios, ou até irmãos se existirem em condições. É o que consta do § 1º do art. 23 do Estatuto, com redação dada pela Lei 13.257/2016: "Não existindo outro motivo que por si só autorize a decretação da medida, a criança ou o adolescente será mantido em sua família de origem, a qual deverá obrigatoriamente ser incluída em serviços e programas oficiais de proteção, apoio e promoção".

Como se nota, transparecem graves motivos que ordenam a suspensão. Motivos estes que, porém, não podem se resumir aos indicados pela lei civil. Em outras situações especiais, atribui-se o arbítrio ao juiz para definir se é causa de suspensão, como na interdição de algum dos pais, na embriaguez habitual, no vício em drogas e prática de crimes contra o patrimônio. Nesta mesma ordem, a improbidade dos pais, a declaração de ausência, os maus costumes, o desemprego contumaz e voluntário etc.

De outra parte, pode o juiz suspender o poder familiar se os filhos são entregues a instituições e proteção de menores, especialmente aquelas situadas mais distantes.

Para a suspensão, é indispensável que haja culpa no procedimento dos pais. Do contrário, não se admite a cominação, que constitui uma penalização. Exemplificava Pontes de Miranda: "Se o pai é empregado de fábrica e não tem ninguém que, na sua ausência, vele pelo filho, a medida não deve ser a suspensão. Porém, também cabe a intervenção do juiz nos casos de responsabilidade objetiva..., ou de proteção ao menor. Porém, aí não é ao art. 394 que se há de buscar fundamento à medida, mas às leis protetivas de menores."[12] Lembra-se que o art. 394 acima mencionado equivale ao art. 1.637 do atual diploma civil.

A suspensão poderá envolver todos os poderes inerentes ao poder familiar ou apenas alguns. É perfeitamente viável que o juiz limite a medida no tocante à administração dos bens, ou a não ter o progenitor em sua companhia o filho, o que se dá, v.g., se o pai carece de decência ou decoro na conduta e leva o filho a lugares impróprios à sua formação moral, permitindo, outrossim, companhias prejudiciais e nocivas.

De observar que o pedido de suspensão descreverá toda a situação do filho, bem como as atitudes do pai ou da mãe prejudiciais a ele.

Se um deles se revelar perdulário e descuidado no trato dos bens, é de rigor a suspensão pelo menos na função de administrador do patrimônio.

---

[12] *Tratado de Direito Privado*, obra citada, vol. IX, p. 153.

O procedimento será ordinário, admitindo-se a suspensão provisória quando graves prejuízo atingem o menor. O prazo contestacional estende-se por quinze dias. Processam-se as demais provas, até vir a sentença do juiz, com obrigatória intervenção do Ministério Público, por dizer respeito a ação ao estado da pessoa.

Quanto à suspensão do poder familiar relativamente ao menor em situação irregular, ou disciplinada pelo Estatuto da Criança e do Adolescente, a matéria já se encontra analisada no capítulo concernente à adoção, item que tratou da tutela.

8.   A PERDA DO PODER FAMILIAR

Aspecto da maior relevância diz respeito à perda do poder familiar, que ocorre em casos de suma gravidade na infringência dos deveres paternais.

De acordo com o art. 1.638 do Código Civil, perdem o pai e a mãe o poder familiar quando:

"I – Castigar imoderadamente o filho".

Não que sejam proibidas atitudes corretivas dos pais, o que normalmente acontece e mesmo se faz necessário em determinadas circunstâncias. A própria educação requer certa rigidez na condução do procedimento do filho, que não possui maturidade para medir as consequências de seus atos, fato normal e próprio da idade infantil e juvenil. Em muitas ocasiões, somente se consegue um padrão médio de comportamento se imposta uma disciplina mais forte e atenta.

Todavia, o *animus corrigendi* não pode ultrapassar as justas medidas exigidas para a situação de infração, não se permitindo excessos e nem meios inapropriados, cumprindo, ainda, o respeito à própria pessoa do filho, à idade, à constituição física, ao sexo, e as peculiaridades de sua personalidade. Nesta ordem, repugnam a violência, os espancamentos, a imposição de trabalhos forçados e exagerados em face das possibilidades físicas do menor, o cárcere em casa ou compartimento da mesma. Enfim, repugna a arbitrariedade e revoltam os excessos físicos.

A lei tolera os castigos comedidos e sensatos, necessários em momentos críticos da conduta do filho, e condena as explosões da cólera e da violência, que nada trazem de positivo. Pelo contrário, tal repressão conduz à revolta, ao desamor e ao aniquilamento do afeto, do carinho e da estima.

Os excessos vêm tipificados em figuras penais, como nos arts. 129 e 136 do Código Penal, acarretando a instauração da competente ação penal pública. De outro lado, por provocação do Ministério Público ou da pessoa interessada, como parentes, e mesmo através de órgãos assistenciais ligados à infância e juventude, pode o juiz ordenar a busca e apreensão do menor e determinar outras medidas apropriadas.

"II – Deixar o filho em abandono".

Corresponde esta infração de dever dos pais a negar ao filho a devida assistência econômica, alimentar, familiar, moral, educacional e médico-hospitalar.

Aliás, tal situação ocorre amiúde, especialmente quando um dos pais abandona o lar, deixando completamente de prestar assistência aos filhos. Não mais são oferecidos alimentos, e nem qualquer colaboração à educação e assistência médico-hospitalar.

Inúmeros são os casos de menores abandonados, sem habitação, vadios, mendigos, liberados, entregues à própria sorte, perambulando pelas ruas e dormindo em locais públicos. Mesmo a instigação à mendicância é motivo de perda do poder familiar, pois significa expor o menor às humilhações e ofensas à dignidade humana.

566 • Direito de Família | *Arnaldo Rizzardo*

Maior é a gravidade quando se impõe o convívio com a delinquência, em casas povoadas de marginais, assistindo a prática de crimes, como o consumo e o tráfico de drogas, a prostituição e os constantes atritos físicos e refregas entre os pais.

De notar, no entanto, o disposto no art. 23 do Estatuto da Criança e do Adolescente, quanto aos alimentos: "A falta ou carência de recursos materiais não constitui motivo suficiente para a perda ou suspensão do poder familiar." É natural que assim seja, desde que não decorrente a situação de omissão ou total ausência de empenho dos pais para conseguir os recursos.

Ou seja, não se decretará a perda ou a suspensão do poder familiar em razão da pobreza dos pais. A maioria dos menores em estado de abandono, ou de quase delinquência, e que vivem perambulando pelas ruas das metrópoles, é proveniente das favelas, de famílias desajustadas, onde sequer são conhecidos os pais, os quais, quando identificados, não possuem o menor poder de controle e nem condições para oferecer a mais rudimentar educação moral e profissional aos filhos.

Por conseguinte, há uma visualização utópica da lei, porquanto jamais se conseguirá controlar o problema dos menores, cuja solução não está nas previsões legais, mas em outros setores, especialmente no campo econômico, social e cultural do povo.

Mais irreal e enganoso mostra-se o § 1º do art. 23 do citado Estatuto: "Não existindo outro motivo que por si só autorize a decretação da medida, a criança ou o adolescente será mantido em sua família de origem, a qual deverá obrigatoriamente ser incluída em serviços e programas oficiais de proteção, apoio e promoção."

De observar que as disposições do art. 23 e seus parágrafos não constam contempladas no Código Civil, razão que importa em sua vigência.

"III – Praticar atos contrários à moral e aos bons costumes".

De modo geral, o item anterior já absorve mais esta causa de perda do poder familiar.

É de se acrescentar, no entanto, as finalidades primordiais da família, salientando-se a que visa a formação da personalidade dos filhos. No lar, eles adquirem os princípios que nortearão seu futuro, como a dignidade pessoal, a honestidade, a correção da conduta, o respeito pelo semelhante, a responsabilidade profissional, dentre outras virtudes. De sorte que as atitudes imorais ou indignas do ser humano, as práticas delinquenciais, a falta de pudor, a libertinagem, a expansão do sexo sem recato, depõem contra a formação do filho, ainda não maduro e sem conhecimento de certos assuntos para entender e saber conduzir-se frente aos mesmos. Válida a advertência de J. V. Castelo Branco Rocha: "O pai que se mostra libertino e depravado, que permite em sua casa encontros para fins libidinosos, que força ou persuade a filha a prostituir-se, que aconselha os menores à prática de atos imorais ou criminosos, tal pai ou mãe, que assim procede, incorre na sanção legal, que é a privação do pátrio poder."[13]

A verdade é que os filhos, enquanto menores, são facilmente influenciáveis, o que exige uma postura pelo menos aparentemente digna e honrada dos pais, pois o lar é uma escola onde se formam e amoldam os caracteres e a personalidade dos filhos.

"IV – Incidir, reiteradamente, nas faltas previstas no artigo antecedente".

Tais faltas constam no art. 1.637 e seu parágrafo único, sendo aquelas que acarretam a suspensão do poder familiar, já analisadas no item anterior, assim discriminadas: a) Abuso da autoridade; b) falta aos deveres pelos pais, por negligência, incapacidade, impossibilidade de seu exercício, ou omissão habitual no cumprimento; c) ruína ou delapidação dos bens dos filhos; d) condenação criminal irrecorrível, com pena de prisão superior a dois anos.

---

[13] Obra citada, p. 298.

"V – entregar de forma irregular o filho a terceiros para fins de adoção".

Veio o dispositivo incluído pela Lei nº 13.509, de 22.11.2017, importando na perda do poder familiar dos progenitores quando entregarem os filhos para adoção de forma irregular, isto é, em desatendimento às normas da Lei nº 8.069/1990, com alterações posteriores. Os pais devem dirigir-se a um Juizado da Infância e da Juventude, expondo a decisão de oferecer a criança ou adolescente para a adoção, fazendo-se a inclusão na lista dos que se encontram na espera de serem adotados. Dar-se-á, em processo que se instaurará, a destituição do poder familiar, e encaminha-se o processo de adoção. A matéria restou examinada especialmente nos itens 9 e 14 do Capítulo 14, a que se remete, e está disciplinada mais no art. 166 e seus parágrafos da Lei nº 8.069/1990. Transcreve-se o art. 166, ordenando que os pais devem se dirigir ao cartório da Vara da Infância e Juventude, a fim de encaminhar o pedido de entrega: "Se os pais forem falecidos, tiverem sido destituídos ou suspensos do poder familiar, ou houverem aderido expressamente ao pedido de colocação em família substituta, este poderá ser formulado diretamente em cartório, em petição assinada pelos próprios requerentes, dispensada a assistência de advogado".

A perda do poder familiar, no caso de entrega a terceiros, dependerá da entrega definitiva do filho, com a transferência do poder familiar, e não da entrega para a guarda, remanescendo a presença dos pais na vida do mesmo.

O art. 1.638 foi recentemente acrescido do parágrafo único, por meio da Lei nº 13.715, de 2018, que aumenta o rol de causas de perda do poder familiar:

"Perderá também por ato judicial o poder familiar aquele que:
I – praticar contra outrem igualmente titular do mesmo poder familiar:
a) homicídio, feminicídio ou lesão corporal de natureza grave ou seguida de morte, quando se tratar de crime doloso envolvendo violência doméstica e familiar ou menosprezo ou discriminação à condição de mulher;
b) estupro ou outro crime contra a dignidade sexual sujeito à pena de reclusão;
II – praticar contra filho, filha ou outro descendente:
a) homicídio, feminicídio ou lesão corporal de natureza grave ou seguida de morte, quando se tratar de crime doloso envolvendo violência doméstica e familiar ou menosprezo ou discriminação à condição de mulher;
b) estupro, estupro de vulnerável ou outro crime contra a dignidade sexual sujeito à pena de reclusão.

Reprisando as disposições acima, o § 2º do art. 23 da Lei nº 8.069/1990, introduzido pela lei referida, também passou a penalizar com a perda do poder familiar quando a condenação criminal do pai ou da mãe envolver crime doloso sujeito à pena de reclusão contra outrem igualmente titular do mesmo poder familiar ou contra filho, filha ou outro descendente.

O Estatuto da Criança e do Adolescente acrescenta mais hipóteses, ou dá uma entonação um tanto diferente às anteriores, por força do art. 24, combinado com o art. 22. Na forma dos referidos dispositivos, cabe a suspensão ou a perda se os pais não atendem aos deveres de sustento, guarda e educação dos filhos menores, cabendo-lhes, ainda, no interesse destes, a obrigação de cumprir e fazer cumprir as determinações judiciais. O sustento, a guarda e a educação constituem obrigações básicas e fundamentais, não podendo se olvidarem os pais. De acordo com a gravidade ou intensidade da falta, decidirá o juiz pela suspensão ou perda do encargo.

568 • Direito de Família | *Arnaldo Rizzardo*

No direito penal também aparecem inseridas causas de perda do poder familiar. Desde que o pai estupre a própria filha, ou corrompa os filhos, ou instigue-os a praticarem crimes, como os de furto ou receptação, não merece exercer o poder familiar, cabendo a destituição. Trata-se de pena acessória, prevista no art. 92, inc. II, do Código Penal: "II – a incapacidade para o exercício do poder familiar, da tutela ou da curatela nos crimes dolosos sujeitos à pena de reclusão cometidos contra outrem igualmente titular do mesmo poder familiar, contra filho, filha ou outro descendente ou contra tutelado ou curatelado;" (redação dada pela Lei nº 13.715, de 2018).

A interdição será definitiva, em vista de clara incompatibilidade para o exercício do cargo.

Cabe assinalar que a perda do poder familiar em relação a um filho se estende aos demais. Com efeito, se o pai ou a mãe não revela condições para exercer o cargo relativamente a um filho, é evidente que não tenha capacidade quanto aos demais. Além disso, trata a espécie de perda do poder familiar como encargo em si, e não em função dos fatos relativos a um filho apenas. Este o entendimento de Aubry e Rau, citação de J. V. Castelo Branco Rocha: "La déchéance de la puissance paternelle, quand elle est prononcée par le juge, est nécessairement totale, soit en ce sens que tous les attributs de la dite puissance disparaissent à la fois, soit en ce sens qu'elle disparait pour tous les enfants du même père ou de la même mère (*Cours de Droit Civil Français*, Paris, 1917, tome IX, p. 148)."[14]

Evidente que a perda abrange somente os filhos do mesmo pai e da mesma mãe. Não há sentido decretar a perda quanto a filhos de leito diferente, aos quais é dada toda a assistência, sendo cumpridos os deveres conjugais. Devem-se distinguir, no entanto, as hipóteses. Quando a perda envolve ato de indignidade, como degradação moral, ou atentado aos costumes de um filho, ou incitamento para a prática de crimes, não se mostra coerente manter o poder familiar relativamente a outros filhos, vindos de uma segunda união.

De outra parte, nada impede que se fixem apenas restrições ao poder familiar, o que já foi ressaltado quanto à suspensão, sem declarar-se a perda total. Nesta *ratio*, se o progenitor revelar-se violento contra o filho, a perda pode restringir-se à faculdade de castigar o filho, ou de impor normas de conduta para este obedecer. Assim também apenas quanto a ter o filho consigo, se a conduta do progenitor não se coaduna à educação do filho.

Vale referir, *en passant*, que o direito a alimentos, em favor do filho, não desaparece com a declaração da perda do poder familiar. Continuará o progenitor a atender as necessidades materiais, se o ordenar a sentença.

De tal forma foi decidido: "Alimentos. Ação aforada pelo avô em favor da menor sob sua guarda. Mesmo que tenha sido alvo de suspensão ou perda do pátrio poder, é dever do pai manter a subsistência da filha. Prestação alimentar fixada com razoabilidade, atenta à necessidade da menor e às possibilidades do alimentante."[15]

O procedimento judicial para a perda será o comum, à maneira como se procede a suspensão. Daí seguir o processo todos os trâmites comuns a qualquer outra ação ordinária.

O regramento está no Estatuto da Criança e do Adolescente, nos arts. 155 a 163, com as modificações, dentre outras, das Leis 12.962/2014 e 13.509/2017, impondo-se sempre a citação pessoal, inclusive do demandado ou demandada que se encontre privado ou privada de liberdade. Nesta última hipótese, indagará o oficial de justiça, quando da citação pessoal,

---

14 Obra citada, p. 309.
15 *Revista de Jurisprudência do TJ do RS*, 137/147.

Cap. XXI | Poder Familiar • 569

se deseja que lhe seja nomeado defensor. Cabe à autoridade judicial, no caso de preso o pai ou a mãe, proceder à sua oitiva, com a requisição da apresentação no juízo.

Relativamente à criança e ao adolescente em situação irregular, segundo foi observado, a destituição se processará obedecendo ao procedimento estatuído pelo respectivo Estatuto, matéria examinada.

9. O PODER FAMILIAR E ENTEADOS, E O ACRÉSCIMO DO NOME DE FAMÍLIA DO PADRASTO OU DA MADRASTA NO NOME DO ENTEADO OU ENTEADA

Com o casamento das pessoas que possuem filhos, não se altera o exercício do poder familiar de que se encontram revestidas. Mesmo a guarda permanece na forma que vinha estabelecida. Para qualquer mudança, fortes motivos devem existir, no sentido de a nova situação do progenitor ou da progenitora acarretar grave prejuízo aos filhos, como abandono material e afetivo, conduta desidiosa na criação e educação, maus tratos infligidos inclusive pelo padrasto ou madrasta, conduta perniciosa destes últimos, dentre outras causas.

Dentro desta mesma concepção, igual tratamento se dá na constituição de união estável por um dos pais que exercem o poder familiar ou a guarda.

Uma situação nova veio trazida pela Lei nº 11.924, de 17.04.2009, consistente na permissão ao enteado ou à enteada em acrescentar o nome do padrasto ou da madrasta ao seu. A lei veio de projeto apresentado pelo então deputado Clodovil Hernandes, cuja aprovação, ocorrida poucos dias depois de sua morte, se deu mais como homenagem à sua pessoa. O propósito desse acréscimo é estreitar os laços familiares, ou reforçar o vínculo emocional que une as pessoas numa mesma família. Considerou-se que, nos casos em que as crianças não são criadas pelo próprio pai ou mãe, mas pelas pessoas com quem aquelas que têm sua guarda vivem, é salutar que se acrescentem ao nome que traz o da pessoa que vive com o pai ou a mãe.

Para tanto, introduziu-se o § 8º ao art. 57 da Lei nº 6.015, de 31.12.1973, com o seguinte texto: "O enteado ou a enteada, havendo motivo ponderável e na forma dos §§ 2º e 7º deste artigo, poderá requerer ao juiz competente que, no registro de nascimento, seja averbado o nome de família de seu padrasto ou de sua madrasta, desde que haja expressa concordância destes, sem prejuízo de seus apelidos de família."

Conforme se percebe, há o acréscimo ao nome do enteado ou da enteada o patronímico do padrasto ou da madrasta, não se lhe suprimindo os nomes que possui, o que nem se afiguraria possível perante o ordenamento legal vigente.

Condição primordial para ser aposto o nome é a existência de motivo ponderável, isto é, importante, como a afinidade, amizade, afetividade, dedicação, desvelo, tratamento filial do progenitor ou progenitora em relação ao enteado ou enteada.

Para o acréscimo, segue-se a forma (e não os requisitos) dos §§ 2º e 7º do art. 57 da Lei nº 6.015.

Quanto ao § 2º, diz com a necessidade de se fazer requerimento ao juiz competente, com a exposição dos motivos e requisitos. Embora não conste a exigência, parece coerente que se ouça o outro progenitor ou progenitora, e também o próprio filho ou filha, máxime se tiver completado doze anos, à semelhança como se procede na adoção. Intervirá sempre o Ministério Público, que se manifestará obrigatoriamente.

O § 7º diz respeito à alteração do nome em razão de fundada coação ou ameaça, situação que não revela pertinência com o caso em exame.

XXII
Regimes Matrimoniais de Bens

1. NOÇÕES E PRINCÍPIOS

O regime de bens no casamento faz parte do Título II do Livro IV, destinado a disciplinar o direito patrimonial no direito de família, e abrangendo os regimes de bens, o pacto antenupcial, o usufruto e a administração dos bens de filhos menores, os alimentos, e o bem de família. Dentro da extensa matéria desenvolvida, encontram-se assuntos de individualidade própria, que mereceram a abordagem em capítulos distintos. Diferente era a divisão que vinha no Código de 1916, abrangida no Livro I da Parte Especial, e compondo o Direito de Família, sem a inclusão de vários assuntos em um direito patrimonial.

O regime de bens significa o disciplinamento das relações econômicas entre o marido e a mulher, envolvendo propriamente os efeitos dele em relação aos bens conjugais. Ou seja, a fim de regulamentar as relações econômicas resultantes do casamento, vêm instituídas algumas formas jurídicas que tratam do patrimônio existente antes do casamento, e daquele que surge durante sua vigência.

Para Orlando Gomes, regime matrimonial "é o conjunto de regras aplicáveis à sociedade conjugal considerada sob o aspecto dos seus interesses patrimoniais. Em síntese, o estatuto patrimonial dos cônjuges".[1]

No direito estrangeiro, mantém-se a mesma ideia. O francês Ernest Roguin considera o regime matrimonial como um conjunto de regras determinando as relações pecuniárias que resultam do patrimônio.[2] Já Colin-Capitant definem este instituto como o conjunto de regras que fixa as relações pecuniárias dos esposos durante o matrimônio, os direitos dos terceiros que contratam com eles, ou que, por uma ou outra causa, chegam a ser seus credores, e, finalmente, os direitos respectivos de cada esposo no dia em que chega a dissolver-se o casamento.[3]

Em princípio, porém, o casamento introduz uma comunidade de vida na sociedade conjugal. Os bens materiais são destinados a satisfazer as necessidades do casal e dos filhos. Mas é indispensável um ordenamento que estruture as relações pecuniárias. Os cônjuges optam por um dos vários sistemas, que são denominados regimes de bens e que representam um verdadeiro estatuto do patrimônio das pessoas casadas.

---

[1] *Direito de Família*, obra citada, p. 161.
[2] *Traité de Droit Civil Comparé, Le Régime Matrimonial*, Paris, 1905, p. 3.
[3] *Curso Elementar de Direito Civil*, Regimes Matrimoniais, tradução ao espanhol, Madri, 1926, tomo VI, p. 5.

No seu âmbito, disciplinam-se a propriedade, a administração, o gozo e a disponibilidade dos bens; a responsabilidade dos cônjuges por suas dívidas e as fórmulas para o partilhamento dos bens quando da dissolução da sociedade conjugal.

Há, no entanto, muitas regras relativas a bens ou a direitos patrimoniais, aplicáveis aos cônjuges, e que não envolvem os regimes de bens. De modo amplo, as obrigações de alimentos entre os cônjuges, a cooperação na satisfação das necessidades econômicas diárias do lar, não repercutem nos regimes de bens, e nem são decorrências deles.

Quatro são os regimes de bens no casamento: o regime de comunhão parcial, o regime de comunhão universal, o regime de participação final nos aquestos e o regime de separação. No sistema do Código de 1916, incluía-se o regime dotal, sendo desconhecido o de participação final nos aquestos. Várias as modificações introduzidas no atual Código, como a possibilidade de mudança de regime no curso do casamento, e a inclusão dos direitos e deveres relativos aos bens e interesses patrimoniais, que vinham no Título relativo aos efeitos jurídicos do casamento no Código anterior.

A qualquer regime faculta o Código Civil a eleição, de acordo com o art. 1.639: "É lícito aos nubentes, antes de celebrado o casamento, estipular, quanto aos seus bens, o que lhes aprouver." Há exceções, segundo algumas regras, que obrigam, em situações especiais, o regime de separação total.

De modo geral, pois, a lei não impõe um determinado regime matrimonial. Deixa ampla liberdade para a opção, bastando que se faça a menção, ou a referência aos dispositivos que regulam cada espécie. Procura-se, com isso, atender aos interesses particulares das pessoas que se matrimoniam, o que é uma tradição em nosso direito. O parágrafo único do art. 1.640, em sua primeira parte, reafirma a liberdade de escolha, observando a novidade, em relação ao Código de 1916, da matéria: "Poderão os nubentes, no processo de habilitação, optar por qualquer dos regimes que este Código regula."

A escolha do regime deve proceder-se por meio de pacto antenupcial, a menos que seja o de comunhão parcial, que prevalece na omissão da escolha de outro regime. O pacto antenupcial externa-se mediante escritura pública. Já a opção pelo regime de comunhão parcial anota-se no processo de habilitação, por termo no requerimento dirigido à autoridade celebrante, segundo se extrai da segunda parte do parágrafo único do art. 1.640: "Quanto à forma, reduzir-se-á a termo a opção pela comunhão parcial, fazendo-se o pacto antenupcial por escritura pública, nas demais escolhas." A exigência, quanto à escritura pública, está reeditada no art. 1.653.

De outro lado, contrariamente ao Código de 1916 (art. 230), vigora o princípio da mutabilidade do regime adotado, nos termos reticentes ou não bem explícitos do § 2º do art. 1.639: "É admissível alteração do regime de bens, mediante autorização judicial em pedido motivado de ambos os cônjuges, apurada a procedência das razões invocadas e ressalvados os direitos de terceiros." Denota-se a viabilidade da alteração, se motivos justificáveis impuserem o pedido, que será dirigido ao juiz, na forma de procedimento de jurisdição voluntária, disciplinado genericamente nos arts. 719 a 725 do CPC/2015. Regras específicas estão no art. 734 e em seus parágrafos do mesmo diploma, com a imposição de publicação de edital, ou de outro meio alternativo de divulgação, e de averbações nos registros do casamento, de imóveis e de pessoas jurídicas:

"A alteração do regime de bens do casamento, observados os requisitos legais, poderá ser requerida, motivadamente, em petição assinada por ambos os cônjuges, na qual serão expostas as razões que justificam a alteração, ressalvados os direitos de terceiros.

§ 1º Ao receber a petição inicial, o juiz determinará a intimação do Ministério Público e a publicação de edital que divulgue a pretendida alteração de bens, somente podendo decidir depois de decorrido o prazo de 30 (trinta) dias da publicação do edital.

§ 2º Os cônjuges, na petição inicial ou em petição avulsa, podem propor ao juiz meio alternativo de divulgação da alteração do regime de bens, a fim de resguardar direitos de terceiros.

§ 3º Após o trânsito em julgado da sentença, serão expedidos mandados de averbação aos cartórios de registro civil e de imóveis e, caso qualquer dos cônjuges seja empresário, ao Registro Público de Empresas Mercantis e Atividades Afins".

Conforme se percebe das normas, não é admitida a alteração do regime através de pedido de somente um dos cônjuges.

Aos cônjuges faculta-se mudar não apenas o regime, como também modificar algumas regras, estabelecendo inovações sobre a comunhão em determinados bens.

Quanto à imutabilidade, que vigorava no direito precedente, professava Troplong: "C'est une règle très ancienne du droit français, que le contrat de mariage doit précéder le mariage; que, par conséquent, il ne saurait y être fait aucun changement après le mariage; que les époux une fois unis ne sont plus libres, soit de modifier le régime légal que a été la règle de leur association, soit le régime conventional qu'ils ont préféré. C'est un de ces cas exceptionnels où le repentir n'est pas admis en matière de convention."[4]

Era o que dominava na jurisprudência: "Casamento. Regime de bens. Modificação. Impossibilidade. Declaração anterior à Lei nº 6.515/1977 onde os nubentes escolheram livremente o regime de comunhão universal. Ato jurídico perfeito não alcançado por lei nova. Irrelevância de o casamento somente ter sido celebrado após a vigência daquela norma.

Declarando os nubentes que optaram por um regime de bens determinado, praticam eles um ato jurídico perfeito, consumados todos os requisitos suficientes para o aperfeiçoamento do negócio. Sendo perfeito o ato jurídico, encontra-se ele a coberto da lei que vem alterar o regime legal de bens."[5]

Diante do atual Código, alterou-se o princípio acima. Aos casados é autorizada a mudança do regime, forte no § 2º do art. 1.639, apesar do art. 6º da Lei de Introdução às Normas do Direito Brasileiro (Decreto-lei nº 4.657/1942), não atingindo as situações já formadas e consolidadas, com suporte no art. 2.039 do Código.

A nova ordem trouxe uma substancial mudança, vindo a matéria analisada adiante.

Todavia, já sob o império do direito anterior, havia situações especiais que mereciam um tratamento diferente. Nos casamentos que se seguiram à Lei nº 6.515/1977, em muitos casos os nubentes pretendiam o regime de comunhão, mas deixando de celebrar o pacto antenupcial. Assim, a rigor, prevaleceria o regime de comunhão parcial. No entanto, vislumbrava-se possível a ocorrência de erro de fato, por não se terem dado conta as partes de que, na omissão de pacto antenupcial, prevaleceria tal regime. Tendo em vista tais ocorrências, pontificou nos pretórios: "Registro civil. Assento de casamento. Regime de bens. Casamento celebrado no período inicial de vigência da Lei nº 6.515/1977. Pedido de suprimento de pacto antenupcial para ratificação do regime de comunhão universal. Averbação indeferida. Recurso provido. Muito embora prevaleça o princípio da inalterabilidade do regime de bens em nosso sistema jurídico (art. 230 do CC), em caso de erro de direito plenamente justificável pelas circunstâncias, ainda que não celebrado o pacto

---

[4] *Du Contrat de Mariage*, 3ª ed., Paris, Charles Hingray Librairie – Éditeur, 1857, 1º vol., p. 10.

[5] *Revista dos Tribunais*, 655/81.

574 • Direito de Família | *Arnaldo Rizzardo*

antenupcial, deve prevalecer o regime da comunhão universal de bens se os requerentes demonstrarem inequivocamente terem optado por tal regime, notadamente se a celebração do casamento ocorreu nos primórdios da vigência da Lei n° 6.515/77, que modificou o regime legal até então em vigor." O art. 230 invocado acima corresponde, em parte, ao § 1° do art. 1.639 do CC/2002.

Isto especialmente se entre os documentos encaminhados para a habilitação constar a referência ao regime de comunhão universal, e mesmo que assim conste no registro do casamento, embora ausente o pacto antenupcial.

No voto que ensejou a ementa acima, aparecem vários exemplos de decisões no mesmo teor, como o presente: "Na apelação cível n° 33.144..., restou assentado: 'Casamento. Regime de bens. Erro de direito. Alteração. Não alertando a inalterabilidade do regime de bens (art. 230 do CC), respeitar-se-á sempre à vontade dos contraentes. A Lei n° 6.515/1977 inverteu o sistema anterior e a falta de esclarecimento do serventuário em exigir o prévio pacto antenupcial não pode prejudicar o regime da comunhão universal adotado pelos nubentes. Em caso de erro de direito plenamente justificável prevalece a intenção inequívoca quanto ao regime adotado' (*DJ* de SC, 24.05.1990, p. 11)."[6]

Prevalece a intenção inequívoca do casal, que, em hipóteses como as vistas, era de adotar o regime de comunhão universal.

A data da vigência do regime é a do casamento, sendo expresso o § 1° do art. 1639: "O regime de bens entre os cônjuges começa a vigorar desde a data do casamento." Anteriormente ao Código Civil de 1916, na vigência do Decreto n° 181, de 24.01.1890, estabelecia-se que os bens seriam comuns a começar do dia seguinte ao da celebração do casamento, a menos que se evidenciasse sua não consumação entre os cônjuges – previsão esta que pouco resultado prático continha. Interessam a manutenção, enquanto não modificado o regime, e o surgimento de efeitos a começar da celebração, a fim de infundir tranquilidade nas pessoas que contratam com os cônjuges, o que vinha ressaltado na antiga doutrina, como a de Washington de Barros Monteiro: "O interesse dos cônjuges exige a inalterabilidade do regime, porque, depois de casados, poderia um deles, abusando de sua ascendência, ou da fraqueza do outro, obter modificações em seu proveito.

O interesse de terceiros também reclama a manutenção do mesmo regime durante a vigência da sociedade conjugal, porque bem poderiam os cônjuges, uma vez conluiados, introduzir alterações, que viessem a prejudicar direitos de outrem, credores, por exemplo, que tivessem contado com determinado regime matrimonial, no ato de contratar com um deles."[7]

As normas que disciplinam os regimes de bens, e inclusive as que não dizem respeito estritamente sobre o regime, como aquelas que tratam do dever de cada cônjuge em contribuir com os encargos da família, do direito de exercer a profissão e de receber o valor do trabalho, da obrigação quanto à educação dos filhos, e do poder de administrar em conjunto a família, são de ordem pública, formadoras da base do matrimônio. Isto embora o conjunto de regras atinentes ao patrimônio seja de ordem disponível.

Desponta, outrossim, no atual Código, um sistema de regras, na disponibilidade dos bens, que modificou o sistema do Código revogado. Se adotada a regra da separação total dos bens, a disponibilidade não depende da decisão de ambos os cônjuges. O cônjuge titular

---

[6]   TJSC. Apel. Cível n° 32.728. 3ª Câm. Cível. Julgada em 13.11.1990, em *Revista dos Tribunais*, 666/150.

[7]   *Curso de Direito Civil – Direito de Família*, obra citada, p. 146.

de imóveis, diante do regime de separação, pode, sem o consentimento do outro, transferir ou alienar, e onerar os seus bens, como exsurge do art. 1.687: "Estipulada a separação de bens, estes permanecerão sob a administração exclusiva de cada um dos cônjuges, que os pode livremente alienar ou gravar de ônus real". Pelo sistema anterior, em vista dos arts. 235, inc. I, e 242, inc. II, do então Código Civil, unicamente os bens móveis eram livremente alienáveis, e não os imóveis, e isto no intuito de proteger a família, mormente com aqueles bens necessários à morada da família, ou que lhe asseguravam a estabilidade econômica, segundo justificavam José Lamartine Corrêa de Oliveira e Francisco José Ferreira Muniz: "A proteção da casa destinada à morada da família se faz, portanto, pela adoção de um sistema que distribui os poderes de gestão entre os dois cônjuges: os atos necessitam, para serem válidos, do consentimento de ambos os cônjuges. A lei exige a cogestão ou 'gestão de mão comum'."[8]

Embora os cônjuges fiquem jungidos a eleger um dos regimes previstos, é facultada a combinação entre eles, de modo a formar um regime misto, mas sem que as disposições se contraponham uma à outra. Surgirá um misto de comunhão parcial e comunhão universal, o que pode tornar-se viável quanto a um ou mais bens. Concretiza-se esta composição através do chamado pacto antenupcial, estando permitida no art. 1.639, que prescreve: "É lícito aos nubentes, antes de celebrado o casamento, estipular, quanto aos seus bens, o que lhes aprouver." Daí se vê a liberdade concedida para que os cônjuges regulem o regime de bens do casamento, estipulando uma convenção ou pacto antenupcial, com o que adaptam às suas necessidades o regime escolhido, segundo explica Pontes de Miranda.[9] Isto desde que não se descaracterize o regime, e não se trate de separação obrigatória de bens – art. 1.641. É o que vem estatuído no art. 1.655: "É nula a convenção ou cláusula dela que contravenha disposição absoluta de lei."

As estipulações podem apresentar-se bastante amplas, pois devem ser interpretadas com certa liberalidade as normas sobre os regimes de bens. Versam sobre direitos disponíveis, mais afetos aos interesses particulares. Assim, o Supremo Tribunal Federal considerou válida disposição que previu a modificação automática para a comunhão de bens o regime de separação, desde que adviessem filhos,[10] exemplo lembrado por Washington de Barros Monteiro. De igual modo, a convenção que torna comuns certos bens, ou que discrimina não entrarem na comunhão imóveis específicos.

Se não previstas estas ressalvas, mostra-se ineficaz a aquisição, com escrituração e registro imobiliário, em nome apenas de um dos cônjuges. Nada impede, porém, a propriedade comum de um bem, apesar de eleito o regime de separação total.

Algumas normas constam previstas para dirimir as relações quando um cônjuge se encontra na posse dos bens do outro. Diz o art. 1.652: "O cônjuge, que estiver na posse de bens particulares do outro, será para com este e seus herdeiros responsável:

I – como usufrutuário, se o rendimento for comum;

II – como procurador, se tiver mandato expresso ou tácito para os administrar;

III – como depositário, se não for usufrutuário, nem administrador."

Aplicam-se as disposições para todos os regimes, pois dizem respeito aos bens particulares, isto é, aos bens que não se comunicam.

---

8   Obra citada, p. 349.
9   *Direito de Família*, São Paulo, Max Limonad – editor, 1947, vol. II, p. 145.
10   *Revista Forense*, 124/105.

Na qualidade de usufrutuário posiciona-se o cônjuge se o rendimento for comum.

Cabe dizer, primeiramente, que os rendimentos ou frutos, na constância do casamento celebrado pelo regime de comunhão parcial ou universal – arts. 1.660, inc. V, e 1.669, tornam-se comuns.

De sorte que o aproveitamento dos frutos rege-se pelas mesmas regras estabelecidas para o usufruto, ou seja, quem tem posse dos bens, e seus rendimentos forem comuns, o que sempre ocorre durante o casamento regido pelos regimes de comunhão universal, parcial e dotal, tem as mesmas vantagens do usufrutuário. Isto importa em afirmar que lhe é assegurado o direito à posse, uso, administração e percepção dos frutos.

Em última análise, o uso, a gestão e a percepção dos frutos, que deverão ser empregados nas despesas ordinárias da família, equivalem à utilização dos rendimentos pelo cônjuge que exerce a posse dos bens. Considera-se procurador se o cônjuge tiver mandato, expresso ou tácito, para administrar os bens. Nesta situação, há de se provar o mandato; do contrário, prevalece a condição de usufrutuário, em que as vantagens são maiores, pois no mandato é assegurada a utilização dos frutos de acordo com as ordens recebidas do mandante, diversamente do que ocorre no usufruto.

E considerar-se-á depositário se ficar provado que nenhuma outra relação existe, o que é viável através de manifestação expressa da vontade, como em pacto antenupcial. A responsabilidade do cônjuge é maior, pois está obrigado a restituir os bens quando reclamados, com todos os frutos e rendimentos, e a responder por sua negligência na administração.[11]

Em síntese, presume-se usufrutuário quem tem a posse e recebe os rendimentos. Permite-se a utilização dos mesmos na economia doméstica. Para destruir esta presunção, importa que se prove o mandato. E se por documento estipula-se que o cônjuge, na posse dos bens, não é nem usufrutuário e nem mandatário, a sua atuação equivalerá à de depositário, quando aumentam as responsabilidades.

2. PACTO ANTENUPCIAL

A adoção do regime que não o legal (o de comunhão parcial é o legal) se faz através de um contrato, denominado "pacto antenupcial". Corresponde esta figura à convenção solene, através de escritura pública, na qual declaram os cônjuges o regime que adotam, se diverso do legal, e as condições ou adendos que resolvem acrescentar.

Define-o Sílvio Rodrigues como um contrato solene, realizado antes do casamento, por meio do qual as partes dispõem sobre o regime de bens que vigorará entre elas, durante o matrimônio.[12]

Está previsto no art. 1.639, onde se insere que "é lícito aos nubentes, antes de celebrado o casamento, estipular quanto aos seus bens, o que lhes aprouver".

Embora o termo 'pacto', seu alcance vai além da conceituação obrigacional de contrato. Revela um conteúdo institucional, ou se eleva à categoria de instituição, pois submetida a regulamentação a rígidos princípios, que as partes não podem alterar. Uma vez verificada a condição à qual se encontra subordinado, não é impossível modificá-lo ou dissolvê-lo. Mantêm-se perenes as cláusulas firmadas, perdendo sua vigência apenas com a dissolução

---

[11] Carvalho Santos, *Código Civil Brasileiro Interpretado*, 9ª ed., 1963, vol. V, p. 57.
[12] *Direito Civil – Direito de Família*, São Paulo, Saraiva, 1989, vol. VI, p. 167.

Cap. XXII | Regimes Matrimoniais de Bens • **577**

do casamento – o que é uma exigência para emprestar segurança à família e às relações patrimoniais celebradas com terceiros.

Somente existe o pacto antenupcial em função do casamento, ao qual se vincula intimamente. Sequer perdura se não exteriorizado por escritura pública e se não sobrevier o enlace matrimonial, para o qual foi instituído – art. 1.653.

Não há um prazo previsto na lei entre a celebração do pacto e o casamento. Admite-se que decorra, inclusive, qualquer lapso de tempo. Mas os efeitos dependem da realização do casamento. Naturalmente, caduca a convenção se decorre uma extensão de tempo tal que é certo que não mais se realizará o casamento, ou se um dos pactuantes casa com outra pessoa, ou se desfazem os pretendentes o noivado. No direito português, art. 1.716 do Código Civil, estipula-se regra quanto ao prazo de validade: "A convenção caduca se o casamento não for celebrado dentro de um ano, ou se, tendo-o sido, vier a ser declarado nulo ou anulado, salvo o disposto em matéria de casamento putativo."

De igual modo, perde qualquer efeito a convenção caso declarar-se nulo ou vier a ser anulado o matrimônio. Durante o período de validade, os atos efetuados, com repercussões no pacto, permanecem válidos; e relativamente aos cônjuges, aqueles resultados ou atos que atingiram o cônjuge de boa-fé no casamento putativo.

Se realizado por menor, depende a convalidação à aprovação do respectivo representante legal, exceto na previsão do regime de separação obrigatória de bens, que se verifica quando necessário o suprimento judicial para casar – art. 1.641, inc. III.

A sua constituição se faz por escritura pública, já que é ato solene. Peremptório é, a respeito, o art. 1.653: "É nulo o pacto antenupcial se não for feito por escritura pública... ." Já a segunda parte do parágrafo único do art. 1.640 assim impunha: "Quanto à forma, reduzir-se-á a termo a opção pela comunhão parcial, fazendo-se o pacto antenupcial por escritura pública, nas demais escolhas".

Carvalho Santos comentava sobre o assunto, mantendo-se a aplicação do ensinamento presentemente, com a observação de que, na invalidade do pacto, ter-se-á o regime como de comunhão parcial e não universal: "A escritura pública, pois, não é exigida somente como condição da validade da prova das convenções antenupciais, mas como condição de existência do próprio contrato antenupcial, sendo este nulo se feito por escrito particular, o que acarreta, como consequência, serem os esposos considerados, em tal caso, casados sob regime da comunhão universal."[13]

A jurisprudência endossa tal doutrina: "O pacto antenupcial, em verdade, é ajuste solene a que o Código Civil não só nega validade, quando realizado de outra forma que não a escritura pública..., como também porque declara ser da substância dos pactos antenupciais aquele instrumento... (Sílvio Rodrigues, Direito de Família, vol. V/168, edição 1980).

Logo, o contrato particular de sociedade conjugal não poderia irradiar seus efeitos além do pacto antenupcial e, portanto, do próprio casamento."[14]

Nem prevalecerá se lançado o regime que o não legal apenas no registro, ou declarado só na habilitação, sem o instrumento da escritura pública: "Não pode o regime de separação de bens, declarado na habilitação ao casamento, se inexistente escritura pública de pacto antenupcial.

---

[13] *Código Civil Brasileiro Interpretado*, obra citada, vol. V, p. 7.

[14] TJSP. Apel. Cível nº 127.773-1. 7ª Câm. Civil, de 20.02.1991, *Revista de Jurisprudência do TJ de São Paulo*, 132/53.

578 • Direito de Família | *Arnaldo Rizzardo*

Há imutabilidade do regime de bens e o longo tempo decorrido desde a celebração do casamento não tem o condão de sanar erro do oficial do Registro Civil, em conflito com o texto expresso da lei."

Justifica-se, no voto que levou à ementa acima, em colocações totalmente aplicáveis ao atual Código: "Isso porque nosso Código Civil adotou, em princípio, sistema relativo à liberdade das formas dos atos jurídicos, mas estabeleceu ressalvas no art. 134, onde dispõe ser da substância do ato, no pacto antenupcial, a escritura pública (inc. I, 1ª parte), dispositivo praticamente repetido no art. 258 do Código Civil, que contém outra norma de caráter imperativo e não meramente dispositivo, porque a simples declaração dos nubentes não afasta a sua incidência, imprescindível seja estabelecido o pacto, mediante convenção que não seja nula (*RJTJSP*, 91/60).

Bem por isso já se decidiu que 'a simples referência no registro de casamento de que o regime é de separação nenhuma eficácia produz, porque nula a convenção na forma do art. 256, parágrafo único, I, do CC' (*RT* 400/343)."[15] Cumpre anotar que os arts. 134, inc. I, 1ª parte, 258 e 256, parágrafo único, inc. I, mencionados no texto, correspondem aos arts. 1.653, 1ª parte, e 1.640, do Código em vigor.

Em outro julgamento: "Conforme determina o art. 258, do Código Civil, não havendo convenção, ou sendo nula, vigorará, quanto aos bens entre os cônjuges, o regime de comunhão parcial.

Reza o art. 195, inc. VII, do mesmo Código, sob a redação da Lei Federal nº 6.515, de 1977, que no assento de casamento será exarado o regime adotado, com a declaração da data e do cartório em cujas notas foi passada a escritura antenupcial, quando o regime não for de comunhão parcial, ou o legal estabelecido no Título III deste Livro para outros casamentos.

Destarte, pela redação acima, o casamento no regime de comunhão de bens exige, a partir da vigência da Lei do Divórcio, pacto antenupcial, para que valha a opção, não bastando a simples declaração dos nubentes, no assento do casamento, de que escolhem dito regime...

Se a habilitação para o matrimônio precedeu a edição do mencionado diploma, vigendo, então, como legal, a comunhão universal, admitiu a jurisprudência que subsistisse, mesmo faltante pacto antenupcial no instante das núpcias (Ney de Mello Almada, *Direito de Família*, vol. 1/318)."[16] Os artigos citados – 258 e 195, inc. VII – equivalem aos arts. 1.640 e 1.536, inc. VII, do Código atual.

E se no registro não consta o regime de bens, embora celebrado o pacto antenupcial? Por ser o pacto antenupcial necessário para que prevaleça um regime matrimonial diverso daquele de comunhão parcial, prevalece o regime eleito na convenção, autorizando-se a retificação do registro, segundo, aliás, orientação dos tribunais: "Se há pacto antenupcial formalmente lavrado nas notas do tabelionato em data anterior à celebração do casamento e se os nubentes não foram questionados por ocasião da celebração sobre o regime de bens a ser adotado, há de se prevalecer o pactuado, ainda que ignorasse o serventuário a existência anterior daquele documento. A retificação do registro não modifica e não muda o regime, mas atende à vontade dos nubentes no ato da celebração. Há, aqui, a presunção de que, se consultados, confirmariam o pacto celebrado.

---

[15] TJSP. Apel. Cível nº 118.848-1. 6ª Câm. Civil, de 28.12.1989, *Revista dos Tribunais*, 652/70.
[16] TJSP. Apel. Cível nº 118.044-1. 6ª Câm. Civil, em *Revista de Jurisprudência do TJ de São Paulo*, Lex Editora, 125/50.

Cap. XXII | Regimes Matrimoniais de Bens • **579**

Assim, ao contrário do mencionado pela respeitável sentença recorrida, caso se venha a retificar o assento, não haverá ofensa ao art. 230 do Código Civil, mas sim apenas exato atendimento da mais lídima vontade dos nubentes que, por livre e espontânea vontade, adotaram o regime de comunhão, que não ficou constando no assento de casamento...

O insigne Pontes de Miranda, em seu *Tratado de Direito Privado, Parte Especial*, vol. III/239, citando decisão do Tribunal de Justiça do Distrito Federal, que acolheu parecer seu, diz: 'Os apelados estabeleceram, como lhes faculta o art. 256 do Código Civil, e pela forma legal, isto é, mediante escritura pública, que seria de separação de bens o regime de casamento que pretendiam contrair. Por omissão, deixou essa circunstância de ficar mencionada no assento do casamento, mas, pouco tempo depois de sua celebração, percebendo-se a omissão, vieram ambos os cônjuges pedir que, pela retificação, fosse dita omissão suprida, em conformidade com o que haviam pactuado. Não se pode, aí, enxergar revogação ou mudança de regime desde que, como ficou dito, os nubentes haviam antes do casamento estipulado, em boa e devida forma, o regime que livremente escolheram. Tampouco poderia obstar que se procedesse à retificação, na conformidade com o pactuado, a circunstância de mediar entre a escritura antenupcial e a celebração do casamento cerca de onze meses. A lei não estabelece prazo para validade do pacto antenupcial e assim, na espécie, o tempo decorrido não constituiria obstáculo a que, ao celebrar-se o casamento, ficasse consignado o regime assim escolhido e, portanto, não pode ser, tampouco, empecilho para a devida retificação'."[17] Os mencionados arts. 230 e 256 equivalem aos arts. 1.639, § 1º, e 1.639 do vigente Código.

O pacto antenupcial é registrável, segundo indica o art. 167, inc. I, nº 12, da Lei dos Registros Públicos. Mas o mesmo preceito, no inc. II, nº 1, permite a averbação, junto aos imóveis incluídos no pacto, do regime de bens diverso do legal, nos registros referentes a imóveis ou a direitos reais pertencentes a qualquer dos cônjuges, inclusive aos adquiridos posteriormente ao casamento.

Com isso, dá-se publicidade ao ato, o que é necessário para surtir efeitos perante terceiros, mas não se pense que a falta de registro o torna ineficaz. Vale relativamente aos cônjuges e aos seus herdeiros. A ineficácia limita-se a terceiros.

Outrossim, por ordem do art. 1.537 do Código Civil, o instrumento de autorização para casar transcrever-se-á integralmente na escritura antenupcial.

Em princípio, como dizia Carvalho Santos, "somente as pessoas que podem contrair matrimônio podem se abrigar em pactos antenupciais".[18] Segue-se a velha máxima latina: *habilis ad nuptias, habilis ad pacta nuptialis*.

A autorização para o casamento não prescinde da assistência dos pais. A partir da idade de dezesseis anos, até atingirem os nubentes dezoito anos, é fixado o período da necessidade da assistência dos pais. Não que estes representem sua vontade, ou por eles decidam. Simplesmente dão amparo e proteção nas estipulações que fazem.

O art. 1.654 do Código Civil expressa, sobre o assunto: "A eficácia do pacto antenupcial, realizado por menor, fica condicionado à aprovação de seu representante legal, salvo as hipóteses de regime obrigatório de separação de bens."

Admite-se que os representantes ou assistentes se oponham ao pacto, caso se apresentem razões ponderáveis. Na hipótese, ao oficial do registro público, ou ao tabelião,

---

[17] TJSP. Apel. Cível nº 93.618-1. 8ª Câm. Civil, de 5.05.1988, *Revista de Jurisprudência do TJ de São Paulo*, Lex Editora, 118/273.

[18] *Código Civil Brasileiro Interpretado*, obra citada, vol. V, p. 8.

580 • Direito de Família | *Arnaldo Rizzardo*

apenas cabe encaminhar os autos ao juiz, que decidirá, após facultar às partes externarem os respectivos posicionamentos, e a manifestação do Ministério Público, com possibilidade de produção de prova.

Faltando a assistência dos pais, torna-se anulável a convenção. Também anulável afigura-se se presente vício de consentimento, como erro, dolo, coação e fraude.

Aos demais incapazes igualmente impõe-se a necessidade da assistência, segundo Carlos H. Vidal Taquini: "Los menores y los sordosmudos pueden hacer convenciones que deben prestar su asentimiento a la celebración del matrimonio. Si bien la falta de este requisito no invalida el connubio de los menores, causa en cambio la nulidad de la convención, al no ser los contrayentes asistidos en la forma indicada."[19]

O consentimento prestado ao matrimônio não serve para o pacto antenupcial. A recusa a este último ato pode derivar de razões bem diversas daquelas que ensejaram o casamento. Pontes de Miranda é enfático a respeito, destacando que múltiplas razões podem determinar a autorização para o enlace matrimonial, ao passo que, no pertinente ao patrimônio, é possível que a divergência decorra de outras razões, como a falta de prudência do filho e viabilidade transferência de seus bens particulares para simples diversões.[20]

Os nubentes realizarão o ato pessoalmente, ou por meio de procurador com poderes especiais. Embora não esteja previsto no Código, no pertinente à matéria, a possibilidade de representação decorre das normas relativas aos negócios em geral. Na prática, é inconveniente a representação, pois envolve questões eminentemente pessoais e integrativas do próprio casamento.

3.   CONTEÚDO DO PACTO ANTENUPCIAL

Em tese, existe ampla liberdade na celebração do pacto antenupcial. Aos nubentes se faculta estipularem o conteúdo que desejarem, dentro dos limites da lei, desde que não haja contrariedade à ordem pública, ou ofensa aos bons costumes. Com efeito, prescreve o art. 1.655: "É nula a convenção ou cláusula que contravenha disposição absoluta de lei".

Trata-se de uma explicitação da norma do art. 1.639, pela qual é lícito aos nubentes, antes de celebrarem o casamento, estipular tudo quanto lhes aprouver, a respeito dos bens.

Dois os conteúdos que terão os pactos antenupciais: o regime de bens, quando diverso do de comunhão parcial, o qual dispensa a adoção por pacto; e as estipulações especiais, não incluídas no regime eleito, ou mesmo a combinação dos outros regimes. Os nubentes estabelecem algumas cláusulas especiais no tocante aos bens, ou fazem doações mútuas, ou acertam que o produto do respectivo trabalho entra nos bens comuns.

Há, em verdade, uma série de disposições relativas ao casamento que não podem ser modificadas por força da vontade dos cônjuges, especialmente aquelas que tratam da organização da família, dos direitos e deveres conjugais e de mútua assistência. Com toda a evidência, não se admite a estipulação que isenta um dos cônjuges da exigibilidade de participar no sustento da família, ou que atribui unicamente a um deles o exercício do poder familiar, ou que disponha quanto à divisão dos bens a serem adquiridos. É realmente despicienda qualquer regra ou cláusula que regulamente situações já delineadas em lei. Muito menos se autoriza a renúncia ao exercício de um direito, ou de um dever, como

---

[19]   *Derecho de Familia – Régimen de Bienes en el Matrimonio*, 2ª ed., Buenos Aires, Astrea, 1978, p. 213.

[20]   *Direito de Família*, obra citada, vol. II, p. 149.

Cap. XXII | Regimes Matrimoniais de Bens • 581

o de reclamar alimentos, em caso de separação, ou de participar na criação e educação dos filhos.

Considera-se ineficaz ou não escrita cláusula de impossível aplicação, ou que transgrida disposição de norma imperativa. De nada adianta se obrigarem os cônjuges a manterem um padrão de condutas – não envolvimento com os negócios do outro, ou na maneira de se comportarem –, se importar em infringência aos deveres conjugais. De igual modo, não surge efeito a prévia dispensa de outorga uxória mútua nas alienações e onerações de bens imóveis.

Como disposições que se referem a regramentos legais, destacam-se, na explanação sempre útil de Carvalho Santos: "Não podem ser alteradas nas convenções antenupciais: a) o dispositivo que permite ao cônjuge pedir desquite; b) o preceito que cria em favor da mulher a hipoteca legal; c) o texto que determina ser inalterável o regime de bens durante a vigência do casamento; d) a disposição que proíbe a quem quer que seja permanecer obrigatoriamente em estado de indivisão; sendo nula, pois, a convenção que obrigasse a mulher sobrevivente a permanecer, enquanto vivesse, em estado de comunhão nos bens constantes do espólio do marido, sem que os herdeiros pudessem requerer a divisão, etc."[21]

Prossegue Maria Helena Diniz: "Exemplificadamente, nulas serão as cláusulas, e não o pacto, que (a) dispensem os consortes dos deveres de fidelidade, coabitação e mútua assistência; (b) privem a mãe do pátrio poder ou de assumir a direção do casal quando o marido estiver em local ignorado; (c) alterem a ordem da vocação hereditária; (d) ajustem a comunhão de bens, quando o casamento só podia realizar-se pelo regime da separação; (e) estabeleçam que o marido pode vender imóveis sem outorga uxória."[22] Observe-se que a denominação 'pátrio poder', com o atual Código, passou para 'poder familiar'.

Disposição de realce, totalmente nova, consta no art. 1.656, pertinente ao regime de participação final dos aquestos. É autorizada a livre disposição dos imóveis, desde que particulares. Eis a regra: "No pacto antenupcial, que adotar o regime de participação final dos aquestos, poder-se-á convencionar a livre disposição dos bens imóveis, desde que particulares". Adotado esse regime, podem, portanto, os cônjuges convencionar a possibilidade da venda dos bens particulares, sem a autorização de um ou de outro. Esta faculdade é própria do regime de separação absoluta de bens, segundo deflui dos arts. 1.647 e 1.687, sendo que no Código anterior fazia-se necessário o consentimento mútuo.

Também digna de nota é a regra do art. 1.657, pela qual o pacto antenupcial traz efeitos perante terceiros somente depois de efetuado o registro em livro especial do cartório de registro de imóveis. O registro das convenções antenupciais está contemplado no art. 167, inc. I, nº 12, efetuando no Livro 3, por ordem do art. 178, inc. V, ambos da Lei nº 6.015, de 31.12.1973 (Lei dos Registros Públicos). Autoriza-se, ainda, que se proceda a averbação junto ao imóvel, como permite o art. 167, inc. II, nº 1, da mesma Lei.

Eis a redação do art. 1.657: "As convenções antenupciais não terão efeito perante terceiros senão depois de registradas, em livro especial, pelo oficial do Registro de Imóveis do domicílio dos cônjuges".

---

21 *Código Civil Brasileiro Interpretado*, obra citada, vol. V, p. 12.
22 *Curso de Direito Civil Brasileiro*, 3ª ed., São Paulo, Saraiva, 1987, 5º vol., p. 110.

582 • Direito de Família | *Arnaldo Rizzardo*

4. ALTERAÇÃO DO REGIME DE BENS

Consoante o passado de nosso direito, sempre vigorou a inalterabilidade do regime de bens adotado no casamento. A matéria já mereceu análise no item 1 do presente Capítulo.

De grande repercussão a mudança introduzida pelo Código Civil de 2002, no § 2º do art. 1.639, com a seguinte redação: "É admissível alteração do regime de bens, mediante autorização judicial em pedido motivado de ambos os cônjuges, apurada a procedência das razões invocadas e ressalvados os direitos de terceiros."

No Código revogado, a parte final do art. 230 impunha a irrevogabilidade, não se abrindo ensanchas para a alteração, embora motivos ponderáveis pudessem existir.

Por força da nova ordem, em tese é admitida a mudança, passando de qualquer regime para outro, mas desde que permitido, e não constem no Código vedações para a sua escolha, como as descritas nos incisos no art. 1.641, e que envolvem o casamento de pessoas que infringem as causas suspensivas, e de pessoas com mais de setenta anos.

Em qualquer momento torna-se viável a mudança, não abrangendo, numa exegese literal do art. 2.039, os casamentos celebrados sob o Código de 1916, por força do art. 2.039 do atual Código Civil.

No entanto, a interpretação passou a admitir, conforme a seguinte ementa, em julgamento do STJ (REsp. nº 821.807. Relatora: Min.ª Nancy Andrighi. 3ª Turma. Julgado em 19.10.2006, *DJU* de 13.11.2006, onde é lembrado precedente do REsp. nº 730.546/MG. *DJU* de 3.10.05, além de referir a doutrina predominante favorável):

"A interpretação conjugada dos arts. 1.639, § 2º, 2.035 e 2.039 do CC/02 admite a alteração do regime de bens adotado por ocasião do matrimônio, desde que ressalvados os direitos de terceiros e apuradas as razões invocadas pelos cônjuges para tal pedido.

Assim, se o Tribunal Estadual analisou os requisitos autorizadores da alteração do regime de bens e concluiu pela sua viabilidade, tendo os cônjuges invocado como razões da mudança a cessação da incapacidade civil interligada à causa suspensiva da celebração do casamento a exigir a adoção do regime de separação obrigatória, além da necessária ressalva quanto a direitos de terceiros, a alteração para o regime de comunhão parcial é permitida.

Por elementar questão de razoabilidade e justiça, o desaparecimento da causa suspensiva durante o casamento e a ausência de qualquer prejuízo ao cônjuge ou a terceiro permite a alteração do regime de bens, antes obrigatório, para o eleito pelo casal, notadamente porque cessada a causa que exigia regime específico.

Os fatos anteriores e os efeitos pretéritos do regime permanecem sob a regência da lei antiga. Os fatos posteriores, todavia, serão regulados pelo CC/02, isto é, a partir da alteração do regime de bens, passa o CC/02 a reger a nova relação do casal.

Por isso, não há se falar em retroatividade da lei, vedada pelo art. 5º, inc. XXXVI, da CF/88, e sim em aplicação de norma geral com efeitos imediatos.

Recurso especial não conhecido".

Em outro julgamento, REsp. nº 812.012/RS. Relator: Min. Aldir Passarinho Junior. Quarta Turma. Julgado em 2.12.2008, *DJe* de 2.02.2009, reiterou-se que as Turmas de Direito Privado da Corte firmaram o entendimento de que o art. 2.039 do vigente Código Civil não impede o pleito de autorização judicial para a mudança do regime de bens no casamento celebrado na vigência do Código de 1916, conforme previsão do art. 1.630, § 2º, do Código de 2002, respeitados os direitos de terceiros:

"Civil. Casamento. Código Civil de 1916. Comunhão parcial de bens. Alteração de regime. Comunhão universal. Possibilidade jurídica.

Ambas as Turmas de Direito Privado desta Corte assentaram que o art. 2.039 do Código Civil não impede o pleito de autorização judicial para mudança de regime de bens no casamento celebrado na vigência do Código de 1916, conforme a previsão do art. 1.639, § 2º, do Código de 2002, respeitados os direitos de terceiros.

Recurso especial não conhecido".

No voto do relator, transcrevem-se, além do recurso anterior (REsp. nº 821.807/PR), outras decisões:

"(...) 'Civil. Regime matrimonial de bens. Alteração judicial. Casamento ocorrido sob a égide do CC/1916 (Lei nº 3.071). Possibilidade. Art. 2.039 do CC/2002 (Lei nº 10.406). Correntes doutrinárias. Art. 1.639, § 2º, c/c art. 2.035 do CC/2002. Norma geral de aplicação imediata.

Apresenta-se razoável, *in casu*, não considerar o art. 2.039 do CC/2002 como óbice à aplicação de norma geral, constante do art. 1.639, § 2º, do CC/2002, concernente à alteração incidental de regime de bens nos casamentos ocorridos sob a égide do CC/1916, desde que ressalvados os direitos de terceiros e apuradas as razões invocadas pelos cônjuges para tal pedido, não havendo que se falar em retroatividade legal, vedada nos termos do art. 5º, XXXVI, da CF/88, mas, ao revés, nos termos do art. 2.035 do CC/2002, em aplicação de norma geral com efeitos imediatos.

Recurso conhecido e provido pela alínea a para, admitindo-se a possibilidade de alteração do regime de bens adotado por ocasião de matrimônio realizado sob o pálio do CC/1916, determinar o retorno dos autos às instâncias ordinárias a fim de que procedam à análise do pedido, nos termos do art. 1.639, § 2º, do CC/2002' (REsp. nº 730.546/MG. Relator: Min. Jorge Scartezzini. 4ª Turma, *DJU* de 03.10.2005).

(...)

'Recurso Especial. Direito civil. Direito de família. Regime matrimonial de bens. Modificação. Casamento celebrado na vigência do Código Civil de 1916. Disposições transitórias do Código Civil de 2002. Conjugação do art. 1.639, § 2º, com o art. 2.039, ambos do novel diploma. Cabimento em tese da alteração de regime de bens. Inadmissibilidade que já restou afastada. Precedente jurisprudencial. Alteração subordinada à presença dos demais requisitos constantes do art. 1.639, § 2º, do CC/2002. Necessidade de remessa dos autos às instâncias ordinárias. Apreciação do pedido. Recurso Especial conhecido a que se dá parcial provimento para, admitida a mudança de regime, com a remessa dos autos à instância de origem' (REsp. nº 868.404/SC. Relator: Min. Hélio Quaglia Barbosa. 4ª Turma, *DJU* de 06.08.2007).

Ante o exposto, não conheço do recurso".

Estão inseridos no § 2º do art. 1.639 os seguintes requisitos para viabilizar o pedido:

a) Necessidade de autorização judicial, não bastando a mera postulação encaminhada pelos cônjuges ao oficial do registro civil.

b) Pedido motivado, ou fundamentado, contendo as razões da alteração. Aí está a grande dificuldade, pois algum fato deve justificar o pedido. Não basta a simples vontade dos cônjuges. Na mudança do regime de separação para o de comunhão, deve-se alegar, *v.g.*, que os bens são frutos da atividade de ambos os cônjuges, embora se encontrem registrados em nome de um deles apenas. Na pretensão de passar da comunhão parcial para a universal, externarão os cônjuges a ideia de se buscar favorecer um deles com o patrimônio formado antes do casamento em razão de um sentimento de gratidão, ou de lhe dar segurança econômica futura. Já a mudança da comunhão universal para a parcial visará deixar os bens adquiridos anteriormente ao casamento disponíveis para o atendimento de obrigações contraídas antes do casamento, sem envolver aqueles conseguidos pelo esforço comum.

Um motivo que justifica plenamente a mudança está na constituição de uma sociedade personificada entre o marido e a mulher, ou naquela formada com terceiro e em que ambos

584 • Direito de Família | *Arnaldo Rizzardo*

participam, o que está vedado se o regime de bens consistir no comunhão universal ou no de separação obrigatória, nos termos do art. 977 do Código Civil: "Faculta-se aos cônjuges contratar sociedade, entre si ou com terceiros, desde que não tenham casado no regime da comunhão universal de bens, ou no da separação obrigatória". De modo que a motivação com base nesse cânone justifica a pretensão de mudar o regime para o de comunhão parcial, ou o de participação final nos aquestos, ou o de separação voluntária de bens.

c) O pedido formulado por ambos os cônjuges, que deverão, portanto, estar acordes, sem controvérsia sobre o assunto. A alteração refletirá o desejo mútuo, ou uma conveniência em favor dos dois. Esta exigência parece descabida, pois afasta a pretensão de unicamente um dos cônjuges, que buscasse a alteração para salvar o patrimônio particular, como nas situações de ser perdulário o outro cônjuge, e que se viabilizaria na busca de mudar o regime de comunhão universal para o de comunhão parcial ou de separação absoluta.

d) A procedência das razões. Não é suficiente o pedido baseado em um mero capricho, ou na satisfação de um desejo sem um motivo plausível. Muda-se porque se objetiva salvar o patrimônio, ou diante da necessidade de se dar segurança econômica ao outro cônjuge, na perspectiva de um deles falecer, e transferir-se hereditariamente o patrimônio para parentes que jamais prestaram auxílio ao cônjuge que sobrevirá, ou totalmente desligados dele.

e) A ressalva dos direitos de terceiros. Na mudança, ficam garantidos os direitos de eventuais credores, ou titulares de direitos sobre os bens, que passam para a titularidade de um dos cônjuges, com a alteração do regime. Nesta perspectiva, os bens existentes em nome de um cônjuge, adquiridos antes do casamento, continuarão a responder pela dívida contraída pelo outro cônjuge, malgrado procedida a mudança do regime de comunhão universal para o de comunhão parcial.

Como se denota, não será fácil a passagem de um regime para outro, e não se estendendo a faculdade a um pedido isolado de um dos cônjuges, por mais perdulário que seja o outro, e sequer interessando se todo o patrimônio formado é fruto da atividade de um deles somente.

De observar, também, conforme uma interpretação mais tradicional, que os efeitos serão da decisão transitada em julgado para o futuro, sem retroagir para as situações do passado. Assim orienta o STJ:

"Controvérsia em torno do termo inicial dos efeitos da alteração do regime de bens do casamento (*ex nunc* ou *ex tunc*) e do valor dos alimentos.

Reconhecimento da eficácia *ex nunc* da alteração do regime de bens, tendo por termo inicial a data do trânsito em julgado da decisão judicial que o modificou. Interpretação do art. 1639, § 2º, do CC/2002".[23]

Justificou o relator ser esta a melhor interpretação, pois "não foi estabelecida pelo legislador a necessidade de que o regime de bens do casamento seja único ao longo de toda a relação conjugal, podendo haver a alteração com a chancela judicial".

Todavia, não se deve distinguir onde a lei não faz distinções. Na verdade, os efeitos estendem-se ao passado, desde que não ofendidos interesses ou direitos de terceiros. Uma vez autorizada a mudança de regime, passando, *v.g.*, o regime de comunhão parcial para o de separação total, mesmo os bens adquiridos por um dos cônjuges durante o casamento com a remuneração de seu trabalho, passam para a propriedade exclusiva do cônjuge adquirente, de modo a evitar que o respectivo patrimônio venha a responder pelas dívidas contraídas da

---

[23] REsp 1300036/MT, 3ª Turma, rel. Min. Paulo de Tarso Sanseverino, j. 13.05.2014, *DJe* 20.05.2014.

Cap. XXII | Regimes Matrimoniais de Bens • **585**

atividade do outro cônjuge. O § 2º do art. 1.639 preserva o respeito aos direitos de terceiros, sem estabelecer quando passam a vigorar os efeitos relativamente aos cônjuges. É ampla a autonomia de vontade para dispor sobre o patrimônio.

Já está se formando jurisprudência neste sentido:

"É possível a alteração de regime de bens de casamento celebrado sob a égide do CC de 1916, em consonância com a interpretação conjugada dos arts. 1.639, § 2º, 2.035 e 2.039 do Código atual, desde que respeitados os efeitos do ato jurídico perfeito do regime originário.

No caso, diante de manifestação expressa dos cônjuges, não há óbice legal que os impeça de partilhar os bens adquiridos no regime anterior, de comunhão parcial, na hipótese de mudança para separação total, desde que não acarrete prejuízo para eles próprios e resguardado o direito de terceiros. Reconhecimento da eficácia *ex nunc* da alteração do regime de bens que não se mostra incompatível com essa solução" (Resp nº 1533179/RS, da 3ª Turma do STJ, j. em 8.09.2015, *DJe* de 23.09.2015, rel. Min. Marco Aurélio Bellizze)

A fundamentação desenvolvida pelo Relator evidencia a razoabilidade e coerência do entendimento:

"Existe hoje um novo modelo de regras para o casamento, em que a autonomia da vontade dos nubentes, quanto aos seus bens, é percebida em sua mais ampla acepção, e a única ressalva apontada na legislação diz respeito a terceiros, ao dispor o § 2º do art. 1.639 do CC de 2002, de forma categórica, que os direitos destes não serão prejudicados pela alteração do regime de bens.

Como a própria lei resguarda os direitos de terceiros, não há por que o julgador criar obstáculos à livre decisão do casal sobre o que melhor atenda a seus interesses, razão pela qual, no caso, não vislumbro nenhum óbice legal que impeça a partilha dos bens adquiridos sob o regime anterior, de comunhão parcial, diante de sua mudança para separação total, notadamente quando o pedido decorre da expressa manifestação de vontade dos cônjuges.

A solução da questão, ao contrário do que assinalou o acórdão recorrido, não importa em perda ou aquisição de direito relativamente a bens imóveis, uma vez que, na mudança do regime de comunhão parcial para separação total, os bens já pertenciam a ambos os peticionantes.

Também não se discute que a alteração do regime de bens, na espécie, produz efeitos *ex nunc*, isso é indubitável. Ocorre que a partilha dos bens não é incompatível com essa natureza eficacial, apenas deve ser observado que a justa solução da controvérsia não pode prescindir da compatibilização do desejo do Documento: 50639902 – Relatório e Voto – *Site* certificado página 8 de 10 autores, ora recorrentes, com o sistema normativo vigente, no qual não existe ressalva à pretensão ora deduzida, de realização da partilha dos bens comuns do casal como consequência da alteração do regime, independentemente da existência de separação judicial.

Desde que a alteração não acarrete prejuízo para terceiros ou para os próprios cônjuges, repise-se, não há restrição legal à partilha concomitante dos bens, o que não seria de se admitir se a hipótese fosse inversa, ou seja, se o novo regime adotado viesse a estipular uma comunicação menos restrita de bens em relação ao pacto anterior, como exemplo, se a mudança fosse do regime de separação total para comunhão parcial.

A meu sentir, na hipótese, a negativa de individualização do patrimônio do casal, por meio da partilha, se contrapõe à própria autorização de mudança do regime de bens da comunhão parcial para a separação total, daí que não seria razoável impor aos requerentes a dissolução da sociedade conjugal, assim como expôs o acórdão recorrido, como única forma de se obter esse intento, sob pena de induzi-los, inclusive, à eventual prática de conduta fraudulenta.

Aliás, a separação dos bens com a consequente individualização do patrimônio do casal é medida consentânea com o próprio regime da separação total por eles voluntariamente adotado, uma vez que, em consonância com o art. 1.687 do Código vigente, 'estipulada a separação de bens, estes permanecerão sob a administração exclusiva de cada um dos cônjuges, que os poderá livremente alienar ou gravar de ônus real.'

Desse modo, assim como destacado no parecer ministerial, a solução ora proposta, 'ao mesmo tempo que preservará a legítima motivação da mulher em resguardar a aquisição de bens oriunda de sua atividade, resguardando seu patrimônio de responder por dívidas advindas da atividade do esposo, preservará também a garantia dos credores sobre os bens que o casal tiver até a data da alteração do regime' (e-STJ, fl. 203).

É de se ter presente, outrossim, que as exceções à interpretação da lei devem ser sempre expressas e não podem decorrer de mera presunção".

O pedido seguirá o procedimento de jurisdição voluntária, delineado nos arts. 719 a 725 do Código de Processo Civil de 2015, e em especial as regras do art. 734 e seus parágrafos do mesmo diploma, devendo expedir-se edital ou outro meio alternativo de ciência para o conhecimento de terceiros, e determinando-se, ao final, a averbação no registro de casamento, bem como no registro de imóveis e de empresas, se existir patrimônio imobiliário, ou se for um dos cônjuges, ou ambos, empresários. No item 1 do presente Capítulo estão transcritas as regras respectivas.

Os parentes próximos, como descendentes ou ascendentes, e mesmo eventuais credores, não participarão do processo, não se ordenando a sua citação. Unicamente o Ministério Público será chamado ao processo, que intervirá como guardião da lei, ou *custos legis*.

5. PREVALÊNCIA DO REGIME DE COMUNHÃO PARCIAL NA INEXISTÊNCIA DE CONVENÇÃO SOBRE OUTRO REGIME

É a comunhão parcial o regime de bens que o Código dá preferência, ordenando que, se não houver manifestação dos cônjuges por um determinado regime, prevalecerá o regime de comunhão parcial.

Igualmente em sendo nulo o pacto, ou vindo a ser anulado, ou não surtindo efeitos, não importando qual o regime escolhido, prevalecerá o de comunhão parcial. É a norma do art. 1.640: "Não havendo convenção, ou sendo ela nula ou ineficaz, vigorará, quanto aos bens entre os cônjuges, o regime da comunhão parcial". Mas não se reconhece a nulidade se apenas uma ou mais cláusulas padecerem de causas que levam ao seu reconhecimento. No caso, extirpam-se do contrato tal ou tais cláusulas, considerando-se a mesma ou as mesmas como não escrita ou escritas. Seria ineficaz o regime, no particular, em face da previsão da redação do art. 1.640.

Utiliza-se também a denominação 'regime legal', pelo fato de derivar da previsão da lei para a hipótese de falta de manifestação na adoção de um dos regimes. Presume-se que, em face da liberdade de escolha concedida, a falta de pacto antenupcial deve ser concebida no sentido de haverem os cônjuges casado com a intenção de adotar o regime de comunhão parcial.

Anteriormente à Lei nº 6.515, de 1977, o regime legal, ou que prevalecia na ausência de opção por qualquer um outro, era o de comunhão universal, o qual vinha previsto desde o começo da vigência do Código Civil de 1916.

Conhece-se, outrossim, a expressão 'regime supletivo', em razão de vigorar somente se os nubentes casarem sem o pacto nupcial. Isto é, incide diante da omissão na escolha de outro regime.

A alteração do regime legal da comunhão universal para a comunhão parcial decorre de fortes razões históricas e da evolução dos direitos da mulher. Realmente, dada à posição de soberania sempre desfrutada pelo marido, não raramente desbaratava o mesmo os bens advindos do casamento com mulher mais abastada que ele. Isto de modo acentuado na iminência das separações.

Aduzia Guillermo A. Borda, espelhando a universalidade desta evolução: "La emancipación de la mujer ha traído la decadencia y desaparición de los regímenes comunitarios basados en la administración exclusiva por el marido. Se prefiere o bien la separación de patrimonios o bien una comunidad en que cada uno de los cónyuges administra y dispone de los bienes que ha aportado al matrimonio y de los que adquiera con su trabajo personal, adecuándose así al principio de la igualdad jurídica de los esposos."[24]

De outro lado, eram frequentes os enlaces matrimoniais por interesses no patrimônio do outro cônjuge.

Tendo em conta o caráter um tanto contratual que vai preponderando nos últimos tempos, é conveniente seja preservado o patrimônio de cada cônjuge, existente antes de casar. Com isto, atinge-se, no plano das relações patrimoniais, o princípio da igualdade de direitos do homem e da mulher, ao mesmo tempo em que se conduz o casamento às suas verdadeiras finalidades de união espiritual e afetiva de duas pessoas, procurando-se evitar a sua realização por interesses subalternos e puramente materiais.

Acrescentam José Lamartine Corrêa de Oliveira e Francisco José Ferreira Muniz: "O regime da comunhão parcial ou de adquiridos respeita melhor a ideia de que o casamento é uma estreita comunhão de vida e que, portanto, os cônjuges devem ter os mesmos direitos sobre os bens adquiridos, na constância do matrimônio, como resultado do trabalho e do esforço comum.

O cônjuge que permanece dedicado ao trabalho doméstico e com os filhos encontra nesse regime o reconhecimento imediato do valor econômico do seu trabalho.

Por ocasião da dissolução do casamento, realiza-se a partilha dos bens comuns entre os cônjuges, sem que se tome em consideração a natureza e a importância econômica da contribuição de cada um."[25]

6. REGIME DE COMUNHÃO PARCIAL

O regime de comunhão parcial, que alguns autores mais antigos (Lafayette, Melo de Freitas, Coelho da Rocha) denominavam regime de separação parcial, e no Código de 1916 aparecia também como o regime de comunhão limitada, é o que melhor atende aos princípios de justiça, por assegurar a autonomia recíproca dos cônjuges, conservando, cada um deles, a propriedade, a administração e o gozo excluídos dos respectivos bens.

Através dele, realiza-se a distribuição do patrimônio de conformidade com o espírito e a finalidade própria do casamento: os bens amealhados na constância do casamento consideram-se comuns por serem o resultado ou o fruto da estreita colaboração que se forma entre o marido e a mulher. É a regra nuclear deste regime, explicitando-o, a qual se encontra no art. 1.658: "No regime de comunhão parcial, comunicam-se os bens que sobrevierem ao casal, na constância do casamento, com as exceções dos artigos seguintes".

---

[24] Obra citada, pp. 134 e 135.
[25] Obra citada, p. 361.

588 • Direito de Família | *Arnaldo Rizzardo*

Denominado, também, regime de comunhão dos aquestos, ou adquiridos, por ele conservam os cônjuges a propriedade exclusiva dos bens que possuíam quando do casamento, os que venham a receber por doação e herança durante a vigência da sociedade conjugal, e aqueles que serão adquiridos com valores particulares.

É a lição de San Tiago Dantas: "O estudo do regime de comunhão parcial compreende, no direito civil brasileiro, aquilo que outras legislações chamam de comunhão dos adquiridos ou dos aquestos. Comunhão dos aquestos, dizem os juristas franceses. A comunhão dos aquestos é caracterizada por três massas de bens: a massa dos bens comuns, a respeito da qual os cônjuges se partem como comunistas; a massa dos bens particulares do marido; e a massa dos bens particulares da mulher."[26]

É, segundo todos admitem, o regime oficial, considerando-se adotado na ausência de convenção ou pacto antenupcial elegendo outro regime. Com efeito, a Lei nº 6.515, de 26.12.1977, substituiu a comunhão universal pelo regime de comunhão parcial, interrompendo uma tradição que vinha desde os primórdios do direito luso-brasileiro. O art. 258 do Código Civil anterior, na redação trazida por aquele diploma, expressamente declarava vigorar a comunhão parcial, inexistindo convenção, ou sendo nula, impondo outro regime. O art. 1.640 do Código de 2002 manteve a disposição: "Não havendo convenção, ou sendo ela nula ou ineficaz, vigorará, quanto aos bens entre os cônjuges, o regime da comunhão parcial".

A adoção deste regime leva-se a termo no processo de preparação para o casamento. Ao encaminharem os nubentes a petição de casamento, já elegem o regime. Se a opção for pelo regime de comunhão parcial, basta a anotação no processo de habilitação. Escolhendo-se outro regime, é necessário o pacto antenupcial, por meio de escritura pública, a lavrar-se em tabelionato. Assim consta no parágrafo único do art. 1.640 do Código Civil: "Poderão os nubentes, no processo de habilitação, optar por qualquer dos regimes que este Código regula. Quanto à forma, reduzir-se-á a termo a opção pela comunhão parcial, fazendo-se o pacto antenupcial por escritura pública, nas demais escolhas".

Tornou-se o regime de maior incidência, pois a maioria absoluta dos casamentos é celebrada sem o pacto ou convenção antenupcial que elege outro regime.

Conforme Sílvio Rodrigues, este regime, ao estabelecer a comunhão dos aquestos, estabelece uma solidariedade entre os cônjuges, unindo-os materialmente, eis que seus interesses tornam-se comuns a partir do casamento, o que infunde maior autenticidade nos desideratos que determinam a aproximação de um casal. De outro lado, permite conservar a individualidade de cada cônjuge e uma justa divisão dos bens quando da separação judicial.[27]

Neste regime, formam-se duas classes de bens: os bens particulares do marido e da mulher, e os bens comuns. Clara a distinção referentemente ao de comunhão de bens, onde, em grande parte das vezes, todos os bens são de ambos os cônjuges, formando um único acervo.

6.1. Bens e encargos excluídos da comunhão

Resta evidente que, neste regime, são excluídos bens em número muito maior que no de comunhão universal, onde ficam fora da propriedade comum principalmente os bens

---

[26] Obra citada, p. 282.
[27] *Direito Civil – Direito de Família*, obra citada, vol. VI, p. 172.

particulares. A comunhão se reduz aos bens adquiridos na constância do casamento, a título oneroso. Excluem-se aqueles levados por qualquer dos cônjuges para o casamento e os adquiridos a título gratuito, além de certas obrigações.

A enumeração completa está nos arts. 1.659 e 1.661. Excluem-se, pois, na enumeração do primeiro dispositivo:

"I – Os bens que cada cônjuge possuir ao casar, e os que lhe sobrevierem, na constância do casamento, por doação ou sucessão, e os sub-rogados em seu lugar."

Isto em face do princípio de que são comuns os bens adquiridos, na vigência do regime, a título oneroso. Há uma limitação no que pertine à comunhão dos aquestos, ou adquiridos durante o casamento, o que expressa ter havido uma real cooperação dos cônjuges.

Quanto aos bens que cada cônjuge possuir ao casar, não importa que não se encontrem, quando do casamento, registrados em nome do cônjuge. Bem esclarece a matéria o seguinte aresto, trazido pelo STJ. REsp. nº 707.092/SP. Terceira Turma. Julgado em 28.06.2005, *DJU* de 1º.08.2005:

"Direito civil. Família. Imóvel cuja aquisição tem causa anterior ao casamento. Transcrição na constância da sociedade conjugal. Incomunicabilidade.

Imóvel cuja aquisição tenha causa anterior ao casamento realizado sob o regime de comunhão parcial de bens, com transcrição no registro imobiliário na constância deste, é incomunicável. Inteligência do art. 272 do CC/16 (correspondência: art. 1.661 do CC/2002).

A jurisprudência deste Tribunal tem abrandado a cogência da regra jurídica que sobreleva a formalidade em detrimento do direito subjetivo perseguido. Para tal temperamento, contudo, é necessário que a forma imposta esteja sobrepujando a realização da Justiça. Recurso especial não conhecido".

Nas doações, e mesmo na sucessão testamentária, para que haja comunicação, é necessário o ato de vontade do doador e do testador dispondo expressamente nesse sentido.

Nas doações e sucessões, quaisquer bens recebidos são particulares, não se comunicando com o outro cônjuge. A regra é clara a respeito, pois menciona literalmente a exclusão dos bens recebidos a tal título. E esta, talvez, seja uma das linhas marcantes do regime, diferenciando-o profundamente da comunhão de bens.

De observar que, relativamente ao Código anterior, veio acrescentada a incomunicabilidade dos bens sub-rogados no lugar dos possuídos antes do casamento e dos provenientes de doação ou sucessão.

"II – Os adquiridos com valores exclusivamente pertencentes a um dos cônjuges, em sub-rogação dos bens particulares."

Cuida-se aqui de bens que vieram durante o casamento, que ficam excluídos da comunhão quando adquiridos com o produto da venda daqueles existentes ou possuídos antes do enlace matrimonial. É a aplicação do princípio da sub-rogação. Vende-se um bem que o cônjuge tinha quando casou, e compra-se outro em negócio celebrado durante a sociedade conjugal. Perdura a manutenção do patrimônio próprio, embora se altere a espécie de bens. Observava a jurisprudência a condição da aquisição dos bens anteriormente ao casamento, ou da proveniência de origem paterna, argumentando em torno do então art. 269, inc. I, que equivale ao art. 1.659, inc. I, do vigente Código: "Separação consumada, pendente a partilha do único bem, adquirido pelo marido através de numerário doado pelos pais.

Incomunicabilidade (art. 269, I, do CC)". Sucede, na justificação do acórdão, que "o bem que se quer partilhar é incomunicável, porque resulta de sub-rogação de doação e que, por isto, deve permanecer excluído do condomínio em face do princípio da pessoalidade. O fundamento da r. sentença – que a cessão foi feita ao casal – discrepa do contexto probante e vulnera os motivos estruturais dos regimes matrimoniais."[28]

Os valores resultantes de créditos ou direitos nascidos de causas anteriores ao casamento, e assim os bens com eles adquiridos durante a sua vigência, conservam a individualidade do patrimônio. Verifica-se uma conexão entre o novo patrimônio e o bem anterior, ou a relação entre o bem adquirido e a causa preexistente. Neste sentido, não se comunicam as indenizações por danos, os pagamentos de seguros, as importâncias entregues por desapropriação, desde que visem satisfazer prejuízos ou o valor de bens que eram do cônjuge antes da celebração do matrimônio.

Se a substituição de bens trouxe aumentos ou rendimentos, como no caso de investimentos, aplicações, ou produções através da indústria, do comércio ou da agricultura, mantém-se a qualidade de próprios, como ainda demonstra Carlos H. Vidal Taquini: "Si el aumento es obra del hombre, realizado con fondos gananciales, operará el principio de la accesión y la mejora se incorporará al bien al qual accede y por lo tanto el bien continuará siendo propio."[29]

São acréscimos que derivam do fato do homem, mas desde que provenientes do emprego de valores recebidos da venda de bens que o cônjuge possuía antes de casar, não se referindo, pois, aos frutos dos bens particulares – art. 1.660, inc. V.

"III – Obrigações anteriores ao casamento."

Dois os requisitos necessários para caracterizá-la: a época em que as dívidas foram contraídas, que deve ser anterior ao casamento; e a finalidade da obrigação, não relacionada ao casamento. A dívida não contribui para o outro cônjuge. Apenas entra na responsabilidade comum se proveniente de despesas com os aprestos do casamento, ou se reverteu em proveito comum.

"IV – Obrigações provenientes de atos ilícitos, salvo reversão em proveito do casal."

Só responde pela reparação dos danos causados pelos atos ilícitos o cônjuge que lhe deu causa. Não importa a época em que ocorreram tais atos – se antes ou após o casamento.

Obriga-se somente o cônjuge causador porque, segundo Carvalho Santos, "a responsabilidade pelo ato ilícito é pessoal e, por isso mesmo, como consequência, pessoal e a dívida resultante dessa responsabilidade. No próprio regime da comunhão universal as obrigações de atos ilícitos não se comunicam".[30]

Mas, se o dano ocorreu no exercício da profissão ou atividade da qual depende o sustento da família, ou se proporcionou proveito ao patrimônio comum, a indenização será suportada pela totalidade dos bens.[31]

---

[28] TJSP. Apel. Cível nº 276.617-1/9. 2ª Câm. de Direito Privado, de 19.02.1997, *Revista Forense*, 342/368.
[29] Obra citada, p. 229.
[30] *Código Civil Brasileiro Interpretado*, obra citada, vol. V, p. 92.
[31] *Revista dos Tribunais*, 268/742.

O inc. IV do Código explicitamente excepciona as obrigações que trouxeram benefício ao casal, passando para a responsabilidade comum, como, aliás, revela a lição acima, sob a vigência do Código revogado.

"V – Os bens de uso pessoal, os livros e instrumentos de profissão."

Os bens de uso pessoal abrangem todos os apetrechos, objetos, joias, adornos, enfeites, roupas e até móveis que a pessoa necessita e usa. São utilizados no quotidiano da vida, para a vivência do indivíduo, não se estendendo ao proveito de outras pessoas, mesmo que familiares. Não são compartilhados, e nem expressam, em geral, um conteúdo econômico elevado. Não se incluem neles bens que, embora também do uso pessoal, se prestam ao proveito de outros familiares, ou de terceiros, como os automóveis e máquinas.

Os livros e instrumentos de profissão entram nessa ordem de incomunicabilidade desde que deles dependa o exercício da atividade própria dos cônjuges e não integrem um fundo de comércio, ou o patrimônio de uma instituição industrial ou financeira, da qual participa o consorte, ou não tenham sido adquiridos a título oneroso com dinheiro comum.

Neste item deve-se incluir toda a série de bens de interesse particular. Há vários objetos, instrumentos e adornos que se afeiçoam a um cônjuge em face de sua atividade, de suas qualidades e dotes pessoais, de suas aptidões e preferências, de seus interesses e tipo de ser e de se apresentar como pessoa. Incluem-se neste rol os aparelhos profissionais e os instrumentos de manifestação artística, como máquinas de escrever e computação, pincéis, telas de desenho e pintura, materiais de gesso e pedras para esculturas, gaitas, pianos, flautas, joias, adereços, materiais de pesquisa, e toda série de bens que servem para satisfazer ou realizar as manifestações pessoais do cônjuge. Isto porque os princípios da comunhão não podem despersonalizar o ser humano, ou descaracterizar as individualidades.

"VI – Os proventos do trabalho pessoal de cada cônjuge."

Por tal disposição, os proventos de trabalho de cada cônjuge não se comunicam. O dispositivo se restringe unicamente aos proventos, salários, vencimentos, ou rendimentos de atividade pessoal, seja no comércio ou em outros setores, não incluindo os bens adquiridos com os proventos. As aquisições, mesmo que resultantes dos proventos, passam para a comunhão.

Os valores concernentes ao Fundo de Garantia por Tempo de Serviço se incluem nos proventos, não ingressando na partilha quando da separação do casal, nos termos dos fundamentos do seguinte julgado: "Realmente, como realçado nos autos, o FGTS é instituto em benefício do trabalhador a ser utilizado em circunstâncias especialmente previstas em lei, além de ser historicamente sucedâneo da garantia da estabilidade no emprego. Não integra, assim, o patrimônio comum, não havendo de ser partilhado, em caso de separação judicial.

Como já decidido, com apoio em sólida doutrina, sequer da verba do FGTS se há de retirar porcentagem a título de alimentos, a não ser se expressamente previsto pelos interessados: conforme esse direito dois excelentes acórdãos..., publicados na Revista desta Casa."[32]

No regime do Código anterior – art. 263, inc. XIII –, constava que se excluíam "os frutos civis do trabalho ou indústria de cada cônjuge ou de ambos". Vingava a inteligên-

---

[32] TJSP. Agravo de Instrumento nº 117.381-1. 1ª Câm. Civil, de 7.03.1989.

cia de que o patrimônio comprado com os proventos não ingressava na comunhão, pois neles se sub-rogavam. Eis o raciocínio dos eminentes juristas José Lamartine de Oliveira e Francisco José Ferreira Muniz, a respeito: "Se ganhos e salários do trabalho são bens próprios, próprios devem ser os bens adquiridos com esses proventos, em atenção ao princípio da sub-rogação real. Esses bens tomam o lugar e substituem os ganhos do trabalho no patrimônio próprio do cônjuge que os percebeu. Para afastar essa solução que afeta gravemente a comunhão e incluir no patrimônio comum os bens adquiridos com o emprego de ganhos e salários, seria preciso não admitir a sub-rogação real nos regimes de comunhão ou eliminá-la nesta específica hipótese."[33]

Decorreria, prosseguem os mesmos autores, a revogação do art. 265, que dispõe justamente o contrário: "A incomunicabilidade dos bens enumerados no art. 263 não se lhes estende aos frutos, quando se percebam ou vençam durante o casamento."

O Código de 2002 não manteve a redação do diploma anterior, tendo expressamente referido "os proventos do trabalho pessoal de cada cônjuge". Já "os frutos civis do trabalho ou indústria" compreendem não apenas os proventos, mas tudo quanto advier ou decorrer do trabalho ou indústria.

"VII – As pensões, meios-soldos, montepios e outras rendas semelhantes."

Compreendem rendimentos do exercício de atividades profissionais, de contribuições feitas durante um certo período de tempo, da aplicação de valores para receber, decorrido um prazo fixado, vantagens especiais de longa duração no tempo.

São bens personalíssimos. Válida a explicação dos significados, trazida por Maria Helena Diniz, que se referia também à tença, incluída no inc. I do art. 263 do Código revogado: "A pensão é a quantia que se paga, periodicamente, em virtude de lei, decisão judicial, ato *inter vivos*..., ou *causa mortis*, a alguém, visando sua subsistência; o meio-soldo é metade do soldo que o Estado paga a militar reformado; o montepio é a pensão que o Estado paga aos herdeiros de funcionário falecido, em atividade ou não; e a tença é a pensão alimentícia, geralmente em dinheiro, paga periodicamente, pelo Estado, por pessoa de direito público ou privado, para assegurar a subsistência de alguém. Assim se uma pessoa, que é beneficiária de montepio, casar-se, essa vantagem pecuniária não se comunica ao seu consorte, por ser uma renda pessoal."[34]

De observar que o montepio equivale, também, a um benefício mensal satisfeito por entidade de previdência privada, após certo período de contribuições.

Pelo art. 1.661, são excluídos os bens incomunicáveis por causa anterior ao casamento.

Esta razão que exclui a comunhão vem prevista no art. 1.661: "São incomunicáveis os bens cuja aquisição tiver por título uma causa anterior ao casamento".

Embora um tanto vaga a hipótese por sua acentuada generalização, e praticamente envolver a situação já assinalada no inc. II do art. 1.659, compreendem-se, no seu âmbito, os bens que qualquer dos cônjuges adquirir antes do casamento, com a cláusula de reserva de domínio; os prêmios ganhos por sorteios em loteria na qual a participação também ocorreu antes do matrimônio; os valores percebidos depois, mas relativos à venda de imóvel ou qualquer bem quando ainda solteiro o vendedor. Aventa-se, também, a incomunicabilidade

---

[33] Obra citada, pp. 400 e 401.
[34] Obra citada, 5° vol., p. 116.

Cap. XXII | Regimes Matrimoniais de Bens • **593**

do imóvel reivindicado, ou discutido em outra ação judicial, cuja sentença de procedência vem a ser proferida definitivamente quando já realizado o casamento.

O Código de 1916 contemplava mais hipóteses.

Assim, pelo inc. III do art. 269, excluíam-se os rendimentos de bens de filhos anteriores ao matrimônio, ou a que tenha direito qualquer dos cônjuges em consequência do poder familiar.

Mostra-se natural a decorrência constante da regra, dada a não procedência da atividade comum, não se fazendo necessário que constasse prevista.

Ademais, sabido que, segundo o direito vigente, pelo exercício do poder familiar, pai e a mãe têm o direito ao usufruto dos bens dos filhos – art. 1.689, o que lhes dá o direito aos rendimentos que advierem. E tais rendimentos não se estendem à comunhão porque a sua causa de percepção é anterior ao segundo casamento. Por outras palavras, o parentesco entre o titular dos direitos e o sujeito ao poder familiar é anterior ao matrimônio com o atual cônjuge.

O inc. IV do mesmo art. 269 se referia aos demais bens que fossem considerados excluídos da comunhão universal.

É óbvia a exclusão da comunicabilidade dos bens que, no regime de comunhão universal, são considerados próprios. No art. 1.667 aparece discriminada a relação.

6.2. Bens que integram a comunhão

Como já foi referido, no regime de comunhão parcial há bens próprios de cada cônjuge, e bens comuns, esses adquiridos na constância do casamento – matéria que será analisada.

O art. 1.660 discrimina os bens que entram na comunhão. O Código anterior, no art. 271, contemplava mais uma hipótese, no inc. VI, incluindo os frutos civis do trabalho, ou indústria de cada cônjuge, ou de ambos, disposição que não se conforma com o art. 1.659, inc. VI, do vigente Código, que exclui da comunhão os proventos do trabalho pessoal de cada cônjuge.

Eis o elenco do art. 1.660:

"I – Os bens adquiridos na constância do casamento por título oneroso, ainda que só em nome de um dos cônjuges."

Discriminam-se quais os bens que entram na comunhão, no silêncio do casamento quanto ao regime eleito, ou mesmo que expressamente conste o de comunhão parcial.

E o patrimônio comum será formado pelos bens adquiridos ao longo da vida conjugal, ainda que colocados em nome de apenas um dos cônjuges. Presume a lei que a aquisição se faz com o fruto do trabalho do marido e da mulher. Por isso a referência à aquisição por título oneroso. Não advém o patrimônio gratuitamente. É pago ou dá-se a contraprestação durante a vida em comum dos consortes. Com o resultado dos esforços mútuos empregados para a prosperidade da sociedade conjugal, e a atuação de ambos na atividade profissional ou na economia doméstica.

O simples convívio, e mesmo que um dos cônjuges não preste a menor colaboração na obtenção de rendimentos ou em trabalhos no lar, o patrimônio é comum, o que gera, seguidamente, profundas injustiças. Não raramente, só um dos cônjuges adquire as riquezas da família, enquanto o outro não traz a menor colaboração; ou, em seguida ao

594 • Direito de Família | *Arnaldo Rizzardo*

casamento, ocorre a separação de fato. Adquirindo o cônjuge um patrimônio, a partilha é consequência natural e obrigatória, nada significando, de acordo com um entendimento mais retrógrado, a aquisição durante a separação de fato do casal.

"II – Os bens adquiridos por fato eventual, com ou sem o concurso de trabalho ou despesa anterior."

Os bens adquiridos por fato eventual entram na comunhão. Assim ocorre com os prêmios ganhos em loterias, sorteios, disputas e jogos. Mesmo as recompensas concedidas a um dos cônjuges, as descobertas, as retribuições pela prática de um favor, os ganhos auferidos em vista de um dom especial ou científico, as criações artísticas, entram na comunhão a menos que se trate de direitos patrimoniais do autor, por força do art. 39 da Lei nº 9.610/1998.

"III – Os bens adquiridos por doação, herança ou legado, em favor de ambos os cônjuges."

Segundo já foi observado, em vista do art. 1.659, inc. I os bens recebidos pelos cônjuges através de doação ou sucessão classificam-se como próprios, não se comunicando.

Se, no entanto, o testador ou o doador atribuir expressamente a liberalidade a ambos os cônjuges, configura-se a comunhão. Há, então, uma derrogação da regra geral do art. 1.659, inc. I. Sobressai a vontade de favorecer o conjunto familiar, e não apenas um cônjuge.

"IV – As benfeitorias em bens particulares de cada cônjuge."

Todas as benfeitorias, sejam necessárias, úteis ou voluptuárias, e assim quaisquer melhoramentos em bens particulares de um ou outro cônjuge, ingressam na comunhão e passam a pertencer ao patrimônio comum. Não interessa o montante da contribuição de cada cônjuge no investimento. A partilha envolverá partes iguais – como ocorre na divisão dos bens comuns.

Há de se distinguir no pertinente às acessões – que são as construções e as plantações –, e que não se transferem ao casal, mas ao cônjuge que as fez. Se ambos participaram na edificação, leva-se em conta o montante despendido que investiu cada um.

"V – Os frutos dos bens comuns, ou dos particulares de cada cônjuge, percebidos na constância do casamento, ou pendentes ao tempo de cessar a comunhão."

Observa, a respeito, Sílvio Rodrigues, notando que coincide a redação da norma do Código atual e do anterior: "Em relação ao inc. V, só os bens, ou seja, o capital, é que constituem o patrimônio incomunicável do cônjuge. A escolha do regime da comunhão parcial visa, justamente, impedir a confusão do patrimônio atual e obter a confusão dos ganhos futuros. De modo que é absolutamente lógico e consequente o princípio segundo o qual os frutos produzidos pelos bens de cada qual dos cônjuges se comunicam."[35]

Evidencia-se que os frutos ou rendimentos dos bens próprios, e não apenas dos comuns, se comunicam durante o casamento. De modo que os aluguéis de um imóvel particular, ou que o cônjuge já tinha o domínio quando do casamento, pertencem ao casal, deles podendo usufruir igualmente, e receber as respectivas quotas, se não empregados nas despesas comuns.

---

[35] *Direito Civil* – Direito de Família, 13ª ed., edição de 1987, vol. VI, obra citada, p. 202.

6.3. Presunção da comunicabilidade dos bens móveis

Firma o art. 1.662 importante regra quanto aos bens móveis: "No regime da comunhão parcial, presumem-se adquiridos na constância do casamento os bens móveis, quando não se provar que o foram em data anterior."

No sentido ôntico da regra, conserva-se a propriedade comum dos bens que advieram durante a sociedade conjugal. E todos os bens móveis mereceram, no dispositivo, a presunção de que foram adquiridos durante a vigência do casamento. Consequentemente, consideram-se os mesmos como integrantes da comunhão, a menos que haja prova escorreita em sentido contrário. E a melhor prova, no caso, é a escritura de pacto antenupcial, que afasta quaisquer dúvidas sobre a época da procedência, tanto que afirma Caio Mário da Silva Pereira: "Daí, a necessidade do pacto antenupcial descrever minuciosamente os bens móveis, sob pena de se reputarem comuns."[36]

A prova de aquisição de coisas ou bens móveis, desde que identifique perfeitamente as características, apresenta-se suficiente para destruir a presunção de terem sido adquiridos no curso da sociedade conjugal.

Aconselha Arnoldo Wald: "Será conveniente um inventário minucioso dos bens já pertencentes a cada um dos cônjuges no momento do casamento, especialmente tratando-se de móveis, a fim de estabelecer quais os haveres de cada um dos cônjuges e quais os pertencentes em comum ao casal."[37]

Esta relação é visível se procedida mediante documento particular, de preferência com o expresso conhecimento do outro cônjuge, e o reconhecimento das assinaturas em momento que antecede ao matrimônio. Exemplifica a jurisprudência o tipo de prova, como se vê na *Apelação Cível* nº 88.567/3, da 1ª Turma do TJ de Minas Gerais, de 20.05.1997: "No regime de comunhão parcial, quando não puder ser comprovado, por documento autêntico (fatura, duplicata, nota fiscal) que os bens móveis foram adquiridos em data anterior ao ato nupcial, vigora a presunção legal de que foram comprados durante o casamento, não tendo como excluí-los da partilha". Aportando-se na doutrina, colhe-se do voto: "Maria Helena Diniz, em Código Civil Anotado, Saraiva, 1995...: 'Quanto aos bens móveis, no regime de comunhão parcial, há presunção legal de que foram adquiridos durante o casamento se não se puder comprovar, mediante documento autêntico (fatura, duplicata, nota fiscal), que o foram em data anterior ao ato nupcial'."

Na dúvida e na ausência de prova, sempre torna-se incontroversa a qualificação dos bens móveis como comuns. Esta presunção beneficia os terceiros e dá segurança às relações com os cônjuges.

6.4. Administração dos bens e dissolução do regime de comunhão parcial

Segundo a tradição de nosso direito, a administração dos bens de cada cônjuge (excetuados, no regime do Código revogado, os reservados à mulher) e dos comuns competia ao marido, que tinha todos os poderes, salvo o de alienar ou onerar imóveis. Era a regra do art. 274: "A administração dos bens do casal compete ao marido, e as dívidas por este contraídas obrigam, não só os bens comuns, senão ainda, em falta destes, os particulares de um e outro cônjuge, na razão do proveito que cada qual houver lucrado."

---

36 *Instituições de Direito Civil*, 2ª ed., obra citada, vol. V, p. 160.
37 *Curso de Direito Civil Brasileiro – Direito de Família*, 5ª ed., São Paulo, RT, 1985, p. 104.

O dispositivo, conforme seus termos, revelava um conteúdo profundamente discriminatório, mas pode-se afirmar que não mais persistiu com a Constituição de 1988.

O disciplinamento correto da matéria revela-se no art. 1.663 do Código de 1916: "A administração do patrimônio comum compete a qualquer dos cônjuges.

§ 1º As dívidas contraídas no exercício da administração obrigam os bens comuns e particulares do cônjuge que os administra, e os do outro na razão do proveito que houver auferido.

§ 2º A anuência de ambos os cônjuges é necessária para os atos, a título gratuito, que impliquem cessão do uso ou gozo dos bens comuns.

§ 3º Em caso de malversação dos bens, o juiz poderá atribuir a administração a apenas um dos cônjuges."

Colocada a matéria nos termos da igualdade constitucional imperante, ora adotada pelo Código Civil, cabe a administração dos bens particulares ao respectivo cônjuge proprietário, e no concernente aos comuns, confere-se a ambos a direção e disposição. Não se justifica reservar os poderes a apenas um consorte. Nem mais há lugar ou espaço para supor-se ou presumir-se que o cônjuge não está autorizado a praticar certos atos em nome do casal, especialmente aqueles relativos à economia doméstica e à aquisição de bens de consumo e outros necessários para a vida diária da família.

Na forma do citado preceito, o patrimônio comum arca com as obrigações assumidas. Se for insuficiente, respondem os bens de cada cônjuge, na proporção necessária para cobrir em partes iguais a dívida. E isto, inclusive, se cada cônjuge contraiu as obrigações sem a participação do outro, desde que a destinação tenha sido em proveito da família, por força do § 1º do citado art. 1.663. Em caso contrário, ou se a obrigação atendeu a interesse particular do devedor, os terceiros prejudicados estão habilitados a responsabilizar aquele que a contraiu, suportando seus bens próprios e a meação o pagamento.

Duas disposições importantes trazem os §§ 2º e 3º:

"– a anuência de ambos os cônjuges faz-se mister para os atos que, a título gratuito, impliquem cessão do uso ou gozo dos bens comuns, o que se daria no comodato;

– verificada a malversação dos bens, cabe ao juiz atribuir a administração a apenas um dos cônjuges, afigurando-se como exemplos o desperdício inconsequente, os gastos imoderados em extravagâncias, a administração desidiosa."

Secundando as disposições acima, ou trazendo particulares, encontram-se mais as seguintes normas:

"– Art. 1.664, ordenando que os bens da comunhão respondem pelas obrigações contraídas por qualquer dos cônjuges para atender aos encargos da família, às despesas de administração e a outras por imposição legal.

– Art. 1.665, reservando especificamente a administração e a disposição dos bens particulares ao cônjuge proprietário, a menos que contrariamente se disponha em pacto antenupcial. A disposição não equivale à transmissão da propriedade dos bens imóveis, para cujo ato se requer o consenso mútuo, de acordo com o art. 1.647, inc. I.

– Art. 1.666, restringindo ao respectivo cônjuge proprietário as despesas ou dívidas exigidas na administração de seus bens, ou em benefício dos mesmos."

No tocante à extinção do regime de comunhão parcial, não há muito a dizer, aplicando-se idênticas hipóteses à comunhão universal. Opera-se com a dissolução do casamento

Cap. XXII | Regimes Matrimoniais de Bens • 597

pela morte e pelo divórcio, pela sentença que anula ou declara a nulidade do casamento e pela separação judicial.

Se a dissolução decorre da morte de um dos cônjuges, entregam-se os bens respectivos aos herdeiros. Nas situações de divórcio e separação, partilham-se os bens comuns, enquanto os particulares ou próprios continuam com o cônjuge seu proprietário. E caso declarar-se nulo ou anular-se o ato da celebração matrimonial, a partilha restringe-se aos bens adquiridos durante a vigência do casamento, tornando os existentes anteriormente e os próprios à propriedade do cônjuge ao qual pertenciam.

Outrossim, na morte de um dos cônjuges, pode o sobrevivente ser nomeado inventariante, segundo já foi decidido: "Inventariante. Tem direito à inventariança o cônjuge sobrevivente casado sob o regime de parcial comunhão de bens, quando detém a administração do espólio em razão do direito à meação nos bens adquiridos na vigência do matrimônio."[38]

7. REGIME DE COMUNHÃO UNIVERSAL

Sem dúvida, até o advento da Lei nº 6.515, de 1977, foi o regime que predominou em nosso direito.

Através de sua adoção, com poucas exceções, todos os bens presentes e futuros dos cônjuges, bem como as dívidas, se comunicam. Não importa a natureza, sejam móveis ou imóveis, direitos ou ações, apreciáveis ou não economicamente, passam a formar um único acervo, um patrimônio comum, que se torna individual até a dissolução da sociedade conjugal. Os bens que o cônjuge leva para o matrimônio se fundem com os trazidos pelo outro cônjuge, formando uma única massa, e não tornando à propriedade originária quando do desfazimento do casamento.

Merece transcrita a exposição de San Tiago Dantas, sobre o assunto: "A sua característica dominante é estabelecer entre os cônjuges uma comunicação dos bens e da parte passiva do patrimônio, e o que, daí por diante, qualquer um deles adquirir, adquire simultaneamente para si e para outro cônjuge, para a comunhão familiar."[39]

Há, praticamente, uma despersonalização do patrimônio individual, surgindo um patrimônio indivisível e comum, sem definir, especificar, ou localizar a propriedade nos bens.

Reza, a respeito, o art. 1.667 do Código Civil: "O regime de comunhão universal importa na comunicação de todos os bens presentes e futuros dos cônjuges e suas dívidas passivas, com as exceções do artigo seguinte."

Em suma, tudo o que entra para o conjunto do casal passa a integrar a comunhão, bem como as dívidas passivas, exceto as que são excluídas em dispositivos especiais do Código Civil. Da mesma forma, integram-na os bens adquiridos pelos cônjuges durante a vida em comum. A totalidade assim constituída é de ambos, na medida da meação sobre a totalidade do acervo, mesmo que nada tenha trazido ou adquirido um dos cônjuges. Dá-se o que Carlos H. Vidal Taquini denomina unidade de massa, de administração, de responsabilidade e de divisão por metade na dissolução.[40]

---

[38] TJRS. Agravo de Instrumento nº 587047325. 1ª Câm. Cível, de 22.12.1987, em *Revista de Jurisprudência do RS*, 127/200. No mesmo sentido, idêntica *Revista*, 89/895.

[39] Obra citada, p. 272.

[40] Obra citada, p. 208.

598 • Direito de Família | *Arnaldo Rizzardo*

Ou, segundo San Tiago Dantas, "não se faz nenhuma diferença entre o patrimônio e a responsabilidade dos bens comuns, e o patrimônio ou responsabilidade individual dos nubentes, tanto assim que, quando a lei diz que determinados ônus recaem apenas sobre um dos cônjuges, quer dizer que recaem sobre a quota do patrimônio comum, não sobre os bens à parte que eles possuam, nem, isoladamente, sobre a quota que lhes está reservada na comunhão".[41]

Mas não se distribuem quotas na comunhão. Ou o patrimônio comum não se reparte entre os cônjuges por quotas determinadas.

Oriundo este regime do direito germânico, propagando-se largamente no direito antigo dos povos, predominou nos sistemas que mantinham o poderio do marido, até que, nos tempos atuais, cedeu lugar para o regime de separação parcial.

A espécie impõe uma preexistente relação entre os titulares, segundo anotam José Lamartine Corrêa de Oliveira e Francisco José Ferreira Muniz: "A relação matrimonial com a qual se encontra ligada e que produz para eles outros efeitos. Essa relação, que associa os cônjuges tão estreitamente nos múltiplos aspectos da vida, projeta-se sobre o plano patrimonial e explica a razão por que o direito à meação, de que cada cônjuge é titular no patrimônio comum, só é realizável depois de finda a sociedade conjugal."[42]

Pela razão de não adotado o regime através do pacto antenupcial, o que se exige desde a alteração do art. 258 do Código Civil de 1916 pelo art. 50 da Lei nº 6.515, de 1977, o regime legal, ou vigorante na falta de eleição de algum outro, passou a ser o de comunhão parcial, perdurando enquanto vige o matrimônio, ou não se proceder a mudança judicial, segundo lição de Carlos H. Vidal Taquini, em parte aplicável: "Los cónyuges no pueden hacer que la comunidad comience antes o después del matrimonio. Tampoco pueden ponerle fin por mutuo consentimiento: la terminación se produce por la separación judicial de bienes, por declararse nulo el matrimonio y por la muerte de alguno de los cónyuges..."[43]

7.1. Bens e encargos próprios ou excluídos da comunhão

Segundo foi dito, entram na propriedade comum, no regime universal, todos os bens presentes e futuros, desde que não declarados próprios de cada cônjuge, e nem excluídos pela vontade dos nubentes, de modo expresso, no pacto antenupcial.

Os bens afastados da comunhão vêm discriminados expressamente. De modo que todos os não incomunicáveis e não excluídos consideram-se comuns. Constituem os bens residuais, não mencionados no art. 1.668:

"I – Os bens doados ou herdados com a cláusula de incomunicabilidade e os sub-rogados em seu lugar."

Como dessume da regra, a incomunicabilidade se restringe às liberalidades e à herança com tal restrição. As demais aquisições por ato gratuito ou herança entram na comunhão.

Não se comunicam os valores e outros bens adquiridos com o produto da alienação de bens incomunicáveis, isto é, os sub-rogados. Bem clara é a explicação de Carlos H.

---

[41] Obra citada, pp. 274 e 275.
[42] Obra citada, p. 393.
[43] Obra citada, p. 209.

Cap. XXII | Regimes Matrimoniais de Bens • **599**

Vidal Taquín, o que revela a generalidade do princípio: "Revisten el carácter de bienes propios los que se adquieren por permuta con otro de alguno de los cónyuges, o el inmueble que se compre con dinero de alguno de ellos... Los nuevos bienes deben tener el mismo carácter que los anteriores en virtud del principio de la subrogacion real."[44]

Alguns pretendem diferenciar o sentido entre inalienabilidade e incomunicabilidade. Sustenta-se que os bens inalienáveis são incomunicáveis, não ocorrendo, porém, o inverso. A incomunicabilidade não abrangeria a inalienabilidade. Revelaria a cláusula um significado mais restrito.

Em verdade, assim é. A inalienabilidade contém uma extensão maior. Mas a incomunicabilidade estabelecida no casamento tem o fulcro de somente impedir a propriedade comum de certos bens, sem impedir a alienação a terceiros. Se fosse inserida a inalienabilidade, além de não se comunicarem os bens ao outro cônjuge, aplicar-se-ia a impossibilidade de sua transferência a terceiros.

Outrossim, embora o silêncio da lei, são incomunicáveis os bens doados com a cláusula de reversão. Diz o art. 547: "O doador pode estipular que os bens doados voltem ao seu patrimônio, se sobreviver ao donatário." Para viabilizar a aplicação do retorno dos bens ao doador, obviamente é indispensável que permaneçam no domínio do beneficiado.

"II – Os bens gravados de fideicomisso e o direito do herdeiro fideicomissário, antes de realizada a condição suspensiva."

Esclarece-se o sentido de fideicomisso, consoante o art. 1951: a disposição testamentária através da qual o testador ordena que o legado ou a herança, implementada certa condição, se transmita a outra pessoa chamada a suceder.

Nesta figura, há três pessoas: o fideicomitente, que é o autor da liberalidade; o fiduciário ou gravado, isto é, a pessoa chamada a suceder em primeiro lugar; e o fideicomissário, aquele a quem por último se transfere a herança, ou o legado.

O fiduciário e o fideicomissário têm vocação hereditária. Entre eles há uma ordem sucessiva, aparecendo em primeiro lugar o fiduciário, que está obrigado a conservar o bem para depois restituí-lo ou transmiti-lo ao fideicomissário.

O fideicomitente fixa a duração do fideicomisso – até certo tempo, ou até se verificar determinada condição, ou enquanto vivo for o fiduciário. E, na forma do art. 1.953, o fiduciário tem a propriedade da herança ou legado, mas restrita e solúvel, como que à espera da realização da condição, ou de sua morte, quando passa para o fideicomissário.

E enquanto não verificada, os bens gravados com fideicomisso conservam a incomunicabilidade, pois sua propriedade é resolúvel.

De igual modo, o direito do fideicomissário, que é eventual, não se comunica ao outro cônjuge, pois se o mesmo falecer antes do fiduciário, caduca o fideicomisso, consolidando-se a propriedade na pessoa deste último, na ordem do art. 1.958. Se o fiduciário, no entanto, falecer antes, passam os bens automaticamente ao fideicomissário, e se comunicam ao cônjuge.

"III – As dívidas anteriores ao casamento, salvo se provierem de despesas com seus aprestos, ou reverterem em proveito comum."

---

[44] Obra citada, p. 237.

600 • Direito de Família | *Arnaldo Rizzardo*

As dívidas anteriores ao casamento são pessoais do respectivo contraente, por elas devendo responder com seus bens particulares ou com aqueles que trouxe para a comunhão conjugal. Mas a execução ou a cobrança de tais dívidas não fica na expectativa da dissolução do casamento. Desde logo cabe a exigibilidade. Seria contrário ao justo admitir que se postergue indefinidamente um direito de terceiro, favorecendo o violador de um regramento jurídico.

De igual modo, mesmo os bens que integram a meação, por aporte do outro cônjuge, devem suportar o pagamento. Se ao cônjuge pertencem, por disposição de lei, não se justifica a recusa no seu aproveitamento para suportar a cobrança.

De observar, no entanto, que os bens comuns responderão pelos referidos débitos desde que, embora contraídos por um dos cônjuges, reverteram em benefício de ambos, ou decorreram dos preparativos para as bodas, ou dos aprestos do casamento, como aquisição de móveis, enxoval da noiva, utensílios domésticos; ou serviram para atender a despesas de viagens, ou à aquisição do imóvel do casal, dentre outras finalidades comuns.

"IV – As doações antenupciais feitas por um dos cônjuges ao outro com a cláusula da incomunicabilidade."

Nesta situação, o bem doado por um cônjuge ao outro será próprio do donatário, não entrando na comunhão, segundo a mesma razão do inc. II acima.

Convém, entrementes, ter em conta se a doação não constitui uma forma de fraude à execução, conforme as hipóteses do art. 792 do Código de Processo Civil de 2015, ou de fraude contra credores, de acordo com as regras dos arts. 158 e 159 do Código Civil. Se tornar-se insolvente o doador, poderá ser desconstituída a liberalidade pela ação pauliana, ou considerar-se ineficaz a mesma se pendia processo objetivando o reconhecimento da dívida.

"V – Os bens referidos nos incisos V e VII do art. 1.659.

A matéria já foi analisada no item acima relativo ao regime de comunhão parcial. Esses bens são os seguintes":

a) *Os bens de uso pessoal, os livros e instrumentos de profissão.*

No inc. IX do art. 263 do Código Civil anterior, discriminavam-se esses bens como as roupas de uso pessoal, as joias esponsalícias dadas antes do casamento pelo esposo, os livros e instrumentos de profissão e os retratos da família. A redação atual é mais sintética, sendo que a expressão 'uso pessoal' abrange a generalidade dos bens próprios, inclusive as joias, do indivíduo, e que se destinam à sua exclusiva utilização, pois de seu interesse pessoal e íntimo.

b) *Os proventos do trabalho pessoal de cada cônjuge.*

Os salários, rendimentos, frutos, vencimentos ou toda sorte de estipêndios, provenientes do trabalho assalariados, da atividade autônoma, do exercício de cargo público, da participação em sociedade de prestação de serviços, do pró-labore, e outras atividades não ingressam na comunhão. Entretanto, os valores que vão se formando cumulativamente, seja em conta corrente bancária, seja pela aplicação para trazer rendimentos, integram a comunhão. Já não mais constituem proventos ou salários, mas formam o patrimônio formado

Cap. XXII | Regimes Matrimoniais de Bens • **601**

pela economia familiar. Comunicam-se inclusive os direitos que se formam ao longo da relação trabalhista, que passam a ter cunho indenizatório, como a indenização trabalhista, de acordo com o REsp. nº 421.801/RS, da Quarta Turma do STJ, j. em 26.05.2003, *DJU* de 15.12.2003: "Regime de bens. Comunhão universal. Indenização trabalhista. Integra a comunhão a indenização trabalhista correspondente a direitos adquiridos durante o tempo de casamento sob regime de comunhão universal".

No mesmo entendimento, o REsp. nº 355.581/PR, da Terceira Turma do STJ, j. em 13.05.2003, *DJU* de 23.06.2003: "Civil. Família. Fruto civil de trabalho. Comunhão universal de bens. Sobrepartilha. Inteligência do art. 263, XIII, c/c art. 265 do CC. No regime de comunhão universal de bens, admite-se a comunicação das verbas trabalhistas nascidas e pleiteadas na constância do matrimônio e percebidos após a ruptura da vida conjugal".

Integram a comunhão inclusive os honorários advocatícios angariados e que foram se acumulando, a teor do REsp. nº 895.344/RS, da Terceira Turma, j. em 18.12.2007, *DJe* de 13.05.2008:

> "Direito civil e processual civil. Família e Sucessões. Inventário. Bens frutos do trabalho do cônjuge inventariado integram a meação da viúva inventariante.
>
> No regime de comunhão universal de bens, os honorários advocatícios, provenientes do trabalho do cônjuge inventariado, percebidos no decorrer do casamento, ingressam no patrimônio comum do casal, porquanto lhes guarneceram do necessário para seu sustento, devendo, portanto, integrar a meação da viúva inventariante.
>
> Muito embora as relações intrafamiliares tenham adquirido matizes diversos, com as mais inusitadas roupagens, há de se ressaltar a peculiaridade que se reproduz infindavelmente nos lares mais tradicionais não só brasileiros, como no mundo todo, em que o marido exerce profissão, dela auferindo renda, e a mulher, mesmo que outrora inserida no mercado de trabalho, abandonou a profissão que exercia antes do casamento, por opção ou até mesmo por imposição das circunstâncias, para se dedicar de corpo e alma à criação dos filhos do casal e à administração do lar, sem o que o falecido não teria a tranquilidade e serenidade necessárias para ascender profissionalmente e, consequentemente, acrescer o patrimônio, fruto, portanto, do trabalho e empenho de ambos.
>
> Recurso especial conhecido e provido".

c) *As pensões, meios-soldos, montepios e outras rendas semelhantes.*

Os termos expressam os rendimentos provenientes do exercício de atividades profissionais, ou de aplicações de valores para auferir-se uma vantagem após certo período de pagamento.

Não raramente, outros bens regulados por leis próprias incluem-se entre os incomunicáveis, como os direitos patrimoniais de autor, segundo previsão do art. 39 da Lei nº 9.610/1998: "Os direitos patrimoniais do autor, excetuados os rendimentos resultantes de sua exploração, não se comunicam, salvo pacto antenupcial em contrário".

Os bens adquiridos com os frutos dos incomunicáveis ou próprios, ou sub-rogados, conservam a mesma qualidade dos vendidos. Eis a correta explicação de Carlos H. Vidal Taquini, o que demonstra que se trata de um princípio adotado em outros sistemas: "Revisten el carácter de bienes propios los que se adquiren por permuta con otro de alguno de los cónyuges, o el inmueble que se compre con dinero de alguno de ellos... Se contemplan así las evoluciones que el capital propio de los cónyuges puede sufrir y es indudable que en virtud de ese movimiento económico, los nuevos bienes deben tener el mismo carácter que los anteriores en virtud del principio de la subrogación real. Como consecuencia de lo enunciado tienen también carácter propio: el dinero procedente de la venta de un inmueble propio; las indemnizaciones por daños sufridos en un bién propio y las derivadas de la expropriación de un bién propio.

Por la observancia de la subrogación real y pretende el mantenimiento de los patrimonios propios de cada cónyuge."[45]

Os bens próprios ou excluídos da comunhão não se partilham com a dissolução do casamento. Permanecem com o respectivo titular que os trouxe para o casamento, ou que os adquiriu ao longo de seu curso.

O Código de 1916 incluía outras categorias de bens excluídos da comunhão. Assim, conforme seu art. 263, inc. I, a fiança prestada pelo marido sem a outorga da mulher. A matéria é própria das limitações matrimoniais na atuação do marido e da mulher. Se proibida a fiança prestada apenas por um cônjuge, obviamente que é nula, não cabendo ser incluída entre os bens incomunicáveis. Relembra-se, todavia, que a restrição exclusiva ao marido já não encontrava respaldo jurídico, eis que inconstitucional a distinção quanto à mulher.

Havia, outrossim, no mesmo artigo, as categorias do inc. IV – o dote prometido ou constituído a filhos de outro leito; do inc. V – o dote prometido ou constituído expressamente por um só dos cônjuges a filho comum; do inc. VI – as obrigações provenientes de atos ilícitos. Cumpre notar que as doações aos filhos estão reguladas no inc. IV do art. 1.647, sendo que a incomunicabilidade vem prevista no inc. I do art. 1.668. E quanto às obrigações provenientes de atos ilícitos, a exclusão se dá caso não houver reversão dos resultados em proveito do casal, o que se logrará através de embargos de terceiro.

Envolvia o art. 263, inc. XI, os bens da herança necessária, a que se impusesse a cláusula de incomunicabilidade.

Fazia-se referência à herança necessária, isto é, àquela herança em que havia descendentes ou ascendentes sucessíveis. E porque constava a imposição de cláusula de incomunicabilidade, depreendia-se que a mesma decorria de testamento.

Em consequência, e por fazer o inc. XI referência ao art. 1.723 do então Código Civil, no testamento em favor de herdeiros descendentes e ascendentes era possível estabelecer a cláusula da incomunicabilidade.

É o que se depreendia da lição de José Lamartine Corrêa de Oliveira e Francisco José Ferreira Muniz: "Nos termos do art. 1.723, o legislador permite que o testador estabeleça a incomunicabilidade dos bens da herança necessária. Por conseguinte, o respeito pela vontade do testador justifica a incomunicabilidade. Como já vimos, a cláusula de incomunicabilidade impede que os bens – no caso os bens que constituem a legítima do herdeiro – entrem na comunhão.

O cônjuge herdeiro, assim, não os comunica com o outro.

Na verdade, são incomunicáveis todos os bens deixados com a cláusula de incomunicabilidade, ou os sub-rogados em lugar deles."[46]

A disciplina submete-se ao inc. I do art. 1.668 do Código vigente.

De observar que o Código trouxe mudança substancial sobre a cláusula de incomunicabilidade. De acordo com seu art. 1.848, "salvo se houver justa causa, declarada no

---

[45] Obra citada, p. 227.
[46] Obra citada, p. 398.

Cap. XXII | Regimes Matrimoniais de Bens • **603**

testamento, não pode o testador estabelecer cláusula de inalienabilidade, impenhorabilidade, e de incomunicabilidade, sobre os bens da legítima".

Remanesce, pois, mas com raridade, a possibilidade de se estabelecer a cláusula de incomunicabilidade dos bens deixados por herança, não se transferindo ao outro cônjuge.

Salienta-se, com fulcro no art. 1.659, inc. I, do atual Código, que os bens de herança não se transmitem se o casamento for pelo regime de comunhão parcial.

O inc. XII do art. 263 inseria na incomunicabilidade os bens reservados, instituto este não mantido pelo atual Código.

7.2. Administração dos bens e dissolução do regime de comunhão universal

Todos os bens restantes da relação dos expressamente excluídos são comuns ou de propriedade de ambos os cônjuges. A comunhão atinge todos os bens que não são incomunicáveis e as dívidas contraídas por qualquer dos cônjuges na vigência da sociedade matrimonial. Na relação dos bens desta ordem incluem-se os adquiridos na constância do matrimônio e os pertencentes a cada cônjuge no momento da celebração. Passam eles a constituir um só patrimônio de propriedade do casal.

Os cônjuges se encontram na posição de condôminos. Não são proprietários de coisas individualizadas, mas de fração ideal sobre o conjunto desses bens, sem que possa qualquer deles pretender a divisão e dispor individualmente de sua parte.

De observar a necessidade da presença dos dois cônjuges na alienação de imóveis, quer sejam comuns, quer próprios e incomunicáveis. Nenhum dos cônjuges, seja qual for o regime de bens, pode alienar ou gravar de ônus real bens imóveis comuns ou próprios, sem o consentimento do outro. De acordo com a nomenclatura do Código anterior, o marido carecia da outorga para alienar ou gravar de ônus real os imóveis do casal e os próprios dele, enquanto a mulher necessitava da autorização daquele, para dispor dos imóveis do seu domínio particular. Na prática, porém, não trazia resultado algum o emprego de termos diferentes. O Código de 2002, no art. 1.647, inc. I, limitou-se a impor a autorização do cônjuge cujos bens não constam em seu nome. O vendedor é o cônjuge que possui o registro da titularidade.

Na satisfação das dívidas particulares, mas contraídas em favor da família, admite-se a execução dos bens particulares. Autoriza-se, porém, que sejam satisfeitas somente com os bens comuns, resguardando-se os particulares. Influi, no caso, a finalidade que a determinou ou deu origem. É expresso, sobre o assunto, o art. 1.664, aplicável em função do art. 1.670, sem preceito equivalente no diploma civil anterior: "Os bens da comunhão respondem pelas obrigações contraídas pelo marido ou pela mulher para atender aos encargos da família, às despesas de administração e às decorrentes de imposição legal".

Ao se tratar, porém, do patrimônio particular, a administração e a disposição, em virtude do art. 1.665, cabem ao cônjuge proprietário, salvo se vier previsto diferentemente em pacto antenupcial. Já as dívidas contraídas por qualquer dos cônjuges na administração de seus bens particulares e em benefício destes, na forma do art. 1.666, não obrigam os bens comuns.

Especificamente, ainda, quanto à administração dos bens, manda o art. 1.670 que se aplique "ao regime de comunhão universal o disposto no Capítulo antecedente".

E no capítulo antecedente do Código, que é o Capítulo IV, o qual regula o regime de comunhão parcial, as normas sobre o assunto estão sobretudo no art. 1.663 e em seus

604 • Direito de Família | *Arnaldo Rizzardo*

parágrafos. Pelo *caput* do dispositivo, incumbe a ambos os cônjuges a administração, ficando alterado o sistema do art. 274 do Código de 1916, o qual atribuía tal função, quanto aos bens do casal, ao marido.

O § 1º cuida da responsabilidade no tocante às dívidas contraídas na administração: "As dívidas contraídas no exercício da administração obrigam os bens comuns e particulares do cônjuge que os administra, e os do outro na razão do proveito que houver auferido". Mesmo que o proveito seja do casal, aquele que as contratou sempre responde com seus bens particulares. Não importa ao terceiro a que se destinou o negócio que realizou. A presunção é do proveito daquele que fez a aquisição. Parece evidente, porém, que os bens particulares do cônjuge que não contratou entram na responsabilidade apenas se insuficiente o patrimônio comum.

O § 2º do mesmo art. 1.663 aporta regra totalmente nova, sem parâmetro no Código de 1916: "A anuência de ambos os cônjuges é necessária para os atos, a título gratuito, que impliquem cessão do uso ou gozo dos bens comuns". De modo que passou a ser exigida a presença de ambos os cônjuges em todos os contratos que expressam cessão ou transferência, a título gratuito, de uso e gozo dos bens comuns. Não estão abrangidos os contratos de locação, arrendamento e parceria, porquanto está presente, aí, a remuneração, ou a contraprestação. A cessão do uso ou gozo gratuito exemplifica-se no comodato. O consentimento do cônjuge faz-se indispensável para evitar condutas com fraude ou simulação encetadas unicamente para afastar a participação, nos frutos, do outro cônjuge.

Já o § 3º abre o caminho para o juiz atribuir a um único cônjuge a administração: "Em caso de malversação dos bens, o juiz poderá atribuir a administração a apenas um dos cônjuges". Não possui norma equivalente o diploma civil de 1916. Revela-se altamente importante a norma, destinando-se a evitar que o cônjuge arruíne a situação econômica da família, contraindo obrigações pessoais e não proveitosas ao casal. A malversação envolve a dilapidação, a má administração, os gastos incontrolados e pessoais, não trazendo benefícios ao casal. O conteúdo da norma é complexo, tendo efeito prático unicamente quando a atividade se dá com os bens, interesses e negócios próprios, e não na contratação de obrigações que o cônjuge efetua. Para evitar essa dimensão, e invalidar os atos ou negócios, é mister que se declare previamente a interdição, ou se localize algum vício de consentimento.

A extinção do regime de comunhão se opera com a dissolução ou término do casamento. O Código anterior destacava as hipóteses, no art. 267, que consistiam a morte de um dos cônjuges, a sentença que anulasse o casamento, a separação judicial e o divórcio. No entanto, nesses eventos, que extinguem ou dissolvem a sociedade conjugal, é natural que decorra a extinção do regime de comunhão universal, ou qualquer outro regime. Não carecia que estivessem destacadas as situações. Fez bem o atual Código em omitir-se sobre a matéria.

Saber-se que o casamento se dissolve com a morte de um dos cônjuges e o divórcio. Com a anulação, simplesmente deixa de existir o casamento. E havendo separação judicial, desfaz-se a sociedade conjugal, perdurando, porém, o casamento.

Úteis, no entanto, as seguintes observações. Nas hipóteses de morte, divórcio e anulação ou nulidade, extingue-se a comunhão. Reparte-se o monte em duas meações. No caso de morte, uma delas vai para o viúvo, e a restante, com os bens particulares, para os herdeiros. Havendo divórcio ou separação, a partilha envolverá o acervo comum, continuando os bens particulares com o cônjuge deles proprietário.

Cap. XXII | Regimes Matrimoniais de Bens • **605**

E na declaração de nulidade, na anulação e mesmo na ineficácia, considera-se inexistente a comunhão desde a data do casamento. O efeito será *ex tunc*. Os bens voltam ao cônjuge que era proprietário dos mesmos. Quanto aos formados no interregno entre a celebração e a sentença, devem ser divididos.

Na partilha do patrimônio, desimporta a parcela de contribuição de cada cônjuge na sua formação.

Tratando-se de casamento putativo, de acordo com o salientado quando da abordagem do assunto, se ambos os cônjuges são inocentes, ou casaram com boa-fé, a partilha do patrimônio obedece às mesmas regras relativas à separação e ao divórcio. Se um apenas for o inocente, o outro cônjuge terá cassadas as vantagens advindas com o casamento. Não lhe assiste requerer a meação do patrimônio trazido pelo cônjuge inocente – art. 1.564, inc. I, enquanto este permanecerá com o montante recebido do culpado.

Oportuno observar, ainda, como decidido no REsp. nº 1.058.165/RS, da Terceira Turma do STJ, relatora Ministra Nancy Andrighi, j. em 14.04.2009, *DJe* de 21.08.2009, que não é possível, neste regime de bens, a formação de sociedade empresarial entre marido e mulher:

"A liberdade de contratar a que se refere o art. 421 do CC/2002 somente pode ser exercida legitimamente se não implicar a violação das balizas impostas pelo próprio texto legal. O art. 977 do CC/2002 inovou no ordenamento jurídico pátrio ao permitir expressamente a constituição de sociedades entre cônjuges, ressalvando essa possibilidade apenas quando eles forem casados no regime da comunhão universal de bens ou no da separação obrigatória. As restrições previstas no art. 977 do CC/02 impossibilitam que os cônjuges casados sob os regimes de bens ali previstos contratem entre si tanto sociedades empresárias quanto sociedades simples. Negado provimento ao recurso especial".

Finalmente, prescreve o art. 1.671: "Extinta a comunhão, e efetuada a divisão do ativo e do passivo, cessará a responsabilidade de cada um dos cônjuges para com os credores do outro".

Como já se observou, as dívidas contraídas durante o casamento, para atender às necessidades da família, obrigam os bens comuns. A responsabilidade perdura até efetuar-se a divisão do ativo e passivo. Depois de cessada a comunhão, as dívidas não mais se comunicam, tornando-se a responsabilidade pessoal.

Se não distribuídas na partilha as dívidas comuns, não se isentam os cônjuges com a cessação do casamento. Adverte Carvalho Santos: "A responsabilidade da comunhão recai sobre ambos os cônjuges e se transmite aos seus herdeiros, dentro da força da herança. Donde o ensinamento geralmente admitido: as dívidas comuns existentes ao tempo da partilha, se nesta não se separaram bens para seu pagamento, ficam a cargo dos que possuam as metades dos bens da comunhão extinta, cada qual na proporção da parte que lhe couber."[47]

Nas dívidas particulares, porém, a responsabilidade é imputável ao cônjuge que as contraiu. Mas os bens respondem na proporção da respectiva meação, mesmo que já distribuídos aos herdeiros. E se comuns, respondem com a correta divisão juntamente com a partilha do patrimônio. Prevalece a responsabilidade de ambos os cônjuges. Suportará a obrigação de pagar o cônjuge que as contraiu, com a garantia da meação, unicamente se particulares.

---

[47] *Código Civil Brasileiro Interpretado*, obra citada, vol. V, pp. 83 e 84.

606 • Direito de Família | *Arnaldo Rizzardo*

7.3. A comunicação dos frutos e rendimentos

Os frutos e rendimentos provenientes dos bens incomunicáveis se comunicam ou passam para ambos os cônjuges. É de grande importância a regra, pois delimita o campo da não participação dos cônjuges. Acontece que tudo quanto ingressa durante o casamento forma o acervo do casal. Não interessa se os bens que produzem frutos ou rendimentos são de apenas um dos cônjuges. O art. 1.669 define a regra: "A incomunicabilidade dos bens enumerados no artigo antecedente não se estende aos frutos, quando se percebam ou vençam durante o casamento".

Daí que os aluguéis, os rendimentos de bens produtivos, os resultados das aplicações financeiras, os juros, as colheitas, as crias de animais, a confecção de produtos por máquinas e fábricas, ingressam na comunhão, dividindo-se entre os cônjuges se ocorrer a separação posteriormente. Mesmo que decorram os frutos e rendimentos de imóveis doados ou herdados com a cláusula da incomunicabilidade, passam ao patrimônio comum, não se mantendo o domínio exclusivo.

Em consequência, não interessa um determinado tipo de bens para afastar esse efeito, exceto se o regime for o de separação absoluta.

Como frutos entendem-se as utilidades e produções da coisa, como as plantações, os minérios, as pedras, a areia, os cortes de madeiras. Embora o termo mais apropriado seja rendimentos, incluem-se no texto legal os aluguéis, o preço do arrendamento, o resultado das aplicações financeiras ou investimentos.

7.4. Direito à habitação em favor do cônjuge sobrevivente

Prescreve o art. 1.831, abrangendo o dispositivo também o regime de comunhão universal: "Ao cônjuge sobrevivente, qualquer que seja o regime de bens, será assegurado, sem prejuízo da participação que lhe caiba na herança, o direito real de habitação relativamente ao imóvel destinado à residência da família, desde que seja o único daquela natureza a inventariar".

Despontam do preceito os seguintes elementos:

"I – a sobrevivência de um dos cônjuges;

II – o casamento por qualquer um dos regimes de bens existentes;

III – a existência de imóvel que sirva de residência à família;

IV – a falta de outro imóvel para tal finalidade."

A jurisprudência tem implantado, na prática, o instituto. Assim o Recurso Especial nº 107.273, da 4ª Turma do Superior Tribunal de Justiça, de 9.12.1996, colacionado pelo *Boletim Direito Imobiliário*, edição COAD, nº 09, expedição de 8.03.1998, p. 209: "O viúvo, casado sob o regime de comunhão universal de bens, tem o direito real de habitação relativamente ao imóvel destinado à residência da família". Procura-se, no decorrer da fundamentação, dar ênfase ao instituto: "É elogiável a regra legal ora em exame, resguardando o interesse do cônjuge sobrevivente, formador da família e, muitas vezes, o principal responsável pela construção do patrimônio, protegendo o direito mínimo de dispor de uma morada, contra o anseio dos herdeiros em se apropriarem da herança, ainda que deixando um dos pais ao desabrigo".

Cap. XXII | Regimes Matrimoniais de Bens • **607**

Anteriormente ao Código de 2002, ressaltava uma distinção injusta, quanto aos cônjuges matrimoniados pelo regime de separação total ou de comunhão parcial, aos quais não se reconhecia o direito. Em verdade, não era fora de cogitação a ocorrência de situações mais críticas de necessidades materiais nos casamentos celebrados sob tais regimes, em que nenhum bem levava o sobrevivente.

Para a configuração da garantia à habitação, importa que o prédio seja residencial e usado pelo casal para a moradia efetiva e habitual. No caso de existirem outros imóveis, não se institui o ônus, embora esta questão deva ser compreendida com ressalva. Se outros prédios não se prestam à moradia, ou não expressam significação econômica, não é de se negar o direito ao cônjuge supérstite para a ocupação do prédio utilizado em vida conjuntamente com o falecido. Eis como se decidiu: "O direito real de habitação deve ser reconhecido ao cônjuge sobrevivente, ainda que hajam outros imóveis, se é o único de natureza residencial", pois a intenção da lei foi impedir "que o cônjuge sobrevivente fosse atirado ao relento, sem residência estável, no fim de seus dias, quando as forças lhe faltam para repetir os sacrifícios que quase sempre custam a aquisição de uma residência própria."[48]

O gravame perdura pelo tempo de vida do sobrevivente.

Não há direito à herança, mas simples favor legal de proteção temporária, que virá impedir que a passagem de um bem em plena propriedade a um herdeiro possa determinar o afastamento do outro cônjuge, ou que seja ele relegado a uma situação pessoal de desamparo.

8. PARTICIPAÇÃO NOS AQUESTOS ATRAVÉS DE REGIME MATRIMONIAL

O Código Civil traz uma grande inovação no que se relaciona aos regimes matrimoniais de bens. A par da comunhão parcial, da comunhão universal, da separação total e do silêncio quanto ao regime dotal, abolindo-o por obsoleto e em desuso, instituiu o regime de participação final dos aquestos, o qual não vinha no Código de 1916.

Como o título sugere, trata-se da participação final de ambos os cônjuges no patrimônio formado durante a sociedade conjugal a título oneroso.

Expõe o art. 1.672 do Código: "No regime de participação final nos aquestos, cada cônjuge possui patrimônio próprio consoante disposto no artigo seguinte, e lhe cabe, à época da dissolução da sociedade conjugal, direito à metade dos bens adquiridos pelo casal, a título oneroso, na constância do casamento."

O significado é dado por Rolf Madaleno: "Noutra versão interpretada a partir do art. 1.672 do Código Civil, o regime de participação final nos aquestos estaria ordenando a divisão de bens obtidos a título oneroso e individualmente pelos cônjuges, ou por ambos, e estes passariam a integrar uma massa comum por ocasião da liquidação da sociedade matrimonial, sendo repartidos os aquestos.

Carlos Taquini (*Régimen de bienes em el matrimonio*, 3ª ed., Buenos Aires: Astrea, 1990, p. 294) afirma tratar-se de uma comunidade conjugal, onde cada esposo administra livremente o seu próprio patrimônio e os bens por ele adquiridos ao tempo das núpcias. Assim, conclui Taquini, durante a união, as relações patrimoniais entre os cônjuges fun-

---

[48] TJRJ. Agravo de Instrumento nº 1.549. 8ª Câm. Cível, de 13.07.1978, em *Jurisprudência Brasileira*, nº 92, Curitiba, Uso e Habitação, Juruá Editora, p. 114, 1984.

608 • Direito de Família | *Arnaldo Rizzardo*

cionam como se houvesse separação de bens, nascendo com a dissolução conjugal uma massa comunicável dos bens aquestos, como acontece na comunhão parcial".[49]

Clara revela-se a explicação da Professora Cristiana Sanchez Gomes Ferreira: "Trata-se de um regime 'misto': durante a constância do casamento, vigora o regime da separação de bens – cada cônjuge administra de forma exclusiva o patrimônio em seu nome, podendo alienar livremente seus bens móveis –, mas ao advir a dissolução conjugal, o regime que se aplica é muito semelhante ao da comunhão parcial. Segundo a regra, sobrevindo a dissolução da sociedade conjugal, o montante dos aquestos é apurado, excluindo-se deste a soma dos patrimônios próprios, quais sejam: bens anteriores ao casamento (e os sub-rogados em seu lugar), os que tocarem a cada cônjuge por sucessão ou liberalidade e as dívidas relativas a estes bens".[50]

Os cônjuges devem expressar a opção através de pacto antenupcial. Não se partilham automaticamente os bens, na forma dos regimes de comunhão parcial e de comunhão universal. É convencional a presente espécie, pela qual cada cônjuge conserva como de seu domínio os haveres que trouxe para o casamento, e os conseguidos ao longo de sua duração, administrando-os e aproveitando os seus frutos. Mas, na época da dissolução do vínculo conjugal, procede-se à divisão do acervo constituído a título oneroso durante o casamento.

Há, pois, na letra do art. 1.672, dois tipos de patrimônios: o dos bens próprios, que cada cônjuge possuía ao casar; e os adquiridos, a qualquer título, na constância do casamento, isto é, por doação, por testamento e por compra ou alguma outra forma onerosa.

O art. 1.673 define o patrimônio próprio: "Integram o patrimônio próprio os bens que cada cônjuge possuía ao casar e os por ele adquiridos, a qualquer título, na constância do casamento." Assegura, também, o parágrafo único, a administração pelo respectivo cônjuge titular, reservando-se-lhe o direito da livre disposição em se tratando de móveis.

Está aí consignado que duas espécies formam o patrimônio próprio: os bens já existentes ao se formar a sociedade conjugal e aqueles adquiridos durante o casamento, a título gratuito ou oneroso. Apenas, porém, os adquiridos onerosamente ingressam na partilha e formam a meação.

Distingue-se do regime de comunhão parcial, pois neste existe comunicação dos bens que sobrevierem ao casal, na constância do matrimônio, segundo o art. 1.658. A comunicação dá-se no ato da aquisição. A administração é comum, ou cabe a qualquer dos cônjuges. Na comunhão universal, de modo geral, a comunicação estende-se aos bens presentes e futuros, com algumas ressalvas, como estabelece o art. 1.667 e se discrimina no art. 1.668, cabendo, igualmente, a ambos a administração.

Na espécie em exame, a divisão acontece só após a dissolução da sociedade conjugal, que se dá por morte ou por separação judicial, e restritamente àquele patrimônio formado pelos aquestos, que é o adquirido pelo casal a título oneroso, sem envolver aqueles bens próprios que seguem na ordem do art. 1.674:

"I – os bens anteriores ao casamento e os que em seu lugar se sub-rogaram;

II – os que sobrevieram a cada cônjuge por sucessão ou liberalidade;

III – as dívidas relativas a esses bens."

---

[49]   *Curso de Direito de Família.* 2ª ed. Rio de Janeiro, Forense, 2008, p. 582.
[50]   *Análise Econômica do Divórcio*, obra citada, p. 49.

Cap. XXII | Regimes Matrimoniais de Bens • **609**

Consoante se percebe, unicamente os bens próprios acima enumerados não entram na partilha, excluindo-se, pois, da formação dos aquestos no conceito dado pelo Código Civil. Tais bens, aliás, já constam afastados no regime de comunhão parcial. Não poderiam ficar incluídos na aferição dos aquestos. Nem ingressam para a contagem dos bens próprios partilháveis, ou para estabelecer o montante para fins de partilha dos aquestos.

Na verdade, parece que o art. 1.674 está redigido defeituosamente. Se tais bens próprios não integram os aquestos para a finalidade de partilha, não carecia que viesse ressaltada a disposição.

Normas especiais vêm ditadas em proteção aos aquestos.

O art. 1.675 manda computar, para se apurar o montante dos aquestos, o valor das doações feitas por um dos cônjuges sem a necessária autorização do outro. Ao prejudicado, ou a seus herdeiros, se garante o direito de reivindicar o bem, ou imputá-lo ao monte partilhável, por valor equivalente ao da época da dissolução.

Pelo art. 1.676, "incorpora-se ao monte o valor dos bens alienados, em detrimento da meação, se não houver preferência do cônjuge lesado, ou de seus herdeiros, de os reivindicar". Verifica-se que, se o cônjuge aliena bens com a finalidade de defasar a meação, ao cônjuge lesado, ou a seus herdeiros, é permitido encetar as providências legais cabíveis, com a competente ação para desconstituir tal situação.

A reivindicação, entretanto, nem sempre é possível, mormente, se a transmissão se operou por venda. Tendo o adquirente agido de boa-fé, importa seja ressarcido do prejuízo. Ademais, cabe o direito em apenas metade do valor, já que existe o domínio da meação em favor do transferinte. Melhor se adapta às situações fáticas interpretar o termo no sentido de anulação do negócio feito indevidamente.

Várias regras regulamentam as relações do cônjuge neste regime de bens, especialmente no que se refere às dívidas. Assim, as obrigações contraídas por um deles mereceram a atenção do art. 1.677: "Pelas dívidas posteriores ao casamento, contraídas por um só dos cônjuges, somente este responderá, salvo prova de terem revertido, parcial ou totalmente, em benefício do outro." Completa o art. 1.678: "Se um dos cônjuges solveu uma dívida do outro com bens do seu patrimônio, o valor do pagamento deve ser atualizado e imputado, na data da dissolução, à meação do outro cônjuge." Ou seja, o valor satisfeito será compensado na meação do outro cônjuge, quando da dissolução da sociedade conjugal. A medida pode ser procurada pelos herdeiros do cônjuge falecido que saldou a obrigação.

No caso dos bens adquiridos pelo trabalho conjunto, terá cada um dos cônjuges, em função do art. 1.679, uma quota igual no condomínio, ou no crédito por aquele modo estabelecido. O problema é o ônus da prova da proveniência do trabalho conjunto, que fica ao encargo de quem alega a titularidade, ou de quem a impugna, se pretendida apenas por um dos cônjuges.

Quanto aos imóveis, são havidos de propriedade da pessoa em cujo nome se encontram escriturados ou registrados. A norma emana do art. 1.681: "Os bens imóveis são de propriedade do cônjuge cujo nome constar no registro." Havendo a impugnação da titularidade, o parágrafo único atribui ao cônjuge proprietário a prova da aquisição regular dos bens. Nota-se a inversão do ônus da prova, eis que, normalmente, cabe a quem alega o fato constitutivo de seu direito, por força do art. 373, inc. I, do Código de Processo Civil de 2015. Acontece que, a rigor, a presunção é da aquisição conjunta, se efetuada no curso da sociedade conjugal.

610 • Direito de Família | *Arnaldo Rizzardo*

Com respeito aos bens móveis, eis o regramento que os regula:

Em primeiro lugar, a pessoa casada poderá livremente aliená-los, se de sua propriedade. Mas a hipótese não afasta a possibilidade de compensação, quando da conferência da meação, se demonstrada a aquisição comum.

De outra parte, prevalece a presunção da consecução dos mesmos na vigência do casamento (art. 1.674, parágrafo único), o que, pela lógica, impede a livre alienação, contrariamente ao permitido pelo art. 1.673, parágrafo único, cuja regra autoriza a livre alienação.

Por fim, "as coisas móveis, em face de terceiros, presumem-se do domínio do cônjuge devedor, salvo se o bem for de uso pessoal do outro" (art. 1.680). Nota-se uma pálida tentativa para garantir as obrigações assumidas perante os credores particulares, que pouco efeito resultará na prática. Mas, não se conclua que outros haveres não possam garantir as dívidas pessoais. Segundo o art. 1.686, todo o patrimônio próprio do cônjuge está à disposição do credor: "As dívidas de um dos cônjuges, quando superiores à sua meação, não obrigam ao outro, ou aos seus herdeiros." Vale afirmar que a metade dos bens adquiridos durante sociedade conjugal e os particulares suportarão os encargos pessoais assumidos pelo cônjuge.

Há um preceito inspirado especialmente na finalidade de proteger a meação – art. 1.682: "O direito à meação não é renunciável, cessível ou penhorável na vigência do regime matrimonial." Não se impede, entrementes, a alienação após o término da sociedade marital.

No que concerne à divisão do patrimônio, notam-se as seguintes disposições, que devem ser obedecidas:

– Na dissolução do regime de bens por separação judicial ou divórcio, verificar-se-á o montante dos aquestos na data em que cessou a convivência (art. 1.683), e não quando se deu a separação ou o divórcio.

– Não sendo possível nem conveniente a divisão de todos os bens em natureza, calcular-se-á o valor de alguns ou de todos para reposição em dinheiro ao cônjuge não proprietário. Mas caso não se consiga a reposição em dinheiro, avaliam-se e alienam-se tantos bens quantos bastarem para completar a meação do outro cônjuge, sempre com autorização do juiz (*caput* do art. 1.684 e parágrafo único).

– A partilha na dissolução por morte terá em conta a meação do cônjuge sobrevivente de conformidade com as disposições anteriores, deferindo-se a herança aos herdeiros na forma estabelecida pelo direito positivo (art. 1.685). Por outras palavras, os herdeiros do cônjuge herdam segundo as regras comum da sucessão.

– As dívidas de um dos cônjuges, quando superiores à sua meação, não obrigam ao outro, ou a seus herdeiros (art. 1.686).

De observar, *en passant*, que o Código Civil alemão considera como natural o regime de participação final nos aquestos, como se vê no parágrafo 1.363: "Os cônjuges vivem no regime de bens da comunidade de adquiridos se eles, por contrato nupcial, não concordarem em outra coisa. O patrimônio do marido e o patrimônio da mulher não são patrimônio comum dos cônjuges; aplica-se isto, também, ao patrimônio que um cônjuge obtiver depois da realização do casamento. O adquirido, que os cônjuges perceberem durante o casamento, será, contudo, igualado quando a comunidade de adquiridos terminar."

9. REGIME DE SEPARAÇÃO DE BENS

Constitui este um regime convencional de bens, pouco adotado, mas de igual importância que os demais. Por meio dele, os cônjuges conservam exclusivamente para si os bens que possuíam quando do casamento e aqueles que adquirem ou vão adquirir na constância do mesmo. Há a completa separação do patrimônio dos cônjuges, nada tornando-se comum, inclusive aquilo que advém do esforço conjunto. Cada consorte é proprietário do capital ativo e passivo existente antes de casar e daquele formado posteriormente, competindo a cada um a posse e a administração, no que se coaduna com a definição de Sílvio Rodrigues: "Regime de separação é aquele em que os cônjuges conservam não apenas o domínio e a administração de seus bens presentes e futuros, como também a responsabilidade pelas dívidas anteriores e posteriores ao casamento."[51]

O jurista espanhol Angel Luis Rebolledo Varela destaca a diferença com o regime de comunhão: "Desde el punto de vista de la composición de los diferentes patrimônios que pueden existir en el matrimonio y de la atribución de sus titularidades, tradicionalmente se han venido contraponiendo dos regímenes comunitarios a los regímenes separatistas. En la consideración que ahora estamos tratando, los regímenes comunitários se caracterizan por la existencia generalmente, de três masas patrimoniales: bienes privativos del marido, bienes privativos de la mujer, y los bienes comunes. En los regímenes separatistas existen, por el contrario y generalmente, dos patrimônios separados: los formados por los bienes del marido y por los bienes de la mujer, no existiendo bienes comunes."[52]

A ideia de seu conteúdo está no art. 1.687: "Estipulada a separação de bens, estes permanecerão sob a administração exclusiva de cada um dos cônjuges, que os poderá livremente alienar ou gravar de ônus real".

No regime de separação total estão incluídas as dívidas, pelas quais responderá o cônjuge que as contraiu.

Dessume-se, pois, que cada cônjuge conserva a propriedade de seus bens, formando-se dois patrimônios.

Os cônjuges devem adotar o regime através do pacto antenupcial, exceto nos casos em que é obrigatório em virtude de lei. Este regime não ingressa no âmbito pecuniário dos patrimônios, inclusive no que diz respeito à alienação dos imóveis, que não dependerá do assentimento recíproco, eis que a liberdade para tanto não mais se restringe aos móveis, o que era preservado no sistema do Código de 1916. Todavia, cumpre observar, a liberdade de livremente alienar ou onerar restringe-se quando consensual a adoção do regime de separação absoluta. Vindo imposto pela lei, qualquer ato de disposição ou gravação de imóveis submete-se à regra comum do mútuo consenso, tanto que não refere o dispositivo correspondente a possibilidade de livremente alienar ou onerar – art. 1.641. De outro lado, seria um contrassenso autorizar a lei tal faculdade em um regime de bens que não lhe garante a liberdade de optar por outro regime.

As benfeitorias, acessões e melhoramentos, que porventura venham a se realizar nos bens de cada cônjuge, integram o respectivo patrimônio. Se há participação nas edificações levadas a efeito pelo cônjuge não proprietário, o máximo que lhe assiste é pleitear a correspondente indenização.

Considerando que o passivo também integra o regime de separação, não se comunicam os débitos anteriores ou posteriores ao casamento, pelos quais responde apenas

---

[51] *Direito Civil – Direito de Família*, obra citada, 13ª ed., 1987, vol. VI, p. 204.
[52] *Separación de Bienes en el Matrimonio*, Madrid, Editorial Montecorvo S.A., 1983, p. 75.

612 • Direito de Família | *Arnaldo Rizzardo*

o consorte que os contraiu. Isto inclusive se destinados ao proveito comum. Eventual ressarcimento contra o favorecido resolve-se segundo as regras obrigacionais aplicáveis a pessoas estranhas, de acordo com a doutrina tradicional.

Há, no entanto, uma atenuação a este entendimento.

É que mesmo nas sociedades de fato ou irregulares admite-se a responsabilização de todos seus membros, arcando o patrimônio comum, ou de cada um, na satisfação das obrigações contraídas em favor de todos, ou que resultaram no proveito de seus componentes. De igual modo, há de entender-se no tocante à sociedade familiar constituída, quando as dívidas objetivaram atender necessidades comuns. É o pensamento de José *Lamartine* Corrêa de Oliveira e Francisco José Ferreira Muniz: "A exclusiva responsabilidade do cônjuge pelas obrigações que assumiu comporta, porém, ressalva, como se verifica, por exemplo, com as dívidas destinadas a atender os encargos da vida familiar. Estas obrigações responsabilizam ambos os cônjuges, não obstante contraídas por um só deles."[53]

No que parece convir também Orlando Gomes: "Não obstante a completa separação de patrimônio, existe, sempre, entre os cônjuges, comunhão de interesses indicativa da existência de uma sociedade elementar. O dever de contribuírem para as despesas do casal leva os cônjuges à reunião dos seus recursos."[54]

Tanto isto que, conforme o art. 1.643, presume-se qualquer dos cônjuges autorizado a praticar uma série de atos na administração da família, como compras, contrair empréstimos e obrigações, acrescentando o art. 1.644 que as dívidas contraídas para a economia doméstica por qualquer dos cônjuges são da responsabilidade de ambos.

Na mesma linha segue o direito espanhol, como explica Angel Luis Rebolledo Varela: "Contraída una deuda en el ejercicio de la potestad doméstica, es decir, como establece el párrafo primero del artículo 1.319, una obligación derivada de un acto de uno de los cónyuges realizado con la finalidad de atender las necesidades ordinárias de la familia encomendadas a su cuidado, conforme al uso del lugar y a las circunstancias de la família, el párrafo segundo señala qué bienes son los responsables y contra los cuales podrán dirigirse los terceros: de las deudas contraídas en el ejercicio de esta potestad responderán solidariamente los bienes comunes y los del cónyuge que contraiga la deuda y, subsidiariamente, los del otro cónyuge, establecendose así expresamente, para el régimen de separación de bienes, una responsabilidad subsidiaria del cónyuge contratante."[55]

Estabelece o Código, no art. 1.688, uma regra específica sobre a proporção na participação para as despesas do casal: "Ambos os cônjuges são obrigados a contribuir para as despesas do casal na proporção dos rendimentos de seu trabalho e de seus bens, salvo estipulação em contrário no pacto antenupcial". Há, assim, uma distribuição em assumir os encargos de acordo com a capacidade econômica, a menos que se acorde diferentemente no pacto antenupcial.

Assim resumem-se, pois, as características deste regime:

a) Propriedade plena e exclusiva pelos cônjuges dos bens existentes antes do casamento, e dos adquiridos na sua constância.

b) Administração exclusiva dos mesmos pelo respectivo cônjuge proprietário.

c) Livre disposição pelo cônjuge proprietário quanto aos bens móveis e imóveis, sem a outorga ou o consentimento do outro na alienação ou oneração.

---

[53] Obra citada, p. 425.
[54] *Direito de Família*, obra citada, p. 185.
[55] Obra citada, p. 502.

Cap. XXII | Regimes Matrimoniais de Bens • **613**

d) Em princípio, responsabilidade única na satisfação das obrigações pelo cônjuge que as contraiu, a menos se destinadas ao proveito comum.

e) Os eventuais créditos entre os cônjuges, especialmente os decorrentes de participação nas despesas com obras em bens imóveis particulares, regulados pelo direito obrigacional aplicável a estranhos.

f) Contribuição mútua entre o marido e a mulher nas despesas da família, na proporção dos respectivos rendimentos.

Admite-se a convenção antenupcial que introduza modificação no regime, de modo a atender conveniências dos cônjuges, principalmente em situações específicas, como na administração por um deles de todos os bens, no proveito comum dos frutos, na indisponibilidade de certos bens adquiridos na vigência da sociedade conjugal, e na forma de participação nas despesas – modificações estas que não comportam mudança na estrutura do regime.

Entende Angel Luis Rebolledo Varela normais essas convenções: "En principio, los cónyuges pueden regular como crean conveniente su contribución a los cargos del matrimonio, adaptándola a las circunstanciais y necesidades concretas, y de ahí que el convenio pueda tener un contenido muy variado: se puede limitar la parte contributiva de un cónyuge a una suma determinada e invariable, a un tanto por ciento de sus ingresos, o a una parte de los gastos familiares, supliendo el otro cónyuge el resto; se puede convenir que un cónyuge contribuya en mayor medida que el otro. O que contribuya preferentemente uno y el otro subsidiariamente, etc."

Todavia, desde que não se arrede de um dos cônjuges as responsabilidades do próprio casamento, segundo adverte o mesmo autor: "Pero no será válido tal convenio cuando se pretenda eludir cargas de cumplimiento imperativo dentro de la família o suponga una derogación del principio de que la contribución a las cargas del matrimonio recae sobre ambos cónyuges."[56]

De outro lado, dentro do estipulado no art. 617, inc. I, do Código de Processo Civil, não comporta este regime, no inventário por morte de um dos cônjuges, a nomeação do sobrevivente na qualidade de inventariante, a não ser em casos especiais, como assentou o Supremo Tribunal Federal, no Recurso Extraordinário nº 87.301-RJ, de 18.03.1980, através de sua Primeira Turma, sendo rel. o Min. Soares Muñoz: "Inventariante. Nomeação do cônjuge sobrevivente, que estava na posse e administração do espólio, quando do falecimento do inventariado, com quem era casado pelo regime de separação de bens. Decisão que não negou vigência ao art. 990, I, do Código de Processo Civil, porque os herdeiros sobrinhos não tinham a posse e administração dos bens deixados pelo *de cujus*."[57] O referido art. 990, I, equivale ao art. 617, I, do CPC/2015.

Ainda, no pertinente aos alimentos, preserva-se o direito a exigi-los, desde que necessários, posto que os fundamentos legais que os determinam não se encontram nas disposições sobre os regimes de bens, mas naquelas que tratam do dever de mútua assistência e comunhão de encargos.

Várias normas cuidam do direito à sucessão. Referentemente à sucessão hereditária, mesmo com descendentes e ascendentes, herda o cônjuge sobrevivente, segundo arts. 1.829, incisos I, II e III, e. 1.838 do Código Civil. Isto inclusive se o casamento é com

---

[56] Obra citada, pp. 414, 416 e 417.
[57] *Lex – Jurisprudência do Supremo Tribunal Federal*, 17/133.

614 • Direito de Família | *Arnaldo Rizzardo*

estrangeiro, existindo bens no Brasil, pois, se o preferir o cônjuge, a vocação regula-se pela lei brasileira, sempre que não lhe for mais favorável a lei do domicílio (art. 10, § 1º, da Lei de Introdução às Normas do Direito Brasileiro).

De outro lado, ao estrangeiro casado, que se naturalizar brasileiro, faculta-se, em existindo expressa concordância do consorte, adotar a regime de comunhão parcial, uma vez respeitado os direitos de terceiros, o que poderá ser formalizado mediante requerimento entregue ao juiz no momento do recebimento do decreto de naturalização. No próprio ato de naturalização, será anotada a mudança de regime. Posteriormente, levar-se-á a registro esta alteração, com a inscrição do casamento e da adoção do novo regime (art. 7º, § 5º, da Lei de Introdução às Normas do Direito Brasileiro).

9.1. Separação obrigatória ou legal

Dentro do regime de separação de bens, há hipóteses expressamente previstas de separação, instituídas, sobretudo, com o escopo de proteger os bens de cada cônjuge em certas situações, ou por motivos de ordem pública, ou como forma de punição por infringência a certos impedimentos de menor relevância.

A sua imposição advém de lei, subsistindo mesmo que expressamente não convencionado, ou omisso o ato de celebração. Não se aplica, em tais hipóteses, a regra do art. 1.640. Ou seja, não vigorará o regime de comunhão parcial, e nem se comunicam os bens adquiridos na constância do casamento.

A questão, no entanto, era e continuará sendo um tanto controvertida, lembrando que coincidem o direito antigo e o atual a respeito. Uns defendem a comunicação dos bens amealhados durante o matrimônio. Outros mostram-se ortodoxamente contra.

Há uma súmula do Supremo Tribunal Federal, de nº 377, nos seguintes termos: "No regime de separação legal de bens, comunicam-se os adquiridos na constância do casamento."

Como se observa, busca-se imprimir certa flexibilidade ao sistema de separação ordenado por lei, ou de separação obrigatória, e não ao convencional.

Assim manifesta-se Caio Mário da Silva Pereira: "A nós nos parece que se o Código instituiu a comunicabilidade 'no silêncio do contrato' (referindo-se ao art. 258), somente teve em vista a situação contratual, pois, se desejasse abranger, no mesmo efeito, a separação compulsória, aludiria à espécie em termos amplos, e não restritivos ao caso, em que o contrato é admitido. Não o fez, e ainda proibiu a doação de um cônjuge a outro, o que revela o propósito, interdizendo as liberalidades, de querer uma separação pura de patrimônios. Este objetivo ainda vem corroborado pela legislação subsequente: no momento em que votou a Lei nº 4.121, de 1962, e conhecendo a controvérsia, podia o legislador estatuir desde logo a comunhão de aquestos nos casos de separação obrigatória. Longe disto, e ao revés, preferiu atribuir à viúva o usufruto de parte do espólio, a romper as linhas do regime de separação."[58] O art. 258, no texto mencionado, está substituído pelo art. 1.640 do atual Código.

Já Maria Helena Diniz, após retratar a posição doutrinária e jurisprudencial divergente, inclina-se em sentido contrário: "Parece-nos que a razão está com os que admitem a comunicabilidade dos bens futuros, no regime de separação obrigatória, desde que sejam produto do esforço comum do trabalho e economia de ambos, ante o princípio de que

---

[58] *Instituições de Direito Civil – Direito de Família*, obra citada, vol. V, pp. 163 e 164.

entre os consortes se constitui uma sociedade de fato, como se infere no Código Civil, art. 1.276, alusivo às sociedades civis e extensivo às sociedades de fato ou comunhão de interesses."[59] O citado art. 1.276 encontra regra equivalente no art. 641 do Código de 2002.

O fator determinante da comunhão dos aquestos está na conjugação de esforços que se verifica durante a sociedade conjugal, ou na *affectio societatis* própria das pessoas que se unem para uma atividade específica.

Acontece, no dizer de Washington de Barros Monteiro, "o estabelecimento de verdadeira sociedade de fato, ou comunicação de interesses entre os cônjuges. Não há razão para que os bens fiquem pertencendo exclusivamente a um deles, desde que representam trabalho e economia de ambos. É a consequência que se extrai do art. 1.376 do Código Civil, referente às sociedades de fato ou comunhão de interesses."[60] O art. 1.376, invocado acima, não tem disposição equivalente no atual Código.

A jurisprudência salienta idênticas razões: "Embora o regime dos bens seja o da separação, consideram-se pertencentes a ambos os cônjuges, metade a cada um, os bens adquiridos na constância da sociedade conjugal com o produto do trabalho e da economia de ambos. Não há razão para que tais bens fiquem pertencendo exclusivamente ao marido. Não é de se presumir que só o marido ganhe dinheiro e possa adquirir bens. Nas famílias pobres a mulher trabalha e aufere recursos pecuniários, havendo casais em que só ela sustenta a família..."[61]

A interpretação se alastrou pelos pretórios de todo o País e do Supremo Tribunal Federal,[62] embora, não raramente, entendimentos diferentes se fazem sentir.[63]

Orlando Gomes apontava mais razões, reportando-se em antiga doutrina: "A matéria suscita controvérsia doutrinária e enseja dissídio jurisprudencial. Sustentam, dentre outros, que a separação é absoluta: Savóia de Medeiros, Oliveira e Castro, Clóvis Beviláqua, Pontes de Miranda, Carvalho Santos e Caio Mário. Do outro lado, encontram-se Eduardo Espínola, Vicente Ráo, Philadelpho de Azevedo, Francisco Morato e Cândido de Oliveira. A ideia de que a comunicação dos bens adquiridos na constância do matrimônio anularia o efeito protetor da exigência da separação cede diante do princípio de que, entre os cônjuges, e até entre os concubinos, se constitui uma *societas generales questuaria*, sendo os aquestos produto do esforço comum."[64]

No regime de separação legal, a exegese mais correta é a que sustenta a comunicabilidade dos aquestos, quando formados pela atuação comum do marido e da mulher. Se na sociedade de fato prevalece tal solução, quanto mais no casamento, que é um *plus*, uma união institucionalizada e protegida por todos os ordenamentos jurídicos. Esta posição encontra inspiração na equidade e na lógica do razoável, formada que foi pelos motivos subjacentes da Súmula nº 377.

Com isso, se atinge efetivamente o desiderato da lei, feita em uma época em que os matrimônios realizados por interesse eram mais frequentes, que é desestimular as uniões meramente especulativas.

---

[59] Obra citada, 5º vol., p. 123.

[60] *Curso de Direito Civil –Direito de Família*, obra citada, p. 176.

[61] *Revista dos Tribunais*, 118/254.

[62] *Revista Trimestral de Jurisprudência*, 37/432, 47/337; *Revista dos Tribunais*, 418/256, 137/207, 147/705, 265/382, 269/231, 310/745; *Revista Forense*, 75/330, 128/143, 144/298.

[63] *Revista dos Tribunais*, 244/262, 295/702, 308/415, 316/276; *Revista Forense*, 108/524, 118/424, 128/97.

[64] *Direito de Família*, obra citada, p. 211.

Se na própria união estável ou concubinato há a comunhão, seria um contrassenso o tratamento diferenciado da matéria no casamento, embora celebrado pelo regime de separação obrigatória. *Ratio* esta que vai adquirindo corpo, já tendo sido adotada pelo Tribunal de Justiça do RGS, por sua 7ª Câm. Cível, na Apel. Cível nº 596182006, julgada na data de 10.09.1997, em Direito Imobiliário – edição da COAD, 'Acórdãos Selecionados', março e abril de 1998, pp. 55 e 56: "Não vigora a incomunicabilidade do inciso II, do parágrafo único, do art. 258 do CC quando o casamento é antecedido da união estável de longa data". Corresponde o inc. II do parágrafo único do referido art. 258, ao inc. II do art. 1.641 do CC/2002.

Comunicam-se, de acordo com uma corrente, os aquestos provenientes do esforço conjugado dos nubentes, da colaboração mútua, do trabalho harmônico, e não surgidos da atividade isolada de um deles. Todavia, para caracterizar a sociedade na constituição do capital, importa a participação do cônjuge na atividade de qualquer tipo, mesmo na restrita às lides domésticas. A exigência dos requisitos se assemelha aos estabelecidos para a união estável pura e simples, nunca se olvidando a necessidade de se verificar o esforço comum, que não se constata quando um dos cônjuges não passa de um mero convivente, ou acompanhante, em nada atuando na vida conjugal, sendo sustentado, tudo recebendo, e não aportando com nenhuma contribuição na formação do patrimônio. Isto para evitar o extremo oposto do objetivado pela criação jurisprudencial, consistente na exploração de pessoas que se aproveitam de outras emotiva e afetivamente mais frágeis e carentes.

Por tal razão, deve-se adotar com cautela a orientação emanada dos tribunais, e em especial do Superior Tribunal de Justiça, como, dentre outros, do Recurso Especial nº 1.615, da 3ª Turma, julgado em 13.02.1990, *DJ* de 12.03.1990: "Casamento. Regime de bens. Separação legal. Súmula 377 do STF. Quando a separação de bens resulta apenas de imposição legal, comunicam-se os aquestos, não importando que hajam sido ou não adquiridos com o esforço comum".

Em verdade, mais condizente com a sã justiça é o entendimento como o seguinte, ementado no Recurso Especial nº 9.938, da 4ª Turma da mesma Corte, julgado em 9.06.1992, *DJ* de 3.08.1992: "Em se tratando de regime de separação obrigatória (Código Civil, art. 258), comunicam-se os bens adquiridos na constância do casamento pelo esforço comum. O enunciado nº 377, da Súmula do STF, deve restringir-se aos aquestos resultantes da conjugação de esforços do casal, em exegese que se afeiçoa à evolução do pensamento jurídico e repudia o enriquecimento sem causa".

Em suma, parece mais consoante com a realidade a orientação ditada nesta última linha, e que combina com antigo aresto do STF: "O esforço comum é o traço que imprime aos aquestos a força de sua comunicabilidade, não sendo outro o pensamento dominante na jurisprudência".[65]

Impondo-se o regime de separação obrigatória como penalidade por terem os nubentes contraído o matrimônio infringindo o disposto nos incisos I a IV do art. 1.523, e em razão do casamento de pessoa maior de setenta anos, segundo ditame do art. 1.641, a separação diz respeito apenas aos bens presentes, e não aos futuros, obtidos na vigência do casamento.

Há os que defendem a comunicação mesmo no regime de separação convencional, parecendo dignas de consideração as razões desenvolvidas por Yussef Said Cahali: "Haverá incongruência, a meu ver, em admitir-se que, não obstante norma cogente,

---

[65] *Lex – Jurisprudência do Supremo Tribunal Federal*, 40/43.

Cap. XXII | Regimes Matrimoniais de Bens • 617

pela qual se impõe a separação de bens como penalidade, a separação diz respeito unicamente aos bens presentes, e não aos futuros, havidos na constância do casamento, quando estabelecida por contrato, por vontade dos cônjuges. Se norma cogente, de caráter penal, decretando a separação obrigatória de bens, se interpretou como permissiva da comunhão dos aquestos, não é possível, sem quebra do sistema, afastar essa mesma interpretação, quando a separação for convencional. Argumenta-se que, num caso, o da separação legal, a lei não diz ser absoluta a separação, ao passo que, no segundo, a lei implicitamente permite se convencione esse regime. Sucede, porém, que no tocante à separação legal e obrigatória, justamente por ser legal e obrigatória, não era mister se dissesse que a separação era pura, completa ou absoluta, pois esse caráter decorria da própria índole do dispositivo, da sua feição proibitiva e penal. Logo, o estabelecimento da regra jurisprudencial de que a separação de bens, sob esse regime, não é impeditiva da comunicação dos bens adquiridos na constância do casamento, leva à consequência forçosa de que, no caso de separação convencional, esta não obsta, igualmente, à comunicação dos aquestos. A não ser assim, ter-se-ia o reconhecimento de que à vontade dos cônjuges se atribui maior respeito do que à lei, visto como aquela se reputa intocável, ao passo que esta se considera menos resistente ao jogo interpretativo."[66]

Todavia, não adotou o Superior Tribunal de Justiça esse entendimento no Recurso Especial nº 83.750-0-RS, *DJU* de 29.11.1999 (Ementário da Jurisprudência do Superior Tribunal de Justiça, 26/164): "Estipulado expressamente, no contrato antenupcial, a separação absoluta, não se comunicam os bens adquiridos depois do casamento. A separação pura é incompatível com a superveniência de uma sociedade de fato entre marido e mulher dentro do lar. Precedentes (REsps. nºs 2.541-SP e 15.637-RJ)".

Inteligência esta que se aplica aos estrangeiros, cujo regime do país de origem era o de separação, e, chegando ao Brasil, aqui amealharam considerável fortuna. Comunicam-se os bens adquiridos, para não deixar ao desamparo o cônjuge sobrevivente: "A jurisprudência, é certo, tem admitido em casos de casamento de estrangeiros que vieram morar no Brasil e aqui construíram fortuna, em abrandamento dessa regra, para impedir injustiças e o enriquecimento dos herdeiros do *de cujus*, em detrimento do cônjuge supérstite, com cujo esforço e colaboração o patrimônio do casal foi contraído. Em tais circunstâncias, tem sido admitida a comunhão dos aquestos quando provada a existência de uma verdadeira sociedade de fato entre os cônjuges, cujo patrimônio foi construído com o esforço e o trabalho de ambos."[67]

Passa-se a discriminar as hipóteses consignadas no art. 1.641, com a alteração da Lei nº 12.334, de 9.12.2010, de separação obrigatória de bens:

"I – das pessoas que o contraírem com inobservância das causas suspensivas da celebração do casamento."

As causas suspensivas constam arroladas no art. 1.523, sendo as que seguem:

a) o viúvo ou a viúva que tiver filho do cônjuge falecido, enquanto não fizer inventário dos bens do casal e der partilha aos herdeiros;

---

[66] "A Comunicação de Aquestos no Regime da Separação de Bens", *Família e Casamento*, coordenação de Yussef Said Cahali, São Paulo, Saraiva, 1988, pp. 713 e 714.

[67] TJSP. Agravo de Instrumento nº 123.834-1. 4ª Câm. Civil. Julgado em 26.10.1989, *Revista dos Tribunais*, 648/80.

618 • Direito de Família | *Arnaldo Rizzardo*

b) a viúva, ou a mulher cujo casamento se desfez por ser nulo ou ter sido anulado, até 10 (dez) meses depois do começo da viuvez, ou da dissolução da sociedade conjugal;

c) o divorciado, enquanto não houver sido homologada ou decidida a partilha dos bens do casal;

d) o tutor ou o curador e os seus descendentes, ascendentes, irmãos, cunhados ou sobrinhos, com a pessoa tutelada ou curatelada, enquanto não cessar a tutela ou curatela, e não estiverem saldadas as respectivas contas.

"II – Da pessoa maior de setenta anos".

Visa a lei prevenir situações de casamentos de pessoas com excessiva diferença de idade, quando a mais nova nada mais procura que servir-se do casamento para conseguir vantagem econômica, ou seja, participar do patrimônio do cônjuge mais idoso. O correto apresentar-se-ia exepcionar a obrigatoriedade do regime de separação se ambos os nubentes fossem maiores de setenta anos."

Insta lembrar que a Lei nº 12.344, de 9.12.2010, elevou a idade para setenta anos, sendo que, pela versão originária do Código, ficava em sessenta anos. A alteração teve em conta a liberdade que se deve assegurar aos que pretendem casar, podendo dispor de seu futuro, constituindo uma opção a possibilidade de contrair núpcias com uma pessoa mais interessada em interesses patrimoniais. No entanto, permanece a ofensa em a pessoa dispor de sua vida. É incontroverso que se impôs uma parcela de interdição às pessoas com tal idade.

A mudança de idade teve em conta a evolução da medicina e da qualidade da saúde, que trouxe avanços na integridade física e mental do ser humano, apesar de atingir setenta ou mais anos.

Entende-se, aos que casaram pelo regime de separação de bens em função da idade, e não alcançaram ainda os setenta anos, assiste o direito de alterar o regime, forte no § 2º do art. 1.639, com base unicamente na mudança da lei. Realmente, entendimento contrário ofende discriminatoriamente o direito constitucional da igualdade das pessoas. Inconcebível que se ofereçam restrições, impondo-se outras motivações. Importa que, em determinado momento, surgiu a faculdade de um regime diferente daquele da obrigatoriedade. É esta uma situação retro-operantes da lei. Não que se revogue a anterior redação da lei, mas simplesmente abre-se a possibilidade de buscar a aplicação do direito que trouxe.

"III – De todos os que dependerem, para casar, de suprimento judicial.

O suprimento se requer quando os nubentes não houverem completado a idade núbil, que é de dezesseis anos, mas permitindo-se o casamento para evitar imposição ou cumprimento de pena criminal ou em caso de gravidez – art. 1.520. Não se incluem aqueles menores entre dezesseis e dezoito anos, cujos pais ou representantes negam a autorização, e deve intervir o juiz – arts. 1.517, parágrafo único, e 1.631, parágrafo único. Nesta eventualidade, o juiz solucionará o desacordo, fazendo prevalecer o consentimento daquele que autoriza, ou decidindo pela inconsistência da recusa se proveniente de ambos os pais. Autorizando o juiz o casamento, conclui-se que a recusa era injusta. E se aos que se encontram na idade núbil não se impõe o regime de separação obrigatória, naturalmente idêntica solução se estende àqueles que se encontram na mesma idade e que, entrementes, ilegal e injustamente, não obtêm o consentimento dos pais ou responsáveis."

Há, quanto ao regime de separação obrigatória, a exceção do art. 45 a Lei do Divórcio: "Quando o casamento se seguir a uma comunhão de vida entre os nubentes, existente antes de 28 de junho de 1977, que haja perdurado por 10 (dez) anos consecutivos ou da qual tenha resultado filhos, o regime matrimonial de bens será estabelecido livremente, não se lhe aplicando o disposto no art. 258, parágrafo único, nº II, do Código Civil."

Em duas hipóteses, conforme os termos acima, faculta-se a eleição de qualquer regime matrimonial: a) se a vida em comum iniciou antes de 28.06.1977, data da Emenda Constitucional nº 9, que introduziu o divórcio na Constituição, perdurando por mais de dez anos; b) embora o lapso temporal inferior, caso da união tenham resultado filhos.

No pertinente à primeira exceção para a escolha de qualquer regime, não se encontra um motivo convincente para se exigir o início anterior à data da Emenda Constitucional.

Na verdade, interessa um longo período de união, de modo a fazer presumir-se que possuíam tudo em comum os ora cônjuges. Se eleito o regime de comunhão, é porque pretenderam a continuação da forma de vida decorrente da convivência conjugal de fato. Na prática, tanto faz que esta união tenha advindo antes ou depois da citada Emenda Constitucional, que permitiu o divórcio no País. A lógica hermenêutica deve levar para esta conclusão. Como impor que, regularizando uma sociedade conjugal de fato, onde sempre prevaleceu a comunicação de interesses e bens, sejam obrigados o marido e a mulher a adotar um regime do qual não se encontram afeitos?

De outra parte, em consonância com os termos literais da lei, não se reclama o casamento antes de 28 de junho de 1977. A união de dez anos é que deve completar-se antes.

Tudo isso porque, na lição do advogado gaúcho Fernando Malheiros, especialista em direito de família, "não era razoável obrigar aos companheiros que, impedidos de casar pela ausência do divórcio, e que durante anos juntamente trabalharam para a consecução de um patrimônio comum, por vezes adquirido todo em nome do varão, fossem obrigados a adotar a separação de bens, quando do casamento, realizado após o almejado divórcio do consorte primitivamente casado. Daí a limitação da lei para que as uniões de fato por ela beneficiadas sejam aquelas que tenham seu termo inicial de antes 28.06.1977, já que, com o divórcio, se viabilizaram as segundas núpcias, e, aos olhos do legislador, não mais se justificam tão longas uniões sem a legitimação pelo matrimônio. De qualquer maneira, impõe-se aos nubentes que pretendam valer-se do benefício do art. 45 a promoção da medida de justificação judicial, como prova da existência do período de convivência pré--matrimonial, e o indispensável pacto antenupcial..."[68]

A jurisprudência, exemplificada no REsp. nº 402.697/DF, da Terceira Turma do STJ, j. em 7.10.2004, *DJU* de 29.11.2004, é rigorosa na exigência do preenchimento dos requisitos para permitir a adoção do livre regime de bens:

"Civil. Família. Ação declaratória de nulidade de escritura pública. Casamento. Homem maior de 60 anos. Pacto antenupcial. Regime de comunhão universal de bens. Inadmissibilidade.

Não comprovado que o casamento se seguiu a uma comunhão de vida existente antes de 28 de junho de 1977, elemento indispensável e pressuposto para verificação da presença dos dois requisitos legais.

União de pelo menos 10 anos consecutivos ou existência de prole em comum – afasta-se a exceção prevista no art. 45 da Lei do Divórcio".

---

[68] "Dos Regimes de Bens no Casamento em Face da Lei do Divórcio", *Ajuris – Revista da Associação dos Juízes do RS*, 1985, Porto Alegre, nº 33, p. 91.

620 • Direito de Família | *Arnaldo Rizzardo*

10. REGIME DOTAL

Trata-se de um regime não contemplado pelo Código Civil de 2002.

Vinha longamente contemplado no direito pretérito, dedicando-lhe o Código Civil de 1916 um total de trinta e quatro artigos. No entanto, encontrava-se já em desuso, não se tendo notícia de sua aplicação em épocas mais recentes, a ponto de Sílvio Rodrigues haver afirmado: "O regime dotal não teve a menor aceitação entre nós, sendo nula sua repercussão na vida brasileira."[69]

Havia quem visse nesse regime a pecha de inconstitucionalidade, como Luiz Felipe Brasil Santos: "Ademais, em face do princípio constitucional da igualdade dos cônjuges no casamento, temos que esse regime de bens ostenta-se flagrantemente inconstitucional, por prever que somente ao marido é dado receber da mulher bens de propriedade desta para administrar, restituindo-os quando da dissolução da sociedade conjugal, situação somente compatível com uma organização familiar patriarcal, centrada na autoridade exclusiva do varão, própria do modelo organizacional da família até o século XIX, e que encontra ressonância em nosso Código Civil."[70]

Por meio dele, o marido recebia um conjunto de bens, a fim de que utilizasse os frutos e rendimentos produzidos para atender os encargos da vida familiar. Devia ele, quando da dissolução da sociedade conjugal, efetuar a devolução. Ou seja, a sua nota específica ou caracterização estava no fato de trazer a mulher para a nova família uma quantidade de bens, a qual se destinava, enquanto mantida a sociedade conjugal, a concorrer para o atendimento de suas despesas e encargos.

A denominação provinha de dote, que significava a porção de bens que a mulher, ou alguém por ela, transferia ao marido, o que se dava no casamento, objetivando contribuir ou ajudar nas despesas do casal. A doação era feita pela mulher, ou por seus pais, ou, inclusive, por terceiros.

Transparecia, pois, a finalidade, ou a afetação ao sustento do lar.

Em épocas bem remotas, adotava-se este regime, especialmente entre famílias imperiais ou nobres. Os pais das noivas constituíam o dote, destinado ao nubente, com o que se habilitava ou adquiria condições para o exercício de uma atividade e o sustento da família.

Eis as características, apresentadas sucintamente:

a) Destinação específica, que consistia na obtenção de recursos indispensáveis à subsistência da família.

b) Inalienabilidade e incomunicabilidade dos bens, tanto imóveis como móveis.

O primeiro dispositivo vedava inclusive a oneração. Permitia a venda apenas em hasta pública, com autorização judicial, se quisessem os cônjuges dotar as filhas comuns, ou em casos de extrema necessidade econômica, ou para saldar obrigações anteriores ao casamento da mulher, ou para reparos e conservação dos bens dotais, ou se indivisos com terceiros, sendo impossível ou prejudicial a divisão, ou ocorrendo desapropriação, ou se estivessem situados em lugar distante do domicílio conjugal, apresentando-se conveniente a venda.

---

[69] *Direito Civil – Direito de Família*, obra citada, p. 206.

[70] "Repercussões da falência sobre o regime matrimonial de bens e o direito sucessório", em *ADV – Seleções Jurídicas*, VIII Jornada de Direito de Família, p. 32, jun. 2000.

Cap. XXII | Regimes Matrimoniais de Bens • 621

Pelo segundo cânone, a alienação fora dos casos previstos e processada irregularmente afigurava-se anulável por iniciativa da mulher e de seus herdeiros.

c) Imprescritibilidade do direito aos imóveis durante o casamento.

d) A administração ficava a cargo do marido, salvo nos casos especiais em que a mulher os administrava, mas destinando os rendimentos a atender sempre os encargos domésticos, segundo previam os arts. 308 e 309. Isto especialmente se constatada a desordem nos negócios do marido.

e) A restituição impunha-se na dissolução da sociedade conjugal, "uma vez que o marido não lhes adquiria o domínio, restando assim inalienáveis ou indisponíveis os bens",[71] como resultava do art. 300.

f) Não responderiam os bens pelas dívidas do marido contraídas antes ou depois do casamento, nem pelas da mulher firmadas depois do casamento, e pelas do marido e da mulher, em conjunto – tudo como emanava dos diversos parágrafos do art. 299.

10.1. Constituição do dote

Na primeira parte dos preceitos que tratavam do dote, procurava-se estabelecer as formas de sua constituição, que se dava através de escritura pública.

Integravam a constituição um ou vários bens determinados e especificados – de acordo com o art. 278 do Código de 1916, que rezava: "É da essência do regime dotal descreverem-se e estimarem-se cada um de per si, na escritura antenupcial (art. 256), os bens que constituem o dote, com expressa declaração de que a este regime ficam sujeitos."

Daí advinha a necessidade da descrição e estimação dos bens em pacto antenupcial. Prosseguia explicando Orlando Gomes: "Admite-se sua constituição com bens presentes e futuros, mas quanto a estes somente se adquiridos a título gratuito, isto é, decorrentes de uma liberalidade. Afora essa exceção, impera o princípio da impossibilidade, para os cônjuges, de aumentarem ou diminuírem os bens do dote originariamente constituído. Tanto podem integrar o patrimônio dotal bens móveis, como imóveis, direitos e obrigações. A existência da cláusula de reversão constitui obstáculo à constituição do dote com bens fungíveis, ou consumíveis, mas a obrigação de restituir pode ser cumprida mediante a entrega de outros bens da mesma qualidade, ou de seu valor, uma vez que devem ser descritos e estimados. Assim, ao lado do dote em espécie, admite-se o dote em quantidade."[72]

De notar que inclusive bens futuros, se a mulher os constituía, poderiam integrar o dote, na forma do art. 280: "O dote pode compreender, no todo ou em parte, os bens presentes e futuros da mulher." Isto, no entanto, em se tratando de bens que houvessem sido adquiridos a título gratuito, posto que, na existência de pagamento, a submissão ao regime dotal importaria na modificação do próprio regime matrimonial, com a diminuição do patrimônio comum.

A constituição do dote se dava ou pela própria nubente, ou por seus ascendentes, ou por terceira pessoa.

---

[71] Caio Mário da Silva Pereira, *Instituições de Direito Civil – Direito de Família*, 2ª ed., vol. V, p. 166.

[72] *Direito de Família*, obra citada, p. 181.

No caso da nubente, separavam-se os bens de seu patrimônio, que passavam a tornar-se indisponíveis, com destinação específica, e eram recebidos pelo marido para que este os administrasse e obtivesse os meios necessários ao sustento dos encargos familiares.

Se a instituição se operava pelos ascendentes ou pais, quando então o dote se denominava *profectício*, verificava-se uma transferência da propriedade, o que resultava em adiantamento da legítima, impondo a obrigatoriedade de serem, posteriormente, levados os bens à colação, como ordenava o art. 1.786 da então lei civil. Se, todavia, proviesse o dote da meação do cônjuge doador, dispensava-se a colação ou conferência, nos termos do art. 1.788, da mesma lei.

De outro lado, em face do art. 284, se o dote fosse prometido por ambos os ascendentes, sem especificações de quotas, entendia-se que cada um deles se obrigava por metade.

No caso de constituído por estranho ou terceiro que não os ascendentes, considerava-se uma verdadeira doação, e às suas regras subordinava-se, mas não respondendo o dotador pela evicção, a não ser que tivesse se portado com má-fé, ou se tivesse havido estipulação expressa (art. 285).

Ao marido se vedava instituir dote em favor da mulher, pois se alteraria a própria natureza desta figura, que visava a prestação do auxílio econômico ao marido, a fim de que o mesmo pudesse fazer frente aos encargos advindos do casamento. Daí se notar-se a concepção que vigia na época de sua formalização, atribuindo-se ao marido a incumbência do sustento do lar, recebendo ele bens para administrar, o que revela a total imprestabilidade do regime nos tempos hodiernos.

A celebração procedia-se, em regra, antes do casamento. Mas, nada impedia, quanto aos pais e aos estranhos, que o constituíssem na sua vigência – caso em que se aplicava o art. 282: "O dote constituído por estranhos durante o matrimônio não altera, quanto aos outros bens, o regime preestabelecido."

10.2. Restituição dos bens

Torna-se útil fazer algumas observações quanto à restituição dos bens. Encerrava o art. 300: "O dote deve ser restituído pelo marido à mulher, ou aos seus herdeiros, dentro do mês que se seguir à dissolução da sociedade conjugal, se não o puder ser imediatamente."

Assim, em todas as formas de instituição – pela mulher, pelos pais ou por outrem –, o marido não adquiria o domínio. Com a dissolução da sociedade conjugal, terminava o regime dotal. Os bens retornavam à mulher, se o marido falecesse; na morte da mulher, iam aos seus herdeiros. Isto, inclusive, no caso de constituição por ato dos ascendentes e de outrem. Mas, convém ressaltar, sempre retornavam à mulher ou a seus herdeiros.

De acordo com várias normas que se seguiam ao art. 300, os imóveis e os móveis que deviam se preservar, restituíam-se na própria espécie e no estado em que se encontravam. Obviamente, não cabia indenização por depreciação, a menos que provada má-fé ou culpa do marido. Cabia-lhe, no entanto, o direito à indenização pelas despesas com os melhoramentos e acréscimos.

Se fungíveis as coisas, e mesmo infungíveis, estimadas pelo preço de venda, sub-rogavam-se no seu valor, ou em outro bem, eis que subentendia-se a transferência de propriedade. Estava ínsito na própria convenção o poder de dispor. No caso de dinheiro, observava Caio Mário da Silva Pereira: "Considera-se transferido ao marido, que dele dispõe e emprega a seu próprio risco, auferindo as vantagens e assumindo os prejuízos.

Está neste caso qualquer tipo de dote quantitativo ou dote de quantidade, entregue pelo valor pecuniário e não como individualidade, e, por via de consequência, o marido se torna devedor da soma ou do preço, operando-se, portanto, a sub-rogação no momento de restituir."[73]

Importante, ainda, notar, na forma do art. 291, que se um imóvel viesse a ser adquirido com a importância pecuniária do dote, considerava-se o mesmo dotal.

No tocante aos bens móveis, valia a norma do art. 290: "Salvo cláusula expressa em contrário, presumir-se-á transferido ao marido o domínio dos bens, sobre que recair o dote, se forem móveis, e não transferidos, se forem imóveis."

De modo que havia uma exceção ao princípio do retorno dos bens, desde que se tratasse de móveis. Estendia-se a transferência da propriedade ao marido.

A respeito dos frutos do dote, explicava Washington de Barros Monteiro: "O dotado tem direito aos frutos do dote; esses frutos destinam-se precisamente a acudir à sua finalidade específica, a sustentação dos encargos matrimoniais. Se o dotador estipulou prazo para a entrega do dote, é claro que o dotado só tem direito aos respectivos frutos depois de vencido o termo; se não houver estipulação de prazo, os frutos são devidos a partir da celebração do matrimônio."[74]

Sobre o assunto, dispunha o art. 286: "Os frutos do dote são devidos desde a celebração do casamento, se não se estipulou prazo."

10.3. Separação do dote e direito à reversão

No tocante à separação, lecionava Arnoldo Wald: "No caso de desordem nos negócios do marido, a mulher tem a faculdade de pedir a separação do dote, por não se julgar mais garantida, podendo os credores impugnar tal separação quando fraudulenta. Separado o dote, caberá à mulher a administração dos bens dotais, devendo atender aos encargos da família. A sentença de separação deve ser averbada no Registro de Imóveis."[75]

Era, realmente, o que aparecia consignado no art. 308, onde a mulher podia pedir judicialmente a separação de bens dotais, caso suspeitasse fundamentadamente que os bens do marido não garantiam os seus. Uma vez separado o dote, a administração caberia à mulher (art. 309).

A separação podia envolver inegavelmente todos os bens dotais.

No pertinente à reversão, consistia ela numa cláusula pela qual firmavam os estipulantes, em pacto antenupcial, que os bens retornariam ao dotador com a dissolução da sociedade conjugal, o que se justificava em face da finalidade específica do dote: ajudar o marido no sustento do lar conjugal. Se desaparecesse o motivo de sua celebração, com a dissolução da sociedade marital, era justo que não mais permanecessem com o marido os bens.

Mas, se estabelecida a cláusula na escritura do dote feito pelos pais, apenas a porção de bens que excedesse a parte disponível retornaria para eles, em face de considerar-se o dote adiantamento da legítima. Caso, no entanto, terceiro fosse o dotador, a devolução far-se-ia na integridade dos bens.

---

[73] *Instituições de Direito Civil – Direito de Família*, obra citada, vol. V, p. 169.
[74] *Curso de Direito Civil – Direito de Família*, obra citada, p. 186.
[75] *Curso de Direito Civil Brasileiro – Direito de Família*, obra citada, p. 114.

624 • Direito de Família | *Arnaldo Rizzardo*

10.4. Relações matrimoniais no regime dotal

Importantes relações surgiam neste regime. Em primeiro lugar, diante do art. 289, assegurava-se ao marido o direito de administrar o patrimônio dotal, de perceber seus frutos e de usar das ações judiciais que fossem necessárias. Mas cumpria-lhe destinar aos encargos matrimoniais os rendimentos advindos. Ao marido cabia tão somente administrar o patrimônio, com o escopo de obter recursos indispensáveis à subsistência da família.

Na administração, devia preservar os bens, evitando que se deteriorassem por falta de cuidados. Do contrário, respondia por perdas e danos. Com o objetivo de ficar assegurado esse direito, incidia a hipoteca legal sobre o patrimônio particular do marido, como ensejava concluir o art. 297, que acenava, também, para garantias pessoais: "Se o marido não tiver imóveis, que se possam hipotecar em garantia do dote, poder-se-á no contrato antenupcial estipular fiança, ou outra caução."

De outro lado, ao invés do marido aplicar ou investir os rendimentos, podia-se estipular no contrato dotal, na forma do art. 287, que a mulher recebesse diretamente, para suas despesas particulares, uma parte dos rendimentos dotais.

As alienações e onerações de tais bens dependiam sempre de autorização judicial, restritas as possibilidades de vendas a hipóteses expressamente previstas no art. 293, em seus vários incisos. Apenas em situações muito especiais devia-se autorizar a venda, como na extrema necessidade, no tratamento de doenças, no desemprego por fatores alheios aos cônjuges, no perigo de perecimento, no pagamento de dívidas da mulher existentes antes casamento, na dotação em favor de filhos comuns, nos reparos indispensáveis à conservação de imóveis dotais, na indivisão do imóvel, tornando-se impossível ou prejudicial a divisão, na localização distante do domicílio conjugal, na desapropriação por utilidade pública, e em outras situações sujeitas à aferição em procedimento judicial.

Obviamente, se a alienação decorria de execução judicial de dívida da mulher constituída antes do casamento, ou de desapropriação, não havia que se falar em autorização judicial.

Nas alienações em virtude de indivisão, de desapropriação e localização inapropriada, o preço apurado seria aplicado em outros bens (parágrafo único do art. 293).

Muitas outras disposições vinham disseminadas no Código Civil revogado a respeito do assunto. As abordagens acima, entrementes, parecem suficientes para se formar uma ideia do instituto, e perceber o apreço que merecia o instituto nos primórdios do nosso direito.

11. OUTROS REGIMES DE BENS

Os regimes estudados, à exceção do dotal, vigoram no direito brasileiro, não se facultando às partes a eleição de uma espécie não prevista.

No entanto, nas legislações de outros países conhecem-se formas diferentes, que mais parecem variantes da comunhão e da separação de bens.

Assim, na Argentina há o regime de bens que se confunde mais com o nosso regime de comunhão parcial, e equivale a uma sociedade de bens. Expõe Carlos H. Vidal Taquini: "Esa sociedad es un régimen imperativo, sustraído a la voluntad de las partes, que principia desde la celebración del matrimonio y no peude estipularse que principie antes o después (art. 1.261). El nombre adoptado exterioriza un régimen que se manifesta en la construcción de una sola masa de bienes: en la acción de una sola administración de los bienes, o de intereses y demás otros desfrutes de esa masa que recae en el marido;

en la función de la responsabilidad en un solo sujeto por los actos de tal administración; masa de bienes destinada a ulterior división y partición. Esta comunidad de intereses se corresponde con la comunidad de vida, pues es el reverso patrimonial de ésta."[76]

É conhecido, também, o regime de união de bens, desta maneira conceituado por Orlando Gomes: "Caracteriza-se pela submissão de todos os bens pertencentes aos cônjuges à administração e gozo do marido, para que empregue os frutos no sustento da família. Distingue-se do regime de comunhão porque cada cônjuge conserva o domínio dos que lhe pertencem, não se constituindo patrimônio comum, característicos dos regimes comunitários propriamente ditos. Não pode o marido dispor dos bens que, na união, pertencem à mulher e, dissolvida a sociedade conjugal, cumpre-lhe restituir os que estiveram sob sua administração."[77]

Denominado, igualmente, 'sistema de comunidade de administração', assim é explicado por Angel Luis Rebolledo Varela: "En este régimen, aunque cada cóniyuge conserva la propiedad sobre su patrimonio, el marido tiene la administración y desfrute de todos los bienes del matrimonio, incluidos los de la mujer. Este es el régimen legal en Suiza, bajo el nombre de 'unión de bienes'."[78]

Assemelha-se, pois, ao regime de separação de bens, competindo ao marido a administração, que aproveita e desfruta os bens para o fim de fazer frente às despesas da família. Adotado presentemente pela Suíça, já vigorou na Alemanha como regime legal; e na França, na forma convencional.

Pelo regime misto ou de participação, revelando certa proximidade ao regime de participação final nos aquestos, os cônjuges conservam os bens próprios, adquiridos antes da união matrimonial. Mas, durante o casamento, aplicam-se as regras da separação. Com a dissolução, é efetuada uma partilha entre os cônjuges, como se dá na comunhão. Com pequenas nuances, inclusive na denominação, vige na Hungria, Costa Rica, Uruguai, Colômbia e outros países.

Durante algum tempo, em épocas passadas, principalmente na Suíça, tendo inspirado o regime legal da Alemanha, preponderou o regime de unidade dos bens. Todo o patrimônio da mulher e formado no casamento passava para o marido, que o administrava e aproveitava os frutos, para atender as necessidades da família. Com a dissolução do casamento, a mulher ou seus herdeiros recebiam de volta os bens aportados. O direito de propriedade da mulher se convertia em um direito de crédito sobre o valor dos bens.

Vigora na Espanha a sociedade de ganhos ou aquestos. A falta de contrato antenupcial determina a adoção da sociedade legal dos aquestos. Estabelece-se uma sociedade envolvendo os bens adquiridos. Ao dissolver-se o matrimônio, o marido e a mulher dividem, em partes iguais, os ganhos ou benefícios obtidos indistintamente por qualquer um dos cônjuges durante o casamento. Mas não integram a sociedade os bens próprios de cada cônjuge.

Na França, há o regime de comunhão dos frutos e dos ganhos, introduzido pela Lei nº 65.570, de 13.01.1965, a qual também trouxe profundas inovações no direito de família, especialmente quanto à posição da mulher no casamento.

Trata-se de uma comunidade reduzida, referente aos ganhos, ou composta das aquisições feitas pelos esposos de modo conjunto ou separadamente. Cada cônjuge conserva a

---

[76] Obra citada, p. 185.
[77] *Direito de Família*, obra citada, pp. 167 e 168.
[78] Obra citada, p. 216.

plena propriedade dos bens próprios. Os adquiridos entram na comunhão: "La comunidad se compone activamente de las aquisiciones hechas por los esposos conjunta o separadamente durante el matrimonio, provenietes de la industria personal o de las economias hechas sobre frutos y rentas de los bienes propios."[79]

Note-se a restrição: apenas entram na comunhão os rendimentos dos bens, ou das atividades pessoais.

A Alemanha adotou o regime legal de participação nos ganhos, ou nos aquestos, vigente desde 1957, quando se deu a reforma dos arts. 1.363 a 1.390 do Código Civil. Cada cônjuge conserva seu patrimônio particular. Entra na comunhão, verificando-se a participação, o aporte trazido durante o casamento pela atividade dos cônjuges, que administram independentemente seus bens. Não pode, no entanto, o cônjuge dispor da totalidade do patrimônio próprio, ou dos bens que compõem a morada conjugal.

Na dissolução do casamento por morte, o cônjuge sobrevivente terá direito de receber um quarto a mais dos bens, além de sua legítima, com o que se opera a compensação pelos ganhos ou adquiridos.

Na dissolução por outras razões, como divórcio, cabe calcular o patrimônio formado e existente quando da apresentação da ação, após deduzidas as obrigações.

No direito russo, depois da Revolução de 1917, as relações familiares não passavam de relações comuns entre pessoas, sem qualquer regulamentação especial, e devendo cada cônjuge encarregar-se de seu sustento. Inexistia, assim, qualquer regime de bens.

Mas, com o passar dos anos, formou-se uma jurisprudência que reconheceu a comunhão dos bens formados no curso da sociedade conjugal, e que veio a ser acolhida pelo Código de Família de 1926. Há, pois, a comunhão dos bens adquiridos, que são administrados em conjunto pelos cônjuges.

Na Inglaterra e nos Estados Unidos, na maioria dos estados, vige o regime de separação de bens.

12. REGIME DE BENS NO CASAMENTO DE BRASILEIROS CELEBRADOS NO EXTERIOR

Cuida-se mais de definir o regime a preponderar, no casamento de brasileiros celebrado no exterior, vindo, após, os cônjuges a transferir o domicílio para o Brasil.

Em primeiro lugar, observa-se a norma do art. 7º, § 4º, da Lei de Introdução às Normas do Direito Brasileiro: "O regime de bens legal ou convencional, obedece à lei do País em que tiveram os nubentes domicílio, e, se este for diverso, à do primeiro domicílio conjugal."

Às vezes, o regime legal do casamento no exterior não coincide com o regime legal do Brasil. Tornando os cônjuges brasileiros à pátria, não raramente aqui ocorre a dissolução da sociedade conjugal.

De observar que, em geral, prepondera, perante o direito internacional privado, ser o domicílio, e não a nacionalidade, que determina as regras sobre os direitos. Prevalece o ordenamento jurídico do país onde as pessoas têm o domicílio, por um princípio inerente ao direito de soberania das nações.

---

[79] Carlos H. Vidal Taquini, obra citada, p. 99.

E como domicílio entende-se o lugar onde a pessoa tem o centro de suas ocupações habituais, a sede de seus negócios e interesses, como, aliás, transparece do art. 70 do Código Civil.

Mas, o domicílio para o casamento não se enquadra naquela ideia. Equivale ao lugar onde os nubentes habitam e onde devem correr os proclamas. Tanto que o art. 1.525, inc. IV (art. 180, inc. II, da lei civil pretérita) impõe, no processo de habilitação, que os nubentes forneçam declaração do estado civil, do domicílio e da residência atual deles e de seus pais. Nota-se a intenção que emerge da lei, que é tornar mais fácil a oposição dos impedimentos. Daí exigir a indicação do lugar da residência, para evitar que seja escolhido, para a celebração do casamento, uma comarca onde os nubentes são desconhecidos e possam ocultar os impedimentos matrimoniais.

Esta a conceituação que se deve dar ao domicílio para fins da habilitação e publicação dos proclamas. Portanto, de primordial importância, para fixar a validade do casamento, a sua celebração onde se publicam os proclamas, e, mais que isso, a realização onde os nubentes têm a residência ou o domicílio.

E o domicílio dos nubentes, na doutrina de Orlando Gomes, é o do lugar e tempo do casamento, não o anterior e nem o posterior: "Tal o entendimento de todos os escritores (Espínola, Serpa Lopes, Haroldo Valadão, Oscar Tenório, Amílcar de Castro). Discorrendo sobre as relações pessoais dos cônjuges, ensina o saudoso Tito Fulgêncio que se regem pela lei do lugar da celebração do casamento e por aquela a que os cônjuges se submeteram ao celebrá-lo, observando que, embora haja refutação, seria menoscabar as leis e instituições que regem o matrimônio num país caso possível estabelecer o contrário."[80]

De modo que prevalece a lei do domicílio para firmar o regime legal de bens, quando os nubentes têm domicílio no mesmo país estrangeiro, e lá continuam a residir. Se os nubentes procedem de países distintos, ou têm domicílio diverso, e se casam num deles, impor-se-á o regime legal do primeiro domicílio conjugal, isto é, do país onde forem se estabelecer.

Não interessa o retorno, após algum tempo, para o Brasil. Não se admite a eleição de novo regime, e desconsiderar o do casamento. Repetindo Orlando Gomes, "quem permanece em determinado lugar o tempo necessário para constituir domicílio, ainda que para casamento, passa a ter domicílio também neste lugar, reconhecido pelo juiz que fiscaliza o cumprimento de tal requisito, até mesmo se à hipótese devam ser aplicadas as regras do domicílio sem especialização".[81]

13. PROPRIEDADE DOS BENS ADQUIRIDOS POR UM DOS CÔNJUGES, DURANTE A SEPARAÇÃO DE FATO

Tanto no regime de comunhão universal como no de comunhão parcial, o patrimônio formado durante a separação de fato pertence exclusivamente ao cônjuge que o constituiu. No regime de participação final nos aquestos, há regra específica, que exsurge do art. 1.683: "Na dissolução do regime de bens por separação judicial ou por divórcio, verificar-se-á o montante dos aquestos à data em que cessou a convivência." Assim, não se leva em conta o momento da providência judicial da separação ou do divórcio. No tocante

---

[80] "Regime de Bens do Casamento de Brasileiros Celebrado fora do País", *Novas Questões de Direito Civil*, São Paulo, Saraiva, 1979, p. 280.
[81] *Regime de Bens do Casamento de Brasileiros Celebrado fora do País*, obra citada, p. 284.

628 • Direito de Família | *Arnaldo Rizzardo*

ao regime de separação total, a matéria não enseja dúvida, já que os patrimônios não se tornam comuns por força de lei.

Não importa a continuidade do casamento, se estiverem separados os cônjuges, nos outros regimes.

A jurisprudência se firmou a partir da Lei do Divórcio, cujo art. 8º estende os efeitos da sentença que decretar a separação desde o momento da separação cautelar. Considerando que, tanto na separação de corpos cautelar como na separação de fato, não mais há união ou comunhão, equivalem as situações. Segismundo Gontijo[82] aponta uma série de julgados, que bem reflete o tratamento dominante, transcrevendo-se, como exemplos, as seguintes ementas:

"Civil. Separação de corpos. Efeitos patrimoniais. Lei nº 6.515, art. 8º. A retroação dos efeitos da sentença que extingue a sociedade conjugal alcança a data da decisão concessiva da separação de corpos, desfazendo-se, aí, os deveres conjugais, o regime matrimonial e a comunicação de bens" (STJ. Recurso Especial nº 8.716. 3ª Turma, de 27.03.1993, *DJ* de 25.10.1993).

"Os bens adquiridos pelo marido após trinta anos da separação de fato não integram a meação" (STJ. Recurso Especial nº 60.820. 4ª Turma, de 21.06.1995, *DJ* de 14.08.1995).

"Divórcio. Partilha. Bens adquiridos durante a separação de fato. Incomunicabilidade do bem adquirido. Exclusão do imóvel da partilha... O regime de bens é imutável, mas, se o bem foi adquirido quando nada mais havia em comum entre o casal, repugna ao direito e à moral reconhecer a comunhão apenas de bens e atribuir metade desse bem ao outro cônjuge" (TJSP. Apel. Cível nº 170.028-1, de 5.08.1992, em *Jurisprudência Informatizada*, Saraiva, Lex, 141/82).

"Regime de comunhão universal de bens. Exclusão da partilha de bens adquiridos posteriormente à separação de fato do casal" (TJSP. Apel. Cível nº 243.2651. 2ª Câm. Cível, de 1º.08.1995).

Transcreve o citado autor a lição de Tereza Celina de Arruda Alvim Pinto: "Hoje, o entendimento de que o art. 8º diz respeito tanto à cessação de deveres de ordem pessoal quanto à cessação do regime de bens, fazendo com que estes efeitos ocorram desde a separação de corpos, é já tranquilamente aceito. A lei não distingue entre efeitos relativos a deveres pessoais, como, p. ex., a cessação dos deveres de coabitação e de fidelidade, e a cessação dos deveres de ordem patrimonial, não devendo, pois, o intérprete, fazer esta distinção. Ora, se a separação de corpos tem função e efeito meramente declaratórios, nada mais justo e acertado do que aplicar-se a mesma regra quanto à referida cessação de efeitos, à situação da separação de fato" (Entidade familiar e casamento formal: aspectos patrimoniais, 164/65).

Na esteira do entendimento delineado, perdurou o STJ na mesma exegese, o que evidencia mais o seguinte julgado, no Recurso Especial nº 86.302-RS, de 17.06.1999, *DJ* de 6.09.1999, inserido na *Revista do Superior Tribunal de Justiça*, nº 126, p. 290: "Não se comunicam os bens havidos pela mulher após longa separação de fato do casal (aproximadamente vinte anos)." Suporta tal aresto o fato de que "a constância do casamento pressupõe à evidência a convivência dos consortes, o que no caso se rompera de há muito. Além do mais, a pretensão à meação, manifestada pelo ex-marido, em face das bases fáticas que emolduram o presente litígio, representaria sim verdadeiro enriquecimento injusto".

---

[82] Do Regime de Bens na Separação de Fato, em *Forum, Revista do IAB – Instituto dos Advogados do Brasil*, Salvador, 1998, pp. 92 a 109, edição especial.

Cap. XXII | Regimes Matrimoniais de Bens • **629**

Nem desponta o direito quanto aos bens advindos entre a separação de fato e ação de divórcio no casamento celebrado sob o regime de comunhão universal. É parâmetro desta visão a Apel. Cível nº 94.780-1, da 4ª Câm. Cível do TJ de São Paulo, de 3.03.1988: "Não tem a mulher, por ocasião da propositura da ação de divórcio, direito à meação de bem herdado pelo seu ex-marido, após a separação de fato. Sendo assim, caracterizado o rompimento físico do vínculo matrimonial, não há que se falar em violação do princípio da imutabilidade do regime de bens no casamento". Não importa o princípio da imutabilidade do regime de bens, pois "se o bem foi adquirido quando nada mais havia em comum entre o casal, repugna ao direito e à moral reconhecer comunhão apenas de bens e atribuir a metade desse bem ao outro cônjuge. No caso há que se considerar, ainda, que admitida a meação, será em detrimento indireto da prole legítima, já que iria beneficiar os filhos havidos fora do matrimônio".

14. USUFRUTO EM FAVOR DO CÔNJUGE SOBREVIVENTE

Preceituava o art. 1.611, § 1º, do Código Civil, na redação que veio da Lei nº 4.121: "O cônjuge viúvo, se o regime de bens do casamento não era o da comunhão universal, terá direito, enquanto durar a viuvez, ao usufruto da quarta parte dos bens do cônjuge falecido, se houver filhos deste ou do casal, e à metade, se não houver filhos, embora sobrevivam ascendentes do *de cujus*."

O benefício veio implantado com o Estatuto da Mulher Casada, não mais se mantendo frente ao Código Civil atual, pela razão de ter sido assegurada a concorrência do cônjuge sobrevivente com os demais herdeiros, conforme se vê no art. 1.832: "Em concorrência com os descendentes (art. 1.829, inc. I) caberá ao cônjuge quinhão igual ao dos que sucederem por cabeça, não podendo a sua quota ser inferior à quarta parte da herança, se for ascendente dos herdeiros com que concorrer." Na falta de descendentes, concorre o cônjuge supérstite com os ascendentes, como estabelece o art. 1.836: "Na falta de descendentes, são chamados à sucessão os ascendentes, em concorrência com o cônjuge sobrevivente."

Dentro do sistema anterior, que se mantém para as situações pendentes, o principal requisito para a concessão do benefício era a não realização do casamento pelo regime de comunhão universal. Em consequência, estendia-se o favor aos casados pelos regimes de comunhão parcial e de separação total.[83]

A reserva consistia na quarta parte dos bens em existindo filhos, e na metade não havendo, pouco significando a sobrevivência de ascendente.

A quota de usufruto calculava-se sobre todos os bens do monte hereditário, ficando incluída a parte dos herdeiros necessários.

Era vitalício o gravame. Permanecia enquanto o cônjuge sobrevivesse. Independia da condição econômica do sobrevivente. Ricos e pobres, homem ou mulher, dotados ou não, gozavam indistintamente do direito. A causa geradora de benefício assentava-se apenas o vínculo conjugal. Proveitosas revelavam-se as seguintes linhas, de Orlando Gomes: "No concurso com descendentes ou ascendentes, a quota do cônjuge sobrevivo, sendo em usufruto, não lhe dá a condição de herdeiro, nem o convoca à primeira ou segunda classe de sucessíveis. Não sucede, realmente, no *universum jus* do falecido, nem numa parte abstrata da herança, senão apenas se lhe defere um direito, embora de natureza real, sobre parte dos bens. Ademais, a condição de herdeiro é perpétua e o direito sucessório

---

[83] *Sucessões*, 1ª ed., Rio de Janeiro, Forense, 1970, p. 83.

630 • Direito de Família | *Arnaldo Rizzardo*

do cônjuge, temporário. Contudo, não é de credor sua posição perante o espólio, mas de titular de um direito real."[84]

Tratava-se de um legado *ex lege*, criado em benefício do cônjuge, sem qualquer relação com o direito sucessório, pois não herda o cônjuge supérstite contemplado com o usufruto.[85]

15. BENS PARAFERNAIS

O art. 310 do Código Civil anterior dizia quanto aos bens parafernais: "A mulher conserva a propriedade, a administração, o gozo e a livre disposição dos bens parafernais; não podendo, porém, alienar os imóveis." É omisso o Código atual sobre a matéria, valendo o regramento de outrora para os casos pendentes.

Inexistia, na lei, uma definição ou explanação do significado. Compreendia os bens próprios ou particulares da mulher, isto é, os bens que ela levasse para o casamento e os que tinha adquirido a título gratuito.

Não se englobavam neles os bens reservados, que correspondiam aos resultantes do exercício de profissão lucrativa.

Nem abrangia os enquadrados no regime de separação de bens posto que estes já estavam regulados em seção especial do Código. Muito menos havia de se entender que todos os bens trazidos pela mulher ao casamento se comunicavam, embora adotado o regime de comunhão.

A regulamentação em exame, de bens parafernais, restringia-se ao patrimônio particular ou próprio, e que não fora incluído no regime dotal. Tão somente, neste ponto, disciplinava o Código tal patrimônio, num campo propriamente sem incidência prática, dada a total inexistência de aplicação na vida matrimonial brasileira.

Os frutos desses bens pertenciam à mulher. Mas podiam ser destinados à satisfação dos encargos da família, se necessário. Não havia motivo que justificasse a isenção.

Vinha permitido, segundo o art. 311, ao marido a administração, inclusive com a dispensa de prestação de contas. Inexistindo tal cláusula, impunha-se o dever de dar contas dos frutos e rendimentos quando houvesse solicitação, ou se revogasse o mandato, ou fosse dissolvida a sociedade conjugal.

Na prática, os bens parafernais confundiam-se com os incomunicáveis no regime de comunhão universal e no de comunhão parcial. Na verdade, por estabelecerem os dispositivos que tratavam do assunto um privilégio unicamente à mulher, já haviam perdido sua vigência frente à ordem constitucional de 1988, de absoluta igualdade dos cônjuges.

16. DOAÇÕES ANTENUPCIAIS

O Código de 1916 previa as doações antenupciais, a menos que o regime fosse de separação obrigatória de bens. Despontava do art. 312: "Salvo o caso de separação obrigatória de bens (art. 258, parágrafo único), é livre aos contraentes estipular, na escritura antenupcial, doações recíprocas ou de um ao outro, contanto que não excedam a metade dos bens do doador (arts. 263, nº VIII e 232, nº II)."

---

[84] *Sucessões*, obra citada, p. 86.
[85] *Revista dos Tribunais*, 594/165.

Cap. XXII | Regimes Matrimoniais de Bens • **631**

A matéria é omissa no Código Civil de 2002, posto que nem precisa que conste na lei. Deste que os nubentes sejam capazes, assegura-se a livre disposição dos bens, dentro dos limites contidos na parte do Código Civil que disciplina as doações, como os arts. 548, 549 e 550.

Para a validade das doações, importa, pois, que não envolvam todos os bens, que não excedam a metade dos bens do doador, e não se façam pelo cônjuge adúltero ao seu cúmplice. Igualmente, que não se casem os nubentes pelo regime de separação obrigatória, a que estão obrigados nas hipóteses estabelecidas expressamente e assinaladas no art. 1.641, porquanto constituiriam uma forma de burlar tal regime.

No regime antigo, estava expressa a necessidade de se formalizarem tais liberalidades em pacto antenupcial, por escritura pública.

Mesmo por terceiros admitia o Código a efetivação das denominadas doações, segundo seu art. 313: "As doações para casamento podem também ser feitas por terceiros, no contrato antenupcial, ou em escritura pública anterior ao casamento."

Está presente no art. 1.668, inc. IV, do Código em vigor, a exclusão da comunhão das doações feitas pelos cônjuges entre si com a cláusula da incomunicabilidade. Da mesma forma, não entram no patrimônio comum se o regime for o de comunhão universal, pois não teriam as doações sentido, já que o patrimônio tornaria a ser comum.

Para valerem e se consolidarem, se condicionadas ao casamento, importa venha o mesmo a se realizar, eis que dirigidas precisamente para esta finalidade. Tornam-se ineficazes, ou perdem o efeito, se um dos nubentes vier a falecer, ou casar com terceira pessoa.

Neste sentido é claro o art. 546: "A doação feita em contemplação de casamento futuro com certa e determinada pessoa, quer pelos nubentes entre si, quer por terceiro a um deles, a ambos, ou aos filhos que, de futuro, houverem um do outro, não pode ser impugnada por falta de aceitação, e só ficará sem efeito se o casamento não se realizar."

Não marca a lei algum período de tempo para se efetivar o enlace matrimonial. No entanto, presume-se a não realização caso transcorrer considerável lapso temporal, ou o comportamento dos pretendentes evidenciar a desistência. Ensina, a respeito, Caio Mário da Silva Pereira: "Não marcando a lei tempo para a celebração do casamento, não se pode impugnar pelo fato de se lhe não seguir de pronto o consórcio. Mas, se decorrer tempo razoável sem que se realize a 'núpcia', pode a doação ser atacada; e perde de todo o valor, se um dos nubentes falece, ou se casa com outra pessoa."[86]

Dispensa-se a aceitação expressa do donatário para valerem as doações. A realização do casamento implica em aceitação, conforme parece lógico.

O art. 1.564, inc. II, do Código Civil em vigor obriga o cumprimento das promessas pelo cônjuge culpado, se o casamento for anulado em consequência de sua conduta.

O art. 314 versava sobre a doação estipulada para depois da morte do doador: "As doações estipuladas nos contratos antenupciais, para depois da morte do doador, aproveitarão aos filhos do donatário, ainda que este faleça antes daquele." Nota-se que perdura a liberalidade, dela aproveitando os herdeiros do donatário.

Se, todavia, o doador sobrevivesse a todos os filhos do donatário, caducaria a doação, na forma do parágrafo único do art. 314: "No caso, porém, de sobreviver o doador a todos os filhos do donatário, caducará a doação."

Entendia-se que a liberalidade perdia o sentido que a motivou.

---

[86] *Instituições de Direito Civil – Direito de Família*, obra citada, vol. V, p. 172.

632 • Direito de Família | *Arnaldo Rizzardo*

O Código em vigência é omisso, posto que a matéria diz mais com o direito testamentário.

17. DOAÇÕES ENTRE CÔNJUGES

Para efetuarem doações, marido e mulher precisam da outorga recíproca, como já se analisou. Mas, se a liberalidade for de um cônjuge para o outro, não há propriamente proibição, como já vinha consagrado pelo direito romano. O Código de 2002, no art. 544, não proibiu, ordenando apenas que as doações serão compensadas quando do recebimento da herança, importando em adiantamento de legítima: "A doação de ascendentes a descendentes, ou de um cônjuge a outro, importa adiantamento do que lhes cabe por herança." O Código de 1916, no art.1.171, restringe a disposição às doações para os filhos. Incluído o cônjuge no rol de herdeiros, e concorrendo ele com os descendentes e ascendentes, é natural a previsão da consequência de importar em adiantamento.

Não é, segundo já vinha defendido por forte corrente da doutrina tradicional, tolerada ou permitida a doação se contrariar a índole do regime de casamento. Assim no regime de separação obrigatória, na lição de Serpa Lopes: "No regime de separação de bens, estes são particulares a cada cônjuge. São, assim, lícitas as doações recíprocas, desde que tal regime de separação seja convencional e não legal ou cogente."[87]

Por uma questão de lógica, se o regime for de separação parcial e de participação final nos aquestos, a permissão de doações restringe-se aos bens particulares de cada um, desde que suscetíveis de alienação. Se casados pelo regime de comunhão universal, não há sentido prático a doação, porquanto, seja qual for a origem, comunicam-se os bens adquiridos em qualquer momento da vida dos cônjuges.

Em suma, as doações não podem revelar-se numa forma de burlar o regime matrimonial adotado ou imposto. Parâmetro desta *ratio* encontra-se nos seguintes arestos:

"Somente são permitidas doações entre cônjuges, seja antes, seja após o casamento, se a tanto não se opõe o regime matrimonial. Em se tratando de regime de separação obrigatória, nula será a liberalidade por força do que dispõem os artigos 226, 230 e 312, do CC."[88] "Regido o casamento pelo regime imposto pela Lei Civil, em seu art. 258, parágrafo único, inc. II, que é o da separação obrigatória de bens, são nulas as doações efetuadas por um dos cônjuges ao outro cônjuge, pois vedada pelo art. 312 do Código Civil."[89] Os arts. 230 e 258, parágrafo único, inc. II, acima apontados, equivalem aos arts. 1.639, § 1º, 1.641, inc. II, enquanto os arts. 226 e 312 não encontram normas equivalentes, no atual Código.

Tendo em vista a exegese que permite a comunhão dos aquestos, e em especial a dos bens adquiridos na constância da união estável, mitiga-se o entendimento acima, dando-se validade às doações, apesar do regime de separação obrigatória. O seguinte exemplo procura construir razões esteiadas na realidade social e na evolução do direito, apesar de todos os perigos que decorrem, como o aproveitamento de um cônjuge da situação do outro, isto é, da idade, da doença, sem esquecer que se presta o expediente para fraudar ou prejudicar

---

[87] *Curso de Direito Civil*, 4ª ed., obra citada, 1964, vol. III, p. 417.

[88] TJSP. Apel. Cível nº 215.951-1/6. 6ª Câm. Cível. Julgada em 4.08.1994, em *Revista dos Tribunais*, 710/66.

[89] TJRJ. Apel. Cível nº 19.146/99. 13ª Câm. Cível. *DJ* de 8.06.2000, em *ADV Jurisprudência*, p. 591, boletim semanal nº 37, de 17.09.2000.

possíveis credores: "Embora a determinação legal no sentido de dever o casamento em que o nubente já completou sessenta anos e a nubente cinquenta ser realizado sob o regime da separação total de bens, daí não decorre a impossibilidade de efetuarem os cônjuges doações, favorecendo-se reciprocamente, pois o art. 312 do Código Civil estabelece vedação apenas para a doação através de pacto antenupcial.

A realidade social e as mudanças significativas em matéria de direito de família impuseram profundas modificações. Algumas convertidas em lei, outras reconhecidas pela doutrina e jurisprudência revogaram grande parte dos dispositivos que regram as relações de família, sendo abrandado o rigor dos artigos que disciplinam o regime de bens do casamento, quando não revogados tacitamente, pois admitidas as doações informais."[90] Conforme já observado, o art. 312 indicado no texto não foi reproduzido no Código de 2002. Observa-se, ainda, que a idade para o regime de separação obrigatória é de setenta anos, diante da Lei nº 12.344/2010.

Não raramente, surgem entendimentos fulcrados em interpretações teóricas e nada pertinentes à Carta Federal: "Doação a consorte. Validez. Inaplicabilidade do art. 258, parágrafo único, inc. II, do CC, que não foi recepcionado pela ordem jurídica atual. Norma jurídica incompatível com os artigos 1º, III, 5º, I, X e LIV, da CF em vigor... É válida toda doação feita ao outro pelo cônjuge que se casou sexagenário, porque, sendo incompatível com as cláusulas constitucionais de tutela da dignidade da pessoa humana, da igualdade jurídica e da intimidade, bem como a garantia do justo processo da lei, tomado na acepção substantiva (*substantive due of law*), já não vige a restrição constante do art. 258, parágrafo único, II, do CC."[91] Lembra-se que o conteúdo do art. 258, parágrafo único, inc. II, está no art. 1.641, inc. II, do Código vigente.

Igualmente perante o STJ, conforme o REsp. nº 471.958/SP, da Terceira Turma, j. em 18.12.2008, *DJe* de 18.02.2009: "Processual civil. Recurso especial. Ação de conhecimento sob o rito ordinário. Casamento. Regime da separação legal de bens. Cônjuge com idade superior a sessenta anos. Doações realizadas por ele ao outro cônjuge na constância do matrimônio. Validade. – São válidas as doações promovidas, na constância do casamento, por cônjuges que contraíram matrimônio pelo regime da separação legal de bens, por três motivos: (i) o CC/16 não as veda, fazendo-o apenas com relação às doações antenupciais; (ii) o fundamento que justifica a restrição aos atos praticados por homens maiores de sessenta anos ou mulheres maiores que cinquenta, presente à época em que promulgado o CC/16, não mais se justificam nos dias de hoje, de modo que a manutenção de tais restrições representam ofensa ao princípio da dignidade da pessoa humana; (iii) nenhuma restrição seria imposta pela lei às referidas doações caso o doador não tivesse se casado com a donatária, de modo que o Código Civil, sob o pretexto de proteger o patrimônio dos cônjuges, acaba fomentando a união estável em detrimento do casamento, em ofensa ao art. 226, § 3º, da Constituição Federal".

De observar que, presentemente, a idade em que se torna obrigatório o regime de separação obrigatória de bens é de setenta anos, em face da Lei nº 12.344, de 9.12.2010.

---

[90] TJRGS. Apel. Cível nº 598.060.937. 8ª Câm. Cível. Julgada em 26.08.1999.
[91] TJSP. Apel. Cível nº 007.512-4/2. 2ª Câm. Cível. Julgada em 18.08.1998, em *Revista dos Tribunais*, 758/106.

634 • Direito de Família | Arnaldo Rizzardo

18. VENDA DE BENS ENTRE CÔNJUGES

É estranha, mas não inviável, a compra e venda entre cônjuges. Com muita raridade se trata do assunto. Em vista da conceituação cada vez mais contratualista que vai assumindo o casamento, a tendência é considerar isoladamente o patrimônio de cada cônjuge.

Tanto que a permissão vem no art. 499 do Código Civil de 2002, quanto aos bens particulares: "É lícita a compra e venda entre cônjuges, com relação a bens excluídos da comunhão".

Diante da previsão acima, algumas considerações impõem-se.

Classificando-se como de comunhão parcial o regime adotado, a compra e venda que visar objeto estranho e excluído da comunhão é perfeitamente legítima, não podendo ser embaraçada. Incidem as regras comuns da compra e venda.

No regime de comunhão universal de bens, a regra é a impossibilidade da transmissão onerosa de bens comuns por uma razão óbvia. É que, para a aquisição por um dos cônjuges junto ao outro, teria ele que se utilizar de capital comum, de propriedade de ambos, para, depois da compra, continuar o condomínio.

Mas em não sendo comuns os bens, recebendo um dos componentes dinheiro incomunicável, não resultará qualquer efeito prático a aquisição de patrimônio do outro cônjuge, visto que passará a integrar a comunhão. De outro lado, estaria adquirindo o que já lhe pertence.

Fica diferente a situação se, com dinheiro incomunicável, adquirir um bem também incomunicável, porém alienável, recebido pelo consorte. Percebe-se que a aquisição se realiza com o dinheiro enclausulado de incomunicabilidade, e tem por objeto um bem igualmente incomunicável, pertencendo ao outro cônjuge. Daí chegar-se à seguinte situação: o cônjuge torna-se proprietário de um bem, como, *v.g.*, de um prédio, e o outro cônjuge passaria a dispor do dinheiro. Inverte-se apenas a posição dos bens, quanto à sua titularidade.

No regime de separação legal ou convencional, havendo aquisições comuns, forma-se um condomínio. A comunhão não se origina do regime de bens e nem se rege pelas regras da comunhão entre casados, mas é determinada pelas normas reguladoras do condomínio. A lei trata os cônjuges como se fossem um estranho ao outro.

Sendo o regime de separação obrigatória, previstas as hipóteses nos incisos do art. 1.641, aparecendo como exemplo mais palpitante aquele da compra e venda celebrada por varão ou mulher maiores de setenta anos de idade, não ocorre, igualmente, qualquer restrição, desde que o objeto seja bem particular.

A venda, entre marido e mulher, pois, no caso, é permitida. Nada impede a transferência de quotas entre eles. Em última análise, há compra e venda entre condôminos.

No regime de participação final nos aquestos, os bens próprios sujeitam-se à compra e venda, posto que individuais de cada cônjuge.

19. O EXERCÍCIO E A DEFESA DE DIREITOS PESSOAIS E DOS BENS DE PROPRIEDADE DOS CÔNJUGES OU DA FAMÍLIA

Nos incisos do art. 1.642 do Código Civil aparecem relacionados vários direitos e poderes garantidos na esfera do casamento, em vista dos atos que os cônjuges podem praticar, no exercício da profissão e na administração do patrimônio. É desenvolvida uma ordem de proteção contra atos possivelmente prejudiciais, na gestão ou direção do patrimônio próprio e comum. Assegura a lei a via judicial para desconstituir negócios e atos nocivos, e para resguardar o patrimônio próprio na administração do cônjuge.

Representam as regras uma limitação ou um freio ao poder desenfreado do outro cônjuge e se justificam precisamente em razão da administração, embora deva ser comum nos termos do vigente Código, não raras vezes se concentra na pessoa de apenas um dos cônjuges, que se aproveita para praticar desmandos e levar à derrocada o patrimônio comum e particular. Dentro deste sistema, tornam-se realmente necessárias as normas protetivas, sob pena de se cercear a própria liberdade individual e de se viabilizar uma total dilapidação do patrimônio familiar. São elas importantes porque revelam o princípio da posição igualitária entre o homem e a mulher. Assim, asseguram-se aos cônjuges os direitos que vão discriminados nos incisos do art. 1.642, que serão explicados após a transcrição de cada um: "Qualquer que seja o regime de bens, tanto o marido quanto a mulher podem livremente:

'I – Praticar todos os atos de disposição e de administração necessários ao desempenho de sua profissão, com as limitações estabelecidas no inciso I do art. 1.647'."

A regra não constava na legislação anterior, e decorreu da igualdade de ambos os cônjuges para o exercício de todas as profissões e atividades existentes, tanto no setor público como privado. O casamento não pode restringir a plena expansão das capacidades, habilidades, aptidões, sonhos e perspectivas profissionais de cada cônjuge, mesmo que isso imponha constantes afastamentos do lar, a ocupação durante a maior parte do dia, os seguidos envolvimentos e contatos com outras pessoas, e a própria moradia em lugar diferente daquele onde está o domicílio. A plena expansão da pessoa, mesmo que não exigida para a sobrevivência, faz parte dos direitos de personalidade, não podendo sofrer restrições por imposição ou preferências da pessoa com a qual convive.

Parece óbvio, no entanto, que a profissão não pode impedir a vivência familiar, ou o convívio pelo menos semanal, a participação nos interesses comuns, e, sobretudo, a comunhão de vida. Não teria sentido prosseguir o enlace matrimonial se os cônjuges não mantêm certa convivência, se não constroem uma vida em comum, se não fazem de um lar o ponto de interesses, de encontros, de permanência seguida e frequente. Muito menos subsiste o casamento se a profissão condiciona o isolamento e obriga a cada consorte residir perenemente em locais separados.

O livre exercício da profissão não pode vulnerar as limitações constantes no inc. I do art. 1.647, que consistem em alienar ou gravar de ônus real os bens imóveis. Não se faculta ao cônjuge impor a venda de imóveis, ou a instituição de gravames sobre os mesmos, como de hipoteca, para o exercício de sua profissão. A contratação de financiamento com a finalidade de adquirir bens necessários a uma atividade não impõe a obrigação do outro cônjuge em concordar com a hipoteca do patrimônio comum.

"II – Administrar os bens próprios."

Sabe-se que, pelo art. 233, inc. II, do Código Civil de 1916, competia ao marido a administração dos bens comuns e a dos particulares da mulher que ao marido incumbia administrar em virtude do regime matrimonial adotado, ou de pacto antenupcial.

O Código Civil em vigor nomeia os bens próprios. No regime de comunhão parcial, destacam-se nesta classe os bens que o cônjuge possuía ao casar; os recebidos, na constância do casamento, por doação ou sucessão, e os sub-rogados em seu lugar; os adquiridos com

636 • Direito de Família | *Arnaldo Rizzardo*

valores exclusivamente pertencentes a um dos cônjuges em sub-rogação dos bens particulares; os bens de uso pessoal e os proventos do trabalho pessoal – art. 1.659. Já no regime de comunhão universal, merecem menção os bens doados ou herdados com a cláusula de incomunicabilidade e os sub-rogados em seu lugar; os bens gravados de fideicomisso e o direito do herdeiro fideicomissário, antes de realizada a condição suspensiva; e, dentre outros, as doações antenupciais feitas por um dos cônjuges ao outro com a cláusula de comunicabilidade – art. 1.668. No regime dos aquestos, integram o patrimônio próprio os bens que cada cônjuge possuía ao casar e os por ele adquiridos, a qualquer título, na constância do casamento. Naturalmente, no regime de separação, o patrimônio de cada cônjuge, adquirido antes ou no curso do casamento, permanece com o respectivo adquirente – art. 1.687.

> "III – Desobrigar ou reivindicar os imóveis que tenham sido gravados ou alienados sem o seu consentimento ou sem suprimento judicial."

A venda violando a exigência do consentimento autoriza a competente ação, mas que deverá ser, em sua base principal, anulatória da transação. Busca-se invalidar o gravame ou a alienação, para, depois, se propor a reivindicação. Na venda de imóveis e instituição de gravames sobre eles, é indispensável a presença de ambos os cônjuges, como ressalta do art. 1.647, inc. I, do vigente Código, onde consta que eles não podem, sem o consentimento recíproco, alienar ou gravar de ônus real os bens imóveis.

A vulneração da regra do consentimento mútuo em tais vendas ou onerações apenas se torna viável se o cônjuge altera seu estado civil ao fazer as declarações pessoais quando da alienação. Com a necessidade de apresentar documento sobre a identidade quando da realização da venda ou hipoteca, torna-se evidente ao tabelião, que efetua o ato, o estado civil. Necessariamente impõe-se a presença do consorte do cônjuge vendedor.

> "IV – Demandar a rescisão dos contratos de fiança e doação, ou a invalidação do aval, realizados pelo outro cônjuge com infração do disposto nos incisos III e IV do art. 1.647."

Envolve a ação de rescisão porque a causa está na formação do contrato, no caso de fiança e doação, que não decorre daquelas causas previstas para a invalidade dos negócios jurídicos em geral – arts. 166, 167 e 171, e que, de acordo com o grau de gravidade, dão azo à ação de nulidade ou de anulação. Não se encontra algum elemento de invalidade em si, dentro da relação que o Código discrimina para a ação de nulidade ou de anulação. Todos os elementos do contrato estão presentes. Apenas não participou um dos cônjuges na contratação, omissão esta que lhe dá ensejo para procurar a rescisão.

Já o aval é invalidável, na linguagem do Código, sem que viesse indicada uma circunstância para a diferenciação da rescisão. Obviamente, se existe aval, é porque está lançado nos títulos de crédito, havendo a previsão legal. Em letras de câmbio e notas promissórias está permitido, por vir contemplado no Decreto nº 2.044, de 31.12.1908, e na Lei Uniforme de Genebra (Decreto nº 57.663, de 24.01.1966), e em alguns outros títulos, por remissão das respectivas leis a estes diplomas. Frente ao Código Civil em vigor, o aval passou a exigir a presença de ambos os cônjuges, numa completa modificação do sistema antigo, quando não se cominava a invalidade, assegurando-se a ação de embargos de terceiro para o cônjuge pleitear a defesa de sua meação. Diante do sistema que passou a vigorar, há a invalidade, de maior intensidade negativa que a mera probabilidade de defesa de parte do patrimônio, pois atinge o ato na sua integralidade.

Para oportunizar a rescisão ou a invalidade, insta que se faça presente a infração aos incisos III e IV do art. 1.647. Este dispositivo veda, nos mencionados incisos, que

Cap. XXII | Regimes Matrimoniais de Bens • **637**

qualquer um dos cônjuges, exceto no regime da separação absoluta de bens, preste fiança ou aval, ou faça doação, a menos que seja remuneratória, de bens comuns, ou dos que possam integrar futura meação.

Em relação à fiança, a matéria envolve vários aspectos, já que, amiúde, afloram questões judiciais sobre o assunto. Primeiramente, conforme art. 818 do Código Civil, "pelo contrato de fiança, uma pessoa garante satisfazer ao credor uma obrigação assumida pelo devedor, caso este não a cumpra". Na explicação de Washington de Barros Monteiro, trata-se, antes de mais nada, de "uma obrigação acessória, que pressupõe, necessariamente, a existência de outra obrigação principal, de que é garantia. Por exemplo, num contrato de locação com fiança, esta é acessória daquele. Sem prova da existência do contrato principal, não se pode acionar o devedor para o cumprimento da obrigação".[92]

Em suma, conceitua-se como um contrato através do qual se obriga alguém em favor de determinado credor, por um devedor, a fim de pagar àquele, em todo ou em parte, o que este lhe deve, assentindo à sua obrigação.

O cônjuge pode pleitear a nulidade da fiança, se prestada sem o seu consentimento.

Ponderável corrente da jurisprudência propugna pela nulidade absoluta, mas prevalecem as razões do entendimento que admite a nulidade relativa.[93]

Argumenta-se, em favor dos que estão na primeira posição, que ao cônjuge não é dado prestar fiança sem a outorga uxória. A infração configura negócio nulo, podendo a arguição ser levantada no exercício da defesa, em ação proposta contra o casal, visando ao pagamento da obrigação do devedor principal. A lei objetiva resguardar o patrimônio da família, em cuja defesa foi erigida a nulidade. Não produz, desta maneira, a fiança nenhum efeito, nem em relação ao marido, pois protege interesse do casal ou do conjunto familiar.[94] Há inteira ineficácia em relação aos bens da comunhão.

Pontes de Miranda enfatiza a nulidade, em manifestação quando ainda à mulher se garantia a faculdade: "No que concerne à fiança, é peremptória a proibição. Com a outorga da mulher, perfeitamente válida; sem a outorga, nula."[95]

De acordo com essa posição, a decorrência será a legitimidade de toda pessoa em poder levantar a invalidade do ato. Mesmo o cônjuge que a prestou fica autorizado, ou o Ministério Público, posto seu objetivo de ordem pública, que é a proteção do patrimônio da família.[96]

Entrementes, pelos próprios dispositivos do Código Civil que regulam a espécie se conclui a nulidade relativa, ou a anulabilidade. O inc. IV do art. 1.642 refere-se à rescisão do contrato, e não à nulidade. Sabe-se que para a nulidade habilita-se qualquer pessoa com interesse para legitimar-se a suscitá-la. Já o art. 1.645 restringe "as ações fundadas nos incisos III, IV e V do art. 1.642" ao cônjuge prejudicado e a seus herdeiros. Por isso, nem requerimento do Ministério Público, ou do cônjuge que a contraiu, nem *ex officio*, se autoriza o pronunciamento da rescisão ou da invalidade. Aliás, permite-se a ratificação pelo cônjuge não signatário, com efeito *ex tunc*. A todo o tempo a falta pode ser sanada. Se nula fosse concebida a garantia, não se autorizaria a ratificação.

---

[92] *Curso de Direito Civil – Direito das Obrigações*, 3ª ed., São Paulo, Saraiva, 1962, vol. II, p. 274.
[93] *Julgados do Tribunal de Alçada do RS*, 12/166, 20/326, 24/376, 27/197, 29/356, 40/330; *Revista de Jurisprudência do TJ do RS*, 33/124, 42/114; *Revista Trimestral de Jurisprudência*, 38/31, 54/138, 56/743, 74/387.
[94] *Julgados do Tribunal de Alçada do RS*, 33/261.
[95] *Tratado de Direito Privado*, 4ª ed., São Paulo, RT, 1974, vol. VIII, p. 123.
[96] *Revista Trimestral de Jurisprudência*, 74/389.

O art. 1.650 afasta em derradeiro alguma dúvida: "A decretação de invalidade dos atos praticados sem outorga, sem consentimento, ou sem suprimento pelo juiz, só poderá ser demandada pelo cônjuge a quem cabia dá-la, ou por seus herdeiros."

A Corte Maior já vinha endossando a regra: "Fiança. A falta de assinatura válida da mulher do fiador constitui causa que só ela pode invocar para opor-se à execução de fiança, não o próprio fiador, eis que, autor da omissão, dela não pode beneficiar-se."[97]

O próprio Washington de Barros Monteiro deixava entrever que a declaração judicial da invalidade depende da iniciativa do cônjuge prejudicado: "Poderá a mulher casada alegar a nulidade da fiança, prestada sem o seu consentimento, quer como defesa direta, na própria ação movida pelo credor, quer em recurso de apelação, quer ainda através de embargos de terceiro, não sendo necessário o ajuizamento da ação especial, visando tal objetivo."[98]

Há, todavia, uma terceira corrente, que visa resguardar unicamente a meação.

Não se conjectura a anulação da garantia em favor dos supremos interesses da família. Resguarda-se, tão só, a meação do embargante, que ingressou em juízo contra a medida constritiva da totalidade do bem.

Os propagadores desta maneira de proteção ao patrimônio sustentam que a defesa se procede mediante os embargos de terceiro. Continua válida a fiança em relação ao cônjuge signatário, mas incidente apenas nos bens particulares e na meação. Há decisões que confortam a aplicação desta exegese: "A fiança outorgada sem a outorga uxória responsabiliza o fiador que deverá honrar o compromisso com a sua meação", pois "existem julgados dando pela nulidade da fiança que não traga a assinatura da mulher do fiador, em total subordinação à letra fria do Código, como existem julgados entendendo ser a meação responsável pelo compromisso assumido – não os bens totais, envolvendo os da esposa que deixou de assinar a fiança, mas a meação."[99]

Anos atrás, preponderava nas decisões essa *mens legis*. Assentava-se, quase pacificamente, a validade da fiança mesmo se o regime de bens fosse o de comunhão universal. Já as Ordenações Filipinas continham a regra de que se algum homem casado ficasse fiador de qualquer pessoa sem outorga de sua mulher, não poderia por tal fiança obrigar a metade dos bens que a ela pertencesse (Livro IV, Título LX). No início do Código Civil, os tribunais mantiveram a mesma orientação, arrimada no então art. 263, inc. X, o qual excluía da comunhão a fiança especial prestada pelo marido sem outorga da mulher. Um antigo aresto do Supremo Tribunal Federal servia de paradigma: "A fiança, sem outorga uxória, é simplesmente anulável. Não se comunica à meação da mulher, imputando-se à do marido."[100] A ementa de uma decisão posterior proclamava: "Fiança. Falta de outorga da mulher. A Lei nº 4.121, de 27.08.1962, não revogou o art. 235, III, do Código Civil, mas, em alterando o conceito jurídico da comunhão, forneceu subsídios que possibilitam a interpretação conjugada e harmônica do mencionado art. 235, III, com o art. 263, X, também do Cód. Civil, no sentido de que a fiança prestada pelo marido, sem a outorga da mulher, obriga apenas os bens da meação do fiador."[101] Salienta-se que o art. 263, inc. X, não encontra preceito similar no Código em vigor, enquanto o art. 235, inc. III, está presente no art. 1.647, inc. III, do atual diploma civil.

---

[97] *Revista Trimestral de Jurisprudência*, 56/512.
[98] *Curso de Direito Civil – Direito das Obrigações*, obra citada, p. 379.
[99] TJBA. Apel. Cível nº 15.129. *Jurisprudência Brasileira*, nº 59, obra citada, pp. 67 e 68.
[100] *Revista Forense*, 104/485.
[101] *Revista de Jurisprudência do TJ do RS*, 19/243.

Cap. XXII | Regimes Matrimoniais de Bens • **639**

Como se disse, embora admissível a defesa da meação, não se impede a anulação da garantia. Uma vez exercitado o direito à anulação, decreta-se a garantia em si, e não apenas nos efeitos ao cônjuge que não a prestou, porquanto a proibição aparece expressa no art. 1.647, inc. III, do Código Civil.

No que diz respeito às doações, proibidas são as não remuneratórias, de bens comuns, ou dos que possam integrar futura meação, de acordo com a norma do art. 1.647, inc. IV, a que remete o art. 1.642, inc. IV.

Em princípio, a autorização do outro cônjuge é indispensável se casado for o doador, ainda que beneficiado seja o filho, como se extrai do art. 1.647, inc. I.

Há, porém, exceções.

Não se requer o consentimento, em qualquer hipótese, se a doação for remuneratória, e não envolver bens comuns, ou dos que possam integrar futura meação.

Se é remuneratória, há a compensação com a vantagem recebida. Inexiste uma liberalidade propriamente dita.

Quatro os elementos componentes desta espécie: a) que a doação se faça em recompensa de serviços prestados ao doador pelo donatário; b) que os serviços sejam estimáveis em dinheiro; c) que o donatário não se torne credor de uma prestação legitimamente exigível; d) a anterioridade dos serviços prestados, relativamente à doação.

Não se cuida de mera liberalidade, mas, até certo ponto, de remuneração de serviços e benefícios prestados ao doador sempre que não constituam dívidas exigíveis.

É, no entanto, doação no montante em que o bem doado exceder ao valor dos favores remunerados, conforme se depreende do art. 540.

São hipóteses exemplificativas dos serviços: os atendimentos médicos, as consultas a advogados, o trabalho do engenheiro e qualquer outra atividade profissional.

Há de se ter em conta o parágrafo único do art. 1.647: "São válidas as doações nupciais feitas aos filhos quando casarem ou estabelecerem economia separada". O objeto da norma restringe-se às doações feitas aos filhos, por ocasião de se casarem, ou estabelecerem economia separada, e tem em vista o princípio de solidariedade e o dever de colaboração que devem prestar os pais nos momentos em que se dá a emancipação econômica dos filhos.

Dispensado fica, nestas espécies, o consentimento do outro cônjuge. É o magistério de Carlos Santos com suporte em boa doutrina, como Clóvis Beviláqua e Espínola, em oposição ao ponto de vista de João Luiz Alves.[102] Fazendo o cônjuge a doação em benefício dos filhos, desnecessária a outorga uxória, se obedecidas as condições acima.

O doador suportará, todavia, o ônus de seu ato. As doações não se comunicam, imputando-se apenas na metade do cônjuge autor. Pouco importa que o filho seja comum, pois estipulou em nome próprio, sem o consentimento do outro cônjuge.

Não excederá o montante, outrossim, da metade do que ele poderia livremente dispor em testamento, no momento da liberalidade.

"V – Reivindicar os bens comuns, móveis ou imóveis, doados ou transferidos pelo outro cônjuge ao concubino, desde que provado que os bens não foram adquiridos pelo esforço comum destes, se o casal estiver separado de fato por mais de 5 (cinco) anos."

---

[102] *Código Civil Brasileiro Interpretado*, obra citada, vol. IV, pp. 388 e 389.

Antes da reivindicação, faz-se necessária a anulação, segundo dá a entender o art. 550: "A doação do cônjuge adúltero ao seu cúmplice pode ser anulada pelo outro cônjuge, ou por seus herdeiros necessários, até 2 (dois) anos depois de dissolvida a sociedade conjugal."

Consoante consta do preceito, condição para a ação é a prova de que os bens não se formaram pelo esforço comum durante a convivência do cônjuge com o concubino, situação que parece óbvia, e nem carecia de constar prevista. Outrossim, em redação pouco inteligível, arremata a parte final do dispositivo "... se o casal estiver separado de fato por mais de 5 (cinco) anos". Extrai-se que não cabe reivindicar os bens comuns caso adquiridos pelo cônjuge e o concubino, e desde que a separação do primeiro remonte há mais de cinco anos. Incabível, entrementes, qualquer exercício de pretensão quanto aos bens, sejam móveis ou imóveis, não resultantes da convivência dos cônjuges, e sim da relação daquele que se separou de fato e está convivendo com outra pessoa, afigurando-se irrelevante o lapso de tempo desta convivência. Do contrário, resultaria um enriquecimento indevido e injusto do outro cônjuge, que seria aquinhoado de um patrimônio para a formação do qual não participou.

Em outra dimensão da matéria, cabe distinguir se a doação foi pura ou remuneratória de serviços prestados pelo concubino. Quanto à primeira, não há dissonância sobre a anulabilidade e consequente reivindicação dos bens, o que não sucede com a remuneratória, em face do art. 540: "A doação feita em contemplação do merecimento do donatário não perde o caráter de liberalidade, como não o perde a doação remuneratória, ou a gravada, no excedente ao valor dos serviços remunerados ou ao encargo imposto."

Apesar da regra vedativa do art. 550, aplica-se o disposto no art. 540 neste tipo de doações entre concubinos. Na redação do art. 1.647, inc. IV, a admissibilidade é mais visível, pois só proíbe a doação realizada sem a autorização do outro cônjuge, exceto no regime de separação absoluta, quando não remuneratória.

O relacionamento adulterino, no concubinato, não impede a natureza remuneratória, se expressa no ato que materializa a manifestação da vontade. Desde que o doador visou à remuneração dos serviços, ou a compensar a colaboração do parceiro, admite-se a validade da liberalidade. Esta é a doutrina de muitos autores, que vem se mantendo há tempo, como a de Paulo Américo Maia, que chegou a nem considerar liberalidade a entrega de bens ou valores com tal propósito: "De tudo isso se conclui que as doações e legados remuneratórios à concubina, não constituindo liberalidades, mas atos onerosos, e não tendo causa no concubinato, são válidos. Essa interpretação, de resto, está dentro da melhor tradição do nosso direito. Egídio, diante de rigorosas proibições, e com apoio na *communis opinio*, então escrevia em 1700: *Limitant vero tam in milite armato, quam in aliis quando donatio remuneratoria est, ut probatis meritis valet intra eorum aestimationem* (eles limitam realmente tanto em relação aos militares, como aos demais, quando a doação é remuneratória, para que, demonstrados os méritos, valha dentro da avaliação deles). (*Oper omnia, Tratactus de Jure et Privilegiu*s *Honestitatis*, III, art. 8º, nº 24, p. 54)."[103]

Adahil Lourenço Dias é do mesmo sentir: "Não constituindo liberalidade, mas doações ou legados onerosos, remuneratórios, ou a título de pagamento ou indenização de serviços prestados pela concubina, o ato se converte em perfeito e sadio."[104]

Inclusive Lobão, já em 1868, admitia a validade do ato quando em remuneração de serviços efetuados: "Limitem, ou mais propriamente sublimitam, segundo quando o

---

[103] "Doação e Legados Remuneratórios à Concubina", em *Revista Forense*, nº 249, pp. 30 a 36.
[104] *A Concubina e o Direito Brasileiro*, 2ª ed., São Paulo, Saraiva, 1975, p. 183.

Cap. XXII | Regimes Matrimoniais de Bens • **641**

soldado, o clérigo, o advogado etc., fazem doação remuneratória à concubina; pois sustentam válida esta doação até a equivalência dos méritos, contanto que estes méritos *non intelligantur ea servitia, quae concubina praestit ob dulcedinem illicitae conversationis et turpitudinis...*, e contanto que estes méritos e serviços (que não sejam os referidos), se provem concludentemente pela concubina, sem bastar a prova pela confissão do amásio."[105]

Para Carvalho Santos, no ato vislumbra-se um contrato oneroso. Nem doação no sentido jurídico há, pouco significando a qualidade da pessoa a que se dirige a remuneração."[106]

Aliás, a antiga jurisprudência francesa aceitava as generosidades mesmo quando visava o ofertante garantir o futuro da concubina, demonstram Planiol e Ripert: "Las sentencias aceptan las donaciones que se destinan a asegurar el porvenir de un concubino después de la ruptura y 'a fortiori' después de la muerte del disponente. La causa de la liberalidad no es, en semejante casa, sino la ejecución de la obligación natural... y como la causa es irreprochable el acto es válido."[107]

Mas, quanto ao valor que excede o montante arbitrado pelos serviços prestados, é possível a anulação. Oportuna a explicação de Edgard de Moura Bittencourt: "A esse propósito, o que os tribunais têm admitido é que se a concubina for contemplada com maior valor do que o montante de seus direitos, nada mais poderá reclamar. Por igual, não obstante a dispensa do exame da causa na validade do ato jurídico, a jurisprudência reconhece que as reparações podem ser exauridas pelas liberalidades. Mas se estas, sem o seu montante, não correspondem ao direito que tenha a concubina, deverá a indenização ser contemplada ou fixada independentemente da doação ou legado."[108]

Ou seja, se as generosidades não se igualarem à soma estabelecida para a remuneração, procede-se o arbitramento para o posterior abatimento.

E para conseguir a base que defina o *quantum* do que será descontado, evidente a necessidade da prévia fixação do valor dos fatores prestados, porquanto nas doações não constam discriminadas as cifras da indenização. Se estivessem inseridas, o ato estaria revestido de uma unilateralidade prejudicial aos direitos da esposa legítima, em vista da não participação no arbitramento e na elaboração das provas que retratam o concubinato.

Entretanto, consumada a doação, aos lesados cabe a ação de anulação do ato. Na defesa, encontra a pessoa beneficiada a oportunidade para a demonstração dos trabalhos desenvolvidos e do *quantum* a que correspondem. Embora não se ajuste ao princípio da economia processual o ajuizamento de duas demandas – a de anulação e a de indenização por encargos executados a favor do doador –, é viável a tramitação conjunta ou paralela das ações, ficando, então, sobrestada a anulatória. É, outrossim, admissível a instrução simultânea, com um julgamento único, por conexão ou continência, de conformidade com os arts. 54 e segs. do Código de Processo Civil de 2015, bem como se apresenta oportuno o exercício do direito em reconvenção, no processo de anulação.

A convenção se admite também aos herdeiros ou cônjuge do ofertante, se a pessoa presenteada busca ainda a indenização, para se anular o excedente ou desconstituir o ato, na hipótese da inexistência de labores prestados.

---

[105] *Ações Sumárias e Sumaríssimas*, Lisboa, Imprensa Nacional, 1868, tomo II, p. 31 § 9º.
[106] *Código Civil Brasileiro Interpretado*, 9ª ed., obra citada, vol. XVI, p. 342.
[107] *Tratado Práctico de Derecho Civil Francês*, Havana, Cultural S. A., 1946, tomo II, p. 62.
[108] *O Concubinato no Direito*, 2ª ed., Rio de Janeiro, Jurídica e Universitária Ltda., 1969, vol. II, p. 116.

642 • Direito de Família | *Arnaldo Rizzardo*

De salientar, outrossim, que a reivindicação, que se faz acompanhar da anulação, envolve igualmente os bens transferidos por forma diversa da doação. Não impede o exercício do direito a dissimulação em venda ou outro contrato.

"VI – Praticar todos os atos que não lhes forem vedados expressamente."

A faculdade é despicienda ou inútil, pois evidente que não só ao cônjuge, mas a todas as pessoas permite-se a prática de atos de defesa de seus direitos, desde que não incida vedação expressa.

No sistema antigo, os autores estendiam-se em complementar a relação de poderes reconhecidos em favor do cônjuge, o que se torna totalmente dispensável, pois jamais se esgotará a quantidade de atos admissíveis. A cada dia surgem situações novas, decorrentes da completa equiparação entre o marido e a mulher, tornando-se o cônjuge apto a decidir em todos os campos do conjunto familiar. Reconhecem-se a capacidade econômica e profissional de ambos, a legitimação para a propositura de toda espécie de ações relativas ao casamento, aos filhos e à incapacidade de um ou de outro, o que autoriza a pedir sua interdição e a buscar o reconhecimento de filho anterior ao casamento, a postular a nomeação de tutor e curador, a buscar a fixação do domicílio familiar com base em razões profissionais e econômicas, caso se sobreponham à contribuição do outro cônjuge no fornecimento de meios para o sustento.

Tanto ao cônjuge prejudicado como a seus herdeiros, se falecido aquele, competem as ações previstas nos incisos III, IV e V do art. 1.642, dirigidas para desobrigar ou reivindicar os bens alienados ou gravados sem o consentimento do outro cônjuge, para a rescisão ou invalidação dos contratos de fiança, doação e aval, e para reivindicar os bens doados ou transferidos pelo cônjuge ao concubino, de acordo com a previsão do art. 1.645: "As ações fundadas nos incisos III, IV e V do art. 1.642 competem ao cônjuge prejudicado e a seus herdeiros".

Outrossim, nos casos dos incisos III e IV do art. 1.642 – desobrigar ou reivindicar bens gravados ou alienados sem o consentimento do outro cônjuge, e demandar a rescisão da fiança e doação, ou a invalidação do aval –, o terceiro prejudicado com a sentença que dá ganho de causa ao autor da ação terá direito regressivo contra o cônjuge que realizou o negócio, ou seus herdeiros, diante do art. 1.646: "No caso dos incisos III e IV do art. 1.642, o terceiro, prejudicado com a sentença favorável ao autor, terá direito regressivo contra o cônjuge, que realizou o negócio jurídico, ou seus herdeiros."

Ou seja, afora a hipótese de doações ou transferências ao concubino, sempre cabe o ressarcimento do prejudicado, não importando tenha celebrado o negócio com boa ou má-fé.

XXIII
A Defesa da Meação

1. A PROTEÇÃO LEGAL DA MEAÇÃO

Anote-se que o capítulo em epígrafe não vem destacado no vigente Código Civil.

Há vários dispositivos que consagram a defesa da meação, seja da mulher, seja do marido.

Em primeiro lugar, veda o art. 1.647 do Código Civil ao cônjuge, sem a autorização do outro, prestar fiança ou aval.

Em segundo lugar, o art. 1.659, relativamente ao regime de comunhão parcial, enumera uma série de bens que se excluem da comunhão:

"I – os bens que cada cônjuge possuir ao casar, e os que lhe sobrevierem, na constância do casamento, por doação ou sucessão, e os sub-rogados em seu lugar;

II – os bens adquiridos com valores exclusivamente pertencentes a um dos cônjuges em sub-rogação dos bens particulares;

III – as obrigações anteriores ao casamento;

IV – as obrigações provenientes de atos ilícitos, salvo reversão em proveito do casal;

V – os bens de uso pessoal, os lucros e instrumentos de profissão;

VI – os proventos do trabalho pessoal de cada cônjuge;

VII – as pensões, meios-soldos, montepios e outras rendas semelhantes."

O art. 1.668 afasta da comunhão universal:

"I – os bens doados ou herdados com a cláusula de incomunicabilidade e os sub-rogados em seu lugar;

II – os bens gravados de fideicomisso e o direito do herdeiro fideicomissário, antes de realizada a condição suspensiva;

III – as dívidas anteriores ao casamento, salvo se provierem as despesas com seus aprestos, ou reverterem em proveito comum;

IV – as doações antenupciais feitas por um dos cônjuges ao outro com a cláusula de incomunicabilidade;

V – os bens referidos nos incisos V a VII do art. 1.659."

Em vista dos cânones acima, em todas as alienações, onerações, e obrigações que atinjam os bens indicados nos arts. 1.659 e 1.668 (arts. 269 e 263 do Código de 1916), e mais naquelas que, embora não atingindo tais bens, comportam a ação de embargos de terceiros para a sua defesa e a da meação incidente no patrimônio comum.

A defesa mais acentuada da meação veio contemplada no art. 3º da Lei nº 4.121, de 1962: "Pelos títulos de dívida de qualquer natureza, firmados por um só cônjuge, ainda

644 • Direito de Família | *Arnaldo Rizzardo*

que casados pelo regime de comunhão de bens, responderão os bens particulares do signatário e os comuns, até o limite de sua meação."

O substrato de todas essas disposições está no princípio de que os efeitos das obrigações e da culpa não devem ir além daquele que contraiu a obrigação e da pessoa do culpado.

Aliás, já afirmava Pontes de Miranda, no pertinente às decorrências do ato ilícito: "Praticado o ato ilícito, a obrigação é incomunicável, não cabendo, hoje, dar-se qualquer ônus da prova ao outro cônjuge, para se imunizar às consequências da indenização."[1]

E, no pertinente ao art. 3º da Lei nº 4.121, a tutela é do direito de ambos os cônjuges pelos títulos de dívida de qualquer natureza, firmados por um dos consortes apenas. Responderão somente os bens particulares do signatário e os comuns até o limite de sua meação.

A matéria é conhecida e está consolidada na doutrina e na jurisprudência.

2. FORMAS E MOMENTOS DA DEFESA DA MEAÇÃO

Reza o art. 674 do Código de Processo Civil (Lei nº 13.105/2015): "Quem, não sendo parte no processo, sofrer constrição ou ameaça de constrição sobre bens que possua ou sobre os quais tenha direito incompatível com o ato constritivo, poderá requerer seu desfazimento ou sua inibição por meio de embargos de terceiro".

E o § 2º: "Considera-se terceiro, para ajuizamento dos embargos:

I – o cônjuge ou companheiro, quando defende a posse de bens próprios ou de sua meação, ressalvado o disposto no art. 843".

O citado art. 843 cuida da penhora de bem indivisível, estabelecendo que o equivalente à quota-parte do coproprietário ou do cônjuge alheio à execução recairá sobre o produto da alienação do bem. Nota-se, pois, a particularidade da penhora do bem indivisível, prevendo que a quota-parte do bem indivisível do condômino ou coproprietário recairá no resultado da venda em leilão.

Busca-se, na matéria em exame, estabelecer o momento e a forma de manifestar o cônjuge a sua defesa contra o ato judicial de constrição relativamente aos seus bens, especialmente os da meação.

Poderá promover-se a defesa através dos embargos do devedor, se intimado o cônjuge da penhora?

A resposta é negativa, pois não é o cônjuge parte no feito para a defesa de sua meação. Mesmo que se permita a sua oposição, a matéria suscetível de arguição é aquela que pode alegar o devedor, indicada no art. 917 do Código de Processo Civil. E se a dívida é pessoal do contraente, nem embargos à execução se lhe permite oferecer, eis que não participa da relação processual, posto não se encontrar vinculado ao título. Há ilegitimidade passiva insuperável.

Embora levada a efeito a cientificação da penhora, por ser o cônjuge considerado terceiro pelo dispositivo processual citado, a oportunidade para fazer valer a defesa de seu patrimônio é através do remédio próprio, e não dos embargos do devedor.

A questão foi bem solucionada já pelo Supremo Tribunal Federal, no Recurso Extraordinário nº 83.339: "Discute-se não se a mulher, com referência à sua meação, pode

---

[1] *Tratado de Direito Privado*, Rio de Janeiro, Borsoi editor, 1971, vol. VIII, p. 313.

Cap. XXIII | A Defesa da Meação • 645

interpor embargos de terceiro, mas, sim, se ela, para essa defesa, só pode valer-se de tais embargos, ou se pode, como parte, em virtude da intimação, usar, para tanto, dos embargos do executado. A meu ver, o art. 1.046, § 3º, do Código de Processo Civil, considerando-a como terceiro, quando defende a posse de bens dotais, próprios, reservados ou de sua meação, e não tendo ela sido citada como devedora, hipótese em que seria parte, na execução, para todos os efeitos, não admite que a mulher casada, simplesmente intimada da penhora em execução em que o executado é seu marido, defenda a posse de sua meação por meio de embargos do devedor. Bem acentua o acórdão recorrido (fls. 44 e 45): 'A mulher do avalista não é parte no feito, embora intimada da penhora, incidente sobre bens móveis, e nele não poderia intervir. O art. 1.046, § 3º, do Código de Processo Civil, cortando a disputa que lavrava sobre a lei revogada, considera terceiro o cônjuge quando defende a sua meação. Se é terceiro, não é parte, somente podendo defender os seus direitos por meio do remédio processual específico, os embargos de terceiro.'"[2] O mencionado art. 1.046, § 3º, corresponde ao art. 674, § 2º, inc. I, do CPC/2015.

3. CÔNJUGE INTIMADO DA PENHORA E EMBARGOS DO DEVEDOR

Há uma expressiva corrente que sustenta o cabimento dos embargos de terceiro somente na hipótese de falta de intimação da penhora, manifestada especialmente por decisões dos Tribunais de Justiça de Santa Catarina e Minas Gerais, em certa época,[3] o que, aliás, era princípio norteador do pensamento jurídico sobre a matéria, ao tempo da vigência do Código de Processo Civil de 1939:

"Embargos de terceiro. Citação. Vale como tal a intimação da mulher, após a penhora. Assim, não poderá ela, que se tornou parte no litígio, deixar de oferecer embargos à penhora no prazo legal, para apresentar embargos de terceiro por ocasião da praça."[4]

"Mulher casada. No regime do CPC/1939, a jurisprudência do Supremo Tribunal Federal firmou-se no sentido de que, intimada da penhora em ação contra o marido, a mulher casada não podia valer-se de embargos de terceiro para defender sua meação."[5] "Embargos de terceiro. Deles não pode usar a mulher casada, na execução, se foi citada para a causa, juntamente com o marido, ou intimada da penhora, e nem ofereceu contestação, nem embargos à execução."[6]

Eis a aplicação correta, conforme Recurso Extraordinário nº 80.851: "... Se ela (mulher) se considerasse parte na ação, interferiria na lide..., como parte impugnando a pretensão do autor. Mas o que pretendeu, e o que pretende a mulher casada, quando tão unicamente impugna a incidência da penhora sobre a sua meação – é, na posição de terceiro (estranha à lide, à pretensão deduzida pelo autor) tão somente fazer cessar a constrição judicial ilegitimamente incidente sobre bem seu, próprio. Tal como qualquer terceiro, estranho à demanda do autor, que tivesse bem seu penhorado ilegitimamente, a mulher casada quer excluir da apreensão judicial o bem seu – a meação. Não impugna a pretensão do autor,

---

[2] *Lex – Jurisprudência do Supremo Tribunal Federal*, 51/138.
[3] *Revista dos Tribunais*, 477/227 e 491/180.
[4] RE nº 70.552, *Lex – Jurisprudência do Supremo Tribunal Federal*, 53/107.
[5] RE nº 87.352. *Lex – Jurisprudência do Supremo Tribunal Federal*, 53/107.
[6] RE nº 74.794. *Lex – Jurisprudência do Supremo Tribunal Federal*, 53/107. Na mesma linha, entre muitos outros repertórios, em *Revista dos Tribunais*, 414/352.

646 • Direito de Família | *Arnaldo Rizzardo*

de cobrar o débito. Age como terceiro para excluir, da penhora, a meação. É evidente, assim, que o remédio tecnicamente adequado para tal fim são os embargos de terceiro."[7]

Assim, veio a Súmula nº 134 do Superior Tribunal de Justiça: "Embora intimado da penhora em imóvel do casal, o cônjuge do executado pode opor embargos de terceiro para defesa de sua meação."

4. DEFESA CONTRA A EXECUÇÃO ATRAVÉS DE EMBARGOS DO DEVEDOR E PARA RESGUARDAR A MEAÇÃO, MEDIANTE EMBARGOS DE TERCEIROS

Admite-se dupla atuação do cônjuge no mesmo processo: de um lado, embarga a execução, por entendê-la inexigível, e de outro, procura defender o seu patrimônio particular ou a meação.

Hamilton de Moraes e Barros, invocando precedentes doutrinários, retrata esta possibilidade: "Liebman, em parecer da *Revista Forense*, vol. CIX/46, assentou: 'Para determinar se uma pessoa é ou não parte em processo, não é suficiente considerar a sua identidade física, devendo-se, ao contrário, tomar em conta também a qualidade jurídica em que compareceu no feito. Uma pessoa física pode ser simultaneamente parte e terceiro com relação a determinado processo, se são diferentes os títulos jurídicos que justificam esse duplo papel que ela pretende representar, se são distintas as posições jurídicas que ela visa a defender.' José Frederico Marques, nas suas perfeitas *Instituições de Direito Judiciário Civil*, vol. 5º/455, 2ª ed., ensina: 'Os embargos são de terceiro; mas, como tal, deve entender-se não a pessoa física ou jurídica que não tenha participado do feito, mas a pessoa titular de um direito outro que não tenha sido atingida pela decisão judicial...' Terceiro é o que não figurou na causa principal, ou contra quem a sentença não é exigível... Se a pessoa citada para a execução é parte ilegítima (ilegitimamente passiva *ad causam*) para figurar na relação processual executória, o que lhe cumpre é aduzir essa falta de condições de ação nos embargos do executado. Impossível lhe é, depois, opor embargos de terceiro. A admissibilidade dos embargos de terceiro, manifestados por quem seja parte no processo principal, está condicionada à distinção entre os títulos que tenha sobre a coisa dos embargos ou da constrição judicial. Assim, o vencido na ação, ou o obrigado, pode manifestar embargos de terceiro quanto aos bens que, pelo título, ou qualidade em que os possuir, não devam ser atingidos pela diligência judicial constritiva. A mesma pessoa física ou jurídica pode ser simultaneamente parte e terceiro no mesmo processo, se são diferentes os títulos jurídicos que justificam esse duplo papel. A palavra 'terceiro' significa não só pessoa física ou jurídica que não tenha participado do feito, como também a pessoa que participou do processo, mas que, aqui, nos embargos, é titular de um direito diferente, outro que não o que foi objeto da decisão judicial... A mulher casada, do mesmo modo, mesmo intimada da penhora sobre os bens do marido, pode, como terceiro, defender por meio de embargos os seus bens próprios ou de sua reserva, os de sua meação e os dotais."[8]

Ao cônjuge é facultado participar, pois, da relação processual dos embargos do devedor quando a matéria a ser debatida não se prende aos seus bens. Terá que ajuizar embargos de terceiro se busca defender o seu patrimônio de execuções por dívidas que não lhe trouxeram algum benefício, e assumidas pelo outro cônjuge.

---

[7] *Lex – Jurisprudência do Supremo Tribunal Federal*, 5/117.
[8] *Comentários ao Código de Processo Civil*, 1ª ed., Rio de Janeiro, Forense, vol. IX, pp. 193/195.

Não está ele proibido de ingressar no feito com a finalidade de negar a dívida, ou demonstrar que é indevida por lhe faltar origem, ou arguir toda a sorte de matéria que a lei permite ser alegada pelo que assumiu a obrigação. Mormente se contraída não para atender os interesses pessoais do devedor, mas para satisfazer necessidades do conjunto familiar. A intimação da penhora não visa unicamente atender um preceito imposto quando a expropriação de bens se dá em imóveis. Seu objetivo é mais amplo. Oportuniza dar ciência ao outro cônjuge do processo existente e da faculdade em se opor à pretensão que está nele inserida.

A jurisprudência tem perfilhado nesse entendimento: "O art. 1.046, § 3º, do Código de Processo Civil conferiu ao cônjuge a qualidade de terceiro quando defende a posse de bens dotais, próprios, reservados ou de sua meação. Com essa disposição, ficou placitada a orientação segundo a qual a mesma pessoa física ou jurídica pode ser simultaneamente parte e terceiro no mesmo processo, se são diferentes os títulos jurídicos que justificam esse duplo papel. Assim, se a mulher quiser opor-se à dívida contraída pelo marido, a intimação da penhora lhe possibilitará o exercício dessa pretensão nos próprios autos da lide; se, no entanto, pretender afastar a incidência da penhora sobre sua meação, é na posição de terceiro, estranho à *res iudicio deducta*, que deverá agir, tal como qualquer outro terceiro."[9] O mencionado art. 1.046, § 3º, tem regra correspondente no art. 674, § 2º, inc. I, do CPC/2015.

Não há dúvida que a intimação da penhora se dá para que o cônjuge possa, como litisconsorte, opor-se à própria pretensão da dívida em execução, com a mesma amplitude com que o fará quem assumiu o encargo. E se o interesse se relaciona à proteção do patrimônio pessoal e da meação, se admitem os embargos de terceiro, ainda que tenha fluído *in albis* o prazo contado da intimação da penhora.[10] Há perfeita distinção de matérias, próprias para cada remédio processual de defesa.

Em suma, para fazer valer o direito, em qualquer tempo o cônjuge pode mover a medida judicial de defesa de seus bens, embora ocorra a intimação da penhora. É a regra ditada pelo art. 675 do Código de Processo Civil: "Os embargos podem ser opostos a qualquer tempo no processo de conhecimento enquanto não transitada em julgado a sentença e, no cumprimento de sentença ou no processo de execução, até 5 (cinco) dias depois da adjudicação, da alienação por iniciativa particular ou da arrematação, mas sempre antes da assinatura da respectiva carta."

E participando a título de litisconsorte, impugnando a pretensão do credor, considerando--se parte no feito, obviamente deverá opor os embargos correspondentes no prazo de dez dias a contar da juntada do mandado de intimação aos autos do processo de execução.

5.   O ÔNUS DA PROVA DA DESTINAÇÃO DA DÍVIDA

Que a dívida não se destinara ao proveito do casal, ou para a formação do patrimônio comum, é ônus ou encargo que recai na pessoa do cônjuge que quer afastar a constrição judicial. A jurisprudência parte da pressuposição de que a atividade do cônjuge que contraiu a dívida resultou em proveito do casal ou da família, o que normalmente acontece. Exclui-se a meação conjugal se conseguida a prova contrária, isto é, se o embargante

---

9   Recurso Extraordinário nº 100.612-9, *Lex – Jurisprudência do Supremo Tribunal Federal*, 60/270.
10   *Revista Trimestral de Jurisprudência*, 81/825.

sobejamente evidenciar que a obrigação não trouxe nenhum benefício para o conjunto familiar.[11]

No caso de aval, mais fácil a prova, dada a natureza de presunção de garantia concedida a título gratuito. O comum é a prestação em dívidas de pessoas que não possuem relação societária com o prestador. Mas, se oferecido por sócio, ou diretor, ou gerente de empresa comercial, em princípio há um benefício real ao patrimônio do casal. Sendo o cônjuge administrador dos bens, a presunção é no sentido de que os negócios por ele realizados resultam em benefício da família. No entanto, neste ponto, tem-se defendido que o ônus da prova cabe a quem é favorecido com o aval. Mais especificamente, ao credor compete demonstrar que resultou beneficiada a família do devedor.

A jurisprudência se fixou no sentido de que, "na sociedade entre o marido e a mulher, a comunhão é tal que o natural é presumir-se que o marido contraia dívidas em benefício da comunhão. O antinatural é que o marido contraia dívidas para prejudicar a sociedade conjugal. À mulher é que compete, pois, destruir a presunção lógica e decorrente daquilo que normalmente acontece. O que é comum, o que é ordinário, o que consoa com a realidade singela, é de ser admitido como verdade; o extraordinário é que deve ser demonstrado".[12] No Recurso Especial nº 47.693-3-RS, julgado em 30.06.1994, *DJU* de 13.03.1995, constou: "Consolidou-se a jurisprudência do STJ no sentido de que a meação da mulher responde pelas dívidas do marido, salvo se ela provar não terem sido assumidas em benefício da família."

---

[11] STJ. Recurso Especial nº 58.854. 3ª Turma, de 30.05.1995; STF. Recursos Extraordinários nºs 72.016, da 2ª Turma, de 31.08.1977; 81.019, da 1ª Turma, de 8.06.1977; e 83.654, da 1ª Turma, de 15.12.1976.

[12] TARGS. Embargos Infringentes nº 183063817. 2º Grupo Cível, de 30.08.1985, citado por Luiz Felipe Brasil Santos, em trabalho citado, p. 31.

XXIV

Usufruto e Administração dos Bens de Filhos Menores

1. O EXERCÍCIO DO USUFRUTO E DA ADMINISTRAÇÃO

É da ciência comum de todos a série de atribuições que têm os pais quanto aos bens dos filhos.

A importância do assunto mereceu, no Código de 2002, o destaque em um subtítulo à parte, que é o de número II, integrando o Título II do Livro IV, com a seguinte denominação: "Do Usufruto e da Administração dos Bens de Filhos Menores". No Código de 1916, a disciplina integrava o Capítulo IV, Título V do Livro I, relativa ao então chamado "pátrio poder".

A subdivisão feita pelo vigente Código não se revelou coerente com a natureza da matéria, pois envolve o exercício do poder familiar, centrado nos bens dos filhos. A divisão não se revelou oportuna. Mais metódico era o sistema anterior, porquanto o assunto é o mesmo, envolvendo o exercício do poder familiar, embora dimensionado para o campo patrimonial.

Como o nome do título evidencia, regulamenta o Código o usufruto e a administração dos bens dos filhos menores pelos pais.

Primeiramente, ilustra-se como vinham tais questões regidas no Código anterior. Encerrava seu art. 385, quanto à administração, em total desatualização frente à vigente ordem constitucional: "O pai, e na sua falta, a mãe são administradores legais dos bens dos filhos que se achem sob o seu poder, salvo o disposto no art. 225." Já o art. 389, em relação ao usufruto: "O usufruto dos bens dos filhos é inerente ao exercício do pátrio poder salvo a disposição do art. 225."

O art. 225 previa que o viúvo ou a viúva, que tivesse filhos do cônjuge falecido, perderia o direito ao usufruto sobre os bens dos mesmos, se casasse antes de fazer o inventário do casal e dar partilha aos herdeiros.

Na verdade, desde a Constituição de 1988, pai e mãe são responsáveis pelos bens, tendo o direito ao usufruto e incumbindo-lhes a administração. Não mais persistiu a prevalência do pai no exercício do usufruto e na administração. Aliás, nem se apresentavam razões para reservar unicamente a ele esta incumbência. À mãe se passou a reconhecer igual direito, com poderes para se opor a determinados atos do pai, especialmente no que era pertinente à forma de investimento, de utilização do patrimônio, de sua conservação e proveito.

Esta função é de grande relevância, porquanto inúmeras consequências tornam-se passíveis de ocorrer, como a responsabilização pela malversação de valores, ou pela gerência desastrosa dos bens.

650 • Direito de Família | *Arnaldo Rizzardo*

Cabe, ainda, salientar que o usufruto revela-se na entrega de um bem a uma pessoa para dela retirar e aproveitar as utilidades e os frutos que resultarem.

Quanto aos atos de administração, que não compreendem a alienação ou oneração dos bens, envolvem a sua direção, o cuidado, a guarda, a gerência, abrangendo, *v.g.*, a locação dos imóveis, o investimento de quantias monetárias em estabelecimentos bancários, o emprego de veículos em atividade rendosa, a exploração da terra, a procriação de animais, a venda de produtos agrícolas, dentre outras atividades.

Essas duas funções estão contempladas no art. 1.689 do Código atual: "O pai e a mãe, enquanto no exercício do poder familiar:

I – são usufrutuários dos bens dos filhos;

II – têm a administração dos bens dos filhos menores sob sua autoridade."

No exercício da função de administração, compete aos pais a representação ou assistência aos filhos, conforme forem menores de dezesseis anos, ou situarem-se entre aquela idade e dezoito anos. Assim consta no art. 1.690 do Código Civil: "Compete aos pais, e na falta de um deles ao outro, com exclusividade, representar os filhos menores de 16 (dezesseis) anos, bem como assisti-los até completarem a maioridade ou serem emancipados."

Deverá haver consonância de vontades dos pais na representação ou assistência. Persistindo divergências, busca-se a solução pela via judicial, nos termos do parágrafo único do preceito acima: "Os pais devem decidir em comum as questões relativas aos filhos e a seus bens; havendo divergência, poderá qualquer deles recorrer ao juiz para a solução necessária."

As disposições acima se restringem à administração e, raramente, ao usufruto. No Capítulo relativo ao poder familiar, no art. 1.634, inc. VII, com a modificação da Lei nº 13.058/2014, e no parágrafo único do art. 1.631, tais conteúdos são estabelecidos para a representação, a assistência e a busca de solução judicial nos atos da vida civil em geral.

2. AUTORIZAÇÃO JUDICIAL PARA A VENDA, A ONERAÇÃO DOS BENS E A CONTRATAÇÃO DE OBRIGAÇÕES

A venda, a oneração de bens imóveis de filhos menores e a contratação de obrigações dependem de autorização judicial. A respeito, é claro o art. 1.691: "Não podem os pais alienar, ou gravar de ônus real os imóveis dos filhos, nem contrair, em nome deles, obrigações que ultrapassem os limites da simples administração, salvo por necessidade ou evidente interesse da prole, mediante prévia autorização do juiz."

Enormes repercussões possui a regra acima, com alcance em vários setores.

Em primeiro lugar, unicamente se houver necessidade ou evidente interesse para os filhos é autorizada a venda. Vende-se para os filhos subsistirem, para comprarem alimentos, para o atendimento de despesas médicas e hospitalares (necessidade), ou para adquirir outro bem, ou investir o dinheiro em negócio mais seguro e rendoso (interesse). A oneração por hipoteca há de ter em vista um negócio ou investimento vantajoso, com transparente segurança. Já a contratação que traz obrigações, não decorrentes da simples administração, verificável através de compras, da locação, de financiamentos de obras, serviços, ou viagens, da filiação a clubes ou entidades esportivas e recreativas, depende

Cap. XXIV | Usufruto e Administração dos Bens de Filhos Menores • 651

do seguro retorno de lucros, e desde que não envolva significativas cifras monetárias, ou não comprometa a estabilidade econômica do filho.

Impõem-se abordagens mais pormenorizadas.

Não autoriza a venda, ou a oneração e outros negócios a necessidade dos pais. Encontrando-se os filhos com considerável patrimônio e rendimentos, e os pais vivendo pobremente, ou sofrendo necessidades econômicas, não é autorizada a venda para socorrê--los. O caminho normal é a busca de alimentos junto aos filhos.[1]

A necessidade envolve várias situações, como o estudo, a própria subsistência, as viagens de aprimoramento cultural ou profissional, o tratamento médico e mesmo gastos para facilitar a vida, como a aquisição de veículo, se o filho contar com mais de dezoito anos.

A conveniência, que leva a atender o interesse, igualmente se apresenta de múltiplos modos. O mais comum é a localização do imóvel em região diversa daquela da residência do menor e seus pais. A dificuldade na conservação e a distância em que se encontram os bens aconselham a venda para a aquisição de outros no próprio município da residência. Inclusive a impossibilidade de um alto investimento que requer o aproveitamento do imóvel. Se o mesmo localiza-se em um centro urbano, e está cotado em preço elevado, não tendo condições o filho de nele construir, pode ser mais conveniente a venda para, com o fruto, adquirir um apartamento ou outro prédio.

Na hipoteca, em geral viabiliza-se quando é necessário um investimento alcançável por via bancária, como para a aquisição de animais, ou a exploração agrícola, ou para a reforma de um prédio.

A contratação de obrigações constitui outro tipo de ato que depende da vênia judicial. Neste sentido, não se justifica a compra de mercadorias ou produtos cujo valor não comporta a renda que aufere o menor. Nem encontraria razoabilidade a aquisição de bens que revele extravagância nos gastos ou que importe em desbaratar o patrimônio, o que se afigura comum em certos momentos da juventude.

De observar, ainda, que a administração e as decisões dos pais terão em conta a vantagem e o benefício dos filhos. Nesta linha, não cabe aos pais, em nome do menor, recusar a aceitação de herança ou uma doação, pois estariam impedindo o aumento do patrimônio. Isto a menos que seja doação com encargo, ou a herança compreenda um bem que traga despesas ou desvantagens, daí ocorrendo o empobrecimento ao invés de enriquecimento.

Lembra-se, outrossim, que a alienação, além da venda, abrange outras formas, como a permuta, a dação em pagamento, a constituição de renda perpétua ou vitalícia, a doação e a promessa de compra e venda.

Enfim, independem de autorização os atos de mera administração. E administração corresponde a zelar, cuidar, defender e gerenciar os bens de outra pessoa.

Importa a realização de atos que redundam em proveito, aumento e prosperidade do patrimônio. Nesta ordem, não cabe a entrega dos bens em comodato, pois equivaleria a um ato de disponibilidade. Nem o empréstimo de dinheiro, ou mútuo, a menos que efetuado em estabelecimento bancário, é admissível.

Mas nada impede que se aluguem imóveis, desde que tomadas todas as cautelas aconselháveis, com garantias quanto ao pagamento de aluguéis, e se evidencie clara van-

---

[1] Pontes de Miranda, *Tratado de Direito Privado*, obra citada, vol. IX, p. 123.

652 • Direito de Família | *Arnaldo Rizzardo*

tagem ao filho no contrato, em todas as cláusulas, o que não ocorreria se estabelecido um prazo excessivamente longo.

O arrendamento rural deve ser autorizado pelo juiz, por duas razões básicas.

A primeira em vista do art. 725, inc. III, do vigente Código de Processo Civil, que é expresso a respeito, ao dispor sobre o procedimento de jurisdição voluntária que seguirá a ação.

A segunda porque o arrendamento, em vista do art. 92, § 4º, do Estatuto da Terra (Lei nº 4.504, de 1964), assegura o direito de preferência ao arrendatário, no caso de venda do imóvel. Em decorrência, se o menor vender o imóvel durante o contrato de arrendamento, deve dar a preferência ao arrendatário. Nestas condições, o direito de preferência corresponde a um direito real, como, aliás, já admitiu o Supremo Tribunal Federal: "Arrendamento rural. Direito de preferência do arrendatário (Lei nº 4.504, art. 92, § 4º). É direito real. Carência de ação repelida."

No voto do Ministro Leitão de Abreu, colhe-se: "...Poderá o arrendatário, a quem não se notificar a venda, depositado o preço, haver para si o imóvel arrendado, se o requerer no prazo de seis meses, a contar da inscrição do ato de alienação no Registro de Imóveis. É o que se prescreve no art. 92, § 4º, do Estatuto da Terra... Aqui se configura, por conseguinte, um direito real, já que, ao dizer que, depositado o preço, o arrendatário poderá haver para si o imóvel, lhe assegura a faculdade de obter a adjudicação do imóvel arrendado."[2]

Poder-se-ia pensar, neste prisma, que também a locação estaria sujeita à dita autorização judicial, pois nela está inserido o direito de preferência, como ressoa no art. 27 da Lei nº 8.245, de 18.10.1991. No entanto, o direito vem expressamente excluído, em se verificando venda por decisão judicial, de acordo com o art. 32 da apontada lei.: "O direito de preferência não alcança os casos de perda da propriedade ou venda por decisão judicial, permuta, doação, integralização de capital, cisão, fusão e incorporação."

De outra parte, tem-se entendido que não se prorroga automaticamente o arrendamento feito por menor, com autorização judicial: "Findo o prazo contratual, deixa de haver prorrogação automática ou preferência do anterior arrendatário, em virtude das cautelas especiais a serem observadas no contrato. Prevalência das normas do CC, de proteção dos interesses do incapaz, sobre as do Estatuto da Terra."[3]

Realmente, terminado o prazo de arrendamento do imóvel rural, constituído o contrato por autorização judicial, deixa de haver prorrogação tácita, porquanto, para uma nova formalização, torna-se a exigir a autorização judicial. É que a ordem do juiz foi para determinado prazo. Ao serem dimensionados os interesses do menor, teve-se em conta o período fixado no instrumento contratual, ao mesmo tempo em que o arrendatário tinha conhecimento de que a relação se extinguiria no preciso momento que as partes avençaram.

De notar, finalmente, quem tem a capacidade para pedir a anulação dos atos à administração, alienação e oneração dos bens e de contratação de obrigações. O parágrafo único do art. 1.691 do Código Civil discrimina os titulares de tal direito:

I – O filho. É ele o maior interessado e a quem mais se reconhece a capacidade para buscar a anulação.

---

[2] Recurso Extraordinário nº 83.319-6, de São Paulo. Julgado em 23.09.1980, em *Lex – Jurisprudência do Supremo Tribunal*, 26/80.
[3] *Julgados do Tribunal de Alçada do RS*, 28/181.

Cap. XXIV | Usufruto e Administração dos Bens de Filhos Menores • **653**

II – Os herdeiros, naturalmente se o menor tiver falecido.

III – O representante legal do filho, se durante a menoridade cessar o poder familiar. Justamente por cessar o poder familiar, o que em geral ocorre por ato do juiz, ou também por morte, é que o representante escolhido tem legitimidade para pedir a anulação.

Relativamente aos bens móveis, não há disposição legal exigindo a autorização do juiz. Presume-se, portanto, desnecessária qualquer providência judicial. No entanto, cumpre se distinguir entre os bens destinados à venda e os que não tem esta destinação. Assim, permite-se a venda concernentemente àqueles bens deterioráveis, em que é difícil a conservação. Não é admissível que se pense ao contrário, porquanto muitos bens móveis têm importância e valores superiores a alguns imóveis, como veículos, certas joias, ou instrumentários têxteis e agrícolas.

Algumas considerações fazem-se necessárias quanto a formalização do pedido para a venda.

Em termos gerais, não há maiores complexidades.

Seguem-se os mesmos trâmites tanto para a venda como para hipotecar ou empenhar os bens, e para contrair obrigações.

Nem curador é necessário nomear para defender os interesses do menor, como aponta a jurisprudência: "Pedido de declaração de nulidade de venda de imóvel de menor por haver sido realizado sem a intervenção de curador especial. Alegação de conflito de interesses. Pleito desacolhido. Recurso desprovido... Alegação de conflito de interesses. Pleito desacolhido. Recurso desprovido... O pedido de autorização judicial para a prática de qualquer um dos atos ali previstos não deve ser tomado como exsurgência automática de conflito de interesses entre o titular do pátrio poder e o filho menor. Aludido conflito, para efeito de nomeação de curador especial, deve ficar patenteado ou, ao menos, explicitado para posterior comprovação." A expressão "pátrio poder" passou a denominar-se "poder familiar".

Destaca-se, ao longo do acórdão: "O simples fato de comparecer o pai ou a mãe, em juízo, para a autorização de qualquer dos atos previstos no referido artigo não é elemento autossuficiente para dar como caracterizado aludido conflito. Este deve ser demonstrado, ou, então, exsurgir de indícios ou de prova direta. Se tal acontecer, a solução será a nomeação de curador especial."[4]

Quem formula o pedido é o próprio menor, representado ou assistido por seus progenitores, ou representantes, desenvolvendo as razões e apresentando os documentos comprobatórios do imóvel a vender, daquele a adquirir, ou oferecendo alternativas para a aplicação do produto da venda. Evidentemente, deverá aduzir as conveniências da transação pretendida. Ao juiz cabe tomar as providências aconselháveis, para esclarecer perfeitamente os fatos, ouvindo o próprio menor, se púbere, e o Ministério Público. Feito isto, ordenará obrigatoriamente avaliar o bem e aquele a ser adquirido. Com isto, tomará ciência da vantagem no negócio.

Não se reclama a venda por hasta pública, medida esta imposta quando o menor se encontra sob tutela. Proveitosa a lição de J. V. Castelo Branco Rocha, a respeito: "A lei não exige a hasta pública para a venda de imóveis do menor, sob o pátrio poder. E, por esta razão, tem prevalecido o entendimento de que, em face do art. 427, n° VI, combinado

---

4 TJSC. Agravo de Instrumento n° 5.340. 1ª Câm. Cível, de 22.05.1990, *Revista dos Tribunais*, 659/147.

654 • Direito de Família | *Arnaldo Rizzardo*

com o art. 429, ambos do Código Civil, somente a venda de bens do menor sob tutela é que depende de hasta pública. Neste sentido, há farto pronunciamento dos tribunais."[5] Os arts. 427, nº VI, e 429, supra-apontados, equivalem aos arts. 1.748, nº V, e 1.750 do Código que está vigorando.

Realmente, não se compreende como razoável a venda por leilão, o que somente encarece o procedimento, além de impor maiores delongas. Unicamente em casos especiais é admissível tal modalidade, como na situação de alta valorização do imóvel, ou de intenso interesse na procura, ou de transparência de manipulações do representante com o pretendente à aquisição.

Prevalece o foro do domicílio do menor que, por força do art. 76 do Código Civil, será o de seu representante legal, isto é, dos pais, na hipótese.

Uma vez concedida a autorização, expede-se alvará para a venda, ou outra forma de autorização. Envolvendo o ato ou negócio direito real, se efetuará normalmente por escritura pública. Naturalmente, incumbe às partes comprovar, após, a efetivação do negócio, anexando, inclusive, cópia dos documentos reveladores da aquisição do outro bem ou dos depósitos dos valores advindos.

3. USUFRUTO LEGAL EM FAVOR DOS PAIS SOBRE OS BENS DOS FILHOS MENORES

De grande importância revela-se o assunto, pelas consequências que traz relativamente aos frutos ou rendimentos.

Reza o art. 1.689, inc. I, do Código Civil: "O pai e a mãe, enquanto no exercício do poder familiar:

I – são usufrutuários dos bens dos filhos."

Vemos, aí, que os pais poderão usufruir dos rendimentos e vantagens dos bens.

Sabe-se que o usufruto vem a ser o direito de uso da coisa e de perceber os frutos que a mesma vier a produzir.

No caso, os pais estão amparados em lei para o uso dos bens e para a percepção dos frutos. Isto como compensação pelos encargos, esforços e compromissos exigidos na criação dos filhos ou exercício do poder familiar. Embora prestem alimentos, é assegurado o uso e o proveito do patrimônio administrado. Não que signifiquem tais vantagens um pagamento pelos serviços prestados, porquanto decorrem da própria natureza humana os encargos paternos, vindo ditados por inclinação instintiva do ser humano.

Do exposto, conclui-se que todos os rendimentos que trazem os bens poderão ser aproveitados pelos pais. Os aluguéis decorrentes da locação, os juros de quantias depositadas em poupança, os animais que provierem de plantel que pertença ao filho, e mesmo as colheitas, os frutos de pomares etc., entram no rol de bens que pertencem à família, destinando-se ao proveito de todos. Nem seria possível separar os rendimentos de cada membro do grupo familiar, que devem servir a todos, dada a unidade que existe em seu meio.

Em suma, há concretização do conteúdo do art. 1.394 do diploma civil: "O usufrutuário tem direito à posse, uso, administração e percepção dos frutos."

Sobre o usufruto, escreveu Carlos Alberto Bittar Filho: "O usufruto é inerente ao exercício do pátrio poder, cessando com a inibição do poder paternal, maioridade, emancipação

---

[5] Obra citada, p. 246.

Cap. XXIV | Usufruto e Administração dos Bens de Filhos Menores • **655**

ou morte do filho. O usufruto legal, constitui razão de imposição legal, independendo de registro (CC, art. 715), bem como sendo um direito irrenunciável. O pai usufrutuário dos bens dos filhos menores não é obrigado à caução (CC, art. 731, II). Pode o pai reter as rendas oriundas dos bens do filho menor, sem prestar contas, podendo consumi-las legitimamente, uma vez quer se a lei o autoriza a fazê-lo como compensação dos encargos decorrentes da criação e educação dos filhos, conquanto possa, eventualmente, ser compelido a prestar contas dos rendimentos dos bens sujeitos ao seu usufruto, este recai sobre todos os bens do menor, exceto: a) sobre os bens deixados ou doados ao filho, com exclusão do usufruto paterno, pois o doador pretende que as rendas desse bens sejam acrescidas ao patrimônio do donatário (CC, art. 1.723); b) nos bens deixados ao filho para fim certo e determinado (CC, art. 1.664); p. ex., para a educação do menor; assim se houver desvio de renda, será impossível alcançar o objetivo almejado pelo testador."[6] Os arts. 715, 731, inc. II, 1.723, e 1.664, citados acima, equivalem, respectivamente, aos arts. 1.391, 1.400, parágrafo único, 1.848 e 1.897 do Código em vigor.

Não se faz necessária qualquer inscrição perante o ofício imobiliário. Por isso está inserido no art. 1.689 que o usufruto decorre do exercício do poder familiar, prescindindo-se de qualquer outra providência formal.

Incumbem, todavia, aos pais, as mesmas obrigações delineadas para o usufruto comum ou convencional. Assim, devem inventariar os bens, descrevendo-os no estado em que se encontram, como ordena o art. 1.400, dispensando-se a obrigação de prestar caução – parágrafo único do art. 1.400. Não estarão obrigados a pagar as deteriorações próprias e decorrentes do uso, o que não acontece nos prejuízos advindos de conduta dolosa ou culposa, como se extrai do art. 1.402. As despesas ordinárias de conservação, os pagamentos dos impostos, as prestações e as contribuições por ventura de seguro existentes, serão da responsabilidade dos mesmos progenitores, como decorre do art. 1.403, incs. I e II. Compete-lhes, ainda, a defesa em juízo e a propositura das ações exigidas na conservação dos bens, como a reivindicação perante terceiros.

No final do usufruto, efetuar-se-á a entrega nas condições do recebimento, com a ação específica para a prestação de contas, caso necessário. Cabe, todavia, observar que a prestação de contas não se refere aos rendimentos ou proveitos, eis que estes pertencem ao usufrutuário, e sim, aos bens que estão sendo restituídos.

O Código Civil anterior, no art. 827, inc. II, assegurava a hipoteca legal sobre os imóveis dos progenitores para garantir a restituição dos bens em sua integralidade e bom estado de conservação. O Código em vigor não repetiu a garantia, posto que desnecessária, além de indisponibilizar o patrimônio. Muito dificilmente ocorre a depreciação do patrimônio por culpa ou ato de negligência dos progenitores, não se mostrando coerente impor a limitação da hipoteca legal.

4. BENS EXCLUÍDOS DO USUFRUTO E DA ADMINISTRAÇÃO DOS PAIS

Certos bens estão expressamente excluídos do usufruto e da administração dos pais. Constam no art. 1.693:

"I – Bens adquiridos pelo filho havido fora do casamento, antes do reconhecimento."

---

6   "Pátrio poder: Regime Jurídico Atual", em *Revista dos Tribunais*, nº 676, p. 82.

656 • Direito de Família | *Arnaldo Rizzardo*

Isto para afastar a eventualidade do reconhecimento por intuito de ganância ou puro proveito econômico.

"II – Os valores auferidos pelo filho maior de dezesseis anos, no exercício de atividade profissional e os bens com tais recursos adquiridos."

Ou seja, excluem-se do usufruto e da administração dos pais todos os bens, e mesmo o dinheiro, proveniente do exercício de atividade remunerada desempenhada pelo filho. Não se incluem outras espécies de bens ou valores, como os recebidos de rendimentos de imóveis não resultantes do fruto do trabalho pessoal.

"III – Os deixados ou doados ao filho, sob condição de não serem usufruídos, ou administrados, pelos pais."

Tal circunstância haverá de contar clausularmente no respectivo instrumento, que será de doação ou testamento. Atende-se uma disposição que será do autor da liberalidade, que poderá encontrar eco na realidade se os pais não são pessoas dignas de confiança. Aliás, pode tornar-se viável este tipo de condição ou cláusula nas doações ou testamento de avós, tios ou irmãos, dada a total falta de responsabilidade de um dos progenitores do menor favorecido.

"IV – Os bens que aos filhos couberem na herança, quando os pais forem excluídos da sucessão."

A exclusão da sucessão se dá por indignidade do herdeiro, nos casos arrolados no art. 1.814: homicídio ou tentativa de homicídio doloso contra a pessoa de cuja sucessão se tratar, seu cônjuge, companheiro, ascendente ou descendente; calúnia em juízo ou crime contra a sua honra, ou de seu cônjuge ou companheiro; inibição ou criação de obstáculo na livre disposição dos bens pelo autor da herança através de violência ou meios fraudulentos."

Os efeitos da exclusão deverão ser declarados em Juízo. Os descendentes sucedem como se morto fosse o herdeiro excluído. Substituem-no quando do inventário. Evidentemente, se indigno para receber a herança, não terá condições nem para administrar e nem para exercer usufruto. Por isso, a regra mostra-se coerente e concatenada com outras relativas à mesma matéria.

Mais situações podem ocorrer, tornando-se conveniente suspender a administração e o usufruto, mormente se apresentar-se prejudicial ou ruinosa a administração. Lembra-se, embora seja óbvia a decorrência, a imediata exclusão quando ocorrer a perda, ou a suspensão, ou a extinção do poder familiar.

5. COLIDÊNCIA DE INTERESSES ENTRE OS PAIS E O FILHO

Não raramente, colide o interesse dos pais com o dos filhos. Hipóteses comuns ocorrem quando um progenitor procura anular uma doação feita pelo outro progenitor; ou ingressa com ação buscando anular um testamento, no qual foi contemplado o filho menor; ou na venda que fizeram os pais a um dos filhos; ou em permuta que os pais realizam com o filho. Ainda, quando pais e filhos são interessados em partilha de bens, como na morte da avó materna, e, em seguida, antes do inventário, também falece a mãe. O pai ficará com a sua meação, além da porção que herda em igualdade com a porção de cada filho, exceto, nesta última eventualidade, se o regime for de comunhão universal ou separação obrigatória de bens, de acordo com o art. 1.829 do Código Civil. No regime de comunhão universal, inclui-se a parte que a mulher recebeu de sua progenitora, mas aí não herda o cônjuge sobrevivente na proporção que herda cada filho, indo o restante da porção para a partilha dos filhos. Assim, no inventário, ou por todos herdarem, ou pelo recebimento da meação, participarão pai e filhos, existindo, de qualquer modo, o interesse de todos.

Conforme discriminação jurisprudencial, verifica-se colidência de interesses em situações como as seguintes, nas quais ressaltam as posições aparentemente antagônicas, extraídas da lição de Washington de Barros Monteiro: "a) Para receber em nome do menor doação que lhe vai fazer o pai; b) para concordar com a venda que o genitor efetuará a outro descendente; c) para intervir na permuta entre o filho menor e os pais; d) para levantamento da inalienabilidade que pesa sobre o bem de família (*Direito de Família*, vol. 2º/283, São Paulo, Saraiva, 1983)."[7]

Dada a colisão de interesses, em qualquer caso, é obrigatória a nomeação de curador, seguindo-se a regra do art. 1.692: "Sempre que no exercício do poder familiar colidir o interesse dos pais com o do filho, a requerimento deste ou do Ministério Público o juiz lhes dará curador especial."

Ocorre, com a nomeação do curador, uma representação supletória do filho. Em razão dos interesses antagônicos, torna-se viável prejuízo aos direitos dos filhos. Mesmo para evitar qualquer suspeita, pois, em princípio, o sentimento paternal ou maternal não condiz com atitudes prejudiciais vinda dos pais, é de rigor a nomeação. E com sobradas razões quando o interesse de dois ou mais filhos não coincide em uma demanda judicial, comum de acontecer em inventário por morte de avós, sendo premorto o progenitor dos filhos. Na disputa pelos quinhões é possível que não se entendam os herdeiros. E seria constrangedor ao pai ou à mãe pender para o lado de qualquer dos filhos, em detrimento dos demais. Para evitar casos desta ordem, e bem discutir ou aquilatar os direitos de cada um, nada melhor que um curador para cada filho.

6.   A RESPONSABILIDADE PELOS ATOS DOS FILHOS

Os pais, por exercerem o poder familiar, respondem pelos atos prejudiciais praticados pelos filhos. A matéria é perfeitamente sintetizada na seguinte ementa: "Os pais são responsáveis pela reparação civil dos atos praticados pelos filhos menores que estiverem sob seu poder e em sua companhia, a teor do disposto no art. 1.521, I, do CC. Delineia-se na espécie, uma presunção de culpa cuja fonte é justamente o pátrio poder.

A momentânea ausência do pai por motivo de viagem na época dos fatos não desfigura a presunção, denotando falta de maior empenho paterno na admonição e preparação do filho. Também a não imputatividade deste não funciona como excludente da responsabilidade paterna pela simples razão de que sua fonte é o pátrio poder, abrangendo ela todos os atos ilícitos que pratique, em qualquer situação, porque a vigilância que lhe incumbe é universal e contínua, não podendo, pois, pretender que em relação a determinados atos submetidos a essa vigilância não se configure sua responsabilidade."

No desenvolver do voto que inspirou o aresto, encontra-se a fundamentação doutrinária: "Os pais são responsáveis pela reparação civil dos atos praticados pelos filhos menores que estiverem sob seu poder e em sua companhia, a teor do disposto no art. 1.521, I, do CC. Delineia-se, na espécie, uma presunção de culpa, como, em recentíssima edição, ad-

---

[7]   TJSP. Agravo de Instrumento nº 5.340. 1ª Câm. Civil, de 22.05.1990, *Revista dos Tribunais*, 659/147.

658 • Direito de Família | *Arnaldo Rizzardo*

verte Caio Mário da Silva Pereira (*Responsabilidade Civil*, p. 97), cuja fonte, em verdade, outra não é que o pátrio poder, abrangente também dos relativamente incapazes, porque nenhum óbice se defronta no texto legal pertinente (CC, art. 379). Por força deste *munus* os pais devem exercer, além dos esforços educativos, vigilância sobre os filhos, para o que os terão em sua companhia e guarda (art. 384, I e II, do CC).

A propósito, ressalta Aída K. Carlucci, concordantemente com a doutrina já exposta, que tal responsabilidade 'se funda en una infracción a los deberes de buena educación y vigilancia', valores entre os quais aduz militar 'una relación inversamente proporcional', de modo que à medida que a educação vai cumprindo suas metas e etapas, pode diminuir--se a vigilância a mero complemento daquela (Responsabilidade Civil, em *El Derecho de Familia*, pp. 138 e ss.). Na verdade, reitere-se, no pátrio poder é que radica o fundamento de tal forma de responsabilidade civil, menos como sanção à incúria paterna, senão como 'una consecuencia ineludible de la condición de padre, verdadero hilo conductor del deber de reparar, con independencia de que su comportamiento haya sido o no el antecedente necesario del daño (obra citada, p. 142).

A não imputabilidade do filho deixa de funcionar como excludente da responsabilidade paterna pela singela razão de que sua fonte, como se fez sentir, é o pátrio poder (Aguiar Dias, *Da Responsabilidade Civil*, vol. II/560), abrangendo ela, segundo expõe referido jurista, 'todos os atos ilícitos que pratique, em qualquer situação, porque a vigilância que incumbe é universal e contínua, não podendo, pois, pretender que, com relação a determinados atos submetidos a essa vigilância, não se configure a sua responsabilidade' (p. 561)..."[8]

Oportuno lembrar que os artigos acima citados do anterior Código Civil – 1.521, inc. I, 379 e 384, incisos I e II, equivalem aos arts. 932, inc. I, 1.630 e 1.634, incs. I e II, do Código em vigor (sendo o último alterado pela Lei nº 13.058/2014).

Para bem apreender a matéria, conveniente dar a versão dos dispositivos equivalentes:

"Art. 932: São também responsáveis pela reparação civil:
I – os pais, pelos filhos menores que estiverem sob sua autoridade e em sua companhia.
Art. 1.630: Os filhos estão sujeitos ao poder familiar, enquanto menores.
Art. 1.634, incisos I e II: Compete a ambos os pais, qualquer que seja a sua situação conjugal, o pleno exercício do poder familiar, que consiste em, quanto aos filhos:
I – dirigir-lhes a criação e a educação;
II – exercer a guarda unilateral ou compartilhada nos termos do art. 1.584."

Em outra decisão: "Sílvio Rodrigues, quando aborda o problema da responsabilidade civil por falta de terceiro, vai mais longe, assim discorrendo: 'A ideia de risco é a que mais se aproxima da realidade. Se o pai põe os filhos no mundo, se o patrão se utiliza do empregado, ambos correm o risco de que da atividade daquele surja dano para terceiro. É razoável que, se tal dano advier, por ele respondam, solidariamente com os seus causadores diretos, aqueles em cuja dependência estes se achavam... A ideia ou responsabilidade dos pais pelos atos dos filhos se inspira naquele anseio de se assegurar à vítima do dano causado por pessoa menor a garantia de ressarcimento... Os pais, por isso que geraram os filhos, devem responder pelos atos danosos por estes praticados, objetivamente, quer tenham culpa ou não, enquanto os tiverem sob o pátrio poder' (*Direito Civil*, vol. IV/68 e 73).

---

[8]   TJSP. Apel. Cível, 119.246-1. 4ª Câm. Civil, de 14.12.1989, *Revista dos Tribunais*, 651/73.

Cap. XXIV | Usufruto e Administração dos Bens de Filhos Menores • 659

No mesmo sentido Carlos Roberto Gonçalves (*Responsabilidade Civil*, p. 65).

Predomina, no entanto, a posição da culpa presumida, só se exonerando os pais se comprovarem que bem educaram seus filhos. Um filho que observe o dever de obediência que lhe incutem os pais só por isso já demonstra que estes não se descuidaram de suas obrigações de assistência, de educação, e de vigilância, inerentes ao pátrio poder (CC, art. 384, I, e VII). Só se desoneram os pais, na verdade, se comprovarem a impossibilidade de evitarem o ato danoso, conjugada ao fato de haverem cumprido com seus deveres de educação e de vigilância, ínsitos ao pátrio poder."[9]

O art. 384, incisos I e VII, citado acima, corresponde ao art. 1.634, incisos I e IX, do vigente diploma civil (alterado pela Lei nº 13.058/2014), que atribui aos pais, quanto à pessoa dos filhos menores, dirigir-lhes a criação e educação, e exigir-lhes que prestem obediência, respeito e os serviços próprios de sua idade e condição.

Mesmo que se encontrem separados os pais, incide a responsabilidade, pois entende-se que o ato ilícito causador do dano advém da omissão na assistência, que compete a ambos, e é fruto de um longo processo de educação e formação: "A culpa dos pais está bem demonstrada. Ambos faltaram com o dever de assistência à filha, levando-a com a sua omissão, à prática de ato ilícito e moralmente reprovável de que dão notícias os autos do processo.

A solidariedade na reprovação do prejuízo, contra o que se insurge a recorrente, tem fundamento no próprio texto do art. 1.521 do CC, pois ambos, tanto o pai como a mãe da menor, concorreram com a sua omissão para a prática do ato ilícito da filha, em detrimento da autora."[10] Corresponde o art. 1.521 ao art. 932 do CC/2002.

Não fosse assim, o lesado ficaria sem conseguir o recebimento da soma indenizatória, pois normalmente a pessoa menor não dispõe de bens ou lastro patrimonial para arcar com as despesas.

Podem os pais acionar regressivamente os filhos pela indenização que tiveram que pagar?

A resposta está no art. 934, assim redigido: "Aquele que ressarcir o dano causado por outrem pode reaver o que houver pago daquele por quem pagou, salvo se o causador do dano for descendente seu, absoluta ou relativamente incapaz."

Vem, pois, na regra acima, excetuada a pessoa dos filhos, que não poderá ser demandada pelas obrigações que satisfizerem os progenitores. O fundamento está na paz familiar que pretendeu o legislador conservar.

Todavia, alguns veem outra explicação: os danos que o filho menor provoca decorrem da falta de cuidados e vigilância dos pais. Por isso, eles indenizam, o que também se estende aos curadores e tutores. Mário Moacyr Porto fornece a exata explicação, em lição sempre presente: "Se o pai, em cumprimento a uma decisão judicial que lhe impôs uma condenação pecuniária por ter concorrido com a sua culpa para o dano causado a outrem pelo seu filho incapaz, paga a indenização arbitrada na sentença, é manifesto que pagou dívida própria e não de seu filho inimputável. O mesmo raciocínio se aplica ao tutor em relação ao pupilo incapaz, e ao curador, em relação ao representado amental. Acrescente-se que não há obrigação solidária entre o pai, tutor e curador, e seus representados absolutamente incapazes. E nem se aplica ao caso do pai, que paga na qualidade de infrator do dever de vigilância, o disposto no art. 1.793 do CC, como querem afinados

---

9   TARS. Apel. Cível nº 187022843. 1ª Câm. Cível, de 1.09.1987, *Revista dos Tribunais*, 624/202.
10   TJSP. Apel. Cível nº 107.949-1. 4ª Câm. Cível, de 09.02.1989.

660 • Direito de Família | *Arnaldo Rizzardo*

juristas, pois a colação tem por fim igualar as legítimas dos herdeiros, e o pai, ao pagar sua própria dívida, não faz doação ou ato de benemerência patrimonial ao seu filho, autor material do dano."[11] O art. 1.793 mencionado tem redação equivalente ao art. 2.010 do Código em vigor.

Admite-se a responsabilidade solidária se púberes os filhos, em consonância com a doutrina de José Virgílio Castelo Branco Rocha, transcrita em um julgamento: "É de aplicar-se aos menores de 16 e 21 anos, que vivam na companhia paterna, o princípio da responsabilidade solidária. É que a responsabilidade civil de tais menores não significa a exclusão da responsabilidade paterna, que assenta no dever de vigilância. O disposto no art. 156 do Código Civil deve ser interpretado em harmonia com os preceitos que impõe aos pais a vigilância do filho, durante a menoridade, porque tal vigilância resulta do dever de guarda. Disto deflui que o pai é solidariamente responsável pelos danos que o filho menor púbere venha a causar a terceiro. Torna-se evidente, pois, que a culpa esta subentendida, ficando dispensado de sua prova o autor da ação de indenização. Ao pai ou guarda do menor é que cabe provar que não houve, de sua parte, culpa *in vigilando*. É a inversão do ônus da prova: ao autor basta demonstrar a existência do dano. Cabe ao réu invalidar a presunção da culpa, que contra ele milita (*O Pátrio Poder*, pp. 143 e 144)."[12]

O conteúdo do art. 156 mencionado não foi reproduzido no Código em vigor, pois, do contrário, entraria em contradição com o art. 934. Por sua vez, a menoridade relativa vai dos 16 aos 18 anos, em face do sistema do Código de 2002.

---

[11] "A Responsabilidade Civil por Fato ou Ação de Terceiros – Dever de indenizar dos pais e dos patrões", em *Revista dos Tribunais*, nº 650, p. 8.

[12] TJSP. Apel. Cível nº 131.344-1. 6ª Câm. Cível, de 8.11.1990, *Revista de Jurisprudência do TJ de São Paulo*, Lex Editora, 132/163.

XXV
Alimentos

1. OBRIGAÇÃO DE PRESTAR ALIMENTOS

De salientar que a matéria abrange os alimentos que devem prestar os cônjuges ou divorciados mutuamente um ao outro, e os devidos em razão do parentesco.

Por esta obrigação, coloca-se a pessoa no dever de prestar à outra o necessário para a sua manutenção e, em certos casos, para a criação, educação, saúde e recreação; em suma, para atender às necessidades fundamentais do cônjuge ou do parente.

Sem dúvida, cuida-se de um instituto básico no direito de família, considerado de ordem pública e protegido de modo especial pelo Estado, em razão do destaque que ocupa o grupo familiar dentro do ordenamento de qualquer sistema político.

Concerne a obrigação alimentar à própria vida e à subsistência das pessoas. Daí afirmar Carlos Alberto Bittar, em lição sempre perene: "Relacionada ao direito à vida e no aspecto da subsistência, a obrigação alimentar é um dos principais efeitos que decorrem da relação de parentesco. Trata-se de dever, imposto por lei aos parentes, de auxiliar-se mutuamente em necessidades derivadas de contingências desfavoráveis da existência. Fundada na moral (ideia da solidariedade familiar) e oriunda da esquematização romana (no denominado *officium pietatis*), a obrigação alimentar interliga parentes necessitados e capacitados na satisfação de exigências mínimas de subsistência digna, incluindo-se, em seu contexto, não só filhos, mas também pessoas outras do círculo familiar. Integra, portanto, as relações de parentesco em geral, incluída a de filiação, havida ou não de casamento, e tanto sob o aspecto natural, ou biológico, como civil (famílias natural e substitutiva, Lei nº 8.069/90, arts. 25 e segs. e 28 e segs.)."[1]

É que, no dizer de Yussef Said Cahali, sem dúvida o maior especialista na matéria, "o ser humano, por natureza, é carente desde a sua concepção; como tal, segue o seu fadário até o momento que lhe foi reservado como derradeiro; nessa dilação temporal – mais ou menos prolongada – a sua dependência dos alimentos é uma constante, posta como condição de vida."[2]

Daí, pois, seguramente, é o ramo do direito que impõe maior atenção e eficiência do Estado, por dizer respeito a um setor que se refere à própria subsistência, senão à própria vida, da pessoa. Instituto este, no entanto, que, embora protegido por uma legislação bastante segura e amparadora do direito, nem sempre alcança, na prática, seus objetivos de atender o necessitado.

---

[1] *Direito de Família*, obra citada, p. 252.
[2] *Dos Alimentos*, 1ª ed., 4ª tiragem, São Paulo, RT, 1987, p. 1.

662 • Direito de Família | *Arnaldo Rizzardo*

Com efeito, está expresso no art. 5º, inc. LXVII, da Constituição Federal a previsão inclusive da prisão para o obrigado inadimplente: "Não haverá prisão civil por dívida, salvo a do responsável pelo inadimplemento voluntário e inescusável de obrigação alimentar e a do depositário infiel."

A fim de proporcionar uma visão ampla da matéria, transcrevem-se os seguintes dispositivos do Código Civil, sendo que, ao longo do presente capítulo, proceder-se-á ao estudo pormenorizado em consonância com as várias matérias que serão analisadas:

"Art. 1.566. São deveres de ambos os cônjuges: ... III – Mútua assistência. IV – Sustento, guarda e educação dos filhos.

Art. 1.694. Podem os parentes, os cônjuges ou companheiros pedir uns aos outros os alimentos de que necessitem para viver para de modo compatível com a sua condição social, inclusive para atender às necessidades de sua educação.

Art. 1.694, § 1º. Os alimentos devem ser fixados na proporção das necessidades do reclamante e dos recursos da pessoa obrigada.

Art. 1.694, § 2º. Os alimentos serão apenas os indispensáveis à subsistência, quando a situação de necessidade resultar de culpa de quem os pleiteia.

Art. 1.695. São devidos os alimentos quanto quem os pretende não tem bens suficientes, nem pode prover, pelo seu trabalho, à própria mantença, e aquele, de quem se reclamam, pode fornecê-los, sem desfalque do necessário ao seu sustento.

Art. 1.696. O direito à prestação de alimentos é recíproco entre pais e filhos, e extensivo a todos os ascendentes, recaindo a obrigação nos mais próximos em grau, uns em falta de outros.

Art. 1.697. Na falta dos ascendentes cabe a obrigação aos descendentes, guardada a ordem da sucessão e, faltando estes, aos irmãos, assim germanos como unilaterais.

Art. 1.698. Se o parente, que deve alimentos em primeiro lugar, não estiver em condições de suportar totalmente o encargo, serão chamados a concorrer os de grau imediato; sendo várias as pessoas obrigadas a prestar alimentos, todas devem concorrer na proporção dos respectivos recursos, e, intentada ação contra uma delas, poderão as demais ser chamadas a integrar a lide.

Art. 1.699. Se, fixados os alimentos, sobrevier mudança na situação financeira de quem os supre, ou na de quem os recebe, poderá o interessado reclamar do juiz, conforme as circunstâncias, exoneração, redução, ou majoração do encargo.

Art. 1.700. A obrigação de prestar alimentos transmite-se aos herdeiros do devedor, na forma do art. 1.694.

Art. 1.701. A pessoa obrigada a suprir alimentos poderá pensionar o alimentando, ou dar-lhe hospedagem e sustento, sem prejuízo do dever de prestar o necessário à sua educação, quando menor.

Art. 1.701, parágrafo único. Compete ao juiz, se as circunstâncias o exigirem, fixar a forma do cumprimento da prestação.

Art. 1.702. Na separação judicial litigiosa, sendo um dos cônjuges inocente e desprovido de recursos, prestar-lhe-á o outro a pensão alimentícia que o juiz fixar, obedecidos os critérios estabelecidos no art. 1.694.

Art. 1.703. Para a manutenção dos filhos, os cônjuges separados judicialmente contribuirão na proporção de seus recursos.

Art. 1.704. Se um dos cônjuges separados judicialmente vier a necessitar de alimentos, será o outro obrigado a prestá-los mediante pensão a ser fixada pelo juiz, caso não tenha sido declarado culpado na ação de separação judicial.

Art. 1.704, parágrafo único. Se o cônjuge declarado culpado vier a necessitar de alimentos, e não tiver parentes em condições de prestá-los, nem aptidão para o trabalho, o outro cônjuge será obrigado a assegurá-los, fixando o juiz o valor indispensável à sobrevivência.

Art. 1.705. Para obter alimentos, o filho havido fora do casamento pode acionar o genitor, sendo facultado ao juiz determinar, a pedido de qualquer das partes, que a ação se processe em segredo de justiça.

Art. 1.706. Os alimentos provisionais serão fixados pelo juiz, nos termos da lei processual.

Art. 1.707. Pode o credor não exercer, porém lhe é vedado renunciar o direito a alimentos, sendo o respectivo crédito insuscetível de cessão, compensação ou penhora.

Art. 1.708. Com o casamento, a união estável ou o concubinato do credor, cessa o dever de prestar alimentos.

Art. 1.708, parágrafo único. Com relação ao credor cessa, também, o direito a alimentos, se tiver procedimento indigno em relação ao devedor.

Art. 1.709. O novo casamento do cônjuge devedor não extingue a obrigação constante da sentença de divórcio.

Art. 1.710. As prestações alimentícias, de qualquer modo, serão atualizadas segundo índice oficial regularmente estabelecido".

Na Lei nº 5.478, de 25.07.1968, ressalta-se o art. 19:

"O juiz, para instrução da causa ou na execução da sentença ou do acordo, poderá tomar todas as providências necessárias para seu esclarecimento ou para o cumprimento do julgado ou do acordo, inclusive a declaração de prisão do devedor até 60 (sessenta) dias."

No Código Penal, há o art. 244, com a redação vinda das Leis nº 5.478/1968 e nº 10.741/2003:

"Deixar, sem justa causa, de prover a subsistência do cônjuge, ou de filho menor de 18 (dezoito) anos ou inapto para o trabalho, ou de ascendente inválido ou maior de 60 (sessenta) anos, não lhes proporcionando os recursos necessários ou faltando ao pagamento de pensão alimentícia judicialmente acordada, fixada ou majorada; deixar, sem justa causa, de socorrer descendente ou ascendente, gravemente enfermo:

Pena – Detenção de 1 (um) a 4 (quatro) anos e multa, de uma a dez vezes o maior salário mínimo vigente no País."

O parágrafo único:

"Nas mesmas penas incide quem, sendo solvente, frustra ou ilide, de qualquer modo, inclusive por abandono injustificado de emprego ou função, o pagamento de pensão alimentícia judicialmente acordada, fixada ou majorada."

No Código de Processo Civil de 2015, importantes os regramentos no cumprimento de sentença, abrangendo alimentos definitivos, provisórios e os fixados em decorrência de ato ilícito:

"Art. 528. No cumprimento de sentença que condene ao pagamento de prestação alimentícia ou de decisão interlocutória que fixe alimentos, o juiz, a requerimento do exequente, mandará intimar o executado pessoalmente para, em 3 (três) dias, pagar o débito, provar que o fez ou justificar a impossibilidade de efetuá-lo.

§ 1º Caso o executado, no prazo referido no caput, não efetue o pagamento, não prove que o efetuou ou não apresente justificativa da impossibilidade de efetuá-lo, o juiz mandará protestar o pronunciamento judicial, aplicando-se, no que couber, o disposto no art. 517.

§ 2º Somente a comprovação de fato que gere a impossibilidade absoluta de pagar justificará o inadimplemento.

§ 3º Se o executado não pagar ou se a justificativa apresentada não for aceita, o juiz, além de mandar protestar o pronunciamento judicial na forma do § 1º, decretar-lhe-á a prisão pelo prazo de 1 (um) a 3 (três) meses.

§ 4º A prisão será cumprida em regime fechado, devendo o preso ficar separado dos presos comuns.

§ 5º O cumprimento da pena não exime o executado do pagamento das prestações vencidas e vincendas.

§ 6º Paga a prestação alimentícia, o juiz suspenderá o cumprimento da ordem de prisão.

§ 7º O débito alimentar que autoriza a prisão civil do alimentante é o que compreende até as 3 (três) prestações anteriores ao ajuizamento da execução e as que se vencerem no curso do processo.

§ 8º O exequente pode optar por promover o cumprimento da sentença ou decisão desde logo, nos termos do disposto neste Livro, Título II, Capítulo III, caso em que não será admissível a prisão do executado, e, recaindo a penhora em dinheiro, a concessão de efeito suspensivo à impugnação não obsta a que o exequente levante mensalmente a importância da prestação.

§ 9º Além das opções previstas no art. 516, parágrafo único, o exequente pode promover o cumprimento da sentença ou decisão que condena ao pagamento de prestação alimentícia no juízo de seu domicílio.

Art. 529. Quando o executado for funcionário público, militar, diretor ou gerente de empresa ou empregado sujeito à legislação do trabalho, o exequente poderá requerer o desconto em folha de pagamento da importância da prestação alimentícia.

§ 1º Ao proferir a decisão, o juiz oficiará à autoridade, à empresa ou ao empregador, determinando, sob pena de crime de desobediência, o desconto a partir da primeira remuneração posterior do executado, a contar do protocolo do ofício.

§ 2º O ofício conterá o nome e o número de inscrição no Cadastro de Pessoas Físicas do exequente e do executado, a importância a ser descontada mensalmente, o tempo de sua duração e a conta na qual deve ser feito o depósito.

§ 3º Sem prejuízo do pagamento dos alimentos vincendos, o débito objeto de execução pode ser descontado dos rendimentos ou rendas do executado, de forma parcelada, nos termos do caput deste artigo, contanto que, somado à parcela devida, não ultrapasse cinquenta por cento de seus ganhos líquidos.

Art. 530. Não cumprida a obrigação, observar-se-á o disposto nos arts. 831 e seguintes.

Art. 531. O disposto neste Capítulo aplica-se aos alimentos definitivos ou provisórios.

§ 1º A execução dos alimentos provisórios, bem como a dos alimentos fixados em sentença ainda não transitada em julgado, se processa em autos apartados.

§ 2º O cumprimento definitivo da obrigação de prestar alimentos será processado nos mesmos autos em que tenha sido proferida a sentença.

Art. 532. Verificada a conduta procrastinatória do executado, o juiz deverá, se for o caso, dar ciência ao Ministério Público dos indícios da prática do crime de abandono material.

Art. 533. Quando a indenização por ato ilícito incluir prestação de alimentos, caberá ao executado, a requerimento do exequente, constituir capital cuja renda assegure o pagamento do valor mensal da pensão.

§ 1º O capital a que se refere o caput, representado por imóveis ou por direitos reais sobre imóveis suscetíveis de alienação, títulos da dívida pública ou aplicações financeiras em banco oficial, será inalienável e impenhorável enquanto durar a obrigação do executado, além de constituir-se em patrimônio de afetação.

Cap. XXV | Alimentos • **665**

§ 2º O juiz poderá substituir a constituição do capital pela inclusão do exequente em folha de pagamento de pessoa jurídica de notória capacidade econômica ou, a requerimento do executado, por fiança bancária ou garantia real, em valor a ser arbitrado de imediato pelo juiz.

§ 3º Se sobrevier modificação nas condições econômicas, poderá a parte requerer, conforme as circunstâncias, redução ou aumento da prestação.

§ 4º A prestação alimentícia poderá ser fixada tomando por base o salário-mínimo.

§ 5º Finda a obrigação de prestar alimentos, o juiz mandará liberar o capital, cessar o desconto em folha ou cancelar as garantias prestadas".

No tocante aos dispositivos do Código Civil, nota-se que, no capítulo dos alimentos, regulado pelos arts. 1.694 a 1.710, nele se disciplina a obrigação de alimentos entre os cônjuges, conviventes e parentes.

Constitui o direito alimentar, não resta dúvida, um vasto ramo do direito civil, que mereceria uma codificação própria. É corolário, no entanto, de um lado, do direito de parentesco, envolvendo especialmente a relação entre pais e filhos, e de outro, do vínculo conjugal, regrando e explicitando a mútua assistência que deve imperar no casamento, ou que do mesmo advém.

No seu amplo campo, estão compreendidas as chamadas prestações primárias, que atendem as necessidades normais de qualquer pessoa, como a habitação, os alimentos propriamente ditos, o vestuário, o tratamento médico, a instrução ou educação e as diversões, que se resumem no sustento das pessoas, as quais, especialmente em virtude da idade, da doença, dos afazeres domésticos, do atendimento aos filhos menores e da falta de preparo profissional e inúmeras vicissitudes outras, são incapazes de conseguir os recursos ou meios indispensáveis para a subsistência. Visa a prestação alimentícia justamente suprir as carências que impedem a geração de recursos próprios, com fundamento num princípio de solidariedade familiar ou parental que deve dominar entre as pessoas. Ou socorrer o membro da família que se encontra em situação de não prover a própria subsistência.[3]

Na base de tudo, está a realidade de que o ser humano, por sua estrutura e natureza, é carente – carente de afeto, de compreensão, de dotes, de qualidades, de capacidades, precisando de amparo, apoio, atenção, ajuda e meios para fazer frente à própria vida. Ainda no seio materno, ou fora dele, observa Yussef Said Cahali, 'a sua incapacidade ingênita de produzir os meios necessários à sua manutenção faz com que se lhe reconheça, por um princípio natural jamais questionado, o superior direito de ser nutrido pelos responsáveis de sua geração'."[4]

Diante do acima exposto, pode-se conceituar alimentos como tudo quanto é indispensável às necessidades da vida, como vestimentas, alimentação, moradia, atendimento médico-hospitalar, instrução, recreação etc. Na visão de Clóvis Beviláqua, "a palavra 'alimentos' tem, em direito, uma acepção técnica, de mais larga extensão do que na linguagem comum, pois compreende tudo o que é necessário à vida: sustento, habitação, roupa e tratamento de moléstias."[5]

Registra João Claudino de Oliveira e Cruz: "A palavra 'alimentos', na terminologia jurídica, tem significação própria, compreendendo todo o necessário para o sustento, ha-

---

3   José Lamartine Corrêa de Oliveira e Francisco José Ferreira Muniz, obra citada, p. 53.

4   *Dos Alimentos*, obra citada, p. 15.

5   *Direito de Família*, 2ª ed., Recife, Romeiro M. Costa Editor, 1905, p. 533.

666 • Direito de Família | *Arnaldo Rizzardo*

bitação, vestuário, tratamento por ocasião de moléstia e, se o alimentário for menor, as despesas com a sua educação e instrução."[6]

Há uma relação que obriga uma pessoa a prestar à outra o necessário para a sua manutenção e, conforme o caso, para a própria instrução ou formação.

2. NATUREZA DA OBRIGAÇÃO ALIMENTAR

Funda-se o dever de prestar alimentos na solidariedade humana e econômica que deve imperar entre os membros da família ou os parentes. Há um dever legal de mútuo auxílio familiar, transformado em norma, ou mandamento jurídico.

Originariamente, não passava de um dever moral, ou uma obrigação ética, que no direito romano se expressava na equidade, ou no *officium pietatis*, ou na *caritas*.

No entanto, as razões que obrigam a sustentar os parentes e a dar assistência ao cônjuge transcendem as simples justificativas morais ou sentimentais, encontrando sua origem no próprio direito natural. É inata na pessoa a inclinação para prestar ajuda, socorrer e dar sustento. Desponta do íntimo das consciências esta inclinação, como que fazendo parte de nossa natureza, e se manifestando como uma necessidade. Todo ser humano sente espontaneamente a tendência não só em procriar, mas, sobretudo, em produzir, amparar, desenvolver, proteger, dar e doar-se.

Inclinação natural esta ou instinto que também se encontra nos animais, e constitui fator de perpetuação das espécies. Por isso, a ninguém, senão por fortes motivos, é dado isentar-se deste encargo.

Funda-se, outrossim, a obrigação alimentícia sobre um interesse de natureza superior, que é a preservação da vida humana e a necessidade de dar às pessoas certa garantia no tocante aos meios de subsistência. Neste sentido, emerge evidente participação do Estado na realização de tal finalidade, que oferece uma estrutura própria para garanti-la. Assim, os instrumentos legais que disciplinam este direito, e os meios específicos reservados para a sua consecução, revestem de um caráter publicístico a obrigação de alimentar.

O Estado tem interesse na fiel observância das normas que tratam da matéria, e oferece meios capazes e eficazes para o seu cumprimento, como o desconto em folha de pagamento, ou a prisão do devedor contumaz. Há um interesse público familiar, no dizer de Yussef Said Cahali: "Por essa razão, orienta-se a doutrina no sentido de reconhecer o caráter de ordem pública das normas disciplinadoras da obrigação legal de alimentos, no pressuposto de que elas concernem não apenas aos interesses privados do credor, mas igualmente ao interesse geral; assim, sem prejuízo de seu acentuado conteúdo moral, a dívida alimentar veramente *interest rei publicae*; embora sendo o crédito alimentar ligado à pessoa do beneficiário, as regras que governam são, como todas aquelas relativas à integridade da pessoa, sua conservação e sobrevivência, como direitos inerentes à personalidade, normas de ordem pública, ainda que impostas por motivo de humanidade, de piedade ou solidariedade, pois resultam do vínculo de família, que o legislador considera essencial preservar."[7]

---

[6] *Dos Alimentos no Direito de Família*, Rio de Janeiro, Forense, 1956, p. 15.
[7] *Dos Alimentos*, obra citada, pp. 20 e 21.

Não há uma ordem de direito puramente privada no que tratam as normas. Não podem as partes firmar certas pactuações, como a renúncia ao direito de alimentos, ou a fixação da pensão em um *quantum* irrisório.

Isto em razão de ser a ação de alimentos uma ação de interesse público, que afasta o interesse puramente particular, e a disponibilidade em certos casos, sobre a forma e a manutenção dos alimentos. Nesta posição Sérgio Gischkow Pereira: "É ação de estado. Com efeito, as ações relativas ao estado das pessoas são aquelas que ao mesmo se referem, diretamente, ou dele dependem ou derivam, ou, ainda, são aquelas que se relacionam com o estado das pessoas. Nesse sentido, a ação de alimentos se relaciona com o estado das pessoas – estado de família – e isso porque o deferimento dos alimentos importa reconhecer tal estado. É uma ação fundada no estado das pessoas."[8]

Não raras vezes, ao juiz cabe negar a homologação, ou chancela judicial, a certos acordos prejudiciais e aviltantes a uma das partes. A lei lhe concede poderes especiais para estabelecer obrigações compatíveis com a dignidade humana, e para fazer cumprir os encargos alimentares assumidos.

Daí se reconhecer ao juiz de família um arbítrio de poder maior que em outros setores do direito, justamente para que faça prevalecer a ordem pública, e tenham as partes a garantia de proteção do Estado.

Na consecução da atividade jurisdicional, mune-se o juiz de instrumentos legais eficientes para a instrução das ações e a execução dos alimentos. De acordo com a Lei nº 5.478/1968, art. 20, as repartições públicas, inclusive do Imposto de Renda, deverão fornecer todas as informações requisitadas pelo juiz, para o fim de instruir o processo. É crime contra a administração pública da Justiça, na forma de seu art. 22, sonegar informações, impedir ou dificultar a execução de sentença ou acordo – punível com a pena de detenção.

De modo que há um tratamento especial que o Estado reserva em matéria de alimentos, como ocorre em outros ramos do direito de família, o que lhe imprime o caráter de ordem pública.

O cunho assistencial já vinha ressaltado por Lafayette Rodrigues Pereira: "Os alimentos são destinados a remediar necessidades cuja satisfação não pode ser declinada nem adiada."[9] Sílvio Rodrigues destaca, remontando-se a fontes antigas: "A pensão alimentária, devida por um cônjuge ao outro, tem, tradicionalmente, no direito brasileiro, um sentido assistencial e não indenizatório. Isso se comprova nos dispositivos do art. 320 do Código Civil e do art. 90 do Decreto nº 181/1890, que só conferem pensão à mulher inocente e pobre, bem como o art. 19, da presente lei, que só impõe ao cônjuge responsável pelo desquite o dever de pensionar o outro, se este necessitar da pensão."[10] Foi o que perceberam Aubry e Rau, malgrado façam a ligação ao fundamento indenizatório, embora a pensão submete-se às regras que tratam da matéria relacionada a alimentos, cuja concessão não se desliga da necessidade.[11]

O art. 320 citado no texto supra ficou revogado pela Lei nº 6.515, enquanto o art. 19 desta última lei, também referido, corresponde, no Código de 2002, ao art. 1.702.

---

[8] *Ação de Alimentos*, 2ª ed., Porto Alegre, Síntese Ltda., 1981, p. 43.
[9] *Direito de Família*, 5ª ed., Rio de Janeiro, Livraria Freitas Bastos S. A., 1956, p. 337.
[10] *O Divórcio e a Lei que o Regulamenta*, obra citada, p. 153.
[11] *Cours de Droit Civil Français*, 6ª ed., Paris, Librairie de Cour de Cassation, 1948, tomo VII, p. 288.

668 • Direito de Família | *Arnaldo Rizzardo*

No art. 1.702 do Código Civil, exsurge o mesmo pressuposto da necessidade do alimentando e da capacidade do alimentante, ficando afastada a ideia do caráter indenizatório, e, daí, dos chamados alimentos compensatórios, embora o lastro na culpa como pressuposto: "Na separação judicial litigiosa, sendo um dos cônjuges inocente e desprovido de recursos, prestar-lhe-á o outro a pensão alimentícia que o juiz fixar, obedecidos os critérios estabelecidos no art. 1.694."

Não se reconhece a dimensão indenizatória, sem a necessidade – requisito este que não faz qualquer discriminação econômica. Segundo este entendimento, se da separação ou do divórcio não decorrerem prejuízos, ou não surge a necessidade, não se concede a indenização. É o que emerge do pensamento de Mário Moacyr Porto, manifestado nestes termos: "É de acrescentar-se, por fim, que a pretendida pensão somente poderá ser concedida ao cônjuge inocente ou vítima se o seu estado de carência ou necessidade tiver resultado, diretamente, da separação litigiosa ou do divórcio-sanção e prejuízos consequentes. Nada impede, porém, que a pensão indenização seja pleiteada e obtida após a separação contenciosa ou do divórcio."[12]

3. CARACTERÍSTICAS DA OBRIGAÇÃO ALIMENTAR

Várias as características que marcam a obrigação alimentar, distinguindo-a das demais dívidas civis.

Merecem os alimentos um tratamento especial, pois dizem respeito à própria vida da pessoa. Fundam-se num princípio de direito natural, que transcende o ser humano, pois, na forma instintiva, existe até nos irracionais.

Sobressaem as seguintes características:

a) *Direito personalíssimo*

Embora a natureza publicística que lhe é própria, a obrigação alimentar é inerente à pessoa. Ter-se-á em conta, na fixação, a pessoa do necessitado, ao mesmo tempo em que a obrigação, em princípio, não é transferível de uma pessoa para outra. Unicamente permite-se chamar o seguinte obrigado, na mesma ordem da vocação hereditária, se o primeiro não revelar mais capacidade econômica.

De outro lado, dado o caráter de pessoalidade, é intransferível o direito a alimentos.

Trata-se de um direito estabelecido em função da pessoa. Arremata San Tiago Dantas: "O direito aos alimentos está, no caso, entre aqueles direitos estabelecidos *intuitu personae*, em que se tem em vista a própria pessoa que é titular. Esse direito adere ao seu sujeito *ut lepra corpori*."[13]

b) *Indisponibilidade e irrenunciabilidade*

Isto no sentido de que o direito a alimentos não é suscetível de renúncia ou cessão. Mesmo que às pessoas se reconheça a absoluta liberdade, e que sejam elas capazes, não é admitida a renúncia ao direito, ou qualquer outra forma de disposição. E nem poderia ser diferente, pois os alimentos têm importância vital, significando a própria garantia

---

[12] "Ação de Responsabilidade Civil entre Mulher e Marido", *AJURIS – Revista da Associação dos Juízes do RS*, Porto Alegre, nº 28, 1983, p. 177.

[13] *Direito de Família e das Sucessões*, obra citada, p. 332.

Cap. XXV | Alimentos • **669**

à vida. Registra San Tiago Dantas, com propriedade: "Como não se pode renunciar à própria vida, também não se pode renunciar ao direito aos alimentos, uma decorrência lógica do primeiro. Pode-se, sim, renunciar temporariamente ao direito aos alimentos, de modo que, embora se recusando hoje uma prestação alimentar e outra amanhã, sempre se está em condições de, a qualquer momento, retomar o exercício do direito de exigir alimentos dos parentes que os devem".[14]

O art. 1.707 é decisivo no tocante à irrenunciabilidade e indisponibilidade: "Pode o credor não exercer, porém lhe é vedado renunciar o direito a alimentos, sendo o respectivo crédito insuscetível de cessão, compensação ou penhora".

Mesmo que se verifique a prescrição, que se encontra ditada no art. 206, § 2º, do Código Civil de 2002, o alcance atinge somente as prestações relativas a dois anos, a partir da data em que se vencerem, mantendo-se hígido o direito aos alimentos, o que revela a sua perenidade.

De modo que sem valor a cláusula a respeito da renúncia. A própria dispensa temporária é permitida com certa relatividade, consoante anotava Sérgio Gilberto Porto: "Assim posta a questão, resulta claro que a cláusula ou convenção, através da qual alguém se obriga a não usar da ação de alimentos, é nula; todavia, o exercício desta é absolutamente facultativo, salvo nos seguintes casos: a) à mãe ou ao pai, em favor do filho, se prova que o filho não tem com que se alimentar, nem ela, ou ele os pode dar; b) o tutor ou curador em favor do menor, ou do interdito, que precisa de meios para manter-se; c) o adotante sem recursos, em favor e em nome do adotado, ainda que seja contra os pais naturais, pois que o direito alimentar não cessa com a adoção; cessa apenas a obrigação decorrente do pátrio poder e não a decorrente do parentesco em linha reta".[15] Lembra-se que a expressão 'pátrio poder', utilizada acima, passou a denominar-se 'poder familiar' no Código em vigor.

Ao tempo do Código Civil anterior, relativamente ao cônjuge, sustentava-se que a renúncia era possível no divórcio, diante da ruptura absoluta do casamento, consoante lição de Sérgio Gischkow Pereira: "Afinal, cogita-se então de completa e absoluta ruptura do vínculo matrimonial, de total desfazimento do casamento. Como não acatar, em tais condições, a renúncia definitiva de alimentos pelos cônjuges? Evidente que não pode se tratar de renúncia viciada por erro, dolo ou coação. O próprio verbete 379 da Súmula do STF foi explicitado no sentido de aplicável quando a mulher não tivesse ficado com bens ou rendas que lhe garantissem a subsistência: aresto do Tribunal Pleno, de novembro de 1977, *RTJ*, vol. 85, p. 208."[16]

Pontificou, nessa dimensão, o Supremo Tribunal Federal, no RE nº 85.019, de 31.11.1977, explicitando a referida Súmula nº 279: "Desquite amigável. Renúncia a alimentos por parte da mulher. Renúncia admitida se a mulher possuir bens ou rendas que lhe garantam a subsistência. Súmula 379 mantida, com explicitação."[17]

Como se observa, colocavam-se condições para dar validade à renúncia: o cônjuge deveria estar seguro quer no patrimônio próprio, quer nos rendimentos garantidos por atividades com remuneração.

---

14 *Direito de Família e das Sucessões*, obra citada, p. 332.
15 *Doutrina e Prática dos Alimentos*, 2ª ed., Rio de Janeiro, Aide, 1991, p. 22.
16 *Ação de Alimentos*, obra citada, p. 18.
17 *Revista Trimetral de Jurisprudência*, 85/208.

670 • Direito de Família | *Arnaldo Rizzardo*

Pontes de Miranda endossava esse posicionamento, na vigência da anterior lei processual civil: "O direito a alimentos, na ação de desquite, pode não ser exercido. Todavia, homologado o desquite, a necessidade posterior de prestação alimentícia não faz titular de pretensão a alimentos o desquitando, salvo a ação de nulidade ou anulabilidade do acordo, se é o caso."[18]

Tudo, porém, se resolvia na situação econômica dos cônjuges quando da separação. A possibilidade ou não de posteriormente à separação pedir alimentos estava no exame das condições como se procedeu a separação. Não interessava a cláusula de renúncia, ou de dispensa, se precárias as condições econômicas naquele momento. Embora presente tal cláusula, se alterações viessem a ocorrer independentemente da vontade do ex-cônjuge, como em razão de doenças ou perda do emprego por causa da idade, se revigorava ou restabelecia a prestação alimentícia.

A partir do direito sob a regência do Código Civil de 2002, mais preservou-se a garantia de sempre buscar o ex-cônjuge alimentos. Observa-se esta garantia em outros dispositivos, além do art. 1.707. Assim no art. 1.704: "Se um dos cônjuges separados judicialmente vier a necessitar de alimentos, será o outro obrigado a prestá-los mediante pensão a ser fixada pelo juiz, caso não tenha sido declarado culpado na ação de separação judicial". Com mais razão o direito quando sequer existe a separação. Estende-se para os divorciados, eis que, antes, separaram-se. Importa o exame do preenchimento das condições quando da separação, que é o momento estabelecido pela lei.

Embora culpado o cônjuge pela separação, e mesmo que verificado, na ocasião, razoável suporte econômico, de modo a se encontrarem os então cônjuges em igualdade de condições, e notando-se que a necessidade adveio de conduta culposa, como de gastos imoderados, ou de perda voluntária do emprego, ou de venda dos bens para fins de viagens ou diversões, é possível a busca dos alimentos indispensáveis para a subsistência, caso não existam parentes em condições de prestá-los ou capacidade para o trabalho, em razão do parágrafo único do art. 1.704: "Se o cônjuge declarado culpado vier a necessitar de alimentos, e não tiver parentes em condições de prestá-los, nem aptidão para o trabalho, o outro cônjuge será obrigado a assegurá-los, fixando o juiz o valor indispensável à sobrevivência".

Ademais, se prejudicial a uma das partes a convenção, nem pode o juiz homologar ou conceder a separação, segundo deflui do art. 1.574, parágrafo único, do Código Civil: "O juiz pode recusar a homologação e não decretar a separação judicial, se apurar que a convenção não preserva suficientemente os interesses dos filhos ou de um dos cônjuges".

Nesta linha o pensamento de Yussef Said Cahali: "Decorre da própria lei processual que a estipulação de alimentos não representa cláusula necessária na petição comum, sem a qual o acordo de separação judicial não possa ser homologado, pois a necessidade de estipulação está condicionada ao fato de possuir a mulher bens suficientes para a sua manutenção; possuindo-os suficientemente, é legítima a dispensa, sem óbice à homologação do acordo.

Ainda que a dispensa venha mascarada sob a expressão formal de renúncia aos alimentos, o juiz (mesmo com a discordância do representante do Ministério Público) limita-se a homologar a separação convencionada, ainda que o faça com ressalva de que

---

[18] *Comentários ao Código de Processo Civil*, Rio de Janeiro, Forense, 1947, vol. VII, p. 99.

Cap. XXV | Alimentos • **671**

um dos cônjuges tenha o direito de reclamá-los oportunamente (ressalva, de resto, sem significação jurídica, porquanto não cria nem modifica direitos)."[19]

c) *Intransmissibilidade*

Não se transmitem alimentos. Com a morte, extingue-se a obrigação, sem qualquer direito aos sucessores. Vem a propósito a ilustração de José Lamartine Corrêa de Oliveira e Francisco José Ferreira Muniz: "*A* recebe de seu pai, *B*, pensão alimentar. *A* tem um filho *C*, incapaz de manter-se por si mesmo e que vive em sua companhia. *A* morre. O direito a alimentos não se transmite a *C*. *C* só pode pedir alimentos ao seu avô em nome pessoal, desde que reunidas as condições da lei. Trata-se, assim, de um novo crédito alimentar."[20]

No art. 1.707 está marcada a instransmissibilidade, quando estabelece que o respectivo crédito é insuscetível de cessão.

Permitida, no entanto, a transmissão da obrigação alimentar, segundo autoriza o art. 1.700: "A obrigação de prestar alimentos transmite-se aos herdeiros do devedor, na forma do art. 1.694 do Código Civil."

Dispositivo este que reza: "Podem os parentes, os cônjuges ou companheiros pedir uns aos outros os alimentos de que necessitem para viver de modo compatível com a sua condição social, inclusive para atender às necessidades de sua educação".

Da intransmissibilidade dos alimentos advém a impenhorabilidade, pois a finalidade dos alimentos é assegurar a subsistência do credor. O art. 1.707 revela-se explícito, ao impedir a penhora. Não teria sentido sequer a condenação em fornecê-los, pois não seriam destinados ao sustento da pessoa. Se atualmente até a pequena propriedade rural não é penhorável, nem os bens móveis que guarnecem o lar conjugal e muito menos o imóvel residencial próprio do casal ou da entidade familiar (Lei nº 8.009, de 29.03.1990), com sobradas razões não se compreende a constrição judicial da pensão.

Ademais, são os alimentos de ordem pública, estabelecidos especificamente em defesa da própria vida humana, perdendo toda razão de ser caso autorizada a penhora.

d) *Incompensabilidade*

Justamente por terem um caráter de indispensabilidade, advém a proibição em se compensarem os alimentos com dívidas pessoais do credor, o que está cristalizado no art. 1.707. Do contrário, não teria sentido a determinação em pagar alimentos, que dizem respeito à própria vida. A respeito, escreveu Yussef Said Cahali: "Ainda em razão do caráter personalíssimo do direito de alimentos, e tendo em vista que estes são concedidos para assegurar ao alimentando os meios indispensáveis à sua manutenção, decorre, como princípio geral, que o crédito alimentar não pode ser compensado; pretende-se, mesmo, que não se permita a compensação em virtude de um sentimento de humanidade e interesse público; nessas condições se o devedor da pensão alimentícia se torna credor da pessoa alimentada, não pode opor-lhe, inobstante, o seu crédito, quando exigida a obrigação."[21]

Na prática, ocorrem situações comuns como as seguintes: o marido obtém redução do montante da pensão, e procura, por esta razão, compensar as diferenças pagas a mais durante o curso da lide, com as prestações vincendas; ou quer descontar, do valor

---

[19] *Dos Alimentos*, obra citada, pp. 225 e 226.
[20] Obra citada, p. 71.
[21] *Dos Alimentos*, obra citada, p. 88.

alimentício, possíveis dívidas do alimentando; ou abater da pensão o correspondente a aluguéis que o cônjuge vinha percebendo, bem como as quantias entregues pessoalmente aos filhos menores, e o valor despendido com a compra de roupas e outros bens, que fez para tais filhos.

Dada a função que representa a pensão, a compensação é também proibida expressamente pelo art. 373, tenham ou não as dívidas a mesma natureza: "A diferença de causa nas dívidas não impede a compensação, exceto:... II – se uma se originar de comodato, depósito ou alimentos."

A pensão equivale àquela importância necessária para os alimentandos viverem no período em que foi paga. Este o sentido imprimido na fixação. Se expressasse uma obrigação civil comum, não se negaria a compensação. Mas, em se tratando de alimentos, há de se ponderar que os abatimentos pretendidos resultam na insuficiência do valor no mês em que se busca a compensação. Não interessa a quantia a mais paga em período anterior. Não se pode exigir do alimentando o controle dos valores recebidos nos gastos, e reservar uma parte tendo em vista uma possível redução posterior da pensão.

Apenas se o alimentante atende obrigações pecuniárias abrangidas na pensão é tolerável o abatimento. Se no *quantum* estipulado encontram-se incluídas as mensalidades escolares, e estas vêm a ser pagas diretamente pelo alimentante, é óbvio que se permite o desconto, na pensão, daquela importância.

Encontram-se decisões que aceitam a compensação unicamente nas prestações vincendas, embora a sustentação não convença, em função de representarem os alimentos o necessário para a subsistência: "Com efeito, 'a extensão da necessidade não autoriza repetir o despendido com alimentos, pois quem satisfaz obrigação não desembolsa soma suscetível de reembolso' (Washington de Barros Monteiro, *Direito de Família*, 25ª ed., p. 298).

'Ainda que o alimentante tenha pago pensões a que não estava obrigado, não tem o direito de repeti-las, segundo o unânime consenso dos autores' (Orlando Gomes, *Direito de Família*, nº 215, p. 344).

'Mesmo recebidos por erro na forma assim pretendida, não caberia a restituição pelo alimentário, eis que faltou o pressuposto do enriquecimento sem causa' (Yussef Said Cahali, *Dos Alimentos*, 1986, p. 106).

'O que se pagou por causa de alimentos não pode ser repetido. É esse um dos favores reconhecidos à natureza da causa de prestar' (*Tratado de Direito Privado*, tomo IX/249, § 1.009, nº 5).

'O pai vem pagando uma pensão ao filho e, atingindo este a maioridade, há, em princípio, razão extintiva do dever alimentar. Pelo tempo em que efetuou pagamento das pensões a mais não terá o alimentante direito à restituição' (Ney de Mello Almada, *Direito de Família*, p. 302).

Nada impede, porém, que o valor pago a mais seja computado nas prestações vencidas, operando-se a compensação do crédito...

É que 'o princípio da não compensação da dívida alimentar deve ser aplicado ponderadamente, para que dele não resulte eventual enriquecimento sem causa da parte do beneficiário' (Yussef Said Cahali, obra citada, p. 89). Assim, torna-se viável a compensação de dívidas originadas de alimentos, quando ambos tenham a mesma causa (Caio Mário da Silva Pereira, *Instituições de Direito Civil*, vol. II/208, nº 163).

Aliás, a hipótese não é, a rigor, de compensação, mas de adiantamento a ser considerado nas prestações futuras (*RT*, 616/147)."[22]

Em outro julgamento: "O princípio da incompensabilidade sofre atenuações, sem embargo da opinião de Aubry e Rau que, no caso específico, entende compensável o pagamento efetuado em razão da sentença posteriormente reformada (*apud* Cahali, *Dos Alimentos*' 1984, p. 89). O pragmatismo de Yussef Said Cahali, sobre o tema, dá correta dimensão ao problema, ao advertir que o princípio da não compensação da dívida alimentar deve ser aplicado ponderadamente, para que dele não resulte eventual enriquecimento sem causa da parte do beneficiário.

A adoção desse critério permite ao julgador examinar, em cada caso, sem compromisso com o dogmatismo, até que ponto a ortodoxia levará o intérprete a infringir o princípio do não enriquecimento sem causa. Mas há o reverso. Se acolhida a orientação de Aubry e Rau, a compensação aplicada indiscriminadamente propiciará a fraude à lei e ao princípio da irrepetibilidade. Isto porque, sob o calor da compensabilidade, estará o alimentante obtendo a repetição."[23]

Ocorre que, no momento da entrega dos valores, era o que se fazia necessário para o alimentando subsistir. O devedor simplesmente cumpriu a sentença, que estabeleceu aquilo que correspondia às necessidades aferidas. Por isso, a *ratio* acima deve ser vista com muita cautela, e apenas mostra-se aplicável se a soma restituível não repercutir nas necessidades.

A irrepetibilidade atinge, inclusive, os alimentos prestados durante o casamento nulo ou anulável, pois se fundam em um dever moral, segundo Pontes de Miranda.[24] Ademais, quando são entregues, não há o ânimo, ou a presunção, e muito menos a condição, de que devam ser repetidos. A obrigação do pagamento repousa na necessidade em determinado momento, tendo sido empregados para a própria subsistência. Portanto, a pretensão em devolver equivaleria ao absurdo de se negar o direito à vida naquele período da concessão.

e) *Irrestituibilidade*

Não pode o alimentante pretender a restituição da pensão, em face de vir a ser julgada improcedente a ação, na qual pagava alimentos provisórios. É que a lei possibilita os alimentos provisionais, estabelecidos na pendência de ação de separação, ou qualquer outra relativa à sociedade conjugal. Se admitidos tais alimentos, não se afiguram ilegais ou indevidos enquanto durar a ação. Ademais, o dever alimentar tem caráter de ordem pública, impondo que se mantenha até sentença final que determine o contrário.

A respeito, há norma expressa no Código Civil português, art. 2.007, n° 2, quando consigna que "não há lugar, em caso algum, à restituição dos alimentos provisórios recebidos".

Doutrina, sobre este ponto, Edgard de Moura Bittencourt que deve ser entendida em termos a irrepetibilidade: "Deve, porém, ser entendida em termos, pois o que não se admite é a restituição das prestações fundada no fato de vir o alimentando a obter recursos com que possa devolver o que recebeu. Também não cabe restituição do que foi pago

---

[22] TJSP. Agravo de Instrumento n° 123.104-1. 6ª Câmara Civil, 28.09.1989, *Revista de Jurisprudência do TJ de São Paulo*, Lex, 123/236.

[23] TJSP. Apelação Cível n° 107.838-1. 4ª Câmara Civil, 02.03.1989, *Revista de Jurisprudência do TJ de São Paulo*, Lex, 119/34.

[24] *Tratado de Direito Privado*, obra citada, vol. IX, p. 209.

674 • Direito de Família | *Arnaldo Rizzardo*

a título provisório, durante a demanda a final julgada improcedente, mas admite-se que os alimentos provisionais possam ser computados na partilha em ação de desquite, se a mulher for vencida, o que é uma forma de restituição."[25]

Esta abertura de possibilidade para a restituição, computando-se na partilha o montante recebido a título de alimentos provisórios, constitui uma descaracterização da natureza dos alimentos. Se possível a devolução, é porque não eram devidos – situação esta, no entanto, que se contradiz com a decisão. É evidente que a concessão derivou de uma decisão. E se estabelecidos, é porque no momento se faziam necessários.

f) *Reciprocidade entre os parentes e os ex-cônjuges*

Este princípio vem estatuído no art. 1.696 do Código Civil: "O direito à prestação de alimentos é recíproco entre pais e filhos, e extensivo a todos os ascendentes, recaindo a obrigação nos mais próximos em grau, uns em falta de outros."

Realmente, quem está obrigado a prestar alimentos ao parente ou cônjuge necessitado reveste-se de igual direito de pretendê-los, junto à mesma pessoa, em caso de necessidade, e se o favorecido com a pensão paga vier a conseguir condições econômicas em suportar a obrigação.

Não que haja concomitância de obrigações, ou que devem prestar alimentos ao mesmo tempo, pois ambas as pessoas seriam necessitadas, e quem não tem para si, não pode ser obrigado a dar aos outros. Em função, porém, da mudança da situação econômica dos parentes, ou do ex-cônjuge, há um revezamento na posição de credor e de devedor. Fato comum entre pais e filhos, posto que, enquanto perdura a menoridade, estes últimos são alimentados e educados por aqueles, podendo inverter-se a posição na velhice dos pais. Quanto aos ex-cônjuges, dadas as vicissitudes da vida, não é fora de cogitação que também se verifique uma drástica alteração de condições econômicas, mormente se um dos cônjuges se torna inválido, e todas as suas economias são derruídas em tratamento médico.

g) *Alternatividade da obrigação*

O parente pode fornecer uma prestação pecuniária, ou fornecer hospedagem e sustento ao parente, bem como educação, quando menor. Alternatividade esta que se encontra no art. 1.701: "A pessoa obrigada a suprir alimentos poderá pensionar o alimentando, ou dar-lhe hospedagem e sustento, sem prejuízo do dever de prestar o necessário à sua educação, quando menor".

Há de se ponderar tal faculdade de acordo com as circunstâncias, como sugere o parágrafo único, pelo qual "compete ao juiz, se as circunstâncias o exigirem, fixar a forma do cumprimento da prestação".

Com efeito, cumpre se examine cada caso em particular. De modo geral, as regras acima são de nenhuma aplicabilidade entre os cônjuges, e de escassa incidência relativamente aos parentes. Quanto àqueles, a separação foi justamente consequência da insuportabilidade da vida em comum. E no concernente aos parentes, a obrigação alimentar é imposta porque há total inviabilidade da convivência com o progenitor obrigado a dar alimentos. Seja como for, vale a recomendação de Washington de Barros Monteiro, que bem reflete o senso prático: "Se existe, por exemplo, situação de incompatibilidade entre alimentante e alimentando, não pode o juiz constranger o segundo a coabitar com

---

[25] *Alimentos*, São Paulo, LEUD – Livraria e Editora Universitária do Direito Ltda., 1979, p. 16.

Cap. XXV | Alimentos • **675**

o primeiro sob o mesmo teto. Tal convivência contribuiria certamente para o recrudescimento da incompatibilidade, convertendo-se em fonte de novos atritos. Mas, se nenhuma animosidade existe, cabe ao alimentando aceitar hospedagem e sustento em casa do alimentante, se este optou por essa forma de solução de encargo. Se o alimentando não aceitar, exonerar-se-á o devedor."[26]

Há situações que refletem certa incongruência, como quando o pai quer dar o sustento ao filho na própria casa, ou mantê-lo em sua companhia, mas afigura-se clara a inviabilidade em face da tenra idade do alimentando, ou se está o mesmo acostumado com a mãe. Normalmente, é bastante reduzido o convívio entre o filho e o pai, ficando ao encargo da mãe os cuidados e a formação.

Mostra-se frequente externar o alimentante, em ações de alimentos, a impossibilidade em fornecer o valor pretendido e necessário da pensão, oferecendo, em contrapartida, o sustento e a formação em seu próprio lar, o que representa uma verdadeira perda da guarda daquele com quem se encontra o filho. Obviamente, quase sempre há discordância do outro cônjuge. Não é permitido, em tais hipóteses, conceder a alternativa do art. 1.701.

Se maior o alimentando, apresenta-se indispensável a concordância do mesmo, em obediência ao art. 25 da Lei nº 5.478, de 1968: "A prestação não pecuniária estabelecida no art. 403 do Código Civil só pode ser autorizada pelo juiz se a ela anuir o alimentando capaz." O art. 403 mencionado equivale ao art. 1.701 do vigente Código.

h) *Irretroatividade dos alimentos*

Há um princípio que coloca a questão em termos precisos: não se pode obrigar ao pagamento de alimentos relativamente a período anterior ao ingresso da ação. Mesmo que o necessitado tenha contraído dívidas para viver, não é permitido que retroaja o período a determinada época, embora o entendimento contrário de San Tiago Dantas: "Se não contraiu dívidas para viver, os alimentos pretéritos não são devidos, pois *in praeteritum non vivitur*, diz um brocardo, e, evidentemente, como a prestação alimentar é devida para que o alimentário viva, se ele já viveu, a prestação é inútil. Não há motivo algum para que se obrigue à prestação, se aí o alimentário, bem ou mal, já sobreviveu. Não pode exigir que se lhe pague sustento que ele já conseguiu, apesar dos pesares. Se, porém, só conseguiu viver graças a dívidas que contraiu com terceiros, então pode pedir os alimentos pretéritos para pagar essas dívidas. Ele não precisa pedir os alimentos pretéritos; aquele mesmo que lhe fez o empréstimo pode reclamar ao alimentante o reembolso na forma da hipótese anterior."[27]

No entanto, se os alimentos visam assegurar a vida, parece claro que descabem os mesmos correspondentemente ao passado. É que o alimentando já viveu, ou não precisou que fosse sustentado naquela época. Era seu dever reclamar o direito oportunamente, não se podendo obrigar por encargos do passado, contraídos sem a possibilidade de contestá-los.

A Lei nº 5.478, no art. 13, § 2º, dirime quaisquer dúvidas, colocando como termo inicial sempre a citação. "Em qualquer caso, os alimentos retroagem à data da citação."

Mesmo que venha a ser julgada improcedente a ação, são devidos os alimentos provisórios.

---

[26] *Curso de Direito Civil – Direito de Família*, obra citada, p. 299.
[27] *Direito de Família e das Sucessões*, obra citada, p. 339.

676 • Direito de Família | *Arnaldo Rizzardo*

Não cabe entender que as pensões provisórias devidas não podem ser cobradas quando o direito à pensão é rejeitado pelo Judiciário, justamente porque os alimentos retroagem à data da citação. Por outros termos, a sentença que desconstitui o direito ao recebimento de alimentos provisionais fixados por decisão judicial não tem efeito retroativo, sendo obrigatório o pagamento de alimentos referentes ao período compreendido entre a concessão de liminar e a sentença.

As prestações em atraso, todavia, são devidas, desde que não ocorra o prazo prescricional de dois anos, a partir da data em que se vencerem, de acordo com o art. 206, § 2º. É evidente que permanece íntegro o direito, facultando-se ao credor reclamar as prestações não prescritas. Todavia, não se pode equiparar seu crédito a uma obrigação civil, ou cambiária, ou igual aos títulos de crédito. Se o devedor comprovar a impossibilidade de pagar, ou seja, a absoluta falta de condições econômicas, simplesmente não prossegue a execução se dirigida ao cumprimento da obrigação alimentar sob a cominação da prisão civil. É a conclusão extraída do art. 528 e de seu § 1º da lei processual civil de 2015:

"No cumprimento de sentença que condene ao pagamento de prestação alimentícia ou de decisão interlocutória que fixe alimentos, o juiz, a requerimento do exequente, mandará intimar o executado pessoalmente para, em 3 (três) dias, pagar o débito, provar que o fez ou justificar a impossibilidade de efetuá-lo.

...

§ 3º – Se o executado não pagar ou se a justificativa apresentada não for aceita, o juiz, além de mandar protestar o pronunciamento judicial na forma do § 1º, decretar-lhe-á a prisão pelo prazo de 1 (um) a 3 (três) meses."

Mediante uma razoável justificação, facilmente desvencilha-se o devedor dos alimentos atrasados, bem diferentemente da obrigação civil ou cambiária. Se, no entanto, buscar a pretensão executória do crédito através da expropriação de bens, não valerá a justificativa da impossibilidade do pagamento, como se depreende do § 8º art. 528 do citado diploma: "O exequente pode optar por promover o cumprimento da sentença ou decisão desde logo, nos termos do disposto neste Livro, Título II, Capítulo III, caso em que não será admissível a prisão do executado, e, recaindo a penhora em dinheiro, a concessão de efeito suspensivo à impugnação não obsta a que o exequente levante mensalmente a importância da prestação".

i) *Variabilidade*

A pensão alimentícia é variável, segundo as circunstâncias vigentes na época do pagamento. A situação econômica das pessoas modifica-se facilmente, ora aumentando os rendimentos econômicos, ora diminuindo. As necessidades também não permanecem estáticas. Crescem quando o filho avança nos estudos, ou quando o alimentando, por fatores alheios à sua vontade, deixa de exercer atividade lucrativa. Mesmo as doenças, as crises econômicas que se abatem em determinadas ocasiões, a inflação, a retração de empregos, refletem profundamente sobre as condições econômicas do alimentante e do alimentando.

Em face desta realidade, o art. 1.699 permite a revisão do encargo alimentício, com redução do valor pago, ou majoração, ou mesmo exoneração. Por isso, a sentença que estipula alimentos não tem caráter definitivo. Aliás, é definitiva no tocante à obrigação, ou ao vínculo que une o alimentante e o alimentando. Não, porém, quanto ao montante da pensão. Nesta linha a doutrina, como se vê em Guilherme A. Borda: "Ningún convenio, ninguna sentença tiene en esta materia carácter definitivo. Todo depende de

Cap. XXV | Alimentos • **677**

las circunstancias; y si éstas varían también debe modificarse la obligación, aumentar, diminuir o cesar la pensión que se mantiene inalderable sólo en caso de que también se se mantengan los presupuestos de hecho sobre cuya base se ha fijó."[28]

A revisão encontra por fundamento o princípio de que os alimentos devem ser proporcionais às necessidades do alimentário e às possibilidades do fornecedor da pensão. Por isso, ordena a lei que se tenha sensibilidade às mutações econômicas que a todos atingem, tornando a pensão alimentícia variável (isto é, ela pode aumentar ou diminuir conforme a situação econômica do credor e os recursos do devedor), e intermitente (o que equivale a afirmar que a pensão pode extinguir-se e renascer posteriormente).

j) *Periodicidade*

A pensão alimentícia é paga, em geral, mensalmente, menos quando se estipula a satisfação através da entrega de gêneros alimentícios ou rendimentos de bens.

Não se admite o pagamento de todos os meses em uma única oportunidade, e nem semestral ou anualmente. Com isto, evita-se que o favorecido desbarate o valor percebido, com total imprevidência e descontrole. Apropriadas as palavras de San Tiago Dantas sobre a matéria: "Se alguém está obrigado a alimentar o parente..., não pode pagar logo o correspondente a dezesseis anos desta prestação e pretender ficar exonerado durante este prazo. Se o parente alimentário gastar rapidamente a quantia e se ver novamente em estado de necessidade, poderá pedir de novo alimentos e estes não lhe poderão ser negados, sob a alegação de que já se fez uma prestação muito grande, porque o de que ele precisa é viver e, se está em condições de não sobreviver, o dever alimentário se restabelece, quaisquer que tenham sido as liberalidades anteriores."[29]

l) *Ausência de solidariedade*

Como se observará no item relativo à titularidade para pedir e para prestar alimentos, não há solidariedade entre os parentes na satisfação de alimentos.

Conforme art. 1.696, recai a obrigação nos parentes mais próximos em grau, uns na falta de outros. De modo que o filho terá que acionar primeiramente seu pai, ou sua mãe, ainda que o avô tenha maiores condições. Se os pais não revelarem capacidade econômica, voltar-se-ão contra os avós ou bisavós.

Observa-se o disposto no art. 1.697: "Na falta dos ascendentes cabe a obrigação aos descendentes, guardada a ordem da sucessão e, faltando estes, aos irmãos, assim germanos como unilaterais."

Daí, como dizia Washington de Barros Monteiro, "diante dos questionados preceitos legais, verifica-se que há quatro classes de pessoas obrigadas à prestação alimentícia, formando verdadeira hierarquia no parentesco: 1ª) pais e filhos, reciprocamente; 2ª) na falta destes, os ascendentes, na ordem de sua proximidade com o alimentado; 3ª) os descendentes, na mesma ordem, excluído o direito de representação; 4ª) finalmente, os irmãos, unilaterais ou bilaterais."[30]

É de se ressaltar que os arts. 1.696 e 1697 não regulam a obrigação entre os cônjuges. Todavia, se não excluído judicialmente o direito, entre cônjuges ou ex-cônjuges,

---

[28] Obra citada, p. 460.
[29] *Direito de Família e das Sucessões*, obra citada, p. 332.
[30] *Curso de Direito Civil – Direito de Família*, obra citada, p. 292.

678 • Direito de Família | *Arnaldo Rizzardo*

o dever de fornecer alimentos, frente aos demais parentes, é do cônjuge que dispõe de condições. O recurso aos parentes deve ser procurado se impossível o atendimento pelo cônjuge ou ex-cônjuge.

Pode acontecer que vários devedores se encontrem situados no mesmo plano, ensina Yussef Said Cahali, "como, por exemplo, vários filhos obrigados à prestação alimentícia em benefício do genitor comum; ou do neto necessitado perante os avós em condições de fornecer-lhe alimentos; ou que pode acontecer que os vários obrigados pertençam a categorias ou graus diferentes, como no caso da esposa diante de seu cônjuge, seu filho ou genitor."[31]

Ou seja, os parentes podem encontrar-se no mesmo grau. Não advém, todavia, solidariedade. Assim, necessitando o pai, caso não tenha ascendentes, deverá acionar todos os filhos. Distribuir-se-á a obrigação de acordo com as condições econômicas de cada um. Ou cada obrigado responderá segundo as suas possibilidades, sem qualquer solidariedade, ou sem facultar-se ao alimentando exigir de um só filho a totalidade dos alimentos distribuídos proporcionalmente. A participação nas respectivas contribuições variará de conformidade com a condição econômica. Estabelecem-se tantas obrigações distintas quantas sejam as pessoas capazes de pagar. O encargo alimentício é repartido não em partes quantitativas iguais, mas em porções proporcionais ao poder econômico ou à renda de cada um dos filhos.

Daí a lição de Arnaldo Marmitt, em obra sobre alimentos: "Trata-se de obrigação não solidária e divisível, porquanto a solidariedade não se presume, mas deve resultar da lei ou convenção, e o objeto da obrigação alimentar, uma soma pecuniária, é sempre divisível. Sendo a dívida alimentícia de responsabilidade de várias pessoas, todas elas têm de cumprir a obrigação, mas na medida dos haveres de cada qual. A característica da não solidariedade faz com que cada quota seja fixada de conformidade com as possibilidades do prestador de alimentos. Assim, havendo pluralidade de obrigados, ou sendo estes conjuntos, nada impede contribuam de modo desigual, de conformidade com suas disponibilidades. Se devem alimentar a um só credor, inexiste uma só obrigação divisível, mas tantas obrigações quanto forem as pessoas em condições de serem demandadas."[32]

Se, no entanto, apenas um filho revela capacidade, ele arcará com toda a obrigação, até que possa outro descendente, no mesmo grau, suportar alguma contribuição.

Eis a síntese do art. 1.698: "Se o parente, que deve alimentos em primeiro lugar, não estiver em condições de suportar totalmente encargo, serão chamados a concorrer os de grau imediato; sendo várias as pessoas obrigadas a prestar alimentos, todas devem concorrer na proporção dos respectivos recursos, e, intentada ação contra uma delas, poderão as demais ser chamadas a integrar a lide".

Diante do art. 1.696, recairá a obrigação nos parentes mais próximos em grau, uns em falta de outros. Por conseguinte, apenas se os filhos não se encontram em situação financeira de sustentar os pais é que são chamados os outros parentes, em grau mais distante, como os netos e bisnetos, ou, já na linha colateral, os irmãos.

Toda a matéria está sintetizada na seguinte ementa, direito que ao tempo do regime anterior já era igual ao vigente: "Alimentos. Ação proposta pela mãe separada judicialmente do marido contra o filho varão chefe de família. Existência também de filha da alimentanda com virtuais condições de prestar alimentos.

---

[31] *Dos Alimentos*, obra citada, p. 119.
[32] *Pensão Alimentícia*, Rio de Janeiro, Aide, 1993, p. 26.

Cap. XXV | Alimentos • **679**

Admite-se, hodiernamente, consoante a melhor doutrina, que a dívida alimentar não é solidária, nem indivisível, podendo, de conseguinte, a obrigação de cada obrigado ser de acordo com seus recursos, com sua posição e situação social.

Assim, desse princípio resulta a necessidade ou conveniência da ação ser exercida contra todos (os obrigados), para no pleito se apurar, então, a exclusão de quem não pode contribuir e a quota com que devem contribuir aqueles outros que estiverem em condições na medida de suas possibilidades (Carvalho Santos).

Como a alimentanda, além do filho, possui uma filha casada com Oficial General da Aeronáutica e que, certamente, ostenta boa situação pessoal, estando, portanto, em condições de contribuir com alimentos para a sua genitora em pé de igualdade com seu irmão, justo se afigura reduzir-se a quota deste último para 5% de seus salários brutos (deduzidos apenas os descontos obrigatórios), em conformidade com os artigos 397 a 400 do CC e o ensinamento doutrinário já esposado. Recurso provido parcialmente." De recordar que os arts. 397 e 400 supra destacados equivalem aos arts. 1.696 e 1.694, § 1º, do diploma civil em vigor.

No acórdão, invocam-se precedentes: "Por isso, já a jurisprudência: 'Em verdade, no sistema geralmente admitido hoje em dia, a dívida alimentar não é solidária nem indivisível, podendo, por conseguinte, a contribuição de cada obrigado ser de acordo com seus recursos, com sua posição e situação pessoal. Resultando desse princípio a necessidade ou antes conveniência da ação ser proposta contra todos, para, no pleito se apurar, então, a exclusão de quem não pode contribuir e a quota com que devem contribuir aqueles outros que tiverem condições, na medida de suas possibilidades' (TJSP. 6ª Câm. Civil. Relator: Souza Lima. *Jurisprudência Brasileira, Alimentos*, Curitiba, Juruá, vol. 31/303-6).

Nesse sentido, também, doutrina Paulo Dourado Gusmão (*in* Dicionário de Direito de Família, Rio, 1986, 1ª ed., p. 35): 'Se mais de um parente do mesmo grau estiver obrigado a prestá-los e se possuírem recursos diferentes, ou seja, possibilidades diversas, a sentença pode estabelecer cotas diferentes para cada um deles'."[33]

Relativamente ao adotado, aplicam-se as mesmas regras estabelecidas para os filhos carnais, segundo se extrai do art. 41 da Lei. 8.069/1990: " A adoção atribui a condição de filho ao adotado, com os mesmos direitos e deveres, inclusive sucessórios, desligando--o de qualquer vínculo com pais e parentes, salvo os impedimentos matrimoniais". Isto porque todas as relações com a família de origem são rompidas, e o adotado integra-se na família do adotante, assumindo todos os direitos e deveres de um filho. A obrigação de alimentos abrange o adotado e os pais adotivos, e se estende a favor dos descendentes do adotado e dos ascendentes do adotante. O filho habilita-se a pedir alimentos junto aos avós e, inclusive, na linha colateral, diretamente aos irmãos.

m) *Imprescritibilidade*

O direito aos alimentos é imprescritível. A todo tempo o necessitado está autorizado a pedir alimentos. Unicamente os alimentos devidos prescrevem no prazo de dois anos, que inicia no vencimento de cada prestação, conforme está claro no art. 206, § 2º. Sempre é possível fazer surgir a obrigação de prestar alimentos, o que foi ressaltado expressamente pela Lei 5.478, de 1968, cujo art. 23 reza: "A prescrição quinquenal referida no art. 178, § 10, inc. I, do Código Civil, só alcança as prestações mensais e não o direito a

---

[33] TJPR. Apelação Cível nº 1.400/86. 3ª Câmara Civil, de 19.05.1987, *Revista dos Tribunais*, 623/149.

680 • Direito de Família | *Arnaldo Rizzardo*

alimentos, que, embora irrenunciável, pode ser provisoriamente dispensado." Ressalva-se o prazo assinalado, que é de dois anos, frente ao Código Civil.

De modo que a prescrição de dois anos refere-se unicamente à prestação periódica que está fixada em sentença ou convencionada em acordo. Opera-se em relação a cada prestação que se encontra vencida, mantendo-se o direito de exigir as demais. Explicava João Claudino de Oliveira e Cruz: "A ação para pedir alimentos é que é imprescritível, pois corresponde ao direito a alimentos e sendo este irrenunciável segue-se que a ele corresponde aquela ação, que o assegura (art. 75 do Código Civil), isso porque – como acentua Oliveira Castro – 'se o direito existe, subsiste concomitantemente a faculdade de torná-lo efetivo mediante a competente ação, dentro da fórmula do art. 75 do Código'".[34] O art. 75 mencionado não tem norma equivalente no Código atual.

Prescrição esta seguida pela jurisprudência, formada quando o prazo se estendia a cinco anos: "A prescrição quinquenal atinge apenas as prestações das pensões alimentícias, e não o direito a alimentos, irrenunciável. As parcelas não atingidas pela prescrição são exigíveis na execução, mesmo as vencidas após o ajuizamento da ação e não expressamente pedidas pelo exequente (art. 290 do CPC). Interrompida a prescrição pela citação do devedor, são exigíveis na execução as prestações vencidas a menos de cinco anos antes do ato citatório."[35] O conteúdo do art. 290 do CPC/1973 está no art. 323 do CPC/2015.

De observar, como o faz Arnaldo Marmitt, que "a imprescritibilidade condiz com a irrenunciabilidade do direito alimentar. Mas a irrenunciabilidade restringe-se aos alimentos devidos entre parentes, *jure sanguinis*, não sendo extensiva a outras espécies de alimentos, nem aos devidos entre cônjuges, que não são parentes consanguíneos".[36]

n) *Divisibilidade*

A obrigação alimentar, justamente em face da inexistência de solidariedade, apresenta-se divisível por ser possível o seu pagamento por vários parentes a uma só pessoa, fixando-se a quota de cada obrigação proporcionalmente à respectiva capacidade econômica. Estabelece-se uma pluralidade de devedores, ou seja, "quando várias pessoas estão obrigadas a pagar alimentos a um mesmo indivíduo."[37]

Cristiana Sanches Gomes Ferreira considera 'conjunta' a obrigação alimentar: "A obrigação de alimentos não é solidária, mas sim conjunta, de acordo com o artigo 1.698 do Código Civil. Intentada a ação contra algum parente dos coobrigados, portanto, poderá este chamar à lide os demais coobrigados. Trata-se de obrigação conjunta, posto que divisível entre os parentes à proporção de suas efetivas possibilidades".[38]

Assim, numa ação de alimentos, é conveniente que ela seja dirigida contra todos os parentes obrigados. Com isto, possibilitar-se-á definir a quota de cada um.

No art. 1.698 está clara a divisibilidade: "Se o parente, que deve alimentos em primeiro lugar, não estiver em condições de suportar totalmente o encargo, serão chamados a concorrer os de grau imediato; sendo várias as pessoas obrigadas a prestar alimentos, todas devem concorrer na proporção dos respectivos recursos, e, intentada ação contra uma delas, poderão as demais ser chamadas a integrar a lide".

---

[34] *Dos Alimentos no Direito de Família*, obra citada, p. 39.
[35] *Revista de Jurisprudência do TJ do RS*, 143/ 225.
[36] *Pensão Alimentícia*, obra citada, p. 30.
[37] João Claudino de Oliveira e Cruz, *Dos Alimentos no Direito de Família*, obra citada, p. 33.
[38] *Análise econômica do Divórcio*, ob. cit., pp. 72 e 73.

o) *Dívida portável (portable)*

O pagamento deve ser oferecido pelo devedor no domicílio do credor, no caso o alimentando. As dívidas quesíveis (*quérables*), ao contrário, assim denominam-se se o credor procurar recebê-las no domicílio do devedor.

Yussef Said Cahali explica o motivo da classificação em portáveis as dívidas: "É certo que o direito brasileiro não consigna regra expressa quanto ao lugar de pagamento da obrigação alimentícia, mas também é igualmente certo que a aproveitabilidade da orientação operada no direito francês não se mostra incompatível com a norma geral do art. 950 do nosso CC (*in verbis*): 'Efetuar-se-á o pagamento no domicílio do devedor, salvo se as partes convencionarem diversamente, ou se o contrário dispuserem as circunstâncias, a natureza da obrigação, ou a lei'".[39] O art. 950 citado no texto equivale ao art. 327 do Código de 2002.

Afigura-se mais consentânea com a realidade esta caracterização. Do contrário, o obrigado poderia constantemente sustentar sua impontualidade ou inadimplência na falta de comparecimento do credor no local destinado pelo devedor.

Mas nada impede que as partes estipulem o contrário, ou mesmo que o juiz, em face de determinadas circunstâncias, ordene o pagamento no domicílio do devedor.

No geral, porém, a este último cabe, a cada mês, providenciar em depositar no local designado.

p) *Preferencialidade dos credores no recebimento dos alimentos*

Discute-se, aqui, a preferência em receber alimentos, se vários os credores. Não propriamente quando todos os parentes pertencem ao mesmo grau. Na hipótese, se dois ou mais filhos carecerem de sustento, acorrerão os pais, que prestarão uma determinada pensão a ser dividida em partes iguais entre os alimentandos. De igual modo no pertinente aos ascendentes. O filho fornecerá os alimentos de acordo com sua capacidade, procedendo-se a divisão aos pais ou avós. Reparte-se, no entanto, o montante não em porções iguais, mas proporcionalmente às necessidades de cada um.

Sendo diversos os graus de parentesco – como filhos e netos, os primeiros têm preferência, segundo as regras da ordem sucessória (contemplam-se os que herdariam), e da mesma forma quanto aos ascendentes. Aos parentes mais próximos se reconhece prioridade. Em face deste princípio, entre descendentes e ascendentes, os primeiros preferem aos últimos. Segue-se a ordem do art. 1.829. O entendimento já era apregoado por Pontes de Miranda: "Se duas ou mais as pessoas a que o devedor de alimentos os há de prestar e não pode ele prestá-los a todas, os descendentes preferem aos ascendentes; entre os descendentes, os que são mais próximos (= os que herdariam), sem distinção, contudo, quanto à legitimidade ou ilegitimidade; entre os ascendentes, os mais próximos (o cônjuge prefere aos descendentes e ascendentes e aos demais parentes)."[40]

Há uma ressalva a destacar, concernente ao cônjuge, que está no mesmo grau que os descendentes. É óbvio que devem os últimos aparecer antes do cônjuge, por serem, em geral, menores e incapazes de subsistirem por suas próprias forças – menos em situações especiais, como de total indigência e incapacidade, por doença, do cônjuge, e até mesmo dos ascendentes.

---

[39] *Dos Alimentos*, obra citada, p. 118.
[40] *Tratado de Direito Privado*, vol. IX, obra citada, p. 222.

682 • Direito de Família | *Arnaldo Rizzardo*

Assim, se há concurso de titulares da pensão entre filhos e o cônjuge, aqueles são preferidos, ficando o último em plano inferior, por sua capacidade de desempenhar algum tipo de atividade: "Alimentos. Exclusão da ex-esposa. Constituição de nova família pelo alimentante. Direitos do filho menor do novo casal, idêntico aos dos filhos legítimos, que se sobrepõem ao da ex-esposa. Suspensão da pensão que vinha sendo paga à mulher."[41]

Constituindo-se o alimentante devedor de duas ou mais pensões, sem poder arcá-las, a única solução é diminuir proporcionalmente o valor de cada uma, em função do número de alimentandos. Ou somar as quantias atribuídas a cada pensão, e dividir o montante pelo número de filhos, se for o caso. Pontes denomina a diminuição proporcional como concurso de obrigações alimentares: "Se o alimentante é devedor de mais de uma pensão alimentar e não pode satisfazer a todas, dá-se o concurso de obrigações alimentares, caso especial e típico de concurso. As diminuições são *pro rata*; mas, provado que a pensão alta, fixada a um, o foi devido à situação do reclamante e que o abatimento percentual de outra, ou outras, atinge a comida ou outras necessidades imediatas, procede-se de modo que o essencial à vida fique equitativamente assegurado a todos."[42]

q) *Condicionalidade à permanência dos pressupostos que determinam a prestação*

Para subsistir a pensão é preciso que os pressupostos do nascimento da pensão se mantenham. Bem esclarece Orlando Gomes: "Se o alimentando adquire recursos para viver, o obrigado liberta-se. A obrigação cessa desde que venha a faltar um de seus pressupostos. Daí a condicionalidade. Com esta expressão se significa que a relação obrigacional surge e perdura só e enquanto se verifiquem e permaneçam concretamente aqueles determinados elementos de fato previstos em lei."[43]

O princípio está insculpido especialmente no art. 1.699 do Código Civil.

r) *Exigibilidade desde a decisão concessiva e até decisão final*

É exigível a prestação a começar da sentença, do despacho ou do acórdão que a estabeleceu, segundo ordena a lei, não tendo a sentença proferida efeito suspensivo (art. 1.012, §§ 1º, II, e 2º, do Código de Processo Civil, e art. 14 da Lei nº 5.478). O valor cobrável, fixado na sentença definitiva, em relação às eventuais diferenças, começa a partir da citação. Essa a inteligência que se deve dar ao art. 13, § 2º, da Lei nº 5.478: "Em qualquer caso, os alimentos fixados retroagem à data da citação". Todavia, uma vez arbitrada liminarmente a pensão, decorre a imediata exigibilidade, uma vez que diz com a subsistência, a sobrevivência, impondo-se o imediato adimplemento. O mesmo acontece na majoração, valendo lembrar o que já expunha Edgard de Moura Bittencourt: "A Lei nº 5.478, de 1968, pôs fim à divergência reinante na jurisprudência, onde diversas correntes se manifestavam...", o que também incide na majoração, mas não na diminuição, "pois não havendo possibilidade de restituição de alimentos, é natural que a nova parcela (menor) seja prestada a partir da sentença, mesmo sujeita a recurso".[44]

De observar, também, o art. 13, § 3º, da lei mencionada: "Os alimentos provisórios serão devidos até a decisão final, inclusive o julgamento do recurso extraordinário". A jurisprudência sufraga a previsão legal, tendo a 4ª Câm. Cível do TJ do Paraná, em deci-

---

[41] *Revista de jurisprudência do TJ de São Paulo*, Lex, 130/38.
[42] *Tratado de Direito Privado*, vol. IX, obra citada, pp. 222 e 223.
[43] *Direito de Família*, 2ª ed., 1976, obra citada, p. 378.
[44] *Direito de Família*, obra citada, p. 377.

são de 26.05.1999, no Agravo de Instrumento nº 75.840-5, concluído: "... Considerando a pendência de recurso contra a sentença de extinção do processo, é mister a continuidade da prestação alimentícia. Primeiro, porque, em caso de reforma da decisão de primeiro grau, haverá prejuízos irreparáveis à menor que ficará privada dos alimentos para o seu sustento, e, segundo, porque os alimentos provisórios, uma vez fixados, por força do art. 13, § 3º, da Lei nº 5.478/68, devem ser pagos enquanto tramitar algum recurso, o que vale dizer que o alimentante somente se desonerará da obrigação alimentar após decisão favorável transitada em julgado".

s) *Não incidência da impenhorabilidade nos créditos de alimentos*

Não há que se invocar a regra da impenhorabilidade do bem de família, assegurado pela Lei nº 8.009, de 1990, na execução de alimentos. Ou seja, o devedor de alimentos não tem a seu favor a proteção da Lei nº 8.009, de modo a liberar ou eximir seus bens da constrição promovida para a execução ou cobrança de alimentos. A própria Lei nº 8.009, no art. 3º, inc. III, na redação da Lei nº 13.144/2015, se encarregou de estabelecer a exceção, em se tratando de crédito alimentar, mas garantindo que ficam resguardados os direitos, sobre o bem, do coproprietário que, com o devedor, integre união estável ou conjugal, observadas as hipóteses em que ambos responderão pela dívida.

É como reconhece a jurisprudência, citando-se, a título de exemplo, a ementa da Apel. Cível nº 161.695/2.00, da 3ª Câm. Cível do TJ de Minas Gerais, julgada em 17.02.2000 (publicada no boletim semanal ADV Jurisprudência, nº 25, de 25.06.2000, p. 398): "A própria Lei nº 8.009/90 excetuou a regra da impenhorabilidade do bem de família prevista no art. 1º, dispondo no art. 3º, inc. III, que a impenhorabilidade não será oponível nos processos de execução movidos 'pelo credor da pensão alimentícia'".

Inclusive os proventos de aposentadoria ou o próprio salário sujeitam-se à penhora, consoante reconhece a jurisprudência, desde que reservada a parte necessária para a subsistência do alimentante: "Os proventos líquidos de aposentadoria podem ser penhorados para pagamento de execução de pensão alimentícia, não obstante o inc. VII do art. 649 do CPC silencie a esse respeito. Para pagamento de prestação alimentícia, não pode ser penhorada a integralidade dos proventos líquidos de aposentadoria, mas apenas um percentual que permita o indispensável à subsistência do executado-alimentante; que, na espécie, é fixado em 66% dos proventos líquidos da aposentadoria mensal do recorrente. Recurso especial provido apenas para adequação do percentual da penhora (STJ. REsp. nº 770.797/RS. Terceira Turma. Julgado em 29.11.2006, *DJU* de 18.12.2006)". O art. 649, inc. VII, invocado no aresto, é igual ao art. 833, inc. VII, do CPC/2015.

Cumpre notar que o § 2º do art. 833 do CPC/2015 exclui a impenhorabilidade dos vencimentos, subsídios, soldos, salários, remunerações, proventos de aposentadoria, pensões, pecúlios e montepios; das quantias recebidas por liberalidade de terceiros e destinadas ao sustento do devedor e sua família; dos ganhos de trabalhador autônomo e dos honorários de profissional liberal, e mais da quantia depositada em caderneta de poupança, até o limite de 40 (quarenta) salários-mínimos: "O disposto nos incisos IV e X do *caput* não se aplica à hipótese de penhora para pagamento de prestação alimentícia, independentemente de sua origem, bem como às importâncias excedentes a 50 (cinquenta) salários-mínimos mensais, devendo a constrição observar o disposto no art. 528, § 8º, e no art. 529, § 3º". O disposto nos arts. 528, § 8º, e 529, § 3º, diz respeito à promoção do cumprimento da sentença ou decisão desde logo, e ao desconto do débito objeto de execução dos rendimentos ou rendas do executado.

684 • Direito de Família | *Arnaldo Rizzardo*

A exceção de impenhorabilidade se estende aos móveis que o guarnecem o imóvel residencial, desde que indispensáveis para o funcionamento do próprio lar.

t) *Revisão das decisões que fixam alimentos*

Justamente por estar condicionada a pensão aos pressupostos da necessidade do alimentando e da possibilidade do obrigado impera o princípio da alterabilidade das decisões que estabelecem os alimentos. Van Wetter, reportando-se ao direito romano, recorda mais aprofundadamente as razões: "L'étendue de l'obligation alimentaire varie d'après le besoin et l'aisance sont grands, plus la pension alimentaire doit être considérable; si le besoin ou l'aisance augmente ou diminue après cout, la pension alimentaire 0doit être augmentée ou diminuée dans la même proportion; si le besoin ou l'aisance vient à cesser, les aliments cessent également d'être dûs".[45]

Os princípios se traduziram no direito francês, conforme lembram Ambrosio Colin e H. Capitant: "La obligación alimenticia es, además, variable encuanto que su fijación por los tribunales es siempre esencialmente provisional. Si cambia uno o otro de los elementos que determinan el *quantum*, necesidades del acreedor o recursos del deudor, los interesados podrán reclamar una nueva fijación de la misma."[46]

Por outras palavras, as sentenças, em matéria de alimentos, não transitam em julgado, permitindo sempre a revisão quando há mudança econômica na situação das partes. A regra consta do art. 1.699 do Código Civil. Mas, como notava Edgard de Moura Bittencourt, em outros aspectos a decisão transita em julgado, e torna-se passível de modificação somente através da ação rescisória, de conformidade com o art. 966 do vigente Código de Processo Civil. Ela não transita em julgado quanto à viabilidade de se alterarem os valores arbitrados diante da mudança de estado de fato, o que exige uma nova sentença. Não ocorrendo tal pressuposto, ela tem efeitos de coisa julgada, devendo ser respeitada e obedecida, o que é confirmado pela jurisprudência: "É nesse sentido que a sentença faz coisa julgada formal, enquanto em vigor e insuscetível de qualquer recurso, manifesta-se a grande maioria dos estudiosos do assunto. Fora de dúvida, por conseguinte, que a sentença em ação de alimentos transita em julgado e produz a coisa julgada formal, pelo menos no que tange à obrigação alimentar, restando apenas como variável o montante de suas prestações ou até mesmo a sua cessação quando sobrevem alteração de fato na situação das partes."[47]

Acrescenta-se que tanto transita em julgado que, esgotado o prazo do recurso, não se admite a sua modificação senão por via de nova ação. Tem ela força de lei nos limites da lide e das questões decididas, relativas à mesma lide, a menos que, em se tratando de relação jurídica continuativa, sobrevem modificação no estado de fato ou de direito, caso em que a parte poderá pedir a revisão do que foi estatuído na sentença, segundo reza o art. 505 do CPC.

Em suma, vinga a decisão enquanto outra, tendo por base a modificação dos pressupostos então vigentes, não institua novas determinantes a serem obedecidas.

---

[45] *Cours Élémentaire de Droit Romain*, 2ª ed., Paris, edição de A. Durand et Pedone-Lauriel, 1876, vol. II, p. 364.

[46] *Curso Elemental de Derecho Civil*, 3ª ed., tradução espanhola da 2ª edição francesa, Madrid, Instituto Editorial Reus, 1952, tomo I, p. 769.

[47] *Revista dos Tribunais*, 414/187.

4. PRESSUPOSTOS PARA A OBRIGAÇÃO ALIMENTAR

Pelo art. 1.694, "podem os parentes, os cônjuges ou companheiros pedir uns aos outros os alimentos de que necessitam", enquanto, de acordo com o art. 1.695, "são devidos os alimentos quando quem os pretende não tem bens suficientes, nem pode prover, pelo seu trabalho, à própria mantença, e aquele, de quem se reclamam, pode fornecê-los, sem desfalque do necessário ao seu sustento."

Três os pressupostos que emergem das regras acima para incidir a obrigação alimentar: o parentesco ou o vínculo marital ou da união estável; a necessidade e a incapacidade de se sustentar por si próprio; e a possibilidade de fornecer alimentos de parte do obrigado.

Esta trilogia há de se fazer presente em todas as imposições de prestar alimentos, como bem sustentava San Tiago Dantas: "A obrigação alimentar pressupõe três elementos. São pressupostos da obrigação alimentar: primeiro, que entre quem dá alimento e quem o recebe haja vínculo de parentesco, embora omisso; segundo, que um dos parentes esteja necessitado e não possa prover o seu sustento por si próprio; terceiro, que o outro parente esteja em condições de dar o sustento, sem se privar do que é necessário à sua própria subsistência. Se faltar um desses pressupostos, não há obrigação alimentar; se ocorrem, a obrigação alimentar se estabelece. Há que diferenciar a obrigação contratual e a extracontratual de dar alimentos."[48]

O primeiro pressuposto diz mais respeito à legitimidade em pedir e em fornecer alimentos, o que leva a desenvolver o assunto em subcapítulo à parte.

A necessidade é o aspecto de maior relevância, ou o primeiro requisito a ser examinado, posto que dele depende o exame dos demais. Em princípio, considera-se em estado de necessidade quem não pode satisfazer as exigências da vida por seu trabalho, ou com o rendimento de seus bens.

Não é de todo irrelevante a causa do estado de necessidade, contrariamente ao que entende Edgard de Moura Bitterncourt: "É indiferente a causa da necessidade. Provenha ela do caso fortuito ou de culpa do alimentando, como se dissipou seus bens, os alimentos são sempre devidos."[49]

Aplica-se a doutrina, mesmo, embora restritamente ao necessário para a subsistência, se ocorreu a dissolução por culpa, ou sem motivo justificável. É como está no § 2º do art. 1.694: "Os alimentos serão apenas os indispensáveis à subsistência, quando a situação de necessidade resultar de culpa de quem os pleiteia".

Mas, menos nesta hipótese, em outras circunstâncias não importa a causa, podendo ser desemprego, enfermidade, caso fortuito ou de força maior. Os alimentos, então, não se restringem ao indispensável para a subsistência. Abrangem o necessário "para viver de modo compatível com a sua condição social, inclusive para atender às necessidades de sua educação" – art. 1.694.

Se a pessoa tem capacidade para desempenhar uma atividade rendosa, e não a exerce, não recebe amparo na lei. Obviamente, os alimentos não podem estimular as pessoas a se manterem desocupadas, ou a não terem a iniciativa de buscar o exercício de um trabalho. O art. 1.695 é expresso a respeito, como se vê da transcrição feita, estando inserida a condição básica para postular alimentos: aquele que não tem bens, nem pode, pelo seu trabalho, prover a própria mantença. Daí ser a capacidade laborativa razão para afastar o

---

[48] *Direito de Família e das Sucessões*, obra citada, p. 326.
[49] *Alimentos*, obra citada, p. 31.

686 • Direito de Família | *Arnaldo Rizzardo*

pedido alimentar. Fator este que deve ser considerado em termos. No desempenhar uma função bem inferior às condições econômicas e sociais que antes desempenhava, merece, no mínimo, uma complementação, dentro das condições econômicas do cônjuge. A jurisprudência tem concedido alimentos a quem, embora com possibilidade de trabalho, venha a necessitar da prestação ou da complementação, especialmente se há dificuldades em conseguir trabalho remunerado por razão de sexo, idade, cultura, ou outra circunstância marcante e que desperte restrição para o emprego, ou impeça uma remuneração mais elevada: "Acordo em desquite amigável. Mulher estabelecida com pequeno bazar. Circunstância que não desobriga o marido. Ação improcedente.

O fato de a mulher procurar suplementar a pequena pensão alimentar com ocupação honesta não exonera o marido obrigado a prestar alimentos."[50]

Tendo o pretendente bens suficientes para produzir meios ou uma infraestrutura para a manutenção, igualmente não faz jus à pensão alimentícia. Deve ele mostrar capacidade e determinação para que produzam e tragam rendimentos. Quando muito, apenas uma parcela a título de suplementação pode ser deferida.

Decidiu-se, em julgamento não recente: "Casal desquitado. Bens de alto valor atribuídos à mulher por ocasião do desquite. Renúncia a futuros alimentos. Patrimônio desbaratado pela esposa. Ação contra o marido. Improcedência...

Se no desquite amigável a mulher recebeu considerável fortuna, e em face disso renunciou a alimentos prestados pelo marido, não tem ela direito de vir a reclamá-los no futuro, por haver dissipado os seus bens."[51]

De notar, ainda, que a necessidade é medida em proporção à condição social que desfrutava o alimentário antes da separação, segundo contempla o art. 1.694. Nesta linha, não é preciso que o pretendente derive para a miséria a fim de conseguir a pensão.

Aspecto este que já encontrava ressonância nos anais da jurisprudência: "A obrigação alimentar não se presta somente aos casos de necessidade, devendo-se considerar a condição social do alimentando. Imprescindível, porém, a observância da capacidade financeira do alimentante, para que não haja desfalque do necessário a seu próprio sustento."

Na fundamentação do voto: "A necessidade varia de cada indivíduo. O montante dos alimentos variará de acordo com cada interessado. A necessidade deflui do tipo de roupa, do lugar que é frequentado pelo alimentado, do transporte, da necessidade de concorrência com outros... Tudo entra no fator necessidade... A necessidade advém mais do padrão de vida que os autores possuíam. Como se viu, não é apenas a necessidade de encontrarem-se alimentados e vestidos, com frequência a boa escola, uma vez que ele têm bom padrão social. É a necessidade de terem bons trajes, de vez que frequentam segmento social elevado. Há, pois, necessidade."[52]

A possibilidade de fornecer alimentos também se reveste de importância, porquanto não é coerente sobrecarregar de compromissos quem não revela condições materiais. Ou seja, ao devedor de alimentos cabe o dever de fornecê-los, mas de modo a não causar desfalque ao seu sustento e ao da família. Isto, no entanto, dentro da relatividade econômica do nível a que pertence. Do contrário, toda pessoa pobre ou de recursos modestos ficaria livre da obrigação. A circunstância de ser pobre o alimentante não importa em isenção de dar alimentos. A pobreza não significa impossibilidade. Apenas fixa-se a verba

---

[50] *Revista dos Tribunais*, 446/124.
[51] TJSP. Apel. Cível nº 195.207. 2ª Câmara Civil, de 16.03.1971, *Revista dos Tribunais*, 428/225.
[52] TJSP. Apel. Cível nº 130.315-1. 8ª Câmara Civil, de 14.11.1990, *Revista dos Tribunais*, 665/75.

na proporção do ganho do alimentante. Se bem que o alimentando dirige, às vezes, a ação contra alguém tão pobre quanto ele, talvez capaz de fornecer-lhe apenas minguada pensão.

Mais explicitamente, os elementos que abaixo seguem devem ser observados na fixação de alimentos.

4.1. A fixação do *quantum*, os recursos do alimentante e a inclusão de indenizações ou direitos salariais, como FGTS, 13º salário, horas extras e abonos

O *quantum* não se mede em função dos recursos que oferece o alimentante. Não está este obrigado a dividir os seus rendimentos. A responsabilidade limita-se a atender as exigências, *v.g.*, de alimentação, moradia, vestuário, educação e recreação. Não são os alimentos concedidos *ad utilitatem*, ou *ad voluptatem*, mas *ad necessitatem*. O aumento da possibilidade nem sempre impõe a elevação do montante a pagar.

Com frequência, são ajuizados pedidos de revisão de alimentos sob o pretexto da elevação dos rendimentos do alimentante. Argumenta-se que o nível econômico de vida da pessoa sustentada deve acompanhar o crescimento de fortuna daquele. Mas o acolhimento desta teoria ofende a própria natureza da obrigação. O encargo previsto na lei não equivale a uma participação nas riquezas e nos rendimentos do obrigado, especialmente se a modificação da condição econômica surgiu após a separação, sem que o alimentando tivesse contribuído para esta nova realidade.

Nesse ângulo de visão, nem sempre as indenizações trabalhistas, os depósitos do FGTS, e as gratificações natalinas ou o 13º salário ingressam na obrigação alimentar, a menos que a pensão fixada revele-se insuficiente para o sustento. Desde que notória a insuficiência do valor que está sendo pago, de rigor a incidência de tais verbas no encargo alimentar, mesmo que não tenham sido averbadas na celebração do acordo ou na sentença.

A orientação jurisprudencial traçou rumos firmes a respeito do caráter indenizatório do FGTS, admitindo com certa unanimidade a retenção de valor quando recomendar a garantia das prestações futuras, e pela razão de ficar desempregado o alimentante, como se dessume do seguinte exemplo: "Não tem o Fundo de Garantia caráter alimentar, mas indenizatório. Se o devedor, entretanto, perde o emprego, deve ser bloqueada parte do mesmo fundo para garantir a prestação dos alimentos até a retomada de outro emprego. Tal bloqueio pode ser feito tanto na ação de separação judicial como em outro processo, não sendo necessária uma ação cautelar para tanto, já que se trata de simples medida que pode ser tomada até mesmo no despacho de retratação."[53]

No pertinente ao 13º salário, a exegese é semelhante: fixa-se uma cifra necessária, não importando a sua evolução no ritmo dos rendimentos, como já havia sido decidido: "A pensão alimentícia se destina à subsistência das agravadas, sendo fixada em função de suas necessidades. Os rendimentos do agravante apenas servem de base para a estimativa do valor da pensão mensal. Isso não significa que as agravadas participem do crédito salarial do agravante. Este não está obrigado a dividir seus rendimentos com aquelas, mas a pagar-lhes uma pensão mensal equivalente a 40% de seus ganhos... O fato de estar a estimativa baseada no valor salarial não significa necessariamente que o agravante deva pagar mais do que uma pensão por mês, visto que o julgado exequendo não contém qualquer determinação nesse sentido."[54]

---

[53] TJRJ. Agravo de Instrumento nº 809/89. 1ª Câmara Cível, de 8.03.1990.
[54] TJSP. Agravo de Instrumento nº 40.714-1. 6ª Câmara Cível, de 24.01.1984.

688 • Direito de Família | *Arnaldo Rizzardo*

O STJ tem, no entanto, ordenado a inclusão dessa verba no pagamento: "Décimo terceiro salário. Precedentes da Corte. Já decidiu a Corte que sendo cabível o pagamento dos alimentos, alcança este, também, o décimo terceiro salário" (REsp. nº 547.411/RS. 3ª Turma, Julgado em 17.03.2005, *DJU* de 23.05.2005).

Sempre com base no princípio da fixação de acordo com a necessidade, a menos por causa de situações especiais, como a insuficiência, não integra a pensão o correspondente a horas extras, abonos e gratificações: "Da base de cálculo da pensão alimentícia devem ser excluídos os pagamentos pertinentes às situações especiais e provisórias, como os de caráter indenizatório e os que se destinam a premiar o esforço pessoal do trabalhador. Nesses casos estão, sem dúvida, as importâncias pagas a título de horas extras, abonos concedidos espontaneamente pelo empregador, indenização por férias não gozadas e eventuais gratificações".[55]

De notar, ainda, como o fazia Pontes de Miranda, que a dívida alimentária é relativa aos rendimentos, e não ao valor dos bens, o qual pode ser grande, sendo, porém, pequenos os rendimentos. Assim, o progenitor não pode ser obrigado a vender a propriedade de seus bens, como terras, apólices, para concorrer a alimentos em uma expressão maior do que permite a renda.[56]

Finalmente, sempre incide a correção monetária, nas épocas combinadas ou estabelecidas na lei, como ordena o art. 1.710: "As prestações alimentícias, de qualquer natureza, serão atualizadas segundo índice oficial regularmente estabelecido".

Costuma-se estabelecer em salários mínimos a pensão, por representar o critério que mede as oscilações da renda do alimentante. Trata-se da fixação dos alimentos, que pode ser em salários mínimos. A correção monetária ou atualização que o dispositivo assinala diz respeito às prestações devidas ou em atraso, que se procederá através dos índices oficiais ou comumente adotados, como o IGP-M, ou o IPC, ou o INPC, dentre outros.

4.2. A situação pessoal do alimentando

Tem-se em conta, sempre quando possível, que as necessidades de cada um são variáveis em função da idade, saúde, da condição social do alimentando, o que encontra respaldo no art. 1.694 e em seu § 1º, cuja combinação conduz a compreender a necessidade em função da condição social da pessoa que precisa de alimentos, inclusive para atender às necessidades de sua educação.

A redação peca pela precariedade. Já que levou em conta como critério a condição social, não carecia que incluísse o atendimento das necessidades da educação, eis que resta óbvia a mesma. Desde que destacou um campo da necessidade, deveria referir também os outros, como a alimentação, a moradia, a recreação, a saúde etc.

Variam as necessidades conforme a situação de cada pessoa alimentanda.

O doente internado, a mulher grávida e o menino paralítico têm necessidades diferentes. A cada um se aferem as condições e carências para então estabelecer a pensão. Nessa concepção, um antigo acórdão do Tribunal de Justiça do RGS (Apel. Cível 585.058.142. 6ª Câm. Cível, de 25.03.1986), assentou: "Concorrendo com meio-irmãos, com idade e saúde que os habilitam ao ingresso no mercado de trabalho, o paraplégico, que de modo

---

[55] TJSP. Apelação Cível nº 110.940-1. 5ª Câmara Cível, de 4.05.1989.
[56] *Tratado de Direito de Família*, São Paulo, Max Limonad Editor, 1947, vol. III, p. 201.

Cap. XXV | Alimentos • **689**

algum pode ganhar o sustento e necessita de constante assistência, deve receber tratamento diferenciado para o efeito de se lhe assegurar verba alimentar, senão suficiente para suprir plenamente suas necessidades, pelo menos capaz de minorar em grau significativo a miséria extrema que de sua condição resulta".

G. Baudry-Lacantinerie e M. Housques-Foucarde já observavam, com colocações plenamente ainda atuais: "La notion toute relative du besoin doit être déterminée, tout d'abord, en égard au sexe, à l'état de santé, aux charges de famille et même aussi à la situation sociale du demander."[57]

Tanto quanto possível, mister é manter o *status* ou a situação imperante na vigência da vida matrimonial, em se tratando de alimentos decorrentes do casamento. São, ainda, os autores franceses acima que explicam: "La solidarieté familiale, que est le principe de l'obligation, permet en effet au créancier d'exigir qu'on le replace, sinon dans sa position antérieure, du moins dans une position qui ne soi pas, aux yeus de l'opinion, par trop inférieure au rang que, par no éducation et ses relations, il occupe dans la société."[58] Henri, Léon e Jean Mazeaud insistem nos mesmos critérios, em vista do art. 208 do Código Civil Francês: "En verdad, los alimentos representan un mínimo; pero las necesidades del beneficiario y los recursos del obligado se aprecian en función de la fortuna, de la situación social, del nivel de vida y de las cargas diversas del acreedor y del deudor."[59]

De observar, outrossim, a incapacidade em desenvolver atividade remunerada pelo alimentando. Como os pretórios decidem, "a mulher ainda jovem, sadia, vivendo com seus pais, tem condições de trabalhar. A vida moderna exige a colaboração mútua dos cônjuges para a mantença da prole do casal, não podendo o dever de alimentar conduzir ao sacrifício de apenas uma das partes."[60]

Mas, com a observação de que esta concepção da mulher não pode levar a uma ideia fora da realidade. Nem sempre se impõe que ela trabalhe. Às vezes, tal exigência é impraticável, além da questão ser de foro íntimo. Infindáveis razões pesam na decisão da mulher e na opção por um futuro determinado, sem contar com as dificuldades e limitações do mercado de trabalho. É bom ter em conta que a lei é feita para todos, não cingindo a pensão somente aos pobres e inválidos.[61]

4.3. Inexistência de meios para o sustento próprio

A necessidade de alimentos é uma decorrência da inexistência de meios para o alimentando ser autossuficiente no seu sustento. Oportuno o esclarecimento de Orlando Gomes: "Aquele que possui bens ou que está em condições de prover a sua subsistência por seu trabalho não tem direito de viver à custa de outros. O instituto dos alimentos foi criado para socorrer os necessitados, e não para fomentar a ociosidade ou estimular o parasitismo."[62]

---

[57] *Traité Théorique et Pratique de Droit Civil*, 3ª ed., Paris, Librairie de la Société du Recueil, J. B. Sirey e du Palais, 1916, vol. VIII, tomo III, p. 634.
[58] Obra citada, vol. III, tomo III, pp. 634 e 635.
[59] *Lecciones de Derecho Civil*, Buenos Aires, Ediciones Jurídicas Europa-América, 1959, Parte Primeira, vol. IV, p. 147.
[60] *Revista de Jurisprudência do TJ do RS*, 79/469.
[61] *Revista Trimestral de Jurisprudência*, 69/242.
[62] *Direito de Família*, obra citada, 1968, pp. 327 e 328.

Para conceder a pensão, indispensável se evidencie que os frutos da atividade do alimentando se mantêm insuficientes para garantir a mantença; ou que o trabalho não traz um rendimento apto a conservar o *status* ou o nível de vida existente ao tempo da convivência conjugal.

4.4. Alteração da pensão conforme se modificam as condições das partes

A pensão pode ser aumentada ou diminuída, conforme se modificam as necessidades do alimentando e as condições do responsável. O art. 1.699 é expresso a respeito, o que constitui um princípio dominante também nos sistemas de outros países, como se vê em Beudant: "La pension allonée peut être augmentée si les besoins de l'époux innocent ou les ressources de l'époux coupable s'acroissent. Elle peut être diminuée ou même supprimée si les besoins de l'époux innocent ou les ressources de l'époux coupable se réduisent ou disparaissent."[63]

Planiol e Ripert prosseguem: "Como el montante de los alimentos a suministrar se fija de acuerdo con las necesidades del alimentista, la determinación de ese montante varia necesariamente con esas necesidades. El aumento o disminución de sus cargas de familia, las oscilaciones del costo de la vida, serán otras tantas causas que harán variar la cifra primitivamente fijada. Igualmente, un cambio en la situación de fortuna del deudor puede tener por consecuencia el que se aumente la pensión o, por el contrario, que se disminuya."[64]

Os novos compromissos que sobrecarregam o alimentante podem influir na pensão existente, como o casamento ou a união estável. Se de um lado não se afigura coerente e justo exigir que se mantenha separado ou divorciado o ex-cônjuge, de outro não se pode admitir-se condescendência a ponto de aceitar o novo casamento ou a nova união estável como causa de isenção ou extinção do dever de alimentar, sendo expresso, sobre o assunto, o art. 1.709: "O novo casamento do cônjuge devedor não extingue a obrigação constante da sentença de divórcio".

4.5. Capacidade econômica do alimentante

Embora necessite um dos cônjuges, o outro terá que estar em condições de fornecer a pensão, o que se entende universalmente, segundo lição de Ludwig Enneccerus, Theodor Kipp e Martín Wolff: "En principio, el marido ha de prestar alimentos a la mujer, en proporción a su posición en la vida, a su patrimonio y a sus medios de ganancia."[65]

Trata-se da chamada capacidade econômica da pessoa obrigada, pela qual importa considerar que o outro possa dar o exigido.

Clóvis já observava: "Em regra, os alimentos são somente devidos se o alimentário não tem recursos e está impossibilitado de prover a sua subsistência, e quando o alimentador possui bens além dos necessários para a sua própria sustentação."[66]

---

[63] *Cours de Droit Civil Français*, 2ª ed., Paris, Librairie Arthur Rousseau, 1936, vol. II, tomo III, p. 110.
[64] *Tratado Práctico de Derecho Civil Frances*, obra citada, tomo II, p. 34.
[65] *Tratado de Derecho Civil – Derecho de Familia*, Barcelona, Bosch – Casa Imperial, 1947, vol. I, tomo I, p. 201.
[66] *Direito de Família*, obra citada, 8ª ed., 1956, p. 387.

A jurisprudência, entretanto, vem defendendo a obrigação mesmo que reduzidos sejam os rendimentos do alimentante, e, no momento, nem possa cumpri-la. A renda insuficiente não seria motivo para dispensar o encargo, desde que induvidosa a necessidade da pessoa.[67] É possível que fique suspenso o exercício, ou que se retire o ônus de pensionar temporariamente, ou mesmo que se estabeleça uma quantia simbólica. Mas o alimentante está sujeito a ser demandado tão logo se altere o seu estado econômico.

5. OBJETO, FORMA E LIMITES DA OBRIGAÇÃO ALIMENTAR

Obviamente, o objeto da obrigação alimentar é uma prestação, geralmente pecuniária, destinada à satisfação das necessidades do alimentando.

A forma corresponde aos elementos que representam a pensão: ou será ela entregue em dinheiro, ou em bens e utilidades que atendam as necessidades da pessoa. A respeito, estatui o art. 1.701: "A pessoa obrigada a suprir alimentos poderá pensionar o alimentando, ou dar-lhe hospedagem e sustento, sem prejuízo do dever de prestar o necessário à sua educação, quando menor".

Incumbe ao juiz fixar a forma, de acordo com o parágrafo único: "Compete ao juiz, se as circunstâncias o exigirem, fixar a forma do cumprimento da prestação".

Já sob a vigência do Código de 1916 o fornecimento de alimentos *in natura* não lograra interesse, e raramente era colocado em prática. Além de causar uma série de problemas essa modalidade, dada a constante mutação das necessidades, não pode subsistir unicamente em fornecimento de bens e utilidades.

A matéria foi analisada no item 3, letra 'g', do presente Capítulo, não carecendo de novos adendos.

O *quantum* da prestação encontra-se definido no § 1º do art. 1.694: "Os alimentos devem ser fixados na proporção das necessidades do reclamante e dos recursos da pessoa obrigada."

Fixa-se a pensão proporcionalmente às necessidades do reclamante e à possibilidade do alimentante.

A necessidade é considerada em função das circunstâncias de cada caso, ou da condição econômica e social das pessoas envolvidas.

Deve-se dar realce às particularidades das pessoas envolvidas, como idade, sexo, estado de saúde, formação profissional, situação econômica, patrimônio e renda mensal.

Na mensuração das necessidades, levam-se em conta os encargos não apenas da subsistência, mas também os educacionais, recreativos etc.

Não está obrigado o alimentante a atender as pessoas dependentes do alimentando. Assim, quanto ao filho menor que casa, ou ao pai idoso, que também casa. O alimentante não tem qualquer vinculação que, por via oblíqua, o obrigue a atender estranhos.

E na apreciação das possibilidades econômicas do alimentando, tomam-se em conta os proventos do trabalho, as rendas de capital, as pensões previdenciárias, a possibilidade de emprego, a formação profissional, o grau de instrução, a saúde e a idade, a existência de bens produtivos e improdutivos, e todos os fatores capazes de gerar alterações no dever de alimentar.

---

[67] *Revista dos Tribunais*, 467/94.

692 • Direito de Família | *Arnaldo Rizzardo*

De modo idêntico, na fixação do montante a pagar, são apreciados os recursos do devedor, as suas rendas de capital, os proventos do trabalho, e as despesas ou obrigações próprias e da família.

De modo geral, tem-se tomado como parâmetro certo percentual da renda do alimentante, como de trinta a cinquenta por cento, sempre em função do montante da renda e da quantidade de dependentes, como se verifica da jurisprudência: "Pensão alimentar, devida pelo marido à mulher, dele separada de fato. A fixação da mesma em 35% dos rendimentos brutos do alimentante. Obediência aos ditames do art. 400 do Código Civil, cuja vigência não foi negada. Recurso Extraordinário não conhecido"[68] (o art. 400 citado corresponde ao § 1º do art. 1.694 do vigente Código Civil).

Não incidem os alimentos inclusive sobre as horas extras, mas recaem sobre os adicionais, por comporem estes a renda do alimentante: "Assim é que a jurisprudência deste Tribunal orientou-se no sentido de que a remuneração pelas horas extras trabalhadas pelo alimentante não integram a base de incidência da pensão alimentícia (*RJTJSP*, Lex, vols. 112/289 e 117/300). É que esta contraprestação constitui ganho de natureza eventual e aleatória e a base de cálculo dos alimentos constitui os ganhos normais do alimentante, isto é, aquilo que ele percebe de forma permanente a períodos certos.

No mesmo sentido é a lição de Yussef Said Cahali (*Dos Alimentos*, 1ª ed., São Paulo, RT, p. 487).

Aliás, na hipótese dos autos conclui-se com certeza que as partes restringiram a base de incidência dos alimentos, pois empregaram, na petição inicial da separação judicial consensual, a expressão 'salário líquido'.

Por outro lado, quanto aos adicionais, não assiste razão ao agravante, uma vez que eles integram o salário, não só porque têm natureza permanente, mas também em virtude do disposto no art. 457 e parágrafos da Consolidação das Leis do Trabalho."[69]

Também incidem sobre o montante de um terço das férias, reconheceu o STJ, no REsp. nº 686.642/RS, da Terceira Turma, j. em 16.02.2006, *DJU* de 10.04.2006:

"Direito de família. Recurso especial. Alimentos. Incidência sobre um terço de férias. Possibilidade. Precedentes. O chamado terço constitucional de férias, comum a todos os servidores, incorpora-se à remuneração. Logo, integra a base de cálculo dos alimentos. Precedentes".

Sobre o décimo terceiro salário, conforme o REsp. nº 622.800/RS, da Terceira Turma do STJ, j. em 14.06.2005, *DJU* de 1º.07.2005:

"Direito de família. Recurso especial. Alimentos. Incidência sobre o décimo terceiro salário. Possibilidade.

O décimo terceiro salário deve integrar a base de cálculo da pensão alimentícia, mesmo quando os alimentos foram estabelecidos em valor mensal fixo. Recurso especial conhecido e provido.

Se os rendimentos do alimentante são reduzidos, é costume estabelecer o montante com fulcro no salário mínimo: "A pensão alimentícia pode ser fixada em percentual do salário mínimo, índice mais adequado para acompanhar o cálculo das necessidades alimentares."[70]

---

[68] RE nº 65.244, de 13.09.1971, *Revista dos Tribunais*, 440/257.
[69] TJSP. Agravo de Instrumento nº 121.767-1. 7ª Câmara Civil, de 04.10.1989, *Revista de Jurisprudência do TJ de São Paulo*, Lex, 124/272.
[70] *Revista de Jurisprudência do TJ do RS*, 139/268.

Dada a descaracterização do salário mínimo à real função que exercia quando de sua criação, não mais representando a quantia de dinheiro necessária para subsistir, revela-se extremamente perigoso indexar neste fator a pensão alimentícia. Por isso, o melhor arbitramento é aquele que tem em conta os vencimentos líquidos; sendo difícil conhecê-los, especialmente nas profissões liberais e autônomas, leva-se em consideração uma importância que corresponda a um certo percentual dos ganhos próprios da profissão, embora as dificuldades, não raramente insuperáveis, para se chegar ao *quantum* aproximado.

De outro lado, não é possível formar um parâmetro definido sobre os rendimentos, e generalizá-lo na aplicação. O percentual sobre a renda varia de acordo com o número de filhos, e os compromissos do cônjuge, se recebe pensão. É natural que, se apenas um dos cônjuges desempenha profissão remunerada, e o outro está obrigado a dedicar-se aos filhos, estes em número expressivo, o percentual pode ultrapassar o montante da renda líquida.

Complica-se de modo insolúvel a situação quando o cônjuge obrigado a dar alimentos a vários filhos vem a ter prole em nova união, impondo-se a redução dos alimentos já comprometidos. Os novos filhos não podem ficar ao desamparo, não havendo outro caminho senão repartir a parte do montante destinado aos filhos do leito anterior, embora a jurisprudência nem sempre compactue com tal solução: "Alimentandos. A necessidade de alimentos presume-se em favor dos filhos menores, competindo ao obrigado a prestá-los provar que deles os mesmos não carecem. As obrigações assumidas pelo pai com nova sociedade familiar não são motivos suficientes para determinar o pagamento de quantia alimentar irrisória a filhos havidos de leito anterior."[71]

6. TITULARIDADE PARA PEDIR E PARA PRESTAR ALIMENTOS

Do art. 1.694 exsurgem os princípios que ditam a titulatidade de buscar alimentos.

Em princípio, ao cônjuge ou ex-cônjuge e aos parentes próximos autoriza-se pedir alimentos. Mas ao mesmo tempo em que há o direito de requerer, existe a obrigação de prestá-los.

Os cônjuges devem socorrer-se mutuamente – art. 1.566, inc. III, do Código Civil. Obrigação que se desconstitui quando o cônjuge dispõe de meios para o próprio sustento, ou quando se afasta da moradia familiar desmotivadamente, ou quando, em ação de divórcio, é considerado necessitado. O assunto, porém, por sua vastidão, virá desenvolvido adiante, em capítulo à parte.

Já no tocante aos parentes, os mesmos podem exigir uns dos outros os alimentos de que necessitam para subsistir.

Como a obrigação é mútua, a quem se faculta postular alimentos também se atribui a obrigação em prestá-los. É o que desponta do citado art. 1.694.

O art. 1.696 discrimina esta reciprocidade: "O direito à prestação de alimentos é recíproco entre pais e filhos, e extensivo a todos os ascendentes, recaindo a obrigação nos mais próximos em grau, uns em falta de outros."

---

[71] TJRS. Apelação Civil nº 589050384. 2ª Câmara Cível, de 13.09.1989, *Revista de Jurisprudência do TJ do RS*, 143/221.

694 • Direito de Família | *Arnaldo Rizzardo*

Isto é, quem pode pedir coloca-se na posição de prestar alimentos, numa ordem de vinculação que alcança primeiramente os pais, e depois os filhos; na falta ou impossibilidade destes, os avós, ou bisavós, e os netos ou bisnetos – sempre reciprocamente.

Se no parentesco por linha reta não é possível obtê-los, então entram os irmãos, tudo na forma do art. art. 1.697: "Na falta dos ascendentes cabe a obrigação aos descendentes, guardada a ordem de sucessão e, faltando estes, aos irmãos, assim germanos como unilaterais."

Feitas estas colocações, tendo em conta os dispositivos acima, discrimina-se a obrigação nesta ordem:

a) Quanto aos pais: Em face do art. 1.697, se necessitarem de alimentos, cumpre, primeiramente, que se socorram junto aos respectivos genitores; não tendo estes condições, devem procurar o amparo perante seus descendentes. Somente se nada obtiverem dos ascendentes e dos filhos, por falta de recursos, ou por serem menores os últimos e terem falecido aqueles, permite a lei que se exija dos irmãos a pensão alimentícia.

b) Quanto aos filhos: Os primeiros obrigados são os pais, seguindo-se os avós e, finalmente, os irmãos.

A impossibilidade econômica do parente mais próximo, em grau, e não apenas em sua falta, faz surgir o direito de procurar junto ao seguinte, como autorizam os arts. 1.696 e 1.697, o que vinha observado por Carvalho Santos: "Pressupõe-se aqui neste artigo (art. 398) que não haja descendentes, convindo notar que assim se deve entender não somente quando não mais existiam ascendentes, senão também quando, embora existindo, não estejam em condições de cumprir a obrigação alimentar. Pois nesta última hipótese, para os efeitos legais, a impossibilidade do cumprimento da obrigação importa na falta de ascendente."[72] O citado art. 398 corresponde ao art. 1.697 do CC/2002.

Pontes se estendia na análise da escala de devedores: "Sempre que um parente que estaria obrigado a prestar alimentos, ou que esteve a prestá-los, passe a não poder prestá-los, tem de os prestar quem venha após ele, na escala dos devedores de alimentos. Dá-se o mesmo se o que os deveria se acha em território estrangeiro e dificilmente se poderia acionar. O ônus da prova de que se dá uma dessas espécies toca, aí, ao alimentando, porque está inclusa na afirmação de necessidade a alegação de faltar o legitimado passivo anterior na escala. Se algum presta, em vez de outro, que por ausência, ou motivo semelhante, não prestou, mas era o devedor, tem o que lhe fez às vezes ação de reembolso, ou a de repetição se o alimentando vem a receber do outro parente os alimentos atrasados. Dá-se o mesmo, se algum prestou apenas a quota que lhe foi marcada."[73]

Há de se observar a ordem constante nos mencionados dispositivos. Não se faculta ao filho procurar diretamente junto ao avô os alimentos, se tem capacidade econômica o pai, embora aquele seja pessoa mais afortunada. É a lição de Sílvio Rodrigues: "São chamados a prestar alimentos, em primeiro lugar, os parentes em linha reta, recaindo a obrigação nos mais próximos em grau, uns em falta dos outros. Assim, se por causa de idade ou de moléstia, a pessoa não pode prover a sua subsistência, deve reclamar alimentos de seu pai, ou de seus filhos. A estes, desde que o possam, incumbe fornecer

---

[72] *Código Civil Brasileiro Interpretado*, obra citada, 7ª ed., 1961, vol. VI, p. 174.
[73] *Tratado de Direito Privado*, obra citada, vol. IX, p. 225.

os alimentos, ainda que haja netos ou bisnetos com recursos muito mais amplos. Só não havendo filhos é que são chamados os netos a prestar alimentos, e assim por diante, porque a existência de parentes mais próximos exclui os mais remotos da obrigação alimentícia."[74]

A mesma orientação emana da jurisprudência, segundo a *Apelação Cível* nº 1.627/84, da 2ª Câmara Cível do TJ do Paraná, de 20.03.1985: "A ação de alimentos contra ascendente é viável *ex vi legis*, desde que se observe a ordem a partir dos mais próximos e na proporção que estes faltarem. Estando o pai em condições de alimentar, não pode o filho se socorrer judicialmente da avó". No que se afeiçoa a Apelação Cível nº 1.701/88, da 6ª Câmara Cível do TJ do Rio de Janeiro, de 14.11.1988: "Em vida do pai, o avô estará obrigado a alimentar seus descendentes menores em complementação de pensionamento. A antecipação da cobrança ao avô, antes de se exigir alimentos do pai, que comprovadamente trabalha e tem condições de sustentar as filhas, só tem respaldo em caso de concordância daqueles, diante de soma mensal por si proposta". O Tribunal de Justiça de Santa Catarina, na Apel. Cível nº 99.002.821-6, da 1ª Câm. Cível, *DJ* de 22.09.2000 (*ADV Jurisprudência*, nº 48, expedição de 3.12.2000, p. 764) ressalta o caráter de complementação, no chamamento dos avós: "Não podendo um parente fornecer toda a quantia necessária à manutenção do alimentando, nada impede que sejam chamados dois ou mais parentes, obedecendo-se, todavia, a ordem prevista no art. 397 do Código Civil". O art. 397 corresponde ao art. 1.696 do Código atual.

Perante o STJ domina a mesma posição, segundo o REsp. nº 366.837/RJ, da Quarta Turma, j. em 19.12.2002, *DJU* de 22.09.2003: "Não é só e só porque o pai deixa de adimplir a obrigação alimentar devida aos seus filhos que sobre os avós (pais do alimentante originário) deve recair a responsabilidade pelo seu cumprimento integral, na mesma quantificação da pensão devida pelo pai. Os avós podem ser instados a pagar alimentos aos netos por obrigação própria, complementar e/ou sucessiva, mas não solidária. Na hipótese de alimentos complementares, tal como no caso, a obrigação de prestá-los se dilui entre todos os avós, paternos e maternos, associada à responsabilidade primária dos pais de alimentarem os seus filhos".

Mais recentemente, reiterado o entendimento no REsp. nº 576.152/ES, da Quarta Turma, j. em 8.06.2010, *DJe* de 1º.07.2010. "A exegese firmada no STJ acerca do art. 397 do Código Civil anterior é no sentido de que a responsabilidade dos avós pelo pagamento de pensão aos netos é subsidiária e complementar a dos pais, de sorte que somente respondem pelos alimentos na impossibilidade total ou parcial do pai que, no caso dos autos, não foi alvo de prévia postulação". O art. 397 corresponde ao art. 1.696 do CC/2002.

Entendimento que se consolidou na Tese nº 15, de Jurisprudência em Teses, do STJ, nos seguintes termos: "A responsabilidade dos avós de prestar alimentos aos netos apresenta natureza complementar e subsidiária, somente se configurando quando demonstrada a insuficiência de recursos do genitor". (Acórdãos: AgRg no REsp 1358420/SP, Rel. Ministro Luis Felipe Salomão, Quarta Turma, julgado em 15/03/2016, DJE 21/03/2016; REsp 1415753/MS, Rel. Ministro Paulo De Tarso Sanseverino, Terceira Turma, julgado em 24/11/2015, DJE 27/11/2015; AgRg no AREsp 367646/DF, Rel. Ministro Ricardo Villas Bôas Cueva, Terceira Turma, julgado em 08/05/2014, DJE 19/05/2014; AgRg no AREsp 390510/MS, Rel. Ministro Raul Araújo, Quarta Turma, julgado em 17/12/2013, DJE 04/02/2014; AgRg no AREsp 138218/MS, Rel. Ministro Massami Uyeda, Terceira

---

[74] *Direito Civil – Direito de Família*, obra citada, vol. VI, p. 189.

696 • Direito de Família | *Arnaldo Rizzardo*

Turma, julgado em 28/08/2012, DJE 04/09/2012; REsp 831497/MG, Rel. Ministro João Otávio De Noronha, Quarta Turma, julgado em 04/02/2010, DJE 11/02/2010).

Surgiu a Súmula nº 596, do STJ, da 2ª Seção, em julgamento da data 8.11.2017, DJe de 20.11.2017: "A obrigação alimentar dos avós tem natureza complementar e subsidiária, somente se configurando no caso de impossibilidade total ou parcial de seu cumprimento pelos pais".

Inclusive quanto aos netos se pronunciou a 6ª Câmara Cível do TJ do Rio de Janeiro, no Agravo de Instrumento nº 8.169, de 23.04.1985: "Se a neta da alimentanda possui vários bens, enquanto em relação aos filhos da agravada perdura – até prova em contrário – a afirmação de que vivem exclusivamente de suas aposentadorias, é obrigada a prestar alimentos à avó que deles necessita".

De modo que, quanto ao filho menor, deve procurar socorro perante o pai, e depois perante o avô, segundo explana San Tiago Dantas: "O dever alimentar diante do menor, diante do filho *sui juris*, cabe ao pai; se este não está em condições, cabe aos avós; e, se estes também não estão, aos bisavós. A obrigação alimentar passa de grau em grau, os mais próximos preferindo aos mais remotos. Acontecendo que os pais não estejam em condições de sustentar os seus filhos *sui juris*, a obrigação vai recair sobre os avós de linha paterna e de linha materna."[75]

Não se pode dizer que há solidariedade na obrigação. Divide-se o pagamento da pensão em várias quotas, distribuindo-as aos parentes obrigados, na proporção de seus rendimentos, tudo em acato ao art. 1.698 do Código em vigor: "Se o parente, que deve alimentos em primeiro lugar, não estiver em condições de suportar totalmente encargo, serão chamados a concorrer os de grau imediato; sendo várias as pessoas obrigadas a prestar alimentos, todas devem concorrer na proporção dos respectivos recursos, e, intentada ação contra uma delas, poderão as demais ser chamadas a integrar a lide".

Foi decidido: "Nada impede a propositura contra os avós ainda que já autorizada a demanda contra o pai. A exclusão dos ascendentes mais remotos da relação jurídica alimentar somente ocorre quando o mais próximo tem condições, sozinho, de prover o sustento do descendente".

É observado, no correr do acórdão: "Ressalte-se, primeiramente, que nada impedia a propositura da nova ação de alimentos, desta feita contra os avós, eis que a exclusão dos ascendentes mais remotos da relação jurídica alimentar somente ocorre quando o mais próximo tem condições, sozinho, de prover o sustento do descendente.

Como lembra Yussef Said Cahali, em lição precisa, a exclusão dos mais remotos pelos mais próximos não 'impede que possam aqueles ser chamados para complementar a pensão, se provada pelo alimentante a insuficiência do que recebe; aliás, a regra da complementação é válida ainda quando um só dos ascendentes da mesma classe esteja prestando os alimentos insuficientes' (*Dos Alimentos*, pp. 448 e 449).

Confira-se, a propósito, julgado proferido pelo mesmo autor, pertinente a hipótese idêntica à dos autos (*RTJ*, 59/118).

Ademais, desde que os ora apelantes não foram partes na primeira ação de alimentos, é obvio que a complementação só por nova ação poderia ser pleiteada."[76]

---

[75] *Direito de Família e das Sucessões*, obra citada, p. 335.
[76] TJSP. Apelação Cível nº 91961-1. da 5ª Câm. Cível, de 22.10.1987, *Revista dos Tribunais*, 624/82.

Na contestação, a pessoa acionada postulará a divisão da obrigação alimentar, bem como a citação, para integrarem a lide os demais parentes obrigados. A respeito do assunto, escrevia Edgard de Moura Bittencourt, mantendo-se atual a lição: "Nossa lei é omissa quanto à pluralidade de obrigações, mas é pacífico o entendimento de que a obrigação será partilhada entre todos, na proporção de suas possibilidades, distribuindo--se da mesma forma, aos que estejam em condições de concorrer, a parte daquele que não possa suportar o encargo. É inaceitável a assertiva de que a ação de alimentos leva a ser proposta contra todos, decidindo o juiz pela exclusão dos impossibilitados e fixando a parte de cada um dos concorrentes. O pretendente a alimentos dirigirá a ação contra qualquer dos coobrigados, podendo o réu invocar a divisibilidade da prestação, apontando os que com ele devem concorrer, hipótese em que o juiz ordenará a citação dos demais, nos termos do art. 47 do Código de Processo Civil. A sentença final designará aos alimentantes o montante de cada contribuição. Não há, pois, solidariedade pelo total dos alimentos."[77]

O citado art. 47 possui regra correspondente no art. 114 do CPC/2015, cuja redação é diferente, não mais contendo a condição de que o juiz tem de decidir a lide de modo uniforme para todas as partes: "O litisconsórcio será necessário por disposição de lei ou quando, pela natureza da relação jurídica controvertida, a eficácia da sentença depender da citação de todos que devam ser litisconsortes".

A orientação é adotada pela jurisprudência: "Ação de alimentos proposta pela mãe contra um de seus filhos. Comprovado o cerceamento de defesa, indiscutivelmente havido, é de ser anulada a sentença, bem como a audiência, impondo-se também a citação dos outros filhos da autora, como litisconsortes passivos necessários, já que, coexistindo vários filhos, todos sujeitos à obrigação alimentar para com sua genitora, eis que não se trata de obrigação solidária, em que qualquer dos codevedores responde pela dívida toda (CC, art. 904), cumpre sejam todos citados. Acolhimento da alegação de cerceamento de defesa, anulando-se a sentença e a respectiva audiência."[78] O citado art. 904 corresponde ao art. 275 do CC/2002.

Se o primeiro obrigado não tem condições de, sozinho, arcar com a manutenção do alimentando, pode este pleitear o valor faltante e necessário junto ao parente seguinte. Esta a *ratio* que já defendia San Tiago Dantas: "Pode acontecer que até um dos ascendentes, de grau mais próximo, não tenha patrimônio capaz de atender todas as necessidades do alimentário. Este prova necessidades de um mil cruzeiros, e o pai obrigado mostra não poder dar senão trezentos cruzeiros. Neste caso, pelo excedente, podem ser demandados os parentes de grau mais remoto. O rateio pode se fazer em graus diversos. Só se chamarão os parentes de grau superior depois de esgotadas as possibilidades dos parentes de grau inferior. Pode ser que haja concurso entre o ascendente adotivo e o ascendente natural, pai adotivo ou pai legítimo... Se não há ascendentes que possam sustentar o alimentando, então chamam-se os descendentes... Os mais próximos preferem aos mais remotos."[79]

Nem se pode pensar em solidariedade se duas pessoas se encontram igualmente obrigadas. Na situação de um filho que é entregue a terceira pessoa, e tendo o pai e a mãe condições econômicas de fornecer o sustento; ou se a mãe necessita de alimentos, encontrando-se dois filhos nas mesmas condições econômicas – não se obrigam os pais

---

[77] *Alimentos*, obra citada, pp. 41 e 42.
[78] TJRJ. Apelação Cível nº 5.501/89. 8ª Câm. Cível, de 29.06.1990, *Revista dos Tribunais*, 669/150.
[79] *Direito de Família e das Sucessões*, obra citada, p. 336.

698 • Direito de Família | *Arnaldo Rizzardo*

ou os filhos solidariamente. Ao juiz cabe fixar a quota de cada pessoa obrigada, na proporção de sua capacidade econômica. Esta a solução do art. 441 do Código Civil italiano, sendo que a lei brasileira é omissa sobre a matéria: "Si più persone sono obligate nello stesso grado alla prestazione degli alimenti, tutte devono concorre alla prestazione stessa, ciascuna in proporzione delle proprie condizioni economiche".

Deve preponderar a divisibilidade da prestação, por expressar uma solução mais justa. Nestes termos, anotavam José Lamartine Corrêa de Oliveira e Francisco José Ferreira Muniz, sob o regime do Código anterior, mas mantendo-se os princípios: "Assim, o credor não pode pretender de um só devedor o montante global dos alimentos, como se fosse o único devedor, ainda que isto esteja no âmbito de suas possibilidades econômicas. Há de ter em conta a potencial contribuição dos outros. Mas se um dos devedores não tiver meios de concorrer para o *quantum* devido, a prestação determinada para todos eles globalmente incumbe aos demais, caso possam suportá-la."[80]

No entanto, em face do Estatuto do Idoso (Lei nº 10.741, de 1º.10.2003), prepondera a solidariedade, com o direito de se pleitear o direito contra aquele filho ou obrigado que oferece condições, na totalidade do necessário para a subsistência. Assim ordena o art. 12: "A obrigação alimentar é solidária, podendo o idoso optar entre os prestadores". É o dispositivo aplicado pela jurisprudência, consoante REsp. nº 775.565/SP, da Terceira Turma, j. em 13.06.2006, *DJU* de 26.06.2006:

> "Direito civil e processo civil. Ação de alimentos proposta pelos pais idosos em face de um dos filhos. Chamamento da outra filha para integrar a lide. Definição da natureza solidária da obrigação de prestar alimentos à luz do Estatuto do Idoso.
>
> A doutrina é uníssona, sob o prisma do Código Civil, em afirmar que o dever de prestar alimentos recíprocos entre pais e filhos não tem natureza solidária, porque é conjunta.
>
> A Lei nº 10.741/2003 atribuiu natureza solidária à obrigação de prestar alimentos quando os credores forem idosos, que por força da sua natureza especial prevalece sobre as disposições específicas do Código Civil.
>
> O Estatuto do Idoso, cumprindo política pública (art. 3º), assegura celeridade no processo, impedindo intervenção de outros eventuais devedores de alimentos. A solidariedade da obrigação alimentar devida ao idoso lhe garante a opção entre os prestadores (art. 12)".

Algumas observações quanto aos irmãos.

São eles chamados na ausência de ascendentes ou descendentes. Constituem os únicos colaterais em que incide a obrigação, encontrando-se excluídos os tios e os primos.

É, aliás, a orientação jurisprudencial: "Menor. Ação proposta contra irmã casada. Colateral dependente econômica e financeiramente do cônjuge. Impossibilidade de ser responsabilizada pela pensão, sob pena de, por via indireta, condenar-se o cunhado. Existência, ademais, de parente em linha reta que possui meios próprios de subsistência... Não pode a irmã casada que depende econômica e financeiramente do cônjuge ser responsabilizada por pensão alimentícia a irmão menor, sob pena de, por via indireta, condenar-se o cunhado, que não está, evidentemente, na linha de responsabilidade fixada pela lei civil. Ainda mais quando há parente em linha reta que possui meios próprios de sobrevivência."[81]

---

[80] Obra citada, p. 57.
[81] TJSP. Apelação Cível nº 128.088. 6ª Câm. Cível, de 11.10.1990, *Revista dos Tribunais*, 665/74.

Cap. XXV | Alimentos • **699**

De igual modo, não há obrigação aos afins – sogros, genro, nora e cunhados. Apenas indiretamente os afins são atingidos. Fornecendo a mulher casada assistência econômica a seus pais, em verdade seu marido estará participando nesta prestação, se o casamento for pelo regime de comunhão universal. Todavia, não auferindo rendimentos um dos cônjuges, os respectivos pais não encontram amparo legal e jurídico para demandá-lo a fim de dar-lhes assistência, sob o argumento de que as rendas auferidas pelo outro se comunicam entre os cônjuges.

Diferente é a situação no direito argentino, onde os sogros, o genro e a nora, como expõe Guillermo A. Borda, "se deben alimentos: 1) los cónyuges (art. 198, ref. por ley 23.515); 2) los ascendientes y descendientes en cualquier grado (art. 367, C. Civil); 3) los hermanos y medio hermanos (art. 367); 4) el suegro o suegra y el yerno y nuera; éstos son los únicos parientes afines que se deben alimentos (art. 368)."[82]

7.   PRESTAÇÃO ALIMENTÍCIA AOS FILHOS MENORES

Especialmente aos filhos menores, ou incapazes, a obrigação de prestar alimentos é um dos deveres inerentes ao poder marital – mais apropriadamente, pode-se dizer, do poder familiar, e que decorre do próprio direito natural, porquanto é inerente ao instinto humano a tendência de criar, amparar e preparar para o futuro a prole – fenômeno este que é comum nos seres animais em geral. Eis a justificação de Yussef Said Cahali: "Todos os esforços dos pais devem ser orientados no sentido de fazer do filho por ele gerado um ser em condições de viver por si mesmo, de desenvolver-se e sobreviver sem o auxílio de terceiros, tornando à sua vez capaz de ter filhos, em condições de criá-los – 'c'est la loi de la perpétuation'".[83]

O Código Civil não enseja dúvidas: constitui obrigação de ambos os cônjuges o sustento, guarda e educação dos filhos – art. 1.566, inc. IV. Repete-se a imposição, em termos claros, no art. 1.568: "Os cônjuges são obrigados a concorrer, na proporção de seus bens e dos rendimentos do trabalho, para o sustento da família e a educação dos filhos, qualquer que seja o regime patrimonial". Na união estável, o art. 1.724 ordena como dever de ambos os companheiros o sustento e educação dos filhos.

Na separação, o art. 1.703 ressalta a preocupação do legislador, buscando garantir a pessoa e o futuro dos filhos: "Para manutenção dos filhos, os cônjuges, separados judicialmente, contribuirão na proporção de seus recursos."

A Lei nº 8.069, de 1990 (Estatuto da Criança e do Adolescente), também ressalta a obrigação no art. 22: "Aos pais incumbe o dever de sustento, guarda e educação dos filhos menores, cabendo-lhes ainda, no interesse destes, a obrigação de cumprir e fazer cumprir as determinações judiciais."

Não se faz distinção a qualquer espécie de filhos – nascidos dentro ou fora do casamento, de pais parentes em grau próximo ou não parentes – tudo em consonância com o art. 227, § 6º, da Constituição Federal. Todos os filhos revestem-se de direitos iguais, tendo sido proibida qualquer designação discriminatória. Nem sequer há de se falar em filhos adulterinos ou incestuosos.

A investigação de paternidade, para efeitos de alimentos ou não, é sempre possível, inexistindo, presentemente, a menor ressalva quanto à vigência do casamento.

---

[82]   Obra citada, p. 461.
[83]   *Dos Alimentos*, obra citada, p. 361.

700 • Direito de Família | *Arnaldo Rizzardo*

O dever de prestar alimentos integra o dever de assistência que incumbe aos pais. Enquanto relativamente aos demais parentes o Código Civil atribui a simples obrigação, no tocante aos filhos incapazes dispõe mais profundamente. E justamente para o melhor desempenho desta importante função é que vem instituído o poder familiar. Munidos de poderes e autoridade na criação e na educação dos filhos, permitem-se aos pais a administração dos bens dos filhos, a imposição de certa conduta e ampla assistência de ordem alimentar e educacional. Não se pode limitar seu dever a prestar alimentos, ou a sustentar os filhos. Incube-lhes dar todo o amparo, envolvendo a esfera material, corporal, espiritual, moral, afetiva e profissional, numa constante presença em suas vidas, de acompanhamento e orientação, de modo a encaminhá-los a saberem e terem condições de enfrentar a vida sozinhos.

Há de se entender, de outro lado, que a necessidade alimentar é presumida, como foi assentado: "Alimentos. A necessidade de alimentos presume-se em favor dos filhos menores, competindo ao obrigado a prestá-los provar que deles os mesmos não carecem. As obrigações assumidas pelo pai com nova sociedade familiar não são motivo suficiente para determinar o pagamento de quantia alimentar irrisória."[84]

Mesmo que possuam os filhos bens, perdura o dever de alimentar, no dizer de Roberto Thomas Arruda: "Não ilide a responsabilidade, seja na vigência da sociedade conjugal, seja fora dela, o fato de possuir o menor bens, nem ainda o de serem tais bens economicamente mais valiosos que os dos pais. Isto porque é incondicionada a obrigação alimentar decorrente do pátrio-poder, e também pelo fato de deterem originariamente os pais o usufruto dos bens dos seus filhos menores, com mais razão podendo com ditos frutos alimentá-los."[85] Presentemente, a denominação 'pátrio-poder' passou para 'poder familiar'.

Existindo, porém, patrimônio, do qual advêm rendimentos, não se estipulará a obrigação dos pais, eis que desnecessário, se bem que aos mesmos é concedido o usufruto de certos bens pelo art. 1.689, o que lhe atribui o direito de extrair deles o proveito econômico.

A venda dos bens dos filhos é autorizada para a subsistência dos mesmos unicamente na impossibilidade de os pais poderem sustentá-los, o que encontra respaldo no art. 1.691, com esta redação: "Não podem os pais alienar, ou gravar de ônus real os imóveis dos filhos, nem contrair, em nome deles, obrigações que ultrapassem os limites da simples administração, salvo por necessidade ou evidente utilidade da prole, mediante prévia autorização do juiz."

Bem claro é, a respeito, Arnaldo Marmitt, ao sustentar que os titulares do poder familiar "devem alimentos independentemente dos recursos do filho menor. Ainda que este seja rico, as suas rendas são intocáveis, a não ser que os titulares passem por necessidades, sem poderem trabalhar e se manter. Neste caso, tendo o menor bens imóveis, a venda destes é permitida, a fim de que, com o produto, sejam alimentados pais e filhos. A alienação, no caso, é autorizada pela lei e deverá ser feita mediante prévia avaliação. Se o pai está necessitado por enfermidade, desemprego, ou outra razão, e o filho tem imóvel que não produz renda, ou esta seja irrisória, pode pedir a venda judicial, para sustento dele e do filho menor. O deferimento do pedido obedecerá cautelas como: a) o dinheiro obtido com a transação será depositado em agência bancária, de preferência oficial, e à disposição do juízo, com o melhor critério de rendimentos; b) o juiz irá deferindo levantamentos periódicos na medida da necessidade do sustento do pai, ou da mãe, e do filho menor; c)

---

[84] *Revista de Jurisprudência do TJ do RS*, 143/221.
[85] *O Direito de Alimentos*, 2ª ed., São Paulo, Livraria e Editora Universitária de Direito Ltda. – LEUD, 1986, p. 46.

Cap. XXV | Alimentos • **701**

cada novo levantamento ficará condicionado à prestação de contas do anterior, em tudo intervindo o representante do Ministério Público."[86]

O descumprimento do dever alimentar determina, além de outras consequências, a suspensão do poder familiar, como exsurge do art. 1.637: "Se o pai, ou a mãe, abusar do seu poder, faltando aos deveres a eles inerentes ou arruinando os bens dos filhos, cabe ao juiz, requerendo algum parente, ou o Ministério Público, adotar a medida que lhe pareça reclamada pela segurança do menor e seus haveres, até suspendendo o poder familiar, quando convenha." Se total o desamparo, chegando ao abandono, a cominação é mais grave, pois, aí, decorre a perda, desde que requerida pelo outro progenitor, pelo próprio menor, ou pelo Ministério Público, segundo o art. 1.638, inc. II: "Perderá por ato judicial o poder familiar o pai ou mãe que... II – que o deixar o filho em abandono". A cominação também está prevista no art. 24 da Lei nº 8.069, de 1990.

Mas, a suspensão ou perda não desobriga, por via de consequência, do dever de prestar alimentos. Do contrário, o progenitor faltoso restaria beneficiado ou favorecido, pois livres de um dos principais encargos em relação aos filhos, recaindo toda responsabilidade no outro cônjuge ou progenitor. De lembrar que a suspensão ou a perda é uma punição, e não um prêmio ao comportamento faltoso.

De outra parte, não vinga aqui a isenção por falta de condições dos progenitores. Por mais pobres que eles sejam, devem contribuir com alguma parcela para o sustento dos filhos. Fator determinante para se obrigar é a percepção de rendimentos. O dever de sustentar, aqui, sobrepõe-se ao direito de terem os pais o suficiente para si. É que, diante do incapaz de se sustentar por ser menor e não haver desenvolvido qualquer habilidade ou capacidade, cede o direito dos pais. Isto menos diante da incapacidade física e material de desenvolver algum trabalho por doença, ou idade avançada, ou total inexistência de emprego. Não, porém, em virtude de compromissos econômicos assumidos com outras pessoas, ou de total endividamento. Do contrário, a falência do devedor, ou a penhora de todos os seus bens, ou a insolvência civil, trariam a isenção de qualquer responsabilidade.

Todavia, desde que o filho, embora menor, esteja desenvolvendo alguma atividade que lhe traga renda, suspende-se ou deixa de ser exercido o dever de prestar alimentos. Tendo ele desenvoltura física para o trabalho, e de fato auferindo salário ou renda de modo suficiente para se manter, não permanece a obrigação da prestação alimentícia. Comum é tal situação na separação dos pais, ou mesmo na persistência do casamento, quando os filhos se liberam e se tornam autossuficientes economicamente. Nesta situação, no entanto, entram as regras que disciplinam a prestação alimentícia entre parentes, reclamando-se a satisfação dos requisitos da necessidade do filho e da possibilidade dos progenitores.

De outra parte, o atingir da maioridade não faz cessar, automaticamente, o encargo do sustento, máxime se os filhos se encontram estudando, mostrando disposição de alcançarem uma profissionalização universitária, o que é aceito pela praxe dos tribunais: "A obrigação alimentar não cessa com o advento da maioridade, coincidente com a terminação do exercício do pátrio poder. Lição de Clóvis Bevilácqua: quando o art. 397 do CC afirma que os devem prestar, reciprocamente, pais e filhos, refere-se à progênie fora do pátrio poder. Encargo do pai, no entanto, que se reduz para desestimular eventual ociosidade da beneficiada, exonerando-se decorrido o prazo normal do curso." O art. 397 tem seu parâmetro, no atual Código, no art. 1.696. A expressão "patrio-poder" passou para "poder familiar".

---

[86] *Pensão Alimentícia*, obra citada, p. 52.

E, no voto: "A razão está na letra dos arts. 397, 398 do CC e 16 da Lei do Divórcio. Vários arestos de nosso Tribunal assentam esse princípio, que tem por vértice a necessidade (*RJTJRS*, 67/191, 76/368, 77/411, 102/299, 105/424, 105/251)...

Clóvis Beviláqua, na exegese do disposto no art. 397 do CC: 'Não se refere o Código, neste Capítulo, aos alimentos devidos entre cônjuges, nem pelos pais aos filhos, durante a menoridade, que foram considerados em outra parte (arts. 224, 233, IV, 234, 277, 325-327). Tratam os arts. 396/405 da dívida alimentar *juris sanguinis*, fora da sociedade doméstica. Quando afirma o art. 397 que os devem prestar, reciprocamente, pais e filhos, refere-se à progênie fora do pátrio poder' (CC dos Estados Unidos do Brasil, 12/75, tomo I, p. 863, edição Histórica).

Então, tudo se reduz à mesma causa basilar – a necessidade."[87] Recorda-se que os arts. 397 e 398 equivalem aos arts. 1.696 e 1697 do diploma de 2002, enquanto o art. 16 da Lei do Divórcio tem sua disposição repetida no art. 1.590 do vigente diploma civil, com o seguinte teor: "As disposições relativas à guarda e prestação de alimentos aos filhos menores estendem-se aos maiores incapazes".

Mesmo após obter a diplomação no curso pretendido, por certo período de tempo, é natural que se mantenha o sustento, dada a dificuldade em se conseguir uma colocação na atividade para a qual se preparou o filho. Isto desde que não se prolongue indefinidamente a procura de trabalho.

Acontece que, existindo um grupo familiar ligado pelos laços da filiação, vai assumindo importância a inteligência de que os rendimentos havidos pelos seus membros constituem direito de todos, e não apenas daquele que os percebe. O princípio da solidariedade familiar transcende a mera convivência ou a afetividade. Leva-se em conta, outrossim, que o dever de assistência abrange o oferecimento e a consecução de condições para o exercício de atividades que tragam a independência econômica.

Aos filhos capazes de prestar trabalhos caseiros, ou próprios da atividade exercida pelos pais, impõe-se a obrigação de darem a sua parcela de colaboração.

Com efeito, não é justo dispensá-los de toda colaboração na economia doméstica, assegurando-se a exigência dos serviços em função do poder familiar exercido pelos genitores. Pontes justifica a razão de se imporem os serviços no lar, ao mesmo tempo em que estabelece os requisitos para serem impostos: "O dever que tem o filho, de prestar serviços, não deriva só do pátrio poder – deriva do fato de viver em casa do pai ou da mãe; porém, são pressupostos de tal dever: a) tratar-se de casa, ou profissão, ou trabalho do pai, ou da mãe, e b) serem proporcionais tais serviços às possibilidades fisiológicas e à situação social do filho."[88] Pelo atual Código Civil, em vez de 'patrio poder', usa-se a denominação 'poder familiar'.

Esta incumbência mais acentua-se em relação aos filhos maiores, que ainda perduram em residir com os pais, mas não propriamente em face de suas vontades, e sim pelas múltiplas contingências dos últimos tempos dominantes, como falta de emprego e dificuldade em conseguir moradia.

Finalmente, quanto aos filhos adotivos, se não recebem o sustento dos pais que o adotaram, permite-se que se recorra aos pais de sangue. Diz, a respeito, Roberto Thomas Arruda: "É de se ressaltar, também, que o parentesco civil, uma vez estabelecido, se de

---

[87] TJRS. Apelação Civil nº 587063335. 4ª Câmara Cível, de 11.05.1988, *Revista de Jurisprudência do RS*, 133/269.

[88] *Tratado de Direito Privado*, obra citada, vol. IX, p. 225.

Cap. XXV | Alimentos • **703**

um lado gera a obrigação recíproca entre pais e filhos adotivos, de outro não a elimina entre o adotante e seus pais consanguíneos. O adotado não fica impedido de pleitear alimentos dos seus pais naturais na insuficiência econômica dos adotivos, nem imune de lhes prestar. Isso pela simples razão de que acima de tudo a obrigação alimentar é estabelecida *ex jure sanguinis*. A obrigação dos pais consanguíneos, no caso, todavia, é subsidiária."[89]

Na inexistência ou impossibilidade dos pais em prestarem alimentos, podem os filhos acionar os demais ascendentes, de acordo com o art. 1.696. Não há necessidade que demandem contra todos os avós conjuntamente. Basta que a ação se dirija ao mais próximo, ou àquele que revela maiores condições. A fim de não suportar o demandado sozinho a totalidade da prestação, qual o caminho a ser trilhado?

Evidentemente, a questão não é fácil de ser resolvida. Não se equaciona com a mera denunciação, feita pelo acionado, dos demais avós ou ascendentes, posto que, na hipótese, restaria um simples direito de regresso. Não é viável o chamamento ao processo dos restantes ascendentes do mesmo grau, na forma do art. 130 do Código de Processo Civil, eis que nenhum dos casos contemplados nesta figura se enquadra na hipótese.

Parece que o único caminho possível está na fixação de uma quota, ou da quarta parte do valor necessário para a subsistência, se quatro são os avós.

Para receber o restante, em ações autônomas, acionará os demais avós.

Em última instância, é conveniente que todos os ascendentes do mesmo grau sejam chamados, quando se dividirá o encargo equitativamente, isto é, de acordo com os recursos econômicos de cada ascendente.

Apenas na eventualidade dos parentes do mesmo grau se encontrarem impossibilitados em satisfazer integralmente a pensão é que se recorrerá aos parentes do grau seguinte, mas no montante que falta para integralizar a pensão. De sorte que, não arcando os pais com o total necessário, os avós responderão pela quantia que faltar. Se estes estiverem sem condições, a complementação tocará aos bisavós. Em última instância, restam os irmãos (colaterais em segundo grau), posto que certo terem os filhos menores descendentes. Esta a inteligência a que leva a exegese do art. 1.698, já transcrito acima.

Outro aspecto de certa importância prende-se, em se tratando de postulante menor ou incapaz, à possibilidade de representação judicial pelo Ministério Público. Nos termos do § 3º do art. 2º da Lei nº 5.478, de 1968, se o credor de alimentos comparecer pessoalmente em juízo, e não indicar advogado ou profissional que haja concordado em assisti-lo, o juiz designará desde logo quem o deva fazê-lo. Ou seja, nomeará o juiz um advogado assistente. O normal é a incidência em advogado dos quadros da assistência judiciária. Se inexistir, recairá a nomeação nos advogados que atuam na comarca. Todavia, em se adotando rito diferente daquele da Lei nº 5.478, e mesmo neste rito, tem-se aceito a propositura da lide pelo representante local do Ministério Público, sendo o postulante menor ou incapaz. É próprio da função do referido órgão a representação e a defesa dos interesses dos incapazes.

Melhor vêm explicadas as razões no Agravo de Instrumento nº 589.031.715, da 5ª Câm. Cível do TJ do RGS, de 24.10.1989: "Inclui-se nas atribuições do Ministério Público a de promover ação de alimentos em prol de necessitados onde não houve órgão estatal encarregado de prestar assistência judiciária. A Lei Complementar nº 40, em seu art. 22, inc. XIII, prescreve ser atribuição do órgão do Ministério Público, dentre outras,

---

[89] Obra citada, pp. 44 e 45.

704 • Direito de Família | *Arnaldo Rizzardo*

prestar assistência judiciária aos necessitados, onde não houver órgãos próprios, dispositivo que também está expresso no art. 55, XVII, da Lei Estadual nº 6.536 e, parcialmente, no que estabelece a Lei Estadual nº 7.669, ao dizer que lhe cabe promover as ações de alimentos quando se destinarem a menores de 18 anos. Como se vê, e considerando a hierarquia na norma infraconstitucional por primeiro citada, não cabe argumentar com falta de dispositivo expresso na Lei nº 5.478, de 1968, autorizador do ajuizamento da ação de alimentos pelo Ministério Público. A natureza mesma da ação, aliada à condição de necessitados dos postulantes, estão a evidenciar a possibilidade de tal pleito ser provido pelo Ministério Público, quando inviável a atuação de profissional habilitado, por qualquer das circunstâncias previstas, em especial a inexistência de órgão estatal encarregado da prestação de assistência judiciária".

Justifica-se, ainda, a iniciativa do Ministério Público, na interpretação ao art. 201, inc. III, do Estatuto da Criança e do Adolescente, segundo o qual compete ao Ministério Público promover e acompanhar as ações de alimentos e os procedimentos de suspensão e destituição do poder familiar, nomeação e remoção de tutores, curadores e guardiães, bem como oficiar em todos os demais procedimentos da competência da Justiça da Infância e da Juventude.

O Superior Tribunal de Justiça já adotou a mesma posição, como se infere do seguinte julgado:

"O Ministério Público tem legitimidade para a propositura de ações de alimentos em favor de criança ou adolescente, nos termos do art. 201, III, da Lei 8.069/90 (Estatuto da criança e do adolescente).

No caso em tela, os autos revelam tratar-se de menor com poucos recursos, que reside em uma Comarca prejudicada pela deficiente estrutura estatal, na qual só existe Defensoria Pública em certos dias da semana conforme declarou o próprio defensor público, conforme transcrição do Acórdão. Assim, é evidente a dificuldade de localização de advogados que patrocinem os interesses dos jurisdicionados hipossuficientes, de modo que negar a legitimidade do recorrente somente agravaria a já difícil situação em que se encontra o menor, carente e vulnerável".[90]

Mesmo que exercido regularmente o poder familiar, é admitida a legitimidade do Ministério Público, conforme o seguinte aresto:

"Discute-se a legitimidade do Ministério Público para o ajuizamento de ação/execução de alimentos em benefício de criança/adolescente cujo poder familiar é exercido regularmente pelo genitor e representante legal.

O Ministério Público tem legitimidade para a propositura de execução de alimentos em favor de criança ou adolescente, nos termos do art. 201, III, do ECA, dado o caráter indisponível do direito à alimentação".[91]

A Jurisprudência em Teses, do STJ, insere a Tese nº 3, justamente sobre o assunto: "O Ministério Público tem legitimidade ativa para ajuizar ação/execução de alimentos em favor de criança ou adolescente, nos termos do art. 201, III, da Lei n. 8.069/1990".

---

[90] AgRg no REsp 1.245.127/BA, 3ª Turma, Min. Sidnei Beneti, j. em 08.11.2011, DJe de 07.12.2011. No mesmo sentido AgRg nos EDcl no REsp 1.262.864/BA, da 3ª Turma, Min. Paulo de Tarso Sanseverino, j. em 13.05.2014, DJe de 22.05.2014.

[91] REsp 1.269.299/BA, da 3ª Turma do STJ, Min. Nancy Andrighi, j. em 15.10.2013, DJe de 21.10.2013.

Cap. XXV | Alimentos • 705

Um dos acórdãos que ensejou a tese foi o REsp 1327471/MT, Rel. Ministro Luis Felipe Salomão, Segunda Seção, julgado em 14/05/2014, DJE 04/09/2014.

8. ALIMENTOS AO NASCITURO OU ALIMENTOS GRAVÍDICOS

Assunto bastante atual refere-se a alimentos ao nascituro, ou os chamados alimentos gravídicos, presentemente regulados pela Lei nº 11.804, de 5 de novembro de 2008. Na realidade, embora não muito exercitados, afigura-se oportuno o direito a alimentos em favor do nascituro.

Durante a gravidez, inúmeras as situações que comportam a assistência econômica do pai. Assim, o tratamento ou acompanhamento médico; a conduta de repouso absoluto imposto à mãe em muitos casos de gravidez de risco; os constantes exames médicos e medicamentos; o tipo de alimentação que deve seguir a gestante; a sua própria subsistência se for obrigada a se afastar do trabalho remunerado que exercia.

O fundamento está na proteção da personalidade desde a concepção do ser humano.

No entanto, aqueles que negavam o direito a alimentos fixavam-se na teoria que defende o início da personalidade com o nascimento da criança (teoria natalista). A personalidade começaria do nascimento com vida, segundo, atualmente, a primeira parte do art. 2º do Código Civil: "A personalidade civil da pessoa começa do nascimento com vida; mas a lei põe a salvo desde a concepção os direitos do nascituro". Ou baseavam-se na teoria que reconhece a personalidade desde a concepção se a criança nascer com vida (teoria da personalidade condicional).

Ocorre que, de acordo com a posição que melhor se adapta à realidade e justifica os direitos, a proteção deve partir desde a concepção (teoria concepcionista), pois somente desta forma se explicam inúmeros dispositivos da lei civil, que tratam da proteção a começar da concepção, ou têm em referência o nascituro. Nesta ordem, o art. 1.778, quanto à autoridade do curador sobre a pessoa e os bens do nascituro; o art. 1.597, relativo ao *status* de filho considerado como concebido durante o casamento; o art. 1.779, no tocante à curatela de nascituro.

Diante da redação da primeira parte do art. 4º do Código anterior, o qual corresponde ao art. 2º do atual Código, diante da aparência de oferecer uma certa dificuldade para a proteção desde a concepção, dava Silmara J. A. Chinelato e Almeida a seguinte explicação, perfeitamente válida: "Apenas certos efeitos de certos direitos, isto é, os direitos patrimoniais materiais, como a herança e a doação, dependem do nascimento com vida. A plenitude da eficácia desses direitos fica resolutivamente condicionada ao nascimento sem vida. O nascimento com vida, enunciado positivo de condição suspensiva, deve ser entendido, ao reverso, como enunciado negativo de uma condição resolutiva, isto é, o nascimento sem vida, porque a segunda parte do art. 4º do CC, bem como outros de seus dispositivos reconhecem direitos (não expectativas de direitos) e proteção ao nascituro, não do nascimento com vida, mas desde a concepção.

O nascimento com vida aperfeiçoa o direito que dele dependa, dando-lhe integral eficácia, na qual se inclui sua transmissibilidade. Porém, a posse dos bens herdados ou doados ao nascituro pode ser exercida, por seu representante legal, desde a concepção, legitimando-o a perceber os frutos na qualidade de titular de direito subordinado à condição resolutiva. Fundamentam nosso entendimento os artigos 119, 1.186, 1.572, 1.778, todos do CC e os artigos 877 e 878 do CPC, que cuidam da posse em nome do nasci-

706 • Direito de Família | *Arnaldo Rizzardo*

turo, como medida cautelar (ou processo de jurisdição voluntária, como preferem alguns processualistas)."[92]

Os artigos citados 119, 1.186, 1.572 e 1.778 equivalem, em relação ao atual Código Civil, respectivamente, aos arts. 127, 563, 1.784 e 2.020. Já as disposições dos artigos 877 e 878 do CPC/1973 não vieram reproduzidas pelo CPC/2015. Acontece que os direitos do nascituro ficaram protegidos pelas disposições que tratam do divórcio, da separação, da extinção da união estável e da partilha por morte dos parentes, sendo que a prova da filiação se fará em procedimento próprio, com a possível tutela provisória. Quanto à pretensão de alimentos em favor do nascituro, há a Lei nº 11.804/2008.

Justamente por existir um direito à personalidade, isto é, aos direitos do nascituro, há de se pôr a salvo certas necessidades para o bom desenvolvimento da pessoa intrauterina do ser humano. Para tanto, todo o ambiente propício para evoluir com normalidade o ser concebido deve assegurar-se à mãe. A ela cabe o direito a uma adequada assistência médica pré-natal, além de outros cuidados e providências, com o que não se poderá furtar em colaborar o pai da criança em formação.

A mesma autora citada, Silmara J. A. Chinelato e Almeida, em tese de doutorado, aprofundou a matéria, fazendo, inclusive, um levantamento da doutrina e da jurisprudência a respeito. Transcrevendo Pontes de Miranda, acrescenta: "Entre os principais juristas brasileiros que defendem o direito do nascituro a alimentos, avulta Pontes de Miranda (Tratado de Direito Privado – Parte Especial –, Direito de Família – Direito Parental – 'Direito Protetivo', 2ª ed., Rio, Borsoi, pp. 215 a 216), que assim leciona: 'A obrigação de alimentar também pode começar antes do nascimento e depois da concepção (CC, arts. 397 e 4º), pois, antes de nascer, existem despesas que tecnicamente se destinam à proteção do concebido e o direito seria inferior à vida se acaso recusasse atendimento a tais relações inter-humanas, solidamente fundadas em exigências de pediatria. Outro caso, em que o nascituro pode figurar como autor na ação de alimentos, é aquele que se depreende do art. 1.537, II, da lei civil brasileira, onde se estabelece que a indenização por homicídio consiste não só no pagamento das despesas com o tratamento da vítima, seu funeral e o luto de família, como também na prestação de alimentos às pessoas a quem o defunto os devia'".[93] Os artigos citados 4º, 397 e 1.537, II, correspondem, no Código em vigor, aos arts. 2º, 1.696 e 948, II.

Em boa hora, pois, e juridicamente justificada, veio a Lei nº 11.804, dando mais evidência ao direito daquele que vai nascer a receber a assistência do pai presumido. Estabelece seu art. 1º: "Esta Lei disciplina o direito de alimentos da mulher gestante e a forma como será exercido".

Pode-se, em consonância com o novo diploma, conceber os alimentos ao nascituro, hoje denominados gravídicos, como aqueles devidos em vista da formação do feto do nascituro, e, percebidos pela gestante, ao longo da gravidez, abrangendo os valores suficientes para cobrir as despesas adicionais do período de gravidez e que sejam dela decorrentes, da concepção ao parto, inclusive as referentes a alimentação especial, assistência médica e psicológica, exames complementares, internações, parto, medicamentos e demais prescrições preventivas e terapêuticas indispensáveis, a juízo do médico, além de outras que o juiz considere pertinentes. Esta abrangência vem discriminada no art. 2º da citada Lei: "Os alimentos de que trata esta Lei compreenderão os valores suficientes

---

[92] *Direito do Nascituro a Alimentos – Uma Contribuição do Direito Romano, Revista de Direito Civil,* São Paulo, nº 54, RT, p. 53, out.-dez. 1990.

[93] *Trabalho citado,* pp. 56 e 57.

Cap. XXV | Alimentos • **707**

para cobrir as despesas adicionais do período de gravidez e que sejam dela decorrentes, da concepção ao parto, inclusive as referentes a alimentação especial, assistência médica e psicológica, exames complementares, internações, parto, medicamentos e demais prescrições preventivas e terapêuticas indispensáveis, a juízo do médico, além de outras que o juiz considere pertinentes". Percebe-se que o rol não é exaustivo, podendo o juiz considerar outras despesas pertinentes. Sempre, porém, sopesando as necessidades da parte autora e as possibilidades da parte ré (segunda parte do art. 6º).

Parece evidente a necessidade da inicial apontar para uma estimativa, com a apresentação de orçamentos e necessidades, inclusive com receitas médicas, no caso de exigida alimentação especial, ou alguma medicação.

Ressalta-se que não se incluem no montante as despesas da mãe para o seu sustento próprio. Não faz ela jus a este tipo de alimentos para urgências e reclamos outros, diferentes dos exigidos em razão da gestação do filho.

A fixação terá em conta também a participação da mãe grávida, à semelhança dos alimentos devidos aos filhos em geral. É o que decorre do parágrafo único do art. 2º: "Os alimentos de que trata este artigo referem-se à parte das despesas que deverá ser custeada pelo futuro pai, considerando-se a contribuição que também deverá ser dada pela mulher grávida, na proporção dos recursos de ambos".

À mulher grávida cabe convencer o juiz da existência de indícios da paternidade, nos termos do art. 6º: "Convencido da existência de indícios da paternidade, o juiz fixará alimentos gravídicos que perdurarão até o nascimento da criança, sopesando as necessidades da parte autora e as possibilidades da parte ré".

Efetivamente, não pode a lei socorrer mulheres aventureiras, de modo a se conceder alimentos com base em simples pedido, inexistindo a presunção de veracidade. No caso, a necessidade sempre impõe a natureza provisional, com o deferimento liminar ou antecipadamente, não se viabilizando a concessão após instrução normal em procedimento ordinário. Por isso, deverão acompanhar a inicial elementos de prova razoável, de modo a gerar uma convicção suficiente de certeza, ou de alta probabilidade de que o requerido é pai. São elementos de prova documentos que evidenciem a convivência, como fotos, endereços comuns, aquisições, *e-mails*, pagamentos de despesas, declarações de pessoas sobre a relação de convívio ou namoro. Não é exigível o exame pericial (que vinha previsto no art. 8º da Lei, o qual restou vetado), pois a disposição colocava em risco a vida da criança. Há consenso médico que o exame DNA em líquido amniótico pode comprometer a gestação.

Quanto à existência de gravidez, no entanto, não se permite certeza relativa, impondo-se que venha a comprovação médica.

Outro aspecto interessante da nova lei é o período de condenação ao pagamento dos alimentos gravídicos, que se restringe à duração da gravidez. Nascendo com vida o filho, os alimentos se convertem em pensão alimentícia. A tanto conduz o parágrafo único do art. 6º: "Após o nascimento com vida, os alimentos gravídicos ficam convertidos em pensão alimentícia em favor do menor até que uma das partes solicite a sua revisão".

Nota-se a consequência da fixação. Persistem os alimentos, convertendo-se, com o nascimento, em pensão alimentícia. Decorre que não cessa a obrigação com o nascimento. Para livrar-se o apontado pai terá que ingressar judicialmente com uma ação negatória de paternidade? Não obrigatoriamente. Acontece que o pedido de alimentos gravídicos vem formalizado em uma ação, que terá, pelo menos quanto à instrução, e mesmo que isto se

708 • Direito de Família | *Arnaldo Rizzardo*

dê após o nascimento da criança, o rito comum, quando se oportunizará a ampla produção de provas, inclusive exame pericial do DNA. Uma vez procedente a ação, poder-se-á requerer ao juiz a expedição de mandado de registro da filiação, com amparo na Lei nº 8.560/1992. É que resta firmada a paternidade, não havendo necessidade de se ingressar com uma demanda própria de investigação.

De sorte que, caso haja a interrupção da gestação, como em um aborto espontâneo ou provocado, extingue-se de pleno direito aos alimentos.

Pensa-se, porém, nada impedir ao juiz estabelecer um valor para a gestante até o nascimento, e, depois, atendendo ao critério da necessidade, fixar alimentos para o filho em proporções diversas.

Quanto ao foro competente certo é o do domicílio do alimentando, neste caso da gestante. O Projeto de Lei previa, no art. 3º, que foi vetado, a competência no domicílio do réu, o que mostrava-se em desacordo com a sistemática do direito vigente (art. 53, inc. II, do CPC/2015).

Uma disposição que causou controvérsias, encontrava-se no vetado artigo 9º, que determinava a incidência dos alimentos desde a citação. Haveria, então, a possibilidade de se concluir que os alimentos gravídicos somente se tornariam devidos a contar do momento da citação do réu, ensejando manobras no sentido de se evitar a concretização do ato, inclusive ausentando-se o réu do endereço onde seria procurado pelo oficial de justiça. Talvez fosse possível encontrar o suposto pai somente após o nascimento do filho, perdendo-se, assim, a finalidade da lei. Colidia o artigo 9º também com a redação do art. 4º da Lei de Alimentos (Lei nº 5.478, de 25.07.1968), que determina ao juiz, quando despachar a inicial, fixar, desde logo, os alimentos provisórios. Dessa forma, a Lei nº 11.804 adotou a posição consagrada na doutrina e na jurisprudência, e também expressa legalmente, ou seja, o juiz deve fixar os alimentos ao despachar a petição inicial.

Citado o réu, assegura-se o prazo de cinco dias para a contestação (art. 7º). Não destoa do direito a liberdade em o juiz revogar a decisão que deferiu os alimentos, se a tanto convencerem a defesa e a prova vinda.

Estatui o art. 11 que "aplicam-se supletivamente nos processos regulados por esta Lei as disposições das Leis nos 5.478, de 25 de julho de 1968, e 5.869, de 11 de janeiro de 1973 – Código de Processo Civil". Com isso, a par de se imprimir um procedimento célere ou sumário à ação, enseja-se a fixação liminar dos alimentos, consoante acima observado. Entrementes, prescinde-se da audiência de justificação, que vinha exigida no art. 5º (vetado), em vista da possibilidade de demora na realização. Na ausência de elementos de convicção, não se impede que se faça a audiência. De lembrar, quanto ao Código de Processo Civil da Lei nº 5.869/1973, que foi substituído pelo Código de Processo Civil da Lei nº 13.105/2015.

9. PRESTAÇÃO ALIMENTÍCIA AOS FILHOS MAIORES, AOS PAIS E A OUTROS PARENTES

Diversamente que aos filhos menores, quando a obrigação dos pais envolve o sustento, a educação e a formação, ou, de um modo mais amplo, a assistência em todos os sentidos, desde o material até o moral e afetivo, no pertinente aos filhos maiores e outros parentes a obrigação reduz-se substancialmente, resumindo-se mais a uma prestação material para a subsistência.

Os arts. 1.694 a 1.710 dirigem-se, de modo geral, aos filhos menores, aos maiores, aos cônjuges e demais parentes, tanto que, no pertinente ao primeiro deles, vem consignada a reciprocidade na prestação de alimentos, ou seja, tais sujeitos podem exigir uns dos outros os alimentos de que precisam, sendo que o art. 1.696 mais incisivamente firma a extensão do dever de prestar alimentos aos ascendentes e descendentes.

No pertinente aos filhos maiores, não é o poder familiar que determina a obrigação, mas sim a relação de parentesco. Quanto aos pais, de idêntica forma, sobressai tal liame, ordenado pelo sentimento de solidariedade que deve imperar no meio de certas pessoas ligadas pelo *jus sanguinis*. Nessa ordem de recíproca assistência, tão simplesmente os requisitos da necessidade do alimentando e da possibilidade do alimentante é que hão de se fazer presentes, a fim de firmar o comando sentencial. Outra não é a inteligência que exsurge claramente do art. 1.695: "São devidos os alimentos quando quem os pretende não tem bens suficientes, nem pode prover, pelo seu trabalho, à própria mantença, e aquele, de quem se reclamam, pode fornecê-los, sem desfalque do necessário ao seu sustento."

Enquanto relativamente aos filhos menores e incapazes nem cabe discutir os requisitos, pois sempre é devida a pensão alimentícia, aqui nasce o dever se aqueles requisitos – necessidade e possibilidade – se fizerem presentes.

No tocante aos filhos maiores, a rigor, com a aquisição da capacidade civil cessa o encargo de prestar alimentos, não fazendo-se necessária a manifestação judicial. A extinção ocorre com o simples ato de alcançar a maioridade.

A maioridade é alcançada aos dezoito anos (aos vinte e um anos no regime do Código Civil anterior), sendo de rigor a obrigação alimentar até esta idade, sempre se permanecerem as necessidades. Para o cancelamento, todavia, mesmo que estabelecida a obrigação até alcançar a maioridade, faz-se necessário o procedimento contencioso, para bem aquilatar a situação, de acordo com a presente orientação do STJ:

"Direito civil. Família. Recurso especial. Execução de alimentos. Maioridade das filhas. Exoneração automática. Impossibilidade. Prescrição da pretensão ao pagamento das parcelas vencidas há mais de cinco anos.

Não tem lugar a exoneração automática do dever de prestar alimentos em decorrência do advento da maioridade do alimentando, devendo-se propiciar a este a oportunidade de se manifestar e comprovar, se for o caso, a impossibilidade de prover a própria subsistência. Isto porque, a despeito de extinguir-se o pode familiar com a maioridade, não cessa o dever de prestar alimentos fundados no parentesco. Precedentes.

A prescrição quinquenal prevista no art. 178, § 10, inc. I, do CC/16, aplicável à espécie, opera-se com relação a cada prestação alimentícia atrasada que se for tornando inadimplida e não reclamada".[94]

O art. 178, § 10, inc. I, acima referido, tem regra equivalente no art. 206, § 2º, do CC/2002, reduzindo-se, porém, o prazo de prescrição para dois anos.

Surgem situações especiais – doença do filho, prolongamento dos estudos, total inexistência de empregos etc. – em que deve prosseguir a manutenção pelos pais. Cumpre, porém, ao credor justificar a sua incapacidade de se sustentar. É a orientação jurisprudencial: "Entendem doutrina e jurisprudência que, em especial em caso de filho que cursa escola de nível superior, não se justifica a exclusão da responsabilidade do pai quanto a seu

---

[94] REsp. nº 896.739/RJ. Terceira Turma. Julgado em 14.06.2007, *DJU* de 29.06.2007.

710 • Direito de Família | *Arnaldo Rizzardo*

amparo financeiro, para sustento e estudos. Tratando-se de filha maior em tais condições, irrelevante o fato de viver em concubinato para o fim de que o concubino não está obrigado a pagar alimentos à concubina, muito menos a pagar despesas com seus estudos."[95]

Isto se bem que, na hipótese, verificou-se a formação de uma união conjugal estável, que é uma entidade familiar. Desde o momento em que se consumou a união, competiria aos próprios filhos, que se tornaram adultos, se autossustentarem, máxime se executam algum tipo de atividade bem remunerada.

A matéria, presentemente, revela contornos diferentes de tempos pretéritos. É de todos conhecida a dificuldade em se conseguir uma colocação no mercado de trabalho. Pouco importa que o filho se encontre habilitado a exercer uma profissão, se não se lhe são abertas as portas para desempenhar a profissão. Quem ignora o número excedente de pessoas aptas para toda a espécie de trabalhos que exige alguma habilitação? Ademais, longos anos de tentativa e prática se exige antes de conseguir qualquer profissional liberal alguma solidez econômica na carreira escolhida. De sorte que, nos tempos que correm, persiste a obrigação enquanto não se concretizarem as perspectivas de segurança econômica.

Sobre a matéria, há a tese nº 4, da Jurisprudência em Teses, do STJ: "É devido alimentos ao filho maior quando comprovada a frequência em curso universitário ou técnico, por força da obrigação parental de promover adequada formação profissional".

Como exemplos de decisões que levaram a tal imposição, citam-se o AgRg nos EDcl no AREsp 791322/SP, Rel. Ministro Marco Aurélio Bellizze, Terceira Turma, julgado em 19/05/2016, DJE 01/06/2016; e o REsp 1587280/RS, Rel. Ministro Ricardo Villas Bôas Cueva, Terceira Turma, julgado em 05/05/2016, DJE 13/05/2016.

Induvidosamente, as situações descritas na seguinte passagem de um julgamento comportam, no mínimo, a persistência da obrigação de prestar alimentos, isto é, àqueles filhos enquanto cursarem "universidade e até atingirem vinte e quatro anos de idade, cumuladas essas condições para fruição, independentemente do curso que frequentarem e de carga horária que lhes seja exigida, até porque não há evidência de que possam ingressar no mercado de trabalho, em termos de probabilidade efetiva e de oportunidade concreta, sobretudo em face da rarefação atual de ofertas de emprego, ou mesmo de simples estágios, em todos os ramos e níveis de ocupação. Não se trata de estimular a ociosidade, como parece pensar o reconvindo, mas de procurar assegurar aos filhos, dentro do possível, situação de amparo, pelo menos, próxima da que teriam, caso perdurasse a convivência do casal separando; o que se dá como iterativo, no direito pretoriano, é não consagrar, ainda que o filho possa captar alguma remuneração, a exclusão da responsabilidade do pai quanto ao amparo financeiro nos estudos, ainda que, dentro desse quadro, costume se adequar o encargo, de tal forma que se desestimule possível ociosidade, sem prejuízo, porém, da garantia do auxílio, até que decorrido o prazo normal do curso."[96]

Tanto passou a dominar essa inteligência, que não mais se admite a simples interrupção em aprestar alimentos, quando atingida a maioridade. Faz-se necessário, como referido antes, o amplo contraditório, com o ingresso de ação apropriada, devendo o alimentante provar que o filho dispõe de condições e ganhos para o próprio sustento. Sobre o assunto, após reiteradas decisões manifestadas nos REsp. nº 4.347, REsp. nº 608.371, REsp. nº

---

[95] TJSP. Apelação Cível nº 125.784-1. 1ª Câmara Civil, de 08.09.1990, *Revista dos Tribunais*, 666/85.

[96] TJSP. Apelação Cível nº 99.146-4/0. 10ª Câmara de Direito Privado, de 30.03.1999, *ADV Jurisprudência, boletim* nº 35, p. 566, expedição de 5.09.1999.

347.010, REsp. nº 682.889, REsp. 688.902, RHC. nº 16.005, Ag. 655.065, HC. nº 55.065, RHC nº 19.389, emitiu o STJ a Súmula nº 358, nos seguintes termos: "O cancelamento de pensão alimentícia de filho que atingiu a maioridade está sujeito à decisão judicial, mediante contraditório, ainda que nos próprios autos".

Entretanto, ainda quanto aos filhos maiores que frequentam cursos de formação, há de se examinar se não se aproveitam desta situação para explorarem os pais. Inadmissível que não revelem dedicação e eficiência nos estudos, com seguidas reprovações nas disciplinas, ocorrendo uma prorrogação indefinida do período de formação profissional. Havendo abuso no exercício do direito, sem o regular cumprimento das atividades acadêmicas, justifica-se o cancelamento da pensão, pois o filho dá causa à falta de condições para o ingresso no mercado profissional. Importante que se fixe uma previsão de conclusão do curso, dentro da normalidade do ensino. Findo o período, cessa a obrigação dos pais ou responsáveis.

De considerar, também, a não rara situação dos filhos maiores que seguem estudando, mas que decidem sair da casa dos pais, vivendo no ócio em horas de folga nos estudos, e entregando-se a vícios, inclusive ao consumo de drogas, a diversões de toda a espécie. Tal a conduta e a completa ausência de valores, referências e posturas que tornam conturbado o convício no lar e conflitante o relacionamento familiar. Evidente que os pais não são obrigados a sustentar os vícios, as vicissitudes e os desvios de caráter e de comportamento dos filhos. No máximo, comporta exigir-lhes o amparo nos alimentos e na formação profissional.

Por ilação dos arts. 1.696 e 1.697, chega-se à seguinte ordem no encadeamento dos obrigados a fornecer alimentos:

Em primeiro lugar, estão os pais. Tendo eles falecido, ou diante da impossibilidade econômica, aparecem os ascendentes – avós, bisavós –, sem excluir-se nenhum deles, mas proporcionalmente às condições econômicas de cada um. Pondera Pontes de Miranda: "Por isso que os ascendentes de um mesmo grau são obrigados em conjunto, a ação de alimentos deve ser exercida contra todos, e a quota alimentar é fixada de acordo com os recursos dos alimentantes e as necessidades do alimentário."[97]

Volta-se a insistir, como se fez no estudo das características da obrigação alimentar, a inexistência de solidariedade, posto que, do contrário, cometer-se-ia grave injustiça, com a viabilidade de serem exigidos os alimentos de apenas um parente.

Se os pais e outros ascendentes não podem socorrer os filhos, e tiverem estes, por sua vez, prole, a ela devem recorrer, guardada a ordem da sucessão (art. 398), na proporção dos meios e condições.

Finalmente, aos irmãos mais aquinhoados toca o dever, na eventualidade de se encontrarem falecidos os ascendentes, ou de não oferecerem as mínimas condições financeiras, segundo autoriza o art. 1.697, aos quais também cabe o acionamento conjunto.

Quanto aos alimentos para os ascendentes, vinculam-se eles aos respectivos pais, o que volta à situação anterior.

Na falta daqueles, os ascendentes encontram nos filhos e netos o respaldo para subsistirem.

Válido o pensamento de Pontes: "E é razoável que assim seja. Se o pai, o avô e o bisavô têm o dever de sustentar aqueles a quem deram a vida, injusto seria que o filho,

---

[97] *Tratado de Direito Privado*, vol. IX, obra citada, p. 231.

712 • Direito de Família | *Arnaldo Rizzardo*

neto ou bisneto, abastado, não fosse obrigado a alimentar o seu ascendente incapaz de manter-se."[98]

Aliás, é o que manda a Constituição Federal, no art. 229: "Os pais têm o dever de assistir, criar e educar os filhos menores, e os filhos maiores têm o dever de ajudar e amparar os pais na velhice, carência ou enfermidade."

Havia uma lei que veio a expressar concretamente tal obrigação. Tratava-se da Lei nº 8.648, de 20.04.1993, cujo art. 1º acrescentou o parágrafo único ao art. 399 do Código Civil, com a seguinte redação: "No caso de pais que, na velhice, carência ou enfermidade, ficaram sem condições de prover o próprio sustento, principalmente quando se despojaram de bens em favor da prole, cabe, sem perda de tempo e até em caráter provisional, aos filhos maiores e capazes, o dever de ajudá-los e ampará-los, com a obrigação irrenunciável de assisti-los e alimentá-los até o final de suas vidas."

A lei foi acerbamente criticada, posto que a matéria já vinha disciplinada, e em razão da defeituosa redação, com distinções absurdas. Tanto que não se manteve o dispositivo no vigente Código Civil.

No tocante aos irmãos, de acordo com o art. 1.697, a eles é permitido acionarem-se reciprocamente, para se exigirem alimentos, mas unicamente se não tiverem ascendentes e nem descendentes vivos, ou em condições de suportarem a prestação alimentícia. Não importa que sejam bilaterais ou unilaterais. A obrigação será sempre exigível.

Mas, haveria uma escala de preferência entre uns e outros?

Absolutamente, pelas evidências trazidas por Yussef Said Cahali: "*Primo*, no consenso unânime da doutrina moderna, o *onus alimentorum* não coincide necessariamente com o *emolumentum sucessionis*, o que desautoriza o símile analógico de parâmetros específicos do direito sucessório – em matéria de obrigação alimentar, sendo pacífico, na doutrina e na jurisprudência..., que a obrigação alimentar não ultrapassa o parentesco do segundo grau, embora mais ampla a ordem da vocação hereditária (art. 1.603 do CC); e *secundo*, a admitir-se tal entendimento, estar-se-ia constituindo uma classe distinta de devedor alimentar, postado em último lugar, na escala da lei; assim, os arts. 397 e 398 estariam sendo interpretados como se tendo estabelecido a seguinte ordem de preferência: I) Pais e filhos. II) Ascendentes. III) Descendentes. IV) Irmãos germanos. V) Irmãos unilaterais."[99] Os arts. referidos – 1.603, 397 e 398 – estão no Código em vigor, substituídos pelos arts. 1.829, 1.696 e 1.697.

Afora os citados parentes, nenhum mais pode ser chamado para dar alimentos. Desconhece-se, no direito vigente, a extensão aos tios ou primos do encargo. De igual modo, não vinculam-se, para tal efeito, os sogros com os genros ou noras, diferentemente do previsto no direito argentino (art. 368 do Código Civil) e no direito francês (art. 206 do Código Civil).

Aos filhos adotivos estendem-se os mesmos direitos assegurados aos demais, pois, com a adoção, tornam-se iguais em direitos e obrigações aos sanguíneos.

Quanto aos alimentos entre parentes em geral e capazes, em situações especialíssimas são prestados alimentos, consoante hipóteses acima exemplificadas, em relação aos filhos maiores, mas que devem ser estendidas aos demais parentes, se verificadas. Entrementes, se a situação de necessidade advém de culpa do parente, como se ele desbaratou o seu patrimônio, se abandonou o emprego que exercia, se o mesmo se nega a desempenhar uma atividade rendosa, se procede desonestamente no emprego, dentre outras situações, o

---

[98] *Tratado de Direito Privado*, vol. IX, obra citada, p. 236.
[99] *Dos Alimentos*, obra citada, pp. 456 e 457.

§ 2º do art. 1.694 restringe os alimentos ao suficiente para a sobrevivência: "Os alimentos serão apenas os indispensáveis à subsistência, quando a situação de necessidade resultar de culpa de quem os pleiteia".

Nota-se que o legislador, assim como procedeu em relação aos ex-cônjuges (parágrafo único do art. 1.704), teve em alta conta o princípio da solidariedade. Por maior que se apresente a culpa, a irresponsabilidade, a insensatez, todo ser humano tem direito à vida, e, assim, aos meios para torná-la possível. Passa-se por cima de conceitos e razões que socorrem o parente, e abraça-se o princípio superior da responsabilidade pela vida dos que são próximos pelo parentesco.

No entanto, tais alimentos restringem-se ao imprescindível para a sobrevivência, isto é, ao que reclama a alimentação, a moradia, a saúde e outras despesas básicas.

Para os parentes que carecem de alimentos sem culpa própria deles, devem os alimentos condizer com a condição social do necessitado.

10. OBRIGAÇÃO ALIMENTAR ENTRE OS CÔNJUGES OU COMPANHEIROS

Como já foi observado, disciplinou o Código Civil em vigor, nos arts. 1.694 a 1.710, as relações alimentícias entre os parentes e os cônjuges ou companheiros. O regramento do Código de 1916 não dirigiu qualquer norma específica aos cônjuges no capítulo relativo a alimentos. Evidência desta restrição estava no art. 396, que encerrava: "podem os parentes exigir uns dos outros os alimentos, de que necessitem para subsistir." A matéria, quanto aos cônjuges, se encontrava nos arts. 19 a 23 da Lei nº 6.515; em relação aos companheiros, vinha nas Leis nºs 8.971, de 1994, e 9.278, de 1996.

No pertinente aos cônjuges, a obrigação assenta-se, inicialmente, no art. 1.566, inc. III, impondo que constitui dever de ambos a 'mútua assistência'; e no tocante aos companheiros, está no art. 1.724, que inclui, nas relações, o dever de assistência.

A expressão 'mútua assistência' ostenta uma dimensão bem mais vasta que o simples ato de fornecer alimentos. Deve-se inserir o significado que se dá no casamento: a união ou identificação de interesses, esforços, trabalhos, patrimônio e atendimento ou socorro em todas as necessidades e adversidades da vida. Mais no sentido literal, a mútua assistência abrange os cuidados que um cônjuge está obrigado a devotar ao outro, tanto na doença, nas adversidades, no âmbito afetivo, como no setor material, concentrando-se o cuidado nos alimentos, que abrangem a alimentação, o vestuário, o transporte, os medicamentos, a moradia e até as doenças. Obviamente, no casamento esta assistência envolve maior alcance que na separação, por se estender ao campo afetivo e moral da pessoa, mas não compreendendo aquela assistência que os autores mais antigos a interpretavam como a proteção do marido à mulher, por revelar um caráter de diferenciação de tratamento.

Estende-se o alcance acima aos companheiros na união estável.

Por envolver a matéria múltiplos aspectos, conveniente seja abordada pormenorizadamente, dentro e fora da sociedade conjugal, isto é, na separação de fato, na separação judicial e no divórcio, em seus vários contornos e setores particularizados.

10.1. Alimentos na separação de fato

O cônjuge necessitado não está obrigado a ingressar com a ação de separação judicial ou de divórcio para obter alimentos.

714 • Direito de Família | *Arnaldo Rizzardo*

Embora o art. 1.702 disponha que, na separação judicial litigiosa, sendo um dos cônjuges inocente e desprovido de recursos, deva o outro prestar-lhe a pensão alimentícia, não se depreende a exigência de se promover a separação para ensejar a reclamação de pensão. O cônjuge, em geral a mulher, poderá pleitear alimentos quando a separação for apenas de fato, mesmo porque a lei não visa à dissolução do matrimônio.

O próprio *caput* do art. 1.694 Código Civil não coloca a separação judicial ou o divórcio como pressuposto para o exercício do direito. Simplesmente faculta aos "cônjuges pedir uns aos outros os alimentos de que necessitam..."

Oportuna a lição de Orlando Gomes, que se mantém atual: "O abandono do lar conjugal, desde que prolongado, constitui motivo de desquite, mas a mulher abandonada não é obrigada a requerê-lo. Se prefere, ainda assim, evitar a dissolução legal da sociedade conjugal, não perde o direito de reclamar do marido que a sustente. Como o marido, abandonando-a, deixa de lhe dar casa e comida, fará jus a uma pensão. Esta forma de cumprimento da obrigação de sustento dá a impressão de que se trata da genuína obrigação de alimentos, mas, na verdade, tal pagamento independe dos pressupostos e objetivos dessa obrigação."[100]

O entendimento está generalizado no direito de outros sistemas, segundo Luís Zanón Mardeu: "Existe el derecho de solicitar una pensión alimenticia siempre y cuando quien lo pide no sea culpable de la situación de hecho creada, pues la exigibilidad de la deuda alimenticia está subordinada a que el reclamante justifique el estado de necesidad en que se encuentra, y sin que, al mismo tiempo..., pueda ser esgrimido cuando exista un obstáculo moral o legal para que el alimentista se traslade al domicilio del alimentante y reciba en él el conjunto de socorros comprendidos en el concepto legal de alimentos."[101]

Aliás, o entendimento que domina atualmente e vai se impondo cada vez mais é desvincular a obrigação alimentar da culpa. Por isso, pouco importa a existência ou não do casamento, nem cabendo indagar quem deu causa à separação de fato ou ao divórcio.

Na separação da união estável incidem as mesmas regras.

10.2. Alimentos e coabitação no mesmo lar

De modo geral, o requisito primeiro para concessão de alimentos é a separação física dos cônjuges, ou seja, que não habitem sob o mesmo teto, ou na mesma residência.

Vivendo os cônjuges sob o mesmo teto, ou em residência comum, é viável a pretensão a alimentos?

Sérgio Gischkow Pereira, cuidando do assunto, enfatizava: "Se os cônjuges estão a coabitar, descabe o pedido de alimentos. Se nesta questão estiver faltoso o marido, o caminho aberto à mulher é o de separar-se de fato, abandonar a habitação conjugal e, então, pleitear alimentos, considerando-se ter sido o abandono determinado por justo motivo..."[102]

O entendimento segue doutrina clássica, esposada por Colin e Capitant, para quem a obrigação alimentar se apresenta normalmente como dever de assistência e de ajuda pessoal entre os esposos, acrescentando que as hipóteses em que a execução da obrigação se reveste da forma de uma pensão supõe uma existência separada e distinta: "Entre la

---

[100] *Direito de Família*, 2ª ed., obra citada, p. 384.
[101] *La Separación Matrimonial de Hecho*, Barcelona, Editorial Hispano-Europa, 1974, p. 49.
[102] "Ação de Alimentos", *Coleção Ajuris*, Porto Alegre, Síntese Ltda., nº 11, 1979, p. 18.

obligación alimenticia y la de cohabitación existe cierta unión, en el sentido de que si uno de los esposos no cumple con la última, no puede reclamar al cónyuge con quien se nega a estar la pensión alimenticia... El cónyuge puede negarse a dar los alimentos que se le reclamen fuera del domicilio común. Con esto se da efectividad a la idea de que cuando dos personas están sujetas a obligaciones recíprocas que se derivan de la misma causa jurídica (aqui, en matrimonio), ninguna de las dos puede reclamar de la otra la ejecución de sua obligación si ella, a su vez, no se presta a cumplir la suya."[103] Seguia nesta linha João Claudino de Oliveira e Cruz.[104]

Orlando Gomes,[105] traduzindo o pensamento francês, prosseguia: "Se marido e mulher vivem sob o mesmo teto, não poderá esta reclamar alimentos... Se, porém, a vida em comum se tornar impossível ou extremamente difícil, importando sacrifício para a esposa e filhos, poderá a mulher deixar o lar, mantendo-se em estado de separação de fato e pedindo, então, alimentos, que lhe serão concedidos." A exigência de se afastar do lar se imporia mesmo se o cônjuge desviar os rendimentos, deixando a família sem recursos, em extrema miséria. Teria o cônjuge que deixar o lar ou pedir a separação de corpos, embora a possibilidade de não ter onde abrigar-se e de não conseguir, judicialmente, o afastamento do marido.

Entrementes, os argumentos invocados não têm caráter absoluto. São válidos somente se existir coabitação normal entre marido e mulher, e apenas reclamação quanto à deficiência econômica na participação da sociedade conjugal pelo cônjuge. A postulação de alimentos, destarte, se afigura inadmissível.

Há casos especiais que demandam uma exegese prática.

Conquanto residindo no lar comum, dadas as circunstâncias anormais no relacionamento, não raramente um dos cônjuges se nega a prestar qualquer assistência. Há moradia no mesmo endereço, mas sem coabitação matrimonial afetiva e efetiva.

A jurisprudência, apoiada em boa doutrina, assentou, em antigo *decisum*: "Sob o ponto de vista jurídico, e de uma forma genérica, a separação é *conditio sine qua non* para a outorga de alimentos provisórios. Essa separação, em regra, tanto pode ser a de ordem fática como a declarada por decisão judicial. Mas, também em regra, essa separação pressupõe o afastamento de um dos cônjuges do lar matrimonial. Carvalho Santos, analisando de modo global a temática, salienta que 'exato seria sustentar que o Código faz depender o pedido de alimentos da separação de corpos, pouco importando que seja decretada pelo juiz. O que a lei quer é que ela exista de fato, ainda que por livre e espontânea vontade dos cônjuges' (*C. C. Brasileiro Interpretado*, nº 4º/270). Todavia..., podem ocorrer situações especialíssimas, como, aliás, adverte Edgard de Moura Bittencourt, em sua obra especializada. Pondera o ilustrado autor que, às vezes, 'a separação de fato não envolve necessariamente o afastamento de um dos cônjuges do lar comum, pois a jurisprudência reconhece que, embora morando na mesma casa, pode existir separação a justificar o pedido de alimentos, se o marido recusar-se a cumprir o seu dever de sustentar a esposa e filhos. Mas tal não ocorrerá se houver manutenção, ainda que modesta, não obstante o marido ganhar razoavelmente' (*Alimentos*, p. 36)."

Em seguimento, no mesmo julgado: "...A estruturação da obrigação alimentar depende da lei e, no caso, possibilidade de um e necessidade de outro, independentemente de haver

---

[103] *Curso Elemental de Derecho Civil*, obra citada, tomo I, p. 755.
[104] *Dos Alimentos no Direito de Família*, obra citada, p. 159.
[105] *Direito de Família*, obra citada, p. 381.

716 • Direito de Família | *Arnaldo Rizzardo*

ou não coabitação, no sentido de morarem na mesma casa. De outra forma, a prestação poderia ser negada pelo fato de o alimentante ter habitação, enquanto alimentos não representam só habitação. Mesmo que ela tenha casa, necessitará sobre isto de vestuário, sustento ou alimentação propriamente dita, a cura, a educação quando é o caso (art. 1.687 do CC)."[106] O art. 1.687 equivale ao art. 1.920 do atual Código Civil.

10.3. Abandono do lar sem justo motivo

No Código de 1916, discriminatoriamente o art. 234 isentava o marido da obrigação de prestar alimentos se a mulher abandonasse a moradia conjugal sem motivo justo: "A obrigação de sustentar a mulher cessa, para o marido, quando ela abandona sem justo motivo a habitação conjugal, e a esta se recusa voltar...".

A residência no mesmo lar é uma obrigação que decorre do casamento.

Assim, no art. 1.566, inc. II do vigente Código, encontra-se a exigência da vida em comum: "São deveres de ambos os cônjuges: ... II – Vida em comum, no domicílio conjugal." De salientar, outrossim, estar atualmente assegurado a ambos os cônjuges o direito na fixação do domicílio da família, segundo o art. 1.569, enquanto o art. 233, inc. III, da lei civil revogada reservava a prerrogativa ao marido.

Ainda no regime anterior, a obrigação de morar num mesmo lar possuía tanta relevância que autorizava o pedido de separação quando o abandono se prolongasse por mais de dois anos. Com a Lei nº 6.515, não mais se questionou quanto à duração do prazo, passando a importar o abandono em si. O Código Civil de 2002, no art. 1.573, inc. IV, estabeleceu a hipótese do "abandono voluntário do lar conjugal, durante um ano contínuo", como caracterizadora da impossibilidade da comunhão de vida, e que autoriza o pedido de separação.

Todavia, não mais constitui causa de isenção da obrigação de prestar alimentos o abandono da moradia conjugal. Domina hoje a inteligência da obrigação de prestar alimentos desde que verificadas a necessidade da pessoa carente e a possibilidade de quem está obrigado. A tendência é afastar a culpa do necessitado como excludente do dever de prestar, ou ter a culpa do obrigado pela separação ou pelo divórcio como condição para dar alimentos. Mesmo que o abandono voluntário do lar conjugal durante um ano contínuo. Empresta-se ao art. 1.702 do Código Civil uma interpretação que afasta a inocência pela separação como condição para obrigar a dar alimentos. Em razão desta mesma interpretação a restrição que incide no art. 1.704 e em seu parágrafo único, pois o critério que deve sobressair será sempre a necessidade ou carência de recursos próprios para a vida.

Em suma, não importa tanto o motivo da saída ou do abandono do lar, para determinar a obrigação de dar alimentos. De qualquer sorte, se justificativas se apresentarem, com mais razão surge a obrigação alimentar.

As situações práticas é que evidenciarão as razões para o afastamento ou abandono.

Assim, através de exemplos comuns depreende-se, por exclusão, quando acontece o afastamento imotivado.

Não é a hipótese se o cônjuge mantiver o outro cônjuge em casa alheia, como na de seus pais ou parentes, por mero capricho ou exagerado espírito de economia. Além

---

[106] *Revista de Jurisprudência do TJ do RS*, 74/333, tomo I.

Cap. XXV | Alimentos • 717

de constrangimentos e possíveis desajustes nas relações, fica tolhida a liberdade e espontaneidade de ação do outro cônjuge.

O comportamento irregular de um cônjuge, como o concubinato, o vício da embriaguez, o desemprego permanente, as aventuras extraconjugais, entre outras hipóteses, compõe a gama de causas para o afastamento do lar.

A manutenção, por um dos cônjuges, no lar, de pessoa estranha ou parente em franca incompatibilidade com o outro cônjuge torna legítima a saída.

João Claudino de Oliveira e Cruz lembra uma série de exemplos bem significativos, ainda quando havia discriminação entre o marido e a mulher: "Assim, constituem justo motivo para o afastamento da mulher da habitação conjugal, além dos motivos que autorizam a separação de direito... os seguintes: a) deixar o marido de fornecer-lhe os recursos suficientes para a sua subsistência ou dos filhos; b) entregar-se o marido ao vício da embriaguez; c) entregar-se o marido a outro vício qualquer, como o de uso de maconha ou entorpecentes; d) abusar o marido do direito de fixar e mudar o domicílio da família, como, por exemplo, quando quer impor à mulher residirem em casa comum, com terceira pessoa, com quem a mulher não mantenha relações; e) quando o marido, tendo recursos, oferece à mulher uma residência desprovida de conforto comum; f) quando o marido, habitualmente, promove reuniões em sua casa para fins de jogo de cartas ou de outra natureza, deixando a mulher sem a natural liberdade em sua casa; g) quando o marido, podendo, se nega a permitir que a mulher admita empregados domésticos, impondo-lhe a obrigação de enfrentar todos os serviços; h) entregar-se o marido, habitualmente, ao jogo, ou a diversões, fora de casa, ou pernoitar fora do lar, sem necessidade, com habitualidade; i) afastar-se a mulher com o filho, para submeter este a tratamento médico necessário embora contra a vontade do marido; j) *idem*, para tratamento da própria saúde, havendo necessidade ou conselho médico, etc."[107]

A relação meramente casuística traz à evidência algumas atitudes bastante frequentes, mas a evolução dos costumes, o desenvolvimento da sociedade, a cultura do meio onde o cônjuge vive, a formação familiar, o nível econômico e social das pessoas ensejam outras causas, como o exagerado autoritarismo do cônjuge, a sua maneira rude de pensar e agir, o desinteresse em progredir intelectualmente e em proporção compatível com o outro cônjuge, e a discriminação preconceituosa.

Demolombe retrata situações que justificam a saída do lar, no direito francês: "S'il n'avait lui-même nulle part d'habitation certaine et de résidence fixe: 'mulier sequi debet maritum, nisi vagabundus sit'; si son longement n'était pas décent, en égard à sa position et à celle de sa femme; lors même qu'il aurait une demeure extérieurement convenable, s'il s'y passait des choses qu'une femme, qui se respecte, ni puisse pas supporter; comme si, par exemple, le mari se livrait à quelque profession honteuse, ou s'il entretenait une concubine dans sa maison même; enfin, si le mari n'avait pas un domicile à lui et indépendent, s'il y avait une confusion de ménages, fût-ce même avec le père ou la mère du mari, et dans le cas ou cette communautté d'habitation serait devenue, pour la femme, une source de contrariétés et d'humiliation inolérables."[108]

---

[107] *Dos Alimentos no Direito de Família*, obra citada, p. 163.
[108] *Cours de Code de Napoléon, Traité du Mariage*, 3ª ed., Paris, August Durand et L. Hachette & Cie., 1866, vol. I, tomo II, pp. 116 e 117.

718 • Direito de Família | *Arnaldo Rizzardo*

11. ALIMENTOS NA SEPARAÇÃO E NO DIVÓRCIO

Na separação e no divórcio consensuais, ou por mútuo acordo, as partes dispõem livremente sobre os alimentos.

Na separação litigiosa, o cônjuge culpado, segundo as disposições vigentes, não aufere prestação alimentar a cargo do cônjuge inocente. Reza o art. 1.702 do Código Civil: "Na separação litigiosa, sendo um dos cônjuges inocente e desprovido de recursos, prestar--lhe-á o outro a pensão alimentícia que o juiz fixar, obedecidos os critérios estabelecidos no art. 1.694".

De sorte que, em princípio, os alimentos normais, nos níveis do art. 1.694, ou necessários para viver de modo compatível com a condição social, tornam-se exigíveis se inocente da separação o cônjuge que os reclama.

Caso tiver sido declarado culpado, apenas os suficientes para a sobrevivência se impõem, e desde que não haja parente em condições de prestá-los, ou não tenha aptidão para o trabalho. É a norma do parágrafo único do art. 1.704: "Se o cônjuge declarado culpado vier a necessitar de alimentos, e não tiver parentes em condições de prestá-los, nem aptidão para o trabalho, o outro cônjuge será obrigado a assegurá-los, fixando o juiz o valor indispensável à sobrevivência".

Trata-se de norma nova, sem precedente no direito positivo, baseada no princípio da solidariedade, e que visa resolver situações de extrema pobreza. Amiúde se apresentam ao juiz casos em que o ex-cônjuge, já fragilizado pela idade ou doença, ou sem oportunidades e espaço no mercado de trabalho, se encontra à deriva de qualquer solução no sustento próprio. Preferiu o legislador valorizar mais o ser humano que seu passado, desventuras e erros, no que fez bem, pois nada perde o outro ex-cônjuge em contribuir para que não sucumba aquele que, bem ou mal, foi escolhido para ser seu consorte.

A disposição acima constitui uma reprodução, restritamente aos ex-cônjuges, da que consta, de alcance genérico, no § 2º do art. 1.694, e desconhecida no direito pretérito: "Os alimentos serão apenas os indispensáveis à subsistência, quando a situação de necessidade resultar de culpa de quem os pleiteia".

Todavia, embora os parâmetros acima indicados pelo direito positivo, a tendência que vai se consolidando é desvincular o direito à concessão da culpa, ou do passado, posto que o princípio da solidariedade que lhes dá o suporte levará em conta a necessidade do alimentando e a possibilidade do alimentante.

No divórcio litigioso, isto é, quando proposto por um dos cônjuges ou sem a concordância do outro, consoante já anteriormente exposto, não se discute a questão de alimentos na ação. A matéria ou já estará resolvida na separação judicial, no caso de sua precedente promoção, ou deverá ser solucionada em demanda específica de alimentos, promovida em processo distinto. Sabe-se que, diante da Emenda Constitucional nº 66/2010, o pedido de divórcio objetiva o reconhecimento de um direito que passou a ser apreciado à parte das questões relacionadas a alimentos, à guarda de filhos e à partilha do patrimônio.

Os alimentos, caso pendente de solução a matéria quando do ajuizamento da ação de divórcio, fundar-se-ão em critérios puramente objetivos, materializados na necessidade e possibilidade, com total desvinculação da culpa. A menos que o ex-cônjuge tenha reconstituído sua vida afetiva com outra pessoa, e com ela esteja convivendo, tal como acontecia na separação.

11.1. Reciprocidade na obrigação de prestar alimentos

Na lição de Orlando Gomes, diz-se que há "reciprocidade na obrigação de alimentar porque o devedor poderia ser o credor se a situação fosse invertida, isto é, se fosse ele quem necessitasse dos alimentos e o outro estivesse em condições de supri-los. Aquele que de outrem pode exigir alimentos a ele os deve igualmente, verificadas as condições objetivas que motivam o nascimento da relação jurídica."[109]

No direito moderno, não se faz mais discriminação entre marido e mulher. O autor espanhol Luis Zanón Mardeu coloca a questão em termos precisos: "Cuando el marido carezca de recursos económicos y no pueda trabajar por su edad o incapacidad, se encuentra facultado para reclamar a su esposa una pensión alimenticia, si la separación de hecho tiene por causas directas la imposibilidad del marido de convivir con la esposa."[110]

Planiol e Ripert já assinalavam: "El deber de socorro consiste, por lo que atañe a cada uno de los esposos, en proveer al altro de todo lo que necesite para vivir, según sus facultades y su estado... El deber de socorro... tiene también alcance a los auxilios debidos por la mujer al marido."[111]

Aliás, o direito romano, segundo P. Van Wetter, continha regra a respeito: "Les époux sont mutuellement tenus de se fournir des aliments et jouissent l'un vis-à-vis de l'autre du bénéfice de compétence."[112]

De longo tempo, pois, a questão se encontra pacificada, embora o nosso Código Civil de 1916 não trouxesse referência expressa, se bem que o art. 231 contemplava como deveres de ambos os cônjuges a mútua assistência, o que compreendia o amparo econômico de um para com o outro.

Clóvis já havia manifestado a reciprocidade, ao afirmar: "É certo, entretanto, que a mulher afortunada deve prover à subsistência do marido carente, como é de razão, e o preceituaram, expressamente, alguns códigos, como o do Chile, art. 134, o do Uruguai, art. 129."[113] Acrescentando-se, ainda, o Código Civil do México, o da Itália e o de Portugal, cujo art. 2.015 expressa: "Na vigência da sociedade conjugal, os cônjuges são reciprocamente obrigados à prestação de alimentos nos termos do art. 1.673."

O Código Civil de 2002 deixa antever que os direitos e deveres entre o marido e a mulher ficaram em grau de igualdade. Reza o art. 1.694: "Podem os parentes, os cônjuges ou companheiros pedir uns aos outros os alimentos de que necessitem para viver de modo compatível com a sua condição social, inclusive para atender as necessidades de sua educação". E o art. 1.702: "Na separação judicial litigiosa, sendo um dos cônjuges inocente e desprovido de recursos, prestar-lhe-á o outro a pensão alimentícia que o juiz fixar, obedecidos os critérios estabelecidos no art. 1.694."

Avançando em relação ao direito pretérito, permite o art. 1.704 aos cônjuges postular alimentos um ao outro, embora já separados judicialmente, e sem pensão fixada no momento da decisão: "Se um dos cônjuges separados judicialmente vier a necessitar de alimentos, será o outro obrigado a prestá-los mediante pensão a ser fixada pelo juiz, caso não tenha sido declarado culpado na ação de separação judicial".

---

[109] *Direito de Família*, obra citada, p. 379.
[110] Obra citada, p. 41.
[111] *Tratado Prático de Derecho Civil Frances*, obra citada, tomo II, p. 259.
[112] Obra citada, vol. II, p. 263.
[113] *Direito de Família*, obra citada, p. 38, § 78.

O parágrafo único estende a faculdade mesmo se o necessitado tiver sido considerado culpado na separação, caso não existam parentes em condições de socorrê-lo, ou não apresentar aptidão para o trabalho: "Se o cônjuge declarado culpado vier a necessitar de alimentos, e não tiver parentes em condições de prestá-los, fixando o juiz o valor indispensável à sobrevivência".

A nova regulamentação atribui a obrigação indistintamente a qualquer dos cônjuges, isto é, ao homem ou à mulher, em manifesta imposição da reciprocidade.

Mas, embora a igualdade absoluta entre o marido e a mulher que domina no casamento, não se pode esquecer a realidade que domina. É óbvio que o dever em relação à mulher se impõe em casos especialíssimos, dificilmente ocorríveis, em que se configuram os pressupostos do marido não poder suportar a subsistência e dispondo aquela de recursos. Podemos colocar a questão nos termos que já eram apresentados por Mário Moacir Porto: "O marido é obrigado a prestar alimentos à mulher e a mulher é obrigada a ministrar alimentos ao marido, nos casos de circunstâncias previstas na legislação. A mulher, parece-nos, que, sem razão plausível, abandona a casa e, podendo, não proporcionar os recursos necessários à subsistência do marido necessitado, incorre nas mesmas sanções penais e civis em que o marido incide, pois para situações iguais impõe-se tratamento idêntico."[114]

11.2. Alimentos e culpa na separação

Dada a importância do assunto, apesar de já referida a matéria, merece um item à parte, com maior análise.

Não é recente a tendência que se verifica, no direito contemporâneo, em se abstrair a obrigação alimentar do elemento culpa na dissolução da sociedade ou do vínculo conjugal. Ou não se leva em conta a culpa para efeitos da pensão alimentar. O professor Clóvis do Couto e Silva, autor do anteprojeto do Código Civil na parte relativa ao Direito de Família, mostrava, na Exposição de Motivos, que muitos países abandonaram o fator culpa na fixação da responsabilidade alimentar. Sérgio Gischkow Pereira defendia razões não refutáveis, e que levavam a este posicionamento: "Com efeito, muitas vezes a má conduta de um dos cônjuges pode ser ditada pelo comportamento do outro, não detectável publicamente (exemplo: infidelidade conjugal motivada pela frieza sexual do parceiro de casamento; é fácil provar a infidelidade, mas em geral impossível comprovar a negativa de relações sexuais no matrimônio)."[115]

Tanto isto que frente à Constituição, e em época que logo se seguiu à Lei nº 7.841, de 1989, e ao vigente Código Civil, já se admitia que o então divórcio direto podia fundar-se exclusivamente na separação de fato pelo prazo de dois anos, sem nenhuma abordagem da culpa. Portanto, não cabia e não cabe presentemente buscar como fundamento para a obrigação alimentar a culpa pela desconstituição do casamento, ou pela separação de fato. Assim, se requeridos alimentos, não se permite indagar quanto àquele elemento.

Em verdade, a base do dever alimentar está na obrigação de caridade e solidariedade familiares, que é o princípio ético de assistência e socorro decorrente do vínculo familiar.

---

[114] "Ação de Responsabilidade Civil entre Mulher e Marido", em *AJURIS*, nº 28, trabalho citado, p. 175.

[115] "A União Estável e os Alimentos", em *AJURIS – Revista da Associação de Juízes do RS*, Porto Alegre, nº 49, pp. 47 e 48, 1990.

Na culpa recíproca pela quebra do matrimônio, mais acentua-se a obrigação alimentar com suporte no fundamento da necessidade e solidariedade. Para reforçar a posição, observava-se o conteúdo do art. 54 da Lei nº 6.515/1977: "Revogam-se os arts. 315 a 328 e o § 1º do art. 1.065 do Código Civil e as demais disposições em contrário." E o art. 320, um dos revogados, estabelecia: "No desquite judicial, sendo a mulher inocente e pobre, prestar-lhe-á o marido a pensão que o juiz fixar." Entendeu-se que o afastamento deste ditame assegurava à mulher o direito em pleitear sempre alimentos, mesmo se declarada culpada no processo de separação.

Esta inteligência era dirigida com maior segurança na determinação da pensão previdenciária, por morte do alimentante. Implantou-se a prática de se conceder participação no benefício previdenciário, em 50%, em favor da mulher separada ou divorciada, embora culpada pela sentença.

A outra metade ficava deferida à companheira, e assim prossegue a prática. Assentava-se que a rigidez da lei devia ser abrandada, visto que também o alimentante desencadeou a separação. Não seria equânime conceder integralmente a pensão à companheira, ainda mais quando o *de cujus* sequer instituiu-a beneficiária, e deixar sem amparo a viúva, à qual se reconhecia, seu favor, a atenuante de não haver sido a única a concorrer para a dissolução da sociedade conjugal.[116]

Sob a égide do Código de 2002, fez-se uma distinção. Existem os alimentos plenos, ou aqueles que procuram manter a situação social e econômica vigorante quando do casamento, previstos no art. 1.694, a que tem direito o cônjuge se inocente na ação de separação judicial, conforme garante o art. 1.702, e os alimentos limitados ou de sobrevivência, que vieram introduzidos no parágrafo único do art. 1.704, desta forma concessíveis: "Se o cônjuge declarado culpado vier a necessitar de alimentos, e não tiver parentes em condições de prestá-los, nem aptidão para o trabalho, o outro cônjuge será obrigado a assegurá-los, fixando o juiz o valor indispensável à sobrevivência".

Percebe-se o quanto revelou-se tímida a lei. Condicionou a concessão a uma extrema dificuldade, que é a prova de não haver parentes em condições de prestá-los, e da falta de aptidão para o trabalho. Ademais, o *quantum* restringe-se ao indispensável para a sobrevivência". Trata-se de um direito que submete o ex-cônjuge a uma situação constrangedora e até humilhante: deve encontrar-se em um estado de decadência pessoal, desvalido e abandonado por todos os parentes. Abre-se o caminho de procurar socorro junto ao ex-cônjuge, mas no estritamente necessário para poder viver, com ofensa à própria dignidade, quando o direito à vida é o mais natural e fundamental de todos os direitos, proclamado pela generalidade dos estatutos constitucionais das nações.

Nota-se que, a rigor, o elemento culpa persiste na determinação dos alimentos: àquele que é inocente na separação, assiste-lhe os alimentos integrais, no sentido que sempre foi admitido, de sorte a manter o mesmo nível de vida que gozava quando do casamento; e ao culpado resta somente o indispensável para a sobrevivência, isto é, para a alimentação, a moradia e a saúde.

Esse pensamento vai cedendo espaço para uma visão diferente, que coloca como fator do deferimento a necessidade, resguardando a dignidade humana. Realmente, se fatos deprimentes ocorreram ao tempo da convivência, inclusive determinantes da ruptura da vida em comum, não servem como represália para justificar a sonegação de um direito

---

[116] *Revista Trimestral de Jurisprudência*, 79/387.

722 • Direito de Família | *Arnaldo Rizzardo*

situado em outra esfera, e que diz com a própria vida. Tal conduta atenta contra o perdão, a dignidade e outros valores humanos.

11.3. O direito a alimentos e casamento, união estável, e procedimento indigno do ex-cônjuge

Ao tempo do Código Civil de 1916 e da Lei nº 6.515, se na separação aceitava o ex-cônjuge a desistência de alimentos, ou não se firmava a prestação alimentar, e por longos anos prescindia da cooperação do outro ex-cônjuge, tendo aquele, ademais, vida amorosa livre, não era admitida concessão de alimentos, posteriormente, o que formava ponto de vista sufragado pela jurisprudência: "Ação proposta mais de quinze anos depois de desquitada, a cujo desquite se seguiu concubinato ostensivo da mulher com outro homem. Direito à pensão que não se restaura, pelo posterior falecimento do amásio."[117]

Justificava esta conclusão o argumento de que o concubinato implicava manifesta repulsa à pessoa do outro cônjuge, se bem que o axioma feria o princípio da liberdade humana, posto se exigia que perdurasse a afeição do ser humano.

Vigorava o art. 29 da Lei nº 6.515, que previa: "O novo casamento do cônjuge credor da pensão extinguirá a obrigação do cônjuge devedor".

Dominava o raciocínio de que, se o ex-cônjuge que se casava perdia a pensão, com mais razão a perderia aquele que se amasiasse. Havia uma analogia ao art. 29. A questão vinha bem colocada por Sílvio Rodrigues: "Se a lei determina que o novo casamento do credor da pensão alimentícia extingue a obrigação do cônjuge devedor, pergunta-se: se o cônjuge credor não se recasa, mas apenas se liga em um concubinato ostensivo ou disfarçado, perderá ele, ou não, o direito à pensão alimentícia fixada em seu divórcio? Há um argumento em favor da tese negativa, ou seja, as disposições restritivas de direito são de interpretação estrita. Entretanto, a esse argumento pode-se contrapor a ideia, acima apontada, e constante de muitos pronunciamentos judiciais, de ser imoral estar um homem pensionando uma mulher, para que ela viva com outro."[118]

O Supremo Tribunal Federal já tinha assentado: "Desquite. Pensão alimentar renunciada pela mulher é indevida, porque a mulher, após o desquite, passou a viver com outro homem, de quem teve filhos. Inocorrência de ofensa à Súmula 379."[119]

Desaparecido o dever de fidelidade, extinguia-se o direito a alimentos, no que se mostrava farta a jurisprudência anterior, corroborada pela doutrina, que se dirigiam à mulher, a quem geralmente o ex-marido prestava alimentos: "O mau comportamento da mulher, após a separação, mantendo relações íntimas com vários homens, afasta o pressuposto da prestação de alimentos pelo marido, nada significando o fato do desquite ter sido amigável."[120] "A mulher em estado de concubinato não pode exigir que o marido lhe forneça pensão mensal, pois, do contrário, se permitiria o absurdo de obrigar-se o marido a concorrer para a subsistência do concubinato da mulher."[121] "O homem não pode nem deve responsabilizar-se pela alimentação de uma mulher que se realiza com outro. Cabe-lhe pensioná-la enquanto se conserva isolada, enquanto não consegue o que busca.

---

[117] *Revista de Jurisprudência do TJ do RS*, 94/447.
[118] *O Divórcio e a Lei que o Regulamenta*, obra citada, p. 155.
[119] *Lex – Jurisprudência do Supremo Tribunal Federal*, 43/110. Igualmente, *Revista Trimestral de Jurisprudência*, 101/754.
[120] *Revista Trimestral de Jurisprudência*, 71/547.
[121] *Revista de Jurisprudência do TJ de São Paulo*, 17/258.

Cap. XXV | Alimentos • **723**

Não seria jurídico nem moral, vivendo com outro homem ou optando por vida de amores transitórios, venha a locupletar-se dos benefícios pagos pelo ex-marido."[122]

Pois, analisava ainda Domingos Sávio Brandão Lima, "a separação judicial não constituirá um pressuposto à licenciosidade, uma carta de alforria à libertinagem, tampouco um mandado de reclusão ou a imposição de rígida moral ao comportamento da mulher. A mulher se libertou para escolher o preferido de seus sentimentos, sem limitações, até que se encontre a felicidade ansiada. Livre de pudor e de todos, atenta apenas ao seu código, ela deve enfrentar suas necessidades com realismo que sua maturidade sexual exige e reclama. Se ainda está enleada pela pensão alimentícia, que lhe foi fixada sob a condição de insuficiência de meios para se manter, que a repila e a dispense."[123]

Com o Código Civil de 2002, vieram normas expressas e mais amplas a respeito do assunto.

O casamento, a união estável e o concubinato do credor constituem causas de extinção da obrigação alimentar, diante do art. 1.708: "Com o casamento, a união estável ou o concubinato do credor, cessa o dever de prestar alimentos." As causas de extinção estão bem indicadas, não carecendo de esclarecimentos, com exceção quanto ao concubinato, que deve se revelar na união pública, efetiva e constante do homem e da mulher, diferenciando-se da união estável pela existência de impedimentos para o casamento, consoante o § 1º do art. 1.723.

A conduta livre e desrespeitosa, a ponto de descambar para o procedimento indigno em relação ao ex-cônjuge, também conduz à cessação do dever, por força do parágrafo único do art. 1.708: "Com relação ao credor cessa, também, o direito a alimentos, se tiver procedimento indigno em relação ao devedor".

O procedimento desrespeitoso se revela em várias matizes, ou se desdobra através de atos de cunho moral e pessoal negativo à pessoa do ex-cônjuge. Assim, os costumes desregrados; o indisfarçado e aberto relacionamento sexual com várias pessoas; a difamação da pessoa do ex-cônjuge ou de parentes próximos ao mesmo; a prostituição; o enveredar para a criminalidade; a dilapidação do patrimônio granjeado mais pela profissão e qualidades do ex-cônjuge; a agressão física ou moral e outros atos atentatórios à pessoa daquele que foi seu cônjuge arrolam-se como exemplos de situações aptas a desencadear a cessação de alimentos. Também, as ofensas físicas, o desamparo de dependentes com deficiência mental grave ou enfermidade, a prática da delinquência e da prostituição, dentre outras várias condutas reprováveis.

O Superior Tribunal de Justiça estabeleceu um critério bastante útil para desobrigar-se o cônjuge de prestar alimentos: "Em linha de princípio, a exoneração de prestação alimentar, estipulada quando da separação consensual, somente se mostra possível em uma das seguintes situações: a) convolação de novas núpcias ou estabelecimento de relação concubinária pelo ex-cônjuge pensionado, não se caracterizando como tal o simples envolvimento afetivo, mesmo abrangendo relações sexuais; b) adoção de comportamento indigno; c) alteração das condições econômicas dos ex-cônjuges em relação às existentes ao tempo da dissolução da sociedade conjugal".[124]

---

[122] Domingos Sávio Brandão Lima, *A Nova Lei do Divórcio Comentada*, São Paulo, O. Dip. Editores Ltda., 1978, p. 401.

[123] *A Nova Lei do Divórcio Comentada*, obra citada, p. 401.

[124] Recurso Especial nº 111.476/MG, da 4ª Turma, Rel. Min. Sálvio de Figueiredo Teixeira, j. em 25.03.1999, DJ de 10.05.1999.

724 • Direito de Família | *Arnaldo Rizzardo*

Como se analisará ao final do presente item, o simples relacionamento sexual com outra pessoa não é causa de extinção da obrigação alimentar.

Insta observar que, verificada a causa, seja do art. 1.708 ou de seu parágrafo único, nem os alimentos indispensáveis à sobrevivência, indicados no parágrafo único do art. 1.704, permanecem, eis que a norma da cessação não os ressalva, além de ocupar sua previsão legal posição no Código posterior à que os contempla.

Orlando Gomes já apregoava tal exegese: "Não tem direito a alimentos a desquitada que levou a vida desonesta e na velhice se tornou necessitada... O dever de prestar alimentos cessa se a mulher passa a viver com outro homem".[125]

Mas, sendo a matéria alimentar eminentemente fática, as regras devem ser vistas em função das circunstâncias especiais de certos casos. Assim, se o cônjuge vier a ser expulso de casa pelo outro cônjuge, ou se caracterizar-se uma situação de abandono obrigatório do lar, e se não apresentar condições de se manter, nem recebe qualquer pensão, a sua realidade é apreciada de maneira própria, em se unindo eventualmente a uma pessoa e não sendo duradoura esta união. Com mais razão se o enlace de fato foi impulsionado pela necessidade de atender a própria subsistência e a dos filhos. O STF, em tempos passados, já deu tratamento benéfico a situação semelhante, parecendo que deve manter-se o entendimento: "Os alimentos são devidos pelo marido. O desvio eventual da mulher e a sua volta ao estado de necessidade não a priva desse direito", porquanto aconteceu que "a mulher teve de abandonar o lar por culpa do marido, e durante o período da separação, para atender a própria subsistência e a dos filhos, ligou-se a outro homem, que veio a falecer."[126] Igualmente: "Não pode alegar adultério da esposa o marido que a deixou em completo abandono vários anos, sem prestar-lhe os alimentos a que estava obrigado por acordo em Juízo."[127]

Com certa precaução deve aferir-se o entendimento sobre a conduta que deve revelar o ex-cônjuge para manter o direito a alimentos. Certo é que mostra-se incoerente subordinar a prestação alimentícia a determinada conduta exigível da pessoa alimentada, e inclusive, segundo interpretação antiga, à abstinência de relações sexuais. A obrigação de fornecer alimentos nasce de um princípio de solidariedade humana que há de imperar entre as pessoas. Na jurisprudência formada no regime anterior, já se ressaltava: "Nenhuma norma jurídica, explícita ou implícita, condiciona a subsistência do direito a alimentos à abstinência sexual do titular, cuide-se ou não de mulher separada, a qual, enquanto coexistem a necessidade da pensão e a possibilidade do devedor de prestá-la – os dois únicos requisitos extremos que a lei enuncia como elementos do suporte fático (arts. 399 e 401 do CC) – continua investida na condição de credora, a despeito de reparos que se lhe oponham à vida sexual ou afetiva, área de sua indevassável intimidade.

Perante o art. 3°, *caput*, da Lei n° 6.515, na separação se diluem apenas os deveres de coabitação e de fidelidade recíproca, não o de mútua assistência (art. 231, III, do CC), que, reconhecido em sentença ou convenção, já não pode andar atrelado a dever que cessou.

Castidade da mulher separada – e, por coerência, há de se dizer: do cônjuge separado, homem ou mulher – não é, pois, requisito, pressuposto, condição nem elemento legal do direito a alimentos estatuídos em sentença ou convenção."[128] Os arts. 399, 401 e 231, III,

---

[125] *Direito de Família*, obra citada, p. 384, n° 213.
[126] *Revista Trimestral de Jurisprudência*, 46/91.
[127] *Revista dos Tribunais*, 404/189.
[128] TJSP. Apelação Cível n° 82.424-1. 8ª Câmara Civil, de 22.02.1989, *Revista dos Tribunais*, 643/63.

Cap. XXV | Alimentos • **725**

do Código Civil anterior, e o art. 3º da Lei nº 6.515, todos citados acima, equivalem aos arts. 1.695, 1.699, 1.566, inc. III, e 1.575 do diploma civil de 2002.

De modo que o relacionamento amoroso e sexual dentro da normalidade não pode caracterizar a situação contemplada no parágrafo único do art. 1.708.

11.4. Impossibilidade de renúncia a alimentos, de cessão, compensação e penhora

A matéria já mereceu algumas considerações no item 3 do presente capítulo.

De modo geral, por predominar o caráter contratual do casamento, seria de admitir-se a renúncia aos alimentos, por qualquer dos cônjuges.

Diante da norma do art. 1.591 do Código Civil ("são parentes, em linha reta, as pessoas que estão umas para com as outras na relação de ascendentes e descendentes"), e do art. 1.592 ("são parentes em linha colateral ou transversal, até o quarto grau, as pessoas provenientes de um só tronco, sem descenderem uma da outra"), não desponta entre marido e mulher qualquer relação de parentesco oriunda do casamento. Resulta, tão só, o estado matrimonial, puramente contratual, único fator determinante do dever legal de sustento, por um dos cônjuges, ao outro. Ou, reproduzindo antigas palavras de Domingos Sávio: "Inexistente entre mulher e marido qualquer relação de parentesco, oriunda do casamento..., mas, tão só a aliança, o 'estado de casado', único responsável pela obrigação legal de sustento, à mulher pelo marido."[129]

Era justamente em face da falta de parentesco que, no regime do Código de 1916, se desenvolvia a tese da renunciabilidade dos alimentos. Os dispositivos do então Código, na parte dos alimentos, se restringiam a regular relações decorrentes do parentesco, enquanto as que derivavam do casamento ficavam submetidas à Lei nº 6.515/1977.

Costumava-se arguir que, pela dissolução da sociedade conjugal, extinguindo-se o estado civil vigorante, acarretava, em princípio, o desaparecimento dos direitos e deveres. Por isso, a pensão alimentícia careceria de um substrato natural, segundo os tradicionalistas mais ortodoxos de tempos passados. Aliás, argumentando à base de dispositivos da lei civil, defendia-se que os arts. 233, inc. IV, e 231, inc. III (correspondentes, no vigente Código, aos arts. 1.568 e 1.566, inc. III), vigoravam durante a vida conjugal, e não após a dissolução, acrescendo notar que, no âmbito do art. 404 daquele Código (que corresponde ao art. 1.707 do atual diploma civil), estavam aqueles que, entre si, se achavam unidos por laços de parentesco. Quanto a este último dispositivo, defendia-se que a irrenunciabilidade dos alimentos devidos circunscrevia-se ao parentesco, o que se constatava pela própria ordem de sua colocação no Código, já que a obrigação alimentar entre os cônjuges aparecia regulada nos arts. 231, inc. III, e 233, inc. IV, a qual decorria da sociedade conjugal, não atingida pelo citado art. 404. Extinta a união matrimonial, cessado restaria o encargo, a não ser nos casos enumerados em lei, como no art. 19 da Lei nº 6.515/1977, que equivale ao art. 1.702 do Código de 2002, obrigando o responsável pela separação à prestação de alimentos.

Daí partia-se para a validade da cláusula de exoneração da obrigação alimentar de um cônjuge em relação ao outro. Portanto, alardeava-se que "o direito a alimentos não é irrenunciável por parte da mulher ao firmar o acordo para o desquite; homologado este, a circunstância de vir a necessitar deles posteriormente não lhe confere o direito de exigi-

---

[129] *Alimentos do Cônjuge na Separação Judicial e no Divórcio*, obra citada, p. 77.

-los do ex-cônjuge, salvo se a renúncia assentou em erro de sua parte ou em dolo da parte do marido, caso em que lhe dá ação para anular o ato assim eivado de maldade."[130]

Prosseguiam as razões, chegando a ponto de justificar o raciocínio com o fundamento de que todos os direitos concedidos pela lei seriam renunciáveis e revogáveis. Inexistindo em nossa legislação texto que imponha a irrenunciabilidade, pois o âmbito do art. 404 adstringir-se-ia aos parentes *ex jure sanguinis*, vingaria o princípio da autonomia das vontades, sendo lícito transigir.

Quem concebia com a natureza indenizatória a prestação, igualmente defendia a renúncia. Assim Beudant: "Comme la pension de l'article 301 a pour objet la réparation du préjudice causé par un délit, elle est de libre disposition dans les mains de l'époux créancier. Celui-ci peut y renoncer valablement, transiger valablement à son sujet."[131]

Entretanto, com o Código de 2002, caíram por terra as razões que antes vingavam, diante do texto expresso da lei e da disciplina, em um único subtítulo, dos alimentos em razão do parentesco, do casamento e da união estável. Preceitua seu art. 1.707: "Pode o credor não exercer, porém lhe é vedado renunciar o direito a alimentos, sendo o respectivo crédito insuscetível de cessão, compensação ou penhora". O art. 404 do Código de 1916 não se revelava tão imperativo, ao estabelecer que não se podia renunciar o direito a alimentos, enquanto o vigente art. 1.707 se pronuncia dizendo que é vedada tal renúncia.

Já ao tempo do Código anterior, se formara uma corrente contrária à renúncia, cujas manifestações, dentre outras formas, se ostentaram na Súmula nº 379, do Supremo Tribunal Federal: "No acordo de desquite não se admite renúncia aos alimentos, que poderão ser pleiteados ulteriormente, verificados os pressupostos legais."

A natureza da obrigação alimentar no direito brasileiro é essencialmente assistencial e não indenizatória, como acontece no direito francês. Em verdade, o não exercício dos direitos a alimentos, de parte do cônjuge que os dispensou quando da separação ou do divórcio, ou em outro momento, não implica renúncia, tanto mais quando sobrevierem a velhice, a doença e outras decrepitudes, provocando na parte que os dispensou extrema necessidade de recebê-los.[132] Mesmo a doutrina francesa não discrepa desta visão: "La pensión peut être demandée à une date postérieur à la prononciation du divorce."[133]

Planiol e Ripert: "No se permite al acreedor de una pensión de alimentos renunciar a ellos porque las renuncias de derecho no se presumen..., el derecho del acreedor descansa en un hecho material, la indigencia en que se encuentra, y no en la sentencia o en la convención, las cuales tienen únicamente por objeto el fijar el montante de la pensión."[134]

Significativo revelou-se o seguinte parecer de Sílvio Rodrigues: "Dada a importância que a questão de alimentos apresenta para o ordenamento jurídico, as regras que a disciplinam são de ordem pública e, por conseguinte, inderrogáveis por convenção entre os particulares. De modo que não se pode renunciar ao direito de exigir alimentos oriundos do parentesco, nem se pode ajustar que seu montante jamais será alterado, nem fazer qualquer espécie de convenção que possa, direta ou indiretamente, suspender a aplicação de uma das normas constantes deste capítulo."[135]

---

[130] RE nº 265, de 23.10.1952. *Repertório de Jurisprudência do Código Civil*, São Paulo, Max Limonad Editor, vol. II, p. 568, nº 790-A.

[131] Obra citada, tomo III, vol. II, p. 112, nº 860.

[132] *Lex – Jurisprudência do Supremo Tribunal Federal*, 40/36.

[133] Aubry e Rau, obra citada, tomo 7º, p. 289.

[134] *Tratado Práctico de Derecho Civil Frances*, obra citada, tomo II, p. 44, nº 53.

[135] *Direito Civil, Direito de Família*, vol. VI, obra citada, p. 369.

Cap. XXV | Alimentos • **727**

Na realidade, evidenciando as circunstâncias que no período da dispensa a parte necessitada sempre desempenhou atividades rendosas, as quais garantiam as demandas econômicas, a superveniência de fato inesperado ou natural, como desemprego ou velhice, é suficiente para ensejar o reconhecimento da reclamação alimentícia.

O problema de alimentos prende-se a elementos fáticos, históricos e sociais. A evolução dos costumes e a real libertação econômica do cônjuge, em geral da mulher, ditarão os preceitos que irão prevalecer. A história de um povo e a realidade social afiguram--se como fundamentos para formular a política que disciplinará o direito. Perigoso é o pensamento não voltado ao momento de um povo, concebendo o casamento dentro de uma perspectiva profundamente contratualista, olvidando a verdadeira posição da mulher, que se revela acentuadamente diferente de uma cidade para outra: bastante independente nos centros maiores, e mais ligada aos afazeres domésticos ou às atividades tradicionais nas regiões menos desenvolvidas e, consequentemente, mais dependente dos rendimentos auferidos dos alimentos pelo marido.

Não parece, pois, enquadrar-se na melhor exegese decisão como a presente:

"A cláusula de renúncia a alimentos, constante em acordo de separação devidamente homologado, é válida e eficaz, não permitindo ao ex-cônjuge que renunciou, a pretensão de ser pensionado ou voltar a pleitear o encargo. Deve ser reconhecida a carência da ação, por ilegitimidade ativa do ex-cônjuge para postular em juízo o que anteriormente renunciara expressamente".[136]

Nem encontra consonância com a realidade o entendimento que segue nesta ementa do STJ: "Se há dispensa mútua entre os cônjuges quanto à prestação alimentícia e na conversão da separação consensual em divórcio não se faz nenhuma ressalva quanto a essa parcela, não pode um dos ex-cônjuges, posteriormente, postular alimentos, dado que já definitivamente dissolvido qualquer vínculo existente entre eles. Precedentes iterativos desta Corte".[137]

A inteligência acima é mantida em outros julgamentos: "Consoante entendimento pacificado desta Corte, após a homologação do divórcio, não pode o ex-cônjuge pleitear alimentos se deles desistiu expressamente por ocasião do acordo de separação consensual."[138]

De modo que, não mais persistindo a renúncia, será a desistência temporária ou o não exercício do direito eficaz em acordo homologado judicialmente, embora não produzindo efeitos duradouros e inalteráveis, em hipóteses como as seguintes:

– quando, na dissolução do casamento, o cônjuge recebe razoável patrimônio material que lhe assegura, inclusive no futuro, renda suficiente, se administrado razoavelmente;

– quando o cônjuge exerce uma profissão que lhe dá uma contraprestação econômica satisfatória. A perda do emprego, ou o abandono da atividade remunerada, por culpa própria, pode ensejar a pretensão a alimentos que contempla o parágrafo único do art. 1.704, isto é, os indispensáveis à sobrevivência, e desde que não encontrados parentes em condições de prestá-los e verificada a inaptidão para o trabalho.

---

[136] REsp. nº 701902/SP, da 3ª Turma do STJ, j. em 15.09.2005, DJU de 03.10.2005.
[137] REsp. nº 199.427/SP, da 4ª Turma, j. em 9.03.2004, DJU de 29.03.2004.
[138] AgRg no Ag nº 1.044.933/SP, da 4ª Turma do STJ, Relator Min. Raul Araújo, j. em 22.06.2010, DJe de 02.08.2010.

728 • Direito de Família | *Arnaldo Rizzardo*

Em suma, sintetizando as situações, válida é a desistência temporária ou o não exercício desde que, conforme antigo aresto, o cônjuge "possuir bens ou rendas que lhe garantam a subsistência."[139]

Apesar do entendimento exposto, não se conclua como suficiente um mero pedido para modificar a cláusula, onerando, de repente, o ex-cônjuge. Lembra uma jurisprudência também antiga que, "dispensado o marido de prestar pensão no desquite que ajustou com a mulher, se esta a pretende posteriormente, terá de comprovar a necessidade da mudança da cláusula, demonstrando no mínimo a alteração na fortuna do marido e na sua."[140]

O cônjuge poderia não precisar de alimentos no momento da separação de fato ou dissolução do casamento, sem, todavia, se encontrar numa realidade econômica segura e garantida. Tornando-se pobre no futuro, é possível que venha a preencher os requisitos legais para a concessão de alimentos, que serão concedidos, malgrado a cláusula da desistência. A hipótese acontece com a perda da capacidade para o trabalho, ou com a doença, ou em virtude da idade avançada, em que a assistência previdenciária é insuficiente para suprir as necessidades materiais. É ainda inteiramente válido o ensinamento de Lourenço Mário Prunes, advertindo que o direito, ou a sua subsistência, não pode ser transacionado. É, pois, "nula a convenção feita por alguém que, em troca de um favor ou de uma quantia em dinheiro, compromete-se a não usar do seu direito a alimentos, quando futuramente venha a necessitar."[141]

Sobressai o requisito da prova da necessidade como determinante da obrigação, conforme decisões proferidas após os últimos diplomas que igualaram o homem e a mulher em direitos e obrigações: "Nesse sentido, aliás, há julgado da Suprema Corte, de 10.10.1986, no Recurso Extraordinário nº 106.093, acórdão da Segunda Turma, Rel. o Min. Aldir Passarinho, publicado no *DJU* de 14.11.1986, nos seguintes termos:

'Embora tenha havido renúncia à pensão alimentar pela mulher, na ocasião da separação judicial, é possível possa ela futuramente obtê-la se da prova dos autos resulta necessitar, já assim ocorrendo quando da separação. E pode pleiteá-los, embora já divorciada, pois a perda do direito a alimentos – se deles precisava – somente se dá no caso de novo casamento ou passando a levar vida irregular (art. 29 da Lei Federal nº 6.515, de 1977).'

Não fora aplicada, então, à espécie, como necessária, a Súmula nº 379, razão pela qual fora reformado o acórdão.

Imprescindível, assim, seja propiciada a produção de provas, relativas à razão de ser da necessidade, à inexistência total de qualquer outra pessoa que possa contribuir com os alimentos, à situação pessoal de um e outro, possibilidade de parte da alimentanda ou não de obter emprego, situação econômica do alimentante permissiva da prestação, condições de vida pessoal da alimentanda e conduta posterior à separação ou estabilização da vida, propiciatória da pretensão a voltar a ser assistida pelo cônjuge, o que apenas a aferição de prova oral idônea permitirá seja dirimido.

O direito não é nada compatível com a formulação de preceitos dogmáticos que façam abstração de importante fase da vida que diga respeito à união conjugal, com sua intimidade e sua tutela legal, ainda que frustrada em seus objetivos, nem mesmo com um suposto lacre a ser aposto em tipo de compromisso que para vincular a desistente teria que pressupor a capacidade de antever o futuro, guarnecido sempre pelo mistério.

---

[139] *Revista Trimestral de Jurisprudência*, 85/208.

[140] TJRS. Apel. Cível nº 34.340. Primeira Câm. Cível. *AJURIS – Revista da Associação dos Juízes do RS*, Porto Alegre, nº 19, p. 113, 1980.

[141] *Ações de Alimentos*, 2ª ed., São Paulo, Sugestões Literárias S. A., 1978, p. 64.

Cap. XXV | Alimentos • **729**

Ou sinteticamente: o tipo de conflito não permite antecipada dirimência fundada em preceito, em preconceito ou em dado estritamente técnico jurídico ou processual."[142]

Obrigação essa que veio a ser mantida em decisões mais recentes, como a presente:

"A mulher que recusa os alimentos na separação judicial pode pleiteá-los futuramente, desde que comprove a sua dependência econômica.

Não demonstrada a dependência econômica, impõe-se na improcedência do pedido para a concessão do benefício previdenciário de pensão por morte". [143]

Em suma, extrai-se que a todo o tempo é possível pleitear alimentos, na plenitude do significado constante no art. 1.694. É, a respeito, enfático o art. 1.704: "Se um dos cônjuges separados judicialmente vier a necessitar de alimentos, será o outro obrigado a prestá-los mediante pensão a ser fixada pelo juiz, caso não tenha sido declarado culpado na ação de separação judicial".

Finalmente, lembrando apenas o que já ficou ressaltado no item 3 do presente capítulo, não podem ser os alimentos cedidos, compensados ou penhorados. Considerando a sua função ligada à sobrevivência ou à vida da pessoa, incabível a sua negociação, ou a destinação para uma finalidade diversa da estabelecida pela lei.

11.5. Pedido de alimentos após o divórcio

Tem-se firmado o pensamento de que, depois de decretado o divórcio, se não exercitado antes o direito, não cabe o pedido de alimentos, inteligência esta que decorre da inexigibilidade se expressa a renúncia, pois, nesta eventualidade, mais veemente a manifestação da vontade: "Considerando que o cônjuge mulher não teve fixados alimentos, quer na separação consensual quer no divórcio, não se encontra legitimada para, após a decretação deste, pleitear alimentos, haja vista a extinção da sociedade conjugal com o fim da obrigação de mútua assistência."[144] Inúmeras as decisões que sufragam essa *ratio*. Entrementes, não se pode olvidar os princípios delineados no item anterior.

O mero fato da omissão, no curso do divórcio, de uma ressalva a respeito do direito a uma posterior pretensão não impede que venha a ser postulada.

Embora o desaparecimento do vínculo conjugal, em matéria de obrigação alimentar dirime-se a solução de acordo com as situações que se apresentam: a) ou o cônjuge não possui bens, nem rendas, sendo, então, obrigatório o ajuste a alimentos no ato da separação ou do divórcio; b) ou o cônjuge possui bens ou rendas suficientes para se manter, fato que somente leva à dispensa temporária ou não exercício, tudo sob a diretriz do art. 1.707, que autoriza a posterior pretensão, nas formas do art. 1.704 e seu parágrafo único.

Na primeira eventualidade, nem poderia haver dispensa. Na segunda, a dispensa ou não exercício não atinge o direito, e tem o caráter de provisoriedade. Estabelece-se somente o não exercício, eis que evidente uma cláusula com a nota de *rebus sic stantibus*. Enquanto perdurar a situação fática que levou à dispensa, não se autoriza que se busque

---

[142] TJSP. Apel. Cível 106.552-1. 8ª Câm. Cível, de 1.11.1989, *Revista de Jurisprudência do TJ de São Paulo*, Lex, 125/40.

[143] AgRg, no Ag 668207/MG, da 5ª Turma do STJ, Relatora Min. Laurita Vaz, j. em 6.09.2000, DJ de 03.10.2005.

[144] TJRJ. Apel. Cível nº 99.001.16.762. 11ª Câm. Cível, de 16.03.2000, em *ADV Jurisprudência, boletim semanal* nº 20, p. 316, de 21.05.2000.

730 • Direito de Família | *Arnaldo Rizzardo*

alimentos. Modificado o *status quo ante*, ou não podendo o ex-cônjuge prover o sustento próprio, lícito afigura-se o exercício do direito.

Essa a exegese que se deve extrair de julgados como o seguinte:

"Tese de violação ao art. 1.704 do Código Civil. Acolhimento. Alimentos não pleiteados por ocasião do divórcio litigioso. Requerimento realizado posteriormente. Viabilidade. Impossibilidade jurídica afastada. Renúncia tácita não caracterizada.

Não há falar-se em renúncia do direito aos alimentos ante a simples inércia de seu exercício, porquanto o ato abdicativo do direito deve ser expresso e inequívoco.

Em atenção ao princípio da mútua assistência, mesmo após o divórcio, não tendo ocorrido a renúncia aos alimentos por parte do cônjuge que, em razão dos longos anos de duração do matrimônio, não exercera atividade econômica, se vier a padecer de recursos materiais, por não dispor de meios para suprir as próprias necessidades vitais (alimentos necessários), seja por incapacidade laborativa, seja por insuficiência de bens, poderá requerê-la de seu ex-consorte, desde que preenchidos os requisitos legais."[145]

Ademais, importam os conteúdos do art. 1.704 e seu parágrafo único. Se não declarado culpado o cônjuge, a todo tempo se lhe assegura a busca de alimentos. Se a ele atribuída a culpa, unicamente os alimentos suficientes para a sobrevivência lhe garante o Código, e dentro de certas condições, consoante analisado acima.

12. TRANSMISSÃO DA OBRIGAÇÃO ALIMENTAR

Estabelece o art. 1.700: "A obrigação de prestar alimentos transmite-se aos herdeiros do devedor, na forma do art. 1.694". O art. 402 do Código revogado dispunha justamente o contrário: "A obrigação de prestar alimentos não se transmite aos herdeiros do devedor".

Constituía o ditame do art. 402 citado a afirmação do caráter personalíssimo da obrigação alimentar, vedando a sua transmissão aos herdeiros, a não ser a ligada às prestações vencidas, através dos bens deixados pelo devedor.

Caio Mário da Silva Pereira colocava claramente o problema: "O direito a alimentos é personalíssimo. E em duplo sentido. O credor de alimentos pode reclamá-los do parente a eles obrigado. Mas não lhe assiste a faculdade de exigir o seu cumprimento dos herdeiros do devedor, porque a estes não se transmitem (CC, art. 402)."[146] Pontes de Miranda ressaltava: "O direito à prestação de alimentos e a obrigação de fornecê-los são exclusivamente atinentes à pessoa que os recebe e à de que são recebidos", não se transmitindo "aos herdeiros do devedor (art. 402). Morto o alimentante, cessa a obrigação, mas os alimentos vencidos e não pagos, em vida, pelo alimentante são devido ao alimentário."[147] E, assim, a generalidade dos autores que interpretaram o dispositivo, como *v.g.*, Carvalho Santos,[148] Washington de Barros Monteiro,[149] Clóvis Beviláqua, cujo pensamento é o seguinte: "Falecendo o devedor, não ficam os seus herdeiros obrigados a continuar a cumpri-la. Mas, se há atrasados, respondem por eles os sucessores; porque não constituem mais pensão, assumem o caráter de uma dívida comum, que deixou de

---

[145] Recurso Especial nº 1.073.052/SC, da 4ª Turma do STJ, Relator Min. Marco Buzzi, j. em 11.06.2013, DJe de 02.09.2013.

[146] *Instituições de Direito Civil*, obra citada, vol. V, p. 260.

[147] *Tratado de Direito Privado*, obra citada, vol. IX, p. 238.

[148] *Código Civil Brasileiro Interpretado*, obra citada, vol. VI, p. 192.

[149] *Curso de Direito Civil, Direito de Família*, obra citada, p. 295.

Cap. XXV | Alimentos • **731**

ser paga, e que somente podia ser cobrada por ação ordinária, ao passo que a pensão alimentar, sendo privilegiada, exige um remédio mais pronto."[150]

A Lei nº 6.515/1977, em seu art. 23, dispôs justamente o contrário da posição acima: "A obrigação de prestar alimentos transmite-se aos herdeiros do devedor, na forma do art. 1.796 do Código Civil".

Implantou-se o princípio da transmissibilidade. Colin e Capitant viam os seguintes pressupostos: "La pensión al cónyuge superviviente se justifica por la idea de que un esposo no solamente tiene el deber de proveer a la subsistencia de su cónyuge durante el matrimonio, sino la de asegurar su suerte y preservarla de la miseria después de su muerte."[151]

A Lei nº 6.515/1977 não havia revogado, nem alterado, expressamente, o art. 402 do Código de 1916. Simplesmente implantou a transmissão nos termos do art. 1.796 do Código Civil então vigorante, que rezava: "A herança responde pelo pagamento das dívidas do falecido; mas, feita a partilha, só respondem os herdeiros, cada qual em proporção da parte que na herança lhes coube". Ou seja, implantou a transmissão até que o suportem as forças da herança, o que se desenvolverá nos subitens que vão abaixo.

O conteúdo deste dispositivo é inerente à transmissão de qualquer obrigação. Não se exigia que viesse a previsão consignada na lei, o que justifica a omissão do atual Código em ligar o art. 1.700 ao que trata da transmissão das dívidas, e que é o art. 1.997. Há a remissão ao art. 1.694, que traça as linhas básicas da obrigação e responsabilidade alimentar.

12.1. Transmissão da obrigação ao espólio e não aos herdeiros

Conveniente esclarecer a questão da terminologia. O art. 23 da Lei do Divórcio falava em transmissão aos herdeiros. O mesmo acontece com o art. 1.700 do atual Código. Mas não há transmissão aos herdeiros. A sucessão é que recebe o encargo, dentro das forças da herança, pois a matéria regula-se pelo disposto no art. 1.997, o qual limita a responsabilidade proporcionalmente à porção de herança que couber ao herdeiro.

Anteriormente, sob a égide do art. 23 da Lei nº 6.515, havia a referência ao dispositivo que cuida da responsabilidade da herança por dívidas ou obrigações de seu autor, o que se afigurava desnecessário, posto que tal decorrência é lógica e natural.

Oportuno o esclarecimento encontrado na Apelação Cível nº 31.400, da 4ª Câm. Cível do Tribunal de Justiça do RGS sobre o conteúdo da transmissão: "O que se transmite, ou que permanece, é a obrigação alimentar por parte da sucessão enquanto sucessão e dentro das forças da herança. E isto não é novidade. Foi cópia do direito belga, do direito francês, que o nosso legislador importou às escâncaras, sem preocupação de ocultar. Lá esse crédito alimentar é preferente ao quinhão dos herdeiros, mesmo aos legados, mas não ultrapassa as forças da herança. Então, não se transmite aos herdeiros, mas pode abranger os bens da herança, antes de passarem aos herdeiros ou legatários."[152]

---

[150] *Código Civil dos Estados Unidos do Brasil Comentado,* obra citada, vol. II, p. 389.
[151] *Curso Elemental de Derecho Civil,* obra citada, tomo I, p. 656.
[152] *Revista de Jurisprudência do TJ do RS,* 74/615.

732 • Direito de Família | *Arnaldo Rizzardo*

12.2. Transmissão da obrigação limitada às forças da herança e razões que impõem a transmissão

A interpretação do art. 23 da Lei nº 6.515, substituído pelo art. 1.700 do vigente Código Civil, ensejou a formação de quatro correntes de opiniões, explicadas por Sérgio Gischkow Pereira: a) a da transmissão incondicionada da obrigação alimentar; b) a da incidência sobre as prestações vencidas quando do falecimento do devedor; c) a da limitação das obrigações dos herdeiros à força da herança; d) a da transmissão somente da dívida de um cônjuge ao outro.[153]

Segundo consta na Apelação Cível nº 26.263-1, da Segunda Câmara Civil do Tribunal de Justiça de São Paulo, que enfrentava a matéria sob o enfoque do art. 23 da Lei nº 6.515 e do art. 402 do Código Civil de 1916, transmite-se a obrigação de alimentar, e não apenas as prestações vencidas até a morte do autor da herança. Outrossim, dá-se a transmissão até as forças da herança, e não o dever de prestar alimentos enquanto o mesmo persistir. Daí por que se entendia que não ficara revogado o art. 402 do anterior Código Civil: "Afasta-se, desde logo, a conclusão de que a Lei do Divórcio revogou, pura e simplesmente, o art. 402 do CC, impondo aos herdeiros a obrigação de pensionar o beneficiário. Basta a remissão ao art. 1.796 para deixar patente que a obrigação está condicionada às forças da herança. Por igual, não é de se acolher o entendimento a que se apegou o apelante: o de que o art. 23 da Lei nº 6.515 tem o alcance, tão só, de transmitir aos herdeiros do devedor os débitos de natureza alimentar em aberto até a data do falecimento do prestador da pensão. A responsabilidade dos sucessores pelos atrasados, com o caráter de dívida comum, já era reconhecida na vigência do art. 402 do CC, antes da inovação questionada. E inútil seria a previsão da lei especial, para essa finalidade. A respeito, lembra Yussef Said Cahali (*Divórcio e Separação*, 2ª ed., São Paulo, RT, p. 489) a lição de Clóvis Beviláqua: 'Se há atrasados, respondem por eles os sucessores; porque não constituem mais pensão: assumem o caráter de uma dívida comum, que deixou de ser paga'".[154]

A terceira corrente é a que mais se ajusta, segundo demonstra o próprio autor antes citado, mantendo-se a sua atualidade: "Com efeito, os bens do acervo hereditário devem primeiro responder pelo pagamento dos alimentos; depois se contentarão os herdeiros."[155] Com os valores deixados pelo *de cujus*, constitui-se um capital, para que a renda assegure o pagamento da prestação alimentar. Através disto, evita-se que pessoas necessitadas, pobres e sem condições para a auto subsistência, fiquem reduzidas à miséria, embora a fortuna respeitável distribuída aos herdeiros, contemplados com os bens deixados pelo alimentante. É a hipótese de um irmão pensionar. Vindo ele a falecer, os bens transmitem-se aos respectivos filhos. A lei não permite a obrigação dos sobrinhos darem alimentos ao tio, pois, entre os colaterais, tal encargo vai até o segundo grau (Código em vigor, art. 1.697), e, na hipótese, o pagamento situa-se no terceiro grau. No caso, porém, sendo a obrigação do irmão, não serão os filhos deste que pensionam. É o espólio, até quanto permitirem as forças do patrimônio. A pessoa necessitada é sustentada pelo patrimônio do falecido. A subsistência estava ligada aos rendimentos dos bens, o que não sucede com os herdeiros, que vinham se automantendo, independentemente da fortuna do *de cujus*.

---

[153] "A Lei do Divórcio e a Transmissão da Obrigação Alimentar", *Revista dos Tribunais*, nº 518, pp. 30 e 31.

[154] *Revista dos Tribunais*, 574/68.

[155] Sérgio Gischkow Pereira, "A Lei do Divórcio e a Transmissão da Obrigação Alimentar", *Revista dos Tribunais*, nº 518, p. 31.

Há uma prioridade de opção moral em favor do necessitado. Por isso, salienta a Apelação Cível nº 62.084, da 3ª Câm. Cível do TJ de Minas Gerais, *DJ* de 29.08.1984, "a obrigação alimentar se transmite aos herdeiros do devedor, dentro das forças da herança, pelo que os alimentos provisionais arbitrados devem continuar sendo pagos pelo inventariante. Essa necessidade alimentar cessará, entretanto, quando o alimentado receber o quinhão a que faz jus, por ter sido judicialmente reconhecido filho do *de cujus*".

Edgard de Moura Bittencourt defendia que os herdeiros do falecido assumiam as dívidas exigíveis até a data da morte do obrigado: "As prestações subsequentes não seriam dívidas do mesmo".[156] Identicamente Caio Mário da Silva Pereira: "A disposição do art. 23 da Lei do Divórcio somente se poderá entender como se referindo às prestações devidas até à época da morte, inserida, desta sorte, como dívidas do espólio. Se entender diferentemente, contraria o princípio da personalidade do débito alimentar, e poderá gerar situações absurdas, que o legislador não pode querer ou estabelecer."[157] No direito alemão, Enneccerus, Kipp e Wolff revelam idêntica exegese: "La prestación de alimentos se extingue al disolverse el matrimonio. Pero, si la disolución es por muerte, se deben las prestaziones vencidas y las atrasadas como asi mismo la indemnización por incumplimiento."[158]

Planiol e Ripert, fixando a obrigação até a morte, expunham: "La obligación alimenticia no nace de un acto o de un hecho determinado, como la obligación contractual o culposa; tiene un carácter sucesivo: nace día a día como consecuencia de una situación legal y del hecho de la necesidad latente del acreedor...; la muerte del deudor pone fin a su deuda. La obligación alimenticia que se haya fundado en un vínculo personal de familia con el acreedor, no se trasmite a sus herederos... En cambio, es distinto el razonamiento cuando se trata, no de continuar el pago de la pensión por los herederos del deudor o los herederos del acreedor, sino de pagar los plazos vencidos que no se hubieran reclamado en el momento de la difunción de una de las dos partes, o de pedir el pago de los atrasos. No se trata de hacer una obligación, sino de ejecutar una obligación ya existente y no extinguida. La transmisión de esta obligación se hace conforme al derecho común. Los herederos del deudor deben los plazos vencidos en la medida en que hubieran podido reclamársele a él mismo..."[159]

Não está, todavia, o raciocínio em consonância com o art. 207-1 do Código Civil Francês, que ordena o contrário: "La pension alimentaire est prélevée sur l'hérédité. Elle est supportée par tous les héritiers, et en cas d'insuffisance, par tous les légataires particuliers, proportionnellement à leur émolument."

12.3. Transmissão da obrigação alimentar independentemente da razão que determinou a sua fixação

Alguns apresentam teses curiosas a respeito do fundamento que determina a transmissão. Mário Moacyr Porto,[160] partindo do princípio de que a pensão, estabelecida na separação judicial e no divórcio litigiosos, quando se considera o alimentante culpado, corresponde a uma indenização "de um prejuízo resultante de um delito civil", diz que, neste caso, ela se torna transmissível aos herdeiros do cônjuge condenado a pagá-los. Buscando apoio

---

[156] *Alimentos*, obra citada, p. 19.
[157] *Instituições de Direito Civil*, obra citada, vol. V, p. 190.
[158] Obra citada, vol. I, tomo IV, p. 204.
[159] Obra citada, tomo II, pp. 42 e 43.
[160] *Ação de Responsabilidade Civil entre Mulher e Marido*, trabalho citado, pp. 178 e 179.

734 • Direito de Família | *Arnaldo Rizzardo*

na doutrina francesa, distingue a pensão-indenização da pensão com caráter alimentar, acordada pelas partes na separação e no divórcio consensuais, e imposta nas hipóteses previstas nos §§ 1º e 2º do art. 5º, c/c. o art. 26 da Lei nº 6.515.

Para o doutrinador, a obrigação alimentar, cominada na separação e no divórcio como condenação, visa sempre ressarcir um prejuízo que um dos cônjuges sofreu em virtude da dissolução prematura e culposa da sociedade conjugal. E coloca a solução nestes termos: "A dívida de natureza alimentar não se transmite (art. 402 do CC). O débito que representa uma indenização, a ser cumprida sobre a forma de uma pensão alimentar, se transmite como dívida da sucessão (art. 23). O art. 402 está certo e continua intocado. O art. 23 também não está errado e mais cedo ou mais tarde melhorará a reputação." Lembra-se que os arts. 402 do anterior Código Civil e 23 da Lei do Divórcio, retro citados, correspondem ao art. 1.700 do vigente Código.

O pensamento, no entanto, olvida um dos pressupostos que constava no art. 19 da Lei do Divórcio, e se encontra agora no art. 1.694 do Código atual, que é a necessidade aos alimentos. Mesmo que inocente o cônjuge pretendente da pensão, não obterá êxito no seu intento se não se caracterizar a necessidade. Acolhendo-se a tese do ilustre mestre, em todas as decisões concessivas da separação por culpa de um dos cônjuges seria obrigatório o arbitramento da pensão, pois a indenização por ato ilícito não se submete às condições econômicas da vítima. É sempre devida, se configurada a conduta culposa do causador do evento danoso.

Em suma, não cabe distinguir entre pensão-indenização e pensão com caráter alimentar para efeito de transmissão do encargo.

12.4. Caráter de proteção aos cônjuges na transmissão da obrigação alimentar

Para corroborar a exata compreensão do art. 1.700, convém lembrar que a legislação civil sempre procurou amparar a mulher, pelo menos até a Constituição de 1988, passando, posteriormente, a proteger ambos os cônjuges. O cônjuge, no direito anterior, herdava na falta de descendentes ou ascendentes, como assinalava o art. 1.611 do Código de 1916. O princípio se repete no art. 1.838 do Código/2002, e se amplia no art. 1.829, inc. I, onde consta que o cônjuge sobrevivente é contemplado na sucessão, em concorrência com os descendentes; e no inc. II, assinalando que herda juntamente com os ascendentes, e isto obviamente se não existirem descendentes. O quinhão vem definido no art. 1.832: "Em concorrência com os descendentes (art. 1.829, inciso I) caberá ao cônjuge um quinhão igual ao dos que sucederem por cabeça, não podendo a sua quota ser inferior à quarta parte da herança, se for ascendente dos herdeiros com que concorrer".

Receberá o cônjuge sobrevivente, por disposição do art. 1.831, seja qual for o regime de bens, sem prejuízo da participação que lhe caiba na herança, o direito real de habitação relativamente ao imóvel destinado à residência da família, desde que seja o único daquela natureza a inventariar.

O art. 23 da Lei do Divórcio desenvolveu e ampliou a proteção, não importando o tipo de separação ou divórcio, o que se estratificou o art. 1.700 do Código de 2002. Sempre cabe a execução nos bens do espólio, ou naqueles recebidos pelos herdeiros, conforme *ratio* que se deve dar ao dispositivo. O seu conteúdo fica condicionado à limitação do art. 1.997. É o entendimento que se firmou na jurisprudência: "Falecido o obrigado a prestar alimentos, o encargo transmite-se à sucessão e dentro das forças da herança."[161]

Os bens vão suportando a obrigação alimentar, até o montante que garante a pensão. Explica Yussef Said Cahali: "Morto o cônjuge devedor, a carga de continuidade do pagamento das pensões transfere-se para o espólio do cônjuge devedor falecido, respondendo por elas os rendimentos dos bens deixados; após feita a partilha, seguem-se responsáveis os herdeiros aquinhoados, cada qual na proporção dos bens que lhes tenham sido transmitidos."[162]

Colin e Capitant lembram o mesmo princípio no direito francês: "El cónyuge superviviente tiene, en caso de necesidad, derecho a reclamar alimentos a la sucesión del cónyuge premuerto (art. 205, párr. 1°, segunda parte, adicionada por la ley de 9 de marzo de 1891). La expresión empleada por la ley, y según la cual los alimentos son debidos por la sucesión no debe ofuscarnos. La sucesión no es una entidad jurídica que puede ser deudora. Quien en realidad debe los alimentos necesarios al cónyuge superviviente, son, como en las demás deudas, los herederos o sucesores y legatarios universales o a título universal."[163]

Justificam Henri, Léon e Jean Mazeaud que os "alimentos constituyen una compensación de la falta o de la insuficiencia de los derechos sucesorios del acreedor de alimentos. Por eso no gravan más que a la sucesión, no a los herederos personalmente; si la sucesión es insuficiente, los herederos no están obligados, pues, personalmente, aun cuando hayan aceptado la sucesión pura y simplesmente."[164]

A posição destes autores prima por uma interpretação mais adequada do instituto jurídico, que coloca a responsabilidade a cargo da sucessão e não dos herdeiros, o que deve realmente ocorrer. Mede-se a obrigação proporcionalmente à possibilidade do quinhão recebido. O herdeiro nada assume em relação aos seus bens pessoais, não provindos da herança. É neste sentido que deve ser considerado o art. 2.018 do Código Civil Português: "1. Falecendo um dos cônjuges, o viúvo tem direito a ser alimentado pelos rendimentos dos bens deixados pelo falecido. 2. São obrigados, neste caso, à prestação de alimentos os herdeiros ou legatários a quem tenham sido transmitidos os bens, segundo a proporção do respectivo valor."

12.5. Herdeiros chamados a responder pela obrigação alimentar

A transmissão se estende a todos os herdeiros. Não só aos descendentes ou ascendentes. Segue-se a ordem da vocação hereditária.

Embora casado pela segunda vez, pelo sistema derrogado o cônjuge supérstite não herdava, a não ser na falta de descendente ou ascendente. Passou a herdar em face Código Civil de 2002 (art. 1.829, incisos I e II), sendo possível que se lhe transmita o encargo de prestar alimentos, o que acontece quando o cônjuge falecido era separado ou divorciado, e devedor de alimentos à ex-mulher. A transmissão, porém, se dá na proporção do quinhão hereditário recebido. Da mesma forma, o ônus pode chegar aos colaterais, ou ao Município ou Distrito Federal (arts. 1852, inc. IV, e 1844 da lei civil em vigor).

---

[161] *Revista de Jurisprudência do TJ do RGS*, 99/274.
[162] *Divórcio e Separação*, obra citada, 3ª ed., 1983, p. 490.
[163] Obra citada, tomo I, p. 779.
[164] *Lecciones de Derecho Civil*, Parte 1ª, vol. IV, obra citada, p. 157.

736 • Direito de Família | *Arnaldo Rizzardo*

Sérgio Gischkow Pereira esquematiza os seguintes exemplos: "a) 'A' casa com 'B' e não têm eles filhos; divorciam-se; 'A' do sexo masculino, volta a casar-se, desta vez com 'C', surgindo filhos; falece 'A', com o que seus filhos com 'C' ficam obrigados a suportar a pensão para com 'B'; b) na mesma hipótese, se 'A' não deixa descendentes ou ascendentes ao morrer, 'C' terá que prestar alimentos para 'B' (a segunda esposa sustentando a primeira); c)'A' casa com a mulher 'B'; divorciam-se; 'A' morre sem deixar herdeiros, a não ser seu primo-irmão; eis que este primo teria que sustentar 'B'".[165]

Bastante claro é Sílvio Rodrigues: "Se o casal desquitado tem filhos, e morre o cônjuge devedor da pensão alimentícia, os filhos serão chamados a sucedê-lo, pois eles é que serão seus herdeiros; a eles, por força do art. 23 em comentário, compete continuar o pagamento daquela dívida alimentar do espólio, de que é credor o cônjuge sobrevivo. A remissão da lei ao art. 1.796 do Código Civil (de resto inútil) reforça ainda mais o argumento. Se o casal desquitado não tiver filhos, mas o cônjuge premorto tiver ascendentes, estes serão os herdeiros daquele, e a eles cabe o encargo de continuar pagando pensão alimentícia; o mesmo ocorrerá se os colaterais forem chamados à sucessão."[166] O art. 23 da Lei do Divórcio e o art. 1.796 do Código de 1916, acima referidos, estão substituídos pelos arts. 170 e 1.997 da lei civil vigente.

Defendem os doutrinadores, ainda, a inclusão do legatário no rol dos obrigados, o que está previsto nos Códigos Civis de Portugal e da França. É que os bens pertenciam, antes, à pessoa obrigada, os quais respondiam pelo pagamento das dívidas existentes.

De outra parte, as mesmas prerrogativas garantidas ao alimentante em vida se estendem aos herdeiros. Faculta-se a eles o exercício das medidas judiciais de redução do valor da prestação, ou mesmo de exoneração, caso se modificarem as condições ou os pressupostos para a exigência da pensão. É o caso do surgimento do concubinato do alimentando, em que é justo o cancelamento do ônus.

A majoração se apresenta inviável, embora o aumento da fortuna do sucessor, mesmo que seja aquela recebida na herança. O valor mantém-se aquele estatuído, mas corrigível segundo o demandar a desvalorização da moeda nacional. Leva-se em conta a transmissão do encargo nos limites implantados em vida do alimentante. Oportuna a observação de Sérgio Gischkow Pereira: "É óbvio não terá a melhoria de situação financeira dos herdeiros qualquer influência na variação do *quantum* da pensão, pois se trata de circunstância a eles pessoal e peculiar, desligada do patrimônio do *de cujus*. Se aumentarem as privações do alimentado, por outro lado, nada haverá a fazer, posto seria um destempero pretender estivessem os herdeiros sujeitos, a qualquer momento, à ameaça de deverem fornecer verbas para reforço daquele capital."[167] ponto de vista defendido por G. Baudry-Lacantinerie e M. Houques-Foucarde: "... Il semblerait que les successeurs ne pussent pas avoir augmenter, avec les besoins du créancier, le montant de la pension qu'ils sont tenus de lui servir, puisque, dans la mesure de leur accroissement, ces besoins n'existaient pas à la mort du débiteur originaire".[168]

---

[165] *A Lei do Divórcio e a Transmissão da Obrigação Alimentar,* trabalho citado, p. 33.
[166] *O Divórcio e a Lei que o Regulamenta,* obra citada, p. 142.
[167] *A Lei do Divórcio e a Transmissão da Obrigação Alimentar,* trabalho citado, p. 34.
[168] Obra citada, vol. VIII, tomo III, p. 633, nº 2.064.

12.6. Extensão da transmissibilidade da obrigação de prestar alimentos

O art. 23 da Lei do Divórcio, por estar inserido no capítulo que dispunha sobre a dissolução da sociedade conjugal, obviamente restringia-se à pensão de alimentos entre cônjuges separados, e a dos pais para com os filhos em virtude da separação.

Assim pensava Sílvio Rodrigues: "A Lei do Divórcio..., em seu art. 23, determinou que a obrigação de prestar alimentos transmite-se aos herdeiros do devedor. A questão inicial que se propõe é a de saber se a mesma é genérica, para todos os casos de alimentos, ou se ela se circunscreve apenas aos alimentos fixados ou avençados na separação judicial, isto é, no desquite. Como o legislador de 1977 a inseriu no capítulo sobre a dissolução da sociedade conjugal, entendo que o preceito é restrito ao caso de alimentos fixados ao desquite e se limita aos alimentos devidos por um cônjuge ao outro", e não em outras situações de obrigações alimentícias."[169]

Especificamente quanto à extensão aos filhos, desde que a fixação adviesse da separação ou divórcio, ementou o Superior Tribunal de Justiça: "A transmissibilidade da obrigação de prestar alimentos, prevista no art. 23 da Lei nº 6.515, de 1977, é restrita às pensões devidas em razão da separação ou do divórcio, cujo direito já estava constituído à data do óbito do alimentante; não autoriza ação nova, em face do espólio, fora desse contexto. Recurso especial não conhecido".

No voto inspirador da conclusão acima, invoca-se a doutrina de Gustavo Tepedino: "'... A jurisprudência acolheu com entusiasmo a tese, embora se possa constatar uma tendência ampliativa da construção, no sentido de admitir a incidência do preceito divorcista à pensão prestada pelos pais aos filhos, desde que imposta por força da dissolução da sociedade conjugal. Sendo os alimentos devidos por força de separação (e do divórcio), tanto as prestações que beneficiem os cônjuges separados como aquelas que favoreçam os filhos do casal se transmitem sucessoriamente, com a morte do alimentante.

Embora a questão não se tenha pacificado, a extensão aos filhos da transmissibilidade do dever de prestar alimentos, parece-nos a solução mais ajustada ao sistema positivo. O art. 23 da Lei do Divórcio tornou transmissível, no âmbito dos efeitos da separação (quanto ao cônjuge e quanto aos filhos), obrigação até então intransmissível, embora não seja permitida a constituição da pensão alimentícia ou sua majoração após a morte de quem se pretenda alimentante' (*Usufruto Legal do Cônjuge Viúvo*, 2ª ed., Rio de Janeiro, Forense, 1991, pp. 10 e 13)".

Daí se concluía, em seguimento ao voto, que se "nem o pedido de alimentos decorre da separação judicial", ou se "os autores da ação não percebiam alimentos do *de cujus*", a via apropriada não era a ação de alimentos, ou seja, não cabia pedido de alimentos com fulcro no já tantas vezes apontado art. 23.[170]

Era por causa dessa limitação que o art. 402 do anterior Código Civil não teve a revogação declarada, seguindo a sorte de outros dispositivos. O caráter pessoal da obrigação permanecia junto aos demais alimentandos, que não receberam um tratamento benéfico. Por isso, não se revelou despropositada a redação do art. 23, mas descortinava uma ótica de longo alcance. E mais, a exceção havia levado em conta a necessidade de se dar um destaque à mulher e aos filhos, em relação às demais pessoas com direito a alimentos.

---

[169] *Direito de Família*, obra citada, 8ª ed., vol. VI, p. 379.
[170] Recurso Especial nº 232.901-RJ. Relator: Min. Ari Pargendler. 3ª Turma, de 7.12.1999, *DJU* de 1º.08.2000, *Revista do Superior Tribunal de Justiça*, 135/359.

738 • Direito de Família | *Arnaldo Rizzardo*

Com o Código Civil atual, entrementes, localizando-se o dispositivo que disciplina a matéria na parte destinada aos alimentos em geral, envolvendo cônjuges, pais, filhos, companheiros e irmãos, parece óbvio que a transmissão alcança todos aqueles que receberam da lei o encargo de prestar alimentos.

12.7. Pedido de alimentos contra o espólio

Trata-se de definir a obrigação de prestar alimentos contra o espólio do falecido, que não os prestava quando em vida.

A questão é melindrosa, posto não firmada qualquer obrigação neste sentido enquanto vivia a pessoa que veio a falecer.

Mas, para oportunizar uma interpretação justa, lembra-se que o dever de prestar alimentos decorre da superveniência de dois elementos básicos: a necessidade e a possibilidade.

Não é raro aparecer a primeira condição quando já extinto aquele que estaria sujeito ao encargo. Muitas circunstâncias podem levar a tal fenômeno, como uma doença súbita e grave, o desemprego da pessoa que vinha dando assistência econômica, o crescimento das despesas por razões educacionais etc. Um desses quadros, quando surgir após o falecimento da pessoa que seria obrigada se vivesse, modificando por completo a situação anterior, enseja a busca de recursos junto ao espólio, para que os rendimentos dos bens deixados atendam a necessidade repentina e invencível. Deverão, no entanto, afigurar-se tão sintomática a carência de meios e incontornável o problema econômico que a única alternativa será procurar socorro junto aos rendimentos produzidos pelos bens do espólio.

13. PROCEDIMENTOS JUDICIAIS NAS AÇÕES DE ALIMENTOS

As pretensões relativas a alimentos são exercitáveis mediante quatro tipos de procedimentos processuais distintos: o procedimento estabelecido pela Lei nº 5.478/1968, para a ação em que se pede alimentos; o comum do Código de Processo Civil de 2015, também para a ação de alimentos; o procedimento dirigido para o cumprimento de sentença, estabelecido nos arts. 528 a 533 do mesmo diploma; e o procedimento para a execução de obrigação alimentar fundada em título executivo extrajudicial, disciplinada nos arts. 911 a 913 do diploma processual civil.

Existem, ainda, regras próprias para situações específicas de concessão de alimentos.

Embora a imposição do caminho próprio para cada tipo de exercício do direito, não havendo liberdade absoluta na escolha, a opção equivocada de um pelo outro não determina a inépcia da inicial, pois ao juiz cabe adaptar o procedimento segundo as peculiaridades do pedido.

Quanto à Lei nº 5.478/1968, exceto no pertinente aos arts. 16 a 18, mantém-se plenamente em vigor, já que basicamente é de caráter processual. Seus dispositivos que regulam o direito material não contrariam as regras do Código Civil.

Importante referir o que acontece em todo litígio que envolve alimentos, que é a competência do foro do domicílio alimentando, considerado hipossuficiente, em atenção ao art. 53, II, do CPC/2015: "É competente o foro: (...) II - de domicílio ou residência do alimentando, para a ação em que se pedem alimentos".

O cumprimento de sentença também se processa no juízo do foro ou residência do alimentando, regra que está no § 9º do art. 528: "Além das opções previstas no art. 516, parágrafo único, o exequente pode promover o cumprimento da sentença ou decisão que condena ao pagamento de prestação alimentícia no juízo de seu domicílio".

Mantém-se, pois, a regra da definição da competência pelo domicílio do alimentando, inclusive no cumprimento de sentença, embora a ação de conhecimento tenha se processado em juízo diferente, que vigorava no CPC/1973, em seu art. 100, II, tendo se consolidado a jurisprudência a respeito, conforme o seguinte exemplo:

"Conflito de competência. Conexão. Ação revisional de alimentos. Ação de exoneração de alimentos. Prevalência do interesse do alimentando. Competência do foro da residência deste.

É firme nesta Corte o entendimento de que em discussões como a que ora se trava, prepondera o interesse do hipossuficiente, devendo prevalecer o foro do alimentando como o competente tanto para a ação de alimentos como para aquelas que lhe sucedam ou que lhe sejam conexas (STJ. Conflito de Competência nº 50.597/MS. Segunda Seção. Julgado em 12.09.2007, *DJU* de 24.09.2007).

Conflito de competência. Inventário já encerrado. Ação de investigação de paternidade, cumulada com petição de herança e de alimentos. Domicílio do alimentando.

1. A regra especial prevalece sobre a regra geral de competência, daí que, segundo dispõe a Súmula nº 1/STJ, o foro do domicílio ou da residência do alimentando é o competente para a ação de investigação de paternidade, quando cumulada com a de alimentos.

2. Encerrado o inventário, com trânsito em julgado da sentença homologatória respectiva, deixa de existir o espólio, e as ações propostas contra as pessoas que detêm os bens inventariados não seguem a norma do art. 96 do Código de Processo Civil, prevalecendo, no caso concreto, a regra especial do art. 100, inciso II, do mesmo diploma, segundo a qual a demanda em que se postula alimentos deve correr no foro do domicílio ou da residência do alimentando.

3. Conflito conhecido para declarar a competência do Juízo de Direito de Brasília/DF (Conflito de Competência nº 51.061/GO. Segunda Seção, Julgado em 9.11.2005, *DJU* de 19.12.2005)."

Os citados arts. 96 e 100, II, correspondem aos arts. 48 e 53, II, do CPC/2015.

Seja qual for o tipo de caminho ritual, se assim manifestar qualquer das partes, ordenará o juiz o processamento em segredo de justiça, embora o art. 1.705 do Código Civil preveja essa cautela somente para os alimentos pretendidos pelo filho havido fora do casamento: "Para obter alimentos, o filho havido fora do casamento pode acionar o genitor, sendo facultado ao juiz determinar, a pedido de qualquer das partes, que a ação se processe em segredo de justiça". A previsão não se enquadra nas normas de direito substantivo, transparecendo evidente o caráter processual, tanto que está contemplada no art. 189, inc. II, do Código de Processo Civil de 2015: "Os atos processuais são públicos, todavia tramitam em segredo de justiça os processos: ... II – que versem sobre casamento, separação de corpos, divórcio, separação, união estável, filiação, alimentos e guarda de crianças e adolescentes". De sorte que, dada a natureza processual da regra, prevalece a do estatuto processual, correndo sempre em segredo de justiça a ação, desimportando a manifestação ou não das partes.

Em razão do segredo de justiça, o § 1º restringe unicamente às partes e aos respectivos procuradores direito de consultar os autos de processo que tramite em segredo de justiça e de pedir certidões de seus atos, a menos que, na exceção do § 2º, o terceiro demonstrar interesse, quando, então, se lhe assegura pedir ao juiz certidão do dispositivo da sentença, bem como de inventário e de partilha resultantes de divórcio ou separação.

Especificam-se as características de cada procedimento.

740 • Direito de Família | *Arnaldo Rizzardo*

13.1. Procedimento segundo a Lei nº 5.478, de 1968

O próprio Código de Processo Civil de 2015, no art. 693, parágrafo único, autoriza o seguimento do procedimento regulado em lei especial, na ação de alimentos: "A ação de alimentos e a que versar sobre interesse de criança ou de adolescente observarão o procedimento previsto em legislação específica, aplicando-se, no que couber, as disposições deste Capítulo". Por conseguinte, mantêm-se plenamente em vigor os regramentos da Lei nº 5.478, de 25 de julho de 1968 (a Lei de Alimentos), aplicáveis à ação de alimentos ajuizada por parentes do alimentante.

Em relação aos filhos, a ação requer a situação da filiação perfeitamente definida. Com a petição inicial, deverá a postulante trazer a certidão de nascimento, ou de casamento, de modo a não ensejar dúvida quanto à titularidade do direito.

Observa Sérgio Gilberto Porto: "De tal colocação resulta claro que uma vez não reconhecida a paternidade voluntária ou contenciosamente, ou, ainda, inexistindo documentos hábeis a demonstrar a existência do vínculo obrigacional alimentar, necessariamente o rito da ação alimentar será ordinário e portanto não será a ação regida pela lei especial, mas sim pelo Código de Processo Civil."[171]

As linhas procedimentais foram estabelecidas com o claro objetivo de imprimir celeridade no andamento da ação. Este objetivo já era ressaltado por Nelson Carneiro, sem dúvida o maior propugnador, no País, em defesa dos direitos do homem e da mulher: "Na legislação anterior, a ação de alimentos era ordinária, sujeita ao rito estabelecido nos arts. 291 a 297 do Código de Processo Civil. A lei permitia ainda que, antes ou no curso de ações ordinárias de alimentos, desquite, nulidade ou anulação de casamento, o juiz concedesse ao autor (ou ao réu) alimentos provisionais (art. 676, VIII), após uma instrução sumária (art. 685), em determinadas circunstâncias realizada sem audiência de uma das partes (art. 683). Alguns juízes prescindiam de tais formalidades, em casos de maior urgência, e concediam, até liminarmente, alimentos provisórios, de imediata execução, quando não o faziam depois da audiência de tentativa de conciliação, regulada pela Lei nº 968, de 10 de dezembro de 1949.

A Lei nº 5.478/1968 visou afastar os embaraços processuais, que retardavam a concessão de recursos àqueles que, por laços de sangue ou de casamento, tinham direito a haver de parentes ou cônjuge a prestação indispensável à subsistência. Ao determinar, no art. 4º, a concessão desde logo de alimentos provisórios, assegurou aos litigantes o necessário para que pudessem estar em Juízo, sem os sobressaltos que marcavam a trajetória de tantos autores. Deu à antiga ação ordinária um rito novo, especial e rápido, para evitar, inclusive, que a fome e o desespero continuassem os conselheiros de tantos infortúnios."[172]

Os dispositivos processuais invocados acima são do CPC de 1939.

Realmente, quando se trata de assunto ligado à própria vida, à necessidade premente de alimentos, de moradia, saúde e educação, não se pode ficar à mercê das delongas de um processo de rito comum. Diante da angústia de quem subitamente se vê privado de alimentos, há necessidade de um mecanismo judicial que torne rápida e pronta a prestação jurisdicional.

Por isso, é afastada grande parte das formalidades na concessão de alimentos. A petição inicial pode ser despachada mesmo antes da distribuição, conforme art. 1º da Lei

---

[171] *Doutrina e Prática dos Alimentos*, 2ª ed., Rio de Janeiro, Aide, 1991, p. 49.
[172] *A Nova Ação de Alimentos*, Rio de Janeiro, Livraria Freitas Bastos S. A., 1969, pp. 45 e 46.

n° 5.478: "A ação de alimentos é de rito especial, independente de prévia distribuição e de anterior concessão do benefício de gratuidade."

De acordo com os parágrafos que seguem, posteriormente procede-se a distribuição. Basta, de outro lado, a mera afirmação de pobreza para ter a parte direito à isenção de custas.

A petição virá assinada pelo advogado, ou será reduzida a termo, no próprio cartório, nomeando, após, o juiz advogado que assista o autor da ação. Deverá vir prova do parentesco. Do contrário, o rito será o comum.

Encontrando-se regular a inicial, e preenchidos os requisitos, se o pedir a parte necessitada, pode o juiz conceder alimentos provisórios, como assinala o art. 4°: "Ao despachar o pedido, o juiz fixará desde logo alimentos provisórios a serem pagos pelo devedor, salvo se o credor expressamente declarar que deles não necessita."

A respeito, comenta Jorge Franklin Alves Felipe: "Recebendo a petição inicial, verificando que os requisitos legais foram atendidos e estando juntos os documentos comprobatórios da obrigação alimentar, o juiz fixa os alimentos provisionais, levando em consideração as necessidades dos alimentários e a possibilidade do alimentante, determinando a forma de pagamento ou desconto da pensão alimentícia, sem perquirição da culpa."[173]

A lei fala em alimentos provisórios. No Código de Processo Civil de 1973, arts. 852 a 854, utilizava-se a denominação alimentos provisionais, por entender-se que correspondiam à provisão de que precisava o alimentário para viver. Ambas as espécies, porém, não apresentavam maior diferença. A distinção era mais de nome. Possuíam a mesma finalidade e eram deferidos os alimentos temporariamente, até a decisão final, para a sua manutenção durante a demanda. Daí o uso, então, da expressão alimentos *ad litem*.

Não raramente, a jurisprudência e a doutrina destacavam os contornos de cada tipo: "Ao contrário do que sustenta o agravante, não se trata de medida cautelar de alimentos provisionais processada conjuntamente com a ação de separação judicial litigiosa, mas de alimentos provisórios concedidos no curso dessa ação.

Estes alimentos, que de modo algum podem ser confundidos com aqueles, como adverte o Desembargador Aniceto Lopes Almeida (Questões sobre Alimentos, p. 20, *RT*, 1986), podem ser fixados de conformidade com os artigos 4° e 13 da Lei Federal n° 5.478, de 25.07.1968.

É o que ensina Yussef Said Cahali: 'O art. 4° (da Lei Federal n° 5.478, de 1968) é expresso ao consignar que 'ao despachar o pedido, o juiz fixará desde logo alimentos provisórios'; o pedido, aí aludido, é a ação de alimentos, ou então qualquer outra, desquite, anulação de casamento, ou de revisão, em que também sejam pedidos alimentos' (Dos Alimentos, pp. 554/555, *RT*, 1987) ..."[174]

A fixação dos alimentos ditos provisórios é de imediato. Todavia, isto nas situações claras, aparentemente indiscutíveis, sendo comprovada a filiação ou o casamento. Não comporta este rito no pedido dirigido por filhos maiores e capazes, ou cônjuge já separado, e que não era contemplado com alimentos.

Saliente-se, de outro lado, não ser conveniente a concessão desde logo, se a parte requerente não pede. Há certo exagero da lei ao ordenar a fixação imediata, pois a prestação jurisdicional depende de provocação do interessado. Neste sentido ensinava

---

[173] *Prática das Ações de Alimentos*, Rio de Janeiro, Forense, 1984, p. 38.
[174] TJSP. Agravo de Instrumento n°111.899-1. 7ª Câm. Civil, de 29.03.1989, *Revista de Jurisprudência do TJ de São Paulo*, Lex, 119/374.

Arnaldo Marmitt: "É que a falta de declaração no sentido de que não necessita desde logo dos alimentos, faz pressupor que deles não necessita urgentemente, ou naquele momento."[175]

Perduram os alimentos provisórios até os alimentos definitivos estabelecidos na sentença, nos termos do § 3º do art. 13, no que encontra acolhida na jurisprudência: "A norma do § 3º do art. 13 da Lei de Alimentos incide, enquanto os alimentos provisórios não forem substituídos pelos definitivos, em sentença. Em havendo condenação à prestação de alimentos, a apelação que desafia a sentença terá efeito somente devolutivo" (STJ. REsp. nº 714.962/MG. Terceira Turma. Julgado em 7.06.2006, *DJU* de 18.12.2006).

Nos termos do art. 1.012, inc. II, do CPC/2015, a eventual apelação contra a sentença terá efeito unicamente devolutivo.

Pode o juiz alterar os alimentos provisórios, à vista dos elementos que vierem aos autos, como permite o art. 13, § 1º, da Lei nº 5.478, processando-se o pedido em autos apensos.

Após, cita-se o cônjuge obrigado nos termos ordenados no art. 5º: "O escrivão, dentro de 48 (quarenta e oito) horas, remeterá ao devedor a segunda via da petição ou do termo, juntamente com a cópia do despacho do juiz, e a comunicação do dia e hora da realização da audiência de conciliação e julgamento."

Nota-se que a citação é ato que decorre automaticamente do despacho de fixação de alimentos. Faculta-se que seja procedida através de simples carta, remetida com cópia da inicial. Exige o § 2º do art. 5º que se encaminhe mediante registro postal, que é isento de taxas, e com aviso de recebimento. Inviabilizado o chamamento por este meio, em razão de ocultar-se o réu, impõe-se que se encarregue do ato o oficial de justiça, e, em última instância, na impossibilidade deste encontrar o devedor, leva-se a termo a citação por edital.

No despacho, o juiz já fixa o prazo para o oferecimento da contestação, prazo este que poderá se alongar até a data da audiência de instrução e julgamento, como se depreende da conjugação dos arts. 5º, § 1º, e 9º, da Lei nº 5.478/1968. Estabelece o primeiro dispositivo: "Na designação da audiência, o juiz fixará o prazo razoável que possibilite ao réu a contestação da ação proposta e a eventualidade da citação por edital." E o segundo: "Aberta a audiência, lida a petição ou o termo, e a resposta, se houver, ou dispensada a leitura, o juiz ouvirá as partes litigantes e o representante do Ministério Público, propondo a conciliação."

Alguns autores, no entanto, divergem a respeito. Enquanto Nelson Carneiro sustenta que o prazo deveria ser de dez dias (atualmente quinze),[176] outros contra-argumentam que não existe limite, desde que até o dia da audiência.[177] A praxe, no entanto, é fixar o prazo até a audiência, admitindo-se o seu oferecimento após a tentativa de conciliação. Não é justo, porém, estabelecer um lapso temporal inferior a quinze dias, que é o comum para as contestações em geral.

Nota-se que o procedimento é bem simples. O autor apresenta a ação, e cita-se o réu para contestar, no prazo autorizado no despacho inicial. Realiza-se a audiência com o julgamento imediato, se os elementos dos autos permitem, ou determinando outras providências para a devida instrução. No entanto, adaptando-se o procedimento ao Código de Processo Civil de 2015, nada impede que o juiz, após fixar os alimentos provisórios,

---

[175] *Pensão Alimentícia*, obra citada, p. 142.
[176] *A Nova Ação de Alimentos*, obra citada, p. 77.
[177] Como Edgard de Moura Bittencourt, *Alimentos*, obra citada, p. 139.

designe audiência de conciliação, ordenando a citação para o comparecimento, quando iniciará o prazo contestacional, se não logrado acordo, em obediência ao art. 695: "Recebida a petição inicial e, se for o caso, tomadas as providências referentes à tutela provisória, o juiz ordenará a citação do réu para comparecer à audiência de mediação e conciliação, observado o disposto no art. 694".

Há de imperar maleabilidade em estabelecer o procedimento que mais se revele eficaz para a solução do litígio, inclusive com a abertura de prazo para a conciliação, a mediação e o atendimento multidisciplinar.

A revelia não tem aqueles efeitos próprios das demandas em geral. A simples omissão do réu em contestar não importa na fixação dos alimentos nos patamares ostentados na inicial. Dever-se-á considerar a condição econômica do alimentando e do alimentante, os compromissos familiares, o nível social, a profissão e outras circunstâncias, que afloram normalmente no processo.

Uma vez não conseguida a conciliação e oferecida a contestação, segue-se a instrução, com a ouvida de testemunhas e outros atos necessários. Comuns são os pedidos de informações dos rendimentos, dirigidos ao empregador e repartições públicas, o que vem autorizado no art. 20: "As repartições públicas, civis ou militares, inclusive do Imposto de Renda, darão todas as informações necessárias à instrução dos processos previstos nesta lei e à execução do que for decidido ou acordado em Juízo."

Aliás, já o art. 19 contém implícito este poder do juiz, e inclusive de decretar a prisão se o réu oferece obstáculos ao cumprimento da sentença ou de acordo.

A desobediência em oferecer os elementos ou as informações que o juiz solicita sujeita o infrator a processo criminal, por crime contra a administração da Justiça (art. 22 da Lei nº 5.478/1968).

No final do processo, na previsão da lei, mas que não se aplica por desuso, após os debates, que serão de dez minutos, procura-se novamente o acordo ou conciliação, tudo por força do art. 11, parágrafo único.

Na audiência, segundo o art. 9º, § 1º, toma-se o depoimento pessoal das partes. Isto mais no sentido de aquilatar o juiz as possibilidades e necessidades na composição do litígio.

Estabelece, outrossim, o art. 7º que é indispensável o comparecimento, na audiência, do autor, sob pena do arquivamento do feito. Nota-se a relevância dada à presença da parte interessada, o que se justifica em face do tipo de procedimento instituído pela lei, de natureza sumária, em que se reputa fundamental o contato do juiz com os litigantes.

Naturalmente, a interpretação da regra pode ser literal. Inadmite-se a ausência na primeira audiência, onde se tenta a conciliação. Não nas demais, que podem se repetir, se há dificuldade na localização e inquirição das testemunhas, ou na consecução das diligências ordenadas.

Ao ato as partes comparecerão com os respectivos advogados, sejam os indicados por elas próprias, sejam os nomeados pelo juiz. O Ministério Público acompanhará todos os passos do processo, não podendo faltar às audiências. Se, todavia, regularmente intimado, não se fizer presente, nada impede que se efetue a audiência.

Por se encontrar prevista a concessão de alimentos provisórios na própria lei, não há pertinência a tutela provisória do art. 294 do CPC na ação com o procedimento da Lei nº 5.478/1968, embora não se impeça, sobretudo quanto à tutela de urgência cautelar antecedente.

744 • Direito de Família | *Arnaldo Rizzardo*

13.2. Procedimento comum

Nas situações em que não se afigura perfeitamente certo o direito a alimentos, ou que ensejam discussões, o rito será o comum, em geral sem a concessão de alimentos provisórios.

Este o caminho a ser eleito quando os pretendentes, como filhos maiores ou pessoas já separadas ou divorciadas, e não recebendo pensão alimentícia, se apresentam como autores da ação.

A não ser em casos de extrema gravidade, em que transparece certo o direito e evidente o perigo da demora, não se pode fixar uma verba provisória, através de tutela de urgência, a perdurar pelo tempo da tramitação da lide.

Procedimento este que se aplica também nas ações de revisão, exoneração e restabelecimento da obrigação alimentar. A respeito do descabimento de alimentos provisórios, se decidiu: "Alimentos provisórios. Casal judicialmente separado. Mulher que dispensou o ex-marido de prestar-lhe alimentos. Para obter alimentos, a mulher separada deve valer-se da ação ordinária de modificação da cláusula que dispensou o ex-marido do encargo. A ação de rito sumário, da Lei nº 5.478/68, destina-se àqueles casos em que se presuma de logo o direito ao pensionamento. Incabimento, na espécie, da concessão liminar de pensão alimentar, excepcionando-se apenas diante de circunstância grave."[178]

Não há muito a referir neste tipo de caminho processual. Elucida Araken de Assis: "O procedimento comum é o padrão. Desapareceu o antigo procedimentoo sumário, na verdade um rito 'plenário rápido'". Adiante, destaca quatro etapas deste tipo de procedimento: a) a etapa postulatória, b) a etapa de saneamento, c) etapa de instrução, e d) etapa de julgamento.[179]

A inicial preencherá os requisitos próprios da ação de rito comum, que está regulado no Título I do Livro I da Parte Especial do CPC/2015, com as regras especiais do Capítulo X do Título III, do mesmo Livro I – arts. 693 a 699, merecendo destaque o art. 695 e seus parágrafos, quanto às providências a cargo do juiz para a mediação e conciliação: "Recebida a petição inicial e, se for o caso, tomadas as providências referentes à tutela provisória, o juiz ordenará a citação do réu para comparecer à audiência de mediação e conciliação, observado o disposto no art. 694.

§ 1º O mandado de citação conterá apenas os dados necessários à audiência e deverá estar desacompanhado de cópia da petição inicial, assegurado ao réu o direito de examinar seu conteúdo a qualquer tempo.

§ 2º A citação ocorrerá com antecedência mínima de 15 (quinze) dias da data designada para a audiência.

§ 3º A citação será feita na pessoa do réu.

§ 4º Na audiência, as partes deverão estar acompanhadas de seus advogados ou de defensores públicos".

O prazo contestacional é de quinze dias, iniciando na audiência de mediação e conciliação, ou no momento em que fica definida a inviabilidade de acordo, seguindo o processo os trâmites comuns (art. 697), com a instrução e a sentença.

Por envolver, no entanto, matéria de direito indisponível, eis que relativo à própria vida, certos princípios do processo comum devem ser considerados com cautela, como

---

[178] *Revista de Jurisprudência do TJ do RGS*, 134/262.
[179] *Processo Civil Brasileiro*, ob. cit., pp. 353 e 354. Vol. I.

no caso de revelia, segundo já alertava a Apel. Cível nº 155.921/0-00, da 3ª Câm. Cível do TJ de Minas Gerais, julgada em 17.02.2000 (publicação do *boletim semanal ADV Jurisprudência*, nº 25, p. 396, de 25.06.2000): "Por versar sobre direito indisponível, nas ações de revisão de alimentos, a falta de contestação não induz os efeitos da revelia. À falta de prova de alteração de sua fortuna, há de ser julgado improcedente o pedido de redução dos alimentos formulado pelo alimentante".

Ademais, há de se considerar o disposto no art. 345, II, do CPC/2015, que afasta a revelia se o objeto da ação envolve direitos indisponíveis, sendo que os alimentos se incluem nos direitos indisponíveis, pois dizem com a própria vida do alimentando.

Na a citação por edital ou por hora certa nomeia-se curador, explicando Araken de Assis: "O réu citado por edital ou por hora certa receberá curador especial, a teor do art. 72, II, do NCPC. Em tal hipótese, a modalidade de chamamento do réu a juízo não oferece garantia cabal da sua integração à relação processual. Nesta contingência, produzirá defesa, em seu lugar, o curador especial. Ora, não se mostraria razoável supor que conheça os fatos suficientemente, encetando controvérsia precisa. Também é o caso do 'advogado dativo', mencionado no art. 341, parágrafo único, via de regra o defensor público da comarca ou seção judiciária. Igualmente mencionado e sujeito do art. 72, parágrafo único. Em tais casos, a revelia não produzirá o efeito material- ninguém admite o que desconhece para poder negar".[180]

Também no procedimento comum não se evidencia apropriada a pretensão da tutela provisória. Na hipótese de existirem elementos para a concessão, como a prova da filiação, da necessidade, da possibilidade, o embasamento mais coerente é na Lei nº 5.478/1968, que já contempla os alimentos provisórios.

No entanto, não se impede tutela provisória, seja de urgência ou de evidência – a primeira apropriada quando existentes elementos que evidenciem a probabilidade do direito e o perigo de dano ou o risco ao resultado útil do processo; a segunda defere-se no caso de certo o direito, em que ficar caracterizado o abuso do direito de defesa, ou o propósito protelatório da parte, e ainda quando as alegações de fato vêm acompanhadas por documentos, havendo tese firmada em julgamento de casos repetitivos ou em súmula vinculante; também em se tratando de pedido reipersecutório fundado em prova documental; e a petição inicial vier instruída com prova documental suficiente dos fatos constitutivos do direito do autor.

A tutela de urgência pode ser antecipada ou cautelar. Em qualquer uma das espécies, necessária a existência da probabilidade do direito e do perigo de dano ou do risco ao resultado útil do processo. Na antecipada, há o caráter satisfativo; na cautelar, o objeto é assegurar o direito. Em ambas, a concessão pode ocorrer em momento antecedente ou incidente – isto é, no início do processo ou no seu curso.

Uma vez deferida a tutela de urgência provisória antecipada, ao autor cabe aditar a petição inicial, se na mesma não inserido o pedido principal, com a complementação de sua argumentação, a juntada de novos documentos e a confirmação da postulação de tutela final, em quinze dias ou em outro prazo maior que o juiz fixar (art. 303, § 1º, inc. I, do CPC); e na tutela cautelar, desde que concedida, formular-se-á o pedido principal no prazo de trinta, caso não tenha sido feito na petição inicial (art. 308 e seu § 1º, também do CPC).

---

[180] *Processo Civil Brasileiro*, ob. cit., p. 990. Vol. I.

746 • Direito de Família | *Arnaldo Rizzardo*

Cabe lembrar que havia, no sistema processual da lei anterior, os chamados alimentos provisionais, que se distinguiam dos alimentos provisórios por designarem as provisões necessárias para o período de duração de uma ação de família, e enquanto não fixados os alimentos na sentença. Já os provisórios dependiam de requisitos específicos, como a necessidade do alimentando, a possibilidade do alimentante, havendo necessidade do *fumus boni juris* e do *periculum in mora*. Todavia, as expressões guardavam uma sinonímia quase perfeita, não tendo maior diferença prática a utilização de uma ou outra denominação.

Rezava o art. 852 do Código de Processo Civil de 1973: "É lícito pedir alimentos provisionais:

I – nas ações de desquite e de anulação de casamento, desde que estejam separados os cônjuges;

II – nas ações de alimentos, desde o despacho da petição inicial;

III – nos demais casos expressos em lei."

Os processualistas de então defendiam a distinção, como fez Carlos Alberto Alvaro de Oliveira: "Regidos pela Lei nº 5.478/1968, apresentar-se-ão os casos em que, ao momento da chamada, se achem provadas a relação parental ou a obrigação alimentar, tornando presumível o crédito alimentar, a impor a concessão liminar de alimentos provisórios. Diversamente, a ação cautelar de alimentos provisionais depende dos pressupostos normais da tutela assecuratória, ou seja, do *fumus boni juris* e do *periculum in mora*".

Especificou o mesmo autor os casos de ingresso nos moldes da Lei nº 5.478: "Quando evidente o vínculo parental, com prova escrita e imediata, inclusive por alimento particular; e configurar-se a obrigação alimentar do devedor, derivada das relações de família."

Salientou as hipóteses de incidência de tais alimentos, que correspondiam à tutela cautelar: "Cessando a menoridade, para gestionar a permanência dos alimentos ou a sua concessão, cabe à parte a prova da aparência do bom direito, a impossibilidade de prover-se pelos próprios meios, e a capacidade do parente ou ex-cônjuge em fornecer a verba pleiteada. Igual procedimento seguir-se-á no tocante aos alimentos provisionais para o filho adotivo em relação ao pai natural, pois a obrigação alimentar deste é de caráter subsidiário ou complementar; e na ação revisional de alimentos, embora a maioria da doutrina preconize a adoção do procedimento da Lei de Alimentos."[181]

O processualista paranaense Francisco de Paula Xavier Neto explicava o procedimento com base nas regras das ações cautelares: "Por outro lado, quando se trata de ação cautelar pleiteando alimentos provisionais, cabe à parte propor a ação principal, no prazo de trinta dias, contado da data da efetivação da medida cautelar, quando esta for concedida em procedimento preparatório (art. 806 do CPC), sob pena de cessar a eficácia de tal medida (art. 808, I, do CPC), o que também ocorre se a medida não for executada no mesmo prazo de trinta dias (art. 808, II, do CPC)."[182] Os referidos arts. 806, 808, I e II, relativos às medidas cautelares do Código de 1973, têm correspondência nos arts. 308, 309, I e II, do Código de Processo Civil de 2015.

---

[181] "A Tutela Cautelar Antecipatória e os Alimentos Initio Litis", *Ajuris – Revista da Associação dos Juízes do RS*, Porto Alegre, nº 41, pp. 241 a 243, 1987.

[182] "Algumas Questões sobre Alimentos Provisionais, Provisórios e Definitivos", *Revista dos Tribunais*, nº 634, p. 23.

Cap. XXV | Alimentos • 747

13.3. Cumprimento da obrigação alimentícia

Trata-se de um dos assuntos de real importância, pelas múltiplas implicações que advêm, o que recomenda o estudo detalhado.

Diante da reforma do Código de Processo Civil de 1973 pela Lei nº 11.232/2005, ficou abolido o processo de execução dos títulos judiciais. Foi introduzido um incidente processual, em sequência à fase do processo de conhecimento, nos mesmos autos, não se formalizando uma nova demanda, que se denominou 'cumprimento da sentença'.

Quanto à exigibilidade de alimentos já estabelecidos em sentença, considerando que a reforma da Lei nº 11.232 não atingiu diretamente as disposições dos arts. 732 a 735 do CPC de 1973, e nem a Lei de Alimentos (Lei nº 5.478/1968), nos arts. 16 a 19, no início da vigência do novo sistema havia dúvida se, para a cobrança da dívida através da expropriação de bens, se manteria a execução de alimentos como processo autônomo.

Mas desde o início se firmou a *ratio* de que a cobrança de quantia certa fundada em sentença que fixou alimentos não mais se concretizava pelo caminho do processo de execução específico, já que reservada a execução autônoma apenas quando envolvido um título executivo extrajudicial.

Até porque não haveria coerência, na inovação das disposições processuais, em manter um procedimento mais complexo e demorado justamente em um setor de maior premência e proteção pública das necessidades humanas, e que envolve justamente os alimentos, os quais dizem com o direito à própria vida humana.

Pela ordem do atual CPC, vindo com a Lei nº 13.105/2015, ficou claro o procedimento através do cumprimento de sentença para o credor receber os alimentos já fixados em decisão judicial. A matéria está disciplinada no Capítulo IV do Título II, que integra o Livro I da Parte Especial, com a denominação 'Do cumprimento de sentença que reconheça a exigibilidade de obrigação de prestar alimentos', ao longo dos arts. 528 a 533.

Seguem as linhas básicas como se desenvolve a exigibilidade, apresentadas as questões em subitens.

13.3.1. Intimação para pagar, comprovar o pagamento ou justificar a impossibilidade

Deve o credor dirigir o pedido nos próprios autos da ação, requerendo o cumprimento no prazo de três dias, na estrita determinação do art. 528: "No cumprimento de sentença que condene ao pagamento de prestação alimentícia ou de decisão interlocutória que fixe alimentos, o juiz, a requerimento do exequente, mandará intimar o executado pessoalmente para, em 3 (três) dias, pagar o débito, provar que o fez ou justificar a impossibilidade de efetuá-lo".

Três os objetivos da intimação: para pagar o débito, ou provar que pagou, ou justificar a impossibilidade em pagar. Recebendo a intimação, abre-se o prazo para uma de tais faculdades. Omitindo-se o devedor a qualquer uma dessas saídas, e não no caso de rejeitada a justificação, a primeira providência é levar a protesto a sentença, medida que está no § 1º do mesmo art. 528: "Caso o executado, no prazo referido no *caput*, não efetue o pagamento, não prove que o efetuou ou não apresente justificativa da impossibilidade de efetuá-lo, o juiz mandará protestar o pronunciamento judicial, aplicando-se, no que couber, o disposto no art. 517". Pensa-se, no entanto, que não se trata de uma condição

748 • Direito de Família | *Arnaldo Rizzardo*

para as etapas posteriores do cumprimento, não passando de uma medida de coação para forçar a satisfação do crédito.

O disposto no art. 517 autoriza a efetivação do protesto da decisão judicial transitada em julgado, depois de transcorrido o prazo para pagamento voluntário previsto no art. 523, prazo esse que é de quinze dias.

Na sequência, o § 2º revela-se severo quanto à justificação para o não pagamento: "Somente a comprovação de fato que gere a impossibilidade absoluta de pagar justificará o inadimplemento". Não é suficiente a mera escusa, ou a alegação de inexistência de meios ou carência de recursos, como desemprego, aumento de despesas pessoais, nascimento de outros filhos, constituição de nova família, aparecimento de familiares necessitados, a menos que não tenha o devedor compactuado com a impossibilidade e as novas necessidades.

Nesta ordem, quanto ao desemprego, resta óbvia a impossibilidade temporária, desde que providencie o obrigado em nova atividade ou em novo contrato de trabalho, e faça prova das diligências encetadas para tanto. Relativamente a novos compromissos, não decorre a desoneração, porquanto preexistente a obrigação alimentar, exceto se um membro da família vier a necessitar de sua participação no seu sustento, como no caso de doença.

A matéria tem um caráter eminentemente fático, constituindo o cumprimento da obrigação alimentar um dos pontos de maior dificuldade em direito de família, contemplando a lei vários meios e instrumentos para a realização do crédito, como se verá nos itens abaixo desenvolvidos.

13.3.2. Alimentos provisórios e alimentos definitivos

A sentença que condena à prestação de alimentos tem natureza condenatória, sujeitando-se ao cumprimento provisório ou definitivo.

Há de se distinguir o cumprimento dos alimentos que vão, sucessivamente, vencendo, fixados na própria ação promovida pelo credor, em tutela antecipada ou decisão liminar se intentada a ação com base na Lei nº 5.478/1968, e daqueles que vencerem após finda a ação que objetivou a fixação. Os primeiros são os provisórios, isto é, os que ficaram estabelecidos quando do ingresso da ação, seja pelo rito da Lei nº 5.478/1968, ou pelo procedimento comum do Código de Processo Civil, em geral através de tutela de urgência antecipada ou cautelar, em momento antecedente ou incidente, e mesmo na sentença não transitada em julgado. Os segundos são os definitivos, não mais cabendo recurso quanto à sua fixação.

Nos alimentos provisórios, o juiz arbitra o montante, quer no início da ação ou em seu curso, quer em definitivo, mediante a sentença que julga a ação, mas ainda não transitada em julgado. É determinado o pagamento, ordenando a forma de seu cumprimento, na medida do possível mediante desconto em folha de pagamento, ou o depósito em conta bancária, ou a coação de prisão, ou a entrega direta ao credor. Fixados os alimentos em sentença, ou os provisórios estabelecidos em ação proposta segundo o rito da Lei nº 5.478/1968, ou os arbitrados em decisão de tutela antecipada ou cautelar, busca-se a exigibilidade em pedido que será apensado nos próprios autos ação, no que dá amparo o art. 531 do CPC/2015, ao estatuir: "O disposto neste Capítulo aplica-se aos alimentos definitivos ou provisórios". Deve-se entender o disposto quanto ao cumprimento da obrigação.

O § 1º do mesmo artigo ordena que se faça a postulação dos alimentos provisórios em pedido que será autuado em autos apartados e em apenso, no que se estende aos alimentos estabelecidos em sentença não transitada em julgado: "A execução dos alimentos provisórios, bem como a dos alimentos fixados em sentença ainda não transitada em julgado, se processa em autos apartados".

Unicamente os alimentos definitivos cumprem-se nos mesmos autos da ação onde foram determinados, conforme o § 2º: "O cumprimento definitivo da obrigação de prestar alimentos será processado nos mesmos autos em que tenha sido proferida a sentença".

Já antes da Lei nº 11.232, que introduziu o regramento especial sobre o cumprimento da sentença, havia entendimentos que autorizavam a execução nos próprios autos, onde restaram fixados os alimentos, por economia processual: "Nada impede que a execução da dívida alimentar seja ordenada nos mesmos autos da ação de separação judicial, tanto mais que já teve curso a homologação do cálculo e a tentativa frustrada de conciliação entre as partes, inexistindo prejuízo a qualquer dos litigantes, tampouco ofensa à norma processual específica.

Ao contrário, além de praxe antiga, nesses casos, a justificar a continuidade da execução nos mesmos autos da ação principal, sem maior preocupação de rigor formal, que não contribui para a melhor distribuição da justiça, poder-se-ia invocar a regra do art. 108 do Código de Processo Civil, segundo a qual a ação acessória será proposta perante o juiz competente para a ação principal (cf. Yussef Said Cahali, *Dos Alimentos*, São Paulo, RT, 1984, p. 603).

Cogitar da exigência da propositura da ação autônoma em autos separados, nessa fase do processo, seria onerar as partes com acréscimo de despesas desnecessárias, olvidando os objetivos sociais e a ordem pública, que caracterizam as demandas desta natureza.

Essa solução sempre foi admitida sob a égide do estatuto processual de 1939, e não deve ser descartada de forma inflexível, sob o regime processual vigente, justamente para permitir a atuação mais célere do Poder Judiciário, na tutela dos direitos dos hipossuficientes."[183] O citado art. 108 corresponde ao art. 61 do CPC/2015.

O cumprimento nos próprios autos decorre do art. 523, e de seus §§ 1º e 3º, do CPC/2015: "No caso de condenação em quantia certa, ou já fixada em liquidação, e no caso de decisão sobre parcela incontroversa, o cumprimento definitivo da sentença far-se-á a requerimento do exequente, sendo o executado intimado para pagar o débito, no prazo de 15 (quinze) dias, acrescido de custas, se houver.

§ 1º Não ocorrendo pagamento voluntário no prazo do *caput*, o débito será acrescido de multa de dez por cento e, também, de honorários de advogado de dez por cento.

...

§ 3º Não efetuado tespestivamente o pagamento voluntário, será expedido, desde logo, mandado de penhora e avaliação, seguindo-se os atos de expropriação".

Inclusive a prisão é possível que seja decretada nos autos apensados à ação de alimentos, especialmente se exerce o devedor atividade autônoma, após a devida intimação para, em três dias, pagar ou justificar a impossibilidade de cumprir o ordenado.

Na petição, basta requerer que o juiz ordene o pagamento, devendo o pedido vir acompanhado da planilha dos valores devidos, em atenção ao art. 524, que encerra: "O requerimento previsto no art. 523 será instruído com demonstrativo discriminado e atualizado do crédito ...".

---

[183] TJSP. Agravo de Instrumento nº 141.227-1. 5ª Câm. Civil, de 20.12.1990, *Revista de Jurisprudência do TJ de São Paulo*, Lex, 132/267.

750 • Direito de Família | *Arnaldo Rizzardo*

Não se impede, se definitivos os alimentos, que o cumprimento se proceda na forma prevista para a exigibilidade de quantia certa, regrada nos arts. 523 a 527 do CPC/2015. Neste sentido, há a previsão do § 8º do art. 528: "O exequente pode optar por promover o cumprimento da sentença ou decisão desde logo, nos termos do disposto neste Livro, Título II, Capítulo III, caso em que não será admissível a prisão do executado, e, recaindo a penhora em dinheiro, a concessão de efeito suspensivo à impugnação não obsta a que o exequente levante mensalmente a importância da prestação".

No Livro I da Parte Especial, em seu Título II, Capítulo III (arts. 523 a 527) são delineados os trâmites do cumprimento definitivo da sentença que reconheceu a exigibilidade de pagar quantia certa.

Nesta opção, uma vez formado o título executivo, oportuniza-se ao devedor o pagamento no prazo de quinze dias, sob pena de multa de 10% sobre o valor devido. Para tanto, intima-se o devedor. Havia o entendimento, na vigência do Código anterior, da dispensa da intimação. Várias as decisões a respeito. Decorreria a multa do simples decorrer do prazo de quinze dias da apresentação do cálculo.

A inteligência mais razoável é a que defende a necessidade da intimação. Intima-se pessoalmente para a finalidade da devida constituição em mora. Feito o ato, inicia a correr o prazo para o cumprimento da sentença. Somente com tal providência fica o devedor ciente da cominação da multa. Uma interpretação diferente conduz a várias incongruências e a impasses. Como ficaria o devedor ciente do montante que deve? Ademais, estaria impedido de impugnar a quantia pretendida pelo credor. Como se não bastasse, admissível a desistência pelo credor em receber o seu crédito. Não cabe ao Judiciário antecipar-se ao interesse da parte. O vigente Código, no art. 523 e em seu § 1º, tornou pacífica a necessidade de intimação, sendo os textos transcritos acima.

De acordo com as disposições da lei processual civil e a Lei de Alimentos, há uma gradação nas formas executórias, que se exteriorizam através de mecanismos expropriatórios e pela prisão.

Discriminadamente, conhecem-se as formas que vão abaixo descritas.

13.3.3. Desconto em folha de pagamento

O art. 16 de Lei de Alimentos determina que, na execução de sentença ou acordo nas ações de alimentos, obedecer-se-á ao meio executório do desconto em folha. O art. 529 do Código de Processo Civil da Lei nº 13.105/2015 trata pormenorizadamente da espécie: "Quando o executado for funcionário público, militar, diretor ou gerente de empresa ou empregado sujeito à legislação do trabalho, o exequente poderá requerer o desconto em folha de pagamento da importância da prestação alimentícia.

§ 1º Ao proferir a decisão, o juiz oficiará à autoridade, à empresa ou ao empregador, determinando, sob pena de crime de desobediência, o desconto a partir da primeira remuneração posterior do executado, a contar do protocolo do ofício.

§ 2º O ofício conterá o nome e o número de inscrição no Cadastro de Pessoas Físicas do exequente e do executado, a importância a ser descontada mensalmente, o tempo de sua duração e a conta na qual deve ser feito o depósito".

Esta preferência está clara na lei, tendo se mostrado um meio eficiente de expropriação que busca arrecadar os valores devidos diretamente da fonte pagadora.

Jurisprudencialmente, ao tempo do CPC/1973, vinha enfatizado tal meio, mesmo que não previsto no acordo ou na decisão que fixou os alimentos: "Ora, dispõe o art. 7º do Decreto-Lei nº 3.200, de 19.01.1941, que a pensão alimentícia será descontada, a requerimento do interessado e por ordem do juiz, das vantagens pecuniárias do cargo ou função pública ou do emprego em serviço ou empresa particular, que exerça o devedor, e paga diretamente ao beneficiário, sempre que o pagamento da pensão, fixada por sentença judicial ou por acordo homologado em Juízo, não estiver suficientemente assegurado ou não se fizer com inteira regularidade...

'Determinando o juiz o desconto em folha de pagamento, ou em rendimentos do devedor, a execução assim se fará. Não está, porém, o credor obrigado a promover, primeiro, a execução comum, para, depois, ingressar com a especial. Em execução vige o princípio da via menos gravosa para o devedor (art. 620), mas a hipótese nele não se ajusta, pois a lei criou opção para o credor, sem submetê-lo a nenhuma condição' (Ernane Fidélis dos Santos, Manual de Direito Processual Civil, vol. III/244, nº 1.276).

Por outro lado, não implicando a forma de execução da sentença de alimentos mediante desconto em folha, 'em nenhum agravamento da responsabilidade a cargo do devedor, não obsta à sua determinação o fato de nada haver sido convencionado a respeito do acordo, ou fixado na sentença originária' (cf. Yussef Said Cahali, *Dos Alimentos*, 1986, p. 606)."[184] De anotar que o art. 620, acima mencionado, corresponde ao art. 805 do CPC/2015.

Deve preceder esta modalidade de cumprimento as demais vias, máxime aquela concernente à pena de prisão, a qual não se aplicará se possível o desconto, segundo reiterava a jurisprudência ao tempo do CPC anterior: "Alimentos. Execução. Pedido de prisão do alimentante. Inadmissibilidade na espécie. Funcionário público. Possibilidade de desconto em folha. Tratando-se de funcionário público, a pensão alimentícia a que está obrigado a prestar pode ser executada mediante desconto em folha de pagamento, não sendo caso de decretar-se, desde logo, a sua prisão."[185]

Se bem que, embora não se veja coerência na decisão, o STJ já decidiu o contrário, sendo exemplo o seguinte aresto: "A circunstância de o devedor estar vinculado a emprego não obriga o credor ao desconto em folha de pagamento. Mesmo nessa hipótese é viável a execução nos termos do art. 733 do CPC" (Recurso Ordinário em Habeas Corpus nº 19.408/SP. 3ª Turma. Julgado em 01.06.2006, *DJ* de 19.06.2006). O citado art. 733 corresponde ao art. 528 do CPC/2015.

Para o desconto basta um mero pedido nos autos onde se firmou a obrigação, ordenando o juiz que se oficie à fonte pagadora, ou que se intime o responsável que efetua o pagamento. Se arquivado já o processo, a parte credora requererá o desarquivamento, e solicitará a determinação do desconto.

Tanto se procede desta forma que as leis processuais não delineiam um caminho específico. Desenvolvem unicamente o procedimento de cumprimento de quantia certa ou através da coação por meio da prisão.

13.3.4. Expropriação de aluguéis e outros rendimentos

Esta constava do art. 17 da Lei nº 5.478 (revogado pelo CPC/2015): "Quando não for possível a efetivação executiva da sentença ou do acordo mediante desconto em folha,

---

[184] TJSP. Agravo de Instrumento nº 124.870-1. 6ª Câm. Civil, de 09.11.1989, *Revista de Jurisprudência do TJ de São Paulo*, Lex, 124/317.
[185] *Revista dos Tribunais*, 491/81.

poderão ser as prestações cobradas de alugueres de prédios ou de quaisquer outros rendimentos do devedor, que serão recebidos diretamente pelo alimentando ou por depositário nomeado pelo juiz."

O art. 17 previne e possibilita tal maneira de conseguir a prestação alimentícia, que tem aplicação, obviamente, na hipótese do patrimônio do devedor produzir bens que trazem rendimentos. Trata-se de mais uma garantia da obrigação. O CPC de 2015, no § 3º do art. 529, também garante mais genericamente o direito do desconto nos rendimentos ou rendas que aufere o devedor: "Sem prejuízo do pagamento dos alimentos vincendos, o débito objeto de execução pode ser descontado dos rendimentos ou rendas do executado, de forma parcelada, nos termos do caput deste artigo, contanto que, somado à parcela devida, não ultrapasse cinquenta por cento de seus ganhos líquidos". Denota-se a abertura para a cobrança dos alimentos nos rendimentos ou rendas que aufere o devedor, como junto aos investimentos decorrentes de aplicações em fundos; na distribuição de lucros nas empresas; nos valores devidos em locações, arrendamentos e parecerias; nos pro labores estabelecidos nas sociedades empresariais; e inclusive nos juros pagos por instituições financeiras nos depósitos bancários.

Lembra Sérgio Gilberto Porto um caso de autorização para o levantamento do Fundo de Garantia por Tempo de Serviço, concedida pelo Tribunal de Alçada do Paraná (*Revista dos Tribunais*, 472/221), justificando este procedimento: "Cumpre observar o acerto na decisão, pois embora o FGTS não se constitua em renda propriamente dita, certo é que hoje, dada a sua relevância e leque de opções para aplicação, integra o patrimônio do trabalhador e como tal é possível de levantamento para uso na satisfação de pensão alimentar. É que cabe também registrar que não impondo a lei qualquer restrição à natureza do rendimento que pode ser usado para satisfação do débito alimentar, oportuno observar que se a lei nada restringiu, não cabe ao intérprete restringir a área de incidência do instituto, pois se ela não disse é porque quis que não fosse dito. Assim, conclui-se que todo e qualquer rendimento pode vir a ser objeto de retenção para cumprimento de obrigação alimentar."[186]

Também nesta maneira de cumprimento se procede nos próprios autos onde ficaram estabelecidos os alimentos, não devendo o credor ingressar com um processo próprio. Na falta da previsão de um rito específico pela lei, depreende-se que se pede o cumprimento através de simples ordem expedida pelo juiz, àquele que faz os pagamentos dos aluguéis ou quaisquer rendimentos, devendo arcar com a responsabilidade do pagamento se descumprir a determinação.

13.3.5. Constituição de capital em imóveis, títulos da dívida pública, aplicações financeiras, substituível pela inclusão do beneficiário em folha de pagamento ou outras garantias, e prestação de caução real ou fidejussória e usufruto de determinado bem

Os alimentos, na espécie, decorrem da indenização por ato ilícito. Não se impede, todavia, que as regras se apliquem aos alimentos provenientes das relações plúrimas de família.

A constituição de capital vinha permitida pelo art. 475-Q do Código de Processo Civil de 1973 na condenação a prestar alimentos *ex delicti*. O capital consistia em imóveis ou

---

[186] *Doutrina e Prática dos Alimentos*, obra citada, p. 78.

Cap. XXV | Alimentos • 753

títulos da dívida pública, e inclusive no depósito de certa quantia em dinheiro, de modo a resultar o rendimento equivalente à pensão mensal.

Assim constava do citado art. 475-Q: "Quando a indenização por ato ilícito incluir prestação de alimentos, o juiz, quanto a esta parte, poderá ordenar ao devedor constituição de capital, cuja renda assegure o pagamento do valor mensal da pensão".

O vigente Código de Processo Civil trata da matéria no art. 533 e em seus parágrafos.

Reza o art. 533: "Quando a indenização por ato ilícito incluir prestação de alimentos, caberá ao executado, a requerimento do exequente, constituir capital cuja renda assegure o pagamento do valor mensal da pensão". Pelo teor do dispositivo, a obrigação alimentar decorre de uma sentença proferida em ação de indenização, em que a vítima tinha dependentes a quem sustentava ou prestava alimentos. A indenização corresponde justamente ao prejuízo, que equivale ao montante com o qual se dava a contribuição. Esse o caráter alimentar da indenização, isto é, justamente porque a pessoa prestava alimentos aos seus dependentes.

Traz o § 1º as modalidades da constituição: "O capital a que se refere o *caput*, representado por imóveis ou por direitos reais sobre imóveis suscetíveis de alienação, títulos da dívida pública ou aplicações financeiras em banco oficial, será inalienável e impenhorável enquanto durar a obrigação do executado, além de constituir-se em patrimônio de afetação".

Permite o § 2º a substituição da constituição pela inclusão na folha de pagamento: "O juiz poderá substituir a constituição do capital pela inclusão do exequente em folha de pagamento de pessoa jurídica de notória capacidade econômica ou, a requerimento do executado, por fiança bancária ou garantia real, em valor a ser arbitrado de imediato pelo juiz".

No pertinente à caução real ou fidejussória, contemplada no acima transcrito § 2º, fica sub-rogada no capital em títulos ou imóveis. Vem a mesma também admitida no art. 21 da Lei nº 6.515, que segue em vigor, eis que não regulada diferentemente a matéria pelo atual Código Civil: "Para assegurar o pagamento da pensão alimentícia, o juiz poderá determinar a constituição de garantia real ou fidejussória."

Relativamente ao usufruto, é autorizado no § 1º do mesmo artigo 21: "Se o cônjuge credor preferir, o juiz poderá determinar que a pensão consista em usufruto de determinados bens do cônjuge devedor."

Imposição esta que se viabiliza no caso de dificultar o devedor o recebimento regular, pelo credor, da pensão, de acordo com o § 2º do art. 21.

O § 3º do art. 533 do CPC/2015 aponta para a possibilidade de modificação da prestação, se houve mudança da situação econômica: "Se sobrevier modificação nas condições econômicas, poderá a parte requerer, conforme as circunstâncias, redução ou aumento da prestação". A modificação da situação econômica apta a modificar a prestação restringe-se, aqui, à indenização na qual estão embutidos os alimentos. Não se dirige o dispositivo aos alimentos comuns, decorrentes de relação familiar ou parental, pois outro é o regramento.

Conforme o § 4º, a prestação alimentícia poderá ser fixada tomando por base o salário-mínimo. Por último, o § 5º ordena que o juiz, finda a obrigação de prestar alimentos, mandará liberar o capital, cessar o desconto em folha ou cancelar as garantias prestadas.

O Código de Processo Civil de 1973 tinha um procedimento próprio para a formalização da caução, que vinha nos arts. 826 a 835. Ingressava-se com uma ação de rito cautelar, na qual formulava-se o pedido para que o obrigado oferecesse a devida garantia.

754 • Direito de Família | *Arnaldo Rizzardo*

Consoante o sistema do CPC/2015, o cumprimento por meio de usufruto ou de constituição de capital processa-se nos próprios autos do pedido de cumprimento.

13.3.6. Cumprimento através de expropriação de bens

Pode o credor eleger o rito do cumprimento da sentença por quantia certa contra devedor solvente. O art. 18 da Lei nº 5.478/1968 (revogado pelo CPC/2015) autorizava expressamente esta forma: "Se, ainda assim, não for possível a satisfação do débito, poderá o credor requerer a execução da sentença na forma dos arts. 732, 733 e 735 do Código de Processo Civil." Os preceitos citados são da lei processual de 1973, que correspondem ao art. 528, e ao seu § 8º, do CPC/2015.

O crédito alimentar constitui, de modo geral, o título executivo judicial, pois normalmente advém de sentença judicial ou acordo homologado pelo juiz.

Dentre os dispositivos citados no art. 18, encontra-se o art. 732, que possibilitava tal modalidade: "A execução de sentença, que condena ao pagamento de prestação alimentícia, far-se-á conforme o dispositivo no Capítulo IV deste Título."

E o parágrafo único: "Recaindo a penhora em dinheiro, o oferecimento de embargos não obsta a que o exequente levante mensalmente a importância da prestação."

O Capítulo IV do Título I, Livro II, cuidava justamente da responsabilidade patrimonial no cumprimento das obrigações.

Com o Código processual de 2015, a opção está garantida no § 8º do art. 528: "O exequente pode optar por promover o cumprimento da sentença ou decisão desde logo, nos termos do disposto neste Livro, Título II, Capítulo III, caso em que não será admissível a prisão do executado, e, recaindo a penhora em dinheiro, a concessão de efeito suspensivo à impugnação não obsta a que o exequente levante mensalmente a importância da prestação".

O Capítulo III, Título II, do Livro I, da Parte Especial disciplina justamente do cumprimento definitivo da sentença que reconhece a exigibilidade de obrigação de pagar quantia certa.

Pretendendo o credor o recebimento de quantia certa, ingressará com pedido de cumprimento da sentença, a fim de obter a satisfação de seu crédito. Todos os bens do devedor, exceto as restrições estabelecidas em lei, respondem para o cumprimento da obrigação (art. 789 do CPC/2015).

Primeiramente, a teor dos arts. 523 e seu § 1º, e 525 e seu § 6º, do CPC/2015, promove-se a realização da intimação, para que se efetue o pagamento do montante devido, no lapso temporal de quinze dias, sob pena de incidência de multa no percentual de dez por cento. Na omissão do devedor, deve o titular do crédito postular a efetivação da penhora e da avaliação.

Não efetuado o pagamento no lapso de tempo concedido, inicia o prazo para a impugnação, que é de quinze dias, a teor do art. 525: "Transcorrido o prazo previsto no art. 523 sem o pagamento voluntário, inicia-se o prazo de 15 (quinze) dias para que o executado, independentemente de penhora ou nova intimação, apresente, nos próprios autos, sua impugnação".

O § 1º arrola a matéria suscetível de alegação na impugnação:

"Na impugnação, o executado poderá alegar:

I – falta ou nulidade da citação se, na fase de conhecimento, o processo correu à revelia;

Cap. XXV | Alimentos • 755

II – ilegitimidade de parte;

III – inexequibilidade do título ou inexigibilidade da obrigação;

IV – penhora incorreta ou avaliação errônea;

V – excesso de execução ou cumulação indevida de execuções;

VI – incompetência absoluta ou relativa do juízo da execução;

VII – qualquer causa modificativa ou extintiva da obrigação, como pagamento, novação, compensação, transação ou prescrição, desde que supervenientes à sentença".

Concede-se à impugnação efeito suspensivo unicamente se garantido o juízo com penhora, caução ou depósito, e se relevantes os fundamentos e se o prosseguimento da execução seja manifestamente suscetível de causar ao executado grave dano de difícil ou incerta reparação, em atendimento ao § 6º do art. 525: "A apresentação de impugnação não impede a prática dos atos executivos, inclusive os de expropriação, podendo o juiz, a requerimento do executado e desde que garantido o juízo com penhora, caução ou depósito suficientes, atribuir-lhe efeito suspensivo, se seus fundamentos forem relevantes e se o prosseguimento da execução for manifestamente suscetível de causar ao executado grave dano de difícil ou incerta reparação".

Recaindo a penhora em dinheiro, mesmo que se conceda à impugnação o efeito suspensivo, autoriza-se o levantamento do valor em consonância com o que é devido, permissão constante da segunda parte do § 8º do art. 528: "..., recaindo a penhora em dinheiro, a concessão de efeito suspensivo à impugnação não obsta a que o exequente levante mensalmente a importância da prestação". O levantamento é restrito à cifra da prestação que vence mês a mês. Não conduz a inferir alguma arbitrariedade no dispositivo, porquanto amparado o levantamento em decisão que fixou a prestação. Há, isto é, um privilégio frente a outras espécies de bens penhorados.

A penhora em outros bens importa em adjudicação pelo credor desde que se faça em montante equivalente à avaliação (art. 876 do CPC/2015), ou ao valor levado para a praça e o leilão. Aceita-se, inclusive, a reserva dos rendimentos do bem, se for o caso, com a finalidade de pagar as prestações. Se, todavia, tratar-se de outros bens, na esteira do entendimento de Araken de Assis, prevalecendo ainda a lição, "ao credor falece qualquer alternativa senão aguardar o momento culminante da alienação forçada, ou seja, a conversão do bem penhorado em dinheiro para então entrar na fase satisfativa. Essas são as razões que espantam os credores da execução por quantia certa e, de algum modo, influenciam o legislador para criar o remédio expedito da coação pessoal".[187]

No incidente de defesa, não cabe ilidir a pretensão sustentando a impossibilidade, ou o desemprego, ou a ocorrência de males e doenças etc., eis que o crédito se realizará através da expropriação de bens.

Neste sentido, se decidiu: "Execução de alimentos. Pai alimentante que oferece embargos à execução de alimentos, apresentando razões ou justificações que não desconstituem o crédito. Unicamente na execução através de prisão civil é permitida a justificação da impossibilidade de atender a obrigação. Na execução por quantia certa contra devedor solvente, através de penhora, avaliação e arrematação, restringir-se-á a defesa à matéria alegada nas obrigações civis comuns, como a indicada nos vários incisos do art. 741 do

---

[187] *Da execução de Alimentos e Prisão do Devedor*, Porto Alegre, Sérgio Antônio Fabris Editor, 1985, p. 52.

756 • Direito de Família | *Arnaldo Rizzardo*

CPC. Não se pode admitir defesa que procura arredar do progenitor a obrigação natural de sustentar filhos menores. Sentença confirmada pelos próprios fundamentos."[188] De observar que a matéria do art. 741 referido consta no art. 525, § 1°, do CPC/2015.

De outro lado, não invocável a impenhorabilidade instituída pela Lei n° 8.009, de 29.03.1990, eis que expressamente prevista a exceção no art. 3°, inc. III, com as ressalvas vindas da Lei n° 13.144/2015: "A impenhorabilidade é oponível em qualquer processo de execução civil, fiscal, previdenciária, trabalhista ou de outra natureza, salvo se movido: (...)

> III - pelo credor da pensão alimentícia, resguardados os direitos, sobre o bem, do seu coproprietário que, com o devedor, integre união estável ou conjugal, observadas as hipóteses em que ambos responderão pela dívida".

Se fosse mantida a impenhorabilidade, haveria uma valorização maior dos bens materiais que a própria vida das pessoas dependentes do alimentante.

No caso de penhora de salários, ou aposentadorias, proventos, remunerações por prestação pessoal de serviços, pensões, pecúlios e outras rendas resultantes do trabalho, bem como de quantia depositada em caderneta de poupança, até o limite de quarenta salários mínimos, não incide a impenhorabilidade do art. 833, incisos IV e X, do CPC/2015, por imposição de seu § 2°, estabelecendo que "o disposto nos incisos IV e X do caput não se aplica à hipótese de penhora para pagamento de prestação alimentícia, independentemente de sua origem, bem como às importâncias excedentes a 50 (cinquenta) salários-mínimos mensais, devendo a constrição observar o disposto no art. 528, § 8°, e no art. 529, § 3°". O referido art. 528, § 8°, disciplina justamente o cumprimento da sentença que fixa alimentos através da expropriação de bens, enquanto o art. 529, § 3° cuida do cumprimento através do desconto dos "rendimentos ou rendas do executado, de forma parcelada, nos termos do *caput* deste artigo, contanto que, somado à parcela devida, não ultrapasse cinquenta por cento de seus ganhos líquidos".

Oportuna a seguinte decisão sobre o desconto da pensão nos proventos do devedor, constante do REsp. n° 770.797/RS, da Terceira Turma do STJ, relatora Ministra Nancy Andrighi, j. em 29.11.2006, *DJU* de 18.12.2006:

"Penhora de aposentadoria. Possibilidade. Art. 649, IV, do CPC. Penhora da integralidade do valor da aposentadoria.

Inadmissibilidade. Necessidade de fixação em percentual que possibilite a subsistência do executado-alimentante.

Os proventos líquidos de aposentadoria podem ser penhorados para pagamento de execução de pensão alimentícia, não obstante o inc. IV, do art. 649, do CPC silencie a esse respeito.

Para pagamento de prestação alimentícia, não pode ser penhorada a integralidade dos proventos líquidos de aposentadoria, mas apenas um percentual que permita o indispensável à subsistência do executado-alimentante; que, na espécie, é fixado em 66% dos proventos líquidos da aposentadoria mensal do recorrente.

---

[188] TJRS. Apel. Cível n° 589074566. 2ª Câm. Cível do , de 14.02.1990, *Revista de Jurisprudência do TJ do RS*, 148/233.

Recurso especial provido apenas para adequação do percentual da Penhora". O citado art. 649, IV, corresponde ao art. 833, IV, do CPC/2015.

O art. 531 autoriza o cumprimento da sentença por expropriação de bens igualmente nos alimentos provisórios: "O disposto neste Capítulo aplica-se aos alimentos definitivos ou provisórios".

13.3.7. Cumprimento através de coação pessoal ou prisão

Diz Sérgio Gischkow Pereira: "A prisão por alimentos não se refere a uma dívida comum, de direito das obrigações, mas, sim, tutela interesses sociais e individuais de indescritível essencialidade. É a própria sobrevivência-valor, obviamente, em escala altíssima no tocante às conveniências dos devedores."[189]

Esta forma de cumprimento é causa de várias controvérsias.

Na própria Constituição Federal está contemplada, a exemplo das Cartas anteriores. Com efeito, proclama o art. 5º, inc. LXVII: "Não haverá prisão civil por dívida, salvo a do responsável pelo inadimplemento voluntário e inescusável de obrigação alimentícia e a do depositário infiel."

Arnaldo Marmitt, embora na visão de décadas atrás, elencou as razões e o consenso dominante favoráveis e ainda vigorantes à prisão por dívida de alimentos: "Entre nós, inexiste no momento nenhuma preocupação em abolir a prisão civil, máxime a por alimentos. Ela tem sido aplaudida pela população mais carente, como causa de sobrevivência de muitas crianças. O Estado não tem como resolver todas as questões de miséria e de penúria, quando a mulher é abandonada pelo marido, e fica sem possibilidade de sustentar a prole. Nestas situações, a mãe, muitas vezes, sente-se compelida a furtar alimentos para os filhos menores, quando então é presa em flagrante. Nem o Poder Público e nem a sociedade têm interesses em banir da legislação esse tipo de confinamento pessoal, que tem salutar significação, e que atua como dique ou barreira para evitar males piores. Ao menos no estágio atual da sociedade brasileira não há responsabilidade suficiente para tirar do ordenamento jurídico a medida que, em vez de excrescência jurídica, muitas vezes representa uma grande fonte de vida e de esperança. Tanto isto é verdade, que o legislador constitucional manteve a prisão por dívida do responsável pelo inadimplemento voluntário e inescusável de obrigação alimentar e a do depositário infiel. A deste último, na atual conjuntura do direito e da vida nacional, também se justifica plenamente como necessária, e isso por razões óbvias. Entre essas sobressaem a facilidade dos desvios dos bens móveis depositados, e a falta de outra medida coercitiva forte ou o seu equivalente em dinheiro."[190]

Há de se atentar para a redação do art. 528 do Código de Processo Civil da Lei nº 13.105/2015, que mantém a versão da lei processual anterior: "No cumprimento de sentença que condene ao pagamento de prestação alimentícia ou de decisão interlocutória que fixe alimentos, o juiz, a requerimento do exequente, mandará intimar o executado pessoalmente para, em 3 (três) dias, pagar o débito, provar que o fez ou justificar a impossibilidade de efetuá-lo."

---

[189] "Alimentos e Prisão Civil", *AJURIS – Revista da Associação dos Juízes do RS*, Porto Alegre, nº 10, p. 38, 1977.
[190] *Prisão Civil por Alimentos e Depositário Infiel*, 1ª ed., Rio de Janeiro, Aide, 1989, pp. 15 e 16.

13.3.7.1. O *quantum* e a forma de cumprimento da pena

Uma dúvida, que em geral sempre aparece e tem gerado discussões, é a concernente ao prazo da pena ou medida coercitiva.

É óbvio que, uma vez cumprida a pena por descumprimento do dever alimentar, não cabe fixar-se nova condenação de pena pelo mesmo inadimplemento. Unicamente por dívidas posteriores é que se viabiliza nova aplicação da sanção de prisão.

De observar, antes, que o art. 19 da Lei nº 5.478 também comina, ao devedor relapso, a pena de prisão, mas pelo prazo máximo de sessenta dias: "O juiz, para instrução da causa ou na execução da sentença ou do acordo, poderá tomar todas as providências necessárias para seu esclarecimento ou para o cumprimento do julgado ou do acordo, inclusive a decretação da prisão do devedor até 60 (sessenta) dias."

Pelo Código de Processo Civil, duas as penalidades: o protesto do pronunciamento judicial e a prisão civil.

A primeira vem estabelecida no § 1º do art. 528: "Caso o executado, no prazo referido no *caput*, não efetue o pagamento, não prove que o efetuou ou não apresente justificativa da impossibilidade de efetuá-lo, o juiz mandará protestar o pronunciamento judicial, aplicando-se, no que couber, o disposto no art. 517".

A segunda está no § 3º do mesmo artigo: "Se o executado não pagar ou se a justificativa apresentada não for aceita, o juiz, além de mandar protestar o pronunciamento judicial na forma do § 1º, decretar-lhe-á a prisão pelo prazo de 1 (um) a 3 (três) meses".

Faculta-se ao juiz optar, ao determinar a pena, ou pelo fundamento do Código de Processo Civil, ou pelo da Lei nº 5.478. Embora autores de peso sustentem a aplicação de pena no máximo de sessenta dias, por ser mais favorável ao paciente da medida excepcional,[191] parece que a melhor interpretação é a que endossa a medida de coação de até três meses. Se o legislador efetivamente quisesse a incidência da coação mais branda, não manteria o quantitativo do então art. 733 de 1973, e nem repetiria a extensão no Código processual de 2015. Teria levado a termo uma adaptação da regra à redação do art. 19, como o fez com outros dispositivos, através da Lei nº 6.014.

Ou seja, tem-se sustentado que, por ser a prisão forma coercitiva para conseguir o pagamento, deve ser feita da maneira menos gravosa possível, e daí não poder ultrapassar ao *quantum* do art. 19 da Lei nº 5.478, como se a privação da liberdade fosse mais importante que a própria vida.

Acontece que, mais por razões de escrúpulos injustificados, constata-se um pertinaz temor em aplicar a prisão, que alguns consideram um simples expediente coercitivo para lograr-se o cumprimento da obrigação.

Nesta linha, muitos entendem que, antes do decreto de prisão, cabe ao credor tentar todos os outros caminhos para o recebimento do valor. Se houver bens, há de se expropriá-los.

Esta solução revela-se extremamente discriminatória: apenas estariam a coberto da prisão os que fossem aquinhoados de significativo patrimônio. Foi o que já se decidiu: "O credor de pensão alimentícia não está obrigado a esgotar primeiramente os meios comuns de execução, sendo sua opção entre requerer a citação com cominação de prisão ou apenas a penhora."

---

[191] Yussef Said Cahali, *Dos Alimentos*, obra citada, p. 640; Sérgio Gischkow Pereira, *Ação de Alimentos*, obra citada, p. 69.

Cap. XXV | Alimentos • **759**

Colhe-se no voto do relator: "Quanto à necessidade ou não de se esgotarem primeiramente os meios comuns de execução, as interpretações ostentam divergência. Uma dessas correntes entende que, contra o alimentante com recursos financeiros suscetíveis de arresto e penhora, não se justifica a prisão civil do devedor (cf. TJSP, *Jurisprudência Brasileira*, 151/145. Também: TJMG, *RT* 576/219; TJRS, *Jurisprudência Brasileira*, 31/218; TJSP, *Jurisprudência dos Alimentos*, R. Limongi França, pp. 259 e 260).

Outra exegese, no entanto, mais convincente, argumenta que a tese supra colide frontalmente com as características da obrigação alimentar, com a urgência de que se reveste o crédito de alimentos, com a relevância social do tema, com o significado humano que impregna o assunto (Sérgio G. Pereira, *AJURIS* 24/158), cabendo ao credor a opção (Humberto Theodoro Júnior, *Processo de Execução*, p. 339; também Luiz Flávio Gomes, *RT* 582/9).

Em última análise, a primeira corrente seria até injusta, posto que somente as pessoas sem recursos patrimoniais estariam sujeitas à prisão."[192]

O entendimento de se trilharem, antes, outros caminhos para o cumprimento, favoreceria delongas e malabarismos forenses, retardando a prestação alimentícia, e contrariando a função peculiar dos alimentos, cuja urgência impõe medidas duras e rápidas para o pronto fornecimento.

No pertinente ao modo de cumprimento da pena de prisão, o entendimento dominante na vigência do Código de 1973, levava a não internar o devedor-condenado em uma cela fechada. Concedia-se-lhe prisão favorável, que é a sob o regime aberto, ou seja, com a permissão do exercício de atividades durante o dia, e a permanência em uma casa de custódia, geralmente albergue, à noite. Não havendo um regime legal para o cumprimento da prisão nesse caso, colocava-se como alternativa mais apropriada, segundo os intérpretes condescendentes, a permanência em regime aberto, com a permissão do trabalho diurno, visando à finalidade de cumprir com a obrigação alimentar. Inclusive, numa subversão da ordem da competência, alguns órgãos das corregedorias de justiça dos Tribunais de Justiça expediam determinações neste sentido. Malgrado a intenção em mitigar as sanções, representava essa suavização um encorajamento para a inadimplência, com graves consequências para os alimentandos, o que é próprio de uma cultura propensa para tolerar a irresponsabilidade.

Com o Código de 2015, a prisão será cumprida no regime fechado, por força do § 4º do art. 528: "A prisão será cumprida em regime fechado, devendo o preso ficar separado dos presos comuns".

Conforme já referido, o juiz mandará, também, protestar o pronunciamento judicial.

13.3.7.2. Condições e requisitos para decretar a prisão

Portanto, em vista do acima argumentado, não se pense que o pedido de prisão civil só pode ser formulado depois de tentada a execução por quantia certa, conforme já dominava no regime do Código de Processo Civil de 1973 e perdura na vigência do atual. Valem os fundamentos do seguinte aresto: "É pacífico na jurisprudência que o credor, para pedir a prisão civil do devedor inadimplente de alimentos, não está obrigado, antes, a promover uma possível execução por quantia certa contra devedor solvente. A doutrina também é essa, não havendo o que discutir, nesse ponto."

Porém, antes de buscar a prisão, aconselhável se tente o recebimento de outra forma, como o desconto em folha ou a penhora de valores depositados. Embora, como justificado

---

[192] TJPR. *Habeas Corpus* nº 13.736-0. 4ª Câm. Cível, de 06.03.1991, *Revista dos Tribunais*, 670/132.

em item anterior, não se faça obrigatório o exaurimento das possibilidades por outras formas de cumprimento, há entendimento favorável a buscar a satisfação através do desconto em folha de pagamento ou de instrumentos de igual ou superior eficácia prática: "O que se exige, previamente à prisão civil, é o exaurimento dos meios sub-rogatórios dotados de igual ou superior eficácia prática; nesse sentido a lição do eminente jurista e magistrado Yussef Said Cahali, que, ao encerrar o estudo da matéria, assim dispõe: 'Em síntese, o exaurimento da execução por sub-rogação, como condição para o emprego dos meios coercitivos do art. 733 e parágrafos do Código de Processo Civil, só se faz exigível nos limites do pagamento direto do art. 734 do Código de Processo Civil e do art. 17 da Lei de Alimentos' (*Dos Alimentos*, 1ª ed., 2ª tiragem, São Paulo, RT, 1985, p. 638)".[193] O art. 733 e seus parágrafos, e mais o art. 734, acima nominados, correspondem ao art. 528 e parágrafos e ao art. 529 do CPC/2015.

Uma vez não conseguindo a execução pelo desconto na folha de pagamento, ou por meio de penhora de valores depositados, o caminho mais apropriado está na prisão, não se exigindo que se proceda pela expropriação de bens, no que bem fundamentou a 3ª Câm. de Direito Privado, do Tribunal de Justiça de São Paulo, no Agravo de Instrumento nº 169.392-4/6, de 14.11.2000, em *ADV Jurisprudência*, nº 7, p. 108, de 18.02.2001:

"Assiste ao credor o direito de optar pela forma de execução que melhor possibilite a cobrança das prestações em atraso, quando evidenciada a inocuidade das outras vias judiciais. Se o devedor não possui bens que possam ser penhorados, inócua se torna a execução por quantia certa.

Consoante decidiu o Colendo Superior Tribunal de Justiça, pelo voto do Em. Min. Asfor Rocha, 'não é só e só porque as prestações sejam pretéritas, que fica suprimido do credor o direito de buscar o seu cumprimento por aquelas formas austeras e eficazes, como alguns afirmam com o sedutor argumento de que, tendo o credor sobrevivido até então sem a percepção dos alimentos a que teria direito, não haveria mais o direito à própria sobrevivência, por aquele tempo pretérito, a ser imediatamente tutelado'.

Na sequência, aduz o mencionado Relator: 'Acontece, contudo, que o credor não desidioso, aquele que efetivamente necessitava dos alimentos para manter a própria vida, se, não os recebendo, mesmo assim conseguiu sobreviver, certamente ficou de algum modo onerado em decorrência da falta cometida pelo devedor: a) seja porque teve que recorrer a empréstimos, que certamente pagará com juros; b) seja porque recebeu préstimos de alguém que o amparou, pelo que o débito contraído nenhum dinheiro nunca pagará; c) seja porque sofreu os vexames decorrentes da queda de seu padrão e de sua qualidade de vida, e esse tempo em que assim mais sofrimento viveu jamais poderá ter por recomposto. Portanto, seja por qual dessas razões for, o só e só fato de que as prestações sejam pretéritas não pode importar em supressão do direito do credor de buscar o cumprimento do seu crédito alimentar por aquelas formas austeras e eficazes, acima enunciadas".

Quanto à forma de cobrança, aquela através do pedido de cumprimento de quantia certa, é simples: o credor requer a intimação do devedor, inclusive por carta, para que, no prazo de quinze dias, pague a dívida, sob pena de incidir a multa de dez por cento do valor. Não efetuado o pagamento, o credor pedirá a expedição de mandado de penhora e avaliação, medidas que se efetivam. Intima-se o devedor, por seu representante ou advogado, ou pelos empregados que se encontram no local, para o oferecimento da impugnação, reservando-se, para tanto, o prazo de quinze dias (arts. 523 e 524 do CPC/2015).

---

[193] TJSP. Agravo de Instrumento nº 134.443-1. 1ª Câm. Cível, de 28.08.1990, *Revista de Jurisprudência do TJ de São Paulo*, 131/339.

Cap. XXV | Alimentos • **761**

No pedido do cumprimento sob pena de prisão, ou por coação pessoal, altera-se o pedido: o credor requererá a citação do devedor para que, no prazo de três dias, efetue o pagamento, ou prove que o fez tempestivamente, ou justifique a impossibilidade de fazê-lo, sob pena de prisão de um a três meses (art. 528, § 3º, do CPC). Conforme entendimento geral, é indispensável que o pedido de prisão venha expresso, sem admitir-se que o juiz possa decretá-la de ofício: "Procede-se à execução, mesmo em se tratando de débito por alimentos, no interesse do credor, a única pessoa que possui legitimação ativa para reclamar o início do processo respectivo, segundo se depreende, por sinal, dos arts. 614 e 615 do Código de Processo Civil.

Outro não é, ademais, o sentido da norma do art. 18 da Lei nº 5.478, de 1968 (revogado pelo CPC/2015), que expressamente previu a faculdade outorgada ao credor de escolher o modo pelo qual se fará a execução por alimentos, e não for possível o desconto em folha ou a cobrança direta do recebimento de alugueres e outros rendimentos do devedor.

Aliás, já se decidiu nesta egrégia Corte que a prisão civil do devedor de alimentos não pode ser decretada de ofício, dependente que está de requerimento do credor, como decorre do magistério de Amílcar de Castro: '... Depende do requerimento do credor, porque este estará sempre em melhores condições que o juiz, para avaliar sua eficácia e oportunidade. Deixa-se ao exequente a liberdade de pedir, ou não, a aplicação desse meio executivo de coação, quando, no caso concreto, veja que lhe vai ser de utilidade, pois pode muito bem acontecer que o exequente, maio interessado na questão, por qualquer motivo, não julgue oportuna e até considere inconveniente a prisão do executado' (*RT*, vol., 488/294)".[194] Os arts. 614 e 615 acima declinados correspondem aos arts. 798 e 799 do CPC/2015.

Recebendo a petição, o juiz ordenará a citação nos seus precisos termos, isto é, para que o devedor pague o valor pretendido, prove que pagou ou justifique a impossibilidade. É evidente que não cabe a prisão de imediato, sob pena de incorrer em flagrante ilegalidade, atacável pela via do *habeas corpus*.

No tríduo reservado à defesa, poderá o devedor pagar, ou provar que já solveu a obrigação, ou justificar a impossibilidade do pagamento.

Quanto ao pagamento, há de constar o valor devido na inicial e no mandado de citação. De outra parte, deverá encontrar-se correto o montante cobrado. Arnaldo Marmitt melhor discriminou os requisitos que deve conter o mandado: "Por equivaler a uma coação imposta com finalidade econômica, uma vez satisfeito o interesse pecuniário, a prisão civil deixa de existir. O respectivo mandado deve conter em seu bojo o montante exato do débito, assim como sucede relativamente ao valor da fiança, nos delitos afiançáveis, *ut* art. 285, letra *d*, do CPP. Sem essa providência, o devedor não terá condições de futuramente quitar o débito, nem haverá possibilidade de concretizar o aprisionamento."[195]

Não se decretará a prisão se arbitrariamente fixado o valor, ou exceder o real montante que corresponder às prestações inadimplidas. Para tanto, é conveniente, sempre, que seja procedido o cálculo por contador judicial, com a especificação da importância não solvida.

No mandado, constará, outrossim, o *quantum* da pena. É o que demonstrava o já citado Arnaldo Marmitt: "A omissão do prazo pelo qual o devedor da obrigação deve

---

[194] TJSP. *Habeas Corpus* nº 109.786-1. 5ª Câm. Cível, de 29.09.1988, *Revista de Jurisprudência do TJ de São Paulo*, Lex, 117/417.
[195] *Prisão Civil por Alimentos e Depositário Infiel*, obra citada, p. 23.

762 • Direito de Família | *Arnaldo Rizzardo*

ficar preso é falha imperdoável e de decisivas consequências. Se o decreto prisional não o contiver de modo explícito, o fato em si é fatal, conduzindo necessariamente à liberação do paciente, ou à desconstituição do ato judicial ..., sendo obrigação do juiz definir e delimitar a duração, que pode oscilar entre o mínimo e o máximo previstos em lei. O *habeas corpus* é o instrumento eficaz para corrigir o defeito, e também serve de mecanismo para a instância superior apenas reduzir a pena ou fixá-la em termos exatos, ordenando a expedição de alvará de soltura, se o tempo já tiver transcorrido."[196]

Na justificativa do não pagamento, em relação à impossibilidade, cumpre que seja absoluta, nos estritos termos do § 2º do art. 528: "Somente a comprovação de fato que gere a impossibilidade absoluta de pagar justificará o inadimplemento".

Infindáveis razões prestam-se para a defesa, caracterizando a impossibilidade absoluta, como a superveniência de doença, o desemprego, a insolvência econômica, a perda de ente familiar, o nascimento de filho, a condenação criminal e prisão, a catástrofe nos meios de produção da qual advém a renda etc.

Quanto ao desemprego, é admissível que seja motivo suficiente para arredar a obrigação. Não, porém, se constante esta situação, e depreende-se a culpa ou o desinteresse do devedor para isentar-se do pagamento. A respeito, foi decidido: "Prisão civil. Decretação contra devedor de pensão alimentícia. Inadmissibilidade. Situação de penúria do réu, homem falido, doente e desempregado. Impossibilidade, pois, de pagar o débito, aliás vultoso. Constrangimento ilegal caracterizado. Concessão de *habeas corpus*. Inteligência dos arts. 733 e seguintes do Código de Processo Civil. Não cumprida a obrigação alimentar, mas, havendo justificação não desprezível de plano, por impossibilidade presente de pagar, constitui constrangimento ilegal o decreto de prisão sem apreciação expressa dos fatos e sem nenhuma investigação das reais condições econômicas do paciente, que pediu e protestou por provas."[197] Os arts. 733 e seguintes invocados no aresto acima correspondem aos arts. 528 e seguintes do CPC/2015.

E se o devedor prontifica-se a pagar uma parcela da dívida? Necessariamente, não se pode manter uma postura de intransigência, desde que ponderáveis as razões invocadas para o parcelamento da obrigação, e se possível inferir a viabilidade do compromisso em saldar através de prestações o restante da dívida.

Mesmo porque não se concede a prisão em vista da importância pendente de pagamento, e sim por força do inadimplemento presente, ou relativamente atual.

Feita a defesa, ou decorrido o prazo para tanto, o juiz proferirá a decisão, que pode se constituir de um simples despacho, com justificação do deferimento ou não da prisão civil. Araken de Assis bem dá a natureza da decisão, atacável via agravo de instrumento: "A apresentação da defesa do devedor, no prazo assinado, abre um incidente e, como tal, enseja a solução mediante decisão interlocutória (art. 162, § 2º, do CPC). Não existe sentença como quer Pontes de Miranda, porque o provimento não fulmina a execução (art. 795 do CPC), seja porque decretada a prisão sucede idêntica conversão do processo em quantia certa nos termos do art. 733, § 2º, do CPC. O recurso cabível é o de agravo (art. 522 do CPC). No caso de prisão, ele não terá efeito suspensivo *ex vi* do art. 19, § 3º, da Lei de Alimentos. É preciso observar o requisito de fundamentação do ato decisório (art. 165, segunda parte, do CPC), pois, como ensina José Alberto Reis, a parte além de

---

[196] *Prisão Civil por Alimentos e Depositário Infiel*, obra citada, p. 32.
[197] *Revista dos Tribunais*, 466/313.

vencida necessita ser convencida; logo, ... a ausência ou deficiência na fundamentação acarreta nulidade absoluta."[198]

Há a seguinte correspondência dos dispositivos citados acima ao CPC/2015: o art. 162, § 2º, ao art. 203, § 2º; o art. 795 ao art. 925; o art. 733, § 2º, ao art. 528, § 5º; o art. 522 ao art. 1.015; o art. 165, segunda parte, não tem dispositivo equivalente no CPC/2015.

A necessidade de fundamentação é lembrada pelos tribunais: "Se não fizer o pagamento, deverá o requerido justificar a impossibilidade de efetuá-lo, cumpridamente, para que o juiz aprecie a procedência ou não de suas razões...

A jurisprudência é tranquila no sentido de que o despacho que decreta a prisão do devedor deve ser fundamentado, apreciando cumpridamente, sob pena de nulidade, alegada impossibilidade material de cumprimento da obrigação; medida extrema e grave, odiosa mesmo, não se admite que o despacho venha desacompanhado de convincente fundamentação, a fim de propiciar inclusive os indispensáveis elementos para a defesa identificar os motivos da constrição pessoal; não basta a simples remissão, feita pelo despacho, ao art. 733, § 1º, do Código de Processo Civil, impondo-se uma larga sondagem do fundo das provas."[199] O art. 733, § 1º, corresponde ao art. 528, § 3º, do CPC/2015.

Não se pense, finalmente, que o descumprimento em pagar as custas e honorários decorrentes da lide que fixou alimentos oportuniza a coação pessoal. Novamente Arnaldo Marmitt bem elucida a questão: "As custas processuais e os honorários arbitrados em sentença não são exigíveis sob pena de prisão, eis que o devedor só pode ser coagido a pagar estritamente o que se refere a dívida alimentar ou à que diga respeito ao depósito. A prisão será ilegal se incluir tais parcelas. Se acrescido for, ao *quantum*, qualquer outra importância, o confinamento será inconstitucional, por ferir o *jus libertatis*, do obrigado, dando ensejo à liberação através de *habeas corpus*."[200]

13.3.7.3. Reiteração da prisão civil

O pagamento das prestações em atraso importa no relaxamento imediato da prisão (art. 528, § 6º, do CPC/2015), pois é alcançada a finalidade de sua imposição. Lembra-se, no entanto, a possibilidade de sua reiteração. Ela é aplicável tantas vezes quantas vezes forem necessárias, desde que a dívida não envolva o período da prisão. Desta forma se julgou: "Prisão Civil. Reiteração. Prisão por inadimplemento da obrigação alimentar. Pode ser decretada e imposta tantas vezes quantas necessárias ao cumprimento da obrigação. O impedimento do art. 733 do CPC foi revogado pelo art. 4º da Lei nº 6.014, de 27.12.1973, que restabeleceu o § 1º do art. 19 da Lei nº 5.478, de 25.07.1968. Inexiste, em lei, prisão domiciliar na espécie."[201] O art. 733 corresponde ao art. 528 do CPC/2015.

Não cabe a pena se pretendida para coagir o devedor a pagar a mesma prestação para a qual cumpriu a sanção, não se eximindo, porém, da execução comum, segundo o art. 528, § 5º, do CPC/2015: "O cumprimento da pena não exime o executado do pagamento das prestações vencidas e vincendas." Não, porém, com reiteração da prisão pela mesma inadimplência. Mas, por novos inadimplementos, outra sanção é suscetível de ocorrer.

---

[198] *Da Execução de Alimentos e Prisão do Devedor*, obra citada, p. 55.
[199] *Habeas Corpus* nº 123.432-1, da 6ª Câm. Cível do TJ de São Paulo, de 31.08.1989, em *Revista de Jurisprudência do TJ de São Paulo*, Lex, 122/144.
[200] *Prisão Civil por Alimentos e Depositário Infiel,* obra citada, p. 34.
[201] *Revista Trimestral de Jurisprudência*, 79/448.

764 • Direito de Família | *Arnaldo Rizzardo*

Justifica Athos Gusmão Carneiro a possibilidade: "A Lei nº 5.478, de 25.07.1968, inovando a matéria, em seu art. 19, § 1º, não só ensejou a prisão do inadimplente, como admitiu expressamente a renovação da imposição da medida de prisão ainda que já tivesse sido aplicada anteriormente. O art. 733, § 2º, do novo CPC, havia, de fato, e em retrocesso, estabelecido a proibição da imposição de sanção pela segunda vez, ainda que por inadimplemento posterior. Tal preceito, que não se justifica moral ou tecnicamente, de tal modo se revelou incompatível com a realidade, que a Lei nº 6.014, de 27.12.1973, em seu art. 4º, restabeleceu, na sua plenitude, o § 1º do art. 19, da Lei nº 5.478, de 25.07.1968, derrogando a injustiçada restrição constante no § 2º do art. 733 do CPC.

Ao dissenso doutrinário e jurisprudencial acudiu o legislador, e ao ensejo da Lei nº 6.515, de 26.12.1977, tomou partido em prol da mais firme tutela do direito a alimentos."[202] O art. 733, § 2º, corresponde ao art. 528, § 5º, do CPC/2015.

13.3.7.4. Contemporaneidade dos alimentos devidos

É preciso salientar a contemporaneidade do pedido do cumprimento através da prisão à prestação devida. Não cabe a aplicação da coação a alimentos atrasados, ou acumulados durante vários meses, ou anos. Entende-se que não pode arcar o obrigado com a demora ou displicência do credor na formalização de seu direito. Evidente que o pagamento se inviabiliza caso avolumar-se o *quantum* devido, situação a que também concorreu o alimentando.

Neste sentido foram se formando as decisões pretorianas: "Em relação a esses pagamentos pretéritos, vem se pacificando a jurisprudência no sentido de que se caracteriza como ilegal o constrangimento imposto pela prisão civil, visto que esta somente tem lugar quando os alimentos reclamados se destinam a suprir necessidade atual e não a que o tempo superou (TJPR. Ac. 5.293. Relatora: Des. Silva Wolff. 3ª Câm. Cível).

Isto porque a prisão civil decorrente do inadimplemento da prestação alimentícia tem por encargo fundamental forçar o devedor a sustentar o necessitado; se o alimentando sobreviveu sem o pagamento das prestações, a prisão é ilegal, porque cuida-se, aí, de cobrança de crédito patrimonial que perdeu sua função de garantia de sobrevivência (TJPR. Ac. 5.131. Relator: Des. Oto Sponholz. 1ª Câm. Cível)."[203]

Ficou consolidado o entendimento do pedido restrito a um lapso de três meses de inadimplência, para caracterizar os alimentos como atuais, conforme exemplos de decisões dos Tribunais Superiores, colacionadas por Sérgio Couto.[204]

Do Supremo Tribunal Federal:

"Não se justifica a prisão civil decretada ao devedor de alimentos por prestações antigas, por não mais se revestir de caráter alimentar" (*Habeas Corpus* nº 76.377-DF, *DJ* de 23.10.1998).

Alimentando que deixa acumular por largo espaço de tempo a cobrança das prestações alimentícias a que tem direito, e só ajuíza execução quando ultrapassa a dívida a mais de um ano, faz presumir que a verba mensal de alimentos não se tornara tão indispensável para a manutenção do que dela depende.

---

[202] "Ação de Alimentos e Prisão Civil", *Ajuris – Revista da Associação dos Juízes do RS*, Porto Alegre, nº 13, p. 67, 1978.

[203] TJPR. *Habeas Corpus* nº 13.736-0. 4ª Câm. Cível, de 06.05.1991, *Revista dos Tribunais*, 670/132.

[204] Em *ADV Informativo* – Advocacia Dinâmica, edição da COAD, boletim semanal, nº 5, p. 75, de 4.02.2001.

Cap. XXV | Alimentos • **765**

Tendência da jurisprudência no sentido de admitir que somente as últimas três prestações vencidas teriam o caráter estritamente alimentar, ficando nesta hipótese sujeito o alimentante à prisão civil (CPC, art. 733).

As prestações mais velhas anteriores a três meses estariam a ensejar a cobrança por meio de execução, porém sem o constrangimento da decretação da prisão civil, em face de sua feição tipicamente indenizatória (CPC, art. 733) (*Habeas Corpus* nº 74.663-2-RJ. Relator: Min. Maurício Correa).

A prisão civil não deve ser tida como forma de coação para o pagamento da totalidade das parcelas em atraso, porque, deixando a credora que o débito se acumule por longo tempo, essa quantia não mais tem caráter alimentar, mas, sim, o de ressarcimento das despesas feitas (*Habeas Corpus* nº 75.180-6-MG. Relator: Min. Moreira Alves)." O art. 733 corresponde ao art. 528 do CPC/2015.

Do Superior Tribunal de Justiça:

"Em princípio, tanto a doutrina como a jurisprudência admitem a incidência do procedimento previsto no art. 733 do CPC quando se tratar de execução referente às três últimas prestações, ficando a cobrança da dívida pretérita para o rito do art. 732 do mesmo *Codex* (execução por quantia certa). Recurso provido (*RO-Habeas Corpus* nº 9.689-SP, *DJ* de 21.08.2000).

A pena de prisão por dívida alimentar tem como pressuposto a atualidade do débito, de sorte que a determinada constrição como meio de coagir à quitação de prestações inadimplidas por quase quatro anos, cabível é a concessão parcial da ordem para condicioná-la, apenas, ao pagamento das três últimas parcelas, acrescidas das vincendas após a data da presente decisão (*Recurso de Habeas Corpus* nº 10.192-SP, *DJ* de 25.09.2000).

Tratando-se de cobrança de prestação alimentícia, este Tribunal firmou o entendimento de que a prisão somente se justifica quando se referir à cobrança das últimas parcelas em atraso. Comprovado o pagamento dessas prestações, não se justifica a manutenção da prisão (*Habeas Corpus* nº 12.764-SP, *DJ* de 11.09.2000)." Os arts. 732 e 733 correspondem, respectivamente, ao art. 528, § 8º, e ao art. 528 do CPC da Lei nº 13.105/2015.

Inúmeras outras manifestações do STJ trilham nessa visão, como o *Habeas Corpus* nº 9.388-0-SP, DJ de 29.11.1999; *Habeas Corpus* nº 8.768-0-SP, DJ de 8.11.1999; *Habeas* Corpus nº 9.037-0-RS, DJ de 8.11.1999 – todos da 3ª Turma, em Ementário da Jurisprudência do Superior Tribunal de Justiça, 26/152. Tão unânime esse entendimento que se converteu na Súmula nº 309: "O débito alimentar que autoriza a prisão civil do alimentante é o que compreende as três prestações anteriores ao ajuizamento da execução e as que se vencerem no curso do processo".

Orientação esta que se tornou praxe nas varas de família, dominando a interpretação que unicamente as três últimas prestações vencidas mantêm o caráter alimentar, sendo que as anteriores adquirem a feição indenizatória, submetendo-se ao pedido de cumprimento comum de exigibilidade de pagar quantia certa. Na verdade, a *intellectio* adotada vem a desprestigiar o instituto dos alimentos, favorecendo a inadimplência, e impondo a inconveniência de constantes ações de alimentos. Proporciona-se o crescimento da irresponsabilidade do devedor, em desconsideração do direito à vida.

Na Jurisprudência em Teses, do STJ, encontramos a tese nº 5, proclamando: "O débito alimentar que autoriza a prisão civil do alimentante é o que compreende as três prestações anteriores ao ajuizamento da execução e as que se vencerem no curso do processo. (Súmula n. 309/STJ) (Art. 528, § 7º do atual CPC)".

766 • Direito de Família | *Arnaldo Rizzardo*

Dentre outros acórdãos que serviram de paradigmas, citam-se os seguintes: HC 312551/ SP, Rel. Ministro Raul Araújo, Rel. p/ Acórdão Ministro Luis Felipe Salomão, Quarta Turma, julgado em 12/04/2016,DJE 11/05/2016; e AgRg no HC 340232/MG ,Rel. Ministro João Otávio De Noronha, Terceira Turma, julgado em 15/03/2016, DJE 28/03/2016.

Com o Código de Processo Civil de 2015, ficou definida a restrição às três últimas prestações e às eu vencerem no andamento do processo para ensejar a prisão. Assim consta no § 7º do art. 528: "O débito alimentar que autoriza a prisão civil do alimentante é o que compreende até as 3 (três) prestações anteriores ao ajuizamento da execução e as que se vencerem no curso do processo".

Quanto às prestações em atraso anterior àquele lapso, aceita-se o pedido de cumprimento por quantia certa no mesmo processo. A orientação emana da 3ª Turma do Superior Tribunal de Justiça, Recurso Especial nº 175.003-MG, *DJ* de 1.08.2000, 'in' ADV Jurisprudência, boletim nº 42, expedição de 22.10.2000, p. 670): "Nos termos da jurisprudência que veio a firmar-se nesta Corte, em princípio apenas na execução de dívida alimentar atual, quando necessária a preservação da sobrevivência do alimentando, se mostra recomendável a cominação de pena de prisão ao devedor. Em outras palavras, a dívida pretérita, sem capacidade de assegurar no presente a subsistência do alimentando, é insuscetível de embasar decreto de prisão. Em linha de princípio, doutrina e jurisprudência admitem a incidência do procedimento previsto no art. 732 do CPC, quando se trata de execução referente às últimas três prestações, com cobrança da 'dívida pretérita' pelo rito do art. 732 do CPC (execução por quantia certa). Se antes do decreto prisional são feitos os pagamentos das últimas prestações em atraso, é lícito ao credor pedir que a execução se processe pelo rito do art. 732 do CPC, o que não causará nenhum gravame ao devedor, sendo-lhe, ao contrário, mais benéfico". O art. 732 tem regra correspondente no art. art. 528, § 8º, do CPC/2015.

13.3.7.5. Prisão do empregador

Ao empregador não pode ser aplicada, de imediato, a prisão, pois a norma constitucional (art. 5º, inc. LVII) reserva esta forma de coagir ao pagamento unicamente para o responsável pelo inadimplemento da obrigação alimentar.

Mas, sujeita-se o empregador que descumpre ordem judicial de desconto do valor fixado na folha de pagamento, ou dificulta o atendimento, a sofrer processo penal e a ser condenado na pena de seis meses a um ano de prisão, conforme art. 22 e parágrafo único da Lei nº 5.478/1968.

Eis a redação do art. 22: "Constitui crime contra a administração da Justiça deixar o empregador ou funcionário público de prestar ao juízo competente as informações necessárias à instrução do processo ou execução de sentença ou acordo que fixe pensão alimentícia:

Pena – Detenção de 6 (seis) meses a 1 (um) ano, sem prejuízo da pena acessória de suspensão do emprego de 30 (trinta) a 90 (noventa) dias".

E o parágrafo único: "Nas mesmas penas incide quem, de qualquer modo, ajude o devedor a eximir-se ao pagamento de pensão alimentícia judicialmente acordada, fixada ou majorada, ou se recusa, ou procrastina a executar ordem de descontos em folhas de pagamento, expedida pelo juiz competente".

Daí concluir Yussef Said Cahali: "O que se há de entender é que a prisão administrativa atinge, apenas, ao devedor de alimentos, segundo o art. 733, § 1º, do CPC, e não

Cap. XXV | Alimentos • **767**

a terceiros, sujeitando-se estes apenas ao processo-crime na forma do art. 22, e parágrafo único (Lei nº 5.478/1968)."[205] De observar que o citado art. 733, § 1º, corresponde ao art. 528, § 1º, do CPC/2015.

13.3.7.6. Alimentos decorrentes da indenização por ato ilícito

Contendo a indenização o caráter alimentar, isto é, advindo de ação indenizatória pela prática de ato ilícito contra aquele que prestava alimentos, o cumprimento segue as regras do art. 533 do CPC/2015, cuja transcrição se fez acima.

Os alimentos, seja qual for a causa que determinou a sua exigibilidade, buscam atender as necessidades daquele que não pode supri-las com seus meios. O credor dos alimentos, que era sustentado por uma pessoa vítima, *v. g.*, de um acidente de trânsito, perde os alimentos, ou sofre uma redução no seu *quantum*.

Mesmo assim, não se encontra referência à prisão do devedor no art. 533 e em seus parágrafos, que disciplinam o cumprimento da obrigação, contrariamente ao que se verifica no cumprimento de sentença que estabeleceu alimentos decorrentes de relações de família.

É antiga essa exegese do Superior Tribunal de Justiça, citando-se o seguinte exemplo:

"Segundo a pacífica jurisprudência do Superior Tribunal de Justiça, é ilegal a prisão civil decretada por descumprimento de obrigação alimentar em caso de pensão devida em razão de ato ilícito".[206]

Outras decisões são lembradas no voto do Relator:

"*Habeas corpus*. Prisão civil. Indenização por ato ilícito. A possibilidade de imposição de prisão civil em decorrência de não pagamento de débito alimentar não abrange a pensão devida em razão de ato ilícito. Precedentes. Ordem concedida." (HC n. 35.408/SC, relator Ministro Castro Filho, DJ de 29/11/2004)

"*Habeas corpus*. Prisão civil. Alimentos devidos em razão de ato ilícito. Quem deixa de pagar débito alimentar decorrente de ato ilícito não está sujeito à prisão civil. Ordem concedida." (HC n. 92.100/DF, relator Ministro Ari Pargendler, DJ de 1º/2/2008.) "Alimentos. Prisão. A possibilidade de determinar-se a prisão, para forçar ao cumprimento de obrigação alimentar, restringe-se à fundada no direito de família. Não abrange a pensão devida em razão de ato ilícito." (REsp n. 93.948/SP, relator Ministro Eduardo Ribeiro, DJ de 1º/6/1998).

Todavia, a incoerência é palpitante, pois a origem da obrigação no cometimento de ato ilícito não tira a natureza alimentar da indenização. Importa o fato de que a vítima do ato ilícito prestava alimentos, e que, se não cumprisse com a obrigação, ficava sujeita, inclusive, ao cumprimento sob a coação de prisão. Com a sentença que fixa uma indenização na qual está inserida a natureza alimentar, decorre naturalmente a transmissão da obrigação com o mesmo caráter em que, antes, vinha estabelecida.

Em outro ângulo da questão, os alimentos têm por finalidade principal atender às necessidades daqueles que não podem supri-las por si sós. Os que eram alimentados pela vítima do ato ilícito se encontram em tal quadro de necessitados. A eles resultou a

---

[205] *Dos Alimentos*, obra citada, p. 632.
[206] HC 182.228/SP, da 4ª Turma, rel. Min. João Otávio de Noronha, j. em 1º.03.2011, *DJe* de 11.03.2011.

768 • Direito de Família | *Arnaldo Rizzardo*

súbita interrupção do fornecimento de alimentos por uma ação de terceiro que infringe a ordem jurídica. Nesta visão, não se pode tolher aos titulares de alimentos o uso dos meios executivos mais efetivos, e superiores do que aqueles colocados à disposição dos demais credores.

Anote-se, seguindo em mais uma argumentação, que o inc. LXVII do art. 5º da Constituição Federal, ao permitir "a prisão civil pelo inadimplemento voluntário e inescusável da obrigação alimentícia", não fez diferenciação da espécie de alimentos, e nem restringiu a prisão a determinado tipo de alimentos.

13.4. O procedimento da execução de título extrajudicial

Havendo título extrajudicial onde se insere a obrigação de prestar alimentos, como num acordo assinado pelas partes, ou em uma escritura pública de separação ou divórcio, e mesmo de extinção de união estável, assegura-se ao credor o processo de execução, cuja regulamentação está nos arts. 911 a 913 do CPC/2015.

O art. 911 deixa claro que a execução deve estar fundada em título extrajudicial: "Na execução fundada em título executivo extrajudicial que contenha obrigação alimentar, o juiz mandará citar o executado para, em 3 (três) dias, efetuar o pagamento das parcelas anteriores ao início da execução e das que se vencerem no seu curso, provar que o fez ou justificar a impossibilidade de fazê-lo".

Tem-se uma disposição que não corresponde à regulamentação do processo de execução de título extrajudicial em geral. A citação é para o pagamento em três dias das parcelas em atraso e as que vencerem, ou provar que o pagamento foi realizado, ou justificar a impossibilidade de pagar. Portanto, não corresponde à citação na execução por quantia certa, na qual, segundo o art. 829 e seu § 1º, o executado será citado para pagar a dívida no prazo de três dias, contado da citação, devendo constar do respectivo mandado a ordem de penhora e a avaliação a serem cumpridas pelo oficial de justiça tão logo verificado o não pagamento no prazo assinalado, de tudo lavrando-se auto, com intimação do executado, abrindo-se o prazo de quinze dias para os embargos, independentemente de penhora, depósito ou caução.

Na execução de alimentos, o parágrafo único do art. 911 ordena que se apliquem as disposições §§ 2º a 7º do art. 528.

Pelo § 2º a que remete o dispositivo acima, "somente a comprovação de fato que gere a impossibilidade absoluta de pagar justificará o inadimplemento". Por aí se vê a extensão do meio de defesa assentado na impossibilidade absoluta em pagar, o qual não se restringe, pois, ao pedido de cumprimento de decisão judicial.

Também de relevância o § 3º, contemplando a possibilidade de prisão ao inadimplente: "Se o executado não pagar ou se a justificativa apresentada não for aceita, o juiz, além de mandar protestar o pronunciamento judicial na forma do § 1º, decretar-lhe-á a prisão pelo prazo de 1 (um) a 3 (três) meses".

Fácil depreender a necessidade de constar da petição inicial a execução através da prisão.

O § 4º do art. 528 indica como se fará o cumprimento da prisão: em regime fechado, devendo o preso ficar separado dos presos comuns. Pelo § 5º, o cumprimento da pena não exime o executado do pagamento das prestações vencidas e vincendas. Já o § 6º ordena a soltura do devedor tão logo satisfeita a obrigação. Consoante o § 7º, unicamente o débito das três últimas prestações anteriores ao ajuizamento da execução, as prestações que se vencerem no curso do processo, autorizam a prisão.

Outras diretrizes processuais estão descritas no art. 912 e em seus parágrafos. Assim, sendo o executado funcionário público, militar, diretor ou gerente de empresa, ou sujeito à legislação trabalhista, oportuniza-se o desconto em folha de pagamento. Para tanto, cabe ao juiz oficiar à autoridade ou ao empregador, para que proceda ao desconto mensal da prestação fixada, sob pena de crime de desobediência. O ofício dirigido conterá os nomes e o número de inscrição no Cadastro de Pessoas Físicas do exequente e do executado, a importância a ser descontada mensalmente, a conta na qual deve ser feito o depósito e, se for o caso, o tempo de sua duração para o desconto.

Não se tolhe o direito de promover a execução por quantia certa, regulamentada no Capítulo IV, Título II, Livro II, da Parte Especial, do CPC/2015, a partir do art. 824, nos termos do art. 913: "Não requerida a execução nos termos deste Capítulo, observar-se-á o disposto no art. 824 e seguintes, com a ressalva de que, recaindo a penhora em dinheiro, a concessão de efeito suspensivo aos embargos à execução não obsta a que o exequente levante mensalmente a importância da prestação".

14. ALIMENTOS PROVISÓRIOS A FILHOS NÃO RECONHECIDOS

Tanto por meio do procedimento da Lei nº 5.478/1968, como em outra ação pelo procedimento comum, precedida ou acompanhada de pedido de tutela provisória (de urgência ou cautelar), reconhece-se ao filho não reconhecido o direito de pleitear alimentos provisórios e definitivos.

Mas, é necessária a prova robusta e induvidosa acerca da paternidade. Em geral, não será suficiente a convicção formada em indícios ou testemunhas. Há necessidade de documento escrito, embora não oficial, como atestado de batismo, ou reconhecimento através de carta. Nesta linha, um compromisso manuscrito de próprio punho, ou recibos de pagamento de somas em dinheiro, nos quais consta a referência ao filho, e mesmo a baixa hospitalar pelo pai, com especificação de sua responsabilidade e menção ao nome do filho, constituem formas de prova que infundem certeza na paternidade. Não se revela suficiente a certidão de nascimento do filho, em que aparece como declarante a mãe.

Yussef Said Cahali defendia a possibilidade de pleitear tais alimentos no regime do CPC anterior, e mesmo antes dos avanços do direito de família, de acordo com os sistemas processuais civis: "Não seria de afastar-se, porém, a prestação de alimentos provisionais com base no CPC, mesmo em favor do filho ilegítimo não reconhecido de qualquer modo, através de procedimento cautelar inominado, ante a perspectiva da morosidade do processo principal – condicionada, todavia, a provisão liminar, inclusive sem audiência do requerido (art. 854, parágrafo único), ao prudente arbítrio do juiz, em presença do *fumus boni juris*; essa possibilidade mais se legitima, quando se tem em conta que alguma jurisprudência tende a aceitar certas provas de reconhecimento indireto da paternidade de fato até mesmo para autorizar desde logo a ação especial de alimentos."[207] A previsão do art. 854, parágrafo único, não consta no CPC/2015.

De realce, também, o pensamento de Carlos Alberto Alvaro de Oliveira: "Assim sendo, incumbirá ao filho, se quiser usufruir desde logo de alimentos, aforar, de forma antecedente ou incidente, ação cautelar de alimentos com fundamento no art. 852, II,

---

[207] *Dos Alimentos*, obra citada, p. 556.

770 • Direito de Família | *Arnaldo Rizzardo*

devidos os provisionais, atendidos os pressupostos do *fumus boni juris* e do *periculum in mora*, desde o despacho da petição inicial, nos termos do art. 854, parágrafo único."[208] Não vem reproduzida a disposição do art. 852, II, do CPC/1973 no CPC/2015.

De idêntica forma a jurisprudência: "Alimentos provisionais. Possibilidade de sua fixação em ação de alimentos promovida por filho não reconhecido, desde que presentes os pressupostos que autorizam a concessão da cautelar. Incidência da norma do art. 227, § 6º, da CF, que proíbe discriminação entre filhos havidos do casamento e fora dele." Do contrário, ou a negação de conceder alimentos provisionais importaria "em discriminação, eis que a necessidade dos alimentos para uns e para outros é a mesma. Por isso, no sentido de adequar a lei vigente à norma constitucional nova, não há como negar a possibilidade de obter o filho havido fora do casamento alimentos ainda no decorrer da ação desde que presentes os pressupostos clássicos para a concessão da liminar."[209] Isto sob pena de infringir o disposto no art. 227, § 6º, da Carta Federal.

Nada impede, de outro lado, que se procure o procedimento da Lei nº 5.478/1968, se presente prova convincente. Prova esta consistente de notas, registros em estabelecimentos públicos e mesmo privados.

15.   ALIMENTOS COM OU SEM A INVESTIGAÇÃO DE PATERNIDADE

Há duas situações: o pedido de alimentos com a investigação e declaração de paternidade, e a busca de alimentos sem propriamente a investigação de paternidade.

A primeira modalidade, ou alimentos concomitantemente com a investigação de paternidade, constitui prática comum. Uma vez reconhecida a paternidade, advém automaticamente o direito a alimentos, ainda que não exercido de imediato, por não precisar o filho, ou falta de condições do progenitor.

A Lei nº 8.560/1992, em seu art. 7º, vai mais longe: "Sempre que na sentença de primeiro grau se reconhecer a paternidade, nela se fixarão os alimentos provisionais ou definitivos do reconhecido que deles necessite." A rigor, toda sentença de procedência fixará os alimentos, que passam a viger de imediato se pleiteados com este caráter, segundo a norma transcrita.

Mas, é evidente, desde que postulados, e satisfeitas as condições de possibilidade do alimentante e necessidade do alimentando. Presume-se, de outra parte, que o autor seja menor ou incapaz, a quem, aliás, se destina a Lei nº 8.560/1992, por regular o reconhecimento da paternidade nos casos de registro de nascimento de menor apenas com a maternidade estabelecida (art. 2º).

Ao interessado é facultado pedir alimentos sem a investigação de paternidade propriamente dita. Ou ingressa com pedidos de alimentos, propondo-se a provar sua filiação no curso da lide. A permissão consta expressa no art. 1.705 do Código Civil, que permite o processamento em segredo de justiça, embora o exercício do direito não carecesse de regra específica: "Para obter alimentos, o filho havido fora do casamento pode acionar o genitor, sendo facultado ao juiz determinar, a pedido de qualquer das partes, que a ação se processe em segredo de justiça".

---

[208] *Trabalho citado*, p. 247.
[209] TJRS. Agravo de Instrumento nº 588068726. 4ª Câm. Cível do , de 15.02.1989, *Revista de Jurisprudência do TJ do RS*, 148/221.

Para a concessão de alimentos, embora a investigatória seja *incidenter tantum*, a prova há de ser robusta e exata. E se desta maneira se ostenta, a própria Lei nº 5.478 pode traçar o procedimento judicial a ser observado no encaminhamento do pedido. Isto é, se o reconhecimento não aparecer no registro, mas é manifesto e induvidoso, ostentado por meio de escritura pública, ou por documento particular, legitima-se então a postulação sem a investigatória, adotando-se o rito especial da Lei nº 5.478, que prima pela maior celeridade processual e possibilita a concessão de plano dos alimentos provisórios.

Inclusive com possibilidade de liminar, através de tutela provisória de urgência, permitida em situações de evidência da paternidade, consoante manifestações bem antigas: "É cabível o pedido de alimentos provisionais em ação de alimentos cumulada com investigação de paternidade. A falta de previsão legal da cautelar no procedimento ordinário não obsta a sua concessão."[210]

Em sequência, tornou-se comum o reconhecimento do direito: "Podem ser fixados alimentos provisionais, a partir da citação, nas ações de investigação de paternidade, desde que presentes os requisitos para concessão da cautela: a razoabilidade do direito afirmado e o risco da demora. Isto porque, da natureza da relação jurídica, que une alimentante e alimentado, naturais, por sua natureza jurídica, são os alimentos e, pois, necessários, destinando-se a prover as necessidades básicas do alimentado. E mais: diferentemente dos alimentos provisórios da Lei de Alimentos, os alimentos provisionais podem ser pedidos por quem não tem prova constituída de sua qualidade de credor – CPC, arts. 852 e 854."[211] Lembra-se que os citados arts. 852 e 854 não vêm reproduzidos no CPC/2015, sendo que suas disposições estão subsumidas pelas regras da tutela provisória.

O próprio Supremo Tribunal Federal havia decidido, quando lhe cabia a competência: "Ação de alimentos cumulada com a de investigação de paternidade. Sendo, para fundamento do pedido de alimentos, alegada a paternidade daquele ao qual é pedida a prestação em relação ao autor, não é possível seguir a ação de rito previsto na Lei nº 5.478/1968, se a relação de parentesco é negada. Possível, entretanto, a ação cumulativa de alimentos com a investigação de paternidade, a qual deve, porém, seguir o rito ordinário."

No voto, transcreve-se a passagem de outra decisão: "É que, para propor a ação, com base naquela lei (de nº 5.478), há necessidade de que, com a petição inicial, seja provado o parentesco ou a obrigação alimentar do devedor (art. 2º da lei em tela), prova essa que só pode ser dispensada nos casos dos incisos I e II do parágrafo 1º do art. 2º da multicitada Lei nº 5.478/1968, aqui não ocorrentes."[212]

Se não evidente num simples relance a paternidade, reclamando-se maiores indagações, é inaplicável aquele caminho, assegurando, porém, o direito processual a via da ação ordinária. Haverá, neste rito, ampla dilação probatória, para se chegar à certeza da paternidade.

Fixados provisoriamente, ou em momento de antecipação de tutela de urgência, são devidos desde que impostos. Com a sentença, restando definitivos, tornam-se objeto de cumprimento a partir da citação, seja os totais ou as diferenças pagas a menos. Assim leva a Súmula nº 277 do STJ: "Julgada procedente a investigação de paternidade, os alimentos são devidos a partir da citação".

---

[210] *Revista dos Tribunais*, 662/76.

[211] TJPR. Agravo de Instrumento nº 87.241-3. 6ª Câm. Cível, de 17.05.2000, *ADV Jurisprudência*, nº 33, p. 523, de 20.08.2000.

[212] Recurso Extraordinário nº 93.771-PR, de 07.08.1084, *Revista Trimestral de Jurisprudência*, 113/675.

Na ação, prevalece a competência do foro do alimentando: "Competência. Investigação de paternidade cumulada com alimentos. Prevalência do foro especial da ação de alimentos, art. 100, II, do CPC, sobre o foro geral do domicílio, art. 94, *caput*, previsto para as ações de investigação de paternidade. Conflito procedente." Os dispositivos citados correspondem, respectivamente, aos arts. 53, II, e 46 do CPC/2015.

Dá suporte à ementa a seguinte fundamentação: "Inclino-me a sustentar a tese de que na ação de investigação de paternidade cumulada com a de alimentos prevalece o foro especial desta (*RJTJSP*, 96/278, 101/253 e 107/270, *in* Código de Processo Civil..., Theotônio Negrão, 19ª ed. p. 105). Aliás, este entendimento acha-se corporificado em inúmeras decisões do TJSP, *v.g.*, *RT* 438/129 445/112, 453/117, 456/94, 459/67 e 402/39; assim também decisão do egrégio TJRS, pela 1ª Câmara Cível, inserta no *RJTJRS*, 111/222.

Inobstante as vacilações jurisprudenciais, creio deva prevalecer a regra especial de foro do domicílio do alimentando, estatuída no art. 100, II, do CPC, sobre a outra, que é geral; cumpre levar em consideração que a regra especial é a mais importante em razão do motivo determinante, vale dizer, da fragilidade econômica que o alimentando arrosta, aliada à melhor possibilidade de colheita da prova que geralmente se oferece no juízo do foro especial."[213] O referido art. 100, II, equivale ao art. 53, II, do CPC/2015.

Surgiu sobre a matéria a Súmula nº 01, do Superior Tribunal de Justiça, nestes termos: "O foro do domicílio ou da residência do alimentando é o competente para a ação de investigação de paternidade, quando cumulada com a de alimentos." Nomeiam-se estas referências, que inspiraram sua formulação: Conflito de Competência nº 214-SC, de 28.06.89 – *DJ* de 28.09.89; e Conflito de Competência nº 683-SP, de 25.10.1989.

Mesmo que seguindo a ação o rito comum, não se pode olvidar o disposto nos arts. 694 e 695 do CPC/2015, que prevê a fase preliminar de conciliação ou mediação, visando a solução através de acordo nas ações de alimentos.

16. CONCESSÃO DE ALIMENTOS E RECONHECIMENTO DA PATERNIDADE

Havia o sistema da Lei nº 883/1949, pelo qual, uma vez concedidos os alimentos, não importando qual o procedimento seguido, após o decesso do pai ou qualquer outra forma de dissolução do vínculo matrimonial, podia o filho requerer a expedição de mandado de registro de sua filiação, independentemente de ação investigatória, *ut* parágrafo único de seu art. 4º: "Dissolvida a sociedade conjugal do que foi condenado a prestar alimentos, quem os obteve não precisa propor ação de investigação para ser reconhecido, cabendo, porém, aos interessados o direito de impugnar a filiação."

A sentença que fixara os alimentos constituía título hábil para o registro, equiparando--se à certidão da sentença da ação investigatória.

Bastava ao filho requerer a expedição de mandado de registro. Uma vez autuado o pedido, mandava o juiz ouvir os interessados. Depois de passados os prazos, ou resolvidas as impugnações apresentadas, se expedia o competente mandado de registro.

A Lei nº 883/1949 foi revogada pela Lei nº 12.004/2004, que também estabeleceu a presunção de paternidade no caso de recusa do suposto pai em submeter-se ao exame de

---

[213] STJ. Conflito de Competência nº 214. 2ª Seção, de 28.06.1989, *Revista dos Tribunais*, 653/208. Também, na mesma *Revista*, 675/89.

código genético – DNA. Trouxe, inclusive, modificações na Lei nº 8.560/1992, incutindo a presunção da paternidade ante a negativa do suposto pai em submeter-se ao exame.

Revelou-se correta a revogação da referida Lei nº 883/1949. Além de discriminar os filhos havidos fora do casamento, ao admitir a paternidade somente depois de dissolvido o casamento, levava a inferir a paternidade pela mera condenação em alimentos, quando o inverso é que oferece coerência: da admissão da paternidade decorre o dever de prestar alimentos.

Algumas situações a ação de alimentos importa notar se vier desacompanhada da antecedente comprovação da paternidade.

Se não concedidos provisoriamente os alimentos, somente após o trânsito em julgado da sentença é que serão exigíveis: "Investigação de paternidade. Alimentos. Recurso. Efeitos. Deve ser atribuído o efeito suspensivo ao recurso de apelação em ação de investigação de paternidade proposta para fins alimentares." É que "a execução imediata dos alimentos, quando ainda pendente a investigatória, importaria num risco talvez irremediável para o putativo alimentante, que é o de pensionar desde logo sem ser o pai do alimentando, pois uma decisão negatória da paternidade, na segunda instância, significaria o reconhecimento de que o prematuro pensionamento seria indevido e ilegal, e, provavelmente, de difícil reparação."[214]

São devidos os alimentos, outrossim, a partir da sentença, embora exigíveis somente depois de seu trânsito em julgado: "Na ação de alimentos cumulada com investigação de paternidade, julgada procedente, os alimentos são devidos a partir da sentença, e não da citação.

A prova do parentesco surge com a procedência da ação investigatória, nada justificando a aplicação do art. 13 da Lei nº 5.478, de 1968, para fazer a obrigação alimentar retroagir à data da citação."[215]

Mais adiante: "A Lei nº 883, de 21.10.1949, que dispõe sobre o reconhecimento de filhos ilegítimos, edita, no art. 5º: 'Na hipótese de investigação de paternidade, terá direito o autor a alimentos provisionais desde que lhe seja favorável a sentença de primeira instância, embora se haja, desta, interposto recurso'".[216] Como acima referido, a Lei nº 883/1949 restou revogada pela Lei nº 12.004/2004.

No mesmo enfoque: "A Lei Federal nº 5.478, de 1968, efetivamente dispõe que os alimentos fixados retroagem à data da citação (art. 13, § 2º). Imperioso ler tal norma, contudo, em função do *caput*, no qual se listam diversas modalidades de demandas nas quais tem presença a carga alimentar (separação, nulidade e anulação de casamento, revisionais e execuções alimentares); no § 1º, alude aos alimentos provisórios, referidos no dispositivo imediatamente subsequente. Ora, descabem alimentos provisórios no caso *sub judice*, dado que o procedimento é ordinário, e não especial. A incidência, aliás, da Lei nº 5.478 citada pressupõe a preconstituição da relação parental, de que depende a discussão sobre os alimentos."[217]

---

[214] TJMG. Mandado de Segurança nº 5.379. 5ª Câm. Cível, julgado em 22.02.1990, *Revista dos Tribunais*, 665/153.

[215] TJSP. Agravo de Instrumento nº 131.802-1. 7ª Câm. Civil, de 23.05.1990, *Revista dos Tribunais*, 660/66.

[216] *Revista dos Tribunais*, 613/167.

[217] TJSP. Apel. Civil nº 119.180-1. 4ª Câm. Civil, de 07.12.1989, *Revista de Jurisprudência do TJ de São Paulo*, Lex, 125/35.

17. ALIMENTOS PROVISÓRIOS EM AÇÃO DE RESPONSABILIDADE CIVIL E EFEITOS DA SENTENÇA CONDENATÓRIA

Questão bastante interessante diz com os alimentos provisórios concessíveis prévia ou concomitantemente à ação indenizatória, por meio da tutela provisória de urgência antecedente, ou, inclusive, com o deferimento da tutela cautelar através de medidas que assegurem o cumprimento, consistindo a causa de pedir a prática de ato ilícito que resultou danos, em que a vítima vivia de atividade rendosa e prestava alimentos ao cônjuge e aos parentes, tendo a mesma falecido ou ficado incapaz.

De acordo com a praxe jurídica tradicional, e incrustada em nosso direito, predomina a inviabilidade. No entanto, se a própria vítima e seus dependentes restaram prejudicados no que diz com o sustento, aos mesmos, e sobretudo se presentes os pressupostos da probabilidade do direito e do *periculum in mora*, nada impede que se antecipe a indenização até certo montante mensal, com o que se mantém a situação econômica existente antes do dano.

Encontram-se manifestações antigas da doutrina a respeito, mantendo-se ainda atuais, como a de Arnaldo Marmitt, nestes termos: "A propósito, a literatura jurídica oferece precedentes expressivos, em que a indenização por ato ilícito foi antecedida de alimentos provisionais, apesar de o fato guardar afinidade com o instituto dos alimentos. Nos casos de alimentos devidos por cometimento de ilícito civil, há garantia própria, cabendo ao juiz aplicar o art. 602 do Código de Processo Civil, mandando constituir capital que assegure o cumprimento da obrigação, como também pode exigir caução fidejussória, como faculta a lei.

A respeito do tema, o Tribunal de Justiça do Mato Grosso decidiu que 'é possível a fixação de alimentos provisórios na inicial da ação de indenização por ato ilícito, proposta pelos filhos menores e viúva contra o tio que assassinou seu próprio irmão quando a avó, única ascendente legitimada para alimentar os menores, é dependente do filho fratricida'.

Acrescenta o aresto que, em ocorrendo conflito 'entre a norma do direito substantivo e a norma moral, surge a possibilidade excepcionalíssima de prevalecer a última' (*RT*, 634/33).

Trata-se de solução sábia e humanitária, que em hipóteses raras, mas sempre existentes no cotidiano da vida forense, afinam com os mais humanos e mais justos anseios do cidadão necessitado."[218] O citado art. 602 foi revogado pela Lei nº 11.232/2005, sendo que seu conteúdo passou a ser disciplinado no art. 475-Q e parágrafos do CPC/1973. As disposições, no CPC/2015, constam no art. 533 e parágrafos.

No caso, há simplesmente a reposição de um valor que antes satisfazia necessidades alimentares. A natureza da indenização, na forma concedida, é alimentar. Não se procura a reparação de um prejuízo, mas sim manter uma situação anterior. O que, aliás, não destoa do disposto no art. 948, inc. II, do Código Civil: "No caso de homicídio, a indenização consiste, sem excluir outras reparações:.. II – na prestação de alimentos, às pessoas a quem o morto os devia, levando-se em conta a duração provável da vida da vítima". Dado o caráter alimentar inserido no dispositivo, e considerada a necessidade premente dos alimentos, não se apresenta despropositada a sua concessão liminarmente.

Ora, sendo alimentar a natureza da indenização, tanto que assim consta na lei, parte-se para outra conclusão, vinda do art. 1.012, § 1º, inc. II, da lei instrumental civil, que é

---

[218] *Pensão Alimentícia*, obra citada, pp. 42 e 43.

Cap. XXV | Alimentos • **775**

relativa ao recebimento no efeito suspensivo da sentença prolatada na ação que condena ao pagamento de indenização com natureza de alimentos. Dispõe o dispositivo: "A apelação terá efeito suspensivo.

§ 1º Além de outras hipóteses previstas em lei, começa a produzir efeitos imediatamente após a sua publicação a sentença que: (...)

II – condena a pagar alimentos".

Aliás, no concernente à ação de alimentos regida pela Lei nº 5.478, de 1968, nos arts. 13, § 3º, e 14, também colhe-se o efeito unicamente devolutivo da apelação contra a sentença que fixa alimentos. Não teria sentido prever a lei efeito devolutivo para a sentença em ação especial, e querer que, na legislação comum, estivesse o dispositivo se referindo ao recebimento daquela mesma apelação interposta contra a sentença da ação especial.

Realmente, a não suspensividade do efeito da apelação contra a sentença que condenou à prestação de alimentos encontra força no direito à vida ou à existência, porquanto o alimentário teve cessada a percepção de alimentos por parte do terceiro causador do dano. Por outros termos, o credor dos alimentos sofreu a interrupção na prestação pelo atuar culposo do terceiro, que deve ocupar o lugar da pessoa vitimada, a qual vinha sustentando seus dependentes. Ou o agente causador do dano, ao tirar a vida do alimentante, ou ao impossibilitar o exercício dessa obrigação, ocupa-lhe o lugar no encargo de alimentar. Daí que, devendo prestar alimentos, o recebimento da sentença cinge-se ao efeito devolutivo.

18. REVISÃO E EXONERAÇÃO OU EXTINÇÃO DE ALIMENTOS

Comum é o pedido de revisão, exoneração ou extinção de alimentos.

De considerar, antes, a possibilidade na modificação da sentença, mas sem afetar a estrutura de seu comando. Permanece a obrigação, alterando-se o conteúdo qualitativo ou quantitativo. Ilustrativos os seguintes assentamentos de Luiz Antônio Câmara e Fernando Cézar Ferreira de Souza: "Uma constatação inegável é a de que nos encontramos, na espécie, diante de claro caso onde a sentença a fixar ou a alterar os alimentos profere-se com o fito de regular relação jurídica continuativa, entendida esta como aquela que não se esgota com o pronunciamento da sentença, mas prossegue, apesar desta, variando, todavia, quanto aos pressupostos de qualidade ou quantidade... Assim, dando atuação a tais regras, a sentença atende aos pressupostos do tempo em que foi proferida, sem, entretanto, extinguir a relação jurídica que continua sujeita a variações dos seus elementos constitutivos.

Doutrinariamente, as sentenças que se referem a tais relações são designadas sentenças dispositivas, não sendo, por outro lado, correto afirmar-se – como é correntio – não produzirem elas coisa julgada. A rigor, a sentença dispositiva produz a *res judicata* no aspecto formal.

A possibilidade de nova decisão relativamente a tais relações consta de disposição expressa do estatuto processual civil em vigência, cujo art. 471, *caput*, preceitua que nenhum juiz decidirá novamente as questões já decididas, relativas à mesma lide, salvo, dispõe seu inciso I, 'se, tratando-se de relação jurídica continuativa, sobreveio modificação no estado de fato ou de direito; caso em que poderá a parte pedir a revisão do que foi estatuído na sentença'.

Exemplo típico de sentença que decide lide atinente à relação jurídica continuativa é justamente o da decisão proferida em ação de alimentos. Tal caracterização é clara e vigora a ponto de fazer-se constar do art. 15 da Lei nº 5.478/68 (Lei de Alimentos) que a decisão judicial sobre alimentos não transita em julgado e pode, a qualquer tempo, ser revista, em face da modificação da situação dos interessados."[219] O mencionado art. 471, I, *caput*, corresponde ao art. 505, I, do CPC/2015.

A revisão refere-se mais ao *quantum* estabelecido, sempre sujeito a modificações, de acordo com a variação socioeconômica das partes, enquanto a exoneração diz respeito à cessação do encargo por impossibilidade econômica ou de outra natureza. Já na extinção o término decorre de previsão legal.

Múltiplos os fatores determinantes da revisão ou alteração. Mais comum verificarem-se causas como as seguintes: o aparecimento de novos filhos do alimentante; a modificação do salário; o surgimento de doenças; o aumento das despesas dos filhos, como com o ingresso em escolas superiores; o desemprego; e outras razões, que impedem a permanência do valor que vinha sendo pago.

Já lembrava Clóvis Beviláqua que se o alimentante "sofrer considerável depressão econômica, que o impossibilite de manter a pensão fixada, deve ser dela dispensado; se os seus bens apenas diminuíram, a pensão deve ser reduzida. Cabe-lhe o direito de requerer ao juiz a dispensa ou a redução. Se, muito embora a sua situação econômica se conserve inalterada, tornar-se próspero o alimentário, desaparece a obrigação de suprir-lhe os alimentos. Ao contrário, é direito do credor dos alimentos pedir que lhos aumente o devedor, se a sua penúria aumenta e crescem os cabedais do devedor."[220]

Colhe-se de Sérgio Gilberto Porto o seguinte adendo: "Desta forma, constatamos que a possibilidade jurídica de alteração da pensão alimentar repousa em uma questão de fato, representada pelas oscilações da vida, mais precisamente na flutuação econômica decorrente da realidade nacional. Assim, se há um empobrecimento do obrigado ou um enriquecimento do alimentando, ocorre uma modificação de fortuna e, por conseguinte, as bases anteriormente ajustadas merecem ser revistas, para diminuição ou exoneração, eis que fica esta revisão também dentro dos parâmetros necessários de um, possibilidade de outro...."[221]

Tanto se alteram as situações econômicas que o pedido revisional poderá ir da simples revisão propriamente dita até a completa exoneração.

O fundamento está no art. 1.699 do Código: "Se, fixados os alimentos, sobrevier mudança na situação financeira de quem os supre, ou de quem os recebe, poderá o interessado reclamar do juiz, conforme as circunstâncias, exoneração, redução ou majoração do encargo."

Regra que é consagrada pela jurisprudência do STJ, como no REsp. nº 1046296/MG, da Terceira Turma, relatora Ministra Nancy Andrighi, j. em 17.03.2009, *DJe* de 8.06.2009: "A modificação das condições econômicas de possibilidade ou de necessidade das partes, constitui elemento condicionante da revisão e da exoneração de alimentos, sem o que não há que se adentrar na esfera de análise do pedido, fulcrado no art. 1.699 do CC/2002.

As necessidades do reclamante e os recursos da pessoa obrigada devem ser sopesados tão somente após a verificação da necessária ocorrência da mudança na situação financeira das partes, isto é, para que se faça o cotejo do binômio, na esteira do princípio da proporcionalidade, previsto no art. 1.694, § 1º, do CC/2002, deve o postulante primeiramente

---

[219] "Revisão de Alimentos", *Revista de Direito Civil*, nº 50, São Paulo, RT, pp. 53 e 54, 1989.
[220] *Código Civil dos Estados Unidos do Brasil Comentado*, vol. II, obra citada, p. 305.
[221] *Doutrina e Prática dos Alimentos*, obra citada, p. 95.

Cap. XXV | Alimentos • **777**

demonstrar de maneira satisfatória os elementos condicionantes da revisional de alimentos, nos termos do art. 1.699 do CC/2002.

Todavia, considerada a peculiaridade essencial de que, fixados os alimentos em separação judicial, os bens não foram partilhados e o patrimônio do casal está na posse e administração do alimentante que protela a divisão do acervo do casal, ressaltando-se que, por conseguinte, a alimentanda não tem o direito de sequer zelar pela manutenção da sua parcela do patrimônio que auxiliou a construir, deve ser permitida a revisão dos alimentos, enquanto tal situação perdurar.

Sempre, pois, deve esta específica peculiaridade – a pendência de partilha e a consequente administração e posse dos bens comuns do casal nas mãos do alimentante – ser considerada em revisional de alimentos, para que não sejam cometidos ultrajes perpetradores de situações estigmatizantes entre as partes envolvidas em separações judiciais".

Vemos, aí, a possibilidade constante de se alterar a decisão sobre alimentos, o que encontra amparo, também, no art. 505, inc. I, do Código de Processo Civil de 2015: "Nenhum juiz decidirá novamente as questões já decididas, relativas à mesma lide, salvo: I – se, tratando-se de relação jurídica de trato continuado, sobreveio modificação do estado de fato ou de direito; caso em que poderá a parte pedir a revisão do que foi estatuído na sentença."

É a aplicação da chamada cláusula *rebus sic stantibus*, que tem perfeito cabimento nas decisões emanadas de ações de alimentos. Autoriza-se a revisão do encargo sempre que se altere a situação econômica, para o aumento ou diminuição, e mesmo para a exoneração, como, aliás, vem previsto igualmente no art. 15 da Lei nº 5.478.

Nos alimentos oriundos do casamento, no entanto, é relativo o princípio. Melhorando a situação econômica do alimentante, não importa em se elevar, necessariamente, a pensão que é entregue ao outro cônjuge. É Arnoldo Wald que expõe corretamente o assunto: "Se o marido melhorou a sua condição econômica, após a separação, sem a colaboração da mulher, não há por que melhorar a pensão desta. É tendência que se firma nos tribunais a de evitar que a mulher separada de um tenente venha a receber uma fração de vencimentos de general. O erro de alguns dos nossos tribunais consistiu em confundir reajustamento com natureza alimentar da dívida, reconhecendo na pensão ora uma dívida alimentar para poder ser reajustada, ora uma dívida não alimentar, pois seria irrenunciável."[222]

De outra parte, não basta apenas a prova de que melhorou a condição econômica do alimentante. Mostra-se indispensável que tenham se agravado as necessidades do alimentando.

Já se o alimentando melhorou economicamente, a revisão encaminha-se para a redução, assunto bem tratado no REsp. nº 472.728/MG, da Quarta Turma do STJ, j. em 20.03.2003, *DJU* de 28.04.2003:

"I – Na linha do art. 401 do revogado Código Civil, reproduzido quase em sua totalidade pelo art. 1.699 do Código Civil de 2002, quando sobrevier mudança na situação financeira das partes, mostra-se possível a alteração no valor da pensão alimentícia, sendo certo, ademais, que os alimentos devem ser fixados na proporção das necessidades do reclamante e dos recursos da pessoa obrigada.

II – Passando o ex-cônjuge a exercer cargo remunerado, ainda que em comissão, com vencimento muito superior ao valor da pensão, recomendável a alteração no pensionamento.

---

[222] *Curso de Direito Civil Brasileiro – Direito de Família*, São Paulo, RT, 1981, 4ª ed., p. 132.

778 • Direito de Família | *Arnaldo Rizzardo*

III – A decisão judicial de alimentos, quanto ao valor da pensão, não se sujeita ao trânsito em julgado material (cfr. o REsp. n° 12.047-SP, *DJ* 9.03.1992, relator o Ministro Athos Carneiro), podendo, a qualquer tempo, ser revista em face da superveniente modificação da situação financeira dos interessados.

IV – Desta forma, se eventualmente venha a recorrida a ser exonerada de seu cargo em comissão, poderá reclamar do recorrente uma nova pensão ou simplesmente a complementação do necessário para se manter. O que interessa, para fins de pensão, são os fatos existentes quando de sua fixação".

Nem sempre o afastamento de um dos alimentandos da companhia da pessoa que tem a guarda importa na imediata redução dos alimentos, especialmente se as despesas com os demais alimentandos não diminuíram: "Alimentos. Revisão. Afastamento de um dos filhos da companhia materna. Redução da pensão. Impossibilidade. O afastamento de um dos filhos da companhia materna não pode acarretar a diminuição do valor da pensão alimentícia, pois as despesas gerais de uma casa não diminuem com a saída de apenas um dos membros da família."[223]

Cumpre, ainda, se faça distinção entre simples reajuste e a revisão. Na primeira forma, discute-se apenas a atualização, ou o critério para manter o valor aquisitivo da pensão, enquanto na última é procurada a alteração, com a fixação de novo *quantum*. O mero reajuste processa-se nos próprios autos, onde se estabeleceram os alimentos, como, aliás, já se decidiu: "Se a parte pretende seja fixado critério para reajuste de alimentos, a questão não deve ser discutida em termos de revisional, mas encaminhada a reclamação ao Juízo onde a pensão alimentícia foi originariamente arbitrada, porquanto se trata de matéria que não ultrapassa o âmbito de simples execução do julgado. A previsão legislativa está no art. 22 da Lei n° 6.515/77, devendo o juiz da execução fixar o critério de reajuste e sua periodicidade."[224] A mera atualização consta no art. 1.710: "As prestações alimentícias, de qualquer natureza, serão atualizadas segundo índice oficial regularmente estabelecido".

Relativamente à exoneração, ocorre quando a pensão é cancelada, especialmente por não ser exercido o direito a alimentos, e se advém total impossibilidade em prestar alimentos. É o caso quando a mulher ou qualquer outro alimentando simplesmente deixa de exigir o cumprimento da obrigação. De igual modo, se o alimentante perde o emprego, ou fica em estado de insolvência, ou adoece, não vindo a receber pensão previdenciária.

Uma série infindável de causas se afigura. Alcançando a maioridade os filhos, ou ficando aptos para o desempenho de profissão ou atividade remunerada, não é indiscutível a exoneração. Ocorre que a situação existente ditará a solução. Os filhos formados em curso superior, em geral, estão apenas habilitados para o exercício de uma atividade. Entretanto, não importa em concluir que obterão de imediato a colocação. Frequente é a necessidade de um preparo em cursos práticos ou estágios, sem olvidar que certas profissões estão saturadas, faltando completamente o mercado de trabalho. De sorte que a colação de grau não importa em causa de exoneração. Tanto que vai se alterando o critério para cessar a prestação de alimentos, inclinando-se para o momento da vida em que se consegue o desempenho de atividade que traga rendimentos suficientes.

Às vezes, a exoneração é temporária, como na situação de perda de emprego, ou de grave doença do alimentante. Não constitui, porém, motivo para tanto o mero relacionamento sexual com outra pessoa. Não se pode levar o comportamento sexual como fator

---

[223] *Revista dos Tribunais*, 664/137.
[224] *Revista dos Tribunais*, 651/66.

Cap. XXV | Alimentos • 779

decisivo da obrigação de dar ou negar alimentos, muito embora, às vezes, se verifiquem entendimentos contrários.

O novo casamento, a união estável e o concubinato, porém, fazem cessar a obrigação, nos termos do art. 1.708, pois é injusto obrigar o ex-cônjuge a prestar alimentos ao outro, que forma uma nova união com terceira pessoa. Presume-se que a nova união surge em função de revelarem os que se unem condições econômicas, iniciando vida totalmente independente e própria, sem ligações com o passado. Não decorre a exoneração do fato do cônjuge assumir uma relação à margem da lei, ou da injustiça em obrigar o ex-cônjuge a contribuir para a economia do concubinato. Advém, isto sim, da presunção da capacidade econômica de quem constitui uma família.

Também insere-se como causa de exoneração o procedimento indigno em relação ao devedor, por força do parágrafo único do art. 1.708, assim considerada a devassidão de vida, a prostituição, a entrega aos vícios, a ingratidão, o atentado à vida do alimentante, a difamação grave, dentre outros eventos – assunto já abordado antes.

Em suma, tal o fundamento da exoneração, e não a infringência do dever de fidelidade, que é ligado à sociedade conjugal, que deixa de existir, ou cujo vínculo vem a ser dissolvido pelo divórcio. Não se admite a nenhum dos ex-cônjuges que mantenha tal ressalva, relativamente um ao outro. Cada um deles tem o direito à liberdade e à intimidade de seus sentimentos e relações.

Eis a linha seguida pelos pretórios, dando ênfase, para constituir causa de exoneração, o relacionamento efetivo: "Essa opção pela vida livre, na sociedade moderna, é perfeitamente compreendida, mas isso não significa que a independência da mulher deva ser mantida com o auxílio material do ex-marido, que seria relegado à situação de extrema imoralidade, ao sustentar a mulher que vive na companhia de outro homem.

Pouco importa que a ligação amorosa declarada nos autos não houvesse tido continuidade. O início da relação indiscutivelmente concubinária revelada na instrução processual, por si só, é suficiente para gerar a perda do direito aos alimentos, pela mulher, que deva arcar com a livre escolha de seu próprio direito.

Seria verdadeiramente iníquo submeter o ex-marido à obrigação de manter a alimentanda, nessa conjuntura, não o beneficiando a mulher da extinção da relação amorosa, e assim estruturada, com vistas a eliminar a causa da cessação do encargo, que já produziu seus efeitos. Não há falar em efeito retroativo, em função da nova deliberação do cônjuge feminino."[225]

De idêntico modo, dá-se a exoneração sempre que o alimentando, com seus ganhos, tornar-se capaz para o sustento próprio.

De outro lado, não há de se pensar, relativamente aos ex-cônjuges, que a prestação alimentícia tem um fundo, senão uma natureza, de indenização. Por mais ampla que se conceda a indenização, não é justificável no casamento. Seria tratar a relação conjugal como simples contrato, indiferente aos valores e elementos que a tornam um instituto, que nasce primeiramente da própria natureza, e que apenas secundariamente atinge a esfera jurídica.

São casos, ainda, de exoneração ou extinção, que ocorrem simplesmente com a caracterização e comprovação de certo fato: a vida desordenada e irregular do alimentário,

---

[225] TJSP. Apel. Cível nº 130.467-1. 5ª Câm. Civil, de 13.12.1990, *Revista dos Tribunais*, 670/74. Na mesma linha, TJSP. Apel. Cível nº 120.792-1. 3ª Câm. Civil, 03.04.1990, *Revista de Jurisprudência de São Paulo*, Lex, 126/44.

780 • Direito de Família | Arnaldo Rizzardo

o qual, embora em condições de exercer uma atividade remunerada, entrega-se ao ócio, aos vícios, ao tráfico de entorpecentes, ao crime e outras graves anomalias; o abandono voluntário da casa paterna – situação frequente quando os filhos atingem certa independência; a falência ou insolvência do devedor, sem a menor condição de sustentar os dependentes, hipótese em que os alimentos não entram na classificação dos créditos, eis que, da mesma forma que não se arrecadam salários ou rendimentos advindos da profissão, de igual modo não é subtraída a porção correspondente dos bens ou dos valores monetários existentes que se encontram destinados aos alimentários.

Algumas das causas de extinção aparecem indicadas e desenvolvidas por Yussef Said Cahali,[226] como as acima. Outras existem, citando-se, *v.g.*, o enriquecimento do alimentário, a perda total do patrimônio, o exercício de atividade que traz renda suficiente para o sustento, a contemplação de vultosa soma de dinheiro por sorteio lotérico ou presente.

Extinção e exoneração na prática se equivalem. No sentido jurídico, este último termo tem maior emprego quando há a impossibilidade econômica em dar alimentos, ou desaparece a necessidade de recebê-los.

Qual o procedimento para as ações que objetivam tais mudanças de alimentos?

Defende-se que a Lei nº 5.478 manda que se aplique o procedimento estabelecido para a fixação de alimentos, segundo aparenta o art. 13: "O disposto nesta lei aplica-se igualmente, no que couber, às ações ordinárias de desquite, nulidade e anulação de casamento, à revisão de sentenças proferidas em pedidos de alimentos e respectivas execuções." Realmente, o procedimento comum é o mais apropriado para a finalidade, pois viabiliza ampla discussão e a produção da prova em todos os aspectos necessários.

Isto inclusive quanto à viabilidade de modificação liminar, ou concessível no início da lide, através da tutela provisória. Se presentes fortes razões, mostra-se aconselhável a medida, no que já aderia Yussef Said Cahali, lastreado em jurisprudência, embora se restringindo apenas à revisão de alimentos: "Acórdão não unânime da 1ª Turma do STF (Relator: Soares Muñoz, de 02.09.1980, *RTJ*, 100/101) argumenta com o art. 4º da Lei nº 5.478/68 (ao despachar o pedido inicial na ação de alimentos, o juiz fixará desde logo alimentos provisórios a serem pagos pelo devedor, salvo se o credor expressamente declarar que deles não necessita) e o art. 13 da mesma lei (o disposto na mencionada lei aplica-se, no que couber, à revisão de sentenças proferidas em pedidos de alimentos): cabível, dessarte, em face do aludido diploma legal, a fixação de alimentos provisórios em ação de revisão; inexiste incompatibilidade entre a fixação de alimentos provisionais e a decisão objeto do pedido de revisão, não incidindo, assim, a ressalva 'no que couber', a que se refere o art. 13, pois a revisão dos alimentos tem como fato gerador a alteração das condições financeiras das partes, sendo sua finalidade ajustar à situação nova o quantitativo antes fixado; ora, se ao pleitear a revisão o credor o faz porque já se encontra modificada a situação financeira das partes, não haveria motivo para que persista até a decisão final, que ajustará a verba alimentícia às modificações verificadas, o *quantum* fixado anteriormente; seria até contrário ao espírito da lei ('a fome não espera') e ao objetivo dos alimentos, a inadmissibilidade do reajuste provisório."[227]

Uma vez recebido o pedido, designa-se audiência, intimando-se o alimentando para nela comparecer e citando-se para contestar no prazo que é assinado pelo juiz. Ou instaura-

---

[226] *Dos Alimentos*, obra citada, pp. 593 a 600.
[227] *Dos Alimentos*, obra citada, p. 356.

-se o procedimento da mediação, com os devidos encaminhamentos nos rumos dos arts. 694 e 695 do CPC/2015.

Especialmente na exoneração ou extinção, mais apropriado o rito comum, onde se oportuniza amplamente a discussão. Isto mormente quando se procura desconstituir a obrigação através de modificação de cláusula de acordo.

A apelação contra a decisão que concede a revisão, ou exoneração, ou extinção, terá efeito suspensivo e devolutivo. Unicamente nas sentenças que fixam alimentos o apelo virá recebido apenas no efeito devolutivo, a teor do art. 1.012, § 1º, inc. II, da lei adjetiva civil. Assim entende a jurisprudência: "Há, realmente, quem defenda ter efeito apenas devolutivo a apelação interposta de sentença que reduz alimentos, tendo em vista o disposto nos artigos 13 e 14 da Lei Federal nº 5.478, de 1968, e artigo 520, inc. II, do Código de Processo Civil, no pressuposto de que isso acarretará menos dano ao alimentante e possibilitará, sem dificuldades, caso tenha sucesso o recorrente, executar as diferenças devidas. Disso é exemplo o julgado que se lê *in RJTJESP*, Lex, vol. 82/74, citado pelo agravante e lembrado por Yussef Said Cahali, em sua apreciada obra 'Dos Alimentos', RT, 1984, p. 589, nota de rodapé nº 61.

Não é, contudo, a melhor interpretação do texto legal, como anota o mesmo prestigiado jurista na passagem indicada, onde realça: 'Tal como acontece com a ação de exoneração julgada procedente, do mesmo modo a revisional que reduz a pensão sujeita-se a apelação a ser processada no duplo efeito, pois a exceção do art. 520, inc. II, do Código de Processo Civil, prevê o efeito apenas devolutivo somente da sentença que condenar à prestação de alimentos; e segundo os princípios, a exceção interpreta-se estritamente, sem possibilidade de aplicação analógica.' De resto, nesse sentido já julgou esta Câmara (cf. *RJTJESP*, Lex, vol. 101/199)."[228] O art. 520, II, tem regra correspondente no art. 1.012, § 1º, inc. II, do CPC/2015.

Não se aguarda, todavia, a decisão de recurso especial ou extraordinário: "Considerando que desta última decisão de segunda instância na ação exoneratória ainda pende recurso extraordinário, com arguição de relevância, mas recebido apenas no efeito devolutivo, a pensão pleiteada pela agravante deve ser paga até o julgamento do segundo grau de jurisdição.

Isso porque a apelação interposta da sentença que julga procedente a ação de exoneração de obrigação alimentar sujeita-se ao duplo efeito, já que a exceção do inciso II do art. 520 do Código de Processo Civil prevê efeito apenas devolutivo somente de sentença que condenar à prestação de alimentos.

Assim, com a confirmação da sentença em segunda instância, na ação de exoneração, ficou o agravado exonerado do pagamento da pensão, a partir daí.

Pretender-se que a pensão seja paga até o julgamento definitivo do recurso extraordinário, em caso de alimentos definitivos, cuja exoneração foi reconhecida, seria descabido, pois sem sentido aguardar o agravado, vencedor nessa ação, o julgamento desse recurso.

A interpretação literal do art. 13, § 3º, da Lei nº 5.478, de 1968, levaria ao absurdo, já que o cônjuge havido como inocente, portanto desobrigado de pensionar o outro, enquanto não julgado o recurso extraordinário que viesse a ser manifestado pelo vencido, ficaria obrigado a pensioná-lo, sujeitando-se à prisão pelo não pagamento da pensão provisória

---

[228] TJSP. Agravo de Instrumento nº 133.169-1. 1ª Câm. Civil, de 26.06.1990, *Revista de Jurisprudência do TJ de São Paulo*, Lex, 130/342.

782 • Direito de Família | *Arnaldo Rizzardo*

que não mais subsiste (*RJTJESP*, Lex, vols. 79/248 e 114/250)."[229] O art. 520, II, no texto citado, corresponde ao art. 1.012, § 1º, inc. II, do CPC/2015.

Por sua vez, o Superior Tribunal de Justiça, no Recurso Especial nº 9.393, da 4ª Turma, em 18.06.1991, manteve a mesma inteligência: "Alimentos. Exoneração. Apelação. Efeitos. Interpretação. Agravo retido. Inaplicabilidade ao recurso especial... Segundo o sistema vigente (CPC, art. 520, II, e Lei nº 5.478/68, art. 14), sem embargo dos bons argumentos em contrário, a apelação que impugna sentença exonerativa de alimentos deve ser recebida em ambos os efeitos.

A incidência apenas do efeito devolutivo somente se dá quando ocorre condenação ou majoração de alimentos."[230] O citado art. 520, II, tem regra equivalente no art. 1.012, § 1º, inc. II.

De outro lado, se houver aumento, retroage-se desde a citação. Na hipótese de diminuição, com o trânsito em julgado da sentença é que passa a valer o ordenado. Ensinava Edgard de Moura Bittencourt: "O aumento retroage à data da citação para o pedido de alteração, como está no art. 13, § 2º, da Lei de Alimentos.

Ao contrário, porém, do que ocorre com o início da prestação alimentar ou com o de seu aumento, a partir da citação, diferente é a data em que passa a vigorar a diminuição. Não havendo possibilidade de restituição de alimentos, é natural que a nova parcela (menor) seja prestada a partir da sentença, mesmo que sujeita a recurso. Com a eventual reforma da decisão que viesse a beneficiar o alimentando, as prestações se adaptariam ao montante anterior, com o pagamento das diferenças atrasadas."[231]

Na inteligência acima deve-se entender decisões como esta, proferida no REsp. nº 886.537/MG, da Terceira Turma do STJ, j. em 8.04.2008, *DJe* de 25.04.2008: "Em mais de uma oportunidade esta Corte se manifestou no sentido de que os efeitos da exoneração da pensão alimentícia não retroagem à data da citação, mas apenas têm incidência a partir do transito em julgado da decisão".

19. REVISÃO DE ALIMENTOS PROVISÓRIOS

Igualmente os alimentos provisórios são passíveis de revisão, no que é incisivo o art. 13, § 1º da Lei 5.478/1968: "Os alimentos provisórios fixados na inicial poderão ser revistos a qualquer tempo, se houver modificação na situação financeira das partes, mas o pedido será sempre processado em apartado."

Estende-se a regra se fixados os alimentos provisórios em tutela provisória, seja ela de urgência (cautelar ou antecipada) ou mesmo de evidência.

Isto, por razão de uma necessidade de justiça, pois, ao fixar os alimentos, tem o juiz, para se basear, unicamente as alegações unilaterais fornecidas pela inicial. E é frequente, por desconhecimento ou má-fé do reclamante, trazer a petição inicial informações irreais ou exageradas no tocante aos ganhos do devedor. É possível criar-se uma situação insustentável ou inatingível para o alimentante.

---

[229] TJSP. Agravo de Instrumento nº 127.266-1. 6ª Câm., de 15.02.1990, *Revista de Jurisprudência do TJ de São Paulo*, Lex, 127/182.
[230] *Revista dos Tribunais*, 674/238.
[231] *Alimentos*, obra citada, p. 108.

Vindo a contestação, instruída com informações e provas fortes, chega-se à conclusão da incapacidade de suportar o devedor aquela verba provisória, impondo-se ao juiz rever a posição, reduzindo os alimentos.

Mas aí já não se trata de revisão porque se verificou modificação na situação financeira das partes, e sim em virtude de não comportar a renda do alimentante o encargo ordenado. Bem colocava a questão Sérgio Gischkow Pereira, antes do atual Código Civil: "De outra parte, é óbvio que os alimentos provisórios podem ser alterados no instante em que o acionado demonstrar que não auferia os ganhos noticiados pela inicial, ainda que o faça por prova exclusivamente documental e antes da audiência. Não se tratará da hipótese do § 1º do art. 13, visto que não alegará o demandado modificação em sua situação financeira ou na da parte autora, senão que provará que a situação financeira, relatada na petição inicial, não era verdadeira. De qualquer modo, apesar da ausência de previsão legislativa expressa, a toda evidência não pretenderá negar a possibilidade da redução peticionada pelo réu. Seria alcançar resultado absurdo, por sumamente injusto, o que não condiz com a sã interpretação do direito; com efeito, ficaria o réu suportando alimentos manifestamente inviáveis até pelo menos a data da audiência."[232]

Mas a revisão alcança também a elevação dos alimentos, se aumentarem as necessidades do alimentando, e comportar a capacidade do alimentante. Entendimento este esposado pela jurisprudência: "Possibilidade de, em ação revisional de alimentos, e através de decisão liminar, o juiz modificar provisoriamente, para mais ou para menos, inclusive pela adoção de diversa forma de cálculo, a pensão anteriormente fixada, desde que suficientes elementos de convicção aconselhem a modificação, em face das condições atuais da fortuna das partes."[233]

"No pedido de majoração da pensão alimentícia, é viável a fixação provisória. Alteração na situação econômica das partes que autoriza a elevação dos alimentos, ainda que liminarmente."[234]

O procedimento previsto em autos apartados não condiz com a praticidade. Não há prejuízo ou nulidade em se postular a redução ou majoração no processo de alimentos. Pelo contrário, aconselham esta simplificação razões de economia e celeridade processual. Não traz diferença, no resultado, a alteração nos próprios autos de alimentos.

20. MODIFICAÇÃO DE CLÁUSULA ALIMENTAR

Não raramente, a pessoa dispensa alimentos. É possível alterar tal cláusula?

A resposta é afirmativa, se elementos novos surgirem após tal acordo, tanto que o art. 1.704 da lei civil assegura o pedido de alimentos após a separação, desde que não tenha o ex-cônjuge sido considerado culpado; e na hipótese de se lhe atribuir a culpa, o parágrafo único do mesmo preceito unicamente os alimentos indispensáveis à sobrevivência permite, desde que inexistentes parentes em condições de prestá-los e não verifique inaptidão para o trabalho.

Na eventualidade de necessitar por razões não previsíveis na época da dispensa, sempre será oportuna a pretensão, eis que não prescreve a sua promoção, nem a sentença sobre alimentos transita materialmente em julgado. Já era a lição de Jorge Franklin Alves

---

[232] *Ação de Alimentos*, 2ª ed., obra citada, p. 50.
[233] *Revista de Jurisprudência do TJ do RS*, 74/367.
[234] *Revista de Jurisprudência do TJ do RS*, 101/316.

784 • Direito de Família | *Arnaldo Rizzardo*

Felipe: "A perda do direito a alimentos não constitui matéria isenta de reapreciação judicial. O cônjuge, por exemplo, que renunciou aos alimentos, na separação, pode voltar a postulá-los, por meio de ação ordinária, provando a sua necessidade e a inexistência de quaisquer motivos que justifiquem o indeferimento da medida... De um modo geral, a sentença sobre alimentos não transita materialmente em julgado, principalmente quando diga respeito ao exercício do direito e às necessidades do alimentário, salientando-se que a prestação alimentar, embora contínua, desdobra-se em prestações mensais sucessivas, constituindo, cada uma, direito distinto do alimentário."[235]

A ação, na situação de se alterar cláusula convencionada pelas partes, obedecerá o rito comum, com as peculiaridades dos arts. 693 a 699 do CPC/2015, sobretudo no que diz com o serviço de mediação e a audiência de conciliação, pois envolve a matéria longas discussões, relativas ao próprio direito. Isto em especial no pedido feito por ex-cônjuge, após longos anos sem perceber alimentos. É o caminho que se adota, desde antiga jurisprudência: "Havendo desistência de alimentos, em processo de separação, qualquer dos ex-cônjuges, para obterem-se ulteriormente, deverá recorrer à ação ordinária modificativa de cláusula, em que a concessão de alimentos provisórios é, em regra, defesa... É iterativa a jurisprudência: '... Ação de alimentos. Deve ser processada pelo rito ordinário a pretensão a alimentos manifestada pelo cônjuge que, em desquite consensual, desistiu do exercício de tal pretensão, pois a concessão de pensão alimentícia, nessa hipótese, implica, também, a modificação de cláusula do acordo de separação judicial. A ação sob o rito sumário da Lei nº 5.478 destina-se àqueles casos em que se presume de logo o direito à percepção de alimentos, quer em face da relação de parentesco, quer pelo título de que dispõe o pleiteante' (Relator: Des. Athos Gusmão Carneiro, *RJTRS*, 76/245).

O outro acórdão, também da lavra do então Des. Athos Gusmão Carneiro está assim ementado: 'Pendente ação, sob rito ordinário, de modificação de cláusula de dispensa de alimentos, avençada em separação consensual, descabe, salvante hipóteses excepcionais, a concessão liminar de pensão alimentar, inclusive na ação cautelar de alimentos provisionais. A Súmula nº 379 do STF faz depender a ulterior concessão de alimentos, a quem os dispensou no acordo de desquite, hoje separação judicial, a que sejam verificados os pressupostos legais' (*RJTJRS*, 102/301)."[236]

Válidas as explicações de Yussef Said Cahali, quanto ao tipo de procedimento para a ação: "Como se tornou pacífico, a ação regida pela Lei de Alimentos não representa via processual adequada para o pedido de alimentos a quem os renunciou por ocasião do desquite: a mulher que, na separação, tiver convencionado com o marido a renúncia dos alimentos, poderá dele reclamá-los judicialmente, no elastério da Súmula nº 379; deverá fazê-lo, porém, por via da ação ordinária, com vistas à demonstração de existência dos pressupostos explicitados na referida Súmula e que autorizam a desconstituição do acordo homologado."[237]

Há de se observar, como no último acórdão citado, situações que, às vezes, se apresentam especialíssimas. É evidente que a interpretação de normas relativas a alimentos apresenta-se um tanto casuística, mormente quando extrema a necessidade e nenhuma a possibilidade de se sustentar, tendo se verificado a desistência de alimentos sem que a

---

[235] *Prática das Ações de Alimentos*, obra citada, pp. 31 e 32.
[236] TJRS. Apel. Cível nº 587066432. 4ª Câm. Cível, de 09.05.1988, *Revista de Jurisprudência*, 134/262; ainda, *Revista de Jurisprudência do TJ de São Paulo*, Lex, 127/184 e 122/254.
[237] *Dos Alimentos*, obra citada, p. 358.

Cap. XXV | Alimentos • **785**

pessoa dispusesse de condições econômicas próprias para tanto. Hipótese esta que permite, inclusive, a fixação de alimentos provisoriamente, pelo rito da Lei nº 5.478.

Não se admite modificação de cláusula que trata da partilha dos bens, se têm os mesmos (os bens) caráter alimentar, e se utilizados por filhos menores: "Modificação de cláusula em separação consensual, cumulada com pedido de extinção de condomínio do imóvel do casal, no qual habitam a mulher e os filhos menores. Estabelecida a cláusula de copropriedade e de moradia da mulher com os filhos menores no imóvel, mesmo que na sua parte final conste a possibilidade de resolução do pacto caso a mulher passe a coabitar com outro homem no prédio, extinguindo-se o condomínio, o interesse de habitação dos filhos menores impede a sua venda e, consequentemente, a retirada dos filhos, cujo direito de habitação tem de ser respeitado. Enquanto não se resolver o problema da guarda e da moradia dos menores, impossível será a retirada da mãe, em cuja guarda se encontram os mesmos."[238]

Dada a idêntica natureza da matéria alimentar tanto no casamento como na união estável, apropriado se aplicar a mesma exegese para hipóteses decorrentes de ambas situações.

21. NATUREZA DA SENTENÇA PROFERIDA EM MATÉRIA ALIMENTAR

Se a ação é puramente de alimentos, não restam dúvidas de que a sentença será condenatória, já que ordena a uma pessoa satisfazer determinada obrigação.

Mas grande parte das ações tem inclusive caráter declaratório, mormente quando a pretensão alimentícia se interliga à declaração do estado de pai ou mãe do obrigado. Da mesma forma, em se tratando de exoneração de alimentos, porquanto o juiz apenas declara a presença ou ausência dos pressupostos para os alimentos.

O tipo de ação determina a natureza da sentença.

Objetivando a alteração da obrigação, também prepondera o caráter declaratório, considerando que é firmado o direito em face de múltiplos fatores que são apresentados.

Há situações em que sobressaem aspectos constitutivos, declaratórios e condenatórios. Assim na ação intentada por filho não reconhecido. No seu desenvolvimento, em primeiro lugar declara a paternidade, a fim de dar fundamento à pretensão e à obrigação, formando o liame que liga o alimentante ao alimentando. Em segundo lugar, é constitutiva, por estabelecer uma obrigação, que é a pensão, fixando o respectivo valor. Por último, revela-se condenatória, eis que ordena o pagamento de certa quantia.

De acordo com o já observado, o efeito da sentença é imediato, isto é, não tem ela efeito suspensivo. Efetivamente, o art. 1.012, do Código de Processo Civil de 2015, ao conter, em seu *caput*, como regra geral o recebimento da apelação no efeito suspensivo, nos vários incisos que seguem restringe o recebimento para somente o efeito devolutivo em algumas hipóteses. Dentre elas (inc. II), a sentença que condenar à prestação de alimentos. Regra também assinalada no art. 14 da Lei nº 5.478/1968: "Da sentença caberá apelação no efeito devolutivo."

Mas, há de se observar: se improcedente a ação, em ambos os efeitos recebe-se a apelação. A restrição ao efeito devolutivo restringe-se à sentença que condenar. De modo geral, se fixados os alimentos provisionais, o recurso contra a improcedência traz ambos

---

[238] TJSC. Apel. Cível nº 5.346/28. 2ª Câm. Cível, de 22.05.1990, *Revista dos Tribunais*, 659/145.

786 • Direito de Família | *Arnaldo Rizzardo*

os efeitos. Por conseguinte, sendo recebida a apelação também no efeito suspensivo, isto é, suspendendo-se a eficácia da sentença, perduram aqueles alimentos.

Em suma, se procedente a ação, em face da restrição do recebimento no efeito devolutivo; e se improcedente, pelo recebimento em ambos os efeitos, favorecer-se-á o alimentando, no primeiro caso, desde já a pensão; e continuará a receber na segunda eventualidade, se houver fixação provisional.

Desde o ato citatório da ação conta-se a pensão. É que sua exigibilidade decorre da necessidade. Presume-se que o ingresso em Juízo da lide foi imposto por haver, naquele momento, surgido a necessidade. Aliás, neste sentido dispõe a Lei nº 5.478, no art. 13, § 2º: "Em qualquer caso, os alimentos fixados retroagem à data da citação."

E a Súmula nº 226, do STF: "Na ação de desquite, os alimentos são devidos desde a inicial e não da data da decisão que os concede."

Isto, evidentemente, aos alimentos definitivos. Os provisionais contam-se a partir do despacho que os estabelece e vão até o trânsito em julgado da sentença, como ressalta do § 3º do citado dispositivo: "Os alimentos provisórios serão devidos até a decisão final, inclusive o julgamento do recurso extraordinário." Em face da norma, a interposição de recurso à apelação não traz apenas o efeito devolutivo, se há alimentos provisórios. Estes permanecem, passando a viger os definitivos somente com o trânsito em julgado da sentença. São, inclusive, devidos se interposto recurso especial.

Mas se não ingressar a parte com agravo de instrumento contra o não recebimento, segundo foi decidido, quando se alegava a arguição de relevância: "Alimentos. Recurso extraordinário. Arguição de relevância. Alimentos provisórios. Mandado de segurança. Uma vez denegado o recurso extraordinário interposto de acórdão que julgou improcedente a ação de alimentos, por despacho que transitou em julgado, não tem a arguição de relevância também oposta a virtude de impedir a suspensão do pagamento dos alimentos provisionais, pois não deveria ser dada à norma do § 3º do art. 13 da Lei nº 5.478/68 interpretação extensiva, mais ainda porque, não podendo o réu exigir a devolução dos alimentos pagos, para ele, sim, será irreparável o prejuízo."

E, no voto ensejador da ementa: "Excepcional como é a regra do § 3º do art. 13 da Lei nº 5.478/68, ao atribuir efeito suspensivo ao recurso extraordinário para que continuem exigíveis os alimentos provisionais até final decisão, essa norma não pode importar interpretação extensiva, no sentido de atribuir tal efeito também à arguição de relevância, não prevista em lei, mais ainda porque não poderia o réu exigir a devolução de tais alimentos, decorrendo, portanto, para ele, sim, prejuízo irreparável."[239]

Questão de relativa discussão diz respeito à liberdade que se reconhece ao juiz, que não fica preso aos estritos termos do pedido. Entende-se não constituir nulidade o julgamento *ultra petita*, ou além do que se postulou, como a fixação de alimentos para necessidades não especificadas na inicial. Se, *v.g.* não está incluído no montante pleiteado o correspondente à educação, não se afigura nula a sentença se incluir este item. Importa, em se tratando de alimentos, o interesse maior à vida ou à pessoa, que suplanta eventual falhas da petição inicial. Não se admitirá, todavia, a sentença *extra petita*, ou que inclua, na disposição alimentar, partes que não participaram no litígio, como a mãe, a ela atribuindo quota de alimentos, embora omisso quanto a ela o pedido inicial.

---

[239] TJRJ. Mandado de Segurança nº 197. 8ª Câm. Cível, de 17.12.1986, *Revista dos Tribunais*, 662/163.

22. A COISA JULGADA EM AÇÕES DE ALIMENTOS

Cumpre, primeiramente, assentar que a sentença, em matéria de alimentos, de modo geral obedece os princípios legais que regem as demais sentenças.

Estando uma ação julgada, não pode aparecer outra com identidade das mesmas partes da anterior, o mesmo pedido e igual causa de pedir.

Há, é de notar, o que se denomina 'coisa julgada formal', com a impossibilidade de ser submetida a demanda a novo julgamento, por esgotadas as vias recursais utilizadas, ou por decorrido o prazo decadencial da ação rescisória; e a 'coisa julgada material', que prende-se ao elemento declaratório da sentença, o qual passa a ser imodificável ou imutável.

A coisa julgada formal conduz à coisa julgada material, como explica Adroaldo Furtado Fabrício: "A essa necessidade responde a coisa julgada formal a identificar-se com a irrecorribilidade e decorrente impossibilidade de continuar-se a demandar sobre o mesmo objeto. Nesse sentido, a coisa julgada pode ser vista como preclusão, a última, a máxima e a mais abrangente das preclusões, a incidir sobre o processo mesmo e não sobre um ato dele.

Mas não é só. A decisão assim tornada final (pela inimpugnabilidade, seja decorrente do exaurimento dos recursos interponíveis, seja da omissão do seu emprego) torna-se a lei do caso concreto. Não apenas adquire a força de lei de que falam os Códigos, mas toma o lugar da lei, substituindo-a no que diz com a particular relação considerada. Lei do caso concreto, prevalecerá a sentença sobre a norma abstrata, se discordantes. Isso, é bem de ver, já não diz respeito à sentença e ao processo, mas à relação de direito material que fora *res iudicanda*, objeto do processo, e que já não se governa pela regra genérica emanada dos órgãos legiferantes, mas pela *lex specialis*, concreta como o próprio caso, que a jurisdição produziu. A esse fenômeno é que se deve denominar, exata e propriamente, coisa julgada material, a verdadeira coisa julgada."[240]

No caso, a sentença em ação de alimentos constitui coisa julgada formal e material, ou apenas num desses conceitos?

Antes de chegarmos à conclusão, necessário ver o texto de dispositivos relativos à matéria. Reza o art. 15 da Lei nº 5.478/1968: "A decisão judicial sobre alimentos não transita em julgado e pode a qualquer tempo ser revista, em face de modificação da situação financeira dos interessados."

No art. 505, I, do Código de Processo Civil de 2.015, também emerge idêntico princípio: "Nenhum juiz decidirá novamente as questões já decididas relativas à mesma lide, salvo:

> I – se, tratando-se de relação jurídica continuativa, sobreveio modificação no estado de fato ou de direito; caso em que poderá a parte pedir a revisão do que foi estatuído na sentença."

Marca a obrigação alimentar o caráter continuativo. Mais propriamente, trata-se de uma relação jurídica continuativa de longa duração e em constante dinamismo. A prestação de alimentos prossegue durante longos anos, às vezes a partir do casamento, ou do surgimento de um descendente, e pelo resto da vida do alimentante. No curso do período, há variações da condição econômica, ou alteram-se as bases fáticas de onde está assentada a obrigação.

---

[240] "A Coisa Julgada nas Ações de Alimentos", *AJURIS – Revista da Associação de Juízes do RS*, Porto Alegre, nº 52, pp. 7 e 8, 1991.

788 • Direito de Família | *Arnaldo Rizzardo*

Não é admissível crer a perpetuidade de um *quantum* calculado em determinada época, se suscetíveis de frequentes mudanças as necessidades e a situação econômica das pessoas.

Daí se justificarem as regras acima, dentro, porém, do correto entendimento. É que a revisibilidade das sentenças sobre alimentos decorre de imperativo que deflui da própria natureza da obrigação.

No entanto, há um exagero pensar que a sentença de natureza alimentar não faz coisa julgada. A definição estabelecida na sentença permanece para sempre. Não mais se alterará o decidido. Se estabelecida a obrigação, esta acompanhará a pessoa até que uma nova realidade, ou um fato novo, apareça. Mas, aí, será necessária outra ação, que girará em torno de novos pressupostos e condições diferentes daquelas que levaram a firmar-se o dever. Na exoneração, diverso é o pedido formulado na ação de alimentos.

O art. 15 contém uma impropriedade na redação, quando assevera que a decisão judicial não transita em julgado.

A teor do sentido literal, sempre seria discutível o dever de sustentar. No entanto, desde que fique declarada a obrigação e transite em julgado, não mais poderá ser discutida. Torna-se *res judicata*, ou lei no caso concreto.

Perfeita a exegese de Adroaldo Furtado Fabrício: "As sentenças proferidas em ações de alimentos, como quaisquer outras, referentes ou não a relações jurídicas 'continuativas', transitam em julgado e fazem coisa julgada material, ainda que – igualmente como quaisquer outras – possam ter a sua eficácia limitada no tempo, quando fatos supervenientes alterem os dados da equação jurídica nelas traduzida. O disposto no art. 15 da Lei nº 5.478/68, portanto, não pode ser tomado em sua literalidade. O dizer-se aí que a sentença não faz coisa julgada é, tão somente, um esforço atécnico e mal inspirado do legislador para pôr em destaque a admissibilidade de outras demandas entre as mesmas partes e pertinentes à mesma obrigação alimentar. Essa interpretação, aliás, não desafina da impressão geral que essa lei produz, como uma das mais mal formuladas no nosso ordenamento positivo.

Por tratar-se de outras 'ações', em que a *causa petendi*, sempre, e frequentemente o *petitum* são radicalmente diversos dos seus correspondentes na 'ação' anterior, nenhuma afronta ou restrição sofre o princípio da imutabilidade da coisa julgada. Esta perdura inalterada e soberana, embora uma nova sentença venha a examinar e acertar a configuração também nova que a relação jurídico-material tenha assumido. Só caberia falar-se de alteração de julgado, relativização do princípio da imutabilidade, substituição de sentença ou sua adaptação a fatos novos, se fosse reapreciada e rejulgada a lide tal como se pusera anteriormente em Juízo, com os mesmos dados e configuração que apresentava quando do julgamento primitivo. Mas a lide é claramente diversa, seja que o alimentante postule minoração do encargo (ou sua extinção ou até mesmo inversão), seja que o alimentário busque a majoração dos alimentos que antes obtivera, ou a concessão dos que haviam sido denegados".[241]

Acrescenta Araken de Assis: "Vale recordar que o impedimento encontrável na coisa julgada material supõe identidade total das ações (art. 301, §§ 2º e 3º). Portanto, alterada a causa de pedir da primeira demanda, em razão de superveniente opulência do alimentário ou indigência do alimentante..., se caracteriza o óbice. Além disto, a modificabilidade dos efeitos não atinge a coisa julgada: jamais ocorrerá ainda que extinta a obrigação alimentar anteriormente reconhecida através de uma ação exoneratória, o desfazimento da

---

[241] *A Coisa Julgada nas Ações de Alimentos*, trabalho citado, pp. 28 e 29.

imutabilidade do direito declarado, quer dizer, a negação ulterior de que ao alimentário, na demanda precedente, assistia direito à pensão.

Se, depois de emanada aquela sentença, fato superveniente extinguiu o direito, depara-se o juiz com nova demanda, totalmente diferente da primeira. No estágio atual dos estudos concernentes à coisa julgada, não impressiona mais a alterabilidade dos efeitos."[242] O art. 301, §§ 2º e 3º, acima referidos, corresponde ao art. 337, §§ 2º, 3º e 4º, do CPC/2015.

Nesta linha, nem a coisa julgada material é afetada. Através de outra ação, declara-se um novo direito, como o de revisão, ou exoneração.

A jurisprudência entende inexistir a coisa julgada material, e que o *quantum* da pensão constitui justamente o elemento que não transita em julgado, pois o mesmo varia. Na verdade, não se revela correta esta forma de pensar, porquanto é a obrigação alimentar que corresponde à coisa julgada material. Como a obrigação alimentar é definida na sentença e não varia, pode-se dizer que a coisa julgada material transita em julgado, e não é modificável.

Decidiu-se, com base na coisa julgada material: "A ação de alimentos transita em julgado apenas formalmente, podendo ser revista a qualquer tempo."[243] "Quando se afirma que inexiste coisa julgada material em ação de alimentos, faz-se referência ao *quantum* alimentar. Mas, se a manifestação judicial, transitada em julgado, desde que o pretendente a alimentos não tem direito a eles, tal pessoa nunca mais pode renovar pedido semelhante."[244] "Reiteração de ação anterior, julgada improcedente. Coisa julgada. Ocorrência desta. Hipótese que não é referente ao *quantum* dos alimentos, mas à obrigação de prestá-los. Voto vencido."[245]

Como se percebe, a coisa julgada nas ações de alimentos não é atingida por se alterar o *quantum* da pensão alimentícia, ou mesmo por exonerar, se fatos novos aconteceram. Mesmo com a mudança de patamares na fixação de alimentos, ou alterações profundas na obrigação, não se está invalidando a decisão anterior. Apenas se estabelece uma nova ordem legal em face de fato superveniente.

Nem se pense que, diante da previsão do art. 15 da Lei nº 5.478/1968, está a parte impedida de ingressar com a ação rescisória de sentença transitada em julgado, atacando o mérito ou algum outro ponto fundamental da mesma. Com esta providência, procura-se desconstituir a própria obrigação, e não simplesmente o valor estabelecido, em face do surgimento de uma nova situação. É explícito, a respeito, Yussef Said Cahali: "Tratando-se, porém, de sentença de mérito que julga a ação de alimentos, presente, assim, o elemento constitutivo (ao lado do determinativo, do declaratório e de condenação), à símile do que ocorre com a sentença de desquite litigioso, onde a sentença não produz coisa julgada absoluta, o provimento judicial somente pode ser desconstituído por via de ação rescisória.

Nem o enunciado atécnico do art. 15 da Lei de Alimentos, na sua exata interpretação, conduz a entendimento diverso; ali se dispõe que 'a decisão judicial sobre alimentos não transita em julgado e pode a qualquer tempo ser revista, em face da modificação da situação financeira dos interessados'.

---

[242] "Breve Contribuição ao Estudo da Coisa Julgada em Ações de Alimentos", *AJURIS – Revista da Associação dos Juízes do RS*, Porto Alegre, nº 46, pp. 90 e 91, 1989.

[243] TJMG. Apel. Cível nº 46.359, *Jurisprudência Brasileira*, Curitiba, Juruá, vol. 31, p. 174.

[244] TJSP. Apel. Cível nº 257.300, *Jurisprudência Brasileira*, nº 31, obra citada, p. 31.

[245] *Revista de Jurisprudência do TJ de São Paulo*, 48/29.

790 • Direito de Família | *Arnaldo Rizzardo*

A ausência de efeito preclusivo da sentença, pois, concerne à possibilidade de sua revisão, a qualquer tempo, diante da modificação das condições econômicas das partes."[246]

Em suma, cabível a ação rescisória em processo alimentar, desde que se caracterize uma das hipóteses do art. 966 do Código de Processo Civil de 2015.

23. OFERTA DE ALIMENTOS

É bastante comum a oferta de alimentos pelo próprio devedor. Exsurge a regra do art. 24 da Lei nº 5.478, nestes termos: "A parte responsável pelo sustento da família, e que deixar a residência comum por motivo que não necessitará declarar, poderá tomar a iniciativa de comunicar ao Juízo os rendimentos de que dispõe e de pedir a citação do credor, para comparecer à audiência de conciliação e julgamento destinada à fixação dos alimentos a que está obrigado."

Normal é a iniciativa do devedor quando o credor não aceita a oferta amigavelmente. A fim de não entrar em mora, é de se autorizar o depósito. Com isto, evita o devedor ser acionado judicialmente.

Em geral, o devedor quer isentar-se da obrigação no *quantum* necessário. E antecipa-se ao credor, oferecendo uma quantia não condizente com a realmente devida, favorecendo-se pela longa demora até a regularização do pagamento na importância necessária.

De modo que o juiz, recebendo a inicial, estabelecerá os alimentos provisórios, determinando o depósito e a citação do credor para contestar em prazo que delimita, ou até a audiência. Seguirá o feito os mesmos trâmites previstos para a ação de alimentos.

Por evidente que não se resumirá a decisão do juiz a simplesmente homologar o montante oferecido. Neste sentido a jurisprudência: "O oferecimento de alimentos é facultado a quem tem obrigação de prestá-los, pelo art. 24 da Lei nº 5.478/1968, que assim dispõe: 'A parte responsável pelo sustento da família, e que deixar a residência comum por motivo que não necessitará declarar, poderá tomar a iniciativa de comunicar ao Juízo os rendimentos de que dispõe e de pedir a citação do credor, para comparecer à audiência de conciliação e julgamento destinada à fixação dos alimentos a que está obrigado.'

Como evidencia o dispositivo legal, o pedido é de arbitramento judicial e não de simples homologação da oferta unilateral. Daí a citação do credor e a realização de uma audiência, ensejando defesa, produção de provas e debates, com final prolação da sentença.

Assim, pode o juiz, tanto na oferta do devedor, como no pedido do credor, fixar os alimentos em quantitativo superior ao pretendido na inicial, sem que importe o arbitramento em decisão *ultra petita*."[247]

24. OBRIGAÇÃO ALIMENTAR DE PESSOA RESIDENTE NO EXTERIOR

Seja nacional ou estrangeiro o devedor de alimentos, se residente no Brasil, subordina-se à autoridade judiciária brasileira. A ação de alimentos é promovida, no Brasil, no foro do domicílio do credor, obedecendo-se o princípio universalmente aceito de que a lei nacional se aplica aos jurisdicionados de determinado Estado – regra também prevista no art. 7º da Lei de Introdução às Normas do Direito Brasileiro: "A lei do país em que

---

[246] *Dos Alimentos*, obra citada, p. 540.
[247] TJMS. Apel. Cível nº 3.101/89. 3ª Câm. Cível, de 27.03.1990, *Revista dos Tribunais*, 676/157.

for domiciliada a pessoa determina as regras sobre o começo e o fim da personalidade, a capacidade e os direitos de família."

Não é outra a determinação da lei – art. 21, inc. I, do Código de Processo Civil de 2015: "Compete à autoridade judiciária brasileira processar e julgar as ações em que: ... I – o réu, qualquer que seja a sua nacionalidade, estiver domiciliado no Brasil."

De igual modo, quando a obrigação aqui deva ser cumprida; ou a ação se originar de fato ocorrido ou de ato praticado no Brasil, conforme incisos II e III, da regra acima.

O problema surge quando o credor reside no Brasil e o devedor no exterior.

Regulando a matéria, há a Convenção sobre Prestação de Alimentos no Estrangeiro, votada em Nova York, em 1956, sob a tutela das Nações Unidas, e adotada pelo Brasil em 1958, por meio do Decreto Legislativo nº 10, de 13.11.1958, com promulgação através do Decreto nº 56.826, de 02.09.1965.

Inspirou esta Convenção a necessidade de um rápido andamento aos feitos na consecução de alimentos em países estrangeiros. Vieram introduzidos alguns termos como 'autoridades remetentes', ou 'instituições intermediárias', para significar os organismos que encaminham o pedido de alimentos. Mais precisamente, 'autoridade remetente' é aquela que encaminha o pedido de alimentos ao país que assinou a Convenção de 1956, diretamente para a pessoa que aparece indicada no órgão próprio das Nações Unidas. E 'instituição intermediária' considera-se a pessoa física ou jurídica que receberá o pedido e promoverá a homologação da sentença, ou o ajuizamento da ação. No Brasil, tanto o encaminhamento para outro país como o recebimento de pedidos vindos de fora são da responsabilidade da Procuradoria Geral da República dos respectivos Estados de onde partem os pedidos, ou para onde chegam os remetidos do exterior. Mas, antes da distribuição para os Estados, ou do encaminhamento para o exterior, o expediente passa pelo Procurador-Geral da República.

O art. 26 da Lei nº 5.478 faz menção ao Decreto Legislativo nº 10, dizendo quem é considerada a autoridade: "É competente para as ações de alimentos decorrentes da aplicação do Decreto Legislativo nº 10, de 13 de novembro de 1958, e Decreto nº 56.826, de 02 de setembro de 1965, o Juízo Federal da Capital da Unidade Federativa Brasileira em que reside o devedor, sendo considerada instituição intermediária, para os fins dos referidos decretos, a Procuradoria-Geral da República."

Perante as Nações Unidas, cada país signatário da Convenção tem indicada a autoridade remetente ou instituição intermediária, que, recebendo o pedido, promoverá o encaminhamento judicial, em geral nos órgãos da Justiça Federal.

O pretendente, ou alimentando, dirige-se à Procuradoria-Geral da República, entregando o pedido devidamente instruído, com a decisão judicial que estabelece a obrigatoriedade do encargo, o montante devido e não sujeito a recursos, além de documentos concernentes àquela exigência.

A autoridade brasileira deverá certificar que se encontra correta toda a documentação necessária, e remete-a à autoridade competente no país estrangeiro, inscrita nas Nações Unidas, isto é, com habilitação para o ajuizamento da lide naquele país.

Explica Yussef Said Cahali: "O pedido deverá ser acompanhado de todos os documentos pertinentes, inclusive, se necessário, de uma procuração que autorize a instituição intermediária a agir em nome do demandante ou a designar uma pessoa habilitada para o fazer; deverá ser, igualmente, acompanhado de uma fotografia do demandante, e, se possível, de uma fotografia do demandado. A autoridade remetente promoverá todas

792 • Direito de Família | *Arnaldo Rizzardo*

as medidas que estiverem a seu alcance para assegurar o cumprimento dos requisitos exigidos pela lei do Estado da instituição intermediária; ressalvadas as disposições desta lei, o pedido incluirá as seguintes informações: a) nome e prenome, endereço, data de nascimento, nacionalidade e profissão do demandante, bem como, se necessário, nome e endereço de seu representante legal; b) nome e prenome do demandado e, na medida em que o demandante deles tiver conhecimento, os seus endereços sucessivos durante os cinco últimos anos, sua data de nascimento, sua nacionalidade e sua profissão; c) uma exposição pormenorizada dos motivos nos quais for baseado o pedido, o objeto deste e quaisquer outras informações pertinentes, inclusive as relativas à situação econômica e familiar do demandante e do demandado."[248]

Encaminhando o pedido, e recebido pela instituição intermediária do país onde deve ser cumprido, será o mesmo processado de acordo com as leis locais.

Isto, evidentemente, para propor a ação. Se existente título definitivo, por sentença, segue-se a necessidade da homologação pelo órgão judiciário do lugar. No Brasil, signatário da Convenção, vindo o pedido instruído com decisão antes do cumprimento, requer-se a homologação pelo Supremo Tribunal Federal, que será patrocinada pela Procuradoria-Geral da República. Realmente, para representar pessoas domiciliadas no exterior, propondo a homologação da sentença junto ao Supremo Tribunal Federal, tem sido reconhecida a competência da Procuradoria-Geral da República. Isto em virtude do art. 6º da já aludida Convenção, que regula as funções da instituição intermediária, nos seguintes termos: "A instituição intermediária, atuando dentro dos limites dos poderes conferidos pelo demandante, tomará, em nome deste, quaisquer medidas apropriadas para assegurar a prestação dos alimentos. Ela poderá, igualmente, transigir e, quando necessário, iniciar e prosseguir uma ação alimentar e fazer executar qualquer sentença, decisão ou outro ato judicial.

A instituição intermediária manterá a autoridade remetente informada e, se não puder atuar, a notificará das razões e lhe devolverá a documentação.

Não obstante qualquer disposição da presente convenção, a lei que regerá as ações mencionadas e qualquer questão conexa será a do Estado do demandado, inclusive em matéria de Direito Internacional Privado."

Daí que ampla a legitimidade da Procuradoria-Geral da República em representar o interessado de outro país, competindo-lhe não apenas encaminhar o pedido de homologação, mas também promover a ação ou execução de alimentos.

Linha que é obedecida na prática forense: "Alimentos no estrangeiro. Convenção da ONU, Nova York, 1956, ratificada pelo Brasil, consoante o Decreto nº 56.826, de 02.09.1965. Caso em que já existe sentença de alimentos, proferida no estrangeiro. Homologação prévia pelo Supremo Tribunal Federal, dessa sentença, para que, pela instituição intermediária, a Procuradoria-Geral da República, venha a ser executada no Brasil, onde tem domicílio o devedor de alimentos." E, logo adiante, prossegue o acórdão: "Autenticação consular da sentença homologada, dispensada pela jurisprudência do Supremo Tribunal, quando transmitidos os documentos por via diplomática, o que, por identidade ou razões, se aplica à via oficial específica, prevista na Convenção sobre a Prestação de Alimentos no Estrangeiro."[249]

---

[248] *Dos Alimentos,* obra citada, p. 674.
[249] Sentença Estrangeira nº 3.016-1. Relator: Min. Décio Miranda, Julgada em 17.12.1982, *Lex-Jurisprudência do Supremo Tribunal Federal,* 51/273.

Cap. XXV | Alimentos • **793**

Sem a homologação da sentença estrangeira, necessário se promova a própria ação de alimentos. Com aquele ato, torna-se a sentença um título executivo, podendo as obrigações do devedor serem executadas no domicílio dele próprio.

No juízo de homologação, o exame limita-se à autenticidade da sentença e outros documentos que instruem o pedido. Não é da competência da Justiça brasileira aferir o preenchimento dos requisitos legais, impostos pela lei estrangeira. E assim há de ser, sob pena de ingerência no direito de sistemas jurídicos estrangeiros. Verifica-se a autenticidade dos elementos que chegam, o que será atestado pelas autoridades consulares.

25. ALIMENTOS E UNIÃO ESTÁVEL SOB A ÓTICA CONSTITUCIONAL

É sabido que, ao tratar do direito de família, a vigente Constituição Federal introduziu importantes inovações, firmando, de modo especial, a absoluta igualdade de direitos entre o homem e a mulher; a paridade entre filhos, independentemente da origem dos mesmos; a prevalência da afeição mútua nas relações conjugais; e a aceitação da união estável como entidade familiar.

Deste último ponto exsurgem importantes consequências, merecendo destaque o aspecto concernente aos alimentos, que reciprocamente um companheiro deve ao outro.

Cumpre notar que, do ponto de vista legal, antes da nova ordem constitucional, nem o homem e nem a mulher eram obrigados a dar alimentos um ao outro, em se tratando de união de fato. No máximo, permitia-se requerer a dissolução de tal sociedade de fato, com a partilha do patrimônio formado, ou a indenização por serviços domésticos prestados por um dos conviventes ao outro. Especialmente esta última forma constituía um meio de contornar o vazio da falta de lei frente a situações de graves injustiças. Não raramente, a realidade aparecia de forma sobremaneira contundente, a ponto de não se admitir a recusa em pensionar, como no caso da mulher que vivia durante uma dezena ou mais de anos com o companheiro, e de repente era abandonada. A indenização por serviços domésticos prestados procurava atenuar tais dilacerações dos direitos, inclusive, em algumas ocasiões, com a concessão de uma verba mensal liminarmente.

A rigor, porém, mesmo que um dos companheiros tivesse se comprometido com certa pensão ao outro, não vigorava a obrigação. E isto porque as obrigações morais, ou por encargos de consciência, que se confundem com os naturais, não concedem ao pretenso credor o direito de coagir o devedor a cumpri-las. Embora protegidas no direito romano, e mesmo no direito canônico, nada mais são do que simples deveres morais, cuja satisfação depende do grau de consciência daquele que as assumiu.

Vale, a respeito, a lembrança de Manoel Ignácio Carvalho de Mendonça: "Nenhuma coação assiste ao credor; este só tem a execução da *solutio retentio* contra a repetição do pagamento, que porventura lhe opusesse aquele que solveu a dívida natural."[250]

É que se a lei não tipificava a figura da sociedade conjugal de fato como instituto jurídico, não era possível exigir dela o amparo de suas relações.

A juridicização da união estável, para efeitos da mútua assistência, ou, pelo menos, a preocupação a respeito, veio com a Carta de 1988, cujo art. 226, § 3º, estatui: "Para efeito da proteção do Estado, é reconhecida a união estável entre o homem e a mulher como entidade familiar, devendo a lei facilitar sua conversão em casamento". Vieram as Leis

---

[250] *Doutrina e Prática das Obrigações*, Rio de Janeiro, Revista Forense, 1956, tomo I, p. 151.

n°s 8.971, de 29.12.1994, e 9.278, de 10.05.1996, regulamentando a questão dos alimentos. Antes delas, muito se discutia a respeito da vigência imediata ou não do dispositivo constitucional, tendo merecido destaque, com apoio nos ensinamentos de José Afonso da Silva,[251] o entendimento que o classificava como de eficácia contida. Assim consideram-se as normas que transmitem certos efeitos, mas que não dispensam a regulamentação para algumas hipóteses. A eficácia fica contida em certos limites. Relativamente ao art. 226, § 3º, duas partes ressaltam: a primeira, relativa ao reconhecimento da união estável entre o homem e a mulher, como entidade familiar para efeito de proteção do Estado; a segunda, concernente à facilitação, pela lei, da conversão em casamento.

De um lado, desde já desponta a imediata consideração da união estável como entidade familiar; de outro, a sua conversão em casamento é que depende de lei. Então, surge a eficácia contida, ou em termos, de certa parte da regra. Não significa isto a desnecessidade do surgimento de lei que venha a disciplinar mais longa e detalhadamente a união estável. Mesmo, contudo, sem lei, o Estado a reconhece como sociedade familiar, equivalente ao casamento. Incluído na imediata proteção pelo Poder Público está o aspecto que envolve alimentos. Daí passar a sustentar-se o direito aos alimentos, malgrado a inexistência de lei que disciplinasse o assunto.

Efetivamente, a partir do advento do reconhecimento como entidade familiar, resta evidente o cabimento da mútua assistência e, daí, dos alimentos, segundo justifica, categoricamente, Sérgio Gischkow Pereira: "O dever de alimentos tem como fundamento uma obrigação de caridade e solidariedade familiares. Está em sua base um dever ético de assistência e socorro resultante do vínculo familiar.

Se a Constituição passou a considerar o concubinato como entidade familiar, como forma de família, não há por que este dever de solidariedade não atue igualmente entre os concubinos.

O direito a alimentos diz com o direito mais fundamental e essencial de todos, que é o direito à vida com dignidade. Estamos aí diante de princípio universal não apenas moral, mas jurídico...

Se o concubinato é entidade familiar, seria profundamente contraditório continuar assegurando direito alimentar entre irmãos, os quais muitas vezes se afastam totalmente em termos de convivência, para negá-los aos concubinos que viveram em estreita e íntima relação, talvez por longo tempo.

A visão do jurista e aplicador do direito, mais ainda quando lida com o valor 'vida digna', não pode ser dogmático-positivista e lógico formal. Aliás, o direito é objeto cultural (e não ideal ou natural), e, estando situado nesta região ôntica, é de sua natureza e essência um componente axiológico; por isso, mesmo seu ato de cognição não é a intelecção ou a explicação, mas a compreensão, e, por outro lado, seu método não é o racional dedutivo ou o empírico-indutivo, mas o empírico dialético...

A mínima preocupação valorativa não pode acatar o absurdo resultado de que, por exemplo, uma concubina, por não haver bens a serem partilhados ou não ter o concubino recursos para pagar uma indenização por serviços domésticos prestados, fique jogada à mendicidade depois de muitos e muitos anos de convivência, como se casados fossem, porque resolveu o homem abandoná-la, talvez por mulher mais jovem."[252]

---

[251] *Aplicabilidade das Normas Constitucionais*, São Paulo, RT, 1982, pp. 71 a 75.
[252] "A União Estável e os Alimentos", *AJURIS – Revista da Associação dos Juízes do RGS*, Porto Alegre, nº 49, pp. 43 a 45, 1990.

Cap. XXV | Alimentos • **795**

25.1. O direito regulamentado por leis específicas e pelo Código Civil

Após a Constituição de 1988, duas leis vieram regulamentar a união estável, e, dentro de sua amplidão, o direito a alimentos.

Primeiramente, apareceu a Lei n° 8.971, de 29.12.1994, regulando o direito dos companheiros a alimentos e à sucessão, sendo que o art. 1° revela os requisitos para a concessão: "A companheira comprovada de um homem solteiro, separado judicialmente, divorciado ou viúvo, que com ele viva há mais de cinco anos, ou dele tenha prole, poderá valer-se do disposto na Lei n° 5.478, de 25 de julho de 1968, enquanto não constituir nova união e desde que prove a necessidade".

O mesmo direito foi estendido ao companheiro, se preenchidas as condições do *caput* da regra acima, consoante seu parágrafo único: "Igual direito e nas mesmas condições é reconhecido ao companheiro de mulher solteira, separada judicialmente, divorciada ou viúva".

Eis os requisitos que eram exigidos, consoante a lei em exame, e que perduram para as controvérsias nascidas de uniões existentes antes do Código Civil de 2002:

a) A efetiva união estável, isto é, duradoura, perene, contínua, notória, conhecida, constante, com fidelidade, de modo a formar uma comunidade ou comunhão de vida, um compartilhamento de interesses, trabalhos, ideais, embora, segundo a evolução do pensamento e a Súmula n° 382 do STF, não seja indispensável a vida em comum sob o mesmo teto ou *more uxorio*. No tocante à fidelidade, deve predominar, pois constitui um elemento revelador da exclusividade de relações, colocado como substrato na formação da união. Do contrário, não estaria presente o caráter de afetividade e não constituiria um conjunto familiar, mas uma simples combinação mais para a conjugação carnal.

b) O período de duração de cinco anos, entendido como suficiente para evidenciar a consolidação da convivência. Se houver prole, dispensa-se o prazo.

c) A união com pessoa de sexo diferente, cujo estado civil deve ser de solteira, ou separada judicialmente, ou divorciada, ou viúva.

d) A comprovação da necessidade de alimentos.

e) A não constituição de nova união.

Não muito tempo depois, apareceu a Lei n° 9.278, de 10.05.1996, regulamentando o § 3° do art. 226 da Carta Magna, e trazendo alterações à matéria.

O direito a alimentos passou a encontrar base também em seu art. 2°: "São direitos e deveres iguais dos conviventes: ... II – A assistência moral e material recíproca". Complementava o art. 7°: "Dissolvida a união estável por rescisão, a assistência material prevista nesta Lei será prestada por um dos conviventes ao que dela necessitar, a título de alimentos".

Ficou assegurado o direito a alimentos ao convivente necessitado, após a dissolução, como decorrência da imposição à assistência moral e material recíproca enquanto vigorante a união. Todavia, não se mantiveram os requisitos *b* e *c* supra, na forma como vinham redigidos na Lei n° 8.971.

Realmente, dispensou-se a exigência de operar-se a união com uma pessoa solteira, separada judicialmente, divorciada ou viúva, bem como não mais se exigiu um período de união de cinco anos. A tanto chegou-se ao examinar o sentido de união estável constante do art. 1º da Lei nº 9.278: "É reconhecida como entidade familiar a convivência duradoura, pública e contínua, de um homem e uma mulher, estabelecida com o objetivo de constituir família". De sorte que, pelo menos para fins de alimentos, não interessa a categoria de pessoa com a qual se dá a convivência, desde que de sexo diferente. Mesmo que casados e separados de fato um ou ambos os conviventes, exsurge o direito a alimentos.

Outrossim, não mais persistiu o requisito de um prazo mínimo de duração da convivência de cinco anos. Não se coloca um prazo mínimo, mas parece inquestionável que deveria a união ter uma prolongada duração, de cerca de cinco anos, de modo a demonstrar que não se tratou de uma fugaz relação. Para satisfazer a exigência da união *com o objetivo de constituição de família*, impunha-se que se revelasse séria, duradoura e longa a união. Ficou delegada à jurisprudência definir o alcance do prazo, como já apregoava João Batista Arruda Giordano: "Firma-se que a missão de definir a noção de união estável é dos tribunais, não do legislador, e que, na investigação do conceito, o julgador deverá valer-se dos seguintes subsídios: elementos indicados pela doutrina pátria, isto é, ostensividade ou notoriedade das relações, comunidade de vidas, fidelidade, continuidade e dependência econômica, que estarão todos reunidos, ou alguns deles; e elementos aportados pelo direito alienígena, como existência de contrato informal ou de filhos, ou ainda o decurso de um certo tempo desde o início da união."[253]

E justamente em razão da finalidade da união dirigida à constituição de família, inserida no tópico final do art. 1º transcrito da Lei nº 9.278, depreendia-se que a vida em comum se desenvolveria sob o mesmo teto, ou que se manifestasse em forma de coabitação. Unicamente desta maneira reconhecia-se a constituição de família, envolvendo a comunidade formada por um homem e uma mulher, dentro da previsão art. 226, § 4º, da Constituição Federal. De modo que a Súmula nº 382 não mais perdurou, em vista da condição imposta pela lei. Lembra-se o teor da mencionada Súmula: "A vida em comum sob o mesmo teto, *more uxorio*, não é indispensável à caracterização do concubinato".

De notar, outrossim, que a mera circunstância de existir filho não dispensava a prova da união por certo espaço de tempo, o que vinha previsto na Lei nº 8.971. Este diploma encerrava que não se exigia o prazo de cinco anos se da união houvesse prole. Acontece que a prole pode decorrer de um mero relacionamento sexual, não equivalendo que tenham convivido os progenitores.

Presentemente, em face do Código Civil de 2002, os requisitos para a concessão de alimentos na união estável são iguais aos impostos para o casamento. Está a previsão no art. 1.694: "Podem os parentes, os cônjuges ou companheiros pedir uns aos outros os alimentos de que necessitem para viver de modo compatível com a sua condição social, inclusive para atender às necessidades de sua educação".

Que os requisitos comuns para a concessão de alimentos são os exigidos no casamento, também é ressaltado por Rodrigo da Cunha Pereira: "... É preciso marcar que trata-se apenas de uma possibilidade de concessão, a exemplo do que acontece com alimentos em decorrência do casamento. O simples fato da existência dessas relações não significa que delas necessariamente decorrerão alimentos. É preciso o requisito também da necessidade, da possibilidade, e mais, de uma relação de dependência econômica existente entre as partes na constância da relação. Se este tem sido o entendimento para a concessão de

---

[253] "A União Estável", AJURIS – *Revista da Associação dos Juízes do RGS*, Porto Alegre, nº 45, p. 256, 1989.

alimentos em razão do casamento, da mesma forma, ou muito mais, deverá ser considerado para as uniões estáveis."[254]

Lembram-se os velhos ditames extraídos das decisões, de que o casamento não é previdência social, nem seguro-desemprego. Não mais se aceita a dependência presumida da mulher em relação ao homem.

Não se coaduna com tais pressupostos decisão como a seguinte, extraída da 5ª Turma do STJ, REsp. nº 742.685/SP, j. em 04.08.2005, *DJU* de 05.09.2005: "Recurso Especial. Pensão previdenciária. Partilha da pensão entre a viúva e a concubina. Coexistência de vínculo conjugal e a não separação de fato da esposa. Concubinato imputo de longa duração. Circunstâncias especiais reconhecidas em juízo. Possiblidade de geração de direitos e obrigações, máxime, no plano da assistência social".

Na verdade, há de existir alguma decência na relação, de modo a não se emprestar proteção às relações espúrias e concubinárias, nelas incluídas mesmo as entendidas uniões estáveis concomitantes ou bígamas. Mantendo uma pessoa uniões paralelas, o que não é incomum, cumpre se procure comprovar a mais antiga e ostensiva, tornando-se 'concubinária' a segunda relação concomitante. Dificilmente comporta o reconhecimento de uma segunda união, tão igual, séria e efetiva no mesmo espaço de tempo, de modo a revelar iguais qualidades que a já existente. Não cabe reconhecerem-se direitos para a segunda união, sob justificativas fictícias e vazias, como a evolução dos tempos, ou conceitos costumes modernos às relações de afeto.

Novamente Rodrigo da Cunha Pereira aponta hipóteses de necessidade: "Os casos mais comuns e que melhor exemplificam tal necessidade são aqueles em que uma das partes, em geral a mulher, passou sua vida dedicada aos filhos e ao companheiro, inclusive dando suporte a que o varão sustentasse o lar. Não é justo que com a dissolução daquela sociedade, a parte economicamente mais fraca e que não sabe outro ofício a não ser o da lida doméstica, e que já não pode mais entrar no mercado de trabalho, pague o preço do desamparo."[255]

Diante da análise acima procedida, concluem-se os seguintes requisitos, extraídos das normas do Código Civil:

a) A efetiva união estável, isto é, duradoura, perene, contínua, notória, conhecida, constante, com fidelidade, de modo a formar uma comunidade ou comunhão de vida, sendo indispensável a vida em comum sob o mesmo teto ou *more uxorio*.

b) A duração da convivência por um prazo razoável, ou num período mínimo que não pode ser inferior a quatro anos, de modo a ficar caracterizada a constituição de um lar, isto é, de uma entidade ou comunidade familiar.

c) A união formada entre um homem e um mulher.

d) A necessidade do convivente, de modo a não revelar condições do sustento ou subsistência pelos meios próprios, e a possibilidade do alimentante, revelando condições para prestar a assistência material.

e) A não constituição de nova união, e muito menos que se case o convivente, porquanto nem no casamento situações equivalentes comportam a prestação alimentária.

---

[254] *Concubinato e União Estável*, obra citada, pp. 88 e 89.
[255] *Concubinato e União Estável*, obra citada, p. 94.

798 • Direito de Família | *Arnaldo Rizzardo*

De sorte que a generalidade dos requisitos previstos para o reconhecimento do direito a alimentos no casamento se estende à união estável, e assim quanto à reciprocidade entre os conviventes; à necessidade daquele que pede; à possibilidade do que é acionado; ao direito na separação por culpa de um dos conviventes; ao pedido em qualquer tempo depois da separação, desde que provado que não provocou o necessitado a separação; à concessão do necessário à sobrevivência se o pedido partiu daquele que deu causa à separação, caso inexista outro parente em condições de prestar alimentos e que não tenha o necessitado aptidão para o trabalho; à impossibilidade de renúncia; à permanência da obrigação na hipótese de nova união ou de casamento.

Nesta concepção, revelam-se idênticas as causas de exoneração, sobressaindo o casamento do convivente com outra pessoa, a nova união estável ou o concubinato que cria, e o procedimento indigno em relação ao devedor.

As normas são as que tratam dos alimentos entre cônjuges, lembrando-se os arts. 1.694 e parágrafos, 1.695, 1.702, 1.704 e seu parágrafo único, 1.707, 1.708 e seu parágrafo único, 1.709 e 1.710.

25.2. O procedimento judicial na ação de alimentos

O art. 1º da Lei 8.971/1994 assegurava aos conviventes valer-se do disposto na Lei nº 5.478, de 25.07.1968 para exercitar o direito aos alimentos, quando deles fizessem jus. Todavia, unicamente quando já estivesse declarada a união, ou admitida por ambos os conviventes, se assegurava o uso do procedimento do mencionado diploma. Do contrário, seguia-se o rito ordinário, apropriado para uma discussão mais aprofundada e para a realização de ampla prova.

Embora em texto anterior aos diplomas que tratam do assunto, ainda mantém-se atual a doutrina de Sérgio Gilberto Porto, sobre a matéria: "Assim, pois, inicialmente devemos distinguir situações que envolvem ações de alimentos e concubinato: a) Concubinato já declarado por sentença. Nesta hipótese, não oferecemos qualquer resistência à ideia de adotar o procedimento estabelecido pela Lei nº 5.478/68, em face da definição da relação pré-processual; efetivamente, e reconhecida por sentença a situação fática, a demanda ficará reduzida à apuração da necessidade de um e a impossibilidade de outro, com a fixação do *quantum debeatur*; daí a pertinência da aplicação da Lei de Alimentos. b) Concubinato ainda não reconhecido por sentença. Nesta hipótese, o objeto litigioso envolve a pretensão declaratória de reconhecimento de existência do concubinato e, posteriormente, postulação a alimentos; como a matéria fática será exaustivamente debatida, a adoção do rito ordinário impõe-se, pois se trata de ação de cognição plenária, e não sumária."[256]

A expressão 'concubinato' utilizada acima corresponde à união estável.

Em síntese, adota-se o rito da Lei nº 5.478 se já certo o direito, não havendo discussão quanto à existência da união estável. E assim persiste frente ao Código Civil de 2002, que passou a disciplinar a matéria. Não importa a omissão de regra a respeito, eis que de natureza processual. Desde que o assunto envolva alimentos, sempre é aplicável a Lei nº 5.478, desde que definidas, pelo razoavelmente, a questão da filiação, não remanescendo dúvidas maiores.

---

[256] "Da União Estável e dos Alimentos à Concubina", *AJURIS – Revista da Associação dos Juízes do RGS*, Porto Alegre, nº 47, p. 141, 1989.

Cap. XXV | Alimentos • **799**

Nada impede, outrossim, que se busquem alimentos provisórios, com fundamento nos arts. 294 e seguintes do Código de Processo Civil de 2015. Formulará a parte o pedido de tutela de urgência antecipada ou a tutela cautelar, baseada em sérias razões, como a súbita mudança em sua vida econômica e o abandono inesperado do companheiro. Embora não se exija prova escorreita da relação estável, é imprescindível que fique a mesma bastante evidenciada em prova documental, como fotografias, contas comuns, compras de bens destinados ao lar, o mesmo endereço constante em contas e outros elementos.

Mister que a urgência seja contemporânea à propositura da ação e que venham demonstrados o *fumus boni juri* e o *periculum in mora*, de modo a tornar necessário e urgente a concessão da pensão liminarmente, quanto à tutela de urgência antecipada; e mais a imposição de medida que assegure ou garanta o direito, na tutela de urgência cautelar. Qualquer uma delas poderá ser antecedente (quando da formalização da demanda) ou incidente (interposta no curso da demanda).

Diante da necessidade impostergável da pensão, procura-se a sua fixação liminar. No prazo legal de quinze dias no caso de tutela de urgência antecipada, adita-se o pedido principal; e no prazo de trinta dias em se tratando de tutela cautelar de urgência antecedente formula-se o pedido principal, na qual se discutirá longamente o direito aos alimentos.

Por outras palavras, por não ser totalmente certo o direito, ressalta o caráter precário da medida, sustentável até a decisão final da lide principal.

Não se pode olvidar os regramentos especiais dos arts. 694 e 695 do CPC/2015, que traçam o caminho para a conciliação das partes.

Quaisquer tutelas cautelares tornam-se viáveis, como se dá no direito matrimonial. É a explicação de Rejane Brasil Filippi: "Finalmente, caberia mencionar o uso das medidas cautelares nos casos de dissolução da união estável. Além do arrolamento de bens, há muito aceito, da concessão de alimentos provisionais, como se referiu acima, cabe, ainda, medida de separação de corpos por maus tratos infligidos à mulher."[257]

Não se nega a possibilidade da tutela provisória da evidência, se inegável e certo o direito.

25.3. A culpa na separação

Pode-se partir para um raciocínio de que, para postular alimentos, não pode haver de parte do necessitado culpa na separação de fato da união estável, à semelhança como defendia certa corrente na separação judicial e defende no divórcio. Ou seja, condição adotada para a concessão de alimentos, quando se dá a separação na união estável, estaria na ausência de culpa do necessitado. A matéria, neste ponto de vista, era tratada por Sérgio Gischkow Pereira, quando regulada a união estável pelas Leis n°s 8.971/1994 e 9.278/1996, defendendo a aplicação da analogia à separação no caso dos alimentos (quando o culpado era obrigado a pagar alimentos ao cônjuge inocente), e, assim, não podendo o convivente carente de recursos ser responsável pela ruptura da união: "Isto significa condicionar o pagamento dos alimentos, em termos de obrigação alimentar, a que o concubino não seja o responsável pela ruptura da união concubinária (que, aliás, é o sistema de algumas repúblicas iugoslavas, como foi estudado, e de países da América). Além disso, está acima de discussão, pois se até no casamento assim passou a ser, é claro que não haverá pagamento

---

[257] "O Concubinato após a Nova Constituição Federal", *AJURIS – Revista da Associação dos Juízes do RGS*, Porto Alegre, n° 51, p. 173, 1991.

sem que ocorra necessidade (o concubino que tenha condições de prover sua subsistência não poderá pleitear alimentos).

Se no casamento, dissolvido pelo divórcio, não se pode cogitar dos alimentos independentemente de responsabilidade, também assim não será viável na dissolução do concubinato, sob pena de os concubinos ficarem em melhor posição do que os casados... Destarte, não poderá pedir alimentos quem provocou a ruptura do concubinato, em termos fáticos, ou quem nele se conduziu mal. Em contrapartida, está autorizado a postulá-los quem não pode ser acusado de atos daquela espécie."[258]

Não se pode descurar, todavia, os percalços para aferir a culpabilidade. Melhor é suavizar a sua exigência e condicionar a obrigação aos requisitos da necessidade e da possibilidade, como se fazia ao tempo das mencionadas Leis n°s 8.971 e 9.278. Pertinentes, ainda, as observações de Rodrigo da Cunha Pereira: "A tendência mais moderna do direito é abandonar a teoria da culpa objetiva para a determinação de dissolução de vínculos conjugais. Estudos psicológicos comprovam a dificuldade de se determinar um culpado em uma separação. Aquilo que a lei estabelece como causa determinante de uma separação como, por exemplo, uma relação extraconjugal, pode ser, na verdade, a consequência da frieza e indiferença do outro. Um casamento acaba não é porque um dos dois foi culpado. O motivo objetivo que se apresenta, ou aparenta, nem sempre é o verdadeiro. Muitas vezes a dissolução do casamento advém de seu fim natural, por terem deixado de gostar um do outro ou de se desejarem, ainda que preferissem o contrário."[259]

Na verdade, domina hodiernamente a tendência de desvincular a obrigação de prestar alimentos à ausência de culpa de parte do alimentando, a não ser em algumas situações, como acontece na separação judicial e pode ocorrer após o divórcio, reveladas na constituição de nova família, na formação de união estável ou na união concubinária de quem recebe alimentos (art. 1.708 do CC), ou na sua conduta indigna em relação ao devedor (parágrafo único do art. 1.708 do CC).

Por último, de lembrar a incidência dos arts. 694 e 695 do CPC/2015, que orientam o caminho para a conciliação das partes.

26. ALIMENTOS *INTUITU FAMILIAE*

Fixa-se, aqui, a pensão de alimentos para todo o conjunto ou grupo da família, ou de seus membros, num âmbito global, e não para cada integrante da mesma. A finalidade, pois, é atender um determinado grupo de pessoas que constitui a entidade familiar. Não se individualizam ou separam as quotas de cada integrante da família. Não interessa o desligamento de um dos alimentandos, ou o remaridamento do ex-cônjuge. A menos que incontestável a redução das despesas do grupo familiar, não se altera o montante com a maioridade ou o casamento de um dos integrantes. Mas, em princípio, quando um dos membros do grupo perde o direito a alimentos, não decorre uma divisão proporcional ao número de alimentandos que restou. Interessa o montante fixado, decidindo o conjunto a destinação do valor.

Exige-se a comprovação da inocorrência do *intuitu personae*, o que não é fácil. Colhe-se da jurisprudência: "Inexistindo qualquer convenção a respeito, presume-se que

---

[258] *A União estável e os Alimentos*, trabalho citado, p. 49.
[259] *Concubinato e União Estável*, obra citada, pp. 90 e 91.

a fixação alimentária fora feita *intuitu familiae*. Este entendimento encontra amparo na lição do insigne mestre Yussef Said Cahali, *Dos Alimentos*, 1ª ed., RT, 459/69.

E assim sendo, com a cessação de direito da filha do casal aos alimentos, em decorrência de seu casamento, a sua quota ideal foi acrescida à de sua genitora, ora agravada...

Ao contrário do que afirma o agravante, não é e nem nunca foi vontade da agravada a estipulação *intuito personae*. Tanto isso é verdade que contratou patrono para obter o restabelecimento da situação *a quo* que fora alterada pelo respectivo despacho."[260]

Em exemplo evidenciando o caráter pessoal na fixação: "O caráter personalíssimo dos alimentos faz com que se presuma que o pensionamento estabelecido englobadamente em favor da mulher e filhos tenha sido fixado *intuitu personae*, salvo expressa disposição no sentido de ser *intuitu familiae*. Assim, não pode a mãe pretender que a parte dos filhos que atingiram a maioridade reverta para si. Recurso desprovido."[261]

O caráter *intuitu personae* abrange outra dimensão, que se revela no período em que perdura a obrigação de prestar alimentos, ou estendendo-se até os alimentandos conseguirem, com o exercício de atividades ou trabalho, capacidade de se sustentarem. Não basta a mera aquisição da maioridade, ou a formação em curso técnico ou superior. A situação a que levaram as contingências dos tempos atuais fez despertar outra imposição, consistente em considerar como do grupo familiar os rendimentos ou frutos do trabalho de cada membro, pelo menos no que se faz necessário em matéria de alimentos.

Não parece coerente com certos princípios estabelecer os alimentos com tal caráter. Afasta-se o caráter personalíssimo, que tem em conta o binômio necessidade do alimentando e possibilidade do alimentante. Igualmente vulnera a intransmissibilidade, pois a parte correspondente ao sustento de um dos membros acresce o montante dos demais, mesmo que não evidente o aumento da necessidade, conduzindo ao enriquecimento indevido. Há, também, a probabilidade de não se distribuir equitativamente a verba alimentar se não individuada, aproveitando-se alguns dos alimentandos da menoridade ou fragilidade de outros. Não bastassem tais violações, a concessão não encontra acolhimento em algum dispositivo legal. Daí que sempre oportuna a pretensão em reduzir o montante, se algum dos beneficiados adquire capacidade econômica e puder sustentar-se por si próprio, ou se falecer um dos alimentandos.

27. ATUALIZAÇÃO DAS PRESTAÇÕES DEVIDAS

Naturalmente, as prestações em atraso são corrigidas monetariamente, e ano a ano também se corrige a pensão fixada.

A atualização, a fim de não haver perda de poder aquisitivo, se faz por meio do IGP-M, que, na verdade, não é o melhor índice. Leva este fator em conta três outros índices, que são:

a) O IPA (Índice de Preços do Atacado), no correspondente a 60% do preço de 431 produtos do atacado.

---

[260] TJSP. Agravo de Instrumento nº 115.841-1. 7ª Câm. Cível, de 19.04.1989, Revista de Jurisprudência do TJ de São Paulo, Lex, 120/304.

[261] TJRS. Apel. Cível nº 599.345.279. 10ª Câm. Cível, de 1º.07.1999, ADV Jurisprudência, boletim semanal nº 03, p. 44, de 23.01.2000.

802 • Direito de Família | *Arnaldo Rizzardo*

b) O IPC (Índice de Preços ao Consumidor), levantado da pesquisa do preço em 388 produtos no eixo Rio de Janeiro – São Paulo, abrangendo famílias que auferem a renda na faixa entre um a trinta e três salários mínimos.

c) O INCC (Índice Nacional da Construção Civil), no correspondente a 10%, e que representa a mediação da variação de preços de materiais de construção e de mão de obra.

Percebe-se que o IGP-M representa com certa realidade a variação do custo de vida, apesar de os elementos que o determinam não coincidirem com os que se referem aos que entram para a fixação da prestação alimentícia.

Outrossim, a correção pelo salário mínimo, uma das mais simples para apurar a quantia a ser paga, encontra resistência no art. 7º, inc. IV, da CF. Mesmo que se admitisse esse vetor, também não conduziria com acerto a manutenção da real força aquisitiva do valor, posto que sujeito a forte carga política e circunstancial, nem sempre compensando a desvalorização da moeda.

Há a corrente que defende o IPCA – Índice Nacional de Preços ao Consumidor Amplo, do IBGE, o qual verifica a inflação ou desvalorização do custo de vida com os gastos das pessoas que percebem de um a quarenta salários mínimos nas regiões metropolitanas de Belém, Belo Horizonte, Curitiba, Fortaleza, Porto Alegre, Recife, Rio de Janeiro, Salvador, São Paulo, Goiânia e Distrito Federal. Tem como elemento forte para fixar o índice os produtos alimentares.

Em conclusão, não se colocando sobremaneira fora da realidade o IGP-M, não se descortina a sua inviabilidade, despontando com o índice mais adotado, e expressando com certa coerência e verdade a desvalorização da moeda nacional.

28. ALIMENTOS *IN NATURA* E COMPENSAÇÃO COM ALIMENTOS FIXADOS EM PECÚNIA

Em princípio, na obrigação alimentar, o parente ou outro obrigado pode fornecer uma prestação pecuniária, ou hospedagem e sustento em espécies ao parente, como educação, quando menor ou enquanto persistir a necessidade. Alternatividade esta que se encontra no art. 1.701 do Código Civil: "A pessoa obrigada a suprir alimentos poderá pensionar o alimentando, ou dar-lhe hospedagem e sustento, sem prejuízo do dever de prestar o necessário à sua educação, quando menor".

Há de se ponderar tal faculdade de acordo com as circunstâncias, como sugere o parágrafo único, pela qual "compete ao juiz, se as circunstâncias o exigirem, fixar a forma do cumprimento da prestação".

Cumpre, porém, que se examine cada caso em particular. De modo geral, as regras acima são de pouca aplicabilidade. Relativamente ao ex-cônjuge ou ex-convivente, não se realiza, *v. g.*, a prestação na moradia onde reside o alimentante, dada a insuportabilidade da vida em comum. Quanto aos parentes, como filhos, o normal é que residam com o progenitor que exerce a guarda ou convivência por maior espaço de tempo. Mesmo que adulto o alimentando, não é aceitável que se obrigue a residir com o alimentante. Mantém, ainda, pertinência a recomendação de Washington de Barros Monteiro: "Se existe, por exemplo, situação de incompatibilidade entre alimentante e alimentando, não pode o juiz constranger o segundo a coabitar com o primeiro sob o mesmo teto. Tal convivência contribuiria certamente para o recrudescimento da incompatibilidade, convertendo-se em fonte de novos atritos. Mas, se nenhuma animosidade existe, cabe ao alimentando aceitar hospedagem e o sustento em casa do alimentante, se este optou por essa forma de solução de encargos. Se o alimentante não aceitar, exonerar-se-á o devedor".[262]

Unicamente a concordância entre o alimentante e o alimentando viabiliza a prestação de alimentos *in natura*.

Há situações práticas, porém, permitindo a satisfação dos alimentos em alguns de seus componentes, através da entrega de utilidades ou bens, como o pagamento de hospedagem em uma localidade onde filho estuda, ou de combustível para as movimentações do alimentando, ou de mensalidades diretamente no estabelecimento de ensino. Rolf Madaleno cita o exemplo do repasse mensal "de alimentos para o alimentando, sem prejuízo de outras verbas pontuais, o vale-alimentação recebido de seu empregador, resolvendo em espécie os alimentos propriamente ditos, ou fornecendo alojamento e vestuário no lugar de dinheiro[263]".

No entanto, deverá vir estabelecida a forma da prestação de alimentos, se em espécie ou *in pecunia*. Não cabe, no curso da obrigação, decidir o alimentante em alterar a prestação determinada em dinheiro para o fornecimento de gêneros alimentícios, ou mesmo a entrega de mesadas aos filhos, com o consequente desconto na prestação ordenada em decisão judicial, ou estabelecida de comum acordo.

Dentro de tal princípio, nem assiste ao alimentante o direito de descontar do montante fixado o valor gasto com o pagamento de eventuais bens de natureza alimentar entregues ao alimentando. Domina, na matéria, a regra da incompensabilidade. Por esta figura, complementam Cristiano Chaves de Freitas e Nelson Rosenvald, "se o devedor de alimentos, por outro motivo qualquer, se tornar credor do alimentando, não lhe poderá opor esse crédito para abater o quantum devido. Aliás, mesmo que o devedor tenha, voluntariamente, prestado outros valores ao alimentário, o que, não raramente, ocorre, como quando o pai paga viagem ou gastos supérfluos ao filho, não se lhe faculta compensar com o valor devido a título de alimentos".

Indo adiante, Maurício Fabiano Mortari defende que não pode haver compensação nem mesmo quando a obrigação deveria ser paga em dinheiro e o "devedor entrega gêneros alimentícios, paga mensalidade escolar, consulta médica etc., pois tal proceder constitui mera liberalidade de sua parte e por isso mesmo não tem o condão de quitar o débito total ou parcialmente"[264]

Dada a função que representa a pensão, a compensação é também proibida expressamente pelo art. 373 do Código Civil, tenham ou não as dívidas a mesma natureza. Eis o texto: "A diferença de causa nas dívidas não impede a compensação, exceto: (...) II – se uma se originar de comodato, depósito ou alimentos". No art. 1.707, vem repetida a proibição: "Pode o credor não exercer, porém lhe é vedado renunciar o direito a alimentos, sendo o respectivo crédito insuscetível de cessão, compensação ou penhora".

Não é diferente a legislação de outros países, como o Código Civil de Portugal, no art. 2.008: "1. O direito a alimentos não pode ser renunciado ou cedido, bem que estes possam deixar de ser pedidos e possam renunciar-se as prestações vencidas.

2. O crédito de alimentos não é penhorável, e o obrigado não pode livrar-se por meio de compensação, ainda que se trate de prestações já vencidas".

---

[262] *Curso de Direito Civil* – Direito de Família. 2ª ed. São Paulo: Saraiva, 1962. p. 299.

[263] *Curso de Direito de Família.* 2ª ed. Rio de Janeiro: Editora Forense, 2008. p. 653.

[264] Alimentos: noções Introdutórias. In: F, Douglas Phillips (org.). *Curso de Direito de Família.* Florianópolis: Vox Legem, 2005. p. 184.

804 • Direito de Família | *Arnaldo Rizzardo*

Igualmente o Código Civil italiano, no art. 447: "Il credito alimentare non può essere ceduto (1260, 2751).

L'obbligo agli alimenti non può opporre all'altra parte la compensazione, neppure quando si tratta di prestazioni arretrate".

O fundamento da impossibilidade de compensar está no fato de que a pensão alimentícia equivale à importância necessária para os alimentandos viverem no período estabelecido para o pagamento. Este o sentido imprimido na fixação. A substituição de valores por prestações em gêneros alimentícios e utilidades nem sempre pode corresponder às necessidades determinantes da fixação do valor, favorecendo eventuais insuficiências. Isto a menos em casos de evidente pagamento de parcelas que integram a pensão na sua globalidade, sendo exemplo a inclusão de mensalidades escolares, satisfeitas diretamente pelo alimentante junto ao estabelecimento de ensino, com a expressa previsão no comando sentencial.

Por isso que se consolidou nos tribunais pátrios o entendimento da inviabilidade de compensação de utilidades ou bens entregues com o valor da pensão. Não é autorizado o obrigado a diminuir do valor a que se comprometeu, ou que deve satisfazer, os gastos ou despesas que teve com bens entregues pessoalmente, mesmo que alimentos, ou roupas, ou quantias em dinheiro.

Vários arestos de julgados do STJ bem revelam a tendência consolidada, não se encontrando discrepância, formando a Tese em jurisprudência nº 16: "Não é possível a compensação dos alimentos fixados em pecúnia com parcelas pagas *in natura*".

Eis os arestos:

"Agravo Regimental no agravo (art. 544, CPC). Agravo de Instrumento na execução de alimentos – Decisão monocrática negando provimento ao reclamo, mantida a inadmissão do recurso especial. Insurgência do executado.

1. 'A jurisprudência desta Corte está sedimentada no sentido de que fixada a prestação alimentícia, incumbe ao devedor cumprir a obrigação na forma determinada pela sentença, não sendo possível compensar os alimentos arbitrados em pecúnia com parcelas pagas in natura.' (cf. AgRg no REsp 1257779/MG, Rel. Ministro Antonio Carlos Ferreira, Quarta Turma, julgado em 04/11/2014, DJe 12/11/2014).

2. A ausência de demonstração de como se deu a alegada violação aos dispositivos legais arrolados nas razões do reclamo inviabiliza a compreensão da controvérsia e, por sua vez, caracteriza a deficiência na fundamentação do recurso especial no particular, atraindo a incidência da Súmula 284 do STF 3. Agravo regimental desprovido". [265]

"Processual civil. Agravo regimental no recurso especial. Família. Alimentos. Embargos a execução. Pagamento in natura. Pedido de compensação. Impossibilidade.

A jurisprudência desta Corte está sedimentada no sentido de que fixada a prestação alimentícia, incumbe ao devedor cumprir a obrigação na forma determinada pela sentença, não sendo possível compensar os alimentos arbitrados em pecúnia com parcelas pagas in natura. Precedentes.

Agravo regimental desprovido." [266]

---

[265] AgRg no AREsp 586516/SP, 4ª Turma, Rel. Ministro Marco Buzzi, j. em 17.03.2016,DJE 31.03.2016.
[266] AgRg no REsp 1257779/MG, da 4ª Turma, Rel. Ministro Antonio Carlos Ferreira, j. em 4.11.2014, DJE 12.11.2014.

Cap. XXV | Alimentos • 805

"Inexistente teratologia ou manifesta ilegalidade aptas a afastar a incidência da Súmula 691. Com efeito, "não se admite a compensação dos alimentos fixados em pecúnia com parcelas pagas in natura, porque não é possível a alteração unilateral pelo devedor da forma de prestação da obrigação estabelecida na decisão judicial." (4ª Turma, de RHC 35.291/MG, de minha relatoria), além do que, mesmo que em tese fosse possível a compensação, parcela da dívida remanesceria não honrada, de forma que não seria elidido o decreto de prisão, na medida em que o pagamento parcial do débito não afasta o decreto de prisão, na linha de reiterados precedentes deste Tribunal".[267]

"*Habeas corpus*. Execução de alimentos, sob o rito do artigo 733 DO CPC – Alteração unilateral de acordo judicial para efetivação de pagamento in natura ao alimentado. Pedido de compensação. Impossibilidade, em tese. Inadimplemento de débitos alimentares atuais. Prisão civil. Possibilidade. Alegações de acordo verbal e suprimento das necessidades do alimentando, por meio de prestação in natura. Dilação probatória na via writ. Impossibilidade. Decisão que determina o pagamento das verbas alimentares sob pena de prisão de até 60 dias. Decreto prisional. Não expedição. Ordem denegada".[268]

No entanto, há situações especiais que importam em exceção ao entendimento acima. Sabe-se da abrangência dos alimentos, que alcança as necessidades normais do ser humano, inclusive a saúde, a formação educacional, a recreação. Ao se fixar o montante da pensão, incluem-se parcelas que atendam as várias necessidades do alimentando. Assim, no pertinente à educação, se quem administra a verba, ou o próprio alimentando, não atende essa necessidade, ocorrendo a inadimplência, entende-se perfeitamente coerente que o alimentante retenha o valor correspondente ao item educação, proceda ao pagamento, e desconte do valor da pensão a quantia equivalente. Essa inteligência é adotada pelo STJ, conforme o seguinte aresto:

"Agravo interno. Recurso especial. Processo civil. Execução de alimentos. Fixação em sentença. Dever de pagar em espécie. Compensação. Prestação in natura. Enriquecimento indevido.

1. Esta Corte tem manifestado que a obrigação de o devedor de alimentos cumpri-la em conformidade com o fixado em sentença, sem possibilidade de compensar alimentos arbitrado em espécie com parcelas pagas *in natura*, pode ser flexibilizada para afastar o enriquecimento indevido de uma das partes. Precedentes.

2. Agravo interno não provido".[269]

Nos termos do voto do Relator, em situações tais, "perfeitamente possível a compensação. Pensar de forma diversa privilegiaria o locupletamento sem causa do credor dos alimentos".

Invocam-se precedentes, admitindo a compensação inclusive quando se dá o desconto indevido:

"Esta Corte tem manifestado que a obrigação de o devedor de alimentos cumpri-la em conformidade com o fixado em sentença, sem possibilidade de compensar alimentos arbitrado em espécie com parcelas pagas 'in natura', pode ser flexibilizada para afastar o enriquecimento indevido de uma das partes. A propósito: Recurso especial. Execução de prestação alimentícia sob o rito do art. 733 do CPC. Limites da matéria de defesa do executado e liquidez dos créditos deste. Prequestionamento. Ausência. Compensação de

---

[267] HC 297951/SP, da 4ª Turma, Rel. Min. Maria Isabel Gallotti, j. 23.09.2014, *DJe* 29.09.2014.
[268] HC 109416/RS, da 3ª Turma, Rel. Min. Massami Uyeda, j. 5.02.2009, *DJe* 18.02.2009.
[269] AgInt no REsp 1560205/RJ, 4ª Turma, rel. Min. Luis Felipe Salomão, j. 16.05.2017, *DJe* 22.05.2017.

806 • Direito de Família | *Arnaldo Rizzardo*

dívida alimentícia. Possibilidade apenas em situações excepcionais, como *in casu*. Recurso especial não conhecido.

1. É inviável, em sede de recurso especial, o exame de matéria não prequestionada, conforme súmulas nos 282 e 356 do STF.

2. Vigora, em nossa legislação civil, o princípio da não compensação dos valores referentes à pensão alimentícia, como forma de evitar a frustração da finalidade primordial desses créditos: a subsistência dos alimentários.

3. Todavia, em situações excepcionalíssimas, essa regra deve ser flexibilizada, mormente em casos de flagrante enriquecimento sem causa dos alimentandos, como na espécie.

4. Recurso especial não conhecido (REsp 982.857/RJ, Rel. Ministro Massami Uyeda, Terceira Turma, julgado em 18/09/2008, DJe 03/10/2008)". O art. 733 citado tem seu texto contemplado nos arts. 528 e 911 do CPC/2015.

"Recurso especial. Execução de prestação alimentícia. Desconto maior que o indevido. Proventos do alimentante. Princípio da incompensabilidade de verba de natureza alimentar. Exceção. Possibilidade de compensação. Recurso improvido.

1. O desconto indevido realizado nos proventos do alimentante, por erro de terceiro, é passível de compensação nas prestações vincendas relativas à pensão alimentícia, evitando-se o enriquecimento sem causa da parte beneficiária em detrimento da obrigada, autorizando, assim, a mitigação do princípio da incompensabilidade da verba de natureza alimentar.

2. Trata-se de exceção ao princípio da não compensação da verba alimentar, porquanto o desconto atinge rendimento de igual natureza, do alimentante. 3. Recurso especial improvido. (REsp 1287950/RJ, Rel. Ministro Raul Araújo, Quarta Turma, julgado em 06/05/2014, *DJe* 19/05/2014)".[270]

29. ALIMENTOS COMPENSATÓRIOS

Com fundamentos que não se enquadram na natureza dos alimentos, tenta-se introduzir a possibilidade dos chamados alimentos compensatórios que, conforme se extrai da própria denominação, correspondem a uma indenização, uma reparação pelo fato da convivência que existiu e foi extinta, perdendo a pessoa uma série de vantagens que usufruía. A razão da concessão não está na necessidade material, ou no dever de assistência, e muito menos se visa manter o nível ou *status* econômico e social anterior. Representam um valor que ressarce ou serve para preencher o vazio trazido pela desconstituição do vínculo marital ou familiar. Inconcebível que se veja na espécie uma verba para repor o déficit financeiro decorrente da desconstituição do vínculo conjugal ou da convivência. Lembra-se que o montante da pensão alimentícia tem em conta vários fatores ou necessidades, cuja estimativa ou medida se faz em vista do padrão econômico e social existente e verificado quando perdurava o conjunto familiar.

Consoante abordado no item 4.2 do presente Capítulo, as necessidades de cada um são variáveis em função da idade, saúde, *da condição social* do alimentando, ordenando o art. 1.694 do Código Civil que a necessidade se medirá também em função da condição social da pessoa que precisa de alimentos. Tanto quanto possível, mantém-se o *status* ou

---

[270] REsp. nº 1560205/RJ, da 4ª Turma, j. em 7.12.2016, DJe de 14.12.2016, rel. Min. Luis Felipe Salomão.

a situação imperante na vigência da vida matrimonial ou do grupo familiar, como, aliás, se viu da doutrina francesa então transcrita.

No entanto, não raramente encontra-se confusão, ao se conceber *alimentos compensatórios* como o valor acrescido à pensão alimentícia destinado a manter o mesmo patamar econômico existente antes da separação ou da extinção da união estável. Nessa linha Rolf Madaleno: "O propósito da pensão compensatória é de indenizar por algum tempo ou não o desequilíbrio econômico causado pela repentina redução do padrão socioeconômico do cônjuge desprovido de bens e meação, sem pretender a igualdade econômica do casal que desfez sua relação, mas que procura reduzir os efeitos deletérios surgidos da súbita indigência social, causada pela ausência de recursos pessoais, quando todos os ingressos eram mantidos pelo parceiro, mas que deixaram de aportar com a separação ou com o divórcio" (*Curso de Direito de Família*. 2ª edição. Rio de Janeiro. Gen – Editora Forense, 2008, p. 724).

Resta clara a confusão de conceitos, conduzindo a incidir em graves injustiças, porquanto já se incluem na fixação de alimentos os fatores que justificariam a mesma verba sob a denominação de *compensatória*.

Apesar da falta de uma melhor atenção da matéria, tem conseguido algum sucesso essa angulação na pretensão alimentícia, inclusive a nível do Superior Tribunal de Justiça.

Mesmo que se queira atribuir o significado de reparação ou indenização pela mudança de vida, não se enquadra o pedido no conceito de alimentos, sendo totalmente imprópria essa criação no quadro específico a que se destina a obrigação alimentar. Eis um exemplo de exegese dado pelo STJ:

"Os chamados *alimentos compensatórios*, ou *prestação compensatória*, não têm por finalidade suprir as necessidades de subsistência do credor, tal como ocorre com a pensão alimentícia regulada pelo art. 1.694 do CC/2002, senão corrigir ou atenuar grave desequilíbrio econômico-financeiro ou abrupta alteração do padrão de vida do cônjuge desprovido de bens e de meação" (REsp. nº 1290313/AL, da 4ª Turma, j. em 12.11.2013, *DJe* de 7.11.2014, rel. Min. Antônio Carlos Ferreira)".

O voto do Relator desenvolve o significado de tal verba: "O instituto dos *alimentos compensatórios*, também denominado *prestação compensatória*, reconhecido pela legislação estrangeira (França, Áustria, Dinamarca, Reino Unido, Itália, El Salvador e Espanha), não possui previsão expressa no ordenamento brasileiro.

Rolf Madaleno, em doutrina sobre o tema, preleciona que: 'O propósito da pensão compensatória é indenizar por algum tempo ou não o desequilíbrio econômico causado pela repentina redução do padrão socioeconômico do cônjuge desprovido de bens e meação, sem pretender a igualdade econômica do casal que desfez sua relação, mas que procura reduzir os efeitos deletérios surgidos da súbita indigência social, causada pela ausência de recursos pessoais, quando todos os ingressos eram mantidos pelo parceiro' (Curso de Direito de Família. 4ª ed. Rio de Janeiro: Forense, 2011, p. 952).

Nada obstante o ineditismo da discussão a propósito da possibilidade de fixação de alimentos compensatórios no âmbito desta Corte, o tema foi objeto de conceituação doutrinária pelo Ministro Sidnei Beneti, em voto-vista proferido no RHC n. 28.853/RS, cuja fundamentação merece destaque em razão dos eruditos argumentos expendidos pelo eminente Ministro, *in verbis*: 'A expressão *alimentos compensatórios*, trazida aos autos, presta-se a confusão que se evita facilmente se dela retirado o termo *alimentos* e substituído por *prestação* (Cód. Civil Francês, arts 270 e 271) ou *pensão* (Cód. Civil Espanhol, art. 97), reservando-se o termo *alimentos* para aquilo que mais que centenária termino-

808 • Direito de Família | *Arnaldo Rizzardo*

logia legal e doutrinária sempre assim denominou no mundo, ou seja, a verba destinada à subsistência material e social do alimentando (Alimentos, 1955, T. IX, p. 207; Carlos Roberto Gonçalves, Dir. Civ. Bras, SP, Saraiva, 5ª ed., 2008, Vol. VI, p. 451).

Na origem francesa, aliás, produto da reforma do divórcio, de 1975, a própria introdução da matéria na lei sofreu crítica. Diz o Projeto de Lei do Senado Francês, de 12.12.1996: 'Nascida da reforma do divórcio de 1975, a prestação compensatória apareceu como a *pedra angular* desse edifício, uma *noção revolucionária* que devia pôr fim ao contencioso abundante e incessante da pensão alimentar entre cônjuges. Destinada, como seus termos indicam, a *compensar* a disparidade objetiva criada pelo divórcio, encontrava ela seu fundamento na responsabilidade e na solidariedade que sustenta todo casamento. Após vinte anos de existência, parece que essa instituição não preencheria mais sua função original e suscita dificuldades de aplicação e realização'.

Na legislação brasileira, o art. 4º, § ún., da Lei de Alimentos (Lei 5.478, de 25.07.1968), a que, entre nós, remonta a expressão simplificatória *alimentos compensatórios*, foi interpretado, com precisão e por todos, por julgado desta 3ª Turma, Rel. Min. Carlos Alberto Menezes Direito (RC 3409/RS, 6.09.2004, p. 256), assinalando que: 'Esse dispositivo, entretanto, como se pode observar, estabelece distinção entre os alimentos provisórios e os frutos dos bens comuns'.

Não têm, os ditos *alimentos compensatórios*, caráter alimentar natural ou civil, mas, sim, natureza indenizatória. Na origem gaulesa, essa natureza não-alimentar é expressa na lei: 'Um dos cônjuges é obrigado a fornecer ao outro uma prestação destinada a compensar, tanto quanto possível, a disparidade que a ruptura do casamento cria nas condições de vida respectivas. Essa prestação possui caráter indenizatório. Toma a forma de um capital, cujo montante é fixado pelo juiz (CC Francês, art. 270).

Não sendo verba alimentar, mas indenizatória, o inadimplemento da *prestação ou pensão compensatória* não pode levar às mesmas consequências do inadimplemento da obrigação alimentar, não se justificando, pois, com base no seu inadimplemento, a decretação da prisão do devedor (CPC, art. 733, § 1º)'.

Como referi, a *pensão alimentícia* visa à satisfação dos *alimentos naturais* ou *necessários*, essenciais ao atendimento das necessidades primárias, bem como dos *alimentos civis* ou *côngruos*, que se destinam à preservação da condição social do alimentando.

Os *alimentos compensatórios*, ou prestação compensatória, a seu turno, não têm por escopo suprir as necessidades de subsistência do credor, tal como ocorre com a pensão alimentícia regulada pelo art. 1.694 do CC/2002, senão corrigir ou atenuar eventual desequilíbrio econômico-financeiro decorrente da ruptura do vínculo conjugal, em relação ao cônjuge desprovido de bens e de meação.

Nesse contexto, os *alimentos compensatórios* encontram especial aplicação nas hipóteses do rompimento de matrimônio celebrado pelo regime de separação de bens, cuja ausência de divisão patrimonial ou comunicação de aquestos importe numa abrupta alteração do padrão de vida de um dos cônjuges, sem, no entanto, representar intervenção no regime convencional do casamento.

O Tribunal estadual, a partir das alegações deduzidas pelas partes e escorado em ampla cognição fático-probatória, assentou que a ora recorrida, nada obstante ser pessoa jovem e com instrução de nível superior, não possui plenas condições de imediata inserção no mercado de trabalho, situação agravada pela súbita ruptura do vínculo conjugal, que lhe impôs inequívoco desequilíbrio econômico-financeiro, conforme se conclui do

Cap. XXV | Alimentos • **809**

voto condutor dos embargos infringentes (e-STJ fls. 787/789)". O referido art. 733, § 1º, corresponde ao art. 528, § 3º, do CPC/2015.

Criou-se, pois, uma fórmula de conceder a um dos ex-cônjuges ou ex-conviventes uma certa cifra em dinheiro por causa da perda da condição econômica vigente quando da união conjugal ou estável, solução que não se adequa ao nosso sistema legal, pois a fixação deve ter em vista a condição existente quando da vigência do casamento ou da entidade familiar, por expressa imposição do art. 1.694. Também é concedido esse *plus* quando, rompida a relação, permanece um dos então cônjuges ou conviventes na administração do patrimônio, ou usufruindo dos bens comuns de modo exclusivo, com o que se compõe eventual desequilíbrio patrimonial momentâneo. Mesmo neste rumo transparece a inviabilidade, não passando de um jeito de contornar a desobediência ao texto do art. 1.694.

30. PRESTAÇÃO DE CONTAS DE ALIMENTOS NA GUARDA

O Código Civil autoriza ao pedido de prestação de contas no seu art. 1.583, § 5º, onde é assegurada a exigência de um dos genitores em face do outro, a fim de proteger os interesses do filho alimentando. Eis a redação do dispositivo:

"Art. 1.583. A guarda será unilateral ou compartilhada.

(...)

§ 5º A guarda unilateral obriga o pai ou a mãe que não a detenha a supervisionar os interesses dos filhos, e, para possibilitar tal supervisão, qualquer dos genitores sempre será parte legítima para solicitar informações e/ou prestação de contas, objetivas ou subjetivas, em assuntos ou situações que direta ou indiretamente afetem a saúde física e psicológica e a educação de seus filhos."

Portanto, o disposto no art. 550 do Código de Processo Civil passou a valer para os casos de pensão alimentícia, sendo que alimentante figura como parte legítima para exigir a prestação de contas.

A jurisprudência ampara o direito, conforme decisão do Egrégio Tribunal de Justiça do Estado do Rio Grande do Sul, *in verbis*:

"Apelação cível. Família. Prestação de contas por parte da genitora do alimentando. Possibilidade. Inteligência do artigo 914 do CPC.

Tem a genitora do alimentando, no presente caso, o dever de prestar contas, relativamente aos valores recebidos em nome dele, pois ao gerir os recursos alheios nasceu o direito do alimentando de ter ciência do emprego de seu dinheiro e, consequentemente, seu dever de prestar-lhe tais informações. No caso, embora o elevado valor percebido a título de alimentos, verifica-se que o alimentando não teve seus estudos universitários adimplidos com a verba alimentar, porquanto restou devedor de parcela elevada de crédito educativo. Aplicação do artigo 914 do CPC.

Apelação desprovida".[271] Anote-se que o art. 914 citado corresponde ao art. 550 do CPC/2015.

Tal possibilidade, embora recente no direito atual, visto que o § 5º do art. 1.583 do Código Civil foi introduzido pela Lei 13.058/2014, já resta abarcado pela doutrina, conforme explica Rolf Madaleno:

---

[271] Apelação Cível nº 70038306510, Sétima Câmara Cível, Tribunal de Justiça do RS, Relator: Roberto Carvalho Fraga. Julgado em 27.04.2011.

810 • Direito de Família | *Arnaldo Rizzardo*

"Sabido quão fértil se presta o Direito de Família para a prática do abuso do direito, vedado pela legislação civil (CC, art. 187), inclusive no instituto dos alimentos, quando os filhos são prejudicados pelos desvios ou pela má gestão do seu crédito alimentar, e se existe intenção de prejudicar, pelo exercício abusivo do genitor administrador da pensão dos filhos, atenta este ascendente contra os interesses superiores das crianças e dos adolescentes, ao encontrar no desvio de recursos da prole um meio propício às suas vantagens pessoais, e a prestação de contas exigida pelo alimentante não destituído do poder familiar é a grande reserva a favor dos interesses superiores do alimentante".[272]

---

[272] *Curso de Direito de Família*. 4ª ed. Rio de Janeiro: GEN/Forense. 2010, p. 897.

XXVI
Bens com Destinação Particular ou Bem de Família

1. A PRESERVAÇÃO DO PATRIMÔNIO FAMILIAR

No elenco de direitos e garantias, têm-se como da maior relevância aqueles que dizem com a vida e a dignidade do ser humano, envolvendo naturalmente a proteção à moradia, que deve constituir uma das principais metas políticas do próprio Estado. Nesta dimensão, introduziram-se leis destinadas a proteger o patrimônio formado pelos bens utilizados para as pessoas se abrigarem e viverem individualmente ou no conjunto familiar. Isto porque, na escala de valores, existe uma hierarquia, devendo os de menor importância ceder lugar aos que lhe estão acima. O direito a um crédito não pode, na sua satisfação, acarretar consequências ou efeitos tão drásticos que ferem a dignidade e o próprio direito de viver. Evidente que, entre o direito ao pagamento de uma dívida e o de morar, este fica numa escala imensamente superior, merecendo privilégios na proteção.

Visando atingir esse escopo, há um cenário jurídico que se firmou e evoluiu através dos tempos, como o instituto do bem de família, que, a par de outros instrumentos legais, merece o devido destaque.

Adotando uma sistemática totalmente diferente do Código Civil de 1916, o legislador introduziu o instituto do bem de família dentro do direito de família – Livro IV da Parte Especial, Título II, Subtítulo IV, por dizer respeito, sem dúvida, a interesse familiar. Vinha, no regime anterior, no Capítulo V, Título Único do Livro II da Parte Geral, que tratava dos bens, tendo merecido críticas dos comentadores da época, como de Clóvis Beviláqua.

Em relação à regulamentação revogada, algumas inovações aparecem, sendo as de maior importância as seguintes: a sua extensão à entidade familiar, por força do art. 226, §§ 3º e 4º, da Constituição Federal; a sua ampliação, abrangendo valores mobiliários utilizáveis para a conservação do imóvel e o sustento da família; a permissão de que terceiro igualmente institua o bem de família por testamento ou doação; e a desvinculação do valor a ser reservado ao salário mínimo.

Cumpre lembrar que não obteve o instituto uma ampla divulgação e adoção efetiva na prática do direito brasileiro. Raras as suas formalizações, em benefício da prole ou membros do conjunto familiar. Manifestou-se, ao invés da prévia prevenção contra procedimentos que pudessem levar a família a perder o patrimônio, uma eficiente utilização da Lei nº 8.009, de 29.03.1990, a qual autoriza a defesa do imóvel residencial e dos bens que lhe são próprios em qualquer momento do processo, mediante a comprovação de sua destinação ou finalidade.

Ao que parece, não será diferente em relação ao Código de 2002. Embora mais extensa a gama de garantias na regulamentação, abrangendo a união estável e com a

812 • Direito de Família | *Arnaldo Rizzardo*

possibilidade de sua criação por terceiro e a abrangência de valores mobiliários destinados especialmente para o sustento, exige uma série de providências que desentusiasma ou afasta as iniciativas pela grande maioria das pessoas.

Há duas espécies de destinação: a voluntária, ou por meio de convenção, ou ato de vontade; e a determinada por lei. Aborda-se cada espécie.

2. A DESTINAÇÃO VOLUNTÁRIA, OU POR ATO DE VONTADE

Está prevista, por deliberação de alguém, a destinação de bem para a residência e manutenção da família, ficando imune de todas e quaisquer execuções de dívida, exceto as relativas aos tributos do imóvel e às despesas de condomínio. Este o sentido da destinação particular. Na verdade, nada impede que as pessoas deem uma finalidade ou destinação específica aos bens, como para a atividade agrícola, para a recreação, ou para a moradia e o sustento. Neste último intento, temos o *bem de família*, que é o imóvel destinado por lei a servir de domicílio da família, ficando isento de execução por dívidas, exceto as relativas a impostos incidentes sobre a mesma propriedade ou despesas de condomínio. O art. 1.711 do Código Civil expressa essa ideia: "Podem os cônjuges, ou a entidade familiar, mediante escritura pública ou testamento, destinar parte de seu patrimônio para instituir bem de família, desde que não ultrapasse 1/3 (um terço) do patrimônio existente ao tempo da instituição, mantidas as regras sobre a impenhorabilidade do imóvel residencial estabelecida em lei especial".

Para apreender a exata dimensão do sentido, é necessário conjugar o texto acima com o do art. 1.712: "O bem de família consistirá em prédio residencial urbano ou rural, com suas pertenças e acessórios, destinando-se em ambos os casos a domicílio familiar, e poderá abranger valores mobiliários, cuja renda será aplicada na conservação do imóvel e no sustento da família".

Quanto à legitimidade para instituir o bem de família, o parágrafo único do art. 1.711 inclui terceira pessoa, distinta dos cônjuges ou companheiros, representando uma novidade em relação ao Código anterior: "O terceiro poderá igualmente instituir bem de família por testamento ou doação, dependendo a eficácia do ato da aceitação expressa de ambos os cônjuges beneficiados ou da entidade familiar beneficiada".

Como se vê, a figura corresponde à instituição da finalidade que passa a ter um bem, o qual é reservado essencialmente à moradia da família. A origem vem do direito americano, tendo sido incorporada a espécie em uma lei de 1862, onde o nome era *homestead*, com o significado de lugar da casa – *home* – traduz-se por casa, enquanto *stead* equivale a lugar.

Definia-se, na percepção de Arnaldo Marmitt, dentro da limitação do conceito do Código revogado, como "o meio de assegurar uma habitação impenhorável e inalienável enquanto viverem os pais ou forem menores os filhos. É um imóvel urbano ou rural, destinado pelo chefe de família, ou com o consentimento deste, através de escritura pública, a servir de domicílio ao núcleo familiar".[1]

Na concepção do Código em vigor, vem a ser o instrumento jurídico pelo qual se cria a destinação de uma parte do patrimônio para a moradia, a sua conservação e a subsistência da família, não podendo ultrapassar a um terço do patrimônio líquido então existente.

---

[1] *Bem de Família*, Rio de Janeiro, Aide, 1995, p. 129.

2.1. Elementos da destinação

Em vista dos dispositivos conceituais acima, eis os elementos necessários para a constituição do bem de família:

a) Faculdade atribuída aos cônjuges, ou aos companheiros, ou a terceira pessoa, não havendo uma obrigatoriedade, no que são claros o art. 1.711 e seu parágrafo único. Em relação ao terceiro, a destinação apresenta-se possível, sendo levada a efeito, em geral, por ato de parentes, como os pais.

b) A formalização através de escritura pública ou testamento. Em relação ao terceiro, não se procedendo por testamento, a escritura pública será de doação, com a restrição dos bens à finalidade de servirem para o domicílio e residência, ou o sustento. É natural que haja a doação, contendo a cláusula da destinação, o que não impede a alienação por ato de vontade dos beneficiários, a menos que se acrescente a inalienabilidade.

Adotando a forma da escritura pública, a proteção passa a vigorar a partir da sua formalização; se vier por testamento, iniciará a incidir com o decesso do instituidor.

Para valer perante terceiros, é necessário o registro, de acordo com o art. 1.714.

c) Possuem legitimidade para promover a medida os cônjuges, os companheiros e terceira pessoa.

Nessa ordem de pessoas legitimadas, ambos os cônjuges exercem o direito, diante das regras de igualdade absoluta entre homem e mulher que vem desde os arts. 5º, inc. I, e 226, § 5º, da Carta Federal. Incumbe que os cônjuges ou progenitores façam a instituição em conjunto, eis que os dois são iguais em direitos e obrigações. Na oposição de um deles, unicamente pela via judicial consegue-se o suprimento, desde que insubsistentes as razões invocadas para a recusa.

Na união estável, ou outra entidade familiar, sendo esta, na redação do art. 226, § 4º, da Carta Suprema, "a comunidade formada por qualquer dos pais e seus descendentes", o titular dos bens faz a instituição. Existindo, pois, um grupo familiar, seja por união estável ou por entidade familiar, possível a instituição. Para os efeitos da lei, não provém a família unicamente do casamento ou da união estável. O imóvel que serve de residência, mesmo que do homem ou da mulher solteiros, desde que nele residam em conjunto, ou separadamente, com filhos ou outros descendentes, é alcançado pelo benefício da isenção da penhora ou de outra constrição expropriativa.

O terceiro pode consistir no progenitor, ou outro parente próximo, visando favorecer e proteger a prole ou alguém que lhe seja caro, mas que não integre a sua família ou entidade familiar. Para valer a instituição, é necessário o consentimento de ambos os cônjuges beneficiados ou da entidade familiar beneficiada. Se a entidade familiar está formada de uma pessoa adulta e de menores, naturalmente apenas daquela se exige o consentimento.

A pessoa solteira, que não vive em união estável e nem tenha uma entidade familiar, não se encontra albergada pelo benefício, não se lhe facultando que faça a destinação para si. Mesmo que sob sua guarda ou com ela conviva um irmão, um primo, um cunhado, e outras classes de parentes, não está amparada, por não se enquadrar o conjunto no conceito de entidade familiar do art. 226, § 4º, acima citado, que é restrito para qualquer dos pais e seus descendentes.

814 • Direito de Família | *Arnaldo Rizzardo*

d) O objeto da destinação é o prédio residencial urbano ou rural, com as suas pertenças ou os acessórios, nos termos do art. 1.712. Compreende, pois, o imóvel utilizado para a residência, tanto urbano como rural, mas numa proporção que não ultrapasse a um terço do patrimônio líquido, isto é, descontadas as obrigações, existente quando da formalização da proteção.

Na destinação, incluem-se as pertenças e acessórios, isto é, os móveis, os equipamentos, as roupas, as benfeitorias e tudo que se destina para a comodidade e o uso do imóvel.

Poderá abranger valores mobiliários, cuja renda se aplicará na conservação do imóvel e no sustento dos beneficiários, conforme se analisará em item separado.

e) Condição inquestionável prende-se à destinação do imóvel, que deve ser para a habitação, não importando a sua extensão, desde que não ultrapasse a um terço do total do patrimônio, seja o mesmo de natureza urbana ou rural. Não coloca o Código algum limite diferente, ou tamanho em metragem definida, e nem um período de tempo de utilização prévia, e nem especifica quais os bens que fazem parte do imóvel.

2.2. A destinação de valores mobiliários

O Código incluiu, na destinação do bem de família, valores mobiliários, "cuja renda será aplicada na conservação do imóvel e no sustento da família". Está-se diante de uma novidade que não constava no Código de 1916.

Procede-se a aplicação de valores em títulos, ações, debêntures, letras imobiliárias, e outros investimentos, cujas rendas são reservadas especificamente para a conservação do imóvel residencial e para o sustento dos membros da família.

O art. 1.713 coloca um limite no valor de tais investimentos, não podendo ultrapassar o preço do imóvel: "Os valores mobiliários, destinados aos fins previstos no artigo antecedente, não poderão exceder o valor do prédio instituído em bem de família, à época de sua instituição". Ocorre que a garantia em valores mobiliários é acessória, não se concebendo que tenha maior significação que o bem principal a que serve para sua conservação, mesmo que seja para o sustento dos beneficiários.

Para o cumprimento da determinação, resta clara a obrigatoriedade de se estabelecer ou estimar o valor do imóvel, que constará no ato constitutivo, não se impedindo que seja o atribuído pela Fazenda Pública, para fins de tributação. A cada ano, para a aferição da equivalência, leva-se a termo a correção monetária da avaliação do imóvel. Naquilo que exceder a proporção ou a justa igualdade, não incide a proteção quanto à impenhorabilidade.

A constituição dos valores mobiliários é procedida junto com o instrumento de destinação do bem de família, fazendo-se necessária a devida individualização, a teor do § 1º do art. 1.713: "Deverão os valores mobiliários ser devidamente individualizados no instrumento de instituição do bem de família". De modo que é indispensável a descrição dos títulos, o tipo, a referência da sua cotação ou expectativa de renda, a numeração, a forma de comercialização, e, tratando-se de títulos nominativos, procede-se o registro no livro próprio da empresa que os emitiu, como prevê o § 2º do mesmo artigo acima: "Se se tratar de títulos nominativos, a sua instituição como bem de família deverá constar dos respectivos livros de registro".

Cap. XXVI | Bens com Destinação Particular ou Bem de Família • **815**

Sabe-se que é formalidade essencial dos títulos nominativos que a pessoa em cujo nome se deu a emissão fique registrada na empresa que procedeu a sua criação e comercialização, em razão do art. 921 do Código Civil.

Faculta-se a entrega dos valores mobiliários a uma instituição financeira, segundo o § 3º do art. 1.713: "O instituidor poderá determinar que a administração dos valores mobiliários seja confiada a instituição financeira, bem como disciplinar a forma de pagamento da respectiva renda aos beneficiários, caso em que a responsabilidade dos administradores obedecerá às regras do contrato de depósito".

Sabe-se que os valores mobiliários aparecem instrumentalizados em títulos, letras ou ações. Constituem documentos que expressam uma estimativa ou cifra econômica. Servem para o investimento, podendo ser negociados. Na hipótese de sua disponibilização para uma finalidade específica de proveito dos seus rendimentos, não se autoriza a comercialização. Faculta-se a entrega para uma instituição financeira, a fim de que proceda as aplicações mais convenientes, indo os lucros para a finalidade que consta na destinação.

A liquidação dessa entidade financeira não importa em trazer os valores para saldar as suas obrigações, ficando os mesmos ressalvados, com o direito a pedido de restituição, e devendo o juiz ordenar a transferência para outra instituição, na linha do art. 1.718: "Qualquer forma de liquidação da entidade administradora, a que se refere o § 3º do art. 1.713, não atingirá os valores a ela confiados, ordenando o juiz a sua transferência a outra instituição semelhante, obedecendo-se, no caso de falência, ao disposto sobre pedido de restituição".

De realce a garantia de a parte buscar a restituição, se decretada a falência, nos termos do art. 85, e seu parágrafo único, da Lei nº 11.101/2005, com o que não ingressa o valor na realização do ativo destinado ao pagamento do passivo.

2.3. Limites da isenção de execução por dívidas

Naturalmente, concretizada a instituição, fica o bem de família imune a possíveis constrições, por dívidas dos favorecidos formadas posteriormente ao ato, exceto as relativas aos tributos do imóvel e às despesas de condomínio. Este o comando do art. 1.715: "O bem de família é isento de execução por dívidas posteriores à sua instituição, salvo as que provierem de tributos relativos ao prédio, ou de despesas de condomínio". Nesta previsão, todas as obrigações que recaírem nas pessoas abrigadas pelo instituto, não importando a espécie ou natureza, com exceção das duas referidas no art. 1.715, não terão força executória nos bens inoculados pelo instituto. Mesmo as dívidas de alimentos, as tributárias não relativas ao prédio, as privilegiadas por outras garantias desavisadamente formalizadas, as trabalhistas, não derrogam o benefício que se instituiu.

No tocante às dívidas anteriores, o Código revogado, em seu art. 71, tinha como condição para manter a proteção a solvabilidade do instituidor: "Para o exercício desse direito é necessário que os instituidores no ato da instituição não tenham dívidas, cujo pagamento possa por ele ser prejudicado". Por outras palavras, a solvabilidade era indispensável, cabendo ao patrimônio do devedor responder pelos débitos junto ao credor. Não se requeria a prova de ausência de dívidas. Todavia, os bens que restassem depois da escolha do bem de família deviam sobejar para a satisfação das obrigações. Não cobrindo as obrigações, o patrimônio reservado respondia pelo montante que ficara a descoberto.

Com o Código de 2002, simplesmente o bem de família fica imune a dívidas posteriores, e não quanto às anteriores, facultando-se, em havendo, a conversão de qualquer bem em dinheiro, para o devido pagamento.

O parágrafo único do art. 1.715, embora de difícil incidência prática, inclui em outro bem de família ou em títulos da dívida pública, facultando-se ao juiz ordenar outra forma de aplicação mais vantajosa, eventuais saldos que sobrarem na execução ou cobrança de tributos incidentes no imóvel ou de despesas de condomínio: "No caso de execução por dívidas referidas neste artigo, o saldo existente será aplicado em outro prédio, como bem de família, ou em títulos da dívida pública, para sustento familiar, salvo se motivos relevantes aconselharem outra solução, a critério do juiz".

Nota-se que, na aplicação em títulos, a renda destinar-se-á para o sustento da família.

A isenção de execução de dívidas é perene, durando até viverem os cônjuges ou companheiros e, na falta destes, enquanto não atingirem a maioridade os filhos. Assim dispõe o Código Civil no art. 1.716: "A isenção de que trata o artigo antecedente durará enquanto viver um dos cônjuges, ou, na falta destes, até que os filhos completem sua maioridade".

As seguintes situações emergem: se a instituição atingir unicamente os cônjuges, perdura o benefício pelo tempo de vida dos cônjuges; se abranger também os filhos, até que eles atinjam a maioridade, e, sobrevivendo os progenitores, mantém-se enquanto estes viverem.

Escrevia, sobre o assunto, Arnaldo Marmitt: "Embora em princípio a isenção perdure durante toda a vida de qualquer componente da entidade familiar e a menoridade dos filhos, de notar, contudo, tratar-se de ato de disposição voluntária. Sendo assim, na instituição feita *sponte sua*, pode ela ser cancelada a qualquer momento, a pedido do instituidor, quando então cessarão os efeitos da inscrição ou do registro.

As pessoas beneficiadas com a criação do *homestead* são os cônjuges ou concubinos, de um lado, e de outro os filhos menores. O benefício persistirá para os consortes durante toda a sua vida. Para eles é vitalício, o mesmo não acontecendo com os filhos menores, para quem vige apenas durante a sua menoridade".[2]

Cumpre observar que a matéria diz respeito à isenção que protege os bens, perdurando na forma da previsão do art. 1.716. Não se trata da extinção do bem de família, que consta contemplada no art. 1.722: "Extingue-se, igualmente, o bem de família com a morte de ambos os cônjuges e a maioridade dos filhos, desde que não sujeitos a curatela". Entrementes, a extinção acaba com a isenção, e esta ocorre, na letra do art. 1.716, nas situações sinaladas para aquela. Conclui-se que, em ambas as formas, os efeitos são iguais.

O art. 1.717 veda a destinação do prédio e dos valores mobiliários, que formam o conjunto do bem de família, para fins diversos daqueles que constam do art. 1.712, e que consistem no uso ao domicílio familiar, na conservação desses bens e no sustento da família, a não ser que se consiga autorização judicial, com a ouvida dos interessados ou seus representantes, devendo participar o Ministério Público: "O prédio e os valores mobiliários, constituídos como bem de família, não podem ter destino diverso do previsto no art. 1.712 ou serem alienados sem o consentimento dos interessados e seus representantes legais, ouvido o Ministério Público".

Lembra-se que, no direito anterior, a Lei nº 6.742/1979, impunha, como condição para a instituição, a obrigatoriedade da residência por dois anos no imóvel. Antes desta última Lei, não poderia exceder o valor do bem a quinhentas vezes o maior salário mínimo

---

2   *Bem de Família*, obra citada, p. 210.

Cap. XXVI | Bens com Destinação Particular ou Bem de Família • 817

vigente no País. Era o que se depreendia da Lei nº 5.653/1971, limitando a instituição de imóvel em bem de família de valor até aquele montante. O art. 19 do Decreto nº 3.200, de 19.04.1941, em redação dada pela Lei nº 6.742, aboliu o limite, na condição da residência por mais de dois anos: "Não há limite de valor para o bem de família desde que o imóvel seja a residência dos interessados por mais de dois anos".

2.4. Extinção do bem de família e sub-rogação em outros bens

Com a morte dos cônjuges, ou, na falta destes, com a maioridade dos filhos, extingue--se naturalmente o bem de família. Assim consta no art. 1.722: "Extingue-se, igualmente, o bem de família com a morte de ambos os cônjuges e a maioridade dos filhos, desde que não sujeitos à curatela".

A situação decorre naturalmente da finalidade da instituição, e equivale à extinção da isenção, contemplada no art. 1.716.

De observar que unicamente a morte dos cônjuges ou companheiros e a maioridade dos filhos têm o condão de provocar a extinção. Não se estende o efeito na dissolução da sociedade conjugal por causas diferentes que a morte, o que acontece com a separação judicial, o divórcio, a nulidade ou anulação do casamento e a extinção da união estável. A respeito, eis a regra do art. 1.721: "A dissolução da sociedade conjugal não extingue o bem de família".

Acontece que a instituição se estabelece em função da garantia de que o imóvel residencial não será afetado pelos efeitos de dívidas, em favor de determinadas pessoas, que se encontravam casadas ou em união estável, ou em favor da proteção aos seus filhos. Não interessa que os cônjuges ou companheiros, em momento posterior, venham a desconstituir respectivamente o casamento ou a união estável.

O ato de instituição é que importa, com a reserva de certo patrimônio para a utilização residencial, mesmo que não verificada, no momento, e nem venha a ocorrer no futuro. O objetivo da lei é que haja uma segurança, consistente na reserva de imóvel e de valores mobiliários para a residência, para a conservação da mesma ou o sustento da família. Não se pense, pois, que o não uso para a moradia vá desconstituir o ato de destinação.

Falecendo um dos cônjuges ou dos companheiros, faculta o parágrafo único do art. 1.721 ao sobrevivente pedir a extinção: "Dissolvida a sociedade conjugal pela morte de um dos cônjuges, o sobrevivente poderá pedir a extinção do bem de família, se for o único bem do imóvel".

Até porque a proteção vem da Lei nº 8.009/1990, que estabelece, dentre outros comandos, a impenhorabilidade do imóvel residencial.

Não importa que existam ou não filhos, abrigados no instituto do bem de família. A faculdade é ao exercício do pedido, que se submeterá à devida apreciação do juiz, com a antecedente ouvida dos demais interessados.

Pode ocorrer a extinção também por pedido dos instituidores, desde que não mais conveniente tal destinação.

Salienta-se que, uma vez instituída tal proteção, não pode o patrimônio ser alienado. Permanece na propriedade do instituidor, com aquela destinação.

Todavia, é viável que aconteçam situações que aconselham a transferência, ou que se dê uma diferente destinação. Não mais convém que permaneça a finalidade que se lhe

818 • Direito de Família | *Arnaldo Rizzardo*

deu. É exemplo a alta valorização que adveio, ou a imperiosa urgência na mudança de moradia, ou a imposição de dar outra finalidade, que importará em maior rentabilidade.

Aos próprios instituidores se abre o caminho para buscar a autorização para simplesmente extinguir aquela destinação, ou para sub-rogá-la em outros bens.

Não se afigura coerente impedir essa pretensão. Sendo os cônjuges os que promoveram a instituição, ninguém melhor que eles sabe da conveniência ou não em alterar a situação, porquanto viável que tenham outra meta em vista, ou que não mais se presta o imóvel para a finalidade que se lhe imprimiu.

Todavia, se evidenciada a conduta perdulária dos cônjuges ou do instituidor, assumindo dívidas superiores à capacidade econômica; apurando-se que seus costumes são desregrados; que não exercem atividade remunerada com normalidade e constância; que não merecem crédito na praça e são dados a gastos imoderados, não é de se cancelar a instituição.

Além dos instituidores, aos favorecidos, ou, na linguagem do Código, aos interessados se permite o pedido, desde que demonstrem as condições que impõe o art. 1.719: "Comprovada a impossibilidade da manutenção do bem de família nas condições em que foi instituído, poderá o juiz, a requerimento dos interessados, extingui-lo ou autorizar a sub-rogação dos bens que o constituem em outros, ouvidos o instituidor e o Ministério Público".

Como se extrai da regra, são os beneficiados pela instituição que não têm interesse na destinação.

Devem comprovar que não podem manter as condições impostas pelo instituidor, como a conservação do imóvel, o pagamento de tributos, a proteção contra invasores, a residência nele, a sua exploração econômica.

Se os favorecidos não revelam interesse e não querem a destinação que se deu, não perdura a finalidade da instituição.

Assim, obviamente o juiz determinará a extinção, ou a sub-rogação em outros bens, se for da vontade dos interessados. Sempre, no entanto, em vista das razões apresentadas.

Se maiores ou capazes os interessados, não se encontram razões para desacolher o pedido.

Opondo-se o instituidor, deve-se examinar a razoabilidade de suas razões. Se forem os cônjuges, naturalmente os filhos são ainda menores, justificando-se a recusa. Tendo alcançado a maioridade, remanesce a instituição para a proteção dos cônjuges, não tendo sentido eles postularem a extinção e ao mesmo tempo se oporem.

Se tratar-se de terceiro, não se lhe socorre a mera inconformidade, como a pretexto de ficar garantida a inalienabilidade do bem. Acontece que, ao fazer a instituição, e, naturalmente a doação, transferiu o poder da disponibilidade.

Justificar-se-ia a não concordância se resta evidenciada alguma anormalidade na pessoa dos favorecidos ou interessados.

Acompanhará o processo o Ministério Público.

2.5. Administração do bem de família

Algumas normas tratam da administração do patrimônio de família. O Código Civil de 1916 era omisso a respeito.

Cap. XXVI | Bens com Destinação Particular ou Bem de Família • **819**

Aos cônjuges cabe, em princípio, a administração, em obediência ao art. 1.720: "Salvo disposição em contrário do ato de instituição, a administração do bem de família compete a ambos os casos de divergência".

É natural a administração conjunta dos cônjuges. Quanto aos companheiros, embora omissa a disposição quanto a eles, se adquiridos os bens durante a sua vigência, coerente é a exigência da constituição pelos dois e, assim, ambos exercem a administração.

Mas, conforme exsurge do dispositivo, não está alijado o ajuste de vontades diferente, passando um dos cônjuges ou companheiros a administrar. Na eventualidade de se formarem controvérsias ou divergências, a via judicial será a própria para a devida solução.

Falecendo os cônjuges, passa a administração para o filho mais velho, se maior; sendo ainda menores os filhos, há de se nomear um tutor ao mais velho, que o representará ou assistirá na administração, em acato ao parágrafo único do cânone acima: "Com o falecimento de ambos os cônjuges, a administração passará ao filho mais velho, se for maior, e, do contrário, a seu tutor".

É de apontar certa insuficiência da regra, ao incumbir ao filho mais velho, se maior, a administração direta. Presume-se que ainda existam filhos menores. Se todos atingiram a maioridade, automaticamente cessa ou extingue-se a instituição.

2.6. O procedimento para a instituição do bem de família

O art. 1.218, inc. VI, do Código de Processo Civil/1973 mantinha em vigência várias disposições do Código de Processo Civil de 1939, e, dentre elas, as dos arts. 647 a 651, que tratavam da instituição do bem de família. Pelo CPC/2015, passaram a submeter-se ao procedimento comum, a teor de seu art. 1.046, § 3º: "Os processos mencionados no art. 1.218 da Lei nº 5.869, de 11 de janeiro de 1973, cujo procedimento ainda não tenha sido incorporado por lei submetem-se ao procedimento comum previsto neste Código".

Entrementes, o procedimento que formaliza a instituição do bem de família submete--se à Lei dos Registros Públicos (Lei nº 6.015, de 31.12.1973), cujos arts. 260 a 265 passaram a tratar do assunto, não tendo mais incidência a lei processual civil. Segundo essas regras, exige-se a escritura pública, na qual se identificará o prédio que se destina ao domicílio da família. Uma vez elaborada a escritura pública, apresenta-se a mesma ao oficial do registro, para que mande publicá-la na imprensa local e, na falta, na da capital do Estado ou do Território.

Assegura-se o prazo de trinta dias para o oferecimento de alguma impugnação. Caso verificada, interrompe-se o procedimento para o registro. Receberá o instituidor cópia autêntica da impugnação, incumbindo-lhe ingressar em juízo para conseguir a efetivação do registro, consoante o § 1º do art. 264 da Lei dos Registros Públicos: "O instituidor poderá requerer ao juiz que ordene o registro, sem embargo da reclamação". Efetuado o registro, por ordem do juiz, ressalva-se ao reclamante o direito de recorrer à ação competente para anular a instituição, ou para fazer a execução sobre o prédio instituído, na dependência, nesse caso, de remontar a dívida à época anterior ao ato formador do bem de família, na forma do § 2º do mesmo artigo: "Se o juiz determinar que se proceda ao registro, ressalvará ao reclamante o direito de recorrer à ação competente para anular a instituição ou de fazer execução sobre o prédio instituído, na hipótese de tratar-se de dívida anterior e cuja solução se tornou inexequível em virtude de ato da instituição".

Percebe-se que o ato do juiz sequer é recorrível. Simplesmente sobra à parte interessada o ingresso de ação em juízo, como ressalta o § 3º do art. 264: "O despacho do

820 • Direito de Família | *Arnaldo Rizzardo*

juiz será irrecorrível e, se deferir o pedido, será transcrito integralmente, juntamente com o instrumento".

Se instituída por testamento a proteção, segue-se o mesmo caminho cartorário. Ao invés da escritura pública, apresenta-se ao oficial do registro o formal de partilha onde consta a destinação do bem de família, que providência nos atos já descritos.

3.   A DESTINAÇÃO DETERMINADA POR LEI

Certos bens estão afastados da execução por dívidas e, assim, da penhora, por determinação expressa da lei, que os especifica. Está-se diante da lei da impenhorabilidade do bem de família, ou do imóvel utilizado para a moradia da família, e que não teve a destinação para tanto formalizada pelos cônjuges ou por terceiros. Trata-se da Lei nº 8.009/1990.

Teve grande difusão e aceitação tal impenhorabilidade, que abrange o imóvel residencial e os móveis ou bens de uso doméstico que o guarnecem (art. 1º, parágrafo único), excluídos os veículos, as obras de arte e adornos suntuosos (art. 2º), desde que a entidade familiar tenha no imóvel a residência permanente. Cuida-se da impenhorabilidade coativa ou obrigatória, *ex lege*, que dispensa a escritura pública, vez que impositiva. Eis a redação do art. 1º: "O imóvel residencial próprio do casal, ou da entidade familiar, é impenhorável e não responderá por qualquer tipo de dívida civil, comercial, fiscal, previdenciária ou de outra natureza, contraída pelos cônjuges ou pelos pais ou filhos que sejam seus proprietários e nele residam, salvo nas hipóteses previstas nesta Lei".

Abrange a proteção o imóvel sobre o qual estão assentadas a construção, as plantações, as benfeitorias de qualquer natureza e todos os equipamentos, inclusive os de uso profissional, ou móveis que guarnecem a casa, desde que quitados (parágrafo único do art. 1º). Estende-se esta impenhorabilidade aos móveis quitados que se encontram em imóvel locado (parágrafo único do art. 2º).

Salienta-se a condição para os móveis: exige-se que se encontrem pagos ou quitados. Aqueles cujas prestações estão sendo saldadas ficam excluídos, com o claro intuito de evitar fraudes.

Na hipótese do casal ou da entidade ser possuidor de vários imóveis utilizados como residência, um único a lei protege, recaindo a escolha no de menor valor (art. 5º e parágrafo único).

É alegável a impenhorabilidade em qualquer momento de um processo expropriatório, até se consumar a arrematação do bem, de conformidade com Jurisprudência em Tese – Tese 18, decorrente de várias decisões, citando-se dois arestos como exemplos: "A impenhorabilidade do bem de família pode ser alegada em qualquer momento processual até a sua arrematação, ainda que por meio de simples petição nos autos" (AgRg no AREsp 595374/SP, Rel. Ministro João Otávio de Noronha, Terceira Turma, julgado em 25.08.2015, *DJe* de 01.09.2015; AgRg no AREsp 276014/RS, Rel. Ministro Antonio Carlos Ferreira, Quarta Turma, julgado em 16.12.2014, *DJe* de 19.12.2014).

3.1.   Exceções à impenhorabilidade

A todos as dívidas e obrigações alcança a impenhorabilidade, sendo oponível em processos de execução civil, trabalhista, fiscal, previdenciária ou de outra natureza, consoante

Cap. XXVI | Bens com Destinação Particular ou Bem de Família • **821**

o art. 3º da Lei nº 8.009/1990 (redação da Lei nº 13.144/2015 e da Lei Complementar nº 150/2015), salvo as exigidas:

"I – *Revogado pela Lei Complementar nº 150, de 1º.06.2015*;

II – pelo titular do crédito decorrente do financiamento destinado à construção ou à aquisição do imóvel, no limite dos créditos e acréscimos constituídos em função do respectivo contrato;

III – pelo credor da pensão alimentícia, resguardados os direitos, sobre o bem, do seu coproprietário que, com o devedor, integre união estável ou conjugal, observadas as hipóteses em que ambos responderão pela dívida;

IV – para cobrança de impostos, predial ou territorial, taxas e contribuições devidas em função do imóvel familiar;

V – para execução de hipoteca sobre o imóvel oferecido como garantia real pelo casal ou pela entidade familiar;

VI – por ter sido adquirido com produto de crime ou para execução de sentença penal condenatória a ressarcimento, indenização ou perdimento de bens;

VII – por obrigação decorrente de fiança concedida em contrato de locação."

As exceções acima são claras, embora comportem observações, pelas controvérsias que ensejam, especialmente na fiança prestada em contrato de locação, tendo, no entanto, se pacificado o entendimento de que prevalece a mesma, desde que firmada a garantia depois do advento da Lei nº 8.245, que introduziu a exceção à Lei nº 8.009.

Quanto às despesas condominiais, o afastamento da impenhorabilidade está reafirmado na Jurisprudência em Tese, do STJ, tese nº 9:

"É possível a penhora do bem de família para assegurar o pagamento de dívidas oriundas de despesas condominiais do próprio bem" (REsp 1401815/ES, Rel. Ministra Nancy Andrighi, Terceira Turma, julgado em 03.12.2013, *DJe* de 13.12.2013; AgRg no AgRg no AREsp 198372/SP, Rel. Ministro Raul Araújo, Quarta Turma, julgado em 19.11.2013, *DJe* de 18.12.2013).

Relativamente à penhora de imóvel por força de fiança prestada em contrato de locação, a reiteração de julgados do STJ restou consolidada na Jurisprudência em Teses, Tese nº 15, que se transcreve, com a menção de dois precedentes:

"É legítima a penhora de apontado bem de família pertencente a fiador de contrato de locação, ante o que dispõe o art. 3º, inciso VII, da Lei n. 8.009/1990 (Tese julgada sob o rito do art. 543-C do CPC/1973 – TEMA 708)" (Súmula n. 549/STJ) (AgRg no REsp 1364512/SP, Rel. Ministro Moura Ribeiro, Terceira Turma, julgado em 07.04.2015, *DJe* de 15.04.2015); AgRg no AREsp 624111/SP, Rel. Ministro Marco Aurélio Bellizze, Terceira Turma, julgado em 10.03.2015, *DJe* de 18.03.2015). Lembra-se que o mencionado art. 543-C corresponde ao art. 1.036 do CPC/2015.

Inclusive essa inteligência em contratos anteriores à Lei 8.245/1990 – Tese nº 16:

"É possível a penhora do bem de família de fiador de contrato de locação, mesmo quando pactuado antes da vigência da Lei n. 8.245/91, que acrescentou o inciso VII ao art. 3º da Lei n. 8.009/90 (AgRg nos EDcl nos EDcl no AgRg nos EDcl no REsp 771700/RJ, Rel. Ministro Vasco Della Giustina (Desembargador convocado do TJ/RS), julgado em 28.02.2012, *DJe* de 26.03.2012; AgRg no REsp 1025168/SP, Rel. Ministro Og Fernandes, julgado em 14.06.2011, *DJe* de 01.07.2011).

822 • Direito de Família | *Arnaldo Rizzardo*

3.2. Obrigatoriedade e renúncia da impenhorabilidade

A impenhorabilidade é obrigatória. Não se admite a disposição abnegando do direito, na lição do Superior Tribunal de Justiça: "O bem imóvel destinado à família dos devedores não pode ser objeto de penhora na execução de nota promissória, ainda que o mesmo imóvel tenha sido dado para garantia hipotecária de outra dívida. A ressalva do inciso V do art. 3º da Lei nº 8.009/90 aplica-se apenas para a execução hipotecária".[3] É ineficaz a renúncia a favor em documento particular de confissão de dívida justamente porque não se permite a disponibilidade do direito.[4]

Por sua importância, e dada a constância de situações enfrentadas pelos tribunais, adiciona-se modelar decisão do mesmo Superior Tribunal de Justiça, abrangendo situações de renúncia através de confissão de dívida e de oferecimento de bem destinado à residência da família para a penhora: "Bem de família. Renúncia. Documento particular. A imunidade assegurada ao bem de família não é passível de renúncia, podendo ser excluída a proteção social prevista na lei de ordem pública apenas nos casos por ela ressalvados".

No voto do Min. Ruy Rosado de Aguiar, rememoram-se decisões inviabilizando a renúncia em confissão de dívida e em oferecimento do bem à penhora: "Nas vezes em que as duas turmas da eg. 2ª Seção foram chamadas a se manifestar sobre a renúncia do devedor ao direito assegurado pela Lei nº 8.009/90, decidiram pela negativa. É que se trata de norma de ordem pública, que só admite ressalvas nela mesma feitas, destinada à proteção não propriamente do devedor, mas da moradia da família, valor social relevante e que por isso merece a especial proteção do Estado.

São os seguintes os nossos precedentes:

'Bem de família. Impenhorabilidade.

As exceções à impenhorabilidade são as expressamente previstas em lei. Ineficaz a renúncia a favor em documento particular de confissão de dívida' (REsp. nº 205.040-SP. Relator: Min. Eduardo Ribeiro. Terceira Turma, *DJ* de 13.09.1999).

'Execução. Bem de família. Indicação à penhora.

O fato de o executado oferecer à penhora o bem imóvel destinado à residência da família não o desqualifica como tal, nem impede o executado de vir alegar a incidência da Lei nº 8.009/90...' (REsp. nº 201.537-PR. Minha relatoria. Quarta Turma. *DJ* de 2.08.1999).

'Penhora. Imóvel destinado à residência da entidade familiar.

Impossibilidade de sequer cogitar-se de renúncia ao benefício instituído pela Lei nº 8.009/90, com base em que o bem foi indicado pelo executado, se essa indicação fez-se antes daquela Lei. Não revela a circunstância de não se ter provado que o imóvel é o único, pois a lei não contém tal exigência' (REsp. nº 84.991-PR. Relator: Min. Eduardo Ribeiro. Terceira Turma. *DJ* de 6.05.1996)...

... A impenhorabilidade do bem de família foi instituída como proteção, não ao devedor, mas à sua família. Seu objetivo é proteger os membros da entidade familiar que não constituíram a dívida, mas que utilizam o imóvel como residência.

A hipótese em tela não se insere nos casos do inciso V o artigo 3º da Lei nº 8.009/90. Ali, trata-se de hipoteca, que só pode ser constituída por meio de instrumento público.

---

[3] STJ. Recurso Especial nº 84.592-PA. Relator: Min. Ruy Rosado de Aguiar. 4ª Turma. Julgado em 25.03.1996.

[4] STJ. Recurso Especial nº 205.040-SP. Relator: Min. Eduardo Ribeiro. 3ª Turma. Julgado em 15.04.1999.

Cap. XXVI | Bens com Destinação Particular ou Bem de Família • **823**

As exceções, contidas no referido dispositivo, não são exemplificativas, mas constituem *numerus clausus* (REsp. nº 205.040-SP).

Tem inteira pertinência a lição do Prof. Álvaro Villaça de Azevedo, já citado nos autos, que assim expôs:

'Como vimos, não deve a proteção primeira da família ser confiada somente aos seus integrantes, tendo em vista que estes podem negligenciar.

O Estado deve instituir normas reguladoras do instituto em causa, que se sublimem aos meros interesses individuais. Estes não podem sobrepor-se aos interesses coletivos, que se confundem com os objetivos da própria Nação.

Ao Estado compete editar normas de ordem pública, regulando a matéria, justamente para que não prevaleça sobre aquela a ordem privada.

Não podendo os homens, por seus próprios e egoísticos interesses, fazer com que estes alterem, ou suplantem, a sistemática dos da esfera pública, como se colocassem aqueles diante destes, é que se tornam imprescindíveis normas de ordem pública, para regulamentar a matéria' (*Bem de Família*, 3ª ed., São Paulo, RT, p. 202)".[5]

A matéria foi consolidada em Jurisprudência em Teses – Tese 17: "A impenhorabilidade do bem de família é questão de ordem pública, razão pela qual não admite renúncia pelo titular". Apontam-se dois acórdãos que serviram de suporte para a tese: AgRg nos EDcl no REsp 1463694/MS, Rel. Ministro João Otávio de Noronha, Terceira Turma, julgado em 06.08.2015, *DJe* de 13.08.2015; AgRg no AREsp 537034/MS, Rel. Ministro Raul Araújo, Quarta Turma, julgado em 26.08.2014, *DJe* de 01.10.2014.

Na amplitude de imóvel residencial inclui-se a garagem, como já decidido: "A garagem de apartamento residencial, embora com matrícula própria, não pode ser penhorada, estando sob a proteção da Lei nº 8.009/1990".[6]

3.3. A impenhorabilidade dirigida à proteção da moradia familiar

Relevante apreender o sentido de proteção ao direito de moradia contido na lei e proporcionado pelo imóvel.

Nesta visão, embora não residindo no imóvel, mas utilizando a renda para locar o prédio onde reside, vale a impenhorabilidade daquele: "Dentro de uma interpretação teleológica e valorativa, calcada inclusive na teoria tridimensional do direito – fato, valor e norma – (Miguel Reale), faz jus aos benefícios da Lei nº 8.009/90 o devedor que, mesmo não residindo no único imóvel que lhe pertence, utiliza valor obtido com a locação desse bem como complemento da renda familiar, considerando que o objetivo da norma foi observado, a saber, o de garantir a moradia familiar ou a subsistência da família".[7]

Tantas as controvérsias sobre o assunto que dificilmente se esgotam em observações aos dispositivos da lei. Como princípio orientador, deve-se levar em conta a unidade familiar, não importando a quem pertença o bem, isto é, se é dos pais ou dos filhos. Desde que ocupado o imóvel para a residência de uma entidade familiar, prevalece a

---

[5] Recurso Especial nº 223.419-SP. 4ª Turma, julgado em 23.11.1999, publ. em 17.12.1999, *ADV Informativo*, nº 29, p. 469, jul. 2000.

[6] STJ. Recurso Especial nº 222.012-SP. 3ª Turma, publ. em 24.04.2000, *ADV Jurisprudência*, nº 31, p. 494, ago. 2000.

[7] STJ. Recurso Especial nº 159.213-ES. Relator: Min. Sálvio de Figueiredo Teixeira. 4ª Turma, julgado em 20.04.1999.

824 • Direito de Família | *Arnaldo Rizzardo*

impenhorabilidade, como impôs o Tribunal de Alçada do Rio Grande do Sul: "A unidade residencial é impenhorável por dívida dos cônjuges, dos pais ou dos filhos, conforme o art. 1º da Lei nº 8.009/90. O falecimento do chefe de família e a partilha não alteram essa realidade. Impenhorabilidade do quinhão do filho na unidade residencial familiar".[8]

A Lei nº 8.009 procura prevenir contra a má-fé, estabelecendo que o imóvel adquirido por insolvente, sendo mais valioso daquele que tinha, com a finalidade de transferir a residência familiar, não se beneficia com a impenhorabilidade (art. 4º), possibilitando-se ao juiz transferi-la para o imóvel anterior, ou anular a venda, liberando a mais valiosa para a execução ou o concurso (parágrafo único do art. 4º).

Mantém-se a impenhorabilidade se houver a separação de fato ou o divórcio, e no imóvel permanecer um dos ex-cônjuges, e mesmo os filhos, na senda traçada pelo STJ, no REsp. nº 859.937/SP, da Primeira Turma, j. em 4.12.2007, *DJU* de 28.02.2008:

> "A impenhorabilidade do bem de família, prevista no art. 1º, da Lei nº 8.009/90, visa resguardar não somente o casal, mas a própria entidade familiar.
>
> A entidade familiar, deduzido dos arts. 1º da Lei nº 8.009/90 e 226, § 4º da CF/88, agasalha, segundo a aplicação da interpretação teleológica, a pessoa que, como na hipótese, é separada e vive sozinha, devendo o manto da impenhorabilidade, dessarte, proteger os bens móveis guarnecedores de sua residência. Precedente: (REsp. nº 205.170/SP, *DJ* de 07.02.2000).
>
> Com efeito, no caso de separação dos cônjuges, a entidade familiar, para efeitos de impenhorabilidade de bem, não se extingue, ao revés, surge uma duplicidade da entidade, composta pelos ex-cônjuges varão e virago.
>
> Deveras, ainda que já tenha sido beneficiado o devedor, com a exclusão da penhora sobre bem que acabou por incorporar ao patrimônio do ex-cônjuge, não lhe retira o direito de invocar a proteção legal quando um novo lar é constituído.
>
> A circunstância de bem de família tem demonstração *juris tantum*, competindo ao credor a prova em contrário.
>
> Conforme restou firmado pelo Tribunal a quo, a Fazenda exequente não fez qualquer prova em sentido contrário passível de ensejar a configuração de fraude, conclusões essas insindicáveis nesta via especial ante o óbice da Súmula nº 07/STJ."

3.4. A impenhorabilidade da residência familiar em imóvel rural

Contemplada, também, a impenhorabilidade da residência familiar em imóvel rural, no § 2º do art. 4º da Lei nº 8.009/1990: "Quando a residência familiar constituir-se em imóvel rural, a impenhorabilidade restringir-se-á à sede de moradia, com os respectivos bens móveis, e, nos casos do art. 5º, inc. XXVI, da Constituição, à área limitada como pequena propriedade rural".

A área preservada pelo art. 5º, inc. XXVI, da Carta da República, restringe-se à compreendida pela pequena propriedade familiar. Necessário ater-se à definição contida neste dispositivo constitucional: "A pequena propriedade rural, assim definida em lei, desde que trabalhada pela família, não será objeto de penhora para pagamento de débitos decorrentes de sua atividade, dispondo a lei sobre os meios de financiar seu desenvolvimento".

---

[8] TARGS. Apel. Cível nº 196065288. 4ª Câm. Cível, de 29.08.1996, *Julgados do Tribunal de Alçada do RGS*, 100/312.

Cap. XXVI | Bens com Destinação Particular ou Bem de Família • 825

O art. 833, inc. VIII, do Código de Processo Civil de 1915 firma a impenhorabilidade da pequena propriedade rural, assim definida em lei, desde que trabalhada pela família.

No entanto, é a legislação especial que deve definir o que seja a pequena propriedade rural familiar. Assim, a Lei nº 8.629/1993, com a alteração da Lei nº 13.465/2017, no art. 4º, inc. II, letra "a", define a pequena propriedade o imóvel rural de área compreendida até quatro módulos fiscais, respeitada a fração mínima de parcelamento.

Como a lei não define o que seja um módulo fiscal, há de compreender-se a área equivalente ao menor fracionamento permitido pelo INCRA para a região, que, em geral, não é inferior a dois hectares. No Estatuto da Terra (Lei nº 4.504/1964), art. 4º, inc. II, está o real conceito da propriedade familiar, que deve prevalecer perante qualquer outra definição: "O imóvel rural que, direta e pessoalmente explorado pelo agricultor e sua família, lhes absorva toda a força de trabalho, garantindo-lhes a subsistência e o progresso social e econômico, com área máxima fixada em cada região e tipo de exploração, e eventualmente trabalhado com a ajuda de terceiros".

Assim, não se fixa tanto no número de módulos. Importa a extensão suficiente para a subsistência do agricultor e sua família, aquilatando-se entre o mínimo de um módulo e o máximo de quatro módulos, numa sintonia entre a Lei nº 8.629 e o Estatuto da Terra, diplomas estes próprios da legislação rural, e que devem ser considerados, na ausência de norma específica, no que já aconselhou o Supremo Tribunal Federal: "A falta de lei anterior ou posterior necessária à aplicabilidade de regra constitucional – sobretudo quando criadora de direito ou garantia fundamental – pode ser suprida por analogia; donde, a validade da utilização, para viabilizar a aplicação do art. 5º, XXVI, CF, do conceito de 'propriedade familiar' do Estatuto da Terra".[9]

Não interessa, em outro sentido, se distintos os imóveis, ou com matrículas diferentes, porquanto predomina o critério da extensão considerada necessária para a sobrevivência do agricultor e sua família. Nada impede que exerça a pessoa a exploração rural de várias áreas contíguas ou próximas, tendo relevância o fator que determina a suficiência em vista da extensão territorial.

3.5. A impenhorabilidade de bens de natureza pessoal, profissional e laboral

Não apenas o imóvel para a residência, ou o rural necessário para a subsistência, mas igualmente outros bens de natureza pessoal e destinados à profissão ou às atividades laborais ingressam na impenhorabilidade, vindo a relação externada no art. 833 do Código de Processo Civil 2015:

"I – os bens inalienáveis e os declarados, por ato voluntário, não sujeitos à execução;

II – os móveis, os pertences e as utilidades domésticas que guarnecem a residência do executado, salvo os de elevado valor ou os que ultrapassem as necessidades comuns correspondentes a um médio padrão de vida;

III – os vestuários, bem como os pertences de uso pessoal do executado, salvo se de elevado valor;

IV – os vencimentos, os subsídios, os soldos, os salários, as remunerações, os proventos de aposentadoria, as pensões, os pecúlios e os montepios, bem como as quantias recebidas por

---

9 Pleno. Recurso Extraordinário nº 136.753-9-RS. Relator: Min. Sepúlveda Pertence. Julgado em 13.02.1997, *DJU* de 25.04.1997, p. 15.209.

826 • Direito de Família | *Arnaldo Rizzardo*

liberalidade de terceiro e destinadas ao sustento do devedor e de sua família, os ganhos de trabalhador autônomo e os honorários de profissional liberal, ressalvado o § 2º;

V – os livros, as máquinas, as ferramentas, os utensílios, os instrumentos ou outros bens móveis necessários ou úteis ao exercício da profissão do executado;

VI – o seguro de vida;

VII – os materiais necessários para obras em andamento, salvo se essas forem penhoradas;

VIII – a pequena propriedade rural, assim definida em lei, desde que trabalhada pela família;

IX – os recursos públicos recebidos por instituições privadas para aplicação compulsória em educação, saúde ou assistência social;

X – a quantia depositada em caderneta de poupança, até o limite de 40 (quarenta) salários--mínimos;

XI – os recursos públicos do fundo partidário recebidos por partido político, nos termos da lei;

XII – os créditos oriundos de alienação de unidades imobiliárias, sob regime de incorporação imobiliária, vinculados à execução da obra".

O § 1º exclui da impenhorabilidade a cobrança do crédito concedido para a aquisição do próprio bem.

Por sua vez, o § 2º afasta a impenhorabilidade prevista nos incisos IV (vencimentos, salários, soldos etc.) e X (poupança até o limite de 40 salários mínimos) à hipótese de penhora para pagamento de prestação alimentícia, independentemente de sua origem. Também não incide em importâncias excedentes a 50 salários-mínimos mensais que o devedor receba, devendo a constrição observar o disposto no art. 528, § 8º, e no art. 529, § 3º, isto é, se o credor pedir a exigibilidade da obrigação mediante o cumprimento de sentença para pagar quantia certa, ou se o objeto da execução for descontado dos rendimentos ou rendas do executado, desde que não ultrapasse a parcela devida a 50% dos ganhos líquidos.

Merece menção o § 3º do art. 833, incluindo na impenhorabilidade prevista no inciso V do *caput* os equipamentos, os implementos e as máquinas agrícolas pertencentes a pessoa física ou a empresa individual produtora rural, exceto quando tais bens tenham sido objeto de financiamento e estejam vinculados em garantia a negócio jurídico ou quando respondam por dívida de natureza alimentar, trabalhista ou previdenciária.

Dentro dessa extensa relação, particularizou a jurisprudência situações peculiares, não permitindo a penhora de veículos que servem de táxi, desde que de propriedade e de uso pessoal do motorista; do ônibus escolar; do telefone do profissional liberal; da linha de telex; das máquinas e ferramentas usadas pelo técnico prestador de serviços; dos subsídios de vereador; dos proventos da aposentadoria; dos direitos do empregado reconhecidos na Justiça do Trabalho. Mesmo que o bem se encontre em nome da firma individual, incide a proteção, eis que tida como forma de atuação do profissional, no entendimento do Superior Tribunal de Justiça: "É absolutamente impenhorável o ônibus escolar que serve para o exercício da profissão de motorista (art. 649, V, do CPC), não obstante registrado em nome de firma individual, da qual o devedor é titular. A microempresa é forma de atuação do profissional no mercado de trabalho e deve ser ignorada quando tal desconsideração é necessária para fazer prevalecer a norma instituída em benefício do profissional."[10] O conteúdo do art. 649, V, referido no texto, encontra-se no art. 833, V, do CPC/2015.

---

[10] REsp. nº 84.756-RS. Relator: Min. Ruy Rosado. 4ª Turma. Julgado em 25.03.1996, *DJU* de 27.05.1996, p. 17.877.

XXVII
A Companheira ou o Companheiro na Previdência Social

1. A INSCRIÇÃO DA COMPANHEIRA OU DO COMPANHEIRO NA PREVIDÊNCIA SOCIAL POR PESSOA CASADA

Até algumas décadas atrás, o homem casado que tinha a mulher como dependente junto à Previdência Social, embora dela não separado, estava autorizado a inscrever a companheira, se a vida em comum se prolongava por mais de cinco anos, ou, seja qual fosse o tempo, se da sociedade conjugal de fato adviesse filho. Ambas concorriam aos benefícios. A Lei nº 5.890, de 09.06.1973, que alterou dispositivos da Lei nº 3.807, de 1960, já não deixava dúvidas, segundo o art. 23.

Quando do advento da Consolidação das Leis da Previdência Social – CLPS, Decreto nº 77.077, de 24.01.1976, a matéria alcançou estruturação orgânica, de acordo com os arts. 13, inc. I, e 14, §§ 1º, 2º, 3º e 5º, e, particularmente, com o art. 57. A convivente (sem direito igual ao convivente), sob a designação de 'companheira', foi considerada dependente do segurado. Sua indicação vinha em terceiro lugar, após a esposa e o marido inválido.

Exigia a legislação que estivesse ela sendo mantida há mais de cinco anos.

O art. 14 mostrava-se realmente avançado, ao admitir a designação de companheira mesmo quando a dependência econômica não era exclusiva. O § 1º falava das provas da vida em comum, enquanto o § 2º determinava que a existência de um filho em comum supriria as condições de designação e prazo. Mas o § 3º consignava que a designação constituía ato de vontade do segurado, e não podia ser suprida, ressalvada a designação *post mortem* (§ 4º), mediante, pelo menos, três provas prescritas no § 1º, especialmente a do mesmo domicílio. O § 5º cuidava da concorrência com os filhos menores havidos em comum com o segurado, salvo se houvesse expressa manifestação deste em contrário.

O Decreto nº 83.080, de 1979, que instituiu o Regulamento de Benefícios da Previdência Social, apresentava bem claramente a possibilidade de inscrição no art. 17.

Desde tempos anteriores, o Supremo Tribunal Federal, conforme a Súmula nº 35, reconhecia os direitos da companheira na indenização por morte do companheiro, embora os termos 'concubina' e 'amásio' empregados na época: "Em caso de acidente do trabalho ou de transporte, a concubina tem direito de ser indenizada pela morte do amásio, se entre eles não havia impedimento para o matrimônio".

Atualmente, frente à Constituição Federal, é evidente que ao homem assiste o mesmo direito, desde que seja dependente da mulher.

De outro lado, a Lei nº 8.213, de 14.09.1991, que trata dos benefícios da Previdência Social, não faz distinção entre companheiro ou companheira, conforme art. 16, inc. I, em redação da Lei nº 12.470/2011 e da Lei nº 13.146/2015: "o cônjuge, a companheira, o

828 • Direito de Família | *Arnaldo Rizzardo*

companheiro e o filho não emancipado, de qualquer condição, menor de 21 (vinte e um) anos ou inválido ou que tenha deficiência intelectual ou mental ou deficiência grave".

E, quanto ao enquadramento de companheira ou companheiro, define o § 3º do art. 16: "Considera-se companheira ou companheiro a pessoa que, sem ser casada, mantém união estável com o segurado ou com a segurada, de acordo com o § 3º do art. 226 da Constituição Federal".

O Decreto nº 3.048, de 6.05.1999, que está regulamentando a matéria, no § 5º do art. 16 também conceituou o companheiro ou companheira, nos mesmos termos que havia feito o Decreto nº 357/1991. Já o conceito de união estável veio diferente, conforme o § 6º do referido artigo, na redação do Decreto nº 6.384, de 2008: "Considera-se união estável aquela configurada na convivência pública, contínua e duradoura entre o homem e a mulher, estabelecida com intenção de constituição de família, observado o § 1º do art. 1.723 do Código Civil, instituído pela Lei nº 10.406, de 10 de janeiro de 2002".

Indispensável verificar o conteúdo do § 1º do art. 1.723 do Código Civil: "A união estável não se constituirá se ocorrerem os impedimentos do art. 1.521; não se aplicando a incidência do inciso VI no caso de a pessoa casada se achar separada de fato ou judicialmente".

Havendo os impedimentos do art. 1.521, não se reconhecerá a união estável. Eis tais impedimentos: "Não podem casar:

I – os ascendentes com os descendentes, seja o parentesco natural ou civil;

II – os afins em linha reta;

III – o adotante com quem foi cônjuge do adotado e o adotado com quem o foi do adotante;

IV – os irmãos, unilaterais ou bilaterais, e demais colaterais, até o terceiro grau inclusive;

V – o adotado com o filho do adotante;

VI – as pessoas casadas;

VII – o cônjuge sobrevivente com o condenado por homicídio ou tentativa de homicídio contra o seu consorte."

Quanto ao inc. VI, não impede a inscrição do companheiro ou companheira a permanência do casamento do segurado com outro homem ou outra mulher desde que haja a separação de fato, ou seja, não haja convivência simultânea de uma pessoa com outras duas.

2. REQUISITOS PARA A HABILITAÇÃO AO BENEFÍCIO

Para a habilitação ao gozo ou recebimento do benefício em vida do segurado, cumpria, segundo a lei antiga, se provassem a designação da companheira ou do companheiro e a dependência econômica, ainda que não exclusiva, por tempo superior a cinco anos.

A fim de evidenciar a dependência econômica, serviam como elementos de prova a vida em comum no mesmo domicílio, a conta bancária comum, a procuração ou fiança reciprocamente outorgadas, os encargos domésticos, o registro em associação de qualquer natureza onde a companheira figurasse como dependente, e outras provas que pudessem firmar convicção (art. 13, § 1º, do Decreto nº 83.080/1979), como a declaração do imposto de renda, na qual a mesma fosse indicada na qualidade de amparada.

Cap. XXVII | A Companheira ou o Companheiro na Previdência Social • **829**

Conforme já se referiu, a Lei nº 5.890/1973, art. 23, § 2º, especificava que a existência de filho havido em comum supriria as condições de prazo e designação.

Após a morte do segurado, assinalava o art. 14, § 2º, do Decreto nº 83.080/1979, bastava a apresentação de, pelo menos, três das provas acima para a obtenção da designação de companheira.

Não havendo essas provas, a justificação seguia os trâmites judiciais, ou um procedimento específico, através de prova testemunhal: "A prova testemunhal, que pode ser feita através da justificação judicial ou administrativa, não constitui, por si só, elemento suficiente capaz de elidir a exigência legal da inscrição prévia de dependente designado; é imprescindível, para configurar a vontade, revelada em vida pelo finado, de vincular o referido dependente ao sistema previdencial, qualquer documento ou manifestação expressa que evidencie, de forma convincente, aquele depósito."[1]

A prova testemunhal, pois, carecia de um elemento concreto, documental, que lhe desse força e realidade.

Pelo Decreto nº 3.048/1999, a inscrição, em vida do segurado, foi bastante simplificada. Nesse sentido, estabelece o art. 22, inc. I, letra *b*: "Companheira ou companheiro – documento de identidade e certidão de casamento com averbação da separação judicial ou divórcio, quando um dos companheiros ou ambos já tiverem sido casados, ou de óbito, se for o caso".

Ao segurado incumbe providenciar na inscrição do dependente, que se efetuará na empresa onde é empregado, ou no sindicato se trabalhador avulso, ou no INSS, nos demais casos.

A toda a evidência, ao segurado casado ou à segurada casada não se proíbe a inscrição da companheira ou do companheiro, não se impondo a separação judicial ou legal, mas bastando a separação de fato, o que exigia o Decreto nº 3.048, no § 5º do art. 22, ou seja, proibia a inscrição de companheira pelo segurado casado. Era estranha a previsão, por contrariar uma tradição que vinha no direito previdenciário anterior. Em boa hora, o Decreto nº 4.079, de 9.01.2002, revogou o mencionado § 5º.

A jurisprudência do STJ tem admitido a inscrição do companheiro ou companheira pelo segurado ou segurada casado, desde que separado de fato: "A jurisprudência desta Corte é pacífica no sentido de que é possível o rateio de pensão entre a viúva e a companheira com quem o instituidor da pensão mantinha união estável, assim entendida aquela na qual inexiste impedimento para a convolação do relacionamento em casamento, que somente não se concretiza pela vontade dos conviventes. Nos casos em que o instituidor da pensão falece no estado de casado, necessário se faz que estivesse separado de fato, convivendo unicamente com a companheira, para que esta possa fazer jus ao recebimento da pensão."[2]

A inscrição após o falecimento do segurado aparece no art. 22, inc. I, "b", do Decreto nº 3.048: "A inscrição do dependente do segurado será promovida quando do requerimento do benefício a que tiver direito, mediante a apresentação dos seguintes documentos:

I – para os dependentes preferenciais:

(...)

---

[1] Osiris A. Borges de Medeiros, *Aposentadorias e Pensões*, São Paulo, Liber Juris Ltda., 1984, p. 17.

[2] AgRg no REsp nº 1.344.664/RS, da 2ª Turma, rel. Min. Humberto Martins, j. 06.11.2012, *DJe* 14.11.2012.

830 • Direito de Família | *Arnaldo Rizzardo*

b) Companheira ou companheiro – documento de identidade e certidão de casamento com averbação da separação judicial ou divórcio, quando um dos companheiros ou ambos já tiverem sido casados, ou de óbito, se for o caso".

Os requisitos constam assinalados no § 3º do art. 22 do último Decreto, em redação dada pelo Decreto nº 3.668, de 22.11.2000, devendo ser apresentados três deles: "Para comprovação do vínculo e da dependência econômica, conforme o caso, devem ser apresentados no mínimo três dos seguintes documentos:

I –   certidão de nascimento de filho havido em comum;

II –   certidão de casamento religioso;

III –   declaração do imposto de renda do segurado, em que conste o interessado como seu dependente;

IV –   disposições testamentárias;

V –   (revogado pelo Decreto n° 5.699/2006);

VI –   declaração especial feita perante tabelião;

VII –   prova de mesmo domicílio;

VIII – prova de encargos domésticos evidentes e existência de sociedade ou comunhão nos atos da vida civil;

IX –   procuração ou fiança reciprocamente outorgada;

X –   conta bancária conjunta;

XI –   registro em associação de qualquer natureza, onde conste o interessado como dependente do segurado;

XII –   anotação constante da ficha ou livro de registro de empregados;

XIII – apólice de seguro da qual conste o segurado como instituidor do seguro e a pessoa interessada como sua beneficiária;

XIV – ficha de tratamento em instituição de assistência médica, da qual conste o segurado como responsável;

XV –   escritura de compra e venda de imóvel pelo segurado em nome de dependente;

XVI – declaração de não emancipação do dependente menor de vinte e um anos; ou

XVII – quaisquer outros que possam levar à convicção do fato a comprovar."

Se necessário, tais provas serão corroboradas, mediante justificação administrativa, a ser levada a efeito administrativamente.

Inclusive no seguro por acidentes do trabalho se admite a habilitação ou legitimidade aos benefícios, por morte do acidentado, no curso do processo: "A concubina, vivendo sob a dependência econômica do companheiro, tanto que por ele nomeada beneficiária da pensão previdenciária, tem, como tal, legitimidade para pleitear o recebimento de indenização acidentária, que releva caráter alimentar, independentemente de propositura de ação para declaração judicial de seu direito. Tanto que, após falecimento, pode intentar diretamente ação para obter a indenização devida.

Assim, falecido o obreiro no curso de ação acidentária, tem a companheira direito de pleitear sua habilitação no processo. Cuida-se, na hipótese, de substituição processual por falecimento da parte (arts. 41 e seguintes do CPC), mediante regular habilitação (arts. 1.055 e seguintes do CPC), sujeita à contestação, e não de intervenção de terceiro, cabível, portanto, em qualquer fase do processo, mesmo na execução da sentença... A ex-mulher do falecido obreiro, em decorrência da separação judicial, com término da sociedade conjugal, é que não teria legitimidade para substituição processual, não obstante ter obtido, em ação judicial, noticiada à fl. 20, a metade da pensão previdenciária. Irrelevante, mesmo que tenha sido anteriormente admitida nesse processo."[3] Os arts. 41 e seguintes correspondem aos arts. 108 e seguintes do CPC/2015, enquanto os arts. 1.055 e seguintes têm regras equivalentes nos arts. 687 e seguintes do CPC/2015.

Na forma do art. 17, inc. II, do Decreto nº 3.048, a perda da qualidade de dependente se dá pela cessação da união estável com o segurado ou segurada, enquanto não lhe for garantida a prestação de alimentos.

3. BENEFÍCIOS PREVIDENCIÁRIOS RECONHECIDOS À COMPANHEIRA OU AO COMPANHEIRO

De conformidade com o art. 18 da Lei nº 8.213, os benefícios reconhecidos em favor da companheira são concedidos aos dependentes e beneficiários em geral.

Classificam-se na seguinte ordem: I – pensão; II – auxílio reclusão; III – serviço social; IV – reabilitação profissional.

De salientar que, atualmente, a assistência hospitalar independe da inscrição como segurado ou dependente. Passou a ser um direito de todos, conforme art. 2º da Lei nº 8.212, de 24.07.1991, que trata do custeio da Previdência Social.

A Lei nº 8.213 e o Decreto nº 3.048 regulam os benefícios. A legislação prevê, ainda, o pecúlio, que representa o valor constituído pela soma das importâncias correspondentes às suas próprias contribuições, pagas ou descontadas durante o período de trabalho, remuneradas de acordo com o índice de remuneração básica dos depósitos de poupança com data de aniversário no dia primeiro (art. 184, § 1º, do Decreto nº 3.048).

Esse benefício é entregue em um pagamento único.

É o mesmo garantido ao segurado que, após ter sido aposentado por idade ou tempo de serviço, voltar a trabalhar ou continuar em atividade sujeita ao regime previdenciário. Eis a previsão no art. 184 do Decreto nº 3.048: "O segurado que recebe aposentadoria por idade, tempo de contribuição ou especial do Regime Geral de Previdência Social que permaneceu ou retornou à atividade e que vinha contribuindo até 14 de abril de 1994, véspera da vigência da Lei nº 8.870, de 15 de abril de 1994, receberá o pecúlio, em pagamento único, quando do desligamento da atividade que vinha exercendo".

Concorrendo a viúva contemplada com pensão, se procederá a distribuição em partes iguais, reservado o valor da meação.

Havendo a viúva e mais uma companheira, obviamente não em concomitância, distribui-se entre todas a pensão, como exemplificam as seguintes ementas:

"Comprovada a convivência more uxório tanto da segunda ré quanto da autora e a dependência econômica delas em relação ao *de cujus*, é devida a ambas o benefício de pensão vitalícia, o qual deverá ser dividido em partes iguais, entre elas, consoante a previsão do art. 218, § 1º, da Lei nº 8.112/90."[4]

---

[3]   TJSP. Agravo de Instrumento nº 222.884-9. 8ª Câm. Civil, de 16.08.1988, *Revista dos Tribunais*, 634/132.

[4]   REO nº 0032606-96.2003.4.01.3400/DF, da 1ª Turma do TRF da 1ª Região, e-DJF1 de 04.11.2008, p. 60.

832 • Direito de Família | *Arnaldo Rizzardo*

"Comprovada a união estável entre a autora e o servidor falecido é devido o benefício de pensão estatutária dividida em partes iguais entre a segunda companheira, a ex-esposa e a primeira companheira do *de cujus*.

Irrelevante a inexistência de registro da autora como companheira nas informações pessoais do servidor em sua repartição, pois a ausência pode ser suprida por todos os meios de prova admitidos em direito."[5]

Não pode, entretanto, a companheira acumular a pensão com a que recebia por falecimento do marido, na esteira do entendimento do STJ:

"Segundo entendimento pacífico na jurisprudência, os benefícios previdenciários são regidos pela legislação vigente à época em que satisfeitas as condições para a sua obtenção.

O fato de a autora já receber pensão do seu falecido marido impede a posterior concessão da pensão por morte de seu companheiro, uma vez que há vedação legal à cumulação dos benefícios, por força do art. 124, VI, da Lei nº 8.213/91. Precedentes do STJ".[6]

Permite-se, no entanto, a opção pela pensão de maior valor, de acordo com o texto da Lei nº 8.213/91, em seu art. 124, pelo qual não está proibido o recebimento conjunto dos seguintes benefícios da Previdência Social: "(...) VI. Mais de uma pensão deixada por cônjuge ou companheiro, ressalvado o direito de opção pela mais vantajosa".

4. NÃO RECONHECIMENTO DO DIREITO NO CONCUBINATO

Não se reconhece os direitos previdenciários no concubinato, ou seja, nas relações formadas entre pessoas que estão impedidas de casar por não haverem se separado ou divorciado, e impedidas, portanto, de casar. Não se pode conferir o *status* de união estável a relações paralelas ao casamento que não configuram entidade familiar. Acontece que o legislador manteve como exigência para o reconhecimento da união estável que o homem e a mulher sejam solteiros, separados de fato ou judicialmente, ou viúvos que convivam como entidade familiar, ainda que não sob o mesmo teto, excluindo-se, para fins de reconhecimento de união estável as situações de simultaneidade de relação marital e de concubinato. Assim, o reconhecimento impuro, concubinagem ou concubinato adulterino, simultâneo à relação de casamento, mantém-se à margem da legislação previdenciária.

A jurisprudência do STJ consolidou esse entendimento:

"Direito previdenciário. Pensão por morte. União estável. Concubina. Concomitância. Impedimento. Reconhecimento. Impossibilidade.

A jurisprudência do STJ prestigia o entendimento de que a existência de impedimento para o matrimônio, por parte de um dos pretensos companheiros, embaraça a constituição da união estável, inclusive para fins previdenciários.

Afigura-se inviável, desse modo, reconhecer à recorrida o direito à percepção da pensão por morte em concurso com a viúva, haja vista que o de cujus, à época do óbito, permanecia casado com a recorrente".[7]

O voto do relator, Min. Jorge Mussi, dá o necessário fundamento:

---

[5] RN nº 11352720064013701, da 2ª Turma do TRF da 1ª Região, j. em 09.04.2014, e-DJF1 de 09.05.2014.
[6] STJ. REsp. nº 846.773/RJ. Quinta Turma. Julgado em 17.03.2009, *DJe* de 6.04.2009.
[7] REsp. nº 1.114.490/RS. Quinta Turma. Julgado em 19.11.2009, *DJe* de 1º.02.2010.

Cap. XXVII | A Companheira ou o Companheiro na Previdência Social • 833

"Com efeito, com o advento da Constituição Federal de 1998 e a edição das demais leis disciplinadoras do tema, com destaque para a Lei nº 9.278/1996, que deu os contornos da união estável, ganhou relevo a distinção entre aquele instituto e o concubinato, bem como entre companheira e concubina. O aludido diploma legal, em seu art. 1º, estabelece como requisitos ao reconhecimento da união estável a convivência duradoura, pública e contínua, entre um homem e uma mulher, com vistas à constituição de família, o que revela, como decorrência lógica, a existência de requisito adicional, consubstanciado na ausência de impedimento para casar em relação a qualquer dos conviventes.

Isso, porque sendo o ordenamento jurídico um organismo harmônico, é inconcebível configurar como união estável uma relação que não tem aptidão para ser convertida em casamento, notadamente porque nosso arcabouço legal veda a possibilidade de pessoa casada contrair novas núpcias, como se constata dos arts. 1.521, VI, do Código Civil e 235 do Código Penal.

Tal orientação já foi sufragada por esta Corte Superior de Justiça, que prestigia o entendimento de que a existência de impedimento para o matrimônio, por parte de um dos componentes do casal, embaraça a constituição da união estável, o que impede que os efeitos jurídicos que dela irradiam alcancem a concubina.

A propósito, confira-se: 'Civil. Família. Reconhecimento de união estável entre mulher e homem casado, mas não separado de fato. Impossibilidade. Ofensa ao artigo 226, § 3º, da Magna Carta. Matéria afeta ao STF. Alegação de violação às Leis nºs 8.971/94 e 9.278/96. Súmula 284/STF. Infringência à dispositivos da Lei nº 10.406/02. Fatos ocorridos na vigência de legislação anterior. Incidência desta. Dissídio jurisprudencial. Comprovação.

1. Esta Corte de Uniformização não se presta à análise de matéria constitucional (art. 226, § 3º, da CF), cabendo-lhe, somente, a infraconstitucional.

2. A falta de indicação do dispositivo de determinado diploma legal supostamente violado, impede o conhecimento da matéria, tendo em vista o óbice da Súmula 284/STF.

3. *In casu*, os fatos relacionados ao presente recurso ocorreram na vigência do Código Civil de 1916, o que afasta a incidência, no caso, dos dispositivos da Lei nº 10.406/02 (Novo Código Civil).

4. A teor da jurisprudência desta Corte, a existência de impedimento para se casar por parte de um dos companheiros, como, por exemplo, na hipótese de a pessoa ser casada, mas não separada de fato ou judicialmente, obsta a constituição de união estável.

5. Recurso conhecido parcialmente e, nessa parte, provido para, cassando o acórdão proferido pelo Tribunal a quo, afastar o reconhecimento da união estável, no caso' (REsp. nº 684.407/RS. Relator: Ministro Jorge Scartezzini. Quarta Turma. Julgado em 3.5.2005, *DJ* de 27/6/2005, p. 411).

No mesmo sentido, cita-se o seguinte precedente do Supremo Tribunal Federal, in verbis: 'Companheira e concubina. Distinção. Sendo o Direito uma verdadeira ciência, impossível é confundir institutos, expressões e vocábulos (...).

União estável. Proteção do Estado. A proteção do Estado à união estável alcança apenas as situações legítimas e nestas não está incluído o concubinato. Pensão. Servidor público. Mulher. Concubina. Direito.

A titularidade da pensão decorrente do falecimento de servidor público pressupõe vínculo agasalhado pelo ordenamento jurídico, mostrando-se impróprio o implemento de divisão a beneficiar, em detrimento da família, a concubina' (RE nº 397.762/BA, Primeira Turma, Relator o Ministro Marco Aurélio, *DJe* de 11.9.2008, publicado em 12.9.2008).

Vale observar, porquanto relevante para a solução da controvérsia, que os requisitos configuradores da união estável aplicam-se inclusive para fins previdenciários, como se observa do art. 16, § 3º, da Lei nº 8.213/1991: 'Considera-se companheira ou companheiro a pessoa que, sem ser casada, mantém união estável com o segurado ou com a segurada, de acordo com o § 3º do art. 226 da Constituição Federal'.

834 • Direito de Família | *Arnaldo Rizzardo*

A hipótese de concomitância, portanto, em que relação matrimonial e de concubinato ocorrem simultaneamente, como restou incontroverso no caso em tela, por não se amoldar ao modelo estabelecido pela legislação previdenciária e tampouco pela Constituição Federal, não são capazes de ensejar união estável. Afigura-se inviável, assim, reconhecer à recorrida o direito à percepção da pensão por morte em concurso com a viúva, haja vista que o de cujus, à época do óbito, permanecia casado com a recorrente.

Em abono de tal entendimento, o recente julgado, da Relatoria da Min.ª Maria Thereza de Assis Moura, *litteris*:

'Previdenciário. Pensão por morte. Compartilhamento da pensão entre a viúva e concubina. Impossibilidade. Concomitância entre casamento e concubinato adulterino impede a constituição de união estável, para fins previdenciários. Recurso especial provido.

Para fins previdenciários, há união estável na hipótese em que a relação seja constituída entre pessoas solteiras, ou separadas de fato ou judicialmente, ou viúvas, e que convivam como entidade familiar, ainda que não sob o mesmo teto.

As situações de concomitância, isto é, em que há simultânea relação matrimonial e de concubinato, por não se amoldarem ao modelo estabelecido pela legislação previdenciária, não são capazes de ensejar união estável, razão pela qual apenas a viúva tem direito à pensão por morte. Recurso especial provido' (REsp. nº 1.104.316/RS. Relatora: Min.ª Maria Thereza de Assis Moura. 6ª Turma. *DJe* de 18.5.2009)".

O entendimento tem sido reiterado:

"Para fins previdenciários, há união estável na hipótese em que a relação seja constituída entre pessoas solteiras, ou separadas de fato ou judicialmente, ou viúvas, e que convivam como entidade familiar, ainda que não sob o mesmo teto.

As situações de concomitância, isto é, em que há simultânea relação matrimonial e de concubinato, por não se amoldarem ao modelo estabelecido pela legislação previdenciária, não são capazes de ensejar união estável, razão pela qual apenas a viúva tem direito à pensão por morte".[8]

Importante que fique bem esclarecida a situação, no sentido de que o impedimento da pensão alcança os casos de concomitância do casamento com uma união adulterina, isto é, se casado o cônjuge e tendo uma outra pessoa com a qual mantém uma relação paralela. Realmente, havendo a separação de fato, não se dá o afastamento do direito de alimentos à pessoa a qual se efetivou uma união estável.

5. DIREITOS PREVIDENCIÁRIOS ENTRE COMPANHEIROS DO MESMO SEXO

Sem dúvida, é controvertida a matéria. Entretanto, o STJ tem se inclinado em reconhecer o direito aos benefícios previdenciários, consoante o seguinte julgado, que bem reflete a tendência, embora tenha restritamente a aplicação à previdência privada complementar. No entanto, pelas razões desenvolvidas, o direito estende-se também à previdência social custeada pelo Poder Público.

Basta a leitura da ementa para a compreensão:

"Direito civil. Previdência privada. Benefícios. Complementação. Pensão *post mortem*. União entre pessoas do mesmo sexo. Princípios Fundamentais. Emprego de analogia para suprir lacuna legislativa. Necessidade de demonstração inequívoca da presença dos elementos Essenciais à caracterização da união estável, com a evidente exceção da diversidade de sexos.

---

8   REsp. nº 1.104.316/RS. Sexta Turma, julgado em 28.04.2009, *DJe* de 18.05.2009.

Igualdade de condições entre beneficiários.

Despida de normatividade, a união afetiva constituída entre pessoas de mesmo sexo tem batido às portas do Poder Judiciário ante a necessidade de tutela, circunstância que não pode ser ignorada, seja pelo legislador, seja pelo julgador, que devem estar preparados para atender às demandas surgidas de uma sociedade com estruturas de convívio cada vez mais complexas, a fim de albergar, na esfera de entidade familiar, os mais diversos arranjos vivenciais.

O Direito não regula sentimentos, mas define as relações com base neles geradas, o que não permite que a própria norma, que veda a discriminação de qualquer ordem, seja revestida de conteúdo discriminatório. O núcleo do sistema jurídico deve, portanto, muito mais garantir liberdades do que impor limitações na esfera pessoal dos seres humanos.

Enquanto a lei civil permanecer inerte, as novas estruturas de convívio que batem às portas dos Tribunais devem ter sua tutela jurisdicional prestada com base nas leis existentes e nos parâmetros humanitários que norteiam não só o direito constitucional, mas a maioria dos ordenamentos jurídicos existentes no mundo. Especificamente quanto ao tema em foco, é de ser atribuída normatividade idêntica à da união estável ao relacionamento afetivo entre pessoas do mesmo sexo, com os efeitos jurídicos daí derivados, evitando-se que, por conta do preconceito, sejam suprimidos direitos fundamentais das pessoas envolvidas.

O manejo da analogia frente à lacuna da lei é perfeitamente aceitável para alavancar, como entidade familiar, na mais pura acepção da igualdade jurídica, as uniões de afeto entre pessoas do mesmo sexo. Para ensejar o reconhecimento, como entidades familiares, de referidas uniões patenteadas pela vida social entre parceiros homossexuais, é de rigor a demonstração inequívoca da presença dos elementos essenciais à caracterização da união estável, com a evidente exceção da diversidade de sexos.

Demonstrada a convivência, entre duas pessoas do mesmo sexo, pública, contínua e duradoura, estabelecida com o objetivo de constituição de família, haverá, por consequência, o reconhecimento de tal união como entidade familiar, com a respectiva atribuição dos efeitos jurídicos dela advindos.

A quebra de paradigmas do Direito de Família tem como traço forte a valorização do afeto e das relações surgidas da sua livre manifestação, colocando à margem do sistema a antiga postura meramente patrimonialista ou ainda aquela voltada apenas ao intuito de procriação da entidade familiar. Hoje, muito mais visibilidade alcançam as relações afetivas, sejam entre pessoas de mesmo sexo, sejam entre o homem e a mulher, pela comunhão de vida e de interesses, pela reciprocidade zelosa entre os seus integrantes.

Deve o juiz, nessa evolução de mentalidade, permanecer atento às manifestações de intolerância ou de repulsa que possam porventura se revelar em face das minorias, cabendo-lhe exercer raciocínios de ponderação e apaziguamento de possíveis espíritos em conflito.

A defesa dos direitos em sua plenitude deve assentar em ideais de fraternidade e solidariedade, não podendo o Poder Judiciário esquivar-se de ver e de dizer o novo, assim como já o fez, em tempos idos, quando emprestou normatividade aos relacionamentos entre pessoas não casadas, fazendo surgir, por consequência, o instituto da união estável. A temática ora em julgamento igualmente assenta sua premissa em vínculos lastreados em comprometimento amoroso.

A inserção das relações de afeto entre pessoas do mesmo sexo no Direito de Família, com o consequente reconhecimento dessas uniões como entidades familiares, deve vir acompanhada da firme observância dos princípios fundamentais da dignidade da pessoa humana, da igualdade, da liberdade, da autodeterminação, da intimidade, da não discriminação, da solidariedade e da busca da felicidade, respeitando-se, acima de tudo, o reconhecimento do direito personalíssimo à orientação sexual.

Com as diretrizes interpretativas fixadas pelos princípios gerais de direito e por meio do emprego da analogia para suprir a lacuna da lei, legitimada está juridicamente a união de afeto entre pessoas do mesmo sexo, para que sejam colhidos no mundo jurídico os relevantes efeitos de situações consolidadas e há tempos à espera do olhar atento do Poder Judiciário.

836 • Direito de Família | *Arnaldo Rizzardo*

Comprovada a existência de união afetiva entre pessoas do mesmo sexo, é de se reconhecer o direito do companheiro sobrevivente de receber benefícios previdenciários decorrentes do plano de previdência privada no qual o falecido era participante, com os idênticos efeitos operados pela união estável.

Se por força do art. 16 da Lei nº 8.213/1991, a necessária dependência econômica para a concessão da pensão por morte entre companheiros de união estável é presumida, também o é no caso de companheiros do mesmo sexo, diante do emprego da analogia que se estabeleceu entre essas duas entidades familiares.

A proteção social ao companheiro homossexual decorre da subordinação dos planos complementares privados de previdência aos ditames genéricos do plano básico estatal do qual são desdobramento no interior do sistema de seguridade social de modo que os normativos internos dos planos de benefícios das entidades de previdência privada podem ampliar, mas não restringir, o rol dos beneficiários a serem designados pelos participantes.

O direito social previdenciário, ainda que de caráter privado complementar, deve incidir igualitariamente sobre todos aqueles que se colocam sob o seu manto protetor. Nessa linha de entendimento, aqueles que vivem em uniões de afeto com pessoas do mesmo sexo, seguem enquadrados no rol dos dependentes preferenciais dos segurados, no regime geral, bem como dos participantes, no regime complementar de previdência, em igualdade de condições com todos os demais beneficiários em situações análogas.

Incontroversa a união nos mesmos moldes em que a estável, o companheiro participante de plano de previdência privada faz jus à pensão por morte, ainda que não esteja expressamente inscrito no instrumento de adesão, isso porque a previdência privada não perde o seu caráter social pelo só fato de decorrer de avença firmada entre particulares.

Mediante ponderada intervenção do Juiz, munido das balizas da integração da norma lacunosa por meio da analogia, considerando-se a previdência privada em sua acepção de coadjuvante da previdência geral e seguindo os princípios que dão forma à Direito Previdenciário como um todo, dentre os quais se destaca o da solidariedade, são considerados beneficiários os companheiros de mesmo sexo de participantes dos planos de previdência, sem preconceitos ou restrições de qualquer ordem, notadamente aquelas amparadas em ausência de disposição legal.

Registre-se, por fim, que o alcance deste voto abrange unicamente os planos de previdência privada complementar, a cuja competência estão adstritas as Turmas que compõem a Segunda Seção do STJ. Recurso especial provido".[9]

Em outro precedente, reconhecido o direito aos beneficiários da previdência social:

"(...) A pensão por morte é: 'O benefício previdenciário devido ao conjunto dos dependentes do segurado falecido – a chamada família previdenciária – no exercício de sua atividade ou não (neste caso, desde que mantida a qualidade de segurado), ou, ainda, quando ele já se encontrava em percepção de aposentadoria. O benefício é uma prestação previdenciária continuada, de caráter substitutivo, destinado a suprir, ou pelo menos, a minimizar a falta daqueles que proviam as necessidades econômicas dos dependentes' (Daniel Machado da Rocha, José Paulo Baltazar Júnior, *Comentários à lei de benefícios da Previdência Social*, 4ª ed., Porto Alegre, Livraria do Advogado Editora: Esmafe, 2004, p. 251).

Em que pesem as alegações do recorrente quanto à violação do art. 226, § 3º, da Constituição Federal, convém mencionar que a ofensa a artigo da Constituição Federal não pode ser analisada por este Sodalício, na medida em que tal mister é atribuição exclusiva do Pretório Excelso. Somente por amor ao debate, porém, de tal preceito não depende, obrigatoriamente, o desate da lide, eis que não diz respeito ao âmbito previdenciário, inserindo-se no capítulo

---

[9] REsp. nº 1.026.981/RJ. Terceira Turma. Julgado em 4.10.2010, *DJe* de 23.02.2010.

'Da Família'. Face a essa visualização, a aplicação do direito à espécie se fará à luz de diversos preceitos constitucionais, não apenas do art. 226, § 3º da Constituição Federal, levando a que, em seguida, se possa aplicar o direito ao caso em análise.

Diante do § 3º do art. 16 da Lei nº 8.213/91, verifica-se que o que o legislador pretendeu foi, em verdade, ali gizar o conceito de entidade familiar, a partir do modelo da união estável, com vista ao direito previdenciário, sem exclusão, porém, da relação homoafetiva.

Por ser a pensão por morte um benefício previdenciário, que visa suprir as necessidades básicas dos dependentes do segurado, no sentido de lhes assegurar a subsistência, há que interpretar os respectivos preceitos partindo da própria Carta Política de 1988 que, assim estabeleceu, em comando específico:

'Art. 201. Os planos de previdência social, mediante contribuição, atenderão, nos termos da lei, a: (...)

V - pensão por morte de segurado, homem ou mulher, ao cônjuge ou Companheiro e dependentes, obedecido o disposto no § 2º'.

Não houve, pois, de parte do constituinte, exclusão dos relacionamentos homoafetivos, com vista à produção de efeitos no campo do direito previdenciário, configurando-se mera lacuna, que deverá ser preenchida a partir de outras fontes do direito.

Outrossim, o próprio INSS, tratando da matéria, regulou, através da Instrução Normativa nº 25 de 07.06.2000, os procedimentos com vista à concessão de benefício ao companheiro ou companheira homossexual, para atender a determinação judicial expedida pela juíza Simone Barbasin Fortes, da Terceira Vara Previdenciária de Porto Alegre, ao deferir medida liminar na Ação Civil Pública nº 2000.71.00.009347-0, com eficácia erga omnes. Mais do que razoável, pois, estender-se tal orientação, para alcançar situações idênticas, merecedoras do mesmo tratamento.

Recurso Especial não provido".[10]

Diante da orientação do STJ, a Advocacia Geral da União – AGU emitiu a Súmula interna nº 51, de 26.08.2010, pela qual é admitida a justificação ou comprovação administrativa da união estável, que deve envolver pessoas do mesmo sexo, em favor de pessoas que viviam com servidor público federal. Realmente, pelo enunciado, ficam autorizados os representantes judiciais da União e das entidades vinculadas a não contestarem os pedidos e a desistirem dos recursos já interpostos.

Eis a redação da Súmula nº 51:

"A falta de prévia designação da (o) companheira (o) como beneficiária (o) da pensão vitalícia de que trata o art. 217, inciso i, alínea 'c', da Lei nº 8.112, de 11 de dezembro de 1990, não impede a concessão desse benefício, se a união estável restar devidamente comprovada por meios idôneos de prova".

Há, também, amparo na Ação Direta de Inconstitucionalidade – ADI – nº 4.277, de 5.05.2011, do Pleno do STF, figurando como relator o Min. Ayres Britto, *DJe* de 13.10.2011, que, através de construções com base em princípios analógicos e elaborações subjetivas, saindo do direito positivo, estratificou a seguinte justificativa, integrante da ementa:

"O sexo das pessoas, salvo disposição constitucional expressa ou implícita em sentido contrário, não se presta como fator de desigualação jurídica. Proibição de preconceito, à luz do

---

[10] REsp. 395.904/RS. Relator: Min. Hélio Quaglia Barbosa. Sexta Turma. Julgado em 13.12.2005, *DJU* de 6.02.2006.

838 • Direito de Família | *Arnaldo Rizzardo*

inciso IV do art. 3º da Constituição Federal, por colidir frontalmente com o objetivo constitucional de promover o bem de todos. Silêncio normativo da Carta Magna a respeito do concreto uso do sexo dos indivíduos como saque da kelseniana norma geral negativa, segundo a qual o que não estiver juridicamente proibido, ou obrigado, está juridicamente permitido. Reconhecimento do direito à preferência sexual como direta emanação do princípio da dignidade da pessoa humana: direito a autoestima no mais elevado ponto da consciência do indivíduo. Direito à busca da felicidade. Salto normativo da proibição do preconceito para a proclamação do direito à liberdade sexual. O concreto uso da sexualidade faz parte da autonomia da vontade das pessoas naturais. Empírico uso da sexualidade nos planos da intimidade e da privacidade constitucionalmente tuteladas. Autonomia da vontade. Cláusula pétrea."

XXVIII

Pensão Previdenciária ao Cônjuge Separado ou Divorciado que Percebia Alimentos, ao que não Percebia, e à Viúva que Casa Novamente

1. MORTE DE EX-CÔNJUGE E A SITUAÇÃO DO CÔNJUGE CONTEMPLADO E AO NÃO CONTEMPLADO COM PENSÃO ALIMENTÍCIA

Quanto ao contemplado com alimentos, falecendo o ex-cônjuge, o normal é dividir a pensão previdenciária, em partes iguais.

Tanto aos pensionistas de segurado funcionário público, como do INSS, a interpretação é a mesma.

No caso de pensionista de funcionário público, eis a exegese:

"Administrativo. Agravo regimental no Recurso Especial. Servidor público. Pensão por morte. Benefício cujo valor deve ser rateado, igualmente, entre a viúva e a ex-esposa que recebia pensão alimentícia. Lei nº 8.112/1990. Ausência de violação à coisa julgada formada na ação de divórcio. Agravo improvido.

Nos termos do art. 217 c.c. o art. 218, § 1.º da Lei n.º 8.112/90, o rateio da pensão vitalícia entre as beneficiárias habilitadas deve ser feito em cotas-partes iguais. Precedentes.

Não se pode falar em desrespeito à coisa julgada decorrente da ação de divórcio, que fixou o valor da pensão alimentícia em favor da ex-esposa, porquanto com a morte do servidor público federal cessou aquela relação jurídica e surgiu uma nova, de natureza previdenciária, regulada por legislação específica".[1]

A matéria, inclusive com fulcro na Lei nº 8.112/1990, vem explicada à exaustão no voto do Relator:

"No que tange ao mérito da contenda, importa registrar que o falecido servidor estava ligado à Universidade por relação estatutária, regida pela Lei nº 8.112/1990, que disciplina a concessão de pensão por morte nos seguintes termos, *in verbis:*

'Art. 217. São beneficiários das pensões:

I – vitalícia:

a) o cônjuge;

b) a pessoa desquitada, separada judicialmente ou divorciada, com percepção de pensão alimentícia';

---

[1]   REsp nº AgRg no Resp. 993.646/RJ, da 5ª Turma, rel. Min. Walter de Almeida Guilherme, j. em 4.12.2014, *DJe* de 3.02.2015.

840 • Direito de Família | *Arnaldo Rizzardo*

[...]

'*Art. 218. A pensão será concedida integralmente ao titular da pensão vitalícia, exceto se existirem beneficiários da pensão temporária.*

§ 1º Ocorrendo habilitação de vários titulares à pensão vitalícia, o seu valor será distribuído em partes iguais entre os beneficiários habilitados'.

A respeito, o Superior Tribunal de Justiça já se manifestou asseverando que '*Nos termos dos arts. 217 e 218, § 1º, ambos da Lei nº 8.112/1990, havendo mais de um beneficiário habilitado à percepção do benefício de pensão por morte de servidor público, o rateio deste será feito em cotas-partes iguais'* (AgRg no REsp nº 827.143/DF, Relator Ministro Felix Fischer, *DJ* de 5.2.2007).

Nesse sentido, trago à colação os seguintes precedentes:

'*Processual civil e administrativo. Agravo regimental no agravo de instrumento. Servidor público. Violação do art. 535 do CPC. Não ocorrência. Pensão por morte. Rateio entre titulares.*

1. O acórdão recorrido julgou a lide de modo fundamentado e coerente, não tendo incorrido em nenhum vício que desse ensejo aos embargos de declaração e, por conseguinte, à violação do art. 535 do Código de Processo Civil.

2. A alegação de que a união estável não foi comprovada não pode ser examinada na via recursal eleita, por depender do reexame de fatos e provas. Incide, quanto ao ponto, o óbice da Súmula 7/STJ.

3. Mediante interpretação sistemática do art. 217, I, 'b', da Lei 8.112/90, firmou-se a jurisprudência desta Corte no sentido de que o ex-cônjuge faz jus à pensão por morte, ainda que não receba pensão alimentícia, desde que comprovada sua dependência econômica.

4. Havendo a habilitação de vários titulares à pensão vitalícia, o valor do benefício deverá ser rateado em partes iguais. Precedentes.

5. Agravo regimental não provido' (AgRg no Ag 1233548/PI, Rel. Ministro Rogerio Schietti Cruz, Sexta Turma, julgado em 05.08.2014, *DJe* de 19.08.2014).

'*Administrativo. Agravo regimental no Recurso Ordinário em mandado de segurança. Pensão por morte de magistrado. Aplicação analógica da lei n.º 8.112/90. Beneficiárias legalmente habilitadas. Rateio em partes iguais. Decisão mantida por seus próprios fundamentos.*

1. A Agravante não trouxe argumento capaz de infirmar as razões consideradas no julgado agravado, razão pela qual deve ser mantido por seus próprios fundamentos.

2. Diante da ausência de previsão expressa na Lei Orgânica da Magistratura Nacional acerca do presente tema, é cabível a aplicação analógica do Regime Jurídico dos Servidores Públicos Civis da União – Lei nº 8.1121/1990.

3. Nos termos do art. 217 c. c. o 218, § 1º da Lei nº 8.112/1990, a divisão da pensão vitalícia entre as beneficiárias habilitadas deve se ser feita em partes iguais. Precedentes.

4. Agravo regimental desprovido. Petição n.º 204868/2007 não Conhecida' (AgRg no RMS 24.098/RJ, Rel. Ministra Laurita Vaz, Quinta Turma, julgado em 26.06.2008, DJe de 04.08.2008)". O art. 535 referido acima tem correspondência ao art. 1.022 do CPC/2015.

Necessário esclarecer que os citados artigos 217 e 218 sofreram alterações através da Lei nº 13.135, passando a ter a seguinte redação:

Cap. XXVIII | Pensão Previdenciária • **841**

"Art. 217. São beneficiários das pensões:

I – o *cônjuge;*

II – o *cônjuge divorciado ou separado judicialmente ou de fato, com percepção de pensão alimentícia estabelecida judicialmente;*

III – o companheiro ou companheira que comprove união estável como entidade familiar;

IV – o filho de qualquer condição que atenda a um dos seguintes requisitos:

a) seja menor de 21 (vinte e um) anos;

b) seja inválido;

c) tenha deficiência grave; ou

d) tenha deficiência intelectual ou mental, nos termos do regulamento;

V – a mãe e o pai que comprovem dependência econômica do servidor; e

VI – o irmão de qualquer condição que comprove dependência econômica do servidor e atenda a um dos requisitos previstos no inciso IV.

§ 1º A concessão de pensão aos beneficiários de que tratam os incisos I a IV do *caput* exclui os beneficiários referidos nos incisos V e VI.

§ 2º A concessão de pensão aos beneficiários de que trata o inciso V do *caput* exclui o beneficiário referido no inciso VI.

§ 3º O enteado e o menor tutelado equiparam-se a filho mediante declaração do servidor e desde que comprovada dependência econômica, na forma estabelecida em regulamento".

"Art. 218. Ocorrendo habilitação de vários titulares à pensão, o seu valor será distribuído em partes iguais entre os beneficiários habilitados".

Em relação ao pensionista de contribuinte ao INSS, apresenta-se o paradigma que segue, dividindo a pensão entre a atual esposa ou companheira, e a anterior:

"Previdenciário. Pensão por morte. Habilitação da companheira como dependente. Meação do benefício com ex-esposa. Valor mínimo da cota-parte do benefício abaixo do Salário-mínimo. Possibilidade. Recurso especial a que se nega provimento.

Consoante disposto no art. 16, inciso I e § 4º, da Lei nº 8.213/1991, na versão da Lei nº 13.146/2015, tanto a ex-cônjuge virago, quanto a atual companheira, podem possuir, simultaneamente, dependência econômica presumida em relação ao falecido.

É improcedente o pedido formulado pela ex-esposa de divisão díspare entre ambas, pois a legislação previdenciária, em seu art. 77, *caput*, determina que, havendo mais de um pensionista, a pensão será rateada entre todos os beneficiários em partes iguais.

A vedação constitucional de percepção de benefício previdenciário em valor inferior ao salário mínimo só se aplica ao benefício que substitua o salário de contribuição ou o rendimento do trabalho do segurado, não abarcando, pois, todo e qualquer benefício previdenciário, dentre eles a cota-parte cabível a cada beneficiária de pensão por morte".[2]

No voto da Relatora, encontra-se a transcrição da fundamentação legal, com a invocação de precedentes:

"A primeira controvérsia diz respeito à condição de dependentes do segurado, questão essa solucionada à luz do art. 16, inciso I e § 4º, da Lei nº 8.213/1991:

---

[2] REsp 354.276/PR, da 6ª Turma do STJ, relatora Ministra Maria Thereza De Assis Moura, j. em 17.02.2009, *DJe* de 2.03.2009.

'São beneficiários do Regime Geral da Previdência Social, na condição de dependentes do segurado:

I – o cônjuge, a companheira, o companheiro e o filho não emancipado, de qualquer condição, menor de 21 (vinte e um) anos ou inválido.

(...)

§ 4º A dependência econômica das pessoas indicadas no inciso I é presumida e a das demais deve ser comprovada.'

Extrai-se desse dispositivo legal que, tanto a ex-cônjuge virago, quanto a companheira possuem dependência econômica presumida em relação ao falecido, o que não equivale a dizer ser possível a verificação simultânea dessa dependência, mesmo porque não é essa a questão tratada nos presentes autos, nem sequer revela-se de suma importância ao deslinde da questão.

As instâncias ordinárias, ao determinar a meação da pensão alimentícia entre ex-esposa e companheira, acabaram por entender que, apesar de separada de fato, a recorrente ainda dependia economicamente do *de cujus*. Portanto, como a recorrida não se insurgiu quanto a essa questão, resta incontroversa a relação de dependência de ambas.

Ultrapassada essa questão, revela-se improcedente o pedido formulado pela recorrente de divisão díspar entre ambas, pois a própria legislação previdenciária, em seu art. 77, *caput*, determina que, havendo mais de um pensionista, a pensão será rateada entre todos em partes iguais.

Ex vi, existindo comando legal expresso quanto à meação do benefício em tela, torna-se improcedente o pedido de partilha nos moldes pugnados pela recorrente".

Passa-se para o caso de dispensa de alimentos.

Em princípio, se na separação ou no divórcio o cônjuge dispensou verba alimentícia, ou foi vencido, ou não a pleiteou na separação de fato, com a morte do ex-cônjuge não faz jus à pensão previdenciária. O art. 16 do Decreto nº 77.077, de 1976, que estabeleceu a Consolidação das Leis da Previdência Social, já rezava: "Não fará jus às prestações o cônjuge desquitado sem direito a alimentos, nem o que voluntariamente tenha abandonado o lar há mais de 5 (cinco) anos, ou que, mesmo por tempo inferior, o tenha abandonado e a ele recuse a voltar, desde que essa situação haja sido reconhecida por sentença judicial transitada em julgado."

Através de outros termos, encontra-se disposição com o mesmo sentido na atual lei de benefícios, de nº 8.213/1991, como transparece no art. 76, § 2º: "O cônjuge divorciado ou separado judicialmente ou de fato que recebia pensão de alimentos concorrerá em igualdade de condições com os dependentes referidos no inciso I do art. 16 desta Lei."

Sustenta-se que a condição para o deferimento é a comprovação da dependência econômica. Bem mostra o espírito da lei Osiris A. Borges de Medeiros, que escreveu ao tempo em que perdia o direito o cônjuge que tivesse abandonado o lar, e a ele se recusasse a retornar: "Inexiste a qualidade de dependente para o cônjuge desquitado ou separado judicialmente ou divorciado ao qual não tenha sido assegurado o direito a alimentos, como também não faz jus ao benefício a esposa que voluntariamente tenha abandonado o lar conjugal há mais de 5 (cinco) anos, ou que, mesmo por tempo inferior, tenha abandonado sem justo motivo a habitação conjugal e a esta se tenha recusado a voltar (art. 234 do Código Civil Brasileiro), desde que esta situação tenha sido reco-

Cap. XXVIII | Pensão Previdenciária • **843**

nhecida através de sentença judicial passada em julgado."[3] Observa-se, frente ao atual Código Civil, que não foi reproduzida norma equivalente ao art. 234, diante da absoluta igualdade entre o homem e a mulher, de modo que não tem sentido estabelecer norma restritiva unicamente em relação à última.

A lei previdenciária presume a dependência desde que fixada a obrigação. Se na separação ou no divórcio não ficaram garantidos os alimentos, por sentença ou acordo celebrados após, não emerge o direito ao benefício, pois falta o auxílio econômico ao qual o mesmo vem substituir. Se o cônjuge separado ou divorciado não preencheu os requisitos para ser beneficiário naquele momento, outros adquirem o direito. Não é possível aceitar a prova que se venha a fazer ulteriormente, de ter resultado necessitada a pretendente, com a alteração da ordem de deferimento de pensão.

No entanto, interessa a dependência econômica, mesmo que não fixada pensão alimentícia em vida. Esse é o entendimento que passou a predominar no STJ:

"Comprovada a dependência econômica em relação ao *de cujus*, o cônjuge separado judicialmente faz jus ao benefício de pensão pós-morte do ex-cônjuge, sendo irrelevante o não recebimento de pensão alimentícia anterior.' (AgRg no REsp 1.295.320/RN, Rel. Ministro Cesar Asfor Rocha, Segunda Turma, julgado em 19.06.2012, *DJe* de 28.06.2012).

Tal entendimento encontra-se consagrado na Súmula 336/STJ ('A mulher que renunciou aos alimentos na separação judicial tem direito à pensão previdenciária por morte do ex-marido, comprovada a necessidade econômica superveniente')".[4]

O só fato de a recorrente ter-se divorciado do falecido e, à época, dispensado os alimentos, não a proíbe de requerer a pensão por morte, uma vez devidamente comprovada a necessidade (REsp. 472.742/RJ, Rel. Min. José Arnaldo da Fonseca, *DJU* de 31.03.2003)".[5]

De acordo com o art. 17 do Decreto nº 3.048, de 6.05.1999, porém, estão previstos os seguintes casos de perda da qualidade de dependente, no que interessa ao assunto em exame:

"I – para o cônjuge, pela separação judicial ou divórcio, enquanto não lhe for assegurada a prestação de alimentos, pela anulação do casamento, pelo óbito ou por sentença judicial transitada em julgado;

II – para a companheira ou companheiro, pela cessação da união estável com o segurado ou segurada, enquanto não lhe for garantida a prestação de alimentos".

Diante das regras acima, e em coerência com o entendimento dos tribunais, para fazer jus à pensão, é indispensável a produção da prova da necessidade.

Em substituição ao ex-cônjuge, é permitida a qualificação, pelo segurado, da companheira, ou vice-versa, desde que a ligação se funde em união estável, e haja a inscrição perante o órgão previdenciário, conforme arts. 16, § 5º, e 22, *caput*, do Decreto nº 3.048/1999, com esta redação vigente conforme alterações posteriores:

"Art. 16, § 5º: Considera-se companheira ou companheiro a pessoa que mantenha união estável com o segurado ou segurada". O dispositivo regulamenta o art. 16, § 3º, da Lei nº 8.213, de 1971.

---

3   Obra citada, p. 108.
4   AgRg no AREsp nº 473.792/PE, da 1ª Turma, Rel. Min. Sérgio Kukina, j. 13.05.2014, *DJe* 19.05.2014.
5   AgRg no REsp nº 1.015.252/RS, da 5ª Turma, Rel. Min. Napoleão Nunes Maia Filho, j. 12.04.2011, *DJe* 25.04.2011.

844 • Direito de Família | *Arnaldo Rizzardo*

Art. 22, *caput*, em redação trazida pelo Decreto n° 4.079, de 9.01.2002: A inscrição do dependente do segurado será promovida quando do requerimento do benefício a que tiver direito, mediante a apresentação dos seguintes documentos: ...".

De realçar que a dependência econômica relativamente a tais pessoas é presumida, não se exigindo necessariamente a comprovação, como, aliás, consta do art. 16, § 4°, da Lei n° 8.213: "A dependência econômica das pessoas indicadas no inciso I é presumida e a das demais deve ser comprovada."

Eis o referido inc. I, na redação da Lei n° 13.146/2015: "o cônjuge, a companheira, o companheiro e o filho não emancipado, de qualquer condição, menor de 21 (vinte e um) anos ou inválido ou que tenha deficiência intelectual ou mental ou deficiência grave".

A inscrição pode ser efetuada em vida ou *post mortem*, a requerimento, então, do dependente. No primeiro caso, o segurado demonstra, desde logo, o estado de dependência econômica. Se procurada a inscrição após a morte, a prova é elemento *sine qua non* ao deferimento do pedido, devendo processar-se de acordo com as exigências discriminadas nos incisos do § 3°, e os demais parágrafos do art. 22 do Decreto n° 3.048, com alterações do Decreto n° 5.699, de 2006. A respeito, explicava Adahyl Lourenço Dias, "todos os meios probatórios são admissíveis em direito a favor da concubina para que se possa comprovar a dependência econômica. Cartas, bilhetes, testamento, codicilo, recomendações da *libertas testandis* e, por isso mesmo, *usque ad vitae supremum exitum*, qualquer ato, enfim, que demonstre o desejo associado de beneficiar a companheira."[6]

Leis de Previdência que abrangem classes específicas, como os militares, asseguram direitos à viúva, como o § 2° do art. 9° da Lei n° 3.765/1960: "Quando o contribuinte, além da viúva, deixar filhos do matrimônio anterior ou de outro leito, metade da pensão respectiva pertencerá à viúva, sendo a outra metade distribuída igualmente entre os filhos habilitados na conformidade desta lei".

O Superior Tribunal de Justiça tem resguardado os direitos da viúva, mesmo que o militar, ao falecer, convivesse como outra companheira: "I – Com a nova ordem constitucional – art. 226, § 3°, CF/1988 –, a companheira possui *status* de esposa, razão pela qual não se pode excluí-la do rol do art. 77 da Lei n° 5.774/71, com base no princípio do *tempus regit actus* (precedentes do STJ). II – Deve ser igualitário o rateio da quota-parte da pensão militar destinada à ex-esposa, viúva ou companheira, porquanto inexiste entre elas ordem de preferência. Precedente: REsp. 544803/RJ. Relator: Min. Arnaldo Esteves Lima. *DJU* de 18.12.2006".[7]

2. PENSÃO PREVIDENCIÁRIA AO CÔNJUGE QUE NÃO EXERCEU O DIREITO A ALIMENTOS

Está se consolidando a inteligência que admite a concessão de pensão previdenciária, quando, conforme visto no item anterior, na separação, no divórcio, ou outra forma de dissolução da sociedade ou do vínculo conjugal, não foi exercido o direito e venha posteriormente a ser considerado necessitado o ex-cônjuge ou ex-companheiro. Existiu apenas a suspensão do direito a alimentos, ou o não exercício temporário. Como era

---

[6]   Obra citada, p. 213.

[7]   Ag. no Ag. no Recurso Especial n° 1.031.654/RJ. 5ª Turma. Julgado em 26.08.2008, *DJ* de 10.11.2008.

Cap. XXVIII | Pensão Previdenciária • **845**

possível a reclamação posterior, se a necessidade adviesse, conclui-se que a pretensão é viável igualmente junto à Previdência Social.

Se após a morte do ex-cônjuge ou ex-companheiro a realidade econômica o exigir, admitir-se-á o pedido.

Sendo admissível a concessão de alimentos embora o ex-cônjuge ou ex-companheiro tenha manifestado a desistência, desde que se configurem determinadas condições, não é estranhável ou fora de propósito que a necessidade surja depois do falecimento do segurado. Antes não seria deferida a pensão, pois ausentes os requisitos legais. Se ainda vivesse o cônjuge, sofreria o ônus da competente ação para obrigá-lo a prestar alimentos. Diante desta lógica, por que impedir a busca do direito no momento em que apareceu o fato novo, ou seja, após a morte do associado?

Não foi outro o entendimento do Tribunal Federal de Recursos: "Embora separada do seu marido durante muitos anos, mas sem que tivesse havido desquite, e resultando dos autos ser difícil sua situação econômica, cabe dividir-se a pensão previdenciária decorrente do falecimento do seu marido, entre ela e a concubina, com quem vivia aquele há longo tempo *more uxorio* e que se encontra com as mesmas dificuldades econômicas. Após a morte de uma, a outra passará a receber pensão integral. Na interpretação das leis previdenciárias é esta a que melhor se ajusta aos objetivos da legislação social."[8]

A rigor, pela lei, se não vigorava o dever de assistência ou a prestação de alimentos em vida, há a perda da qualidade de dependente, nos termos do art. 17, inc. I, do Decreto nº 3.048/1999: "A perda da qualidade de dependente ocorre:

I – para o cônjuge, pela separação judicial ou divórcio, enquanto não for assegurada a prestação de alimentos, pela anulação do casamento, pelo óbito ou por sentença judicial transitada em julgado".

No entanto, desde que surjam os requisitos necessários para a exigibilidade de alimentos, não se pode recusar o direito à pensão.

3. PENSÃO PREVIDENCIÁRIA AO EX-CÔNJUGE OU EX-COMPANHEIRO QUE RENUNCIOU ALIMENTOS NA SEPARAÇÃO OU NO DIVÓRCIO

Mesmo na hipótese de renúncia a alimentos na separação ou no divórcio, observa-se um avanço na jurisprudência, não sendo dogmático o entendimento da perda definitiva, tanto que proibida a renúncia: "Pensão. Esposa desquitada. Tendo havido expressa renúncia à pensão alimentícia por ocasião do desquite, não cabe à viúva vir pleitear a pensão previdenciária pelo falecimento do seu marido perante o INSS, se não comprovar que as suas condições econômicas se alteraram posteriormente ao desquite."[9]

A possibilidade de o ex-cônjuge vir a requerer a pensão na eventualidade de alterar-se a situação econômica posteriormente à separação ou ao divórcio está na dependência de não ter ele concorrido para tal estado de fato.

---

[8] Acórdão nº 42.377-RS. Relator: Min. Aldir Passarinho, *DJ* de 12.12.1979, *Aposentadoria e Pensões* de Osiris A. Borges de Medeiros, obra citada, p. 122.

[9] Acórdão nº 49.883, do Tribunal Federal de Recursos. Relator: Min. Aldir Passarinho. Quarta Turma. Unânime. *DJ* 26.09.1980, em *Aposentadorias e Pensões*, de Osiris A. Borges de Medeiros, obra citada, p. 123.

846 • Direito de Família | *Arnaldo Rizzardo*

Argumentos veementes sustentam a posição, há muito tempo, emanados do Supremo Tribunal Federal, no RE nº 77.829, de 07.05.1974:

"Na base das regras da Previdência Social, a pensão, que representa possivelmente um dos benefícios mais importantes, não significa que o Instituto Nacional de Previdência Social esteja sendo generoso ou munificiente. A pensão decorre de uma prestação. O INPS tem o dever de assegurar pensão a quem dele seja beneficiário, em correspondência à contribuição, que foi paga, durante certo número de anos. Em princípio, não devemos nos impressionar com os argumentos oferecidos pelo INPS. Há de sua parte um dever indeclinável de corresponder à prestação que recebeu. Somente em casos excepcionais, decorrentes de lei, é que o Instituto deve ser dispensado de tal encargo. Na hipótese, o bom direito resolve a controvérsia em favor da pleiteante. Trata-se de esposa. Esta, pelas leis de previdência, é uma das primeiras beneficiárias do segurado. Em verdade, na espécie estava desquitada e, pelo desquite, não lhe foi assegurado direito a alimentos. Durante os anos em que, após o desquite, o segurado permaneceu vivo, a esposa nada reclamou. No entanto, essas circunstâncias não lhe enfraquecem o direito. A Súmula nº 379, do Supremo Tribunal Federal, já assentou, com o prestígio dos seus enunciados: 'No acordo de desquite não se admite renúncia aos alimentos, que poderão ser pleiteados posteriormente, verificados os pressupostos legais'.

A tradução do fato é de que se tem como se não existisse a cláusula de renúncia de alimentos. O segurado, pois, não ficou isento de prestar alimentos à mulher. A obrigação é implícita às relações conjugais, e persiste enquanto durar o vínculo. Por outro lado, também é sabido que, considerando o problema de alimentos, a primeira obrigação jurídica que se impõe é a de que os mesmos são imprescritíveis. No caso, consequentemente, tenho como fora de dúvida: primeiro, o dever do INPS de atender à pensão como contraprestação imediata e decorrente do recebimento das contribuições; segundo, o direito da impetrante de receber a pensão."[10]

O fundamento do longo raciocínio se localiza na invalidade da cláusula de renúncia, tornada sem efeito pela lei civil substantiva, que coloca em primeiro plano o direito à vida, o qual efetivamente se realiza com a satisfação das necessidades econômicas básicas e comuns a todo ser humano.

O Superior Tribunal de Justiça adotou a linha acima, como se colhe do Recurso Especial nº 177.350-SP, relatado pelo Min. Vicente Leal, transcrito em ADV Jurisprudência, boletim semanal nº 30, edição de 30.07.2000, p. 478: "O STJ tem proferido o entendimento de que a dispensa do direito à pensão alimentícia, quando da separação judicial, é ato modificável, desde que comprovada ulterior necessidade econômica do cônjuge.

Nesse sentido, o Supremo Tribunal Federal emitiu o seguinte enunciado: 'Súmula 379 – No acordo de desquite não se admite renúncia aos alimentos, que poderão ser pleiteados ulteriormente, verificados os pressupostos legais'.

A matéria ainda encontra respaldo na Súmula nº 64 do extinto TFR, que determina: 'Mulher que dispensou, no acordo de desquite, a prestação de alimentos, conserva, não obstante, o direito à pensão decorrente do óbito do marido, desde que comprovada a necessidade do benefício'.

Daí por que é de se concluir que, para fins de percepção de pensão por morte, ainda que tenha a ex-esposa, quando da separação judicial, dispensado o recebimento de pensão alimentícia, basta que seja comprovada a necessidade econômica superveniente, uma vez que o direito à percepção de pensão alimentícia é irrenunciável.

---

[10] *Revista Trimestral de Jurisprudência*, 70/243.

A propósito, os seguintes precedentes desta Corte, *in verbis*:

'Previdenciário. Pensão por morte. Cônjuge separado judicialmente. Renúncia anterior aos alimentos. Irrelevância.

É devida a pensão por morte ao ex-cônjuge separado judicialmente, que comprova a dependência econômica superveniente, ainda que tenha dispensado temporariamente a percepção de alimentos quando da separação judicial...' (REsp. nº 196.678. Relator: Min. Edson Vidigal. *DJU* de 4.10.1999).

'Recurso especial. Pensão por morte de marido. Dispensa de alimentos.

É irrelevante que a mulher haja dispensado, no processo de separação, a prestação alimentícia, uma vez que conserva o direito à pensão decorrente do óbito do marido, desde que comprovada a necessidade do benefício...' (REsp. 178.630. Relator: Min. Fernando Gonçalves. *DJU* de 17.05.1999).

'Previdenciário. Pensão por morte. Alimentos. Súmulas nos 379-STF e 64-TFR.

A dispensa do direito à pensão alimentícia, por ocasião de separação judicial, é ato irrelevante, sendo que, uma vez demonstrada a necessidade econômica superveniente, correta seria a concessão do benefício...' (REsp. 202.759. Relator: Min. Félix Fischer. *DJU* de 16.08.1999)".

Até porque a Súmula nº 336 do STJ assegura o direito: "A mulher que renunciou aos alimentos na separação judicial tem direito à pensão previdenciária por morte do ex-marido, comprovada a necessidade econômica superveniente".

O entendimento restou consolidado na Tese 19 da Jurisprudência em Tese do STJ: "A mulher que renunciou aos alimentos na separação judicial tem direito à pensão previdenciária por morte do ex-marido, comprovada a necessidade econômica superveniente. (Súmula n. 336/STJ)" (Acórdãos: AgRg no AREsp 679628/PI, Rel. Ministra Assusete Magalhães, Segunda Turma, julgado em 10.03.2016; *DJe* de 17/03/2016; REsp 1505261/MG, Rel. Ministro Humberto Martins, Segunda Turma, julgado em 01.09.2015, *DJe* de 15.09.2015; AgRg no AgRg nos EDcl no REsp 1375878/PR, Rel. Ministro Mauro Campbell Marques, Segunda Turma, julgado em 04.12.2014, *DJe* de 19/12/2014; AgRg no REsp 1459181/PE, Rel. Ministro Napoleão Nunes Maia Filho, Primeira Turma, julgado em 26.08.2014, *DJe* de 03.09.2014; AgRg no AREsp 473792/PE, Rel. Ministro Sérgio Kukina, Primeira Turma, julgado em 13.05.2014, *DJe* de 19.05.2014; AgRg no Ag 1420559/PE, Rel. Ministro Herman Benjamin, Segunda Turma, julgado em 04.10.2011, *DJe* de 17.10.2011).

4. CASAMENTO DO EX-CÔNJUGE ALIMENTANTE E PENSÃO PREVIDENCIÁRIA

O casamento do alimentante não altera a obrigação alimentícia, ou pensão estabelecida em benefício ao ex-cônjuge alimentando.

Os fundamentos do direito à pensão previdenciária constam na Apel. Cível nº 105.088-1, da 4ª Câm. Cível do Tribunal de Justiça de São Paulo, proferida a decisão em 22.12.1988: "O posterior casamento do divorciado que continuou a prestar alimentos à ex-mulher não é, por si só, causa excludente de sua condição de beneficiária da Previdência, projetando-se no direito previdenciário aquela obrigação assumida pelo contribuinte.

Consequentemente, terá direito à sua cota-parte na pensão previdenciária – em concorrência com a viúva do segundo matrimônio, dispensada, nesse caso, manifestação de última vontade do falecido, que só é condição para inclusão de ex-cônjuge do divorciado se não tinha ele nenhuma obrigação de pensionar".

848 • Direito de Família | *Arnaldo Rizzardo*

No acórdão, assumem relevância os presentes fundamentos: "O divórcio traz, portanto, as seguintes consequências: o cônjuge inocente, se necessitado, terá direito a alimentos. Se ficar convencionado na conversão da separação em divórcio que um dos cônjuges se compromete a pensionar o outro, se não ocorrer causa extintiva da obrigação, enquanto necessitado e houver de parte do obrigado condições de pensionar, a obrigação prevalece. Se não houver convenção, mesmo que a mulher não venha recebendo pensão do ex-marido, pode ser incluída, por disposição da vontade do contribuinte, no rol de seus beneficiários da Previdência. Se o divorciado contrair novas núpcias, a obrigação assumida com o divórcio, se não houver disposição em contrário, deve prevalecer, valendo como inequívoca manifestação de vontade. Se o separado ou divorciado sofreu condenação em ação de alimentos ou convencionou em acordo homologado que pagaria pensão ao ex-cônjuge, prevalece o direito de pensionista do contribuinte da Previdência, se não ocorreu nenhuma causa que desobrigaria o devedor de prestar alimentos.

Em resumo: o posterior casamento do divorciado, que continuou a prestar alimentos ao ex-cônjuge, por si só, não é causa excludente de sua condição de beneficiária da Previdência e, consequentemente, terá direito à sua cota-parte na pensão previdenciária, dispensada, nesse caso, manifestação de última vontade do contribuinte. Essa manifestação só é condição para inclusão do ex-cônjuge do divorciado, se não tinha ele nenhuma obrigação de pensionar.

Ora, no caso, a autora recebia pensão do ex-marido, de acordo com o que ficou convencionado na conversão da separação em divórcio. Não se comprovou a ocorrência de nenhuma causa de exoneração do encargo, e, portanto, projeta-se no Direito Previdenciário aquela obrigação assumida pelo contribuinte."[11]

5. PENSÃO À VIÚVA QUE CASA NOVAMENTE

O novo casamento do ex-cônjuge não importa em cancelamento ou perda da pensão previdenciária se não resultou melhoria da condição econômica. Importa considerar a finalidade do benefício, consistente no amparo econômico, que deve perdurar com a morte da pessoa da qual havia a dependência, se do novo casamento não advém melhoria.

Eis a orientação do STJ, sobre a matéria:

"O novo matrimônio não constitui causa ou perda do direito integrante do patrimônio da pensionista. Precedente.

A ausência de comprovação da melhoria financeira da viúva de ex-segurado, com o novo casamento, obsta o cancelamento da pensão por morte até então percebida. Inteligência da Súmula 170 do extinto TFR".[12]

Consoante o voto do Relator, o entendimento encontra respaldo em julgamentos anteriores da Corte:

"Versa a controvérsia sobre o seu direito à continuidade de percepção da pensão após ter contraído novo matrimônio.

O artigo 39, 'b', da Lei nº 3.807/1960, que regulou a concessão do benefício concedido em razão do óbito ocorrido em 6/10/1978, rezava:

'*A quota de pensão se extingue:*

---

[11] *Revista dos Tribunais*, 643/70.
[12] Resp. 1.108.623/PR, da 5ª Turma, Rel. Min. Jorge Mussi, j. 16.06.2009, *DJe* 03.08.2009.

a) por morte do pensionista;

b) pelo casamento de pensionista do sexo feminino' (grifou-se).

Na espécie, o Tribunal Federal da 4ª Região, ao interpretar a referida norma, asseverou:

'Com efeito, tal dispositivo dispunha que a quota da pensão se extinguiria para o pensionista do sexo feminino por ocasião de novo casamento. O extinto TFR, porém, consolidou o entendimento de que não se extingue a pensão previdenciária, se do novo casamento não resultar melhora da situação econômico-financeira da viúva, de modo a tornar dispensável o benefício (Súmula 170)' (fl. 83 – verso).

Nesse contexto, o entendimento do colegiado está em conformidade com a jurisprudência desta Corte, segundo a qual o novo matrimônio não constitui causa ou perda do direito integrante do patrimônio da pensionista, como se lê do seguinte excerto, que bem explicita a *quaestio*:

'Ora, é compreensão assentada que não deve ser cancelada, por tal motivo, a referida pensão, certíssimo que novo matrimônio não constitui causa ou perda do direito integrante do patrimônio da pensionista, resultando de contribuições feitas pelo segurado com as forças e sacrifício da economia do casal.

O sumariado entendimento cristalizou-se na Súmula 170 – TFR – que, embora afeita à legislação federal, a foco de garantia constitucional (art. 226, C. F.), situação jurídica que, outras razões faltassem, bem autoriza a invocação do art. 5º, Lei de Introdução ao Código Civil. Junte-se que, no caso, sequer foi alegado que o novo casamento modificou a situação econômica da beneficiária, de modo que poderia prescindir da pensão.

Por essas estrias, concluindo-se que a pensão constitui um direito indissociável do regime de bens entre os cônjuges, via de consequência, em favor do supérstite fincando direito irrevogável, portanto, não submisso à condição resolutória estabelecida em lei ordinária municipal'.

Eis como foi lavrada a ementa do julgado supra: *'Administrativo – Previdência Social. Viúva. Pensão Vitalícia. Cancelamento decorrente de novo Casamento. Constituição Federal, art. 226 – LICC, art. 5º. Código Civil, art. 229 – Súmula 170 – TFR.*

1. O novo casamento, por si, não constitui causa extintiva do direito à pensão previdenciária, integrante do patrimônio da pensionista, resultado de contribuições feitas pelo segurado dentro das forças da economia do casal. O casamento mantém-se sob a proteção do poder público (C. F., art. 226).

2. Precedentes da jurisprudência.

3. Recurso provido (REsp. 7747/SP, Rel. Ministro Milton Luiz Pereira, Primeira Turma, julgado em 6.6.1994, DJ de 27.6.1994 p. 16884)'.

Nesse contexto, a ausência de comprovação da melhoria financeira da viúva de ex--segurado, com o novo casamento, de modo a tornar dispensável o benefício, obsta o cancelamento da pensão por morte até então percebida. *In casu*, deixou assente o julgador monocrático que, *in verbis*:

'Não há notícia de que a exclusão da quota da autora sobre o benefício de pensão, em razão de novas núpcias, tenha sido precedida de procedimento administrativo que lhe garantisse o exercício do contraditório e da ampla defesa. De igual modo, não há demonstração de que o novo casamento tenha representado melhoria na situação econômico-financeira da autora' (fl. 84 verso).

850 • Direito de Família | *Arnaldo Rizzardo*

No mesmo sentido inclinou-se a jurisprudência de ambas as Turmas da Terceira Seção do Superior Tribunal de Justiça: *'Previdenciário. Pensão por morte. Viúva. Cancelamento por amasiamento. Prova de dependência econômica. Súmula 170-TFR. Sem comprovação de que houve melhoria econômico-financeira com o amasiamento, sendo presumida a dependência da mulher para com o marido, não é possível a cassação da pensão.*

Entendimento, 'mutatis mutandis', da Súmula 170-TFR. Recurso não conhecido (REsp. 337280/SP, Rel. Ministro Gilson Dipp, Quinta Turma, julgado em 19.3.2002, DJ de 22/4/2002 p. 233).

Previdenciário. Pensão por morte. Casamento da beneficiária. Cancelamento. Não alteração da situação econômica. Necessidade. Restabelecimento. Súmula 07.

– O órgão julgador a quo, ao determinar o restabelecimento do benefício previdenciário da autora, fundou-se na situação de penúria da mesma, ressaltando que do casamento desta não adveio qualquer acréscimo patrimonial apto a firmar o cancelamento da pensão percebida.

– O debate agitado pela autarquia no que tange à desnecessidade, por parte da autora, do benefício pleiteado, não cabe apreciação na via estreita do recurso especial, pois importa em reexame da matéria fática estampada nas instâncias ordinárias.

– Aplicação da Súmula 07 do STJ.

– Recurso especial não conhecido (REsp 313366/MG, Rel. Ministro

Vicente Leal, Sexta Turma, julgado em 19.6.2001, DJ de 20.8.2001 p. 552')". Anote-se que a LICC passou a denominar-se Lei de Introdução às Normas do Direito Brasileiro pela Lei nº 12.376/2010.

XXIX
União Estável

1. CONCEITO

Teve grande importância, nas últimas décadas, a união entre si do homem e da mulher para a convivência em um mesmo local, no recesso de uma moradia, passando a partilhar das responsabilidades da vida em comum e dos momentos de encontros, um devotando-se ao outro, entregando os corpos para o mútuo prazer ou satisfação. É uma união sem maiores solenidades ou oficialização pelo Estado, não se submetendo a um compromisso ritual e nem se registrando em órgão próprio. Está-se diante do que se convencionou denominar *união estável*, ou *união livre*, ou *estado de casado*, ou *concubinato*, expressões que envolvem a convivência, a participação de esforços, a vida em comum, a recíproca entrega de um para o outro, ou seja, a exclusividade não oficializada nas relações entre o homem e a mulher. Entrementes, especialmente quanto ao termo 'concubinato', pelo menos a partir da regulamentação positiva surgida, o significado se distancia do que é conferido à união estável', segundo se analisará no item 3, *infra*.

'União estável' passou a constituir a denominação oficial, utilizada em diplomas que trataram e tratam do assunto, constando na Constituição Federal, nas Leis nºˢ 8.971, de 29.12.1994, e 9.278, de 13.05.1996, e no Código Civil de 2002. O significado é facilmente perceptível. A palavra 'união' expressa ligação, convivência, junção, adesão; já o vocábulo 'estável' tem o sinônimo de permanente, duradouro, fixo. A expressão corresponde, pois, à ligação permanente do homem com a mulher, desdobrada em dois elementos: a comunhão de vida, envolvendo a comunhão de sentimentos e a comunhão material; e a relação conjugal exclusiva de deveres e direitos inerentes ao casamento.

A juridicialização oficial da união estável veio com a Constituição Federal de 1988, rezando o art. 226, § 6º: "Para efeito da proteção do Estado, é reconhecida a união estável entre o homem e a mulher como entidade familiar, devendo a lei facilitar sua conversão em casamento".

A Lei nº 8.971, de 29.12.1994, no art. 1º e em seu parágrafo único, constituiu-se no primeiro diploma a fornecer elementos para caracterizar a união de fato. Estabelecia o art. 1º: "A companheira comprovada de um homem solteiro, separado judicialmente, divorciado ou viúvo, que com ele viva há mais de cinco anos, ou dele tenha prole, poderá valer-se do disposto na Lei nº 5.478, de 25 de julho de 1968, enquanto não constituir nova união e desde que prove a necessidade".

E o parágrafo único. "Igual direito e nas mesmas condições é reconhecido ao companheiro de mulher solteira, separada judicialmente, divorciada ou viúva".

852 • Direito de Família | *Arnaldo Rizzardo*

O Código Civil de 2002, que passou a regular a matéria, preocupou-se em reconhecer a união estável como instituto, trazendo a sua definição, e deixando o reconhecimento dos direitos para o momento em que trata dos efeitos. Reza o art. 1.723: "É reconhecida como entidade familiar a união entre o homem e a mulher, configurada na convivência pública, contínua e duradoura e estabelecida com o objetivo de constituição de família".

Pelas regras da então Lei nº 8.971/1994, alguns requisitos eram estabelecidos, como necessários às uniões entre o homem e a mulher, para ensejar o direito a alimentos, os quais foram estendidos para originar direitos sucessórios:

a) a condição de companheiros dos conviventes;

b) o estado de solteiro, separado judicialmente, divorciado ou viúvo;

c) convivência há mais de cinco anos ou o surgimento de prole.

No entanto, adveio a modificação trazida pela Lei nº 9.278, de 10.05.1996, nos requisitos para a configuração da união estável, impondo como condição a convivência duradoura, pública e contínua, no que se aproxima do Código Civil em vigor. Veja-se o então art. 1º: "É reconhecida como entidade familiar a convivência duradoura, pública e contínua, de um homem e uma mulher, estabelecida com objetivo de constituição de família".

Relativamente a alimentos, devia-se observar o art. 7º deste último diploma: "Dissolvida a união estável por rescisão, a assistência material prevista nesta Lei será prestada por um dos conviventes ao que dela necessitar, a título de alimentos". A assistência material consta imposta no inc. II do art. 2º, que inclui no rol de direitos e obrigações a "assistência moral e material recíproca".

Para se formar uma ideia real da união estável, agora sob o prisma do Código Civil de 2002, útil trazer algumas definições elaboradas por autores especialistas que estudaram com profundidade o assunto, e que mantêm a atualidade, mesmo que formado o instituto há mais de meio século. Numa época bastante primitiva, a denominação preferida consistia em concubinato, não se cogitando se os consortes de fato estivessem ou não impedidos de casar.

É no clássico Edgard de Moura Bittencourt que encontramos o conceito mais preciso e jurídico, considerando a união estável, à época nominada como concubinato, em dois sentidos: um amplo ou lato e outro estrito. No primeiro, configura-se como a "união estável, no mesmo ou em teto diferente, do homem com a mulher, que não são ligados entre si pelo matrimônio... É a forma primitiva das uniões sexuais estáveis; é o estado intermédio entre a união fugaz e passageira e o matrimônio, *consortium omnis vitae*". No segundo, "é a convivência *more uxorio*, ou seja, o convívio como se fossem marido e mulher..., a união de fato, implicando não somente relações sexuais, mas também a prolongada comunhão de vida".[1]

A distinção, entre os dois sentidos, também é feita pelo espanhol Eduardo Zannoni, embora sob o enfoque jurídico das duas espécies, mas que a primeira não tipifica o sentido de concubinato que passou a ter após a vigente legislação: "El concubinato como hecho jurídico constituye toda unión de un hombre y una mujer, sin atribución de legitimidad. Por legitimidad, a su vez, entendemos la situación jurídica y social que se desprende

---

[1] *O Concubinato no Direito*, 2ª ed., Rio de Janeiro, Editora Jurídica e Universitária Ltda., 1969, vol. II, pp. 105 e 106.

de un matrimonio válido, ya canónico, ya civil, según los diversos ordenamientos". Em sentido próprio ou específico, é a "unión estable de un hombre y una mujer en estado conyugal aparente o de hecho, ello es, sin atribución de legitimidad, pero con aptitud potencial a ella".[2]

A união estável vai desde a posse do estado de casado, com notoriedade e longa duração, até a união adulterina. Melhor é apanhar as várias situações que tipificam o alcance da expressão. Implica não somente as relações de sexo, mas também a prolongada comunhão de vida. Compreende o casamento religioso, quando o homem e a mulher contraem um compromisso solene de vida em comum e de fidelidade mútua, bem como a união adulterina, em que um ou outro mantém uma vida matrimonial paralela, mas sem convivência. São conviventes, ainda, os que enfrentam uma vida marital não reconhecida no aspecto formal, ou aqueles que tiveram o casamento declarado nulo, ou se matrimoniaram no exterior e não tiveram o vínculo reconhecido pelas leis do país para onde se transferiram. Nessa linha de colocações, é da essência da união uma convivência pública e permanente *more uxorio*. Não se observa a presença ou não dos impedimentos para o casamento, para reconhecer-se juridicamente a união estável. Tanto a união de pessoas sem impedimento para casarem, como aquelas que não podem casar, integram o conceito de concubinos, ou formam o concubinato.

Alcançou, desde décadas passadas, uma relevância tão elevada a união estável que não se coloca em inferioridade ao próprio casamento. Aliás, novamente cabe o testemunho de Edgard de Moura Bittencourt lembra, que transcreve o pensamento de Virgílio de Sá Pereira: "A família é um fato natural. Não o cria o homem, mas a natureza. Quando um homem e uma mulher se reúnem sob o mesmo teto, em torno de um pequenino ser, ali está uma família. Passou por lá o juiz com sua lei, ou o padre com o seu sacramento? Que importa isso? O acidente convencional não tem força de apagar o fato natural".[3]

2. REQUISITOS E CARACTERÍSTICAS

Vão longe os tempos em que dominava o conceito de união de fato apresentado por Bento de Faria, lembrado pelo conhecedor do assunto Adahyl Lourenço Dias: "Ter e manter uma concubina significa ter com ela um comércio seguido, relações continuadas, habituais, constantes, possuí-la com exclusão de qualquer outro, sustentá-la... Ter concubina é possuí-la em *more uxorio*, em coabitação, e manter é sustentá-la, ao largo do lar conjugal, embora morando com a esposa, porém mantendo-se-lhe à distância: 'teúda e manteúda.'"[4] Esse *status* da então chamada concubina dominava ao tempo dos donos de engenho, dos coronéis do nordeste ou dos fazendeiros do sul do Brasil, e ainda perdura, com algumas diferenças, aparecendo frequentemente casos de mulheres cujo *affaire* único é colocar-se à disposição do concubino. Este tipo de relação virá exposto no item seguinte.

Para caracterizar a união estável, mister analisar os requisitos do Código Civil, voltando a salientar que não mais perduram as Leis nos 8.971/1994 e 9.278/1996.

Apontam-se como primeiros elementos impostos para a formação da união estável: a convivência pública, contínua e duradoura de um homem e uma mulher; e o objetivo

---

2   *El Concubinato*, Buenos Aires, Ediciones Depalma, 1970, pp. 125 e 130.
3   *O Concubinato no Direito*, obra citada, vol. I, p. 41.
4   *A Concubina e o Direito Brasileiro*, 2ª ed., São Paulo, Saraiva, 1975, p. 42.

854 • Direito de Família | *Arnaldo Rizzardo*

de constituição de família. Não se inserem as exigências do período de tempo mínimo, e nem o estado da pessoa com a qual alguém se une.

O art. 1º da Lei nº 8.971 estatuía: "A companheira comprovada de um homem solteiro, separado judicialmente, divorciado ou viúvo, que com ele viva há mais de cinco anos, ou dele tenha prole, poderá valer-se do disposto na Lei nº 5.478, de 25 de julho de 1968, enquanto não constituir nova união e desde que prove a necessidade".

O parágrafo único. "Igual direito e nas mesmas condições é reconhecido ao companheiro de mulher solteira, separada judicialmente, divorciada ou viúva".

Já o art. 1º da Lei nº 9.278 rezava: "É reconhecida como entidade familiar a convivência duradoura, pública e contínua, de um homem e uma mulher, estabelecida com o objetivo de constituição familiar".

O Código Civil vigente, no art. 1.723, definiu a espécie da seguinte maneira: "É reconhecida como entidade familiar a união entre o homem e a mulher, configurada na convivência pública, contínua e duradoura e estabelecida com o objetivo de constituição de família".

Percebe-se que não aparece ordenado um prazo determinado quanto à duração da convivência, elemento que constava no art. 1º da Lei nº 8.971, mas que a Lei nº 9.278 não reeditou.

A *ratio* da desnecessidade do prazo era defendida pela doutrina, surgida logo depois da vigência da Lei nº 9.278, em face da exigência de do lapso de cinco anos de duração da união que vinha na Lei nº 8.971, sendo exemplo o pensamento de Fernando Malheiros Filho: "O prazo quinquenal, entretanto, não se queda pressuposto arredável, mas apenas de interpretação elástica, de modo a atribuir a cada caso a justa solução, ou seja, não impedir a ocorrência da união estável simplesmente porque este não completou, formalmente, o lustro, também em razão da já comentada dificuldade de precisar com exatidão o momento de início e de desfazimento do relacionamento estável. Sob a exigência de cinco anos, pelo menos, de relação ininterrupta está subsumido que ela, eventualmente, poderá perdurar um pouco menos, dês que fortemente presentes os demais elementos que a edificam, não significando com isso que uma curta união, ainda que *more uxorio*, de um, dois ou três anos, possa reclamar a incidência dos relevantíssimos efeitos da configuração da entidade familiar".[5]

Também era a exegese de Rodrigo da Cunha Pereira: "Foi nesse sentido que a Lei nº 9.278..., veio estabelecer que não há um prazo rígido para a caracterização do concubinato. Revogado, portanto, o prazo de cinco anos estabelecido na lei anterior. Mesmo com essa revogação, o costume, já consagrado, servirá como referencial à caracterização dessas uniões, ou seja, o prazo de mais ou menos cinco anos será sempre um referencial, ainda que subjetivo, para a busca do delineamento objetivo de tais uniões".[6]

Certo, no entanto, que o período de convivência não poderá ser efêmero ou curto. Para a caracterização da união estável, necessária a sua duração por alguns anos, revelando-se consolidada no tempo, de modo a se apresentar como uma unidade familiar firme, estabelecida e duradoura, segundo se verá abaixo. Não se tem como consolidado aquilo que não é sólido, e só se considera sólido o que ficou solidificado, isto é, pela ação do tempo, dos anos, se tornou seguro, firme, ficou duro, estável, imbatível. Este significado não abrange as uniões efêmeras, superficiais e de curta duração.

Não se reconhece a união estável se presente qualquer um dos impedimentos para casar, em vista do § 1º do art. 1.723: "A união estável não se constituirá se ocorrerem

---

[5] *A União Estável*, Porto Alegre, Síntese, 1996, p. 28.
[6] *Concubinato e União Estável*, 3ª ed., Belo Horizonte, Del Rey, 1996, pp. 49 e 50.

Cap. XXIX | União Estável • **855**

os impedimentos do art. 1.521; não se aplicando a incidência do inciso VI no caso de a pessoa casada se achar separada de fato ou judicialmente".

De acordo com os impedimentos referidos, não podem formar união estável:

"I – os ascendentes com os descendentes, seja o parentesco natural ou civil;

II – os afins em linha reta;

III – o adotante com quem foi cônjuge do adotado e o adotado com quem o foi do adotante;

IV – os irmãos, unilaterais ou bilaterais, e demais colaterais, até o terceiro grau inclusive;

V – o adotado com o filho do adotante;

VI – as pessoas casadas;

VII – o cônjuge sobrevivente com o condenado por homicídio ou tentativa de homicídio contra o seu consorte."

Inadmissível que para o casamento se imponham várias exigências, e sejam as mesmas dispensadas para a união estável redundar direitos. Inaceitável que se considere legal uma união de fato que para o casamento signifique espúria, incestuosa ou adulterina. Rodrigo da Cunha Pereira melhor explica a inviabilidade, embora o tenha feito ao tempo da legislação anterior: "A Lei nº 8.971/1994 preceituava que somente os solteiros, viúvos, separados judicialmente ou divorciados estariam sob sua égide. A lei atual não estabelece tais requisitos, deixando margem ao entendimento de que até mesmo pessoas casadas receberiam sua proteção. Entretanto, quando essa lei apropria-se de conceitos como *entidade familiar* e *união estável*, está se referindo ao conceito de família. Como tal, em nosso ordenamento jurídico só se concebe a família constituída monogamicamente. Repelidas, portanto, as uniões adulterinas e incestuosas, que não podem receber a proteção do Estado. Para manter a coerência e a ordem jurídica, os sujeitos da união estável devem estar desimpedidos e não praticando adultério. Caso contrário, seria a admissão da poligamia em nosso ordenamento jurídico".[7]

O Conselho Nacional de Justiça já se manifestou sobre a proibição dos tabelionatos em lavrarem escrituras públicas de uniões poliafetivas, isto é, escrituras de convivência de mais de duas pessoas juntas, ou de relações poliamorosas, ou de uniões que envolvam a bigamia e a poligamia.

Se as pessoas se encontram separadas de fato ou judicialmente, não fica proibida a formação de união estável. A mera separação de fato não impede o reconhecimento da união, em vista da segunda parte do § 1º do art. 1.521, mas não se permite a sua conversão em casamento.

Com certeza, pessoas separadas de fato podem constituir uniões estáveis, com o surtimento de efeitos tanto no pertinente aos alimentos como à sucessão. Embora não legalizadas as separações, as uniões posteriores não impedem os efeitos que delas decorrem, o que é diferente se mantidas em concomitância com a efetividade do casamento. Permitem o pedido de alimentos, e autorizam a partilha do patrimônio formado no período de sua vigência. Tais uniões, como se disse, vedam unicamente a conversão em casamento, enquanto não dissolvido o vínculo existente.

As causas suspensivas da celebração da celebração do casamento não constituem óbice para o reconhecimento da união, em vista do § 2º mesmo art. 1.723: "As causas suspensivas do art. 1.523 não impedirão a caracterização da união estável". Dizem tais causas respeito ao casamento do viúvo ou viúva que tiver filho do cônjuge falecido, enquanto

---

[7] *Concubinato e União Estável*, obra citada, p. 117.

856 • Direito de Família | *Arnaldo Rizzardo*

não se fizer o inventário dos bens do casal e se der partilha aos herdeiros; da viúva, ou da mulher cujo casamento se desfez por nulidade ou anulabilidade, até dez meses depois do começo da viuvez, ou da dissolução da sociedade conjugal; do divorciado, enquanto não homologada ou decidida a partilha dos bens; e do tutor ou curador, e seus parentes com a pessoa tutelada ou curatelada, enquanto não cessar tal vinculação e não estiverem saldadas as respectivas contas.

A presença de outros elementos impõe o Código Civil, e que são a convivência pública, contínua e duradoura de um homem e uma mulher; e a finalidade de constituição de família.

Merece atenção especial o impedimento do art. 1.521, VI, não se reconhecendo a união estável de pessoas casadas e que convivem concomitantemente, além do cônjuge, com outra pessoa, no que dá força o aresto que segue:

"A relação concubinária, paralela ao casamento válido, não pode ser reconhecida como união estável, salvo se configurada a separação de fato ou judicial entre os cônjuges.

Existência de impedimento para a convolação da relação concubinária em união estável".[8]

Os requisitos acima desdobram-se em nuances ou várias outras exigências, como segue descrito:

a) A *affectio societatis* familiar, ou o ânimo, a intenção de formar uma sociedade familiar, granjeando os esforços, os trabalhos e bens para a entidade familiar.

b) A posse de estado de casado, consistente em passar alguém na condição de uma união tal como se fosse casado.

c) A notoriedade do relacionamento e honorabilidade da conduta. Já afirmava Adahyl Lourenço Dias: "Há concubinato quando duas pessoas vivem e habitam juntas", aparecendo em público "com os sinais exteriores de pessoas regularmente casadas..., vivendo como marido e mulher, respeitando-se mutuamente".[9]

d) Conduta apropriada dos conviventes. Não se trata, aqui, da conduta moral, mas das atitudes ou do relacionamento íntimo ou pessoal dos companheiros. Exige-se uma vida em comum semelhante à normal de pessoas casadas, que vivem relativamente bem, dentro de certo entendimento e compreensão mútuas.

e) Dever de fidelidade. A fidelidade dá ensejo à presunção da sociedade de fato. Não que se configure como condição indispensável, pois nada impede que duas pessoas constituam um patrimônio comum, sem que mantenham a fidelidade. Daí se apresentar um tanto forte o pensamento de Adahyil Lourenço Dias: "O elemento essencial dessa união é a fidelidade, a dedicação monogâmica, recíproca, vivendo em *more uxorio*, em atitude ostensiva de dedicação, em laços íntimos, que o direito espanhol chama de *barrangania*, ou seja, 'la unión sexual permanente y de cierta fidelidad entre hombre y mujer no ligados por matrimonio'".[10]

f) Habitação comum. A mesma residência, ou moradia comum, induvidosamente, é vital para a configuração da união estável. Se cada parceiro permanecer em lar distinto, o que se apresenta é a mancebia, ou um relacionamento de amantes. Dificilmente haverá base para o surgimento de um patrimônio entre os dois, se bem que os termos

---

[8] AgRg no REsp 1147046/RJ, da Sexta Turma, j. em 8.05.2014, *DJe* de 26.05.2014, rel. M. Sebastião Reis Júnior.
[9] *O Concubinato e o Direito Brasileiro*, obra citada, pp. 40 e 41.
[10] *O Concubinato e o Direito Brasileiro*, obra citada, p. 40.

da Súmula nº 382 do STF sugerem a possibilidade: "A vida em comum sob o mesmo teto, *more uxorio*, não é indispensável à caracterização do concubinato".

Necessário que se façam alguns esclarecimentos.

Não induzem a união estável o mero namoro com relações sexuais continuadas, vivendo cada partícipe da relação em seu lar individual, mesmo que verificadas visitas constantes e permanências recíprocas, mas não duradouras, de um na casa do outro. Mesmo que existente o noivado, com todas as intimidades próprias do casamento, não se dá o reconhecimento da união estável.

Entretanto, mesmo que não se dê a coabitação em um mesmo lar, ficando cada pessoa em sua residência, em certas situações é possível reconhecer a união estável. Isto quando comprovadas a colaboração mútua, a assistência de um para o outro, a constância de convivência, a ajuda econômica, a aquisição ou formação de patrimônio com o esforço ou a participação de ambos, e outros eventos identificadores de comunhão de vida, de acompanhamento e aquisições. Formou-se um consenso no STJ a respeito, como se vê da Tese nº 2, de Jurisprudência em Teses: "A coabitação não é elemento indispensável à caracterização da união estável" (AgRg no AREsp 649786/GO, Rel. Ministro Marco Aurélio Bellizze, Terceira Turma, julgado em 04.08.2015, *DJe* de 18.08.2015; AgRg no AREsp 223319/RS, Rel. Ministro Sidnei Beneti, Terceira Turma, julgado em 18.12.2012, *DJe* de 04.02.2013".

g) Convivência *more uxorio*. Ou seja, é a manifestação da convivência dos companheiros na aparência de marido e esposa. O tratamento revela uma reciprocidade de afeição e respeito. Há uma maneira de vida própria de pessoas casadas. As referências que um faz do outro expressam as situações entre os cônjuges. Os costumes e as atividades exercidas se direcionam ao atendimento dos interesses da família.

h) Comunidade de leito. A expressão equivale às relações sexuais, que são o motivo principal da união. Envolve a habitação comum, ou a convivência, sem a qual, para Eduardo A. Zannoni, não é fácil vislumbrar a união estável: "No viviendo unidos las dos personas provocan una general indecisión".[11]

i) Continuidade da união. É evidente que uma união temporária, casual ou passageira não resulta efeito jurídico nenhum. A continuidade perdurará por um espaço de tempo suficiente para tornar-se consolidada a união, o que se firma caso se mantenha por alguns anos.

j) Dependência efetiva de um companheiro ou convivente em relação ao outro. Para caracterizar a atuação na formação do capital, naturalmente cumpre se apresente a união de modo que um concubino tenha sido dependente, em algum aspecto, do outro. É o que sucede quando o companheiro recebeu a assistência da mulher na atividade profissional, ou a participação econômica na formação do patrimônio, ou o seu desempenho nas atividades domésticas. Em todos os setores, os bens foram constituídos quando da atuação do outro concubino, que bem desenvolveu suas obrigações, permitindo facilidade e ampla liberdade de ação daquele patrimônio que foi conseguindo, de modo a aumentar a fortuna. É inquestionável o direito ao recebimento de parte das riquezas acumuladas.

k) Continuidade e período de duração. Impõe-se uma certa durabilidade da relação. Embora não se encontre estabelecido um padrão de tempo exato, um certo período

---

[11] *El Concubinato*, obra citada, p. 132.

858 • Direito de Família | *Arnaldo Rizzardo*

de duração mínimo se requer. De acordo com o observado antes, não mais persiste um lapso de tempo mínimo. Entrementes, não há de se convalidar efêmeras uniões, ou curtos espaços de tempo de convivência dos quais se extraiam direitos no âmbito alimentício e sucessório. O período de tempo deve situar-se num mínimo em torno de cinco anos, posto que, em nosso direito, esse o lapso temporal que sempre serviu de parâmetro para o reconhecimento de vários direitos, como os de natureza previdenciária, o que é lembrado por Rodrigo da Cunha Pereira: "Por este ou aquele motivo, o certo é que convencionou-se este lapso de tempo, corroborado ainda pelas normas da Previdência Social que sempre se referenciou em cinco anos para caracterizar o concubinato para os efeitos de seus benefícios."[12]

3. DISTINÇÕES

Conhecem-se como expressões mais comuns a *união estável*, a *união livre*, o *concubinato*, e a *sociedade de fato*.

A denominação *união estável* revela preferência no texto constitucional, na legislação ordinária, na doutrina e jurisprudência. Representa a união de um homem e uma mulher em situação de inexistência de impedimentos para o casamento. Por extensão, abrange a união de pessoa separada de fato com outra pessoa. Ou corresponde à união entre pessoas já separadas de fato ou de direito, ou viúvas, ou divorciadas, ou solteiras, apresentando-se à sociedade como constituindo uma união, com as qualidades da exclusividade, fidelidade, vida em comum, moradia sob o mesmo teto, ostensividade e durabilidade.

Já a expressão *união livre* tem um alcance maior, compreendendo todo relacionamento sexual e afetivo de pessoas, sem interessar se estão ou não impedidas de casar. Significa simplesmente o relacionamento extramatrimonial, sem importar quanto à existência de impedimentos para o casamento. Segue explicando Rainer Czajkowski: "Em tão abrangente conotação, a expressão designa relações cujas características em nada interessam, por si só, ao direito de família. Há diversas manifestações da sexualidade humana que, embora sejam realidades sociais nem sempre completamente irrelevantes ao direito, dizem respeito, basicamente, à esfera subjetiva da personalidade de cada um e ao seu direito de intimidade. Tais relações não se conformam à noção de entidade familiar, não constituem nenhuma família, naquilo que mais modernamente se compreende como uma célula nuclear da sociedade, formada por um homem e uma mulher com prole comum ou, pelo menos, potencialmente com prole comum, ou, ainda, o núcleo formado por um dos ascendentes e a prole".[13]

A caracterização dessas uniões, que podem configurar o concubinato quando mais perenes e profundas, foi destacada pelo Min. Sálvio de Figueiredo, no Recurso Especial nº 19-RS, de 8.08.1989, nos seguintes termos: "Concubina, no dizer da jurisprudência, é a 'amante, a mulher dos encontros velados, frequentada pelo homem casado, que convive ao mesmo tempo com sua esposa legítima' (RE nº 83.930-SP, rel. Min. Antônio Neder, *RTJ* 82/933); 'é a que reparte, com a esposa legítima, as atenções e a assistência marital do marido' (RE nº 82.192-SP, rel. Min. Rodrigues Alkmin); 'é a mulher do lar clandestino, oculto, velado aos olhos da sociedade, como prática de bigamia e que o homem frequenta simultaneamente ao lar legítimo e constituído segundo as leis' (RE nº 49.195,

---

[12] *Concubinato e União Estável*, obra citada, p. 48.

[13] *União Livre à Luz das Leis 8.971/94 e 9.278/96*, 1ª ed., 2ª tiragem, Curitiba, Editora, 1996, pp. 43 e 44.

conceito expendido pelo juiz Osni Duarte Pereira e adotado pelo Em. rel. Min. Gonçalves Oliveira, RF 197/7)".[14]

Concubinária ou *adulterina* será a união quando há impedimento para o matrimônio. Desde que se dê a união prolongada, ou a convivência constante, infringindo as disposições que impedem o casamento, transforma-se em adulterina ou espúria a união, formando o concubinato.

Da maior relevância destacar a diferença entre união estável e concubinato, que se resolve pela mera análise da existência ou não de elementos que disciplinam o casamento. O relacionamento sexual e amoroso pode não redundar em união estável porque se desenvolve quando vigorava plenamente o casamento, ou porque as relações sexuais ocorrem concomitantemente com os impedimentos para casar.

Esta modalidade consta definida pelo art. 1.727 do Código Civil: "As relações não eventuais entre o homem e a mulher, impedidos de casar, constituem concubinato".

Já no pertinente à *sociedade de fato*, não é de relevância a enumeração dos elementos antes descritos, como a convivência no mesmo lar e *more uxorio*, a notoriedade, o dever de fidelidade, a comunidade de leito. Apresenta-se indispensável o vínculo que une o homem e a mulher em uma união, constituindo o ânimo ou intenção de associar-se, ou a *affectio societatis*.

Para a formação de um fundo comum, em qualquer sociedade, com o fim de repartirem-se os ganhos e as perdas que resultarem, se requer, como elemento essencial, a *affectio societatis*, isto é, o ânimo ou a intenção de formar uma sociedade, que no direito romano se resumia na expressão *animus contrahendo societatis*. Sobressaem os seguintes elementos, de marcante presença:

- A pluralidade de pessoas, que se unem para constituir um patrimônio comum, ou um fundo geral pertencente aos componentes da sociedade.
- Onerosidade, consistente na atuação para a obtenção de utilidades ou bens.
- A comutatividade, revelada nos direitos e deveres mútuos para o desiderato da formação do patrimônio.
- A constituição em vista da pessoa dos contratantes, ou a união *intuitu personae*.
- A consensualidade, definido no mero consenso dos envolvidos na união, sem necessidade de instrumentalizar por escrito o intuito.

Cristaliza-se a sociedade na comunhão de vida e interesses, que se alcança com a conjugação de esforços em benefício de todos os que se uniram.

4. VISÃO HISTÓRICA

Apresentam-se, embora de relance, as várias fases da união entre o homem e a mulher, até chegarmos ao direito atual, resultado de uma longa evolução, que se impôs em face do fato social, que tornou uma realidade a constituição da entidade familiar paralelamente à formada de forma oficializada.

---

[14] Em *União Livre à Luz das Leis 8.971/94 e 9.278/96*, de Rainer Czajkowski, obra citada, p. 42.

4.1. Fase antiga

Cumpre, primeiramente, observar que, numa fase primitiva, não havia exclusividade nas relações entre o homem e a mulher. No alvorecer do gênero humano, as uniões ocorriam em momentos de procriação, visando sobretudo essa finalidade, formando-se um elo à semelhança do que se efetua entre o macho e a fêmea no reino animal, com domínio do líder ou mais forte, que vencia ou afugentava os concorrentes do mesmo grupo.

A perenização das uniões apareceu com a evolução do ser humano, quando mais se destacavam e firmavam os grupos, e se sociabilizavam as pessoas, evoluindo o estreitamento das relações. Todavia, o sentido de família ou continuidade das uniões, com o agregamento da prole que surgia, decorreu, num momento inicial, das imposições religiosas, até que o Estado assumiu essa função, dada a necessidade de proteção e regulamentação. Foi quando se introduziram algumas formas para registrar ou documentar as uniões, acompanhadas de solenidades para marcar a sua oficialização. Mesmo assim, não se impunha uma fidelidade obrigatória, tanto que admitidas com certa normalidade a concomitância de relações paralelas. Exemplo típico encontra-se em povos com alto grau de religiosidade, como se vê no Gênese, quando Abraão permitiu que sua mulher, então com o nome de Saraí, fosse entregue ao Faraó, com a qual permaneceu durante algum tempo (Gênese, capítulo 17, versículos 14 e 15). Posteriormente, dada a esterilidade da mesma Saraí, que mais tarde veio a chamar-se Sara, atendendo apelo desta, passou a conviver com a criada Agar, com a qual teve um filho de nome Ismael (Gênese, capítulo 16, versículos 1 a 5). Outro exemplo está no rei Salomão, que teve um harém de setecentas mulheres e trezentas concubinas, que se submetiam a uma disciplina hierárquica no relacionamento com o rei.

A história revela certa normalidade no tratamento das relações extraconjugais ou de uniões de fato entre outros povos, como no caso dos gregos e romanos. Destaca Ronaldo Frigini que "remonta a milênios a notícia da existência de concubinas na vida dos homens, mesmo no tempo em que a poligamia era o regime natural dos casados, podendo-se afirmar que possuir apenas uma mulher representava comportamento vergonhoso, desonroso para o homem. Não bastasse a existência das várias mulheres com quem se casavam, não eram poucos os homens que ainda mantinham suas concubinas".[15]

Na antiga Grécia, ficaram conhecidos alguns exemplos de concubinatos, como o entre Sócrates e Aspásia, embora fosse casado com Xantipa. Praxítenes se inspirou em Friné para esculturar as estátuas de Vênus, tornando-a sua amante, ao mesmo tempo em que servia também o famoso orador Hipéricles.

Na Roma dos imperadores, era comum o concubinato, que convivia entre algumas formas de casamento, sendo a mais comum o ordinário, conhecido como *justae nuptiae*, regulado pelo *jus civile*, e o casamento de pessoas que não eram cidadãs romanas, ou originárias do estrangeiro, envolvendo especialmente os povos conquistados nas guerras, submetidas ao *jus gentium*. Entre os escravos, havia o *contubernium*, constituído de uma união de fato, sem a regulamentação dos efeitos por uma lei. Especialmente no alto império se difundiu o concubinato, envolvendo cidadãos nobres, os imperadores, políticos, militares e expandindo-se para todas as camadas sociais. As conquistas e as riquezas trazidas de povos dominados impulsionaram a degradação dos costumes e da disciplina, levando à depravação, aos bacanais e à decadência do casamento. A reação iniciou com Augusto, que impôs várias leis, como a *Lex Julia de Adulteris*, trazendo impedimentos nas uniões, e seguindo o endurecimento com a aceitação do cristianismo. Constantino emitiu

---

[15] "O Concubinato e a Nova Ordem Constitucional", *Revista dos Tribunais*, nº 686, p. 56.

Cap. XXIX | União Estável • **861**

decretos contra o concubinato, e retirando direitos aos filhos originados de uniões ilegais. Ao tempo dos imperadores cristãos, já no final do século IX, simplesmente se aboliram as uniões de fato. Ou, numa reação mais suave, na exposição de Eduardo de Oliveira Leite, "o concubinato passa a ser admitido como uma forma inferior de casamento, um *inaequale coniugium* que, submetido a certas condições, produz efeitos jurídicos. Proibido entre pessoas casadas e parentes próximos (Digesto, 23, 02, 56), o que traduz o horror ao incesto, o concubinato garante direitos sucessórios à concubina e seus filhos, dependendo da presença ou não de filhos legítimos e conforme as épocas".[16]

4.2. Fase medieval e contemporânea

Na medida em que se implantava a Igreja Católica, ou se expandia o cristianismo entre os povos, combatiam-se as uniões livres e paralelas ao matrimônio oficial ou religioso, dada a insistência da pregação da fidelidade conjugal, vendo-se no matrimônio um sacramento, ou a manifestação de um sinal divino, com a sua indissolubilidade. Na verdade, mesmo dando um dos cônjuges carta de divórcio ao outro, segundo o rigor dos evangelhos, sequer novas uniões são permitidas (Mateus, capítulo 5, versículo 32). Na Idade Média, dominou o combate à poligamia e às uniões extraconjugais, tornando-se as relações sexuais fora do casamento um dos maiores pecados. Difundiam-se como sinais de santidade a castidade e o celibato, o que predominou durante séculos e ainda prevalece hoje em certos setores tradicionais da religião católica, inclusive com a proibição ao controle da natalidade por métodos diferentes que a abstinência no período fértil da mulher. Bem expressa Eduardo de Oliveira Leite: "Por isso que, em suas origens, até mesmo o casamento (como sacramento) foi considerado como condição inferior à virgindade, à castidade, à continência, virtudes maiores pregadas pelo ascetismo cristão... Fora do casamento, então, qualquer manifestação da sexualidade humana só haveria de ser rigorosamente condenada. Daí a conotação delitiva de 'fornicação' como pecado da carne."[17]

No entanto, bem ou mal, sempre existiram relacionamentos amorosos ou de ordem sexual paralelas ao casamento, quando não oficializavam os regramentos e sistemas religiosos vários casamentos, sendo exemplo o Alcorão, o qual aceita o casamento do homem com até quatro mulheres, numa expressa admissão da poligamia no direito muçulmano. Entre os povos bárbaros, acrescenta Guilherme Calmon Nogueira da Gama, "também havia o concubinato, sendo que a concubina dos chefes gauleses desempenhava relevante função nas atividades de seu companheiro, tanto nas guerras como nas festas. Nos povos celtas, a companheira era equiparada à mulher casada, inexistindo qualquer distinção quanto aos direitos dos filhos daquela em relação aos nascidos da esposa legítima. Os germanos, à exceção dos nobres e chefes guerreiros, não admitiam o companheirismo, atribuindo valor apenas ao casamento. Outros povos, como os visigodos e os lombardos, adotaram posturas rígidas na punição aos infratores do princípio de igualdade de uniões (era proibida a união entre pessoas de diferentes condições). Os francos, contrários às uniões informais, negavam qualquer direito sucessório aos filhos de concubina".[18]

No geral, mesmo disciplinando as uniões, com a imposição da exclusão de relações concomitantes com outra pessoa, manteve-se a união conjugal de fato como instituição

---

[16] *Tratado de Direito de Família. Origem e Evolução do Casamento*, 1ª ed., Curitiba, Juruá, 1991, vol. I, p. 80.

[17] *Tratado de Direito de Família. Origem e Evolução do Casamento*, obra citada, vol. I, p. 129.

[18] *O Companheirismo*, São Paulo, RT, 1998, p. 77.

862 • Direito de Família | *Arnaldo Rizzardo*

civil, reconhecendo-se a sua existência e protegendo certos efeitos, especialmente os de ordem patrimonial. Inclusive isto no tempo dos romanos, quando se admitia o casamento *sine conubio*.

Na Idade Contemporânea, iniciaram-se decisões dos tribunais, como relata Rodrigo da Cunha Pereira: "Na Idade Contemporânea começam a operar mudanças a partir da primeira metade do Século XIX, quando os tribunais franceses apreciam e consideram as pretensões das concubinas. Esta relação passa a ser vista sob dois aspectos: sociedade com caráter nitidamente econômico e como obrigação natural quando, rompida a relação, havia promessa de certas vantagens à ex-companheira".[19]

Consoante relata Edgard de Moura Bittencourt, por volta de 1910 a jurisprudência francesa começou a reconhecer, em favor da mulher, o direito à indenização como maneira de ser compensada pela convivência marital de fato, sob o fundamento, embora artificial, de serviços prestados.[20] Ainda na França, em 1912 uma lei permitiu o reconhecimento de filho fruto de concubinato notório.

4.3. Fase de formação no direito brasileiro

O antigo direito luso não cuidou da espécie. Já continham, entrementes, as Ordenações Filipinas dispositivos proibindo as doações e disposições testamentárias à concubina, vedação que passou para o nosso Código Civil que entrou em vigor em 1917, e vindo o mesmo impregnado de preconceitos e restrições contra os filhos nascidos fora do casamento. É exemplo a primitiva redação do art. 358, revogado pela Lei nº 7.841, de 17.10.1989, impedindo o reconhecimento dos filhos havidos de uniões adúlteras ou incestuosas: "Os filhos incestuosos e os adulterinos não podem ser reconhecidos". A par disso, previa-se uma divisão dos filhos em legítimos e ilegítimos, consoante nascidos de uniões oficiais ou não. Lembra-se, ainda, que foi necessário o advento da Lei nº 883, de 21.10.1949, para assegurar o direito a alimentos pelos filhos ilegítimos, e o direito à sucessão no correspondente à metade do que viesse a receber o filho legítimo (arts. 2º e 4º).

A jurisprudência foi quem abriu, lentamente, as portas para os direitos em favor dos concubinos, máxime em se tratando de mulher, relegada a uma posição de inferioridade, tanto que, no texto original do Código Civil de 1916, era tida como relativamente capaz. O problema começou a surgir nos tribunais pátrios já em 1921. Unicamente, porém, em 1937 teve aceitação a tese da remuneração pelos serviços da mulher. Para justificar a indenização, formulou-se a teoria da prestação de serviços ao companheiro, no período da convivência. Edgard de Moura Bittencourt bem descreve a matéria, citando decisão do Tribunal de Justiça de Minas Gerais. Não muitos anos depois, em 1940, o entendimento veio repetido pelo Tribunal de Justiça do ex-Distrito Federal. A partir daí começaram a proliferar as decisões que concediam tal verba,[21] ressaltando um texto de 1957: "A princípio, os julgados dos tribunais mantinham-se renitentes em negar à concubina qualquer direito, mesmo quanto à remuneração dos serviços prestados. Pouco a pouco, foram se modificando, admitindo primeiramente a indenização de tais serviços e, embora indecisos, admitem, hoje, alguns arestos a partilha dos bens, tratando-se de antiga união *more uxorio*".[22]

---

[19]   *Concubinato e União Estável*, obra citada, p. 31.
[20]   *O Concubinato no Direito*, São Paulo, Editora Leud, 1975, p. 127.
[21]   *O Concubinato no Direito*, obra citada, vol. II, pp. 101 e 103.
[22]   *Revista dos Tribunais*, 271/223. Já antes, na mesma Revista, nᵒˢ 181/290 e 260/424.

Em relação à partilha decorrente da dissolução de fato, a indenização foi reconhecida precedentemente, consoante se infere de inúmeras decisões ditadas por pretórios estaduais e inclusive pela Suprema Corte,[23] onde a orientação se consolidou em princípio, como se vê nos seguintes exemplos: "Concubinato *more uxorio* por muitos anos constitui sociedade de fato. Indenização devida à companheira".[24] "Companheira. Serviços domésticos. Faz jus à remuneração por serviços domésticos ou outros lícitos e de natureza econômica, a mulher solteira que viveu sob o mesmo teto, durante anos, com homem solteiro, de quem engravidou em união livre e honesta".[25]

Percebe-se que toda a argumentação erigida tinha em conta a mulher, que, em geral, buscava o reconhecimento do direito na Justiça.

A razão estava no postulado de que não se admitia o enriquecimento sem causa, a expensas de outra pessoa. Embora não houvesse nenhum dispositivo que embasasse a indenização, só por isso não era justo se beneficiasse alguém com os serviços prestados pela mulher. Não existia a obrigação de trabalhar gratuitamente para o concubino, o que acontecia apenas no casamento, como justa compensação pelas vantagens econômicas oriundas.

No desenvolvimento das atividades, não emergia uma relação empregatícia, ou locação de serviços, mas um favorecimento, um locupletamento, que merecia uma reparação ou retribuição.

Dentro do caráter que dava a maioria da doutrina e da jurisprudência no começo da formulação dos fundamentos,[26] não se estava diante de um salário convencionado ou estipulado para compensar os serviços. Pelo contrário, argumentava-se, "o trabalho da concubina mais se equipara à indenização civil, pois é contraprestação de zelo e carinho que a mulher dá ao homem, atendendo-o efetivamente em todas as horas de convivência. A indenização à concubina não se pode confundir com o salário devido à doméstica que, materialmente e sem nenhum outro interesse que não o mister que lhe é reconhecido, faz jus à indenização pelo tempo que, ao amásio, dedicou e não como a doméstica ao trabalho executado".[27]

Em verdade, o trabalho é gratuito, considerado como decorrência normal da convivência, mas com resultados favoráveis ao concubino que, por esta razão, tinha maior comodidade, menos despesas, a vida organizada, o lar ordenado e a sua própria pessoa atendida em múltiplas necessidades. A ausência da mulher, no conjunto familiar, resultava em considerável aumento de ônus domésticos e num acréscimo de responsabilidades ao homem, que nem sempre manifestava disponibilidade e qualidades para o desempenho.

Quanto à dissolução da sociedade conjugal de fato, com o direito de partilha do patrimônio formado, já o vetusto direito luso, nas Ordenações que perduraram no Brasil até o advento do Código Civil, já tinha regra a respeito: "Outrossim, serão meeiros, provando que estiveram em casa teúda e manteúda, ou em casa de seu pai, ou em outra, em pública voz e fama de marido e mulher por tanto tempo que, segundo o direito, baste para presumir matrimônio entre eles..." (Livro IV, Tít. 46, § 2º).

---

[23]   *Revista Trimestral de Jurisprudência*, 9/163, de 1958; *Revista Forense*, 178/108, de 1957; e *Revista dos Tribunais*, 342/542 e 339/514.

[24]   *Revista Trimestral de Jurisprudência*, 56/429.

[25]   *Revista Trimestral de Jurisprudência*, 66/765.

[26]   Exemplificativamente, Edgard de Moura Bittencourt, em *O Concubinato no Direito Brasileiro*, obra citada, vol. II, pp. 86 e 87; e *Revista dos Tribunais*, 320/424.

[27]   *Revista dos Tribunais*, 452/224.

864 • Direito de Família | *Arnaldo Rizzardo*

O debate nos tribunais, todavia, como já dito, surgiu depois daquele que impunha a indenização por serviços realizados, ou seja, somente na década de 1930, historiando Sílvio Rodrigues: "De modo que, a partir da década de mil e novecentos e trinta começaram a surgir, nos tribunais brasileiros, as primeiras manifestações jurisprudências, em geral inspiradas no propósito de proteger a mulher, em caso de morte ou de separação de seu companheiro".[28] Entrementes, no STF havia uma barreira forte contra a interpretação favorável, como ostenta uma decisão de 1947, onde o Min. Hahneman Guimarães alardeava: "A ordem jurídica ignora a existência do concubinato".[29]

A começar de 1950, alcançou a matéria grande desenvolvimento, gerando debates e dirigindo-se para o reconhecimento do direito da mulher – direito que se consolidava nos pretórios pátrios. Posicionavam-se na vanguarda o Tribunal de Justiça do Rio Grande do Sul,[30] o de São Paulo,[31] o de Minas Gerais,[32] e o do Rio de Janeiro.[33] Mais cedo ou mais tarde, a posição favorável atingiu os demais Estados, chegando a culminar no Supremo Tribunal Federal que, num dos muitos julgamentos, assentou: "A jurisprudência do STF predomina no sentido de que se for reconhecida no curso da união livre *more uxorio* a existência de uma sociedade de fato, pela conjugação de esforços entre os concubinos na formação do patrimônio, tem direito a mulher à partilha dos bens. A medida maior ou menor da colaboração da mulher naqueles esforços é secundária e se reconhecida, pelo Tribunal que julgou os fatos, não pode ser reexaminada em recurso extraordinário".[34]

Ao homem se estendeu o mesmo direito, em tempos pretéritos: "O concubinário tem o direito de pleitear a partilha dos bens do casal, adquiridos com as economias de ambos durante a mancebia".[35]

Ficou praticamente cristalizado o direito com a Súmula nº 380 do STF, que assegurava: "Comprovada a existência de sociedade de fato entre os concubinos, é cabível a sua dissolução judicial, com a partilha do patrimônio adquirido pelo esforço comum".

4.4. Fase atual e o direito no Código Civil

Foi com a Constituição Federal de 1988 que se tornou dogma o direito, a ponto de inserir o concubinato estável em uma forma de família, proclamando o art. 226, § 3º: "Para efeito da proteção do Estado, é reconhecida a união estável entre o homem e a mulher como entidade familiar, devendo a lei facilitar sua conversão em casamento". É elevada a união estável à categoria de entidade familiar, com a proteção do Estado. Nada mais fez a Carta Federal que reconhecer um fenômeno social comum e generalizado em todo o País, tornando-se necessária a sua regulamentação. Seguiram-se, nesse intento, a Lei nº 8.971, de 29.12.1994, tratando dos direitos dos companheiros a alimentos e a sucessões; e a Lei nº 9.278, de 13.05.1996, com regras sobre a conversão da união estável em casamento. Esses diplomas cuidam, pois, dos efeitos das uniões estáveis, discriminando os direitos e obrigações, dentro da ordem de requisitos para a sua caracterização.

---

[28] *Direito Civil Aplicado*, São Paulo, Saraiva, 1983, vol. II, pp. 32 e 33.
[29] *Revista dos Tribunais*, 112/417.
[30] *Revista de Jurisprudência do TJ do RGS*, 5//217, 6/263, 7/300, 12/324, 13/293, 29/348 e 33/371.
[31] *Revista dos Tribunais*, 520/59.
[32] *Revista dos Tribunais*, 519/247.
[33] *Revista dos Tribunais*, 546/223.
[34] *Revista Trimestral de Jurisprudência*, 66/527.
[35] *Revista dos Tribunais*, 569/191.

Cap. XXIX | União Estável • **865**

O Código Civil, dentro do Livro IV da Parte Especial, no Título III, disciplina o assunto em cinco artigos, com previsões um tanto diferentes do que vem nas Leis n°s 8.971 e 9.278. Nos dispositivos pertinentes, e que se consolidaram depois de sucessivas emendas, firma-se que é reconhecida como entidade familiar a união estável entre o homem e a mulher, configurada na convivência pública, contínua e duradoura e estabelecida com o objetivo de constituição de família. Na redação inicial, era imposto um prazo de cinco anos de união, que se reduzia para três anos quando houvesse filho comum.

A união estável não se constituirá caso ocorrerem os impedimentos do art. 1.521, que são os que não permitem o casamento. Estabelece-se que as relações pessoais entre os companheiros obedecerão aos deveres de lealdade, respeito e assistência, e de guarda, sustento e educação dos filhos. Consoante outra disposição, na união estável, salvo convenção válida entre os companheiros, aplica-se às relações patrimoniais, no que couber, o regime da comunhão parcial de bens. Consigna-se, outrossim, a possibilidade de converter-se a união estável em casamento, mediante pedido dos companheiros ao juiz e assento no Registro Civil. Finalmente, assinala-se que as relações não eventuais entre o homem e a mulher, impedidos de casar, constituem concubinato, isto é, não se enquadram na união estável. Com isso, impossível a conversão em casamento. Lembra-se que, dentre os vários impedimentos existentes para casar, de acordo com o art. 1.521, inc. IV, no que reedita preceito outrora vigente, está a existência de casamento de qualquer dos que estão unidos de fato. Extrai-se, na visão do direito recém-inaugurado, que o termo *concubinato* passa a ter o conteúdo de uniões de pessoas impedidas de casar.

Aspecto importante a ressaltar prende-se ao direito sucessório, aplicando-se as regras concernentes ao regime de bens da comunhão parcial. Ou seja, entra na comunhão o patrimônio formado durante a convivência, e adquirido onerosamente. Essa disposição perdura. Todavia, constava do art. 1.790 que o convivente poderia concorrer, quanto aos bens existentes antes do enlace de fato, com os descendentes ou ascendentes, segundo prognosticava o referido artigo: "I – se concorrer com filhos comuns, terá direito a uma quota equivalente à que por lei for atribuída ao filho; II – se concorrer com descendentes só do autor da herança, tocar-lhe-á a metade do que couber a cada um daqueles; III – se concorrer com outros parentes sucessíveis, terá direito a 1/3 (um terço) da herança; IV – não havendo parentes sucessíveis, terá direito à totalidade da herança".

De se observar, porém, que o STF, em decisões proferidas no julgamento dos Recursos Extraordinários 646.721 e 878.694, com repercussão geral reconhecida, declarou, por maioria de votos, a inconstitucionalidade do art. 1.790 do Código Civil. A matéria será novamente abordada a seguir.

4.5. Visão no direito comparado

Em muitos países, a união estável também encontra-se alçada à categoria de entidade familiar, e isto em época bem anterior à sua introdução no Brasil. Uma lei de 16 de novembro de 1912 incluiu no sistema jurídico francês o direito ao reconhecimento da paternidade de filhos advindos de uniões duradouras e notórias, com alteração do art. 340 do Código Napoleônico. O Código Civil da Itália de 1942, no art. 269, abre ensanchas à declaração judicial de paternidade de pessoa cujos pais notoriamente tenham convivido à maneira de cônjuges quando da concepção. No direito russo, o casamento não passa de uma das formas de família, com a previsão de regras para a conversão das uniões livres em casamento. Aponta José Francisco de Oliveira os requisitos da conversão: "Caso o matrimônio não haja sido registrado, o tribunal admitirá como provas de coabitação marital: o fato da coabitação, a

866 • Direito de Família | *Arnaldo Rizzardo*

existência desta com economia comum, a exteriorização de relações de caráter matrimonial entre terceiras pessoas, em correspondência pessoal e outros documentos, assim como, segundo as circunstâncias do caso, o sustento material recíproco e a mútua educação dos filhos".[36]

Noticia o Ministro do STJ Carlos Alberto Menezes Direito: "A lei panamenha de 1946 converte a união livre, com dez anos de duração, em matrimônio, depois de um pequeno trâmite por meio do qual inscreve-se o 'peculiar matrimônio' no registro civil com todas as consequências jurídicas do matrimônio civil.

A Carta Magna Boliviana de 1945, no seu art. 21, trata como casamento diferente do civil o chamado casamento de fato, que começa a produzir efeitos depois de dois anos de duração.

Na Guatemala, as uniões de fato foram reconhecidas na Constituição de 1945, estabelecendo o Código Civil que, com três anos de duração e inscrição no Registro Civil, começam a produzir efeitos jurídicos, assim disciplinando o Código Civil de 1963.

A antiga Constituição cubana de 1940 simplesmente equiparava a união livre ao casamento civil... O Código de Família de 1975 também trata do chamado 'matrimônio não formalizado'.

Também em Honduras, a Constituição de 1957 reconhece o casamento de fato entre pessoas que estão legalmente capacitadas a se casarem...

No Peru, desde antes de sua conquista, praticou-se uma espécie de 'união antecipada', tendo por objetivo o conhecimento recíproco das aptidões e qualidades dos pretendentes".[37]

Rodrigo da Cunha Pereira lembra a legalização da união de fato na Venezuela em 1942, enquanto na Colômbia uma lei de 1978 reconheceu efeitos às uniões com duração mínima de dois anos. A Constituição da Bolívia de 1947 admite o matrimônio de fato nas uniões concubinárias prolongadas por dois ou mais anos.[38]

5. EFEITOS DA UNIÃO ESTÁVEL

A união estável traz efeitos jurídicos.

Recorda-se, primeiro, que, para a sua caracterização, a incidência era do art. 1º da Lei nº 9.278, de redação semelhante ao art. 1.723 do Código Civil, e não do art. 1º da Lei nº 8.972. Diante da regulamentação da matéria pelo Código Civil, todos e quaisquer efeitos decorrem do preenchimento dos requisitos do art. 1.723, e que se constituem da convivência pública, contínua e duradoura, de um homem e uma mulher, com o objetivo de constituição de família. Há de existir uma união que tenha algum tempo prolongado de duração, desenvolvida de modo constante e assumida, a ponto de ser percebida e constatada pelo meio social onde se situa. Apresentando tais atributos, naturalmente terá em vista a constituição de família, ou de uma entidade formada em torno de duas ou mais pessoas com residência no mesmo lar, com finalidades comuns, unidas por laços de parentesco ou afetividade especial.

Para a produção dos efeitos especiais protegidos pelo direito positivo, o primeiro passo consiste na satisfação de referidos elementos, que se elevam como pressupostos.

E desde que admitida a união estável, impõe-se uma postura, de parte dos conviventes ou companheiros, de respeito, fidelidade, colaboração, convivência, assistência moral e

---

[36] *O Concubinato e a Constituição Brasileira*, Rio de Janeiro, Aide, 1993, p. 33.
[37] "Da União Estável como Entidade Familiar", *Revista dos Tribunais*, nº 667, p. 20.
[38] *Concubinato e União Estável*, obra citada, pp. 38 e 39.

Cap. XXIX | União Estável • **867**

material, além daqueles deveres exigidos em favor da prole comum, se houver. De certa maneira, compreendem os deveres indicados para o casamento. O art. 1.724 os expressa: "As relações pessoais entre os companheiros obedecerão aos deveres de lealdade, respeito e assistência, e de guarda, sustento e educação dos filhos".

Entrementes, não se esgotam nessa relação. Outros existem de grande realce, ínsitos da própria relação, ou compreendendo aspectos daqueles, como a fidelidade recíproca, a vida em comum, e o mesmo domicílio, embora este último não se revele essencial.

A violação de qualquer dos deveres determina a proteção do Estado, mediante as ações competentes, como a de alimentos, a de partilha do patrimônio, e até a de dissolução da união, com a separação de corpos, em se apresentando motivos, à semelhança do que corre no casamento. Antiga decisão do STJ veio a oficializar o direito da separação de corpos em favor de um dos companheiros: "Separação de corpos. União estável. Medida cautelar. A companheira tem o direito de requerer o afastamento do Companheiro do lar, pois os valores éticos que a medida visa proteger estão presentes no casamento e fora dele".[39]

6. ALIMENTOS

O que se desenvolverá, neste item, é o direito a alimentos no caso de separação ou dissolução da união estável, o qual constitui um corolário do dever de assistência.

A obrigação alimentar vinha contemplada no art. 1º da Lei nº 8.971 e no art. 7º da Lei nº 9.278. Pelo primeiro dispositivo, decorria se tivesse perdurado a união por mais de cinco anos, e desde que unido o companheiro ou a companheira a uma pessoa de sexo diferente solteira, ou separada judicialmente, ou divorciada, ou viúva. Já em vista do segundo preceito, a assistência material, a título de alimentos, pressupunha a união segundo o conceito que estava no art. 1º da Lei nº 9.278, revelado na convivência duradoura, pública e contínua de um homem e uma mulher, estabelecida com o objetivo de constituição de família, ou seja, não para meras relações sexuais. Não se inseria o requisito de um prazo mínimo, nem o estado civil que autorizasse o casamento.

Com a ordem do Código Civil, o direito a alimentos está regrado na parte que disciplina o direito patrimonial no direito de família. O art. 1.694 inclui os alimentos decorrentes da união estável ou de fato: "Podem os parentes, os cônjuges ou companheiros pedir uns aos outros os alimentos de que necessitem para viver de modo compatível com a sua condição social, inclusive para atender às necessidades de sua educação".

Conforme já adiantava Rainer Czajkowski quando da Lei nº 9.278, mas revelando-se atuais as observações, "não há mais restrições quanto ao estado civil de qualquer dos parceiros, tanto faz credor ou devedor. Alimentos podem existir entre parceiros, em relação na qual um ou ambos sejam apenas separados de fato de antigos cônjuges. O que importa é que entre eles tenha existido família...

Não há, também, ... o requisito alternativo de que a convivência tenha subsistido por um mínimo de cinco anos, ou que dela tenha resultado prole. É mais viável, mesmo, que a Lei não imponha nem uma condição nem outra... A estabilidade em cada caso concreto é um elemento variável – que não deve ser rigidamente fixado na lei – e a presença de filhos não é indispensável para a configuração de uma família informal".[40]

---

[39] Recurso Especial nº 93.582/RJ. 4ª Turma. Julgado em 06.08.1996, *DJ* de 09.09.1996.
[40] *União Livre*, obra citada, p. 132.

868 • Direito de Família | *Arnaldo Rizzardo*

De observar que o direito a alimentos condiciona-se à necessidade daquele que pleiteia e à possibilidade do convivente obrigado, como prevê o art. 1.695 do Código Civil: "São devidos os alimentos quando quem os pretende não tem bens suficientes, nem pode prover, pelo seu trabalho, à própria mantença, e aquele, de quem se reclamam, pode fornecê-los, sem desfalque do necessário ao seu sustento".

O regramento estabelecido para os alimentos em geral se estende aos companheiros. Assim, fixam-se na proporção da necessidade do reclamante e dos recursos da pessoa obrigada, limitando-se, entrementes, ao indispensável para a subsistência quando a situação de necessidade resultar de culpa de quem os pleiteia (§§ 1º e 2º do art. 1.694).

Regra peculiar que também merece a atenção é a que se encontra no parágrafo único do art. 1.704, da qual se extrai que mantém-se a obrigação de prestar alimentos ao convivente considerado culpado pela separação, mas restritamente no valor indispensável para a sobrevivência, e desde que não tenha parentes em condições de fornecê-los e aptidão para o trabalho.

No mais, incide a disciplina estabelecida para os alimentos em geral.

Mas, insta notar, para admitir-se o direito, a ligação deve revelar os elementos da união estável. Não se compactua com o direito positivo em vigor admitir a obrigação alimentar no desfazimento de meras uniões concubinárias, embora esporádicas decisões emprestem interpretações vulgares aos ditames que regulamentam a união estável, como a presente: "A lei que regulamenta a união estável não distingue o concubinato puro do impuro para extrair efeitos jurídicos do relacionamento. Basta o atendimento aos requisitos postos na Lei nº 9.278/1996, entre os quais não se encontra a proibição de os conviventes manterem convivência marital. Apelo provido por maioria".[41]

No entanto, segundo a lição do Desembargador gaúcho Sérgio Fernando de Vasconcellos Chaves, transcrevendo voto seu proferido em uma decisão, "o elemento diferenciador que a doutrina estabelece entre uma relação concubinária dita pura ou impura está na manutenção do vínculo do matrimônio paralelamente ao concubinato. Se o concubinato é mantido paralelamente ao casamento, diz-se concubinato impuro ou concubinagem; se os conviventes não têm qualquer impedimento matrimonial, diz-se que vivem em concubinato puro. Considera-se, também, que constitui concubinato dito impuro a situação em que um ou os dois componentes mantêm uma união de fato, paralelamente a um casamento ou a uma união estável...

... É inegável e explícita a disposição legal de que o relacionamento adulterino não configura união estável, que é a entidade familiar e deve ter o objetivo de constituição de uma família. E a aceitação de duas ou mais famílias paralelas significa a recepção da poligamia no ordenamento jurídico brasileiro.

Ao revés, o concubinato adulterino constitui uma situação antijurídica, tanto que o Código Penal estabelece como fato típico e passível de sanção penal tanto o adultério como também a bigamia. Todo o direito pátrio de família está estruturado, pois, na compreensão da família exclusivamente monogâmica".

Tecendo considerações sobre a ementa acima: "O julgado transcrito, *data maxima venia*, recepciona com clareza a poligamia quando permite a convivência familiar na união estável paralela à convivência marital. Nessa linha de pensamento, podem se constituir tantas famílias quantas se quiser.

---

[41]   TJRGS. Apelação nº 598.153.815. 7ª Câm. Cível.

Cap. XXIX | União Estável • **869**

E, pior, dentro dessa mesma linha de raciocínio, com tendência liberalizante, não seria absurdo que se viessem a reconhecer, então, novas estruturas familiares, como, por exemplo, uniões afetivas não apenas de duas, mas de três pessoas, por exemplo, duas mulheres e um homem, dois homens e uma mulher, ou, de forma ainda mais ampla, até de três mulheres ou três homens... E, certamente, se estaria dando o primeiro passo em direção a uma neobarbárie, decorrendo do retorno ao estado de promiscuidade absoluta."[42]

Mesmo na existência de uma segunda união têm aplicação os fundamentos desenvolvidos no voto acima. Se, persistindo o casamento, não se firma o direito a alimentos em favor de amante ou pessoa que viva com uma pessoa casada, igual tratamento impõe-se, por coerência, na eventualidade de duas ou mais uniões estáveis paralelas. As pessoas necessitadas que integram ou formam uniões estáveis (se é que possíveis) ou mantêm relacionamentos afetivos com outras pessoas que já vinham e prosseguem em uma união estável mais antiga e consolidada não fazem jus à assistência alimentar ou previdenciária.

O STJ, procurando dar solução a situações especiais de concubinato, ou de união de pessoa impedida de casar, assegurou o direito à indenização, conforme o seguinte aresto, proferido no Recurso Especial n° 53.788/SP, da 4ª Turma, j. em 25.11.1997, *DJ* de 09.03.1998: "Civil. Família. Concubinato. Serviços domésticos. Indenização. Tem a concubina direito à pretensão postulada de receber indenização pelos serviços prestados ao companheiro durante o período de vida em comum".

7. DIREITOS SUCESSÓRIOS

O direito sucessório veio com a Lei n° 8.971/1994. Ao ordenar, em seu art. 2°, que as pessoas referidas no art. 1° participariam da sucessão do(a) companheiro(a), queria significar aquelas que convivessem durante cinco ou mais anos, ou de cuja união tivesse resultado prole, com alguém solteiro, ou separado judicialmente, ou divorciado, ou viúvo.

O Código Civil, que passou a disciplinar a matéria, modificou os conteúdos que vinham na Lei n° 8.971/1994 e na Lei n° 9.278/1996. O direito sucessório está no art. 1.790 e nos incisos, com o seguinte texto: "A companheira ou o companheiro participará da sucessão do outro, quanto aos bens adquiridos onerosamente na vigência da união estável, nas condições seguintes:

I – se concorrer com filhos comuns, terá direito a uma quota equivalente à que por lei for atribuída ao filho;

II – se concorrer com descendentes só do autor da herança, tocar-lhe-á a metade do que couber a cada um daqueles;

III – se concorrer com outros parentes, terá direito a 1/3 (um terço) da herança;

IV – não havendo parentes sucessíveis, terá direito à totalidade da herança".

Pela norma acima, participa o convivente da sucessão do outro restritamente nos bens adquiridos onerosamente, nas proporções assinaladas, se existirem sucessores filhos comuns, ou sucessores filhos só do autor da herança, ou sucessores outros parentes. Não havendo parentes sucessíveis, o sobrevivente receberá a totalidade da herança, mas restritamente quanto aos bens surgidos, de forma onerosa, durante a união estável. O patrimônio formado antes da

---

[42] "A jurisprudência e as tendências promissoras em Direito de Família", *Seleções Jurídicas, ADV – Advocacia Dinâmica*, pp. 40 e 41, jun. 2000, edição especial.

união, e aquele herdado ou doado, não ingressam na herança. O *caput* do art. 1.790 limita a herança aos bens recebidos onerosamente no curso da união estável.

No entanto, o STF, em decisões proferidas no julgamento dos Recursos Extraordinários 646.721 e 878.694, com repercussão geral reconhecida, declarou, por maioria de votos, a inconstitucionalidade do art. 1.790 do Código Civil.

A matéria vinha sendo discutida nos meios jurídicos desde a vigência do Código Civil de 2002, e constituiu uma das bandeiras do Instituto Brasileiro de Direito de Família (IBDFAM), e da Associação de Direito de Família e das Sucessões (ADFAS), tanto que ingressaram como *amicus curiae* nos mencionados recursos.

Os julgamentos foram concluídos no dia 10 de maio de 2017. A inconstitucionalidade tem como fundamento a violação aos princípios da igualdade, da dignidade da pessoa humana, da proporcionalidade e da vedação ao retrocesso. Reconheceu-se a igualdade de direitos na sucessão entre cônjuges e companheiros, sendo que, quanto a estes, tanto na relação heteroafetiva como na homoafetiva. Na apreciação dos temas 809 e 498, restou aprovada a seguinte tese: "É inconstitucional a distinção de regimes sucessórios entre cônjuges e companheiros prevista no art. 1.790 do CC/2002, devendo ser aplicado, tanto nas hipóteses de casamento quanto nas de união estável, o regime do art. 1.829 do CC/2002".

O STJ adotou a posição, conforme a seguinte ementa:

"Recurso especial. Civil. Processual civil. Direito de família e das sucessões. Distinção de regime sucessório entre cônjuges e companheiros. Impossibilidade. Art. 1.790 do Código Civil de 2002. Inconstitucionalidade. STF. Repercussão geral reconhecida. Art. 1.829 do Código Civil de 2002. Princípios da igualdade, dignidade humana, proporcionalidade e da razoabilidade. Incidência. Vedação ao retrocesso. Aplicabilidade.

1. No sistema constitucional vigente é inconstitucional a distinção de regimes sucessórios entre cônjuges e companheiros, devendo ser aplicado em ambos os casos o regime estabelecido no artigo 1.829 do CC/2002, conforme tese estabelecida pelo Supremo Tribunal Federal em julgamento sob o rito da repercussão geral (Recursos Extraordinários nos 646.721 e 878.694).

2. O tratamento diferenciado acerca da participação na herança do companheiro ou cônjuge falecido conferido pelo art. 1.790 do Código Civil/2002 ofende frontalmente os princípios da igualdade, da dignidade humana, da proporcionalidade e da vedação ao retrocesso.

3. Ausência de razoabilidade do discrímen à falta de justo motivo no plano sucessório.

4. Recurso especial provido".[43]

Por conseguinte, dada a inconstitucionalidade do art. 1.790, incide o regime do art. 1.829, que apresenta a seguinte ordem: "A sucessão legítima defere-se na ordem seguinte:

I – aos descendentes, em concorrência com o cônjuge sobrevivente, salvo se casado este com o falecido no regime da comunhão universal, ou no da separação obrigatória de bens (art. 1.640, parágrafo único); ou se, no regime da comunhão parcial, o autor da herança não houver deixado bens particulares;
II – aos ascendentes, em concorrência com o cônjuge;
III –- ao cônjuge sobrevivente;
IV – aos colaterais."

---

[43] REsp 1.332.773/MS, da Terceira Turma, rel. Min. Ricardo Villas Bôas Cueva, j. em 27.06.2017, DJe de 1º.08.2017.

Cap. XXIX | União Estável • 871

Persistem, porém, as críticas, em especial sob o ponto de vista de que o casamento e a união estável são institutos similares e não iguais, justificando o tratamento diferenciado, embora com a mesma conotação de instituição familiar.

Seja como for, termina o caos jurisprudencial de decisões divergentes nos tribunais, posto que a repercussão geral reconhecida afetará todos os casos assemelhados. A decisão não se limita ao caso concreto julgado, mas alcançará todas as situações equivalentes.

Desde que comprovada a união, mantida até a morte, vingam os direitos, mostrando-se de rigor observar os requisitos, inclusive a continuidade da união até a morte do companheiro, como sinaliza Fernando Malheiros Filho: "Desse modo, o convivente somente será herdeiro, nas hipóteses em que a lei permitir-lhe o recebimento da herança, se comprovar cabalmente não só que manteve a união estável com o autor da herança, com todos os seus pressupostos e requisitos já estudados, mas também que a mesma união se mantinha, em sua plena constância, à época do falecimento deste.

Outra solução não há, pois opção diversa consagraria o insólito, o absurdo, que repugna o direito, de um ex-companheiro ou ex-companheira, de união há muito dissolvida, vir reclamar herança do outro recentemente falecido.

Mas não param aqui as hipóteses duvidosas, pois mais dramática ainda é a circunstância em que o convivente falecido era separado de fato. Nessa situação haveria uma concorrência entre o esposo, ou a esposa, e a companheira, ou companheiro. Em favor do primeiro milita a força jurídica do título ou assento do casamento não desfeito; para o segundo a união estável erigida pelos fatos, embora para ambos haja previsão legal de direito hereditário".[44]

8. DIREITOS PREVIDENCIÁRIOS

Na Lei nº 8.213, de 24.07.1991 (dispondo sobre os Planos de Benefícios da Previdência Social) e no Decreto nº 3.048, de 6.05.1999 (Regulamento da Previdência Social), encontram-se assegurados os direitos previdenciários decorrentes da união estável. O art. 16, inc. I, da Lei nº 8.213, na redação das Leis nºs 12.470/2011 e 13.146/2015, contempla o cônjuge, a companheira, o companheiro e o filho não emancipado, de qualquer condição, menor de 21 (vinte e um) anos ou inválido ou que tenha deficiência intelectual ou mental ou deficiência grave. No § 3º do mesmo artigo encontra-se a definição de companheira ou companheiro nos moldes do art. 226, § 3º, da Carta Federal: "Considera-se companheira ou companheiro a pessoa que, sem ser casada, mantém união estável com o segurado ou com a segurada, de acordo com o § 3º do art. 226 da Constituição Federal". Não se pode olvidar a regra do § 4º do mesmo art. 16, que é a presunção da dependência econômica quanto às pessoas do inc. I, devendo ser comprovada a das demais pessoas: "A dependência econômica das pessoas indicadas no inciso I é presumida e a das demais deve ser comprovada".

Já o art. 16, em seu inc. I, do Decreto nº 3.048/1999, também inclui a companheira ou o companheiro na qualidade de dependente. Pelo § 5º do mesmo artigo, "considera-se companheira ou companheiro a pessoa que mantenha união estável com o segurado ou segurada", e união estável, em face do § 6º, também do art. 16, na redação do Decreto nº 6.384, de 2008, é "aquela configurada na convivência pública, contínua e duradoura entre

---

[44] *A União Estável*, obra citada, p. 50.

872 • Direito de Família | *Arnaldo Rizzardo*

o homem e a mulher, estabelecida com intenção de constituição de família, observado o § 1º do art. 1.723 do Código Civil, instituído pela Lei nº 10.406, de 10 de janeiro de 2002".

Nota-se que importa a inscrição na qualidade de companheira ou companheiro para ensejar os direitos previdenciários. Não é relevante o tempo de união, eis que omissa a legislação a respeito. Nada existe que imponha um prazo mínimo de duração da convivência. Pelo art. 22, inc. I, letra *b*, do mesmo Regulamento, procede-se à inscrição através de "documento de identidade e certidão de casamento com averbação da separação judicial ou divórcio, quando um dos companheiros ou ambos já tiverem sido casados, ou do óbito, se for o caso".

De realçar que não se proíbe ao segurado casado realizar a inscrição da companheira, e assim vice-versa. Por conseguinte, não se requer que, antes de se proceder à inscrição, se procure legalizar a separação de fato eventualmente existente, o que já era assim no regime anterior, que autorizava a inscrição de companheira ou companheiro de par ainda casado. A redação original do § 5º do art. 22 do Decreto 3.048 proibia a inscrição de companheiro ou companheira por pessoa casada. No entanto, o dispositivo veio a ser revogado pelo Decreto nº 4.079/2002.

A inscrição depois da morte do segurado vinha autorizada no art. 23 do Regulamento, o qual restou revogado pelo já mencionado Decreto nº 4.079. Acontece que, para se conseguir a inscrição após a morte, deve-se encontrar nos princípios próprios da união estável os requisitos para a sua configuração, o que se verifica no Código Civil, em seu art. 1.723. Em princípio, não se presta uma simples união, de curto espaço de tempo, ou de esporádicos momentos, oculta, sem notoriedade e perenidade, para as finalidades da dependência do segurado. Impende que venha corroborada por elementos convincentes, evidenciando a longa extensão de tempo de sua persistência, reconhecida pelo meio social onde vivem os companheiros, de efetiva dependência econômica.

O § 3º do art. 22 Regulamento trazido pelo Decreto nº 3.048 discrimina quais os elementos ou como se impõe a prova, em redação dada pelo Decreto nº 3.668, de 22.11.2000: "Para comprovação do vínculo e da dependência econômica, conforme o caso, devem ser apresentados no mínimo três dos seguintes documentos:

I – certidão de nascimento de filho havido em comum;

II – certidão de casamento religioso;

III – declaração do imposto de renda do segurado, em que conste o interessado como seu dependente;

IV – disposições testamentárias;

V – (*revogado pelo Decreto nº 5.699/2006*);

VI – declaração especial feita perante tabelião;

VII – prova de mesmo domicílio;

VIII – prova de encargos domésticos evidentes e existência de sociedade ou comunhão nos atos da vida civil;

IX – procuração ou fiança reciprocamente outorgada;

X – conta bancária conjunta;

XI – registro em associação de qualquer natureza, onde conste o interessado como dependente do segurado;

XII – anotação constante da ficha ou livro de registro de empregados;

XIII – apólice de seguro da qual conste o segurado como instituidor do seguro e a pessoa interessada como sua beneficiária;

Cap. XXIX | União Estável • **873**

XIV – ficha de tratamento em instituição de assistência médica, da qual conste o segurado como responsável;

XV – escritura de compra e venda de imóvel pelo segurado em nome de dependente;

XVI – declaração de não emancipação do dependente menor de vinte e um anos; ou

XVII – quaisquer outros que possam levar à convicção do fato a comprovar."

Se necessário, tais provas serão corroboradas, quando necessário, mediante justificação administrativa, a ser levada a efeito administrativamente.

Pelo que se depreende, não é aceita a inscrição de amante adúltero como dependente, o que já revelou a jurisprudência: "A lei não contempla o concubinato adulterino, devendo somente ser aplicado o art. 5º da LICC quando a situação de fato assim o reclamar, isto é, quando existe uma separação de fato entre os cônjuges que torna o concubinato em honesto, como o reconhece a nova Constituição...".[45] A Lei de Introdução ao Código Civil – LICC passou a denominar-se Lei de Introdução às Normas do Direito Brasileiro – LINDB – Lei nº 12.376/2010).

Quanto à dependência econômica, não se pode olvidar a sua presunção, uma vez constatada a convivência, como assinala o art. 16, § 4º, da Lei nº 8.213: "A dependência econômica das pessoas indicadas no inciso I é presumida e a das demais deve ser comprovada". Lembra-se que as pessoas arroladas no dispositivo são o cônjuge, a companheira, o companheiro e o filho. A regra já vinha no art. 13, § 7º, do Decreto nº 357/1991.

Insta se ressalte a concorrência da companheira ou do companheiro com o cônjuge (na separação de fato), ou ex-cônjuge, e com os filhos da pessoa segurada. Reparte-se o benefício, por ordenar a lei a concorrência em igualdade de condições com os dependentes indicados no inc. I do art. 16 da Lei nº 8.213, onde se revelam os beneficiários. Tanto ordena o art. 76, em seu § 2º, da Lei nº 8.213: "O cônjuge divorciado ou separado judicialmente ou de fato que recebia pensão de alimentos concorrerá em igualdade de condições com os dependentes referidos no inc. I do art. 16 desta Lei". Complementa o art. 77:

"A pensão por morte, havendo mais de um pensionista, será rateada entre todos em parte iguais.

§ 1º Reverterá em favor dos demais a parte daquele cujo direito à pensão cessar" (Redação da Lei nº 9.032/1995).

Nos arts. 16, inc. I, II e III, do Regulamento, repetem-se as disposições.

A jurisprudência tem endossado essa previsão, ao tempo da legislação previdenciária anterior:

"Pensão por morte. Rateio entre a esposa legítima e a concubina. Dec. 83.080/79, arts. 12, 13, 17 e 18. Decreto 357/91, arts. 13 e 109, I. Concorrendo, em igualdade de condições, a esposa legítima e a concubina, ambas economicamente dependentes do segurado falecido, correta está a decisão colegiada, tomada por voto médio, que determinou o rateio, em partes iguais, da pensão previdenciária".[46] Ainda vinga a Súmula nº 159 do extinto Tribunal Federal de Recursos: "É legítima a divisão da pensão previdenciária entre a esposa e a companheira, atendidos os requisitos legais". Sobre assuntos paralelos, de natureza previdenciária, outras súmulas tiveram importância, como a de nº 35, do Supremo Tribunal Federal: "Em caso de

---

[45] TJSP. Apel. Cível nº 116.255-1. Julgada em 17.10.1989, em *União Livre*, de Rainer Czajkowski, obra citada, p. 152.

[46] TRF – 1ª Região. Embargos Infringentes nº 92.01.05981-7. Julgados em 16.09.1992.

874 • Direito de Família | *Arnaldo Rizzardo*

acidente do trabalho ou de transporte, a concubina tem direito de ser indenizada pela morte do amásio, se entre eles não havia impedimento para o matrimônio". A de nº 253, do Tribunal Federal de Recurso: "A companheira tem direito a concorrer com outros dependentes à pensão militar, sem observância da ordem de preferência".

O conceito do termo concubina, utilizado acima, é de companheira, isto é, da mulher sem impedimentos para casar.

Sobre a divisão da pensão entre o ex-cônjuge e a companheira ou o companheiro (ou cônjuge existente quando da morte), também o STJ já se manifestou, como no REsp. nº 553.634/MG, da Quinta Turma, j. em 26.06.2007, *DJU* de 6.08.2007:

"A pensão especial, prevista na Lei nº 6.782/80 a que faz jus a autora é benefício próprio para servidores públicos, cuja disciplina encontra-se albergada na Parte III do Decreto nº 83.080/79, que tratava, à época do óbito, especificamente da Previdência Social do funcionário federal.

Nos termos do art. 354, inciso I, § 3º, do Decreto nº 83.080/79, aplicável à espécie e vigente à época do óbito do instituidor do benefício pleiteado, a ex-mulher divorciada que percebe pensão alimentícia concorrerá em igualdade condições com a esposa do *de cujus*".

Para o ex-cônjuge, se não recebe alimentos, em princípio desaparece o direito à pensão, consoante o inc. I do art. 17 do Regulamento:

"A perda da qualidade de dependente ocorre:

I – para o cônjuge, pela separação judicial ou divórcio, enquanto não lhe for assegurada a prestação de alimentos, pela anulação do casamento, pelo óbito ou por sentença judicial transitada em julgado".

O valor correspondente engrossa a pensão dos demais dependentes.

A companheira ou o companheiro, por força do inc. II do mesmo art. 17, em redação do Decreto nº 6.930/2009, perde a pensão na seguinte eventualidade:

"A perda da qualidade de dependente ocorre: ...

II – para a companheira ou companheiro, pela cessação da união estável com o segurado ou segurada, enquanto não lhe for garantida a prestação de alimentos".

Fica sempre ressalvado o direito se presentes os pressupostos e requisitos para a concessão, pouco significando a ruptura do casamento ou da união. Em princípio, porém, deve-se ter em conta que a pensão foi criada para ajudar os que necessitavam daquele que os amparava, e não para fomentar a ociosidade ou favorecer o parasitismo.

9. PARTILHA DO PATRIMÔNIO FORMADO DURANTE A CONVIVÊNCIA

Sobre o assunto, dispunha o art. 5º da Lei nº 9.278/1996: "Os bens móveis e imóveis adquiridos por um ou por ambos os conviventes, na constância da união estável e a título oneroso, são considerados fruto do trabalho e da colaboração comum, passando a pertencer a ambos, em condomínio e em partes iguais, salvo estipulação contrária em contrato escrito". Com o Código Civil de 2002, a regulamentação está no art. 1.725: "Na união estável, salvo contrato escrito entre os companheiros, aplica-se às relações patrimoniais, no que couber, o regime da comunhão parcial de bens".

Cap. XXIX | União Estável • **875**

Necessário que se interprete o dispositivo. A regra é a mesma do regime de comunhão parcial: reparte-se o patrimônio formado no curso da união, exceto o proveniente de doação e de sucessão hereditária.

Permite o dispositivo acima, ainda, a liberdade em estabelecer o regime de participação no patrimônio formado durante a união estável, bem como relativamente aos bens pertencentes a cada um dos conviventes. Está autorizada a convenção para adotar o regime de comunhão universal, ou de separação total, e mesmo o regime de participação dos aquestos. Entretanto, já que tanto o casamento como a união estável merecem a proteção do Estado (art. 226, § 3º, da CF), não se permite que a um instituto se dê mais proteção ou vantagens relativamente ao outro. Nesta linha, importante revela-se a diretriz do art. 1.641 do Código Civil, impondo que é obrigatório o regime da separação de bens no casamento de pessoa maior de setenta anos. Estende-se, por uma questão de coerência, e até por analogia, estende-se a limitação à união estável.

Nessa exegese já se expressou o STJ, no REsp. nº 1090722/SP, da 3ª Turma, j. em 2.03.2010, sendo relator o Min. Massami Uyeda, entendendo que a segurança a mais dada ao sexagenário na legislação quanto à separação de bens do casal (artigo 1641 do CC) deve ser estendida à situação menos formal, qual seja, a união estável. Interpretação diferente seria, inclusive, um desestímulo ao casamento, pois o casal poderia optar por manter a união estável com a finalidade de garantir a comunhão parcial de bens. Entretanto, determinou a Corte que os bens adquiridos na constância da união estável devem comunicar-se, independente da prova de que tais bens são resultado do esforço comum. Acontece que a solidariedade, inerente à vida comum do casal, por si só, é fator contributivo para a aquisição dos frutos na constância de tal convivência.

Daí, pois, assegurar-se à companheira sobrevivente o direito de participar da sucessão do companheiro falecido em relação aos bens adquiridos onerosamente durante a convivência, junto com os outros parentes sucessíveis.

A partilha do patrimônio pelo término da união é uma tradição do direito consuetudinário, tomando-se como parâmetro jurídico a dissolução da sociedade civil ou comercial comum. Resultando efeitos positivos patrimoniais, os bens deverão ser partilhados ao se desfazer o enlace, seja por morte ou por mera dissolução durante a vida. Tal efeito, pelo menos em sua origem, encontra fundamento no direito de família e no direito das obrigações, afigurando-se irrelevantes aspectos pessoais e espirituais da convivência.[47] Isto implica afirmar que a união estável, por si mesma, produz automaticamente resultados patrimoniais. Para obtê-los, importa se demonstre a existência do relacionamento, presumindo-se a sociedade e o esforço comum na constituição dos bens.

Nesta ótica, não se mantém-se atual a lição de Caio Mário da Silva Pereira: "É preciso evidenciar situações fáticas e concretas, reveladoras da associação patrimonial das existências, como seja a colocação de recursos em comum, um aporte de bens, ou, ao menos de trabalho e a intenção de participar nos ganhos e perdas".[48]

O STJ partiu para a correta exegese da matéria: "A ausência de prova da efetiva colaboração da convivente para a aquisição dos bens em nome do falecido é suficiente apenas para afastar eventual sociedade de fato, permanecendo a necessidade de se definir a existência ou não da união estável, pois, sendo esta confirmada, haverá presunção de

---

[47]   *Revista Trimestral de Jurisprudência*, 104/290.
[48]   *Instituições de Direito Civil*, obra citada, edição de 1974, vol. VI, p. 112.

876 • Direito de Família | *Arnaldo Rizzardo*

mútua colaboração na formação do patrimônio do *de cujus* e consequente direito à partilha, nos termos do art. 5º da Lei nº 9.278/1996".[49]

Extraem-se outras conclusões dos princípios acima. Não entram, na comunhão, os bens que um dos conviventes trouxe, o que é um paradigma universal, segundo revela Humberto Ruiz: "Los bienes aportados para la formación de la sociedad por cada uno de los concubinos no están sometidos a reparto porque ellos no se desprendieron de su dominio, siguieron siendo de su exclusiva propiedad y sólo fueron puestos al servicio de negocio común. Esto aparece claro si se considera que por ser de hecho la sociedad no costituye una persona jurídica distinta de los socios, de allí que no haya podido ser propietaria de dichos bienes. Inclusive puede hacerse antes de toda la participación de beneficios".[50]

A suficiência da mera convivência deve realizar-se, no entanto, de forma ativa, isto é, importa que se verifique a participação dos companheiros um na vida do outro. Se a união mantém-se unicamente no lado afetivo ou sexual, sem envolvimento nos negócios ou atividades, nem a união real se configura.

No mínimo, há de se comprovar a presença do convivente no lar, dando suporte à vida do outro convivente, nem que seja em atividades domésticas, como desde o início pontifica na antiga jurisprudência: "É suficiente a permanência da concubina no lar, nas lides domésticas, para se lhe reconhecer o direito em parte do patrimônio formado pelo companheiro".[51] O Superior Tribunal de Justiça implantou essa mesma linha: "Constatada a contribuição indireta da ex-companheira na constituição do patrimônio amealhado durante o período de convivência *more* uxório, a contribuição consistente na realização das tarefas necessárias ao regular gerenciamento da casa, aí incluída a prestação de serviços domésticos, admissível o reconhecimento da existência da sociedade de fato e consequente direito à partilha proporcional".[52] Este o ponto de vista defendido por Álvaro Villaça Azevedo, autor do anteprojeto da Lei nº 9.278, reportando-se em vasta jurisprudência do Superior Tribunal de Justiça: "Mesmo a admitir-se, com a citada Súmula nº 380, que é indispensável o esforço comum dos concubinos nessa formação de seu patrimônio, há que entender-se esse esforço em sentido amplo, pois nem sempre ele resulta de natureza econômica, podendo implicar estreita colaboração de ordem pessoal, às vezes de muito maior valia".[53] Realça-se, no Superior Tribunal de Justiça, "a contribuição indireta" do(a) companheiro(a), podendo essa contribuição consistir "na realização das tarefas necessárias ao regular gerenciamento da casa, aí incluída a prestação de serviços domésticos".[54]

Importa, ainda, que, durante a administração do lar por qualquer um dos conviventes, se formem ou ampliem as economias das quais resultará o patrimônio comum, o que não acontece na hipótese do companheiro ou da companheira, antes da união de fato, já ser rico e não tendo havido, posteriormente, um acréscimo de bens em virtude da concorrência, na sua formação, da outra pessoa a quem se ligou.

Se a convivência doméstica não redundou na constituição ou ampliação do capital, não há propriamente uma sociedade de fato, embora configurada a união estável. Toda-

---

[49]   STJ. Recurso Especial nº 275.839/SP. 3ª Turma. Julgado em 02.10.2008, *DJ* de 23.10.2008.
[50]   *El Concubinato como Fuente de Relaciones Jurídicas*, Universidad Federal de Colombia, Bogotá, 1955, p. 151.
[51]   *Revista dos Tribunais*, 401/193.
[52]   Recurso Especial nº 182.811-RS. Relator: Min. Sálvio de Figueiredo Teixeira. *DJU* de 18.12.1998.
[53]   "Casamento de fato e concubinato atual: influência do casamento romano", *Revista dos Tribunais*, nº 773, p. 36.
[54]   Recurso Especial nº 38.657-SP. Relator: Min. Sálvio de Figueiredo Teixeira. Julgado em 22.03.1994.

via, o amparo que daí decorre é no fornecimento de alimentos, e até na remuneração por serviços prestados na administração do lar, segundo vastamente admitido outrora: "Não havendo bens comprados ou direitos contraídos em razão da união, não há falar em sociedade concubinária para o efeito de dissolução, mas há o direito à indenização do trabalho a favor da companheira".[55]

Consoante visto na regra do art. 1.725, prevalece o regime de comunhão parcial de bens, salvo contrato escrito entre os companheiros. Decorre a faculdade reservada aos companheiros para a escolha de um regime de bens diferente daquele de comunhão parcial. Ou seja, através de contrato é autorizada a eleição do regime de comunhão universal, ou de separação total.

Entretanto, à semelhança do que ocorre com o casamento, na união estável é obrigatório o regime de separação de bens, no caso de companheiro com idade igual ou superior a setenta anos. Permitir que um casal opte pelo regime de bens quando um dos conviventes já atingiu a idade superior a setenta anos é o mesmo que prestigiar a união estável em detrimento do casamento. Para os companheiros maiores de setenta anos, devem ser aplicadas as mesmas limitações previstas para o casamento, ou seja, deve prevalecer o regime de separação de bens. No máximo, o companheiro ou a companheira fará jus à meação dos bens adquiridos durante a união estável, desde que comprovado, em ação própria, o esforço comum. Aplica-se a exegese que vem da antiga Súmula nº 377 do STF: "No regime de separação legal de bens, comunicam-se os adquiridos na constância do casamento". A matéria restou estudada no item que tratou do regime da separação obrigatória ou legal.

Situação curiosa suscetível de ocorrer revela-se na convivência concomitante da pessoa com outras duas, não em uma mesma residência, mas em casas diferentes, alternando períodos de permanência ora com uma e ora com outra, e sem que estas tenham conhecimento dessa 'bigamia de fato'. Enfrentando o assunto, a possibilidade de partilha ficou assim ementada: "Deve o juiz encarregado de julgar a ação que versa sobre a meação de homem de hábitos incomuns e que manteve vida concubinária dúplice por mais de trinta anos, guiar-se pelos princípios gerais de direito (art. 4º da LICC e art. 126 do CPC). Dividir a meação significa decisão de justiça social (art. 226, § 3º, da CF). Provimento do recurso, em parte, da autora para atribuir-lhe 25% do patrimônio do *de cujus*, prejudicados os demais recursos".

Esclarece-se no voto: "Trata-se, sim, de uma sociedade de fato; incomum, admite-se, porque era o homem uma figura singular. O egocentrismo de um dos conviventes não prejudica a disposição de boa-fé do outro... Não existe lei que disciplina uma situação como a dos autos. São duas uniões paralelas e que vieram à tona com a morte" do companheiro. "De acordo com a prova dos autos, as mulheres desconheciam a ambiguidade do varão... Os princípios gerais de direito permitem decidir pela separação equitativa da meação (arts. 4º da LICC e 126 do CPC)".[56]

A Lei de Introdução ao Código Civil – LICC, com a Lei nº 12.376/2010, passou a denominar-se Lei de Introdução às Normas do Direito Brasileiro – LINDB. Já o referido art. 126 equivale ao art. 140 do CPC/2015, o qual não mais contempla os princípios gerais do direito, a analogia e os costumes como fontes para o juiz decidir, o que não impede a sua consideração, a par de outros recursos que o direito oferece.

---

55   Adahyl Lourenço Dias, *O Concubinato e o Direito Brasileiro*, obra citada, p. 112.

56   TJSP. Agravo de Instrumento nº 307.978-SP. 3ª Câmara de Direito Privado. *DJ* de 17.10.2000, *ADV Informativo*, boletim semanal nº 49, p. 771, expedição em 10.12.2000.

878 • Direito de Família | *Arnaldo Rizzardo*

Em princípio, todavia, não se admite a simultaneidade de uniões estáveis, isto é, duas ou mais uniões estáveis ao mesmo tempo, conforme Tese nº 4 de Jurisprudência em Tese: "Não é possível o reconhecimento de uniões estáveis simultâneas" (AgRg no AREsp 609856/SP, Rel. Ministro Raul Araújo, Quarta Turma, julgado em 28.04.2015, *DJe* de 19.05.2015; AgRg no AREsp 395983/MS, Rel. Ministra Maria Isabel Gallotti, Quarta Turma, julgado em 23.10.2014, *DJe* de 07.11.2014).

Finalmente, em vista do direito à participação no patrimônio constituído, decorrem ações de proteção imediata, ou cautelares, no que já se pronunciou o Superior Tribunal de Justiça: "A nova Constituição Federal protege a união estável entre homem e mulher como entidade familiar; sendo assim, não pode o Judiciário negar os instrumentos processuais que o ordenamento legal contempla, como, *v.g.*, a possibilidade de a mulher propor ação cautelar inominada para determinar o afastamento do concubino do lar".[57] Nessa linha também o Tribunal de Justiça do Mato Grosso: "Dissolução de sociedade de fato. O art. 798 do CPC permite que o juiz determine medidas de caráter provisório, para acautelar o interesse das partes. Portanto, age com acerto o juiz que determina que a mulher permaneça no imóvel com seus filhos, até que se proceda a dissolução da sociedade de fato".[58] O citado art. 798 corresponde ao art. 297 do CPC/2015.

Outrossim, a proteção deve equivaler à proteção que se concede no casamento. Essa equiparação estende-se quanto à proteção dos bens. Por conseguinte, a defesa da meação por qualquer dos conviventes deve observar as mesmas diretrizes reconhecidas no casamento. Daí, entendeu o STJ no REsp. nº 952.141, da Terceira Turma, j. em 28.06.2007, p. no *DJU* de 1º.08.2007: "Os efeitos patrimoniais da união estável são semelhantes aos do casamento em comunhão parcial de bens (Art. 1.725 do novo Código Civil). Não deve ser preservada a meação da companheira do devedor que agiu de má-fé, omitindo viver em união estável para oferecer bem do casal em hipoteca, sob pena de sacrifício da segurança jurídica e prejuízo do credor.

Também cumpre lembrar as situações em que a união estável precede ao casamento. Durante a convivência anterior, divide-se o patrimônio, não importando que posteriormente decorreu o casamento. Dest'arte, cabível a ação de partilha relativamente aos bens adquiridos no período de união estável, no que já se manifestou o STJ no REsp. nº 680.980/DF, da Quarta Turma, j. em 17.09.2004, *DJe* de 5.10.2009: "Existe interesse jurídico na declaração de união estável vivenciada pela parte autora e pelo de cujus em momento anterior a casamento celebrado sob o regime da separação de bens, bem como na partilha de bens eventualmente adquiridos pelo esforço comum durante a sociedade de fato".

10. SOCIEDADE DE FATO E CONCUBINATO

Nada impede a sociedade de fato concomitante com uma relação de concubinato, isto é, que duas pessoas tenham relações amorosas ou de sexo, sem conviverem no mesmo lar, e formem uma sociedade de fato, resultando a constituição de patrimônio.

Para uma melhor digressão do assunto, esclarece-se, com Mílton Fernandes, que existe a mancebia pura e impura. Ocorre a primeira "quando as pessoas estão desimpedidas para o casamento e mantêm apenas uma união concubinária. É o que se dá com os solteiros,

---

[57] Recurso Especial nº 10.113-SP. 4ª Turma. Julgado em 4.06.1991.
[58] Agravo de Instrumento nº 4.202. 1ª Câm. Cível. Julgado em 22.04.1991.

Cap. XXIX | União Estável • 879

viúvos ou judicialmente separados". E a segunda, "quando houver obstáculo matrimonial para ambos ou um dos parceiros ou qualquer deles ou os dois tiverem outros amantes".[59]

Aos casados, portanto, e que mantêm em vigor a coabitação marital, é possível uma união paralela e concomitante com terceira pessoa. O que importa é o fato da mancebia. Existindo a mesma, admite-se a dissolução, com todas as consequências decorrentes. Basta a comprovação de alguns elementos exigidos para a caracterização da sociedade de fato, sendo o principal a concorrência na aquisição de bens comuns. Aplicáveis as razões aduzidas por Mário Moacyr Porto: "Dissolvida a sociedade de fato, o patrimônio comum deverá ser partilhado entre os sócios ... É totalmente irrelevante ou descabido indagar se os sócios eram ou não concubinos, se um dos sócios ou os sócios são pessoas casadas, se durou muito ou pouco o concubinato... A existência ou inexistência da sociedade é assunto que respeita só ao direito das obrigações. Se, por acaso, um dos sócios concubinos é pessoa casada, tal situação pode repercutir no âmbito familiar, dando lugar, por exemplo, a que o cônjuge inocente promova a dissolução judicial da sociedade conjugal etc. Mas em coisa alguma essa circunstância afeta a sociedade de fato porventura constituída entre os parceiros, sendo de esclarecer-se que somente o cônjuge inocente poderá arguir o desvio de comportamento do cônjuge adulterino nos termos do que estabelece o direito de família... A Súmula nº 380 deveria ter a seguinte redação: "Comprovada a existência de sociedade de fato, é cabível a sua dissolução judicial com a partilha do patrimônio adquirido pelo esforço comum, não obstante a condição de concubinos dos sócios".[60]

Em idêntica linha a jurisprudência: "Para fins da Súmula 380 do STF, é de reconhecer a existência e sociedade de fato entre concubinos que vivam em união estável, ainda que qualquer deles seja casado".[61]

11. CONVERSÃO DA UNIÃO ESTÁVEL EM CASAMENTO

A união estável foi reconhecida pelo art. 226, § 3º, da Constituição Federal como novo valor ou instituto no cenário do direito brasileiro. Está ao lado do casamento, formando a categoria de entidade familiar.

A conversão em casamento não se encontra concretamente disciplinada por lei complementar. A forma do encaminhamento do pedido vinha descrito no art. 8º da Lei nº 9.278, que possuía mais caráter genérico e até programático, posto que não discriminava os requisitos, como se depreende de seus termos: "Os conviventes poderão, de comum acordo e a qualquer tempo, requerer a conversão da união estável em casamento, por requerimento ao Oficial do Registro Civil da Circunscrição de seu domicílio". Atualmente, o art. 1.726 do Código Civil ordena que o requerimento seja dirigido ao juiz: "A união estável poderá converter-se em casamento, mediante pedido dos companheiros ao juiz e assento no Registro Civil".

Ao que se depreende, basta um requerimento assinado pelos conviventes, onde se formaliza a pretensão, relatando a existência da união estável, como ordenam os provimentos emitidos pelas Corregedorias dos Tribunais de Justiça dos Estados. Embora a omissão de

---

[59] "Efeitos jurídicos da dissolução do concubinato", *AJURIS – Revista da Associação dos Juízes do RGS*, Porto Alegre, nº 31, p. 206, 1984.

[60] "O Concubinato e as Súmulas nºs 35 e 380 do STF", em *AJURIS – Revista da Associação dos Juízes do RGS*, Porto Alegre, pp. 130 e 131, 1984.

[61] TJSP. Apel. Cível nº 46.474/3-00. 2ª Câm. Cível, de 9.02.1999, *ADV Jurisprudência*, boletim semanal nº 21, p. 332, expedição de 30.05.1999.

880 • Direito de Família | *Arnaldo Rizzardo*

maiores dados, nesse pedido deve-se inserir a qualificação completa dos pretendentes, o estado civil, a menção da convivência, a sua duração, a capacidade civil, a existência ou não de filhos, a ausência de impedimentos e até a titularidade ou não de bens.

De sorte que alguns elementos mínimos insta que venham inseridos no instrumento, de modo a inferir a viabilidade da conversão e se veja, na convivência do casal, o *animus* de constituir uma unidade familiar. Conveniente se anexe declaração assinada por testemunhas, que atestem a duração da convivência por algum tempo. Se há filho comum, resta evidente a realidade do relacionamento, não se justificando a colocação de algum óbice quanto à pretensão, desde que impedimentos de ordem matrimonial não se apresentarem.

Virá o pedido assinado pelos dois conviventes, não se aceitando que apenas um externe o desejo para tanto. De lembrar que o casamento resulta de um consenso de ambos os nubentes, ficando afastado o pedido individual. Não poderia ser diferente a postulação de se converter a união em enlace oficial. Até porque a regra do art. 1.726 fala em pedido dos companheiros.

É inquestionável, de outro lado, que apenas aqueles que oferecem condições para o casamento poderão pleitear a conversão. Nesta ordem, reproduzindo o pensamento da doutrina, ao tempo da vigência da Lei nº 9.278, mas que se coaduna à regra do art. 1.726 do Código Civil, esclarece Guilherme Calmon Nogueira da Gama: "Os companheiros deverão apresentar os documentos previstos no art. 180 do Código Civil, inclusive aqueles que antes eram separados judicialmente ou de fato, após a devida dissolução do vínculo do casamento anterior, pois, em caso contrário, não podem obter a conversão em casamento, pressupondo a ausência de vínculo matrimonial em vigor. As formalidades preliminares relativas ao casamento, na ausência de qualquer disposição em contrário na Lei nº 9.278/96, deverão também ser observadas na conversão do companheirismo em casamento, incluindo a habilitação, a publicação de editais (proclamas da conversão em casamento) e o regime dos editais".[62] O art. 180, citado no texto, equivale ao art. 1.525 do atual Código Civil.

Acrescenta-se que a declaração de duas testemunhas mencionará, além dos dados ordenados pelo art. 1.525, inc. III, a convivência efetiva, séria e continuada dos pretendentes. Tanto isto que o art. 1.726 do Código Civil abre ensanchas para a conversão unicamente aos companheiros, de onde se deduz a necessidade de elementos de convicção dessa qualidade.

Em síntese, o pedido endereçado ao juiz de direito de qualquer das varas de família, com a devida distribuição, conterá os dados necessários para o casamento, com a finalidade de ordenar o juiz o devido processamento, se alguma diligência não se fizer necessária, sempre com a participação do Ministério Público. Constatando o preenchimento dos requisitos, determinará o seguimento do feito já perante o oficial do Registro Público, onde se faz a lavratura de proclamas mediante a publicação de editais, a fim de que sejam opostos possíveis impedimentos.

Finalmente, à vista dos elementos acima expostos, não se apresentando impedimentos para o matrimônio, o oficial simplesmente lavrará termo, no livro próprio onde são registrados os casamentos, ou seja, no livro B, com os elementos ordenados pelo 70, itens 1º a 10 da Lei nº 6.015, de 31.12.1973. É óbvio que não se está realizando o casamento, mas simplesmente a conversão da união em casamento, o que leva a não se cogitar de

---

[62] *O Companheirismo*, obra citada, p. 452.

Cap. XXIX | União Estável • **881**

solenidades destinadas ao casamento em si, e nem da presença do juiz de paz. Por outras palavras, não incidem as normas dos arts. 1.533 a 1.542.

12. REMUNERAÇÃO POR SERVIÇOS PRESTADOS

Consoante já observado, numa fase inicial o direito brasileiro reconheceu o direito à indenização em favor da mulher, pelos serviços prestados, durante o concubinato. Não se falava em remuneração pelos serviços prestados em favor do marido. Foi a solução que se encontrava para conceder à mulher uma compensação pelo tempo em que esteve unida a um homem, sem o vínculo do casamento. Com o objetivo de dar-lhe uma assistência, em vista de sua dedicação ao companheiro, e não se alvitrando outra solução legal quando era abandonada, encontrou a jurisprudência, inspirada em manifestações doutrinárias, o caminho de assegurar uma indenização pelos serviços prestados, não em vista do concubinato em si, mas pela assistência no lar, pelos trabalhos domésticos, pela constante presença e afazeres de toda ordem voltados em benefício do companheiro. A orientação dos pretórios pátrios se consolidou em mandar indenizar a mulher, tornando-se pacífico o direito.

Entrementes, em vista das Leis n°s 8.971 e 9.278, respectivamente nos arts. 1º e 7º, veio assegurado o direito a alimentos se desfeita a união, pelo menos durante o período em que nova união ou o casamento não se efetuasse, e sempre que presentes os requisitos da necessidade de quem os pedia e da possibilidade daquele que era obrigado a prestá-los.

O Código Civil, na parte que trata dos alimentos, especialmente no art. 1.694, assegura a sua prestação aos companheiros. Para a concessão, tem relevância também a aplicação do art. 1.702, que a garante na dissolução, desde que o convivente for inocente e desprovido de recursos. Já pelo parágrafo único do art. 1.704, verificada a culpa do necessitado, o ex-companheiro obriga-se a socorrê-lo unicamente se não tiver aptidão para o trabalho e nem parentes em condições de prestá-los, fixando-se o valor indispensável para a sobrevivência.

O direito assegurado atualmente pelo Código Civil é bem mais vantajoso que o reconhecimento anterior – remuneração por serviços prestados –, eis que mais extensas e eficientes a proteção e a garantia, tanto que permite várias formas de execução, como a prisão civil, o desconto em folha de pagamento, mesmo que abrangente dos próprios vencimentos do obrigado. Já a indenização executa-se pelas formas comuns de execução de uma dívida comum e sem privilégios.

Em contrapartida, porém, os alimentos têm como limites ou condicionantes a necessidade do alimentando e a possibilidade do alimentante, enquanto a indenização embasava-se no arbitramento do valor dos serviços, não importando as condições do credor e do devedor.

A jurisprudência não tem mais admitido remuneração, a nível estadual, diante da nova ordem implantada, como se vê no seguinte exemplo: "A Constituição da República elevou a união concubinária à categoria de entidade familiar, não sendo curial deferir-se à concubina uma indenização a que nem a esposa legítima faz jus. Intactos, por outro lado, os direitos decorrentes da entidade concubinária, que, eventualmente, possam vir a ser pleiteados em ação própria."[63] Já antes o Superior Tribunal de Justiça, numa primeira fase, traçara o novo entendimento: "A concessão de uma indenização pelos serviços domésticos prestados, prática

---

[63] TJSP. Apel. Cível nº 88.371-4/0. da 3ª Câm. de Férias. Julgada em 27.07.1999, em *ADV Jurisprudência*, boletim semanal nº 41, p. 652, out. 1999.

882 • Direito de Família | *Arnaldo Rizzardo*

de longa data consagrada pela jurisprudência, não se afeiçoa à nova realidade constitucional que reconhece 'a união estável entre o homem e a mulher como entidade familiar' (art. 226, § 3º)... A união estável entre homem e mulher, muito mais do que um contrato tácito de trabalho para prestação de serviços domésticos – envolve, tal qual ocorre no casamento, afinidade comportamental, comunhão de interesses e vontades dirigidas à consecução de um objetivo comum, para o que se pressupõe participação de ambos na tomada de decisões, visando a um consenso em relação ao melhor caminho a seguir. Não se concebe, portanto, atribuir à 'união estável' feição de uma relação hierárquica e impositiva entre patrão e empregado, senão de uma sociedade, à semelhança da sociedade matrimonial, que, no entanto, quando de sua dissolução, obedece, como critério para repartição dos bens adquiridos no período de sua existência, à medida do efetivo esforço de cada um".[64]

A doutrina que surgiu depois da Constituição de 1988 opinava em tal exegese, como explana Marco Antônio Bandeira Scapini: "Em contrapartida, não mais se admitem no concubinato estável a formação e a possibilidade de dissolução de uma sociedade de fato, exceto nas hipóteses em que, para o casamento civil, seria obrigatório o regime de separação total de bens. Nestes casos, as questões deverão ser decididas com base, ainda, no direito das obrigações, como ocorre na comunhão dos aquestos, na dissolução do casamento civil regido pela separação total de bens.

Nem mais tem o partícipe de união estável possibilidade de reclamar indenização por serviços prestados, estando à sua disposição a ação de alimentos".[65]

Em vista do *status* a que foi elevada a união estável, considerada como entidade familiar, e não a junção de duas pessoas prestadoras de serviços domésticos, há de se aplicar o direito positivo. Unicamente em hipóteses muito especiais pode-se cogitar de indenização. Não, porém, pelo oferecimento do corpo, pelo afeto dedicado à uma pessoa, e mesmo pela convivência constante ou intercalada. Quando se apurar que o relacionamento trouxe proveito ao indivíduo, revelado em comodidades e facilidades, em serviços realizados, em acompanhamento, em assessoramento, numa verdadeira prestação de tarefas, aceita-se a indenização, com fundamento no princípio de que toda atividade proveitosa deve ser remunerada. E desde que não se configure a união estável propriamente dita, nos moldes do direito positivo em vigor.

Apesar dos enfoques que dita a evolução do direito, voltou o Superior Tribunal de Justiça a ressuscitar, em algumas ocasiões, a antiga exegese, obrigando a indenização por serviços prestados, como testemunham os seguintes arestos:

"Concubinato. Indenização por serviços prestados. Rompida a relação estável, mantida ao longo de vinte anos, a concubina tem direito à indenização pelos serviços domésticos prestados ao companheiro. Recurso especial conhecido e provido.[66]

Tem a concubina direito à pretensão postulada a receber indenização pelos serviços prestados ao companheiro durante o período de vida em comum. Recurso parcialmente conhecido e, nessa extensão, provido.[67]

Não havendo patrimônio a partilhar, tem a companheira o direito de pleitear indenização pelos serviços prestados ao concubino".[68]

---

[64] Recurso Especial nº 38.657-8-SP. Relator: Min. Sálvio de Figueiredo. 4ª Turma. Julgado em 22.03.1994.

[65] "Concubinato: uma visão alternativa", *AJURIS – Revista da Associação dos Juízes do RGS*, Porto Alegre, nº 53, p. 320, 1991.

[66] Recurso Especial nº 50.111-RJ. Relator: Min. Ary Pargendler. *DJ* de 1º.07.1999.

[67] Recurso Especial nº 93.698-RS. Relator: Min. Cesar Asfor Rocha. *DJ* de 18.10.1999.

[68] Recurso Especial nº 182.550-SP. Relator: Min. Sálvio de Figueiredo Teixeira. *DJ* de 20.09.1999.

Todavia, nota-se que a matéria não é pacífica, como no REsp. nº 164.736, da Terceira Turma do STJ, j. em 6.09.2005, *DJU* de 13.02.2006: "Desfeita a união estável, a mulher não tem direito à indenização por serviços prestados".

13. RESPONSABILIDADE NAS OBRIGAÇÕES CONTRAÍDAS DURANTE A UNIÃO ESTÁVEL

Vivendo os companheiros na mesma residência, aparentando o estado de casados perante a sociedade, ambos respondem pelos compromissos econômicos assumidos por qualquer um deles, desde que contraídos em proveito do conjunto familiar.

Consistindo a união estável em entidade familiar, é aplicável a incidência do art. 1.643 e seus incisos do Código Civil, os quais autorizam, independentemente de autorização um do outro, a compra a crédito de coisas necessárias à economia doméstica, e a obtenção, por empréstimo, de quantias que a aquisição dessas coisas possa exigir. Atribui o art. 1.644 a responsabilidade solidária aos cônjuges e, assim, dos companheiros, pelas dívidas contraídas para aquelas finalidades.

Não vinga mais a ideia de que, durante a convivência, a um cônjuge, e, assim, a um companheiro, cabe a responsabilidade pelas despesas com o custeio do lar. Não se aceita mais a ideia de que a opção de manter a vida em comum acarreta o dever do sustento a somente um dos conviventes, como amiúde se defendia em épocas passadas.

De modo que, pela compra efetuada por um ou outro dos conviventes, seja de gêneros alimentícios, de coisas e produtos aparentemente destinados a prover o lar das necessidades cotidianas, seja de bens que requerem compromissos mais sérios e envolvendo até financiamentos, qualquer dos partícipes da união sujeita-se a suportar as dívidas.

E para evitar falcatruas ou escusas infundadas, de modo a atingir ambos os companheiros, buscando a constrição dos bens particulares de um ou de outro para a satisfação do pagamento, implantou-se a *ratio* da viabilidade da ação declaratória, ajuizada por terceiro credor ou interessado, para o reconhecimento da sociedade de fato ou de entidade familiar, à qual se destinou o bem originador da obrigação. Uma vez conseguido sucesso no intento, os bens individuais de cada um dos integrantes do conjunto suportarão a obrigação pendente, não importando quem a tenha contraído. Não se contempla a matéria sob o enfoque de que a ninguém se autoriza pleitear, em nome próprio, direito alheio, dentro das diretrizes do art. 18 do Código de Processo Civil de 2015. Visa-se o reconhecimento da sociedade de fato para garantir o pagamento de um crédito. O já citado Sérgio Fernando de Vasconcellos Chaves aborda com raro saber o assunto, transcrevendo decisão do Tribunal de Justiça do Rio Grande do Sul, onde se observa ser inadmissível impedir que terceiros obtenham "declaração da existência de união estável, pelo menos de forma incidente", pois importaria em "consagrar a possibilidade de fraude contra estes terceiros, que quedariam indefesos enquanto vigente o concubinato" (Apel. Cível nº 594.117 996, *in RJTJRGS*, vol. 171, pp. 327 a 330).

Analisa o articulista, transcrevendo palavras dos julgadores: "... A pretensão de ver declarada a união estável tem por escopo o reconhecimento da relação jurídica que vincula os conviventes e, via de consequência, de existência da sociedade entre eles existente. Não se trata, pois, de uma sociedade de fato oculta, mas manifesta, decorrente de uma relação jurídica revestida de publicidade... Uma união estável, muitas vezes bonificada com o advento de prole, revestida de publicidade, notoriedade e exclusividade, gera, no meio social em que gravita, sólida aparência de uma família constituída, de uma sociedade patrimonial a produzir, em terceiros, a convicção de que está negociando com aquela entidade. Quem contrata com um dos integrantes da união estável, presume estar, tal integrante, fazendo-o em nome de ambos os conviventes, exceção feita, é claro, àqueles negócios jurídicos em que a participação de ambos é indispensável. É a chamada 'teoria da aparência' que conduz os terceiros de boa-fé a acreditar que a ostentação exterior de uma situação jurídica real produz efeitos no plano jurídico".[69]

14. ADOÇÃO DO NOME DO COMPANHEIRO

Embora desatualizado o assunto, eis que subjacentemente importa em tratamento não igualitário entre o homem e a mulher, algum interesse ainda perdura sobre a adoção, pela mulher, do nome do companheiro. A Lei dos Registros Públicos (Lei nº 6.015, de 1973) dispõe sobre o assunto no § 2º do art. 57: "A mulher solteira, desquitada ou viúva, que viva com homem solteiro, desquitado ou viúvo, excepcionalmente e havendo motivo ponderável, poderá requerer ao juiz competente que, no registro de nascimento, seja averbado o patronímico de seu companheiro, sem prejuízo dos apelidos próprios, de família, desde que haja impedimento legal para o casamento, decorrente do estado civil de qualquer das partes ou de ambas".

As dimensões da aplicação vieram ampliadas pela jurisprudência: "Admite-se a adição do patronímico do companheiro, ainda que um dos concubinos seja separado e reúna os requisitos para a conversão da separação em divórcio. A lei prevê, para autorizar o uso e registro do patronímico do companheiro, pela mulher, a condição de solteiros, desquitados ou viúvos".[70]

"Admite-se a adoção do patronímico do companheiro pela amásia, se as provas dos autos levam a crer que aquele sempre permitira que ela o usasse, inclusive em transações comerciais e bancárias, sendo razoável que se entenda que a possibilidade de regularização da união concubinária, por via do casamento, tenha sido frustrada por um fato inesperado, ou seja, a morte do companheiro".[71]

15. INDENIZAÇÃO POR MORTE DO COMPANHEIRO

Há legitimidade para qualquer um dos companheiros reclamar, em nome próprio, a indenização pela morte do parceiro perante o terceiro responsável. Se admitida a convivência com o caráter de produzir efeitos, tanto que imposto o dever da mútua assistência, desde que o desfazimento seja causado por elemento estranho à vontade das pessoas interligadas, a obrigação de indenizar recai na pessoa que interrompeu a união.

Parte-se do velho princípio de que toda pessoa que prove um prejuízo ou uma injustiça em um ato ilícito tem o direito de pedir a reparação. Quer se trate de dano patrimonial ou moral, não se condiciona a ação de indenização a privilégio de parentesco. Tal caráter não é decisivo para a admissibilidade do pedido, pondera José de Aguiar Dias.[72]

---

[69] *A jurisprudência e as tendências promissoras em Direito de Família*, trabalho citado, pp. 45 e 46.
[70] TJSP. Apelação nº 54.673-1. *Revista dos Tribunais*, 598/58.
[71] TJSP. Apelação nº 52.980-1. *Revista dos Tribunais*, 598/56.
[72] *Da Responsabilidade Civil*, 4ª ed., Rio de Janeiro, Forense, 1969, vol. II, p. 842.

Tratando-se de indenização, importa indagar se ocorreu o dano, e não se deter sobre a qualidade da pessoa que sofreu o prejuízo. A pessoa que era companheira do morto, que era por este auxiliada em suas necessidades primordiais, faz jus ao direito, conforme assinala Oliveira e Silva, citando antigas decisões do Supremo Tribunal Federal.[73]

Acrescenta, por sua vez, Adahyl Lourenço Dias que o estado de necessidade ou dependência de um dos conviventes encontra contra qualquer um deles o direito de perceber alimentos.[74]

Realmente, o consenso geral é pela indenização, por argumentos como os seguintes, extraídos de antigo julgamento, mas ainda perenes os embasamentos jurídicos: "A verdade é que domina o entendimento de que a concubina tem direito à indenização pela morte do concubino, causada por terceiro. A propósito, leciona Edgard de Moura Bittencourt: 'O art. 159 do CC pátrio dispõe que aquele que, por ação ou omissão voluntária, negligência ou imprudência, violar direito ou causar prejuízo a outrem, fica obrigado a reparar o dano. Não fala o Código de prejuízo que decorra de situação jurídica. Fala, simplesmente, em prejuízo. Se esse prejuízo não fosse todo o interesse, mas precisasse ser decorrente de direito lesado, haveria por certo redundância, porque o texto já se refere à violação de direito. A duplicidade da expressão violar direito e causar prejuízo está a indicar que o interesse não necessita provir de uma situação jurídica, mas pode defluir de qualquer situação de fato. Dest'arte, em face da lei brasileira, a concubina lesada, vale dizer, quando a união concubinária era estável e certa a assistência do companheiro falecido, pode demandar ressarcimento de danos contra terceiros, na hipótese versada' (*O Concubinato no Direito*, nº 234). Vejam-se, ainda, Aguiar Dias (*Da Responsabilidade Civil*, vol. II/941 e 852) e volumosa jurisprudência (*RT*, vols. 294/594, 360/395 e 362/438), inclusive deste Tribunal de Justiça (*RT*, 230/112, 237/173, 338/161 e 389/214), do Tribunal Federal de Recursos (*RT*, 255/536) e do Supremo Tribunal Federal (*RT*, vols. 279/867, 295/688, 339/514 e 341/490)".[75]

O art. 159, a que se reporta o aresto, corresponde ao art. 186 do atual Código.

16. INVENTÁRIO POR MORTE DO COMPANHEIRO

Diante da ordem constitucional trazida pelo art. 226, § 3º, profundas alterações decorrem no inventário, por morte de um dos companheiros. Consoante a posição de outrora, era impraticável o reconhecimento à partilha, dentro do processo de inventário, em favor do sobrevivente. Isto a menos que se manifestasse a expressa concordância dos herdeiros, segundo se decidia: "Não subsiste dúvida quanto à impossibilidade de reconhecimento de uma sociedade de fato dentro do próprio processo de inventário. Entretanto, nada impede o atendimento de tal pretensão quando, nesse sentido, haja expresso consentimento dos herdeiros maiores, inclusive abrindo mão de parte de direito seu para que à concubina seja assegurada a meação, sem prejuízo algum dos membros que podem transigir".[76]

Atualmente, diante da proteção do Estado à união estável, que a elevou à categoria de instituto jurídico, no inventário será necessária a presença do companheiro sobrevi-

---

[73] *Da indenização por Acidentes*, 2ª ed., Rio de Janeiro, Livraria Freitas Bastos S. A., pp. 10 e 136.
[74] *O Concubinato no Direito*, obra citada, p. 146.
[75] TJSP. Apel. Cível nº 190.549. 6ª Câm. Civil, j. em 7.08.1970, *Revista dos Tribunais*, 419/165.
[76] *Revista dos Tribunais*, 461/206.

vente. Uma vez admitida a sociedade conjugal de fato pelos herdeiros, simplesmente reserva-se a meação do patrimônio constituído durante a vigência da sociedade a título oneroso; não concordando eles, é imprescindível o reconhecimento pela via judicial. Somente após, neste caso, desenvolve-se o inventário na forma comum, com a entrega da parte cabível ao companheiro ou à companheira, que se pode, inclusive, guindar ao cargo de inventariante.

Nesta linha a orientação: "Inventariante. Discordância com a nomeação. Separado judicialmente o extinto e colaborando a concubina na administração dos bens, nada impede aquela de ser considerada a pessoa estranha e idônea a que alude o item IV do art. 990 do regramento processual civil, máxime quando não há inventariante judicial na comarca e os filhos menores, portanto incapazes, se encontram impossibilitados de exercer o importante múnus, que não permite sejam representados ou assistidos para esse encargo."[77] O apontado art. 990, IV, tem texto equivalente no art. 617, inc. V, do CPC de 2015.

De notar, conforme já observado, que a companheira ou o companheiro tem garantido o direito de participar como herdeiro, quanto aos bens adquiridos onerosamente no curso da união estável, ao lado dos descendentes comuns, ou daqueles apenas do autor da herança, ou de outros parentes sucessíveis, ou sozinho em não havendo parentes sucessíveis.

Naturalmente, a participação como herdeiro dá-se ao lado do direito em receber a sua meação.

17. COMPETÊNCIA PARA OS LITÍGIOS SOBRE A UNIÃO ESTÁVEL

Parece decorrência normal a competência das varas de família para a solução de litígios envolvendo questões relativas à união estável, em face da elevação desta forma de convivência ao nível de entidade familiar. Tanto que o assunto vem inserido Capítulo VII, do Título VIII, do texto constitucional que trata justamente dos temas 'Da família, da criança, do adolescente e do idoso'. O art. 9º da Lei nº 9.278 havia pacificado o assunto e dirimiu as divergências que antes grassavam: "Toda a matéria relativa à união estável é de competência do juízo da Vara de Família, assegurado o segredo de justiça". O Código de 2002 seguiu igual diretriz, ao inserir a matéria no Título III do Livro IV da Parte Especial, que abrange o direito de família.

Mesmo a ação cognitiva, ou de conhecimento, normalmente declaratória, para que se declare a união estável, processa-se no juízo de família, sempre que a lei de organização judiciária local a estabelecer, de iniciativa do Tribunal de Justiça de cada Estado-membro, segundo permite o art. 125, § 1º, da Carta Maior.

Na ação de conhecimento, procura-se definir a existência da união estável. O objetivo último, porém, situa-se na busca dos efeitos jurídicos, de conteúdo moral, patrimonial e pessoal, como o estado da pessoa, cuja mudança torna-se viável dada a conversão da união em casamento.

A ação de partilha não raramente pressupõe a prévia demanda declaratória, que é o primeiro passo para a divisão do patrimônio constituído no período de duração da vida em comum. Somente depois de definido o lapso de tempo de sua vigência, com a elaboração da prova da constituição do patrimônio nesse interregno, é que se parte para definir os

---

[77] TJSC. Agravo de Instrumento nº 4.739. 1ª Câm. Cível. Julgado em 11.04.1989, *Revista dos Tribunais*, 652/134.

quinhões de cada consorte de fato, o que se faz mediante avaliação ou liquidação por artigos.

As demandas ligadas a pedido de alimentos, à alteração de obrigações, à separação de corpos, e a outras questões concernentes à convivência, têm profundo caráter familiar, pois tratam de questões emergentes da relação convivencial. Daí a pertinência com a vara especializada, que possui uma organização apropriada para o trato de tais matérias.

As ações, porém, que não cuidam da união estável, mas de meros efeitos porventura decorrentes do concubinato adulterino, não têm a competência atraída para a vara de família. A possível indenização por um dos concubinos, ajuizada para o ressarcimento de eventuais prejuízos, ou a busca da remuneração por serviços prestados, não estando tais efeitos assegurados pelos dispositivos do Código Civil, tem a sede no juízo não especializado, ou no juízo cível, eis que não decorrem da união estável, tendo cunho obrigacional. Este o pensamento de Rainer Czajkowski, que se mantém aplicável diante da disciplina pelo Código Civil: "Na sociedade de fato constituída por parceiros, um dos quais, ou ambos, é casado e não separado de fato, ou seja, na relação que é tipicamente adulterina, a ação para dissolver a sociedade de fato e partilhar os bens continua sendo de competência da vara cível. Não há entidade familiar entre eles".[78] Entrementes, verificada a união estável, e tendo a mesma resultado em consequências jurídicas, não importando a persistência do casamento, o que é comum a união estável de pessoas separadas de fato, o juízo de família será o competente.

A sucessão *causa mortis* não se processa na vara de família, e sim no juízo que trata das sucessões. Importantes os efeitos nesse campo do direito, pois sabe-se que, ao lado de descendentes ou descendentes, o companheiro sobrevivente participa da herança, e irá herdar sozinho se não há tais parentes, mas sempre restritamente ao patrimônio advindo de forma onerosa na união estável. Tais questões dizem respeito ao direito das sucessões, devendo ser resolvidas no respectivo processo de inventário ou arrolamento, com a possibilidade de se remeter as partes às vias ou ao procedimento ordinário, se despertarem os conflitos maiores controvérsias.

18. UNIÕES DE PESSOAS DO MESMO SEXO

Apesar da série de restrições e preconceitos que impera sobre o assunto, as discussões têm se incrementado, a ponto de em alguns países – Suécia, Noruega e Dinamarca – estar sendo admitido o casamento entre homossexuais. E mais: a Constituição da África do Sul, de 1996, foi a primeira a proibir, explicitamente, a discriminação em razão da orientação sexual. A Holanda foi o primeiro país a autorizar o casamento civil entre pessoas do mesmo sexo, em 2001. O direito brasileiro é completamente avesso a essa realidade que vai assumindo forma, valendo relembrar que o art. 226, § 3º, da Carta Magna, reconhece a união estável como entidade familiar desde que circunscrita entre o homem e a mulher, excluindo inteiramente a abertura de se emprestar reconhecimento às uniões entre homossexuais. O Código Civil, em linguajar expresso, no art. 1.723, reconhece como entidade familiar somente a união estável entre o homem e a mulher.

Todavia, todos sabem e enfatiza Guilherme Calmon Nogueira da Gama, "mostra-se realidade concreta a existência de autênticas uniões entre pessoas do mesmo sexo, nos

---

[78] *União Livre*, obra citada, pp. 159 e 160.

moldes das relações matrimoniais ou companheiras, dotadas de praticamente todos os requisitos" que entrelaçam seres humanos de sexo diverso".[79]

Todas as discussões que surgem são marcadas de importância sociológica ou de matizes psicológicos, não interessando tanto ao direito. Neste particular, ou relativamente a algum efeito jurídico que possa apontar de tais uniões, restringe-se ao campo patrimonial, com a divisão dos bens amealhados ou conseguidos durante a convivência, e desde que demonstrada a efetiva e real união, e participação mútua na realização de tarefas necessárias aos dois conviventes. Embora com uma ponta de crítica ao sistema brasileiro, destaca a magistrada Maria Berenice Dias o efeito: "Mesmo quando comprovada uma convivência duradoura, pública e contínua, é reconhecida somente a existência de uma sociedade de fato, sob o fundamento de ser impertinente qualquer indagação sobre a vida íntima de um e de outro. Ao parceiro, no máximo, é deferida a metade – às vezes nem isso – do patrimônio adquirido durante a vida em comum, e, ainda assim, mediante prova da mútua colaboração. Nada mais".[80]

Não há que se falar em direito a alimentos, por ausência de sustentação no direito positivo brasileiro, e em razão de que, anteriormente, as Leis n°s 8.971 e 9.278, e, agora, os artigos 1.723 a 1.727 do Código Civil, restringem-se unicamente a pessoas unidas de sexo diferente. Nem se cogita, na hipótese, de partilha do patrimônio após a morte de um dos conviventes, à semelhança com o que se dá na união entre um homem e uma mulher.

No entanto, prenunciam-se alguns avanços. Foi reconhecido pela Sexta Turma do STJ o direito de o parceiro receber a pensão por morte do companheiro falecido (REsp. 395.904). O entendimento, iniciado pelo saudoso ministro Hélio Quaglia Barbosa, é que o legislador, ao elaborar a Constituição Federal, não excluiu os relacionamentos homoafetivos da produção de efeitos no campo de direito previdenciário, o que é, na verdade, mera lacuna que deve ser preenchida a partir de outras fontes do direito.

Em outra decisão (REsp. 238.715), o ministro Humberto Gomes de Barros negou um recurso da Caixa Econômica Federal que pretendia impedir um homossexual de colocar o seu companheiro há mais de sete anos como dependente no plano de saúde. O ministro destacou que a relação homoafetiva gera direitos e, analogicamente à união estável, permite a inclusão do companheiro dependente em plano de assistência médica.

O mesmo Superior Tribunal de Justiça reconheceu o direito à partilha dos bens, mas não em face da união estável, e sim de uma sociedade de fato: "Sociedade de fato. Homossexuais. Partilha do bem comum. O parceiro tem direito de receber a metade do patrimônio adquirido pelo esforço comum, reconhecida a existência de sociedade de fato com os requisitos previstos no art. 1.363 do CC".

No curso do julgamento, pontuou o relator, Min. Ruy Rosado de Aguiar, tendo como foco o art. 1.363 da lei civil anterior, cujo conteúdo corresponde ao art. 981 do Código Civil em vigor, que contempla a sociedade quando as pessoas se obrigam a contribuir com bens ou serviços, para o exercício de atividade econômica e a partilha entre si dos resultados: "É certo que o legislador do início do século não mirou para um caso como o dos autos, mas não pode o juiz de hoje desconhecer a realidade e negar que duas pessoas do mesmo sexo podem reunir esforços, nas circunstâncias descritas nos autos, na tentativa de realizarem um projeto de vida em comum. Com tal propósito, é possível amealharem um patrimônio resultante dessa conjunção, e por isso mesmo comum. O comportamento

---

[79] *O Companheirismo*, obra citada, p. 489.
[80] *União Homossexual*, Porto Alegre, Livraria do Advogado Editora, 2000, pp. 81 e 82.

sexual deles pode não estar de acordo com a moral vigente, mas a sociedade civil entre eles resultou de um ato lícito, a reunião de recursos não está vedada na lei e a formação do patrimônio comum é consequência daquela sociedade. Na sua dissolução, cumpre partilhar os bens".

No voto do Min. Sálvio de Figueiredo Teixeira, destacou-se a equivalência do caso com a jurisprudência existente sobre a dissolução da sociedade de fato entre o homem e a mulher: "Se assim é, se estamos examinando a causa sob o prisma do direito patrimonial, é de convir-se que há já uma farta jurisprudência neste Tribunal a subsidiar a matéria, pouco importando que a causa envolva relacionamento homem/mulher, homem/homem ou mulher/mulher. Logo, temos que enfrentá-la sob o ângulo do direito obrigacional. E, nesse campo, ...pode-se trazer não só a jurisprudência que se formou inicialmente no Supremo Tribunal Federal, na vigência do sistema constitucional anterior, como também a firme jurisprudência deste Tribunal, que tem sido enfática em afirmar que, rompida a sociedade de fato, há proteção jurídica aos interessados que nela estiveram envolvidos, inclusive para evitar o enriquecimento sem causa".[81]

Num exemplo de sociedade de fato entre mulheres, decidiu o Tribunal de Justiça do Rio de Janeiro: "Dissolução de sociedade de fato entre mulheres homossexuais. Efetiva participação na formação do patrimônio. O enriquecimento ilícito emana da sistemática do Código Civil e do pagamento indevido".[82]

Forma-se uma simples parceria entre as duas pessoas que se unem, mas restritamente ao que amealharam durante a convivência, não valendo contratos escritos dispondo sobre direitos outros, como de alimentos ou recebimento de rendas do patrimônio, dada a inexistência jurídica de uma união ilegal e avessa à normalidade das relações. Todavia, não há como negar a validade de disposição testamentária, respeitadas as limitações próprias decorrentes da sucessão hereditária.

A tendência de normalizar a união entre pessoas do mesmo sexo, além de se consolidar pela jurisprudência, encontra apoio em regulamentos administrativos, como se constata no Provimento nº 37, de 7.07.2014, do Conselho Nacional de Justiça. O art. 1º permite o registro no Registro Civil das Pessoas Naturais:

"É facultativo o registro da união estável prevista nos artigos 1.723 a 1.727 do Código Civil, mantida entre o homem e a mulher, ou entre duas pessoas do mesmo sexo".

No art. 2º são descritos os elementos para o registro no Livro 'E' da sentença ou da escritura pública que reconhece ou extingue a união estável: "O registro da sentença declaratória de reconhecimento e dissolução, ou extinção, bem como da escritura pública de contrato e distrato envolvendo união estável, será feito no Livro 'E', pelo Oficial do Registro Civil das Pessoas Naturais da Sede, ou, onde houver, no 1º Subdistrito da Comarca em que os companheiros têm ou tiveram seu último domicílio, devendo constar:

a) a data do registro;

b) o prenome e o sobrenome, a data de nascimento, a profissão, a indicação da numeração da Cédula de Identidade, o domicílio e residência de cada companheiro, e o CPF se houver;

c) prenomes e sobrenomes dos pais;

---

[81] Recurso Especial nº 148.897/MG. 4ª Turma, j. 10.02.1998.
[82] TJ. Apel. Cível nº 1.437/95. 4ª Câm. Cível, j. 31.10.1995.

890 • Direito de Família | *Arnaldo Rizzardo*

d) a indicação das datas e dos Ofícios de Registro Civil das Pessoas Naturais em que foram registrados os nascimentos das partes, os seus casamentos ou uniões estáveis anteriores, assim como os óbitos de seus anteriores cônjuges ou companheiros, quando houver, ou os respectivos divórcios ou separações judiciais ou extrajudiciais se foram anteriormente casados;

e) data do trânsito em julgado da sentença ou do acórdão, número do processo, Juízo e nome do Juiz que a proferiu ou do Desembargador que o relatou, quando o caso;

f) data da escritura pública, mencionando-se no último caso, o livro, a página e o Tabelionato onde foi lavrado o ato;

g) regime de bens dos companheiros, ou consignação de que não especificado na respectiva escritura pública ou sentença declaratória".

No Livro 'E' são feitos os registros de emancipações, interdições, sentenças declaratórias de ausência, sentenças declaratórias de morte presumida, opção de nacionalidade, traslados de registro de nascimento, casamento e óbito de brasileiro no exterior, inscrições de separações judiciais, divórcios, nulidades e anulações de casamento de estrangeiros, mediante mandado judicial.

Oportunas as restrições dos arts. 8º e 9º:

Art. 8º: "Não poderá ser promovido o registro, no Livro E, de união estável de pessoas casadas, ainda que separadas de fato, exceto se separadas judicialmente ou extrajudicialmente, ou se a declaração da união estável decorrer de sentença judicial transitada em julgado".

Art. 9º: "Em todas as certidões relativas ao registro de união estável no Livro 'E' constará advertência expressa de que esse registro não produz os efeitos da conversão da união estável em casamento".

Evidentemente, inconcebível averbar a união estável junto ao registro imobiliário de imóveis, dada a aquisição por uma única pessoa. Em havendo união estável quando da aquisição, consignar-se-á o nome dos adquirentes, com a viabilidade de se apor a existência da união.

XXX
Esponsais ou Promessas de Casamento

1. CONCEITO

Parece apresentar-se desatualizado o estudo sobre esponsais. Nos tempos hodiernos, as pessoas desinibiram-se tanto que dispensam, não raramente, a solenidade do chamado noivado, em que se oficializa o compromisso mútuo feito pelo homem e pela mulher de casarem.

Promessa de casamento, ou noivado, é o sentido dos esponsais. Ou "el convenio de futuro matrimonio entre un hombre y una mujer".[1] Em Lafayette temos uma definição mais completa: "Denomina-se em direito esponsais a promessa que o homem e a mulher reciprocamente se fazem e aceitam de se casarem em um prazo dado. Ato preliminar, os esponsais têm por fim assegurar a realização do casamento, dificultando, pelas solenidades que o cercam, o arrependimento que não seja fundado em causa justa e ponderosa."[2]

Em épocas distantes, assinalava-se este evento de maneira solene, como ocorria no direito romano, que denominava a instituição de *arrhae sponsalitiae*, emprestando-lhes efeitos jurídicos. As pessoas assim vinculadas ficavam impedidas de contratar casamento com outras.

Clóvis Beviláqua, lembrando que a palavra nos veio dos romanos (*sponsalia dicta sunt a spondendo*), historia que alguns povos celebravam os esponsais desde o momento do nascimento da criança, quando se apresentava na tenda do pai um pretendente. Mas, no tempo do direito clássico, contratava-se tal obrigação entre as pessoas maiores de sete anos. Salienta que "a confirmação do compromisso de futuras núpcias materializava-se pela dação de arras ou pela simples troca de anéis", selando-se o ato com uma troca de beijos.[3]

Entre os germanos, ao tempo do matrimônio por rapto, obviamente esta figura era desconhecida.

No Brasil, quando do Império, e mesmo antes, para obrigar, os esponsais reclamavam escritura pública e o testemunho de, no mínimo, duas pessoas. Por força de uma lei de 1784, observa o grande civilista Lafayette, "o contrato esponsalício deve ser reduzido a escritura pública, lavrada pelo tabelião do lugar", assinando o ato inclusive os pais, e na falta destes, os tutores ou curadores, e duas testemunhas ao menos.[4]

Tal sistema perdurou até pouco depois da Proclamação da República, quando, em 1890, o Governo expediu o Decreto nº 181, revogando inteiramente aquelas regras, pois

---

[1] Enneccrus, Kipp e Wolff, obra citada, vol. I, tomo IV, p. 24.
[2] *Direito de Família*, obra citada, p. 27.
[3] *Direito de Família*, 8ª ed., Rio de Janeiro, Livraria Freitas Bastos S.A., 1956, pp. 25 e 26.
[4] *Direito de Família*, obra citada, p. 2.

892 • Direito de Família | *Arnaldo Rizzardo*

regulou o casamento civil sem a menor alusão aos esponsais. E assim é até os dias atuais, em que o consentimento deve ser dado apenas no ato da celebração do casamento.

2. PREJUÍZOS DECORRENTES DO ROMPIMENTO DA PROMESSA DE CASAMENTO

Se houver rompimento da decisão tomada pelos noivos, é possível, como assinala Washington de Barros Monteiro, "que o outro noivo venha a sofrer prejuízo com a retratação do arrependido. Certamente, fez ele gastos com o preparo dos documentos e os aprestos das bodas, na previsão da cerimônia próxima. Em tais condições, provada a culpa do arrependido, que este não teve justo motivo para reconsiderar sua decisão, assiste ao prejudicado o direito de obter judicialmente a reparação do dano."[5]

Os prejuízos podem atingir cifras maiores, como na hipótese do desligamento do emprego por exigência de um dos noivos, ou mesmo por comum acordo, mas tendo em vista a programação estabelecida para o futuro casamento.

A indenização encontra fundamento nos princípios gerais da responsabilidade civil, como esclarecem Aubry e Rau: "Le préjudice dont le fiancé ou la fiancée délaissé peut obtenir réparation doit être apprécié conformément aux principes généraux de la responsabilité civile. Il comprend, entre autres, les éléments suivants:

– le préjudice moral constitué par le chagrin et le dépit que cause l'abandon, par la prise que celui-ci donne à la malignité publique, par l'obstacle qu'il peut apporter à un autre établissement;

– le préjudice pécuniaire résultant des dépenses faites à l'occasion des fiançailles et en vue de la préparation des fêtes du mariage, de celles faites en vue de l'installation du inutiles et où leur revente ou la résilition du contrat d'achat entraîne une parte.

C'est encore le préjudice résultant du fait que le fiancé ou la fiancée a abandonné une situation ou une résidence pour rejoindre l'autre fiancé ou satisfaire ses désirs."[6]

3. REQUISITOS PARA ENSEJAR O DIREITO À INDENIZAÇÃO

A fim de se obter o direito à indenização pelos danos advindos, discriminam-se os seguintes requisitos, conforme perfeita colocação do professor mineiro Marco Aurélio S. Viana:

"a) Existência de promessa de casamento feita pelos noivos. A avença não reclama formalidades, nem documentos escritos, bastando a declaração de vontade dos noivos no sentido da conclusão do casamento. Quem alegar o rompimento deverá provar a existência dos esponsais, podendo lançar mão dos meios de prova existentes: convites, correspondências, testemunhas, confissão, cerimônia com o fim de formalizar o noivado, entrega de alianças etc.

b) Recusa em contrair o matrimônio. É necessário que haja a ruptura da promessa, e que o fato tenha chegado ao conhecimento do outro noivo. Ela pode ser expressa, ou tácita, quando as circunstâncias indicam que um dos noivos rompeu com o pactuado.

c) Recusa injustificada. A ruptura deve ter como causa motivo injusto. Ela se funda em fato sem importância. Na apreciação das razões que determinaram a recusa, têm papel importante

---

[5] *Curso de Direito Civil – Direito de Família*, obra citada, p. 34.
[6] *Cours de Droit Civil Français*, 6ª ed., Paris, Librairie de la Cour de Cassation, 1948, tomo VII, p. 31.

Cap. XXX | Esponsais ou Promessas de Casamento • **893**

o nível social dos envolvidos e as circunstâncias que o caso apresenta. O magistrado examinará cada caso em função das suas particularidades. É possível exemplificar: infidelidade, maus-tratos, injúria a parentes, enfermidade grave, abandono, ruína econômica que possa comprometer o matrimônio...

d) Existência de dano. A ruptura da promessa poderá repercutir no ofendido, atingindo-lhe patrimonialmente, psicologicamente ou moralmente. São feitos gastos visando ao casamento futuro, tais como: compra de imóvel para residência, enxoval, viagem, cerimônia, aparelhos, móveis etc. Mas o abalo moral ou psicológico pode trazer consequências patrimoniais, como se dá, *v.g.*, se o noivo é acometido de enfermidade que o impeça de trabalhar."[7]

Defende Eduardo de Oliveira Leite a indenização pelo mero prejuízo moral, citando jurisprudência: "O prejuízo moral sofrido a título de interesse negativo, ou seja, partindo-se de nulidade do contrato preliminar como do ponto fundamental e tomando em conta todos os danos que sejam derivados de se ter confiado em sua validade (Fischer, *A Reparação dos Danos no Direito Civil*, p. 123), é perfeitamente reparável através da indenização. Nesse sentido, recente decisão do Tribunal de Justiça de São Paulo: 'Indenização... A ruptura, sem motivo, da promessa de casamento, pode dar lugar a indenização decorrente de dano moral, posto que o rompimento de noivado sempre afetará a pessoa da mulher, atingindo, de alguma forma, sua honra e seu decoro, notadamente quando já notória a data do casamento' (TJSP. Apel. Cível nº 103.247/1. 1ª Câm. Civil. Julgada em 01.11.1988)."[8]

Em um julgamento do Tribunal de Justiça do Rio de Janeiro, na mesma linha: "A configuração de culpa extracontratual pelo rompimento injustificado do compromisso importa reparação através de indenização abrangente das despesas feitas em contemplação de noivado e dos prejuízos resultantes de ruptura de promessa a título de danos emergentes, a serem apurados em execução de sentença."[9]

Há, no entanto, segundo o mais coerente entendimento, a necessidade de provar a decorrência de prejuízo, pois o mero rompimento não oportuniza a indenização, conforme sustenta o STJ, no REsp nº 1.397.002, de 11.05.2015, rel. Min. Moura Ribeiro: "O desfazimento de sociedades, noivados, casamentos, parcerias, uniões, é fato corrente e inerente ao universo vivido pelas pessoas, e tais rompimentos, que são direitos, não devem tornar-se plataforma de ganho financeiro, este totalmente inútil para conter a eventual dor, e que passa a atuar mais como instrumento de vindita.

Assim, reiterando as afirmações iniciais, ante a inexistência de obrigação legal à manutenção de relacionamento afetivo ou de contrair casamento, temos que o rompimento de noivado, salvo situações excepcionais, não implica em reparação moral".

Leva-se em conta que inexiste a obrigação legal de manter relacionamento afetivo ou contrair casamento. O rompimento de noivado, ainda que à beira do altar, não configura ato ilícito e nem gera obrigação reparatória.

Nessa linha, o mero abalo moral não comporta indenização, pois o rompimento da promessa ou do noivado não importa em prática de ilícito, e nem se enquadram o namoro e a promessa em obrigação de responsabilidade objetiva, sob o enfoque do parágrafo único do art. 927 da lei civil. Mesmo que se dê a quebra abrupta nas expectativas de

---

[7] "Esponsais ou Promessa de Casamento", *AJURIS – Revista da Associação dos Juízes do RS*, Porto Alegre, nº 29, pp. 171 e 172, 1983.

[8] "Rompimento da Promessa de Casamento – Reparação dos danos Material e Moral", *AJURIS – Revista da Associação dos Juízes do RS*, Porto Alegre, nº 51, p. 92, 1991.

[9] *Revista dos Tribunais*, 567/174.

894 • Direito de Família | *Arnaldo Rizzardo*

casar, advindo a decepção, a tristeza, a sensação de vazio, tal quadro é próprio da vida, fazendo parte do destino da pessoa, não ferindo o instituto da liberdade assegurado constitucionalmente.

Acrescenta-se, ainda, para ensejar a indenização, ser indispensável a capacidade para decidir, que coincide com a capacidade de celebrar os negócios jurídicos, ou de praticar qualquer ato de vontade na órbita do direito civil. Os incapazes não podem prometer-se um ao outro. Aos que têm capacidade limitada requer-se o assentimento do representante legal. Válida é a explicação de Enneccerus, Kipp e Wolff: "Si falta ese asentimiento, la promesa queda pendiente hasta que el representante legal la retifique o niegue la ratificación. Su ratificación es equivalente a la que, en su caso, preste el prometido al llegar a la plena capacidad. Mientras la eficacia de los esponsales está pendiente, el otro prometido tiene derecho a revocarlos. La revocación es esencialmente distinta de la resolución que puede hacer cada uno de los prometidos: la resolución sólo es concebible después de haber llegado a tener eficacia el contrato esponsalicio, la revocación sólo antes de esa eficacia."

E, mais adiante, prosseguem que, presentes tais condições, "todos los titulares de la indemnización – el otro prometido, los padres o los que hacen sus veces – pueden exigir el resarcimiento del daño resultante de las expensas hechas y de las obligaciones contraidas durante el tiempo del noviazgo con vistas al matrimonio... Ejemplos: el novio ha alquilado ya un piso mayor, la novia se ha comprado un ajuar, los padres han dado un banquete para celebrar los esponsales o han hecho imprimir tarjetas anunciando el compromiso..."[10]

4. FUNDAMENTO LEGAL DA INDENIZAÇÃO

Nem o Código Civil de 1916 e nem o atual Código trouxeram disposições quanto à indenização. Mas a responsabilidade assentava no art. 159 do primeiro diploma e encontra respaldo no art. 186 do último.

O disposto no art. 546 do Código em vigor não tem nenhuma ligação com o assunto em exame. Por tal norma, se tiver havido doação, feita em contemplação de casamento futuro, ficará ela sem efeito caso o matrimônio não venha a se realizar. A disposição acima disciplina algumas consequências específicas da ruptura da promessa de casamento. Não abrange outros efeitos nocivos.

Fundamentos outros se apresentam. Conquanto a resolução da promessa seja conexa à não exigibilidade, em juízo, do seu cumprimento, emergem obrigações. Com efeito, os esponsais significam um compromisso em contrair casamento, ainda que inexigível judicialmente. A resolução implica, normalmente, violação do dever e produz, em decorrência, obrigação de indenizar os prejuízos.

Usando das palavras de Planiol e Ripert, "no se trata de sancionar el incumplimiento de esa promesa considerada como contrato, sino de indemnizar a la víctima de un acto desleal", mas com suporte em gastos ou danos em vista do casamento planejado, e, em algumas ocasiões, no prejuízo moral resultante do descrédito social, do ridículo por ter se prolongado durante longos anos o noivado, o que torna, "por eso, más dificil contraer otro matrimonio".[11]

Na concepção do assunto pelo Superior Tribunal de Justiça, "é princípio aceito no nosso direito que a pessoa que confia na promessa de contrato futuro e, em razão disso,

---

[10] Obra citada, vol. I, tomo IV, pp. 35 e 43.
[11] *Tratado Práctico de Derecho Civil*, obra citada, vol. II, p. 72.

Cap. XXX | Esponsais ou Promessas de Casamento • **895**

assume despesas, faz investimentos ou perde outras oportunidades, tem o direito de ser indenizada pelo interesse negativo, isto é, pelo que perdeu, confiando na celebração do contrato que se frustrou. Qualquer um nessa situação pode ser indenizado, e não vejo razão alguma para negar esse direito à mulher. Acredito que a regra do Código Civil elaborado em 1917 não teve esse fundamento, mas deve ser usada com o significado que ora se lhe dá porque específica para a promessa de casamento. De qualquer forma, ainda que não existente aquele dispositivo, o princípio deveria ser aplicado para resolver a quebra de promessa de contrato futuro, seja de compra e venda, de locação, de construção, ou de casamento, pouco importando o nome do contrato ou o sexo das pessoas".[12]

Exige-se a relação de causa e efeito entre a culpa e o prejuízo, cabendo, com toda a evidência, à pessoa lesada o ônus da prova de que a resolução da promessa de casamento determinou o resultado nocivo.

5. IMPOSSIBILIDADE JURÍDICA NA REALIZAÇÃO DO CASAMENTO

Existindo impedimentos, e sendo daqueles que tornam o casamento nulo, as promessas de casamento também são nulas, o que arreda o direito à indenização. Trata-se de objeto impossível, ou contrário à lei, eis que os interessados "se dirigirían a la celebración de un matrimonio imposible (por ejemplo, la promesa matrimonial entre hermanos) o prohibido (por ejemplo, en el caso del § 1.310, ap. 2)".[13]

O Código Civil brasileiro, no art. 1.521, discrimina os impedimentos, destacando-se o casamento entre ascendentes e descendentes, entre afins em linha reta, entre o adotante e quem foi cônjuge do adotado, ou vice-versa, entre o adotado e o filho do adotante, entre irmãos e demais colaterais até o terceiro grau, e entre pessoas casadas.

Mas, enquadrando-se a proibição em motivos menos graves, consideradas causas suspensivas da celebração (art. 1.523), e que no Código anterior vinham classificados como impedimentos relativos, que acarretam somente sanções de natureza civil, para as quais se faculta a solicitação ao juiz da dispensa das exigências ou restrições assinaladas nos incisos (parágrafo único do art. 1.523 do Código), não há motivo para se negar a indenização, a menos que o consórcio matrimonial, se realizado, importasse em ofensa aos bons costumes.

Aparecem, todavia, exceções. A reparação, embora nulo o casamento se fosse realizado, é admissível quando uma das partes desconhecia o impedimento. Não é impossível aproximar-se uma pessoa de outra e prometer-lhe casamento, com inúmeras repercussões em ônus patrimoniais, e vir a descobrir-se, depois, estar ela vinculada a um matrimônio anterior. Naturalmente, as tratativas entabuladas, se houve reflexos econômicos negativos, ocasionam o dever de indenizar.

A reparação é indevida, outrossim, apesar de possível o casamento, por culpa do outro noivo, em virtude do comportamento censurável, dos maus costumes, da conduta que compromete a honra, do conhecimento posterior de uma doença contaminável, do passado condenável até então ignorado, e da personalidade duvidosa. Conforme Planiol e

---

[12] Recurso Especial nº 251.689-RJ, *DJ* de 30.10.2000, em *ADV Informativo*, boletim nº 6, p. 82, de 11.02.2001.

[13] Enneccerus, Kipp e Wolff, *Tratado*, obra citada, vol. I, tomo IV, p. 36, § 5º. De observar que o § 1.310 do Código Civil Alemão foi, juntamente com outros, revogado pela Lei do Casamento, de 20 de fevereiro de 1946. As proibições legais constam previstas nos §§ 4º, 5º e 6º, da referida lei, sobressaindo as que se relacionam ao parentesco e à afinidade, à bigamia, ao adultério e à adoção.

Ripert, para ser injustificável, a recusa deve ter o caráter de "capricho o ligereza", o que não acontece se "el demandado rompió el noviazgo por hechos que tocan al honor, por ejemplo, el descubrimiento del embarazo de la novia".[14]

---

[14] *Tratado Práctico de Derecho Civil*, obra citada, vol. II, p. 72.

XXXI
Tutela

1. INSTITUTO PARA A PROTEÇÃO DO MENOR E SEUS BENS

Está aí mais um instituto do direito civil que não revela atualmente a importância que se deu outrora, apesar de sua extensa regulamentação.

Vem a ser a tutela o poder conferido a uma pessoa capaz, para reger a pessoa de um menor e administrar seus bens. Ou o encargo civil, conferido pela lei, ou em decorrência de suas regras, a uma determinada pessoa, para o fim de dirigir a pessoa dos menores e administrar os seus bens, os quais não se encontram sob o poder familiar de seus pais.

Mais sucintamente, afirmava Maria Helena Diniz: "A tutela é um instituto de caráter assistencial, que tem por escopo substituir o pátrio poder."[1]

Eis a ideia principal: o encargo que substitui o poder familiar, exercido por pessoa diversa dos pais. Faltando estes, por morte ou destituição do poder familiar, a lei civil confere a parentes ou estranhos a administração dos bens e a proteção e a vigilância da pessoa do menor. Didática a explicação de Washington de Barros Monteiro: "Os filhos, enquanto menores, estão sujeitos ao pátrio poder... Se, porém, não mais existe quem o exerça, ou porque faleceram ambos os cônjuges, ou porque foram estes suspensos ou destituídos do pátrio poder, ou, ainda, porque julgados ausentes (art. 484), os filhos menores são então postos em tutela. É a determinação constante do art. 406 do mesmo Código, que não alude a desquite."[2] O art. 484 citado no texto não possui equivalente no atual Código, que reproduziu, no entanto, em seu art. 1.728, o art. 406 do anterior Código.

Vale recordar o conceito de Pontes, que prima pela concisão: "Tutela é o poder conferido pela lei, ou segundo princípios seus, à pessoa capaz, para proteger à pessoa e reger os bens dos menores que estão fora do pátrio poder."[3]

Depreende-se que se trata de um instituto sucedâneo do poder familiar, e destinado aos filhos menores. Em tese, porém, não se impede que se estenda aos filhos maiores, em situações muito especiais, como quando persistem certas enfermidades ou a falta de desenvolvimento intelectual, a ponto de necessitar a pessoa de alguém que o cuide e gerencie os bens, não se apresentando, todavia, portadora de qualquer doença mental.

Apenas é conferida a tutela na falta dos pais ou na destituição do poder familiar. Se vivos estes, e exercendo o poder familiar, não há lugar para a tutela.

---

[1] *Curso de Direito Civil Brasileiro*, obra citada, 'Direito de Família', vol. V, p. 301.
[2] *Curso de Direito Civil – Direito de Família*, obra citada, p. 303.
[3] *Tratado de Direito Privado*, obra citada, vol. IX, pp. 253 e 254.

898 • Direito de Família | *Arnaldo Rizzardo*

Quem for investido na tutela passa a exercer os mesmos direitos e obrigações inerentes ao poder familiar, com o que se arvora nos poderes de assistir e representar o menor, e nos deveres de zelar pela sua educação e administrar-lhes os bens.

2. CONCEPÇÃO HISTÓRICA E ATUAL DE TUTELA E FIGURAS AFINS

No direito romano, a tutela tinha um caráter protetivo e de defesa. Encontra-se em Paulo: "... *Apellantur tutores quasi tutores atque defensores*" (L. 1, § 1, D, *de tutelis*, 26, 1), observando Pontes: "Esse caráter de defensor e protetor é tão essencial à noção de tutela, à sua importância e às responsabilidades que dela emanam, que, no antigo direito português, se usavam as expressões 'guarda' e 'guardadores' para se designarem a tutela, ou a curatela de menores, e os tutores (Ordenações Afonsinas, Livro IV, Título 82: 'Os curadores, que se chamam em direito de tutores e curadores de moços, que ficam órfãos'). Também na Lei das Partidas, Título 16, pr., e §§ 1° e 2°."[4]

Mas, o caráter de proteção e defesa tinha em conta mais os bens. Ou seja, nomeava-se tutor para proteger os bens dos menores.

Anota, ainda, Vicente Sabino Júnior: "Pelo direito romano, era aos órfãos impúberes que se dava tutor; aos púberes nomeava-se um curador. Essa foi a orientação das Ordenações Filipinas. Por ela, impúberes eram os menores de quatorze anos, e púberes os dessa idade para cima. Tais Ordenações, no Livro IV, Tít. 102, 104, § 6°, consagram a distinção romana, mas os códigos modernos a abandonaram, indicando a tutela para a vigilância do menor. Lobão também já a fizera, sem acolher a dicotomia tradicional."[5]

Conhecia-se, no direito romano, também a tutela das mulheres, que era perpétua, e tinha como fundamento a insegurança que ela inspirava nos negócios, bem como a inexperiência na administração. Assim, desde seu nascimento vivia sob tutela, até a morte, enquanto aos homens se estendia até os quatorze anos, quando atingiam a puberdade. Daí em diante recebiam curadores, mantendo-se a nomeação enquanto tivessem menos de vinte e oito anos.

No direito brasileiro, copiado, nesta parte, de Portugal, inclusive na longa regulamentação, manteve-se visível o caráter protetivo e dimensionado aos bens, segundo observação de Sílvio Rodrigues: "O legislador de 1916, ao cuidar da tutela, preocupou-se, principalmente, com o órfão rico, pois ao disciplinar o tema teve em vista, em primeiro lugar, a preservação dos seus bens; aliás, dos quarenta artigos consagrados ao assunto, apenas um se refere aos menores abandonados."[6]

Bem diferente é a perspectiva a ser concebida presentemente: em primeiro lugar, tem-se em conta o interesse da pessoa dos filhos. Domina o caráter assistencial e de acompanhamento dos filhos menores, sem pais vivos, ou com pais suspensos ou destituídos do poder familiar, ou declarados ausentes por sentença judicial. A função de amparo, representação e assistência adquiriu importância diante do desenvolvimento da previdência social, que garante aos menores órfãos o recebimento de pensão por morte dos pais, havendo necessidade de quem os represente judicial e administrativamente perante os órgãos pagadores e os compromissos que assumem nos estabelecimentos comerciais de ensino.

---

[4] *Tratado de Direito Privado*, obra citada, vol. IX, pp. 252 e 253.
[5] *O Menor – sua Guarda e seus Direitos*, 4ª ed., São Paulo, Brasileira Editora e Distribuidora Ltda., p. 119.
[6] *Direito Civil – Direito de Família*, obra citada, vol. VI, p. 401.

Na ausência de quem, por direito natural, exerce o poder familiar, o Estado transfere o encargo a terceira pessoa, em geral ligada por laços de parentesco ao menor, e que revele condições de probidade e mesmo afetividade, a qual deverá zelar pela criação, educação e interesses patrimoniais. Trata-se, pois, a tutela de um *munus* imposto pelo Estado, de substituição das atribuições inerentes ao poder familiar, com a mesma relevância que era exercido pelos pais, devendo a pessoa revestida da função ter o menor praticamente como filho, dedicando-lhe atenção, carinho, conforto, interesse educacional e profissional, encaminhando-o para a vida, além da preservação do patrimônio e da representação na vida civil.

Transformação esta que se opera na generalidade das legislações, conforme René Rodière: "A l'heure actuelle, toutes les législations du monde civilisé s'accordent sur ce point de départ. La tutelle est instituée, et portant doit être organisée, dans l'intérêt du pupille. Ce n'est pas le mineur qui est donné au tuteur; c'est au mineur et dans son intérêt exclusif qu'un tuteur est donné. Le principe inspire toute les lois. Il est rappelé comme directive par tous les auteurs."[7]

Tem grande relevância a colocação do menor em família substituta, como entende Carlos Alberto Bittar, função esta que transparece na política imprimida no Estatuto da Criança e do Adolescente: "Cuida-se de outorgar um lar a quem necessita, em razão de sua tenra idade, ou da adolescência, nas hipóteses de carência, de orfandade, de perda ou de destituição do poder paternal de seus responsáveis, ou ainda da declaração de ausência. Institui-se então vínculo jurídico adequado com outras pessoas, à inexistência de submissão do menor ao poder paternal, aptas a proporcionar-lhe a criação, a assistência e a educação de que necessita, através dos institutos da guarda e da tutela que completam, com a adoção, o esquema de defesa de interesses de menores em nosso sistema."[8]

Pode-se dizer que está situada a tutela numa posição intermediária entre a simples guarda e a adoção, aproximando-se mais a este último instituto, por ser uma forma ou um mecanismo de atribuição de família substituta à criança ou adolescente, enquanto, na guarda, os deveres e a representação têm alcances mais reduzidos. Por se inserir mais no direito assistencial, não se equipara totalmente à adoção, que se enquadra no direito parental, onde se institui o vínculo de parentesco civil, o que não acontece na tutela.

Diferencia-se da curatela, porquanto, nesta figura, põem-se ao amparo outros incapazes, os afetados na mente e os pródigos, que também são desprotegidos na sua pessoa e no patrimônio. Há um encargo público, de cunho assistencial, dirigido a proteger as pessoas maiores incapazes de velar ou cuidar de seus interesses, de sua pessoa e do patrimônio, em vista de enfermidade grave ou deficiências mentais.

Já quanto à ausência, não se fala em incapacidade, mas é nomeado curador por razão do desaparecimento prolongado de uma pessoa de seu domicílio. Desponta, aqui, a finalidade primordial da proteção, que é ao patrimônio, o qual não pode ficar à revelia de medidas assecuratórias no tocante à administração e integridade. Depois de certo prazo, o curador terá que abrir a sucessão, entregando os bens aos herdeiros, até que o desaparecido retorne, quando retomará a titularidade dos negócios e do patrimônio. Nota-se, pois, nesta figura, a finalidade assistencial.

De ressaltar, por último, a dimensão dada à tutela pela vigente ordem constitucional, que se propagou na legislação que sucedeu, onde domina a total igualdade dos pais na

---

[7] *Le Tutelle des Mineurs*, Institut de Hautes Études de Tunis, Recueil Sirey, 1950, p. 13.

[8] *Direito de Família*, obra citada, p. 264.

indicação do tutor. Bem apresenta a questão Mílton Fernandes: "O direito de nomear tutor competia, segundo o art. 407 do Código, ao pai e à mãe, esta na falta ou incapacidade daquele. Este direito é hoje de ambos, sem qualquer precedência. A mesma derrogação do art. 409, que assegurava igual preferência, na falta de tutor nomeado pelos pais aos avós paternos diante do materno, aos irmãos do sexo masculino ao feminino, e aos tios do sexo masculino. A esta conclusão chegamos com fundamento no art. 5º, da CF, inc. I, que igualou homens e mulheres em direitos e obrigações. Pela mesma razão, julgamos revogado o inc. I do art. 414, que permitia às mulheres escusarem-se da tutela pelo só fato de o serem."[9] Os arts. 407, 409 e 414, inc. I, mencionados equivalem aos arts. 1.729, 1.731 e 1.736, inc. I, do atual Código, com redação substancialmente diferente.

3. PRESSUPOSTOS PARA A TUTELA

Necessário abordar os casos que comportam a nomeação da tutela, quer equivalem a pressupostos, indicados no art. 1.728 do Código Civil: "Os filhos menores são postos em tutela:

I – com o falecimento dos pais, ou sendo estes julgados ausentes.

II – em caso de os pais decaírem do poder familiar".

Sabe-se que a tutela é um encargo civil, com a finalidade de substituir o poder familiar, e dirigido para proteger e guardar a pessoa do menor, bem como para administrar seus bens e negócios. Objetiva, assim, oferecer ao menor uma família substituta, dirigir-lhe a criação e educação, dar o consentimento para casar, representá-lo enquanto tiver idade inferior a dezesseis anos nos atos em que for parte, suprindo-lhe o consentimento ou a vontade, e assisti-lo depois desta idade até os dezoito anos, reclamá-lo de quem ilegalmente o detenha, exigir que preste obediência, respeito e serviços próprios de sua idade e condição, e cuidar do patrimônio que lhe pertence, administrando-o com afinco e zelo.

Isto porque o menor, sendo incapaz, absoluta ou relativamente, não pode governar sua pessoa, nem cuidar de si, ou subsistir por suas próprias forças, e muito menos administrar os bens que lhe pertencem. Mas, desde que os pais não possam exercer aquelas funções ou por falecimento de ambos; ou pela extinção, ou suspensão, ou perda do poder familiar; ou por terem sido julgados ausentes. No caso da ausência, se declarada por sentença, a tutela será definitiva. Enquanto, porém, não houver sentença, e considerando-se, então, o filho abandonado, também impõe-se que tenha um tutor, mesmo que provisório. Assim como ocorre no falecimento, para a nomeação de tutor por causa da ausência requer-se a sua declaração de ambos os progenitores.

Na hipótese de os pais decaírem do poder familiar, o que pode decorrer por suspensão ou através de perda, tem-se, no primeiro caso, a tutela provisória; no segundo, a definitiva, que perdura até ser atingida a maioridade.

4. ESPÉCIES DE TUTELA

Três são as espécies de tutela, tradicionalmente previstas na lei e na doutrina: a testamentária, a legítima e a dativa.

---

[9] *A Família na Constituição de 1988*, trabalho citado, p. 23.

4.1. Tutela testamentária

Vem a ser aquela que é deferida por testamento ou ato de última vontade, e muito pouco sendo empregada.

Assegura-se aos pais nomeação de tutor mediante testamento. Eis a redação do 1.729: "O direito de nomear tutor compete aos pais, em conjunto". Veja-se como constava a regra correspondente no Código anterior – art. 407: "O direito de nomear tutor compete ao pai, à mãe, ao avô paterno e ao materno. Cada uma destas pessoas o exercerá no caso de falta ou incapacidade das que lhe antecederem na ordem aqui estabelecida."

Nota-se do atual ordenamento que a nomeação se dá em ato conjunto, bem diferentemente do que acontecia no antigo sistema, quando havia uma ordem a ser obedecida. Pelo anterior Código, unicamente se o pai deixasse de nomear caberia à mãe fazê-lo – regra que discriminava a sua posição no conjunto familiar.

Naquela previsão, não encontrava explicação a extensão aos avós, e muito menos a ordem preferencial, porquanto não exerciam eles, nem substitutivamente, qualquer parcela do poder familiar, o qual era e é privativo dos pais. Talvez a origem esteja no direito romano, quando se reconhecia ao avô paterno a *patria potestas*, o que lhe conferia o direito de nomear tutor aos netos.

Para a nomeação, atualmente restrita aos pais, cumpre se encontrem eles revestidos do poder familiar. A ordem vem expressa no art. 1.730: "É nula a nomeação de tutor pelo pai ou pela mãe que, ao tempo de sua morte, não tinha o poder familiar."

Da mesma forma, não valerá a nomeação se o outro progenitor sobreviver. Com a morte de um dos pais, o poder familiar concentra-se inteiramente na pessoa do progenitor que ficar. É o que aparece no art. 1.634, inc. VI, em texto da Lei nº 13.058/2014. A nomeação se opera por testamento ou outro documento autêntico, em face do parágrafo único do art. 1.729: "A nomeação deve constar de testamento ou de qualquer outro documento autêntico".

Quanto ao testamento, pode formalizar-se pela forma pública ou particular, isto é, por escritura pública ou escrito feito pelo testador, definindo-se como o ato pelo qual alguém dispõe, no todo ou em parte, de seu patrimônio, ou emite uma disposição para valer ou ser cumprida depois de sua morte.

Admite-se também outro documento autêntico, mesmo que não público, segundo depreende-se da lei. Ou seja, por escritura pública, ou escrito particular, especialmente se reconhecidas pelo tabelião as assinaturas dos pais, o que lhe imprime maior autenticidade. Não se pense, porém, que unicamente a formalidade do reconhecimento das assinaturas confere autenticidade, a qual depreende-se de outros elementos, como da igualdade do padrão da assinatura com o constante em documento oficial. Desde que se faça a prova da procedência daquele que emite o documento, tem-se a autenticidade.

Inclusive na forma instrumental não deixa de ser testamentária a nomeação, posto que somente produzirá efeitos depois da morte do nomeante.

Entendia possível Carvalho Santos a nomeação sob a condição de bem defender os interesses dos filhos, discriminando as condições inexistentes ou impossíveis: "Consideram--se inexistentes as condições:

a) que forem fisicamente impossíveis;

b) que consistirem em não fazer coisa impossível, tal como está preceituado no art. 116, considerando-se também inexistente a condição;

902 • Direito de Família | *Arnaldo Rizzardo*

c) que fixar prazo ou termo que exceder à maioridade ou à emancipação do menor;
...

São nulos os termos e as condições:

a) que forem juridicamente impossíveis, como, por exemplo, dividir o exercício da tutela entre dois ou mais tutores, eximir o tutor da prestação de contas etc.;
b) que importarem objeto ilícito ..."[10]

O texto do art. 116 acima referido encontra-se nos arts. 123, I, e 124 do CC/2002.

4.2. Tutela legítima

Cuida-se da tutela deferida aos parentes consanguíneos, segundo a ordem de proximidade. Provém da lei e não da vontade das partes. Daí o termo 'legítima'.

É, aliás, a mais comumente usada na prática forense. Falecendo os pais e na ausência de nomeação testamentária ou qualquer outro documento autêntico, incidirá o encargo na pessoa do parente mais próximo, na ordem instituída no art. 1.731: "Em falta de tutor nomeado pelos pais, incumbe a tutela aos parentes consanguíneos do menor, por esta ordem:

I – aos ascendentes, preferindo o de grau mais próximo ao mais remoto;

II – aos colaterais até o terceiro grau, preferindo os mais próximos aos mais remotos, e, no mesmo grau, os mais velhos aos mais moços; em qualquer dos casos, o juiz escolherá entre eles o mais apto a exercer a tutela em benefício do menor".

No sistema do Código de 1916, imperavam preferências que importavam em ofensa ao princípio da absoluta igualdade entre o homem e a mulher, por força do art. 5º, inc. I, da Carta Constitucional. Sob aquele prisma, tinha primazia a nomeação da pessoa do avô paterno em relação ao materno, ou da avó paterna quanto à materna. Vinha, também, estabelecida a preferência dos irmãos ante as irmãs, e dos tios em relação às tias.

Mas, entende-se correta a ordem que antepõe os parentes mais próximos relativamente aos mais remotos, e, quando do mesmo grau, os colaterais mais velhos frente aos mais novos, eis que se presume terem aqueles ascendentes maior afetividade, enquanto os colaterais mais velhos revelarão amadurecimento e experiência superiores que os mais novos.

Diante do inciso I, escolhem-se primeiro os avós, passando, em segundo lugar, para os bisavós.

Já em vista do inciso II, está indicada a escala até o terceiro grau de colaterais, isto é, envolvendo os irmãos e os tios.

Não é, entretanto, de rigor a obediência à ordem acima preconizada. Tem preponderância, antes de tudo, os interesses do menor. Nomeará o juiz aquela pessoa que melhores condições apresentar, que sobressai em interesse, ou que se oferece espontaneamente para o *munus*. Seria até constrangedor impor a obrigação a um parente pela só razão de se encontrar em grau mais próximo, e que aceita a nomeação unicamente por não encontrar qualquer motivo para a escusa.

---

[10]   *Código Civil Brasileiro Interpretado*, obra citada, vol. VI, p. 216.

Na escolha da pessoa apta, examinará o juiz as condições econômicas, familiares, de idoneidade de cada parente, optando pelo que apresentar capacidade, abnegação, afeição, desprendimento e afinidade para o cargo.

4.3. Tutela dativa

Vem a ser a tutela conferida pelo juiz, que escolhe pessoa estranha, ou não parente, para o encargo. Isto justamente ou por inexistirem parentes, ou por considerar coerentes e justas as escusas, ou porque não revelam eles condições para o exercício do cargo.

O art. 1.732 desta maneira prevê a nomeação: "O juiz nomeará tutor idôneo e residente no domicílio do menor:

I – na falta de tutor testamentário ou legítimo;

II – quando estes forem excluídos ou escusados da tutela;

III – quando removidos por não idôneos o tutor legítimo e o testamentário."

Nota-se que esta tutela é supletiva, somente incidindo quando da falta de tutor testamentário ou legítimo, ou quando qualquer deles não oferecer condições para a nomeação. Deverá o tutor residir no mesmo domicílio do menor, e, evidentemente, apresentar condições de idoneidade, ser pessoa conhecida, inteirando-se das razões que o levaram a aceitar a incumbência.

De notarem-se, ainda, as seguintes instruções, delineadas por Washington de Barros Monteiro, ainda plenamente atuais: "O juiz competente para deferir compromisso de tutor será o do lugar em que o menor vivia anteriormente com os pais. Se eles deixarem bens, que estão sendo inventariados, a competência para a nomeação é do juiz do inventário. De um modo geral, a regra é esta: o foro competente para a nomeação e para todos os atos relativos à tutela, ou dela decorrentes, é o do lugar do domicílio do menor no momento em que cessou o pátrio-poder, por morte, suspensão ou inibição."[11]

No entanto, em situações especiais alteram-se as regras. Se o tutor residir em local distinto do qual se processou o inventário, e com ele já se encontra o menor, por conveniência não apenas processual, mas, sobretudo, prática e econômica, nada justifica se impeça o ajuizamento no foro do atual domicílio.

Embora não expressamente prevista em lei, existe, ainda, a tutela *ad hoc*, ou para determinado ato, mais propriamente denominada curatela *ad hoc*. Nomeia-se um curador, que na verdade é tutor, para assistir ou defender o menor em atos processuais específicos. Assim, acontece no inventário, em que o filho participa com a mãe na herança deixada pelo pai; ou numa ação de indenização, proposta pela mãe, contra o espólio de seu companheiro, figurando como herdeiro o filho.

Pode-se, por último, apontar a tutela do menor em situação irregular, prevista no Estatuto da Criança e do Adolescente, arts. 36 a 38. De modo geral, nada apresenta de novo relativamente à disciplinada pelo Código Civil.

---

[11] *Curso de Direito Civil – Direito de Família*, obra citada, pp. 306 e 307.

Encontrando-se o menor em estado de abandono, ou, ainda, vindo a ser apresentado ao Juizado da Criança e do Adolescente, é apropriado que a nomeação de tutor ocorra em tal Juízo, pois deverá ser colocado em família substituta.

O art. 36 da Lei nº 8.069, na modificação da Lei nº 12.010, de 3.08.2009, reza: "A tutela será deferida, nos termos da lei civil, a pessoa de até 18 (dezoito) anos incompletos".

De acordo com o parágrafo único, o deferimento da tutela pressupõe a prévia decretação da perda ou suspensão do poder familiar, e implica necessariamente o dever da guarda. Aspectos estes também exigidos na tutela disciplinada pelo Código Civil.

Nada há de novidade a respeito da matéria, exceto quanto à destituição, o que foi examinado quando da abordagem do tema, em subcapítulo sobre a família substituta.

5. CARACTERES DA TUTELA

Apresenta o instituto várias características, específicas da função para a qual foi criado.

Assim, a palavra 'tutela' provém do verbo latino *tuere*, com o significado de proteger, defender, amparar. Mas, desde sua formação, sempre predominou a natureza pública do encargo, o que leva a conceber a figura como um *munus* público, advindo de uma delegação do Estado. Não que seja funcionário público quem desempenha a função, mas se investe em uma missão de alto interesse social. Por outras palavras, a sociedade delega um defensor e guia ao menor.

Tal encargo é obrigatório, salvo algumas exceções, que devem ser fundamentadas e justificadas para serem acolhidas.

Consiste, em princípio, em um encargo pessoal, que se concentra apenas na pessoa do tutor, o qual não fica autorizado a transferi-lo ou cedê-lo a uma terceira pessoa, ou a um substituto. Apenas o tutor poderá desempenhar as funções próprias do encargo, exceto em situações especiais: se o exercício da tutela envolver bens e interesses administrativos que reclamam conhecimentos técnicos, ou que forem complexos, ou que serão realizados em lugares distantes do domicílio do tutor. Nessas exceções, permite o art. 1.743 mediante aprovação do juiz, a delegação parcial da tutela a outras pessoas, quer físicas, quer jurídicas. Eis seus termos: "Se os bens e interesses administrativos exigirem conhecimentos técnicos, forem complexos, ou realizados em lugares distantes do domicílio do tutor, poderá este, mediante aprovação judicial, delegar a outras pessoas físicas ou jurídicas o exercício da tutela".

Não há propriamente uma delegação do exercício parcial da tutela. Contrata-se, isto sim, a prática de funções ou atividades inerentes à tutela. A impropriedade da redação do dispositivo é notória, ao dar o caráter de delegação parcial da tutela, quando se extrai a permissão para a realização de certas funções. Mesmo porque atribuiu indevidamente a função a pessoas jurídicas, o que seria inviável. Retira-se, no entanto, do texto que está facultada a atribuição de funções técnicas a pessoas distintas do tutor, inclusive jurídicas.

O encargo de tutor pode ser remunerado, ou gratificado, como autoriza o art. 1.752: "O tutor responde pelos prejuízos que, por culpa, ou dolo, causar ao tutelado; mas tem direito a ser pago pelo que realmente despender no exercício da tutela, salvo no caso do art. 1.734, e a perceber remuneração proporcional à importância dos bens administrados".

Remuneração esta que era defendida por Sílvio Rodrigues, quando a situação econômica permite, pois já vinha contemplada no Código revogado: "O exercício da tutela não é, ordinariamente, gratuito. Nem se justificaria a gratuidade, em hipótese de órfão

Cap. XXXI | Tutela • **905**

opulento. Aliás, a lei só exclui a remuneração do tutor em caso de menor abandonado. Mas é evidente que em hipóteses de menores com recursos muito exíguos, não se justifica a remuneração do autor.

Nas outras hipóteses e no silêncio dos pais que poderiam ter fixado o montante da gratificação, caberá ao juiz fixá-la, não devendo a mesma exceder aos dez por cento da renda anual do pupilo."[12]

Da leitura do art. 1.734, com a redação da Lei nº 12.010/2009, extrai-se a não remuneração "As crianças e os adolescentes cujos pais forem desconhecidos, falecidos ou que tiverem sido suspensos ou destituídos do poder familiar terão tutores nomeados pelo Juiz ou serão incluídos em programa de colocação familiar, na forma prevista pela Lei no 8.069, de 13 de julho de 1990 – Estatuto da Criança e do Adolescente".

A função do tutor não é definitiva, mas instável. É inerente ao encargo a sua cessação ao expirar o termo; faculta-se a escusa motivada, podendo, inclusive, ocorrer a remoção, de acordo com o art. 1.764, sendo que, pelo art. 1.765, a obrigação do exercício vai até dois anos. Já o art. 1.766 ordena a destituição se mostrar-se negligente, prevaricador ou incurso em incapacidade o tutor.

Cuida-se, ainda, de uma função exclusiva, posto que vedada a nomeação concomitante de duas ou mais pessoas para um mesmo tutelado. Nem é admitido o exercício conjunto por marido e mulher.

Finalmente, o que é proeminente, a tutela não se firma como direito, mas sim como dever. Nem é concebida como vantagem, mas encargo, alicerçado em benefício do menor, em consonância com seus interesses e conveniências.

6. CAPACIDADE PARA EXERCER A TUTELA

Embora sucintamente, pois a questão já restou examinada quando se tratou das espécies de tutela, discrimina-se sistematicamente a ordem para ser tutor.

Há uma preferência, ostentada pelo art. 1.731, que deve ter a seguinte escala:

Em primeiro lugar, estão os ascendentes, preferindo-se os mais próximos, paternos ou maternos, indistintamente, escolhendo-se aquele que melhor apresentar condições para o cargo. Em segundo lugar, encontram-se os colaterais até o terceiro grau, também escolhendo-se primordialmente os mais próximos, isto é, os irmãos, seja qual for o sexo, mas preferindo-se naturalmente, embora omisso o Código, os bilaterais aos unilaterais, e sempre os mais velhos, pelo amadurecimento e ascendência que podem exercer sobre os demais; não havendo irmãos em condições, recai a nomeação nos tios, também não interessando o sexo, e dando-se preferência aos mais idosos.

Isto se não constar a indicação em testamento ou em outro escrito autêntico.

A ordem acima não é rígida ou imodificável. Terá, na escolha da pessoa, o juiz em conta o interesse dos menores.

De outro lado, elege-se o mesmo tutor para os filhos, não se mostrando prática e nem eficaz a nomeação de um tutor para cada filho.

O art. 1.733 conduz a tal inteligência, dispondo o § 1º sobre a precedência e a sucessão no desempenho do encargo se nomeado mais de um tutor: "Aos irmãos órfãos

---

12 *Direito Civil – Direito de Família*, obra citada, vol. VI, p. 409.

906 • Direito de Família | *Arnaldo Rizzardo*

dar-se-á um só tutor." O § 1º: "No caso de ser nomeado mais de um tutor por disposição testamentária sem indicação de precedência, entende-se que a tutela foi cometida ao primeiro, e que os outros lhe sucederão pela ordem de nomeação, se ocorrer morte, incapacidade, escusa ou qualquer outro impedimento."

De sorte que o primeiro nomeado assumirá a tutela, a qual passará para os demais nomeados, sempre na ordem que constar no ato, se disposição diferente não acompanhar o testamento, nas eventualidades de morte, incapacidade, escusa ou qualquer outro impedimento do que figurar precedentemente.

No § 2º do mesmo art. 1.733, encontra-se uma disposição especial permitindo à pessoa que institui, por testamento, um menor herdeiro ou legatário, a nomeação de curador especial, mesmo que o beneficiário se encontre sob o poder familiar ou a tutela: "Quem institui um menor herdeiro, ou legatário seu, poderá nomear-lhe curador especial para os bens deixados, ainda que o beneficiário se encontre sob o poder familiar, ou tutela." Como se percebe, a designação restringe-se unicamente para a proteção quanto aos bens objeto do testamento, contemplando o menor.

7. INCAPACIDADE PARA O EXERCÍCIO DA TUTELA

Discrimina o art. 1.735 as pessoas incapazes de exercerem o múnus: "Não podem ser tutores e serão exonerados da tutela, caso a exerçam:

I – aqueles que não tiverem a livre administração de seus bens."

Óbvio que o indivíduo nesta situação não se encontra em condições de administrar os bens do menor, nem de velar ou cuidar de sua pessoa. É o caso do falido e do insolvente civil.

"II – Aqueles que, no momento de lhes ser deferida a tutela, se acharem constituídos em obrigação para com o menor, ou tiverem que fazer valer direitos contra este; e aqueles cujos pais, filhos ou cônjuges tiverem demanda contra o menor."

Eis a explicação de Roberto João Elias, mantendo-se oportuna para a hipótese, pois equivalem as disposições do atual Código e do anterior: "Para que não haja colisão de interesses, a lei impede que aqueles que se acham em obrigação para com o menor, ou que tiverem de fazer valer direitos contra ele, bem como aqueles cujos pais, filhos ou cônjuges tiverem demanda contra o menor, sejam nomeados tutores."[13]

"III – Os inimigos do menor, ou de seus pais, ou que tiverem sido por estes expressamente excluídos da tutela."

Mostra-se natural que os desafetos ou inimigos do menor ou de seus pais, ou as pessoas por estes excluídas para o desempenho da tutela, não oferecem condições para o cargo. A tendência seria prever a viabilidade da prática de atos contra o menor, atentatórios ao patrimônio e à própria pessoa do interessado.

---

[13] *Tutela Civil*, São Paulo, Saraiva, 1986, p. 24.

"IV – Os condenados por crime de furto, roubo, estelionato, falsidade, contra a família ou os costumes, tenham ou não cumprido a pena."

Também nota-se perfeitamente incabível a nomeação de pessoas que não merecem credibilidade no tocante ao patrimônio alheio, e que atentam contra a família ou os costumes, estando incursos em disposições que reprimem condutas como a pedofilia, abuso sexual, corrupção de menores, dentre outras espécies.

"V – As pessoas de mau procedimento, ou falhas em probidade, e as culpadas de abuso de tutorias anteriores."

Isto porque constituiria um perigo confiar a pessoa do menor e seus bens a um indivíduo de mau caráter ou desonesto. Sem dúvida, seria péssima a influência que exerceria sobre a personalidade do menor, em formação.

"VI – Aqueles que exercerem função pública incompatível com a boa administração da tutela."

Há certas funções que se mostram incompatíveis com o exercício da tutela, pelo envolvimento que esta possa trazer, ou pela assoberbada quantidade de compromissos, que impede a execução normal das funções do encargo e da profissão ou da função pública.

Enquadram-se na relação das funções incompatíveis, segundo alguns, a magistratura, as atividades dos oficiais de justiça, dos escrivães, dos membros do Ministério Público, dos militares, dos chefes de executivos municipais etc.

No entanto, de observar que não há propriamente incompatibilidade. Não se pode encontrar uma razão plausível que justifique a impossibilidade do exercício da tutela mesmo pelos magistrados e outras pessoas ligadas aos serviços judiciários, a menos que tenham atuado no procedimento específico que concedeu a tutela a uma delas. Quanto aos militares, a não ser que se trate de parentes, mostra-se mais ponderável a razão que justifica a inviabilidade, em face das constantes mudanças de domicílio a que estão sujeitos, e em virtude da própria atividade que exercem.

Não apenas certas funções públicas se revelam impróprias ou incompatíveis para o *munus* em exame, como também atividades particulares ou privadas. Nesta classe, encontram-se o exercício de trabalho profissional em lugar distante daquele onde se encontra domiciliado o tutelado; ou as atividades de duvidosa legalidade, como a exploração de jogos de azar; ou aquelas que permitem contatos com delinquentes e companhias inconvenientes à formação moral do menor.

8. A ESCUSA EM EXERCER A TUTELA

Cuidando-se a tutela de um *munus* público, ou de um encargo que a lei impõe a uma pessoa, de modo geral não há possibilidade de recusar a nomeação, exceto em determinadas situações, enumeradas nos arts. 1.736 e 1.737, e quanto:

"I – Às mulheres casadas."

Não há motivo para tolerar a escusa no tocante às mulheres casadas, sendo que, no art. 414 do Código anterior, às mulheres em geral, independentemente de casadas ou não, reconhecia-se a prerrogativa da recusa. A diferença de tratamento era explicável, pois, quando da elaboração do Código, o legislador teve em conta que a mulher vivia mais dentro do lar, sem uma visão ampla do mundo dos negócio e da administração dos bens. Encontrando-se presentemente a mulher em completa equiparação ao homem, exercendo a maioria das atividades que ele realiza, pode ela desempenhar o *munus* da tutela nas mesmas condições que o homem, não se justificando a escusa simplesmente pelo fato de ser mulher casada.

"II – Aos maiores de sessenta anos."

Em face da idade, e de já estarem consolidados em determinado padrão de vida, mostra-se inoportuno exigir que tais pessoas assumam este novo compromisso.

"III – Àqueles que tiverem sob sua autoridade mais de três filhos."

Seria exigir demais a estas pessoas que assumissem o compromisso com mais um ser humano, quando já pesados os encargos que têm com a prole. A escusa poderá ser acolhida também quanto aos que possuem um número inferior de filhos, já que, atualmente, em muito se avolumaram as responsabilidades na criação e educação dos filhos, relativamente a épocas passadas, em que a grande maioria das famílias vivia preponderantemente em zona rural, empregando-se a mão de obra dos filhos nos trabalhos.

Observa-se que a condição é a existência de mais de três filhos, isto é, quatro ou mais filhos.

"IV – Aos impossibilitados por enfermidade."

Mostra-se óbvia a justa razão para a recusa, por falta de condições físicas da pessoa para o exercício do encargo de tutor.

"V – Àqueles que habitarem longe do lugar, onde se haja de exercer a tutela."

Isso por não poderem dispensar ao tutelado a devida atenção ou dedicação de que necessita. Aliás, envolvendo atualmente a tutela a colocação do menor em família substituta, seria desvirtuar este propósito a concessão do encargo a pessoa que não resida com o filho.

"VI – Àqueles que já exercem a tutela ou curatela."

Objetiva-se, com a escusa, não sobrecarregar demasiadamente de responsabilidades e obrigações a pessoa, até porque já prestada a sua colaboração.

"VII – Aos militares, em serviço."

Isto em virtude das constantes mudanças de domicílio a que estão sujeitos, dificultando o próprio exercício da tutela, em especial a prestação de contas em juízo e a administração dos bens de raiz do menor.

"VIII – Aos que não forem parentes do menor, se algum deles existir no lugar."

Reza o art. 1.737, a respeito: "Quem não for parente do menor não poderá ser obrigado a aceitar a tutela, se houver no lugar parente idôneo, consanguíneo ou afim, em condições de exercê-la." Mostra-se evidente que os parentes oferecem melhores condições no desempenho do *munus*, porquanto mais natural a convivência, e mais estreitos os laços de afetividade.

É óbvio, porém, que o parentesco é justificável até certo grau, especialmente quanto à afinidade, e, relativamente aos colaterais, não poderá ir além do quarto. Em geral, no entanto, a preferência deve limitar-se aos avós, aos irmãos e tios.

As escusas podem ser arguidas mesmo na nomeação testamentária. Impõe-se que sejam apresentadas no prazo de dez dias a partir da designação, que só pode iniciar a contar da data do conhecimento do ato de nomeação, em interpretação que exige a primeira parte do art. 1.738: "A escusa apresentar-se-á nos 10 (dez) dias subsequentes à designação, sob pena de entender-se renunciado o direito de alegá-la".

A nomeação ou designação será para prestar compromisso, como exsurge do art. 759 do Código de Processo Civil de 2015.

O art. 760 do mesmo diploma contém prazo diferente, que é de cinco dias. Deverá, porém, prevalecer o de maior duração, constante do art. 1.738.

Aliás, há de se permitir a qualquer tempo a escusa, pelas razões levantadas por José Olympio de Castro Filho: "É que, na real verdade, a escusa admitida na lei civil não se justifica tão somente como alívio imposto no interesse, ou na momentânea dificuldade ou impossibilidade do nomeado. Funda-se, também, na presunção de que os admitidos à escusa se encontram em condições tais que lhes exigir o exercício da tutela ou curatela será estabelecer para estas, em princípio, condições que acabarão resultando em má administração dos bens dos incapazes, que a lei visa proteger. Assim, por exemplo, o nomeado que estiver enfermo, ou tenha prole numerosa, ou tenha residência em lugar distante daquele em que deve exercer o encargo, ou o militar em serviço. Por isso mesmo, a nosso ver, mesmo que o pedido de escusa se venha a apresentar após o prazo fixado, cumpre ao juiz examiná-lo..."[14]

Surgindo um motivo escusatório depois de aceita a tutela, e mesmo durante o seu exercício, também será considerado válido, hipótese em que virá arguido no mesmo decêndio, a partir do momento em que sobrevier, por força da segunda parte do art. 1.738: "Se o motivo escusatório ocorrer depois de aceita a tutela, os 10 (dez) dias contar-se-ão do em que ela sobrevier".

Este prazo, no entanto, é relativo. Sobrevindo motivo mesmo para a exoneração, e inclusive após assumir o compromisso, ao tutor faculta-se buscar a exoneração (art. 1.764, inc. II, do Código em vigor). De modo que, apesar de prestado o compromisso, a qualquer tempo é admissível a escusa, já no sentido de exoneração, se verificada a causa – assunto este que se abordará adiante, quando for tratada a cessação da tutela.

Por último, deve o tutor, embora apresentada a escusa, permanecer no encargo enquanto não definitivamente decidida, segundo o art. 1.739: "Se o juiz não admitir a escusa, exercerá o nomeado a tutela, enquanto o recurso interposto não tiver provimento, e responderá desde logo pelas perdas e danos, que o menor venha a sofrer."

Isto porque o menor não pode ficar sem representante. Aliás, a grande dificuldade é justamente encontrar, em muitas oportunidades, um substituto, o que pode determinar a permanência, no cargo, da pessoa que busca a cessação. O melhor, no caso, é que se nomeie um tutor temporário, pois é certo que aquele que busca a exoneração não desempenhará a contento o cargo.

---

[14] *Comentários ao Código de Processo Civil*, Rio de Janeiro, Forense, 1976, vol. X, p. 291.

9. A GARANTIA DA TUTELA

Outro ponto bastante controvertido refere-se à garantida da tutela. Sabe-se que o encargo, além do amparo pessoal que representa ao menor, substituindo os pais no dever de criar, educar, cuidar e acompanhar o menor, objetiva a administração de seus bens, às vezes de grande valor. E para garantir a boa administração, bem como a sua posterior devolução, com os frutos e rendimentos, determinava o Código Civil de 1916, no art. 418, que o tutor, ao assumir o encargo era obrigado a especializar os imóveis necessários em hipoteca legal.

Não mais perdura a exigência no Código de 2002. A rigor, há razão na supressão de normas quanto à garantia hipotecária. Além de importar a tutela em um encargo, com a atribuição de inúmeras incumbências, ficaria o tutor com os bens constritados ou indisponíveis, cerceando sua vida e, inclusive, seu futuro econômico. Seria impor demasiado ônus. Acontece que, para a nomeação de tutor, deve preencher a pessoa várias exigências, as quais se depreendem da leitura do art. 1.735, e que importam em idoneidade, capacidade econômica, boa relação com o tutelado, ilibada conduta social etc., fatores estes que conduzem a firmar a segurança do bom desempenho do encargo.

Com o Código de 2002, remanesceu como garantia a prestação de caução, na previsão do parágrafo único do art. 1.745: "Se o patrimônio do menor for de valor considerável, poderá o juiz condicionar o exercício da tutela à prestação de caução bastante, podendo dispensá-la se o tutor for de reconhecida idoneidade".

A prestação desta garantia, como se nota, é condicionada ao montante elevado do patrimônio, e ao prudente arbítrio do juiz, que aferirá da necessidade ou não também em função da idoneidade e outras virtudes do tutor. A prestação se fará nos autos do procedimento que envolve a nomeação do tutor, através de requerimento indicando a caução, e termo a ser lavrado após o deferimento pelo juiz.

Embora a dispensa em face do Código Civil e, antes, do Estatuto, persiste a faculdade do juiz em impor a especialização no caso de se apurarem situações que comprometam ou levem ao desfalque o patrimônio do tutelado. É o que induz a concluir o art. 1.744 do Código Civil, ao prever a responsabilidade do juiz se não exigir garantia real: "A responsabilidade do juiz será:

I – direta e pessoal, quando não tiver nomeado tutor, ou não o houver feito oportunamente;
II – subsidiária, quando não tiver exigido garantia legal do tutor, nem o removido, tanto que se tornou suspeito".

A responsabilidade do juiz é direta e pessoal, se ele deixar de nomear tutor, ou o nomear tardiamente. As hipóteses, se realmente verificadas a fundo as situações, não se apresentam incomuns. Uma vez chegando ao conhecimento do juiz o abandono do menor e a existência do patrimônio, o qual fica desprotegido e vem a ser subtraído ou dilapidado na mão de terceiros; se há pedido para providências, buscando a nomeação de tutor; se evidentes a omissão, o descaso, a demora, a protelação injustificada, decorre inolvidavelmente a responsabilidade. O juiz pessoalmente arcará com o ressarcimento.

Será subsidiária a sua responsabilidade, caso não tenha o juiz exigido garantias, ou se as oferecidas revelaram-se flagrantemente insuficientes, ou não removeu o tutor tanto que se tornou suspeito. Nestas eventualidades, respondendo subsidiariamente, é óbvio que, por primeiro, deve-se buscar o ressarcimento perante o tutor. Unicamente se insuficiente seu patrimônio, ou não se lograr sucesso junto ao mesmo, busca-se o suplemento ante o juiz.

O art. 37 da Lei 8.069/1990, em redação da Lei nº 12.010/2009, ordena que "o tutor nomeado por testamento ou qualquer documento autêntico, conforme previsto no parágrafo único do art. 1.729 da Lei no 10.406, de 10 de janeiro de 2002 - Código Civil, deverá, no prazo de 30 (trinta) dias após a abertura da sucessão, ingressar com pedido destinado ao controle judicial do ato, observando o procedimento previsto nos arts. 165 a 170 desta Lei." Esta parte final do dispositivo significa mais que incumbe ao tutor requerer ao juízo a sua nomeação como tutor, dentro das normas atinentes à colocação do menor em família substituta.

10. O EXERCÍCIO DA TUTELA

Vários os artigos do Código Civil que tratam da matéria, numa discriminação assaz supérflua, e repetindo a prolixidade do Código anterior, olvidando que a tutela será exercida de acordo com os princípios e as finalidades que a constituem.

Ao serem lidos os dispositivos, constata-se que o Código estabelece regras que cuidam mais extensamente dos interesses patrimoniais do menor, mas encontrando-se regras que dispensam proteção também em relação à sua pessoa.

E justamente quanto à pessoa, destacam-se as previsões do art. 1.740: "Incumbe ao tutor, quanto à pessoa do menor:

I – dirigir-lhe a educação, defendê-lo e prestar-lhe alimentos, conforme os seus haveres e condição;
II – reclamar do juiz que providencie, como houver por bem, quando o menor haja mister de correção;
III – adimplir os demais deveres que normalmente cabem aos pais, ouvida a opinião do menor, se este já contar 12 (doze) anos de idade."

As incumbências são as comuns atribuídas aos pais em geral, não ensejando maiores controvérsias. Alguns destaque fazem-se necessários.

No pertinente ao sustento, desde que comporte o patrimônio, pleiteará o tutor o arbitramento da verba necessária para fazer frente às despesas de alimentação, vestuário, educação, recreação e outras. A respeito, preceitua o art. 1.746: "Se o menor possui bens, será sustentado e educado a expensas deles, arbitrando o juiz para tal fim as quantias que lhe pareçam necessárias, considerando o rendimento da fortuna do pupilo quando o pai ou a mãe não as houver fixado."

A parte final da regra é inaplicável. Dificilmente, em testamento ou escrito autêntico, os pais terão condições de planejar uma correta previsão das despesas que fará ou exigirá o filho. Daí a possibilidade de fixação sempre pelo juiz, pouco importando a estipulação pelos progenitores.

Observa-se, já no tocante às medidas de correção, que não cabe ao tutor castigar o menor, medida admitida no exercício do poder familiar. Tal mister é da competência do juiz determinar. Não que este vá castigá-lo. Permitirá, porém, certas medidas punitivas, que não podem ser físicas.

Todavia, o normal é aplicar o tratamento que se dá aos filhos. A mesma linha de conduta deve ser empregada ao tutelado. Assim, quando insubmisso, não há necessidade de maiores delongas. Certas medidas coercitivas podem ser aplicadas independentemente da autorização do juiz. Do contrário, nem a formação ou educação torna-se possível.

912 • Direito de Família | *Arnaldo Rizzardo*

A vênia do juiz se faz imprescindível apenas quando a indisciplina e a irregularidade da conduta adquirem formas incontroláveis e insuportáveis. Na hipótese, razoável que o juiz autorize o internamento em casa de correção, ou em estabelecimento apropriado.

A generalização do inc. III praticamente torna dispensáveis as previsões dos incisos anteriores, pois as abrange, e compreende todos os deveres decorrentes do poder familiar. A determinação da ouvida da opinião do menor, se já contar 12 anos de idade, revela-se utópica e despropositada, porquanto pode ensejar a ideia de sua concordância para o tutor impor alguma conduta.

No plano patrimonial, temos uma ideia geral do exercício da tutela no art. 1.741: "Incumbe ao tutor, sob a inspeção do juiz, administrar os bens do tutelado, em proveito deste, cumprindo seus deveres com zelo e boa-fé".

A administração abrange uma série de poderes e atividades, que vai da gerência e do seu comando, à conservação, vigilância, guarda e proteção, sem abranger a sua disposição ou alienação, a não ser de bens móveis de pequeno valor e de fácil deterioração.

No art. 1.745, aparece mais uma disposição restrita aos bens: "Os bens do menor serão entregues ao tutor mediante termo especificado deles e seus valores, ainda que os pais o tenham dispensado." Especificam-se todos os bens, com a descrição e os valores respectivos. Isto, mesmo que os pais, por testamento ou escrito autêntico, tenham dispensado esta providência. Há de se realizar o inventário nos próprios autos de nomeação de tutor, com o que evitar-se-ão futuros problemas sobre a sua realidade, quantidade, estado e qualidade.

Na hipótese de elevado o patrimônio, abre-se ensanchas para impor a prestação de caução, consoante já analisado, que é a única garantia imposta, não mais se impondo a obrigatoriedade do oferecimento de hipoteca de bens imóveis do tutor, que vigorava no sistema anterior. Eis a norma sobre o assunto, lançada no parágrafo único do art. 1.745: "Se o patrimônio do menor for de valor considerável, poderá o juiz condicionar o exercício da tutela à prestação de caução bastante, podendo dispensá-la se o tutor for de reconhecida idoneidade".

Introduziu o Código atual a figura do *protutor*, desconhecida no regime anterior, constituindo na nomeação, pelo juiz, de uma pessoa para fiscalizar a atividade do tutor. Eis a sua previsão no art. 1.742: "Para fiscalização dos atos do tutor, pode o juiz nomear um protutor". A novidade não traz qualquer benefício ou vantagem. Pelo contrário, revela-se em um acinte à confiabilidade que deve merecer, em princípio, o tutor. Se alguma dúvida paira sobre a idoneidade ou a capacidade de sua pessoa, nem cabe a nomeação, ou importará na destituição se verificar-se no curso do exercício da tutela. Não é aconselhável colocar sob suspeita o desempenho na função, destacando uma terceira pessoa que fica no aguardo ou na espreita de encontrar alguma irregularidade para delatar o tutor ao juiz. A designação importa em desconfiança e prematura suposição de dúvida sobre o correto desempenho do encargo. E a prevalecer a desconfiança no tutor, o mesmo é suscetível de acontecer com o protutor, o que levaria a escalar mais uma pessoa, agora já para ser o vigilante ou controlador deste último.

Na sequência, mais um desacerto aparece. No art. 1.743, o Código instituiu a delegação de tutela em certas situações, quando, no rigor do conteúdo, tem-se uma simples delegação de funções, sem que se dê a desvinculação do tutor do múnus que exerce: "Se os bens e interesses administrativos exigirem conhecimentos técnicos, forem complexos, ou realizados em lugares distantes do domicílio do tutor, poderá este, mediante aprovação judicial, delegar a outras pessoas físicas ou jurídicas o exercício parcial da

Cap. XXXI | Tutela • **913**

tutela". Além da redação não ser das melhores, o que se depreende é que fica o tutor, uma vez obtida a chancela judicial, autorizado a contratar a execução de certas funções junto a terceiras pessoas, sejam físicas ou jurídicas, sem qualquer delegação parcial da tutela. Tal se dá quando a atividade do tutor requer conhecimentos técnicos, ou for complexa a sua execução, ou deva realizar-se em local distante daquele onde está ele domiciliado. Assim no pertinente à administração da produção de gado em uma fazenda, na gerência de uma fábrica, na organização contábil das contas, no acompanhamento de aplicações financeiras.

Não se desvincula o tutor do múnus que lhe foi dado, relativamente àquelas atividades contratadas, como se se transferisse a sua responsabilidade para aquele que as assumiu.

Mais funções estão a cargo do tutor, individuadas no art. 1.747, como a representação, até os dezesseis anos, e a assistência dessa idade aos dezoito, nos atos da vida civil em que o menor for parte, suprindo-lhe o consentimento; receber as rendas, pensões e as quantias ao menor devidas; fazer despesas de subsistência e educação, assim como as da administração, conservação e melhoramento de seus bens; alienar os bens do menor destinados à venda, isto é, aqueles que o juiz autorizar a vender; e promover, mediante preço conveniente, o arrendamento ou locação de bens de raiz, isto é, dos imóveis.

Como se percebe, há uma série de atividades e funções, que o próprio conceito de tutela subentende inerentes, sequer carecendo de discriminação.

Mais um extenso rol de incumbências cabe ao tutor, mas todas dependentes da autorização judicial, por dizerem respeito à alteração do próprio patrimônio do menor.

Nesta classe de atos que foge da simples administração, enumeram-se os seguintes, consignados no art. 1.748: pagar as dívidas do menor, desde que tenham causa e decorrentes de autorização judicial; aceitar por ele heranças, legados ou doações, ainda que com encargos; transigir; vender-lhe os bens móveis, cuja conservação não convier, e os imóveis nos casos em que for permitido; propor em Juízo as ações, ou nelas assistir o menor, e promover todas as diligências a bem deste, assim como defendê-lo nos pleitos contra ele movidos.

Se eventualmente a venda se procedeu sem a autorização judicial, é possível, nos termos do parágrafo único do art. 1.748, que se consiga a convalidação mediante ulterior aprovação, que se conseguirá mediante pedido encaminhado ao juiz, onde se expõe o ato havido, justificando sua necessidade e demonstrando a conveniência.

Nota-se que, em princípio, a venda de bens móveis e imóveis procede-se mediante praça pública, precedida dos competentes editais, e seguindo os trâmites do art. 730 do Código de Processo Civil, no seguinte texto: "Nos casos expressos em lei, não havendo acordo entre os interessados sobre o modo como se deve realizar a alienação do bem, o juiz, de ofício ou a requerimento dos interessados ou do depositário, mandará aliená-lo em leilão, observando-se o disposto na Seção I deste Capítulo e, no que couber, o disposto nos arts. 879 a 903".

Os arts. 879 a 903 disciplinam o procedimento da venda judicial de bens, seja em iniciativa particular ou por leilão judicial eletrônico ou presencial.

No entanto, nada impede que se leve a termo mediante simples venda particular, desde que os preços sejam reais ou os de mercado, com a devida justificação e mesmo avaliação. A respeito, quanto aos imóveis, a autorização consta do art.1.750: "Os imóveis pertencentes aos menores sob tutela somente podem ser vendidos quando houver manifesta vantagem, mediante prévia avaliação judicial e aprovação do juiz". Com maior razão a venda particular se tratar-se de móveis.

No § 1º do art. 1.753 vêm arroladas outras espécies de bens sujeitas a tal forma de alienação particular: "Se houver necessidade, os objetos de ouro e prata, pedras preciosas e móveis serão avaliados por pessoa idônea e, após autorização judicial, alienados, e o seu produto convertido em títulos, obrigações e letras de responsabilidade direta ou indireta da União ou dos Estados, atendendo-se preferencialmente à rentabilidade, e recolhidos ao estabelecimento bancário oficial ou aplicado na aquisição de imóveis, conforme for determinado pelo juiz".

Aduz o § 2º do mesmo art. 1.753 a mesma destinação de valores pecuniários provenientes de qualquer outra procedência, isto é, empregam-se em investimentos na aquisição de títulos e outros papéis garantidos pelo Poder Público, ou na aquisição de imóveis, ou depositam-se em poupança nos estabelecimentos bancários oficiais.

O menor, devidamente representado ou assistido, conforme a idade, requererá a venda, expondo as razões, como a necessidade para fazer frente às despesas; ou, em se tratando de móveis, a não conveniência da conservação e a facilidade na deterioração. Os bens serão avaliados por perito nomeado pelo juiz, intimando-se o Ministério Público, e decidindo-se após.

Competente para processar o pedido de venda será o Juízo que concedeu a tutela, o que permitirá acompanhar e bem fiscalizar a utilização do valor obtido, como vem desenvolvido na seguinte passagem de um julgamento: "O art. 422 do Código Civil prescreve caber ao tutor, sob a inspeção do juiz, reger a pessoa do menor, velar por ele, e administrar-lhe os bens. O artigo seguinte manda entregar ao tutor os bens e valores do tutelado. Ainda, dispõe a lei civil (art. 425) que é o magistrado quem defere a tutela e quem arbitra, das rendas que o tutelado tiver, a quantia necessária para seu sustento e educação, esclarecendo, finalmente, o art. 426, inc. IV, combinado com os arts. 427, inc. IV, 428, inc. I, e 429, ao cuidar especificamente do exercício da tutela, como se procederá para ser autorizada a venda de bens de menores. O encargo de fiscalizar esse exercício da tutela é do Juízo competente para concedê-la.

Assim, se ao juiz que concede a tutela cabe fiscalizar seu exercício, cabe-lhe autorizar eventual venda de imóvel do tutelado, com a decorrente prestação de contas do valor obtido e de seu destino, por força das regras que, a respeito, fixa o Código Civil. E mandando a lei processual que as contas sejam prestadas em apenso ao processo referente à nomeação do tutor, somente ao Juízo suscitado, que concedeu a tutela com apoio no art. 26 do Código de Menores, compete fiscalizar seu exercício, autorizar venda de bens do tutelado e apreciar a prestação de contas, a que está obrigado o tutor, e que deve ser processado em apenso ao processo no qual foi a tutela concedida (art. 919 do Código de Processo Civil)."[15]

Os arts. 422, 425, 426, inc. IV, 427, inc. IV, 428, inc. I, e 429, citados no julgado acima, correspondem, respectivamente, aos arts. 1.741, 1.746, 1.747, inc. IV, 1.748, inc. III, 1.749, inc. I, e 1.750 do vigente Código Civil. Já o art. 919 do Código de Processo Civil tem equivalente no art. 553 do diploma processual civil de 2015.

11. PROVIDÊNCIAS IMPOSTAS AO TUTOR ANTES DE ASSUMIR O ENCARGO E RESTRIÇÕES EM RELAÇÃO AOS BENS DO MENOR

Antes de assumir o encargo, nos termos do art. 1.745, está o tutor obrigado a proceder ao inventário ou termo especificado dos bens do tutelado e seus valores, ainda

---

[15] TJSP. Conflito de Jurisprudência nº 11.152-0. Câm. Especial, de 23.03.1990, *Revista de Jurisprudência do TJ de São Paulo*, Lex, 126/402.

que os pais o tenham dispensado. De acordo com o parágrafo único, apresentando-se considerável o patrimônio, é facultado ao juiz ordenar o oferecimento de caução suficiente para garantir o patrimônio, sendo a providência dispensável se o tutor for de reconhecida idoneidade.

Obriga-se, outrossim, a declarar tudo o que o menor lhe deve, sob pena de não poder cobrar seu crédito durante o exercício do cargo, conforme norma do art. 1.751: "Antes de assumir a tutela, o tutor declarará tudo o que o menor lhe deva, sob pena de lhe não poder cobrar, enquanto exerça a tutoria, salvo provando que não conhecia o débito quando a assumiu."

Na hipótese de o tutor estar devendo para o tutelado, está proibida a nomeação do encargo, segundo consta do art. 1.735. E com razão, pois deve-se evitar eventual manobra de suprimir ou dissimular o crédito, o que se mostra viável no exercício do *munus*.

Elenca o art. 1.749 vários atos vedados ao tutor relativamente aos bens do menor: "Ainda com autorização judicial, não pode o tutor, sob pena de nulidade:

I – adquirir por si, ou por interposta pessoa, mediante contrato particular, bens móveis ou imóveis pertencentes ao menor;

II – dispor dos bens do menor a título gratuito;

III – constituir-se cessionário de crédito ou de direito, contra o menor."

Seria um verdadeiro contrassenso pudesse o tutor, *v.g.*, adquirir bens junto ao tutelado. Elementos para suspeitar da seriedade e da moralidade das transações sempre existiriam, por mais sérias que fossem as intenções. Mesmo porque é inerente a qualquer pessoa o intuito da vantagem ou do lucro em qualquer negócio ou transação. Assim, para evitar dúvidas sobre a idoneidade no exercício da função, não são permitidos contratos ou envolvimentos de interesses econômicos nas relações entre tutor e tutelado, sob pena de nulidade absoluta. No entanto, do inc. I supra não consta a proibição na aquisição de bens vendidos através de hasta pública.

Mais restrições exsurgem das várias disposições que cuidam da matéria, como a do art. 1.753, concernente ao montante de valores que o tutor poderá reter à sua disposição: "Os tutores não podem conservar em seu poder dinheiro dos tutelados, além do necessário, para as despesas ordinárias com o seu sustento, a sua educação e a administração de seus bens." O restante deverá ser depositado em conta bancária, sempre em nome do menor.

E quanto ao levantamento de valores depositados, destacam-se as limitações do art. 1.754: "Os valores que existirem em estabelecimento bancário oficial, na forma do artigo antecedente, não se poderão retirar, senão mediante ordem do juiz, e somente:

I – para as despesas com o sustento e educação do tutelado, ou a administração de seus bens;

II – para se comprarem bens imóveis e títulos, obrigações ou letras, nas condições previstas no § 1º do artigo antecedente;

III – para se empregarem em conformidade com o disposto por quem os houver doado, ou deixado;

IV – para se entregarem aos órfãos, quando emancipados, ou maiores, ou, mortos eles, aos seus herdeiros."

916 • Direito de Família | *Arnaldo Rizzardo*

Quanto ao inciso II acima, o levantamento de valores para a aquisição de imóveis, títulos, obrigações e letras dependerá da vantagem que resultará ao tutelado, em especial no que diz com a rentabilidade que resultar o investimento.

A enumeração é mais exemplificativa, pois outras necessidades podem aparecer, como a recreação, ou uma viagem, o tratamento da saúde, o estudo, a aquisição de roupas e bens de uso necessário. Sempre há de se examinar a conveniência, através da submissão do pedido ao juiz, o que se fará nos próprios autos onde se promoveu a nomeação do tutor.

Nota-se uma vasta discriminação de cuidados e limitações que a lei pormenoriza, tornando difícil inclusive o desempenho da própria função de tutor. É que o legislador, mantendo defeito que vem desde o Código anterior, teve o tutor num grau de confiança bem inferior ao debitado em favor dos pais, que exercem o poder familiar, os quais se encontram ligados aos menores por laços de sangue, presumindo serem mais abnegados e altruístas em suas intenções.

12. RESPONSABILIDADE E PRESTAÇÃO DE CONTA DOS TUTORES

Está aí outro assunto de relevante importância, e também de maneira pormenorizada disciplinado. Antes de tudo, há a responsabilidade geral, estatuída no art. 932, inc. II, onde se lê que são responsáveis pela reparação civil o tutor e o curador, pelos pupilos e curatelados, que estiverem sob sua autoridade e em sua companhia. Daí se depreende que os atos ilícitos praticados pelo menor de dezesseis anos não o tornam responsável único pela reparação civil. A responsabilidade se estende à pessoa do tutor, o que também se verifica, mas subsidiariamente apenas, se o menor contar entre dezesseis e dezoito anos, por força do art. 942, parágrafo único. Parecia ser o ponto de vista de Pontes de Miranda: "Os atos ilícitos praticados pelo menor de dezesseis anos tornam responsável o tutor, pela culpa *in vigilando*. Se o menor tem mais de dezesseis anos, será responsável pela reparação civil, e o tutor, em tal caso, por força do art. 1.518, parágrafo único, do Código Civil, solidariamente responsável." O dispositivo citado corresponde ao art. 942, parágrafo único, do CC/2002.

Isso mesmo que o menor não se encontre na companhia do tutor, conforme o mesmo autor: "Se o menor não está em companhia do tutor, a responsabilidade desse também é patente, porque nada lhe permite entregar a outrem parte do exercício da tutela, salvo provimento judicial. O dever de reger a pessoa do menor, de zelar por ele e administrar-lhe os bens compete ao tutor. Se esse os passa a outrem, a ordem jurídica em nada fica prejudicada, porque a tutela é indelegável. O tutor é responsável pela reparação, embora lhe fique a ação regressiva contra o diretor do colégio, do instituto, ou qualquer outra pessoa sob cuja guarda estava o pupilo."[16]

Importa ressaltar a possibilidade, sempre, do tutor, em reaver o que paga junto ao menor, em razão do art. 934: "Aquele que ressarcir o dano causado por outrem pode reaver o que houver pago daquele por quem pagou, salvo se o causador do dano for descendente seu, absoluta ou relativamente incapaz".

Dificilmente se exclui a responsabilidade do tutor ou do curador, a menos que se demonstre, *v.g.*, que o dano foi praticado quando o menor fora subtraído contra a vontade e a diligência do tutor, ou da esfera de seu poder de controle.

---

[16] *Tratado de Direito Privado*, obra citada, vol. IX, pp. 260 e 261.

A responsabilidade do tutor igualmente aparece contemplada no art. 1.752: "O tutor responde pelos prejuízos que, por culpa, ou dolo, causar ao tutelado; mas tem direito a ser pago pelo que realmente despender no exercício da tutela, salvo no caso do art. 1.734, a perceber a gratificação por seu trabalho."

No entanto, a responsabilidade aqui dirige-se a favor da pessoa do tutelado. Deverá o tutor indenizar ao tutelado todos os danos que lhe causar, seja por culpa ou dolo.

Basta uma leve culpa para ensejar a indenização, como a falta de vigilância em um bem do menor, ou a elaboração falha de um contrato de locação, colocando o prazo de duração excessivamente longo, o que provoca a depreciação dos aluguéis; ou o empréstimo de um veículo, que vem a sofrer acidente.

É o que domina no direito francês, se bem que deve haver certo temperamento, aferindo-se as circunstâncias de casa a caso, de acordo com ponderações de Guillermo A. Borda: "El tutor es responsable de todos los daños ocasionados al menor por no haber obrado con la diligencia propia de un buen padre de familia (art. 413).

En la doctrina francesa se admite generalmente que este 'standard' jurídico del buen padre de familia, aplicado a la responsabilidad del tutor, significa que las faltas en el cumplimiento cabal de sus deberes deben juzgarse con un criterio severo, siendo responsable incluso de la culpa leve. Por nuestra parte, preferimos decir que el juez ha de tomar en cuenta las circunstancias del caso y la gravedad de las omisiones o acciones del tutor, teniendo siempre presente el 'standard' legal."[17]

O § 2º do art. 1.752 estende a responsabilidade àqueles que competia a fiscalização da atividade do tutor, isto é, ao protutor, e para aqueles que concorreram para o dano. Nesta dimensão, estende-se a responsabilidade às instituições frequentadas pelo menor, como colégios, clubes recreativos e outras entidades, e às pessoas com as quais se encontravam os menores, como parentes.

No § 3º do art. 1.753 há mais uma hipótese apontando a responsabilidade, numa decorrência da obrigação contida no *caput* do mesmo dispositivo, relativamente ao tardio depósito de valores do menor: "Os tutores respondem pela demora na aplicação dos valores acima referidos, pagando os juros legais desde o dia em que deveriam dar esse destino, o que não os exime da obrigação, que o juiz fará efetiva, da referida aplicação."

Por outras palavras, tão prontamente recebidas as importâncias relativas a rendimentos dos bens, ou pensão, ou seguro, e mesmo a venda de bens e produtos, impõe-se de imediato a aplicação, de preferência em aplicações garantidas pelo Poder Público, de modo a não se desvalorizar a moeda, ou ficar sem rendimentos.

A responsabilidade se estende aos casos de desaparecimento dos valores e bens, por furto e outras causas, se demorar no depósito, ou mantiver bens móveis de valor em lugar inapropriado ou inseguro.

Envolve a responsabilidade, ainda, inúmeras outras situações, como aplicações malfeitas e planejadas, vendas por preços inferiores aos reais, gastos exagerados, aquisições de produtos ou utensílios desnecessários, entrega de importâncias elevadas ao menor para simples divertimento, investimentos inseguros e não garantidos, desídia na defesa de ações judiciais, ou ajuizamento descabido e impertinente de demandas, e outras hipóteses reveladoras de desinteresse, malversação de dinheiro, abandono dos bens, falta de reparações ou consertos nos danificados etc.

---

[17] Obra citada, p. 431.

918 • Direito de Família | *Arnaldo Rizzardo*

A prestação de contas constitui outro dever que não pode ser relevado. Encerra, a respeito, o art. 1.755: "Os tutores, embora o contrário tivessem disposto os pais dos tutelados, são obrigados a prestar contas da sua administração."

Esta incumbência é um corolário do próprio exercício da tutela, em virtude do princípio universalmente aceito de que a prestação de contas é obrigatória sempre que há a administração de bens alheios. E ainda porque sem ela não seria possível que o juiz finalizasse a administração do tutor e viesse a ser efetiva a responsabilidade em que este incidisse, explicava Carvalho Santos.[18]

Segundo o art. 1.756, no final de cada ano de administração, os tutores submeterão ao juiz o balanço de todas as entradas e saídas de numerário ou valores, e dos montantes depositados em nome do menor. E na forma do art. 1.757, as contas serão prestadas de dois em dois anos, ou quando da cessação do exercício da tutela, ou quando o juiz determinar, de maneira contábil, com todo o histórico da vida financeira e outras particularidades, inclusive sobre a situação dos bens, de modo a ter o juiz uma visão global de toda a realidade econômico-patrimonial.

No acerto das contas, creditar-se-ão, a favor do tutor, as quantias concernentes às despesas que este teve, e exigidas na administração, bem como no sustento do pupilo, e as relativas à prestação de contas, em consonância com os artigos 1.760 e 1.761.

Uma vez ingressado o pedido, que poderá ser processado nos próprios autos de nomeação da tutela, abre-se vista aos interessados, seguindo-se as medidas necessárias, e julgando-as, após, o juiz, tudo de acordo com o parágrafo único do art. 1.757.

Os saldos em favor do menor serão imediatamente recolhidos em estabelecimento bancário, ou investidos na aquisição de bens rentáveis, preferentemente imóveis ou títulos da dívida pública.

Qualquer alcance ou desfalque sofrido pelo tutelado, que for apurado na prestação de contas, ou crédito a seu favor, vencerá juros legais desde a data do julgamento definitivo. Naturalmente, a correção monetária incidirá a partir do momento em que for devido o crédito, e não do julgamento definitivo.

Do mesmo modo, acrescentar-se-ão juros se algum crédito vier a ser encontrado em favor do tutor, com a devida correção monetária, tudo de acordo com o art. 1.762.

As épocas de apresentação dos balanços e de prestação de contas podem ser alteradas pelo juiz, de acordo com as circunstâncias e a necessidade de averiguação que se constatar caso a caso.

Ao se extinguir a tutela pela emancipação, ou a maioridade, ou mesmo pela exoneração, também se faz imprescindível a prestação de contas. A quitação das contas dada pelo tutelado, enquanto menor, não terá efeito liberatório das obrigações do tutor, o que vem expressamente ressaltado pelo art. 1.758. Mas a quitação após a maioridade dispensa a prestação de contas, porquanto o único interessado, a partir de então, é o ex-tutelado.

Falecendo o tutor, ou declarado ausente, ou interditado, seus herdeiros ou representantes é que prestarão as contas, na forma do art. 1.759, mas em nome do mesmo, suportando seu patrimônio, até o montante que comportar, as eventuais responsabilidades que se apurarem. Ou seja, a morte, ausência ou interdição do tutor não significam causa de dispensa da prestação de contas.

---

[18] *Código Civil Brasileiro Interpretado*, obra citada, vol. VI, p. 333.

Cap. XXXI | Tutela • **919**

13. REMUNERAÇÃO DO TUTOR

O entendimento mais coerente é a remuneração do tutor pela atividade que exerce, como já observado. Nesta linha encontram-se Sílvio Rodrigues e Pontes de Miranda, observando este, com base no art. 431, segunda parte, do Código de 1916, que corresponde ao art. 1.752 do atual diploma civil: "O tutor tem direito a ser pago do que legalmente despende no exercício da tutela (art. 431, 2ª parte). Salvo o caso de menor abandonado, tem o tutor o direito de perceber gratificação por seu trabalho. Será o que os pais determinaram. Caso nada fixaram, arbitrará o juiz em até dez por cento, no máximo, da renda líquida anual dos bens administrados. É, portanto, diretamente responsável o juiz que estabelecer a fixação em mais daquele percentual. Igualmente, o tutor que exceda, no recebimento, ou, por quaisquer meios, iluda ou fraude o *quantum* previsto. Se o pai ou a mãe, que faleceu, arbitrou o pagamento em quantia irrisória, o juiz, à evidência da insuficiência, ou com a prova de ninguém aceitar a tutela com tal remuneração, tem de decidir como se o pai, ou a mãe, que faleceu, não houvesse fixado a retribuição."[19]

Observa-se que o art. 1.752, no concernente à remuneração, é expresso em admiti-la, fornecendo as bases para a fixação, que deverá ser proporcional à importância dos bens administrados. Não consta a menção a um percentual, como o fazia o Código de 1916.

Da regra ora vigente se deduz que a fixação terá em conta o valor total dos bens administrados, arbitrando-se um percentual, que varia de conformidade com a elevação de sua estimativa. Quanto mais alta, normalmente menor o percentual, sopesando-se, também, como critério, o tipo de patrimônio administrado e a extensão do envolvimento. Não importa a renda produzida. Paga-se pelo que é administrado, o que reflete um maior senso de justiça, e pelo período de cada ano.

Não se pode tornar a função do tutor em um meio de angariar recursos ou riquezas. Simplesmente paga-se a atividade desempenhada, impondo-se comedimento no arbitramento. Nesta visão, em um patrimônio de quinhentos mil reais, formado por imóveis locados, não pode a remuneração ultrapassar a cifra de um por cento anualmente.

De outra parte, o montante ordenado pelos pais, em testamento ou documento autêntico, embora omisso o atual Código, o que não acontecia com o anterior, é passível de sofrer revisão judicial, desde que não condiga com a realidade, ou o desempenho exigido.

Apenas nas hipóteses indicadas há a dispensa: as crianças e os adolescentes cujos pais forem desconhecidos, falecidos ou que tiverem sido suspensos ou destituídos do poder familiar, de acordo com o art. 1.734 do Código Civil, em texto da Lei nº 12.010, de 2009.

O § 1º do art. 1.752 estende a previsão de pagamento remuneratório ao protutor: "Ao protutor será arbitrada uma gratificação módica pela fiscalização efetuada". O arbitramento restringe-se unicamente ao setor do patrimônio ou interesses fiscalizados, incidente em um percentual sobre o estabelecido para a remuneração do tutor, em torno de dez a vinte por cento, e devendo ser suportado pelo patrimônio do menor.

14. AÇÕES ASSEGURADAS AO TUTOR E AO TUTELADO

Tanto o tutor como o tutelado podem ser titulares de ações de um contra o outro, por infringência de disposições legais ou obrigações relativas ao exercício da tutela.

---

[19] *Tratado de Direito Privado*, obra citada, vol. IX, p. 302.

920 • Direito de Família | *Arnaldo Rizzardo*

Relativamente ao tutor, faculta-se a ação de indenização, por danos cometidos pelo tutelado, seja contra ele como contra terceiros, em razão do ressarcimento a que se viu constrangido a atender.

O art. 1.760 prevê que as despesas necessárias para o sustento do tutelado, ou proveitosas a ele, serão levadas a crédito do tutor. Além disso, em face do art. 1.762, tal crédito constitui dívida de valor e vencerá juros desde o julgamento definitivo da prestação de contas. Já o art. 1.746 atribui ao próprio tutelado o seu sustento, se possuir bens.

Por isso, ao tutor se permite a ação para haver o saldo. Naturalmente, a ação será de cobrança. Se não devidamente comprovado o crédito, cabe a ação de prestação de contas. Disserta, a respeito, Vicente Sabino Júnior: "O tutor tem ação contra o pupilo para haver o saldo que se apurou em seu favor, no julgamento de suas contas, ou a indenização devida pelo prejuízo que sofrer em defesa dos interesses daquele (*actio tutellae contraria*). Nela, ou na que lhe mover o tutelado, nomear-se-á um curador especial – curador à lide –, cuja atividade cessará quando se ultime a ação ou a sua execução, se houver."[20]

De outra parte, ao tutelado cabe, primeiramente, a ação de nulidade ou anulação dos atos praticados contrariamente à lei. Nesta ordem, serão nulos os atos se menor de dezesseis anos o tutelado, e sem autorização do juiz e representação. Nulas as operações, também, com vulneração do disposto nos incisos do art. 1.749 – aquisição de bens do tutelado pelo tutor, disposição dos bens daquele a título gratuito, constituir-se o tutor cessionário de crédito ou direito, contra o menor.

A anulação se afigura, *v.g.*, nas alienações quando se encontrar o menor na faixa etária entre dezesseis e dezoito anos, ausente a anuência, ou a assistência do tutor, e ao alvedrio de autorização judicial.

Além da ação de nulidade ou de anulação, são permitidas a prestação de contas, quando omitir-se a tanto o tutor; a cobrança judicial, em sendo reconhecidos créditos a seu favor na prestação de contas feita pelo tutor; e a ação de indenização, nas hipóteses do art. 1.753, § 3º – em que o tutor retém valores em seu poder indevidamente, sem trazer rendimentos; do art. 1.753 – ter o tutor em seu poder valores além do necessário para as despesas do pupilo; e quando causar prejuízos ao tutelado pela má administração, ou dívida, ou malversação de valores, ou apropriação indevida de bens e valores.

As nulidades podem ser alegadas pelo Ministério Público; pelo próprio menor através de seu comparecimento espontâneo ao Juízo; ou mesmo através de procurador, dando-lhe, o juiz, posteriormente curador, o que regularizará sua posição processual; mesmo pelos pais, embora não exerçam o poder familiar; e até por parentes ou qualquer interessado que tenham alguma relação de guarda ou convivência familiar com o menor.

Todas as ações de nulidade ou anulação, promovidas pelo menor, ou a seu favor, decaem em quatro anos, prazo que inicia a contar da data em que ele atinge a maioridade. É o que estabelecem o art. 178 e seu inc. III: "É de 4 (quatro) anos o prazo de decadência para pleitear-se a anulação do negócio jurídico, contado...

III – no de atos de incapazes, do dia em que cessar a incapacidade."

Era claro Pontes a respeito, ao tratar do assunto, na vigência do Código anterior, quando ocorria a prescrição: "A ação do menor para requerer tais anulações prescreve em quatro anos a contar do dia em que cessa a menoridade, ou obtém suplemento de idade o

---

[20] Obra citada, p. 135.

menor (art. 178, § 9º, V, letra *c*). Em igual prazo prescreve a ação dos demais interessados, pois que a regra legal não se refere apenas à ação do menor, mas à ação de anulação, em geral, sem especializar o seu autor. Assim, o herdeiro não pode requerer a anulação de tais casos senão até quatro anos após a morte do menor, se o menor faleceu depois de se suplementar ou atingir a maioridade."[21] O art. 178, § 9º, V, letra *c*, corresponde ao art. 178, III, do CC/2002.

Portanto, seja o menor o autor, ou seja, qualquer outro interessado, que atue em nome dele, o lapso de tempo decadencial será sempre de quatro anos, contado da data em que cessou a menoridade.

Nas ações de prestação de contas, de indenização, de cobrança, ou qualquer outra, segue-se o lapso contemplado no art. 205, que é de dez anos. Igualmente quanto às demandas propostas pelo tutor.

E se o tutor promove a anulação ou a nulidade? Não há, então, o prazo decadencial de quatro anos, mas prescricional de dez anos, posto que o art. 178, inc. III, restringe-se à anulação ou nulidade promovida pelo menor, ou por algum interessado, a favor daquele.

15. CESSAÇÃO DA TUTELA

A tutela tem um termo de duração limitado: basicamente enquanto perdura a menoridade. Mas há outros fatores que a fazem cessar.

O Código, no entanto, faz a distinção entre cessação da condição de tutelado e cessação das funções de tutor – arts. 1.763 e 1.764.

Relativamente ao menor, e, por conseguinte, em relação ao tutor, opera-se a cessação:

"I – com a maioridade ou a emancipação;
II – ao cair o menor sob o poder familiar, no caso de reconhecimento ou adoção."

Os casos determinantes da cessação do estado de tutelado são, a toda evidência, simples. E se o menor, ou mais precisamente o ex-tutelado, continuar incapaz, em razão, *v.g.*, de doença mental?

Nomeia-se, então, curador, depois de decretar-se a interdição. Proveitosa, neste sentido, a lição de San Tiago Dantas, mantendo a atualidade, embora as hipóteses e os termos do Código de 1916: "Pode acontecer que, ao terminar a menoridade, haja um motivo para a incapacidade prosseguir, como, por exemplo, se o menor é surdo, mudo, ou se é louco, ou tem, enfim, qualquer um desses motivos que a lei apresenta como fundamentais para o estabelecimento da incapacidade. Nesse caso, pode a tutela não sofrer solução de continuidade, mas muda seu regime jurídico: o tutor se transforma em curador e o menor sai da tela, para entrar na curatela. Pode também acontecer que a tutela cesse em consequência de um restabelecimento ou de um aparecimento de pátrio poder. Por exemplo, se o menor, que se achava sob tutela por não ter pai ou mãe conhecidos, é reconhecido ou se é adotado, ou, então, se, estando o pai ou mãe destituídos ou suspensos do pátrio poder, se veem restituídos na plenitude deste poder familiar. Nesses casos, a tutela cessa e o menor cai sob pátrio poder. Além disso, só a hipótese de morte."[22]

---

[21] *Tratado de Direito Privado*, obra citada, vol. IX, p. 298.
[22] *Direitos de Família e das Sucessões*, obra citada, pp. 436 e 437.

Comum é tornar o filho ao poder familiar, quando cessada a suspensão do encargo. Aí ocorre a cessação da tutoria pelo só fato de reiniciarem os pais a exercer o poder familiar.

Partindo para a cessação das funções, pode acontecer que a tutela não termine, mas cessem as funções do tutor, dando-se a sua substituição por outro. Embora obrigatória a tutela, ela tem duração temporária. A obrigação de desempenhar o encargo é de dois anos, em função do art. 1.765. Assim, concluído o período do exercício, termina a função de tutor.

O art. 1.764 arrola outras hipóteses de cessação das funções:

I – ao expirar o termo em que era obrigado a servir, que é de dois anos – art. 1.765. A previsão aparece também no art. 1.198 do Código de Processo Civil, o qual estabelece, outrossim, o prazo de dez dias para requerer a exoneração: "Cessando as funções do tutor ou curador pelo decurso do prazo em que era obrigado a servir, ser-lhe-á lícito requerer a exoneração do encargo; não o fazendo dentro dos dez (10) dias seguintes à expiração do termos, entender-se-á reconduzido, salvo se o juiz o dispensar." (o art. 1.198 citado acima corresponde ao art. 763 do CPC/2015).

O art. 1.738 concede o prazo de dez dias para a escusa, que inicia quando da designação, sob pena de entender-se a renúncia. Aparecendo, porém, o motivo da escusa depois de aceita a tutela, conta-se o lapso de tempo do dia em que ele sobrevier.

II – Ao sobrevir uma escusa legítima, dentre as nomeadas nos arts. 1.736 e 1.737, isto é, a condição de mulher casada; a idade superior a sessenta anos; a existência de três ou mais filhos; a impossibilidade por enfermidade; a habitação longe do lugar onde se haja de exercer a tutela; o exercício anterior da tutela ou da curatela; a condição de militar em serviço; e a existência de parentes do menor em condições de desempenhar o cargo.

III – Ao ser removido o tutor, o que ocorre nos casos do art. 1.735, como os que passam a não ter a livre administração dos bens; aqueles que se encontram devendo obrigações ao menor, ou tiverem que fazer valer direitos contra ele, e aqueles cujos pais, filhos ou cônjuges tiverem demanda contra sua pessoa; os inimigos do menor, ou de seus pais, ou que tiverem sido por estes expressamente excluídos da tutela; os condenados por crimes de furto, roubo, estelionato, falsidade, contra a família ou os costumes, tenham ou não cumprido a pena; as pessoas de mau procedimento, ou falhas em probidade, e as culpadas de abuso em tutorias anteriores; e aqueles que exercerem função pública incompatível com a boa administração da tutela."

Também nas hipóteses do art. 1.766, concernentes à destituição por negligência, prevaricação ou incapacidade.

Mais causas poderão aparecer, eis que impossível fiquem esgotadas na enumeração acima. Assim, se o tutor demonstra falta de condições ou autoridade para controlar o menor, insuficiência de recursos econômicos para fazer frente às necessidades materiais, desavenças entre o tutelado e os filhos do tutor, é possível o atendimento do pedido para a cessação do múnus. Desde, no entanto, que restem devidamente comprovadas as causas.

16. DESTITUIÇÃO DA TUTELA

Em situações de maior gravidade, ou de faltas inadmissíveis, que prejudicam o menor, opera-se a destituição, que não deixa de ser uma cessação da tutela.

Com efeito, tal cominação aparece no art. 1.766: "Será destituído o tutor, quando negligente, prevaricador ou incurso em incapacidade."

É que, acima de tudo, cumpre tenha o tutor capacidade e idoneidade para desempenhar o encargo, sem o que se impõe a destituição. Acrescenta, sobre o assunto, Roberto João Elias: "Há uma preocupação do legislador, aliás bem compreensível, no sentido de que aquele que exerce o cargo deve fazê-lo de molde a não prejudicar o pupilo. Assim sendo, ainda que agindo de boa-fé, se o tutor não for capaz de exercer a tutoria em proveito do menor, dela será destituído. Com maior razão nos casos de negligência e prevaricação. No primeiro, já uma presunção de desinteresse pelo cargo e ausência de condições que são próprias ao bom pai de família, necessárias ao correto desempenho do cargo. No segundo caso, a incapacidade seria superveniente à nomeação, entendendo-se por prevaricador aquele que falta, por interesse ou má-fé, aos deveres de seu cargo."[23]

O art. 1.735 assinala mais hipóteses, que impedem a nomeação e determinam a exoneração se já vem sendo exercida a tutela, que são justamente aquelas que determinam a incapacidade para o seu desempenho: as pessoas que não tiverem a livre administração de seus bens; aquelas que se encontrarem devendo ao menor quando da nomeação, ou promoveram ou tiverem que promover ações judiciais contra ele e seus pais, e o cônjuge, ou os filhos e os pais do tutor que o tenham que fazer contra o mesmo menor; os inimigos do menor ou de seus pais, ou que tiverem sido por estes expressamente excluídos da tutela; os condenados por crimes de furto, roubo, estelionato, falsidade, contra a família ou os costumes, tenham ou não cumprido a pena; as pessoas de mau procedimento, ou falhas em probidade, e as culpadas de abuso em tutorias anteriores; os que exercerem função pública incompatível com a boa administração da tutela, como embaixadores, cônsules, juízes, policiais e outros cargos que impossibilitam ou dificultam o exercício, como em razão da necessidade de constantes deslocações, ou de excesso de afazeres e compromissos.

Provocam, ainda, a destituição outras atitudes inconvenientes à criação e educação do menor, a vida desregrada, os castigos imoderados, a imposição de trabalhos impróprios à condição física do menor e à sua formação, o convívio com delinquentes, as constantes rusgas na vida familiar, além de outras que revelem nocividade ao pupilo.

De modo geral, não há grande distância relativamente à cessação, consistindo mais a diferença no fato de que, nesta, o término da tutela pode advir de causas naturais, como a maioridade ou o casamento.

Acrescenta-se, ainda, que as mesmas causas que provocam a suspensão do poder familiar – art. 1.637, ou a destituição – art. 1.638, são aptas a determinarem a destituição da tutela.

O Estatuto da Criança e do Adolescente faz referência à destituição da tutela, segundo assinada o art. 38, que remete ao art. 22, aonde vêm previstas as hipóteses de perda ou suspensão do poder familiar, e que se resumem no descumprimento injustificado dos deveres e obrigações concernentes ao sustento, à guarda e educação dos filhos, e, assim, ao tutelado, bem como das determinações judiciais.

17. SUSPENSÃO LIMINAR DA TUTELA

Como ocorre com o poder familiar, se a falta ou a infração aos deveres e à lei revelar extrema gravidade, mesmo antes da remoção definitiva poderá o juiz decretar a suspensão liminar da tutela.

---

[23] *Tutela Civil*, São Paulo, Saraiva, 1986, p. 25.

924 • Direito de Família | *Arnaldo Rizzardo*

Assim acontece na constatação de total desleixe dos deveres de educação, ou na desastrosa administração dos bens. Embora não contemplada a figura pela lei civil, consta a mesma disciplinada no Código de Processo Civil de 2015, art. 762, que encerra: "Em caso de extrema gravidade, o juiz poderá suspender o tutor ou o curador do exercício de suas funções, nomeando substituto interino." Ou seja, em ação própria, ou em pedido inserido na própria ação de destituição ou remoção, desde que presentes os requisitos para a tutela provisória de urgência antecipada ou cautelar, e até em pedido de tutela da evidência, requererá o menor ou o interessado, e mesmo o Ministério Público, a suspensão imediata, que será apreciada pelo juiz ao despachar a inicial. Inclusive no curso do processo viabiliza-se esta providência, se motivos sérios surgirem.

18. PROCEDIMENTO JUDICIAL PARA A DESTITUIÇÃO

O Código de Processo Civil de 2015, como vinha no diploma anterior, traça a forma procedimental da destituição ou remoção do tutor, em seguida às disposições que disciplinam a prestação do compromisso e a especialização de imóveis em hipoteca, para acautelar os bens que serão confiados à sua administração, embora, nesta parte, não mais se faça indispensável a providência, eis que não contemplada pelo Código Civil.

O art. 761 explicita quem se reveste de legitimidade para promover a ação: o Ministério Público, ou quem tem legítimo interesse, isto é, o próprio tutelado, seus pais e parentes próximos (como irmãos e avós).

Em consonância com o parágrafo único do art. 761, concede-se o prazo de cinco dias para a defesa, observando-se, nos passos seguintes, o procedimento comum. Na ausência de defesa, o juiz poderá conhecer de imediato do pedido, proferindo a sentença em cinco dias, pois presumem-se aceitos pelo requerido como verdadeiros os fatos alegados pelo requerente.

No caso de contestada da ação, se a matéria de fato não estiver documentalmente provada, e o requererem as partes, designará o juiz a audiência de instrução e julgamento.

Em se tratando de medida de destituição da tutela segundo o Estatuto da Criança e do Adolescente, que, em princípio, constitui uma condição para se deferir a adoção, seguem-se as mesmas normas do Código de Processo Civil, sendo os motivos de destituição idênticos aos previstos para a destituição da tutela comum. Estabelece o art. 164 do referido Estatuto: "Na destituição da tutela, observar-se-á o procedimento para a remoção do tutor previsto na lei processual civil e, no que couber, o disposto na seção anterior." A seção anterior citada versa sobre a destituição do poder familiar. Nesta linha, nada há a acrescentar, senão referir que o prazo de contestação será de dez dias (art. 158), e que também é autorizada a destituição liminar (art. 157). De observar que a matéria já foi analisada no capítulo tratou da adoção.

XXXII
Curatela e Tomada de Posição Apoiada

1. CURATELA. CONCEITO E ESPÉCIES

Temos na curatela um instituto de grande importância no âmbito do direito civil, mas que não provoca maiores complexidades nos litígios judiciais que se formam em torno do assunto, sendo que os pedidos de interdição se revelam preponderantemente de jurisdição voluntária.

Pode-se definir a curatela como a função de interesse público cuja finalidade é reger a pessoa e administrar os bens, ou somente administrar os bens de pessoas sobretudo maiores, declaradas incapazes e que não puderem exprimir a vontade em razão de múltiplas causas, transitórias ou permanentes, como moléstias, ebriedade habitual, toxicomania, prodigalidade, ou pelo fato de não terem ainda nascido (nascituros).

Consiste em um *munus* público, que é conferido a certas pessoas, nos termos da lei, e exercitável em favor da comunidade, sob a fiscalização do Estado.

Assemelha-se a curatela profundamente à tutela. Mas, enquanto esta visa a suprir a falta dos pais, aquela se destina a amparar outros incapazes, afetados na mente, e os pródigos, diante da defesa que necessitam, pessoal e patrimonialmente, de cunho assistencial, sendo os mesmos maiores, mas impossibilitados de cuidar, por si, de seus interesses, justamente em vista da enfermidade grave ou de deficiências.[1]

Distingue-se, também, do poder familiar, pois este compreende o poder dos pais sobre a pessoa dos filhos.

Sintetizando, conceitua-se a curatela como o encargo conferido a uma pessoa para dirigir outra e administrar seus bens; a tutela representa o poder ou o encargo de cuidar de menores órfãos ou cujos pais foram destituídos ou suspensos do poder familiar; e o poder familiar concerne ao poder de direção conferido aos pais sobre os filhos menores.

Destina-se, pois, a curatela, a proteger, sobretudo, os adultos portadores de enfermidade ou deficiência mental, desde que sem discernimento para os atos da vida civil, ou os que não puderem exprimir a sua vontade por outra causa transitória ou permanente, e, ainda, os ébrios habituais e os viciados em tóxicos, os pródigos e, segundo certo entendimento, também os menores, desde que afetados ou acometidos de enfermidades físicas ou mentais. Reconhecida judicialmente a causa da incapacidade, declara-se a interdição e estabelece-se a curatela, que é um cargo que a lei confere a uma pessoa para a direção

---

[1] Carlos Alberto Bittar, *Direito de Família*, obra citada, p. 263.

pessoal e patrimonial, ou para a administração dos bens e a defesa, de outra pessoa, que é o interdito.

A pessoa do interdito, no sentido de sua recuperação, sobressai nas finalidades do instituto, como demonstra Guillermo Borda, o que revela uma tendência na valorização da pessoa, e não dos bens: "La obligación principal del curador es procurar que el inter-dicto recobre su capacidad (art. 481, C. Civil). Sin duda, el buen manejo de los bienes es muy importante, pero lo primordial es la persona, su salud mental y física. El trata-miento médico de insano, la reeducación del sordomudo ocupan el primer plano y deben llevarse adelante sin omitir gastos razonables. El art. 481 dice que, a ese objeto, se han de aplicar con preferencia las rentas de sus bienes. No ha de pensarse por ello que sólo las rentas han de poder destinarse a ese fin; si la recuperación de la salud y de la aptitud para desempeñarse por sí mismo lo exige, incluso puede enajenarse el capital, pues no sería admisible ninguna limitación en estos gastos siempre que fueran acomodados a la fortuna y posición social del interdicto y hubiera una razonable probabilidad científica de recuperación."[2]

Era conhecida a curatela no direito romano, como recorda Eduardo Sócrates Casta-nheira Sarmento, que se reporta ao autor francês Eugéne Petit: "A Lei das Doze Tábuas organizava a curatela unicamente para remediar as incapacidades acidentais: a dos furio-sos e a dos pródigos. Mais tarde e a título de proteção, foi estendida aos mentecaptos, aos surdos, aos mudos e aos atacados de enfermidades graves, acabando também por se aplicar a uma capacidade de outra ordem; se dava curador aos menores de vinte e cinco anos e em certos casos aos pupilos."[3]

Normalmente, a curatela decorre da interdição, que é um ato judicial em que o juiz declara a incapacidade real e efetiva de pessoa maior, para a prática de certos atos da vida civil, e para a regência de si mesma e de seus bens, verificando-se, nos últimos tempos, a tendência de não alijar a pessoa totalmente da participação dos atos próprios e comuns da vida, delimitando-se os que entram no âmbito da incapacidade. Tornou-se a interdição uma medida excepcional, procurando-se evitar a participação da pessoa da vida normal reservada a todos genericamente.

Ocorreu a mudança do Código Civil pela Lei nº 13.146, de 06.07.2015, o Estatuto da Pessoa Deficiente – que é a lei brasileira de inclusão da pessoa com deficiência –, tendo entrado em vigor no prazo de cento e oitenta dias, isto é, em 5 de janeiro de 2016. Inspirou-se a lei na Convenção sobre os Direitos das Pessoas com Deficiência e seu Protocolo Facultativo, ratificados pelo Congresso Nacional por meio do Decreto Le-gislativo nº 186, de 9 de julho de 2008, em conformidade com o procedimento previsto no § 3º do art. 5º da Constituição da República Federativa do Brasil. Visa a lei assegurar os direitos das pessoas com deficiência, promover a equiparação de oportunidades, dar autonomia a elas e garantir acessibilidade no país. Trouxe profundas modificações em matérias do Código Civil que tratam da capacidade da pessoa natural. Procurou imprimir uma nova filosofia à interdição, suavizando o conceito, e não significando exclusão, nem expropriação de cidadania. Impôs a concepção de que a deficiência não afeta a plena capacidade civil da pessoa.

Surgiu a consideração da incapacidade em si, não se limitando à demência ou de-ficiência mental, como vinha anteriormente especificado, embora estas causas sejam as principais da incapacidade. Também não se ateve a definir ou estabelecer os limites da

---

[2]   Obra citada, p. 450.
[3]   *A Interdição no Direito Brasileiro*, Rio de Janeiro, Forense, 1981, p. 13.

razão, ou da desrazão, mas da expressão da vontade. Não levou em conta o desenvolvimento mental reduzido, mas a completa ausência de conhecimento da realidade. Por isso, em relação à Síndrome de Down, não se está diante de uma doença, mas de uma condição genética diferente de uma pessoa, que possui um atraso no desenvolvimento das coordenações motoras e mentais, sem impedir a quase normalidade da vida comum. Em suma, não mais se declara a incapacidade da pessoa, mas se discriminam os atos cuja realização se faz através de curador.

Com a interdição, termo que ainda persiste e segue sendo utilizado, como se constata no art. 747 do CPC atual, nomeia-se um curador, isto é, institui-se a curatela. E a curatela, nesta decorrência, na clara exposição de Pontes, tendo-se em conta uma conceituação tradicional, "é o cargo conferido por lei a alguém para reger a pessoa e os bens, ou somente os bens, de pessoas menores ou maiores, que por si não podem fazer, devido a perturbações mentais, surdo-mudez, prodigalidade, ausência ou por ainda não terem nascido".[4] Na atualidade, em face das mudanças introduzidas pela Lei nº 13.146/2015, concebe-se como o cargo que se dá a quem rege a pessoa e os bens daqueles que, por causa transitória ou permanente, não puderem exprimir sua vontade.

Vê-se, daí, que a palavra 'curatela' tem mais o significado de cargo ou função, e pressupõe, sobretudo historicamente nos casos de doença mental e de prodigalidade, mas sem afastar outras hipóteses, a interdição, que é o ato que declara a incapacidade da pessoa, ou a impossibilidade de realizar os atos da vida civil por si mesma, ou de exprimir a sua vontade.

Há quem utilize indistintamente os termos "curatela" e "curadoria". No entanto, este último tem uma destinação mais própria para designar o cargo ou função daqueles que cuidam dos interesses especiais de certas entidades ou determinadas pessoas. Neste sentido, é o cargo ou a função do Ministério Público nas esferas cíveis e administrativas dos juizados de primeira instância. Conhece-se, *v.g.*, a curadoria das Varas de Família, ou das Varas da Fazenda Pública, ou das Varas Cíveis. Quem exerce o cargo, porém, tanto na curatela decorrente, *v.g.*, da interdição, como nas curadorias ocupadas pelo Ministério Público, denomina-se curador. O termo expressa, além de outros significados, os advogados nomeados para defender réus citados por edital ou com hora certa e que não contestaram a ação (art. 72, II, do CPC/2015); ou aqueles que são nomeados, nos processos, para defender os interesses de menores, velando por eles, sempre que se verifique a colidência de direitos entre eles e seus representantes legais (art. 72, I, do CPC/2015), e, assim, entre os filhos menores e os pais (art. 1.692 do CC).

Interessa, no caso, a curatela dos incapazes por falta de discernimento ou porque não podem exprimir a sua vontade, que é a que sobressai, e que visa conceder proteção a ditas pessoas e a seus interesses, ao mesmo tempo em que é dada segurança aos terceiros que com elas contratam, preservando os negócios jurídicos de nulidades. Expressa um poder assistencial concedido aos incapazes, em que a sua vontade é substituída ou completada.

2. CARACTERÍSTICAS DA CURATELA

Tem a curatela um caráter eminentemente publicista por constituir dever de o Estado zelar pelos interesses dos incapazes, mas atribuindo esta função às pessoas capazes e idô-

---

[4] *Tratado de Direito Privado*, obra citada, vol. IX, p. 311.

928 • Direito de Família | *Arnaldo Rizzardo*

neas. Daí o *munus* público que se atribui ao instituto. Sendo uma atribuição praticamente delegada aos indivíduos em geral, especialmente aos parentes consanguíneos, quem é nomeado não pode relegá-la, depois, desatendendo os compromissos assumidos.

De outro lado, marca-a o caráter supletivo da capacidade. Visa simplesmente suprir a incapacidade de certas pessoas, como entende San Tiago Dantas: "Hoje, a curatela, como a tutela, é um instituto supletivo da capacidade, vale dizer que o curador tem o encargo de representar ou assistir o seu curatelado, enquanto a tutela ocorre nos casos em que caberia o pátrio poder, nos casos do menor absoluta ou relativamente incapaz. A curatela cabe em todos os outros casos de incapacidade."[5]

A terceira característica é a temporariedade, pois vige o vínculo enquanto se mantiver a incapacidade. Adquirindo o interdito a capacidade, ou retornando a exprimir a sua vontade, não há razão para continuar o encargo.

Requer, ainda, uma certeza absoluta da incapacidade para se constituir. A fim de saber com certeza se a pessoa é incapaz, *v.g.*, por doença, há necessidade de um processo, chamado processo de interdição. Somente com a análise dos documentos nele constantes e a perícia realizada, é que se firmará a certeza ou não da doença mental, ensejadora da interdição.

Depende necessariamente da interdição para ser constituída, ou seja, em primeiro lugar, decreta-se a interdição declarando a pessoa incapaz.

Há, portanto, um ato que reduz a capacidade, ou a afasta por completo. Com a curatela, ou nomeação de curador, supre-se a incapacidade criada pela interdição. Decorre um restabelecimento da capacidade, mas por interferência ou representação de terceira pessoa. Unicamente nos limites, e proporcionais às deficiências da pessoa, se fixa a interdição, devendo manter-se pelo curso de tempo em que perduram.

É a curatela modificadora do estado da pessoa. Com efeito, de capaz passa a pessoa a ser incapaz. Em determinado momento, nomeia-se um representante ou assistente, o que altera por completo a situação antes vigente.

3. PESSOAS SUJEITAS À CURATELA

Este item é dos mais importantes no que se relaciona à curatela. Busca-se classificar as pessoas que são submetidas ao regime da curatela. E estas pessoas são as seguintes, no rol do art. 1.767 do Código Civil, em redação da Lei nº 13.146, de 8.07.2015 (Estatuto da Pessoa com Deficiência), considerada como um avanço para a proteção da dignidade da pessoa com deficiência:

"I – aqueles que, por causa transitória ou permanente, não puderem exprimir sua vontade;
II – (Revogado);
III – os ébrios habituais e os viciados em tóxico;
IV – (Revogado);
V – os pródigos".

Pela redação original do Código Civil, a discriminação era diferente, especificando mais detalhadamente as pessoas sujeitas à curatela:

---

[5] *Direitos de Família e das Sucessões*, obra citada, p. 439.

"Estão sujeitos a curatela:

I – aqueles que, por enfermidade ou deficiência mental, não tiverem o necessário discernimento para os atos da vida civil;

II – aqueles que, por outra causa duradoura, não puderem exprimir a sua vontade;

III – os deficientes mentais, os ébrios habituais e os viciados em tóxicos;

IV – os excepcionais sem completo desenvolvimento mental;

V – os pródigos".

A reforma trazida com a Lei nº 13.146/2015 revelou-se salutar em incluir em um item (inc. I do art. 1.767) vários casos de incapacidade de expressar a vontade. Não existe mais a pessoa absolutamente incapaz que seja maior de idade. A decorrência é que não cabe falar em ação de interdição absoluta no nosso sistema civil, pois os menores não são interditados. Todas as pessoas com deficiência, diferentemente do regime anterior, passam a ser, em regra, plenamente capazes para o direito civil, o que visa a sua plena inclusão social, em prol de sua dignidade. A interdição declarará a incapacidade relativa para determinados atos especificados.

Não mais importa o estado da doença mental ou física, mas o grau de sua gravidade e da limitação da vontade. Os estados intermediários de doenças e abalos mentais, ou deficiências, serão aferidos concretamente, e ensejarão a interdição da pessoa nos limites das incapacidades, e não na globalidade da pessoa.

Na previsão constante no inc. I – "aqueles que, por causa transitória ou permanente, não puderem exprimir sua vontade" –, estão englobadas todas as situações que cerceiam ou impedem a manifestação da vontade. Importa essa situação, seja por enfermidade ou deficiência mental, por incompleto desenvolvimento mental, ou por doenças físicas que afetam a expressão da vontade. O fundamental para a interdição é a impossibilidade de exprimir a vontade, isto é, de manifestar o pensamento, de emitir juízos volitivos e determinar a si e os atos no mundo que circunda a pessoa. A relação que vinha no texto original, apesar de indicar uma hipótese que abrangia genericamente a incapacidade de exprimir a vontade, especificava algumas situações que, na verdade, se incluíam naquela, induzindo a limitar no elenco arrolado os estados autorizadores da interdição. Além disso, com as mudanças da Lei nº 13.146/2015, a causa que enseja a interdição não necessita que seja definitiva, pois consta a possibilidade de estender-se por um período temporário, ou limitado no tempo. No seu curso há a incapacidade, cumprindo que a sentença restrinja a interdição ao respectivo lapso temporal.

O art. 1.779 acrescenta a curatela do nascituro.

Muito se tem criticado a Lei nº 13.146/2015, em especial alguns de seus artigos.

Assim, o art. 6º: "A deficiência não afeta a plena capacidade civil da pessoa, inclusive para:

I – casar-se e constituir união estável;

II – exercer direitos sexuais e reprodutivos;

III – exercer o direito de decidir sobre o número de filhos e de ter acesso a informações adequadas sobre reprodução e planejamento familiar;

IV – conservar sua fertilidade, sendo vedada a esterilização compulsória;

V – exercer o direito à família e à convivência familiar e comunitária; e

VI – exercer o direito à guarda, à tutela, à curatela e à adoção, como adotante ou adotando, em igualdade de oportunidades com as demais pessoas".

930 • Direito de Família | *Arnaldo Rizzardo*

O art. 84: "A pessoa com deficiência tem assegurado o direito ao exercício de sua capacidade legal em igualdade de condições com as demais pessoas".

O art. 85: "A curatela afetará tão somente os atos relacionados aos direitos de natureza patrimonial e negocial".

Retira-se dos dispositivos o reconhecimento dos direitos do curatelado em sua plenitude, o que está correto. De outro lado, não está afetada a plena capacidade da pessoa com deficiência. Todavia, havendo alguma deficiência que importou na curatela, isto é, constatada a falta de compreensão da realidade, permite que se declare a nulidade do ato, eis que ausente a manifestação da vontade.

A ordem, no Código de 1916, era bem diferente. Vinha a relação no art. 446, em outros dispositivos e em leis especiais, importando as seguintes pessoas incapazes: os loucos de todo o gênero, os surdos-mudos sem educação que os habilite a enunciar precisamente a sua vontade, os pródigos, os nascituros, os ausentes e os toxicômanos.

Como já foi referido, há ainda a curadoria instituída para certos momentos ou para certos atos processuais. Nomeia-se uma pessoa, em geral um advogado, com o fim de defender um menor ou mesmo outras pessoas, em hipóteses como as presentes:

a) Nos processos onde desponta colidência de interesses entre o menor e seus pais ou representante legal – art. 1.692 do Código Civil e art. 72, inc. I, do Código de Processo Civil de 2015.

b) Nos processos de interdição ajuizados pelo Ministério Público – conforme previsão do art. 748 do CPC/2015.

c) Nos testamentos em favor de menor, em que o testador indica uma pessoa para administrar os bens deixados, encontrando-se o menor ainda sob o poder familiar ou sob a tutela – art. 1.733, § 2º, da lei civil.

d) Na herança jacente, ficando a herança sob a guarda, conservação e administração de um curador – art. 1.819 do Código Civil.

e) A que se dá a um dos litigantes nos processos, denominada curadoria especial, como aos réus presos e aos citados por edital ou com hora certa (art. 72, inc. II, do CPC/2015).

Inclusive em procedimentos penais dá-se a nomeação de curador.

Relativamente ao perdão nas ações penais privadas, descreve Valdemar da Luz: "O ofendido pode, na ação penal privada, desistir do seu prosseguimento pelo perdão, cuja concessão, caso ele seja menor de dezoito anos de idade, cabe a seu representante legal. Se o ofendido for menor de vinte e um anos e maior de dezoito anos, o direito de perdoar pode ser exercido por ele próprio ou por seu representante legal; no entanto, o concedido por um, sem a concordância do outro, não produz efeito (art. 52 do CPP). Por outro lado, se o querelado (réu) não tiver mais de vinte e um anos de idade, a aceitação do perdão do querelante (ofendido) também pode ser exercida por este ou por seu representante legal (art. 54 do CPP)."[6]

Na instauração de inquérito policial, igualmente ordena o art. 15 do Código de Processo Penal a nomeação de curador, podendo a dita nomeação recair e m qualquer pessoa,

---

[6] *Manual do Menor*, São Paulo, Saraiva, 1988, pp. 49 e 50.

Cap. XXXII | Curatela e Tomada de Posição Apoiada • 931

como é do entendimento jurisprudencial. Mesmo porque relativa é a validade da prova apurada no citado procedimento.

O interrogatório, em juízo, de acusado menor (entre dezoito e vinte e um anos), fazia-se na presença de curador. No entanto, isto porque a menoridade, antes do vigente Código Civil, se estendia até aos vinte e um anos.

A função, em todas as hipóteses vistas, é para determinado ato ou encargo, não envolvendo a regência da pessoa ou dos bens.

Surgem situações especiais de incapacidade, como senilidade e estados mentais que chegam a um ponto de total falta de compreensão, verificáveis durante certas doenças que atingem o cérebro. A pessoa, no estágio avançado das moléstias, às vezes, perde a consciência de si e da própria realidade em que se encontra, especialmente nos derrames cerebrais. Ocorre, aí, como se verá, a afetação da mente, enquadrando-se ela no elenco do art. 1.767, inc. I, e também em vista do art. 4º, inc. III, ambos na redação da Lei nº 13.146/2015, com respeito àqueles que, por causa transitória ou permanente, não puderem exprimir sua vontade.

De outro lado, não se nomeia curador para os cegos, nem aos analfabetos ou às pessoas totalmente sem cultura ou desprovidas dos conhecimentos mais primários e comuns, que as inabilitem a realizar um simples cálculo, ou de reduzidíssima inteligência, a ponto de não serem capazes de raciocinar, de não entender negócios, e de se deixarem envolver com extrema facilidade pelas palavras de outros com as quais contratam. Aduziu a 3ª Câm. Cível do Tribunal de Justiça de São Paulo, na Apel. Cível nº 166.925-4/8, de 7.11.2000, com amparo em Washington de Barros Monteiro, que "não há outras pessoas sujeitas à curatela", pois a "cegueira, analfabetismo, idade provecta, por si só, não constituem motivo bastante para interditar... No caso, a apelada, embora tenha recebido educação específica em razão da deficiência visual que apresenta, é lúcida e orientada, como asseverou o perito judicial e desponta do teor do seu interrogatório judicial. Em decorrência, reúne plenas condições de manifestar sua vontade, inclusive, se for o caso, para constituir procurador que a represente..., nada autorizando se decrete a sua interdição".

Não identificada uma das causas declinadas no art. 1.767, no texto da Lei nº 13.146/2015, e nem se encontrando a pessoa sujeita à tomada de posição apoiada, toda pessoa com deficiência deverá ser tratada e considerada plenamente capaz.

Passa-se ao exame das incapacidades catalogadas pelo art. 1.767, na redação da Lei nº 13.146/2015.

3.1. Os que não puderem, por causa transitória ou permanente, exprimir a sua vontade

Há a incapacidade de exprimir ou manifestar a vontade. Várias as origens ou fatores que impedem a expressão ou manifestação da vontade, podendo ser transitórias ou permanentes. As transitórias perduram por certo tempo, como no acidente vascular cerebral – AVC, ou derrame cerebral, vindo a pessoa a recuperar a consciência, a compreensão e a comunicação com o passar do tempo. Já as permanentes, em geral congênitas, acompanham a pessoa pela vida toda, ou do momento em que surgem em diante.

Segue a descrição dos estados ou situações que impedem a manifestação da vontade.

Antes da mudança pela Lei nº 13.146/2015, a primeira justificativa prevista no art. 1.767, para a curatela, consistia na enfermidade ou deficiência mental, de modo a não ter a pessoa o necessário discernimento para os atos da vida civil. No Código anterior – art. 446, inc. I – os doentes mentais vinham sob a denominação "loucos de todo o gênero", que era criticada por uns e defendida por outros, mas que se considerava a que melhor exprimia a realidade da doença mental desencadeante da incapacidade.

Evidentemente, os enfermos mentais não expressam a vontade coerentemente. Mas outros tipos de incapazes existem, como os que carecem de vários sentidos concomitantemente.

Oportuno que se veja a incapacidade, em seus vários quadros, tendo como causa a doença mental.

As pessoas portadoras de doença compreendem todos os perturbados, como os furiosos, os mentecaptos, os amentais, os idiotas, os imbecis, os desmemoriados e dementes, ou os afetados por doenças psíquicas de tal intensidade que não possuem o necessário discernimento para os atos da vida civil. Em verdade, esta classe de pessoas equivale aos outrora chamados loucos de todo o gênero; aos alienados, desde que o sejam mentalmente, e não da realidade, ou do mundo presente, simplesmente por não se interessarem e nem darem a mínima importância ao que acontece à sua volta; aos que revelam anomalia psíquica, expressão utilizada no art. 1.178, inc. I, do Código de Processo Civil de 1973, e que não se manteve no diploma processual de 2015, embora alguns transtornos de ordem psíquica não tornam a pessoa incapaz, máxime sabendo que a maioria dos seres humanos traz congenitamente, ou adquire especialmente nos primeiros anos da existência, traumas, neuroses, frustrações e outras afecções de fundo psicológico, que, todavia, não atingem a capacidade mental.

Existe o termo "psicopata", utilizado por Sílvio Rodrigues, cujo significado expressa doença da mente.

O nome "loucos", contido na denominação utilizada no art. 5º, inc. II, da lei civil de 1916, apesar de extremamente forte, pois levava a sugerir que a pessoa era totalmente demente, ou violenta, e sem a mínima percepção da realidade, abrange os portadores de anomalias psíquicas que causam transtornos à mente. Todavia, há pessoas perturbadas na mente que não se apresentam naquele estado, o que conduzia a colocar restrições no uso daquele termo. Pode-se dizer que muitas pessoas são um tanto "variadas", mas não loucas, no sentido popular empregado ao termo.

Em suma, os doentes mentais correspondem aos alienados mentais, aos dementes, aos psicopatas, aos portadores de enfermidades psíquicas, ou seja, aos que, por motivos patológicos ou acidentais, congênitos ou adquiridos, não se encontram aptos para reger sua pessoa e administrar os respectivos patrimônios. A falta de equilíbrio mental, a desorganização das ideias e do raciocínio, as alternâncias nas decisões, a confusão de pensamentos e imagens que se passam na memória, as mudanças imprevisíveis de conceitos e da vontade, além de outras anomalias, não permitem que o portador se dirija e decida por si, nem que manuseie grandes importâncias em dinheiro, efetue contratos ou transações, e administre o patrimônio próprio. Com efeito, embora alguma lucidez se encontre presente em seu espírito, não coordena duradouramente as ideias e não tem alcance para dimensionar as consequências do que diz, resolve e determina.

Oportuno trazer à tona a exemplificação de Pontes de Miranda, ao dar a dimensão do significado da denominação que utilizava o Código Civil de outrora, que tem a ver com a nova referência: "Os loucos de todo o gênero estão, legalmente, sujeitos à curatela, quer se trate de dementes, de fracos de espírito (imbecis), de dipsômanos (impulsão

Cap. XXXII | Curatela e Tomada de Posição Apoiada • 933

irresistível de beber), quer se diagnostique a demência afásica, a fraqueza mental senil, a degeneração, a psicastenia, a psicose tóxica (morfinismo, cocainismo, alcoolismo), psicose autotóxica (esgotamento, uremia etc.), psicose infectuosa (delírios pós-infecciosos etc.), paranoia, demência arteriosclerótica, demência sifilítica etc., uma vez que a moléstia altere o uso vulgar de suas faculdades, tornando-o incapaz de exercer normalmente os atos da vida civil."[7]

No Código de 1916, colocavam-se, no rol dos candidatos à interdição, os surdos-mudos sem educação que os habilitasse a enunciar precisamente a sua vontade, isto é, os privados da sensação auditiva e do uso da palavra, e que não tinham adquirido uma forma substitutiva de comunicar ou externar a sua vontade. A incapacidade envolvia aqueles que não ouviam e não podiam falar ou emitir sons articulados, ou os infensos aos sons e sem linguagem oral, não tendo se educado para apreender as manifestações externas a eles dirigidas e para que os outros entendessem as exteriorizações emanadas de sua vontade.

Não se incluem essas pessoas entre os doentes mentais, ou nem sempre são portadoras de enfermidade ou deficiência mental. Mesmo, no entanto, que haja sanidade psíquica e mental, não externam a vontade, diante da falta de canais para as sensações externas chegarem ao seu cérebro, e para o ato de sua vontade ser conduzido e apreendido pelos outros indivíduos.

Tais carências não esgotam as causas impeditivas da apreensão da vontade dos demais indivíduos e da expressão da vontade própria. Outras existem, como uma doença grave que torna a pessoa completamente imóvel, ou que leva à falta de controle dos movimentos, ou que impossibilita qualquer comunicação. Assim na isquemia e no derrame cerebral, na doença degenerativa do sistema nervoso, em que se mantém certa integridade da razão, mas não conseguindo o indivíduo captar aquilo que os outros lhe transmitem, e nem logra expressar o que vai na sua mente.

A falta de comunicação da vontade por sinais ou expressões que o corpo humano dispõe para tanto denomina-se *afasia*, que é justamente a doença daqueles que perdem os sinais que usa o homem civilizado para a troca de ideias com os seus semelhantes. Há a incapacidade de compreensão ou comunicação do pensamento por meio de palavras articuladas, da escrita, audição, permanecendo íntegros os aparelhos de fonação, visão, audição, e mesmo a inteligência, em certo grau.

A incapacidade revela-se, outrossim, nos estados mórbidos da pessoa, em que a natureza da doença, sua intensidade, duração, deficiência de nutrição e abatimento do enfermo influem na liberdade interior. Na ainda atual lição de Hélio Gomes, "há doenças que terminam, geralmente, pelo delírio: as infecciosas, as tóxicas, as do cérebro. Outras existem que terminam por sonolência, prostração, doenças crônicas, hemorragias, estados mórbidos caquetizantes (tuberculose, câncer)... O moribundo sonolento, prostrado, vencido pelo sofrimento e pela moléstia, ou o doente delirante pela febre ou pela autointoxicação, não tem lucidez, está perturbado no seu juízo e na sua vontade, em situação equiparável a de um alienado".[8]

Pelo art. 1.767, submetiam-se à curatela todos aqueles que não podem enunciar suficientemente a sua vontade. Excluíam-se as pessoas que, mesmo com lesões de nervos cerebrais, estavam educadas ou capacitadas, por escrito ou sinais convencionados, a comunicar-se com outras pessoas.

---

[7] *Tratado de Direito Privado*, obra citada, vol. IX, p. 318.
[8] "Medicina Legal", vol. I, p. 227, *in Revista dos Tribunais*, nº 429, p. 191.

934 • Direito de Família | *Arnaldo Rizzardo*

Uma visão mais aprofundada merece a deficiência mental.

Como deficientes mentais entendem-se aqueles que revelam entendimento, e sabem portar-se convenientemente mais pelo hábito, pelo instinto, pelo costume, pela imposição do meio ambiente, mas que resta evidente a deficiência de conduta relativamente aos padrões normais. Não se trata da pessoa com pouca ou reduzida inteligência, ou de escasso raciocínio, ou de completa falta de cultura.

O deficiente mental nem sempre tem desvios de conduta, mas revela uma debilidade na inteligência e na vontade, com atitudes incoerentes, desajustadas ao comportamento comum, necessitando de constante controle e acompanhamento, não sendo capaz de decidir por si. Não possui uma compreensão correta da realidade, e não tem condições de decidir racionalmente. Tem-se um *minus* relativamente ao que outrora se conhecia por louco furioso. Mais apropriadamente, o deficiente mental representa uma zona limítrofe entre a insanidade e a sanidade mental. Não é normal porque sua evolução mental revela-se muito lenta, sem atingir o nível normal e comum que as pessoas em geral possuem. Não possui agilidade e visão suficiente para dirigir seus negócios.

É comum que seu estado mental seja intercalado de momentos de sanidade e outros de insanidade. Não são, entrementes, conhecidos com segurança os estados transitórios da insanidade mental, restando, por isso, viciados os atos praticados sem a devida assistência ou representação, conforme o melhor entendimento. Mesmo havendo intervalos lúcidos, verificando-se a perturbação durante a maior parte da vida, não é de se reconhecer validade às manifestações volitivas supostamente ocorridas durante sua existência. Somente se a alteração das faculdades mentais não é grave, embora dura-doura, permitindo à pessoa reger alguns atos e administrar parcela dos bens de menor importância, não é de se reconhecer a incapacidade absoluta, devendo o juiz estabelecer limites na interdição.

Exemplo de doença mental que se manifesta periodicamente no paciente é a esqui-zofrenia, conhecida como doença do "espírito dividido" (denominação vinda do grego, e formada das palavras *skizo*, que significa divisão, e *phrenos*, com a tradução de espírito). Durante seus surtos, que podem durar um mês, o paciente é assaltado por delírios e alucinações, ouvindo vozes e vendo seres imaginários, sofrendo ideias de perseguição e possessões de espíritos estranhos. Sem dúvida, traz distúrbios mentais, o que enquadra a doença no rol das incapacitantes.

Outra deficiência é a oligofrenia, de acordo com os livros de medicina legal, que constitui distúrbio da evolução cerebral durante a gestação, ou nos primeiros anos da vida, acompanhado de numerosas anomalias e com acentuado déficit intelectual. Há uma parada ou um atraso do desenvolvimento mental, determinando diversos graus de deficiência intelectual. Várias são as causas de sua origem: sífilis, alcoolismo, casamen-tos precoces, tardios e desproporcionados, abalos morais reiterados durante a gravidez, infecções e perturbações endócrinas.

Vinha a previsão, antes da mudança do art. 1.767 pela Lei nº 13.146/2015, dos excepcionais sem completo desenvolvimento mental, classe essa que se enquadra no inciso I do art. 1.767.

Os excepcionais são aqueles indivíduos que nasceram com anormalidades físicas e mentais, sendo relevante, para o caso, o retardamento mental. Trata-se de pessoas por-tadoras de problemas neuropsíquicos, os quais se revelam tanto no aspecto físico como

Cap. XXXII | Curatela e Tomada de Posição Apoiada • 935

no psíquico e sensorial, destacando-se o déficit mental, e sendo facilmente perceptíveis no porte físico do doente. Não raramente, constatam-se deformações que dão a aparência mongoloide ao indivíduo, o que é próprio do portador da síndrome de Down, decorrendo a anomalia de defeito no cromossomo 21. Mais especificamente, sabe-se que, no ser humano, as células somáticas contêm 46 cromossomos, ou 23 pares de homólogos. Desses, 23 têm origem paterna, e 23 materna.

Os portadores da anomalia revelam o crânio achatado em sentido ântero-posterior e achatamento dos ossos nasais, além de outros defeitos.

Não importa concluir que todos os excepcionais tenham essa causa. Trata-se de um tipo de doença mental conjugada com retardação de crescimento.

Não há propriamente uma doença mental, mas redução de sua capacidade, tanto que os excepcionais adotam um comportamento bastante coerente, isto é, seguindo as regras comuns de conduta.

Distinguem-se dos enfermos ou deficientes mentais propriamente ditos, cuja doença tolhe ou altera a concepção verdadeira da realidade, ou retira a completa inteligência de si e da realidade que os cerca. Não se confundem, também, com aqueles que não podem exprimir a vontade por outra causa transitória ou permanente, sendo exemplos os surdos-mudos, os que sofreram derrames cerebrais, ou padecem de doenças graves que retiram a capacidade mental. Constata-se, aqui, uma significativa deficiência, uma limitação, um *minus* da inteligência ou da mente, que incapacita a pessoa da compreensão de situações mais complexas ou difíceis.

Em todas as espécies de doenças, seja qual for o grau, impõe-se a necessidade de laudo médico, para aferir o grau de incapacidade, ou de entendimento, de modo a afetar ou não a manifestação da vontade.

3.2. Os ébrios habituais e os viciados em tóxicos

Os ébrios habituais são aqueles que estão na dependência física e psíquica da bebida alcoólica, mas desde que não consigam mais controlar o impulso que os impele a ingerir as bebidas, de modo a manterem-se na maior parte do tempo sob seus efeitos.

Podem manter-se íntegras as faculdades intelectuais, por um determinado período de anos. É possível que, embora habitual e inveterada a tendência de ingerir, permaneça intacta a capacidade da vontade. Mas, no curso do tempo, tornam-se insofismáveis a lentidão de raciocínio e a falta de apreensão correta das situações da vida, afetando a mente, e chegando à fase do *delirium tremens*, quando a vontade não mais tem controle de suas atitudes ou conduta. O ato então emitido, não se reveste de validade.

O quadro de consequências que traz o vício da bebida alcoólica é bem retratado no seguinte julgado: "Inegáveis e suficientemente conhecidos, os males que as drogas, e o álcool não pode deixar de figurar entre elas, causam ao indivíduo, pela dependência física e psíquica que determinam, transformando a pessoa em um ser alheio à realidade social, indiferente aos fatos, aos acontecimentos e às pessoas, tornando-a incapaz de gerir-se a si mesma, ou de administrar seus bens.

Não se nega que, em relação às vítimas do alcoolismo, podem ocorrer intervalos de lucidez, com demonstração até de equilíbrio, de pleno discernimento, ainda que a instabilidade emocional, aos poucos, vá ganhando acentuada preponderância. Mas, de outra parte,

936 • Direito de Família | *Arnaldo Rizzardo*

esses poucos instantes de discernimento cedem lugar ao mesmo estado de incapacidade quando o álcool se faça presente, inibindo o raciocínio, desmotivando o indivíduo, que perde a noção lógica dos fatos, transformando-se em mero dependente de um mundo irreal que só os efeitos das drogas podem gerar. Indivíduo nessas condições, à evidência, torna-se, aos poucos, perigoso para a família, para a sociedade e até para a sua própria pessoa, porque incapaz de se autodeterminar..."[9]

Quanto aos viciados em tóxicos, de modo geral versa a espécie sobre uma incapacidade relativa (pois "relativamente a certos atos ou à maneira de os exercer"), prevista no art. 4º, inc. II, do Código Civil, com a redação da Lei nº 13.146/2015, e abrange os incapazes em virtude do vício ou dependência ao tóxico. A pessoa que ingere, ou aplica, ou aspira substâncias tóxicas com persistência, chega a um estado patológico tal que é afetada em sua mente. Seja qual for o tipo – morfina, cocaína, éter, ópio, maconha, e dezenas de outros entorpecentes – produz um estado tal de toxicomania que leva o viciado a uma crônica repetição no consumo, ficando dependente física e psiquicamente, sendo por demais conhecidas as consequências maléficas que traz à saúde, como a ebriedade, o transtorno psíquico, a exaltação da fantasia, a excitação psicossensorial, o ofuscamento da inteligência, a deficiência dos sentidos, o obscurecimento da consciência, o enfraquecimento da vontade, o envelhecimento precoce, a falta de apetite e disposição depois de passado o efeito, e muitos outros sintomas, que praticamente reduzem o ser humano a um inválido, e, às vezes, o levam à morte.

Obviamente, dados os elementos químicos e tóxicos que compõem as drogas, a mente é seriamente afetada, não apenas pela redução do entendimento, mas acima de tudo por não mais se autocontrolar ou governar o dependente.

A curatela dos toxicômanos vem regulada pelo Decreto nº 891, de 21.11.1938, cujas normas que ainda persistem são as relativas ao internamento e tratamento.

Vários de seus dispositivos cuidam do internamento do doente viciado, que se impõe especialmente nos casos de condenação em vista da prática de crimes sob o efeito de substância entorpecente.

A interdição será declarada pelo tempo necessário para a cura. Se o interditando se encontra em condição de manifestar a vontade sobre seus interesses, a interdição será relativa; na hipótese contrária, decreta-se a interdição absoluta ou plena. A interdição limitada determina a equiparação do viciado aos relativamente incapazes, enquanto a plena o coloca entre os absolutamente incapazes.

No primeiro caso, quando é determinado o simples internamento, o juiz nomeará pessoa idônea para acautelar os interesses do internado.

Ao doente é facultada a indicação de curador para tais finalidades, com poderes de administração, a menos que sejam outorgados poderes especiais na forma dos parágrafos do art. 661 do Código Civil, isto é, pode ser para alienar, hipotecar, transigir, ou para a prática de quaisquer atos que exorbitem da administração ordinária, sendo que o poder de transigir não importa o de firmar compromisso.

Considera-se obrigatória ou compulsória se crônica a toxicomania, ou a intoxicação, por representação da autoridade policial, ou a requerimento do Ministério Público, ou mesmo por solicitação de familiares – esposa, pais e filhos, e inclusive outros parentes. Autoriza-se a internação imediata pela autoridade policial, sujeita a confirmação pelo

---

[9] TJSP. Apel. Cível nº 109.583-1. 4ª Câmara Cível, de 18.05.1989, em *Revista de Jurisprudência do TJ de São Paulo*, Lex Editora, 120/188.

Cap. XXXII | Curatela e Tomada de Posição Apoiada • **937**

juiz, devendo basear-se a autoridade em laudo firmado, pelo menos, por dois médicos. O próprio juiz, se não o fizer a autoridade policial, deverá ordenar o internamento, sempre baseado em laudo pericial, mesmo que sumário.

No processo de internamento, é obrigatório o exame detalhado por um perito, mesmo que já exista laudo feito para fins de internamento provisório. Nomeia-se um curador à lide, desde que não constituído pelo viciado ou seus parentes um advogado.

Em suma, há um longo tratamento da matéria, disseminado nos arts. 29 a 32 do Decreto nº 891, com minúcias e medidas amplamente discriminadas, mas de pouca aplicabilidade prática. Raros são os processos de interdição de toxicômanos.

3.3. Os pródigos

De maior atenção em épocas passadas, a prodigalidade praticamente deixou de existir. Quase não se conhecem decisões recentes sobre a matéria.

Proveniente a palavra do latim (*prodigus*), quer significar a pessoa que gasta imoderadamente, desbaratando seus bens e comprometendo-os em dívidas que sua renda não comporta. Chega a tal ponto o desperdício e a malversação de valores, que é capaz de chegar à miséria, comprometendo não apenas o seu sustento, mas também o de seus dependentes.

Vê-se, daí, que o sentido não alcança somente aquele que distribui altruisticamente suas riquezas, em gestos de caridade ou desprendimento, buscando minorar os problemas sociais e saciar a fome de muitas pessoas. Mais que isto, e atualmente com maior incidência, tem-se o pródigo como o perdulário, que, em uma noitada de diversões e jogatinas, é capaz de desbaratar toda a sua riqueza e a própria renda destinada à alimentação, à moradia, à educação e outras necessidades.

Não se objetiva, na interdição do pródigo, a proteção da pessoa em razão da incapacidade. Leva-se em conta a custódia de sua família e do patrimônio. Proveitosa esta exposição de Sílvio Rodrigues, sobre o assunto: "A interdição por prodigalidade não se inspira, como nos outros casos de incapacidade, no propósito de proteger o incapaz, mas sim no intuito de preservar os interesses da família do pródigo. Isso se evidencia com o fato de a lei só admitir a interdição do pródigo em havendo cônjuge, ascendentes ou descendentes que a promovam; da mesma forma que ordena se levante essa interdição, não existindo mais aqueles parentes, pois só em seu benefício a interdição foi decretada."[10]

Aliás, quanto à finalidade de defender a família, com este objetivo fora instituído na antiguidade romana, especialmente quanto aos bens herdados, que não podiam ser utilizados inconsequentemente. Passou, mais tarde, a incidir a interdição da pessoa do pródigo para que seus atos ficassem circunscritos a certos limites, no que tocasse aos bens. Este caráter se consolidou nas codificações, sendo introduzido nas Ordenações Filipinas e adotado em nosso direito.

A prodigalidade tem vários contornos, refletindo problemas de ordem econômica, psiquiátrica e jurídica. Bem elucida a matéria Eduardo Sócrates Castanheira Sarmento, em sua valiosa manifestação a respeito do assunto: "A prodigalidade é, a um só tempo, problema econômico, psiquiátrico e jurídico, apresentando muitas controvérsias; os economistas dividem-se quanto à conveniência de interditá-los; uns julgam-nos inofensivos

---

[10]   *Direito Civil – Direito de Família*, obra citada, vol. VI, p. 421.

e mesmo úteis, tendo em vista a acelerada circulação de riquezas; outros, creem serem eles perniciosos ao bem-estar social, por lhes faltar suporte para acumular a riqueza em suas mãos, fixando o pressuposto de que uma sociedade só é rica quando o são seus integrantes. Josserand cita decisão judiciária que considerou ser o avarento inimigo dos interesses sociais, devendo ser tratado rigorosamente; na esfera psiquiátrica, a prodigalidade é vista como manifestação mórbida assemelhada ao vício do jogo ou da embriaguez; a prodigalidade é tida como síndrome degenerativa e, muitas vezes, como manifestação inicial da amentalidade."[11]

É realmente difícil não ver na figura uma revelação da demência. O indivíduo começa a ter um procedimento que surpreende a todos, por suas atitudes de simplesmente desmantelar o patrimônio.

Isto não, porém, por gastar em jogatinas, em proveito dos prazeres da vida, em vícios, viagens e diversões, que lhe trazem prazer e satisfação. Mas em vista da completa falta de medida das dimensões daquilo que gasta em relação ao que recebe ou às vantagens trazidas pelas absurdas importâncias que entrega. A conduta reflete total incoerência, a ponto de suscitar estranheza a terceiros. Não se pode, no entanto, considerar perdulário aquele que pretende apenas aproveitar a vida, e sim o indivíduo que não encontra qualquer sentido na existência, que não nutre nenhum idealismo, que vive alienado das necessidades de seus familiares, e que não sente a menor vontade de progredir. Neste quadro, é bem provável que esteja revelada uma síndrome de loucura, ou um começo de uma patologia mental.

Pontes escreve: "A prodigalidade é tida pela psiquiatria como síndrome degenerativa, e muitas vezes manifestação inicial da loucura. Aliás, já assim pensavam os reinícolas, mais adiantados, nesse como em outros pontos do que muitos tratadistas recentes. Para eles, a prodigalidade era espécie de demência, ou depravação mental. Concluíam-no dos próprios atos irregulares do pródigo, atos característicos, que a manifestavam de modo inconfundível."[12]

O pródigo revela anormalidade apenas no campo patrimonial. Por isso, a lei objetiva unicamente a proteção de sua família e seu patrimônio, de modo a não haver prejuízos pela conduta desvairada daquele. Daí os limites da interdição, restritos aos atos que envolvem os bens, isto é, incidindo o impedimento em, sem curador, emprestar, transigir, alienar, dar quitação, hipotecar, demandar e ser demandado, fazer doações, comprometer-se ou contrair obrigações. É o que emana do art. 1.782: "A interdição do pródigo só o privará de, sem curador, emprestar, transigir, dar quitação, alienar, hipotecar, demandar ou ser demandado, e praticar, em geral, os atos que não sejam de mera administração."

Não se pode, em contrapartida, ir ao extremo, vedando quaisquer gastos, como aqueles relativos à sua pessoa e à aquisição de miudezas. A restrição prende-se a dispor do patrimônio livremente, com repercussões na própria estabilidade econômica da família.

Outrossim, nenhum envolvimento há com a pessoa do pródigo, quanto à sua profissão, desde que não pratique o comércio. Em relação ao casamento, não se justifica a autorização. Todavia, o disposto no art. 1.525, inc. II, impõe o consentimento do representante legal, isto é, do curador. Se transferidos todos os bens ao futuro cônjuge, antes do casamento, ficará sem validade o ato, em face do intuito da proteção patrimonial da interdição.

---

[11] Obra citada, p. 27.
[12] *Tratado de Direito Privado*, obra citada, vol. IX, pp. 328 e 329.

Cap. XXXII | Curatela e Tomada de Posição Apoiada • **939**

Impedimento algum ocorre quanto a servir de testemunha, a votar, e mesmo a participar de corpo de jurado. Em síntese, afora a esfera patrimonial, o pródigo é pessoa tão normal e equilibrada quanto a qualquer outra.

O grande problema é definir as fronteiras entre a desordem mental ou falta de coerência na direção do patrimônio com a conduta desvairada de perdulário por querer a pessoa aproveitar a vida, canalizando sua fortuna ou ganhos em diversões, noitadas em bares, boates, motéis e outras formas de dilapidação, obrigando a família a sofrer necessidades, inclusive alimentares. Há uma diferença entre a demência e a irresponsabilidade. Talvez, o que se verifica mais amiúde é a conduta irresponsável, a total ausência de compromisso, ou despreocupação com a sorte dos membros da família.

Mas, tal acontecendo, não há dúvida de que o desvio de conduta reflete anormalidade, manifestação de conceitos equivocados e consciência malformada. Por que não entender, nestes casos, desordem mental, incapacidade de controle, degeneração de princípios e da própria vontade? Neste sentido, tem importância na atualidade o instituto, impondo-se a decretação de interdição para salvaguarda dos superiores interesses da família.

Na mesma compreensão ocorrem situações que envolvem a mulher, seja qual for seu estado civil, que entrega todo o patrimônio a um suposto pretendente, e que lhe promete casamento ou uma união estável. Não há dúvida a decorrência da conduta pela influência malsã, máxime se mostrar a mulher um caráter pusilânime ou fraco, mostrando-se facilmente sugestionável.

Apresentam-se casos de extrema dificuldade para aferir até onde vai um distúrbio mental ou um propósito de vida, como ímpetos de estrema abnegação, desprendimento e mesmo santidade, quando alguém doa seus bens e rendimentos aos necessitados e pobres, a ponto de privar os dependentes do necessário para a subsistência. Há, às vezes, tal fanatismo religioso que até a moradia é entregue aos propagadores de seitas, ou vendida, destinando-se o valor obtido a causas chamadas nobres ou altruístas. Do ponto de vista religioso, e sob o prisma como é encarada a existência humana, nem sempre é possível alcançar o mérito de tais ações. Todavia, quanto ao aspecto jurídico, parece que a pessoa está afetada em sua higidez mental, dada a total desconformidade com a normalidade da vida. A filosofia de vida parte de pressupostos equivocados, visto que missão básica de todo ser humano é, fundamentalmente, sustentar e amparar os familiares. Assim, não é fora de propósito o pedido de interdição, para salvaguardar, pelo menos, o mínimo indispensável para viver.

A nomeação de curador obedecerá a mesma ordem prevista para as demais interdições, o que será observado adiante.

Em princípio, são anuláveis os atos praticados após ser decretada a interdição. Todavia, se constatar-se algum negócio profundamente lesivo, e desde que se prove a existência da doença durante a sua concretização, é possível buscar a anulação. Deve a loucura ser demonstrada em relação ao negócio, além de sua notoriedade pelo outro contratante. É que a sentença apenas afirma a incapacidade decorrente da demência. Declara-se, em determinado momento, um estado mental que já preexistia.

Ao curador assinalam-se várias funções, todas relativas ao patrimônio. Assim, incumbe ao curador dirigir e reger os bens do pródigo, como receber os rendimentos e salários; fornecer ao pródigo e à família as quantias necessárias para as despesas pessoais; adquirir bens e mercadorias relativas a alimentos, vestuário, higiene, limpeza etc.; efetuar pagamentos decorrentes de obrigações assumidas e outras mensalmente verificáveis, como de água, luz, telefone e impostos; assistir o interditado em juízo ou fora dele, como repartições

940 • Direito de Família | *Arnaldo Rizzardo*

públicas, bancos e estabelecimentos comerciais; promover as alienações indispensáveis, sempre com autorização judicial, menos aquelas concernentes a bens móveis de fácil deterioração e de valor não significativo.

3.4. O nascituro e o enfermo ou portador de deficiência física

Também ao nascituro é nomeado curador. Nascituro é o ser humano já concebido, que se encontra no ventre materno, e que está por nascer. Embora a personalidade civil da pessoa comece do nascimento com vida, a lei põe a salvo desde a concepção os direitos do nascituro – art. 2º do Código Civil.

Ressalte-se, sem maiores rodeios, em face do interesse puramente acadêmico da matéria, em vista da quase absoluta inocorrência de hipóteses, que duas condições se tornam imprescindíveis para a instituição desta curatela: o falecimento do pai, ou a perda, por ele, do poder familiar, estando a mulher grávida; e não encontrar-se esta, isto é, a mãe, exercendo o poder familiar.

Como pode ocorrer esta situação, de não exercer o poder familiar? Se ela foi destituída do encargo relativamente a filhos já nascidos, pois a perda quanto a um filho estende-se aos demais; ou encontrando-se a mesma interditada. Justifica-se a curatela se, em testamento, o próprio pai, ou os ascendentes, e mesmo outros parentes, deixaram bens para o que há de nascer.

As funções do curador, além de cuidar dos bens ou velar pelos interesses do nascituro, consistem especialmente em impedir a interrupção da gravidez.

O Código Civil trata da espécie no art. 1.779: "Dar-se-á curador ao nascituro, se o pai falecer estando a mulher grávida, e não tendo o poder familiar."

O parágrafo único, por sua vez, quanto à pessoa que se nomeia curador: "Se a mulher estiver interdita, seu curador será o do nascituro."

Outrossim, compete pedir a proteção curatelar à própria mãe, ao curador do pai, se este se encontrar interditado, e aos parentes próximos, como avós, irmãos e mesmo tios. Ao Ministério Público, na ausência de iniciativa dos parentes, e às pessoas com legítimo interesse, como herdeiros do pai, também assiste a incumbência. Se terceiros souberem de motivos que imponham a curatela, e dada a ausência de parentes e do Ministério Público na promoção da medida, cabe-lhes representar perante este último órgão, ou buscar providências perante o juizado da infância e do adolescente, ou aos conselhos tutelares, devendo o juiz ordenar o processamento da nomeação.

Estava prevista a curatela do enfermo ou portador de deficiência física. Eis a disciplina que vinha no art. 1.780 do atual Código: "A requerimento do enfermo ou portador de deficiência física, ou, na impossibilidade de fazê-lo, de qualquer das pessoas a que se refere o art. 1.768, dar-se-lhe-á curador para cuidar de todos ou alguns de seus negócios ou bens." A Lei nº 13.146/2015 revogou o dispositivo. O mencionado art. 1.768 também restou revogado pelo art. 1.072, inc. II, do CPC/2015.

Constituía tal medida uma proteção salutar, para resolver as situações em que a doença ou a deficiência física dificultava ou impedia a locomoção e o desempenho de atividades, especialmente se a pessoa estava impossibilitada de se afastar da residência, ou era portadora de um mal físico que lhe tirasse a disposição, como a paraplegia, a falta de membro inferior, a cegueira, a obesidade excessiva. Se a administração dos bens requeresse constante movimentação, viagens, esforço físico, contatos com pessoas, revelava-se

Cap. XXXII | Curatela e Tomada de Posição Apoiada • 941

conveniente tal curatela para a estrita finalidade de cuidar dos negócios ou de alguns deles, muito embora se pudesse alcançar a mesma finalidade por meio da constituição de procurador, ou representante.

Veio, no entanto, com o art. 116 da Lei nº 13.146/2015, acrescentando o art. 1.783-A ao Código Civil, uma nova figura, que é a 'tomada de decisão apoiada', pela qual a pessoa com deficiência, tanto física como mental, constitui ou nomeia duas pessoas idôneas de sua confiança, com a finalidade de lhe dar apoio na tomada de decisão sobre atos da vida civil, fornecendo-lhes os elementos e informações necessários para que possa exercer sua capacidade. Pode-se dizer que a disposição do art. 1.780 foi substituída, pelo menos em parte, pela nova ordem. O assunto virá analisado no último item do presente capítulo.

4. LEGITIMIDADE PARA REQUERER A INTERDIÇÃO

Cuidava o Código Civil, nos arts. 1.768 e 1.769, da legitimidade para pedir a interdição. Não era qualquer pessoa que podia intentar a medida, mesmo em se tratando, conforme nomenclatura antiga, de louco violento ou perigoso.

Eis a discriminação das pessoas habilitadas para tanto pelo art. 1.768 do Código Civil, em texto da Lei nº 13.146/2015: "O processo que define os termos da curatela deve ser promovido:

I – pelos pais ou tutores;
II – pelo cônjuge, ou por algum parente;
III – pelo Ministério Público;
IV – pela própria pessoa."

O dispositivo restou revogado pelo art. 1.072, II, da lei processual de 2015. Conclui--se que a disposição do art. 1.768, em texto da Lei nº 13.146, teve vigência a partir da entrada em vigor desta Lei, em 07.01.2016 até o início de vigência do CPC/2015.

A ordem das pessoas com legitimidade ficou um tanto alterada e ampliada pelo art. 747 do Código de Processo Civil de 2015, pois não referiu a iniciativa da promoção 'pela própria pessoa', e incluiu o pedido pelo 'companheiro' e 'pelo representante da entidade em que se encontra abrigado o interditado'. Eis o texto: "A interdição pode ser promovida:

I – pelo cônjuge ou companheiro;
II – pelos parentes ou tutores;
III – pelo representante da entidade em que se encontra abrigado o interditando;
IV – pelo Ministério Público".

Não se pense que a ordem de colocação das pessoas referidas signifique sequência ou preferência obrigatória.

Quanto ao cônjuge ou companheiro, a legitimidade é natural, sendo imposta em vista do liame da convivência que une o interditando e a pessoa com a qual está casada ou em união estável.

Aos parentes (pais, filhos, irmãos etc.) assegura-se a legitimidade de ingressar com a ação. Em se tratando de progenitores, não se dá a legitimidade somente em conjunto, mas a qualquer um deles. Havendo divergência por um dos pais, a oposição ao pedido se exercerá no momento da contestação.

A todos os parentes se reconhece a capacidade para o pedido, não importando o grau, diante do inc. II do art. 747, acima transcrito. Ou seja, não se estabeleceu uma escala de preferências em consonância com o grau de parentesco. Há a permissão do encaminhamento pelo parente, cuja justificativa no interesse está no vínculo sanguíneo, e inclusive na afinidade e na adoção, não importando, todavia, que incida na sua pessoa a nomeação de curador.

Relativamente ao tutor, só existirá se os pais faleceram ou decaíram do poder familiar.

À própria pessoa, em inovação vinda com a Lei nº 13.146/2015, se reconhecia a faculdade de encaminhar a sua interdição. Desde que estivesse cônscia de suas precariedades mentais, permitia-se que constituísse procurador, e encaminhasse o pedido. Para essa finalidade, era reconhecida a legitimidade. Não se encontrava ela, quando do encaminhamento da ação, incapaz ou cerceada no exercício de seus direitos. No entanto, conforme visto, ficou revogado o art. 1.768 pelo inciso II do art. 1.072 do diploma processual de 2015.

O menor, entrementes, está vedado de encaminhar judicialmente o pedido pessoal de interdição. Eis as razões, colhidas na jurisprudência, mantendo sua validade: "Dispõe o art. 447 do Código Civil que a interdição deve ser promovida: 'I – pelo pai, mãe ou tutor; II – pelo cônjuge; III – pelo Ministério Público'. E, no mesmo sentido, o art. 1.177 do Código de Processo Civil que, no entanto, em vez do verbo 'dever', empregou o verbo 'poder', evidenciando, portanto, a ideia de mera faculdade e não de obrigação.

Aparentemente, portanto, o filho menor impúbere, por ser parente próximo, não pode ser considerado isoladamente, pois a lei supõe, nessa situação, também a plena capacidade civil, que, no caso, falta ao requerente. Realmente, o art. 448 do CC, da mesma forma que o art. 1.178 do CPC, esclarece que o Ministério Público só promoverá a interdição se não existir, ou não promover a interdição alguma das pessoas designadas no art. 448, nos I e II; e se existindo, forem menores ou incapazes.

Verifica-se, pois, que a lei exige que o requerente, além de ser parente próximo, seja também maior e capaz. Logo, a conclusão é de que o requerente ou apelante não preencha os requisitos todos para promover a interdição...

Se o filho menor não tem capacidade para promover a interdição da mãe, o pedido assim formulado deve ser recebido como de notícia do fato, a justificar a intervenção do Ministério Público que, examinando os autos e convencendo-se de que possa tratar-se de hipótese de interdição, deverá assumir a autoria da ação, nos termos do art. 448 do Código Civil, de sorte a resguardar todos os interesses das partes envolvidas."[13] Observa-se que os arts. 447, 448, incisos I e II, referidos no texto correspondem aos arts. 1.768 e 1.769, incisos I e II, do vigente Código Civil. Já os arts. 1.177 e 1.178 têm regras equivalentes nos arts. 747 e 748 do CPC/2015.

O representante da entidade em que se encontra abrigado o interditando pode pedir a interdição, reconhecendo-se o interesse em postular judicialmente. Trouxe o Código de Processo Civil de 2015 importante inovação, preenchendo uma lacuna do sistema legal anterior. Inúmeros casos de internação ou acolhimento de pessoas em casas ou estabelecimentos de atendimento e custódia, inclusive m "fazendas" de recuperação de drogados, ou em lares de doentes mentais, em asilos e hotéis apropriados. Não raramente, nas in-

---

[13] TJSP. Apel. Cível nº 105.941. 4ª Câm. Cível, de 8.12.1988, em *Revista de Jurisprudência do TJ de São Paulo*, Lex Editora, 117/186.

ternações de pessoas rejeitadas ou doentes crônicos, o abandono de familiares e parentes é total e duradouro, descurando por completo da assistência. Conveniente, pois, que o responsável pela casa de internação providencie e encaminhe o processo de interdição, com a sua nomeação no cargo de curador. A medida enseja a representação ou assistência, de acordo com o grau de incapacidade, em todos os atos da vida civil, como movimentações de conta bancária e a participação nas atividades econômicas.

Em relação à legitimidade do Ministério Público, eis as situações que vinham reconhecidas, apontadas no art. 1.769 do Código Civil, alterado pela Lei nº 13.146/2015:

"O Ministério Público só promoverá interdição:

I – nos casos de deficiência mental ou intelectual;

II – se não existir ou não promover a interdição alguma das pessoas designadas nos incisos I e II do artigo antecedente;

III – se, existindo, forem menores ou incapazes as pessoas mencionadas no inciso II"

Os incisos I e II constantes dos incisos II e III acima diziam respeito à postulação da curatela pelos pais ou tutores, cônjuge ou parentes.

Com o Código de Processo Civil de 2015, seu art. 1.072 revogou o art. 1.769 do Código Civil. A iniciativa em buscar a interdição pelo Ministério Público ficou indicada às hipóteses do art. 748 do CPC/2015, tendo como pressuposto a doença mental grave:

"I – se as pessoas designadas nos incisos I, II e III do art. 747 não existirem ou não promoverem a interdição;

II – se, existindo, forem incapazes as pessoas mencionadas nos incisos I e II do art. 747".

As pessoas constantes dos incisos I, II e III são o cônjuge ou companheiro, os parentes ou tutores e o representante da entidade em que se encontra abrigado o interditando.

A iniciativa do Ministério Público, pois, verifica-se no caso de acometida a pessoa por doença mental grave, e visando suprir a omissão dos anteriores titulares da ação, a menos que sejam os mesmos incapazes, quando sempre reconhece-se a sua legitimidade.

Assim, em caso de doença mental grave, a qualquer momento assiste ao Ministério Público o ajuizamento da ação. O mero fato da falta de pedido de interdição dá legitimidade para o ajuizamento da ação. Constatando-se a existência de pessoa sujeita à curatela, e não se encontrando, ainda, interditada, é porque ocorreu a omissão daqueles legitimados para a promoção da providência. E não se prescreve qualquer condição a ser previamente efetivada para autorizar o Ministério Público a agir. Nem é necessário que se notifiquem os pais ou demais parentes, dando-lhes um prazo para o ingresso da ação própria.

Por conseguinte, conclui-se que a iniciativa pode operar-se tão prontamente se verifique um incapaz sem curatela. Agindo ou não como autor, atuará o Ministério Público na qualidade de fiscal da ordem pública, por determinação do § 1º do art. 752 da lei processual: "O Ministério Público intervirá como fiscal da ordem jurídica".

Considerações especiais fazem-se necessárias.

Quanto à companheira ou ao companheiro, é aceitável a legitimidade desde que provada a união estável, o que vem reconhecendo a jurisprudência há bastante tempo, como se constata na Apelação Cível nº 12.848/99, da 3ª Câm. Cível do TJ do Rio de Janeiro, com a data de 10.04.2000, *in*, *ADV Jurisprudência*, boletim nº 29, p. 459, de 23.07.2000:

944 • Direito de Família | *Arnaldo Rizzardo*

"Embora o art. 1.177 do Código de Processo Civil somente reconheça legitimidade para promover o pedido de interdição: 'I – ao pai, mão ou tutor; II – ao cônjuge ou algum parente próximo; III – ao órgão do Ministério Público', admite-se, na conjuntura atual a interdição do companheiro, à luz das regras constitucionais que reconhecem o estado familiar, em razão da união estável. Todavia, mesmo que se admita tal legitimidade à companheira, impõe-se, rudimentarmente que, nos autos, fique demonstrada, de forma razoável, a efetividade da convivência do casal sob o mesmo teto, demonstradora da realidade de tal convivência, alardeando os laços da sua efetiva e estável união dos parceiros. Na presente espécie, verificando-se que a prova da convivência é inteiramente precária, existindo dúvida, inclusive quanto à moradia do casal sob o mesmo teto, surge a impossibilidade de se reconhecer em favor da apelada, apenas sedizente companheira do apelante, a legitimidade para o pleito de interdição do seu dito companheiro." O referido art. 1.177 equivale ao art. 747 do CPC/2015.

No concernente aos parentes considerados mais aptos para promover a interdição, elegem-se os que são próximos, como os avós, filhos, irmãos e tios. Mas é de se estender a capacidade para quaisquer outros, mesmo aos primos, e incluindo-se até os genros, noras e cunhados, dado o caráter assistencial e protetivo que tem o instituto. Mais grave que dúvidas sobre a legitimidade é deixar um incapaz abandonado e à mercê de pessoas inescrupulosas ou interesseiras.

Sempre, porém, impõe-se a obediência à regra do § 1º do art. 755 do CPC/2015, quanto à pessoa a ser nomeada, malgrado possa o pedido ser encaminhado por qualquer parente: "A curatela deve ser atribuída a quem melhor possa atender aos interesses do curatelado".

Em relação a estranhos ou pessoas sem parentesco, sobretudo quando omisso o Ministério Público, admite-se a legitimidade, como, aliás, autoriza o inc. III do art. 747 do CPC/2015, especialmente se as pessoas estão ligadas a entidades assistenciais onde se encontram internados os doentes mentais e outros incapazes. Tal situação é comum aos acolhidos em hospitais ou abrigos e casas do gênero, completamente ignorados pelos familiares, cuja interdição se torna imprescindível para o incapaz se fazer representar em institutos previdenciários e estabelecimentos bancários, e receber pensões, aposentadorias e outros benefícios. Do contrário, ficariam prejudicados, e sem o mínimo de assistência efetiva.

A mesma ordem e demais considerações se estendem à interdição de todas as classes de incapazes, enumeradas no art. 1.767, inclusive o toxicômano.

No pertinente ao pródigo, não manteve o Código atual a limitação do art. 460 do Código de 1916, que restringia a legitimidade para buscar a interdição ao cônjuge, aos ascendentes ou descendentes.

De observar, finalmente, a cautela ordenada pelo § 2º do art. 752 do CPC/2015, referente à nomeação de curador especial, durante o processo, sempre que o interditando não constituir advogado: "O interditando poderá constituir advogado, e, caso não o faça, deverá ser nomeado curador especial.."

De outro lado, há a regra do § 3º do mesmo artigo, possibilitando a assistência pelo cônjuge, companheiro e determinados parentes, se o interditando não constituir advogado: "Caso o interditando não constitua advogado, o seu cônjuge, companheiro ou qualquer parente sucessível poderá intervir como assistente". A disposição terá que ser interpretada em função do § 2º. Ou seja, a intervenção é de assistente do curador especial nomeado pelo juiz.

Cap. XXXII | Curatela e Tomada de Posição Apoiada • 945

5. ORDEM LEGAL NA NOMEAÇÃO DO CURADOR E INCAPACIDADE PARA O EXERCÍCIO DA CURATELA

Ao decretar a interdição, o juiz nomeará um curador, seguindo, em termos gerais, a ordem consignada no art. 1.775 e seus parágrafos do Código Civil.

Em primeiro lugar, a nomeação recairá no cônjuge ou companheiro, não separado judicialmente ou de fato. Com efeito, diz o art. 1.775: "O cônjuge ou companheiro, não separado judicialmente ou de fato, é, de direito, curador do outro, quando interdito."

Efetivamente, ninguém melhor que o cônjuge ou companheiro para receber a incumbência. Em princípio, é ele a pessoa mais estreitamente unida ao doente mental ou pródigo, com maiores condições e qualidades, já que há o elo da afetividade, do companheirismo, da paciência e do entendimento, que entrelaça os dois. Mesmo no tocante à administração dos bens, reside uma segurança em alto grau na perfeita conservação e no proveito dos rendimentos para o próprio interdito e os demais familiares.

Isto, se o casal vivia em comunhão de vida, harmonia e mútua compreensão. Nos casamentos puramente de forma, quando nenhum sentimento de afeto nutria um cônjuge ou companheiro pelo outro, é preferível relevar aquela primazia na nomeação. E isto com sobradas razões quando o casal se encontrava separado de legalmente ou de fato, ou quando o cônjuge ou companheiro é desinteressado, mau administrador, e não se dispuser a sobrepor o cuidado e a atenção pelo doente ao seu comodismo e aos interesses pessoais. Na falta do cônjuge ou companheiro, ou na inconveniência de sua escolha para o cargo, recai a preferência no pai ou na mãe, ou descendente mais apto, segundo contempla o § 1º do art. 1.775: "Na falta do cônjuge ou companheiro, é curador legítimo o pai ou a mãe; na falta destes, o descendente que se demonstrar mais apto."

Igualmente aqui não se exige, de rigor, a escolha na sequência prevista. Exemplificativamente, sendo muito idosos os progenitores, não se encontram eles em condições para o desempenho do *munus*. Procurar-se-á, então, o descendente, preferentemente o que revelar mais aptidão ou interesse.

De observar que a ordem contida no dispositivo – pai ou mãe –, não expressa uma sequência ou preferência. Significa uma alternância, isto é, escolhe-se aquele que melhores condições oferecer, em observância da regra do § 1º do art. 755 do CPC/2015, já transcrito acima.

Para sair da ordem prevista, impõe-se que algum motivo se apresente, conforme já entendia a jurisprudência anteriormente ao atual Código Civil: "Interdição. Embora não seja inflexível a ordem estabelecida para a nomeação de curador, no art. 454 e seus parágrafos do Código Civil, o respectivo afastamento só se justifica pela existência de motivos graves, aferidos à luz do interesse do interdito. Pode o órgão judicial restringir a discrição do curador quanto à direção da pessoa e à administração dos bens do curatelado, fixando diretrizes que ele deverá observar no desempenho do múnus; entre elas, a proibição de obstar o convívio entre o interdito e sua companheira, e a obrigação de respeitar a administração doméstica exercida por esta ..."

A preterição do cônjuge, ou do ascendente, ou do descendente, há de fundar-se em motivos sérios, graves, à vista dos quais se deve recear que a nomeação dessas pessoas afete de modo prejudicial, do ponto de vista psicológico, moral ou econômico, a vida do incapaz... O respeito à ordem legal constituirá a regra, e qualquer exceção precisará ser cumpridamente justificada. Sobretudo quando se trate de confiar a curatela ao tutor judicial, sabido como é que, sem embargo das qualidades pessoas e do zelo funcional de

946 • Direito de Família | *Arnaldo Rizzardo*

quem exerça a função, a sobrecarga de serviço, a escassez de meios e outras dificuldades burocráticas nem sempre lhe permitem atingir nível satisfatório de eficiência. Entre os serventuários e um filho do interdito, a preferência normalmente irá para o segundo, salvo razões de muito peso."[14] Relembra-se que o art. 454 citado corresponde ao art. 1.775 do vigente Código Civil.

No caso da união estável, já a jurisprudência antiga dava ênfase à nomeação do companheiro, argumentando em torno do art. 454 e seu § 3º, do CC/1916, que equivale ao art. 1.775, § 3º, do Código em vigor: "Curatela... Companheira. Sua situação equiparada à esposa legítima. Reconhecimento da união estável entre o homem e a mulher constitucionalmente previsto, reforçando a equiparação, autorizando a aplicação do art. 454, *caput*, do Código Civil à companheira (art. 226, § 3º, da Constituição Federal)...

A companheira, hoje, é equiparada à esposa legítima, por força do dispositivo constitucional, que ora se aplica ... Se assim é, a companheira que vinha merecendo das leis previdenciárias a proteção, que ora se lhe quer recusar, hoje ascende à categoria de esposa, à qual se equipara por princípio constitucional.

Diante disso, seu interesse e legitimidade para intervir em processo de interdição do companheiro está mais do que evidenciado.

No que respeita à nomeação do curador, firmando o princípio de que a companheira, hoje mais do que ontem, se equipara à esposa legítima, para fins de proteção do Estado à família, como se vê do art. 226, § 3º, da Constituição Federal, está a mesma legitimada à referida nomeação, pois o cônjuge, ou, hoje, a companheira, que vive e convive com o interdito, é a primeira indicada ao seu exercício, por força do art. 454 do CC, em seu *caput*.

Só na sua falta, são chamados os pais ou o descendente e, mui remotamente, na condição até de terceiro escolhido pelo Juízo (art. 454, § 3º, do Código Civil), é que será nomeado o irmão."[15] O art. 454 e seus parágrafos acima citados correspondem ao art. 1.775 e seus parágrafos do CC/2002.

Disciplinando a ordem de escolha dos descendentes, reza o § 2º do art. 1.775: "Entre os descendentes, os mais próximos precedem aos mais remotos."

É coerente que os filhos sejam nomeados preferentemente aos netos, ou que os descendentes mais próximos precedam os mais remotos.

Na falta das pessoas acima indicadas, cabe ao juiz fazer uma escolha em alguém que revele qualidades e condições para o cargo. Neste sentido, está redigido o § 3º do art. 1.775: "Na falta das pessoas mencionadas neste artigo, compete ao juiz a escolha do curador."

Trata-se, aqui, da chamada curatela dativa.

Outrossim, existe a chamada curatela compartilhada, isto é, deferida a dois indivíduos, e estabelecida às pessoas com deficiência, estatuída no art. 1.775-A do Código Civil, dispositivo acrescentado pela Lei nº 13.146/2015: "Na nomeação de curador para a pessoa com deficiência, o juiz poderá estabelecer curatela compartilhada a mais de uma pessoa". Não abrange a generalidade dos incapazes, mas os que apresentarem deficiência de discernimento. Mantêm os deficientes algum entendimento, e conservam as noções básicas e primárias da realidade. Sabem portar-se razoavelmente, cuidam do corpo e

---

[14] TJRJ. Apel. Cível nº 1.832/89. 5ª Câmara Cível, de 27.06.1989, em *Revista de Direito do TJ do Rio de Janeiro*, nº 7, p. 140.

[15] TJRJ. Apel. Cível nº 3.570/88. 2ª Câmara Cível, de 26.10.1986, em *Revista de Direito do TJ do Rio de Janeiro*, nº 6, p. 153.

Cap. XXXII | Curatela e Tomada de Posição Apoiada • 947

revelam conhecimentos da conduta segundo a normalidade da vida. Através de decisão, e existindo interesse das pessoas envolvidas, em especial dos parentes próximos, o juiz nomeia dois curadores, que podem agir em conjunto ou se revezar no exercício da curatela. Para o razoável funcionamento, mister que se definam as atribuições e, se for o caso, os períodos do exercício da curatela de cada pessoa nomeada.

Quanto aos incapazes de exercer a curatela, cumpre se atente ao disposto no art. 1.774 do Código Civil, que ordena a incidência das disposições concernentes à tutela: "Aplicam-se à curatela as disposições concernentes à tutela, com as modificações dos artigos seguintes."

Assim, incidem as limitações do art. 1.735, relativas aos incapazes de exercer a curatela, aplicáveis também para a destituição, se ocorrerem após a nomeação: aqueles que não se encontram na livre administração de seus bens; aqueles que estiverem devendo para o incapaz; ou forem titulares de direitos que precisam ser exercitados contra este ou seu cônjuge, ou seus pais e filhos o tenham que fazer; os inimigos do menor ou de seus pais e, inclusive, de outros parentes próximos; os condenados em crimes contra o patrimônio, ou de falsidade, ou contra a família ou os costumes, com ou sem o cumprimento da pena, e outros relativos à honestidade; as pessoas de mau procedimento, ou falhas em probidade, e os culpados de abuso da curatela em nomeações anteriores; os que exercerem função pública incompatível com a boa administração da tutela, em razão de constante necessidade de viajar e múltiplos outros compromissos.

Não se admite, outrossim, por aplicação ao art. 1.766, aquele que já se revelou negligente, prevaricador ou incurso em incapacidade na gestão de negócios alheios, ou em outras nomeações judiciais de administrador.

Em todos os casos, exige-se que se averigue a idoneidade moral, a aptidão no desempenho do encargo, a relação que existe entre o candidato à nomeação e o curatelado, a idade, a profissão, as condições econômicas e mesmo o histórico da vida do curador. Não se devem sacrificar as condições pessoais para seguir a preferência assinalada na lei. Isto inclusive quanto ao pródigo, que, em princípio, terá como curador o cônjuge ou companheiro, os ascendentes ou descendentes. Exemplificativamente, a colisão de interesses é motivo para afastar-se da ordem. Igualmente, não se escolherá um curador que não fazia jus à confiança do curatelado ao tempo em que ele gozava de pleno discernimento. Mesmo que parente, não merecerá ser escolhido caso tenha fracassado economicamente, com declaração de sua insolvência civil, ou a falência do estabelecimento comercial de que faça parte. Com sobradas razões, no tocante a pessoas de duvidosa seriedade moral, e máxime se condenadas em crimes contra o patrimônio, a família, os costumes, ou de estelionato, ou de receptação, e outras figuras penais que despertam desconfiança no tocante à honestidade. Indivíduos constantemente desempregados, sem moradia fixa, desequilibrados nos gastos de suas economias, ou desajustados familiarmente, também não são dignos do encargo.

6. LIMITES DA INTERDIÇÃO

A interdição, no geral, envolve integralmente os atos da pessoa suscetíveis de trazer algum efeito civil, e que podem ensejar responsabilidade.

Pelo art. 1.772 do Código Civil, podia-se decretar a interdição limitada, ou para alguns atos, aos deficientes mentais, aos ébrios habituais, aos viciados em tóxicos, e aos excepcionais sem completo desenvolvimento mental. Os limites da curatela circunscreviam-

948 • Direito de Família | *Arnaldo Rizzardo*

-se às restrições do art. 1.782, que diz respeito à interdição do pródigo, que consiste na privação, sem curador, de certos atos, sendo os seguintes: emprestar, transigir, dar quitação, alienar, hipotecar, demandar ou ser demandado, e praticar, em geral, os atos que não sejam de mera administração.

No entanto, o art. 1.772, num primeiro momento, foi alterado pela Lei nº 13.146/2015, passando para a seguinte redação: "O juiz determinará, segundo as potencialidades da pessoa, os limites da curatela, circunscritos às restrições constantes do art. 1.782, e indicará curador". Num segundo momento, o art. 1.772 restou revogado pelo art. 1.072, inc. II, da Lei nº 13.105/2015, que introduziu o atual Código de Processo Civil, o qual passou a reger o assunto dos limites no art. 755:

"Na sentença que decretar a interdição, o juiz:

I – nomeará curador, que poderá ser o requerente da interdição, e fixará os limites da curatela, segundo o estado e o desenvolvimento mental do interdito;

II – considerará as características pessoais do interdito, observando suas potencialidades, habilidades, vontades e preferências".

Como a interdição constitui **medida extraordinária,** deverão constar da sentença as razões e motivações de sua definição, sempre preservando os interesses do curatelado.

A extensão ou abrangência e os limites terão em conta o grau de incapacidade, frente aos negócios e aos atos de gerência de bens da responsabilidade e da titularidade do interditando. Sendo relativa a incapacidade, isto é, havendo deficiência mental, física, intelectual e sensorial, a interdição restringe-se aos atos patrimoniais e negociais, por ordem do art. 85 da Lei nº 13.146/2015: "A curatela afetará tão somente os atos relacionados aos direitos de natureza patrimonial e negocial".

Naturalmente, seja qual for o grau de incapacidade, as meras disposições de pequenos valores oriundos de ganhos salariais ou da previdência social e necessários ao sustento pessoal permanecem na disponibilidade e administração do interditando, cumprindo que assim o consigne a sentença. Também a curatela não alcança o direito ao próprio corpo, à sexualidade, à privacidade, à educação, à saúde, ao trabalho e ao voto.

Não se pense que a prática ou a execução de simples trabalhos manuais depende de autorização, como os serviços de limpeza, capinação, auxiliar de pedreiro, transportador de fardos, vigilante de animais, e mesmo outros que exigem maior apuro técnico, como sapateiros, manufaturas de tecidos, operador de instrumentos mecânicos, tratador de animais, colocador de peças na fabricação de produtos etc.

Acontece que a interdição tem em conta a curatela para os atos da vida civil, isto é, para negócios de vulto, ou contratos, e para assumir compromissos ou obrigações que exijam valores elevados, ou o comprometimento do patrimônio.

Quanto ao casamento de incapaz interditado, com a revogação do inc. I art. 1.548 do CC pelo art. 114 da Lei nº 13.146/2015, não mais é nulo o casamento contraído pelo enfermo mental sem o necessário discernimento para os atos da vida civil. Passou a ser anulável. Com efeito, as hipóteses que permitem a interdição se encontram no art. 1.767, incisos I, III e V, do Código Civil, na alteração da Lei nº 13.146/2015, sendo que as causas dos incisos II e IV foram afastadas. O art. 1.550, inc. IV, considera anulável o casamento do incapaz de consentir ou manifestar, de modo inequívoco, o consentimento. Não importa que a pessoa já se encontre interditada. Restando revogado o inc. I do art. 1.548, que tinha como nulo o casamento do enfermo mental sem o necessário discernimento para os atos

Cap. XXXII | Curatela e Tomada de Posição Apoiada • 949

da vida civil, e sendo suscitável apenas a possibilidade de anulação, permanecerá válido e se manterá enquanto não questionado o ato e não declarada a invalidade judicialmente.

No entanto, não se pode olvidar a regra do art. 1.550, § 2º, em redação da Lei nº 13.146/2015: "A pessoa com deficiência mental ou intelectual em idade núbia poderá contrair matrimônio, expressando sua vontade diretamente ou por meio de seu responsável ou curador". Assim, o deficiente mental, ou mais amplamente, aquele cuja incapacidade não é total, caso encontrar-se em idade núbia (com mais de dezesseis anos), está autorizado a casar, desde que se evidencie a sua manifestação da vontade, ou por ele se expresse consentindo o curador. Reputa-se válido o casamento, não se permitindo a anulação.

Com mais razão na hipótese de não se ter decretado a interdição, embora evidente a deficiência mental, o casamento não pode ser impedido.

Quanto à capacidade de dar em testamento, restritamente ao surdo-mudo, desde que saiba se manifestar, admite-se a disposição de última vontade, mas na forma de testamento cerrado, como bem descrevia Pontes: "O surdo-mudo pode fazer testamento cerrado, holograficamente, isto é, quando, sabendo escrever, o escreva todo, e o assine de sua mão, bem como, ao entregá-lo ao oficial público, ante as cinco testemunhas, escreva na face externa do papel ou do envoltório, que aquele é o seu testamento, cuja aprovação lhe pede ..."[16]

Efetivamente, tal era o modo ordenado pelo referido art. 1.642 do Código Civil anterior, que foi mantido no art. 1.873 do atual: "Pode fazer testamento cerrado o surdo--mudo, contanto que o escreva todo, e o assine de sua mão, e que, ao entregá-lo ao oficial público, ante as 2 (duas) testemunhas, escreva, na face externa do papel ou do envoltório, que aquele é o seu testamento, cuja aprovação lhe pede."

Isto mesmo que o surdo-mudo se encontre internado. Sabe-se que a interdição não torna a pessoa incapaz naquele momento. Se, portanto, o surdo-mudo souber escrever o testamento, na forma acima, e o entrega ao oficial público, em presença de duas testemunhas, apondo na sua face externa que se trata de seu testamento, considera-se este válido, e merecerá aprovação no oportuno tempo.

Poderia existir dúvida se o juiz, ao decretar a interdição, houvesse estendido a limitação a quaisquer atos de manifestação da vontade. No entanto, teríamos aí uma impropriedade técnica na extensão dada à interdição, porquanto se o incapaz revelar discernimento e aptidão para certa expressão da inteligência e da vontade, é evidente que o ato formal da sentença não subtrai da validade o ato revelador da capacidade, pelo menos neste campo.

No pertinente ao pródigo, consoante acima referido, a interdição visa determinados atos, discriminados no art. 1.782: "A interdição do pródigo só o privará de, sem curador, emprestar, transigir, dar quitação, alienar, hipotecar, demandar ou ser demandado, e praticar, em geral, os atos que não sejam de mera administração." Como ressalta da norma, amplo o cerceamento no que diz com a disposição de seu patrimônio, e em contrair obrigações que o comprometam.

7.   O EXERCÍCIO DA CURATELA

De modo geral, as mesmas normas incidentes relativamente à tutela aplicam-se quanto ao exercício da curatela. É o que diz o art. 1.774: "Aplicam-se à curatela as disposições concernentes à tutela, com as modificações dos artigos seguintes." E especificamente

---

[16]   *Tratado de Direito Privado*, vol. IX, pp. 326 e 327.

950 • Direito de Família | *Arnaldo Rizzardo*

ao exercício, o art. 1.781: "As regras a respeito do exercício da tutela aplicam-se ao da curatela, com a restrição do art. 1.772 e as desta Seção." O art. 1.772, em redação da Lei nº 13.146/2015, previa que o juiz determinaria, segundo as potencialidades da pessoa, os limites da curatela, circunscritos às restrições constantes do art. 1.782, e indicaria curador, tendo o dispositivo sido revogado pelo inc. II do art. 1.072 da Lei nº 13.105/2015. Em substituição, há a disposição do art. 755 do CPC/2015, tratando dos limites da curatela, tendo em conta o estado, o desenvolvimento mental, as características, as potencialidades, vontades e preferências do interditando:

> "Na sentença que decretar a interdição, o juiz:
>
> I – nomeará curador, que poderá ser o requerente da interdição, e fixará os limites da curatela, segundo o estado e o desenvolvimento mental do interdito;
>
> II – considerará as características pessoais do interdito, observando suas potencialidades, habilidades, vontades e preferências".

A respeito, discorrem Luiz Guilherme Marinoni, Sérgio Cruz Arenhart e Daniel Mitidiero: "Em sendo o caso, deve assinalar os limites da curatela. No caso de interdição de deficientes mentais, ébrios habituais, viciados em tóxicos, excepcionais sem completo desenvolvimento e pródigos, a curatela pode ser circunscrever à privação de o interdito, sem curador, emprestar, transigir, dar quitação, alienar, hipotecar, demandar ou ser demandado, e praticar, em geral, os atos que não sejam de mera administração".[17]

Sobre o exercício da curatela, escrevia Washington de Barros Monteiro, falando sobre o art. 453 do Código Civil de 1916, lembrando que este dispositivo e o art. 1.774 do Código de 2002 se equivalem: "Em tais condições, vigoram também para os curatelados as causas voluntárias e proibitórias, previstas nos arts. 413 e 414; estão eles adstritos à especialização de hipoteca legal e às prestações de contas; cabem-lhes os direitos e deveres relativos à pessoa e aos bens de seus curatelados, referidos na Seção V, e pertinentes ao exercício da tutela...

Os bens de interditos só podem ser alienados ou arrendados em hasta pública, desde que haja manifesta vantagem na operação, e sempre mediante autorização judicial. Consequentemente, o curador do incapaz, parente ou estranho, somente pode dispor dos bens do curatelado com observância da regra geral e absoluta do art. 429. As próprias permutas não escapam à exigência da hasta pública."[18] De lembrar que os arts. 413, 414 e 429 correspondem aos arts. 1.735, 1.736 e 1.750 do Código de 2002. Anote-se, também, que não mais se impõe a venda em hasta pública, que se exigia no regime anterior.

Aduz-se que a própria pessoa do interdito cabe ao curador cuidar, dirigindo sua educação, defendendo-o, prestando-lhe os alimentos, zelando por seus interesses, e administrar-lhe os bens em seu proveito, em consonância com os arts. 1.740 e 1.741. No art. 1.745, igualmente temos medidas acauteladoras: os bens do curatelado serão entregues ao curador, mediante termo especificado deles e seus valores, ainda que os pais o tenham dispensado, facultando-se ao juiz, conforme o parágrafo único do dispositivo, impor que seja prestada caução. Implicitamente, há o compromisso de efetuar a devolução após cessada a curatela, ou quando exigido, com os acréscimos e rendimentos, se for o caso.

---

[17] *Novo Código de Processo Civil Comentado*, ob. cit., p, 726.
[18] *Curso de Direito Civil – Direito de Família*, obra citada, p. 331.

Quanto à prestação de contas, há a exceção do art. 1.783, dispensando-a: "Quando o curador for o cônjuge e o regime de bens do casamento for de comunhão universal, não será obrigado à prestação de contas, salvo determinação judicial." Em decorrência, não está obrigado a apresentar os balanços anuais, ou à prestação de contas a cada dois anos, exigências que vêm nos arts. 1.756 e 1.757.

E com razão: em princípio, merece confiança o cônjuge, não se cogitando da disposição de provocar prejuízos ao interdito. Mesmo porque os bens são comuns. A dispensa, por razões do bom senso, deve estender-se no casamento com comunhão parcial, e em qualquer regime, máxime se durou longos anos o matrimônio.

Aliás, recaindo a nomeação em parente próximo – ascendentes, descendentes, e mesmo colaterais –, ou em pessoa notoriamente idônea, mostra-se justificável a dispensa.

Havendo bens em nome do incapaz, pleiteará o curador o arbitramento de verba necessária para fazer frente às despesas de alimentação, vestuário, tratamento médico, internamento em casa apropriada, e outras que forem necessárias, como autoriza, em parte, o art. 1.746.

Cabe ao curador a representação, se plena a interdição; ou a assistência, caso for relativa, como pode ocorrer quanto aos toxicômanos, e mesmo aos pródigos. A ele incumbe receber as rendas e pensões, pagar as despesas relativas à subsistência ou atender os compromissos pendentes quando do decreto interditório, e outros que foram assumidos.

A venda dos bens, o arrendamento e outros atos concernentes especialmente a imóveis, são permitidos sempre que o impuser a necessidade, ou redundar em manifesta vantagem ao incapaz, não se fazendo mister que se processem em praça pública, mas não dispensando a autorização judicial, de acordo com os arts. 1.748, inc. IV, e 1.750. A praça pública, já no regime do antigo Código, podia ser dispensada pelo juiz, quando evidente que não haveria prejuízos, fazendo-se a alienação diretamente a uma pessoa, tudo conforme se dissertou no pertinente aos bens de menores, na tutela.

Ponderava, sobre a dispensa, em caso de ser o cônjuge curador, Eduardo Sócrates Castanheira Sarmento: "Inexigível a hasta pública, porém, se o curador é o próprio cônjuge, valendo para este caso a simples autorização judicial; recomenda-se, porém, o depósito da meação do interdito para sua subsistência."[19]

Especialmente quanto aos interditos por causa transitória ou permanente, dentro do possível, a conveniência é a residência no lar dos familiares, ou do curador, mas sem dispensar o devido e possível cuidado médico, hospitalar, psiquiátrico ou psicológico e terapêutico, mantendo-se, dentro do possível, o convívio social, comunitário e com os parentes. Essa a orientação do art. 1.777 do Código Civil, em texto da Lei nº 13.146/2015: "As pessoas referidas no inciso I do art. 1.767 receberão todo o apoio necessário para ter preservado o direito à convivência familiar e comunitária, sendo evitado o seu recolhimento em estabelecimento que os afaste desse convívio." Tais interditados abrangem aqueles que, por causa transitória ou permanente, não puderem exprimir sua vontade. Não se estende a regra aos ébrios habituais e os viciados em tóxicos, e aos pródigos, porquanto recomendável a internação em estabelecimentos apropriados, com o aparato e os meios para o devido tratamento.

São as providências acima de suma importância. O tratamento em instituição de internação, nos casos necessários, especialmente aos toxicômanos, visa a melhora da própria condição dos incapazes, máxime se visualizada alguma possibilidade de recuperação, e,

---

[19] Obra citada, p. 128.

952 • Direito de Família | *Arnaldo Rizzardo*

quanto aos deficientes mentais, para torná-los mais aptos ao entendimento ou a conseguirem uma atenuação nas deficiências que apresentam.

Importa considerar, outrossim, a extensão da autoridade do curador à pessoa e aos bens dos filhos do curatelado, por força do art. 1.778: "A autoridade do curador estende-se à pessoa e aos bens dos filhos do curatelado, observado o art. 5º."

A menção ao art. 5º do Código Civil é para observar que cessa a curatela com a aquisição da maioridade aos dezoito anos, ou com a emancipação por concessão do juiz, no caso de interdição dos pais, e por outras causas arroladas no parágrafo único do citado dispositivo.

A rigor, quanto aos filhos, porque menores, a hipótese seria de tutela. No entanto, por razões de praticidade, há apenas uma extensão da autoridade do curador aos filhos, abrangendo seus bens. Se ainda não tiver nascido o filho quando da interdição, o encargo apropriado é a curatela, como está no parágrafo único do art. 1.779, embora relativa apenas ao nascituro de mulher interdita, mas que se aplica igualmente a nascituro do pai que se encontra na mesma condição. Reza o dispositivo: "Se a mulher estiver interdita, seu curador será o do nascituro."

Na regência do interdito e da administração dos bens, ressaltam-se várias outras normas, já analisadas no capítulo referente à tutela, sobressaindo as abaixo:

O art. 1.751, que obriga ao tutor, e em consequência ao curador, a declarar tudo quanto o interdito lhe deve, sob pena de nada poder cobrar durante o exercício do cargo. Mas se o curador deve para o curatelado, nem a negação para o cargo cabe, segundo depreende-se do art. 1.735, inc. II, do Código Civil.

No art. 1.749, elencam-se vários atos proibidos ao curador: adquirir quaisquer bens por si ou através de interposta pessoa, por contrato particular, pertencentes ao interdito; dispor dos bens deste a título gratuito; constituir-se cessionário de crédito ou direito, contra o incapaz.

De acordo com o art. 1.753, os valores do incapaz, exceto os necessários para o sustento e despesas ordinárias, deverão ser depositados em conta bancária.

Os levantamentos de quantias, para a manutenção do interditado, ou outras finalidades, dependerão sempre de autorização judicial, de conformidade com o art. 1.754.

Quanto à responsabilidade do curador, há a regra do art. 932, inc. II, do Código Civil, atribuindo-lhe a obrigação de indenizar os danos causados pelo curatelado. Ressalva-se, no entanto, a possibilidade de sempre reaver o curador aquilo que pagou, junto ao interdito, dada a permissão do art. 934.

Todavia, impõe-se uma distinção. Limitando-se a curatela à simples administração dos bens, segundo ocorre com o pródigo, não recai a responsabilidade pelos atos ilícitos, a que der causa o interdito, na pessoa do curador. Assim, importa o exame da extensão do encargo. Da mesma forma, se internado em estabelecimento hospitalar ou de tratamento o doente mental, não é coerente descarregar a responsabilidade, pelos prejuízos que este provoca, no curador. Já era esta a posição da doutrina, enfatizando Eduardo Sócrates Castanheira Sarmento: "Entende-se sem discrepância, com fundamento nos arts. 456 e 457 do Código Civil, que estando o amental ou surdo-mudo internado em estabelecimento adequado, cessa a responsabilidade civil do curador, passando à pessoa natural ou jurídica a quem tenha sido confiado o interdito.

A lei civil é expressa, desde que a guarda se faça mediante retribuição pecuniária...

Cap. XXXII | Curatela e Tomada de Posição Apoiada • **953**

Se o amental ainda não tiver curador, os seus próprios bens responderão pela reparação civil que se situa fora dos limites da culpa, para se amparar no dano objetivo."[20] Recorda-se que os arts. 456 e 457 apontados acima equivalem aos arts. 1.776 e 1.777 do atual Código, sendo que o art. 1.776 está revogado pelo art. 123, inc. VII, da Lei nº 13.146/2015.

Mas isto se o curador foi diligente na escolha do estabelecimento. Poderá exsurgir a culpa *in eligendo* se constatada negligência na escolha, internando-se o demente em uma casa onde não há vigilância, ou não devidamente apropriada para o tratamento e a permanência de pessoa no estado de loucura.

Para a indenização, no entanto, em qualquer situação, impõe-se sempre a prova da culpa na provocação do dano, ou seja, o curador deve ter concorrido por negligência ou culpa no evento danoso.

Já o art. 1.752 faz o curador responsável pelos danos que, por culpa ou dolo, causa ao seu protegido.

Tornam-se indenizáveis os prejuízos provocados pela demora na aplicação dos valores que recebem os curadores na administração dos bens.

Há, também, a responsabilidade do juiz pela falta de nomeação, ou pela demora em nomear curador, por não lhe ter exigido garantia legal, e por não o haver removido quando se tornou suspeito – art. 1.744.

A prestação de contas é outra obrigação, imposta a cada dois anos, enquanto a apresentação de balanço deve ser anual – arts. 1.757 e 1.756.

Os desfalques verificados contra o curatelado são reparáveis pelo curador. Mas, de outro lado, assiste a este o direito de reembolsar-se dois valores gastos no exercício do múnus – art. 1.762.

Têm-se, ainda, as regras relativas à garantia da curatela, à remuneração do curador, às ações asseguradas ao curador e ao curatelado, à destituição e suspensão liminar daquele, estabelecidas para a tutela, mas que se aplicam à curatela, no que não contrariarem as normas estatuídas especificamente para a última, todas já abordadas quando do estudo da tutela. Seria repetir a matéria, se novamente desenvolvidos os assuntos.

8. PROCEDIMENTO JUDICIAL NA INTERDIÇÃO

O procedimento para se decretar ou declarar a interdição está disciplinado a partir do art. 747 e vai até o art. 756 do Código de Processo Civil de 2015, com a aplicação de vários dispositivos tanto para a tutela como para a curatela, que se estendem do art. 759 ao art. 763, § 2º, do mesmo diploma.

Nos arts. 747 e 748, inc. II, cuida-se da legitimidade para a promoção da ação, matéria esta já examinada em item precedente.

Relativamente à petição inicial, encerra o art. 749: "Incumbe ao autor, na petição inicial, especificar os fatos que demonstram a incapacidade do interditando para administrar seus bens e, se for o caso, para praticar atos da vida civil, bem como o momento em que a incapacidade se revelou." Havendo urgência, o parágrafo único aponta para a

---

[20] Obra citada, p. 121.

954 • Direito de Família | *Arnaldo Rizzardo*

possibilidade da curatela provisória: "Justificada a urgência, o juiz pode nomear curador provisório ao interditando para a prática de determinados atos".

É de capital importância instruir a inicial com alguma prova da incapacidade, como atestado médico, ou laudo circunstanciado, com a descrição minuciosa do estado clínico e a conclusão sobre o tipo de doença mental. Se induvidosa esta prova, e mais a inspeção judicial do juiz, é possível dispensar a perícia, pois seria uma redundância a confecção de novo laudo. Sobre essa prova inicial, há exigência do art. 750 da lei processual de 2015: "O requerente deverá juntar laudo médico para fazer prova de suas alegações ou informar a impossibilidade de fazê-lo". Se não conseguida a prova, por dificuldades como econômicas, comunica-se o fato ao juiz, viabilizando a obtenção através de recursos do Poder Público. Cabe a anexação, também, de documentos pessoais do interditando e da pessoa que promove a curatela, como os concernentes à filiação, à identidade, ao cadastro na Receita Federal, à residência e domicílio, e outros pertinentes à idoneidade e ao patrimônio.

O juiz designará audiência, quando entrevistará o interditando, conforme o art. 751: "O interditando será citado para, em dia designado, comparecer perante o juiz, que o inquirirá minuciosamente acerca de sua vida, negócios, bens, vontades, preferências e laços familiares e afetivos e sobre o que mais lhe parecer necessário para convencimento quanto à sua capacidade para praticar atos da vida civil, devendo ser reduzidas a termo as perguntas e respostas". Nota-se do dispositivo a extensão dos assuntos que serão objeto da indagação pelo juiz.

Várias as regras dos parágrafos sobre a entrevista e matérias correlatas.

Pelo § 1º, ao juiz cabe deslocar-se para o local onde estiver o interditando, se inviável o seu deslocamento, o que frequentemente acontece, especialmente quanto às pessoas tetraplégicas ou com membros paralisados, e totalmente insanas mentalmente.

Já o § 2º, em avanço ao regramento anterior, oportuniza que o juiz se faça acompanhar de especialista na entrevista, sobretudo de psiquiatra ou psicólogo. Isso por se dar nas doenças mentais profundas, não ostentáveis pela mera percepção, como se dá no Alzheimer já avançado. De acordo o tipo de mal perceptível, convocará o juiz o profissional categorizado pela medicina.

Durante a entrevista, em havendo recursos apropriados para o interditando se expressar, os utilizará o juiz, na forma do § 3º: "Durante a entrevista, é assegurado o emprego de recursos tecnológicos capazes de permitir ou de auxiliar o interditando a expressar suas vontades e preferências e a responder às perguntas formuladas". Finalmente, o § 4º faculta ao juiz a ouvida, através de requisição, de parentes e de pessoas próximas.

Reputa-se de grande importância a audiência de entrevista. Será este o momento em que o juiz aferirá, de perto, o estado e as condições do interditando. Explicava Eduardo Sócrates Castanheira Sarmento a técnica que deveria empregar o juiz: "As perguntas e respostas são reduzidas a auto que passará a ser peça indispensável do processo. Além das perguntas formalmente exigidas, recomenda-se que as indagações não sejam genéricas nem desconexas, devendo obedecer ao plano de desenvolvimento lógico, contido nos fundamentos de pedido vestibular.

Uma boa entrevista deve registrar as observações relativas à atitude do interrogando, seus gestos e expressões, suas reações, seu relacionamento com os parentes, sua afetividade, sobre seu patrimônio, para que se possa aferir, efetivamente, se é capaz de se governar.

Cap. XXXII | Curatela e Tomada de Posição Apoiada • **955**

Devem ser evitadas as perguntas de caráter especulativo, abstrato, utilizando-se uma linguagem corrente e adequada à situação sociocultural do interditando."[21]

Realmente, deve o juiz formar uma ideia da realidade do interditando, lançando-a a termo nos autos. Cabe-lhe também examinar fisionomicamente a pessoa que está à sua frente, descrevendo o aspecto externo, as reações, a postura e outras circunstâncias dignas de nota.

Não pode ser relegada esta diligência, nem a outra pessoa é autorizado a delegação. Ao juiz impõe-se que a realize pessoalmente, sequer permitindo que terceiros, como advogados e o próprio Ministério Público, participem das perguntas ou questionamento, exceto recebendo orientação de especialistas, que poderão estar presentes ao ato.

De outra parte, conforme já visto, é encargo que, na impossibilidade de comparecer ou ser trazido o interditando a juízo, obriga o juiz, acompanhado de especialista, a dirigir-se para o local onde esse se encontra – seja em hospital, ou manicômio, ou na própria residência, fazendo assinalar em termo nos autos as impressões colhidas, as indagações feitas e as respostas obtidas.

A partir da data da entrevista iniciará a fluir o prazo de contestação ou impugnação, que é de cinco dias. Reza, a respeito, o art. 752: "Dentro do prazo de 15 (quinze) dias contado da entrevista, o interditando poderá impugnar o pedido."

Às vezes, a citação mostra-se impossível, tal o estado da doença mental. Conveniente citar, então, o cônjuge, ou os pais, ou filhos, ou irmãos, ou algum outro parente, e até o estranho com quem se encontra o interditando. Para contestar, o estranho, no entanto, deverá justificar seu interesse.

Conveniente não circunscrever a legitimidade para impugnar o pedido apenas à pessoa com quem se encontra o doente, mas devendo-se estendê-la aos pais, ao cônjuge, aos filhos, e demais parentes próximos e sucessíveis, mesmo que não convivam com o interditando.

Os parágrafos do art. 752 nomeiam determinadas pessoas como autorizadas para a impugnação: o próprio Ministério Público, pois, como fiscal da ordem pública, tem o dever de sustentar o cabimento ou não da interdição; o interditando através da nomeação de advogado; o curador especial que o juiz nomear se não houver a constituição de advogado; o cônjuge, ou o companheiro, ou qualquer parente sucessível se o interditando não indicar advogado. No entanto, envolvendo a interdição o estado da pessoa, e havendo notório interesse público por dizer respeito ao direito de personalidade, cumpre se dê atenção e se aceite a impugnação de outros parentes e mesmo de estranhos, em especial se convivem com o interditando.

Quanto ao cônjuge, ou companheiro, ou qualquer parente sucessível, o § 3º do art. 752 concebe a intervenção na qualidade de assistente, mas devendo-se entender a figura no amplo sentido de sustentação de toda a matéria que tenha interesse ao interditando, justamente em vista da finalidade da intervenção, que será em favor de sua pessoa.

As controvérsias, justificando a dita intervenção, ou mesmo qualquer outra forma de participação, podem dizer respeito à própria decretação da interdição, à pessoa que é nomeada no cargo de curador, à idoneidade do indicado para ser curador, aos interesses ocultos que estão por baixo do pedido etc.

Admite-se a intervenção até mesmo só para recorrer, ou atuar na segunda instância. Tem-se, então, o recurso do terceiro prejudicado, que é permitido àquele que, não tendo

---

[21] Obra citada, p. 48.

sido parte no processo em primeira instância, procura recorrer para evitar o prejuízo que a sentença recorrida lhe traz, nos termos como foi proferida.

Quanto ao curador especial, deve ele participar ativamente, defendendo os interesses de seu representado, e impugnando o pedido. Isto, porém, se algum fundamento encontrar. Caso a toda evidência mostrar-se incapaz o interditando, num quadro que afasta qualquer dúvida, sua atuação reserva-se aos cuidados com a pessoa do interditando e os bens.

Decorrido o prazo de contestação, com ou sem ela, abre-se a fase instrutória, com a realização de perícia, para constatar o tipo e a intensidade da doença mental – tudo conforme o art. 753: "Decorrido o prazo previsto no art. 752, o juiz determinará a produção de prova pericial para avaliação da capacidade do interditando para praticar atos da vida civil."

Algumas observações merecem a regra.

Relativamente a casos evidentes e muito especiais, quando o simples olhar para a pessoa do interditando basta para infundir a certeza absoluta da enfermidade ou deficiência mental, suficiente um mero documento que ateste a incapacidade e o seu grau. A deformidade física das feições, a forma de manifestação, a total ausência de coordenação de ideias, a não localização no espaço e no tempo, constituem algumas das evidências irrebatíveis acerca da deficiência. Instruindo os autos um laudo ou documento, mesmo de médico não compromissado nos autos, referindo o tipo de doença mental, o grau de incapacidade, é o suficiente para a dispensa da perícia.

Mas há entendimentos que nunca dispensam a perícia: "Ainda que confiáveis os informes do INPS sobre o exame pericial que levou o interditando ao benefício previdenciário, e ainda que não adstrito o magistrado a conclusões de prova pericial produzida em seu juízo, não é confortável a etapa procedimental prevista no art. 1.183 do Código de Processo Civil...

Essa perícia se impõe em todos os casos, e sobretudo na hipótese versada nos autos, em que o interditando casou-se com cinquenta e oito anos com a requerente, que possuía trinta e nove anos de idade, havendo uma diferença de quase vinte anos entre ambos, sendo de relevo observar que o pedido de interdição foi feito menos de três anos após o casamento. Convém pesquisar a incapacidade do interditando e sua extensão, como corretamente acentuou o apelante."[22]

O art. 1.183, citado acima, corresponde ao art. 753 do CPC/2015, com redação modificada, mas permanecendo o sentido. Eis a norma: "Decorrido o prazo previsto no art. 752, o juiz determinará a produção de prova pericial para avaliação da capacidade do interditando para praticar atos da vida civil".

Em situação como a acima é compreensível a necessidade, mas não quando dúvidas não entremeiam a sanidade do interditando.

Se não se chega à constatação da doença com o simples olhar, não basta um mero atestado, cuja diferença com o laudo aparece perfeitamente elucidada nestas passagens de um julgamento: "Relativamente à perícia médica, o art. 1.183 fala em oferecimento do laudo respectivo e não em mero atestado contendo, em Código, a possível psicopatia do interditando.

---

[22] TJSP. Apel. Cível n° 119.989-1. 2ª Câm. Cível, de 20.03.1990, em *Revista de Jurisprudência do TJ de São Paulo*, Lex Editora, 126/165.

Cap. XXXII | Curatela e Tomada de Posição Apoiada • 957

Laudo, conforme ensina Hélio Gomes, é o relatório elaborado pelo perito, consistente na descrição de um fato médico e de suas consequências, requisitado por autoridade competente. Se esse relatório é ditado ao escrivão, logo após o exame, diz-se auto. Ainda, consoante o autor, baseado em Tourdes, o relatório deve constar de cinco partes: preâmbulo, comemorativos, *visum et repertum*, discussão e conclusão. A essas cinco partes convém sejam ajuntados os quesitos e respectivas respostas (*Medicina Legal*, 5ª ed., Livraria Freitas Bastos, pp. 78 e 79).

E, de acordo com Alves Garcia, a atividade pericial é um ato público; o perito formula conclusões definitivas, escritas em documento oficial, e as afirmações mais graves são feitas em termos inequívocos, que envia em um laudo aos tribunais. A redação de um relatório pericial é uma das fases mais importantes e, às vezes, embaraçosas da perícia, e há de ser desenvolvida em termos claros, precisos e impessoais. Afirmações sentenciosas, sem estar apoiadas em considerações científicas, desacreditam a função e os foros do perito. A redação do laudo há de ser ordenada, disciplinada, com criteriosa classificação dos fatos segundo o seu valor e a sua força probante, isenta, o mais possível, de discussões doutrinárias e de especulações casuísticas; ela reproduzirá de modo neutro o que se viu, sem juízos preestabelecidos (*Psicopatologia Forense*, 2ª ed., Irmãos Pongetti Editores, 1958, pp. 461 e 462).

A atividade pericial, segundo o mesmo autor, difere da atividade médica privada, de praxe e de lei discreta, reservada e secreta; a lei impõe ao médico o segredo profissional, e os seus propósitos, a sua opinião, o seu diagnóstico não devem ultrapassar o círculo do consultório ou da família do doente (obra citada, p. 461)."[23] O citado art. 1.183 tem regra equivalente no art. 753 do CPC/2015.

De acordo com o referido art. 753, parte-se para a produção de prova pericial. É da praxe a nomeação de um perito para a elaboração de um laudo, o que não impede, porém, a faculdade de as partes indicarem assistentes técnicos, e inclusive formularem quesitos, máxime se muito discutido o processo.

Em geral, os exames técnicos são efetuados por serviços médicos públicos, ou da Previdência Social, ou dos órgãos internos do Poder Judiciário, ou mesmo outros das Secretarias da Saúde e da Polícia, desde que devidamente aparelhados por pessoal técnico.

O resultado do laudo, quase sempre, representa o rumo da sentença.

Se as provas documentais trazidas com a inicial e produzidas no curso do processo mostrarem-se suficientes, afigura-se perfeitamente dispensável a audiência de instrução e debates. Decreta-se de imediato a interdição, seguindo-se o disposto no art. 754: "Apresentado o laudo, produzidas as demais provas e ouvidos os interessados, o juiz proferirá sentença". Importa salientar que a prova pericial não é a única para aferir a incapacidade, como também se retira da lição de Luiz Guilherme Marinoni, Sérgio Cruz Arenhart e Daniel Mitidiero: "Além da prova pericial, é admissível a colheita de qualquer outra prova no processo de interdição. Finda a instrução, estando suficientemente convencido o juiz, deverá proferir a sentença".[24]

O art. 755 e seus parágrafos delineiam o conteúdo da sentença e as providências impostas:

---

[23] TJMG. Apel. Cível nº 84.406-2. 2ª Câmara Cível, de 13.11.1990, em *Revista dos Tribunais*, 675/175.
[24] *Novo Código de Processo Civil Comentado*, ob. cit., p. 726.

"Na sentença que decretar a interdição, o juiz:

I – nomeará curador, que poderá ser o requerente da interdição, e fixará os limites da curatela, segundo o estado e o desenvolvimento mental do interdito;

II – considerará as características pessoais do interdito, observando suas potencialidades, habilidades, vontades e preferências".

Indispensável a referência da interdição transitória ou permanente.

Dentre as pessoas categorizadas para a nomeação, elege-se aquela que oferece melhores aptidões, disponibilidade e condições, e que atenda mais convenientemente o interditando e tenha convivência com ele, conforme se depreende do § 1º: "A curatela deve ser atribuída a quem melhor possa atender aos interesses do curatelado". A escolha seguirá o mesmo critério se houver incapaz sob a guarda e responsabilidade do interditando, objetivando, então, o melhor atendimento de ambas as pessoas. A regra encontra-se do § 2º: "Havendo, ao tempo da interdição, pessoa incapaz sob a guarda e a responsabilidade do interdito, o juiz atribuirá a curatela a quem melhor puder atender aos interesses do interdito e do incapaz".

Tão logo proferida a sentença, declarando a interdição, com a nomeação de curador, ordena o § 3º que seja inscrita no registro de pessoas naturais e publicada, inclusive, na rede mundial de computadores através da divulgação eletrônica, em sítios próprios do Poder Judiciário, e na imprensa oficial e local.: "A sentença de interdição será inscrita no registro de pessoas naturais e imediatamente publicada na rede mundial de computadores, no sítio do tribunal a que estiver vinculado o juízo e na plataforma de editais do Conselho Nacional de Justiça, onde permanecerá por 6 (seis) meses, na imprensa local, 1 (uma) vez, e no órgão oficial, por 3 (três) vezes, com intervalo de 10 (dez) dias, constando do edital os nomes do interdito e do curador, a causa da interdição, os limites da curatela e, não sendo total a interdição, os atos que o interdito poderá praticar autonomamente."

Somente com o referido registro e a publicação é que a interdição se torna pública e oficial. A partir de então, os terceiros não poderão alegar falta de conhecimento do estado do incapaz, nos contratos com ele realizados.

É que o registro e a publicidade do ato processual visam dar conhecimento amplo do momento em que se iniciou a restrição da capacidade, ou a incapacidade total, do interditado.

O registro se processa em livro especial do cartório do Registro Civil (Lei nº 6.015, de 1973, art. 92), averbando-se, em seguida, no cartório onde estiverem assentados o nascimento e, eventualmente, o casamento. Lavra-se o registro pela simples apresentação de certidão da sentença, ou por mandado judicial (Lei nº 6.015/73, art. 93).

Todas as regras examinadas se estendem às interdições dos pródigos, dos que não puderem expressar a vontade por serem ébrios habituais ou toxicômanos e de outros incapazes.

Havendo necessidade de alienação ou oneração dos bens, torna-se imprescindível a vênia judicial.

9.   EFICÁCIA DA SENTENÇA

A sentença, na hipótese da interdição, envolve uma declaração da existência ou inexistência de uma determinada situação. Ela não é constitutiva, no sentido de criar, modificar ou extinguir um estado ou uma relação jurídica. A decisão judicial não cria

Cap. XXXII | Curatela e Tomada de Posição Apoiada • **959**

o estado de incapacidade. É claro, a respeito, Pontes de Miranda, embora a considere constitutiva declaratória: "A sentença de interdição, se bem que constitutiva, não cria a incapacidade do louco... Daí a sua eficácia *ex tunc*: confirma a suposição de alguém, que a promoveu, e acautela os interesses de terceiros, interditando o incapaz, ao mesmo tempo em que providencia sobre sua pessoa e bens. A sentença é constitutiva, com eficácia declarativa, portanto *ex tunc*. Ação constitutiva positiva, cuja sentença desfavorável ao pedido será declaratória ou cuja sentença favorável ao pedido será, conforme acima dissemos, constitutiva positiva."[25]

Realmente, a incapacidade preexiste. Não passa a existir a partir da data em que é proferida a sentença. Por isso, é possível intentar a ação anulatória dos atos praticados anteriormente à sentença, devendo-se, no entanto, provar que a vontade era viciada ou inexistia.

A incapacidade, pois, começa da causa legal que ensejou a curatela, sendo a sentença apenas um ato que torna induvidosa a insanidade natural em raciocinar, em querer e expressar as ideias e volições.

Novamente explica Pontes, melhor que qualquer outro, sobre o assunto: "A diferença única entre a época atual da interdição ocorre apenas quanto à prova da nulidade do ato praticado pelo insano...: a) Os atos anteriores à curadoria só podem ser julgados nulos provando-se que já existia, ao tempo em que foram exercitados, a causa da incapacidade. A eficácia *ex tunc* da sentença constitutiva prende-se a isso; e a confusão levou alguns a crerem em que fosse declarativa a sentença favorável. b) Os atos praticados na constância da interdição levam consigo, sem necessidade de prova, a eiva da nulidade pressuposta na interdição."[26]

Esta a orientação da jurisprudência, ou seja, a necessidade da ação anulatória para os atos praticados anteriormente à sentença: "Já a tanto se referem os civilistas, como Orlando Gomes, como Washington de Barros Monteiro, como os processualistas, como Pontes de Miranda que às expressas diz: 'Quanto ao passado (o momento em que começou a anomalia psíquica), não tem eficácia a sentença da interdição, a despeito do elemento declarativo junto à força constitutiva. Isso não impede que em ação que não é a de interdição se alegue, por exemplo, que a pessoa estava louca quando assinou um cheque ou uma escritura particular ou mesmo pública. Aí há ação declaratória ou ação incidental de declaração, podendo mesmo ocorrer que, em alguma ação, se alegue e se junte a prova de que no momento já havia anomalia psíquica e a incapacidade absoluta era evidente' (*Comentários ao Código de Processo Civil*, Rio de Janeiro, Forense, tomo XVI/393)...

O próprio acórdão citado pelo apelante (*RTJ*, vol. 83/425) evidencia que hipóteses como a dos autos são de decretação da interdição de forma constitutiva e que atos pretéritos podem ser anulados com o apoio na prova da interdição, porém, não admite a interdição retroativa. Basta se atentar para o teor do acórdão referido, e que foi proferido em processo contencioso em que se buscou anular a doação."[27]

O mesmo, todavia, não acontece com o pródigo, de acordo com um forte entendimento. Apenas quando proferida a sentença é que passam a ser nulos os atos para os quais foi declarado incapaz. Eis a explicação de Carvalho Santos: "Só depois de publicada a sentença de interdição começa a existir a incapacidade do pródigo, porque a sentença, que como tal o julgou, é que o faz incapaz de contratar...

---

[25] *Tratado de Direito Privado*, obra citada, vol. IX, pp. 346 e 347.
[26] *Tratado de Direito Privado*, obra citada, vol. IX, p. 347.
[27] TJSP. Apel. Cível nº 108.696. 1ª Câmara Cível, de 4.04.1989, em *Revista de Jurisprudência do TJ de São Paulo*, Lex Editora, 119/162.

Mesmo depois de interditado, se o pródigo pratica atos nulos que ultrapassem a capacidade que lhe restou, tais atos não são nulos, mas apenas anuláveis. Assim, se ele hipoteca bens, se empresta dinheiro etc."[28]

Nessa visão, sobressai a eficácia puramente constitutiva, e *ex nunc*. Os contratos feitos por um pródigo, antes da interdição, revelam-se válidos e eficazes, nada havendo para se impugnar. É que, além de ser relativa a interdição, não há como inferir a incapacidade, de acordo com alguns.

O problema revela-se delicado. Em verdade, não se encontra uma justificação plenamente convincente.

Por que efetivamente a sentença é mais declaratória quanto aos enfermos ou deficientes mentais, e aos portadores de outras causas de incapacidade, e não relativamente aos pródigos?

Se sobejamente demonstrado que um negócio do pródigo foi catastrófico, profundamente lesivo aos seus interesses e aos da família, decorrente de sua anomalia ou confusão mental, não é compreensível admitir a validade. Nem cabe preterir determinados atos, desde que induvidoso o vício da vontade.

Matéria de importância prende-se ao momento em que a sentença produz seus efeitos.

A respeito, havia a previsão da primeira parte do art. 1.184 do Código de Processo Civil de 1973: "A sentença de interdição produz efeito desde logo, embora sujeita à apelação." O dispositivo correspondente do atual diploma processual civil – art. 755, § 3º –, antes reproduzido, não repete o momento dos efeitos da sentença. Exige que haja a publicação através de vários meios ou instrumentos e órgãos, embora imediatamente possa o curador iniciar seu encargo, passando a ser válidos os atos que realizar, não sendo, em princípio, desconstituíveis, relativamente a terceiros, é indispensável a intimação ou o conhecimento, o que vem inserido no preceito por último citado: a eficácia inicia com a inscrição no registro de pessoas naturais e publicação na rede mundial de computadores; no sítio do tribunal a que estiver vinculado o juízo; na plataforma de editais do Conselho Nacional de Justiça, onde deverá permanecer por seis meses; na imprensa local por uma vez, e no órgão oficial por três vezes, com intervalo de dez dias, constando do edital os nomes do interdito e do curador, a causa da interdição, os limites da curatela e, não sendo total a interdição, os atos que o interdito poderá praticar autonomamente.

Há de se observar a forma, o decurso das publicações previstas nos órgãos e meios indicados, pois conjecturável que o terceiro somente venha a tomar ciência da interdição com a última publicação na imprensa, ou através da inclusão no sítio do tribunal.

Ocorrendo os efeitos em relação a terceiros quando do conhecimento da sentença, não serão automaticamente nulos os atos praticados após o seu proferimento, se não produzida a prova da contaminação da vontade pelo vício da doença mental ou outra espécie de incapacidade em momento anterior. Daí a imposição de se ordenar a intimação da interdição mediante três publicações do edital e de outras formas. Este entendimento já era manifestado por José Olympio de Castro Filho, quando da vigência do Código anterior: "Certo que produz, e deve produzir certos efeitos, logo que proferida, antes mesmo da sua intimação às partes ou da sua publicação, pela forma incomum determinada pelo Código (no órgão da imprensa local e no órgão oficial, por três vezes), como, por exemplo, na imediata administração dos bens entregue ao curador; na imediata comunicação a quem deva caber o conhecimento urgente, como estabelecimento de crédito em que o interdito

---

[28] *Código Civil Brasileiro Interpretado*, obra citada, vol. VI, p. 439.

tenha depósito; na urgente comunicação ao hospital em que se encontre o interdito etc. Todavia, perante terceiros, parece incivil e injurídico exigir sofram efeitos da sentença de que não tiveram notícia.

Assim, no que toca a estes, os efeitos da sentença hão de ser mesmo possíveis após a publicação da sentença pela imprensa, tendo-se sempre em vista que a sentença de interdição é declaratória de estado anterior, e, portanto, no que concerne aos atos do interdito, tudo se resume numa questão de ônus da prova."[29]

Mas, proferida a sentença e efetuada a intimação, podendo o curador exercer seu cargo, até porque a apelação será recebida no efeito apenas devolutivo por imposição do art. 1.012, VI, do CPC/2015, como ficarão os atos caso venha a ser reformada a sentença, desfazendo a curatela? Domina o entendimento de sua validade, se não recebido o recurso no efeito suspensivo. Neste sentido já era a lição de Eduardo Sócrates Castanheira Sarmento, que reflete a posição de outros autores: "Se a sentença da interdição for reformada, tendo já produzido efeitos desde sua prolação até o pronunciamento da segunda instância, os atos praticados neste intervalo são válidos; por consequência, válidas também serão as relações jurídicas advindas entre os atos de terceiros e os do seu curador."[30]

E Carvalho Santos: "Se a sentença for reformada, como ela produziu efeito, desde a data em que foi proferida, os atos praticados nesse meio tempo são atos praticados no domínio da interdição. Consequentemente, são válidos os atos dos terceiros, que trataram com o curador do alienado ou do interdito, no espaço de tempo entre a sentença que decretou a interdição e a reformou."[31]

Todavia, esta exegese, se aplicada irrestritamente, levaria a afastar o duplo grau de jurisdição. Entre o proferimento da sentença e a reforma na segunda instância, poderão ser realizadas alienações e transações que afetarão profundamente o interdito. Haveria um lapso temporal que ficaria sem resultado prático, ou inexitoso, o acórdão do tribunal que aprecia o recurso, o que pode ser fatal para os interesses do incapaz.

Depreendendo-se da lei que a sentença produzirá efeitos a partir do momento em que proferida, se não recebido no efeito suspensivo o recurso que for interposto, permite-se que o curador assuma imediatamente suas funções, inclusive representando o curatelado, cuidando de sua pessoa e administrando seus bens. Não se lhe faculta, porém, executar atos que importem em alteração de sua situação patrimonial, ou que poderão atingir terceiros. Admitem-se todas as funções próprias da curatela, exceto aquelas que envolvem terceiros, e que refletem decisivamente na pessoa e no patrimônio do incapaz.

Mesmo sem a sentença, ou a decretação da interdição, surte efeito a incapacidade, desde que comprovadamente demonstrada em processo judicial, ou em qualquer feito onde um dos litigantes revelar posturas e condutas com sintomas, v. g., de insanidade.

Em outro campo da eficácia da sentença, não correm os prazos da prescrição, podendo ser desconstituídos os atos praticados à revelia da autorização judicial: "Aparentando o autor de acidentária incapacidade absoluta reconhecida em exame de sanidade mental, a partir de tal data interrompe-se a contagem do lapso prescricional da ação, uma vez que, conforme o disposto no art. 169, I, do CC, a prescrição não corre contra os absolutamente incapazes – entre os quais o Código inclui os 'loucos de todo o gênero', denominação inespecífica, que abrange os portadores de doenças mentais. Para tal fim é irrelevante que

---

[29] Obra citada, p. 231.
[30] Obra citada, p. 90.
[31] *Código Civil Brasileiro Interpretado*, obra citada, vol. VI, p. 403.

962 • Direito de Família | *Arnaldo Rizzardo*

não tenha sido declarada a interdição, uma vez que a exceção da lei alcança os absolutamente incapazes pela simples razão da incapacidade, independente de qualquer sentença ou registro." Observe-se que o art. 169, I, citado acima, equivale ao art. 198, inc. I, do vigente Código, com idêntico conteúdo.

Acrescenta-se, no curso do acórdão: "A prescrição não corre contra os absolutamente incapazes, entre os quais o Código Civil inclui os loucos de todo o gênero, denominação inespecífica, que abrange os portadores de doença mental como a do autor...

O Código Civil não cuida da suspensão da prescrição em prol dos interditos. A exceção alcança os absolutamente incapazes citados no seu art. 5º, pela simples razão da incapacidade. Segundo Pontes de Miranda, 'a incapacidade absoluta existe pelo fato da incapacidade, portanto, a suspensão ocorre desde que o fato se dá independentemente de qualquer sentença ou registro (Tribunal de Justiça de São Paulo, 06.05.1934, *RT*, 89/459; 4ª Câmara do Tribunal de Apelação de São Paulo, 29.09.1939, *RT*, 125/618)' (*Tratado de Direito Privado*, 3ª ed., Borsoi, 1970, tomo VI, p. 186)."[32] Anote-se que o art. 5º referido no texto corresponde ao art. 3º do Código em vigor.

É de se acrescentar que não há a fluência da prescrição durante a incapacidade, que poderá ser reconhecida como existente antes da sentença de interdição. Desde que admitida a incapacidade em determinado momento, não corre a prescrição. Indiferente a inexistência de sentença de interdição. Importa a incapacidade, valendo a disposição do art. 198, I, do Código Civil.

10. EFEITOS NOS RECURSOS

Do disposto do § 3º do art. 755 do Código de Processo Civil de 2015 decorre a sentença de interdição que os efeitos são imediatos, mesmo que sujeita a recurso. Ademais, por imposição do art. 1.012, VI, do mesmo estatuto, o recebimento da apelação ocorrerá no efeito devolutivo (nos termos do novo estatuto, a sentença começa a produzir efeitos imediatamente após a sua publicação). À sentença se empresta um efeito terminativo do mérito. Equivale a afirmar que o efeito é imediato.

Não cabe confundir a publicação constante do art. 1.012, que se perfectibiliza através de nota de expediente ou por intimação pessoal das partes por meio dos procuradores, com a publicação determinada pelo § 3º do art. 755, sendo que está realizável unicamente depois do trânsito em julgado da sentença.

Lembra-se que, ao dar-se a aplicação imediata da sentença, equivale a receber o recurso apenas no efeito devolutivo nesse aspecto, o que suprime um grau de jurisdição. Reformada a decisão, torna-se possível anular os atos levados a efeito pelo curador, entre a data da sentença e aquela da modificação por decisão de segunda instância. Não é cabível entender que tal período fique imune à decisão de segunda instância. Todavia, relativamente a terceiros, não serão permitidos os atos que importem em alienação ou transferência do patrimônio.

Não pode, pois, o juiz receber a apelação nos efeitos devolutivo e suspensivo, no sentido de impedir a aplicação imediata da sentença. Mesmo que a receba nesses efeitos, não o será quanto à aplicação imediata, mas nos seus demais comandos, como no perti-

---

[32] TJSP. Ação Rescisória nº 193.152-9. 3º Grupo de Câmaras Cíveis, de 7.06.1988, em *Revista dos Tribunais*, 636/132.

Cap. XXXII | Curatela e Tomada de Posição Apoiada • **963**

nente à extensão da limitação na realização de atos dentro de um determinado setor, ou em relação aos honorários advocatícios.

De ressaltar que se reconhece legitimidade para recorrer às pessoas autorizadas à promoverem a interdição, ao próprio interditando, ao curador especial, aos pais, ao tutor, ao cônjuge, ao parente, aos interessados na sua decretação ou não decretação e ao próprio Ministério Público, desde que tiverem atuado no processo. Mas, conhece-se o recurso de outra pessoa se revelar real interesse, como daquele com quem convivia o incapaz. Lembra-se, por fim, de acordo com a lei, aos que podem contestar (art. 752, § 3º, do Código de Processo Civil de 2015), ou a todos os parentes sucessíveis, já que admitida a intervenção na qualidade de assistência, ressalva-se o direito de recorrer.

11. COMPROMISSO DO CURADOR

A partir do art. 759 do Código de Processo Civil de 2015, várias normas aparecem discriminadas e dirigidas concomitantemente para a tutela e a curatela.

De modo geral, quando foram abordados os dispositivos concernentes à primeira figura, automaticamente se ampliou o estudo à curatela.

Assim, uma vez decretada a interdição, fica o incapaz sujeito à curatela. E no prazo de cinco dias após a intimação, cumpre ao curador que compareça no cartório da vara onde se processou a ação, e preste compromisso.

O compromisso se efetuará em livro próprio, rubricado pelo juiz.

Pelo regime anterior ao Código Civil de 2002, competia ao curador requerer a especialização, em hipoteca legal, de imóveis necessários para acautelar os bens que eram confiados à sua administração, conforme o art. 418 do Código que então vigorava. A providência ficava dispensada se fosse de reconhecida idoneidade o curador (art. 1.190 do Código de Processo Civil de 1973), ou recaísse a nomeação na pessoa do cônjuge, e dos progenitores, conclusão a que se chegava por aplicação analógica do art. 455 e seu § 3º do então Código Civil, que dispensava o cônjuge e os progenitores do interdito de apresentar os balanços anuais e de realizar o inventário dos bens, quando da assunção do encargo. Efetivamente, se dispensada a apresentação de balanços, e nem se exigia a realização de inventário, não se via sentido em se impor a especialização de hipoteca.

Pelo Código Civil em vigor, não mais consta a previsão do oferecimento da hipoteca ou outra garantia, como caução, prevendo, no entanto, o parágrafo único do art. 1.745 (que se aplica também à curatela – art. 1.774) a possibilidade do juiz, se o patrimônio do curatelado for de valor considerável, ordenar a prestação de caução bastante, traçando linhas do oferecimento, que poderá dar-se por mero requerimento do curador e o competente termo lavrado nos autos.

Diferentemente do regime processual anterior (art. 1.188), o CPC/2015 não mais trata da especialização da hipoteca legal na interdição.

Há, ainda, a obrigação de apresentação de balanço e de prestação de contas, se não dispensadas essas medidas, por imposição dos arts. 1.755, 1.756 e 1.757 e seu parágrafo único, do Código Civil, que se aplicam à curatela por determinação de seus arts. 1.774 e 1.781.

No final de cada ano, deve o curador exibir ao juízo o balanço, apresentável na forma contábil (débito – crédito), relativamente à sua administração, o qual será submetido às

964 • Direito de Família | *Arnaldo Rizzardo*

partes ou interessados, se presentes nos autos, e ao Ministério Público. Depois de aprovado, ficará anexado aos autos.

De dois em dois anos, incumbe ao curador prestar contas, confirmando a exatidão dos balanços, com a exibição dos comprovantes. Dispensa-se, no entanto, a prestação de contas ao cônjuge no exercício da curatela, se casado pelo regime de comunhão universal de bens, como aparece claro no art. 1.783, o que se estende quanto ao balanço. Quanto aos deficientes, todavia, a prestação de contas é anual, em vista do § 4º do art. 84 da Lei nº 13.146/2015: "Os curadores são obrigados a prestar, anualmente, contas de sua administração ao juiz, apresentando o balanço do respectivo ano".

Mesmo em outras ocasiões é exigível a providência da prestação de contas, se o ordenar o juiz, ou se o curador deixar o exercício do cargo.

Na prestação de contas, relacionam-se os bens com os rendimentos e frutos; os valores em numerário depositados nos bancos; os juros legais oriundos dos investimentos; as obrigações pendentes; as parcelas que se encontram com o curador; os prejuízos havidos; os gastos exigidos na manutenção pessoal e na conservação dos bens; a gratificação a que tem direito o curador, além de quaisquer dados relevantes.

Uma vez intimadas as partes, e manifestando-se expressamente o Ministério Público, proferirá o juiz a decisão, julgando as contas.

Cabe ressaltar, ainda, que todos os valores que recebe o curador não podem permanecer em seu poder. Nem joias e bens móveis apreciáveis que, se não utilizáveis pelo curatelado, deverão ser alienados mediante avaliação e prévia autorização do juiz, investindo-se os valores apurados em poupança num estabelecimento bancário oficial, ou na aquisição de imóveis, de títulos mobiliários.

As despesas decorrentes do processo de prestação de contas serão pagas pelo interdito – art. 1.761 do Código Civil, sendo que o saldo eventualmente apurado, a favor ou contra o curatelado, renderá juros desde o julgamento definitivo – art. 1.762. Os dispositivos abrangem a curatela em atenção mais ao art. 1.781.

12. LEVANTAMENTO DA INTERDIÇÃO

Desde que a causa que determinou a decretação da interdição tenha desaparecido, impõe-se o término ou a cessação da curatela. É o que se denomina levantamento da interdição, de grande importância prática, pois significa o retorno do interdito à condição de pessoa capaz.

O art. 756 do estatuto processual de 2015 assegura tal normalização: "Levantar-se-á a interdição quando cessar a causa que a determinou."

Regra semelhante constava no art. 461 do Código Civil de 1916, relativamente ao pródigo. "Levantar-se-á a interdição, cessando a incapacidade, que a determinou, ou não existindo mais parentes designados no artigo anterior." Tais parentes constituíam-se do cônjuge, dos ascendentes e dos descendentes. O Código em vigor não reproduziu a disposição, porquanto já regulada a matéria na lei processual.

Em síntese, urge que se prove ter cessado a causa para deferir-se o levantamento, o que somente é possível através de laudo pericial, de modo a não restar a menor dúvida a respeito da sanidade do indivíduo. Desde que fique completamente certo o desaparecimento da doença, não mais se encontra motivo para continuar com a restrição.

Ao próprio interdito é assegurado o direito de pedir o levantamento.

Cap. XXXII | Curatela e Tomada de Posição Apoiada • 965

O procedimento judicial para tanto não difere daquele ordenado para a decretação da interdição. A ação ou o pedido apensa-se aos autos da interdição. Deverá o Juiz interrogar ou examinar o curatelado, a fim de aferir suas condições mentais. Em seguida, determinará a realização de perícia, designando, após receber o laudo, audiência de instrução e julgamento, se necessidade houver, ou julgando antecipadamente o feito.

O § 1º do art. 756 nomeia os legitimados para o pedido: "O pedido de levantamento da curatela poderá ser feito pelo interdito, pelo curador ou pelo Ministério Público e será apensado aos autos da interdição". Seguem-se os atos para apurar a cessação da causa da incapacidade determinante da interdição, através de perícia realizada por equipe interdisciplinar. O § 2º indica as exigências para apurar o desaparecimento da causa incapacitante, e mais os atos processuais que seguem: "O juiz nomeará perito ou equipe multidisciplinar para proceder ao exame do interdito e designará audiência de instrução e julgamento após a apresentação do laudo".

Uma vez decidido o levantamento, leva-se a público, por edital, o retorno da pessoa à capacidade plena, conforme regra do § 3º: "Acolhido o pedido, o juiz decretará o levantamento da interdição e determinará a publicação da sentença, após o trânsito em julgado, na forma do art. 755, § 3º, ou, não sendo possível, na imprensa local e no órgão oficial, por 3 (três) vezes, com intervalo de 10 (dez) dias, seguindo-se a averbação no registro de pessoas naturais".

A sentença, pois, será inscrita no registro de pessoas naturais e imediatamente publicada na rede mundial de computadores, no sítio do tribunal a que estiver vinculado o juízo e na plataforma de editais do Conselho Nacional de Justiça, onde permanecerá por seis meses, na imprensa local, uma vez, e no órgão oficial, por três vezes, com intervalo de dez dias, constando do edital os nomes do interdito e do curador, a causa da interdição, os limites da curatela e, não sendo total a interdição, os atos que o interdito poderá praticar autonomamente.

A sentença de levantamento tem nítido caráter constitutivo, diversamente daquele que decreta a interdição, cujo caráter é declaratório. É que, nesta, apenas se afirma uma situação que já existia, tornando possível a anulação dos atos realizados anteriormente ao proferimento da sentença. Já na de levantamento, cessa o estado anterior, mas nunca permitindo-se propugnar pela validade dos atos ou de algum contrato que o interdito realizou no curso da curatela. Para surtir realmente efeitos, há de se aguardar o trânsito em julgado, o que não ocorre com a decisão que declara a interdição, e que passa a viger uma vez proferida, mas permitindo-se a anulação de atos anteriores, se provada a sua efetivação durante a doença mental.

Por último, no § 4º viabiliza-se o levantamento parcial da curatela, com a discriminação dos atos a que a pessoa fica autorizada a praticar: "A interdição poderá ser levantada parcialmente quando demonstrada a capacidade do interdito para praticar alguns atos da vida civil".

13. ESCUSA, REMOÇÃO E CESSAÇÃO DA CURATELA

As normas que disciplinam o assunto acima são as mesmas que se aplicam à tutela, conforme já referido, diante do art. 1.774.

As hipóteses de escusa constam nos arts. 1.736 e 1.737 do Código Civil: as mulheres casadas; os maiores de sessenta anos; os que tiverem em seu poder mais de três filhos; os impossibilitados por enfermidade; os que habitarem longe do lugar onde se haja de

966 • Direito de Família | *Arnaldo Rizzardo*

exercer a curatela; os que já exerceram tanto a curatela como a tutela; os militares em serviço; e os que não forem parentes do interdito, se houver no lugar parente idôneo consanguíneo ou afim, em condições de exercer o encargo.

Concede-se o prazo de dez dias, a contar da intimação, para prestar compromisso, a fim de manifestar o nomeado a escusa, sob pena de entender-se que houve aceitação. Todavia, sobrevindo o motivo após a aceitação, o mesmo decêndio é assegurado, a contar, então, da data em que sobrevier o motivo – art. 1.738.

A questão do prazo é relativa. Já o art. 760 do Código de Processo Civil da Lei nº 13.105/2015 reduz o lapso temporal para cinco dias. Entende-se, porém, que o juiz deverá aceitar a escusa a qualquer tempo. Do contrário, o exercício da curatela levará a uma administração deficiente ou precária. Com efeito, como poderá alguém que muda constantemente de residência, ou maior de sessenta anos, desenvolver a contento a administração?

Mesmo porque, se não existe boa vontade, o melhor será afastar de imediato o curador, evitando, assim, um possível mal maior.

Outras escusas, além das examinadas, poderão ocorrer, cabendo ao juiz avaliá-las, mas preponderando sempre a aceitação, justamente com o fim de não manter no cargo quem não o quer.

A destituição ou remoção do curador de suas funções ocorre em idênticos casos previstos para o afastamento do tutor.

Basicamente, as hipóteses estão contempladas no art. 1.766: quando o curador mostrar-se negligente, prevaricador, ou incurso em incapacidade.

Estes os motivos mais graves e justificados.

Mas o art. 1.735, com as adaptações à curatela, ao mesmo tempo em que impede ou dispensa a nomeação, determina a exoneração se já estiver sendo exercida a curatela pelos que não tiverem a livre administração de seus bens; pelos que, no momento de ser deferida a curatela, se acharem constituídos em obrigação para com o interditando; ou tiverem que fazer valer direitos contra este; ou, ainda, pelos que, cujos pais, filhos e cônjuge ajuizaram demanda contra o interditado; pelos inimigos do interditado, ou de seus pais; pelos condenados por crime de furto, roubo, estelionato ou falsidade, contra a família ou os costumes, tenham ou não cumprido a pena; pelas pessoas de mau procedimento, ou falhas em probidade, e pelas culpadas de abusos em curatelas anteriores; e pelos que exercerem função pública incompatível com a boa administração da curatela.

Não se esgotam aí as causas. A falta de prestação de alimentos e de defesa em questões judiciais ou administrativas – art. 1.740; a omissão da declaração de quanto deve ao curador o interditado, na assunção do encargo – art. 1.751; o cumprimento desidioso do *munus*, causando prejuízos ao interdito – art. 1.752; o mau emprego do dinheiro ou a retirada, junto aos bancos, de quantias muito elevadas – art. 1.753; o pagamento de dívidas sem autorização judicial; a venda de bens perecíveis, em que se dispensa a autorização judicial, por valor insignificante; a falta de capacidade para controlar contas; o desperdício de importâncias elevadas; o gasto do dinheiro em futilidades – enfim, uma série de comportamentos pode dar ensejo à destituição.

O procedimento é simples. Proposta a ação, leva-se a termo a citação do curador, reservando-se a ele o prazo de cinco dias para a contestação, em consonância com o parágrafo único do art. 761 do Código de Processo Civil de 2015.

Após, segue-se o procedimento comum, estabelecido na Parte Especial do CPC/2015, Livro I – do Processo de Conhecimento e do Cumprimento de Sentença – Título I.

Cap. XXXII | Curatela e Tomada de Posição Apoiada • **967**

Anteriormente, impunha-se o procedimento da ação cautelar. Assim explicava José Olympio de Castro Filho: "O procedimento para a remoção do tutor ou curador é semelhante ao das ações cautelares: citação do tutor ou curador, com o prazo de cinco dias; não contestado o pedido, presumir-se-ão aceitos pelo requerido como verdadeiros os fatos alegados pelo requerente; contestado o pedido, será designada audiência de instrução e julgamento, sendo obrigatória a intervenção do Ministério Público."[33]

Faculta o art. 762 a suspensão imediata, no começo da ação ou em outro momento qualquer, das funções que exerce o curador, nomeando-se substituto interino, quando o fato imputado ao mesmo for excepcional, não se podendo aguardar a tramitação normal do processo, sob pena de trazer um irreparável prejuízo, o que pode acontecer quando há o total abandono, a apropriação de quantias, os maus-tratos infligidos ao interdito etc.

Destaca-se, ainda, a cessação da curatela, que se diferencia da destituição, pois aquela, em geral, parte do próprio interessado, ou se fez sem decorrer da culpa do curador, enquanto a última advém de procedimento culposo deste. De acordo com os arts. 1.763 e 1.764 do Código Civil, extensíveis à curatela com a devida adaptação, cessa a condição de pupilo quando o doente mental fica completamente curado, ou se expirar o período de tempo estabelecido para o exercício do cargo, que é de dois anos – art. 1.765. Já pelo art. 1.766, há a destituição, apontando as causas legítimas e aplicáveis, derivadas de condutas negligentes, prevaricadoras, e se o curador é incurso em incapacidade.

14. A TOMADA DE DECISÃO APOIADA

Existe uma figura nova de amparo aos deficientes, introduzida no Código Civil pelo art. 116 da Lei nº 13.146, de 6.07.2015 (Estatuto da Pessoa com Deficiência – EPD), publicada no dia seguinte, que é a 'tomada de decisão apoiada', a qual passou a formar o Capítulo III, incluído no Título IV do Livro IV da Parte Especial pelo art. 115 da mesma Lei, ficando com a seguinte denominação: "Da Tutela, da Curatela e da Tomada de Decisão Apoiada". O citado art. 116 trouxe o art. 1.783-A, com onze parágrafos, regulamentando a espécie.

A previsão da vigência é de cento e oitenta dias da publicação.

A 'tomada de decisão apoiada' não se restringe apenas aos vulneráveis portadores de deficiências ou problemas mentais, mas estende-se aos deficientes em geral, nos campos da saúde física, intelectual; e nos sentidos, constando a abrangência no art. 2º do mencionado diploma: "Considera-se pessoa com deficiência aquela que tem impedimento de longo prazo de natureza física, mental, intelectual ou sensorial, o qual, em interação com uma ou mais barreiras, pode obstruir sua participação plena e efetiva na sociedade em igualdade de condições com as demais pessoas". Não é considerada a pessoa plenamente incapaz, pois mantém algum entendimento e poder de decisão, expressando manifestações da vontade. Por isso, nos termos do art. 6º, 'a deficiência não afeta a plena capacidade civil da pessoa, inclusive para:

I – casar-se e constituir união estável;

II – exercer direitos sexuais e reprodutivos;

III – exercer o direito de decidir sobre o número de filhos e de ter acesso a informações adequadas sobre reprodução e planejamento familiar;

---

[33] Obra citada, p. 296.

968 • Direito de Família | *Arnaldo Rizzardo*

IV – conservar sua fertilidade, sendo vedada a esterilização compulsória;

V – exercer o direito à família e à convivência familiar e comunitária; e

VI – exercer o direito à guarda, à tutela, à curatela e à adoção, como adotante ou adotando, em igualdade de oportunidades com as demais pessoas".

Pelo art. 84 da citada Lei, a pessoa com deficiência tem assegurado o direito ao exercício de sua capacidade legal em igualdade de condições com as demais pessoas.

Trata-se de um instituto mais suave ou menos grave nos efeitos que a curatela.

De maneira simplificada, pode-se dizer que a espécie se destina aos relativamente incapazes, que revelem limitações mentais, físicas, intelectuais e sensoriais, abrangendo as psicossociais e as cognitivas. A pessoa apresenta limitações mentais, físicas, intelectuais e sensoriais, denotando dificuldade na compreensão das situações da vida, na manifestação das ideias, na realização de negócios, na expressão da vontade, na comunicação pela fala, na visão, audição, percepção e outros canais de exteriorização. Há somente uma redução dessas capacidades, persistindo um nível inferior de compreensão, decisão e ação, não havendo, pois, a participação plena e efetiva no convívio humano, como ocorre com as demais pessoas.

É comum a situação de pessoas com demências senis, cuja quantidade vai aumentando com o envelhecimento da população; com doenças que afetam a mente e o corpo, tomando-se como exemplos as que sofreram derrame cerebral ou acidente vascular cerebral, as portadoras do Mal de Alzheimer e outras moléstias incuráveis, os tetraplégicos, os nascidos com a Síndrome de Down, e os que perderam os membros ou os movimentos, sequer podendo escrever o nome.

Essas pessoas deixaram de ser consideradas incapazes, desde que persista algum grau de entendimento. Dada a fraqueza da mente, ou do corpo e dos sentidos, socorre-se de outras pessoas para as decisões e atos de realce pessoal e econômico.

A espécie convive com a curatela, isto é, não fica o indivíduo alijado de preferir a interdição, sendo menos drástica nos efeitos, pois mantém-se garantido à pessoa o direito das decisões, podendo ela participar no comando dos atos de sua vida. Em face do nível da deficiência, não sofrerá restrições em seu estado de plena capacidade, mas adotam-se medidas protetivas de acompanhamento e amparo. Unicamente priva-se de legitimidade para praticar alguns atos da vida civil, devidamente indicados, se não houver o acompanhamento dos apoiadores. Socorre-se de outras pessoas para o exercício de atividades que importarem em efeitos jurídicos. Há um meio alternativo nos atos que exigem decisões sobre a administração dos bens e sobre o rumo da vida. Diríamos que se dá a participação de pessoas previamente escolhidas e nomeadas em assuntos relevantes. Mas não se exclui, como já referido, a curatela, que se torna obrigatória se totalmente incapaz a pessoa por causas que excluem a capacidade de agir.

Não se anulam os atos se ausentes os apoiadores. Entretanto, sujeitam-se à anulação, se aventada, posteriormente, a incapacidade, o que não acontece se a decisão tivesse sido tomada com apoio em parecer ou acompanhamento dos apoiadores.

A figura já era conhecida no direito estrangeiro, como no direito da Alemanha, da França, da Áustria, da Bélgica. No Código Civil italiano veio introduzida pela Lei nº 6/2004 nos arts. 404 a 413, denominada *amministratore di sostegno*, significando 'o administrador de apoio'. Recentemente foi incorporada no direito argentino.

Passa-se para a análise dos elementos e requisitos da tomada de decisão apoiada.

Cap. XXXII | Curatela e Tomada de Posição Apoiada • 969

a) Os habilitados ao pedido.

Unicamente os deficientes parciais, e que mantêm alguma capacidade de entendimento e de decidir podem valer-se do instituto. A tanto induz o art. 1.783-A do Código Civil: "A tomada de decisão apoiada é o processo pelo qual a pessoa com deficiência elege pelo menos 2 (duas) pessoas idôneas, com as quais mantenha vínculos e que gozem de sua confiança, para prestar-lhe apoio na tomada de decisão sobre atos da vida civil, fornecendo-lhes os elementos e informações necessários para que possa exercer sua capacidade".

Nota-se que da pessoa com deficiência deve partir o interesse para a escolha de pelo menos duas pessoas que a apoiarão e a secundarão nos atos e nas decisões da vida civil. Visa o instituto manter integrados na vida normal os portadores de deficiências, revelando-se inaplicável o instituto aos totalmente incapazes e que não puderem exprimir a vontade. Insere-se na regra a participação do deficiente na decisão, que indicará pessoas com as quais possui vínculos e que sejam de sua confiança, o que é possível se remanescer alguma capacidade de se exprimir.

b) Objeto da tomada de decisão.

Não se objetiva a representação do deficiente, mas o acompanhamento e o apoio em decisões sobre os atos da vida civil, isto é, sobre contratos ou negócios, declarações, assunção de compromissos, decisões e questões que encerram importância econômica ou patrimonial. Em outros atos próprios da subsistência e comuns da vida não se requer a participação dos apoiadores.

Os atos dependentes do apoio virão descritos no termo onde constam os limites do apoio a ser oferecido e os compromissos dos apoiadores.

A finalidade é emprestar solidez e certeza aos negócios patrimoniais e outros atos da vida civil, afastando a possibilidade de posterior anulação. A ausência dos apoiadores não invalida o ato, admitindo-se, entrementes, a viabilidade de sua anulação por incapacidade de expressar a vontade.

c) A formalização do pedido e a via judicial

Como ocorre com a curatela, se constituirá pela via judicial a formulação do pedido.

O primeiro passo será a elaboração de um termo de compromisso, ou uma declaração, em que o deficiente e os apoiadores definem os limites e atos que são objeto da participação dos últimos, o prazo de vigência, o respeito à vontade, aos direitos e interesses do deficiente. Eis a regra do § 1º do art. 1.783-A: "Para formular pedido de tomada de decisão apoiada, a pessoa com deficiência e os apoiadores devem apresentar termo em que constem os limites do apoio a ser oferecido e os compromissos dos apoiadores, inclusive o prazo de vigência do acordo e o respeito à vontade, aos direitos e aos interesses da pessoa que devem apoiar". Basicamente, discriminam-se os atos em que é necessário o apoio, que são, *v. g.*, os que trazem algum efeito no patrimônio, na vida do deficiente, nos negócios, na disposição de bens, na compra de bens de raiz, nos investimentos e aplicações bancárias. A atuação dos apoiadores terá em conta os direitos e os interesses da pessoa deficiente. Fixa-se um prazo para a duração do compromisso, com a previsão de sua renovação automática, se nada se opuser findo o prazo.

Esse termo de compromisso poderá integrar o requerimento para a aprovação judicial do pedido de instituição do compromisso, que se encaminhará à Justiça, através de uma ação, à semelhança da ação de curatela. O requerimento, a cargo da pessoa a ser apoiada,

970 • Direito de Família | *Arnaldo Rizzardo*

objetivará a aprovação do pedido de tomada de decisão apoiada, na exata previsão do § 2º: "O pedido de tomada de decisão apoiada será requerido pela pessoa a ser apoiada, com indicação expressa das pessoas aptas a prestarem o apoio previsto no *caput* deste artigo".

Autua-se a ação, e seguem os demais atos, colhendo-se o parecer da equipe multidisciplinar, ou de pessoas aptas no assunto. Intervém o Ministério Público. Realizar-se-á audiência, em que são ouvidos pessoalmente o autor do pedido e os apoiadores. Assim ordena o § 3º: "Antes de se pronunciar sobre o pedido de tomada de decisão apoiada, o juiz, assistido por equipe multidisciplinar, após oitiva do Ministério Público, ouvirá pessoalmente o requerente e as pessoas que lhe prestarão apoio". O procedimento judicial é singelo, pois consiste mais no recebimento do pedido, que virá acompanhado da concordância dos apoiadores, e seguindo para o parecer de equipe multidisciplinar, formada por psicólogos, assistentes sociais, médicos e psiquiatras, se tanto exigir a situação. Ouvem-se o requerente e os apoiadores, e determinam-se outras diligências, se necessárias. Colhe-se o parecer do Ministério Público, proferindo o juiz, em seguida, a sentença.

Inscreve-se a sentença no registro civil da pessoa natural, como acontece com a curatela.

d) Os efeitos da decisão

Uma vez concluída a fase instrutória, com vistas às partes e colhendo-se o parecer do Ministério Público, o juiz proferirá a sentença, deferindo ou não o pedido para a tomada de decisão com base em apoio de pessoas escolhidas, cujos efeitos e validade constam no § 4º: "A decisão tomada por pessoa apoiada terá validade e efeitos sobre terceiros, sem restrições, desde que esteja inserida nos limites do apoio acordado". Mesmo que apurado posteriormente algum grau de limitação da vontade, por doença física, mental e intelectual, ou sensorial, não se invalida o negócio, se tiver havido o apoio.

Na sentença, ficarão especificados os atos em que se impõe o apoio, ou que dependem de parecer ou da presença dos apoiadores. Não se dispensará a pessoa do apoiado, que realizará o ato. Todavia, se verificada a impossibilidade física da presença, ou da mesma exprimir o ato da vontade, seja qual for a causa da incapacidade, não se realizará o ato. A situação é própria da curatela, em que o incapaz será representado e não assistido ou apoiado.

Os atos indicados no pedido terão validade plena se manifestado o apoio. Mas, não havendo averbação no registro civil, e nem publicação da sentença na imprensa e em órgãos da rede de computadores do Poder Judiciário, não se infere que os atos sejam questionáveis e sujeitos à invalidade. Exclusivamente sujeitam-se à invalidade se demonstrada a incapacidade de expressar a vontade de forma absoluta.

Os apoiadores estarão presentes na realização do negócio, consignando-se a função, com a especificação da nomeação em decisão judicial. Indicam-se o número do processo e outros dados identificadores. Com o propósito de infundir mais segurança, faculta-se aos terceiros a exigência da coleta das assinaturas de todos, com a observação de que a decisão teve o respaldo e aprovação dos apoiadores. O § 5º sugere essa faculdade: "Terceiro com quem a pessoa apoiada mantenha relação negocial pode solicitar que os apoiadores contra-assinem o contrato ou acordo, especificando, por escrito, sua função em relação ao apoiado". Essa providência constitui uma cautela, para evitar futuras dúvidas e controvérsias, e não uma imposição para a validade.

e) Divergência dos apoiadores e do apoiado

Haverá sempre dois apoiadores, impondo-se que ambos manifestem concordância com o negócio, e que haja pleno acordo com o apoiado. Se não ocorrer a unanimidade, ou verificada a divergência com o apoiado, busca-se a solução judicial, que poderá inviabilizar o próprio ato, pois sabe-se da ineficiência, pela demora, de uma futura e tardia decisão nesse âmbito. Ingressa-se com uma ação para conseguir a autorização, devendo-se obedecer às regras do devido processo legal, com citações, produção de provas, parecer do Ministério Público e sentença.

A falta de unanimidade ou a divergência são suscetíveis se previsível risco ou prejuízo relevante ao apoiado, em negócio patrimonial ou em ato da vida civil, como casamento ou celebração de contrato de união estável, acordo de alimentos e transação em processo judicial, renúncia de herança, assinatura de garantias etc.

O § 6º cuida da situação, dando o caminho judicial: "Em caso de negócio jurídico que possa trazer risco ou prejuízo relevante, havendo divergência de opiniões entre a pessoa apoiada e um dos apoiadores, deverá o juiz, ouvido o Ministério Público, decidir sobre a questão". Existe divergência se um dos apoiadores discorda da opinião do outro, ao qual adere a pessoa do apoiado, e havendo risco de prejuízo relevante. Não trazendo risco ou prejuízo relevante ao apoiado, mostra-se irrelevante a falta de unanimidade.

f) Responsabilidade dos apoiadores

A atuação ou participação dos apoiadores primará pela decência ou honestidade. Incide a responsabilidade na atuação dolosa e mesmo culposa (o agir com a vontade dirigida ao prejuízo, ou com imprudência, negligência e imperícia). Há o mau aconselhamento, ou a pressão psicológica, ou a omissão em participar, ou a apropriação de valores, ou o descumprimento das obrigações legais e contratuais.

Os prejuízos são reparáveis na equivalência dos danos e representa-se ao Ministério Público para a devida apuração, com vistas à aplicação das penalidades cabíveis. Ao juiz também é possível o encaminhamento, que acionará o Ministério Público. O preceito está no § 7º: "Se o apoiador agir com negligência, exercer pressão indevida ou não adimplir as obrigações assumidas, poderá a pessoa apoiada ou qualquer pessoa apresentar denúncia ao Ministério Público ou ao juiz".

O § 8º aponta para a destituição do apoiador: "Se procedente a denúncia, o juiz destituirá o apoiador e nomeará, ouvida a pessoa apoiada e se for de seu interesse, outra pessoa para prestação de apoio".

Não se extrai da regra a restrição da destituição unicamente na hipótese de condenação. Vários outros fatores conduzem ao afastamento, como a doença, a incompatibilidade que surge entre apoiado e apoiador, a falta de tempo disponível, a mudança de residência para local que dificulta a convivência e o atendimento quando necessário, e até o simples pedido de exoneração de parte do apoiado ou do apoiador.

Quanto ao pedido do apoiado, a permissão consta do § 9º: "A pessoa apoiada pode, a qualquer tempo, solicitar o término de acordo firmado em processo de tomada de decisão apoiada".

Já a pretensão de desistir da função do apoiador está no § 10: "O apoiador pode solicitar ao juiz a exclusão de sua participação do processo de tomada de decisão apoiada, sendo seu desligamento condicionado à manifestação do juiz sobre a matéria".

Em princípio, o desempenho do cargo submete-se à aceitação da pessoa. Mostra-se inconveniente impor a permanência, se manifestada a vontade de exoneração. Ao apoiado cabe indicar o substituto, com a apresentação do termo no qual se inserem os limites do apoio a ser oferecido e os compromissos do apoiador, com o prazo de vigência, o

972 • Direito de Família | *Arnaldo Rizzardo*

respeito à vontade, aos direitos e aos interesses da pessoa que deve apoiar. Apresenta-se ao juiz para que ratifique a substituição, após as diligências que ordenar, como a ouvida pessoal do novo apoiador e a manifestação do Ministério Público. Não se diligenciando na substituição, extingue-se o processo, não mais se exigindo a tomada de posição apoiada. Nem se cogita em se considerar o apoiado incapaz, podendo ele praticar os atos normais da vida. Todavia, aos parentes legitimados e ao Ministério Público é facultado o ingresso de ação de interdição, se justificáveis as causas.

O § 11 submete os apoiadores à obrigação de dar contas, de explicar ou apresentar o relatório de sua atuação no negócio que apoiaram ou deram assessoria, à semelhança como se opera na curatela: "Aplicam-se à tomada de decisão apoiada, no que couber, as disposições referentes à prestação de contas na curatela". Mais apropriadamente, cabe-lhes justificar o ato, evidenciando a vantagem e o benefício advindo ao apoiado. A providência é exigível nas solicitações do apoiado e nas determinações do juízo onde se processou o pedido. Não há a imposição de apresentar a prestação de contas a cada dois anos, nos termos dos arts. 1.756 e 1.757 do Código Civil. É de se lembrar que ocorre mais uma atuação à semelhança da assistência, e não uma representação. O ato é realizado pelo apoiado, que se vale apenas do apoio das pessoas que o acompanham e assistem.

BIBLIOGRAFIA

ABREU, José. *O Divórcio no Direito Brasileiro*, Rio de Janeiro, Forense, 1981.

ADV Informativo. Advocacia Dinâmica, edição COAD.

ADV Jurisprudência. Advocacia Dinâmica, edição COAD.

ADV Seleções Jurídicas. Advocacia Dinâmica, edição COAD.

ALBERGARIA, Jason. *Adoção Simples e Adoção Plena*, Rio de Janeiro, Aide Editora, 1990.

_____. *Comentários ao Estatuto da Criança e do Adolescente*, Rio de Janeiro, Aide Editora, 1991.

ALMADA, Ney de Mello. "Consentimento Matrimonial", em *Revista dos Tribunais*, nº 653.

ALMEIDA, José Luiz Gavião de. "O Novo Estatuto da Filiação", em *O Direito de Família e a Constituição*, São Paulo, Saraiva, 1989.

ALMEIDA, Silmara, CHINELATO, J. A. "Direito do Nascituro e Alimentos – Uma Contribuição do Direito Romano", em *Revista de Direito Civil*, São Paulo, RT, nº 54, out.-dez. 1990.

ALVES, José Franklin. "A Nova Constituição e seus Reflexos no Direito de Família", em *Revista Forense*, nº 304.

ALVIM PINTO, Teresa Arruda. "Entidade Familiar e Casamento Formal", em *Direito de Família – Aspectos Constitucionais, Civis e Processuais*, coordenação de Teresa Arruda Alvim Pinto, São Paulo, RT, 1993, vol. I.

AMAR, Ayush Morad. *Investigação de Paternidade e Maternidade – Aspectos Médico-Legais*, São Paulo, Ícone Editora Ltda., 1987.

_____. *Investigação de Paternidade e Maternidade – Do ABO ao DNA*, São Paulo, Ícone Editora Ltda.

ARRUDA, Roberto Thomas. *O Direito de Alimentos*, 2ª ed., São Paulo, LEUD – Livraria e Editora Universitária do Direito Ltda., 1986.

ASSIS, Araken. *Da Execução de Alimentos e Prisão do Devedor*, Porto Alegre, Sérgio Antônio Fabris Editor, 1985.

_____. "Breve Contribuição ao Estudo da Coisa Julgada nas Ações de Alimentos", em *AJURIS – Revista da Associação dos Juízes do RGS*, Porto Alegre, nº 46, 1989.

_____. *Processo Civil Brasileiro*. São Paulo, Thomson Reuters – Revista dos Tribunais, 2015. Vol. I.

AUBRY, V., RAU, C. *Cours de Droit Civil Français*, 6ª ed., Paris, Librairie de la Cour de Cassation, 1948, tomo VII.

BARRETO, Marilza Fernandes. *Direito de Visita aos Avós – Uma Evolução no Direito de Família*, Rio de Janeiro, Lumen Juris, 1989.

BARROS MONTEIRO, Washington de. *Curso de Direito Civil – Direito das Obrigações*, 3ª ed., São Paulo, Saraiva, 1962, vol. II.

_____. *Curso de Direito Civil – Direito de Família*, 2ª ed., São Paulo, Saraiva, 1962.

BAUDRY-LACANTINERIE, G., LE COUTOIS, J., HOUSQUES-FOUCARDE, M., SURVILLE, F. *Traité Théorique et Pratique de Droit Civil*, Paris, Librairie de la Société du Recueil, J. B. Sirey et du Palais, vol. VIII, tomo III, 1908; 3ª ed., 1916.

BELLUSCIO, Augusto Cesar. "Parte Geral". *Derecho de Familia*, Buenos Aires, Ediciones Depalma, 1979, tomo I.

BEN KAUSS, Osmar Gama. *A Adoção no Código Civil e no Estatuto da Criança e do Adolescente*, Rio de Janeiro, Liber Juris Ltda., 1991.

BEUDANT, Charles. *Cours de Droit Civil Français*, 2ª ed., Paris, Librairie Arthur Rousseau, 1936, vol. II, tomo III.

BEVILÁQUA, Clóvis. *Código Civil dos Estados Unidos do Brasil Comentado*, Rio de Janeiro, Livraria Francisco Alves, 1945, vol. II.

_____. *Direito de Família*, 8ª ed., Recife, Ramiro M. Costa Editor, 1905; Rio de Janeiro, Livraria Freitas Bastos, 1956.

BITTAR, Carlos Alberto. *O Direito Civil na Constituição de 1988*, São Paulo, RT, 1990.

_____. *Direito de Família*, Rio de Janeiro, Forense Universitária, 1991.

BITTAR FILHO, Carlos Alberto. "Pátrio Poder – Regime Jurídico Atual", em *Revista dos Tribunais*, nº 676.

BITTENCOURT, Edgard de Morais. *Alimentos*, São Paulo, LEUD – Livraria e Editora Universitária do Direito Ltda., 1979.

_____. *Família*, Rio de Janeiro, Alba Ltda.

_____. *O Concubinato no Direito*, São Paulo, LEUD – Livraria e Editora Universitária do Direito Ltda., 1975, vols. I e II.

BORDA, Guillermo A. *Manual de Derecho de Familia*, Buenos Aires, Editorial Perrot, 1988.

BORGES, João Eunápio. *Títulos de Crédito*, 2ª ed., Rio de Janeiro, Forense, 1975.

BORGHI, Hélio. "A Nova Adoção no Direito Civil Brasileiro", em *Revista dos Tribunais*, nº 661.

_____. "A Situação dos Filhos Havidos Fora do Casamento e a Nova Constituição", em *Revista dos Tribunais*, nº 643.

BORIN, Maria da Glória Villaça Galvão de Almeida. "A Nova Ordem Familiar", em *O Direito de Família e a Constituição de 1988*, São Paulo, Saraiva, 1989.

BRASIL SANTOS, Luiz Felipe. "Repercussões da Falência sobre o Regime Matrimonial de Bens e o Direito Sucessório", em *ADV – Seleções Jurídicas*, VIII Jornada de Direito de Família, jun. 2000.

BUSHATSKI, Jaques. "Sociedade Conjugal e Prestação de Contas", em *Revista dos Tribunais*, nº 640.

CABRAL, Pedro Manso. *Paternidade Ilegítima e Filiação*, São Paulo, Saraiva, 1983.

CAHALI, Yussef Said. "A Comunhão de Aquestos no Regime da Separação de Bens", em *Família e Casamento*, coordenação de Yussef Said Cahali, São Paulo, Saraiva, 1988.

_____. *Divórcio e Separação*, 4ª ed., São Paulo, RT, 1984; 6ª ed., 1992, 1º e 2º vols.

_____. *Adultério e Desquite*, São Paulo, 1972.

_____. *Dos Alimentos*, 1ª ed., 4ª tiragem, São Paulo, RT, 1987.

_____. *O Casamento Putativo*, 2ª ed., 2ª tiragem, São Paulo, RT, 1979.

CALIXTO, Negi. "Homologação de Sentença de Divórcio", em *Família e Casamento*, coordenação de Yussef Said Cahali, São Paulo, Saraiva, 1988.

CÂMARA, Luiz Antônio; SOUZA, Fernando Cézar Ferreira de. "Revisão de Alimentos", em *Revista de Direito Civil*, nº 50, São Paulo, RT, 1989.

CARBONNIER, Jean. *Derecho Civil*, tradução do espanhol da 1ª edição francesa, Barcelona, Boch – Casa Editorial, vol. II, tomo I.

CARNEIRO, Nelson. *A Luta pelo Divórcio*, Rio de Janeiro, Livraria São José, 1973.

_____. *A Nova Ação de Alimentos*, Rio de Janeiro, Livraria Freitas Bastos S. A., 1969.

CARVALHO NETO, Algomiro, COSTA MUNIZ, Edivar. *Investigação de Paternidade e seus Efeitos*, 1ª ed., 2ª tiragem, Araras – SP, Bestbook – Editora Distribuidora Ltda., 1998.

CARVALHO SANTOS, J. M. de. *Código Civil Brasileiro Interpretado*, 7ª ed., 1961, vols. IV e VI; 9ª ed., 1963, vol. V; 9ª ed., Rio de Janeiro, Livraria Freitas Bastos S. A., 1972, vol. XVI.

CARVALHO DE MENDONÇA, Manoel Ignácio. *Doutrina e Prática das Obrigações*, edição Revista Forense, Rio de Janeiro, 1956, tomo I.

CASTRO FILHO, José Olympio de. *Comentários ao Código de Processo Civil*, Rio de Janeiro, Forense, 1976, 10º vol.

CASTRO DO NASCIMENTO, Tupinambá Miguel. *A Ordem Social e a Nova Constituição*, Rio de Janeiro, Aide Editora, 1990.

CENEVIVA, Walter. *A Lei dos Registros Públicos Comentada*, 1ª ed., São Paulo, Saraiva, 1979.

_____. *Anotações à Legislação do Divórcio*, São Paulo, Saraiva, 1978.

CHAVES, Antônio. *Adoção, Adoção Simples e Adoção Plena*, 3ª ed., São Paulo, Revista dos Tribunais, 1983.

CHAVES, Sérgio Fernando de Vasconcellos. "A Jurisprudência e as Tendências Promissoras em Direito de Família", em *Seleções Jurídicas*, ADV – Advocacia Dinâmica, jun. 2000, edição especial.

CILIENTO, Lorenzo. "Società Coniugale e Negozio Giuridico", em *Il Dirito de Famiglia e delle Persone*, Milão, Giuffrè Editore, 1989, vol. IV.

COELHO, F. M. Pereira. *Curso de Direito de Família*, Coimbra, 1981.

COELHO, Rômulo. *Direito de Família*, São Paulo, LEUD – Livraria e Editora Universitária do Direito Ltda., 1990.

COELHO, Vicente de Faria. *Desquite e Anulação do Casamento*, 1ª ed., Rio de Janeiro, Livraria e Editora Freitas Bastos, p. 121.

_____. *Nulidade e Anulação do Casamento*, Rio de Janeiro, Freitas Bastos S. A., 1952.

COLEN, Dalvan Charbaje. "Paternidade socioafetiva e herança", em http: //www.conteudojuridico.com.br/artigo,paternidade-socioafetiva-e-o-direito-de-heranca,42201.html.

COLIN, Ambrosio, CAPITANT, H. *Curso Elemental de Derecho Civil*, tradução do espanhol da 2ª edição francesa, Instituto Editorial Reus, 1952, tomos I e II.

COLL, Jorge Eduardo; ESTIVIEL, Luiz Alberto. *La Adopción e Instituciones Analógicas*, Buenos Aires, Tipografica Editora Argentina, 1947.

CORRÊA DE OLIVEIRA, José Lamartine; FERREIRA MUNIZ, Francisco José. *Direito de Família (Direito Matrimonial)*, Porto Alegre, Sérgio Antônio Fabris Editor, 1990.

COSTA, Dilvanir José da. "Aspectos do Direito de Família na Nova Constituição", em *Revista dos Tribunais*, nº 635.

COSTA, Maria Isabel Pereira da. "A Filiação e a Nova Constituição Federal", em *AJURIS – Revista da Associação dos Juízes do RGS*, Porto Alegre, 1989.

CUNHA GONÇALVES, Luiz. *Tratado de Direito Civil*, São Paulo, Max Limonad Editor, 1985, vol. VIII, tomo I.

CZAJKOWSKI, Rainer. *União Livre à Luz das Leis 8.971/94 e 9.278/96*, 1ª ed., 2ª tiragem, Curitiba, Juruá Editora, 1996.

DAIBERT, Jefferson. *Direito de Família*, 2ª ed., Rio de Janeiro, Forense, 1980.

DANTAS, San Tiago. *Direitos de Família e das Sucessões*, 2ª ed., Rio de Janeiro, Forense, 1991.

DEMOLOMBE, G. *Cours de Code de Napoléon – Traité du Mariage*, 3ª ed., Paris, August Durand et L. Hachette & Cie., 1866, vol. IV, tomo II.

DIAS, Adahyl Lourenço. *A Concubina e o Direito Brasileiro*, 2ª ed., São Paulo, Saraiva, 1975.

_____. *O Desquite no Direito Brasileiro*, São Paulo, Max Limonad Editor, 1974.

DIAS, João Álvaro. *Procriação Assistida e Responsabilidade Médica*, Coimbra, Coimbra Editora, 1996.

DIAS, José de Aguiar. *Da Responsabilidade Civil*, 4ª ed., Rio de Janeiro, Forense, 1969, vol. II.

DIAS, Maria Berenice. *União Homossexual*, Porto Alegre, Livraria do Advogado Editora, 2000.

DINIZ, Maria Helena. *Curso de Direito Civil Brasileiro – Direito de Família*, 3ª ed., São Paulo, Saraiva, 1987, 5º vol.; 2ª ed., 1985.

DIREITO, Carlos Alberto Menezes. "Da União Estável como Entidade Familiar", em *Revista dos Tribunais*, nº 667.

DIREITO IMOBILIÁRIO. *Boletim Semanal*, COAD.

DORNELLES DA LUZ, Aramy. *O Divórcio no Brasil*, São Paulo, Saraiva, 1978.

DOWER, Nélson G. B. "Bens Reservados", em *Revista dos Tribunais*, nº 427.

ELIAS, Roberto João. *Tutela Civil*, São Paulo, Saraiva, 1986.

ENGELS, Federico. *El Origen de la Familia, de la Propiedad Privada del Estado*, Madrid, 1972.

ENNECCERUS, Ludwig, KIPP, Theodor, WOLFF, Martín. *Tratado de Derecho Civil – Derecho de Familia*, Barcelona, Bosch – Casa Imperial, 1947, vol. I, tomo IV.

ESTRELLA, Ernani. *O Direito da Mulher*, Rio de Janeiro, José Konfino Editor, 1978.

FÁBREGAS, Luiz Murillo. *O Divórcio – Anotações à Lei*, Rio de Janeiro, Editora Rio, 1978.

FABRÍCIO, Adroaldo Furtado. "A Coisa Julgada nas Ações de Alimentos", em *AJURIS – Revista da Associação dos Juízes do RGS*, Porto Alegre, nº 52, 1991.

978 • Direito de Família | *Arnaldo Rizzardo*

FACHIN, Luiz Edson. *Comentário à Lei n° 8.560/92*, Curitiba, Genesis Editora, 1995.

_____. *Da paternidade – Relação Biológica e Afetiva*, Belo Horizonte, Livraria Del Rey Editora, 1996.

FELIPE, Jorge Franklin Alves. "A Nova Constituição e seus Reflexos no Direito de Família", em *Revista Forense*, n° 304.

_____. *Prática das Ações de Alimentos*, Rio de Janeiro, Forense, 1984.

FERNANDES, Mílton. "A Família na Constituição de 1988", em *Revista dos Tribunais*, n° 654.

_____. "Efeitos Jurídicos da Dissolução do Concubinato", em *AJURIS – Revista da Associação dos Juízes do RGS*, Porto Alegre, n° 31, 1984.

FERRARINI, Letícia. "Anotações aos Artigos 693 a 699", em *Novo Código de Processo Civil*, OAB/ESA Rio Grande do Sul, Porto Alegre, 2015.

FERRAZ, Sérgio. *Manipulações Biológicas e Princípios Constitucionais – Uma Introdução*, Porto Alegre, Sérgio Antônio Fabris Editor, 1991.

FERREIRA, Eduardo Vaz. *Tratado de la Sociedad Conyugal*, 2ª ed., Buenos Aires, Editorial Astrea, 1979, tomo II.

FERREIRA, Luís Pinto. *Investigação de Paternidade, Concubinato e Alimentos*, 2ª ed., São Paulo, Saraiva, 1982.

FILIPPI, Rejane Brasi. "O Concubinato após a Nova Constituição Federal", em *AJURIS – Revista da Associação dos Juízes do RGS*, Porto Alegre, n° 51, 1991.

FONSECA, Arnoldo Medeiros da. *Investigação de Paternidade*, 3ª ed., Rio de Janeiro, Forense, 1958.

FRANÇA, Rubens Limongi. *Brocardos Jurídicos – As Regras de Justiniano*, 2ª ed., São Paulo, RT, 1969.

FRIGINI, Ronaldo. "Alguns Aspectos da Prestação Alimentar", em *Revista de Jurisprudência do TJ de São Paulo*, Lex Editora, n° 131.

_____. "O Concubinato e a Nova Ordem Constitucional", em *Revista dos Tribunais*, n° 686.

FULGÊNCIO, Tito. *Do Desquite*, São Paulo, Saraiva, 1923.

GABBA, C. F. *Della Condizione Giuridica delle Donne – Studi e Confronti*, 2ª ed., Turim, Unione Tipografico, 1980.

GARCIA JUNIOR, Odilon Marques. "Anotações aos Artigos 960 a 965", em *Novo Código de Processo Civil – OAB – Esa/Rio Grande do Sul*, 2015, p. 717.

GENTILE, Fernando H. *Divórcio e Separação Judicial*, São Paulo, Sugestões Literárias S. A., 1978.

BIBLIOGRAFIA • **979**

GIORDANO, João Batista Arruda. "A União Estável", em *AJURIS – Revista da Associação dos Juízes do RGS*, Porto Alegre, nº 45, 1989.

GLANZ, Samy. "União Estável", em *Revista dos Tribunais*, nº 676.

GOMES, Orlando. *Direito de Família*, 1ª ed., Rio de Janeiro, Forense, 1960; 3ª ed., 1968.

_____. *Novas Questões de Direito Civil*, São Paulo, Saraiva, 1979.

_____. *Sucessões*, 1ª ed., Rio de Janeiro, Forense, 1970.

GOMES FERREIRA, Cristiana Sanchez. *Análise Econômica do Divórcio*. Livraria do Advogado Editora. Porto Alegre, 2015.

GONTIJO, Segismundo. "Do Regime de Bens na Separação de Fato", em *Forum, Revista do IAB – Instituto dos Advogados do Brasil*, Salvador, 1998, edição especial.

GROSLIÈRE, Jean-Claude. *La Reforme du Divorce*, Paris, Éditions Sirey, 1976.

GROSMAM, Cecília P., MESTERMAN, Silvia. "Organización y Estructura de la Familia Ensambrada", em *Derecho de Familia*, Buenos Aires, Abeledo-Perrot, 1989, nº 2.

GUIMARÃES, José Lázaro Alfredo. "Adoção de criança por estrangeiro não residente no Brasil", em *Revista de Direito Civil*, São Paulo, Revista dos Tribunais, nº 54, out.-dez. 1990.

GUSMÃO, Paulo Dourado de. *Dicionário de Direito de Família*, Rio de Janeiro, Forense, 1985.

HEDEMANN, Justus Wilhem. *Derecho de Obligaciones*, tradução espanhola de Jaime Santos Briz, Madrid, Editorial Revista de Derecho Privado, 1958, vol. III.

HIRONATA, Giselda Maria Fernandes Novais. "Casamento", em *Revista de Direito Civil*, São Paulo, Editora Revista dos Tribunais, nº 54, out.-dez. 1990.

HUET-WEILLER, Danièlle. "Des Mariages", em *Révue Trimestrielle de Droit Civil*, Paris, Éditions Sirey, nº 2, 1991.

_____. "Modalités D'Exercice de l'Autorité Parentale Après Divorce: Problème de l'Audition et de l'Intervention de l'Enfants dans la Procédure", em *Révue Trimestrielle de Droit Civil*, Paris, Éditions Sirey, nº 3, 1991.

JOBIM, Luiz Fernando. "A Investigação de Paternidade pelo Sistema HLA", em *AJURIS – Revista da Associação dos Juízes do RGS*, Porto Alegre, nº 39, 1987.

JOBIM, Luiz Fernando; JOBIM, Maria Regina; JOBIM, Rodrigo Cordeiro. "Resultados da Investigação de Paternidade pelo Sistema HLA no Rio Grande do Sul", em *AJURIS – Revista da Associação dos Juízes do RGS*, Porto Alegre, nº 46, 1989.

JUNQUEIRA DE AZEVEDO, Antônio. "Retrocesso no Direito de Família", *Revista In Verbis*, Rio de Janeiro, Instituto dos Magistrados do Brasil, nº 15, out.-nov. 1998.

980 • Direito de Família | *Arnaldo Rizzardo*

LAGRASTA NETO, Caetano. "Meios Alternativos de Solução dos Litígios", em *Revista dos Tribunais*, nº 639.

LAMADRID, Miguel Angel Soto. "La Investigación de la Mera Relación Biológica en la Filiación Derivada de Fecundación Artificial" (II Congreso Mundial Vasco – La Filiación a Finales del Siglo XX), em *Biogenética, Filiación y Delito*, Buenos Aires, Astrea, 1990.

LARENZ, Karl. "Derecho de Obligaciones", Madrid, *Revista de Derecho Privado*, vol. II, 1959.

LAZZARINI, Alexandre Alves. "Bens Reservados e a Constituição de 1988", em *Direito de Família*, coordenação de Teresa Arruda Alvim Pinto, São Paulo, RT, 1993.

LEHMANN, Heirinch. *Derecho de Familia*, tradução de José M. Novas, Madrid, Revista de Derecho Privado, tomo IV, 1933.

LEITE, Eduardo de Oliveira. "Rompimento da Promessa de Casamento. Reparação dos Danos Material e Moral", em *AJURIS – Revista da Associação dos Juízes do RGS*, Porto Alegre, nº 51, 1991.

_____. *Tratado de Direito de Família. Origem e Evolução do Casamento*, 1ª ed. Curitiba, Juruá Editora, 1991, vol. I.

LEITE, Iolanda Moreira. "Bigamia", em *Família e Casamento*, coordenação de Yussef Said Cahali, São Paulo, Saraiva, 1988.

LIMA, Amando. *Da Responsabilidade do Casal pelas Dívidas Assumidas por um dos Cônjuges*, 3ª ed., LEUD – Livraria e Editora Universitária do Direito Ltda., 1978.

LIMA, Domingos Sávio Brandão. *A Nova Lei do Divórcio Comentada*, São Paulo, O. Dip. Editores Ltda., 1978.

LOBÃO, Manoel de Almeida e Souza de. *Tratado das Ações Sumárias e Sumaríssimas*, Lisboa, Imprensa Nacional, 1868, tomo II.

LOPES, Teresa Ancora. "Separação Consensual", em *Família e Casamento*, coordenação de Yussef Said Cahali, São Paulo, Saraiva, 1988.

LUZ, Valdemar da. *Manual do Menor*, São Paulo, Saraiva, 1988.

MADALENA, J. Caruso. *Herança e sua Significação nas Doenças Mentais*, 1ª ed., Rio de Janeiro, Imago Editora Ltda., 1985.

MADALENO, Rolf. *Curso de Direito de Família*, 2ª e 4ª edições, Rio de Janeiro, Editora Forense, 2008 e 2010.

MAIA, Paulo Américo. "Doações e Legados Remuneratórios à Concubina", em *Revista Forense*, nº 249.

MALHEIROS, Fernando. "Dos Regimes de Bens no Casamento em Face da Lei do Divórcio", em *AJURIS – Revista da Associação dos Juízes do RGS*, Porto Alegre, nº 33, 1985.

MALHEIROS FILHO, Fernando. *A União Estável*, Porto Alegre, Síntese, 1996.

MARCANTONIO, Roberta. "Anotações aos artigos 726 a 734", em *Novo Código de Processo Civil*, OAB/ESA, Rio Grande do Sul, 2015, Porto Alegre.

MARCATO, Antônio Carlos. "O Nome da Mulher Casada", em *Família e Casamento*, coordenação de Yussef Said Cahali, São Paulo, Saraiva, 1988.

MARDEU, Luis Zanón. *La Separación Matrimonial de Hecho*, Barcelona, Editorial Hispano Europa, 1974.

MARINONI, Luiz Guilherme; ARENHART, Sérgio Cruz; e MITIDIERO, Daniel. *Novo Código de Processo Civil Comentado*. São Paulo: Thomson Reuters – Revista dos Tribunais, 2015.

MARLET, José Maria. "Valorização das Provas de Investigação de Paternidade", *Revista dos Tribunais*, nº 569.

MARMITT, Arnaldo. *Pensão Alimentícia*, Rio de Janeiro, Aide, 1993.

_____. *Prisão Civil por Alimentos e Depositário Infiel*, Rio de Janeiro, Aide, 1989.

MARQUES, José Frederico. *Comentários ao Código de Processo Civil*, 1ª ed., Rio de Janeiro, Forense, vol. IX.

MARTINS, Fran. *Contratos e Obrigações Comerciais*, 7ª ed., Rio de Janeiro, Forense, 1984.

MARTÍNEZ, Jaime Vidal. *Las Nuevas Formas de Reprodución Humana*, Madrid, Editorial Civitas S. A., 1988.

MATOS FILHO, João Lélio Peake de. "Investigação de Paternidade – Considerações sobre a Aplicação da Metadologia HLA", em *Revista dos Tribunais*, nº 607.

MAZEAUD, Henri, Léon e Jean. "La Familia", *Lecciones de Derecho Civil*, Buenos Aires, Ediciones Jurídicas Europa-América, 1956, vols. III e IV, Parte Primeira.

MAZZILLI, Hugo Nigro. "Notas sobre a Adoção", *Revista dos Tribunais*, nº 667.

MEDEIROS, Osiris A. Borges de. *Aposentadorias e Pensões*, São Paulo, Editora Liber Juris Ltda., 1984.

MELO JÚNIOR, Samuel Alves de. "Da Destituição da Tutela", em *Comentários ao Estatuto da Criança e do Adolescente*, coordenação de Licorni Siqueira, Rio de Janeiro, Forense, 1991.

MELONI, Francesco. "I Rapporti Familiari – Evoluzione della Jurisprudenza Civile e Penale ed Inovazioni Normative", em *Il Diritto di Famiglia e delle Persone*, Milão, Giuffrè Editore, 1989, vol. IV.

MERCHANTE, Fermín Raúl. *La Adopción*, Buenos Aires, Ediciones Depalma, 1987.

MORAES, Walter. *Adoção e Verdade*, São Paulo, RT, 1974.

982 • Direito de Família | *Arnaldo Rizzardo*

MOREIRA ALVES, José Carlos. *Direito Romano*, Rio de Janeiro, Forense, 1972, 2º vol.

MOURA, Mário Aguiar. *Tratado Prático da Filiação*, 2ª ed., Rio de Janeiro, Aide, 1984, vols. I, II e III.

NADER, Natal. "O Direito de Família na Constituição de 1988", em *Revista Forense*, nº 306.

_____. "Promessa de Doação – Doação Inoficiosa", *AJURIS – Revista da Associação dos Juízes do RGS*, Porto Alegre, nº 16, 1979.

NASSER FERREIRA, Jussara Suzi Assis Borges. *Casamento por Comportamento*, Rio de Janeiro, Forense, 1990.

NOGUEIRA, Paulo Lúcio. *Estatuto da Criança e do Adolescente Comentado*, São Paulo, Saraiva, 1991.

NOGUEIRA DA GAMA, Guilherme Calmon. *O Companheirismo*, São Paulo, RT, 1998.

_____. "Filiação e Reprodução Assistida: Introdução ao Tema sob a Perspectiva do Direito Comparado", em *Revista dos Tribunais*, nº 776.

OLIVEIRA, Antônio de Pádua Leopoldo de. "Aspectos Jurídicos da Inseminação Artficial", *Estudos em Homenagem ao Professor Caio Mário da Silva Pereira*, Rio de Janeiro, Forense, 1984.

OLIVEIRA, Carlos Alberto Álvaro de. "A Tutela Cautelar Antecipada e os Alimentos *initio litis*", *AJURIS – Revista da Associação dos Juízes do RGS*, Porto Alegre, nº 41, 1987.

OLIVEIRA, José Francisco de. *O Concubinato e a Constituição Brasileira*, Rio de Janeiro, Aide, 1993, p. 33.

OLIVEIRA, Wilson. *Direito de Família*, Rio de Janeiro, Forense, 1985.

OLIVEIRA E CRUZ, João Claudino de. *Dos Alimentos no Direito de Família*, Rio de Janeiro, Revista Forense, 1956.

OLIVEIRA E SILVA. *Da Indenização por Acidentes*, 3ª ed., Rio de Janeiro, Freitas Bastos S. A.

ORCESI DA COSTA, Carlos Celso. *Tratado do Casamento e do Divórcio*, São Paulo, Saraiva, 1987, vols. 1º e 2º.

ORLANDI NETO, Narciso. "Casamento Celebrado no Exterior e Traslado do Assento", *Família e Casamento*, coordenação de Yussef Said Cahali, São Paulo, Saraiva, 1988.

PALMA, Maria Carolina. "Il Problema della Valutazione degli Atteggiamenti degli Aspiranti Genitori Adottivi verso l'Informazione al'Adottando della sua Adozine", *Diritto di Famiglia e delle Persone*, Milão, Giuffrè Editore, 1989, nᵒˢ 1 e 2.

PAPA DOS SANTOS, Regina Beatriz Tavares da Silva. *Dever de Assistência Imaterial entre Cônjuges*, 1ª ed., Rio de Janeiro, Forense Universitária, 1990.

BIBLIOGRAFIA • 983

PEREIRA, Áurea Pimentel. *A Nova Constituição e o Direito de Família*, Rio de Janeiro, Livraria e Editora Renovar Ltda., 1990.

_____. *Divórcio e Separação Judicial*, 5ª ed., Rio de Janeiro, Livraria e Editora Renovar Ltda., 1990.

PEREIRA, Caio Mário da Silva. *Instituições de Direito Civil*, 2ª ed., 1975, vols. V e VI; 3ª ed., 1979; 2ª ed., 1970, vol. III.

PEREIRA, Lafayette Rodrigues. *Direito de Família*, 5ª ed., Rio de Janeiro, Livraria e Editora Freitas Bastos S. A., 1956.

PEREIRA, Rodrigo da Cunha. *Concubinato e União Estável*, 3ª ed., Belo Horizonte, Del Rey, 1996.

PEREIRA, Sérgio Gischkow. *Ação de Alimentos*, 2ª ed., Porto Alegre, Síntese Ltda., 1981; Porto Alegre, *AJURIS*, 1979.

_____. "Algumas Considerações sobre a Nova Adoção", em *AJURIS – Associação dos Juízes do RGS*, Porto Alegre, nº 53, 1991.

_____. "Algumas Questões de Direito de Família na Nova Constituição", em *AJURIS – Revista da Associação dos Juízes do RGS*, Porto Alegre, nº 45, 1989.

_____. "A Lei do Divórcio e a Transmissão da Obrigação Alimentar", em *Revista dos Tribunais*, nº 518.

_____. "Alimentos e Prisão Civil", em *AJURIS – Revista da Associação dos Juízes do RGS*, Porto Alegre, nº 10, 1977.

_____. "A União Estável e Alimentos", em *AJURIS – Revista da Associação dos Juízes do RGS*, Porto Alegre, nº 49, 1990.

_____. "O Bem Reservado e a Constituição de 1988", em *AJURIS – Revista da Associação dos Juízes do RGS*, nº 51, Porto Alegre, 1991.

_____. "Tendências Modernas do Direito de Família", em *AJURIS – Revista da Associação dos Juízes do RGS*, Porto Alegre, nº 42, 1988.

PEREIRA, Virgílio de Sá. *Direito de Família*, Universidade do Rio de Janeiro, Faculdade de Direito, Rio de Janeiro, Litho Typographia Fluminense, 1923.

PEREIRA E SILVA, Reinaldo. "Os Direitos Humanos do Embrião: Análise Bioética das Técnicas de Procriação Assistida", em *Revista dos Tribunais*, nº 768.

PIMENTA, José da Costa. *Filiação*, Editora Coimbra, 1986.

PINTO, Fernando Brandão Ferreira. *Filiação Natural*, Coimbra, Livraria Almedina, 1983.

_____. *Causas do Divórcio*. Livraria Almedina. Coimbra: 1980.

PITHAN, Horácio Vanderlei. "Erro Essencial na Anulação do Casamento", em *Família e Casamento*, coordenação de Yussef Said Cahali, São Paulo, Saraiva, 1988.

984 • Direito de Família | *Arnaldo Rizzardo*

PLANIEL, Marcelo, RIPERT, Jorge. *Tratado Práctico de Derecho Civil*, tradução do espanhol por Mario Diaz Cruz, Havana, Cultural, 1946, vol. II.

PONTES DE MIRANDA, Francisco Cavalcanti. *Direito de Família*, Rio de Janeiro, José Konfino Editor, 1939, tomo I; 2ª ed., São Paulo, Max Limonad Editor, 1947, tomos II e III.

_____. *Comentários ao Código de Processo Civil*, Rio de Janeiro, Forense, 1975, vols. II e VIII.

_____. *Tratado das Ações*, São Paulo, RT, 1976, vol. VI.

_____. *Tratado de Direito Privado*, 3ª ed., Rio de Janeiro, Borsoi, 1972, vol. IV; Rio de Janeiro, Borsoi, 1971, vols. VII e VIII; 4ª ed., São Paulo, RT, 1983, vol. IX; 4ª ed., RT, 1974, vol. VIII; 2ª ed., Borsoi, 1964, vol. 46.

PORTO, Mário Moacyr. "Ação de Responsabilidade Civil entre Mulher e Marido", em *AJURIS – Revista da Associação dos Juízes do RGS*, Porto Alegre, nº 28, 1983.

_____. "A Responsabilidade Civil por Fato ou Ação de Terceiros – Dever de indenizar dos pais e dos filhos", em *Revista dos Tribunais*, nº 660.

_____. "Ações de Investigação de Paternidade Ileítima e Petição de Herança", em *Revista dos Tribunais*, nº 645.

_____. "Casamento Nulo e Inexistente – Matrimônio Religioso Putativo", em *AJURIS – Revista da Associação dos Juízes do RGS*, Porto Alegre, nº 34, 1985; *Revista dos Tribunais*, nº 607.

_____. "O Concubinato e as Súmulas nᵒˢ 35 e 380 do STF", em *AJURIS – Revista da Associação dos Juízes do RGS*, Porto Alegre, nº 31, 1984.

PORTO, Sérgio Gilberto. "Da União Estável e dos Alimentos à Concubina", em *AJURIS – Revista da Associação dos Juízes do RGS*, nº 47, Porto Alegre, 1989.

_____. *Doutrina e Prática dos Alimentos*, 2ª ed., Rio de Janeiro, Aide, 1991.

PRUNES, Lourenço Mário. *Ações de Alimentos*, 2ª ed., São Paulo, Sugestões Literárias S. A., 1978.

RASKIN, Salmo. *Investigação de Paternidade – Manual Prático do DNA*, Curitiba, Juruá, 1998.

RAZUK, Paulo Eduardo. "O Nome Civil da Mulher Casada", em *Revista de Jurisprudência do TJ de São Paulo*, Lex, nº 128.

REPERTÓRIO DE JURISPRUDÊNCIA DO CÓDIGO CIVIL, São Paulo, Max Limonad Editor, vol. II.

ROCHA, José Moura. *Exegese do Código de Processo Civil*, Rio de Janeiro, Aide, 1981, vol. VIII.

BIBLIOGRAFIA • **985**

ROCHA, J. V. Castelo Branco. *O Pátrio-Poder*, 2ª ed., São Paulo, LEUD – Livraria e Editora Universitária do Direito Ltda., 1983.

RODIÈRE, René. *La Tutelle des Mineurs*, Institut des Hautes Études de Tunis, Recueil Sirey, 1950.

RODRIGUES, Sílvio. *Curso de Direito Civil – Direito das Coisas*, São Paulo, Saraiva, 1972.

_____. *Direito Civil – Direito de Família*, São Paulo, Saraiva, 1980, vol. VI; 13ª ed., 1987.

_____. *O Divórcio e a Lei que o Regulamenta*, São Paulo, Saraiva, 1978.

ROGUIM, Ernest. *Traité de Droit Civil Comparé*, Le Régime Matrimonial, Paris, 1905.

ROSPIGLIOSI, Enrique Antonio Varsi. "Pater est is quem sanguinis demonstrant", em *Revista de Direito Civil*, nº 54, São Paulo, RT, outubro-dezembro, 1990.

ROUBIER, Paul. *Le Droit Transitoire – Conflitis des Lois dans le Temp*, Paris, éditions Dalloz et Sirey, 1940.

RUIZ, Humberto. *El Concubinato como Fuente de Relaciones Jurídicas*, Bogodá, Universidad Nacional de Colombia, 1955.

SABINO JÚNUIR, Vicente. *O Menor – Sua Guarda e seus Direitos*, 4ª ed., São Paulo, Brasilivros – Editora e Distribuidora Ltda.

SALZANO, Francisco Mauro. *A Genética e a Lei,* T.A. São Paulo, Queiróz Editor, 1983.

SAMPAIO, Carlos. *Do Divórcio – Estatuto da Legislação Brasileira*, São Paulo, Vanordem, 1911.

SAMPAIO, José Celso de Camargo. "A Inseminação Artificial no Direito de Família", em *Revista dos Tribunais*, nº 670.

SAMPAIO, Pedro. *Divórcio e Separação Judicial – Comentários*, Rio de Janeiro, Forense, 1978.

SANTOS, Lucy Rodrigues dos. *Bens Reservados – Proteção ao Patrimônio da Mulher Casada*, São Paulo, Saraiva, 1980.

SCARDULLA, Francesco. *La Separazione Personale dei Coniugi ed il Divorzio*, 2ª ed., Milão, Giuffrè Editore, 1972.

SCARPARO, Mônica Sartori. *Fertilização Assistida – Questão Aberta*, Rio de Janeiro, Forense Universitária, 1991.

SCAPINI, Marco Antônio Bandeira. "Concubinato: Uma Visão Alternativa", em *AJURIS – Revista da Associação dos Juízes do RS*, Porto Alegre, nº 53, 1991.

SARMENTO, Eduardo Sócrates Castanheira. *A Interdição no Direito Brasileiro*, Rio de Janeiro, Forense, 1981.

SERLOOTEN, Patrik. *Les Biens Réservés*, Paris, Librairie Générale de Droit et de Jurisprudence, 1973.

SERPA LOPES, Miguel Maria de. *Curso de Direito Civil*, 4ª ed., Rio de Janeiro, Livraria e Editora Freitas Bastos S.A., 1962, vol. VI; 4ª ed., 1964, vol. III.

_____. *Tratado dos Registros Públicos*, 3ª ed., Rio de Janeiro, Editora Freitas Bastos S.A., 1955.

SILVA FILHO, Artur Marques da. "HLA e DNA – Novas Técnicas de Determinação do Vínculo Genético", em *Revista dos Tribunais*, nº 655.

SILVA, José Afonso da. *Aplicabilidade das Normas Constitucionais*, 2ª ed., São Paulo, RT, 1982.

SILVEIRA, Alípio. *O Casamento Putativo no Direito Brasileiro*, São Paulo, LEUD – Livraria e Editora Universitária do Direito Ltda., 1972.

_____. *Da Separação à Anulação do Casamento*, São Paulo, LEUD – Livraria e Editora Universitária do Direito Ltda., 1983.

SIMAS FILHO, Fernando. *A Prova na Investigação de Paternidade*, Curitiba, Juruá Editora Ltda., 1991; 8ª edição, 2000.

SIQUEIRA, Liborni. *Comentários ao Estatuto da Criança e do Adolescente*, coordenação de Liborni Siqueira, Rio de Janeiro, Forense, 1991.

SPINELLI, Lorenzo, DALLA TORRE, Giuseppe. *Matrimonio Concordatário e Giurisdizione dello Stato*, Bolonha, Pàtron Editore, 1987.

STRENGER, Guilherme Gonçalves. "Homologação de Sentença Estrangeira de Divórcio", em *Revista dos Tribunais*, nº 622.

SZNICK, Valdir. *A Adoção*, São Paulo, LEUD – Livraria e Editora Universitária do Direito Ltda., 1988.

TAQUINI, Carlos H. Vidal. *Derecho de Familia – Régimen de Bienes en el Matrimónio*, 2ª ed., Buenos Aires, Editorial Astrea, 1978.TAVARES, José de Farias. *O Código Civil e a Nova Constituição*, Rio de Janeiro, Forense, 1990.

TEIXEIRA DE FREITAS, Augusto. *Consolidação das Leis Civis*, 3ª ed., Rio de Janeiro, D. L. Garnier, 1896.

THEODORO JÚNIOR, Humberto. "Alguns Impactos da Nova Ordem Constitucional sobre o Direito Civil", em *Revista dos Tribunais*, nº 662.

THOMAZ JÚNIOR, Dimas Barelli, MINNICELLI, João Luiz Portolan Galvão. "Instrumento Legal da Adoção Internacional e Meios de Coibição do Tráfico Internacional de Crianças", em *Revista dos Tribunais*, nº 641.

TORRES, Artur. "Anotações aos Artigos 64 a 66", em *Novo Código de Processo Civil Anotado*, OAB/ESA, Porto Alegre, 2015.

TRABUCCHI, Alberto. "Procreazione Artificiale e Genetica Umana nella Perspettiva del Giurista", em *Procreazione Artificiale e Intervenienti nella Genetica Umana*, Padova, CEDAM – Casa Editrice Dott. Antonio Milani, 1987.

TROPLONG, M. *Du Contrat de Mariage*, 3ª ed., Paris, Charles Hingray – Librairie Éditeur, 1987, 1º vol.

VALDÉS, Jesús. *La Procreación Irregular y el Derecho*, Madrid, Editora Nacional, 1972.

VARELA. Angel Luis Rebolleto. *Separación de Bienes en el Matrimonio*, Madrid, Editorial Montecorvo S. A., 1983.

VARELA, João de Matos Antunes. *Direito de Família*, Lisboa, Livraria Petrony, 1982.

_____. *Dissolução da Sociedade Conjugal*, 1ª ed., Rio de Janeiro, Forense, 1980.

VEIGA, Manoel Messias. *Do Divórcio e sua Prática Forense*, 3ª ed., Rio de Janeiro, Companhia Editora Forense, 1987.

VELOSO, Zeno. *Direito Brasileiro da Filiação e Paternidade*, São Paulo, Malheiros Editores, 1997.

VERCELLONE, Paolo. "As Novas Famílias", tradução de Nice Rizzonni, em *AJURIS – Revista da Associação dos Juízes do RGS*, Porto Alegre, nº 48, 1990.

VIANA, Marco Aurélio S. *Da Guarda, da Tutela e da Adoção*, Belo Horizonte, Livraria Del Rey, 1991.

_____. "Esponsais ou Promessa de Casamento", em *AJURIS – Revista da Associação dos Juízes do RGS*, Porto Alegre, nº 29, 1983.

WALD, Arnoldo. *Curso de Direito Civil Brasileiro – Direito de Família*, 5ª ed., São Paulo, RT, 1985; e 4ª ed., 1981.

WETTER, P. Van. *Cours Élementaire de Droit Romain*, 2ª ed., Paris, edição de A. Durand et Pedone-Lauriel, 1876, vol. II.

XAVIER NETO, Francisco de Paula. "Algumas Questões sobre Alimentos Provisionais, Provisórios e Definitivos", em *Revista dos Tribunais*, nº 634.

YAGÜE, Francisco Lledó. *Fecundación Artificial y Derecho*, Madrid, Editorial Tecnos S. A., 1988.

ZACHARIAS, Manif, ZACHARIAS, Elias. *Dicionário de Medicina Legal*, Curitiba, Educa – Editora Universitária Champagnat, 1988.

ZANNONI, Eduardo A. "Contienda y Divorcio", em *Derecho de Familia, Revista Interdisciplinaria de Doctrina e Jurisprudencia*, nº 1, Buenos Aires, Abeledo-Perrot, 1989.

_____. *Inseminación Artificial y Fecundación Extrauterina – Proyecciones Jurídicas*, Buenos Aires, Editorial Astrea, 1978.

_____. *El Concubinato*, Buenos Aires, Ediciones Depalma, 1970.

Pré-impressão, impressão e acabamento

grafica@editorasantuario.com.br
www.graficasantuario.com.br
Aparecida-SP